十通第二種

續通典

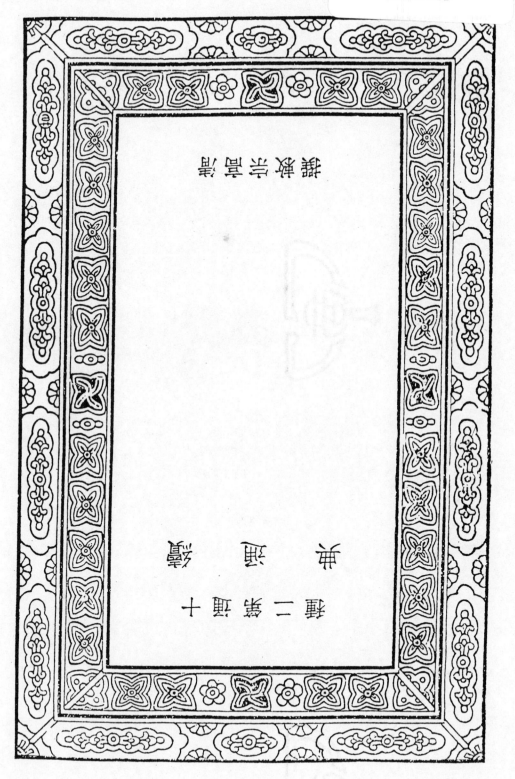

清高宗敕撰

重印十通緣起

我國之古籍，除十三經、二十四史爲治學必讀或需經常參考之書外，尙有所謂「三通」，亦學者不時需要查考，案頭常備之書也。三通者，卽唐杜佑（字君卿，京兆萬年人，西元七三四—八一二）之「通典」，宋鄭樵（字漁仲，興化軍莆田人，西元一一〇四—一一六〇）之「通志」，元馬端臨（字貴與，江西樂平人，西元一二五四—一三二三）之「文獻通考」。此三書皆爲專述典章制度之書，體裁雖各有不同，然題旨則約略相近，各書咸貫串古今，宛若通史，又書名皆著有「通」字，是以有「三通」之稱。北宋初年，宋白嘗有續通典之作，至南宋魏了翁又曾作皇朝通典，宋書成而失傳，魏嘗屬稿而未成書。明代王圻，復獨撰「續文獻通考」二百五十四卷，卷帙殊稱浩博，而識者譏其蕪陋。逮清高宗乾隆年間，乃特設三通館，除敕武英殿校刊三通統一版本外，復命儒臣踵事增華，依樣撰述「續通典」、「續通志」、「續文獻通考」三書，除增補前書所缺之唐末五代之紀傳典章之外，此續三通專記宋遼金元明五朝之事，故間或有稱之爲五朝通典、五朝通志、五朝通考，各書所述均及明代而止。至於清朝三通，最初原係與續三通合而爲一，敍事至乾隆二十六年止，其後清帝以清代之文物聲華，邁越前修，不宜附麗前朝，應各獨立，別自成書，乃復命儒臣改作，上起清代開國，下迄乾隆年止，續纂「皇朝通典」、「皇朝通志」、「皇朝文獻通考」等，所謂「皇朝三通」（今稱爲「清朝通典」、「清朝通志」、「清朝文獻通考」，簡稱爲清三通），其最後定本且敍至乾隆五十年乙巳（一七八五年）。以上各書合計，乃有「九通」之目。而晚近烏程劉錦藻（字澂如，西元一八六二—一九三四，爲民初著名藏書家嘉業堂主人劉承幹之尊翁），復以一己窮數十年之力，彙集乾隆五十一年以後至宣統三年有清一朝之政典，稱爲「皇朝續文獻通考」（如清三通之例，今亦稱爲「清朝續文獻通考」）。

其書初以光緒三十年爲限，共三百二十卷，有光緒乙巳（光緒三十一年，西元一九〇五年）刋本，辛亥革命之後，復輯光緒三十一年至宣統三年（西元一九一一年）之事蹟，合前書彙爲一編，全書共三十門，都四百卷，洋洋大觀，該博無倫，於民國十年排印，至二十二年始告完成。合此書共爲「十通」，爲中國史學重要之經典著作。

我國之史書，可謂浩如烟埃，其體例亦甚具多樣性，極富變化。大略言之，最早如尙書中之西周書，以言事爲主，史家稱之曰「紀事體」。其次孔子作春秋，按年繫月編次，稱之曰「編年體」。逮太史公作史記，其下分本紀、世家、列傳，均係以人物爲主，稱之曰「紀傳體」，其下之歷朝正史均屬之。而中國史學，大體卽沿着這三種體裁發展。然不論紀傳、編年抑或紀事，所記多側重理亂興衰而略於典章經制，亦卽此三體之史學皆係以人物爲主之動態歷史。迨唐代宰相杜佑撰述「通典」，上起黃帝，下迄唐代中葉，取五經羣史之文，每事以類相從，舉其原始要終，歷代沿革廢置及當時議論萃於一編，庶明會通因仍之道，然其書專述典章制度，是以稱之曰「典」，一般則稱之曰「政書」。這種政書，可說是中國史學之第四種體例。其性質宛如通史。蓋「典章經制，實相因者也」，「非融會錯綜原始要終而推尋之，固未易言也」（文獻通考序），故三通與續三通，都是通史的體制。清三通則因與前書並行，所以斷代爲史，所述僅限於有清一代。唯十通雖爲專述典章制度之書，然並非僅限於典章，間亦及理亂興衰之跡，如鄭樵之通志，有帝紀、年譜、宗室傳、列傳、載記、四夷之目，其內容卽約取歷代正史之文而爲之，舊史之文幾佔全書五分之三，欽定續通志仿之。似此兼有紀傳，故四庫全書歸之別史類；清朝通志則僅有二十略，故與通典、通考等並入政書類。

十通卷帙浩博，常人固艱於翻閱，而所述側重典章制度之沿革，乃屬於靜態之歷史，亦較不易覺查，其趣味殊不若編年紀傳等理亂興衰之引人，其可讀性略少，故治理爲尤難。昔江淹有言曰：「修史之難，無出於志。」蓋志者，憲章之所繫，非老於典故者不能爲也；且志之爲書，事必稽古，辭必數典，亦非可以空言立論。所幸各書之作者，若杜君卿、鄭漁仲、馬貴與輩，皆係蓋世通儒，識見宏達，而文辭雅飭，其所著作，釐然有序，淸朗可誦。卽淸代敕撰之續三通與淸三通，雖係官修之書，成於衆人之手，唯當時纂修諸儒如齊召南等，博學而頗具史才，故其書大多剪裁得當，燦然可觀，雖部帙龐大，卻甚少冗蔓之病，實淸代官修書中之佳者。際今學術範圍日廣，世人尤注重社會科學，十通實爲資料之寶庫，且曾經作者整理，井然有序，上下數千年，綱舉目張，一目了然，不致茫無頭緒，就硏治社會科學言，其實用之價値似猶在二十五史之上。是此書乃可與二十五史相輔相成，而不宜有所偏廢也。本館旣已多次重版百衲本二十四史，今乃亟謀十通之重梓，藉以促進文化，並以應學界之需要。

先是，本館嘗於半世紀前卽已景印十通，民國二十四年三月迄二十五年三月陸續刊行於滬上，而與百衲本二十四史之出版約略同時。該書原係與佩文韻府同爲萬有文庫第二集之參考書。其後因抗戰發生，致流傳未廣。來臺後，佩文韻府曾多次重印，十通則迄未再版。至十通版本，除晚出之淸朝續文獻通考一種外，其他九通均有多種版刻。乾隆十二年（西元一七四七年）敕武英殿刊刻通典、通志和文獻通考等三通，是書每半葉十行，行二十一字。其後復敕儒臣纂修續三通和皇朝（淸）三通，仍由武英殿刊印，合稱「欽定九通」。唯後六書武英殿原刻本每半葉僅有九行，與三通之十行不同，每行亦爲二十一字，遇淸室則擡頭高一字爲二十二字。根據資料統計，乾隆年間武英殿原刊本九通共八九八册。淸代中葉以後各地所刊印之九通，大都係據殿本翻刻，就中以淸光緒年間浙江所刊印者爲最佳，各書版式一律，每半葉均爲九行，行二十一字，且字畫朗潤，甚是美觀。本館之景印本，卽係將浙江刊本剪併縮印，版式則改爲十六開，每面分上中下三欄，每欄納原本一葉半，計二十七行，每面計納原本四葉有半，計八十一行。原刻本之版心中縫則剪除，每面剪併後加以外框，框外則排印書邊頁碼，而每卷皆從單頁起。至淸續文獻通考，景印本分上下兩欄，每欄二十六行，行三十字，係據民國十年初版本景印，每欄當原書一葉。全書之頁碼，分爲典、志、考三類，卽通典、續通典、清通典等三書合爲一類，通志、續通志、清通志三書和通考、續通考、清通考及清續文獻通考，亦復各爲一類，其頁碼分別爲典頁幾、志頁幾、考頁幾，各書皆不自爲起訖，而是按其類別貫串而下。似此安排，殆爲便於編製索引而設計者。全書精裝二十巨册，都二千五百一十四卷，凡二萬一千七百三十八頁，計約二千五百餘萬字。另以四角號碼檢字法及分類詳目編印「十通索引」一巨册，初版於民國二十六年三月。皇皇巨帙，矞麗輝煌，較之二十四史，亦不遑多讓焉。

此次重印，悉照民國二十四年至二十五年之印本攝製，其大小裝訂，皆如原式，不稍縮小，字畫秀潤清朗，無損目力，原編「十通索引」，亦一併印出，以便檢索。抑有進者，本館爲使十通不徒爲學術機關或圖書館插架瀏覽之高文典册，而期望其能普及於讀書界，故定價特廉。不僅此也，此書之定價雖廉，唯私人研究，擁有其中數種或已敷所需，爲應讀者需求，各書特分別零售，讀者可按個人喜好隨意選購。此舉旣便讀者，亦符本館推廣文化之至意，區區微忱，想蒙鑒諸！

臺灣商務印書館 謹啓

民國七十六年九月

凡例十四則

一杜佑作通典之後至宋時嘗命宋白續修而其書已不傳今續通典循杜氏之例仍分爲八門自各代正史之外如唐六典唐會要五代會要册府元龜太平御覽山堂考索契丹國志大金國志元典章明集禮明會典諸書皆參酌引用以期無舛無漏

一通典所纂止於天寶之末今續纂自唐肅宗至德以後迄於明季按年編次至五代兵爭典章未備諸門細目中或有一代全闕者則仍從略若五代史止有司天職方二考餘俱闕如其有可考者仍從會要册府元龜等書搜輯補載

一通典自紀事而外凡古今名賢議論有關典要者靡不甄收今從其例凡唐宋元明人文集奏議及唐文粹文苑英華宋文鑑元文類歷代名臣奏議明經世編各書擇其立論精確可資考核者依類采入

一杜氏首列食貨典以食乃民之司命也有土斯有財故列田制水利屯田諸目有人斯有土故列鄉黨版籍戸口諸目餘如賦稅錢幣漕運鹽鐵各條又皆所以經理乎食者也顧歷代沿革不同杜典諸細目內如土斷之法起於晉南渡後算緡之法起於漢孝武時而後世史志中罕有其目則在所從刪至於茶課至唐末而始與則類載於雜稅之後互市至宋遼金元明而特重則類載於平準均輸之後其餘諸典之或併或增或刪各隨時代所有以期徵實

一杜氏選舉典列於食貨之後職官之前所謂欲行富教在乎設職官欲設職官在乎得人才也後世選舉之法不一其途大約設科以取士分銓以授官率行之不變杜典於歷代制之下復綴雜議論三卷蓋利弊得失之故必博采議論庶可見之施行今亦倣其例若宋司馬光歐陽修呂大臨眞德秀葉適之徒其所敷陳皆可爲選舉之衡鏡元趙天麟之太平金鏡策明王鏊之制科議歸有光之三途並用議並能切中事宜今亦各摭其要敘次於篇

一杜氏職官典其前卷先敘官制之要略以下復分門臚列凡內外文武諸職各繫以沿革顧歷代設官之制其稱名各異職掌各殊五代史無職官志其時廢置不常自宰輔諸職而下無可紀述宋時官制已與唐異遼之官號多用國語金則有省有院有臺有寺監諸職元又從而損益之明革中書省復大加更定今仍以通典所列官名爲目而以歷代或有或無或名雖異而實則同分敘於下庶幾有條不紊至於明代宦官執政國柄下移爵以公侯蔭及弟姪實爲紊亂名器之尤考內監給事宮闈本不應與命官朝士相齒卷中宦官諸品秩謹遵
聖諭從刪以彰建官之體且以示炯戒焉

一杜氏禮典凡一百卷於諸典中爲最詳以帝王制作之大莫過於禮也惟是風會遞遷代有所尚其因革損益亦惟禮爲最繁杜氏原門曰吉禮曰嘉禮曰賓禮曰軍禮曰凶禮復采公私論述條次於各目之後以爲禮儀大約吉禮莫重於郊廟前代之主凡遇大祀多命有司攝行雖復考定儀文終無當於誠敬之本嘉禮莫重於冠婚朝賀至冕服采章本屬不相沿襲如遼金元之輕改衣冠蔑棄舊制卒至國勢浸微
聖訓昭彰垂戒萬禩其所關正匪淺鮮他若賓禮本指天子諸侯之朝覲會同後世封建不行賓禮亦略則取累朝接見蕃國之儀入之軍禮自田獵大射而外天子親征之典代不恒舉故杜氏於出師儀制之下惟載各代揚兵講武之事今仍以閱兵之禮敘於卷內凶禮自國恤而下杜氏雜載羣議最爲詳贍今亦擇其有關喪制者依類增入

一杜氏樂典於歷代沿革之下復載十二律五聲八音名義諸目夫樂之聲容節奏固因代而殊若十二律五聲八音則亘古不易者也惟是聲音之道至爲微渺非有夙解神悟者未易遽得中聲宋大儒若司馬光范鎭朱子蔡元定之流皆留心樂律明則韓邦奇黃佐輩並著有成書每多託諸空言而手定一代之樂者或不盡洞悉律元之人今仍依杜典原目而節采諸家之說以備參考

一杜氏以大刑用甲兵故列兵制於刑典之前其所分諸目由敘兵收眾以至氣候雜占多至一百四十餘條所謂兵以奇勝因機而發凡有合於兵法者悉條之爲目不厭其詳也今所敘列自唐季迄明凡英君良將戰陣之事蹟以及兵

家之議論亦分類入之以合原書之體

一杜氏刑典於刑制之外備列雜議及寬恕峻酷諸目其自序又謂善用則治不善用則亂不在乎寬與峻者蓋世輕世重惟視乎人之所用也自唐而降刑制互有重輕說者謂宋自仁宗以後法制不立浸至柔弱又有過寬之弊明之律令頗爲簡當而厰衛之興毒流海内則用法與用人兩失之今總其得失具著於篇

一杜氏州郡典統以禹九州顧自州郡既興而禹蹟益難深考往往有一郡之地而錯出於兩州者且杜典既以禹九州爲綱而於九州之外仍別爲古南越郡府一卷已未免自亂其例宋遼金元迄明或分爲路或分爲道或分爲省各成一代之制若仍分屬於九州未免紛紜割裂欲徇上古建州之名而轉失後世分土之實今稍變其例卽以代爲綱

一杜氏邊防典分東西南北四裔顧邊外之地通阻不常或同是國而名已遞更或同是地而境已兼併故杜典所載諸部每有見于前史而後史卽無聞者遼金與元起自塞外東北諸部皆其境土而宋則白溝以北卽屬邊防明則邊墻以外儼成敵國此又形勢之不同非可執一以論也今並依時代據實編載

一續通典皆載唐以下五朝事蹟但史書所載或有是非失當若綱目編之發明廣義於遼金元三朝時事其議論尤多私謬茲謹遵通鑑輯覽
御批以昭定論

一遼金元人名地名官名對音舊多譌誤茲悉遵
欽定遼史索倫語解金史滿洲語解元史蒙古語解另爲譯正

職名

三通館總裁

經筵日講起居注官大學士兼翰林院掌院學士臣嵇璜
經筵講官吏部尚書管理國子監事務臣劉墉
兵部尚書臣王杰
經筵講官戶部尚書管理順天府府尹事務臣曹文埴

纂修兼總校官

日講起居注官翰林院侍講學士臣曹仁虎
翰林院侍講臣蔡廷衡
翰林院編修臣祝德麟
武英殿纂修翰林院編修臣陳嗣龍
翰林院編修臣黃瀛元
翰林院編修臣陳昌齊
翰林院編修臣翟槐

纂修兼校對官

日講起居注官翰林院侍講學士臣陸伯焜
署日講起居注官翰林院侍講學士臣吳璥
翰林院侍講臣陳萬青
翰林院編修臣勵守謙
翰林院編修臣秦泉
翰林院編修臣李潢
翰林院編修臣余集
翰林院編修革職留任臣汪鏞
翰林院編修臣王春煦
翰林院編修臣徐如澍
翰林院編修臣戴均元
翰林院編修臣周瓊
翰林院編修臣吳錫麒
翰林院編修臣程昌期
翰林院編修臣甘立猷
翰林院編修臣劉汝謩
翰林院編修臣秦承業
翰林院編修臣俞廷掄
翰林院編修臣王受
翰林院編修臣盧蔭溥
翰林院編修臣萬承風
翰林院修撰臣茹棻
翰林院編修臣邵瑛
文淵閣檢閱內閣中書臣顧宗泰
翰林院庶吉士臣陳萬全
翰林院庶吉士臣王錫奎
翰林院庶吉士臣賀賢智
翰林院庶吉士臣溫汝适
翰林院庶吉士臣崔景儀
翰林院庶吉士臣李驥元
翰林院庶吉士臣朱依炅
翰林院庶吉士臣程嘉謨
原任翰林院侍講候補主事臣莊承籛
原任翰林院庶吉士臣鄭應元

滿纂修官

理藩院主事臣巴達爾呼
工部筆帖式候補小京官臣齡椿
候補筆帖式臣嵩年
內閣貼寫中書臣明達

提調官

內閣侍讀臣西精額
文淵閣校理武英殿提調翰林院檢討臣彭元珫

收掌官

翰林院筆帖式臣庫蒙額
翰林院筆帖式臣鶴麟

武英殿修書處刊刻續三通諸臣職名

總裁

和碩儀親王臣永璇

經筵講官太子太傅領侍衛內大臣大學士世襲輕車都尉臣慶桂

經筵日講起居注官太子太傅大學士兼翰林院掌院學士臣朱珪

總理

經筵日講起居注官太子少保協辦大學士戶部尚書兼翰林院掌院學士世襲雲騎尉臣戴衢亨

經筵講官工部左侍郎兼左翼總兵官臣英和

經筵講官工部左侍郎提督安徽學政臣玉麟

步軍統領臣文寧

提調

內閣學士兼禮部侍郎臣汪滋畹

詹事府詹事提督山東學政臣王宗誠

文淵閣校理咸安宮總裁教習庶吉士翰林院編修臣吳雲

翰林院編修臣李振翥

校對

翰林院編修臣吳裕德

文淵閣校理翰林院檢討臣趙未彤

文淵閣校理翰林院侍講臣張錦枝

日講起居注官教習庶吉士左春坊左庶子臣吳鼒

翰林院編修臣俞恆潤

國史館提調翰林院檢討臣張鱗

翰林院編修臣王澤

國史館纂修翰林院編修臣吳熙曾

翰林院編修臣杜堮

翰林院編修臣朱珔

翰林院編修臣章道鴻

翰林院編修臣黃中傑

翰林院編修臣張元宰

翰林院編修臣何應杰

翰林院編修臣龔守正

翰林院編修臣卓秉恬

翰林院庶吉士臣徐松

翰林院庶吉士臣姚元之

翰林院庶吉士臣邵葆鍾

翰林院庶吉士臣和桂

翰林院庶吉士臣覺羅寶興

翰林院庶吉士臣謝崧

翰林院庶吉士臣瞿錦觀

翰林院庶吉士臣張聰賢

翰林院庶吉士臣程家督

翰林院庶吉士臣蔣詩

翰林院庶吉士臣何彤然

翰林院庶吉士臣劉謙

翰林院庶吉士臣穆章阿

翰林院編修臣朱澄

翰林院編修臣席煜

副榜貢生候選州同臣鄧百海

舉人候選知縣臣邵翔

副榜貢生候選復設教諭臣胡宗瑗

拔貢生臣鹿維寍

拔貢生臣何隆起

拔貢生臣張方覲

舉人臣鮑文逵

副榜貢生候選鹽大使臣蕭樹芳

副榜貢生候選直隸州州判臣汪誠

拔貢生臣童珖起

優貢生臣喬普

拔貢生臣蘇平世

拔貢生臣姚步萊

監造

內務府郎中兼佐領臣長申

內務府員外郎兼佐領臣克蒙額

正監造員外郎臣六十五

副監造副內管領臣永清

委署主事臣經文

六品衙庫掌臣和興

掌稿筆帖式臣玉廣

庫掌臣善元

庫掌臣光裕

委署庫掌臣崇文

欽定續通典總目

臣等謹按

欽定續通典一百五十卷乾隆三十二年奉敕撰攷杜佑通典終于天寶之末是書所續自唐肅宗至德元年訖明崇禎末年凡食貨十六卷選舉六卷職官二十二卷禮四十卷樂七卷兵十五卷刑十四卷州郡二十六卷邊防四卷篇目一仍杜氏之舊惟杜氏以兵制附刑後今則兵刑各爲一篇稍有不同古者虞廷九官有士而無司馬晉語臧文仲稱大刑用甲兵其次用斧鉞則兵刑可以爲一又左傳紀少昊以祝鳩爲司馬爽鳩爲司寇而秋官夏官周禮亦分兩職則兵刑亦可爲二以事迹多寡卷帙繁簡酌爲門目之分合其旨歸仍不異也至于編纂之例唐代年紀稍遠舊典多亡五代及遼文獻靡徵史書太略則旁搜圖籍以求詳明代見聞最近雜記實繁宋金及元著作本多遺編亦夥則嚴核異同以傳信總期于既精既博不濫不遺按宋史藝文志有宋白續通典二百卷今其書已亡陳振孫書錄解題載其咸平三年奉詔四年九月書成起唐至德初迄周顯德末又謂杜典上下數千載爲二百卷而宋書所載二百餘年亦如前書卷數時論非其重複則其大槩可想見矣茲編仰稟

聖裁酌乎繁簡之中而九百七十八年內典制之源流政治之得失條分件繫綱舉目張誠所謂記事撮要纂言鉤元較諸杜氏原書實有過之無不及宋白所續更不足道矣乾隆四十八年十二月恭校上

總纂官兵部侍郎臣紀　昀
大理寺卿臣陸錫熊

欽定續通典卷一

食貨

臣等謹按杜佑作食貨典以穀爲人之所仰地爲穀之所生人爲君之所治三者相資於政尤切故其述田制水利屯田所以經地鄉黨版籍戶口所以料人而賦稅錢幣市榷諸條則皆所以洽穀也第歷朝制度互有詳略通典文字簡質不拘尺幅其所敘述自隋以前率舉其大要而於唐制加詳又其意嘗欲推而行之卓然近於可用故其序次之閒凡詔令章疏有詞旨開明敷陳婉切者具見採錄而一時通達治體曉暢時事學士大夫居恆論著之文亦閒掇其要可謂勤已今悉準其例以所引開元令天下之田五尺爲步二百有四十步爲畝百畝爲頃凡給田之制有差按舊唐書食貨志武德七年已有此令載在六典者爲斷其自肅宗代宗而後至於明季輒以次纂輯又杜典分注三代以上文出經傳者往往詮釋意旨三代以下文有繁複未可遽刪則大書旁注意存互見亦勢然也茲於注文詮釋無多而旁推詳說分注於下蓋宋元以來事繁於前而文顯於昔無取疏解云

第一田制上
第二田制中
第三田制下
第四水利田
第五屯田上
第六屯田下
第七鄉黨版籍職役附
第八賦稅上
第九賦稅下
第十戶口丁中
第十一錢幣上
第十二錢幣中
第十三錢幣下
第十四漕運　鹽鐵
第十五榷酤酤稅附　雜稅　榷茶
第十六平準均輸　互市　平糴常平義倉社倉附

田制上　唐　五代　宋

唐代宗廣德二年敕如有浮客願編附請射逃人物業者便准式據丁口給授如二年以上種植家業成者雖本主到不在卻還限任別給授大歷元年制逃戶復業給復二年如百姓先賣田業盡者委本州縣取逃死戶田宅量丁口充給德宗貞元中陸贄言曰古者百畝地號一夫蓋一夫授田不過百畝欲使人不廢業田無曠耕今富者萬畝貧者無容足之居依託強家爲其私屬終歲服勞常患不充有田之家坐食租稅京畿田畝稅五升而私家收租畝一石官取一私取十穡者安得足食宜爲占條限裁租價損有餘優不足此安富恤窮之善經不可捨也穆宗長慶元年敕節文應諸道管內百姓或因水旱兵荒流離死絕見在桑產如無親承佃委本道觀察使於官健中取無莊田有人丁者據多少給付便與公驗任充永業不得令有力職掌人妄爲請射其官健仍借種糧放三年租稅懿宗咸通十一年敕諸道州府百姓承佃逃亡田地如已經五年須准承前敕文便爲佃主不在論理之限仍令所司准此處分先是宣宗大中中以逃戶桑田被人代納毀折遂成閒田敕許校勘送縣任人佃納五年不復佃人爲主至是復有是敕

後唐明宗天成四年詔曰今年夏苗委人戶自供手狀具頃畝多少仍以五家爲保委無隱漏攢連手狀送于本州本州具帳送省州縣不得差人檢括如或人戶隱欺許令保內陳告其田並令倍長興二年敕凡置營田比召浮客若取編戶實紊常規如有係稅之人宜令卻還本縣應三京諸道營田祇耕佃無主荒田及召浮客此後若敢違越其官吏及投名稅戶當行重斷愍帝應順元年諸處籍沒田宅並屬戶部除賜功臣外禁請射

晉高祖天福二年以杜篋策言荒田一任百姓開種三年檢照所開種頃畝多少量納一半租稅敕曰闢彼汙萊期于富庶方當開創正切施行往日雖曾指揮漸恐廢墮當在申於勸誘期共樂於豐穰宜令逐處長吏徧下管內應是荒田有主者一任本主開耕無主者一任百姓請射佃蒔三年內並不在收稅之限三年六月金部郎中張鑄奏臣聞國家以務農爲本勸課爲先用廣田疇以資倉廩竊見所在鄉村浮居人戶方思墾闢正切耕耘種木未滿於十年樹穀未臻於三頃似成產業微有生涯便被縣司繫名定作鄉村色役懼其重斂畏以嚴刑遂捨所居卻思他適覩茲阻隔何以舒蘇既乖撫卹之門徒有招攜之令伏乞皇帝陛下明示州府特降條流應所在無主空閒荒地一任百姓開耕候及五頃以上三年外卽許縣司量戶科徭如未及五頃以上者不在騷擾之限則致荒榛漸少賦稅增多非唯下益蒸黎實亦上資邦國從之

周太祖廣順二年敕應諸處戶部營田人戶租稅課利除京兆府莊宅務贍軍國外其餘並割屬州縣所徵租稅課利官中祇管戶部營田舊徵課額其戶部營田職員一切停廢其客戶元佃係省莊田桑土舍宇便令充爲永業自立戶名仍具元佃動用實數陳狀縣司給與憑由仍放下戶三年差遣若不願立戶名許召主卸佃不得有失元額租課其車牛動用屋舍樹木亦各宜賜

是年九月敕京兆府耀州莊宅三白渠使所管莊宅並屬州縣鎮郭下店宅外應有係官桑土屋宇園林車牛動用並賜見佃人充本業如已有莊田自來被本務或形勢影占令出課利者並勒見佃人爲主依例納租條理未盡委三司區分仍差尚書刑部員外郎曹匪躬專往點檢割屬州縣世宗顯德二年敕逃戶莊田許人請射承佃供納租稅如三周年內本戶來歸業者桑土不以荒熟并莊園交還一半其承佃戶自出力蓋造屋舍及栽種樹木園圃並不在交還之限如五周年後歸業者莊田除本戶墳塋不在交付如有荒廢桑土承佃戶自來無力佃蒔祇仰交割與歸業戶佃蒔其近北諸州限番人戶來歸業者五周年內三分交還二分十周年內還一半十五周年內三分還一分此外不在交還之限五年七月上將均定天下民租均田之名始見漢書王嘉傳注孟康曰自公卿以下至於吏民名曰均田皆有頃數詔曰朕以寰宇雖安烝民未泰當乙夜觀書之際校前賢阜俗之方近賢元稹長慶集見在同州時所上均田表較當時之利病曲盡其情俾一境之生靈咸受其賜傳於方册可得搜尋因令製素成圖直書其事庶公卿觀覽觸目驚心利國便民無亂條制背經合道盡繫變通但要適宜所冀濟務繫乃勛舊共庇黎元今賜元稹所奏均田及圖一面至可領也十月賜諸道均田詔曰朕以干戈既弭言念地征罕臻藝極須議並行均定所議冀永適重輕卿受任方隅深窮治本必能副寡昧平分之意察鄉閭致弊之源明示條章用分寄任苛令集事允屬推公今差使臣往彼檢括餘從別敕乃命左散騎常侍艾穎等三十四人于諸州檢定民租

宋太祖建隆二年遣使度民田課民種樹每縣定民籍爲五等第一等種雜樹百每等減二十爲差桑棗半之男女十歲以上種韭一畦闊一步長十步乏井者鄰伍共墾之令佐春秋巡視書其數秩滿第其課爲殿最諸州各隨風土所宜其不宜種藝者不須責課遇豐歲則諭民謹蓋藏節費用以備不虞民伐桑棗爲薪者罪之剝桑三工以上爲首者死從者流三千里不滿三工者爲首配役從者徒三年太宗端拱二年詔與置方田命知定州張永德等各兼方田都總管詔諭邊將令緣邊作方田量地里遠近列置寨柵以爲戰守之備至道元年詔曰近歲以來天災相繼民多轉徙田卒汙萊招誘雖勤逋逃未復宜申勸課之旨更示蠲復之恩應州縣曠土並許民佃爲永業仍蠲三歲租三歲外輸二分之一州縣官吏勸民墾田之數悉書於印紙以示旌賞二年陳靖言逃民復業及浮客請佃者委農官勘驗以給授田土收附版籍州縣未得議其差役其田制爲三品以膏沃而無水旱之患者爲上品雖沃壤而有水旱之患埆瘠而無水旱之慮者爲中品既埆瘠復患於水旱者爲下品上田人授百畝中田百五十畝下田二百畝並五年後收其租亦只計百畝十收其三一家有三丁者請加授田如丁數五丁者從三丁之制七丁者給五丁十丁給七丁至二十三十丁者以十丁爲限若寬鄉田多卽委農官裁奪以賦之其室廬蔬韭及棃棗榆柳種藝之地每戶十丁者給百五十畝七丁者百畝五丁者七十畝三丁者五十畝不及三丁者三十畝除桑功五年後計其租餘悉蠲其課詔以靖爲京西勸農使按行陳許蔡潁襄鄧唐汝等州勸農墾田以皇甫選何亮副之選亮言功難成願罷之事遂寢寶儼曰小畝步百周之制也中畝二百四十漢之制也大畝三百六十齊之制也今所用者漢之中畝眞宗咸平中令閤館檢校故事申定職田之制以官莊及遠年逃亡田充悉免租稅佃戶以浮客充所得課租均分如鄉原例州縣長吏給十之五自餘差給其兩京大藩府四十頃次藩鎮三十五頃防禦團練州三十頃中上刺史州二十頃下州及軍監十五頃邊遠小州上縣十頃中縣八頃下縣七頃轉運使副十頃兵馬都監押砦主釐務官錄事參軍判司等比通判幕職之數而均給之二年詔請佃荒田未定賦稅無田稅者方許請射係官荒土及遠年落業荒田候及五年官中依前敕於十分內定稅二分爲永額如現在莊田土窄願於側近請射及舊有莊產後來逃移已被別人請佃礙敕無路歸業者亦許請射六年靜戎軍王能言於軍城東新河之北開方田廣袤相去皆五尺深七尺以限隔戎馬仍以地圖來上帝以圖示宰臣李沆等對曰緣邊所開方田專委邊臣可以爲備乞與施行威虜順安軍亦宜興置從之先是三年知雄州何承矩言兵有三陣日月風雲天陣也山陵泉水地陣也兵車士卒人陣也今用地陣設險以水泉作固相高下建陂塘縱有敵騎何懼奔衝自後河北塘治相循不廢仍領於沿邊屯田司乾興元年是時仁宗已卽位制銜前將吏各免戶役者除見莊業外不得更與買田土如違將所典買沒官其罷任前資官元無田者許置五頃爲限又敕應以田產虛立契與買於形勢戶下隱庇差役者命官使臣除名公人百姓決配又准臣僚奏命官所置莊田定以三十頃爲限衙前將吏合免戶役者定以十五頃爲限所典買田只得於一州之內如祖父遷葬別有塋地者數外許更置墳地五頃時洺州肥鄉田賦不平郭諮攝令以千步方田法四出量括遂得其數除無地之租四百家正無租之地者百家收逋賦八十萬會三司議均稅法知諫院歐陽修言天下不知均括之術惟諮方田法簡而易行詔諮與孫琳均蔡州與上蔡稅三司議均田租諮陳均括之法十條仁宗天聖初詔民流積十年者其田聽人耕三年而後收賦減舊額之半後又詔流民

能自復者賦亦如之既而又與流民期百日復業蠲賦役五年減舊賦十之八期盡不至聽他人得耕明道二年劉平奏自邊吳淀望長城口東西不及五十里請引水植稻以開方田四面穿溝屈曲爲徑路纔令通步兵引曹鮑徐河及雞距泉分注溝中數載之後必有成績從之始置弓箭手斥塞上弃地人角力勝者給田二頃一百人以上團爲一指揮即要害處爲築堡使自塹其地爲方田以環之塞上諸塹率以丈五尺爲深廣之限山險不塹者但治使峭絕而已後皆以爲法時曹瑋知鎮戎軍請自隴山而東循古長城鑿塹爲限弓箭手給閑田蠲其稅春秋耕斂出兵護之慶歷中詔限職田有司始申定其數凡大藩長吏三十頃通判八頃判官五頃幕職官四頃凡節鎮長吏十五頃通判七頃判官四頃幕職官三頃五十畝凡防團以下州軍長吏十頃通判六頃判官三頃五十畝幕職官三頃其餘軍監長吏七頃判官幕官並同防團以下州軍凡縣令萬戶以上六頃五千戶以上五頃不滿五千戶並四頃凡簿尉萬戶以上三頃五千戶以上二頃五十畝不滿五千戶二頃錄事參軍比本判官曹官比倚郭簿尉發運制置轉運使副武臣總管比節鎮長吏發運制置判官比大藩府通判安撫都監路分都監比節鎮通判大藩府都監比本府判官黃汴河許汝石塘河都大催綱比節鎮判官節鎮以下至軍監諸路走馬承受并砦主都同巡檢提舉捉賊提點馬監都大巡河不得過節鎮判官在州監當及催綱撥發巡捉私茶鹽賊盜駐泊捉賊不得過簿尉皇祐中帝聞天下廢田尚多民罕土著或棄田流徙爲閒民每下赦令輒以招輯流亡募人耕墾爲言民被災而流者又優其蠲復緩其期招之詔諸州長吏令佐能勸民修陂池溝洫之久廢者及墾闢荒田增稅二十萬以上議賞監司能督責部吏經畫賞亦如之神宗熙寧閒復詔詳定職田凡知大藩府二十頃節領十五頃餘州及軍並十頃餘小軍監七頃通判藩府八頃節鎮七頃餘州六頃留守節度觀察判官藩府五頃節鎮四頃掌書記以下幕職官三頃五十畝防禦團練軍事推官軍監判官三頃令丞簿尉萬戶以上縣令六頃丞四頃不滿萬戶令五頃丞三頃不滿五千戶令四頃丞二頃五十畝簿尉減令之半藩府節鎮錄參視本州判官餘視幕職官藩府節鎮曹官視萬戶縣簿尉餘視不滿萬戶者發運轉運使副視節鎮知州開封府尉提點視餘州發運轉運判官常平倉提舉官視藩府通判同提舉視萬戶縣令發運司幹當公事視節鎮通判轉運司管幹文字提刑司檢法官提舉常平倉司幹當公事視不滿萬戶縣令蔡河許汝石塘河都大催綱管幹機宜文字府界提點司幹當公事視節鎮判官總管視節鎮知州路分鈐轄視餘州知州安撫路分都監州鈐轄視節鎮通判藩府都監視本州判官諸路正將視分都監副將視藩府都監走馬承受諸州都監都同巡都大巡河並視節鎮判官巡檢堡砦都監砦主在州監當及催綱撥發巡捉私茶鹽賊盜駐泊捉賊並視幕職官巡轄馬遞鋪監堰並縣鎮砦監當並視本縣簿尉諸路州學教授京朝視本州判官選人視本州曹官又詔成都府路提點刑獄司以本路職田令逐州軍歲以子利稻麥等拘斛變錢從本司以一路所收錢數又紐而爲斛斗價直然後等第均給自熙寧三年始五年帝患田賦不均重修定方田法詔司農以均稅條約幷式頒之天下以東西南北各千步當四十一頃六十六畝一百六十步爲一方歲以九月縣以令佐分地計量隨陂原平澤而定其地因赤淤黑壚而辨其色方量畢以地及色參定肥瘠而分五等以定稅若瘠鹵不毛及眾所食利山林陂塘溝路墳墓皆不立稅凡田方之角立土爲峰植其野之所宜木以封表之有方帳有莊帳有甲帖有戶帖其分煙析產典賣割移官給契縣置簿皆以今所方之田爲正令既具乃以濟州鉅野尉王曼爲指教官先自京東路行之諸路倣焉六年詔土色分五等疑未盡下郡縣物其土宜多爲等以期均當勿拘以五七年詔從鄧潤甫之請京東十七州選官四員各主其方分行郡縣各以三年爲任又詔每方差大甲頭二人小甲頭三人同集方戶令各認步畝方田官驗地色更勒甲頭方戶同定諸路及開封府界秋田災傷三分以上縣權罷外餘候農隙河北西路提舉司乞通一縣災傷不及一分勿罷元豐五年開封府言方田取稅之最不均縣先行即一州而定五縣歲不過兩縣今府界十九縣准此行之十年乃定請歲方五縣從之其後歲稔農隙乃行而縣多山林者或行或否八年帝知官吏擾民詔罷之天下之田已方而見於籍者至是二百四十八萬四千三百四十九頃先是熙寧五年詔開方田至是遂罷哲宗時畢仲游言曰有人則有田有田則有分田有瘠薄人有眾寡以人耕田相其瘠薄眾寡而分之謂之分分定而以名自占之謂之名田無甚難行者而至今不行則其制未均而恤之太甚故也蓋周井田之法一夫一婦受田百畝餘夫二十五畝以至工商士人受田亦各有等而又分之不易一易再易之差以一夫一婦而受百畝無主客之別比今二百畝矣以不易一易再易之相掩而又有餘夫則比今三百畝矣什一而征無他賦斂而又歲用其力不過三日則比今四百畝矣而

何武之制自諸侯王及於吏民皆無過三十頃以一諸侯王而財七八農夫此所謂制未均者也名田之議起於董仲舒申於何武師丹至晉泰始限王公之田以品爲差而均田之制起於後魏至唐開元亦嘗立法而卒皆不行夫名田之不行非下之人不行也乃上之人不行也非賤者而不行乃貴者而不行也在上而貴者戴高位食厚祿官其子孫而賞賜狎至雖田制未均猶當行也而何師之議則革於丁傅董賢晉魏有存則名存而實去此則所謂恤之太甚者也今將議占田之數酌復除之法則周官之書漢魏隋唐之制有可行者有不可行者董仲舒以秦變井田民得買賣富者連阡陌貧者無置錐之地宜少近古限民名田以贍不足塞兼并之路其說雖正而不聞其制度何武之制太狹今日之制太無限宜約周官授田之數與唐世業口分之法參其多少而用之士大夫則因其品秩之高下與其族類之衆寡無使貴者有餘而貧者不足要之仰足以事父母俯足以畜妻子旁可以及兄弟朋友而不爲兼并則善矣昔周官小司徒辨征役之施舍卿大夫國中貴者賢者能者服公事者老者疾者皆舍征秦民耕織致粟帛多與漢之孝弟力田皆復其身而丞相之子返與戍邊爲踐更卒則今日之復除亦可因而爲法九品者復其身亡品者復其子孫五品以上乃復其家而戍邊之制可易以助今齊民之役雖丞相子必使出泉以助之則下貧之室不困於重煩而在上貴者亦不純於僥倖然田制之未均可以均也非今日之患也迫於富家大室而恤之甚者則自漢以來未有以處之今日之患也夫事稽之于古而不合驗之于今而未見其利害測之于人情未得其中若是者誠難行也今占田之數復除之法稽之于古無不合驗之于今已見其利害測之于人情得其中加之無丁傅董賢之用事而今日之議過于何武師丹則無以富家大室爲難而行之天下幸甚

徽宗崇寧三年宰臣蔡京等言自開阡陌使民得以田私相貿易富者恃其有餘厚立價以規利貧者迫於不足薄移稅以速售而天下之賦調不平久矣神宗講究方田利害作法而推行之方爲之帳而步畝高下丈尺不可隱戶給之帖而升合尺寸無所遺以賣買則民不能容其巧以推收則吏不能措其姦今文籍具在可舉而行詔諸路提舉常平官選官習熟其法諭州縣官吏各以豐稔日推行自京西北兩路始政和中品官限田一品百頃以差降殺至九品爲十頃限外之數並同編戶差科三年河北西路提舉常平司奏所在地色極多不下百數及至均稅不過十等雖出十分之稅地土肥沃尚以爲輕第十等只均一分多是瘠鹵出稅雖少猶以爲重若不入等則積多而至一頃止以柴蒿之值爲錢自一百而至五百比次十等全不受稅既收入等但可耕之地便有一分之稅其間下色之地與柴蒿之地不相遠乃一例每畝均稅一分上輕下重欲乞土色十等如故外卽十等之地再分上中下三等折畝均數謂如第十等地每十畝合折第一等一畝折十等之上受稅十一不改元則十等之中數及十五畝一等之下數及二十畝方比上等受一畝之稅庶幾上下輕重皆均詔諸路既行其法五年福建利路茶戶山園如鹽田例免方量均稅七年詔內外宮觀捨置田在京不得過五十頃在外不得過三十頃不免科差徭役支移雖奉御筆許執奏不行宣和元年臣僚言方量官憚於跋履並不躬親行纏拍峰驗定土色一付之胥吏至御史臺受訴有二百餘畝方爲二十畝者有二頃九十六畝方爲一十七畝者虔之瑞金縣是也有租稅十有三錢而增至二貫二百者有租稅二十七錢則增至一貫四百五十者虔之會昌縣是也望詔常平使者檢察二年遂詔罷之民因方量流徙者守令招誘歸業荒閑田土召人請佃自今諸司毋得起請方田諸路已方量者賦稅不以有無訴論悉如舊額輸納民逃移歸業已前逋欠稅租並與除放（按方田之制自崇寧三年蔡京請開五年詔罷大觀二年復詔行之四年罷其賦稅依未方舊則至是遂不復行）

北宋田制自太祖開寶末天下墾田二百九十五萬三千三百二十頃太宗至道二年墾田三百一十二萬五千二百五十一頃景德中丁謂著會計錄云總得一百八十六萬餘頃以是歲七百二十三萬餘戶計之是四戶耕田一頃繇是而知天下隱田多矣又川陝廣南之田頃畝不備第以五賦約之至天聖中國史則云開寶末墾田二百九十五萬三千三百二十頃至道二年三百一十二萬五千二百五十一頃天禧五年五百二十四萬七千五百八十四頃而開寶之數乃倍于景德則謂之所錄固未得其實皇祐治平三司皆有會計錄而皇祐中墾田二百二十八萬餘頃治平中四百四十萬餘頃其閒相去不及二十年而墾田之數增倍以治平數視天禧則猶不及而敘治平錄者以謂此特計其賦租以知頃畝之數而賦租所不加者十居其七率而計之則天下墾田無慮三十餘萬頃是時累朝相承重於擾民未嘗窮按故莫得其實而廢田見於籍者猶四十八萬頃

欽定續通典卷二

食貨

田制中 南宋 遼 金

南宋高宗時中書舍人洪遵上言限田之制本於抑兼幷恤編戶寬力役可謂盡善然州縣猾吏因緣爲姦至於墳地蔬圃例皆紐計中下之家惟恐頃畝溢格至有貨鬻墳山以避徭役者甚非立法利民之本意而奉行之官不能體國漫弗加省望聖慈命戶部行下令品官之家止限見在田產山林園圃墳塋地段並行豁除仍以逐縣爲率依新制各計頃畝不通一州之數庶幾田制稍寬不致重擾建炎元年命有司招誘農民歸業者振貸之蠲欠租免耕牛稅三年廣州州學教授林勳獻本政書十三篇大略謂國朝兵農之政大抵因唐末之故今農貧而多失職兵驕而不可用是以饑民竄卒類爲盜賊宜倣古井田之制使民一夫占田五十畝其羨田之家毋得市田其無田與遊惰末作者皆使爲農以耕田之羨雜紐錢穀以爲什一之稅本朝二稅之數視唐增至七倍今本政之制每十六夫爲一井提封百里爲三千四百井率稅米五萬一千斛錢萬二千緡每井賦二兵一馬率爲兵六千八百人馬三千四百匹歲取五之一以爲五番之額以給征役無事則又分爲四番以直官府以給守衛是民凡三十五年而役始一徧也悉上則歲食米萬九千餘斛錢三千六百餘緡無事則減四分之三皆以一同之租稅供之匹婦之貢絹三尺綿一兩百里之縣歲收絹四千餘匹綿二千四百觔非蠶鄉則布六尺麻二兩所收視絹綿倍之行之十年則民之口算官之酒酤與凡茶鹽香礬之榷皆可弛以予民其說甚備又詔天下官田令民依鄉例自陳輸租紹興元年以軍興用度不足詔盡鬻諸路官田初閩以福建八郡之田分三等膏腴者給僧寺道院中下者給土著流寓自劉夔爲福州始貿易取資迨張守帥閩上倚以拊循凋瘵存上等四十餘剎以待高僧餘悉令民請買歲入七八萬緡以助軍衣餘寬百姓雜科民皆便之是時帝懼職田不均詔諸路提刑司依法標撥官多田少即於鄰近州縣通融須管數足又詔將空閒之田爲他司官屬所占者撥以足之仍先自簿尉始其有無職田選人并親民小使民每員月支茶湯錢一十貫文內雖有職田每月不及十貫者皆與補足所以厚其養廉之利懼其病民則委通判縣令覈實除其不可力耕之田損其已定過多之額若其頃畝多寡具有成式知藩府二十頃發運轉運使及知節鎮一十五頃知餘州及廣濟永康諸軍并路分鈐轄十頃發運轉運判官及通判藩府八頃知餘軍及發運司幹辦公事七頃通判餘州及軍滿萬戶縣令六頃藩府判官錄事參軍及同巡檢都大巡河提點馬鹽四頃節度掌書記及軍監都監三頃五十畝軍監判官及監堰滿五千戶縣丞滿萬戶簿尉并三頃餘州及不滿五千戶縣丞二頃五十畝不滿五千戶縣簿尉及監堰二頃三年戶部言人戶拋棄田產已詔三年外許人請射十年內雖已請射及撥充職田者並聽理認歸業官司占田不還許越訴如孤幼兒女及親屬依例合得財產之人委守令面問來歷取索契照句勒耆保鄰佐照證得實即時給付或僞冒指占者論如律從之五年詔諸官田比鄰田租召人請買佃人願買者聽佃及三十年以上者減價十之二六年詔諸路總領諭民投買戶絕入官及江漲河田海退泥田七年以賊徒田充官莊其沒官田依舊出買十二年左司員外郎李椿年言經界不正十害一侵耕失稅二推割不行三衙門及坊場戶虛供抵當四鄉司走弄稅名五詭名寄產六兵火後稅籍不失爭訟日起七倚閣不實八州縣隱賦多公私俱困九豪猾戶自陳詭籍不實十逃田稅偏重人無肯售經界正則害可轉爲利且言平江歲入二十萬不及昔之一半望考按覈實自平江始然後施之天下則經界正而仁政行矣上謂宰執曰椿年之論頗有條理秦檜曰其說簡易可行程克俊曰比年百姓避役止緣經界不正行之乃公私之利翌日甲午以椿年爲兩浙運副專委措置經界椿年條畫來上請先往平江諸縣俟其就緒即往諸州要在均平爲民除害更不增稅額如水鄉秋收後妄稱廢田者許人告陂塘塍埂之壞於水者官借錢以修之縣令丞之才短者聽易置圖寫墟畝選官按覆令各戶各鄉造砧基簿仍示民以賞罰開諭禁防靡不周盡吏取財者論如法又詔人戶田產多有契書而今來不上砧基簿者皆沒官用椿年請也十四年椿年權戶部侍郎仍舊措置經界十二月椿年以母憂罷兩浙運副王鐵權戶部侍郎措置經界十五年詔戶部及所遣官委曲措置務使賦稅均而無擾又因興國軍守臣宋時言詔諸州縣違期歸業者其田佃及官賣者即以官田之所耕者給還十七年李椿年再權戶部侍郎專一措置經界言已打量及用砧基簿計四十縣乞結絕其餘未打量及不曾用砧基簿止令給甲縣分欲展期一月許人戶首實昨已起新稅依額理納俟打量寬剩畝角即行均減更

不增添稅額仍令都內人各書實狀遇有兩爭卽對換產稅詔可十九年冬十一月經界之事始畢初朝廷以淮東西京西湖北四路被邊姑仍其舊又漳汀泉三州未畢行二十年詔凡沒官田域空田戶絕房廊及田幷撥隸常平司轉運提刑茶鹽司沒入田亦如之又詔瓊州萬安昌化吉陽軍海外土產瘠薄已免經界又瀘南帥臣馮檝抗疏論不便於是瀘敘州長寧軍並免渠果州廣安軍既行亦復罷自餘諸路州縣皆次第有成（是年詔敕令所刪定官鄭克行四川經界法克頗峻責州縣所謂有莊田者雖蔬果桑柘莫不有征而邛蜀民田至什稅其伍二十年詔兩淮沃壤宜穀置力田科募民就耕以廣官莊知資州楊師錫言有司奉行失當田畝不分畎瘠市居丈尺隙田亦充稅產於是降詔曰椿年乞行經界去民十害今聞寖失本意凡便民者依已行害民者與追正二十六年王之望上書言蜀中經界利害甚悉明年以之望提點刑獄畢經界事三月戶部言蜀地狹人夥而京西淮南膏沃官田尚多許人承佃官貸牛種時通判安豐軍王時升言淮南土皆膏腴然地未盡闢民不加多者緣豪強虛占良田而無偏耕之力流民襁負而至而無開耕之地凡荒閑田許人剗佃戶部議期以二年未墾者卽如所請京西路如之湯鵬舉言離軍添差之人授以江淮湖南方田人一頃為世業）二十一年以大理寺主簿丁仲京言凡學田為勢家侵佃者命提學官覺察又命撥僧寺常住絕產以贍學戶部議併撥無敕額庵院田詔可二十六年以諸路賣官田錢七分上供三分充常平司糴本初盡鬻官田議者恐佃人失業未賣者失租侍御史葉義問言今盡鬻其田立為正稅田既歸民稅又歸官不獨絕欺隱之弊又可均力役之法浙中刑獄使者邵大受亦乞承買官田者免物力二年至十年於是詔所在常平役官戶絕田已佃未佃添租未添租並拘賣二十八年詔戶部員外郎莫濛同浙西江東淮南漕臣視諸路河田蘆場（先是言者謂江淮閒河田蘆場為人冒占歲失官課至多故有是命已而言者極言累民未便詔止為勢家詭名冒占其三等以下戶勿例根括）詔浙西江東河田蘆場官戶十頃民戶二十頃以上並增租隸提領官田所尋罷之（乾道閒復梁俊彥等措置括得河田蘆場二百八十餘萬畝）孝宗隆興元年詔凡百姓逃棄田宅出二十年無人歸認者依戶絕法乾道四年知鄂州李椿奏江南荒田甚多請佃者開墾未幾便征稅度田追呼不任其擾旋卽逃去今欲召人請射免稅三年後為世業光宗時知漳州朱熹條奏經界狀略曰臣自早年卽為縣吏實在泉漳兩郡之閒中歲為農又得備諳田畝之事竊見經界一事最為民閒莫大之利其紹興年中已推行處至今圖籍尚存獨泉漳汀州不曾推行細民業去產存苦不勝言而州縣坐失常賦勢將何底然而豪家大姓猾吏姦民皆所不便向議輒為浮言所沮甚至以汀州盜賊藉口不知往歲汀州累次盜賊正以不曾經界貧民失業更被追擾無所告訴是以輕於從亂今者議臣之請且欲先行泉漳次及臨汀既免一州盜賊過計之憂又慰兩郡貧民延頸之望誠不易之良策也一推行經界在於推擇官吏乞朝廷先令監司一員專主其事使擇一郡守察其屬縣或不能則擇於其佐又不能則擇於他官一州不足則取於一路見任不足則取於得替待缺之中果得其人則事克濟而民無擾矣一經界之法打量一事最費功力而紐折算計之法又人所難曉者紹興中戶部行下打量攢算格式印本乞特詔戶部根檢謄錄點對行事一圖帳之法始於一保大則山川道路小則人戶田宅必要東西相連南北相照以至頃畝之闊狹水土之高低亦須當眾共定各得其實其十保合為一都則其圖帳但取山水之連接與逐保之大界總數而已不必更開人戶田宅也其諸都合為一縣則其圖帳亦如保之於都而已不必更為諸保之別也如此則其圖帳之費亦當少減若朝廷矜三郡之民不忍使更煩費則莫若令役戶只作草圖草帳而官為買紙雇工以造正圖正帳費就兩司上供錢內截撥應副也如此則大利可成而民亦不至於甚病矣龍巖縣劉璧申經界之行惟里之正長其役最為煩重疆理畝畝分別土色均攤稅賦其在當時動經歲役出入阡陌妨廢家務固已不勝其勞一有廣狹失度肥磽失宜輕重失當則詞訴並興而督責又隨至矣然有產則有役道當重難使出心力以應役使亦無可奈何彼皆鄉民安知經界書算則必召募書人以代此役而書人必嘗為胥吏之桀黠者莫不乘時要求高價執役之人急於期限不免隨索則酬而又簿書圖帳所用紙札亦復不貲竊謂經界之在今日不可不行行之亦不患無成若里正里長書人紙札之費有以處之則可舉行若坐視其殫力耗財如曩日恐非仁政之意也竊詳此意與臣所奏大抵略同一紹興經界打量既畢隨畝均產而其產錢不許過鄉此蓋以算數太廣難以均數而防其或有走弄失陷之弊也若使諸鄉產錢租額素來均平則此法善矣若隨鄉已有輕重人戶徒然攢算不免有害多利少之歎乞特許產錢過鄉通縣均紐庶幾百里之內輕重齊同實為利便一本州民閒田有產田有官田有職田有學田有常平租課田名色不一而其所納租稅輕重亦各不同年來產田之稅既已不均而諸色之田散漫參錯尤難檢計姦民猾吏並緣為姦實佃者或申逃閣無田者反遭俵寄至於職田俵寄不足則或撥到諸色官錢以充之其弊不可偏舉今莫若將見在田土打量步畝一概均產每田一畝隨入等

高下定計產錢幾文而總合一州諸色租稅錢米之數以產錢爲母定等則一例均敷每產一文納米若干錢若干米只一倉受納錢亦一庫交收卻以到官之數照元分數分隸若干爲省計若干爲職田若干爲學糧若干爲常平逐旋撥入諸色倉庫除逐年二稅造簿之外每遇辰戌丑未之年逐縣更令諸鄉各造一簿開具本鄉所管田數四至步畝等第各注某人管業有典賣則云某年典賣某人又造合鄉都簿一扇類聚諸簿通結逐戶田若干畝錢產若干文其有田業散在諸鄉者併就煙爨地分開排總結並隨秋科稅簿送州印押下縣知佐通行收掌人戶遇有交易將契書及兩家砧基照鄉縣簿對行批鑿則版圖一定而民業有經矣或者倘疑如此則本州產田納稅本輕而今當反重官田納租本重而今當反輕施行之後爭競必多須俟打量了畢灼見多寡實數方可定議說似有理乞聖照并與行下一本州荒廢寺院田產頗多目今並無僧行住持田土爲人侵占逐年失陷稅賦不少乞特降指揮許令本州出榜召人實封請買不惟一時田業有歸民益富實亦免向後官司稅賦因循失陷而又合於韓愈所謂人其人廬其居之遺意誠厚下足民攘斥異教不可失之機會也先是漳泉二州被命相度而泉州操兩可之說朝廷疑焉著作郎黃艾輪對又言之且云今日以天下之大公卿百官之衆商量一經界累年不成大於此者若之何上乃諭輔臣令先行於漳州明年春詔漕臣陳公亮同熹協力奉行南方地暖農務既興非其時也熹猶冀嗣歲可行益加講究條畫既備徧榜郡縣細民知其不擾而利於己莫不鼓舞而貴家豪右占田隱稅侵漁貧弱者胥爲異論以搖之至有進狀言不便者前詔遂格閱兩月熹請去尋命持湖南使者節猶以經界不行自劾議者惜之寗宗開禧元年夔路轉運判官范蓀言本路施黔等州荒遠緜亘山谷地曠人稀其占田多者須人耕墾富豪之家誘客戶舉室遷去乞將皇祐官莊客戶逃移之法校定凡爲客戶者許役其身毋及其家屬凡典賣田宅聽其離業毋就租以充客戶凡貸錢止憑文約交還毋抑勒以爲地客凡客戶身故其妻改嫁者聽其自便女聽其自嫁庶使深山寂谷之民得安生理嘉定閒知婺州趙惥夫行經界於其州整有倫序後守魏文豹行之益力於是向之上戶析爲貧下之戶實田隱爲逃絕之田者粲然可考凡結甲冊戶產簿丁口簿魚鱗圖類姓簿二十三萬九千有奇刱庫遷以藏之歷三年而後上其事於朝八年詔職田蠲放如民田違者坐之理宗淳祐二年敕自今凡民有契券界至分明所在州縣屯官隨即歸還六年殿中侍御史謝方叔言豪强兼并之患至今而極非限民名田有所不可是亦救世道之微權也今百姓膏腴皆歸貴勢之家租米有及百萬石者小民百畝之田頻年差充保役則獻其產於巨室以規免役小民田日減而保役不休大官田日增而保役不及可不嚴立經制以爲之防乎去年諫官嘗以限田爲說朝廷付之悠悠不知國用邊餉皆仰和糴然權勢多田之家和糴不容以加之保役不容以及之乞諭臣僚論奏使經制以定兼并以塞從之景定四年賈似道以國計困於造楮富民困於和糴思有以變法而未得其說知臨安府劉良貴浙西轉運使吳勢獻買公田之策似道乃命殿中侍御史陳堯道曹孝慶上疏請將官戶田產逾限之數抽三分之一以充公田帝從之詔買公田置買官田所以劉良貴提領臨安府通判陳訔爲檢閱副之良貴請下都省嚴立賞罰究歸併之弊帝曰求免和糴無如買逾限之田爲良法然東作方興權俟秋成續議施行當始於浙西諸路視之爲則似道乃上疏條陳其制帝悉從之由是浙西六郡買田三百五十餘萬畝每鄉置官莊一所民爲官耕者曰官佃爲官督者曰莊官莊官以富饒者充應兩歲一更每租一石明減二斗不許多收既而言者歷言其弊甚至民本無田而以歸併抑買自經分置莊官佃租騷擾至度宗咸淳四年始罷莊官而令諸郡公租以三千石爲一莊聽民於分司承佃不許盜易至德祐始盡除之而宋祚訖矣度宗咸淳元年監察御史趙順孫言經界將以便民雖窮閻下戶之所深願而未必豪家大姓之所甚樂今之所謂推排非昔之所謂自實推排者委之鄉都則徑捷而易行自實者責之於人戶則散漫而難集嘉定以來之經界時至近也官有正籍鄉都有副籍爲鄉都者不過按成牘而更業主之姓名若夫紹興之經界其時既遠而籍之存者寡矣因其鱗差櫛比而求焉由一而至百至千至萬稽其畝步訂其主佃亦莫如鄉都之便朱熹所以主經界而闢自實者正謂此也州縣能守朝廷鄉都任責之令又隨諸州之便宜而爲之區處當必人情悉孚不令而行矣從之三年司農卿季鏞言經界之法必多差官吏悉集都保徧走阡陌盡量步畝審定等色紐折計等姦弊轉生若推排之法不過以縣統都以都統保選任才富公平者定田畝稅色載之圖冊凡民有定產產有定稅稅有定籍吳門紹興及湖南一路俱已告成竊惟東南諸郡皆奉行惟謹其或田畝未實則令鄉局釐正之圖冊未備則令縣

局程督之監司郡守遞相稽察如周官日成月要以綜核之於是詔諸路施行史臣論曰南渡後水田之利富於中原故水利大興而諸籍沒田募民耕者皆仍私租舊額每失之重輸納之際公私事例迥殊私租額重而納輕承佃猶可公租額重而納重則佃不堪命州縣胥吏與倉庫百執事之人皆得爲侵漁之道於耕者也季世金人乍和乍戰戰則軍需浩繁和則歲幣重大國用常苦不繼於是因民苦官租之重命有司括買官田以給用其初弛其力役以誘之其終不免於抑配此官田之弊也嘉定以後又有所謂安邊所田（凡籍沒權倖而圍田湖田之在官者皆隸焉）收其租以助歲幣至其將亡又限民名田買其限外所有謂之公田初議欲省和糴以紓民力而其弊極多其租尤重宋亡遺患猶不息也

遼太宗會同三年詔於諧里河臚朐河之近地給賜南院鄂津圖嚕伊遜巴勒北院烏納哈喇錫林爲農田聖宗統和中蕭達林爲西北路招討使以準布都落伺隙而動欲增戍兵又恐餽餉不給問於耶律昭昭以書荅曰竊聞治得其要則仇敵爲一家失其術則部曲爲行路夫西北諸部每當農時一夫爲偵候一夫治公田二夫給紏官之役大率四丁無一室處芻牧之事仰給妻孥一遭寇掠貧窮立至春夏賑恤吏多雜以糠粃重以掊克不過數月又復告困且商牧者富國之本有司防其隱沒聚之一所不得各就水草便地兼以逋亡戍卒隨時補調不習風土故日瘠月損馴至耗竭爲今之計若賑窮薄賦給以牛種使遂耕穫置游兵以防盜掠頒俘獲以助伏臘散商牧以就便地期以數年富彊可望然後練簡精兵以備行伍何守之不固何動而不克哉

七年詔括民田又詔燕樂密雲二縣荒地許民耕種免賦役十三年詔昌平懷柔等縣諸人請業荒地十五年詔諸道勸民種樹又詔品部曠地令民耕種又募民耕灤州荒地免其租賦

金之田制量田以營造尺五尺爲步闊一步長二百四十步爲畝百畝爲頃民田業各從其便賣質與人無禁但令隨地輸租而已凡桑棗民戶以多植爲勤少者必植其地十之三明安穆昆戶少者必課種其地十之一除枯補新使之不鈌凡請射荒地者以最下第五等減半定租八年始徵之作已業者以第七等減半爲稅七年始徵之自首冒此鄰地者輸官租三分之二佃黃河退灘者次年納租海陵天德二年定制凡職田畝取粟三斗草一稱倉場隨月俸支正三品三十頃從三品二十一頃正四品十七頃從四品十四頃正五品十三頃從五品七頃正六品從六品六頃正七品從七品五頃正八品四頃從八品三頃正九品從九品二頃諸防刺以上女眞契丹司吏譯史通事不問千里內外公田三頃諸親王受任朝官兼外官者職田從職（金制二品而下無職田三品而下在京者亦無職田）正隆元年遣刑部尚書赫舍哩羅索等分行大興府山東眞定府拘括荒閑牧地及官民占射逃絕戶地戍兵占佃官地外路官本業外增置土田及大興府平州路僧尼道士女冠等地盆以授所遷之明安穆昆戶且令民請射而官得其租也世宗大定十一年正月上謂宰臣曰往歲清暑山西近路禾稼甚廣殊無商牧之地因命五百里外乃得耕種今聞民皆去之他所甚可矜憫其令依舊耕種（先是十年禁侵耕圍場地）十七年邢州男子趙迪簡言隨路不附籍官田及河灘皆爲豪強所占而貧民土瘠稅重乞遣官拘籍冒佃者定立稅課復量減人戶稅數庶得輕重均平詔付有司將行而止復以近都明安穆昆所給官地率皆薄瘠豪民租佃官田歲久往往冒爲己業令拘籍之又謂省臣曰官地非民誰種然女眞人戶自鄉土三四千里移來盡得薄地若不拘刷良田給之久必貧乏其遣官察之時省臣言官地所以人多蔽匿由盜耕罪輕乃更條約立限令人自陳過限則告者有賞十九年帝謂宰臣曰亡遼時所撥地與本朝地畝民或指射爲無主地租地及新開荒爲己業者可以拘括其間播種歲久若遽奪之恐民失業因詔括地官張九思戒之復謂宰臣曰朕聞括地事所行極不當如皇后莊太子務之類止以名稱便爲官地百姓所執憑驗一切不問其相鄰冒占官地復有幸免者能使軍戶稍給民不失業乃朕之心也二十年以行幸道隘詔沿路頓舍側近官地勿租與民耕種又詔山東路撥地一百四十頃大定初又於中都路賜田百頃命拘山東之地入官又諭有司曰白石門至野狐嶺其間淀濼多爲民耕植者而官民雜畜往來無牧放之所可差官括元荒地及冒佃之數二十一年帝謂宰臣曰山東大名等路明安穆昆之民往往驕縱不親稼穡盡令漢人蒔種取租已禁買奴婢委閱實戶數計口給地必令自耕力不足者方許佃於人時言者謂豪強之家多占奪田者（有一家一口至三十頃以致小民無田可耕）因令占官地十頃以上者皆括籍入官均賜貧民（又以山東路所括民田已分給女眞屯田人戶餘地還民）又尚書省奏山東所刷地數上曰此雖民地然無明據括爲官地亦無不可黃河已移故道梁山濼水退民嘗恣意種之後遣使安置屯田民懼征租逃者甚衆因

免征赦罪別以官地給之二十二年省臣張仲愈等謂民初無得地之由撫定後未嘗輸稅妄通爲己業者刷之上謂太刻但令明安穆昆人戶隨宜分處計其丁壯牛具合得土田實數給之不足則以前所刷地二萬餘頃補之二十三年奏明安穆昆戶墾田一百六十九萬三百八十頃有奇牛具三萬四千七百七十一在都宗室將軍司墾田二千六百八十三頃七十六畝牛具三百四德呼勒唐古二部墾田萬六千二十四頃一十七畝牛具五千六十六二十七年隨處官豪之家多侵占官地轉與他人種佃規取課利命有司拘刷見數以與貧難無地者每丁授五十畝庶不致失所餘佃不盡者方許豪家驗丁租佃二十九年擬再立限令貧民請佃官地緣今已過期計已數足其占而有餘者皆容告訴恐滋姦弊況續告漏遺地敕旨已革今限外告者宜卻之止付元佃兼平陽一路地狹人稠官地當盡數拘籍驗丁以給貧民上曰限外指告多佃官地者卻之當矣如無主不願承佃方許諸人告請其平陽路宜計丁限田如一家三丁已業止三十畝則更許存所佃官地一頃二十畝餘者拘籍給付貧民可也又從言官請招他路流民量給閒田耕河南曠地願作官地者免稅八年願爲己業者免稅三年並不許貿易章宗明昌元年六月以明安穆昆戶不務栽植桑果令每十畝中栽一畝仍下各路栽之三年議行區種法四年敕令農田百畝以上如瀕河易得水之地須區種三十餘畝多種者聽無水之地則從民便承安元年四月初行區種法男年十五以上六十以下有土田者丁種一畝丁多者五畝止二年二月九路提刑馬百祿奏地肥瘠不同乞不限畝數制可泰和四年令所在長官及按察司隨宜勸諭亦竟不能行是年定制軍人所撥地止十里內自種種數每丁四十畝續進丁同此餘者許令便宜租賃及兩和分種違者錢業還主時六路括地其閒屯田軍戶多冒名增口以請官地及包取民田而民有空輸稅賦虛抱物力者應命於稅內每歲續核之八年戶部尚書高汝礪以舊制人戶請佃荒地者納租之時多巧避匿由元限太遠請佃之初無人保識請自今請佃者可免三年作已業者免一年以鄰首保識爲長制宣宗貞祐三年宰臣以既徙河北軍戶於河南請以官田及牧地分界之已爲民佃者處之劉元規曰括地之議聞者無不駭愕向者河北山東已爲此舉民之塋墓井竈悉爲軍有若復行之大失衆心荒田不可耕徒有得地之名而無享利之實縱得熟土不能親耕而復令民佃之所得無幾而使紛紛交病哉遂罷之時北方侵及河南由是盡起諸路軍戶南來保守軍糧無出衆議益賦或與軍田二者不知所擇汝礪言河南官民地相半又多全佃官地之家一旦奪之何以自活如山東撥地時腴地盡入勢家瘠者乃付貧戶無益於軍而民有損惟當倍益官租以給軍食復以係官荒田牧地量數與之令其自耕爲便從之其後軍戶日給不足應授以荒官田及牧地可耕者人三十畝汝礪既總括荒田旋又奏頃畝之數甚少軍月復不能自耕必以與人取租數百里外請罷給但半給種半實直焉四年省院又議軍戶願佃者計口給之其餘僻遠不願者宜准近制係官荒地許軍民耕闢亦未能遽減其種遲以歲月俟成倫次漸可以省官廩耳後乃定擬民有能開牧馬地及官荒地作熟田者以半給之爲永業半給軍戶興定三年尚書右丞侯摯言河南軍民田總一百九十七萬頃見耕種者九十六萬餘頃合上中下十一取之歲得九百六十萬石自可優給歲支民不疲而軍用足詔有司議行之四年伊喇布言軍戶自徙於河南尚未給田移徙不常貧者甚衆請括諸屯處官田人給三十畝仍不移屯他所宰臣議先撥授之爲永業俟有獲即罷其家種從之五年京南行三司舒穆嚕斡魯言京南東西三路屯軍四十萬口歲費種一百四十餘萬石皆坐食民租宜括逋戶舊耕田南京一路舊墾田三十九萬八千餘頃內官田民耕者九萬九千頃餓民流離猝難復業不若分給軍戶人三十畝使之自耕或召人佃種令省臣議更不能行

欽定續通典卷二

食貨

田制下元　明

元世祖時趙天麟上策曰井田之法六尺爲步步百爲畝畝百爲夫夫三爲屋屋三爲井井方一里凡九百畝其中爲公田八家皆私百畝同養公田井百爲成成方十里成百爲同同方百里同百爲畿畿方千里臣嘗計方千里之地提封百萬井山川城市等除百分提封之三十六外定六十四萬井爲私田五萬一千二百萬畝其井中區除宅居二十畝之餘爲公田五千一百二十萬畝又乘除粟稻等子粒之多寡每畝歲只率一石五斗而計之則私田子粒可得七萬六千八百萬石公田子粒七千六百八十萬石其鰥寡孤獨無告者須先振惠焉上下相睦貧富相均此隆周所以旁作穆穆迓衡而孟子所以不憚區區告人也自嬴秦變法之後富者田連阡陌而貧者無置錐之地越至於今迫於豪富官貴而不能復聖朝東西南北地境無窮國家用費之資僅足下民愁歎之聲未絕且古者方千里之地得公田子粒七千六百八十萬石今能得之乎臣知其斷不能也方今之務莫如興復井田尚恐騷然騷動宜限田以漸復之望陛下一新田制凡宗室王公之家限田幾百頃凡無族官民之家限田幾十頃凡限外退田者賜其家長以空名告身每田幾頃官階一級不使之居實職也凡限田之外蔽欺田畝者坐以重罪凡限外之田有佃戶者就令佃戶爲主凡未嘗墾闢者令無田之民占而闢之且全免第一年租稅次年減半第三年依例科徵凡占田不可過限凡無田之民不欲占田者聽凡以後有賣田者買田亦不可過限也私田既定乃定公田公田之法凡九等一品者二十頃二品者十八頃三品者十五頃四品者十二頃其以下俱以二頃爲差至九品但二頃而已庶乎民獲恆產官足養廉行之五十年之後井田可以興復矣至元三年定隨路府州縣官員職田上路達嚕噶齊一十六頃總管同同知八頃治中六頃府判五頃下路達嚕噶齊一十四頃總管同同知七頃府判五頃散府達嚕噶齊一十頃知府同同知六頃府判四頃上州達嚕噶齊一十頃州尹同同知五頃州判四頃中州達嚕噶齊八頃知州同同知四頃州判三頃下州達嚕噶齊六頃知州同州判三頃警巡院達嚕噶齊五頃警使同警副四頃警判三頃錄事司達嚕噶齊三頃錄事同錄判二頃縣達嚕噶齊四頃縣尹同縣丞三頃主簿二頃縣尉主簿兼尉並同經歷四頃又定按察司職田各道按察使一十六頃副使八頃僉事六頃七年立司農司頒農桑之制十四條其最善者縣邑所屬村疃凡五十家立一社擇高年曉農事者一人爲之長增至百家者別設長一員不及五十家者與近村合爲一社地遠人稀不能相合各自爲社者聽其合爲社者仍擇數村之中立社長官司長以教督農桑爲事凡種田者立牌橛於田側書某社某人於其上社長以時點視勸誡不率教者籍其姓名以授提點官責之其有不敬父兄及凶惡者亦然仍大書其所犯於門俟其改過自新乃毀如終歲不改罰其代充本社夫役社中有疾病凶喪之家不能耕種者衆爲合力助之一社之中災病多者兩社助之凡爲長者復其身郡縣官不得以社長與科差事農桑之術以旱暵爲先凡河渠之利委本處正官一員以時濬治或民力不足者提舉河渠官相其輕重官爲導之地高水不能上者命造水車貧不能造者官具材木給之俟秋成之後驗使水之家俾均輸其直田無水者鑿井井深不能得水者聽種區田其有水田者不必區種仍以區田之法散諸農民種植之制每丁歲種桑棗二十株土性不宜者聽種榆柳等其數亦如之種雜果者每丁十株皆以生成爲數願多種者聽其無地及有疾者不與所在官司申報不實者罪之仍令各社布種苜蓿以防饑年凡荒閒之地悉以付民先給貧者次及餘戶每年十月令州縣正官一員巡視境內設法除蝗十二年江陵行省廉希憲以宋引水扞敵是以城闉之外瀦水瀰望因引還江流遂得陸地數百萬畝招諭富民隨力耕種約以三年後減半收租貧民趨之曾未期年已成沃壤二十一年定江南行省及諸司職田比腹裏減半上路達嚕噶齊八頃總管同同知四頃治中三頃府判二頃五十畝下路達嚕噶齊七頃總管同同知三頃五十畝府判二頃五十畝經歷二頃知事一頃提控案牘同散府達嚕噶齊六頃知府同同知三頃府判二頃提控案牘一頃上州達嚕噶齊五頃知州同同知二頃州判同提控案牘一頃中州達嚕噶齊四頃知州同同知二頃州判一頃五十畝都目五十畝下州達嚕噶齊三頃知州同同知二頃州判一頃五十畝上縣達嚕噶齊二頃縣尹同縣丞一頃五十畝主簿一頃縣尉同中縣同上無縣丞下縣達嚕噶齊一頃五十畝縣尹同主簿兼尉一頃錄事司達嚕噶齊一頃五十畝錄事同錄判一頃司獄一頃巡檢同按察使八頃副使四頃僉事三頃經歷二頃知事一頃運司官

運使八頃同知四頃運副三頃運判同經歷二頃知事二頃提控案牘同鹽司官鹽使二頃鹽副二頃鹽判一頃各場正同管勾各一頃成宗大德二年凡在官之地許民佃種輸租七年浙省平章政事徹爾以松江填淤民不可稻因導水入海民得良田若干萬頃武宗至大二年苗好謙獻種蒔之法其說分農民爲三等上戶地一十畝中戶五畝下戶三畝或一畝皆築垣墻圍之以時收採桑椹依法種植武宗善而行之三年申命大司農總挈天下農政修明勸課之令除牧養之地其餘聽民秋耕秋耕者掩陽氣於地中蝗蝻遺種皆爲日所曝死次年所種必盛於常禾也仁宗延祐元年平章章閭言經理大事世祖已嘗行之但其間欺隱尚多未能盡實以熟田爲荒地者有之懼差而析戶者有之富民買貧民田而仍其舊名輸稅者亦有之由是歲入不增小民告病若行經理之法俾有田之家及各位下寺觀學校財賦等田一切從實自首庶幾稅入無隱差徭亦均於是遣官經理然期限猝迫富民黠吏並緣爲奸以無爲有虛具於籍者往往有之明年命河南自實田自延祐五年爲始每畝止科其半按河南省總計官民荒熟田一百一十八萬七百六十九頃江西省官民荒熟田四十七萬四千六百九十三頃江浙省官民荒熟田九十九萬五千八十一頃英宗至治三年張珪上疏曰天下官田歲入所以贍衞士給戍卒自至元三十一年以後累朝以是田分賜諸王公主駙馬及百官宦者寺觀之屬遂令中書酬直海漕虛耗國儲其受田之家各任土著姦吏贓官催甲斗級巧名多取又且驅迫驛傳徵求餼廩折辱州縣償補逋負至倉之日變鬻以歸官司交忿農民窘竄臣等議惟諸王公主駙馬寺觀如所與公主僧格勒及普安三寺之制輸之公廩計月直折支以鈔令有司兼領輸之省部給之大都其所賜百官及宦者之田悉拘還官著爲令時不能從文宗天曆中詔諸路農民請佃荒田者與免租賦三年作己業者一年自首冒佃及諸佃黃河退灘地者不在免例順帝至正二年六月命江浙撥賜僧道田還官徵糧以備軍儲四年六月立松江等處稻田提領所時賜托克托松江田故也十三年正月命烏蘭哈達烏克遜良楨兼大司農卿給司農分司印西自西山南至保定河間北至檀順州東至遷民鎮凡係官地及元管各處屯田悉從司農分司立法佃種合用工價牛具農器穀種召募農夫諸費給鈔五百萬錠以供其用三月以各衙門在官田地并宗仁等衞屯田地土並付司農分司播種四月以禮部所轄掌薪司并地土給付司農分司又詔取勘徐州汝寧南陽鄧州等處荒田并戶絕籍沒入官者立司牧署掌司農分司耕牛又立玉田屯署十四年二月詔河南淮南兩省並立義兵萬戶府建清河大壽元忠國寺以江浙廢寺田歸之十六年三月臺臣言係官牧馬草地俱爲權豪所占今後除規運總管府見種外餘盡取勘令大司農召募耕墾歲收租課以資國用從之十九年三月置大都督兵農司仍置分司十道專督屯糧以博囉特穆爾領之所在侵奪民田不勝其擾

明土田之制凡二等曰官田曰民田初官田皆宋元時入官田地厥後有還官田沒官田斷入官田學田皇莊牧馬草場城壖苜蓿地牲地園陵墳地公占隙地諸王公主勳戚大臣內監寺觀賜乞莊田百官職田邊臣養廉田軍民商屯田通謂之官田其餘爲民田太祖卽位遣使覈浙西田畝又以中原田多荒蕪命省臣議計民授田令各處田土兵燹之後他人開墾成熟者聽爲己業業主已還有司於附近荒田撥補又令復業人民丁少而舊田多者不得依前占獲丁多而舊田少者於附近荒田驗丁撥補設司農司開置河南臨濠之田驗其丁力計畝給之不得兼幷北方近城地多不治召民耕人給十五畝蔬地二畝免租三年每年中書省奏天下墾田數官給牛及農具者乃收其租凡民田五畝至十畝者栽桑麻木緜各半畝十畝以上倍之民有犯法應籍沒者田土令拘入官洪武三年徙蘇州松江嘉興湖州杭州民無業者田臨濠給資糧牛種復三年五年詔流民復業者各就丁力耕種毋以舊田爲限十年賜百官公田勳臣公侯丞相以下莊田多者百頃親王莊田千頃又賜公侯暨武臣公田又賜百官公田以其租入充祿指揮沒於陣者皆賜公田二十四年給公侯歲祿歸賜田於官二十年命國子生武淯等分行州縣隨糧定區區設糧長四人量度田畝方圓次以字號悉書主名及田之丈尺編類爲冊狀如魚鱗號曰魚鱗圖冊先是詔天下編黃冊以戶爲主詳其舊管新收開除實在之數爲四柱式而魚鱗圖以土田爲主諸原坂墳衍下隰沃瘠沙鹵之別畢具魚鱗冊爲經土田之訟質焉黃冊爲緯賦役之法定焉凡質賣田土備書稅糧科則官爲籍記之毋令產去稅存以爲民害二十一年徙澤潞民無業者墾河南北田賜鈔備農具二十四年令公侯大官以及民人不問何處惟犂到熟田方許爲主但是荒田俱係在官之數若有餘力聽其再開其山場水陸田地亦照原撥賜則例爲主不許過分占爲己有又令山東概管農民務見丁著役限定田畝著令耕種敢有荒蕪田地流移者論如律二十六年覈天下土田總八百五十萬七千六百二十三頃凡田以近郭爲上地迤遠爲中地下地五尺爲步步二百四十爲畝畝百爲頃仍元里社之制河北諸州縣土著者以社分里甲遷民分屯之地以屯分里甲社民先占畝廣屯民新占畝狹故屯地謂之小畝社地謂

之廣畝時又令開墾荒蕪官田俱照民田起科二十八年詔河南山東桑棗及二十七年後新墾田毋徵稅（按宣德間墾荒出永不起科及洿下斥鹵無糧者皆覈入賦額數溢於舊有司乃以大畝當小畝以符舊額有數畝當一畝者步尺參差不一人得以意贏縮土地不均未有如北方者貴州田無頃畝尺籍悉徵之土官而諸處土田日久頗淆亂與黃冊不符）成祖永樂元年發流罪以下墾北京田英宗正統三年詔各處凡有入額納糧田地不堪耕種另自開墾補數者有司勘實不許重復起科五年令北直隸府州縣將富豪軍民人等包耕田地除原納糧田地外其餘均撥貧民及衛場田地人戶耕照例起科其貧民典當田宅年久無錢取贖及富豪軍民占種逃民田地待復業之日照舊斷還原主十三年令各處寺觀僧道除洪武年間置買田土其有續置者悉令各州縣有司查照散還於民若廢弛寺觀遺下田莊令各該府州縣踏勘悉撥與招還無業及丁多田少之民每戶男子二十畝三丁以下者三十畝若係官田照依減輕則例每畝改科正糧一斗俱爲官田如有戶絕仍撥給貧民不許私自典賣景泰帝二年令各處寺觀量存六十畝爲業其餘撥與小民佃種納糧英宗天順二年敕皇親公侯伯文武大臣不許强占官民田地事發坐以重罪八年（時憲宗已卽位）以順義縣安樂里板橋村太監曹吉祥抄沒田一處撥爲宮中莊田（皇莊之田由此始）憲宗成化五年彭韶疏言奉命會勘眞定府土地按眞定在堯舜時爲冀州之域其賦第一等或雜出第二等說者以爲如周官田一易再易之類蓋以其地有間一歲一收者有間二歲一收者所以賦有不同則是未嘗逐畝定賦而一畝必兼數畝之地明矣我太祖皇帝於洪武二十八年戶部官奉旨百姓供給煩勞已有年矣山東河南民人除額入田地照舊徵科新開荒地不問多少永不起科有力者聽其自種宣德六年本部官又奏北京八府供給尤多欽蒙宣宗皇帝准令照例是祖宗之心卽堯舜之心也以此眞定所屬武强等縣新開地土向不起科至天順二年太監韓諒奏討武强縣踏勘得無糧地五百一頃三十五畝蒙英宗皇帝欽撥一百頃與韓諒外有四百餘頃仍舊與民耕種不曾科糧是英宗皇帝之心卽祖宗之心也後因廣寧侯家人劉聰等累年攪擾民間方將前地并韓諒還官地減輕起科誠出無奈今指揮同知周彧等又奏前地有司不能明白數奏再量出無糧地七十餘頃蓋其地間有多餘故也然地雖間有勢難盡量臣等不敢欺蔽請陳其實頃者親詣本縣見其地有高阜者有低窪者有平坦磽薄者天時不同地利亦異且如亢旱則低處得遇而高處全無水潦則高處或可而低處不熟沿河者流徙不常鹹薄者數年一收截長補短取彼益此必須數畝之地僅得一畝之入是以堯舜行錯法於前我祖宗許開種於後良爲此也卽今彼處人民追賠馬匹起運糧草砍柴人夫京班皁隸等項一年約有數班差役以致丁丁皆授役之人歲歲無空閒之日所深賴者顧戀地業盡力耕種以取給朝夕而已今若一畝只量與一畝餘皆奪爲閒地則仰事俯育且無所資其餘糧差何暇復計臣知其非死則徙耳自古立國皆重根本今眞定近在畿內理宜加厚此臣等所謂不可盡量者也而戚里功臣之家錦衣美食與國咸休但能存心忠厚自然富貴兩全奚待與民爭艱食之利哉況聖朝卜世無疆法當垂後土地有限而求者務多亦恐終不能有所應付也伏望特憫其祖宗開墾艱難其子孫衣食所托量加寬恤庶幾民間知有生生之樂六年從原傑奏凡軍民有告訐不起科者不聽又題准各王府及功臣之家賜田土佃戶照原定則例將該納子粒每畝徵銀三分送赴本管州縣上納令各該人員關領不得自行收受二十一年令遼東地方軍人有開墾拋荒土地（不係屯田）分上中下三等起科孝宗弘治二年令順天等六府入官田地俱撥與附近無田小民耕種起科每名不過三十畝三年禁宗室勳戚奏請田土及受人投獻實在田土總計四百二十三萬八千五十八頃內官田五十九萬八千四百五十六頃民田三百六十萬九千六百一頃武宗正德十六年差夏言樊繼祖張希尹等往順天等府查勘各項莊田地土共二十萬九百一十九頃又外係先年侵占民者共二萬二百二十九頃各給主遂罷皇莊及官莊等而宦戚輩復中撓之帝命覈先年頃畝數以聞改稱官地不復名皇莊（又定凡公主國公莊田世遠存什三嘉靖三十九年遣御史奪隱冒莊田萬六千餘頃穆宗復定世次遞減之限勳臣五世限田二百頃戚畹七百頃至七十頃有差初世宗時承天六莊二湖地八千三百餘頃領以中官又聽校舍兼并增八百八十頃分爲十二莊至是始領之有司兼并者還民宗室買田不輸役者沒官皇親田俱令有司徵之賜額有定徵收有制民害少衰神宗賚予過侈福王分封括河南山東湖廣田爲皇莊至四萬頃羣臣力爭乃減半王府官丈地徵稅旁午於道時復更定勳戚莊田世次遞減法視舊制稍寬其後應議減者輒奉詔姑留不能革也）是年覈馬房地土頃畝設立碓開挑濠塹呈部照驗世宗嘉靖初因給事中底蘊奏正德以來無籍之徒捏稱湖蕩等項無人之地投獻勢要奏建皇莊命刑部尙書林俊查勘俊疏言竊查皇莊及皇親功臣各莊田所占各府州縣地自正德十一年以前已有三百八十餘處每處地土動計數千百頃中間侵占混奪之弊積襲已非一朝爲厲之階實起於姦

入欲盡規地利以媚朝廷究其流弊則壞於勢家盡奪民産以肥私室其在宮闈者則中官禁卒旁午肆出而郡縣恣其騷擾其在勳戚者則豪奴悍僕肆行威斷而官府莫敢誰何節經差官查勘終於患害不除蓋由私人貴戚憑藉寵靈猾少姦徒盤據窟穴是以積垢宿蠧莫可爬梳合勢朋計動行沮撓此實累朝弊政至於先朝而極畿輔軍民剝膚摧髓之害莫有甚於此者也茲者伏荷皇上至仁體物軫念民窮故因言官建議亟蒙俞允之音繼因該部執奏特降諭切之旨既將管莊人員盡數取回復禁皇親功臣不許自行收受厲階禍本一旦剗除中外人心不勝歡慶但先經該部具題節行撫按衙門去後續因差科道等官止令前去會同本處巡按御史而於巡撫衙門顧未之及臣等愚昧以爲鋤擊豪强則於巡按之體爲切至於檢覈田土則於巡撫之職爲宜必須彼此會同方於事體穩便且順天等八府雖云近在畿甸然地方遼闊周廷千里故撫按付以四人分理今皇莊並各項莊田所占之地幾遍八府以正德十一年以前所有計之無慮九萬餘頃至於近年以來歲增日益踰鄉跨邑無處無之且先年祇因一二處奏辨告爭朝廷差官亦不過一二處踏勘尚有經年閱月方得事竣今舉列郡皇莊之多百年積習之弊一旦付臣等清理是宜舉措之間要必先有次第訪得各該撫按官員見今巡歷各在一方相去隔遠卒難期會請查照該部原議先行撫按衙門遵照先令即奉欽依事理一面委官分頭親詣各處皇莊逐一查出四至段落并原額頃畝數目及審有無侵占等弊開具略節聽候臣等領敕親詣各該地方備出告諭嚴加督責密行體訪中間或權豪勢要沮壞行事或侵奪隱占積久難明或姦猾刁徒乘機誑詐或貪官枉法欺弊或冗官玩法稽行俱聽臣等會按施行疏上敕順天等八府畿內重地朝廷累有優恤禁例近姦猾無稽之徒妄以軍民田地指作空閒投獻奏改皇莊以致失業朕深惻然茲特命爾與山西道監察御史樊繼祖等會同撫按親詣覈勘給主召佃凡有益國家有利軍民者悉聽會同議處施行俊又疏曰伏讀詔書內一款京通二倉水次倉皇城各門京城九門各房倉場各皇莊凡正德中額外增置者內城司禮監照洪武初年例查奏取回又禮科給事中底蘊奏爲應詔查處皇莊事奉旨該部查覆本部依議轉行查勘既而兵部又稱差管皇莊內臣官校數多移咨勘報臣等益加駭愕竊惟太祖以應天等處爲興王之地特將夏稅不時全免太宗建都北平恪守成憲列聖相承益隆無替正德以來無籍之徒輒取畿內逋田投獻近倖奏爲皇莊況管莊內臣又憑城狐社鼠之勢而收租官校即係設謀投獻之人橫征巧取莫敢誰何而皇親駙馬功臣人等莊田散布其間乘機侵奪往往有之幸賴陛下聖明入繼大統即有前項裁革管莊內臣之詔甚盛心矣旬日之間乃復許皇莊責令私人管理不意惟新之初有此厲民之漸伏望陛下垂念畿輔根本收回成命又查勘事宜重大必須差科道部屬假以事權公同查勘庶幾克濟奉旨姦猾之徒侵奪民田朕在藩邸已知其弊便寫敕遣官查勘給主管莊人員盡數撤回務使積弊盡革欽此臣等遵敕請以順天等府州縣會同前巡撫順天等府地方都察院右副都御史李昆今接管右副都御史孟春并巡撫保定等府地方都察院右副都御史周季鳳前巡撫直隸監察御史王琳宋鉞今接管監察御史郭楠選官親詣各處召集地隣里老等嚴加查勘旋據順天等府經歷司以委官治中王槐等所查勘各州縣原額莊田并投獻侵占額外地土各頃畝數目及取具業主召佃人戶退認供給領狀造冊呈繳臣等覆勘訖竊臣等奉命以來按行八府閱歷三時仰希明恩俯詢民瘼凡成化弘治及正德年間皇莊及皇親功臣莊田凡屬姦民投獻勢要侵占者盡數查出給主召佃還官歸民一切遵旨施行所據查勘順天等府地方各項莊田地土計二十萬九百一十九頃二十八畝退斷侵占過民地計二萬二百二十九頃二十八畝閭閻歡忻鼓舞歌頌但臣等區區尚有進於是者臣聞古者四民各有常職而農者十居八九故衣食足而民無困洪惟我太祖立國之初檢覈天下官民田土收種俱有定額乃令山東河南額外荒田任民開墾永不起科至我宣宗皇帝又令北直隸地方比聖祖山東河南例民間新開荒田不問多寡永不起科至正統六年則令北直隸開墾荒田從輕起科實於祖宗之法略有背戾至景皇帝時亦追復洪武舊例不許額外丈量起科至今所當遵行蓋緣北方地土平夷廣衍中間大半瀉鹵瘠薄之地葭葦沮洳之場且地形率多窪下一遇驟雨即成淤沒不必淫潦之久輒有害稼之虞祖宗有見於此曲爲體恤是以北人雖有水潦災傷猶得隨處耕墾不致坐窘衣食夫何近年權倖親暱之臣妄聽姦民投獻輒自違例奏討由是公私莊田踰鄉跨邑小民恆產歲剝月削至於本等原額徵糧養馬產鹽入站之地一例奪據權勢橫行何所控訴

產業既失糧稅究存徭役苦於並充精草困於重出飢寒流轉靡所底止以致強者起爲盜賊弱者轉死溝壑其巧黠者則或投充勢家莊頭家人名目資其勢力轉擾良民或匿入海戶陵戶勇士校尉等籍脫差徭以重困敦本之人凡所以蹙民命竭民膏者百孔千瘡不能枚舉臣等伏查各宮莊田祖宗以來未之有也惟天順八年以順義縣安樂里板橋村太監吉祥抄沒地一處撥爲宮中莊田其地原額一十頃一十三畝初吉祥占過軍地二十四頃八十七畝共三十五頃立莊今次查勘又占過民田四十頃見在共七十五頃此則宮闈莊田之始而數十年間侵占之數過於原額已十倍也舉此一處其他可知至成化年間惟增寶坻縣王浦營莊田一處原係會州衛草場當時止增豐潤新城雄縣莊田三處至弘治十八年十月乃孝廟升遐之後先帝踐阼之初一月之間建立皇莊七處曰大興縣十里鋪皇莊曰大王莊皇莊曰深溝兒皇莊曰高密店皇莊曰石婆營皇莊曰六里屯皇莊曰土城皇莊自此之後設立漸多而皇莊之名始著其在昌平州則有蘇家口皇莊在三河縣則有白塔皇莊在眞定府寧晉縣則有鋪頭村皇莊大劉村皇莊在平陰縣則有大灰窑皇莊在新河縣則有仙汪莊皇莊在南宮縣則有南莊村皇莊此皆正德元年之新設也又東安縣則有南葛里皇莊寶坻縣則有李子沽皇莊通州則有神樹皇莊武淸縣則有灰蝸口皇莊王慶陀皇莊靜海縣則有四當口皇莊此皆正德二年之所設也至正德四年則立大興縣三里河皇莊二處正德五年則立六里屯皇莊一處正德七年則立武淸縣尹兒灣大直沽皇莊二處正德八年則立昌平州樓子村皇莊靜海縣衛河兩岸皇莊靑縣孫兒莊皇莊保定府安州騙馬廟皇莊淸苑縣闞莊社皇莊正德九年則又立安肅縣龍化社皇莊數年之間設立皇莊如此之夥共計占地三萬七千五百九十五頃四十六畝皇莊既立則有管理之太監有奏帶之旗校有跟隨之名下每處動至三四十人其初管莊人員出入及裝運租稅並自備車輛夫馬不干有司正德以來權姦用事於是有符驗之請關文之給經過州縣有廩餼之供有車輛之取有夫馬之索其分外生事巧取財物又有言不能盡者及抵所轄莊田處所擅作威福肆行武斷其甚不靖者則起蓋房屋駕控橋梁擅立關隘出給票帖私刻關防凡民間撑駕舟車放牧牛馬採捕魚蝦螺蚌莞蒲之利靡不括取而相鄰地土展轉移築封堆包打界至見畝徵銀本土豪猾之民投爲莊頭撥置生事幫助爲虐多方括剋獲利不資輸宮闈者曾無十之一二而私入囊橐者蓋不啻什八九矣是以小民脂膏吮削無餘丁壯逃竄戶口消耗里分減併糧差愈難卒致輦轂之下生理寡遂閭閻之間貧苦刻骨道路嗟怨邑里蕭條此弊不革將見數十年後人民離散土地日蹙盜賊蠭起姦雄藉口不知朝廷何以爲國此可爲太息流涕者也幸遇皇上天縱仁智入繼大統曩在潛邸已知其弊卽位之初首下明詔管莊人員盡數革回乃者復採廷議委臣等以查勘前項地土草萊之人始得披雲霧而覩靑天脫水火而就袵席矣臣等勘報文冊將在京附郭大興縣地方各宮莊田原不係占奪民田不滿數十頃者請一切改爲各宮親蠶廠公桑園等項名額以備宮中蠶事其餘一應莊田遠在各府州縣動以千百頃計者臣願陛下一切弛以利民或勒歸戶部造入版籍令民照舊輸納以爲在官地土不必更屬宮闈如宮中常年供用不能頓缺敢乞令戶部每歲進納上供銀兩若干分進各宮以充支用則光明正大何必慮受莊田之名而貽小民之害哉至於皇親功臣欽賞莊田查得洪武初年公侯駙馬伯祿米皆給官田令量原定官糧私租之數依主佃分數收取至洪武二十五年皆給祿米賜田還官竊惟洪武初年天下甫定干戈之後土地有餘彼時受封者又皆佐命元臣比今之戚畹恩澤封拜萬萬不同然而給祿之後原賜土田急令還官誠以土地乃農業所資國家之本夫古之有田祿者各食其田之所出以爲世祿今旣官給之祿柰何又與之田是重出且過制矣然功臣之中勛勞大者至今仍有莊田不過數家管業已定侵占亦少惟近年皇親侯伯憑藉寵暱奏討無厭害民奪業甚失人心今臣等仰遵敕旨退給伏望陛下敕部自功臣家外將累朝皇親侯伯受賜莊田據臣等勘報文冊通融數目多寡定爲中制量給養贍其過多者一切裁損以還之官臣等又查勘過各項田土數目並是退給侵牟開豁荒鹹虛實之數比與先年妄報投獻奏討原數不同乞敕部一以新冊爲定移出所給執照以便徵收其山東河南奉例開墾之地亦有姦猾之徒投獻王府勢與畿甸之弊大抵相類請敕下凡皇莊及各皇親莊田處分旣訖一併出榜頒示天下其有違例投獻奪至百頃以上者處以極刑則法重而民不敢犯恩溥而民得安生矣六年令各處板荒積荒拋荒田地不拘本府別府軍民匠竈儘力耕墾給與由帖永遠管業七年題准今後

應賞地土隨品級定制凡遠遺莊田別其世之親疏量爲裁革至於戚畹開墾置買不行報官納糧者照功臣律例一體追斷八年霍韜奉命修會典言自洪武迄弘治百四十年天下額田已減强半而湖廣河南廣東失額尤多非撥給於王府則欺隱於猾民廣東無藩府非欺隱卽委棄於寇賊矣司國計者可不究心是時桂萼郭宏化唐龍簡霄先後疏請覈實田畝而顧鼎臣請履畝丈量丈量之議由此起江西安福河南裕州首行之而法未詳具人多疑憚其後福建諸州縣爲經緯二冊其法頗詳然率以地爲主田多者猶得上下其手又令各撫按官查有荒廢寺觀無僧行住持及遺下田產無人管業者照彼中時價召人承買改名入冊辦納糧差又令陝西拋荒田土最多州縣分爲三等第一等召募墾種量免稅三年第二等許諸人承種三年之後方納輕糧每石照例減納五斗第三等召民自種不徵稅糧拋荒不及三分有附近及本里本甲本戶人丁堪以均派帶種者勸諭自相資借牛種及貧無力者官爲借給責令開墾不必勘報又令西安等府田土果係拋荒無人承種者卽召人耕種官給牛具種子不徵稅糧若有水崩沙壓不堪耕種者卽與除豁九年查順天六府所屬通州大興等六十七州縣勳戚內臣寺觀莊田共四百一十九處計地四萬四千一百二十五頃四畝十一年令薊州永平沿邊關營拋荒山場地畝係有糧原爲民業者附近軍餘承佃任納民糧其冊籍不載幷原係附近官山官地撥給附近正軍耕種量收輕稅作爲屯田餘地其建昌等營裁革鎮守守備內臣遺下田土房屋係占奪者給還原主當辦糧差係官山官地分給貧軍耕種量收稅價以充各邊賞勞修理公用十三年題准各處但有拋荒堪種之地聽招流移小民或附近軍民耕種照例免稅三年官給牛具種子不許科擾如地主見其開種成熟復業爭種者許赴官告明量撥三分之一給主二分仍聽開荒之人承種各照畝納糧十年之上方行均分敢有恃强奪占者官司問罪又裁汰陝西鎮守太監其養廉地一百五十四頃令原佃軍民承種附入實徵冊十四年以通州曬米廠地四頃召佃爲修理公廨之用十五年以陝西中護衞外地九頃拋荒田二十五頃召佃以備軍儲二十一年以總兵官東紅花等莊田三頃革任太監所遺荒田二頃副總兵遊擊將軍各一頃皆軍餘開墾屯田聽軍人佃種至各邊將官能於邊外自開地者任其開墾耕種不在此例二十二年令陝西查勘朝邑縣地方（潼關以西鳳翔以東）黃河退灘堪以耕種地二百九十一頃八十三畝令居民照舊耕種收入實徵冊自本年爲始每畝起科三升二十四年詔流民復業與牛種開墾閒田者給復十年二十九年令凡公主國公下莊田世遠者以十分爲率內儘一處撥給三分其餘七分盡數追出還官徵銀解部以補官莊備邊之需若爵級已革除補足宮莊額數外餘賸地畝照例徵銀解部濟邊或量留五分給與的親承繼人員管業以備護墳香火之用其餘五分還官寺觀太監下自買營造邱隴奏免糧差地不及三頃者容令照舊若至三頃之外量免其養馬均徭差役每畝督辦納子粒解部穆宗隆慶元年御史董堯封奏查出蘇松常鎭四府投詭田一百九十九萬五千四百七十畝花分田三百三十一萬五千五百六十畝因條上便宜事一議丈量二定糧冊三均糧役四明優免五均平徭役六裁供億七申法守八嚴責成戶部覆丈量均賦私兌恐煩擾難行優免雖有定例但吳中起科甚重若止論糧石均爲不均宜視田畝之數爲差其餘悉如議報可二年題准以後奏請莊田乞欽定數目撥給其年遠勳戚行屯田御史自封爵之日爲始傳派五世親服已盡者止留莊田百頃或支派已絕並爵級已革盡數追奪還官又題准元勳後裔傳派五世者原議百頃之外今再留一百頃如係勳戚相半者再留五十頃神宗萬曆二年召人墾種甘州荒地俟六年量徵四年詔鳳陽淮安力舉營田六年張居正以田賦失額小戶多存虛糧致里甲賠累從言官疏詔令二直隸十三布政司府州縣通行丈量限三年之內竣事居正用開方法以徑圍乘除畸零截補於是豪猾不得欺隱里甲免賠累而小民無虛糧總計田七百一萬三千九百七十六頃視弘治時贏三百萬頃然居正尙綜核頗以溢額爲功有司爭改小弓以求田多或掊克見田以充虛額北直隸湖廣大同宣府遂先後按溢額田增賦時詔江北諸府民年十五以上無田者官給牛一頭田五十畝開墾三年後起科又詔蘇州諸府開墾荒田七年覈兩畿山東陝西勳戚田十一年議陝西延寧二鎭丈出荒田不在屯田舊額內者俱聽軍民隨便領種永不起科各邊但有屯餘荒地可墾者視此十九年詔定戚臣莊田二十六年正月大學士沈一貫奏山東一省六府地廣民稀宜令巡撫得自選廉幹官員將該省荒蕪地土逐一查核頃畝的數多方招致能耕之民如江西福建浙江山西及徽寧等處不問遠近凡願入籍者悉許報名擇便宜爲之正

疆定界置署安插辨其衍沃原隰之宜以生五穀六畜之利其新籍之民則爲之編戶排年爲里爲甲循阡履畝勸耕勸織禁絶苛暴罷免追呼止奢僭以養淳朴之性興禮讓以厚親睦之俗以錢穀爲市使姦民無所覬覦貪吏無所漁獵或又聽其寄學應舉量增解額以作興之聽其試武私充吏役納粟授官以榮進之毋籍爲兵以駭其心毋重其課以竭其財有恩造於新附而無侵損於土著務令相安相信相生相養既有餘力又爲之淘濬溝渠內接漕流以輕其車馬負擔之力使四方輻輳其間則商賈紛來魚鹽四出而其利益廣不數年可稱天府詔可二十八年詔查僧道廢絶山田南直隸寺院俱優免詔謂畿輔重地焚修香火概免清查

欽定續通典卷三

欽定續通典卷四

食貨四

水利田 唐 宋 遼 金 元 明

唐代宗大曆五年朗州刺史韋夏卿治溠陂溉田千餘頃十二年昇州句容令王昕因絳巖湖周五百里爲塘立二斗門以節旱暵開田萬頃十三年敕毀白渠支流碾磑以溉田德宗貞元二年明州刺史任侗修鄮縣仲夏堰溉田數千頃又漢州刺史盧士程於雒縣立隄堰溉田四百頃憲宗元和三年福州長樂令李茸於舊海隄築立十斗門以禦潮旱則瀦水雨則洩水遂成良田又江南西道觀察使韋丹築隄扞江長十二里竇以疏漲凡爲陂塘五百九十八所灌田萬二千頃穆宗長慶初朗州刺史溫造開後鄉渠百里溉田二千頃號右史渠後遷節度河陽復懷州古秦渠枋口堰以溉田濟源溫河內武陟四縣田五千頃

宋太祖開寶八年知瓊州李易上言州南五里有度靈塘開修渠堰溉水田三百餘頃居民賴之太宗至道元年正月度支判官梁鼎陳堯叟上鄭白渠利害按舊史鄭渠本引涇水自仲山西抵瓠口並北山東注洛三百餘里溉田四萬頃畝收一鍾白渠亦引涇水起谷口入櫟陽注渭水長二百餘里溉田四千五百頃兩渠溉田凡四萬四千五百頃今所存者不及二千頃皆近代改修渠堰浸壞舊防由是灌溉之利絕少於古鄭渠難爲興工今請遣使先詣三白渠行視復修舊迹於是詔大理寺丞皇甫選光祿寺丞何亮乘傳經度選等使還言周覽鄭渠之制用功最大並仲山而東鑿斷岡阜首尾三百餘里連亙山足陻廢已久其始涇河平淺直入渠口曁年代浸遠涇河陡深水勢漸下與渠口相懸水不能至實難致力其三白渠溉涇陽櫟陽高陵雲陽三原富平六縣田三千八百五十餘頃此渠衣食之源也望令增築隄堰以固護之舊設節水斗門一百七十有六皆壞請悉繕完渠口舊有六石門謂之洪門今亦隤圮若復議興置則其功甚大且欲就近度其岸勢別開渠口以通水道歲令渠官行視岸之缺薄水之淤塡卽時浚治嚴豪民盜水之禁涇河中舊有石堰廢壞已久其後止造木堰梢椿出於緣渠之民水潦時漂流散失秋復率民葺之數斂重困自今溉田旣畢命水工拆堰木置於岸側可充二三歲修堰之用所役緣渠之民計田出丁凡調萬三千人疏渠造堰各獲其利固不憚其勞也選能吏司其事置署於涇陽縣側以時行視往復甚便眞宗景德三年鹽鐵副使林特度支副使馬景盛陳關中河渠之利請遣官行視鄭白渠興修古制乃詔太常博士尚賓乘傳經度率丁夫治之賓言鄭渠久廢不可復今自介公廟迴白渠洪口直東南合舊渠以畎涇河灌富平櫟陽高陵等縣經久可以不竭工旣畢而水利饒足民獲數倍大中祥符七年涇原都鈐轄曹瑋言渭北有古池連帶山麓今濬爲渠令民導以溉田詔嘉獎之天禧四年淮南勸農使王貫之導海州石闥堰水入漣水軍溉民田亦賜詔嘉獎神宗卽位志在富國故以勸農爲先仁宗景祐初遣尚書職方員外郎沈厚載出懷衞磁相邢洺鎭趙等州教民種水田神宗熙寧元年詔諸路監司比歲所在陂塘堙沒瀕江圩垾浸壞沃壤不得耕宜訪其可興者勸民興之具所增田畝稅賦以聞二年權三司使吳充言前宜城令朱紘治平間修復木渠不費公家束薪斗粟而民樂趨之渠成溉田六千餘頃詔遷紘大理寺丞知比陽縣或云紘之木渠續山渡溪以行水數勸民而終無功是後置三司條例司具農田利害條約詔頒諸路凡有能知土地所宜種植之法及修復陂湖河港或原無陂塘圩垾隄堰溝洫而可以創修或水利可及衆而爲人所擅有或田去河港不遠爲地界所隔可以均濟流通者縣有廢田曠土可糾合興修大川溝瀆淺塞荒穢合行濬導及陂塘堰埭可以取水灌溉若廢壞可興治者各述所見編爲圖籍上之有司其土田迫大川數經水害或地勢汙下雨潦所鍾要在修築圩垾隄防之類以障水澇或疏導溝洫畎澮以泄積水縣不能辦州爲遣官事關數州具奏取旨民修水利許貸常平錢穀給用初條例司奏遣劉彝等八人行天下相視農田水利又下諸路轉運司各條上利害又詔諸路各置相度農田水利官至是以條約頒焉祕書丞侯叔獻言汴岸沃壤千里而夾河公私廢田略計二萬餘頃多用牧馬計馬而牧不過用地之半則是萬有餘頃常爲不耕之地觀其地勢利於行水欲於汴河兩岸置斗門泄其餘水分爲支渠及京索河幷三十六陂以灌溉田詔叔獻提舉開封府界常平使行之以著作佐郎楊汲同提舉叔獻又引汴水淤田而祥符中牟之民大被水患都水監或以爲非四年前知襄州光祿卿史炤言開修古淯河一百六十里灌田六千六百餘頃修治陂堰民已獲利慮州縣遽欲增稅詔三司應興修水利墾闢荒梗毋增稅五年程昉奏引漳洺河淤地凡二千四百餘頃帝曰灌溉之利農事大本但陝西河東民素不習此苟享其利後必樂趨三白渠爲

利尤大有舊迹可用力修治凡疏積水須自下流開導則畎澮易治書所謂濬畎澮距川是也其時人人爭言水利提舉京西常平倉陳世修乞於唐州引淮水入東西邵渠灌注九子等十五陂溉田二百里提舉陝西常平沈披乞復京兆府武功縣古迹六門堰於石渠南二百步傍爲土洞以木爲門回改河流溉田三百四十三大抵迂闊少效六年程昉言得共城縣舊河漕若疏導入三渡河可灌西垙稻田從之五月詔諸創置水磑碾碓妨灌溉民田者以違制論命贊善大夫蔡朦修永興軍白渠七年程昉言滄州增修西流河隄引黃河水淤田種稻增灌塘泊并深州開引滹沱水淤田及開回胡盧河并回滹沱河下尾又金州西城縣民葛德出私財修長樂堰引水灌溉鄉戶土田授本州司士參軍又詔司農寺具所興農田水利次第八年發京東常平米募饑民修水利又管轄京東淤田李孝寬言礬山漲水甚濁乞開四斗門引以淤田權罷漕運再旬從之深州靜安令任迪乞俟來年刈麥畢全放滹沱胡盧兩河又引永靜軍雙陸口河水淤溉南北岸田二萬七千餘頃河北安撫使沈披請治保州東南沿邊陸地爲水田皆從之又右班殿直幹當修內司楊琰言開封陳留咸平三縣種稻乞於陳留界舊汴河下口因新舊二隄之間築水塘用碎甓作虛隄五步以取汴河清水入塘灌溉從之又江甯府上元縣主簿韓安厚引水溉田二千七百餘頃遷光祿寺丞太原府草澤史守一修晉祠水利溉田六百餘頃又知河中府陸經奏管下淤官私田約二千餘頃下司農覈實九年程師孟言河東多土山高下旁有川谷每春夏大雨衆水合流濁如黃河礬山水俗謂之天河水可以淤田絳州正平縣南董村旁有馬壁谷水嘗誘民置地開渠淤瘠田五百餘頃其餘州縣有天河水及泉源處亦開渠築堰凡九州二十六縣新舊之田皆爲沃壤前畢功續成水利圖經二卷今已十餘年聞南董村田畝舊直三兩千收穀五七斗自灌淤後其直三倍所收至三兩石今臣權領都司淤田竊見累歲淤京東西鹹鹵之地盡成膏腴爲利極大尙慮河東猶有荒廢之田可引大河淤溉者於是遣都水監丞耿琬淤河東路田十年師孟琬引河水淤京東西沿汴田九千餘頃又前權提點開封府界劉淑奏淤田八千七百餘頃三人皆減磨勘年以賞之元豐元年都大提舉淤田司言京東西淤官司瘠地五千八百餘頃乞差使臣管幹許之又詔闢廢田興水利建立隄防修貼圩埠之類民力不給者許貸常平倉穀哲宗元祐中知杭州蘇軾奏杭之爲州本江海故地水泉鹹苦居民零落自唐李泌始引湖水作六井然後民足於水井邑日富百萬生聚待此而食今湖狹水淺六井盡壞若二十年後盡爲葑田（按臨安西湖源出於武林泉錢氏有國始置撩湖兵士專一開濬至宋稍廢不治水涸草生成葑田）則舉城之人復飲鹹水勢必耗散又放水溉田瀕湖千頃可無凶歲今雖不及千頃而下湖數十里間茭菱穀米所獲不貲請募民開治禁自今不得侵占種植及鬻葑爲界以新舊菱蕩課利錢送錢塘縣收掌謂之開湖司公使庫以備逐年雇人開葑撩淺後湖既開因積葑草爲隄相去數里橫跨南北兩山夾道植柳林榜曰蘇公隄行人便之因爲軾立祠隄上高宗紹興元年詔宣州太平州守臣修圩三年定州縣圩田租額充軍儲建康府永豐圩租米歲以三萬石爲額圩四至相去皆五六十里有田九百五十餘頃五年明州守臣李光奏明越陂湖專溉農田自慶曆中始有盜湖爲田者三司使切責漕臣嚴立法禁宣和以後廢湖爲田自是有水旱之患乞行廢罷盡復爲湖其江東西圩田蘇秀圍田令監司守令條上詔逐路轉運使相度聞奏十六年知袁州張成己言江西艮田多占山岡望委守令講陂塘灌溉之利其後比部員外耶李詠言淮西高原處舊有陂塘請給錢米以時修濬知江陰軍蔣及祖亦言濬治本軍五卸溝以洩水修復橫河支渠以溉旱乃並詔諸路常平司行之孝宗乾道七年修興元府山河堰委御前諸軍統制吳琪經理發卒萬人助役盡修大堰濬大小渠六十五凡溉南鄭褒城田二十三萬餘畝是時詔漕臣王炎開浙西勢家新圍田草蕩荷蕩菱蕩及陂湖溪港岸際旋築塍畦圍裹耕種者所至守令同共措置湻熙八年襄陽府守臣郭杲言本府有水渠在中廬縣界擁瀉水東流四十五里入宜城縣後漢南郡太守王寵嘗鑿之以引蠻水謂之木里溝可溉田六千餘頃歲久堙沒乞行修治甯宗慶元二年襄陽守臣程九萬言募工修作鄧城永豐堰爲農田灌溉之利是時戶部尙書袁說友等言浙西圍田相望皆千百畝陂塘漊瀆悉爲田疇有水則無地可瀦有旱則無水可戽不嚴禁之後將益甚嘉泰元年以大理司直留佑賢宗正寺主簿李澄措置凡官民圍裹者盡開之又令知縣並以點檢圍田事入銜

遼太宗會同初詔以烏爾古之地水草豐美命諤爾昆錫林居之益以海勒水之善地爲農田

金章宗明昌五年言事者謂郡縣有河者可開渠引以

漑田詔下州郡中都路言安肅定興二縣可引河漑田四十餘畝詔命行之其時傳愼微權陝西諸路轉運使復修三白龍首等渠以漑田募民屯種盧庸爲定平令治舊堰引涇水漑田民賴其利六年定制縣官任內有能興水利田及百頃以上者陞本等首注除穆昆所管屯田能創增三十頃以上賞銀絹二十兩疋其租稅止從陸田承安二年敕放白蓮潭東牐水與百姓漑田三年命勿毀高梁河閘從民灌漑泰和三年遣官行視中都田禾水澤分數八年詔諸路按察司規畫水田部官謂水田之利甚大沿河通作渠如平陽掘井種田俱可灌漑比年邳沂近河布種豆麥無水則鑿井灌之計六百餘頃比之陸田所收數倍以此較之他境無不可行者遂令轉運司因出計點就令審察若諸路按察使因勸農之便按問開河或掘井如何爲便規畫具申以俟興作宣宗貞祐三年諭尚書省歲旱議弛諸處碾磑以其水漑民田又禁隨朝職官奪民碾磑以自營利四年言事者程淵言碭山諸縣陂湖水至則畦爲稻田水退種麥則所收倍於陸地宜募人佃之官取三之一歲可得十萬石詔從之興定五年南陽令李國瑞創開水田三百餘頃詔陞職二等仍錄其最狀徧諭諸道其冬議興水田省奏漢召信臣於南陽灌漑三萬頃魏賈逵堰汝水爲新陂通運二百餘里人謂之賈侯渠鄧艾修淮陽百尺二渠通淮潁大治諸陂於潁之南穿渠三百餘里漑田二萬頃今河南郡縣多古所開水田之地收獲多於陸地數倍敕令分治戶部按行州郡有可開者誘民赴功其租止依陸田不復添徵仍以官賞給之陝西除三白渠設官外亦宜視例施行元光元年正月遣戶部郎中楊大有詣京東西南三路開水田

元太宗十二年梁泰奏請修成渠堰比之旱地其收數倍所得糧米可以供軍遂令泰充宣差規措三白渠使郭時中副之置河渠司於雲陽縣世宗中統元年懷孟路旱總管譚澄令民鑿塘造渠引沁水以漑田敎之種植地無遺利二年王允中等奉詔開沁河渠計六百七十七里經濟源河內河陽溫武陟五縣渠成甚益於民名曰廣濟漑田四百六十餘所三年左丞張守謙薦郭守敬習水利帝召見守敬陳水利言順德灃河東至古任城失其故道沒民田千三百餘頃此水開修成河其田卽可耕種又磁相東北滏漳二水合流處引水由滏陽邯鄲洺州永年雞澤合入灃河可灌田三千餘頃又懷孟沁河雖澆灌猶有漏堰餘水東與丹河餘水相合引東流至武陟縣北合入御河可灌田二千餘頃又黃河自孟州西開引少分一渠經由新舊孟州中間順河古岸下至溫縣南復入於河其間亦有可灌田二千餘頃乃授守敬提舉諸路河渠時王允中亦請開邢洺等處漳滏灃河達泉以漑民田遂皆從之至元二年郭守敬以河渠副使從張文謙行省西夏視古渠之在中興者一名唐來長四百里一名漢延長二百五十里他州正渠十皆長二百里支渠大小六十自兵興後皆廢壞淤淺守敬更立牐堰皆復其舊灌田九萬餘頃七年二月立司農司專管農桑水利仍分布勸農官及知水利者巡行郡邑九年詔諸路開濬水利又敕巴圖軍於哈哩納之地開渠耕田是時帝加意農田十餘年中屢興水利於是導任河復民田三千餘頃導肥河入於鄢淤陂盡爲良田又發肅州等處軍民鑿渠漑田浚奇味以漑袞諸爾黃土山民田又開安山渠鑿通州至都河改引渾水漑田其時能興水利之臣西夏行省郎中董文用疏唐來漢延秦家等渠墾中興西涼甘肅瓜沙等州之土爲水田平陽路總管鄭鼎導汾水漑民田千餘頃荊南行省廉希憲決江陵城外蓄水得良田數萬畝長葛令趙志以地卑濕使爲水田旱則決瀵水灌之清苑令耶律伯堅毀勢家水磑以漑民田事聞省部著爲定制大理等處巡行勸農使張立道以昆明池環五百餘里夏潦暴至必冒城郭役丁夫二千人治之洩其水得良田萬餘頃衞輝守王昌齡因淸水出輝縣入衞河創浚溝澮漑田數百餘頃三十一年卽成宗元貞元年平章特爾格奏太湖澱山湖世祖時嘗役民夫二十萬疏掘今諸河日受兩潮漸致沙漲乞卽以澱山湖田糧二萬石就募民夫四千調軍夫四千依舊宋例屯守立都水防田使司修治河渠圍田從之成宗大德二年立浙西都水庸田司專主水利置浙西平江湖渠閘堰凡七十八所武宗至大初江浙行省言去歲水旱爲災百姓艱食農作將興各處田圍高下不等陂塘圍岸高渠宜依法修治遇旱則車水灌救遇潦則洩水通流修浚之際田主出糧佃戶出力係官圍田無力修治者官爲借貸收成日如數還官其拋荒積水田租額無人承佃者勸諭富戶自備工本修築塍圍聽令佃種拋荒官田止納原租初年免徵三年後依民田輸稅其圍岸體式以水爲平田與水爲平者第一等圍岸高七尺五寸底闊一丈面闊五尺田高一尺爲第二等圍岸高六尺五寸底闊九尺面闊四尺五寸田高二尺爲第三等圍岸高五尺五寸底闊八尺面闊四尺田高三尺爲第四等圍岸高四尺五寸底闊七尺面闊三尺五寸田高四尺者爲第五等止添備水圍岸高三尺底闊六尺面闊三尺若迫近諸湖之處自願增高者聽時哈喇哈斯行省和林浚古渠漑田數千頃三年陝

西行臺御史王承德言涇陽洪口展修石渠爲萬世之利由是會集奉元路三原涇陽臨潼高陵諸縣洎涇陽渭南櫟陽諸屯官及耆老議如準所言展修石渠八十五步計四百二十五尺深二丈廣一丈五尺計用石十二萬七千五百尺官給糧食用具丁夫就役使水之家顧匠傭直使水戶均出陝西省議計所用錢糧不及二年之費可謂一勞永逸委屯田府達嚕噶齊珠拉齊督工二百四十二日畢工英宗至治元年陝西屯田府言洪口渠自秦漢至唐宋年例八月差使水戶自涇陽縣西仲山下截河作洪堰改涇水入白渠下至涇陽縣北白公斗分爲三限北限入三原櫟陽雲陽中限入高陵南限入涇陽澆灌官民田約七萬餘畝三年省臣奏委官體究吳江松江還言宜開浚者常熟七處上海十四處其通海大江舊有河港聯絡官民田土藉以灌漑者亦須疏通以利耕種至泰定元年乃浚滌之並立牐以節水勢三年立都水庸田使司於松江掌江南河渠水利文宗天曆二年因屯田總管兼管河渠司事郭嘉議言奉元洪口渠應令涇陽近限水利戶添差修築三年懷孟路同知阿哈瑪特言天久亢旱夏麥枯槁秋穀種不入土民匱於食近因訪問耆老咸稱舟水澆漑近山田土居民深得其利有沁水亦可漑田中統間嘗開廣濟渠設官提調遇旱則官爲斟酌驗工多寡分水灌濟源河內河陽溫武陟五縣民田三千餘頃後因豪家截河起堰立碾磨壅遏水勢又經霖雨害渠河渠司尋亦革罷今五十餘年舊蹟可考若將舊渠開濬禁安磨碾設立牐堰旱則於牐澆田潦則閉牐退水公私俱利從之順帝至正十二年立都水庸田使司於汴梁掌種植稻田事十三年右丞相托克托言京畿近水地利召江南人耕種歲可收粟麥百萬餘石不須海運而京師足食於是立分司農司以左丞烏克遜良楨右丞烏蘭哈達兼大司農卿托克托領大司農事西自西山南至保定河間北至灤順州東至遷民鎮凡係官地及各處屯田悉從分司農司引水立法佃種給鈔五百萬錠以供工價牛具農器穀種之用又以武衛所管鹽臺屯田荒閑之地及各衙門係官田地宗仁衛屯田禮部所轄掌薪司地土並付分司農司播種又取勘徐州汝甯南陽鄧州等處荒田并戶絕籍沒入官者立司牧署掌分司農司耕牛中書省又議於江浙淮東召募能種水田及修築圍堰之人各一千名爲農師教民播種從之是歲大稔十五年詔凡有水田處設大司農司招集人夫有警乘機進討無事栽植耕種凡置保定河間武清景薊四處二十年陝西行省左丞相特哩特穆爾遣都事楊欽修治涇渠凡漑農田四萬五千餘頃

明太祖立國之初以元帥康茂才爲都水營田使諭之曰比因喪亂隄防頽圮民廢耕耨故設營田司以修築隄防專管水利春作方興慮旱澇不時其分巡各處務在蓄洩得宜毋負付任之意遂詔所在有司民以水利條上者卽陳奏洪武元年修和州銅城堰閘周迴二百餘里四年興修安靈渠爲陡渠者三十六其渠水發海陽山秦時鑿漑田萬頃馬援葺之後圮至是始復八年命耿炳文濬涇陽洪渠堰漑涇陽三原醴泉高陵臨潼田二百餘里九年修彭州都江堰十七年決荆州嶽尙壩以漑民田二十四年濬定海鄞二縣東錢湖灌田數萬頃二十七年特諭工部陂塘湖堰可蓄洩以備旱澇者皆因其地勢修治之乃分遣國子生及人材徧詣天下督修水利至明年冬郡邑交奏凡開塘堰四萬九百八十七處三十一年洪渠堰圮命耿炳文修治之復濬渠十萬三千餘丈成祖永樂元年命夏原吉治蘇松嘉興水患濬華亭上海運鹽河金山衞閘及漕涇分水港原吉言浙西諸郡蘇松最居下流嘉湖常頗高環以大湖縣亙五百里納杭湖宣歙溪澗之水散注澱山諸湖以入三泖頃爲浦港湮塞漲溢害稼拯治之法在濬吳淞諸浦按吳淞江袤二百餘里廣一百五十餘丈西接太湖東通海前代常疏之然當潮汐之衝旋疏旋塞自吳江長橋抵下界浦百二十餘里水流雖通實多窄淺從浦抵上海南倉浦口百三十餘里潮汐淤塞已成平陸灎沙遊泥難以施工嘉定劉家港卽古婁江徑入海常熟白茆港徑入海皆廣川急流宜疏吳淞南北兩岸安亭等浦引太湖諸水入劉家白茅二港使其勢分松江大黃浦乃通吳淞要道今下流壅塞難濬旁有范家濱至南倉浦口徑達海宜濬深闊上接大黃浦達泖湖之水庶幾復禹貢三江入海之舊水道旣通乃相地勢各置石閘以時啟閉每歲水涸宜修圩岸以防暴流則水患可息帝命發民開濬原吉晝夜徒步以身先之明年九月畢功農田大利二年復興安分水塘興安有江源出海陽山江中橫築石埭上壘石如鱗以防衝溢自嚴震直撤石增埭水迫無所洩衝塘岸盡趨北渠南渠淺澀民失利至是修復如舊又諭工部安徽蘇松浙江江西湖廣凡湖泊卑下圩岸傾頽亟督有司治之夏原吉復奉命治水蘇松盡通舊河港又濬蘇州千墩等處二萬九千餘丈松江大黃浦等處萬二千丈以通太湖

下流五年又築高要銀岡金山等潰隄溉田五百餘頃九年濬濰縣千丹河定襄故渠六十三里引滹沱河水灌田六百餘頃又麗水縣民言縣有通濟渠截松陽遂昌諸溪水入焉上中下三源流四十八派溉田二千餘頃上源民洩水自利下源流絕沙壅渠塞請修隄堰如舊部議從之十三年吳江縣丞李昇言蘇松水患太湖爲急宜洩其下流若常熟白茆諸港崑山千墩等河長洲十八都港汊吳縣無錫近湖河道皆宜循其故迹濬而深之仍修蔡涇等閘候潮來往以時啟閉則泛溢可免而民獲耕種之利從之十七年蕭山民言境內河渠四十五里溉田萬頃比年淤塞乞疏濬仍置閘錢清小江壩東庶旱澇無憂山東新城民言縣東鄭黃溝源出淄川下流壅阻淫潦妨農陳家庄南有乾河上與溝接下通烏江乞濬治並從之二十一年修嘉定抵松江潮圮圩岸五千餘丈又文水縣民言文谷山常稔渠分引文谷河流袤三十餘里灌田今河潰洩水應請修葺從之宣宗宣德二年浙江歸安知縣華嵩言涇陽洪渠堰溉五縣田八千四百餘頃洪武時長興侯耿炳文前後修濬未久堰壞永樂間老人徐齡言於朝遣官修築會營造不果乞專命大臣起軍夫協修從之三年臨海民言胡巉諸閘瀦水灌田近年閘壞而金鼇大浦湖涞舉嶼等河遂皆壅阻乞爲開築帝曰水利急務使民自訴於朝此守令不得人爾命工部即敕郡縣秋收起工仍詔天下凡水利宜興者有司即舉行毋緩視時巡按江西御史許勝言南昌瑞河兩岸低窪多良田洪武間修築水不爲患比年水溢岸圮二十餘處豐城安沙繩灣圩岸三千六百餘丈永樂間水衝改修三十餘丈近者久雨江漲隄壞乞敕有司募夫修理中書舍人陸伯倫言常熟七浦塘東西百里灌常熟崑山田歲租二十餘萬石乞聽民自濬之皆詔可四年潛江民言蚌湖陽湖皆臨襄河水漲岸決害荆州三衞荆門江陵諸州縣官民屯田無算乞令軍民築治從之福清民言先賢里官民田百餘頃隄障海水隄壞已久田盡荒蕪永樂中命修治迄今未舉民不得耕帝責有司亟治而諭尚書吳中嚴飭郡邑陂池隄堰及時修濬慢者治以罪六年巡撫侍郎周忱言溧水永豐圩周圍八十餘里環以丹陽石臼諸湖舊築埂壩通陟石門塔農甚利之今頹敗請葺治敎諭唐敏言常熟耿涇塘南接梅里通昆承湖北達大江洪武中濬以溉田今壅阻請疏導並從之七年修眉州新津通濟堰堰水出彭山分十六渠溉田二萬五千餘畝英宗正統三年疏泰興順德鄉三渠引湖溉田寗夏巡撫都御史金濂言鎭有五渠資以行溉今明沙州七星灘伯石灰三渠久塞請用夫四萬疏濬溉蕪田千三百餘頃從之五年令天下有司秋成時修築圩岸疏浚陂塘以便農作仍具數繳報俟考滿以憑黜陟九年浚無錫谷里諸河東南接蘇州苑山湖塘北通揚子江西接新興河引水灌田又開海陽縣隆津等溝引長溪水溉田十三年以雲南鄧川州民田與大理屯田接壤湖畔積水壅沙禾苗淹沒命州衞軍民疏治十四年浚和州姥鎭河張家溝并建閘以溉降福等七十餘圩及南京諸衞屯田時范衷知壽昌縣闢荒田二千六百餘畝興水利三百四十六區景帝景泰四年雲南總兵官沐璘言城東有水南流源發邵甸會九十九泉爲一抵松花壩分爲二支一繞金馬山麓入滇池一從黑窯村流至雲澤橋亦入滇池舊於下流築堰溉軍民田數十萬頃霖潦無所洩請令受利之家自造石閘啟閉以時報可五年疏靈寶黎園莊渠通鴻臚澗溉田萬頃七年尚書孫原貞言杭州西湖爲勢豪侵佔湖水淺狹閘石毀壞今民田無灌溉資乞敕有司興濬築禁侵占以便軍民從之英宗天順二年修彭縣萬工堰灌田千餘頃五年僉事李觀言涇水出涇陽仲山谷道高陵至櫟陽入渭袤二百餘里漢開渠溉田宋元俱設官主之今雖有瓠口鄭白二渠而隄堰摧決溝洫壅潴民弗蒙利乃命有司濬之都御史項忠又言瓠口鄭白二渠宣德間遣官修鑿畝收三四石無何復塞渠旁之田遇旱爲赤地昨請於涇水上源龍潭左側疏濬訖舊渠口尋以詔例停止今宜畢其役邳州知州孟琳言榆行諸社并臨沂河久雨岸崩二十八處低田盡淹乞興修築並從之憲宗成化十年廷臣會議江浦北城圩古溝北通滁河浦子口城東黑水泉古溝南入大江二溝相望岡壠中截宜鑿通成河旱引澇洩從之十二年巡按御史許進言河西十五衞東起莊浪西抵肅州緜亙幾二千里所資水利多奪於勢豪宜設官專理詔屯田僉事兼之十八年濬雲南東西二溝自松華壩黑龍潭抵西南柳壩南村灌田數萬頃二十年修嘉興等六府海田隄岸特遣京堂官往督之時張瑄爲廣東布政使修陂塘圩岸四千六百雍泰知吳縣太湖漲沒田千頃作隄爲民利稱雍公隄孝宗弘治七年濬南京天潮二河備軍衞屯田水利特命侍郞徐貫與都御史何鑑經理浙西水利巡撫都御史王珣請於靈州金積河口開渠灌田給軍民佃種從之武宗正德十五年御史成英言應天

等衛屯田在江北滁和六合者地勢低屢爲水敗從金城港抵濁河達烏江三十餘里因舊迹濬之則水勢洩而屯田利詔可世宗嘉靖二十四年呂光洵按吳奏蘇松水利五事一曰廣疏濬以備豬洩開吳淞江等處洩澱山之水以達於海濬白茆等處之水以注於江導田間之水悉入小浦使流者皆有所歸豬者皆有所洩則下流之地治而澇無所憂矣乃濬艾祁通波以溉青浦濬顧浦吳塘以溉嘉定濬大瓦等浦以溉崑山之東濬計浦等塘以溉常熟之北濬臧村等港以溉金壇濬澡港等河以溉武進凡隴岡支河湮塞不治者皆濬之深廣使復其舊則上流之地亦治而旱無所憂矣一曰修圩岸以固橫流向來民間足食有餘力治圩岸田益完美近皆空乏無暇修繕故田圩漸壞歲多水災合敕所在官司耑治圩岸岸高則田自固雖有霖潦不能爲害一曰復板閘以防淤塞一曰量緩急以處工費一曰重委任以責成功詔悉如所議二十六年給事中陳斐請仿江水田法開江北溝洫以祛水患益歲收報可三十八年總督尚書楊博請開宣大荒田水利從之是時有司能以水利益民者廉州府知府張岳督民墾棄地敎以桔槔運水紹興知府湯紹恩因山陰會稽蕭山三邑之水滙三江口入海潮汐日至頁田盡爲巨浸乃遂建閘三十有八築石隄四百餘丈刻水則石間以時啟閉自是數百里無水患徐九思治張秋河道漕河與鹽河近而不相接漕水溢則泛濫爲田患九思議築減水橋於沙灣俾二水相通漕水溢則有所洩而不侵田少則有所限而不至於涸工成遂爲永利龐嵩爲應天治中江甯縣葛仙丞豐二鄉頻遭水患居民止存七戶嵩爲治隄築防得田三千六百畝立惠民莊四召貧民佃之瞿晟知廣平府鑿長渠三百里引水爲四閘得田數十萬畝神宗萬曆十三年以尚寶司少卿徐貞明兼御史領墾田使貞明爲給事中嘗請興西北水利如南人圩田之制引水成田工部覆議畿輔諸郡邑以上流十五河之水洩於猫兒一灣海口又極東塩故所在橫流必多開支河挑濬海口而後水勢可平疏濬可施然役大費繁而今以民勞財匱方務省事請罷其議乃已後貞明謫官著潞水客譚一書論水利當興者十四條時巡撫張國彥副使顧養謙方開水利於薊永有效於是給事中王敬民薦貞明特召還賜敕勘水利貞明乃先治京東州邑如密雲燕樂莊平峪水峪寺龍家務莊三河塘會莊順慶屯地薊州城北黃厓營城西白馬泉鎮國莊城東馬伸橋夾林河而下別山鋪夾陰流河而下至於陰流遵化平安城夾運河而下沙河鋪西城南鐵廠湧珠湖以下韭菜溝上素河下素河百餘里豐潤之南則大寨刺榆坨史家河大王莊東則榛子鎭西則鴉紅橋夾河五十餘里王田青莊塢後湖莊三里屯及大泉小泉至於瀕海之地自水道沽關黑巖子墩至開平衛南宋家營東西百餘里南北百八十里墾田三萬九千餘畝至眞定將治滹沱近堧地御史王之棟言滹沱非人力可治徒耗財擾民帝是其言將罪諸建議者申時行言墾田興利謂之害民議甚舛顧爲此說者其故有二北方民游惰好閑憚於力作水田有耕耨之勞胼胝之苦不便一也貴勢有力家侵占甚多不待耕作坐收蘆葦薪芻之利若開墾成田歸於業戶隸於有司則己利盡失不便二也然以國家大計較之不便者小而便者大惟在斟酌地勢體察人情沙鹻不必盡開黍麥無煩改作應用夫役必官募之不拂人情不失地利乃謀國長策耳於是貞明得無罪而水田終罷三十年保定都御史汪應蛟言易水可溉金臺滹水可溉恒山溏水可溉中山滏水可溉襄國漳水可溉鄴下而瀛海當眾河下流故號河中視江南澤國不異至於山下之泉地中之水所在皆有宜各設壩建閘通渠築隄高者自灌下用車汲用南方水田法六郡之內得水田數萬頃畿民從此饒永無旱澇之患不幸濱河有梗亦可改折於南取糴於北此國家無窮利也報可應蛟乃於天津葛沽何家圈雙溝白塘令防海軍丁屯種人授田四畝共種五千餘畝水稻二千畝收多因上言墾地七千頃歲可得穀二百餘萬石是時有司能興水利者陳邦瞻爲河南布政使開水田千頃陳幼學爲中牟令縣有大澤積水占膏腴田二十餘里幼學疏爲河者五十七爲渠者百三十九俱引入小淸河民獲大利大莊諸里多水爲築隄十三道障之眞定知府郭勉濬大鳴小鳴泉四十餘穴溉田千頃邢臺達活野狐二泉流爲牛尾河百泉流爲澧河建二十一閘二隄灌田五百餘頃熹宗天啟元年御史左光斗用應蛟策復天津屯田令通判盧觀象管理屯田水利明年巡按御史張愼言自枝河而西靜海興濟之間萬頃沃壤河之東尚有鹽水沽等處爲膏腴之田惜皆蕪廢今觀象開寇家口以南田三千餘畝溝洫蘆塘之法種植疏濬之方皆具而有法人何憚而不爲大抵開種之法有五一官種謂牛種器具耕作雇募皆出於官而官亦盡收其田之入也一佃種謂民願墾而無力其牛種器具仰給於官待納稼之時官

十而取其四也一民種佃之有力者自認開墾若干迨開荒既熟較數歲之中以爲常十一而取是也一軍種卽今海防營軍種葛沽之田人耕四畝收二石緣有行月糧故收租重也一屯種祖宗衞軍有屯田或五十畝或百畝軍爲屯種者歲入十七於官卽以所入爲官軍歲支之用國法兵農之善制也四法已行惟屯種則今日兵與軍分而屯僅存其名當選各衞之屯餘墾津門之沃土如官種行之章下所司命太僕卿董應舉管天津至山海屯田規畫數年開田十八萬畝積穀無算莊烈帝崇禎二年兵部侍郎申用懋言永平灤河諸水逶迤寬衍可疏渠以防旱潦山坡隙地便栽種宜令有司相地察源爲民興利從之

欽定續通典卷四

欽定續通典卷五

食貨

屯田上 唐 五代 宋 遼 金

唐德宗建中初宰相楊炎請置屯田於豐州發關輔民鑿陵陽渠以增溉京兆尹嚴郢嘗從事朔方知其利害以爲不便疏奏不報郢又奏五城舊屯其數至廣以開渠之糧貸諸城約以冬輸又以開渠功直布帛先給田者據估轉穀如此則關輔免調發五城田闢比之浚渠利十倍也時楊炎方用事郢議不用憲宗元和中振武軍饑宰相李絳請開營田可省度支漕運及絕和糴欺隱憲宗稱善乃以韓重華爲振武京西營田和糴水運使起代北墾田三百頃出贓罪吏九百餘人以耒耜耕牛假重糧使償所負粟二歲大熟因募人爲十五屯每屯百三十人耕百頃就高爲堡東起振武西逾雲州極於中受降城凡六百餘里列柵二十墾田三千八百餘頃歲收粟三十萬石省度支錢二千餘萬緡重華入朝奏請益開田五千頃法用人七千可以盡給五城會李絳已罷後宰相持其議而止至憲宗末天下營田皆雇民或借庸以耕又以瘠地易上地民間苦之穆宗卽位詔還所易地而耕以官兵耕官田者給三之一以終身靈武邠寧土廣肥而民不知耕文宗太和末王起奏立營田後党項大擾河西邠寧節度使畢諴亦募士開營田歲收三十萬斛省度支錢數百萬緡貞觀開元後邊土西舉高昌龜茲焉耆小勃律北抵雞延陀故地緣邊數十州戍重兵營田及地租不足以供軍於是始有和糴

周太祖廣順三年敕悉罷戶部營田務以其民隸州縣其田廬牛農器並賜見佃者爲永業自唐末中原宿兵所在皆置營田以耕曠土其後又募高貲戶使輸課佃之戶部別置官司總領不隸州縣或丁多無役或容庇奸盜州縣不能詰梁太祖擊淮南掠得牛以千萬計給東南諸州農民使歲輸租自是歷數十年牛死而租不除民甚苦之帝素知其弊會閤門使知青州張凝請罷營田務李穀亦以爲言遂敕罷之

宋太宗端拱二年六宅使何承矩請於順安砦西引易河築堤爲屯田及承矩知雄州又言宜因積潦蓄爲陂塘大作稻田以足食會滄州臨津令閩人黃懋上書言閩地唯種水田緣山導泉倍費功力今河北州軍多陂塘引水溉田省功易致三五年間公私必大獲其利詔承矩按視還奏如懋言遂以承矩爲制置河北沿邊屯田使懋爲大理寺丞充判官發諸州鎭兵一萬八千人給其役凡雄莫霸州平戎順安等軍興堰六百里置斗門引淀水灌溉初年種稻值霜不成懋以晚稻九月熟北霜早而地氣遲江東早稻七月卽熟取其種課令種之是歲八月稻熟初承矩建議沮之者頗衆武臣習攻戰亦恥於營葺既種稻不成羣議愈甚事幾爲罷至是承矩載稻穗數車遣吏送闕下議者乃息又度支判官陳堯叟等言漢魏晉唐於陳許鄧潁暨蔡宿亳至於壽春用水利墾田陳迹具在請選官大開屯田以通水利發江淮下軍散卒及募民充役給官錢市牛置耕具導溝瀆築防堰每屯十人給一牛治田五十畝雖古制一夫百畝今且墾其半俟久而古制可復也畝約收三斛歲可收十五萬斛七州之間置二十屯可得三百萬斛因而益之數年可使倉廩充實省江淮漕運帝覽奏嘉之遣大理寺丞皇甫選光祿丞何亮乘傳按視經度眞宗咸平中大理丞王宗旦請募民耕潁州陂塘荒地凡千五百頃部民應募者三百餘戶詔令未出租稅免其徭役然無助於公利而汝州舊有路南務內園兵人種稻至是命京朝官專掌募民二百餘自備耕牛立團長墾地六百頃導汝水灌溉歲收二萬三千石又知襄州耿望請於舊地括荒田置營田上中下三務調夫五百築隄堰仍集鄰州兵每務一百人荊湖市牛七百分給之是歲種稻三百餘頃四年陝西轉運使劉綜亦言宜於古原州建鎭戎軍置屯田今本軍一歲支給芻糧四十餘萬石束約費茶鹽五十餘萬倘更令遠民輸送其費益多請於軍城四面立屯田務開田五百頃置下軍二千人牛八百頭耕種又於軍城前後及北至水峽口各置堡砦分居其人無寇則耕寇來則戰就命知軍爲屯田制置使自擇使臣充四砦監押每砦五百人充屯戍從之既而原渭州亦開方田戎人內屬者皆依之得安其居是時兵費浸廣言屯營田者輒詔邊臣經度行之順安軍兵馬都監馬濟請於靖戎軍東壅鮑河開渠入順安威虜二軍置水陸營田於其側命莫州部署石普護其役知保州趙彬奏決雞距泉自州西至蒲城縣分徐河水南流注運渠廣置水陸屯田詔駐泊都監王昭遜共成之自是定州亦置屯田五年罷襄州營田下務六年耿望又請於唐州赭陽陂置務如襄州歲種七十餘頃方城縣令佐掌之調夫耘耨景德二年令緣邊有屯營田州軍長吏並兼制置諸營田屯田事舊兼使者如故大中祥符九年改定保州順安軍營田務爲屯田務凡九州軍皆遣官監務置吏屬淮南兩浙舊皆有

屯田後多賦民而收其租第存其名在河北者雖有其實而歲入無幾利在蓄水以限戎馬而已天禧末諸州屯田總四千二百餘頃河北歲收二萬九千四百餘石而保州最多逾其半焉繼右正言田況言鎭戎原渭地方數百里舊皆民田今無復農事可即其地大興營田以其兵之不習戰者分耕五百人爲一堡三兩堡置一營田官領之播種以時農隙則習武事疏奏不用後乃命三司戸部副使夏安期等議並置邊屯田迄不能成神宗熙寧三年著作佐郎王韶言渭原城而下至秦州成紀旁河五六百里良田不耕者無慮萬頃治千頃可得三十萬斛因知秦州李師中等奏詔妄指實無其地降詔官其後韓縝知秦州乃言實有古渭砦地空地四千餘頃遂復詔故官從其所請行之明年河北屯田司奏豐歲屯田入不償費於是詔罷緣邊水陸屯田務募民租佃收其兵爲州廂軍時陝西多曠土未耕屯戍不可撤遠方有輸送之勤知延州趙卨請募民耕以紓朝廷憂詔下其事經略安撫使郭逵言懷寧砦所得地百里以務弓箭手無閒田卨又言之遂括地得萬五千餘頃募漢蕃兵幾五千人爲八指揮詔遷卨官賜金帛而熙州王韶又請以河州蕃部近城川地招弓箭手以山坡地招蕃兵弓箭手每砦五指揮以二百五十人爲額人給地一頃蕃官二頃大蕃官三頃七年以熙河多良田詔委提點秦鳳路刑獄鄭民憲興營田許奏辟官屬以集事樞密使吳充上疏曰今之屯田誠未易行古者一夫百畝又受田十畝爲公田莫若因弓箭手倣古助田法行之熙河四州田無慮萬五千頃十分取一以爲公田大約中歲畝一石則公田所得十五萬石官無屯營牛具廩給之費借用衆力而民不勞大荒不收而官無所損省轉輸平糴價如是者其便有六而提點刑獄鄭民憲言祖宗時屯營田皆置務屯田以兵營田以民固有異制然襄州營田既調夫矣又取鄭州之兵是營田不獨以民也邊州營田不限兵民皆取給用是屯田不獨以兵也至於招弓箭手不盡之地復以募民則兵民參錯固無異也而前後施行或侵占民田或差錯耨夫或諸郡括牛或兵民雜耕或諸州廂軍不習耕種不能習水土頗致煩擾至是歲之所入不償其費遂又報罷惟因弓箭手爲助田法一夫受田百畝別以十畝爲公田俾之自備種糧功力歲畝收一石水旱三分除一官無廩給之費民有耕鑿之利若可以爲便然弓箭手招至者未安其業而種糧無所仰給又責其借力於公田慮人心易搖乞候稍稔推行九年詔熙河弓箭手耕種不及之田經略安撫司點廂軍耕之官置牛具農器人一頃歲終參較弓箭手廂軍所種優劣爲賞罰弓箭手逃地并營田召佃租課許就近於本城砦輸納仍免折變支移元豐二年改定州屯田司爲水利司及章惇築元州亦爲屯田務其後遂罷之募民租佃役兵各還所隷五年詔提舉熙河等路弓箭手營田蕃部共爲一司隷涇原制置司提舉熙河營田康識言新復土地乞命官分畫疆界選知田廂軍人給一頃耕之餘悉給弓箭手人加一頃有馬者又加五十畝每五十畝爲一營四保砦見缺農作廂軍許於秦鳳涇原熙河三路選募廂軍及馬遞鋪卒願行者人給裝錢二千詔皆從之知太原府呂惠卿嘗上營田疏曰今葭蘆米脂裏外良田不啻一二萬頃夏人名爲眞珠山七寶山言其多出禾粟也若耕其半則兩路新砦其費亦不盡資內地況能盡闢之乎前此所不敢進耕者外無捍衞也於今葭蘆米脂相去一百二十里閒各建一砦又其閒置小堡鋪相望則延州之義合白草與石州之吳堡尅明以南諸城砦千里邊面皆爲內地而河外之州荒閒之地皆可墾闢以贍軍用凡昔爲夏人所侵及蘇安靖棄之以爲兩不耕者皆可爲法耕之於是就糴河外而使河內之民被支移者量出腳乘之直革百年遠輸貴糴以免困公之弊財力稍豐又通葭蘆之道於靈州之神木其通堡砦亦如葭蘆米脂之法而橫山膏腴之地皆爲吾有矣七年惠卿雇五縣耕牛發將兵外護而耕新疆葭蘆吳堡閒膏腴地號木瓜原者凡得地五百餘頃麟府豐州地七百三十頃弓箭手與民之無力及異時兩不耕者又九百六十頃惠卿自謂所得極厚可助邊計乞推之陝西八年樞密院奏去年耕種木瓜原凡用將兵八馬之費所收禾粟蕎麥不償所費因詔止惠卿其河東進築堡砦自麟石鄜延南北近三百里及涇原環慶熙河蘭會新復城砦地土悉募廂軍配卒耕種免役已而營田司使言諸路募發廂軍皆不嫻耕作遂各遣還其州高宗紹興元年知荆南府解潛奏辟宗綱樊賓措置屯田詔除宗綱充荆南府歸峽州荆門公安軍鎭撫使司措置五州營田官樊賓副之渡江後營田蓋始於此其後荆州軍食仰給省縣官之半焉三年懷安府復州漢陽軍鎭撫使陳規倣古屯田凡軍士相險隘立堡砦且守且耕耕必給費斂復給糧依助田法餘並入官凡民水田畝賦稅米一斗陸田豆麥夏秋各五升滿二年無欠給爲永業兵民各處一方流民歸業寖衆亦置堡

砦屯聚之凡屯田事營田司兼之營田事府縣兼之延臣因規奏推廣謂一夫受田百畝古制也今荒田甚多當聽百姓請射其有闕耕牛者今用人耕之法以二人曳一犁凡受田五人爲甲別給蔬地五畝爲廬舍場圃兵屯以大使主之民屯以縣令主之以歲課多少爲殿最下諸鎭推行之詔江東西宣撫使韓世忠措置建康營田如陝西弓箭手法世忠言沿江荒地大半有主難如陝西例乞募民承佃都督府奏如世忠議仍蠲三年租滿五年田主無自陳者給佃者爲永業詔湖北浙西江西皆如之其徭役科配並免五年詔淮南川陝荊襄屯田六年都督張俊奏改江淮屯田爲營田凡官佃逃田並拘籍以五頃爲一莊募民承佃其法五家爲保共佃一莊以一人爲長每莊給牛五具耒耜及種副之別給十畝爲蔬圃貸錢七十千分五年償命樊賓王弗行之尋命五大將劉光世韓世忠張俊岳飛吳玠及江淮荊襄利路師悉領營田使遷賓司農少卿提舉江淮營田置司建康弗屯田員外郎副之官給牛種撫存流移一歲中收穀三十萬石有奇殿中侍御史石公揆監中嶽李宋及王弗皆言營田之害張俊亦覺其擾請罷司以監司領之於是詔帥臣兼領營田九月以川陝宣撫吳玠治廢堰營田六十莊計田八百五十四頃歲收一十五萬石以助軍儲賜詔獎諭二十二年督視湖北京西軍馬汪澈言荊湖兩年屯收襄漢糧餉浩瀚襄陽古有二渠長渠漑田七千頃水渠漑田三千頃兵後堙廢今先築堰開渠募邊民或兵之老弱耕之其耕牛耒耜種糧令湖北京西轉運使措置旣省餽運又可安集流亡從之孝宗隆興元年臣僚言州縣營田之費其說有十曰擇官必審募人必廣穿渠必深鄉亭必修器用必備田處必利食用必充耕具必足定稅必輕賞罰必行且欲立賞格以募人及住廣西馬綱三年以市牛會有訴襄陽屯田之擾者上欲罷之工部尚書張闡言今日荊襄屯田之害以其無耕田之民而課之游民游民不足而强之百姓於是百姓舍己熟田而耕官生田或遠百里徵呼以來或名雙丁而役其强壯老稚無食一方騷然罷之誠是也然自去歲以來置耕牛農器修長水二渠費已十餘萬一旦舉而棄之則荊襄之地終不可耕也比見兩淮歸正之民動以萬計官不能給食則老弱饑死强者轉而之他若使就耕荊襄之田非唯可免流離抑使中原之民聞之知朝廷有以處我率皆襁負而至矣異時墾闢旣廣取其餘以輸官實爲兩便詔除見耕者依舊餘令虞仲文同王珏措置二年江淮都督府參贊陳俊卿言欲以不披帶人擇官荒田標旗立砦多買牛犁縱種其中官不收租人自樂從數年之後墾田多則穀必賤所在有屯則村落無盜賊之憂軍食旣足則饋餉無轉運之勞此誠經久守淮之策詔從之乾道四年四川宣撫使鄭剛中撥軍耕種以歲收租米對減城都路對糴米一十二萬石贍軍然兵民雜處村疃爲擾百端又數百里差民保甲教耕有二三年不代者民甚苦之知興元府晁公武欲以三年所收最高一年爲額等第均數召佃放兵及保甲以護邊從之八月詔鎭江都統司及武鋒軍三處屯田兵並拘收入隊教閱六年罷和揚州屯田八年復罷廬州兵屯田淳熙十年鄂州江陵府駐劄副都統制郭杲言棗易屯田興置二十餘年未能大有益於邊計非田有不良蓋人力有所未至今邊陲無事正宜修舉爲實邊之計本司有荒熟地七百五十頃乞降錢三萬緡收買耕牛農具便可施功如將來更有餘力可括荒田接續開墾從之光宗紹熙元年知和州劉煒以剩田募民充萬弩手分耕寧宗嘉定三年國子監司業劉爚接伴金使於盱眙軍還言兩淮之利藩蔽江南干戈盜賊之後宜加經理必於招集流散之中就爲足食足兵之計淮東地平博膏腴有陂澤水泉之利而荒蕪實多其民勁悍勇敢習邊鄙戰鬭之事而安集者誠能經畫郊野招集散亡約頃畝以授田使無廣占拋荒之患列溝洫以儲水且備戎馬馳突之虞爲之具田器貸種糧相其險易聚爲室廬使相保護聯以什伍教以擊刺使相糾率或鄉爲一團里爲一隊平居則耕有警則守有餘力則戰帝嘉納之七年以京西屯田募人耕種十三年四川宣撫使安西總領任處厚言紹興十五年諸州共墾田二千六百五十餘頃夏秋輸租米一十四萬一千餘石餉所屯將兵罷民和糴爲利可謂博矣乾道四年以從屯兵歸軍教閱而營田付諸州募佃遂致租利陷失驕將豪民乘時占據其弊不可槪舉今豪强移徙田土荒閑正當拘種之秋合自總領所與宣撫使措置其逃絕之田關內外亦多有之爲數不貲其利不在營田之下乞併括之十五年詔江淮荊襄四川制置司監條畫營田來上十七年復命淮東西湖北路轉運司提督營屯田理宗端平元年命王旻守隨州王安國守棗陽蔣成守光化楊恢守均州並益兵飭備經理唐鄧屯田又以臣僚言屯五萬人於淮北且田且守置屯田判官一員經紀其事暇則教以騎射初弛田租三年又三年則取其半知大寧監邵

潛言昔鄭剛中營於蜀之關隘雜兵民屯田歲收粟二十餘萬石是後屯田之利旣廢糧運之費益增宜詔帥臣縱兵民耕之所收之粟計直以償之則總所無轉輸之苦邊關有儲峙之豐戰有餘勇守有餘備矣從之嘉熙四年孟洪爲宣撫四川兼屯田大使軍無宿儲遂大興屯田調夫築堰募農給種首秭歸尾漢口爲屯二十爲莊百七十爲頃十八萬八千二百八十上屯田始末與所減券食之數降詔獎諭又令流民於邊江七十里內分田以耕遇警則用以守江於邊城三五十里內亦分田以耕遇警則用以守城在砦者則耕四野之田而用以守砦田在官者免其租在民者則以所收十之三歸其主俟三年事定則各還原業淳祐十二年詔襄樊已復措置屯田修渠堰寶祐三年詔撥封椿庫十八界會十萬銀二千兩付李夢康措置襄陽屯田又詔沿邊耕屯課人登羨管屯田官推賞荆襄兩淮及山砦如之度宗咸淳元年詔曰淮蜀荆襄之民所種屯田旣困重額又困苛取流離之際口體不充及遇水旱收租不及而催輸急於星火民何以堪其目前舊欠並除之復催者以違制論

遼太宗會同五年詔以契丹分屯南邊聖宗統和十二年賜南京統軍司貧戶耕牛耶律昭言西北諸郡每當農時一夫偵候一夫治公田二夫給糺官之役四丁無一室處芻牧之事仰給妻孥一遭寇掠貧窮之室春夏振恤吏多雜以糠粃重以掊克不過數月又復告困且畜牧者富國之本有司防其隱沒聚之一所不得各就水草便地兼以逋亡戍卒隨時補調不習風土故日瘠月損馴至耗竭爲今之計莫若振窮薄賦給以牛種使遂耕穫置游兵以防盜掠頒俘獲以助伏臘散畜牧以就善地期以數年富强可望時皆以爲切論太平七年詔諸屯田在官斛粟不可擅貸在屯者力耕公田不輸賦稅興宗重熙十三年詔選南北府兵富者援山西路餘屯田於天德軍道宗大安初年西蕃多叛上欲爲守禦計命耶律唐古督耕稼以給西軍唐古率衆田臚朐河側歲登上熟移屯鎮州凡十四稔積粟數十萬斛每斗不過數錢

金太祖收國元年敗遼軍於阿婁岡獲其耕具數千給賜諸軍天輔五年二月分諸路明安穆昆之民萬戶屯泰州賜耕牛五十其時伐遼取泰州徙遼降人居之命千戶穆昆宗雄按視泰州地戶宗雄包其土來奏曰其土如此可種植也由是徙萬家屯田泰州以博勒和爲都統太宗天會九年詔新徙戍邊戶乏耕牛者給以官牛別委官勸督田作其續遷戍戶在中路者姑止之卽其地種藝俟畢穫而行及來春農時至戍所熙宗天眷初年以旣取江南慮中原士民懷二始創屯田軍凡女眞奚契丹之人皆自本部徙居中州與百姓雜處計其戶口授以官田使自播種春夏量給其衣遇出師始給錢米凡屯田之所自燕南至淮隴之北俱有之皆築壘於村落閒世宗大定三年以正隆兵興農桑失業明安穆昆屯田多不如法遣戶部侍郎魏子平等分道勸農二十一年以山東路所括民田分給女眞屯田人戶又時以黃河移故道梁山濼水退地甚廣遣使安置屯田民時帝意不欲明安穆昆人戶與民戶雜居凡山東兩路屯田與民田互相犬牙者皆以官田對易御史中丞張九思言屯田明安人戶爲盜徵償家貧輒賣屯地凡家貧不能徵償者止令事主以其地招佃收其租入估價與徵償相當卽以其地還之臨洮尹完顏讓亦論屯田貧人徵償賣田乞用九思議詔可二十二年以山東屯田戶鄰于邊鄙命聚之一處俾協力耕種章宗明昌元年勅當軍人所授田止令自種力不足者方許承佃亦止隨所產納租其有自願折錢輸納者從民所願不願承佃者毋强又勅隨處係官閑地百姓已請佃者仍舊未佃者付明安穆昆屯田承安二年差戶部郎中李敬義往臨潢等路規畫農事舊令軍人所授之地不得租賃於人違者苗付地主五年中都山東河北屯駐軍人地土不贍官田多爲民所冒佔主兵者言比歲征伐軍多敗衄蓋由屯田地寡不免饑寒故無鬭志願括民田之冒稅者分給之則士氣自倍朝議已定平章政事張萬公獨上書言其不可者五大略以爲軍旅之後瘡痍未復百姓拊摩之不暇何可重擾一也通檢未久田有定籍括之必不能盡適足增猾吏之弊長告訐之風二也浮費侈用不可勝計推之以養軍可斂不及民而無待於奪民之田三也兵士失於選擇强弱不別而使同田共食振厲者無以盡其力疲劣者得以容其姦四也奪民而與軍得軍心而失天下心其禍有不可勝言者五也必不得已乞以冒地之已括者召民蒔之以所入贍軍則軍有坐獲之利而民無被奪之患矣書奏不報命樞機使宗浩禮部尚書賈鉉佩金符行省山東等路括地給軍凡得地三十餘萬給軍順天軍節度使張行簡上言比者括官田給軍旣一定矣有告欲別給者輒從其告至今未已名曰官田實取之民以與之臣所管已撥深澤縣地三百餘頃復告水占沙鹻者三之一

若悉從之何地可定臣謂當限以月日不許再告爲便下尚書省議奏請如實有水占河塌不可耕種按視覆同然後改撥若沙鹻瘠薄當準已撥爲定制曰可泰和四年定制所撥地止十里內者自種之每丁四十畝續進丁同此餘者許令便宜租賃及兩和分種違者錢業還主五年二月帝又聞六路括地時其閒屯田軍戶多冒民增口以請官地及包取民田而民有空輸稅賦虛抱物力者應詔陳言人多論之遣官分淸追照案憑尙書省奏遣官徒滋訟言乃令虛抱稅石已輸送入官者於稅內續抻之宣宗貞祐三年以時方南遷徙河北軍戶於河南議所以處之者宰臣言當指官田及牧地分界之已爲民田者則俟秋穫後仍日給米一升折以分鈔大常丞舒穆嚕世勣曰荒田牧地耕闢費力奪民素墾則民失所帝欲從宰臣議侍御史劉元規復上言帝乃罷之後因北方侵及河南盡起諸路軍戶南來共圖保守復議得軍糧之術或益賦或與軍田二者孰便參政高汝礪言河南官民地相半又多全佃官地之家一旦奪之何以自活小民易動難安一時避賦遂有拾田言及與人又復悔悔則忿心生矣如山東撥地時腴地盡入富家瘠者乃付貧戶無益於軍而民有損惟當倍益官租以給軍食復以係官荒田牧地量數與之令其自耕則民不失業官不厲民矣從之又言河北軍戶徙居河南者幾萬口（疑當作百萬口或係史之誤）人日給粟一升歲費三百六十萬石半以給直獨支三百萬（疑當作二百萬）河南租地計二十四萬頃歲租計一百五十六萬乞於經費之外倍徵以給之帝命右司諫馮開等五人分行諸郡就授以荒官田及牧地可耕者人三十畝至十一月又以括荒田及牧馬地給軍事命汝礪總之汝礪還奏今頃畝之數較之舊籍甚少復多瘠惡不可耕又僻遠之處必徙居以就之彼皆不能自耕必以與人又當取租於數百里之外況今農田且不能盡闢豈有餘力以耕叢薄交固草根糾結之荒地哉詢諸軍戶皆欲得半糧猶足自養得田不能耕復罷其廩將何所賴臣知初籍地之時未嘗按閱其實所以不如其數不得其處也若復考計州縣必各望承風旨追呼究訐以應命不足其數則妄指民田以充之所在又騷然矣今民之賦役三倍平時飛輓轉輸日不暇給而復爲此舉將何堪之且軍戶暫遷行有還期何爲以此病民病民而軍獲利猶不可爲況無所利乎遂詔罷給田但半給糧半給實直焉四年復遣官括河南牧馬地既籍其數帝命省院議所以給軍者宰臣言今軍戶當給糧者四十四萬八千餘口計當口占六畝有奇繼來者不與焉相去數百里者豈能以六畝之故遠來兼月支口糧不可遽罷臣等竊謂軍戶願佃者卽當計口給之其餘僻遠不願者宜準近制係官荒地許軍民耕闢例令軍民得占蒔之院官言牧馬地少且久荒難耕軍戶復乏農器不給之則彼自支糧外更無從得食非蓄銳得敵之計給之則未能遽減其糧若得遲以歲月俟頗成倫次亦漸可以省官廩今奪於有力者卽以授之其無力者恐無以耕乞令司縣官勸率民者借牛破荒至來春然後給之司縣官能率民戶以助耕而無騷動者量加官賞庶幾有所激勸宰臣又言若如所言則司縣官貪募官賞必將抑配以擾民況民家之牛量地而蓄之比年以來農功甫畢併力轉輸猶恐不及豈有暇耕他人之田唯如前奏爲便詔再議之乃議民有能開牧馬地及官荒地作熟田者以半給之爲永業半給軍戶奏可省臣又奏自古用兵且耕且戰是以兵食交足今諸帥分兵不啻百萬一充軍伍咸仰於官至於婦子居家安坐待哺蓋不能屯田爲經久之計也願下明詔令諸帥府各以其軍耕蒔亦逸以待勞之策詔從之興定二年帝諭樞密院曰中京商虢諸州軍人願耕屯田比已括地授之聞徐宿軍獨不願受意謂予田必絕其廩給也朕肯爾耶其以朕意曉之因命諸軍徧授屯田邳州行省侯摯言東平以東屢經殘燬邳海之閒貧民失業者甚衆日食野菜無所依倚恐因而嘯聚以益敵乞募邊爲兵自十月給糧使充戍役至二月罷之人授地三十畝貸之種粒而驗其收穫量數取之逮秋復隸兵伍且戰且耕公私交利亦望被俘之民易於招集也至三年藉邳海等州義軍及脅從歸國而充軍者人給地三十畝有力五十畝仍蠲差稅日支糧二升四年移剌不言軍戶自徙河南數歲尚未給用兼以移徙不常莫得安居故貧者甚衆請括諸屯處官田人給三十畝仍不移屯他所如此則軍戶可以得所官糧可以漸省宰臣奏前此亦有言授地者樞密院謂俟事緩而行之今河南罹水災流亡者衆所種麥不及五萬頃殆減往年大半歲入不能足若撥授之爲永業俟有穫卽罷其家糧亦省費之一端也從之五年京南行三司舒穆嚕斡魯言京南東西三路屯軍老幼四十萬口歲費糧百四十餘萬石皆坐食民租甚非善計宜括逋戶舊耕田南京一路舊墾田三十九萬八千五百餘頃內官田民耕者九萬九千頃有奇今饑民流離者大半東西南路計亦如之朝廷雖招使復

業民恐既復之後生計未定而賦斂隨之往往匿而不出若分給軍戶人三十畝使之自耕或召人佃種可數歲之後蓄積漸饒官糧可罷令省臣議之仍不果行

欽定續通典卷五

欽定續通典卷六

食貨

屯田下 元 明

元太祖時舒穆嚕拜達勒爲霸州等路元帥鎮守固安水寨令軍士屯田且耕且戰披荆棘立廬舍數年之閒城市悉完爲燕京外蔽憲宗初以有宋兵世祖請立經略司於汴以蒙古史天澤等爲使授之兵牛敵至則禦敵去則耕乃置屯田萬戶於鄧完城以備之三年汪特格修治利州且屯田七月屯田於鳳翔中統三年詔鳳翔府種田戶隸平陽兵籍毋令出征務耕屯以給軍餉又詔諸道括逃軍還屯田嚴其禁三年始立左衛屯田調樞密院二千人於東安州南永清縣東荒土及本衛元占牧地立屯開耕分置左右手屯田千戶所（其官屬詳載職官典武官下卷中）爲軍二千名爲田一千三百一十頃六十五畝又置右衞屯田調本衛軍二千人於永清益津等處立屯開耕分置左右手屯田千戶所其屯軍田畝之數與左衛同至元元年以益都武衛軍千人屯田燕京官給牛種二年詔孟州之東黃河之北南至八柳樹枯河徐州等處凡荒閑地土可令阿珠阿嘍罕等所領士卒立屯耕種并摘各萬戶所管漢軍屯田又詔西川山東南京等路戍邊軍屯田四年置中衛屯田於武清香河等縣繼以各屯田界相去百餘里往來耕作不便遷於河西務荒莊楊家口青臺楊家白等處其屯田之數與左衛同爲田一千三十七頃八十二畝六年以攻襄樊軍餉不足發南京河南歸德諸路編民二萬餘戶於康鄧申裕等處立屯七年創立高麗屯田是時東征日本欲積糧餉爲進取之計遂以王綧洪茶邱等所管高麗戶二千人及發中衛軍二千人合婆娑府咸平府軍各一千人於王京東寧府鳳州等處一十處置立屯田設經略司以領其事每屯用軍五百人八年僉發已未年隨州鄂州投降人民一千一百七十戶往中興居住繼即編爲屯田戶凡二千四百丁（至二十三年續僉漸丁得三百人）爲田一千八百頃十一年徙生券軍屯田和林置陝西屯田總管府以安西王府所管編民二千戶立櫟陽涇陽終南渭南屯田又置寧夏路放良官屯田從安撫司請招良人民九百四戶編聚屯田爲田四百四十六頃五十畝又置敘州宣撫司民屯命西蜀四川經略司起立屯田又置潼州府民屯僉本府編民及義士軍二千二百二十四戶立屯又置夔路總管府民屯僉本路編民至五千二十七戶又置重慶路民屯於江津巴縣瀘州忠州等處僉撥編民二千三百八十七戶並召募共三千五百六十五戶十二年置大理金齒等處宣慰司都元帥府軍民屯命於所轄州縣拘刷漏籍人戶得六千六百有六戶立屯田繼又僉本府編民四百戶及永昌府編民一千二百七十五戶增益之後立大理軍屯於爨僰軍內撥二百戶續僉二百八十一戶又增一百一十九戶總計民屯三千七百四十一戶軍屯六百戶爲田軍民已業二萬二千一百五雙又置曲靖等處宣慰兼管軍萬戶府軍民屯田拘刷所轄州郡諸色漏籍人戶七百四十戶立曲靖路民屯續僉民一千五百戶增入其所耕之田官給一千四百八十雙自備已業田三千雙復立澂江民屯所僉屯戶與曲靖同凡一千二百六十戶後立軍屯於爨僰軍內僉一百六十九戶復僉一百二十六戶增入又立仁德府民屯所僉屯戶與澂江同凡八十戶給田一百六十雙後立軍屯僉爨僰軍四十四戶續僉五十六戶增入所耕田畝四百雙俱係軍人已業置順慶路民屯僉順慶民三千四百六十八戶置立屯田又置成都路民屯僉陰陽人四十戶辦納屯種又置鶴慶等路軍民屯田僉鶴慶路編民一百戶立民屯後又僉爨僰軍一百五十二戶立軍屯軍屯六百八雙民屯四百雙俱已業又置中慶路軍民屯田於所屬州縣內拘刷漏籍人戶得四千一百九十七戶官給田一萬七千二十二雙自備已業田二千六百二雙繼立軍屯用爨僰軍人七百有九戶官給田二百三十四雙自備已業田二千六百一雙又置臨安宣慰司兼管軍萬戶府軍民屯田於所屬州縣拘刷漏籍人戶開耕宣慰司所管民屯三百戶田六百雙本路所管民屯二千戶田三千四百雙繼又續立爨僰軍屯爲戶二百八十八田一千一百五十二雙十三年置廣元路民屯從利路元帥言廣元實東西兩川要衝支給浩繁經理係官田畝得九頃六十畝遂以褒州刷到無主人口偶配爲十戶立屯開種十五年置威楚提舉司屯田於威楚提舉鹽使司拘刷漏籍人戶充民屯本司就領其事爲戶三十三爲田一百六十五雙又置威楚路軍民屯田拘刷本路漏籍人戶得一千一百一戶內八百六十六戶官給無主荒田四千三百三十雙餘戶自備已業田一千一百七十五雙繼立屯軍於本路爨僰軍內僉三百九十九戶內一十餘戶官給荒田六十雙餘戶自備已業田一千五百三十六雙又置前衛屯田以各省軍人備侍衛者於霸州保定涿州荒閑地土屯種分置左右手屯田千戶所屯軍與左衛同爲田一千頃又置後衛

屯田以永清等處田畝低下遷昌平縣之太平莊屯軍與左衛同爲田一千四百二十八頃十六年給千戶瑪尼部下巴圖軍及土渾川軍屯田牛具置淮東淮西屯田打捕總管府募民開耕漣海州荒地官給禾種自備牛具所得子粒官得十之四民得十之六仍免屯戶徭役爲戶一萬一千七百四十三爲田一萬五千一百五十三頃三十九畝又置寶坻屯僉大都屬邑編民三百戶立屯於大都之寶坻縣爲田四百五十頃又置額齊納屯田調歸附軍人於甘州至十八年置武衛屯田發迤南軍人三千名於涿州保定定興等處置立屯田分設廣備萬盈等六屯爲田一千八百四頃四十五畝以充屯田軍後又遷甘州新附軍二百人往屯額齊納合即渠開種爲田九十一頃五十畝又置虎賁親軍都指揮使司屯田因阿爾婁官人言近於瑪納齊圖沁納沁高州呼蘭達巴等處改置驛傳臣等議可於舊置驛所設立屯田從之後發虎賁親軍二千人入屯又增軍一千凡立三十四屯於上都置司爲軍三千八佃戶七十九爲田四千二百二頃七十九畝是時又置德安等處軍民屯田總管府以各翼取到漢軍及各路拘收手號新附軍分置十屯立屯田萬戶府繼又改立總管府爲民九千三百七十五名軍五千九百六十五名爲田八千八百七十九頃九十六畝又置甘肅管軍萬戶府屯田發軍於甘州黑山子滿峪泉水渠鴨子翅等處立屯田爲戶二千二百九十爲田一千一百六十六頃六十四畝又置汀漳屯田以福建調軍糧儲用依腹裏例置立屯田命管軍總管鄭楚等發鎮守士卒年老不堪備征戰者得百有十四人又募南安等縣居民一千八百二十五戶立屯耕作十九年置陝西等處萬戶府屯田以盩厔南係官荒地發歸附軍立孝子林張馬村軍屯繼以南山把口子巡哨人八百軍戶於盩厔之杏園莊寧州之大昌原屯田又發文州鎮戍新附軍九百人立亞栢鎮軍屯復以燕京戍守新附軍四百六十三戶於德順州之威戎立屯開耕爲戶孝子林屯三百一戶張馬村屯三百一十三戶杏園莊屯二百三十三戶大昌原屯四百七十四戶亞栢鎮屯九百戶威戎屯四百六十三戶爲田孝子林二十三頃八十畝張馬村七十三頃八十畝杏園莊一百一十八頃三十畝大昌原一百五十八頃七十九畝亞栢鎮二百六十八頃五十九畝威戎一百六十四頃八十畝又置桂齊延安府屯以拘收贖身放良布哷齊及漏籍戶計於延安路特默齊草地屯田爲戶二千二十七爲田四百八十六頃又置寧夏等處新附軍萬戶府屯田發迤南新附軍一千三百八十二戶往寧夏等處屯田又遣塔塔喇千戶所管軍人九百五十八戶屯田爲田一千四百九十八頃三十三畝又置紹慶路民屯於本路未當差民戶內僉二十三名置立屯田繼於彭水縣管籍萬州寄戶內僉撥二十戶又僉彭水縣未當差民戶三十二戶增入後以屯戶貧乏者多負逋復僉彭水縣編民一十六戶補之又置嘉定路民屯僉亡宋編民四戶置立屯田繼又撥成都義士軍八戶增入二十一年置嶺北行省屯田併和林阿拉克岱元領軍一千人入五條河後又摘六衞漢軍一千名赴青海屯田以五條河漢軍併入青海後又屢增軍戶共爲戶四千六百四十八爲田六千四百餘頃又置金復州萬戶府屯田發新附軍一千二百八十一戶於根敦扎卜置立屯田繼又分京師應役新附軍一千人屯田哈斯罕關東荒地後又以伊嚕音特穆爾塔斯哈雅兩萬戶新附軍一千三百六十戶併入金復州立屯耕作爲戶三千六百四十一爲田二千五百二十三頃又置芍陂屯田萬戶府因江淮行省言安豐之芍陂可溉田萬餘頃乞置三萬人立屯中書省議發軍士二千人行之屯戶共一萬四千八百八名又置夔府萬戶府軍屯從四川行省議除沿邊重地分軍鎮守餘軍一萬人命官於諸處擇膏腴地立屯開耕爲戶三百五十一人爲田五十六頃七十畝凡創立十四屯其成都等路萬戶府軍屯於本路崇慶州義興鄉楠木園置立爲戶二百八十九人爲田四十二頃七十畝河東陝西等路萬戶府軍屯置立於灌州之青城陶壩及崇慶州之大柵頭等處爲戶一千一百二十八名爲田二百八頃七畝廣安等處軍屯置立於成都路崇慶州之七寶壩爲戶一百五十名爲田二十六頃二十五畝保寧萬戶府軍屯置立於崇慶州之金馬爲戶一百六十四名爲田七十五頃九十五畝敘州萬戶府軍屯置立於灌州之青城爲戶二百二十一名爲田三十八頃六十七畝五路萬戶府軍屯置立於成都之大柵鎮孝感鄉及灌州青城縣之懷仁鄉爲戶一千一百六十一名爲田二百三頃一十七畝興元金州等處萬戶府軍屯置立於崇慶州晉源縣之孝感鄉爲戶三百四十四名爲田五十六頃隨路八都萬戶府軍民屯置立於灌州青城縣溫縣爲戶八百三十二名爲田一百六十二頃五十七畝舊附等軍萬戶府軍屯置立於灌州青城縣崇慶州等處爲戶一千二名爲田一百二十九頃五十畝

砲手萬戶軍屯置立於灌州青城縣龍池鄉爲戶九十六名爲田一十六頃八十畝順慶軍屯置立於晉源縣義興鄉江源縣將軍橋爲戶五百六十五名爲田九十八頃十七畝平陽軍屯置立於灌州青城崇慶州大柵頭爲戶三百九十八名爲田六十九頃六十五畝遂寧州軍屯爲戶二千名爲田三百五十頃又置嘉定府萬戶軍屯摘蒙古漢軍及嘉定新附軍三百六十人於崇慶州青城等處屯田爲田二頃二十畝二十二年置廣濟署屯田以崔黃口空城屯田歲澇不收遷於青倉等處以尙珍署舊領屯夫二百三十戶歸之旣又遷濟南河南五百五十戶平灤眞定保定三路屯夫四百五十戶併入其爲戶一千二百三爲田一萬二千六百頃三十八畝又置豐潤署屯田於大都路薊州之豐潤縣爲戶八百三十七爲田三百四十九頃二十三年置尙珍署屯田於濟寧路之兗州爲戶四百五十六爲田九千七百一十九頃七十二畝又置洪澤萬戶府屯田初於洪澤南北三屯設萬戶府以統之因江淮行省言國家經費錢糧爲急今屯田之利無過兩淮況芍陂洪澤皆漢唐舊立屯之地若令江淮新附漢軍屯田可歲得糧百五十餘萬石從之繼罷三屯萬戶止立洪澤屯田萬戶府以統之其置立處所在淮安路之白水塘黃家疃等處爲戶一萬五千九百九十四名爲田三萬五千三百一十二頃二十一畝二十四年置左右欽察衛屯田發本衛軍一千五百一十二名分置左右手屯田千戶所及欽察屯田千戶所於青州等處屯田後又創立龍翊侍衛復隸焉爲軍左手千戶所七百五名右手千戶所四百三十七名欽察千戶所八百名爲田左手千戶所一百三十七頃五十畝右手千戶所二百一十八頃五十畝欽察千戶所三百頃又置永平屯田總管府以北京採取材木百姓三千餘戶於灤州立屯設官署以領其事爲戶三千二百九十爲田一萬一千六百一十四頃四十九畝又置管田提舉司設立於大都鄭州之武淸縣爲戶軍二百五十三民一千二百三十五析居放良四百八十布呼齊二百三十二和卓一百七十口獨居布呼齊一十二口哈喇穆爾冊八十二名爲田三千五百二頃九十三畝二十五年置湖南宣慰司衡州等處屯田調德安萬戶府軍士一千四百六十七名分置衡州之淸化永州之烏符武岡之白倉置立屯田二十六年置左翼屯田萬戶府罷蒙古軍人之屯田者別以鄂端巴十伯里回還漢軍及大名衛輝兩翼新附軍與前後二衛迤東還戍士卒合併屯田設左右翼屯田萬戶府以領之遂於大都路霸州及河間等處立屯開耕置漢軍左右手二千戶新附軍六千戶所爲軍二千五十一名爲田一千三百九十九頃五十二畝其右翼屯田萬戶府繼發眞定軍人三百名於武淸縣崔黃口增置屯田分置漢軍千戶所三別置新附軍千戶所爲軍一千五百四十人爲田六百九十九頃五十畝又置保寧萬戶府軍屯因保寧府言本管軍人一戶或二丁三丁父兄子弟應役實爲重併若又遷於成都屯種去家隔遠逃匿必多乞令本府在營士卒及襲路守鎭軍人止於保寧沿江屯種從之僉軍一千二百名繼發屯軍一百二十九人從萬戶伊蘇岱爾西征別僉漸丁軍人入屯爲戶一千三百二十九名爲田一百一十八頃二十七畝又置順慶等處萬戶府軍屯發軍於沿江下流漢初等處屯種爲戶六百五十六名爲田一百一十四頃八十畝二十七年置武定路總管府軍屯以雲南戍軍糧餉不足於和曲祿勸二州爨僰軍內僉一百八十七戶立屯耕種爲田七百四十八雙又置烏撒宣慰司軍民屯田其烏撒路軍屯以爨僰軍一百一十四戶屯田又立東川路民屯屯戶亦係爨僰軍人八十六戶皆自備已業又置羅羅斯宣慰司兼管軍萬戶府軍民屯田其會通民屯屯戶係爨僰土軍建昌民屯撥編民一百四戶又立會川民屯發本路所轄州邑編民四十戶德昌路民屯發編民二十一戶二十九年置忠翊侍衛屯田命各萬戶府摘大同隆興太原平陽等處軍人四千戶揚珠格爾齊勸地面及紅城周迴置立屯田開耕荒田二千頃仍命西京宣慰司領其事後改立大同等處屯儲萬戶府以領之又改爲侍衛親軍都指揮使司仍領屯田三十年置梁千戶翼軍屯因梁王遣使詣雲南行省言以漢軍一千人置立屯田後發三百人備鎭戍巡邏止存七百人於烏蒙屯田後遷於新興州爲田三千七百八十九雙又置海北海南道宣慰司都元帥府民屯召募民戶并發新附士卒於海南海北等處置立屯田繼以其地多瘴癘縱屯軍二千人還各翼留二千典召募之民屯種後罷屯田萬戶府屯軍悉令還役止令民戶八千四百二十八戶屯田瓊州路五千五百一戶雷州路一千五百六十六戶高州路九百四十八戶化州路八百四十三戶廉州路六十戶爲田瓊州路二百九十二頃雷州路一百六十五頃五十一畝高州路四十五頃化州路五十五頃二十四畝廉州路四頃八十八畝成宗元貞元年置肇州蒙古屯田萬戶府以

納延布拉噶齊及打魚碩達勒達女眞等戶於肇州旁近地開耕爲戶布拉噶齊二百二十戶碩達勒達八十戶歸附軍三百戶續增漸丁五十二戶二年置欽州等處萬戶府軍屯遷遂寧屯軍二百三十九於敘州宣化縣喁口上下荒地開墾爲田四十頃八十三畝大德二年置廣西兩江宣慰都元帥府獞兵屯田部民呂瑛言募牧蘭等處及融慶溪洞猺獞民丁於上浪等處開屯耕種繼又平大任洞以所遺地產續置藤州屯田爲戶上浪屯一千二百八十二戶忠州屯六百一十四戶那扶屯一千九戶雷留屯一百八十七戶水口屯一千五百五十九戶又置贛州路南安寨兵萬戶府屯田以贛州路所轄信豐會昌龍南安遠等處賊人出沒發寨兵及宋舊役弓手與抄數漏籍人戶立屯耕守以鎭遏之爲戶三千二百六十五爲田五百二十四頃六十八畝四年置大同等處屯儲總管府屯田以西京黃華嶺等處田土頗廣發軍民九千餘人立屯開耕爲戶軍四千二十民五千九百四十五爲田五千頃武宗至大元年置左衞率府屯田於大都路漷州武清縣及保定路新城縣置立屯田仁宗延祐二年置烏蒙等處屯田總管府軍屯因雲南行省言烏蒙乃雲南咽喉之地別無屯戍軍其地皆古昔屯田之跡乞發輝和爾及新附軍屯田鎭遏從之七年置重慶五路守鎭萬戶府軍屯發軍一千二百人於重慶路三堆中曹趙市等處屯耕爲田四百二十頃英宗至治二年置宗仁衞屯田發五衞漢軍二千人於大寧等處創立屯田分置兩翼屯田千戶所爲田二千頃文宗至順元年置宣忠衞屯田命收聚訖一萬俄羅斯給地一百頃立宣忠扈衞親軍萬戶府

屯田

明太祖初立民兵萬戶府寓兵於農其法最善又令諸將屯兵龍江等處惟都水營田司康茂材績最著乃下令褒之因以申飭將士曰興國之本在於强民足食自兵興以來民無寧居連年饑饉田地荒蕪若兵食盡資於民則民力重困故令將士屯田且耕且戰今各將帥已有分定地鎭然隨處地利未能盡墾數年未見功緖唯康茂材所屯得穀一萬五千餘石以給軍餉尚餘七千石以此較彼地力均而入有多寡蓋人力有勤惰故耳自今諸將宜督軍士及時開墾以收地利繼於兩京各省直建設衞所置屯田以都司統攝之洪武三年中書省請稅太原朔州等衞屯田官給牛種者十稅五自備者稅其四帝命弗徵明年中書省言河南山東北平陝西山西及直隸淮安諸府屯田凡官給牛種者十稅五自備者十稅三詔且弗徵三年後畝收租一斗是年募鹽商於各邊開中謂之商屯因大同糧儲自陵縣運至太和嶺路遠費重從山西行省言令商人於大同倉入米一石太原倉入米一石三斗者給淮鹽一小引以省途費而充邊儲謂之開中繼各行省邊境多召商中鹽輸米諸倉以爲軍儲計道里遠近自五石至一石有差先後增減則例不一率視時緩急米石高下中納者利否道遠地險則減而輕後至弘治中戶部尚書葉淇變法而開中始壞諸淮商悉撒業歸西北商亦多從家於淮邊地爲虛米石值銀五兩邊儲枵然至嘉靖時陝西巡撫楊一清復請召商開中鹽尚書總理江北鹽屯尋於九邊與總督王崇古區畫屯政然因循日久卒鮮實效四年從中書右丞相徐達請徙山後民一萬七千餘戶屯北平又令於山北口外東勝蔚州安豐雲應等處極邊沙漠之地各設千百戶收撫邊民無事則耕有事則戰就以所儲草給之達又以沙漠遺民三萬二千餘戶屯田北平凡置屯二百五十四開田一千三百四十三頃六年太僕丞相額森特穆爾言寧夏境內及四川西南至船城東北至塔灘相去八百餘里土田膏沃宜招集流民屯田從之是時遣鄧愈湯和諸將屯陝西彰德汝寧北平徙山西眞定民屯鳳陽又因海運餉遼有溺死者遂益講屯政天下衞所州縣軍民皆事墾開其移民就寬鄉或召募或罪徙者爲民屯皆領之有司軍屯則領之衞所邊地三分守城七分屯種內地二分守城八分屯種每軍受田五十畝爲一分給耕牛農具教樹植復租賦遣官勸輸誅侵暴之吏初稅畝一斗後定科則軍田一分正糧十二石貯屯倉聽本軍自支餘糧爲本衞所官軍俸糧十九年以雲南旣平諸蠻未附命西平侯沐英鎭之英奏雲南土地甚廣而荒蕪居多宜置屯田命軍士開耕以備儲蓄乃諭戶部曰屯田可以紓民力立兵食邊方之計莫善於此然邊地久荒榛莽蔽翳用力實難宜緩其歲輸使樂耕作數年之後徵之可也英奏詔自永寧至大理六十里設一堡留軍屯田後景川侯曹震又屯田品甸普定侯陳桓靖寧侯葉昇屯田定邊姚安畢節諸衞二十一年敕五軍都督府曰養兵而不病於農者莫若屯田今海宇寧謐邊境無虞若使兵坐食於農農必受敝非長治久安之術其令天下衞所督兵屯種庶幾兵農兼務國用以紓自是歲得糧五百餘萬石二十三年延安侯唐勝宗督貴州屯田二十四年又諭後軍都督沐春曰今塞外清寧已置太寧都司及廣寧諸衞足以守邊而守關軍士已令撤之而山海關猶循故事其七站軍士雖名守關實廢屯田養馬自今一

片石等關每處止存軍士十餘人譏察逋逃餘悉令屯田二十五年詔天下衛所軍以十之七屯田宋國公馮勝潁國公傅友德帥開國公常昇等分行山西籍民為軍屯田於大同東勝立十六衛建文四年令直隸屯田差御史比較各都司屯田巡按御史比較後改增按察使僉事盤查屯田或令各省布按三司提督或令巡按御史提督或令總兵官鎮守提督或差戶部郎中巡屯御史隨時更改沿革不一成祖永樂元年命靖安侯王忠往北京整理屯田工部尚書黃福奏陝西所屬行都司所屬屯田多缺耕牛耕具合准北京例官市牛給之耕具於陝西布政司所屬鑄造從之二年定屯田官軍賞罰例歲食米十二石外餘六石為率多者賞鈔缺者罰俸又以田肥瘠不同法宜有別命軍官各種樣田以其歲收之數相考較太原左衛千戶陳淮所種樣田每軍餘糧二十三石帝命重賞之寧夏總兵官何福積穀尤多賜勑褒美戶部尚書郁新言湖廣諸衛收糧不一種請以米為準凡粟穀糜黍大麥蕎穄二石稻穀秫二石五斗穇稗三石皆準米一石小麥麻豆與米等從之著為令又更定屯守之數臨邊險要守多於屯地僻處及輸糧艱難者屯多於守屯兵百名委百戶三百名委千戶五百名以上指揮提督之屯設紅牌列則例於上年六十與殘疾及幼者耕以自食不限於例屯軍以公事妨農務者免徵子粒並禁衛所差撥宣宗宣德中屢敕各屯以征戍罷耕及官豪勢要占匿者減餘糧之半迤北來歸就屯之人給車牛農器分遼東各衛屯軍為三等丁牛兼者為上丁牛有一為中俱無為下兵科給事中戴弁言自山海關至薊州守關軍萬人列營二十三所操練之外無他差遣若稍屯種亦可實邊請取勘營所附近荒田斟酌分給且屯且守帝命戶部兵部各遣官與都督陳景先經理兵部黃福言永樂間雖營建北京南討交阯北征沙漠資用未嘗乏比國無大費而歲用僅給即不幸有水旱征調將何以濟請設操備營繕軍士十萬人於濟寧以北衛輝真定以東緣河屯種初年自食次年人收五石三年收倍之既省京食口糧六十萬石又省本衛月糧一百二十萬石歲可得二百八十萬石帝善之下戶兵二部議部奏緣河屯田實便請先以五萬頃為率發附近居民五萬墾之但山東近年旱饑流徙初復衛卒多力役宜先遣官行視田以俟開墾遂令吏部郎中趙新等經理福總其事既而有言軍民各有常業若復分田役益勞擾事竟不行繼遣侍郎羅汝敬督陝西屯田柴車經理山西屯田分遣御史巡視寧夏甘州屯田水利至七年帝從戶部議令他衛軍戍宣府者悉遣還屯種左都督譚廣上言臣所守邊一千四百餘里敵人窺伺竊發無時脫有警徵兵數百里外勢豈能及屯種之議臣愚未見其可帝以邊卒戍守有餘但命永樂中調戍者勿遣英宗正統元年發禁軍三萬人屯田畿輔二年免軍田正糧歸倉止徵餘糧六石後又免沿邊開田官軍子粒減各邊屯田子粒有差景帝景泰初邊方多事令兵分為兩番六日操守六日耕種時學士商輅言邊外田地極廣先因在京功臣等將附近各城堡膏腴之產占作莊田其餘閒田又為鎮守總兵參將等占為已業以致軍士無田可耕夫且耕且守如漢趙充國諸葛亮晉羊祜皆有明效今日守邊之要莫要於此下所司議行憲宗成化初宣府巡撫葉盛買官牛千八百并置農具遣軍屯糧收糧易銀以補官馬耗損邊人稱便自正統後屯政稍弛而屯糧總存三之二其後屯田多為內監軍官占奪法盡壞憲宗之世頗議釐復而視舊所入不能十一矣孝宗弘治間屯糧愈輕有畝止三升者而定制各省屯糧又折以銀雖有徵糧違限之罰强占屯田之禁終無大裨十四年戶部尚書秦紘總制三邊見固原迤北延袤千里閒田數十萬頃曠野近邊無城堡可依議於花馬池迤西至小鹽池二百里每二十里築一堡堡周四十八丈役軍五百人固原迤北諸處亦各築屯堡募人屯種每頃歲賦米五石可得五十萬石下詔行之武宗正德時遼東屯田較永樂間田贏萬八千餘頃而糧乃縮四萬餘石初永樂時屯田米常溢三之一常操軍十九萬以屯軍四萬供之而受供者又得自耕邊外軍無月糧以是邊餉恆足及是屯軍多逃死常操軍止八萬皆仰給於倉而邊外數擾棄不耕劉瑾擅政遣官分出丈田責逋希瑾意者偽增田數披括慘毒至遼卒脇眾為亂撫之乃定世宗嘉靖時遼東巡撫李承勛招逋逃三千二百人開屯田千五百頃僉都御史劉天和督甘肅屯政請以肅州丁壯及山陝流民於近邊耕牧且推行於諸邊奏當興革者十事田利大興總督宣大兼督河南山東軍務翟鵬浚濠築垣修邊墻三百九十餘里得地一萬四千九百餘頃募軍千五百人人給五十畝省倉儲無算大同巡撫詹榮以近邊弘賜諸堡三十一所延亘五百餘里闢治之皆膏腴田可數十萬頃乃奏請召軍佃作復租徭移大同一歲市馬費市牛賦之秋冬則聚而遏寇帝從之時楊一清復請召商開中又請倣古募民實

塞下之意招徠隴右關西民以實邊其後周澤王崇古林富陳世輔王畿王朝用唐順之吳桂芳等爭言屯政龐尙鵬總理江北鹽屯尋移九邊與總督王崇古先後區畫屯政甚詳然卒鮮實效給事中管懷理言屯田不興其弊有四疆場戒嚴一也牛種不給二也丁壯亡徙三也田在敵外四也如是而管屯者猶欲按籍增賦非扣月糧卽按丁賠補耳屯糧之輕至弘正而極嘉靖中漸增穆宗隆慶中復畝收一斗然屯丁逃亡者益多管糧郞中不問屯田有無月糧止半給沿邊屯地或變爲斥鹵沙磧糧額不得減屯田御史又於額外增本折屯軍益不堪命時給事中鄭大經言薊屯當量地利而定其則遼屯當改營田而足其額此興復屯政之大較也御史李叔和言遼東屯田半廢近行營田之法撥軍耕種致行伍空虛且歲收田租止備修邊工費而各軍支餉如故有損無益蓋此法止可行於河西人少之處若河東則當廣召種之今授田徵稅悉抵歲餉以省內輸餉回壯勇以實行伍仍特勅官董之如內地屯田之制從之時又給宣大屯田官養廉田宣大開墾田已成業令每十頃內給將官五十畝爲養廉之資若副參開種不及百頃守備以下或不及一十頃參論戒飭又詔各邊自墾田永不起科如歲增粟十萬五千石自墾至百頃千頃者重加陞賞神宗萬歷時山東巡撫鄭汝璧請開登州海州北長山諸島田福建巡撫許孚遠墾閩海檀山田成復請開南日山澎湖又言浙江海濱諸山若陳錢金塘補陀玉環南麂皆可經理天津巡撫汪應蛟則請於天津興屯或留中不下或不久輒廢時方征倭寇濟陽衞舍餘李大用等請以萬人自備資種隨行給事中郝敬上疏曰臣閱李大用等奏畿輔附近濟陽等衞屯牧額兵共四十八萬願以萬人隨行征倭衆軍自貼糧餉臣訪其故自永樂時靖難功成剩精兵四十八萬內一十二萬選入十二團營餘三十六萬給賜屯田牧地種納子粒馬價分置七十八衞於順天所屬州縣俱屬三千營統轄聽調征勦今二百餘年生齒繁衍與民混雜有司派以馬戶撐船運米等役衆軍脫卸無計昨者寧夏之役各餘丁議自備糧隨行征勦求免前差未幾寧夏平議遂寢茲緣倭奴告警重復申奏蓋彼以三十六萬之衆止出萬人是三十六人中抽一人耳以三十六萬衆共餉萬人是三十六家共贍一軍耳又得概免民差圖此便利今東征師可勿復用此惟是遼左空虛宜因羣情爲轉移之計卽於各衞原籍中十名抽一據三十六萬原數除六萬作耗外可得壯丁三萬人擇幹廉官數員統領赴遼東開種屯田于存留三十萬中各十名幇貼屯田一名牛種廬舍之費令概免前差開墾田成卽給本兵爲永業大率每兵一名墾田二十五畝內除五畝爲官田每畝量收子粒五六升則三萬人可墾田七十五萬畝一歲收官田子粒可八千餘石以備緩急之需因顧赴之人心蠲不急之徭役一呼而得勝兵三萬坐收兵食兩利之效備門庭之警扶肘腋之危何憚而久不爲此熹宗天啟初巡撫張愼言復議天津屯田而御史左光斗命管河通判盧觀象大興水田之利太常少卿董應舉踵而行之光斗更於河間天津設屯學試騎射爲武生給田百畝保定巡撫汪應蛟亦請興天津屯田疏言天津葛沽一帶地從來斥鹵不耕種臣謂地無水則鹹得水則潤以閩浙治地之法行之未必不可爲稻田今春買牛制器開渠築堤葛沽白塘二處耕種五千餘畝內水稻畝收四五石種薥荳者得水灌漑亦畝收二三石惟旱稻以鹻立槁始信閩浙之法可行於北海而斥鹵可變爲膏腴也天津爲神京牖戶開府設鎭其地益重見在水陸兩營兵四千人歲費餉六萬四千餘兩俱加派民閒天津荒田奚啻六七千頃若盡依今法爲之開渠以通蓄洩築隄以防水澇每千頃各致穀三十萬石以七千頃計之可得穀二百餘萬石非獨天津之餉取給而省司農之轉饋無不可者且地在三岔河外海潮上溢取以灌漑於河無妨白塘以下地無糧差白塘以上爲靜海縣或五畝十畝而折一畝糧差每畝不過一分八釐民願賣則給價不願則給種於民情無拂請以防海官軍用之於海濱墾地每歲開渠築堤可成田數百頃一面召募居民承種數年之後荒田漸闢各軍兵且屯且守民閒可省養兵之費重地永資保障之安矣得旨允行李繼貞巡撫天津亦力於屯務然仍歲旱蝗往往弗克底成效也五年貴州巡按傅宗龍討諸叛苗大破平越毀其砦百七十宗龍乃條上屯守策一曰淸衞所原田一曰割逆賊故壤而以衞所之法行之蓋黔不患無田患無人客兵聚散不常不能久駐莫若倣祖制盡舉屯田以授有功因功大小爲官高下自指揮至總小旗卑以應得田爲世業禁其私買賣不待招徠戶口是實臣所謂以守爲屯者如此部議從之莊烈帝崇禎九年總督宣大山西軍務盧象昇大興屯政積粟二十餘萬諭九邊皆式之十年陝西巡撫孫傳庭釐正西安三衞屯糧疏言洪武時每軍額地一頃歲徵正糧十二石餘糧十二石盡行收貯

屯倉以正糧按月支給本軍以餘糧支給官軍糧俸餉不煩轉輸而倉廩充實兵不煩召募而士卒精強法至善也至永樂二十年奉詔減免餘糧六石然正餘一十八石猶然交倉按支法尚未壞也至正統二年以正糧十二石兌給本軍充餉免納免交止徵餘米六石入倉而屯法大壞矣至後復將餘糧六石改為正糧一并兌軍免納而屯糧既不入倉屯地幾為私產莫可究詰矣陝西省下舊四衛因檄行西安府推官王鼎鎮清查除右護衛名隸秦府外先將左前後三衛各地查明推情定法按地起課即責辦於見今承種之人每上地一頃徵糧十八石中地量免三石下地又免三石每石折銀七錢總計三衛起課地三千二十七頃零徵銀三萬五千餘兩寬平易從無不翕然相安不呼籲以窘大農不加派以厲子遺疏上帝褒嘉之

欽定續通典卷六

欽定續通典卷七

食貨

鄉黨版籍 職役附 五代 宋 遼 金 元 明

臣等謹按杜典食貨立鄉黨版籍一門而所載徐偉長中論齊高帝建元之詔皆及職役今考宋以後各史及歷朝會要會典諸書凡鄉黨里保雖代異其制而必兼職役焉故以職役附於鄉黨版籍以補杜氏之未備云

周世宗顯德五年詔諸道州府令團併鄉村大率以百戶爲一團每團選三大戶爲耆長凡民家之有姦盜者三大戶察之民田之有耗登者三大戶均之仍每及三載卽一如是

宋因前代之制有衙前里正戶長耆長太宗太平興國七年令兩京諸州應部民有乏種及耕具人丁者許衆共推擇一人練土地之宜明種植之法者縣補爲農師相視田畝及五種所宜卽令鄉三老里胥與農師周勸各民於曠土種蒔俟歲熟共取其利爲里農師者蠲稅免其他役淳化五年令諸縣以第一等戶爲里正第二等爲戶長勿冒名以給役然自承平旣久奸僞滋生命官形勢占田無限皆得復役衙前將吏得免里正戶長應役之戶困於繁數僞爲券售田於形勢之家假佃戶之名以避徭役仁宗慶歷中委二府大臣裁減科役不均以鄉村坊郭戶均差王逵爲荆南轉運使率民輸錢免役得緡錢三十萬由是他路競爲掊克知幷州韓琦上疏曰州縣生民所苦無甚於里正衙前每鄉被差疎密與貲力高下不均假有一縣甲乙二鄉甲鄉第一等戶十五戶計貲爲錢三百萬乙鄉第一等五戶計貲爲錢五十萬番休遞役富者休息有餘貧者敗廢相繼豈朝廷爲民父母意乎請罷里正衙前命轉運司以州軍見役人數爲額令佐視五等簿通一縣計之籍皆在第一等選貲最高者一戶爲鄉戶衙前後差人放此卽甲縣戶少而役繁乙縣戶多而役簡者簿未盡實聽換取他戶里正主督租賦請以戶長代之二年一易下其議京畿河北河東陝西京東西轉運使度利害皆以爲便而知制誥韓絳蔡襄極論江南福建里正衙前之弊絳請行鄉戶五則之法襄請以產錢多少定役重輕至和中命絳襄與三司參定繼遣尚書都官員外郎吳幾復趨江東殿中丞蔡稟趨江西與長吏轉運使議可否因請行五則法凡差鄉戶衙前視貲產多寡置籍分爲五則又第其役輕重放此於是立法下三司頒焉自罷里正衙前民少休息至神宗熙寧時王安石爲相又設保甲之法籍鄉村之民十家爲保保丁皆授其弓弩教之戰陣參知政事呂惠卿及其弟曲陽縣尉和卿皆請行手實法其法官爲定立田產中價使民各以田畝多少高下隨價自估仍併屋宅分有無蕃息立等將造簿預具式示民令依式爲狀縣受而籍之以其價列定高下分爲五等旣該見一縣之民物產錢數乃參會通縣役錢本額而定所當輸明書其數使衆悉知之詔從其請於是司農寺乞廢戶長坊正令州縣坊郭擇相鄰戶三二十家排比成甲迭爲甲頭督輸稅賦苗役一稅 替其後諸路皆言甲頭催稅未便遂詔耆戶長壯丁仍舊募充其保正甲頭承帖法並罷哲宗元祐中殿中侍御史劉次莊言近制許雇耆戶長須三等已上戶不知三等已上戶不願受雇郡縣仍用差法不若立法明差之爲便繼又定制鄉差役人有應募者可以更代卽罷遣之許借坊場河渡及封樁錢以爲雇直耆戶長壯丁召雇不得以保正保長保丁充高宗紹興初參政李回言於帝曰前詔官戶役錢勿減半民戶役錢概增三分官給庸錢以募戶長及立保甲未幾廢保甲起推割推排之制民間纖微細瑣皆得籍之唯江之東西以畝頭計稅不待推排保正長之立也五家相比五伍爲保十大保爲都保有保長有都副保正餘及三保亦置長五大保亦置都保正其不及三保五大保者或爲之附歷或爲之均幷戶則以物力之高下爲役次之久近凡差役皆當因時制宜其應免應募毋膠前制云

遼聖宗統和三年樞密奏契丹諸役戶多困乏請以富戶代之上因閱諸部籍有二部戶少而役重者併量減之興宗重熙八年北院樞密使蕭孝穆請籍天下戶口以均徭役由是通括戶口政賦稍平云

金制以民戶內有物力者爲課役戶無者爲不課役戶令民以五家爲保太宗天會三年禁內外官及宗室毋得私役百姓權勢家不得買貧民爲奴世宗大定二年詔免二稅戶爲民遼時以良民賜諸寺分其稅一半輸官一半輸寺故謂之二稅戶金制又倣周禮大司徒三年一大比作通檢推排之法是時承正隆師旅之後民之貧富變更賦役不均世宗下詔曰粵自國初有司常行大比正隆時兵役並興調發無度富者今貧不能自存版籍所無者今爲富室而猶幸免是用遣信臣泰寧節度使張宏信等十三人分路通檢天下物力而差定之以革前弊俾元元無不均之歎以稱朕意凡規措條理命尚書省畫一以行又命凡監戶事產除官所撥賜之外餘凡置到百姓有稅田宅

皆在通檢之數五年有司奏諸路通檢不均詔再以戶口多寡貧富輕重適中定之既而又定通檢地土等第稅法十五年上以天下物力自通檢以來十餘年貧富變易賦調輕重不均遣濟南尹梁肅等二十六人分路推排後又制明安穆昆戶科差之法均其貧富及量其奴婢之多寡定之詔宰臣明安穆昆多新强舊弱差役不均其令推排當自中都路始二十二年詔令集者老推貧富驗土地牛具奴婢之數分爲上中下三等以同知大興府事完顏烏林先推中都路續遣戶部主事諳達等十四人與外官同分路推排後或推排通檢之法舉行不一章宗泰和六年以舊定保伍法有司滅裂不行其令結保有匿姦細盜賊者連坐宰臣謂舊以五家爲保恐人易爲計搆而難覺察令從唐制五家爲鄰五鄰爲保以相檢察京府州縣郭下則置坊正村社則隨戶衆寡爲鄉置里正以按比戶口催督賦役勸課農桑村社三百戶以上則設主首四人二百戶以上三人五十戶以上二人以下一人以佐里正禁察非違置壯丁以佐主首巡警盜賊明安穆昆部村寨五十戶以上設寨使一人掌同主首寺觀則設綱首凡坊正里正以其戶十分內取三分富民均出雇錢募强幹有抵保者充人不得過百貫役不得過一年凡戶口計帳三年一籍自正月初州縣以里正主首明安穆昆則以寨使詣編戶家責手實具男女老幼姓名以實轉報縣申州再達上司到部呈省凡漢人渤海人不得充明安穆昆戶明安穆昆之奴婢免爲良者止隸本部爲正戶凡籍官良人隸宮籍爲監戶籍官奴婢隸太府監爲官戶七年敕中物力戶有役則多逃避有司令以次戶代之事畢則復業以致大損不逃之戶令省臣詳議宰臣奏舊制太輕遂命課役全戶逃者徙二年賞告者錢五萬如實銷乏者內從御史臺外從按察司體究免之宣宗貞祐三年河北民遷徙河南者甚衆侍御史劉元規上言僑戶宜與土民均應差役上留中而自以其意問宰臣丞相布薩端平章穆延盡忠以爲便尚書左丞賈益謙曰僑戶應役甚非計也河北人戶避兵而來稍息即歸令旅寓倉皇之際又與地著者並應供億必騷動不能安居上甚嘉賞興定五年省言隨處土民久困徭役客戶蠶販坐獲厚利官無所斂亦宜稍及客戶以寬土民從之元太宗時耶律楚材條便宜事言中原之地財用所出宜存恤其民州縣非奉上命不得擅行科差世祖至元七年令縣令所屬村疃凡五十家立一社擇高年曉農事者爲之長增至百家別設長一員不及五十家者與近村合爲一社地遠人稀不能相合各自爲社者聽其合爲社者仍擇數村之中立社長官司長以教督農桑爲事凡種田者立牌橛於田側書某社某人於其上社長以時點視勸誡不率教者籍其姓名以授提點官責之其有不敬父兄及凶惡者亦然仍大書所犯於門俟其改過自新乃毀如終歲不改罰其代充本社夫役社中有事不能耕種者衆爲合力助之一社之中多事者兩社助之凡爲長者復其身郡縣官不得以社長與科差事十年令特默齊隨處列社與編民等十三年詔民之蕩析離居及僧道漏籍諸色人不當差役者萬餘人充貴徹後又詔京師勢家等皆與民均役焉英宗至治三年詔行助役法遣使考視稅籍高下出田若干畝使應役之人更掌之收其稅租以充役用官不得與時浙右苦於徭役民充坊里正者皆破家朝廷令行省召入郡集議便民之法杭州總管趙璉獻議以屬縣坊正爲雇役里正用田賦以均之民稱其便泰定帝泰定二年命江南民戶有田一頃之上者於所輸稅外每頃量出助役之田具書於册里正以次掌之歲收其租以充助役之用凡寺觀田除宋舊額其餘亦驗其多寡令出田助役民賴以不困呂思誠爲蓚縣令差民力爲三等均其徭役又刻孔子像令社學事之印識文簿畀社長記其善惡季月報縣不孝弟不事生業者罰其輸作

明太祖洪武十四年詔天下編賦役黃册以一百十戶爲一里推丁糧多者十戶爲長餘百戶爲十甲甲凡十人歲役里長一人甲首一人董一里一甲之事先後以丁糧多寡爲序凡十年一週曰排年在城曰坊近城曰廂鄉都曰里里編爲册册首總爲一圖其諸不能任役者附十甲後爲畸零僧道給度牒有田者編册如民科無田者亦爲畸零有司定其册凡四一上戶部其三則布政使府縣各存一焉上戶部者謂之黃册進呈送後湖東西二庫庋藏之歲命戶科給事中一人御史一人戶部主事四人釐校訛舛其後黃册祇具文有司徵稅編徭則自爲一册凡戶三等曰民曰軍曰匠以其業著籍人戶以籍爲斷禁數姓合戶附籍漏口脫戶許自實里設老人選年高爲衆所服者導民爲善平鄉里爭訟其人戶避徭役者曰逃戶饑年或避兵他徙者曰流民有故而僑於外者曰附籍朝廷所移民曰移徙凡逃戶明初督令還本籍復業賜復一年其不能歸與不願歸者令在所著籍授田輸賦英宗正統時造逃戶周知册核其丁糧凡流民初令勘籍編甲互保屬所在甲長管

轄之憲宗成化初荆襄寇亂流民百萬項忠楊璿爲湖廣巡撫下令逐之祭酒周洪謨著流民說引東晉時僑置郡縣之法使近者附籍遠者設州縣以撫之都御史李賓上其說命原傑出撫招流民十二萬戶給閒田置鄖陽府立上津等縣統治之凡附籍者正統時令家屬離籍千里者許收附不及千里者發還景泰中令民籍者收附軍匠竈役冒民籍者發還其移徙者明初戶部郎中劉九皐言狹鄉之民遷于寬鄉可使地無遺利太祖採其議屢有遷徙永樂中又遷太原諸郡之民以實北平焉至明代役法洪武初遳黃册成以上中下戶爲三等凡應役者編第均之銀力從所便曰均徭他雜役曰雜泛二十六年定各處三等人戶仍開軍民竈匠等籍除排年里甲依次充當外其大小雜泛差役各照所分上中下三等人戶點差景泰元年令里長戶下空閒人丁與甲首戶下人丁皆同差成化十五年令各處差徭戶分九等門分三甲凡有差派定民輸納然上供京錢主納爲中官留難不易中納往復改貿其弊甚多且役民自里中正辦外如糧長解戶名色甚繁因事僉編嘉靖後行一條鞭法通計一省丁糧均派一省徭役於是均徭里甲與兩稅爲一小民得無擾而事亦易集然糧長里長名罷實存條鞭規制漸紊不能盡遵也明中葉以後工役日煩京營之兵悉爲所役軍政皆廢弛云

欽定續通典卷七

欽定續通典卷八

食貨

賦稅上　唐　五代　宋

唐憲宗時分天下之賦以爲三一曰上供二曰送使三曰留州宰相裴垍又令諸道節度觀察調費取於所治州不足則取於屬州而屬州送使之餘與其上供者皆輸度支後討淮西判度支楊於陵坐饋運不繼貶以司農卿皇甫鎛代之由是益爲刻剝司農卿王遂京兆尹李翛號能聚斂乃以爲宣歙浙西觀察使予之富饒之地以辦財賦鹽鐵使王播言劉晏領使時自按租庸然後知州縣錢穀利病虛實乃以副使程异巡江淮覈州府上供錢穀至江淮得錢百八十五萬貫穆宗即位姑息戎臣武卒多非時賞賜饋運不能給帛粟未至而諸軍或彊奪於道蓋自建中定兩稅而物輕錢重民以爲患至是四十年當時爲絹二匹半者今爲八匹大率加三倍豪家大商積錢以逐輕重故農人日困末業日增帝亦以貨輕錢重民困而用不充詔有司議革其弊而議者多請重挾銅之律戶部尚書楊於陵奏王者制錢以權百貨貿遷有無通變不倦使物無甚貴甚賤其術非他在上而已何則上之所重人必從之古者權之於上今索之於下昔散之四方今藏之公府昔廣鑄以資用今減鑪以廢功開元中天下鑄錢七十餘鑪歲盈百萬今纔十數鑪歲僅十五萬而已大歷以前淄青太原魏博雜鉛鐵以通時用嶺南雜以金銀丹砂象齒今一用錢貨故錢不足宜使天下兩稅榷酒鹽利上供及留州送使錢悉輸以布帛粟穀則人寬於所求然後出內府之所積收市廛之滯廣山鑄之數限邊裔之出禁私家之積則貨日重而錢日輕矣宰相善其議由是兩稅留州皆易以布帛絲纊租庸課調不計錢而納布帛唯鹽酒本以榷率計錢與兩稅異不可去錢太和九年以天下回殘錢置常平義倉本錢歲增市之非遇水旱不增者判官罰俸書下考文宗嘗召監倉御史崔虞問太倉粟數對以二百五十萬石帝曰今歲用廣而蓄少柰何乃詔出使郎官御史督察州縣壅遏錢穀者時豪民侵噬產業不移戶州縣不敢徭役而征稅皆出下貧至於依富爲奴客役罰峻於州縣長吏歲輒遣吏巡覆田稅民苦其擾宣宗以後四方兵興役重賦繁公私俱困竭矣初乾元末天下上計百六十九州戶百九十三萬一百三十四不課者百七十萬四千五百九十二口千六百九十九萬三百八十六不課者千四百六十一萬九千五百八十七減天寶戶五百九十八萬二千五百八十四口三千五百九十二萬八千七百二十三元和中供歲賦者浙西浙東宣歙淮南江西鄂岳福建湖南八道戶百四十四萬比天寶開元四之一兵食於官者八十三萬加天寶三之一通以二戶養一兵京西北河北以屯兵廣無上供至長慶中戶三百三十五萬而兵九十萬率三戶以奉一兵至武宗即位戶二百一十一萬四千九百六十會昌末戶增至四百九十五萬五千一百五十一宣宗既復河湟天下兩稅榷酒茶鹽錢歲入九百二十二萬緡歲之常用率少三百餘萬有司遠取後年乃濟及羣盜起諸鎭不復上計云

後唐莊宗同光三年敕城內店宅園圃比來無稅頃因僞命遂有配徵後來以所徵物色添助軍裝衣賜將令通濟宜示矜蠲今據緊慢去處於見輸稅絲每兩作三等酌量納錢其絲仍與除放吏部尚書李琪上疏謂救人瘼者以重斂爲病源料兵食者以惠能爲軍政伏惟深留宸鑒如以六軍方闕未可輕徭兩稅之餘猶須重斂則但不以折納爲事一切以本色輸官又不以紐配爲名止以正稅加納天下幸甚敕本朝徵科唯配有兩稅至於折納本不施爲宜依李琪所論應逐稅合納錢物斛斗鹽錢等宜令租庸司指揮並準元徵本色輸納明宗天成四年戶部奏三京鄴都諸道州府逐年所徵夏秋稅租兼折徵諸般錢穀等徵條流所有各處節候早晚以差等作期納足長興三年三司奏請諸道上供稅物充兵士衣賜不足其天下所納斛斗及錢除支贍外請依時折納綾羅絹帛從之

晉高祖天福四年敕應諸道節度刺史不得擅加賦役及於縣邑別立監徵所納田租委人戶自量自槩

周世宗顯德三年敕應天下今後公私織造到絹帛紬布綾羅錦綺及諸色匹帛其幅尺斤兩並須合向來制度不得輕弱假僞妄冒取價又敕舊制織絁絹布綾羅錦綺紗縠等幅其幅闊俱有準制來年所納官絹斤兩不得差誤

宋制歲賦之類有五公田之賦凡田之在官賦民耕而收其租者民田之賦百姓各得專之者城郭之賦宅稅地稅之類丁口之賦百姓歲輸身丁錢米雜變之賦牛革蠶鹽之類太祖建隆四年令諸州受民租籍不得稱分毫合龠銖絫絲忽錢必成文絹帛成尺粟成升絲緜成兩薪蒿成束金銀成錢開寶三年詔諸州府兩稅所科物非上地所宜者不得抑配八年詔今後民輸稅絹絹不滿匹者許計丈尺納價錢毋得以三戶五戶聚合

成匹送納煩擾眞宗大中祥符元年以連歲豐稔邊儲有備河北諸路賦稅並聽於本州軍輸納二年須幕職州縣招來戶口旌賞條制九年詔諸路支移稅賦勿至兩次仍許以粟麥蕎菽互相折輸凡歲賦穀以石計錢以緡計帛以匹計金銀絲緜以兩計藁秸薪蒸以圍計他物各以數計至道末總七千八十九萬三千自唐以來民計田輸賦外增取他物復折爲賦謂之雜變亦謂之沿納名品煩細其類不一官司歲附帳籍並緣侵擾民以爲患仁宗明道中詔三司以類併合於是悉除諸名品併爲一物夏秋稅第分粗細二色百姓便之諫官王素奏天下田賦輕重不等請均定歐陽修亦言祕書丞孫琳嘗往洺州肥鄉縣與大理寺丞郭諮以千步方田法括定民田願詔二人者任之三司亦以爲然且請擇諸州之尤不均者均之於是遣郭諮往蔡州括一縣得田二萬六千九百三十餘頃均其賦於民後以州縣多逃田未可盡括遂罷初湖廣閩浙因舊制歲斂丁身錢米大中祥符間詔除丁錢而米輸如故既而漸次蠲免自郭諮均稅之法罷論者謂朝廷徒恤一時之勞而失經遠之慮至皇祐中天下墾田視景德增四十一萬七千餘頃而稅穀乃減七十一萬八千餘石田賦不均故其弊滋甚後田京知滄州均無棣田蔡挺知博州均聊城高唐田歲增賦穀帛無棣總一千一百五十二聊城高唐總萬四千八百四十七乃復詔均定遣官分行諸路祕書丞高本在遣中獨以爲不可纔均數郡田而止神宗元豐二年詔諸路支移折稅並具所行月日上之中書權發三司戶部判官李琮根究逃絕稅役江浙所得逃戶凡四十萬一千三百有奇爲書上之明年除琮淮南轉運副使兩路凡得逃絕詭名挾佃簿籍不載并闕丁凡四十七萬五千九百有奇正稅并積負凡九十二萬二千二百貫石匹兩有奇然每遇水旱輒輕弛賦租或蠲放倚閣賦輸遠方不均皆遣使按之陝西轉運使呂大忠令農戶支移斗輸腳錢十八御史劾之乃定制均輕重之等以稅賦戶籍在第一等第二等者支移三百里三等四等二百里五等一百里不願支移而願輸道里腳價者亦酌度分爲三等以從其便徽宗崇寧二年諸路歲稔行增價折納之法民以穀菽物帛輸積負零稅者聽之又詔天下租賦科撥價折當先富後貧自近及遠乃者漕臣失職有不均之弊其定爲令支移本以便邊餉內郡罕用折變之法視歲豐稔以定物之低昂俾官吏毋得私其輕重又詔比聞慢吏廢期凡輸官之物違期促限蠶者未絲農者未穫追胥旁午民無所措自今前期督輸者加一等坐之致民逃徙者論更加等政和以後天下戶口類多不實於是立法比較令提刑司及提舉常平同參考保奏終莫能拯其弊故鈎考歲終會其數按籍驗括脫漏又詔諸路凡奏戶口租稅亦不得而均是時國用不給凡府畿之外南暨襄唐西及澠池北踰大河民田有溢於初券者輒使輸公田錢宣和初州縣主吏催科失職逋租數廣令轉運司察守貳勤惰聽專達於內侍省浙西荒田天荒草田葑茭蕩湖濼退灘等皆計籍召佃立租以供應奉置局命官有措置水利農田之名部使者且自督御前租課高宗紹興元年五月詔民力久困州縣因緣爲奸今須式諸路凡因軍期不得已而貸於民者並許計所用之多寡量物力之輕重依式開具使民通知凡稅額減去大觀三分之一十五年戶部議准法輸官物用四鈔戶鈔付民執憑縣鈔關縣司銷簿監鈔納官掌之住鈔倉庫藏之所以防冒僞備毀失也繼而兩浙州縣合輸紬絹稅絹茶絹雜錢米六色皆以市價折錢卻別科米麥有畝輸四五斗者京西括田租加於舊湖南有土戶錢折絁錢醋息錢麪引錢名色不一荊南戶口十萬寇亂以來幾無人迹議者希朝廷意謂流民已復可使歲輸十二積逋至二十餘萬緡民力重困右承議郎詹沖上書論郡邑之弊以臣前任宜興一縣言之漕計合收其名甚繁有丁鹽坊場課利錢租地錢租絲租紵錢每歲不過一萬五千餘緡其發納之數有大軍錢上供錢糴本錢造船錢軍器物料錢天申節銀絹錢之類歲支不啻三萬四千餘緡又有見任寄居官請奉過往官兵批券州郡督索拖欠略無虛日令之爲令者苟以寬恤爲意而拙於催科旋踵以不職罷何暇承流宣化哉吏部侍郎許興古言今銓曹有知縣令二百餘闕無願就者正緣財賦督迫所以畏避如此若蠲民積欠謹擇守臣則吏稱民安矣詔如所奏行而兩浙江東西積逋悉蠲焉孝宗淳熙五年詔曰比年以來五穀豐登蠶絲盈箱嘉與海內共享阜康之樂尙念耕夫蠶婦終歲勤動價錢不足以償其勞郡邑兩稅除折帛折變自有常制當輸正色者毋以重價強之折錢臨安府刻石徧賜諸路光宗紹熙元年臣僚言古者賦租出於民之所有不強其所無今之爲絹者一倍折而爲錢再倍折而爲銀銀愈貴錢愈艱得穀愈不可售使民賤糶而貴折則大熟之歲反爲民害願詔州郡凡多取而多折者重置於罰民有糴不售者令常平就糴異時歲歉平價以糶度於民

無傷於國有補詔從之祕書監楊萬里奏輸粟於民謂之苗舊以一斛輸一斛今以二斛輸一斛矣輸帛於官謂之稅舊以正絹爲稅絹今正絹外有和買矣舊和買官給其直或以錢或以鹽今皆無之又以絹估直而倍折其錢矣舊稅畝一錢輸免役一錢今歲增其額不知所止矣旣一倍其粟數倍其帛又數倍其錢而又有月椿錢版帳錢不知幾倍於祖宗之舊又幾倍於漢唐之制乎此猶東南之賦可知也至於蜀賦之額外無名者不可得而知也陛下欲薄賦斂當節用度用節而後財可積財積而後國可足國足而後賦可減賦減而後民可富民富而後邦可寧也二年詔郡守縣令毋得科斂先期競務辦集理宗嘉熙二年臣僚言陛下自登大寶蠲賦之詔無歲無之而百姓未霑實惠蓋民輸率先期歸於吏胥攬戶乃遇詔下則所放者吏胥之物所倚閣者攬戶之錢是以寬恤之詔雖頒然民未霑惠嘗觀漢史恤民之詔多減明年田租今宜倣漢故事如遇朝廷行大惠則以今年下詔明年減租示民先知減數則吏難爲欺民慶實賜矣從之淳祐八年監察御史崇政殿說書陳求魯奏本朝仁政有餘而王制未備今之兩稅本大歷之弊法也常賦猶足困民況預借乎以百畝之家計之罄其永業豈足支數年之借操縱出於權宜官吏得以簸弄公私俱困臣愚謂今日救弊之策其大端有四焉宜採夏侯太初倂省州縣之議俾縣令得以直達於朝廷用宋元嘉六年爲斷之法俾縣令得以究心於撫字法藝祖出朝紳爲令之典以重其權遵光武擢卓茂爲三公之意以激其氣然後爲之正其經界裁其橫斂則預借可革民亦獲利矣議者以爲切於當時之弊然宋自南渡以後川蜀之賦最重科斂繁多有諸路常平司坊場錢激賞絹奇零絹估錢布估錢常平積年本息對糴米及他酒鹽諸名色錢大抵於常賦外歲增錢二千六十八萬緡而茶不預焉軍儲稍充蜀民始困後雖屢經蠲減而其弊不去天下諸郡每年常貢京畿路開封府貢方紋綾方紋紗蘆席麻黃酸棗仁京東路青州貢仙紋綾梨棗密州貢絹牛黃濟南府貢綿絹陽起石防風沂州貢仙靈脾紫石英茯苓鍾乳登州貢金牛黃石器萊州貢牛黃海藻牡蠣石器濰州貢綜絲素絁淄州貢綾防風長理石淮陽軍貢絹應天府貢絹襲慶府貢大花綾墨雲母紫石英防風茯苓徐州貢雙絲綾紬絹興仁府貢絹葶藶子東平府貢絹阿膠濟州貢阿膠單州貢蛇牀防風濮州貢絹京西路襄陽府貢麝香白穀漆器鄧州貢白菊花隨州貢絹綾葛覆盆子金州貢麩金麝香枳殼實杜仲白膠香黃蘗房州貢麝香紵布鍾乳石笋均州貢麝香唐州貢絹河南府貢蜜蠟磁器潁昌府貢絹蕉席鄭州貢絹滑州貢絹孟州貢粱米蔡州貢綾淮寧府貢紬絹順昌府貢紬絁綿汝州貢絁絹信陽軍貢紵布河北路大名府貢花紬綿紬平紬紫草開德府貢莨蓎席南粉滄州貢大絹大柳箱冀州貢絹河間府貢絹博州貢平絹棣州貢絹鄭州貢綿雄州貢紬霸州貢絹德州貢絹濱州貢絹恩州貢白氈永靖軍貢簟絹清州貢絹信安軍貢絹保定軍貢絁眞定府貢羅相州貢暗花牡丹花紗知母胡粉絹建德府貢白紵簟衞州貢絹綿洺州貢紬深州貢絹祁州貢花絁慶源府貢絹綿保州貢絹安肅軍貢素絁廣信軍貢紬順安軍貢絹河北路太原府貢大銅鑒甘草人參礬石隆德府貢人參蜜墨平陽府貢蜜蠟燭絳州貢防風蠟燭墨澤州貢白石英禹餘糧人參代州貢麝香青碌忻州貢解玉砂麝汾州貢土絁石膏遼州貢人參憲州貢麝香嵐州貢麝香石州貢蜜蠟隰州貢蜜蠟麟州貢柴胡府州貢甘草豐州貢甘草柴胡威勝軍貢土絁平定軍貢絹岢嵐軍貢絹寧化軍貢絹火山軍貢柴胡保德軍貢絹陝西路京兆府貢鞾氈蠟席酸棗仁地骨皮解州貢鹽花陝州貢紬絁括蔞根柏子仁商州貢麝香枳殼實虢州貢麝香地骨皮硯同州貢白蒺藜生熟乾地黃華州貢茯苓細辛茯神耀州貢瓷器延安府貢黃蠟麝香鄜州貢麝香後改貢蠟燭坊州貢弓絃麻席保安軍貢毛段蓯蓉慶陽府貢紫茸白花氈麝香黃蠟環州貢甘草邠州貢火筋華豆蒴刀寧州貢菴閭荆芥硯席秦州貢席芎藭鳳翔府貢蠟燭榛實席成階州貢羚羊角蠟燭渭州貢紬蓯蓉涇州貢紫茸毛毼段原州貢甘草德順軍貢甘草鎭戎軍貢白氈熙州貢毛毼段麝香鞏州貢麝香蘭州貢甘草兩浙路臨安府貢綾藤紙紹興府貢越綾輕紗紙平江府貢葛蛇牀子白石脂花席鎭江府貢羅綾湖州貢白紵婺州貢綿藤紙慶元府貢綾乾山蕷烏賊魚骨常州貢白紵紗席瑞安府貢鮫魚皮蠲糨紙台州貢甲香鮫魚皮處州貢綿黃連衢州貢綿藤紙建德府貢白紵簟嘉興府貢綾淮南路揚州貢白芒布莞席銅鏡亳州貢縐紗絹宿州貢絹楚州貢芒布海州貢絹獐皮鹿皮鰾膠安東州貢葛布石斛廬州貢紗絹蘄州貢芒布簟安慶府貢白朮濠州貢絹糟魚光州貢石斛葛布黃州貢芒布蓮翹無爲州貢絹江寧

府貢筆寧國府貢紵布黃連筆徽州貢白苧紙池州貢紙紅白薑饒州貢麩金竹簟信州貢蜜葛粉水晶器太平州貢紗南康州貢茶芽廣德軍貢茶芽隆興府貢葛江州貢雲母石斛贛州貢白苧吉州貢苧布袁州貢紵布撫州貢葛瑞州貢紵興國軍貢紵南安軍貢紵臨江軍貢絹建昌軍貢絹荆湖南北路江陵府貢綾紵碧澗茶芽柑橘鄂州貢銀德安府貢靑紵常德府貢紵布練布澧州貢五加皮芒硝杜若峽州貢綾竹簟岳州貢紵歸州貢紵辰州貢硃砂水銀沅州貢硃砂水銀靖州貢白絹潭州貢葛茶衡州貢麩金犀通州貢白苧零陵香永州貢葛石燕郴州貢紵寶慶府貢犀角銀全州貢葛零陵香桂陽軍貢銀福建路福州貢荔枝鹿角菜紫菜建寧府貢火箭石乳龍茶元豐貢龍鳳等茶泉州貢松子元豐貢綿蕉葛橄欖湻祐貢苧布南劒州貢上茴香元豐貢茶漳州貢甲香鮫魚皮柑橘汀州貢蠟燭邵武軍貢紵興化軍貢綿葛布成都府路成都府貢花羅錦高紵牋紙眉州貢春羅單絲羅綿州貢綾紵布漢州貢紵布嘉定府貢麩金邛州貢絲布簡州貢綿紬麩金黎州貢紅椒雅州貢麩金茂州貢麝香威州貢當歸羌活仙井監貢苦藥子續隨子潼州府路潼州府貢綾曾靑空靑遂寧府貢擣蒲綾順慶府貢絲布天門冬資州貢麩金普州貢葛天門冬昌州貢麩金絹敘州貢葛合州貢牡丹皮白藥子榮州貢班布渠州貢綿紬買子木懷安軍貢紬寧西軍貢絹利州路興元府貢胭脂紅花利州貢金銅鐵洋州貢隔織閬州貢蓮綾隆慶府貢巴戟巴州貢綿紬沔州貢蜜蠟蓬州貢紵絲綾綿紬鎭州貢麩金羚羊角夔州路紹慶府貢硃砂蠟施州貢黃連沒藥咸湻州貢綿紬萬州貢金木藥子開州貢白紵達州貢紬涪州貢絹重慶府貢葛布牡丹皮雲安軍貢絹梁山軍貢綿大寧監貢蠟廣南東路廣州貢胡椒石髮糖霜檀香肉豆蔻丁香母子零陵香補骨脂舶上茴香沒藥沒石子元豐貢沉香甲香詹糖香石斛龜殼水馬鼊皮藤簟韶州貢絹鍾乳循州貢絹藤潮州貢蕉布甲香鮫魚皮連州貢苧布官桂元豐貢鍾乳梅州貢銀布南雄州貢絹英德府貢紵布賀州貢銀封州貢銀肇慶府貢銀石硯新州貢銀德慶府貢銀南恩州貢銀惠州貢甲香藤箱廣南西路靜江府貢銀桂心容州貢銀硃砂邕州貢銀融州貢金桂心象州貢金藤器穗子昭州貢銀梧州貢銀藤州貢銀龔州貢銀潯州貢銀柳州貢銀貴州貢銀慶遠府貢生豆蔻草豆蔻元豐貢銀賓州貢銀藤器橫州貢銀化州貢銀高良薑高州貢銀雷州貢高良薑元豐貢斑竹欽州貢高良薑翡翠毛白州貢銀縮砂鬱林州貢縮砂廉州貢銀瓊州貢銀檳榔南寧軍貢高良薑元豐貢銀萬安軍貢銀吉陽軍貢高良薑

欽定續通典卷八

欽定續通典卷九

食貨

賦稅下遼 金 元 明

遼賦稅之制自太祖任韓延徽始制國用太宗籍五京戶丁以定賦稅聖宗太平七年詔諸在屯者力耕公田不輸稅賦此公田制也十五年募民耕灤河曠地十年始納租此在官閒田制也又詔山前後未納稅戶並於密雲燕樂兩縣占田置業入稅此私田制也各部大臣從上征伐俘掠人戶自置郛郭爲頭下軍州凡市井之賦卽歸之此頭下軍州賦制也其餘若南京歲納三司鹽鐵錢折絹大同歲納三司稅錢折粟又開遠軍民歲輸稅向例斗粟折五錢耶律穆濟守郡時表請折六錢各隨地異宜當時稱爲利民之政焉

金制官地輸租私田輸稅其輸租之制不傳大率分田之等爲九而差次之夏稅畝取三合秋稅畝取五升又納秸一束每束計十有五觔夏稅六月至八月止秋稅十月至十二月止分爲初中末三限州三百里以外者紓其期一月屯田戶佃官地者有司移明安穆昆督之章宗泰和五年改秋稅以十一月爲初限中都西京北京上京遼東臨潢陜西地寒稼穡遲熟夏稅以七月爲初限凡輸送粟麥在三百里外者石減五升以上每三百里遞減五升粟折秸百稱者百里內減三稱二百里減五稱不及三百里減八稱三百里及輸本色稾草各減十稱計民田園邸舍車乘牧畜種植之資藏鏹之數徵錢有差謂之物力錢遇差科必按版籍先及富者勢均則以丁多寡定甲乙其或不可分析者率以次戶濟之宣宗興定四年鎭南軍節度使温特赫思敬上書言今民輸稅其法大抵有三上戶輸遠倉中戶次之下戶最近然近者不下百里遠者數百里計道路之費倍于所輸而雨雪有稽違之責遇賊有死傷之患不若止輸本郡令有司檢算倉之所積稱屯兵之數使就食之若有不足則增斂于民民計所斂不及道里之費將欣然從之矣此外又有牛頭稅卽牛具稅明安穆昆部女直戶所輸稅也其制每耒牛三頭爲一具限民口二十五受田百頃四畝有奇歲輸粟不過一石官民占田無過四十具太宗天會三年以歲稔官無儲積無以備饑饉詔令一耒賦粟一石每穆昆別爲一廩貯之四年詔內地諸路每牛一具賦粟五斗爲定制世宗大定元年詔諸明安不經遷移者徵牛具稅粟卽命穆昆監其倉有虧損則坐之二十三年以版籍歲久貧富不同明安穆昆又皆年少不練時事一旦軍興捄籍徵之必有不均之患乃令驗實推排閱其戶口畜產之數尚書省詳定入奏

元之取民大率以唐爲法其取於內郡者曰丁稅曰地稅此倣唐之租庸調也取於江南者曰秋稅曰夏稅此倣唐之兩稅也丁稅地稅之法自太宗始行之初每戶科粟二石後又以兵食不足增爲四石至丙申年乃定科徵之法令諸路驗民戶成丁之數每丁歲科粟一石驅丁五升新戶半之老幼不與其間有耕種者或驗其牛具之數或驗其土地之等徵焉丁稅少而地稅多者納地稅地稅少而丁稅多者納丁稅工匠僧道驗地官吏商賈驗丁虛配不實者罪之仍命歲書其數於册由課稅所申省以聞世祖申明舊制于是輸納之期收受之式關防之禁會計之法莫不備焉中統二年命遠倉之糧止于沿河近倉輸納每石帶收腳價中統鈔三錢或民戶赴河倉輸納者每石折輸輕賫中統鈔七錢五年詔僧道儒人等凡種田者白地每畝輸稅三升水地每畝五升軍站戶除地四頃免稅餘悉徵之至元三年詔寫戶種田他所者其丁稅于附籍之郡驗丁其地稅于種田之所驗地漫散之戶逃于河南等路者依見居民戶納稅八年又定西夏中興路西寧州烏梁海三處之稅其數與前僧道同十七年遂命戶部大定諸例全科戶丁稅每丁粟三石驅丁粟一石每畝粟三升減半科戶丁稅每丁粟一石新收交參戶第一年五斗第三年一石二斗五升第四年一石五斗第五年一石七斗五升第六年入丁稅協濟戶丁稅每丁粟一石地稅每畝粟三升隨路近倉輸粟如在遠倉每粟一石折納輕賫鈔二兩富戶輸遠倉下戶輸近倉每石帶納鼠耗三升分例四升凡糧到倉以時收受其輸納之期分爲三限初限十月中限十一月末限十二月成宗大德六年申明稅糧條例復定上都河閒輸納之期上都初限以次年五月中限六月末限七月河閒初限九月中限十月末限十一月至於秋稅夏稅之法惟行於江南初世祖平宋時除江東浙西其餘獨徵秋稅而已至元十九年用姚元之請命江南稅糧依宋舊例折輸綿絹雜物尋又令輸米三之一餘並折鈔以七百萬爲率歲得羨鈔十四萬錠其輸米者止用宋斗斛蓋以宋一石當七斗故也二十八年又命江淮寺觀田宋時舊有者免租續置者輸稅至成宗元貞二年始定徵江南夏稅之制于是秋稅止命輸租夏稅則輸木綿布絹絲綿等物其所輸視糧之數每糧一石者輸鈔自三貫以至一貫五

百文有差輸三貫者若江浙省婺州等路江西省龍興等路輸一貫者若福建省泉州等五路輸一貫五百文者若江浙省紹興路福建省漳州等五路皆因其地利之宜人民之衆酌其中數而取之其折輸之物各隨時估之高下以爲值獨湖廣則異於是初阿爾哈雅克湖廣時罷宋夏稅依中原例改科門攤每戶一貫二錢視夏稅約增鈔五萬餘錠大德三年改門攤爲夏稅而併徵之每石計三貫四錢有羸視江浙江西爲差重云其輸凡係官田則夏稅皆不科泰定之初又有所謂助役糧者其法命江南民戶有田一頃以上者於所輸稅外每頃量出助役之費具書於册里正以次掌之歲收其入凡寺觀田除宋舊額其餘亦驗其多寡令出助役焉天下歲入糧數腹裏二百二十七萬一千四百四十九石江浙省四百四十九萬四千七百八十三石江西省一百十五萬七千四百四十八石湖廣省八十四萬三千七百八十七石遼陽省七萬二千六十六石河南省二百五十九萬一千二百六十九石四川省十一萬六千五百七十四石陝西省二十二萬九千二十三石甘肅省六萬五百八十六石雲南省二十七萬七千七百十九石其江浙等三省夏稅以天歷元年鈔數計之江浙省五萬七千八百三十錠四十貫江西省五萬二千八百九十五錠十一貫湖廣省一萬九千三百七十八錠二貫此外復有科差之法其名有二曰絲料曰包銀各驗其戶之上下而科焉絲料之法太宗丙申年始行之每二戶出絲一觔幷隨路絲線顏色輸于官包銀之法憲宗乙卯年始定每包銀四兩一半輸銀其半折收絲絹等物至世祖中統元年立十路宣撫司定戶籍科差條例然戶各不一有元管戶交參戶漏籍戶協濟戶于諸戶之中又有絲銀全科戶減半科戶止納絲戶止納鈔戶外又有攤絲戶有儲伊蘇岱爾所管納絲戶復業戶幷漸成丁戶戶旣不等數亦不同至絲料包銀之外又有俸鈔之科其法亦以戶之高下爲等全科戶輸一兩減半戶輸五錢于是以合科之數作門攤分爲三限輸納如有被災之地聽輸他物折焉其物各以時估爲則凡儒士及軍站僧道等戶皆不與二年復定科差之期絲料限八月包銀初限八月中限十月末限十二月三年又命絲料限無過七月包銀限無過九月及平江南其制益廣至元二十八年以至元新格定科差法諸差稅皆司縣正官監視人吏置局均科諸夫役皆先富强後貧弱其貧富等者先丁多之戶後丁少之戶成宗大德六年又定絲料限八月包銀俸鈔限九月布限十月大率因世祖之舊而增損之云科差總數以中統四年計之絲七十一萬二千一百七十一觔鈔五萬六千一百五十八錠其後逐年遞增逮及至元四年絲一百九萬六千四百八十九觔鈔七萬八千一百二十六錠天歷元年包銀差發總數凡鈔九百八十九錠貝一百十三萬三千一百十九索絲一百九萬八千八百四十三觔絹三十五萬五百三十四綿七萬二千十五觔布二十五萬一千二百二十三匹

明制賦役之法一以黃册爲準册有丁有田丁有役田有租曰夏稅曰秋糧凡二等夏稅無過八月秋糧無過明年二月丁曰成丁曰未成丁凡二等役曰里甲曰均徭曰雜泛凡三等以戶計曰甲役以丁計曰徭役上命非時曰雜役皆有力役有雇役兩稅洪武時夏稅曰米麥曰錢鈔曰絹秋糧曰米曰錢鈔曰絹弘治時會計之數夏稅曰大小米麥曰麥荍曰絲綿幷荒絲曰稅絲曰絲綿折絹曰稅絲折絹曰本色絲曰農桑絲折絹曰農桑零絲曰人丁絲折絹曰改科絹曰綿花折布曰苧布曰土苧曰紅花曰麻布曰鈔曰租鈔曰稅鈔曰原額小絹曰幣帛絹曰本色絹曰絹曰折色絲秋糧曰米曰租鈔曰賃鈔曰山租鈔曰租絲曰租絹曰租粗麻布曰課程棉布曰租苧布曰牛租米穀曰地畝棉花絨曰棗子易米曰棗株課米曰課程苧麻折米曰棉布曰魚課米曰改科絲折米萬歷時小有所增損大略以米麥爲主而絲絹與鈔次之夏稅之米唯江西湖廣廣東廣西麥荍唯貴州農桑絲徧天下唯不及川廣雲貴餘各視其地產此明代賦役制之大槩也太祖初立國卽下令凡民田五畝至十畝者栽桑麻木棉各半畝十畝以上倍之麻畝徵八兩木棉畝四兩栽桑以四年起科不種桑出絹一匹不種麻及木棉出麻布棉布各一匹此農桑絲絹所由起也洪武九年天下稅糧令民以銀鈔錢絹代輸銀一兩錢千文鈔十貫皆折輸米一石小麥則減直十之二棉苧一匹折米六斗麥七斗麻布一匹折米四斗麥五斗絲絹等各以輕重爲損益願輸米者聽十七年雲南以金銀貝布漆丹砂水銀代秋租於是謂米麥爲本色而諸折納稅糧者謂之折色越二年又令戶部侍郎楊靖會計天下倉儲存糧二年外並收折色唯以北方諸布政司需糧餉邊仍使輸粟三十年諭戶部自二十八年以前天下逋租咸許任土所產折收米絹

棉花及金銀等物著爲令於是戶部定鈔一錠折米一石金一兩十石銀一兩二石絹一匹石有二斗棉木一匹一石苧布一匹七斗棉花一斤二斗帝曰折收逋賦蓋欲蘇民困也今賦重若此將愈困民金銀每兩折米加一倍鈔止二貫五百文折一石餘從所議成祖永樂中旣得交阯以絹漆蘇木翠羽紙扇沉速安息諸香代租賦廣東瓊州黎人肇慶徭人內附輸賦比內地天下本色稅糧三千餘萬石絲鈔等二千餘萬計是時米粟自輸京師數百萬石外府縣倉廩蓄積豐滿歲貢銀三十萬兩有奇而民間交易用銀仍有厲禁英宗正統元年副都御史周銓言行在各官俸支米南京道遠用度甚多輒以米易貨貴買賤售十不及一朝廷虛糜廩祿各官不得實惠請於南畿浙江江西湖廣不通舟楫地折收布絹白金解京充俸江西巡撫趙新亦以爲言戶部尚書黃福復條以請帝以問行在戶部尚書胡濙濙對以太祖嘗折納稅糧於陝西浙江民以爲便遂倣其制米麥一石折銀二錢二分南畿浙江江西湖廣福建廣東廣西米麥共四百餘萬石折銀百萬餘兩輸內承運庫謂之金花銀其後槩行於天下自起運兌軍外糧四石收銀一兩解京以爲永例諸方賦稅折銀而倉廩之積漸少矣明初官民田賦凡官田畝稅五升三合民田減二升重租田八升五合五勺沒官田一斗二升惟蘇松嘉湖籍諸豪族及富民田以爲官田按私租簿爲稅額而司農卿楊憲又以浙西地膏腴增其賦畝加二倍故浙西官民田視他方倍蓰畝稅有二三石者洪武十三年命戶部裁其額畝科七斗五升至四斗四升者減十之二四斗三升至三斗六升者俱止徵三斗五升其以下者仍舊惠帝建文二年詔曰江浙賦獨重而蘇松準私租起科特以懲一時頑民豈可爲定則以重困一方宜悉與減免畝不得過一斗成祖革建文政浙西之賦復重宣宗卽位廣西布政使周幹巡視蘇松嘉湖諸府民多逃亡詢之耆老皆云重賦所致如吳江崑山民田租舊畝五升小民佃種富民田畝輸私租一石復因事故輸官輒如私租例盡取之十分取八民猶不堪況盡取乎請將沒官田及公侯還官田租俱視彼處官田起科畝稅六斗宣德四年令江南府縣官督察各屬糧屯（按明洪武四年令天下有司度民田以萬石爲準設糧長一名專督其鄉賦稅）凡有倚恃富豪交結有司承攬軍需買辦移用米糧假以風濤漂流爲詞重復追徵者重加究治又令推陞郎中員外及御史長史等六員爲各部侍郎分往浙江江南湖廣河南山東山西等布政司并南北直隸府州縣督收稅糧五年二月詔舊額官田租畝一斗至四斗者各減十之二四斗一升至一石以上者減十之三著爲令於是江南巡撫周忱等曲計減蘇糧七十餘萬他府以爲差正統元年令蘇松浙江等處官田準民田起科糧四斗一升至一石以上者減作三斗二斗一升以上至四斗者減作二斗一斗一升至二斗者減作一斗景帝景泰十三年奏准兩京農桑夏稅絹匹不及五十匹以上者俱送該府掌印官看驗又令各司府州縣夏稅農桑絹匹務織造緊密厚重雙經雙緯淨織紗尺長三丈二尺闊二尺每五十匹作一束印封糧長大戶人等赴部交納天順時令鎭守浙江尙書孫原貞等定杭嘉湖則例以起科重者徵米宜少起科輕者徵米宜多乃定官田畝科一石以下民田七斗以下者每石歲徵平米一石三斗民田四斗以下者每石歲徵平米一石五斗官田二斗以下民田二斗七升以下者每石歲徵平米一石七斗官田八升以下民田七升以下者每石歲徵平米二石二斗凡重者輕之輕者重之欲使科則適均而畝科一石之稅未嘗減云世宗嘉靖二年御史黎貫言國初夏秋二稅麥四百七十餘萬石今少九萬米二千四百七十餘萬石今少二百五十餘萬而宗室之蕃官吏之冗內官之衆軍士之增悉取給其中賦稅則日損支用則日加請覈祖宗賦額及經費多寡之數一一區畫於是戶部議令天下官吏考滿遷秩必嚴覈任內租稅徵解足數方許給由交代仍乞朝廷躬行節儉帝納之旣而諭德顧鼎臣條上錢糧積弊四事一曰察理田糧舊額請責州縣官於農隙時令里甲等倣洪武正統間魚鱗風旗之式編造圖冊細列原額田糧字圩則號條段坍荒成熟步口之數官爲覆勘分別界址履畝檢踏丈量具開墾改正豁除之數刊刻成書收貯官庫給散里中永爲稽考一曰催徵歲辦錢糧成弘以前里甲催徵糧戶上納糧長收解州縣監收糧長不敢多收斛面糧戶不敢雜以水穀糠粃兌糧官軍不敢阻難多索近者有司不復比較經催里甲負糧人戶但立限追比糧長令下鄉追徵豪強者則大斛倍收多方索取孱弱者爲勢豪所凌不免變產補納至或舊役侵欠責償新簽且往時每區糧長不過正副二名近多至十人以上其實收掌管糧之數少而科斂打點使用年例之數多州縣一年之間輒破中人百家之產害莫大焉宜令戶部議定事例轉行所司審編糧長務遵舊規又其二則遣官綜理及復預備倉法也時議雖不行切中時弊至十八

年鼎臣爲大學士復言蘇松常鎮嘉湖杭七府供輸甲天下而里胥豪右蠹弊特甚宜將欺隱及坍荒田土一一檢覈改正於是應天巡撫歐陽鐸檢荒田二千餘頃計租十一萬石有奇以所欺隱田糧六萬餘石補之餘請豁免時嘉興知府趙瀛建議田不分官民稅不分等則一切以三斗起徵鐸乃與蘇州知府王儀盡括官民田裒益之履畝清丈定爲等則所造經賦册以八事定稅糧曰元額稽始曰事故除虛曰分項別異曰歸總正實曰坐派起運曰運餘撥存曰存餘考積曰徵一定額又以八事考里甲曰丁田曰慶賀曰祭祀曰鄉飲曰科賀曰郵政曰公費曰備用以三事定均徭曰銀差曰力差曰馬差著爲例徵一者總徵銀米之凡而計畝均輸之其科則最重與最輕者稍以耗損益推移重者不能盡損唯遞減耗米派輕賫折除之陰予以輕輕者不能加益爲徵本色遞增耗米加乘之陰予以重時豪右多梗其議鼎臣獨以爲善顧其時上不能損賦額長民者私以己意變通由是官田不至偏重而民田之賦愈加矣時又有綱銀一串鈴諸法綱銀者舉民間應役歲用丁四糧六總徵之易知而不繁猶綱之有綱也一串鈴則夥收分解法也自是民間輸納止收本色及折色銀矣穆宗隆慶元年十月巡按御史董堯封奏查出蘇松常鎮四府投詭田一百九十九萬五千四百七十畝花分田三百三十一萬五千五百六十畝因條上便宜事一議丈量二定糧册三均糧役四明優免五平均徭六裁供億七申法守八嚴責成戶部覆丈量均賦私兌恐煩擾難行優免雖有定例但吳中起科甚重若止論糧石以爲不均宜視田畝之數爲差其餘悉如議報可戶部又覆應天撫臣林潤奏復糧額議改折二事謂各省糧額俱以夏稅秋糧馬草爲正賦差徭編增爲雜派唯是蘇松諸郡不分正雜而混徵之名曰平米其中如馬役料價義役原非戶部之加增如輕賫腳米戶口鹽鈔亦非額糧之正數雜派漸多常賦遂累誠有如潤所言者宜令逐項清查舊額所徵之數通行造册送部以憑裁減至於兩京各衙門俸銀改折之議則當斟酌輕重事難盡從蓋南京水陸四道米穀饒裕便於改折若一槩施之北地亦或未便請將南京各衙門官吏人等月糧及嘉靖四十年以前積欠京儲盡行改折每石七錢在北者量折十分之二每石一兩米貴仍復本色從之四年巡撫保定朱大器條陳田賦五弊言祖宗時糧有定額當全徵也近年務爲姑息遂謂完及八分者官得轉遷是卽無災祲輒自蠲二分矣卽二分之數而類計之一郡千計十郡萬計積而上之可知也弊一糧有定數當完解也近年創爲截解之法官吏藉已完者以遯虛聲姦民視後納者以爲得計所解者少所負者多兼以糧長之侵欺吏胥之漁獵其弊不可勝窮弊二國家存留糧係宗藩所在則抵補祿米無宗藩則數多餘羨今之官府率以不急視之勾管無專官歲會無定法秪以爲姦民之利而已弊三官必任事而後食祿軍必在伍而後支餉此定制也今官有遷代軍有逃亡而俸廩未聞扣減則必有侵冒者矣弊四屯田在邊鄙則多拋荒在腹裏則多欺隱地與糧俱失舊額久矣議者不察乃爲兌支之說夫官爲收支其權猶在上也若聽其私兌則地之埋沒數之虛報者曷從稽考弊五以上五弊皆今日所當釐正者部覆詔如議六年南京河南道御史陳堂奏言國制十年大造黃册凡戶口田賦事役新舊登耗之數無不備載所以重國本而存故實也今沿襲弊套取應虛文姦吏得以那移豪強因之影射其弊不可勝窮蓋有司徵錢糧編徭役者爲一册名曰白册而所解後湖之黃册又一册也有司但以白册爲重其於黃册唯付之里胥任其增減凡錢糧之完欠差役之重輕戶口之消長名實相懸曾不得其彷彿卽解至後湖而清查者以爲不謬於舊册斯已矣竊謂欲理圖籍制也頃蘇松常鎮添設督糧通政一員請賜之敕責令必專責成必嚴綜覈夫書算豪猾類非守令之法所能兼理黃册事務凡人丁事產悉照白册攢造其欺隱脫漏者如例問遺駁回者依限完報田至十萬畝以上者倣古限田之法量爲裁抑如勢要阻撓有司阿縱聽撫按官參奏庶册籍清而賦役可均部覆詔如議然自嘉靖以後國用不足屢行加派後乃行一條鞭法一條鞭法者總括一州縣之賦役量地計丁丁糧畢輸於官一歲之役官爲僉募力差則計其工食之用量爲增減銀差則計其交納之用加以增耗凡額辦派辦京庫歲需與存留供億諸用度以及土貢方物悉併爲一條皆計畝徵銀折辦於官故謂之一條鞭立法頗爲簡便其天下每年常貢（按明初有土貢方物中葉以後悉計畝徵銀折辦於官所貢者唯茶藥野味及南京起運雜物而已）南直隸宜興縣貢茶一百觔廬州府六安州貢茶三百觔廣德州貢茶七十五觔建平縣貢茶二十五觔浙江湖州府長興縣貢茶三十五觔紹興府嵊縣貢茶八觔會稽縣貢茶三十二觔温州府永嘉縣貢茶一十觔樂清縣貢茶一十觔杭州府臨安縣貢茶二十觔富陽縣貢茶二十觔寧波府慈谿縣貢茶二百六十觔

處州府麗水縣貢茶二十觔金華縣貢茶二十二觔衢州府龍遊等縣貢茶共二十觔台州府臨海等縣貢茶一十五觔嚴州府建德縣貢茶五觔湻安縣貢茶五觔遂安縣貢茶三觔壽昌縣貢茶三觔桐廬縣貢茶二觔分水縣貢茶一觔江西南昌府貢茶七十五觔南康府貢茶二十五觔贛州府貢茶一十一觔袁州府貢茶一十八觔臨江府貢茶四十七觔九江府貢茶一百二十觔瑞州府貢茶三十觔建昌府貢茶二十三觔撫州府貢茶二十四觔吉安府貢茶一十八觔廣信府貢茶二十二觔饒州府貢茶二十七觔南安府南康縣貢茶一十觔湖廣武昌府貢茶六十觔岳州府湘陰縣貢茶六十觔寶慶府邵陽縣貢茶二十觔武岡州貢茶二十四觔新化縣貢茶十八觔長沙府安化縣貢茶二十二觔寧鄉縣貢茶二十觔益陽縣貢茶二十觔福建建寧府建安縣貢茶一千三百五十四觔內探春二十一觔先春六百四十三觔次春二百六十二觔紫筍二百二十七觔薦新二百一觔崇安縣貢茶九百九十一觔內探春三十三觔先春三百八十觔次春一百五十觔薦新四百二十八觔又寧國府宣城縣貢木瓜三千三百枚廣西思明府貢消毒藥五百三十四味四川成都府貢藥材七味又南京每年起運各物司禮監制帛一起筆料一起鮮梅四十杠或三十五杠枇杷四十杠或三十五杠楊梅四十杠或三十五杠尚膳監筍四十五扛鰣魚二起各四十四扛守備處鮮橄欖等五十五扛鮮茶十二扛木樨十二扛石榴柿子四十五扛甘橘甘蔗五十扛尚膳監天鵞等二十六扛醃菜薹等一百三十二罈筍一百一十罈乾鰣魚等物一百二十罈紫蘇糕等物二百四十八罈木樨花煎等物一百五罈鷓鴣等物十五扛司苑局荸薺七十扛苗薑一百擔薑種芋頭等物八十扛十樣菓一百四十扛魚藕六十五扛內府供用庫香稻五十扛苗薑等物一百五十五扛十樣菓一百一十五扛御馬監苜蓿種四十扛又各直省辦貢野味一萬四千五百一十四隻活鹿二百六十七隻活天鵞三百二十隻雜皮二十四萬七百六十一張翎毛二千二百七十六萬六千五百五十根

欽定續通典卷九

欽定續通典卷十

食貨

戸口丁中 五代 宋 遼 金 元 明

臣等謹按杜典戸口丁中各自為目而丁中仍雜以戸口未能條分縷析今依通考之例合戸口丁中為一凡正史所載以及他書之可以援據者備為捃摭詳列於左又按丁中之制自唐後惟宋金明可考五代及遼元則未詳云

五代亂亡相繼疆土分裂中原戸口之數梁唐晉漢紀載莫詳梁開平二年尚書令戸部奏請詔天下州府准舊章申送戸口帳籍從之唐天成三年殿中監李延範奏請指揮諸道州府每逃戸歸業後委州司各與公憑二年內放免兩稅差科如有違者許州論訴勘責若州縣官招得五百戸以上乞等第獎酬從之周廣順三年敕天下州府及縣除赤縣畿縣次赤次畿外其餘三千戸以上為望縣二千戸以上為緊縣一千戸以上為上縣五百戸以上為中縣不滿五百戸為中下縣戸部奏據今年諸州府所管縣戸數目合定為望縣六十四緊縣七十上縣一百二十四中縣六十五下縣九十七顯德六年總簡戸二百三十萬九千八百一十二此周之戸數略可考見者也

宋太祖建隆元年戸九十六萬七千三百五十三乾德元年令諸州歲奏男夫二十為丁六十為老是年平荆南得戸十四萬二千三百平湖南得戸九萬七千三百八十八三年平蜀得戸五十三萬四千三十九開寶四年平廣南得戸十七萬二百六十三八年平江南得戸六十五萬五千六十五九年天下主客戸三百九萬五百四太宗太平興國三年陳洪進錢俶獻閩浙諸州之地四年平太原又得戸七十三萬七千八百七十八是時天下既一疆理幾復漢唐之舊而戸數不及其半歷百餘年招徠降附休養生息至神宗元豐元年天下總四京一十八路按元豐間又析為二十三後復置京畿路合二十四路戸主客一千四百八十五萬二千六百八十四口主客三千三百三十萬三千八百八十九丁主客一千七百八十四萬六千八百七十三徽宗崇寧元年計天下增至戸二十一萬九千五十口四千三百八十二萬七百六十九視漢唐盛時蓋有加焉政和三年詳定九域圖志蔡攸等言天下戸口數類多不實且以河北二州言之德州主客戸五萬二千五百九十九而口纔六萬九千三百八十五霸州主客戸二萬二千四百七十七而口纔三萬四千七百一十六通二州之數率三戸四口則戸版刻隱可知乞詔有司申嚴法令務在覈實又淮南轉運副使徐閎中言九域志在元豐間主客戸共一千六百餘萬大觀初已二千九十一萬乞詔諸路應奏戸口歲終再令提刑提舉司參考同保從之按馬氏通考云古今戸口之盛無如崇寧大觀之間然觀當時諸人所言則版籍殊欠覈實所載似難憑據謹附識高宗南渡中原陝右盡入於金所存止十五路紹興八年尚書劉大中奏自中原陷沒東南之民死於兵火疫癘水旱以至為兵為緇黃及去為盜賊餘民之存者十無二三姦臣虐用其民誅求過數丁鹽紬絹最為疾苦愚民寧殺子而不願輸生女者又多不舉乞守令滿日以生齒增減為殿最又詔諸州縣鄉村五等坊郭七等以下戸及無等第貧乏之家生男女不能養贍者於常平錢內人支四貫仍委守令勸諭父老曉譬禍福若奉行如法所活數多監司保明推賞至寧宗嘉定十六年諸路主客戸一千二百六十七萬八百一口二千八百三十二萬八十五較之崇寧蓋已減半理宗以後國勢日蹙景定五年戸部獻今年民數僅戸五百六十九萬六千九百八十九口一千三百二萬六千五百三十二而宋旋以亡此宋代戸口盛衰之數大略如此也

遼時戸口之數不甚可考據地理志所載五京道民戸僅得五十餘萬諸州縣不可計者尚多按遼史營衛兵衛志載有宮衛之戸曰正戸曰蕃漢轉戸共二十萬三千丁四十萬八千又有五京鄉丁其可考見者約一百一十萬七千三百為鄉兵并附錄於此太祖初年以兵四十萬攻下河東河北九郡獲其生口九萬五千伐女直獲其戸三百先是德祖俘奚七千戸徙饒樂之淸河至是創寘喇部分十三縣五年討東西奚盡有錫忻之眾東際海南暨白檀西踰松漠北抵潢水凡五部咸入版籍神册元年親征突厥吐渾黨項小番沙陀諸部俘戸一萬五千六百四年修遼陽故城以漢民渤海戸實之十月破烏爾古部俘獲生口一萬四千二百五年擒天德節度使宋瑤徙其民於陰州六年分兵掠檀順安遠三河良鄉望都潞滿城遂城俘其民徙內地十二月晉新州防禦使王郁率其眾來降徙其眾於潢水之南又徙檀順民於東平瀋州天贊三年五月徙薊州民實遼州地天顯三年詔遣耶律羽之徙東丹民實東平其民或亡入新羅女直因詔困乏不能遷者許上國富民給贍而隸屬之四年二月閱約尼氏戸籍太宗會同九年吐谷渾獻生口千戸大同元年四月俘晉主重貴歸順七十六處得戸一百九萬百一十八時籍上京戸丁以定賦稅聖宗統和元年南京統軍使耶律善補招宋邊七十餘村來附又招亡入宋者得千餘戸歸國詔令慰撫八年七月詔東京路併省州縣以其民分隸他郡九年七月通括戸口十三

年四月詔諸道民戶應歷以來脅從爲部曲者仍籍州縣十四年三月詔安集朔州流民十五年正月徙梁門遂城泰州北平民於內地三月通括宮分人戶開泰二年四月詔從上京請以韓斌所括贍國達魯河奉豪等州戶二萬五千四百有奇置長霸興仁保和等十縣四年四月以耶律世良所獲于厥眾并達勒達所獲實默里部民城臚朐河上居之八年五月遷寍州渤海戶於遼土二河之間道宗咸雍時遣使括三京隱戶不得以耶律引吉代之得三千餘戶馬人望爲三司度支判官會檢括戶口未兩旬而畢同知留守蕭保先怪而問之人望曰民戶若括之無遺他日必長厚斂之弊大率十得六七足矣保先謝曰君慮遠吾不及也太康九年六月詔諸檢括脫戶罪至死者原之大安三年以民多流亡除安泊逃戶徵償法天祚帝天慶三年籍諸道戶徙大牢古山圍場地居民于別土八年六月通祺雙遼四州之民八百餘戶降於金是時蕭博和哩等十五人各率戶降於金劉宏亦以懿州戶三千降金而遼不能國矣

金制戶有數等有課役戶不課役戶本戶雜戶正戶監戶官戶按有物力者爲課役戶無者爲不課役戶女直爲本戶漢人及契丹爲雜戶明安之奴婢免爲良者止隸本部爲正戶沒入官良人隸宮籍監者爲監戶沒入官奴婢隸太府監者爲官戶奴婢戶二稅戶金承遼制多以良民賜諸寺分其稅一半輸官一半輸寺故名二稅戶男女二歲以下爲黃十五以下爲小十六爲中十七爲丁六十爲老無夫爲寡妻妾諸廢篤疾不爲丁凡戶口計帳三年一籍自正月初州縣以里正主首明安穆昆則以寨使詣編戶家責手實具男女老幼年與姓名生者增之死者除之正月二十日以實數報縣二月二十日申州以十日內達上司無遠近皆以四月二十日到部呈省漢人渤海人不得充明安穆昆戶太祖收國元年六月遼通祺雙遼等州八百餘戶來歸命分置諸部擇膏腴地處之太宗天會元年十一月徙遷潤來隰四州之民於瀋州後海陵南侵遣使籍諸路明安部族及契丹奚人不限丁數悉僉之凡二十四萬又僉中都南都中原渤海丁壯年二十以上五十以下者皆籍之凡二十七萬雖親老丁多求一子留侍亦不聽世宗大定三年詔流民未復業者增限招誘十七年五月省奏咸平府路一千六百餘戶自陳皆長白山錫忻察遜河女直人遼時移居於此號移典部今乞釐正詔從之二十一年六月徙銀山側民于臨潢又命避役之戶舉家逃於他所者元貫及所寓司縣官同罪爲定制二十三年奏明安穆昆戶口之數明安二百二穆昆一千八百七十八戶六十一萬五千六百二十四口六百一十五萬八千六百三十六內正口四百八十一萬二千六百六十九奴婢口一百三十四萬五千九百六十七在都宗室將軍司戶一百七十口二萬八千七百九十內正口九百八十一奴婢口二萬七千八百八德哷勒唐古二部五糺戶五千五百八十五口十三萬七千五百四十四內正口十萬九千四百六十三奴婢口一萬八千八十一先是大定初舉國戶纔三百餘萬至二十七年戶六百七十八萬九千四百四十九口四千四百七十萬五千八十六章宗明昌元年奏舉國戶六百九十三萬九千口四千五百四十四萬七千九百六年奏舉國內女直契丹漢戶七百二十二萬三千四百口四千八百四十九萬四百泰和七年奏舉國內戶七百六十八萬四千四百三十八口四千五百八十一萬六千七十九此金版籍之極盛也衛紹王時軍旅不息宣宗南遷所在凋敝戶口日耗軍費日急賦斂皆仰給於河南民不堪命率棄田廬相繼亡去雖屢諭招撫卒無還者自是戶口之數不復可紀

元代幅員既廣戶口殷繁計其盛時雖漢唐之世有不逮焉初太宗併金得中原州郡七年下詔籍民自燕京順天等三十六路戶八十七萬三千七百八十一口四百七十五萬四千九百七十五憲宗二年籍漢地民戶增二十餘萬世祖中統二年計天下戶一百四十一萬八千四百九十九三年天下戶一百四十七萬六千一百一十六四年天下戶一百五十七萬九千一百十至元元年天下戶一百五十八萬八千一百九十五二年天下戶一百五十九萬七千六百一十三年天下戶一百六十萬九千九百三四年天下戶一百六十四萬四千三十五年天下戶一百六十五萬三百八十六六年天下戶一百六十八萬四千一百五十七七年天下戶一百九十二萬九千四百四十九八年天下戶一百九十四萬六千二百七十九年天下戶一百九十五萬五千八百八十十年天下戶一百九十六萬二千七百九十五十一年天下戶一百七十六萬七千八百九十八十二年天下戶四百七十六萬四千零十三年平宋全有版圖二十七年籍天下戶一千六百八十四萬八百有奇於是南北之戶總書於策者一千三百一十九萬六千二百有六口五千八百八十三萬四千七百一十有一而山澤谿洞之民不與焉文宗至順元年戶部錢糧戶數一千三百四十萬六百九十九視前世又增二十萬有奇矣

明制戶凡三等曰民曰軍曰匠民有儒有醫有陰陽軍

有校尉有力士弓鋪兵匠有厨役裁縫馬船之類瀕海有鹽竈寺有僧觀有道士畢以其業著於籍丁有二等曰成丁曰未成丁民始生籍其名曰不成丁年十六曰成丁成丁而役六十而免其人戶避徭役者曰逃戶年饑或避兵他徙者曰流民有故而出僑於外者曰附籍朝廷所徙者曰移徙凡逃戶督令還本籍復業賜復一年老弱不願歸者令在所著籍授田輸賦凡流民令勘籍編甲互保屬在所甲長管轄之設撫民佐貳官歸本者勞徠安輯給牛種口糧憲宗成化初荊襄寇亂流民百萬湖廣巡撫項忠楊璿下令逐之死者無算祭酒周洪謨著流民說引東晉僑置郡縣之法使近者附籍遠者設州縣以撫之都御史李賓上其說於是帝命招撫流民十二萬戶給閒田置鄖陽府立上津等縣統治之河南巡撫張瑄亦請輯西北流民凡附籍者並從其請英宗正統時令老疾致仕事故官家屬離本籍千里者許收附不及千里者發還景帝景泰中令民籍者收附軍匠竈役冒民籍者發還其移徙者民初嘗徙蘇松嘉湖杭民之無田者四千餘戶往耕臨濠給牛種車糧以資遣之三年不征其稅徐達平沙漠徙北平山後民三萬五千八百餘戶散處諸府衞籍爲軍者給衣糧民給田又以沙漠遺民三萬二千八百餘戶屯田北平置屯二百五十四開地一千三百四十三頃復徙江南民十四萬於鳳陽戶部郎中劉九皋言古狹鄉之民聽遷之寬鄉欲地無遺租人無失業也太祖採其議遷山西澤潞民於河北後屢徙浙西及山西民於滁和北平山東河南又徙登萊青民於東昌兖州徙直隸浙江民二萬戶於京師充倉脚夫成祖時覈太原平陽澤潞遼沁汾丁多田少及無田之家分其丁口以實北平自是以後移徙者鮮矣又太祖初懲元季餘弊豪强侮貧弱立法多右貧抑富嘗命戶部籍浙江等九布政司應天十八府州富民一萬四千三百餘戶徙其家以實京師謂之富戶成祖時復選應天浙江富民三千戶充北京宛大二縣廂長（按明制在城曰坊近城曰廂鄉都曰里）附籍京師仍應本籍徭役供給日久貧乏逃竄輒選其本籍殷實戶僉補宣宗宣德閒定制逃者發邊充軍官司鄉里隱匿者俱坐罪孝宗弘治五年始免解在逃富戶每戶徵銀三兩與廂民助役世宗嘉靖中減爲二千以充邊餉太祖立法之意本倣漢徙富民實關中之制其後事久弊生遂爲厲階今按歷朝戶口之數增減不一其可考者洪武二十六年天下戶一千六百五萬二千八百六十口六千五十四萬五千八百十二弘治四年戶九百十一萬三千四百四十六口五千三百二十八萬一千一百五十八萬歷六年戶一千六十二萬一千四百三十六口六千六十九萬二千八百五十六此明代戶口之大略也

欽定續通典卷十

欽定續通典卷十一

食貨

錢幣上 唐 五代 宋

唐肅宗上元元年詔曰因時立制頃議新錢且是從權知非經久如聞官鑪之外私鑄頗多吞併小錢踰濫成弊抵罪雖衆禁姦未絕況物價益起人心不安事藉變通期於折衷其重稜五十價錢宜減作三十文行用其開元舊時錢宜一當十文行用其乾元十當錢宜依前行用仍令中京及畿縣內依此處分諸州待進止尋敕重稜五十價錢先令畿內減至三十價行其天下諸州並宜準此又詔應典貼庄宅店鋪田地碾磑等先爲實錢典貼者令還以實錢贖先以虛錢典貼者令虛錢贖其餘交關並依前用給賞價錢（由是錢有虛實之稱）寶應元年（時代宗已即位）改行乾元錢一以當二乾元重稜小錢亦以一當二重稜大錢一以當三尋又改行乾元大小錢並以一當一其私鑄重稜大錢不在行用之限人甚便之其後破錢鑄器不復出矣時諸道鹽鐵轉運使劉晏以江嶺粗賤之貨積之江淮易銅鉛薪炭廣鑄錢歲得十餘萬緡輸京師及荆揚二州代宗大曆四年關內道鑄錢等使戶部侍郎第五琦請於絳州汾陽銅原兩監增置五鑪鑄錢許之七年禁天下新鑄造銅器唯鏡得鑄其器舊者不得貨鬻德宗建中元年戶部侍郎韓洄上言江淮錢監歲共鑄錢四萬五千貫輸於京師度工用轉送之費每貫計錢二千是本倍利也今商州有紅崖冶出銅益多又有洛源監久廢不理請增工鑿山以取銅興洛源錢監置十鑪鑄之歲計出錢七萬二千貫度工用轉送之費貫計錢九百則利浮本也其江淮七監請皆停罷又天下銅鐵之冶是曰山澤之利當歸於王者非諸侯方岳所宜有今諸道節度都團練使皆占之非宜也請總隸鹽鐵使皆從之二年諸道鹽鐵使包佶奏江淮百姓近日市肆交易錢多粗惡揀擇納官者三分纔有二分餘並鉛錫銅盪不敷斤兩致使絹價騰貴惡錢漸多訪聞諸州山野地窖皆有私錢轉相貿易姦濫漸深今後委本道觀察使明立賞罰切加禁斷貞元初禁錢出駱谷散關九年張滂奏諸州府公私諸色鑄造銅器雜物等伏以國家錢少損失多門興販之徒潛將銷鑄錢一千爲銅六斤造寫器物則斤直六百餘其利旣厚銷鑄遂多江淮之間錢實減耗伏請準從前敕文除鑄錢外一切禁斷又禁陌內欠錢時商賈至京委錢諸道進奏院及諸道諸使以輕裝趨四方合券乃取之號飛錢（元和四年禁之後民有滯藏物價寖輕判度支盧坦請許於戶部度支鹽鐵三司飛錢每千錢增給百錢然商人無至者）又禁賣劍銅器天下有銅山任人采取其銅官買除鑄鏡外不得鑄造十年敕鑄造銅器不須禁止其每斤買賣價直不得過一百六十文如有銷錢爲銅者以盜鑄錢罪論十四年鹽鐵使李若初奏諸道州府多以近日泉貨數少繒帛價輕禁止見錢不令出界致使課利有闕商賈不通請指揮見錢任其往來勿使禁止從之憲宗元和元年以錢少禁用銅器二年禁鉛錫錢三年鹽鐵使李巽以郴州平陽銅坑二百八十餘井以兩鑪日鑄錢二十貫一年鑄成七千貫有益于人從之時天下歲鑄錢十三萬五千緡又詔曰泉貨之法義在通流若錢有所壅貨當益賤故藏錢者得乘人之急居貨者必損己之資今欲著錢令以出滯藏加鼓鑄以資流布使商旅知禁農桑獲安義切救時情非欲利若革之無漸恐人或相驚應天下商賈先蓄見錢者委所在長吏令收市貨物官中不得輒有程限逼迫商人任其貨易以求便利計周歲之後此法遍行朕當別立新規設蓄錢之禁所以先有告示許其方圓意其他時行法不貸又天下有銀之山必有銅鑛銅者可資於鼓鑄銀者無益於生人權一重輕使務專一其天下自五嶺以北見采銀坑並宜禁斷采銀一兩者流他州官吏論罪（按韓愈錢重物輕狀云五嶺買賣一以銀元微之錢貨議狀自嶺以南以金銀爲貨幣其時天下惟用錢白金尚未通行也）四年京師用錢緡少二十文陌內欠錢及有鉛錫錢者捕之敕五嶺以北所有銀坑依前任百姓開采禁見錢出嶺六年詔貿易錢十緡以上參用布帛河東節度使王鍔奏請於當管蔚州界加置鑪鑄銅錢廢管內錫錢許之仍令加至五鑪七年詔令度支量支錢三萬貫充蔚州鑄錢本復詔曰錢重物輕爲弊頗甚詳求適變將以便人所貴緡貨通行里閭寬息宜令百寮各隨所見作利害狀以聞八年以內庫錢五十萬貫令兩市收市布帛每端匹估加十之一時兵興七道經費屈竭皇甫鏄建議內外用錢每緡墊二十外復抽五十送度支以贍軍十三年復給京兆府錢五十萬緡市布帛而富家錢過五千貫者死王公重貶沒入于官以五之一賞告者京師區肆所積皆方鎮錢少亦五十萬緡乃爭市第宅然富賈倚左右神策軍官錢爲名府縣不敢劾問民間墊陌有至七十者鉛錫錢益多十四年敕時用錢每貫除二十文足陌內欠錢有鉛錫者宜令京兆府枷項收禁穆宗卽位京師鬻金銀十兩亦墊一兩糴米鹽百錢墊七八長慶元年以所在用錢墊陌不一詔從俗所宜內外給用每貫一例除墊八十以九百二

十文成貫不得更有加除及陌內欠少戶部尚書楊於陵曰王者制錢以權百貨貿遷有無變通不倦使物無甚貴甚賤其術非他在上而已何則上之所重人必從之古者權之于上今索之于下昔散之四方今藏之公府昔廣鑄以資用今減鑪以廢功昔行之於中原今洩之於邊裔又有閭井送終之唅商賈貸舉之積江湖壓覆之耗則錢焉得不重貨焉得不輕開元中天下鑄錢七十餘鑪歲盈百萬今纔十數鑪歲入十五萬而已大曆以前淄青太原魏博雜鉛鐵以通時用嶺南雜以金銀丹砂象齒今一用泉貨故宜不足今宜天下兩稅榷酒鹽利上供及留州送使錢悉輸以布帛穀粟則人寬于所求然後出內府之積收市廛之滯廣山鑄之數限邊裔之出禁私家之積則貨日重而錢日輕矣敬宗寶曆元年河南尹王起請銷錢爲佛像者以盜鑄錢論制可文宗太和三年中書門下奏元和四年敕應有鉛錫錢並令納官如有人糺得一錢賞百錢當時敕條貴在峻切今詳事實必不可行宜立節文令可遵守臣等商量自今已後有用鉛錫錢交易者一貫已下州府常行杖決脊杖二十十貫已下決六十徒三年過十貫已上集眾決殺其受鉛錫錢交易者亦准此處分其所用鉛錫錢並納官其能糺告者每一貫賞錢五十不滿一貫者准此詔可之四年詔積錢以七千緡爲率除合貯數外一萬緡至十萬緡者期以一年出之十萬至二十萬者以二年凡交易百緡以上者匹帛米粟居半河南府揚州江陵府以都會之劇約束如京師未幾皆罷五年鹽鐵使奏湖南管內諸州連接嶺南山洞深邃百姓依模監司錢樣競鑄造到脆惡姦錢轉將賤價博易與好錢相和行用其江西鄂岳桂管鑄濫錢並請委本道觀察條疏禁絕詔從之八年河東錫錢復起鹽鐵使王涯置飛狐鑄錢院于蔚州天下歲鑄錢不及十萬緡時文宗病幣輕錢重詔方鎭縱穀交易時雖禁銅爲器而江淮嶺南列肆鬻之鑄千錢爲器售利數倍宰相李珏請加鑪鑄于是禁銅器官一切爲市之天下銅坑五十歲采銅二十六萬六千斤武宗會昌六年二月敕緣諸道鼓鑄佛像鐘磬等新錢已有次第須令舊錢流布絹帛價稍增文武百寮俸料宜起三月一日並給見錢其一半先給虛估匹段對估價支給敕比緣錢重幣輕生人坐困今加鼓鑄必在流行通變救時莫切于此京城及諸道起今年十月以後公私行用並取新錢其舊錢權停三數年如有違犯同用鉛錫惡錢科斷其舊錢並納官事竟不行復廢浮屠法永平監官李郁彥請以銅像鐘磬鑪鐸皆歸巡院州縣銅益多矣復許諸道皆得置錢坊淮南節度使李紳請天下以州名鑄錢京師爲京錢大小徑寸如開元通寶交易禁用舊錢會宣宗卽位盡革會昌之政新錢復鑄爲像昭宗末京師用錢八百五十爲貫每陌纔八十五河南府以八十爲陌哀帝天祐二年敕每貫抽除外以八百五十文爲貫每陌八十五文聞坊市多以八十爲陌更有除折今後委河南指揮市肆交易並須以八十五文爲陌

後唐莊宗同光二年詔曰錢者古之泉布蓋取其流行天下布散人間無積滯則交易通多貯藏則士農困故西漢興改幣之制立告緡之條所以權蓄賈而防大姦也宜令所司不得令富室分外收貯見錢又工人銷鑄爲銅器兼沿邊州鎭設法鈐轄勿令商人搬載出境知唐州騈晏平奏市肆間點檢錢帛內有錫蠟小錢揀得不少皆是江南綱商挾帶而來詔曰泉布之弊雜以鉛錫惟是江湖之外盜鑄尤多市肆之間公行無畏因是綱商挾帶舟檝往來換易好錢藏貯富室實爲蠹弊須有條流宜令京城諸道于坊市行使錢內點檢雜惡鉛錫並宜禁斷沿江州縣每有舟船到岸嚴加覺察若私載往來並宜收納明宗天成元年敕諸道州府及諸城門所出見錢如五百以上不得放出至行使銅錢不得挾帶蠟錢如違其所使錢不限多少並納入官仍科深罪二年度支奏三京諸道買賣見錢舊有條流每陌八十文近市肆人戶皆將短陌轉換長錢若不條約轉啟倖門請指揮買賣並須使八十陌錢從之時銅器貴市人多銷錢爲器及以鐵蠟鉛錫錢夾用廢帝時屢禁之終不能行

晉高祖天福三年詔曰國家所資泉貨爲重令三京鄴都諸道州府曉示無問公私應有銅者並許鑄錢仍以天福元寶爲文左環讀之委鹽鐵使鑄樣頒下諸道令每一錢重二銖四絫十錢重一兩仍禁以鉛鐵鑄造雜亂銅錢凡久廢銅冶處許百姓取便開鍊官中不取課利除鑄錢外不得接便別鑄銅器尋以逐處銅闕難依先定銖兩令天下有銅欲鑄錢者取便酌量輕重鑄造不得入錫并鐵及缺漏不堪久遠用使四年敕今後祇官鑄錢私下禁復建泉鑪于欒州爲石豹治

漢隱帝時三司使王章征利剝下緡錢出入原以八十爲陌章每出錢陌必減其三始使七十七陌錢時膳部郎中羅周允上言曰錢刀之貨古今通行從古自來鑄造不息長無積聚蓋被銷鎔非峻設隄防何以絕其姦

究臣請敕三京鄴都諸道州府凡器物服玩民間百物舊有銅者今後禁斷不得用銅諸郡邑州府鄽市巳成銅器及腰帶幞頭線及門戶飾許敕出後一月並令納官官中約定銅價支給候諸處納畢請在京置鑪鑄錢俾銅盡爲錢以濟軍用除錢外只令鑄鏡其餘並不得用銅疏奏不報

周太祖廣順元年敕銅法今後更不禁斷一任興販所有一色即不得瀉破爲銅器貨賣如有犯者有人糾告所犯人不計多少斤兩並處死其地方所由節級徒三年鄰保人杖七十其告事人給與賞錢一百貫世宗顯德二年敕國家之利泉貨爲先近朝以來久絕鑄造至於私下不禁銷鎔歲月漸深姦弊尤甚今采銅興冶立監鑄錢冀便公私宜行條制起今後除朝廷法物及火珠鈴鐸其餘一切禁斷應兩京諸道所有銅器限敕到五十日內並須毀折送官所納到銅據斤兩給價如出限及有隱藏五斤以上處死一兩至五斤罪各有差初以高麗地產銅銀遣尚書水部員外郎韓彥卿以帛數千匹市銅于高麗以鑄錢六年其王高昭遣使者貢黃銅五萬斤 南唐元宗旣失江北困于用兵鍾謨請鑄大錢以一當十曰永通泉貨未幾廢時韓熙載又鑄鐵錢以一當十

宋之錢法有銅鐵二等而折二折三當五折十則隨時立制因地定規西川湖廣福建皆用鐵錢與銅錢兼行江南舊用鐵錢十當銅錢一太祖初鑄錢文曰宋通元寶凡諸州輕小惡錢及鐵鑞錢悉禁之 自平廣南朝廷聽權用舊錢勿過本路之境 私鑄者皆棄市江南錢不得至江北蜀平聽仍用鐵錢乾德四年令所在悉用七十七百爲貫重四斤半以上 初輸官錢用八十或八十五爲百然諸州私用隨俗至有以四十八爲百至是始定 開寶四年詔雅州百丈縣置監冶鑄鐵錢歲鑄九千餘貫增十鑪禁銅錢入兩川 太平興國初復令兼行銅錢一當鐵錢十 九年昇州言歲鑄三十萬緡命通判杜見素經度采銅時復取唐飛錢故事許民入錢京師于諸州便換其法商人入錢左藏庫先經三司投牒乃輸于庫 開寶時置便錢務令商人入錢詣務陳牒即輦至左藏庫給以券仍敕諸州凡商人齎券至當日給付違者科罰至道末商人入便錢一百七十餘萬貫天禧末增一百一十三萬貫至是乃復增定加饒之數每百緡河東京西加饒三千在京餘路四千 太宗即位改元太平興國更鑄太平通寶錢二年樊若水言江南舊用鐵錢于民非便宜于昇鄂饒等州產銅之地大鑄銅錢銅錢既不渡江益以新錢則民間錢愈多鐵錢自當不用悉鎔鑄爲農器什物以給江北流民之歸附者除銅錢渡江之禁從之四年聽銅錢入蜀而鐵錢不出境令民輸租及榷利鐵錢十納銅錢一時銅錢巳竭民甚苦之商賈爭以銅錢入川界與民互市銅錢一得鐵錢十四五年轉運副使張謏言川峽鐵錢十直銅錢一輸租即十取二舊用鐵錢千易銅錢四百自平蜀沈倫等悉取銅錢上供及增鑄鐵錢易民銅錢益買金銀裝發頗失裁制物價滋長鐵錢彌賤請市番人銅斤鐵錢千可大獲銅鑄錢民租當輸錢者許且輸銀絹候銅錢多即漸令輸詔令市銅斤給錢五百餘皆從之然銅卒難得而轉運副使聶詠轉運判官范祥皆言民樂輸銅錢請歲遍增一分後十歲則全取銅錢詔如所請祥等以俸所得銅錢市與民厚取其直于是增及三分民益爲苦坐罪者甚衆知益州辛仲甫具言其弊帝使吳承勳馳傳審度因集諸縣令佐皆言不便尋令川峽輸租榷利勿復徵銅錢詠祥等皆坐罪免西北戎人多齎貨帛于秦階州易銅錢出塞銷鑄爲器詔吏民闌出銅錢百以上論罪至五貫以上送闕下饒州永平監用唐開元錢料鑄錢最善轉運使張齊賢即詣闕面陳八年詔增市鉛錫炭價于是得銅八十一萬斤鉛二十六萬斤錫十六萬斤歲鑄錢三十萬貫 天聖間歲鑄百餘萬貫慶曆間至三百萬貫熙寧六年後歲鑄銅鐵錢六百餘萬貫 時奚嶼請于建州鑄大鐵錢文曰太平通寶尋罷之雍熙初令江南諸州貯庫雜錢每貫及四斤半者送闕下不及者銷毀時復禁用惡錢京城居民蓄銅器者限兩月送官端拱元年詔察民私鑄及銷鎔好錢作薄惡者並棄市輒以新惡錢與蠻人博易者抵罪江北諸州用錢非甚薄惡者新舊大小兼用江南仍用舊大錢淳化間鑄淳化元寶錢自後改元更鑄皆曰元寶又令川峽路改鑄一當十大錢御書錢式諸州舊貯小鐵錢悉輦送官 從趙安易請也 未幾罷仍以銅錢一當鐵錢十四年詔每貫及前詔斤數有官監字號者皆許用不分新舊五年令荊南嶺南民輸稅須大錢民以小錢二或三易大錢一官屬以俸錢易于民以規利詔禁之令民輸納但常所通行錢至道二年池州新置錢監賜名永豐眞宗咸平初又申新小錢之禁令官置場盡市之二年宰相張齊賢請置監廣鑄命虞部郎馮亮等按視至建州置豐國監江州置廣寧監 凡鑄錢用銅三斤十兩鉛一斤八兩錫八兩得錢千重五斤唯建州增銅五兩減鉛如其數 三年凡鑄一百二十五萬四年詔犯銅滿五十斤以上取裁餘從第減 舊禁犯銅七斤以上者處死多蒙減斷因詔 景德中歲鑄一百八十三萬貫大中祥符間銅坑多不發時鐵錢有三監卭州曰惠民嘉州曰豐遠興州曰濟衆大錢貫十二斤十兩嘉卭二州所鑄錢貫二十五斤八兩銅錢一當小鐵錢十兼用盜多鎔鐵爲器每二十五斤其直二千七年從凌策請詔減

景德之制歲鑄總二十一萬貫四方由此錢重而貨輕時張詠鎮蜀患蜀人鐵錢重不便貿易設質劑之法一交一緡以三年爲一界而換之六十五年爲二十二界謂之交子（交會之法蓋取于唐之飛錢）富民十六戶主之後富民貲稍衰不能償所負爭訟不息仁宗時轉運使薛田張若谷請置益州交子務以榷其出入私造者禁止帝從其議界以百二十五萬六千三百四十緡爲額景祐初度支判官許申建議以藥化鐵與銅雜鑄輕重如銅錢法銅三分鐵六分費省而利厚詔命申鑄萬緡工人苦鐵之流澁而多不就逾月纔得萬錢申知言無效乃求爲江東轉運使欲行其法于江州朝廷從之詔申卽江州鑄百萬緡卒無成功寶元間命錢以皇宋通寶爲文（慶曆以後復冠以年號）是時軍興陝西移用不足知商州皮仲容議采洛南縣江崖山虢州青水冶青銅置阜民朱陽二監以鑄錢既而陝西都轉運使張奎知永興軍范雍請鑄大銅錢與小錢兼行大錢一當小錢十奎等又請因晉州積鐵鑄小錢及奎徙河東又鑄大鐵錢以一當十以助關中軍費未幾三司奏罷河東鑄大錢鐵錢而陝西復采儀州竹尖嶺黃銅置博濟監鑄大錢因敕江南鑄大銅錢而江池饒儀虢州又鑄小鐵錢悉輦至關中數州錢雜行大約小銅錢三可鑄當十大銅錢一以致民閒盜鑄者衆錢文大亂公私患之于是奎復奏晉澤石三州及威勝軍日鑄小鐵錢獨留用河東河東鐵錢既行盜鑄獲利十六錢輕貨重其患如陝西言者皆以爲不便知并州鄭戩請以河東鐵錢二當銅錢一行之一年又以三當一或以五當一罷官鑪日鑄且行舊錢知澤州李昭遘亦言河東民燒石灰家有橐冶之具盜

鑄者莫可詰而契丹亦鑄鐵錢以易并邊銅錢朝廷遣魚周詢歐陽修分察兩路錢利害至慶曆末遂命學士張方平宋祁御史中丞楊察與三司雜議時葉清臣復爲三司使與方平先上陝西錢議曰關中用大錢本以縣官取利太多致姦人盜鑄其用日輕比年以來皆虛高物估始增直于下終取償于上縣官雖有折當之虛名乃罹虧損之實害救弊不先自損則法未易行請以江南儀商等州大銅錢一當小銅錢三又言姦人所以不鑄小銅錢者以鑄大銅錢得厚利而官不能必禁若鑄大銅錢無利又將鑄小鐵錢以亂法請以小鐵錢三當銅錢一旣而河東小鐵錢如陝西亦以三當一且罷官所置鑪朝廷皆用其言自是姦人稍無利猶未能絕濫錢皇祐中詔商州罷鑄青黃銅錢又令陝西大銅錢大鐵錢皆以一當二盜鑄乃止然令數變兵民耗於用類多咨怨久之始定時興元府西縣置濟遠監（尋廢）而韶州天興銅大發歲采二十五萬斤詔卽州置永通監饒池江建韶五州鑄錢百四十六萬緡嘉邛興三州鑄大鐵錢二十七萬緡至和二年韶州岑水場銅發詔漕司益鑄錢嘉祐四年詔停鑄十年以休民力至是獨興州鑄錢三萬英宗治平四年置惠州阜民監神宗熙寧初立偽造交子罪賞如官印文書法二年以河東運鐵錢勞費乃詔置交子務于潞州尋致鹽礬不售有害入中糧草遂罷之三年陝西興置鑄錢監市岑水場銅鉛增鑄百萬緡四年令行交子於陝西而罷永興軍鹽鈔場陝西轉運副使皮公弼奏自行當二錢銅費相當盜鑄衰息請以舊銅鉛盡鑄詔聽之自是折二錢遂行於天下五年交子二十二界將易而後界給用已多詔更造

二十五界百二十五萬以償二十三界之數（交子之有兩界自此始）時交子給多而錢不足致價大賤旣而竟無實錢法不可行于是罷陝西交子法六年又詔京西淮南兩浙江西荊湖各置鑄錢監又於興國軍睦衡舒鄂惠州置十監通舊六監爲十六監時諸路大率務于增額（惠州阜民舊額八十萬至七年增三十萬及折二凡五十萬永通衛州黎陽監歲增折二五萬緡西京阜財監歲增十萬緡興州濟衆監歲增七萬二千餘緡陝西銅錢監三歲各增五萬緡）又於陸徐梧萬皆置監秦鳳等路卽鳳翔府斜谷置監至是法弊私錢雜用不能禁詔在官惡錢不堪用者別爲模以鑄八年于商虢洛南增置三監耀鄜又權置二監合通永與華河中共爲監九以給改鑄令候改鑄罷并其工作歸永興等四監專鑄大錢知太原韓絳請倣陝西令本重模精以息私鑄之弊元豐元年興州濟衆監增鑄并舊爲七萬二千餘緡二年通遠軍監改鑄銅錢自是而後西師大舉邊用匱闕同渭秦隴等州監并廢置而又自弛錢禁民之銷毀與夫闌出境外者爲多張方平嘗極諫曰禁銅造幣盜鑄者抵罪至死示不與天下共其利也故諸監所鑄錢悉入于王府歲出其奇羨給之三司方流布于天下然自太祖平江南江池饒建置鑪歲鼓鑄至百萬緡積百年所入宜乎貫朽于中藏充足于民閒矣比年公私上下並苦乏錢百貨不通人情窘迫謂之錢荒不知歲所鑄錢今將安在夫鑄錢禁銅之法舊矣令敕具載而自熙寧七年頒行新敕刪去舊條削除錢禁以此邊關重車而出海舶飽載而回聞沿邊州軍錢出外界但每貫收稅錢而已錢本中國寶貨今乃與四海共用又自廢罷銅禁民閒銷毀無復可辨銷鎔十錢得精銅一兩造作器用獲利五倍如此則逐州置鑪每鑪增

數是猶畎澮之益而供尾閭之洩也三年計諸路鑄錢總二十七監鑄銅鐵錢五百九十四萬九千二百三十四貫（銅錢十七監鑄五百六萬鐵錢九監鑄八十八萬九千二百三十四貫鐵錢惟成都梓州利州夔州四路行使其餘關封府管十三路俱行使銅錢）八年復申錢幣闌出之禁（時哲宗已卽位）敕罷徐州寶豐鼓鑄及凡增置鑄錢監罷者十四陝西行鐵錢至陝府以東卽銅錢地民以鐵錢換易有輕重不等之患哲宗元祐二年置河中府龍門韓城錢監八年命公私給納貿易並專用鐵錢而官帑銅錢以時計置運致內郡商旅願于陝西內郡入銅錢給據請于別路者聽罷二廣鑄折二錢時鐵錢寖輕以銅錢千易鐵錢二千五百（熙豐閒銅鐵錢嘗並行銅錢千易鐵錢千五百未有輕重之弊）因定鉤致折二銅錢之法欲復舊止行于本路議者謂關東諸路旣已通行奪彼予此理亦非便且陝右所用折二鐵錢止當一小銅錢卽折二銅錢盡歸陝西猝難鉤致且與鐵錢一等慮鐵錢轉更加輕乃令折二銅錢寬所行地聽行於陝西及河東晉絳等州餘路則禁仍限二年無更用尋詔更鑄小銅錢紹聖二年施州置廣積監時交子界率增造以給陝西沿邊之用少者數十萬緡多則百萬而成都之用又請印造故每歲無定數元符二年詔陝西悉禁銅錢在民閒者盡送官取就京西置監徽宗嗣位議者謂鐵錢重滯難以齎遠而銅錢積貯州縣反無所用乃詔銅鐵錢聽民閒通行而銅錢止用糴買時鐵錢多而銅錢少有請鑄銅錢者（陝西轉運副使孫傑有請）罷鑄鐵錢者（轉運判官都貺）會蔡京當政令陝西鑄當十錢及夾錫錢許天啟推行其法當十錢除陝西四川河東係鐵錢地方不得行使外諸路並行之如有私鑄卽以一文計小錢十定畀夾錫錢以一折銅錢二既而河東轉運使洪中孚言二虜以中國錢鐵爲兵器請鑄夾錫當三當十錢通行于天下（會蔡京罷相乃止）又令陝西及江池饒建州以歲所鑄小平錢增料改鑄當五大銅錢以聖宋通寶爲文既而并令舒睦衡鄂錢監用陝西式鑄折十錢是時諸州所積折二錢甚多法不許轉運京師發運司請以官帑所有折二錢改鑄折十錢崇寧三年罷鑄小平錢及折五錢置監于京城復徐州寶豐衞州黎陽監並改鑄折二錢爲折十折二期一歲勿用大嚴私鑄之令民閒所用鍮石器物並官造鬻之又令二廣於產鐵處鑄小鐵錢止行於兩路於潯州置鐵錢監依陝西料鑄當二錢時令京西北路通行交子四年令諸路用錢引惟閩浙湖廣不行罷在京并永興軍交子務又立錢綱驗樣法崇寧監以所鑄當十錢來上緡重銅九斤七兩有奇鉛半之錫居三之一詔頒式於諸路令赤仄及烏背書畫分明時尚書省言東南諸路盜鑄當十錢者多令福建廣南毋行用第鑄以上供及給他路行使其本路別鑄小平錢又命荆湖南北江南東西兩浙並以折十錢爲折五舊折二錢仍舊乃以江爲界淮南重寶錢亦作當五用五年盜鑄尤甚小平錢益少命以折五折十爲上供小平錢留本路錢監歲課以八分鑄小平錢二分鑄當十錢又詔福建淮南等處以折二錢改鑄折十復罷鑄當十二分之令盡鑄小平錢荆湖江南兩浙淮南重寶錢當用三在京畿及熙河等處作當五旋復詔當十錢仍舊兩浙作當三江南淮南荆湖作當五尋詔當十錢止行于京師陝西河東河北俄畿內并用之餘路悉禁期以一季送官償以小錢私錢亦限一季自致計銅直增二分償以小錢（尋令外路每一私錢計小平錢三以小錢易于官在京以隱匿者論如法又詔鄭州西京亦聽用四小平錢易之）折十錢尚書省言錢引本以代鹽鈔而諸路行之不通欲權罷印製在官者如舊法更印改解鹽鈔民閒者許貿易漸赴買鈔所如鈔法分數計給從之大觀元年復主用折十錢京畿置錢監專鑄之衡鄂舒暨廣南皆鑄夾錫錢（時蔡京復相）轉運使宋喬年鑄烏背漉銅錢進詔以漉銅式頒諸路并頒大觀新修錢法于天下又置貝州鑄錢監以本路不依式錢及當二錢用舊式改鑄當十錢改四川交子務爲錢引務更界年新交子一當舊者四故更張之以四十三界引準書放數（時用兵湟鄯西鹵籍其法以助邊費較天聖一界逾二十倍而價欲損）二年詔永興軍更置務納換陝西河東引令江池饒建州錢監自來歲以鑄當十五分鑄小平錢復申私鑄之法三年申當十錢行使之令益以京東京西行使而河北並邊州縣鎭砦四榷場及登萊密州緣海縣鎭等皆禁復以兩浙鑄夾錫錢擾民詔東南皆罷鑄（時蔡京復罷相）詔錢引四十一界至四十二界毋收易四年假四川提舉司封樁錢以五十萬緡爲成都務本又詔鼓鑄當十錢多慮法隨以弊其止鑄舊額小平錢時利州路錢輕貨重提刑司言欲將折二大鐵錢以一折一雖稍減錢數錢必稍重詔許陝西鐵錢仍舊入蜀其河北河東京東皆罷鑄夾錫錢產銅郡縣改鑄小平錢政和元年詔官私當十錢可並作當三以爲定制時御府之用日廣東南錢額不敷宣和以後尤甚乃令饒贛錢監鑄小平錢尋又令江池饒錢監盡以小平錢改鑄當二錢以紓用度二年復鑄夾錫錢如故廣西湖北淮東如之且令諸路以銅錢監復改鑄夾錫遂以政和錢頒式焉未幾以夾錫錢不論何路所鑄並許通行

陜西用政和通寶舊大鐵錢與夾錫錢雜廬流轉諸路四年詔無更行用改令諸監改鑄夾錫錢鄭居中劉正夫爲相奏禁淮南諸路夾錫錢并罷各監各監鑄造止用舊法鼓鑄重和元年權罷京西鑄夾錫錢繼以關中糴買用復命鼓鑄專給關中行欽宗靖康元年令川引並如舊卽成都府務納換以置務成都便利歲久至諸州則有料次相雜之弊

食貨

錢幣中　南宋　遼　金

南宋經兵革之後州縣困倣鼓鑄皆廢高宗建炎元年工部郎李士觀言江池饒建州四監歲鑄錢百三十三萬餘緡多未輸者請令發運司委官催督時東南小平錢甚重張壽言改當十爲當三無私鑄之利請行於東南於是當三大錢始通於淮浙荆湖諸路又鑄建炎通寶錢二年罷益利夔三州鑄三年命江池饒錢監以二萬五千緡爲一綱紹興初併廣寧監於虔州併永豐監於饒州歲鑄纔及八萬緡銅鐵鉛錫之入不及於舊而官吏稍廩工作之費仍各如故每鑄錢一千率用本錢二千四百文工部進眞篆當二小平銅鐵錢樣詔下鑄錢司時張浚因婺州屯兵請樁辦合用錢而路不通舟錢重難致乃造關子付婺州召商人入中執關於榷貨務請錢願得茶鹽香引者聽於是州縣以關子充糴本未免抑配而榷貨務又止以日輸三分之一償之人皆嗟怨六年詔置行在交子務造百五十萬緡充糴本先是張澄請依四川法造交子三十萬行於江淮至是遂置務臣僚言朝廷措置見錢關子有司寖失本意改爲交子官無本錢民何以信於是罷交子務令榷貨務儲見錢印造關子時復斂民間銅器詔民私鑄銅器者徒二年提點官趙伯瑜以贛饒二監爲得不償費請罷鼓鑄九年詔陝西諸路復行鐵錢十三年韓球爲使復鑄新錢興廢坑冶至於發冢墓壞廬舍籍冶戶姓名以膽水盛時浸銅爲歲額無銅可輸者至鎔錢爲銅然所鑄亦纔及十萬緡十五年置利州紹興鑄錢監鑄錢十萬緡以救錢引二十二年復嘉之豐遠卭之惠民鑄小平錢二十三年詔利州並鑄折二錢後又鑄折三錢二十四年罷鑄錢司歸之漕司二十七年出版漕錢八萬緡爲鑄本歲權以十五萬緡爲額復饒贛韶鑄錢監二十八年出御府銅器千五百事付泉司大索民間銅器得銅二百餘萬斤寺觀鐘磬鐃鈸既籍定投稅外不得添鑄二十九年印公據關子付三路總領所淮西湖廣關子各八十萬緡淮東公據四十萬緡皆自十千至百千凡五等內關子作三年行使公據二年許銀錢中半入納又令命官之家留見錢二萬貫民庶半之餘限二年聽轉易越數寄隱許人告以李植提點鑄錢公事植言歲額內藏庫二十三萬緡右藏庫七十餘萬緡皆至道以後數也紹興以來歲收銅二十四萬斤鉛二十萬斤錫五百斤僅可鑄錢一十萬緡諸道拘到銅器二百萬斤附以鉛錫可鑄六十萬緡然拘者不可以常唯當據坑冶所産工部權以五十萬緡爲額又明年纔鑄及十萬緡今泉司歲額增至十五萬緡小平錢一萬八千緡折二錢六萬六千緡歲費鑄本及起綱糜費約二十六萬緡司屬之費又約二萬緡東南十一路一百一十八州之所供有坑冶課利錢木炭錢錫本錢約二十一萬緡比歲所收不過十五六萬緡耳歲額金一百二十八兩銀無額以七分入內庫三分歸本司銅三十九萬五千八百斤鉛三十七萬七千九百斤錫一萬九千八百七十五斤鐵二百三十二萬八千斤比歲所榷十無二三每當二錢千重四斤五兩小平錢千重四斤十三兩視舊制銅少鉛多錢愈鍥薄矣三十年錢端禮爲戶部侍郎被旨造會子端禮委徽州創樣撩造紙五十萬續造于成都又造于臨安邊幅皆不翦裁初以分數給朝士俸而於市肆要鬧處置五場輦見錢收換每一千別輸錢十以爲吏卒用商賈入納外郡綱運悉同見錢無欠數陪償及腳乘之費公私便之三十一年始立會子務分一千二千三千凡三等詔隸都茶場明年定僞造會子法初止行於兩浙後通行於淮浙湖北京西除亭戶鹽本用錢其路不通舟處上供等錢許盡輸會子其沿流州縣許錢會中半民間典賣田宅馬牛舟車等如之全用會子者聽孝宗隆興元年詔鑄當二小平錢又令會子以隆興尚書戶部官印會子之印爲文更造五百及三百二百文會置江州會子務又於大軍庫儲見錢印造五百并一貫直便會子發赴湖廣襄郢等處大軍當見錢流轉止行於本路三年收其印板自後屢以關子鈔引及新會換易至光宗紹熙初詔湖廣會子倣行在立界收換甯宗嘉定中以舊楮二而易其一又令以一楮半而易其一軍民便之嘉熙寶祐以後因仍行之二年會子印造益多實錢浸少至於十而損一帝念其弗便出內庫銀二百萬兩售於市以錢易楮焚棄之僅解一時之急洪邁容齋隨筆作三年餉臣趙沂請添印錢引二百萬北宋時蜀交出放兩界每界一百二十餘萬後三界通行爲三千七百八十餘萬至紹興末積至四千一百四十七萬餘貫時所貯鐵錢僅及七十萬貫以鹽酒等陰爲稱提是以餉臣王之望亦謂添印錢引以救目前詔添印三百萬之望止添印一百萬至是又增印乾道初詔兩淮京西悉用鐵錢荆門地接襄峴亦用鐵錢二年詔別印二百三百五百一貫交子三百萬止行使於兩淮其舊會聽對易凡入輸買賣並以交子及錢中半如往來不便以交子會各二十萬付鎭江建康府榷貨務使淮人之過江江南人之渡淮者皆得對易循環以用尋以交子不便復照銅錢并會子依舊過江行用民間交子許作見錢輸官三年詔造新交子一百三十萬付淮南漕司分給州軍行使不限以年尋以民間會

子破損別造五百萬換給又詔損會貫百錢數可驗者並作上供錢入輸巨室以低價收者坐之四年以取到舊會毀抹付會子局重造三年立為一界界以一千萬貫為額隨界造新換舊凡舊會破損貫百字存印文可驗者即與兌換五年令行在榷貨務都茶場將請算茶鹽香礬鈔引權許收換第一界會子後每界收換如之其州縣諸色綱錢以七分收錢三分收會六年舒蘄黃各置監鑄折二錢令兩淮通行九年大江之西及湖廣間多毀錢夾以泥沙重鑄號尾錢詔嚴禁之湻熙二年又併贛司歸饒州三年詔第三界第四界會子各展限三年令都茶場會子庫以第四界續印會子二百萬貯南庫時戶部歲入一千二百萬其半為會子南庫以金銀換收者四百萬流行於界外者二百萬耳五年以蜀引增至四千五百餘萬立額不令再增九年詔廣泉明秀漏泄銅錢坐其守臣舶商往來錢寶多泄因詔十年併舒州宿城監入同安監十二年詔舒蘄鑄錢以湻熙通寶為文十五年四川餉臣言大安軍及嘉川縣產鐵七十餘萬斤乞從鼓鑄光宗紹熙元年詔第七第八界會子各展三年臣僚言會子界以三年為限今展至再則為九年何以示信於是詔造第十界立定年限二年詔川引展界行使三年詔造交子二百萬付淮東造一百萬付淮西每貫準鐵錢七百七十文足以三年為界寧宗慶元元年詔會子界以三千萬為額三年禁銅器期兩月鬻於官復神泉監以所括銅器鑄當三大錢四年詔兩淮第二界會子限滿明年六月更展一界嘉泰三年罷舒蘄鼓鑄開禧三年復之時川引兩界出放凡五千三百餘萬緡通三界出放益多嘉定初川引每緡止直鐵錢四百以下餉臣陳咸出金銀度牒一千三百萬收回半界期以歲終不用諸州去總所遠者千數百里期限已逼受給之際吏復為姦於是商賈不行民皆嗟怨一引之直僅售百錢制司乃諭人除易一千三百萬引三界依舊通行又檄總所取金銀就成都置場收兌民心稍定自後引直鐵錢五百又即利州鑄當五大錢二年以三界會子數多稱提無策會十一界除已收換尚存一千三百六十萬餘貫十二界十三界除燒毀尚存一萬二百餘萬貫詔封樁庫撥金一百五萬兩度牒七千道官告綾紙乳香湊成三千餘萬貼臨安府官局收易舊會品搭入輸以舊會之二易新會之一五年江北以銅錢一易鐵錢四詔禁之時銅錢之在江北者悉以鐵錢易之或以會子一貫易銅錢一貫乾道以後皆然其銅錢輸送行在易京西銅錢亦如兩淮例九年四川安撫制置大使司言川引每界舊例三年一易自開禧軍興以後用度不給展年收兌遂至兩界三界通使然卒以三年界滿方出令展界以致民聽惶惑今欲以十年為一界著為定令則民旅不復懷疑從之青田縣主簿陳耆卿奏言錢猶母也楮猶子也母子所以相權不可重子而輕母也夫有錢而後有楮楮益多則壅滯益甚甚則稱提之說興焉厥今在朝在野日夜講畫而奉行未嘗有言及錢者楮日多錢日少禁楮之折閱者日嚴而禁錢之漏泄者日寬非果寬也寬於大而獨嚴於小則雖謂之寬可也闤堵之間有賷百金以出者吏卒已目送之積而至於數百則擁摭之鞭笞之矣高檣巨艑出沒江海有豪家窟穴其中則人不敢仰視聞能捐豪末以餌邏卒則如履康莊矣若是者知幾數百耶夫豪家之弊猶可言也富商之弊不可言也豪家泄之於近而富商泄之於遠泄於近猶在中國也泄於遠則轉及外夷而不可復返矣夫一金之鑄其為費不啻數金一金之博易其為利亦不啻數金朝廷常以數金之費而為富商謀數金之利錢既日耗則其命遂歸於楮其弊遂積於楮而上下之間遂一切併力於楮不知楮之所以難行者不獨以楮之多而亦正以錢之少也存者既少藏者愈牢故雖以重法欲散出之彼將曰吾之錢吾所自有吾所藏也彼以中國之所有而散之外夷上不之禁而何以咎我是故家可空身可辱而心不可服盍亦反其本乎故臣以為今日之務不專在於稱提楮弊又在於稱提銅錢也蓋今銅錢之法大率犯者罰輕而捕者賞輕犯者罰輕則人易為姦捕者賞輕則吏不盡力臣愚欲望聖慈申飭攸司嚴漏泄之憲優掩獲之典其捕至若干者特與附類獲盜改秩以風厲之庶幾各務罄竭以從上之令誠使錢不甚荒則楮不偏勝此稱提本務也江西提舉袁燮疏曰我孝宗皇帝頒楮幣於天下常通而不壅常重而不輕無他道焉有以收之而已自開禧用兵造幣甚廣知散而不知收故其價甚賤今日更定其法固將流通而不窮其可不法孝宗所以收之者乎蓋楮之為物也多則賤少則貴收之則少矣賤則壅貴則通收之則通矣雖然朝廷收之可也州郡若何收之曰是在長吏而已長吏而賢何事不集今公清者少貪濁者眾肆為蠹賊無所忌憚尚何望其財用之積而楮幣之收乎我朝家法最為忠厚而獨於贓吏之罰甚峻深知其蠹不得不然當今之務謂宜痛懲貪濁崇獎公清蓋公清之士必能正身律下而黠吏莫措其姦必能愛惜財物而冗費無所不節必能選

擇官僚講理財之策必能寬裕民力養豐財之源薄關市之征則商旅四集謹鉟銷之防則銅錢不耗嚴交易稅契之法則泉貨頓增守錢會相半之制則藏鏹可出財既裕矣視時楮價其賤耶亟從而收之何憂其不貴至日月浸久價將復賤則又收之非常收也賤而後收也此孝宗之規模也今爲郡守者或拘民間米鹽並從官賣或科有餘之家强以買會或令民間輸納非買楮於官者不與收接甚者課吏收豖聽其自賣而輸緡錢於官朝夕紛紛與民爭利甚非治民之事也惟聖主速救之又上便民疏曰臣聞楮幣之用至今而窮立法而稱提之所以濟其窮也然今日之所謂稱提者果能有濟乎始以法令從事兒不以省陌者必罰無赦未幾從民之便又未幾而有三分七分之說展轉屢變而卒歸於銅鐵楮幣之相半是復其舊也是猶未始稱提也經久可行之策顧不在茲乎今議者急於豐財欲用鐵錢與銅錢並行當不足之時倐焉有餘寧不可喜而其實有不然者往時楮幣多故銅錢少而又益以鐵錢不愈少乎往時楮幣多故物價貴今又益以鐵錢不愈貴乎銅鐵之價固不相若鑄以爲錢孰貴孰賤兼用之於市而實得銅錢之直得無徒費鐵錢乎兩淮虛耗甚矣運鐵錢於江南貿易而歸固將裕之也然江南之楮幣易淮甸之鐵錢厥價三倍姦巧之民爭先取之此盈而彼虛矣鐵錢日以朘削銅錢禁不得往淮人將安所用哉名曰裕之其實蹙之臣不知其可也且夫鐵錢之易就非若銅錢之難成盜鑄如雲而起楮之輕也滋甚譬之人方病寒又以涼劑投之祇益其病而已內不足以權楮外不足以裕淮將何便於此哉且今日楮幣之輕得非以銅錢之寡歟海舶之洩未始無法也而檢空之委得於情慝納其私賄縱其私載則連檣而去姦民相結貯錢小舟潛往海洋納諸巨舶捆載而歸此錢之所由少也獨不可申嚴其禁乎銷錢爲器未始無法而獲利十倍人競趨之所在公行若當然者句容天台四明池陽臨川之所鑄者以精巧名人皆貴之此錢之所以銷也獨不可痛懲其姦乎鼓鑄之司令至嚴也每歲增之何可勝用自黠吏旣漁其利而場戶復濟其姦憚取銅之難銷錢以輸之幸其精煉無復致詰錢安得而不耗獨不可堅明其約束乎邦有常典講若畫一人不畏法以法繩之誰敢不服若夫守法之地人皆觀瞻而先自廢法罪莫大焉銅楮相半之制其來舊矣乃創爲新例輸楮於官者必令貼納是利其贏也是弛相半之法而置錢於無用之地也姦民乘之逞其私欲毀之匿之者不勝其衆是孰爲之倡哉臣竊觀當今州郡大抵兼行楮幣所在塡委而錢常不足閒有純用銅錢不雜他幣者而錢每有餘以是知楮惟能害銅非能濟銅之所不及也加之貼納豈貨泉之利也哉朝廷深懲往事革三分七分之幣而復二者均平之法此乾道湻熙之美意也人情翕然僉曰至當守法之便昭晰如此夫法有常守則觀聽不惑而民有定志法不一定則前後相戾而人無信心守銅楮相半之法悠久不變而異時謀利撓法之蠹蕩滌無餘尚何憂銅錢之寡而楮幣之輕乎此當今之急務也惟明主留意焉理宗寶慶元年新錢以大宋元寶爲文紹定五年兩界會子已及三億二千九百餘萬端平元年復申嚴銅錢入海之禁二年臣僚請以兩界舊會付封樁庫收貯以備緩急從之嘉熙元年詔新錢當二并小平錢並以嘉熙通寶爲文當三錢以嘉熙重寶爲文湻祐二年宗正丞韓祥奏壞楮幣者只緣變更救楮幣者無如收減自去年至今楮價粗定不至折閱者不變更之力也今已罷諸造楮局及諸州科置楮皮更多方收減則楮價有可增之理帝善之三年臣僚言今官印之數雖損而僞造之券愈增且以十五十六界會子言之其所入之數宜減於所出之數今收換之際元額旣溢舉者未已若非僞造其何能致多如是大抵前之二界盡用川紙物料旣精工製不苟民欲爲僞尙或難之迨十七界之更印以雜用川杜之紙至十八界則全用杜紙矣紙旣可以自造價且五倍於前故昔之爲僞者難今之爲僞者易人心徇利甚於畏法況利可立致而刑未卽加者乎臣愚以爲抄撩之際增添紙料寬假工程務極精緻使人不能爲僞者上也禁捕之法厚爲之勸厲爲之防使人不敢爲僞者次也四年復申嚴銅錢漏泄之禁七年以十八界十七界會子更不立限永遠行使八年監察御史陳求魯言議者謂楮便於運轉故錢廢於蟄藏自稱提之屢更圜法爲無用急於扶楮者至嗾盜賊以窺人之閫奧峻刑法以發人之窖藏然不思患在於錢之荒而不在於錢之積夫錢貴則物宜賤今物與錢俱重此一世之所共憂也番舶巨艘若山嶽乘風駕浪深入遐陬販於中國者皆浮靡無用之異物而泄於外地者乃國家富貴之操柄所得幾何所失者不可勝計矣京城之銷金衢信之鍮器醴泉之樂具皆出於錢臨川隆興桂林之銅工尤多於諸郡姑以長沙一郡言之烏山銅爐之所六十有四麻潭鵞羊山銅戶數百餘家錢之不壞於器物者無幾今

京邑鍮銅器用之類鬻賣公行於都市畿甸之近一繩以法由內及外觀聽聿新則鉟銷之姦知畏矣香藥象犀之類異物之珍奇可悅者本無適用之實服御之間昭示儉德自上化下風俗丕變則漏泄之弊少息矣此端本澄源之道也詔從之十年以會價低復申嚴下海之禁十一年以會價增減課其官吏十二年申嚴鉟銷之禁及僞造漏泄之法寶祐元年詔新錢以皇宋元寶爲文時賈似道當國請稱提楮幣改造金銀見錢關子以一準十（關子之制上一黑印如西字中三紅印相連如目字兩傍各一小長黑印宛然一賈字）銀關既行物價頓踊矣四年臺臣奏川引銀會之弊皆因自印自用有出無收當拘印造之權歸之朝廷倣十八界會子造四川會子視淳祐之令作七百七十陌於四川州縣公私行使兩料川引並毀見在銀會姑存舊引既清新會有限則楮價不損物價自平公私俱便矣從之景定四年以收買逾限之田復增印會子一十五萬貫度宗咸淳元年復申嚴鉟銷漏禁四年以近頒見錢關子貫作七百七十文足十八界每道作二百五十七文足三道準關子一貫同見錢轉使公私擅減者官以贓論吏則配籍五年復申嚴關子減落之禁復以會板發下成都運司掌之七年以行在紙局所造關子紙不精命四川制使鈔造輸送每歲以二千萬作四綱川引

遼太祖以土產多銅廣造錢幣遂致富强以開帝業太宗置五冶太師以總四方錢鐵石敬塘又獻沿邊所積錢以備軍實景宗乾亨中以舊錢不足於用始鑄乾亨新錢錢用流布聖宗統和十四年鑿大安山取劉守光所藏錢散諸五計司又出內藏錢賜南京諸軍司太平中兼鑄太平錢新舊互用興宗重熙二十二年長春州置錢帛司道宗清寧二年詔行東京所鑄錢九年令諸路不得貨銅鐵以防私鑄又定銅鐵入回鶻法禁益嚴矣大康九年禁外官部內貨錢取息十年禁毀銅錢爲器大安四年禁錢出境是時錢有四等曰咸雍大康大安壽隆皆以改元易名（肉好銖數不可考）後經費浩繁鼓鑄仍舊國用不給至天祚之世更鑄乾統天慶（天祚帝年號）二等新錢而上下窮困府庫無餘積矣

金初用遼宋舊錢太宗天會末亦用齊（劉豫國號）阜昌元寶阜昌重寶錢海陵貞元二年置印造鈔引庫及交鈔庫用宋張詠交子法製鈔（一貫二貫三貫五貫十貫爲大鈔一百二百三百五百七百爲小鈔）以七年爲限與錢並行尋罷七年之限令民得常用歲久字文磨滅許於所在官庫納舊換新每貫取工墨錢十五文正隆二年始議鼓鑄又禁銅越境外懸罪賞格括民閒銅鍮器三年中都置監二（東曰寶源西曰寶豐）京兆置監一（曰利用）鑄錢文曰正隆通寶輕重如宋小平錢而肉好字文峻整過之與舊錢通用世宗大定元年命陝西參用舊鐵錢四年以鐵錢不行詔罷之八年禁銷錢鑄鏡者十年以官錢多積恐民閒不得流通令諸處貿易金銀絲帛以圖流轉時吏多抑配反害百姓帝切責之十一年禁私鑄銅舊有銅器悉送官給其直之半惟神佛像鐘磬魚袋之屬則存之十二年以銅少遣使諸路規措銅貨能指坑冶得實者賞十三年命非屯兵之州府以錢市易金帛運致京師使錢幣流通以濟民用十六年遣使分路詔察銅鑛苗脈十八年代州立監（二十年命名阜通）鑄錢命工部郎中張大節吏部員外郎麻珪監之初命震武軍節度使李天吉知保德軍事高季孫往監所鑄斑駁黑澀不可用詔削二人官兩階杖季孫八十文曰大定通寶字文肉好又勝正隆之制二十年詔與舊錢並用初新錢之未用也以宋大觀錢當五用之又令官民用錢皆以八十爲陌（從斡魯補請也時獨民閒用足陌爲長錢官司以八十爲陌爲短錢至是遂定爲制）二十三年令交鈔易新不拘貫例每張取工墨錢八文二十六年命諸路官錢非屯兵處可盡運至京師從丞相克寧請止運其半二十七年曲陽縣鑄錢別爲一監（名利通）二十九年以代州曲陽二監歲鑄錢十四萬餘貫而歲所費至八十餘萬遂罷之（時章宗已即位）章宗明昌二年防銷錢鑄鏡減賣鏡價（大定閒定制民閒以銅鏡申賣入官每斤三百四十文）三年敕民閒流轉交鈔當限其數毋令多於見錢四年令籍錢貯於庫以備緩急時陝西交鈔多於見錢民艱流轉令本路榷稅及諸名色錢折交鈔五年令官民之家以品從物力限見錢多不過三萬貫明安穆昆以牛具爲差不得過萬貫凡有餘令易諸物收貯之承安二年交鈔工墨錢令收十二文以鈔買鹽引每貫權作一貫一百文時交鈔所出數多民閒成貫例艱於流轉詔西北二京遼東路從宜給小鈔且許於官庫換錢與他路通行又鑄銀名承安寶貨（一兩至十兩分五等每兩折錢二貫）公私同見錢用仍定銷鑄及接受稽留罪賞格（舊例銀每鋌五十兩其直百貫民有截鑿者價亦隨低昂）凡官兵俸及邊戍軍須皆以銀鈔相兼行使三年令以錢與外方人使及與交易者徒三年三斤以上死駔儈同罪捕告人官先代給賞五百貫其接引館伴等以次坐罪仍令均償時交鈔稍滯命西京北京臨潢遼東等路一貫以上俱用銀鈔寶貨一貫以下聽民便復以一貫以下交鈔許易錢用之時官民多不遵限錢法遂復減元限之數更定官民存留錢法三分爲率親王公主品官許留一分餘皆半之其

贏餘之數期五十日內盡易諸物違者以違制論以錢賞告者又於兩行部各置回易務以綿絹物服易銀鈔亦許本務納鹽鈔赴榷場出鹽引納鈔於山東河北河東等路從便易錢各降補官及德號空敕三百度牒一千從兩行部指定處限四月進納補換又置四庫更造一百例小鈔以代鈔本並許官庫易錢一貫二貫例並支小鈔三貫例則支銀一兩小鈔一貫若五貫十貫例則四分支小鈔六分支銀欲得寶貨者聽有限滯及輒減價者罪之四年以銀鈔阻滯令院務諸科名錢除京師河南陝西銀鈔從便餘路並許收銀鈔各半仍於鈔四分之一許納其本路隨路所收交鈔除本路者不復支發餘通行者並循環用之榷貨所鬻鹽引收納寶貨與鈔相半銀每兩止折鈔兩貫許人依舊詣庫納鈔隨路漕河所收除額外羨餘者亦如之所支官錢亦以銀鈔相兼銀巳零截者令交鈔庫不復支若寶貨數少可復增鑄銀鈔既通則物價自平雖有禁法亦安所施因除阻滯銀鈔罪制又命在部官錢榷貨務鹽引並聽收寶貨附近鹽司貼錢數亦許帶納民閒寶貨有所歸自然通行不至銷毀時復令不須印造小鈔俟其換錢既盡可罷四庫但以大鈔驗錢數支易見錢時私鑄承安寶貨者多雜以銅錫寖不能行京師閉肆五年罷承安寶貨太和元年通州刺史盧構言銀出多入少市價不平若令諸稅以錢銀鈔三分均納庶革其弊下省議宰臣謂軍興用交鈔以出多遂滯如欲均納必至偏勝至欲銀價之平宜令諸名各鋪馬軍須等錢許納銀半無者聽便二年令諸稅各帶納三合同交鈔一分（先是嘗行之後止行於民閒而官不收斂朝廷慮其病民）雖止係本路者亦許不限路分通納戶部見徵累年鋪馬錢亦聽收其半尋廢不用至是國虛民貧其弊彌甚四年罷限錢法五年欲增鑄錢命百官議足銅之術中丞孟鑄謂銷錢作銅及盜用出境者不止宜罪其官及鄰太府監梁瑭等言鑄錢甚費率費十錢得一錢識者謂費雖多猶增一錢也乞采銅拘工以鑄宰臣謂鼓鑄未可速行其銅冶聽民煎煉官爲買之凡寺觀不及十人不許音法器民閒鍮銅器期以兩月送官給價匿者以私法坐限外人告者以知而不糾坐其官寺觀許童行告者賞又定便易錢法聽人輸納於京師而於山東河北大明河東等路依數支取後鑄大錢一直十篆文曰泰和重寶與鈔參行既又令交鈔工墨錢貫止收六文六年陝西交鈔不行以見錢十萬貫爲鈔本與鈔相易復以小鈔十萬貫相參用之時復許諸路各行小鈔於各路府州官庫易錢又令戶部印小鈔五等附各路同見錢用七年敕在官毋得支出大鈔在民者令赴庫易小鈔及見錢院務商稅及諸名錢三分須納大鈔一分惟遼東從便時貨幣屢更民多嗟怨戶部尚書高汝礪等議立鈔法條約凡民閒交易典質一貫以上並用交鈔須立契者三分之一用諸物六盤山西遼河東以五分之一用鈔東鄙屯田戶以六分之一用鈔不須立契者惟遼東錢鈔從便工墨錢每張止收二錢商旅齎見錢不得過十貫所司籍辦鈔人以防偽冒品官及民家存留見錢比舊減其數若舊有錢多者許送官易鈔十貫以上不得出京民閒有宋會子亦令同見錢用十貫以上不許特行榷鹽許用銀絹餘市易及俸並用交鈔其奇數以小鈔足之銀絹不足應支亦給鈔隨處州府各有辦鈔庫去都遠之地設置合同換錢客旅經之皆可相易納昏鈔者受而不支積半歲赴都易新鈔又令州縣委官於市肆要處置庫支換以出首之鈔爲鈔本易錢者人不得過二貫帝從之敕捕獲偽造交鈔者皆以交鈔爲賞尋復議更鈔法帝從高汝礪言命在官大鈔更不許出聽民以五貫十貫例者赴庫易小鈔欲得錢者五貫內與一緡十貫內與兩緡惟遼東從便河南陝西山東及他行鈔諸路院務諸稅及諸科名錢並以三分爲率一分納十貫例二分五貫例餘並收見錢八年京師鈔滯收毀大鈔行小鈔時孫鐸言院務稅諸名錢可盡收鈔秋夏稅納本色外亦令收鈔不拘貫例農民知漸重鈔可以流通并請罷諸州縣鈔局以免市肆抑配買鈔令赴省庫易小鈔各限路分亦甚未便可令通行帝命亟行之又令官兵俸以十分爲率軍兵給錢三分官員承應人給二分多不過十貫餘皆給鈔民閒舊鈔故暗者許所在庫易新若舊限巳滿當更展五十日許令變易鈔引諸物宣宗貞祐二年乃更作二十貫至百貫例交鈔又造二百貫至千貫例者時交鈔有出無入輕而不行鈔每貫僅直一錢三年河東宣撫使胥鼎請權禁見錢令計司以軍須爲名量民力徵斂則泉貨通而物價平矣自是泉貨不用富家皆至窮敗時謂之坐化商人往往舟運貿易於江淮錢多入於宋矣又詔改交鈔名爲貞祐寶券時京師穀價翔踊帝令尚書省集議開封府議謂寶券初行民甚重之但以河北陝西諸路所支既多人遂輕之商賈爭收入京以市金銀銀價昂穀亦隨之若令寶券路各殊制則不可復入河南則河南金銀賤而穀自輕帝從其議而河北寶券遂不復行於河南由是愈滯詔集

百官議從陝西行省令史惠吉言更造券以貞祐通寶爲名惠吉言自百至三千等之爲十聽各路轉運司印造仍不得過五千貫與舊券參用興定元年始詔行之凡一貫當貞祐寶券十貫重僞造阻格罪及捕獲之賞時製鈔紙用桑皮故紙皆取於民至是鈔法屢更得紙甚艱令計價但徵寶券通寶名曰桑皮故紙錢五年宰臣奏向者寶券旣弊乃造貞祐通寶以救之迄今五年其弊又復如寶券之末初通寶四貫爲銀一兩今八百餘貫矣宜復更造興定寶泉子母相權與通寶兼行每貫當通寶四百貫以二貫爲銀一兩隨處置庫許人以通寶易之縣官能使民流通者進官一階陞職一等其或姑息以致壅滯則亦追降的決爲差州府官以所屬司縣定罪賞命監察御史及諸路行部官察之定撓法失糾舉法失舉則御史降決行部官降罰集眾妄議難行者徒二年告捕者賞錢三百貫元光元年始詔行之二年更造每貫當通寶五十又以綾印製元光珍貨同銀鈔及餘鈔行之三年寶泉幾於不用乃定法銀一兩不得過寶泉三百貫凡物可直銀三兩以下者不許用銀以上者三分爲率一分用銀二分用寶泉及珍貨重寶京師及州郡置平準務以寶銀相易哀宗正大閒民閒但以銀市易天興二年印天興寶會於蔡州自一錢至四錢四等同見銀流轉

欽定續通典卷十二

欽定續通典卷十三

食貨

錢幣下 元 明

元初倣唐宋金之法有行用鈔其制無文籍可考太宗時有于元者奏行交鈔耶律楚材曰金章宗時初行交鈔與錢通行有司以出鈔爲利收鈔爲諱謂之老鈔至以萬貫惟易一餅民力困竭國用匱乏當爲鑒戒今印造交鈔宜不過萬錠從之憲宗時立交鈔提舉司印鈔以佐國用世祖中統元年造交鈔以絲爲本每銀五十兩易絲鈔一千兩諸物之直並從絲例又造中統元寶鈔其文以十計者四曰一十文二十文三十文五十文以百計者三曰一百文二百文五百文以貫計者二曰一貫文二貫文每一貫同交鈔一兩兩貫同白銀一兩又以文綾織爲中統銀貨其等有五曰一兩二兩三兩五兩十兩每一兩同白銀一兩而銀貨蓋未及行云是時新鈔行銀鈔不用眞定以太后命用銀鈔交通燕趙以及唐鄧之間數計八千餘中統新鈔將行銀鈔之價頓虧公私囂然不知措手宣撫司劉肅言救之之法有三舊鈔不行下損民財上廢天子仁孝之名依舊行用一也新舊兼用二也必欲令行新鈔直須如數收換庶幾小民不至虛損三省議嘉之從其第三策遂降鈔五十萬貫三年敕私市金銀應支錢物止以鈔爲準四年詔立燕京平準庫均平物價通利鈔法五年給平準庫鈔一萬二千錠以爲鈔本至元三年以楊湜爲諸路交鈔都提舉上鈔法便宜事謂平準行用庫白金出入有偷盜之弊請以五十兩鑄爲錠文以元寶用之便時有賈胡恃制國用使阿合馬欲貿交鈔本私平準之利以增歲課爲辭帝以問馬亨亨對曰交鈔可以權萬貨者法使然也法者主上之柄今使一賈擅之將何以令天下事遂寢十二年議以中統鈔易宋交會禁私造銅器又添造釐鈔其例有三曰二文三文五文初鈔印用木爲板十三年鑄銅易之是年平宋回至揚州丞相伯顏令搜檢將士行李所得撒花銀子銷鑄作錠每重五十兩銀錠上字號揚州元寶後朝廷亦自鑄十四年鑄重四十九兩十五年鑄重四十八兩又置宣慰司於濟寍路掌印造交鈔供給江南軍儲置行戶部於大名府掌印造交鈔通江南貿易雲南行省言雲南貿易與中州不同鈔法實所未諳莫若以交會䝨子公私通行庶爲民便從之十四年禁江南行用銅錢罷濟寍大名印鈔局十五年以釐鈔不便於民復命罷印十七年江淮等處頒行鈔法廢宋銅錢并括江淮銅及銅錢銅器中書省臣議流通錢法凡賞宜多給幣帛課程宜多收鈔制曰可二十一年敕中書省整治鈔法定金銀價及私自回易官吏奉行不虔者罪之二十二年右丞盧世榮整治鈔法言天下歲課鈔九十三萬二千六百錠之外臣更經畫不取於民裁抑權勢所侵可增三百萬錠初未行下而中外已非議臣請與臺院面議上前行之帝以爲不必如此卿但言之世榮奏古有權酤之法今宜立四品提舉司以領天下之課歲可得鈔千四百四十錠自王文統誅後鈔法虛弊爲今之計莫若依漢唐故事括銅鑄至元錢及製綾券與鈔參行因以所織銀券上之上曰便益之事當速行之又增壞鈔倒換工墨費每貫二分爲三分至元二年例用三十文三年減爲二十文至是復增大德二年定昏鈔爲二十五文二十三年中書傳旨議更鈔用錢同知江西宣慰司事劉宣獻議曰原交鈔所起漢唐以來皆未嘗有宋紹興初軍餉不繼造此以誘商旅爲沿邊糴買之計比銅錢易於擎齎民甚便之稍有滯礙卽用見錢尙存古人子母相權之意日增月益其法浸弊欲求目前速效未見良策新鈔必欲創造用權舊鈔只是改換名目無金銀作本稱提軍國支用不復抑損三數年後亦如元寶矣宋金之弊足爲殷鑒鑄造銅錢又當詳究秦漢隋唐宋利病著在史冊不待縷陳國朝廢錢已久一旦用之功費不貲非爲遠計大抵利民權物其要自不妄用始若欲濟邱壑之用非惟鑄造不敷抑亦不久自弊矣二十四年以征遼東所得銀鑄遼陽元寶是年以元寶交鈔行之既久物重鈔輕遂改造至元寶鈔自二貫至五文凡十有一等與中統鈔通行每一貫文當中統鈔五貫文依中統之初隨路設立官庫貿易金銀平準鈔法每花銀一兩入庫其價至元鈔二貫出庫二貫五分赤金一兩入庫二十貫出庫二十貫五百文僞造鈔者論如例告者賞鈔五錠仍以犯人家產給之時衆欲計至元鈔二百貫贓滿者死趙孟頫曰始造中統時以銀爲本虛實相權今二十餘年間輕重相去至數十倍故中統爲至元又二十年後至元鈔必復如中統矣若計鈔抵法疑於太重或詰之曰今朝廷用鈔故犯法者以鈔計贓汝以爲非欲沮格至元鈔耶孟頫曰頫奉詔與議不敢不言今中統鈔虛故改至元鈔謂至元鈔終無虛時寍有是理二十五年桑哥言中統鈔行垂三十年省官皆不知其數今已更用至元鈔宜差官分道置局鉤考中統鈔本詔毀中統鈔板二十六年桑哥又言初改至元鈔欲盡收中統鈔故令天下鹽課以中統至元鈔相半輸官今中統鈔尙未可急斂宜令稅賦並輸至元鈔商販有中統鈔料聽易至元鈔以行然後中統鈔可盡從之至元間許楫爲徽州路總管時新舊楮幣並行以新易銀或患數影楫極言部內民貧不堪宰臣嘉其誠懇視他郡銀減十八成宗大德九年以鈔

萬錠給雲南行省命與會貝參用其貝非出本土同僞鈔論按雲南貝以一爲莊四莊爲錢四錢爲苗四苗爲索十一年庫爾巴雅爾請更用銀鈔銅錢中書集議以爲不便而止武宗至大二年樂實言鈔法大壞請更之圖新鈔式以進塔思不花言此大事請與老臣更議不從乃更造銀鈔頒行之詔曰昔世祖始造中統交鈔以便民用歲久法𡚁更造至元寶鈔今二十三年物重鈔輕不能無弊乃循舊典造至大銀鈔自二兩至二釐定爲一十三等每一兩準至元鈔五貫白銀一兩赤金一錢隨路立平準行用庫買賣金銀倒換紙鈔或民間絲棉布帛赴庫回易依估給價設常平倉豐年收糴遇歉減價出糶以遏沸踴金銀私相買賣及海舶興販金銀銅錢絲棉布帛下海者並禁之中統鈔到日百日盡數赴庫倒換茶鹽酒醋商稅諸色課程至大銀鈔與至元鈔一體收受如收至大銀鈔以一當五三年尚書省言以銀鈔爲母至元鈔爲子宜與銅錢通行大都立資國院山東河東遼陽江淮湖廣四川立泉貨監六產銅之地設提舉司十九鑄錢曰至大通寶每一文準至大銀鈔一釐又鑄大元通寶每一文準至大通寶錢十文歷代銅錢悉依古例與至大通用其當五當三折二並以舊數用之尋以銀鈔與銅錢兼行品目煩碎恐民未悟或有相妨令省臣議之尚書省言昔至元鈔初行卽以中統鈔本供億及毀其板今旣行至大銀鈔乞以至元鈔輸萬億庫銷毀其板止以至大鈔與銅錢相權通行爲便從之四年時仁宗已卽位罷至大錢鈔詔曰我世祖皇帝參酌古今立中統至元鈔法天下流行公私蒙利五十年於兹矣比者尚書省不究利病率意變更旣創至大銀鈔又鑄大元至大銅錢鈔以倍數太多輕重失宜錢以鼓鑄弗給新舊資用曾未再期其弊滋甚爰咨廷議允協輿言皆願變通以復舊制其罷資國院及各處泉貨監提舉司買賣銅器聽民自便應尚書省已發各處鈔本及至大銅錢截日封貯民閒行使者赴行用庫倒換仁宗時復下詔鼓鑄尋罷後遂專用至元中統鈔

文宗天曆元年監察御史言戶部鈔法歲會其數易故以新期於流通不出其數邇者倒剌河以上都經費不足命有司刻板印鈔二事旣定宜急收毀從之二年更鑄鈔法仍毀其刻者順帝至正十年丞相脫脫欲更鈔法乃集省臺兩院共議之先是左司郞中武祺以鈔法不行請如舊凡合支名目於總庫轉支從之至是與吏部尚書偰哲篤請以鈔一貫文省權銅錢一千文鈔爲母而錢爲子國子祭酒呂思誠言中統至元自有母子豈有以故紙爲母而立銅爲子者乎又錢鈔用法以虛換實也今歷年錢與至正錢中統至元鈔交鈔分爲五項慮下民藏其實而棄其虛恐不爲國家利且至元僞鈔人猶識之交鈔人未之識僞將滋多若錢鈔兼行輕重不論何者爲母何者爲子脫脫不從遂定更鈔之議以中統交鈔一貫文省權銅錢一千文準至元鈔二貫仍鑄至元通寶鈔與歷代銅錢並用以實鈔法至元鈔通行如故令民間通用行之未久物價騰踴至逾十倍十六年禁銷毀販賣銅錢十七年京師立便民六庫倒易昏鈔十八年以陝西軍旅事劇供費艱難遂分戶部寶鈔等官就陝西置局印造寶鈔

明太祖初置寶源局於應天鑄大中通寶錢與歷代錢兼行以四百文爲一貫及平陳友諒命江西行省置貨泉局頒大中通寶錢大小五等錢式卽位頒洪武通寶錢其制凡五等曰當十當五當三當二當一當十錢重一兩餘遞降至重一錢止各行省皆設寶泉局與寶源局並鑄而嚴私鑄之禁洪武四年改鑄大中洪武通寶大錢爲小錢初寶源局錢鑄京字於背後多不鑄民閒無京字者不行故改鑄小錢以便之尋令私鑄錢作廢銅送官償以錢七年帝以有司責民出銅民毀器皿輸官頗以爲苦而商賈沿元之舊習用鈔多不便用錢乃設寶鈔提舉司八年令造大明寶鈔令民閒通行以桑穰爲料其制方高一尺廣六寸質青色外爲橫文花欄橫題其額曰大明通行寶鈔其內上兩旁復爲篆文八字曰大明寶鈔天下通行中圖錢貫十串爲一貫其下云中書省奏准印造大明寶鈔與銅錢通行使用僞造者斬告捕者賞銀二十五兩仍給犯人財產若五百文則畫錢文爲五串餘如其制而遞減之其等凡六曰一貫曰五百文四百文三百文二百文一百文每鈔一貫準錢千文銀一兩四貫準黃金一兩禁民閒不得以金銀貨物交易違者罪之以金銀易鈔者聽遂罷寶源寶泉局十年復設寶泉局鑄小錢與鈔兼行百文以下止用錢商稅兼收錢鈔錢三鈔七十三年令所在置行用庫許軍民商賈以昏鈔納庫易新鈔量收工墨直十五年置戶部寶鈔廣源庫廣惠庫入則廣源掌之出則廣惠掌之二十二年詔更定錢式生銅一斤鑄小錢百六十折二錢半之當三至當十準是爲差更造小鈔自十文至五十文二十四年諭權稅官吏凡鈔有字貫可辨者不問爛損卽收受解京抑勒與僞充者罪之二十五年設寶鈔行用庫於東市凡三庫各給鈔三萬錠爲鈔本倒收舊鈔送內府令大明寶鈔與歷代錢兼行鈔一貫準錢千文提舉司於三月內印造十月內止所造鈔送內府充賞賚二十六年罷行用庫又罷寶泉局時兩浙江西閩廣民重錢輕鈔有以錢六十文折鈔一貫者由是物價翔貴而錢法益

壞不行二十七年令軍民商賈所有銅錢有司收歸官依數換鈔不許行使三十年乃更申交易用金銀之禁成祖初犯者以姦惡論（二年詔犯者免死）惟置造首飾器皿不在禁例戶部尚書夏原吉請更鈔板篆文爲永樂帝命仍其舊永樂二年都御史陳瑛言比歲鈔法不通皆緣朝廷出鈔太多收斂無法以致物重鈔輕莫若暫行戶口食鹽法天下人民不下千萬戶官軍不下二百萬家誠令計口納鈔食鹽可收五千餘萬錠帝令戶部會羣臣議大口月食鹽一斤納鈔一貫小口半之從其議設北京寶鈔提舉司稅糧課程贓罰俱折收鈔其直視洪武初減十之九後又令鹽官納舊鈔支鹽發南京抽分場積薪龍江提舉司竹木鬻之軍民收其鈔應天歲辦蘆柴徵鈔十之八九年令差官於浙江江西廣東福建四布政司鑄永樂通寶錢仁宗洪熙元年以鈔不行詢夏原吉原吉言鈔多則輕少則重民間鈔不行緣散多斂少宜爲法斂之請肆市門攤諸稅度量輕重加其課程鈔入官官取昏軟者悉毀之自今官鈔宜少出民間得鈔難則自然重矣乃下令曰所增門攤課程鈔法通即復舊金銀布帛交易者亦暫禁止（是時民卒輕鈔）宣宗宣德初米一石用鈔五十貫乃弛布帛米麥交易之禁凡以金銀交易及匿貨增直者罰鈔府縣衞所倉糧積至十五年以上者鹽糧悉收鈔秋糧亦折鈔三分門攤課鈔增五倍塌房店舍月納鈔五百貫果園贏車並令納鈔俟鈔法通止又禁交易用銀一錢者罰鈔千貫贓吏受銀一兩者追鈔萬貫更追免罪鈔如之九年令南京工部并浙江等布政司鑄宣德通寶錢英宗正統初收賦有米麥折銀之令遂減諸納鈔者而以米銀錢當鈔弛用銀之禁朝野率皆用銀其小者乃用錢惟折官俸用鈔鈔壅不行（代宗景泰四年令民間將銅錢折鈔阻壞鈔法者論如律）天順四年令民間除假錢錫錢外凡歷代并洪武永樂宣德銅錢及折二當三依數準使憲宗成化三年令內外課程俱錢鈔中半兼收如應納一貫者止納鈔一貫不在兼收之例十七年令京師內外止許行歷代及洪武永樂宣德舊錢每錢八文折銀一分八十文折銀一錢不得以私造新錢攙入阻壞錢法孝宗弘治元年詔稅課司順天山東河南戶口食鹽俱收鈔各鈔關錢鈔兼收其後改折用銀洪武永樂宣德錢積不用詔發之令與歷代錢兼用（戶部請鼓鑄乃復開局鑄錢）凡納贖收稅歷代錢制錢各收其半無制錢即收舊錢二以當一（時制錢七百當銀一兩）其後私錢盛行楮鈔壅滯大學士邱濬言臣按金銀之屬細分之則耗布帛之屬片析之則廢惟鑄銅爲錢物多則予之以多物少則予之以少惟所用而得焉且金銀出於天幣帛成於人錢也者合天人以成其器銅天生者也而成錢則人爲之矣自古論錢法者惟南齊孔顗所謂不惜銅不愛工二語者萬世不易之良法也體質厚而肉好適均製作工而輪廓周正本多而工費雖驅之使鑄彼亦不爲矣況冒禁而盜爲之哉然自太府圜法以來以銅爲泉或爲半兩或爲榆莢或爲八銖或爲四銖惟漢之五銖爲得其中五銖之後或爲赤仄或爲當千或爲鵞眼綖環或爲荷葉惟唐之開元爲得其中二者之外或以一當三以一當十以一當百然皆行之不久而遽變惟其質製如開元者則至今通行焉惜古鑄之存世者無幾凡市肆流行而通使者皆盜鑄之僞物耳銷古爲今廢眞售僞滔滔者然莫如之何爲今之計莫若拘盜鑄之徒以爲工收新造之錢以爲銅本孔顗此說別爲一種新錢以新天下之耳目革天下之宿弊利天下之人民每錢以十分爲重中間錢文必以古篆或用年號別製佳名其面上加識以楷書二字上皇下明輪廓之旁周迴鑿以花紋每文計用銅十五分又令天下輸舊錢於官以易新錢所得舊錢週以細紋如新錢製式然後散之天下仍詔非此二樣錢勿用則錢法流通而公私俱便矣又曰本朝製銅錢寶鈔相兼行使然錢之弊在於僞鈔之弊在於多請稽古三幣之法以銀爲上幣鈔爲中幣錢爲下幣以中下二幣爲公私通用之具而以準上幣以權之焉蓋自國初以來有銀禁恐其或閡錢鈔也而錢之用不出於閩廣宣德正統以後錢始用於西北自天順成化以來鈔之用益微矣必欲如寶鈔屬鏹之刑每一貫準錢一千銀一兩以復初製之舊必不可也今莫若銀與錢鈔相權而行每銀一分易錢十文新製之鈔每貫易錢十文四角完全未中折者每貫易錢五文中折者三文昏爛而有一貫字者一文通詔天下以爲定制而嚴立擅自加減之罪則銀與錢鈔交易之數一定而永不易矣十六年鑄弘治通寶（每文重一錢二分）武宗正德初司鑰庫太監龐瑔言自弘治間權關折銀入承運庫錢鈔缺乏支放不給請遵成化舊制錢鈔兼收從之三年有太倉積錢給官俸十分爲率錢一銀九又從太監張永言發天財庫及戶部布政司庫錢關給徵收每七十文徵銀一錢且申私鑄之禁七年令稅課俱收舊錢與國朝銅錢相兼行用世宗嘉靖四年令宣課分司收稅鈔一貫折銀三釐錢七文折銀一分是時鈔久不行錢亦大壅六年大鑄嘉靖錢每文重一

錢三分且補鑄累朝未鑄者南京吏部司務朱希皋奏稱戶工二部請開納銀入監開礦煎銀不若採銅鑄錢下戶部議尚書梁材奏曰兩京見有寶源局設官鑄錢良法美意固未嘗廢至於嚴禁僞錢使歷代好錢與制錢相兼行使具在律令及出榜禁約至再至三并天下戶口食鹽每月進納本色錢鈔俱用制錢及歷代好錢送廣惠庫交收聽候光祿太常二寺開領貿易疏通錢法俱在但法久弊生盜鑄輒起緝捕一懈僞錢四行若不痛加嚴治何以屏息姦頑及查嘉靖制錢尚有一萬四千五百七十九萬九千三百六十文未曾補鑄通合議處欲候命下戶部移咨兩京工部將未鑄嘉靖制錢一萬四千五百七十九萬九千三百六十文工部監造九千七百一十九萬九千五百七十三文南京工部監造四千八百五十九萬九千七百八十七文俱送太倉銀庫交收以備給商等項支用及咨都察院并天下巡按御史申明禁約不拘洪武永樂宣德弘治嘉靖通寶及歷代制錢相兼行使每好錢七十文準銀一錢皮混低錢以二折一若有藏蓄私鑄小錢許赴所在官司首出照依鉛錫時價動支官銀給領仍免其罪違者論如律從之十九年以鑄錢所得不償所費暫行停止三十二年令照新式鑄洪武至正德紀元九號錢每號一百萬錠每錠五千文嘉靖錢一千萬錠內工部六分南京工部四分若分鑄稅課抽分諸廠專收嘉靖錢民患錢少乃發內庫新舊錢八千一百萬文折給俸糧又令通行歷代錢有銷新舊錢及以銅造像製器者罪比盜鑄（先是民間行濫惡錢率以三四十錢當銀一分後益雜鉛錫薄劣無形製至以六七十文當銀一分翦楮夾其中不可辨用給事中李用敬言以制錢與前代雜錢相兼行上品者俱七文當銀一分視錢高下爲三等下者二十一文當銀一分私造濫惡錢悉禁不行時小錢行久民頗不便）四十三年以私鑄盛行錢法阻滯大學士徐階奏連日錢法雖稱已通然其實僅通十分之五臣等訪求弊源非民之梗法寶局鑄造制錢之不如法有以致之也蓋制錢之解自南京者其背或以金塗之謂之金背或以火熏其背使黑謂之火漆其雲南所解及寶源局先年所鑄純用銅錫不攙以鉛每錢一文重一錢二分錢邊皆鏇其色黃美其質堅重其邊圓整謂之鏇邊近年局中所鑄革去車鏇止用鑄剉二匠工匠又侵盜銅料色雜貨輕其邊剉磨麤糙謂之一條棍鏇邊工料重大不利私鑄一條棍者工費輕省私鑄盛行且一條棍與私鑄之錢相似而難辨民間不肯行使并將金背等項亦皆不行前日依法禁治而無藉之徒乘機以假錢脇制接受於是民間閉門罷市官司只得令使金背等錢而於一條棍等從其便夫錢曰金背火漆鏇邊一條棍蓋四名矣然其實寶源局所鑄一條棍之數多而南京所解金背之數少故今所通僅得十分之五也臣竊謂一條棍既已不能強民行使若寶源局仍鑄不已有五害焉戶工二部每年以二萬八千有用之銀投諸無用之地一也中姦猾之計開私鑄之門二也朝廷以此賞中外之人彼賞者得錢而無用三也官府給與民商有虧抑之怨四也錢法因之阻滯禁治之令不行虧損國體五也不若令工部停止寶源之鑄造而令戶部以南京雲南所解及稅課司所收金背等錢每年輳一千萬文送司鑰庫備賞賜之用部中合給錢者則以鑄錢之銀代給則銀不虛費錢不乏用姦弊革而私鑄止矣從之四十四年寶源局鑄嘉靖錢行於市後因鏇邊勞費以鑪鎣代之而鑄工競用鉛錫以便剉姦徒盜鑄并金背亦不售後部議止勿鑄公費惟用白銀（先是御史何廷鈺請許民用小錢以六十文當銀一分又嘉靖錢七文洪武諸錢十文前代錢三十文當銀一分然濫惡小錢雖奉旨間行竟不復用而民間競鑄嘉靖通寶錢與官錢並行焉後給事中殷正茂請采雲南銅鑄錢工本銀三十九萬可得錢六萬五千萬文直銀九十三萬餘兩足以稍助國家之急數年巡按王諍言宜課司收稅以七文當一分姦民乘機阻撓錢多則惡濫相欺錢少則增值望利自今準折聽民便不必定文數而課稅及官俸俱用銀乃罷雲南鑄錢於是階陳五害帝乃鞫治工匠侵料減工罪而停鼓鑄自後歲課徵銀而不徵錢民間止有制錢不用古錢而私鑄者多）穆宗隆慶初錢法不行兵部侍郎譚綸言欲富民必重粟帛而賤銀欲賤銀必置錢法以濟銀之不足今錢惟布於下而不以輸上故其權在市井請令民得以錢輸官則錢法自通於是課稅銀三兩以下復收錢（時錢八文折銀一分）高拱再相言錢法朝議夕更迄無成說小民恐今日得錢而明日不用是以愈更愈亂請勿多爲制亂人耳目帝深然之錢法復通（時寶鈔不用垂百餘年惟俸銀支鈔如故四年始議新鑄隆慶錢給京官俸）是時巡撫山西都御史靳學顏上書議鑄錢曰臣聞人之所由生衣食爲大王者利用厚生必先乎此此出於天時地利人力相待而其成三才之用者也有此三才即有此布帛五穀增虧相乘有無相貿而非有水旱之災兵革之奪癘疫之妨以一歲之功而供一年之用也今民愁居懾處司計者日夜憂煩遑遑以匱乏爲慮者豈布帛五穀之不足哉謂銀不足耳夫銀者寒不可衣飢不可食不過貿遷以通衣食之用爾而銅錢亦貿遷以通用與銀異質而通神者猶雲南不用錢而用海巴三者不同而致用一焉今獨奈何用銀而廢錢惟時天下用錢者曾不什一而錢法久矣其不舉矣錢益廢則銀益獨行銀獨行則豪右之藏益深而銀益貴銀貴則貨益賤而折色之辨益難而豪右者又乘其賤而收之時

則貴而糶之銀之積在豪右者愈厚而銀之行於天下者愈少再踰數年臣不知其又何如也則錢法不行之故爾計者又欲開礦夫礦不可開開無益也一禁而不可弛弛則亂矣臣試根極錢說而司計者擇焉臣聞錢者泉也如水之行地中不得一日廢者從成周漢唐宋以來史籍可覩未有用銀廢錢如今日之甚者也而用錢之多鑄錢之盛者尤莫如宋故宋太祖欲集錢至五百萬而贖山後諸郡於遼靖康中趙良嗣奉使歲加稅銀一百萬餘金其平時賂契丹寧夏也歲幣率有常額其外國亦用錢可知又宋之饒州處州江寧等處皆其鼓鑄之地今江南人家嘗有發地得窖錢者則無南北皆用錢可知其餘書史所嘗言幾百萬無慮鉅萬累鉅萬之說率多以錢計今去宋不遠故所用錢多宋之物夫用錢則民生日裕鑄錢則國用益饒惟人主得爲之故曰聖人之大寶曰位因位而制權因權而制用故又曰錢者權也一代之興則制之一主之立則制之改元則制之軍國不足則制之此經國足用之一大政也柰何廢而不舉臣竊聞江南富室有積銀至數十萬兩者今皇上天府之積亦不過百萬兩以上若使銀獨行而錢遂廢焉是不過數十里富室之積足相擬矣皇上試一舉其權而振之則彼富室之知勇豪俊者將奔走於吾權之不暇彼敢冒萬死而盜鑄一文者哉故曰權也權者立之無形而達之無窮用之則天下求我而有餘不用則日擾擾焉求天下而不足爲驗甚明也且夫富貴其權一也皇上今出數寸之符移片紙之檄以匹夫而拜將相焉又能使同姓王異姓侯焉於公帑未有損也此馭貴之權若是乎其易也若乃今日與人以千金焉明日與人以萬金焉曾不踰年而太倉告匱矣夫何馭富之權若是乎其不侔與誠以有權而不用與無權等爾昔漢文帝寵鄧通也曰吾能富之賜以蜀山之銅而鄧氏之錢滿天下吳王濞擅鑄山之利而輒稱兵與漢廷抗夫以竊一日之權尚足以得民而抗漢況以萬乘而自振其權可勝用哉今之爲計者謂錢法之難有二一曰利不酬本所費多而所得鮮矣臣愚以爲此取效於旦夕計本利於出入蓋民閒之算非天府之算也夫天府之算以山海之產爲材以億兆之力爲工以修潔英達之士爲役果何本而何利哉此所謂本猶不免用銀之說爾臣所謂本蓋無形之權是已何則鑄錢之須一曰銅料一曰炭一曰轉致一曰人工夫此四者在民閒計之銀一分而得錢四分誠不酬五矣自臣愚計之皆可不用銀而取辦者誠將天下出產銅料之處贖罪徒以下之罪而定其則以收銅於西山產煤之窯以法司有罪之人而準其罪以納炭其運炭則請出府庫見有之錢或於京城或於近縣或於營軍如係官身則量給以工食如係民戶則平給以腳價如是而患無材與夫轉致之難臣不信也至於人工取之見役而皆足則又不煩銀兩而可辦也臣不知工部及寶源局額匠役若干見今坐食否耶即以營庫九萬人論之抽用其一二千人足矣而謂妨訓練耶今京城之內鍛金刺繡聲技力作之徒與夫靠衙門而衣食者孰非營軍奚啻二千也而未嘗聞其妨凡此皆不用銀而可以成務固無本利之足較矣其二曰民不願行強之恐物情之沸騰也臣愚以爲歷代無不用之至稱爲錢神我朝又用之祇見其利不聞其病正德嘉靖以前猶盛行之蓋五六百而値一兩今七八十歲人固多尙可一召而訊也獨至於今屢行而屢廢甫行而輒輟焉何哉臣竊詳之錢比鈔異於小民無不利也獨所不便者姦豪耳一曰盜不便一曰官爲姦弊不便一曰商賈持挾不便一曰豪家蓋藏不便此數不便者與小民無與也臣竊聞往時但一行錢法則輒張告示戒廠衛不先於賣菜之傭則責之以荷擔之役愚氓相煽既閉匿觀望之不免而姦豪右族依托城社者又從旁簧鼓之以濟其不便之私一日而下令二日而閉匿不三四日而中阻矣務大計者宜若是之易動哉臣聞施恩澤者自無告始行法令者自貴近始豈惟貴近自朝廷始可也請自今以後追抵贖者除折穀外而責之以納錢上事例者除二分納銀外而一分以納錢存留戶口則兼收錢穀商稅課程則純用收錢此謂自朝廷始又因而賜予之費宗室之祿百官之俸則銀錢兼支又因而驛遞應付雇夫雇馬則惟錢是用又因而軍旅之餉則分其主客量其遠近或以代花布或以充折色此謂自貴近始矣此數者有出有入而民閒無底滯之患誠以上下交會血脈流通故也輕斂輕散官府有餘積之藏誠以正賦之銀既以無減於常額而一切之費又取辦於一權故也此權不可通之於天下以啟盜權之釁請於寶源局或西倉專設侍郎或即用左右侍郎一員督於上以十三司員外或主事分理十三省事於下以科道各一員監之銅料工材各有攸掌各省斂散悉照分司先以區畫條議計定而行而又輕重適均無駭於俗仍唐宋以來舊錢兼之或上施下或下納上著之以必行之令遲之以歲月之效久之而本末兼利公私循環可以輟鼓鑄之勞

而罷工作之使也昔我祖宗先制鈔時下令甚嚴有以金銀貨物交易者輒沒給告者然不徒責之下也後又令各處稅糧課程贓罰俱折收鈔此固血脈流通之意所謂泉也而法以佐之所謂權也神宗萬曆四年命戶工二部準嘉靖錢式鑄萬曆通寶錢金背及火漆錢一文重一錢二分五釐又鑄鏇邊錢一文重一錢三分頒行天下俸糧兼給銀錢後神宗宮費稍侈令工部鑄錢給用大學士張居正疏曰按工部議制錢二萬錠該錢一萬萬文用工本銀十四萬九千兩大半太倉銀庫此奉旨鑄錢之大略也臣等伏見先朝鑄造制錢原以通幣便民鑄成之後諒進少許呈樣非所以進供上用者也萬曆二年鑄造之初亦止進樣錢一千萬文其後以一半進用已非通幣便民之本意今若以賞用闕錢徑行鑄造通用則是以外府之儲取充內庫大失舊制矣且京師民間嘉靖錢最多自鑄萬曆錢後愚民訛爲止行新錢不行舊錢甚以爲苦今若廣鑄新錢則嘉靖舊錢必至阻滯不行於民甚爲不便又與原奉聖旨與嘉靖隆慶等錢兼行之意相背伏望暫停鑄造從之六年定嘉靖隆慶萬曆制錢每金背八文準銀一分火漆鏇邊各十文準銀一分洪武等錢與古錢十二文準銀一分十年詔暫停各處錢局俟錢法疏通聽鼓鑄十三年鑄萬曆通寶錢十五萬錠南京工部分鑄六萬錠十四年湖廣撫臣奏武荆衡三局所鑄各限一式民間俱不通用武局者不能行之荆州衡局者不能行之武昌請今後不得妄分新舊揀擇彼此按萬曆中雲南巡撫郭庭梧言國初京師有寶源局各省有寶泉局至嘉靖間省局停廢滇中產銅不行鼓鑄而反以重價購海肥非利也遂開局鑄錢尋命十三布政司皆開局以五銖錢爲準用四火黃銅鑄金背二火黃銅鑄火漆蓋以費多利少私鑄自息也久之戶部言錢之輕重不常輕則斂重則散故無壅閼匱乏之患初鑄時金背十文折銀一分今萬曆金背五文嘉靖金背四文折銀一分火漆鏇邊亦如之僅踰十年而輕重不啻相半宜發庫貯以平其直從之熹宗天啟元年鑄泰昌錢兵部尚書王象乾請鑄當十當百當千三等大錢略倣白金三品之制後有言大錢之弊者詔停鑄莊烈帝崇禎三年御史饒京言鑄錢開局本通行天下今苦於無息旋開旋罷各局所鑄之息不盡歸朝廷復苦無鑄本蓋以買銅而非采銅也乞遵洪武初及永樂九年嘉靖六年例遣官各省鑄錢采銅於產銅之地倣銀礦法十取其三銅山之利朝廷擅之小民所采仍予以直從之已而荆州主事朱大受專督鑄錢定錢式每文重一錢每千直銀一兩南都錢輕薄乃定每文重八分初嘉靖錢最重隆萬錢加重半銖自啟禎新鑄出舊錢悉棄置然日以惡薄末年敕鑄當五錢竟未及行史臣曰明制歷代錢與制錢通行自神宗初從僉都御史龐尚鵬議古錢止許行民間輸稅贖罪俱用制錢啟禎時廣鑄錢始括古錢以充廢銅民間市易亦擯不用矣莊烈帝初即位御平臺召對給事中黃承昊疏有銷古錢之語大學士劉鴻訓言北方皆用古錢若驟廢之於民不便帝以爲然既而以御史王燮言收銷舊錢但行新錢於是古錢銷毀頓盡蓋自隋時盡銷古錢至是凡再見之鈔法自弘正間廢天啟時給事中惠世揚復請造行崇禎末有蔣臣者申其說擢爲戶部司務倪元璐方掌部事力主之然終不可行而止

欽定續通典卷十三

欽定續通典卷十四

食貨

漕運唐　五代　宋　遼　金　元　明

唐至德以後因史朝義分兵出宋州淮運於是阻絕租庸鹽鐵泝漢江而上河南尹劉晏為戶部侍郎兼句當度支轉運鹽鐵鑄錢使以江淮粟帛由襄漢越商於以輸京師代宗出陝州關中空窘於是盛轉輸以給用廣德二年廢句當度支使以劉晏專領東都河南淮西江南東西轉運租庸轉輸至上都凡漕事皆決於晏晏即鹽利雇傭分吏督之隨江汴河渭所宜故其時轉運船由潤州陸運至揚子費錢十九晏命囊米而載以舟減錢十五由揚州距河陰斗米費錢百二十晏為歇艎支江船二千艘每船受千斛十船為綱每綱三百人篙工五十人自揚州遣將部送至河陰上三門號上門塡闕船斗米減錢九十調巴蜀襄漢麻枲竹篠為綯挽舟未十年人人習河險江船不入汴汴船不入河河船不入渭江南之運積揚州汴河之運積河陰河船之運積渭口渭船之運入太倉歲轉粟至百一十萬石無升斗溺者又分官吏主丹陽湖禁引溉自是河漕不涸大厤時李芃為陳州刺史復開陳潁路以通漕輓八年以關內豐穰減漕十萬石自楊炎為相修晏素隙罷其職以戶部郎中崔河圖代之而漕事漸壞德宗貞元初關輔宿兵斗米千錢詔浙江東西至今年入運送上都米七十五萬石更於本道兩稅折納米一百萬石并江西湖南鄂岳福建等道先支米并委浙江東西節度使韓滉處置船運數內送一百萬石至東渭橋輸納餘賑給河北等諸軍及行營糧料其淮南及壽濠等道先支米洪潭屯米并委淮南節度使杜亞句當其船運數內送二十萬石至東渭橋餘支充行營糧料天下兩稅錢物並委本道觀察使本州刺史遣官部送上都後陝虢觀察使李泌益鑿集津倉山西逕為運道屬於三門倉治上路以回車又為入渭船方五板輸東渭倉米至凡百三十萬石遂罷南路陸運十五年詔令江淮轉運米宜二百萬石邇來雖有此命而運米不過四十萬石舊例江淮米歲運抵河陰者數五十萬斛久不盈其數惟李巽為度支轉運使乃登足數焉至太和初歲旱河涸掊沙而進米多耗咸陽令韓遼請修秦漢時興城堰自咸陽抵潼關三百里可以罷車輓之勞文宗從其議堰成罷輓車之牛以供農關中實賴其利云

梁羅紹威鎮魏博日以臨淄海岱罷兵歲久儲庾山積唯京師軍民多而食寡願於太行伐木下安陽淇門斵船三百艘置水運自大河入洛口歲以給宿衛太祖深然之

後唐莊宗同光二年敕鄆州差兵三千自黎陽開河以通漕運明宗天成元年四月制曰先緣漕運京師租庸司多借水船今既分兵就食漕運並停其諸河渡水船即付本主時洋州修魏門倉一百間充貯轉運下峽漕米斛斗三司使張延朗奏於洛中預備一二年軍糧除水運外深冬百姓稍閑請差運一轉又請諸道運糧百石以實京師詔然之時車駕在汴論者以運糧百萬勞民託近臣奏之帝乃命東地數州運糧十萬石至汴州司勳員外郎夏侯晤上言曰諸道轉運為實輦下軍儲今聞多是輕齎至京中糴納請下令禁止長興元年鳳州奏開修唐倉湖田路通鳳翔饋運又幽州進新開東南河路圖自王馬口至淤口長一百六十五里可勝漕船千石又三司使奏河水運自洛口至京往年牽船下卸皆用水運衙官令洛岸至倉門稍遠衙官轉運艱難欲於洛河北岸別鑿一灣引船直至倉門下卸其功役欲於諸軍內差借從之

周世宗顯德二年詔曰今州戍兵舊制沿江發運務差均鄧兩州人戶自備舟船水運糧鹽供饋軍食近聞彼民頗甚勞弊及今有司按本州稅積所納常賦可以歲給軍儲其水運舟船並宜停廢四年詔疏汴水一派北入於五丈河又東北達於濟由是齊魯舟楫皆至京師六年命侍衛馬軍都指揮使韓令坤自京東疏汴水入於蔡河侍衛步軍都指揮使袁彥浚五丈河以通漕運

宋都大梁有四河以通漕運汴河黃河惠民河廣濟河太祖建隆二年給事中范陽劉載往定陶督曹軍丁夫三萬浚五丈渠自都城北歷曹濟及鄆以通東方之漕開寶五年詔汴蔡兩河公私船運江淮米數十萬石以給兵食是時京師歲費有限漕事尚簡太宗太平興國初兩浙既獻地歲運米四百萬石雇民挽舟吏因緣為姦所在附載錢帛雜物乃擇幹彊之臣在京分掌水陸路發運事以革其弊端拱元年罷京城水陸發運以其事隸排岸司及下卸司先是四河所運未有定制太平興國六年汴河歲運江淮米三百萬石菽一百萬石按李燾續通鑑長編章俊卿山堂考索皆作二百萬石黃河粟五十萬石菽三十萬石惠民河粟四十萬石菽二十萬石廣濟河粟十二萬石凡五百五十萬石非水旱蠲放民租未嘗不及其數至道初汴河運米計五百八十萬石眞宗大中祥符初至七百萬石江南淮南兩浙荆湖路租糴於眞陽楚泗州置倉受納

分調舟船泝流入汴以達京師諸州歲造運船至道末三千二百七十餘艘(按三千二百七十餘艘非止運糧兼緡錢布帛在內)天禧末減四百二十一先是諸河漕數歲久益增景德四年定汴河歲額六百萬石仁宗天聖四年荆湖江淮州縣和糴上供小民闕食自五年後權減五十萬石慶歷中又減廣濟河歲漕二十萬石後黃河歲漕益減纔運菽三十萬石歲搠漕船市材木勞費甚廣嘉祐四年罷所運菽減漕船三百艘自是歲漕三河而已江河上供米舊轉運使以本路綱輸眞楚泗州轉船倉(按宋史作轉般倉似誤今按通鑑長編山堂考索皆作轉船倉)載鹽以歸舟還其郡卒還其家汴州詣轉船倉運米輸京師歲摺運者四河冬涸舟卒亦還營至春復集名曰放凍卒得番休逃匿者少汴船不涉江路無風波沈溺之患後發運使權益重六路上供米團綱發船不復委本路獨專其任文移坌并事目繁夥不能檢察操舟者賕諸吏得詣富饒郡市賤貿貴以趨京師自是江汴之舟混轉無辨籍多空名漕事大敝嘉祐三年以諸路綱不集下詔切責英宗治平初詔復依舊日成例大加振刷漕粟至京師汴河五百七十五萬五千石惠民河二十六萬七千石廣濟河七十四萬石諸路搠漕船二千五百四十艘京師稅米支五歲餘而漕運吏卒上下共爲侵盜貿易甚則託風水沈溺以滅迹官物陷折歲不減二十萬斛神宗熙寧二年薛向爲江淮等路發運使始募客舟與官舟分運互相稽察舊弊乃去歲漕常數既足募商舟運至京師者又二十六萬餘石乃請充明年歲計之數三司吳充言宜自明年減江淮漕米二百萬石令發運司易輕貨二百萬緡計五年所得無慮緡錢千萬轉儲備邊王安石謂驟變米二

百萬石米必陸賤驟致輕貨二百萬貫貨必陸貴當令發運使度米貴州郡折錢變爲輕貨儲之河東陝西要便州軍用常平法糶糴爲便詔如安石議七年京東路察訪鄧潤甫等言山東沿海州郡地廣豐歲則穀賤募人爲海運山東之粟可轉之河朔以助軍食詔京東河北路轉運司相度後江淮上供穀至京師者三分不及一宣徽南院使張方平言今京師古所謂陳留天下四衝八達之地利漕運而贍師旅國初浚河渠三道以通漕運計各河之數立上供年額近罷廣濟河而惠民河粟又不入太倉衆所賴者汴河議者屢作改更幷致汴河日失其舊十二月詔濬廣濟河增置漕舟其後河成歲漕京東穀六十萬石東南諸路上供雜物舊陸運者增舟水運押汴河江南荆湖綱運七分差三班使臣三分軍大將殿侍又令眞楚泗州各造淺底舟百艘分爲十綱入汴元豐五年罷廣濟河輦運司及京北排岸司移上供物於淮陽計置入汴立淸河輦運司言者謂廣濟安流而上與淸河泝流入汴遠近險易不同詔轉運提點刑獄比較利害蔣之奇陳祐甫等開龜山運河乃免風濤之患詔各遷兩官餘官減年循資有差八年罷歲運百萬石赴西京先是常運東南粟入洛下至是戶部奏罷之徽宗崇寧三年戶部尚書曾孝廣言往年南自眞州江岸北至楚州淮堤以堰瀦水不通重船船剝勞費遂於堰旁置轉船倉受逐州所輸更用運河船載之入汴以達京師雖免推舟過堰之勞然侵盜之弊由此而起請將六路上供斛斗依東南輕貨雜運直至京師詔可其奏自是六路郡縣各認歲額雖湖南北至遠處亦直抵京師號直達綱繼因鹽法已壞迴舟無所得

舟人逃散法亦大壞政和中譚正上言祖宗建立眞楚泗州轉船倉一以備中都緩急二以防漕渠阻節三則綱船裝發資次運行更無虛日自其法廢河道日益淺澀遂致中都糧儲不繼淮南三轉船倉不可不復乞自泗州爲始次及眞楚既有糴本(按糴本宋史作瓦本乃傳刻之誤今從文獻通考及名臣奏議改正)順流而下不甚勞費俟歲豐計置儲蓄仍立轉船倉依前法計置至欽宗靖康元年又詔東南六路上供額斛除淮南兩浙依舊直達其江湖四路並措置在餘輸京師二年詔二廣湖南北江東西綱運赴江寧轉船高宗建炎元年詔諸路綱米以三分之一輸送行府福建兩浙路輸送平江府(按宋史輸送平江府句上脫赴江寧府福建兩浙路九字文義不明今據玉海及山堂考索增入)京畿淮南京東西河北陝西及川綱輸送行在其二廣湖南北綱運如過兩浙許便輸送平江府福建綱運過江東西亦許乘便輸送江寧府三年又詔糧運輸送建康府至紹興初因地之宜以兩浙之粟供行在以江東之粟餉淮東以江西之粟餉淮西荆湖之粟餉鄂岳荆南量所用之粟責漕臣將輸而歸其餘於行在三十年定制科撥上供米鄂兵歲用米四十五萬餘石於全永郴邵道衡潭鄂鼎科撥荆南兵歲用米九萬六千石於德安荆南澧純潭復荆門漢陽科撥池州兵歲用米十四萬四千石於吉信南安科撥建康兵歲用米五十五萬石於洪江池宣太平臨江興國南康廣德科撥行在合用米一百一十二萬石就用兩浙米外於建康太平宣科撥其宣州見屯殿前司牧馬歲用米幷折輸馬料三萬石於本州科撥其諸路轉運司樁發時計內外諸軍歲費米三百萬斛而四川不與焉

遼聖宗太平九年燕地饑戶部副使王嘉請造船募習海漕者移遼東粟餉燕後因道險不便而止

金世宗大定初劉璣同知漕運司事奏言漕戶顧直太高虛費官物宜酌量裁損若減三之一歲可省官錢一十五萬餘貫宣宗元光元年六月造舟運陝西糧由大慶關渡以抵湖城哀宗天興元年八月發丁壯五千人運糧以餉啗齊啗啗齊啗時爲樞密使將兵應完顏錫林等自汝州急入援故餉之

元世祖中統四年詔北京運米五千石赴開平其車牛之費並從官給至元十三年遣瀘州屯田軍四千轉漕重慶丞相巴顏獻海運策江南之糧分爲春夏二運當巴顏平江南時嘗命朱清張瑄等以宋庫藏圖籍自崇明州從海道載入京師而運糧則自浙西涉江入淮由黃河逆水至平灤旱站陸運至淇門入御河以達於京後又開濟州泗河自淮至新開河由大清河至利津河入海因海口沙壅又從東河旱站運至臨清入御河又開膠萊河道通海勞費不貲卒無成功十九年巴顏追憶海道載宋圖籍之事以爲海運可行於是請於朝廷命上海總管羅璧朱清張瑄等造平底海船六十艘運糧四萬六千餘石從海道至京師然創行海洋沿山求澳風信失時明年始至直沽時朝廷尚未知其利是年十二月立京畿江淮都漕運司二仍各置分司以督綱運每歲令江淮漕運司運糧至平灤京畿漕運司自平灤運至大都二十年又用王積翁議令阿巴齊等廣開新河然新河候潮以入船多損壞民亦苦之而蒙古岱所督海運之舟悉皆至焉於是罷開新河頗事海運立萬戶府二以朱清爲中萬戶張瑄爲千戶蒙古岱爲萬戶府達嚕噶齊未幾又分新河軍士水手及船於揚州平灤兩處運糧命三省造船二千艘於濟州河運糧猶未專於海道也濟州役夫萬二千人初江淮歲漕米百萬石於京師海運十萬膠萊六十萬石而濟之所運三十萬石水淺舟不能達更以百石之舟運用四人故夫數增多二十四年始立行泉府司專掌海運增置萬戶府二遂罷東平河運糧二十五年內外分置漕運司二其在外者於河西務置司領接運海道糧事二十八年又用朱清張瑄之請併各府爲都漕運萬戶府止令清瑄二人掌之其屬有千戶百戶等官分爲各翼以督歲運先是中統二十九年從郭守敬言開通惠河守敬嘗陳水利十一事其一欲道昌平縣白浮村神仙泉過雙塔榆河引一畝玉泉諸水入城滙於積水潭從東折而南入舊河每十里置一牐以時蓄洩帝稱善復置都水監命守敬領之丞相以下皆親操畚鍤爲之倡置牐之處往往於地中得舊時甎木人服其識逾年畢工自是免都民旱運之勞上悅賜名通惠武宗至大四年遣官至江浙議海運事時江東寧國池饒建康等處運糧率令海船從揚子江逆流而上江水湍急又多石磯走砂漲淺糧船俱壞歲歲有之又湖廣江西之糧運至眞州入海船船大底小亦非江中所宜於是以嘉興松江秋糧并江淮江浙財賦府歲辦糧悉充海運海漕之利至是益博初海運之道自平江劉家港入海經揚州路通州海門縣黃連沙頭萬里長灘開洋沿山嶼而行抵淮安路鹽城縣歷西海州海寧府東海縣密州膠州界放靈山洋投東北路多淺沙行月餘始抵成山計其水程自上海至楊村馬頭凡一萬三千三百五十里至元二十九年朱清等言其路險惡復開生道自劉家港開洋至撐腳沙轉沙嘴至三沙揚子江過匾擔沙大洪又過萬里長灘放大洋至青水洋又經黑水洋至成山過劉島之罘沙門二島放萊州大洋抵界河口其道差爲徑直後千戶殷明略又開新道從劉家港入海至崇明州三沙放洋向東行入黑水大洋取成山轉西至劉家島又至登州沙門島放萊州大洋入界河當舟行風信有時自浙西至京師不過旬日而已視前二道較便然風不測船易漂沒亦有船壞而棄其米云

明太祖洪武元年命浙江江西及蘇州等九府運糧三百萬石於汴梁已而大將軍徐達令忻崞代堅臺五州運糧大同中書省符下山東行省募水工發萊州洋海倉餉永平衛其後海運餉北平遼東令戶部於蘇州太倉儲糧二千萬石以備海運供給遼東其西北邊則浚開封漕河餉陝西自陝西轉餉寧夏河州其西南令川貴納米中鹽以省遠運於時各路皆就近輸得利便矣成祖永樂元年納戶部尚書郁新言始用淮船受三百石以上者道淮及沙河抵陳州潁岐口跌坡用淺船可載一百石以上者運至跌坡別以巨舟入黃河抵八柳樹等處車運赴衞河輸北平與海運相參其時海運糧六十五萬一千二百二十石於北京時車駕數臨幸百費仰給不止餉邊也淮海運道凡二十二年海運糧四十八萬四千八百一十石於通州又衞河儹運糧四十五萬二千七百七十六石於北京所謂海陸兼運也自濬會通河按會通河濬於九年春二月己未命工部尚書宋禮都督周長開會通河自濟寧至臨清舊通舟楫先是洪武中河岸衝缺河道淤塞故於河道置八遞運所每所用民丁三千車二百輛歲久民困其役永樂初屢有言開河便者上重民力未許至是濟寧同知潘叔正言會通河道四百五十餘里其淤塞者三

之一浚而通之非惟山東之民免轉輸之勞實國家無窮之利也乃命禮等往視禮等極言疏濬之便且言天氣和霽宜及時用工於是遣侍郎金純發山東直隸徐州民丁及應天鎮江等府民丁併力開浚民丁皆給糧犒賞蠲他役及今年田租命宋禮總督之功成以汶泗爲源汶水出寧陽縣泗水出兖州至濟寧而合置閘以分其流南流通於淮而新開河居其西北流由新開河道東昌入臨清計三百八十五里自濟寧至臨清置十五閘以時啟閉又於寧陽築堽城壩遏汶水盡入漕河禮還京上言會通河源於汶泗夏秋霖潦泛溢則馬常泊之流亦入焉汶泗合流至濟寧分爲二河一入徐州一入臨清河流深淺舟楫通塞繫乎泊水之消長泊水夏秋有餘冬春不足非經理河源及引別水以益之必有淺澀之患今汶河上流自寧陽縣已築壩堰使其水盡入新河東平州之東境有沙河一道本汶河支流至十里口通馬常泊比年流沙淤塞河口宜及時開濬況沙河至十里口故道具存不必施工河口當濬者僅三里河身宜築堰者計百八十丈從之功既迄成乃復命都督賈義尚書宋禮以舟師運禮以海船大者千石工窳輒敗乃造淺船五百艘運淮揚徐兖糧百萬以當海運之數按會通河既成後令浙江嘉湖杭與直隸蘇松常鎮等秋糧除存留并起運南京供內府等項外其餘原坐太倉海運之數盡改撥運淮安倉交收揚州鳳陽淮安三府秋糧內每歲安撥六十萬石運至徐州倉交收徐州并山東兖州府秋糧內每歲定撥三十萬石俱令民運赴濟寧倉交收河南山東稅糧令民運至臨清倉交收仍令淺河船於會通河以三千隻支淮安糧運至濟寧倉以二千隻支濟寧糧運赴通州倉每歲通運四次其天津并通州等衛各撥官軍於通州接運至京於是海運不復行矣平江伯陳瑄繼之於各路置倉運以就近官軍而支運之法舉行海陸二運俱廢惟存遮洋船每歲於河南山東小灘等水次兌糧三十萬石十二輸天津十八由直沽入海輸薊州而已不數年官軍多所調遣道遠數愆期宣宗宣德四年瑄及尚書黃福建議復支運法乃令江西湖廣浙江民運百五十萬石於淮安倉蘇松寧池廬安廣德民運糧二百七十四萬石於徐州倉應天常鎮淮揚鳳太滁和徐民運糧二百二十萬石於臨清倉令官軍接運入京通二倉民糧既就近入倉力大減省乃量地近遠糧多寡抽民船十一或十三五之一以給官軍惟山東河南北直隸則徑赴京倉不用支運尋令南陽懷慶汝寧糧運臨清倉開封新德衞輝糧運德州倉其後山東河南皆運德州倉六年瑄言江南民運糧諸倉往返幾一年誤農業令民運至淮安瓜州兌與衞所官軍運載至北給與路費耗米則軍民兩便是爲兌運命羣臣會議吏部蹇義等言官軍兌運民糧加耗則例以地遠近爲差如有兌運不盡仍令民自運赴諸倉不願兌者亦聽其自運軍既加耗又給輕齎銀爲洪閘盤撥之費且得附載他物皆樂從事而民亦多以遠運爲艱於是兌運者多而支運益少計運糧之數四百萬石京倉貯十四通倉貯十六英宗正統初計四百五十萬石而兌運者二百八十萬餘石淮徐臨德四倉支運者十之三四耳土木之變復盡留山東直隸軍操備蘇松等府運糧仍屬民景帝景泰六年乃復軍運憲宗成化初以運糧未有定額乃定制四百萬石七年乃有改兌之議時應天巡撫滕昭令運軍赴江南水次交兌加耗外復石增米一斗爲渡江費後數年帝乃命淮徐臨德四倉支運七十萬石之米悉改水次交兌由是悉變改兌而官軍長運遂爲定制孝宗弘治五年戶部尚書葉淇言蘇松諸府連歲荒歉民買漕米每石銀二兩而北直隸山東河南歲供宣大二邊糧料每石亦銀一兩去歲蘇州兌運已折五十萬石每石銀一兩今請推行於諸府而稍差其直災重者石七錢稍輕者石仍一兩俱解部轉發各邊抵北直隸三處歲供之數而供三處本色以輸京倉則費省而事易集從之自後歲災輒權且折銀而折價以六七錢爲率無復至一兩者穆宗隆慶中運道艱阻議者欲開膠萊河復海運由淮安清浦口歷新壩馬家壕至海倉口徑抵直沽止循海套不泛大洋疏上遣官勘報以水多沙積而止神宗萬厤時折銀漸多三十年漕運抵京僅百三十八萬餘石而撫臣議截留漕米以濟河工倉場侍郎趙世卿爭之言太倉入不當出計二年後六軍萬姓將待新漕舉炊倘輸納愆期勢事不可問矣原其初災傷折銀本折漕糧以抵京軍月俸其後更以給邊餉世卿故力爭之自後倉儲漸匱漕政益弛矣

臣等謹按漕運之制必視水道所宜以裕民而益國唐都關中置轉輸之倉由江淮汴河以達于渭宋都大梁以四河通漕運皆行水之正道也至元人始重海運其講求海道沿山求澳與夫相風避礁之法可謂備矣今考之元史至元二十八年漂米至二十四萬五千有奇至大三年漂米至二十萬九千有奇而每歲漂溺以什百千萬計者不與焉原其立法之初本欲省經費而罷牽挽究乃舉倉庾之正供及轉漕之官吏士卒悉棄諸不測之淵利害昭然無俟較量然終元之世不能廢海運者以運渠未濬舍此更無以便漕也自明臣宋禮陳瑄等濬會通河以通漕舟後復改爲兌運省民間輸挽之勞倉儲正額歲有常經不同海運之輕爲嘗試至天啟以後徐鴻儒李青山相繼爲亂有司勦治無方運道爲梗沈廷揚復議海運終於難行明末綱紀不振即此可見矣

鹽鐵 唐　五代　宋　遼　金　元　明

唐肅宗乾元二年鹽鐵鑄錢使第五琦立鹽法就山海井竈近利之地置監院游民業鹽者爲亭戶免雜徭盜鬻者論以法及琦爲諸州榷鹽鐵使盡榷天下鹽斗加

時價百錢而出之及劉晏爲鹽鐵使復上鹽法輕重之宜出鹽之鄉因舊監置吏亭戶糶商人縱其所之江嶺去鹽遠者有常平鹽每商人不至則減價以糶民官收厚利而人不知貴晏又以鹽生霖潦則鹵薄暵旱則土溜墳乃隨時爲令遣吏曉導倍於勸農吳越揚楚鹽廩至數千積鹽二萬餘石有漣水湖州越州杭州四場嘉興海陵鹽城新亭臨平蘭亭永嘉大昌候官富都十監歲得錢百餘萬緡以當百餘州之賦晏之始至也鹽利歲四十萬緡至代宗大曆末六百餘萬緡天下之賦鹽利居半宮闈服御軍饟百官俸祿皆仰給焉至包佶爲汴東水陸運兩稅鹽鐵使屢更其法鹽估益貴商人乘時射利遠鄉貧民困高估至有淡食者其後軍費日增鹽價浸貴有以穀一斗易鹽一升憲宗元和時鹽鐵使李錡奏減江淮鹽價然錡多專利於已旋以罪誅仍增所減鹽價至李巽爲鹽鐵使始復劉晏之制

後唐莊宗同光三年敕應稅鹽錢宜令租庸司指揮並準元徵本色輸納不得更改折納之法明宗爲監國下敎百姓合散蠶鹽每歲祇二月內一度俵散依夏稅限納錢長興元年制曰應天下府州所徵各稅土地節氣各有早晚訪聞天下州縣官吏於省限前預先徵促致百姓生持送納博買供輸既不利其生民今特議其改革宜令所司更展期限於是戶部奏三京鄴都諸道州府逐年所徵鹽麴起徵條流內河南府華耀陝絳鄭孟懷陳齊棣延兗沂徐宿汶申安滑濮澶商襄均房雍許邢鄧雒磁唐隨郢蔡同鄆魏汴潁復曹鄜宋亳蒲等州節候常早其蠶鹽六月五日起徵至八月二十日納足幽定鎮滄晉隰慈密青登淄萊邠寧慶衍等州節候較晚蠶鹽六月十日起徵八月二十五日納足

晉高祖天福中以百姓犯鹽禁乃以食鹽錢於諸道計戶配之作五等令人逐便興販其後鹽貨頓賤乃重置稅

周世宗顯德三年敕齊州管內元於秋苗上俵配蠶鹽謂之察頭鹽每一石徵錢三千文苗畝雖減於舊時鹽數不少於往日且聞黎庶頗亦艱辛其滄棣濱淄青五州管內祈請蠶鹽每一石徵絹一匹地里相接苦樂頓殊輸輕者量與增添賦重者時宜蠲減庶無偏黨用示均平其齊州所納鹽價錢特與減放一半只徵錢一千五百文其滄棣濱淄青等州每鹽一石舊徵絹一匹起來年後加一匹

宋自削平諸國天下鹽利皆歸縣官官鬻通商隨州郡所宜然亦變革不常而尤重私販之禁凡禁榷之地官立標識候望以曉民其顆鹽通商之地京西則蔡襄鄧隨唐金房均郢州光化信陽軍陝西則京兆鳳翔府同華耀乾商涇原邠寧儀渭鄜坊丹延環慶秦隴鳳階成州保安鎮戎軍及澶州諸縣之在河北者其末鹽通商之地京東則登萊州河北則大名眞定府貝冀相衛邢洺深趙滄磁德博棣祁定保瀛莫雄霸州德清通利永靜乾寧定遠保定廣信安肅永定軍唯益州煮井鹽禁不得出川峽眞宗咸平中度支使梁鼎言陝西沿邊解鹽請勿通商官自鬻之詔以鼎爲陝西制置使又以內殿崇班杜承睿同制置陝西青白鹽事承睿言鄜延環慶儀渭等州自禁青鹽之後令商人入芻粟運解鹽於邊貨鬻其直與青鹽不至相懸是以民食賤鹽頗知畏法而蕃部青鹽難售今聞運解鹽於邊欲與內地同價邊民必冒法圖利卻入蕃界私販青鹽是助寇資而結民怨矣繼又有上疏言其不便者鼎請候至邊部幹運及乘傳至解池卽禁止商販旋運鹽赴邊公私大有煩費而邊民頓無入市物論紛擾於是命判鹽鐵句院林特知永興軍張詠詳議以爲公私非便請復舊商販詔切責鼎罷度支使後定制禁榷之地皆官役鄉戶衙前及民夫謂之帖頭水陸漕運而通商州軍並邊秦延環慶渭原保安鎮戎德順又募人入中芻粟以鹽償之繼又以禁榷之法賦稅反致不給軍官輦運百姓困於轉輸仁宗天聖八年上書者言縣官禁鹽得利微而爲害博兩池積鹽爲阜其上生木合抱數莫可較宜聽通商平估以售可以寬民力詔翰林學士盛度御史中丞王隨議更其制度因條奏通商五利上之曰方禁商時伐木造船輦運兵民不勝疲勞今去其弊一利也陸運旣差帖頭又役軍戶貧人懼役連歲逋逃今悉罷之二利也船運有沈溺之患綱吏侵盜雜以泥沙硝石其味苦惡今皆得食眞鹽三利也錢幣國之貨泉欲使流通富家多藏鏹不出民用益蹙今歲得商人出緡錢六十餘萬助經費四利也歲減鹽官兵卒畦夫傭作之給五利也十月詔罷三京二十八州軍榷法聽商人入錢若金銀其法旣定歲課頓增慶歷中復行禁榷之法兵民輦運不勝其苦州郡騷然法又大壞太常博士范祥極言其弊以祥爲陝西提點刑獄兼制置解鹽事使推行之其法舊禁鹽地一切通商聽鹽入蜀罷九州軍入中芻粟令入實錢償以鹽視入錢州軍遠近及所指東西南鹽第優其直東南鹽又聽入錢授以要券卽池驗券按數而出盡弛兵民輦運之役又以延慶環渭原保安鎮

戎德順地近烏白池姦人私以青白鹽入塞侵利亂法乃募人入中池鹽予券優其估還以池鹽償之以所入鹽官自出鬻禁人私售峻青白鹽之禁又令三京及河中河陽陝虢解晉絳濮慶成廣濟官仍鬻鹽須商賈流通乃止行之數年黠商貪賈無所僥倖關中之民得安其業公私便之其後祥緣事罷職以轉運使李恭代之並邊復聽入芻粟以當實錢而虛估之弊滋長券直亦從而賤歲損官課無慮百萬三司使張方平及包拯請復用祥乃復以祥總鹽事法又復舊神宗時王安石當國復爲官賣民間騷怨安石去位乃罷之後沈希顏復行安石之法侍御史黃降劾之又復舊制通商徽宗宣和三年大改鹽法舊稅鹽並易爲鈔鹽凡未賣稅鹽鈔引及已請算或到倉已投暨未投者並赴榷貨務改給新法鈔引方許通販南渡以後雖屢改鈔法而日久弊生理宗端平二年都省言淮浙歲額鹽九十七萬四千餘袋近二三年積虧一百餘袋民食貴鹽公私俱病有旨三路提舉茶鹽司各置主管文字一員專以興復鹽額收買散鹽爲務

遼太祖時以所得漢民數多卽八部中分古漢城別爲一部治城在炭山南有鹽池之利卽後魏滑鹽縣也八部皆取食之及征幽薊還次於和拉濼命取鹽給軍自後濼中鹽益多上下足用太宗會同初晉獻十六州地而瀛莫在焉始得河間煮海之利置榷鹽院於香河縣於是燕雲迤北暫得滄鹽一時產鹽之地如渤海鎮城海陽豐州陽洛城廣濟湖等處五京計司各以其地領之

金地濱海多產鹽上京東北二路食肇州鹽率賓路食海鹽臨潢之北有大鹽濼烏庫哩實壘部有鹽池皆足以食境內之民嘗徵其稅及得中土鹽場倍之故設官立法加詳世宗大定以後定制置山東滄寶坻莒解北京西京七鹽司定軍私煮鹽及盜官鹽之法命明安穆昆巡捕凡部族値饑歲罷其鹽池稅章宗時諭有司曰比因獵知百姓多有鹽禁獲罪者民何以堪宜從平灤均辦例令民自煎詔百官議之戶部尚書鄧儼等謂若令民計口定課民既輸乾辦錢又必別市而食是重費民財而徒增煎販之利且今之鹽價蓋昔日錢幣易得時之所定今昔不同況太平日久戶口蕃息食鹽稅課宜有羨增而反無之何哉緣官估高貧民利私鹽之賤致虧官課爾近已減寶坻山東滄鹽價所售必多自有羨餘乞令平灤乾辦鹽課亦宜減價各路巡鹽弓手不得自專巡捕庶革誣罔之弊禮部尚書李晏亦請減價使公私價同而刑部尚書郭邦傑左諫議大夫圖克坦鎰皆請乾辦宰臣復集議以減價爲是其鹽官出巡約所屬同往不同獲者不坐上命寶坻山東滄鹽每斤減價餘從所請又以大理司直伊喇久勝努廣寧推官宋扆議北京遼東鹽司利病復置北京遼東鹽使司承安三年尚書省奏鹽利至大今天下戶口蕃息食者倍於前軍儲支引者不甚多況日用不可闕之物豈以價之低昂而有多寡若不隨時取利則失矣於是各鹽司俱酌增其價泰和四年以七鹽司課額七年一定爲制每斤增其價後以涿州刺史瓜爾佳博諾言以萊州民所納鹽錢聽輸絲綿銀鈔宣宗貞祐二年戶部言陽武延津原武滎澤河陰諸縣饒鹹鹵民私煎不能禁遂詔置場設判官管句各一員隸戶部河東南權宜撫副使烏庫哩慶壽言河中乏糧旣不能濟而又邀糴以奪之夫鹽乃官物有司陸運至河復以舟達京兆鳳翔以與商人貿易艱得而甚勞而陝西行部每石復邀糴二斗是官物而自糴也夫轉鹽易物本濟河中而陝西復强取之非奪而何乞彼此悉聽民便則公私皆濟上從之興定中以延安行六部員外郎盧進建言綏德之嗣武城義合克戎寨近河地多產鹽請設鹽場管句一員輸錢以佐軍詔用其言設官鬻鹽給邊用又以李復亨言以河中西岸解鹽舊所易粟麥充關東之運尋命解鹽不得通陝西以北方有警河禁方急也元光二年內族鄂和言民運解鹽有助軍食詔修石墻以固之

元制鹽法各路異其制大抵皆因時制宜隨時捄弊其大都之鹽順帝元統二年御史臺奏竊覩京畿民居繁盛日用鹽不可闕大德中因商販把握行市民食貴鹽乃置局設官賣之泰定間因所任局官不得其人在上者失於鈐束致有短少之弊於是巨商趨利者營屬當道以局官侵盜爲由輒奏罷之復從民販賣無籍之徒私相犯界煎賣獨受其利官課爲所侵礙而民食貴鹽益甚貧者多不得食甚不副朝廷恤民之意宜仍舊設局官爲發賣省部議如所奏於南北二城置十有五處每局日賣十引設賣鹽官二員以歲一周爲滿責其奉公發賣至正三年監察御史王思誠侯思禮等建言京師自大德七年設官賣鹽法久弊生其起運在船則有侵盜滲溺之患到局則有和雜灰土之弊官鹽起運凡運司所遣之人擅作威福南抵臨淸北自通州所至索截河道舟楫往來無不被擾又其舟小而不固滲漏侵盜弊病多端當時設局置官但爲民食貴鹽殊不料官

賣之弊反不如商販之賤宜將元設監局合準革罷聽從客旅興販奏上如所議行其餘各路行鹽之處如河間山東陝西河東遼陽兩淮兩浙福建廣東廣海四川諸路俱商販而辦其課至歲額多寡往往隨時酌定或以運司領其事或兼轄於行御史臺及行中書省皆無定制祇以合時宜也

明太祖初起卽立鹽法置局設官令商人販鬻二十取一以資軍餉既而倍征之尋用胡深言復初制後於產鹽之地次第設官其鹽一引歲額多隨時酌辦因所產之地制法不同故課亦各有多少解州之鹽風水所結寧夏之鹽刮地得之淮浙之鹽熬波川滇之鹽汲井閩粵之鹽積鹵淮南之鹽煎淮北之鹽曬山東之鹽有煎有曬（按畿輔通志明洪武初年長蘆歲辦鹽引卽有正課正統中議準長蘆鹽課量場分遠近爲四等召商中賣云）然明代鹽法莫善於開中洪武三年山西行省言請令商人於大同倉入米一石太原倉入米一石三斗給淮鹽一小引商人鬻畢卽以原引赴所在官司繳之如此則轉運費省而邊儲充帝從之召商輸糧而與之鹽謂之開中其後各行省邊境多召商中鹽以爲軍儲鹽法邊計相輔而行四年定中鹽例輸米臨濠開封陳橋襄陽安陸荊州歸州大同太原孟津北平河南府陳州北通州諸倉計道里近遠自五石至一石有差先後增減則例不一率視時緩急米直高下納者利否道遠地險則減而輕之編置勘合及底簿發各布政司及都司衞所商納糧畢書所納糧及應支鹽數齎赴各轉運提舉司照數支鹽其法頗善成祖卽位以北京諸衞糧乏悉停天下中鹽專於京衞開中唯雲南金齒衞楚雄府四川鹽井衞陝西甘州衞開中如故不數年京衞糧米充羨而大軍征安南多費甘肅軍糧不敷百姓疲於轉運迨安南新附餉益難繼於是諸所復召商中鹽他邊地復以次及矣仁宗立以鈔法不通議所以斂之之道戶部尚書夏原吉請令有鈔之家中鹽宣宗宣德元年停中鈔例三年夏原吉以北京官吏軍匠糧餉不支條上預備策言中鹽舊例太重商賈少至請更定之乃定每引自二斗五升至一斗五升有差召商納米北京英宗正統三年寧夏總兵官史昭以邊軍缺馬而延慶平涼官吏軍民多養馬乃奏請納馬中鹽上馬一匹與鹽百引次馬八十引既而定邊諸衞遞增二十引其後河州中納者上馬二十五引中減五引松潘中納者上馬三十五引中減十引久之復如初制中馬之始驗馬乃掣鹽既而納銀於官以市馬銀入布政司宗祿屯糧修邊振濟展轉支銷銀盡而馬不至而邊儲亦自此告匱矣於是召商中淮浙長蘆鹽以納之令甘肅中鹽者淮鹽十七浙鹽十三淮鹽惟納米麥浙鹽兼收豌豆青稞淮鹽直貴商多趨之故令淮浙兼中然舊例中鹽戶部出榜召商無徑奏者富人呂銘等託勢要奏中兩淮存積鹽中旨允之戶部尚書馬昂不能執正鹽法之壞自此始由是勢豪多攙中商人失利江南北私販愈多課亦漸減憲宗末宦侍竊勢奏討淮浙鹽無算兩淮積久至五百餘萬引商引壅滯戶部及巡鹽御史屢有建白終無補益後清理兩淮鹽法侍郎請令商人買餘鹽補官引（按餘鹽乃竈戶正課外所餘之鹽或係不取正課者）且停各邊開中蓋以餘鹽補充正課而鹽法一小變然是後餘鹽盛行正鹽守支日久願中者少餘鹽第領勘合卽時支賣願中者多自弘治時以餘鹽補正課初以償逋課後令商人納價輸部濟邊至世宗嘉靖時延綏用兵遼左缺餉盡發兩淮餘鹽之引於二邊開中自是餘鹽行又設處置科罰名色於是正鹽未派先估餘鹽商竈俱困給事中管懷理言鹽法之壞其弊有六開中不時米價騰貴召糴之難也勢豪大家專擅利權報中之難也官司科罰吏胥侵索輸納之難也下場挨掣動以數年守支之難也定價太昂息不償本取贏之難也私鹽四出官鹽不行市易之難也有此六難正課壅矣而司計者因設餘鹽以佐之餘鹽利厚商固樂從然不以開邊而以解部雖歲入鉅萬無益軍需嘗考祖宗時商人中鹽納價甚輕而竈戶煎鹽工本甚厚今鹽價十倍於前而工本不能十一何以禁私鹽使不行也故欲通鹽法必先處餘鹽欲處餘鹽必多減正價大抵正鹽賤則私販自息定價之後不必解赴大倉俱令開中闕支餘鹽以盡收爲度正鹽價輕既利於商餘鹽收盡又利於竈未有商竈既利而國課不充者也事下所司戶部覆以爲餘鹽銀仍解部如故而邊餉益虛矣神宗萬厤二十六年以鴻臚寺主簿田應璧奏命中官魯保鬻沒官餘鹽給事中包見捷極陳利害不聽保既視事遂議開存積鹽戶部尚書楊俊民言明旨鬻沒官鹽而存積非沒官也額外加增必虧正課保奏不可從御史馬從聘亦爭之俱不聽保乃開存積鹽越次超掣壓正鹽不行商民大擾而姦人爭起董璉吳應麒等爭言鹽利山西福建諸稅鹽皆領鹽課而鹽法更壞至莊烈帝崇禎中給事中黃承昊條上鹽政頗欲有所釐革時兵餉大絀迄不能行

鐵課自宋時稍弛無一定稅法孝宗乾道四年謝師稷爲福建提刑奏免輸鐵葉錢

遼太祖父色勒迪始置鐵冶敎鼓鑄太祖併室韋其地產銅鐵其人善作銅鐵器又有哈準部多鐵部置三冶及征幽薊師還次山麓得銀鐵命置冶後得東平縣本漢襄平縣故地產鐵置采鍊者三百戶隨賦供納及征渤海遷其民於遼城建長樂縣民四千戶令一千戶納鐵又廣州本渤海鐵利府太祖改曰鐵利州亦多鐵置冶興宗重熙二年禁夏國使沿路私市金鐵道宗清寧八年禁南京不得私貨鐵咸雍六年禁鬻生熟鐵於回紇卓木布等界

金太祖開國之初稅牛具耕器海陵正隆三年遣使檢視諸路鐵冶章宗泰和時李復亨奏民間銷毀農具以給軍器臣竊以為未便汝州魯山保豐鄧州南皆產鐵募工置冶可以獲利且不厲民從之

元世祖中統三年諸王塔齊爾請置鐵冶從之六月敕武窰軍歲輸所產鐵又立小峪蘆子武窰軍赤泥泉鐵冶四所至元四年阿哈瑪特請興河南等處鐵冶以漏籍戶一萬八千八百附籍四千三百各處起冶歲課鐵四百八十萬七十斤又禮部尚書摩和納領已括戶三千興煽鐵冶歲輸鐵一百三萬七十斤就鑄農器二十萬事易粟四萬石輸官河南隨處城邑市鐵之家令仍舊鼓鑄十二年阿哈瑪特等以軍興國用不足議復立都轉運司量增課程元額鼓鑄鐵器官為局賣又立鐵冶總管府從綦公直言設冶場於伯什巴里鼓鑄農器成宗元貞元年又置河東山西鐵冶提舉司武宗至大元年罷順德廣平鐵冶提舉司聽民自便有司稅之如舊後各路所設鐵冶官或歸中政院或仍以其事隸有司或以年饑而免其課皆因時制宜無定制也然設法較各代差詳其鐵之等亦不一有生黃鐵生青鐵青瓜鐵簡鐵其制鐵法亦有引如鹽例禁私販之條較鹽法稍輕云

明太祖洪武六年置江西進賢新喻分宜湖廣興國黃梅山東萊蕪廣東陽山陝西鞏昌山西吉州二太原澤潞各一凡十三所歲輸鐵七百四十六萬餘斤河南四川亦有鐵冶繼又益以茶陵十五年廣平吏王允道言磁州產鐵元時置官歲收百餘萬斤請如舊帝以民生甫定復設必重擾杖而流之海外十八年罷各布政司鐵冶既而工部言山西交城產雲子鐵舊貢十萬斤繕治兵器他處無有乃復設已而武昌吉州以次復焉後以工部言復盡開令民得自采鍊每三十分取其二永樂時設四川龍州遼東都司三萬衛鐵冶孝宗弘治十七年廣東歸善縣請開鐵冶有司課外索賂因以致亂旋復討平武宗正德十四年廣州置鐵廠以鹽課提舉司領之禁私販如鹽例世宗嘉靖三十四年開建寧延平諸府鐵冶隆萬以後率因舊制未嘗特開恐致擾也

欽定續通典卷十四

欽定續通典卷十五

食貨

榷酤 醋稅附 唐 五代 宋

唐德宗貞元二年復禁京城畿縣酒天下置肆以酤者每斗榷百五十錢憲宗元和六年京兆府奏榷酒錢除出正酒戶外一切隨兩稅青苗錢據貫均率從之十二年戶部奏準敕文如配戶出榷酒錢處卽不得更置官店榷戶其中或恐諸州府先有不配戶出錢者卽須榷酤請委州府長官據當處錢額約米麴時價收利應額足卽止武宗會昌六年敕揚州等八道州府置榷麴并置官店酤酒代百姓納榷酒錢并充資助軍用昭宗世以用度不足易京畿邊鎮麴法并榷酒以贍軍鳳翔節度使李茂貞方專其利按兵請入奏利害天子遽罷之

梁太祖開平三年敕聽諸道州府百姓自造麴官中不禁

後唐明宗天成三年敕三京鄴都諸道州府鄉村人戶今後於夏秋田苗上每畝納麴錢一任百姓造麴醞酒供家其錢隨夏秋徵納其京都及諸道州府縣鎮坊界及關城草市內應逐年買官錢酒戶便許自造麴醞酒貨賣長興二年放麴錢官中自造麴逐州減舊價一半在城貨賣除在城居人不得私造外鄉村人戶或祗供家用一任私造令下人甚便之

周世宗顯德四年敕停罷先置賣麴都務鄉村人戶今後並許自造米醋及買糟造醋供食仍許於本州縣界酤賣（按吳曾能改齋漫錄所榷苦酒卽醋則五代以前不特榷酒卽醋亦榷也）

宋榷酤之制諸州城內皆置務釀酒縣鎮鄉閭或許民釀而定其課若有遺利所在多請官酤三京官造麴聽民納直以取陳滑蔡潁隨郢鄧金房州信陽軍舊皆不榷太宗太平興國初京西轉運使程能請榷之所在置官吏局署取民租米麥給釀以官錢市薪樵及吏工奉料所獲無幾而主吏規其盈羨及醞齊不良酒多漓薄至量戶大小令酤民被其害太宗知其弊淳化五年詔募民自釀輸官錢減常課三之二使其易辦眞宗咸平以後其榷酤歲課如麴錢之制附兩稅均率先是募民掌榷太宗雍熙二年詔曰有司請罷杭州榷酤使豪舉之家坐專其利貧弱之戶歲責所輸本欲惠民乃成侵擾宜仍舊榷酒罷納所均錢眞宗天禧四年轉運副使方仲荀言本道酒課舊額十四萬貫遺利尚多乃歲增課九萬八千貫初著作郎張師德使淮南上言鄉村酒戶年額少者望並停廢從之乾興初言者謂諸路酒課所增無有藝極非古者禁羣飲教節用之義遂詔鄉村毋得增置酒場仁宗慶曆間三司言陝西用兵尤資榷酤之利請較監臨官歲課增者第賞之繼令蕭定基王琪等商度利害初酒場有課不登州縣多責衙前或伍保輸錢以充其數嘉祐後數戒止之英宗治平四年手詔蠲京師酒戶所負榷錢十六萬緡又江南所增酒場強率人酤酒者禁止神宗熙寧三年詔諸郡遇節序毋得以酒相饋初知渭州蔡挺言陝西有醞公使酒交遺至踰二十驛道路煩苦詔禁之至是都官郎中沈行復言知莫州柴貽範饋他州酒至九百餘瓶用兵夫踰一百人故并諸路禁焉四年令式所刪定官周直孺言在京麴院酒戶鬻酒虧額原於麴數多則酒亦多多則價賤賤則損利爲今之法宜減數增價使酒有限而必售請以百八十萬斤爲定額遇閏則增十五萬斤後乃令外居宗室酒止許於舊官院寄醞哲宗紹聖二年左司諫翟思言諸郡釀酒非沿邊郡者請並復熙寧之數詔熙寧五年以前諸郡不釀酒及有公使錢而無酒者所釀並依熙寧編敕數仍令諸郡所減勿逾百石舊不及數者如舊毋得於例外供饋後又以陝西沿邊官監酒務所課不足乃令邊郡非帥府並酌條制定釀酒數諸將并城砦止許於官務寄釀徽宗大觀四年以兩浙轉運之請官監鬻糟錢別立額比較又詔諸郡榷酒之地酒米並別遣倉官督之渡江後屈於養兵隨時增課高宗建炎三年總領四川財賦趙開遂大變酒法自成都始先罷公帑賣供給酒卽舊坊場設官主之民以米付之於官自釀計斛輸錢明年徧下其法於四路其課增至六百九十餘萬緡凡官槽四百所私店不與焉於是東南酒額亦日加增先是酒有定價每增須上請是後郡縣始自增而價不一紹興七年以戶部尚書章誼等言行在置贍軍酒庫後又改爲贍軍激賞酒庫自軍興以來諸帥擅榷酤之利紹興末始歸縣官孝宗乾道元年以浙東西犒賞庫六十四隸三衙輸庫於左藏南庫餘錢充隨年贍軍及造軍器之需（按宋會要大郡課多者除錢之外又有絲絹布之類史志不載或以偶行之法也）

榷醋之制徽宗崇寧二年知漣水軍錢景允言建立學舍請以承買醋坊錢給用詔常平司計無害公費如所請仍令他路準行之初元祐臣僚請罷榷醋戶部爲本無禁文後翟思請以諸郡醋坊日息用餘悉歸常平至是景允有請故令常平計之徽宗大觀四年詔諸郡榷酒之地入出酒米並別遣倉官賣醋毋得越郡城五里外凡縣鎮村並禁其息悉歸轉運司舊屬常平者如故

遼制酒稅皆赴納上京遼東新附之地不榷酤又禁職官不得擅造酒糜穀有事用酒則有司給文始聽

金榷酤之法多因宋遼之舊太宗天會三年始命榷官以周歲爲滿十三年熙宗即位詔公私禁酒世宗大定三年詔宗室私釀者從轉運使鞫治省奏中都酒戶多逃以故課額愈虧上曰此官不嚴禁私釀所致也命設軍百人隸兵馬司同酒使副合千人巡察雖權要家亦許搜索奴婢犯禁杖其主百並令大興少尹招復酒戶二十七年議以天下院務依中都例改收麴課而聽民酤戶部遣官詢問遼東來遠軍南京路新息虞城西京路西京酒使司白登縣達喇部族天城縣七處除稅課外願自承課賣酒上曰自昔監官多私官錢若令百姓承辦庶革此弊其試行之章宗承安五年省奏隨處酒稅務所設杓欄人以射糧軍歷過隨朝差役者充大定中罷去其隨朝應役軍人各給添支錢粟酬之今擬將元收杓欄錢以代添支令各院務驗所收之數百分取三隨課代輸以佐國用泰和中令隨處酒務元額上取三分作糟酵錢又判院務賣酒數各有差嚴禁其數外賣焉其醋稅之法自大定初以國用不足設官榷之以助經用後府庫充牣罷之明昌五年又設官榷之尋又罷承安三年以國用浩大復榷之五百貫以上設都監千貫以上設同監

元太宗時立酒醋務坊場官榷酤辦課仍以各州府司縣長官充提點官隸徵收課稅所後又頒酒麴醋貨條禁世祖至元十六年以大都河間山東酒醋商稅等課併鹽運司二十二年詔免農民醋課又用右丞盧世榮等言罷上都醋課其酒課亦改榷酤之制令酒戶自具工本官司拘賣每石輸鈔二十八年詔江西酒醋之課不隸茶運司福建酒醋之課不隸鹽運司皆令有司辦之二十九年丞相旺扎勒言杭州湖廣所辦酒課輕重不均於是減杭州省十分之二令湖廣龍興南京三省分辦成宗大德八年大都酒課提舉司設槽房一百所九年併爲三十所武宗至大三年又增爲五十四所其累朝之課程撥賜諸王公主及各寺者凡九所云

臣等謹按明史食貨志及明會典諸書獨無酒稅蓋榷酤之制起於漢至明代始廢云

雜稅　唐　五代　宋　遼　金　元　明

唐德宗時以國用不給陳京請借富商錢得五百萬緡以戶部侍郎趙贊判度支總京師豪人田宅奴婢之估得八十萬緡又取僦匱納質錢及粟麥糶於市者四取其一長安爲罷市後又以軍用不給乃稅間架算除陌其間架法屋二架爲間或有宅屋多而無他資者出錢動數百緡除陌法公私給與及買賣每緡留數十錢給他物及相貿易者約錢爲率算之市牙各給印紙人有買賣卽爲署記日合算之文宗開成二年武寧軍節度使薛元賞奏泗口稅場應是經過衣冠商客金銀羊馬斛㪷見錢茶鹽綾絹等一物已上並稅今量其雜稅物請停絕敕行之

後唐莊宗同光二年敕歷代以後除桑田正稅外只有茶鹽銅鐵出山澤之利有商稅之名其餘諸司並無稅額僞朝已來通言雜稅有形之類無稅不加爲弊頗深今則軍需尚重國力未充猶且權宜未能全去仰所司速簡勘天下州府戶口正額墾田實數待憑條理以息煩苛三年敕魏府小菉豆稅每畝與減放三升明宗長興二年敕今後諸州府所納稈草每二十束別納加耗一束充場司耗折三年三司使奏諸道上供稅物充兵士衣賜不足其天下兩稅所納斛斗及錢除支贍外請依時估折納綾羅綿絹從之

周太祖廣順二年制牛皮法敕約每歲民間所輸牛皮三分減二計田十頃稅取一皮餘聽賣買惟禁賣於敵國按自兵興以來禁民私賣買牛皮悉令輸官受直唐明宗之世有司止償以鹽晉天福中并鹽不給漢法犯私牛皮一寸抵死然民間日用實不可無至是李穀建議均於田畝公私便之

宋初詔除五代之制太祖建隆元年詔除滄德棣淄齊鄆乾渡三十九處所監稅錢或水漲聽民置渡勿收其算太宗淳化元年詔諸處魚池舊皆省司管係與民爭利非朕素懷自今池塘河湖魚鴨之類任民采取如經市貨賣乃收稅按先是淮南江浙荊湖廣南福建當僭僞之時江湖及池潭陂塘聚魚之處皆納官錢或令人戶占賣輸課或官遣吏主持至是乃詔除之神宗元豐二年導洛通汴司言綱船爲商人附載有留阻之弊今洛水至汴無滿馱請置堆垛場於泗州買物至者先付官場官以船運至京稍輸船算從之又因新法既行悉䝉坊場河渡利析秋毫其最甚者若沿汴州縣創增鎖柵以牟稅利如水磨錢侵街廊房錢廟圖錢掏河金錢諸名雜出不可盡紀至南渡後孝宗淳熙八年詔應稅臨安府及諸路官私房僦不限貫陌十分減三光宗紹熙元年夏議者請令監司州郡寬屬縣無名之取以紓民力以東南多月樁等錢故也又有版帳錢軍興後諸邑皆有之浙中尤甚知岳州劉俁等議減之

遼聖宗統和三年耶律隆運爲大丞相以南京歲不登請免百姓農器錢十五年弛東京魚濼之禁末帝乾統三年弛武清縣陂澤之禁

金制租稅之外算其田園屋舍車馬牛羊樹藝之數及其藏鏹多寡徵錢曰物力其外又有鋪馬軍需輸庸司吏河夫桑皮故紙等錢及牛具稅太宗天會時詔明安穆昆戶每牛一具賦粟一石內地諸路五斗海陵貞元元年以都城隙地賜隨朝大小職官及護駕軍各徵錢有差世宗大定二十九年戶部言天下河泊已許與民同利其各處設官可罷之章宗明昌元年正月罷坊場免賃房稅

元制有額外課其名三十有二如河泊山場房地租門攤課之類各路皆有定額閒亦有詔弛減唯竹木課則河南之懷孟陝西之京兆鳳翔皆有在官竹園立司竹監掌之

明初因宋元頗繁瑣務簡約其後增置漸多行齎居鬻所過所止各有稅官司有都稅有宣課有司有局有分司有抽分場局有河泊所所收稅務本有色有折色又有門攤課鈔領於有司仁宗洪熙元年增市肆門攤課鈔凡諸鈔關量舟大小修廣而差其額謂之船料神宗萬曆十一年革天下私設無名稅課凡諸課程始收鈔問折收米已而收錢鈔半後乃折收銀而折色本色輸收本色歸內庫折色歸太倉

榷茶 唐 宋 金 元 明

臣等謹案杜典以榷茶敘於雜稅之中蓋唐時茶未盛行故也考新舊唐書食貨志及唐會要諸書所載榷率之法增稅之令不過因事立文雜諸課稅之內而已是茶稅雖始於唐末而實則用茶者尚少故課榷無幾焉至宋以後榷茶之制日繁而歲入之課亦漸增謹別為標目附於雜稅之後

唐德宗建中元年納戶部侍郎趙贊議稅天下茶漆竹木十取一以為常平本錢時軍用廣常賦不足所稅亦隨盡亦莫能充本儲詔罷之貞元九年復稅茶先是諸道鹽鐵使張滂奏去歲水災詔令減稅今之國用須有供儲伏請於出茶州縣及茶山外商人要路委所司定三等時估每十稅一充所放兩稅其明年已後所得稅錢外貯若諸州遭水旱賦稅不辦以此代之詔可仍委張滂具處置條目每歲得錢四十萬貫茶之定稅自此始穆宗時鹽鐵使王播增天下茶稅江淮浙東西嶺南福建荊襄播自領之兩川以戶部領之文宗時王涯為相徙民茶樹於官場焚其舊積者後令狐楚代為鹽鐵使復令納榷加價武宗卽位鹽鐵轉運使崔珙又增江淮茶稅諸道置邸以收稅謂之搨地錢宣宗大中初鹽鐵轉運使裴休請委強幹官吏於出茶山口及各界內布置把捉曉諭招收量加半稅從之

宋榷茶之制擇要會之地如江陵府眞州海州漢陽軍無為軍蘄州之蘄口為榷貨務六官自為場置吏總之謂之山場宋茶之民謂之園戶作茶輸租悉官市之其龍鳳石乳白乳之類十二等以充貢及邦國之用民之飲茶者售於官給其日用謂之食茶出境則給券商賈貿易付錢或金帛於京師榷貨務以射六務十三場茶給劵隨所射與之願就東南付錢及金帛者聽計直於茶如京師之例天下茶皆禁唯川陝廣南聽民自買賣禁其出境凡民茶折稅外匿不送官及私販鬻者禁之茶園荒薄采造不充其數者蠲之當以茶代稅而無茶者許輸他物其雍熙後用兵切於餽餉多令商人輸芻粟塞下酌地之遠近而為其直取市價而厚增之授以要券謂之交引至京師給以緡錢又移文江淮荊湖給以茶太宗端拱二年置折中倉聽商人輸粟京師優其直給茶於江淮淳化三年監察御史薛映祕書丞劉式等請罷諸榷務令商人就出茶州軍官場算買詔以三司鹽鐵副使雷有終為諸路茶鹽制置使廢沿江八務大減茶價詔下商人頗以江路回遠非便有司又以損直虧課為言乃復置八務後又以作坊使楊允恭言禁淮南十二州軍鹽官鬻之商人先賦金帛於京師者及揚州折博務者悉償以茶自是茶無滯積其後輸邊粟者持交引詣京師有坐賈置鋪隸名榷貨務懷交引者湊之若行商則鋪賈為保任詣京師榷務給錢南州給茶若非行商則鋪賈自售之轉鬻與茶賈行之旣久至交引愈賤官私俱無利眞宗景德二年刖為定制增減其價天禧時左諫議大夫孫奭言茶法屢改商人不便非示信之道三司言陝西所中芻糧請量增其直乃從其請後以茶法日壞樞密副使張士遜等請行貼射法其法以十三場茶買賣本息併計其數罷官給本錢使商人與園戶自相交易一切定為中估而官收其息然必輦茶至官隨商人所指予之給券為驗以防利害故有貼射之名若無人貼射則官市之仁宗天聖三年翰林侍講學士孫奭等言十三場茶積而未售者甚多蓋因許商人貼射則善者悉為商人所得其餘積於官者皆粗惡不時故人莫肯售侵奪官利其弊不可不革乃罷貼射法復令官給本錢後復行見錢法初北商持券至京師舊發交引鋪為之保任並得三司符驗然後給錢以是京師坐賈率多邀求三司吏稽留為姦乃悉罷之令商持券徑趣榷貨務驗實立償其錢其時茶禁甚

嚴益官既榷茶民私蓄盜販皆有禁乃下詔曰古者山澤之利與民共之故民足於下而君裕於上自唐建中時始有茶禁如聞比來爲患益甚朕心惻然念此久矣間遣使者往就問而皆驩然願弛其禁俾通商利歷世之弊一旦以除著爲經常勿復更制損上益下以休吾民自是唯臘茶禁如舊餘茶肆行天下矣南渡高宗建炎初於眞州印鈔給賣東南鹽茶三年置行在都茶場捕私茶法視捕私鹽孝宗乾道二年戶部言商販至淮北榷場折博除輸販引錢外更輸通貨儈息錢至蜀茶變制之法最多宋初經理蜀茶者置互市於原渭德順三郡以市夏人之馬熙寧間又置場於熙河南渡以來文黎珍敍南平長寧階和凡八場率皆易馬以互市爲利宋代曲示懷遠之意亦以此羈縻之也

金制茶皆貿易於宋界榷場世宗大定十六年以私販茶者多乃更定香茶格章宗承安三年以茶靡國用而資敵命設官製之以尙書省令史劉成往河南造茶不親嘗其味民言謂溫桑實非茶也還白上上以爲不職罷之左諫議大夫賈鉉上書論山東采茶事大概謂茶樹隨山皆有一切邏護已奪民利因揀茶樹執誣小民取其賄賂宜嚴禁止仍令按察司約束上從之四年淄密寧海蔡州各置一坊造新茶依南方例每斤爲袋以商旅未能販運命山東河北四路轉運司付各司縣鬻之買引者納錢及折物各從其便泰和四年上謂宰臣曰比令近侍察新茶知山東河北四路悉椿配於人未免強民按察司當閱實以聞并令每袋減價六年尙書省奏茶飲食之餘非必用之物近來上下俱啜農民尤甚市井茶肆相屬商旅多以絲絹易茶所用不下百萬是以有用之物易無用之物也若不禁止恐消財彌甚遂令七品以上官其家方許食茶仍不得賣及餽獻八年言事者以茶乃宋土草芽而易中國絲綿錦絹有益之物不可國家之鹽貨出於鹵水取之不竭可令易茶省臣議所易不廣遂奏令兼以雜物博易宣宗元光二年省臣以國蹙財少乃奏言金幣錢穀世不可一日缺者也茶本出於宋地非飲食之急而自昔商賈以金帛易之泰和間嘗禁止之後以宋人求和乃罷兵興以來復舉行之然邊民又規利越境私易令河南陝西凡五十餘郡郡日食茶率二十袋所用甚大奈何以有用之貨而資敵乎乃制親王公主及現任五品以上官素蓄者存之禁不得賣餽餘者並禁之

元之茶課大率因宋之舊而爲之制世祖至元五年用運使白賡言榷成都茶於京兆鞏昌置局發賣私自采賣者其罪與私鹽法同六年始立西蜀四川監榷茶場使司掌之十二年既平宋復用左丞呂文煥言榷江西茶繼又定長引短引之法以三分取一長引每引計茶一百二十斤短引九十斤皆收其鈔十七年置榷茶都轉運使於江州總江淮荆湖福廣之稅遂除長引專用短引稅額遂增十九年以江南茶課官爲置局令客買引通引貨賣至二十一年轉運使言各處食茶課程抑配於民非便於是革之三十年又改江南茶法凡管茶提舉司一十六所罷其課每茶商貨茶必令齎引無引者與私茶同引之外又有茶由以給賣零茶者其由以斤數多寡分爲十等成宗元貞元年有獻利者言舊法江南茶商至江北者又稅之其在江南買者亦宜更稅如江北之制於是朝議復增江南課是後制雖屢更唯以增課爲能文宗天曆二年始罷榷司而歸諸州縣焉至順帝元統二年復立榷茶運司江浙河南江西湖廣皆置至正二年李宏陳言榷茶之制古所未有自唐以來其法始備國朝既於江州設立榷茶都轉運使仍於各路出茶之地設立提舉司七處專任散據賣引規辦國課分司所發據引不能隨期又吏貼需求各滿所欲方能給付據引正課之外又多要取以爲分司官吏餽贐之資提舉雖以榷茶爲名不過爲運司官吏營辦貲財上行下效勢所必至提舉司既見分司官吏所爲如是亦復倣傚茶戶之苦已不可言至如得據在手碾磨方興吏胥踵門催併初限不知茶未發賣何從得課間有充裕之家別行措辦其力薄者無非典鬻家私以應官限皆由運司給引之遲分司苛取之過茶戶情實堪憫宜申明舊制運司宜將據引給付提舉司隨時派散無得停留違者從肅政廉訪司糾治命如所言行之

明制有官茶有商茶皆貯邊易馬官茶間徵課鈔商茶輸課略如鹽制初太祖令商人於產茶地買茶納錢請引不及引曰畸零別置由貼給之無由引及茶引相離者人得告捕置茶局批驗所稱較茶引不相當卽爲私茶凡私茶之制與私鹽同洪武初定令凡賣茶之地令宣課司三十取一四年戶部言陝西漢中金州石泉漢陰平利西鄉諸縣茶園四十五頃茶八十六萬餘株四川巴茶三百十五頃茶二百三十八萬餘株宜定令每十株官取其一無主茶園令軍士薅采十取其一以易番馬從之於是諸產茶地設茶課司定稅額陝西二萬六千斤有奇四川一百萬斤設茶馬司於秦洮河雅諸州自碉門黎雅抵朵甘烏斯藏行茶之地凡五千餘里

山後歸德諸州西方諸部落無不以馬售者後永寧成都筠連皆設茶局川人故以茶易毛布毛纓諸物以償茶課自定課額立倉收貯專用以市馬民不敢私采課額不足民多賠納四川布政司以爲言乃聽民采摘與番易貨又詔天全六番司民免其徭役專令蒸烏茶易馬三十年改設秦州茶馬司於西寧敕右軍都督曰近者私茶出境互市者少馬日貴而茶日賤檄秦蜀二府發都司官軍於松潘碉門黎雅河州臨洮及西番關口外巡禁私茶之出境者成祖永樂以後其制屢更先是洪武末置成都重慶保寧播州茶倉四所令商人納米中茶宣宗宣德中中茶者赴甘州西寧而支鹽於淮浙商人持文憑恣私販官課數年不完英宗正統初都御史羅亨信言其弊乃罷運茶支鹽例令官運如故以京官總理之初以行人巡茶憲宗成化中改用御史至民饑待賑時仍令商人納粟中茶後因開中茶私茶莫遏易馬不利遂停中茶之制至都御史楊一清兼理馬政復議開中言召商買茶官貿其三之一茶五六十萬斤可得馬萬匹帝從其請武宗正德元年一清又建議商人不願領價者以半與商令自賣遂著爲例永行焉後戶部又以全陝災震邊餉告急國用大絀上言先時正額茶易馬之外多開中以佐公家有至五百萬斤者近者御史劉良卿亦開百萬後止開正額八十萬斤并課茶私茶通計僅九十餘萬宜下巡茶御史議召商多中御史楊美益言饑祲民貧即正額尚多不足安有贏羨今宜守九十萬斤招番易馬之規凡通內地以息私販增開中以備賑荒悉宜停罷毋使與馬分利戶部以駱藏不足請如弘治六年例易馬外仍開百萬斤召納邊鎭以備軍餉詔從之後陝西巡按御史畢三才言課茶徵輸本有定額先因茶多餘積園戶解納艱難以此改折令商人絕跡五司茶空請令漢中五州縣仍輸本色招商中五百引可得馬萬一千九百餘匹部議西寧河洮岷甘莊浪六茶司共易馬九千六百匹著爲令熹宗天啟時增中馬二千四百匹明初嚴禁私販久而姦弊日生洎乎末造商人多給賞由票使得私行番人上駟盡併於姦商茶司所市者乃其中下也至產茶之地南直隸常廬池徽浙江湖嚴衢紹江西南昌饒州南康九江吉安湖廣武昌荆州長沙寶慶四川成都重慶嘉定夔瀘商人中引則於應天宜興杭州三批驗所徵茶課則於應天之江東瓜埠蘇常鎭徽廣德及浙江河南廣西貴州皆徵鈔雲南則徵銀其上供茶天下貢額四千有奇凡供茶第按額以供焉

欽定續通典卷十五

欽定續通典卷十六

食貨

平準均輸 唐 五代 宋 遼 金 元 明

唐德宗時趙贊請置常平官兼儲布帛於兩都江陵成都揚汴蘇洪置常平輕重本錢積米粟布帛絲麻貴則下價而出之賤則加估而收之并榷商賈錢以贍常平本錢帝從之

後唐明宗天成元年詔省司及諸府置稅茶場院自湖南至京六七處納稅以至商旅不通及州使置雜稅務交下煩碎宜定合稅物色名目商旅即許收稅不得邀難二年敕應三京諸道州府商稅等多不係屬州府皆是省司差置場官特議改更貴除繁屑自今已後諸商稅並委逐處州府撲斷依省司常年定額句當辦集冀除生事之端不爽豐財之理

漢高祖乾祐元年詔軍國之費務在豐財關市之征資於行旅所宜優假俾遂流通應天下商旅往來所在並須饒借不得妄有邀勒

周太祖廣順元年李鈞乞除放黃澤關商稅課利從之

宋制調絹紬布絲綿以供軍須又就所產折科和市東京置榷貨務所收平羅小綾以供服用眞宗大中祥符三年河北轉運使李士衡言本路所給軍士之帛請令官司預給帛錢俾民及時輸送則民亦獲利而官亦足用從之仍令優予其直自是諸路亦如之或蠶事不登則許以大小麥折納按吳曾能改齋漫錄宋代預買紬絹謂之和買又按僧文瑩玉壺清話及王闢澠水燕談皆載祥符初王旭知潁州時大饑出府錢十萬緡與民約曰來年蠶熟每貫輸一縑謂之和買自爾爲例後李士衡行之陝西民以爲便遂行於天下即前代平準之遺制也又制官所須物多有司下諸州從風土所宜及民產厚薄而率買謂之科率神宗熙甯二年立均輸市易之制其時制置三司條例言今天下財用無餘典領之官拘於弊法內外不相知盈虛不相補諸路上供本有常數豐年便道可以多致而不能贏儉年物貴難以供億而不敢不足遠方有倍徒之輸中都有半價之鬻徒使富商大賈乘公私之急以擅輕重斂散之權今發運使實總六路之賦而其職以制置茶鹽礬酒稅爲事軍儲國用多所仰給宜假以錢貨資其用度周知六路財賦之有無而移用之凡糴買稅斂上供之物皆從貴就賤用近易遠令預知中都帑藏年支見在之定數所當供辦者得以從便變易蓄買以待上令稍收輕重斂散之權歸之公上而制其有無以便轉輸庶幾國用可足民財不匱詔令本司具條例以聞以發運使薛向領均輸平準事時議慮其爲擾多以爲非向旣董其事乃請置官屬帝依其奏乃辟置劉忱衞琪孫珪張穆之陳倩爲屬又請有司具六路所當上供之數中都所用及所儲度支之數凡當計置幾何皆預降付司從之權開封府推官蘇軾言均輸立法之初其說尙淺徒言徙貴就賤用近易遠然而廣置官屬多出緡錢豪商大賈皆疑而不敢動以爲雖不明言販買然既已許之變易變易既行而不與商賈爭利未之聞也夫商賈之事曲折難行其買也先期而與錢其賣也後期而取直多方相濟委曲相通倍稱之息由此而得今官買是物必先設官置吏簿書廩祿所用必多非良不售非賄不行是以官買之價比民必貴及其賣也弊復如前商賈之利何緣而得縱使其間薄有所獲而征商之額所損必多諫官李常亦極論之後有魏繼宗者自稱草澤上言京師百貨所居市無常價貴賤相傾富能奪貧能與始可以通天下之利乃下詔曰天下商旅物貨至京多爲兼并之家所困宜出內藏庫錢帛選官於京師置市易務中書奏市易務監官二提舉官一句當公事官一許召在京諸行鋪牙人充然至後均輸之制究不能行市易雖行之而究無利也其時置市易司者秦鳳市易司則置於古渭城兩浙市易司則置於杭州夔路市易司則置於黔州其他則成都廣州鄆州皆置司設官焉

遼太祖神冊三年置羊城于炭山之北以通市易太宗置南京城北有市東平郡城中置看樓分南北市聖宗統和三年詔禁行在市易布帛不中尺度者七年詔以南北府市場人少通易州市耶律隆運又請平諸郡商賈價從之

金宣宗興定三年議行均輸又敕和市邊城軍輸毋至抑配貧民

元世祖中統四年詔立燕京平準庫以均平物價至元二年立諸路平準庫十三年立市易庫於諸路凡十有一掌市易幣帛諸物又敕上都和顧和買並依大都

明太祖洪武二年令凡內外軍民官司並不得指以和顧和買擾害於民如果官司缺用之物照依時值對物兩平收買英宗正統二年令買辦物料該部委官一員會同府縣委官拘集該行鋪戶估計時價關出官錢仍委御史一員會同給與鋪戶收買送納穆宗隆慶四年戶部條議恤商事宜言物價與時低昂而錢糧因時辦納若先期估計則貴賤無憑或倉場遠近所用多寡懸斷豈盡合宜此後九門鹽法委官與十三司掌印官及巡青科道估價務在隨時定其價值其內庫鹽局

召買物料亦倣此

互市 宋 遼 金 元 明

臣等謹按互市之制其來尚矣自漢初與南越通關市後漢通交易于烏桓北單于鮮卑北魏立互市于南陲隋唐通貿易于西北然第用以通有無廣懋遷而已立制未備史志不詳故杜典未之載也宋遼金疆宇分錯敵國所產各居其有物滯而不流人艱於所匱於是特重互市之法和則許之戰則絕之旣以通貨兼用善鄰所立榷場皆設場官嚴厲禁廣屋宇以易二國之所無而權其稅入亦有資於國用焉今別立一門敍於平準均輸之後而明代互市之制亦略見於篇

宋初與南唐通市太祖乾德二年不許商旅涉江於建安漢陽蘄口置三榷署開寶三年徙建安榷署於揚州及江南平榷署仍舊置專掌茶貨四年置市舶司於廣州以知州兼使通判兼判官太宗太平興國二年令鎭雄霸滄易州各置榷務命常參官與內侍同掌輦香藥犀象及茶與遼交市後有范陽之師乃罷端拱元年復詔許互市淳化二年令雄霸州靜戎軍代州雁門砦置榷署如舊制尋復罷眞宗咸平五年契丹求復置署朝議以其翻覆不許知雄州何承矩繼請乃聽置於雄州六年罷景德初復通好請商貿即新城貿易詔北商齎物貨至境上則許之二年令雄霸州安肅軍置三榷場北商趨他路者勿與爲市遣都官員外郎孔揆等乘傳詣三榷場與轉運使劉綜幷所在長吏平互市物價稍優其直予之又於廣信軍置場皆廷臣專掌通判兼領焉三年詔民以書籍赴沿邊榷場博易者非九經書疏悉禁之凡官鬻物如舊高宗紹興十二年盱眙軍置榷場官監與北商博易淮西京西陝西榷場亦如之

遼聖宗統和二十三年置榷場於振武軍興宗重熙八年禁朔州易羊於宋道宗咸雍五年禁朔州路羊馬入宋

金太祖時於西北招討司之燕子城北羊城置榷場以易畜牧熙宗皇統元年夏國請置榷場許之後許宋人之請各置榷場於兩界以通互市與兵則罷通好則復置焉

元世祖中統元年置互市於漣水軍至元十三年定江南凡鄰海諸郡舶貨其貨佳者以十分取一粗者以十五分取一

明成祖永樂間設馬市三一在開原南關以待海西一在開原城東五里一在廣寧皆以待朶顏三衞定直四等旣而城東廣寧市皆廢惟開原南關馬市獨存大同馬市始英宗正統三年巡撫盧睿請令軍民平價市駝馬遣官指揮李原等通譯語禁市兵器銅鐵帝從之憲宗成化十四年陳鉞撫遼東復開三衞馬市尋令八市開原廣寧等處世宗嘉靖三十年以總兵仇鸞言詔於宣府大同開馬市命侍郎史道總理之後召道還然諸部嗜馬市利未敢公言大舉而邊臣亦多畏懾以互市昭之穆宗隆慶四年宜大互市復開神宗萬曆二十二年又開遼東義州木市二十六年從巡撫張思忠奏罷之遂幷罷馬市其後總兵李成梁力請復而薊遼總督萬世德亦疏於朝三十九年復開馬木二市後以爲常

平糴常平義倉 唐 五代 宋 遼 金 元 明 社倉附

臣等謹按杜典食貨門終之以輕重盡取管子輕重斂散之義而具列平糴常平義倉諸細目因敘述自管子始故以輕重爲名今續纂所載卽以平糴常平義倉爲目而不復以輕重標名循其實也至宋始有社倉之名亦附見焉

唐德宗貞元四年詔京兆府於時價外加估和糴差淸強官先給價直然後貯納憲宗卽位之初有司以豐年請畿內和糴當時府縣督限甚緊白居易時爲畿尉上疏曰和糴之事以臣所觀有害無利何者凡曰和糴則官出錢民出穀兩和商量然後交易今則督限甚迫甚於賦稅何名和糴今若令有司出錢開場自糴比時價稍有優饒利之誘人人必情願必不得已則不如折糴折糴者折靑苗稅錢使納斗斛免令賤糶別納見錢在於農人亦爲利矣憲宗元和元年正月制歲時有豐歉穀價有重輕將備水旱之虞在權聚斂之術應天下州府每年所稅地丁數內宜十分取二分均充常平倉仍各逐穩便收貯以時糶糴至元和六年制京畿舊穀已盡粟麥未登宜以常平義倉粟貸借百姓十三年戶部侍郎孟簡奏天下州府常平義倉等斗斛請準舊例減估出糶但以石數奏申有司更不收管州縣得專以利百姓從之敬宗寶曆元年以兩京河西大稔委度支和糴以備災沴文宗開成元年戶部奏諸州府所置常平義倉伏請今後通公私田畝別納粟一升添貯義倉斂之至輕事必通濟行之旣久自致盈充從之

後唐莊宗同光三年敕自春以來水澇爲患物價騰踴宜令京西諸道州府凡閉糴斛斗不得輒有稅率及經過水陸關坊鎭縣妄有邀難明宗天成二年中書舍人張文寶上言今歲時雨不愆秋苗倍熟應大熟處望下

敕收糴以備歉歲長興元年右司郎中盧導奏請置常
平義倉以備凶歲
周太祖廣順元年敕天災流行分野代有苟或閉糴豈
是愛人宜令江淮渡口鎮鋪不得止淮南人糴易
宋太祖乾德元年詔曰多事之後義倉廢寢偶或小歉
失於預備宜令諸州於所屬縣各置義倉自今官所收
二稅石別稅一斗貯之遇歉則給與民太宗端拱二年
置折中倉許商人輸粟令執券抵江淮給其茶鹽此其
通輕重之時宜也（詳載鹽鐵門） 湻化五年令諸州置惠民倉
如穀稍貴卽減價糶與貧民（按此卽常平倉之制特異其名耳） 眞宗景
德三年詔於京東京西河北河東陝西淮南江南兩浙
各置常平倉逐州量留上供錢付司農司係帳三司不
問出入令轉運使併本州委幕職一人專其事每夏秋
加錢收糴遇貴減價出糶凡收糴比市價量增出糶稍
爲減價神宗熙甯二年制置三司條例司請以常平倉
斗斛可通融轉運司依陝西青苗錢例願預給者聽之
令隨稅納半爲夏料半爲秋料內有願請本色或依時
價納錢者皆許從便如遇災歉許展至次料豐熟日納
非惟足以待荒歉之患民旣受貸則兼併之家不得乘
新陳不接以邀倍息又常平廣惠之物收藏積滯必待
荒歉物貴然後出糶所及不過城市遊手之人今通一
路有無貴發賤斂以廣蓄積使農人得以趨時赴事而
兼并不得乘其急凡以利民而公家無所利亦先王散
惠興利以爲耕斂補助之意也欲量諸路錢穀多少分
遣官提舉仍先自河北京東淮南三路施行有緒乃推
之諸路從之諸路各置提舉一人以朝官爲之管句一
人以京官爲之右諫議大夫司馬光言常平倉者乃三
代聖王之遺法穀賤不傷農穀貴不傷民民賴其食而
官收其利法之善者無過於此比來所以隳廢者由官
吏不得其人非法之失也今聞條例司盡以常平倉錢
爲青苗錢又以其穀換轉運司錢是欲盡壞常平專行
青苗也國家每遇凶歉供軍倉自不能足用固無羨餘
以濟饑民所賴者只有常平倉錢穀耳今一旦盡散之
若有豐年將以何錢平糴若有荒歉將以何穀賙贍乎
後帝以諸路旱災常平司未能振濟諭輔臣曰天下常
平倉若以一半散錢取息一半減價糶賣使二者如權
衡之相依不得偏重民必受賜自是詔諸路州縣據已
支錢穀通數常留一半外方得給散高宗建炎二年臣
僚言常平和糴州縣視爲具文以新易舊法也間有指
失而未嘗問不許借貸法也間有悉充他用而實無所
儲乃詔委官偏行按視紹興二十八年趙令詪言州縣
義倉米積久陳腐乞出糶及水旱災荒不拘檢放及七
分便許賑濟沈該奏在法義倉止許賑濟若出糶恐失
初意乃令量糶三之一椿收價錢次年收糴撥還孝宗
湻熙八年浙東提舉朱熹言乾道四年間建民艱食熹
請於府得常平米六百石請本鄉土居朝奉郎劉如愚
共任賑貸夏受粟於倉冬則加息以償自後逐年斂散
或遇少歉卽蠲其息之半大饑則盡蠲之行之旣久得
息米造成倉廒以爲社倉不復收息雖遇荒歉人不闕
食其後眞德秀帥長沙做其制行之於是各州縣亦間
有行之者皆以熹之已行者爲式然南渡以後行和糴
科糴之法甯宗嘉定時爲尤甚陳耆卿奏曰臣聞豐歉
在天而制其豐歉者在人制豐歉之法莫如和糴和糴
將以利民也而民或爲害其故何哉夫有粟者之欲錢
猶有錢者之欲粟也彼旣欲之則唯恐和糴之不行耳
而乃以爲害者非其不識事情蓋由民與民爲市此其
所樂也民與官爲市此其所畏也畏官而復虐於官故
甯閉戶以失利毋傾囷以賈害何則市之價增官之價
減一害也市無斛面而官有斛面二害也市以一人操
槩量無他用焉而官之監臨者多誅求無厭三害也市
先得錢而官先槩粟有趨候之苦有錢陌不足之弊四
害也四害不去則荒歉未得其利而豐年已受其擾故
朝廷降度牒以收糴此意甚溥第恐所在州縣未能戢
其吏姦萬一如前之害則其關繫邦本不輕度宗咸湻
元年詔豐儲倉撥公田米付平糴倉遇米貴平價出糶
監察御史趙順孫上言今日急務莫過於平糴方粒食
翔踴未知所留市井之間見楮而無米推原其由實富
家大姓所至閉廩所以糴價愈高而楮價陰減陛下念
小民艱食爲之發常平義倉然爲數有限安得人人而
濟陛下宜嚴課官吏使楮價不因之而輕物價不因之
而重後臣僚又言州縣交量科糴之弊乞行令下江西
湖南運司各仰遵守已降指揮遴選諸郡清强正佐幕
職等官往鄰郡和糴勿令右選及權豪貪謬人充仍牒
本路州軍守倅毋使淹滯過者從御史臺覺察聞奏（糴糶散斂之法宋制特詳和糴昉於唐而宋元豐初于河東路十三州行之結糴行于熙甯八年所糴多散官寄糴行于元豐二年于內郡權輕重俵糴行于熙甯八年其法于歲漕費權河北入中之價均糴行于政和元年其法以人戶田土分上下等均數多數少博糴行于熙甯七年其法以常平及省倉餘糧聽民秋成傅糴兌糴行于熙甯九年其法于麥熟州郡及時兌糴括糴行于元符元年其法論民毋得與公爭糴括索蓄家量存所用盡糴入官蓋宋代糴法爲軍餉邊儲一大事熙豐而後立法旣繁其名目亦不一云）
遼聖宗統和十三年令郡縣置義倉秋熟社民隨所獲
出粟儲倉社司籍其數遇荒歉發以振民後東京咸信

蘇復辰海同銀烏遂春泰等五十餘城內沿邊諸州各有和糴倉依舊法出舊易新許民自願假貸收息所儲甚多雖累兵興未嘗乏用道宗太康時耶律孟簡以中京饑減價糶粟以振民

金世宗大定十四年定常平倉之制詔中外行之其法尋廢至章宗明昌元年御史請復設敕省臣詳議大定舊制豐年則增市價十之二以糴荒歉則減市價十之一以出令諸處官兵三年食外可充三月免糴其不及者俟豐年糴之并令提刑司各路計司兼領之郡縣吏沮格者糾之能推行者加擢用三年敕常平倉往往有名無實況遠縣人民豈肯跋涉以就州府糶糴可各縣置倉命州府縣官兼提控管句遂定制縣距州六十里內就州倉六十里外特置郡縣吏受代所糴粟無壞一月內同管句交割給由豐稔而收糴不及一分者本等內降提刑司體察直申尚書省至日斟酌黜陟又敕置常平倉之地令州府官提舉之縣官兼督其事以所糴多寡約量升降為制又敕華州下邽縣置武定鎮倉京兆櫟陽縣置粟邑鎮倉許州武陽縣置北舞渡倉各設倉場都監一人領之其和糴和糶之法則皇統二年燕西東京河東河北山東汴京等秋熟詔有司增價和糴其後屢詔行之宣宗貞祐三年帝問近京郡縣多糴於京師穀價翔踴令尚書省集戶部講議所開封府轉運使議所以制之者戶部及講議所言以五斗出城者可闌糴其半轉運使謂宜悉禁其出上從開封府議謂寶券初行民甚重之但以河北陝西諸路所支既多人遂輕之商賈爭收至京以市金銀金銀昂穀亦隨之若令寶券路各殊制則不可復至河南河南金銀賤而穀自輕若閉京城粟不出則外亦自守不復至京穀當益貴宜諭郡縣小民無妄增價官為定制務從其便後上封事者有言近來艱食雖由調度征斂之煩亦兼并之家有以奪之也熟收則乘賤多糴困急則貸人私立質卷名為無利而實數倍饑民唯恐不得莫敢較者故農工甫畢官賦未償而積已空矣此富者益富而貧者益貧也國朝立法舉財物者月利不過三分積久至倍則止今或不期月而息三倍願明敕有司舉行舊法豐熟之日增價和糴則在公有益而私無損矣乃詔宰臣行之哀宗天興二年蔡州加設四隅和糴官

元初設義倉於鄉社又置常平於路府世祖至元六年乃立增糴減糶之制以和糴糧及諸河倉所撥糧貯焉二十三年又以鐵課糴糧充焉義倉亦於至元六年更立其法其制社置一倉以社長主之豐稔則納粟荒歉則就給遇水災饑歉皆發義倉振之其和糴和糶之法則中統二年置和糴於開平以戶部郎中宋紹祖為提舉和糴官以後屢行其法於各路府按和糴之名有二曰市糴糧鹽折草率皆增其直而市於民於是兵不乏食馬不乏芻而民亦不困其為法蓋亦善矣第行之既久官吏之需求百出價值之高下懸殊名雖和而實強也市糴糧之法每年酌量行之其鹽折草之法成宗大德八年定其則列每年以河間鹽令有司於五月預給京師郡縣之民至秋成各驗鹽數輸草以給京師秣馬之用每鹽二斤折草一束重一十斤歲用草八百萬束折鹽四萬引云

明太祖時州縣東西南北設預備倉四以振荒歉即前代常平之制成祖永樂中置天津及通州左衞倉且設北京三十七衞倉益令天下府縣多設倉儲預備倉之在四鄉者移置城內逬會通河成始設倉于徐州淮安德州臨清并天津凡五倉以資轉運英宗正統四年大學士楊士奇上言堯湯之世不免水旱堯湯之民不聞困瘠者有備故也太祖篤意養民備荒有制天下郡縣悉出官鈔糴穀貯倉以時散斂歷久弊滋豪猾侵漁穀盡倉毀風憲官不行舉正守令漫不究心事雖若緩所繫甚切請擇遣京官廉幹者往督有司凡豐稔州縣各出庫銀平糴儲以備荒具實奏聞郡縣官以此舉廢為殿最風憲巡歷各務稽考有欺蔽怠廢者具奏罰之庶幾官有備荒之積民無旱澇之虞仁政所施無切於此詔戶部急行之乃制侵盜之罰納穀一千五百石者敕獎為義民免其徭役孝宗弘治三年限州縣十里以下積萬五千石二十里積二萬石衞千戶所萬五千石百戶所三百石考滿之日稽其多寡以為殿最不及三分者奪俸六分以上降調初預備倉皆設倉官至是革之令州縣官及管糧倉官領其事嘉靖初諭德顧鼎臣言成弘時每年以存留餘米入預備倉緩急有備今秋糧僅足兌運預備無粒米一遇災傷輒奏留他糧及勸富民借穀以應故事乞急復預備倉糧以裕民帝乃令有司設法多積米穀仍倣古常平法春振貧民秋成還官不取其息府積萬石州四五千石縣二三千石為率旣又定十里以下萬五千石累而上之八百里以下至十九萬石其後積粟盡平糶以濟貧民儲積漸減穆宗隆慶時劇郡無過六千石小邑止千石久之數益減科罰亦益輕神宗萬曆中上州郡至三千石止而小邑或僅百石有司沿為具文屢下詔申飭率以虛數欺罔而已弘治中江西巡撫林俊嘗請建常平及社倉世宗嘉靖八年乃令各撫按設社倉令民二三十家為一社擇家殷實而有行義者一人為社首處事公平者為社正能書算者一人為社副每朔望會集別戶上中下出米四

斗至一斗有差斗加耗五合上戶主其事年饑上戶不足者量貸稔歲還倉中下戶酌量振給不還倉有司造冊送撫按歲一察覈倉虛罰社首出一歲之米其法頗善其和糴和糶之制惟成化十八年南京荒歉米貴南京戶部議減糶倉米以濟民候秋成平糴還倉

欽定續通典卷十六

欽定續通典卷十七

選舉

臣等謹按杜佑作選舉典始自周官大司徒賓興之制其自序以爲成周俊造之目已不及唐虞之官人三代而降選舉之法日增大約以科目取士以銓除注官非後之制不古若也時勢然也唐代選舉多循隋制中葉以後令格間存兩宋迄明士人出身較易設科加少流內外官注選亦遞變司衡之較文司銓之勘籍公私互進毀譽紛歧欲立法以救弊貴因時爲變通夫州縣察舉一也兩漢則理魏晉則亂吏部集選一也神龍則紊開元則理昭在前事未可槩非第設官多則舉士之門不得不稍廣廣且濫焉而其得官抑壅滯而愈難孔子曰一張一弛文武之道也廣薦論之門杜倖冒之路後之科目銓除猶上世之疇咨詢考士大夫患不爲三代上之人材毋以不如三代上之造士論官爲患也考言惟華佑雖不滿薦召徵辟詎盡宜今賢不拘方典不祧近得失具在因之革之蓋亦選舉之衡鏡也欵佑歷代制三卷前二卷先舉後選按時代直敘不主行文第三卷專敘唐制文遂錯綜馬端臨議其孝秀與銓選不分意蓋指此今續宋唐代宗以後至前明故實若德宗貞元間佑有蒐輯未盡者並著於篇其行文略依佑前二卷而雜議論亦兼采云

第一歷代制上

第二歷代制中

第三歷代制下 考績附

第四雜議論上

第五雜議論中

第六雜議論下

歷代制上 唐 五代

唐代宗廣德元年敕兩館生（崇文弘文）皆以資廕補充其經業楷體通七者與出身永泰元年始置兩都貢舉（先是廣德二年侍郎賈至言歲方艱歉舉人赴省者兩都試之至是敕禮部侍郎官號皆以知貢舉爲名兩地別放及第大曆七年停東都貢舉太和元年復敕權置其國子監舉人試上都如故）上嘗御宣政殿親試諷諫主人茂才異等智謀經武博學專門等四科舉人帝親慰勉賜御廚珍饌茶酒禮甚優異（時方炎暑帝具朝衣永日危坐讀太宗貞觀政要及舉人策成悉皆觀覽一百餘道將夕有策未成者命大官給燭令盡其才夜分而罷）登科者凡一十五人德宗貞元五年詔明經舉人所習爾雅多是草木鳥獸之名無益理道宜令改習道德經（十二年司業裴肅奏復之）六年禮部侍郎親故移試考功謂之別頭至十六年罷之嗣是屢復屢罷十八年敕令後每年考試所取明經不得過一百人進士不得過二十人憲宗元和元年命宰臣已下監試應制舉人於尚書省以制舉人皆先朝所徵故不親試二年明經停口義復試墨義十條（七年侍郎韋貫之奏停墨義依舊格問口義）五經取通五明經取通六其嘗坐法及爲州縣小吏雖藝文可采勿舉穆宗長慶元年侍郎錢徽所舉送覆試多不中選徽坐貶（段文昌奏徽取士以私詔白居易王起覆試而黜者過半故事進士唱第試所試雜文及策送中書門下詳覆後廢建中三年復行長慶三年侍郎王起言向放榜而始詳覆今請先詳覆而後放榜議者多以避嫌失職非之）二年立三史科及三傳科（從諫議大夫殷侑請也）先是進士試詩賦及時務策五道明經策三道德宗時中書舍人趙贊權知貢舉乃以箴論表讚代詩賦而皆試策三道文宗太和七年敕貢舉人先帖大小經二十帖次對正義十道次議論各一道不試詩賦策八年貢院奏復試詩賦上從內出題試之謂侍臣曰吾患文格浮薄昨試差勝乃詔禮部歲取登第者三十人無人不必充數文宗好學嗜古鄭覃以經術位宰相深嫉進士浮薄屢請罷之帝曰敦厚浮薄色色有之進士科取人二百年矣不可遽廢故事禮部試進士將及第人名先呈宰相然後放榜是年宰相王涯奏禮部取士反先以牓示中書非至公之道請罷先呈之例一以委有司九年中書門下奏每年貢士僅千人據格所取其數絕少望付所司精求行藝添滿四十人及第仍委禮部於所試諸色貢舉人元格內減一十五人都守每年放出身黃衣人數庶令才人速得自效從之開成元年詔勳臣子弟有能應進士明經及通諸科者有司先加獎引五年中書門下奏貢舉人不許於京兆河南兩府取解仰於兩都國子監就試（大中六年仍准於兩府集試）武宗會昌五年定公卿百寮子弟及京畿士人寄客外州府等修明經進士業者並隸名所在監及官學精加考試所送人數其國子監明經舊格每年三百五十人今請送二百人進士依舊格三十人其隸名明經請送二百人宗正寺進士送二十人東監同華河中所送進士不得過三十人明經不得過五十人鳳翔山南西道東道荊南鄂岳湖南鄭滑浙西浙東鄜坊宣商涇邠江南江西淮南西川東川陝虢等道所送進士不得過一十五人明經不得過二十人河東陳許汴徐泗易定齊德魏博澤潞幽孟靈夏淄青鄆曹兗海鎮冀麟勝等道所送進士不得過一十人明經不得過十五人金汝鹽豐福建黔府桂府嶺南安南邕容等道所送進士不得過七人明經不得過十人諸支郡所

送人數申觀察使為解都送不得諸州各自申解所試進士雜文據元格合封送省宣宗大中元年禮部侍郎魏扶奏封彥卿崔琢鄭延休三人因皆貴胄不敢選取所試詩賦並封進奏令翰林學士韋琮等考之中程奉進止並放及第又諭有司考試只合在公如涉徇私自有刑典今後但依常例取捨不得別有奏聞吏部嘗試弘辭舉人漏洩題目為御史所糾其登科人並落下時諸科取人猶濫中書門下奏禮部貢院見置九科(開元禮三禮三傳三史學究道舉明算明法童子)徒為入仕之門曾無實藝請起大中十年權停三年滿後試赴者令有司先進名令中書舍人覆問本業精通堪備朝廷顧問即作等第進名候敕處分如事業荒蕪考官當議朝責其諸道州府薦送童子須實年十一二仍須精熟一經能自書寫者(廣德二年停童子歲貢大曆三年再停開成三年敕諸道不得更以童子聞薦然雖有是命而薦者仍比比有之)如違條例本道長吏議懲罰懿宗咸通四年進士皮日休請以孟子為學科不報十年以軍興停舉(通考作十一年今從冊府元龜)於十二年別許三十人及第昭宗天復元年令新及第進士中有久在名場才沾科級年齒已高者不拘常例各授一官禮部以王希禹等聞時人謂之五老榜哀帝天祐四年禮部奏朝廷累年多事在遠舉人併阻隨計逐年所司放榜皆量其人數臨事增減今干戈稍戢水陸漸通求試雖不廣於往年而貢籍頗甚其屈舉擬於去年數外更放三數人報可唐制舉之名多至八十有六凡七十六科其尤貴者進士歲貢常不減八九百人搢紳雖位極人臣不由進士者終不為美其推重謂之白衣公卿又曰一品白衫其艱難謂之三十老明經五十少進士其都會謂之舉場通稱謂之秀才投刺謂之鄉貢得第謂之前進士互相推敬謂之先輩俱捷謂之同年有司謂之座主京兆府考而升者謂之等第州府不試而貢者謂之拔解將試各相保謂之合保羣居而賦謂之私試造請權要謂之關節激揚聲價謂之還往既捷列名於慈恩寺塔謂之題名大燕於曲江亭子謂之曲江會籍而入選謂之春關不捷而醉飽謂之打毷氉匿名造謗謂之無名子退而肄業謂之過夏執業以出謂之夏課(亦謂之秋卷)挾藏入試謂之書策其略如此若賢良方正直言極諫才識兼茂明於體用諸科亦稱得人中葉以後未嘗廢置然前代皆天子親覽升黜之權一出於上唐則全以付之有司故牛僧孺輩以直言忤權倖考官坐累而劉蕡所陳尤忠憤鯁切宰相而下皆不敢為之明白雖當時閹宦之勢可畏亦由素無親覽之事故此輩得以劫制衡鑑之人也至銓法自肅宗至德後天下戰討啟丐填委永泰後稍稍平定而元載用事非賄謝不與官常袞為相思革其弊凡奏請一杜絕之惟文辭入第乃得進然無所甄異賢愚同滯崔祐甫代之欲收時望薦引無虛日作相未踰年除官八百人前後相矯終不得其適(德宗謂祐甫曰人或謗卿所用多涉親故何也對曰苟生平之未識何以諳其才行而用之上以為然)又河西隴右河南河北不上計吏員大率減天寶三之一而入流者加一故士人二年居官十年待選而考選遷除之法浸壞德宗興元四年以京師寇盜之後天下蝗旱穀貴選人不能赴調乃命吏部侍郎劉滋知洪州選事以便江嶺之人貞元四年吏部奏艱難以來兩都士類散在遠方三庫敕甲又經失墜人多罔冒吏或詐欺分見官者謂之擘名承已死者謂之接腳所以集選加衆眞偽混然謹具由歷狀樣乞委觀察使諸州府縣於界內應有出身以上合依樣通狀發到所司攢勘八年從宰相陸贄請以內外員三分之計闕集人歲以為常天下稱便(唐制歲集以孟冬而選盡季春之月乾元後率三歲一調稽滯冒吏緣為姦士或十年不得官員闕亦累年不補)九年中丞韋正伯奏按選格銓狀自書試日書跡不同即駁放選殿憲宗元和二年制江淮大縣每歲據闕委三省御史臺諸司長官節度觀察使各舉堪任縣令不限選數許赴集臺省官及刺史赤令有闕先於縣令中揀擇如有能否與元舉人同賞罰復置具員簿以序內外庶官三年四月詔重定舉縣令之法委吏部精加考覈仍令四時注擬其觀察刺史所舉不得授以本州府縣令(是年三月詔祕書省弘文館左春坊司經局校書郎正字宜委吏部官於平留選人中擇行藝注擬綜覈限考入畿縣簿尉任依常格)七年八月令州府五品以上官替後本道觀察使量其才行幹能堪獎用者每歲冬季聞薦穆宗長慶二年詔諸道薦送大將其隨節使歸朝者令神策六軍使及南衙常參官具由歷功績牒送中書門下量加獎擢其常參武官准具年月日改轉諸道軍府大將監察以上官三年改轉蓋自憲宗御宇凡朔方吳蜀洎山東兩河累興問罪之師帝自藩邸習聞謂戎臣武卒常宜姑息降詔優假復有工賈胥吏竄昇朝籍者厚持繒貨納於方鎮方鎮嗜利即以大將文符給之偽其職秩年月未幾則求薦聞必曰某以歲久宜遷某以殊勳合獎宰臣奏擬下得正官流弊有不可詰者文宗即位宰臣次第矯舉太和元年敕諸道諸軍諸使應奏判官并每年冬薦者除新開幕府據元額署外向後闕某職奏某人充如更奏者即云某職某人緣某事停奏某人替臺省官兩考者不在冬薦限又敕釐革兩畿及諸道奏請散官

州縣等官惟三劍三川硤內及諸道比遠許奏縣令錄事參軍每道不得過三五人其餘並停二年詔曰內外官曹上自要重下至卑散班行府縣更無闕員薦請沿替爲弊滋深況文武名分授受各殊其諸使諸道等今後宜依注例除舊有正官外不得兼受正官三年權停東選太宗時東人選者集於洛州謂之東選 又詔諸道進奏官有奏請帶正官者不得兼簡較及憲官如准諸道諸軍諸使例請簡較兼憲官充則不得帶正員官四年中書門下奏河北諸道滄景德棣之類經破傷之後靈夏邠甯鄜坊涇原振武豐州全無俸料有出身人及正員官悉不肯去吏部從前多不注擬如假攝有勞許於諸色人中量事奏三數員從之六年從御史臺奏諸道節度觀察防禦經略等使有子孫授京城及諸州府官勒歸本任不得奏請句留七年中書門下奏親人之切無如縣令又錄事參軍糾察屬縣課責下僚一郡紀綱其提舉吏曹注擬眞僞難知豈若考績效於理所聽善惡於甿謠望令京兆河南尹及天下刺史各於本府本道常選八中擇堪爲縣令司錄事參軍人名具課績才能聞薦其諸州先申牒觀察使都加考覈申吏部集選吏部尚書侍郎引詣銓曹試時務狀一道訪以理人之術及陳歷仕課績但取事理明切不假詞華取理識優長者爲等第便於大縣難理處注擬仍取稅五萬貫以下縣注授免占常選人闕員如有犯贓以本州長吏處分百貫以下刺史量削階秩百貫已上移守僻遠小郡觀察使委中書門下奏聽進止其犯贓官縱遇恩赦不在收敘之限八年正月吏部奏准疏理諸色入仕人等令諸司流外令吏府史掌固禮生楷書醫工及諸軍諸使承優官典總一千九百七十二員請減六百五十七員 兵部奏應管左右仗千牛僕寺殿中省進馬左右金吾仗長上共一百六十一員請減六十七員文簡武簡三衞每年定數六十人禮部奏明經引文館生太廟郊社齋郎掌坐等共五百五十二人減一百三十八人並請權減從之初中書門下以諸色科目選人凡未有出身未有官只合於禮部應舉其有出身有官者方合於吏部赴科目選比年格文差互多有白身及用散試官并稱鄉貢者及注擬之時卽妄論資次曾無格例其引詞拔萃學究一經則有定例然亦不在用散試官限其三禮三傳一史三史明習律令並令所司薦試及第明習律令同明經一史三禮三傳同進士三史當年闕送吏部唐選舉之法州府所升者試之禮部禮部所升試之吏部其法截然然觀貞元九年御史中丞韋正伯劾奏七年冬京兆府踰濫解送之人已授官六十六人則未經禮部者徑入吏部知唐中葉以後法度廢紊者多矣至太和九年又奏國家取士遠法前代進士科得人爲盛然於入仕須更練達起來年進士及第後三年任選委吏部依資盡補州府參軍緊縣簿尉官滿之後來年許選三考後聽諸使府奏用便入協律郎四衞佐未滿者不在奏限如任江淮官特與免其編使 開成二年二月左衞大將軍張克勤請以敍一子官迴與外甥不允前請迴授並蒙允許至是准左司員外郎裴夷直斷若無己子許及周親自有息男不得妄移他族遂定爲例時諸道有以試御奏授州縣官者上曰每年選人辛苦尙無缺員與之試御奏授不可輕許惟河北道吏部不注許其奏請由是倖進暫息又詔曰近日諸色入流人多官途隘窄諸道軍將自有衣糧月俸若更占州縣員闕則文吏無所容身今後諸道節度團練防禦等使不得更奏將軍充巡內上佐等官京有司有專知別當及諸色職掌近日諸司奏請州縣及六品己下充本司職掌援引舊例色目漸多致溢舊額今後各於本司見任官內揀擇差署不得別更奏官四年停嶺南五管及黔中道選補初兩道得任士人遣郎官御史爲選補使亦有不遣御史者元和間令五年一集選前一年南曹先牒催文解太和五年玉海作三年權停至是吏部以請詔曰兩道選補停罷多時極爲利便隔年舉奏撓動遠情議者以人遠地便不足爲慮不知一方之政得其人則一境之人受其福苟非其人則假攝之官皆授里人至有胥賈用賄求假本州令錄衰剝恣私宜更停五年七月詔諸道並不得奏人唯河北諸道河東澤潞山劍三川京北京西管內官員稍多假攝之中悉有勞效每年許奏兩三人仍須元額闕不得替見任人時嶺南節度使盧鈞奏海嶠擇吏與江淮不同若非諳熟土風卽難搜求人瘼且嶺中往弊南選今弊北資臣當管二十二州惟部廣官僚每年吏部選授道路遐遠瘴癘交侵更以俸入單微號爲比遠非下司貧弱卽遠處無能之流比及到官皆有積債鮮識廉恥臣任四年備知情狀其潮州官吏伏望特循往例不令吏部注擬且委本道求才若攝官廉慎有聞依前許觀察使奏正敕旨依之至武宗時以州縣攝官常懷苟且委本州刺史於當州諸縣分配公事句當如官員數少力實不逮卽於前資官選擇差攝不得取散試官充又令進士至合選年許諸道依資奏授試官充職如奏授州縣官卽不在兼職之限又縣令闕人許觀察使於前資攝官內薦論宣宗大中六年令縣令司錄錄事參軍令任四上考減兩選餘官得四上考縣令司錄參軍得三上考並減一選懿宗咸通十二年依中書門下奏河東潞府邠甯涇原靈武鹽夏振武天德鄜坊滄德易定三川等道觀察防禦等使及嶺南五管每道每年除令錄外許量奏簿尉及中下州判司縣丞共三人偏州州縣官不在奏限諸道節度及都團練防禦使下將校奏轉試官及憲御等令諸節度使每年量許五人都團練防禦量許三人其御史中丞已下須有戰伐功勞任具事績申奏簡勘處分以外不得更有奏請僖宗廣明元

年敕選人粟錯長名駁放者除身名踰濫及欠選欠考外以比遠殘闕收注文宗開成二年帝以粟錯長名駁放選人經冬窮悴哀訴可矜敕吏部簡勘如非大段瑕病卽與重收注擬不得用平留闕如員闕不相當一唱不伏官者便任冬集其未經中書門下陳狀者敕下後不得續收今年以後亦不爲例哀帝天祐二年詔曰吏曹注擬申到中書過驗酌量三銓曠務今後州府令錄委吏部注擬中書門下不除授時選人多有重疊磨勘之際各有爭論銓司言具狀須與注擬到任替闕參差請准舊條殿選如是格式申送員闕不得更妄指射旋以梁王朱全忠請令三銓處分常調選人並准舊例其四鎭管內官員候本道申闕到省方與注擬

五代當干戈搶攘之歲貢舉未嘗廢也惟士宇分割人士流離故每年所取進士其多者僅及唐盛時之半但三禮三傳學究明經諸科唐時所取甚少而晉漢後明經諸科中者動以百人計蓋帖書墨義承平之時士鄙其學國家亦賤其科而不取喪亂以來文字墜廢爲士者往往從事帖誦之末國家亦姑以爲士子進取之途故其所取反數倍於唐盛時也

梁太祖開平元年凡諸道貢舉人秋薦時藩方不加親試號爲拔解者並令止絕又敕禮部貢院每年所放明經及第不得過二十人先後詔求卓犖不羈沉潛用晦究古今刑政之源達禮樂質文之奧者奏試所長待以不次然有其制而無其實也禮部所放進士辟鈞以父延珪爲左司侍郎敕令落下其後兵部尚書知貢舉唐開元時以禮部侍郎專知貢舉其後或以他官領多用中書舍人及諸司四品清資官惟會昌中命太常卿王起知貢舉時亦檢校僕射至五代時或以兵部尚書或以戸部刑部侍郎爲之不復專主禮部蓋自乾化元年以尚書左僕射楊涉知貢舉始也姚洎言曩時進士不下千人近歲觀光之士人數不多加以在位臣僚罕有子弟就其寡少復避嫌疑實恐因循漸爲廢墜請令在朝公卿親屬將相子孫有文行可取者許所在州府薦送以廣毓才之義從之翰林學士鄭珏連知貢舉鄴人趙都賂之人報翌日登第都鄉人聶嶼聞不捷訴來人以嚇之珏懼亦與嶼第時吏部擬官中書除授多行請託但假貨財雖嚴敕有司官長仍徇私情而靡才實焉

後唐莊宗同光二年中書門下請權停貢選一年不允三年以新進士符蒙正等不塞輿望敕翰林院覆試宣徽使李紹弘之毁也升王徹爲第一桑維翰第二符蒙正第三成僚第四並敕今後禮部所試委中書門下子細詳覆奏聞又童子科委本州府依諸色舉人例考試結解送省任稱鄉貢童子長吏不得表薦若無本處解送本司不在考試之限長興元年敕每年所放童子不得過十人四年正月五科舉人許維岳等一百人進狀言伏見新定格文三禮三傳每科祇放兩人方今三傳一科五十餘人三禮三十餘人三史學究一十人若每年祇放兩人及一人逐年又添初舉縱謀修進皆恐滯留伏見長慶咸通年放舉人元無定式又同光元年春榜亦一十三人請依此例以勸進修奉敕依爲永例明宗天成三年趙鳳知貢舉備陳場中利病七月敕今後應三禮三傳三史開元禮學究等考試本業畢後引試對策時宜令主司於時務中取要當策題精詳考校但能周通典切卽放及第不及此格者本業雖精亦須黜落應九經五經明經帖書及格後引試對義主司於大經泛出問義五通於簾下書於試紙令隔簾逐段解說但不失疏註義理通二通三始得入策並於時務中采取對策許直言其事初進士帖經通三者准放五年禮部貢院奉敕進士帖經本朝舊制近來此道稍墜負藝者雖多能帖經者甚少恐此一節或滯羣材今年應進士舉所試文策及格帖經或不及通三與放及第來年秋詞賦人所習一大經許令對義今逐處解到進士當司引試雜文帖經後令別於所習一大經內對義目五道考試通二通三准帖經例予其入格長興元年二月敕此後貢院應試三傳三禮宜令准進士九經五經明經例逐場去留不得候終場方定仍具所通否粗一一於牓內告示其學究不在念書可特示墨義三十道亦准上指揮五科中惟學究文書最少乃令念其經而通其義故曰學究今祇許墨義卽學者皆專於此科時論非之五月停弘詞拔萃明筭道舉百篇等科復明法科時及第新進士李飛賦內犯韻李穀犯韻一處又詩內錯寫一字中書門下奏恕其誤其餘多放再解就試師門門生諸稱及落第舉人無故改名者悉予禁止四年禮部貢院奏貢人至元日列在方物之前以備充庭之禮始於唐長壽三年從左拾遺劉承慶之請近來直至臨鎖院前赴天應門外朝見今後請令舉人復赴正仗如舊法並從之或以人數不少祇取諸科解頭一人就列其餘續至者俟齊日別令朝見舊例舉人就試日皇城司差人於院門前聽察舉人挾帶文書放榜日設棘於門又閉院門以防下第不逞者貢舉考試官侵晨便出及第人赴五鳳樓前謝恩赴國學謝先師和凝知貢舉徹棘啟門至晚始出請令舉子於朝堂謝恩訖卽赴國學永爲定制自唐末喪亂縉紳之家或以告敕鬻於族姻至有舅叔拜甥姪者選人僞濫郭崇韜奏革其弊令未合格人及無名駁放者將僞濫人陳論其見任官及諸道選人身死並須申報本州令錄於告身書身死月日選人亦不得周歲逗留致作京債有懼罪逃移者所司申奏勿齒時澄汰甚嚴放棄田閭塗毁告身者十

七人左拾遺李愼儀吏部員外王松上言崇韜行矯枉過直之道成欲益反損之文選人一事闕違並涉
踰濫文書一紙有誤數任皆不勘詳自天下亂離將五
十載無人不遇兵革無處不遭焚燒文書保全固應極
少至二年以來選人不敢赴集諸道皆是攝官恩澤不
行祿秩皆廢且攝官祗自州府多因賄賂朝廷不知姓
名所司不考課績皆無拘束得恣貪殘若不別爲條例
不惟時病難息益亂國章請委銓曹仔細簡量但可去
其險監不失本規酌中以爲定制從之惟諸道猶奏請
州縣乃令節度使管三州已上者每年許奏管內官三
人三州已下者許奏二人防禦使每年許奏一人天成
二年許各多奏一人其刺史無薦奏之例不得指請
天成二年令選人過格十年外不在赴集之限有隱憂
者殿五選制曰人倫之責孝道爲先既有負於尊親定不公於州縣初馮道等議常
調選人限於格例銓注以至留滯而州縣吏員多以顏
情兼攝乃議減選補吏以杜倖門然是時九州旣未混
同十道半違聲教吏員多益州縣無添至長興四年行
減選之敕一選者無可減兩選三選者減一選四選五選者減兩選六選七選者減三選八選九選
者減四選十選十一選者減五選十二選者減六選諸色勸進人及山陵行事官
兼每年黃衣選人數千皆援減選並合除官宰相將至
內門則數百爲羣喧訴詰難驅吏不能止後追罷此敕
廢帝淸泰二年三銓注擬選人有自超一資至五資亦
有三兩人超六資七資八資者門下省言天成三年已
前許起折一資者不過三兩人天成三年後格不許超
折而中書以重議改移便成淹滯今年請據所注押定
從之三年詔以內外臣僚迭均勞逸其兩使判官畿赤
縣長取郎中員外補闕拾遺三丞五博少列官僚選擢
晉高祖天福三年翰林學士承旨兵部侍郎權知貢舉
崔棁奏今年就舉比常歲倍多科目之中兇豪甚衆每
駁榜出時有喧張互相朋扇請令舉人落第後或不甘
心令自投狀披陳卻請所試與疏義對證兼令其日一
甲共較儻實負抑屈所司難逭憲章如妄有陳論痛加
懲斷其明年停舉又明年罷明經童子弘詞拔萃明算

道舉百篇等科先是廢及第人與主司選勝宴及中書舍人鞁鞋接見舉人兵部禮部引人過
堂日幕次酒食會客悉皆罷之惟明法一科敕令五選集合格注官優
與處分出帝開運元年復明經童子二科其考試進士
仍以三條燭爲限有懷藏書冊者不令就試長興二年改晝試時
又有容縱懷藏者乃從知貢舉竇貞固所請高祖初行軍副使等例從替罷
者許就家居一年赴闕後卽據資比擬以免候闕委困
又令正官滿日長吏預前奏聞不得朝攝暮替又令參
選考驗時所司簡點文書如有粟錯許酌事理非藏姦
隱倖者免其駮放然是時選格甚繁每月送闕不過五
員七員開運中吏部侍郎王易簡請南曹詳定解樣兼
備錄長定格取解條例各下諸州如禮部貢院版樣立
州縣門每選人取解時各准條件遵給行從之
漢隱帝時刑部侍郎邊歸讜言每年貢舉人動應五舉
六舉多至二千三千事業不精八文何取請敕三京鄴
都就道州府長官合發諸色貢舉人文解者精加考校
不得濫有舉送其選法多依後唐及晉事例令州縣官
幕府官曾受令契丹者追文書毀廢者取唐晉出身文
書本選外仍殿兩選降三資注擬凡唐晉諸科及第人
於契丹年號內出給冬集者許追毀換給仍據新給年
月日理選又從右拾遺高守瓊言敕年未三十者不得
任縣令七十者並宜注優散官
周太祖廣順三年禮部侍郎趙上交請增改貢院諸科
規條時翰林學士承旨刑部侍郎權知貢舉徐台符又
參酌新舊陳奏條制九經元格帖經一百二十帖對墨義泛義口義共六十道策五道趙
上交請罷帖書泛義口義對墨義一百五十道今去泛
義口義都對墨義六十道其帖書對策依元格五經元
格帖書八十帖對墨義五十道今請對墨義十五道明
法元格帖律令一十帖對律令墨義二十道策試十條
去年罷帖對義六十道今請依元格學究元格念書對
墨義各二十道策五道去年罷念書都對墨義五十道

今請依去年起請三禮對墨義九十道去年添四十道
今請依元格開元禮三史元格各對墨義三百道帖經五
道去年加對墨義五十道請依元格進士對義別試雜文二
二十帖對墨義五十道去年代帖經對義別試雜文二
首今請依別試雜文其帖書對義依元格童子念書二
十四道請添念五十道及三十通者放有敕宜依仍於引試之時精加考
校逐場去留無藝者雖應舉年深不得饒借場數有藝
者雖遭黜落並許陳訴祗不得於街市省門故爲喧競
及投無名文字訕毀主司違者配流邊遠同保人永不
得赴舉又今後舉人須取本貫文解遠者祗許兩京給
解世宗顯德二年禮部侍郎劉温叟放進士十六人敕
令看詳黜落十二人五年右諫議大夫劉濤於東京試
士後率新進士劉坦己下十五人赴行在以所試詩賦
進呈上以其詞多紕繆命翰林學士覆試退落七人濤
坐責官翰林學士尚書禮部侍郎竇儀奏比來取解者
譸張薦託舉送者啟倖徇情致令就試不下三千登科
罕踰一百且明經童子二科尤宜敕罷其進士請今後
省卷限納五卷以上於中須有詩賦論各一卷餘外雜
文歌篇並許同納祗不得有神道碑誌文之類其帖經
對義並須實考通三以上爲合格將來卻復晝試其不
及第人以文藝優劣定爲五等文字乖舛詞理紕繆甚
者爲第五等殿五舉次者爲第四等殿三舉以次稍優
者爲第三第二第一等並許次年赴舉三禮解試省試
第一場禮記第二場周禮第三場儀禮三傳第一場左
氏第二場公羊第三場穀梁並終而復始學究周易尚
書併爲一科每經對墨義三十道仍問經考試毛詩依
舊爲一科對墨義六十道及第後並爲上選集諸科舉
人第一場十否者殿五舉第二場三場十否者殿三舉
其三場內有九否者並殿一舉其進士及諸科所殿舉

數並於試卷朱書封送中書門下考試及第進士先具姓名雜文申送中書奏覆訖下當司與諸科一齊放榜四年詔天下諸色人中有賢良方正能直言極諫經學優深可爲師法詳閑吏治達於教化者不限前資見任職官黃衣草澤並許應詔其逐處州府依每年貢舉人式例差官試解尚書吏部試策論三道共三千字已上取文理俱優人物爽秀者方得解送取來年十月集上都其登朝官亦許上表自舉自晉漢以來設官分治釐革失中廣順初頗加更定前資朝官罷令赴闕漢隱帝時楊邠以前資官在外慮有遊說祗令兩京居止州郡不得奏薦無前官及無出身人親歿未葬者不得輒求自進而百司奏補官吏不擇事言筆札至有不能舉其條目者顯德二年敕曰諸司寺監收補職員須無訛濫今後勒諸司關送吏部驗考其中者更具引驗可否連所試書跡並本州府不係色役迴文及正身引送中書後吏部具名聞奏候敕下勒本司補收

欽定續通典卷十七

選舉二

歷代制中 宋 遼 金 元

宋禮部貢舉設進士九經五經開元禮三史三禮三傳學究明經明法等科皆秋解冬集春試合格及第者列名放榜于尚書省凡進士試詩賦論各一首策五道帖論語十帖對春秋或禮記墨義十條九經帖書一百二十帖對墨義六十條五經帖書八十帖對墨義五十條三禮對墨義九十條三傳一百一十條開元禮三史各三百條學究毛詩對墨義五十條論語十條爾雅孝經共十條周易尚書各二十五條明法對律令四十條兼經並同毛詩之制各間經引試通六為合格仍抽卷問律(本科則否)皆本貫發解若鄉貫阻越得于開封府投牒奏候朝旨諸州本判官試進士錄事參軍試諸科或不曉經藝即以次官充而判官監之監官試官對考通否仍朱書通否署名其下逐場定去留具元請解及已落見解人數並進士文卷諸科義卷帖由隨解文送貢院或應解而不解不應解而解者(其有殘廢篤疾並不得與解)停所任受賂者以枉法論長官聽朝旨凡應舉家狀并試卷首署年及舉數場第鄉貫不得增損移易以仲冬收納月終而畢將臨試期知舉官先引問聯保(十人或五人同保不許有大逆人緦麻以上親及諸不孝不悌隱匿工商異類僧道歸俗之徒)與狀僉同而定焉凡就試禁挾書為姦(進士試詞賦惟切韻玉篇不禁)及口相授受者進士文理紕繆諸科不(讀作否後倣此)者俱循周顯德間格殿舉初知舉官將赴貢院臺閣近臣得薦所知進士之負藝者號曰公薦太祖建隆三年有詔禁止乾德元年詔九經一舉不第者一依諸科舉人許令再應後併詩書易學究為一科(明經試帖書墨義者大概如兒童挑誦之狀故自唐以來賤其科不第者不許再應舊制禮部試貢院進士設香案于階前主司與舉人對拜所坐設位供帳甚盛至試學究則悉撤帳幕氈席之類亦無茶湯渴取硯水致黔其吻蓋防氈席供應人私傳所試經義嘗有敗者歐陽修詩焚香禮進士撤幕待經生以為禮數重輕其實自有謂也)其明年置制舉三科一賢良方正能直言極諫二經學優深可為師法三詳閑吏理達于教化並州府解送吏部試策論三道限三千字以上(四年召陶穀竇儀等同試賢良諸科郝益姜涉等文理疏略賜酒遣之)五年詔舉人有父兄食祿者覆試(上聞陶穀不能訓子而穀子邴擢上第詔參政薛居正覆試皆合格又下是詔)初遠方寒士與鄉薦欲試禮部假丐不可得則甯寄舉不試開寶二年乃詔西川山南荆湖等道所貢士並給來往公券有挾商旅干關節者罪之三年詔州府萬五千戶舉孝悌德行一人五千戶舉孝悌德業一人籍貢士及十五舉以上嘗終場者得司馬浦等一百六人並賜本科出身(此特奏名恩例之始)五年知貢舉扈蒙奏進士十一人及諸科十七人上召對講武殿始下詔制放榜六年御講武殿覆試進士宋準等御試舉人自茲始(知貢舉李昉奏宋準以下十一人上黜進士武濟川三傳劉睿而濟川為昉鄉人遂有訴昉用情取舍者)時又籍終場下第姓名得三百六十人皆召見擇一百九十五人并準以下各賜紙札別試詩賦上親閱之放進士二十六五經四開元禮七(是歲開寶通禮成詔鄉貢開元禮改稱鄉貢通禮並以新書試問)三禮三十八三傳二十六三史三學究十八明法五皆賜及第殿試遂為常式八年覆試合格舉人以禮部所定第一人王式居第四而以王嗣宗為首自是御試與省試別為升降而省元狀元之名別矣(唐時或禮部所取未當命中書門下詳覆然未嘗再試至宋藝祖太宗御殿覆試然不過審其繆濫者黜之元在前列者未嘗別定升降景德後多別取狀元然省元亦皆置前列故事南省奏名第一人殿試唱過三名不及則越眾抗聲自陳雖下列必得升等吳春卿歐陽修皆由是升第一甲獨范景仁避不肯出至第十九人方及徐出拜命時一服其靜退自此遂為故事蓋當時殿試雖日別命官糊名考校然賜第之時往往亦參采譽望乃定掄魁又凡貢士當賜第者考定必召其高第數人並見參擇材質可者賜第一)太宗即位天下已定有意修文嘗謂治道長久之術莫若參用文武之士太平興國二年御試合格舉人內出詩賦題(以訓練將士為賦主聖臣賢為詩唐時試題不皆有所出或以意為之舉子得進問題意謂之上請宋既增殿試進士猶循禮部故事景祐中始詔御藥院具試題書經史所出模印給之罷上請之制)賦韻平仄間次得呂蒙正以下一百九人(李參政至張僕射齊賢王參政化基皆在其間自是連放五榜通取八百一人一時名臣悉自茲出)及諸科及第二百人十舉以上進士諸科一百八十餘人並賜出身賜袍笏賜宴開寶寺上自為詩賜之(太宗博求俊彥科場得人之盛唐以來所無然太平興國末年孟州進士張雨光試不合格縱酒大罵于街衢言涉指斥上怒斬之同保九輩永不赴舉恩威並行如此)第一第二等進士及九經授將作監丞大理評事通判諸州餘皆優等注擬五年上覆試進士並分甲乙第時顏明遠等四人以見任官舉進士上惜科第不與皆授近藩掌書記(是歲有趙國昌者求應百篇舉上出雜題二十字日松風雪月天花竹鶴雲烟詩酒春地雨山僧道柳泉令各賦五篇篇八句逮日旰僅成數十首率無可觀上以此科久廢特賜及第以勸來者仍詔有司後應百篇舉約此題為式)八年進士諸科始試律義十道進士免帖經(明年進士復帖經分三甲第一甲並知縣諸科仍試律)雍熙二年以三小經附明法科准考官姻族別試(先是國子監開封府所貢士與舉送官為姻戚則兩司更互試之至是始別遣官)上每閱試卷累日方畢至四年宰相請如唐故事始詔歲命官知舉應舉者不得有吏人自端拱初年有擊鼓訴校試不公者次年知貢舉固請御試至淳化三年知貢舉蘇易簡受詔後徑赴貢院以避請求後遂為例旋停舉五年至真宗咸平元年始詔禮部放榜得進士五十人高麗賓貢一人時密州發解官坐薦送非人特詔停任三年詔西京諸路所解舉人宜先訪行實或藝文可采其操履有虧匿名訕上者並加懲斷勒歸鄉縣課役罪解送所由官吏

先是咸平二年令舉人應三舉者是歲免取解四年淄青齊州及河北經蕃寇處並免取解泛解之令始此明年陳恕知貢舉所取甚少諸州舉送官被黜責者甚衆初京師多外方托籍為便進取咸平元年榜自第一人至十四人惟第九名貫河南餘皆開封貫其下亦然大抵多係寄籍後禮部貢院奏令諸色舉人各歸本貫取解不得寄應有鄉里遐遠久住京師者許本鄉命官委保附國子監取解景德四年上嘗問輔臣天下貢舉人數王旦曰萬三千有餘約常例奏名十一而已上曰若此則當黜者不啻萬人矣典領之官必須審擇命晁迥知貢舉滕元晏封印卷首先是雍熙二年殿試糊名至是用之禮部迨明道二年而諸州無不用之矣凡封卷首及點檢詳試別命官始此初陳彭年舉進士以輕俊為宋白所出至是彭年與迥等更定條制關防不復揀擇文行雖杜絕請託然置科甲者多非人望矣時又定親試進士條制凡策士即殿兩廡張帟列几席標姓名其上先一日以次序揭示闕外試日拜闕下乃入就席試卷內臣收付編排官其卷首鄉貫狀別以字號第之付封彌官校勘用御書院印付考官定等畢復封彌送覆考官再定等編排官閱其同異未同者再考之如復不同即以相附近者為定合鄉貫狀字號第其姓名差次并試卷以聞學識優長詞理精純為第一才思該通文理周率為第二文理俱通為第三文理中平為第四文理疏淺為第五然後臨軒唱第上二等曰及第次出身次又次俱同出身大中祥符三年四年先後試東封路汾陰路服勤詞學經明行修科賜進士俱三十一人是二年未嘗貢舉以封禪特恩親試如後來免省到殿也五年令錄諸州發解試題以聞慮廷試複出也徽宗時詔禮部籍內外試題遇試頒付考官以防複出八年始置謄錄院封彌官封卷後付吏錄本監以內侍二人京官校對訖復送封印院始送知舉定去取仁宗初明經嘗問策一道對策紕繆上以執經者不善為文命勿黜落又嚮用上第不數年輒貴顯天聖七年復制舉六科賢良方正直言極諫一博通墳典明于教化二才識兼茂明于體用三詳明吏理可使從政四識洞韜略運籌決勝五軍謀閎遠才任邊寄六應舉者進策論十卷下兩制看詳優者召赴祕閣試論六合格試制策一許京朝官太常博士以下應之又置書判拔萃科應舉者納所錄判詞三卷本銓差官看詳優者召試判十共二千字以上合格即就御試景祐元年罷又置高蹈邱園沉淪草澤茂材異等科並許白衣投應仍投策論十卷差官看詳委有可稱封送禮部選擇召試寶元中帝以進士試詩賦策論先後訪李淑淑列陳唐代因革之制請先策次論次賦及詩次帖經墨義分試四場通校工拙有司議稍行焉慶曆四年羣僚請改進士所試四場先後知諫院歐陽修言凡貢舉法若二千人就試常額不過選五百人是于詩賦策論六千卷中每一人三卷選五百人而日限又促考官疲心竭慮因勞致昏雖有公心而所選多濫此舊法之弊今請寬其日限先試以策而考之二千人可汰去五六百其留者試以論又可汰二三百其留而試詩賦者于千人而選五百少而易精矣時論以策論汗漫難知詩賦聲病易考乃詔一依舊條又知制誥富弼言殿試有三短考官濫取不擇一也一日試詩賦論三篇不能盡人之長二也考校不過十日不暇研精差次三也必慮恩歸有司則宜使禮部次高下以奏而引諸殿廷唱名賜第與殿試無異也遂詔罷殿試議者多言其輕上恩廢故事乃止時上書者言四年一舉士子客京師待試者六七千人一不幸有故不應詔沉滯輒十數年以此毀行冒法干進者不可勝數宜間歲一貢舉中分舊數而薦之會王洙侍邇英閣講周禮至三年大比大考州里以賛卿大夫廢興帝曰古之選士如此今率四五年一下詔故士有抑不得進者不若裁其數而屢舉乃詔間歲貢舉進士諸科悉解舊額之半增設明經試法凡明兩經三經五經各問大義十條兩經通八三經通六五經通五為合格兼以論語孝經策時務三條出身與進士等而罷說書舉英宗時令禮部三歲一貢舉天下解額取未行間歲之前四之三為率明經諸科毋得過進士之數士得休息官亦不煩神宗初王安石請罷詩賦明經諸科而以其元數增進士額詔兩制兩省三司三館議韓維議罷詩賦各習一大經問大義十道不必全記註疏通七為合格蘇頌議先士行而後文藝去封彌謄錄之法直史館蘇軾言自文章言之則策論為有用詩賦為無益自政事言之則詩賦策論俱為無用矣然自祖宗以來莫之廢者以為設法取士不過如是也近世文章華麗無如楊億使億尚在則忠清鯁亮之士也通經學古無如孫復石介使復介尚在則迂闊誕謾之士也矧自唐至今以詩賦為名臣者不可勝數何負于天下而必欲廢之上得軾議曰吾固疑此今釋然矣他日以問王安石安石曰不然今人材乏少以少壯時正當講求天下正理乃閉門學作詩賦及其入官世事皆所不習此乃科法敗壞人才致不如古于是卒如安石議罷明經及諸科進士罷詩賦各治易書詩周禮禮記一經兼論語孟子每試四場初大經次兼經大義凡十道次論一首次策三道禮部試增二道又立新科明法以待諸科之不能改試進士者試以律令刑統大義斷案中格即取六年詔進士諸科及選人任子並令試斷案律令大義又詔進士第一人以下並試九年詔唱名盡四甲而禮部

正奏名上十八人未與者奏聽裁決因殿試進士初覆考官陳澤等考上一甲文卷失當贖金有差故有是命元豐元年御史黃廉言別試所解業詩者十八人而取至四五書經止取一人願分經立額均收其長乃詔詩易悉占三分書二分周禮禮記通二分八年濟博棣三州諸科舉人訴于禮部言諸科舊額多歸進士又盡解新科明法今試而中無額可解于是常留諸科舊額十分之一以待不能改業者時王安石詩書周禮義學官謂之三經新義哲宗元祐初尚書省言近歲治經者專守一家不識諸儒傳記之說左僕射司馬光亦言新義明法之弊乃詔更科場試法進士第一場試本經義二語孟義各一第二場賦及律詩各一第三場論一第四場子史時務策二經義進士不兼詩賦人許增治一經詩賦人兼一經以詩禮記周禮左氏春秋爲大經周易公羊穀梁儀禮爲中經願習二大經者聽不得偏占兩中經八年從中書請今後御試習詩賦人用祖宗法試詩賦論策三題專經人且試策自後槩試三題明年禮部定御試三題條約旋詔進士罷詩賦專習經義仍除字說之禁神宗念字學缺廢王安石乃進其說學者習焉元祐禁勿用至是除之並罷春秋科凡試取二禮兩經占全額之半而以其半及他經徽宗崇甯三年罷州郡發解及省試法凡取士悉由學校升貢其歲試上舍悉差知舉如禮部試時州縣悉行三舍法其免試入學者多當官子弟而在學積歲月累試乃得應貧且老者甚病之五年詔大比歲參用科舉取士一次蓋科舉未遽廢也大觀四年侍御史毛注請以解額之歸升貢者一二分不絕科舉遂詔更行科舉一次自崇甯以後立科造士之大指以安石新義故尊經書以司馬光通鑑故抑史學以蘇黃酬唱故廢詩賦其論似正而羣憸借以行其姦政和中猶有以禁習詩賦請者而達官貴冑以上書獻頌令直赴廷試蓋多有焉

高宗建炎元年駐蹕揚州命諸路憲司選官即漕司所在州類省試率十四人取一二年定詩賦經義取士又詔下第進士年四十以上六舉經御試御試尙有黜落嘉祐二年始槩賜出身元祐初知貢舉蘇軾孔文仲請特奏名與試者量取一二十人誠有學問即予出官其餘皆補文學長史之類不理選限遂詔定特奏名考取數進士入四等以上諸科入三等以上通在試者計之毋得過全額之半馬端臨謂嘉祐初即免黜落今自建炎距嘉祐七十餘年豈復有曾經御試之人恐是爲試入下等不理選限未出官者而設蓋此曹亦曾經御試故令其再試而官之以示恩渥八舉經省試五十以上四舉經御試五舉經省試者河北河東陝西人減一舉元符前到省兩舉者不限年一舉年五十五以上者所司以名聞令直赴廷試是秋帝親策試第爲五等賜及第出身同出身四百五十一人川陝河北京東正奏名不赴者一百三十八皆即家賜第紹興元年令有司講求舊制每科場年中丞給舍諫議大夫學士待制三人舉一人不拘已仕未仕先具詞業策論共五十篇送兩省侍從參考文理優長爲上次優爲中常平爲下上中者並召赴閣試試以九月學士兩省官爲試官御史監之試六論每首五百字以上于九經十七史七書國語荀楊管子文中子正文內出題通四以上爲合格仍分五等以試卷繳奏御前拆號入四等以上召赴殿試其日上臨軒親策限三千字以上宰相撰題差初覆考官詳定赴試人引見賜坐殿廊兩廡差楷書官祗應內侍賜茶果對策先引出處然後言事第三等爲上恩數視廷試策第一人第四等爲中視廷試第二三人皆賜制科出身第五等爲下視廷試第四人賜進士出身不入等與簿尉差遣已上並謂白身者有官人進一官與陞擢三年立博學弘辭科唐有詞藻弘麗文章秀異科大觀中有詞學兼茂科宣和五年詔附省試自辛卯至戊申中選者三十六人至是工部侍郎李擢奏請改立試題十二于制誥詔表露布檄箴銘記贊頌序內雜出六題分爲三場每場一古一今試人先投所業三卷朝廷降付學士院考其能者召試除歸明流外入背及嘗犯贓者皆得試每次所取不得過五人推恩比舊制加優分三等上等轉一官選人改秩無出身人賜進士及第並免詔試除館職中等減三年磨勘與堂除無出身人賜進士出身下等減二年磨勘無出身人賜進士出身並許召試館職先是紹興二年侍御曾統請廢經義專用詞賦上意鄉之呂頤浩不可而止十三年國學初建從司業高閌言頭場試本經語孟義各一次場試詩賦各一末場試子史論時務策各一十五年分經義詩賦兩科于是學者競習詞賦經學寖微上嘗諭沈守約曰恐數年後經學遂廢二十七年詔舉人並兼兩科內大小經義共三道三十一年言者以爲老成經術之士强習辭章不合音律請復分科取士仍詔經義合格人有餘許以詩賦不足之數通取不得過三分初舉人兼經義詩賦策論因號四科然更制後惟紹興十四年二十九年兩行之而止蓋舉人所習已是爲二不可復合矣熙甯四年始罷詞賦專用經義取士凡十五年至元祐元年復詩賦與經義並行至紹聖元年復罷詩賦專用經義凡三十五年至建炎二年又兼用經賦然則自熙甯以來士無不習經義之日矣然元祐初始復賦欲經賦中分取人而蘇軾上疏言自更法以來士工習詩賦者十人而七欲朝廷隨經賦人數多少各自立額取人則知當時士雖不習詩賦者十五年而變法之餘一習即工且多至建炎紹興之間以經義取士者且五六十年其間兼用詩賦幾十餘年耳然共試則經擅而賦工分試則經少而賦多流傳既久所至場屋賦率居其三之二云御史中丞廖剛言國朝三歲一舉每以今年大禮明年科場又明年省殿試爲準故注授人先後到部不至擁併今科試明堂同在嗣歲省司財計難以應辦一不便也近歲初官待闕率四五年若使進士蔭人同時差注二不便也更展一年則舊制合矣乃詔紹興十

年諸州應發解者改于紹興十二年正月省試三月殿試自後視此為準又諸州舊以八月選日試士舉子有就數州取解者乃詔諸道發解並以中秋日引試四川則用季春而仲秋類省孝宗即位欲令文士能射御武臣知詩書命討論殿最之法淳熙二年御試唱第後二日引按文士詹騤以下一百三十九人射藝翌日又引文士第五甲及特奏名二百五十二人其日進士具襴笏入殿起居易戎服各給箭六弓不限斗力射者莫不振厲自獻命中者以次注官餘亦賜帛四年罷同文館試六年詔諸道試官隔一道選差又詔特奏名三名取一寘第四等以前餘並入第五等其末等納敕者舊許再試今止許一試潛藩及五路舊升甲者今但升名後並不許納敕三次帝策士陞黜不盡由有司十四年嘗擢進士第三王容為第一時儒生迭興辭章雅正號乾淳體焉寗宗慶元二年以諒陰不親策試知貢舉葉翥阿韓侂胄意上言士專習語錄之說中庸大學之書以文其非又傳誦葉適進卷陳傅良待遇集每用輒效請令太學州軍學各以月試合格前三名程文上御史臺考察其舊習不改坐學官提學司罪是舉也語涉道學者皆落至四年言者以經義一科全用套類初無本領請令有司所出經題各于本經摘出兩段文意相類者合為一題以杜挾冊售偽之計從之嘉定末祕書郎何澹言經義宜考注疏而辨異同今有司命題斷章裂句破碎經文乃詔釐革舊習時舉子姦弊日滋其弊凡五曰傳義曰換卷曰易號曰卷子外出曰謄錄滅裂理宗寶慶二年從左諫議大夫朱端常言命試院申嚴門禁入試日一切不許傳遞士人投卷時親書簿歷投匱中封彌官躬親封鐍卷匱俟舉人盡出院然後啓封分類即付謄錄所明旦申逐場名數于御史臺檢核其撰號法上一字許同下二字各異以杜訛易謄錄人選書手充不許代名考官容情任意者臺諫風聞彈奏初省試敕差知貢舉一同知二內差臺諫官一參詳官若干內差監察御史一俾會聚考校微示彈察寗宗初韓侂胄用事將鈐制士人遂于三知舉外別差一諫官為同知專董試事不復干預考校參詳官亦不差察官于是約束峻切氣燄薰灼嘉泰間更名監試製造簿曆嚴立程限其失愈甚至紹定元年乃復舊制端平初御史李鳴復等又言臺諫充知舉參詳既留心考校不能檢柅姦弊乞仍舊差臺諫為監試從之二年有言蜀士嗜利多引商貨押船以致留滯關津廷試展待乃定四月上旬廷試更不移展時場屋士子日盛卷軸如山有司迫于日限去取不能皆當盍士子本名納卷後或別易名字一人納二三卷不禁挾書又許見燭浙闈諸郡又間日引試中有一日之暇甚至次日午方出于是經義可作二三道詩賦可成五六篇幸皆中選往往以兄弟承之或轉售同族姦詐百端四年乃命諸郡于投卷初責鄉鄰嚴覈虛偽縱容者罪之其弊稍息是年詔避親人與漕舉及待補國子生同試于別院舊制避親舉人與鎖廳同試自紹熙分場各試其額七人取一朝士之被差為大院考官者恐妨其親多不願差而寒士于千百取一之中得預鄉舉數千里辛勤赴省省闈差官又當相避遂有隱身匿名不認親以求免者有憤懣憂沮狼狽旅邸者故有是詔尋罷之四川類試復遣官四川類試紹興二十九年然監試考官十員內惟大院別院監司主文各一員從朝命餘聽制司選差後權委成都帥守從近取具至是仍朝命四員餘從制司分選嘉熙元年以士子數多于禮部及臨安轉運司兩試院外紹興安吉各置一院朝命官前詣同日引試分各路士人就試焉是年已失京西諸州命京湖制置司于江陵別立貢院軍士多徙寓江陵鄂州歸峽復三州及隨郢均房京西七郡取德安府荊門軍用十二郡元額士人別差官混試混取以優之淳祐元年言者以諸路漕試合國子試兩項科舉及免舉人不下千數大院既患卷冗小院又患額窄宜復撥漕舉胄舉同避親人並就別院引試三年仍令試別院者歸大院時淮南諸州郡歲有兵禍士子不得以時赴鄉舉且漕司分差試官路梗不可徑達乃命各附近秋試淮東州郡附鎮江府淮西州郡附建康蘄黃光三州安慶府附江州各增差試官二員別項考校照各元額取放又以場中程文多有傳寫雷同四年添差檢點官一員仍差監察御史一員鈐試十二年廣南分東西兩路考試廣南西路言所部二十五郡科選于春官者僅一二蓋山林質樸不能與中土同工因援兩淮荊襄例別考寶祐二年監察御史陳大方言士風日薄文場多弊乞令初請舉士人從所司給帖赴省別給一歷如命官印紙之法批書發解之年及本名年貫保官姓名執赴禮部又批赴省之年長貳印署赴監試者同將來免解免省到殿亦如之如無歷則不收試至度宗朝丞相賈似道欲制東南士心令御史陳伯大請置士籍開具姓名年甲三代妻室令鄉鄰結勘于科舉條例無礙方許納卷自是嚴行天下或稍有瑕疵不敢有功名之望至似道潰師後臺中始首劾伯大焉宋承唐制科目亦以進士為貴南渡後每科進士及第動至四五百人蓋倍于唐有餘矣唐時及第者未即入仕尚待吏部試宋則登第之後即為入仕之期故其冗更數倍于唐制舉皆天子親試無常科惟召試館職及博學弘詞或起之山林或取之朝著召之州縣多至大用至五經學究特為時所輕其外則有胄試始于景德三年陞朝官嫡親許附國學鎖廳試見任官應進士舉者天禧二年詔自今鎖廳應舉人所在長吏先考試藝合格者聽解如至禮部不及格當停見任類試景祐四年從賈昌朝議有親戚仕本州及或為發解官及侍父祖遠宦距本州二千里宜敕轉運司選官類試由是諸路始有別頭試宗子試凡祖宗祖免親巳命附鎖廳試非祖免以外例許應國子監禮部皆別試廷試策問與進士同別考累舉不中

年及四十以聞而錄用之至紹興二十九年孫道夫極論請託之弊乃敕御史一員監之經明行修元祐初倣古制創立此科間試取禮部試黜之士附寘恩科八行科以孝友睦婣任卹中和八行全偏爲三舍高下不問內外皆不試而補請託徇私其弊尤甚明法新科舊附銓試熙豐間始立紹興間又降敕差試官二員專撰刑法問題號爲假案後又就諸路秋試每五人解一名省試七人取一名皆不兼經御藥院又擬恩例分爲二等第一等本科及第第二等本科出身言者以爲濫十六年罷之童子科十五歲以下能通經作詩賦州升諸朝而天子親試之其命官免舉無常格眞宗時晏殊姜蓋始賜出身自仁宗至大觀末賜出身者僅二十人高宗時或誦經史子集或誦御製詩文或誦兵書習步射孝宗淳熙八年始分三等凡全誦六經孝經語孟及能文如六經義三道語孟義各一道或賦一詩一爲上等與推恩誦書外能通一經爲中等免解二次止誦書者下等免解一次五代時皆以軍卒爲將故武舉久廢仁宗天聖七年以西邊用兵將帥乏人復置武舉明年親試武舉十二人先閱其騎射而試之以策爲去留弓馬爲高下皇祐初復廢英宗治平元年復置神宗熙甯時樞密院修武舉試法不能策答者答兵書墨義王安石言武舉復試墨義則亦學究之流禦侮之用何事記誦乃悉從中書所定凡武舉于祕閣試義策于殿前司試武藝及殿試則試騎射及策于庭俱優爲右班殿直武藝次優爲三班奉職又次借職末等三班差使減磨勘年策平武藝優者除奉職次優借職又次三班差使減磨勘年武藝末等者三班差使元豐元年立大小使臣試弓馬藝業出官法第一等步射一石矢十發三中馬射七斗馬上武藝五種孫吳義十通七策五道文理優長律令義十通七中五以上免短使減一任監當三事以上免短使升半年名次兩事升半年一事升一季第二等步射八斗矢二中馬射六斗馬上武藝三種孫吳義通五策三道成文理律令義通五五事免短使升半年三事升半年兩事升一季一事與出身官第三等步射六斗矢一中馬射五斗馬上武藝兩種

孫吳義通三策三道成文理律令義通三計算錢穀文書五通三中五事升半年三事升一季兩事與出身官其步射發兩矢馬射發三矢皆著爲格先是樞密請建武學于武成王廟類選生員百人分三舍又保任者附入外舍偕上舍生發解崇甯間諸州立武學倣儒學制立考選升貢法徽宗宣和時州縣武學既罷有願隸京城武學者許補試欽宗靖康元年詔諸路有習武藝知兵書者州長貳以禮遣送闕下毋限數高宗建炎三年詔武舉人先經兵部驗視弓馬于殿前司仍權就淮南轉運司別場附試七書義五道兵機策二首孝宗乾道五年始令武舉廷試依文舉給黃牒榜首賜武舉及第餘並賜武舉出身初武臣試換文資須從官三人薦舉紹興中令敦武郎以下聽召保官二人以經義詩賦求試其後太學諸生久不第者多去從武舉同鎖廳之制後以林穎秀言武士舍棄弓矢更習程文襃衣大袖事倣舉子夫科以武名不得雄健喜功之士徒啟其僥倖名爵之心于是詔罷鎖廳換試甯宗初旋復之至其入仕授官有貢舉奏蔭攝署流外從軍五等吏部銓惟注擬州縣官舊幕職皆使府辟召宋則吏曹擬授京諸司六品以下官皆無選中書特授周朝每藩郡有闕或遣朝官權知太祖始削外權止令文臣權涖其後但以差遣爲資歷皆非本職京朝官則審官院主之使臣則三班院主之少卿監以上中書主之武臣刺史副率以上內職樞密院主之後又分爲四選文選曰審官東院曰流內銓武選曰審官西院曰三班院元豐定制銓注悉歸選部以審官東院爲尚書左選文臣寄祿官自朝議大夫職事官自大理正以下非中書省敕授者歸之流內銓爲侍郎左選自初仕至州縣幕職歸之審官西院爲尚書右選武臣升朝官自皇城使職事官自金吾街衞仗司以下非樞密院宣授者歸之三班院爲侍郎右選

自借差監當至供奉官軍使歸之凡非登科及特旨者年三十五方注官其大制如此建隆四年選朝士分治劇邑又詔諸州吏民不得詣京師舉留節度觀察等使刺史知州通判幕職等官開寶四年罷諸道攝官闕員處即時奏聞委有司除注又令經三攝無曠敗者不在此限時荆益交廣內附遠吏多闕是以歲常放選而取解季集之制廢諸州印發春季選人文解以遠近分限並于正月十五日前到省餘季准此其因選部闕官特詔免解非時赴集謂之放選六年復四時選應引對者每季一時引對之凡選人試判三道二道全通一道稍次文俱優爲上一道全通二道稍次文稍堪爲中三道全次文紕繆爲下判上者職事官加一階州縣官超一資判中依資判下入同類惟黃衣人降一資至太宗太平興國元年增爲四等以三道全次文翰無取爲中下依舊判下格其全不通而文又紕繆爲下殿一選六年詔京朝官除兩省御史臺自少卿監以下奉使從政于外受代歸者令中書舍人郭贄膳部郎中兼侍御史知雜事滕中正等考績論材以中書所下闕員擬定引對以遣謂之差遣院時庶僚引對其敷納可采者多有超擢上慮有幸冒復詔應引對遣命者中書門下考審進止端拱三年令宰相以下至御史中丞各舉朝官前代自一品以下皆曰常參官宋曰朝官祕書郎以下未嘗參者曰京官一人爲轉運使眞宗咸平初從祕書彭年請令兩省御史臺官尚書省六品以上諸司四品以上官授誥詣閤門投表讓一人自代方得入謝在外者授誥三日內具表附驛以聞至大中祥符五年詔翰林學士以下常參官歲各舉外任京朝官三班使臣幕職州縣官各二人諸司使副承制曾任西北邊川廣鈐轄親民者並同此例諸路轉運使副提點刑獄官知州

通判結罪奏舉部內官屬不限名數仁宗初吏部奏天下幕職州縣官期滿無代者八百餘員川廣尤多未代帝曰此豈人情所樂耶其令亟代天聖六年詔審刑院舉常參官在京刑法司者爲詳議官大理寺詳斷刑部詳覆法直官皆舉幕職州縣曉法令者爲之自請試律者須五考有舉者乃得試律三道疏二道又斷中小獄案二道通者爲中格時舉擢不常國子監闕講官嘗詔諸路轉運使舉經義通明者欲不次用人嘗詔近臣舉常參官歷通判無贓罪而才任繁劇者己之親及執政近屬毋得舉欲官諸邊要嘗詔節度使至閤門使知州軍鈐轄諸司舉殿最以上材勇使邊任者或令三司使下至天章閣待制舉奏之邊有警又或詔諸轉運使提點刑獄升朝官舉所部官才任將帥者三路知州通判縣令皆詔近臣舉廉幹吏選任之至于文行之士錢穀之才刑名之學各因時所求而薦焉自天聖後進者頗多物議患其冗始戒近臣非受詔毋輒舉官英宗治平三年上語中書曰水潦爲災言者云咎在不能進賢何也歐陽修曰往時入館有三路今塞其二矣宋以史館昭文館集賢院爲三館皆寓崇文院其實無別舍但各以庫藏書列于廊廡間耳直館直院謂之館職以它官兼者謂之貼職凡狀元制科一任還即試詩賦各一而入否則用大臣薦而試謂之入館自崇文院廢爲祕書監建祕閣于中自監少以至正字列爲職事官罷直閣直院之名而書庫仍在獨以直祕閣爲貼職之首皆不試而除葢特以爲恩數而已進士高科一路也大臣薦舉一路也因差遣例除一路也往年進士五人以上皆得試第一人及第有不十年即至輔相者今第一人兩任方得試而第二人以下不復試是高科路塞矣往時大臣薦即召試今只令上簿候缺人乃試是薦舉路塞矣惟因差遣例除者半是年勞老病之人此臣所謂薦舉路狹也上乃命宰執舉館職

各五人熙甯二年罷初入兩府舉官之制故事二府初入得舉所知者三人時陳升之拜相循例爲侯叔獻程顥時御史又皆與堂除又升一任帝以不考材實罷其制又乞罷堂選曾公亮執不可王安石謂中書所總已多不能精擇宜歸有司自此輕重失倫無進賢退不肖之實矣明年以樞輔任重不當親有司之事乃置審官西院專領閤門祇候以上諸司使磨勘常程差遣其內外舉官之制皆罷初吏部選格其法各隨所任職事以入任功狀立格以待擬注至哲宗元祐時司馬光爲相請在位達官人舉所知設十科以舉士一曰行義純固可爲師表有官無官皆可舉二曰節操方正可備獻納舉有官人三曰智勇過人可備將帥舉文武有官人四曰公正聰明可備監司舉知州以上資序五曰經術精通可備講讀有官無官人皆可舉六曰學問該博可備顧問同上七曰文章典麗可備著述同上八曰善聽獄訟盡公得實舉有官人九曰善治財賦公私俱便同上十曰練習法令能斷請讞同上應職事官自尚書至給舍諫議寄祿官自開府儀同三司至大中大夫職自觀文殿大學士至待制每歲各隨所知于十科中共舉三人歲終不舉及人數不足按劾施行或不如所舉謂舉行義純固而犯名教之類其舉主從貢舉非其人律科罪犯正入己贓舉主減三等科罪若受賄徇私自從重法詔從之又詔大臣奏舉館職並如制召試除授高宗建炎初選籍散亡乃下諸道州府軍監籍屬吏寓官之爵里年甲出身歷任功過舉主到罷月日上之時赴調者盡萃東南選法留滯乃詔京畿京東西河北河東士夫在部注授雖銓未中而年及者聽注官二年又令京官赴行在者非政和以後進書頌及直赴殿試之人乃聽參選在部知州軍通判簽判及京朝官知縣監當權以二年爲任舊以三年

爲任四年戒吏部長貳堂中或取部闕並須執守毋得供報言者以京黼用事有詣堂及闕者判一取字雖己注人亦奪予之甚至部有佳闕密獻以自效爲寒畯患逾二十年乃下此令紹興元年詔曰亂離以來士夫流徙有跣而赴行在者注授牓闕姦弊日滋宜令三省議除其弊于是議立八事曰注擬藏闕申請徼幸去失艱難刷闕滅裂闕會淹延審量疑似給付邀求保明退難令長貳機梎之二年呂頤浩言近堂除多侵部注請倣故事外自監司郡守及舊格堂除通判內自察官省郎以上館職書局編修官外餘闕幷寺監丞法寺官六院等武臣自準備將領正副將以上其部將巡尉指使以下並歸部注至二十二年復以進士及門蔭子弟不復參部自于堂除下詔申禁是年從侍郎淩景夏言令吏部七司凡換給之期限戰功之定處去取之保任書塡之審實奏薦之限隔酬賞之用否凡經申請或白堂或取旨者每一事已即官以次擬定而長貳書之于冊永以爲例舊制宗室文資與外官文臣參注窠闕武資闕不得與武臣參注但注添差孝宗時始聽注釐務陝又詔宗室曾應舉得解者許參選餘並銓試其三試終場不中人聽不拘年限調官先時選人應改官必引對便殿每五日引二人神宗令每甲引四人元祐變法三人爲甲月三引見積累至紹聖初待次者二百八十餘人乃令五日而引一甲然改官無定數紹興之季遂至百十三人孝宗患之稍嚴陞改之令湻熙六年引見改官不及七十員明年吏部請以七十員定額自是歲改京官者僅百員遂爲永制是年又以歲舉京官數濫初無常數有其人則舉王中行時兼給事中議請六曹寺監歲減舉員三之一諸路監司減四之一禮部國子監長貳減三之三前執政歲減二員諸州無縣者歲止

一員歲終不除運副而判官補發者不理爲職司至甯宗慶元元年復詔判官補發副狀理爲職司又詔職司狀不得用二紙用姚愈奏嘉定十二年詔侍臣兩省臺諫各舉文武可用之才二三人又命監司守臣舉十科政績所知自代露章列薦並籍記審察任滿則擢其舉數多有政績行誼者理宗紹定元年臣僚上言銓曹之患員多闕少注擬甚難自乾道以來嘗命選部職官窠闕各于元出闕年限之上與展半年用闕歷年寖久人仕者多今吏部參注之籍文臣選人武臣小使臣校尉以下不下二萬七千餘員率三四人共注一闕固宜壅滯乃命吏部録參司理司法令丞監當酒官于元展限上更展半年淳祐四年以臺諫耳目之官例由親擢不許大臣薦進七年監察御史陳垓逢言銓法十弊一添差數多破法耗財謂倅貳幕職參議機宜總戎鈐轄監押之類二抽差員衆州縣廢職謂監司帥守幕屬多差見任州縣他官權攝三攝屬違法蠹政害民謂監司帥守徇私差權幕職四須入不行徼幸撓法謂初改官者必由知縣謂之須入此規免作令苟圖京局躐求倅貳遂使不曾歷縣之人冒當郡寄五奏辟不應奔競日甚謂未經任人在法不許奏辟今或以初任或以闕次遠而改辟見次者六改任巧捷紊亂官常謂任法已援差遣人不得干求換易今既授是官復謀他職辭卑居尊棄彼就此七薦舉不公多歸請託八借補繁多官資泛濫九瘝曠職守役心外求十匿過居官褻視國法謂曾經罪犯必俟赦有經營今既遭劾初未經赦者差遣八年令未歷郡者不得爲郎已爲郎者更迭補外未歷縣者必令須入已作縣者須及任滿其闕次不得差改其後又詔改官班引者先赴都堂或御史臺各試書判不通者且令爲丞俟再試中方與集注若夫文武蔭補之制自期親至餘親奏薦最廣太祖時定任子之法臺省六品諸司五品登朝嘗歷兩任然後得請太宗淳化改元恩文班中書舍人武班大將軍已上並許蔭補如遇轉品許更蔭一子至道二年始有聖節奏薦之例大中祥符元年始有東封禮畢推恩之令熙甯時定限年限員之法宣和中中大夫至帶職朝奉郎入官十五年諸衛大將軍至武翊大夫入官二十年內侍官武功大夫至武翊郎累奏不得二人淳熙九年更務裁抑立郊蔭補恩正數宰相十人開府儀同三司以上同執政八人侍從六人觀察使至節度使中散大夫至中大夫右武大夫至通侍大夫同帶職朝奉郎朝儀大夫三人武翊大夫至武功大夫同致仕遺表恩澤文臣見任宰相八名曾任宰執七名見任執政六名曾任執政五名在內侍從在外侍制以上不帶職大中大夫以上二名無遺表止得致仕者侍御史中散中奉至中大夫朝奉郎至朝議大夫一名武臣見任使相七名曾任使相六名見任執政太尉六名曾任執政節度使五名諸衛上將軍至承宣使四名觀察使三名通侍大夫二名正侍至右武大夫諸衛大將軍武功至武翊大夫一名大中祥符時門蔭授京官年二十五上求差使者令于國學聽習經書以二年爲限仍令審官院與判監官考試以聞其初皆試律暨詩已仕而無勞績舉薦及無免試恩皆試判更制以後槩試律義斷案議後又增試經義中選者皆得隨銓擬注其入優等者往往特旨賜進士出身

遼太祖起自朔漠干戈倥傯未置科目至後設鄉府省三試鄉中曰鄉薦府中曰府解省中曰及第程文分兩科一詩賦一經義其試進士貢院以二寸紙書及第者姓名給之號爲喜帖明日舉案而出樂作及門擊鼓十二面以法雷震殿試臨期取旨第一人特增一官授奉直大夫翰林應奉文字第二第三人以下並授從事郎詞賦爲正科法律爲雜科聖宗統和六年詔開貢舉九年放進士及第祇一人十一年始放二人太平五年幸南京內果園宴求進士得七十二人命賦詩第其工拙以張昱等十四人爲祕書郎餘並崇文館校書郎九年皇城進士張人紀等二十三人入朝試以詩賦皆賜及第興宗重熙五年十月幸南京御元和殿以日射三十六熊賦是秋獵黃花山獲熊三十六因以命題金時亦嘗以此題試進士幸燕詩試進士于廷賜馮立趙徽等四十九人進士第以立爲右補闕徽以下皆太子中舍賜緋衣銀魚御試進士自此始又從宰臣張儉請幸禮部貢院宴賚甚渥將軍庶箴子富魯舉進士主文以國制無遼人試進士之條聞于上以庶箴擅令子就科目鞭二百尋命富魯爲牌印郎君賦詩稱旨洊被恩禮而涿州王棠鄉貢禮部廷對皆第一時醫卜屠販奴隸及倍父母或犯者逃亡者不得舉進士道宗咸雍六年設賢良科應舉者先以所業十萬言進十年御永安殿策之是歲放進士二百三十八人以馬希白詩才十吏不能給召試之天祚中禁商賈家應進士舉云太宗會同初選約尼氏九帳子弟可任官者聖宗初華喇部請今後詳袞止從本部選授上以諸部官惟在得人命勿以所部爲限統和七年宋進士挈家來歸者十七人命有司考其中第者補國子官餘授縣主簿尉十二年詔宋俘中官吏儒生抱器能者諸道軍勇健者具以名聞授衛德升等六人官其後又以國舅及南北王府乃國之貴族賤庶不得任本部官興宗重熙十六年詔世選之官擇各部耆舊材能者任用道宗太康九年定諸令史譯史遷敘等級凡任子之令

文武並得奏蔭各限員數聖宗定制沒於王事者錄其子孫

金承遼後先後設詞賦經義策試律科經童諸科又有女直進士科專試女直文字初但試策後增試論亦謂之策論進士又嘗制舉宏詞科以待非常之士其詞賦經義策論中選者謂之進士律科經童中選者謂之舉人太宗天會改元急欲得漢士以撫輯新附始置科舉至明年二月八月凡再行焉五年令因南北素所習業以取士號南北選各以經義詞賦兩科取士海陵天德二年併南北選爲一明年罷策試科諸進士舉人由鄉至府由府至省至殿廷凡四試章宗明昌初言者以舉人四試而鄉試爲虛設乃詔罷免鄉試以三月二十日府試若策論進士則以八月二十日試策間三日試詩詞賦進士則以二十五日試賦及詩間三日試策論經義進士又間三日試所治經義又三日試策次律科次經童每場皆間三日試會試則策論進士以正月二十日試策餘以次間如前御試則以三月二十日策論進士試策二十三日試詩論二十五日詞賦進士試詩賦論而經義進士亦以是日試經義二十七日乃試策論若試日遇雨雪則候晴日御試唱名後試策則稟泰弘詞則作二日程試舊試女直進士在試漢進士後大定末更定是制府試策論進士凡四處大定間令于中京上京咸平東平試後增爲七處明昌初增北京西京益都兼試女直經童上京海蘭率賓呼爾哈扶餘東北招討司赴會甯府咸平隆州博索東京蓋州懿州赴咸平府中都河北東西路赴大興府西京并西南西北二招討司赴大同府北京臨潢宗州興州全州赴大定府山東西大名南京赴東平府山東東路則就益都試詞賦經義進士及律科經童凡六處大定間令于大興大定大同開封東平北京後增爲十處明昌初增遼陽平陽益都後又增太原其中都河北赴大興府上京東京咸平等路赴遼陽府餘各試于其境初經義于易書詩禮春秋專治一經內出題天德三年罷大定二十八年復詞賦以經傳子史出題嗣又逐年改一經以詩書易禮春秋爲次注內亦許出題海陵正隆元年用五經三史正文章宗初用五經子史皆于題下注其本傳士子程文所用事得自注出處承安後令考試詞賦官各作程文一道式示舉子後以考官離筆硯久擬作不工恐起謗議乃罷此制當世宗大定時會試取詞賦進士不得過五百人章宗令合格則取承安二年至九百二十五人泰和二年始令策論三取一詞賦經義五取一又令五舉終場年四十五以上四舉終場年五十以上者方受恩例世宗末令五次御簾進士止以文之高下定其次而不黜落謂之恩榜明昌初令省元直就御試不中者許綴榜末府元被黜者許來舉直赴部仍一日試三題五舉者止賦詩所試文惟犯御名廟諱及不成文理始黜女直進士亦同此例承安二年令四舉該恩泰和三年以經義會元與他科進士同不得以御試被黜優附榜末然又與四舉者不同遂依府試解元免府試之例會試下第再舉直赴御試至宣宗時終場人年五十以上者即行該恩河北舉人中選而阻兵者免後舉府試策論進士專選女直人大定初擇良家子習女直文字教以古書作詩策十三年始令每場試策一道限五百字以上免鄉府試止赴會試御試二十年以策詩試三場策用女直大字詩用小字依漢進士例三年一舉時又以試策既久人能預備宜于五經內出題加試以論二十九年增試論題俟第三舉後通定去留以詩策合格爲中選以論定名次承安二年定限丁習學之制凡內外官員諸局承應人武衞軍若明安穆昆女直及諸色人戶惟一丁者不許應試兩丁一人四丁二人六丁以上止許三人明年令女直進士年四十五以下者府試十日前委佐貳官善射者試射其制以六十步立垜去射者十五步對立兩竿相去二十步去地二丈以繩橫約之弓不限強弱不計中否以張弓巧便發箭迅正者爲熟閑射十箭中兩箭出繩下至垜者爲中選餘路委提刑司在都委監察體究赴會試御試者大興府佐貳官試驗三舉終場者免之宣宗興定元年制中都西京等路策論進士權于南京東平博索上京四處府試至五年賜第者僅二十八人其賢良方正能直言極諫博學弘材達于從政等科試無常期上意欲行則告天下聽內外文武六品以下職官無公私過者從內外五品以上官薦試之若草澤之士德行爲鄉里所推者從州府薦之凡試先投所業策論三十道于學士院視其優者委官以羣經子史內出題一日試論三道可則廷試策一道通貫者優等遷擢之弘詞科試詔誥章表露布檄書皆用四六誡諭頌箴銘序記或依古今體于每舉賜第後進士及在官六品以下從在外官薦令試策官出題就考凡四題分二等上等遷兩官次等遷一官皆明昌初所置也四年以後郡縣所舉德行才能之士往往賜同進士出身或賜及第焉凡府會試每四人則一人監檢御試策進士則人各一名泰和元年從省臣請依大定故事使與試者就沐浴官置衣爲之更之又嘗以竹林寺憫忠寺爲場屋其放第唱名天眷初嘗于析津廣陽門西一僧寺遷都後改從宣陽門律科以律令出題府試十五題每五人取一大定二十二年會試每場十五題三場共通三十六條以上爲中選二十九年加語孟小義一道府會試別作一日令經義試官出題與本科通考經童凡士庶子年十三以下能誦二大經三小經又誦論語諸子及五千字以上府試十五題通十三以上會試每場十五題三場共通四十一以上爲中選貴幼而多誦者若年同則多誦大經者爲勝大定末限以三十或四十人能擢進士第者

同進士任用如中府會試視其次數優其等級幾舉不得薦者從本出身泰和元年定試武舉之制分上中下三等能挽一石力弓以重七錢竹箭百五十步立貼十箭內府試中一箭省試中二箭程試中三箭又遠射二百二十步垛三箭內一箭至者又百五十步內每五十步設高五寸長八寸臥鹿二能以七斗弓二大鑿頭鐵箭馳射府試則許射四反省試三反程試二反皆能中二箭者又百五十步內每三十步左右錯置高三尺木偶人戴五寸方板者四以槍馳刺府試則許馳四反省試二反程試一反左右各刺落一板者又依廕例問律一條又問孫吳書十條能說五者為上等凡程試一有不中者皆黜之若射貼弓八斗遠射二百一十步射鹿弓六斗孫吳書通四為中等射貼弓七斗遠射二百五步射鹿弓五斗孫吳書通三為下等解律刺板皆欲同前不知書者上為中中為下其中下願再試者聽三年定武舉出職遷授格上甲第一名遷忠勇校尉第二三名遷忠翊校尉中等遷修武校尉收充親軍不拘有無廕視舊格減一百月出職下等遷敦武校尉亦收充親軍減五十月出職終金之世科目得人為盛諸宮護衛及省臺部譯史令史通事其餘仕進皆得列正班文武選皆統于吏部從九品至從七品職事官部擬正七品以上呈尚書省以聽制授凡文散官謂之文資官自餘皆武散官謂之右職又謂之右選文資則進士為優右職則軍功為優自舉人勞效應襲恩例之外入仕之途尚多若牌印護衛令史之出職則皇統時所定也檢法知法國史院書寫則海陵所置也若宗室將軍宮中諸局承應人宰相書表太子護衛如護衛王府祗候郎君內侍及宰相之子并譯史通事省祗候郎君親軍驍騎諸格則定于世宗之時及章宗所置之太常檢討內侍寄祿官皆仕進之門戶也凡外任循資官謂之常調朝官謂之隨朝吏部選者謂之部選分按四季擬授尚書省選者謂之省選專理資考升遷凡銓注取仕官解由撮行績資歷之要為銓頭以定其能否其有犯公私罪贓污者謂之犯選格雖遇恩不得除敘太宗天會四年始置三省法古立官海陵初河南北選人並赴中京吏部各置局銓法世宗大定初除授從八品以下令勿奏聞又隨季選人如無過或有功酬者依格銓注有廉能及污濫者約量升降呈省十年令民願留守令以下官者直赴部告呈省遣使覆實可超升之明昌三年令隨季部人依舊制識字者試書判不識字者問以疑難二事優者量除示勸隨朝及外路六品以上官則隨長任外路正七品官升六品縣令一等除授任滿合降者免降從七品以下于各等資歷內減兩任擬注若見任縣令升中上者并掌錢穀及丁憂去者候解由到部諸局分人亦候將來出職日準上擬注明安穆昆隨門戶減一資泰和初以縣令丞簿員闕不相副令散官犯選格及虧永者廣威注令明威注丞簿宣宗南遷時詔吏部以秋冬于南京春夏于中都置選而赴調者憚于北行遂併于南京設之至省選資考之制監察御史尚書省具才能者疏名以聽制授任滿御史臺視其所察公事具書于解由以送尚書省稱職者升庸常者臨時取旨不稱者除任其常調正七品兩任升六品六品三任升從五品從五品兩任升正五品正五品三任升刺史內外官俱以三十月為考隨朝官以三十月為任升職一等自非制授尚書選在外官命左司移文句取大定中內外三品官以五十月為任泰和元年命內外官通算合得升等而少十五月者依舊在職補足而後升除或有餘月日以後積算三年凡文資右職官應還三品職事者五品以上歷五十月六品以下及門廕雜流職事至四品以上而散官應至三品者皆歷六十月方許告還後又令內外四品官以四十月理考通八十月還三品復以門廕官職事至四品者絕少令刺史有散官應至三品者即許告還三品又令資考各減一任臨時量人材辛苦資歷年甲以次奏稟先是上嘗以選舉十事命尚書省定擬一減資考使可用者不致衰老二隨朝考滿人果才能免回降三隨路提刑所計廉能官就令隨宜遷注四許宰相與求仕官相見以訪才能五薦賢毋避親故如數各舉所知不舉者罪之六舉自代七內外五品以上官長于僚屬內舉才能官一人數外舉者聽入監臨諸物料內及草澤隱逸之士皆聽薦舉九親軍出職內有尤長武藝勇敢過人者令內外官舉提刑司察之十定前項各數隨色歲舉一人又嘗以太拘資歷不足以得人至宣宗時以兵興故恩命數出賤職下僚或階極品乃從言者請非親王子及職一品餘人雖散官至一品皆不許封公其已封者儀衛降從二品之制初女直進士上甲除上簿中甲下甲除中簿下簿大定二十五年上甲甲首遷四重餘各遷兩重第二三甲授隨路教授三十月為一任第一任注九品三任四任注錄事軍判五任下令自添試論後皆依漢格經義進士第一擬縣令第二當除察判以無闕遂擬軍判第二第三甲隨各人住貫擬軍判丞簿凡進士注職上甲者初上簿軍判丞簿尉中甲下甲者中下簿軍判承簿尉大定二年文資官不除縣尉二十三年上甲初錄事防判二下令三中令中甲初中簿二上簿三下令下甲初下簿二中簿三下令策試中者進士授章服後再試時務策一謂之策試上甲初錄事防判二中令三上令中甲初上簿二下令三中令下甲初中簿二錄事防判三中令二十六年上甲初錄

事防判二中令三四五上令中甲初中簿二下令三中令四五上令策試者初鈐事防判二三四五上令其次初上簿二中令三四五上令又次初中簿二下令三中令四五上令下甲初下簿二下令三中令四五上令狀元舊授承德郎後改爲承務郎貞祐間至奉直大夫上甲舊授儒林郎更爲承事郎貞祐間仍儒林郎中甲以下舊授從仕郎更爲將仕郎貞祐間授徵事郎其右職遷除自皇統八年制凡帶一命昭信校尉以上者初除主簿及諸司副使二主簿及諸司使三下令四中令五上令或通注鎭軍都指揮使及正將其官不及昭信及無官者自初至三任通注丞簿四下令五中令六上令及知城寨若門廕之例自天眷中凡一品至八品皆不限所廕之人至貞元二年定制一品至七品各限以數創八品用廕之制大定五年十月制亡宋官當廕子孫者並同亡遼官例十七年四月詔世襲明安穆昆出身者雖年未六十欲令子孫襲者聽又以明安穆昆皆國家勤勞有功之人世襲官不宜以小罪奪泰和二年更定廕敘法年六十以上退與患疾身故者雖非文武官資擬令係班除存習本業者聽廕一人止一子者不須習卽廕凡文武官一品廕子孫曾孫及弟兄姪孫六人因門廕五人二品子孫曾孫及弟兄姪五人因門廕四人三品子孫兄弟姪四人因門廕三人四五品三人因門廕二人六品二人七品一人因門廕皆一人凡進納官正班三品廕四人雜班三人正班武略子孫兄弟一人雜班明威一人懷遠以上二人鎭國以上三人司天太醫遷至四品換文武官者廕一人哀宗時詔有司爲死節士立褒忠廟書其子孫千御屏以備擢用雖時迫危亡爲激勵人心之計要亦勸忠之典也

元太祖初得中原中書令耶律楚材卽請用儒術選士至九年命斷事官扎哈岱及山西東路課稅所長官劉中歷諸路考試以論及經義詞賦分爲三科作三日程專治一科能兼者聽但以不失文義爲中選復其賦役令與各處長官同署公事尋復中止世祖中統二年命宣撫司官舉文學才識可以從政及茂材異等至元四年翰林學士承旨王鶚等請行貢舉法命中書左三部與翰林學士議立程式十八年詔求山林隱逸名士元初用人多由薦授後雖科舉間行而以徵授官者未可一二數其辭不受職屢召不起者皆見于隱逸傳二十一年丞相和爾果斯等請以貢舉取士繼而許衡議罷詩賦重經學定爲新制事卒未行至仁宗皇慶二年中書省臣言經學實修己治人之道詞賦乃摛章繪句之學自隋唐以來專尙詞賦故士習浮華臣等擬罷律賦省題詩小義而專立德行明經科以取士乃命中書參酌古今定條制科場每三歲一開舉人從本貫官司于諸色戶內擇年及二十五以上經明行脩者結罪保舉遣上路府或徇私濫舉并應舉不舉者監察御史肅政廉訪司察治凡考試蒙古色目人第一場經問五條大學論語孟子中庸內設問用朱氏章句集註第二場策一道以時務出題限五百字以上漢人南人第一場明經經疑二問大學論語孟子中庸內出題並用朱氏章句集註復以己意結之限三百字以上經義一道各治一經詩主朱氏尙書主蔡氏周易主程氏朱氏已上三經兼用古注疏春秋主三傳及胡氏傳禮記用古注疏限五百字以上不拘格律第二場古賦詔誥章表內科一道古賦詔誥用古體章表四六參用古體第三場策一道經史時務內出題限一千字以上蒙古色目人願試漢人南人科目中選者加一等注授蒙古色目人爲左榜漢人南人爲右榜第一甲第一名賜進士及第從六品第二名以下及第二甲皆正七品第三甲皆正八品流官子孫廕敘並依舊制願試中選者優升一等在官未入流品願試者聽若中選之人已有九品上資級加一等注授若無品級止依試例從優銓注其三試各定日期所在官司遲悞者論罪鄉試八月二十日第一場二十三日第二場蒙古色目漢人南人同二十六日第三場止漢人南人會試省部于次年二月初一日試第一場初三日第二場初五日第三場御試三月初七日前期奏委考試官二員監察御史二員讀卷官二員入殿廷考試每舉子一名怯薛歹一人看守漢人南人試策一道限一千字以上蒙古色目人等試時務策一道限五百字以上選考試監試等官行省與宣慰司及腹裏各路有行臺及廉訪司處與臺憲官一同商議選差上都大都從省部選差在內監察御史在外廉訪司官一員監試每處差考試官同考試官各二員並于見任并在閒有德望文學常選官內選差封彌官謄錄官各一員于廉幹文資正官選充凡謄錄試卷并行移文字皆用朱書省部會試都省選委知貢舉同知貢舉官各一員考試官四員監察御史二員封彌謄錄對讀監門等官各一員其試選合格人數視都省大小有差鄉試行省十一河南陝西遼陽四川甘肅雲南嶺北征東江浙江西湖廣又河東山東二宣慰司及直隸省部之眞定東平大都上都四路凡選合格者三百人赴會試于內取中選者一百人內蒙古色目漢人南人分卷考試各二十五人蒙古取七十五人大都十五上都六河東五眞定等五東平等五山東四遼陽五河南五陝西五甘肅三嶺北三江浙五江西三湖廣三四川一雲南一征東一色目人取七十五人大都十上都四河東四東平等四山東五眞定等五河南五四川三甘肅二陝西三嶺北二遼陽二雲南二征東一湖廣七江浙十江西六漢人取七十五人大都十上都四眞定等十一東平等九山東七河東七河南九四川五雲南二甘肅二嶺北一陝西五遼陽二征東一南人取七十五人湖廣十八江浙二十八江西二十二河南七延祐二年三月始開科左右榜凡五十六人文宗天曆間至九十七人順帝元統初增名額及百人至元初從徹爾特穆兒之議詔罷科舉參政許有壬爭之不得至六年復之仍稍變程式減蒙古色目人明經二條增本經義易漢人南人第一場四書疑一道爲本經疑增第二場古賦外于詔誥章表內

（又科一道）至二十五年兵興多阻其鄉試者惟燕南河南山東陝西河東數路而已乃倍增鄉貢之額所放進士復優其品秩焉（第一甲授承直郎第二甲承務郎第三甲從仕郎）元選法從七品以下屬吏部正七品以上屬中書三品以上非有司所與奪由中書取進止自六品至九品爲敕授中書牒署之自一品至五品爲宣授以制命之三品以下用金寶二品以上用玉寶有特旨者有誥詞凡諸王分地與所受湯沐邑得自舉其人以聞（各投下總管府長官不遷外其所屬州縣長官于本投下分到城邑遷轉）凡路府州縣除達嚕噶齊外長官並選用漢人佐貳官以色目漢人並用文武散官降職事官二等蒙古色目初授散官或降職事雖不降必俟官資合轉然後升職漢人初授官不及職再授則降職授官又覃官或准實授或普減資升等或內升等或外減資或外減內不減皆謂之恩數臺官于省部選人則與省官議省官于臺憲選人則與臺官議凡選人解由到部郎行照勘合得七品者呈省從七以下本部注擬其餘流外人員不拘多寡並以一月銓注一次凡遷敘隨朝以三十月爲滿在外以三周歲爲滿錢穀官以得代爲滿出職職官轉補與職官同成宗元貞元年命中書振理選法先是至元十九年御史中丞崔彧言選用臺察官若由中書必有偏徇之弊宜聽本臺選擇至是省臣言樞密院御史臺例應奏舉官屬其餘諸司不宜奏請今皆請之非便因詔自後諸司無得奏舉官屬專令中書奏擬至大德七年又詔諸司舉用人員並經中書省毋得擅奏又以翰林院國子學官員文翰師儒難同常調須求資格相應之人不得預保十一年武帝卽位八月中書省臣言內降旨與官者八百八十餘人已除三百未議者猶五百請自今越奏者勿與又御史臺臣言中書省樞密院御史臺宣政院得自選官具有成憲今監察御史廉訪司官非本臺公選而從諸臣所請自內降旨非祖宗成法帝俱納之九月中書省臣言內外選法向者遵世祖成制兩宮近侍銓敘惟上所命比有應入常調者夤緣驟遷其已仕廢黜及未嘗入仕者亦復自內降旨臣等先經奏禁而內旨所降復有百餘整飭實難自今銓請如前制非由中書議者毋得越奏仁宗皇慶元年省臣言今春以內降旨除官千餘人其欺僞豈能悉知且亂選法乃詔凡內降旨勿行文宗至順二年監察御史陳思謙言入仕之門太多黜陟之法太簡州郡之任太淹朝省之除太速欲設三策以救四弊一至元三十年以後增設衙門冗濫不急者從實減并其外有選法者并入中書二參酌古制設辟舉之科令三品以下各舉所知得才則賞失實則罰三古者刺史入爲三公郎官出宰百里葢使外職識朝廷治體內官知民間利病今後歷縣尹有能聲善政者授郎官御史歷郡守有奇才異績者任憲使尚書其餘各驗資品通選在內者不得三考連任京官在外者須兩任乃遷內職績非出類守不敗官者則循以年勞處以常調凡朝缺官員須二十月之上方許遷除帝可其奏命中書議行之至順帝元統元年命臺憲部官各舉才堪守令者一人至正八年詔京官三品以上歲舉守令一人守令到任三月亦舉一人自代十二年詔隨朝一品職事及省臺院部諸正官各舉循良才幹智勇兼全堪充守令者二人知人多者不限員數各處試用守令可兼管義兵防禦諸軍鄂囉勸農事所在上司不許擅差守令既已優升其佐貳官員比依入廣例量升二等任滿驗守令全治者與眞授不治者全削二等依本等敘半治者減一等敘雜職人員其有智勇之士並依上例凡除常選官于殘破郡縣及迫近賊境之處升四等稍近賊境升二等十六年命六部諸監院正官各舉才堪守令者一人中書省斟酌用之或任內害民受贓者舉官量事輕重降職至元四年定廕敘之法凡廕諸品官止廕一人以嫡長子同母弟及其子孫曾元如無則次及旁推皆于合敘品級降一等諸九品依例遷至正三品者止于本等流轉二品以上選自特旨五年令三品至七品廕敘人員年二十五以上者當傔使一年並不支俸滿日三品至五品子孫量材敘用六品七品子准上銓注監當差使其諸路達嚕噶齊子弟廕充散府諸州達嚕噶齊其散府諸州子弟充諸縣達嚕噶齊其諸縣子弟充巡檢凡主兵官有功升擢其舊職宜別授有功者若陣亡許其子弟承襲（元帥招討使子孫襲爲萬戸總管子孫爲千戸總把子孫爲百戸給元佩金銀符管其元軍陣亡者仍以本等承襲）二十四年詔凡舊臣勳伐有戰功者其子弟當先試以小職果才能則大用之大德四年定制正一品子廕正五品從一品子從五品以次而降至從五品子則從九品正六品子流官于巡檢內用雜職于省劄錢穀官內用從六品子近上錢穀官正七品子酌中錢穀官從七品子近下錢穀官諸色目人視漢人優一等達嚕噶齊子孫與民官同傍廕依例降等至大四年令承廕子孫試一經一史通大義者免傔使不通者發還習學蒙古色目願試者聽仍量進一階

欽定續通典卷十八

欽定續通典卷十九

選舉三

歷代制下（考續附 唐 五代 宋 遼 金 元 明）

明代取士規制與元略同而專取宋朱子所定四書及易書詩春秋禮記命題其文略仿宋經義然代古人語氣爲之體尙排偶謂之八股通謂之制義直隸就京府各省就布政司試曰鄉試中式者爲舉人以之試禮部曰會試又中式則天子策試於廷曰廷試亦曰殿試分一二三甲爲次一甲止三人曰狀元授修撰榜眼探花授編修俱賜進士及第二甲三甲若干人賜進士同進士出身俱得考選庶吉士子午卯酉年鄉試辰戌丑未年會試鄉試以八月會試以二月皆初九日爲第一場又三日爲第二場又三日爲第三場廷試以三月朔舉子則國子生及府州縣學生員之學成者儒士未仕官未入流者其文行由有司申舉應之太祖初下金陵辟儒士范祖幹葉儀克婺州召儒士許元胡翰等日講經史治道克處州徵耆儒宋濂劉基章溢葉琛至建康創禮賢館處之甲辰三月敕中書省有能上書陳言敷宣治道武略出衆者參軍及都督府具以聞或不能文章許詣闕面陳其事於是州縣歲舉賢才及武勇謀略通曉天文之士間及兼通書律者洪武元年遣文元吉詹同等分行天下訪求賢才三年詔曰漢唐及宋取士各有定制然貴文學而不求德藝前元待士甚優而權要每納奔競之人夤緣阿附輒竊仕祿其懷材抱道者恥與並進自今年八月始特設科舉務取經明行修博通古今名實相稱者朕將親策於廷第其高下而官之使中外文臣皆由科舉而進非科舉者毋得與官於是舉鄉試初場試經義二道限五百字以上四書義一道二場論一道俱限三百字以上三場策一道限一千字以上中式後十日復以騎射書算律五事試之各省貢額有差（直隸百人河南山東山西陝西北平福建江西浙江湖廣皆四十人廣西廣東皆二十五人其才多或不及者不拘額數高麗安南占城國士子許於本國鄉試貢赴京師）明年會試中式百二十人帝親策試於奉天殿時以天下初定令各行省連試三年且官多缺員舉人俱免會試得赴選至四年乃定三年一舉六年旋令罷去而設聰明正直賢良方正孝弟力田儒士孝廉秀才人才耆民諸科目以德行爲本文藝次之有司察遣京師不次擢用至十五年復設科舉十七年禮部以定式頒行初場試四書義三道每道二百字以上經義四道每道三百字以上未能者許各減一道四書主朱子集注易主程傳朱子本義書主蔡氏傳及古注疏詩主朱子集傳春秋主左氏公羊穀梁及胡安國張洽傳禮記主古注疏（永樂間頒四書五經大全廢注疏春秋亦不用張洽傳禮記專用陳澔集說）二場試論一道三百字以上判五道詔誥表內科一道三場試經史時務策五道俱三百字以上未能者許減二道凡舉子卷首備書姓名年甲籍貫三代本經前期在內赴應天府在外赴各布政司置簿登記卷縫皆用鈐印卷尾署印卷官姓名及長條印記試之早入場每人以軍一人守之禁講問代冒至昏納卷未畢者給燭三條燭盡不成者扶出其納卷赴受卷所類送彌封所以字號編記送謄錄所謄錄畢送對讀所凡所官皆謂之外簾官對讀畢送內簾主考同考官校閱監試官不得干預凡舉子用墨筆謂之墨卷謄錄用硃謂之硃卷至主考復用墨筆鄉會試同先是吳伯宗嘗以廷試第一授禮部員外郎至十八年擢一甲丁顯等爲修撰二甲馬京等爲編修吳文爲檢討而其餘皆觀政於諸司其在翰林承敕監等衙門者仍庶吉士其在六部都察院通政司大理寺等衙門者仍稱進士進士有庶吉士及觀政進士之名自此始也時科舉薦舉並用中外大臣下至倉庫司局諸雜流皆得舉文學才幹之士其被薦至者令又轉薦又嘗諭禮部徵經明行修練達時務之士年六十以上者置翰林備顧問至成祖永樂二年既授一甲三名翰林官復於第二甲擇文學優等者五十人及善書湯流等十人俱爲翰林院庶吉士庶吉士遂專屬翰林翰林無不由科舉者矣尋復命學士解縉等選曾棨以下二十八人就學文淵閣庶吉士周忱自陳年少願學乃增爲二十九人司禮監月給筆墨紙光祿寺給朝暮饌禮部月給膏燭鈔人三錠工部擇近第宅居之帝時至館召試五日一休沐必使內臣隨行且給校尉騶從其後開科或不選所選亦無定額（永樂十三年選六十二人宣德二年止邢恭一人以其在翰林院習四夷譯書久也孝宗時大學士徐溥言自永樂二年以來選取庶吉士無定制今後請每科選用令新進士錄平日所作論策詩賦序記等文呈之禮部送翰林考訂擇其詞藻文理可取者按號行取禮部以糊名卷偕閣臣出題考試於東閣試卷與所投之文相稱卽收預選每科所選不過二十人每選所留不過三五輩將來成就必有足賴者乃詔內閣同禮吏部二考選以爲永例然自嘉靖癸未至萬曆庚辰中間有九科不選萬曆甲戌張居正以子下第故不選崇禎甲戌丁丑亦不選凡與選者謂之館選以翰詹官高資深者一人課之謂之敎習三年學成優者留翰林爲編修檢討次者出爲給事御史謂之散館）又是時內閣七人非翰林者居半纂修亦諸色參用（天順二年李賢奏纂修專選進士由是非進士不入翰林非翰林不入內閣）三年北直隸於順天府鄉試十三年二月行在禮部會試天下貢士三月策士於北京於國子監立題名石（洪武二十一年始立石於應天府太學至是皆在北京）十四年命貴州士子附雲南鄉試（雲南鄉試始於六年至是貴州亦附焉嘉靖十四年巡按御史王杏奏貴

州去雲南道里艱阻士子附試不便乃就本省開科時會試有副榜仁宗洪熙元年定鄉試取士額南京國子監及南直隸共八十名北京國子監及北直隸共五十名江西五十名浙江福建各四十五名湖廣廣東各四十名河南四川各三十五名陝西山西山東各三十名廣西二十名雲南交阯各十名宣德四年增雲南五名七年定順天八十名正統二年令不拘額五年定順天仍八十名應天百名浙江福建皆六十名江西六十五名河南廣東皆五十名湖廣五十五名山東四川皆四十五名陝西山西皆四十名廣西三十名雲南二十名六年增順天二十名景泰元年又令不拘額數四年南北直隸各增三十五名浙江江西福建河南湖廣山東各增三十名廣東四川陝西山西廣西各增二十五名雲南增十名成化三年又增雲南十名十年增五名弘治七年增雲貴共五名嘉靖十四年定雲南四十名貴州二十五名十九年增湖廣至九十名萬曆十三年增雲南五名交阯初定十名尋以棄其地止會試令不過百名其後增損不一皆臨時取旨初會試取士無定額少至三十二名多至四百七十二名又不分南北自洪武丁丑考官劉三吾白信蹈所取宋琮等五十二人皆南士三月廷試擢陳䢿為第一帝怒所取之偏命侍讀張信等覆閱䢿亦與焉帝猶怒不已親自閱卷取任伯安等六十一人六月復廷試以韓克忠為第一皆北士也然訖永樂間未嘗分地而取至仁宗始命楊士奇等定取士之額南人十六北人十四後又令南北各退五卷為中卷南取五十五卷北取三十五卷中取十卷仍百人為率景泰初禮部請取士不分南北戶給事中李侃等謂北人拙於文辭向制分南北卷不可改禮部言鄉舉里選之法不可行矣取士若不以文考官焉據且北方中土人才所生以古言之大聖如周孔大賢如顏曾思孟皆非南人以今言之如靖遠伯王驥左都御史王翱王支皆永樂間不分南北所取士今豈可預謂北無其人乃從禮部請五年從給事中徐廷章言復分南北中卷南卷應天及蘇松諸府浙江江西福建湖廣廣東北卷順天山東山西河南陝西中卷四川廣西雲南貴州及鳳陽廬州二府滁徐和三州也神宗萬曆十一年申定鄉試遣官之制初鄉試主考二人兩京用翰林同考四人用教職而各省則先期於儒官內聘明經公正者為之景泰二年命在京在外鄉試同考官五經用五人三年命布按二司同巡按御史推舉見任教官年五十以下三十以上文學廉謹者聘充考官於是教官主試遂為成例其後聘取或非其人監臨官又往往侵奪其職掌世宗嘉靖七年用兵部侍郎張璁言各省皆遣京官或進士每省二人馳往主試兩京房考亦各加科部官一員閱兩科旋罷二十五年從給事中萬虞愷言各省鄉試請聘教官不足則聘外省推官知縣益之四十三年又命兩京同考用京官進士易書詩各二人春秋禮記各一人其餘乃參用教官至萬曆四年復議兩京同考教官衰老者遣回北京取足於觀政進士及候補甲科南京於附近知縣推官內選取至是詔定科場事宜禮部復舉張璁之說言彼時因主考與監臨官禮節小嫌故行之兩科而止今宜仍遣廷臣由是浙江江西福建湖廣皆用編修檢討他省用部科官而同考亦多用甲科教職僅取一二而已會試主考二人同考八人洪武十八年命臨期具奏於翰林內用主考二人并同考三人餘用教職景泰五年從尚書胡濙請俱用翰林部曹其後主考率以閣臣為正翰詹一人副之熹宗天啟二年命大學士何宗彥朱國祚主會試嗣後主會試皆用二輔臣以為常同考自景泰後亦漸增至武宗正德六年用翰林十一人科部各二人分詩經房五易書各四春秋禮記各二至是以易卷多減書之一以增於易十四年書卷復多乃增翰林一人以補書之缺四十四年詩易各增一房共為二十房翰林十二人科部各四人至明季不變舊制宗室無就試者萬曆二十三年鄭世子載堉請宗室得儒服就試視才器使始詔奉國中尉以下入試輔國以上爵尊不得與繼而禮臣言封爵科目原自兩途彼既願從科目入仕應照士子出身資格銓除從之惟不得除京朝官然制屢定未果行至三十三年誕育元孫頒詔復及後熹宗天啟二年會試始開宗科朱慎鋆成進士從主考何宗彥朱國祚請即授中書舍人莊烈帝崇禎四年朱統鈽成進士初選庶吉士至歷科事變弘治十二年大學士李東陽少詹事程敏政主會試給事中華昶劾敏政鬻題與舉人唐寅徐泰乃命東陽獨主給事中林廷玉復劾之敏政坐謫官寅泰斥遣嘉靖十六年禮臣嚴嵩摘應天廣東試錄序語激帝怒應天主考及廣東巡按御史俱逮問二十二年帝手批山東試錄序譏訕御史葉經及布政使以下皆得罪亦嵩所中也萬曆三十八年會試御史孫居相劾同考官庶子湯賓尹與各房互換闈卷皆以私韓敬故時吏部方考察因寘賓尹敬察典四十四年會試吳江沈同和第一同和素不能文文出第六名同里趙鳴陽手事發並論戍天啟二年中允錢謙益主浙江試所取錢千秋卷七篇俱用大結有以關節訐者謙益亦自檢舉千秋論戍崇禎初謙益以禮部侍郎與推閣臣而尚書溫體仁摘千秋事訐攻謙益謙益由此罷終明世不復起事跡較異者永樂七年己丑會試中九十五人皇太子以帝北征令送太學至九年廷試天順七年試日舉場火死者九十餘人俱贈進

士出身改期八月會試次年三月廷試時英宗以大喪未踰歲御西角門策之正德十五年以南巡未及廷試次年世宗卽位亦御西角門策之嘉靖八年帝親閱廷試卷批奬一甲羅洪先楊名歐陽德二甲唐順之陳束任瀚六人大學士楊一清等遂選順之等二十八人爲庶吉士疏其名上請敎習忽降諭云吉士之制不必選留唐順之等一切除授吏禮二部翰林院會議以聞尙書方獻夫遂謂順之等不必留并限翰林官員數而故事幾廢迨十一年壬辰巳罷館選至九月復舉焉崇禎七年舉人顏茂猷文兼五經作二十三藝知貢舉林釬以聞詔送內簾既副榜矣命特賜進士以其名刻於試錄第一名之前武科自洪武二十年立武學並令武臣子弟於各直省應試三歲武舉六歲會舉天順八年令文武官舉通兵法謀勇出衆者各省撫按三司直隸巡按御史考中後兵部同總兵官於帥府試策略敎場試弓馬答策二道騎中二矢步中二矢以上爲合式中半者次之成化十四年詔武科鄉會悉視文科例至弘治六年定武舉六歲一行先策略後弓馬不中者不許騎射十七年復令三年一舉正德三年兵部議上武舉條格每文舉鄉試之年預行兩京十三省布政司有究韜略精武藝者報所在官司軍衞送都司有司送布政司從撫按同三司分場考試（無三司者從撫按考試）兩京亦送巡撫考試中式者以次年四月初九十二十五日會試兵部第一場校騎射八發九矢須中三矢以上二場校步射亦發九矢須中一矢以上俱於京營將臺前較閱（及期或風雨不便騎射則移期）於文舉場試三場答策二道論一道凡試卷皆彌封謄錄書中馬步箭若干送內簾詳酌等第其策論

文弓馬俱優爲上等次弓馬稍次者次弓馬既優策論文藻不及者俱列中等餘並黜落以俟後舉其榜張兵部前次日引見畢於中府賜會武宴嘉靖元年定各省應武舉者巡按御史於十月考試兩京武學於兵部選取俱送兵部次年四月會試以翰林二員爲考試官給事中部曹四員爲同考官後又倣文闈南北卷例分邊方腹裏每十名邊六腹四以爲常萬曆之季科臣請設將材武科初場試馬步箭及鎗刀劍戟擊刺等法二場試營陣地雷火藥戰車等法三場各就其兵法天文地理所知者言之報可而未行崇禎四年以時方需才命殿試傳臚悉如文例乃賜王來聘等及第有差武舉殿試自此始也其任官則文歸吏部武歸兵部吏部凡四司文選掌銓選考功掌考察其職尤要選人有三途曰進士曰舉人貢生官生監生儒士曰吏員承差知印書算篆書譯字通事諸雜流初授者曰聽選陞任者曰陞遷其法每年吏部六考六選凡引選六類選六遠方選二聽選考定陞降者雙月大選改授改降丁憂候補者單月急選其揀選三歲一舉行凡陞遷必滿考若員缺應補不待滿者曰推陞內閣大學士吏部尙書由廷推或奉特旨侍郞以下及祭酒吏部會同三品以下廷推太常卿以下部推通參以下吏部於弘政門會選詹事由內閣各衙門由各掌印在外官惟督撫廷推九卿共之吏部主之布按員缺三品以上官會舉監司則序遷其防邊兵備率由選擇保舉付以敕書其在外府州縣之正佐在內大小九卿之屬員皆常選官選授遷除一切由吏部太祖洪武中仕進多由薦舉耆儒鮑恂余詮金思誠張長年等起家爲文華殿大學士儒士王本杜斆

趙民望吳源特置爲四輔官兼太子賓客賢良郭有道秀才范敏曾秦稅戶人才鄭沂儒士趙翥爲尙書儒士張子源張宗德爲侍郞耆儒劉堉關賢爲副都御史明經張文通阮仲志爲僉都御史人才赫從道爲大理少卿孝廉李德爲府尹儒士吳顒爲祭酒賢良轝世英徐景昇李延中儒士張璲王廉爲布政使孝弟李好誠聶士舉賢良蔣安素薛正言張端文學宋亮爲參政儒士鄭孔麟王德常黃桐生賢良余應舉馬衞許安范孟宗何德忠孫仲賢王福王清聰明張大亨金思存爲參議其以漸而躋貴顯者又無算也吏部奏薦舉當除官者至三千七百餘人少亦至一千九百餘人南人官北北人官南其後祇令避本省學官不避仁宗洪熙元年吏部尙書蹇義言布按二司及府州縣官以承流宣化撫字爲職必須銓選精嚴薦舉有法方可得人請令在內文職七品以上在外五品以上及州縣正官各舉所知賢能廉幹堪任牧民及風憲者一人吏部考驗酌用其所保非才或授職後闒冗卑污連坐舉主乃定制凡遇布按二司知府缺令三品以上京官保舉其後以知府多由資格不稱任宣宗宣德六年復命大臣薦舉英宗正統元年詔京官三品以上舉堪任御史者四品及侍從言官舉堪任知縣者各一人二年大學士楊士奇言宣德七年以前藩臬二司及府州縣正官惟吏部所舉權衡獨擅聞見不廣未盡得人乃敕大臣保舉得人遂多間有一二非才蓋緣舉主審察不至或徇私不公所致昔唐太宗命在京三品以上舉郡守縣令遂致斗米三錢之效近來有等京官無人舉保造爲謗語欲隳良法伏望仍遵先帝敕旨行其所舉之人籍記舉主後有

犯贓必正舉主之罪詔從之十二年給事中余忭復言方面郡守有缺吏部當奏請上裁尚書王直等以方面郡守由保舉陞用者多稱職未可擅更詔從直等言而仍采忭疏許言官指劾自宣德三年況鍾趙豫等以薦擢守蘇松諸府賜敕行事十年用郭濟姚文等爲知府亦如之其所奏保者郎中員外御史及司務行人寺副皆與不依常調也部曹及御史由堂上官薦引類能其官帝又慮諸臣以連坐故畏不舉嘗語大學士楊溥全才甚難一言之薦亦豈能保其終身欲得賢才當厚敎養時吏治稱極盛焉英宗遵行舊典然日久生弊所舉或僚屬門下親舊私比方面官方正謝莊等由保舉得罪而無人保舉之御史知府往往九年不遷景泰三年詔罷職文官無贓犯而才學可用者聽在京四品以上在外撫按方面及府州縣正官薦用孝宗弘治六年詔各撫按及布按二司遇府州縣官才行俱優者無分舉貢吏員出身一體保舉五品以上果有才德出衆者開報吏部奏請定奪初太祖嘗御奉天門選官且諭毋拘資格選人或即授侍郎進士監生與辟薦者互用給事御史亦初授陞遷各半永宣後漸循資格而臺省尙多初授至是資格始拘舉貢雖與進士並稱正途而軒輊迥異故有是詔（嘉靖四十四年詔各撫按於所屬中不論舉貢進士但有賢能一體保舉隆慶三年掌吏部大學士高拱言國初進士舉人並用及後進士偏重而舉人甚輕至於今極矣宜破拘攣之見以開功名之路凡自授官以後惟考政績不必問其出身吏部自行體訪苟係賢能即一體陞取各撫按官一體保薦毋有輕重詔嘉納之然勢已積重不能復返）世宗嘉靖四十四年吏部尙書嚴訥請令本年朝覲官各舉所屬府佐以下治行卓異者如國初馬堅以典史擢都御史王興宗以直廳擢布政司故事超擢一二以鼓其志從之穆宗隆慶四年令於諸部寺屬及南京科道各省藩臬中有志行共推者遇京堂缺每歲間擢數人（從大學士陳以勸請也）神宗萬曆二十二年吏部尙書孫丕揚患中人請託乃行掣籤法（初選人常用拈鬮尙書李戴擬行此法報可至是始行）凡大選急選聽選人自掣一時誦爲至公而銓政自此一變明制給事中御史謂之科道洪武至天順成化間進士舉貢監生皆得選補其選擢者推官知縣而外或由學官其後監生及新科進士皆不得與或庶吉士改授或取內外科目出身三年考滿者內則兩京五部主事中行評博國子監博士助敎等外則推官知縣自推知入者謂之行取其有特薦則俸雖未滿亦得與焉嘉靖萬曆間嘗令部曹不許改科道復亦間行之京官惟進士得與考選推知行取則舉貢皆與天下守令進士十三舉貢十七推知行取則進士十九舉貢纔十一又率有臺無省多南少北嘉靖間嘗令監生與選旋罷不行其考選之例優者授給事中次者御史又次者以部曹用雖臨時考試而先期有訪單出於九卿臺省諸臣之手往往據以爲高下崇禎二年考選舉吏部以中書二人訪單互異上請帝責以推諉不悟訪單之非也武臣除授內則中左右前後五府留守司外則各都司各衞所及三宣六慰流官八等都督及同知僉事都指揮使同知僉事正副留守世官九等指揮使及同知僉事衞所鎭撫正副千戶百戶試百戶眞省都指揮使二十一留守司二衞九十一守禦屯田羣牧千戶所二百十一及苗蠻土司皆聽兵部武選司選凡大選曰色目曰狀貌曰才行曰封贈曰襲廕其途有四曰世職曰武舉曰行伍曰納級任子之制明初文武官自正從一品至正七品子孫許廕一人其廕由正從五品以至流外之上中下三等以次遞降大槩與元制同而旁廕降等及補試之法亦略如之武官爵至六品其職死者襲老疾者替世久而絕以旁支繼之凡襲職子弟年二十者比試初試不中受職署事食半俸二年再試中者食全俸仍不中者謫爲軍永樂以後在京三品以上滿考著績方得請廕遇國家有大典禮（如登極奉徽號冊后建儲併皇子生）屢有加恩亦率皆勳戚及政府大臣得之而陣亡克敵及卒於王事者或以功廕或以難廕例皆錄用其子孫終明之世不變也孝宗時廕子未仕亡歿許其補廕若應得廕子恩而身故許其子孫自陳其有子而願廕其兄弟子者聽後又漸減其制焉（正德八年定制補廕只許一人已補而又故者毋得再補萬曆十一年詔凡廕子未仕而故年遠親盡者毋得補廕）隆慶五年詔凡以廕入監後中科目者仍令補廕又先由錄廕國子監後以軍功改授錦衣衞千百戶者許以嫡次子孫補之蓋明時文武二廕文廕如國子生中書舍人尙寶丞光祿丞通政知事大理評事之類大抵文臣三品以上子孫爲之武廕則勳戚之家與閫帥及文臣有軍功者其廕如錦衣各衞千百戶指揮僉事同知及都指揮僉事之類或世襲或一世二世皆酌其功之小大請旨裁定無常制若夫貂璫子弟濫膺勳爵是則明之亂政不足述也

考績

唐自肅宗後考課混淆內外悉考中上德宗貞元五年趙宗儒領考功事入中上者纔五十八六年以刺史縣令弊在數更令以四考爲限七年令縣令四考無替者竢五考又諸司朝官須據每年功過行能比類格文以定陞除凡考第不得槩申中上憲宗元和二年中書門

下奏請京常參官五品以上前資見任俱量定考數於中書置具員簿以序內外庶官應諸州刺史次赤府少尹次赤令諸陵令五府司馬及東宮官除左右庶子王府官四品以下並請五考其臺官先定月數令丞侍御史滿十三月殿中侍御史滿十八月監察御史依前二十五月與轉三省官並三考外餘官並四考外其文武官四品以下並三考量改尙書省四品以上餘文武官三品以上不限此例有進改臨時奏聽進止其權知官至兩考與正授未經正授不得用權知官資改轉其緣官闕需人及緣事須移者不在常格敘遷之限諸道及諸使副使行軍司馬判官參謀掌書記支使推官巡官等有敕充職掌帶檢校五品以上官及臺省官三考與改轉餘官四考十五年正月穆宗卽位考功員外郎李渤請考宰相蕭俛段文昌崔植翰林學士杜元穎等中下李絳張惟素李益等諫幸驪山鄭覃等陳畋游宜考上下會渤墜馬請急馮宿判考功以三品上爲清望官歲進名聽內考舊事非有司所得與渤議遂廢宣宗大中五年吏部奏刺史縣令凡尋常賦稅判斷戶口差科及修整廨館開通道路之類不合計課惟開田招戶辨獄雪冤及新制置之事任其錄由申上又近年刺史自錄課績申省務衒者張皇其事謙退者緘默不言今請並委本道觀察使定考錄申又州府申官人覆得冤獄書殊考者其元推官多不懲殿或當書下考至時又不提舉今請書殊考日並書元推官下考如以爲屈任經廉使及臺省陳論其官人殿犯官長斷於書考日與下考如至時不舉本判官當書下考省司校其所犯如與令式相符便申奏候敕並各牒州府又諸州府申奏每書兩考三考前課績以冀褒升省司檢勘不精便有僥倖今後不得更申前績又諸州府所申考解皆不指言善最或漫稱考秩或廣說門資今後加有此色請令降其考第從前應得考之人並給考牒爲據又近年考牒或一人而數處請給或數年後方請今後得殊考及上考人省司於敕下後便據人數給與

後唐明宗初兩班考績皆以恪勤匪懈清愼明著爲辭祠部郎中王承弁請明書考課以示勸懲而卒未果行時內外文武臣寮每歲有司定考將相俱用御筆黜陟下中書門下商行廢帝淸泰二年定令錄參軍一年依限征科了絕者加階二年與試銜三年與服色攝令三年內總及限予眞本判官一年加階二年改試銜三年轉官本曹官省限內征了與試銜轉官諸節級三年內總了賞三十千

晉高祖天福二年敕朝臣中以才特除外任秩滿無遺闕者將來擬官之時在外一任同在朝一任昇進其就便自求外職及非特任者不在此限出帝時以經費尙多公私重困令諸州帳籍錢穀徵科一季一奏兩年賦稅及限聽三周年爲滿三年皆得辦事卽與遷陟如或纔到任所課績不前亦卽罷替

漢隱帝乾祐二年令諸州府長吏隨戶勸蒔桑棗（小戶十本至二十本中戶三十四十大戶五十至一百）受代時批於歷子省司據爲考課又以外州解由虛增農戶稅額無添蓋有拆居耕種各立戶名或是避稅逃移併未歸業今後解由內將本處添出戶口與合徵稅賦開坐

周以前皆以三十月爲三考至世宗顯德五年敕自後授官並以三周年爲限閏月不在其內尙書考功奏言當司所書校內外六品以下赴選官員考第今後以一周年校成一考三考滿後未有替人在任更一年與成四考（欠日俱不在計限）逐年須具到任月日自前課績第二考不得疊計其末考須具得替年月日比類升降諸司諸色流內出身人逐年於六月初一日後投狀所司省司據狀御牒本司簡勘九月前較奏須畢有公事出外及在職功過俱須牒報考功不得有妨逐年書較

宋太祖置審官院考課中外職事受代京朝官引對磨勘蓋復序進之制其後稍立法文臣五年武臣七年曾犯贓罪則文臣七年武臣十年治平三年九月詔待制以上六歲至諫議大夫止京朝官四歲至前行郎中止少卿監以七十員爲額於是始有止法元豐四年中書擬定磨勘轉官諫議大夫待制以上自通直郎至大中大夫三年大中大夫以上進士八年餘十年承務郎以上至朝請大夫進士八年餘十年崇甯四年改朝請大夫至中散大夫七年中大夫非兩制不得轉大中大夫紹興四年修立承務以上四年卽轉奉直朝議中散中奉中大夫者七年（紹興八年添入中大夫）諸朝議奉直大夫幷特恩人以八十員爲額餘如舊法武臣大使臣修武郎至武德大夫五年武功大夫七年轉遙郡刺史以後十年至遙郡防禦使止而止法尤爲嚴密矣進納人至從義郎止吏職非泛補授至訓武郎止樞密院人亦至訓武郎止三省人至朝請大夫止已出官不得轉中大夫內侍至武功郎止駙馬都尉至承宣使止而醫官不過和安大夫太史局不過春官大夫橫行非戰功不得除授至選人七階以考第資歷無過犯或有勞績者遞遷謂之循資若磨勘應格自令錄以上及六考者皆改著作

佐郎無出身及十考者改大理寺丞其有功賞者減一考若未該磨勘循格至支使及八考者有出身人改太子中允餘改太子中舍其四色判官及九考以上者改祕書丞無出身人止殿中丞十二考以上改太常博士仁宗時以考第改官者猥多遂詔用帥守通判監司保舉以歲改百員為額元豐稍鐫改官之額觀察判官以上改奉議郎無出身人改通直郎掌書記改通直郎支使以下一例改宣德郎初文武常參官各以曹務閒劇為月限考滿即遷太祖謂非循名責實之道會監門衛將軍魏仁滌等以治市征有羨詔並增秩因罷歲月敘遷之制非有勞者勿進秩建隆三年定州縣官損戶口一分以上者降考令尉任內無盜者書上考後又令廨舍倉庫損壞者殿一選完葺而不煩民力者減一選太宗即位詔諸道漕臣廉訪官吏能否為三等（臨事簡慢為下職務粗治為中治狀尤異為上）端拱三年令戶部侍郎王沔等磨勘京朝官吏部侍郎張弘等磨勘幕職州縣官樞密院都承旨趙鎔等磨勘三班唐制以考功郎中專主考課宋初特重其事嘗命清望官兼任之至是典益重焉明年立審官院考課院以翰林學士錢若水樞密直學士劉昌言同知審官院事判流內銓翰林學士蘇易簡虞部員外郎知制誥王旦同知考課院事真宗景德四年始令京朝官及三年磨勘後方得遷官仁宗時凡選人遷京官引對與當者帝必省察當否嘗令選人私罪如衛謝弗至對揚失儀皆弗聽磨勘慶曆三年自朝官至郎中少卿須清望官五人保任乃得遷（范仲淹等請之）後言者以適長奔競乃止至和初承平日久職業因循買黜判流內銓稍以風義整救（推官桑澤官益州三年不知父死代還當遷投牒自陳人莫肯為作文書澤始發喪以不得家問為解喪除求勘黜謂二年不與其父通即非匿喪猶之不孝澤遂廢歸不齒晉州推官李亢初以貲進有私罪引去匿所得官以白衣應舉及第積十歲當勘乃自首初事黜以罔冒坐罷之）至英宗治平二年黜復言磨勘選人未引對者至二百五十餘人皆由薦吏歲限定員濫舉充數明年乃詔歲舉京官以三分率之一分復以蔡抗言罷知雜御史觀察使以上歲得舉官法先是自發運使至知州歸考課院專以監司所第為據至考監司則總其甄別部吏副以采訪才行為課悉書中等無所高下神宗即位凡職皆課凡課責實監司所上守臣不占等者展年降資其治狀優異者增秩賜金帛以璽書獎勵若監司以上則命御史中丞侍御史考校又詔考課縣令以斷獄平允賦入不擾均役止盜勸課農桑振恤饑窮導修水利戶籍增衍整治簿書為最而參用德義清謹公平勤恪為善參定上下中等能否尤殊絕者別立優劣二等歲上其狀以昭賞罰其入優劣者賞罰尤峻高宗南遷禮部員外郎舒清國言諸道郡縣頃罹兵燬請以戶口增否別考守令知通考縣令監司考知州分上中下三等（每等又分上中下）會考功較優劣孝宗興隆初著對用之令凡恩例減磨勘者須對一年實歷乾道二年廷臣言國朝盛時以審官院考京朝官考課院考幕職州縣官皆中書或兩制臣僚校其能否以施賞罰熙甯中始罷之自此州縣之吏不復知有殿最雖有批書徒為具文若身為侍從并批書俱亡矣望遵故事監司郡守朝辭日別給御前歷子如薦賢才幾人若為治錢穀若為理獄訟興某利除某害每考令當職官吏從實批書代還詔執事考覈其風績有聞者增秩無狀者罰之甯宗時以郡國按刺多徇私情乃倣舊制於御史臺別立考課一司以刺舉多者為中無刺舉為下歲終各以能否之實上聞以昭升黜度宗咸湻三年酌覈舊制凡文武官公勤廉恪又職事修舉為上公勤廉恪有一長為中既無廉聲又多謬政為下御史臺總帥閫監司監司總守倅守倅總州縣屬官戎司及屯司軍大壘則總之制司無制司則併各郡總管鈐轄並總於帥司或以逐路所部州縣分隸轉運提舉提刑三司守倅月一考州縣屬官監司會所隸守倅制司會戎司軍壘遵照舊制互用文移會其兵甲獄訟金穀之數及各司屬官書擬公事拘榷錢物招軍備器之數次月置冊各申御史臺至半年類考三年定為三等中者無所賞罰上者或轉官或減磨勘下者降官展磨勘

遼聖宗統和九年詔請道察貪酷十二年詔州縣長吏有才能無過者減一資考太平六年詔南北諸部廉察州縣及錫林美稜之官不治者罷之又詔大小職官有貪殘虐民者立罷之終身不錄其不廉直雖處重任即代之能清勤自勵者在卑位亦聽薦拔興宗時詔東京留守察官吏廉幹清强者以聞又詔諸職事官以禮受代及以罪去者置籍

金制凡內外官所歷資考及更代之期去就之故秩滿備陳於解由吏部據定能否又撮解由之要於銓擬讀之謂之銓頭又會歷任銓頭書於行止簿（其簿以姓為類書各人所歷資考功過）其犯公私罪贓汙者謂之犯選格以廉察升者為廉升東北沿邊州郡升者為邊升其常調制正七品兩任升六品六品三任升從五品從五品兩任升正五品正五品三任升刺史凡內外官皆以三十月為考隨朝官以三十月為任升職一等章宗時定制正七品已

上皆兩任而後陞明昌四年以前制有職官已帶三品者不許告遷迺定制已帶三品散官實歷五十月從有司照勘格前進官一階格後爲始再算宣宗貞祐三年詔河北山東等路及平凉慶陽臨洮府涇邠秦鞏德順諸州經兵四品以下職事官並以二十月爲滿興定元年制鄜坊丹州四品以下州縣官視環慶例自熙宗天眷三年令温都思忠廉問諸路得廉吏杜遵晦以下百二十四人各進一階罷貪吏張軫以下二十一人皇統以後常遣朝官廉察官吏章宗泰和元年十月命監察御史分四路巡行每路女直漢人各一人同往宣宗貞祐二年臣僚請依大定舊制以監察御史及審錄官分詣諸道考覈庶幾使人自勵興定初以縣令或非材監察御史一過不能備知遂令每歲遣御史巡察仍別選官巡訪以行黜陟之政并定監察御史失察法哀宗至大元年設司農司自卿而下迭出巡察吏治凡職官廉能及汙濫不職各第三等黜陟廉能官第一等進官一階升一等其次約量注授汙濫官第一等殿三年降二等次二年又次一年皆降一等明安穆昆廉能者第一等遷兩官其次遷一官汙濫者第一等決杖百罷去擇其兄弟代之次杖八十又次杖七十皆令復職佛甯決則罷去永不補差凡功酬虧永之制諸提點院務官三十月遷一官周歲爲滿取無虧月日用之大定四年定制一任內虧一分以上降五人二分以上降十人三分以上降十五人若有增羨則依此升遷其升降不盡之數於後任充折二十一年以舊例監當官責決並得赴調而不顧廉恥者不以刑罰爲畏迺命虧永及一酬以上依格追官殿一年外虧永不及酬者亦殿一年二十九年罷年遷之法更定制比永課增及一酬遷一官兩酬遷兩官如虧課則削亦如之各兩官止又罷使司小都監與使副一體論增虧及餘前升降不盡之數後任充折之制泰和元年制犯選虧永者右職漢人至宣武將軍從五品女直至廣威將軍正五品方注縣令又女直至武義從六漢人諸色人至武略從六皆注諸司兩除一差至明威方注丞簿宣宗貞祐三年制虧永犯選者遷至宣武注諸司至懷遠從四下方注丞簿至安遠從四上注下令初世宗嘗諭宰臣曰今天下州縣闕員朕欲不限資歷何以徧知其能欲遣使廉問又慮擾民而未得其眞若碎舉法久則生弊不如選人暗察明廉如其相同始與升黜又諭曰凡在官者不爲隨朝職任便不能離常調宜驗入仕名項或廉等第用之若不稱職卽與外除又諭隨朝之官自計歷一考則得某職兩考則得某職第務因循碌碌而已自今外路官公勤者始與內除苟簡者不須滿任卽以本品出之至明昌三年上以老病不任職及不堪親民者舊由隨路提刑司實察卽改除他路他路覆察若實勿復注親民之職因問考課法可行否尚書右丞劉瑋曰考課之法綜覈名實今提刑司體察廉能贓濫以行賞罰亦其意也若別議設法恐涉太煩又問唐時何如瑋對以四善二十七最泰和中遂酌唐制定爲四善十七最頒行之四善曰德義有聞曰清愼明著曰公平可稱曰勤恪匪懈十七最曰禮樂興行肅淸所部爲政教之最曰賦役均平田野加闢爲牧民之最曰決斷不滯予奪當理爲判事之最曰鈐束吏卒姦盜不滋爲督領之最曰按簿分明評擬均當爲檢校之最以上謂縣令丞簿警巡使副錄事司候判官曰詳讞合宜咨執當理爲幕職之最曰盜賊消弭使人安靜爲巡捕之最曰明於出納物無損失爲倉庫之最曰訓導有方生徒充業爲學官之最曰檢察有方行旅無滯爲關津之最曰提防堅固備禦無虞爲河防之最曰出納明敏數無濫失爲監督之最曰謹察禁囚愼重無怨爲獄官之最曰物價得實姦濫不行爲市司之最謂市令曰戎器完肅扞守有方爲邊防之最謂正副將鎮防官曰議獄得情處斷公平爲法官之最曰差役均平盜賊止息爲軍職之最謂都軍軍轄凡縣令以下三最以上有四善或三善者爲上升一等三最以上有二善者爲中減兩資歷三最以上有一善爲下減一資歷節度判官防禦判官軍判以下一最而四善或三善爲上減一資歷一最而二善爲中升爲榜首一最而一善爲下升本等首宣宗興定元年以六事考舉縣令一田野闢二戸口增三賦役平四盜賊息五軍民和六詞訟簡六事俱備爲上等升職一等兼四事者中等減二資歷其次爲下等減一資歷否則罷降平常者依本格

元初中原略定事多草創東平行臺所統五十餘城州縣官或自將校或起民伍多昧從政甚以掊克聚斂爲能太祖乃命朱子貞爲右司郎中仿前代觀察采訪之制立糾察官吏程式黜貪懲奬廉勤至元元年令官吏員數計月日以考殿最凡理算論日月遷轉憑散官內任以三十月爲滿外任以三歲爲滿錢穀典守以二歲爲滿而理考通以三十月爲則內任官率一考升一等十五月進一階京官率一考視外任減一資外任官或一考進一階或兩考升一等或三考升二等四品則內外考通理前任少則後任足之或前任多則後任累之

一考及二十七月兩考及五十四月三考及八十一月以上遇升則借升而補以後任十年以三十月遷轉太速六十月太遲乃命三歲一遷十九年定職官迴降之制江淮官已受宣敕資品例陞二等還去者依舊於江淮任用考滿者並免迴降不及考者例存一等有出身未入流品受宣者任迴三品擬同六品四品同七品五品同正八品受敕者六品同從八品七品八品同九品九品同提領案牘巡檢無出身及白身人受宣者三品同七品四品同八品五品同正九品受敕者六品同從九品七品八品同提領案牘巡檢九品擬院務監當官已下有資品人員再於接連福建兩廣溪洞州郡任用擬陞一等兩廣福建別議陞轉是歲又定內外官三年為考滿任滿始許遷敘二十八年更定隨朝以三十月為滿在外以三周歲為滿錢穀官以得代為滿吏員以九十月日出職是歲改提刑按察司為肅政廉訪司每道仍設官八員除二使留司以總制一道餘六人分臨所部凡民事錢穀官吏姦弊一切委之俟歲終省臺遣官考其政效武宗至大二年令州縣正官以九年為任三年令考功印歷給親民長吏歲終監治官驗其行蹟書而上之廉訪御史臺尚書吏部考校以為升黜先是至元十九年集賢直學士程鉅夫奏國朝建御史臺有考課之目而未得其要乞照前朝體例應諸道府州司縣下至曹掾等各給出身印紙歷子一卷書本人姓名出身於其前俾各處長吏聯銜狀保書其歷任月日功過於後秩滿有司詳視而差其殿最則賢否一覽而知是秋始頒行之仁宗皇慶元年臺臣言比年廉訪司多不悉心奉職宜令監察御史檢覈名實黜升之制可時御史中丞郝天挺言國初論最在內須三十月在外須三周歲比者省院臺部之臣久者一二歲少者三五月甚有旬日遷易者奔走往來之不暇何暇宣布參理乞今惟大臣可急闕選授其餘內外大小官屬必俟任滿考績方許選調庶免朝除夕改倖長姦之弊從之文宗天曆二年中書省臣言比年朝官多不久於其職或數月改遷於典制不類且治績無從考驗請如舊制敕除風憲官外其餘朝官不許二十月內遷調

明制有考滿考察考滿者論一身所歷之俸有上中下三等曰稱職曰平常曰不稱職三年給由曰初考六年曰再考九年曰通考依職掌事例考覈升降諸部寺所屬初止署職必考滿始實授外官率遞考以待覈凡府以十五萬石以上州七萬石以上縣三萬石以上或親臨王府都布按三司并有軍馬守禦路當驛道邊方衝要供給處為繁其田糧不及僻靜處為簡繁簡或不相當則許互調謂之調繁調簡在京諸司俱從繁例太祖洪武十四年制在京六部五品以下聽本衙門正官察驗行能勤怠其四品以上及一切近侍官與御史并太醫院欽天監王官府不在常選者任滿黜陟取自上裁十六年凡京官考覈俱由其長開具送部覈考其直隸有司首領官及屬官亦從本司正官考覈任滿從監察御史覆考各布政司首領官俱從按察司考覈其茶馬鹽馬鹽運鹽課提舉司軍職首領官俱從布政司考覈仍送按察司覆考其布政司四品以上按察司鹽運司五品以上任滿黜陟取自上裁內外入流并雜職官九年任滿給由赴吏部考覈依例黜陟有殊勳異能超邁等倫者取自上裁又以事之繁簡與歷官之殿最參覈等第以為升降考察者通天下內外官計之其目有八曰貪曰酷曰浮躁曰不及曰老曰病曰罷曰不謹京官自四品以上自陳候上裁外五品以下分致仕老病降調浮躁不及閒住罷不謹為民貪酷有差具冊奏請謂之京察初五品以下官十年一考孝宗弘治十四年從南京吏部尚書林瀚言六年一察察以巳亥歲大臣既自陳定去留而居官有遺行者給事御史得糾劾謂之拾遺所攻擊無獲免者後至嘉靖十七年始禁之外官凡州縣以月計上之府府上下其考以歲計上之布政司至三歲撫按通核所屬官事狀造冊報送麗以八法亦以致仕降調閒住為民差謂之大計計處者不復敘用定為永制自洪武五年敕考課有司必書農桑學校之績六年二月令御史臺御史及各道按察司察舉有司官有無過犯奏報黜陟考察之始也十年七月遣御史巡按州縣設巡按之始也十一年三月命吏部課朝覲官殿最朝覲考覈之始也入覲官吏部第為三等稱職而無過者為上賜坐而宴有過而稱職者為中宴而不坐有過而不稱職者為下不預宴序立於門宴者出然後退至十八年帝令稱職者升平常者復職不稱職者降貪汙者付法司罪之闒茸者免為民成祖永樂二年九月命自今御史巡行察吏毋得摭拾八言賢否皆具實蹟以聞仁宗即位以御史巡察外官奉命者不能無私諭吏部尚書蹇加戒飭並命考察布按二司官不職者降為縣官憲宗朝吏科給事中王瑞等言三載黜陟朝廷所以勵庶官之典今天下諸司除土官外無慮九千餘員諸司官除陰陽醫僧道外無慮于萬餘員吏部於各官之賢否在布按二司則據撫按揭帖在諸司則參布按等官揭帖上之詢訪雖出公心下之奏報多任私意或假公市恩或乘機償怨毀譽失真賢否失實其他弊端不一而足乞諭吏部榜示各官凡揭帖所

報失實者連坐或有當黜而留者許本處撫按論奏有當黜而妄訴者亦罪之命俱如所言武宗正德十四年以吏部侍郎張綵請不時考察京官時六年京察之令已久然有以初即位而考察有以災異而考察至考察科道則或以輔臣去位而及其黨者惟嘉靖三十五年輔臣李本掌吏部（以尚書李默治獄故）悉取部寺九卿自尚書至尙寶丞及六科十三道分別去留蓋帝以星變欲除舊布新而嚴嵩以此伸恩怨也吏部嘗上言舊制在外有司官員九年考滿稱職者給與應得誥敕至正統十四年凡外官曾經撫按官保舉政績果有卓異不拘三六年考滿先與應得誥敕旌異蓋九年封贈所以待常流三六年先得旌異所以優異等國家之制未爲不備但舊例薦舉官員必須轉行巡按御史覈實方與奏請文移往返動經歲月以致恩典稽遲人不知勸夫在外官員職在臨民比之京官勤勞數倍顯揚之願人情所同第近年保舉每病冗濫請今後撫按官薦舉所屬應旌異官員務遵正統間例將本人任内卓異政績明白開奏不許濫及通候各官考滿到部察訪相同即與比照京官事理按月類題免其再行移核穆宗隆慶四年掌吏部事大學士高拱言數十年來考察澄汰之數大較不相上下以是襲爲故常其數既足雖有不肖姑置弗論其數不足雖無其人强索以充其稱爲不肖者又多苛求隱細苟應故事而大姦大惡或有所不問又考察半歲前撫按論劾俱不題覆夫爲不善者方其未露猶或有僥倖之心少存顧忌若其旣露明知必去則將無所不至矣而乃留之半歲民何以堪自今撫按官凡有糾劾疏旣具卽革任聽處疏下卽覆其去者如考察例不得復用其留者檄到乃覆至考察懲汰必大姦惡一切隱細勿論斥去不肖從其多寡惟求至當毋襲故常又言外官才力不及者不徒曰調用而必曰酌量調用原無定議然部院考察與撫院論劾槪以不及則銓補之日無所適從尙得遷就其間自今方面有司有才不宜於地者當移其地不易其官署曰調簡僻有官不稱其才者雖易其官當仍其品署曰調簡散亦有操守未壞性氣稍偏尙有他長可錄年勞當敘者署曰降級或才力不宜有司文學猶堪造士者署曰改教四者皆麗不及之條者也至於先以調簡再考不及者卽從罷斥置罷軟之下詔俱從之明於察典最重其貪官尤深故每遇恩詔凡冠帶閒住致仕爲民復冠帶者必曰不係朝覲考察嘉靖元年下詔迺除此詔弘正以來士大夫廉恥自重以掛察典爲終身之玷萬曆時閣臣有所徇庇間留一二以撓察典至三十九年二月御史徐兆魁以顧憲成貽書向高孫丕揚書盛稱鳳陽巡撫李三才廉直遂劾東林黨人陰持計典時尙書孫丕揚旣劾罷御史金明時主事秦聚奎而侍郎王圖復考罷祭酒湯賓尹（宣城人）諭德顧天埈（崑山人）其黨力攻圖圖遂引去黨局旣成互相報復至國亡乃已武臣考察軍政自成化二年定五年一行之制以現任掌印帶俸差操及初襲官一體考核十三年令兩京通考以爲常五府大臣及錦衣衛堂上官自陳候旨直省總兵官如之在内五府所屬并直省衛所官悉由巡視官及部官注送在外都司衛所官由撫按造册繳部副參以下千戸以上由都布按三司察注送府咨部考擧題奏錦衣衛管戎務者倍加嚴考南北鎭撫咨之各衛所及地方守禦并各都司隸巡撫者例同惟管漕運者不與考

欽定續通典卷十九

欽定續通典卷二十

選舉

雜議論上

唐代宗寶應二年禮部侍郎楊綰言進士科起隋大業中是時猶試策而已高宗朝劉思立爲考功郎又奏進士加雜文明經加帖故爲進士者皆誦當代之詩文而不通經史明經者但記帖括又投牒自舉非古先哲王仄席待賢之意請依古制令縣令察孝廉其有孝義廉恥之行而通經者薦之於州州試其所通之學送於省自縣至省皆勿自投牒其到狀保辨識牒皆停而所習取大義聽通諸家之學每經問義十條問畢對策三道皆通爲上第吏部官之經義通八策通二爲中第與出身下第罷歸論語孝經孟子兼爲一經其明經進士及選舉並停詔議之給事中李栖筠尚書左丞賈至等議曰三代之選士任賢皆取實行故能風俗淳一運祚長遠秦坑儒士二代而亡漢興監其然尊儒術尚名節雖王莽竊位强臣擅權弱主外立母后專政而亦能終彼四百豈非學行之效耶魏晉以來專尚浮侈德義不修故子孫速顚享國不永也今綰所請實爲正論然自晉室之禍南北分裂人多僑處必欲復古鄉舉里選竊恐未盡請兼廣學校以明訓誘雖京師州縣皆立小學兵革之後生徒流離儒臣師氏祿廪無向請增博士員厚其廪稍選通儒碩生閑居其職十道大郡置太學館遣博士出外兼領郡官以教生徒保桑梓者鄉里舉焉在流寓者庠序推焉朝而行之夕見其利而衆論以爲舉進士久矣廢之恐其失業乃詔明經進士與孝廉兼行廣德元年綰復上貢舉條目曰孝廉舉人取精通一經每經問義二十條試策三道每日問一道經義策全通爲上第付吏部便與官義通七策通二爲中第與出身下第者罷之習論語孝經孟子此三者爲一經其試如上先取在家有孝義廉恥謙恭之行好學不倦通經義并堪對策者縣令徵于鄉里送名于州刺史與曹官對試以其通者送省隨朝集使以十月二十五日到省又寇難之故衣冠多去故鄉許所在州縣舉所諳知者秀才舉人準舊格試方略策五條望人之精通五經每經準孝廉例問義二十條對策五條每日試一道全通爲上第送中書門下超與處分經通七策通四爲中第送吏部與官下者罷之凡舉人自縣至州不得自陳牒比來到狀保辨識牒等請並停明法舉人付刑部考試疏入帝問翰林學士或以進士明經行來頗久不可頓令改業遂敕與舊制兼行德宗始任楊炎盧杞引植私黨排陷忠良後懲艾其失凡條用庶官必反覆參詰乃下及陸贄秉政請臺閣長官得自薦其屬帝初許之或言諸司所舉皆親昵招賂遺無實才贄乃上狀略曰知人之難聖哲所病聽其言則未保其行求其行則或遺其才校勞考則巧僞繁興而貞方之人罕進徇聲華則趨競彌長而沈退之士莫升孔子云視其所以觀其所由察其所安人焉廋哉夫欲觀視而察之固非一朝一夕之所能也是以前代有鄉里選舉之法長吏辟舉之制所以明歷試廣旁求敦行能息馳騖也昔周以伯冏爲太僕命之曰愼簡乃寮罔以巧言令色便辟側媚其惟吉士是古之王朝但命其大官而大官得自揀寮屬之明驗也漢朝務求多士其選不唯公府辟召而已又有父任兄任皆得爲郎選任之初雜居三署臺省有闕郎補用之是古之郎官皆以任舉充選此其明驗也魏晉以後暨于國初採擇庶官多由部選惟高位重職乃由宰相考庶官之有成效者請而命焉故晉代山濤爲吏部尚書中外品員多所啟授宋朝以蔡廓爲吏部尚書先使人謂宰相徐羨之曰若得行吏部之職則拜不然則否羨之答曰黃散已下悉委廓猶憤恚以爲失職遂不之官是黃門散騎侍郎皆由吏部選授不必朝廷列位盡合揀在台司此其明驗也國朝之制庶官五品以上制敕命之六品以下則並旨授制敕所命者蓋宰相商議奏可而除拜之也旨授者蓋吏部銓材授職然後上言詔旨但畫聞以從之而不可否者也開元中吏部注擬選人奏置循資格限自起居遺補及御史等官猶並列于選曹銓綜之例著在格令至今不刊未聞常參之官悉委宰臣選擇此又近事之明驗也其後舊典失序倖臣專朝捨僉議而重己權廢公舉而行私惠是使周行庶品苟不出時宰之意者則莫致焉任衆之道益微進善之途漸隘近者每須任使常苦乏人臨事選求動淹旬朔姑務應用難盡當才豈不以薦舉凌遲人物衰少居常則求精太過有急則備位不充欲令庶績咸熙固亦難矣臣待罪宰相懷竊位之懼乏知人之明自揣庸愚終難上報惟廣求才之路使賢者各以彙征啟至公之門令職司皆得自達爰初受命即以上陳求賢審官粗立綱制凡百司之長兼副貳等官及兩省供奉之職并因察舉勞效須加奬任者並宰臣敘擬以聞其餘臺省屬僚請委長官選擇指陳才實以狀上聞一經薦揚終身保任各於除書之內具標舉授之由示衆以公明彰得失得賢則進考增秩失實則奪俸贖金亟得

則褒升亟失則黜免非止披揚下位亦可閱試大官前志所謂達觀其所舉卽此義也自蒙允許卽以宣行南宮舉人纔至十數或非臺府舊吏則是使府佐僚累經薦延多歷使任議其資望旣不愧于班行考其行能又未聞于闕敗而議者遽以騰口上煩聖聰陛下勤求理道務徇物情因謂薦舉非宜復委宰臣揀擇其爲崇任輔弼博採輿詞可謂聖德之盛者也然於委任責成之道聽言考實之方閑邪存誠猶恐有闕所謂委任責成者將立其事先擇其人旣得其人愼謀其始旣謀其始詳慮其終終始之閒事必前定有疑則勿果於用旣用則勿復有疑待終其謀乃考其事事愆於素者革其弊而黜其人事協于初者賞其人而成其美使受賞者無所與讓見黜者莫得爲辭夫如是則苟無其才孰敢當任苟當其任必得竭才此古之聖王委任責成無爲而理之道也所謂聽言考實者虛受廣納宏接下之規明目達聰廣濟人之道欲知事之得失不可不聽之于言欲辨言之眞虛不可不考之于實言事之得者勿卽謂是必原其所得之由言事之失者勿卽謂非必窮其所失之理稱人之善者必詳徵行善之跡論人之惡者必明辨爲惡之端凡聽其言皆考其實旣得其實又察以情旣盡其情復稽于衆衆議情實必參相得然後信其說與其誠如或矯誣亦寘明罰夫如是則言者不壅聽者不勞無浮妄亂敎之談無陰邪傷善之說無輕信見欺之失無潛陷不辨之冤此古之聖王聽言考實不出戶而知天下之方也陛下旣納臣言而用之旋聞橫議而止之于臣謀不責成于橫議不考實此乃謀失者得以辭其罪議曲者得以肆其誣率是以行觸類而長固

無必定之計亦無必實之言計不定則理道難成言不實則小人得志國家所病恒必由之昔齊桓將啟霸圖問管仲以害霸之事管仲對曰得賢不能任害霸也任賢不能固害霸也固始而不能終害霸也與賢人謀事而與小人議之害霸也所謂小人者不必悉懷險詖故覆邦家蓋以其意性檢邪趣向狹促以沮議爲出衆以自異爲不羣趨近利而昧遠圖效小信而傷大道故論語曰言必信行必果硜硜然小人哉夫以能信于言能果于行惟以硜硜淺近不克宏通宣尼猶謂其小人管仲尙憂其害霸況又有言行難保而恣其非心者乎此皆任不責成言不考實之弊也聖主以爲外議云諸司所舉皆有情故兼受賄賂不得實才者臣請陛下當使所言之人詳陳所犯之狀某人受賄某舉有情陛下然後以事質于臣臣復以事質于舉主若便首伏則據罪抵刑如或有詞則付法閱實謬舉者必行其罰誣善者亦反其辜自然憲典克明邪慝不作懲一沮百理之善經何必貸其姦贓不加辯詰私其公議不出主名使無辜見疑有罪獲縱枉直同貫人何賴焉聖主又以官長舉人法非穩便令人並自揀擇不可信任諸司者伏以宰輔常職不過數人人之所知固有限極必不能徧諳多士備閱羣才若令悉命羣官理須展轉詢訪是則變公舉爲私薦易明敗以暗投倘如議者之言所舉多有情故舉于君上且未絕私薦于宰臣安肯無詐失人之弊必又甚焉所以承前命官罕有不涉私謗雖則秉鈞不一或自行情亦由私訪所親轉爲所賣其弊非遠聖鑒明知今又將徇浮言專任宰臣除吏宰臣不徧諳識踵前須訪于人若訪于親朋則是悔其覆車不易前轍

之失也若訪于朝列則是求其私薦必不如公舉之愈也二者利害惟陛下更詳擇焉恐不如委任長官謹揀寮屬所揀旣少所求亦精得賢有鑒識之名失實當闇謬之責人之常性莫不愛身況于臺省長官皆是當朝高選孰肯徇私妄舉以傷名取責者乎所謂臺省長官卽僕射尙書左右丞侍郎及侍御史大夫中丞是也陛下比擇輔相多亦不出其中今之宰相則往日臺省長官也今之臺省長官乃將來之宰相也但是職名暫異固非行業頓殊豈有爲長官之時則不能舉一二屬吏居宰臣之位則可擇千百具寮物議悠悠其惑斯甚聖人制事必度物宜無求備于一人無責人于不逮尊者領其要卑者任其詳是以人主擇輔臣輔臣擇庶長庶長擇佐僚所任愈崇故所擇愈少所試漸下故所舉漸輕進不失倫選不失類以類則詳知實行有倫則杜絕徼求將務得人無易于此是故選自卑遠始升于朝者各委長吏任舉之則下無遺賢矣寘于周行旣任以事者于是宰臣序進之則朝無曠職矣才德兼茂歷試不渝者然後人主倚任之則海內無遺士矣夫求才貴廣考課貴精求廣在于各舉所知長吏之薦擇是也考精在于按名責實宰臣之進序是也求不廣則下位罕進下位罕進則用常乏人用常乏人則懼曠庶職懼曠庶職則苟取備員是以考課之法不暇精也考不精則能否無別能否無別則砥厲漸衰砥厲漸衰則職業不舉職業不舉則品格寖微是以賢能之功不克彰也皆失于不廣求人之道而務選士之精不思考課之行而望得人之美是以望得彌失務精益粗塞源浚流未見其可臣欲詳徵舊說伏恐聽覽爲煩粗舉一端以明其理

往者則天太后踐祚臨朝欲收人心尤務拔擢宏委任之意開汲引之門進用不疑求訪無倦非但人得薦士亦得自舉其才所薦必行所舉輒試其于選士之道豈不傷于容易哉然而課責既嚴進退皆速不肖者旋黜才能者驟升是以當代謂知人之明累朝賴多士之用此乃近于求才貴廣考課貴精之效也陛下誕膺寶歷思致理平雖好賢之心有踰前哲而得人之盛未逮往時蓋由鑒賞獨任于聖聰搜擇頗難于公舉但速登延之路罕施揀覈之方遂使先進者漸益凋訛後來者不相接續施一令則謗沮互起用一人則瘡痏立成此乃失于選才太精制法不一之患也則天舉用之法傷易而得人陛下慎揀之規太精而失士是知雖易于舉用而不易于苟容則所易者適足廣得人之資不爲害也不精于法制而務精于選才則所精者適足梗進賢之途不爲利也人之才行自昔罕全苟有所長必有所短若錄長補短則天下無不用之人責短捨長則天下無不棄之士加以情有憎愛趣有異同假使聖如伊周賢如楊墨求諸物議孰免譏嫌昔子貢問于孔子曰鄉人皆好之何如子曰未可也鄉人皆惡之何如子曰未可也不如鄉人之善者好之其不善者惡之蓋以小人君子意必相反其在小人之惡君子亦如君子之惡小人將察其情在審其聽聽君子則小人道廢聽小人則君子道消今陛下慎選宰臣必以爲重於庶品精擇長吏必以爲愈于末流及至宰臣獻規長吏薦士陛下則但納橫議不稽始謀是乃任以重者輕其言待以輕者重其事且又不辨所毀之虛實不校所議之短長人之多言何所不至是將使人無所措其手足豈獨選任之道失其端而已乎按馬端臨曰唐選舉之法州府所升者試之禮部禮部所升者試之吏部其法截然且禮部所升之士其中吏部之選十不及一可謂難矣然觀御史韋正伯所劾奏貞元七年冬京兆府踰濫解送之人已授官纔六十六人則似未經禮部者徑入吏部又會要稱太和元年中書門下奏凡未有出身未有官如有文學祇合于禮部應舉有出身有官方合于吏部赴科目選近年以來格文差互多有白身及散官并稱鄉貢者並赴科目選及注擬之時卽妄論資次曾無格例有司不知所守則知唐中葉以後法度大段隳廢紊亂矣又曰唐取人之法禮部則試以文學故曰策曰大義曰詩賦吏部則試以政事故曰身曰言曰書曰判四者之中判爲尤切蓋臨政治民必通曉事情諳練法律明辨是非發擿隱伏皆可以此覘之今主司之命題則取諸僻書曲學傚以所不知而出其所不備選人之試判則務爲駢四儷六引援必故事而組織皆浮詞然則雖名曰判而與禮部所試詩賦雜文無以異殊不切于從政而吏部所試爲贅疣矣至于五代所謂試判遂有一詞莫措傳寫定本或只書未詳亦可應舉蓋判詞雖工亦本無益及其末流上下皆以具文視之耳洪邁曰唐世科舉之柄顓付之主司仍不糊名又有交朋之厚者爲之薦達謂之通牓故其取人也畏于譏議多公而審亦或留于權勢或撓于親故或累于子弟皆常情所不能免者若賢者臨之則不然未引試之前其去取高下固已定于胸中矣韓愈與祠部陸員外書曰執事之與司貢士者相知誠深矣彼之所望于執事執事之所以待乎彼者可謂至而無閒矣彼之職在乎得人執事之志在乎進賢如得其人而授之所謂兩得愈之知者有侯喜侯雲長劉述古韋羣玉（摭言作韋紓）此四子皆可以當首薦而極論者期于有成而後止可也沈杞張苰（登科記作宏）尉遲汾李紳張後餘李翊皆出羣之才與之足以收人望而得才實主司廣求焉則以告之可也往者陸相公司貢士愈時幸在得中（貞元八年陸贄知舉貢稜等二十二人登第愈與焉）所與及第者皆赫然有聲原其所以亦繇梁補闕肅王郎中礎佐之梁舉八人無有失者其餘則王皆與謀焉陸相待王與梁如此不疑也至今以爲美談此書在集中不注歲月按摭言貞元十八年權德輿主文陸傪員外通牓韓愈薦十人于傪德輿凡三牓共放六人餘不出五年內皆捷以登科記攷之貞元十八年德輿以中書舍人知舉放進士二十三人尉遲汾侯雲長韋紓沈杞李翊登第十九年以禮部侍郎放二十人侯喜登第永貞元年放二十九人劉述古登第通三牓共七十二人而韓所薦者預其七元和元年崔邠放李紳三年放張後餘張宏皆與摭言合又曰銓選以身言書判擇人旣以書爲藝故唐人無不工楷法以判爲貴故無不習熟而判語必駢儷今所傳龍筋鳳髓判及白樂天集甲乙判是也自朝廷至縣邑莫不皆然非讀書善文不可也宰臣每啟擬一事亦必偶數十語今鄭畋敕語堂判猶存世俗喜道瑣細遺事參以滑稽目爲花判其實乃如此非若今人握筆据案只署一字亦可國初尚有唐餘波久而革去之但體貌豐偉用以取人未爲至論

後唐明宗時禮部貢院新立條件一九經五經明經呈帖經之時試官書通不後有不及格者唱落後請置筆硯將所納貼由分明御令自看或是試官錯書通不當

與改正如懷疑者許請本經而前檢對如實是錯悞即更于帖上書名而退一五科常年駁牓出多稱屈塞今並明書所對經書墨義云第幾道不第幾道粗第幾道通任將本經書疏照證如考官錯書不粗請別狀陳訴再加考較如實錯悞妄陳文狀當行嚴斷一舉人有抱屈落第者許將狀披訴貢院當與重試如貢院不理即詣御史臺論訴御史臺受狀并引本身勘問所論事件或知貢舉官及考試官已下取受貨賂昇擢親情屈塞藝能應副囑託及不依格去留請行朝典一懷挾書策舊例禁止自後入省門搜得者不計多少扶出殿將來一舉上鋪後搜得者扶出殿兩舉一遞口授人迴授試處及抄義題帖書時諸般相救準例扶出殿三舉一藝業未精準格落下及見駮牓妄扇屈聲擬為將來基址及誣陷別人帖對數多者並當收禁牒送御史臺請勘如知貢舉官及考試官徇私屈塞請行朝典處妄者痛行科斷牒行本道重處色役永不得舉同保人連坐各殿三舉

晉高祖天福五年禮部侍郎張允奏曰前代未設諸科始以明經俾昇高第自有九經五經之後及三禮三傳已來孝廉之科遂因循而不廢縉紳之士亦緘默而無言以至相承未能改作每歲明經一科少至五百已上多及一千有餘舉人如是繁多試官豈能精當況此等多不究義惟攻帖書文理既不甚通名第豈可妄與且當年登科者不少相連起選者甚多州縣之閒必無員闕輦轂之下須有稽留怨嗟自此而興謗讟因茲而起但令廣場大啟諸科並有明經者恐包于九經五經之中無出于三禮三傳之內若無釐革恐未便宜其明經一科伏請停廢又奏國家懸科待士貴務搜揚責實求才須除訛濫童子每當就試止在念書背經則雖似精詳對卷則不能讀誦及名成貢院身返故鄉但刻日以取官更無心而習業濫觴徭役虛占官名其童子一科亦請停廢敕明經童子宏詞拔萃明算道舉百篇等科並停

漢奏薦條格一諸道奏薦州縣官使相每年許薦五人舊許三人不帶使相藩侯每年許薦三人舊許二人防禦團練使每年許二人舊許一人只奏巡屬員闕不得薦于他處州府不得薦新罷任過格人所薦人歷任文書隨表送中書門下未有官者當別比擬應諸道見任州縣官申奏考滿後未有替人本道或藉其幹能且令句當準長興三年五月節文一諸道應奏薦州縣官員未有正官者只許奏授初官不得奏為令錄準長興四年五月節文一應諸道藩鎮防禦團練使舊奏薦并前項州縣等官準勑許奏薦見在幕中攝職及見攝管內州縣官據合奏人數皆正所攝不許橫薦及不得薦外管前資州縣官準長興四年八月節文一諸州防禦團練刺史奏薦攝試官充判官及推官巡官者今後宜加選擇或未任官職及無出身者不在奏舉之限準天福四年七月節文一諸道藩鎮防禦團練刺史如本幕有闕合奏薦除授者不得橫薦前資州縣官及諸色職員

欽定續通典卷二十

選舉

雜議論中

宋太祖以唐末進士不第多至失職乃廣開科舉然每歲放榜所取極少如安德裕作魁日九人而已蓋天下未混一也至太宗朝所得率江南之秀眞宗景德二年帝謂寇準等曰方今文武多士豈無才識優異未升進者耶至於將帥之任尤難得人前代試以制策觀其能否用求才實亦爲國之遠圖也因出唐制科之目採其六用之四年中書門下言應制科之陳絳夏竦史良等三人文論稍優可預召試上謂輔臣曰比設此科欲求才識若但考文藝則積學者方能中選苟有濟時之才安得而知朕以爲六經之旨聖人用心固與子史異矣令策問宜有經義參之時務王旦曰文風丕變由陛下道化因命兩制各上策問而擇用之時魯宗道又言守令去民近而無以區別能否今除一守令雖貪材低下而考任應格則左司無擯斥故天下親民者黷貨害政十常二三漢宣帝除刺史守相必親見而考察之今守佐雖未暇親見宜令大臣延之中書詢考以言察其應對以觀其施爲才不肖皆得進退之吏部之擇縣令倣此庶得良守宰宣助聖化帝從其言仁宗慶歷八年翰林學士張方平言祖宗時文武官不立磨勘年歲不爲升遷次序有才用名實之人或從下位便見超擢否則有守一官十餘年不改轉者其任監當或知縣通判知州有至數任不得遷者故當時人皆自勉非有勞效知不得進自祥符後朝廷之議益循寬大故令自監當入知縣知縣入通判通判入知州皆以兩任爲限又守官及三年例得磨勘行之人自知恩未見有弊及今歲年深久習以爲常皆謂本分無賢不肖莫知所勸願陛下稍革此制其應磨勘敘遷者必有勞績可褒或特敕擇官保任者卽與轉遷如無勞績不因保任更增展年考其保任之法不當一例應選擇清望有才識之人卽命舉之如此則委執政之臣舉清望官委清望官舉親民官有員闕隨員數令舉又足以見聖恩急才愛民之意也英宗治平初同知知諫院司馬光請貢院逐路取人其略曰朝廷每次科場所差試官率皆兩制三館之人其所好尚卽成風俗在京舉人追趨時好易知體面淵源漸染文采自工使僻遠孤陋之人與之爲敵混同封彌考較長短勢不侔矣孔子曰十室之邑必有忠信如某者焉言雖微陋之處必有賢才不可誣也是以古之取士以郡國戶口多少爲率或以德行或以才能隨其所長各有所取近自族姻遠及夷狄無小無大不可遺也今或數路中全無一人及第則所遺多矣國家用人之法非進士及第者不得美官非善爲詩賦論策者不得及第非遊學京師者不善爲詩賦論策以此之故使四方學士皆棄背鄉里違去二親老於京師不復更歸其間或有身負過惡或隱憂匿服不敢於鄉里取解者往往私買監牒妄冒戶貫於京師取解自閒歲開場以來遠方舉人憚於往還只於京師寄應者比舊尤多國家雖重爲科禁至於不用蔭贖然冒犯之人歲歲滋甚所以然者蓋由每次科場及第進士大率皆是國子監開封府解送之人則人之常情誰肯去此而就彼哉夫設美官厚利進取之塗以誘人於前而以苛法空文禁之於後是猶決洪河之尾而捧土以塞之其勢必不行矣參知政事歐陽修曰國家取士之制比於前世最號至公蓋累聖留心講求曲盡以謂王者無外天下一家故不問東西南北之人盡聚諸路貢士混合爲一而惟才是擇又糊名謄錄而考之使主司莫知爲何方之人誰氏之子不得有所憎愛厚薄於其間故議者謂國家科場之制雖未復古法而便於今世其無情如造化至公如權衡祖宗以來不可易之制也傳曰無作聰明亂舊章又曰利不百者不變法今言事之臣偶見一端卽議更改此臣所以區區欲爲陛下守祖宗之法也臣所謂偶見一端者蓋言事之人但見每次科場東南進士得多而西北進士得少故欲改法使多取西北進士爾殊不知天下至廣四方風俗異宜而人性各有利鈍東南之俗好文故進士多而經學少西北之人尙質故進士少而經學多所以科場取士東南多取進士西北多取經學者各因其材性所長而各隨其多少取之今以進士經學合而較之則其數均若必論進士則多少不等此臣所謂偏見之一端其不可者一也國家方以官濫爲患取士數必難增若欲多取西北之人則卻須多減東南之數今東南州軍進士取解者二三千人處只解二三十人是百人取一人蓋已痛裁抑之矣西北州軍取解至多處不過百人而解至十餘人是十人取一人比之東南十倍假借之矣若至南省又減東南而增西北則是已裁抑者又裁抑之已假借者又假借之此其不可者二也東南之士於千人中解十人其初選已精矣故至南省所試合格者多西北之士學業不及東南當發解時又十倍優假之蓋其初選已濫矣故至南省所試不合格者多今若一例以十人取一人則東南

之人合格而落者多矣西北之人不合格而得者多矣至於他路理不可齊偶有一路合格人多亦限以十一落之偶有一路合格人少亦須充足十一之數將使合落者得合得者落取舍顛倒能否混淆其不可者三也且朝廷事以較藝取人而使有藝者屈落無藝者濫得不問繆濫只要諸路數停此其不可者四也且言事者本欲多取諸路土著之人若此法一行則寄應者爭趨而往今開封府寄應之弊可驗矣此所謂法出而姦生其不可者五也今廣南東西路進士例各絕無舉業諸州但據數解發其人亦自知無藝只來一就省試而歸冀作攝官爾朝廷以嶺外烟瘴北人不便須藉攝官亦許其如此今若一例與諸路十人取一人此爲繆濫又非西北之比此其不可者六也凡此六者乃大概耳若舊法一壞新議必行則弊濫隨生何可勝數故臣謂且遵舊制但務擇人推朝廷至公待四方如一惟能是選人自無言此乃當今可行之法爾若謂士習浮華當先考行就如新議亦須只考程試安能必取行實之人議者又謂西北近邊士要牢籠此甚不然之論也使不逞之人不能爲患則已苟可爲患則何方無之前世亂賊之臣起於東南者甚眾其大者如項羽蕭銑之徒是已至如黃巢王仙芝之輩又皆起亂中州者爾不逞之人豈專西北矧貢舉所設本待賢材牢籠不逞當別有術不在科場也惟事久不能無弊有當留意者然不須更改法制止在振舉綱條爾近年以來舉人盛行懷挾排門大譟免冠突入虧損士風傷敗善類此由舉人既多而君子小人雜聚所司力不能制雖朝廷素有禁約條制甚嚴而上下因循不復申舉惟此一事爲科場大患而言事者獨不及之願下有司議革其弊此當今科場之患也論者謂光之說主於均額以息奔競之風修之說主於覈實以免繆濫之弊要之朝廷既以文藝取人則修說爲是神宗從王安石議罷明經及諸科進士罷詩賦用經義哲宗元祐初司馬光極陳其弊曰取士之道當先德行後文學就文學言之經術又當先於詞采神宗罷詩賦及諸科專用經義論策此乃復先王令典百世不易之法但王安石不當以一家私學欲蓋掩先儒令天下學官講解及科場程試同己者取異己者黜使聖人坦明之言轉陷於奇僻先王中正之道流入於異端若己論果是先儒果非何患學者不棄彼而從此何必以利害脅誘如此其急也至於律令敕式皆當官者所須何必置明法一科使爲士者預習之夫禮之所去刑之所取爲士者果能知道義自與法律冥合若其不知但日誦徒流絞斬之書習鍛鍊文致之事爲士已成刻薄從政豈有循良非所以長育人材敦厚風俗也帝乃更科場法太學博士呂大臨嘗上選舉六事曰古之長育人才者以士眾多爲樂今之主選舉者以士眾多爲患古之以禮聘士常恐士之不至今之以法抑士常恐士之競進爲治必欲得人惟恐人才之不足不患乎眾多也治事皆任其責惟恐士之不至不憂乎競進也宜立士規以養德厲行更學制以量才進藝立貢法以取賢斂才立試法以試用養才立辟法以興能備用立舉法以覈實得人立考法以責任考功先是仁宗朝尤以選人改京官爲重蘇軾曰國家取人有制策有進士有明經有諸科有任子有府史雜流凡此者雖眾無害也其終身進退之決在乎召見改官之日此尤不可以不愛惜愼重者也今之議不過曰多其資考而責之以舉官之數且彼有勉彊而已資考既足而舉官之數亦以及格則將執文墨以取必於我雖千百爲輩莫敢不盡與臣竊以爲今之患正在於任文太過是以爲一定之制使天下可以歲月必得甚可惜也方今之便莫若使吏六考以上皆得以名聞於吏部吏部以其資考之遠近舉官之眾寡而次第其名然後使一二大臣雜治之參之以其材器之優劣而定其等歲終而奏之以詔天子廢置度天下之吏每歲以物故罷免者幾人而增損其數以所奏之等補之及數而止使其予奪亦雜出於賢不肖之間而無有一定之制則天下之吏不敢有必得之心將自奮厲磨淬以求聞於時而向之所謂用人之大弊者將不勞而自去然而議者必曰法不一定而以才之優劣爲差則是好惡之私有以啟之也臣以爲不然夫法者本以存其大綱而其出入變化固將付之於人昔者唐有天下舉進士者羣至於有司之門唐之制惟有司之信也是故有司得以搜羅天下之賢俊而習知其爲人至一日之試則固已不取也唐之得人於斯爲盛今以名聞於吏部者每歲不過數十百人使一二大臣得以訪問參考其才雖有失者蓋已寡矣如必曰任法而不任人天下之人必不可信則夫一定之制臣亦未知其果不可以爲姦也又曰夫天下之吏不可以人人而知也故使長吏舉之又恐其舉之以私而不得其人也故使長吏任之他日有敗事則以連坐其過惡重者其罰均且夫人之難知自堯舜病之矣今日爲善而明日爲惡猶不可保況於十數年之後其幼者已壯其壯者已老而猶執其一時之言使同被其罪

不已過乎天下之人仕而未得志也莫不勉彊爲善以求舉惟其既已改官而無憂是故蕩然無所不至方其在州縣之中長吏親見其廉謹勤幹之節則其勢不可以不舉彼又安知其終身之所爲哉故曰今之法責人以所不能者謂此也一縣之長察一縣之屬一郡之長察一郡之屬職司者察其屬郡者也此三者其屬無幾耳其貪其廉其寛猛其能與不能不可謂不知也今且有人牧牛羊者而不知其肥瘠是可復以爲牧人歟夫爲長而屬之不知則此固可以罷免而無足惜者今其屬官有罪而其長不卽以聞他日有以告者則其長不過爲失察而去官者又以不坐夫失察天下之微罪也職司察其屬郡郡縣各察其屬此非人之所不能而罰之甚輕亦可怪也今之世所以重發贓吏者何也夫吏之貪者其始必詐廉以求舉舉者必皆王公貴人其下者亦卿大夫之列以身任之居官莫不愛其同類等夷之人故其樹根牢固而不可動連坐者常六七人甚者十餘人此如盜賊質劫良民以求苟免耳爲法之弊至於如此亦可變矣如臣之策以職司守令之罪罪舉官以舉官之罪罪職司守令使舉官與所舉之罪均縱又加之舉官亦無如之何終不能逆知終身之廉官而後舉特推之於幸不幸而已苟以其罪罪職司守令彼其勢誠有以督察之臣知貪吏小人無容足之地又何必於舉官焉艱之至孝宗朝朱子嘗作改官議曰一諸州教官以經明行修登第人充罷去試法如不足則令侍從兩省臺諫及諸路監司雜舉歲無定員有闕則降指揮令舉一近制新改官人並令作縣其舉狀內只言犯入已贓甘與同罪卽不言若本人改官之後任親民差遣日如有疲懦殘酷違法害民卽與同罪故舉者徇私妄舉多不擇人及至負敗又無譴責今乞於舉狀中添入此項如有違戾必罰無赦一今改官人雖有引見之法然未嘗親奉玉音詢考治行所以人得妄舉而昏繆不材之人或與其閒欲乞今後引見之日每十人中特宣兩人升殿詢其前任職事及民閒利害如有庸繆卽行退黜仍將舉主降官放罷有職名者卽令落職則舉者知畏而庸妄之徒亦不敢徼倖求進矣一改官之人設使所舉皆當然其才亦有大小之不同而今之縣官亦有難易之別今銓部之法未嘗爲官擇人而使人自擇官是以才高者審於擇地多注優閒易辦之縣才短者昧於所向多注繁劇難辦之縣使人與官兩失其所所以縣多不治而人有遺才也欲乞將天下諸縣分其難易又以大小爲次委自尙書將合注知縣之人精加考究分作四等以可任繁難大縣者爲上繁難小縣者次之優閒大縣又次之小縣爲下其已任繁難者後任便與注權通判其任優閒縣者後任須管再入知縣一次不得別注差遣願注縣丞者聽但亦以三年爲任一累任教官不曾實歷治民之人不許薦舉改官又嘗爲私議曰古者學校選舉之法始於鄉黨而達於國都教之以德行道藝而興其賢者能者蓋其所以居之者無異處所以官之者無異術所以取之者無異路是以士有定志而無外慕蚤夜孜孜惟懼德業之不修而不憂爵祿之未至夫子所謂言寡尤行寡悔祿在其中孟子所謂修其天爵而人爵從之蓋謂此也若夫三代之敎藝爲最下然皆猶有實用而不可闕其爲法度之密又足以爲治心養氣之助而進於道德之歸此古之爲法所以能成人材而厚風俗濟世務而興太平也今之爲法不然雖有鄉舉而其取人之額不均又設太學利誘之一途監試漕試附試詐冒之捷徑以啟其奔趨流浪之意其所以敎者既不本於德行之實而所謂藝者又皆無用之空言至於甚弊則其所謂空言者又皆怪妄無稽而適足以敗壞學者之心志是以人材日衰風俗日薄朝廷州縣每有一事之可疑則公卿大夫官人百吏愕眙相顧而不知所出是亦可以驗其爲敎之得失矣而議者不知其病源之所在反以程試文字之不工爲患而唱爲混補之說以益其弊或者知其不可又欲斟酌舉行崇寍州縣三舍之法而使歲貢選士於太學其說雖若賢於混補之云然果行此則士之求入乎州學者必衆而今州郡之學錢糧有限將廣其額則食不足將仍其舊則其勢之偏選之難而塗之狹又將有甚於前日之解額少而無所容也正使有以處之然使游其閒者較計得失於旦暮錙銖之閒不得寍息是又不惟無益而損莫大焉亦非計之得也蓋嘗思之必欲乘時改制以漸復先王之舊而善今日之俗則必如明道先生熙寍之議然後可以大正其本而盡革其末流之弊如曰未暇則莫若且均諸州之解額以定其志立德行之科以厚其本罷去詞賦而分諸經子史時務之年以齊其業又使治經者必守家法命題者必依章句答義者必通貫經文條舉衆說而斷以己意學校則遴選實有道德之人使專教導以求實學之人裁減解額舍選謬濫之恩以塞利誘之塗至於制科詞科武舉之屬亦皆究其利病而頗更其制則有定志而無奔競之風有實行而無空言之弊有實學而無不可用之材矣時楊萬里

作選法論以進其上篇曰選法之弊在信吏而不信官信吏而不信官故吏部之權不在官而在吏三尺之法適足以爲吏取富之源而不足以爲朝廷爲官擇人之具所謂尚書侍郎二官者據案執筆閉目以書紙尾而已且夫吏之犯法者必治而受賕者必不赦朝廷之意豈眞信吏而不信官者耶非朝廷之意也法也意則信官也法則未嘗信官也朝廷亦不自信也天子不自信則法之可否孰決之決之吏而已矣夫朝廷之立法以防吏之爲姦而其用法也則取於吏以爲決則是吏之言勝於法而朝廷之權輕於吏也其言至於勝法而其權至重於朝廷則吏部長貳安得而不吏之奉哉長貳非曰奉吏也曰吾奉法也然而法不決之於官而決於吏非奉吏而何夫是之爲信吏而不信官今有一事於此法曰如是可如是而不可士大夫之有求於吏部有持牒而請曰我應夫法之所可行而吏部之長貳亦曰可宜其爲可無疑也退而吏出寸紙以告之曰不可旣曰不可矣宜其爲不可無改也未幾而又出寸紙以告之曰可且夫可不可者有一定之法而用可不可之法者無一定之論何爲其然也吏也士大夫之始至也恃法之所可亦恃吏部長貳之賢而不謁之吏故與長貳面可之退而問之吏吏曰法不可也長貳無以語則亦曰然士大夫於是不決之法不請之長貳而以市於吏吏曰可也而勿亟也伺長貳之遺忘而盡取其諾昨奪而今與朝然而夕不然長貳不知也朝廷不訶也吏部之權不歸之吏而誰歸夫其所以至此其始也有端其積也有漸而其成也植根甚固而不可動搖矣然則曷爲端其病在於忽大體謹小法而已矣吏者從其所謹者而中之並與其所忽者而竊之此其爲不可破也且朝廷何不思之曰吾之銓選果止於謹小法而已則一吏執筆而有餘也又焉用擇天下之賢者爲尚書侍郎也哉則吾之所以任尚書侍郎者殆不止謹小法而已是故莫若略小法而責大體使知小法之有所可否初無繫於大體之利害則吏部長貳得以出意而自決之要以不失夫銓選之大體而不害夫立法之大意而已責大體而略小法則不決於吏而吏之權漸輕吏漸輕然後長吏之賢者得以有爲而選法可漸革也其下篇曰臣聞吏部之權不異於宰相亦不異於一吏夫宰相之與一吏不待智者而知其懸絕也旣曰吏部之權不異於宰相又曰不異于一吏者何也今夫進退朝廷之百官賢者得以用而不肖者得以黜此宰相之權也注擬州縣之百官下至於簿尉而上至於守貳此吏部之權也朝廷之百官自大科異等與夫進士科甲之首者未有不由於吏部也未有不由於吏部而官者今日之簿尉未必非他日之宰相而況今日宰相之所進退者臺閣之所布列者皆前日之升階揖侍郎者也故曰吏部之權不異於宰相雖然吏部之所謂注擬何也始入官者則得簿尉其自簿尉來者則得令丞推而上之至於幕職由是法也又上之至於守貳由是法也其宜得者則曰應格其不宜得者則曰不應格曰應格矣雖貪者疲愞者老耄者乳臭者愚無知者庸無能者皆得之得者不之愧與者不之難也曰不應格矣雖眞賢實能廉潔守志之士皆不得也不得者莫之怨不與者莫之恤也吏部者曰彼不愧不怨吾事畢矣如募焉書其役之高下而甲乙之按其役之遠近而勞逸之呼一吏而閱之簿盡矣此縣令之以止小民之爭也吏部注擬百官而寄之以天下之民命乃亦止於止爭而已矣故曰亦不異於一吏今吏部亦有所謂銓量者矣揖之使書以觀其能書乎否也召醫而視之以探其有疾與否也贊之使拜以試其視聽之明暗筋力之老壯也曰銓量者如是而已矣而賢不肖愚智何別焉昔晉用山濤爲吏部尚書而中外品員多所啟拔宋以蔡廓爲吏部尚書廓先使人告宰相徐羨之曰若得行吏部之職則拜不然則否羨之答曰黃散以下皆委廓猶以爲失職遂不拜蓋古之吏部雖黃門散騎皆由吏部之較選是當時之爲吏部者豈亦止取若今所謂應格者而爲黃散耶抑將止取今所謂銓量者而爲黃散哉宋史蘇紳傳上言古者自黃散而下及隋之六品唐之五品皆吏部得專去留今審官院流內銓則古之吏部三班院古之兵部不問官職之閒劇才能之長短惟以資歷深淺爲先後有司但主簿籍而已欲賢不肖有別不可得也臣願朝廷稍增重尚書之權使之得以察百官之能否而與奪之如丞簿以下官小而任輕者固未能人人而察之也至於縣宰之寄以百里之民者守貳之寄以一郡之民者豈不重哉且天下幾州一州幾縣一歲之中居者待者之外到部而注擬縣宰者幾人守貳又幾人則亦不過三數百而已以一歲三數百之守貳縣宰散之於三百六旬之日月則一日之注擬者絕多補寡亦無幾爾一歲之閒而不能察三數百人之能否則其爲尚書者亦偶人而已矣月計之而不粗歲計之而不精則其州縣之得人豈不十而五六哉雖不五六豈不十而三四哉以此較彼不猶愈乎或曰尚書之權重則將得以行其私柰何是不然昔陸贄請令臺省長官各舉其屬而德宗疑諸司所舉皆有情故或受賂者贄諫之曰陛下

擇相亦不出臺省長官之中豈有爲長官則不能舉一二屬吏居宰相則可擇千百具僚其要在於精擇長吏贊之說盡矣今朝廷百官孰非宰相進擬者而不疑也至於吏部長貳之注擬而獨疑其私乎精擇尙書而假之以與奪之權使得精擇守貳縣宰而無專拘之以文法庶乎天下不才之吏可以汰而天下之治猶可以復起也與至寧宗嘉定中嘗命監司守臣舉十科政績所知自代江東轉運司副使眞德秀奏剌舉之法曰太平興國中嘗詔諸道轉運使司察訪部下官吏凡罷軟不勝任及黷於貨賄者俾條上其事狀其淸白自守幹局不凡者亦許其明揚臣仰見祖宗盛時選用監司付以事權者蓋欲其公於剌舉責任之意不輕也自嘉泰開禧以來公道不行請囑日盛郡縣之官有罪狀彰灼爲監司者苟欲按核已求要路之援以自脫甚者得以施其反噬之計於是剌之權不行矣歲舉之員往往奪於權貴之命孤寒無援者雖盡心職業不免陸沈之歎膏梁庸騃苟有所挾則若執券以取償焉於是舉之權又有所不行矣是以州縣之閒賢否不分民受其病今陛下更新大政公道昭明寖還乾道淳熙之舊矣獨縉紳閒親故請托之弊未能盡革臣愚欲望聖慈詔戒中外士大夫相與維持公道使將旨承命者得以展澄清之志而賢不肖有所甄別於治道豈小補哉項安世擬對學士院試策曰科舉之法此今日不可如何之法也自太平興國以來科名日重實用日輕以至於今二百餘年舉天下之人才一限於科目之內入是科者雖檮杌饕餮必官之出是科者雖周公孔子必棄之習之既久上不以爲疑下不以爲怨一出其外而有所取捨則上蓄縮而不安下睥睨而不服共知其弊而甘心守之不敢復議矣故曰此今日不可如何之法也不論伊傅周召如何但使諸葛亮王猛處此必當自出意度別作爐鞴以陶鎔天下之人物以收拾天下之才智以共了當時之事決不矻矻受此纏縛也自王導謝安以下隨世就事之人欲於安帖平靜之中密致分數劑量之效則必不敢變今之說取今之士矣此固無以議爲也然則用王謝之術爲之調度亦有道乎曰有時於尋常尺寸之中略出神明特達之舉稍更闒茸已甚之習薄伸渾厚平直之氣則猶愈於已也蓋天下之事雖貴於法守而亦不可以一付於法法者所以抑僥倖非所以抑豪傑也夫所謂徼倖者不應得而得之之謂也一人得之衆人攀之其門一開不可復禁故上之人立法以拒之使之欲進而無隙欲求而無辭是則法之效也若夫豪傑之士其德宜爲人上其才宜爲世用非所謂徼倖者此法之所求非法之所拒也人所共服莫敢與比以此爲例誰敢攀之有若是者時出而用之以示天下不專以操筆弄墨取人主之官爵則亦足以補風化隆實行扶善人而愧惡子也又曰夫科目之盛自李唐起而唐之取士猶未盡出於此也有上書而得官如和逢堯員半千之類是也有隱逸而召用如陽城李渤之類是也有出於辟舉如韓愈之出於張建封董晉是也有出於延譽者如吳武陵之薦杜牧之是也至於本朝法令始密科場條貫如縛胥吏而鄉舉里選之意纖悉無遺矣然祖宗之時猶有度外之事如張詠嘗爲舉首而以遜其鄉人則猶有朋友之義也宋祁嘗爲第一而令與兄則猶有兄弟之恩也延入客次先通所爲文則猶有禮意也李畋張及等三人並解則猶未立額也此外又有陳乞之恩聘召之禮元祐經行之舉三舍行藝之規則其意亦知徒文之不足以盡士矣故孫復蘇洵之用猶出於常法之外而雷簡夫姚嗣宗之官或由於特達之授然意欲不安而法已一定雖或少出常度亦千萬中之有一二耳須臾之才行不足以勝二百年之科目也葉適論制科曰用科舉之常法不足以得天下之才其偶然得之者幸也自明道景祐以來能言之士有是論矣雖然原其本以至其末亦未見有偶然得之者要以爲壞天下之才而使之至於舉無可用此科舉之敝法也至於制科者朝廷待之尤重選之尤難使科舉不足以得才則制科者亦庶幾乎得之矣雖然科舉所以不得才者謂其以有常之法而律不常之人則制舉之庶乎得之者必其無法焉而制舉之法反密於科舉今夫求天下豪傑特舉之士所以恢聖業而共治功彼區區之題目記誦明數暗數制度者胡爲而責之而又於一篇之策天文地理人事之紀問之略徧以爲其說足以酬吾之問則亦可謂之奇才矣當制舉之盛時置學士立師以法相授浮言虛論披抉不窮號爲制科習氣故科舉既不足以得之而制舉又或失之然則朝廷之求爲一事也必先立爲一法若夫制科之法是本無意於得才而徒立法以困天下之泛然能記誦者耳此固所謂豪傑特起者輕視而不屑就也又有甚此者蓋昔以三題試進士而爲制舉者以答策爲至難彼其能之則猶有以取之自熙寧以策試進士其說蔓延而五尺之童子無不習言利害以應故事則制舉之策不足以爲能故哲宗以爲今進士之策有過此者而制科由此再

廢矣是以八九十年其薦而不得試者其試而不見取者其幸而取者其人才凡下往往不逮於科舉之俊士然且三年一下詔而追復不俟科舉之歲皆得舉之將何所爲乎設之以至密之法與之以至美之名使其得與此者爲急官爵計耳且天下識治知言之人不應如是之多則三歲以策試進士使肆言而無所用是誠失之矣今又使制舉者自以其所謂五十篇之文泛指古今敷陳利害其言泛雜見者厭視聞者厭聽且士之猥多無甚於今世挾無以大相過之實而冒不可加之名則朝廷所以汲汲然而求之者乃爲譏笑之具今宜暫息天下之多言進士無親策制舉無記誦無論著稍稍忘其故步一日天子慨然自舉之三代之英才未可驟得亦不至如近世之冗長無取非唯無益而反有害也論宏詞曰法或生於相激宏詞之廢久矣紹聖初既盡罷詞賦而患天下應用之文由此遂絕始立博學宏詞科其後又爲詞學兼茂其爲法尤不切事實何者朝廷詔誥典冊之文當使簡直宏大敷暢義理以風曉天下典謨訓誥諸書是也孔子錄爲經常之詞以教後世而百世不能易可謂重矣至兩漢詔制詞意短陋不復髣髴其萬一蓋當時之人所貴者武功所重者經術而文詞者雖其士人諱然自相矜尚而朝廷忽略之大要去刀筆吏之所能無幾也然其深厚溫雅猶稱雄於後世而自漢以來莫有能及者若乃四六對偶銘檄贊頌循沿漢末以及宋齊此眞兩漢刀筆吏能之而不作者而今世謂之奇文絕技以此取天下士而用之於朝廷何哉自詞科之興其最貴者四六之文然其文最爲陋而無用士大夫以對偶親切用事精的相誇至有以一聯之工而遂擅終身之官爵者此風熾而不可遏七八十年矣前後居卿相顯人祖父子孫相望於要地者率詞科之人也其人未嘗知義其學未嘗知方其才未嘗中器也操紙援筆以爲比偶之詞又未嘗取成於心而本其源流於古人也是何所取而遽以卿相待之相承而不能革哉且又有甚悖戾者自熙寧之以經術造士也固患天下習爲詞賦之浮華而不適於實用凡王安石之與神宗往反極論至於盡擯斥一時之文人其意曉然矣紹聖崇寧號爲追述熙寧既禁其求仕者不爲詞賦而反以美官誘其已任者使爲宏詞是始以經義開迪之而終以文詞蔽淫之也士何所折衷故既以爲宏詞則其人已自絕於道德性命之本統而以爲天下之所能者盡於區區之曲藝則其患又不特舉朝廷之高爵厚祿輕以與之而已也反使人才陷入於不肖而不可救且昔以罷詞賦而置詞科今詞賦經義竝行久矣而詞科迄未嘗有所更易是何創法於始而不能考其終使不自爲背馳也蓋進士制科其法猶有可議而損益之者至宏詞則直罷之而已矣理宗寶慶閒漕試藪弊禮部侍郎曹彥約奏曰科舉之弊莫甚於牒試而牒試之弊莫甚於作僞蓋解額之有廣狹士子之有眾寡廣而寡者固已安其分則狹而眾者必思所以爲之計朝廷以承平日久士子日盛設爲牒試之法寬其進取之門末節細故未暇深察於是改鄉里以就他人之貫改三族以認他人之親甚者改其祖父改其姓氏若得若失尙未可知而欺君之迹已昭昭不可掩矣今國子監牒試其弊尙少臣不知其本末未敢遽議惟漕試之弊積習既久士大夫互相欺詐恬不爲怪壞士子心術莫甚於此時舉摘一二尤者而懲戒之於事無補律以科舉之法無一可者則更改張之不可緩也好事者深知其不便求其說而不得欲增解額則難立限制欲均解額則侵及他郡欲廢漕額以益諸郡不特舊額不等極費區處而所部之親戚故舊有決不可不避者變舊法以起爭端終不可久無已則有一焉在內有職事官朝廷之所選用也在外有監司帥守朝廷所責任也大郡之有通判小郡之有簽判轉運司之有主管文字諸路之有川廣福建又遠地之多士子處也與其詐僞避親而使之冒試孰若嚴其保任而使之牒試隨其官職分其差等若監司帥守可舉十五人則大郡可舉十人中下郡可舉七八人通判可舉五人主管文字與簽判可舉三人川廣福建不在此位者不過一二人職事官之牒門客者當如其舊其以川廣福建牒者郎官以上不得過下郡之數寺監丞以下不得過通判之數明載公牘參以法令如是行之不增發解不拂人情而解額之狹處與士子之眾處受其利如前日也但前之爲法不許其保任而容其詐僞後之爲法不容其詐僞而許其保任其利害相去何如哉然州縣之牒本路可以稽考而監司帥守之牒鄰路容有泛濫且如兩浙路與江東福建爲鄰而又與淮東爲鄰湖北一路與湖南江西爲鄰而又與淮西京西夔路爲鄰若止許一處則地里有不便或分之數路則渙散而無統須合與之關防立爲限制應監司帥守牒過員數竝限九月三十日以前具申禮部禮部總其名數竝限九月三十日具申部省備牒御史臺諫院其弊可革矣時詔見供職及在外帶職從官依元祐十科舊制歲舉三人從右正言厲酒請

也權司封郎官許應龍曰臣聞天下固有不一之才人主當無執一之見蓋人才之在天下若十指然小大長短雖若不齊而皆適於用兼收並蓄人則皆有以自見而天下無不舉之事苟用一而廢一則互相傾軋必有分朋植黨之弊夫人才不同彼此異見其來非一日矣足一蹋軍門視文士如仇讐首一戴儒冠輕武弁如草芥矯矯特立則以靜重爲苟容處事詳審則以剛直爲沽譽長於吏才則以明經術者爲腐儒專於學問則以了官事者爲俗吏少俊則以老成爲遲鈍寬厚則以嚴明爲苛刻各分黨與判乎其不相入也人主用才惟求其辦吾事濟吾治而已安可主一而廢一哉陛下建用皇極無黨無偏耆德者召之文學者用之吏事者任之或長於將略或精於財計或以循良稱或以讜直名莫不擢用固無一毫好惡之私然求賢之詔屢下剡薦之牘交馳而人心多私罕以實應靖退不競者無由自達單寒寡援者未免見遺臣願陛下開眾正而達四聰使任薦舉者悉參公論舉能其官則錫以進賢之賞稱匪其人則加以謬舉之罰如此則眞才實能皆爲吾用何事不立惟陛下與大臣亟圖之章如愚曰前輩謂進士一科爲宰相科則其人可知也當時取士兼采譽望廷唱或先審人物有以翰林學士之子而令覆試者陶穀之子翰有以宰相參政之子弟而皆罷之者李昉之子宗諤呂蒙正之弟蒙亨有以陞黜未公而再行考試者王曾等言有以取舍非當至擊鼓自陳者徐士廉有以賦落韻而特取之者李迪有以注疏異說而特黜之者賈邊有以上書可用而通榜皆爲通判者張齊賢有以儀狀秀偉而召見擢爲第一者蔡齊國初取士之際猶不拘於法也或欲罷封彌之法范仲淹范鎮等或欲隆學校之教歐陽修或欲還田里之選趙師民或欲置經明行修之科司馬光皆欲考其素履兼采譽望如國初之制然時異事變難於卒行則亦相視太息而已又論舉主曰擇舉主於未用之先察舉人於方用之始責舉主於已用之後此祖宗之良法也咸平初上語李至曰凡所舉官多聞謬濫不若先擇舉主此擇舉主法也太平興國之詔曰九品之賤一命之微未嘗專望於有司必須召對於便殿此察舉人法也乾德之詔曰除授之制書舉主姓名或不知舉者並連坐之此責舉主法也擇之於其先則人知所勸責之於其後則人知所懼天子又於其中而致察焉則其權又不專在有司矣祖宗朝舉京朝官委之蘇易簡陳恕舉御史委之樂黃知陳自微謂其人足以堪是選也今之達官不能皆偉人一當其任例可揀拔廉謹者舉清幹贓汙者舉貪濁比之匪人如薦賢何祖宗朝高惠連之績用面授朝官張祥之自新授以令長此皆親得於顧問者也今之班引特爲文具去黼坐於數十步之外聽唱姓名而已旅進旅退何以知人若乃連坐之法則祖宗之所嚴而今日之所寬也昔邵餘慶劾舉主邵煜舉非其人已經數宥猶至停官其法之嚴也如此雖曰改節中變許自陳首而又有不在陳首之限者今也不然罪犯已著不可芘護舉主乃以陳首而免連坐不罰而懼能幾何人三法皆壞而薦舉之弊有不可勝言者矣竊嘗因賈黯之言而深思焉舊制薦人不限員數自張易所舉猥多乃始限之舊常參官得論薦其後常參官不許論薦舊以不在任及所統屬皆得論薦其後惟在任及統屬方許論薦是向之法疎而後之法密也然天聖中改官者止數十人皇祐中已六七十人至於治平則三倍其數法之疎者其數省法之密者其數增此其故何哉大抵有敕舉有限舉敕舉者闕其人則舉不闕則不舉也限舉者每歲有舉雖不闕亦舉也祖宗時闕令長則詔舉令長闕幕職則詔舉幕職闕京朝官則詔舉京朝官士大夫終身所舉一二人而已故可以選可以責天子亦可以聞視自夫監官郡守歲舉限員不問賢否但欲充數一人之身更六七任則所舉不勝其眾限舉不可行敕舉不可復善謀國者亦付之無可柰何而已矣噫薦李師錫者凡三十餘人擢之不次可也而倘與循資買積善史用昭歷任書攷薦之者無一人終身選調可也而特以京官與之祖宗權衡固有出於是法之外者神而明之存乎其人又論堂除及資格曰國初官人之法文臣屬中書武臣屬樞密太宗分中書之權而置審官院神宗分樞密之權而置審官西院遂以文臣之審官爲東焉於後合東西審官之權而歸之左右尚書文臣之差注吏部得專其責矣然監司郡守御史省郎官以上皆中書主之正將副將準備將以上皆樞密主之此堂除所以爲重本也祖宗以來資格甚嚴其用某人也必曰嘗歷某資也由守而憲由憲而漕由漕而三路使而三司副使至是方除待制焉由正將而邊守州鈐由邊守州鈐而邊帥路鈐由邊帥路鈐而都鈐總管官至是方選管軍馬一資一級至不輕也自熙寧大臣引用新進有邑宰資序而爲監司郡守者有選人未改官而亦預俊拔者官制既行資序止於吏部朝廷所除出於臨時而文臣之資格壞矣自政和之官爵日濫而橫行之任下及匪人邊郡之除無異正任官制復行

武臣直譒皇城使雖樞臣莫之能改而武臣之資格壞矣夫待常才以資待非常之才以望如徒以資而已則盛德善行瑰奇偉儁之士或拘格而遲回然專捨資用望則狂謬之流矯抗之士或以虛名進矣其用望之弊當有甚於資也且祖宗之朝固有不次而舉者有特旨而授者畢士安以侍讀學士兩遷而正端揆宋琪以兵部員外三遷而居端揆王顯閤門使也其正西府止於兩遷王繼英客省使也其知西府止於一遷此固非純用資格者然資格終不可廢也李定以資淺入臺三舍人不奉詔武功大夫之轉橫行則紹興廷臣深非之焉蓋資格嚴則人望爲足貴用望者多僥倖者至斯亦不足貴也已昔范文正公爲百官圖以進指其遷進遲速次序曰如此則爲敘遷如此則爲不次噫必有范公而後可以用資寇忠愍議擢指揮使吏以例籍進公曰用一㸦官尚須檢例安用我輩噫必有寇公而後可以用望否則資望俱失矣又久任論曰官守數易弊法也而將相之數易監司郡守之數易其弊爲尤甚祖宗朝趙中令之相凡十一年王文正之相凡十二年向文簡之相亦十年皇祐用相遠者五七年次者二三年而亟用亟罷何郯已切議之良以道揆之任非百官有司比任之則勿疑疑則勿任祖宗朝郭進之守西山凡二十年李漢超守關南凡十七年董遵誨之守通遠凡十四年其餘或九年或十年或十餘年蓋不可悉數夫閫外之任古人所重委之也專任之也久則可以責其成效擢之未幾而遷之隨至雖有頗牧何所用之祖宗朝宋博轉運使河東凡十一年宋瑨之知秦州凡六年蔣元振之知白州凡七八年在蜀者或至三任宰相在廬者或七年不遷而知滄州未半年而更三任授發運使未數日而又遷諫議則吳申力言之夫親民之職不可屢易監司一易則擾一路郡守一易則擾一州令宰一易則擾一縣送故迎新勞擾萬狀五日京兆姦者侮之雖百龔黃何所容其技耶祖宗朝曰相曰將曰監司曰守令無一不久其職者正爲是也不啻惟是張質之在樞密五十年王貽永爲樞密十五年古之以司馬爲氏不過是也陳恕之在三司十二年李士衡之任筦計二十年古之以倉庫爲氏不過是也趙師民楊安國之在經筵或十餘年或二十七年所以養君德者多矣司馬光劉溫叟之在臺諫或五年或十二年所以格君心者久矣張師德九年在西掖章德象十二年在翰林所以出納王命者當矣雖然亦視其才德如何宋琪自外郎歲中三遷爲眞相何敏中自外郎歲中三遷爲眞相向敏中自外郎百餘日正西府可以速則速又不容以久任之法拘之孫洙論資格曰三代而下選舉之法紛紛其始終一切皆失者其國家資格之制乎今賢材之伏於下者資格閡之也職業之廢於官者資格牽之也士之寡廉鮮恥者爭於資格也民之困於虐政暴吏資格之人衆也萬事之所以抗弊百吏之所以廢弛法制之所以頹爛決潰而不之救者皆資格之失也惟天之生大賢大德也非以私厚其人將使之輔生民之治者也惟人之有大材大智者非以獨樂其身將以振生民之窮者也今小人累日而取貴仕君子側身而困卑位賢者戴不肖於上而愚者役智者於下爵不考德祿不授能故曰賢材之伏於下資格閡之也才足以堪其任小拘歲月而妨之矣力不足以稱其位增累考級而得之矣所得非所求也所求非所任也位不度才功不索實故曰職業之廢於官者資格牽之也今夫計歲閱而爭年勞者日夜相關也有司躐一名差一級則攝衣而羣爭懟矣其甚者或懷黃敕而置於丞相之前也其行義去市賈者亡幾耳故曰士之寡廉鮮恥者爭於資格也來而暴一邑既歲滿矣又去而虐一州也非以贓敗至死不黜虎吏劇刻而食於民賢者鬱死於巖穴而赤子不得養其父母也故曰民之困於虐政暴吏者資格之人衆也夫資格之法起於後魏崔亮而復行之於唐之裴光廷是二子者其當世固已罪之不待後人之譏矣然而行之前世不過數十年耳後得稱職者矯而更之故其患不大今資格之弊流漫根結蹱爲常法方且世世而遵行之矣往者不知非來者不知矯故曰萬事抗弊百吏廢弛法制頹爛決潰而不之救也雖然不無小利也小便也利之者愚惷而廢滯者也便之者耋老而庸昏者也而於天下國家焉則大失也大害也然而提選部者亦以是法爲餙而易守也百品千羣不復銓敘人物而綜覈功實一吏在前勘簿呼名而授之矣坐廟堂者亦以是法爲要而易行也大官大職列籍按氏差第日月遝然而登之矣上下相冒而賢材去愈遠可爲太息也爲今之急誠宜大蠲弊法簡拔異能爵以功爲先後用以才爲序次無以積勤累勞者爲高敘無以深資久考者爲優選智愚以別善否陳前而萬事不治庶功不熙者臣愚未嘗聞也林駉曰有文學有武學養之於未用之先也有文選有武選用之於既養之後也然則科舉之法既有文學矣烏可不設武舉乎宋朝制科有六而武事居其二又外置武舉以待方略武勇之士時蓋

天聖七年也行之二十年而罷罷之十有五年而復是故以策論定去留以弓馬定高下寶元制也先試大義次試時務邊防策又別試弓馬熙寧制也以此而取士則其得人當不居唐之郭子儀下而或者猶曰弓馬不過麄材策論亦爲無用蘇老泉之論謂不若方略有謀者之可用也武舉者蹶張馳射儕於卒伍稍有廉恥則焉肯爲富文忠公之論謂不若威果武略之堪任將帥也是則然矣然亦嘗觀嘉祐議臣之奏乎今朝廷所聞稍有聲稱者皆由武舉而得此其所取豈得謂之無益於世者如富如蘇之論特不過謂來者猥多取者不擇而豪傑之士有不屑就焉爾如執此以議武舉君子謂之不知務李日華曰宋三年一郊官無大小皆蔭子其各自轉考必蔭授之官又行蔭典凡一官出身子孫弟姪以及外孫與甥惟不及壻耳兩制大臣平生有瀕死之疾遇醫得起者有恩可推亦準本官陳乞何其濫也

金世宗大定初每季選人至吏部托以檢閱舊籍謂之檢卷有留滯至後季尚不得去者高衎言爲吏部知其弊及授尚書歲餘銓事修理選人便之十九年九月命各道提刑按察司舉廉能加等遷敘監察御史魏初曰舊制常參官諸州刺史上任三月舉一人自代況風紀之職與常員異請自今監察御史按察司官在任一歲各舉一人自代所不當有罰不惟砥礪風節亦可爲國得人章宗明昌初上封事者乞鄉以八行貢春官及設制舉宏詞事下尚書省集百官議戶部尚書鄧儼等謂成周鄉舉里選法卒不可復設科取士各隨其時八行者乃亡宋取周禮之六行孝友睦婣任恤加之以中和爲八也凡人之行莫大於孝廉今已有舉孝廉之法及民有才能德行者令縣官薦之犯十惡姦盜者不得應試亦六德六行之遺意也夫制舉宏詞蓋天子待非常之士若設此科不限進士并選人試之中選擢之臺閣則人自勉矣從之於是設賢良方正能直言極諫博學宏材達於從政等科聽內外文武六品以下職官無公私過者從內外五品以上薦於所屬詔試之若草澤士德行爲鄉里所服者則從府州薦之三年平章政事完顏守貞言經童之科非古制也自唐諸道表薦或取五人或十人近代宋仁宗以爲無補罷之本朝皇統間取及五十人因以爲常天德時或廢今復置取輒以百數恐久積多不勝銓擬乞約取之帝曰若所誦皆及格如何守貞曰視幼最而誦不訛者精選之則數亦不多也復問參知政事胥持國對曰所誦通否易見豈容其濫帝曰限以三十或四十若百人皆通亦可復取其精者持國曰是科蓋貪敎之術耳夫幼習其文長玩其義使之莅政人才出焉如中選者加之修習進士舉業則所記皆得爲用臣謂可勿令遽登仕途必習舉業而後官之若能擢進士第自同進士任用如中府薦或會試視其次數優其等級幾舉不得薦者從本科出身似可以激勸而得人矣時又特賜棣州孝子劉瑜錦州孝子劉慶祐絹粟旌其門閭復其身因問宰臣從來孝義之人曾官使者幾何守貞以世宗時劉政對且言若輩多淳質不及事帝曰豈必盡然孝義之人素行以備稍可用卽當用之後雖有希覬作僞者然僞爲孝義猶不失爲善其檢勘前後所申有可用者具以聞八月有司奏寧海州文登縣王震孝行以嘗業進士并試其文特賜同進士出身仍注敎職一等職任十一月尚書省奏益都府舉王樞事親至孝兼博學善書特賜同進士出身附王澤榜宣宗貞祐四年三月監察御史完顏素蘭言臣近被命體問外路官廉幹者擬以差遣若懦弱不公者罷之具申朝廷別議擬注臣伏念彼懦弱不公之人雖令罷去不過止以待闕者代之其能與否又未可知或反不及前官蓋徒有選賢之名而無得人之實古語云縣令非其人百姓受其殃今若後官更劣則爲患滋甚豈朝廷恤民之意哉夫守令治之本也乞命隨朝七品外路六品以上官各舉堪充司縣長官者仍明著舉官姓名他日察其能否同定賞罰庶幾其可乃詔隨朝七品外路六品以上官二歲舉縣令一人時御史中丞李英又言兵興以來百務皆弛其要在於激濁揚清獎進人才耳近來改定四善十七最之法徒爲虛文大定間數遣使分道考察廉能當時號爲得人願改前日徒設之文遵大定已試之效庶幾人人自勵以爲國家用從之興定二年賜經義進士王彪等十三人及第帝謂宰臣曰從來廷試進士日晡後卽遣出恐文思遲者不得盡其才令待至暮時及覽彪程文愛其詞藻咨嗟久之至五年三月省試經義進士考官於常格外多放喬松等十餘人有司奏請駁放帝以旱傷和氣不許按李世弼金登科記序略曰金天會改元始設科舉有詞賦有經義有同進士有同三傳有同學究凡五等詞賦初以經傳子史內出題次又令逐年改一經亦許注內出題以詩書易禮春秋爲次循遼舊也天眷三年於析津府試天德三年始親試於兩京貞元二年遷都於燕自後止試於析津府正隆二年以五經三史正文出題明昌

二年改令五經子史內出題仍與本傳此詞賦之大略也經義初試於眞定府所放號七十二賢榜後及蔚州析津令易書詩禮春秋專治一經內出題蓋循宋舊天德三年罷此經義之大略也天眷三年令大河以南別開舉場謂之南選貞元三年遷都遂合南北通試於燕正隆二年令每二年一開科立定程限日月更不擇日府試初分六路次九路後十路此日月路分格也天德二年詔舉人鄉府省御四試中第明昌三年罷去御試止三試中第府試五人取一依大定例不過五百人後以舉人漸多會試四人取一得者常不下八九百人御試取奏旨此場數人數格也天眷三年析津放第於廣陽門西一僧寺唱名遷都後于宣陽門唱名後爲定例此唱名之格也明昌初五舉終場人直赴御試不中者別作恩榜賜同進士出身會元御試不中者榜末妥插府元被黜者許來舉直赴部又貞祐三年終場人年五十以上者卽行該恩此該恩之格也大定三年孟宗獻四元登第特授奉直大夫第二第三人授儒林郎餘皆從仕郎後不爲例明昌閒以及第者多第一甲取五六人狀元授十一官第二人授九官餘皆授三官此授官之格也進士第一授丞簿軍防判第二授縣令此除授之格也五朝文獻通考曰金進士之制特重而諸紀中于廷試事多闕而不書孫承澤春明夢餘錄及學典惟載李世弼一序而其言與金史頗有異同未知孰是而特賜人姓氏之可見者天德前蘇保衡以宗衡薦賜進士出身天德中曹望之以戶部郎中特賜進士及第世宗朝則有完顏匡以太孫侍讀試進士不中賜及第章宗朝則有胡光謙游總孔端甫魏汝翼劉震亨崔秉仁翟駒齊文乙孫可久陳信仁董戣李天祺康晉侯時琦劉摯升傅礪趙摯田扆方張介然李貞固等並以學行舉光謙端甫汝翼介然賜進士及第餘俱賜同進士出身宣宗興定五年康琚以林州行元帥府經歷官乞赴廷試賜進士及第哀宗天興二年王賁以下十六人並以終場賜進士出身海陵時孫梅以貴妃唐古鼎格家奴賜進士及第則濫甚矣

欽定續通典卷二十一

選舉

雜議論下

元世祖時廉希憲在中書嘗言國家自開創以來凡納士及始命之臣咸令世守至今將六十年子孫皆奴視部下郡邑長吏皆其皁隸僮使前古所無宜更張之使考課黜陟始議行遷轉法左史侍御鄂爾根薩里嘗勸帝治天下必用儒術宜招致山林道德之士以備任使乃遣使求賢置集賢館待之卽以鄂爾根薩里爲集賢館學士凡士之應詔者命館穀之飲食供帳車服皆甚盛卽弗稱旨者亦請加賚遣還有官宣徽者欲陰敗其事故盛陳所給廩餼於內前帝過問焉對曰此一士之日給也帝怒曰汝欲使朕見而損之耶十倍此以待天下士猶恐不至況欲損之誰肯來耶東平布衣趙天麟上太平金鏡策略曰今國家選法腹外三年爲一考腹內二年半爲一考自非負罪之員皆有進而無退臣以爲選法宜以賢能爲先不宜以日月爲上請凡內外官員三年第一考爲初考上等加官階二級中階一級下則仍舊階而上中下三等皆復守其本職六年再考如初考而覆守本職九年終考如再考然後黜陟其職凡考法令廉訪司官重其保結考其行實而牒司路以達于上司銓定階次籍記倚閣凡三考黜陟其事業循常者依累次官階而除之以次第所宜其才德超異者雖階次甚卑而待之以不次之位如是則居官守祿者旣思階次之升超而盡其公道又懼憲職之知覺而滅其邪心庶幾乎選法有以定矣又論考幽明曰國家入仕之門太多考選之方太闊臣謹依經考史斷以愚意條陳聖人之九徵及當今所切之二十六美之三十九類與夫三要惟陛下察之所謂九徵者一曰遠使之而觀其忠二曰近使之而觀其敬三曰煩使之而觀其能四曰卒然問焉而觀其智五曰急與之期而觀其信六曰委之以財而觀其仁七曰告之以危而觀其節八曰醉之以酒而觀其則九曰雜之以處而觀其色所謂二十六美之三十九類者一曰文史之美三類草制飾詔諄悉詞情也校書正字可爲定體也敎誨後學材德多成也二曰禮官之美三類補袞拾遺將順其美也朝會祭祀儀章丕舉也宣慰風俗雍熙聿致也三曰樂官之美一類金石宮商條理聲正也四曰知人之美一類善惡周覽洞曉於心也五曰敬賢之美一類推轂進士常若不及也六曰考校之美一類彰善癉惡照文無失也七曰糾察之美一類彈劾所至不避權豪也八曰廉訪之美二類廉察官吏儆懼肅淸也訪問風俗化成禮義也九曰宿衞之美一類小心周密京輦增威也十曰籌計之美二類帷幄畫計折衝倒戈也排壘整陣臨時合權也十一曰督領之美三類器械精完士卒閑習也號令嚴明部伍齊整也臨敵耀威身先士伍也十二曰鎭防之美一類守堅持重寇盜難窺也十三曰屯田之美一類勸勵稼穡勤事多獲也十四曰芻養之美一類孳畜頭匹茁壯繁滋也十五曰使臣之美二類喉舌宣納成美昭光也委幹事務辦濟平允也十六曰決斷之美三類句檢考覈瑕隙無隱也要察圓明四無開言也疑獄得情處置合律也十七曰農桑之美一類董督樹藝水旱有備也十八曰董役之美一類監役合宜丁夫悅事也十九曰關津之美一類姦詐不漏行旅不壅也二十曰營造之美一類練事分公捷於供奉也二十一曰明利之美一類出納有常簿籍易照也二十二曰算數之美一類多寡有方了然胸臆也二十三曰僧官之美一類宏宣釋敎守戒精嚴也二十四曰道官之美一類宏宣道敎守德精嚴也二十五曰醫官之美二類科品分明舉無不應也開發後學成材者衆也二十六曰陰陽之美二類歷法推步授時無舛也卜筮循經不爲詭異也所謂三要者一曰公二曰廉三曰勤徑情服事不邀功利謂之公賄賂在前不以爲念謂之廉服勞王室悉心竭力謂之勤請以九徵考左右攜僕以二十六美之三十九類與夫三要之說明諭選曹及內外百官值三年當考之時凡一美三要者爲上等一美二要者爲中等一美一要及有要無美有美無要者皆爲下等若美要並無雖無大罪亦停免之如此則自中及外大小官吏若玉壺之冰秋霜之月凜乎其淸皎乎其明矣成宗大德元年副萬戶阿喇卜丹御史中丞崔彧等陳臺憲諸事省臺集議言乞依舊例御史臺不立選其用人則於常調官選之惟監察御史首領官令御史臺自選廉訪司必擇蒙古人爲使或闕則以色目世臣子孫爲之其次參以色目漢人各省文案行臺差官檢覈宿衞近侍奉特旨令臺憲擢用者必須明奏然後任之行臺御史任滿而有效績者或遷內臺或呈中書省遷調廉訪司亦如之其不稱職者省臺擇人代之未歷有司者授以牧民之職經省臺同選者聽御史臺自調中書省或用臺察之人亦宜與御史臺同議各官府憲司官毋得輒入體察制可翰林學士王惲嘗上論政事書一曰議廉司以勵庶官古之善爲國者不使人有惰怠不振之

氣今州郡之官品流淆雜既無選舉甄別紛紛籍籍聚散於吏部例得一官誰不因循苟且以歲月養資考而已嘗觀漢唐之馭吏也能者增秩賜金公卿缺則補之以表其賢否者放田里而不事事唐則召七品以上官集於闕廷親與訪問究得失而進退之然二者不過爵祿爲勸爵祿極則意滿足意滿足則怠心生亦有無如何者故持斧直指采訪黜陟等使歲相望於道而本朝之舉高出前代比者廉司初設中外之官悚然有改過自新之念行無幾何法禁稍寬使監視者勁挺之氣不息而自斂聽從者姦弊之萌潛滋而復柝夫刑罰崇寬固是國家美政然分別善惡以示勸懲豈得專務寬恤昔金大定閒尚書省奏順州軍判崔伯時受贓不枉法準制當削官停職世宗曰受財不至枉法以習知法律故也所爲姦狡習與性成後復任用豈能自悛雖所犯止於追官非奉特旨無復錄用以致犯禁者鮮此先事之明驗也今風俗澆薄遇有所犯苟免無恥法宜人法並任憲綱既立公道大行我之氣既伸彼安得不振我之政既肅彼安敢或私將見風采百倍有登攬澄清之望矣一曰議保舉以覈名實方今親民與參佐官莫縣令經歷爲重縣令適百姓師帥師帥賢則德澤宣參署爲一路紀綱紀綱振則政務舉今例出常流安取殊績臣愚以爲若行品官保舉法庶得其人其法品量舉主與所保者資歷相應既皆兩可復精加磨勘無謬妄私意然後許令入狀相小大之才授繁簡之任限以歲月如唐制釐務出二百日者是也課其殿最升黜舉主得人者受知賢之賞不職者坐不當之罰其南選尤宜施用此法何則江南比定凡所隸附秋毫無犯只以前省調官賄而海放行省注擬尤爲濫雜侵漁掊克慘於兵凶至盜賊竊發指此爲名仰賴天恩幸無其事今宜委官分揀以行此法其停革人員不至罷黜者降之邊遠邊遠見職委有聲迹者使之內選亦激勸一法茲蓋自漢唐五代迄於金皆遵而行之當時號稱得人然必須內設審官考功等職專掌其事一曰設科舉以收人材方今名儒碩德既老且盡後生晚進既無進望例多不學州府鄉縣雖立教官講書會課祇皆虛名略無實效臣愚以謂不若開設選舉取驗之速也夫進士選歷代號取士正科將相之材皆從此出若限以歲月而考試之將見士爭力學人材輩出可計日而待也論者必曰今以員多闕少見行壅滯若復此舉是愈壅而滯之也臣謂不然蓋科舉之設本以覈實學而取多士淸仕途而息雜流得全材備大用也豈不愈於學校徒設汗漫而無所成乎一曰試吏員以清政務前代取吏之法條目甚嚴如宰相子辟舉令取充省雜終場舉人試補臺掾品官子孫吏員班祇閤門等人出身者試補六部令史夫明法令曰令通經史曰史今府州司縣應用一切胥吏多自帖書中來官無取材勢須及此所習既凡聞見或寡欲望明刑政識大體務清弊革難矣臣愚以爲莫若將合歲貢吏人以吏員法試之中選者仍許上貢補充隨朝身役外州府郡見役者從廉司以校法試驗庶幾激之積漸肯學其月請俸給亦合定奪能使得糊其口然後可責以廉何則今廉司專抑吏權察非違少有貪鄙不計養廉即按而治之是縱之竊而責以何盜之爲豈理也哉又嘗爲貢舉議曰貢舉之法宜先選教官定所明經史爲所習科目以州郡大小限其生徒揀俊秀無玷汙者充員數以生徒員數限歲貢人數期以歲月使盡修習之道然後州郡官察行考學極其精當貢於禮部經試經義作一場史試議論作一場廷試策兼用經史斷以已意以明時務如是則士無不通之經不習之史進退用舍一出於學既復古道且革累世虛文妄舉之弊必收實學通用之效矣武宗至大三年七月給親民長吏考功歷令監治官歲終驗其行蹟書而上之廉訪官御史臺尚書禮部考校以爲升黜先是世祖至元十九年集賢直學士程鉅夫奏陳五事朝廷多采之其一立考功歷略曰國朝建御史臺雖有考課之目而未得其要莫可致詰乞照前朝體例應諸道府州司縣下至曹椽等各給出身印紙歷子一卷書本人姓名出身於其前俾各處長吏聯銜結狀保明書其歷任日月在任功過於後秩滿有司詳視而差其殿最則人之賢否一覽而知考核得實庶無僥倖至是始頒行焉元時入官之途略見於經世大典序錄曰國家初得中原損益古今之制度而行之而用人之途不一親近莫若禁衞之臣所謂怯薛者然而任使有親疏職事有繁易歷時有久近門第有貴賤才器有大小故其得官也或大而宰輔或小而冗散不可齊也國人之備宿衞者浸長其屬則以自貴不以外官爲達方天下未定軍旅方興介胄之士莫先焉故攻取有功之士皆世有其軍而官之事在樞府不統於吏部惟簿書期會金穀營造之事供給應對習於刀筆者爲適用於當時故自宰相百執事皆由此起而一時號稱人材者亦出於其閒而政治繫之矣擇吏之初頗由於儒而所謂儒者姑貴其名而存之爾其自學校爲教官顯達者蓋鮮獨國學初以貴近就學

而用之無常制其後歲有貢法而寖失初意其以文學見用於朝廷時有尊異者不皆然也至元以來數欲以科舉取進士議輒中止延祐始置進士科一二年一取不及百人耳世祖置國字以通語言其用人略如儒學之制至於奉上官之任使奔走服役歲月既久亦皆得官雖細大有殊要皆為正流矣乃宗王之有分地官府而保任之者與夫治酒漿飲食者執樂伎者為弓矢衣甲車廬者治歷數陰陽醫藥者出納財賦者遠夷掌其部落者或身終其官或世守其業不得遷他官而恩幸遭遇驟至貴近者有之非有司所得制而陳言獻策納粟捕盜與勳舊之後裔權要之引進皆有其人焉而不常也余闕曰我國初有金宋天下之人惟才是用之無所專主然用儒者為居多也自至元以下始浸用吏雖執政大臣亦以吏為之由是中州小民粗識字能治文書者得入臺閣共筆劄累日積月皆可以致通顯而中州之士見用者遂浸寡況南方之地遠士多不能自至於京師其抱材蘊者又往往不屑為吏故其見用者尤寡也乃其久也則南北之士亦自町畦以相訾甚若晉之與秦不可與同中國故夫南方之士微矣延祐中仁皇初設科目亦有所不屑而甘自汨溺於山林之閒者不可勝道是可惜也汪克寬曰國家興崇文治取士以德行為首較藝則以經史時務兼之將欲求治道於經術其中選者俱授州縣之官夫古者賓興賢能而升之司徒司馬論定然後官之後世舉之於郡國今選舉之法不必更定也但核薦舉而革冒濫厚敦遣而公遴選棄其小以取其大因其文以觀其心數年之後人才既盛又增中選之額則選舉眾而風化行矣自州縣官以五事考殿最給由銓注則驗之所謂稽撫字稽本末稽廉冒稽聽斷稽禁禦者也然長吏給由而不述其事吏部銓注而不考其績雖風憲糾察而或失其詳五事之備往往未觀其成效非州縣之官未盡出於科舉而政治不本於經術之故歟抑朝廷千里之遠給由或得以詐偽考績者猶未盡其實也陶安曰有虞世賞岐周世祿而不世官者人賢否殊也逮至周官以禮樂德行掌國子之教然猶考藝進退未嘗悉世其官而必任焉後世廢補法行或曰顯官必公卿子弟為之以幼習其業熟朝廷臺閣之儀或曰驕驁不通古今無益於民宜明選求賢除任子之令是皆偏見耳及考漢制二千石以上得任子弟擇茂廉者補令丞其法良而未備今制廕補五品以上受命於朝降自六品省銓掌金穀且第其上中下以歲月為差至滿始受朝命許典民政蓋治民者為國之大端理財者經國之要務將俾因仕知學練世故涉艱難以培其才然後移以治民故不得不自理財始此則古所無也葉子奇曰元世當治平之時臺省要官皆北人為之漢人南人萬中無一二其得為者不過州縣卑秩後有納粟獲功二途富者往往以此求進令之初行尚與之及後求之者眾亦絕不與又獲功之官非得風憲體覆牒文不輒命官憲使招權非得數千緡不得行遣故有功無錢者往往事從中輟皆抱怨望其後盜塞寰區空名宣敕遇微功即填給人已不樂之矣方國珍之初亂也有宣敕道敕十數道縣以購人立功及有功亦竟不與云王圻曰元舊制銓曹有行止科吏主之日具內外官十名上中書省中書籍以遷擢其後吏怠不為意仕者淹滯有待選十餘年者至正時危素責吏日具五名五日一上中書吏樂易集各思奉職而久滯者獲伸胡粹中曰古之人君患不能知賢才而用之以治天下故設科取士使懷才抱德敦行者由之以進若漢之鄉舉里選察廉對策非一途也然人之德行難知藝能易見德行者多自晦藝能者多自衒於是乎聽其所言以察其所蘊即其所習以審其所尚故唐之明經進士宋之制策詞學非一科也猶以為有德者必有言有言者不必有德則又即其言以考其實若稽諸故典而本於經不失乎先聖之旨則有取焉非但取其言語之工文藻之華而已也元之用人大抵偏於國族勳舊貴游子弟故選舉之法久而未行仁宗決意舉遺賢才則可謂妨選法則非也邵遠平曰臧晉叔云元以曲取士設十有二科其說甚為無據自至元八年行之由此中華縫掖之士僅得拔什一於千百若謂科設國學出策題試問所對精通者為中選皇慶二年制科舉皆用經書時務為題並無詞曲一項此明証也汪琬曰按輟耕錄元反宋金餘習初試論賦其後一以經義為本及考選舉志春秋兩試皆未嘗用論終元之世亦未嘗廢賦不用也或有司校閱稍重經疑經義則有之耳

明太祖詔舉孝弟力田之士又令府州縣正官以禮遣孝廉之士至京往往待以不次其後遇國家覃恩海內輒以詔書從事有司以孝行上禮部請旌者歲不下數十人又資格濟重甲科縣令往往以卓異被徵梯取臺省遂為成例終明之世以科目取士以資格用人而其弊亦相因而起仁宗洪熙元年四月鄭府審理正俞廷輔言近年賓興之典士率記誦虛文求其實才十無二

三載有年纔二十者未嘗學問一旦掛名科目而使之臨政治民職事廢隳民受其弊自今各處鄉試宜令有司先行審訪務得博古通今行止端重年過二十五者許令入試上雖嘉納而未果行至孝宗弘治中吏部侍郎王鏊爲制科議曰國家設科取士之法先之經義以觀窮理之學次論表以觀其博古之學終策問以觀其時務之學行之百五十年宜得其人超軼前代卒未聞有如古之豪傑者出乎其閒而文詞終有愧於古雖人才高下係於時然亦科目之制爲之也三代取士之法姑未暇論唐宋以來科有明經有進士明經卽今經義之謂也進士則兼以詩賦當時二科竝行而進士得人爲盛名臣將相皆是焉出明經雖近正而士之拙者則爲之謂之學究詩賦雖近於浮豔然必博觀泛取出入經史百家蓋非詩賦之得人而博古之爲益於治也至宋王安石爲相黜詩賦崇經學科場以經義論策取士可謂一掃歷代之陋然士專一經白首莫究其餘經史付之度外謂非己事後安石言初意驅學究爲進士不意驅進士爲學究蓋安石亦自愧悔之矣今科場雖兼策論而百年之閒主司所重士子所習惟在經義以爲經義旣通則策論可無竢乎習夫古之通經者通其義爲耳今也割裂裝綴穿鑿支離以希合主司之求窮年畢力莫有底止偶得科目棄如弁髦始欲從事於學而精力竭矣人才之不如古其實由此然則進士之科可無易乎曰科不竢易也經義取士其學正矣所恨者其途稍狹不能盡天下之才耳愚欲於進士之外別立一科如前代制科之類必兼通諸經博洽子史詞賦乃得預焉有官無官皆得應之其甲授翰林次科道次部屬而有官者則遞陞焉如此天下之士皆將奮志於學雖有官者亦翹翹然有興起之心無復專經之陋矣正嘉之閒文體日偷楊愼極論其弊曰太祖始制科舉詔舉子經義無過三百字不得浮詞異說近時舉子之文冗贅至有千餘言者不根程朱妄自穿鑿破題謂之馬龍頭處處可用也又謂之舞單鎗思一跳而上也起語百餘言謂之壽星頭長而虛空也其中例用存乎存乎謂之謂之此之謂此之謂有見乎有見乎名曰救命索不論與題合否篇篇相襲師以此授徒上以此取士何所底止又曰本朝以經學取人士子自一經之外罕所通貫近日稍知務博以譁名然不究本源如五經諸子則割取其碎語而誦之謂之蠡測歷代諸史則抄節其碎事而綴之謂之策套其割取抄節之人已不通涉經史章句血脈皆失其眞有以漢人爲唐人唐事爲宋事者有以一人析爲二人二事合爲一事者嘗見考官程文引制氏論樂而以制氏爲致仕士子墨卷引漢書律歷志先其算命作先算其命近日爲書坊刻布轉相差訛士習愈下矣黃尊素曰本朝取士之法大略依倣宋制然其閒有不同者而小小節目不與焉今天下取士悉由學校升貢宋則科舉學校絕不相關每秋試自縣令佐察行義保任之上於州州長貳復審察得實卽入試院其士子未嘗繫名學校其後三舍法行是爲學校之科舉其不由學校而爲科舉者如故也今三年鄉試一省彙所屬郡邑而試之宋則諸州各自爲試各自發解與路分無與惟有官鏁廳應舉者及避嫌遠鄉之人試於轉運使反謂之別頭試今士人一經鄉舉則當會試之期徑偕計吏不復取解宋則有恩例始得免解或減一舉而已其下第進士雖曾中省試（卽今會試）來科仍復解試中格然後得上省試也今殿試不過名次升降無有黜落宋初於御試特重苟不中格則省試皆虛也所謂特奏名者凡士貢於鄉而屢絀於禮部或御試所不錄積前後舉數參其年而差等之遇親策士徑許附試其薦舉者不試於州郡惟試禮部不中亦許赴御試故有免解免省之條今必層累而上更無越次而舉者宋必賜出身然後注官今則一經解牒便可釋褐州縣宋之御試第一人不過僉書判官第六人以下司戶簿尉而已今則第一甲三人卽爲清要官最下者亦不失守令總而論之宋之出身易而入官難今之出身難而入官易出身難故多枉才入官易故多敗類此本朝之人物所以遠不及於宋也至科場之弊亦略相同有傳義有換卷有易號有卷子出外有謄錄滅裂而取解之試有一人而趁數州者有一人而納二三卷者今惟童子試有之解試之所無也然此之爲弊也小其率天下而歸大弊者在主司去留止以初場餘束不觀出題強裂句讀離絕旨意春秋越年牽合在士子專讀時義一題之文必有坊刻稍換首尾強半雷同雷同之中有得有失不可程準至使天下盡出於空疏不學不知經史爲何物是科舉爲敗壞人才之具其蔽一也錢曾曰制科以人爲重如寶祐四年登科錄宋末稱爲文天祥榜進士是也明太祖洪武四年十七年開科十八年會試循元舊例作經疑至二十一年始定三場之制三百年來小生熟爛時藝影掠論策剽取利祿自通籍以來罕聞仕優則學之大夫是又人以制科爲重而非制科以人爲重也邱濬嘗言士子有登名前列不知史冊名目朝代

先後字書偏傍者假令倣唐宋射策決科詩賦取士之法一洗舊習重興儒雅豈非斯文之大幸歟顧炎武曰大明會典洪武二十六年定凡舉人出身第一甲第一名從六品第二第三名正七品賜進士及第第二甲從七品賜進士出身第三甲正八品賜同進士出身而一品衙門提控正七品出身二品衙門都吏從七品出身一品二品衙門掾史典吏二品衙門令史正八品出身其與進士不甚相遠也後乃立格以限其所至而吏員之與科第高下天淵矣故國初之制謂之三途並用薦舉一途也進士監生一途也吏員一途也或以科與貢爲二途非也又曰明初三場之制雖有先後而無輕重乃士子之精力多專于一經略于考古主司閱卷復護初場所中之卷而不深求其二場夫昔之所謂三場非下帷十年讀書千卷不能有此三場也今則務于捷得不過于四書一經之中擬題一二百道竊取他人之文記之入場之日抄謄一過便可僥倖中式而本經全文有不讀者矣率天下而爲欲速成之童子學問由此而衰心術由此而壞宋嘉祐中知諫院歐陽修上言今之舉人以二千人爲率請寬其日限先試以策而考之擇其文詞鄙惡者文意顛倒重雜者不識題者不知故實略而不對所問者誤引事跡者雖能成文而理識乖誕者雜犯舊格不考式者凡此七等之人先去之計二千人可去五六百以其留者次試以論又如前法而考之又可去其二三百其留而試詩賦者不過千人矣于千人而選五百少而易考不至勞昏考而精當則盡善矣縱使考之不精亦當不至大濫蓋其節抄剽盜之人皆以先策論去之矣今縱不能復兩漢取士之法不得已而以言取人則修之論亦似可取蓋救今日之弊莫急乎去節抄剽盜之人而七等在所先去則闒劣之徒無所僥倖而至者漸少科場亦自此而淸也又曰科場之法欲其難不欲其易使更其法而予之以難則覬倖之人少少覬倖之人則少一營求患得之人而士類可以漸淸抑士子之知其難也而攻苦之日多多一攻苦之人則少一羣居終日言不及義之人而士習可漸以正矣太祖初設科舉嚴斥吏胥又詔凡選舉毋錄吏卒之徒然嘗與羣臣言初有憲官疾吏往候之憲官起扶杖而行因以杖授吏吏拱手卻立不受憲官悟其意他日見吏謝之吏曰某爲屬吏非公家僮不敢避勞處傷理體是則吏卒中未嘗無正直之人顧上所以陶鎔成就之者何如爾成祖嘗言刀筆之吏不可使任風紀然如況鍾之守蘇州黃子威之守松江並治行超卓爲一時良二千石其他由掾吏顯者如滕懋德張度胡禎徐輝李友直李信徐晞李質郞本中萬祺俱累官至尙書王鍾劉本道柰亨陳寧汪河葉春王春劉敏王詔吳復俱累官至侍郞樂韶鳳累官至祭酒呂本累官至太常卿楊時習汪懋俱累官至大理卿黃政累官僉都御史余節累官御史中丞張苗累官通政使赫郁累官光祿卿平思累官陝西左參政蓋其時資格未行選用之途尙廣而不嚴考察連坐之罰憲宗成化十九年大理寺評事申安言旌異之典朝廷所以激勸有司今撫按官于廉能者未必旌異旌異者未必廉能乞詔大臣議自今旌異必待三年考滿之後若所舉不公後以姦貪敗者連坐庶幾吏稱其職民安其業至是吏科給事中王瑞等復言三載黜陟朝廷所以勵庶官之典也今天下諸司除士官外無慮九千餘處諸司官除陰陽醫僧道外無慮千萬餘員吏部于各官之能否在布按二司則據撫按揭帖在諸司則參布按等官揭帖上之詢訪雖出于公心下之奏報多任其私意或假公以市恩或乘機以償怨毀譽失眞賢否失實其他姦端不一而足乞諭吏部榜示各官凡揭帖所報失實者連坐或有當黜而留者許本處撫按論奏有當黜而妄訴者亦坐之命俱如所言弘治三年王恕以考課之法廢格不行甚非政體請今後考滿官俱令給由赴部照例考覈及王瓊爲吏部尙書乃言四方之遠一官赴京考滿往回勞費且誤公務許本處巡撫巡按開報考語令就任復職待朝覲定黜陟于是成法盡壞而政體日偸李夢陽曰今之弊官不久任國初臺省不甚通如御史陞按察僉副或徑陞使久則入爲都副則左右副僉則左右僉如知府久則陞左右布政使或參左右使久則入爲部侍郞尙書等如此則法吏敢持繩糾之權民吏無不更事之嫌今臺省旣大相通融而任又弗久也蓋官非良久必敗故今之官利數遷太相貪緣求速故私姦易規避大事無了絕途路迎送甚者一官至民不知名姓去矣猶過客也今又爲小轉法如知府轉按察副使按察僉事轉參議等或年資未應轉又爲更調法如此府調彼府此縣調彼縣此臬調彼臬此省調彼省甚者巡撫都御史亦調法愈巧而官愈廢故曰今弊邱濬曰今日選法文武並用文選主于吏部武選主于兵部兵部之選武臣其始也以功次而用其後也純用任子之法父死子繼無子兄及弟繼之有定格也若夫都指揮以至都督則以才能擢用焉又不專于資格矣文臣入仕之途非

一端其大者有三進士也監生也吏員也吏員資格其崇者止于七品用之爲佐貳幕職監當筦庫之職非有保薦者不得爲州郡正員監生則出自學校之貢選及舉人試進士不第者其肄業太學也循資以出先歷事於府部諸司然後廁其名于選曹循資而考之以定其高下而授以職焉進士初仕亦循其甲第及其不次擢用往往越常調焉是又不專在於資格也然而用之既久不能無弊古人用人貴于人法兼用守一定之法而任通變之人使其因資歷之所宜隨才器之所能而量加任使非不用資格亦不純用資格不用資格所以待非常之材任要重之職釐煩劇之務用資格所以待才器之小者任資歷之淺者釐職務之冗雜者其立爲法一定如此而又得公明之人以掌銓衡隨才任授因時制宜而調停消息之人以漸而用而出類之才則不以漸官以次而升而切要之職則不以次非有大功德大才能及國家猝有非常之變決不拔卒爲將徒步而至卿相也若夫以百官考課之法屬之吏部內外官皆以三年爲一考六年再考九年通考始行黜陟之典是則有虞之制也其以御史考核即漢宣命御史考殿最也書以考語即唐人第其善最也稽其牌冊引以奏對即宋人之引對磨勘也王世貞曰三代而後稱治者獨漢然非其才之獨高也所以用才者簡易而無不盡當是時天子所寄以其事者內不過丞相太尉御史大夫九卿諸將軍外不過守令而已即舉守而言其獄訟軍興錢穀辟召賞罰靡不悉推而付之不以私人察也不以文法牽也第課其治而爲之殿最以行吾典耳三公闕于九卿郡守取選焉而不爲他曹以顓之也九卿爲將軍矣太尉爲丞相矣而不爲分途以限制之也獄吏而通經也武弁而習吏也書生而閑武也故漢之才有過盡而無不盡之累國家于內爲三公九卿大約延倣古昔而制于外爲獨詳守之上有監司以領之矣而又有中丞以攝之御史以察之即不得自論鬼薪以上賦稅雖斗斛弗敢顓也其內軍府得以治兵事而不得與其權兵部得以與其權而不得治其事其大小之相制也若犬牙然其頫首而聽於法也若束縛然故雖擁連城將百萬之衆一赤衣吏以片紙詔而縶其項弗敢動也得意而今日爲公卿掌握國家之命失意而明日爲髡鉗短後之衣蹩躠長安中而弗敢怨也可謂詳于弭亂而略于求治者也故巧如莽戾如卓雄如操不得而盡用其巧與戾與雄也聖如周召不得而盡用其聖也無他法爲之束也今其制不可盡變獨有融酌之而稍爲之裁節而已論思贊輔之職則必遴夫作行之賢者而不必盡兩制之人新進之士備詞林者必使之補外以習吏州郡冗散之吏有異才者時召入以補其闕撫臣而監司守令非九載弗遷間爲之增秩賜金璽書以作其勞者秩滿而爲之峻擢以大報其賢者貪墨苛暴誅其甚者而斥其次者至于進取之途毋顓科甲而廣其選毋限文武而通其用使詩書與橐韔弓矢比而無低昂焉而後人人自奮勉于事功天下之才庶得以盡其所用也歸有光試吏工部時其長令有光作三途並用議議曰所謂三途者進士也科貢也吏員也國初用人有徵聘有經明行修有人材有賢良方正有才識兼人有楷書有童子諸科其後率多罷廢承平以來專用進士科貢吏員是三者初未嘗廢而遡者欲新天下之吏治于科貢吏員之中稍加不次之擢故有三途並用之說其實前此未嘗不並用也愚以爲朝廷欲收用人之實效于科貢吏員所宜加之意者當先清其源蓋清其源而後末流可治也進士與科貢皆出學校皆用試經義論策試進士不中入國子爲舉人監生試舉人不中循年資而貢之入國子爲歲貢監生非若漢世賢良孝廉對策與博士子弟判然爲二也然進士升于禮部爲高選舉人之下第與歲貢國家亦不輕以待之故使之學於太學以觀其成苟成矣雖任以進士之官可也今成均教養之法不具獨令其資歷待選而已非復如古之舍法此其科貢之源不清也吏員之在古本與士大夫無別異趍後流品既分遂爲異物士人不復肯詘辱于此故本朝資格吏員崇者止于七品多用爲掾幕監當筦庫之職非保薦不得爲州郡則吏道本不可與儒者並然其始皆自藩憲衞府州縣所署置猶有前代辟舉之遺法而今則自始爲吏先責其輸納自提控以下至于吏典但以所輸之貲第其出身之差等此吏員之源未清也夫欲使舉貢之得人在于修太學之法而科貢可用矣欲使掾幕監當筦庫之得人在于遵辟舉之舊而掾幕監當筦庫可用矣然吏者止可以循資如祖宗之制非得與科貢並也愚于科貢猶有說焉會試有甲榜乙榜蓋乙榜即亦舉人之中式者特限於欽定之制額故次之乙榜授以教職實與進士無異今特以敗卷置乙榜而與乞恩者槩與教職則教官之選輕矣歲貢本以州縣之俊如往年所謂選貢者今不本洪武舊制而專累日月則歲貢無少俊者可施以成均之教矣愚又怪夫今之未有以清其源而壅其源者又不止也

自納粟買馬乞運納級之例日開吏道雜而多端官方
所以日繆也而科貢吏員皆由此而妨闕矣故欲振飭
吏治莫若淸其源而無壅之凡此皆于格例之中修其
廢壞耳於此二者其源既淸於格例已復其常而於其
閒簡其卓異加不次之擢蓋天下奇俊之士少而中庸
之士多王者之道先爲其法以就天下中庸之士而精
神運用獨可于奇俊之士加於其法之外而不爲法之
所限此其所以能鼓舞一世之人材也或曰子謂吏道
不得與儒並先朝如尙書徐晞知府況鍾皆至顯用者
何也曰此又不可以吏之途論也蓋先朝用人時取之
常格之外宋濂一代文章之宗楊士奇三朝輔相之首
皆以布衣特起乃遂掌帝制典機密豈諓諓于循途者
蓋自古中世猶未嘗不事旁招俊乂博采聲望側席幽
人思遲多士今百餘年寥寥未見也而專以資格進敘
今亦頗苦其膠束伏隘而未能曠然也是以思爲三途
並用之說愚以爲非大破因循之論考國家之故事追
三代兩漢之高蹤以振作鼓舞一世之人材恐不足以
剗累世之宿弊而收用人之實效也神宗萬歷十一年
副都御史邱橓陳吏治積弊八事曰京官考滿河南道
例書稱職外吏給由撫按官槩與保留以朝廷甄別之
典爲人臣市交之資此考績之弊一也御史巡方未離
國門而密屬之姓名已盈私牘甫臨所部而請事之竿
牘又滿行臺以豸冠持斧之威束手俯眉聽人頤指此
請托之弊二也撫按定監司考語必托之有司有司不
顧是非侈加善考監司德且畏之彼此結納上下之分
蕩然其考守令也亦如是此訪察之弊三也貪墨成風
生民塗炭而所劾罷者大都單寒輭弱之流苟百足之

蟲傅翼之虎卽贓穢狼籍還登薦剡嚴小吏而寬大吏
詳去任而略見任此舉劾之弊四也懲貪之法在提問
乃徒有其名或陰縱之使去或累逮而不行或批駁以
相延或朦朧以幸免卽或終竟其事亦必博長厚之名
而以盡法自嫌苞苴或累萬金贓止坐之銖黍草菅或
數十命罰不傷其毫釐此提問之弊五也薦舉糾劾所
以勸懲有司也今薦則先進士而舉監非有憑藉者不
與劾則先舉監而進士縱有訾議者罕及胥吏差委專
計出身之途於是同一官也不敢接席而坐比肩而行
助成驕縱之風大喪賢豪之氣此資格之弊六也州縣
佐貳雖卑亦臨民之官必待以禮然後可責以法今也
役使譴訶無殊輿隸獨任其汚衊害民不屑禁治禮與
法兩失之矣學校之職賢才所關今不問職業而一聽
其所爲及至考課則曰此寒官也槩與上考若輩知上
官不我重也則因而自棄知上官必我憐也又從而日
偷此處佐貳教授之弊七也科場取士故有門生座主
之稱若巡按舉劾其職也乃劾者不任其怨舉者獨冒
其恩尊之爲舉主而以門生自居儹儹問遺終身不廢
假明揚之典開賄賂之門此饋遺之弊八也有詔稱善
敕撫按痛懲成弊不如詔者罪之吳安國曰陸子元嘗
言今吏部之職擬古宰相而其黜陟之柄有宰相所不
及者如前代人主有所簡拔或不關中書祖宗時用人
亦往往出親擢今凡不由吏部擬上而特旨遷除者謂
之傳奉官必不久而罷人亦恥爲之又如有過降黜雖
奉特旨他日尙可復起獨由吏部考察者永不錄用其
體埶之重古未有也愚以爲考察之法未必人人水鏡
安知無徇己而私徇人而謬者且單詞類於匿名中傷

慘於告密遂使一時萋菲終身禁錮以朝廷黜幽之典
爲讒人修怨之資立法之弊孰甚於此時選人請托權
貴吏部尙書孫丕揚創爲掣籤之法以杜其弊一時稱
公而識者往往非之孫承澤曰丕揚大選掣籤之法于
愼行嘗議其非體謂古人見除吏條格卻而不視以爲
一吏足矣柰何衡鑑之地自處於一吏之職而無所秉
成也哉至於人材長短各有所宜員格高下各有所便
地方繁簡各有所合道里遠近各有所準而以探丸之
智爲挈缾之守是掩鏡可以索照而持衡可以懸決也
熹宗初趙南星掌吏部疏言掣籤之法自古未有自萬
歷年閒始用之以示公其初卽不能行遂有造籤之弊
討缺者無不如意御史翟學程之疏至以爲可笑臣亦
無怪其然荀卿曰探籌取鉤所以爲公此假設以見行
法之在人耳而不意天下之果有此事也似宜變之以
復祖宗之舊遂停抽籤之法至天啟末復行終明世不
復更人因譏銓部爲籤部云明制銓政最嚴如戶部官
不許蘇松浙江人爲之以其地多賦稅恐飛詭爲姦也
然弊孔叢竇皆由吏胥堂司官遷轉不常何姦之有又
上自閣部下至驛遞倉巡大抵以虛文相酬應京師猶
可外吏則愈甚焉官之政事一切付之胥曹而胥曹之
所奉者不過已往之舊牘歷年之成規上之人旣以是
責下下之人得不以故事虛文應之一有不應則上之
胥曹又乘隙而繩以法矣故吏治卒以不振萬歷閒選
六科給事中多未愜人望編修張元楨言當以器識遠
大學問該博文章優贍者充之不必拘體貌長大議者
以不拘體貌一言有碍遂不果行陸容曰六科緊近侍
官兼主奏對必選體貌端厚語言的確者以壯觀班行

表儀朝宁但在前居此地者體貌非不端厚而其器識學問文章往往過人益出自精選號爲得人如姚夔葉盛尹旻張寍輩是已以後則專以體貌爲主而其所重者反不之計所謂出題考選亦不過借此以掩人耳目虛應故事耳使爲吏部者以公天下爲心不陰厚鄉里遇缺選其體貌豐偉音吐正當者五倍其數試其奏議彈文數篇每五六人中其優者一人奏上如此而不得人吾未之信也至貲選之法孝宗弘治時吏部尚書王恕言永樂宣德正統間天下亦有災傷各邊亦有軍餉當時無捐粟例糧不聞不足軍民不聞困弊比年來一遇災歉輒行捐例則人既以財進身欲其砥厲廉隅爲循吏豈可得也帝卽命止之王圻嘗考論之曰貲算入官昉於西漢謂任富可不貪也厥後邊費不足輸選成俗雖張釋之黃霸卜式司馬相如咸由是出不以爲諱然終西漢之世得人四五而已唐宋以來亦閒行之大抵由軍興頓匱非獲已也我朝宣德以前科貢之途人太學者猶須精擇戒其庸濫景泰時始以邊境多虞開生員納粟納馬入監之例然是時多不過八九百人已而吏部尚書王直禮部郎中張綸咸以爲言禮部侍郎姚夔議覆遂尼不行成化初復開納糧納草納馬之例未久而止二十年山陝大饑民相食大臣以救荒無策不得已又令納粟入監限年餘卽止時入監者已至六七千人於是令入監者過兩月則放依親有願自備薪米寄監讀書者聽便尋又令納粟監生年二十四以下願坐監者自備薪米寄監讀書扣年二十五歲以上方準食糧收撥二十二年令納銀米監生到監兩月放回原籍收充增廣生員年二十以下者八年二十以上者五年滿日咨取入監復班序撥正德以後或以振濟或以防禦或以傳奉開上粟入監之例於是納銀之途益廣矣世宗入繼大統詔嚴止之嘉靖四年又復暫開然須提學官考其能通文義者兩京十三省限不過五千人時各王府典膳引禮等官青衣社學生亦皆得援例入監近年太僕缺馬戶部缺邊費乃開例益濫遂至市井恒人皆得借俊秀名目輸粟入監注選銓部者至數萬人歷考先朝雖不獲已而行此例然必各提學官試其文理通者而後許之又各地方俱限以名數又年二十五以下者雖寄監不得食糧收撥近時此例俱未申明其閒英俊由此而擢名科第表樹勳猷夫豈無人然千百而十一耳

欽定續通典卷二十二

欽定續通典卷二十三

職官

臣等謹按杜佑作職官典上溯黄農下迄唐代歷朝官制之沿革件繫條分二十二卷首敘官制要畧曰三公曰三省尚書曰御史共六卷曰諸卿曰武官曰東宮官曰王侯封爵曰州郡曰文武散官曰祿秩曰秩品共十六卷自長貳以至隸屬階品命數以次詳載竊以唐之職官杜典畧備自天寶以後無大改革所有增置不過十數條而已至五代官制紊雜廢置不常歐陽修作史序云亂世分離文字殘闕故無職官志今考其帝紀列傳并參以會要及冊府元龜等書敘及官職者寀輯諸卿而外無可紀述宋初官無定員無專職三省二十六曹四司類有他官主判迄於元豐肇新官制罷去空名咸遵職守銜名員額類承唐制而加以詳備建炎中宰多省併然或廢或復猶不盡更初制也遼初建國事簡職專神冊六年詔正班爵因習聞河北藩鎮受唐官名故太師太保司徒司空樞密使之名施於部族其伊勒希巴多囉倫穆騰特哩袞林牙裕悅之類則從其初號也既得燕代十六州乃用唐制立三省六部臺院寺監諸衛東宮之官名曰南面官以治漢人金自景祖始建官屬其官皆踵遼之舊類多國語天會四年建尚書省遂有三省之制至熙宗始頒官制及改易官格除拜內外官始以勳封食邑入銜而後其制定自省而下爲院爲臺爲府爲司爲寺爲監爲局爲署爲所各統所屬以修其職事員簡而不濫職定而不移終金之世未嘗稍改元自世祖卽位命劉秉忠許衡酌古今之宜定內外之官總政務者中書省秉兵柄者樞密院司黜陟者御史臺在內者有寺監衞府在外者有行省行臺宣慰廉訪諸司及路府州縣官而一代之制始備若其因事而置事已則罷與夫異教雜流世襲之屬名類實繁雖正史亦畧而不載至正兵興增設之官不循舊制平章有添設之號樞密有行院之稱紀律紊而官益濫矣明制沿漢唐之舊而加損益自洪武十三年罷丞相不設析中書省之政歸於六部以尚書任天下之事侍郎貳之糾劾責之都察院章奏達之通政司平反參之大理寺亦漢九卿之遺意也始置大學士特備顧問鮮所參決洪熙宣德中加至公孤遂爲宰相位冠六卿矣其餘司寺監苑咸設專官以率其屬外官則以總督巡撫總領其綱紀而巡按糾察之立法之初庶績咸理至於建都北平而南省猶設官屬朝廷猥以是爲儲才臣子遂因之而養望終明之世不廢亦一代之制也是書一遵杜佑體例取其有關沿革及制度之大者分門纂輯其政蹟可紀及立言行事足備考核者閒爲詮註以存掌故自唐肅宗至德以後官制有所更定者則標舉而類敘之無所更改則仍依杜佑舊文纂集遼金元明四朝其職掌同而銜名稍異仍依其職司所繫按類遞詳間有增補一二者亦依次附敘並著於篇至於宦官削去秩品仍纂錄內侍省官職於治亂得失之由尤資考鏡恭奉

聖諭特於本篇下敬詳焉

第一　歷代官制要略

第二　三公總敘　四輔二大附　太師　太傅　太保　太宰　太尉　司徒　司空　大司馬　總敘三師三公以下官屬

第三　宰相并官屬

門下省　侍中　侍郎　諫議大夫　給事中　起居　散騎常侍　補闕　拾遺　典儀　城門郎　符寶郎　宏文館校書

中書省　中書令　侍郎　舍人　通事舍人　集賢學士　史官　主書

第四　尚書上

尚書省并總論　錄尚書　尚書令　僕射左右丞　左右司郎中　員外郎附　歷代尚書　歷代郎官　歷代都事主事令史　行臺省

樞密使　知院事　同知院事　書院事　同僉書院事　樞密副使　都承旨　副都承旨　檢詳官　計議官　編修官　客省使　斷事官

第五　尚書下

吏部尚書　侍郎　郎中　員外郎　司封郎中　員外郎　考功郎中　員外郎　主事附　司勳郎中　員外郎

戶部尚書　侍郎　郎中　員外郎　度支郎中　員外郎　倉部郎中　員外郎　主事附　金部郎中　員外郎

禮部尚書　侍郎　郎中　員外郎　祠部郎中　員外郎　主客郎中　員外郎　主事附　膳部郎中　員外郎

兵部尚書　侍郎　郎中　員外郎　職方郎中　員外郎　庫部郎中　員外郎　主事附　駕部郎中　員外郎

刑部尚書　侍郎　郎中　員外郎　都官郎中　員外郎　司門郎中　員外郎　主事附　比部郎中　員外郎

工部尚書　侍郎　郎中　員外郎　屯田郎中　員外郎　虞部郎中　員外郎

官數

宋二萬四千員

遼官數無考（按遼史百官志所紀官屬如北南院官名約一千五百有奇南面官名約一百一十有奇北面官名約八百有奇第紀官衙名不載員額至所載六部職名總曰祇書某人曾任某職以實之蓋修遼史時已難盡考矣）

金一萬九千七百員（章宗泰和七年在位者四萬七千餘員較大定時三倍）

元一萬六千四百二十五員

明二萬四千六百八十三員（內官一千九百七十四員外官二萬二千七百九員）

官品

唐自一品至九品又置勳官九品（已詳通典）其勳品自正四品起各分上下（正四品上曰正議大夫正四品下曰通議大夫從四品上曰大中大夫從四品下曰中大夫正五品上曰中散大夫正五品下曰朝議大夫從五品上曰朝請大夫從五品下曰朝散大夫正六品上曰朝議郎正六品下曰承議郎從六品上曰奉議郎從六品下曰通直郎正七品上曰朝請郎正七品下曰宣德郎從七品上曰朝散郎從七品下曰宣義郎正八品上曰給事郎正八品下曰徵事郎從八品上曰承奉郎從八品下曰承務郎正九品上曰儒林郎正九品下曰登仕郎從九品上曰文林郎從九品下曰將仕郎）

宋自一品至九品各有正從凡十八品銓法分流內流外（流內所銓視其出身其流外出官之法共三十七條）文階三十有七（元豐時止二十四階政和時始定三十七階）武階五十有二封爵十二勳十二

遼官品無考（按遼史百官志北面官率用本部族人至有以太子親王用事者南面官兼使漢人為之銜名采用唐制北南面皆有長貳以率其屬但品秩之崇卑資格之陞轉失傳久矣）

金自一品至九品各有正從凡十八品文階四十有二武職一二品皆用文資正三品以下階與文資同勳十二

元自一品以至九品各有正從凡十八品文階四十有二（外司天散官各有十四階內侍散官各有十四階太醫散官各有十五階教坊散官各有十五階）武階三十有四勳十等

明自一品至九品各有正從凡十八品不及九品曰未入流文階四十有二（以歷考為差）武階三十文勳十等武勳十二等

設官沿革

唐集賢院大學士　通元院（即武德時太史局肅宗乾元元年改通元院置主簿等官）行營都元帥　行營都都統

梁崇政院（唐為樞密院梁改崇政院後又為樞密院）

宋樞密使（樞密之名始於唐代宗任宦者置內樞密使掌機密文書如漢中書謁者令是也若內中處分則令內樞密使宣付中書門下施行其權任己侔宰相矣五代置樞密使宋亦因之）三司使（職在總國計應貢賦秦為治粟內史漢改為大農令魏為司農梁為卿後魏加大）觀察使（唐置宋因之）承宣使　防禦使（唐置宋因之）團練使（唐置宋因之）宣徽院（遼金元因之）大學士　參知政事（職掌體制降宰相一等具宰相篇）左右諭德（輔導儲闈者天聖熙寧建儲時置遼明因之）都副承旨（五代時有承旨副承旨以諸衛將軍充太宗太平興國中以楊守一充都承旨都承旨自守一始也）檢詳（檢詳之職古無之神宗熙寧四年詔以編修經武要畧四人王存陳伺陳奉世蘇液檢詳樞密院諸房文字禮遇視中書檢正官）編修官（編修官古無之仁宗慶歷四年史館王洙承旨單士寗編修例冊編修之名自此始）崇政殿說書（古無此官仁宗景祐元年命賈昌朝趙希言王宗道楊安國並為崇政殿說書日輪二員祇候）開封府牧尹（為畿甸民牧漢為京兆尹唐亦為京兆尹）制置使　經畧安撫使　走馬承受（古無是官職在有邊警則馳驛上聞）撫諭使（高宗建炎時以金兵退後人情未安以路文迪等為撫諭使後諸路皆置）都副鈐轄（宋初以朝官及諸司使以上充或一州或一路或兩路三路亦有無都字者仁宗嘉祐中詔內臣為鈐轄都監逐路止置一員初不常置成都大府帥臣第帶兵馬鈐轄兩武臣之為鈐轄者與均禮）兵馬都監（宋兵馬都監有路分掌本路禁旅屯戍邊防訓練之政令以肅清所部建炎三年以要郡守臣帶本路兵馬都監武臣一員充副都監紹興三年罷守臣兼兵職而副都監如故州都監則以大小使充掌本城屯駐兵甲訓練差使之事在城巡檢以資淺者為監押或雜用文臣其後止用武臣）路分都監　客省引進使副使　宣撫使（英宗治平時以樞密院簽事郭逵宣撫陝西後韓絳即以宣撫使拜相仍領使事建炎時以宰相出為宣撫或加處置二字入銜紹興後或以武臣充之）

遼大裕悅　北南樞密院　北南大王院　總知軍國事　知國事　門下省（遼南面設門下省金初亦設海陵正隆時廢元不設）符寶郎（遼南面符寶司屬門下省其官有符寶郎金設符寶郎四員掌御寶及金銀等牌屬殿前都點檢司元世祖至元初立符寶局後改典瑞監明為尚寶司）大特哩袞（治皇族之政教宋為宗正寺卿元為太宗正明為宗人令）伊勒希巴（以治刑獄宋為刑部金元明亦為刑部）多囉倫穆騰（宋為禮部金元明亦為禮部）大林牙院（遼北面有大林牙院掌文翰之事南面有輸林院掌天子文輸之事金元明俱止有翰林院）大詳袞（遼有大詳袞司與大將軍並官曰大詳袞曰都監曰將軍曰小將軍曰軍校曰隊師）護軍司徒　衛軍司徒（皆大詳袞所屬）御帳官　著帳官　太橫帳詳袞司（掌九帳皇族之事有詳袞太師太保司空郎君知事等官）便宜從事　都副部署（掌行在行宮之政令有都部署副部署判官等官）審計院（掌錢穀出入之政）轉運司（遼設金元因之）

金鎮撫彈壓官（宣宗貞祐元年九月設京城鎮撫彈壓官置招賢所）益政院（哀宗正大元年詔設益政院於內廷置院官二人）機察官（哀宗天興二年設蔡州四隅機察官）審官院（有知院同知審官院事等官掌奏駁除授失當事如御史臺明為六科給事中）衛尉司（有中衛尉等官掌宮中諸務及扈從儀仗）行中書省（貞祐二年置行省於陝西元從之制行中書省凡十秩掌國庶務統郡縣鎮邊鄙與都省為表裏）惠民司　四方館使　警巡院使（平理獄訟警察別部設於諸京者）中都都麴司使副使（榷酒醋稅宋為監稅）提舉譏察使　文思署（隸於少府監官）綾錦院（置於眞定平陽太原河間懷州掌織造織染等事皆屬於工部）明安　穆昆　諸糺詳袞（守戍邊堡）

元中政院（供奉中宮之事）都護（順帝至正時置鎮北庭都護府於畏吾境以托克托穆爾等領其事秩從二品遼金皆無此官明亦不設惟世宗幸承天以郭勳為都護大將軍）提刑按察使（元初立提刑按察司四道曰山東山西道曰山北東西道曰河東陝西道曰河北河南道明因之）經畧使（遼金不設至正時命經畧使問民疾苦明不專設有兵事則暫敕行事）行樞密院（唐制內樞密五代及宋皆置樞密世祖中統時置行樞密院掌征伐事還則罷）行院（中統時置行院為一方一事而設事己則罷）左右翼屯田萬戶府（經理斡端別十八里迴環漢軍及新附之軍）行御史臺（至元中設於各道品秩同內臺）制國用使（至元時立掌國用經制悉統千戶隸兵工二部）都總制庸田司使（至正時置總理軍民屯田事以重臣為之）水軍元帥府

至正時置藝文監文宗天歷時置事以國語敷譯儒書及儒書之宜校讐者俾兼治之侍正府有侍正同知僉府等官掌內廷近侍之事儲政院天歷二年改詹事院爲儲政院左右都威衞使司以侍衞親軍爲之設以護衞宮禁內宰司有內宰司丞等官掌內府飲膳之事內史府至元時置有內史中尉司馬諸議等官爲王府掾屬長信寺古無此官成宗大德時置長信寺領大鄂爾多齊哩克昆諸事長秋寺仁宗皇慶時置掌武宗五鄂爾多戶口錢糧營繕諸事承徽寺英宗至治時立掌達爾瑪實哩皇后位下錢糧營繕等事長寧寺至治時立掌蘇喀巴拉皇后位下戶口錢糧營繕等事寧徽寺天歷時置隸班布爾實皇后位下長慶寺泰定時立掌成宗鄂爾多及常歲管辦禾失房子行幸集賽台人等衣糧之事武備寺至元時置掌置治戎器兼典受給尚乘寺至元時置掌御馬及羣牧事利用監至元時置掌出納皮貨衣物之事章佩監武宗至大時置掌御用帶服經正監掌營盤納鉢及標撥投下草地有詞訟則治之尚供總管府掌守護行宮及遊獵供辦之事雲需總管府掌守護行宮及行營供辦之事徽政院世祖至元三十一年太子裕宗薨以詹事院錢糧選法工役悉歸太后位下改爲徽政院以掌之順帝元統時依太皇后故事復爲皇太后置設立官屬三百六十有六人都總裁至正三年詔修宋遼金三史以右丞相托克托爲都總裁平章特穆爾達實右丞賀惟一中丞張起巖翰林學士歐陽元侍御史呂思誠翰林侍講學士揭傒斯爲總裁官大禧宗禋院掌禋享之禮大撫軍院至元二十七年皇太子總天下軍馬置大撫軍院大都督分府至正十八年立

明內閣大學士太祖洪武時革去中書省倣宋制置殿閣學士以翰林等官參預機務成祖永樂時始名內閣班在六部之上都察院左右都御史左右副都御史左右僉都御史總督提督倉場督餉侍郎督理錢法侍郎皆隸戶部總督京營戎政世宗嘉靖時置巡撫操江巡按巡江巡視京營提學巡倉巡庫巡視光祿巡青恤軍監課清軍刷卷巡鹽巡河巡關巡茶印馬屯田捕盜皆御史差協理京營戎政嘉靖時命兵部尚書劉天和輟部務另給關防專理戎政翰林院庶吉士洪武時置掌制誥史冊文翰之事無定員五經博士皆以先聖先賢後裔爲之行人司司正司副錦衣衞指揮使洪武時置職掌緝捕刑獄之事及鹵簿儀仗扈從衞等職北鎮撫司永樂時置治詔獄府尹府丞應天順天兩府少詹事苑馬寺正卿少卿行太僕寺正卿少卿布政司明置承宣布政使司初爲行中書省或分中書省六部尚書往往出爲參知政事參政入爲尚書左右參政左右參議按察司副使僉事鹽運同知五軍都督府留守司宣慰司宣撫司安撫司掛印將軍總兵副總兵參將遊擊守備備倭把總

封爵

唐王正一品嗣王郡王國公從一品開國郡公正二品開國縣公從二品開國縣侯從三品開國縣伯正四品開國縣子正五品開國縣男從五品凡上皇兄弟皇子皆封國爲親王皇太子子爲郡王親王之子承嫡者爲嗣王諸子爲郡公以恩進者封郡王襲郡王嗣王者封國公按通典封爵內載唐國王郡王國公郡公開國郡公縣公開國縣侯伯子男凡九等今考史所載畧異或係天寶後更定而史不傳其年月因並詳之

五代多沿唐制其時封王及郡王國公者爲多梁李仁福封朔方王葛從周封陳留郡王高萬興封渤海郡王馮行襲封長樂郡王後唐封張全義爲齊王晉桑維翰封魏國公周高行周封齊王

宋王嗣王郡王國公郡公開國公開國郡公開國縣公開國侯開國伯開國子開國男十二等兄弟封國爲親王親王嫡子爲嗣王宗室近親封郡王或封郡公其開國公侯伯子男皆隨食邑二千戶以上封公一千戶以上封侯七百戶以上封伯五百戶以上封子三百戶以上封男

遼封爵無考按百官志載遼制屬國屬部官大者擬王封小者準部使而爵之差等不載焉及考皇子表雅斯哈封太平王迪里封冀王隆祐封鄭王撻魯封燕國王布古台封柳城郡王侯古封混同郡王考諸臣列傳韓延徽封魯國公韓德楅封趙國公趙延壽封魏王室昉封鄭國公蕭相封蘭陵郡王耶律實魯封韓王都嚕封漆水郡王耶律休格封宋國公薩巴封武寧郡王蕭阿嚕封蘭陵縣公獨侯伯子男鮮見豈是時王公以下卽無封爵抑史之失傳與

金王郡王國公郡公郡侯郡伯舊曰縣伯承安二年改縣子縣男凡八等食邑王萬戶實封一千戶郡王五千戶實封五百戶國公三千戶實封三百戶郡公二千戶實封二百戶郡侯一千戶實封一百戶郡伯七百戶縣子五百戶縣男三百戶皆無實封

元王郡王國公郡公郡侯郡伯縣子縣男凡八等內郡侯有正二品從三品之分郡伯有正四品從四品之分惟郡王國公時有除拜餘則止於封贈用之

明公侯伯凡三等封功臣及外戚皆有流有世功臣則給鐵券封號四等曰開國輔運推誠曰奉天靖難推誠曰奉天翊運推誠曰奉天翊衞推誠武臣曰宣力武臣文臣曰守正文臣歲祿以功爲差已封而又有功則進爵增祿按明史職官志封爵祇有公侯伯三等較前代封爵獨少惟駙馬都尉位在伯上考列傳載徐達封中山王常遇春封開平王李文忠封岐陽王鄧愈封寧河王湯和封東甌王沐英封黔寧王皆卒後追封者諸王世表凡宗支嫡派分藩於外者皆王號考功臣世表又有盱眙縣子王淸羅山縣子王鳳顯定遠縣子姜潤梁縣子石明等十二人當塗縣男王愷丹陽縣男孫炎台肥縣男徐明五河縣男王理等十人皆從征死事者此係明初追贈所封洪武後卽不槩見自建文至崇禎凡功臣外戚以及恩倖所得封者惟金忠以外藩歸附封忠勇王而其外皆公侯伯焉故史所載封爵止此三等

三公

唐親王拜三公者不親事祭祀闕則攝唐以太尉司徒司空爲三公己詳杜佑通典三師自代宗廣德以後始以授宰相勳臣及藩鎮唐以太師太傅太保爲三師

五代時不常置

宋以太師太傅太保爲三師太尉司徒司空爲三公

遼以裕悅爲三公復置南面官以太師太傅太保爲三師太尉司徒司空爲三公按遼史百官志載裕悅坐而論議以象公師其敘大裕悅府則云無職掌位在百僚之上遼之尊官猶南面之有三公又載南面朝官三師府有太師太傅太保三公府有太尉司徒司空是裕悅爲國制之崇秩而三師三公則旣得燕代十六州以後采用唐制而設者也

金以太師太傅太保爲三師太尉司徒司空爲三公

元以太師太傅太保爲三公

明以太師太傅太保爲三公少師少傅少保爲三孤

宰相

唐肅宗至德以後宰相率領他職（如用兵時則加節度使銜崇儒學則爲大學士急財用則爲鹽鐵轉運使又其甚則爲延資庫使至於國史太淸宮之類史所稱品類頗多）

梁以門下侍郎及中書侍郎同中書門下平章事爲宰相

後唐晉漢並因其舊後唐復有行臺左丞相右丞相

周以中書令及中書侍郎同中書門下平章事爲宰相

宋以三公及同平章事爲宰相左右僕射亦爲宰相後又改左右僕射爲左右丞相親王樞密使留守節度使有兼侍中中書令同平章事者皆謂之使相不預政事非宰相也

遼有北宰相府左右宰相南宰相府左右宰相南面官有東京中京南京左右宰相左右平章政事

金以尚書令左丞相右丞相平章政事爲宰相

元以中書令左丞相右丞相平章政事爲宰相

明初有左右相國（洪武元年改爲左右丞相）平章政事左右丞參知政事等官屬中書省以掌庶政後革中書省置殿閣大學士列六部之上遂爲相職

三老五更

三老五更自唐至宋遼金元明皆無

祿秩

唐自天寶十四載兵興後權臣增領諸使月給厚俸比開元制祿數倍（制祿法已詳杜佑通典）至德初以用物不足內外官不給料錢郡府縣官給半祿

五代時官制不常文臣多兼武職或權領諸使祿亦無定制

宋自仁宗嘉祐時始著祿令宰相而下至嶽瀆廟主簿凡四十一等熙寧已前無所損益元豐一新官制職事官職錢以寄祿官高下分行守試三等大率官以祿令爲準而在京官司供給之數皆併爲職錢如大夫爲郎官既請大夫奉復給郎官職錢視嘉祐時賦祿爲優至徽宗崇寧間蔡京秉政吳居厚張康國輩於奉錢職錢外復增供給食料等錢如京僕射奉外又請司空奉其餘傔從錢米並支本色餘執政皆然視元豐時增倍矣南渡之初兵興費絀宰執祿奉權損半支給其後內外官有添支料錢職事官有職食廚食錢職纂修者有折食錢在京釐務官有添支錢添支米選人使臣職田不及者有茶湯錢其餘祿粟傔人悉還疇昔有宋制祿之法先後凡三變其奉數職田詳見後祿秩篇中

遼聖宗統和四十六年四月詔罷民輸官奉給自內帑

金百官奉給正一品錢粟自三百貫石至二百二十貫石有差麴米麥各五十稱石至三十五稱石有差（春秋衣羅綾絹疋緜兩及職田詳後祿秩篇下倣此）從一品錢粟二百貫石至一百八十貫石有差麴米麥各三十稱石至二十五稱石有差正二品錢粟一百五十貫石麴米麥各二十二稱石從二品錢粟一百四十貫石至一百二十貫石有差麴米麥各二十稱石至十八稱石有差正三品錢粟一百貫石至七十貫石有差麴米麥各十六稱石至十二稱石有差從三品錢粟六十貫石麴米麥各十四稱石至十稱石有差正四品錢粟五十貫石至四十五貫石有差麴米麥各十二稱石至八稱石有差從四品錢粟四十八貫石至四十貫石有差麴米麥各十稱石至七稱石有差（明安無麴米麥）正五品錢粟三十五貫石至三十貫石有差麴米麥各八稱石至六稱石有差從五品錢粟三十貫石至二十貫石有差麴米麥各六稱石至四稱石有差（穆昆無麴米麥）正六品錢粟二十五貫石至二十二貫或麥五石或麴米麥各三稱石從六品錢粟二十二石麥五石正七品錢粟二十二貫石至一十八貫石有差或麥四石或麴米麥各二稱石從七品錢粟一十八貫石至一十五貫石有差麴米麥各二稱石一稱石有差正八品錢粟一十五貫石至一十貫石有差或麥三石或麴米麥各一稱石或無從八品錢粟一十三貫石或麥三石二石有差或麴米麥各一稱石正九品錢粟或同從八品或一十二貫石至一十貫石有差或麴米麥各一稱石或麥二石至一石有差從九品錢粟一十二貫石至七貫石有差麥二石一石有差

元世祖至元二十三年定百官奉例各品又分差等從一品有六定五定之差正二品有四定二十五兩四定一十五兩之差從二品分三等四定及三定三十五兩三定二十五兩正三品分三等三定二十五兩三定一十五兩及三定從三品分三等三定及二定三十五兩二定二十五兩正四品分三等二定二十五兩二定一十五兩及二定從四品分三等二定及一定四十五兩一定四十兩正五品已下皆二等正五品一定四十兩一定三十兩從五品一定三十兩一定二十兩正六品一定二十兩一定一十五兩從六品一定一十五兩一定一十兩正七品一定一十兩一定五兩從七品一定五兩及一定正八品一定及四十五兩從八品四十五兩及四十兩正九品四十兩及三十五兩從九品三十五兩其米數畧備後祿秩篇中

明正一品月俸米八十七石從一品至正三品遞減十

三石至三十五石從三品二十六石正四品二十四石從四品二十一石正五品十六石從五品十四石正六品十石從六品八石正七品至從九品遞減五斗至五石而止

欽定續通典卷二十三

欽定續通典卷二十四

職官

臣等謹按杜佑通典官制要畧篇宰相已後祿秩已前有三老五更一條而於此卷三公總敘條前復專設三老五更之目卷中所載事蹟畧同大約前敘其人後明其禮今考自唐以後此禮不行無可綴輯故於前卷仍存其目而此從刪省衍複也

三公總敘 四輔二大附

唐肅宗至德後三師不常置多爲藩鎭勳臣宰相優禮之官三公亦不常置五代三公三師不常置多以畀藩鎭及贈官宋以太師太傅太保爲三師太尉司徒司空爲三公爲宰相親王使相加官其特拜者不預政事遼以大裕悅爲三公惟有大功德者始得除授焉其制南面官置三師府有太師太傅太保少師少傅少保三公府有太尉司徒司空金三師有太師太傅太保師範一人儀刑四海三公有太尉司徒司空論道經邦燮理陰陽元三公有太師太傅太保各一人特賜銀印以道燮陰陽經邦國示尊崇也太宗卽位始建三公至世祖之世其職常闕僅置太保一員至成宗武宗時三公並建無虛位明三公有太師太傅太保三孤有少師少傅少保掌佐天子經邦宏化其職至重無定員無專授建文永樂間罷公孤官仁宗復設宣宗宣德三年敕太師英國公張輔少師吏部尚書蹇義少傅兵部尚書華蓋殿大學士楊士奇少保兼太子少傅戶部尚書夏原吉各輟所領侍左右咨訪政事公孤之官幾於專授自此以後公孤但存虛銜爲勳戚文武大臣加官贈官而文臣無生授者惟洪武九年四月增置四輔官告太廟以王本杜祐龔斆爲春官杜斆趙民望吳源爲夏官兼太子賓客秋冬官闕以本等攝之一月內分司上中下三旬位列公侯都督之次寵任特專後雖改罷其制亦異於前代焉

太師

太師古官唐昭宗乾寧元年以李克用守太師唐制以太師師範一人儀刑四海其職至重終唐之世拜是官者惟克用一人

梁太師不常置末帝龍德時加韋震太師

後唐太師不常置莊宗同光初拜張全義太師明宗天成中贈霍彥威太師

晉以太師爲贈官出帝開運中贈烏震爲太師

周亦以太師爲贈官世宗顯德中贈王進爲太師

宋以太師爲異數趙普以開國元勳拜太師文彥博以累朝耆德拜太師曾公亮除守司空檢校太師神宗元豐三年以曹佾檢校太師徽宗大觀二年蔡京爲太師政和二年九月詔以太師太傅太保古三公之官今爲三師古無此稱合依三代爲三公宣和末蔡京童貫鄭紳皆拜太師光宗紹熙初史浩爲太師自後韓侂胄史彌遠賈似道皆至太師焉

遼大裕悅如南面之有三公太祖以約尼氏裕悅受禪終遼之世以裕悅得重名者三人耶律赫嚕烏哲仁先謂之三裕悅南面官太師穆宗應歷元年有太師唐古特

金三師府置太師一員可考者共十一人烏雅宗强宗賢宗磐宗幹宗弼張浩塔延溫屯思忠圖克坦克寧圖克坦恭赫舍哩執中追贈者六人宗傑宗敏宗雄宗望達春圖克坦貞

元太師最爲尊崇太祖十二年以國王置太師一員自後其職常闕

明太師其秩最尊太祖洪武三年授李善長太師宣宗宣德三年授張輔爲太師以後加至太師者朱永張懋張鶴齡徐光祚郭勛朱希忠張居正

太傅

太傅古官唐太傅不常置至德以前未有拜是官者文宗太和三年以王智興爲太傅九年以李載義守太傅昭宗光化元年以韓建守太傅

五代以太傅爲贈官梁太祖贈劉捍爲太傅後唐明宗長興中贈趙光逢爲太傅閔帝應順中贈周知裕爲太傅晉高祖天福中贈楊思權爲太傅周太祖廣順中贈趙瑩爲太傅

宋初以王旦爲太傅任宰相者二十年徽宗宣和末拜太傅者四人王黼燕王俁越王偲鄆王楷南渡後拜張俊韓世忠爲太傅以武臣之有大勳業而特拜焉以後楊沂中吳璘並爲太傅

遼大裕悅擬太傅南面朝官則太宗會同元年命馮道守太傅彌文耶律楊六亦爲太傅

金三師府置太傅一員其可考者二人宋本蕭仲恭

元初三公之位或置或不置太祖本紀有太傅額特

明初拜徐達太傅以其開國元勳而特命焉藍玉亦領太傅其後世宗嘉靖二年以張居正拜太傅郭勛由太子太傅加太傅

太保

太保古官唐太保不常置至德以前未有是官代宗廣

德元年以僕固懷恩爲太保憲宗元和七年杜佑罷宰相後以太保致仕文宗太和四年以平章事李載義守太保僖宗中和三年以建王震守太保光啟三年以宰臣韋昭度爲太保

梁以太保爲贈官末帝貞明中贈馬嗣勳太保

後唐太保不常置天成中以趙光逢爲太保

晉太保不常置開運中以劉昫爲太保

宋制凡除拜必自司徒遷太保元豐八年以曹佾守太保至宣和末除拜者蔡攸肅王樞儀王樸紹熙初嗣秀王亦爲太保

遼大裕悅擬太保南面官太宗會同元年劉煦守太保

金三師府太保一員可考者五人宗雋宗翰宗固宗昂李石

元三公不常置世祖時祇置太保一人

明初贈常遇春太保郭勛先加太保朱希忠由太子太傅加太保大同總兵周尙文亦加太保

太宰

太宰於殷爲六太唐及五代皆無是官至宋徽宗政和中詔改左僕射爲太宰（欽宗靖康元年詔依元豐舊制仍改爲左僕射）遼金元明無之

太尉

太尉秦官唐制非有大功者不授是官肅宗至德二載以廣平郡王俶爲太尉上元二年加李光弼太尉代宗廣德二年加郭子儀太尉大歷八年加田承嗣爲太尉德宗建中二年朱泚爲太尉貞元三年以李晟爲太尉武宗會昌四年以宰臣李德裕守太尉

梁太尉不常置貞明中加牛存節太尉亦爲贈官王景仁曾贈太尉

後唐以太尉爲贈官明宗贈孔循王師範爲太尉

晉開運中加馮道爲太尉閻寶爲檢校太尉亦爲贈官天福中贈房知溫劉審交爲太尉

宋初制在位久近或已任司空司徒者則拜太尉故太傅王旦司徒呂夷簡各任宰相二十年始得以太尉致仕又文彥博以定策功除守太尉大觀元年蔡京爲太尉至政和二年九月詔以太尉係秦主兵之任非三公之官罷之乃定爲武階之首秩在節度使上秩正一品高宗建炎三年劉光世始以檢校太保除太尉自後或以檢校三少或以節度使不帶檢校皆纍進太尉則進使相竟爲除授之序

遼南面朝官有太尉太宗天顯元年除授太尉趙思溫

金三公府置太尉一員秩正一品其可考者五人沃稜梧桐完顏匡裴滿達布薩師恭追贈者二人承暉富察鼎壽

元初三公三師之職常鈌史載太尉之屬或置或不置或開府或不開府仁宗延祐五年御史上言比年名爵濫冒太尉等官接迹於朝前奉詔裁罷中外莫不忻悅近聞禮部奉旨鑄太尉等印二十有九誠恐載在史冊貽誚將來請將閥閱貴重勳業昭著者留存一二餘並革去制曰可可見仁宗以後較中統至元時多置矣

明制三師三孤內無太尉（三公三孤詳見前）故生受者既無此職追贈者亦無此銜

司徒

司徒古官唐司徒不常置代宗廣德二年以李抱玉爲司徒大歷十四年以同平章事李正己爲司徒德宗貞元三年以馬燧爲司徒憲宗元和元年以同平章事杜佑爲司徒穆宗長慶四年加橫海節度使李光顏守司徒文宗太和元年加天平節度使烏重允守司徒武宗會昌元年以李德裕爲司徒宣宗大中六年以白敏中檢校司徒懿宗咸通三年以同平章事杜悰爲司徒僖宗中和元年以王鐸爲司徒

梁開平中拜趙光逢爲司徒

周爲贈官顯德中贈盧文紀爲司徒

宋制授司徒始得遷太保或再加太尉呂夷簡爲司徒任宰相二十年熙甯六年文彥博除守司徒元豐三年以曹佾守司徒兼中書令富弼亦守司徒錄定策功也政和二年九月詔司徒爲周六卿之官本非三公宜罷之仍考周制立三孤少師少傅少保亦稱三少爲次相之任而司徒之職遂闕焉

遼南面官有司徒世宗天祿元年見司徒劃設

金三公府置司徒一員可考者一人張通古追贈者一人永慶

元初三公或置或不置或開府或不開府考李孟傳言司徒等官自大德以來封爵繁多宜汰罷從之仁宗時馬祖常言司徒古三公之流近歲如沈宗攝汪元昌亦授此職實爲非便其時拜司徒者必多矣

明制三公三師內無司徒故生授者無此官追贈者亦無此爵

司空

司空古官唐司空不常置至德二載以同平章事郭子儀李光弼爲司空寶應元年以李輔國爲司空廣德元年以李抱玉爲司空元和三年以于頔守司空十五年

以裴度守司空太和九年以同平章事王涯守司空會昌二年以同平章事李德裕爲司空大中六年以白敏中守司空咸通六年以福王綰爲司空三年以同平章事杜悰守司空僖宗廣明元年榮王憒守司空乾寧二年以孔緯徐彥若爲司空

梁司空不常置開平中以趙光逢爲司空

後唐廢帝清泰時以馮道爲司空亦爲贈官長興中贈鄭珏爲司空

晉天福中以劉昫爲司空以馮道守司空

周司空不常置廣順中以盧文紀爲司空

宋初制爲三公已任司空則拜太尉熙甯二年富弼除守司空三年曾公亮除守司空以兩朝定策功也元豐八年王安石守司空哲宗元祐元年呂公著守司空同平章軍國重事徽宗崇甯三年蔡京授司空政和二年九月詔以三師爲三公司空爲周六卿之官並非三公因裁罷

遼南面官有司空聖宗統和三十年有司空邢抱質

金三公府有司空一員可考者二人劉筈高楨

元初三公不常設李孟傳言司空之職冗濫請裁汰詔可其奏仁宗延祐五年監察御史上言近聞禮部鑄司空等印此輩無功於國家請革去從之是成宗時此職甚多非國初之制

明制三師三公內無司空故無生拜者亦無追贈者

大司馬

大司馬古官五代及宋遼金元明並無之按杜佑通典曰大司馬古官也掌武事自隋無之考周官司馬掌邦政統六師平邦國白虎通曰司馬主兵韋昭辨釋名曰司馬武也大總武事也大司馬掌軍漢官序曰司馬主兵是古之司馬掌國家之兵政有大征伐則主之宋設樞密院掌軍國機務兵防邊備戎馬之政令出納密命以佐邦治遼設北樞密院掌兵機武銓羣牧之政金元皆設樞密院掌武備機密其與古之大司馬官名異而職任同明則始建樞密院繼改爲大都督府尋添設五府都督掌軍旅之事有大征伐則掛將軍印以出旣事而納之亦卽古之大司馬也

總敘三師三公以下官屬

三師太師太傅太保五代及宋金元明皆同遼大裕悅卽是南面官三師府與宋金元明同明以三師爲三公

三公一太太尉司徒司空五代及宋金元同遼大裕悅卽是南面三公府與宋金元同明無

三孤少師少傅少保稱三孤惟明有之

有實授有加銜宋政和二年九月詔以太師太傅太保古三公之官今爲三師古無此稱合依三代爲三公爲眞相之任宰相佐天子總百官平庶政事無不統故其時太傅王旦司徒呂夷簡任宰相二十年富弼除守司空兼侍中平章事曾公亮除守司空太師兼侍中文彥博除守司空兼侍中曹佾檢校太師守司徒兼中書令宋承唐制以同平章事爲眞宰相卽以三師三公爲之侍中中書令亦相職也其時三師三公爲宰相之晉秩或褒功德或獎賢勞特除拜加銜耳宰臣自有本職官屬也三師三公下不特設官屬遼大裕悅無職掌班百寮之上故大裕悅府無官屬南面朝官三師府三公府亦無官屬金三師三公府無官屬元初三公之職常闕至大後史稱或置或不置亦無官屬明三公三孤皆爲宰臣加銜或爲贈官不置府無官屬

欽定續通典卷二十四

職官

宰相 并官屬

唐肅宗至德後或以藩鎮領宰相職員數最多是時劍南節度使崔圓朔方節度使郭子儀河東節度使李光弼並同中書門下平章事憲部侍郎房琯河西行軍司馬裴冕文部侍郎韋見素蜀郡守崔渙憲部尚書李麟侍御史張鎬並同中書門下平章事是時朝廷新復百度未修故備位者衆然爲侍中者惟李光弼中書令惟郭子儀而已至代宗時員數較少而時政最急者莫以宰相領其官故元載以中書侍郎領句當轉運租庸度支使又兼判元帥行軍司馬杜鴻漸以平章事兼莊宅使復持節山南西道劍南東川西川邛南西山等道副元帥王縉以侍中都統河南淮南淮西山東道行營節度使德宗興元以後宰臣所領之官更多外雜其時同平章事盧翰加太微宮使劉從一領集賢殿大學士李勉加太清宮使爲中書令者惟李晟然又兼鳳翔隴右諸軍涇原四鎮北庭行營兵馬元帥憲宗元和以後宰臣員數漸減然多領鹽鐵及判度支皇甫鎛竇易直裴度李石李紳盧商崔元式周墀崔龜從蕭鄴劉瑑杜悰曹確蕭遘張濬韋貽範獨孤損皆同平章事兼判度支程異王播王涯李固言李石楊嗣復杜悰馬植裴休夏侯孜于琮劉鄴韋貽範皆同平章事兼鹽鐵轉運使僖宗光啟後宰臣易置不常加司徒司空者極乎冗濫制度尤日紊矣

梁以中書門下兩侍郎及同中書門下平章事爲宰相然是時改樞密院爲崇政院命敬翔知院事以備顧問參謀議承上旨宣於宰相而行之宰相非時奏請皆因以聞是亦相職也後唐以門下侍郎及中書侍郎同中書門下平章事爲宰相又置中門使樞密使典領機密權與宰相等晉以中書侍郎同門下平章事爲宰相是時宰相每兼樞密使桑維翰李崧皆同平章事兼樞密使間有特拜中書令及侍中者出帝開運二年以趙瑩爲中書令李崧守侍中漢亦以中書侍郎同中書門下平章事爲宰相周亦以中書侍郎同中書門下平章事爲宰相亦有拜中書令者太祖廣順元年拜馮道中書令五代時日相征討武臣用事任宰相者多則一二年少或數月廢置不常無可載焉

宋初宰相不專任置中書禁中是爲政事堂與樞密院對掌大政以同平章事爲宰相之職無常員有二人則分日知印以丞郎以上至三師爲之其上相爲昭文館大學士監修國史其次爲集賢院大學士或置三相則昭文館集賢院二學士併監修國史並除因唐以來三大館皆宰相兼故仍其制如范質昭文學士王溥監修國史魏仁浦集賢學士此三相例也參知政事掌副宰相毗大政參庶務太祖乾德二年以樞密直學士薛居正兵部侍郎呂餘慶並本官參知政事先是已命趙普爲相欲置之副而難其名稱以問陶穀曰下宰相一等有何官對曰唐有參知機務參知政事故以命之不押班不知印不升政事堂殿廷別設磚位敕尾署銜降宰相月俸雜給之半開寶六年始詔居正餘慶於都堂與宰相同議政事太宗至道元年詔宰相與參政輪班知印同升政事堂押敕齊銜行則並馬自寇準始以後不易神宗時定元豐新制於三省置侍中中書令尚書令以官高不除人而以尚書令之貳左右僕射爲宰相左僕射兼門下侍郎以行侍中之職右僕射兼中書侍郎以行中書令之職廢參知政事置門下中書二侍郎尚書左右丞以代之哲宗元祐中以文彥博呂公著平章軍國重事序班在宰臣上所以處老臣碩德特命以寵之也或兩日或五日一朝非朝日不至都堂時待老臣禮遇極優司馬光疾詔免朝覲許乘肩輿三日一入省徽宗政和中改左右僕射爲太宰少宰仍兼兩省侍郎靖康中復改爲左右僕射高宗建炎三年呂頤浩請酌三省之制左右僕射並加同中書門下平章事門下中書二侍郎並改爲參知政事廢尚書左右丞從之孝宗乾道八年詔尚書左右僕射可依漢制改爲左右丞相詳定敕令所言近承詔旨改左右僕射爲左右丞相令刪去侍中中書尚書令以左右丞相充緣舊左右僕射非三省長官故爲從一品今左右丞相係充侍中中書尚書令之位卽合爲正一品從之丞相官以大中大夫以上充參政以中大夫以上充常除二員或一員寧宗嘉泰三年始除三員故事丞相謁告參預不得進擬惟丞相未除則參預輪日當筆多不踰年少纔旬月獨孝宗淳熙初葉衡龔茂良行相事近三年亦創見也及寧宗開禧元年韓侂冑拜平章軍國事爲名蓋省重字則所預者廣去同字則所任者專邊事起乃命一日一朝省印亦歸其第宰相不復知印其後賈似道竊位專權尊寵日隆位皆在丞相上其與元祐中之文彥博呂公著同例矣至於親王樞密使留守節度使兼侍中中書令同平章事者皆謂之使相不預政事不書敕惟宣敕除授者敕尾存其銜而已

遼北宰相府有左右宰相掌佐理軍國之大政皇族四帳世預其選南宰相府有左右宰相掌佐理軍國之大政國舅五帳世預其選太祖天顯元年大東丹國置中臺省有左大相右大相左次相右次相其屬部設有某部左宰相某部右宰相位在大王下屬國設有某國左相某國右相位在大王裕悅下命其酋長與遼人區別而用之恩威

兼制此皆北面宰相之制聖宗統和二十一年七月召北府宰相蕭塔喇葛宰相漢王貼不及等賜坐論古今至道倣古制也其南面官則於中書省設大丞相左丞相右丞相同中書門下平章事參知政事尚書省有左僕射右僕射其三京宰相府官遼有五京上京爲皇都朝官京官皆有之四京隨宜制官爲制不一西京多邊防官南京中京多財賦官三京謂東京中京南京也有左相右相左平章事右平章事蓋既得燕代後倣唐制也

金左丞相右丞相各一員平章政事二員從一品金鍍銀印鍍金三字爲宰相左右丞各一員正二品參知政事二員從二品印與郡王及一品官同金制二品官金鍍銅印惟宰相與親王一品同爲執政官爲宰相之貳俱列於尚書省位在尚書令下熙宗時率以宗室王公除拜丞相平章政事或參知政事往往帶元帥銜出則統軍入則佐政禮遇亦極優焉海陵正隆元年罷平章政事時平章政事張暉罷遂不置平章政事官至世宗大定元年始復置以移刺充之　世宗即位重任宰臣屢加飭諭大定元年論宰臣曰進賢退不肖宰臣之職二年又諭宰臣當參民間利害及時事之可否以時陳奏四年論宰臣奏事當以治國安民爲要五年又諭宰臣盡公舉薦六年又論宰臣當知人才優劣舉實才爲國用八年又論宰臣當輔不逮毋阿順取容十年論宰臣朕居深宮不知外事卿等當注意　大定二十四年制外任官曾爲宰執者凡吏牘上省部依親王例免書名二十五年以宰臣年老艱於久立命左右置小榻廊下使少休息章宗明昌元年幸宰臣圖克坦克寧第視疾賜銀一千五百兩絹二千疋詔尚書省曰太傅年高每趨朝而又赴省恐不易自今旬休外四日一居休庶得調攝常事他相理問惟大事白之可也六年賜宰臣手詔以風俗不淳官令苟且責之承安三年詔有司宰相遇雨可循廊廡出入五年上與宰臣論置相曰圖克坦鎰朕志先定賈鉉如何皆曰知延安府事孫卽康可平章政事張萬公亦曰卽康及第先鉉一榜上曰至此安問榜次特以賈才可用耳其所以愼擇宰臣者如此泰和元年論刑部官凡上書人言及宰相者不得申省是時平章政事張萬公乞致仕已三四次矣優詔不許宣宗興定三年以天暑詔宰相四日一奏事又詔宰相執政以下不得召部寺官

元之相職較前代獨多曰中書令曰左右丞相曰平章政事曰左右丞曰參政雖分長貳皆佐天子出令太祖嘗以相臣爲中書令典領百官會決庶務元制中書令位在丞相上往往以皇太子兼領右丞相左丞相各一員統六官率百司居令之次令缺則總省事佐天子理萬幾國初職名未創太宗始置右丞相一員左丞相一員世祖中統元年置丞相一員二年復置右丞相二員左丞相二員至元二年增至五員七年立尚書省置丞相三員八年罷尚書省乃置丞相二員二十四年復立尚書省其中書省丞相二員如故二十九年以尚書省再罷專任一相武宗至大二年復置尚書省丞相二員中書省丞相二員四年尚書省仍歸中書丞相凡二員自後因之不易文宗至順元年專任右相其一或置或不置以上丞相平章政事掌機務貳丞相凡軍國重事無不由之世祖中統二年置平章二員三年置平章四員至元七年置尚書省設尚書平章二員八年尚書併入中書平章復設三員二十三年詔淸冗職平章汰爲二員二十四年復尚書省中書尚書兩省平章各二員二十九年罷尚書省增中書平章爲五員而一員爲商議省事三十年又增平章爲六員成宗元貞元年改商議省事爲平章軍國重事武宗至大二年再立尚書省平章三員中書省平章五員四年罷尚書省歸中書平章仍五員文宗至順元年定置四員自後因之以上平章政事右丞左丞副宰相裁成庶務號左右轄世祖中統二年置左右丞各一員三年增爲四員至元七年立尚書省中書右丞左丞仍四員八年尚書併入中書左右丞各一員二十三年汰冗職右左丞如故二十四年復立尚書省左右丞各一員而中書省闕員二十八年罷尚書省三十年設右丞二員而一員爲商議省事成宗元貞元年右丞商議省事罷又以昭文大學士與中書省事武宗至大二年復立尚書省右左丞二員中書右左丞五員四年罷尚書右左丞中書右左丞止設四員文宗至順元年定置右丞一員左丞一員以後不復增損以上右左丞參政副宰相以參大政而其職亞於右左丞世祖中統元年始置參政一員二年增爲二員至元七年立尚書省參政三員八年尚書省併入中書參政二員二十三年汰冗職參政二員如故二十四年復立尚書省參政二員中書參政二員二十八年罷尚書省參政武宗至大二年復置尚書省參政二員中書參政二員四年併尚書省入中書參政三員文宗至順元年定參政爲二員自後亦不復增損以上參政爲至順帝時法度不常紀綱日紊置宰臣輒更祖制元統三年七月中書省奏請自今不置左丞相十月命巴延獨掌台司至元五年十月復加巴延爲大丞相六年十月命托克托爲右丞相復置左丞相至正七年置議事平章四人十二年二月以賈魯爲添設左丞三月以悟良哈台爲添設參知政事七月又以杜秉彝爲添設參政八月以哈瑪爾爲添設右丞十四年九月以呂思誠爲添設左丞二十七年八月以樞密知院曼濟

爲添設第三平章以太尉特哩特穆爾爲添設左丞相以添設爲銜名亦古所未見也

明太祖建官之始皆承前制設中書省置左右相國以李善長爲右相國徐達爲左相國後命百官禮儀俱尚左改右相國爲左相國左相國爲右相國尋又改爲左右丞相置平章政事左右丞參知政事等官以統領衆職洪武九年汰平章政事參知政事等官十三年正月革去中書省盡罷其官置四輔官位列公侯都督之次尋卽汰罷分其權於六部十五年倣宋置華蓋殿武英殿文淵閣東閣諸大學士以禮部尚書邵質爲華蓋檢討吳伯宗爲武英翰林學士宋訥爲文淵典籍吳忱爲東閣又置文華殿大學士徵耆儒鮑恂余詮張長年等爲之以輔導太子秩皆正五品二十八年敕諭羣臣國家罷丞相設府部院寺以分理庶務立法至爲詳善以後嗣君其毋得議置丞相臣下有奏請設立者論以極刑當是時以翰林春坊詳看諸司奏啟兼司平駁大學士特侍左右備顧問而已帝方自操威柄學士鮮所參決惠帝建文中改大學士爲學士成祖永樂初年特簡解縉胡廣楊榮等參預機務閣臣自此始預務焉至仁宗以楊士奇楊榮皆東宮舊臣擢士奇爲禮部侍郎兼華蓋殿大學士榮爲太常卿兼謹身殿大學士賜士奇榮等繩愆糾謬銀印官亦擢至尚書而閣臣之體統益尊職亦甚重遂爲眞宰相矣宣宗時大學士累加至三公三孤銜名政無大小悉付參決宣德三年敕宰臣楊士奇等卿等春秋高尚典繁劇可輟所務朝夕在朕左右討論至禮職名俸祿悉如舊用示眷注老臣至意其時大學士竟專授公孤之官矣是時帝亦屢幸內閣凡中外章奏宰相俱用小票墨書貼名疏面以進謂之條旨（條旨之名始此）世宗嘉靖四十一年新建三殿改奉天曰皇極華蓋爲中極謹身爲建極閣銜因之自此以後大學士朝位班次俱列六部之上遣行人齎敕優詔存問少師兼太子太師吏部尚書華蓋殿大學士劉健并賜羊酒命有司餽官廩八石歲給輿隸十名神宗萬曆九年特遣行人齎敕優詔存問少師兼太子太師吏部尚書建極殿大學士徐階并賜銀五十兩大紅紵絲蟒衣一襲綵幣四表裏以表異數是時宰臣雖退居林下而帝眷仍注重若此然舊制紅本到閣首輔票擬莊烈帝崇禎中始用分票首輔之權畧分（時御史倪元璐請分票自後本下卽令中書分）之故內閣之職同於古相者以其主票擬也

宋三省屬官（門下省中書省尚書省爲三省時三省官皆宰相職理大政者）門下省有通進司掌受三省樞密院六曹寺監百司奏牘文武近臣表疏及章奏房所領章奏具事目進呈而頒布於中外有進奏院掌受詔敕及三省樞密院宣劄六曹寺監百官符牒頒於諸路凡章奏至則具事目上門下省若案牘及申稟文書則分納諸官司中書省有舍人四人掌行命令爲制詞其大除拜宰相召舍人面受詞頭元豐六年詔中書省置點檢房分舍人通領元祐元年詔舍人各簽諸房文字其命詞則輪日分草有檢正官掌糾正省務熙寧三年置以京朝官充選人卽爲習學公事元豐新官制行罷之而其職歸於左右司建炎三年中書門下省奏言軍興以來天下多事中書省無屬官元豐以前有檢正官因置左右司遂不差致朝廷及應報四方文移稽留無檢舉催促今欲差官二員充中書門下省檢正諸房公事詔從之尚書省有左右司郎中左右司員外郎各一人掌受六曹之事而舉正文字之稽失分治省事左司治吏戶禮奏鈔班簿房右司治兵刑工案鈔房號爲都司亦曰左右曹元豐六年都司置御史房主行彈劾御史按察失職建炎三年詔減左右司郎官二員置中書門下省檢正諸房公事二員次年罷檢正諸房公事官左右司郎官仍四員

遼北面官北宰相府宰相下有總知軍國事知國事等官南宰相府亦有總知軍國事知國事等官南面官中書省有堂後官主事守當官尚書省有左右司郎中左右司員外郎

金尚書省屬有左司郎中員外郎各一員掌本司奏事總察吏戶禮三部受事付事兼帶起居注官每月朔朝則先集是日秩滿者爲簿名曰闕本及行止簿貼黃簿幷官制同進呈御覽畢則受而藏之每有除拜凡尚書省所不敢擬注者則一闕具二三人以聽制授焉都事二員掌本司受事付事檢句稽失省署文牘兼知省內宿直檢校架閣等事右司郎中員外郎各一員掌本司奏事總察兵刑工三部受事付事兼帶修注都事二員所掌與左司同祇候郎君管句官掌祇候郎君謹其出入及差遣之事（承安二年以走馬郎君擬注泰和時以都事兼正大時改用親從人）架閣庫管句同管句掌察左右司大程官追付文牘並提控小都監給受紙筆直省局局長掌都堂之禮及官員參謝之儀副局長貳其事

元中書省有參議中書省事典左右司文牘爲六曹之管轄軍國重事咸預決焉中統元年始置一員至元三十二年累增至六員成宗大德元年止置四員遂爲定額左司郎中二員員外郎二員都事二員掌吏禮房之

科有九一曰南吏二曰北吏三曰貼黃四曰保舉五曰禮六曰時政記七曰封贈八曰牌印九曰好事除房之科有五一曰資品二曰常選三曰臺院選四曰見闕選五曰伯爾克選戶雜房之科有七一曰定俸二曰衣裝三曰羊馬四曰置計五曰田土六曰太府監七曰會總科糧房之科有六一曰海運二曰儧運三曰邊遠四曰振濟五曰事故六曰軍匠銀鈔之科有二一曰鈔法二曰課程應辦房之科有二一曰飲膳二曰草料右司郎中二員員外郎二員都事二員掌兵房之科有五一曰邊關二曰站赤三曰鋪馬四曰屯田五曰牧地刑房之科有六一曰法令二曰弭盜三曰功賞四曰禁治五曰枉勘六曰闘訟工房之科有六一曰横造軍器二曰常課段疋三曰歲賜四曰營造五曰應辦六曰河道初中統元年統置左右司及至元二十五年始分置兩司所掌亦各分焉其掾屬有監印二人掌監視省印知印四人掌執用省印斷事官掌刑政之屬員數增損不常客省使四員副使二員掌直省舍人宣使等員選舉差遣之事照磨一員掌勘左右司錢穀出納營繕料例凡數計文牘簿籍之事管句一員掌出納四方文移緘縢啟拆之事郵遞之程期曹屬之承受兼主之架閣庫管勾二員專掌收藏省府籍帳案牘凡備稽考之文郎掌故之任

明太祖初承前代之制中書省屬亦置左右司郎中員外郎都事檢校照磨管句等官洪武十三年罷中書省其官屬亦盡罷革置殿閣大學士分理政務後漸至宰相至景帝景泰中王文始以左都御史進吏部尚書入內閣自後誥敕房皆設中書舍人置文華殿東房中書舍人掌奉旨篆寫册寶圖書册頁內閣誥敕房中書舍人掌書辦文官誥敕繙譯敕書并外國文書揭帖兵部紀功勘合底簿制敕房中書舍人掌書辦制敕詔書誥命册表寶文玉牒講章碑額題奏揭帖一應機密文書各王府敕符底簿俱無定員嘉靖二十年以他官帶原銜分直兩房其後中書員闕令吏部以舉人考選而部選與試職者又分爲兩途焉具中書省篇

門下省

唐制門下省已詳杜佑通典五代時以門下侍郎爲宰相門下省多不備官宋制門下省掌受天下之成事審命令駮正違失受發通進奏狀進請寶印凡中書省畫黃錄黃樞密院錄白畫旨則留爲底及尚書省六部所上有法式事皆奏覆審駮之給事中讀侍郎省侍中審進入被旨畫聞則授之尚書省樞密院即有舛誤應舉駮者大則論列小則改正凡文書自內降者著之籍章奏至受而通進俟頒降分送所隸諸司凡吏部擬六品以下職事官則給事中較其仕歷功狀侍郎侍中引驗審察非其人則論奏凡遷改爵秩加敘勳封四選擬注奏鈔之事有舛誤退送尚書省覆刑部大理寺所斷獄審其輕重枉直不當罪則以法駮正之凡官十有一侍中侍郎左散騎常侍各一人給事中四人左諫議大夫起居郎左司諫左正言各一人遼南面官中書省所設官屬略與宋制同多置東上閤門使西上閤門使東頭承奉班西頭承奉班及知匭院使誥院給事金太宗天會四年有三省之制至海陵正隆元年罷門下省以太師領三省事是初置而旋廢故官屬多不可考金史帝紀列傳百官志中皆不載元初無門下省世祖至元七年議立三省侍御史高鳴奏言政貴得人不貴多官詔從其奏終不復設明亦不設門下省其給事中尚寶司等官無所隸屬

侍中侍郎給事中散騎常侍諫議大夫起居補闕拾遺典儀城門郎符寶郎弘文館校書郎等

侍中之名秦始有之唐制侍中掌出納帝命相禮儀凡國家之務與中書令參總而專判省事下之通上其制有六一曰奏鈔以度支國用授六品以下官斷流以下罪及除免官用之二曰奏彈三曰露布四曰議五曰表六曰狀自露布以上乃審其餘覆奏畫制可而授尚書省行幸則負寶以從版奏中嚴外辦還宮則請降輅解嚴皇帝齋則請就齋室將奠則捧玉幣盥則捧匜取盤酌罍水贊洗酌泛齊受虛爵進福酒皆左右其儀饗宗廟進瓚而贊酌鬱酒既祼贊酌醴齊耤田則捧耒四夷朝見則承詔勞問臨軒命使册皇后皇太子則承詔降宣命慰問聘召則涖封題發驛遣使則給角符凡官爵廢置刑政損益授之史官既書復涖其記注職事官六品以下進擬則審其稱否而進退之自天寶初改爲左相後及至德二載復改爲侍中時苗晉卿以中書侍郎同中書門下平章事行侍中廣德二年王縉以黃門侍郎同中書門下平章事爲侍中以後其職常闕至德中以苗晉卿爲侍中晉卿練達吏事謹身固位時人比之胡廣至代宗卽位年己衰暮諸事尤慎密焉又源乾曜進位侍中建言大臣子並求京職俊乂率任外官非平施之道臣三息俱任京師請出二息補外以示自近始詔曰乾曜身率庶僚以讓既請外其子又復下遷傳不云乎范宣子讓其下皆讓其令文武官父子昆仲三人在京師者分任於外宋制門下省侍中掌佐天子議大政審中外出納之事大祭祀則版奏中嚴外辦導輿輅詔升降之節大朝會則承旨宣制告成禮祭祀亦如之册后則奉寶以授司徒宋初以秩高罕除自建隆至熙甯員拜侍中

者僅五人雖有用他官兼領而實不任其事元豐官制行以左僕射兼門下侍郎行侍中職別置侍郎以佐之南渡後置左右丞相罷侍中不置遼門下省有侍中太宗會同元年以趙思忠爲侍中金自罷門下省後無侍中元不設門下省亦無侍中明亦無之

門下侍郎亦始於秦之黃門侍郎至漢而與門下侍中同理衆事唐乾元元年改門下侍郎爲黃門侍郎大曆二年復改爲門下侍郎設二人掌貳侍中之職大祭祀則從盥則奉巾帨奠巾奉匏爵贊獻元日冬至奉天下祥瑞侍中闕則涖封符劵給傳驛五代時門下侍郎多以宰相兼之宋制門下省侍郎掌貳侍中之職省中外出納之事大祭祀則前導輿輅詔進止大朝賀則授表以奏祥瑞册后則奉節及寶位與知樞密院同知樞密院中書侍郎尚書左右丞爲執政官南渡後復置參知政事罷門下侍郎不置遼門下省有侍郎道宗清寧時以楊晳爲門下侍郎金自罷門下省後無門下侍郎元不設門下省明亦無之

給事中亦始於秦本爲加官至後而漸掌獻納及封駁唐制給事中四人掌侍左右分判省事察弘文館繕寫讎校之課凡百司奏鈔侍中既審則駁正違失詔敕不便者塗竄而奏還謂之塗歸季終奏駁正之目凡大事覆奏小事署而頒之三司詳決失中則裁其輕重發驛遣使則與侍郎審其事宜六品以下奏擬則校功狀殿最行藝非其人則白侍中而更焉與御史中書舍人聽天下冤滯而申理之寶應元年以給事中爲理匭使（貞元中以袁高爲給事中時帝復用盧杞爲饒州刺史命高草詔書高執詞頭揭宰相曰盧杞作相三年矯詐陰賊退斥忠良若更授大郡恐失天下之望宰相不悅命舍人草之詔出高執之不下乃奏論之元和中李遜爲給事中常論時政以爲事君之義有犯無隱陳誠啟沃不必擇辰令君臣數奏乃候隻日是畢歲臣下罕覩天顏獻可替否能幾何帝嘉之乃許不擇時奏對又郭承嘏爲給事中文宗開成元年出爲華州刺史給事中盧載封還詔書言承嘏封駁稱職宜在瑣闥牧守之才易爲推擇帝因謂宰相曰承嘏久在黃扉故優其俸祿暫令廉問近闕而諫列拜章惜其稱職甚美事也乃復留爲給事）宋制門下省給事中四人分治六房掌讀中外出納及判後省之事若政令有失當除授非其人則論奏而駁正之凡章奏日錄目以進考其稽違而糾治之元豐五年五月詔給事中許書畫黃不書草著爲令遼門下省有給事中統和二年以郭嘏爲給事中金給事中爲內侍寄祿之官屬宣徽院置審官院無所隸屬知院一員同知審官院事一員掌奏駁除授失當事職與給事中同元給事中無所隸屬掌隨朝省臺院諸司凡奏聞之事悉紀錄之如古左右史不主封駁銜則循古之名實起居注之職明給事中無所隸屬吏戶禮兵刑工六科各都給事中一人左右給事中一人給事中吏科四人戶科八人禮科六人兵科十人刑科八人工科四人六科掌侍從規諫稽察六部百司之事凡制敕宣行大事覆奏小事署而頒之有失封還執奏凡內外所上章疏下分類鈔出參署付部駁正其違誤吏科凡吏部引選則掌科同至御前請旨外官領文憑皆先赴科畫字內外官考察自陳後則與各科具奏糾其不職者戶科監光祿寺歲入金穀甲字等十庫錢鈔雜物與各科兼涖之皆三月而代內外有陳乞田土隱占侵奪者糾之禮科監訂禮部儀制凡大臣曾經糾劾削奪有玷士論者記錄之以核贈謚之典兵科凡武臣貼黃誥敕本科一人監視其引選畫憑之制如吏科刑科每歲二月下旬上前一年南北罪囚之數歲終類上一歲蔽獄之數閱十日一上實在罪囚之數皆憑法司移報而奏御爲工科閱試軍器局同御史巡視節慎庫與各科稽查寶源局凡日朝六科輪一人立殿左右珥筆記旨凡題奏日附科籍五日一送內閣備編纂（洪武中卓敬爲給事中時制度未備諸王服乘多僭敬奏論之上曰爾言是朕慮不及此永樂時陳誠爲給事中彈劾不避權貴常奏事聲洪大聽者竦然帝每見呼爲大聲秀才）

散騎常侍唐制左散騎常侍二人掌規諷過失侍從顧問宋門下省左散騎常侍掌規諫諷諭遼門下省有散騎常侍天祚帝乾統中馬人望爲之又有常侍官金元明皆不設

諫議大夫唐置四人掌諫諭得失侍從贊相德宗建中二年以諫議大夫一人爲知匭使宋門下省有左諫議大夫左司議左正言掌規諫諷諭元祐八年詔執政親戚不除諫官遼南面官左諫院有左諫議大夫隸門下省金設諫院置左諫議大夫右諫議大夫左司諫右司諫無所隸屬元無諫議大夫明洪武十三年設諫院置左右司諫各一人左右正言各二人十五年又置諫議大夫以兵部尚書唐鐸爲之尋皆罷

起居郎唐制二人掌錄天子起居法度秉筆隨宰相入殿直二螭首後唐亦置起居郎天成二年以趙熙爲起居郎宋制門下省起居郎一人掌記天子言動御殿則侍立行幸則從大朝會則立於殿下凡朝廷命令赦宥禮樂法度損益因革賞罰勸懲皆書授著作官（元祐中王巖叟爲起居舍人入侍邇英司馬康講洪範至乂用三德帝曰只此三德爲更有德巖叟退而疏曰陛下既能審而問之必能體而行之三德者人君之大本臣備職史官敬己書之於冊以示萬世紹興中起居郎洪遵奏言臣幸得以記注陪侍經幄伏聞元祐中起居舍人呂陶常乞候講讀臣僚再留奏事並許侍立以見講退猶且入侍何由不許奏事乞下經筵所依講讀官例施行於是詔起居郎舍人自今後許依講讀官奏事）遼南面官門下省屬有起居舍人知起居注起居郎等官金

設記注院無所隸屬修起居注掌記言動明昌元年詔毋令諫官兼或以左右衛將軍兼宣宗貞祐三年以左右司首領官兼遂爲定制元至元六年始置起居注掌隨朝省臺院諸司凡奏聞之事悉紀錄之至十五年改爲給事中遂爲定制明起居注隸翰林院洪武九年置起居注二人秩正七品後卽省罷以翰林院史官兼攝之凡國家大政及詔敕王言皆籍而記之以備實錄

補闕拾遺自唐始置各六人貞元中韋渠牟爲右補闕內供奉同列初輕之帝在延英既對宰相多使中貴召渠牟於官次於是同輩始注目矣元和中王源遷左補闕時典禁軍者不循法度源上疏曰臺憲者紀綱之地府縣者責成之所該有罪犯宜歸司存安有北軍勢重於南衙輦下權輕於仗內乞還法司庶安職分帝可其請開成中以魏謩爲左補闕帝謂宰相曰太宗得魏徵采拾闕失弼成聖政今我得魏謩於疑似之間必得極匡諫雖不敢希及貞觀之庶幾處於無過之地命授謩左補闕詔中書善爲之詞宣宗大中時右補闕陳嘏左拾遺王譜等上書諫遣中使往羅浮山迎軒轅先生詔答云閱視來章深納誠意宋太宗端拱中改左右補闕爲左右司諫左右拾遺爲左右正言所掌與諫議大夫同孝宗淳熙十五年兵部侍郎林栗奏言諫諍之官尚有闕員居其位者往往分行御史之職至於箴規闕失寂無聞焉願依唐制置拾遺補闕左右各一員專掌諫諍不許糾彈從之以許深父辥象先充其職班在監察御史上尋復省罷遼南面官門下省有左補闕左拾遺二員右補闕右拾遺屬中書省金諫院有左右拾遺左右補闕皆無所隸屬元至元六年置左右補闕至十五年改爲左右侍儀奉御兼修起居注明建文中罷六科左右給事中增設拾遺補闕至永樂中仍置左右給事中革去拾遺補闕

典儀亦起於唐設二人其職領贊唱之節及殿廷版位之次隸門下省宋制東西閤門不隸門下省東上閤門使西上閤門使各三人副使各二人宣贊舍人十人祗候十有二人掌朝會宴幸供奉贊相禮儀之事使及副使承旨稟命舍人傳宣贊謁祗候分佐舍人凡文武官自宰臣宗室自親王外國使臣以下朝見謝辭皆掌之視其品秩以爲引班敘班之次贊其拜舞之節而糾其違失若慶禮奉表則東上閤門掌之慰禮進名則西上閤門掌之職與典儀同遼亦有東上閤門使副使供奉官西上閤門使副使供奉官皆隸門下省金東上閤門使二員副使二員僉事一員掌僉判閤門事西上閤門使二員副使二員僉事一員掌贊導殿庭禮儀閤門祗候二十五人通事舍人二員掌通班贊唱承奏勞問之事隸宣徽院元侍儀司掌凡朝會卽位册后建儲奉上尊號及外國朝覲之禮有左右侍儀通事舍人引進使等官隸禮部明司儀署丞司賓署丞鳴贊序班等官掌贊百官行禮及序班次皆隸鴻臚寺

城門郎掌宮殿城門之管鑰卽古之衞尉至隋爲城門郎唐因之唐制城門郎四人掌京城皇城宮殿諸門開闔之節奉管鑰而出納之開則先外後內闔則先內後外啓閉有時不以時則詣閤覆奏宋制置皇城司幹當官七人無所隸屬以武功大夫以上及內侍都知押班充掌宮城出入之禁令凡周廬宿衞之事宮門啓閉之節皆隸焉每門給銅符二鐵牌一左符留門右符請鑰鐵牌則請鑰者自隨以時參驗而啓閉之總親從親事官名籍辨其宿衞之地以均其番直人物僞冒不應法則譏察以聞遼制北面御帳官有左右護衞司宿衞司掌禁衞宿直太祖時未有城郭宮室之固而宿衞綦嚴御帳之官職與城門郎等金亦無城門郎置左右宿直將軍掌總領親軍凡宮城諸門衞禁幷行從宿衞之事始置八員大定二十九年置十員後又增至十一員隸殿前都點檢司明初亦設城門郎洪武十八年革以門禁鎖鑰銅牌命中軍都督府掌之

符寶郎卽周之典瑞掌節及符璽歷代沿革不一至唐爲符寶郎唐制符寶郎四人掌天子八寶及國之符節有事則請於內既事則奉而藏之大朝會則奉寶進於御座行幸則奉以從爲大事出符則藏其左而班其右以合中外之契兼以敕書小事則降函封使合而行之凡命將遣使皆請旌節旌以專賞節以專殺宋制符寶郎亦屬門下省掌外庭符寶之事禁中別有內符寶郎徽宗大觀初八寶成詔依唐六典增置遼門下省有符寶司興宗重熙初以耶律玦爲符寶郎金符印圖書皆掌於禮部不專設官元中統元年始置符寶郎二員掌寶璽金銀符牌至大德十一年陞爲典瑞院置院使四員同知二員僉院二員同僉院二員院判二員經歷二員都事二員明初設符璽郎後改尚寶司卿一人少卿一人司丞三人掌寶璽符牌印章而辨其所用寶二十有四舊寶十有七嘉靖十八年增製者七凡寶之用必奏請而待發每大朝會本司官二員以寶導駕俟陞座各置寶於案立侍殿中禮畢捧寶分行至中極殿置案而出駕出幸則奉以從焉歲終移欽天監擇日和香物入水洗寶於皇極門籍奏一歲用寶之數凡請寶用寶捧寶隨寶洗寶繳寶皆與內官尚寶監俱凡金牌之號五以給勳戚侍衞之扈從及班直者半字銅符之號四以給巡城寺衞官巡者左半守者右半合契而點察焉令牌之號六以給金吾諸衞及五城之警夜者銅牌之號一以稽守卒牙牌之號五以察朝參祭牌之號三以給陪祀供

事執事官役雙魚銅牌之號二以肅直衞錦衣校尉之上直者以飾光祿胥役之供事者符驗之號五凡親王之藩及文武出鎭撫行人通使命者則給之御史出巡察則給印事竣咸驗而納之稽出入之令而辨其數職邇而任重也

弘文館唐高祖武德初置後改爲昭文館置詳正學士講經博士校書等官穆宗長慶二年乃專以五品以上曰學士六品以上曰直學士未登朝爲直館宋制以祕書郎掌昭文館圖籍以甲乙丙丁爲部各分其類校書郎四人正字二人掌校讐書籍判正訛謬隸祕書監遼南面官昭文館置直學士無所隸屬金弘文院無所隸屬置知院同知校理掌校譯經史元文宗天曆二年置藝文監專以國語敷譯儒書及儒書之合校讐者俾兼治之太監二員掌檢校書籍事少監二員同檢校書籍事監丞二員參檢校書籍事又置監書博士二員品定書畫擇朝臣之博識者爲之藝林庫提點一員大使一員副使一員掌藏貯書籍明洪武三年置弘文館以胡鉉爲學士又命劉基危素王本中睢稼皆兼弘文館學士未幾罷宣宗宣德間復建弘文閣於思善門右以翰林學士楊溥掌閣印尋併入文淵閣

中書省

中書省之名起於魏晉歷朝官屬沿革不一唐初改爲西臺及鳳閣又改爲紫微令繼仍復爲中書省至宋沿唐之舊置中書省掌進擬庶務宣奉命令行臺諫章疏羣臣奏請興創改革及內外無法式事應取旨事凡除省臺寺監長貳以下及侍從職事官外任監司節鎭知州軍通判武臣遙郡橫行以上除授皆掌之凡命令之禮有七曰冊書曰制書曰誥命曰詔書曰敕書曰御札曰敕榜皆承制畫旨以授門下省令宣之侍郎奉之舍人行之留其所得旨爲底大事稟奏得旨者爲畫黃小事擬進得旨者爲錄黃凡事干因革損益而非法式所裁者論定而上之諸司傳宣特旨承報審覆然後行下設官十有一令侍郎右散騎常侍各一人舍人四人右諫議大夫起居舍人右司諫右正言各一人遼太祖始置政事省建設官屬重熙十三年改爲中書省置中書令大丞相左右丞相知中書省事中書侍郎同中書門下平章事參知政事堂後官主事守當官令史中書舍人右諫議大夫補闕拾遺等官金太宗天會四年詔循宋遼之舊建三省之制未幾至海陵正隆元年卽罷中書省止置尚書省元中書省有中書令一員左右丞相各一員居令之次平章政事四員貳於丞相以理政務左右丞各一員參政二員皆副丞相者其屬有參議左右司郎中等官又置行中書省掌國庶務統郡縣鎭邊鄙與都省爲表裏國初有征伐之役分任軍民之事皆稱行省未有定制中統至元間始分立行中書省因事設官不必備皆以省官出領其事其丞相皆以宰執行某處省事繫銜其後嫌於外重改爲某處行中書省凡錢糧兵甲屯種漕運軍國重事無不領之每省丞相一員平章二員右丞一員左丞一員參知政事二員所屬有郎中員外郎都事等官其丞相或置或不置尤慎於擇人至正十一年置中書分省於濟寧十二年置中書分省於彰德率以中書省官出掌之明洪武元年承前代制設中書省置左右丞相平章政事左右丞參知政事以統領衆職其屬官有左右司郎中員外郎都事檢校照磨管勾參議府參議參軍斷事官斷事經歷知事等官十三年罷中書省盡革其官屬繼以翰林春坊等官參預機務遂名內閣贊理政務宣揚德意同於古之中書省焉

中書令　侍郎　舍人　通事舍人　集賢學士　史官　主書

中書令漢武帝所置出納帝命掌尚書奏事蓋周官內史之任唐天寶中改爲右相至德初復爲中書令掌佐天子執大政而總判省事凡王言之制有七曰冊書立皇后皇太子封諸王臨軒冊命則用之二曰制書大賞罰赦宥慮囚大除授則用之三曰慰勞制書褒勉贊勞則用之四曰發敕廢置州縣增減官吏發兵除免官爵授六品以上官則用之五曰敕旨百官奏請施行則用之六曰論事敕書戒約臣下則用之七曰敕牒隨事承制不易於舊則用之皆宣署申覆然後行爲大祭祀則相禮親征纂嚴則戒飭百官臨軒冊命則讀冊若命於朝則宣授而已冊太子則授璽綬凡制詔文章獻納以授記事之官至德以後其職常闕（至德以後郭子儀進拜中書令歷二十四考以身繫天下安危又裴度拜中書令上巳曲江宴集唯度不赴帝因賜以詩後徙東都留守仍加中書令銜自後授是職者唯崔圓李晟渾瑊而已）五代時中書令之職常闕非有大功勳者不授後唐以安重誨王晏球爲中書令晉以桑維翰趙瑩拜中書令漢隱帝乾祐時以趙在禮爲中書令周以馮道爲中書令皆宰臣之崇秩也宋制中書令掌佐天子議大政授所行命令而宣之祀大神祇則升壇亨宗廟則升阼階而相其禮臨軒冊命則讀冊建儲則升殿宣制持冊及璽綬以授太子大朝會則詣御坐前奏方鎭表及祥瑞未嘗眞拜以他官兼領者不預政事然止曹佾一人餘皆贈官元豐後以右僕射兼中書

侍郎行令之職別置侍郎以佐之南渡以後置左右丞相省令不置遼太祖時以韓延徽為政事令中書省初名政事省詳見前天顯初以韓知古為中書令金自正隆元年罷中書省後無中書令之官元以中書令為極尊重之官銀印典領百官會決庶務太宗以相臣為之時耶律楚材為中書令事無鉅細皆令先白之世祖以皇太子兼之至元十年立皇太子行中書令成宗大德十一年以皇太子領中書令仁宗延祐三年復以皇太子領中書令置屬監印二人明自洪武十三年罷中書省後設內閣大學士掌獻可替否票擬批答以平允庶政凡遇大典禮大政治九卿科道官會議已定則按典制相機宜裁量其可否斟酌入告頒詔則捧授禮部會敕則稽其由狀亦中書令之職也

中書侍郎起於魏洎唐制設二人掌貳令之職朝廷大政參議焉臨軒冊命為使則持冊書授之四夷來朝則受其表疏而奏之獻贄幣則受以付有司開元中為紫微侍郎大曆五年乃復為中書侍郎率以宰臣兼之元和中裴度為中書侍郎先是宰臣歸私第百官不敢及門度以方討不庭宰臣宜日接多士冀有所聞因奏請私家通賓客帝方屬意許之五代時拜中書侍郎者即為宰相宋制中書侍郎掌貳令之職參議大政授所宣詔旨而奉之凡大朝會則押表及祥瑞案臨軒冊命則押冊引案以所奏文及冊書授令外藩來朝則奏其表疏以贄幣付有司南渡後復置參知政事省中書侍郎不置遼南面官中書省有中書侍郎道宗壽隆初以韓資讓為中書侍郎金罷中書省後無中書侍郎元中書省有左右丞相平章政事左右丞參政等官其職皆貳於令佐令理庶政凡軍國大事皆預參決即宋之中書侍郎也明無此官

中書舍人晉官歷代皆有此職唐制中書舍人六人掌侍進奏參議表章凡詔旨制敕璽書冊命皆起草進畫既下則署行其禁有四一曰漏泄二曰稽緩三曰違失四曰忘誤制敕既行有誤則奏改之大朝會諸方起居則受其表狀大捷祥瑞百寮表賀亦如之冊命大臣則使持節讀冊命將帥有功及大賓客則勞問與給事中及御史三司鞫寃滯百司奏議考課皆預裁焉以久次者一人為閣老判本省雜事又一人知制誥專進畫給食於政事堂其餘分署制敕以六人分押尚書六曹佐宰相判案同署乃奏唯樞密遷授不預至德初以他官知中書舍人事兵興急於權便政去臺閣決遣皆由宰相自是舍人不復押六曹之奏寶應元年以中書舍人為理匭使會昌末李德裕建議臺閣常務州縣奏請復以舍人平處可否大中時皆選尚書郎為之長慶時韋處厚為中書舍人時帝不親政務處厚以既居納誨之地宜有以啟道性靈乃詮擇經義雅言以類相從為二十卷謂之六經法言之又郗高卿為中書舍人處事不回為宰相元載所忌魚朝恩署牙將李琮為兩街功德使琮暴橫于銀臺門毀辱京兆尹崔昭高卿立詰元載抗論請速論奏載不從高卿遂以疾辭居東洛清名高節稱於天下敬宗初登極拜路隨為中書舍人有以金帛謝除制者必叱而卻之曰吾以公事接私財耶終無所納會昌中封敖以學士拜中書舍人敖構思敏速語近而理勝不務奇澁嘗草賜陣傷將詔稱旨因賜宮錦後唐置中書舍人長興中以陳義為中書舍人冊公主於太原晉天福五年詔依唐六典例置中書舍人掌侍奉進奏參議表章凡詔旨制敕璽書冊命皆按故事起草進畫既下則署而行之并詔翰林學士院公事宜并歸中書舍人周亦置中書舍人或兼知貢舉時王延為中書舍人權知貢舉有崔頎者協之子也來應進士延將入貢院舊相盧文紀素與協不睦謂延曰舍人以謹厚聞於時當求實才以副公望慎毋以名下取士也延過而嗤曰盧公之言為崔頎也縱與其父不悅何至此耶卒以頎登甲科其仁而徇公如此宋制中書省舍人四人舊六人掌行命令為制詞分治六房隨房當制事有失當及除授非其人則論奏封還詞頭時制拜中書舍人者詔試之再授元祐七年以起居郎楊景畧左司郎中錢勰並為中書舍人免試二人奉使高麗方還在道並擢之又除起居舍人蘇軾直龍圖閣劉攽為中書舍人並免試又曾肇為中書舍人門下侍郎韓維面奏范百祿所為不正黜維知鄧州肇不草制兩上章論之又洪适除中書舍人內直如故方羽檄交馳書詔塡委或夜召或細札咨訪近獨當內外制時時奉詔言事多契帝心始有大用之意又王巖叟除中書舍人滕元發自太原易許昌巖叟封還詞頭言今以走馬承受一言便易詞頭此風寖長非委任安邊之福命遂寖又林大中遷中書舍人風裁如臺中時韓侂胄來見大中接之無他語使人通問因願納交又笑卻之彭龜年抗論侂胄甚切有旨龜年除職與郡大中在西掖與樓鑰連名上疏又同繳奏初太祖建隆時為所遷官實不任職復置知制誥及直舍人院主行詞命與學士對掌內外制凡有除拜中書吏赴院納詞頭其大除拜亦有宰相召舍人面授詞頭者若大誥命中書并敕進入從中而下餘則發敕官授而出之元豐六年詔中書省置點檢房令舍人通領元祐元年詔舍人各簽諸房文字其命詞則輪日分草九月詔暫時闕官依門下尚書省例送本省官兼權紹聖四年蹇序辰請自今命詞以元行遣文書同檢送兩制舍人從之建炎後同他官兼攝者則稱權舍人資淺者為直舍人院遼南面官中書省有中書舍人院道宗咸雍三年以馬鉉為中書舍人金罷中書省後無中書舍人其時一應制誥詞命皆以翰林學士承旨及待制為之元中書省無中書舍人明中書舍人屬內閣掌制誥詔令及一切機密文書凡大朝會則侍班東宮令節朝賀則導駕侍班於文華殿冊封宗室則充副使大祀南郊則隨駕而供事員無正貳印用年深者掌之洪武七年初設直省舍人十人秩從八品隸中書省九年為中書舍人改正七品尋又改從七品十年與給事中皆隸承敕監建文中革中書舍人改為侍書入文翰館隸翰

林院永樂時復舊制尋設中書科署於午門外定設中書舍人二十人（其恩廕帶俸者不在額內）宣德間內閣置誥敕制敕兩房皆設中書舍人嘉靖二十年選各部主事大理寺評事帶原銜直誥敕制敕兩房四十四年兩房員缺命吏部考選舉人爲中書舍人初永樂時命內閣學士典機務詔冊制誥皆屬之而謄副繕正皆中書舍人入辦事竣輒出宣德初始選能書者處於閣之小西房謂之西制敕房而諸學士掌誥敕者居閣東具稿付中書繕進謂之東誥敕房及英宗正統後學士不能視誥敕內閣悉委於中書序班譯字等官於是內閣又有東誥敕房其直文華武英兩殿供御筆札者初爲內官職繼以中書分直後亦專舉能書者舍人有兩途由進士部選者得遷科道部屬其直兩殿兩房舍人不必由部選自甲科監生生儒布衣能書者俱可爲之不由科甲者初授序班及試中書舍人不得遷科道部屬後雖加銜九列仍帶銜辦事（洪武中以宋璲爲中書舍人濂次子也工書法眞行草篆俱入能品時人稱爲威鳳翀霄祥雲捧日又宣嗣宗爲中書舍人時宣宗幸內閣以銀錢撒地令諸從官競取嗣宗俟諸臣取畢徐拾一文英宗天順中盧儒博學能文以薦舉授中書舍人嘗在翰林院奉命撰雪賦甚急儒援筆立就一時驚歎）

通事舍人之名起於後魏唐時掌通奏引納辭見承旨宣勞設十六人皆以善辭令者爲之隸四方館而文屬中書省至宋置客省引進使副使各二員掌國信使見辭宴賜及四方進奉外藩朝覲貢獻之儀受其幣而賓禮之還則頒詔書授以賜予宰臣以下節物則視其品秩以爲等使闕則引進四方館閤門使副互權此卽通事舍人之職大觀元年詔客省四方館不隸臺察欽宗靖康元年詔客省引進司四方館西爲殿庭應奉同隸中書省遼南面官通事舍人院有通事舍人統和七年以李琬爲通事舍人屬門下省不隸中書省金有閤門通事舍人二員掌通班贊唱承奏勞問之事隸宣徽院元世宗至元十二年置通事舍人十四員凡大典禮皆掌之三十年減通事舍人七員爲侍儀舍人英宗至治元年增置通事舍人六員侍儀舍人四員隸禮部明設提督四譯館掌外國來朝貢者通譯其語言文字以國子監生及官民子弟委官敎肄充譯字生通事初隸翰林院孝宗弘治七年始置設太常寺卿少卿各一員爲提督遂改隸太常寺嘉靖中裁卿止少卿一人

集賢殿書院置於唐開元中及至德二年置大學士貞元元年置編錄官四年罷大學士八年罷校理置校書四人正字二人元和二年復罷校書正字四年集賢御書院學士直學士皆用五品如開元故事以學士一人年高者判院事非登朝官者爲校理餘皆罷宋爲集賢院以宰相一人充大學士以給諫卿監以上充學士以朝官充修撰以京官以上充直院校理皆無常員掌古今經籍圖書國史實錄天文曆數之事職事與昭文館同政和五年詔祕書省殿以右文爲名改集賢殿修撰爲右文殿修撰屬祕書省遼無集賢殿置宣政殿觀書殿昭文館崇文館乾文閣有大學士直學士學士等官金貞祐五年置集賢院設知院哀宗正大元年以吏部郎中馬璘爲知集賢院官又有同知集賢院司儀官諮議官皆無常員元集賢院掌提調學校徵求逸隱召集賢良凡國子監元門道教陰陽祭祀占卜祭遁之事悉隸焉至元二十二年置大學士三員學士一員直學士二員典簿一員大德十一年置院使六員武宗至大四年罷之後定制置大學士五員學士二員侍讀侍講學士各二員直學士三員官屬有經歷都事待制修撰管勾承發架閣庫等官中統初與翰林國史同一官署及至元二十二年始特置院時許衡以集賢館大學士兼國子祭酒敎國子與蒙古大姓四集賽人員大學士品秩特重焉（至元中程鉅夫爲集賢直學士奉詔求賢於江南鉅夫薦趙孟頫等二十餘人皆擢置臺憲及文學之職還朝拜集賢學士又李泂爲承制學士旣爲帝所知遇乃著書曰輔治篇以進帝嘉納之時詔修經世大典泂方臥疾卽强起曰此大制作也吾豈可以不預力疾同修書成進奏謁告以歸至正中汪澤民預修遼金宋三史書成遷集賢直學士未兩月卽移出告老大學士和尚曰集賢翰林實養老尊賢之地先生何爲遽去願少留以副上意澤民謂以布衣叨榮三品志願足矣遂致仕歸）明太祖開國元年五月初置禮賢館尋卽罷革設翰林院

史官古官唐屬中書省元和六年宰相裴垍建議登朝官領史職者爲修撰以官高一人判館事未登朝官皆爲直館大中八年廢史館直館二員增修撰四人分掌四季至宋設國史實錄院置提舉國史監修國史提舉實錄院修國史同修國史史館修撰同修撰實錄院修撰同修撰直史館編修官檢討官校勘檢閱校正編校官等員紹興三年詔置國史院修神宗哲宗實錄以從官充修撰以左僕射呂頤浩提舉國史右僕射朱勝非監修國史四年置直史館及檢討校勘各一員五年置修撰官三員校勘官無定員是時國史實錄皆寓史館未有置此廢彼之分九年修徽宗實錄詔以實錄院爲名仍以宰臣提舉以從官充修撰同修撰餘官充檢討無定員明年以未修正史詔罷史館官吏併歸實錄院二十八年實錄書成詔修三朝正史復置國史院以宰臣監修侍從官兼同修餘官充編修明年詔國史院以宰臣提舉置修國史同修國史共二員編修官二員又

置都大提舉諸司官承受官諸司官各一員以內侍省官充孝宗隆興元年以編修聖政所併歸國史院命起居郎胡銓同修國史二年參政錢習禮權監修國史乾道元年參政虞允文權提舉國史皆前所未有二年詔置實錄院修欽宗實錄其修撰檢討官以史院官兼領四年詔修欽宗正史以右僕射蔣芾提舉四朝國史增置編修三員淳熙三年特命李燾以祕書監權同修國史權實錄院同修撰四年專置史院十五年四朝國史成詔罷史院復開實錄院修高宗實錄置修撰四員檢討官六員為額寧宗嘉泰元年開實錄院修光宗實錄二年復開國史院自是國史與實錄院並置其外又設編修敕令置提舉同提舉詳定刪定等官掌裒集詔旨纂類成書率以宰相及侍從等官兼之遼南面官置國史院有監修國史史館學士史館修撰修國史等官重熙中耶律谷欲奉詔與林牙耶律庶成蕭韓嘉努編纂遼國上世事蹟及諸帝實錄金設國史院初以諫官兼其職明昌元年始詔諫官不得兼修國史置監修國史官掌監修國史事修國史官掌修國史判院事同修國史二員編修官八員檢閱官十員外置修遼史刊修官一員編修官三員元制翰林兼國史院中統時未立官署至元元年始置至元統時以右丞相參知政事等官充之至正三年詔修宋遼金三史以右丞相托克托為都總裁四年以阿嚕圖代托克托為右丞相兼總裁明以翰林院修撰編修檢討為史官掌修國史凡天文地理宗潢禮樂兵刑諸大政及詔敕書檄批答王言皆籍而記之以備實錄國家有纂修著作之書則分掌考輯撰述之事凡記注起居編纂六曹章奏謄黃冊封等咸充之洪武十八年改為文史館後又復為翰林院

主書晉官隋加令史唐除之至宋制中書省有錄事主事令史書令史守當官共四十三人遼中書省置令史道宗咸雍三年耶律儼為中書省令史金元明皆無是官

欽定續通典卷二十五

職官

尚書上

尚書省 並總論尚書

尚書省事無不總所以領紀綱熙庶績百寮所統屬王命所出納也唐制尚書省典領百官管屬吏戶禮兵刑工六部尚書庶務皆會決焉凡上之逮下其制有六一曰制二曰敕三曰冊天子用之四曰令皇太子用之五曰教親王公主用之六曰符省下於州州下於縣縣下於鄉下之達上其制有六一曰表二曰狀三曰牋四曰啟五曰辭六曰牒諸司相質其制有三一曰關二曰刺三曰移凡授內外百官之事皆印其發日爲程一曰受二曰報諸州計奏達京師以事大小多少爲之節凡符移關牒必遣於都省乃下天下大事不決者皆上尚書省凡制敕計奏之數省符宣告之節以歲終爲斷尚書令一人左右僕射左右丞各一人肅宗至德以後其職常闕左右郎中員外郎各一人都事六人主事六人至宋而列於門下中書兩省之後有法式事上門下省審覆其權較前代已輕矣宋制尚書省掌施行制命舉省內綱紀程式受付六曹文書聽內外辭訴奏御史失職攷百官庶府之治否以詔廢置賞罰曰吏部曰戶部曰禮部曰兵部曰刑部曰工部皆隸焉凡天下之務六曹所不能與奪者總決之應取裁者隨所隸送中書省樞密院事有成法則六曹準式具鈔令僕射丞檢察簽書送門下省畫聞審察吏部文武官注擬及封爵承襲賜勳定賞之事朝廷有疑事則集百官議其可否凡更改申明敕令格式一司條法則議定以奏覆太常考功謚議亦如之年終具賞罰勸懲事付進奏院頒行於天下大祭祀則警戒執事官設官九令左右僕射左右丞左右司郎中員外郎各一人神宗元豐四年詔尚書都省及六曹各輪郎官一員宿直五年詔得旨行下並用劄子哲宗紹聖元年詔在京官司所受傳宣內降隨事申尚書省或樞密院覆奏二月詔尚書省彈奏六察御史糾不當者理宗寶祐元年罷尚書省以呈白房代之遼南面官尚書省有尚書令左右僕射左右丞左右司郎中員外郎等官金尚書省總領六部尚書爲端揆首席自正隆元年罷中書門下兩省政務專歸尚書省職隆權重幾同於古之尚書矣設官十五尚書令一員左右丞相二員平章政事二員參知政事二員左右司郎中二員左右司員外郎二員都事四員其官屬有尚書省祗候郎君架閣庫管句同管句堂食公使酒庫使副使直省局局長副局長管句尚書省樂工等官又設行臺尚書省凡官品皆下中臺一等始自太宗天會元年封劉豫爲蜀王置行臺尚書省於汴以後大名路撫州北京婆速路上京益都陝西河北東平平陽邳州京兆衛州鞏昌關鄉京東路陝州京東山東路鄧州徐州陳州皆置行省焉因事設官官不必備元尚書省罷而復置置而旋罷自世祖至元七年罷制國用使遂立尚書省以阿合馬麥朮丁等爲之舊制銓選各官吏部按資品呈尚書省由尚書省咨中書省然後聞奏是時不由部擬不關白中書以尚書省奏定條畫頒天下尋併入中書省二十四年仍立尚書省以僧格特穆爾爲平章等官詔天下除行省與中書議行餘並聽尚書省從便以聞向宣敕尙由中書至是併歸尚書省其權至重二十八年罷之成宗大德十一年詔復立尚書省分理財用仍令自舉官屬政務皆從宜處置併敕尚書省事務繁重諸司有才識明達者併從尚書省選任樞密院御史臺及諸有司毋輒奏用是時中書省與樞密院皆無權職焉仁宗即位即罷之明不置尚書省設四部屬中書省分掌錢穀禮儀刑名營造之事太祖洪武元年始置六部設尚書侍郎郎中員外郎主事仍隸中書省是時政事皆由中書省出尚書侍申覆於中書省十三年革中書省盡分其政於六部而尚書之權始重孝武兩朝機務悉掌於內閣尚書漸輕至世宗以後部臣竟聽命於內閣矣自成祖永樂元年以北平爲北京置北京行部尚書二人侍郎四人其屬置六曹清吏司後又分置六部各稱行在某部十八年定都北京罷行部及六曹以六部官屬移之北不稱行在其留南京者加南京字仁宗洪熙元年復置各部官屬於南京去南京字而以在北京加行在字仍置行部宣宗宣德三年復罷行部英宗正統六年於北京去行在字於南京仍加南京字遂爲定制南京部臣政權不屬職事高簡爲人臣養望之地非古之行尚書省也

錄尚書

錄尚書自隋已無宋遼金元明皆無之

尚書令

唐自太宗爲秦王時曾任尚書令高宗龍朔後即廢此職至代宗廣德二年以郭子儀勳業隆高進拜尚書令懇辭不聽詔趣詣省視事並敕射生五百騎執戟寵衞子儀確讓奏言太宗嘗踐此官故累聖曠不置員皇太子爲雍王定關東乃得授詎可猥私老臣隳大典且用

兵以來僭賞者多至身兼數官冒進無恥作法審官之時宜從老臣始帝不獲已許之具以所讓付史官自是之後終無拜此官者宋制尚書令掌佐天子議大政奉所出命令而行之其屬有六曹凡庶務皆會而決之凡官府之紀綱程式無不總焉大事三省統議則同執政官合班小事尚書省獨議則同僕射丞分班論奏若事由中書門下而有失當應奏者亦如之與三師三公侍中中書令俱以冊拜自建隆以來不除惟親王元佐元儼以使相兼領不與政事徽宗政和二年詔尚書令太宗皇帝曾任今宰相之官已多不須置然是時說者謂爲令者唐太宗宋太宗未嘗任此係時相蔡京不學之過宣和七年詔復置令亦虛設其名無有置者南渡後並省不置遼尚書省有尚書令景宗保寧中以蕭思溫爲尚書令金尚書令爲最尊之官總領紀綱儀刑端揆統屬六部尚書金印駞紐世宗大定九年除拜李石爲尚書令詔曰太后兄弟惟卿一人故命令尚書事軍國大事涉於利害議其可否細務不煩卿也是時尚書令不輕授張浩以舊官完顏守道以功徒單克寧以顧命他罕有授者元尚書省置罷不常其置省時設丞相二人平章二人參政二人武宗至大二年立尚書省詔太子兼尚書令飭百官有司振紀綱重名器夙夜以赴事功至四年即罷明不設尚書省無尚書令

僕射　左右丞　左右司郎中　員外郎附

左右僕射唐制各一人掌統理六官爲令之貳令闕則總省事劾御史糾不當者德宗興元以後率以左右僕射爲宰相貞元三年以左僕射張延賞同中書門下平章事九年以右僕射賈躭同中書門下平章事文宗太和元年以左僕射王播同中書門下平章事開成四年以右僕射李德裕同中書門下平章事武宗會昌二年以右僕射李紳同中書門下平章事懿宗咸通二年以左僕射杜悰同中書門下平章事昭宗天復三年以右僕射裴樞同中書門下平章事宋制左右僕射掌佐天子議大政貳令之職與三省長官皆爲宰相之任大祭祀則掌百官之警戒視滌濯告潔贊玉幣爵坫之事自官制行不置侍中中書令以左僕射兼門下侍郎右僕射兼中書侍郎行侍中中書令職事哲宗元祐中范純仁爲右僕射務以博大開上意忠厚革士風又司馬光爲左僕射既而詔免朝覲許乘肩輿三日一入省每過閤廷衞士皆以手加額又李沆爲右僕射日取四方水旱盜賊之事奏之王旦以爲細事不足煩帝聽沆曰人主少年當使知四方艱難不然恐留意聲色也達者服其遠見致和中詔曰昔我神考訓迪厥官有司不能奉承仰惟前代以僕臣之賤充宰相之任可改左僕射爲太宰右僕射爲少宰欽宗靖康元年詔依元豐舊制復爲左右僕射南渡後置左右丞相省僕射不置遼尚書省置左右僕射太祖神冊三年以韓知古爲左僕射太宗會同元年以烈束爲右僕射太祖初以康默記爲左尚書金尚書省不設僕射置左丞相右丞相各一員平章政事二員即爲丞相掌輔天子平章萬機佐尚書令統領庶政職與古之僕射同元置尚書省時有丞相平章參政等官無僕射之職明亦無僕射之官

左右丞唐制各一人掌辨六官之儀劾御史舉不當者左丞總吏戶禮三部右丞總兵刑工三部貞元九年盧邁以尚書右丞同中書門下平章事太和四年宋申錫以尚書右丞同中書門下平章事宋制左右丞掌參議大政通治省事以貳令僕射之職僕射輪日當筆遇假故則以丞權當筆知印大祭祀酌獻薦饌進熟則受爵酒以授僕射舊班六曹尚書下官制行升其秩爲執政元豐五年詔左右僕射丞合治省事南渡後復置參知政事省左右丞不置遼尚書省置左丞右丞金尚書省置左丞右丞各一員參知政事二員爲執政官爲宰相之貳佐治省事元至元二十四年立尚書省置左右丞各一人二十八年即罷至大二年復立尚書省置左右丞各一人四年即罷後不復置明不設尚書省無左右丞

左右司郎中左右司員外郎唐制各一人爲丞之貳初置驛百人乘傳送符至德後廢宋制尚書省有左右司郎中左右司員外郎各一人所掌見宰相官屬高宗建炎三年詔減左右司郎官二人四年仍置四員遼尚書省置左右司郎中左右司員外郎金尚書省左右司郎中各一員左右司員外郎各一員所掌詳宰相官屬元尚書省廢置不常官屬少見其中書省有左司郎中二員員外郎二員右司郎中二員員外郎二員所掌詳宰相官屬明置中書省時有左右司郎中左右司員外郎洪武十三年置中書省後即不置

歷代尚書

唐承隋制分爲吏部戶部禮部兵部刑部工部爲六部每部尚書一人共六人皆屬於尚書省元宗天寶十一載改吏部曰文部兵部曰武部刑部曰司憲至德二載復舊宋承唐制分吏部戶部禮部兵部刑部工部爲六部每部尚書一人共六人元豐以前皆以他官判部事官制行始令每部尚書一人各掌其事元祐時六曹皆置權尚書以處未應資格之人南渡後六部長貳互置惟吏部尚書不省亦惟吏部官階獨崇於別部焉吏部以金紫光祿大夫換授戶禮兵刑工以銀青光祿大夫換授遼南面官六部各有尚書員數不可考按遼史百官志紀六部職名總目祗載開泰元年見吏部尚書劉績他部俱不詳載是時六部爲南面之官其職分皆倣唐制大約六部皆置尚書而史僅載某部尚書某人以實之者殆修遼史

時已無可考也金制吏部戶部禮部兵部刑部工部爲六部各置尚書一人共六人元制吏部戶部禮部兵部刑部工部爲六部每部置尚書三人共十八人較前代爲獨多自中統迄至元中增損不一中統元年以吏戶禮爲左三部置尚書二人兵刑工爲右三部置尚書二人至元元年以吏部自爲一部置尚書三人分立戶部置尚書三人以兵刑自爲一部置尚書四人分立工部置尚書四人五年又合爲吏禮部尚書仍二人分立戶部尚書一人合兵刑部置尚書二人其工部如舊十三年分置吏部置尚書七人戶部增尚書一人別立禮部置尚書一人別立兵部置尚書一人刑部置尚書一人工部置尚書二人十九年裁吏部尚書二人二十八年定六部尚書員額各二人繼卽加增一人自後每部各置三人遂爲定制以後不易明制分吏部戶部禮部兵部刑部工部爲六部各部置尚書一人景帝景泰中吏部嘗設二尚書至英宗天順初復罷其一別立總督倉場戶部尚書一人（宣德中始命官專理糧儲不治部事其後或用尚書或用侍郎具戶部尚書篇）提督團營兵部尚書一人（景泰中始設是官其後廢置具兵部尚書篇）或置或罷沿革不一南京仍置吏部戶部禮部兵部刑部工部六部每部尚書一人（兵部尚書帶參贊機務銜）事權不屬職位高簡惟六部中最重吏部以其表率百僚進退庶官銓衡重地其禮數殊異無與並者成祖永樂初選翰林官入直內閣其後大學士楊士奇等加至三孤兼尚書銜其品敘總列吏部尚書蹇義夏原吉下孝宗弘治六年內宴大學士邱濬遂以太子太保禮部尚書居太子太保吏部尚書王恕之上自後由侍郎詹事入閣者班皆在六部尚書上矣

歷代郎官

唐制尚書省郎中二人員外郎二人六曹郎中二十四人員外郎二十五人宋尚書省左右司郎中各一人左右司員外郎各一人建炎三年詔減左右司郎官兩員四年復舊孝宗乾道七年復添置右司郎官二人六曹郎中二十七人員外郎二十七人時以郎官爲重任詔非曾任監司不除郎官郡守以上資任者爲郎中通判以下資序者爲員外郎除授皆視寄祿官高一品以上者爲行下一品者爲守下二品以上者爲試自是館學寺監臣拘礙資格遷除不行部曹闕員但得兼攝旋郎外補間有不次擢用者則自二著蹤升二史以至從列其自外召至爲郎則資給已高曾不數月必序進卿少而郎有正員者益少矣遼南面官尚書省有左右司郎中左右司員外郎（按遼南面官六部當皆有郎中員外郎而史未詳就所載者劉輝道於大安時爲禮部郎中王景運於開泰時爲禮部員外郎崔祐於統和時爲虞部郎中則知六部之皆設是官矣）金尚書省左右司郎中左右司員外郎（詳見前）六曹郎中八人員外郎增損不一海陵貞元二年定左右司郎官宮中出身進士內史三色人內通選三年又定以監察御史相應人取次稟奏不復擬注元尚書省左右司郎中各二人左右司員外郎各二人六曹郎中十二人員外郎共十三人明初設中書省有左右司郎中左右司員外郎洪武十三年罷中書省後盡革六部郎中四十二人員外郎四十二人南京六部郎中四十二人員外郎十八人

歷代都事主事令史

唐制尚書省都事六人掌受事發辰察稽失監印給紙筆宋尚書省都事三人遼無此官金尚書省左右司都事（詳見前）都元帥府都事一人樞密院都事一人皆掌受事付事兼知宿直之事元中書省左右司都事各二人共四人樞密府都事四人大都督府都事二人行御史臺都事二人大宗正府都事二人大司農司都事二人宣政院都事四人宣徽院都事三人大禧宗禋院都事二人太常禮儀院都事一人典瑞院都事二人太史院都事一人太醫院都事一人侍正府都事一人通政院都事一人都護府都事一人大都留守司都事二人行中書省都事二人皆爲所司首領明初中書省有都事洪武十三年罷中書省後革去都察院都事一人五軍都督府每府都事一人南京都察院都事一人五軍都督府每府都事一人各省布政司都事一人各省都指揮使司都事一人留守司都事一人皆爲所司首領受發文移

唐制尚書省主事六人吏部主事四人司封主事四人司勳主事一人考功主事三人戶部主事四人度支主事二人金部主事三人倉部主事三人禮部主事二人祠部主事二人膳部主事二人主客主事二人兵部主事四人職方主事二人駕部主事二人庫部主事二人刑部主事四人都官主事二人比部主事四人司門主事二人工部主事三人屯田主事二人虞部主事二人水部主事二人凡尚書省吏部考功禮部主事其秩悉高於諸司主事宋尚書省主事六人吏部司勳主事一人遼樞密院有戶房主事中書省有主事官尚書省無金吏部主事四人掌知管差除校勘行止分掌封勳資考之事惟選事則通署及掌受事付事檢句稽失省署文牘兼知本部宿直檢校架閣熙宗皇統四年六部主

事始用漢士人世宗大定三年用進士非特旨不得授章宗承安五年增女直主事一人戶部主事五人女直司二人通掌戶度金倉等事漢人司三人同員外郎分掌曹事兼提控編附條格管句架閣等事禮部主事二人兵部主事二人宣宗貞祐五年以承發司管句兼之刑部主事二人工部主事二人貞祐五年以主事兼同管句元吏部主事三人戶部主事八人禮部主事二人兵部主事二人刑部主事二人工部主事五人各部皆以主事為首領官明初每部設主事司務各四人為首領官有主事印洪武二十九年改主事為司官乃專以司務為首領每部各設二人凡六部主事缺出率以進士選用按主事一官自唐宋以來或為首領官或與吏令史同職自洪武時改為司官乃與郎官並列故明代主事員額分載於六部各司之下

唐制三省六部及臺監皆有令史及書令史少或四五人多或三四十人宋三省及六部御史臺皆有令史及書令史或三四人或數十人遼中書省有令史金尚書省及六部臺司皆有令史或三四人或二十餘人皆分女眞漢人元中書省及六部臺院各有令史少或二人多或五六人又置同令史其數各同明各部院有都吏及令史

行臺省

唐元宗開元二年置按察採訪處置使有判官兼判尚書行事及行臺遺制天寶末又兼黜陟肅宗乾元元年改曰觀察處置使宋遼無行省金天會十五年罷劉豫置行臺尚書省於汴熙宗天眷元年以河南地與宋遂改燕京樞密為行臺尚書省三年復移置於汴京皇統二年定行臺官品皆下中臺一等承安二年命戶部侍郎溫昉行六部尚書於撫州以胥持國為樞密副使行省於北京貞祐二年置大名府路行尚書省三年以左丞相僕散端兼都元帥行省於陝西以侯贄為參知政事行省於河北宣宗興定元年以完顏阿里不孫為參知政事行尚書省元帥府於婆速路蒲察五斤權參知政事行尚書省元帥府於上京哀宗正大二年以胥鼎平章政事行省於衞州至天興中行省四出而朝置暮廢紛不可紀矣元初設行中書省至元二十四年改行中書省為行尚書省至大二年以尚書省條畫詔天下立行工部領行工部三人行工部尚書二人後卽廢罷明不設行省

樞密院

臣等謹按唐至德以前無樞密院故杜氏通典本無是官代宗永泰元年始設內樞密使至僖昭時其權漸重五代雖廢置不一然皆出納帝命權侔宰相間以宰相領其事至宋而與中書省號稱兩府獨操兵柄每朝奏事與中書先後上殿建炎以後定制以宰相兼之遼北面官則列在宰相府大王院之前南面官則敘於三省之首金元亦為握兵重任秩皆一品至明則改為大都督府且兵柄悉歸於兵部故省罷之今補載於三省之後尚書之前以其位同宰相而秩崇於尚書也

樞密使知院事　同知院事　樞密副使　簽書院事　同簽書院事　都承旨　副都承旨　檢詳官　計議官　編修官　客省使　斷事官

樞密院唐代宗永泰元年始置設內樞密使以宦者為之職掌內外表奏凡帝有所處分則宣付中書門下施行而已僖宗時楊復恭欲奪宰相權乃於堂狀後貼黃指揮公事自是樞密使始重梁改為崇政院以敬翔為使自後始不用宦者後唐莊宗同光元年復改崇政院為樞密院時以宰臣郭崇韜為使又置院使一人權侔宰相晉高祖天福元年復置樞密院以桑維翰知樞密院事四年罷之出帝開運元年復置周亦置樞密院世宗顯德六年以范質王溥參知院事宋置樞密院掌軍國機務兵防邊備戎馬之政令出納密命以佐邦治凡侍衞諸班直內外禁兵招募閱試選補屯戍賞罰之事皆掌之除授內侍省官及武選官將領路分都監緣邊都巡檢使以上大事則稟奏其付受者用宣小事則擬進其付授者用劄先具所得旨關門下省應給告者關中書省命詞樞密使無定員率以宰臣兼之熙寧中陳升之三至樞府神宗欲稍異其禮乃以為知院事官制行定置知院一人宋初曹彬為樞密使位兼將相不以等威自異遇士大夫於途必引車避之又王顯授樞密使帝謂之曰卿世家本儒遭亂失學今典朕機務無暇博覽羣書能熟軍戒三篇亦可免於面牆矣因取是書賜之仁宗慶歷中杜衍為樞密使范仲淹出衍門下時為參知政事數爭事上前衍無慍色而仲淹亦敬服之又罷籍為樞密使以近世繕兵之弊多而國用困竭於是大加簡閱揀放為民者六萬餘人減其衣糧之半者二萬人邊儲由是稍蘇焉又文彥博為樞密使時以陳升之為宰相詔彥博朝廷重臣其令升之位彥博下以稱遇賢之意彥博曰國朝樞密無位宰相上者臣忝知禮義不敢紊朝廷大典固辭乃止又周必大拜樞密使上諸軍升差籍時點召一二察能否主帥悚激無敢容私創諸軍典試法其在外解發而親閱之池州李忠孝自言正將二人不能開弓乞罷軍帝曰此樞密使措置之效也建炎元年置御營司以宰相為使四年罷以其事歸樞密院機速房仍以宰臣兼樞密使遼北樞密院掌兵機武銓羣牧之政有北院樞密使南樞密院掌文銓部屬丁賦之政同吏部亦有樞密使南面官有樞密院樞密使大宗大同元年以李崧為樞密使金樞密院有樞密使一人掌武備機密之事章宗泰和六年嘗改為元帥府後復為樞密院元樞密院掌天下兵甲機密之務不置樞密使以知院領之又有行樞密院有大征伐則置專為一方一事而設官無定員中統四年

置西川成都行樞密院設官二員至元十年又於重慶別置行樞密院設官一員十三年并爲一院尋復分東川行院十六年罷兩川行院二十八年復立四川行院於成都江南行樞密院山東行院揚州岳州行院沿江行院江西行院江淮行院俱於至元二十八年罷歸行省甘肅行院至大四年置後遂罷河南行院泰定帝致和元年置文宗天曆元年罷二年置嶺北行樞密院掌邊廷軍務故不罷明初亦置行樞密院後罷之改爲大都督府尋又改爲五軍都督府五軍都督府係武職應列在武官卷中故不載其官

知院事宋置神宗熙寧時以陳升之三至樞府時文彥博呂公弼爲使韓維邵亢爲副使乃以升之爲知院事自後知院與副使並置元豐官制行乃定知院二人爲制遼北面官有知北院樞密使事知北院樞密院事南樞密院亦有知南院樞密使事知南院樞密院事南面官有知樞密使事知樞密院事金無知院事元知院事卽樞密使至元二十八年始置知院一人大德十年增置二人至大三年置七人仁宗延祐四年以分鎮北邊增置一人五年定知院員額爲六人

同知院事宋始置爲樞密使知院事之貳元豐官制行定同知院事爲二人時向敏中同知樞密院事値西北用兵敏中敏明有才略遇事敏速凡二邊道路斥堠走集之所莫不周知乾道中劉珙同知樞密院珙以職操兵柄於諸將之能否不可不周知乃自諸管軍統職官下至裨佐日召數人與語得其才用所宜輒筆記之以待選用又葉顒同知樞密院事武臣梁俊彥請稅沙田蘆塲帝以問顒對曰沙田乃江濱地田隨沙漲出沒不常蘆塲非臣所知也且辛巳軍興蘆塲田租並復今沙田又不勝其擾矣帝曰誠如卿言是日詔沙田蘆塲並罷稅遼北面官北樞密院有同知北院樞密使事南樞密院亦有同知南院樞密使事南面官樞密院有同知樞密院事聖宗太平六年以耶律迷離已同知樞密院使金無同知樞密院使元至元七年置同知樞密院事一人二十八年又以中書平章商量院事大德十年增至五人至大三年定同知爲二人罷議事平章延祐時增同知爲四人遂爲定額時康里托克托同知樞密院事徹伯爾率諸王同附詔特設宴於大定托克托卽席陳西北諸蕃始終離合之由去逆效順之義詞旨明暢聽者悅服

樞密副使宋初置爲樞密使知院事之貳元豐五年罷之韓琦爲樞密副使兩府合班奏事琦必盡言雖屬中書琦亦對上陳其實同列多不悅帝獨識之曰韓琦剛直又歐陽修爲樞密副使考天下兵數及三路屯戍多少地理遠近更爲圖籍凡邊防闕屯戍者必加增補又呂公著拜樞密副使初自河陽入朝士民和慶既受命出殿門武夫衞卒皆懽忭咨嘆焉遼北面官北樞密院有北院樞密副使知北院樞密副使事南樞密院有南院樞密副使知南院樞密副使事南面官樞密院有樞密副使知樞密副使事興宗重熙十二年以楊皙知樞密院副使事金樞密副使一人泰和四年增一人後卽罷元中統四年置樞密副使二員成宗大德十年增至五人武宗至大三年減至二人後遂爲定制

簽書院事宋初以直學士爲簽書院事元豐官制行罷之元祐初復置仍以直學士充胡松年簽書樞密院事首奏入事立規模以定中興之基振紀綱以尊朝廷之勢馭將帥使知畏撫士卒使知勸收予奪之柄察毀譽之言無以小疵棄人才無以虛文廢實效遼北面官北樞密院有簽書北樞密院事南樞密院有簽書南樞密院事南面官有樞密直學士聖宗統和二年郭嘏爲樞密直學士金置簽書樞密院事一人元中統四年置簽書樞密使一人大德十年增至五人至大三年減至一人延祐四年定以二人爲額

同簽書院事宋英宗治平末始置以殿前都虞候郭逵爲之後以逵改除宣徽南院使知鄆州卽不復置政和六年以內侍童貫帶同簽樞密院銜宣撫陝西河東北三路後又改爲權領樞密院高宗紹興後仍爲同簽並爲端明殿學士恩數特依執政或以武臣爲之亦異典也遼北南面樞密院皆無同簽書之官金同簽樞密院事一人大定十七年增一人尋罷章宗明昌初復增一人尋又罷三年九月復增一人元大德十年設同簽三人至大三年減爲一人延祐四年復增一人

都承旨宋置掌承宣旨命通領院務初用院吏熙寧五年以同修起居注曾孝寬兼之參用儒臣自孝寬始元豐四年以客省使張誠一爲都承旨用武臣自誠一始其後文武臣並用焉遼北面官北樞密院有北院都承旨南樞密院亦有南院都承旨南面官樞密院有都承旨聖宗開泰九年以韓紹芳爲樞密院都承旨金無都承旨元置院判二人參議二人亦不置都承旨

副都承旨宋置掌貳都承旨文武臣並除遼北面官北樞密院有北院副承旨南樞密院有南院副承旨南面官樞密院有副承旨重熙中以楊遵最爲副承旨金元皆無

檢詳官宋熙寧四年始置稽察文移檢正公事元豐初定以三人官制行罷之建炎三年復置二人紹興二年減一人遼無檢詳官其北面官北樞密院有北南樞密院檢點中丞司事總知中丞司事左右中丞同知中丞司事侍御等官南院亦如之南面官樞密院有吏兵戶廳四房承旨金置經歷一人都事一人掌受事付事檢句稽失省署文牘兼知宿直之事卽宋檢詳之直元置經歷二人都事四人職掌與金同

計議官宋初置建炎四年罷御營使司併歸樞密院爲機速房隨司減罷屬官別置幹辦官四人詔並改爲計議官紹興十一年罷之遼金元皆不設

編修官宋初置無定員多以本院官兼之熙寧紹聖之間隨事而置紹興初乃定置二人遼不設金置知法二人掌檢斷各司取法之事職與編修官略同元亦不設

客省使元置大使二人副使二人屬樞密院

斷事官元置掌處決軍府之獄訟至元元年始置斷事官二人八年增置二人十九年又增一人二十年又增一人大德十年又增四人仁宗皇慶元年省罷二人後定置八人所屬經歷一人隸樞密院

職官

尚書下

吏部尚書 侍郎 郎中 員外郎 司封郎中 員外郎 司勳郎中 員外郎 考功郎中 員外郎 主事附

唐肅宗至德二載仍改文部曰吏部尚書一人 侍郎二人為尚書之貳掌文選勳封考課之政以三銓之法官天下之材以身言書判德行才用勞效較其優劣而定其留放為之注擬其屬有四曰吏部曰司封曰司勳曰考功各有郎中員外郎掌其事自肅代兵興官員冗濫銓法日淆德宗建中時太常寺協律郎沈既濟建言近世爵祿失之者久請五品以上及羣司長官宰臣進敘吏部得參議焉六品以下或僚佐之屬州府辟用則銓擇之法委於四方結奏之成歸於吏部使接名僞命之徒菲才薄行之人下詔之日隨聲而廢通大數十去八九矣帝善其言而不能用是時吏部數歲一集選人文簿紛雜吏得因緣為姦士至蹉跌或十年不得官而闕員亦累歲不補陸贄為相乃懲其弊命吏部內外員三分之計闕集人歲以為常 郎中二人掌文官階品朝給祿賜給告身假使一人掌選補流外官 員外郎二人一人判南曹皆為尚書侍郎之貳 司封郎中一人 員外郎一人掌封命朝會賜予之級 司勳郎中一人 員外郎二人掌官吏勳級 考功郎中一人 員外郎一人掌文武百官功過善惡之考法及其形狀若死而傳於史官謚於太常則以其行狀質其當否其欲銘於碑者則會百官議其宜述者以聞報其家

宋制吏部尚書一人掌文武官吏選試擬注資任遷敘蔭補考課之政封爵策勳賞罰殿最之法尚書共掌二選曰尚書左選曰尚書右選文臣京朝官以上及職任非中書省除授者左選掌之武臣升朝官以上及職任非樞密院除授者右選掌之太宗至道二年置判部事二人以帶職或無職京朝官充哲宗元祐初置權尚書序在試尚書之下時吏部資望重於他部說在歷代尚書篇孝宗乾道九年葉顒權吏部尚書召對便殿賜坐賜茶帝因言吏部條例朕置一通在禁中卿當以何者為先對曰以公忠為先又蘇頌前後掌天官四選每選人改官闕陞磨勘吏故為稽滯頌敕吏云某官緣官事當會某處合用某例時稱其明允 侍郎一人為尚書之貳侍郎共掌二選曰侍郎左選曰侍郎右選自初任至幕職州縣官左選掌之自副制以上至從義郎右選掌之元祐初置權侍郎如未歷給事中中書舍人及待制以上者帶權字祿賜比諫議大夫 郎中四人 員外郎四人分尚左尚右侍左侍右參掌選事而公治之舊主判二人以朝官充元豐官制行置郎中員外郎凡郎官並用知府資序以上人充未及郎中員外郎高宗建炎四年詔權攝添差郎官吏部郎官掌選事其職不輕授初神宗熙寧中劉逵為侍御史十一年不奏課帝知其久次授吏部郎中胡銓亦以奏對稱旨遷尚書左郎 司封郎中一人 員外郎一人掌官封敘贈承襲之事凡三師三公以下至升朝官褒贈祖考母妻親王郡王內外命婦以下保任宗屬封爵諸親皆因其位敘而為之等凡宗室當賜名訓具鈔擬官凡庶姓孔氏柴氏折氏後應承襲者辨其嫡庶舊制司封判事一人初以無職事朝官充凡封爵之制一出於中書本司但掌定謚先期戒本部赴集而已元豐官制行始置郎中員外郎實行本司事 司勳郎中一人 員外郎一人掌勳賞之事孝宗隆興元年省併以司封郎中兼領淳熙元年復以司農寺丞范仲芑兼司勳未幾改除復省 考功郎中一人員外郎一人掌文武官選敘磨勘資任考課之政令凡命官隨所隸遷以其職事具法於歷給之於其屬州若司歲書其功過應陞遷授者驗歷按法而敘進之有負殿則正其罪罰以七事考監司以四善三最考守令凡應謚者覆太常所定行狀報尚書省集議以聞哲宗紹聖四年河東提刑司徐君平奏乞凡將集議前三日持考功狀徧示當議之官使先紬繹而後集於都堂以詢之庶幾有所見者得以自申以稱朝廷博謀盡下之意詔從之 舊制判司事一人以帶職朝官或無職事朝官充元豐官制行置郎中員外郎實行本司事

遼北面官有南樞密院掌文銓視吏部而部族丁賦之政亦與焉南面官吏部有尚書侍郎郎中員外郎

金吏部尚書一人掌文武選授勳封考課出給制誥之政以才行勞效比仕者之能否以行止文冊貼黃簿制各闕之機要正七品以上以名上省聽制授從七品以下每至季月則循資格而擬注自八品以上則奏以下則否 侍郎一人為尚書之貳 郎中二人一人掌文武選流外遷用官吏差使行止名簿封爵制誥一人掌勳級酬賞承襲用蔭循遷致仕考課議謚之事 員外郎分判曹務及參議事所掌與郎中同凡內外官之政績所歷之資考更代之期去就之故秩滿皆備陳於解由據以定能否又撮解由之要於銓擬時讀之謂之銓頭又會歷任頭而書於行止簿以資考功過章宗泰和四年定考課法準唐令作四善十七最之制而遷敘之

元吏部尚書三人掌天下官吏選授之政令凡職官銓綜之典吏員調補之格勳封爵邑之制考課殿最之法悉以任之世祖中統元年以吏戶禮為左三部尚書二人至元元年以吏禮自為一部尚書三人三年復為左三部五年又合為吏禮部尚書仍二人七年始專立吏部尚書一人八年仍為吏禮部尚書一人十三年又專立吏部尚書增至七人十九年減為二人二十八年增尚書為三人遂為定制皇慶延祐中由進士入官者僅百之一由吏致位顯要者常十之九泰定帝欲以中書參議傅巖起為吏部尚書御史韓鏞上言吏部掌天下銓衡巖起於法不可用詔從之 侍郎二人為尚書之貳中統元年設左三部侍郎二人至元元年以吏禮自為一部侍郎仍二人五年又合為吏禮部侍郎一人七年專立吏部侍郎一人八年仍合為吏禮部侍郎一人十三年專立吏部侍郎三人十九年定侍郎為一人遂為永制 郎中二人 員外郎

二人中統元年設左三部郎中四人員外郎六人五年合爲吏禮部郎中員外郎各一人七年專置吏部郎中二人員外郎二人十三年員外郎置四人十九年裁置郎中一人員外郎二人二十三年定郎中員外郎各二人遂爲永制　考功郎中一人　員外郎一人元初無是職順帝至正元年巴延等奏請置吏部考功郎官詔從之

明吏部尚書一人掌天下官吏選授勳封考課之政令以甄別人才贊天子治蓋古冢宰之職洪武元年始設六部設尚書隸中書省六年部設尚書二人十三年罷中書省倣周官六卿之制陞六部秩各設尚書一人而吏部視五部爲特重明制吏部表率百僚進退庶官銓衡重地不輕制授信任特專宣宗宣德中蹇義爲吏部尚書有除官不得善地訴其不公者帝皆斥之王翱爲吏部尚書嚴考察公銓注抑奔競杜請寄一時之任使並稱得人上進退大臣時召翱面詢可否憲宗成化中李裕拜冢宰裕感上知遇精白思報每大選先二日於後堂設一木榻上書皇天鑒之與二侍郎傍坐文選司官前立以缺員與選人一一第貪格可否注贖至期引奏填牓更無外錯故庶官皆得其人孝宗弘治中召王恕拜吏部尚書言官謂恕老而賢不當勞以繁劇宜用之內閣備顧問帝曰朕用蹇義王直故事官怨吏部謀議無所不聽從何必內閣恕在吏部訪海內之士隨器薦用馬文升遷冢宰明年當大計帝面論之曰天下覲吏畢集卿其用心採訪以彰黜陟文升頓首曰陛下圖治若此宗社福也敢不仰承乃令中貴人拔之下階自是汰不職者二千餘人世宗嘉靖中唐龍爲吏部尚書兼論資望殊勞異能疏遠必用中才不得越次以進有所用舍聚同僚共謀衆議合然後署疏以請　侍郎二人爲尚書之貳惠帝建文中改六部尚書爲正一品設左右侍中位侍郎上永樂時悉復舊制吏部侍郎爲重任嘉靖時侍郎缺出廷臣以應補者上帝不用諭欲得老成持法者以南京兵部侍郎歐陽鐸上乃用之鐸佐吏部不攜家曰吾敢家此官哉　文選郎中一人　員外郎一人洪武二十九年置文選郎官即前代之吏部郎中也掌官吏班秩遷陞改調之事以贊尚書凡選法有六咸登貲簿鑒其流品平其銓注而序遷之　主事一人職掌與郎中員外郎同按各部郎官終明之世增省不一茲特載其初設者明制選郎職任最重英宗天順中黃孔昭爲都水員外郎郎署無故例不得改調以孔昭賢特奏改文選郎中孔昭持法最慎汲汲以人才爲慮凡詢訪有所得必書於冊往往隨地量才各得其用嘉靖中屠楷歷文選郎中凡職官繁簡人才賢不肖咸書之於冊以高下其任先節行後才藝抑奔競獎廉能每注選因才授職權勢請託抗論不從侍郎霍韜見其自任始不能平久而益信且服之及出部遣以所服寓傳衣之意侍郎張邦奇署部事楷久任當遷邦奇奏留之曰四十年來無此文選云　驗封郎中一人　員外郎一人　主事一人驗封即古司封之職掌封爵襲廕褒贈吏算之事　稽勳郎中一人　員外郎一人　主事一人稽勳即古司勳之職掌勳級名籍喪養之事　考功郎中一人　員外郎一人　主事一人掌官吏考課之事　南京吏部尚書一人自成祖初建北京分置六部及定都後以南京官屬移之北仁宗洪熙元年復置六部官屬於南京其時或稱行在以別南京或去行在字加南京字以別北京說在尚書省篇　右侍郎一人侍郎自弘治後始專設右神宗萬歷三年俱革十一年復設熹宗天啟中每部添設侍郎一人莊烈帝又除之　文選郎中一人　主事一人　驗封郎中一人　稽勳郎中一人　考功郎中一人　主事一人凡南京官六年考察考功掌之不由北吏部

戶部尚書　侍郎　郎中　員外郎　度支郎中　員外郎　金部郎中　員外郎　倉部郎中　員外郎　主事附

唐制戶部尚書一人掌天下土地人民錢穀之政賦貢之差以佐邦治元宗開元以後賦法漸壞代宗廣德中始以畝定稅斂以夏秋德宗建中時楊炎作兩稅法置兩稅司以總之復遣黜陟使按比諸道已改貞觀時租庸調之法矣　侍郎二人爲尚書之貳　郎中二人　員外郎二人掌戶口土田賦役貢獻蠲免優復婚姻繼嗣之事以男女之黃小中丁老爲之帳籍以永業口分園宅均其土田以租庸調斂其物以九等定天下之戶以佐尚書侍郎自憲宗元和以後兵興悉厚斂以備饋餉令諸道節度觀察調費取於所治州不足則取於所屬州而屬州送使之餘因其上供者皆輸戶部至會昌咸通末而制度日更矣　度支郎中一人　員外郎一人掌天下租賦物產豐約之宜水陸道塗之利歲計而支調之以近及遠與中書門下議定乃奏至德時以諸行郎官分判錢穀會昌二年著令以本行郎官分判錢穀時以財賦之任最重故李紳以中書侍郎同門下平章事判度支鄭肅盧商皆以中書侍郎同門下平章事判度支自此以後判度支悉歸宰臣焉　金部郎中一人　員外郎一人掌天下庫藏出納權衡度量之數建中時罷鹽鐵等使天下錢穀皆歸金部中書門下揀兩司郎官準格式調掌元和時復制置鹽鐵諸使　倉部郎中一人　員外郎一人掌天下庫儲出納租稅祿糧倉廩之事以木契百合諸司出給之數以義倉常平倉備凶年平穀價

宋戶部尚書一人掌軍國用度以周知其出入盈虛之數凡州縣廢置戶口登耗則稽其版籍若貢賦征稅斂散移用則會其數而頒其政令焉太祖建隆時以天下財計歸之三司本部無職掌止置判部事一人以兩制以上充元豐官制行始並歸戶部建炎兵興嘗以知樞密院張慤提領措置戶部財用後遷中書侍郎仍兼之五年復以參知政事孟庾提領措置後罷專委戶部孝宗淳熙十年詔左藏南庫撥隸戶部自罷三司後寺監兼理財用元祐元年司馬光奏言戶部尚書宜兼領左右曹而舊散在五曹寺監者宜並歸戶部則利權歸一乃詔尚書省立法李常爲戶部尚書作元祐會稽錄三十卷韓忠彥爲戶部尚書因會稽錄初成入狹而用廣因言斂財節用遂裁冗費置局於戶部　侍郎二人爲尚書之貳建炎時止除長貳各一員紹興四年詔置戶部侍郎二員通治左右曹自此相承不改侍郎分左右曹右曹侍郎兼水利元祐五年主議者執謁河減水之策戶部侍郎蘇

輒上疏諫曰臣爲右曹戶部休戚計在此河若復緘默誰當言者惟斷在聖心盡罷其議　郎中二人　員外郎二人分左右曹各治其事建炎三年詔省併郎曹惟戶部以職事繁劇不併仍各置一員紹興中專置提舉帳司總天下帳狀以戶部左曹郎官兼之右曹歲具常平錢物總數每秋季具冊以聞初置三管左右曹總稱戶部郎官紹興七年閻彥昭以太府寺丞兼左曹郎官紹興三十二年徐康正除左曹郎官自是相承不改是年又詔戶部事有可疑難裁決者許長貳與衆郎官聚議文字皆令連書有定議然後付本曹行遣

度支郎中一人　員外郎一人掌計度軍國之用量貢賦稅租之入以爲出凡軍需邊備會其盈虛而通其有無歲終則會諸路財用出入之數奏於上而以其副申尚書省乾道三年置會稽都籍度支掌之　金部郎中一人　員外郎一人掌天下給納泉幣計其歲之所輸歸於受藏之府以待邦國之用　倉部郎中一人　員外郎一人掌國之倉庾儲積及其給授之事元祐元年省郎官一員後復置建炎三年罷司農事以所司皆歸倉部

遼北面官有北南大王二院掌部族軍民之政視戶部

南面官有戶部尚書侍郎郎中員外郎並同吏部

金戶部尚書一人掌土田財賦之事世宗大定以後重理財官是時命伊喇道爲戶部尚書帝曰朕初即位卿爲戶部員外郎聞孳孳爲善進卿郎中果有可稱及貳京尹亦能善治戶部經理國用卿其勉之道頓首謝又馬琪拜戶部尚書帝稱之曰琪不肯欺官亦不肯害民眞可用也泰和中高汝礪拜戶部尚書時鈔法不能流轉汝礪隨事上言多所更定帝皆從其議民甚便之　侍郎二人爲尚書之貳章宗泰和七年減一人承安二年復置二人　郎中二人海陵天德二年置五人泰和中省一人又增至四人宣宗貞祐四年增至八人五年減至六人後定爲二人一人掌戶籍物力婚姻繼嗣田宅財產鹽鐵酒麴香茶礬錫丹粉坑冶榷場市易等事一人掌度支國用俸祿恩賜錢帛寶貨貢賦租稅府庫倉廩積貯權衡度量法式給授職田拘收官物并照磨計帳等事　員外郎三人佐郎中分掌曹事泰和中置二人後增一人貞祐四年增置八人五年減四人後定爲三人

元戶部尚書三人掌天下戶口錢糧田土之政令凡田賦出納之經金弊轉通之法府藏委積之實物貨貴賤之直斂財準駁之法悉以任之中統元年以吏戶禮爲左三部尚書二人至元元年特置戶部尚書三人三年復爲左三部五年復分爲戶部尚書一人十三年增置尚書一人二十三年定爲二人明年增二人成宗大德五年減一人　侍郎二人爲尚書之貳中統元年設左三部侍郎二人至元元年特立戶部侍郎四人七年始立六部員額定侍郎二人至元中楊湜拜戶部侍郎兼交鈔提舉時用壬子舊籍定民賦役之高下湜言貧富不常歲久浸易其可以昔時之籍而定今之賦役哉廷議善之俾第其輕重人以爲平　郎中二人　員外郎三人中統元年設左三部郎中四人員外郎六人至元元年特立戶部郎中四人員外郎三人十九年郎中員外郎俱增至四員大德五年定郎中二人員外郎三人時戶部條例繁劇桂山爲戶部郎中老成練達剛介不阿部務繁劇剖決不遺

明戶部尚書一人掌天下戶口田賦之政令稽版籍歲會賦役實徵之數以下所司天子耕耤則尚書進耒耜統屬十三司凡所司各掌其分省之事兼領所分兩京直隸貢賦及諸衞所祿俸邊鎭糧餉并倉場鹽課鈔關之事時財計皆歸戶部別無司監分領嘉靖時尚書缺出廷臣上議言司徒乃國計大臣總領財賦得人實難惟梁材操心廉直終始不渝且綜理既閑出納有執實人才之望帝乃用之　侍郎二人爲尚書之貳洪武時郁新爲戶部侍郎每奏事廷中帝問以天下地理陰陽戶口漕運之數民間利害無鉅細皆響應無所遺謬謝遷陞戶部侍郎會尚書楊公致政遷獨主部事夙夜勤勞釐姦剔蠹創便宜六事爲經久可繼之規端正嚴直最有大臣風度　總督倉場尚書一人掌督在京及通州等處倉場糧儲洪武時置軍儲倉二十所各設官司其事永樂中遷都北京置京倉及通州諸倉以戶部司員經理之宣德五年始命李昶爲戶部尚書專督其事後或不置尚書專置侍郎一人理之嘉靖十五年又命兼督西苑農事　督餉侍郎一人始於萬歷四十七年至崇禎間有督遼餉寇餉宣大餉增設至三四人　督理錢法侍郎一人天啟五年增置　浙江司郎中一人　員外郎一人　主事二人掌理一省財賦之事帶管在京羽林右留守左龍虎應天龍驤義勇右康陵七衞及神機營　江西司郎中一人　員外郎一人　主事二人掌理一省財賦之事帶管在京旗手金吾前金吾後金吾左濟陽五衞　湖廣司郎中一人　員外郎一人　主事二人掌理一省財賦之事帶管國子監教坊司在京羽林前通州和陽豹韜永陵昭陵六衞及興都留守司　福建司郎中一人　員外郎一人　主事一人掌理一省財賦之事帶管順天府在京燕山左武驤右武驤右騎左虎賁右留守後武城中茂林八衞五軍巡捕勇士四衞各營及北直隸永平保定河間眞定順德廣平大名七府延慶保安二州大甯都司萬全都司并北直所轄各衞所山口永盈通濟各倉　山東司郎中一人　員外郎一人　主事二人掌理一省財賦之事帶管在京錦衣大甯中大甯前三衞及遼東都司兩浙兩淮長蘆河東山東福建各鹽運司四川廣東海北雲南黑鹽井白鹽井安甯五井各鹽課提舉司陝西靈州鹽課司江西南贛鹽稅　山西司郎中一人　員外郎一人　主事二人掌理一省財賦之事帶管在京燕山前鎭南興武永清左永清右五衞及宣府大同山西各鎭　河南司郎中一人　員外郎一人　主事二人掌理一省財賦之事帶管在京府軍前燕山右大興左裕陵四衞牧馬千戶所及北直隸潼關衞蒲州千戶所　陝西司郎中一人　員外郎一人　主事二人

掌理一省財賦之事帶管宗人府五軍都督府六部都察院通政司大理寺詹事府翰林院太僕寺鴻臚寺尚寶司六科中書舍人行人司欽天監太醫院五城兵馬司京衛武學文思院皮作局在京留守右長陵獻陵景陵四衛神樞隨侍二營及延綏寧夏甘肅固原各鎮　四川司郎中一人　員外郎一人　主事二人掌理一省財賦之事帶管在京府軍後金吾右騰驤左騰驤右武德神策忠義後武功中武功左武功右彭城十一衛及應天府南京四十九衛南直隸安慶蘇州松江常州鎮江徽州寧國池州太平廬州鳳陽淮安揚州十三府徐滁和廣德四州中都留守司并南京直隸所轄各衛所　廣東司郎中一人　員外郎一人　主事二人掌理一省財賦之事帶管在京羽林左留守中鷹揚神武左義勇前義勇後六衛蕃牧奠靖二千戶所　廣西司郎中一人　員外郎一人　主事二人掌理一省財賦之事帶管太常寺光祿寺神樂觀犧牲所司牲司太倉銀庫內府十庫在京瀋陽左瀋陽右留守前寬河蔚州左五衛及二十三馬房倉各象房牛房倉京府各草場　雲南司郎中一人　員外郎一人　主事二人掌理一省財賦之事帶管在京府軍府軍左府軍右虎賁左忠義右忠義前泰陵七衛及大軍倉皇城四門倉并在外臨清德州徐州淮安天津各倉　貴州司郎中一人　員外郎一人　主事二人掌理一省財賦之事帶管上林苑監寶倉提舉司都稅司正陽門張家灣各宣課司德勝門安定門各稅課司崇文門分司在京濟州會州富峪三衛及薊州永平密雲昌平易州各鎮臨清滸墅九江淮安北新揚州河西務各鈔關

南京戶部尚書一人　右侍郎一人。總督糧儲侍郎一人加都御史銜　浙江司郎中一人　員外郎一人　主事一人　江西司郎中一人　員外郎一人　主事一人　湖廣司郎中一人　員外郎一人　主事一人　廣東司郎中一人　員外郎一人　主事二人穆宗隆慶三年裁革一人　廣西司郎中一人　員外郎一人隆慶中裁革　主事二人　福建司郎中一人　員外郎一人　主事一人　山西司郎中一人　員外郎一人嘉靖三十七年裁革　主事二人　陝西司郎中一人　員外郎一人嘉靖三十七年裁革　主事一人　雲南司郎中一人　員外郎一人隆慶中裁革　主事二人　山東司郎中一人　主事一人　河南司郎中一人　主事一人　四川司郎中一人　主事一人　貴州司郎中一人　主事一人

禮部尚書
侍郎　郎中　員外郎　祠部郎中
員外郎　膳部郎中　員外郎
郎中　員外郎　主事附　主客

唐禮部尚書一人掌禮儀祭享貢舉之政穆宗長慶以後率以宰臣兼之如杜元穎牛僧孺李宗閔崔鉉皆以中書門下平章事檢校禮部尚書王鐸令狐綯裴澈皆以禮部尚書兼中書門下平章事　侍郎一人爲尚書之貳時制以侍郎掌知貢舉職任綦重崔郎爲侍郎凡兩試貢士平心閱試所擢者無非名士爲公輔名卿者十人章純爲禮部侍郎取士抑浮華先行實嘗從容奏曰禮部侍郎重於宰相帝曰侍郎是宰相除安得爲重因對曰爲陛下揀宰相者得無重乎帝善其言　郎中一人　員外郎一人掌禮樂學校衣冠符印表疏圖書冊命祥瑞鋪設及百官宮人喪葬贈賻之數至德以後員外郎已久不知貢舉宣宗太中時許孟容爲員外郎有公主之子請補宏文館諸生孟容舉令式不許公主訴於上遣中使問狀孟容執奏遂得遷郎中　祠部郎中一人　員外郎一人掌祠祀享祭天文漏刻國忌廟諱卜筮醫藥僧尼之事　膳部郎中一人　員外郎一人掌陵廟之牲豆酒膳諸司供奉之事　主客郎中一人　員外郎一人掌二王後諸番朝見之事

宋禮部尚書一人掌禮樂祭祀朝會宴享學校貢舉之政令舊制禮儀院掌其事以樞密使參知政事等官充禮部止設判部一人官制行始設尚書建炎三年詔鴻臚光祿寺悉併歸禮部太常國子監亦隸焉　侍郎一人爲尚書之貳奏中嚴外辦同省牲及視饌腥熟之節祭天地則與尚書迭爲亞獻祀神則與尚書迭爲初獻建炎中禮部不備官長貳互置紹興七年置侍郎二人隆興元年詔除尚書不常置外侍郎常署二人時呂廣問爲禮部侍郎老成持重帝嘗對廷臣面獎之　郎中一人　員外郎一人參預禮樂祭祀朝會宴享學校貢舉之事有所損益則審訂以次諮決凡慶會若謝掌撰文表與祠部主客膳部並列爲四建炎三年併省部曹禮部領主客祠部領膳部隆興元年復詔禮部祠部一員兼領自是併行四司之事矣時李燾除禮部員外郎中興祭典未備燾上言嶽鎮海瀆先農先蠶風雨雷師九祀乃以酒脯代牲牢雨暘失節郡國水災未必不由於此詔許復舊　膳部郎中一人　員外郎一人掌牲牢酒醴膳羞之事　主客郎中一人　員外郎一人掌以賓禮待四夷之朝貢凡郊勞授館宴享賜予辨其等而以式頒之元祐六年兵部奏言番夷授官向例由主客郎官令番國進奉人陳乞下主客郎曹看詳請今後令主客關報兵部詔從之　祠部郎中一人　員外郎一人掌天下祀典道釋祠廟醫藥之政

遼北面官以多囉倫穆騰司掌禮儀視禮部南面官有禮部尚書侍郎郎中員外郎

金禮部尚書一人掌凡禮樂祭祀燕享學校貢舉儀式制度符印表疏圖書冊命祥瑞天文漏刻國忌廟諱醫卜釋道四方使客諸國進貢犒勞張設之事熙宗天眷中以張浩爲禮部尚書田穀事起臺省一空浩行六部事簿書叢委決遣無留人服其才　侍郎一人　郎中一人　員外郎一人

元禮部尚書一人掌天下禮樂祭祀朝會燕享貢舉之政令凡儀制損益之文符印簡冊之信神人封謚之法忠孝貞義之褒送迎聘好之節文學僧道之事婚姻繼續之辨音藝膳供之物悉以任之中統元年設左三部置尚書二人至元七年分立禮部尚書三人二十三年定爲二人成宗元貞元年復增一人領會同館事時制大樂諸坊悉隸禮部庫庫拜禮部尚書監羣玉內司正色率下每遇公讌衆伎畢陳庫庫視之洎如僚佐以下皆肅

然許辰除禮部尚書提點太醫院事每外國使至必命與之語詞理明辨莫不傾服賜日月龍鳳文綺衣三襲

侍郎二人為尚書之貳中統元年設左三部侍郎二人至元七年別立禮部侍郎一人二十三年定員額為二人　郎中二人　員外郎二人中統元年設左三部郎中四人員外郎六人至元七年別立禮部郎中二人員外郎四人二十三年定員額郎中仍二人員外郎二人

明禮部尚書一人掌天下禮儀祭祀宴饗貢舉之政令凡典樂典教內而宗藩外而諸藩上自天官下逮醫師膳夫伶人之屬靡不兼綜職任綦重成化以後率以翰林諸臣為之其由此登公孤任輔導者最多蓋冠於諸部焉弘治以後費宏靳貴蔣冕毛紀袁宗皋賈詠張璁李時顧鼎臣張璧徐階李春芳高拱陳以勤趙貞吉殷士儋高儀呂調陽張四維馬自強余有丁許國王錫爵趙志皋陳于陛沈一貫沈鯉朱賡于愼行李廷機葉向高方從哲吳道南沈潅何宗彥韓爌朱國祚孫如游顧秉謙朱國禎魏廣微周如磐黃立極丁紹軾施鳳來張瑞圖李國㯶來宗道楊景辰周道登錢龍錫李標劉鴻訓成基命周延儒何如寵錢象坤溫體仁吳宗達鄭以偉徐光啟錢士升王應熊何吾騶黃士俊孔貞運賀逢聖劉宇亮傅冠楊嗣昌方逢年蔡國用姚明恭張四知魏炤乘蔣德璟黃景昉吳甡皆以禮部尚書入閣為大學士　侍郎二人為尚書之貳洪武十三年設侍郎一人尋復增置一人天順以後為侍郎者多入閣許彬薛瑄李賢陳文劉健李東陽馮銓文震孟張至發范復粹陳演皆以禮部侍郎入閣為大學士　儀制郎中一人　員外郎一人　主事一人洪武二十九年改儀部為儀制掌禮文宗封學校貢舉之事凡諸司之印信領其制度刓弊則換給之　祠祭郎中一人　員外郎一人　主事一人洪武二十九年改祠部為祠祭掌諸祀典及國恤廟諱之事凡有謚則定議以聞　精膳郎中一人　員外郎一人　主事一人洪武二十九年改膳部曰精膳掌宴饗牲豆酒膳之事　主客郎中一人　員外郎一人　主事一人掌諸番朝貢接待給賜之事考稽四夷館譯字生通事之能否凡朝廷賜賚之典各省土物之貢咸掌之弘治五年增置主事一人提督會同館　南京禮部尚書一人　右侍郎一人　儀制郎中一人　主事一人　祠祭郎中一人　主事一人　精膳郎中一人　主客郎中一人

兵部尚書侍郎郎中員外郎職方郎中員外郎駕部郎中員外郎庫部郎中員外郎主事附

唐兵部尚書一人掌武選地圖車馬甲械之政凡命將廟授斧鉞凡發兵降敕書於尚書始下文符至德以後有九節度恢復大功武夫戰卒以功起行陣列為王侯者皆除節度使由是方鎮相望兵驕逐帥自擇留後以邀命於朝廷天子不能制而姑息之兵制遂漸壞焉　侍郎二人為尚書之貳　郎中二人一人判帳及武官階品衞府眾寡校考給告身之事一人判部及軍戒調遣之名數朝集祿數告假之事　員外郎二人一人掌貢舉雜請一人判南曹部歲選解狀則覈簿書資歷考課　職方郎中一人　員外郎一人掌地圖城隍鎮戍烽候防人道路之遠近及四夷歸化之事凡圖經非州縣增廢五年乃修歲與版籍偕上凡番客至訊其國山川風土為圖奏之殊俗入朝者圖其容貌衣服以聞　駕部郎中一人　員外郎一人唐時要家勢人以處駕曹為辱畢誠為駕部員外郎恬然處之如美官　庫部郎中一人員外郎一人掌武庫器仗兵部長官涖其修完

宋兵部尚書一人掌兵衛武選車輦甲械廄牧之政令以天下郡縣之圖而周知其地域凡陳鹵簿設仗衛飭官吏整肅番夷除授奉行其制命凡軍兵以名籍統隸者閱習按試選募遷補及武舉校試之事皆總之舊設判部事一人以兩制充官制行乃設尚書一人掌之乾道時詔將下班祗應并進義校尉守闕進義副尉進武校尉守闕進武副尉並隸兵部時尚書郎為鹵簿使蘇軾以兵部尚書充鹵簿使從帝祀南郊至青城有赭傘犢車青蓋犢車百餘乘衝突而來軾呼御營巡檢使立車前曰西來誰何敢爾亂行曰皇后并某國夫人某大長公主軾即於青城上疏劾之明日使傳命申飭有司嚴整仗衛　侍郎一人為尚書之貳建炎時長貳互置續置侍郎二人紹興後常置一人　郎中一人　員外郎一人參掌本部長貳之事建炎三年詔以郎中員外郎兼理職方事　職方郎中一人　員外郎一人掌天下圖籍以周知方域之廣袤及郡邑鎮砦道里之遠近凡土地之產風俗所尚州為之籍遇閏歲造圖以進四夷歸附則分隸諸州度田屋錢糧之數給之舊設判司事一人以無職朝官充掌受閏年圖經令天下每閏年造圖納儀鸞司太宗淳化四年令再閏一造眞宗咸平四年令上職方轉運畫本路諸州圖十年一上　駕部郎中一人　員外郎一人掌輿輦車馬驛置廄牧之事舊設判司事一人以無職事朝官充官制行始置郎官掌其事建炎三年併太僕寺隸焉　庫部郎中一人　員外郎一人掌鹵簿儀仗戎器供帳之事國之武庫隸焉建炎三年以駕部兼庫部

遼北面官有北樞密院掌兵機武銓羣牧之政視兵部南面官有兵部尚書侍郎郎中員外郎

金兵部尚書一人掌兵籍軍器城隍鎮戍廄牧舖驛車輅儀仗郡邑圖志險阻障塞遠方歸化之事　侍郎一人為尚書之貳　郎中一人　員外郎二人

元兵部尚書三人掌天下郡邑郵驛屯牧之政令凡城池廢置之故山川險易之圖兵站屯田之籍遠方歸化之人官司芻牧之地駝馬牛羊鷹隼羽毛皮革之徵驛乘郵運祗應公廨皂隸之制悉以任之中統元年以兵

刑工為右三部置尚書二人至元元年以兵刑自為一部置尚書四人七年特立兵部尚書一人二十三年定尚書員額為二人英宗至治三年增置一人　侍郎二人為尚書之貳中統元年設左三部侍郎二人至元元年以兵刑自為一部置侍郎三人二十三年定侍郎員額為二人　郎中二人　員外郎二人中統元年設右三部郎中五人員外郎五人七年特立兵部郎中一人員外郎一人二十三年定郎官員額各置二人時郎中掌驛傳往來之事至元中趙孟頫為兵部郎中是時天下諸驛繁甚使客飲食之費十倍於前吏無以供給强取於民不勝其擾孟頫請於中書增鈔給之

明兵部尚書一人掌天下武衛官軍選授簡練之政弘治中劉大夏為兵部尚書知遇最深每朝罷傳宣循御陛而上帝面與商確時事雖公輔貴近有不預聞者嘗召對自旦至午憊不能行命司禮太監李榮扶掖而出　侍郎二人隆慶四年增添註侍郎二人尋罷萬歷中復置　協理京營戎政一人或尚書或侍郎皆隨時置掌京營操練之事永樂初設三大營總於武將景泰元年設提督團營命兵部尚書于謙兼領之後罷成化三年復設以本部尚書兼之嘉靖二十年始命尚書劉天和輟部務另給關防專理戎政二十九年以總督京營戎政之印畀仇鸞改設本部侍郎協理戎政萬歷九年裁革崇禎二年復增一人以庶吉士劉之綸為兵部侍郎充之　武選郎中一人即前代兵部郎中之職掌衛所土官選授陞調襲替功賞之事凡軍政五年一考凡除授出自中旨者必覆奏然後行之弘治中陳愷為武選司主事歷陞郎中武選繁劇怨叢勢軋愷一意奉公私謁不行一時武選稱得人本部長官舉薦謂愷可勝方岳之任　員外郎一人　主事二人　職方郎中一人掌輿圖軍制城隍鎮戍簡練征討之事凡天下地理險易遠近邊腹疆界俱有圖本三歲一報與官軍車騎之數偕上劉大夏調職方郎中舉用守將有暮夜懷金謝之者却不受明練於天下事所奏覆皆當上意本部長官倚之如左右手　員外郎一人　主事二人　車駕郎中一人洪武六年為駕部二十九年改為車駕掌鹵簿儀仗禁衛驛傳廐牧之事稽查太僕苑馬二寺之簿籍以時呈其登耗　員外郎一人　主事二人　武庫郎中一人洪武十三年增置庫部二十九年改為武庫掌戎器符勘尺籍武學薪隸之事凡武職幼官及子弟未嗣官者於武學習業以主事一人監督之考稽學官之賢否肄習之勤怠以聞　員外郎一人　主事二人　南京兵部尚書一人參贊機務宣德八年黃福為南京兵部尚書始加參贊機務銜成化二十三年始奉敕諭專以本部尚書參贊機務同內外守備官操練軍馬禁戢盜賊振舉庶務其職視五部為重云　武選郎中一人　主事一人　車駕郎中一人　員外郎一人　主事二人　職方郎中一人　員外郎一人　主事一人　武庫郎中一人　主事一人

刑部尚書
侍郎　郎中　員外郎　都官郎中
員外郎　比部郎中　員外郎　司門
郎中　員外郎　主事附

唐刑部尚書一人掌律令刑法徒隸按覆讞禁之政令凡刑法之書有四一曰律二曰令三曰格四曰式凡決大獄以尚書侍郎與御史中丞大理卿為三司使凡國有大赦集囚徒於闕下以聽建炎中詔中書門下選律學之士取至德以來制敕奏讞掇其可為法者藏之元和中刑部侍郎許孟容等刪天寶以後敕為開元格後敕太和中命尚書省郎官各刪本司敕而與侍郎復視中書門下參其可否而用之大中時左衛率府倉曹參軍張戣以刑律分類為門而附以格敕為大中刑律統類以詔刑部頒行之　侍郎一人為尚書之貳文宗開成三年狄兼謩為刑部侍郎採開元二十六年以後至於開成制敕刪其繁者為開成詳定格　郎中二人　員外郎二人贊尚書侍郎治其事　都官郎中一人　員外郎一人掌俘隸部錄給衣糧醫藥而理其訴免　比部郎中一人　員外郎一人掌句會內外賦斂經費俸祿公廨勳賜贓贖徒役課程逋欠之物及軍資械器和糴屯收所入京師倉庫三月一比諸司諸使京都四時句會於尚書省以後季句前季諸州則歲終總句焉建中時以武元衡有才名特召授比部員外郎　司門郎中一人　員外郎一人掌門關出入之籍及闌遺之物凡著籍月一易之流內記官爵姓名流外記年齒狀貌非遷解不除凡有召者降墨敕勘銅魚木契然後入監門校尉巡日送平安凡奏事遣官送之晝題時刻夜題更籌闌遺之物揭於門外牓以物色期年沒官凡關二十有六有上中下之差度者本司給過所出塞踰月者給行牒獵手所過給長籍三月一易番客往來閱其裝重入一關者餘關不譏

宋刑部尚書一人掌天下刑獄之政令凡麗於法者審其輕重平其枉直淳化二年置審刑院知院事一人以郎官以上至兩省充詳議官以京朝官充掌詳讞大理所斷案牘而奏之凡獄具上先經大理斷讞既定報審刑然後知院與詳議官定成文草奏記上中書中書以奏眞宗大中祥符二年置糾察刑獄司糾察官二人以兩制以上充官制行悉罷歸刑部徽宗崇寧二年詔刑部通治左右曹初設審刑院以燕肅知院事是時天下獄常多疑獄雖聽奏而州郡懼得罪不敢讞冤有不當者釋其罪自是全活者衆　侍郎二人為尚書之貳一治左曹一治右曹如獨員即通治建炎後長貳互置隆興中常置一員淳熙十六年詔依崇寧專法奏獄及法令事請大理寺官赴部共議之用侍郎吳博古之請也時張九成為刑部侍郎一日法寺以成案上大辟九成閱首末得其情因請覈實四果誣服者

也奏讞之時法官扺罰而朝論欲以平反爲賞九成辭曰職在詳刑而賣眾以邀賞可乎 郎中二人　員外郎二人分左右廳掌詳覆敍雪之事建炎三年刑部郎中以二員爲額關掌職事無分異紹興二十六年詔依元豐舊法分廳治事永爲定制 是時右司汪應辰言刑部郎官分爲左右左以詳覆右以敍雪同僚異事祖宗有深意倘無分異有不當於理者孰爲追改乞遵用舊制要使官各有守人各有見參而用之以稱欽恤之意從之 都官郎中一人　員外郎一人舊制判司事一人以無職朝官充官制行始置郎中員外郎掌徒流配隸凡天下役人與在京百司吏職皆有籍以考其役放及增損廢置之數若定差副尉則計其所歷而以役之輕重均其勞逸給印紙書其功過展減磨勘歲月元祐八年以綱運差使闕歸吏部省副尉員三百紹聖間復其額崇寧中侍郎劉賡奏副尉差遣有立定優重等第都官條雖特旨亦許執奏從之建炎三年詔比部兼司門隆興元年詔都官比部共置一員自此都官兼比部司門之事矣 建炎初滕庾擢都官員外郎時庶事草創賞功補副尉者不可勝計庾隨事爬梳聞諸朝嚴其籍 比部郎中一人　員外郎一人掌句覆中外帳籍凡場務倉庫出納在官之物皆月計季考歲會從所隸監司監察以上兵部至則審覆其多寡隱耗之數有陷失則理納鉤考百司經費有隱昧則會問同否而理其侵負舊帳案隸三司官制行隸其事悉歸比部元祐元年用司馬光奏總於戶部三年釐正倉部句覆理欠憑由案及印發鈔引事仍歸比部徽宗政和六年詔寺監先期檢舉如庫務監官所造交帳委無未備方許批書違者御史臺奏劾用郎官梅執禮之請也建炎以後率以都官兼比部之事　司門郎中一人　員外郎一人掌門關津梁道路之禁令及其廢置移復之事建炎以後率以都官兼司門之事

遼北面官有伊勒希巴院掌刑獄事視刑部南面官有刑部尚書侍郎郎中員外郎等官

金刑部尚書一人　侍郎一人　郎中一人　員外郎二人一人掌律令格式審定刑名關津譏察赦詔勘鞫追徵給沒等事一人掌監戶官戶配隸訴良賤城門啟閉官吏改正功賞捕亡等事 大定中賈少沖爲刑部郎中往北京決獄奏誅首惡誤牽連其中者皆釋不問全活凡千人以本職攝右司員外郎嘗執奏刑名甚堅帝謂侍臣曰少沖居下位有守如此

元刑部尚書三人掌天下刑名法律之政令凡大辟之按覆繫囚之詳讞孥收產沒之籍捕獲功賞之式冤訟疑罪之辨獄具之制度律令之擬議悉以任之中統元年設右三部置尚書二人至元元年合兵刑爲一部尚書四人七年特立刑部尚書一人二十三年定尚書員額爲二人大德四年增置一人 仁宗皇慶中詔以吏多滯事責曹屬按不如程令刑部尚書謝讓曰刑獄非錢穀銓選之比寬以歲月尚慮失實豈可律以常法乎因入白宰相由是刑曹獨得不責稽遲 侍郎二人爲尚書之貳中統元年設右三部侍郎二人七年特立刑部侍郎一人二十三年定六部侍郎員額仍置二人　郎中二人　員外郎二人中統元年設右三部置郎中五人員外郎五人至元元年合兵刑爲一部置郎中四人員外郎五人七年特置刑部郎中一人員外郎二人二十三年定郎官員額各置二人

明刑部尚書一人掌天下刑名及徒隸句覆關禁之政令領十三司每司各掌其分省及兼領所分京府直隸刑名以贊尚書 成化時杜銘爲刑部尚書時飭其屬吏以人命至重勿以喜怒用法度足以正邦典而彰至德一時用刑號稱平允楊志學爲刑部尚書刑部獄詞既經侍郎詳定尚書多不覆視惟死罪始自裁決志學凡笞以上必經視覽而後定 侍郎二人爲尚書之貳 武宗正德中衞道官刑部侍郎清直之操終始不渝劉季篪爲刑部侍郎獄多平反尤重人命 浙江司郎中一人　員外郎一人　主事二人掌其所分一省之事 帶管崇府中軍都督府刑科內官御用司設等監在京金吾前騰驤左瀋陽右留守中神策和陽武功右廣洋八衞蓄牧千戶所及兩浙鹽運司直隸和州滁鹿左滁鹿中二衞 江西司郎中一人　員外郎一人　主事二人掌其一省之事 帶管淮益弋陽建安樂安五府前軍都督府御馬監火藥酒醋麪觔等局在京府軍前燕山左留守前龍驤寬河忠義前忠義後永清右龍江左龍江右十衞及直隸廬州府廬州六安九江武清宣府前龍門各衞 湖廣司郎中一人　員外郎一人　主事二人掌其一省之事 帶管楚岷吉榮遼五府右軍都督府司禮尚寶尚膳神功等監天財庫在京留守右虎賁右忠義右武功左茂陵永陵江淮濟川水軍右九衞及興都留守司直隸寧國池州二府宣州神武中定州茂山保安左保安右各衞渤海千戶所 福建司郎中一人　員外郎一人　主事二人掌其一省之事 帶管戶部太僕寺戶科寶鈔提舉司印綬都知等監甲字等十庫在京金吾後應天會州武成中武功中孝陵獻陵景陵裕陵泰陵十衞牧馬千戶所及福建鹽運司直隸常州府廣德州中都留守左留守中定邊開平中屯各衞美峪千戶所 山東司郎中一人　員外郎一人　主事二人掌其一省之事 帶管魯德衡涇四府左軍都督府宗人府兵部尚寶司兵科典牧所會同館供用庫戈戟司司苑局在京羽林右瀋陽左長陵三衞奠靖千戶所及山東鹽運司中都留守司遼東都司遼東行太僕寺直隸鳳陽府滁州鳳陽皇陵長淮泗州壽州滁州沂州德州左保定後各衞安東中護衞潮河龍門寧靖各千戶所 山西司郎中一人　員外郎一人　主事二人掌其一省之事 帶管晉代瀋懷仁慶成五府翰林院欽天監上林苑監南北城兵馬司混堂司甜食房在京旗手金吾右騎右龍虎大寧中義勇前義勇後英武八衞及直隸鎮江府徐州瀋陽中屯各衞瀋陽中護衞倒馬關平定各千戶所 河南司郎中一人　員外郎一人　主事二人掌其一省之事 帶管周唐趙鄭徽伊汝七府禮部太常光祿鴻臚詹事府國子監禮科中書舍人神樂觀犧牲所兵仗局靈臺鐘鼓等司東城兵馬司教坊司在京羽林左府軍右武德留守後神武左彭城六衞及兩淮鹽運司直隸淮安揚州二府淮安大河邳州揚州高郵儀真宿州武平歸德寧山神武右各衞海州鹽城通州汝寧各千戶所 陝西司郎中一人　員外郎一人　主事二人掌其一省之事 帶管秦韓慶肅四府後軍都督府大理寺行人司尚衣監針工局西城兵馬司在京府軍後騰

驤右豹韜鷹揚興武義勇右康陵昭陵龍虎左橫海江陰十一衛及河東鹽運司陝西行太僕寺甘肅行大僕寺直隸太平府建陽保定左保定右保定中保定前各衛平涼中護衛　四川司郎中一人　主事二人掌其一省之事帶管蜀府工部工科巾帽織染二局僧道錄司在京府軍金吾左濟川武驤右大寧前蔚州左永清左廣武八衛及直隸松江大名二府金山懷安懷來各衛神木千戶所　廣東司郎中一人　員外郎一人　主事二人掌其一省之事帶管應天府在京錦衣府軍左虎賁左濟陽留守左水軍左飛熊七衛及直隸延慶州懷來千戶所　廣西司郎中一人　員外郎一人　主事二人掌其一省之事帶管靖江府通政司五軍斷事司中城兵馬司寶鈔銀作二局在京羽林前燕山右燕山前大興左通州武驤左鎮南富峪八衛及直隸安慶徽州二府安慶新安通州左通州右延慶延慶左延慶右各衛　雲南司郎中一人　員外郎二人　主事二人掌其一省之事帶管順天府太醫院儀衛司承運庫及直隸永平廣平二府鎮海眞定永平山海盧龍東勝左東勝右撫寧密雲中密雲後大同中屯潼關營州五屯萬全左萬全右各衛寬河武定蒲州各千戶所　貴州司郎中一人　員外郎一人　主事二人掌其一省之事帶管吏部吏科司茶局及長蘆鹽運司大寧萬全二都司直隸蘇州保定河間眞定順德五府蘇州太倉薊州遵化鎮朔興州五屯忠義中涿鹿河間天津天津左天津右德州宜府左宜府右開平保安蔚州永寧各衛梁城興和廣昌各千戶所

南京刑部尚書一人　右侍郎一人　浙江司郎中一人　員外郎一人　主事二人　江西司郎中一人　員外郎一人　主事一人　湖廣司郎中一人　主事一人　福建司郎中一人　主事一人　山東司郎中一人　主事一人　山西司郎中一人　主事一人　河南司郎中一人　員外郎一人　主事一人　陝西司郎中一人　員外郎一人　主事一人　四川司郎中一人　主事一人　廣東司郎中一人　員外郎一人　主事二人　雲南司郎中一人　主事一人　貴州司郎中一人　主事一人　廣西司郎中一人　主事一人

工部尚書 侍郎 郎中 員外郎 屯田郎中 員外郎 虞部郎中 員外郎 水部郎中 員外郎 主事附

唐工部尚書一人掌山澤屯田工匠諸司公廨紙筆墨之事至德以後多以宰臣檢校各部尚書惟工部最少會昌六年鄭肅以同中書門下平章事兼工部尚書大中二年裴休以同中書門下平章事守工部尚書餘無所見大抵中唐以後此職不爲要任　侍郎一人爲尚書之貳長慶中李栖筠爲工部侍郎關中舊仰鄭白二渠溉田而豪戚據上游取磑利百所奪農用十七栖筠請皆撤毀歲得租二百萬民賴其入　郎中一人　員外郎一人掌城池土木之工役程式凡京都營繕皆下少府將作共其用役千工者先奏凡工匠以州縣爲團五人爲火五火置長一人四月至七月爲長功二月三月八月九月爲中功十月至正月爲短功雇者日爲絹三尺內中尚巧匠無作則納資凡津梁道路治以九月　屯田郎中一人　員外郎一人掌天下屯田及在京文武職田諸司公廨田以品給焉　虞部郎中一人　員外郎一人掌京都衢術苑囿山澤草木及百官番客時蔬薪炭供頓畋獵之事凡郊祀神壇五嶽名山樵採芻牧皆禁距壝三十步外得耕種春夏不伐木京兆河南府三百里內正月五月九月禁弋獵　水部郎中一人　員外郎一人掌津濟船艫渠梁堤堰溝洫漁捕運漕碾磑之事凡坑陷井穴皆有標京畿有渠長斗門長諸州堤堰刺史縣令以時檢行而涖其決築有埭則以下戶分牽禁爭利者

宋工部尚書一人掌百工水土之政令稽其功緒以詔賞罰凡制作營繕計置採伐所用材物按其程式以授有司舊制判部事一人以兩制以上充官制行始置尚書總其事建炎時倂將作少府軍器監並歸工部紹興二年詔行在別置作院造器甲工部長官提點　侍郎一人爲尚書之貳建炎時長貳互置隆興初詔各置一人　郎中一人　員外郎一人凡制作營繕計置採伐材物按程式以授有司則參掌之建炎三年詔工部郎官兼虞部紹興二年詔郎官點檢行在別置作院所造器甲　屯田郎中一人　員外郎一人掌屯田營田職田學田官莊之政令及其租入種刈興修給納之事凡塘濼以時增減堤堰以時修葺并有司修葺種植之事以賞罰詔其長貳而行之紹聖元年詔屯田虞部互置郎官一人　虞部郎中一人　員外郎一人掌山澤苑囿場冶之事辨其地之產而爲之厲禁凡金銀銅鐵鉛錫鹽礬皆計其所入登耗以詔賞罰　水部郎中一人　員外郎一人掌溝洫津梁舟檝漕運之事凡堤防決溢疏導壅底以時約束而計度其歲用之物修治不如法者罰之規畫措置爲民利者賞之元祐元年省水部郎官一人建炎三年詔屯田郎官兼水部

遼北面官有宣徽北南二院掌御前祗應之事視工部南面官有工部尚書侍郎郎中員外郎等官

金工部尚書一人掌修造營建法式諸作工匠屯田山林川澤之禁令江河堤岸道路橋梁之事大定中河決於衛詔劉瑋兼工部尚書往塞瑋齋戒禱於河工役齊舉河復故道　侍郎一人爲尚書之貳　郎中一人　員外郎一人

元工部尚書三人掌天下營造百工之政令凡城池之修濬土木之繕葺材物之給受工匠之程式銓注局院司匠之官悉以任之中統元年設右三部置尚書二人至元元年分立工部置尚書四人七年裁尚書二人二十三年定尚書員額仍以二人爲額明年以曹務繁劇增尚書二人二十八年省尚書一人　侍郎二人中統

元年設右三部置侍郎二人至元元年分立工部置侍郎三人七年裁革一人二十三年定侍郎員額爲二人　郎中二人　員外郎二人中統元年置右三部郎中五人員外郎五人至元元年分立工部郎中四人員外郎五人七年裁革郎中一人二十三年定郎中員外郎員額各以二人

明工部尚書一人掌天下百官山澤之政令嘉靖後增置尚書一人專督大工正德時以孫需爲工部尚書務釐宿弊不欲以浮冗多耗民財先是諸營建給領料價率匠魁事之滋部事者或與爲市故羣匠無所得而工不完需令匠魁及羣匠同領而均分之稱便如一毛伯溫陞工部尚書奉命提督天壽山工程諸陵石柱道遠車推勞費千百伯溫以意制八輪車前後聯絡隨地險夷爲低昂工作易就帝聞之喜賜綉囊銀勺各一　侍郎二人爲尚書之貳　營繕郎中一人即前代工部郎中之職　員外郎一人　主事三人掌經營興作之事凡宮殿陵寢城郭壇場祠廟倉庫廨宇營房王府邸第之役鳩工會材以時程督之凡鹵簿儀仗樂器移內府及所司各以其職治之凡置獄具必如律時制以工部居六曹後仕進者冶局視之嘉靖間興大工添設郎官數倍營繕司尤盛郎官多至十餘員驟得陞京堂或有先賜四品服者人始慕之而爲語云馬前雙馬後方督工郎雙者棍方者杌也　虞衡郎中一人　員外郎一人　主事二人掌山澤採捕陶冶之事凡軍裝兵器下所司同兵部省之洪武六年設虞部二十九年改爲虞衡　都水郎中一人　員外郎一人　主事二人掌凡川澤橋道舟車織造券契量衡之事凡諸水要會遣京朝官專理以督有司凡公侯伯鐵券差其高廣凡祭器冊寶乘輿符牌雜器皆會則於內府凡度量權衡謹其校勘而頒之懸式於市而罪其不中度者洪武六年爲水部二十九年改爲都水　屯田郎中一人　員外郎一人　主事二人嘉靖中增置一人掌屯種抽分薪炭夫役壇塋之事凡軍馬守鎮之處其有轉運不給則設屯以益軍儲凡抽分征諸商視其財物各有差凡薪炭南取洲汀北取山麓及壇塋及堂牌碣獸之制第宗室勳戚文武官之等而定其差　提督易州山廠主事之事掌督御用柴炭之事景泰間以本部尚書或侍郎督廠事嘉靖八年罷革改設主事管理　南京工部尚書一人　右侍郎一人　營繕郎中一人　員外郎一人　主事三人　虞衡郎中一人　主事二人　都水郎中一人　員外郎一人嘉靖三十七年裁革　主事二人　屯田郎中一人　主事一人

欽定續通典卷二十七

職官

御史臺

唐肅宗至德以後諸道使府參佐皆以御史為之謂之外臺復有檢校裏行內供奉或兼或攝諸使下官亦如之武宗會昌初升大夫中丞品東都留臺有中丞一人侍御史一人殿中侍御史二人監察御史主留臺務三院御史皆不常備焉宋置御史臺其制與唐略同有御史大夫中丞侍御史殿中侍御史監察御史等官凡遇大事則廷辨小事則奏彈凡祭祀朝會則率其屬正百官之班序眞宗咸平四年以御史二人充左右巡使文官右巡主之武官左巡主之糾其違失常參班簿祿料假告皆主之祭祀則兼監祭使掌受誓戒致齋檢視糾劾又有廊下使專掌入閤監食監香使掌國忌行香皆臨時充神宗元豐正官名悉罷之遼置御史臺設大夫中丞侍御史等官金制與宋略同登聞檢院亦隸御史臺凡御史多有出使者元始無臺職世祖至元五年始設臺建官制與唐宋略同惟諸道皆設行臺其品秩與內臺同凡諸道肅政廉訪使皆隸于內臺明初亦置御史臺設左右御史大夫御史中丞侍御史治書侍御史殿中侍御史監察御史等官尋罷御史臺更置都察院設監察都御史八人分監察御史為浙江河南山東北平山西陝西湖廣福建江西廣東廣西四川十二道各道置御史或五人或三四人每道鑄印二一畀御史久次者掌之一藏內府有事受印出既事納之文曰繩愆糾謬以秀才李原明為都御史吳荃等為試監察御史太祖洪武十六年都察院設左右都御史左右副都御史左右僉都御史二十三年左副都御史袁泰言各道印篆相同慮有詐偽乃更鑄監察御史印曰某道監察御史印巡按印曰巡按某處監察御史印惠帝建文元年改設都御史一人革僉都御史二年改為御史府設御史大夫改十二道為左右兩院設御史二十有八人永樂元年悉復舊制洪熙宣德以後凡在外之督撫經略等員兼銜以便行事（具御史大夫篇）御史之居職奉差者名數實繁（具監察侍御史篇）蓋所以寄其察姦糾獘之權者較前代為特詳焉

御史大夫

唐御史大夫一人為御史長官掌以刑法典章糾正百官之善惡（至德中韋陟為御史大夫時右拾遺杜甫上表論房琯有大臣度眞宰相器帝令陟同崔光遠顏眞卿同訊之陟入奏甫所陳讜言不失諫臣體帝由是疏之崔渙為御史大夫時元載輔政與中官董秀蟠結固寵渙因進見面劾之帝默然宣宗大中時李景讓為御史大夫甫視事即劾免御史孫汝玉等威肅朝）當凡有御史彈劾必先白大夫大事以方幅小事署名而已至德後率有以大夫為宰臣者（德宗建中二年盧杞以御史大夫為門下侍郎兼中書門下平章事貞元五年竇參以御史大夫為中書侍郎同門下平章事憲宗元和十三年李夷簡以御史大夫為門下侍郎同中書門下平章事武宗會昌元年陳夷行以御史大夫為門下侍郎同中書門下平章事宣宗大中三年崔鉉以御史大夫守門下侍郎同中書門下平章事）蓋重職也五代惟後唐明宗天成元年以李琪為御史大夫自後不復除宋初御史大夫不除正員為加官檢校官帶憲銜有至檢校御史大夫者官制行亦並除去遼南面官有御史大夫太宗會同元年以耶律呼哩為御史大夫金初置御史大夫掌糾察朝儀彈劾官邪勘鞫官府公事凡內外刑獄所屬理斷不當有陳訴者付御史治之元御史臺置於至元五年設御史大夫一人後又增一人掌糾察百官善惡政治得失（順帝至正六年賀惟一拜御史大夫故事臺端非國姓不授因賜蒙古姓而改其名額琳沁巴勒拜御史大夫性剛正動有禮法盡選中外廉能之官置諸風憲一時號稱得人）十四年置江南行御史臺于揚州尋徙杭州又徙江州二十三年遷于建康以監臨東南諸省統置各道憲司而總諸內臺置御史大夫一人品秩與內臺等領中丞御史等官統淮東淮西湖北浙東浙西江東江西湖南八道提刑按察司十五年增江南湖北嶺南廣西福建廣東三道二十三年以淮東淮西山南三道撥隸內臺三十年又增海北海南一道成宗大德元年定為江南諸道行御史臺自御史大夫以下設官九員以監江浙江西湖廣三省統江東江西浙東浙西湖南湖北廣東廣西福建海南十道是年置陝西諸道行御史臺統漢中隴北四川雲南四道置御史大夫一人其品秩與內臺同（至元中姜衛拜行臺御史大夫奏曰陛下以臣為耳目臣以監察御史按察司為耳目倘非其人是臣之耳目先自閉塞下情何由上達帝嘉之命御史臺清其選英宗至治中桑節為行臺御史大夫時承平日久內外方以觀望為政桑節獨持風裁御史行部必敕屬而遣之時有所屬御史彈劾不實桑節奏白之）及至正之末于福建更設分臺時政紛淆用人非次不作編紀明初置御史臺設左右御史大夫論之曰國家立三大府中書總政事都督總軍旅御史掌糾察朝廷綱紀盡繫於此而臺察之任尤清要卿等當正己以率下忠勤以事上毋委靡因循以縱姦毋假公濟私以害物時以鄧愈湯和為御史大夫洪武十五年罷御史臺置御察院設監察都御史八人十六年設左右都御史各一人權位赫然同六部尚書稱七卿與前代之御史大夫無異矣其職掌糾劾百司辨明冤枉提督各道為天子耳目風紀之司凡大臣姦邪私搆黨作威福亂正者劾凡百官猥茸貪冒壞官紀者劾凡學術不正上書陳言變亂成憲希進用者劾遇朝覲考察同吏

部司賢否黜陟大獄重囚會鞫于外朝偕刑部大理讞平之其奉敕內地拊循外地各專其敕行事建文初練子寧爲御史大夫時李景隆姦邪懷異志屢敗召還子寧執景隆于朝數其罪請誅之不聽憤激叩首言此賣國賊臣備員執法不能除姦請先伏誅遂罷朝英宗天順中高明爲南京都御史肅清綱紀劾罷諸貪吏軒輗爲左都御史嚴毅待人時詣禮部拜表慶賀屏居一室撤燭朝服端坐寂無一言行禮畢即御肩輿歸僚儕聞輗來輒避去不樂與輗處孝宗弘治元年拜馬文升爲左都御史是春帝耤田雜劇出狎語文升厲色曰新天子當知稼穡艱難豈宜以此瀆亂宸聰即令斥去戴珊爲左都御史務持風紀雖簿書之細必極精覈帝親鞫大獄諸司震悚珊從容應對時有開析天威頓霽至外省之總督提督巡撫經略總理贊理巡視撫治等官必加左右都御史銜以便行事非元之行臺也總督漕運兼提督軍務巡撫鳳陽等處兼管河道都御史一員總督薊遼保定等處軍務兼理糧餉都御史一員總督宣大山西等處軍務兼理糧餉都御史一員總督陝西三邊軍務都御史一員總督兩廣軍務兼理糧餉帶管鹽法兼巡撫廣東地方都御史一員總督四川陝西河南湖廣等處軍務都御史一員總督浙江福建江南兼制江西軍務都御史一員總督陝西山西河南湖廣四川五省軍務都御史一員總督鳳陽地方兼制河南湖廣軍務都御史一員總督保定地方軍務都御史一員總督河南湖廣軍務兼巡撫河南都御史一員總督九江地方兼制江西湖廣軍務都御史一員總理南直隸兼河南山東湖廣四川軍務都御史一員總理河漕兼提督軍務都御史一員總理糧儲提督軍務兼巡撫應天等府都御史一員巡撫浙江等處地方兼提督軍務都御史一員巡撫福建地方兼提督軍務都御史一員巡撫順天等處地方兼整飭薊州等處邊備都御史一員巡撫保定等府提督紫荊等關兼管河道都御史一員巡撫河南等處地方兼管河道提督軍務都御史一員巡撫山西地方兼提督雁門等關軍務都御史一員巡撫山東等處地方督理營田兼管河道提督軍務都御史一員巡撫遼東地方贊理軍務都御史一員巡撫宣府地方贊理軍務都御史一員巡撫大同地方贊理軍務都御史一員巡撫延綏等處贊理軍務都御史一員巡撫寧夏地方贊理軍務都御史一員巡撫甘肅等處贊理軍務都御史一員巡撫陝西地方贊理軍務都御史一員巡撫四川等處地方兼提督軍務都御史一員巡撫湖廣等處地方兼贊理軍務都御史一員巡撫江西地方兼理軍務都御史一員巡撫南贛汀韶等處地方提督軍務都御史一員巡撫廣東地方兼贊理軍務都御史一員巡撫廣西地方都御史一員巡撫雲南兼建昌畢節等處地方贊理軍務兼督川貴糧餉都御史一員巡撫貴州兼督理湖北川東等處地方提督軍務都御史一員巡撫天津地方贊理軍務都御史一員巡撫登來地方贊理軍務都御史一員巡撫安廬地方贊理軍務都御史一員巡撫偏沅地方贊理軍務都御史一員巡撫密雲地方贊理軍務都御史一員巡撫淮陽地方贊理軍務都御史一員巡撫承天贊理軍務都御史一員撫治鄖陽等處地方兼提督軍務都御史一員贊理松潘地方軍務都御史一員其南京之都察院設右都御史一人總理糧儲加都御史銜一人

中丞

唐制中丞二人爲御史大夫之貳東都留臺亦設中丞一人專掌糾察至德後以御史中丞爲重職裴度爲御史中丞恪恭盡職作相後舉侍御史崔從爲御史中丞辟存誠初爲給事中時瓊林庫使奏召工徒太廣存誠以爲此皆姦人竄名以避征徭不可許咸陽尉袁僖與軍鎮相競軍人無禮遂肆侵侮僖反受罰二敕繼至存誠皆執之帝聞甚悅命中使嘉勞由是選拜存誠爲御史中丞開成中高元裕爲御史中丞風望整嚴上言曰御史府紀綱之地官屬選用宜得實材其不稱者臣請黜之會昌中李回爲御史中丞宣慰河北同爲人嚴毅峻厲至河朔何宏敬王元逵張仲武皆具櫜鞬郊迎立于道左敬待制使自兵興以來未之有也宋設中丞一人爲臺長舊兼理檢使掌糾察百官姦慝肅清朝廷綱紀凡除中丞而官未至者皆除右諫議大夫權神宗熙寧五年以知雜御史鄧綰爲中丞初除諫議大夫王安石言非制止以綰爲龍圖閣待制權御史中丞下遷諫議大夫自綰始九年鄧潤甫自正言知制誥爲中丞以宰相屬官不可掌憲府于是復遷右諫議大夫權元豐五年承議郎徐禧爲知制誥權中丞禧言中丞糾彈之人赴舍人院行辭疑若未安適官制行罷知制誥職乃以本官試中丞仁宗皇祐中帝以張昇清直可任風憲乃拜爲御史中丞時富弼爲相歐陽修爲翰林學士論者所謂三得人也時帝以昇切指時事無所避因對廷臣嘉之曰卿孤持之操乃能如是哲宗元祐中胡宗愈爲御史中丞進六事曰端本正治知難加意守法畏天疏入帝嘉納之時臺中故事有閤吏服役迨四十年以所執之梃驗中丞賢否賢則橫其梃不賢則直其梃范諷爲中丞一日視其梃忽直問曰爾梃竟直豈我之失耶吏曰中丞召客諭庖人造食指揮者數四又教戒之數四某不自知其梃之直諷笑而領之明日更視之梃復橫矣高宗建炎中除官最多孝宗初被擢寖少淳熙十年始除黃洽十三年再除蔣繼周臺諫例不兼講讀熙寧中命呂正獻亦止命時赴講筵高宗時万俟卨羅汝檝皆以秦檜意得兼寧宗慶元以後司諫以上無不預經筵者矣遼御史臺有御史中丞金御史臺亦設御史中丞世宗大定二十四年另鑄中丞印凡中丞之從幸上京者佩之元御史臺中丞二人仁宗皇慶中增置一人英宗至治二年定員額爲二人掌貳大夫事武宗至大時中丞久闕擇人甚嚴仁宗時在東宮奏薦張珪乃以珪爲中丞登極後嘉珪正直引奏多所延納皇慶中郝天挺拜御史中丞入見首陳綱紀之要以獵爲喻曰御史職在擊姦猶鷹揚焉禽之弱者易獲其力大者必借人力不然不惟失其前禽仍或有傷鷹之患帝嘉其言江南諸道行御史臺中丞二人陝西諸道行御史臺中丞二人伊嚕布哈拜行臺御史中丞陛辭之日帝御嘉德殿慰勞之且賜以上尊金幣董士選爲行臺中丞廉威並著不嚴而肅禀然有大臣之風明初設御史中丞洪武元年以章溢能存大體儀表百司拜御史中丞劉基亦曾爲之十三年專設左右中丞爲臺長十六年設都察院左右副都御史各一人左右僉都御史各二人掌貳于都御史提督各道以專糾察職與中丞同仁宗洪熙中夾納爲僉都御史昌詞義色凜然雖心存恕厚而姦贓不法之徒自然消沮武宗正德中王雲鳳爲副都御史立朝正色彈劾不避權貴世宗嘉靖中以清屯增副都御史三人尋亦罷南京設右副都御史一人右僉都御史一人其提督操江一人或以副都御史或以僉都御史爲之領上下江防之事

侍御史

唐制侍御史六人掌糾察百官及入閤承詔知推彈雜事凡彈劾則大夫中丞押奏大事法冠朱衣纁裳白紗中單小事常服凡臺內事以久次者一人專決號臺端次一人知公廨次一人知彈分京城諸司及諸州爲東西次一人知西推贓贖二司受事號副端次一人知東推理匭等有不糾察者罰之以殿中侍御史第一人同知東推莅太倉出納第二人同知西推莅左藏出納號

四推御史次御史一人分司東都臺至德以後宰相以侍御史權重建議彈奏先白中丞大夫復通狀中書門下然後得奏自是御史之任輕矣德宗建中元年以侍御史分掌公廨糾彈自是雜端之任輕矣憲宗元和八年命四推御史受事周而復始罷東西分日之限敬宗寶曆中溫造爲侍御史時夏州節度使李祐入朝有違詔命造彈之祐趨出待罪股戰流汗驚謂人曰吾夜半入蔡州城擒吳元濟未嘗心動今日膽落于溫御史矣宋仍唐制設侍御史一人以貳中丞其職不常除英宗治平中趙瞻爲侍御史請攬威權明功罪廣聰明更積弊帝嘉納之又劉摯擢侍御史自熙寧中以言去位踰十六年至是復任一時姦佞刻薄之吏事狀顯著皆正色彈劾多所貶黜中外肅然凡侍御史必由監察御史轉授遼南面官御史臺有侍御史興宗重熙七年命準格爾爲南面侍御史金御史臺有侍御史二人掌奏事判事治書侍御史二人掌同侍御史元御史臺置侍御史二人治書侍御史二人掌同中丞糾察百官善惡政治得失江南諸道行御史臺置侍御史二人治書侍御史二人陝西諸道行御史臺置侍御史二人治書侍御史二人明洪武元年置侍御史治書侍御史九年並罷後不復設

殿中侍御史

唐制殿中侍御史九人掌殿庭供奉之儀一人同知東推監太倉出納一人同知西推監左藏出納二人爲廊下食使二人分知左右巡三人內供奉肅宗乾元初張鎰累遷殿中侍御史華原令盧縱以公事譴責邑人齊令詵令詵宦人衛之誣縱罪鎰按驗當免官有司承風以死論鎰不直之乃白其母曰今理縱之免死而鎰坐貶默則負官貶則貽母憂敢問所安母曰兒無累於道吾所安也乃執正其罪宋殿中侍御史二人掌以儀法糾百官之失凡大朝會及朔望六參則東西對立彈其失儀者舊制殿中侍御史兼左右巡使元豐八年詔殿中侍御史兼察事仁宗天聖中何郯爲殿中侍御史善諫諍帝常嘉之又呂誨爲殿中侍御史彈劾無所避公主夜叩禁門劾奏公主閹官者竄逐之英宗卽位以傅堯俞爲殿中侍御史皇太后同聽政帝疾平堯俞上疏請太后還政未聽聞內侍任守忠有甚語堯俞又上疏太后遂還政逐守忠等又常同爲殿中侍御史不數月劾罷監司之不才者二十三人中外聳然遼南面官有殿中司殿中丞卽殿中侍御史之職金殿中侍御史二人每遇朝對立于龍墀之下專劾朝者儀矩凡百官告假具奏目進呈元至元五年置殿中司殿中侍御史二人凡大朝會百官班序其失儀失列則糾罰之在京百官到任告假事故出三日不報者則糾舉之大臣入內奏事則隨以入凡不可預聞之人則糾避之明洪武元年置殿中侍御史九年裁罷之以後朝會糾儀卽以監察御史任之

監察侍御史

唐制監察御史十五人掌分察百僚巡按州縣獄訟軍戎祭祀營作太府出納皆涖焉知朝堂左右廂及百司綱目凡十道巡按以判官二人爲佐務繁則有支使其一察官善惡其二察戶口流散籍帳隱沒賦役不均其三察農桑不勤倉庫減耗其四察妖猾盜賊不事生業爲私蠹害其五察德行孝弟茂材異等藏器晦迹應時用者其六察黠吏豪宗兼并縱暴貧弱冤苦不能自申者至德中李勉擢監察御史時朝廷右武勳臣恃寵多不知禮大將軍管崇嗣于行在朝堂背闕而坐勉卽劾之帝歎曰吾有李勉始知朝廷尊矣代宗永泰初趙涓爲監察御史時禁中失火與東宮稍近帝深疑東宮涓乃深歷壖圍按據跡狀乃奏上知中官失火也德宗時在東宮乃深感涓及涓刺衢州年考既深與韓滉不相得奏免涓官德宗見其名謂宰臣曰豈永泰初御史趙涓乎對曰然卽拜爲尚書左丞代宗大曆十四年以監察御史一人知兩京館驛號館驛使德宗興元元年以第一人察吏部禮部兼監察使第二人察兵部工部兼館驛使第三人察戶部刑部歲終議殿最元和中以新人不出使無以觀能否乃命專察尚書省號曰六察官宋監察御史六人掌分察六曹及百司之事糾其謬誤孝宗乾道八年宰臣進呈御史臺事分隸六察虞允文奏曰祖宗時監察御史却許言事帝曰今既分隸六察可許隨事彈奏自此朝綱肅清矣大事則奏劾小事則舉正迭監祠祭歲詣三省樞密院以下輪治凡六察之事稽其多寡當否歲終條具殿最以詔黜陟百官應赴臺參謝辭者以拜跪書札體驗其老疾凡事經郡縣監司不能直者直牒閤門上殿論奏官卑而入殿中監察御史者謂之裏行治平四年中丞王陶言奉詔舉臺官多以資淺不應格乃詔舉三丞以上知縣爲裏行熙寧二年詔御史闕委中丞奏舉毋拘官職高下兼權三年孫覺薦秀州軍事推官李定奏對稱旨以爲中允監察御史裏行由選人爲御史自定始元豐八年裁減監察御史二員餘許盡兼言事哲宗紹聖二年復置元祐元年詔臺諫官許二人同上殿又令六曹差除更改事畫黃到卽報臺又改六察旬奏爲季奏元符二年詔吏部守令課績最優者闕臺考察不實者重行黜責徽宗崇寧二年都省申明臺官職在繩愆糾謬自宰臣至百官三省至百司不循法守有罪當劾者皆得糾正政和七年中丞王安石奏以本臺覺察彈奏事刊爲一書錄本給付從之欽宗靖康元年詔宰臣不得薦舉臺官舊臺令御史上下半年分詣三省樞密院點檢諸房文字輪詣尚書六曹按察奉行稽違付受差失咸得糾彈渡江後稍闊不舉高宗紹興三年始復其舊是年殿中侍御史常同言元豐始置六察上自諸郡寺監下至廩庫場務無不分隸近有僥緣申請乞不隸臺察者恐非法宜遵舊制從之孝宗乾道二年詔自今非曾經兩任縣令不得除監察御史仁宗嘉祐中監察御史程顥前後奏說最多要以正心窒欲求賢育才爲先常言人主當防未萌之欲帝嘉之又傅堯俞爲監察御史朱誨子穎士以內降監汳口鎮而都水監復薦之堯俞

（言密院既不治潁士求內降罪而都水又安知其可用而舉之上下相結迭爲阿徇其盜名器將不但一泒口而已乃罷穎士權倖憚焉又張戩除監察御史爭新舊章數十上最後言今大惡未去橫斂未除不正之司已存無名之使方擾又詣中書力爭之王安石以扇掩之而笑戩曰戩之狂直當爲參政所笑天下之人笑參政亦不少矣）遼御史臺無監察御史金御史臺監察御史十二人掌糾察內外非違刷磨諸司察帳并監祭禮及出使之事凡選監察御史尚書省具才能者疏名進呈以聽制任滿御史臺奏其能否仍視其所察公事具書于解由以送尚書省如所察事皆無謬戾爲稱則有陞擢庸常者臨期取旨不稱者降除任未滿者不許改除至二八七年前常令六十以上者爲之後臺官以年老多廢事乃敕尚書省于六品七品內取六十以下廉幹者備選大定二十九年令臺官得自辟舉章宗明昌三年復元尚書省擬注每一缺或具三人或五人取旨授之宣宗貞祐五年詔監察御史所彈事同列不得與聞元御史臺置監察御史三十三人司耳目之寄任刺舉之事至元五年始置十一人八年增置六人十九年又增置一十六人二十二年參用南儒二人（中統時魏初拜監察御史帝宴羣臣于上都行宮有不能飲大巵者免其冠服初上疏曰臣聞尊卑之禮不可不肅昨聞錫宴大臣威儀弗謹非所以尊朝廷正上下也疏入帝欣納之仍諭侍臣曰自後毋爲此舉又馬祖常爲監察御史彈劾不避權貴聲震一時）明監察御史一百十人較前代爲最多主糾察內外百司之官邪或露章面劾或封章奏劾分十三道惟河南道監察御史獨專諸內外考察其餘各道協管兩京直隸衙門浙江道監察御史十人（協管中軍都督府在京府軍左金吾左金吾右金吾前留守中神策應天和陽廣陽武功中武功後茂林十二衛牧馬千戶所及直隸廬州府廬州六安二衛）江西道監察御史十人（協管前軍都督府在京府軍前燕山左龍江左龍江右龍驤豹韜天策寬河八衛及直隸淮安府大河邳州九江武淸龍門各衛）福建道監察御史七人（協管戶部寶鈔提舉司鈔紙印鈔二局承運廣惠廣積廣盈贓罰甲乙丙丁戊字天財軍儲供用行用各庫在京金吾後武城中飛熊武功左武功右武功前獻陵景陵裕陵泰陵十衛及直隸常州池州二府定邊開平中屯二衛美峪千戶所）四川道監察御史七人（協管工部營繕所文思院御用司設神宮尚衣都知等監惜薪司兵仗銀作巾帽鍼工器皿盔甲軍器寶源皮作鞍轡織染柴炭抽分竹木各局僧道錄司在京府軍濟州大寧前蔚州左永淸左五衛蕃牧千戶所及直隸松江府廣德州金山懷安懷來各衛神木千戶所播州宣慰司石柱酉陽等宣慰司天全六番招討司）陝西道監察御史八人（協管後軍都督府大理寺行人司在京府軍後鷹揚興武義勇右橫海江陰康陵昭陵八衛敢勇報效二營韓秦慶安化四府及直隸和州保定左右中前四衛）雲南道監察御史十一人（協管順天府廣備庫在京羽林前通州二衛及直隸永平廣平二府通州左通州右涿鹿涿鹿左涿鹿中密雲中密雲後永平山海盧龍撫寧東勝左東勝右大同中屯營州五屯延慶延慶左延慶右萬全左萬全右各衛居庸關黃花鎮寬河武定各千戶所）河南道監察御史十八人（協管禮部都察院翰林院國子監太常寺光祿寺鴻臚寺尚寶司中書舍人欽天監太醫院司禮尚膳尚寶直殿等監酒醋局鐘鼓司敎坊司在京羽林左留守前留守後神武左神武前彭城六衛伊唐周鄭四府及兩淮鹽運司直隸揚州大名二府揚州高郵儀眞歸德寧山潼關神武右各衛秦州通州汝寧各千戶所）廣西道監察御史七人（協管通政司六科在京燕山右燕山前大興左騰驤左騰驤右武驤左鎮南濬陽左會州富峪忠義前忠義後十二衛及直隸安慶徽州保定眞定四府安慶新安鎮武眞定各衛紫荊關倒馬關廣昌各千戶所）廣東道監察御史七人（協管刑部應天府在京虎賁左濟陽武驤右濬陽右武功左武功右孝陵長陵八衛及直隸延慶州開平中屯衛）山西道監察御史八人（協管左軍都督府在京錦衣府軍右留守左驍騎左驍騎右龍虎龍虎右大寧中義勇前義勇後英武水軍左十二衛晉府長史司及直隸鎮江太平二府鎮江建陽瀋陽中屯各衛平定蒲州二千戶所）山東道監察御史十八人（協管宗人府兵部會同館御馬監典牧所大通關在京羽林右永淸右濟川三衛及中都留守司遼東都司直隸鳳陽滁徐二州中都留守左留守中鳳陽鳳陽中鳳陽右皇陵長淮懷遠徐州滁州泗州壽州宿州武平沂州德州及德州左保定後瀋陽中各衛洪塘千戶所）湖南道監察御史八人（協管右軍都督府五城兵馬司在京留守右武德忠義右虎賁右廣武水軍右江淮永陵八衛遼梁岷吉華陽五府荊襄楚三府長史司及興都留守司直隸寧國府寧國宣州神武中定州茂山各衛）貴州道監察御史七人（協管吏部太僕寺上林苑監內官印綬二監在京旗守衛及長蘆鹽運司大寧都司萬全都司直隸蘇州河間順德三府保安州蘇州太倉鎮海薊州遵化鎮朔興州五屯忠義中河間天津天津左天津右宣府宣府左宣府右開平保安右蔚州永寧各衛嘉興吳淞江梁城滄州興和長安龍門各千戶所）在內兩京刷卷巡視京營監臨鄉會試及武舉巡視光祿巡視倉場巡視內庫皇城五城輪值登聞鼓在外巡按（北直隸二人南直隸三人宣大一人遼東一人甘肅一人十三省各一人）淸軍提督學校（兩京各一人萬曆中南京增一人）巡鹽（兩淮一人兩浙一人長蘆一人河東一人）茶馬巡漕巡關儹運印馬屯田師行則監軍巡按則代天子巡狩所按藩服大臣府州縣官諸考察舉劾九專大事奏裁小事立斷按臨有至審錄罪囚弔刷案卷有故出入者理之祭祀壇場省其牆宇祭器巡視倉庫查算錢糧表揚善類剪除豪蠹出按復命都御史覆劾其稱職不稱職以聞洪武十五年始置監察御史爲浙江河南山東北平山西陝西湖廣福建江西廣東廣西四川十二道每道或置五人或三四人不等建文二年改十二道爲左右兩院設御史二十八人永樂初復舊宣宗宣德十年定爲十三道增貴州道定員額一百十八人南京監察御史亦分十三道浙江江西河南山東山西陝西四川雲南貴州九道各二人福建湖廣廣東廣西四道各三人嘉靖以後不全設或以一人兼數道凡刷卷巡倉巡江巡城屯田印馬巡視糧儲監收糧斛點閘軍士管理京營比驗軍器皆敘而差之淸軍則偕兵部兵科覈後湖黃冊則偕戶部戶科

主簿（典事檢法經歷都事附）

唐制主簿一人掌印受事發辰覈臺務宋制置檢法一人掌檢詳法律主簿一人掌受事發辰勾稽簿書紹興初詔御史臺檢法主簿即令殿中侍御史奏辟光宗紹興中侍御史林大中以論事不合去所奏辟檢法官李謙主簿彭龜年亦乞同罷自寧宗嘉定元年劉渠除檢法官范之柔除主簿後其職常闕遼無是官金亦無主

簿設典事二人檢法四人爲御史臺首領元御史臺設經歷一人都事二人爲御史臺首領明都察院設經歷一人都事一人爲都察院首領南京都察院同穆宗隆慶四年革都事

欽定續通典卷二十八

欽定續通典卷二十九

職官

諸卿上

總論諸卿 少卿附

唐制九寺與北齊及隋同（太常寺光祿寺衞尉寺宗正寺太僕寺大理寺鴻臚寺司農寺太府寺是謂九寺）置卿各一人少卿或二人或一人（太常二人光祿一人衞尉二人宗正二人太僕一人大理二人鴻臚二人司農二人太府二人）丞以下各有差詳見各寺宋九寺與唐同初各置判寺事一人以朝官以上充元豐正官名乃各置卿一人少卿一人惟大理司農置少卿二人遼南面官太常光祿（後改爲崇祿以避太宗諱也）衞尉宗正太僕大理鴻臚司農八寺與唐宋同各置卿少卿惟改太府爲監置太監少監等官金惟太常寺大理寺設卿少卿等官元太常光祿太僕大理司農五寺與唐宋同各置卿少卿初設太常寺卿一人少卿五人後改爲院改置院使同知等官光祿寺卿少卿各一人太僕寺卿少卿各二人大理寺置後卽廢司農寺卿少卿各二人其外如掌謁司卿四人少卿四人掌醫監卿四人太卿五人羣牧監卿三人太卿少卿各二人武備寺卿四人少卿四人尚乘寺卿四人少卿二人長信寺卿四人少卿二人長秋寺卿五人少卿二人承徽寺卿五人少卿二人長寧寺卿六人少卿二人長慶寺卿六人少卿二人寧徽寺卿六人少卿四人太府監太卿六人中尚監卿八人章佩監卿五人經正監太卿一人祕書監卿四人皆前代之所無其大宗正府之扎爾古齊大司農司之達嚕噶齊同知宣政院宣徽院大禧宗禋院太常禮儀院典瑞院太史院太醫院將作院通政院中政院儲政院之院使同知副使同僉僉院院判等官皆前代之卿職至少府監掌織染技巧之事將作監掌土木工匠之政累朝職掌略同元改少府監爲大都留守其官司與將作院所掌互相替易亦一代變制也明太常光祿太僕大理鴻臚五寺各置卿一人少卿二人南京所設亦如之其外如尚寶司行太僕寺（太祖洪武三十年置于山西北平陝西甘肅遼東等處）苑馬寺亦各置卿少卿一人焉

太常卿 丞 主簿 博士 太祝 奉禮郎 協律郎 兩京郊社署 大樂署 鼓吹署 太醫署 太卜署 廩犧署 汾祠署 太公廟署 檢討吏目附

唐太常寺卿一人少卿二人掌禮樂郊廟社稷之事總郊社太樂鼓吹太醫太卜廩犧諸祠廟等署少卿爲之貳凡大禮則贊引有司攝事則爲亞獻三公行園陵則爲副大祭祀省牲器則謁者爲之導小祀及公卿嘉禮命謁者贊相凡巡幸出師克獲皆擇日告太廟宋初置判寺無常員以兩制以上充別置太常禮儀院雖隸本寺其實專達有判院同知院四人與禮院事不相兼仁宗康定元年置判寺同判寺事始並兼禮院事元豐官制行置太常寺卿一人少卿一人掌禮樂郊廟社稷壇壝陵寢之事少卿爲之貳祭祀有大祠小祠其儀牲幣玉酒醴薦獻器服各辨其等掌樂律凡樂舞樂章以定宮架特架之制祭祀享則分樂而序之凡親祠及四孟月朝獻景靈宮郊祀告享太廟掌贊相禮儀升降之節歲時朝拜陵寢則祀法式辦具以授祠官凡祠事差官卜日齊戒皆檢舉以聞郊祀已頒御札則撰儀以進宮架鼓吹警場率前期按閱卽習餘祀及朝會宴享上壽封冊之儀物亦如之若禮樂有所損益及祀典神祇爵號與封爵繼嗣之事當考定者擬上於禮部哲宗元祐三年詔各寺監互置長貳惟太常寺長貳兼置徽宗宣和三年令本寺因革禮五年一檢舉接續編修孝宗隆興元年以光祿寺併歸太常（太祖乾德中以雅樂聲高近於哀思不合中和令判太常事和峴改定峴以王朴律準較洛陽司天臺影表石尺制律呂音始和暢又賈黃中判太常禮儀院每詳定典禮損益得中仁宗天聖中同禮院王暉言開國以來禮儀沿革文字重複編成六十卷名禮閣新義又英宗治平中修禮書百卷名曰太常因革禮自歐陽修同判太常寺事奏禮院文字散失請差官編修後張洞奏用姚闢蘇洵編纂至是成書又曾肇同知太常禮院肇在職多所釐正上親祀皇地祇於北郊蓋自肇發之）遼南面官有太常寺卿少卿掌祭祀之事金熙宗皇統三年始置太常寺凡太廟廩犧郊社諸陵大樂等署隸焉設卿一人少卿一人掌禮樂郊廟社稷祠祀之事元設太常禮儀院掌大禮樂祭祀宗廟社稷封贈諡號等事凡太廟郊祀廩犧社稷大樂等署隸焉世宗中統元年中都立太常寺止設寺丞一人至元二年翰林兼攝太常寺九年立太常寺設卿一人少卿以下五人十三年以侍儀司省併太常寺（至二十年又別置侍儀司）十六年又增法物庫子掌公服法服之藏武宗至大元年改升爲院設官十二員四年復爲太常寺仁宗延祐元年復改陞院以大司徒領之文宗天曆二年定置院使二人同知二人僉院二人同僉二人院判二人又置大禧宗禋院設院使都典制神御殿事六人同知兼佐儀神御殿事二人副使兼奉贊神御殿事二人僉院兼祗承神御殿事二人同僉兼肅治神御殿事二人院判供應神御殿事二人參議二人掌朔望歲時諱忌日辰禋享禮典明洪武元年置太常司設卿少卿等官三十年改司爲寺卿一人少卿二人掌祭祀禮樂之事總其官屬籍其政令以聽於禮部洪武以後閒有以樂舞生累資陞至卿甚或加禮部尚書侍郎銜者穆宗隆慶初乃始定制重推科甲出身者爲卿凡天神地祇人鬼歲祭有常先冬十二

月朔奏進明年祭日天子御奉天殿受之乃頒於諸司天子親祭則贊相禮儀大臣攝事亦如之凡國有冊立冊封冠婚營繕征討大喪諸典禮歲時旱澇大災變則請告宗廟社稷薦新則移光祿寺供其品物祭祀先期請省牲進祝版銅人上殿奏請齋戒親署御名省牲偕光祿卿惟大祀車駕親省大臣日一省之凡祭滌器爨理香燭玉帛整拂神幄掌燎看燎讀祝奏禮對引司香進俎舉麾陳設收支導引設位典儀通贊奉帛執爵司樽司罍洗凡卿貳皆率屬各供其事洪武二十一年以盧原質爲太常少卿事惠帝屢有建白靖難後召見不屈遂殉節焉又廖昇爲太常少卿建文元年勑修高皇實錄以昇爲副總裁時稱博雅又世宗嘉靖中李開先爲太常少卿會九廟災上疏自陳竟罷歸孝宗弘治七年增設卿少卿各一人提督四譯館事世宗嘉靖中裁卿止設少卿一人用本寺銜名不治寺事所掌詳見中書省通事舍人篇南京太常寺卿一人少卿一人

丞唐置二人掌判寺事凡享太廟則修七祀於西門之內宋制丞一人參領寺事太祖建隆乾德時以禮官久次官高者充元豐官制行始置丞專其職高宗建炎初併省宂職罷之紹興二年復置隆興元年又以光祿寺併歸太常復罷丞明年又詔依舊制隆興初以李浩爲太常丞召對時首論聖學人稱其純正又石待問少以詩賦名累官至太常丞時丁謂畏其直錢易奇其文楊億李謂服其議論范希純爲太常丞舊制太廟薦享逐室設常食一牙盤元豐時奏罷之希純奏請復舊制名曰薦羞遼南面官有太常寺丞金亦置一人佐卿少卿理寺事元中統元年中都立太常寺止設寺丞一人延祐元年改爲太常禮儀院置院使等官罷丞不置明置丞二人爲卿少卿之貳洪武初張羽舉賢良不出徵起廷對稱旨擢太常丞兼翰林院同掌文淵閣事十六年帝親稾滁陽王事實命羽撰廟碑當時以大制作推重之

主簿唐置二人宋仁宗皇祐中宋祁乞增置一人勾檢在寺文書及掌出納遂除胡瑗爲主簿後省罷元豐官制行復置高宗建炎三年又罷之紹興十年復置是時太常少卿王賞言本寺主簿劉棠强記洽聞又深禮樂所有討論文字欲與同討論詔從之遼各卿寺有主簿金無之元無主簿設經歷一人都事一人爲本寺首領照磨兼管勾承發架閣收掌文書即主簿之職也明置典簿二人仁宗洪熙元年置犧牲所吏目一人掌典文移南京太常寺典簿一人

博士唐置四人掌辨五禮按王公三品以上功過善惡爲之謚大禮贊卿導引德宗貞元中帝親郊時更兵亂禮物殘替博士張薦爲參綴典儀略如舊章又王彥威博通古今典禮求爲太常散吏上知其經生補檢討官彥威採隨唐凡禮沿革皆條次彙分號元和新禮上之遂拜博士宋置博士四人掌定五禮儀式有改革則據經審議凡於法應謚者考其行狀撰定謚文有祠事監視儀物掌凡導引之事徽宗大觀元年以太常寺所被旨及施行典禮事每季輪博士詮次成籍以備討論建炎初併省宂職僅置博士一人紹興九年臣僚奏言元豐正名太常主議論者博士四人乞參稽舊典添置博士以稱朝廷蒐補闕軼緝熙彌文之意詔添博士一人隆興元年又併省一人建隆中和峴爲太常博士從祀南郊峴贊導乘輿進退閑雅太祖謂近侍曰誰氏之子何相禮之明辨平左右以峴閥閱對壽拜刑部員外郎兼判太常寺又常安民字希古爲成都教授上書論治國之本曰勸忠厚勵名節元祐公卿皆薦其才召爲太常博士遼南面官有太常寺博士金太常寺博士二人掌檢討典禮章宗明昌元年更置檢討二人泰和元年置檢閱官一人爲博士貳所掌與博士同四年即罷元博士二人虞集爲太常博士丞相拜珠方爲院使問從集問禮器祭儀甚悉集爲言先王制作以及古今因革損益之由拜珠歎息深許益信儒者可用又王守誠性好學從鄧文原虞集遊文詞日進泰定中爲太常博士續編太常集禮以進又李好文除太常博士時有詔爲集禮令各省及各郡縣纂修久而未成好文白長院請自選條屬數人仍請出架閣文牘以資采錄三年書成名曰太常集禮明博士二人講習禮文請帝塡名祝版大禮導贊其儀南京太常寺博士一人

太祝唐置六人掌出納神主祭祀則跪讀祝文卿省牲則循牲告充牽以授太官宋太祝一人掌讀冊辭授搏黍以嘏告飲福則進爵酌酒受其虛爵遼南面官太常寺有太祝金太祝掌奉祀神主元置十人較前代爲獨多明置贊禮郎九人掌讀祝兼贊導之事嘉靖中增至三十三人後罷二人建文中設太祝一人後罷之南京贊禮郎七人嘉靖中罷一人

奉禮郎唐置二人掌君臣版位以奉朝會祭祀之禮宗廟則設皇帝位於庭九廟子孫列焉昭穆異位去爵從齒凡樽彝勺冪篚坫籩豆皆辨其位凡祭祀朝會拜跪之節皆贊導之公卿巡行諸陵則主其威儀鼓吹而相其禮宋奉禮郎一人掌奉幣帛授初獻官大禮則設親祠版位遼南面官太常寺有奉禮郎金奉禮郎所掌亦同元亦置二人又有奉禮兼檢討一人品與奉禮郎同明設贊禮郎無奉禮郎

協律郎唐置二人掌和律呂又有錄事二人禮院修撰檢討官各一人貳其事宋置一人掌律呂以和陰陽之聲正宮架特架樂舞之位大祭祀享燕用樂則執麾以詔作止之節舉麾鼓柷而樂作偃麾戛敔而樂止凡樂掌其序事遼南面官太常寺有協律郎金亦有協律郎職掌與唐宋同元置二人明隆慶三年罷協律郎等官四十八員神宗萬厤六年復設又設司樂二十人考協雅樂凡舞人韻聲人籍冣其名數而審肄之凡祭先期演樂太和殿

兩京郊社署唐置令一人掌五郊社稷明堂之位與奉禮郎設樽罍篚冪而大官令實之立燎壇積柴合朔有變則巡察四門以俟變過明則罷宋置郊社令掌巡四

郊及社稷壇壝掌凡掃除之事祭祀則省牲太廟令掌宗廟薦新七祀及功臣從享之禮籍田令掌帝藉耕耨出納之事植五穀蔬果藏氷以待用宮闈令掌率其屬以汎洒廟廷凡修治潔除之事遼亦有署令署丞等官金有太廟署令一人丞一人及郊祀署令一人丞一人掌宗廟社稷祠祀祈禱并廳舍祭器等物諸陵署提點山陵令一人涿州刺史兼丞一人掌守山陵元至元三年置太廟署令二人丞一人掌宗廟行禮兼廩犧署事成宗大德九年置郊祀置令二人丞一人掌郊社行禮兼廩犧署事大德元年置社稷署令二人丞一人明天壇地壇朝日壇夕月壇先農壇帝王廟祈穀殿各陵各祠祭署俱置奉祀一人祀丞二人南京太常寺各祠祭署奉祀八人祀丞七人

大樂署唐置令二人丞一人樂正八人掌調鐘律以供祭饗凡習樂立師以教而歲考其師之課業爲三等以上禮部宋置大晟府以大司樂爲長典樂爲貳次曰大樂令秩比丞次曰主簿協律郎又有按協聲律製撰文字運譜等官遼亦有大樂署金大樂署亦置令丞直長大樂正大樂副正等官掌調和律呂教習音聲并施用之法及祠祀行禮陳設樂縣之事元中統五年始置大樂署令二人丞一人掌管禮生樂工共四百七十九戶又儀鳳司大使五人副使四人掌樂工供奉祭饗之事隸宣徽院至元二十五年撥隸禮部明洪武十二年置神樂觀設提點知樂等官掌樂舞事

鼓吹署唐置令二人丞二人掌鼓吹之節宋無之遼有鼓吹署金以大樂署兼元明皆無之

太醫署唐置令二人丞二人醫監四人醫正八人掌醫療之法宋太醫局有丞有教授有九科醫生額三百人歲終則會其全失而定其賞罰隆興元年併省醫官而罷局生光宗紹熙二年復置太醫局局生以百人爲額餘并依未罷局前體例仍隸太常寺遼南面官有湯藥局置都提點勾當湯藥等官屬內侍省不隸太常寺金有尙藥局提點使副使掌進湯藥太醫院提點使副使判官等官掌諸醫藥御藥院提點直長都監同監等官掌進御湯藥屬宣徽院不隸太常寺元別設太醫院不隸太常寺中統元年置宣差提點太醫院事給銀印掌醫事奉御藥物二十年改爲尙醫監二十二年復爲大醫院仍給銀印置提點四人院使副使判官各二人大德五年設官十六人十一年增院使二人仁宗皇慶元年增院使二人明年增院使一人英宗至治二年定置院使一十二人同知二人僉院二人同僉二人院判二人屬官有經歷都事各二人照磨兼承發架閣庫一人所屬廣惠司卿四人少卿二人司丞二人掌修制御用回回藥物及和劑以療諸宿衞士及在京孤寒者御藥院達嚕噶齊一人大使二人副使三人直長一人都監一人掌受各路鄉貢諸番進獻珍貴藥品修造湯煎御藥局達嚕噶齊一人局使二人副使二人掌兩都行篋藥餌行御藥局達嚕噶齊一人大使一人副使一人掌行篋藥餌御香局提點一人司令一人掌修合御用諸香醫學提舉司提舉一人副提舉一人掌考較諸路醫生科義試驗太醫教官校勘名醫撰述文字辨驗藥材訓誨太醫子弟領各處醫官醫學提舉司提舉掌醫戶差役詞訟大都保定彰德東平四路置提舉同提舉副提舉各一人河閒大名晉寧大同濟寧廣平冀寧濟南遼陽興和十路設提舉副提舉各一人衞輝懷慶大寧設提舉一人明太醫獨設一院亦不隸太常寺洪武元年置太醫院設院使同知院判典簿等官十四年改置令一人丞一人吏目一人御醫四人二十二年復改令爲院使改丞爲院判二人掌醫療之法凡醫術十三科醫官醫生醫士專科習業凡醫家子弟擇師而教之三年五年一試再試三試乃黜陟之凡藥辨其土宜擇其良楛愼其條製而用之四方解納藥品院官收貯生藥庫時其燥濕禮部委官一員以稽察之南京太醫院院判一人吏目一人惠民藥局生藥庫各大使一人

太卜署唐置令一人丞二人卜正博士各二人掌卜筮之法宋以太卜隸司天臺不置專官遼金元皆無之明洪武十七年置稽疑司令一人左右丞各一人屬官司筮無定員以掌卜筮後卽罷

廩犧署唐置令一人丞二人掌祭祀粢盛之事宋廩犧署屬光祿寺有牛羊司供應所掌大中小祀之牲牷及大官宴享膳羞之用監官三人以諸司使副及三班使臣充監棧圈三人以三班使臣充遼無之金廩犧署有丞直長等官掌薦犧牲及養飼等事明昌三年罷之以太廟令丞兼元廩犧署置令二人丞二人兼郊祀署明洪武三年置神牲所設廩牲令大使副使等官四年罷洪熙時置犧牲所吏目一人

汾祠署齊太公廟署唐置有令丞等官宋遼金元明皆無之

光祿卿 丞 主簿 大官署 珍羞署 良醞署 掌醢署

唐制光祿卿一人少卿二人掌酒醴膳羞之政凡祭祀省牲鑊濯溉三公攝祭則爲終獻朝會享則節其等差

宋初光祿寺置判寺事一人以朝官以上充光祿卿少卿皆爲寄祿元豐官制行始置卿一人少卿一人卿掌祭祀朝會宴饗酒醴膳羞等事修其儲備而謹其出納之政少卿爲之貳元祐三年詔長貳互置徽宗政和六年監察御史王桓奏祭祀牢醴之具掌於光祿而寺官未嘗臨視請大祠以長貳朔祭及中祠以丞簿監視宰割從之建炎以後廢寺併入禮部遼南面官初設光祿寺後改爲崇祿寺有卿少卿丞主簿等官金宣徽院監知御膳太府監掌造酒醴無光祿寺元至元十五年設光祿寺卿一人少卿一人二十三年增卿一人二十四年增少卿一人隷宣徽院二十五年撥隷省部三十一年復隷宣徽院定置卿四人少卿二人明初置宣徽院設院使同知院判典簿等官以尚食尚醴二局隷之繼卽改爲光祿寺設卿一人少卿二人掌祭享宴勞酒醴膳羞之事率其官屬辨名數會出入量豐約以聽於禮部凡祭祀同太常寺省牲天子親祭進飲福受胙薦新循月令獻其品物凡筵宴酒食及外使降人俱差其等而供給之監以科道官一人察其出納糾禁其姦弊（嘉靖中馮惟訥以光祿寺卿致仕歷官已三十年圖書詩卷外無長物撰漢魏六朝詩紀自上古以迄陳隋網羅放失殊有功於藝苑）南京光祿寺卿一人少卿一人隆慶四年罷少卿

丞唐置二人宋一人元二人明二人

主簿唐置二人宋一人元置主事二人明置典簿二人錄事一人南京典簿一人

大官署唐置令二人丞四人掌供祠宴朝會膳食宋元祐初罷大官令二年復置徽宗崇寧二年置尚食局大官令惟掌祠事遼南面官有奉御金尚食局有提點使副使等官掌總知御膳進食先嘗兼管從官食屬宣徽院元置尚食局大使一人副使二人直長一人掌供御膳明大官署署正一人署丞四人供祭品宮膳節令筵宴番使宴犒之事（隆慶中楊鎔奏請以舉人出身知縣教官廉能素著者入補光祿寺署正而間以例貢參之優其超擢或徑于聽選舉人中除補從之）監事四人南京光祿寺大官署署正一人署丞一人

珍羞署唐置令一人丞二人掌供祭祀朝會賓客之庶羞榛栗脯修魚鹽菱芡之名數宋珍羞署有供備庫太宗太平興國中改爲內物料庫有使及副使掌供尚食及內外膳羞米麪飴蜜棗豆百品之料隷御廚其光祿寺有翰林司掌供果實及茶茗湯藥有外物料庫掌收貯米鹽雜物以待膳食之須金有果子都監同監各一人掌給受進御果子隷宣徽院元沙糖局達嚕噶齊一人提點一人大使一人副使一人掌沙糖蜂蜜煎造及方貢果木等物明珍羞署署正一人署丞四人監事四人供宮膳肴核之事南京光祿寺珍羞署署正一人署丞一人萬厤中罷署丞

良醞署唐置令二人丞二人掌供五齊三酒享太廟則供鬱鬯進御則供春暴秋清酴醾桑落之酒宋有法酒庫內酒坊掌造酒以待供進及祭祀給賜金尚醞署有令丞直長等官掌進御酒醴屬宣徽院不隷光祿寺元中統四年置大都尚飲局大使一人副使一人俱帶金符掌醞造上用細酒至元十二年增副使二人十五年置提點一人後定制置提點一人大使一人副使二人明良醞署署正一人署丞四人監事四人供酒醴之事南京光祿寺良醞署署正一人署丞一人嘉靖中罷署丞

掌醢署唐置令一人丞二人掌供醯醢之物宋油醋庫監官一人掌供油及鹽截遼金無元亦不特設官明掌醢署署正一人署丞四人監事四人南京光祿寺掌醢署署正一人署丞一人嘉靖中罷署丞

衛尉卿（丞　主簿　武庫署　武器署　守宮署　公車司馬令　左右都候）

衛尉寺卿唐置一人少卿二人掌器械文物總武庫武器守宮三署兵器祭祀朝會則供羽儀節鉞金鼓帷帟茵席宋初衛尉寺置判寺事一人以郎官以上充凡武庫武器歸內庫守宮歸儀鸞司本寺無所掌元豐官制行乃歸本寺始置卿一人少卿一人掌儀衛兵械甲胄之政令凡內外作坊輸納兵器辨其名數驗其良窳以歸於武庫歲終上計帳於兵部掌凡幄帟及鹵簿儀仗遇大禮則長貳晝夜巡徼察其張設不如儀者凡仗衛器物之敝者移少府軍器監修焉建炎以後廢衛尉寺併入工部遼北面官有北面御帳官侍衛司近侍詳衮司北護衛府南護衛府宿衛司官屬掌巡徼御帳南面官亦有衛尉寺金衛尉司有中衛尉副尉掌中宮事務左右常侍掌周護導從儀仗之事元至元二十年立衛尉院改軍器監爲武備監隷衛尉院二十一年改監爲寺與衛尉院並立二十四年罷衛尉院專置武備寺卿四人同判六人少卿四人丞四人掌繕治戎器兼典受給明初置拱衛司後改爲拱衛指揮使司尋又改爲都尉司屬都督府設儀鸞司隷焉洪武十五年罷儀鸞司改置錦衣衛恒以勳戚都督領之凡朝會巡幸則具鹵簿儀仗率大漢將軍等侍從扈行宿衛則分番入直其屬有鑾輿擎蓋扇手旌節旛幢班劍斧鉞戈戟弓矢馴馬十司各領將軍校尉以備法駕其營造軍器之事俱

掌於兵部
丞唐置二人掌判寺事辨器械出納之數大事承制敕小事則聽於尚書省宋置一人參領寺事遼金元明皆無之
主簿唐二人宋一人遼金元明皆無之
武庫署唐制兩京各置令二人丞二人監事一人掌藏兵械有赦建金雞置鼓宮城門右大理及府州縣囚徒至則擊之宋衞尉寺有內弓箭庫南外庫軍器弓槍庫軍器弩箭庫掌收藏兵杖器械甲冑以備軍國之用金武庫署有令丞直長等官以曉軍器女直人充掌收貯諸路常課甲仗屬殿前都點檢司不隸衞尉寺元至元十年改衣甲庫爲壽武庫置提點二人大使二人副使四人隸武備寺明戎器掌於兵部武庫司
武器署唐置令一人丞二人監事二人掌外戎器祭祀行幸則納於武庫給六品以上葬鹵簿棨戟宋設六軍儀仗司掌淸道徼巡排列奉引儀仗以肅禁衞凡儀物以時修飾金武器署有提點令丞直長頓舍等官掌祭祀朝會巡幸及公卿婚葬鹵簿儀仗旗鼓笛角之事隸殿前都點檢司元利器庫提點三人大使二人副使二人掌隨路軍器明無是官
守宮署唐置令一人丞二人監事二人掌供帳帟宋置儀鸞司掌供幕帟供帳之事金置儀鸞局有提點使及副使直長等官掌殿庭鋪設帳幕香燭等事收支都監二人一人掌給受鋪陳諸物一人掌萬寧宮收支庫屬宣徽院又置法物庫使副使直長等官掌鹵簿儀仗車輅法服等事隸兵部元設中尚監卿八人太監二人少監二人監丞二人掌領資成庫氊作供內府陳設帳房帟幕車輿雨衣之用明設御用監司設監皆以宦官掌之（詳見內侍省篇）
公車司馬令及左右都候自唐以後歷代皆無
宗正卿（丞 主簿 崇元署 諸陵署 太廟署 大宗正司附）
唐制宗正卿一人少卿二人掌天子族親屬籍以別昭穆凡親有五等先定於司封（代宗永泰二年宗正卿吳王祗奏上皇室永嘉新譜二十卷太常柳房所撰房精於譜學按宗正譜牒自武德以來宗支昭穆相承撰皇宗譜二十卷穆宗長慶元年宗正寺奏准貞元二十一年赦宗子陪位放五百七十人出身今年赦放三百人伏緣人數至多不沾恩澤白身之輩將老村閭乞降特恩更放二百人出身許之）宋初宗正寺置判寺一人以宗姓兩制以上充眞宗大中祥符八年以兵部侍郎趙安易兼卿判寺事趙世長改爲知寺事元豐官制行詔宗正長貳不專用國姓蓋自有大宗正司以統皇族也卿一人少卿一人卿掌敘宗派屬籍以別昭穆而定其親疏少卿爲之貳（眞宗咸平時趙安仁爲宗正卿帝以安仁舊德大僚特令知寺事自是多所規制重修玉牒屬籍神宗元豐時以宗景知大宗正事先是宗景父允弼司宗久故帝復選而用之使諭其母先正久司宗正德及皇族今命而子繼之又趙仲忽入判大宗正事帝賜之甲第及建賢懋功之閣以示寵仲忽鯁亮端毅動循禮法立宗正司法式）遼太祖神冊二年置大特哩袞司掌皇族之政令設官曰特哩袞（又名爾吉德）知特哩袞司事特哩袞司事（興宗重熙中耶律義先拜特哩袞戒族八日國家三父房最爲貴族凡天下風化之所自出不孝不義雖小不可爲其妻晉國長公主之女每見中表必具禮服義先以身率先國人化之）南面官有宗正寺屬大特哩袞司金置大宗正府章宗泰和六年避睿宗諱改爲大睦親府判大宗正寺一人舊以皇族中屬親者充掌敦睦宗族欽奉王命是年乃改爲大睦親事同判大宗正事一人改爲同判大睦親事同簽大宗正事一人改爲同簽大睦親事元初大宗正府未有官制首置斷事官曰扎爾古齊會決庶務特賜銀印至元二年置十八人三年置八人理蒙古公事以諸王爲府長餘悉御位下及諸王之有國封者又有集賽人員奉旨署事別無頒受宣命十四年置十四人十五年置十三人二十一年置二十一人二十二年增至三十四人二十八年增至四十六人大德四年省五人皇慶元年又省二人先是宗正府兼理漢人刑名事泰定帝致和元年定制以上都大都所屬蒙古人幷集賽軍站色目與漢人相犯者歸宗正府處斷其餘路府州縣漢人蒙古色目詞訟悉歸有司刑部掌管（時多爾濟巴勒掌宗正府事聽訟之際引論律令曲當事情有同僚年老者嘆曰吾居是官四十年見公論事殆神人也又至元時哈喇哈斯由掌宿衞拜大宗正用法平允時欲以江南獄隸宗正哈喇哈斯曰江南新附教令未孚且相去數千里欲遙制其刑獄得無冤乎事遂止）明洪武三年置大宗正院二十二年改爲宗人府置宗人令一人左右宗正各一人左右宗人各一人並以親王領之（時秦王樉爲令晉王棡燕王棣爲左右宗正周王橚楚王楨爲左右宗人）掌皇九族之屬籍以時修其玉牒書宗室子女適庶名封嗣襲生卒婚嫁謚葬之事其後以勳戚大臣攝府事不備官而所領亦盡移之禮部永樂初建都北京宗人府爲行在命駙馬都尉永春侯王寧署府事英宗正統三年始建府治以駙馬都尉西寧侯宋瑛掌之以所領皆宗室重事故品秩序文職之首
丞唐置二人參領寺事宋初以宗姓朝官以上知丞事掌奉諸廟諸陵薦享之事元豐官制行始置丞一人初除趙君錫明年以楊畏爲宗正寺丞詔宗正寺除長貳外自今後更不專差國姓建炎三年罷孝宗隆興二年復置遼無之金置二人一人於宗室中選能幹者充一人不限親疏分司上京泰和六年改爲大睦親丞元設郎中二人員外郎二人都事二人明亦無之
大宗正司宋仁宗景祐三年時始置以皇兄寧江軍節

度使濮王知大宗正事皇姪彰化軍節度使觀察留後守節同知大宗正事元豐官制行仍置知大宗正及同知大宗正各一人選宗室團練觀察使以上有德望者充丞二人以文臣京朝官以上充掌糾合族屬而訓之以德行道藝受其詞訟而糾正其愆違季終類奏歲錄存亡之數報宗正寺有記室一人教授十二人崇甯三年置南外宗正司於南京西外宗正司於西京各置敦宗院詔各擇宗室之賢者一人爲知宗掌外居宗室詔復定宗學博士正錄員數隸大宗正司遼金元明無之

主簿唐制置二人宋眞宗天禧時以衞尉丞兼元豐官制行除楊完爲主簿建炎三年罷紹興十年復置金置知事一人檢法一人元置承發架閣庫管勾一人明置經歷一人典出納文移

崇元署唐置令一人丞二人掌京都諸觀名數與道士帳籍齋醮之事宋制宮觀寺院之政令及神祠封爵之名號皆祠部掌之屬禮部金亦掌於禮部元集賢院兼攝玄門道教陰陽祭遁之事有大學士學士直學士等官明亦掌於禮部祠祭司

諸陵署唐制每陵置令一人丞一人掌守衞山陵宋宗正寺丞掌奉諸陵薦享之事金諸陵署詳見前園陵署令以宛平縣丞兼宣宗貞祐三年以園陵遷大興縣境遂以大興縣令丞兼明各陵設祠祭署奉祀祀丞屬太常寺

太廟令唐玄宗開元二十四年以宗廟所奉不可以名署太常少卿常紹奏廢太廟署以少卿一人知太廟事二十五年以濮陽王徹爲宗正卿恩遇甚厚建議以宗正司屬籍乃請以陵寢宗廟隸宗正天寶十二載駙馬都尉張垍爲太常卿得幸又以太廟諸陵署隸太常十三載改獻昭乾定橋五陵署爲臺升令品永康二陵稱署如故肅宗至德二年復以陵廟隸宗正代宗永泰元年太常卿姜慶初復奏以陵廟隸太常大厤二年仍歸宗正寺以後不易宋以宗正寺丞奉諸廟祭祀金皇統八年太廟成設署置令丞並兼廩犧署事屬太常寺元太廟令二人丞一人掌宗廟行禮併兼廩犧署事亦屬太常明制同

太僕卿　丞　主簿　乘黃署　典廄署　典牧署　車府署　諸牧署

唐制太僕寺卿一人少卿二人掌廄牧輦輿之政凡監牧籍帳歲受而會之上駕部以議考課天寶中張暐爲太僕卿還鄉拜墓特賜錦袍施繒綵御賜詩以寵異之乘傳來往勅郡縣供擬元和中劉昌爲四鎮北庭行營兼涇原節度使子士涇遷太僕卿給事中韋宏景與群存慶封還制書上疏論之帝曰昌有功於邊士涇又尚主官少卿已十餘年制書宜下宏景等乃奉詔宋初置判寺事一人以朝官以上充元豐官制行置卿一人少卿一人掌車輅廄牧之政令國有大禮供其輦輅屬車前期戒有司教閱象馬若有事於南北郊侍中請升輅卿授綏總國之馬政凡閱馬差次其高下應給賜則如格授歲終鉤覆帳籍以上駕部建炎後廢太僕寺併入兵部咸平中錢維演入朝博學能文詞召試學士院以笏起草立就帝稱善改太僕少卿遼北面官有尙廄使尙廄副使飛龍使飛龍副使總領內外廄馬等官南面官亦設太僕寺金無太僕寺設尙廄局提點使副使掌御馬調習牧養直長一人司馬牛羣所屬有掌廄都轄副轄隸殿前都點檢司元中統四年設羣牧所至元十六年改尙牧監十九年又改爲太僕院二十年改爲衞尉院二十四年罷院立太僕寺又別置尙乘寺以管鞍轡而太僕寺止管阿迪斯馬匹二十五年隸中書省置提調官二人大德十一年復改太僕院至大四年仍爲寺卿二人少卿二人明洪武四年置羣牧監於達勒達錫里營所隨水草利便立官署專司牧養六年更置羣牧監於滁州旋改爲太僕寺設卿少卿三十年置行太僕寺於北平後定都北京遂去行字其舊在滁州者改爲南京太僕寺遂定制卿一人少卿二人正德十一年增設少卿一人卿掌牧馬之政令以聽於兵部少卿一人佐寺事一人督營馬一人督畿馬正統中孫緒爲太僕卿時大司馬王德華交結錢寧移文太僕語涉不遜緒以書數之德華引咎又淮安鳳陽諸郡饑饉馬俱小弱緒察其故卽與交兌省費至千萬緡民賴之不破產者千餘家又金蹊爲太僕少卿慨然以馬政修舉爲己任屢奉命督理虧耗自衞使郡守而下悉聽決無不畏法有順聖川者水草甘肥永樂中嘗牧馬蕃息天順初命蹊往視築二城用養天閑之馬增二驛於中道以便往來詔嘉納之南京太僕寺卿一人少卿二人隆慶中罷少卿一人弘治中張謙陞南京太僕寺卿一以正率下剗除積弊禁革貪污歲省費甚鉅尋奏馬政便民四事多見施行又明時馬政之弊南畿苦賦北畿苦養嘉靖中田濡爲太僕寺卿奏請以額馬賦十之三其七以金代而輸之北寺卽有軍興以便宜召買使兩畿民力有所蘇息上嘉其議行之後二十餘年山東河南相踵以請數省民不困而冏寺有餘藏常輸以給邊皆濡之力也行太僕寺洪武三十年置於山西北平陝西甘肅遼東等處卿一人少卿一人掌各邊衞所營堡之馬政以聽於兵部以時督察三歲一稽比布按二司不得與有瘠損則聽兵部參罰永樂四年許令寺官按治所轄衞所鎭撫首領官又置苑馬寺於北直隸遼東平涼甘肅共四處卿一人少卿一人掌六監二十四苑之馬政而聽於兵部凡苑視廣狹爲三等上苑牧馬萬匹中苑七千下苑四千凡馬駒歲籍其監苑之數上於兵部以聽考課弘治十七年都御史楊一清奏行太僕苑馬二寺員缺簡選才望參政副使楊陞卿參議僉事補陞少卿以振馬政永樂中命楊砥簡閱北京郡縣馬匹陞太僕寺卿明年兼苑馬寺卿砥率僚屬凡孳牧之法與民之利病悉條奏行之馬甚蕃息嘉靖中周仕以高

州守薦爲苑馬寺少卿在任三年諸所建置有裨馬政

丞唐置四人宋一人元二人明初置四人正統中又增八人共十二人以一人領京衛一人領順德廣平二府一人領開封衞輝彰德三府九人分領順天保定眞定河間永平大名濟南兗州東昌九府孳牧寄牧各馬匹弘治六年罷四人正德九年復增一人專領寄牧之事嘉靖八年又罷四人共六人分領三年更代而以寄牧者令府州縣兼理隆慶三年又罷三人止設三人以一人提督庫藏兼協理京邊二人分理東西二路馬政南京太僕寺寺丞二人隆慶中罷一人行太僕寺寺丞無定員苑馬寺寺丞無定員

主簿唐置二人宋置一人元祐三年罷之元置經歷一人知事一人照磨一人管勾一人明亦置主簿一人南京太僕寺及行太僕寺苑馬寺皆一人

乘黃署唐置令一人丞一人掌供車輅及馴馭之法宋太僕寺有乘黃署金尙輦局置使副使掌承奉輿輦等車輅院掌乘輿法物鞍轡庫應奉御馬鞍勒遼南面官事典輿都轄收支都監同監掌給受之事隷殿前都點檢司元尙乘寺卿四人少卿二人丞二人掌上御鞍轡輿輦等事明御馬監以宦官掌之掌印監督提督太監各一員騰驤四衞各設監官

典廐署唐置令二人丞四人掌飼馬牛給養雜畜宋置致遠務掌分養雜畜以供負載遼北面官有某羣太保某羣侍中某羣廐史總典羣牧部籍使羣牧都林牙羣牧使羣牧副使各路羣牧使司諸處馬牛羣司掌牧牛馬之政令金尙廐局詳見前元尙乘寺兼掌阿速斯羣牧騸馬驢騾之政明長牧署典署一人署丞一人錄事一人掌牧牛羊豕蕃育並鵞鴨雞皆籍其牝牡之數而課孳卵焉隷上林院

典牧署唐置令三人丞六人掌諸牧雜畜給納及酥酪脯腊之事宋牛羊供應所掌牧大中小祀之牲牷乳酥院掌供造酥酪屬光祿寺元尙舍寺太監二人少監二人監丞二人掌牧養駱駝及供進愛蘭乳酪屬宣徽院明孳牧所大使一人副使一人掌牧養雜畜屬光祿寺

車府署及諸牧監唐以後歷代皆不置

大理卿正監　丞寺副附　主簿　獄丞　司直　評事

唐置大理寺卿一人少卿二人掌折獄詳刑凡罪抵流死皆上刑部覆於中書門下建中初蔣沇爲大理寺卿時帝幸奉天沇奔赴行在爲賊候騎所拘欲以僞職誘之因絕粒稱病潛竄閭里間京師平首蒙擢長慶時王正雅爲大理卿會宋申錫事起獄自內出卒無證驗是時王守澄鄭注權勢正盛雖宰相重臣無敢顯言其事者惟正雅與京兆尹崔縮上疏請出造事者付外考驗其事別具狀聞由是申錫止於貶官中外翕然推重之又張仁愿爲太理卿隰州刺史王澈犯贓朝廷以功臣子欲宥之仁愿執奏竟遣伏法議者賞之宋初置判寺一人兼少卿事一人建隆三年以工部尙書竇儀判寺事竇儀判大理寺奉詔重定刑統援引律疏敕格參酌重輕增爲三十卷尤爲詳備太祖嘉之凡獄訟之事隨官司決劾本寺不復聽訊但掌斷天下奏獄送審刑院詳讞同署以上於朝元豐時帝以國初廢大理獄非是以問孫洙洙對合旨遂命官起寺十七日而成至官制行置卿一人少卿二人手詔大理寺近舉墜典俾治獄事宜依推制院及御史臺例不供報糾察司三年詔依舊供報又詔糾察司察訪本寺斷徒以上出入不當者索案點檢時向敏中判大理寺有以沒入祖吉臟錢分賜法吏敏中引鍾離意委珠事獨不受又大理寺奏治獄帝顧輔臣曰棘寺當得剛正如李浩者爲之已而大理卿闕帝曰無過李浩遂除大理卿故事寺獄空上表賀浩獨不奏紹興中秦檜矯詔下岳飛於大理獄大理卿辟仁輔寺丞李若樸何彥猷皆言其無罪遼聖宗統和十二年南面官置大理寺有提點大理寺大理正等官金海陵天德二年置大理寺卿少卿掌檢斷刑名元世祖至元二十年置大理寺掌領舊州城及畏吾兒之居漢地者有詞訟則聽之二十二年改爲大都護府置大都護四人同知二人副都護二人廢大理不置明大理寺卿一人左右少卿各一人掌審讞平反刑獄之政令正統中王振問楊士奇等吾鄉誰可爲大臣者皆薦辟瑄召爲大理右少卿士奇以用瑄出振意欲瑄一見振瑄正色曰安有長官公朝而拜私門者耶時人呼瑄爲辟夫子後忤王振下獄振老奴伏竈下抱薪而泣人問之曰聞欲殺辟夫子故泣耳振心動乃免天順中王槩遷大理卿出入十年凡兩法司及讞藩讞奏參錯情法多所平反時吏諸律例者類多深刻槩獨持平允濟以長厚南京大理寺卿一人憲宗成化中夏時正爲南京大理卿七年歲大祲巡視江西斥貪墨吏革沉繇理庾賦放無名之稅勸民出粟七十萬石振饑長河洞人叛單車撫定疏時弊二十事當路人不悅遂致仕歸

正唐置二人凡丞斷罪不當則以法正之宋亦二人元豐五年刑部奏定凡斷案上正看詳當否論難改正然後上於長貳遼金皆有之明左右二寺各寺正一人寺副二人各隨其所轄而覆審之情罪允服始呈堂具奏南京大理寺左右寺正各一人

丞唐置六人分判寺事宋置推丞四人斷丞六人天聖中石延年爲大理丞上書陳十策乞選練兵甲言西夏必叛朝廷不以爲然及元昊反帝思其言乃召見乞奉使河東籍兵回稱旨帝嘉之紹興二十六年帝以大理寺宜參用士人乃除河滏楊邦弼爲大理丞遼金皆有之明左右寺丞各一人南京右寺丞一人

主簿唐置二人宋元豐中始置二人建炎三年省後復金置知法十一人明法二人明置司務二人

獄丞唐置二人宋元豐官制行置大理獄丞四人遼金元明皆無

司直唐置六人宋因之金置四人明無

評事唐置八人宋元豐官制行始命張仲顯等十二人爲評事隆興二年詔大理評事以八員爲額金置三人

掌同司直明置左右寺評事各四人南京大理寺左右評事各三人隆慶三年革左右評事各一人

監自唐以後歷代皆無

欽定續通典卷二十九

欽定續通典卷三十

職官

諸卿中

鴻臚寺 丞 主簿 典客署 司儀署 鳴贊 序班附

唐鴻臚寺卿一人少卿二人凡四國君長以番望高下爲簿朝見凡大臣喪葬則本寺官贊相之示以禮制肅宗至德初西域朝貢及安西北庭校吏歲集京師者數千人隴右既陷不得歸皆仰給鴻臚禮賓月四萬緡凡四十年養子孫如編民至德宗建中時擢王鍔爲鴻臚少卿遂悉以隸名王以下幾及四千人其所畜馬二千皆停給宋初置判寺事一人以朝官以上充官制行置卿一人少卿一人卿掌四方朝貢宴勞給賜送迎之事及國之凶儀中都祠廟道釋籍帳除附之禁令少卿爲之貳高宗建炎後罷鴻臚寺併入禮部眞宗景德中戚綸判鴻臚寺綸以三公尙書九列之任唐末以來有司漸繁綱目不一宜采通禮六典令式比類沿革著爲大典時論稱之遼北面官有客省局使副使等官南面官客省有都客省興宗重熙十年以回鶻崇格爲都客省客省使太宗會同五年以耶律華格爲客省使左客省穆宗應歷中以蕭和斯爲左客省使右客省使客省副使等官南面鴻臚寺亦置卿少卿金不設鴻臚寺有客省使副使掌接伴人使見辭之事引進使副使掌進外方人使貢獻禮物事內承奉班押班掌總率本班承奉之事御院通進四員掌諸貢獻禮物及薦享編位次序屬宣徽院元不設鴻臚寺有侍儀司會同館屬禮部廩給司屬通政院其侍儀司掌外國朝覲之禮世祖至元八年始置左右侍儀奉御二人禮部侍郎知侍儀事一人引進使知侍儀事一人左右侍儀使二人左右直侍儀使二人左右侍儀副使二人左右侍儀僉事二人引進副使侍儀令各一人以後增損不一英宗至治元年定置侍儀司四人引進使知侍儀事二人通事舍人十六人侍儀舍人十四人會同館領館事一人大使二人副使二人掌接伴引見諸番蠻方峒官之來朝貢者成宗元貞元年以禮部尙書領館事遂爲定制廩給司提領一人司令一人司丞一人掌諸王諸番各省四方邊遠使客飲食供帳等事明初置侍儀司太祖洪武四年定侍儀使引進使品秩俱爲七品以下官十三年改使爲司正分左右司副各一人二十二年增設左右司丞四人三十年改爲鴻臚寺卿一人左右少卿各一人掌朝會賓客吉凶儀禮之事英宗復辟後擢楊宣爲鴻臚少卿凡朝廷宴饗朝賀大禮皆出職掌宣修幹美髯奏對明暢日見寵遇憲宗立陞鴻臚卿時荆襄叛寇劉千斤伏誅戎帥械繫餘黨多誤陷於辜者宣上章論救大要欲重人命敬天戒詞甚切有詔法曹詳覈竟得矜宥又施純歷鴻臚寺卿純習禮度每旦侍朝爲磬折狀甚恭特蒙寵眷擢禮部侍郎未幾陞尙書加太子太保純長身偉然表出羣類不十數年驟登峻秩前此未有也南京鴻臚寺卿一人世宗嘉靖間胡森爲南京鴻臚寺卿以局閒事省減去直役談說理學講明國是

丞唐置三人宋置二人明左右寺丞各一人

主簿唐置一人宋因之明亦置一人

典客署唐置令一人丞三人掌二王後及四方歸化在藩者朝貢送迎皆預焉宋置往來國信所掌大遼使介交聘之事都亭西驛及管幹所掌河西番部貢奉之事禮賓院掌回鶻吐蕃党項女貞等國朝貢館設及互市譯語之事懷遠驛掌南番交州西番龜茲大食于闐甘沙宗哥等國貢奉之事皆唐典客署之職建炎後廢鴻臚寺並歸禮部遼金元無典客署明司賓署署丞一人典外國朝貢之使辨其等而教其拜跪儀節

司儀署唐置令一人丞一人掌凶禮喪葬之具宋以後皆不置明司儀署署丞一人掌吉凶禮之事

鳴贊明置四人掌贊儀禮凡內贊通贊對贊接贊傳贊咸職之

序班明置五十人掌侍班齊班糾儀及傳贊

司農卿 丞 主簿 上林署 太倉署 鉤盾署 導官署 苑總監 諸倉監 司竹監 溫泉湯監 諸屯監 搜粟都尉等官 典農中郎將等官

唐司農寺卿一人少卿二人掌倉儲委積之事憲宗元和中郭釗累官司農卿時帝寢疾宦豎或妄議廢立者穆宗問計於釗答曰殿下爲太子當朝夕視膳何外慮乎時稱得元舅體文宗太和中杜中立以駙馬都尉遷司農卿繩吏急反爲中傷左徙慶王傅久之復拜司農卿入奏帝曰卿用法深信乎對曰臣有司之養名不苟事如司農尤叢劇陛下無信流言假臣數月當諸弊肅清帝許之向例度支六宮餐錢移司農司農季出付吏大吏盡舉所給於人權其子母以給之既不以時黃門來督責慢罵杜中立爲司農卿取錢納帑舍率五日一出吏不得爲姦後遂以爲法宋初司農寺置判寺事二人以兩制朝官以上充神宗熙寧二年置制置條例司立常平斂散法遣諸路提舉官推行之三年詔制置司均天下之財以常平新法付司農寺而農田水利免役保甲等法悉自司農講行以太子中允呂惠卿判司農寺改同判寺胡宗愈爲兼判官制行寺監不治外事司農事舊職務悉歸戶部右曹置卿一人少卿二人卿掌倉儲委積之政令總苑囿庫務之事而謹其出納天子有事親耕則奉耒耜少卿爲之貳建炎三年罷司農寺以事務併隸倉部紹興四年復置寺仍置卿少卿時新法行鸞河渡坊場司農併賣天下祠廟宋閼伯微子廟皆爲賈區張方平上言宋王業所基閼伯封於商邱以主大火微子爲始封之君是二祠者亦不得免乎帝震怒批牘尾曰慢祀辱國莫甚於此於是天下祠廟皆得不鬻孝宗隆興中李浩自台州除司農少卿時朝廷和糴米八萬董其事者賤糴遏惡隱尅官錢戶部不敢詰浩白發其姦下有司窮究戶部欲就支稽見數大理附會之浩爭曰非但惠姦且虧軍實上是其言又李椿除司農卿椿會大農歲用米百七十萬斛而省倉見米僅支一二月歎曰眞所謂國非其國矣力請歲除二百萬斛爲一年之蓄遼南面官有司農寺置卿少卿等官金宣宗興定六年置司農司設兼采訪公事大司農一人卿三人少卿三人於陝西河南置行司農司哀宗

正大元年又於歸德許州置行司農司各設卿少卿等官凡卿以下各出巡按察官吏臧否而陞黜之使節所過姦吏屛息數年之閒民政修舉實賴其力元至元七年始置大司農司設官五人凡農桑水利學校饑荒之事悉掌之十四年罷以按察司兼領勸農事十八年立農政院置官六人二十年又改立務農司置達嚕噶齊一人務農使一人同知二人是年又改爲司農寺達嚕噶齊一人司農卿二人二十三年仍改爲大司農司成宗大德元年增領大司農寺一人仁宗皇慶二年增大司農一人繼又定置四人大司農卿二人少卿二人（至元中張文謙拜大司農卿奏立諸道勸農使巡行勸課請開籍田祭先農先蠶時阿哈瑪特專政議拘民間鐵官鑄農器高其價以配民文謙於帝前極論罷之又董文用爲大司農時欲以民田爲屯田文用固爭乃止）至正十三年置分司農司命中書右丞烏蘭哈達及左丞烏克遜良楨兼大司農卿給分司農印西自西山南至保定河間北至檀順州東至遷民鎭凡係官地及元管各處屯田悉從分司農司立法募民耕種明初置司農司設卿少卿等官尋卽罷洪武三年復置司農司開治所於河南設卿一人少卿一人四年又罷之悉以其所掌歸戶部

丞唐置六人總判寺事宋熙寧五年置丞四人元豐四年省三人建炎三年罷司農寺不設丞紹興三年復設丞二人凡有合行事務由戶部施行（熙寧中熊本判司農寺丞帝嘉其績謂廷臣曰熊本不傷財不害民一旦去百年之患深可嘉也又王覿由司農寺主簿轉丞時以司農爲要官進用者多由此選覿拜命一日卽求外用人服其恬退又葉顒爲司農寺丞在朝三年非公事未嘗至丞相府樞密王綸知其恬退而未知其德性一日官詣院失鉿令治之顒請寬慢藏之罪於是綸大喜謂其客曰葉寺丞介而通嚴而恕眞重器也）金置行司農司丞一人元至元二十年置司丞一人皇慶二年改置大司農丞一人明洪武三年置司農丞四人四年罷之

主簿唐置二人宋初置六人元豐四年減三人哲宗元祐五年以本寺主簿兼檢法尋皆罷紹興十年復置隆興元年省罷二年詔復舊制金不設元亦不設有經歷一人都事二人明洪武三年設寺有主簿二人四年罷之

上林署唐置令二人丞四人掌苑囿園池植果蔬以供朝會祭祀及尙食諸司常料藏氷啟氷之事宋園苑官無常員以三司判官內侍都知諸司使以上充玉津瓊林宜春瑞聖四苑官掌種植蔬蒔以待供進修飭亭宇以備遊幸宴設金章宗泰和八年置上林署提點及丞直長等官掌諸苑園池沼種植花木果蔬及承奉行幸舟船之事又置都監同監等官掌花木局事皆屬工部不隸司農司元至元二十四年置上林署令一人丞一人直長一人掌宮苑栽植花卉供進蔬果種苜蓿以飼駝馬備煤炭以給營繕又置養種園提領二人花園管勾二人苜蓿園提領三人皆屬大都留守司不隸司農明洪武二十五年議開上林苑度地城南自牛首山接方山西並河涯圖上太祖謂有妨農事乃止成祖永樂五年始置上林苑監設良牧蕃育嘉蔬林衡川衡氷鑑及典察左右前後十屬署仁宗洪熙中併爲蕃育嘉蔬二署宣宗宣德十年始定四署置左右監正各一人掌苑囿園池牧蓄樹種之事左右監副各一人左右監丞各一人其良牧蕃育林衡嘉蔬四署各典署一人署丞一人錄事一人正德中增設監督內臣九十九人嘉靖元年裁汰八十八人並罷蕃育嘉蔬二署典署林衡嘉蔬二署錄事

太倉署唐置令三人丞五人監事八人掌廩藏之事宋元豐中以京城二十五倉屬司農每倉設監官以京朝官及三班使臣充官吏軍兵祿食及綱運受納封樁支用月具數以報司農紹興後又置豐儲倉置監官一人監門官二人金制府庫倉廩積貯之事戶部員外郞掌之又太倉使副使掌九穀廩藏出納之事屬太府監不隸司農司元京都二十二倉各倉置監支納一人大使二人副使二人皆屬戶部不隸司農寺明永樂中遷都北京置京倉及通州諸倉以戶部司員經理之宣德五年始命李昶爲戶部尙書專督其事遂爲定制以後或尙書或侍郞俱不治部事專理糧儲

鉤盾署唐置令二人丞四人監事十人供薪炭鳧鴨蒲萑陂池藪澤之物以供祭祀朝會燕饗賓客宋置柴炭庫炭場掌儲薪炭以給宮城及百司之用金章宗明昌三年改鉤盾署爲典給署有令丞直長等官掌宮中所用薪炭氷燭屬太府監元柴炭局置提領一人大使一人副使一人掌薪炭以供用屬內宰司不隸司農寺又置內正司卿四人少卿二人丞二人掌孳畜內產之儲以供膳服備賜屬中政院亦不隸司農明初以尙書侍郞提督易州山廠掌督御用柴炭之事至嘉靖八年改設主事管理

導官署唐置令二人丞四人監事十人掌導擇米麥及油燭之事宋都麴院掌造麴以供內庫酒醴之用水磨務掌水磑磨麥以供尙食及內外之用金儀鸞局掌御前所用香燭之事（詳見前職官）元司農司有供膳司置提點一人司令一人丞一人掌供給應需貨買百色生料油戶提領一人大使一人副使一人歲辦油十萬斤以供

內庖又醴源倉提舉一人大使一人副使一人掌受香莎蘇門等酒材糯米鄉貢麴藥以供上醞又尙食局置提點一人大使一人副使一人掌出納油麪諸物皆屬宣徽院不隸司農明供膳之事皆歸光祿寺不專設官

苑總監唐置每宮苑監一人副監一人丞二人主簿二人掌苑內宮館園池禽魚果木之事宋苑囿官無常員詳見上林署金北太一宮同樂園管勾二人掌守宮園繕修之事其各花園置小都監一人各宮苑置使一人元尙供總管府達嚕噶齊一人總管一人同知一人副總管一人判官一人掌守護東涼亭行宮及遊獵供奉之事明苑囿事悉掌於上林苑監

諸倉監唐各倉設監一人丞二人掌倉廩儲積出納之事宋鎮江建康諸倉各置監官金諸倉置監支納使副使等官掌倉廩畜積受納租稅支給祿廩之事元諸倉官詳見前太倉署門明京倉皆總於戶部

司竹監溫泉湯監唐以後皆不置

諸屯監唐置監一人丞一人掌營種屯田勾會之事宋遼金皆無是官元中衞右衞左衞前衞後衞有都指揮使副都指揮使僉事等官掌宿衞扈從兼屯田每衞皆置屯田左右千戶所二置達嚕噶齊二員或一員千戶二員百戶四十員彈壓二員又有武衞親軍都指揮使司掌修治城隍及京城內外工役兼大都屯田等事所屬有屯田千戶所六達嚕噶齊一員千戶六員百戶六十員彈壓六員又有左右翼屯田萬戶府二分掌斡端別十八里迴還漢軍及大名輝衞新附之軍并迤東迴軍合爲屯田兩府各置達嚕噶齊各一員萬戶各一員副萬戶各一員經歷各一員知事各一員又有左衞率府屯田千戶所三置達嚕噶齊三員千戶三員百戶三員彈壓三員又有右阿蘇衞親軍都指揮使司掌宿衞城禁兼營潮河蘇沽兩川屯田供給軍儲至元九年初立阿蘇巴圖達嚕噶齊置屬官二十三年遂名爲阿蘇之軍至大二年改立右阿蘇衞親軍都指揮使司置達嚕噶齊三員都指揮使三員副都指揮使二員僉事二員四年省達嚕噶齊三員後定置達嚕噶齊一員都指揮使三員副都指揮使二員僉事二員經歷二員知事二員承發架閣照磨一員左阿蘇衞親軍都指揮使司職掌同右阿蘇衞設官略同又有延安屯田打捕總管府管析居放良人戶并烏蘭齊蘇田地北來蒙古人戶至元十八年始設定置達嚕噶齊一員總管一員同知一員經歷知事各一員其屬官打捕屯田官一十二員大寧海陽等處屯田打捕所掌北京平灤等路析居放良布哷齊等戶至元二十二年置總管府元貞元年罷總管府置打捕所定置達魯花赤一員長官一員又忠翊侍衞親軍都指揮使司所屬有屯田左右手千戶所二翼達嚕噶齊一員千戶二員百戶四十員彈壓四員又宗仁蒙古侍衞親軍都指揮使司所屬有屯田千戶所千戶四員百戶四十員彈壓四員又奇圖噶萬戶府所屬有洪澤屯田千戶趙國宏翼達嚕噶齊一員千戶一員副千戶一員百戶一十四員彈壓二員凡各衞屯田之官悉屬樞密院不隸司農寺又右欽察衞所屬有屯田千戶所二置達嚕噶齊二員千戶二員百戶二十員彈壓二員左欽察衞所屬屯田千戶所一翼達嚕噶齊一員千戶一員百戶十員彈壓一員龍翊侍衞親軍都指揮使司所屬屯田一翼欽察千戶所達嚕噶齊一員千戶一員百戶二十二員彈壓二員皆屬大都督府不隸司農寺其隸司農司者唯永平屯田總管府置達嚕噶齊一員總管一員同知一員知事一員至元二十四年立於永平路南馬城縣以北京採木三千人隸之所轄昌國濟民豐贍三署各置署令一員署丞一員又有左都威衞使司屯田左右千戶所二千戶二員都目一員百戶每所二十員彈壓一員右都威衞使司屯田千戶所一百戶七員餘設官同明無專管屯田之官

驃粟都尉及典農中郎將等官唐以後皆無

太府卿　丞　主簿　常平署　諸市署　平準署　左右藏署

唐制太府寺卿一人少卿二人掌財貨廩藏貿易總京都四市左右藏常平七署凡四方貢賦百官俸秩謹其出納賦物任土所出定精粗之差祭祀幣帛皆供焉宋初置判寺事一人以兩制或帶職朝官充同判寺一人以京朝官充凡廩藏貿易四方貢賦百官俸給時皆隸三司本寺但掌供祭祀香幣帨巾神席及校造升斗衡尺而已元豐官制行始正職掌置卿少卿各一人卿掌邦國財貨之政令及庫藏出納商稅平準貿易之事少卿爲之貳凡四方貢賦之輸於京師者辨其名物視其多寡別而受之儲於內藏者以待非常之用頒於左藏者以供經常之費凡官吏軍兵奉祿賜予以法式頒之先給歷從有司檢察書其名數鉤覆而後給焉供奉之物則承旨以進審奏得畫乃聽除之若春秋授軍衣則前朝進樣定其須曰畿內將校營兵支請月具其數以聞凡商賈之賦小賈卽門征之大賈則輸於務貨之不售者平其價鬻於平準乘時貿貨以濟民用若質取於官則給用多寡各從其抵歲以香茶鹽鈔募人入豆穀

實邊卽京都闕用物預報度支凡課入以盈虧定課最行賞罰大祀晨祼則卿置幣奠玉則入陳玉帛餘祀供其帨巾元祐初以倉部郎官印發文鈔三年復歸本寺五年詔長貳每月分巡庫務遼南面官置太府監有太監少監監丞主簿等官金太府監置監少監等官掌出納邦國財用錢穀之事元太府監太卿六人太監六人少監五人掌錢穀出納之數至元四年爲宣徽太府監凡內府藏庫悉隸焉大德九年改爲院武宗至大四年始定爲太府監明無太府監

丞唐置四人掌判寺事凡元日冬至以方物陳於庭者受而進之會賜及別敕六品以下賜者給於朝堂以一人主左右藏署帳凡在署爲簿在寺爲帳三月一報金部宋置二人掌參領寺事哲宗元符元年增置一人徽宗崇寧中因置藥局七所再增一人點檢宣和三年減罷金置二人元置五人

主簿唐置二人掌印省鈔目勾檢稽失平權衡度量歲以八月印署然後用之宋置二人金無之元置經歷一人知事一人照磨一人

諸市署唐置兩京諸市署令一人丞二人掌財貨交易度量器物辨其眞僞輕重市肆皆建標築土爲候禁權固及參市自殖者宋置都提舉市易司掌提點貿易其上下界及諸州市易務雜買務雜賣場皆隸焉其市易上界掌斂市之不售貨之滯於民者乘時貿易以平百物之直市易下界掌飛錢給券以通邊糴雜買務掌和市百物凡宮禁官府所需以時供納雜賣場掌受內外幣餘之物計直以待出貨或準折支用榷貨務掌折博斛斗金帛之屬交引庫掌給印出納交引錢鈔之事抵當所掌以官錢聽民質取而濟其緩急和濟局惠民局掌修合良藥出賣以濟民疾店宅務掌管官屋及邸店計置出僦及修造之事石炭場掌受納出賣石炭香藥庫掌出納外國貢獻及市舶香藥寶石之事遼無市署之官金置市買司有使副使等官掌收買宮中所用果實生料諸物又置榷貨務有使副使等官掌發賣給隨路香茶鹽鈔引交鈔庫有使副使判官都監等官掌諸路交鈔及檢勘錢鈔換易收支之事印造鈔引庫有使副使判等官掌監視印造勘覆諸路交鈔鹽引兼提控抄造鈔引紙鈔紙坊有使副使判等官交鈔庫物料場場官掌收支交鈔物料又有隨處交鈔庫使凡上京西京北京東平大名益都咸平眞定河閒平陽太原京兆平涼廣寧等府瑞蔚平清通順薊等州皆設焉皆屬戶部不隸太府監元置大都宣課提舉司掌諸色課程併領京城各市其官有提舉二人同提舉一人副提舉一人亦屬戶部不隸太府監

平準署唐置令二人丞四人掌官市易宋遼皆無是官金平準務有使副使勾當官等官屬戶部不隸太府寺元明亦無是官

左右藏署唐置左藏署令三人丞五人掌錢帛雜綵天下賦調卿及御史監閱右藏署令二人丞三人掌金玉珠寶銅鐵骨角齒毛綵畫宋左藏東西庫掌四方財賦之入以待邦國之經費給官吏軍兵奉祿賜予舊分南北兩庫徽宗政和六年修建新庫以東西庫爲名又西京南京北京各置左藏庫又內藏庫掌受歲計之餘積以待邦國非常之用奉宸庫掌供內庭凡金玉珠寶良貨賄藏焉祗候庫掌受錢帛器皿衣服以備傳詔班給及殿廷賜予元豐庫掌受諸路積剩及常平錢物凡封樁者皆入焉布庫掌受諸道輸納之布辨其名物以待給用茶庫掌受江浙荆湖建劍茶茗以給翰林諸司及賞賚出鬻雜物庫掌受內外雜輸之物以備支用遼內藏庫有內藏庫提點屬內省道宗淸寧元年見內藏庫提點耶律烏爾古金左藏庫有使副使等官掌金銀珠玉寶貨錢幣右藏庫有使副使等官掌錦帛絲緜毛褐諸道常課諸色雜物又有支應所都監二人掌宮中出入御前支賜金銀幣帛元左藏有提點四人大使二人副使二人掌收支常課和買紗羅布絹絲緜絨錦木緜鋪陳衣服諸物右藏有提點四人大使二人副使二人掌收支金銀寶鈔濟遜緞疋水晶瑪瑙玉璞諸物內藏庫提點四人大使二人副使二人至元二年置署上都十九年始署大都以宦者領之復有行內藏二十八年省之明寶鈔廣惠庫大使一人副使二人廣積庫大使一人副使二人典史一人贓罰庫大使一人副使二人甲字乙字丙字丁字戊字庫大使五人副使六人廣盈庫大使一人副使二人外承運庫大使二人副使二人承運庫大使一人副使一人太倉銀庫大使一人副使一人皆隸戶部其內府供用庫及內承運庫甲字乙字丙字丁字戊字承運廣盈廣惠等庫掌鈔羅絹帛布疋及一應什物皆以宦官掌之詳內侍省門

常平署唐置令一人丞二人掌平糴倉儲出納宋以常平新法付司農寺熙寧二年立常平斂散法遣諸路提舉官推行之其提舉常平司掌常平義倉免役市易坊場河渡水利之法視歲之豐歉而爲之斂散以惠農民凡役錢產有厚薄則輸有多寡及給吏祿亦視其職役

之重輕難易以爲之等商有滯貨則官爲斂之復售於民以平物價皆總其政令仍專舉刺官吏之事立法之初先遣官提舉河北陝西路常平未幾諸路悉置提舉官元祐初罷之併其職於提點刑獄司紹聖初復置元符以後因之遼金無專管常平之倉官元至元六年始置常平倉於路府其法豐年米賤官爲增價糴之歉年米貴官爲減價糶之八年以和糴糧及諸河倉所撥糧貯焉二十三年定鐵法又以鐵課糴糧充焉皆隨路府以隷於有司不設專官明嘉靖初諭德顧鼎臣奏言成弘時每年以存留餘米入預備倉緩急有備今秋糧僅足兌運預備無粒米一遇災傷輒奏留他糧及勸富民借穀以應故事乞急復預備倉糧以裕民帝乃命有司設法多積米穀仍倣古常平法春賑貧民秋成還官不取其息府積萬石州積四五千石縣二三千石爲率既又定十里以下萬五千石累而上之八百里以下至十九萬石其後積粟盡平糶以救濟貧民儲積漸減自隆慶至萬厤其數益減然皆掌於有司不設專官

祕書監丞祕書郎校書郎正字著作郎佐郎校書正字附太史局令丞

唐置祕書省監一人專掌經籍圖書之事少監二人爲之貳元和中李益爲故宰相揆族子素長於詩每一篇成樂工爭取之憲宗雅知益名召爲祕書少監宋置祕書省監一人少監一人掌古今經籍圖書及國史實錄天文麻數之事歲於仲夏曝書尚書學士侍郎待制兩省諫官御史並赴大典禮則長貳預集議所以待遇儒臣非他司比宴設賜予率循故事淳熙中孝宗幸祕書省御製詩一首賜宰臣史浩以下祕書監陳騤少卿陳丙賜紫章服遼南面祕書監有大監少監金祕書監有監一人少監一人掌經籍圖書元祕書監卿四人大監二人少監二人掌歷代圖籍并陰陽禁書泰定初虞集遷祕書少監天子幸上都以講臣多高年命集與集賢學士王結執經以從行經筵之制取經史中一切於心德治道者用國語漢文兩進讀潤譯之際每選一時精於其學者爲之猶數日乃成一篇集爲反覆以通之然後得以無憾又李孝光隱居鴈宕山五峰下四方之士遠來受學名譽日聞至正七年詔徵隱士以祕書監著作郎召赴京師見於宣文閣進孝經圖說帝大悅賜上尊明年陞祕書監明洪武三年置祕書監除監丞一人直長二人尋定設令一人丞直長各二人掌內府書籍十三年并入翰林院典籍遂不復設祕書監

丞唐置一人宋置一人參領省事太宗淳化初寇準掌選薦錢若水等五人文學高第召試翰林若水最優擢祕書丞直史館遼南面祕書監有監丞金亦置丞一人元置監丞二人皆用大臣奏薦選世家名臣子弟爲之

祕書郎唐置三人掌四部圖籍以甲乙丙丁爲部皆有三本一曰正二曰副三曰貯凡課寫功成皆分判宋置二人掌集賢院史館昭文館祕閣圖籍以甲乙丙丁爲部各分其類孝宗淳熙元年朱熹始拜命帝欲獎用廉退以厲風俗龔茂良行相事以熹名進除祕書郎遼南面祕書監有祕書郎金祕書郎二人元置二人

祕書校書郎唐置八人宋置四人淳熙中鄭鑑召試館職帝問今合除何官龔茂良曰前此學官召試止除正字帝曰可除校書郎賞其盡言又王雲舉進士從使高麗撰鷄林志以進擢祕書省校書郎又李宗諤宰相昉子也七歲能爲文恥以父任得官獨由鄉舉第進士授校書郎又李淑參知政事若谷子也年十二眞宗幸蜀獻文行在所帝奇之命賦詩賜童子出身試祕書省校書郎遼南面祕書監有校書郎統和中楊佶爲校書郎金校書郎一人章宗承安五年置二人泰和五年以翰林院官兼啣紹帝大安二年減一人專掌校勘在監文籍元置二人掌辨驗書畫

祕書正字唐置四人掌校讎典籍刊正文字宋置二人太宗雍熙初楊億年甫十一帝聞其名詔江南轉運使張去華就試詞藝送闕下連三日得對試詩賦五篇下筆立成帝深加獎異宰相削草爲賀翌日下制曰汝方髫齔不由師訓精爽神助文字生知越長紹一日千里予有望於汝也卽授祕書省正字又周必大紹興二十年第進士中博學宏詞科召試館職帝讀其策曰掌制手也授祕書省正字又洪适皓長子也與弟遵同中博學宏詞科後三年弟邁亦中是選由是三洪名滿於天下改祕書省正字遼亦有正字聖宗開泰元年見正字李萬金元俱無正字

著作局郎著作佐郎唐代各置二人有宋時置著作郎一人又置著作佐郎二人掌修纂日麻之事遼亦有著作郎著作佐郎統和十一年楊晳爲著作佐郎金熙宗皇統六年設著作局置著作郎一人著作佐郎一人編修日麻以學士院兼領之世宗大定中孟宗獻發解第一是歲宗獻府試省試廷試皆第一號孟四元故事狀元官從七品階承務郎世宗以宗獻獨異等與從六品改著作郎元著作郎二人著作佐郎二人其著作局唯唐設校書二人正字二人唐以後統於祕書省不復別置

太史局令至唐改爲司天監設監一人少監二人掌察天文稽麻數凡日月星辰風雲氣色之異率其屬而占肅宗乾元元年改曰司天臺藝術人韓潁劉烜建議改令爲監置通元院及主簿置五官監候及五官禮生十五人掌布諸壇神位其通元院以藝學召至京師者居之凡天文圖書器物非其任不得與焉每季錄祥眚送門下中書省紀於起居注歲終上送史館歲頒麻於天下其屬有春官夏官秋官冬官中官正各一人掌司四時各司其方之變異冠加一星珠以應五緯衣從其方色元日冬至朔望朝會及大禮各奏方事而服以朝見五官保章正二人五官監候三人五官司麻二人掌麻法及測景分至表準五官靈臺郎各一人掌候天文之變五官挈壺正二人五官司晨八人漏刻博士六人掌知漏刻凡孔壺爲漏浮箭爲刻以考中星昏明更以擊鼓爲節點以擊鐘爲節宋初置司天監設官有監少監其屬有春官正夏官正秋官正冬官正中官正靈臺郎保章正挈壺正各一人元豐官制行罷司天監立太史局隷祕書省其官有令有正掌測驗天文考定麻法凡日月星辰風雲氣候祥眚之事日具所占以聞歲頒麻於天下則預造進呈

祭祀冠婚及大典禮則選所用日其屬有春官正夏官正秋官正冬官正中官正丞直長靈臺郎保章正等官遼南面官司天監有太史令其屬有司厤靈臺郎挈壺正五官正丞主簿五官靈臺郎保章正司厤監候挈壺正司晨刻漏博士典鐘典鼓等官金司天臺有提點監少監掌天文厤數風雲氣色密以奏聞其屬有教授司天管勾等官元司天監提點一人司天監三人少監五人掌凡厤象之事其屬官有提學二人教授二人學正二人天文科管勾二人算厤科管勾二人三式科管勾二人測驗科管勾二人漏刻科管勾二人陰陽管勾一人押宿官二人司辰官八人中統元年因金舊制立司天臺設官屬至元八年以上都承應闕官增置行司天監十五年別置太史院與臺並立頒厤之政歸院學校之設隸臺二十三年置行監二十七年又立行少監又有回回司天監提點一人司天監三人少監二人掌觀象衍厤之事其屬有教授一人天文科管勾一人算厤科管勾一人三式科管勾一人測驗科管勾一人漏刻科管勾一人又置太史院院使五人同知二人僉院二人同僉二人院判二人掌天文厤數之事其屬經歷一人都事一人管勾一人春官正兼夏官正一人秋官正兼冬官正中官正一人保章正五人保章副五人掌厤二人腹裏印厤管勾一人各省司厤十二人印厤管勾二人靈臺郎一人監候六人副監候六人星厤生四十四人挈壺正一人司辰郎二人壓漏直長一人教授一人學正一人校書郎二人明洪武元年徵元太史張佑張沂等十四人改太史院為司天監設監令少監監丞等官又徵元回回司天監鄭阿里等議厤置回回司天監設監令少監監丞等官三年改司天監為欽天監二十二年改令為監正丞為監副三十一年罷回回司天監以其厤法隸本監置監正一人副監二人掌察天文定厤數占候推步之事凡日月星辰風雲氣色率其屬而測候焉有變異密疏以聞凡習業分四科曰天文曰漏刻曰回回曰厤自五官正下至天文生陰陽人各分科肄業每歲冬至日呈奏明歲大統厤移送禮部頒行其御覽月令厤七政躔度厤六壬遁甲厤四季天象錄並先期進呈其屬主簿一人春官正夏官正秋官正冬官正中官正各一人五官靈臺郎八人五官保章正二人五官挈壺正二人五官監候三人五官司厤二人五官司辰八人漏刻博士六人南京欽天監監正一人監副一人其屬主簿一人五官正一人五官靈臺郎二人五官監候一人五官司厤一人

丞唐置二人宋遼皆有之金設判官無丞元司天監丞四人回回司天監監丞二人其太史院無丞明自洪武二十二年改丞為監副後遂不設丞

殿中監丞尚食尚藥尚衣尚舍尚乘尚輦等局奉御直長

唐置殿中省監一人少監二人掌天子服御之事凡聽朝率屬執繖扇列於左右大朝會祭祀則進爵行幸則侍宋殿中省監一人少監一人掌供奉天子玉食醫藥服御幄帟輿輦舍次之政令遼南面官殿中司隸御史臺有殿中之官開泰元年見殿中高可極金殿中省之職多領於殿前都點檢司及宣徽院元亦不設殿中省置侍正府侍正十四人同知二人參府二人侍判二人掌內廷近侍之事其屬經歷一人都事一人照磨一人明內廷近侍之事俱屬內侍不專設官不具載

丞唐置二人宋置一人遼亦有殿中丞

尚食局唐置奉御二人直長五人奉御掌儲供直長為之貳進御必辨時禁先嘗之饗百官賓客則與光祿視品秩而供凡諸陵月饗視膳乃獻宋尚食局有典御奉御等官掌膳羞之事遼南面官殿中司所屬亦有尚食局奉御金尚食局屬宣徽院元尚食局亦屬宣徽院俱詳見光祿寺明尚膳監掌於內侍

尚藥局唐置奉御二人直長二人掌和御藥診視凡藥供御中書門下長官及諸衛上將軍各一人與監奉御涖之藥成醫佐以上先嘗疏本方具歲月日涖者署奏餌日奉御先嘗殿中監次之宋尚藥有典御奉御等官掌和劑診候之事遼北面官著帳戶司承應實達爾局有湯藥實達爾金尚藥局御藥院屬宣徽院元明御用藥物皆掌於太醫院俱詳見太常寺太醫署

尚衣局唐置奉御二人直長四人掌供冕服几案祭祀則奉鎮圭於監而進於天子大朝會設案宋尚衣有典御奉御等官掌衣服冠冕之事遼南面官殿中司有尚衣局奉御金尚衣局有提點使副使都監直長同監等官掌御用衣服冠帶等事屬宣徽院元侍正府有尚衣奉御二人副奉御二人尚冠奉御二人副奉御二人尚輦奉御二人副奉御二人尚沐奉御二人副奉御二人明尚衣監掌於內侍

尚舍局唐置奉御二人直長六人掌殿庭祭祀張設湯沐燈燭汎掃行幸則設三部帳幕有古帳大帳次帳小次帳小帳凡五等各三部其外則蔽以排城大朝會設黼扆施躡席薰爐朔望設幄而已宋尚舍局有典御奉御等官掌次舍幄帟之事遼南面官殿中司有尚舍局奉御金儀鸞局提點等官或以少府監官兼或兼少府監職掌詳衛尉司守宮署元中尚監掌供內府陳設帳房帟幕車輿雨衣之用員額詳衛尉司守宮署明司設監掌於內侍

尚乘局唐置奉御二人直長十人掌內外閑廄之馬左右六閑一曰飛黃二曰吉良三曰龍媒四曰騊駼五曰駃騠六曰天苑凡外牧歲進良馬印以三花飛鳳之字飛龍廄日以八馬列宮門之外號南衙立仗馬仗下乃退宋殿中省無尚乘局凡御馬皆掌於太僕寺遼南面官殿中司有尚乘局奉御金尚廄局有提點使副使等官掌御馬調習牧養隸殿前都點檢司元尚乘局專掌御馬詳見太僕寺明御馬監掌於內侍

尙輦局唐置奉御二人直長三人尙輦二人掌輿輦繖扇大朝會則陳於庭大祭祀則陳於廟皆繖二翰一扇一百五十有六旣事而藏之宋尙輦局有典御奉御等官掌輿輦之事遼南面官殿中司有尙輦局奉御金尙輦局有使副使等官掌承奉輿輦等事有直長職專典輿屬殿前都點檢司元侍正府有尙飾兼尙輦奉御二人副奉御二人明輿輦之事掌於錦衣衛

欽定續通典卷三十

欽定續通典卷三十一

職官

諸卿下

內侍省 內侍 內常侍 內給事 內謁者監 內寺伯 掖庭局 宮闈局 奚官局 內僕局 內府局

臣等謹按唐六典尚書門下中書三省之後接載祕書殿中內侍三省稱為六省杜佑作通典改祕書殿中兩省為監爰以內侍省並列於諸卿竊惟周官有宮正宮伯內宰宮人內小臣閽人寺人之職悉統於冢宰宮正乃總領宿衞之官宮伯副之秦之郎中令漢之光祿勳即其遺制其六寢六宮之奄寺內豎不過十九人而內小臣之得稱為上士者止四人而已漢內官猶參選明經之士如揚雄位執戟孔安國掌御唾壺是也東京而後乃悉用奄人唐代因之預社稷之謀振軍國之柄覆踵相尋如同一轍沿至有明寵任中涓員數日增權任尤重濫觴於永樂之時燎原於神熹之代竊弄魁柄國祚遂亡伏考宦官備灑埽之職祗以給宮闈使令而累朝秕政相沿已大失成周命官之本意今是書秩品仰承
聖訓釐定刪去宦官而內侍省一門仍按歷代史志臚載俾覽者知所鑒戒焉

唐制內侍省監二人少監二人掌內侍奉宣制令皇后親蠶則升壇執儀大駕出入為夾引宋制入內內侍省內侍省太祖建隆時有內班院太宗淳化五年改為黃門又改為內侍省入內內侍省與內侍省號為前後省而入內省尤為親近通侍禁中役服褻近者隸入內內侍省拱侍殿中備灑埽之職役使雜品者隸內侍省入內內侍省有都都知都知副都知押班內東頭供奉官內西頭供奉官內侍殿頭內侍高品內侍高班內侍黃門內侍省有左班都知副都知右班都知副都知押班內東頭供奉官內西頭供奉官內侍殿頭內侍高品內侍高班內侍黃門其官稱又有內客省使延福宮使宣政使宣慶使昭宣使徽宗政和二年以通侍大夫易內客省使正侍大夫易延福宮使中侍大夫易景福殿使中亮大夫易宣慶使中衞大夫易宣政使拱衞大夫易昭宣使供奉官易內東頭供奉官左侍禁易內西頭供奉官右侍禁易內侍殿頭左班殿直易內侍高品右班殿直易內侍高班而黃門之名如故遼內省有內省使內省副使內藏庫提點內侍省有黃門令內謁者內侍省押班內侍左廂押班內侍右廂押班契丹漢兒渤海內侍都知左承宣使右承宣使金內侍省俱屬宣徽院元內廷近侍之事俱掌于侍正府詳見殿中監明置十二監司禮監內官監御用監司設監御馬監神宮監尚膳監尚寶監印綬監直殿監尚衣監都知監四司惜薪司鐘鼓司寶鈔司混堂司八局兵仗局浣衣局銀作局巾帽局鍼工局內織染局酒醋麪局司苑局其餘又有內府供用庫司鑰庫內承運庫甲字乙字丙字丁字戊字承運廣盈廣惠贓罰御酒房御藥房御茶房牲口房刻漏房更鼓房甜食房彈子房靈臺條作盔甲廠安民廠皇城京城及內外各宮門提督東廠提督西廠提督京營文書房禮儀房中書房御前近侍等職皆設長貳其外則守備織造鎮守市舶監督倉場諸陵神宮監監軍採辦糧稅礦關等使紛不可紀諸宦官內惟司禮監位最尊而權重其寵任專者率由別監陞司禮監職批紅者權同元輔焉太祖洪武時帝嘗謂侍臣曰朕觀周禮奄寺不及百人後世至踰數千因用階亂此曹止可供灑埽給使令非別有委任毋令過多又言此曹善者千百中不一二惡者常千百若用為耳目則耳目蔽用為心腹則心腹病馭之之道在使之畏法不可使有功畏法則檢束有功則驕恣時有內侍事帝最久微言及政事立斥之終其身不召因定制內侍毋許識字洪武十七年鑄鐵牌文曰內臣不得干預政事犯者斬置宮門中又敕諸司毋得與內官監文移往來然二十五年命聶慶童往河州敕諭茶馬中官奉使行事已自此始成祖亦嘗云朕一遵太祖訓無御寶文書即一軍一民中官不得擅調發有私役應天工匠者立命錦衣逮治中官四出實始永樂時元年李興等齎敕勞暹羅國王此奉使外國之始也三年命鄭和等率兵二萬行賞西洋古里滿剌諸國此將兵之始也八年敕王安等監都督譚青等軍馬靖巡視甘肅此監軍巡視之始也及仁宗洪熙元年以鄭和領下番官軍守備南京遂相沿不改敕王安鎮守甘肅而各省鎮皆設鎮守矣宣宗宣德四年特設文書房命大學士陳山專授小內使書而太祖不許識字讀書之制由此而廢賜王瑾金英印記則與諸密勿大臣同賜金英范宏等免死詔則又無異勳臣之鐵券也英之王振憲之汪直武之劉瑾熹之魏忠賢太阿倒握威福下移神宗礦稅之使無一方不罹厥害其他怙勢薰灼不可勝紀而蔭弟蔭姪封伯封公則撓官制之大者莊烈帝初剪大憝中外頌聖既而鎮守出征督餉坐營等事無一不命中官為之而明亦遂亡矣

內侍唐置四人掌奉宣制令遼內侍省有黃門令明司禮監提督一人掌印一人又有秉筆隨堂書籍名畫等庫內書堂六科廊各掌司及典簿提督掌督理皇城內一應儀禮刑名及鈐束長隨當差聽事各役關防門禁催督光祿供應等事掌印掌理內外章奏及御前勘合秉筆隨堂掌章奏文書照閣票批硃掌司各掌所司典簿典記奏章及諸出納號簿宦官之有權而職重者也

內常侍唐置六人通判省事金有中常侍

內給事唐置十人掌承旨勞問分判省事遼有內侍省左承宣使右承宣使金有給事中

內謁者監唐置十人掌儀法宣奏承敕令及外命婦名帳凡諸親命婦朝會者籍其數上內侍省遼內侍省有內謁者金亦有內謁者

內寺伯唐置六人掌糾察宮內不法宋置內東門司勾

當宮四人掌宮禁人物出入周知其名數而譏察之
掖庭局唐置令二人丞三人掌宮人簿帳女工凡宮人名籍司其除附公桑養蠶會其課業供奉物皆取焉
宮闈局掌侍宮闈出入管鑰金置宮闈局設提點使副使掌宮中閤門之禁明設午門東華門西華門奉天門元武門左右順門左右紅門皇宮門坤寧門宮左右門東宮春和門後門左右門皇城京城內外諸門各設門正一員管事無定員司晨昏啟閉關防出入
奚官局唐置令二人丞二人掌奚隸工役宮官之品宮人病則給醫藥死給衣服明浣衣局掌印太監一人僉書監工無定員掌凡宮人年老及罷退廢者發此局居住
內僕局唐置令二人丞二人掌中宮車乘遂有內侍省押班內侍左廂押班內侍右廂押班明司設監掌印太監一人總理管理僉書典簿掌司寫字監工無定員掌鹵簿儀仗帷幙諸事御馬監掌印太監一人騰驤四衞營各設監官掌司典簿寫字掌馬等員象房有掌司等員
內府局唐置令二人丞二人掌中藏寶貨給納之數及供燈燭湯沐張設凡朝會五品以上及有功將士番酋辭還皆賜於庭宋龍圖天章寶文閣勾當四人藏祖宗文章圖籍及符瑞寶玩之物遼內侍省內庫有都提點內庫尚衣庫有尚衣庫使湯藥局有都提點勾當官金內藏庫有使副使掌內府金寶財物率隨庫都監等供奉其事明內官監掌印太監一人總理管理僉書典簿掌司寫字監工無定員掌木石瓦土塔材東行西行油漆婚禮火藥十作及米鹽庫營造庫皇壇庫凡國家營造宮室陵墓并銅錫粧奩器用暨冰窨諸事御用監掌印太監一人裏外監把總二人典簿掌司寫字監工無定員凡御前所用圍屏牀榻諸木器及紫檀象牙烏木螺甸諸玩器皆造辦之又有仁智殿監工一人掌武英殿中書承旨所寫書籍畫冊等奏進御前神宮監掌印太監一人僉書掌司管理無定員掌太廟各廟灑掃香燈等事尚膳監掌印太監一人提督光祿太監一人總理一人管理僉書掌司寫字監工及各牛羊等房廠監工無定員掌御膳及宮內食用并筵宴諸事尚寶監掌印一人僉書掌司無定員掌寶璽敕符將軍印信印綬監掌印一人僉書掌司無定員掌古今通集庫并鐵券誥勅貼黃印信勘合符驗信符諸事直殿監掌印一人僉書掌司無定員掌各殿及廊廡掃除之事尚衣監掌印太監一人管理僉書掌司監工無定員掌御用冠冕袍服及履舄靴韈之事都知監掌印太監一人僉書掌司長隨奉御無定員隨駕前導警蹕惜薪司掌印太監一人總理僉書掌道掌司寫字監工及外廠北廠南廠新南廠新西廠各設僉書監工俱無定員掌所用薪炭之事鐘鼓司掌印太監一人僉書司房學藝官無定員掌管出朝鐘鼓及內樂傳奇過錦打稻諸雜戲寶鈔司掌印太監一人僉書管理監工無定員掌造粗細草紙混堂司掌印太監一人僉書監工無定員掌沐浴之事兵仗局掌印太監一人提督軍器庫太監一人管理僉書掌司寫字監工無定員掌製造軍器火藥司屬之銀作局掌印太監一人管理僉書寫字監工無定員掌打造金銀器飾巾帽局掌印太監一人管理僉書掌司監工無定員掌宮內使帽靴駙馬冠靴及藩王之國諸旗尉帽靴鍼工局掌印太監一人管理僉書掌司監工無定員掌造宮中衣服內織染局掌印太監一人管理僉書掌司監工無定員掌染造御用及宮內應用緞疋酒醋麪局掌印太監一人管理僉書掌司監工無定員掌宮中食用酒醋糖醬麪豆諸物司苑局掌印太監一人管理僉書掌司監工無定員掌蔬菜瓜果內府供用庫掌印太監一人總理掌司寫字監工無定員掌宮內及山陵等處內官食米及御用黃蠟白蠟沉香等香司鑰庫掌印太監一人總理管理掌司寫字監工無定員掌收貯制錢以給賞賜內承運庫掌印太監一人近侍僉書太監十人掌司寫字監工無定員掌大內庫藏凡金銀及諸寶貨總隸之十庫甲字掌庫一人貼庫僉書無定員掌貯銀硃黃丹烏梅藤黃水銀諸物乙字掌庫一人貼庫僉書無定員掌貯奏本等紙及各省所解胖襖丙字掌庫一人貼庫僉書無定員掌貯絲綿布疋丁字掌庫一人貼庫僉書無定員掌貯生漆桐油等物戊字掌庫一人貼庫僉書無定員掌貯所解弓箭盔甲等物承運掌庫一人貼庫僉書無定員掌貯黃白生絹廣盈掌庫一人貼庫僉書無定員掌貯紗羅諸帛疋廣惠掌庫一人貼庫僉書無定員掌造貯巾帕梳篦刷抿錢貫鈔錠之類贓罰掌庫一人貼庫僉書無定員掌沒入官物御酒房提督太監一人僉書無定員掌造御用酒御藥房提督太監正副二人分兩班近侍醫官無定員職掌御用藥餌與太醫院官相表裏御茶房提督太監正副二人分兩班近侍無定員職司供奉茶酒瓜果及進御膳牲口房提督大監一人僉書無定員收養異獸珍禽刻漏房掌房一員僉書無定員掌管每日時刻每一

時卽令直殿監官入宮換牌夜報刻水更鼓房以有罪內官職司之甜食房掌房一員協同無定員掌造辦虎眼窩糸等糖及諸甜食彈子房掌房一員僉書數員專備泥彈靈臺掌印大監一人僉書近侍看時近侍無定員掌觀星氣雲物測候災祥條作掌作一人協同無定員掌造各色兜羅絨及諸條縧盔甲廠掌廠太監一人貼廠僉書無定員掌造軍器安民廠掌廠太監一人貼廠僉書無定員掌造銃礮火藥之類

少府監少監　丞　主簿　中尙左尙右尙織染　掌冶等署　暴室等丞

唐制少府監一人少監二人掌百工技巧之政總中尙左尙右尙織染掌冶五署及諸冶鑄錢互市等監供天子器御后妃服飾及郊廟圭玉百官儀物凡武庫袍襦皆識其輕重乃藏之冬至元日以給衞士諸州市牛皮角以供用牧畜角筋腦革悉輸焉細鏤之工敎以四年車路樂器之工三年平漫刀矟之工二年矢鏃竹漆屈柳之工半焉冠冕弁幘之工九月敎作者傳家技四季以令丞試之歲終以監試之皆物勒工名宋初置判監事一人以朝官充凡進御器玩后妃服飾雕文錯綵工巧之事分隸文思院後苑造作所本監但掌造門戟神衣旌節郊廟諸壇祭玉法物鑄牌印諸記百官拜表案褥之事凡祭祀則供祭器爵瓚照燭元豐官制行始置監一人掌百工技巧之政令少監爲之貳凡乘輿服御寶冊符印旌節度量權衡之制與夫祭祀朝會展采備物皆率其屬以供焉庀其工徒察其程課作止勞逸及寒暑早晩之節視將作匠法物勒工名以法式察其良窳凡金玉犀象羽毛齒革膠漆材竹辨其名物而頒其制度事當損益則審其可否議定以聞遼南面官亦有少府監金少府監有監少監掌邦國百工營造之事尙方圖畫織染文思裁造文繡等署隸焉元以大都留守司兼知少府監事仁宗皇慶元年別置少府監延祐七年罷少府監復以留守兼監事其大都留守五人同知二人副留守二人判官二人其屬經歷一人都事二人管勾承發架閣庫一人照磨兼覆料官一人部役官兼壕寨一人掌守衞宮闕都城調度本路供億諸務兼理營繕內府諸邸都宮原廟尙方車服殿廡供帳內苑花木及行幸湯沐宴遊之所門禁關鑰啓閉之事明不設少府監皆總於工部

丞唐置六人掌判監事給五署所需金石齒革羽毛竹木所入之物各以名數州土爲籍工役衆寡難易有等差而均其勞逸宋置一人參領監事太宗太平興國中呂文仲爲少府監丞預修太平御覽廣記文苑英華諸書金置一人

主簿唐置二人宋置一人

中尙署唐置令一人丞二人掌供郊祀圭璧及天子器玩后妃服飾雕文錯綵之制凡金木齒革羽毛任土以時而供赦日樹金雞於仗南竿長七丈有雞高四尺黃金飾首銜絳幡長七尺承以綵盤維以絳繩將作監供焉擊㭨鼓千聲集百官父老囚徒坊小兒得雞首者官以錢購或取絳幡而已歲二月獻牙尺寒食獻毬五月獻綬帶夏至獻雷車七月獻細針臘日獻口脂唯筆琴瑟絃月獻金銀暨紙非旨不獻製魚袋以給百官番客賜寶鈿帶魚袋則授鴻臚寺宋文思院掌造金銀犀玉工巧之物金采繪素裝鈿之飾以供輿輦冊寶法物凡器服之用裁造院掌裁制服飾又南郊祭器庫監官二人太廟祭器庫監官二人掌祠祭器服之名物各有專典旌節官二人鑄印篆文官二人諸州鑄錢監監官一人金圖畫署有令丞直長等官掌圖畫鏤金裁造署有令丞直長等官掌造龍鳳車具亭帳鋪陳諸物宮中隨位牀榻屛風簾額條結等及陵廟諸物幷省臺部內所用物元別置中尙監無所隸屬官職互見衞尉司守宮署及殿中監尙舍局各門又別置章佩監亦無所隸屬設監卿五人太監四人少監二人監丞二人掌宦者舒庫爾齊所收御服寶帶其屬御帶庫提點三人大使三人副使二人掌繫腰偏束等帶併條環諸物供奉御用以備賜予異珍庫提點三人大使三人副使二人掌御用珍寶后妃公主首飾寶貝

左尙署唐置令一人丞五人掌供翟扇蓋繖五路五副七輦十二車及皇太后皇太子公主王妃內外命婦王公之車路凡畫素刻鏤與宮中蠟炬雜作皆領之金尙方署有令丞直長等官掌造金銀器物亭帳車輿牀榻簾席鞍轡傘扇及裝釘之事文思署有令丞直長等官掌造內外局分印合傘浮圖金銀等尙輦儀鑾局車具亭帳之物文繡署有令丞直長等官掌繡造御用及妃嬪等服飾燭籠照道花卉元大都留守司所屬有器物局設大使一人副使一人直長二人吏目一人掌御用各位下鞍轡輿克轎子帳房車輛金寶器物凡精巧之藝雜作匠戶皆隸焉

右尙署唐置令二人丞四人掌供十二閑馬之轡每歲取於京兆河南府加飾乃進凡五品三部之帳刀劍斧鉞甲胄紙筆茵席履舄皆儗其用皮毛之工亦領焉宋鞍轡庫掌御用鞍勒屬太僕寺詳見太僕寺金殿前點檢司所屬有器物局設提點使副使直長都監同監等官掌進御

器械鞍轡諸物不隸少府監元御用氊轡諸物掌於尚乘寺（詳見太僕寺）

織染署唐置令一人丞二人掌供冠冕組綬及織紝色染錦羅紗縠綾紬絁絹布皆廣尺有八寸四丈為疋布五丈為端錦六兩為屯絲五兩為絇麻三斤為綟凡綾錦文織禁示於外高品一人專莅之歲奏用度及所織每掖庭經錦則給酒羊七月七日祭杼宋染院掌染絲枲幣帛文繡院掌纂繡以供乘輿服御及賓客祭祀之用金織染署有令丞直長等官掌織紝色絲諸供御及宮中錦綺幣帛紗縠元將作院所屬有異樣文繡提舉司提舉一人同提舉一人副提舉一人綾錦織染提舉司紗羅提舉司設官並同紗金顏料總庫大使一人副使一人徽政院所屬有織染局局使一人副使一人相副官一人隨路諸色人匠都總管府所屬染局大使一人副使一人管領本投下大都等路齊哩克昆民匠總管府所屬有織染提舉司提舉一人同提舉一人副提舉一人都目一人掌織造緞疋管領諸路齊哩克昆民匠都總管府所屬有織染局設大使副使相副官各一人掌織染之事江淮等處財賦都總管府所屬杭州織染局有大使副使相副官各一人建康織染局黃池織染局設官並同昭功萬戶都總使司所屬有織染雜造人匠都總管府達嚕噶齊一人總管一人同知一人副總管二人經歷知事提控案牘照磨各一人專管領織染緞疋匠人其屬有織染局綾錦局紋錦局各設大使一人副使一人中山局管領教習織造大使副使各一人眞定局掌織染造作大使副使各一人弘州蕁麻林納奇實局各設大使一人副使一人（世祖至元十五年招收析居放良等戶教習人匠織造納奇實於弘州蕁麻林二處置局）大名織染雜造兩提舉司各設提舉同提舉副提舉一人供用庫大使副使各一人初為綾錦總庫至元二十一年改為供用庫繕工司屬大都織染提舉司提舉同提舉副提舉各一人管領保定織染局達嚕噶齊提舉同提舉副提舉各一人管領涿州成錦局異錦局管領上用織染局設官並同管領大都涿州織染提舉司達嚕噶齊提舉各一人其屬於工部者不可備載明內織染局掌於宦官（詳見內侍省）其織染所雜造局大使一人副一人屬工部

掌冶署唐置令一人丞二人掌范鎔金銀銅鐵及塗飾琉璃玉作銅鐵人得採而官收以稅唯鑞官市邊州不置鐵冶器用所須皆官供凡諸冶成器上數於少府然後給之宋場冶之事掌於工部虞部郎中員外郎（詳見工部）遼北面官五冶官有太師元中政院所屬金銀場提領所（凡七所梁家寨銀場明世銀場密務銀場寶山銀場燒炭峪銀場胡實峪金場七寶山砷炭場）各設提領同提領副提領各一人鐵冶管勾所凡二處各設管勾同管勾副管勾各一人隨路諸色人匠都總管府所屬鐵局大使一人副使一人大都留守司銅局提領一人同提領一人管勾一人鐵局提領三人管勾三人提控一人明場冶掌於工部虞衡司（詳見工部）

暴室丞海丞果丞唐時已無宋遼金元明皆無

將作監（丞　主簿　左校署　右校署　中校署　甄官署　東園主章令）

唐制將作監監一人少監二人掌土木工匠之政總左校右校中校甄官等署百工等監太明興慶上陽宮中書門下六軍仗舍閑廄謂之內作郊廟城門省寺臺監十六衞東宮王府諸廨謂之外作自十月距二月休冶功自冬至距九月休土功凡治宮廟太常擇日以聞宋初制判監事一人以朝官以上充凡土木工匠之政京都繕修隸三司修造案本監但掌祠祀之事元豐官制行始置監一人少監一人監掌宮室城郭橋梁舟車營繕之事少監為之貳遼南面官將作監有太監少監等官金不設將作監有修內司有使副使等官掌宮中營造之事（兵匠一千六十五人兵夫二千人仍命少府監長官提控）直長二人部役官二人掌監督工役受給官二人掌支納諸物都城所有提舉同提舉等官掌修完廟社及城隍門鑰百司公廨係官舍屋并栽植樹木工役等事左右廂官各二人掌監督工役受給官二人掌支納諸物及埏埴等事祗應司有提點令丞直長等官掌給宮中諸色工作覆實司管勾一人掌覆實營造材物工匠價值等事屬工部元將作院置院使七人同知二人同僉二人院判二人經歷一人都事一人照磨管勾一人掌成造金玉珠翠犀象寶貝冠佩器皿織造刺繡緞疋紗羅異樣百色造作銜號同而職掌與古異焉其昭功萬戶都總使司所屬有繕工司卿一人少卿二人丞二人經歷知事照磨提控案牘管勾承發架閣各一人掌人匠營造之事大都留守司所屬有修內司提點一人大使一人副使一人直長一人吏目照磨各一人部役七人司吏六人掌修造宮殿及大都造作等事領工匠一千二百七十有二戶祗應司大使一人副使一人直長三人吏目一人掌內府及諸王邸第異巧工作脩禳應辦寺觀營繕領工匠七百戶上都留守所屬修內司大使一人副使三人直長三人掌營修內府之事祗應司大使一人副使二人直長三人掌粧鑾油染裱褙之事明宮殿陵寢城郭壇場祠廟廨宇營房王府邸第之役掌於工部營繕司

詳見工部不設將作監
丞唐置四人掌判監事凡外營繕大事則聽制敕小事則須省符宋置二人哲宗元祐八年詔本監營造檢計畢長貳隨事給限丞覆檢之宋制進士解褐授將作監丞如李廸舉進士第一授將作監丞王曾試禮部廷對皆第一以將作監丞通判濟州韓琦第進士亦以將作監丞通判淄州也遼將作監有監丞
主簿唐置二人宋置二人元祐八年詔與丞共覆檢本監營造事仁宗天聖中唐詢以父任爲主簿時詔許天下士獻文章應詔者百數有司第其善者唯詢數人而已詔賜進士及第又范諷以蔭補主簿獻東封賦遷太常寺奉禮郎遼將作監亦有主簿
左校署唐置令二人丞一人掌工匠之事樂縣簨簴兵械喪葬儀物皆供焉宮室之制自天子至士庶有等差凡官修者左校爲之宋修內司掌宮城太廟繕修之事東西八作司掌京城內外繕修之事竹木務掌收諸路水運材植及抽算諸河商販竹木以給內外營造之用事材場掌計度材物前期樸斲以給內外營造之用作坊物料庫第三界掌儲積材物以備給用退材場掌受京城內外退棄材物掄其長短有差其曲直中度者以給營造餘備薪爨簾箔場掌抽算竹木蒲葦以供簾箔內外之用元修內司所屬有大木局提領七人管勾三人掌殿閣營造之事小木局提領二人同提領一人副提領三人管勾二人提控四人竹作局提領二人提控一人繩局提領三人木場提領一人大使一人副使一人掌受給營造宮殿材木
右校署唐置令二人丞三人掌版築塗泥丹堊匽廁之事有所須卽審其多少而市之宋麥䴷場掌受京畿諸縣夏租麴麥以給坊場之用丹粉所掌燒變丹粉以供繪飾元大都留守司修內司所屬泥廈局提領八人管勾二人祇應司所屬油漆局提領五人同提領一人副提領一人掌兩都宮殿髹漆之工畫局提領五人管勾一人掌諸殿宇藻繪之工銷金局提領一人管勾一人掌諸殿宇裝鎣之工裱褙局提領一人掌諸殿宇裝潢之工燒紅局提領一人掌諸殿宇所用心紅顏料上都採山提領所提領一人副提領一人提控一人掌採伐材木鍊石爲灰明顏料局大使一人屬工部
中校署唐置令一人丞三人掌供舟車兵械雜器行幸陳設則供竿柱閑廐繫秣則供行槽禱祀則供棘葛內外營作所須皆取爲宋舟車之事掌於工部水部詳見工部金上林署有提點令丞直長等官掌承奉行幸舟船之事屬工部
甄官署唐置令一人丞二人掌琢石陶土宋窑務掌陶爲塼瓦以給營繕及缾缶之器金甄官署有令丞直長等官掌劖石及埏埴之事屬工部元大都留守司所屬大都四窑場提領一人大使一人副使一人領匠夫三百餘戶營造素白琉璃磚瓦其南窑場西窑場琉璃局各設大使一人副使一人明黑窑廠琉璃廠以陶瓦器屬工部虞衡司
東園主章令漢時之官唐已無宋遼金元明皆無
國子監祭酒司業丞主簿國子博士助教太學廣文四門律學書學算學等博士
唐制國子監祭酒一人掌儒學訓導之政總國子太學廣文四門律書算凡七學天子視學皇太子齒冑則講義釋奠執經論議奏京文武七品以上觀禮凡授經以周易尚書周禮儀禮禮記毛詩春秋左氏傳公羊傳穀梁傳各爲一經兼習孝經論語老子歲終考學官訓導殿最憲宗元和中韓愈拜國子祭酒奏儒生爲學官日使會講生徒奔走聽聞皆相喜曰韓公來爲祭酒國子監不寂寞矣又鄭覃以宰相兼判國子祭酒奏太學置五經博士各一人緣無職田請依王府官例賜祿廩從之宋初置判監事二人以兩制或帶職朝官充凡監事皆總之元豐官制行始置祭酒一人掌國子太學武學律學小學之政令凡諸生之隸於太學者分三舍始入學驗所隸州公據以試補中者充外舍齋長諭月書其行藝於籍行謂率教不戾規矩藝謂治經程文季終考於學諭次學錄次學正次博士然後考於長貳歲終校定具注於籍以俟覆試視其校定之數參驗而序進之凡私試孟月經義仲月論季月策公試初場以經義次場以論策試上舍如省試法凡內舍行藝與所試之等俱優者爲上舍上等取旨命官一優一平爲中以俟殿試一優一否或俱平爲下以俟省試唯國子生不預考選凡課試升黜教導之事長貳皆總焉車駕幸學則率官屬諸生班迎卽行在距學百步亦如之凡釋奠於先聖先師及武成王則率官屬諸生共薦獻之禮歲計所隸三舍生升降多寡之數以爲學官之殿最賞罰宋初以崔頌判國子監建隆三年夏始會生徒講說帝遣中使以酒果賜之每臨幸國學召頌與語因及經史頌應答無滯及郊祀以頌攝太僕升車執綏帝問以一時典禮頌占對閑雅帝甚重之又邢昺爲國子祭酒眞宗景德二年上幸國子監閱庫書問昺經版幾何昺曰國初不及四千今十餘萬斯儒者逢時之幸也上方興起道術令昺與張雍杜鎬孫奭舉經術該博德行端良者以廣學員又呂公著爲祭酒所舉學官如王回吳孜姜潛張載皆一世大儒王存顧臨爲元祐名臣常秩吳申黃履朱臨盛僑亦顯於世遼南面上京國子監太祖置有祭酒中京亦有國子監設官與上京同金國子監亦有祭酒元至元初以許衡爲集賢館大學士國子祭酒教國子與蒙古大姓四集賽人員選七品以上朝官子孫爲國子生隨朝三品以上官得舉凡民之俊秀者入學爲陪

堂生伴讀二十四年始置監設祭酒一人屬集賢院時帝久欲開太學以許衡為資政殿大學士兼國子祭酒衡聞命喜曰此吾事也國人子太樸未散視聽專一若置之善類中涵養數年將必為國用乃請徵其弟子王梓劉季偉韓思永耶律有尚呂端善姚燧高凝白棟蘇郁姚燉孫安劉安中十二人詔驛召之來京師分處各齋以為齋長時所選弟子皆幼穉衡待之如成人愛之如子出入進退其嚴若君臣其為教因覺以明善因明以開蔽相其動息以為張弛課誦少暇即習禮或習書算少者則令習拜跪揖讓進退應對或射或投壺負者罰讀書若干遍久之諸生人人自得下至童子亦知三綱五常之道又富珠哩翀為國子祭酒帝至京師有旨朝臣一品以下皆乘白馬郊迎大臣俯伏進觴帝師不為動唯翀舉觴立進曰帝師釋迦之徒天下僧人師也余孔子之徒天下儒人師也請各不為禮帝師笑而起舉觴卒飲眾為之慄然又蒙古國子監祭酒一人屬蒙古翰林院仁宗延祐元年又別置回回國子監學屬翰林國史院

明國子監祭酒一人掌國學諸生訓導之政令凡舉人貢生官生恩生功生例生土官外國生幼勳臣及勳戚大臣子弟之入監者奉監規而訓課之有不率者扑以夏楚不悛徒謫之其率教者有升堂積分超格敘用之法課業倣書季呈翰林院考校文冊歲終奏上每歲仲春秋上丁遣大臣祀先師則總其禮儀車駕幸學則執經坐講新進士釋褐則坐而受拜太祖洪武時太學初成中外歲貢生徒日夥適選慎者掌之師生相訐教尼不行十六年以文淵閣大學士宋訥為國子監祭酒請於上嚴立學規諸生皆知敬畏帝慮功臣子弟有不服扑罰者命曹國公李文忠兼領監事由是貴胄肅然受教年八十卒於官帝自製文遣官致祭其後歲辛未太學生有連舉大魁者帝思訥曰此宋祭酒訓迪之功也凡諸生守官稱職者多出訥門帝每舉訥為教國子者楷法又英宗正統中李時勉為祭酒嚴毅正大極意造就人材初至令坐堂一月後乃散處於廂房列格致誠正四號號房有家室者居外晨入饌堂讀書俱朔望升堂其於四號齊勵尤切夜讀務盡二更將五鼓復令膳夫提鈴循號房喚起讀書或自潛行以察勤惰無燈者令人暗記明示責罰自是燈光達旦書聲不歇學者感激競相勸勉諸生貧病者節縮餐錢力為贍給南京國子監祭酒一人時陳敬宗為南京祭酒以師道自任與北監祭酒李時勉稱南陳北李洪武元年又置中都國子學命國子學分官領之十五年改為國子監設祭酒司業監丞典簿博士助教學正學錄掌饌等官二十六年罷之明初祭酒司業擇有學行者任之後皆由翰林院官遷轉

司業唐置二人代宗大曆中歸崇敬為國子司業時皇太子欲以仲秋月行齒胄之禮崇敬以為國學及官名不稱請改國子監為辟雍省又以祭酒之名非學官所宜按周禮師氏掌以義詔王教國子請改為太師氏又司業者禮記云樂正司業正長也言樂官之長司主此業按周頌設業設簴則業是懸鐘磬之栒簴也今太學於義無所取請改司業一為左師一為右師詔下議者以為重難改作其事不行又陽城下遷國子司業引諸生告之曰凡學者所以學為忠與孝也諸生有久不省親者乎明日謁城還養者二十輩有三年不歸侍者斥之簡孝秀德行升堂上酗酒不率教者皆罷之躬講經籍生徒斤斤皆有法度宋置一人高宗紹興時高閌為國子司業時興太學閌奏宜先經術帝曰士習詩賦已久遽能使之通經乎閌奏曰先王設太學唯講經而已國初猶循唐制用詩賦神宗始以經術造士遂罷詩賦又慮不足以盡人材乃設詞學一科今宜以經學為主而加詩賦帝然之閌於是條具其法以六經語孟義為一場詩賦次之史論時務策又次之太學課試及郡國科舉皆以此為法遼國子監有司業金亦有之元置二人蒙古國子監亦置二人明置一人洪武中以吳源杜斅龔斅趙民望李祐俱召為四輔官兼太子賓客後帝以源賢復召為國子監司業又王嘉會為國子監右司業時宋訥為祭酒太學生常數千人嘉會與訥及左司業龔斆嚴立楷範三人者春秋已高鬚鬢皓白正其衣冠旦夕端坐諸生雲集階下肅然望而畏之以是士類率教多所造就帝知其勞眷待殊厚蓋洪武時有左右兩司業也南京國子監司業一人

監丞唐置一人掌判監事每歲七學生業成與司業祭酒莅試登第者上於禮部宋置一人遼國子監有監丞金置二人章宗明昌二年增一人兼提控女直學元置一人專領監務蒙古國子監監丞一人明置一人洪武中張顯被薦自王府教授為國子學正秩滿歷監丞莅事公勤六館皆敬重之乃條陳百務成法益備時北監初建唯司業貝泰署印教尼不行朝議以顯素諳典章乃奏改北部報可遂兼程以往經理學舍勸懲淑慝百廢畢興輔泰所不逮泰舊嘗為南監助教顯降意下之協恭和衷嚴申學規激厲後進於是諸生數千人肅然敬服莫不以顯為能盡職又林大猷舉鄉薦國子學錄勤於啟迪執經從遊者無慮數百輪番聽講又約日通集太學諸生聽講謂之普講祭酒耿裕待以賓禮進監丞滿九載歷翰林院檢討仍管監丞事南京國子監監丞一人

主簿唐置一人掌印勾督監事七學生不率教者舉而免之宋置一人時仁宗患搢紳奔競論近臣曰恬退者旌擢則躁進者知耻於是宰相文彥博宋庠等言韓維好學嗜古安於靜退乞加甄錄以厚風俗乃除維為國子監主簿宋制國子監有書庫官以京朝官充掌經史羣書以備朝廷宣索賜予之用隆興閒詔主簿兼書庫遼國子監亦有主簿金無主簿有校勘掌校勘文字書寫官掌書寫實錄元置典簿一人明典簿亦一人典籍一人掌饌二人南京國子監典簿一人典籍一人掌饌一人

國子博士唐置五人掌教三品以上及國公子孫從二品以上曾孫為生者五分其經以為業周禮儀禮禮記毛詩春秋左氏傳各六十人暇則習隸書國語說文字林三倉爾雅每歲通兩經求仕者上於監秀才進士亦如之學生以長幼為序習正業之外教吉凶之禮公私有事則相儀五經博士各二人掌以其經之學教國子周易尚書毛詩左氏春秋禮記為五經論語孝經爾雅不立學官附中經遼國子監有博士武白為上京國子博士金國子博士二人分掌教授生員考藝業元國子學博士二人掌教授生徒考較儒人著述教官所業文字成宗大德閒尚野為國子博士誨人先經學而後文藝每謂諸生曰學未有得徒事華藻若持錢買水所取有限能自鑿井及泉而汲之不可勝用矣蒙古國子學博士二人明國子監博士廳有五經博士五人洪武中趙俶除國子博士既教胄子隨叩輒應莫不樂得經師帝一日御奉天殿俶偕諸儒侍側召至前諭之曰經學必宗孔子毋以儀秦縱橫語示諸生也俶頓首謝歸告誡士子屏去戰國策諸書勿讀明年詔擇諸生之聰悟能文者二十五人命俶領而教之且令修詞以漢司馬遷班固唐韓愈宋歐陽修蘇軾為法尋於諸生中擢李擴黃義等入文華武英二堂說書多至大用俶自專師席旦夕誨迪不倦士多成業南京國子監博士三人世襲五經博士孔氏二人武宗正德元年授孔子五十九世孫彥繩主衢州廟祀宋孔端友從高宗南渡家於衢州此孔子南宗也二年授孔聞禮奉子思廟祀顏氏一人景帝景泰二年授顏子五十九世孫希惠曾氏一人世宗嘉靖十八年授曾子六十代孫質粹仲氏一人神宗萬曆十五年授子路裔孫仲呂

孟氏一人景泰三年授孟子裔孫希文周氏一人景泰七年授先儒周敦頤裔孫冕程氏一人景泰六年授先儒程頤裔孫克仁莊烈帝崇禎三年授先儒程顥裔孫接道邵氏一人崇禎三年授先儒邵雍裔孫繼祖張氏一人熹宗天啓二年以先儒張載裔孫文運爲博士朱氏一人景泰六年授先儒朱熹裔孫梃嘉靖二年又授墅爲博士主婺源廟祀劉氏一人景泰七年授誠意伯劉基七世孫祿後革又設教授司教授學錄學司孔曾顏孟四氏各一人又尼山洙泗二書院各學錄一人按元代封孔子後裔爲衍聖公賜三品印洪武元年以孔希學襲封衍聖公進秩二品賜以銀印正德元年又賜世襲五經博士二人自景泰以後凡先聖先賢先儒之後皆賜以五經博士世襲蓋有博士之銜號而無職掌今附載於此

助教唐置五人掌佐博士分經教授宋置正錄各五人遼國子學有助教金置二人女直漢人各一人教授四人元置六人學正二人學錄二人蒙古國子學助教二人教授二人正錄各二人明六堂助教十五人率性修道誠心正義崇志廣業學正十人學錄七人南京國子監助教六人學正五人學錄二人

太學博士唐置六人助教六人掌教五品以上及郡縣公子孫從三品曾孫爲生者五分其經以爲業每經百人宋太學博士十人舊係國子監直講神宗元豐三年詔改爲太學博士每經二人武學博士二人金太學博士四人衛紹帝大安二年減二人助教四人元明所置博士皆不分國子學太學

廣文館唐置博士四人助教二人掌領國子學生業進士者宋遼金元明皆不置

四門館唐置博士六人助教六人直講四人掌教七品以上侯伯子男子爲生及庶人子爲俊士生者元和中韓愈再爲四門博士才高數詘官又下遷乃作進學解以自喻又歸崇敬擢明經調國子直講又舉博通墳典科對第乃遷四門博士

律學唐置博士三人助教一人掌教八品以下及庶人子爲生者律令爲顓業兼習格式法例宋置律學博士一人正一人

書學唐置博士二人助教一人掌教八品以下及庶人子爲生者石經說文字林爲顓業兼習餘書唐以後卽無

算學唐置博士二人助教一人掌教八品以下及庶人子爲生者三分其經以爲業宋元豐七年詔四選命官通算學者許於吏部就試其合格者上等除博士中次者爲學諭隸太史局徽宗崇寧三年令附於國子監大觀三年太常寺考究以黃帝爲先師自常先力牧至周王朴以上從祀凡七十八人四年仍併入太史局宣和二年詔並罷官吏以後卽無

軍器監　丞　主簿　甲坊署　弩坊署

唐制軍器監一人掌繕甲弩以時輸武庫宋初戎器之職領於三司胄曹案官無專職神宗熙寧六年廢胄案乃案唐令置監以從官總判元豐官制行始置監一人少監一人監掌監督繕治兵器什物以給軍國之用少監爲之貳凡利器以法式授工徒其弓矢干戈甲胄劍戟戰守之具因其能而分任之量用給材旬會其數以考程課而輸於武庫遼不設軍器監其北面官八坊內有軍器坊金軍器監有監少監等官掌修治邦國戎器之事元至元五年立軍器監二十年改爲武備監二十一年改監爲寺設卿四人同判六人少卿四人掌繕治戎器兼典受給明軍器局大使一人副使二人屬工部凡造軍裝兵械虞衡司同兵部省之兵部武庫司掌之南京工部所屬亦有軍器局大使一人

丞唐置一人宋置二人元祐三年省一人紹聖中復置金亦有之元武備寺丞四人

主簿唐置一人宋因之金置直長二人元武備寺經歷一人知事一人照磨兼提控案牘一人承發架閣庫管勾一人

甲坊署唐置令一人丞一人掌出納甲胄綅繩筋角雜作及工匠宋置東西作坊掌造兵器旗幟戎帳什物辨其名色謹其繕作以輸於受藏之府兵校工匠其役有程視精麤利鈍以爲之賞罰金置軍器庫有使副使等官掌收支河南一路幷在京所造常課橫添和買軍器甲坊署亦設令丞直長等官章宗泰和四年廢元壽武庫和器庫詳見衛尉司廣勝庫達嚕噶齊大使副使各一人掌平陽太原等處歲造兵器以給北邊征戍軍需大同路軍器人匠提舉司達嚕噶齊提舉同提舉副提舉各一人豐州甲局院長一人應州甲局院長一人平地縣甲局院長一人山陰縣甲局院長一人白登縣甲局頭目一人平陽路軍器人匠提舉司達嚕噶齊提舉同提舉副提舉各一人絳州甲局大使一人太原軍器人匠局達嚕噶齊局使副使吏目各一人保定軍器人匠提舉司達嚕噶齊提舉同提舉副提舉各一人河間甲局院長一人祁州安平縣甲局院長一人眞定路軍器人匠提舉司達嚕噶齊提舉同提舉副提舉各一人冀州甲局院長一人懷孟河南等路軍器人匠局局使一人局副一人汴梁路設官並同其屬常課甲局院長一人彰德路軍器人匠局大使一人副使一人大名軍器局大使一人副使一人上都甲匠提舉司提舉同提舉副提舉各一人興州白局子甲局院長一人興州千戶寨甲局院長一人松州五指厓甲局院長一人松州勝安甲局院

長一人遼河等處人匠提舉司達嚕噶齊一人提舉一人同提舉一人蓋州甲局局使一人奉聖州軍器局大使一人副使一人蔚州軍器人匠提舉司達嚕噶齊提舉同提舉副提舉各一人宣德府軍器人匠提舉司達嚕噶齊提舉同提舉副提舉各一人廣平路甲局院長一人東平等路軍器人匠提舉司達嚕噶齊提舉同提舉副提舉各一人通州甲匠提舉司達嚕噶齊提舉同提舉副提舉各一人薊州甲匠提舉司設官並同欠州武器局大使一人副使一人大都甲匠提舉司達嚕噶齊提舉同提舉副提舉各一人大寧路軍器人匠提舉司達嚕噶齊提舉同提舉副提舉各一人歸德府軍器局院長一人汝寧府陳州各局設官並同許州軍器局亦有大使副使咸平府軍器人匠局達嚕噶齊大使副使各一人隆興路設官並同平灤路軍器人匠局大使一人副使一人

弩坊署唐置令一人丞一人掌出納矛矟弓矢排弩刃鏃雜作及工匠宋置作坊物料庫掌收鐵錫羽箭油漆之屬皮角場掌收皮革筋角以供作坊之用遼北面官有弩手軍詳穩司掌強弩之事金利器署（本都作院宣宗興定二年改爲利器署）有令丞直長等官掌收弓弩刀槊之屬元置辨驗弓官二人辨驗筋角翎毛等官二人豐州弓局局使一人賽富鼎弓局頭目一人陵州箭局頭目一人懷孟路弓局院長一人汴梁路軍器局常課弓局院長一人益都濟南箭局局使一人遼蓋弓局大使一人副使一人大都箭局大使一人副使一人大都弓匠提舉司達嚕噶齊提舉同提舉副提舉各一人雙搭弓局大使一人副使一人成格勒弓局大使一人副使一人河州弓局院長一人又大都弦局大使一人副使一人

都水使者（丞　主簿　舟檝署　河渠署）

唐制都水監使者二人掌川澤津梁渠堰陂池之政總河渠諸津監署凡漁捕有禁溉田自遠始先稻後稑渠長斗門長節其多少而均焉府縣以官督察宋初隷三司河渠案仁宗嘉祐三年始專置監以領之判監事一人以員外郎以上充同判監事一人以朝官以上充置局於澶州號曰外監元豐官制行置使者一人掌中外川澤河渠津梁堤堰疏鑿浚治之事凡治水之法以防止水以溝蕩水以澮瀉水以陂池豬水凡江河淮海所經都邑皆頒其禁令視汴洛水勢漲涸增損而調節之凡河防謹其法禁歲計茭揵之數前期儲積以時頒用各隨其所治地而任其責興役以後月至十月止民功則隨其先後毋過一月若導水溉田及疏治壅積爲民利者定其賞罰凡修堤岸植榆柳則視其勤惰多寡以爲殿最遼南面都水監有太監少監金都水監街道司隷焉置司監掌川澤津梁舟楫河渠之事興定五年兼管勾漕運事又有少監兼漕事少監又置分治監專規措黃沁河衞州元都水監置都水監二人少監一人掌治河渠并隄防水利橋梁牐堰之事順帝至正六年以連年河決爲患置河南山東都水監以專疏塞之任八年河水爲患詔於濟寧鄆城立行都水監九年又立山東河南等處行都水監又有都水庸田使司置庸田使二人副使二人僉事一人（至元二年置於平江既而罷之至五年復立十二年因海運不通京師闕食詔河南窪下水泊之地置屯田八處於汴梁添立都水庸田使司）又置都總制庸田使司又都總制庸田使二人副使二人僉事六人（至正十年置於河南江北等處）明水利之事掌於工部都水司

丞唐置二人掌判監事凡京畿諸水因灌溉盜費者有禁水入內之餘則均王公百官宋置二人參領監事遼南面都水監亦有監丞金置二人又置掾正掌與丞同元亦置二人

主簿唐置一人掌運漕漁捕程會而糾舉之宋置一人遼亦有之金無主簿置勾當官四人准備分治監差委元置經歷一人知事一人

舟檝署唐置令一人丞二人掌天下津濟舟梁宋舟檝之政掌於工部水部遼金元明俱不設專官

河渠署唐置令一人丞二人掌河渠陂池隄堰魚醢之事凡溝渠開塞漁捕時禁皆顓之饗宗廟則供魚鱐祀昊天上帝有司攝事則供腥魚日供尚食及給中書門下歲供諸司及東宫之冬藏渭河三百里內漁釣者五坊捕治之供祠祀則自便橋至東渭橋非供祠不採魚宋不設河渠署水土之產掌於工部虞部金都巡河官掌巡視河道修完堤堰栽植榆柳凡河防之事分治監巡河官同此其盧溝崇福上下埽都巡河兼石橋使通濟河節巡官兼建春宮地分河道諸都巡河官掌提控諸埽巡河官散巡河官（凡二十六埽）黃汴都巡河官下六處河陰雄武滎澤原武陽武延津各設散巡河官一人黃沁都巡河官下四處懷州孟津孟州城北各設黃沁散巡河官一人衞南都巡河官下四處新鄉崇福上崇福下衞南淇上散巡河官各一人滑濬都巡河官下四處武城白馬書城教城散巡河官各一人曹甸都巡河官下四處東明西佳孟華陵城散巡河官各一人曹濟都巡河官下四處定陶濟北寒山金山散巡河官各一人諸埽物料場官掌受給本場物料分治監物料場官同

此惟崇福上下埽物料場官與當界官通管收支南京延津渡河橋官兼譏察事管勾一人同管勾一人掌橋船渡口譏察濟渡給受本橋諸物等事元大都河道提舉司提舉一人同提舉一人副提舉一人明運河之官以封疆大吏兼之北運河以保定巡撫兼管河道黃河以河南巡撫兼管河道東河以山東巡撫兼管河道並督理營田（互見御史臺）運河又以總督漕運總兵官兼理河道

欽定續通典卷三十一

欽定續通典卷三十二

職官

武官上

將軍總敘

唐肅宗至德以後十六衛及六軍左右龍武左右神武左右神策號爲六軍大將軍將軍員數無所改置已詳杜佑通典宋左右金吾衛左右衛左右驍衛左右武衛左右屯衛左右衛官軍衛左右監門衛左右千牛衛俱有上將軍大將軍將軍爲環衛官無定員名雖沿唐制而別無所領其禁軍皆隸三殿前司及侍衛馬軍步軍二司爲三衙其驃騎輔國鎮國冠軍懷化五大將軍雲麾歸德忠武壯武宣威明威定遠寧遠遊騎遊擊十將軍皆爲武散官遼北面官北大王院詳衮司有北院將軍北院小將軍南大王院有南院將軍南院小將軍近侍詳衮司有近侍將軍近侍小將軍宿值司有宿值將軍宿值小將軍四帳都詳衮司有將軍小將軍錫里司有錫里將軍錫里小將軍約尼紇詳衮司有約尼紇將軍約尼紇小將軍國舅伊蘇濟勒翁帳詳衮司有國舅本族將軍國舅本族小將軍部族詳衮司有部族將軍部族小將軍大詳衮司有將軍小將軍大將軍府有大將軍小將軍將軍小將軍西南路巡察司有西南路巡察將軍其屬國有某國將軍某國小將軍遼制將軍本非崇秩位多在詳衮都監之下惟大將軍府各統所治軍之政令故以大將軍統之而小將軍及將軍小將軍屬焉其南面官各衛亦有大將軍上將軍將軍金制置殿前都點檢有左右衛將軍副將軍宿值將軍侍衛將軍其左右屯衛將軍左右領軍衛大將軍千牛將軍殿前侍御衛大將軍專值扈從其龍虎衛金吾衛驃騎衛三上將軍奉國輔國鎮國三上將軍昭武昭毅昭勇安遠定遠懷遠六大將軍廣威宣威明威信武顯武宣武武節武德武義武略十將軍皆爲武臣散官章宗泰和六年伐宋權設平南撫軍上將軍平南冠軍大將軍平南龍驤將軍平南虎威將軍平南盪江將軍軍還卽罷元監門大將軍將軍武衛將軍左右衛大將軍將軍金吾大將軍將軍羽林將軍殿前將軍領軍將軍夾輅將軍皆扈從官殿內將軍殿外將軍宿直將軍皆執事官其龍虎衛金吾衛驃騎衛奉國輔國鎮國六上將軍昭武昭勇昭毅安遠定遠懷遠六大將軍廣威宣威明威信武顯武宣武武節武德武義武略十將軍亦爲武臣散官明洪武中命徐達爲大將軍有節鉞其後總兵掛印稱將軍者雲南曰征南將軍大同曰征西前將軍湖廣曰平蠻將軍兩廣曰征蠻將軍遼東曰征東前將軍宣府曰鎮朔將軍甘肅曰平羌將軍寧夏曰征西將軍交趾曰副將軍延綏曰鎮西將軍又各總兵官下有遊擊將軍京營有佐擊將軍其驃騎金吾龍虎鎮國定國奉國昭勇昭毅昭武懷遠定遠安遠明威宣威廣威宣武顯武信武武德武節武略武毅各將軍皆武臣散階之職無所職掌

左右衛并親衛

唐制左右衛上將軍各一人大將軍各一人將軍各三人掌宮禁宿衛凡五府三衛及折衝驍騎番上者受其名簿而配以職皇帝御正殿則守諸門及內廂宿衛仗非上日亦將軍一人押仗將軍缺以中郞將代將軍掌貳上將軍之事宋左右衛亦有上將軍大將軍爲環衛官無定員皆命宗室爲之亦爲武臣之贈典大將軍以下又爲武臣責降散官徽宗政和中改武臣官制而環衛如故蓋雖有四十八階別無所領故也宋制禁兵分隸殿前及侍衛兩司所稱十二衛將軍皆空官無實高宗時多不除授孝宗隆興中始命學士洪遵等討論典故復置十六衛號環衛官以承宣使領左右衛上將軍在內則兼帶在外則不帶正任爲上將軍遙郡爲大將軍正親兄弟子孫試充又詔祖宗諸后自明肅至欽慈諸后及后妃嬪御之家各具本宗堪充諸衛官以名銜聞其殿前司有都指揮使副都指揮使都虞候各一人掌殿前諸班直及步騎諸指揮之名籍凡統制訓練番衛戍守遷補賞罰皆總其政令而有都檢點副都檢點之名在都指揮之上後不復置入則侍衛殿陛出則扈從乘輿大禮則提點編排整肅禁衛鹵簿儀仗掌宿衛之事都指揮使以節度使爲之副都指揮使都虞候以刺史以上充資序淺則主管本司公事馬步軍亦如之備則通治闕則互攝其騎軍有殿前指揮使內直散員散指揮散都頭散祗候金鎗班東西班散直鈞容直及捧日以下諸軍指揮步軍有御龍直骨朶子直弓箭直弩直及天武以下諸軍指揮其諸班有都虞候指揮使都軍使都知副都知押班其御龍諸直有四直都虞候本直各有都虞候指揮使副指揮使都頭副都頭十將將虞候騎軍步軍有捧日天武左右四廂都指揮使捧日天武左右廂各有都指揮使每軍有都指揮使都虞候每指揮有指揮使副指揮使每都有軍使副兵馬使十將將虞候承局押官各以其職隸於殿前司渡江後都指揮闕虛不除則以主管殿前司一員任其事專掌諸班直禁旅扈衛之事捧日天武四廂隸焉宿衛親兵

並聽節制其下有統制統領將佐等分任其事初渡江時制多草創各衞之制未備稍稍招集塡置三帥資淺者各有主管某司公事之稱又別置御營司擢王淵爲都統制其後外州駐劄又有御前諸軍都統制之名又併入神武軍以舊統制統領改充殿前統制統領官湻熙以後四廂之職多虛而殿前職司有權管幹有時暫照管之號愈非乾道以前之比矣其侍衞親軍馬軍及步軍各有都指揮使副都指揮使都虞候各一人各掌其本軍諸指揮之名籍凡統制訓練番衞戍守遷補賞罰皆總其政令侍衞扈從及大禮宿衞所掌如殿前司馬軍自龍衞而下有左右四廂都指揮龍衞左右廂各有都指揮使每軍有都指揮使都虞候每指揮有指揮使副指揮使每都有軍使副兵馬使十將將虞候承局押官各以其職隸於馬軍司高宗建炎已後復置主管侍衞馬軍司一人掌出入扈衞守宿之事步軍自神衞左右四廂而下其設官及職掌與馬軍同建炎後復置主管侍衞步軍司一人所掌與侍衞馬軍司同遼北面官侍衞司掌御帳親衞之事有侍衞太師侍衞太保侍衞司徒侍衞司空侍衞北護衞府掌北院護衞之事有北護衞太師北護衞太保北護衞司徒總領護衞司有總領左右護衞左護衞司有左護衞太保左護衞右護衞司有右護衞太保右護衞其南護衞府設官亦如之宿衞司專掌宿衞之事有總宿衞事亦曰典宿衞事總知宿衞事同掌宿衞事宿衞官禁衞局有總禁衞事禁衞長宿直司掌輪直官員宿直之事有宿直詳袞宿直都監宿直將軍宿直小將軍宿直官宿直護衞皆爲北面御帳官南面官有左右衞大將軍聖宗開泰七年皇子宗簡爲右衞大將軍上將軍金殿前左衞將軍殿前右衞將軍副將軍掌宮禁及行從宿衞警嚴仍總領護衞又有左右宿直將軍掌總領親軍皆隸殿前都點檢司其殿前都點檢兼侍衞將軍都指揮使掌行從宿衞關防門禁督攝隊仗總判司事殿前左副都點檢兼侍衞將軍副都指揮使右副都點檢同專掌宮掖及行從元世祖至元八年改侍衞爲右衞掌宿衞扈從及屯田凡屯田各官詳見諸卿司農寺國有大事則調度之二十年置都指揮使一人副都指揮使一人二十一年置僉事二人成宗大德十一年已後增省不一後定置都指揮使三人副都指揮使二人僉事二人左衞中衞官職省置略與右衞同前衞後衞置於至元十六年設官與左衞同又置右阿蘇衞親軍都指揮使司掌宿衞城禁置達嚕噶齊一人都指揮使三人副都指揮使二人僉事二人其屬有經歷知事承發架閣照磨等官其左阿蘇衞親軍都指揮使司設官職掌與右阿蘇衞同皆隸樞密院其左右衞大將軍將軍皆爲扈從執事之官明京衞指揮使司指揮使一人指揮同知二人指揮僉事四人鎭撫司鎭撫二人其屬經歷知事吏目並大使副使各一人其番直宿衞名親軍者二十有六曰錦衣衞主巡察緝捕理詔獄以都督都指揮領之蓋特異於諸衞焉曰旗手衞曰金吾前衞曰金吾後衞曰羽林左衞曰羽林右衞曰府軍衞曰府軍左衞曰府軍右衞曰府軍前衞曰府軍後衞曰虎賁左衞是爲上十二衞太祖洪武置曰金吾左衞曰金吾右衞曰羽林前衞曰燕山左衞曰燕山右衞曰燕山前衞曰大興左衞曰濟陽衞曰濟州衞曰通州衞是爲上十衞成祖永樂中置曰騰驤左衞曰騰驤右衞曰武驤左衞曰武驤右衞宣宗宣德八年置因番上宿衞故名親軍不隸五都督府其京衞隸都督府者三十有三曰留守左衞曰鎭南衞曰驍騎右衞曰龍虎衞曰瀋陽左衞曰瀋陽右衞隸左軍都督府曰留守右衞曰虎賁右衞曰武德衞隸右軍都督府曰留守中衞曰神策衞曰應天衞曰和陽衞隸中軍都督府曰留守前衞曰龍驤衞曰豹韜衞隸前軍都督府曰留守後衞曰鷹揚衞曰興武衞曰大寗中衞曰大寗前衞曰會州衞曰富峪衞曰寬河衞曰神武左衞曰忠義右衞曰忠義前衞曰忠義後衞曰義勇右衞曰義勇前衞曰義勇後衞曰武城中衞曰蔚州左衞隸後軍都督府又京衞非親軍而不隸都督府者十有五曰武功中衞曰武功左衞曰武功右衞隸工部曰永清左衞曰永清右衞曰彰城衞曰長陵衞曰獻陵衞曰景陵衞曰裕陵衞曰茂陵衞曰泰陵衞曰康陵衞曰永陵衞曰昭陵衞

長史唐置一人掌判諸曹五府外府廩祿卒伍軍團之名數器械車馬之多少宋遼金元明皆無之

錄事參軍唐置一人掌受諸曹及五府外府之事句稽鈔目印給紙筆宋遼金皆無之元各衞置經歷二人知事二人照磨二人明諸衞亦有經歷知事吏目各一人

倉曹參軍唐置二人掌五府文官勳考假使祿俸公廨田園食料醫藥宋遼金元皆無明諸衞有倉大使副使各一人

兵曹參軍唐置二人宋遼金元明皆無

騎曹參軍唐置一人宋遼金元明皆無

胄曹參軍唐置一人宋遼金元明皆無

親衞唐置親衞之府一曰親府勳衞之府二曰勳一府曰勳二府翊衞之府二曰翊一府曰翊二府凡五府每府中郎將一人左右郎將一人兵曹參軍事各一人凡

中郎將掌領校尉旅師親衞勳衞之屬宿衞者而總其府事其左右中郎將貳焉宋三衞官置郎一人秩比中大夫中郎爲之貳文武各一人秩比朝議大夫博士二人主簿一人其親衞府郎十人中郎十人親衞官以后妃嬪御之家有服親及翰林學士并管軍正任觀察使以上子孫爲之勳衞府郎十人中郎十人以勳臣之世賢德之後有服親大中大夫以上及正任團練使遙郡觀察使以上子孫爲之翊衞府郎二十人中郎二十人文武各四十人以卿監正任刺史遙郡團練使以上子孫爲之凡三衞郎治其府之事率其屬日直於殿陛長在左立起居郎之前貳分左右文東武西立都承旨之後仗退治事於府博士掌教道校試三衞所習文武之藝親衞立於殿上兩旁勳衞立於朶殿翊衞立於兩階衞士之前遼南面官亦有親衞勳衞翊衞金元親衞翊衞皆扈從之官明不設

左右驍衞

唐制左右驍衞上將軍各一人大將軍各一人將軍各二人掌同左右衞所置官屬亦與左右衞同宋左右驍衞亦有上將軍大將軍將軍並爲環衞官無定員與左右衞將軍同遼南面官亦有左右驍衞大將軍上將軍將軍金元皆無明諸衞詳載左右衞內

左右武衞

唐制左右武衞上將軍各一人大將軍各一人將軍各二人掌同左右衞所置官屬亦與左右衞同宋左右武衞亦有上將軍大將軍將軍並爲環衞官無定員與左右衞將軍同遼南面官亦有左右武衞聖宗統和十二年加王繼忠左武衞上將軍金無之元武衞親軍置都指揮使司至元二十六年樞密院以六衞六千人大都屯田三千人近路迤南萬戶府一千人總一萬人立武衞設官五員成宗元貞大德年間累增都指揮使四人武宗至大三年省四人後定置衞官達嚕噶齊一人都指揮使三人副都指揮使二人僉事二人其屬經歷二人知事二人照磨一人屬樞密院其武衞將軍爲扈從執事之官明諸衞詳載左右衞中

左右威衞

唐制左右威衞上將軍各一人大將軍各一人將軍各二人掌同左右衞所置官屬亦與左右衞同宋無威衞有屯衞上將軍大將軍將軍亦爲環衞官遼南面官有左右威衞金亦無之元左都威衞使司使二人副使二人僉事二人經歷知事照磨各一人其右都威衞設官與左都威衞同明諸衞詳載左右衞中

左右領軍衞

唐制左右領軍衞上將軍各一人大將軍各一人將軍各二人掌同左右衞宋無領軍衞有左右衞官軍衞上將軍各一人大將軍各一人將軍各二人爲環衞官無定員與左右衞將軍同遼南面官亦有左右領軍衞金左右領軍衞大將軍專直扈從元領軍將軍亦專直扈從明不設

左右金吾衞

唐制左右金吾衞上將軍各一人大將軍各一人將軍各二人掌宮中京城巡警烽候道路水土之宜其官屬與左右衞同宋左右金吾衞有上將軍大將軍將軍爲環衞官無職掌往往以節度司領左右金吾衞上將軍又置皇城司幹當官七人以武功大夫以上及內侍都知押班充掌宮城出入之禁令凡周廬宿衞之事宮門啓閉之節皆隸焉每門給銅符二鐵牌一以時參驗而啓閉之總親從親事官名籍辨其宿衞之地以均其番直人物僞冒不應法則譏察以聞遼北面官設御帳官詳見左右衞南面官有左右金吾衞金宮城諸門衞禁掌於殿前司左右宿直將軍又置武衞都指揮使司有都指揮使副都指揮使副都判官等官掌防衞都城警捕盜賊其屬有鈐轄司鈐轄十人都鈐轄四人都將二十人掌管轄軍人防衞警捕之事其執掌與唐金吾衞同其金吾衞上將軍爲武臣散官元置哈剌婁萬戶府達嚕噶齊一人萬戶一人掌守禁門等處應直宿衞隸大都督府其大都留守司亦掌守衞宮闕及門禁關鑰啓閉之事所屬城門尉凡十有一門每門設尉一人副尉二人至元二十年置以四集賽巴爾噶齊爲之二十四年復以六衞親軍參掌上都留守司亦同不設尉其金吾衞上將軍爲武臣散官大將軍將軍爲扈從執事官明洪武三年置留守衞指揮使司專領軍馬守禦各城門及巡警皇城與城垣造作之事後陞爲留守都衞統轄天策豹韜飛熊鷹揚江陰廣洋橫海龍江水軍左右十衞八年復爲留守衞與天策等八衞俱爲親軍指揮使司並隸大都督府十一年改爲留守中衞增置左右前後四衞仍爲親軍十三年始分隸五都督府其金吾羽林等十九衞亦掌守衞巡警

左右監門衞

唐置左右監門衞上將軍各一人大將軍各一人將軍各二人掌諸門禁衞及門籍文武官九品以上每月送籍於引駕仗及監門衞衞以帳報內門凡朝參奏事待

詔官及繖扇儀仗出入者閲其數行幸則率屬於衙門監寺宋左右監門衛有上將軍大將軍將軍爲環衛官無定員與左右衛將軍同遼南面官亦有左右監門衛金不設元監門大將軍將軍爲扈從執事官明無

左右千牛衛

唐制左右千牛衛上將軍各一人大將軍各一人將軍各二人掌侍衛及供御兵仗以千牛備身左右執弓箭宿衛以主仗守戎器朝日領備身左右升殿列侍親射則率屬以從凡御仗之物二百一十有九羽儀之物三百宋左右千牛衛有上將軍大將軍將軍爲環衛官無定員與左右衛將軍同又有帶御器械選三班以上武幹親信者佩櫜鞬御劍或以內臣爲之止名御帶眞宗咸平元年改爲帶御器械仁宗景祐二年詔自今無得過五六人慶厤元年詔遇闕員曾歷邊任有功者補之南渡已後諸將在外皆帶職蓋假禁近之名爲軍旅之重高宗紹興二十九年詔中外舉薦武臣無闕可處增置帶御器械四人然近侍亦或得之亦唐千牛衛之職也遼南面官有左右千牛衛聖宗太平四年見千牛衛將軍蕭順金直仗之官掌於殿前都點檢司無千牛衛其千牛將軍專直扈從元直仗之官即在五衛左右前後中五衛詳見左右衛無千牛衛明錦衣衛凡朝會巡幸率大漢將軍共一千五百七人侍從扈行宿衛則分番入直朝日夕月耕耤視牲則服飛魚服佩繡春刀侍左右其府軍前衛掌統領幼軍輪番帶刀侍衛又有騰驤等衛掌帥力士直駕隨駕

左右羽林衛

唐制左右羽林軍大將軍各一人將軍各三人掌統北衙禁兵督攝左右廂飛騎儀仗大朝會則周衛階陛巡幸則夾馳道爲內仗凡飛騎番上者配其職宋禁兵悉隸殿前及侍衛兩司詳見左右衛無羽林衛遼南面官有左右羽林軍金不設元羽林將軍爲扈從執事官明無

左右龍武將軍 左右神武等軍附

唐制左右龍武軍大將軍各一人統軍各一人將軍三人德宗興元元年六軍各置統軍貞元元年增將軍一人其掌同羽林左右神武軍大將軍各一人統軍各一人將軍三人總衛前射生兵左右神策軍大將軍各一人統軍各二人將軍三人掌衛兵及內外八鎭兵昭宗天復三年廢神策軍四年復置宋親軍皆隸侍衞二司詳見左右衛遼南面官有左右龍虎軍左右神武軍左右神策軍左右神威軍金龍虎衛上將軍爲武臣散官元龍虎衛上將軍亦爲武臣散官明龍虎將軍亦武臣之散階無專職

欽定續通典卷三十二

欽定續通典卷三十三

職官

武官下

大將軍（并官屬）

唐制十六衛皆有大將軍（互見十六衛）其左右衛左右驍衛左右武衛左右威衛左右領軍衛左右金吾衛左右監門衛左右千牛衛左右羽林軍各大將軍皆正三品左右龍武軍左右神武軍左右神策軍各大將軍皆正二品已非漢魏晉宋北齊時之崇秩矣其驃騎輔國鎮軍冠軍懷化歸德六大將軍為武臣散階無所職掌宋左右金吾衛左右衛左右驍衛左右武衛左右屯衛左右衛官軍衛左右監門衛左右千牛衛各有大將軍（互見十六衛）在上將軍之下為環衛官無定員皆空官無實故南渡初多不除授孝宗復置十六衛設大將軍等官（具左右衛篇）其驃騎等五大將軍（具總敘篇）皆為武臣散階遼北面官將軍本非要職建置較前代獨多唯大將軍府統所治軍之政有大將軍以領之其五押招討司亦有大將軍視各詳袞司之將軍為較重焉南面官各衛俱有大將軍（互見十六衛）在上將軍之上金殿前侍御衛大將軍僅為儀衛扈從之官其昭武等六大將軍（具總敘篇）亦為武臣散階并非武階之崇職章宗泰和六年置平南冠軍大將軍暫設卽罷元監門及左右衛金吾三大將軍亦係儀衛扈從官其昭武等六大將軍階秩與金同明初命徐達為大將軍授節鉞訖出勒所部建牙鳴鼓角正行列擊節鉞鼓吹前導百官以次送其時大將軍任重職專儀亦極盛他如常遇春等不過稱副將軍焉（時徐達為大將軍遣人自軍中請事上勞之曰將軍忠義出於天性雖古豪傑之士不能過今所請事悉欲稟命而行此賢臣事君之道所請事多可行者將軍從宜行之）後成國公朱能征安南亦為大將軍凡有大征討率以五府（中軍左軍右軍前軍後軍為五府每府有左右都督都督同知都督僉事）都督及公侯伯充大將軍蓋隋以前之大將軍其位或在三司上或次三司下或與大司馬同秩兼理政事故置掾屬唐以後或為環衛官或為武臣散階之官或為儀衛扈從之官不開府無掾屬明徐達雖特拜大將軍禮數殊異然亦統軍馬專征討而已亦不設掾屬

車騎將軍

車騎將軍唐已無之宋遼金元明皆無

前後左右將軍

前後左右將軍唐已無之宋遼金元皆無明總兵掛印稱將軍者（明制總兵官副總兵參將遊擊將軍守備把總無品級無定員總鎮一方者為鎮守獨鎮一路者為分守各守一城一堡者為守備與主將同守一城者為協守又有提督提調巡視備禦領班備倭等名凡總兵副總兵率以公侯伯都督充之）大同曰征西前將軍遼東曰征東前將軍皆外鎮之銜名亦非唐以前之前後左右將軍也

四征將軍

四征將軍（征東征西征南征北號為四征）唐已無之宋遼金元皆無之明總兵掛印稱將軍者雲南曰征南將軍（太祖洪武中命潁川侯傅友德為征南將軍率三十萬眾征雲南遂城烏撒得七星關以通畢節又克可渡河於是東川烏蒙芒部諸蠻望風降附又廖永忠充征南將軍率舟師取兩廣永忠自福州遣人諭何眞眞以廣循惠降破邵宗愚山寨獲宗愚等諸郡相繼降檄諭九眞日南朱崖儋耳三十餘城皆納印請吏又顧寰為征南將軍鎮貴州征五開六洞一百三十七寨悉平又沐璘為征南將軍由副指揮歷右都督充總兵官掛將軍印繼沐琮鎮守雲南）大同曰征西前將軍兩廣曰征蠻將軍寧夏曰征西將軍（陳懋佩征西將軍印為總兵鎮守寧夏至鎮號令一新凡降附者撫綏之務得其歡心又周尚文拜征西將軍鎮守寧夏歷鎮山西延綏俱有戰功鎮大同條上禦敵四十餘事修補墻堡七百里墾田五萬）

四鎮將軍

四鎮將軍（鎮東鎮西鎮南鎮北謂之四鎮）唐時已無宋遼金元皆無之明掛印總兵官稱將軍者宣府曰鎮朔將軍延綏曰鎮西將軍（其稱鎮守而不加將軍銜者鎮守薊州總兵官一人穆宗隆慶二年改為總理練兵事務兼鎮守駐三屯營協守副總兵三人鎮守遼東總兵官一人舊設駐廣寧隆慶元年令冬月移駐河東遼陽適中之地調度防禦應援海州瀋陽協守副總兵一人鎮守保定總兵官一人孝宗弘治十八年初設保定副總兵後改為參將武宗正德九年復為分守副總兵世宗嘉靖二十年改為鎮守三十年改設鎮守總兵官神宗萬歷元年令春秋兩防移駐浮圖峪遇有警移駐紫荊關以備入援鎮守宣府總兵官一人協守副總兵一人鎮守大同總兵官一人協守副總兵一人鎮守山西總兵官一人嘉靖二十年改設駐寧武關防秋移駐陽方口防冬移駐偏關協守副總兵一人鎮守延綏總兵官一人協守副總兵一人鎮守寧夏總兵官一人協守副總兵一人鎮守甘肅總兵官一人協守副總兵一人分守副總兵一人鎮守陝西總兵官一人舊駐會城後移駐固原分守副總兵一人鎮守四川總兵官一人隆慶五年添設駐建武所分守副總兵一人鎮守雲南總兵官一人鎮守貴州總兵官一人嘉靖三十二年加提督麻陽等處地方職銜駐銅仁府鎮守湖廣總兵官一人鎮守廣西總兵官一人鎮守廣東總兵官一人舊為征蠻將軍兩廣總兵官嘉靖四十五年分設駐潮州府協守副總兵一人提督狼山副總兵一人鎮守浙江總兵官一人鎮守福建總兵官一人鎮守山東總兵官一人其同為鎮守總兵而不稱將軍者皆非掛印也）

四安將軍

四安將軍（安東安西安南安北謂之四安）唐時已無宋遼金元明皆無

四平將軍

四平將軍（平東平西平南平北謂之四平）唐宋遼皆無金泰和六年伐宋權設平南撫軍上將軍平南冠軍大將軍平南龍驤將軍平南虎威將軍平南盪江將軍軍還卽罷元不設明總兵掛印稱將軍者湖廣曰平蠻將軍甘肅曰平羌將軍

雜號將軍

五押招討（遼西南面有五押招討大將軍）冠軍　龍驤　虎威　盪江（皆金泰和六年所設）領軍　夾輅　殿前　殿外（皆元時設為儀衛扈從官）佐

擊遊擊皆明設佐擊唯京營有遊擊各總兵下皆有大漢扈從之官平邊王越爲平邊將軍

監軍　軍師祭酒　理曹掾屬附

唐開元後監軍之職多以中官爲之宋不設遼北面官北院都統軍司有北院統軍都監北院詳衮司有北院都監南院亦如之近侍詳衮司有近侍都監四帳都詳衮司掌四帳軍馬之事有都監其部族節度使司下有某部族都監北面軍官大詳衮司有都監諸部署有兵馬都監諸指揮使有某軍都監北面行軍官行軍都統所有監軍有行軍諸部都監有監戰南面官諸指揮使司下有某軍都監金太宗天會二年置都元帥府有元帥左監軍一人元帥右監軍一人左都監一人右都監一人元不設明以監察御史爲監軍亦以宦官爲監軍不常設無定員

三署郎官敘

軍師祭酒理曹掾屬唐時已無宋遼金元明皆無

三署郎官漢時所置唐之各左右翊中郎府悉屬各衞遇將軍缺則以中郎將代其職掌亦爲上將軍大將軍將軍之貳大率皆供奉儀衞宿直巡警之事宋各衞中郎將郎將皆爲環衞其皇城司亦以副使爲中郎將使臣爲左右郎將較環衞又稍有職掌若金之殄寇中郎將殄寇郎將專掌兵戎之官暫爲武臣之階軍罷卽廢更非常職自唐以後皆爲武官要非前代之三署郎官員額多而率遷他職者可比也

中郎將　五官中郎將　左右中郎將

中郎將至唐時皆屬十六衞中無五官中郎將及特設左右中郎將其親衞五府中郎將已附左右衞篇中其左右驍衞左右翊中郎將府中郎將各一人左郎將一人右郎將一人左右武衞左右翊中郎將府中郎將各一人左郎將一人右郎將一人左右威衞左右翊中郎將府中郎將各一人左郎將一人右郎將一人左右領軍衞左右翊中郎將府中郎將各一人左郎將一人右郎將一人左右金吾衞左右翊中郎將府中郎將各一人左郎將一人右郎將一人其中郎將掌領府屬督京城左右六街鋪巡警以果毅二人助巡探入閤日中郎將一人升殿受狀衞士六百爲大角手六番閱習吹大角爲昏明之節諸營壘候以進退左右監門衞左右翊中郎將府中郎將掌涖宮殿城門皆左入右出中郎將各四人左右千牛衞中郎將府中郎將掌供奉侍衞凡千牛及備身左右以御刀仗升殿供奉者皆上將軍領之中郎將佐其職有口敕通事舍人承傳聲不下聞者中郎將宣告左右羽林軍左右翊中郎將府中郎將一人左右中郎將一人左右郎將一人宋環衞官左右金吾衞有中郎將郎將左右衞有中郎將郎將左右千牛衞有中郎將郎將徽宗政和五年詔皇城司所掌詳載左右金吾衞可撥置親從第五指揮以七百人爲額使爲將軍副使爲中郎將使臣以下爲左右郎將金元中郎將郎將爲儀衞扈從之官遼明不設

虎賁中郎將

虎賁中郎將唐時已無宋遼金元明皆無

四中郎將

四中郎將漢時東西南北各置中郎將唐時已無宋遼金元明皆無

雜中郎將

唐宋遼皆無金泰和六年伐宋置殄寇中郎將殄寇郎將又有內供奉郎將儀衞扈從之官元明皆無

折衝府　果毅別將等附

唐制諸衞折衝都尉府每府折衝都尉一人左右果毅都尉各一人折衝都尉掌領屬備宿衞師役則總戎具資糧左右果毅都尉掌貳都尉宋不設遼各衞皆有折衝都尉果毅都尉金泰和六年伐宋置殄寇折衝都尉殄寇果毅都尉又有折衝果毅都尉內果毅都尉折衝都尉皆爲儀衞扈從之官元折衝都尉果毅都尉金吾折衝金吾果毅亦皆儀衞扈從之官明不設

三都尉　奉車　駙馬　騎　奉朝請附

唐制奉車都尉掌馭副車有其名而無其人大陳設則他官攝駙馬都尉無定員皆尙主者爲之秩與奉車都尉同五品上騎都尉騎都尉皆爲勳官宋無奉車都尉有駙馬都尉其上騎都尉騎都尉爲勳官駙馬都尉班在上騎都尉下與騎都尉同其朝請大夫朝請郎爲文散官遼北面官有駙馬都尉府駙馬都尉掌公主帳宅之事無奉車都尉騎都尉金駙馬都尉秩正四品其上騎都尉騎都尉亦爲勳官無奉車都尉元尙主者皆稱駙馬都尉封王爵其上騎都尉騎都尉亦爲勳官無奉車都尉明亦無奉車都尉其駙馬都尉位在伯上凡尙大長公主長公主公主並曰駙馬都尉惠成之閒駙馬都尉有典兵出鎭及掌府部事者惠帝建文時梅殷爲鎭守淮安總兵官李堅爲左副將軍成祖永樂時李讓掌北京行部事以後沐昕宋琥並守備南京趙輝掌南京左府事其餘唯奉祀孝陵攝行廟祭署宗人府事往往一充其任其上騎都尉騎都尉並爲武臣之勳官凡功臣及外戚之封公侯伯者有流有世其才而賢者充官營總督五軍

都督府掌僉書南京守備或出充鎮守總兵官否則食祿奉朝請而已

欽定續通典卷三十三

欽定續通典卷三十四

職官

東宮官

唐制東宮官置諸坊局皆因隋制（詳見杜佑通典東宮官總敘）宋東宮官或以他官兼或置或省其制不常有太子太師太傅太保少師少傅少保太子賓客太子詹事左右庶子左右諭德太子侍讀侍講（侍讀侍講皆前代所無）太子中舍人舍人資善堂翊善贊讀直講說書皇太子宮小學教授資善堂小學教授（翊善贊讀直講皆舊制說書而下南渡後增置）其左右春坊有主管左右春坊事一人以內臣兼同主管左右春坊事二人以武臣兼承受官一人以內侍充遼北面官皇太子特哩袞司有皇太子特哩袞又有皇太子祇應司南面官東宮官有太子太師太傅太保少師少傅少保太子賓客太子詹事少詹事丞主簿太子司直其左右春坊多因唐宋之制金海陵天德四年置宮師府三師三少詹事院詹事三寺十率府皆隸焉無左右春坊庶子有左右諭德贊善元世祖至元十九年立詹事院備左右輔翼皇太子之任置左右詹事各一人副詹事詹事丞院判各二人吏屬六十有二人別置宮臣賓客二人左右諭德贊善各一人校書郎二人中庶子中允各一人三十一年改爲徽政院成宗大德九年復爲詹事院尋罷十一年更置詹事院以後復廢置不一文宗天厤元年改爲儲慶使司二年復爲詹事院未幾改爲儲政院院使六人同知二人僉院二人同僉二人院判二人至順帝至正六年立皇太子宮傅府九年立端本堂爲皇太子學宮置諭德一人贊善二人文學二人正字二人司經二人十三年冊立皇太子增置賓客二人中庶子中允各一人未幾復立詹事院罷宮傅府置詹事三人同知詹事二人副詹事二人丞二人首領官四人中議長史各二人管句照磨掾史之屬員數有差明太祖洪武初置大本堂充古今圖籍其中召四方名儒訓導皇太子親王諸儒專經面授分番夜直已而太子居文華堂諸儒迭班侍從又選才俊之士入充伴讀時時賜宴賦詩商榷今古評論文學是時東宮官屬自太子三少賓客外則有左右詹事同知詹事院事副詹事詹事丞左右率府使同知左右率府事左右率府副使諭德贊善大夫皆以勳舊大臣兼領其職又有文學中舍正字侍正洗馬庶子及贊讀等官十五年更定左右春坊官各置庶子諭德中允贊善司直郎又各設大學士尋定司經局官設洗馬校書正字二十二年以官聯無統始置詹事院二十五年改院爲府凡坊局皆各有印而事總於詹事府二十九年增設左右春坊清紀郎司諫通事舍人惠帝建文中增少卿寺丞各一人賓客二人又置資德院資德一人資善二人其屬贊讀贊書著作郎各二人掌典籍一人成祖復舊制英宗初命大學士提調講讀官然明時詹事府多由他官兼掌天順以前或尙書侍郎都御史憲宗成化以後率以禮部尙書侍郎由翰林出身者兼掌之其協理者無常員春坊大學士自景帝景泰閒倪謙劉定之而後僅楊廷和一任之後不復設其司直司讀淸紀郎亦不常置惟世宗嘉靖十八年以陸深爲詹事崔銑爲少詹事王教羅洪先華察等爲諭德贊善洗馬皇甫涍唐順之等爲司直司諫皆天下名儒自明初宋濂諸人後宮僚莫盛於此嗣是出閣講讀每點別員本府坊局僅爲翰林官遷轉之階而已其南京詹事府止設主簿一人

太子六傅（三太 三少）

唐制太子太師太傅太保各一人掌輔導太子少師少傅少保各一人掌曉三師德行以諭皇太子奉皇太子以覲三師之道德自太師以下唯其人不必備（泰和初趙宗儒進太子太傅文宗召訪政理對曰堯舜之化慈儉而已願陛下守之帝納其言又盧鈞守太子太師帝元日大饗含元殿鈞年八十升降如儀音吐洪暢舉朝咨歎）宋太子太師太傅太保太子少師少傅少保皆不常設仁宗升儲置三少各一人參政李昉兼掌賓客及升首相遂進少傅此宰相兼宮僚之始也丁謂兼少師馮拯兼少傅曹利用兼少保（時丁謂馮拯曹利用皆爲太子太傅請師傅等十日一赴資善堂賓客以下隻日互陪侍講學上從之）是時實爲東宮官餘多以前宰執爲致仕官若太子太師太傅太保以待宰相官未至僕射者及樞密使致仕亦隨本官高下除授太子少師少傅少保以待前執政唯少師非經顧命不除若因遷轉則遞進一官至太師郎還司空眞宗天禧末皇太子同聽政乃以首相兼少師自後神宗欽宗孝宗光宗在東宮皆不置寧宗開禧後建置不常多以時宰兼之遼南面官有太子太師（太宗大同元年見太子太師李崧）太子太傅（世宗天祿五年見太子太傅趙瑩）太子太保（大同元年見太子太保趙瑩）太子少師（聖宗太平十一年見太子少師蕭從順）太子少傅（興宗重熙中耶律哈里爲太子少傅）太子少保（大同元年見太子少保馮玉）金亦有太子太師太傅太保少師少傅少保掌保護東宮導以德義（石琚於世宗時拜左丞兼太子少師嘗請命太子習知故事或詔之曰琚希恩東宮世宗察其無他以此言告之琚對曰臣本孤生蒙陛下拔擢備位執政兼師保之任臣愚以爲太子天下本當使知民事遂言及之耳因請解少師）元東宮三師三少不恆有明太子太師太傅太保掌以道德輔導太子而謹護翼之太子少師少傅少保掌奉太子以觀三公之道德而敎諭焉無定員無專授洪

武元年太祖有事親征慮太子監國別設宮僚或生嫌隙乃以朝臣兼宮職李善長兼太子太師徐達兼太子少傅常遇春兼太子少保三年禮部尚書陶凱請選人專任東宮官罷兼領庶於輔導有所責成帝諭以江充之事可爲明鑑立法兼領非無謂也由是東宮師傅止爲兼官加官及贈官惟永樂閒成祖幸北京以姚廣孝專爲太子少師留輔太子自是以後終明世皆爲虛銜於太子輔導之職無與也

太子賓客

唐制太子賓客四人掌侍從規諫贊相禮儀宋仁宗至道元年建儲初置賓客二人以他官兼眞宗天禧四年參政任中正樞副錢惟演參政王曾並兼太子賓客執政兼東宮官始此南渡後不置寧宗開禧三年景憲太子立始以執政兼賓客後復省理宗景定元年度宗升儲以朱熠皮龍榮沈炎並兼賓客遼南面官太子賓客院有太子賓客金無此官元武宗至大元年仁宗在藩邸開宮師府姚燧年已七十遣正字呂誠如漢四皓故事起燧爲太子賓客明太子賓客與三師三少俱爲東宮大臣無定員無專授洪武元年太祖有事親征太子監國以治書侍御史文原吉范顯祖兼太子賓客十三年九月置四輔官以王本杜祐龔斆爲春官杜斆趙民望吳源爲夏官皆兼太子賓客

太子詹事　丞　主簿　司直

唐制詹事府詹事一人少詹事一人掌統三寺十率府之政少詹事爲之貳宋自仁宗升儲置詹事二人神宗欽宗升儲並置二人皆以他官兼登位後省孝宗乾道元年莊文太子立置詹事二人踰月詔太子詹事遇東宮講讀日並往陪侍七年光宗正儲位以敷文閣直學士王十朋敷文閣待制陳良翰爲太子詹事不兼他官非常制也理宗景定元年度宗升儲以楊棟兼詹事遼南面官太子詹事院有太子詹事少詹事金詹事院有太子詹事少詹事掌總統東宮內外庶務世宗大定初顯宗爲皇太子選東宮官屬張浩薦楊伯雄遂起爲少詹事後進左諫議大夫翰林直學士會太子詹事闕宰相復舉伯雄上曰伯雄不可一日去朕左右而東宮亦須輔導遂以太子詹事兼諫議伯雄知無不言匡救甚多後宮僚有詭隨者人必稱楊詹事以愧之元世祖至元時立詹事院置左右詹事各一人副詹事各二人時完顏懌以大臣子選爲裕宗王府僚屬及裕宗爲皇太子署詹事長入參謀議出掌環衞小心愼密太子甚重之又王約爲太子副詹事仁宗以詹事院諸事循軌大喜嘗字而不名諭羣臣曰事未經王彥博議者勿啟又謂中丞托迪曰在詹事而不求賜予者惟彥博與汝二人耳以後廢置不常至文宗天厤中改爲儲政院置院使六人同知二人僉院二人同僉二人院判二人順帝至正中復立詹事院增置同知詹事二人掌輔翼皇太子之任明詹事府詹事一人少詹事二人詹事掌統府坊局之政事以輔導太子少詹事佐之凡入侍太子與坊局翰林官番直進講尚書春秋資治通鑑大學衍義貞觀政要諸書前期纂輯成章進御然後赴文華殿講讀講讀畢率其僚屬以朝廷所處分軍國重事及撫諭諸番恩義陳說於太子凡朝賀必先奏朝廷乃具啟本以進其所屬府僚暨坊局官與翰林職互相兼試士修書皆與焉孝宗時張元禎以太常卿兼翰林學士仍侍經筵日講掌詹事府事上疏勸經筵宜講太極圖西銘東宮兼講孝經小學孝宗欣然嘉納亟索太極圖以觀曰天生斯人以開朕也又吳寬爲詹事府詹事孝宗在東宮學少閒寬率僚屬上疏曰竊惟東宮講學自寒暑風雨朔望令節外一歲之中不過數月一日之內不過數刻況其閒又多閒歇人生八歲出就外傅居宿於外誠欲離近習親正人也庶民且然況有天下者乎即日習讀於內終不若出就外傅親近儒臣講明正道所得爲多也

丞唐置二人掌判府事知文武官簿假使凡敕令尚書省二坊符牒下東宮諸司者皆發焉宋無遼南面官太子詹事院有詹事丞金亦無之元至元時詹事院有詹事丞二人明詹事府亦有府丞二人

主簿唐置一人宋無遼南面官太子詹事院有詹事主簿金亦無之元儲政院有照磨二人管句二人明詹事府主簿廳主簿一人南京詹事府主簿一人

司直唐置二人掌糾劾宮僚及率府之兵皇太子朝則分知東西班監國則詹事庶子爲三司使司直一人與司議郎舍人分日受理啟狀太子出則分察鹵簿之內宋無遼南面官太子司直司有太子司直金元皆無明春坊有左司直郎二人左清紀郎一人右春坊亦如之俱不常設掌彈劾宮僚糾舉職事文華殿講讀畢諸臣班退有獨留奏事及私謁者則其糾之

太子庶子　中允　司議郎　中舍人　舍人　通事舍人　諭德　贊善　崇文館學士　洗馬　文學　校書　正字　典膳　藥藏　內直　典設　宮門等郎

唐制左春坊左庶子二人掌侍從贊相駁正啟奏總司經典膳藥藏內直典設宮門六局皇太子出則版奏外辦中嚴入則解嚴右春坊右庶子二人掌侍從獻納啟奏德宗時趙宗儒罷相爲太子右庶子屏居愼靜奉朝請而已遷吏部侍郎帝召見勞曰知卿杜門六年故有此拜宋左右庶子不常設蓋以儲闈之建隨宜制官以備僚寀多以他官兼領仁宗出閤帝選僚佐謂宰臣曰翊善記室府屬也王皆受拜今王尚少宜以張士遜爲友令王答拜於是以戶部郎中直昭文館爲壽春王友遷諫議大夫兼太子右庶子改左庶子士遜言詣資善堂升階列拜而皇太子總跪受宜詔皇太子坐受之帝不許又邵元爲潁王府翊善及東宮建爲右庶子又高宗以普安郡王爲皇子進封建王詔建王府置直講贊讀各一人史浩兼直講一日講周禮言膳夫掌膳羞之事歲終則會惟王及后世子之膳不會至酒正掌飲酒之事歲終則會惟王及后之酒不會而世子不與焉以是知世子膳羞可以會世子飲酒不可以無節也王作而謝曰敢不佩斯訓及建王爲皇太子浩除起居郎兼太子右庶子又梁周翰字元褒眞宗在儲宮知其名徵爲左庶子因令取其所爲

文章周翰悉纂以獻遼南面官左春坊有太子左庶子右春坊有太子右庶子金無此官元世祖至元時置詹事院有中庶子一人至正時宮傅府同明左右春坊有大學士及庶子各一人大學士掌太子上奏請下啟箋及講讀之事皆審愼而監省之左右庶子等各奉其職以從永樂時周述進左春坊右諭德兼侍讀從皇太子居守南都上諭之曰汝素厚重尤資匡弼太子雖聰明純謹然智或未逮行或過中必須盡言庶稱朕意仁廟居守中外無失政德澤浹於人心述力爲多宣德中陞左庶子世宗嘉靖間童承敘爲講官上御文華殿承敘進講周書立政篇極陳王業艱難周公夾輔之忠詞意婉切上改容聽焉及冊正儲位乃以承敘爲左春坊左庶子兼翰林侍講愼輔導之選也又鄒濟擢左春坊左庶子在輔導之職言無不從寵遇殊厚奉令旨授皇孫經明於啟迪又吳寬廷對第一侍孝宗於東宮及即位以舊臣進春坊左庶子

中允唐置二人宋東宮官中不設以中允爲階官太宗太平興國中和㠓擢進士第遷光祿寺丞獻所著文賦五十軸召試中書擢太子中允又神宗熙寧初程顥以呂公著薦爲太子中允監察御史裏行前後進說神宗以正心窒欲求賢有才爲言務以誠意感動主上遼南面官左春坊有太子中允聖宗太平五年見太子中允馮若谷金無此官元至元中立詹事院有中允一人順帝至正時宮傅府同明左右春坊左右中允各二人太祖洪武初趙文授敎諭歷任岳州府學教授成祖時詔選老學之士能講說者尚書蹇義以文名上成祖召至御前面諭授左春坊左中允賜宴俾輔仁宗於東宮文進講經史敷繹明盡應制有作悉寓箴規睿旨嘉獎

司議郎唐置二人掌侍從規諫駮正啟奏宋無此官遼南面官左春坊有太子司議郎金不設元儲政院有司議二人明左春坊有左司諫二人右春坊亦如之皆不常設掌箴誨鑒戒以拾遺補過凡有啟事於東宮與司直清紀執筆紀令旨規正其僞謬者

中舍人唐置二人貳右庶子掌侍從獻納啟奏皇太子監國下令書則畫日至春坊右庶子宣傳中舍人奉行宋至道天禧時置中舍人一人神宗欽宗升儲亦置甯宗嘉定初除二人遼南面官右春坊亦有太子中舍人金元明皆無

舍人唐置太子舍人四人掌令書表啟宋置一人或二人不常設遼南面官有太子舍人金元明皆無

通事舍人唐置八人掌導宮臣辭見承令勞問宋不設遼南面官右春坊有太子通事舍人金元皆無明詹事府有通事舍人二人

左右諭德唐置左右各一人宋左右諭德不常設或置一人或二人多以他官兼領眞宗時馮元通五經帝召見講易遷太子中允皇子爲壽春郡王王旦又薦元宜講經資善堂乃擢左正言兼太子右諭德又仁宗以壽春郡王開府詔宰相擇耆德方正有學術之士咸薦崔遵度命與張士遜並爲王友上作七言詩以寵之儲宮建命爲左諭德又神宗出閤簡選宮僚韓琦薦齊恢賢乃進左諭德又孝宗乾道七年詔庶子諭德輪日入宮遼南面官左右春坊有左右諭德金詹事院有左右諭德掌贊諭道德侍從文章元至元時立詹事院有左右諭德各一人至元時焦養直以集賢院侍講學士傅太子於宮中啟沃誠至帝聞之大悅陞太子諭德又李好文爲諭德以孝經大學論語孟子中庸摘其要略釋以經義又取史傳及先儒論說有關治體而協經旨者倣眞德秀大學衍義之例爲書十一卷名曰端本堂經訓要義奉表以進詔付端本堂命太子習焉明左右春坊諭德各一人

贊善唐置左右贊善大夫各五人宋有資善堂翊善高宗時范沖歷官侍讀會皇子建國公出就傅命沖以徽猷閣待制爲資善堂翊善而朱震兼贊讀時沖震皆名德老成極天下之選一時號稱得人遼南面官左右春坊有左右贊善大夫金亦有左贊善右贊善掌同諭德元詹事院亦有左右贊善各一人至正時宮傅府同明左右贊善各二人

崇文館學士唐置二人宋無遼南面官左春坊文學館有崇文館學士崇文館直學士金元明皆無

洗馬唐置司經局洗馬二人掌經籍出入侍從圖書上東宮者皆受而藏之宋無此官遼南面官左春坊司經局有太子洗馬道宗大安時劉輝爲太子洗馬金有司經正副掌經史圖籍筆硯等事元無此官明司經局洗馬一人掌經史子集制典圖書刊輯之事立正本副本以備進覽凡天下圖冊上東宮者皆受而藏之

文學唐置三人分知經籍侍從文章宋無遼南面官司經局有太子文學金不設元至正時宮傅府置文學二人明亦不設

校書唐置四人掌校刊經史宋無遼南面官司經局有太子校書郎太平五年見太子校書郎張昱金亦無之元詹事院有校書郎二人明司經局亦有校書二人

正字唐置二人宋無遼南面官司經局太子正字金不設元宮傅府置正字二人明司經局正字二人

典膳郎唐置典膳局典膳郎二人丞二人掌進膳嘗食丞爲之貳每夕更直於廚宋無遼北面官有皇太子祗應司金詹事院有典食令丞承奉膳羞掌飲令丞承奉賜茶及酒果之事元太子飲膳之事掌於家令明無

藥藏郎唐置藥藏局郎二人丞二人掌和醫藥丞爲之貳皇太子有疾侍醫診候議方藥將進宮臣涖嘗如尚藥局之職宋遼皆無金詹事院有侍藥奉藥承奉醫藥元儲政院置典醫監達嚕噶齊二人卿三人太監二人少監二人丞二人經歷知事各一人領東宮太醫修合供進藥餌其屬廣濟提舉司達嚕噶齊一人提舉同提舉副提舉各一人行典藥局達嚕噶齊一人大使副使各二人典藥局達嚕噶齊一人大使副使直長各二人明無

內直郎唐置內直局內直郎二人丞二人掌符璽衣服繖扇几案筆硯垣牆宋遼皆無金掌寶二人掌奉寶謹

其出入侍正侍丞掌冠帶衣服左右給使之事又有內直郎元典寶監卿太監少監丞各二人經歷知事各一人明無

典設郎唐置典設局典設郎四人丞二人掌湯沐燈燭汛掃鋪設宋無遼南面官左春坊典設局有典設郎金元明皆無

宮門郎唐置宮門郎二人丞二人掌宮門管鑰宋無遼南面官宮門局有宮門郎金元明皆無

太子家令署 丞 主簿 食官署 典倉署 司藏署

唐制家令寺家令一人皇太子出入則乘軺車為導祭祀賓客則供酒食賜予則奉金玉貨幣凡牀几茵席器物非取於將作少府者皆供焉總食官典倉司藏三署宋有主管左右春坊事二人以內臣兼同主管左右春坊事二人以武臣兼承受官一人以內侍兼遼南面官太子家令寺有太子家令金有家令掌營繕栽植鋪設及燈燭之事元家令司家令二人掌太子飲膳供帳倉庫又設府正司府正廢置不常明無

丞唐置二人掌判寺事宋無遼南面官太子家令寺有丞金亦有家丞掌同家令元亦置家丞二人又設府正司府丞廢置不常明無

主簿唐置一人宋無遼亦有之金無元家令司有典簿二人照磨一人府正司同明無

食官署唐置食官署令一人掌飲食酒醴凡四時供送設食皆類焉供六品以下元日冬至食於家令廚者宋遼金皆無元儲膳司卿四人少卿二人丞二人主事二人照磨一人掌皇太子飲膳之事明無

典倉署唐置令一人丞二人掌九穀醯醢庶羞器皿燈燭凡園圃樹藝皆受令焉宋遼皆無金置司倉副掌倉廩出納薪炭等事元明皆無

司藏署唐置令一人丞二人掌庫藏財貨出納營繕宋遼皆無金置司藏副掌庫藏財貨出入之事元典用監卿四人太監二人少監二人經歷知事照磨各一人掌供須文成藏珍三庫內府供給緞疋寶貨等物明無

太子率更令 丞 主簿

唐制率更寺令一人掌宗族次序禮樂刑罰及漏刻之政太子釋奠講學齒胄則總其儀出入乘軺車為導居家令之次宋無遼南面官太子率更寺有太子率更令金元明皆不設

丞唐置一人宋無遼亦有之金元明皆無

主簿唐置一人宋無遼亦有之金元明皆無

太子僕 丞 主簿 廄牧署

唐制僕寺僕一人掌車輿乘騎儀仗喪葬太子出則率廄牧令進路親馭宋無遼南面官太子僕寺有太子僕金有僕正副僕掌車馬廄牧弓箭鞍轡器物等事元置資武庫提點大使各一人掌軍器冀用庫提點大使各一人掌鞍轡明無

丞唐置一人宋無遼金亦有之元明皆無

主簿唐置一人宋無遼亦有之金元明皆無

廄牧署唐置令一人丞二人掌車馬閑廄牧畜凡羣牧隸東宮者皆受其職事宋遼金皆無元典牧署卿二人太監二人少監二人丞二人經歷知事各一人掌孳畜之事明無

左右衛率府 副率以下官屬

唐制太子左右率府率各一人掌兵仗儀衛凡諸曹及三府外府皆隸焉元日冬至皇太子朝宮臣諸方使則率衛府之屬為衛每月三府三衛及五府超乘番上者配以職宋太子左右衛亦有率府率遼南面官亦有太子左右衛率府金左右衛率府掌周衛導從儀仗元武宗至大元年撥江南行省萬戶府精銳漢軍為東宮衛軍立衛率府設官十一員仁宗延祐四年始改為中翊府又改為御臨親軍指揮使又以御臨非古典改為羽林六年復隸東宮仍為左衛率府定置率使三人其屬有鎮撫所鎮撫行軍弩軍屯田各千戶所達嚕噶齊千戶副千戶百戶彈壓各員又有蒙古字儒學陰陽各教授其右衛率置率使二人隸屬亦減於左 屬樞密院不隸儲政院 明洪武初亦有左右率府使同知左右率府事皆以勳舊大臣兼領其職後罷

副率唐置二人長史一人 唐置各率府長史以下胄曹以下職掌皆同 宋左右衛皆有副率其各率府皆無官屬元左右衛率府皆有副使明洪武初亦有左右率府副使皆以勳舊大臣兼領其職後罷

錄事參軍唐各置一人唐後歷代皆無

倉曹參軍唐各置一人歷代皆無

兵曹參軍唐各置一人歷代皆無

胄曹參軍唐各置一人歷代皆無

親府勳府翊府唐各置中郎將一人左右郎將各一人兵曹參軍事一人唐以後歷代皆無

左右司禦率府

唐制太子左右司禦率府率各一人副率各二人其屬官皆與左右衛率府同宋亦有左右司禦率副率副率官存而無職司遼南面官亦有太子左右司禦率府金

元明皆無

左右清道率府

唐制太子左右清道率府率各一人副率各二人掌晝夜巡警其官屬與左右衛率府同省騎曹宋亦有左右清道率府率副率太宗至道元年東宮置左清道率府率副率兼左春坊謁者主贊引真宗即位而省眞宗天禧二年又以左清道率郭承慶兼左右春坊謁者仁宗即位復省遼南面官亦有太子左右清道率府金元明皆無

左右監門率府

唐制太子左右監門率府率各一人副率各二人掌儲門禁衛長史錄事兵曹與左右衛率府同倉曹胄曹參軍事各一人兼領宋亦有左右監門率府率副率南渡後以爲環衛官遼南面官亦有太子左右監門率府金亦有左右監門掌門衛禁鑰元明皆無

左右內率府

唐制太子左右內率府率各一人副率各二人掌千牛供奉之事長史錄事兵曹與左右衛率府同倉曹胄曹參軍事各一人兼領宋亦有左右內率府率副率官存而無職司遼南面官亦有太子左右內率府金元明皆無

太子旅賁中郎將

唐高宗永徽三年太子名忠改諸率府中郎將爲旅賁郎郎將爲翊軍郎太子廢復舊以後歷代皆無

太孫官屬附

唐至武后天授二年始置皇孫府官宋孝宗淳熙七年皇孫英國公始就傅詔置皇太子宮小學教授一人十二年詔建魏惠憲王府置小學教授二人以館職兼充掌訓皇孫既長趨朝謁則不以小學名而講習如故元世祖至元二十六年皇孫出鎭懷孟帝爲選老成練達舊臣護之乃以屬王倚陛辭帝目之良久謂侍臣曰倚修潔人也左右皇孫得人矣及行營幕所在軍政肅然明成祖永樂十三年爲皇大孫特選幼軍置府軍前衛設官屬指揮使五人指揮同知十人指揮僉事二十人衛鎭撫十人經歷五人

欽定續通典卷三十四

職官

王侯總敘

封建起於黃唐郡縣創自秦漢師古者欲復封建宜今者必置郡縣唐臣杜佑作王侯總敘雖備陳其利病而終之曰莫可究詳曹冏陸機著論謂必宜法古魏徵李百藥上疏又力排其議夫救分離之難莫若建諸侯削尾大之勢莫若置守宰而今昔異時欲行古道勢莫能遵故自唐以迄宋遼金元皆無封建至明初封皇子為諸王置藩府於各直省雖非如三代之分茅胙土得專生殺而護衛甲士為數甚夥其不能謹守藩條者每足滋生民之擾是以惠帝始立方欲因事削除致有靖難之師且成祖既併取甯藩徙之南昌傳世未幾宸濠踵而生變徙貽國患古法之不可復泥又其明驗然五等之號歷代不廢品秩之差前後各殊史傳所載及各朝會典典章集禮所傳班班可考爰列敘於左

歷代王侯封爵 公主并官屬附

唐制爵九等一曰王食邑萬戶正一品二曰嗣王郡王食邑五千戶從一品三曰國公食邑三千戶從一品四曰開國郡公食邑二千戶正二品五曰開國縣公食邑千五百戶從二品六曰開國縣侯食邑千戶從三品七曰開國縣伯食邑七百戶正四品上八曰開國縣子食邑五百戶正五品上九曰開國縣男食邑三百戶從五品上皇兄弟皇子皆封國為親王皇太子子為郡王親王之子承嫡者為嗣王諸子為郡公以恩進者封郡王襲郡王嗣王者封國公凡名山大川及畿內諸縣皆不以封至郡公餘爵聽迴授子孫其國公皆特封凡封戶三丁以上為率歲租三之一入於朝廷食實封者得眞戶分食諸州其王府傅一人諮議參軍事一人友一人侍讀無定員文宗開成元年改諸王侍讀曰奉諸王侍讀宣宗大中初復舊文學一人東西閤祭酒各一人長史一人司馬一人掾一人屬一人主簿一人記室參軍事二人錄事參軍事一人錄事一人功倉戶兵騎法士等七曹參軍事各一人參軍事二人行參軍事四人典籤二人自典籤以上為府官郡王嗣王不置長史親事府典軍二人副典軍二人校尉五人旅帥隊正隊副自旅帥以下視親事多少乃置帳內府典軍二人副典軍二人自校尉以下員品如親事府親王國令一人大農一人尉一人 按杜佑通典作大農二人尉二人茲據新唐志 丞一人學官長丞各一人食官長丞各一人廄牧長丞各二人典府長丞各二人皇姑為大長公主正一品姊為長公主女為公主皆視一品皇太子女為郡主從一品親王女為縣主從二品凡王公十五以上預朝集宗親女婦諸王長女月參凡公主邑司令一人丞一人主簿一人錄事一人

宋爵一十二等王嗣王郡王國公郡公開國公開國郡公開國縣公開國侯開國伯開國子開國男皇子兄弟封國謂之親王親王之子承嫡者為嗣王宗室近親承襲特旨者封郡王遇恩及宗室祖宗後承襲及特旨者封國公餘宗室近親並封郡公食邑沿唐制王食五千戶郡王國公三千戶特加者無定數其開國公侯伯子男皆隨食邑二千戶以上封公一千戶以上封侯七百戶以上封伯五百戶以上封子三百戶以上封男分國三等大國二十七次國二十小國百二十見任前任宰相食邑實封其萬戶王為正一品嗣王郡王國公為從一品開國郡公為正二品開國縣公為從二品開國侯為從三品開國伯為正四品開國子為正五品開國男為從五品太祖開寶六年詔晉王位望俱崇親賢莫並宜位在宰相之上太宗太平興國八年楚王廣平郡王出閤令宰相立親王之上眞宗景德中皇姪武信軍節度使惟吉加同平章事時駙馬都尉石保吉先為使相史館引唐制宗室在同品官上遂升惟吉焉凡親王府有傅長史司馬諮議參軍友記室參軍王府教授小學教授傅及長史司馬有其官而未嘗除太平興國八年諸王出閤楚王府置諮議參軍二人翊善一人陳王府置諮議翊善各一人後又置記室及諸王府侍講一人並以常參官充其後多不置諮議翊善記室或止一員眞宗大中祥符九年仁宗初封壽春郡王置友二員亦以常參官充天禧二年進封昇王友遷諮議仍置記室一人皇侄皇孫侍教南北伴讀無定數凡公主亦分大長公主長公主公主郡主縣主皆不置官屬

遼之封爵唯有國王郡王國公三等率以漆水栁城混同蘭陵國名則屢進屢改有加至二國者其初宗室與勳戚無異道宗太康五年十一月詔唯王子封一字王餘並削降其爵號大約采唐宋之制其王府北面官有親王祗應司王子院有王子太師王子太保王子司徒王子司空王子班郎君南面官王傅府有王傅 興宗重熙十五年蕭惟信為燕趙王傅 親王內史府有內史 道宗太康三年見內史吳嘉努 長史參軍諸王文學館有諸王教授 重熙中姚景行為燕趙國王教授 諸王伴讀 聖宗太平八年長沙郡王宗允等奏選諸王伴讀

金封爵正從一品曰郡王曰國公正從二品曰郡公正從三品曰郡侯正從四品曰郡伯 舊曰縣伯章宗承安二年始更名曰郡伯

正五品曰縣子從五品曰縣男凡封王者食邑萬戶實封一千戶郡王五千戶實封五百戶國公三千戶實封三百戶郡公二千戶實封二百戶郡侯一千戶實封一百戶郡伯七百戶縣子五百戶縣男三百戶凡封王大國號二十次國三十小國三十封王郡號十封公主縣號三十王府官有傅府尉長史司馬文學記室參軍元之封爵凡八等王正一品郡王從一品國公正二品郡公從二品郡侯正三品郡伯正四品亦有從四品縣子正五品縣男從五品其初宗室駙馬通稱諸王制度簡樸位號無稱惟視印章以爲輕重後始有國邑之名其制封一字王者金印獸紐兩字王者金印螭紐次有金印駝紐金鍍銀印駝紐金鍍銀印龜紐有止用銀印龜紐各分等級有同姓無國邑而稱王者但曰宗王諸王傅官庫金布哈太子至齊王位下凡四十五王每位下各設王傅傅尉司馬三員傅尉惟庫春布哈額布根鄂蘭烏克三王有之自此以下皆稱府尉別於王傅之下司馬之上而三員並設又多寡不同或少至一員或多至三員者齊王則又獨設王傅一員

明太祖洪武三年詔立長子標爲皇太子封第二子樉爲秦王次棡晉王棣燕王橚吳王楨楚王榑齊王梓潭王杞趙王檀魯王侄孫守謙靖江王皆授以冊寶設置相傅官屬及諸禮儀八年定諸王宗人祿米每歲親王五萬石靖江王二萬石郡王六千石郡王諸子年十五人賜田六十頃爲永業除其租九年定王府官制又定諸王及公主歲供之等十七年更定冊寶親王俱授以金冊金寶皇太子之次嫡子及庶子年十歲皆封郡王授以塗金銀冊銀印親王嫡長子年十歲立爲王世子授以塗金銀冊銀印次子及庶子年十歲皆封郡王冊印亦如之郡王次子授鎮國次孫輔國次曾孫奉國皆將軍凡三等次元孫鎮國次五世孫輔國次六世孫奉國皆中尉凡三等其王府官屬長史司左右長史各一人其屬典簿一人審理所審理正一人副一人典膳所典膳正一人副一人奉祠所奉祠正一人副一人典樂一人典寶所典寶正一人副一人紀善所紀善二人良醫所良醫正一人副一人典儀所典儀正一人副一人伴讀四人教授無定員引禮舍人三人倉大使副使各一人郡王府教授一人典膳一人鎮國將軍教授一人神宗萬厤閒周府設宗正一人後各府亦漸置郡王府增設教授一人凡王府護衛指揮使司設官如京衛其王府儀衛司儀衛正一人儀衛副二人典仗六人儀衛掌侍衞儀仗護衞掌防禦非常護衞王邸有征調則聽命於朝凡功臣外戚封爵三等曰公侯伯皆有流有世功臣則給鐵券歲祿以功爲差已封而又有功仍爵或進爵增祿其才而賢者則出司戎政（具三都尉篇）否則食祿奉朝請而已年幼而嗣爵者咸入國子監讀書世宗嘉靖八年定外戚封爵毋許世襲其有世襲一二代者出特恩駙馬亦有封侯者若恩親侯李貞永春侯王寧京山侯崔元以恩澤封侯非制也公主亦有大長公主長公主凡尚主者並曰駙馬都尉其尚郡主縣主郡君縣君鄉君者並曰儀賓洪武七年公主府設家令一人司丞一人錄事一人二十三年改家令司爲中使司以內使爲之

欽定續通典卷三十五

欽定續通典卷三十六

職官

州郡上

司隸校尉

司隸周官唐時已無元宗開元十七年置京都兩畿按察使二十年改曰采訪處置使天寶末又兼黜陟肅宗乾元元年改曰觀察處置使掌察所部善惡卽隋以前司隸之職也

宋沿唐制亦置觀察使又置提點開封府界諸縣鎮公事掌察畿內縣鎮刑獄盜賊場務河渠之事

遼南面官中京東京上京皆有觀察使司又置采訪使（太宗會同三年命於周靈爲采訪使）皆非司隸之職其五京警巡院有警巡使警巡副使中京有巡邏使司（聖宗開泰中耶律古裕爲中京巡邏使）卽古司隸也

金諸京置警巡院使掌平理獄訟警巡別部總判院事副一人掌警巡之事判官二人掌檢稽失簽判院事

元上都有警巡院達嚕噶齊警巡使各一人副使二人判官二人屬留守司大都路兵馬都指揮使司有都指揮使二人副指揮使五人知事一人掌京城盜賊姦僞鞫捕之事世祖至元九年以刑部尙書一人提調司事其屬有左右警巡二院置達嚕噶齊使各一人副使判官各一人又置大都警巡院達嚕噶齊使各一人副使判官二人

明有巡視五城御史又置中東西南北五城兵馬指揮司各指揮一人副指揮四人吏目一人巡捕盜賊疏理街道溝渠及巡視火禁之事其不職者巡城御史糾劾之又置巡按御史北直隸二人南直隸三人所按藩服大臣府州縣官諸考察舉劾尤事大事奏裁小事立斷與漢司隸唐京畿采訪使職位皆同

州牧刺史

州牧刺史漢以後皆爲監郡大臣或統領軍事其職在按治所部官吏權位綦重唐高祖武德以後罷郡置州改太守爲刺史官名雖存職非其舊故唐之采訪處置使理於所部之大郡天寶末兼理黜陟卽古之州牧刺史也（互見司隸校尉）乾元元年改曰觀察處置使其東都西都北都置牧各一人掌宣德化歲巡屬員觀風俗錄囚恤鰥寡

宋開封府河南應天府皆置牧次府亦置牧而觀察使及諸州刺史皆無定員又置提點刑獄公事掌察所部獄訟兼舉刺官吏之事

遼南面方州官無牧有某州刺史

金諸州置刺史一人其刺史紀綱一州之衆務其上京東京等處置按察司糾察貪官汚吏豪猾之人並勸農桑職與唐之采訪處置使同

元至元三年定一萬五千戶之上者爲上州六千戶之上爲中州六千戶之下爲下州二十年旣平宋又定其地五萬戶之上者爲上州三萬戶之上者爲中州不及三萬戶者爲下州每州置達嚕噶齊無刺史其江南諸道行御史臺陝西諸道行御史臺及各道肅政廉訪司職掌監臨諸省統制各道憲司（詳載御史臺門內）亦唐采訪使之遺制也

明州次於府凡州有二屬州則隸於府直隸州則視府而秩次於府無刺史之官設總督巡撫提督經略贊理巡視撫治於各省加都御史或副僉都御史銜（詳載御史臺）贊軍務理糧儲巡視所部舉劾其所屬官吏位崇於唐之采訪使職亞於古之持節刺史焉

總論州佐（別駕　治中　主簿　功曹書佐　部郡國從事　典郡書佐　祭酒從事　中正）

漢時分天下爲十二州州刺史之佐有別駕治中主簿功曹書佐部郡國從事典郡書佐祭酒從事等官其中正一官始於陳勝爲楚王時而晉以從廢置不一歷代互相因襲雖小吏變而大抵不異至隋以州爲郡無復軍府州府之吏變爲郡官自後皆然故州佐之官別載於郡丞篇今舉官之擬於州刺史者臚列其佐職於左

唐十五道觀察使有副使支使判官掌書記推官巡官衙推隨軍要籍進奏官各一人

金按察使有副使僉事判官知事知法等官

元行御史臺有經歷都事照磨架閣庫管句承發管句兼獄丞等官其肅政廉訪司有經歷知事照磨兼管句等官

都督（總管節度團練都統等使附）

唐制大都督府都督一人長史一人司馬二人錄事參軍事一人錄事二人功曹參軍事倉曹參軍事戶曹參軍事田曹參軍事兵曹參軍事法曹參軍事士曹參軍事各一人參軍事五人市令一人文學一人醫學博士一人中都督府都督一人別駕一人長史一人司馬一人錄事參軍事一人錄事二人功曹參軍事倉曹參軍事戶曹參軍事田曹參軍事兵曹參軍事法曹參軍事士曹參軍事各一人參軍事四人市令一人文學一人醫學博士一人下都督府都督一人別駕一人長史一人司馬一人錄事參軍事一人錄事二人功曹參軍事

倉曹參軍事戶曹參軍事田曹參軍事兵曹參軍事法曹參軍事士曹參軍事各一人參軍事三人文學一人醫學博士一人都督掌督諸州兵馬甲械城隍鎮戍糧廩總判府事唐初曰總管後改為都督惟朔方仍稱大總管宋大都督府有都督長史左右司馬錄事參軍司戶司法司士司理文學參軍助教大都督及長史掌司牧尹與唐制略相似南渡後以見任宰相充都督次有同都督有督視軍馬多執政為之雖名稱略同然掌總諸路軍馬督護諸將非舊制比也高宗紹興二年呂頤浩首以左僕射出都督江淮兩浙荊湖諸軍事置司鎮江其後趙鼎張浚湯思退皆以宰相兼之頤浩還朝孟庾始以參知政事為權同都督代後落權字趙鼎先以知樞密院事為都督川陝荊襄諸軍事其後與浚並相並帶兼都督諸路軍馬入銜未幾浚獨被旨江上視師置都督行府行移文字並依三省體式其召赴行在以其事分隸三省樞密院思退初以左相出都督時楊存中即以太傅寧遠軍節度使同都督思退不行即以楊存中充都督非宰執而為都督自存中始後葉義問以知樞密院事督視江淮荊襄軍馬汪徹以參知政事湖北京西路都督視軍馬執政為督視於是見焉王之望辭同都督不曰朝廷於兩淮前以二大將為招撫使後以二從臣為宣諭使憂其不相統攝則以宰相為都督欲事權歸一也此可見朝廷開府之意凡簽廳文字並依尚書左右司樞密院檢詳房體式設屬諮議軍事參謀參議並以從官充書寫機宜文字幹辦官準備差遣前後員數不一至開禧用兵或以簽樞督視或以元樞代之或以參知政事督視四川軍馬然皆未有底績而罷又府州軍監有兼都總管者太原府延安府慶州渭州熙州秦州則兼經略安撫使馬步軍都總管定州眞定府瀛州大名府京兆府則兼安撫使馬步軍都總管蓋宋制以文武官參為知州軍事各相鈐制軍監則加是銜非唐之總管也遼會同二年置遼陽大都督府以都督和勒博等關防遼陽東都為南面官其總管北面官則有南京都總管府興宗重熙四年改為都元帥府又置南京兵馬都總管府有兵馬都總管有總領南面邊事有總領南面軍務事有總領南面戍兵官其南面官則五京皆有都總管府又有諸軍兵馬都總管府兵馬都總管兵馬副總管又有兵馬都總管府歸聖軍兵馬都總管府五州都總管府穆宗應厤初耶律蘇色為義霸祥順聖五州都總管山後五州都管司聖宗統和四年普努寧為山後五州都管金海陵正隆六年置左右領軍大都督府三十二總管有神策神威神捷神銳神毅神翼神勇神果神略神鋒武勝武定武威武安武捷武平武成武毅武銳武揚武翼武震威定威信威勝威捷威烈威毅威震威略威果威勇之號其諸總管府皆載入郡太守篇元文宗天厤二年立欽察親軍都督府後改為大都督府置大都督三人同知二人副都督三人僉事都督二人經歷二人都事二人管句一人照磨一人其屬有左右欽察衛龍翊衛哈喇婁萬戶府官屬詳載司農卿諸屯監中其總管府則有管領齊哩克昆諸色民匠都總管府達嚕噶齊一人總管同知各一人副總管二人經歷知事提控案牘照磨管句各一人隨路諸色人匠都總管府達嚕噶齊一人總管二人同知一人副總管二人經歷知事照磨提控案牘各一人管領大都等路打捕鷹房胭粉人戶總管府達嚕噶齊總管首領官各一人管領本投下大都等路齊哩克昆民匠總管府達嚕噶齊總管同知副總管各一人管領諸路齊哩克昆民匠都總管府達嚕噶齊總管各一人同知副總管各二人經歷知事提控案牘兼照磨各一人汴梁等路管民總管府達嚕噶齊總管同知府判各一人經歷知事提控案牘各一人江淮等處財賦都總管府達嚕噶齊總管同知各一人副總管二人經歷知事照磨兼提控案牘各一人隨路諸色民匠打捕鷹房都總管府達嚕噶齊二人都總管同知各一人副總管二人經歷知事提控案牘各一人管領保定等路阿哈探馬兒諸色人匠總管府達嚕噶齊總管同知副總管各一人知事一人管領打捕鷹房民匠達嚕噶齊總管府達嚕噶齊總管同知副總管知事各一人管領隨路諸色民匠打捕鷹房等戶總管府達嚕噶齊總管同知副總管知事各一人管領隨路打捕鷹房諸色民匠齊哩克昆總管府達嚕噶齊總管同知副總管各一人經歷知事提控案牘兼照磨各一人隨路打捕鷹房諸色民匠總管府達嚕噶齊總管同知副總管知事各一人尙供總管府達嚕噶齊總管同知副總管判官各一人經歷知事提控案牘各一人雲需總管府達嚕噶齊總管同知副總管判官各一人經歷知事提控案牘各一人大都路管領諸路打捕鷹房總管府達嚕噶齊總管副達嚕噶齊同知副總管各一人經歷知事各一人昭功萬戶府屬管領諸路打捕鷹房納綿等戶總管府達嚕噶齊都總管同知治中府判各一人經歷知事提控案牘各一人諸府所掌率皆帝后諸王鄂爾多位下事務及管領造作釆捕諸色人匠或各屯佃戶不治兵馬與

前代制度稍異其諸路總管府別載於郡太守篇明中軍左軍右軍前軍後軍五都督府互見武官上中篇每府有左右都督都督同知都督僉事其屬有經歷都事都督掌軍旅之事各領其都司衛所以達於兵部不開府辟屬於外省非唐宋時之都督也亦無總管

節度使始於唐有節度使副大使知節度事行軍司馬副使判官支使掌書記推官巡官衙推各一人同節度副使十人館驛巡官四人府院法直官要籍逐要親事各一人隨軍四人節度使封郡王則有奏記一人兼觀察使又有判官支使推官巡官衙推各一人又兼安撫使則有副使判官各一人兼支度營田招討經略使則有副使判官各一人支度使復有遣運判官巡官各一人節度使掌總軍旅顓誅殺初授具帑抹兵仗詣兵部辭見賜雙旗雙節宋初節度使無職掌無定員恩數與執政同以待宗室近屬外戚國壻年勞久次者又遵唐制以節度使兼中書令侍中中書門下平章事皆謂之使相以待勳賢故老及宰相久次罷政者隨其舊職或檢校官加節度使出判大藩通謂之使相徽宗宣和末節度使五六十人議者以爲濫南渡後諸將有兼兩鎮三鎮者實爲希闊之典其後相承宰執從官及后妃之族拜者不一遼北面官其大部族有某部節度使副使判官其屬國亦有某國某部節度使副使聖宗統和二十九年專置準布國扎拉部諸部別部節度使司南面官上京道懷州等十二軍東京道開州等二十一軍中京道成州等七軍南京道幽州等二軍西京道雲中等六軍皆置節度使副使同知節度使事其屬有行軍司馬軍事判官掌書記衙官金諸節鎮節度使一人掌鎮撫諸軍防刺總判本鎮兵馬之事元明皆無

團練使唐肅宗乾元元年置有團練使副使判官推官巡官衙推各一人團練使以安民爲上考懲姦爲中考得情爲下考宋團練使無定員遼各州皆置團練使副使判官又置諸軍都團練使司團練使副使判官漢軍都團練使司金不設元順帝至正十八年置奉元延安等處團練安撫勸農使司於耀州鞏昌等處團練安撫勸農使司於邠州以行省丞相托多行臺大夫鄂勒哲特穆爾領之各設參謀一人每道置使二人同知副使各二人檢督六人經歷知事照磨各二人明無

都統置於唐天寶之末代宗大厤八年罷宣宗大中後以康承訓討徐州以王鐸討黃巢皆爲都統宋有諸軍都統制副都統制統制統領舊制出師征討諸將不相統一則拔一人爲都統制以總之未爲官稱也高宗建炎初置御營司擢王淵爲都統制名官自此始其後神武五軍及川陝宣撫司都督府樞密院皆置遼北面官北大王院有北院都統軍司其南大王院亦與北院同北面邊防官有東京都統軍使司保州都統軍司東北路都統軍使司道宗大安六年置有掌法官南京都統軍司東路都統軍使司西南面都統軍司山西兵馬都統軍司又北面行軍官有行軍都統所有行軍都統行軍副都統先鋒都統所左右翼及中軍都統所御營都統所河南道北道東北面西北面西南面各有行軍都統所金正隆六年立三道都統制府元明皆無

都護

唐制大都護府大都護一人副大都護二人副都護二人長史司馬錄事參軍事各一人錄事二人功倉戶兵法各曹參軍事各一人參軍事三人宋遼金皆不設元置都護府官屬職掌詳諸卿大理寺明不設唯世宗幸承天以郭勛爲都護大將軍

欽定續通典卷三十六

欽定續通典卷三十七

職官

州郡下

京尹 京兆尹 左馮翊 右扶風 河南尹 留守附

唐制西都東都北都各置牧一人尹一人通判府務牧缺則尹行其事其鳳翔成都河中江陵興元興德府亦各置尹一人掌宣德化歲巡屬縣觀風俗錄囚恤鰥寡親王典州則歲以上佐巡縣少尹二人掌貳府州之事歲終則更次入計其屬司錄參軍事二人錄事四人功曹倉曹戶曹田曹兵曹法曹士曹參軍事各二人參軍事六人文學一人醫學博士一人宋開封府牧尹不常置權知府一人以待制以上充掌尹正畿甸之事以教法導民而勸課之中都獄訟皆受而聽焉小事則專決大事則稟奏其屬有判官推官四人日視推鞫分事以治而佐其長領南司者一人督察使院非刑獄訟訴則主行以司錄參軍一人折戶婚之訟而通書六曹之案牒功曹倉曹戶曹兵曹法曹士曹參軍各一人視其官曹分職涖事左右軍巡使判官各二人分掌京城爭鬭及推鞫之事左右廂公事幹當官四人掌檢覆推問開封典司轂下自太祖建隆以來為要劇之任至神宗熙寧間增給吏祿禁其受賕省衙前役以寬民力盧折獄訟歸於廂官而治事視前日省去十四哲宗元祐元年詔府界捕盜官吏隸本府與都大提舉司同管轄而掌其賞罰置新城內左右二廂三年以罷大理寺獄置軍巡院判官一人四年罷新置二廂六年王巖叟言左右廳推官公事詞狀初無通治明文請事繁朝省及奏請通治外餘並據號分治紹聖六年知府事錢勰言自祖宗以來並分左右廳置推官各一人近年止除推官一人元祐中並令分治請依故事分左右廳各除推官一人作兩廳共治職事又言熙寧中置舊城左右廂元豐初增置於新城內四年罷增置兩廂請復置從之尋又詔開封府所薦推官並召對取旨徽宗崇寧三年蔡京奏乞罷權知府置牧一人尹一人少尹二人分左右二府之政治牧以皇子領之尹以文臣充在六曹尚書之下侍郎之上少尹在左右司郎官之下列曹郎官之上以士戶儀兵刑工為六曹次序司錄二人六曹各二人參軍事八人易胥吏之稱略依唐六典制度又請移開封府治所於舊尚書省從之五年詔開封府屬官並依舊員額大觀元年李孝壽乞增置府學博士一人從之二年詔皇子領牧祿令如執政官又仁宗慶歷中賈昌朝言漢唐都雍置三輔內翼京師朝廷都汴而近京諸郡皆屬他道制度不稱王畿請析京東之曹州京西陳許滑鄭皆隸開封府以四十二縣為東畿帝從之 高宗建炎三年詔改杭州為臨安府其守臣帶安撫使置知府通判簽書節度判官廳公事節度推官觀察推官觀察判官錄事參軍左右司理參軍司戶參軍司法參軍各一人本府掌畿甸之事籍其戶口均其賦役頒其禁令城內外分左右南北廂各置廂官以聽民之訟訴孝宗乾道七年皇太子領尹事廢臨安府通判簽判職官置少尹一人日受民詞以白太子間日率僚屬詣宮稟事置判官二人推官三人九年皇太子解尹事臨安府知通簽判推判官依舊置孝宗時張杓以直徽猷閣改知臨安府都城浩穰姦盜聚歷杓畫分地以警捕夜戶不閉光宗時再為府尹內侍毛伯益冒西河葵地為亭外戚有殺其僕者獄具貴緣宣諭求免杓執奏論如律孝宗觀湖杓以彈壓伏謁道左孝宗止輦問勞賜以酒炙杓天分高爽吏材敏給所至以治辦稱南渡以來論尹京者以杓為首稱遼南面官五京留守司兼府尹聖宗統和元年見上京留守行臨潢尹事吳王又有某府少尹太平四年見臨潢少尹鄭宏節金大興府尹一人掌宣風導俗肅清所部總判府事兼領本路兵馬都總管府事置同知少尹總管判官府判各一人推官二人世宗大定初唐古安禮為大興尹上日京師好訛言府中姦吏為民患卿雖年少有治才去其宿弊毋為因仍又章宗時承暉知大興府事豪民與人爭種稻水利不直厚賂元妃兄左宣徽使李仁惠仁惠使人屬承暉右之承暉即杖豪民而遣之日可以此報宣徽矣又宣宗貞祐時胥鼎知大興府以在京貧民缺食者眾宜立法振救乃奏曰京師官民有能贍給貧人者宜計所贍遷官陞職以勸獎之遂定權宜鬻恩例入粟草各有數全活甚眾元大都路都總管府達嚕噶齊二人都總管二人副達嚕噶齊二人同知治中判官推官經歷知事各二人提控案牘四人照磨管勾一人國初為燕京路總管大興府世祖中統五年稱中都路至元九年改號大都二十一年始置大都路總管府并置都總管等官二十七年改為都總管府領府一州十有一凡本府官唯達嚕噶齊一人及總管推官專治路政其餘皆分任供需之事故又號曰供需府焉成宗大德中姚天福拜大都路總管兼大興府尹畿甸大治後之尹京者以天福為稱首明順天府尹一人府丞一人治中一人通判六人推官一人儒學教授訓導各一人經歷知事照磨檢校各一人府尹掌京府之政令宣化和人勸農問俗均貢賦節征徭謹祭祀閱實戶口糾治豪強隱恤窮困疏理獄訟務知百姓之疾苦天子耕耤行三推禮則奉青箱播種於後府丞為之貳兼理學校治中參理府事以佐尹丞通判分理糧儲馬政軍匠薪炭河渠隄涂之事推官理刑名察屬吏順天府即舊北平府太祖洪武二年置北平省九年改為北平布政司皆以北平為會府成祖永樂初改為順天府十年陞為府尹設官如應天府王賢為順天府尹嘗以柴炭為民病言於大司空石璞曰京民勞疲極矣今採運夫役與眞保諸郡等無乃不可乎石默然為遞減之又惜薪中貴縱其下非法凌府屬叱跪於庭賢聞趨至欲縛其人以聞主者固謝乃已景帝景泰間再疏乞休上曰卿年七十禮當致仕然京畿冗繁非爾不治英宗復辟之初顧謂近臣曰府尹如賢者何可得哉南京應天府府尹一人府丞一人治中一人通判二人推官一人經歷知事照磨檢校各一人儒學教授一人訓導六人自洪武三年改應天府知府為府尹秩正三品賜銀印左馮翊右扶風漢時之官職同京兆漢以後皆不置河南尹唐自元宗開元元年改京兆河南府長史復為尹通判府務牧缺則行其事十一年太原府亦置尹及少尹互載前京兆尹篇內宋河南應天府亦有牧尹少尹其屬官大略與開封府同

留守唐自太宗伐高麗置京城留守其後車駕不在京都則置留守以右金吾大將軍為副留守開元以後以三都尹為留守少尹為副留守謂三都留守宋天子巡

狩親征則命親王或大臣總留守事建隆元年親征澤潞以樞密使吳廷祚爲東京留守其西南北京留守各一人以知府兼之（西京河南南京應天北京大名）留守掌宮鑰及京城修葺彈壓之事畿內錢穀兵民之政皆屬焉南渡初其東京北京並置留守以開封大名知府兼又以掌兵官爲副留守其後河南已復南京西京置留守紹興四年高宗將親征以參知政事孟庾爲行宮留守遼南面官五京留守司皆兼府尹（互見京兆尹篇中）其某京皆有留守副留守知某京留守事（聖宗開泰二年蕭惠知東京留守事）同知某京留守事同簽某京留守事（太平四年耶律頁爲中京同知留守事六年蕭迪里同簽南京留守事）某京留守判官（世宗天祿中室昉爲南京留守判官）某京留守推官（開泰元年見中京留守推官李可舉）金車駕巡幸則大興府置留守同知少尹判官等官其諸京留守司留守一人帶本府尹兼本路兵馬都總管同知留守事一人帶同知本府尹兼本路兵馬都總管副留守一人帶本府少尹兼本路兵馬副都總管留守判官一人都總管判官一人推官一人元大都留守司留守五人同知二人副留守二人判官二人掌守衛宮闕都城調度本路供億諸務兼理營繕內府諸邸諸宮原廟上方車服殿廡供帳內苑花木及行幸湯沐宴游之所門禁關鑰啓閉之事其上都留守司兼本路都總管府品秩職掌如大都留守司而兼治民事車駕還大都則領上都諸倉庫之事置留守六人同知二人副留守二人判官二人國初置開平府中統四年改上都路總管府至元三年又給留守司印十九年併爲上都留守司至明則巡狩親征皆命東宮監國以大臣爲留守故留守亦不常置非如前代以京兆充居留之職也其所置留守司正留守一人副留守一人指揮同知二人專掌中都與都守禦防護之事洪武二年詔以臨濠爲中都置留守衛指揮使司隸鳳陽行都督府十四年始置中都留守司統鳳陽等八衛防護皇陵設留守一人左右副留守各一人世宗嘉靖十八年改荊州左衛爲顯陵衛置興都留守司統顯陵承天二衛防護顯陵設官如中都焉

郡太守

唐自天寶以後改州爲郡刺史爲太守肅宗至德二載十二月敕近日所改百司額及郡名官名一切依故事罷郡爲州改太守爲刺史上州中州下州各置一人品秩有差（戶四萬以上爲上州秩從三品戶二萬五千以上爲中州秩正四品上戶不滿二萬者爲下州正四品下）憲宗元和中陸亘爲兗州守對延英具陳節度使分兵屯屬州刺史不能制故易亂帝因詔屯士得隸刺史又白居易遷杭州始築隄捍錢塘潮衛其水溉田千頃復浚李泌六井民賴以汲又崔鄲守鄂州治尚無綏經月不笞一人及鎮鄂則用法嚴峻一毫不貸又薛珏入爲司農卿時詔舉堪任刺史縣令者且百人延問民間疾苦屬吏得失取尤通達者什二宰相欲校以文辭珏曰求良吏不可責以文學宜以上愛人之本爲心也宰相多其計所用皆稱職又李吉甫爲相建言州刺史不得擅見本道使罷諸道歲終巡勾以絕苛斂吉甫連蹇外遷十餘年究知閭里疾苦常病方鎮強恣至是爲帝從容言使屬郡刺史自爲政則風化可成帝然之出郎吏十餘人爲刺史又元和三年詔刺史於宣政門謝訖遣之任舊制凡命都督刺史皆臨軒冊命後雖無冊命而牧守覆命便殿召對賜衣服時河南尹裴復求速之任李吉甫爲奏請遂有是命非舊制也　宋初革五季之患召諸鎮節度會於京師賜第以留之分命朝臣出守列郡號權知軍州事（軍謂兵州謂民政）其後文武官參爲知州軍事其二品以上及帶中書樞密院宣徽使職事稱判某府州軍監諸府置知府事一人州軍監亦如之掌總理郡政宣布條教導民以善而糾其姦慝歲時勸課農桑旌別孝弟其賦役錢穀獄訟之事兵民之政皆總焉（其河南應天大名府則兼留守司公事太原延安慶陽熙秦各州則兼經略安撫使馬步軍都總管定州眞定府瀛州大名府京兆府則兼安撫使馬步軍都總管遽潭廣桂雄各州則兼安撫使兵馬鈐轄潁昌府青鄆許鄧各州則兼安撫使兵馬巡檢其餘大藩府或沿邊州郡或當一道衝要者並帶兵馬鈐轄巡檢或帶沿邊安撫提轄兵甲沿邊溪洞都巡檢餘州軍則別其地望之高下與職務之繁簡而置之分曹以理之而總其綱要凡屬縣之事皆統焉）高宗建炎初詔河北京東西路除帥司外舊差文臣知州去處許通差武臣一次又要郡文臣一員帶本路兵馬鈐轄武臣一員充副鈐轄次要郡文臣一員帶本路兵馬都監武臣一員充副都監紹興三年詔守臣罷帶路分鈐轄都監後帝又以守令皆帶勸農公事多不奉職自今有治效顯著者可令中書省籍記姓名特加擢用初除授見闕及自外罷任赴闕並令引見上殿孝宗乾道二年令非曾任守臣不得爲郎定諸郡合文武臣通差去處並依舊制（張詠知益州時李順搆亂王繼恩上官正總兵攻討援師不進詠以言激正勉其親行仍盛爲供帳餞之酒酣舉爵屬軍校曰汝曹蒙國厚恩無以塞責此行當直抵寇壘平蕩醜類若老師曠日即此地爲爾死所矣正由是決行深入克捷又劉敞徙知鄆州鄆比易守政不治市邑攘奪公行敞決獄訟明賞罰境內肅然有客行壽張道中遺一囊錢人莫敢取以告里長爲之守視客還取之又有暮遺物市中者旦往訪之猶在又蔡襄以樞密直學士知福州郡士周希孟陳烈陳襄鄭穆以行義著襄備禮招延訓諸生經學知泉州距州二十里萬安渡絕海而濟往來畏其險襄立石爲梁其長三百六十丈民至今賴之又王大寶知連州代還言連英循惠新恩六州居民纔數百非遷之地月輸免行錢宜蠲減高宗詔大臣曰守臣上殿令陳民事遂得知田里疾苦所陳五六得一可行其利亦不細矣又馬亮以工部侍郎徙知杭州先是江濤大溢調兵築隄而工未就詔問所以捍江之策亮褒詔禱伍員祠下明日潮爲之卻出橫沙數里隄遂成又趙抃加龍圖閣直學士出爲外守爲政善因俗施設猛寬不同於成都尤爲世所稱道神宗每詔郡守必以抃爲言又神世衡知環州番部有牛家族努額者素倔彊未嘗出謁郡守聞世衡至遽郊迎世衡與約明日當至其帳往勞部落是夕大雪深三尺左右曰地險不可往世衡曰吾方結諸羌以信不可失期遂緣險而進努額方臥帳中謂世衡必不能進世衡遽起之努額大驚曰前此未有官至吾部者公乃不疑我耶率其族羅拜聽命其後百餘帳皆自歸莫敢貳又眞德秀進徽猷閣待制復知泉州迎者塞路深村百歲老人亦扶杖而出城中歡聲動地德秀治任以後凡決訟自卯至申未已或勸其嗇養精神德秀曰無力惠民唯有政平訟理自當勉耳又蔣元振知廉州清苦斷節家屬悉寄住潭州在任啜粥飲水自奉甚薄爲政簡易民甚愛之又王十朋守泉初至任會七邑宰勸酒歷告以愛民之意

出詩示之曰九重天子愛民深令尹宜懷惻隱心今日黃堂一杯酒使君端爲庶民斟又陸九淵知荆門軍其境內官吏之貪廉民俗之習尚善惡皆素知之郡以爲神逾年政行令修民俗爲變諸司交薦丞相周必大嘗稱荆門之政以爲躬行之效焉又陳希亮代還執政以爲大理少卿希亮願得一郡以自效乃以知宿州州跨汴爲橋水與橋爭常壞舟希亮始作飛橋無柱以便往來詔賜縑以褒之仍下其法自畿甸以至泗州皆爲飛橋又神宗召趙抃知諫院帝曰聞卿匹馬入蜀以一琴一鶴自隨爲政簡易亦如是乎又歐陽修在滁州自號醉翁晚更號六一居士凡歷數郡不見治迹不求聲譽寬簡而不擾故所至民便之或問爲政寬簡而不弛廢何也曰以縱爲寬以略爲簡則政事弛廢而民受其弊吾所謂寬者不爲苛急簡者不爲煩碎耳又曾鞏爲知州務去民疾苦急姧盜而寬貧弱曰爲害者不去則吾民不寧齊俗悍强喜攻刼至是豪宗大姓歛手不敢動寇攘屏迹州部肅清又孫甫知鄧州有惠政慶歷中范仲淹泊甫相繼守郡皆號良吏

遼南面官黃龍府有知黃龍府事興宗重熙十三年見知黃龍府事耶律烏魯斯興中府有知興中府事道宗咸雍元年有知興中府事楊積其某州亦有州刺史蕭文知易州兼西南安撫使高陽土沃民富吏其邑者每黷於貨民甚苦之文至悉去舊弊務農桑崇禮教民皆化之時大旱百姓憂甚文禱之輒雨屬縣又蝗反躬自責蝗盡飛去遺者亦不食苗散在草莽爲烏鵲所食霑雨不止復禱而霽是歲大熟金諸總管府則府尹兼領都總管其諸府非總管府則置尹一人諸防禦州則置防禦使一人諸州則置州刺史一人其掌皆同府尹翟永固以尚書左丞罷爲眞定尹尚書省奏固自執政出爲尹其儀蓋當用何制度上曰用執政制度遂著爲令元至元初置諸路總管府二十年定十萬戶之上者爲上路十萬戶之下者爲下路當衝要者雖不及十萬戶亦爲上路置達嚕噶齊一人總管一人兼管勸農事江北則兼諸軍鄂囉秩各有差上路達嚕噶齊總管皆正三品下路皆從三品其散府秩正四品則置達嚕噶齊一人知府或府尹一人領勸農鄂囉其諸州亦有達嚕噶齊州尹順帝至正時朝廷愼選守令參知政事魏中立言於帝當今欲得賢守無如韓鏞者乃特署鏞名授饒州路總管饒俗尚鬼有覺山廟者自昔爲妖以禍福人爲盜賊者事之尤至有爲必卜之鏞至卽撤其祠宇沈土偶人於江人初大駭已而歎服又董文用出爲衞輝路總管十六年受代歸里茅茨數椽僅蔽風雨讀書賦詩怡然燕居人皆服其廉潔明改諸路爲府每府置知府一人自宣德以後統計天下府凡一百五十有九掌一府之政宣風化平獄訟均賦役以教養百姓每三歲察屬吏之賢否上下其考以達於省上吏部凡朝賀弔祭視布政司直隸府則專達宣德初以雄劇十郡愼選良牧尚書胡濙舉況鍾典蘇郡詔賜敕以行鍾始以吏起家洞灼郡弊滋任後吏胥抱牘請署鍾默然若無能爲者既三日復請署鍾乃歷舉前牒中之故爲出入隱竄顚倒者立撲殺之僚屬震慄因并舉僚屬之貪虐庸懦者立黜之置善惡二簿察民善惡籍其民以示勸懲民咸感化凡奏減正賦田糧及停徵淹沒舊欠糧三共數百萬辨明誣入軍籍者千八百餘家蘇人語減草分糧當一代軍民到於今受其賜迹職日上錫宴賜詩英宗正統五年九載滿去郡民赴闕乞留者百萬餘人遂再遣還任終於官又何文淵爲溫州守人爲少司寇特薦侍御劉謙代已治郡九年善政甚多嘗語人曰守與令雖官階不同皆職民牧赫赫威民不近也察察爲明民罔容也平易近民守令之道也人以爲名言又郁山爲溫州守時元輔張孚敬雖歸上眷猶厚部使以下望風爭趨山獨處之以禮孚敬建賓綸樓大治第宅又求廣其基地强買不休山自往止之曰夫居第當遺之子孫公今移易幾何家匝垣已里餘矣而意猶未足殆非所以善後計也且公居朝嘗喜稱伊傅周召之爲相柰何所以處家者顧出蕭何李沆下哉張怒作色山不顧而出自後地不再廣其直隸州各州置知州一人明制有直隸州有屬縣視府其品秩與散州同而職實知府也計天下州凡二百三十有四

總論郡佐

郡丞　別駕　長史　司馬　錄事參軍　司功　司倉　司戶　司兵　司法　司士　參軍事　學博士　醫學博士　中正　通守　五官掾　督郵　郡尉

唐制諸州郡有別駕長史錄事參軍事司功司倉司戶司田司兵司法司士各參軍事市令丞文學醫學博士等官其上州中州下州皆同宋諸州郡有通判及幕職官諸曹官教授等官太祖建隆四年詔知府公事並須長史通判簽議連書方許行下其諸曹官與唐制略同遼南面官黃龍府興中府皆有同知判官博士助教等官金諸總管府諸府諸州皆有同知判官推官等官元諸路諸府諸州皆有同知治中判官推官等官明各府皆有同知通判推官各直隸州皆有同知判官皆無定員視其事之煩簡以爲差

郡丞唐不置有別駕長史元宗天寶以後諸郡皆廢別駕下郡置長史一人肅宗上元二年諸州復置別駕德宗時復省元和長慶之際兩河用兵裨將有功者補東宮王府官久次當進及受代居京師者常數十人訴宰相以求官文宗時宰臣韋處厚建議復置兩輔六雄十望十緊州別駕宋諸州皆置通判卞袞通判宣州太宗淳化間上命采庶僚之廉幹者給御書印紙課最仍賜寶俸以旌異之袞與焉又李肅之通判澶州時北使將過郡而樓堞壞圯肅之謂郡守曰吾州爲景德破敵之地當示雄强今保障若是且柰何遂鳩工搆城屋凡千區規制一新人皆服其幹濟又王十朋擢紹興府簽判既至咸以書生易之十朋裁決如神吏姦不行又陳堯佐通判潮州修孔子廟作韓吏部祠以風示潮人又周敦頤爲合州判官事不經手吏不敢決雖下之民亦不肯從又張忠恕通判杭州能撥煩理劇拳拳以體國爲心大郡置二人餘置一人貳郡政凡兵民錢穀戶口賦役獄訟聽斷之事可否裁決與守臣通簽書施行所部官有善否及職事修廢得刺舉以聞南渡後設官如舊人則貳政出則按縣既而諸州通判有兩員處減一人凡軍監之小者不置遼南面官黃龍府興中府皆有同知判官金諸總管府皆有同知都總管掌通判府事兵馬副都總管所掌與同知同總管判官掌紀綱總府衆務府判與總管判官同又有推官其職掌亦同諸府亦有府判推官掌紀綱衆務諸州有同知通判州事有判官簽判防刺州事元諸路總管府有同知治中判官各一人推官二人專治刑獄諸散府有同知判官推官各一人諸州亦有同知判官明諸府亦有同知景泰間彭鏡初遷大理同知所隸多土官舊俗謁見有儀蘐襲有饋鏡初一切峻卻之滇民尚鬼鏡初所至必毀淫祠海上有獵神頗著靈異鏡初奉上臺命竟往毀之方航海浪高於屋從者膽落獨無所怖已至風止水靜卒而還又施奎調南安同知刑威不用專尚德化不踰年人吏洽和民悉感其德惠通判宣德間戴浩爲東昌通判兼徵租淘河之役九載秩滿民歌曰戴別駕公實爲我儂廉愼忘躬能使年豐又譚讓改衞州通判政務尚嚴厲夜有人書屛壁者曰虎豹在山雷行於天人宜自度不可犯譚顧視笑曰爲政

不能使民無犯而使不可犯耶更治簡緩民愈稱順又劉容通判黃州單車赴任布袍蔬食不殊寒士風廉平之譽孚於上下黠吏悍卒相戒歛戢分掌清軍巡捕管糧治農水利屯田牧馬等事無常職各府所掌不同延安延綏同知又兼牧民其邊府同知有增至六七員者洪武三年設各府推官理刑名贊計典其各直隸州亦有同知判官

司馬唐置一人宋遼金元明皆無

錄事參軍唐置一人宋制錄事參軍掌州院庶務糾諸曹稽違宋以後皆不置

司功參軍唐上州中州置一人下州不置宋遼金元明皆無

司倉參軍唐置一人宋有戶曹參軍掌戶籍賦稅倉庫受納即唐之司倉參軍也金諸府以府判分判吏戶禮案事元明皆以同知通判分掌其事

司戶參軍唐上州置二人中州下州各置一人宋遼金元明皆無

司兵參軍唐上州中州置一人下州不置宋遼皆無金諸總管府以總管判官分判兵案事諸府以推官判兵刑工案事元明皆無

司法參軍唐上州置二人中州下州各置一人宋亦有之掌議法斷刑又置司理參軍掌獄訟勘鞫之事明以推官理之

司士參軍唐上州中州置一人下州不置唐以後歷代皆無

參軍事唐上州置四人中州下州遞減一人唐以後皆無

經學博士唐置一人宋仁宗景祐四年詔藩鎮始立學他州勿聽慶歷四年詔諸路州軍監各令立學置教授以經術行義訓導諸生而掌其課試之事胡瑗教授蘇湖間弟子以千計時尚詞賦獨湖學以經義及時務故有經義齋治事齋經義齋者擇疏通有器局者居之治事齋者人各治一事又兼一事如邊防水利之類故天下謂湖學多秀彥其出而筮仕往往取高第及爲政多適於用又胡安國除荊南教授正身律物凡所訓說務明忠孝之大端又廖德明爲潯州教授爲學者講明心性之要手植三栢於學潯士愛敬之如甘棠遼南面官黃龍府興中府皆有博士助教等官金諸府皆有教授元諸總管府諸府諸州有儒學教授學正學錄等官又有蒙古學教授明諸府有教授一人訓導四人胡儼爲華亭教諭時年尚少能抗師道訓勵諸生敦行檢講說經史寒暑不輟又魏驥爲松江府學訓導汲汲成就人士諸生讀書學宮或親往勞問諸生益感激自奮滿九載諸生楊珙等詣闕乞留諸州學正一人訓導三人學正掌教誨所屬生員訓導佐之

醫學博士唐置一人宋遼金皆不置元諸路總管府有醫學教授一人惠民藥局提領一人明各府有醫學正科一人各州有典科一人置於洪武十七年設官不給祿

中正通守五官掾督郵郡尉唐時已無宋遼金元明皆無

縣令

唐制各縣令一人掌宣導風化察寃滯聽獄訟凡民田收授縣令給之每歲季冬行鄉飲酒禮籍帳傳驛食庫盜賊隄道雖有專官皆通知之其品秩各有差長安萬年洛南洛陽太原晉陽六縣謂之京縣正五品上京兆河南太原所管諸縣謂之畿縣正六品下諸州上縣從六品上諸州中縣正七品上諸州中下縣從七品上諸州下縣從七品下代宗大歷中詔以郎官宰畿輔韋夏卿授奉天令課爲第一改長安令又韓愈爲監察御史上疏論宮市貶山陽令有愛在民民生子多以其姓字之又裴行立遷衛尉少卿口陳願治民試一縣令自效除河東令寛猛皆當宋建隆元年令天下諸縣除赤畿外有望緊上中下掌總治民政勸課農桑平決獄訟有德澤禁令則宣布於治境凡戶口賦役錢穀賑濟給納之事皆掌之若京朝幕官則爲知縣事有戍兵則兼兵馬都監或監押高宗建炎初多差武臣紹興中詔專用文臣然沿邊溪洞處仍許武臣指射邑大事煩則堂除寇準知巴東縣其治一以恩信爲主後知成安縣每期令賦役唯令具鄉里姓名揭縣門而民爭赴之無稽違者又蘇頌知江寧縣時建業承李氏後稅賦圖籍一皆無藝每發斂高下出吏手頌因治訊他事互問民間鄰里丁產識其詳及定戶籍民或自知不悉以告頌警之曰汝有某丁某產何不言民駭懼皆不敢隱遂剗剔夙蠹成賦一邑簡而易行他邑視以爲法又范純仁爲襄邑令有牧地衛士牧馬踐民稼純仁捕一人杖之牧地初不隸縣主者怒曰天子宿衛令敢爾耶白其事於上劾治甚急純仁言養兵出於稅畝若使暴民田而不得問稅將安出詔釋之且聽牧地隸縣凡牧地隸縣自純仁始又周敦頤知南昌縣南昌人曰是能辨分寧獄者吾屬得所訴矣蓋以敦頤初爲分寧主簿有獄久不決敦頤至一訊立辨邑人驚服故也其時富家大姓黠吏惡少惴惴焉唯恐得罪一時善政最多又程顥遷晉城令凡民以事至縣者必告以孝弟忠信鄉必有校暇時親至召父老與語兒童所讀書親爲正句讀擇子弟之秀者聚而敎之鄉民爲社會爲立科條旌別善惡有勸有恥在縣三歲民愛之如父母又趙方知靑陽縣告其守史彌遠云催科不擾是催科中撫字刑罰無差是刑罰中教化又陳良翰知遂安縣俗號强梗吏治尙嚴良翰獨撫以寛催租不下文符但揭示名物民競樂輸聽訟咸得其情或問何術良翰曰無術但公此心如虛堂懸鏡耳又葉顒知上虞縣凡徭役令民自推排貧力甲乙不以付吏民忻然皆以實應催租各盡其數與民約使自持戶租至庭親視人成便之又李南公調楚江令郡猾吏恃以陵縣不輸負租南公捕繫之守怒通判爲謝曰能按郡吏健令也卒實諸法又董文炳以父任爲藁城令同列皆父時人輕文炳年少吏亦不之憚文炳嚴於聽斷以恩濟威未幾同列束手下之吏抱案求署字不敢仰視里人亦大化服又李衡知歷陽縣專以誠意化民夏秋二稅以期日牓縣門鄉無吏迹而自輸送催課先他邑辦完又陳希亮以殿中丞從知鄂縣巫覡歲斂民財祭鬼謂之春齋否則有火災希亮禁之民不敢犯火亦不作毀淫祠數百區勒巫爲農者七十餘家遼南面官縣皆有令金縣各有令品秩有差大興宛平爲赤縣從六品次赤縣又曰劇縣正七品諸縣從七品凡縣二萬五千戶以上爲次赤爲劇二萬戶以上爲次劇在諸京倚郭者曰京縣自京縣而下以萬戶以上爲上三千戶以上爲中不滿三千戶爲下中元諸縣置達嚕噶齊一人尹一人品秩各有差至元三年合併江北州縣六千戶以上爲上縣二千以上爲中縣不及二千者爲下縣二十年又定江淮以南三萬戶以上爲上縣秩從六品一萬戶以上爲中縣秩正七品一萬戶以下爲下縣秩從七品呂思誠受蓚縣尹差民戶爲三等每春行田樹育勤敏者賞以農器地無遺力

印識文簿令社長藏之季月報縣不孝弟不事生產者悉出之罰其輸作胥吏至社者何人用飲食若干多者責償其直又歐陽元調蕪湖縣尹縣多疑獄久不決元察其情皆爲平反貢賦徵發必及時民樂趨事又千文傳歷長洲烏程兩縣尹所至俱有善政長洲爲文傳明鄉邑徙榻公署無事未嘗輒出而親舊莫敢通私謁

各縣置知縣一人掌一縣之政秩皆正七品唯順天府之宛平大興秩正六品洪武元年徵天下賢才爲府州縣職敕命厚賜以勵其廉恥又敕諭之至於再三十七年定府州縣條例八事須示天下永爲遵守是時天下州府縣官廉能正直者必遣行人齎敕往勞增秩賜金仁宣之際猶然英憲而下日罕自後益重內輕外此風絕矣計天下縣凡一千一百七十有一范希正舉賢良方正拜曹邑令九載考滿民懷其惠爭持金帛贈遺皆不納有里長陳彬何希正獨居懷金潛入投於地疾趨而出時無吏卒無能追及明旦出召彬彬不至乃召其父至庭諭之曰大丈夫不爲昭昭信節不爲冥冥墮行命領其子所遺金去其父赧愧領金而去又御史盛顒以言石亨出知東鹿邑豪士聞其來相戒曰是嘗劾石總兵者其人不可犯也顒至變博擊而爲拊循吏畏而民安之不復用刑罰有爭訟者諭之以理輒聽受不復辯鄰邑訟多年不決者各來詣顒訴折以片言必心服而去時人有淸如水明如鏡之諺又徐九思令句容生平不嗜肉惟啖菜佐脫粟又嘗圖一青菜於堂曰民不可有此色士不可無此味又徐甫爲武平令邑當閩越之界山寇蟠結時擾城邑吏無甯解他吏得此輒不欲往甫拜命欣然攜一僕兼程就道至則拊循其民歲餘遠近化之卽藪澤諸寇亦皆傾心向化又以計擒他盜數澤一空臺使者奏其績爲一時縣令之最

總論縣佐 丞　主簿　尉　五百附

唐制各縣有丞主簿尉等官員數品秩各有差宋如唐制遼金亦如之元諸縣或置或兼視其縣之繁簡別置典史或二人或一人明亦有丞簿無尉各置典史與元同

丞唐制京縣二人畿縣上縣中縣中下縣下縣一人貳知縣事宋初不置仁宗天聖中因蘇耆請開封兩縣始各置丞一人於有出身幕職令錄內選充神宗熙甯四年諸路州軍繁劇縣令戶二萬以上者增置丞一人徽宗大觀中仇悆調高密丞俗尙嚚訟悆攝縣事剖決如神事無淹夕又劉淸之調萬安縣丞時江右大祲郡檄視旱徙步阡陌親與民接凡所蠲除悉得其實請均境內之地爲八傳有粟者分振其鄉官爲主之規畫防閑使大家得錢細民得米兩適其便民甚賴之建炎元年詔縣丞係嘉祐以前員缺并萬戶處存留一員餘並罷甯宗嘉定後小邑不置丞以簿兼遼南面官各縣皆有丞金亦各縣置一人掌貳縣事元惟上縣置丞一人中縣下縣皆不置明亦各縣置丞一人洪武初周再由進士爲新化縣丞在官以廉謹聞驗民貧富及丁稅多寡第爲上中下籍記之遇有賦役隨輕重使之故民不擾而事易集由是流民歸者益衆以課最陞考功主事既而縣民詣闕乞令再任上命復以爲縣丞仍令吏部宴賞而遣之又劉亨爲武進縣丞有治行惠帝建文三年賜璽書又劉幹爲長洲縣丞每出勸農周行塍壠呼老畯問疾苦慈孺之色溢於顏面所至民歡迎曰父母來矣又陶魯爲新會丞方弱冠時廣有猺賊流刦盡雷廉高肇之境魯率民守城築塞堡中立以捍東西寇之衝築輔城以衞賊浚外溝以輔衞城布鐵蒺藜植刺以衞溝立寨分兵相援邑之勢如腹心相聯絡賊至不得犯父老曰吾等保妻子長子孫皆陶丞之功也分掌糧馬巡捕之事

主簿唐於京縣置二人餘俱一人宋眞宗咸平四年王欽若言川陝縣五千戶以上請並置主簿其餘仍以尉兼從之自後川蜀及江南諸縣各增置主簿南渡後置簿掌出納官物銷注簿書遼南面官各縣皆有主簿世宗天祿五年詔縣主簿政事省差注金各縣皆有主簿一人掌同縣丞元各縣皆有主簿一人明亦置一人與縣丞分掌糧馬巡捕之事

尉唐制京縣六人畿縣上縣俱二人中縣中下縣下縣皆一人分判衆曹收率課調宋建隆三年每縣置尉一人後開封祥符增置一人掌閱習弓手戢姦禁暴南渡後沿邊諸縣間以武臣爲尉遼南面官各縣皆有尉金赤縣置四人各縣皆置一人元各縣亦有之主捕盜之事別有典史或二人或一人明無尉有典史一人典文移出納

五百本爲執楚導引之人各代皆不特置唐以後皆無此職名

鄉官

鄉官自宋迄明皆不置止爲職役

鎭戍關市官

唐制上鎭將一人鎭副二人中鎭將一人鎭副一人下鎭將一人鎭副一人上戍主一人戍副一人中戍主一人下戍主一人掌捍防守禦上關令一人丞二人中關令一人丞一人下關令一人掌禁末游察姦慝宋有鎭砦官無定員遼南面邊防官有按撫使司招安使巡檢使金有諸知鎭知城知堡知寨潼關關使兼譏察官掌關禁譏察姦僞及管鑰啟閉副譏察掌任使之事其居庸關紫荆關通會關會安及他關皆設使大慶關管勾河橋官兼譏察事一人掌解繫浮橋濟渡兼管譏察姦僞同管勾一人孟津渡譏察一人副譏察一人掌譏察姦僞又有提舉秦藍兩關提舉同提舉提舉三門集津南北岸沿淮譏察使其諸邊將正將一人副將一人部將一人掌巡守邊境元各處置托克托和斯正一人副一人掌辨使臣姦僞明洪武二年以廣西地接猺獞始於關隘衝要之處設巡檢司以警奸盜後遂增置各處十三年二月特賜敕諭尋改爲雜職按杜佑通典云關令古官戍主晉宋之顯職鎭將後周之通班以唐所置卑賤與隋制同故舉隋而已今考金之各關使譏察官提舉官及諸知鎭知城知堡知寨并各邊將皆六七八品官元之托克托和斯爲從五品明之巡檢爲從九品均非顯職惟遼之安撫招安巡檢諸使則莫能知其品秩也

致仕官

唐制致仕之官五品以上及解官充侍者各給半祿宋凡文武朝官內職引年辭疾者多增秩從其請或加恩其子孫太祖乾德元年太子太師致仕侯益來預郊祀帝優待之因詔曰羣臣列位自有通規舊德來朝所宜

加禮且表優賢之意用敦尙齒之風自今一品致仕官曾帶平章政事者每遇朝會宜綴中書門下班二年令蕃鎭帶平章政事求休致者亦如之眞宗咸平五年詔文武官年七十一以上求退者許致仕景德元年三月詔凡升朝官遇慶恩父在者授致仕官仁宗景祐三年詔致仕官如大兩省大卿監正刺史閤門使以上歲時賜羊酒米麪令所在長吏常加存問侍御史司馬池言文武官年七十以上不自請致仕者許御史臺糾劾以聞神宗元豐三年詔自今致仕官遇誕節及大禮許綴舊班徽宗政和中提舉廣東學事孫璘言諸州致仕官居鄉者乞許令赴貢士宴從之明唯宰臣致仕在籍或遣行人賜敕諭存問或賜白金綵幣然終明之世亦不過數人而已

欽定續通典卷三十八

職官

文散官

開府儀同三司

唐制開府儀同三司秩從一品爲文散官不帶職事官者朝參祿俸並同職事仍隸吏部宋開府儀同三司亦爲文散官秩從一品（潘美初爲北院使太宗太平興國中改南院使三年加開府儀同三司又徽宗時以觀文殿大學士召范純仁純仁乞歸養疾帝許之後贈開府儀同三司御書碑額曰世濟忠貞又趙雄字溫叔孝宗時拜右丞相改知江陵府光宗將受禪召雄雄上萬言書陳修身齊家以正朝廷之道甚剴切詔授寧武軍節度使開府儀同三司又韓世忠平湖南授太尉賜帶笏仍敕樞密以功頒示內外諸將帥高宗建炎三年進開府儀同三司又安丙鎭蜀授開府儀同三司遣閤門舍人致錫命錫旌節金印衣帶鞍馬）遼北面官南面官皆以此爲散階金文階從一品上曰開府儀同三司中曰儀同三司（韓昉時爲禮部尚書在職七年是時朝廷方議禮制度或因或革故昉在禮部兼領太常甚久熙宗皇統間乞致仕乃加開府儀同三司又孫王永成世宗子風姿奇偉博學善屬文世宗尤愛重之大定二十五年命留守中都判吏部尚書進開府儀同三司）元文散官開府儀同三司儀同三司皆正一品明無此官

特進

唐制文散官正二品曰特進宋因唐制（神宗元豐三年王安石復拜左僕射觀文殿大學士換特進又張浚以卻敵功除特進趙葵辭右丞相以觀文殿學士判潭州湖南安撫使加特進）遼無此官金從一品文散階中次曰特進下曰崇進元亦有特進崇進皆正一品明文散官正一品初授特進榮祿大夫陞授特進光祿大夫（武宗正德間楊廷和梁儲同在內閣皆特進張居正父亦由少保少師加特進劉健亦加特進）

光祿大夫以下

唐制文散官從二品曰光祿大夫正三品曰金紫光祿大夫從三品曰銀青光祿大夫（裴度平淮西策勳進金紫光祿大夫弘文館大學士晉國公）宋文散官光祿大夫金紫光祿銀青光祿品秩皆與唐制同（元豐官制行王珪由禮部侍郎超授銀青光祿大夫及哲宗立進金紫光祿大夫又慶元內使王德謙建節謝深甫三疏力陳不可蹈大觀覆轍乃斥德謙進深甫金紫光祿大夫拜右丞相累乞辟位寧宗曰卿能爲朕守法度惜名器不可以言去）遼無此官金文散官正二品上曰金紫光祿大夫下曰銀青光祿大夫從二品上曰光祿大夫下曰榮祿大夫元文散官正一品曰金紫光祿大夫銀青榮祿大夫從一品曰光祿大夫榮祿大夫（巴延進金紫光祿大夫知樞密院事又仁宗延祐元年李孟進金紫光祿大夫又李好文爲翰林學士承旨皇太子深敬禮之屢引年乞致仕至再三遂拜光祿大夫河南省平章事仍以一品祿終其身又尙文爲尙書右丞武宗仁宗之世屢延訪以國事進階自光祿大夫轉銀青光祿大夫）明文散階從一品初授榮祿大夫陞授光祿大夫（太祖洪武三年大封功臣常茂馮勝李文忠鄧愈皆榮祿大夫）

唐制正四品上曰正議大夫下曰通議大夫皆文散官宋正四品上曰正奉大夫下曰中奉大夫遼無金正三品上曰資德大夫中曰資政大夫下曰資善大夫（皆唐宋所無）從三品上曰正奉大夫中曰通奉大夫下曰中奉大夫正四品上曰正議大夫中曰通議大夫下曰嘉議大夫元正二品曰資德大夫資政大夫資善大夫從二品曰正奉大夫通奉大夫中奉大夫正三品曰正議大夫通議大夫嘉議大夫明正二品初授資善大夫陞授資政大夫加授資德大夫從二品初授中奉大夫陞授通奉大夫加授正奉大夫正三品初授嘉議大夫陞授通議大夫加授正議大夫

唐制從四品上曰太中大夫下曰中大夫宋從四品曰太中大夫下曰中大夫遼無金從四品上曰太中大夫中曰中大夫下曰少中大夫元從三品曰太中大夫中大夫亞中大夫（舊承金制曰少中延祐時改亞）明從三品初授亞中大夫陞授中大夫加授太中大夫

唐制正五品上曰中散大夫下曰朝議大夫從五品上曰朝請大夫下曰朝散大夫宋正五品上曰中散大夫下曰朝奉大夫從五品上曰朝散大夫下曰朝請大夫遼無金正五品上曰中議大夫中曰中憲大夫下曰中順大夫從五品上曰朝請大夫中曰朝散大夫下曰朝列大夫（舊曰奉德大夫海陵天德二年改曰朝列大夫）元正四品曰中議大夫中憲大夫中順大夫從四品曰朝請大夫朝散大夫朝列大夫正五品曰朝正大夫奉議大夫從五品曰奉直大夫奉訓大夫明正四品初授中順大夫陞授中憲大夫加授中議大夫從四品初授朝列大夫陞授朝議大夫加授朝請大夫正五品初授奉議大夫陞授奉政大夫從五品初授奉訓大夫陞授奉直大夫

唐制正六品上曰朝議郎下曰承議郎宋正六品曰朝奉郎曰承直郎從六品曰奉直郎曰通直郎遼無金正六品上曰奉政大夫下曰奉議大夫從六品上曰奉直大夫下曰奉訓大夫元正六品曰承德郎曰承直郎從六品曰儒林郎曰承務郎明正六品初授承直郎陞授承德郎從六品初授承務郎陞授儒林郎吏材幹授宣德郎

唐制正七品上曰朝請郎下曰宣德郎從七品上曰朝散郎下曰宣義郎宋仍唐制改宣義郎曰宣奉郎遼無金正七品上曰承德郎下曰承直郎從七品上曰承務郎下曰儒林郎元正七品曰文林郎承事郎從七品曰徵事郎從事郎明正七品初授承事郎陞授文林郎吏材幹授宣議郎從七品初授從仕郎陞授徵仕郎

唐制正八品上曰給事郎下曰徵事郎從八品上曰承奉郎下曰承務郎宋正八品曰給事郎曰承事郎從八

品曰承奉郎曰承務郎遼無金正八品上曰文林郎下曰承事郎從八品上曰徵事郎下曰從事郎元正八品曰登仕郎曰將仕郎從八品曰登仕佐郎曰將仕佐郎明正八品初授迪功郎陞授修職郎從八品初授迪功佐郎陞授修職佐郎

唐制正九品上曰儒林郎下曰登仕郎從九品上曰文林郎下曰將仕郎宋與唐同遼無金正九品上曰登仕郎下曰將仕郎從九品上曰登仕佐郎下曰將仕佐郎此二階世宗大定十四年始創增元無九品散階明正九品初授將仕郎陞授登仕郎從九品初授將仕佐郎陞授登仕佐郎

武散官

驃騎將軍

唐制武散階從一品曰驃騎大將軍宋與唐同金驃騎衞上將軍係正三品與龍虎衞上將軍金吾衞上將軍同秩其武散官正從一品者皆用文資元驃騎衞上將軍正二品其武散官無一品者明驃騎將軍爲正二品初授之職顧成爲驃騎將軍右軍都督府僉事佩征南將軍印總兵征水西叛寇生擒賊首敬德斬之餘寇悉降又朱榮爲驃騎將軍敗賊於嘉林江陞授金吾將軍加授龍虎將軍其一品散官用文資

輔國將軍

唐制正二品曰輔國大將軍宋與唐同金輔國上將軍係從三品官與奉國上將軍同秩元正二品有輔國上將軍與奉國上將軍同秩明從二品有定國將軍奉國將軍

鎭軍將軍以下

唐制從二品曰鎭軍大將軍宋正二品有鎭國大將軍無從二品武散官金鎭國上將軍從三品元鎭國上將軍從二品明從二品初授鎭國將軍

唐制正三品上曰冠軍大將軍懷化大將軍下曰懷化將軍宋與唐同無懷化將軍元正三品曰昭武大將軍昭勇大將軍昭毅大將軍明正三品武散官與元制同

唐制從三品上曰雲麾將軍歸德大將軍下曰歸德將軍宋與唐同無歸德大將軍元從三品曰安遠大將軍定遠大將軍懷遠大將軍明從三品初授懷遠將軍陞授定遠將軍加授安遠將軍

唐制正四品上曰忠武將軍下曰壯武將軍懷化中郎將宋與唐同無懷化中郎將金正四品上曰昭武大將軍中曰昭毅大將軍下曰昭勇大將軍元正四品有廣威將軍宣威將軍明威將軍明與元同

唐制從四品上曰宣威將軍下曰明威將軍歸德中郎將宋與唐同無歸德中郎將金從四品上曰安遠大將軍中曰定遠大將軍下曰懷遠大將軍元從四品曰顯武將軍宣武將軍明與元同又有信武將軍

唐制正五品上曰定遠將軍下曰寧遠將軍懷化郎將宋與唐同無懷化郎將金正五品上曰廣威將軍中曰宣威將軍下曰明威將軍元正五品有武節將軍武德將軍明與元同

唐制從五品上曰遊騎將軍下曰遊擊將軍歸德郎將宋與唐同無歸德郎將金從五品上曰信武將軍中曰顯武將軍下曰宣武將軍其正六品上曰武節將軍下曰武德將軍從六品上曰武義將軍下曰武略將軍唐宋六品武階無將軍元明六品武階亦無將軍元從五品有武義將軍武略將軍明與元同惟改武義爲武毅

諸校尉附

唐制諸校尉正六品上曰昭武校尉下曰昭武副尉懷化司階從六品上曰振威校尉下曰振威副尉歸德司階正七品上曰致果校尉下曰致果副尉又懷化中候從七品上曰翊麾校尉下曰翊麾副尉歸德中候正八品上曰宣節校尉下曰宣節副尉懷化司戈從八品上曰禦侮校尉下曰禦侮副尉歸德司戈正九品上曰仁勇校尉下曰仁勇副尉懷化執戟長從九品上曰陪戎校尉下曰陪戎副尉歸德執戟長自四品下皆番上於兵部宋諸校尉名號品秩皆與唐同惟改禦侮校尉曰禦武無司階中候司戈執戟長等階金諸校尉自七品始正七品上曰承信校尉下曰昭信校尉從七品上曰忠武校尉下曰忠顯校尉正八品上曰忠勇校尉下曰忠翊校尉從八品上曰修武校尉下曰敦武校尉正九品上曰保義校尉下曰進義校尉從九品上曰保義副尉下曰進義副尉元諸校尉正六品曰承信校尉昭信校尉從六品曰忠武校尉忠顯校尉正七品曰忠勇校尉忠翊校尉從七品曰修武校尉敦武校尉正八品曰保義校尉進義校尉無九品武散階明諸校尉沿元制無七品以下武散階

勳官

唐制十有二轉爲上柱國視正二品十有一轉爲柱國視從二品宋與唐同金亦如之元上柱國爲正一品柱國爲從一品明與元同易上爲左右張居正父自少保少師加至左柱國劉健亦加左柱國

唐制十轉爲上護軍視正三品九轉爲護軍視從三品宋與唐同金亦如之元上護軍爲正二品護軍爲從二品明與元同

唐制八轉爲上輕車都尉視正四品七轉爲輕車都尉視從四品宋與唐同金亦如之元上輕車都尉爲正三

品輕車都尉爲從三品明與元同

唐制六轉爲上騎都尉視正五品五轉爲騎都尉視從五品宋與唐同金亦如之元上騎都尉爲正四品騎都尉爲從四品明與元同

唐制四轉爲驍騎尉視正六品三轉爲飛騎尉視從六品二轉爲雲騎尉視正七品一轉爲武騎尉視從七品宋與唐同金亦如之元驍騎尉爲正五品飛騎尉爲從五品無六品以下勳階明驍騎尉亦正五品飛騎尉亦從五品其正六品曰雲騎尉從六品曰武騎尉無七品以下勳階

內官 命婦附

唐制貴妃惠妃麗妃華妃各一人正一品掌佐皇后論婦禮於內無所不統淑儀德儀賢儀順儀婉儀芳儀各一人正二品掌教九御四德率其屬以贊后禮美人四人正三品掌率女官修祭祀賓客之事才人七人正四品掌敘燕寢理絲枲以獻歲功其宮官尚宮二人正五品六尚皆如之掌導引中宮總司記司言司簿司闈凡六尚事物出納文籍皆涖其印署司記二人正六品三十四司皆如之掌宮內文簿出入錄爲抄目審付行焉牒狀無違然後加印典記佐之典記二人正七品二十四典皆如之掌記二人正八品二十四掌皆如之司言典言各二人掌承敕宣府別鈔以授司閤傳外掌言二人掌宣傳外司附奏授事者司簿典簿掌簿各二人掌女史以上名簿司闈六人典闈掌闈各六人掌諸閤啓閉尚儀局尚儀二人掌禮儀起居司籍典籍掌籍各二人掌供御經籍司樂典樂掌樂各四人掌宮縣及諸樂司賓典賓掌賓各二人掌賓客朝見司贊典贊掌贊各二人掌賓客朝見贊相導引形史二人正六品尚服局尚服二人司寶二人典寶掌寶各二人掌寶及符契司衣典衣掌衣各二人掌御服首飾司飾典飾掌飾各二人掌湯沐巾櫛司仗典仗掌仗各二人掌仗衛之器尚食局尚食二人司膳二人典膳掌膳各四人掌膳羞司醞典醞掌醞各二人掌酒醴司藥典藥掌藥各二人掌醫藥司饎典饎掌饎各二人掌給宮人饌食尚寢局尚寢二人掌燕見進御之衣司設典設掌設各二人掌牀帷茵席司輿典輿掌輿各二人掌輿輦繖扇司苑典苑掌苑各二人掌蒔植蔬果司燈典燈掌燈各二人掌門閤燈燭尚功局尚功二人掌女工司製典製掌製各二人掌供御衣服裁縫司珍典珍掌珍各二人掌供珍珠錢貨司綵典綵掌綵各二人掌錦綵縑帛絲枲司計典計掌計各二人掌給衣服飲食薪炭宮正一人正五品司正二人正六品典正二人正七品掌戒令糾禁謫罰之事宋內命婦之品五曰貴妃淑妃德妃賢妃曰大儀貴儀淑儀淑容順儀順容婉儀婉容其官告用遍地銷金龍五色羅紙昭儀昭容昭媛修儀修容修媛充儀充容充媛曰婕妤曰美人曰才人貴人其官告用遍地銷金鳳子五色羅紙其宮官與唐制略同遼內官亦多採用唐制聖宗開泰二年正月詔以馬氏爲麗儀耿氏爲淑儀尚寢白氏昭儀尚服李氏順儀尚功艾氏芳儀尚儀孫氏和儀金內命婦品元妃貴妃淑妃德妃賢妃正一品昭儀昭容昭媛修儀修容修媛充儀充容充媛曰九嬪正二品婕妤正三品美人正四品才人正五品各九員曰二十七世婦寶林正六品御女正七品采女正八品各二十七員曰八十一御妻宣宗貞祐後貴妃下有貞妃淑妃下有麗妃柔妃而無德妃賢妃九嬪同婕妤下有麗人才人爲正三品順儀淑華淑儀爲正四品尚宮夫人尚宮左夫人尚宮右夫人宮正夫人寶華夫人尚儀夫人尚服夫人尚寢夫人欽聖夫人資明夫人爲正五品尚令人奉光令人奉徽令人奉美令人爲正六品司正御儀御侍尚服御侍尚寢御侍尚正御侍寶符宸侍奉恩侍寶符御侍司儀御侍司符御侍司寢御侍司飾御侍司衣御侍司膳御侍司藥御侍仙韶使光訓艮侍明訓艮侍遵訓艮侍從訓艮侍爲正七品典儀御侍典膳御侍典寢御侍典飾御侍典設御侍典衣御侍典藥御侍仙韶副使承和艮侍承惠艮侍承宣艮侍爲正八品掌儀御侍掌服御侍掌寢御侍掌飾御侍掌設御侍掌衣御侍掌膳御侍掌藥御侍仙韶掌音祗肅艮侍祗敬艮侍祗愿艮侍爲正九品內官之多前此未有也其宮官六尚二十四司品秩員數皆同唐制其皇后位下別有女職有司闈一人掌宮中諸事幷給散官俸給食料秉儀一人承儀一人掌左右給事宣傳啓奏經籍筆紙之事直閤一人司陳一人掌帳幕牀褥與陳薪炭燈燭之事秉衣一人奉衣一人掌衣服首飾器玩諸寶財貨裁制縑綵之事掌饌一人奉饌一人掌飲食湯藥酒醴蔬果之事元明內官與唐宋略同明宮官六尚二十四司皆遵用唐制洪武二十二年授宮官敕服勞多者或五載六載得歸父母聽婚嫁年高者許歸願留者聽現授職者皆給與祿六局皆鑄印給之成祖永樂後職盡移於宦官其宮官所存者惟尚寶四司而已唐外命婦封號已詳杜佑通典其制凡命婦朝參視夫子之品宋外命婦之號曰國夫人曰郡夫人曰淑人曰碩人曰令人曰恭人曰宜人曰安人曰孺人徽宗政和二年詔封母則隨所封五等謂如封南陽縣開國男則隨其爵稱南陽縣男令人封魏國公則稱魏國公夫人之類其婦人不因夫子得封號謂命官非升朝而母年九十以上或士庶人婦女年百歲若迴授者或因子孫得封贈其夫至升朝或非升朝應封贈者並孺人太祖建隆三年詔太皇太后皇太后皇后曾祖母祖母母封夫人皆加太字金親王母妻封一字王者舊封王妃爲正從一品次室封王夫人章宗承安二年敕王妃止封王夫人次室封孺人郡王母妻封郡王夫人國公母妻封國公夫人郡公母妻封郡公夫人郡侯母妻舊封郡君承安二年更爲郡侯夫人四品文散少中大夫武散懷遠大將軍以上母妻舊封縣君承安二年改爲郡君五品文散朝列大夫武散宣武將軍以上母妻舊封鄉君承安二年改爲縣君元一品封國夫人二品封郡夫人三品封郡侯夫人四品封郡君五品封縣君六品封恭人七品封宜人洪武二十六年定一二品俱封贈夫

人三品封贈淑人四品封贈恭人五品封贈宜人六品封贈安人七品封贈孺人凡功臣推封封某國公者卽封某國夫人封某侯者卽封某侯夫人伯子男同後又詔封贈公侯伯子男者其公侯夫人各從其爵伯子男夫人止封夫人不得用爵凡命婦因子孫官爵封母并祖母者並加太字追封則否

欽定續通典卷三十八

欽定續通典卷三十九

職官

祿秩（幹力 白直 仗身 庶僕 親事 帳內 執衣 防閤 邑士 士力 門夫等並附）

唐制祿秩之數至德以前已詳載杜佑通典至德宗建中三年復減百官料錢以助軍李泌爲相又增百官及畿內官月俸復置手力資課歲給錢六十一萬六千餘緡文官千八百九十二員外官八百九十六員左右衛十將軍以下又有六雜給一曰糧米二曰鹽三曰私馬四曰手力五曰隨身六曰春冬服私馬則有芻豆手力則有資錢隨身則有糧米鹽春冬服則有布絹絁紬綿射生神策軍大將軍以下增以鞋比大歷以前制祿又厚矣

後唐明宗天成中百官奉錢皆折估自五月給

漢隱帝乾祐中仍後唐制加其估直

周世宗顯德五年詔凡諸色俸戶並勒歸州縣

宋祿粟之制宰相參知政事樞密使同中書門下平章事樞密使副使知院事同知院事及宣徽使簽書樞密院事節度觀察留後知樞密院事及充樞密副使同知樞密院事并帶宣徽使簽書檢校太保簽書及三司使中書門下侍郎尚書左右丞太尉月各一百石樞密使帶使相節度使同中書門下平章事以上及帶宣徽使并前兩府除節度使樞密使副知院事帶節度使月各二百石三公三少一百五十石權三司使公事七十石權發遣使三十五石內客省使二十五石節度使一百五十石（管軍同知皇族節度使同中書門下平章事并散節度使及帶一爵者並一百石）留後改承宣使觀察防禦使一百石（管軍并兩省都知押班諸衛大將軍橫行遙領者同惟皇族遙領防禦使七十石）團練使七十石（管軍并皇族及軍班除充者同其餘正任並五十石若皇族并兩省都知押班諸衛大將軍將軍橫行遙領者同）刺史五十石（皇族並軍班除充者同其餘正任并管軍三十石兩省都知押班通侍大夫遙領者二十五石諸衛大將軍將軍遙領者十石橫行遙領者全分二十五石減定十石捧日天武左右廂都指揮使龍衛神衛右廂都指揮使帶遙郡團練使五十石殿前諸班直都虞候龍衛神衛及諸軍都指揮使帶遙郡刺史二十五石）凡一石給六斗米麥各半（管軍支六分米四分麥）赤令七石丞四石京府司錄五石諸曹參軍四石至三石有二等畿縣知縣六石至三石有四等主簿尉米麥三石至二石有二等諸州錄事五石至三石有三等司理司法四石至三石有二等司戶三石二石有二等諸縣令五石至三石有三等（惟河南洛縣令隨戶口支）簿尉三石二石有二等西京軍巡判官四石軍監判官防團推官二石司天監丞四石主簿靈臺郎保章正二石（以上並給米麥）入內內侍省供奉官至打敂祗應四石至一石五斗不一（以上並給粳米）祗候殿頭至後苑散內品三石雲韶部內品一石（以上並給月糧惟雲部內品給細色）內侍省供奉官至黃門三石至一石五斗不一（以上並給粳米）黃門內品至入內小黃門二石至一石不等寄班小底四石（以上並給月糧惟入內小黃門給細色）殿頭內侍入內高班各一石（米麥各半）

神宗熙寧二年中書門下言天下選人奉簿多少不一不足以勸廉吏欲月增米麥料錢縣令錄事參軍三百七十六員舊請米麥三石者並增至四石司理司法司戶主簿縣尉二千五百十三員舊請米麥二石者並增至三石防團軍事推官軍監判官一百七十二員舊請米二石者並增至三石每月通增米三千七十餘石從之其祿奉匹帛宰相樞密使月三百千（春冬服各綾二十匹絹三十匹各綿百兩）樞密使帶使相以下樞密使副知院帶節度使以上四百千參知政事以下三司使以上二百千（春冬各綾十匹春絹十匹冬二十匹綿五十兩自宰相而下春冬加羅一匹）節度觀察留後以下簽書樞密院事以上三百千（綾絹羅綿同參知政事）各殿閣大學士直學士學士三師三公百二十千（綾絹諸物遞減）東宮三師僕射九十千東宮三少御史大夫尚書六十千門下中書侍郎以下御史中丞以上五十千太子賓客四十五千左右散騎常侍六十千給事中以下詹事以上四十五千諫議四十千權三司使并權發遣公事副使五十千（以上綾綿等物各以次減）左右諭德至郎中三十五千左右庶子以下赤令以上各三十千丞十五千少詹事二十九千左右正言以下大理以上各二十千太子率更以下及殿中省五尚奉御以上各十八千（以上綾綿等物亦各因其品秩而差等之）司天十五千正十三千秘書郎至大理寺丞各十四千諸寺監丞十二千大理評事十千太祝奉禮八千司天監丞主簿各五千靈臺郎三千保章正二千（以上各有綾絹等物惟靈臺郎冬隨衣錢三千）節度使四百千節度觀察留後三百千觀察使二百千防禦使三百千團練使百五十千（以上春冬各給綾絹羅綿等物各隨其職事爲差等）六軍統軍百千諸衛上將軍六十千左右金吾衛大將軍三十五千諸衛大將軍二十五千將軍二十千率府率副率中郎將十三千（以上春冬亦各有綾綿等物）內客省使六十千客省使三十七千延福宮及昭宣閣門各使俱二十七千皇城以下諸司使二十五千客省及皇城以下諸司副使二十千內殿承制十七千崇班十四千供奉官十千侍禁七千殿直五千三班奉職借職四千下茶酒班殿侍一千下班殿侍七百（以上各有春冬綾絹綿等不給羅）任諸衛大將軍領刺史八千（據宋志原文當有脫字謹闕疑）將軍刺史六十千將軍三十千率府率二十千副率十五千（其春冬綾絹外加給羅）其入內內侍省及內侍省有職事黃門

月給錢自二十五千至五百三百不等（亦有絹綿等物不給綾）各省院堂後官主書令史亦月給錢帛其各省院寺監正任權試各官多一分給錢二分給物外任亦然其在廣東川陝者並給見錢元豐官制行又加增減然亦無大損益其武臣奉給在內自殿前郡指揮使下至各司班各直各軍逐分爲等以次差降奉錢多者三十千少者一千祿粟多者十五石少者二石侍衛馬軍步軍司都虞候下至六軍諸衛官士奉錢自二十千遞降至三百粟自五石至二石各有差在外諸道州府廂軍自馬步軍都指揮使至牢城副都頭月給奉錢自十五千至五百凡十有二等（其歲給春冬服絹紬絹而外各加綿布錢有差）太祖乾德四年詔曰州縣官奉皆給他物頗聞貨鬻不充其眞責以廉隅斯亦難矣至有賦於圉肆重增煩擾漢乾祐中置州縣奉戶除二稅外蠲其他役周顯德中始革其制自今宜遂處置回易料錢戶每本官所受物凡一千分納兩戶悉其貿易戶輸錢五百蠲役之令悉如漢詔所賦官物令諸州計度充一歲所給之數與蠶鹽同時並給之其萬戶縣令五萬戶州錄事兩京司錄舊月奉錢二萬者給四十戶率是爲差簿尉及戶法掾曹月奉六千者增一千如其所增之數給與奉戶是歲令西川官全給實錢開寶三年令西川州縣官常奉外別給鐵錢五千四年十二月詔節度防團副使權知州事節度掌書記自朝廷除授及判別廳公事者亦如之副使非知州掌書記奏受而不釐務者悉如故給以折色太宗太平興國元年詔曰耕織之家農桑爲本奉戶月輸緡錢蠶茲庶民不易嘗置罷天下奉戶其本官奉錢並給以官物令貨鬻及七分仍依顯德五年十二月詔增給米麥二年二月詔諸道所給幕職州縣官奉頗聞官估價高不能充七分之數宜令三分給一分見錢二分折色令通判面估定官物不得虧損其價又令西川諸州幕職官奉外更給錢五千雍熙三年文武官折支奉錢舊以二分者自今並給以實價端拱元年詔曰州郡從事之職皆參贊謀畫助宣條教而州縣之任並飭躬蒞政以綏吾民廩祿之制宜從優異庶幾豐泰責之廉隅除川陝嶺南已給見錢外其諸州府幕職州縣官料錢舊三分之二給以他物自今半給緡錢半給他物淳化三年十一月令京東西河北河東陝西幕職州縣官料錢當給他物者每千給錢七百至道二年詔先是京官滿三十月罷給自今續給之眞宗即位以三司估百官奉給折支直率增數倍詔有司重定率優其數咸平元年六月詔文武羣臣有分奉他所而身歿未聞訃已給者例追索可憫自今川陝廣南福建一季餘處兩月悉蠲之三年九月詔羣臣月奉折支物無收其算五年七月增川陝路朝官使臣等月給奉支景德四年九月帝以承平日久賦斂至薄軍國用度之外未嘗廣費自奉且以庶官食貧勸事遂詔自今掌文武官月奉給折支京師每錢一千給實錢六百在外四百願給他物者聽大中祥符五年詔文武官並增奉自乾興以後更革爲多至嘉祐始著祿令元豐一新官制職事官職錢視嘉祐爲優崇寧而後較元豐制祿復倍增矣

遼祿秩無考

金百官奉給正一品三師錢粟三百貫石麴米麥各五十稱石（春秋衣羅綾各五十匹絹各二百匹綿千兩）三公錢粟二百五十貫石麴米麥各四十稱石（春秋衣羅綾各四十匹絹各一百五十匹綿七百兩）親王尙書令錢粟二百二十貫石麴米麥各三十五稱石（春秋衣羅綾各三十五匹絹各一百二十匹綿六百兩）熙宗皇統二年定制皇兄弟及子封一字王者爲親王給二品奉餘宗室封一字王者以三品奉給之海陵天德二年以三師宰臣以下有以一官而兼數職者又有親王食其祿而復領他事者前此並給以奉今宜從一高其兼職之奉並不重給至世宗大定二十六年詔有一官而兼數職其兼職得罪亦不能免而無廩給可乎遂以職務煩簡定爲分數給兼職之奉從一品左右丞相都元帥樞密使郡王開府儀同三司錢粟二百貫石麴米麥各三十稱石（羅綾各三十匹絹各一百匹綿五百兩）平章政事錢粟一百九十貫石麴米麥各二十八稱石（羅綾各二十五匹絹各九十五匹綿四百五十兩）大宗正錢粟一百八十貫石麴米麥各二十五稱石（羅綾同上絹各九十匹綿四百兩）正二品東宮三師副元帥左右丞錢粟一百九十貫石麴米麥各二十二稱石（羅綾各二十二匹絹各八十匹綿三百五十兩）從二品錢粟一百四十貫石麴米麥各二十稱石（羅綾各二十匹絹各七十五匹綿三百兩）同判大宗正錢粟一百二十貫石麴米麥各十八稱石（羅綾各十八匹絹各七十匹綿二百五十兩）正三品錢粟七十貫石麴米麥各十六稱石（羅綾各十二匹絹各五十五匹綿二百兩）外官錢粟一百貫石麴米麥各十五稱石（絹各四十匹綿二百兩）統軍使招討使副使錢粟八十貫石麴米麥十三稱石（絹各三十五匹綿一百六十兩）都運府尹錢粟七十貫石麴米麥十二稱石（絹各三十匹綿百四十兩）從三品錢粟六十貫石麴米麥各十四稱石（羅綾各十匹絹各五十匹綿一百八十兩）外官錢粟六十貫石麴米麥各十稱石（絹各二十五匹綿一百二十兩）正四品錢粟四十五貫石麴米麥各十二稱石（羅綾各八匹絹各四十匹綿一百五十兩）外官錢粟四十五貫石副統軍錢粟五十貫石麴米麥各八稱石（絹二十二匹二十匹綿八十兩）

七十兩有差從四品錢粟四十貫石麴米麥各十稱石羅綾各六匹絹各三十匹綿一百三十兩外官錢粟四十貫石麴米麥各七稱石絹各十八匹綿六十兩明安錢粟四十八貫石烏爾古使同大定二十年詔明安穆昆奉給令運使折支銀絹省臣議若估粟折支各路運司儲積多寡不均宜令依舊支請牛頭稅粟如遇凶年盡貸與民其奉則於錢多路府支放錢少則支銀絹亦未晚也從之正五品錢粟三十五貫石麴米麥各八稱石羅綾各五匹絹各二十五匹綿一百兩外官刺史知軍鹽使錢粟三十五貫石麴米麥各六稱石絹各十七匹綿各五十五兩餘官錢粟三十貫石麴米麥六稱石從五品同羅綾各五匹絹各二十匹綿八十兩外官錢粟二十五貫石麴米麥各四稱石絹各十匹綿四十兩穆昆錢粟二十貫石正六品錢粟二十五貫石麥五石絹各十七匹綿七十兩外官與從六品皆錢粟二十貫石麴米麥三稱石絹各八匹綿三十兩從六品錢粟二十二貫石麥五石絹各十五匹綿六十兩烏爾古副使同正七品錢粟二十二貫石麥四石絹各十二匹綿五十五兩外官諸同知州軍都轉運判諸府推官諸節度判諸觀察判諸京縣令諸劇縣令提舉南京京城規措渠河官諸都巡檢諸酒麴鹽稅副諸正將錢粟一十八貫石麴米麥各二稱石絹各七匹綿二十五兩潼關使錢粟一十八貫石麴米麥各一稱石絹各六匹綿三十兩從七品錢粟一十七貫石麥四石絹各十匹綿五十兩外統軍使知事錢粟一十七貫石麥四石綿絹同上諸鎮軍都指揮使錢粟一十八貫石麴米麥各二稱石絹各七匹綿二十五兩諸招討司勘事官諸縣令諸警巡副京兆府竹監管勾五品鹽使司判諸部圖埒南京京城所黃河都巡河同提舉上京皇城司同提舉官諸河稅榷場使錢粟一十七貫石麴米麥各二稱石絹各七匹綿二十五兩會安關使諸知鎮城堡寨錢粟一十五貫石麴米麥各一稱石絹各六匹綿二十兩正八品朝官錢粟一十五貫石麥三石絹各八匹綿四十五兩外官市令諸錄事諸防禦判赤縣丞諸劇縣丞崇福索多巡河官諸酒稅使醋使榷場副諸都巡檢錢粟一十五貫石麴米麥各一稱石絹各六匹綿二十兩烏爾古判官奉同按察使知事大興府知事招討司知事諸副都巡檢使錢粟一十三貫石麴米麥各一稱石絹各六匹綿二十兩諸司屬丞奉同上諸節鎮以上司獄旨副將錢粟一十三貫石絹各三匹綿十兩南京京城所管勾京府諸司使管勾河橋諸關渡稽察官同樂園管勾南京皇城使通州倉使錢粟一十二貫石絹各三匹綿十兩節鎮諸司使中運司柴炭場使錢粟一十貫石絹各二匹綿八兩從八品朝官錢粟一十三貫石麥三石絹各七匹綿四十兩外官南京交鈔庫使諸統軍按察司知法錢粟一十三貫石麥三石絹各七匹綿四十兩諸州軍判官諸京縣丞諸劇縣丞諸三品鹽司判官漕運司管勾永豐廣備庫副使左右別貯院木場使錢粟一十三貫石麴米麥各一稱石絹各六匹綿二十兩諸默濟格諸額勒金錢粟一十三貫石麥二石絹各五匹綿一十五兩正九品朝官錢粟一十二貫石麥二石絹各六匹綿三十五兩外官交鈔庫副錢粟一十二貫石麥二石絹六匹綿三十五兩諸警巡院判官錢粟一十三貫石麴米麥各一稱石絹六匹綿十兩諸縣丞諸酒稅副使錢粟一十二貫石麥一石五斗絹各五匹綿十七兩市丞諸司候諸主簿諸錄判諸縣尉散巡河官黃河埽物料場官錢粟一十二貫石麥一石絹各三匹綿十兩管勾泗州排岸巡檢副都巡檢諸巡檢奉例同諸鹽場管勾左右別貯院木場副永豐廣備庫判錢粟一十二貫石絹各三匹綿一十兩諸都將隊將錢粟一十二貫石麥一石絹各三匹綿一十兩店宅務管勾錢粟一十二貫石綿絹同上京府諸司副南京皇城副通州倉副同管勾河橋諸副譏察錢粟一十一貫石絹各二匹綿八兩諸州軍司獄錢粟一十一貫石絹各二匹綿八兩節鎮諸司副中運司柴炭場副錢粟一十貫石綿絹同上從九品朝官錢粟一十貫石麥二石絹各五匹綿三十兩外官諸教授錢粟一十二貫石麥一石絹各三匹綿十兩三品以上官司知法錢粟一十貫石麥一石絹各三匹綿十兩司候判官錢粟一十貫石絹各二匹綿八兩諸防次軍轄奉同諸榷場同管勾左右別貯院木場判錢粟亦同絹各三匹綿六兩諸京作院都監通州倉判五品以上官司知法錢粟九貫石絹各二匹綿六兩諸府作院都監諸埽物料場都監錢粟八貫石絹各二匹綿六兩諸節鎮作院都監諸司都監錢粟八貫石絹各二匹諸司同監錢粟七貫石絹同上陝西東德州世襲番巡檢分例月支錢粟一十貫石絹各二匹綿十兩陝西西京原州世襲番巡檢月支錢二貫三百九十文米四石五斗絹三匹河東北路葭州等處世襲番巡檢月支錢粟一十貫石絹二匹綿十兩其宮闈歲給太后太妃每歲各給錢二千萬絲二百段絹千匹綿五千兩諸妃歲給錢千萬絲百段絹三百匹綿三千兩嬪以下錢五百萬絲五十段絹二百匹綿二千兩海陵貞元初妃嬪婕妤美人及供膳女侍并仙韶長春院供應人等歲給錢帛各有差至宣宗貞祐時定內職之制正一品歲錢八千貫幣百段絹五百匹綿五千兩正二品歲錢六千貫幣八十段絹三百匹綿四千兩正三品歲錢五千貫幣六十段絹二百匹綿三千兩正四品歲錢四千貫幣四十段絹百五十匹綿二千兩正五品尚宮夫人歲錢二千貫幣二十段絹百匹綿千兩尚宮左右夫人至宮正夫人錢千五百貫幣十九段絹九十匹綿九百兩寶華夫人以下至資明夫人錢千貫幣十八段絹八十匹綿八百兩正六品尚儀御侍以下錢五百貫幣十六段絹五十匹綿二百兩正七品司正御侍以下錢四百貫幣十四段絹四十匹綿一百五十兩正八品典儀御侍以下錢三百貫幣十二段絹三十匹綿百兩正

九品掌儀御侍以下錢二百五十貫（幣十段絹二十六匹綿百兩）元初無祿秩之制世祖即位乃命給之自中統元年至至元十八年屢定其制未有成規至元二十二年始定百官奉給每品又分上中下三等視其職事以為差從一品（六定或五定）正二品（四定二十五兩或四定十五兩）從二品（四定或三定三十五兩或三定二十五兩）正三品（三定二十五兩或三定一十五兩或三定）從三品（三定或二定三十五兩或二定二十五兩）正四品（二定二十五兩或二定一十五兩或二定）從四品（二定一定四十五兩或一定四十兩）正五品（一定四十兩或一定三十兩）從五品（一定三十兩或一定二十兩）正六品（一定二十兩或一定十五兩）從六品（一定一十五兩或一定十兩）正七品（一定十兩或一定五兩）從七品（一定五兩或一定）正八品（一定或四十五兩）從八品（四十五兩或四十兩）正九品（四十兩或三十五兩）從九品（三十五兩）其內外官錢粟之數太師府太師俸一百四十貫米一十五石諮議參軍奉四十五貫米四石五斗長史奉三十四貫有奇米三石（太傅太保府同監修國史參軍長史同）中書省右左丞相奉一百四十貫米十五石平章政事奉一百二十八貫有奇米十二石右左丞奉一百十八貫有奇米十二石參知政事奉九十五貫有奇米九石五斗參議奉五十九貫米六石其郎中以下及所屬官各依其職事品級次減之六部尚書奉七十八貫米八石侍郎奉五十三貫有奇米五石郎中以下遞減之樞密院知院奉一百二十九貫有奇米十三石五斗同知奉一百六貫米十一石副樞奉九十五貫有奇米九石五斗僉院奉九十貫有奇米同副樞同僉奉五十九貫有奇米六石院判奉四十二貫米四石五斗參議奉三十九貫有奇米三石五斗其所屬經歷各官及客省使副使以次減之右衛都指揮使奉七十貫米七石五斗副都指揮使奉五十九貫有奇米六石僉事奉四十八貫有奇米四石五斗其屬官經歷以下各官以次減之（左衛前衛後衛中衛武衛左阿蘇衛右阿蘇衛左都威衛右都威衛左欽察衛右欽察衛左衛率府宗仁衛西城司塘固司貴徵司並同右衛例）忠翊侍衛都指揮使奉一百貫副使奉八十三貫有奇僉事奉六十六貫有奇其所屬經歷以下各官以次減之（隆鎮衛右翊蒙古侍衛並同忠翊侍衛例）御史臺御史大夫奉一百一十八貫有奇米十二石中丞奉一百六貫米十一石侍御史奉九十六貫有奇米九石五斗治書侍御史奉九十貫有奇米九石五斗殿中奉四十八貫有奇米四石五斗監察御史奉二十八貫米三石其首領經歷等以次減之奎章閣學士院大學士奉一百一貫有奇米十石五斗侍書學士奉九十五貫有奇米九石五斗承制學士奉七十八貫米八石供奉學士奉五十九貫有奇米六石其首領官參書以下各官遞減之大禧宗禋院院使奉一百十八貫有奇米一十二石同知奉一百貫米十石副使奉九十五貫有奇米九石五斗僉院奉九十貫有奇米九石同僉奉五十九貫有奇米六石院判奉四十二貫米四石五斗參議奉三十九貫有奇米三石五斗其所屬經歷以下各官以次減之（宣政宣徽兩院略異其大數並同）翰林國史院承旨奉一百十八貫有奇米十二石學士奉一百六貫米十一石侍讀學士奉九十五貫有奇米九石五斗（侍講學士同）直學士奉五十九貫有奇米六石其經歷等官遞減之（翰林集賢院同大學士同承旨餘並同上例）中政院院使奉一百一貫有奇米十石五斗同知奉八十二貫有奇米八石五斗僉院奉七十貫米七石五斗同僉奉五十九貫有奇米六石院判奉四十三貫有奇米四石五斗司議奉三十六貫有奇米三石其長史以下遞減之（太醫院典瑞院將作院太史院儲政院並同）太常禮儀院院使奉八十二貫有奇米八石五斗同知奉七十二貫米七石五斗僉院奉四十八貫有奇米四石五斗同僉奉四十二貫米四石五斗院判奉三十七貫有奇米四石所屬經歷等遞減（通政院副使奉五十九貫有奇米六石餘與太常禮儀院略同）大宗正府伊克扎爾古齊一員奉百十八貫有奇米十二石二十七員奉八十二貫有奇米八石五員奉六十七貫有奇米六石五斗郎中下遞減大司農司大司農奉百一十八貫有奇米十二石卿奉百三貫米十一石少卿奉九十五貫有奇米九石五斗丞奉九十貫有奇米九石五斗所屬經歷等遞減內史府內史奉百四十三貫有奇中尉奉百十六貫有奇司馬奉八十三貫有奇諮議奉四十六貫有奇記室以下遞減皆無米大都留守司留守奉一百一貫有奇米十石五斗同知奉八十二貫有奇米八石五斗副留守奉五十九貫有奇米六石留判奉四十二貫有奇米四石五斗其經歷以下遞減之都護府大都護奉八十二貫有奇米八石五斗同知奉七十二貫有奇米七石五斗副都護奉五十九貫有奇米六石其經歷等官遞減之崇福司司使奉八十二貫有奇米八石同知奉七十貫米七石五斗副使奉五十九貫有奇米六石司丞奉三十九貫有奇米三石五斗其經歷以下遞減之給事中奉五十三貫有奇米五石左右侍儀奉御奉四十八貫有奇米四石五斗武備寺卿奉七十貫米七石五斗同判奉五十九貫有奇米六石少卿奉四十二貫米四石五斗寺丞奉三十九貫有奇米三石五斗其經歷各官以次減之（太僕無同判餘皆同光祿長慶長新長秋承徽長寧尚乘長信等寺並同）尚舍寺太監奉四十八貫有奇米四石少監奉三十九貫有奇米三石五斗監丞以下遞減之侍儀

司侍儀使奉七十貫米七石五斗引進使奉四十八貫有奇米四石五斗典簿以下各官遞減之拱衛司都指揮使奉七十貫米七石五斗副都指揮使奉五十九貫有奇米六石僉事奉四十八貫有奇米四石五斗經歷以下各官次減之內宰司內宰奉七十貫米七石五斗司丞奉四十五貫米四石五斗典簿以下各官遞減之翊正司同延慶司延慶使奉一百貫同知奉六十三貫有奇副使奉四十六貫有奇司丞奉三十四貫有奇米三石典簿以下遞減之內正司司卿奉七十貫米七石五斗少卿奉四十七貫米四石五斗司丞奉三十九貫有奇米三石五斗典簿以下遞減之中瑞司同京畿運司運使奉五十六貫米六石同知奉三十九貫有奇米三石五斗運副奉三十四貫有奇米三石運判奉二十六貫有奇米二石五斗經歷以下各官遞減之太府監卿奉七十貫米七石五斗太監奉五十九貫有奇米六石少監奉四十二貫米四石五斗監丞奉三十九貫有奇米三石五斗經歷以下各官遞減之祕書章佩利用中尚度支等監並同國子監祭酒奉五十九貫有奇米六石司業奉三十九貫有奇米三石五斗監丞以下遞減蒙古國子監同經正監卿奉七十貫米七石五斗太監奉五十貫米五石少監奉四十二貫米四石五斗監丞以下遞減之闌遺監太監奉四十八貫有奇米四石少監奉三十九貫有奇米三石監丞以下遞減之司天監提點奉五十九貫有奇米六石司天監奉五十三貫有奇米五石監丞以下各官遞減之回回司天監同少監奉四十二貫米四石五斗餘皆同都水監都水卿奉五十三貫米六石少監奉三十九貫有奇米三石五斗監丞以下遞減之大都路達嚕噶齊及總管奉一百三十貫副達嚕噶齊一百二十貫同知及治中八十貫判官五十五貫推官五十貫經歷以下遞減之外官行省左丞相二百貫平章政事一百六十六貫有奇左右丞同參知政事一百三十三貫有奇郎中以下及一切首領官依其品秩遞減之宣慰司腹裏宣慰使奉中統鈔五百八十貫有奇同知五百貫副使四百十六貫經歷以下遞減之行省宣慰使奉至元鈔八十七貫有奇同知四十九貫副使四十二貫經歷以下遞減之廉訪司廉訪使奉中統鈔八十貫副使四十五貫僉書三十貫經歷以下遞減之鹽運司腹裏運使奉一百二十貫同知五十貫副使三十五貫判官三十貫經歷以下遞減之行省運使八十貫同知五十貫運副四十貫判官三十貫經歷以下遞減之上路達嚕噶齊及總管奉八十貫同知四十貫治中三十貫判官二十貫推官十九貫經歷以下遞減之下路達嚕噶齊及總管奉七十貫同知三十五貫判官二十貫推官十九貫經歷以下遞減之散府達嚕噶齊及知府奉六十貫同知三十貫判官推官十八貫知事以下遞減之上州達嚕噶齊及州尹奉五十貫同知二十五貫判官十八貫知事以下遞減之中州下州達嚕噶齊及州尹以次減十貫其下各減三四五貫不等上縣達嚕噶齊及縣尹奉二十貫中縣減二貫下縣減三貫縣丞以下遞減之中下縣無丞有典史皆三十五貫其諸署諸局各官名目甚繁奉數不能悉載

明太祖洪武十三年重定內外文武官歲給半奉鈔之制正從一二三四品官自千石至三百石每階遞減百石皆給奉鈔三百貫正五品二百二十石從減五十石鈔皆一百五十貫正六品百二十石從減十石鈔皆九十貫正從七品視從六品遞減十石鈔皆六十貫正八品七十五石從減五石鈔皆四十五貫正從九品視從八品遞減五石鈔皆三十貫勒之石至二十五年更定百官祿正一品月奉米八十七石從一品至正三品遞減十三石至三十五石從三品二十六石正四品二十四石從四品二十一石正五品十六石從五品十四石正六品十石從六品八石正七品至從九品遞減五斗至五石而止自後遂爲永制

幹力白直仗身庶僕親事帳內執衣防閤邑士士力門大等唐以後歷代皆無其役或有有制而異其名者惟宋之待臣下最優奉養獨厚有隨身傔人任宰相執政及使相至正任刺史以上者有隨身餘止有傔人宰相并文臣充樞密使同中書門下平章事及樞密使七十人樞密使帶使相侍中樞密使節度使同中書門下平章事已上及帶宣徽使並前兩府除節度使及節度使移鎭樞密使副知院事帶節度使一百人參知政事文臣充樞密副使知院事同知院事及宣徽使不帶節度使僉書樞密院事節度觀察留後知樞密院事并充樞密副使同知樞密院事并帶宣徽使僉書樞密院事三司使門下侍郎中書侍郎尙書左右丞五十人檢校太保僉書樞密院事三十五人權三司使三十八人權發遣公事十五人副使判官判三司五人副使判官權發遣同觀文殿大學士二十八人觀文殿學士資政殿大學士十八人資政端明翰林侍讀侍講龍圖天章學士樞密直學士保和宣和延康殿學士寶文顯謨徽猷閣學士七人玉淸昭應宮景靈宮會靈觀三副使十八人判官五人節度使留後改承宣使觀察使五十人管軍同皇族節度使同中書門下平章事并散節度使帶王爵及節度觀察留後帶郡王五十人觀察使五十

（人兩省都知押班帶諸司使領節度觀察留後五十八兩省都知押班并橫行領觀察使十五人）防禦使三十八（管軍同皇族并遙領二十八兩省都知押班帶諸司使并諸衛大將軍及橫行遙領十五人）團練使三十八（管軍及軍班除充者同其餘除授者二十八皇族充及帶領十五人兩省都知押班帶諸司使並橫行遙領者十八）刺史二十八（軍班除充者同其餘除授并管軍十八皇族充者十五人兩省都知押班帶諸司使五人橫行遙領全分者五人減定者不給）內客省使二十八樞密都承旨十八副都承旨副承旨諸房副承旨中書堂後官提點五房公事七人逐房副承旨五人中書堂後官至樞密院主事以上各二人錄事令使寄班小底一人凡隨身則給衣糧傔人則給餐錢其殿閣學士又有茶酒（口給五升及一升不等）節度副使以下各給廚料六斗麴一石二斗其內臣自宰相至中書提點五房又給薪蒿炭鹽外臣不給炭又給馬芻粟及紙（外官不給）其內外官又給公用錢京師分月給歲給月給者自三百千至十千不等歲給者惟尚書都省銀臺司審刑院提舉諸司庫務司不限年月用盡則續給自五千至百千凡十三等外官刺史千五百貫至五百貫凡三等遞增至節度使兼使相有至二萬貫者

金諸司都監皆給食直自六十貫至十貫不等其馳驛及長行馬職官曰給一品（三貫文）二品（二貫文）三品（一貫五百文）四品（一貫二百文）五品（一貫文）六品（八百文）七品（六百文）八品九品（四百文）

致仕官祿

宋太宗淳化元年五月詔致仕官有曾歷外職任者給半奉以他物充仁宗景祐三年詔曰致仕舊皆給半奉而未嘗為顯官者或貧不能自給非所以遇高年養廉耻也其大兩省大卿監正刺史閤門使以上致仕官自今給半奉如分司官例徽宗大觀二年詔致仕官年八十以上應給半奉者以緡錢充

金熙宗皇統元年二月詔諸官職俱至三品而致仕者祿奉傔人各給其半

明宰臣致仕者間或遣行人存問賜白金數十兩然皆出自特恩一朝如徐階輩數人而已非常制也

職田公廨田

宋眞宗咸平中令館閣檢閱故事申定職田之制以官莊及遠年逃亡田充悉免租稅田戶以浮客充所得課租均分如鄉原例州縣長吏給十之五其兩京大藩府（四十頃）次藩鎮（三十五頃）防禦團練州（三十頃）中上刺史州（三十頃）下州及軍監（十五頃）邊遠小州上縣（十頃）中縣（八頃）下縣（七頃）轉運使副（十頃）兵馬都監押砦主釐務官錄事參軍判司等比通判幕職之數而均給之仁宗慶曆中又申定其數凡大藩長吏（二十頃）通判（八頃）判官（五頃）幕職官（四頃）凡節鎮長吏（十五頃）通判（七頃）判官（四頃）幕職官（三頃五十畝）凡防團以下州軍長吏（十頃）通判（六頃）判官（三頃五十畝）幕職官（三頃）其餘軍監長吏（七頃）判官幕官並同防團以下州軍凡縣令萬戶以上（六頃）五千戶以上（五頃）不滿五千戶（四頃）凡簿尉萬戶以上（三頃）五千戶以上（二頃五十畝）不滿五千戶（二頃）錄事參軍比本判官曹官比倚郭簿尉發運制置轉運使副武臣總管比節鎮長吏發運制置判官比大藩府通判安撫都監路分都監比節鎮通判大藩府都監比本府判官黃汴河許汝石塘河都大催綱比節鎮判官節鎮以下至軍監諸路走馬承受并砦主都同巡檢提舉捉賊提點馬監都大巡河不得過節鎮判官在州監當及催綱撥發巡捉私茶鹽賊盜駐泊捉賊不得過簿尉熙寧以後復加詳定無大損益

金制二品已上無職田三品而下在京者亦無職田外官正三品（公田三十頃）統軍使招討使副使（公田二十五頃）從三品（公田二十一頃）正四品副統軍（職田十七頃餘官公田十五頃）從四品（公田十四頃）正五品刺史知軍鹽使（公田十三頃餘官職田十頃）從五品（公田七頃）正六品（公田六頃）從六品同正七品（職田五頃）從七品統軍司知事鎮軍都指揮使招討使勘事官縣令警巡副京兆府竹監管勾鹽使司判諸部圖堺同提舉上京皇城司同提舉南京京城所黃河都巡河官河稅榷場使（職田五頃）會安關使知鎮城堡寨（職田四頃）正八品市令諸錄事諸防禦判赤縣丞諸劇縣丞崇福索多巡河官酒稅使醋使榷場副都巡檢（職田四頃）按察司知事大興府知事招討使知事副都巡檢節鎮以上司獄諸副將（職田二頃）從八品諸州軍判官諸京縣丞諸次劇縣丞諸三品鹽使判官漕運使管勾永豐廣備庫副使左右別貯院木場使諸默濟格諸額勒金（職田三頃）正九品諸警巡院判官諸縣丞諸酒稅副使（職田三頃）市丞諸司候諸主簿諸錄判諸縣尉散巡河官黃河埽物料場官諸鹽場管勾左右別貯院木場副使永豐廣備庫判諸都將隊將諸州軍司獄（職田二頃）從九品諸教授司候判官（職田二頃）天德二年省臣奏職官公田歲入有數前此百姓各隨公宇就輸而吏或多取以傷民宜送之官倉均定其數與月奉隨給然田之多寡不均有無不一或亦隨其一時之權宜而定者也

元世祖至元三年定隨路府州縣官員職田上路達嚕噶齊及總管（十六頃）同知（八頃）治中（六頃）府判（五頃）下路達嚕噶齊及總管（十四頃）同知（七頃）府判（五頃）散府達嚕噶齊及知府（十頃）同知（六頃）府判（四頃）上州達嚕噶齊及州尹（十頃）同知（五頃）州判（四頃）中州達嚕噶齊及知州（八頃）同知（四頃）州判（三頃）下州達

嚕噶齊及知州六頃州判三頃警巡院達嚕噶齊及警使五頃警副四頃警判三頃錄事司達嚕噶齊及錄事三頃錄判二頃縣達嚕噶齊及縣尹四頃縣丞三頃主簿二頃縣尉主簿兼尉並同經歷四頃十四年定各道按察使十六頃副使八頃僉事六頃至二十一年定江南行省及諸司職田比腹裏減半如上路達嚕噶齊及總管十六頃皆八頃餘各官悉依此制增運司官運使八頃同知四頃運副及運判三頃經歷及知事提控案牘二頃鹽司官鹽使及鹽副二頃鹽判一頃各場正同管勾一頃

明初諸王公主勳戚及內監寺觀皆有賜乞莊田百官皆有職田皆謂官田英宗正統元年令蘇松浙江等處官田準民田起科

欽定續通典卷三十九

欽定續通典卷四十

職官

秩品一唐

臣等謹按新舊唐書所載唐代職官品秩與杜佑通典互異者甚多或開成以後有所更定故歟今悉依新唐書增入其與舊唐書幷異而杜典所未備者別爲詮註以資考核且以補杜氏之闕云

唐官品

正一品

太師 太傅 太保 太尉 杜典未載按唐制以太尉爲三公太宗貞觀二十三年六月癸未以長孫無忌爲太尉高宗宏道元年十二月庚午以韓王元嘉爲太尉以後如宋王成器朔方節度使郭子儀及李懷光李晟皆拜太尉蓋優禮勳臣之崇秩也而杜典遺之或因有其官而不常置故歟 司徒 司空 王爵

從一品

太子太師 太子太傅 太子太保 開府儀同三司 文散 按杜典載開府儀同三司於東宮三師之前考散階之官雖朝參祿奉而無職事間或爲勳戚宰輔之加銜非國家有職掌大臣可比今俱改列於正官之後 驃騎大將軍 武散 嗣王 郡王爵 國公爵

正二品

尚書令 杜典及舊唐書皆未載唐代拜是官者惟武德三年太宗曾爲之代宗廣德二年十二月乙丑拜郭子儀爲尚書令辛未以子儀固讓卽罷之 侍中 杜典及舊唐書皆作正三品 中書令 杜典及舊唐書皆作正三品 左右龍武軍 左右神策軍等大將軍 杜典未載舊唐書載在正三品內 特進 文散 輔國大將軍 武散 開國郡公爵 上柱國勳

從二品

尚書左右僕射 太子少師 太子少傅 太子少保 西都東都北都牧 大都督 大都護 左右衛 左右驍衛 左右武衛 左右威衛 左右領軍衛 左右金吾衛 左右監門衛各上將軍 左右衛以下杜典及舊唐書未載 光祿大夫 文散 鎭軍大將軍 武散 開國縣公爵 柱國勳

正三品

吏部戶部禮部兵部刑部工部尚書 門下侍郞 杜典及舊唐書皆作正四品 中書侍郞 杜典及舊唐書皆作正四品 御史大夫 杜典及舊唐書皆作從三品 太常卿 左右衛 左右驍衛 左右武衛 左右威衛 左右領軍衛 左右金吾衛 左右監門衛 左右千牛衛各大將軍 左右羽林軍大將軍 左右龍武軍 左右神武軍 左右神策軍各統軍 龍武軍以下杜典及舊唐書皆未載 太子詹事 太子賓客 中都督 上都護 金紫光祿大夫 文散 冠軍大將軍 武散 懷化大將軍 懷化將軍 杜典及舊唐書未載 上護軍勳

從三品

祕書監 光祿 衛尉 宗正 太僕 大理 鴻臚 司農 太府卿 左右散騎常侍 國子祭酒 殿中監 少府監 將作大匠 諸衛羽林千牛將軍 左右龍武神武神策各軍將軍 杜典及舊唐書皆未載 下都督 上州刺史 大都督府長史 大都護府大副都護 親王傅 銀青光祿大夫 文散 開國侯爵 雲麾將軍 武散 歸德大將軍 歸德將軍 護軍勳

正四品

尚書左丞 尚書吏部侍郞 太常少卿 太子左庶子 太子少詹事 太子左右衛 左右司禦 左右淸道 左右監門率府率 中州刺史 軍器監 上都護府副都護 上府折衝都尉 正議大夫 文散 開國伯爵 忠武將軍 武散 上輕車都尉勳

以前上階

尚書右丞 尚書諸司侍郞 御史中丞 杜典及舊唐書皆作正五品 諫議大夫 杜典及舊唐書皆作正五品 太子右庶子 太子左右諭德 左右千牛衛 左右監門衛中郞將 親衛勳衛翊衛羽林中郞將 下州刺史 通議大夫 文散 壯武將軍 武散 懷化中郞將 杜典及舊唐書未載

從四品

祕書少監 八寺少卿 殿中少監 太子家令 太子親勳翊衛中郞將 太子左右衛司禦淸道內率 監門副率 太子率更令 太子僕內侍 上都護府親王府長史 太中大夫 文散 宣威將軍 武散 輕車都尉勳

以前上階

國子司業 少府少監 將作少匠 京兆河南太原府少尹 上州別駕 大都督大都護府親王府司馬 中府折衝都尉 中大夫 文散 明威將軍 武散 歸德中郞將 杜典及舊唐書未載

正五品

國子博士 給事中 中書舍人 太子中允 太子左右贊善大夫 都水使者 萬年長安河南洛陽太原晉陽奉先縣令 親勳翊衛羽林郞將 中都督上都護府長史 親王府諮議參軍 親王府典軍 中散大夫 文散 定遠將軍 武散 開國子爵

上騎都尉勳
以前上階
太子中舍人　尚食尚藥奉御　太子親勳翊衛郎
將　中都督上都護府司馬　中州別駕　下府折
衝都尉　朝議大夫文散　寧遠將軍武散　懷化郎將杜典及舊唐書未載
從五品
尚書左右諸司郎中　祕書丞　著作郎　太子洗
馬　殿中丞　尚衣尚舍尚乘尚輦奉御　獻陵昭
陵乾陵恭陵定陵橋陵等令　親王府副典軍　下
都督府上州長史　下州別駕　朝請大夫文散　遊
騎將軍武散　開國男爵　騎都尉勳
以前上階
大理正　太常丞　太史丞　太子內坊局令杜典及舊唐書皆作典內元宗開元二十七年改典內曰令　上牧監　下都督府上
州司馬　駙馬都尉　奉車都尉　親王友　宮苑
總監　上府果毅都尉　朝散大夫文散　遊擊將軍
武散　歸德郎將杜典及舊唐書未載
正六品
太學博士　太子詹事丞　太子司議郎　太子舍
人　中州長史　親勳翊衛校尉　太子典膳藥藏
郎　京兆河南太原府諸縣令　鎮軍兵滿二萬人
以上司馬　親王府掾屬　武庫中尚署令　諸衛
左右司階　中府果毅都尉　朝議郎文散　昭武校
尉武散　驍騎尉勳
以前上階
千牛備身　備身左右　太子文學　下州長史

中州司馬　中牧監　上牧副監　上鎮將　承議
郎文散　昭武副尉武散　懷化司階杜典及舊唐書未載
從六品
起居郎　起居舍人　尚書諸司員外郎　八寺丞
大理司直　國子助教　城門郎　符寶郎　通
事舍人　祕書郎　著作佐郎　侍御醫　諸衛羽
林長史　兩京署市令　下州司馬　左右監門校
尉　親勳翊衛旅帥　親王府文學　親王府主簿
記室錄事參軍　諸州上縣令　諸帥府左右司
階　鎮軍兵不滿二萬人司馬　奉議郎文散　振威
校尉武散杜典作旅威校尉舊唐書亦作振威　飛騎尉勳
以前上階
侍御史　少府將作　國子監丞　太公廟令　太
子內直典設宮門郎　司農寺諸園苑監　王府校
尉　下牧監　宮苑總監副監　牙市監　中牧副
監　下府果毅都尉　通直郎文散　振威副尉武散杜典作旅威舊唐書亦作振威　歸德司階杜典及舊唐書未載
正七品
四門博士　詹事司直　左右千牛衛長史　尚食
尚藥直長　太子左右衛司禦清道率府長史　軍
器監丞　太子千牛　諸州中縣令　親勳翊衛隊
正　京兆河南太原府司錄參軍　大都督大都護
府錄事參軍　中鎮將　親王府諸曹參軍　親衛
朝請郎文散　致果校尉武散　雲騎尉勳
以前上階
尚衣尚舍尚乘尚輦直長　太子通事舍人　親勳
翊衛副隊正杜典作正七品上階　京兆河南太原府大都督

大都護諸曹府參軍　中都督上都護府錄事參軍
諸倉諸冶司竹溫湯監　諸衛左右中候　上府
別將長史　上鎮副　下鎮將　下牧副監　宣德
郎文散　致果副尉武散　懷化司候杜典及舊唐書未載
從七品
殿中侍御史　左右補闕　太常博士　太學助教
門下省錄事　尚書都事　中書省主書　九寺
主簿　太子詹事主簿　左右監門直長　太子左
右內率監門率府長史　太子侍醫　太子三寺丞
都水監丞　諸州中下縣令　親王府東西閤祭
酒　京縣丞　下都督府上州錄事參軍　中都督
上都護府諸曹參軍　中府別將長史　中鎮副
勳衛　太子親衛　朝散郎文散　翊麾校尉武散　武
騎尉勳
以前上階
太史局丞　御史臺　少府將作　國子主簿　上
署令郊社乘黃常平太樂典廏左尚鼓吹典客右尚太醫上林典牧太官太倉右藏平準　諸州下縣令　太廟諸陵署丞　司
農寺諸園苑副監　太子左右監門直長　宮苑總
監丞　下都督府諸曹參軍　太子內坊丞　親王
國令　公主家令　上州諸府參軍　親王府旅帥
下府別將長史　下鎮副　諸屯監　諸率府左
右中候　鎮軍兵滿二萬人以上諸曹判司　諸折
衝府校尉　宣義郎文散　翊麾副尉武散　歸德中候杜典及舊唐書未載
正八品
協律郎　諸衛羽林錄事參軍　中署令鉤盾左藏織染

冶掌　中州錄事參軍　翊衛　太子勳衛　太醫署醫博士　太子典膳藥藏丞　軍器監主簿　武庫署丞　兩京市署丞　上牧監丞　親王府執仗執乘親事　鎭軍兵不滿二萬人以上諸曹判司　給事郎文散　宣節校尉武散

以前上階

監察御史杜典及舊唐書皆作正八品上階　下署令太卜　廩犧　珍羞　良醞　崇元　導官　掌醞　守官　武器　左校　中校　右校　率府司儀　甄官　河渠　弩坊　甲坊　備身　諸衛羽林諸曹參軍　中州諸司參軍　親王府京兆河南太原府大都督大都護府參軍　尙藥藏局司醫　京兆河南太原諸縣丞　太子內直宮門局丞　太公廟丞　諸宮農圃監　牙市監丞　司竹副監　司農寺諸園苑監丞　靈臺郎　上戍主　諸衛左右司戈　徵事郎文散　宣節副尉武散　懷化司戈杜典及舊唐書未載

從八品

左右拾遺　太醫署針博士　四門助教　左右千牛衛錄事參軍　下州錄事參軍　諸州上縣丞　中牧監丞　京縣主簿　太子左右衛司禦淸道內率府錄事參軍　中都督上都護府參軍　太子翊衛　親王府行參軍　京兆河南太原府大都督府博士　諸倉諸冶司竹溫湯監丞　保章正　諸折衝府旅帥　承奉郎文散　禦侮校尉武散

以前上階

大理評事　律學博士　太醫署丞　太子左右春坊錄事　左右千牛衛諸曹參軍　太子備身　下州諸司參軍　太子諸署令　都水監主簿　中書門下尙書都省兵部吏部考功禮部主事　上署丞　上都督府上州參軍　中都督下都督府上州博士　諸州中縣丞　親王府典籤　京縣尉　親王國大農　公主家丞　親王府隊正　諸屯監丞　上關令　上府兵曹　上鎭倉曹兵曹參軍　挈壺正　中戍主　上戍副　諸率府左右司戈　承務郎文散　禦侮副尉武散　歸德司戈杜典及舊唐書未載

正九品

校書郎　太祝　太子左右內率監門率府錄事參軍　太子內坊典直　中署丞　典客署掌客　親勳翊衛府羽林兵曹參軍　嶽瀆令　諸津令　下牧監丞　諸州中下縣丞　中州博士　京兆河南太原府諸縣主簿　武庫署監事　儒林郎文散　仁勇校尉武散

以前上階

正字　太子校書　尙食局食醫　尙藥局醫佐　尙輦局掌輦　尙乘局奉乘　司庫　司廩　太史局司辰　典廏署主乘　太子左右內率監門府率府諸曹參軍　太子三寺主簿　詹事府錄事　太子親勳翊衛府兵曹參軍　諸州下縣丞　諸州上縣主簿　中州參軍　下州博士　京兆河南太原府諸縣尉　上牧監主簿　諸宮農圃監丞　中關令　中府兵曹　親王國尉　上關丞　諸衛左右執戟　中鎭兵曹參軍　下戍主　諸折衝隊正　登仕郎文散　仁勇副尉武散　懷化執戟長上杜典及舊唐書未載

從九品

尙書御史臺祕書省殿中省主事　奉禮郎　律學助教　太子正字　宏文館校書　太史局司歷　太醫署醫助教　京兆河南太原府九寺少府將作監錄事　都督都護府上州錄事市令　宮苑總監主簿　諸州中下縣主簿　中牧監主簿　諸州上縣中縣尉　下府兵曹監漕　文林郎文散　陪戎校尉武散

以前上階

國子監親王府錄事　太子左右春坊主事　崇文館校書　書學博士　算學博士　門下典籤　太醫署按摩呪禁博士　太卜署博士　太醫署醫正　太醫署針助教　太卜署卜正　太史局監候　親王國丞　太子典倉署園丞　太子廏牧署典丞　太子諸署丞　諸監作諸監計事官　太官署監膳　大樂鼓吹署樂正　親王府隊副　大理寺獄丞　下州參軍　中州下州醫博士　諸州中下縣尉　京縣錄事　下牧監主簿　下關令　中關丞　諸衛羽林長上　公主邑司錄事　諸津丞　下鎭兵曹參軍　諸折衝府隊副　諸率府左右執戟　將仕郎文散　陪戎副尉武散　歸德執戟長上杜典及舊唐書未載

右內外文武官員數及視流內流外品已詳載杜典按唐太宗省內外官定制七百三十員曰吾以此待天下賢才足矣然是時已有員外置其後又有特置同正員至於檢校兼守判知之類皆非本制又有置使之名或因事而置事已而罷或遂置而不廢其名類繁多史已莫能徧載中世以後盜起兵興又有軍功之官統計內外官萬二千五百七十六人官旣冗而職益不振甚至藩鎭得自辟僚屬府罷則又廢之由其時不能愼守祖制而徇一切苟且之政也又考翰林之名起於唐代開元以前名曰翰林供奉以後改爲學士別置學士

院專掌內命憲宗時又特置學士承旨而通典未載其官史亦未序其品秩或以他官兼攝且無所隸屬載籍莫考故不入卷中

臣等謹按內侍官秩明代既恭奉諭旨刪汰茲自唐以下槩不具錄以符體例其歷代職守參用宦豎者則不當以人廢官如金之宣徽院所隸尚食等局元之儀鸞局長信寺中尚章佩等監仍按品分載以存一代之官制若宋之通侍正侍中侍中亮中衞拱衞諸大夫之稱徽宗增置爲武臣橫班散階而又以易內侍內客省等使之號殊爲紊亂今悉按史志載入武階注明橫班以誌區別云

欽定續通典卷四十

欽定續通典卷四十一

職官

秩品二宋

宋官品

正一品

太師　太傅　太保　左右丞相　少師　少傅　少保　王爵

從一品

諸樞密使　太子太師　太子太傅　太子太保　開府儀同三司散文　特進　驃騎大將軍散武　嗣王　郡王　國公爵

正二品

臣等謹按宋置三省長官爲宰相之任如門下有侍中有侍郎中書省有令侍郎尚書省有令有左右僕射熙寧以前皆有拜是職者而史不載其品秩益以紹興以後設左右丞相及參知政事三省長官之稱皆省罷故也

知樞密院事　同知樞密院事　參知政事　太尉　金紫光祿大夫散文　輔國大將軍散武　鎮國大將軍　開國郡公爵　上柱國勳

從二品

簽書樞密院事　觀文殿大學士　太子少師　太子少傅　太子少保　御史大夫　吏部戶部禮部兵部刑部工部尚書　左右金吾衞　左右衞各上將軍　冀兖青徐揚荆豫梁雍九州牧　殿前都指揮使　節度使　銀青光祿大夫散文　開國縣公爵　柱國勳

正三品

觀文殿大學士　資政保和殿大學士　翰林學士承旨　翰林學士　資政保和端明殿學士　龍圖天章寶文顯謨徽猷敷文閣學士　樞密直學士　左右散騎常侍　權六曹尚書　宣奉大夫散文　正奉大夫　冠軍大將軍散武　懷化大將軍　上護軍勳

從三品

龍圖天章寶文顯謨徽猷敷文閣直學士　御史中丞　開封尹　尚書列曹侍郎　諸衞上將軍　太子賓客　詹事　正議大夫散文　通奉大夫　雲麾將軍散武　歸德將軍　開國侯爵　護軍勳

正四品

給事中　中書舍人　太常卿　宗正卿　祕書監　諸衞大將軍　殿前副都指揮使　承宣使　通議大夫散文　忠武將軍散武　壯武將軍　開國伯爵　上輕車都尉勳

從四品

保和殿龍圖天章寶文顯謨徽猷敷文閣待制　左右諫議大夫　權六曹侍郎　七寺卿　國子祭酒　少府將作監　諸衞將軍　太中大夫散文　宣威將軍散武　明威將軍　輕車都尉勳

正五品

馬步軍都指揮使　副都指揮使　觀察使　諸中大夫散文　通侍正侍宣正履正協忠中侍大夫橫班散階　定遠將軍散武　寧遠將軍　開國子爵　上騎都尉勳

從五品

太常宗正少卿　祕書少監　太子左右庶子　樞密都承旨　殿前馬步軍都虞候　防禦使　捧日天武龍神衞四廂都指揮使　團練使　諸州刺史　駙馬都尉　中奉大夫散文　中散大夫　中亮中衞翊衞親衞大夫橫班散階　遊騎將軍散武　遊擊將軍　開國男爵　騎都尉勳

正六品

集英殿修撰　七寺少卿　中書門下省檢正諸房公事　尚書左右司郎中　國子司業　軍器監　都水使者　太子少詹事左右諭德　樞密承旨　副承旨　朝議大夫散文　奉直大夫　拱衞左武右武大夫橫班散階　昭武校尉散武　昭武副尉　驍騎尉勳

從六品

起居郎　起居舍人　侍御史　尚書省左右司員外郎　樞密院檢詳諸房文字　右文殿祕閣修撰　開封少尹　尚書諸司郎中　開封府判官　推官　少府將作軍器少監　靈臺令　朝請大夫散文　朝散大夫　朝奉大夫　和安成和成安大夫醫官散階　振威校尉散武　振威副尉　飛騎尉勳

正七品

殿中侍御史　左右司諫　尚書諸司員外郎　侍講　直龍圖天章寶文閣　開封府司錄參軍事　太子侍讀　侍講　兩赤縣令　翰林良醫　朝請郎散文　朝散郎　朝奉郎　武功大夫橫班散階　武德大夫　武顯大夫　武節大夫　武略大夫　武經

大夫　武義大夫　武翼大夫　成全大夫醫官散階　平和大夫　保安大夫　致果校尉武散　致果副尉　雲騎尉勳

從七品

左右正言　符寶郎　監察御史　直顯謨徽猷敷文閣　太常宗正祕書丞　大理正　著作郎　崇政殿說書　翰林醫官　閤門宣贊舍人　太子中舍人　舍人　諸率府率　親王府翊善　贊讀　直講　判大醫局令　翰林醫效醫痊　諸承議郎文散　正侍郎橫班散階　宣正郎　履正郎　協忠郎　中侍郎　中亮郎　中衛郎　翊衛郎　拱衛郎　左武郎　右武郎　武功郎　武德郎　武顯郎　武節郎　武略郎　武經郎　武義郎　武翼郎　和安郎醫官散階　成和郎　成安郎　成全郎　平和郎　保安郎　翊麾校尉武散　翊麾副尉　武騎尉勳

正八品

七寺丞　祕書郎　太常博士　樞密院計議官　編修官　敕令所刪定官　直祕閣　著作佐郎　國子監丞　諸王宮大小學教授　國子博士　大理司直　評事　開封府諸曹參軍事　軍巡使判官　京府判官　京畿縣令　兩赤縣丞　三京赤縣畿縣令　太史局五官正　中書門下省錄事　尚書省都事　諸奉議郎文散　通直郎　訓武郎橫班散階　修武郎　宣節校尉武散　宣節副尉

從八品

御史臺檢法官　主簿　少府將作軍器都水監丞　寺監主簿　祕書省校書郎　正字　太常寺奉禮郎　太祝　武學律學博士　主管太醫局　閤門祗候　樞密院逐房副承旨　東西頭供奉官　太子諸率府副率　親王府記室　節度觀察防禦團練軍事監判官　節度掌書記　觀察支使京府節度觀察防禦團練軍事推官　諸州簽判　節鎮上中下州錄事參軍　京府諸曹參軍事　軍巡判官　京畿縣丞　三京赤縣畿縣丞　諸州上中下縣令丞　兩赤縣主簿尉　諸府諸曹節鎮上州諸司參軍事　節度副使　行軍司馬　防禦團練副使　太史局丞直長　靈臺郎　保章正　翰林醫愈醫證醫診醫候　三省樞密院主事　守闕主事　令史書令史　諸宣教郎文散　宣義郎　承直郎　儒林郎　文林郎　從事郎　從政郎　修職郎　從義郎橫班散階　秉義郎　禦武校尉武散　禦武副尉

正九品

郊社耤田太官令　國子太學正錄　武學諭　律學正　太醫局丞　挈壺正　京畿縣主簿尉　三京赤縣主簿尉　諸州別駕長史　司馬　樞密院守闕書令史　諸承事郎文散　承奉郎　忠訓郎橫班散階　忠翊郎　成忠郎　保義郎　仁勇校尉武散　仁勇副尉

從九品

下州諸司參軍　諸州上中下縣主簿尉　城砦馬監主簿　諸州司士　文學　助教　翰林醫學　諸承務郎文散　承節郎橫班散階　承信郎　迪功郎　陪戎校尉武散　陪戎副尉

右內外官統計二萬四千員按元豐寄祿格以階易官雜取唐及宋初舊制自開府儀同三司至將仕郎定為二十四階徽宗崇寧初因刑部尚書鄧洵武請又換選人七階大觀初又增宣奉正奉中奉奉直等階政和末又改從政修職迪功而寄祿之格始備自開府至迪功凡三十七階又武選自客省使至閤門副使為橫班自皇城至供備庫使為諸司正使副為諸司副使自內殿承制至三班借職為使臣元豐未及更正政和二年乃詔易以新名正使為大夫副使為郎橫班十二階使副亦然六年又增置宣正履正協忠翊衛親衛大夫郎凡十階通為橫班自太尉至下班祗應凡五十二階又改醫官十四階唯爵則終宋之世無所改革又宋初三省六曹二十四司類皆以他官主判雖有正官非別敕不治本司事元豐定制之後始以本官行本職事然極重資格故有試有權至政和大觀時日漸紛更員既冗濫名且繁雜甚至走馬承受外擁使華黃冠道流亦濫朝品建炎之初參酌潤色然時值艱虞政尚權宜如御營置使國用置使修政置提舉軍馬置都督同都督宣諭使宣撫使總領使經略安撫使招討使招撫使撫諭使鎮撫使或以宰臣兼之或以樞要充攝因事設官廢置不一故秩品無考云

欽定續通典卷四十一

欽定續通典卷四十二

職官

秩品三 遼 金

遼官品

臣等謹按遼太祖神冊六年詔正班爵太宗兼制中國官分南北以國制治契丹以漢制治漢人其時採用唐制三省六部臺院寺監之官稍稍增置別之曰南面朝官今考遼史及契丹國志諸書皆未載其品秩員數或修遼史時已無可考故祇載某人曾爲某官以實之茲不錄

金官品

正一品

太師 太傅 太保 太尉 司徒 司空 尚書令 郡王爵 國公爵

從一品

尚書省左右丞相 尚書省平章政事 都元帥 樞密使 大宗正府判大宗正事泰和六年避睿宗諱改大宗正府爲大睦親府改判大宗正事爲判大睦親事 宣撫司使 開府儀同三司文散 儀同三司 特進 崇進 郡王爵 國公爵

正二品

尚書左右丞 左右副元帥 司農司大司農 太子太師 太子太傅 太子太保 金紫光祿大夫文散 銀青榮祿大夫 郡公爵 上柱國勳

從二品

尚書省參知政事 翰林學士承旨 御史大夫 樞密副使 同判大宗正事泰和六年改爲同判大睦親事 三司使 光祿大夫文散 榮祿大夫 郡公爵 柱國勳

正三品

吏部戶部禮部兵部刑部工部尚書 元帥府左右監軍 簽書樞密院事 同簽大宗正事泰和六年改爲同簽大睦親事 宣撫司副使 勸農司使 三司副使 翰林學士 殿前都點檢 宣徽院左右宣徽使 大興府尹 諸京留守司留守 監察採訪使上京東京等路設按察司并安撫司使職掌同 諸總管府都總管 諸府尹 都轉運司使 統軍司使 招討司使 太子少師 太子少傅 太子少保 資德大夫文散 資政大夫 資善大夫 龍虎衞上將軍武散 金吾衞上將軍 驃騎衞上將軍 郡侯爵 上護軍勳

從三品

元帥府左右都監 御史中丞 翰林侍讀學士 翰林侍講學士 審官院知院 太常寺卿 殿前左右副都點檢 祕書監 武衞軍都指揮使司都指揮使 衞尉司中衞尉 太子詹事 太后兩宮衞尉 諸節鎭節度使 諸部族節度使 正奉大夫文散 通奉大夫 中奉大夫 奉國上將軍武散 輔國上將軍 鎭國上將軍 郡侯爵 護軍勳

正四品

吏部戶部禮部兵部刑部工部侍郎 同簽樞密院事 司農卿 簽三司事 同知宣徽院事 國子監祭酒 太府監 少府監 都水監 左右諫議大夫 大理寺卿 親王府傅 駙馬都尉 同知留守司事 按察司副使 諸府同知 統軍司副統軍 提控烏爾古使 正議大夫文散 通議大夫 嘉議大夫 昭武大將軍武散 昭毅大將軍 昭勇大將軍 郡伯爵舊曰縣伯承安二年改 上輕車都尉勳

從四品

大宗正府丞 翰林直學士 同知審官院事 拱衞司都指揮使 知集賢院 諫院左右司諫 武衞軍都指揮使司副都指揮使 副都 衞尉司副尉 少詹事 親王府府尉 太后兩宮副衞尉 大興府同知 副留守 同知都總管 諸防禦州防禦使 都轉運使同知 招討司副使 諸明安 諸烏爾古使 太中大夫文散 中大夫 少中大夫 安遠大將軍武散 定遠大將軍 懷遠大將軍 郡伯爵 輕車都尉勳

正五品

尚書省左右司郎中 勸農副使 司農少卿 同簽三司事 翰林待制 太常寺少卿 諸陵署提點山陵 司天臺提點宮籍監提點 器物局提點 尚廄局提點 鷹坊提點 同簽宣徽院事 客省使 引進使 東西上閤門使 四方館使 尚衣局提點 儀鸞局提點 尚食局提點 尚藥局提點 太醫院提點 教坊提點 祕書少監 國子監司業 太子左右諭德 簽按察使事 諸總管府副都總管 諸同知節度使 諸州刺史 都轉運使副使 諸鹽使司使 漕運司提舉 諸總管府節鎭兵馬司都指揮使 大興府少尹 諸府少尹 提舉譏察使 中議大夫文散 中憲大夫 中順大夫 廣威將軍武散 宣威將軍 明威將軍 縣子爵 上騎都尉勳

從五品

吏部戶部禮部兵部刑部工部郎中　樞密院經歷
侍御史　左右宿直將軍　宮籍監　器物局使
尚廄局使　尚輦局使　鷹坊使　武器署提點
拱衛司副都指揮使　尚衣局使　儀鸞局使
尚食局使　尚藥局使　太醫院使　教坊使　內
藏庫使　司天臺監　太府監少監　少府監少監
軍器監　大理寺少卿　都水少監兼漕事　宏
文院知院　知登聞鼓院　知登聞檢院　同知集
賢院　衞尉司左右常侍　修內司使　祇應司提
點　上林署提點　提舉南京榷貨司提舉　提舉
倉場司使　太子左右衞率府　親王府長史　觀
察使副使　大興府總管判官　府判　留守判官
都總管判官　諸節鎭節度副使　諸部族節度
副使　南京提控規運柴炭使　提舉譏察副使
提舉秦藍兩關提舉　沿淮譏察使　統軍司判官
諸移里　諸糺詳袞　朝請大夫文散　朝散大夫
朝列大夫　信武將軍武散　顯武將軍　縣男爵
騎都尉勳

正六品

尚書省員外郎　司農丞　太常寺丞　拱衛司鈐
轄　閤門副使　祕書監丞　都水監少監　大理
寺正　同知登聞鼓院事　同知登聞檢院　武衞
軍都指揮使司鈐轄　太子左右監門　僕正　左
右贊善　同知防禦使事　諸京警巡院使　鹽使
司副使　漕運司同提舉　諸總管府節鎭兵馬副
都指揮使　南京提控規運柴炭副使　提舉秦藍
兩關同提舉　提舉三門集津南北岸　奉政大夫
文散　奉議大夫　武節將軍武散　武德將軍　驍騎
尉勳

從六品

吏部戶部禮部兵部刑部工部員外郎　治書侍御
史　三司判官　翰林修撰　太廟署令　郊社署
令　武成王廟署令　諸陵署令　大樂署令　宮
籍監副監　殿前都點檢判官　器物局副使　尚
廄局副使　尚輦局副使　鷹坊副使　武庫署令
武器署令　宣徽判官　客省副使　引進副使
閤門簽事　尚衣局副使　儀鸞局副使　尚食
局副使　尚藥局副使　太醫院副使　教坊副使
內藏庫副使　宮苑司令　尚醞署令　典客署
令　侍儀司令　著作郎　司天臺少監　國子監
丞　太府監丞　左右藏庫使　太倉使　典給署
令　少府監丞　尚方署令　圖畫署令　文繡署
令　裁造署令　織染署令　文思署令　軍器監
少監　利器署令　大理寺丞　同知宏文院事
榷貨務使　平準務使　惠民司令　四方館副使
法物庫使　萬寧宮提舉司提舉　修內司副使
都城所提舉　祇應司令　甄官署令　上林署
令　京東西南三路檢察司使　提舉南京榷貨司
同提舉　提舉倉場司副使　太子掌寶　典儀
親王府司馬　提舉衞紹王家屬提舉　大興府推
官　留守推官　上京提舉皇城司提舉　按察使
判官　總管判官　諸府府判　赤縣大興宛平令　都
轉運使判官　支度判官　鹽鐵判官　中都都麴
司使　諸總管節鎭兵馬指揮使　諸府州兵馬鈐
轄　招討司判官　烏爾古副使　奉直大夫文散
奉訓大夫　武義將軍武散　武略將軍　飛騎尉勳

正七品

尚書省都事　都元帥府經歷都事　知事　樞密
院都事　司農司知事　諸宗室將軍　殿中侍御
史　監察御史　三司參議規措審計官　太常寺
博士　左右振肅　承奉班都知　押班　侍儀司
直長　祕書郎　著作佐郎　國子監博士　太學
博士　都水監丞　左右補闕　左右拾遺　大理
寺司直　慶寧宮提舉司提舉　京東西南三路檢
察使副使　太子副僕　侍正　內直郎　南京提
舉京城所提舉　諸總管府推官　諸府推官　諸
節鎭節度判官　觀察判官　諸州同知　次赤縣
劇縣令　鹽使司判官　中都都麴使司副使　規
措京兆府耀州三白渠公事規措官　諸總管府節
鎭兵馬都指揮使軍使　諸府鎭都軍司都指揮使
諸都巡檢使　潼關使兼譏察官　諸邊將正將
承德郎文散　承直郎　承信校尉武散　昭信校尉
雲騎尉勳

從七品

尚書省祇候郎君管勾官　吏部戶部禮部兵部刑
部工部主事　戶工二部覆實司管勾　兵部承發
司勾管　御史臺典事　三司知事　翰林應奉文
字　大宗正府知事　郊社署丞　武成王廟署丞
諸陵署丞　大樂署丞　殿前都點檢知事　宮
籍監丞　武庫署丞　武器署丞　閤門通事舍人
承奉班通事舍人　宮苑司丞　尚醞署丞　典

客署丞　祕書監校書郎　左右藏庫副使　太倉副使　典給署丞　尚方署丞　圖畫署丞　裁造署丞　文繡署丞　織染署丞　文思署丞　軍器監丞　利器署丞　武衞軍都指揮使司都鈐轄　榷貨務副使　平準務副使　法物庫副使　萬寧宮提舉司同提舉　祗應司丞　甄官署丞　上林署丞　太子贊儀　親王府文學　提舉衞紹王家屬同提舉　京城十四門尉　都巡河官　諸京警巡院使副　諸縣令　諸知鎭　知城　知堡　知寨　中都廣備庫使　永豐庫鍍鐵院使　京兆府司竹監管勾　居庸等關關使　譏察使　統軍司知事　招討司勘事官　諸圖哩承務郎散文　儒林郎　忠武校尉散武　忠顯校尉　武騎尉勳

正八品

尚書省架閣庫管勾　吏部戶部禮部兵部刑部工部管勾　左右三部檢法司司正　樞密院管勾　三司勾當官　管勾　國史院編修官　大樂署直長　宮籍監直長　器物局直長　鷹坊直長　武庫署直長　武器署直長　頓舍官　尚衣局直長　儀鸞局直長　尚食局直長　筆硯局直長　書畫局直長　國子學助教　教授　太學助教　典給署直長　尚方署直長　圖畫署直長　裁造署直長　文繡署直長　織染署直長　文思署直長　軍器監直長　利器署直長　惠民司直長　法物庫直長　都水監掾　大理寺評事　宏文院校理　集賢院司議官　慶寧宮提舉司同提舉　修內司直長　部役官　受給官　都城所左右廂官　受給官　祗應司直長　甄官署直長　上林署直長　交鈔庫使　南京豐衍東西庫使　監支納　太子侍丞　典食令　侍藥　掌飲令　家令　司經　親王府記室參軍　大興府知事　留守司司獄　南京提舉京城所管勾　皇城使　管勾北太一宮同樂園　按察使知事　諸節鎭司獄諸州判官　諸府節鎭錄事司錄事　赤縣丞尉　市令司令　軍器庫使　中都麴使司都監　中都都商稅務司使　中都流泉務使　南京交鈔庫使　諸綾錦院使　諸倉使　南京諸倉監支納官草場監支納官　諸州副都巡檢　大慶關管勾河橋官兼譏察事　孟津渡譏察　譏察副使　諸邊副將　招討司知事　烏爾古判官　文林郎散文　承事郎　忠勇校尉散武　忠翊校尉

從八品

尚書省架閣庫同管勾　掌食公使酒庫使　直省局局長　吏部戶部禮部兵部刑部工部同管勾　檢法　都元帥府檢法　樞密使知法　御史臺管勾　檢法　三司知法　太常寺太祝　奉禮郎　協律郎　太醫院判官　教坊判官　國子校勘　國子書寫官　酒坊使　市買局使　大理寺知法　明法　登聞鼓院知法　交鈔庫副使　印造鈔引庫使　鈔紙坊使　隨處交鈔庫鈔紙坊使　承發司管勾　南京豐衍東西庫副使　太子司藏　司倉　大興府知法　按察使知法　諸州判官　都轉運使都孔目知法　中都廣備庫副使　永豐庫鍍鐵院副使　中都左右廂別貯院使　中都木場使　中都買物司使　漕運司勾當官　統軍司知法　招討司知法　京西規運柴炭場使　諸默濟格　諸額勒金司額勒金　烏爾古知法　徵事郎散文　從仕郎　修武校尉散武　敦武校尉

正九品

尚書省堂食公使酒庫使副　直省局副局長　酒坊副使　市買局副使　軍器庫副使　集賢院諸議官　交鈔庫判官　南京交鈔庫副使　印造鈔引庫副使　判官　鈔紙坊副使　交鈔庫物料場場官　惠民司都監　提舉南京榷貨司勾當官　太子僕丞　典食丞　奉藥　掌飲丞　家丞　司經副　京城十四門副尉　都水監街道司管勾　皇城副使　諸京警巡院判官　諸府節鎭錄事司判官　諸州司候司司候　赤縣主簿　次赤縣劇縣諸縣丞　主簿　尉　諸司獄司司獄　市令司丞　鹽使司管勾　中都都商稅務司副使　中都廣備庫判官　永豐庫鍍鐵院判官　中都左右廂別貯院副使　中都木場副使　判官　中都買物司副使　諸綾錦院副使　諸倉副使　京西規運柴炭場副使　散巡檢　潼關關使副譏察　孟津渡副譏察　勾管泗州兼排岸巡檢　諸邊部將　隊將　登仕郎散文　將仕郎　保義校尉散武　進義校尉

從九品

管勾尚書省樂工　御史臺獄丞　國史院檢閱官　太常寺檢閱官　檢討　大樂正　副正　鷹坊管勾　拱衞司都轄　太醫院管勾　教坊諸音郎

司天管勾　武衛軍鈐轄司都將　鈔紙坊判
太子司藏副　司倉副　諸防刺州司候司判
軍器庫副使　中都都商稅務司都監　中都左右
厢別貯院判官　中都買物司都監　登仕佐郎文散
將仕佐郎　保義副尉武散　進義副尉
右內外官世宗大定二十八年一萬九千七百員
章宗明昌四年奏見在官一萬一千四百九十九
員內女直四千七百五員漢人六千七百九十四
員至泰和七年在仕官四萬七千餘員

職官

秩品四（元）

元官品

正一品

太師 太傅 太保 大司徒 司徒 太尉 中書令（案元初止置太保一人至成宗武宗之世三公始無虛位至大司徒司徒太尉偶一拜職不久即罷其中書令必以皇太子兼之然亦或置或不置） 中書省右左丞相（案元初立尚書省置右左丞相秩品同中書武宗至大四年併尚書省入中書自後因之不易平章右左丞參政參議等官倣此故不具錄） 開府儀同三司（文散） 儀同三司 特進 崇進 金紫光祿大夫 銀青榮祿大夫 王爵 上柱國勳

從一品

中書省平章政事 樞密院知院 御史大夫 大宗正府札爾古齊 大司農司大司農 翰林兼國史院承旨（蒙古翰林院銜秩同後倣此） 集賢院大學士 宣政院院使 宣徽院院使 大禧宗禋院院使 行中書省丞相 平章 行樞密院知院（不常設後同知以下秩品不具載） 光祿大夫（文散） 榮祿大夫 郡王爵 柱國勳

正二品

中書省右左丞 樞密院同知 大都督府大都督 御史中丞 大司農卿 翰林學士 集賢院學士 宣政院同知 宣徽院同知 太常禮儀院院使 典瑞院院使 太醫院院使 太史院院使 奎章閣大學士 將作院院使 中政院院使 儲政院院使（按文宗天歷已前爲詹事院詹事或置或罷秩從一品二年改爲儲政院至順帝至正中復立詹事院員秩略同故詹事院官屬不具載） 徽政院羣牧監卿 內史府內史 大都留守司留守 上都留守司留守 隨路諸色民匠打捕鷹房都總管府都總管 行中書省右丞 左丞 資德大夫（文散） 資政大夫 資善大夫 龍虎衛上將軍（武散） 金吾衛上將軍 驃騎衛上將軍 國公爵 上護軍勳

從二品

中書省參政 樞密院副樞 山東河北蒙古軍大都督府大都督 侍御史 大司農少卿 翰林侍讀侍講學士 集賢院侍讀侍講學士 宣政院副使 宣徽院副使 奎章閣侍書學士 通政院院使 大都護府大都護 崇福司使 隆祥司使 太僕寺卿 宣慰使司宣慰使 都元帥府宣慰使 管領保定等路阿哈探馬兒諸色人匠總管府達嚕噶齊 總管 都總制庸田使 行中書省參知政事 正奉大夫（文散） 通奉大夫 中奉大夫 奉國上將軍（武散） 輔國上將軍 鎮國上將軍 郡公爵 護軍勳

正三品

中書省斷事官 吏部戶部禮部兵部刑部工部尚書 京畿都漕運使司運使 御河等處都漕運使司運使 各路都轉運鹽使司使 侍儀使 領會同館事 樞密院僉院 斷事官 右衛左衛中衛前衛後衛都指揮使 武衛親軍隆鎮衛親軍都指揮使 左右衛率府率使 河南淮北蒙古軍都萬戶府都萬戶 右左阿蘇衛達嚕噶齊 都指揮使 回回砲手軍匠上萬戶府達嚕噶齊 萬戶 唐古衛親軍都指揮使 貴徵衛親軍都指揮使 忠翊侍衛親軍都指揮使 西域親軍達嚕噶齊 都指揮使 宗仁蒙古侍衛親軍都指揮使 左右翊蒙古侍衛親軍都指揮使 虎賁親軍都指揮使 大都督府同知 右左欽察衛達嚕噶齊 都指揮使 龍翊侍衛親軍都指揮使 治書侍御史 肅政廉訪使 宣政院僉院 禮店文州蒙古漢軍西番軍民元帥府達嚕噶齊 元帥 吐蕃等處招討使 闊沙瑪探馬軍四萬戶府萬戶 宣徽院僉院 光祿寺卿 隆禧會福崇祥壽福等總管府達嚕噶齊 總管 太常禮儀院同知 典瑞院同知 太史院同知 太醫院同知 廣惠司卿 奎章閣承制學士 羣玉內司監司 將作院同知 諸路金玉人匠總管府達嚕噶齊 總管 異樣局總管府達嚕噶齊 通政院同知 中政院同知 中瑞司卿 內正司卿 翊正司令 各管領總管府達嚕噶齊 總管（有秩正五品者隨路爲別） 各萬戶府達嚕噶齊 萬戶 儲政院同知 家令司家令 延慶司使 典醫監達嚕噶齊 卿 太監 典牧監卿 太監 儲膳司卿 典寶監卿 太監 掌謁司卿 甄用監卿 延福司令 章慶使司使 左右都威衛使司衛使 內宰司內宰 各都總管府達嚕噶齊 都總管 昭功萬戶都總使司都總使 繕工司卿 內史府中尉 內史府延慶使 斷事官 大都留守司同知 廣誼司令 武備寺卿 尚乘寺卿 長信寺卿 長秋寺卿 承徽寺卿 長寧寺卿 長慶寺卿 寧徽寺卿 太府監太卿 度支監卿 利用監卿 中尚監卿 章佩監卿 經

正監太卿　祕書監卿　上都留守司同知　尙供總管府達嚕噶齊　總管　雲需總管府達嚕噶齊　總管　九府元帥府達嚕噶齊　元帥　宣撫司達嚕噶齊　宣撫使　安撫司達嚕噶齊　安撫使　招討司達嚕噶齊　招討使　上萬戶府達嚕噶齊　萬戶　海道運糧萬戶府達嚕噶齊　萬戶　諸上路總管府達嚕噶齊　總管　屯田使司　屯田打捕總管府總管　黎兵萬戶府萬戶　正議大夫散文　通議大夫　嘉議大夫　昭武大將軍散武　昭勇大將軍　昭毅大將軍　郡侯爵　上輕車都尉勳

從三品

儀鳳司大使　各隨路打捕總管府達嚕噶齊隸兵部　總管　管領隨路打捕鷹房諸色人匠怯憐口總管府達嚕噶齊　總管　右衞左衞中衞前衞後衞副都指揮使　武衞親軍副都指揮使　隆鎭衞親軍副指揮使　左右翼屯田萬戶府達嚕噶齊　萬戶　左右衞率府副使　河南淮北都萬戶府副都萬戶　右左阿蘇衞副都指揮使　唐古衞親軍副都指揮使　貴徵衞親軍副都指揮使　延安屯田打捕總管府達嚕噶齊　總管　忠翊侍衞親軍副都指揮使　西域親軍副都指揮使　宗仁蒙古侍衞副都指揮使　山東河北蒙古軍大都督府同知　左右翊蒙古侍衞親軍副都指揮使　虎賁親軍副都指揮使　大都督府副都督　右左欽察衞副都指揮使　龍翊侍衞親軍副都指揮使　大司農丞　翰林院直學士　蒙古國子監祭酒　集賢院直學士　集賢院國子監祭酒　宣政院斷事官　太常禮儀院僉院　典瑞院僉院　太史院僉院　羣玉內司司尉　藝文監太監　通政院副使　中政院僉院　儲政院僉院　府正司府正　昭功萬戶府都總使司同知　都護府同知　崇福司同知　武備寺同判　太府監太監　度支監太監　利用監太監　中尙監太監　章佩監太監　經正監太監　都水監　祕書監太監　宣慰使司同知　上萬戶府副萬戶　中萬戶下萬戶府達嚕噶齊　萬戶　洮州元帥府十八族元帥府各達嚕噶齊　元帥　四川茶鹽運司使　海道運糧副萬戶　都總制庸田副使　下路總管府達嚕噶齊　總管　太中大夫散文　中大夫　亞中大夫　安遠大將軍散武　定遠大將軍　懷遠大將軍　郡侯爵　輕車都尉勳

正四品

參議中書省事　吏部戶部禮部兵部刑部工部侍郎　戶部各庫都提舉　諸路寶鈔提舉司達嚕噶齊　都提舉　京畿都漕運使司同知　御河等處都漕運使司同知　檀景等處採金鐵冶都提舉司都提舉　引進使知侍儀事　教坊司達嚕噶齊　大使　會同館大使　樞密院同僉　各衞僉事　各親軍僉事　左右衞率府僉事　山東河北蒙古軍大都督府副使　大都督府僉都督事　右左欽察衞僉事　殿中司殿中侍御史　廉訪副使　宣政院同僉　大都上都各規運提點所達嚕噶齊　提點　宣徽院同僉　尙舍寺太監　闌遺監太監　普明集慶萬壽元興萬寧各營繕都司達嚕噶齊　司令　大使　太常禮儀院同僉　典瑞院同僉　太史院同僉　大醫院同僉　奎章閣供奉學士　羣玉內司亞尉　給事中　將作院同僉　通政院僉院　中政院同僉　中瑞司丞　翊正司丞　內正司少卿　儲政院同僉　衞候直都指揮使司達嚕噶齊　都指揮使　管領大都等路打捕鷹房臙粉人戶總管府達嚕噶齊　總管　各管領總管府同知有正五品者　昭功萬戶都總使司副使　內史府司馬　大都副留守　廣誼司同知　司天監提點　監　回回司天監提點　監　上都副留守　大都路兵馬都指揮使司都指揮使上都同　行中書省理問　宣慰副使　諸路中萬戶府副萬戶　各都轉鹽運使同知　諸散府達嚕噶齊　知府　府尹　中議大夫散文　中憲大夫　中順大夫　廣威將軍散武　宣威將軍　明威將軍　郡伯爵　上騎都尉勳

從四品

儀鳳司副使　山東河北蒙古軍都督副使　光祿寺少卿　羣玉內司僉司　藝文監少監　通政院同僉　都護府副都護　崇福司副使　武備寺少卿　太僕寺少卿　尙乘寺少卿　長信寺少卿　長秋寺少卿　承徽寺少卿　長寧寺少卿　長慶寺少卿　太府監少監　度支監少監　利用監少監　中尙監少監　章佩監少監　經正監少監　祕書監少監　尙供總管府同知　雲需總管府同知　下萬戶府副萬戶　上千戶所達嚕噶齊　千

戶　廣海鹽課提舉司都提舉　上州達嚕噶齊
州尹　都總制庸田僉司　朝請大夫散文　朝散大
夫　朝列大夫　信武將軍散武　顯武將軍　宣武
將軍　郡伯爵　騎都尉勳

正五品

中書省右左司郎中　客省使　戶部各庫提舉
檀景等處採金鐵冶都提舉司同提舉　諸路寶鈔
提舉司副達嚕噶齊　副提舉　京畿都漕運使司
副使　新運糧提舉司達嚕噶齊　都提舉　御河
等處都漕運使司副使　教坊副使　樞密院院判
參議　樞密院各衞千戶所千戶　廉訪司僉事
翰林待制　蒙古國子監司業　集賢院待制
國子監司業　宣政院院判　宣徽院院判　闌遺
監少監　太常禮儀院院判　典瑞院院判　太史
院院判　太醫院院判　羣玉內司司丞　藝文監
監書博士　將作院院判　通政院院判　中政院
院判　儲政院院判　上都掌設署令　掌醫監領
監官　達嚕噶齊　卿　各管領總管府副總管有從
五品者　大都留守判官　儀鸞局大使上都同　太府
監丞　中尚監丞　章佩監丞　經正監丞　都水
少監　司天少監　五官正　怯憐口皮局人匠提
舉司提舉　上都留守判官　萬億庫達嚕噶齊
提舉　稅庫提舉司提舉　上萬戶府鎭撫　中千
戶所達嚕噶齊　千戶　各都轉鹽運司副使　中
州達嚕噶齊　知州　奉政大夫散文　奉議大夫
武節將軍散武　武德將軍　縣子爵　驍騎尉勳

從五品

吏部戶部禮部兵部刑部工部郎中　戶部各庫同
提舉　寶鈔總庫達嚕噶齊　大使　大都酒課司
提舉　各市提舉　禮部儀鳳司雲和安和天樂各
署令　禮部法物庫提點　兵部大都陸運提舉司
提舉　樞密院經歷　樞密院客省使大使　御史
臺經歷　大宗正府郎中　大司農司經歷　大司
農供膳司達嚕噶齊　提點　翰林院經歷　集賢
院經歷　宣政院經歷　宣政院客省使大使　大
都提舉資善庫達嚕噶齊　提舉　宣徽院經歷
光祿寺丞　宣徽院各倉庫署局提點　令　太常
禮儀院經歷　典瑞院經歷　太史院經歷　太醫
院所屬各院各局達嚕噶齊　大使　奎章閣參書
藝文監丞　將作院經歷　將作院屬各大使有正
從六品從八品正九品者　通政院經歷　中政院司議　內正
司丞　尚工署令　各處千戶所達嚕噶齊　千戶
儲政院司議　徽政院屬各提舉司達嚕噶齊
提舉　司樂各司局達嚕噶齊　使　內宰司屬各
庫提點　內史府諮議　各長官司達嚕噶齊　長
官有正五品從六品正七品視地爲別　各人匠提舉司達嚕噶
齊　提舉工部所屬有正六品從七品者宣徽中政院所屬都提舉爲正四品復有正五品正
六品者將作院內史府武備寺所屬有從四品正五品正從六品正從七品從八品從九品者視地與職
而別之　崇福司丞　大都修內司提點　大使上都同
祗應司大使上都同　器物局大使上都同　凡山採
木提舉司達嚕噶齊　提舉　武備寺丞　武備寺
各庫達嚕噶齊　提點　太僕寺丞　尚乘寺丞
資乘庫提點　長信寺丞　長秋寺丞　承徽寺丞
長寧寺丞　長慶寺丞　寧徽寺丞　太府監內
藏庫提點　度支監丞　資用庫提點　貂鼠庫提
舉　資成庫提點　祕書監丞　大都河道提舉司
提舉　尚供總管府副總管　景運倉提點　雲需
總管府副總管　行中書省郎中　副理問　中萬
戶府鎭撫　中千戶所副千戶　下千戶所達嚕噶
齊　千戶　儒學提舉司提舉　蒙古提舉學校官
提舉　廣東鹽課提舉司提舉　廣海鹽課司同提
舉　市舶提舉司提舉　下州達嚕噶齊　知州
各處托克托赫伸　奉直大夫散文　奉訓大夫　武
義將軍散武　武略將軍　縣男爵　飛騎尉勳

正六品

中書省右左司員外郎　中書省客省副使　京畿
都漕運使判官　御河等處都漕運使運判　蒙古
國子監丞　集賢院國子監丞　中政院長史　儲
政院長史　宣徽院屬各大使有從六品正從七品正八品從九品者
資乘庫大使　資用庫大使　資成庫大使　闌
遺監丞　都水監監丞　司天監丞　回回司天監
丞　上都警巡院達嚕噶齊　警巡使　開平縣達
嚕噶齊　尹　尚供總管府判官　景運倉大使
雲需總管府判官　大都左右警巡院達嚕噶齊
警巡使　大都路提舉學校所提舉　教授　大都
城門尉　廣誼司判官　宛平大興二縣達嚕噶齊
尹　下千戶所副千戶　各都轉鹽運使司運判
上州同知　承德郎散文　承直郎　承信校尉散武
昭信校尉

從六品

吏部戶部禮部兵部刑部工部員外郎　戶部各庫

副提舉　諸路寶鈔副提舉　大都酒庫同提舉
各市同提舉　檀景等處採金鐵冶副提舉　禮部
法物庫大使　常和興和祥和各署令　會同館副
使　各人匠提舉司同提舉秩品不一　樞密院客省副
使　大都督府經歷　大宗正府員外郎　耤田署
令　翰林院修撰　集賢院修撰　興文署令　太
常禮儀院各署令　藝文監藝林庫提點　內史府
記室　都護府經歷　崇福司經歷　大都留守司
經歷　犀象局四窰提點大使　器備庫大使　儀
鸞局副使　太府監藏庫大使　利用監各庫大使
大都河道同提舉　祕書監著作郎　宣慰司經
歷　官醫提舉司提舉　廣東鹽課提舉司同提舉
廣海鹽課提舉司副提舉　市舶提舉司同提舉
下萬戶府鎮撫　都總制庸田司經歷　中州同
知　上縣達嚕噶齊　尹　上百戶所百戶　儒林
郎文散　承務郎　忠武校尉武散　忠顯校尉

正七品

中書省都事　檢校官　戶部寶鈔總庫副使　印
造寶鈔庫達嚕噶齊　京師河西務通州各倉監支
納河倉一十有七館陶等四倉監支納從七品秦家渡等十三倉監支納從八品　禮部侍
儀司承奉班都知　掌薪司令　樞密院都事　御
史臺都事　監察御史　蒙古國子學博士　集賢
院國子學博士　宣徽院屬各副使有從七品正八品正九品者
太醫院屬各副使　太常禮儀院博士　太史院
保章正　靈臺郎　羣玉內司典簿　藝林庫大使
副使　資乘資用資成三庫副使　將作院屬各
副使秩品不一　管領諸路哲琳琨口民匠總管府各局
大使　各路提領所提領　武備寺各局局使有從七品
者　太府監各藏庫副使　祕書監著作佐郎　祕
書郎　大都各司局副使上都同　甸皮局大使　各
鹽場批驗所提領　上州判官　下州同知　中縣
達嚕噶齊　尹　各處托克托赫伸副　文林郎文散
承事郎　忠勇校尉武散　忠翊校尉

從七品

戶部印造寶鈔庫大使　行用六庫提領　大都宣
課提舉司副提舉　各市副提舉　提領　各倉大
使河倉十七大使有從八品從九品者　戶部屬各鹽場經歷　司令
禮部侍儀司典簿　通事　舍人　法物庫副使
拱衛直都指揮使司經歷　儀從庫大使　儀鳳
司經歷　大都陸運副提舉　工部銀銅石木油漆
等局各大使　各人匠提舉司副提舉秩品不一　樞密
院客省使經歷　各衛各親軍經歷　各總管萬戶
府經歷　大都督府都事　各廉訪司經歷　大宗
正府都事　大司農司都事　翰林院應奉翰林文
字　集賢院都事　興文署典簿　宣政院都事
宣徽院都事　光祿寺主事　太常禮儀院都事
各署丞　典瑞院都事　太史院都事　太醫院經
歷　都事　藝文監廣成局大使　將作院都事
通政院都事　中瑞司典簿　內正司典簿　翊正
司典簿　內宰司各提領　昭功萬戶都總司各局
大使　都護府都事　崇福司都事　大都留守司
都事　大都所屬各路管匠官大使　採石局使
上林署令　南北二寺收支諸物庫提領　河道副
提舉　上都留守司都事　各行中書省都事　檢
校所檢校　宣慰司都事　各行中書省儒學副提
舉　蒙古提舉學校官同提舉　各都轉鹽運使司
經歷　各鹽場司令　廣東鹽課提舉司副提舉
市舶提舉司副提舉　海道運糧萬戶府經歷　總
制庸田使都事　中州判官　下縣達嚕噶齊　尹
下百戶所百戶　徵事郎文散　從事郎　修武校
尉武散　敦武校尉

正八品

中書省照磨　管勾　架閣庫管勾　戶部印造寶
鈔庫副使　鈔紙坊提領　燒鈔東西二庫達嚕噶
齊　各倉副使　槃陽等三十綱各綱官　禮部鑄
印局大使　掌薪司丞　刑部司獄　工部鑌鐵
局瑪瑙玉局各大使　左三部照磨　左右部架閣
庫管勾　樞密院承發兼照磨　御史臺照磨　承
發管勾兼獄丞　各廉訪司知事　大司農司架閣
庫管勾　照磨　翰林院編修官　檢閱　典籍
蒙古國子學助教　教授　集賢院管勾兼承發架
閣庫　國子學助教　宣政院照磨　管勾　宣徽
院屬各直長　照磨　承發架閣庫　太常禮儀院
照磨　典瑞院照磨　太史院保章副　掌歷　校
書郎　太醫院照磨　廣成局副使　將作院照磨
管勾　通政院照磨　中政院照磨　儲政院照
磨　管勾　都護府照磨　崇福司照磨　大都留
守司管勾　各司各局直長上都同　祕書監校書郎
辨驗書畫直長　大都路兵馬指揮使司司獄
各行中書省照磨　架閣庫管勾　各鹽運使批驗
所大使　各路總管府錄事　下州判官　登仕郎

將仕郎文散　保義校尉武散　進義校尉

從八品

戶部各庫知事　寶鈔提舉司知事　燒鈔庫大使　行用六庫大使　各市大使　煤木所提領　鈔紙坊大使　京畿都漕運司知事　各鹽場司丞　管勾　禮部所屬各司知事　儀從庫副使　白紙坊大使　各衞各親軍知事　照磨　大宗正府管勾　闌遺監知事　太常禮儀院奉禮郎　奉禮兼檢討　協律郎　太祝　太史院監候　挈壺正　教授　翊正司照磨　各總管府知事　利用監各局大使　內史府照磨兼管勾　各路萬戶府知事　大都諸色庫大使　太廟收支諸物庫大使　各都轉鹽運司知事　各鹽場司丞　庸田司照磨兼管勾　海道運糧萬戶府知事　上千戶所彈壓　登仕佐郎文散　將仕佐郎　保義副尉武散　進義副尉

正九品

刑部獄丞　工部諸物庫提領　樞密院架閣庫管勾　御史臺架閣庫管勾　各廉訪司照磨兼管勾　大司農司輔用庫大使　太史院各省司歷　副監候　司辰郎　廣成局直長　內正司照磨　宣慰司照磨　大都收支庫提點　各都轉鹽運司批驗所副使　諸路總管府儒學教授　蒙古教授　巡檢司巡檢　中千戶所彈壓

從九品

戶部四庫照磨兼架閣庫管勾　諸路寶鈔提舉司照磨　燒鈔庫副使　行用六庫副使　各市副使　煤木所大使　鈔紙坊副使　侍儀舍人　會同館收支諸物庫大使　樞密院同管勾　太常禮儀院禮直管勾　太史院管勾　腹裏印歷管勾　印歷管勾　學正　司天監提學　教授　學正　各科管勾　各都轉鹽運司照磨　各鹽場管勾　海道運糧萬戶府照磨　下千戶所彈壓

視二品

內八府宰相

右內外官共計一萬六千四百二十五員按唐以後設官之多莫過元代弓劍一器之細玉石一物之微必設數職以董之史亦載其官而不書其職掌且不序其秩品今纂其可考者列陳於左其至正兵興以後因事而置已置即罷添設之員皆以各處總兵官便宜行事隨所索而給之疆宇日蹙之時名器極其冗濫概刪不錄以遵杜佑原書簡嚴之例云

欽定續通典卷四十三

職官

秩品五 明

明官品

正一品

宗人府宗人令　左右宗正　左右宗人　太師　太傅　太保　中軍左軍右軍前軍後軍五都督府左右都督 按明之武職唯五府都督位尊而任重在內則掌各衛之軍政在外則充將軍總兵洪武永樂時參將遊擊把總亦率以都督充之故總兵副總兵參將遊擊將軍守備把總無品級無定員獨鎭一方無所統轄中葉而後五府皆爲恩廕寄祿之官官無定額而命職亦不若洪武時之鄭重矣　特進榮祿大夫 文散武散勳官並同　特進光祿大夫　左柱國　右柱國勳 文武同 按自元以前各朝封爵皆有王公侯伯子男列於一品至四五品不等至明則異姓爵唯公侯伯三等且皆不列於秩品之內而駙馬都尉則位在伯上衍聖公則又秩居二品袍帶誥命朝班居一品

從一品

少師　少傅　少保　太子太師　太子太傅　太子太保　中軍左軍右軍前軍後軍五都督府都督同知　榮祿大夫 文散武散勳官並同　光祿大夫　柱國勳 文武同

正二品

太子少師　太子少傅　太子少保　吏部戶部禮部兵部刑部工部尚書　都察院左右都御史　衍聖公　中軍左軍右軍前軍後軍五都督府都督僉事　留守司正留守　都指揮使司都指揮使　龍虎山正一眞人　資善大夫 文散　資政大夫　資德大夫　驃騎將軍 武散　金吾將軍　龍虎將軍　正治上卿 文勳　上護軍 武勳 按明制武散官正從一品與文散官同其武勳亦與文勳官同考元以前各代勳皆爲武職分爲文武唯明制也

從二品

承宣左右布政使司左右布政使　都指揮同知　中奉大夫 文散　通奉大夫　正奉大夫　鎭國將軍 武散　定國將軍　奉國將軍　正治卿 文勳　護軍 武勳

正三品

太子賓客 按太子賓客唯洪武元年文原吉范顯祖常任之以其時帝親征太子監國故也自後無是官矣　吏部戶部禮部兵部刑部工部左右侍郎　都察院左右副都御史　通政使司通政使　大理寺卿　詹事府詹事　太常寺卿　順天府府尹　應天府府尹　提刑按察使司按察使　京衛指揮使司指揮使　留守司副留守　都指揮僉事　嘉議大夫 文散　通議大夫　正議大夫　昭勇將軍 武散　昭毅將軍　昭武將軍　資治尹 文勳　上輕車都尉 武勳

從三品

光祿寺卿　太僕寺卿　行太僕寺卿　苑馬寺卿　承宣布政司左右參政　都轉運鹽使司都轉運使　京衛指揮同知　留守司指揮同知　宣慰司宣慰使　太中大夫 文散　中大夫　亞中大夫　懷遠將軍 武散　定遠將軍　安遠將軍　資治少尹　輕車都尉 武勳

正四品

左右僉都御史　左右通政　謄黃右通政　大理寺左右少卿　詹事府少詹事　太常寺少卿　太僕寺少卿　鴻臚寺卿　順天府府丞　應天府府丞　行太僕寺少卿　苑馬寺少卿　按察使副使　各府知府　京衛指揮僉事　宣慰司同知　中順大夫 文散　中憲大夫　中議大夫　明威將軍 武散　宣威將軍　廣威將軍　贊治尹 文勳　上騎都尉 武勳

臣等謹按明初設宦官十二監太監秩正四品見明會典迨至中葉凡鎭守出征督餉坐營等事悉委任之於是賜以印記體同元輔爵以公侯廕及弟姪名器濫而祖制紊威福專而國事壞跡其覆轍甚於漢唐考中官給事宮闈本非班聯有職掌命官可比今內侍省設官分職仍按歷代史志纂入以見寵任宦豎者必致國是日非而內官秩品恭承

聖訓指示削去明代諸銜俾知閹寺微賤不得與朝士齒臣等推廣

聖意自唐巳下各朝概從刪省庶體例歸於畫一且以昭萬世之炯戒云

從四品

國子監祭酒　布政使左右參議　都轉運鹽使司同知　宣撫司宣撫使　宣慰司副使　朝列大夫 文散　朝議大夫　朝請大夫　宣武將軍 武散　顯武將軍　信武將軍　贊治少尹 文勳　騎都尉 武勳

正五品

中極殿大學士　建極殿大學士　文華殿大學士　武英殿大學士　文淵閣大學士　吏部戶部禮部兵部刑部工部郎中　宗人府經歷　通政司左右參議　大理寺左右寺丞　詹事府通事舍人　左右春坊大學士　左右春坊庶子　翰林院學士

光祿寺少卿　尙寶司卿　欽天監監正　太醫院院使　上林苑監左右監正　順天府治中　應天府治中　按察使僉事　各府同知　王府左右長史　王府儀衞司儀衞正　千戶所正千戶　宣慰司僉事　宣撫司同知　奉議大夫文散　奉政大夫　武德將軍武散　武節將軍　修政庶尹文勳　驍騎尉武勳

從五品

吏部戶部禮部兵部刑部工部員外郎　詹事府左右諭德　司經局洗馬　翰林院侍讀學士　侍講學士　鴻臚寺左右少卿　尙寶司少卿　都轉運鹽運司副使　鹽課提舉司提舉遼東煎鹽提舉司秩正七品　市舶提舉司提舉　各州知州　五軍都督府經歷　京衞鎭撫司鎭撫　王府儀衞副　千戶所副千戶　宣撫司副使　安撫司安撫使　招討司招討使　奉訓大夫文散　奉直大夫　武略將軍武散　武毅將軍　協正庶尹文勳　飛騎尉武勳

正六品

吏部戶部禮部兵部刑部工部主事　都察院經歷　大理寺左右寺正　詹事府丞　左右中允　翰林院侍讀侍講　國子監司業　太常寺寺丞　太僕寺寺丞　行太僕寺寺丞　尙寶司司丞　欽天監監副　五官正　太醫院院判　上林苑監左右監副　中東西南北五城兵馬司指揮司指揮　順天府通判　宛平大興二縣知縣　應天府通判　上元江甯二縣知縣　僧錄司左右善世　道錄司左右正　神樂觀提點　王府審理正　行太僕寺丞　苑馬寺寺丞　各府通判　王府典仗　都指揮司經歷　留守司經歷　百戶所百戶　宣撫司僉事　安撫司同知　長官司長官　承直郎文散　承德郎　昭信校尉武散　承信校尉　雲騎尉武勳

從六品

大理寺寺副　詹事府左右贊善　左右司直郎　翰林院修撰　光祿寺寺丞　署正　鴻臚寺左右寺丞　順天府推官　應天府推官　僧錄司左右闡教　道錄司左右演法　布政司經歷　理問　都轉運鹽判官　鹽課提舉司同提舉遼東同提舉秩正八品　市舶提舉司副提舉　各州同知　千戶所鎭撫　安撫司副使　承務郎文散　儒林郎　宣德郎吏材幹出身　忠顯校尉武散　忠武校尉　武騎尉武勳

正七品

工部營繕所正　監察御史　都察院都事　通政司經歷　大理寺評事　翰林院編修　太常寺典簿　博士　吏戶禮兵刑工六科都給事中　行人司正　上林苑監左右監丞各典署　五城兵馬指揮司副指揮　宛平大興二縣縣丞　上元江甯二縣縣丞　按察使經歷　各府推官　各縣知縣　王府審理副　留守司都事　副斷事　都指揮司都事　副斷事　安撫司僉事　承事郎文散　文林郎　宣議郎吏材幹出身

從七品

詹事府主簿　翰林院檢討　太常寺各祠祭署奉祀　光祿寺典簿　署丞　太僕寺主簿　六科左右給事中　給事中　各中書舍人　行人司左右司副　欽天監五官靈臺郎　順天府經歷　應天府經歷　布政司都事　副理問　行太僕寺主簿　苑馬寺主簿　都轉運鹽司經歷　鹽課提舉司副提舉遼東副提舉秩正九品　各州判官　五軍都督府都事　京衞指揮司經歷　宣慰司經歷　長官司副長官　從仕郎文散　徵仕郎

正八品

戶部照磨　寶鈔提舉司提舉　刑部照磨　工部營繕所所副　廣積通積盧溝橋通州白河各抽分竹木局大使　副使　大通關提舉司提舉　都察院照磨　通政司知事　翰林院五經博士　國子監監丞　太常寺協律郎　行人司行人　欽天監主簿　五官保章正　太醫院御醫　上林苑監各署丞　宛平大興二縣主簿　上元江甯二縣主簿　僧錄司左右講經　道錄司左右至靈　龍虎山法官　贊教　掌書　諸山靈官　王府典膳正　奉祠正　典寶正　紀善　良醫正　工正　郡王府典膳　按察使知事　各府經歷　各縣縣丞　京衞指揮司知事　宣慰司都事　廸功郎文散　修職郎

從八品

詹事府左右清紀郎　翰林院典籍　國子監五經博士　助教　典簿　太常寺各祠祭署祀丞　光祿寺錄事　監事　鴻臚寺主簿　欽天監五官挈壺正　順天府知事　應天府知事　僧錄司左右覺義　道錄司左右元義　知觀　布政司照磨　都轉運鹽司知事　宣撫司經歷　廸功佐郎文散

修職佐郎

正九品

戶部檢校　寶鈔司副提舉　鈔紙坊大使　寶鈔廣惠庫大使　廣積庫大使　贓罰庫大使　甲字乙字丙字丁字戊字庫大使　外承運庫大使　承運庫大使　行用庫大使　兵部會同館大使　刑部檢校　工部營繕所所丞　文思院大使　皮作局大使　鞍轡局大使　寶源局大使　顏料局大使　軍器局大使　織染所雜造局大使　都察院檢校　司獄司司獄　詹事府錄事　司經局校書　翰林院侍書　國子監學正　太常寺贊禮郎　太僕寺常盈庫大使　鴻臚寺司儀司賓二署署丞　欽天監五官監候　五官司歷　上林苑監錄事　典簿　教坊司奉鑾　王府典簿　典樂　典儀正　布政司檢校　按察使照磨　苑馬寺各牧監監正　茶馬司大使　各府知事　各縣主簿　宣撫司知事　將仕郎散文　登仕郎

從九品

吏部戶部禮部兵部刑部工部司務廳司務　戶部寶鈔廣惠庫副使　廣積庫副使　贓罰庫副使　甲字等庫副使　廣盈庫大使　外承運庫副使　承運庫副使　御馬倉大使　軍儲倉大使　兵部會同館副使　刑部司獄司司獄　工部文思院副使　皮作局副使　鞍轡局副使　寶源局副使　軍器局副使　飾慎庫大使　織染所雜造局副使　柴炭司大使　都察院司務廳司務　司獄司司獄　大理寺司務廳司務　詹事府左右司諫　司經局正字　翰林院待詔　國子監學錄　典籍　衍聖公屬教授　太常寺司樂　犧牲所吏目　光祿寺司牲司大使　鴻臚寺鳴贊　序班　欽天監五官司晨　漏刻博士　太醫院吏目　順天府儒學教授　照磨　司獄　都稅司大使　宣課司大使　稅課司大使　武學京衛武學教授　教坊司左右韶舞　左右司樂　王府伴讀　教授郡王府教授　鎮國將軍教授　布政司司獄司司獄　庫大使　倉大使　雜造局軍器局寶源局織染局各大使　按察使檢校　司獄司司獄　苑馬寺各牧監監副　錄事　各苑圍長　鹽課提舉司吏目　市舶提舉司吏目　茶馬司副使　各府照磨　各州吏目　各府教授　巡檢　副巡檢　稅課司大使　各府倉大使　各府織染雜造局大使　各府醫學正科　各府陰陽學正術　各府僧綱司都綱　各府道紀司都紀　司獄司司獄　京衛指揮司吏目　宣撫司照磨　安撫司吏目　招討司吏目　京縣典史　將仕佐郎散文　登仕佐郎

未入流按唐以後各代設官皆制爲九品品有正從共十八品品之外有未入流自明始也今詳敘之以垂一朝典制

兵部大通關大使副使　工部柴炭司副使　詹事府通事舍人　翰林院孔目　國子監掌饌　衍聖公屬學錄學司　光祿寺銀庫大使　五城兵馬指揮吏目　武學京衛武學訓導　布政司各局副使　都轉運鹽司庫大使副使　各場鹽課司大使副使　各鹽倉大使副使　各批驗所大使副使　鹽課提舉司吏目　庫大使副使　鹽倉大使副使　各場各井鹽課司大使副使　各府檢校　各府司獄司司獄　各縣典史　各府訓導　各州學正訓導　各縣教諭訓導　驛丞　府倉副使　各州縣倉大使副使　各州縣庫大使　各州縣織染雜造局大使副使　河泊所官　批驗所大使副使　遞運所大使副使　鐵冶所大使副使　州醫學典科　縣醫學訓科　州陰陽學典術　縣陰陽學訓術　州僧正司僧正　縣僧會司僧會　州道正司道正　縣道會司道會　留守司吏目　長官司吏目　蠻夷長官司長官副長官

右內外官共二萬四千六百員內官一千九百七十四員外官二萬二千七百九員按明制總督提督巡撫經略總理贊理巡視撫治皆以都御史充之其品即視其所帶之銜督糧道督冊道分守道皆以布政使參政參議充之提督學道清軍道驛傳道分巡道皆以按察司副使僉事充之其品亦即視其所帶之銜故秩品中不特載其官至於初設後革及因事而置事已即罷者亦不備錄南京各部院寺監秩品略同並從刪汰以省繁冗云

欽定續通典卷四十四

欽定續通典卷四十五

禮

臣等謹案杜佑作禮典分吉嘉賓軍凶五門以類相從每門詳晰其條目而當代典章其儀節度數見於施行者別爲開元禮纂附載於後佑之意在於遞述沿革博采異同以求實用於經訓之文有典奧者則爲之說以導達之參差之論有不齊者則爲之評以品節之而時又申明成說更標爲議俾得稽古考今衷於至是其卷端所述禮經傳述之源流與夫每代議禮之書咸能擇其精而括其要矣今續纂其書彙核典制考前人撰述唐憲宗元和中韋公肅撰禮閣新儀三十卷實繼開元禮而作後唐明宗時詔劉岳等刪定書儀周世宗命竇儼編大周集禮其書皆不傳宋初劉温叟定開寶通禮仁宗時王皡又撰禮閣新編爲當時所遵用其後朝臣編纂日以繁富其著者有若賈昌朝太常新禮文彥博大享明堂記歐陽修蘇洵等太常因革禮蘇頌閤門儀制之類至私門著述若陳祥道禮書司馬光書儀范祖禹呂大防諸家祭式祭儀並見稱於世而政和時鄭居中纂五禮新儀嘉泰時費士寅奏進續禮書尤能詳覈其端末焉遼史所載有遼朝雜禮重熙中又嘗命詞臣撰禮書三卷金明昌間有纂修雜錄四百餘卷後惟傳集禮一書元泰定中李好文撰太常集禮五十卷王守誠續編集禮又三十卷明初詔宋濂劉基等撰洪武集禮洪武禮法禮制集要諸書世宗又頒嘉靖祀典郊祀通典及壇廟陵殿諸圖就其存者胥可與歷代禮志相參考凡夫臣僚章奏名臣論著考核禮文見於紀傳文集者皆議禮家所藉以疏通證明者也至於杜典門類有宜變通者如吉禮載立尸之儀祓禊之制嘉禮載被召未謁稱故吏之儀凶禮載秀孝爲舉將服議在古人本非定典不過舉行一時未嘗施於後世其廢已久無庸續纂吉禮有諸侯立學自封建不行宜改爲郡縣學嘉禮則士庶之冠服與夫士庶妻之首飾服制庶人車制皆杜典所闕賓禮則載接見藩國之儀軍禮則詳閱兵習武之禮凶禮則述諸王服制各据史志會要以補原書之闕遺而通洽其義蘊所謂損益從時而制禮之意相承也夫自唐季以迄明季中歷八百餘年風會變遷文質屢易制度有因有革議論或駁或醇方策所傳法戒具在今采正史所載儀制證以他書文汰其繁事舉其要分門標目仍杜典之舊俾列代禮文有所徵信云按漢魏至唐議禮之家通典俱列其姓氏以備考稽唐自開元以後辨論朝章緝緝故事見於正史及專記諸書者有顏眞卿柳珵韋公肅王彥威王經李隨獨孤儀陸贄孟詵徐閏鄭正則賈頊鄭餘慶裴度韓愈李翺楊瑒五代有劉岳馮道田敏竇儼王朴宋有王溥聶崇義劉温叟陶穀宋白李昉賈昌朝張知白宋綬文彥博高若訥歐陽修韓琦許洞王安石李德芻陳襄司馬光范祖禹呂大防張載程頤鄭居中朱熹黃幹蔡元定王柏范寅賓鄭樵史定之張維葉克陳暘陳祥道陸佃王普李如圭史浩馬希孟方愨陳傳良汪應辰項安世楊復眞德秀魏了翁李心傳王應麟吳仁傑劉彝孫奭周端朝遼有王鼎耶律儼金有韓企先張瑋張行簡元好問元有曾巽申申屠致遠袁桷李好文虞集歐陽元揭傒斯明有李善長傳瓛宋濂王禕劉基陶安詹同朱升樂韶鳳李原名徐一夔梁貞周子諒胡行簡劉宗弼滕公琰夏言張璁郭正域焦竑陳仁錫謝鐸何塘朱載堉俞汝楫等或纂輯舊聞或撰定法式舉其尤者不能徧及也

後子爲本親服議　爲庶子後爲庶祖母承重服議　並有父母之喪議　有適母喪而所生母死爲服位議　居重喪遭輕喪易服議　居所後父喪有本親喪服議

第三十八凶禮　祖先亡父後卒而祖母亡服議　祖與父先後喪亡服議　生不及祖父母不稅服議　小功不稅服議　庶祖母慈祖母服議　父母乖離知死亡及不死亡服議　爲姑姊妹女子子無主後者服議　昏有期而夫死服議　喪遇閏月議　忌日議　國忌日議　忌日祭奠議　忌日祭祀停樂議　忌日易服議　忌日不廢軍務議　立春遇忌日議　慶節遇忌日議　忌日輟經筵議　祧廟廢忌日議　忌月舉樂議

第三十九凶禮　師弟子相爲服議　朋友相爲服議　除心喪議　周喪察舉議　丁憂終制議　改葬服議　改葬反虞議　父母墓毀服議　三年而後葬變除議　久喪不葬服議　招魂葬議

第四十凶禮　卒哭後諱及七廟諱字議　上書犯帝諱議　山川與廟諱同應改變議　諡議　喪禮雜制　服術有六　從服有六　絕族無移服　上殺下殺旁殺　親疏嫌疑同異　五服十制四疑　冠制　笄總制　絰帶制　杖制　屨制　喪不用樂　喪不宴客　喪不嫁娶　匿喪不舉　釋服從吉　停喪不葬　神像　墓祭　禮從簡約　居喪讀禮

吉禮

臣等謹案吉禮以郊廟爲重杜典述歷代郊天明堂社稷山川宗廟祫禘之制與夫太學釋奠巡狩告禮以及享禜諸雜祀其儀文可謂備矣夫祭必躬親致慤致虔交於神明以通昭假前代每遇大祀人君多遲疑畏葸憚於對越屆期或遣官攝行縱使辨章舊聞核定儀度豈有當於誠敬之本哉況夫所議之禮又未協於古也如南北郊之分祀開元禮頗爲合宜至天寶而卽自紊其制改爲合祀至宋而舉行益稀議論徒爲繁蕪明堂之制遼金元俱未舉行明嘉靖中始議舉祀然大享卒未親舉內殿殷薦亦祇有司攝事則當時所爲更正祀典及於羣廟百神者亦僅事虛文耳今自天寶以後每門存其儀注證以議論以備考覈惟杜典載禋於六宗及移廟主師行奉主諸儀與夫兄弟俱封各得立禰廟諸議悉後世所不行玆不復續纂老君祠附見先賢頗乖名制亦爲釐正焉

郊天　唐　五代　宋

唐玄宗天寶元年二月丙戌詔曰凡所祭享必在躬親朕不親祭禮將有闕其皇地祇宜就南郊合祭辛卯親享玄元皇帝於新廟（二年三月改西京玄元廟爲太清宮）甲午親享太廟（按唐自天寶以後凡將郊祀必先親享太清宮次日親享太廟次日合祭天地謂之三大禮宋人因之先郊三日奉謚冊寶於太廟次日親享玉清昭應宮非禮之禮呂升卿議之是矣語見後）三月丙申合祭天地於南郊（按唐書禮樂志玄宗既定開元禮至是合祭天地於南郊其後遂以爲故事終唐之世莫能改也）自後有事圜丘皆天地合祭若冊命大事告圜丘有司行事亦如之五載十二月詔曰祈穀上帝春祀先王永惟因心敢忘如在頃以詳諸舊典創以新儀清廟陳牲加特於嘗礿昊天冬祭重增以時享況履茲霜露載感惟深瞻彼郊壇有懷昭事宜以來歲正月朕親謁太廟便於南郊合祭仍令中書門下卽與禮官詳定儀注九載十一月制自今告獻太清宮及太廟改爲朝獻以告者臨下之義故也十載正月壬辰朝獻太清宮次日朝饗太廟又次日有事於南郊合祭天地（是載五月己前郊祭天地以高祖神堯皇帝配座先日廟告神堯皇帝室）德宗貞元六年十一月有事於南郊詔以皇太子爲亞獻親王爲終獻吏部郞中柳冕曰準開元禮獻官受誓戒詞云各揚其職不供其事國有常刑今以皇太子爲亞獻請改舊詞云各揚其職肅奉常儀從之穆宗長慶三年太常禮院奏郊壇祠祀遇大雨雪廢祭其禮物條件如後御署祝版既未行祭禮無焚毀之文請於太常寺敕庫收貯而其小祀雖非御署準此玉幣燎柴神酒燎幣醴齊並榛栗脯醢及應行事燭等請令郊社署各牒充次祭支用牲牛參牲既未行祭禮無進胙賜胙之文請比附禮記及祠令牲死則埋之例委監祭使及禮官於祠所瘞埋其小祀不全用牢牲舊例用猪羊肉亦準此粢盛瓜菹筍菹應已造成饌物請隨牲瘞埋行事官明衣絹布等準式既祭前給訖合充潔服既已經用請便收破公卿已下明房油燭幕炭應齊宿日所破用物請收破旨依承爲定式文宗太和元年王起判太常卿充禮儀詳定使創造禮神九玉奏議曰邦國之禮祀爲大事珪璧之議經有前規謹按周禮以蒼璧禮天黃琮禮地青珪禮東方赤璋禮南方白琥禮西方黑璜禮北方又云四圭有邸以祀天兩圭有邸以祀地圭璧以祀日月星辰凡此九器皆祀神之玉也又云禋祀祀昊天上帝鄭元云禋烟也

爲玉幣祭訖燔之而升煙以報陽也今與開元禮義同此則焚玉之驗也又周禮掌國之玉鎮大寶器若大祭既事而藏之此則收玉之證也梁代崔靈恩撰三禮義宗云凡祭天神各有二玉一以禮神一則燔之禮神者訖事卻收祀神者與牲俱燎則靈恩之義合於禮經今國家郊天祀地祀神之玉常用禮神之玉則無請下有司精求良玉創造九器祭訖藏之其燎玉卽依常制從之昭宗龍紀元年將有事於圜丘上宿齋武德殿宰相百僚朝服於位時兩軍中尉楊復恭及兩樞密皆朝服侍上太常博士錢珝李綽等奏論之曰皇帝赴齋宮內臣皆服朝服臣檢故事及近代禮令並無內官朝服助祭之文伏惟陛下聖祚中興祇見宗祧克承大禮皆稟高祖太宗之成制必循虞夏商周之舊經軒冕服章式遵彝憲禮院先準大禮使牒稱得內侍省牒要知內臣朝服品秩禮院先準禮令報訖今參詳近朝事例若內官及諸衛將軍必須製冠服卽各依所兼正官隨資品依令式服本官之服事存傳聽且可俯從然亦不分明著在禮令乞聖慈允臣所奏狀入至晚不報錢珝又進狀曰臣今日已時進狀論內官冠服制度未奉聖旨伏以陛下虔祀郊禋式遵彝範凡關典禮必守憲章今陛下行先王之大禮而內臣遂服先王之法服來日朝獻大聖祖臣贊導皇帝行事若侍臣服章有違制度是爲非禮上瀆祖宗臣期不奉敕狀入降朱書御札曰卿等所論至當事可從權勿以小瑕遂妨大禮於是內四臣遂以法服侍祠

梁太祖開平二年正月卜郊於西都時宰臣上表請郊天謁廟命有司擇日備儀因先布告岳牧方伯儀仗車輅鹵簿法物祭器樂懸各令所司修飭以河南尹充都點集諸司法物使後禮院改卜來年正月親祭南郊可之其郊使有詳定禮儀使南郊儀仗使車輅法物使南郊大禮使（故事大禮使以宰相爲之時用河南尹張宗奭充非常例也）三年詔曰初宅雒都將行郊祀應嶽瀆名山大川及諸州有靈迹封崇聖祠各宜差官吏精虔祭告

後唐莊宗同光二年二月有事於南郊先期禮儀使奏南郊朝饗太廟合祭天地於圜丘舊制以親王充亞獻行事詔以皇子繼岌爲亞獻皇弟存紀爲終獻明宗長興元年二月有事於南郊（按五代郊天之禮史書未詳晉漢二代竟無所書惟遼史太宗本紀載會同三年晉遣使請南郊許之則晉代郊天之明文也）

周太祖廣順三年十月內出御札曰王者承天事地尊祖敬宗燔柴於泰壇用昭乾德瘞玉於方澤以答坤靈朕受命上元宅心下土時已歷於三載漸至小康禮未展於二儀深虧大典宜叶蓍龜式陳籩豆庶展吉蠲之禮用傾昭事之忱以來年正月一日於東京有事南郊宜令所司各備儀注務從省約無致煩勞凡有供需並用官物府縣不得因便差配是年九月太常禮院奏準敕定郊廟制度洛陽郊壇在城南七里丙巳之地圜丘四成各高八尺一寸下廣二十丈再成廣十五丈三成廣十丈四成廣五丈十有二陛每節十二等燎壇在泰壇之丙地方一丈高一丈二尺開上南出戶方六尺請下所司修奉從之

宋太祖乾德元年十一月始有事於南郊（初詔冬至南郊有司言冬至當晦前一日皇帝始郊不宜近晦乃改用十六日甲子此因近晦改卜郊期者）自五代以來典章制度多所散逸至是詔有司講求遺逸遵行典故遂合祭天地於圜丘初有司議配享請以僖祖升配張昭獻議曰隋唐以前雖追立四廟或六七廟而無徧加帝號之文梁陳南郊祀天皇配以皇考北齊圜丘祀昊天以神武升配隋祀昊天於圜丘以皇考配唐貞觀初以高祖配圜丘梁太祖郊天以皇考烈祖配恭惟宣祖皇帝積累勳伐肇基王業伏請奉以配享從之（按梁及後唐郊壇皆在洛陽宋初始作壇於東都南薰門外四成十二陛三壝設燎壇於內壝之外丙地高一丈二尺設皇帝更衣大次於東壝東門之內道北南向）是年禮儀使陶穀（五代宰相爲大禮使太常卿爲禮儀使御史中丞爲儀仗使兵部尚書爲鹵簿使京府尹爲橋道頓遞使宋制大禮頓遞如舊而大禮使或以親王爲之又耑以翰林學士爲禮儀使其儀仗鹵簿使或以他官充太平興國元年始鑄五使印）言饗廟郊天兩日行禮從祀官前七日皆合於尚書省受誓戒自來一日之內受兩處誓戒有虧虔潔今擬十一月十六日行郊禮望依禮文於八日先受從享太廟誓戒九日別受郊天誓戒其日請放朝參從之自後百官受誓戒於朝堂宗室受於太廟祭之日均用丑時秋夏以一刻春冬以七刻前二日遣官奏告配帝之室（凡郊壇值雨雪卽齋宮門望祭殿望拜祭日不設登歌祀官以公服行事皆給明衣其常祀天地皆內降御封香仍製漆匱付光祿司農寺）時吏部尚書張昭等奏議曰案聶崇義稱祭天蒼璧九寸圓好祭地黃琮八寸無好圭璋琥並長九寸自言周顯德三年與田敏等案周官玉人之職及阮諶鄭元舊圖載其制度臣等案周禮玉人之職只有璧琮九寸瑑琮八寸及璧羨度尺好三寸以爲度之文卽無蒼璧黃琮之制兼引注有爾雅肉倍好之說此卽是注璧羨度之文又非蒼璧之制又詳鄭元自注周禮不載尺寸豈復別作畫圖違經立異又配合羨度肉好之言彊爲尺寸古今大禮順非改作於理未通又據尹拙所述禮神之六玉稱取梁桂州刺史崔靈恩所撰三禮義宗內昊天及五精帝圭璧琮璜皆長尺二寸以法十二

時祭地之琮長十寸以做地之數又引白虎通云方中圓外曰璧圓中方外曰琮崇義非之以爲靈恩非周公之才無周公之位一朝撰述便補六玉闕文尤不合禮臣等以靈恩所撰之書聿稽古訓祭玉以十二爲數者蓋天有十二次地有十二辰日有十二時封山之玉牒十二寸圜丘之籩豆十二列天子以鎮圭外守皇后以大琮內守皆長尺有二寸又祼圭尺二寸王者以祀宗廟若人君親行之郊祭登壇酌獻服大裘搢大圭行稽首而手秉尺二之圭神獻九寸之璧不及禮宗廟祼圭之數父天母地情亦奚安是靈恩議論未爲失也開寶元年十一月癸卯日南至有事南郊以燎壇稍遠不聞告燎之聲始用爟火令光明遠照通於祀所四年七月詔冬至郊祀十一月戊午親享太廟始用繡衣鹵簿考鹵簿凡四等大駕法駕鑾駕黃麾仗先是大駕鹵簿衣服旗幟皆五采緇黃至是盡易以繡凡郊祀籍田薦獻玉清昭應景靈宮用之己未合祭圜丘九年詔曰定鼎洛邑我之西都燔柴太壇國之大事今江表底定方內大同祇適景靈用申報謝乃眷西顧郊兆存焉將飭駕以時巡躬展誠於陽位朕今幸西京以四月有事於南郊宜令有司各揚所職按梁太祖建都於汴而郊壇則在洛陽開平二年帝自東京至洛陽行禮後唐莊宗同光二年張全義亦請亟幸洛陽謁廟畢即祀南郊以均王將祀南郊儀物具在是梁唐郊壇在洛之明證也太祖親郊凡四獨是歲行之於洛陽又在四月蓋本非彝典第以洛陽元有郊兆是年欲徙都於洛故因西幸而特行其禮云太宗太平興國三年十一月祀天地於圜丘始奉太祖升侑按宋初南郊四祭及感生帝皇地祇神州凡七祭並以四祖迭配太祖親郊者四並以宣祖配太宗即位其七祭但以宣祖太祖更配及是乃奉太祖升侑雍熙元年冬至親郊復議配享禮官始以爲舜郊嚳商郊冥周郊后稷王業所因也若漢高之太公光武之南頓君雖有帝父之尊而無預配天之祭故自太平興國三年六月再郊並以太祖配於禮爲允及是將東封扈蒙定議曰嚴父莫大於配天請以宣祖配天自雍熙元年罷封禪爲郊祀遂行其禮議者非之雍熙四年正月禮儀使蘇易

簡言親祀圜丘以宣祖配此則符聖人大孝之道成嚴父配天之儀太祖皇帝光啟丕圖恭臨大寶以聖授聖傳於無窮案唐永徽中以高祖太宗同配上帝欲望將來親祀郊丘奉宣祖太祖同配其常祀祈穀神州明堂以宣祖崇配圜丘北郊雩祀以太祖崇配奏可淳化三年將以冬至郊前十日皇子許王薨有司言王薨在未受誓戒之前準禮天地社稷之祀不廢詔下尙書省議吏部尙書宋琪等奏以許王薨謝去郊禮裁十日至尊成服百僚皆當入慰當愁慘之際行對越之儀臣等實慮上帝之弗歆下民之斯惑況郊天之禮歲有四焉載於禮經非有差降請以來年正月上辛合祭天地從之是年禮儀使言皇帝親郊故事在京并去圜丘十里內神祠及所過橋道並差官致祭而獨遺太社太稷文宣武成王等廟今請自出宮前一日遣官致祭從之至道三年十一月時眞宗立有司言冬至圜丘孟夏雩祀夏至方丘請奉太宗配上辛祈穀季秋明堂奉太祖配上辛祀感生帝孟冬祭神州地祇奉宣祖配其親郊奉太祖太宗並配詔可眞宗景德三年鹵簿使王欽若言漢以五帝爲天神之佐今在第一龕天皇大帝在第二龕與六甲岳瀆之類接席帝座天市之尊今與二十八宿積薪騰蛇杵臼之類同在第三龕卑主尊臣甚未便也若以北極帝座本非天帝蓋是天帝所居則北極在第二帝座在第三亦高下未等又太微之次少左右執法子星之次少孫星望令司天監參驗乃詔禮儀使太常禮院司天監檢定之禮儀使趙安仁言案開寶通禮元氣廣大則稱昊天據遠視之蒼然則稱蒼天人之所尊莫過於帝託之於天故稱上帝天皇大帝即北辰耀魄寶也

自是星中之尊易曰日月麗乎天百穀草木麗乎土又曰在天成象在地成形蓋明辰象非天草木非地是則天以蒼昊爲體不入星辰之例又郊祀錄壇第二等祀天皇大帝北斗天一太一紫微五帝坐差在行位前餘內官諸位及五星十二辰河漢都四十九坐齊列俱在十二陛之間唐建中間司天冬官正郭獻之奏天皇北極天一太乙準天寶敕並合升第一等貞元二年親郊以太常議詔復從開元禮仍爲定制郊祀錄又云壇第三等有中宮天市垣帝座等十七坐並在前開元禮義羅云帝有五座一在紫微宮一在大角一在太微宮一在心一在天市垣即帝坐者非直指天帝也又得判司天監史序狀天皇大帝一星在紫微句陳中其神曰耀魄寶即天皇是星五帝乃天帝也北極五星在紫微垣內居中一星曰北辰第一主月爲太子第二主日爲帝王第三爲庶子第四爲嫡子第五爲天之樞蓋北辰所主非一又非帝坐之比太微垣十星有左右執法上將次將之名不可備陳故總名太微垣星經舊載孫星而壇圖止有子星辨其尊卑不可同位竊惟壇圖舊制悉有明據天神定位難以躋升望依星經悉以舊禮爲定欽若復言舊史天文志並云北極北辰最尊者又句陳口中一星曰天皇大帝鄭元注周禮謂禮天者冬至祭天皇於北極也後魏孝文禋六宗亦升天皇五帝上案晉天文志帝座光而潤則天子吉威令行旣名帝座則爲天子所占列於下位未見其可又安仁議以子孫二星不可同位陛下方洽高禖之慶以廣維城之基苟因前代闕文便爲得禮實恐聖朝茂典尤未適中詔天皇北極特升第一龕又設孫星於子位次帝座如故欽若

又言帝座止三紫微太微者已列第二等惟天市一座在第三等案晉志大角及心中星但云天皇座實與帝坐不類詔特升第二龕舊郊丘神位板皆有司題署命欽若改造之至是欽若奉板便殿壇上四位塗以朱漆金字餘皆黑漆第一等金字第二等黃字第三等以降朱字悉貯漆匣覆以黃縑帊帝降階觀之卽付有司又以新定壇圖五帝五岳中鎭河漢合在第三等四年職方員外郎判太常禮院孫奭言準禮冬至祀圜丘有司攝事以天神六百九十位從祀今惟有五方上帝及五人神十七位天皇大帝以下並不設位且太昊句芒惟孟夏雩祀季秋大享及之今乃祀於冬至恐未叶宜翰林學士晁迥等言案開寶通禮圜丘有司攝事祀昊天配帝五方帝日月五星中外官衆星總六百八十七位雩祀大享昊天配帝五天帝五人帝五官總十七位方丘祭皇地祇配帝神州岳鎭海瀆七十一位今司天監所設圜丘雩祀明堂方丘並十七位卽是方丘有岳瀆從祀圜丘無星辰而反以人帝從祀望如奭請以通禮神位爲定其有增益者如後敕奏可乾興元年時仁宗立詔禮官定遷郊祀配帝乃請祈穀及祭神州地祇以太祖配雩祀及昊天上帝及皇地祇以太宗配感生帝以宣祖配明堂以眞宗配親祀郊丘以太祖太宗配奏可是年九月太常丞同制禮院謝絳言伏覩本院與崇文院檢討官詳定以宣祖配感生帝竊尋宣祖非受命開統義或未安唐武德初圜丘方丘雩祀並以景帝配祈穀大享並以元帝配太宗初奉高祖配圜丘明堂北郊元帝配感生帝高宗永徽二年祀高祖於圜丘祀太宗於明堂兼感生帝作主又以景帝元帝稱祖萬代不遷停配以符古義臣以爲景帝厥初受封爲唐始祖蓋與宣祖不侔宣祖於唐是爲元帝之比唐有天下裁越三世而景元二祖已停配典有宋受命旣自太祖於今四聖而宣祖侑祀未停恐非往典之意請依永徽故事停宣祖配仍用太宗故事宗祀眞宗於明堂兼感生帝作主若據鄭氏說則曰五帝迭王王者因所感別祭尊於南郊以祖配之今若不用武德永徽故事請以太祖兼配正符鄭說詳鄭之意非受命始封之祖不得配故引周后稷配靈威仰之義爲證惟太祖始造基業躬受符命配侑感帝處理甚明如恐祠日相妨當以太宗配祈穀太祖配雩祀亦不失尊嚴之旨臣以爲宣廟非惟不遷而迭用配帝於古爲疑禮祖有功宗有德但非受命之祖親盡必毀況配享乎翰林承旨李維等議案禮祭法正義曰郊爲夏正建寅之月祭感生帝於南郊此則崇祀之文也竊惟感帝比祈穀禮秩差輕宣祖比太祖功業有異今以太祖配祈穀宣祖配感帝稱情立文於禮斯協詔從所定仁宗天聖二年詔加眞宗謚上謂輔臣曰郊祀重事朕欲就禁中習儀其令禮官草具以聞先郊三日奉謚冊寶於太廟次日薦享玉淸昭應景靈宮宿太廟旣享赴靑城至大次就更衣壇改服袞冕行事按故事三歲一親郊不郊輒代以他禮慶賞與郊同而五使皆輔臣不以官之高下是年翰林學士領儀仗御史中丞領鹵簿始用官次五年十一月郊以翰林學上宋綬攝太僕陪玉輅上問儀物典故因使綬集羣官撰集天聖鹵簿圖記上之禮儀使劉筠請郊後詣玉淸昭應景靈宮詔郊前享景靈近臣奏告玉淸昭應擇日恭謝大禮使王曾請節廟樂帝曰三年一享不敢憚勞也三獻終增禮生七八各引本寶太祝升殿徹豆三日又齋長春殿謝玉淸昭應宮按沈括筆談上親郊廟冊文皆曰恭薦歲事先景靈宮謂之廟獻次太廟謂之朝享末乃事於南郊予集郊式時曾預討論常疑其次序若先爲尊則郊不應在廟後若後爲尊則景靈宮不應在太廟之先求其所從來蓋有所因案唐故事凡有享於上帝則百神皆預遣使祭告惟太淸宮太廟則皇帝親行其冊祝皆曰取某日有事於某所不敢不告宮廟謂之奏告餘皆謂之祭告惟有事於南郊方爲正祠至天寶九載乃下詔曰告者上告下之詞今後太淸宮宜稱朝獻太廟稱朝饗自此遂失奏告之名冊文皆爲正祠六年始築外壝周以短垣置靈星門親郊則立表於青城表三壝朱初南郊青城久占民土妨其耕稼又其中緩殿止是搆木結采至尊所御非所以備不虞天聖中魏餘慶上言乞優價給值收買民田除放租稅爲瓦殿七間依奏景祐二年郊詔以太祖太宗眞宗三廟萬世不遷南郊以太祖定配二宗法配親祀皆侑常祀圜丘皇地祇配以太祖祈穀雩祀神州配以太宗感生帝明堂以宣祖眞宗配如舊是年禮院言周官朝日祀五帝則張大次小次說者以爲祀昊天上帝亦然大次在壇壝外猶更衣幄小次在壇側今所未行請設小次於皇帝版位少東每獻畢降壇若殿就小次俟終獻徹豆復就版位慶曆元年判太常寺呂公綽言歷代郊祀配位無側向眞宗示輔臣封禪圖曰嘗見郊祀昊天上帝不以正坐蓋皇地祇次之今修登封上帝宜當子位太祖太宗配位宜比郊祀而斜置之其後有司不諭先帝以告成報功酌宜從變之意每郊儀範旣引祥符側置之文又載西向北上之禮臨時擇一未嘗考定乃詔南郊祖宗之配並以東方西向爲定公綽又以郊廟祭器未完制度多違禮請悉更造又以歲大中小祠凡六十一禘祫二祼獻興俯玉帛尊彝菁茹醯醢鍾石歌奏集爲郊祀總儀上之十月公綽言案開元禮崇祀錄昊天上帝皇地祇六罇太罇爲上實以汎齊著罇次之實以醴齊犧罇次之實以醍齊壺罇次之實以沈齊山罍爲下實以三酒配帝著罇爲

上實以汎齊犧罇次之實以醴齊象罇次之實以盎齊山罍爲下實以淸酒皆加明水明酒實於上罇五方北極天皇大帝神州地祇大明夜明太罇實以汎齊五星十二辰河漢象罇實以醍齊中宮壺罇五方山林川澤蜃罇並實以沈齊外宮槩罇五方邱陵墳衍原隰散罇並實以淸酒眾星散罇實以旨酒皆用明酒各實於上罇宗廟每室設斝彝黃彝著罇之上罇皆實以明水黃彝實鬱鬯著罇實以醴齊又司烜氏以鑑取明水於月鄭康成云鑑類取水者世謂之方諸取月之水欲得陰陽之潔氣也臣謹以古制考五齊三酒卽非難得之物將來郊廟祭享宜詔酒官依法制齊酒分實罇罍仍命有司取明水對明酒實於上罇或陰鑑方諸之類未能猝辦請如唐制以井水代之下博士議而奏曰比郊廟祠祀壇殿上下所設罇罍惟酌獻飲福二罇實以祠祭酒餘皆徒設器而不實以五齊三酒明水明酒誠於禮爲闕然五齊三酒鄭康成注周禮惟引漢時酒名擬之而無制造之法今欲仍舊用祠祭酒一等其壇殿上下罇罍有司不得更設空器其明水明酒並以井水代之其正配逐位酌獻飲福舊用酒二升者各增二升從祀神位並用舊升數實諸罍罇配以明水明酒從之三年禮官余靖言祈穀祀感生帝同日其禮當異不可皆用四圭有邸色尙赤乃定祈穀明堂蒼璧尺二寸感生帝四圭有邸朝日日圭夕月月圭皆五寸從祀神州無玉報社稷兩圭有邸祈不用玉皇祐五年正月會靈宮災是歲冬至郊以二帝並配明年大旱胡宿言五行火禮也去歲火而今又旱其應在禮此殆郊丘並配之失也卽建言並配非古宜用迭配如初嘉祐六年禮院言對越天地神無二主唐垂拱中始用三祖同配後遂罷之皇祐初三聖並侑後復迭配未幾復並侑以爲定制雖出孝思然頗違經典下兩制議翰林學士王珪等曰推尊以享帝義之至也然尊尊不可以瀆故郊無二主今二后並侑欲以致孝也而適所以瀆乎享帝非所以盡神也請如禮官議七年正月詔南郊以太祖定配英宗治平二年正月上辛祈穀禮院言準閤門儀制祀天地致齊皇帝不遊幸作樂緣壽聖節在致齋內若用慶曆元年嘉祐七年元會例更用中辛當在十六日又十四日例詣慈孝等寺集禧觀行禮觀燈作樂若遣官攝事無不聽樂元日朝賀聖壽節多與上辛相近常改用中辛非尊事天神之意嘉會合禮又不宜撤樂因詔遇元正御殿聖節上壽雖在上辛祠官致齋日亦用樂大宴移日或就賜按祈穀之儀慶曆用犢一羊二豕二共日祀感生帝羊二豕二正配籩豆俎各增爲二前一日太祝讀祝視祭玉餘如冬至攝事是年十一月合祭天地於南郊以太祖配故事皇帝將就版位祠官回班向皇帝須就位乃復侍臣跪讀冊至御名則興至是詔以尊奉祠勿回班及興時呂公著攝太僕卿參乘爲上言仁宗親祠撤黃道以登虛小次不入上皆循用之按治平將郊而雨或議改祫享英宗訪諸宗晟對曰陛下初郊見上帝盛禮也豈敢改卜至誠感神在陛下精意而已帝嘉納及郊雨霽神宗熙寧元年詔令兩制以上至臺諫官與太常禮院同詳定今年冬至當與未當親行郊禮翰林學士承旨王珪上議曰按王制喪三年不祭惟祭天地社稷爲越紼而行事傳謂不敢以卑廢尊是則居喪而可得見天地也春秋僖公三十三年傳凡君薨卒哭而祔祔而作主特祀於主烝嘗禘於廟杜預以謂新主旣特祀於寢則宗廟四時常祀自當如舊是則居喪而可得見宗廟也周公稱商高宗諒闇三年不言子張疑之以問仲尼仲尼答曰何必高宗古之人皆然高宗不云服喪三年而云諒闇三年者杜預又謂古者天子諸侯三年之喪旣葬而服除諒闇以居心喪不與士庶同禮也然則服除之後郊廟之祭可勿舉乎南齊以前人君嗣位或仍前郊之年或別自爲郊下有司議而王儉乃援晉宋以來皆改元卽郊而不用前郊之年自漢文以來皆卽位而謁廟至唐德宗以後亦踰年而行郊況本朝景德二年眞宗居明德皇太后之喪旣易月而服除明年遂享太廟而合祀天地於圜丘伏請皇帝將來冬至躬行郊廟之禮其服冕車輅儀物音樂緣神事者皆不可廢詔恭依典禮其車服儀物除神事外令太常禮院詳定以聞禮院看詳欲乞除郊廟及景靈宮禮神用樂外所有鹵簿鼓吹及樓前宮架諸軍音樂皆備而不作其逐據警場止鳴金鉦鼓角從之十一月帝齊於郊宮故事車駕至青城少休卽詔從臣幸後苑閱水嬉復登端門觀太常警嚴至是帝精意奉祀悉罷遊觀遂減徹門闕亭苑省草木禽獸千七百餘事按沈括傳括爲館閣校勘刪定三司條例故事三歲郊丘之制有司按籍而行藏其副吏沿以干利增下張幔距城數里爲園囿植采木刻鳥獸綿絡其間將事之夕法駕臨觀御端門陳仗衛以閱嚴警遊幸登賞類非齊祠所宜乘輿一器而百工侍役者六七十輩括考禮沿革爲書曰南郊式卽照令點檢事務執新式從事所省萬計神宗稱善至十年又罷去寢殿後至寶華門磚砌道著爲定制四年參知政事王珪言南郊乘輿所過必勘箭然後出入此師行之法不可行施於郊祀從之嗣以詳定所請又罷太廟及宣德朱雀南薰諸門勘契又皇帝自大次至版位內臣二人執翟羽前導號曰拂翟失禮尤甚請除之六年春正月復僖祖爲太廟始祖以配感生帝朱充國知太常禮院英宗祔廟議者欲祧僖祖藏夾

室充國請配感生帝爲宋始祖從之七年詔中書門下參定青城殿宇門名先是每郊撰進至是始定名前門曰泰禋東偏門曰承和西偏門曰迎禧正東門曰祥曦正西門曰景曜後三門曰拱極內東側門曰賓明西側門曰肅成大殿門曰端誠大殿曰端誠殿前東西門曰左右嘉德便殿曰熙成後園門曰寶華著爲定式元豐元年正月詔詳定郊廟禮儀二月詔內壝之外衆星位周環每二步植一杙繚以青繩以爲限域旣而詳定奉祀禮文所言周官外祀皆有兆域蓋設一位而已後世稍增其制東漢壇位天神從祀者至一千五百一十四神故外設重營以爲等限日月在中營內南道而北斗在北道之西至於五星中宮星之屬則其位皆中營二十八宿外宮星之屬則其位皆外營然則爲重營者所以等神位也唐因齊隋之制設爲三壝天神列位不出內壝而御位特設壇下之東南若夫公卿分獻文武從祀與夫樂架饌幔則皆在中壝之內而大次之設乃在外壝然則爲三壝者所以序祀事也蓋古者神位寡祀者簡故兆守有域以爲遮列屬禁而已後世神位旣衆祀者亦繁故爲三壝以嚴內外之限也伏請除去青繩儀注爲三壝從之九月詔祀天地及配帝並用特牲四年四月詔罷南郊合祭天地九月詳定郊廟奉祀禮文知禮院陸佃上議曰冕服有六而周官弁師云掌王之五冕則大裘與衮同冕矣故禮記曰郊之日王被衮以象天戴冕璪十有二旒則天數也又曰服之襲也充美也禮不盛服不充故大裘不裼此明王服大裘以衮衣襲之也先儒或謂周祀天地皆服大裘而大裘之冕無旒非是矣蓋古者裘不徒服則其上必皆有衣故曰緇衣羔裘黃衣狐裘

素衣麑裘如郊祀徒服大裘則是表衮以見天地表裘不入公門而乃欲以見天地可乎且先王之服冬裘夏葛以適寒暑蓋未有能易之者也郊祀天地有裘無衮則夏祀赤帝與夏至日郊祭地示亦將被裘乎然則王者冬祀昊天上帝中裘而表衮明矣至於夏祀天神地示則去裘服衮以順時序周官曰凡四時之祭祀以宜服之明夏必不衣裘也或曰王被衮以象天此魯禮臣以爲記曰周之始郊日以至王被衮以象天則豈得以爲魯哉或曰祭天尙質故特服大裘王被衮則非所以尙質臣以爲謂之尙質者明有所尙而已不皆用質也如蒼璧以禮天黃琮以禮地旂有十二旒龍章設日月此豈用質也哉故曰祭天掃地而祭焉於其質而已矣牲用騂尙赤也用犢貴誠也王被衮以象天戴冕璪十有二旒則天數也旂十有二旒龍章而設日月以象天也夫理豈一端而已亦各有所當也今欲冬至禋祀昊天上帝服裘被衮其餘祀天及祠地示並請服衮去裘各以其宜服之按宋故事南郊車駕服通天冠絳紗袍赴青城祀日服靴袍至大次臨祭始更服冕旒元豐中詔定奉祀儀有司建言周官祀昊天上帝則服大裘而冕禮記郊祭之日王被衮以象天王肅援家語臨燔祭服衮冕蓋先衮而後裘因請更製大裘以衮用於祀日大裘用於臨祭議者頗疑家語不可據黜之則周官禮記所載相牴牾時陸右丞佃知禮院請服大裘被以衮遂爲定制大裘黑羔皮爲之而緣以黑繒乃唐制也十月禮官言古之王者行則嚴輿衛處則厚宮闕所以示盛重備非常也故周禮王會同則爲壝宮食息則設帷宮漢祀甘泉則有行宮至於江左亦有瓦殿本朝沿唐舊制親祀南郊行宮獨設青城幔殿宿者有風雨之憂而又無望祭之位且青城之費歲以萬數臣等欲乞倣青城之制創立齋宮一勞而省重費或遇風雨可以行望祭之禮詔送太常禮院候修尙書省了日

取旨按是時以修尙書省未畢未及建立其後哲宗旣建齋宮謂臣下曰三歲郊青城之費縑帛三十餘萬工又倍之易以屋室一勞永逸所省多矣徽宗修建南北郊齋宿宮殿南郊曰齋宮北郊曰帷宮有司請曰事體如一而名稱不同宜並稱齋宮從之六年十月太常丞呂升卿言曰近以郊祀致齋之內不當詣景靈宮及太廟朝享具奏伏聞止罷景靈宮諸處朝謁而天興殿及太廟朝享如故臣伏以郊丘之祀國之大事有天下者莫重乎享帝臣歷考載籍不聞爲祀天致齋及於其閒先享宗廟者也獨有唐天寶之後用田同秀之言立老子廟號曰太清宮是歲將行郊祀以二月辛卯先躬享焉祠用青詞饋用素饌甲午又親享於太廟丙申乃有事於南郊終唐之世奉而行之莫知其非雖論者以爲失禮然考其初致齋之日乃辛卯享於太清宮至丙申殆且五日乃得雍容休息以見上帝今陛下致齋三日其一日於大慶殿而用其二日三行禮焉古之大祀未有不齋三日而敢與神明交者今陛下行禮於天興殿纔齋一日爾其之太廟與郊宮也前祀之一日皆嘗用之矣謂之一日之齋尙非全也夫用一日之齋以修大祀未見其可況非全日乎於以奉宗廟則齋之日不足於以事上帝則齋之儀不專陛下恭嚴寅畏三歲一修大禮將以受無疆之休其爲致齋者乃如此殆未稱昭事之意也今太廟歲有五大享皆如古矣又於郊祀復修徧享之禮此爲何名乎論者曰宗廟之禮未嘗親行故因郊祀恭展薦獻臣曰不然人主於宗廟之享自當歲時躬修其事其不親享者蓋後世之失禮也今曰必因郊禮以行之則義尤不可矣夫因者不致專之謂也七世聖神儼在清廟朝廷不特講歲時親行之禮而因以享之此非臣之所聞也臣愚以謂今郊禮宜如故事致齋於大慶殿

二日徑赴行宮其宮廟親享並乞寢罷或車駕必欲至太廟卽乞止告太祖一室以侑神作主之意撤去樂舞以盡尊天致齋之儀其天興朝享乞更不行請如新降朝旨俟禮畢而恭謝伏請繼今曰以往別修太廟躬祀之制歲五大享乘輿親臨其一焉仍望自今歲臘享爲首於明年行春祠之禮禴與烝嘗自次年以敘終之每遇行廟享之時則罷景靈宮一孟朝謁之禮廟享致齋乞於內殿出入如常儀如此則祀天享親兩得其當矣按宋初郊祀天三日宿齋於崇元殿翌日赴太廟五鼓朝享質明日赴南郊齋於帷宮又二日行郊祀禮自仁宗天聖二年從禮官言玉淸昭應宮景靈宮太廟同日行禮五年禮儀司劉筠以爲一日之內數次展禮不勝勞役請南郊禮畢別定日詣各宮行恭謝禮景佑五年侍講賈昌朝則請自廟告享佑之外景靈諸宮朝謁本唐世太淸宮之陋則一切改革郊畢詣景靈宮謝成如下元朝謁儀俱未見從至是升卿復爲此論而岳珂謂升卿論古之大祀未有不齋三日之言甚當至廟享歲五而臨其一乃常禮非大禮不應大禮祀天地而常禮祀祖宗不如仁宗嘉祐之行祫以代郊也光祿卿呂嘉問言光祿掌酒醴祠祭罇罍相承用法酒庫三色法酒以代周禮所謂五齊三酒恐不足以上稱陛下崇祀之意近於法酒庫內酒庫以醞酒法式考之禮經五齊三酒今醅酒其齊冬以二十五日春秋十五日夏十日撥醅瓮而浮蟻湧於面今謂之撥醅豈所謂泛齊耶接取撥醅其下齊汁與滓相將今謂之醅芻豈其所謂醴齊耶既取醅芻置篘其中其齊蔥白色入焉今謂之帶醅酒豈其所謂盎齊耶冬一月春秋二十日夏十日醅色變而微赤豈其所謂醍齊耶冬三十五日春秋二十五日夏十五日外撥開醅面觀之上淸下沈豈其所謂沈齊耶今朝廷因事而醞造者蓋事酒也今踰歲成熟烝醞者蓋昔酒也同天節上壽照所供臘醅酒者皆冬釀夏成蓋淸酒也此皆酒非所謂齊也是知齊者因自然之齊故稱名酒者成就而人功爲多故享神以齊養人以酒竊恐典禮如此又司尊彝曰醴齊縮酌盎齊涚酌依經傳則泛齊醴齊以事酒和之用茅縮酌其盎齊醍齊沈齊則以淸酒和之不用茅縮酌如此則所用五齊不多而供具亦甚易蓋醞酒料次不一此五種者成而皆自然伏望聖斷以今之所造酒與典禮相詳審或不至差謬乞自今年郊廟供奉從之是年郊祀昊天上帝以太祖配始罷合祭不設皇地祇位先是樞密院陳襄等詳定郊廟禮文上言曰伏承聖意以天地合祭於圜丘爲非典禮之正詔令更定臣等謹按周禮大司樂冬日至圜丘六變以祀天神夏日至方丘八變以祭地元夫祀必以冬日至者以其陽氣來復於上天之始也祭必以夏日至者以其陰氣潛萌於下地之始也又大宗伯以禋祀實柴槱燎祀其在天者而以蒼璧禮之以血祭沈薶疈辜祭其在地者而以黃琮禮之皆所以順其陰陽辨其時位倣其形色此二禮之不得不異也漢元始中姦臣妄議不原經意附會周官大合樂之說謂當合祭平帝從而用之故天地共犢禮之失自此始矣由漢歷唐千有餘年之閒而以五月親祠北郊者惟四帝而已如魏孝文之太和周武帝之建德隋高祖之開皇唐睿宗之先天皆希闊一時之舉也然而隨得隨失卒無所定垂之本朝未逌釐正恭惟陛下恢五聖之述作舉百王之廢墜臣以爲已罷合祭則南北二郊自當別祀伏望陛下每遇親祠之歲先以夏日至祭地示於方丘然後以冬日至祀昊天於圜丘此所謂大者正也然議者或謂先王之禮其廢已久不可復行古者齋居近古者致齋路寢儀衞省用度約賜予寡故雖一歲徧祀而國不費人不勞今也齋居遠儀衞繁用度廣賜予多故雖三歲一郊而猶或憚之況一歲而二郊乎必不獲已則三年而迭祭或如後漢以正月上下祠南郊禮畢次北郊或如南齊以上辛祀昊天而次辛瘞后土不亦可乎臣竊謂不然記曰祭不欲疏疏則怠夫三年迭祭則是昊天大神六年始一親祀無已怠乎記曰大事必順天時二至之郊周公之制也捨是而從後王之失可謂禮與彼議者徒知苟簡之便而不睹尊奉之嚴也伏惟陛下鑒先王已行之明效舉曠世不講之大儀約諸司儀衞而幸祠官均南郊之賜予以給衞士蠲靑城不急之務損大農無名之費使臣得以講求故事參究禮經取太常儀注之文以正其訛謬稽大駕鹵簿之式以裁其繁冗惟以至恭之意對越大祇以迎至和格純嘏庶成一代之典以示萬世又曰臣等恭惟本朝冬至祀天南郊夏至祀地北郊每歲行之皆合於古猶以有司攝事爲未足以盡志於是三年一郊而親行之夫三年一郊而親行蓋所謂因時制宜者也施之於今誠不可易惟合祭之禮在所當正禮曰魯人將有事於上帝必先有事於泮宮所以然者告祖爲配之謂也又曰晉人將有事於河必先有事於惡池齊人將有事於泰山必先有事於配林所以然者先卑後尊之謂也臣等推古以知今推諸侯以知天子欲乞每遇親郊七日戒之後三日宿之時宿太廟以告宿北郊以祭宿南郊以祀所以先太廟者告祖爲配也所以先北郊者先卑後尊也雖然自北郊至南郊相去爲遠則中道不可以無舍請爲帷宮止而後進如允所奏乞下有司施行禮後漢因祠南郊卽祀北郊明堂世祖廟及太廟謂之五供唐因祀南郊卽祀太淸宮及太廟

謂之三大禮本朝三歲郊祀必先景靈宮及太廟蓋因前制然每歲夏至於北郊自有常祀常歲有司攝事於南郊亦不合祭天地其合祭之意止緣親祀欲偏及爾若以親祀欲偏及之則因南郊同時告祭北郊自因舊儀亦不背違禮意近於可行於是詔禮官講求翰林學士張璪以爲冬至祀天夏至祀地不易之理今祀地欲改用他月無所據依必不得已宜於郊祀之歲夏至之日盛禮容與樂舞一如南郊之儀命冢宰攝事而王存曾肇言今北郊常差中書門下官乃冢宰之任樂舞之類亦開元開寶舊禮所載特近世廢闕二者皆有司攝事常行之典未足以代親祀之重恐於父天母地之文有所未順判太常寺陳薦言議者以天地合祭始於王莽故欲罷之臣按周頌昊天有成命郊祀天地也漢郊祀歌曰惟泰元尊媪神蕃釐泰元天也媪神地也又曰涓選休成天地並況此天地同祀可以槩見恐非王莽始也議者又謂方丘之祀盛夏不躬行宜選冢宰攝事亦恐未必合古然終不若天地合祭也乞且循舊制知禮院曾肇言今冬至若罷合祭而夏至又使有司行事則於父天母地之義若有隆殺願陛下遇親祀南郊之歲以夏至日躬款北郊以合先王之制遂詔罷南郊合祭親祀北郊並依南郊儀如不親祀上公攝事按元豐初議郊祀陳襄以周禮大司樂圜鍾函鍾異宮六變八變異數圜丘方丘異地冬至夏至異時爲分祭之證陳薦據詩序周頌昊天有成命郊祀天地也漢郊祀歌惟泰元尊媪神蕃釐涓選休成天地並況爲古人合祀之證而陳襄謂魏太和周建德隋開皇唐先天四事爲五月北郊親祀之徵而惜其僅見考開元禮則元宗定制冬至北郊夏至南郊文甚明晰唐史不書五月親祀之文恐史書偶闕惜開元初復古制而天寶旋改合祭南郊失初意耳是年詳定禮文所議禮記曰郊特牲而社稷太牢又曰祭天地之牛角繭栗配位亦特牲書曰用牲於郊牛二是也宋朝儀注昊天上帝皇地祇太祖皇帝之位各設三牲俎非尙質貴誠之義請親祀圜丘方澤正配皆用犢不設羊豕俎及鼎七有司攝事亦如之郊之祭也器用陶匏以象天地之性樿因白木以素爲質今郊祀簠簋罇豆皆非陶又用龍杓未合禮意請圜丘方澤正配位之所設簠簋罇豆改用陶器仍以樿爲杓祀天之有禋柴槱祭地之有瘞血享廟之有祼鬯皆歆神於始非謂於祭之末燔燒胙餘也後世燔瘞牲帛於祭末而不知致神於其始則是備於後而闕於先也請南北郊先行升烟瘞血之禮至薦籑禮畢卽如舊儀於壇坎燔瘞牲幣北郊祭皇地祇及神州地祇當爲坎瘞埋今乃建壇燔燎祝版考先儒所說地祇卽無槱燎之文請祭皇地祇祝版牲帛並瘞於埳不設燎壇熙甯祀儀惟昊天上帝皇地祇高禖燎瘞犢首自感生帝神州地祇而下皆不燔瘞牲體殊不應禮又按周禮羊人祭祀割羊牲登其首禮記曰升首報陽也首爲陽則脅與髀爲陰可知矣報陽宜以陽報陰宜以陰各從其類也請自今昊天上帝感生帝皆燔牲以報陽皇地祇神州地祇太社及太稷凡地祇之祭皆瘞牲之左髀以報陰凡薦享太廟皆升首於室又言臣等見親祀南郊儀注並云祀前三日儀鑾司鋪御座黃道褥謹按唐故事郊壇宮廟內壝及殿庭天子步武所及皆設黃道褥壇上立位又施赤黃褥將有事命撤之武德貞觀之制用紫至德以來用黃開元禮開寶通禮郊廟並不設黃道褥太常因革禮曰舊制皇帝升壇以褥藉地象天黃道太祖命撤之設拜於地和峴請宜付史館天聖二年儀注又增設郊壇壝門道北御座黃道褥康定初有司建議謂配帝褥用緋以示損於天地而自小次之前至壇上諸位其道褥以黃蓋非典禮是歲有詔自小次至壇下撤黃道臣等伏詳禮記郊祭之日氾掃反道鄭氏注謂剗令新土在上也其藉神席天地尙質則用蒲越藁鞂宗廟尙文則設莞筵紛純加繅席畫純加次席黼純而已天子受胙乃有席周禮司几筵所謂胙席是也今郊壇黃道褥欲更不設又言古者祭祀用牲有豚解有體解薦腥則解爲十一體今親祀南郊正配位之俎不殊左右胖不分貴賤無豚解體解之別請郊廟薦腥解其牲兩體兩肩兩脅並脊爲七體左右胖俱用其載於俎以兩髀左端兩肩兩脅次之脊居中皆進末至薦熟沈肉於湯止用右胖髀不升俎前後肱骨離爲三曰肩臂臑後髀股骨去體離爲二曰肫胳前脊謂之正脊次直爲之脡脊闕於脡脊謂之橫脊皆二骨脅骨最後二爲短脅旁中二爲正脅最前二爲代脅若升俎則肩臂臑在上端膞胳在下端脊脅在中央其俎之序則肩臂臑正脊脡脊代脅短脅膞胳凡十一體而骨體升俎進神坐前如少牢禮皆進下其牲體各預以半爲腥俎半爲熟俎腸胃膚俎亦然又請親祀飲福酒訖倣儀禮佐食摶黍之說命大官令取黍於簠摶以授祝祝受以豆以嘏乎皇帝而無嘏辭又本朝親祀南郊習儀於壇所明堂習儀於大慶殿皆近於瀆伏請南郊習儀於靑城明堂習儀於尙書省以遠神爲恭又賜胙三師三公侍中中書令門下中書侍郎尙書左右丞知樞密同知院事禮儀儀仗鹵簿頓遞使牛羊豕肩臂臑各五太子三師三少特進觀文大學士學士御史大夫六尙書金紫銀靑光祿大夫節度使資政殿大學士觀文翰林資政端明龍圖天

章寶文承旨侍講侍讀學士左右散騎常侍尚書列曹侍郎龍圖天章寶文直學士光祿正議通議大夫御史中丞太子賓客詹事給事中中書舍人節度觀察留後左右諫議龍圖天章寶文待制大中中大夫秘書殿中丞太常宗正卿牛豕肩臂臑各二入內內侍省押班副都知光祿卿監禮官博士牛羊脊脅各三太祝奉禮司尊彝郊社太廟宮闈令監牲牢供應祠事內官羊髀脾胳三應執事職掌樂工門幹宰手馭馬御車人並均給脾肫觳及腸胃膚之類

欽定續通典卷四十五

欽定續通典卷四十六

禮吉

郊天宋　遼　金　元

哲宗元祐元年禮部言元豐所造大裘雖用黑羊皮乃作短袖樣襲於袞衣之下仍與袞服同冕未合典禮下禮部太常寺共議上官均吳安詩常安民劉唐老龔原姚勔請依元豐新禮丁隲請循祖宗故事王愈請倣唐制朱光庭周秩請以元衣襲裘獨禮部員外郎何洵直在元豐中嘗預詳定以陸佃所議有可疑者八按周禮節服氏掌祭祀朝覲袞冕六人維王之太常郊祀裘冕二人既云袞冕又云裘冕是袞與裘各有冕乃云裘與袞同冕當以裘襲之裘既無冕又襲於袞中裘而表袞何以示裘袞之別哉古人雖質不應以裘爲夏服蓋冬用大裘當暑則以同色繒爲之記曰郊祭之日王被袞以象天若謂裘上被袞以被爲襲則家語亦有被裘象天之文諸儒或言臨燔柴脫冕著大裘或云脫裘服袞蓋裘袞無同冕兼服之理今乃以二服合爲一可乎且大裘天子吉服之最上若大圭大路之比是裘之在表者記曰大裘不裼說者曰無別衣以裼之蓋他服之裘褻故表裘不入公門事天以報本復始故露質見素不爲表襮而冕亦無旒何必假他衣以藩飾之乎凡裘上有衣謂之裼裼上有衣謂之襲襲者裘上重二衣也大裘本不裼鄭志乃云裘上有元衣與裘同色蓋趙商之徒附會爲說不與經合襲之爲義本出於重沓非一衣也古者齋祭異冠齋服降祭服一等祀昊天上帝五帝以裘冕祭則袞冕齋故鄭氏云王齋服袞冕是袞冕者祀天之齋服也唐開元及宋開寶禮始以袞冕爲齋服袞冕爲祭服兼與張融臨燔柴脫袞服裘之義合請從唐制兼改制大裘以黑繒爲之佃復破其說曰夫大裘而冕謂之裘冕非大裘而冕謂之袞冕則裘冕必服裘袞冕不必服袞今特言裘冕者主冬至言之周禮司裘掌爲大裘以供王祀天之服則祀地不服大裘以夏日至不可服裘故也今謂大裘當暑以同色繒爲之尤不經見兼裼襲一衣而已初無重沓之義被裘而服之則曰襲袒而露裘之美則曰裼所謂大裘不裼則非袞而何玉藻曰禮不盛服不充故大裘不裼則明不裼而襲也充美也鄭氏謂大裘之上有元衣雖不知覆裘以袞然尙知大裘不可徒服必有元衣以覆之玉藻有尸襲之義周禮裘冕注云裘冕者從尸服也夫尸服大裘而襲則王服大裘而襲可知且裘不可以徒服故被以袞豈借袞以爲飾哉今謂祭天用袞冕爲齋服裘冕爲祭服此乃襲先儒之謬誤後漢顯宗初服日月星辰十二章以祀天地自魏以來皆用袞服則漢魏祭天嘗服袞矣雖無大裘未能盡合於禮固未嘗有表裘而祭者也且裘內服也與袍同袍褻矣而欲禪以祭天以明示質是欲衩衣以見上帝也洵直復欲爲大裘之裳纁色而無章飾夫裘安得有裳哉請從先帝所志其後詔如洵直議去黑羊皮而以黑繒製焉五年五月尙書右丞許將言王者父天母地三歲冬至天子親祀徧享宗廟祀天圜丘而夏至方澤之祭乃止遣上公則皇地祇遂永不在親祀之典此大闕禮望博詔儒臣講求典故明正祀典爲萬世法詔禮部太常寺及兩省侍從官集議以聞於是翰林學士兼侍讀顧臨等八人請合祭天地如祖宗故事俟將來親行北郊之禮則合祭可罷臨與范祖禹又言天地特祭經有明文然自漢以來千有餘年不能行之宋興一祖六宗皆合祭天地其不合祭者唯元豐六年一郊耳去所易而就所難虛地祇之大祭失今不定後必悔之吏部侍郎范純禮彭汝礪戶部侍郎范子奇禮部侍郎曾肇刑部侍郎王覿豐稷權知開封府韓宗道樞密都承旨劉安世中書舍人孔武仲陳軒太常少卿盛陶宇文昌齡侍御史王畏監察御史董敦逸黃慶基左司諫虞策禮部郎中孫路員外郎歐陽棐太常丞韓治博士朱彥宋景年閻本等二十二人皆主北郊之議而武仲又請以孟冬純陰之月詣北郊親祠如神州地祇之祭杜純議請南郊之歲設望祠位於苑中置爟火夏至命上公攝事每獻舉爟火詔依王欽臣議宜如祖宗故事竝祭天地一次汝礪肇復上疏論合祭非是（文多不載）九月三省上顧臨等議太皇太后曰宜依仁宗皇帝故事呂大防言國朝以來大率三歲一親郊竝祭天地宗廟因行赦宥頒賞軍士遂以爲常今諸儒獻議欲南郊不設皇地祇位唯祭昊天上帝於祖宗之制未見其可蘇轍曰自熙寧十年神宗皇帝親祀南郊合祭天地今十五年矣皇帝卽位又已八年未嘗親見地祇乃朝廷闕典不可不正范百祿言圜丘無祭地之禮記曰有其廢之莫可舉也先帝所廢稽古據今未可輕改大防又言先帝因禮臣所建議遂令諸儒議定北郊祭地之禮然未經親行今皇帝臨御之始當親見天地而地祇之位獨不設恐亦未安況本朝祖宗以恩霈四方慶賚將士非三歲一行則國力有限今日宜爲國事勉行權制俟異時議定北郊制度及太廟享禮行之未晚太皇太后以呂大防之言爲是而蘇頌鄭雍皆以

古者人君嗣位之初必郊見天地今皇帝初郊而不祀地恐未合古乃下詔曰國家郊廟特祀祖宗以來命官攝事則三歲一親郊先享清廟冬至合祭天地於圜丘元豐間有司援周制以合祭不應古義先帝乃詔定親祠北郊之儀未之及行是歲郊祀不設皇地祇之位而宗廟之享率如權制朕方修郊見天地之始其冬至日南郊宜依熙寧十年故事設皇地祇位以嚴並況之報厥後躬行方澤之祀則修元豐六年五月之制俟郊禮畢集官詳議典禮以聞八年詔議郊祀禮部尙書蘇軾言議者欲變祖宗之舊圜丘祀天而不祀地不過以謂冬至祀天夏至祀地以類求神也是大不然冬至南郊旣祀上帝則天地百神莫不從祀古者秋分夕月西郊亦可謂陰時陰位矣至於從祀上帝則冬至而祀月於南郊議者不以爲疑今皇地祇亦從上帝而合祭於圜丘獨以爲不可則過矣詩之序曰昊天有成命郊祀天地也此乃合祭天地經之明文而說者乃以比之豐年秋冬報也曰秋冬各報而皆歌豐年則天地各祭而皆歌昊天有成命也是大不然豐年之詩曰豐年多黍多稌亦有高廩萬億及秭爲酒爲醴烝畀祖妣以洽百禮降福孔皆歌於秋可也歌於冬亦可也昊天成命之詩終篇言天而不及地今祭地於北郊獨歌天而不歌地豈有此理哉議者乃謂合祭天地始于王莽臣竊謂禮當論其是非不當以人廢光武皇帝親誅莽者也嘗采用元始合祭故事謹按後漢書郊祀志建武二年初制郊兆於洛陽爲圜丘八陛中又爲重壇天地位其上皆南向西上此則漢世合祭天地之明驗也議者欲冬至祀天夏至祀地蓋以爲用周禮也臣請言周禮與今禮之別古者一歲祀天者三明堂享帝者一四時迎氣者五祭地者二享宗廟者四此十五者皆天子親祭也太祖建隆初郊先享宗廟乃祀天地自眞宗以來三歲一郊必先有事於景靈宮享太廟乃祀天地此國朝之禮也周禮親祭如彼其多今禮親祭如此其少葢古者天子出入儀物不繁用財有節天子所治不過王畿千里唯以齋祭禮樂爲政事後世海內爲一四方萬里機務之繁億倍於古日力有不能給自秦漢以來天子儀物日以滋多有加無損以至於今非如古之簡易今之所行皆非周禮獨於地祇則曰周禮不當祭於圜丘此何義也哉議者又曰夏至不能行禮則遣官攝祭周禮大宗伯若王不與祭祀則攝位鄭注云王有故則代行賈公彥曰王有故謂疾及哀慘皆是後世人主不能歲歲親祭故命有司行事若親郊之歲遣官攝事是無故用有故之禮也議者曰省去繁文末節一歲可以再郊夫古者以親郊爲常禮故無繁文今爲大禮則繁文有不能省也王者父事天母事地不可偏異事天則備事地則簡是於父母有隆殺也三年一郊傾竭帑藏猶恐不足郊賚之外豈有復加分而與之人情豈不失望議者曰三年一祀天又三年一祀地夫三年已爲疏闊若獨祭地而不祭天是因祀地而逾疏於事天也議者曰當郊之歲以十月神州之祭易夏至方澤之祀則可以免方暑舉事之患夫所以議此者爲欲舉從周禮今以十月易夏至以神州代方澤豈周禮之經耶議者曰當郊之歲以夏至祀地於方澤上不親郊天子於禁中望祀書之望秩周禮之四望春秋之三望皆謂山川在四郊者故遠望而祭也今云望祭是爲京師不見地乎是時軾建議主合祭從之者五人劉安世主分祭從之者四十人又有爲禁中望拜之議者於是詔送下三省再令詳定安世復言云臣等昨奉詔旨講議大典皆祖周制而或者欲於當郊之歲以十月神州地祇之祭易夏至方澤之祀可以免盛暑舉事之勞夫神州地祇乃天子建都之所一方之神爾非皇地祇之比也或者又欲於夏至之日上不親郊止設燿火天子望祀於禁中如西漢行宮故事此皆出於臆說違經害義不可施行內有蘇軾一狀以合祭圜丘於禮爲得不可復有更改臣等謹按祭祀之禮莫大於天地二儀敵體禮宜均一豈可親祀乃有隆殺古者祭天於冬至國南圜丘祭地於夏至國北方澤求神以類也今議者猥用王莽不經之說至引夫婦同牢私媟之語黷亂天地決不可從議者引周頌昊天有成命以爲合祭之證竊詳是詩終篇未嘗有合祭之文所謂郊祀天地乃後儒敍詩者之辭耳葢成周之世圜丘祭天方澤祭地皆歌此詩以爲樂章非謂易北郊之祀使就享南郊也借如其說潛之序曰季冬獻魚春薦鮪也豐年詩之序曰豐年秋冬報也噫嘻序曰春夏祈穀於上帝也如此之類謂一祭耶二祭耶

彭汝礪上議曰先王之交於神明也旣祭之以禮又求之以類春爲陽故以正月迎於東郊秋爲陰故以七月迎於西郊使易地迎之樵野猶怪況鬼神乎先皇帝稽古是正何疑何恤而欲更之家人小祀尙愼廢舉天地重大豈容私議又曰合祭之議臣等謂不可者二十二人謂可者八人周禮聖人之言也合祭肇於漢末其言甚不經今委聖言而從不經不可也或曰合祭今世行之莫之改也夫先帝固已改之善矣今欲變之可不可也或曰親祀未能且從合祭可乎曰親祀非不可行以有事而攝爲亦禮也合祭非禮也先是禮部侍郎曾肇上奏乞分祭略曰天地合祭使於承祀神祇無不順之理雖非先王之禮何爲而不可葢以聖人之於祭求之於茫昧不可知之中故必因其方順其時而用其類以致之先王以爲求之如此其盡庶幾神之來享也苟爲反是則其於格神也難矣論者謂夏月行禮爲難欲因南郊併舉此施於人事以求自便也且屈己以從神與

屈神以從己二者孰安又曰今世之人家有尊長所居異宮子弟致敬必即其處尙不敢屈致一堂況天子祀地可不如家人之禮哉　安世議未上會降旨罷集議詔依元祐七年故事合祭天地紹聖元年五月右正言張商英言元祐諸臣復請合祭之非詔下禮官議御史中丞黃履謂南郊合祭因王莽諂事元后遂躋地位合席同牢逭先帝親郊大臣以宣仁同政復用莽意合祀瀆亂典禮帝詢輔臣章惇曰北郊止可謂之社黃履曰郊者交於神明之義所以天地皆稱郊社者土之神爾大祇不可謂之社乃以履奏下禮部禮部侍郎盛陶太常丞王誼等皆言宜用北郊儀注罷合祭禮已而三省言盛夏祭地必難親行詔兩省臺諫同議曾布錢勰范純禮韓宗師王古井亮采常安民李琮虞策劉定傅楫黃裳豐稷葉祖洽等言互有是否蔡京林希蔡卞黃履吳安持晁端彥翟思郭知章劉拯黃慶基董敦逸等請罷合祭從之然北郊親祀終帝之世未嘗克舉元符元年左司員外郎曾收言周人以氣臭事神近世易之以香按何佟之議以爲南郊明堂用沈香本天之質陽所宜也北郊用上和香以地於人親宜加雜馥今令文北極天皇而下皆用溼香至於衆星之位香不復設恐於義未盡又言先儒以爲實柴所祀者無玉幣燎所祀者無幣今衆星皆不用幣蓋出於此考典瑞玉人之官皆曰圭璧以祀日月星辰則實柴所祀非無玉矣槱燎無幣恐或未然於是每陛各設香命衆星各隨其方色用幣徽宗建中靖國元年詔初祀南郊權合祭天地於圜丘起居郎周常等以合祭爲非禮曾布主其說乃詔罷合祭按是年仍合祭政和三年詔有司討論壇壝之制禮制局言古所謂地上圜丘澤中方丘皆因地形之自然王者建國或無自

然之邱則於郊擇吉土以兆壇位爲壇之制當用陽數今定爲壇三成一成用九九之數廣八十一丈再成用六九之數廣五十四丈三成用三九之數廣二十七丈每成高二十七尺三成總八十一尺九九之數也陛級二百一十有六乾之策也爲三壝壝三十六步亦乾之策也成與壝俱三參天地之數也詔從之舊制壇四成一成二十丈再成十五丈三成十丈四成五丈成高八尺一寸十二陛陛十二級三壝共二十五步又按政和郊制上帝版位長三尺取參天之數厚九寸取乾元用九廣尺二寸取天之備數書以蒼色象天之色南宋高宗建炎二年築壇於揚州南門內江都縣之東南詔東京官吏奉祭器大樂儀仗法物赴行在所冬至祀昊天上帝以太祖配是年獨祭上帝紹興十二年臣僚言自南巡以來三歲三祀獨於明堂而郊天之禮未舉來歲乞行大禮詔建壇於臨安府行宮東門之外十三年建圜壇一成廣七丈二成廣十二丈三成廣十七丈四成廣二十二丈一十二陛陛七十二級每成十二級三壝第一壝去壇二十五步中壝去內壝外壝去中壝各半之燎壇方一丈高一丈二尺開上南出戶方六尺三出陛在壇南二十步丙地其青城及望祭殿與行事陪祀官宿齋幕次並令絞縛不修蓋中興不建齋宮惟設幕屋以架木葦障上下四旁周以幄帟謂之幕殿及行事又於壇所設大小次外又有望祭殿遇雨則行事於中東都時爲瓦屋五間中興後惟設帷屋而已太常少卿程瑀言皇地祇當一依祀天儀式詔從之是年禮部言郊祀大禮合依禮經皇帝服大裘被袞行禮據元豐詳定郊廟禮文何洵直議以黑繒創作大裘如袞惟領袖用黑羔乞如洵直議詔如祖宗故事以羔製之禮部又言關西羔羊係天生黑色今有司涅白羔爲之不中禮制不如權以繒代又元祐中有司欲爲大裘度用百羔哲宗以爲害物遂用黑繒請依太常所言從

之遂以袞襲裘冕亦十有二焉按徽宗政和中禮局上大裘青衣纁裏黑羔皮爲領褾襈朱裳被以袞服冬至祀昊天上帝服之立冬祀黑帝立冬後祭神州地祇亦如之紹興郊祀神位昊天上帝位皇地祇位於壇上北方南向西上席以藁秸太祖皇帝位太宗皇帝位於壇上東方西向北上席以蒲越天皇大帝五方帝大明夜明北極神州地祇十位於第一龕北斗天一太一帝座五星十二辰河漢等內宮五行五岳神位六十有九於第二龕二十八宿等中宮五鎭四海四瀆神位百七十有一於第三龕外宮山林川澤邱陵墳衍原隰神位百五十有六於內壝之內衆星神位三百有六十於內壝之外第一龕席以藁秸餘以莞而席皆內向其祭玉昊天上帝以蒼璧皇地祇以黃琮青帝以青珪赤帝以赤璋黃帝以黃琮白帝以白琥黑帝以黝璜神州地祇以兩圭有邸日月以璧五岳以兩圭有邸皆盛於匣昊天上帝配帝帛皆以蒼皇地祇以黃日月內宮以下各從其方色其祭品正配位籩四行以右爲上第一行糗餌在前粉餈次之第二行麷在前蕡白黑形鹽膴鮑魚鱐次之第三行乾棗在前溼棗栗溼桃乾桃溼梅乾橑榛實又次之第四行菱在前芡鼻鹿脯又次之豆四行以左爲上第一行酏食在前糝食次之第二行韭菹在前醓醢昌本麋臡菁菹鹿臡茆菹麇臡又次之第三行葵菹在前蠃醢脾析蠯醢蜃蚳醢豚拍魚醢又次之第四行芹菹在前兎醢深蒲醓醢菭菹雁醢筍菹魚醢又次之簠實以稻粱粱在稻前簋實黍稷稷在黍前登實以太羹籩前之俎實以牛腥七體兩髀兩肩兩脅并脊兩髀在兩端兩肩兩脅次之脊在中豆右之俎二爲二重以北爲上第一重實以牛腥腸胃肺離肺一在上端寸肺三次之腸

三胃三叉次之第二重實以牛熟腸胃其載如腥若配位卽以東爲上著尊二一實元酒一實醴齊皇帝酌之壺尊二一實元酒一實盎齊亞終獻酌之太尊二一實泛齊一實醴齊山尊二一實盎齊一實醍齊犧尊二一實沈齊一實事酒象尊二一實昔酒一實淸酒並設而不酌凡罍之實皆視其尊從祀諸神第一龕每位籩三行以右爲上第一行乾橑在前乾棗形鹽魚鱐次之第二行鹿脯在前榛實乾桃次之第三行菱在前芡栗次之豆三行以左爲上第一行芹菹在前筍菹葵菹菁菹次之第二行韭菹在前魚醢兔醢次之第三行豚拍在前鹿臡醓醢次之簠實以稻粱粱在稻前簋實以黍稷稷在黍前籩前之俎實以羊腥髀一豆前之俎實以豕腥髀一登實以太羹爵實以酒其餘諸神位每位左二籩棗在前鹿脯次之右二豆菁菹在前鹿臡次之簠實以稷簋實以黍俎實以羊豕腥肉登實以太羹爵實以酒神州地祇五行五官五岳又實盤以毛血太尊實以泛齊犧尊實以醴齊壺尊實以沈齊各以一尊實明水槩尊實以淸酒散尊實以昔酒各以一尊實元酒著尊象尊俱實明水上帝配帝之饌升卯階其餘神位各由其階升孝宗隆興二年詔今歲冬至日當郊見上帝可令有司除事神儀物諸軍賞給依舊制外其乘輿服御及中外之費並從省約是年孝宗初行大禮上問郊與明堂之費如何戶部尚書韓仲通曰郊之費倍於明堂侍郎錢端禮言不過二十萬若從祖宗故事一切從儉自宜大有減省上以爲然乃詔除賞軍事神外並宜省約太常少卿洪适言陛下盛德重華度越古昔初講郊禋之禮宜進胙慈幃並受帝祉乞下有司草具儀注進呈從之初降詔以十一月行事以冬至適在晦日以至道典故改用獻歲上辛遂改來年元爲乾道以正月一日有事南郊禮成進胙於德壽宮以牛腥體肩三臂二臑二導駕官自端成殿簪花從駕至德壽宮上壽飮福稱賀寧宗嘉泰三年祕書省言看詳福州進士張容圖繳進南郊辨駁冊內太子庶子之星以謂皇儲未慶理宜加祀并宋星乃國家受命之符興王之地及感生帝本朝係火德尤宜尊崇乞並特加祀於圜丘容圖所陳數事實關國事辭理可采乞下禮寺施行從之五年臣僚言樂工瞽師聲音之所自出令登歌之樂列於壇上遂於上龕盩上帝地祇太祖太宗並侑之側也而宮架之樂列於午階之下則百神之所同聽也夫樂莫尙於和平今戛擊搏拊鼓吹佾舞之工盩數百人寠人賤工安能蠲潔此不可不嚴者一也自圜壇之上曁於層龕之相承位列甚眾所謂籩豆簠簋登鉶罇俎之實唯牲牢至期宰擊餘如膴鮑魚鱐與夫兔雁麛蚳之醢麋鹿之臡皆各司之所預造也餌餈酏糝黍稷稻粱之食芹筍之菹則皆神廚至期之所造也竊聞預造者先後遲速或不能指揩日分至有色惡臭惡之慮而先期呈饌之時或兩浹辰所供之物或不可用有司掌之者不過一巡視之而已以至酒齊之設凡有數等京尹之司不過委之右選趨走之人其爲醇醨旣不可品嘗其不中度者甚多也矧又有最甚者名爲供官殆百餘人祭之日凡籩豆簠簋登鉶罇俎之屬滌濯固已鹵莽而夜半設實於器皆其手所敷頓此曹繫籍奉常平時所給微甚籃縷垢穢殆不可近而況執事之夕又復無所止宿半夜而興靧面濯手皆所不及而可令之供祭實乎至若贊引之人亦百餘輩平時亦皆供官之類耳以垢汙之人而蒙之以漫漶之服是皆不可進退於神位儀物之間者也此不可不嚴者二也昔魯人之祭也日不足繼之以燭雖有彊力之容肅敬之心皆倦怠矣有司跛倚則爲不敬之大今圜丘一龕之位通二龕三龕至壝埒之內外爲位者八百分獻之官贊禮之人不能審候壇上疾徐之節但欲速於竣事獻官旣多而禮生率常押差六部寺監帥漕之貼吏爲之旣不嫻習於禮而贊引捷給獻官跪拜俛興酌奠皆不及於禮其爲怠慢甚矣此不可不嚴者三也臣愚以爲郊禋大禮百司所供之物所造之物各有攸司固不可不分任之也而提綱總要當出於一奉常爲九卿之長郊祀大禮又奉常所掌臣前所陳登歌宮架之工奉常固自有籍矣其有不足用則未免有寄名者足之今名爲色長者當考見絲竹管弦有無斷闕速行修補仍必拘集肄工洗沐澣濯存其衣裝之可者其有不整之人責限令其措辦可也若供官贊引之人垢弊已甚又非樂工之比乞從御史臺行下奉常於一行人點名之外更加逐一檢察合用若干人除其閒稍可備數之人自餘垢弊已甚必不可責其自辦者令奉常具申朝廷行下外祗備庫將先來檢計退下漫漶舊弊之物置造衲衣一襫一褌先期發下奉常見名責領色長至期盡去其垢弊之衣而外襲之以法服表裏咸潔可以執事於籩豆簠簋登鉶罇俎之閒矣若夫一行合干等人名數猥眾乞下臨安府令先期一夕分就民居止宿夜半而興各靧面濯手整束衣服以趨祭所仍周環壇下約每十數步爲置一盥帨俾供官禮生等人必先盥帨而後升壇所逐位鋪設務令極其嚴潔所設神廚雖已差官監造亦必奉常譏察之仍乞下臨安府大理酒庫專差文官監造

而預造之廚從所司亟撥人員徑過奉常躬親監造可也分獻贊引之人必令詳緩如禮亦從御史臺行下約束夫以郊禋大禮鉅費至數百萬而四方之犒費不與焉皆非切於事神也聲音氣臭之用莫嚴於圜丘一處耳此而不嚴則鉅費數百萬皆所謂不揣其本而齊其末也其可不亟正之以對越天地祖宗之威靈從之度宗咸淳二年權工部尚書趙汝暨等奏臣等竊惟帝王受命郊見天地不可緩也古者有改元卽郊不用前郊三年爲計況今適在當郊之歲既踰大祥之期圜丘之祀豈容不舉於是降詔以十一月十七日款謁南郊適太史院言十六日太陰交蝕遂改來年正月一日南郊行禮太常寺言皇帝既已從吉請依儀用樂其十二月二十九日朝獻景靈宮三十日朝享太廟尚在禫制之內所有迎神奠幣酌獻送神作樂外其盥洗升降行步等樂備而不作是年將舉郊祀時復議以高宗參配吏部侍郎兼中書門下省檢正洪燾等議以爲物無二本事無二初舜之郊嚳商之郊契周郊后稷皆所以推原其始也禮者所以別等差視儀則遠而尊者配於郊近而親者配於明堂明有等也臣等謂宜如紹興故事奉太宗配將來明堂遵用先皇帝彝典以高宗參侑庶於報本之禮奉先之孝爲兩盡其至詔恭依 按周密南渡典儀三歲一郊預於元日降詔以冬至有事於南郊或用次年元日行事先於五六月內擇日命漕帥及修內司修飾郊壇及絞縛青城齋殿等屋凡數百間悉覆以葦蓆護以青布并差官兵修築泥路自太廟至泰禋門又自嘉會門至麗正門計九里二百二十步皆以潮沙塡築其平如席以便五輅之往來每隊各有歌頭以綵旗爲號兩街居民各以綵段錢酒爲犒又命象院敎象前導朱旗以二金三鼓爲節各有幞頭紫衣蠻奴乘之手執短钁旋轉踠起悉如人意又以車五乘壓之以鐵多至萬斤與輅輕重適等以觀疾徐傾側之勢至前一月進呈謂之閱試及駕出前一日縛大綵屋於太廟前置輅其中許都人觀瞻自前一月以來次第按試習儀殆無虛日郊前十日執事陪祀等官並受誓戒於尚書省前三日百官奏請皇帝致齋於大慶殿是日上服通天冠絳紗袍禱結佩升高座侍中奏請降座就齋室次日車駕詣景靈宮服袞冕行禮禮畢駕回就赴太廟齋殿宿是夕四鼓上服袞冕詣祖宗諸室行朝饗之禮是夜鹵簿儀仗軍兵於御路兩旁分列間以粃盆蕢燭自太廟直至郊壇泰禋門輝映如晝宰執親王貴家巨室列幕櫛比皆不遠千里不憚重費預定於數月之前而至期猶有爲有力所奪者歌舞遊遨工藝百物輻輳爭售通宵駢闐至五更則穰猏先驅所至皆滅燈火蓋清道祓除之義黎明上御玉輅從以四輅導以馴象千官百司法駕儀仗錦繡雜遝蓋十倍孟饗之數聲容文物不可盡述次第出嘉會門至清城宿齋四壁皆三衙諸軍周廬坐甲軍幕旌旗布列前後傳呼唱號列燭互巡往來如織行宮至暮則嚴更警場鼓角轟振又有衞士十餘隊每隊十餘人互相唱探至三鼓執事陪祀官並入就黃壇排立凡巋燈皆自爲誌號如捧俎官則畫一人爲捧俎之狀用丑時一刻行事至期上服通天冠絳紗袍乘輦至大次禮部侍郎奏中嚴外辦禮儀使奏請皇帝行事上服袞冕步至小次升自午階天步所臨皆藉以黃羅謂之黃道中貴一人以大合貯片腦迎前撒之禮儀使導殿中監進大圭至版位禮直官奏有司謹具請行事時壝壇內外凡數萬衆皆肅然無譁祀訖登門肆赦郊壇天盤至地高三丈二尺四寸通七十二級分四成上廣七丈共十二階分三十六龕午階闊一丈主上升降由此階其餘各闊五尺圜丘之上止設昊天上帝皇地祇二神位及太祖太宗配天十六龕共祀五帝太一感生北極北斗及分祀衆星三百六十位儀仗用六千八百八十九人自太廟排列至青城玉輅下祗應人共三百二十一人呵唱人員二人敎馬二人挾捧輪將軍四人推輪車子官健八人駕士班直二百三十二人千牛衞將軍二員抱太常龍旗官六員職掌五人專知官一名手分一名庫子八人裝掛匠二人諸作工匠十五人蓋覆儀鑾司十一人監官三員金象革木輅每輅下一百五十六人玉輅靑飾金輅黃飾象輅紅飾革輅淺色飾木輅黑飾輅下有人冠服並依輅色玉輅前儀仗騎導騎導官左壁文臣右壁武臣六軍儀仗官兵二千二百二十二人左右諸將軍十三員中道五員左右八員金吾衞仗司執穰猏八十人攝將軍八員仗下監門二十六員鼓吹五百八十三人導駕樂人三百三十人大禮後擇日行恭謝禮第一日駕出如四孟儀詣景靈宮天興殿聖祖前行恭謝禮次詣中殿祖宗神御前行禮還齋殿進膳訖引宰臣以下賜茶茶畢還內第二日將至太一宮道士率衆執威儀於萬壽觀前入圜子內迎駕起居作法事前導入太一宮門降輦侯班齊詣靈休殿參神次詣五福十神太一次詣申祐殿本命北辰殿通直殿佑聖順福殿太后本命延壽殿南極火德殿禮畢宣宰臣已下合赴坐宮並簪花對御賜宴上服幞頭紅上蓋玉束帶不簪花御筵畢百官侍衞吏卒等並賜簪花從駕

遼太祖神册元年正月庚寅命有司設壇燔柴告天卽皇帝位七年五月癸丑以黑白羊祭天地丙寅以青牛白馬祭天地 按遼制凡國有大故及行軍必以黑白羊祭天地或以青牛白馬祭天地用青牛白馬者誌其發詳所自不忘本也 十一月祠木葉山 按祭山儀設天神地祇位於木葉山東向中立君樹前植羣樹以象朝班又偶植二樹以爲神門皇帝皇后至纈拘安班具禮儀牲用赭白馬元牛赤白羊皆牡僕臣曰旗鼓蘇拉殺牲體割懸之君樹太巫以酒酹牲禮官曰多隆郭默德奏儀辦皇帝服金文金冠白綾袍絳帶懸魚三山絳垂飾犀玉刀錯絡縫烏靴皇后御絳帓絡縫紅袍懸玉佩雙結帕絡縫烏靴皇帝皇后御鞍馬羣臣在南命婦在北服從各部旗幟之色以從又按太祖幸幽州大悲閣遷白衣觀音像建廟木葉山尊爲家神於拜山儀過樹之後增詣菩薩堂儀一節然後拜神非約尼和隆郭汗之故也 十二月戊子燔柴於蓮花濼 按遼制行燔柴禮或一歲舉行或數歲一行無定時 穆宗應歷二年九月戊午詔以白黑羊元酒祭天歲以爲常興宗朝先有事於菩薩堂及木葉山遼河神然後行拜山儀冠服節文多所變更後因以爲常

金初因遼舊俗有拜天之禮 以重五中元重九日行之重五於鞠場中元於內殿重九於都城外其制刳木爲盤如舟狀赤爲質畫雲鶴文爲架高五六尺置盤於上薦食物其中聚宗族拜之若至尊則以常武殿築臺爲拜天所 太宗卽位告祀天地設位而祭天德以後始有南北郊之制 南郊在豐宜門外當闕之已地圜壇三成成十二陛各案辰位壝牆三匝四面各三門齋宮東北廚庫在南壇壝皆以赤土圬之冬至日合祀昊天上帝皇地祇於圜丘 世宗大定十一年始郊命宰臣議配享之禮左丞石琚言按禮記萬物本乎天人本乎祖此所以祖配上帝也蓋配之者侑神作主也自外至者無主不止故推祖考配天尊之也兩漢魏晉以來皆配以一祖至唐高宗始以高祖太宗崇配垂拱初又加以高宗遂有三祖同配之禮至宋亦嘗以三帝配後禮院上儀以爲對越天地神無二主由是止以太祖配臣謂冬至親郊宜從古禮帝曰唐宋以私親不合古不足爲法今止當以太祖配又謂宰臣曰本國拜天之禮甚重今汝等言依古制築壇亦宜我國家紲遼宋主據天下之正郊祀之禮豈可不行乃以八月詔曰國莫大於祀祀莫大於天振古所行

舊章咸在仰唯太祖之基命紹我本朝之燕謀奄有萬邦於今五紀因時制作雖增飾於國容推本奉承猶未遑於郊見況天庥滋至而年穀屢豐敢不敷繹曠文明昭大報取陽升之至日將親饗乎圜壇嘉與臣工共圖熙事以今年十一月十七日有事於南郊咨爾有司各揚乃職相予祀事罔或不欽乃於郊見前一日偏見祖宗告以郊祀之事其日備法駕鹵簿躬詣郊壇行禮章宗承安元年將郊禮官言禮神之玉當用眞玉燔玉當用次玉昔大定十一年天地之玉皆以次玉代之臣等疑其未盡禮貴有恒不能繼者不敢以獻若燔眞玉常祀用之恐有時或闕反失禮制若從近代之典及本朝儀禮眞玉禮神次玉燔瘞於禮爲當近代郊自第二等升天皇大帝北極於第一等前八位舊各有禮玉燔玉而此二位尙無之案周禮典瑞云以圭璧祀日月星辰近代禮九宮貴人大火星位猶用周禮之說其天皇大帝北極二位固宜用禮神之玉及燔玉也帝命俱用眞玉省臣又言前時郊天地配位各用一犢五方帝日月神州天皇大帝北極十位皆大祀亦當用犢當時止以羊代第二等以下從祀神位則分封羊豕以獻竊意天地之祀籩豆尙多者以備陰陽之物鼎俎尙少者以人之烹薦無可以稱其德則貴質而已故天地日月星辰之位皆用一俎前時第一等神位偏用二俎似爲不倫今第一等神位亦當各用犢一餘位以羊豕分獻從之二年十一月有事於南郊齋戒用唐制大祀散齋四日致齋三日中祀散齋二日致齋一日天子親祀皆前期七日攝太尉誓亞終獻官親王陪祀皇族於宮省皇族十五以上官雖不及七品者亦助祭受誓又誓百官於尙書省昊天上帝皇地祇神座在壇上北方南向地祇位在東稍卻席皆以藁秸太祖配位座在東方西向席以蒲越五方帝日月神州地祇天皇大帝北極神座於壇上第一等席皆藁秸內宮五十四座五神五宮嶽鎭海瀆二十九座在壇第二等中宮一百五十有八座崑崙山林川澤二十一座在壇上第三等外宮一百六座邱陵墳衍原隰三十座於內壝之內衆星三百六十座在內壝之外席皆以莞天地配位各左十有二籩右十有二豆俱爲三行登三在籩豆間簠二簋二於登前簠在左簋在右俎四毛血豆一各於神座前藉以席天地太尊著尊犧尊山罍各二山罍各四配位者尊犧尊象尊壺尊各二山罍各四皆有坫左以明水右以元酒第一等皆左八籩右八豆登在籩豆間簠一簋一在登前爵坫一在神座前俎四第二等每座籩二豆二簠一簋一俎一爵坫一第三等內壝內外宮內壝外衆星每位籩二豆二簠一簋一俎一爵一第一等每位太尊著尊各二皆有坫第二等每位山尊二第三等每位蜃尊二內壝內外每辰槩尊二皆用勺自第二等以下皆用匏爵其玉幣昊天上帝以蒼璧蒼幣皇地祇以黃琮黃幣配位以蒼幣黃帝以黃琮青帝以青珪赤帝以赤璋大明以青珪璧白帝以白琥黑帝以元璜北極以青珪璧天皇大帝以元珪璧神州地祇以元色兩珪有邸五帝之幣各從其方色昊天上帝皇地祇配位每位籩三行以右爲上形鹽在前魚鱐次之第二行榛實在前乾桃乾橑乾棗次之第三行乾蔆在前乾芡乾栗鹿脯次之豆三行以左爲上芹菹在前筍菹葵菹次之第二行韭菹在前菁菹魚醢兔醢次之第三行豚胉在前醓醢飽食糝食鹿臡次之簠黍簋稷登太羹第一等每位籩三行以右爲上形鹽在前魚鱐次之第二行乾橑在前桃棗次之第三行乾芡在前榛實鹿脯次之豆三行以左爲上芹菹在前筍菹次之第二行菁菹在前韭菹魚醢次之第三行豚胉在前醓醢鹿臡次之簠黍簋稷登太羹第二第三等每位籩二鹿脯乾棗豆二鹿臡菁菹俎羊一體內壝內內壝外每位籩鹿脯豆鹿臡俎羊一體昊天上帝皇地祇太尊爲上實以汎齊著尊次之實以醴齊犧尊次之實以盎齊象尊次之實以醍齊壺尊次之實以沈齊山罍爲下實以三酒配位著尊爲上實以汎齊犧尊次之實以醴齊象尊次之實以盎齊壺尊次之實以醍齊山罍爲下實以三酒第一等每位太尊實以汎齊著尊實以醴齊第二等山尊實以醍齊第三等及內壝內蜃尊實以汎齊內壝外及衆星槩尊實以三酒五年五月敕重五拜天服公裳者拜禮仍舊諸便服者並用女直拜按金之拜制先袖手微俯身稍復卻跪左膝左右搖肘若舞蹈狀凡跪搖袖下拂膝上則至左右肩者凡四如此者四跪復以手按右膝單跪左膝而成禮國言搖手而拜謂之察楚是年五月上諭有司曰女直漢人拜數可以相從者酌中議之禮官奏曰周官九拜一曰稽首拜中至重拜君之禮也乞自今凡公服則用漢拜若便服則用本俗之拜主事陳松曰本朝拜禮其來久矣乃便服之拜也可令公服則朝拜便服則從本朝拜平章政事張萬公謂拜禮各便所習不須改也司空完顏襄曰今諸祉髮皆從本朝之制宜從本朝拜禮松言是也上乃命公裳則朝拜諸色人便服則皆用本朝拜

元興朔漠代有拜天之禮衣冠尙質祭器尙純帝后親之宗戚助祭憲宗即位二年秋八月始以冕服拜天於日月山其十二月又用孔元措言合祭昊天后土始大合樂作牌位以太祖睿宗配享歲甲寅會諸王於庫庫淖爾之西丁巳秋駐蹕於準淖爾皆祭天於其地世祖

中統元年夏四月躬祀天於舊桓州之西北灑馬湩以為禮十二年十二月以受尊號遣使預告天地下太常檢討唐宋金舊儀於國陽麗正門東南七里建祭臺設昊天上帝皇地祇位二行一獻禮自後國有大典禮皆即南郊告謝焉十三年五月以平宋遣使告天地以國禮行事成宗即位之四月為壇於都城南七里大德六年春三月祭天遣左丞相哈喇哈斯攝事（此元代祀天攝事之始）命獻官以下諸執事各具公服行禮是時大都未有郊壇大禮用公服自此始時翰林國史院檢閱官袁桷進十議曰天無二日天既不得有二五帝不得謂之天作昊天五帝議祭天歲或為九或為二作祭天名數議圜丘不見於五經郊不見於周官作圜丘非郊議后土社也作后土即社議三歲一郊非古也作祭天無間歲議燔柴見於古經周官以禋祀為大其義各有旨作燔柴泰壇議祭天之牛角繭栗用牲於郊牛二合配而言之增羣祀而合祠非周公之制矣作郊不當立從祀議郊質而尊之義也明堂文而親之義也作郊明堂禮儀異制議郊用辛魯禮也卜不得常為辛作郊非辛日議北郊不見於三禮尊地而導北郊鄭元之說也作北郊議禮官推其博多采用之九年二月右丞相哈喇哈斯等言天子親祀者三曰天曰祖宗曰社稷今宗廟社稷歲時攝官行事祭天國之大事也陛下雖未及親祀宜如宗廟社稷遣官攝祭歲用冬至儀物有司預備制曰可於是翰林集賢太常禮官皆會中書集議博士疏曰冬至圜丘唯祀昊天上帝至西漢元始間始合祭天地歷東漢至宋千有餘年分祭合祭迄無定論集議曰周禮冬至圜丘禮天夏至方丘禮地時既不同禮樂亦異王莽之制何可法也今當循唐虞三代之典唯祀昊天上帝其方丘祭地之禮續議以聞案周禮壇三成近代增外四成以廣天文從祀之位集議曰依周禮三成之制然周禮疏云每成一尺不見縱廣之度恐壇上隘隘器物難容擬四成制內減去一成以合陽奇之數每成高八尺一寸以合乾之九九上成縱廣五丈中成十丈下成十五丈四陛陛有十二級外設二壝內壝去壇二十五步外壝去內壝五十四步壝各四門壇設於丙巳之地以就陽位案古者親祀冕無旒服大裘而加袞臣下從祀冠服歷代所尚其制不同集議曰依宗廟見用冠服制度案周禮大司樂云凡樂圜鐘為宮黃鐘為角太簇為徵姑洗為羽冬日至圜丘奏之若樂六變則天神皆降可得而禮矣集議曰樂者所以動天地感鬼神必訪求深知音律之人審五聲八音以司肄樂夏四月中書復集議博士言舊制神位版用木中書議改用蒼玉金字白玉為座博士曰郊祀尚質合依舊制遂用木主長二尺五寸闊一尺二寸上圓下方丹漆金字木用松柏貯以紅漆匣黃羅帕覆之造畢有司議所以藏議者復謂神主廟則有之今祀於壇對越在上非若他神無所見也所製神主遂不用七月九日博士又言古者祀天器用陶匏席用藁秸自漢甘泉雍時之祀以迄後漢晉魏南北二朝隋唐其壇壝玉帛禮器儀仗日益繁縟浸失古者尚質之意宋金多循唐制其壇壝禮器考之於經固未能全合其儀法具在當時名儒輩出亦未嘗不援經而定也酌古今而行禮亦宜焉今檢討唐宋金親祀攝行儀注并雅樂節次合從集議太常議曰郊祀之事聖朝平定金宋以來未暇舉行今欲修嚴不能一舉而大備然始議之際亦須酌古今之儀垂則後來請從中書會翰林集賢禮官及明禮之士講明去取以聞中書集議曰合行禮儀非草創所能備唐宋皆有攝行之禮除從祀受胙外一切儀注悉依唐制修之八月太常寺言尊祖配天其禮儀樂章別有常典若俟至日議之恐匆遽有誤於是中書省臣奏曰自古漢人有天下其祖宗皆配天享祀臣等與平章何榮祖議宗廟已依時祭享今郊祀止祭天制曰可是歲南郊配位遂省是年築郊壇於麗正文明門之南丙位設郊祀署令丞各一員太祝三員奉禮郎二員協律郎一員法物庫官二員時齊履謙攝司天臺舊制享祀司天雖掌時刻無鐘鼓更漏往往至旦始行事履謙白宰執請用鐘鼓更漏俾早宴有節從之武宗至大二年十一月尚書省及太常禮儀院言郊祀國之大禮今南郊之禮已行而未備北郊之禮尚未舉行今年冬至祀天南郊請以太祖配明年夏至祀地北郊請以世祖配制可三年十一月丙申有事於南郊尊太祖皇帝配享昊天上帝五方帝日月星辰從祀英宗至治二年九月有旨議南郊祀事中書平章邁拉御史中丞曹立禮部尚書張埜學士蔡文淵袁桷鄧文原太常禮儀院使王緯田天澤博士劉致等會都堂議一曰年分按前代多三年一祀天子即位以及三年當有旨欽依二曰神位周禮大宗伯以禋祀祀昊天上帝注謂昊天上帝冬至圜丘所祀天皇大帝也又曰蒼璧禮天注云此禮天以冬至謂天皇大帝在北極謂之北辰又曰北辰天皇耀魄寶也又名昊天上帝又名太乙帝君以其尊大故有數名今按晉書天文志中宮句陳口中一星曰天皇大帝其神耀魄寶周

禮所祀天神正言昊天上帝鄭氏以星經推之乃謂即天皇大帝然漢魏以來名號亦復不一漢初曰上帝曰太乙曰皇天上帝魏曰皇皇帝天梁曰天皇大帝唯西晉曰昊天上帝與周禮合唐宋以來壇上既設昊天上帝第一等復有天皇大帝其五天帝與太乙天乙等皆不經見本朝大德九年中書圓議止依周禮祀昊天上帝至大三年圓議五帝從享依前代通祭三曰配位孝經曰孝莫大於嚴父嚴父莫大於配天又曰郊祀后稷以配天此郊之所以有配也漢唐以來莫不皆然至大三年冬十月三日奉旨十一月冬至合祭南郊太祖皇帝配圓議取旨四曰告配禮器曰魯人有事於上帝必先有事於頖宮注告后稷也告之者將以配天也告用牛一宋會要於致齋二日宿廟告配凡遣官犧尊豆籩行一獻禮至大三年十一月二十一日質明行事初獻攝太尉同大常禮儀院官赴太廟奏告圓議取旨五曰大裘冕周禮司裘掌爲大裘以共王祀天之服鄭司農云黑羊裘服以祀天示質也弁師掌王之五冕注冕服有六而言五者大裘之冕蓋無旒不聯數也禮祀郊特牲曰郊之祭也迎長日之至也祭之日王被衮以象天戴冕璪十有二旒則天數也陸佃曰禮不盛服不充蓋服大裘以衮襲之也謂冬祀服大裘被之以衮開元及開寶通禮鸞駕出宮服衮冕至大次質明改服大裘冕而出次宋會要紹興十三年車駕自廟赴青城服通天冠絳紗袍祀日服大裘衮冕圓議用衮冕六曰匏爵郊特牲曰郊之祭也器用陶匏以象天地之性也注謂陶瓦器匏用酌獻酒開元禮開寶禮皆有匏爵大德九年正配位用匏爵有坫圓議正位用匏配位飲福用玉爵

七曰戒誓唐通典引禮經祭前期十日親戒百官及族人太宰總戒羣官唐前祀七日宋會要十日纂要太尉南向司徒亞終獻一品二品從祀北向行事官以次北向禮直官以誓文授之太尉讀令天子親行大禮止令禮直局管句讀誓文圓議令管句代太尉讀誓刑部尚書涖之八曰散齋致齋禮經前期十日唐宋金皆七日國朝親祀太廟七日散齋四日於別殿致齋三日於大明殿圓議依前七日九曰藉神席郊特牲曰莞簟之安而蒲越藁鞂之尚注蒲越藁鞂藉神席也漢舊儀高帝配天紺席祭天用六綵綺席六重成帝即位丞相衡御史大夫譚以爲天地尚質宜皆勿修詔從焉唐麟德二年詔曰自處以厚奉天以薄改用裀褥上帝以蒼餘各視其方色宋以褥加席上禮官以爲非禮元豐元年奉旨不設國朝大德九年正位藁鞂配位蒲越冒以青繒至大三年加青綾褥青錦方座圓議合依至大三年於席上設褥各依方位十曰犧牲郊特牲曰郊特牲而社稷太牢又曰天地之牛角繭栗秦用騮駒漢文帝五帝共一牲武帝三年一祀用太牢光武采元始故事天地共犢隋上帝配帝蒼犢二唐開元用牛宋正位用蒼犢一配位太牢一國朝大德九年蒼犢二羊豕各九至大三年馬純色肥腯一牲正副一鹿一十八野猪一十八羊一十八圓議依舊儀神位配位用犢外仍用馬其餘並依舊日已行典禮十一曰香鼎大祭有三始煙爲歆神始宗廟則焫蕭祼鬯所謂臭陽達於牆屋者也後世焚香蓋本乎此而非禮經之正至大三年用陶瓦香鼎五十神座香鼎香合案各一圓議依舊儀十二曰割牲周禮司士凡祭祀率其屬而割牲禮運云腥其俎熟其

殽體其犬豕牛羊注云腥其俎謂豚解而腥之爲七體也熟其殽謂體解而爛之爲二十一體也體其犬豕牛羊謂分別骨肉之貴賤以爲眾俎也七體謂脊兩肩兩拍兩髀二十一體謂肩臂臑膊胳正脊脡脊橫脊正脅短脅代脅并腸三胃三拒肺一祭肺三也宋元豐三年詳定禮文所言古者祭祀用牲有豚解有體解豚解則爲七以薦腥體解則爲二十一以薦熟蓋犬豕牛羊分別骨肉貴賤其解之爲體則均也皇朝爲牛馬豕鹿並依至大三年割牲用國禮圓議依舊儀十三曰大次小次周禮掌次王旅上帝張氈案設皇邸唐通典前祀三日尚舍直長施大次於外壝東門之內道北南向宋會要前祀三日儀鑾司率其屬設大次於外壝東門之內道北南向小次於午階之東西向曲禮曰踐阼臨祭祀正義曰阼主階也天子祭祀履主階行事故曰踐阼宋元豐詳定禮文所言周禮宗廟無設小次之文古者人君臨位於阼階蓋阼階者東階也唯人主得位主階行事今國朝太廟儀注大次小次皆在西蓋國家尚右以西爲尊也圓議依祀廟儀注又續具末議一曰禮神玉周禮大宗伯以禋祀祀昊天上帝注禋之言煙也周人尚臭煙氣之臭聞者積柴實牲體焉或有玉帛正義曰或有玉帛或不用玉帛皆不定之詞也（按正義本文云或有玉帛則有不用玉帛者因引肆師大祀用玉帛次祀用牲幣小祀用牲玉帛惟昊天上帝具之餘則或有或無是或之爲言對中祀以下言之非不定之詞也禮官誤引而增不定之詞一語失其旨矣）崔氏云天子自奉玉帛牲體於柴上引詩圭璧既卒是燔牲玉也蓋卒者終也謂禮神既終當藏之也正經即無燔玉明證漢武帝祠太一胙餘皆燔之無玉晉燔牲幣無玉唐宋乃有之顯慶中許敬宗等修舊禮乃云郊天之有四圭猶

宗廟之有圭瓚也並事畢收藏不在燔列宋政和禮制局言古者祭祀無不用玉周官典瑞掌玉器之藏蓋事已則藏焉有事則出而復用未嘗有燔瘞之文今後大祀禮神之玉時出而用無得燔瘞從之蓋焚者取其煙氣之臭聞玉既無煙又且無氣祭之日但當奠於神座既卒事則收藏之二曰飲福特牲饋食禮曰尸九飯親嘏主人少牢饋食禮曰尸十一飯尸嘏主人嘏長也大也行禮至此神明已享盛禮俱成故膺受長大之福於祭之末也自漢以來人君一獻纔畢而受嘏唐開元禮太尉未升堂而皇帝飲福宋元豐三年改從亞終獻既行禮皇帝飲福受胙國朝至治元年親祀廟儀注亦用一獻畢飲福三曰升禋禋之言煙也升煙所以報陽也祀天之有燔柴猶祭地之瘞血宗廟之祼鬯歷代以來或先燔而後祭或先祭而後燔皆爲未允祭之日樂六變而燔牲首牲首亦陽也祭終以爵酒饌物及牲體燎於壇天子望燎柴用柏四曰儀注禮經出於秦火之後殘闕脫漏所存無幾至漢諸儒各執所見後人所宗唯鄭康成王子雍而二家自相矛盾唐開元禮杜佑通典五禮略完至宋開寶禮并會要與郊廟奉祀禮文中間講明始備金國大率依唐宋制度聖朝四海一家禮樂之興正在今日況天子親行大禮所用儀注必合講求大德九年中書集議合行禮儀依唐制至治元年已有廟祀儀注宜取大德九年至大三年并今次新儀與唐制參酌增損修之侍儀司編排鹵簿太史院具報星位分獻官員數及行禮并諸執事官合依至大三年儀制亞終獻官取旨是歲太皇太后崩有旨南郊祀事可權止泰定帝泰定四年春正月御史臺臣言自世祖迄英宗咸未親郊唯武宗英宗親享太廟陛下宜躬禮郊廟制曰朕遵世祖舊典其命大臣攝行祀事文宗至順元年以將親郊敕有司繕治南郊齋宮太常博士言按前代典禮親郊前七日百官習儀於郊壇今既與受戒誓相妨合於致齋前一日告示與祭執事者各具公服赴南郊習儀凡與祭執事齋郎樂工舊不設盥洗之位殊非涓潔之道今合於饌殿齋班廳前及齋宿之所隨宜設置盥洗數處俱用鍋釜溫水置盆杓巾帨令人掌管省諭必盥洗然後行事違者治之祭日太常院分官提調神廚監視割烹上下燈燭粆燎已前雖有翦燭提調粆盆等官率皆虛應故事或減刻物料燭燎不明又嘗見奉禮贊賜胙之獻官方退所司便服徹俎後壇上燈燭不時俱滅因而雜人登壇攘奪不能禁止甚爲褻慢今宜禁約省牲之前凡入壝門之人皆服窄紫有官者公服禁治四壝紅門宜令所司添造關木鎖鑰祭畢即令關閉毋使雜人得入其藁秸匏爵事畢合依大德九年例焚之御史臺臣言祭日宜敕股肱近臣及諸執事人毋飲酒制可十月戊午致齋於大明殿巳未遣亞獻官中書右丞相雅克特穆爾終獻官特穆爾布哈告廟請以太祖皇帝配享南郊庚申出次郊宮辛酉帝服大裘袞冕祀昊天上帝於南郊以太祖皇帝配元自世祖混一六合至文宗凡七世而南郊親祀之禮始克舉焉其壇壝在麗正門外丙位凡三百八畝有奇壇三成每成高八尺一寸上成縱橫五丈中成十丈下成十五丈至大三年冬至以三成不足以容從祀版位以青繩代一成繩二百各長二十五尺以足四成之制四陛午貫地子午卯酉四位陛十有二級外設二壝內壝去壇二十五步外壝去內壝五十四步壝各四門外垣南櫺星門三東西櫺星門各一圜壇周圍上下俱護以甓內外壝各高五尺壝四面各有門三俱塗以赤燎壇在外壝內丙巳之位高一丈二尺四方各一丈周圍亦護以甓東西南三出陛開上南出戶上方六尺深可容柴香殿三間在外壝南門之外少西南向饌幕殿五間在外壝南門之外少東南向省饌殿一間在外壝東門之外少北南向外壝之東南爲別院內神廚五間南向祠祭局三間北向酒庫三間西向獻官齋房二十間在神廚南垣之外西向外壝南門之外爲中神門五間諸執事齋房六十間以翼之皆北向兩翼端皆有垣以抵東西周垣各有門以便出入齋班廳五間在諸獻官齋房之前西向儀鑾局三間法物庫三間都監庫五間在外垣內之西北隅皆西向雅樂庫十間在外垣西門之外少南東向演樂堂七間在外垣內之西南隅東向獻官廚三間在外垣內之東南隅西向滌養犧牲所在外垣南門之外少東西向犧牲房三間南向昊天上帝位天壇之中少北地祇位次東少卻皆南向神席皆緣以繒綾褥素座昊天上帝色皆用青皇地祇色皆用黃藉皆以藁秸配位居東西向神席綾褥錦方座色皆用青藉以蒲越其從祀圜壇第一等九位青帝位寅赤帝位巳黃帝位未白帝位申黑帝位亥主皆元柏素質元書大明位卯夜明位酉北極位丑天皇大帝位戌用神位版丹質黃書神席綾褥座各隨其方色藉皆以藁秸第二等內官位五十有四鉤星天柱元枵天廚柱史位於子女史星紀御女位於丑皆西上帝座歲星大理河漢析木尚書位於寅帝座居前行南上陰德大火天槍元戈天牀位於卯北上太陽守相星壽星輔星三師位於辰

南上天一太一內廚熒惑鶉尾勢星天理位於巳天一太一居前行西上北斗天牢三公鶉火文昌內階位於午北斗居前行塡星鶉首四輔位於未皆東上太白實沈位於申北上八穀大梁杠星華蓋位於酉五帝內座降婁六甲傳舍位於戌五帝內座居前行皆南上紫微垣辰星陬訾句陳位於亥東上神席皆藉以莞席內壝外諸神位皆同第三等中宮百五十八位虛宿女宿牛宿織女人星司命司非司危司祿天津離珠羅堰天棓奚仲左旗河鼓右旗位於子虛宿女宿牛宿織女居前行月星建星斗宿箕宿天雞輦道漸臺敗瓜扶筐匏瓜天弁天棓帛度屠肆宗星宗人宗正位於丑月星建星斗宿箕宿居前行皆西上日星心宿天紀尾宿罰星東咸列肆天市垣斛星斗星車肆天江宦星市樓候星女牀天籥位於寅日星心宿天紀尾宿居前行南上房宿七公氐宿帝席大角亢宿貫索鍵閉鉤鈐西咸天乳招搖梗河亢池周鼎位於卯房宿七公氐宿帝席大角亢宿居前行北上太子星太微垣軫宿角宿攝提常陳幸臣謁者三公九卿五內諸侯郎位郎將進賢平道天田位於辰太子星太微垣軫宿角宿攝提居前行南上張宿翼宿明堂四帝座黃帝座長垣少微靈臺虎賁從官內屏位於巳張宿翼宿明堂居前行西上軒轅七星三台柳宿內屏太尊積薪積水北河位於午軒轅七星三台柳宿居前行鬼宿井宿參宿天尊五諸侯鉞星座旗司怪天關位於未鬼宿井宿參宿居前行皆東上畢宿五車諸王觜宿天船天街礪石天高三柱天潢咸池位於申畢宿五車諸王觜宿居前行北上月宿昴宿胃宿積水天讒卷舌天河積尸大陵左更天大將軍軍南門

位於酉月宿昴宿胃宿居前行婁宿奎宿壁宿右更附路閣道王良策星天廄土公雲雨霹靂位於戌婁宿壁宿居前行皆南上危宿室宿車府墳墓虛梁蓋屋臼星杵星土公吏造父離宮雷電騰蛇位於亥危宿室宿居前行東上內壝內外宮一百六位天壘城離瑜代星齊星周星晉星韓星秦星魏星燕星楚星鄭星位於子越星趙星九坎天田狗國天淵狗星鱉星農丈人杵星糠星位於丑皆西上車騎將軍天輻從官積卒神宮傳說龜星魚星位於寅南上陣車車騎騎官頓頑折威陽門五柱天門衡星庫樓位於卯北上土司空長沙靑邱南門平星位於辰南上酒旗天廟東甌器府軍門左右轄位於巳西上天相天稷爟星天記外廚天狗南河位於午天社矢星水位闕邱狼星弧星老人星四瀆野雞軍市水府孫星子星位於未皆東上天節九州殊口附耳參旗九斿玉井軍井屏星伐星天廁天矢丈人位於申北上天園天陰天廩天苑天囷芻藁天庾天倉鈇鑕天溷位於酉外屏大司空八魁羽林位於戌皆南上哭星泣星天錢天綱北落師門敗臼斧鉞壘壁陣位於亥東上內壝外眾星三百六十位每辰神位三十自第二等以下神位版皆丹質黃書內宮中宮外宮則各題其星名內壝外三百六十位唯題曰眾星凡從祀位皆內向十二次微左旋子居子陛東午居午陛西卯居卯陛南酉居酉陛北祝版長各二尺四寸闊尺二寸厚三分木用楸梓其圭幣昊天上帝以蒼璧一靑璧一燎玉一皇地祇黃琮一黃幣一配帝靑幣一黃帝黃琮一靑帝靑圭一赤帝赤璋一白帝白琥一黑帝元璜一幣皆如其方色大明靑圭有邸夜明白圭有邸天皇大帝靑圭有

邸北極元圭有邸幣皆如其玉色內宮以下皆靑幣凡玉幣皆有篚尊罍上帝太尊一實泛齊著尊一實醴齊犧尊一實盎齊山罍一實三酒在壇上東南隅皆北向西上設而不酌者象尊二實醍齊壺尊二實沈齊山罍四實三酒在壇下午陛之東皆北向西上馬湩設於尊罍之前注於器而冪之皇地祇亦如之在上帝酒尊之東皆北向西上配帝著尊二實泛齊犧尊二實醴齊象尊二實盎齊在地祇酒尊之東皆北向西上設而不酌者犧尊二實醍齊壺尊二實沈齊山罍四實清酒在壇下西陛之北東向北上亦有馬湩五帝日月北極天皇皆太尊一實泛齊著尊二實醍齊內官十二次各象尊二實醴齊中官十二次各壺尊二實沈齊外官十二次各㮚尊二實淸酒眾星十二次各散尊二實昔酒凡尊各設於神座之左而右向皆有坫有勺加冪冪之繪以雲唯設而不酌者無勺凡尊罍皆有上尊五齊之上尊實明水山罍之上尊實元酒散齊之上尊亦實明水籩豆之屬昊天上帝皇地祇及配帝籩十二其實魚鱐糗餌粉餈棗乾橑形鹽鹿脯榛桃菱芡栗豆十二其實芹菹韭菹靑菹筍菹脾析酏食魚醢豚拍鹿臡兔醢醓醢糝食登三實以太羹簠二實以黍稷簋二實以稻粱俎八皆有七筋匏爵一有坫沙池一靑甆牲盤一從祀九位籩八無糗餌粉餈菱栗豆八無脾析酏食兔醢糝食簠一實以稷簋一實以黍登一俎一匏爵一有坫沙池一內宮位五十四籩二實鹿脯乾棗豆二實鹿臡菁菹簠一簋一登一俎一匏爵有坫沙池十二次各一中宮百五十八皆籩一實鹿脯豆一實鹿臡簋一簠一俎一匏爵有坫沙池十二次各一外官位一百六皆籩一豆

一簠一簋一俎一匏爵沙池十二次各一衆星位三百六十皆籩一豆一簠一簋一俎一匏爵沙池十二次各一凡籩之設居神位左豆居右登簠簋居中俎居後籩皆有巾巾之繪以斧其牲昊天上帝蒼犢皇地祇黃犢配位蒼犢大明青犢夜明白犢天皇大帝蒼犢北極元犢皆一馬純色一鹿十有八羊十有八野豕十有八兔十有二薦參以國禮割牲爲七體左肩臂臑兼代脇長脇爲一體右肩臂臑代脇長脇爲一體右髀肫胳爲一體脊連背膂短脇爲一體膺骨臍腹爲一體項脊爲一骨馬首報陽升煙則用之毛血盛以豆或青甆盤饌未入置俎上饌入徹去之親祀御版位一飲福位及大小次盥洗爵洗版位各一皆靑質金書亞獻終獻飲福版位一黑質黃書天壇椽燭四皆銷金絳紗籠自天壇至內壝外及樂縣南北通道絳燭三百五十素燭四百四十皆絳紗籠御位椽燭六銷金絳紗籠獻官椽燭四雜用燭八百杙盆二百二十有架黃桑條去膚一車束之置燎壇以焚牲首順帝至正十五年冬十月甲子帝謂右丞相鼎珠等曰敬天地尊祖宗重事也近年以來闕於舉行當選吉日朕將親祀郊廟務盡誠敬不必繁文卿等其議典禮從其簡者行之命右丞外蘭左丞呂思誠領其事癸酉哈瑪爾奏言郊祀之禮以太祖配皇帝出宮至郊祀所便服乘馬不設內外儀仗教坊隊子齋戒七日內散齋四日於別殿致齋三日二日於大明殿西幄殿一日在南郊祀所是年先以郊祀命皇太子祭告太廟十一月親祀上帝於南郊以皇太子爲亞獻攝太尉右丞相鼎珠爲終獻元制天子親郊冕無旒服大裘而加袞搢大圭執鎮圭皇太子侍祠服袞冕而執圭諸臣奉祀三獻官司徒大禮使七梁冠加籠巾貂蟬助奠以下諸執事官冠制加貂蟬無籠巾而有六梁四梁三梁二梁之異御史冠二梁加獬廌俱青羅服裳紱綬環並同笏以木

欽定續通典卷四十六

欽定續通典卷四十七

禮吉

郊天 明

明太祖洪武元年始建圜丘定郊社宗廟禮歲必親祀先是中書省臣李善長等奉敕撰進郊祀議略言王者事天明事地察故冬至報天夏至報地所以順陰陽之義也祭天于南郊之圜丘祭地于北郊之方澤所以順陰陽之位也自秦立四時以祀白青黄赤四帝漢高祖復增北時兼祀黑帝至武帝有雍五時及渭陽五帝甘泉太乙之祠而昊天上帝之祭則未嘗舉行魏晉以後宗鄭元者以爲天有六名歲凡九祭宗王肅者以爲天體唯一安得有六一歲二祭安得有九雖因革不同大抵多參二家之說元始間王莽奏罷甘泉泰時復長安南北郊以正月上辛若丁天子親合祀天地于南郊由漢歷唐千餘年間皆因之合祭宋元豐中議罷合祭紹聖政和間或分或合高宗南渡以後唯用合祭之禮元成宗始合祭天地五方帝已而立南郊專祀天泰定中又合祭文宗至順以後唯祀昊天上帝今當遵古制分祭天地于南北郊冬至祀昊天上帝于圜丘以大明夜明星辰太歲從祀太祖從其議建圜丘于鍾山之陽壇二成上成廣七丈高八尺一寸四出陛各九級正南廣九尺五寸東西北廣八尺一寸下成周圍壇面縱橫皆廣五丈高視上成陛皆九級正南廣一丈二尺五寸東西北殺五寸五分甃甎闌楯皆以琉璃爲之壝去壇十五丈高八尺一寸四面靈星門南三門東西北各一外垣去壝十五丈門制同神庫五楹在外垣北南向廚房五楹在外壇東北西向庫房五楹南向宰牲房三楹天池一又在外庫房之北執事齋舍在壇外垣之東南坊二在外門外橫甬道之東西燎壇在內壝外東南丙地高九尺廣七尺開上南出戶神位正壇第一成昊天上帝南向第二成東大明星辰次之西夜明太歲次之神版長二尺五寸以栗木爲之祝版依唐制長一尺一分廣八寸厚二分用楸梓木爲之時議郊車上日以玉飾之若常乘之車只宜用孔子所謂殷輅然祀天之際玉輅或未備木輅亦未爲不可參政張昶對曰木輅戎輅也不可以祀天上曰孔子斟酌四代禮樂實爲萬世之法乘木輅何損于祭祀況祀事在誠敬不在儀文也車考之古禮唯祀天用是年始有事于郊丘有司議配祀太祖謙讓不許二年八月禮部尚書崔亮奏宋祥符九年議南郊壇祀天或值雨雪則就太尉齋所望祭元經世大典載社稷壇壝外垣之內北垣之下亦嘗建屋七間南望二壇以備風雨曰望祀堂即望祭殿也請依此制上從之是年翰林學士朱升等奉敕撰齋戒文大祀七日前四日戒後三日齋上曰凡祭祀天地社稷宗廟山川等神爲天下祈福宜下令百官齋戒若自有所禱不關民事者不下令又以致齋七日五日爲期太久人心易怠止臨祭齋戒三日務致精專又從禮部尚書崔亮奏大祀前七日陪祀官詣中書省受誓戒各揚其職不共其事國有常刑十一月祀上帝于圜丘以皇考仁祖淳皇帝配時崔亮言禮運曰禮行於郊則百神受職今宜增天下神祇壇于圜丘之東方澤之西又言郊特牲器用陶匏周禮疏外祀用瓦今祭祀用瓷與古意合而盤盂之屬與古尚異宜皆易以瓷惟籩用竹從之亮又奏考古省牲之儀遠神壇二百步從之時仁祖已配南北郊而郊祀禮成後復詣太廟恭謝亮言宜罷惟先祭三日詣太廟以配享告詔可帝欲增郊壇從祀之神亮執奏漢唐煩瀆不宜取法乃止帝問郊祀天地拜位正中而百官朝參則班列東西何故對曰天子祭天升自午陛北向答陽之義也祭社升自子陛南向答陰之義也若羣臣朝參當避君上之尊故升降皆由卯陛朝班分列東西以避馳道其郊祀儀物神位配帝位版並黄質金字從祀風雲雷雨並赤質金字其神席上帝用龍椅龍案上施錦座褥配位同從祀位置于案不設席其祭器上帝籩豆各十二簠簋各二登一爵三壇上太尊二著尊一犧尊一山罍一皆有勺有冪壇下太尊一山罍二有冪配帝位同從祀籩豆各十簠簋各二登一東西各設著尊二犧尊二其禮神之玉用蒼璧幣正配位以蒼大明以紅夜明星辰太歲皆以白牲上帝及配帝各蒼犢一大明夜明星辰太歲各純色犢一酒齊正配位大尊實泛齊醴齊著尊實盎齊犧尊實醍齊山罍實昔酒在壇上太尊實沈齊山罍實事酒淸酒在壇下從祀著尊實醴齊盎齊犧尊實事酒籩豆之實正配位籩實以形鹽薨魚棗栗榛菱芡鹿脯黑餅白餅糗餌粉餈豆實以韭菹醓醢菁菹鹿醢芹菹兔醢筍菹魚醢脾析菹豚拍飽食糝食從祀籩豆各十籩減糗餌粉餈豆減飽食糝食其祭服奉祀侍祠官正從一品七梁冠國公丞相貂蟬二品六梁冠三品五梁冠四品四梁五品三梁六品七品二梁八品九品一梁臺官加獬廌梁數各如其品通服青羅衣其壽革帶則有差笏以象及木其褥位拜褥用緋不用黄道褥版位皇帝方一尺二寸厚三寸紅質青字皇太子位方九寸厚二寸紅質青字陪祀官位並黑字白質三年二月太常少卿陳昧言按周禮天府孟冬祀司民司祿而獻民數穀數則受而藏之蓋民食皆命于天故民

數有拜受之禮今圜丘郊祀宜以戶口錢穀之籍陳于臺下禮畢藏之內府以見拜受民數穀數于天之義從之五月建齋宮于圜丘之西前後皆爲殿左右各小殿爲庖湢之所繚以都垣垣內外爲將士宿衞之所外環以渠前爲靈星門爲橋三左右及後門各一橋帝以郊祭之牲與羣祀牲同牢芻牧不足以別祀天之敬乃因其舊地改作而加繪飾中三間以養郊祀牲左三間以養后土牲右三間以養太廟社稷牲餘屋以養山川百神之牲凡大祀犧牲前一月帝躬視滌養繼命羣臣更日往視歲以爲常（犧牲所建於神樂觀之南）又諭禮部尚書陶凱曰人心操舍無常必有所警而後無所放乃命禮部鑄銅人一高尺有五寸手執牙簡大祀則書致齋三日中祀則書致齋二日太常寺進寘于齋所是歲圜丘壇增風雲雷雨從祀四年正月建郊壇于中都（先是詔以臨濠府爲中都築新城門十有二立圜丘于洪武門外方丘于左甲第門外後皆廢）時翰林學士陶安奏古者天子五冕祭天地社稷諸神各有所用請製之上以五冕禮太繁令祭天地宗廟則服袞冕社稷等祀則服通天冠絳紗袍餘不用三月改築圜丘上成面廣四丈五尺高二尺五寸下成每面廣一丈六尺五寸高四尺九寸上下二成通徑七丈八尺壇至內壝牆四面各九丈八尺五寸內壝牆至外壝牆南十三丈九尺四寸北十一丈東西各十一丈七尺是年太常寺引周禮及唐制與祭官擬用武官四品文官五品以上從之（後定郊祀六科都給事中皆與陪祀餘祭不與）又定凡南北郊先期賜陪祀執事官明衣布樂舞生各給新衣制陪祀官入壇牙牌凡天子親祀則佩以入其制有二圜者與祭官佩之方者執事人佩之俱藏內府遇祭則給無者不得入壇五年命諸司各置木牌刻文其上曰國有常憲神有鑒焉祭祀則設之又從陶凱奏凡親祀皇太子宮中居守親王戎服侍從皇太子親王雖不陪祀一體齋戒六年復定齋戒儀凡祭天地正祭前五日午後沐浴更衣處外室次早百官于奉天門觀誓戒牌次日告仁祖廟退處齋宮致齋三日七年更定內壝之內東西各三壇星辰二壇分設于東西其次東則太歲五岳西則風雲雷雨五鎭內壝之外東西各二壇東四海西四瀆次天下神祇壇東西分設（凡大祀前期四日太常卿至天下神祇壇奠告中書丞相詣京師城隍廟發咨次日皇帝詣仁祖廟請配享祭祀日期欽天監選擇太常寺預于十二月朔至奉天殿具奏蓋古卜法不存而擇干支之吉以代卜也）又定大祀拜禮始迎神四拜飲福受胙四拜送神四拜共十二拜而畢又以舊儀太常司奏中嚴外辦及盥洗升壇飲福受胙各致贊詞又凡祀俱設爵洗位滌爵拭爵初升壇再拜祭酒唱賜福胙之類俱爲煩瀆悉去之又以古人祭用香燭所以導達陰陽以接神明無上香之禮命凡祭祀罷上香上又謂學士詹同曰大祀終獻方行分獻禮未當同乃與學士宋濂議以上初獻奠玉帛將畢分獻官卽行初獻禮亞獻終獻皆如之十年秋命作大祀殿于南郊（太祖感齋居陰雨覽京房災異之說謂分祭天地情有未安）十一月冬至以殿工未成乃合祀于奉天殿親製祝文意謂人君事天地猶父母不宜異處遂定每歲合祀于孟春爲永制卽圜丘舊制而以屋覆之名曰大祀殿凡十二楹中石臺設昊天上帝皇地祇座每歲正月中旬擇日合祭具袞服行禮殿東西廣三十二楹正南大祀門六楹接以步廊與殿廡通殿後天庫六楹瓦皆黃琉璃廚庫在殿東北宰牲亭井在廚東北皆以步廊通殿兩廡繚以圍牆南石門三洞以達大祀門謂之內壇外周垣九里三十步石門三洞南爲甬道三中神道左御道右黃道道兩傍稍低爲從官之道齋宮在外垣內西南東向其後殿瓦易靑琉璃敕太常曰古人祀天于南郊蓋以義起耳故曰南郊祀天以其陽生之月北郊祭地以其陰生之月至陰祭之于陽月于理可疑且掃地而祭其來甚遠蓋言祀地尙質而不尙華後世孰古而不變遂使天地之享反不如人之享若使人之享亦孰古而不變則當汙尊而抔飲茹毛而飲血巢居而穴處也以今言之世果可行乎斯必不然也今命太常每歲合祭天地于春首正三陽交泰之時人事之始也十二年正月始合祀天地于南郊大祀殿太祖親作大祀文幷歌九章命魏國公徐達等分獻從祀諸神祀畢敎中書省臣胡惟庸等曰凡有國者必以祀神爲先祀事之禮起于古先聖王其周旋上下進退奠獻莫不有儀然儀必貴誠而人心難測至誠者少不誠者多暫誠者或有之若措禮設儀文飾太過使禮煩人倦而神厭弗享非禮也朕周旋祀禮十有一年見其儀太煩乃以義起更其儀式合祀社稷旣祀神乃歡洽今十二年春始合天地大祀而上下胥悅若有肸蠁答于朕心爾中書下翰林令儒臣紀其事以彰上帝皇祇之昭格是年建神樂觀于郊壇之西（設提點知觀致習樂舞生）二十一年三月增修南郊壇位丹墀內壘石爲臺四大明壇在東夜明壇在西星辰壇東西各一內壝外石臺凡二十東十壇北嶽北鎭東嶽東鎭東海太歲帝王山川神祇四瀆西十壇北海西嶽西鎭西海中嶽中鎭風雲雷雨南嶽南鎭南海臺高三尺有奇周以石欄陛降爲磴道臺之上琢石爲山形鑿龕以置神位壇後樹以松柏外壝東南鑿池凡

二十區冬月藏冰以供夏秋祭祀之用是年定大祀殿祭品祭器正殿昊天上帝南向犢一登一籩十二豆十二簠簋各二玉用蒼璧一帛一蒼色織成郊祀制帛四字皇地祇南向犢一登一籩十二豆十二簠簋各二玉用黃琮一帛一黃色郊祀制帛仁祖配位在東西向犢一登一籩十二豆十二簠簋各二玉用蒼璧一帛一蒼色郊祀制帛共設酒尊六爵九篚三于殿東西西向祝文案一于殿西洪武以後改奉太祖太宗並配正殿增一壇加犢一酒尊二爵三帛篚一丹墀四壇大明夜明各犢一登一籩十豆十簠簋各二帛一紅色禮神制帛下同酒尊三爵三篚一星辰二壇各犢一羊三豕三登一鉶二籩豆各十簠簋各二酒盞三十帛一白色酒尊三爵三篚一壝外二十壇各犢一羊一豕一登一鉶二籩豆各十簠簋各二酒盞十帝王山川四瀆風雲雷雨神祇壇酒盞各三十中岳壇附鍾山加酒盞十永樂以後北岳壇增附天壽山加酒盞十酒尊三爵三篚一帛一五嶽五鎮四海各如其方色太歲神祇白色山川帛二風雲雷雨帛四帝王帛十六俱白色四瀆帛四黑色中嶽加帛一永樂以後北嶽亦加帛一惠帝建文初以太祖配南郊罷仁祖配享成祖遷都北京永樂十八年建郊壇于正陽門南之左中爲大祀殿十二楹中四楹飾以金餘施三采正中作石臺設昊天上帝皇地祇神座正南爲大祀門繚以周垣周九里三十步規制禮儀悉如南京惟增祀天壽山于北岳壇十九年正月命皇太子詣壇奉安昊天上帝后土皇地祇神主仁宗洪熙元年敕曰太祖受命上天肇興皇業太宗中興宗社再奠寰區聖德神功咸配天地朕崇敬祖考永惟一心今年正月十五日大祀天地神祇奉皇祖皇考配祀仍著典章垂範萬世世宗嘉靖六年正月大祀先期禮官以宴請帝曰郊祀慶成次日設宴乃祖宗朝故典蓋以上帝監歆君臣歡會其禮誠不可廢也今四方災異非常方欲上下同加修省恐多費勞民可暫免一年以見朕奉天恤民之意惟四夷使臣賜宴如故九年世宗既定明倫大典益覃思制作之事郊廟百神咸欲斟酌古法釐正舊章乃問大學士張璁書稱燔柴祭天又曰類于上帝孝經曰郊祀后稷以配天宗祀文王于明堂以配上帝以形體主宰之異言也朱子謂祭之于壇謂之天祭之屋下謂之帝今大祀有殿是屋下之祭帝耳未見有祭天之禮也況上帝皇地祇合祭一處亦非專祭上帝璁言國初遵古禮分祭天地後又合祀說者謂大祀殿下壇上屋屋卽明堂壇卽圜丘列聖相承亦孔子從周之意帝復諭璁二至分祀萬代不易之理今大祀殿擬周明堂或近矣以爲卽圜丘實無謂也璁乃備述周禮及宋陳襄蘇軾劉安世程頤所議分合異同以對且言祖制已定無敢輕議帝銳欲定郊制卜之奉先殿太祖前不吉乃問大學士翟鑾鑾具述因革以對復問禮部尚書李時時請少需日月博選儒臣議復古制帝復卜之太祖不吉議且寢會給事中夏言請舉親蠶禮帝以古者天子親耕南郊皇后親蠶北郊適與所議郊祀相表裏因令璁諭言陳郊議言乃上疏言國家合祀天地及太祖太宗之並配諸壇之從祀舉行不于長至而于孟春俱不應古典宜令羣臣博考詩書禮經所載郊祀之文及漢宋諸儒匡衡劉安世朱熹等之定論以及太祖國初分祀之舊制陛下稱制而裁定之此中興大業也禮科給事中王汝梅等詆言非是帝切責之乃敕禮部令羣臣各陳所見且言汝梅等舉召誥中郊用二牛謂明言合祭天地夫用二牛者一帝一配位非天地各一牛也又或謂天地合祀乃人子事父母之道擬之夫婦同牢此等言論褻慢已甚又或謂郊爲祀天社稷爲祭地古無北郊夫社乃祭五土之祇猶言五方帝耳非皇地祇也社之名不同自天子以下皆得隨所在而祭之故禮有親地之說非謂祭社卽方澤祭地也璁因錄上郊祀考議一冊時詹事霍韜深非郊議且言分祀之說唯見周禮莽賊僞書不足引據于是言復上疏言周禮一書于祭祀爲詳大宗伯以祀天神則有禋祀實柴槱燎之禮以祀地祇則有血祭貍沈疈辜之禮大司樂冬至日地上圜丘之制則曰禮天神夏至日澤中方丘之制則曰禮地祇天地分祀從來久矣故宋儒葉時之言曰郊丘分合之說當以周禮爲定今議者既以大社爲祭地則南郊自不當祭皇地祇何又以分祭爲不可也合祭之說實自莽始漢之前皆主分祭而漢之後亦間有之宋元豐一議元祐再議紹興三議皆主合祭而卒不可移者以郊賚之費每傾府藏故省約安簡便耳亦未嘗以分祭爲非禮也今之議者往往以太祖之制爲嫌爲懼然知合祭乃太祖之定制爲不可改而不知分祭固太祖之初制爲可復知大祀文乃太祖之明訓爲不可背而不知存心錄固太祖之著典爲可遵且皆太祖之制也從其禮之是者而已敬天法祖無二道也周禮一書朱子以爲周公輔導成王垂法後世用意最深切何可誣以莽之僞爲耶且合祭以后配地實自莽始既僞爲是書何不削去圜丘方丘之制天地神祇之祭而自爲一說耶于是禮部集上羣臣所議郊禮奏曰主分祭者都御史汪鋐等八十二人主分祭而以慎重成憲及時未可爲言者大學士張璁等八十四人主分祭而以山川壇爲方丘者尚書李瓚等二

十六人主合祭而不以分祭爲非者尚書方獻夫等二百六人無可否者英國公張崙等一百九十八人臣等祗奉敕諭折衷衆論分祀之義合于古禮但壇壝一建工役浩繁禮屋祭曰帝夫既稱昊天上帝則當屋祭宜仍于大祀殿專祀上帝改山川壇爲地壇以專祀皇地祇既無創建之勞行禮亦便帝復諭當遵皇祖舊制露祭于壇分南北郊以二至日行事言乃奏曰南郊合祀循襲已久朱子所謂千五六百年無人整理而陛下獨破千古之謬一旦舉行誠可謂建諸天地而不悖者也已而命戶禮工三部偕言等詣南郊相擇南天門外有自然之丘僉謂舊丘地位偏東不宜襲用禮臣欲于具服殿少南爲圜丘言復奏曰圜丘祀天宜卽高敞以展對越之敬大祀殿享帝宜卽清閟以盡昭事之誠二祭時義不同則壇殿相去亦宜有所區別乞于具服殿稍南爲大祀殿而圜丘更移于前體勢峻極可與大祀殿等制曰可于是作圜丘是年十月工成明年夏北郊及東西郊亦以次告成而分祀之制遂定禮臣言圜丘之制大明集禮壇上成闊五丈存心錄則第一層壇闊七丈集禮二成闊七丈存心錄則第二層壇面周圍俱闊二丈五尺蓋集禮之二成卽存心錄之一層存心錄之二層卽集禮之一成矣臣等無所適從惟皇上裁定詔圜丘第一層徑闊五丈九尺高九尺二層徑十丈五尺禮志作九丈三層徑二十二丈禮志作十二丈俱高八尺一寸地面四方漸墊起五丈又定祭時上帝南向太祖西向俱一成上其從祀四壇東大明西夜明次東二十八宿五星周天星辰次西風雲雷雨俱二成各成面磚用一九七五陽數及周圍欄板柱子皆青色琉璃四出陛陛各九級白石爲之內壝圓牆九十七丈七尺五寸高八尺一寸厚二尺七寸五分欞星石門五正南三東西北各一外壝方牆二百有四丈八尺五寸高七尺一寸厚二尺七寸欞星門如前又外圍方牆爲門四南曰昭亨東曰泰元西曰廣利北曰成貞內欞星門南門外東南砌綠磁燎爐傍毛血池西南望燈臺長竿懸大燈外欞星門南門外左設具服臺東南門外建神庫神廚祭器庫宰牲亭北門外正北建泰神殿後改爲皇穹宇藏上帝太祖之神版翼以兩廡藏從祀之神版又西爲鑾駕庫又西爲犧牲所少北爲神樂觀成貞門外爲齋宮迤西爲壇門壇北舊天地壇卽大祀殿也給事中夏言又疏言太祖太宗並配父子同列稽之經旨未能無疑臣謂周人郊祀后稷以配天太祖足當之宗祀文王于明堂以配上帝太宗足當之禮臣集議以爲二祖配享百有餘年不宜一旦輕改帝降敕諭欲于二至日奉太祖配南北郊歲首奉太宗配上帝于大祀殿大學士張璁翟鑾等言二祖分配于義未協且錄仁宗所撰敕諭並告廟文以進帝復命集議于東閣皆以爲太廟之祠列聖昭穆相向無嫌並列況太祖太宗功德並隆圜丘大祀殿所祀均之爲天則配天之祖不宜闕一臣等竊議南北郊及大祀殿每祭皆宜二祖並配帝終以並配非禮諭閣臣講求璁等言古者郊與明堂異地故可分配今圜丘大祀殿同兆南郊冬至禮行于報而太宗不與孟春禮行于祈而太祖不與心實有所不安帝復報曰萬物本乎天人本乎祖天惟一天祖亦惟一祖故大報天之祀止當以高皇帝配文皇帝功德豈不可配天但開天立極本高帝肇之耳如周之王業武王實成之而配天止以后稷配上帝止以文王當時未聞爭辨功德也因命寢其議已而夏言復疏言虞夏殷周之郊惟配一祖後儒穿鑿分郊丘爲二及誤解大易配考孝經嚴父之義以致唐宋變古乃有二祖並侑三帝並配之事望斷自宸衷依前敕旨帝報曰禮臣前引太廟不嫌一堂夫配帝與享先不同此說無當仍命申議大學士張璁乃言郊祀之議聖見已決獨臣不忍無言皇上信以分配之說盡古禮乎大祀殿非明堂之位孟春祈穀又非季秋大享之禮則未免有失于古也皇上信以並配之說非今宜乎太祖百有餘年之神座豈忍言撤文皇百有餘年配天之報豈忍言廢則又未免有失于今也竊以天地分祀宜從古禮彰我皇上善繼善述之孝祖宗並配宜從今制彰我皇上不愆不忘之心疏入帝乃責璁前後變志非忠愛之道于是禮臣復上議南北郊雖曰祖制實今日新創請如聖諭俱奉太祖獨配至大祀殿則太祖所創今乃不得侑享于中竊恐太宗之心有所未安宜仍奉二祖並配則既復古禮又存祖制禮意人情兩不爲失疏入諭璁曰二至祀典自今日始當奉太祖獨配孟春特名祈穀實存祖制當如仁宗之舊可委曲依朕意行之璁對皇上議郊祀大典本乎至當可行之道今議以圜丘方澤皆以太祖配以爲皇上新制以大祀殿祀上帝以二祖配以爲祖宗舊制皆一時遷就之說非至當不易之論夫冬至報天之禮重孟春祈穀之禮輕天與帝一也大祀殿既可以二聖並配圜丘何獨不可用新制舊制之說臣之所不解也臣竊惟斯禮之議本因天地不可並祭嫌于龐雜若祖宗並配原無可議既有大祀殿又建圜丘同兆南郊益非禮制夫禮

時爲大古今異宜非可一律蓋古圜丘因丘陵爲之非積土而壇方澤因陂澤爲之非掘地而坎今儀文大備屋而祀之掃地之儀安可復用或謂屋祭爲帝壇祭爲天臣觀思文之詩祭后稷配天而歌者也一詩之中天帝並稱我將之詩祭文王配帝而歌者也一詩之中止稱天而不稱帝則天之與帝原自無異臣惟今日郊祀之義有簡易可行之道足可繼承者因南郊大祀殿以祀昊天上帝配以二祖冬至大報天可也孟春祈穀可也萬一雨雪屆期亦可備而成禮北郊建壇以祀皇地祇亦以二祖配之夫天地分祀三代之彝典也不可罷雜故臣將順皇上爲之祖宗者一代之祖宗功德俱隆並配天地當代之定制也孝子慈孫不可輕有議擬故臣不敢將順皇上爲之蓋宜于古而古宜于今而今惟求心之安而已帝意終不可奪乃下禮部申議且責之曰祖宗並配在禮爲黷但朕所定祈穀原因曲全祖制與明堂舉事不同依擬奉二祖並侑二至之祀奉太祖獨配禮儀俱從儉詳擬以聞時定南郊陳設上帝南向犢一蒼玉一郊祀制帛十二（俱青色）登簠簋各二籩十二豆十二蒼玉爵三酒尊三青漆團龍篚一祝案一配帝西向犢一奉先制帛一（白色）登一簠簋各二籩十二豆十二蒼玉爵三酒尊三雲龍篚一從祀四壇俱在壇之二成大明在東西向犢一登一禮神制帛一（赤色）簠簋各二籩十豆十酒盞二十青瓷爵三酒尊三篚一夜明在西東向陳設同禮神制帛一（白色）星辰在東西向北上犢一羊一豕一登一鉶一（實以和羹）簠簋各二籩十豆十酒盞三十帛十一（青色一赤色一黃色一白色六黑色一）青瓷爵三酒尊三篚一雲雨風雷在西東向北上陳設同帛四（青色一白色一黃色一黑色一）十

一年冬至尙書言前此有事南郊風寒莫備乃采禮書天子祀天張大次小次之說請作黃氈御幄爲小次每大祭所司以隨值風雪則設于圜丘下帝就幄中對越而陟降奠獻以太常執事官代之命著爲令十三年二月詔更圜丘爲天壇方澤爲地壇禮部尙書夏言言圜丘方澤本法象定名未可遽易第稱圜丘壇省牲則于名義未協今後冬至大報啟蟄祈穀祀天夏至祭地祝文宜仍稱圜丘方澤其省牲及諸公事有事壇所稱天壇地壇從之十七年冬撤大祀殿十一月更上昊天上帝泰號曰皇天上帝改泰神殿曰皇穹宇二十四年又卽故大祀殿之址建大享殿（詳見明堂篇）穆宗隆慶元年禮部會議罷祈穀及明堂大享禮圜丘方澤分祀已久宜照例于冬至夏至日親祭仍奉太祖高皇帝配禮部又言郊廟社稷諸祭太常寺先期具奏行禮止奏日不奏時以故陪祀諸臣失期者眾請以後並奏日時從之神宗萬歷三年十一月內閣臣張居正進郊禮圖冊曰國初建圜丘于鍾山之陽以冬至祀天建方澤于鍾山之陰以夏至祀地洪武二年始奉仁祖淳皇帝西向配享十年春始定合祀之制仍奉仁祖配享三十二年更奉太祖高皇帝配享永樂十八年北京天地壇成每歲仍合祀如儀南京壇有事則遣官祭告洪熙元年奉太祖高皇帝太宗文皇帝同配享嘉靖九年初建圜丘于大祀殿之南建方澤于安定門外俱止奉太祖一位配享而罷太宗之配其大祀殿則以孟春上辛舉行祈穀祭奉太祖太宗同配享十年又改以啟蟄日行祈穀禮于圜丘仍止奉太祖一位配享十七年秋九月詔舉明堂大享禮于大內之元極寶殿奉睿宗獻皇帝配享（元極殿卽舊欽安殿）十八年春行祈穀禮于元極寶殿不奉配二十四年拆大祀殿改建大享殿命禮部歲用季秋奏請卜吉行大享禮隨又命仍暫行于元極寶殿隆慶元年詔罷祈穀大享二祭而天地則分祀如世宗所更定云謹案天地分祀至洪武十年聖祖乃定爲合祀之制每歲正月上辛日行禮于南郊大祀殿列聖遵行百六十餘年至世宗皇帝始案周禮古文復分建南北郊俱壇而不屋南郊以冬至北郊以夏至行禮而二至之外復有孟春祈穀季秋大享歲凡四焉隆慶改元詔廷臣議郊祀之禮時議者並請罷祈穀大享復合祀天地于南郊先帝深維三年無改之義獨以祈穀大享在大內行禮不便從禮官議罷之而分祀姑仍其舊蓋亦有待焉爾夫禮因時宜本乎人情者也高皇帝初制郊禮分祀十年矣而竟定于合享者良以古今異宜適時爲順故舉以歲首人之始也卜以春初時之和也歲惟一出事之節也爲屋而祭行之便也百六十餘年列聖相承莫之或易者豈非以其至當允協經久而可守乎今以冬至極寒而祼獻于星露之下夏至盛暑而駿奔于炎歊之中一歲之間六飛再駕以時以義斯爲戾矣且成祖文皇帝再造宇宙功同開創配享百餘年一朝而罷之于人情亦大有不安者故世宗雖分建圜方之制而中世以後竟不親行雖肇舉大享之禮而歲時禋祀止于內殿是斯禮之在當時已窒礙而難行矣況後世乎臣等愚昧竊以爲宜遵高皇之定制率循列聖之攸行歲惟一舉合祀之禮而奉二祖並配斯于時義允協于人情爲順顧郊禋禮重今且未敢輕議謹稽新舊規制禮儀而略述其槩以俟聖明從容裁斷焉上從之（案居正以神宗三年進新

舊禮圖欲改合祀然四年七年五月俱嘗祀地北郊固未嘗改爲合祀故神宗熹宗莊烈帝三紀始終皆書祀天特祭地之禮不行耳

欽定續通典卷四十七

欽定續通典卷四十八

禮吉

大雩唐 五代 宋 遼 金 元 明

唐肅宗乾元二年以久旱徙東西二市祭風伯雨師修雩祀壇爲泥土龍望祭名山大川德宗貞元元年五月分命朝臣禱羣神以祈雨憲宗元和十二年四月帝以自春以來時雨未降正陽之月可雩祀遂幸興慶宮祈雨

梁太祖開平二年二月以久無時雨命庶官徧祀羣聖近鎭按古法祈禳

後唐莊宗同光元年有司上言孟夏雩祀請奉太宗配從之

晉少帝天福八年五月以所在旱蝗命宰臣分詣寺觀禱雨尋遣供奉官詣嵩山投龍祈雨

宋制孟夏雩祀昊天上帝爲大祀太祖建隆二年夏旱翰林學士王著請令近臣按舊禮告天地宗廟社稷及望告嶽鎭海瀆於北郊以祈甘澤詔用其禮惟不設配坐及名山大川雨足報賽如禮開寶九年幸西京以四月有事南郊躬行大雩之禮太宗雍熙四年正月禮儀使蘇易簡言太祖皇帝光啓丕圖恭臨大寶以聖授聖傳於無窮欲望將來雩祀以太祖崇配奏可至道三年十一月有司言孟夏雩祀請奉太宗配詔可按是年三月眞宗已卽位故以太宗配享眞宗咸平二年旱詔有司祠雷師雨師內出李邕祈雨法其法以甲乙日擇東方地作壇取土造青龍長吏齋三日詣龍所汲流水設香案茗菓餈餌率羣吏鄉老日再至祝酹不得用音樂巫覡雨足送龍水中餘四方皆如之飾以方色大凡日干及建壇取土之里數器之大小及龍之修廣皆以五行成數焉詔頒諸路按宋志有祈有報祈用酒脯醢郊廟社稷或用少牢其報如常祀或親禱諸寺觀或再幸或撤樂減膳進蔬饌或分遣官告天地太廟社稷嶽鎭海瀆或望祭於南北郊或五龍堂城隍廟九龍堂浚溝廟諸祠如子張子夏信陵君段干木扁鵲張儀吳起單雄信等廟亦祀之或啓建道場於諸寺觀或遣內臣分詣諸郡如河中之后土廟太寧宮亳之太清明道宮兗之會眞景靈宮太極觀鳳翔之太平宮舒州之靈仙觀江州之太平觀泗州之延祥觀皆函香奉祀驛往禱之凡旱蝗水潦無雪皆禜禱焉景德三年詔有司詳定諸祠祭事有司言今年四月五日雩祀昊天上帝十三日立夏祀赤帝按月令立夏之日天子迎夏於南郊注云迎夏爲祀赤帝於南郊又云是月也大雩注云春秋傳曰龍見而雩謂建巳之月陽氣盛而常旱萬物待雨而長故祭天以祈雨龍星謂角亢也立夏後昏見東方又案五禮精義云自周以來歲星差度今以龍見或在五月以祈甘雨於時已晚但四月上旬十日今則唯用改朔不待時節祭於立夏之前違茲舊禮之意苟或龍見於仲夏之時雩祀於季春之節相去遼闊於理未周欲請自今並於立夏後卜日如立夏在三月則待改朔庶節氣協於純陽典禮符於舊史奏可是年五月旱又以畫龍祈雨法付有司刊行其法擇潭洞或湫濼林木深邃之所以庚辛壬癸日刺史守令帥耆老齋潔先以酒脯告社令訖築方壇三級高二丈闊一丈三尺壇外二十步界以白繩壇上植竹枝張畫龍其圖以縑素上畫黑魚左顧環以元黿十星中爲白龍吐雲黑色下畫水波有龜左顧吐黑氣如綫和金銀朱丹飾龍形又設皂旛刎鵞頸血置盤中柳枝酒水龍上俟雨足三日祭以豭豕取畫龍投水中大中祥符二年旱遣司天少監史序祀元冥五星於北郊除地爲壇望祭已而雨足遣官報謝及社稷初學士院不設配位及是問禮官言祭必有配報如常祀當設配坐又諸神祠天齊五龍用牛祀與祀城隍用羊一八籩八豆舊制不祈四海帝曰百谷之長潤澤及物安可闕禮特命祭之仁宗慶歷中大雩之儀皆用犢羊豕各一神宗熙寧十年四月以夏旱內出蜥蜴祈雨法其法捕蜥蜴數十納甕中漬之以雜木葉擇童男十二歲以下十歲以上者二十八人分兩番衣青衣以青飾面及手足人持柳枝霑水散晝夜環繞誦咒曰蜥蜴蜥蜴興雲吐霧令雨滂沱放汝歸去元豐四年詳定郊廟奉祀禮文所言近詔宗祀明堂配以上帝其餘從祀羣神悉罷今大雩猶循舊制羣神從祀恐與詔旨相戾請孟夏大雩唯祀上帝以太宗皇帝配餘從祀羣神悉罷又請改築雩壇於國南以嚴祀事祈用少牢並從之五年始建雩壇禮部言雩壇當立於圜丘之左巳地高一丈廣輪四丈周十二丈四出陛爲三壝各二十五步周垣四門一如郊壇之制從之高宗紹興八年以時雨愆候令臨安府迎天竺觀音赴法慧寺建道場如法祈求其後率以爲常或差官就天竺祈禱按高宗南渡天竺山亦在境內山川能興雲雨之列但高宗以後或迎觀音入城或就山祈禱亦與雖非祀典而求有應皆一體所禱之言有合紹興後孟夏雩祀上帝在城西惠照院望祭齋宮行禮其後又於圜壇行禮孝宗時因雨澤愆期太常朱時敏言通典載雩禮用舞僮歌雲漢晉蔡謨議謂雲漢之詩興於宣王歌之者取其修德禳災以和陰陽之義乞用舞僮六十四人衣元衣歌雲漢之詩詔亟從之按唐開元祈雨雩壇謂之特祀不以樂薦孝宗淳熙十四年七月太常寺言亢陽爲沴檢點國朝典禮凡京都旱則祈嶽鎭海瀆及諸山川能興雲雨者於北郊望告又祈宗廟社稷及雩祀上帝皇地祇八月得雨禮官謂有祈必有報上曰既是天地宗廟社稷宮觀亦不容已王淮等奏報謝只是酒脯上曰如何無牲牢淮等奏國朝典禮祈用酒脯謝如常祀但紹興以來並只是酒脯唯雩祀用牲然雩無報謝之理

遼制歲旱行色克色哩禮儀以祈雨前期置百柱天棚及期皇帝致奠於先帝御容乃射柳皇帝再射親王宰執以次各一射中柳者質誌柳者冠服誌柳者植柳爲記之人蓋擇親王或宰執爲之質謂質當也取誌柳者之冠服爲質不中者以冠服質之質於誌柳者

不勝者進飲於勝者然後各歸其冠服又翼日植柳天棚之東南巫以酒醴黍稷薦植柳祝之皇帝皇后祭東方畢子弟射柳皇族國舅羣臣與禮者賜物有差既三日雨則賜多囉倫穆騰四四衣四襲否則以水沃之穆宗應歷十二年五月以旱命左右以水相沃頃之果雨

金世宗大定四年五月乙未詔禮部尚書王競禱雨於北嶽以定州長貳官充亞終獻又卜日於都門北郊望祀嶽鎮海瀆有司行事用酒脯醢後七日不雨祈太社太稷又七日祈宗廟不雨仍從嶽鎮海瀆如初祈其設神座實尊罍如常儀其尊罍用瓢齊擇甘瓠去蒂以爲尊祝版惟五嶽宗廟社稷御署餘則否後十日不雨乃徙市禁屠宰殺斷繖扇造土龍以祈雨足報祀送龍水中

元無雩禮遇水旱或遣官行事或命西僧致禱泰定帝泰定三年三月乙巳朔帝以不雨自責命審決重囚遣使分祀五岳四瀆名山大川及京城寺觀文宗天歷二年三月壬申以去冬無雪今春不雨命中書及百司官分禱山川羣祀

明初凡水旱災傷或躬禱或露告於宮中或於奉天殿陛或遣官祭告郊廟陵寢及社稷山川無常儀太祖洪武二年以春久不雨祈告諸神祇中設風雲雷雨嶽鎮海瀆凡五壇東設鍾山兩淮江西兩廣海南北山東燕南燕薊山川旗纛諸神凡七壇西設江東兩浙福建湖廣荆襄河南北河東華州山川京都城隍凡六壇中五壇奠帛初獻帝親行禮兩廡命官分獻每壇牲用犢羊豕各一幣則太歲風雲雷雨用白餘各隨其方色籩豆簠簋祝社稷登一實以太羹鉶二實以和羹儀同常祀三年五月旱六月帝親禱于山川壇越五日雨宣宗宣德三年四月旱遣成國公朱勇祭大小青龍之神孝宗弘治十七年五月畿內山東久旱遣官祭告天壽山分命各巡撫祭告北嶽北鎮東嶽東鎮東海世宗嘉靖八年帝諭禮部去冬少雪當春雨澤不降當親祭南郊社稷山川尚書方獻夫等具上儀注二月親禱南郊山川同日社稷用爻日不除道冠服淺色羣臣同文五品武四品以上於大祀門外餘官於南天門外就班陪祀是秋帝欲親祀山川諸神禮部尚書李時言舊例山川等祭中夜行禮先一日出郊齋宿祭畢清晨回鑾兩日畢事禮太重宜比先農壇例味爽行禮因具儀以進制可祭服用皮弁迎神送神各兩拜九年帝欲於奉天殿丹陛上行大雩禮夏言請築雩壇每歲孟春祈穀後雨暘時若則雩祭遣官攝行如雨澤愆期則躬行禱祝乃建崇雩壇於圜丘壇外泰元門之東爲制一成歲旱則禱奉太祖配十二年夏言等言古者大雩之祀命樂正習盛樂舞皇舞盖假聲容之和以宣陰陽之氣請於三獻禮成之後九奏樂止之時樂奏雲門之舞仍命儒臣括雲漢詩詞制雲門一曲使文武舞士並舞而合歌之且請增鼓吹數番教舞童百人青衣執羽繞壇歌雲門之曲而舞曲凡九成因上其儀視祈穀禮帝從之十七年四月大雩時將躬禱郊壇帝諭禮部禱雨乃修省事不用全儀亦不奉祖配乃定青衣上香進帛三獻八拜成禮百官陪拜祭用酒果脯醢牛一以熟薦前一日戌刻詣郊壇中夕行禮神宗萬歷十三年上親禱郊壇卻輦步行其步禱儀前期一日預告於奉先殿太常寺進祝版上親塡御名太常寺預設酒果脯醢香帛於圜丘牛一熟薦設上拜位於壇壝正中及期上具青服至昭亨門導引官導上至櫺星門外幕次少憩禮部太常寺奏詣壇位行初獻禮內贊奏獻帛爵訖奏詣讀祝位奏跪繼而行亞獻三獻禮上還仍詣奉先殿參謁如常儀

大享明堂　唐　後唐　宋　明

唐初季秋大享於圜丘行事武后稱制始毀東都之乾元殿爲明堂以正月朔行大享禮明皇開元中以武后所造明堂有乖體制毀去上層易以眞瓦仍爲乾元殿自是終唐之世季秋大享皆寓圜丘代宗永泰二年禮儀使杜鴻漸奏秋季大享明堂祀昊天上帝請以肅宗配制可憲宗元和元年以順宗配十五年穆宗卽位以憲宗配

後唐莊宗同光元年有司上言秋季大享明堂請奉太祖配從之

宋初因唐舊制季秋大享昊天上帝奉以有司攝事太宗雍熙元年以太祖配淳化四年以宣祖配眞宗時以太祖配仁宗卽位以眞宗配皇祐二年二月十八日乙亥上謂輔臣曰孝莫大於嚴父嚴父莫大於配天今冬至日當親祀圜丘欲以季秋有事於明堂行饗帝饗親之禮以極孝恭然前代諸儒議論皆異將安適從先是宋庠建議請季秋享明堂是歲當郊而日至在晦庠引建隆故事宜有所避因請季秋大享文彥博奏臣等檢討舊典昊天上帝一歲四祭皆於南郊惟至日圜丘率三歲一親祀開寶中藝祖幸西京以四月庚子有事於南郊行大雩禮淳化四年至至道二年太宗皆以正月上辛躬行祈穀之祀唯季秋大享缺而未舉眞宗祥符初議行此禮以有事岱宗故未遑合宮之事將上帝祖宗之意以俟陛下三月一日戊

子朔御札曰事天事地邦國之善經享帝享親聖王之盛節緬稽先憲祇事穹祇祈穀於春祭雩以夏追升禋於景至嘗親展於國容惟明堂布政之方尊嚴父配天之禮雖崇精享未卽躬行言念及茲心焉載惕今取今年九月二十七日辛亥有事於明堂其今年冬至親祀南郊宜卽輟罷恩賞依南郊例至日御宣德門行禮己丑詔以大慶殿爲明堂（先是禮官議王者郊用辛蓋取齋戒自新之義又通禮祀明堂亦用辛遂下司天擇日得辛亥）戊戌詔羣臣毋得請上尊號於時宰相文彥博爲大禮使宋庠爲禮儀使王貽永爲儀仗使龐籍爲鹵簿使高若訥爲橋道頓遞使己亥詔乘輿服御裁節丙辰判太常禮儀事宋祁上明堂通議二篇四月丁巳朔禮院言周禮夏世室鄭玄云堂上有五室象五行木室於東北火東南金西南水西北土中央崔靈恩亦如之請如崔鄭之說設五室於大慶殿又舊禮五帝位爲緵室今旁帷上幕宜用青繒朱裏四戶八牖赤綴戶白綴牖宜飾以朱白繒從之乙丑詔曰祖宗親郊合祭天地祖宗並配百神從祀今祀明堂正當親郊之期而禮官所定祭天不及地祇配坐不及祖宗未合三朝之制且移郊爲大享蓋亦爲民祈福宜合祭皇地祇奉太祖太宗眞宗並配而五帝神州亦親獻之日月河海諸神悉如圜丘從祀之數禮官議諸神位未決帝諭文彥博等曰郊壇第一龕者在堂第二第三龕設於左右夾廡及龍墀上在壝內外者列於堂東西廂及後廡以象壇壝之制（太常禮院言昨赴大慶殿詳度陳列天地以下神位今參比郊壇壝兆上下位敘如左殿上五室內太室中北昊天上帝位皇地祇在左皆南面太祖太宗眞宗位在東西向黃帝在太室中西南北面人帝在左少退青帝赤帝白帝黑帝各從本室人帝在左少退神州地祇日月北極天皇大帝並設於五室之閒其位少退五帝神州日月北極天皇大帝郊壇爲第一龕位五官勾芒以下設於明堂廷中少東南別爲露幄五緯十二次紫微垣內官五方嶽鎮海瀆歲星元枵鉤星以下七十二位於東西夾廡下版設於郊壇爲第二龕位二十八舍黃道內天官角宿攝提五方山林川澤以下百七十九位於丹墀龍墀道東西版設於郊壇爲第三龕位黃道外天官及眾星五方墳衍原隰以下四百九十六位並東西廡周環殿後版設以北爲上於郊壇爲內壝之內外位倣古明堂之制又稍與壇壝位敘相類及令修內司少府司天監量廣深丈尺約陳列祭器不至併隘如得允當望下司天監繪圖以進）因謂彥博等曰禮非天降地出緣人情耳禮官習拘儒之舊傳捨三聖之成法朕甚不取彥博曰惟聖明能達禮之情適禮之變翌日奏五帝神州命官分獻上曰朕於大祀豈敢憚勞甲午禮院上明堂五室制度圖五月丁亥朔作明堂禮神玉及燔玉（初上謂輔臣曰前代禮神有祭玉燔玉今獨有燔玉無乃於祀典缺乎文彥博對曰唐太和中太常卿王起以當時祀事止有燔玉因請造璧琮等九器止用珉蓋唐以來禮神之玉已不復備上曰朕奉天地祖宗盡物盡志豈於玉寶有所愛乎其有司備製之時沙州適貢玉乃擇其良者製爲琮璧等九品其黝璜尤粹祭玉始備）己酉御製明堂樂曲及二舞名六月己巳鹵簿使言用法駕鹵簿減大駕三分之一九月丁亥御崇政殿閱試雅樂五日詔乘新玉輅庚子御篆大慶殿榜明堂二字飛白明堂之門四字祠已藏宗正寺戊申齋於文德殿閤輔臣宗室夕於齋次百官致齋明堂先是積雨彌旬上虔禱方午而霽至夜月星明朗己酉上服通天絳紗具法駕乘玉輅薦享景靈宮禮畢謁太廟庚戌祼獻七室質明還文德齋次辛亥未明三刻服鞾袍乘小輦至大次侍中奏嚴辦袞冕執圭禮儀使太常卿奉導入明堂中門至版位樂舞作自大階升詣天地一祖二宗坐奠玉幣每詣神位行禮畢鞠躬卻行須盡褥位方改步移嚮又令侍臣徧諭獻官及進徹俎豆悉安徐謹嚴質明禮畢還大次解嚴改服乘輦御紫宸殿百僚稱賀仁宗嘉祐七年七月詔復有事於明堂有司言皇祐參用南郊百神之位不應祭法宜如隋唐舊制設昊天上帝五方帝位以眞宗配而五人帝五官神從祀皆罷又前一日親享太廟當時嘗停孟冬之薦考詳典禮宗廟時祭未有因嚴配而輟者今明堂去孟冬日尙遠請復薦廟前者祖宗並侑今用典禮獨配前者地祇神州並享今以配天而罷是皆變於禮中之大者也開元開寶二禮五帝無親獻儀舊禮先詣昊天奠獻五帝並行分獻以侍臣奠幣皇帝再拜次詣眞宗神坐於禮爲允而帝欲盡恭於祀事五方帝位並親獻焉英宗治平元年禮院奏乞與兩制同議仁宗皇帝配侑明堂錢公輔等奏曰三代之法郊以祭天而明堂以祭五帝郊之祭以始封之祖有聖人之功者配焉明堂之祭以繼體之君有聖人之德者配焉故孝經曰昔者周公郊祀后稷以配天宗祀文王於明堂以配上帝臣竊謂聖宋崛起非有始封之祖也則創業之君是爲太祖矣太祖則周之后稷配祭於郊者也太宗則周之文王配祭於明堂者也此二配至重萬世不遷之法也眞宗則周之武王宗乎廟而不祧者也雖有配天之功而無配天之祭未聞成王以嚴父之故廢文王配天之祭而移之武王也仁宗則周之成王也雖有配天之功而無配天之祭亦未聞康王以嚴父之故廢文王配天之祭而移於成王也下至兩漢去聖甚遠明堂配祭東漢爲得在西漢時則孝武始營明堂而以高帝配之其後又以景帝配之孝武之後無聞焉在東漢時則孝明始建明堂而以光武配其後孝章孝安之後無聞焉當始配之代適符嚴父之說及時異事遷而章安二帝亦弗之變此最爲近古而合乎禮者也唐中宗時以高宗配在明皇時以睿宗配永泰時以肅宗配禮官杜鴻漸王涯輩皆

不能推明經訓務合古初反雷同其說以惑時主延及於今牢不可破願陛下深詔有司博謀羣賢循宗周之典禮替有唐之曲學於是詔臺諫及講讀官與兩制再詳定以聞觀文殿學士孫抃等曰易稱先王作樂崇德薦之上帝以配祖考蓋祖考並可配天符於孝經之說不可謂必嚴其父也祖考皆可配郊與明堂而不同位不可謂嚴祖嚴父其義一也雖周家不聞廢文配而移於武廢武配而移於成然易之配考孝經之嚴父歷代循守不爲無說魏明帝祀文帝於明堂以配上帝史官謂是時二漢之制具存則魏所損益可知亦不可謂章安之後配祭無傳遂以爲未嘗嚴父也唐至本朝講求不爲少所以不敢異者舍周孔之言無所本也今以爲我將之詩祀文王於明堂而歌者安知非孔子刪詩存周全盛之頌被於管絃者獨取之也仁宗繼體守成置天下於泰安者四十二年功德可謂極矣今祔廟之始抑而不得配帝甚非所以宣章嚴父之大孝諫官司馬光呂誨曰孝子之心孰不欲尊其父聖人制禮以爲之極不敢踰也詩曰思文后稷克配彼天又我將祀文王於明堂下此皆不見於經前漢以高祖配天後漢以光武配明堂以是觀之自非建邦啟土造有區夏者皆無配天之文故雖周之成康漢之文景明章德業非不美也然而不敢推以配天避祖宗也孔子以周公有聖人之德成太平之業制禮作樂而文王適其父故引以證聖人之德莫大於孝以答曾子非謂凡有天下者皆當尊其父以配天然後爲孝也近代祀明堂者皆以其父配上帝此乃誤釋孝經之義而違先王之禮也景祐中禮院官議以太祖爲帝者之祖比周之后稷太宗眞宗爲帝者之宗比周之文武然則祀眞宗於明堂以配上帝亦未失古禮仁宗雖豐功美德洽於四海而不在二祧之位議者乃欲舍眞宗而以仁宗配恐於祭法不合詔從抃議以仁宗配享明堂焉御史趙鼎請遞遷眞宗配雩祭太宗配祈穀神州用唐故事學士王珪等以爲天地大祭有七皆始封受命創業之君配神作主明堂用古嚴父之道配以近考故在眞宗時以太宗配在仁宗時以眞宗配今則以仁宗配仁宗始罷太宗明堂之配太宗先已配雩祀祈穀及神州之祭本非遞遷今明堂既用嚴父之道則眞宗配天之祭於禮當罷不當復分雩祭之配也時詔近臣議仁宗配祭故事冬夏至祀昊天上帝皇地祇以太祖配正月上辛祈穀孟夏雩祀孟冬祀神州地祇以太宗配正月上辛祀感生帝以宣祖配季秋大享明堂祀昊天上帝以眞宗配而學士王珪等與禮官上議以爲季秋大饗宜以仁宗配爲嚴父之道知制誥錢公輔獨謂仁宗不當配祭給事中王疇以爲珪等議遺眞宗不得配公輔議遺宣祖眞宗仁宗俱不得配於禮意未安乃請依王珪等議奉仁宗配饗明堂以符大易配考之說孝經嚴父之禮奉遷眞宗配孟夏雩祀以仿唐貞觀顯慶故事太宗依舊配正月上辛祈穀孟冬祀神州地祇餘依本朝故事如此則列聖並侑對越昊穹厚澤流光聖裕萬祀必如公輔之議則陷四聖爲失禮導陛下爲不孝違經戾古莫此爲甚因此公輔不說而朝廷以疇論事有補帝與執政大臣皆器異之四年七月時神宗已卽位詔明堂以英宗配神宗熙寧四年親祀明堂帝親獻昊天上帝英宗皇帝及五方帝其五人帝五官神位命官分獻元豐三年詳定禮文所言祀帝南郊以天道事之則雖配帝用犢禮所謂帝牛不吉以爲稷牛是也享帝明堂以人道事之則雖天帝用太牢詩所謂我將我享維羊維牛是也自梁明堂用特牛隋唐因之非所謂以人道享上帝之意也皇祐大享用犢七以薦上帝配帝五方帝羊豕各五以薦五人帝熙寧禮院議上帝配帝用犢與羊豕各一五帝五人帝用犢與羊豕各五皆未應禮今明堂親祀上帝配帝五方帝五人帝請用牛豕各一太常禮院言今歲明堂尙在慈聖光獻皇后三年之內請如熙寧元年南郊故事惟祀事用樂鹵簿鼓吹宮架皆備而不作警場止鳴金鉦鼓角而已自是凡國有故皆用此制六月詔曰歷代以來合宮所配雜以先儒六天之說朕甚不取將來祀英宗皇帝於明堂以配上帝餘從祀羣神悉罷知太常禮院趙君錫等議案周官掌次職曰王大旅上帝則張氈案祀五帝則張大次小次又司服職曰祀昊天上帝則服大裘而冕祀五帝亦如之明上帝與五帝異則孝經所謂宗祀文王以配上帝者非可兼五帝也自鄭氏之學興乃有六天之說而事非經見晉泰始初論者始以爲非遂於明堂惟設昊天上帝一坐而已唐顯慶禮亦然請如詔祀英宗於明堂惟配上帝以稱嚴父之意又請以莞席代稾秸蒲越以玉爵代匏爵其豆登簋俎尊罍並用宗廟之器並從之六年詳定禮文所言本朝親祠明堂習儀於大慶殿近於瀆伏請明堂習儀於尙書省以遠神爲恭哲宗元祐元年九月親享明堂以神宗配六年太常博士趙叡言本朝親享之禮自明道以來卽大慶殿以爲明堂至於有司攝事之所乃尙寓於圜丘竊見南郊齋宮有望祭殿請就行禮從之元符元年尙書左丞蔡卞言每歲大享明堂卽南郊望祭殿行禮制度隘窄未足以仰稱嚴事之意今新作南郊齋宮端誠殿實天子潔齋奉祀及見羣臣之所高明邃深可以享神卽此行禮於義爲合初元豐禮官以明堂寓大慶路寢別請建立以盡嚴奉而未暇講求至蔡京爲相始以庫部員外郎姚舜仁明堂圖議上詔依所定營建明年正月以彗出東方罷徽宗大觀元年大享猶寓大慶殿政和五年文獻通考作三年秋八月詔以祕書省地爲明堂又詔明堂之制朕取考工互見之文得其制作之本益夏后氏世室之度兼商人四阿重屋之制從周人度以九尺之筵

上圓象天下方法地四戶以合四序八窗以應八節五室以象五行十二堂以聽十二朔九階四阿每室四戶夾以八窗享帝嚴父聽朔布政於一堂之上於古皆合其制大備宜令明堂使司遵圖建立於是內出圖式宣示於崇政殿命蔡京爲明堂使開局興工日役萬人京言三代之制修廣不相襲世每近制每廣今若以二筵爲太室方一丈八尺則室中設版位禮器已不可容理當增廣今從周制以九尺之筵爲度太室修四筵（三丈六尺）廣五筵（四丈五尺）共爲九筵木火金水四室各修三筵益四五（三丈一尺五寸）廣四筵（三丈六尺）共七筵益四尺五寸十二堂古無修廣之數今亦度以九尺之筵明堂元堂各修四筵廣五筵左右个各修廣四筵青陽總章各修廣四筵左右个各修四筵廣三筵益四五四阿各四筵堂柱外基各一筵堂總修一十九筵（一十七丈一尺）廣二十一筵（一十八丈九尺）蔡攸言明堂五門諸廊結瓦古無制度漢唐或葢以茅或葢以瓦或以木爲瓦以夾紵漆之今酌古之制適今之宜葢以素瓦而用琉璃緣裏及頂葢鴟尾綴飾上施銅雲龍其地則隨所向甃以五色之石欄楯柱端以銅爲文鹿或辟邪象明堂設飾雜以五色而各以其方所尙之色八窗八柱則以靑黃綠相閒堂室柱門欄楯並塗以朱堂階爲三級級崇三尺共爲一筵庭樹松梓檜門不設戟殿角皆垂鈴詔以元堂犯聖祖諱取平在朔易之義改爲平朔門亦如之仍改敷祐門曰左敷祐左承天門曰右敷佑右承天門曰平秩更衣大次曰齋明殿七年四月明堂成有司請頒常視朝聽朔詔明堂專以配帝嚴父餘悉移於大慶文德殿羣臣五表陳請乃從之禮制局言祀天神於冬至祀地祇於夏至乃有常日無所事卜季秋享帝以先王配則有常月而未有常日禮不卜常祀而卜其日所謂卜日者卜其辛爾葢月有上辛次辛請以吉辛爲正又禮制局列上明堂七議一曰古者朔必告廟示不敢專請視朝聽朔必先奏告以見繼述之意二曰古者天子負扆南向以朝諸侯聽朔則各隨其方請自今御明堂正南向之位布政則隨月而御堂其閏月則居門爲三曰禮記月令天子居青陽總章每月異禮請稽月令十二堂之制修定時令使有司奉而行之四曰月令以季秋之月爲來歲受朔之日請以每歲十月於明堂受新歷退而頒之郡國五曰古者天子負扆公侯伯子男蠻夷戎狄四塞之國各以內外尊卑爲位請自今元正冬至及朝會並御明堂遼使依賓禮蕃國各隨其方立於四門之外六曰古者以明堂爲布政之宮自今若有御札手詔並請先於明堂宣示然後榜之廟堂頒之天下七曰赦書德音舊制宣於文德殿自今請非御樓肆赦並請於明堂宣讀九月詔頒朔布政自十月爲始其月皇帝御明堂平朔左个頒天運政治及八年戊戌歲運歷數於天下百官常服立明堂下乘輿自內殿出負扆坐於明堂大扆樂作百官朝於堂下大臣陞階進呈所頒布時令左右丞二員跪請付外施行宰相承制可之左右丞乃下授頒政官頒政官受而讀之訖出閤門奏禮畢皇帝降御座百官乃退自是以爲常高宗紹興元年合祭天地於明堂奉太祖太宗配禮畢不受賀文武百官拜表稱賀如儀四年九月有事於明堂合祭天地以太祖太宗配兼祀百神（按是時依禮部新儀一遵皇祐詔書仍以明堂大禮爲稱於常御殿設位行禮）先時有司請議郊祀明堂祫享之宜禮部侍郞陳與義議曰謹按皇祐詔書國朝自祖宗以來三歲一郊今祀明堂正當三歲親郊之期而禮官所定配坐不及祖宗宜並配以稱朕恭事祖宗之意葢太祖則周之后稷當配祭於郊者也太宗則周之文王當配祭於明堂者也郊當祭太祖而以當郊之歲舉明堂之禮則不可以遺太祖而不祭稽之神理本之人情則皇祐詔書之本意可以爲萬世不刊之典詔從之葢中興郊祀明堂合祭天地並配祖宗之禮參考推明至與義之議而始定七年九月辛巳合祭天地於明堂時徽宗升遐上躬行三年之喪禮部太常寺言景德熙豐南郊故事皆在諒陰中當時親郊行禮除郊廟景靈宮合用樂外所有鹵簿鼓吹及樓前宮架諸軍音樂皆備而不作其逐處警場止鳴金鉦鼓角乞依累朝故事行太常博士孫邦乞自受誓戒日皇帝暨百僚禁衞等權易吉服至禮成還內仍舊中書舍人傅崧卿援嚴父之文欲陞徽宗配享詔令侍從臺諫禮官同議禮部侍郞陳公輔言道君皇帝神靈方在几筵豈可遽預配祭之禮吏部尙書孫近等議引司馬光之說曰近世祀明堂者皆以其父配此乃誤認孝經之意而違先王之禮不可以爲法況梓宮未還几筵未除山陵未卜而遽議配侑之事乎臣等伏請今年明堂大禮權依紹興元年詔書請俟剗平僭亂恢復大業然後定郊祀明堂之議一從成周庶不失禮經之正詔從之十年九月復行明堂禮太常定儀注自誓戒致齋至飲福燎瘞是歲始用大樂三十一年九月大享明堂罷合祭奉徽宗配孝宗乾道五年太常少卿林栗乞四祭並即圓壇禮部侍郞鄭聞謂明堂當從屋祭不當在壇有司攝事當於望祭殿行禮從之（中興後昊天上帝四祀春祈夏雩秋享冬報其

二在南郊圜壇其二在城西惠照院望祭齋宮紹興十九年八月葺惠照望祭殿建齋宮於其西凡十有一區淳熙六年九月大享明堂合祭天地復奉太祖太宗配先時詔今歲行明堂大禮令禮部太常寺詳議宰執進呈禮寺議狀竊觀黃帝拜祀上帝於明堂唐虞祀五帝於五府歷時既久其詳莫得而聞至禮記始載明堂位一篇言天子負斧依南向而立內之公侯伯子男外之蠻夷戎狄以序而立故曰明堂也者明諸侯之尊卑也孟子亦曰明堂者王者之堂也周禮大司樂有冬至圜丘之樂夏至方丘之樂宗廟九變之樂三者皆大祭祀唯不及明堂豈非明堂者布政會朝之地周成王時於此歌我將之頌宗祀其祖文王乎後暨漢唐雖有沿革至於祀帝而配以祖宗多由義起未始執一本朝仁宗皇祐中破諸儒異同之論卽大慶殿行親享之禮並侑祖宗從以百神前期朝獻景靈宮享太廟一如郊祀之制太上皇帝中興斟酌家法舉行皇祐之制於紹興之初亦在殿庭合祭天地並配祖宗蓋得聖經之遺意且國家大祀有四春祈穀夏雩祀秋明堂冬郊祀是也陛下卽位以來固嘗一講祈穀四躬冬祀唯合宮雩壇之禮猶未親行今若據已行典禮及用仁宗時名儒李覯明堂嚴祖說幷治平中呂誨司馬光錢公輔等集議近歲李燾奏劄所陳特舉秋享於義爲允上曰明堂合祭天地並侑祖宗從祀百神並依南郊禮例可依詳議事理施行十六年光宗既受禪閏五月禮官言冬祀配以太祖而春夏秋皆配以太宗祖有功宗有德故推以配上帝高宗身濟大業紹開中興揖遜之美超越千古功德茂盛爲宋高宗秋享明堂宜奉以升侑又謂我將祀文王實在成王之時錢公輔司馬光呂誨皆以爲嚴祖今以高宗配於周制爲合於是高宗始配上帝寧宗嘉定八年九月合祭天地於明堂吳泳繳進明堂御劄狀曰臣嘗出入禮經讀郊特牲謂祭有祈有報有由辟焉讀周禮太祝謂祝有祈福祥有求永貞有弭災兵焉所謂肇禋於郊宗祀於明堂者不但曰報而已蓋海內乂安兵革不興年至於屢豐則鋪張揚厲而主報疆埸多事水旱閒作民未有寧宇則禬禳祠禱而主祈此皆成周之令典國家列聖以來成法所不能廢也粤自近歲祠臣所撰赦詔類多頌美形容之詞而少愛人惻怛之意矧今兵祲未解民食孔艱陛下畏威一念如對上帝歲祀一忱若保赤子所宜因此時力致祈天永命之請臣用是輒援仁祖高宗兩朝故實載之御劄所有將來合降赦書更宜推廣此意深自貶損明示四方庶幾可以迓續天命感動人心仰昭陛下寅畏懷保之實矣理宗淳祐三年用樞密都承旨韓祥言明堂以太祖太宗寧宗並侑寶祐五年三月詔以高宗皇帝克紹大業光復我家宜倣有夏之祀少康法元和之尊光武於是明堂大享以一祖三宗並配度宗咸淳五年祀明堂奉理宗升侑起居舍人高斯得進郊天故事疏曰臣聞人主事天之道唯質與忱而已大路越席掃地不壇器用陶匏牲用繭栗皆尚質也立澤聽誓皮弁聽報齋明盛服三宿七戒告致忱也外盡乎質內盡乎忱則天之親德享道也宜矣秦漢之後文縟而掩其質敬弛而泊其忱千乘萬騎以爲華寶鼎天馬以爲飾而事天之本廢矣牲荊靈旗以禱兵方士祕術以求福而事天之心蕩矣欲以感動天地逆釐三神不亦難乎陛下穆卜季秋中辛以行陽館之祀今有日矣自乾淳以來每遇郊禋必詔有司自事天儀物及諸軍賞給之外凡車服仗衛聲明文物之具莫不裁約而歸於儉錫賚推恩亦減承平之半或三之一可謂尚質之極至者矣至於前期齋殿致其精明以對越在天者尤極其嚴行事之際避黃道而不履虛小次而不御可謂至忱之極矣是以神天顧歆或積雨而頓霽或微恙而立瘳以樂成熙事此則陛下之家法也厥今四郊多壘財力單匱遠不逮乾淳之時臣願陛下於阜陵節約之外又損之又損庶幾曰祀曰戒二者兼得乃若以忱事天又其大本記曰齋者防其邪物絕其嗜欲言不敢散其志也今距齋宿之期雖曰尚賒然臣願陛下以聖人久禱爲心兢兢業業已如上帝臨汝神在其上之時則積此精神用於一日天人相與如響應聲天神之不降地祇之不格風雨之不節寒暑之不時臣不信也

明初無明堂之制世宗嘉靖十七年六月致仕揚州府同知豐坊上疏言孝莫大於嚴父嚴父莫大於配天請復古禮建明堂加尊皇考獻皇帝廟號稱宗以配上帝下禮部會議尚書嚴嵩等言若以功德論則太宗再造家邦功符太祖當配以太宗若以親親論則獻皇帝陛下之所自出陛下之功德卽皇考之功德當配以獻皇帝至稱宗之說則臣等不敢妄議帝降旨明堂秋報大禮於奉天殿行其配帝務求畫一之說皇考稱宗何爲不可再會議以聞於是戶部左侍郎唐胄抗疏言三代之禮莫備於周孝經曰郊祀后稷以配天宗祀文王於明堂以配上帝又曰嚴父莫大於配天則周公其人也說者謂周公有聖人之德制作禮樂而文王適其父故引以證聖人之孝答曾子問而已非謂有天下者必皆以父配天然後爲孝不然周公輔成王踐阼其禮蓋爲成王而制於周公爲嚴父於成王則爲嚴祖矣然周公歸政之後未聞成王以嚴父之故廢文王配天之祭而移於武王也後世祀明堂者皆配以父此乃誤孝經之義而違先王之禮今禮臣不能辨嚴父之非不舉文武成康之盛而乃濫引漢唐宋不足法之事爲言謂之何哉帝怒下胄詔獄嵩乃再會廷臣先議配帝之禮言考季秋成物之指嚴父配天之文宜奉獻皇帝配帝侑食因請奉文皇帝配祀於孟春祈穀帝從獻皇帝配帝之請而卻文皇議不行已乃設爲臣下奏對之詞作明堂或問以示輔臣大略言文皇遠祖不應嚴父之義宜以

父配稱宗雖無定說尊親崇上義所當行既稱宗則當祔廟豈有太廟中四親不具之禮帝既排正議崇私親心念太宗永無配享無以謝廷臣乃定獻皇配帝稱宗而改稱太宗號曰成祖時未建明堂迨季秋遂大享上帝於元極寶殿奉睿宗獻皇帝配殿在宮右乾隅舊名欽安殿禮成禮部請帝陞殿百官表賀如郊祀慶成儀帝以大享初舉命賜宴羣臣於謹身殿已而以足疾不御殿令羣臣勿賀並宴罷令光祿寺分給是年定大享禮上帝位犢一玉用蒼璧一帛十二（青色）登一簠簋各二籩十二豆十二玉爵三酒尊三篚一祝案一（配帝位同惟不用玉）（祭儀與祈穀同）二十一年敕諭禮部季秋大享明堂成周重典與郊祀並行曩以享地未定特祭於元極寶殿朕誠未盡南郊舊殿原爲大祀之所昨歲已令有司撤之朕自作制象立爲殿恭薦名曰泰享用昭寅奉上帝之意乃定歲以秋季大享上帝奉皇考睿宗配享行禮如南郊陳設如祈穀二十四年禮部尚書費寀以泰享殿工將竣請帝定殿門名門曰泰享殿曰皇乾及殿成而大享仍於元極寶殿遣官行禮歲以爲常穆宗隆慶元年禮臣言我朝大享之禮自皇考舉行追崇睿宗以昭嚴父配天之孝自皇上視之則睿宗爲皇祖非周人宗祀文王於明堂之義於是帝從其請罷大享禮仍改元極寶殿爲欽安殿

臣等謹按明堂之禮遼金元俱未舉行明初亦未議及世宗嘉靖中豐坊首刱嚴父配天之說迎合上意由是特舉斯禮追隆所生元極既配之後明年幸承天享帝於龍飛殿亦奉獻皇帝配其後自定規制更建泰享殿三年而後成然大享之禮終未舉行內殿殷薦亦止遣官攝事葢帝之排羣議崇私親雖矯强於一時終有慦然不自安者故禮臣敦請屢諭緩行非僅兢奉元修憚乘輿之一出也先聖所云名不正言不順而事不成者詎不信哉

欽定續通典卷四十八

欽定續通典卷四十九

禮 吉

朝日 夕月 唐 宋 遼 金 元 明

唐玄宗天寶三載三月戊寅詔曰祭之為典以陳至敬名或不正是相奪倫日月照臨下土式瞻既超言象之外宜極尊嚴之禮立為中祀頗紊大猷自今已後升為大祀仍以四時致祭庶昭報之誠格於上下欽崇之稱合于典則 按開元禮日月列中祀祭以二分朝夕至是俱改

宋真宗天禧初太常禮院以監察御史王博文言詳定準禮春分朝日於東郊秋分夕月於西郊國語大采朝日少采夕月又曰春朝朝日秋夕夕月唐柳宗元論云夕之名者朝拜之隅也古者旦見曰朝暮見曰夕按禮秋分夕月蓋其時晝夜平分太陽當午而陰魄已生遂行夕拜之祭以祀日未前十刻大官令率宰人割牲未後三刻行禮蓋是古禮以夕行朝祭之儀又按禮云從子至巳為陽從午至亥為陰參詳典禮合於未後三刻行禮仁宗慶歷三年定朝日夕月之圭皆五寸其祭品羊豕各二籩豆十二簠簋俎二皇祐五年定朝日壇舊高七尺東西六步一尺五寸增為八尺廣四丈如唐郊祀錄夕月壇與隋唐制度不合從舊則壇小如唐則坎深今定坎深三尺廣四丈壇高一尺廣二丈四方為陛降入坎中然後升壇壇二壝壝皆二十五步增大明夜明壇山罍二籩豆十二神宗元豐六年禮部言熙寧祀儀朝日壇廣四丈夕月壇廣二丈以唐王涇郊祀錄考之夕月壇方廣四丈今止二丈蓋禮儀之誤請依制度改造夜明壇從之高宗紹興三年司封員外郎鄭士彥言春分朝日秋分夕月祀典未舉望詔禮官講求從之其後於城外惠照院望祭位版日書曰大明月書曰夜明玉用圭璧大明幣用赤夜明幣用白禮如祀感生帝

遼太祖天贊三年九月拜日於蹛林穆宗應歷二年日南至始用舊制行拜日禮聖宗統和元年十二月千齡節拜日月 按遼史拜日儀皇帝升露臺設褥向日再拜上香應拜臣僚殿左右階陪位再拜皇帝升座奏牓訖時相以下通名再拜奏聖躬萬福又再拜

金初朝日用本國禮太宗天會四年正月始朝日於乾元殿 按金制朝日壇日大明在施仁門外之東北當闕之卯地門壝之制皆同方丘夕月壇日夜明在彰義門外之西北當闕酉地掘地汙之為壇其中春分朝日於東郊秋分夕月於西郊朝日玉用青璧夕月用白璧幣皆如玉之色牲各用羊一豕一有司攝三獻司徒行事 熙宗天眷二年定朔望朝日儀皆就殿南向再拜世宗大定二年以無典故罷十五年言者謂今正旦并萬春節宜令有司定拜日之禮有司援據漢唐春分朝日升煙奠玉如圜丘之儀又按唐開元禮南向設大明神位天子北向皆無南向拜日之制今已奉敕以月朔拜日宜遵古制殿前東向拜詔姑從南向十八年上拜日於仁政殿始行東向之禮如常儀章宗明昌五年初定日月常祀 宣宗貞祐後每月吉拜日以為常

元世祖至元二十五年正月祭日於司天臺 按司天臺為測日觀星之地非交神明之所蓋未嘗特設壇坎故祭於此

明太祖洪武三年禮部言古者祀日月之禮有六 按明史載原疏文歷引周禮禮記等書經注舛訛與本文不合今從刪輯 其因郊而祀之非正祀也類禜而祀之與覲諸侯而禮之非常祀也唯春分朝之於東門外秋分夕之於西門外者祀之正與常也蓋天地至尊故用其始而祭以二至日月次天地春分陽氣方永秋分陰氣方長故祭以二分為得陰陽之義自秦祭八神六曰月主七曰日主雍又有日月廟漢郊太乙朝日夕月改周法常以郊泰時質明出行宮東向揖日西向揖月又於殿下東西拜日月宣帝於成山祠日萊山祠月魏明帝始朝日東郊夕月西郊唐以二分日朝日夕月於國城東西宋人因之升為大祀元郊壇以日月從祀其二分朝日夕月皇慶中建議立而未行今當稽古正祭之禮各設壇專祀朝日壇宜築於城東門外夕月壇宜築於城西門外朝日以春分夕月以秋分星辰則祔祭於月壇從之其祀儀與社稷同其壇制朝日壇高八尺方廣四丈夕月壇高六尺方廣四丈俱兩壝每壝二十五步燎壇方八尺高一丈開上南出戶方三尺神位版以松柏為之長二尺五寸闊五寸趺高五寸朱漆金字祭器並設太尊二著尊二山罍二在壇上東南隅北面象尊二壺尊二山罍二在壇下籩豆各十簠簋各四玉並用圭璧五寸幣大明用赤夜明用白星辰並用白牲大明用赤犢夜明用白犢星辰用純色犢酒齊太尊實醴齊著尊實盎齊山罍實清酒其明水元酒各實于上尊籩豆之實籩實以石鹽乾魚乾棗栗黃榛子仁菱仁芡仁鹿脯白餅黑餅豆實以韭菹醓醢菁菹鹿醢芹菹兔醢筍菹魚醢脾析菹豚胉祭服服袞冕四年正月詔定親祀朝日夕月服袞冕陪祭官各服本品梁冠祭服九月乙亥詔親祀日月齋三日降香齋一日著為令二十一年二月增修南郊壇壝於大祀殿丹墀內壘石為臺四東西相向以為日月星辰四壇從祀其朝日夕月禜星之祭悉罷之世宗嘉靖九年帝謂大報天而主日配以月大明壇當與夜明壇異且日月照臨其功甚大太歲等神歲有二祭而日月星辰止一從祭義所不安大學士張璁亦以為缺典遂定春秋分之

祭如舊儀朝日壇於甲丙戊庚壬年親祭餘遣文大臣攝之夕月壇於丑辰未戌年親祭餘遣武大臣攝之朝日無從祀夕月以五星二十八宿周天星辰共一壇南向祔焉春祭時以寅迎日出也秋祭時以亥迎月出也祭品用犢一羊一豕一登一鉶一簠簋各二籩十豆十玉爵三夕月金爵三酒尊三紅瓷夕月白瓷酒盞三十紅瑪瑙玉一夕月白璧一帛一紅色夕月白色篚一祝案一夕月有從位一壇南向籩十豆十帛十青紅黃玄各一白六祝版朝日紅楮版朱書夕月白楮版墨書上親塡於文華殿如遇遣官之歲則中書官代塡是年用夏言議改建四郊北日於東郊兆月於西郊朝日壇在朝陽門外二里許西向爲制一成方廣五丈高五尺九寸壇面甃用紅色琉璃（按王圻續通考作青琉璃）四出陛九級圓壝牆七十五丈高八尺一寸厚二尺三寸櫺星門六正西三東南北各一西門外爲燎爐瘞池西南爲具服殿東北爲神庫神廚宰牲亭燈庫鐘樓北爲遣官房外圍牆前方後圓西北各三門曰天門北天門外西北有石坊曰禮神街西天門外迤南爲陪祀齋宿房護壇地百畝夕月壇在阜城門外南二里許東向爲制一成方廣四丈高四尺六寸壇面甃白色琉璃四出陛六級方壝牆二十四丈高八尺厚二尺二寸八分櫺星門六正東三南北西各一東門外爲瘞池東北爲具服殿南門外爲神庫西南爲宰牲亭神廚祭器庫北門外爲鐘樓遣官房外圍方牆東北各三門曰天門東天門外北有石坊亦曰禮神街護壇地三十六畝十年禮部上朝日夕月儀朝日迎神四拜飲福受胙兩拜送神四拜（先是朝日儀自迎神至送神皆再拜夕月儀同）夕月迎神飲福受胙送神皆再拜餘並如舊儀是年夕月壇以鐵爐置於坎上焚燎不必造燎壇以稱祭月於坎之義穆宗隆慶三年禮部上朝日儀言正祭遇風雨則設小次於壇前駕就小次行禮其升降奠儀俱以太常寺執事官代制曰可

大䄍　宋

宋初以有司言用木德木生火宜以火德王遂以戌日爲臘太祖建隆三年十二月戊戌臘有司畫日以前七日辛卯䄍太常博士和峴奏議曰䄍始於伊耆後歷三代及漢其名雖改而臘與䄍其實一也唐貞觀閒以前寅日䄍百神卯日祭社宮辰日饗宗廟開元定禮三祭皆於臘辰以應土德聖朝臘用戌而以辛卯日䄍禮官之失也事下有司請準唐禮䄍百神祀社稷享宗廟皆同用臘日從之䄍百神壇高四尺東西七步二尺南北六步四尺仁宗天聖三年禮官陳詁言䄍祭一百九十二位而祝文所載一百八十二位無五方田畯五方郵表畷一十位請增入慶歷用羊豕各二大明夜明壇增山罍爲二籩豆十二皇祐定壇高八尺廣四丈嘉祐加羊豕各五神宗元豐六年詳定禮文所言記曰八䄍以記四方年不順成八䄍不通歷代䄍祭獨在南郊惟周隋有四郊之兆又月令以䄍與息民爲二祭故隋唐息民祭在䄍之後日請䄍祭四郊各爲一壇有不順成之方則不修報其息民仍在䄍後從之徽宗政和三年禮局上新儀臘前一日䄍百神四方䄍壇廣四丈高八尺四出陛兩壝每壝二十五步東方設大明位西方設夜明位以神農后稷氏配配位以北爲上南北壇設神農氏位以后稷氏配五星二十八宿十二辰五官五嶽五鎭四海四瀆及五方山林川澤丘陵墳衍原隰井泉田畯蒼龍朱鳥麒麟白虎玄武五水庸五坊五虎五鱗五羽五介五毛五郵表畷五贏五猫五昆蟲各依其方設位中方鎭星后土田畯設於南方䄍壇酉階之西中方嶽鎭以下設於南方䄍壇午階之西伊耆氏設於北方䄍壇卯階之南其位次於辰星高宗紹興中有司檢會五禮新儀以臘前一日䄍東方西方百神爲大祀禮料視感生帝南方北方百神爲中祀禮料視嶽鎭海瀆孝宗乾道四年太常少卿王淪請於四郊各爲一壇以祀其方之神如政和之制其後南䄍於圜壇望祭殿行禮北䄍於餘杭門外精進寺行禮（元明䄍祭不行明邱濬曰大䄍之祭三代已有之夏曰嘉平殷曰清祀而在周則曰大䄍焉本朝於古祀典所當舉者未嘗或廢惟於䄍祭闕焉蓋此祭也與籍田相爲始終當夫東作方興之始既舉籍田之禮以祀先農於春而以帥先農民振興其務本之心則夫百穀告成之後載舉大䄍之禮以報先嗇於冬而以勞來農民答報其勤動之苦是故舉先王莫大之禮是亦廣聖君莫大之恩也陸東䄍議云按八䄍禮神祠制也相沿以春秋仲月戊日致祭考之典禮於義未當禮曰䄍索也歲十二月合聚萬物而索享之蓋終歲勞農是日飲樂以享君恩也亦曰臘也漢應劭曰周曰大䄍漢改曰臘漢火行衰於戌故此日臘也由是觀之䄍之祭當以十二月漢戌魏丑日則不一王肅謂丑之明日便寅則丑之義爲長議立春於除前則用立春前丑日立春於來歲則用下旬丑日庶祭義協而祀事專矣）

靈星　宋　明

宋諸星祠有靈星之祭仁宗慶歷以立秋後辰日祀靈星爲小祀其壇東西丈三尺南北丈二尺皇祐定如唐制壇周八步四尺其享禮籩八豆八在神位前左右重三行俎二在籩豆外簠簋一在二組閒象尊二在壇上東南隅北向西上徽宗政和新儀立秋後辰日祀靈星如舊制

明太祖洪武元年太常寺奏漢高帝命郡國立靈星祠唐制立秋後辰日祀靈星今擬如唐制爲壇於城南從之二年禮部尚書崔亮奏八月望日祀靈星遣官行禮

三年罷之

風師雨師及諸星等祠 唐 五代 宋 遼 金 元 明

唐德宗貞元二年詔問風師雨師祝版署訖合拜否太常寺奏本是小祀准禮無至尊親祭之文今雖請御署檢詳經據並無拜禮詔曰風師雨師爲中祀有烈祖成命況在風雨至切蒼生今禮雖無文朕當屈己再拜以申子育萬民之意仍永爲常式三年徙風師壇於滻水東憲宗元和十五年太常奏來年正月三日皇帝有事於南郊同日立春後丑日宜祀風師按徧祭之儀百神咸秩風師既是星神禮當厭降如非遇郊祀其特祭如常儀

梁太祖乾化二年五月詔委中書省各差官祈風師雨師

後唐莊宗同光二年九月置水於城門以禳熒惑

宋制以立春後丑日祀風師立夏後申日祀雨師眞宗咸平二年旱詔有司祀雷師雨師景德三年知樞密院事王欽若請祀壽星詔有司詳定請以秋分日饗壽星及角亢七宿用靈星小祀禮其壇制亦如之大中祥符初澤州請立風伯雨師廟令禮官考儀式頒之有司言唐制諸郡置風伯壇於社壇東雨師壇於社壇西各稍北數十步卑下於社壇祀用羊一籩豆各八簠簋各二奏可仁宗康定元年十二月詔南京祠大火時南京鴻慶宮災集賢校理胡宿請祠大火禮官議國家有天下之號實本於宋五運之次又感火德宜因興王之地商邱之舊爲壇兆祀大火以閼伯配建辰建戌出內之月內降祝版留司長吏奉祭行事乃上壇制高五尺廣二丈四出陛一壝祀用羊豕一器準中祀慶歷四年靈臺郎王大明言按占書主河江淮濟溝渠溉灌之事十九星汴口祭河瀆七位而不及星司天監詳定亢池北河南河土司空皆不主江淮濟箕計室三星纇主津瀆請與東井天江咸池積水天淵天潢水位水府四瀆九坎天船王良羅堰等十七星在天河內者當祠二月詔汴口祭河兼祠十七星神宗元豐詳定局言周禮兆五帝於四郊四類亦如之鄭氏曰日月星辰運行無常以氣類爲之位兆日於東郊兆月與風師於西郊兆司中司命於南郊兆雨師於北郊各以氣類祭之謂之四類漢儀縣邑常以丙戌日祠風伯於戌地以己丑日祀雨師於丑地亦從其類也熙寧祀儀兆風師於國城東北兆雨師於國城西北司中司命於國城西北亥地則是各從其星位而不以氣類也請稽舊禮兆風師於西郊祠以立春後丑日兆雨師於北郊祠以立夏後申日兆司中司命司祿於南郊祠以立冬後亥日其壇兆則各從其氣類其祭辰則各從其星位仍依熙寧儀以雷師從雨師之位以司民從司中司命司祿之位又言國朝秋分享壽星於南郊於壇上設壽星一位南向壇下卯階之南設角亢氐房心尾箕七位東向按爾雅壽星角亢也說者曰數起角亢列宿之長故曰壽星非此秋分所享之壽星也晉天文志老人一星在弧南一曰南極見則治平主壽昌常以秋分候之南郊後漢於南郊立老人星廟以仲秋祀之則壽星謂老人星矣請依後漢於壇上設壽星一位祀老人星其壇下東方七宿位不宜復設從之徽宗建中靖國元年建陽德觀以祀熒惑既又建熒惑壇于南郊赤帝壇壝外令有司以時致祭增用圭璧以閼伯配俱南向五方火精神等爲從祀政和三年禮局定風師壇廣二十三步雨師雷師壇廣十五步皆高三尺四陛並一壝二十五步其雨雷壇同壝又請祀風師雨師司中司命用樂仍製樂章以爲降神之節祭以少牢仍用體解並從之南渡後壽星風師雨師雷師諸祠並仍舊制高宗紹興三年太常寺言應天府祀大火今道路未通宜於行在春秋設位七年五月命舉熒惑壽星之祀

遼聖宗統和二年四月辛卯祭風伯道宗清寧元年皇帝射柳訖詣風師壇再拜

金章宗明昌五年爲壇於景風門外東南闕之巽地歲以立春後丑日祀風師牲幣進熟又爲壇於端禮門外西南闕之坤地歲以立夏後申日祀雨師羊豕各一儀並如中祀是日祭雷師於位下禮同小祀一獻羊一無豕並令有司攝之

元世祖至元初敕二分二至及聖誕節日祭星於司天臺七年大司農請於立春後丑日祭風師於東北郊立夏後申日祭雷雨師於西南郊延祐五年始立壇壝其儀注闕二十六年十二月命回回司天臺祭熒惑元祀儀皆禮官所擬而定於中書日星始祭於司天臺而回回司天臺遂以禜星爲職事成宗初卽位五月壬子祭太陽太歲火上等星於司天臺庚申祭紫微星於雲仙臺仁宗卽位禜五星於司天臺

明太祖洪武初以太歲風雷雨師從祀圜丘增雲師於風師之次其司中司命民司祿壽星依唐制分日而祀二年以太歲風雲雷雨諸天神合爲一壇又從禮部尚書崔亮奏每歲聖壽日祭壽星同日祭司中司命司民司祿皆遣官行禮三年罷壽星等祀從禮部議於城南諸神享祭壇正南向增九間以聖壽節前三日於此祭周天星辰四年帝躬祀周天星辰正殿共十壇中設周天星辰位儀如朝日六年命天下祀風雲雷雨之神世宗嘉靖十一年釐正祀典改敘雲雨風雷祭期每歲

仲春秋上旬擇日行事並同社稷儀注

太一 九宮貴神附 唐 五代 宋 金 元

臣等謹按漢書郊祀志神君最貴者曰太一其佐曰太禁司命之屬皆從之宋馬貴與謂太一莫知其何神天官書言中宮天極星其一明者太一常居則其為星象也明矣武帝惑於方士之說具太一祠壇在五帝之上諂瀆不倫至唐始祀九宮貴神其後別置太一神壇宋時祀十神太一又別建九宮貴神壇壝所謂九宮者太一天一招搖軒轅咸池青龍太陰天符攝提是也十神者五福君基大遊小遊天一臣基直符民基四神地一是也其說觕有經據大抵出於星歷五行之家繆悠支離難可訂證然自唐暨元遞相附會祀典所載非復司中司命等祠可比而同考杜氏通典朝日夕月後別列禋六宗一條其禮迄於後魏而止自唐以天一太一杜典本無專條然唐宋九宮十神之典還罕有述者固宜缺而弗書而諸星祠內隋代祀已升為大祀不當復在風伯雨師之列今謹稽諸正史類紀其異同沿革之故以備議禮者之參考亦以見違經訓崇淫祀之無當於禮意云

唐肅宗乾元二年初置太一神壇於圓丘東命宰相王璵攝行祠事二年親祀九宮貴神先是明皇天寶三載術士蘇加慶上言請於朝日壇東置九宮貴神壇其壇三成成三尺四陛其上依位置九壇壇尺五寸東南曰招搖正東曰軒轅東北曰太陰正南曰天一中央曰天符正北曰太一西南曰攝提正西曰咸池西北曰青龍五為中數戴九履一左三右七二四為上六八為下符於遁甲以四孟月祭禮次昊天上帝而在太清宮太廟上用牲牢璧幣類於天地神祇明皇親祀之如有司行事即宰相為之初九宮神位四時改位乾元以後不易位文宗太和二年監察御史舒元輿奏臣伏見祀九宮貴神祝版陛下親署御名稱臣王者父天母地兄日姊月此九神於天地猶子男於日月猶侯伯也陛下尊為天子豈可稱臣於天之子男耶詔都省議皆如元輿言乃降為中祀祝版稱皇帝不署名武宗會昌元年中書門下奏九宮貴神司水旱兵荒果年水旱愆候恐是有司禱請誠敬稍虧請自今以後用大祀之禮御署祝版以社稷為準敕依

梁太祖乾化二年五月詔委中書省各差官祈九宮貴神

宋太宗太平興國八年詔作太一宮於都城南雍熙元年八月親祀太一宮眞宗咸平四年從直祕閣杜鎬請二仲祭九宮貴神為大祀仁宗天聖六年作西太一宮景祐二年學士承旨章得象等定司天監生于淵等所請祀九宮太一依逐年飛移位次之法按郄艮遇九宮法有飛棊立成圖每歲一移主九州災福事請依唐禮遇祭九宮之時遣司天監官一員詣祠所隨每年貴神飛棊之方以定祭位仍自天聖己巳入歷太一在一宮歲進一位飛棊巡行周而復始詔可神宗熙寧四年司天中官正周琮言五福太一自國朝雍熙元年甲寅歲入東南巽宮修東太一宮天聖七年己巳歲入西南坤位修西太一宮今五福太一移入中都請稽詳故事崇建祠宇迎之京師詔建中太一宮於集禧觀元豐六年太常博士何洵直言祀九宮貴神祝版宜依會昌故事及開寶通禮書御名而不稱臣又貴神九位共用二少牢於腥熟之俎骨體不備謂宜每位一牢凡九少牢詔下太常修入祀儀哲宗元祐七年監察御史安鼎言十神太一九宮太一與漢所祀太一共是一神今祀十神用素饌而九宮並薦羊豕似非禮意詔禮官詳定言十神九宮各有所主卽非一神故自唐訖今九宮皆用牲牢別無祠壇用素食禮遂依舊制徽宗政和三年禮局上五禮新儀立春日祀東太一宮立夏季夏土旺日祀中太一宮立秋日祀西太一宮立冬日祀中太一宮高宗紹興間詔擇地建太一宮太常寺主簿林大鼐言十神太一九宮太一皆天之貴神國朝分而為二並為大祀比新太一宮而九宮貴神尚寓屋而不壇乃詔臨安府於國城之東建九宮貴神壇壝其儀如祀上帝

金宣宗興定元年七月以久旱祀九宮貴神於東郊

元成宗大德元年建五福太一壇以道流主之文宗至順元年以立冬祀五福十神太一眞君二年正月敕每歲四祭五福太一星二月建五福太一宮於京城乾隅

欽定續通典卷四十九

欽定續通典卷五十

禮六

方丘 神州后土附 唐 宋 遼 金 元 明

唐玄宗天寶五載詔尊莫大於天地禮莫崇於祖宗嚴配昭升豈宜異數今烝嘗之獻既著於常式南北之郊未展於時享自今已後每載四時孟月擇吉祭昊天上帝其皇地祇合祭令宰臣行禮代宗大曆十二年秋八月增修北郊壇齋宮文宗太和三年六月太常寺奏北郊祀皇地祇壇先闕齋宮請准祠例置一所可之

宋初方丘在宮城北十四里以夏至祭皇地祇別爲壇於北郊以孟冬祭神州地祇其南郊親祀昊天上帝則併設皇地祇之位太祖建隆以來迭奉四祖崇配太宗太平興國以後但以宣祖太祖更配眞宗時以太宗配方丘宣祖配神州地祇景德三年以太常寺言神州壇迫隘徙於方丘之西四年正月以朝陵遣工部尚書王化基詣汾陰后土祠（漢武帝所立脽上祠）致祭用大祀禮大中祥符三年八月朔詔明年春有事於汾陰以陳堯叟爲經度制置使詣脽上築壇如方丘之制四年正月備鑾駕出京師二月詣脽壇如封禪禮仁宗景祐二年詔有司孟冬祭神州地祇遣內臣降香慶曆時夏至祭皇地祇用犢羊豕各一後加羊豕各五神宗元豐四年詔親祀北郊並如南郊之儀有故以上公攝事六年禮部太常寺上親祀儀並如南郊其攝事惟改舞名及不備官其俎豆樂器圭幣之數並如親祀（元祐後分祭合祭詳見郊天）徽宗崇寧元年禮部尚書黃裳言南郊壇十二龕從享星位具載其名至於北郊第以岳鎮海瀆山林川澤丘陵墳衍原隰之目別以四方寘於成壝而不列其名今講行大禮宜詔禮官考其名位二年禮部員外郎陳暘奏五行之帝既從享於南郊第一成則五行之神亦當從祀於北郊第一成崑崙神州宜列從祀之位又地莫尊於大祇而五岳帝炁之欲陞之第一成並從之政和三年詔禮制局議方壇制度是歲新壇成（初元豐三年詔改北郊圜壇爲方丘六年命禮部太常定北郊壇制紹聖開詔禮部再爲詳定至是禮制局言方壇舊制三成第一成高三尺第二成第三成皆高二尺五寸上廣八丈下廣十有六丈夫圜壇既則象於乾方壇當效法於坤今議方壇定爲再成一成廣三十六丈再成廣二十四丈每成崇十有八尺積三十六尺其廣與崇皆得六六之數以坤用六故也爲四陛陛爲級一百四十有四爲再壝壝二十有四步成與壝俱再皆應坤地之數）四年夏五月夏至親祭地於方澤配以太祖其行事並如郊祀儀是後七年至宣和二年五年親祀者凡四高宗紹興元年禮部太常寺討論夏至日祭皇地祇以太祖配正配二位每位設尊爵籩豆各一實以酒脯鹿臡以獻官一員行禮立冬祭神州地祇以太宗配於天慶觀望祭二年太常少卿程瑀言皇地祇當一依祀天儀式又言國朝祀皇地祇設位於壇之北方南向政和四年禮局議設於南方北向今北面望祭北向爲難且於經典無據請仍南向並從之

遼祀木葉山不建郊丘以國俗行事（詳見郊天）

金海陵天德以後始有南北郊之制北郊方丘在通元門外當闕之亥地方壇三成成爲子午卯酉四正陛方壝三周四面三門夏至日祭攝官行三獻禮

元世祖時每歲遣使代祀后土至元五年建后土祠於大寧宮十三年又立后土祠於平陽之監湯（按元史世祖紀作臨汾今據王圻續通考輯）成宗大德九年禮官博士奏冬至圜丘惟祀昊天上帝其方丘祭地之禮續議以聞制曰可武宗至大二年尚書省臣及太常禮官言郊祀者國之大禮今南郊之禮已行而北郊之禮未舉明年夏至祀北郊請以世祖配制可三年中書禮部移太常禮儀院擬定北郊從祀禮儀博士李之紹蔣汝礪疏曰案方丘之禮夏以五月商以六月周以夏至其丘在國之北禮神之玉以黃琮牲用黃犢幣用黃繒配以后稷其方丘之制歷代不同然無出於三成之式今擬取坤數用六之義於都城北六里壬方擇地中爲方壇三成四陛外爲三壝仍依古制自外壝之外治合稍下以應澤中之義宮室牆圍器皿色並用黃其神州地祇以下從祀自漢以來制度不一至唐始因隋制以岳鎮海瀆山林川澤丘陵墳衍原隰各從其方從祀今盍參酌舉行仁宗延祐元年太常寺臣請立北郊帝謙讓未遑北郊之議遂輟泰定帝泰定四年特加皇地祇黃犢一將祀之夕敕送新獵鹿二其犧牲品物香酒皆參用國禮而豐約不同

明初建方丘於太平門外鍾山之陰壇二成成皆四出陛陛八級太祖洪武二年夏至祀方丘皇地祇南向奉仁祖配以岳鎮海瀆從祀其儀惟迎神後瘞毛血祭畢奉牲帛祝饌而埋之與郊天異餘並同圜丘三年帝親祀方丘增祀天下山川之神於壇兆皇地祇玉用黃琮帛用黃色配位用白牲用黃犢配位用純犢籩豆之實以下同圜丘四年改築方丘（初建方丘二成上成高六尺廣六尺四出陛南一丈東西北八尺下成四面各廣二丈四尺高六尺四出陛南一丈二尺東西北一丈壝去壇十五丈高六尺外垣四面各六十四丈至是改築上成高三尺九寸廣二丈九尺四寸下成每面廣丈五尺五寸高三尺八寸通徑七丈四寸壇至內壝牆四面皆八丈九尺五寸內壝牆至外壝牆四面各八丈二尺）十年定合祭天地於南郊（詳見郊天）成祖永樂十八年北京大祀殿成合祀天地制如南京世宗嘉靖九年建方澤於安定門外壇制二成瘞以垣牆每歲夏至祭地以太祖配神宗萬

歷三年張居正進郊祀圖冊請復合祭天地於大祀殿以二祖配從之

社稷 五代 宋 金 元 明

周太祖廣順三年九月太常禮院奏社稷制度社壇廣五丈高五尺五色土築之稷壇如社壇之制社壇石主長五尺方二尺剡其上方其下半根在土中四垣華飾每神門屋三閒一門門二十四戟四隅連飾罘罳如廟之制中可樹槐準禮左宗廟右社稷在國城內請下所司修奉從之

宋制歲以春秋二仲月及臘日祭太社太稷爲大祀州縣則春秋二祭刺史縣令初獻上佐縣丞亞獻州博士縣簿尉終獻牲用少牢太社壇廣五丈高五尺五色土爲之稷壇在西如其制社以石爲主形如鐘長五尺方三尺剡其上培其半四面宮垣飾以方色面各一屋三門每門二十四戟四隅連飾罘罳如廟制中植以槐其壇三分宮之一在南無屋仁宗慶歷閒定牲牢籩豆之數祭社稷用羊豕各二正配位籩豆十二山罍簠簋俎二祈報象尊一報用兩圭有邸祈不用玉神宗元豐三年詳定禮文所言社稷祝版牲幣饌物請並瘞於坎不設燔燎又言周禮大宗伯以血祭祭社稷社爲陰祀血者幽陰之物是以類求神之意今社稷不用血祭違背經典請祭以埋血爲始又古者祭社君南向於北墉下所以答陰也今社稷壝內不設北墉而有司攝事乃設東向之位於禮非是請設北墉以備親祠南向答陰之位其有司攝事則立北墉下少西又王制天子社稷皆太牢諸侯社稷皆少牢今太社太稷用少牢不應禮請加角握二牛先是州縣社主不以石禮部以爲社稷不屋而壇當受霜露風雨以達天地之氣故用石主取其堅久請令州縣社主用石尺寸廣長半太社之制遂下太常修入祀儀七年詔諸州社稷於壇側建齋廳三楹以備望祭哲宗元祐中從博士孫諤言祭太社太稷皆設登歌樂高宗紹興元年以春秋二仲及臘前祭太社太稷於天慶觀以酒脯一獻明年望祭於臨安天寧觀八年改祀於惠照齋宮始用羊豕皆四籩豆皆十有二備三獻如祀天地之儀十三年二月製社稷祭器十四年詔築壇壝於觀橋之東置太社令一員孝宗淳熙四年命臨安守臣立望祭殿及庖室齋廬儀視神州設大社太稷位於壇之南方北向后土氏勾芒氏后稷氏位其西東向

金熙宗皇統三年五月初立社稷海陵貞元元年有司奏建社稷壇於上京世宗大定七年建壇於中都社壇之制外四周爲垣南向開一神門門三閒內又四周爲垣東西南北各開一神門門三閒各列二十四戟連飾罘罳無屋於中稍南爲壇令三方廣濶一級四陛以五色土各飾其方中央覆以黃土其高廣主石與宋同壇南栽栗以表之近西爲稷壇制如社壇無石主四壝門各五閒兩塾三門門列十二戟壝有角樓樓之面皆隨方色飾之有望祭堂三楹堂下齋舍二十楹南北相向外門止一閒不施鴟尾祭用春秋二仲上戊日樂用登歌禮三獻遣官行事其州縣祭享一如唐宋舊儀

元世祖至元七年十二月詔歲祀太社太稷十一年八月頒諸路立社稷壇壝儀式二十年二月定以春秋仲月上戊日祭社稷三十年正月用御史中丞崔彧言於和義門內少南得地四十畝爲壝垣近南爲二壇壇高五尺社東稷西相去約五丈社壇用青赤白黑四色依方位築之中閒實以常土上以黃土覆之依方面以五色泥飾之四面當中各設一陛道其廣一丈亦各依方色稷壇如社壇之制惟土不用五色純用黃土壇皆北向立北墉於社壇北以塼爲之飾以黃泥瘞坎二於稷壇之北少西深足容物二壇周圍壝垣以塼爲之高五丈廣三十丈四隅連飾內壝垣櫺星門四所外垣櫺星門二所每所門三列戟二十有四外壝內北垣下屋七閒爲望祀堂以備風雨社主用白石制如宋金稷不用主樹松於二壇之南各一以后土氏配社后稷氏配稷玉幣社稷皆黝圭一繅藉瘞玉一以黝石代之正配位皆玄幣一牲用黝牛一其角握副羊豕各四祭日以春秋二仲月上戊三十一年成宗即位八月戊子初祀社稷用堂上樂元貞二年冬下太常復議州縣置壇於城西南方廣視太社太稷殺其半牲用羊豕無樂餘與太社太稷同三獻官以州縣長貳爲之仁宗延祐六年改祀社稷於中戊

明太祖洪武元年建社稷壇於宮城西南太社在東太稷在西壇皆北向壇高五尺闊五丈四出陛五級二壇同一壝歲以春秋二仲上戊親祀以勾龍后稷配行三獻禮正位用玉兩邸幣用黑色牲用犢羊豕各一配位並同惟不用玉又頒制於天下郡邑壇皆建於城西北左社右稷規制殺於太社太稷之半每歲春秋二仲月上戊日長官行三獻禮餘官陪祭三年於太社太稷壇北建祭殿五閒以備風雨四年定王國社稷之制立於王國宮門之右壇方三丈五尺高三尺五寸四出陛其制上不同於太社下異郡邑之制十年上以太社太稷

分祭配祀皆因前代制欲更建之爲一代之典遂下禮部議尚書張籌歷引禮經及漢唐以來之制請改建於午門之右社稷共爲一壇合祭設木主而丹漆之祭則設於壇上祭畢收藏仍用石主埋壇中（先是社主用石高五尺闊二尺上微尖立於社壇半埋土中近南北向稷不用主）罷勾龍與棄配位奉仁祖配以成一代之典以明社尊而親之義上善其奏遂定合祭之禮十月新建社稷壇成升爲大祀（按勾龍后稷配享歷代相同籌奏議內援引禮文亦無祖宗配食之據乃罷勾龍后稷而以仁祖配殊爲創典揆之禮建國神位右社稷而左宗廟之文其背戾也甚矣）十一年春祭社稷行新定儀迎神飲福送神凡十二拜餘如舊禮臣言太社太稷旣同壇合祭王國各府州縣亦宜同壇稱國社國稷之神不設配位詔可十三年九月復定制兩壇一壝如初式惠帝建文元年祀社稷奉太祖配撤仁祖位成祖永樂十九年建北京社稷壇壇制祀禮一如其舊仁宗洪熙元年二月祭社稷奉太祖太宗並配命禮部永爲定式世宗嘉靖九年改正社稷配位仍以勾龍后稷配十年立帝社帝稷壇於西苑豳風亭西（初親耕禮成以給事中王璣言欲推衍耕藉之道禮部議西苑地寬宜令農夫墾藝其中上以春秋臨幸觀省收其所入輸之神倉帝可其議命建土穀壇於豳風亭西至是改爲帝社帝稷）以仲春秋次戊日上躬行祈報禮如次戊在望後則以上巳日壇趾高六尺方廣二丈五尺繚以土垣神位以木爲之穆宗隆慶元年禮部言帝社稷之名自古所無嫌於煩數宜罷從之（按漢書郊祀志有太社太稷又別立官社臣瓚注所爲王社是也自魏晉至唐皆有帝社其制相沿已久嘉靖時帝社稷之名不爲無據隆慶禮臣謂自古所無未免失考以爲煩數而罷之則可矣）

山川　唐　五代　宋　遼　金　元　明

唐肅宗至德二年勅改汧陽郡吳山爲西嶽增秩以祈靈助上元二年改封華山爲太山（按時并改華陽縣爲太陰縣蓋本白虎通西方太陰用事萬物生華之義且以別於少華山故改封華爲太云）文宗開成二年勅封終南山爲廣惠公準四鎭例以本府都督刺史充獻官每年以季夏土王日祭之僖宗乾寧五年勅封少華山爲佑順侯昭宗天佑二年勅封洞庭湖君爲利涉侯靑草湖君爲安流侯

梁太祖開平三年八月詔令中書侍郎平章事于兢往東嶽祭告

後唐愍帝應順元年詔三京諸道州府界內名山大川祠廟有益於民者以時精虔祭祀潞王淸泰元年詔封吳嶽成德公爲靈應王其享祀官屬準舊儀並視五嶽

晉高祖天福二年五月勅靑草湖安流侯進封廣利公洞庭湖利涉侯進封靈濟公十月命使祀五嶽四瀆詔下各州府量事修崇所有近廟山林仍禁樵採出帝開運三年二月詔令復祭中嶽差河南少尹行禮

周太祖廣順二年親征兖州遣翰林學士祭東嶽廟世宗顯德四年止祭沂山其諸鎭不祭七年就差登州刺史張順祭海

宋初沿舊制祭東嶽於兖州西嶽於華州北嶽於定州中嶽於河南府太祖乾德元年湖南平四月遣使祭南嶽六年從有司奏南嶽於衡州東鎭沂山於沂州南鎭會稽山於越州西鎭吳山於隴州中鎭霍山於晉州東海於萊州南海於廣州西海河瀆並於河中府北海濟瀆並於孟州淮瀆於唐州江瀆於成都府其北鎭醫巫閭在營州界未行祭享開寶四年廣南平遣使祀南海除去劉鋹所封僞號及宮名易以一品服五年詔嶽瀆幷東海南海廟各以本縣令兼廟令尉兼廟丞專掌祀事常加案視六年遣使奉衣冠劍履送西鎭吳嶽廟太宗太平興國八年河決滑州遣樞密直學士張齊賢詣白馬津以一太牢沈祀加璧自是凡河決溢修塞皆致祭淳化二年秘書監李至請遵舊制就五郊迎氣日祭各方嶽鎭海瀆於所隸之州長史以次爲獻官北鎭就北嶽廟望祭眞宗景德三年令澶州置河瀆廟春秋致祭大中祥符元年封禪禮畢詔加號泰山爲仁聖天齊王又封泰山通泉廟爲靈派侯亭山廟爲廣禪侯嶧山廟爲靈巖侯十一月車駕至澶州幸河瀆廟進號顯聖靈源公四年祀汾陰命官祭西海及汾河車駕至潼關遣官祭西嶽及河瀆並用太牢備三獻禮已復親謁華陰西嶽廟羣臣陪位廟垣內外列黃麾仗遣官分奠廟內諸神加號嶽神爲順聖金天王還至河中親謁奠河瀆廟及西海望祭壇五月加上東嶽曰天齊仁聖帝南嶽曰司天昭聖帝西嶽曰金天順聖帝北嶽曰安天元聖帝中嶽曰中天崇聖帝其玉冊如宗廟諡冊又加上五嶽帝后號東曰淑明南曰景明西曰肅明北曰靖明中曰正明又改唐州上源桐柏廟爲淮瀆長源公仁宗康定元年增封東海爲淵聖廣德王南海爲洪聖廣利王西海爲通聖廣潤王北海爲沖聖廣澤王江瀆爲廣源王河瀆爲靈源王淮瀆爲長源王濟瀆爲淸源王皇祐五年益封南海洪聖廣利昭順王（按文獻通考作慶歷二年益封今據宋史禮志輯）神宗元豐三年集賢校理陳侗言案周禮小宗伯之職兆五帝於四郊四望四類亦如之鄭氏注四望謂五嶽四瀆也今四郊無四望壇請依禮建之下詳定禮文所議請兆岱山沂山東海大淮於東郊衡山會稽山南海大江嵩山霍山大海於南郊華山吳山西海大河於西郊常山醫巫閭山北海大濟於北郊每方嶽鎭

則共為一壇海瀆則共為一坎以五時迎氣日祭之皆用血祭瘞埋有事則禱之又以四方山川各附於本方嶽鎮海瀆之下別為一壇一坎水旱則禱之其北郊從祀及諸州縣就祭如故詔每方嶽瀆共為一壇餘從之八年益封西鎮吳山為成德王徽宗政和三年禮局定嶽鎮海瀆壇各高五尺周四十步四出陛兩壝每壝二十五步壇飾依方色祭嶽鎮海瀆設位南向以西為上山川從祀西向以北為上是年詔四鎮並為王沂山東安王會稽山永濟王醫巫閭廣寧王霍山應靈王高宗紹興七年修嶽鎮海瀆之祀歲以四立日及季夏土王日設祭如祭五方帝禮孝宗乾道五年太常少卿林栗言國家駐蹕東南東海南海實在封域之內南海廣利王廟時降御書祝文令廣州行禮紹興七年加封至八字王爵東海之祠以萊州隔絕不曾令沿海官司致其時享不知通泰明越溫台泉福皆東海分界元豐初嘗建廟於明州定海縣乞依廣州祭南海禮遣官下明州行禮併請加封八字王爵詔可

遼尊木葉山為鎮歲時臨幸致祭兼及遼河之神國俗每歲冬至屠白羊白馬白鴈各取血和酒天子望黑山（黑山在境北猶中國之岱宗云每歲是日五京進紙造人馬萬餘事祭山而焚之）太祖天贊三年八月登阿勒坦音德爾山以麃鹿祭穆宗應曆十二年六月祀木葉山及潢河十四年七月以酒脯祀黑山聖宗統和七年二月遣巫覡祭名山大川十三年詔修山澤祠宇以時祀之

金世宗大定四年禮官言嶽鎮海瀆當以五郊迎氣日祭之詔依典禮以四立土王日就本廟致祭其在他界者遙祀立春祭東嶽於泰安州東鎮於益都府東海於萊州東瀆於唐州立夏望祭南嶽南鎮於河南府南海南瀆於萊州季夏土王日祭中嶽於河南府中鎮於平陽府立秋祭西嶽於華州西鎮於隴州望祭西海西瀆於河中府立冬祭北嶽於定州北鎮於廣寧府望祭北海北瀆於孟州其封爵並仍唐宋之舊（時有言前代都長安及汴洛以太華等山為五嶽今既都燕當別議五嶽名太常寺言或取嵩高疏周都豐鎬以吳嶽為西嶽范拱以為非是議略曰軒轅居上谷在恒山之西舜居蒲阪在華山之北以此言之未嘗據所都而改嶽祀也後遂不改）十二年有司言長白山在興王之地理合尊崇奉勅旨封興國靈應王即其北山地建廟宇十五年奏定長白山封冊儀物冠九旒服九章玉圭玉冊函香幣祝冊遣使副各一員詣會寧府行禮自是每歲降香命有司春秋二仲擇日致祭十九年有司言盧溝河水勢泛決乞官為封冊神號禮部難之已而特封為安平侯建廟二十一年冊封山陵地大房山神為保陵公冕八旒服七章圭冊香幣使副持節行禮並如冊長白山之儀二十五年封混同江神為興國應聖公致祭如長白山儀冊禮如保陵公故事二十七年加號鄭州河陰縣聖后為昭應順濟聖后章宗明昌四年冊長白山神為開天宏道聖帝六年八月冊封靜寧山神為鎮安公瑪達哈山神為瑞聖公歲春秋二仲命有司擇日致祭十二月詔加五鎮四瀆王爵（會稽山永興王江瀆會源王餘與宋同）

元嶽鎮海瀆代祀自世祖中統二年始凡十有九處分五道後乃以東嶽東海東鎮北鎮為東道中嶽淮瀆濟瀆北海南嶽南海南鎮為南道北嶽西嶽后土河瀆中鎮西海西鎮江瀆為西道既又以驛騎迂遠復為五道道遣使二人集賢院奏遣漢官翰林院奏遣蒙古官出璽書給驛以行至元三年定歲祀嶽鎮海瀆之制正月東嶽鎮海瀆土王日祀泰山於泰安州沂山於益都府界立春日祀東海於萊州界大淮於唐州界（三疑當作四）月南嶽鎮海瀆土王日遙祭會稽山於河南府界立夏日遙祭南海大江於萊州界遙祭衡山於河南府界六月中嶽鎮土王日祀嵩山於河南府界霍山於平陽府界七月西嶽鎮海瀆土王日祀華山於華州界吳山於隴縣界立秋日遙祭西海大河於河中府界十月北嶽鎮海瀆土王日祀恒山於曲陽縣界醫巫閭山於遼陽廣寧縣界立冬日遙祭北海於登州界濟瀆於濟源縣祀官以所在守土官為之既有江南乃罷遙祭四年正月勑封昔木土山為武定山其神為武定公泉為靈淵其神曰靈淵侯十六年五月進封桑乾河神洪濟公為顯應洪濟公二十一年閏五月加封衛輝路小清河神曰洪濟威惠王二十八年二月加上東嶽為齊天大生仁聖帝南嶽司天大化昭聖帝西嶽金天大利順聖帝北嶽安天大貞元聖帝中嶽中天大寧崇聖帝加封江瀆廣源順濟王河瀆靈源宏濟王淮瀆長源博濟王濟瀆清源善濟王東海廣德靈會王南海廣利靈孚王西海廣潤靈通王北海廣澤靈祐王詔遣重臣代祀漢人選名儒及道士習祀事者其禮物每處歲祀銀香盒一重二十五兩五嶽組金幡二鈔五百貫四瀆織金幡二四海五鎮銷金幡二鈔並二百五十貫皇帝登寶位遣官致祭降香幡盒如前禮惟加銀五十兩他有禱禮亦如之成宗元貞二年三月加封東鎮為元德東安王南鎮昭德順應王西鎮成德永靖王北鎮貞德廣寧王中鎮崇德應靈王勅有司歲時與嶽瀆同祀著為令式泰定帝泰定三年七月遣使祀海神天妃作天妃宮於海津

鎮文宗天歷二年十月加封天妃爲護國庇民廣濟福惠明著天妃順帝至正十年加封河瀆神爲靈源神佑宏濟王仍重建河瀆及西海神廟

明初建山川壇於天地壇之西正殿七間祭太歲風雲雷雨嶽鎮海瀆鍾山之神東西廡各十五間祭京畿山川四季月將及都城隍之神皆躬自行禮定祭日每歲以清明霜降後又改定驚蟄秋分後三日遣官致祭太祖洪武三年詔依古制凡嶽鎮海瀆並去其前代所封名號止以山水本名稱其神泰山則曰東嶽泰山之神餘倣此七年詔令春秋仲月上旬擇日祭山川壇先是天下山川祔祭嶽瀆壇安南高麗占城諸國山川並列各省山川之後八年禮部尙書牛諒言京都既罷祭天下山川其外國山川非天子所當親祀禮臣請附祭各省從之廣西附祭安南占城眞臘暹羅鎖里廣東附祭三佛齊爪哇福建附祭日本琉球渤泥遼東附祭高麗陝西附祭甘肅朶甘烏思藏九年復定壇制凡十三壇正殿太歲風雲雷雨五嶽五鎮四海四瀆鍾山七壇東西廡各三壇東京畿山川夏冬二季月將西春秋二季月將京都城隍十年定正殿七壇帝親行禮東西廡遣功臣分獻二十一年增修大祀殿諸神壇壝乃勅十三壇諸神並停春祭每歲八月中旬擇日祭之命禮部更定山川壇儀與社稷同成祖永樂時北京建山川壇於正陽門南之右悉如南京舊制惟正殿鍾山之右增祀天壽山神世宗嘉靖八年凡親祀山川等神皆用皮弁服行禮以別於郊廟十一年改山川壇爲天地神祇壇天神壇在左南向雲雨風雷凡四壇地祇壇在右北向五嶽五鎮五陵山四海四瀆凡五壇從祀京畿山川西向天下山川東向以辰戌丑未年仲秋皇帝親祭餘年遣大臣攝祭其太歲月將城隍別祀之穆宗隆慶元年禮臣言天神地祇已從祀南北郊其仲秋神祇之祭不宜復舉令罷之

籍田　唐　宋　元　明

唐肅宗乾元二年春正月行籍田禮先期至先農壇因閱耒耜有雕刻文飾命徹之詔有司依農用常式即別改造翌日致祭神農氏以后稷配享冕而朱紘躬秉耒耜九推禮官奏天子合三推今過禮帝曰朕以身率下自當過之恨不能終千畝耳既而佇立久之觀公卿諸侯王公以下耕畢憲宗元和五年詔以來歲正月籍田太常修撰韋公肅言籍田禮久廢有司無可考乃據禮經參採開元乾元故事草具其儀未及舉行而罷

宋太宗雍熙四年詔以來年正月擇日有事於東郊行籍田禮所司詳定儀注依南郊置五使除耕地朝陽門七里外爲先農壇高九尺四出陛周四十步飾以靑二壝壝內立觀耕臺及御耕位其靑城設於千畝之外用竹木爲靑箱無蓋兩端設欒飾以靑中分九隔隔盛一種覆以靑帊穜稑之種用黍稷秫稻粱大小豆大小麥御耒耜二具並盛以靑縚準唐乾元故事不加雕飾其祭先農用純色犢一如郊祀例進胙餘並權用大祀之制大禮使李昉請乘玉輅載耒耜於耕根車鹵簿使賈黃中等言用象輅載耒耜以重其事五年正月乙亥親享神農以后稷配備三獻遂行三推之禮畢事解嚴還行宮百官稱賀御乾元門大赦改元端拱文武遞進官有差二月七日宴羣臣於大明殿行勞酒禮眞宗景德四年判太常禮院孫奭言來年晝日正月一日享先農九日上辛祈穀祀上帝春秋傳曰啓蟄而郊郊而後耕月令曰天子以元日祈穀於上帝乃擇元辰躬耕帝籍先儒皆云元日謂上辛元辰謂郊後吉亥請改用上辛後亥日享先農用符禮文仁宗明道元年詔以來年二月丁未行籍田禮而罷冬至親郊遣官奏告天地宗廟諸陵景靈宮州都就告嶽瀆宮廟其禮如端拱之制而損益之禮成遣官奏謝如告禮神宗元豐二年詔於京城東南度地千畝爲籍田置令一員徙先農壇於中神倉於東南取卒之知田事者爲籍田兵乃以郊社令辛公佑兼令公佑請因舊鏺麥殿規地爲田引蔡河水灌其中并種果蔬冬則藏冰凡一歲祠祭之用取具焉先薦獻而後進御有餘則貿錢以給雜費輸其餘於內藏庫著爲令又權管幹籍田王存等議以南郊鏺麥殿前地及玉津園東南菱地并民田共千一百畝充籍田外以百畝建先農壇兆開阡陌溝洫置神倉齋宮并耕作人牛廬舍之屬繪圖以進已而殿成詔以思文爲名徽宗政和元年有司議享先農爲中祀命有司攝事帝止行耕籍之禮罷命五使及稱賀肆赦之類太史局擇日不必專用吉亥耕籍所乘改用耕根車罷乘玉輅尋復以耕籍爲大祀依四孟朝享例行禮高宗紹興七年五月命禮官舉先農之祀以立春後亥日行一獻禮十四年十一月詔以來年春祇祓靑壇躬三推之禮命臨安府守臣度城南之田得五百七十畝有奇建思文殿觀耕臺及表親耕之田又詔毋建殿宇設幕殿席屋如南郊事畢撤去庶不擾民十五年按禮志作十六年今據文獻通考輯親耕籍田並如舊制光宗紹熙五年太社令陳峴奏先農壇蕪廢不治請下臨安府守臣葺築以嚴祀從之

元世祖至元七年六月立籍田大都東南郊九年二月始祭先農如祭社之儀武宗至大三年四月從大司農

請建先農壇博士議壇式與社稷同不設外壝是歲命祀先農如社稷禮樂用登歌日用仲春上丁後或用上辛或甲日行三獻禮畢以次詣耕地所耕訖而退

明太祖洪武元年諭廷臣以來春舉行籍田禮禮官議耕籍之日皇帝躬祀先農禮畢躬耕籍田以仲春擇日行事從之二年建先農壇於南郊在籍田北親祭以后稷配器物祀儀與社稷同祀畢行耕籍禮御耒耜二具韜以青絹御耕牛四被以青衣禮畢還大次應天府尹及上元江寧兩縣令率庶人終畝是日宴勞百官耆老於壇所二十一年更定祭先農儀遣應天府官致祭不設配位祭畢猶親耕籍田成祖永樂中建壇北京如南京制在太歲壇西南每歲仲春上戊順天府尹致祭後凡遇登極之初行耕籍禮則親祭孝宗弘治元年定耕籍儀前期百官致齋順天府官以耒耜及穜稑種進呈內官仍俸出授之由午門左出置綵輿鼓樂送至籍田所至期帝祭先農畢太常卿引至耕籍位南向立三公以下各就位戶部尚書北向跪進耒耜順天府官北向跪進鞭帝秉耒三推三反訖戶部尚書跪受耒耜順天府官跪受鞭太常卿奏請復位府尹挾青箱以種子播而覆之帝御外門南向坐觀耕畢帝還具服殿升座府尹率兩縣令耆老人行禮畢引上中下農夫各十人執農器朝見合其終畝百官行慶賀禮賜酒饌三品以上丹陛上東西坐四品以下臺下坐並宴勞耆老於壇旁宴畢還宮鼓吹振作農夫人賜布一疋世宗嘉靖十年更定耕籍儀先二日順天府尹以耒耜穜稑種置綵輿至耕籍所並罷百官慶賀後又議造耕根車載耒耜府尹於祭日進呈畢以耒耜載車內前玉輅行其御門觀耕地位卑下議置觀耕臺一詔皆可

先蠶 宋 元 明

宋眞宗景德三年從王欽若請詔有司檢討故事以聞禮院言按開寶通禮季春吉巳享先蠶於公桑前享五日諸與享官散齋三日致齋二日享日未明五刻設先蠶氏神座於壇上北方南向尚宮初獻尚儀亞獻尚食終獻女相引三獻之禮女祝讀文飲福受胙如常儀又按唐會要皇帝遣有司享先蠶如先農禮乃詔自今依先農例遣官攝祭禮院又言周禮蠶於北郊以純陰也漢蠶於東郊以春桑生請築壇東郊從桑生之義壇高五尺方二丈四陛陛各五尺一壝二十五步祀禮如中祀仁宗慶歷時用羊豕各一攝事獻官太尉太常光祿卿不用樂神宗元豐四年詳定禮文所言季春吉巳享先蠶氏唐月令注以先蠶爲天駟按先蠶之義與先農先牧先炊同當是始蠶之人故開元禮享先蠶爲瘞埳於壇之壬地無燔柴之儀明不祀天駟星也今請就北郊爲壇以享始蠶之人不設燎壇但瘞埋以祭餘如故事徽宗政和時禮局言禮天子必有公桑蠶室今請倣古制於先蠶壇側築蠶室度地爲宮四面爲牆高仞有三尺上被棘中起蠶室二十七別構殿一區爲親蠶之所倣漢制置繭館立織室養蠶於薄度所用之數爲桑林築採桑壇於先蠶壇南相距二十步方三丈高五尺四陛置蠶官令丞以供郊廟之祭服又周官內宰詔后帥內外命婦蠶於北郊鄭氏謂婦人以純陰爲尊則蠶爲陰事可知開元禮享先蠶幣以黑蓋以陰祀之禮祀之也今請用黑幣以合至陰之義詔從其議命親蠶殿以無數爲名又詔親蠶所供不獨袞服凡施於祭祀者皆用之宣和元年三月皇后親蠶卽延福宮行禮命有司享先蠶氏於本壇其儀屆期內命婦妃嬪以下詣殿庭起居訖皇后首飾鞠衣乘龍飾肩輿出內東門至左昇龍門降輿升厭翟車出宣德東偏門至親蠶所內侍導詣壇行禮尚功詣採桑位前奉鉤以進皇后受鉤採桑司製奉箱以受桑皇后採桑三條止內外命婦依次採桑訖內侍奏請歸殿後閤解嚴六年復行親蠶之禮高宗紹興七年從黃積厚請以季春吉巳日享先蠶視風師之儀十五年太常王湛言請按政和禮建親蠶殿蠶室繭館請皇后就禁中行親蠶之禮詔送禮部下太常寺討論不果行

元武宗至大三年從大司農請建先蠶壇博士議壇式與社稷同趙天麟奏述古公桑之製勸中宮倣古親蠶然祀事未舉其禮儀無可考云

明初先蠶未列祀典世宗嘉靖時都給事中夏言請改各官莊田爲親蠶廠公桑園令有司種桑柘以備宮中蠶事九年復疏言耕蠶之禮不宜偏廢帝乃勅禮部具儀以聞大學士張璁等請於安定門外建先蠶壇帝親定其制壇方二丈六尺疊二級高二尺六寸四出陛東西北俱樹桑柘內設蠶宮令署採桑臺高一尺四寸方十倍三出陛鑾駕庫五閒後蓋織堂三月皇后親蠶於北郊祭先蠶氏儀與宋政和禮同四月蠶事告成行治繭禮選蠶婦善繅絲及織者各一人卜日皇后出宮導從如常儀至織室內命婦一人行三盆手禮布於織婦以終其事蠶宮令送尚衣織染監局造服其祀先蠶止用樂不用舞樂女生冠服俱用黑十年改築先蠶壇於西苑仁壽宮側毀北郊蠶壇四月皇后行親蠶禮於西

苑十六年詔罷之仍命進蠶具如常歲遣女官祭先蠶

四十一年並罷所司奏請

欽定續通典卷五十

欽定續通典卷五十一

禮（吉）

天子宗廟　唐　五代　宋　遼　金　元　明

唐肅宗至德二載九月復京師十一月作九廟神主告享於長樂殿代宗廣德元年（唐書禮樂志作寶應二年）祧獻祖懿祖祔玄宗肅宗自是之後常爲九室大歷十四年遷元皇帝於夾室祔代宗於太廟（禮儀使顏眞卿奏議王制天子七廟三昭三穆與太祖之廟而七七廟之外去祧爲壇去壇爲墠歷代制迭毀之禮皆以親盡伏以太宗七代之祖高祖萬葉所承太祖受命於天始封於唐皆在不毀之典唯代祖元皇帝地非開統親在七廟之外代宗皇帝升祔有日元皇帝神主禮合祧遷請依三昭三穆之義永爲通典）德宗貞元十九年三月遷獻懿二祖神主權祔德明興聖廟之幕殿順宗永貞元年十一月遷高宗神主於西夾室祔德宗神主憲宗元和元年祧中宗神主祔順宗十五年禮部奏準貞觀故事遷廟之主藏於夾室西壁南北三閒第一閒代祖室第二閒高宗室第三閒中宗室今睿宗皇帝理合祧遷夾室西壁三室外無置室處請於夾室北壁以西爲上置睿宗神主石室從之武宗會昌五年八月中書門下奏東都太廟九室神主共二十六座自祿山叛後取太廟爲軍營所司潛收神主見在太微宮內其太廟屋並在可以修崇望令尚書省集公卿及禮官學官詳議六年太常博士鄭路等奏臣與學官等詳議東都太微宮神主自獻祖暨孝敬哀皇后已前十二座親盡迭毀請權藏於太廟夾室未題神主十四座請告遷之日但瘞於舊太微宮空閒之地制可（時太常博士段懷等議以爲廟不可修主宜藏瘞工部尚書薛元賞等議以爲廟可偕立主不並設吏部郎中鄭亞等又以爲廟固合修主不可瘞衆議紛紜太常博士顧德章歷引經據嚴辨修崇之謬詳盡確實制以德章所陳最爲淺近令有司擇日修崇其事旋寢至宣宗時竟以太微神主祔太廟焉）是年五月禮儀使奏敬宗文宗武宗兄弟相及已歷三朝昭穆之位與承前不同請復代宗神主於太廟（代宗神主於文宗升祔時以親盡祧遷）以存高曾之親以敬宗文宗武宗同爲一代於太廟東閒添置兩室爲九代十一室之制以全臣子恩敬之義勅下尚書省兩省御史臺等集議以聞尚書左丞鄭涯等奏伏自敬宗文宗武宗三朝嗣位皆以兄弟謹詳禮院所奏並上稽古文旁摭史氏協於通義允爲得宜請依禮官所議從之僖宗光啟三年二月車駕自興元還京勅付所司修奉太廟宰相鄭延昌奏太廟大殿十一室二十三閒十一架功績至大計料支費不少兼宗廟制度有素難爲損益今不審依元料修奉或更有商量請下禮官詳議太常博士殷盈孫奏議言如依元料難以速成況帑藏方虛須資變禮伏聞先有詔旨欲以少府監大廳權充太廟其廳五閒陳設隘狹請更修建十一閒以備十一室薦享之所從之

梁太祖開平元年追尊皇高祖黯廟號肅祖皇曾祖茂琳（按五代會要作茂林今據五代史輯）廟號敬祖皇祖信廟號憲祖皇考誠廟號烈祖

後唐莊宗同光元年追尊皇曾祖執宜廟號懿祖皇祖國昌廟號獻祖皇考克用廟號太祖仍奉唐高祖太宗懿宗昭宗爲七廟二年太常禮院奏國家興建之初已於北都置廟今克復天下遷都洛陽復本朝宗廟案禮無二廟之文其北都宗廟請廢從之明宗天成二年追尊皇高祖聿廟號惠祖皇曾祖敖（五代會要作教）廟號毅祖皇祖琰廟號烈祖皇考電（五代會要作霓）廟號德祖立廟於應州西京七廟仍同光之舊（按明宗爲太祖養子實奪莊宗之位故歐史以反書其仍西京七廟特緣飾耳）愍帝應順元年明宗應祔廟中書門下奏今太廟見享七室高祖太宗懿宗昭宗獻祖太祖莊宗大行升祔禮合祧遷獻祖下尚書集議從之（時議者以懿祖賜姓於懿宗以支庶繫大宗例宜以懿爲始祖次昭宗可也不必祖神堯而宗太宗若依漢光武則宜於代州立獻祖而下親廟其唐廟依舊禮行之可也而議者忘咸通之懿宗又稱懿祖父子俱懿於理可乎將朱邪三世與唐室四廟連敘昭穆非禮也議祧者不知懿祖受氏於唐而祧之今又及獻祖以禮論之始祧昭宗次祧懿宗可也而懿宗如唐景皇帝豈可祧乎按五代史莊宗本紀咸通閒朱邪赤心以從討龐勛功賜姓名曰李國昌是受氏於懿宗者係獻祖而非懿祖今據通考及五代會要輯）

晉高祖天福二年中書明下奏皇帝到京未立宗廟所司請立高祖以下四親廟其始祖一廟未敢輕議令都省百官集議御史中丞張昭議臣讀十四代史書唯殷周二代以契稷爲太祖漢魏以來皆於親廟之中以有功者爲太祖無追崇始祖之例請依隋唐有國之初創立四廟推四世之中名位高者爲太祖謹議以聞勅令尚書省集議奏聞乃倣唐制追尊皇高祖璟（五代會要作景）廟號靖祖皇曾祖彬（五代會要作郴）廟號肅祖皇祖昱廟號睿祖皇考紹雍廟號獻（五代會要作憲）祖四年十一月太常禮院奏請以至德宮正殿隔爲五室三分之南去地四尺以石爲埳中容二主廟之南一屋三門門戟二十有四東西一屋一門門無棨戟帝后神主舊在青化里之寢宮祭前二日迎置新廟少帝天福七年十一月祔高祖神主於太廟

漢高祖天福十二年（時漢高祖已即位尚仍天福之號）太常博士段顒奏請立高曾祖禰四廟更上追遠祖光武皇帝爲百代不遷之廟居東向之位吏部尚書竇貞固等議古者四親廟之外祖功宗德不拘定數今除四親廟外更請尊高皇帝光武皇帝爲世祖於是追尊皇高祖湍廟號文祖皇曾祖昂廟號德祖皇祖僎廟號翼祖皇考琠廟號

顯祖以高皇帝爲高祖光武皇帝爲世祖皆不祧其六廟時論者以天子建國各從其所起堯自唐侯禹生大夏是也立廟皆祖其功商之契周之后稷是也高祖起於晉陽而追嗣兩漢徙以同姓爲遠祖甚非其義貞固又以四親匹庶上合高光失之彌遠矣

周太祖廣順元年有司議立四親廟因追尊皇高祖璟廟號信祖皇曾祖諶廟號僖祖皇祖蘊廟號義祖皇考簡廟號慶祖三年九月太常禮院言准洛京廟室一十五間中分爲四室兩頭有夾室四神門每門屋三間戟二十四別有齋宮神廟屋宇在國城請下有司修奉從之十二月四廟神主至自西京迎之於西郊祔於太廟

世祖顯德五年夏四月庚申祔五室神主於新廟

宋太祖建隆元年有司請立宗廟太常寺奏上皇高祖文安府君曰文獻皇帝廟號僖祖皇曾祖中丞府君曰惠元皇帝廟號順祖皇祖驍衛府君曰簡恭皇帝廟號翼祖皇考武淸府君曰昭武皇帝廟號宣祖太祖御崇元殿備禮冊四親廟奉安神主行上謚之禮太宗太平興國二年正月有司言唐制長安太廟凡九廟同殿異室其制二十一間皆四柱東西夾室各一前後面各三階東西各二側階本朝太廟四室室三間今太祖升祔其成五室請倣唐制東西留夾室外餘十間分爲五室室二間從之四月己卯奉神主祔廟眞宗咸平元年判太常禮院李宗訥等言伏見僖祖稱曾高祖太祖稱伯今請僖祖止稱廟號順祖而下依爾雅稱考妣王父母及世父之文事下尚書省議戶部尚書張齊賢等言爲人後者爲之子所以尊本祖而重正統也又禮云天子絕朞安得宗廟中有伯氏之稱請自今有事於太廟太祖及諸祖室稱孝孫孝曾孫太宗室稱孝子其爾雅之文於宗廟無取詔下禮官議奏言兄弟繼統同爲一代每大祭太祖太宗昭穆同位祝文宜並稱孝子詔都省復議仍主爲人後者爲之子之說禮官再議歷引經據無兄弟相爲後之文又案太宗享祀太祖二十有二載稱曰孝弟此不易之制又安可追改乎自今合祭日太祖太宗依典禮同位異坐皇帝於太祖仍稱孝子餘並遵舊制按兄弟同昭穆此自不易之理必以一帝爲一世則兄弟四人相襲爲君固有祭不及禰者矣至以伯氏之稱爲無妨於義未免失之仁宗景祐二年五月詔王者奉祖宗尚功德禋天祀地則侑神作主審諦合食則百世不遷其令禮官辨崇配之序定二祧之位禮院請以太祖爲定配二宗爲迭配其將來皇帝親祠請以三聖並侑上顯對越之盛申遹追之感詔恭依康定元年直祕閣趙希言奏天子七廟親廟五祧廟二倣古定制則僖順二祖有當祧之義宜每主爲一廟一寢或前立一廟以今十六間爲寢更立一祧廟逐室各題廟號釦寶神御物宜銷毀之同判太常寺宋祁言鄭康成謂周制立二昭二穆與太祖文武共爲七廟此一家之說未足援正自荀卿王肅皆云天子七廟諸侯五大夫三士一降殺以兩則國家七世之數不用鄭氏之說僖祖至眞宗方及六世不應便立祧廟又周漢每帝各立廟晉宋以來多同殿異室國朝以七室代七廟相承已久不可輕改又周禮天府掌祖廟之守藏寶物世傳者皆在焉其神御法物請別爲庫藏之自是室題廟號而建神御庫焉嘉祐八年仁宗將祔廟孫抃等請增爲八室以備天子事七世之禮修奉太廟使蔡襄上八室圖廣廟室并夾室爲十八間盧士宗司馬光以爲太祖以上之主雖屬尊於太祖親盡則遷今議升祔僖祖當遷夾室孫抃等復議自唐至周廟制不同而皆七世自周以上所謂太祖非始受命之主特始封之君今僖祖雖非始封之君要爲立廟之祖方廟數未過七世遂毀其廟遷其主考之三代禮未有此乃存僖祖室以備七室英宗治平三年詔遵皇太后訓立濮王園廟俾王子孫主祠事英宗濮安懿王子仁宗在位年久無嗣乃立爲皇子及即位宰相韓琦等奏請下有司議濮安懿王合行典禮詔徐議之二年乃詔禮官與待制以上議翰林學士王珪等奏宜準先朝封贈期親尊屬故事中書省奏禮與令及五服年月勑出繼之子於所繼所生皆父母又漢宣帝光武皆稱父爲皇考今珪等議稱濮王爲皇伯於典禮未有明據請下尚書省集三省御史臺議奏於是御史呂誨等彈奏歐陽修首建邪議韓琦曾公亮趙槩附會不正之罪固請如王珪等議既而內出太后手詔濮安懿王稱皇譙國夫人王氏襄國夫人韓氏仙遊縣君任氏並稱后英宗即日手詔曰稱親之禮謹遵慈訓追崇之典豈易克當且欲以塋爲園即園立廟俾王子孫主祠事翌日誨等以所論列彈奏不見聽用力辭臺職誨等既去而濮議亦寢四年九月祧藏僖祖神主於西夾室祔英宗神主於太廟神宗熙寧五年中書門下言僖祖以上世次不可得而知則僖祖有廟與商周契稷疑無以異今毀其廟而藏主夾室替祖考之尊而下祔於子孫殆非所以順祖宗事亡如存之義請付兩制議取其當者翰林學士元絳等議自古受命之主皆以功德享有天下必推其本統以尊事其祖當太祖受命之初建四親廟自僖祖以上世次不可知則僖祖之爲始祖無疑今遷僖祖之主藏於太祖之室則是祫祭之日皆降而合食也請以僖祖之廟爲始祖庶合禮意時王安石爲相力主絳議六年春正月復僖祖爲太廟始祖祧順祖於夾室時翰林學士韓維議曰昔先王有天下迹其基業之所起以爲太祖故子夏序詩稱文武之功起於后稷後世有天下者前無所因故以創業之主爲太祖本朝太祖皇帝功德卓然爲宋太祖無少議者僖祖雖爲高祖然仰跡功業未見所因上尋世系又不知所始若以所事契稷奉之恐於古無考而於今亦所未安今之廟室與古殊制古者每廟異宮今祖宗同處一室而西夾室在順祖之右考之尊卑之次似亦無嫌帝以維之說近是而安石以維言夾室右爲尊爲非理帝亦然之遂從絳議元豐元年詳定禮文所圖上八廟異宮之制以始祖

居中分昭穆爲左右自北而南僖祖爲始祖翼祖太祖太宗仁宗爲穆在右宣祖眞宗英宗爲昭在左皆南面北上陸佃言太祖之廟百世不遷三昭三穆親盡則迭毁說者以昭常爲昭穆常爲穆則尊卑失序復圖上八廟昭穆之制以翼祖太祖太宗仁宗爲昭在左宣祖眞宗英宗爲穆在右皆南面北上何洵直圖上八廟異宮引熙寧儀僖祖正東向之位順祖宣祖眞宗英宗南面爲昭翼祖太祖太宗仁宗北面爲穆又以晉孫毓唐賈公彥言始祖居中三昭在左南面西上三穆在右南面東上爲兩圖上之詔候廟制成日取旨八年太常寺言詔書定七世八室之制今神宗皇帝崇祔翼祖在七世之外應與簡穆皇后祧藏於兩夾室石室中十一月祔神宗神主於第八室自英宗上至宣祖以次升遷哲宗元符三年禮部太常寺言哲宗升祔宜如晉成帝故事於太廟殿增一室候祔廟日神主祔第九室詔下侍從官議皆如所言帝從之先是李清臣爲禮部尙書首建增室之議至是蔡京陸佃等議以哲宗嗣神宗大統父子相承自當爲世宜以神宗爲昭上遷宣祖以合古三昭三穆之義會淸臣爲門下侍郎辨說甚力京佃等議遂格不行徽宗即位詔仁宗神考廟永祀不祧崇寧二年詔祧宣祖以哲宗神主祔太廟第八室三年詔復翼祖宣祖令有司議禮部尙書徐鐸言唐之獻祖中宗代宗與本朝僖祖皆嘗祧而復今存宣祖於當祧之際復翼祖於已祧之後以備九廟禮無不稱乃命鐸爲修奉使增太廟殿爲十室高宗紹興五年吏部員外郎董棻言仰惟太祖受命混一區宇推原功德所起宜於祫享之日正東向之尊仁宗時嘗議太祖東向廷論僉同是以當時大祫止列昭穆而虛東向蓋不敢以非受命之君而居之也曁熙寧之初僖祖以世次當祧適王安石用事議尊僖祖爲始祖肇居東向士大夫皆以太祖不得東向爲恨至崇寧之時宣祖當祧値蔡京用事建言請立九廟其已祧翼祖宣祖並即依舊相沿至今太祖尙居第四室遇大祫處昭穆之列今若正太祖東向之尊委合禮經太常寺丞王普又言自古羣廟迭毁而太祖不遷以太祖即廟之始祖是廟號非謚號也惟我太宗嗣服之初太祖廟號已定迨熙寧時尊僖祖爲始祖百世不遷祫享東向而太祖嘗居穆位則名實舛矣如以熙寧之禮爲是僖祖當稱太祖而太祖當改廟號然則太祖之名不正前日之失大矣今宜奉太祖神主居第一室永爲廟之始祖祫祭則正東向之尊禘祭則迎宣祖神主而以太祖配焉帝然之於是始建太廟於臨安奉迎安置七年四月築太廟於建康以臨安府太廟爲啟祖殿十二月祔徽宗於太廟十六年增建太廟從太常寺奏體倣在京廟制作祏室光宗紹熙五年時寧宗已即位吏部尙書鄭僑等奏請祧僖宣二祖正太祖東向之位尋立僖祖別廟以藏順翼宣三祖之主十二月祔孝宗於太廟按太祖東向之議熙寧時韓維等已力請南渡後董棻王普首建此議高宗亦以太祖開創基業始受天命祫享宜居東向之位至是鄭僑等奏請遂祧僖順翼宣四祖而正太祖東向之位此自不刊之典然其時朱子熹在講筵獨入議狀條其不可者四大略以元祐大儒程頤曾是王安石之論遂以爲義理人心之所同至不憚以去就爭之馬氏端臨以朱子爲膠柱鼓瑟黨同伐異此可見議禮之難矣理宗寶慶元年四月寧宗祔廟御史臺言太祖爲帝者太祖之廟太宗祔於太祖爲一世之廟眞宗仁宗神宗高宗各有制書不祧不在三昭三穆之中則固不在九廟之數自太祖以至寧宗皇帝始爲六廟合增展一室以崇升祔不當議祧於禮爲合於義爲安詔從之

遼諸帝各有廟聖宗開泰八年建景宗廟於中京九年十二月詔中京建太祖廟制度祭器從古制興宗重熙二十一年七月追尊太祖之祖爲簡獻皇帝廟號玄祖太祖之考爲宣簡皇帝廟號德祖天祚帝乾統三年十一月追尊太祖之高祖爲昭烈皇帝廟號肅祖太祖之曾祖爲莊敬皇帝廟號懿祖

金初無宗廟太祖天輔七年建寧神殿於上京以時薦享自是諸京皆立廟惟在京師者則曰太廟太宗天會三年十月詔建太祖廟於西京熙宗立之二年時仍太宗年號稱天會十四年定始祖景祖世祖太祖太宗廟皆不祧皇統三年初立太廟於上京八年廟成海陵貞元初增廣燕京舊廟奉遷祖宗神主於新都正隆中營建南京宗廟其廟制殿規一屋四間限其北爲神室其前爲通廊東西二十六楹爲間二十有五每間爲一室廟端各虛一間爲夾室中二十三間爲十一室從西三間爲一室爲始祖廟祔德帝安帝獻祖昭祖景祖祧主五餘皆兩間爲一室世祖室祔肅宗穆宗室祔康宗餘皆無祔世宗大定十二年議建閔宗後改廟號曰熙宗別廟禮官援晉惠懷唐中宗後唐莊宗升祔故事武靈亦合升祔初有司擬熙宗無嗣不稱宗以武靈爲廟號今廟制爲七世十一室升祔武靈請用晉唐舊制增作十二室依春秋尊尊之典武靈當在十一室禘祫合食當在太宗之下而居昭位又當稱宗然前升祔睿宗已在第十一室累遇祫享睿宗在穆位與太宗昭位相對若更改祏室及昭穆序非有司所敢輕議宜取聖裁十九年四月禘祔閔宗遂增展太廟爲十二室二十九年世宗將祔廟有司言太廟十二室自始祖至熙宗雖係八世然世宗與熙宗爲兄弟不相爲後用晉成帝故事止係七世若特升世宗顯宗即係九世於是

遂祧獻祖昭祖升祔世宗顯宗於廟宣宗貞祐二年遷都南京廟社諸祀並委中都時謁之禮盡廢四年禮官言廟社國之大事今駐蹕陪京列聖神主已遷於此宜重修太廟社稷以奉歲時之祭按中都廟制自始祖至章祖凡十二室今廟室止十一若增建恐難卒成擬權祔肅宗主於世祖室始祖以下諸神主隨室奉安從之元世祖中統四年初建太廟至元元年定太廟七室之制三年九月始作八室設祏室十月廟成製尊謚廟號烈祖第一室太祖第二室太宗第三室皇伯卓齊特第四室皇伯考察克台第五室皇考睿宗第六室定宗第七室憲宗第八室十一月奉安神主於祏室十四年八月建太廟於大都十五年五月太常卿還自上都議廟制據博士言同堂異室非禮以古今廟制畫圖貼說令博士齎往上都分議可否以聞其議同堂異室之制謂自後漢明帝遺詔無起寢廟但藏主於光武廟中更衣別室章帝復如之後世遂不敢加而公私之廟皆用同堂異室之制先儒朱子以謂至使太祖之位下同孫子而更僻處於一隅無以見七廟之尊羣廟之神則又上厭祖考不得自爲一廟之主且如命士以上其父子婦姑猶且異處況天子貴爲一人富有四海而祖宗神位數世同處一堂殊失人子事亡如存之義十八年博士李時衍議歷代廟制不同欲尊祖宗當從都宮別殿之制欲崇儉約當從同堂異室之制尙書段諸海及太常禮官奏曰始議七廟除正殿寢殿正門東西門已建外東西六廟不須更造餘依太常卿新圖建之遂爲前廟後寢廟分七室三十一年四月成宗卽位追尊皇考爲皇帝廟號裕宗成宗大德十一年五月武宗卽位於上都中書右丞相等集議皇帝嗣登寶位追尊皇考爲皇帝廟號順宗皇考成宗同母兄也二帝祔廟之禮依兄弟次序太祖室居中睿宗西第一室世祖西第二室裕宗西第三室順宗東第一室成宗東第二室制可按睿宗裕宗順宗未居帝位當祔食於所出之帝況成宗時順宗爲臣乃依兄弟之次躋順宗於成宗之上失禮孰甚焉仁宗延祐七年議增置廟室升祔仁宗爲武宗弟時以兄弟同爲一代議增廟室禮官集議太廟七室皆有神主增室不及依前代典故權於廟內設幄座安奉乃結綵爲殿置武宗室南權奉神主英宗至治三年建大殿十五閒以世祖所建廟爲寢殿中三閒通爲一室餘十閒各爲一室東西兩旁各留一閒爲夾室又建大次殿於宮城西北泰定帝泰定元年追尊皇考晉王爲皇帝廟號顯宗四月中書省臣因博士劉致議請太祖居中南向奉睿宗祔左一室世祖祔右一室裕宗祔睿宗室之左顯宗順宗成宗兄弟也以次祔世祖室之右武宗仁宗亦兄弟也以祔裕宗室之左英宗祔成宗室之右從之五月祔顯宗英宗凡十室文宗天歷元年毀顯宗室升順宗祔右穆第二室成宗第三室英宗第四室武宗祔左昭第三室仁宗第四室至順元年三月祔明宗神主序於英宗之上順帝至元六年撤文宗廟主至正三年帝告祭太廟至寧宗室問曰朕寧宗兄也當拜否太常博士劉聞對曰寧宗雖弟其爲帝時陛下爲之臣於禮當拜帝乃拜按元宗廟未有定制支庶嗣統各顧其私親武宗繼體而追王順宗泰定入立而推尊顯廟且躋順宗於成宗之上序明宗於英宗之前皆予逆祀之譏不知顯順二君不當稱宗幷睿裕二宗亦不當立廟揆之古制昭穆之次祧毀之宜胥無當也

明太祖洪武元年命中書省集儒臣議祀典李善長等詳考古今沿革請追尊高曾祖考四代因作四親廟於宮城東西各爲一廟上皇高祖謚曰元皇帝廟號德祖皇曾祖謚曰恆皇帝廟號懿祖皇祖謚曰裕皇帝廟號熙祖皇考謚曰湻皇帝廟號仁祖八年改建太廟前殿後寢殿翼皆有兩廡寢殿九閒奉藏神主爲同堂異室之制中室奉德祖東第一室奉懿祖西第一室奉熙祖東第二室奉仁祖皆南向建文卽位奉太祖主祔廟正殿神座次熙祖東向寢殿神主居西第二室南向成祖遷都建廟如南京制仁宗洪熙元年太宗後改號成祖神主祔太廟奉安寢殿東第三室宣宗宣德二年奉安仁宗神主西第三室其後俱準此孝宗卽位憲宗將升祔時九廟已備議者咸謂德懿熙仁四祖宜以次奉祧禮臣謂國家自德祖以上莫推世次則德祖視周后稷不可祧憲宗升祔當祧懿祖宜於太廟寢殿後別建祧廟如古夾室之制歲暮則奉祧主合享如古祫祭之禮帝從所議時吏部侍郎楊守陳言禮天子七廟祖有功宗有德德祖非契稷比宜幷祧德懿熙三祖自仁祖下爲七廟異時祧盡則太祖擬契稷而祧主藏於後寢祫禮行於前殿時享尊太祖祫祭尊德祖則功德並崇恩義亦備帝不能用弘治十八年奉祧熙祖升祔孝宗世宗嘉靖二年奉祧仁祖升祔武宗四年光祿寺丞何淵請於太廟內立世室以獻皇帝與祖宗同享有旨集廷臣議吏部尙書廖紀等皆以爲不可上曰世室之建自古有之朕膺天命入紹大統皇考百世之室胡爲不可乃命於太廟左隙地立廟其前殿後寢一如太廟制定名世廟云十年正月勑諭禮部以太祖高皇帝肇運開基四時享祭壓於德祖不得正南面之位命祧德祖奉安太祖神主寢殿正中爲不遷之祖太宗而下皆以次奉遷九月上諭大學士以宗廟之制父子兄弟同處一堂於禮非宜太宗以下宜皆立專廟尙書夏言以爲未便議上

不報十四年更建世室及昭穆羣廟於太廟之左右其制皆正殿五閒寢殿三閒各有門垣以次而南統於都宮太廟專奉太祖世室在左三昭之上奉太宗餘依昭穆之次用本廟號十五年廟成奉安德懿熙仁四祖神主於祧廟太祖神主於太廟翌日奉安太宗以下神主列於羣廟十七年上太宗廟號成祖獻皇帝廟號睿宗遂奉睿宗神主祔太廟躋武宗上二十年四月九廟災燬成祖仁宗主二十二年十月以舊廟基隘命相度規制久之命復同堂異室之舊二十四年廟成禮官以太廟安神請定位次帝曰既無昭穆亦無世次只序倫理太祖居中左四序成宣憲睿右四序仁英孝武皆南向穆宗隆慶六年禮官議當祧廟室禮科陸樹德言宣宗於穆宗僅五世請仍祔睿宗於世廟而宣宗勿祧疏下禮部議宣宗世次尚近祧之未安請於寢殿左右各增一室則尊祖敬宗並行不悖帝命如舊勅行遂祧宣宗熹宗天啟元年七月光宗將祔廟太常卿洪文衡請無祧憲宗祧睿宗不聽按明廟制大祖首建四親廟世宗定太祖南向之位皆得禮之正其闕而未備者建文祭享無聞景泰廟號不立神宗時禮科都給事中萬象春嘗上疏極言未獲俞允而睿皇帝以私親躋武宗之上終明之世莫之或改亦失禮之甚者矣

原廟 唐 宋 遼 金 元 明

臣等謹按原廟始於漢叔孫通漢書注原者重也先已有廟今更立之故云重也北魏明元帝永興時立太祖道武帝廟於白登山又立太祖別廟於宮中唐中宗神龍後東西二都皆立廟歲時並享宋眞宗景德閒建神御殿又奉安御容於禪院仁宗皇祐時於滁并等州遣使奉安御容倣漢郡國廟意自後遞相沿襲與太廟典禮略同遼金元皆有神御殿明建奉先殿以奉神御皆本漢原廟之意杜典載唐以前廟制原廟本略故無專條今詳考唐宋以後典制別爲一條附載宗廟之下以資考訂云

唐初建東西二都而東都無廟則天皇后僭號稱周立周七廟於東都中宗神龍元年復位遷武氏廟主於西京爲崇尊廟以東都武氏故廟爲唐太廟祔光皇帝以下七室由是東西二都皆有廟歲時並享武宗會昌五年七月中書門下李德裕奏孟州汜水縣虎牢關太宗擒王竇之地關城東峯有高祖太宗像請如漢郡國立廟故事制可十月作昭武廟於虎牢關

宋眞宗景德四年詔西京建太祖神御殿又奉安太祖御容於應天禪院以宰臣向敏中爲奉安聖容禮儀使權安於文德殿百官班列帝行酌獻禮鹵簿導引升綵輿進發帝辭於正陽門外百官辭於瓊林苑門外遣官祭告畢羣臣稱賀大中祥符五年十二月作景靈宮按志稱聖祖臨降故爲宮以奉之仁宗天聖五年詔修景靈宮之萬壽殿以奉眞宗署曰奉眞皇祐五年以滁州通判王靖請於滁州大慶寺殿奉安太祖名曰端命於幷州崇聖寺殿奉安太宗名曰統平於澶州舊寺殿奉安眞宗名曰信武既而統平殿災諫官范鎭言幷州素無火災自建神御殿未幾輒焚天意若曰祖宗御容非郡國所宜奉安者近聞下幷州復加崇建是徒事土木重困民力非所以答天意也先是睦親廣親二宅並建神御殿翰林學士歐陽修言神御非人臣私家之禮下兩制臺諫禮官議以爲漢用春秋之義罷郡國廟今睦親宅廣親宅所建神御殿不合典禮宜悉罷詔以廣親宅置已久唯罷修睦親宅神宗熙寧二年正月奉安英宗神御於景靈宮英德殿帝親行酌獻仍詔歲以十月望廟享四年七月詔宗室不得祀祖宗神御諸宗室宮院祖宗神御迎藏天章閣自是臣庶之家凡有御容悉取藏禁中元豐五年作景靈宮十一殿在京宮觀寺院神御皆迎入禁中所存惟萬壽觀延聖廣愛寧華三殿而已景靈宮朝獻孟春用十一日孟夏擇日孟秋用中元日孟冬用下元日天子常服行事遇南郊先詣宮行薦享禮如太廟儀哲宗元祐元年正月立神宗原廟二年三月奉安神宗神御於景靈宮宣光殿紹聖二年奉安神宗御容於顯承殿徽宗即位宰臣請特建景靈西宮奉安神宗於顯承殿爲神御之首昭示萬世尊異之意建哲宗神御殿於西以東偏爲齋殿右正言陳瓘言五不可且論蔡京矯誣不從建中靖國元年名哲宗神御殿曰觀成崇寧元年更名重光高宗建炎三年正月奉安西京會聖宮累朝御容於揚州壽寧寺十一月奉安累朝御容於越州天慶觀四年奉安祖宗神御於福州紹興十三年臣僚言竊見神宗始廣景靈宮以奉祖宗衣冠之遊卽漢之原廟也自艱難以來原廟神遊猶寄永嘉四孟卽便朝設位薦獻未副廣孝之意乞命有司倣景靈宮舊規隨宜建置迎還晬容從之十五年秋復建神御殿於崇政殿之東朔望節序帝后生辰帝親酌獻行香用家人禮

遼諸帝各有原廟如凝神殿之類聖宗統和十三年春安景宗及太后石像於延芳淀十四年又奉安於乾州開泰元年奉遷南京諸帝石像於中京觀德殿景宗及宣獻皇后於上京五鸞殿

金熙宗天眷二年立太祖原廟於慶元宮皇統四年建原廟於東京海陵天德四年有司言燕京興建太廟復

立原廟三代以前無原廟制至漢惠帝始置廟於長安渭北薦以時果其後又置於豐沛不聞享薦之禮今兩都告享宜止於燕京所建原廟行事於是名其宮曰衍慶殿曰聖武門曰崇聖世宗大定十七年正月詔以衍慶宮聖武殿西建世祖神御殿東建太宗睿宗神御殿二十一年四月奉安昭祖以下三祖三宗御容於衍慶宮行親祀禮哀宗正大元年三月奉安宣宗御容於孝嚴寺

元神御殿舊稱影堂所奉祖宗御容皆紋綺局織錦爲之仁宗延祐五年敕大永福寺創殿安奉順宗御容英宗至治元年作仁宗神御殿於普慶寺泰定帝泰定元年二月作顯宗影堂二年正月奉安顯宗像於永福寺給祭田百頃三年按元史志作二年建顯宗神御殿於盧師寺賜額曰大天源延聖寺按元史本紀作延壽寺文宗天歷元年立太禧院奉祖宗神御至順按元史志作天歷二年三月詔累朝神御殿之在諸寺者各製名以冠之世祖曰元壽裕宗曰明壽成宗曰廣壽順宗曰衍壽武宗曰仁壽仁宗曰文壽英宗曰宣壽明宗曰景壽順帝元統元年奉安文宗御容於大承天護聖寺至元六年正月立司禋監奉太祖太宗睿宗三朝御容於石佛寺二月立延徽寺以奉寧宗祀事至正十四年立寧宗影堂

明太祖洪武三年冬上以太廟時享未足以展孝思復建奉先殿於宮門內之東以太廟象外朝以奉先殿象內朝正殿五閒南向前軒五閒製四代帝后神位衣冠其祔祧送遷之禮如太廟寢殿儀成祖遷都北京建如制

后妃廟　唐　五代　宋　金　明

唐昭宗大順元年將行禘祭有司請以三太后神主祔享於太廟三太后者宣宗母孝明太皇太后鄭氏敬宗母恭僖皇太后王氏文宗母貞獻皇太后韋氏當時並置別廟每年五享及三年一禘五年一祫皆於本廟行事無神主入太廟之文至是舊章散失禮官憑曲臺禮故有是請博士殷盈孫獻議列五不可且言祫合祭也合猶不入太祖之廟而況禘乎請皆禘於別廟爲宜宰相孔緯是之但以禮院所奏儀注已勅下大祭日迫不可遽改且依行之遂以三太后祔合太廟

後唐廢帝清泰二年追尊魯國太夫人魏氏爲皇太后於京師河南府東立寢宮

宋太祖建隆三年追冊會稽郡夫人賀氏曰孝惠皇后就陵所置祠殿奉安神主乾德元年十二月始議爲孝明皇后王氏置廟及二后先後之次太常博士和峴請共殿別室以孝明正位內朝請居上室孝惠居次室禮院又言后廟祀事一準太廟亦當立戟太宗太平興國二年以懿德皇后符氏淑德皇后尹氏祔別廟淑德皇后太宗在周時娶及即位追冊爲后并諡懿德皇后周顯宗中歸太宗建隆間累封越國夫人後追冊並諡至道三年孝章皇后宋氏太祖繼后祔享有司言孝章正位中壼宜居上室懿德追崇后號宜居其次詔孝章殿室居懿德下按孝章祔享乃祔孝惠別廟也其序當在懿德前而反易之失其宜矣眞宗卽位追尊賢妃李氏爲元德皇太后太宗時封夫人生眞宗及楚王元佐尋薨帝卽位先封賢妃旋進尊諡按眞宗卽位後本紀不載封母爲賢妃事其追尊元德卽在本年十二月恐賢妃之號太宗時冊封而史文不備今仍據本傳輯以誌闕疑云有司請修奉廟室爲殿三閒設神門齋房神廚以備薦享判太常禮院李宗訥等言元德皇太后別建廟室淑德皇后亦在別廟同是帝母請加太字遷就元德新廟居第一室以元德次之詔下中書集議兵部尙書張齊賢等奏宗廟神靈務乎安靜況懿德按史志作懿德據上下文義似議淑德廟號作不當雜出懿德但無別本可據謹仍其舊合之始逮事舅姑躬執婦道祔享之禮宜從後先伏請仍舊又帝母稱皇太后檢詳去歲議狀請加淑德太字而詔不加之者緣當時元德皇太后未行追冊今冊命已畢望依禮官所言景德四年帝祀汾陰謁廟畢親詣元德皇太后廟躬謝自門降輦步入酌獻如太廟設登歌遣官分告孝惠諸后廟又詔太廟元德皇太后廟享用犢諸后廟親享用犢攝事用羊豕仁宗明道二年八月作奉慈廟十月祔莊獻明肅太后劉氏莊懿太后李氏神主於廟帝爲莊懿太后所生劉太后撫以爲己子帝不知也莊懿在眞宗朝爲婉儀明道元年始進位宸妃二年莊獻將祔廟燕王爲帝言陛下乃李宸妃所生帝感動不視朝累日追尊宸妃爲皇太后於是泰寧軍節度使錢惟演請以莊懿與莊穆皇后郭氏並祔眞宗室詔三省與禮院議皆以爲莊穆位崇中壼已祔眞宗廟室自協一帝一后之文莊獻明肅處坤元之尊莊懿感日符之貴宜崇建新廟同殿異室歲時薦享一用太廟之儀仍別立廟名以崇世享翰林學士馮元等請以奉慈爲名詔從之慶歷中改諡莊並爲章二后俱祔太廟序於章穆之次至和元年正月追冊貴妃張氏爲后賜諡溫成七月詔立溫成皇后廟樂章祭器數視皇后廟後以諫官言改爲祠殿歲時令宮臣薦以常饌神宗元豐六年詳定所言案禮夫婦一體故昏則同牢合巹終則同穴祭則同几同祝饌未嘗有異廟者也惟周人以姜嫄爲禖神而帝嚳無廟又不可下入子孫之廟乃以別廟而祭自漢以來不祔不配者皆援姜嫄爲比或以其微或以其繼而已不知始微終顯前娶後繼皆嫡也寘之別廟不得申同几之義則非禮意恭惟太祖孝惠皇后太宗淑德皇后眞宗章懷皇后實皆元妃而孝章則太祖繼后乃皆祭以別廟在禮未安請升祔太廟增四室以時配享七月遂自別廟升祔焉高宗紹興十二年七月上皇后邢氏諡曰懿節高宗居康邸聘后爲嬪封嘉國夫人金人至京師夫人從三宮北遷及卽位遙冊爲皇后禮部侍郎施垌言懿節皇后神主候至卒哭擇日祔廟合依顯恭皇后禮於太廟內修

建殿室以爲別廟三十二年禮部太常寺言故妃郭氏追冊爲皇后合依懿節皇后祭於別廟所有廟殿見安懿節皇后神主行禮狹隘乞分爲二室以西爲上各置戶牖王普又請各置祏室並從之

金世宗大定二年有司按唐典昭德皇后合立別廟擬於太廟內垣東北起建從之後以廟制小又於太廟之東別建一位十二年八月廟成正殿三間東西各空半間以兩間爲室從西一間西壁上安置祏室廟置一便門與太廟相通仍以舊殿爲冊寶殿二十六年勅別建昭德皇后影廟於太廟內有司言皇后廟西有隙地廣三十四步袤五十四步可以興建制可仍於正南別創正門以坤儀爲名仍留舊有便門遇禘祫祔享由之后烏凌噶氏世宗在濟南時海陵皇后來中都后奉詔去濟南至良鄉得間自殺及世宗卽位追冊爲昭德皇后後改諡明德

明孝宗卽位追上母妃紀氏孝穆太后諡以不得祔廟於奉先殿右別建奉慈殿以祀一歲五享薦新忌祭俱如太廟奉先殿儀弘治十七年以大學士劉健謝遷李東陽議別祀孝肅太后周氏於奉慈殿孝肅太后憲宗生母也先撫育孝宗於宮中及卽位事太后至孝不祔廟世宗嘉靖元年十一月別祀孝惠太后邵氏於奉慈殿孝惠太后憲宗妃興獻帝母也世宗入繼大統上尊號曰壽安十五年帝以三太后別祀奉慈殿不若奉於陵殿爲宜廷臣議古天子宗廟唯一帝一后所生母薦於寢身沒而已孝宗奉慈殿之祭蓋子祀生母以盡終身之孝焉耳今陛下於孝肅曾孫也孝穆孫屬也孝惠孫也禮不世祭考宋熙甯罷奉慈廟故事與今略同宜遷主陵廟歲時祔享如故報可遂罷奉慈殿二十六年十一月禮臣請奉安孝烈皇后方氏主於奉先殿東夾室帝曰奉先殿夾室非正也可卽祔太廟按時廷臣俱以祔廟爲不可世宗必欲祔廟預定位次其不經甚矣遂祧仁宗祔於太廟第九室穆宗隆慶時移后主於弘孝殿神宗萬歷三年遷祔奉先殿

皇太子及皇子廟 唐　金　元　明

臣等謹案杜典載皇太子及皇子宗廟一門竊以宗有小大皆本子孫奉祀而言若官爲致享則但當稱廟不得稱宗今續輯唐以來太子廟無立後稱宗之事謹刪削宗字以符體制云

唐文宗開成三年兵部尚書王起等狀奏三代以降廟制不同伏准國初太子廟散在諸方至天寶六載勅章懷節愍惠宣等太子宜與隱太子列次同爲一廟應緣祭事並合官給號爲七太子廟又准大歷三年以榮王天寶中追贈靖恭太子神主未祔詔祔七太子廟加一室今以懷懿太子神主祔惠昭及悼懷太子廟獻享得宜請於惠昭太子廟添置一室擇日升祔從之

金世宗大定二十五年六月有司奉依唐典故太子置廟設官屬奉祀擬於法物庫東建殿三間南垣及外垣皆一屋三門東西垣各一屋一門門設九戟齋房神廚度地之宜又奉旨太子廟既安神主宜別建影殿有司定擬制度於見建廟稍西中間限以磚牆內建影殿三間南面一屋三門垣周以甓無鈌角神廚齋房各二屋三間十月廟成奉安宣孝太子神主及畫像

元世祖至元二十二年十二月太常博士議明孝皇太子宜立別廟奉祀三十年十月祔於太廟文宗至順二年正月命繪皇太子真容奉安慶壽寺之東鹿頂殿祀之如累朝神御殿儀

明世宗嘉靖二十八年帝命莊敬太子與哀冲太子並建寢園歲時祭祀從諸陵後

欽定續通典卷五十一

欽定續通典卷五十二

禮吉

諸侯大夫士家廟庶人祭寢附 唐 宋 元 明

臣等謹案宗廟猶云祖廟自天子以至大夫士皆得通稱故杜佑通典此條亦稱宗廟第制隨時改唐宋以來羣下之廟見于史傳者或稱私廟或稱家廟無敢僭擬稱宗茲據宋史志羣臣家廟之文改宗爲家庶以昭別嫌之義云

唐德宗貞元十三年敕贈太傅馬燧祔廟宜令所司供少牢仍給鹵簿憲宗元和七年太子少傅判太常卿事鄭餘慶建立私廟將祔四代神主廟有二夫人疑於祔配請禮院詳定太學博士韋公肅議曰古者一娶九女自秦漢以下不行此禮遂有再娶之說前娶後繼並是正嫡則偕祔之義於禮無嫌案晉溫嶠相繼有三妻疑並爲夫人以問太學博士陳舒議以妻雖前後榮辱隨夫既生娶以正禮沒不可貶自後諸儒咸用舒議且嫡繼於古則有殊制於今則無異等今王公再娶無非禮聘所以祔祀之議不得不同至於卿士之家寢祭亦二妻位同几席豈廟享之禮而有異乎歷數禮文參諸故事二夫人並祔于禮爲宜武宗會昌五年詔京城不許羣臣作私廟但准古禮即所居立廟宣宗大中五年太常禮院議奏崔龜從請立私廟伏以事亡如存典禮攸重今百官悉在京師若不許于京內置廟則烝嘗之禮難復躬親若悉令于居處置廟又緣近北諸坊便於朝謁百官第宅布列坊中其間雜以居人棟宇悉皆連接今廣開則鄰無隙地廢廟則禮闕敬親若依會昌五年敕文盡勒于所居置廟恐十數年間私廟漸逼於宮墻齊民必苦於吞併臣具詳本末請夾天門街左右諸坊不得立私廟其餘外圍遠坊任取舊廟及擇空閒地建立廟宇並請准開元禮及曲臺禮爲定制其享獻之禮除依古禮用少牢特牲饋食外有設時新及今時熟饌者並聽仍請永爲定式敕旨依奏

宋仁宗慶歷元年南郊赦書中外文武官並許依舊式立家廟功臣不限品數賜戟至和二年宰臣宋庠請詳定家廟制度下兩制禮官議定正一品平章事以上立四廟樞密使知樞密院事參知政事樞密副使同知樞密院事簽書院事見任前任同宣徽使尚書節度使東宮少保以上皆立三廟餘官祭于寢凡得立廟者使嫡子襲爵主祭其爵世降一等死即不得作主祔廟別祭於寢自當立廟者即祔其主其子孫承代不計廟祭寢祭並以世數疏數遷祧始得立廟者不祧以比始封有不祧者通祭四廟五廟廟因眾子立而嫡長子在則祭以嫡長子主之嫡長子死即不傳其子而傳立廟者之子凡立廟聽于京師或所居州縣其在京師者不得于裏城及南郊御路之側仍別議襲爵之制既以有廟者之子孫或官微不可以承祭而朝廷又難盡推襲爵之恩事竟不行嘉祐三年禮部尚書同中書門下平章事文彥博言伏覩禮官詳定私廟制度平章事以上許立四廟臣欲于河南府營創私廟乞降敕指揮從之徽宗大觀二年議禮局議執政以上祭四廟餘通祭三廟古無祭四世者又侍從官以至士庶通祭三世無等差多寡之別豈禮意乎請文臣執政官武臣節度使以上祭五世文武升朝官祭三世餘祭二世應有私第者立廟于門內之左如狹隘聽于私第之側力所不及仍許隨宜又言王制諸侯五廟二昭二穆與太祖之廟而五所謂太祖者蓋始封之祖不必五世非臣下所可通稱今高祖以上一祖未有名稱欲乞稱五世祖其家廟祭器正一品每室籩豆各十有二簠簋各四壺尊罍鉶鼎俎篚各二尊罍加勺冪各一爵各一諸室共用胙俎罍洗一從一品籩豆簠簋降殺以兩正二品籩豆各八簠簋各二餘皆如正一品之數詔禮制局制造仍取旨給賜孝宗淳熙五年權戶部尚書韓彥古請以臨安前洋街賜第建父世忠家廟就賜金宇房緡以給歲時祭祀之用輔臣論世忠廟器中書舍人陳騤以禮難行駁之上問本朝羣臣廟制如何賜器如何時趙雄等奏仁宗雖因赦論建廟未暇行也唯文彥博曾酌唐制爲之未嘗賜器政和始命禮制局範銅以賜宰臣上曰漢唐而下既未有賜器祭者唯器與名不可以假人命禮官考歷代及本朝之制八年十月中書舍人崔敦詩謂中興廟器改用竹木省去雕文然一啟其端援者必眾謂宜詳講必傳古義乃協今宜禮賜圭瓚然後爲鬯蓋諸侯嗣位不敢專祭待命于天子必賜以圭瓚者祭祀交神唯灌爲重舉其重以賜之餘得自用臣謂銅爲祭器可以傳遠今以竹木爲之壞而不易則墜上之賜易而自制則棄君之命宜略倣古制命有司鑄爵勺各一賜之餘令祀官定當用之式繢圖以畀俾以竹木自制從之

元英宗至治初右丞相拜珠得立五廟同堂異室

明太祖洪武六年春詔定公侯以下家廟禮儀時禮部官議奏凡公侯品官別立祠堂三間於所居之東以祀高曾祖考並祔位如祠堂未備奉主於中堂享祭二品以上羊一豕一五品以上羊一五品以下豕一皆分四

體熟而薦之不能具牲者設饌享之所用器皿隨官品第稱家有無祭之前二日主祭者閫於上免朝參凡祭四仲之月擇吉日或春秋分冬夏至亦可世宗嘉靖十五年夏言疏請依宋儒程頤之議詔令天下臣民冬至祭始祖立春祭先祖但不許立廟以踰分庶上廣錫類之孝下無禘祫之嫌又禮官疏請官自三品以上爲五廟以下皆四廟爲五廟者倣唐制五間九架兩旁隔板爲五室中祔五世祖旁四室祔高曾祖禰爲四廟者三間五架中爲一室祔高曾左右二室祔祖禰若當祀始祖先祖則如宋朱子所云臨祭時作紙牌祭訖焚之然三品以上雖得爲五廟若上無應立廟之祖不得爲世祀不遷之祖惟以第五世之祖奉爲五世只名曰五世祖必待世窮數盡則以今之得立廟者爲世祀之祖世祀而不遷焉其牲牢俎豆等物一依官品制可

天子皇后及諸侯大夫士神主 附藏主室及題版制　唐　宋　金　元　明

臣等謹案杜佑通典神主題板析爲數條大約引據漢魏諸儒雜議分配各條以便省覽其實等差隆殺之閒比類參稽彌資訂證今詳考唐宋以來正史所載兼及先儒所定成式合爲一條其移主立尸等議皆後代所無謹從闕焉

唐宣宗大中三年十二月追尊順宗憲宗諡號禮院奏廟中神主已題舊號請改造及重題左司郎中楊發等議以謂古者已祔之主無改造之文加諡追尊始於則天太后攝政之後然猶不改主易書今宜以新諡寶冊告於陵廟時宰臣覆議以爲士族之廟皆就易書乃就舊主易書新諡焉

宋神宗元豐三年禮文所言古者宗廟爲石室以藏主謂之宗祏夫婦一體同几共牢一室之中有左主右主之別正廟之主各藏廟室西壁之中遷廟之主藏於太祖太室北壁之中其埳去地六尺一寸今太廟藏主之室帝后異處遷主仍藏西夾室於禮未合請新廟成並遵古制從之高宗紹興十六年太常寺言在京廟制每室東設戶西設牖西墻祏室藏祖宗帝后神主今行在太廟未曾安設祏室宜體倣舊制殿東西作兩夾室其兩夾室止設戶十一室即依廟制設戶牖其殿南北深七丈每室于西壁從北以南一丈二尺作厚墻隨宜安設祏室其西夾室亦合設祏室藏順祖室神主詔從之金宣宗貞祐四年禮官言遷廟事主用栗依唐制皇統九年所定也祏室旁及上下皆石門東向以木爲闔室中帝主居左前設曲几后主居右設直几

元世祖至元三年命太保劉秉中考古制定神主高一尺二寸頂圓徑二寸八分四廂合剡一寸一分上下四方穿中央通孔徑九分以光漆題尊諡于背上匱趺底蓋俱方底自下而上蓋從上而下底齊趺方一尺厚三寸皆準元祐古尺圖主及匱趺皆栗木匱趺並用玄漆設祏室以安奉帝主用曲几后主用直几十二年五月檢討張謙言昔者因修太廟奉遷金牌位於饌幕殿設以金椅其栗主卻與舊主牌位各貯箱內安置金椅下禮有非宜今擬合以金牌位遷於八室內其祏室栗主宜用綵輿遷納舊主并牌位安置於箱爲宜武宗至大二年將加諡太祖睿宗擇日請諡于天改製金表神主題寫尊諡廟號自是主皆範金作之如金表之製（案虞桑吉主用栗禮有明文元初考定神主用栗最爲得禮武宗改爲範金戾古已甚泰定帝初盜入太廟竊仁宗及莊懿慈聖皇后金主其亦有以招之也夫）

明制作主用栗取法於時日月辰趺方四寸象歲之四時高尺有二寸象十二月身博三十分象月之日厚十二分象日之辰剡上五分爲圓首首之下勒前爲額而判之一居前二居後（前四分後八分）陷中以書爵姓名行合之植于趺竅其旁以通中如身厚三之一（圓徑四分）居二分之上粉塗其前以書屬稱旁題主祀之名加賜易世則筆滌而更之外改中不改（案主之制不見于經何休謂主狀正方穿中央達四方天子長尺二寸諸侯長一尺衞冲次又謂右主八寸左主七寸廣厚三寸右主父也左主母也漢舊儀后主長七寸圍九寸帝主長九寸其制不可考宋程顥考定其制朱子家禮遵用之明時品官家廟儀式一本家禮此條載會典中今據輯入）

時享 薦新附　唐　五代　宋　遼　金　元　明

唐玄宗開元六年有司撰享太廟儀注祭之日車駕發宮中帝謂宋璟蘇頲曰祭必先齋所以齊心也宜于廟所設齋宮先期赴行宮齋宿質明行事庶合于禮又儀注自大次至殿前施行褥帝不許但履地而行十五年敕享宗廟差丞相尚書嗣王郡王攝三公行事若人數不足通取諸司三品以上長官二十五年敕太廟五享之日應攝三公令中書門下及丞相師傅尚書御史大夫嗣王郡王擇德望高者通攝諸司不在差限二十七年敕太廟五享宜于宗子嗣郡王中擇有德望者令攝三公行事其異姓官更不須差攝天寶三載詔頃四時廟享兩京同日今以後宜各別擇日告享五載詔享太廟每室加常食一牙盤九載制承前宗廟皆稱告享自今每親告享宗廟爲朝享有司行事爲薦享諸事告宗廟並改爲奏德宗貞元九年太常博士韋彤裴堪議謹案禮經前代故事宗廟無朔望祭食之儀惟寢園有之

國家貞觀開元修定禮文皆遵舊典至天寶時始別令尚食朔望進食于太廟自太廟以下每室奠饗當時祀官王嶼不本禮意妄推緣生之義每用宴私之饌此則可薦于寢宮而不可瀆于太廟也又祠嘗烝聖人之中制今太廟每歲五享祭不爲數若令牲牢俎豆之司更備膳羞盤盂之饌朔日月半將以爲常爲數既甚黷亦隨之宜遵開元之則省天寶權宜之制帝以此禮經先帝所定未遽改移憲宗元和十四年太常丞王涇疏請去太廟上食事亦不行

梁太祖開平三年正月十月並享于太廟

後唐莊宗同光元年四月立七廟于太原二年正月神主至自太原（案唐建太微宮于洛京後唐莊宗本紀載同光元年十一月甲子如洛京二年正月神主至自太原當屬自太原至洛京朝獻太微宮也）朝獻于太微宮享于太廟明宗長興元年二月享于太廟

周太祖廣順三年十二月享于太廟

宋太祖乾德元年十一月帝以親郊齋于崇元殿翌日服通天冠絳紗袍執鎮圭乘玉輅鹵簿前導赴太廟宿齋翌日未明三刻服衮冕行享禮于四室自是每郊祀前一日朝享太廟六年判太常卿和峴上言唐天寶中詔享太廟祭料外每室加常食一牙盤將來享廟宜遵此制（時帝親享太廟見所陳籩豆簠簋問此何物左右以禮器對帝曰吾祖宗寧識此亟命撤去進常膳如平生既而曰古禮不可廢也命復設之于是和峴請如唐故事別設牙盤食）太宗太平興國六年十二月太常禮院言今月二十三日臘享太廟緣孟冬已行時享冬至又嘗親祀慮成煩數請罷臘日薦享之禮從之雍熙二年狩于近郊以所獲獻太廟著爲令端拱二年詔以八月親享太廟有司詳定儀注旋以彗孛停止淳化三年正月詔仲春開水獻羔祭韭十月太常禮院言今年冬至親祀南郊前期朝享太廟及奏告宣祖太祖室常例遇親祀設朔望兩祭又行奏告之禮煩則不恭又十一月二十日朝享去臘享日月相隔未爲煩數欲望權停是月朔望之祭其臘享如常儀從之眞宗景德三年十一月狩近郊以親獲兎付有司薦新大中祥符元年十一月癸未帝齋于長春殿翌日甲申奉太祖太宗尊謚冊寶授攝太尉王旦持節奉冊升輅鑾駕親詣太廟酌奠六室嗣後上祖宗尊謚冊寶皆親行朝享八年兼宗正卿趙安仁言太廟朔望上食品味望自今委御廚取親享廟日所上牙盤例參以四時珍膳選上局食手十八赴廟造饌詔所上食味委宮闈令監造訖安仁省視之天禧三年十一月己巳謁景靈宮庚午享太廟（先是咸平二年奉安太宗聖容于啟聖院帝拜而慟四年謁啟聖院太宗神御殿普安院元德皇后聖容至是始謁景靈宮嗣後景靈宮朝享歲必親行而太廟皆令有司攝事云）仁宗明道二年正月皇太后服衮衣儀天冠享太廟皇太妃亞獻皇后終獻命宰臣撰謝太廟記檢討宋祁言皇太后謁廟非後世法乃止景祐三年宗正丞趙良規言通禮著薦新凡五十餘物今太廟祭享之外唯薦冰其餘薦新之禮皆寢不行宜以品物時新所司送宗正令尚食簡擇滋味與新物相宜者配以薦之於是禮官宗正條定逐室時薦以京都新物略依時訓協用典章凡二十八種卜日薦獻如開寶通禮皇祐二年九月以大饗明堂具太駕鹵簿赴景靈宮行薦享禮畢齋于太廟翌日詣七廟行朝享禮降神樂作帝密諭樂卿令備音節禮儀使請憩小次帝拱立益莊神宗熙寧五年詔太廟時享以宗室使相以上攝事元豐元年宗正寺奏據太常寺報選日薦新兎藷蕷栗黃今三物久粥于市而廟猶未薦頗違禮意蓋節序有蚤晏品物有後先自當變通安能齊一又唐開元禮薦新不出神主今兩朝薦新及朔望上食並出神主請下禮官參定所宜於是刊定凡新物及時出者卽日登獻不卜日不出主八年太常寺請罷太廟朔望薦食從之哲宗元祐七年從禮官呂希純議復用牙盤食更其名曰薦羞希純又請帝后各奠一爵后爵謂之副爵亦如其議徽宗大觀四年定太廟簠簋籩豆之儀盡依周制高宗建炎二年十一月帝幸揚州詣壽寧寺朝享（時奉太廟神主於壽寧寺）三年帝在杭州太廟祭享皆差官攝事以禮器未備權用酒脯行禮（時奉安太廟神主於溫州）紹興五年始謁太廟（時詔建太廟於臨安）孝宗隆興二年朝享太廟禮部言牲牢禮料酒齊等物並如五享行之十六年光宗受禪親享太廟

遼太宗天顯元年十一月壬戌卽皇帝位癸亥謁太祖廟嗣後每歲有事於太廟或薦新或告謁必親享焉逮穆宗景宗聖宗皆遵行勿替道宗淸寧元年十二月壬申有事於太宗穆宗廟戊寅冬至有事于太祖景宗興宗廟不受羣臣賀

金熙宗天眷元年四月朝享于天元殿十一月以康宗以上畫像工畢奠獻于天元殿三年九月親享太祖廟海陵天德二年命有司議薦新依典禮合用時物令太常卿行禮正隆二年初定太廟時享牲牢禮儀世宗大定三年十月大享于太廟有司言每歲太廟五享若復薦新似涉繁數擬遇時享之月以所薦物附于籩豆薦之制可九年十月詔宗廟之祭以鹿代牛著爲令十年正月有司謂自周以來下逮唐宋祫享無不用牛者唐開元禮時享每室一太牢天寶六年始減牛數太廟每

享用一犢宋政和五禮新儀時享太廟親祠用牛有司行事則不用又開寶二年詔昊天上帝皇地祇用犢餘皆以羊豕代之合二羊五豕足代一犢今三年一祫乃爲親祀其禮至重每室一犢恐難省減遂命時享與祭社稷如舊若親祀宗廟則共用一犢有司行事則不用十一年尙書省奏唐禮四時各以孟月享太廟歲終又臘享凡五祀若依海陵時止二享非天子禮宜歲五享從之享日並出神主前廊序列昭穆以太子爲亞獻親王爲終獻二十六年以內外祖廟不同定擬太廟每歲五享山陵朔望忌辰及節辰祭奠並依前代典故章宗泰和二年五月初薦新于太廟宣宗興定二年七月以旱災享太廟

元祖宗祭享之禮割牲奠馬湩以蒙古巫祝致辭蓋國俗也國俗舊禮每歲太廟四祭用司禋監官一員名蒙古巫祝當省牲時法服同三獻官升殿詣室戶告腯還至牲所以國語呼累朝帝后名諱而告之明旦三獻禮畢獻官御史太常卿博士復升殿分詣各室蒙古博羅齊跪割牲太僕卿以朱漆盂奉馬乳酌奠巫祝以國語告神訖太祝奉祝幣詣燎位獻官以下復版位再拜禮畢　凡大祭祀尤貴馬湩將有事敕太僕司挏馬官奉尙飲者革囊盛送其馬牲旣與三牲同登于俎而割奠之祭品與籩豆俱設將奠牲盤酹馬湩則蒙古太祝升詣第一座呼帝后神諱以致祭年月日數牲齊品物致其祝語以次詣列室皆如之禮畢則以割奠之餘撒于南欞星門外名曰拋撒茶飯蓋以國禮行事尤其所重也世祖中統元年七月設神位於中書省用登歌樂遣筆且齊致祭筆且齊譯典書記者十二月始制祭享太廟祭器法服三年十二月享太廟卽中書省備三獻官大禮使司徒攝祀事禮畢神主復藏瑞像殿四年三月詔建太廟於燕京十一月仍寓祀事于中書省以親王等攝事至元二年九月以將有事于太廟取大樂工于東平預習禮儀命滌養犧牲冬十月享于太廟六年十二月始作佛事于太廟時命國師僧薦佛事始造木質金表牌位十有六設大榻金倚奉安祏室前帝位於右后位於左題號其面籠以銷金絳紗其制如櫝此爲太廟薦佛事之始後以爲常七年十月敕來年太廟牲牢勿用豢豕以野豕代之時果勿市取之內園十年九月敕自今秋臘鹿豕先薦太廟十五年十月享於太廟常饌外益野豕鹿羊蒲萄酒十七年十二月大都重建太廟成自舊廟奉神主於祏室遂行大享之禮二十五年冬享制送白馬一二十九年始命每月薦新及春秋圍獵始獲之物成宗大德九年始定郊廟親享禮文武宗至大二年十二月始親享太廟仁宗延祐七年二月英宗卽位四月有事於太廟告卽位十月時享太廟詔太常院臣曰朕將以四時躬祀太室宜與羣臣集議其禮此追遠報本之道毋以朕勞於對越而有所損其悉遵典禮十一月以親祀太廟禮成御大明殿受朝賀英宗至治元年正月帝服袞冕享太廟以左丞相拜珠亞獻知樞密院事科綽巴終獻禮成坐大次謂羣臣曰朕纘承祖宗丕緒夙夜祗慄無以報稱歲惟四祀使人代之不能致如在之誠實所未安自今以始歲必親祀以終朕身二年正月始備法駕設黃麾大仗帝服通天冠絳紗袍親享太廟二月以新作廟正殿命權止夏秋二祭三年泰定帝卽位太常院臣言世祖以來太廟歲止一享先帝始復古制請裁擇之帝曰祭祀大事也朕何敢簡其禮仍命一歲四祭泰定帝致和元年御史鄒惟亨言時享太廟三獻官舊皆勳戚大臣近以戶部尙書爲亞獻人旣疏遠禮難嚴肅請仍舊制以省臺樞密宿衞重臣爲之文宗天歷元年禮官請時享之禮改用仲月順帝元統二年罷夏秋時享至元六年六月監察御史言嘗聞五行傳曰簡宗廟廢祭祀則水不潤下近年雨澤愆期四方多旱而歲減祀事變更成憲原其所致恐有感召古者宗廟四時之祭皆天子親祀莫敢使有司攝也蓋天子之職莫大於禮禮莫大於孝孝莫大於祭伏自陛下卽位于今七年未嘗躬詣太廟似爲闕典時帝在上都臺臣以聞有旨俟到大都親祭九月中書省奏以十月初四日帝親祀太廟制可

明太祖洪武元年二月初定宗廟之祭每歲四孟月及歲除凡五享皆親祀以爲常又定月朔薦新儀物其禮皆天子躬行未幾以屬太常二年改定時享之制春以清明夏以端午秋以中元冬以冬至歲除如舊太廟每室初用幣一至是從禮臣議改用白繒二又詔凡時物先薦宗廟然後進御三年禮部尙書崔亮言孟月者四時之首因時變致孝思故備三牲黍稷品物以祭至仲季之月不過薦新而已旣行郊祀則廟享難舉宜從舊制其清明等節各備時物以薦從之亮又言周禮大宗伯以肆獻祼享先王灌以鬱鬯今宗廟之祭宜作圭瓚舉灌禮是年冬享用家人禮次年始行灌禮時又定獻新之儀四方別進新物在月薦外者太常卿與內使監官常服享於太廟不行禮九年新建太廟凡時享孟春擇上旬日三時用朔日歲除如舊二十一年定時享儀更前制迎神飲福禮畢各四拜二十五年定時享若國有喪事樂備而不作二十六年詳定時享禮儀英宗正統三年正月享太廟禮部言故事先三日太常寺奏祭祀御正殿受奏是日宣宗皇帝忌辰例不鳴鐘鼓第視事西角門帝以祭祀重事仍宜升殿天順六年以皇太后喪闕臣請改孟冬時享于除服後從之憲宗成化四年以慈懿太后喪禮部請改孟秋享廟于初七日不從世宗嘉靖三年定太廟和羹准依福胙脯醢豚胉例另

用一牛不許牲上取辦其牲體分爲六塊一首一背四肢不許零碎九年正月行特享禮初太祖立四親廟德懿熙仁同宮異廟各南向孟春特享于羣廟三時及歲除合祭于德祖廟序用昭穆後改建太廟同堂異室亦各南向四孟及歲除俱祭于中室中設德祖帝后神座南向左懿祖右熙祖東西向仁祖次懿祖凡神座俱不奉神主止設衣冠禮畢藏之遂罷特享禮至英宗升祔九室悉備憲宗將祔用禮官議祧懿祖孝宗祔祧熙祖武宗祔祧仁祖惟德祖不祧時享則太祖太宗以下俱東西向至是帝諭張孚敬曰朕欲自今春享奉太祖居中太宗以下各居一室行特享禮三時仍聚羣廟于太祖之室昭穆相向行時祫禮季冬中旬並享太廟親王功臣配食兩廡以存太祖當代之制歲暮節祭行於奉先殿世廟止行四時之祭歲暮祭于崇先殿庶祭義明而萬世可行也乃命祠官于殿內設幃幄如九廟奉太祖居中南向羣宗遞遷就室皆南向各奠獻讀祝三餘如舊于是退德祖于祧廟不復預時享矣十一年大學士張孚敬言太廟祭祀但設衣冠今改行出主誠合古禮但徧詣羣廟躬自啟納不免過勞請太祖神主躬自安設羣廟帝后神主則以命內外捧主諸臣從之十五年秋罷中元節內殿之祭著爲令十七年九月尊皇考廟睿宗祔享太廟躋武宗上改太宗廟號爲成祖定享祫禮凡立春特享親祭太祖遣大臣八人分獻諸帝內臣八人分獻諸后立夏時祫各出主于太廟太祖南向成祖西向序七宗之上餘西東相向秋冬時祫如夏禮季冬中旬大祫出四祖太祖成祖七宗主於太廟祭畢歸主于其寢二十四年重建太廟成復定享祫止設衣冠不出神主孟夏仍于上旬擇日三時仍用孟月朔日俱合享神宗萬歷十九年夏四月享太廟是後廟祀皆遣代

臣等謹案國之大事莫先于祀宗廟時享尤祀事之大者非躬親行之無以致其孝敬之誠焉由唐以來每歲四孟月及季冬太廟五享制爲定典而自開元時遣官攝祭後乃相沿成習至宋之世終三百年未一親行甚至禘祫大禮亦命有司攝事惟郊祀時先期朝享乃親行之外此景靈神御時復駕臨仍後代之失乖先王之典雖復考正禮文詳定儀注抑亦末矣慶歷中御史蔡稟言今寺觀車駕一歲再臨未嘗薦獻宗廟非奉先教民意元豐中太常丞呂升卿言禮重享帝不間于致齋先享宗廟今郊時宜罷享廟別修太廟躬祀之制歲五大享親臨其一則祀天享親兩得其當其言可謂深切惜當時皆不能行也

禘祫　唐　五代　宋　金　明

唐初以景皇帝爲太祖而世近在三昭三穆之內禘祫乃虛東向之位太祖與羣廟並列昭穆代宗即位祔玄宗肅宗而遷獻祖懿祖于夾室於是太祖居第一室禘祫得正東向之位而獻懿不合食德宗建中二年太常博士陳京請立獻祖懿祖別廟敕下尚書省集議于是禮儀使顏眞卿引晉蔡謨議請以獻祖居東向自懿祖太祖以下左右爲昭穆自是議者紛然至貞元十九年將行禘祭陳京復奏禘祭大合祖宗必尊太祖位正昭穆請詔百官議左僕射姚南仲等請奉獻懿主祔德明興聖廟鴻臚卿王權因獻議曰周人祖文王宗武王故詩清廟章曰祀文王也不言太王王季則太王王季而上皆祔后稷故清廟得祀文王也太王王季之尊私禮也祔后稷廟不以私奪公也古者先王遷廟主以昭穆合藏于祖廟獻懿主宜祔興聖廟則太祖東向得其尊獻懿主歸得其所時言祔興聖廟者什七八帝猶豫至是羣臣稍顯言二祖本追崇非開國受命之主又權援据詩禮明白遂定遷二祖于興聖廟詔增廣興聖二室凡禘祫一享自建中初陳京獻議逾二十年景皇帝始正位東向諸儒乃無後言文宗開成四年宰臣楊嗣復奏今年當禘祭臣案讓皇帝本封寧王玄宗親兄玄宗感其能讓帝位贈以鴻名復爲置廟享獻禘祫與九廟同至肅宗時杜鴻漸奉停時享而禘祫尚存今玄宗肅宗已歸夾室而讓皇帝猶禘祫不闕于禮未安詔下有司詳議議者以讓皇帝追尊位號恩出一時別立廟祠不涉正統當時杜鴻漸議禘祫之月時一祭者以時近恩深未可頓忘今睿宗玄宗既已祧去則讓皇帝之廟不宜獨存請從廢罷

後唐明宗長興二年四月禘享太廟

後周太祖顯德五年六月禘于太廟先是言事者以宗廟無祧室不當行禘祫國子司業聶崇義言前代宗廟追尊未毀皆有禘祫援故事九條以證從之

宋宗廟之制三年一祫以孟冬五年一禘以孟夏眞宗咸平二年太常禮院言今年冬祭畫日以十月六日薦享太廟案禮三年喪畢遭禘則禘遭祫則祫請改孟冬薦享爲祫享仁宗天聖元年四月遣官禘享太廟遂以薦享爲禘享八年太常禮院言自天聖六年夏行禘享之禮至此年十月請以孟

冬薦享爲祫享嘉祐四年三月御札曰惟祫享之義著禮經之文大祭先王合食祖廟追孝奉先莫斯爲重茲享之廢歷年居多有司所行出于假攝禮之將墜朕深惜之卜以孟冬備茲法駕款于太室親薦嘉籩所有合行諸般恩賞依南郊例施行楊復曰當時建明此議實出于富弼弼言國朝三歲必親郊祀獨于宗廟祇遣大臣攝行望詔有司講求祫祭大禮所有降赦推恩並用南郊故事大聖王事親如事天其以祫祭之禮比于南郊誠哉是言也然南郊推恩肆赦本非古典乃人主一時之優恩其後遂以爲故事今孟冬祫享冬至南郊二禮並行恩難再降于是祫享行而南郊權罷是雖有以盡宗廟事親之文而又失南郊祀天之禮此豈聖主之本心然哉夫三年一祫固宗廟祀典之大者其實亦常禮也常禮則非異事也何欲矯其輕而遂至于過重不可繼哉十月帝親詣太廟行祫享禮以宰臣富弼爲大禮使韓琦爲禮儀使樞密使宋庠爲儀仗使參知政事曾公亮爲橋道頓遞使樞密副使程戡爲鹵簿使同判宗正寺趙良規請正太祖東向位禮官不敢決觀文殿學士王舉正等議曰大祫之禮所以合昭穆辨尊卑必以受命之祖居東向之位本朝以太祖爲受命之君然僖祖以降四廟在上故每遇大祫止列昭穆而虛東向宜如舊便禮官張洞韓維言國朝每遇禘祫奉別廟四后之主合食太廟臣謂每室既有定配則餘后不當參列義當革正學士孫抃等議春秋傳曰大祫者何合祭也未毀廟之主皆升合食于太祖國朝事宗廟百有餘年大中祥符中已曾定議他時有司攝事四后皆預今甫欲親祫而四后見黜不亦疑于以禮之煩故耶宗廟之禮至尊至重苟未能盡祖宗之意則莫若守舊禮學士歐陽修等曰古宗廟之制皆一帝一后後世有以子貴者始著並祔之文其不當祔者則有別廟之祭本朝禘祫乃以別廟之后列于配后之下非惟于古無文于今又四不可淑德太宗元配列元德之下章懷眞宗元配列章懿之下一也升祔之后統以帝樂別廟之后以本室樂章自隨二也升祔之后同牢而祭牲器祝冊亦統於帝別廟諸后乃從專享三也升祔之后聯席而坐別廟之后位乃相絕四也章獻章懿在奉慈廟每遇禘祫本廟致享最爲得禮若四后各祭于廟則其尊自申而於禮無失以爲行之已久重于改作則是失禮之舉無復是正也請從禮官詔四后祫享依舊須大禮畢別加討論英宗治平元年有司準畫日孟冬薦享改爲祫祭案春秋閔公喪未除而行吉禘三傳譏之眞宗以咸平二年六月喪除至十月乃祫祭仁宗天聖元年在諒陰有司誤通天禧舊禘之數在再期內案行禘祭以理推之是二年冬應祫而誤禘于元年夏故四十九年閒九禘八祫例皆太速事失于始則歲月相乘不得而正今在大祥內禮未應祫明年未禫亦未應禘至六月卽吉十月合行祫祭乞依舊時享庶合典禮二年翰林學士王珪等議云同知太常禮院呂夏卿狀古者新君踐阼之三年先君之喪二十七月爲禫祭然後新主祔廟特行禘祭自此五年再行禘祫喪除必有禘祫者爲再大祭之本也今當祫祭緣陛下未終三年之制納有司之說十月依舊時享然享廟祫祭其禮不同故事郊享之年遇祫未嘗權罷唯罷臘祭是則孟享與祫享嘗併行之矣其禘祫年數乞一依太常禮院請今年十月行祫祭明年四月行禘祭仍如夏卿議權罷今年臘享神宗熙寧八年有司言僖祖已尊爲太廟始祖孟夏禘祭當正東向之位自順祖而下昭穆各以南北爲序自今禘祫著爲定禮元豐四年按四年史作元年今據馬氏通考輯詳定郊廟禮文所言禘祫之義存于周禮春秋而不著其名行禮之年經皆無文惟公羊傳曰五年而再盛祭禮緯曰三年一祫五年一禘而又分爲二說鄭氏謂前三後二則禘後四十二月而祫祫後十八月而禘徐邈謂前二後三則二祭相去各三十月以二說考之惟鄭氏曰魯禮三年喪畢祫于太廟明年禘于羣廟自後五年而再盛祭一祫一禘實爲有據本朝慶歷初用徐邈說每三十月一祭熙寧八年旣禘而祫此有司之失也請今十八月而禘禘四十二月而祫庶舉事不煩事神不瀆太常禮院言本朝自慶歷以來皆三十月而一祭至熙寧五年後始不通計遂至八年禘祫併在一歲昨元豐三年四月己行禘禮今年若依舊例十月祫享卽復踵前失請依慶歷以來之制通計年數皆三十月而祭詔如見行典禮詳定所又言古者祼獻饋食禴祠烝嘗並爲先王之享未嘗廢一時之祭故孔穎達正義以爲天子夏爲大祭之禘不廢時祭之礿秋爲大祭之祫不廢時祭之嘗本朝沿襲故常久未釐正請每禘祫之月仍行時享以嚴天子備禮丕崇祖宗之義其郊禮親祠準此從之五年帝謂宰臣曰禘者所以審諦祖之所自出故禮不王不禘秦漢以來譜牒不明莫知祖之所自出則禘禮可廢也宰臣蔡確等以爲聖訓得禘之本意非諸儒所及乃詔罷禘祭至南渡後亦有祫而無禘徽宗大觀四年議禮局言古者祫祭朝踐之時設始祖之位于戶西南面昭在東穆在西相向而坐薦籩豆脯醢王北面而事之此堂上之位也從饌之後設席于室在戶內西方東面爲始祖位次北方南面布昭席次南方北面布穆席餘各以次序此室中之位也考漢舊儀宗廟三年大祫諸帝以昭穆坐于高廟高祖南面則自

漢以前堂上之位未嘗廢也元始以後初去此禮專設室中東向之位晉宋隋唐所謂始祖位者皆不過室中耳以儀禮考之大夫士無薦腥朝踐之事故惟饋食于室至天子之祭則堂事室事皆舉堂上位廢而天子北面祀神之禮缺矣伏請每行大祫堂上設南面之位室中設東面之位始祖南面則昭穆東西相向始祖東面則昭穆南北相向以應古義詔依所議高宗建炎二年祫享于洪州紹興二年祫享于溫州時儀文草創奉遷祖宗及祧廟神主別廟神主各設幄合食于太廟始祖東面昭穆以次南北相向五年吏部員外郎董棻言宗廟之祭禘祫爲重仰惟太祖皇帝受天明命混一區宇是宜郊祀以配天宗祀以配上帝祫享以居東向之尊傳千萬世而不易者也國初稽前代追崇之典止及四世故于祫享用魏晉故事虛東向之位至仁宗嘉祐時嘗詔有司詳議太祖東向用昭正統曁熙寧初僖祖以世次當祧禮官韓維等據經有請援證明白適王安石用事奮其臆說乃尊僖祖爲始祖肇居東向神宗皇帝初未爲然再三訪問故馮京奏謂士大夫皆以太祖不得東向爲恨安石復肆言以折之迨元祐初翼祖既祧至于崇寧當祧宣祖適蔡京用事一遵安石之術乃請建九廟至今太祖尚居第四室每遇祫祭處昭穆之列識者恨焉又言漢魏之制太祖而上毀廟之主皆不合食唐以景帝始制故規規然援后稷爲比而獻懿乃在其先是以前後議論紛然迨後廟制既定始尊神堯爲太祖以獻懿而上毀廟之主藏于德明興聖之廟遇祫即廟而享焉以全太祖之尊蓋合于漢不以太公居合食之列魏晉武宣而上皆不合食之義當時剛勁如顏

眞卿儒宗如韓愈雖各有依據皆不能易陳京之說以其當理故也太常寺丞王普奏曰僖祖非始封之君而尊爲始祖太祖實創業之主而列于昭穆其失自熙寧始宣祖當遷而不遷翼祖既遷而復祔其失自崇寧始此皆出於一時用事之臣私意臆說非天下之公論臣竊惟太祖始受天命追崇四廟以致孝享行之當時可也至於今日世遠親盡迭毀之禮古今所同所當推尊者太祖而已董棻所奏深得禮意而其言尚有未盡蓋前日之失其甚大者有二曰太祖之名不正大禘之禮不行是也今日之議其可疑者有四曰奉安之所祭享之期七世之數感生之配是也臣愚欲乞考驗古今定七廟之禮成一王之制自僖祖至宣祖親盡之廟當遷自太宗至哲宗昭穆之數已備宜奉太祖神主第一室永爲廟之始祖每歲告朔薦新止於七廟至三年大祫則太祖正東向之位太宗仁宗神宗南向爲昭眞宗英宗哲宗北向爲穆五年一禘則迎宣祖神主享于太廟而以太祖配焉庶合于禮經而無復前日之失矣乃若可疑者臣竊謂四祖神主其奉安之所宜倣唐禮祔于景靈宮天興殿方今巡幸或寓于天慶觀聖祖殿其祭享之期四祖神主祔于天興大祫之歲亦當就行享禮既以全太祖之尊又以極追遠之孝至禮云天子七廟三昭三穆與太祖之廟而七則太祖之廟固不以世數爲限惟我宣祖雖爲陛下七世祖已在三昭三穆之外則其禮當毀考之前代無可疑者願詔有司定七廟之禮正太祖之位庶幾先王舊典不廢墜于我朝使天下後世無得而議詔侍從臺諫禮官赴尚書省集議時諸臣議者皆謂太祖開基創業爲本朝太祖正東向之位

萬世不祧理無可疑廖剛謂四祖神主當遷之別宮祫祭則即而享之五年一禘則當禘僖祖任中先謂祫祭既正太祖東向之位則大禘之禮僖祖實統系之所自出太祖暫詘而以世次敘位在理爲當晏原復謂正太祖東向之位以遵祫享之正禮四祖則參酌漢制別爲祠所而異其祭享議上不果行自是遇祫享設幄僖祖仍舊東向順祖而下以昭穆爲序孝宗乾道三年禮部太常寺言孟冬祫享其別廟懿節皇后神主依禮例祔于神宗室祖姑之下安穆皇后安恭皇后神主例祔于徽宗室祖姑之下詔禮官等參擬定申尚書省李燾等擬以懿節皇后神座設于神宗幄內欽慈皇后之右少卻安穆安恭二后神座設于徽宗幄內顯仁皇后之左皆少卻其籩豆鼎俎幷祝詞等別設並如舊制仍候酌獻祖宗位畢方詣三后位詔從之時太常少卿林栗言祫享之禮古人不以別廟祔姑而祔于祖姑以別嫌也案曲臺禮別廟神主祔于祖姑之下有三人則祔于親者既祔于祖姑又各祔于親者之下明共一幄同享一位之薦若別設幄次當在舅姑之下豈得上祔于祖姑乎今懿節皇后祔於神宗幄祖姑之下別設幄次在哲宗徽宗之上此其不可一也神宗與三后共享一位犧牲粢盛之薦徽宗與三后亦然而懿節祔神宗幄獨享其一安穆安恭祔徽宗幄其享其二此其不可二也且祔之爲言附也禮無不順祔豐而尊殺祔伸而尊屈將得爲順乎竊謂別廟神主祔于祖姑之下宜執婦禮不當別設幄次及籩豆鼎俎并別致祝詞但于本幄祖姑之下添入別廟祔享某皇后某氏于禮爲稱湻熙元年詔議祫享東向之位吏部侍郎趙粹中言乃者紹興五年董棻建議乞正藝祖東向之尊時臣叔父渙任將作監丞因陛對奏陳甚力光堯皇帝深以爲然即擢董棻爲侍從叔父渙爲御史時趙霈爲諫議大夫以議不已出倡邪說以害正然亦不敢以太祖東向爲非今若稽以六經典禮三代之制度則三年一祫當奉藝祖東向爲受命之祖太廟常享則奉藝祖居第一室永爲不祧之祖

其次奉太宗居第二室永爲不祧之宗若僖順翼宣四祖或別建一廟爲四祖之廟若欲事省而禮簡或祔景靈宮天興殿或藏太廟西夾室每遇祫享則四祖就夾室之前別設一幄席合典禮既而衆議不同乃詔有司止遵見行祫享舊制光宗紹熙五年詔別建廟遷僖順翼宣四帝神主始以太祖正太廟東向之位孟冬祫享先詣四祖廟室行禮次詣太廟逐幄行禮

金宗廟之制每禘祫出始祖主東向羣主依昭穆南北相向東西序列室戶外之通廊世宗大定三年有司議祫享犧牲品物貞元正隆時方禁獵所用獐鹿兔肉皆以羊代禮殊未備詔從古制十一年尚書省奏禘祫之儀曰禮緯三年一祫五年一禘自大定九年已行祫禮當于祫後十八月孟夏行禘禮詔以三年冬祫五年夏禘爲常禮享日並出神主前廊序列昭穆應圖功臣配享廟廷各配所事之廟以位次爲序以太子爲亞獻親王爲終獻或並用親王或以太尉爲亞獻光祿卿爲終獻其月則停時享二十九年章宗即位禮官言自大定二十七年十月祫享至今年正月世宗升遐故四月不行禘禮故事三年喪畢遇祫則祫遇禘則禘宜于辛亥歲爲大祥三月禫祭踰月即吉則四月一日爲初吉適當孟夏禘祭之時可爲親祠詔從之及期以孝懿皇后崩而止五月禮官言世宗升祔已三年尚未合食于祖宗乞依故事于明昌四年四月一日釋心喪親禘于太廟從之宣宗貞祐二年有司奏請權止今年禘祭按元史祭祀志不詳禘祫之禮而親祀禘祫樂章自入門升殿以迄迎神送神諸典則見于禮樂志者甚詳疑當時禮文散佚是以史志未備或擬定樂章而祀典未舉今姑從其闕而附識於此

明太祖洪武元年以歲除日祫享太廟德祖皇考妣居中南向懿祖熙祖仁祖皇考妣東西向七年御史答祿與權請舉禘祭下羣臣議禮部太常寺翰林院議以爲虞夏商周四代其始祖所自出可得而推故禘禮行焉自漢唐以來世系莫考當時所謂禘者不過合已祧之主序昭穆而祭之乃古之大祫非禘也今國家追尊四廟而始祖所自出者未有所考禘祭之禮似難遽行遂寢孝宗弘治元年憲宗升祔用禮官議祧懿祖乃建祧廟于寢後殿歲暮奉祧主至太廟行祫祭禮先期遣官祭告太廟又遣官祭告懿祖于祧廟俱用祝文酒果祭畢太常寺設懿祖神座于正殿西向居熙祖上祭如儀世宗嘉靖十年帝以禘祫義詢大學士張璁令與夏言議言撰禘義一篇略言我祖宗之有天下因以德祖爲始祖百六十年來居中南向享太廟歲時之祭今陛下定大祫之祭又以德祖統羣廟之主若使主禘之祭仍尊德祖夫既身爲太祖之始祖矣而又爲始祖之所自出恐無是理朱子亦曰禘自始祖之廟推所自出之帝設虛位以祀之而以始祖配夫三代以下必欲如虞夏商周之禘黃帝帝嚳則既無所考若強求其人如李唐之祖畊又非孝子慈孫之所忍爲臣以爲宜設初祖虛位而以太祖配蓋太祖初有天下實始祖也帝深然之會中元廖道南言朱氏爲顓頊裔請以太祖實錄爲據禘顓頊復詔禮部會議諸臣咸謂稱虛位者茫昧無據尊顓頊者世遠難稽廟制既定高皇帝爲始祖當禘德祖爲正帝意主虛位令再議夏言復論禘德祖有四可疑且今所定太祖爲太廟中之始祖非王者立始祖廟之始祖乃設虛位以禘皇初祖神牌令中書官書曰皇初祖帝祖位至日設太廟殿中祭畢燎之南向奉太祖配西向禮臣因言大祫既歲舉大禘請三歲一行帝定丙辛年舉行敕禮部具儀擇日四月禮部上大禘儀注前期告廟致齋三日備香帛牲醴如時享儀錦衣衛設儀衛太常卿奉皇初祖神牌太祖神位于太廟正殿安設至日行禮如大祀圜丘儀其年冬帝諭禮官曰太祖以恩隆德祖今日當以義尊太祖祫祭奉四祖同太祖皆南向庶見太廟爲特尊太祖之意夏言奏禮合羣廟之主祭於太祖之廟是爲大祫亦以尊太祖也太廟太祖之廟不當與昭穆同序太祖太廟之祖不可與子孫並列自今大祫宜奉德祖居中懿熙仁三祖及太祖東西序皆南向列聖左右序東西向如故不惟我太祖列聖之上足以伸皇上之心而懿熙仁三祖得全其尊尤足以體太祖之心帝稱善焉十五年定大祫儀前期太常寺奏請欽定捧主官及齋戒省牲如常儀正祭日帝至廟戟門東帷幕具祭服出自戟門左入率捧主官至祧廟及寢殿出主捧主官請各廟主至太廟門外候五祖主至闕殿門入帝安德祖主捧主官各安懿祖以下主帝至御拜位如常儀懿祖而下上香奠帛獻爵俱捧主官代二十年禮官議歲暮大祫當陳祧主而景神殿隘請暫祭四廟于後寢用連几陳籩豆以便周旋詔可

欽定續通典卷五十二

欽定續通典卷五十三

禮九 吉

功臣配享 唐 五代 宋 遼 金 元 明

唐元宗時定開元禮祫禘以功臣配享（按貞觀禮禘及時享功臣皆不配享馬氏通考以禘祭配享爲非舊典則亦以貞觀禮爲當矣）配位在各帝廟庭太階之東少南西面以北爲上

後唐明宗長興二年詔以故昭義節度使李嗣昭故幽州節度使周德威故汴州節度使符存審配享莊宗廟庭

宋初禘祫皆以功臣配享有司先事設幄次布褥位於廟庭東門內道南當所配室西向設位版籩豆各二簠簋俎各一知廟卿奠爵再拜神宗熙寧末詔太常禮院講求親祠太廟不及功臣禮例元豐三年詳定所言謹按書盤庚曰茲予大享於先王爾祖其從與享之周禮司勳凡有功者祭於大烝然則書之所謂大享卽禮之所爲大烝也烝冬祭也謂之大者物成衆多之時其祭比三時爲大也方是時百物皆報焉祭有功宜矣禮記祭統衞孔悝鼎銘曰勤大命施於烝彝鼎後世烝祭不及功臣既不合禮而禘祫及之事不經見梁初誤禘功臣何佟之以爲夏物未成而禘功臣爲非典禮唐韋挺亦云今禘祫以功臣配享而冬烝不及與經不合蓋因仍之誤也伏請每遇冬烝以功臣配享其禘祫配享罷之詔凡冬享禘祫及親祠功臣並配享又從太常禮院請配享功臣以見贈官書版位孝宗乾道五年九月太常少卿林栗等言欽宗皇帝廟庭尙虛配享當時遭値艱難淪胥莫救罕可稱述而以身殉國名節暴著不無其人雖生前官品不應配享之科事變非常難拘定制乞特詔集議吏部尙書汪應辰奏當時死事之臣皆有次第襃贈若今配享欽廟典故所無如創行之又當訪究本末差次輕重有所取舍尤不可輕易竊謂配享功臣若依唐制各廟既無其人則當鈌之迺罷集議欽宗廟遂無配享

遼興宗重熙二十一年八月太尉烏哲蕘詔配享聖宗廟

金海陵天德二年二月太廟祫享有司擬上配享功臣世宗大定八年上命圖功臣於太祖廟有司第祖宗佐命之臣勳績之大小官資之崇卑以次上聞十一年尙書省奏禘祫之儀功臣配廟庭各配所事之廟以位次爲序享日並出神主前廊序列昭穆

元世祖至元三年太廟成丞相安圖巴延言祖宗世數尊謚廟號功臣配享等事皆宜以時定英宗初博士言今冬祭卽烝也天子親祼太室功臣宜配享事弗果行

明太祖洪武二年孟春享太廟設靑布幃六於太廟庭中內列功臣配位每座籩豆簠簋各二羊豕體各一遣官分獻讀祝三年定配享功臣春夏於仁祖廟西廡秋冬於德祖廟西廡設位東向遂罷幃次之設更定三獻禮皇帝初獻時獻官卽分詣行禮不拜四年太祖謂中書省臣太廟之祭以功臣配列廡間今旣定太廟合祭禮朕以祖宗俱在使功臣故舊沒者得少依神靈以同享祀不獨朝廷宗廟盛典亦以寓朕不忘功臣之心於是禮官議凡合祭時爲黃布幄殿中祖考神位旁設兩壁以享親王及功臣令大臣分獻制可已而命去布幄惠帝建文時禮部侍郎宋禮言功臣自有雞籠山廟請罷太廟配享帝以先帝所定不從且令候太廟事畢別遣官卽其廟祭之世宗嘉靖二十四年進諸配位於新太廟西壁罷分獻神宗萬歷十四年太常卿裴應章言廟中列后在上異姓之臣禮當別嫌且至尊拜俯於下諸臣之靈亦必不安命改復西廡遣官分獻（按明世惟太祖成祖廟有配享功臣餘皆無之又二祖配享之臣半皆武臣惟劉基姚廣孝爲文臣後廣孝以僧故移祀大興隆寺文臣配享惟基一人而已嘉靖時禮官夏言奏禮有功宗之祀漢祭功臣於廟庭魏祀尙書令荀攸於太祖廟唐高祖至憲宗廟或七八人或三四人宋太祖至光宗亦然如魏徵李沆司馬光皆文臣不必皆武功也守成諸君亦各有與享者不必皆創業也我朝二祖開國靖難固有功臣仁宗以後無事武功其閒相與輔贊治平豈無有魏徵李沆輩者今侑享二祖十七人惟基廣孝二人文臣耳自後六廟鈌焉無聞乞下廷議考求六朝文武大臣有功在當時澤在後世者請上裁定進侑廟庭其言頗爲平允而帝弗之察惜哉）

天子七祀 宋 金 元 明

宋制七祀春祀司命及戶夏祀竈季夏祀中霤秋祀門及厲冬祀行爲小祀用羊一豕一不飮福神宗熙寧八年詔寘太廟司命戶竈中霤門厲行七祀版位元豐三年大常禮院請禘享徧祭七祀詔從之四年詳定郊廟奉祀所請立春祭戶於廟室戶外之西祭司命於廟門之西制脾於俎立夏祭竈於廟門之東制肺於俎季夏土王日祭中霤於廟庭之中制心於俎立秋祭門及厲於廟門外之西制肝於俎立冬祭行於廟門外之西制腎於俎皆用特牲更不隨時享分祭有司攝事以太廟令攝禮官服必元冕獻必薦熟親祀及臘享卽依舊禮徧祭從之徽宗致和時議禮局上五禮新儀太廟七祀四時分祭如元豐儀臘享祫享則徧祭設位於殿下橫街之北道東西向北上

金七祀隨時享春戶司命夏竈中霤秋門厲冬行鋪設祭器入實酒饌俟終獻將升獻獻官行禮並讀祝文章宗承安四年六月祭中霤（按金史禮志時享條下云設七祀司命戶二位不言春祭

後藏夏竈中霤秋門厲冬行而不及春祀史文脫漏今依前後改訂輯入

元制七祀神位附祭於廟庭中街之東西向其分爲四時之祭並與宋同唯中霤則附於七月之祭特祭則徧設之每位籩豆各二簠簋各一尊二俎二

明太祖洪武二年尚書崔亮奏周官天子五祀曰門曰戶人之所出中霤人之所居竈與井人之所養故杜佑曰天子諸侯必立五祀所以報德也今擬周官五祀止於歲終臘享通祀於廟門外從之八年禮部奏五祀之禮周漢唐宋不一今擬孟春祀戶設壇皇宮門左司門主之孟夏祀竈設壇御廚光祿寺官主之季夏祀中霤設壇乾清宮丹墀內官主之孟秋祀門設壇午門左司門主之孟冬祀井設壇宮內大庖井前光祿寺官主之四孟以有事太廟日季夏以土王日牲用少牢制可後定中霤於奉天殿外文樓前又歲暮合祭五祀於太廟西廡下太常寺官行禮成祖永樂閒改定四孟祭戶竈門井於四立日中霤於季夏土王後戊日皆遣內臣祭各少牢一歲暮太常少卿合祀於太廟丹墀西東向用少牢五按明祭五祀而不及行厲洪武三年定制京都別設泰厲壇於元武湖中歲以清明及十月朔日遣官致祭前期七日檄京都城隍屆期設城隍位於壇上無祀鬼神位於壇下之東西羊三豕三飯米三石其各府州縣並設壇於城北一年二祭如京師後定郡邑厲鄉厲每歲以清明七月十五日十月朔日凡三祭此倣祭法泰厲國厲族厲而變通之亦合於五祀者也

喪廢祭議 宋 元 明

宋高宗紹興七年帝祀明堂於建康時有徽宗之喪先是太常少卿吳表臣乞於大祀前二日朝獻景靈宮前一日朝享太廟及是援熙寧元年故事謂是時英宗喪未廢不廢景靈宮太廟之禮請如故事翰林學士朱震以爲不然謂王制喪三年不祭唯天地社稷得越紼行事監察御史趙渙言升祔以後宗廟常祭皆不當廢而當喪享廟亦有顯據左氏傳曰烝嘗禘於廟曾子問曰已葬而祭此不當廢也詩頌成王卽位諸侯來助祭春秋文公四年十一月成風薨六年十月猶朝于廟此顯據也疏奏詔侍從臺諫議吏部尚書孫近等言謹案春秋三十三年傳凡君薨卒哭而祔祔而作主特祀於寢烝嘗禘於廟杜預謂新主既特享於寢則宗廟四時常祀自當如舊又案景德三年明德皇后之喪改易而服除眞宗遂享太廟合祭天地於圜丘熙寧元年神宗居諒闇復用景德故事躬行郊廟之禮則是攷古及今居喪得見宗廟將來明堂大禮已在以日易月服除之後前一日皇帝合詣太廟朝享從之禮部太常寺言將來明堂大禮依已降旨前一日朝享太廟檢點景德熙豐南郊故事皆在諒闇之中當時親行郊禮除郊廟景靈宮合用樂外所有鹵簿鼓吹及樓前宮架諸軍音樂皆備而不作其逐處巡警場止鳴金鉦鼓角而已今臣僚欲議罷宗祀奏樂受胙故事卽無去奏樂受胙之文兼祖宗故事三載大饗明堂蓋亦爲民祈福奏樂受胙合依祖宗累朝已行故事從之

元英宗至治二年八月太皇太后崩太常院官奏國哀以日易月旬有二日外乃舉祀事有司以十月戊辰有事於太廟取聖裁制曰太廟禮不可廢迎香去樂可也

明穆宗隆慶元年孟夏時享以世宗几筵未撤遵正德元年例先一日帝常服祭告几筵祇請諸廟享祀其後時享祫祭在大祥內者皆如之

祭遷日及攝事議 劉宋 宋

臣等謹案杜佑通典天子七祀下載雜議數條以資議禮者之考鏡其閒如庶子攝祭等皆後代所無或從續輯或有附見他處者如兄弟不合繼位昭穆議見之天子宗廟門內不必更爲纂集今倣其大略補所未備如此條遷日攝事亦足爲一朝典故其他體例有量爲變通者大率類此云

宋世祖大明三年十一月有司奏四時廟祀吉日已定遇雨及舉哀舊停親奉以有司行事乞下禮官博議於禮得遷日與否博士江長議禮記祭統君之祭也有故則使人而君不失其倫鄭元云君雖不親祭禮無闕君德不損愚以爲有故則必使人者明無遷移知文苟有司充事謂不宜改日太常丞陸澄議案周禮宗伯之職若王不與祭祀則攝位鄭元曰王有故行其祭事也臣以爲此謂在致齋祭祀畫備神不可瀆齋不可久而止有他故則使有司攝焉晉太始七年四月世祖將親祠於太廟庚戌車駕夕牲辛亥雨有司行事此雖非人故蓋亦天硋也求之古禮未乖周制案禮記孔子答曾子當祭而日蝕太廟火如牲至未殺則廢然則祭非無可廢之道也但權所爲之輕重耳日蝕廟火變之甚者故乃牲至尚猶可廢推此而降可以理尋今散齋之內未及致齋而有輕哀甚雨日時展事可以延敬不愆義情無傷正典改擇令日唯入致齋及日月逼晚者乃使有司行事耳又前代司空顧和啟南郊車駕已出遇雨宜遷日更郊事見施用郊之與廟其敬可均至日猶遷況散齋耶殿中郎殷淡議曾子問日蝕太廟火牲未殺則廢縱有故則使人淸廟敬重郊禋禮大故廟焚日蝕許以可遷輕哀微故事不合改是以鼷鼠食牛改卜非禮晉世祖有司行事顧司空之改郊月旣不見其當時之

宜此不足爲準愚謂日蝕廟火天譴之變迺可遷日至於舉哀小故不宜改辰衆議不同參議旣有理據且晉氏遷郊宋初遷祠並有成準請孟月散齋之中遇雨及舉哀宜擇吉更遷無定限數唯入致齋及侵仲月節者使有司行事詔可

宋哲宗紹聖三年十月帝詣天興諸殿朝獻翼日大雨詔差已致齋官分獻熙文七殿自是雨雪用爲例云

上陵 拜掃及諸節上食附　唐　五代　宋　遼　金　明

唐代宗大歷十四年 時德宗已卽位 禮儀使顏真卿奏元陵請朔望節祭日薦如故事泰陵惟歲冬至寒食伏臘社一祭而罷日薦制可憲宗元和二年宰臣建言禮有著定後世狥一時之慕過於煩并故陵廟有薦新而節有遺使請歲太廟以時享朔望上食諸陵以朔望奠親陵以朝晡奠其餘享及忌日告陵皆停穆宗長慶元年吏部奏公卿拜陵通取尚書省及四品以上清望官中書省及諸司五品以上清望官及京兆少尹充從之

後唐莊宗同光三年寒食望祭於西郊潞王清泰三年車駕北幸路當徽陵乃至陵所朝謁

晉高祖天福八年 時出帝卽位次年 寒食望祭顯陵

漢高祖乾祐三年 時隱帝卽位之三年 寒食望祭於南柳園

周太祖廣順元年二月寒食望祭於蒲池二年三月寒食望祭於郊縣德元年 時世宗已卽位 車駕征太原同拜嵩陵至陵所哀泣感左右祭奠而退

宋初春秋命宗正卿朝拜安陵太祖乾德三年始令宮人詣陵上冬服歲以爲常開寶九年太祖幸西京過鞏縣謁安陵奠獻太宗雍熙二年宗正少卿趙安易言昨朝拜安陵永昌陵有司止設酒脯香以未明行事不設燭燎又先赴永昌陵後赴安陵及帝后二位不徧拜頗愆於禮事下有司議日按開元禮春秋二仲月司徒司空巡陵不設牲牢之祀今請如宗廟薦享少加減除不設登鉶牙槃食及太常登歌餘悉如大祠先赴安陵次永昌陵次孝明孝惠懿德淑德皇后陵眞宗景德三年帝將朝諸陵太常禮院言唐貞觀中太宗朝獻陵至小次素服乘馬檢會今年正月車駕朝拜明德欑宮止服素白衣當時皇帝在大祥之內今旣服除望止服淡黃袍餘如唐制詔特服素白衣四年正月車駕次鞏縣齋於永安宮素服乘馬至安陵步入司馬門行奠獻禮諸陵亦然又詣下宮凡上宮用牲牢祝冊有司奉事下宮備膳羞內臣執事百官陪位又詣元德太后陵奠獻別於陵西南設幄殿祭如下宮禮畢徧詣孝明等七后陵遂單騎從內臣巡視陵闕辰後暫詣幄次更衣復詣諸陵奉辭有司以朝拜無辭禮帝不忍故復往省視大中祥符四年命禮官定春秋二仲遣官朝陵儀注以祭服行事事差宗正卿一員朝拜三陵別遣官二員分拜諸陵其後添差陵廟行禮官四員選京朝官宗姓者充翰林學士錢惟演言春秋朝陵載於舊式公卿親往蕃表至恭唐顯慶中始詔三公行事天寶以後亦遣公卿巡謁蕃取朝廷大臣不必須同國姓後參用太常寺正卿晉開運中亦命禮部侍郎近年以來止遣宗正等官人輕位卑實虧舊制望自今於丞郞諸司三品內遣官闕則差兩省諫舍以上所冀仰副追孝之心以成稽古之美仁宗景祐初滄州觀察使守節言寒食節遣宗室拜陵而十月令內司賓往非所以致恭乃詔宗室正刺史以上一員朝拜神宗熙寧中詔文臣自兩省武臣閤門使以上經過陵下並許朝拜又詔臣僚朝拜諸陵除見任嘗任執政官許進湯餅止奠獻薦新不特拜高宗紹興三年禮部太常寺言春秋二仲薦獻諸陵乞於行在法惠寺設位望祭行禮從之

遼制孟冬朔拜陵有司設酒饌於山陵皇帝皇后駕至多囉倫穆騰奏儀辦閤門使贊皇帝皇后詣位四拜訖巫贊祝燔胙及時服酹酒薦牲大臣命婦以次燔胙四拜皇帝皇后率羣臣命婦循諸陵各三匝還宮

金海陵天德四年正月朝謁世祖太祖太宗德宗陵世宗大定二年正月如大房山享獻山陵三年十二月臘獵於近郊以所獲薦山陵奉以爲常八年命涿州刺史兼提點山陵每以朔望致祭朔則用素望則用肉仍以明年正月爲首章宗泰和三年諸親王公主每歲寒食十月朔聽謁興裕二陵

明太祖洪武元年三月遣官祭仁祖陵二年定熙祖陵每歲冬至正旦以三太牢致祭并望祭德祖懿祖二陵清明中元孟冬及月朔望以三太牢本署官行禮仁祖陵每歲冬至正旦以太牢俱署官行禮朔望以少牢行都留守司官行禮成祖永樂後太祖陵每歲聖旦正旦孟冬忌辰酒果行香清明中元冬至太牢致祭特遣勳舊大臣一員行禮南京各衙門文武官俱陪祭英宗正統十年謁三陵命百官具淺色衣服如洪武永樂制世宗嘉靖十四年帝論禮部尚書夏言清明節旣遣官上陵內殿復祭似涉煩複言因言我朝以清明中元冬至凡三上陵但中元俗節事本不經冬至旣行大報配天之禮則陵事爲輕可罷冬至上陵而移中元於霜降惟清明如舊蓋清明禮行於春所謂雨露旣濡君子履之

有怵惕之心者也霜降禮行於秋所謂霜露既降君子履之有悽愴之心者也二節既遣官上陵則內殿之祭可省遂著爲令穆宗隆慶二年春詣天壽山祭長陵質明帝服青袍乘板輿至長陵門外降輿入至拜位上香四拜獻帛爵訖復位亞獻終獻令執爵者代隨詣永陵行禮是日遣官分祭六陵神宗萬歷間謁長永昭三陵禮亦如之

太學 唐 五代 宋 遼 金 元 明

唐憲宗元和二年定生員額西京國子館生八十人太學七十人四門三百人廣文六十人律館二十人書算館各十人東都國子館十人太學十五人四門五十人廣文十人律館十人書館三人算館二人武帝會昌五年公卿百官子弟及京畿內士人寄客修明經進士業者並隸名太學外州寄士人並隸名所在官學

後唐明宗天成三年正月中書門下奏伏以祭酒之資歷朝所貴爰從近代不重此官況屬聖明方勤庶政須宏雅道以振時風望令宰臣一員兼判國子祭酒敕令宰臣崔協兼判八月協奏請國子每年祇置監生二百員候解送至十月滿數爲定太學書生不得因此便取公牒輒免本戶差役又每年於二百人數內不繫時節有投名者先令學官考試其學業深淺方議收補姓名敕依

宋初國子監因周舊制增置學舍以應廕子孫隸學受業太祖開寶八年國子監上言生徒舊數七十人奉詔分習五經然繫籍者或久不至而在京進士諸科常赴講習肄業請以補監生之闕從之仁宗慶歷三年立四門學以士庶子弟爲生員又額置太學內舍生二百人神宗熙寧元年增置一百人尋詔以九百人爲額四年建講書堂及諸生齋舍掌事者直盧又增置直講十員分生員爲三等始入學爲外舍額定七百人外舍升內舍員二百內舍升上舍員百各執一經從所講官受學元豐二年頒學令太學置八十齋齋各五楹容三十人外舍生二千人內舍三百人上舍百人月一私試歲一公試增學正爲五人學錄十人學錄參以學生爲之又學制所言國子監以國子名而實未嘗教習國子乃詔許清要官親戚入監爲國子生聽讀額二百人高宗紹興十三年始建太學置祭酒司業各一員博士三員正錄各一員上舍生三十員內舍生百員外舍生五百七十員尋又增至千員自外舍有月校而公試入等曰內舍自內舍有月校而舍試入等曰上舍凡升上舍者皆直赴廷對

遼上京國子監太祖置祭酒司業監丞主簿等官聖宗統和十三年九月以南京太學生員浸多特賜水磑莊一區道宗清寧元年十二月詔設學養士頒五經傳疏置博士助教各一員按遼五京各有學其規制無可考姑從遼史本紀及百官志輯入

金海陵天德三年始置國子監定詞賦經義生百人小學生百人以宗室及外戚皇后大功以上親諸功臣及三品以上官兄弟子孫年十五以上者入學不及十五者入小學世宗大定閒定五品以上官兄弟子孫百五十人曾得府薦及終場人二百五十人凡四百人爲太學生三月一私試作策論詩賦又有女直國子學習本國語言

元太宗六年以馮志常爲國子學總敎命侍臣子弟十八人入學世祖至元七年命侍臣子弟十有一人入學二十四年立國子學設博士通掌學事分敎三齋生員設助敎同掌學事專守一齋正錄申明規矩其生員之數定二百人成宗大德八年定國子生蒙古色目漢人三歲各貢一人十年定蒙古色目漢人生員一百人三年各貢二人武宗至大四年定生員額三百人立國子學試貢法蒙古授官六品色目正七品漢人從七品仁宗延祐二年增置生員百人陪堂生二十人用集賢學士趙孟頫禮部尙書元明善等所議貢試之法更定之一曰陞齋等第六齋東西相向上兩齋左曰時習右曰日新中兩齋左曰據德右曰志道下兩齋左曰游藝右曰依仁每季考其所習以次遞陞二曰私試規矩私試孟月試經疑一道仲月試經義一道季月試策問表章詔誥內科一道辭理俱優爲上等準一分理優辭平爲中等準半分每歲通計積至八分以上者充高等生員以四十名爲額內蒙古色目各十名漢人二十名三曰黜罰科條應私試積分生員不事課業違戾規矩初犯罰一分再犯罰二分三犯除名應已補高等生員違戾規矩初犯殿試一年再犯除名泰定帝泰定三年更積分爲貢舉並依世祖舊制

明太祖洪武元年設國子學令品官子弟及民俊秀通文義者並充學生後改學爲監設祭酒司業等官分六堂以館諸生曰率性曰修道曰誠心曰正義曰崇志曰廣業成祖永樂元年設北京國子監十八年遷都乃以京師國子監爲南京國子監六堂諸生仿元制行積分法命司業二員分爲左右各提調三堂宣宗宣德八年命禮部尙書胡濙與大學士楊士奇等選副榜舉人入監孝宗宏治中准南京祭酒章懋奏請行選貢之法令提學考選諸生學行兼優年力富强者充貢世宗嘉靖元年令公侯伯未經任事年三十以下者送監讀書尋已任者亦送監其例監之始自景泰初以邊事孔棘其後或歲荒或邊警或大興工作率援例行之矣

郡縣學 後魏 唐 五代 宋 遼 金 元 明

臣等謹按杜佑通典太學後載諸侯立學一條而所輯祇後漢東晉一二事殊未該備且自漢以來封建久廢安得所謂侯國之學哉今裒集郡縣立學自六朝以訖元明凡規制沿革之可考證者俱著於篇而條教試補諸目則仍從大略云

後魏顯祖天安初立鄉學郡置博士二人助教二人學生六十人後令大郡立博士二人助教四人學生百人次郡立博士二人助教二人學生八十人中郡博士一人助教二人學生六十人下郡立博士一人助教一人學生四十人

唐高祖武德七年詔諸州縣及鄉並令置學有明一經以上者有司試策加階元宗開元二十六年正月敕古者鄉有序黨有塾將以宏長儒敎誘進學徒化民成俗率由於是其天下州縣每鄉之內里別各置一學仍擇師資令其敎授

後唐明宗天成三年宰臣兼判國子祭酒崔協奏請頒下諸道州府各置官學如有鄉黨備諳文行可舉者錄其事實申監司方與解送但一身就業不得影庇門戶

宋仁宗卽位命藩輔皆得立學慶曆四年詔曰儒者通天地人之理明古今治亂之原可謂博矣然學者不得騁其說而有司務先聲病章句以拘牽之則吾豪儁奇偉之士何以奮焉士以純明朴茂之美而無敎學養成之法使與不肖並進則夫懿德敏行何以見焉此取士之甚敝而學者自以爲患夫遇人以薄者不可責其厚也今朕建學興善以尊子大夫之行更制革敝以盡學者之才有司其務嚴訓導精察舉以稱朕意學者其進德修業無失其時其令州若縣皆立學本道使者選部屬官爲敎授員不足取於鄉里宿學有道業者由是州郡奉詔興學而士有所勸神宗熙寧四年詔置京東西河東北陝西五路學以陸佃等爲諸州學官仍令中書采訪逐路有經術行誼者各三五人雖未仕亦給簿尉俸使權敎授他路州軍命近日選薦京朝官有學行可爲人師者堂除逐路官令兼所任州敎授州給田十頃爲學糧仍置小學敎授哲宗元符二年初令諸州行三舍法考選升補悉如太學高宗紹興三年詔淮西路州縣敎授並行減罷令逐州有出身官兼攝

遼黃龍府興中府俱設府學西京上京東京諸道各立州學

金世宗大定十六年置府學十七處共千人以嘗與廷試及宗室皇家袒免以上親并得解舉人爲之後增州學遂加以五品以上官曾任隨朝六品官之兄弟子孫餘官之兄弟子孫經府薦者同境內舉人試補三之一凡試補學生以提舉學校官主之二十九年戶部尙書鄧儼等議計州府戶口增養士之數於大定舊制京府十七處千人之外置節鎭防禦刺史州學六十處增養千人各設敎授一員府學二十四學生九百五人節鎭學三十九六百十五人防禦州學二十一二百三十五人凡千八百人

元世祖中統二年始命置諸路學校官凡諸生進業者嚴加訓誨務使成材以備選用至元十九年命雲南諸路皆建學

明太祖洪武二年上諭中書省臣曰治國以敎化爲先敎化以學校爲本京師雖有太學而天下學校未興宜令郡縣皆立學校延師儒授生徒講論聖道使人日漸月化以復先王之舊於是大建學校府設敎授州設學正縣設敎諭各一俱設訓導府四州三縣二生員之數府學四十人州縣以次減十後又命增廣不拘額數宣宗宣德中定增廣之額尋又於額外增取附於諸生之末謂之附學生員凡初入學者止謂之附學而廩膳增廣以歲科試等第高者充補焉

釋奠 唐 五代 宋 遼 金 元 明

唐代宗永泰二年二月上丁釋奠於國學賜宰臣百官飧錢八月丁亥國子監釋奠復用牲牢（肅宗上元二年詔諸祠獻熟至是從魚朝恩請復用舊制）宰相常參官軍將盡會於講堂京兆府置食講論觀軍容使魚朝恩說易又於講論堂畫周易鏡圖德宗貞元二年二月丁卯有司釋奠於文宣王廟自宰臣下畢集於國學學官升講座陳五經大旨先聖之道九年季冬貢舉人謁先師日與親享廟同有司言上丁釋奠與大祀同卽用中丁乃更用日謁於學十五年膳部郞中歸崇敬奏每年春秋釋奠祝版御署訖北面而揖其禮太重按大戴禮師尙父授武王丹書東面受之請參酌輕重庶得其中

後唐明宗長興元年尙書比部員外郞知制誥崔梲奏臣伏見開元五年敕每年貢舉人見訖宜引就國子監謁先聖先師學者謂之開講質疑義所司設食其日清晨（按五代會要作其日清資官與通考互異）五品以上倂朝集使並往觀禮永爲常式自經多故其禮久廢請再舉行從之三年國子博士蔡同文奏伏見每年春秋二仲月上丁釋奠於文宣王以兖公顏子配座以閔子騫等爲十哲排祭奠其有七十二賢圖形於四壁面前皆無酒脯自今後乞

准本朝舊規四壁畫像前各設一豆一爵中書帖太常禮院詳檢郊祀錄文宣王從祀諸座每位設籩二豆二簠簋各一爵一無一豆一爵之儀自此每釋奠宜准郊祀錄各陳脯醢等物以祭

宋太祖建隆中凡三幸國子監謁文宣王廟開寶通禮諸州釋奠並刺史致齋三日從祭之官齋於公館祭日刺史爲初獻上佐爲亞獻博士爲終獻眞宗大中祥符三年判國子監孫奭言上丁釋奠舊禮以祭酒司業博士充三獻官新禮以三公行事近歲止命獻官兩員臨時通攝未副崇祀向學之意望自今備差太尉太常光祿卿以充三獻是年六月命崇文院刊釋奠儀注及祭器圖頒之諸路（太常禮院定州縣釋奠器數先聖先師每座酒尊一尊加勺冪置于坫籩豆各八簠簋各二俎三罍一洗一篚一巾共二燭二從祀諸座各籩二豆二簠簋各一俎一燭一爵一）仁宗景祐元年詔釋奠用登歌慶歷四年五月帝幸國子監謁孔子有司言舊儀止肅揖帝特再拜神宗熙寧五年國子監言舊例遇貢舉歲禮部貢院集諸州府所貢第一人謁奠先聖如春秋釋奠儀按春秋自有釋奠禮請罷貢舉人謁奠從之哲宗元祐六年幸太學先詣至聖文宣王殿行釋奠禮一獻再拜徽宗大觀初大司成强淵明言考之禮經士始入學有釋菜之儀請自今每歲貢士始入辟廱並以元日釋菜于先聖其儀獻官一員以丞或博士分奠官八員以博士正錄大祝一員以正錄前釋菜一日應祀官赴學各宿其次至日詣文宣王殿常服行禮貢士初入學者陪位於庭他亦略倣釋奠之儀高宗紹興十年用王普請以釋奠文宣王爲大祀加籩豆十二其禮如社稷又在京爲大祀州縣爲中祀孝宗乾道八年宰相請討論上丁釋奠及太子入學之儀帝曰文王世子篇載此甚詳令有司討論以聞光宗紹熙元年知漳州朱熹條上釋奠禮儀數事後不果行理宗景定二年詔皇太子謁孔子於太學手詔略曰虎門齒胄太子事也此禮廢久矣如釋奠舍菜之事我朝未嘗廢也然尊師敬道又不可拘舊制令太子謁拜焉度宗咸淳三年正月戊申帝詣太學行舍菜禮禮部尙書陳宗禮國子祭酒陳宜中進讀中庸越日宗禮宜中各進一秩宜中賜紫章服諸齋長諭及起居學生推恩有差

遼太祖神冊三年詔建孔子廟命皇太子春秋釋奠四年秋八月謁孔子廟道宗淸寧六年中京置國子監命以時祭先聖先師

金熙宗皇統元年二月上親祭孔子廟北面再拜世宗大定十四年禮官參酌唐開元禮定擬釋奠儀數（文宣王兗國公鄒國公每位籩豆各十犧尊一象尊一簠簋各二俎二祝版各一皆設案從祀先賢先儒每位籩一豆一爵一兩廡各設象尊二尊皆有坫）章宗承安二年春上親祀以親王攝亞獻終獻皇族陪祀文武羣臣助奠其諸州釋奠並遵唐儀

元太祖置宣聖廟于燕京世祖中統二年六月詔宣聖廟及管內書院有司歲時致祭月朔釋奠八月丁酉命開平守臣釋奠于宣聖廟至元十年三月中書省命春秋釋奠執事官各公服如其品陪位諸儒襴衫唐巾行禮成宗大德六年詔建文宣王廟于京師十年八月丁巳行釋奠禮牲用太牢樂用登歌製法服三襲武宗至大二年正月定制大成至聖文宣王春秋二丁釋奠用太牢

明太祖洪武元年二月丁未以太牢祀先師孔子於國學又定制每歲春秋上丁皇帝降香遣官祀於國學以丞相初獻翰林學士亞獻國子祭酒終獻四年禮部奏定儀物改初制籩豆之八爲十又令進士釋褐詣國學行釋菜禮十五年太學落成帝親詣釋奠詔天下通祀孔子并頒釋奠儀注凡府州縣學籩豆以八器物牲牢皆殺於國學三獻禮同十哲兩廡一獻其祭各以正官行之十七年敕每月朔望祭酒以下行釋菜禮郡縣長以下詣學行香成祖永樂四年三月朔帝幸學釋奠於先師孔子十九年北京國子監既定其南監春祭命祭酒行禮稱皇帝謹遣憲宗成化十二年從祭酒周洪謨言增樂舞爲八佾籩豆各十二二十二年二月朔當釋菜値上丁令以次日釋菜孝宗宏治九年增樂舞爲七十二人如天子之制武宗正德元年三月釋奠於先師孔子世宗嘉靖九年令南京國子監遵國初舊制十籩十豆天下各學八籩八豆樂舞止六佾十年以釐正祀典服皮弁謁廟用特奠帛行釋奠禮迎神送神各再拜樂三奏文舞六佾

祀先代帝王 名臣附　唐　宋　金　元　明

唐元宗天寶九年立周武王漢高祖廟于京城代宗大歷五年鄜坊節度使上言坊州軒轅皇帝陵闕請置廟四時列於祀典昭宗乾寧四年建漢昭烈帝廟于涿州西南樓桑村

宋太祖乾德元年詔歷代帝王國有常享五代亂離百司廢墜匱神乏祀闕孰甚焉案祀令先代帝王每三年一享以仲春之月牲用太牢祀官以本州長官有故以上佐行事官造祭器送諸陵廟又詔先代帝王載在祀典或廟貌猶在久廢牲牢或陵墓雖存不禁樵採其太

昊炎帝黃帝高辛唐堯虞舜夏禹成湯周文王武王漢高帝光武唐高祖太宗各置守陵五戶歲春秋祠以太牢商中宗太戊高宗武丁周成王康王漢文帝宣帝魏太祖晉武帝後周太祖隋高祖各置三戶歲一享以太牢秦始皇帝漢景帝武帝明帝章帝魏文帝後魏孝文帝唐元宗肅宗憲宗宣宗梁太祖後唐莊宗明宗晉高祖各置守陵兩戶三年一祭以太牢其餘諸陵禁樵採開寶三年詔有司詳定前代功臣烈士勳業優劣第爲三等孫臏等各置守冢三戶趙簡子等各兩戶悉蠲其役慕容德等禁樵採按明臣邱濬曰宋開寶時有司所品第前代功臣烈士皆據其有塚墓存者爾歷代勳德之名固不止此且其所品第者乃一人之見非萬世公論也並據馬氏通考輯其大略其姓名不復備載眞宗大中祥符元年加謚太公望昭烈武成王建廟青州周公旦追謚文憲王建廟兗州春秋委本州長吏致祭四年祀汾陰駐蹕河中府遣官致祭緣路帝王祠廟並加葺治令衡州葺神農廟六年詔諸州有黃帝祠廟並加崇葺神宗元豐四年承議郎吳處厚言程嬰公孫杵臼保全趙孤乞加封爵詔河東河北漕臣訪其祠基並追封侯爵立祠墓側載之祀典哲宗元祐六年詔相州商王河亶甲冢沂州顏眞卿墓並載祀典高宗紹興元年命祠禹于越州及祠越王句踐以范蠡配十一年從中書舍人朱翌言晉韓厥與程嬰公孫杵臼並享春秋之祀立祚德廟致祭後並改與公爵升爲中祀孝宗淳熙十四年詔衡州葺炎帝陵廟

金制前代帝王三年一祭以仲春之月祭伏羲於陳州神農於亳州軒轅於坊州少昊於兗州顓頊於開州高辛於歸德府陶唐於平陽府虞舜夏禹成湯於河中府周文王武王於京兆府章宗泰和三年尚書省奏太常寺言開元禮祭帝嚳堯舜禹湯文武漢祖祝版請御署開寶禮羲軒顓頊帝嚳陶唐女媧成湯文武請御署自漢高祖以下不署敕命依期降祝版而不請署

元世祖中統四年建帝堯廟於平陽至元元年龍門禹廟成命侍臣持香致敬有祝文十二年立伏羲女媧舜湯等廟於河中解州洪洞趙城十五年修會川縣盤古皇祠祀之二十四年敕春秋二仲丙日祀帝堯廟成宗元貞元年初命郡縣通祀三皇如宣聖釋奠禮太皞氏以句芒配炎帝氏以祝融配軒轅氏以風后力牧配軒轅臣俞跗以下十八從祀兩廡有司春秋行事泰定帝致和元年太常議祀舜禹廟合依堯祠故事每歲春秋仲月上旬卜日有司蠲潔致祭官給祭物文宗天歷二年以岐陽周公廟爲書院設學官春秋釋奠周文憲王如孔子廟儀至順元年命湯陰縣北故羑里城周文王廟有司奉祠如故事

明太祖洪武三年遣使訪先代陵寢仍命各行省具圖以進凡七十有九禮官考其功德昭著者凡三十有六各製袞冕函香幣遣祕書監丞陶誼等往修祀禮親製祝文遣之六年帝以五帝三王及漢唐宋創業之君俱宜於京師立廟致祭遂建歷代帝王廟於欽天山之陽爲正殿五室中一室三皇東一室五帝西一室夏禹商湯周文王又東一室周武王漢光武唐太宗又西一室漢高祖唐高祖宋太祖元世祖每歲春秋仲月上旬甲日致祭已而以周文王終守臣服唐高祖由太宗得天下遂寢其祀增祀隋高祖未幾復罷九年遣官省歷代帝王陵寢禁芻牧置守陵戶三歲一傳制遣道士奉香詣諸陵令有司致祭二十一年令每歲郊祀附祭歷代帝王於大祀殿仍以歲八月中旬擇日遣官祭於本廟其春祭停之又定每三年遣祭各陵之歲則停廟祭是年詔以歷代名臣從祀於東西廡定風后力牧皐陶夔龍伯夷伯益伊尹傅說周公旦召公奭太公望召虎方叔張良蕭何曹參陳平周勃鄧禹馮異諸葛亮房玄齡杜如晦李靖郭子儀李晟曹彬潘美韓世忠岳飛張浚穆呼哩博勒呼博勒珠齊拉袞巴延凡三十七人成祖遷都帝王廟遣南京太常寺官行禮世宗嘉靖九年罷歷代帝王南郊從祀建歷代帝王廟於都城西歲以仲春秋致祭并罷南京廟祭十年春二月廟未成躬祭歷代帝王於文華殿凡五壇丹陛東西名臣四壇禮部尚書李時言舊儀有賜福胙之文賜者自上而下之義惟郊廟社稷宜用歷代帝王止宜云答詔可二十四年以禮科陳棐言罷元世祖陵廟之祀及從祀穆呼哩等復遷唐太宗與宋太祖同室凡十五帝從祀名臣三十二人

老君祠　宋　元　明

臣等謹按杜佑通典載老君祠附以莊列等稱爲先賢此時代所尙義固應爾然撰之古今通誼竊以爲過至宋鄭樵撰述通志仍而弗改尤爲失之今仿杜氏體例纂集宋以來老君祠附以莊列諸人其先賢名目則謹從刪削云

宋眞宗大中祥符七年正月帝如亳州謁老子於太清宮奉上太上老君混元上德皇帝加號冊寶夜漏上五刻天書扶侍使奉天書赴太清宮二鼓帝乘玉輅駐大次三鼓奉天書升殿行朝謁之禮相王元偓爲亞獻榮王元儼爲終獻帝還大次太尉奉冊寶於玉匱纏以金

繩封以金泥印以受命之寶納於醮壇石匱將作監加石盝其上羣臣稱賀於大次

元順帝至元三年加封文始尹眞人爲無上太初博文文始眞君徐甲爲垂元感聖慈化德御眞君庚桑子洞靈感化超諂混然眞君文子通玄光暢昇元敏誘眞君列子沖虛至德通世遊樂眞君莊子南華至極雄文宏道眞君

明世宗嘉靖時於西苑建大高元殿奉玉皇及三淸像

欽定續通典卷五十四

禮吉

孔子祠先儒及弟子附 唐 五代 宋 金 元 明

唐德宗建中三年以文宣王裔孫爲兗州司馬襲文宣王後憲宗武宗並有是命

周太祖廣順二年六月親幸曲阜謁孔子廟拜奠致敬既畢其所奠金花銀鑪十數事留於祠所以備享祀遂幸孔林拜孔子墓以孔子裔孫前曲阜縣令孔仁玉復爲曲阜縣令仍賜緋魚袋以亞聖顏淵裔孫顏涉爲縣主簿仍敕修葺祠宇墓側禁樵採

宋眞宗大中祥符元年十一月帝幸曲阜備禮謁文宣王廟內外設黃麾仗孔氏宗屬並陪位帝服鞾袍行酌獻禮命官分奠七十二弟子及先儒初有司定儀肅揖帝特展拜以表嚴師崇儒之意復幸孔林以樹擁道降輿乘馬至墓所設奠再拜詔追諡曰元聖文宣王（五年以國諱改元聖爲至聖）祝文進署祭以太牢修飾祠宇給便近十戶奉塋廟仍追封叔梁紇爲齊國公二年詔追封十哲爲公七十二弟子爲侯先儒爲伯或贈官（顏回兗國公閔損琅邪公冉耕東平公冉雍下邳公宰予臨淄公端木賜黎陽公冉求彭城公仲由河內公言偃丹陽公卜商河東公曾參瑕邱侯顓孫師宛邱侯澹臺滅明金鄉侯宓不齊單父侯原憲任城侯公冶長高密侯南宮縚龔邱侯公晳哀北海侯曾點萊蕪侯顏無繇曲阜侯商瞿須昌侯高柴共城侯漆雕開平輿侯公伯寮壽張侯司馬耕楚邱侯樊須益都侯公西赤鉅野侯有若平陰侯巫馬期東阿侯陳亢南頓侯梁鱣千乘侯顏辛陽穀侯冉孺臨沂侯冉季諸城侯伯虔沭陽侯公孫龍枝江侯秦冉新息侯秦祖鄄城侯漆雕哆濮陽侯顏高雷澤侯漆雕徒父高苑侯壤駟赤上邽侯林放長山侯商澤鄒平侯石作蜀成紀侯任不齊當陽侯申棖文登侯公良孺牟平侯曹郵上蔡侯奚容蒧濟陽侯句井疆滏陽侯申黨淄川侯公祖句茲卽墨侯榮旂厭次侯縣成武城侯左人郢南華侯燕伋汧源侯鄭國朐山侯秦非華亭侯施之常臨濮侯顏噲濟陰侯步叔乘博昌侯顏之僕宛句侯遽瑗內黃侯叔仲會博平侯顏何堂邑侯狄黑林慮侯邦巽高堂侯孔忠鄆城侯公西輿如臨朐侯公西蒧徐城侯琴張頓邱侯左邱明瑕邱伯公羊高臨淄伯穀梁赤龔邱伯伏勝乘氏伯高堂生萊蕪伯戴聖楚邱伯毛萇樂壽伯孔安國曲阜伯劉向彭城伯鄭衆中牟伯杜子春緱氏伯馬融扶風伯盧植良鄉伯鄭康成高密伯服虔滎陽伯賈逵岐陽伯何休任城伯王肅贈司空王弼偃師伯杜預贈司徒范甯新野伯）親製元聖文宣王贊命宰相等撰顏子以下贊天禧五年以文宣王裔孫襲封文宣公仁宗至和二年封孔子後爲衍聖公神宗元豐六年封孟軻爲鄒國公七年以孟子配食文宣王封荀況揚雄韓愈爲伯並從祀（荀況蘭陵伯揚雄成都伯韓愈昌黎伯）元祐初命孔子後子孫襲封奉聖公專主祠事增賜田百頃供祭祀徽宗崇寧元年封孔鯉泗水侯孔伋沂水侯大觀二年繪子思像從祀于左邱明二十四賢之間議禮局言孔子弟子唐會要七十七人開元禮止七十二人又去取不一本朝議臣斷以七十二子之說取琴張等五人而去公夏首等十八人今以家語史記參定公夏首（杜典作守）后處公肩定顏祖鄡單罕父黑秦商原亢樂欬廉潔唐會要開元禮亦互見之皆有伯爵載於祀典請追贈侯爵使預祭從之（封公夏首鉅平侯后處膠東侯公肩定梁父侯顏祖富陽侯鄡單聊城侯罕父黑祁鄉侯秦商馮翊侯原亢樂平侯樂欬建成侯廉潔胙城侯又改封曾參武城侯顓孫師潁川侯南宮縚汝陽侯司馬耕睢陽侯琴張陽平侯左邱明中都伯穀梁赤睢陵伯戴聖考城伯以所封犯先聖諱故也）政和三年詔封王安石舒王配享王雱臨川伯從祀五年從太常寺請以樂正子配享兗州鄒縣孟子廟公孫丑以下從祀並加封爵（樂正子克利國侯公孫丑壽光伯萬章博興伯浩生不害東阿伯孟仲子新泰伯陳臻蓬萊伯充虞昌樂伯屋廬連奉符伯徐辟仙源伯陳代沂水伯彭更雷澤伯公都子平陰伯咸邱蒙須城伯高子泗水伯桃應膠水伯盆成括萊陽伯季孫豐城伯子叔承陽伯）欽宗靖康元年右諫議大夫楊時言王安石學術之謬請追奪王爵毀配享之像詔降爲從祀孝宗淳熙四年罷王雱從祀理宗淳祐元年以周敦頤（封汝南伯）張載（封郿伯）程顥（封河南伯）程頤（封伊陽伯）朱熹（封徽國公）從祀黜王安石景定二年以張栻（封華陽伯）呂祖謙（封開封伯）從祀度宗咸淳三年詔封曾參郕國公孔伋沂國公配享先聖封顓孫師陳國公升十哲位復以邵雍（封新安伯）司馬光從祀其位兗國公郕國公沂國公鄒國公居正位之東面西向北上爲配位十哲居殿上分東西向北上爲從祀東廡澹臺滅明以下五十二人並西向西廡宓不齊以下五十二人並東向（按高宗紹興八年六月以衍聖公孔玠渡江隔絕林廟詔衢州於官田內撥給五頃以奉先聖祀事後玠子孫俱襲封于衢至元始罷）

金熙宗天眷三年以孔子裔孫襲封衍聖公奉孔子後世宗大定十六年詔立兗州學闕里廟宅子孫年十三以上入學者不限數二十年特授襲封衍聖公爲曲阜令封爵如故章宗明昌六年增修曲阜宣聖廟工畢賜衍聖公以下三獻法服及登歌樂一部仍遣太常舊工往教孔氏子弟以備祭禮承安二年加封從祀諸賢舊爲公者升國公侯升國侯伯皆升侯

元太宗五年六月詔以孔子裔孫襲封衍聖公十二月敕修孔子廟成宗大德十一年武宗卽位詔曰蓋聞先孔子而聖者非孔子無以明後孔子而聖者非孔子無以法所謂祖述堯舜憲章文武儀範百王師表萬世者也朕纂承丕緒敬仰休風循治古之良規舉追封之盛典加號爲大成至聖文宣王遣使闕里祀以太牢仁宗皇慶二年以宋儒周敦頤程顥程頤張載邵雍司馬光朱熹張栻呂祖謙及故中書左丞許衡從祀孔子廟庭延祐六年追封周敦頤爲道國公又封蘧瑗爲內黃侯從祀孔子文宗至順元年七月加封孔子父叔梁紇爲啓聖王加封顏子復聖公曾子宗聖公子思述聖公孟子亞聖公程顥豫國公程頤洛國公十一月以董仲

舒從祀位列七十二子之下順帝元統二年改封顏子考妣又割益都鄒縣牧地三十頃徵其歲入以給常祀至正二十二年禮部定擬楊時李侗胡安國蔡沈眞德秀封爵諡號俱贈太師從祀孔子廟庭封楊時吳國公李侗越國公胡安國楚國公蔡沈建國公眞德秀福國公又改封朱熹爲齊國公

明太祖洪武二年遣官降香致祭曲阜孔子廟御製祝文衍聖公襲封及授曲阜令並如前代制三年令曲阜廟庭歲官給牲幣俾衍聖公供祀事七年修曲阜廟庭設孔顏孟三氏學二十九年黜揚雄從祀進董仲舒英宗正統八年追封元吳澄爲臨川郡公從祀世宗嘉靖九年更正孔廟祀典定孔子諡號曰至聖先師孔子凡及門弟子皆稱先賢餘並稱先儒盡去公侯伯爵號屏撤塑像改製木主仍擬大小尺寸著爲定式穆宗隆慶五年以薛瑄從祀神宗萬曆中以羅從彥李侗從祀尋又以陳獻章胡居仁王守仁從祀

太公廟　唐　五代　宋　金　元　明

唐德宗建中三年從禮儀使顏眞卿奏武成王廟如月令春秋釋奠用諸侯之數樂奏軒縣又詔史館考定可配享者列古今名將凡六十四人圖形焉貞元二年刑部尚書關播奏太公古稱大賢乃置亞聖配享義有未安又仲尼十哲皆當時弟子今以異時名將列之非類也請但用古今名將配享去亞聖十哲之號自是惟享武成王及留侯而諸將不復祭按杜典載唐立太公廟事至貞元四年兵部侍郎李紓奏止顏眞卿關播疏請在前俱未載入今據禮樂志補輯

梁改武成爲武明王廢從祀

後唐明宗長興三年太常禮院準國子博士蔡同文奏請武成王廟四壁從祀諸英賢各設籩二豆二簠簋各一爵一

周世宗顯德五年詔春秋上戊釋奠武成王廟每祭差上將軍將軍充三獻官

宋太祖建隆三年詔修武成王廟與國學相對仍令檢閱唐末以來謀臣名將勳績尤著者以聞四年帝幸武成廟歷觀圖壁指白起像曰此人殺已降不武之甚何受享於此命去之眞宗大中祥符元年加諡太公爲昭烈武成王神宗元豐間國子司業朱服言釋奠武成王舊以武學隸樞密院且學官員數少故初獻以祭酒司業而亞獻終獻及讀祝捧幣皆令三班院差使臣充今武學隸國子監長貳丞簿官屬已多請並以本監官充攝行事仍令太常寺修入祀儀徽宗宣和五年禮部請加武成王從祀諸人封爵自張良管仲而下凡七十二將擬孔廟七十二賢于釋奠日祀之高宗紹興十一年國子監丞林保奏竊見昭烈武成王享以酒脯不用牲牢非所以右武而厲將士乞今後上戊釋奠用牲牢從之

金章宗泰和六年建昭烈武成王廟於闕庭之右麗澤門內其制一遵唐舊禮祀用春秋仲月上戊儀用中祀

元制武成王廟立于樞密院公堂之西以孫武子張良等十人從祀每歲春秋仲月上戊以羊一豕一犧尊象尊籩豆俎爵樞密院遣官行三獻禮

明太祖洪武初禮部奏請立武學如前代故事建武成王廟帝曰立武學是分文武爲二輕天下無全才矣三代以上文武兼備用無不宜如太公之鷹揚而授丹書仲山甫之賦政而式古訓召虎之經營而陳文德豈比後世武學止講韜畧不事經書專習干戈不聞俎豆拘於一藝偏長哉今建武學又立武成王廟是近世之陋規也太公宜從祀帝王廟其武成王廟罷之遂爲制

臣等謹按古之聖賢未有不知兵者孔子曰我戰則克知用兵特聖人盛德大業中之一事未可以與太學並也自戰國時以太公爲兵家之祖後遂有六韜三略之書流傳於世其言頗涉淺鄙如晉乘楚檮杌之類爲後人妄作無疑至唐時建武成廟以古來名將配享從祀宋因之設武學淺與太學頡頏實爲數百年來非禮之祀且以太公專主武學似其所長在乎戰勝攻取疑無與于道德性命之故者其言兵已末而所以視太公者益淺事有重之而反輕人有尊之而反卑此類是也明世罷之當矣

巡狩　唐　五代　宋　遼　金　元　明

唐玄宗開元二十年十月如潞州命中書門下慮所過囚赦潞州給復三年賜高年粟帛十一月如北都肆赦給復如潞州壽至汾陰大赦免供頓州今歲稅賜文武官階勳爵諸州侍老帛武德以來功臣三品以上一子官民酺三日

晉高祖天福二年十一月中書門下奏車駕巡幸所在州縣官人見在駕所祇承者賜會並同京官從之

宋因唐制車駕巡幸有告至肆覲考制度之儀太祖開寶九年春幸西京賜河南府民今年田租之半眞宗朝諸陵所過賜巡警及行郵治道兵卒時服錢履父老綾袍茶帛途中賜衞士緡錢命有司籍所過繫囚逋負者日引對多原釋仍採訪民間疾苦振恤鰥寡孤獨事服度量權衡有不如法則禁之有奇材異德政事尤異及

孝子順孫義夫節婦或不守廉隅眛于正理者竝條析以聞咸平中車駕每出金吾將軍率士二百人執撾周繞謂之禁圍省方增二百人加執劍親王中書樞密宣徽行圍內餘官圍外

遼太宗天顯四年西巡駐蹕涼陘赦繫囚復如南京祠木葉山聖宗統和四年冬幸南京復都民今年租賦十三年正月幸延芳淀詔諸道勸農

金熙宗皇統中車駕如東京右諫議大夫程宋上言古者天子巡狩省察風俗審理冤獄問民疾苦以宣布德澤今鑾輅省方將憲古行事願委之長貳釐整風俗或置匭篋以申冤枉或遣使郡國問民無告皆古巡狩之事也上嘉納之世宗大定元年十一月如中都詔中都都轉運使左淵曰凡宮殿張設毋得增置毋役一夫以擾百姓但謹圍禁嚴出入而已二十四年三月如上京四月次東京給復東京百里內夏秋稅租一年在城隨關年七十者補一官曲赦百里內犯徒二年以下罪

元世祖中統二年二月車駕幸開平（後升為上都）詔減免民間差發罷守監諸軍秦蜀行省借民錢給軍以今年稅賦償之免平陽太原軍站戶重科租稅四年二月幸上都八月自上都還自後歲以為常成宗武宗以後俱如之

明成祖永樂六年詔明年二月巡北京改定巡狩儀車駕將發奏告天地社稷太廟孝陵祭大江旗纛等神軷祭于承天門緣途當祭者遣官祭將至北京設壇祭北京山川等神車駕至奏告天地祭境內山川晏羣臣耆老賜百官及命婦鈔所過郡縣官吏生員耆老朝見分遣廷臣考覈守令賢否卽加黜陟分命給事中監察御史存問高年賜幣帛酒肉七年二月帝啟行命皇太子監國三月至北京御奉天殿受朝賀世宗嘉靖十八年帝幸承天所過望祭北嶽中嶽河瀆遣官祭濟瀆武當山至承天詣獻皇帝廟謁告越四日行告天禮奉獻皇帝配更服皮弁詣國社稷及山川壇行禮次日謁顯陵次日從駕官上表賀遂頒詔如儀回京親謝上帝皇祖皇考遣官告郊廟社稷羣神如初

封禪 宋 明

宋太宗太平興國八年兗州父老及瑕邱等七縣民詣闕請封禪上謙讓不允既而羣臣頌功德請封禪者不可勝計雍熙元年詔以十一月有事於泰山尋以乾元文明二殿災遂詔罷之眞宗大中祥符元年兗州父老及諸道貢舉人二千餘人詣闕陳請封禪宰臣王旦又率百官諸軍將校州縣官吏番夷僧道父老二萬四千餘人五上表請詔今年十月有事於泰山命翰林太常禮院詳定儀注帝習儀於崇德殿十月戊子朔禁天下屠殺一月辛卯發京師帝自告廟卽蔬食並禁音樂丁未次奉高宮齋於穆清殿庚戌帝服通天冠絳紗袍乘法駕至山門幄次（山上置圜臺徑五丈高九尺四陛上飾以青四面如其方色一壝廣一丈圜以青繩三周燎壇在其東南高丈二尺方一丈開上南出戶方六尺山下封祀壇四成十二陛如圜丘制上飾以玄四面如其方色外為三壝燎壇如山上壇制社首壇八角三成八陛三壝四門如方丘制又為瘞埳于壬地外壝之內又以玉為五牒各長尺二寸廣五寸厚一寸刻字而填以金聯以金繩緘以玉匱置石䃭中正座配位用玉冊六副每簡長一尺二寸廣一寸厚三分簡數量文多少匱長一尺三寸檢長如匱厚二寸闊五寸纏金繩五周封以金泥印以受命寶用石䃭藏之䃭鑿中廣深足容玉匱又為石檢十以撖䃭金繩纏之石泥封之泥用石末和五色土為之）改服鞾袍乘步輦登山鹵簿儀衛列山下天門險峻人給橫板二長三尺許繫綵兩端施於背膂選從卒推引而上衛士皆給釘鞵供奉馬止于中路自山趾盤道至太平頂凡兩步一人綵繡相間樹當道者不伐止縈以繒每經陿險必降輦徒步是夕山下罷警場明日設昊天上帝位於圜臺奉天書於座左（是年正月有黃帛曳左承天門南鴟尾上帝命羣臣拜迎於朝元殿啟封號稱天書）太祖太宗竝配西北側向帝服袞冕升臺奠獻悉去侍衛命官享五方帝及諸神於封祀壇上飲福酒攝中書令王旦跪稱曰天賜皇帝太一神策周而復始永綏兆人三獻畢封金玉匱王旦奉玉匱置於石䃭攝太尉馮拯奉金匱以降將作監領徒封䃭帝登圜臺閱視訖還御幄宰臣率從官稱賀山下傳呼萬歲聲動山谷壬子禪祭皇地祇于社首奉天書升壇以祖宗配癸丑御壽昌殿受朝賀大赦天下改乾封縣曰奉符縣徽宗政和六年時蔡京當國將講封禪以文太平預具金繩玉檢及他物甚備迄不能行

明成祖永樂十四年祠部郎中周訥請封禪尚書呂震請如訥言帝曰今天下雖無事然水旱疾疫亦間有之豈敢自謂太平之世且聖經未嘗言封禪唐太宗亦不封禪魏徵每以堯舜望其君爾欲處朕於唐太宗之下亦異於徵之愛君矣議遂不行

告禮 宋 元 明

臣等謹案告禮歷代相承唐宋以來巡狩封禪卽位改元俱有告廟之文其制散見各條下今綜考宋元明告禮每代各約舉一二事彙為專條以符杜佑通典之舊云

宋太宗雍熙四年詔以來年正月擇日行耤田禮所司詳定儀注大禮使李昉言前典不載告禮今請前二日告南郊太廟仁宗明道元年詔以來歲二月行耤田禮

而罷冬至親郊遣官奏告天地宗廟諸陵景靈宮州郡就告嶽瀆宮廟其禮一如端拱之制（端拱改元行耤田禮卽雍熙四年所定）而損益之徽宗時定五禮新儀凡命將出征太史擇日造廟告官淸齋行事先詣僖祖神位前以次詣翼宣諸祖室俱酌獻讀祝文若凱旋祭告惟陳俘馘及軍實於南門之外其告禮並如儀寧宗慶元元年吏部員外郞李謙畧言事莫重于登極禮莫急於告廟蓋卽位必告廟示敬親也告廟必於歲首大其事也請來年正月躬行告廟之禮詔下禮官討論

元武宗至大四年三月仁宗卽位四月戊申以卽位告天地於南郊戊午告於太廟

明成祖永樂六年改定巡狩儀車駕將發奏告天地社稷太廟孝陵世宗嘉靖十八年南巡先期帝親奏告皇天於元極寶殿同日告聞皇祖太廟皇考睿宗廟遣官分告北郊成祖列聖羣廟大社稷帝社稷朝日夕月天神地祇用祭服太常寺備脯醢酒果翰林院撰告文

歷代所尚　宋

宋初有司上言國家受周禪周木德木生火則本朝運膺火德色當尚赤臘以戌日詔從之太宗雍熙元年布衣趙垂慶上書言本朝當越五代而上承唐爲金德若梁繼唐至本朝亦爲金德國初符瑞色白者不可勝紀皆金德之應也望改正朔易車旗服色以承天統事下尙書集議常侍徐鉉等議頃以唐末喪亂朱梁篡殺莊宗早編屬籍親雪國仇中興唐祚重新土運以梁室比羿浞王莽不爲正統自後相傳晉以金漢以水周以木天造有宋運膺火德況國初祀赤帝爲感生帝于今二十五年豈可輕議改易且五運迭遷親承曆數豈可越數姓之上繼百年之運伏請祇守舊章以承天祐從之眞宗天禧時光祿寺丞謝絳言國家當黜五代紹唐之土德以繼聖祖猶漢之黜秦興周之火德以繼堯大理寺丞董行父又言宋當繼唐爲金德事下兩制議謂漢雖堯之苗裔及序承正統乃越秦而繼周非用堯之行今國家或用土德卽當越唐承隋彌以非順失其五德傳襲之序若越五代而紹唐則晉漢及周咸帝中夏太祖受終周室豈可弗遵傳繼之序續於遐邈之統雍熙中徐鉉等議之詳矣其謝絳董行父等所請難以施行詔可

享司寒　五代　宋

後唐明宗長興元年冬十月丁酉始藏冰

周太祖顯德元年詔築壇北郊以孟冬祭司寒其藏冰開冰之祭俟冰室成卽行之

宋太祖建隆二年始置藏冰署修其祀常以四月以黑牡祭於玄冥神乃開冰以薦太廟太宗淳化三年祕書監李至言按詩七月曰四之日獻羔祭韭周之四月今之二月也月令獻羔開冰先薦寢廟詳其開冰之祭當在春分帝命正其禮仁宗天聖新令春分開冰祭司寒於冰井務卜日薦冰於太廟季冬藏冰設祭亦如之神宗元豐中詳定禮文所言熙寧祀儀孟冬選吉日祭司寒春秋左氏傳曰古者日在北陸而藏冰西陸朝覿而出之其藏之也黑牡秬黍以享司寒其出之也桃弧棘矢以除其災古者享司寒惟以藏冰啟冰之日孟冬非有事於冰不應祭享今請惟季冬藏冰則享司寒牲用黑牡羊穀用黑秬黍仲春開冰則但用羔又孔穎達注月令曰啟冰唯獻羔桃弧棘矢以禳除凶邪非禮神之物當依孔氏說置於淩室之戶從之徽宗大觀四年議禮局言春秋左氏傳以少皥有四叔其一爲玄冥杜預鄭玄皆以玄冥爲水官故歷代祀之爲司寒則玄冥非天神矣今儀注享司寒禮畢燔燎是以祀天神之禮享人鬼也請罷燔燎而埋祝幣從之（按元明無司寒之祭明臣邱濬曰一歲之間有春夏秋冬之時卽有寒暑溫涼之氣寒暑之間必有神以司之古者各因其時而致其祭本朝於春秋二時祭太歲及四時月將之神蓋以四時之首合于太歲四時之令分于月將其卽古者祭時與寒暑之遺意歟）

禜　唐　宋　金　元　明

唐玄宗天寶十三載秋大霖雨害稼六旬不止九月閉坊市北門蓋井禁婦人入街市祭玄冥大社禜明德門

代宗大曆四年四月雨至於九月閉坊市北門置土臺臺上立黃幡以祈晴

宋太祖太宗時凡京師水旱稍久帝親禱者則有建隆觀大相國太平興國寺上淸太乙宮甚則再幸或徹樂減膳進蔬饌遣官禱者則天齊五龍城隍佛神四廟大相國開寶報慈崇明崇夏五寺及建隆觀令開封祭九龍浚溝黃溝子張子夏信陵君段干木扁鵲張儀吳起單雄信廟至道後又于寺觀建道場復遣常參官諸嶽瀆致祠眞宗咸平後祈禱又增玉淸昭應景靈宮祥源觀太一宮高宗紹興後每祈水旱則迎天竺寺觀音入城或明慶寺建道場或遣官就天竺祈禱端平三年以霖雨害稼命近臣禱于天地宗廟社稷及宮觀嶽瀆等處

金世宗大定十七年夏六月京畿久雨遵祈雨儀祈晴命諸寺觀啟道場祈禱章宗明昌四年五月以久雨禜

六月丙辰以晴祭嶽鎭海瀆

元時凡遇淫雨不止祈禱山川岳瀆社稷宗廟或命西

僧致禱

明代凡水旱災傷或躬禱或露告于宮中及奉天殿陛或遣官祭告郊廟陵寢及社稷山川無常儀英宗正統四年以京畿水災祭告天地

高禖（宋 金 明）

宋仁宗未有嗣景祐四年以殿中侍御史張奎請親祀高禖詔有司詳定禮官以爲月令雖可據然周官闕其文漢志郊祀不及禖祠惟枚皋傳言皇子禖祀而已後漢至江左略見其事而儀典委曲不可周知惟高齊禖祀最顯妃嬪參享黷而不蠲恐不足法唐明皇因舊月令特存其事開元定禮以後不著朝廷必欲行之當築壇於南郊春分日祀青帝本詩克禋以祓之義配以伏羲帝嚳以禖神從祀依東漢晉隋之舊以石爲主牲用太牢樂以升歌儀視先蠶有司攝事祝版具言天子求嗣之意及以弓矢弓韣致神前祀已與胙酒進內以禮所御使齋戒受之仍歲令有司申請俟旨命日特祀詔即用其年春分遣官致祭爲圜壇高九尺廣二丈六尺四出陛三壝陛廣五尺壝各二十五步青石主長三尺八寸用木生成之數形準廟社主植壇上稍北露其首三寸青玉青幣牲用牛一羊一豕一樂章祀儀並準青帝餺器神位如句芒唯受福不飲回授中人爲異寶元二年八月皇子生命輔臣報祀準春分儀惟不設弓矢弓韣著爲常祀慶曆三年太常博士余靖言皇嗣未廣不設弓矢弓韣非是詔仍如景祐之制嘉祐二年徙禖壇於南郊壇東神宗元豐四年禮官言高禖壇迫狹按祀儀青帝壇廣四丈高八尺今祀高禖既用青帝爲主其壇高廣請如青帝之制又言祀天以高禖配今郊禖壇祀青帝以伏羲高辛配復于壇下設高禖位殊爲瀆請準古郊禖改祀上帝以高禖配改伏羲高辛位爲高禖而徹壇下之位詔改壇制其典禮如舊徽宗政和時定五禮新儀春分祀高禖以簡狄姜嫄從配皇帝親祠並如祈穀儀高宗紹興元年太常少卿趙子晝請以來春復行高禖之祀從之十七年二月帝親祀高禖如政和之儀

金章宗明昌六年二月尚書省臣奏行高禖（時帝未有子）築壇於景風門外東南端當闕之卯辰地與圜丘東西相望壇如北郊之制每歲以春分日祀青帝伏羲氏女媧氏凡三位壇上南向西上姜嫄簡狄位於壇之第二層東向北上每位羊豕各一有司攝三獻司徒行事禮畢進胙官備弓矢弓韣以進帝命后妃嬪御皆執弓矢東向而射以次飲福享胙

明初無祀高禖禮世宗嘉靖中始設木臺于皇城東永安門北震方壇上皇天上帝南向騂犢蒼璧奉獻皇帝配西向牛羊豕各一高禖在壇下西向牛羊豕各一禮三獻樂九奏舞八佾皇帝位壇下北向后妃嬪位壇南數十丈外北向用帷壇下陳弓矢弓韣如后妃嬪之數祭畢女官導后妃嬪至高禖前跪取弓矢授后妃嬪后妃嬪受而納於弓韣

諸雜祠及淫祠興廢（唐 五代 宋 遼 金 元 明）

臣等謹按周禮大宗伯掌建邦之天神人鬼地示之禮其不在祀典者概無致祀之文自秦漢以降神祠遞興唐宋後尤爲雜揉非出於流俗之傳聞即本於道書之附會封號既無定名崇奉亦無常數杜典載雜祠淫祠析爲二條今詳考唐以來諸雜祠之尤著者具於篇而其興廢亦綠以見焉又杜典載祈禳祓禊訖於宋齊皆唐以後禮志所不錄今並從刪削云

唐玄宗開元二年詔祠龍池右拾遺蔡孚獻龍池篇公卿以下撰擬共一百三十篇詔太常寺考其詞合音律者爲龍池樂章十首又詔增置壇及祠堂每歲仲春將祭則奏之肅宗至德二年道士李國正奏皇室仙系修崇靈跡請於昭應縣南置天華上宮露臺天地婆父三皇道君太古天皇中古伏羲媧皇等祠堂又於縣南扶谷故湫置祠並許之昭應令梁鎭上疏謂天地婆父祀典無文言甚不經義無可取又湫者龍之窟也今湫竭已久龍安所在何必崇飾祠宇豐潔薦奠其三皇五帝則兩京及所都之處已建宮觀祠廟望並于本處依禮齋祭制可

後唐明宗天成二年幸白司馬坡祭突厥神

宋京城東舊有五龍池因唐禮歲以仲春祭之用中祀禮又有德安公廟（祭夷門山神）崔府君廟（唐滏陽令）盧州普濟王廟（俗傳李炳）廟（祭要冊湫）鎭戎軍靈澤廟（祭朝那湫）鄭州靈顯王廟（祭靖神）靈公廟（祭泰山三郎）靈感廟（祭泰山玉女池）三水府神（祭馬當采石金山）杭州吳山廟（祭濤神）明應公廟（祭潤州焦山）廣濟王廟（祭秦蜀守李冰）劍州英顯王廟（祭梓潼神張亞子）梓州靈濟公廟（祭唐涪州刺史陸鄸）邛亭廟（祭邛崍湖中蛟）神宗元豐三年詔加號江州廬山太平興國觀九天採訪使者爲應元保運眞君徽宗崇寧元年用方士魏漢津之說備百物之象鑄鼎九于中太一宮南爲殿奉安之各周以垣上施埤堄墁如方色外築垣環之名曰九成宮中央曰帝鼐其色黃祭以土王日爲大祀幣用黃樂用宮架北方曰寶鼎其色黑（通考作白）祭以冬

至幣用皁東北曰牡鼎其色青通考作白祭以立春幣用皁東方曰蒼鼎其色碧祭以春分幣用青東南曰岡鼎其色綠祭以立夏幣用緋南方曰彤鼎其色紫祭以夏至幣用緋西南曰皁鼎其色黑祭以立秋幣用白西方曰晶通考作曰晶鼎其色赤祭以秋分幣用白西北曰魁鼎其色白祭以立冬幣用皁八鼎皆爲中祀樂用登歌享用素饌復於帝鼐之宮立大角鼎星祠大觀三年詔以鑄鼎之地作寶成宮總屋七十一區中置殿曰神靈以祀黃帝東廡殿曰成功祀夏后氏西廡殿曰持盈祀周成王及周公旦召公奭後置堂曰昭應祀唐李良及隱士嘉成侯魏漢津又詔每歲八月二十七日舉祀事黃帝爲大祀成功持盈二殿爲中祀昭應堂爲小祀並用素饌四年詔天下五龍神皆封王爵政和元年詔開封府毀淫祠一千三十八區仍禁軍民擅立神祠按禮志作神宗熙寧中毀淫祠若干此據本紀輯

遼太宗天顯三年四月祭麃鹿神景宗保寧三年十月以黑白羊祀神七年五月祭神姑聖宗統和十六年五月祭白馬神

金世宗大定時封護國林神嘉蔭侯七月致祭盧溝河神安平侯春秋二次加封黃河神昭應順濟聖后春秋致祭章宗明昌時封旺國崖鎮安公瑪達哈山瑞聖公章宗生於此又立貞獻郡王廟祭葉嚕古紳二八始製女直文字

元世祖至元十五年正月封磁州崔府君爲齊聖廣佑王七月建漢祖天師正一祠於京城仁宗延祐七年四月時英宗已卽位祭遁甲神於香山泰定帝泰定二年七月遣使祀宅神於北部行幄又遣使祀龍虎武當二山文宗天曆元年加封漢前將軍關羽爲顯靈義勇武安英濟王遣官致祭順帝至元三年降香於乾虎三茅皁閤諸山

明北京有眞武廟洪恩靈濟宮祀徐溫子知證知諤憲宗成化十三年詔建漢壽亭侯廟神宗萬曆時加封三界伏魔大帝神威遠鎮天尊又鳳陽有顯應廟神莫知所自明初禱雨有應滁州有豐山廟柏子潭廟徐州靈源宏濟廟河平神廟平陽平水祠汾水靈澤廟稱白彪山馬跑泉之神沁州南山廟焦龍神廟龍泉神廟兗州青山廟安平鎮顯惠等廟孝宗宏治間改張秋爲安平鎮建眞武龍王天妃三廟賜額顯惠嚴州烏龍廟三月三日祀宜春仰山廟祀宜山二龍神常德陽山廟祭山神沅山顯應廟祭明山神長沙洞庭廟祀龍四月八日祭馬湖顯應廟祀元人于法福州靈濟宮廣州天妃廟南海眞武廟瓊州靈山廟祀毘耶山之神電白靈湫廟誠敬夫人祠祭馮寶妻冼氏皆終明之世有司歲時致祭不絕

欽定續通典卷五十四

欽定續通典卷五十五

禮嘉

臣等謹按杜典述嘉禮自冠婚朝賀追尊襲爵以及鄉飲酒禮按代詳敘而于冠冕巾幘服章佩綬車旗鹵簿之制尤爲該備夫宋章器服因時制宜禮經所載上古唐虞迄于三代已不必其沿襲秦漢而後代有改更創制顯庸辨等威而昭上下一朝自有其法度前無待于相仿後不計其相仍惟夫祖制留遺順乎土宜而審乎時勢者實可爲子孫臣民所世守遼金元輕改衣冠變易舊制尋至衰微與後魏之更制而國弱者前後如一轍不誠爲千古之炯戒哉且夫後代定禮固有迥勝于前代者卽如開元禮載冠婚之節衣服之辨止于士而不及庶人以記有云禮不下庶人也夫禮樂不可斯須去身無禮不立上下同之所云禮不下庶人者謂升降周旋之儀寬于待庶人豈謂庶人不當定其禮哉闕而弗載是爲疎舛宋始定庶人冠婚諸制至明加詳不可謂非申明禮意補前人所未備矣舉此一端則知冠婚禮之相因尚有待于補正者況夫宋章器服又寍得易國制而輕言仿古哉臣等仰承

聖訓自唐以後嘉禮以代遞編而於服章制度門仍闢繹加案以資考鏡以符杜典附存諸議之體前代冠婚之禮繁簡以時其有史志所不載者俱從其闕而据其所嘗舉行者用昭徵信焉

天子加玄服 金 明

金皇帝加玄服禮告太廟或一室或徧告原廟並一獻禮用祝幣 按新唐書所載冠禮與開元禮同至德以後無所更改宋遼元史志俱不載天子冠禮

明太祖洪武三年定制先期太史院卜日工部製冕服翰林撰祝文祝辭禮部具儀注中書省承制命某官攝太師某官攝太尉既卜日遣官告天地宗廟行一獻禮前一日內使監令陳御冠席於奉天殿正中其南設冕服案及香案寶案侍儀司設太師太尉起居位於文樓南西向設拜位於丹墀內道設侍立位於殿上御席西東向設盥洗位於丹陛西其百官及諸執事位次如大朝儀是日質明鼓三嚴百官入皇帝服空頂幘雙童髻雙玉導絳紗袍御輿以出侍衞警蹕奏樂如常儀皇帝升座鳴鞭報時訖通班贊各供事太師太尉先入就拜位百官皆入贊拜樂作四拜興樂止引禮導太師先詣盥洗位搢笏盥帨訖出笏由西陛升內贊接引至御席西東向立引禮復導太尉詣盥洗位盥帨訖入立於太師南侍儀奏請加玄服太尉詣皇帝前少右跪搢笏脫空頂幘以授內使內使跪受幘興置於箱太尉進櫛設纚畢出笏興退立於西太師詣御前北向立內使監令取冕立於左太師祝曰令月吉日始加玄服壽考維祺以介景福內使監令捧冕跪授太師太師搢笏跪受冕加冠加簪纓訖出笏興退立於西御用監令跪奏請皇帝著袞服皇帝興著袞服訖侍儀奏請就御座內贊贊進醴樂作太師詣御前北向立光祿卿奉酒進授太師太師搢笏受酒祝曰甘醴惟厚嘉薦令芳承天之休壽考不忘祝訖跪授內使內使跪受酒捧進御前皇帝受祭少許啐酒訖以虛盞授內使樂止內使受盞降授太師太師受盞興以授光祿卿光祿卿受盞退太師出笏退復位內贊導太師太尉出殿西門樂作降自西階引禮導至丹墀拜位樂止贊拜樂作太師太尉及文武官皆四拜興樂止搢笏三舞蹈山呼出笏俯伏興樂作復四拜樂止侍儀奏禮畢皇帝興鳴鞭樂作入宮樂止百官出皇帝改服通天冠絳紗袍拜謁太后如正旦儀擇日謁太廟與時祭同明日百官公服稱賀賜宴謹身殿 神宗萬曆三年正月帝擇日長髮命禮部具儀大學士張居正等言禮重冠婚皇上前在東宮已行冠禮三加彌尊執爵而酳鉅禮既成可略其細不必命部臣擬議第先期至奉先殿宏孝殿神霄殿以長髮告禮畢詣兩宮皇太后行五拜三叩頭禮隨御乾清宮受賀帝是之遂著爲令歸有光論曰儀禮有士冠禮無天子諸侯冠禮非逸也記曰無大夫冠禮而有其昏禮古者五十而後爵何大夫冠禮之有公侯之有冠禮夏之末造也天子之元子猶士也天下無生而貴者也繼世以立諸侯象賢也明天子諸侯大夫之無冠禮也冠者將責爲人子爲人弟爲人臣爲人少之禮故冠必有主人孤子則父兄戒宿蓋父兄以成人之禮責子弟也天子爲元子之時以士禮冠所謂有父在則禮然也已奉宗統君臨天下將又責之爲人子爲人弟爲人臣爲人少之禮乎家語稱孔子答孟懿子之問吾取焉曰古者王世子雖幼其卽位則尊爲人君人君治成人之事者何冠之有曰諸侯之冠異天子歟曰君冕而世子主喪是亦冠也與人君無所殊也諸侯之有冠禮也夏之末造也此孔子之遺言也益以祝雍頌公冠之篇則誣矣公冠曰公冠自爲主迎賓揖升自阼立於席既醴降自阼饗之以三獻之禮無介無樂其酬幣朱錦采四馬其慶也天子擬焉曰自爲主曰賓降阼嫌尊矣非爲人子爲人弟爲人臣爲人少之禮也且禮自上達而曰天子擬冠何也此非孔氏之言也公冠又曰公冠四加玄冕左傳季武子曰君冠必以祼享之禮行之以金石之樂節之以先君之祧處之玉藻曰始冠緇布冠自諸侯下達冠而倣之可也玄冠朱組纓天子之冠也緇布冠續緌諸侯之冠也蓋務爲天子諸侯士庶之別而不知先王制冠禮之義所以同之於士庶者也

皇太子冠 皇子皇孫附 宋 明

宋皇太子冠儀嘗行於大中祥符之八年徽宗親製冠禮沿革十一卷命禮儀局倣以編次其儀前期奏告天地宗廟社稷諸陵宮觀殿中監帥尚舍張設垂拱文德殿門之內設香案殿下螭陛間又爲房於東宋殿大晟展宮架樂於橫街南太常設太子冠席東階上東宮官位於後設褥位陳服於席南東領北上遠遊冠簪導袞

冕簪導同箱在服南設罍洗阼階東罍在洗東篚在洗西實巾一加勺羃光祿設醴席西階上南面實側尊在席南又設饌於席加羃執事者並公服立罍洗酒饌之所九旒冕遠遊冠折上巾各一匴奉禮郎三人執以侍於東階之東西面北上設典儀位於宮架東北贊者二人在南西向禮直官通事舍人太常博士引太子詣朶殿東房皇帝乘輦駐垂拱殿百官起居如月朔視朝儀左輔版奏中嚴內外符寶郎奉寶先出左輔奏外辦皇帝服通天冠絳紗袍詣文德殿簾捲大樂正令撞黃鐘之鐘右五鐘皆應殿上鳴鞭皇帝出西閤乘輦協律郎俛伏跪舉麾興工鼓柷奏乾安之樂殿上扇合禮直官太常博士引禮儀使導皇帝出降輦卽座簾捲扇開鞭鳴樂止爐煙升符寶郎奉寶陳於御座左右禮直官通事舍人太常博士引掌冠贊冠者入門肅安之樂作至位樂止典儀曰再拜在位者皆再拜左輔詣御座前承制降東階詣掌冠者前西向稱有制典儀贊在位官再拜訖宣制曰皇太子冠命卿等行禮掌冠贊冠者再拜訖文臣侍從官武臣節度使以上升殿東西立應行禮官詣東階下立東宮官入詣太子東房次禮直官等引太子內侍二人夾侍東宮官後從欽安之樂作卽席西向坐樂止引掌冠贊冠者以次詣罍洗所樂作搢笏盥帨訖出笏升樂止執折上巾者升掌冠者降一等受之右執項左執前進皇太子席前北向立祝曰吝爾元子肇冠於阼筮日擇賓德成禮具於萬斯年承天之祜乃跪冠順安之樂作掌冠者興席南北面立後準此贊冠者進席前北面跪正冠興立於掌冠者之後太子興內侍跪進服服訖樂止掌冠者揖太子復坐禮直官等引掌冠者降詣罍洗如上儀贊冠者進席前北向跪脫折上巾置於匴興內侍跪受興置於席執遠遊冠者升掌冠者降二等受之右執項左執前進太子席前北向立祝曰爰卽令辰申加玄服崇學以讓三善皆得副子一人受天百福乃跪冠懿安之樂作掌冠者興贊冠者進跪簪結紘興太子興內侍跪進服服訖樂止掌冠者揖太子復坐降詣罍洗及贊冠者跪脫遠遊冠並如上儀執袞冕者升掌冠者降三等受之右執項左執前進太子席前北向立祝曰三加彌尊國本以正無疆惟休有室大競懋昭厥德保茲永命乃跪冠成安之樂作掌冠者興贊冠者如上儀跪簪結紘內侍進服服訖樂止禮直官等引太子降自東階樂作由西階升卽醴席南向坐樂止又引掌冠者詣罍洗樂作盥帨訖升西階樂止贊冠者跪取爵內侍注酒掌冠者受爵跪進太子席前北向立祝曰旨酒嘉薦有飶其香拜受祭之以定爾祥令德壽豈日進無疆太子搢圭跪受爵正安之樂作飲訖奠爵執圭大官令設饌席前太子搢圭食訖樂止執圭興大官令徹饌爵禮直官等引自西階詣東房易朝服降立橫街南北向東宮官復位西向太子初行樂作至位樂止禮直官等引掌冠贊冠者詣前西向掌冠者少退字之曰始生而名爲實之賓既冠而字以益厥文永受保之承天之慶奉敕字某太常博士請再拜太子再拜訖搢笏舞蹈再拜奏聖躬萬福又再拜左輔承旨降自東階詣太子前西向宣曰有敕太子再拜宣敕曰事親以孝接下以仁遠佞近義祿賢使能古訓是式大猷是經宣訖太子再拜訖禮直官等引太子前俯伏跪奏稱臣雖不敏敢不祇奉奏訖興復位再拜訖引出殿門樂作出門樂止侍立官並降復位典儀曰拜贊者承傳在位者皆再拜禮儀使奏禮畢鳴鞭大樂正令撞蕤賓之鐘左五鐘皆應乾安之樂作皇帝降坐左輔奏解嚴放仗在位官皆再拜退太子入內朝見皇后如宮中儀迺擇日謁太廟別廟宿齋於本宮質明服遠遊冠朱明衣乘金輅至廟改服袞冕執圭行禮羣臣稱賀皇帝賜酒三行

皇子冠前期擇日奏告景靈宮太常設皇子冠席文德殿東階上稍北東向設褥席陳服於席南東領北上九旒冕服七梁進賢冠服折上巾公服七梁冠簪導九旒冕簪導同箱在服南設罍洗酒饌旒冕冠巾及執事者並如皇太子儀其日質明皇帝通天冠絳紗袍御文德殿皇子自東房出內侍二人夾侍王府官從恭安之樂作卽席南向坐樂止掌冠者進折上巾北向跪冠修安之樂作贊冠者進北向跪正冠皇子興內侍跪進服訖樂止掌冠者揖皇子復坐以爵跪進祝曰酒醴和旨籩豆靜嘉授爾玄服兄弟具來永言保之降福孔皆皇子搢笏跪受爵翼安之樂作飲訖大官令進饌訖再加七梁冠進安之樂作掌冠者進爵祝曰賓贊既成肴核惟旅申加厥服禮儀有序允觀厥成承天之祜皇子跪受爵輔安之樂作大官奉饌三加九旒冕廣安之樂作掌冠者進爵祝曰旨酒嘉栗甘薦令芳三加爾服眉壽無疆永承天休俾熾而昌皇子跪受爵賢安之樂作大官奉饌徹皇子降易朝服立橫街南北向掌冠者字之曰歲日云吉威儀孔時昭告厥字君子攸宜順爾成德永受保之奉敕字某皇子再拜舞蹈又再拜奏聖躬萬福又再拜左輔宣敕戒曰好禮樂善服儒講藝蕃我王室友于兄弟不溢不驕唯以守之皇子再拜進前俯

伏跪稱臣雖不敏敢不祇奉俯伏興復位再拜出殿上
侍立官並降復位再拜放仗明日百僚詣東上閤門賀
眞宗大中祥符八年十二月戊寅承天節羣臣上壽是日皇子慶國公加冠司天言日煇珥直抱氣戊子集賢校理晏殊上皇子冠禮賦詔奬之
明太祖洪武元年定皇太子冠禮前期太史監卜日工
部製袞冕遠遊冠折上巾服翰林院撰祝文祝辭禮部
具儀注中書省承制命某官爲賓某官贊既卜日遣官
祭告天地宗廟前一日內使監令陳御座香案於奉天
殿設皇太子次於殿東房賓贊次於午門外質明執事
官設罍洗於東階設皇太子冠席於殿上東南西向設
醴席於西階上南向張帷幄於東序內設褥席於帷中
又張帷於序外御用監陳服於帷內東領北上袞服九
章遠遊冠絳紗袍折上巾緇纚犀簪在服南櫛又在南
司尊實醴於側尊加勺冪設於醴席之南設坫於尊東
置二爵進饌者實饌設於尊北諸執事者各立其所鼓
三嚴文武官入皇帝服通天冠絳紗袍升座如常儀賓
贊就位樂作四拜興樂止侍儀司跪承制降自東階詣
賓前稱有敕賓贊及在位官皆跪宣制曰皇太子冠命
卿等行禮皆俯伏興四拜文武侍從班俱就殿內位賓
贊執事官詣東階下位東宮官及太常博士詣殿前東
房導皇太子入就冠席內侍二人夾侍東宮官後從樂
作卽席西南向樂止賓贊以次詣罍洗樂作搢笏盥帨
訖出笏樂止升自西階執事者奉折上巾進賓降一等
受之右執項左執前進太子席前北向祝畢跪冠樂作
賓興席南北面立贊冠者進席前北面跪正冠興立於
賓後內侍跪進服皇太子興服訖樂止賓揖皇太子復
坐賓贊降詣罍洗訖贊進前跪脫折上巾置於箱興以
授內侍執事者奉遠遊冠進賓降二等受之樂作進冠
如前儀贊進前北向跪簪結紘興立於賓後內侍跪進
服服訖樂止賓揖皇太子復坐賓贊又降詣罍洗訖贊
進前跪脫遠遊冠置於箱以授內侍執事者奉袞冕進
賓降三等受之樂作進冠如前儀畢贊進前北面跪簪
結紘內侍跪進服服訖樂止太常博士導皇太子降自
東階樂作由西階升卽醴席南向坐樂止賓詣罍洗樂
作盥帨訖樂止贊冠者取爵盥爵帨爵詣司尊所酌醴
授賓賓受爵跪進於皇太子祝畢皇太子搢圭跪受爵
樂作飲訖奠爵執圭進饌者奉饌於前皇太子搢圭食
訖執圭興樂止執事官徹爵與饌太常博士導皇太子
降自西階至殿東房易朝服詣丹墀拜位北向東宮官
屬各復拜位賓贊詣皇太子位稍東西向賓少進字之
辭曰奉敕字某皇太子再拜跪聽宣敕復再拜興進御
前跪奏曰臣不敏敢不祇承奏畢復位侍立官並降殿
復位四拜禮畢皇帝興樂作還宮樂止內給事導皇太
子入內殿見皇后如正旦儀百官以次出明日謁廟如
時享禮又明日百官朝服詣奉天殿稱賀退易公服詣
東宮稱賀錫宴憲宗成化十四年續定皇太子冠禮前
期一日遣官具特牲告廟行一獻禮錦衣衞設幕次於
文華殿東序鴻臚寺設節案香案冠席醴席光祿寺設
盥洗司尊所內侍張帷幄陳袍服皮弁服袞服圭帶舃
等物置帷中案上具翼善冠皮弁九旒冕置於東階之
南案上質明皇帝御奉天殿傳制遣官持節行禮皇太
子迎於文華殿門外樂作持節官持節入置於案退樂
止禮部官導皇太子詣香案前樂作四拜樂止鴻臚寺
鳴贊贊行初加冠禮內侍奉翼善冠賓降階一等受之
祝曰吉月令辰乃加玄服懋敬是承介景福樂作賓
跪進冠興贊者跪正冠樂止禮部官啟易服皇太子入
幄易袍服出禮部官啟復坐鳴贊贊行再加冠禮內侍
奉皮弁賓降階二等受之祝曰冠禮申舉以成令德敬
愼威儀惟民之式樂作內侍釋翼善冠賓跪進皮弁贊
者跪正皮弁樂止禮部官啟易服皇子入幄易皮弁服
舃出禮部官啟復坐鳴贊贊行三加冠禮內侍奉冕旒
賓降階三等受之祝曰章服咸加飭敬有虔永固皇圖
於千萬年樂作內侍釋皮弁冠賓跪進冕旒贊者跪簪
結紘樂止禮部官啟易服皇太子入幄易袞服出禮部
官啟復坐鳴贊贊行醮禮皇太子詣醮席樂作卽坐樂
止光祿寺官舉醮案樂作贊酌醴授賓賓執爵詣席前
立樂止祝曰旨酒孔馨嘉薦再芳受天之福萬世其昌
賓跪進爵皇太子搢圭受爵置於案教坊司作樂奏喜
千春之曲次啟進酒皇太子舉爵飲訖奠爵於案樂止
光祿寺官進饌樂作至案樂止饌訖出圭徹案賓贊復
位鳴贊贊受敕戒皇太子降階樂作至拜位樂止宣敕
戒官詣皇太子前稍東西向曰有制皇太子跪宣敕戒
曰孝事君親友於兄弟親賢愛民居仁由義毋怠毋驕
茂隆萬世樂作四拜興樂止持節官捧出節樂作皇太
子送節至殿門外還東序內侍導還宮樂止賓贊等官
持節復命餘如舊儀是日皇太子詣皇太后皇帝皇后
前謝俱行五拜三叩頭禮用樂又明會典載當日皇太子具冕服謁奉先殿
詣太皇太后皇太后及皇后前謝明日皇帝及皇太子受羣臣賀如儀
神宗萬曆中禮部尚書馮琦言舊制皇太子冠設冠席醴席於文華殿內今文華殿爲皇帝臨御遣官之地則皇太子冠席醴席應移於殿東序又親王冠舊設席於皇極門之東廡今皇太子移席於殿東序則親王應移席於殿西序從之
皇子冠禮初加進網巾祝詞曰茲惟吉日冠

以成人克敦孝友福祿來臻再加進翼善冠祝詞曰冠禮斯舉實由成德敬慎威儀維民之則三加進袞冕祝詞曰冠至三加命服用章敬神事上永固藩邦酌醴祝曰旨酒嘉薦載芬載芳受茲介福百世其昌敕戒詞曰孝於君親友於兄弟親賢愛民率由禮儀毋溢毋驕永保富貴其陳設執事及傳制謁謝並如皇太子儀舊禮皇子冠之明日百官稱賀畢詣王府行禮憲宗成化二十三年皇子冠之次日各詣奉天門東廡序立百官常服四拜成祖永樂中命皇太子嫡長子為皇太孫冠於華蓋殿其儀與皇太子同

士大夫冠　宋　明

宋品官冠子儀將冠主人諏日擇賓告於禰廟戒賓而宿之質明執事者設洗於東階東南陳服於房東領北上平冕金鍍鍮石稜角簪素羅素裙蔽膝白綬中單緋白羅大帶金鍍銅華帶緋羅履襪二梁冠朝服金鍍銀稜角簪銀立筆緋羅大袖白紗中單皁褾白羅方心曲領緋羅蔽膝緋白羅大帶銀褐綬勒帛金鍍銅束帶佩方勝練鵲錦綾青絲網鍮石環折上巾公服巾總二梁冠平冕笄組紘實於篚平冕二梁冠折上巾各一箱執以待於西階南面東上主人公服立東階下西面兄弟各服其服立洗東西面北上將冠者立房中南面賓贊立外門之外設主人位於東階上西面賓贊位於西階上東面主人揖賓升就位贊冠者盥升立於房中設冠位於主人東北西面將冠者出房南面贊冠者奠巾總於席南端還卽席坐設巾總賓降主人從降賓既盥揖遜升主人復初位賓卽冠者席前跪正巾興降西階一等執折上巾者升授賓賓右手執項左手執前進揖冠者席前東向立祝曰粵惟初冠考禮之稱正爾容體順爾辭令盡革童心永膺大慶乃跪冠興復位贊冠者跪正折上巾冠者興賓揖冠者適房服折上巾服出房南面立賓主俱興賓揖冠者卽席坐贊冠者跪脫折上巾設笄賓降主人從降賓既盥揖遜升卽冠者席前跪正巾興降西階二等執二梁冠者升授賓賓右手執項左手執前進冠者席前東向立祝曰載契載龜載加爾服爾既順序毋曰欲速自天申之申以百福乃跪冠興復位贊冠者結紘冠者興賓揖冠者適房服二梁冠服出房南面立賓主俱興賓揖冠者卽席坐贊冠者跪脫二梁冠設笄賓降主人從降賓既盥揖遜升賓卽冠者席前跪正巾興降西階三等執平冕者升東面授賓賓右手執項左手執前進冠者席前東向立祝曰授時之吉迎天之休抗以高明掖其進修三加彌尊百祿是遒乃跪冠興復位贊冠者結紘冠者興賓揖冠者適房服平冕服出房南面立賓主俱興執事者徹折上巾二梁冠席於房布席西階上南面設酒饌如常儀贊冠者以酒注於爵賓揖冠者卽席南面立賓受爵進席前北向立祝曰旨酒既嘉載肴斯阜既曰克家亦惟繼祖孝友慈祥受天之祜冠者席西拜受爵賓答拜贊冠者薦饌冠者卽座飲食訖降席再拜賓答拜易服拜父父為起入拜母母為起賓降當西序東面立主人降當東序西面立冠者出立於西階東南面賓少進字之曰卜筮云吉禮儀孔明爰字爾德嘉爾有成字曰伯某甫仲叔季惟其所當冠者曰某雖不敏敢不祇奉賓出主人請禮從者賓辭主人固請賓乃就次如別儀冠者廟見及見諸父諸兄姑姊如常儀冠訖主人釋服改席揖賓及贊冠者卽席眾賓皆興執事者奉幣酬賓會訖賓主俱興主人再拜賓答拜賓出主人送於門外司馬光曰古者二十而冠將責為人子為人弟為人臣為人少者之行於其人故其禮不可不重也近世人情輕薄生子猶飲乳已加巾帽有官者或為製公服而弄之過十歲猶總角者鮮矣彼責以四者之行豈能知之故往往自幼至長愚騃如一由不知成人之道也古者惟稱二十而冠然世俗之敝不可猝變若敦厚好古之君子俟其子年十五以上能通孝經論語麤知禮義然後冠之斯為美矣又家禮載嫡子三加皆祝而冠又祝而酌又祝而字庶子三加既加然後酌而祝之又祝而字其卽席而冠也嫡子西面庶子南面

明太祖洪武元年定品官冠禮之制始加緇布冠再加進賢冠三加爵弁其儀前期擇日主者告於家廟乃筮賓前二日戒賓及贊冠者明日設次於大門外之右南向至日夙興設洗於阼階東南東西當東霤六品以下當東榮南北以堂深罍水在洗東加勺篚在洗西南肆實巾一於篚加冪設席於東房西牖下陳服於席東領北上莞筵四藻席四在南側尊甒醴在服北加勺冪設坫在尊北四品以下設篚無坫饌陳於坫北設洗於東房近北罍在洗西篚在洗東北肆實以巾質明賓贊至門外掌次者引之次賓贊公服諸行事者各服其服就位冠各一笥各一人執之侍於西階之西東面北上設主席於阼階上西面設賓席於西階東面冠者席於主者東北西面主者公服立於阼階下當序西面諸親公服立於罍洗東南西面北上尊者在別室儐者公服立於門內道東北面冠者雙童髻空頂幘雙玉導綵褶錦紳烏皮履六品以下導不以玉立於房中南面主者贊冠者公服立於房內戶東西面賓及贊冠者出次立於門西東面北上儐者進受命出立門東西面曰敢請事賓曰某子有嘉禮命某執事儐者入告主者迎賓於大門外之東西面再拜賓答拜主者揖贊冠者報揖又揖賓賓報揖主者入賓贊次入及內門至階主者請陞

賓三辭乃陞主者自阼階立於席東西向賓自西階立於席西東向賓贊冠者及庭盥於洗陞自西階入於東房立於主贊冠者之南西面主贊冠者導冠者立於房外之西南面賓贊冠者取纚櫛簪跪奠於筵南端退立於席北少東西面賓揖冠者冠者進升席西向坐賓贊冠者進筵前東面跪脫雙童髻櫛畢設纚興復位立賓降至罍洗盥訖詣西階主者立於席後西面賓立於西階上東面執緇布冠者升賓降一等受之右執項左執前進冠者筵前東向立祝用士禮祝詞祝畢跪冠興復位賓贊冠者進筵前東面跪結纓興復位冠者興賓揖之適房賓主皆坐冠者衣青衣素裳出戶西南面立賓主俱興賓揖冠者冠者進升席西向坐賓贊冠者跪脫緇布冠櫛畢設纚賓進進賢冠立祝如初加禮祝畢跪冠興復位賓贊冠者跪設簪結纓興復位冠者適房易絳紗服出升席賓贊冠者跪脫進賢冠櫛畢設纚賓進爵弁立祝如再加禮賓贊冠者設簪結纓如前冠者適房著爵弁之服出主贊冠者徹纚櫛簪箱及筵入於房又設筵於室戶西南向冠者出房戶西南面立主贊洗觶於房酌醴出南面立賓揖冠者就筵西南面立受醴進冠者筵前北面立祝畢冠者拜受觶賓復西階上答拜執饌者進饌於筵冠者左執觶右執脯祭於籩豆間贊者取胏一以授冠者奠觶於薦西以祭冠者坐取觶祭醴奠觶再拜賓答拜冠者執觶興賓主俱坐冠者升筵跪奠觶於薦東興進北面跪取脯降自西階入見母進奠脯於席前退再拜出母不在則使人受脯於西階下初冠者入見母賓主俱興賓降當西序東面立主者降東序西面立冠者出立於西階東南面賓少進字之辭同士禮冠者再拜跪曰某不敏夙夜祇承賓出主者送於內門外西向請禮從者賓就次主者入初賓出冠者東面見諸親諸親拜之冠者答拜冠者西向拜賓贊賓贊亦答拜見諸尊於別室亦如之賓主既釋服入醴席一獻訖賓與衆賓出次立於門東西面主者出揖賓賓報揖主者先入賓及衆賓從之至階賓立於西階上主者立於東階上衆賓立西階下主者授幣篚於賓贊復位還阼階上北面拜送賓贊降自西階主者送賓於大門外西面再拜而入孤子則諸父諸兄戒賓冠之日主者紒而迎賓冠於阼階下其儀亦如之明日廟見冠者朝服入廟南門中庭道西北面再拜出

庶人冠 宋 明

臣等謹按古冠禮之存者唯士禮後世皆推而用之故杜佑作禮典緣代歷敘所載甚詳獨無庶人冠禮至宋政和始定其制有明之初詔定冠禮自天子以至於庶人纖悉備具雖時俗鮮有行之者然載之禮官存爲典故亦一代之制也爰列載於左

宋庶人子冠儀將冠主人諏日擇賓告於禰爲位於廳事南面主人北面再拜乃告曰某子某年若干矣卜以某甲子冠吉乃速賓某以始卒冠事庶幾臨之謹告前期主人戒賓曰某日將冠於子某首願吾子莅之賓許諾其日夙興張帷爲房於廳事之東陳服其中東領北上酒饌在服北帽一折上巾一陳於西階之西爲賓主位如常儀爲冠者席於主人東少北西向將冠者待於房主人迎賓入冠者出主人曰敢勞吾子賓揖將冠者卽席坐執帽者升賓降受之進冠者席前東向立祝曰令月吉日始加首服棄爾幼志茂爾成德俾壽而臧以介多福乃跪加帽興復位賓揖冠者適房易服出卽冠席復坐賓跪脫帽執折上巾者升賓降受之進冠者席前東向立祝曰吉月令辰申加爾服欽爾威儀柔嘉維則壽考不忘以終厥德乃跪冠興復位賓揖冠者適房執事者徹冠席爲醴席於西階南向賓揖冠者卽醴席西向立賓受琖進席前北向立祝曰爾酒既醑爾肴既旅拜受祭之自求多祜冠者席西拜受賓答拜執事者薦饌冠者坐飲食訖再拜賓答拜冠者興離席立於東階之西南向賓少進字之曰爾服既莊爾儀既備兄弟偕止爰告爾字永保受之令德是似冠者拜賓答拜冠者廟見如常儀拜父母諸父羣從之尊者主人饗賓賓出主人送於門外案宋政和五禮新儀庶人冠二加又考宋史輿服志附載庶人冠禮初加緇布冠深衣大帶納履再加帽子皁衫革帶繫鞵三加幞頭公服革帶納鞾則是三加也與政和禮互異或亦因時改定姑備誌之

明制庶人冠禮凡男子年十五至二十皆可冠將冠筮日筮賓戒賓俱如品官儀是日夙興張幄爲房於廳事東皆盛服設盥於阼階下東南陳服於房中西牖下席二在南酒在服北次幞頭巾帽各盛以盤三人捧之立於堂下西階之西南向東上主人立於阼階下諸親立於盥東儐者立於門外以俟賓冠者雙紒袍勒帛素履待於房賓至主人出迎揖而入坐定冠者出於房執事者請行事賓之贊者取櫛總篦幧頭置於席南賓揖冠者卽席西向坐贊者爲之櫛合紒施總加幧頭賓降主亦降立於阼階下賓盥主人揖讓升自西階復位執事者進巾賓降一等受之詣冠者席前東向祝詞同品官祝訖跪著巾興復位冠者興賓揖之入房易服深衣大

帶出就冠席賓盥如初執事者進帽賓降二等受之進祝跪冠訖興復位揖冠者入房易服襴衫要帶出就冠席賓盥如初執事者進幞頭賓降三等受之進祝跪冠訖興復位揖冠者入房易公服出執事者徹冠席設醴席於西階南向贊者酌醴出房立於冠者之南賓揖冠者即席西向立賓受醴詣席前北面祝冠者拜受賓答拜執事者進饌冠者即席坐飲食訖再拜賓答拜冠者離席立於西階之東南向賓字之如品官詞冠者拜賓答拜冠者拜父母父母爲之起拜諸父之尊者遂出見鄉先生及父之執友先生執友皆答拜賓退主人請禮賓賓辭固請乃入設酒饌賓退主人酬賓贊有以幣禮畢主人以冠者見於祠堂再拜出

女笄　宋　明

臣等謹按杜典女笄祇載周制今考唐以後各正史及六典會要諸書唯宋則獨有公主笄禮此外無聞焉他如各代服飾之制有未嫁已嫁之分者與周制許嫁笄而字之意相符亦并載之

宋制公主笄禮年十五雖未議下嫁亦笄笄之日設香案於殿庭設冠席於東房坐東向西設醴席於西階上坐西向東設席位於冠席南西向其裙背大袖長裙褕翟之衣各設於椸冠笄冠朶九翬四鳳冠各置於盤蒙以帕首飾隨之陳於服椸之南執事者三人掌之櫛總置於東房內執事宮嬪盛服旁立俟樂作奏請皇帝升御座樂止提舉官奏曰公主行笄禮樂作贊者引公主入東房次行尊者爲之總髻畢出即席西向坐次引掌冠者東房西向立執事奉冠笄以進掌冠者進前一步受之進公主席前北向立樂止祝曰令月吉日始加元服棄爾幼志順爾成德壽考綿鴻以介景福祝畢樂作東向冠之冠畢席南北向立贊冠者爲之正冠施首飾畢揖公主適房樂止執事者奉裙背入服畢樂作公主就醴席掌冠者揖公主坐贊冠者執酒器執事者酌酒授於掌冠者執酒北向立樂止祝曰酒醴和旨籩豆靜嘉授爾玄服兄弟具來與國同休降福孔皆祝畢樂作進酒公主飲畢贊冠者受酒器執事者奉饌食訖徹饌復引公主至冠席坐樂止贊冠者至席前贊冠者脫冠置於槃執事者徹去樂作執事者奉冠以進掌冠者進前二步受之進公主席前北向立樂止祝曰吉日令辰乃申爾服飾以威儀淑謹爾德眉壽永年享受遐福祝畢樂作東向冠之冠畢席南北向立贊冠者爲之正冠施首飾畢揖公主適房樂止執事者奉大袖長裙入服畢樂作公主至醴席掌冠者揖公主坐贊冠者執酒器執事者酌酒授於掌冠者執酒北向立樂止祝曰賓贊既戒殽核唯旅申加爾服禮儀有序允觀爾成承天之祜祝畢樂作進酒公主飲畢贊冠者受酒器執事者奉饌食訖徹畢復引公主至冠席坐樂作贊冠者至席前贊冠者脫冠置於槃執事者徹去樂作執事者奉九翬四鳳冠以進掌冠者進前三步受之進公主席前向北而立樂止祝曰以歲之吉以月之令三加爾服保茲永命以終厥德受天之慶祝畢樂作東向冠之冠畢席南北向立贊冠者爲之正冠施首飾畢揖公主適房樂止執事者奉褕翟之衣入服畢樂作公主至醴席掌冠者揖公主坐贊冠者執酒器執事者酌酒授於掌冠者執酒北向立樂止祝曰旨酒嘉薦有飶其香咸加爾服眉壽無疆永承天休俾熾而昌祝畢樂作進酒公主飲畢贊冠者受酒器執事者奉饌食訖徹饌復引公主至席位立樂止掌冠詣前相對致辭曰歲日具吉威儀孔時昭告厥字令德攸宜表爾淑美永保受之可字曰某祝訖樂作掌冠者退引公主至君父之前樂止再拜起居謝恩再拜少俟提舉進御坐前承旨訖公主再拜提舉乃宣訓詞曰事親以孝接下以慈和柔正順恭儉謙儀不溢不驕毋詖毋欺古訓是式爾其守之宣訖公主再拜前奏曰兒雖不敏敢不祗承歸位再拜見后母之禮如之禮畢公主復坐皇后稱賀次妃嬪稱賀次掌冠贊冠者謝恩次提舉眾內臣稱賀其餘班次稱賀並依常式禮畢樂作駕興樂止其士庶之家女子在室者止用冠子背子婦人則假髻大衣長裙

明制士庶之家女子在室者作三小髻金釵珠頭䌰窄袖背子婦人則用禮服

欽定續通典卷五十五

欽定續通典卷五十六

禮嘉

冕宋　遼　金　元　明

臣等謹按冕制詳於唐然唐人紀當代之事已聞見異辭如禮典所載天子大裘冕廣八寸長一尺六寸新唐書載廣八寸長一尺二寸又禮典載諸臣二品鷩冕七旒三品毳冕五旒四品絺冕四旒五品玄冕三旒舊唐書載二品鷩冕七旒三品毳冕五旒四品繡冕四旒五品玄冕同繡冕新唐書載二品鷩冕八旒三品毳冕七旒四品絺冕六旒五品玄冕五旒記載互異今並誌之以資考核至宋以後則並無鷩冕毳冕絺冕繡冕玄冕之制

宋天子之服一曰大裘冕神宗元豐四年詳定郊廟奉祀禮文所言周禮司裘掌為大裘以供王祀天之服司服王祀昊天上帝則服大裘而冕祀五帝亦如之享先王則袞冕而禮記云郊祭之日王被袞以象天戴冕璪十有二旒則天數也王肅據家語以為臨燔柴脫袞冕著大裘則是禮記被袞與周禮大裘郊祀並用二服事不相戾但服之有先後耳是以開寶通禮皇帝服袞冕出赴行宮祀日服袞冕至大次質明改服大裘而冕出次蓋袞冕盛服而文之備者故於郊之前期被以至大次既臨燔柴則脫袞服裘以明天道至質故被裘以體之今儀注車駕赴青城服通天冠絳紗袍祀之日乃服鞾袍至大次服袞冕臨祭非尚質之儀乞並依開寶通禮詔詳定所參議又言臣等詳大裘之制本以尚質而後世反以尚文故冕之飾大為不經而禮書所載上有垂旒加飾又異大裘不裼之說今參考諸說大裘冕無旒廣八寸長一尺六寸前圓後方前低寸二分玄表朱裏以繒為之玉笄以朱組為紘玉瑱以玄紞垂之為裘以黑羊皮領袖以黑繒纁裳朱紱而無章飾佩白玉玄組綬革帶博二寸玉鉤䚢以佩紱屬之素帶朱裏緋純其外上朱下綠白紗中單皁領青褾襈裾朱襪赤舄黑絇繶純乞下所屬製造其當著奉祠之服乞依梁陸瑋議以黑繒為裘及唐輿服志以黑羔皮為緣詔重詳定光祿寺丞集賢校理陸佃言臣詳冕服有六周官弁師云掌王之五冕則大裘與袞同冕故禮記云郊之日王被袞以象天又曰服之襲也充美也禮不盛服不充故大裘不裼此明王服大裘以袞衣襲之也先儒或謂周禮祀天地皆服大裘而大裘之冕無旒非是蓋古者裘不徒服其上必皆有衣故曰緇衣羔裘素衣麑裘黃衣狐裘如郊祀徒服大裘則是表裘以祀天地表裘不入公門而乃欲以見天地可乎且先王之服冬裘夏葛以適寒暑未有能易之者也郊祀天地有裘無袞則夏祀赤帝與至日祭地祇亦將被裘乎然則王者冬祀昊天上帝中裘而表袞明矣至於夏祀天神地祇則去裘服袞以順時序周官曰凡四時之祭祀以宜服之明夏不必衣裘也或曰祭天尚質故徒服大裘被袞則非尚質臣以為尚質者明有所尚而已不皆用質也今欲冬至禋祀昊天上帝服裘被袞其餘祀天及配地祇並請服袞去裘各以其宜服之於是詳定所言裘不可徒服禮記云大裘不裼則襲可知所謂大裘之襲者袞也與袞及冕伏請冬祀昊天與黑帝皆服大裘被以袞其餘非冬祀天夏至祭地則皆服袞至六年始依所奏服大裘而加袞冕哲宗元祐元年禮部言元豐所造大裘雖用黑羊皮乃作短袍襲於袞衣之下仍與袞服同冕未合典禮下禮部太常寺共議上官均等請依元豐新禮丁隲請循祖宗故事王愈請倣唐制朱光庭周秩請以玄衣襲裘獨何洵直在元豐中嘗預詳定以陸佃所議有可疑者按周禮節服氏掌祭祀朝覲袞冕六人維王之太常郊祀裘冕二人既云袞冕又云裘冕是袞與裘各有冕乃云裘與袞同冕當以袞襲之裘既無冕又襲於袞中裘而表袞何以示裘袞之別哉古人雖質不應以裘為夏服蓋冬用大裘當暑則以同色繒為之記曰郊祭之日王被袞以象天若謂裘上被袞以被為襲則家語亦有被袞象天之文諸儒或言臨燔柴脫袞冕著大裘或云脫裘服袞蓋裘袞無同冕兼服之理今乃以二服合為一可乎且大裘天子吉服之最上若大圭大路之比是裘之在表者記曰大裘不裼說者曰無別衣以裼之蓋他服之裘褻故表裘不入公門事天以報本反始故露質見素不為表暴而冕亦無旒何必假他衣以藻飾之乎凡裘上有衣謂之裼裼上有衣謂之襲襲裘上重二衣也大裘本不裼鄭志乃云裘上有玄衣與裘同色蓋趙商之徒附會為說不與經合襲之為義本出於重沓非一衣也古者齋祭異冠齋服降祭服一等祀昊天上帝五帝以裘冕祭則袞冕齋故鄭氏云王齋服袞冕是袞冕者王之齋服也唐開元及開寶禮始以袞冕為齋服裘冕為祭服兼與張融臨燔柴脫袞服裘之義合請從唐制兼改製大裘以黑繒為之佃復破其說曰夫大裘而冕謂之裘冕非大裘而冕謂之袞冕則裘冕必服袞袞冕不必服裘今特言裘冕者主冬至言之周禮司裘掌為大裘以供王祀天之服則祀地不服大裘以夏至日不可服裘故也今謂大裘當暑以同色繒為之尤不經見裼襲一衣而已初無重沓之義被而覆之則曰襲袒而露裘之美則曰裼所謂大裘不裼則非袞而何玉藻曰禮不盛服不充故大裘不裼則明不裼而襲也充美也鄭氏謂大裘之上有玄衣雖不知覆裘以袞然尚知大裘不可徒服必有玄衣以覆之玉藻有尸襲之義周禮裘冕注云裘冕者從尸服也夫尸服大裘而襲則王服大裘而襲可知且裘不可徒服故被以袞豈借袞以為飾哉今謂祭天用袞冕為齋服裘冕為祭服此乃襲先儒之謬誤後漢顯宗初服日月星辰十二章以祀天地自魏以來皆用袞服則漢魏祭天嘗用矣雖無大裘未能盡合乎禮固未嘗有表裘而祭者也且裘內服也與袍同袍褻矣而欲禪以祭天以明示質是欲褻衣以見上帝也洵直復欲為大裘之裳纁色而無章飾夫裘安得有裳哉請從先帝所志其後詔如洵直議去黑羔皮而以黑繒製焉至紹興以後遂以袞襲裘冕亦十二旒焉

二曰袞冕廣一尺二寸長二尺四寸前後十二旒二纊並貫真珠又有翠旒十二碧鳳啣之在珠旒外冕版以龍鱗錦表上綴玉為七星旁施琥珀瓶犀瓶各二十四周綴金絲網鈿以真珠雜寶玉加紫雲白鶴錦裏四柱飾以七寶紅綾裹金飾玉簪導紅絲絛組帶亦謂之平天冠太祖建隆元年太常禮院言具袞冕合式垂白珠十有二旒以組為纓色如其綬黈纊充耳玉簪導二年太子詹事尹拙工部尚書竇儀議謹案周禮弁師掌王之五冕朱裏綖紐五采繅十有二就皆五采玉十有二玉笄朱紘諸侯之繅旒九就瑉玉三采其餘如王之事繅旒皆就玉瑱玉笄疏云王不言玉瑱於此言之者王與諸侯互相見為義是以王言玄冕朱裏綖紐及朱紘明諸侯亦有之諸公言玉瑱明王亦有之詳此經疏之文則是本有充耳今請令君臣袞冕以下並畫充耳以合正文從之元年少府監楊格等上新造皇帝冠冕先是郊祀冠冕多飾以珠玉帝以華而且重故命改製之仁宗景祐二年又以帝后及羣臣冠服多沿唐舊而循用之久則有司寖為繁文以失法度詔入內內侍省御藥院與太常禮儀院詳典故造冠冕蠲減珍華務從簡約俾圖以進由是改製袞冕天版元闊一尺二寸長二尺四寸今製廣八寸長一尺六寸減翠旒并鳳子前後二十四珠旒並合典制天版頂上元織成龍鱗錦為表紫雲白鶴錦為裏今製青羅為表采畫出龍鱗紅羅為裏采畫出紫雲白鶴所有犀瓶琥珀瓶各二十四今減不用金絲結網之上舊有金絲結龍八今減四亦減絲令細天版四向花墜子素墜子依舊減輕造冠身并天杜元織成龍鱗錦今用青羅采畫出龍鱗金輪等七寶元真玉碾成今更不用如補空卻以雲龍鈿窠分旒玉鈎二今減去之天河帶組帶款幔帶依舊減輕造納言元用玉製今用青羅采畫出龍鱗錦金稜上稜道依舊用金即減輕製黈纊玉簪致和三年王洙奏天子法服冕旒形度重大華飾稍繁願集禮官參定詔禮院詳典禮上聞而禮院繪圖以進因敕御藥院更造其後冕服稍侈如故英宗治平二年知太常禮院李育奏曰郊廟之祭本尚純質袞冕之飾皆存法象非事繁侈重其玩也冕則以周官為本凡十二旒間以采玉加以紞綖笄瑱之飾東漢至唐史官名儒記前制皆無珠翠犀寶之飾何則鷸羽蚌胎非法服所用琥珀犀鈿非至尊所冠龍錦七星已列采章之內紫雲白鶴近出道家之語豈被袞戴璪象天則數之義哉自大裘之廢專用袞冕古朴稍去而法度尚存夫明水太羹不可以眾味和雲門咸池不可以新聲問袞冕之服不宜以珍怪累也若魏明之用珊瑚江左之用翡翠侈靡衰播之餘豈足為聖朝道哉且太祖建隆元年少府監所造冕服及二年博士聶崇義所進三禮圖嘗詔尹拙竇儀參校之皆倣虞周漢唐之舊至四年冬服之合祭天地於圓丘用此制也太宗亦嘗用命製於禁中不聞改作及真宗封泰山

禮官請服衮冕帝曰前王服羔裘尙質也今則無羔裘而有衮冕可從近製是豈有意於繁飾哉蓋後之有司率意妄增未嘗確議遂相循而用故仁宗嘗詔禮官章得象等詳議之其所減過半然不經之飾重者多去輕者尙存不能盡如詔書之意故致和三年王洙復議去繁飾禮官畫圖以進漸還古禮而有司所造復如景祐之前又按開寶通禮及衣服令冕服皆有定法悉無寶鈿之飾臣請復先王之制其與通禮衣服令三禮圖制度不同者宜悉改正詔太常禮院少府參定遂合奏曰古者冕服之用郊廟殊制自唐廢大裘而郊廟之祭一用衮冕然旒章之數止以十二爲節亦未聞有餘飾也國朝增以珍異巧縟前所未有臣等以爲宜如育言參酌通禮衣服令三禮圖及景祐三年減定之制一切改造之孔子曰麻冕禮也今也純儉吾從衆純者絲也變麻爲絲蓋已久矣則冕服之制宜依舊以羅爲之冕廣一尺二寸長二尺二寸約以景表尺前圓後方黝上朱下以金飾版側以白玉珠爲旒貫之以五綵絲繩前後各有十二旒旒各以十二珠相去一寸長二尺綵絲組爲纓黈纊充耳金飾玉簪導詔禮儀院再詳以聞而內侍省奏謂景祐中已裁定可因而用也從之元豐六年詳定郊廟禮文所言凡冕版廣八寸長一尺六寸與古制相合更不復議今取少府監造樣如以青羅爲表紅羅爲裏則非弁師所謂玄冕朱裏者也上用金稜天版四周金絲結網兩旁用眞珠花素墜之類皆不應禮伏請改用朱組爲紘玉笄玉瑱以玄紞垂瑱五采玉貫於五色藻爲旒以青赤黃白黑五色備爲一玉每一玉長一寸前後二十四旒垂而齊肩以合孔子所謂純儉之義從之政和議禮局更上皇帝冕服之制冕版廣八寸長一尺六寸前高八寸五分後高九寸五分青表朱裏前後各十有二旒五采藻十有二就就間相去一寸青碧線織成天河帶長一丈二尺廣二寸朱絲組帶爲纓黈纊充耳金飾玉簪導長一尺二寸中興仍舊制延以羅衣本玄表朱裏長尺有六寸前低一寸一分四旁緣以金覆於卷武之上纓以五色絲貫五色玉前後各十二凡用二百八十有八玉笄充耳用黃縣紘以朱組以其一屬於左笄上垂下又屈而屬於右笄繫之而垂其餘皇太子亦有衮冕青羅表緋羅紅綾裏塗金銀鈒花飾犀簪導紅絲組前後白珠九旒二纊貫水精珠太宗至道元年太常禮院言南郊皇太子充亞獻合著祭服準制度衮冕以組爲纓色如其綬青纊充耳詔依上制造其諸臣則九旒冕塗金銀額花犀玳瑁簪導親王中書門下祭祀服之無額花者三公奉祀服之七旒冕犀角簪導九卿奉祀服之五旒冕四品五品爲獻官服之平冕無旒太祝奉禮服之

遼制衮冕金飾垂白珠十二旒以組爲纓色如其綬黈纊充耳玉簪導

金冕制天版長一尺六寸廣八寸前高八寸五分後高九寸五分身圍一尺八寸三分並納言並用青羅爲表紅羅爲裏用回用金稜天版下有四柱四面珍珠網結子花素墜子前後珠旒共二十四旒各長一尺二寸青碧線織造天河帶長一丈二尺闊二寸兩頭各有眞珠金碧旒三節玉滴子節花紅線組帶二上有眞珠金翠旒玉滴子節花下有金鐸子二枚紅線款幔帶一黈纊二眞珠垂繫上用金萼子二簪窠款幔組帶鈿窠各二內組帶鈿窠四並玉鏤塵碾造玉簪一頂方二寸導長一尺二寸簪頂刻鏤塵雲龍皇太子冕用白珠九旒紅絲組爲纓青纊充耳犀簪導

元衮冕制以漆紗上覆白綖青表朱裏綖之四周匝以雲龍冠之口圍縈珍珠綖之前後旒各十二以珍珠爲之綖之左右繫黈纊二繫以玄紞承以玉瑱纊色黃絡以珠冠之周圍珠雲龍網結通翠柳調珠綖上橫天河帶一左右至地珠鈿窠網結翠柳朱絲組屬諸笄爲纓絡以翠柳調珠簪以玉爲之橫貫於冠按太常集禮載世祖至元十二年博士議冕天版長一尺六寸廣八寸前高八寸五分後高九寸五分身圍一尺八寸三分並納言用青羅爲表紅羅爲裏周迴緣以黃金天版下四面珠網結子花素墜子前後共二十四旒旒以珍珠爲之青碧線織天河帶兩頭各有珍珠金翠旒三節玉滴子節花金紅線組帶二上有珍珠金翠旒玉滴子下有金鐸子二梅紅繡款幔帶一黈纊二珍珠垂繫上用金萼子二簪窠款幔組帶鈿窠各二內二組帶窠四並鏤玉爲之玉簪一面鏤雲龍成宗大德十一年九月博士議以唐宋之制奏上事未果行至仁宗延祐七年七月英宗命禮儀使傳旨命臣與太常禮儀院官會議法服之制八月中書省會集翰林集賢太常禮儀院官講議依祕書監所藏前代帝王衮冕法服圖本命有司製如其式皇太子衮冕用白珠九旒紅絲組爲纓青纊充耳犀簪導

明太祖洪武元年學士陶安請製五冕帝以其禮太繁命祭天地宗廟服衮冕餘皆不用十六年定衮冕之制冕前圓後方玄表纁裏前後各十二旒旒五采玉十二珠五采繅十有二就就相去一寸紅絲組爲纓黈纊充耳玉簪導二十六年更定衮冕十二章冕版廣一尺二寸長二尺四寸冠上有覆玄表朱裏餘如舊制成祖永樂三年定冕冠以皁紗爲之上覆曰綖桐板爲質衣之以綺玄表朱裏前圓後方以玉衡維冠玉簪冠紐紐與冠武并繫纓處皆飾以金綖以左右垂黈纊充耳繫以玄紞承以白玉瑱朱紘世宗嘉靖八年更其制冠以圓匡烏紗冒之旒綴七采玉珠十二青纊充耳綴玉珠二皇太子衮冕九章冕九旒旒九玉金簪導紅組纓兩玉瑱永樂三年定冕冠玄表朱裏前圓後方前後各九旒每旒五采繅九就貫五采玉九赤白青黃黑相次玉衡金簪玄紞垂青纊充耳承以白玉瑱朱紘纓親王冕同皇太子唯冕旒用五采親王世子冕三采玉珠七旒永樂三年更定冕冠前後各八旒每旒五采繅八就貫三采玉珠八赤白青色相次

通天冠承天冠 宋 七寶重頂冠 遼 金文金冠 珠子捲雲冠 金 實里薛衮冠 金鳳頂漆紗冠 元 七 明

宋制皇帝通天冠二十四梁加金博山附蟬十二高廣各一尺青表朱裏首施珠翠黑介幘組纓翠緌玉犀簪導大祭祀致齋正旦冬至五月朔大朝會大册命親耕耤田皆服之仁宗天聖二年南郊禮儀使李維上言通天冠上一字準敕迴避詔改承天冠

遼制皇帝通天冠加金博山附蟬十二首施珠翠黑介幘髮纓翠緌玉若犀簪導諸祭還及冬至朔日受朝臨軒拜王公元會冬會冠之

金皇帝通天冠於行幸齋戒出宮御正殿冠之

明皇帝通天冠加金博山附蟬十二首施珠翠黑介幘組纓玉簪導於郊廟省牲皇太子諸王冠婚醮戒冠之

金文金冠遼皇帝大祀之冠

實里薛衮冠遼皇帝祭祀之冠行拜山禮則冠之

七寶重頂冠元皇帝之服冬則冠之

珠子捲雲冠元皇帝之服夏則冠之

金鳳頂漆紗冠元皇帝之服夏則冠之

遠遊冠 七梁額花冠進德冠保和冠忠靜冠宋遼金元明

宋制皇太子遠遊冠十八梁青羅表金塗銀鈒花飾犀簪導紅絲組為纓博山政和中加附蟬

遼制皇太子遠遊冠三梁冠加金附蟬九首施珠翠黑介幘髮纓翠緌犀簪導每謁廟還宮元日冬至朔日入朝服之親王遠遊冠三梁加金附蟬黑介幘青緌導諸王遠遊冠三梁黑介黑青緌

金皇太子遠遊冠十八梁金塗銀花飾博山附蟬紅絲組為纓犀簪導

七梁額花冠宋皇太子之服 紹興三十二年十月禮官奏皇子鄧慶恭三王遇行事服朝服則冠七梁額花冠

進德冠遼皇太子服九琪金飾

保和冠明制自親王及郡王長子以上服之其制以燕弁為準用九襊去簪與五玉後山一扇分畫為四

忠靜冠明制仿古玄冠冠匡如制以烏紗冒之兩山俱列於後冠頂仍方中微起三梁各壓以金線邊以金緣之鎮國將軍以下至奉國中尉及長史審理紀善教授伴讀等服之

進賢冠 貂蟬冠連蟬冠緇布冠宋遼金元明

宋制進賢冠五梁塗金銀花額犀玳瑁簪導立筆

遼制進賢冠三品以上三梁寶瓶五品以上二梁金飾九品以上一梁無飾

明進賢冠無梁為侍儀舍人併御史臺知班引禮執事之冠

貂蟬冠宋制冠三梁犀角簪導諸司三品御史臺四品兩省五品侍祠朝會則服之

金貂蟬冠加籠巾七梁額花貂鼠立筆銀立筆犀簪導正一品服之七梁銀立筆犀簪導正二品服之四品五梁五品四梁六品七品三梁八品九品二梁

元貂蟬冠加籠巾三獻官及司徒大禮使祭服有七梁六梁五梁四梁三梁二梁之分皆助奠以下諸執事官之法服

明貂蟬冠八梁加籠巾立筆五折四柱香草五段前後玉蟬為公之冠七梁加籠巾立筆四折四柱香草四段前後金蟬為侯之冠七梁加籠巾立筆二折四柱香草二段前後玳瑁蟬為伯之冠俱插雉尾 駙馬與侯不用雉尾 一品亦七梁不用籠巾二品六梁三品五梁四品四梁五品三梁六七品二梁八九品一梁皆為文武官朝服

連蟬冠元制為曲阜祭服 共四十有三七梁者三五梁者三十有六二梁者四

緇布冠宋制為冠禮初加之服　明制緇布冠亦為冠禮初加之服

獬豸冠 氈冠宋遼金元

宋制獬豸冠御史大夫中丞服之冠有獬豸角兩梁犀角簪導

金獬豸冠亦為監察御史之服

元獬豸冠唯祭社稷服之

氈冠遼制臣僚之國服金花為飾或加珠玉翠毛額後垂金花織成夾帶中貯髮一總或紗冠制如烏紗帽無簷不擫雙耳額前綴金花上結紫帶末綴珠

翼善冠 紗冠金梁冠甲騎冠刻期冠遼元明

遼制皇帝翼善冠朔視朝用之

紗冠元制祭社稷之服

金梁冠元制祭社稷之服

甲騎冠元制以皮加黑漆雌黃為緣儀衛之服

刻期冠明從宋制為快行親從官之服

武弁 皮弁元明

元制武弁以皮加漆儀衛之服

明制皇帝武弁服親征遣將則服之其弁制上銳色用赤上十二縫中綴五采玉落落如星狀 世宗嘉靖八年諭閣臣張璁會典記親征類禡之祭皆具武弁服不可不備璁對周禮有韋弁謂以韎韋為弁又以為衣裳國朝視古損益有武弁當以絳紗冒之今武弁當如皮弁但皮弁以黑紗冒之武弁當以絳紗冒之隨具圖以進帝報曰覽圖有韠形但無繫處冠制古象尚尖今皮弁則圓朕惟上銳取其輕利當如古制又衣裳韠舄皆赤色何謂且佩綬俱無於祭用之可乎璁對自古服冕弁俱用革帶以前繫韍後繫綬韋弁之韠正繫於革帶耳武事尚威烈故色純用赤帝復報璁冠服衣裳韠舄俱各如古制增革帶佩綬及圭乃定制弁式如左

皮弁明太祖洪武二十六年定皮弁用烏紗冒之前後各十二縫每縫綴五采玉十二以為飾玉簪導紅組纓皇帝朔望視朝降詔降香進表四夷朝貢外官朝覲策士傳臚皆服之成祖永樂三年定皮弁如舊制唯縫及冠武幷貫簪繫纓處皆飾以金玉其皇太子皮弁冒以烏紗前後各九縫每縫綴五采玉九縫及冠武幷貫簪繫纓處皆飾以金玉簪朱纓親王世子皮弁用烏紗冒之前後各八縫每縫三采玉八餘制如東宮

幘 平巾幘空頂幘遼元明

遼制一品以下至六品皆冠幘纓簪導凡謁見東宮及

餘公事服之
平巾幘元制黑漆革爲之形如進賢冠之籠巾或以青
或以白皆儀衛之服
空頂幘明未冠者之服
帽 烏紗帽 硬帽 小帽 金錦煖帽 紅金荅子煖帽 白金荅子煖帽 銀鼠煖帽 白藤寶貝帽 七寶漆紗帶後簷帽 學士帽 錦帽 雨帽 遮陽帽 烏紗描金曲角帽 烏紗小頂帽 金鵝帽 宋 遼 金 元 明
宋制烏紗帽天子閒居之服
明烏紗帽爲文武官常服凡一品二品帽頂帽珠用玉
三品至五品帽頂用金帽珠除玉外隨所用六品至九
品帽頂用銀帽珠瑪瑙水晶香木
硬帽遼制天子小祀之服
小帽金制天子常朝之服
金錦煖帽元制天子冬則冠之
紅金荅子煖帽元制天子冬則冠之
白金荅子煖帽元制天子冬則冠之
銀鼠煖帽元制天子冬則冠之
白藤寶貝帽元制天子夏則冠之
七寶漆紗帶後簷帽元制天子夏則冠之
學士帽元制如唐巾兩角如匙頭下垂儀衛之服
錦帽元制以漆紗後幅兩旁前拱而高中下後畫連錢
錦前額作聚文
雨帽明制文武官遇雨戴雨帽公差出外戴帽子入城
不許
遮陽帽明初士人貢舉入監者許戴之
烏紗描金曲角帽明制內使之冠
烏紗小頂帽明制內使年十五以下戴之

金鵝帽明制校尉之冠
巾 皁紗折上巾 紫皁幅巾 幅巾 吐鶻巾 軟角唐巾 唐巾 進士巾 四方平定巾 軟巾 四帶巾 宋 遼 金 元 明
宋制皁紗折上巾天子便坐視事則服之
遼制折上頭巾爲皇帝常服
明烏紗折角向上巾爲皇太子服亦名翼善冠親王郡
王及世子皆同
紫皁幅巾遼制皇帝之公服 道宗淸寧元年詔非勳戚之後及承應有職事人不帶巾
幅巾遼制皇帝田獵服之
吐鶻巾金制以皁羅若紗爲之上結方頂折垂於後頂
之下際兩角各綴方羅徑二尺許方羅之下各附帶長
六七寸當橫額之上或爲一縮襞積貴顯者於方頂上
循十字縫飾以珠其中必貫以大者謂之頂珠帶旁各
絡珠結綬長半帶垂之
軟角唐巾元制宣聖廟祭服
唐巾元制如幞頭而撱其角兩角上曲作雲頭爲儀衛
之服
進士巾明制如烏紗帽頂微平展角闊寸餘長五寸許
系以垂帶皁紗爲之
四方平定巾明太祖洪武三年令士人戴四方平定巾
二十四年以士子巾服無異吏胥命工部製式以進太
祖親視凡三易乃定易以軟巾貢舉入監者不變所服
四帶巾明初爲庶人之服
幞頭 交角幞頭 鳳翅幞頭 控鶴幞頭 花角幞頭 皁縐紗幞頭 練省幞頭 漆紗幞頭 交腳幞頭 宋 遼 元 明
宋制幞頭君臣之通服初以藤織草巾子爲裏紗爲表

而塗以漆後惟以漆爲堅去其藤裏前爲一折平施兩
腳以鐵爲之
遼制五品以上幞頭曰折上巾自五品以下皆曰幞頭
交角幞頭元制巾後交折其角儀衛之服
鳳翅幞頭元制如唐巾兩角上曲而作雲頭兩旁覆以
兩金鳳翅亦儀衛之服
控鶴幞頭元制如交角金鏤其額亦儀衛之服
花角幞頭元制如控鶴幞頭兩角及額上簇象生雜花
亦儀衛之服
皁縐紗幞頭明制郡王長子常服
練省幞頭明制輔國中尉之常服
漆紗幞頭明制文武官公服有二等展角長一尺二寸
雜職官幞頭垂帶後復令展角不用垂帶與入流官同
交腳幞頭明初定執仗之士首服皆鏤金額交腳幞頭
簪戴 宋
宋制幞頭簪花謂之簪戴中興郊祀明堂禮畢回鑾臣
僚及扈從並簪花恭謝日亦如之大羅花以紅黃銀紅
三色欒枝以雜色羅大絹花以紅銀紅二色羅花以賜
百官欒枝卿監以上有之絹花以賜將校以下太上兩
宮上壽畢及聖節錫宴進士聞喜宴並如之
重戴 宋
重戴以皁羅爲之方而垂簷紫裏兩紫絲組爲纓垂而
結之頷下蓋折上巾又加以帽焉 宋初御史臺皆重戴餘官或戴或否後新進士亦帶至釋褐則止太宗淳化二年御史臺言舊儀三院御史臺及出使並重戴事已久廢其御史出臺爲省職及在京釐務者請依舊儀從之又詔兩省及尚書省五品以上皆重戴樞密三司使副則否中興後御史兩制知貢舉官新進士上三人許服之
鈸笠 元

元制寶頂金鳳鈒笠珠緣邊鈒笠並爲皇帝之服
金鳳頂笠亦元制皇帝之服夏服大紅綠藍銀褐棗褐
金繡龍五色羅則冠之各隨其服之色

欽定續通典卷五十六

欽定續通典卷五十七

禮嘉

天子納妃后 冊后附　宋　遼　金　元　明

宋制自太祖建隆元年立瑯邪郡夫人王氏為皇后命所司擇日備禮冊命自後凡制書云冊命者多不行冊禮后妃皆寫冊命告身以金花龍鳳羅紙金塗褾袋有司進入學士院草制宣於正殿近侍牧守宗室皆貢禮羣臣拜表稱賀又詣內東門奉牋賀皇后眞宗冊德妃劉氏爲皇后不欲令藩臣貢賀不降制於外廷止命學士草詞付中書仁宗冊皇后曹氏其冊制如皇太子玉用珉玉五十簡匣依冊之長短寶用金方一寸五分高一寸其文曰皇后之寶盤螭紐綬并緣冊寶法物依約舊制爲之匣盝並朱漆金塗銀其禮與通禮異不立仗不設縣前一日守官設次於朝堂設冊寶使副次於東門外命婦次於受冊寶殿前外設皇后受冊寶位於殿庭階下北向奉禮設冊寶使位於內東門外副使內侍位於其南差退東向北上冊寶案位於使前南向又設內給事位于北廂南向其日百官常服早入次禮直官通事舍人先引中書令侍中門下侍郎中書侍郎及奉冊寶官執事人絳衣介幘詣垂拱殿門就次以俟冊降禮直官通事舍人分引宰臣樞密冊寶使副百官詣文德殿立班東西相向內侍二員自內承旨降皇后冊寶出垂拱殿奉冊寶官俱搢笏率執事人禮直官導中書侍郎押冊中書令後從門下侍郎押寶侍中後從由東上閤門出至文德殿庭權置禮直官通事舍人引使副就位次引侍中於使前西向稱有制典儀曰再拜贊者承傳使副在位官皆再拜宣曰贈尚書令冀王曹彬孫女冊為皇后命公等持節展禮使副再拜侍中還位門下侍郎帥主節者詣使東北主節以節授門下侍郎門下侍郎執節授冊使冊使跪受興付主節幡隨節立於使左次引中書令侍中詣冊寶東北西向立中書侍郎引冊案立於中書令右中書令取冊授冊寶使冊寶使跪受興置於案中書令中書侍郎退復班門下侍郎引寶案於侍中之右取寶授冊寶使如上儀退復位典儀贊拜訖禮直官通事舍人引使副押冊寶持節者前導奉冊寶官奉舁授衞如式以次出朝堂門詣內東門附內臣入進內臣引內外命婦入就位內侍詣閤請皇后服褘衣冊寶至使副俱東向內給事前北向跪稱冊寶使李迪副使王隨奉制授皇后冊寶其冊文曰天地定位陰陽相成人道貫之以綱大倫后德配之以熙內治聖人有以端其本也故造舟之迎言乎備詩人有以善其化也故周南之風著乎始粵朕沖昧祇若丕構深唯負荷之重輔佐攸艱用簡納賢明協於神人之望咨爾贈尚書令冀王配饗大祖廟廷曹彬孫女唯乃祖克有武力勤勞王家保勳不伐饗厥終慶教流後昆薰然慈和善祥憑積生此邦媛其漸漬醞釀發聞馨香從來遠矣起居融習不待姆氏之訓風容矩度自宜爲宗黨之憲長秋曠位陰教未序咨求訓範統正六列宗公鼎臣誦言於朝顧卽嘉時聿脩典禮朕以春秋之義必娶大國摯嚌之家乃稱禰耦謀及泰筮聘以穀珪惟吉之從有命旣集今遣使工部尚書同平章事李迪副使戶部侍郎參知政事王隨持節冊命爾爲皇后欽哉夫唯肅恭可以侍上夫唯謙裕可以接下泰而能約則驕弗至動而愼思則悔弗萌懋乃后德脩乃媛職奉承宗廟儀刑家國永綏無疆之祚不其韙歟俛伏興退復位內給事入詣受冊寶殿門皇后前跪奏訖內侍進詣使前西南跪受冊寶以授內謁者監使退復位內謁者監主當內臣持冊寶入內東門內侍從之以次入詣殿庭內侍贊引皇后降立廷中北向內侍跪取冊次內侍跪取寶興立皇后右少前西向內侍二員進立皇后左少前東向內侍稱有制內侍贊皇后再拜內侍捧冊進授皇后皇后受以授內侍次內侍奉寶亦然復贊再拜訖導皇后升坐內臣引內外命婦稱賀如常儀禮畢內侍導皇后降坐內臣還閤內外命婦朝退皇后易常服謝皇帝皇太后用常禮百官詣東上閤門表賀哲宗元祐五年八月太皇太后詔以皇帝納后令翰林學士御史中丞兩省與太常禮官檢詳古今六禮沿革參考通禮典故具爲成式羣臣又議勘昏御史中丞鄭雍等請不用陰陽之說呂大防亦言不可太后納之六年八月三省樞密院言六禮命使納采問名納吉納成請期差執政官攝太尉充使侍從官或判宗正官攝宗正卿充副使以舊尚書省爲皇后行第納采問名同日次日納吉納成告期納成用穀圭爲贄不用雁請期依開寶禮改爲告期親迎命使奉迎納采前擇日告天地宗廟皇帝臨軒發冊同日先遣冊禮使副次遣奉迎使令文武百官詣行第班迎又言開元禮納采問名合用一使納吉納成各別日遣使今未委三禮共遣一使或各遣使又合依發冊例立仗詔各遣使文德殿發制依發冊例立仗七年正月詔尚書左丞蘇頌撰冊文併書學士院上六禮詞語其納采制文略曰太皇太后曰咨某官封姓名渾元資始肇經人倫爰及夫婦以奉天地宗廟社稷謀於公卿咸以爲宜率由舊典今遣使持節太尉某宗正卿某以禮納采問名制曰兩儀合德萬物之統以聽內治必資令族重宣舊典今遣使持節某官以禮問名納吉制曰人謀龜筮同符元吉恭順典禮今使某官以禮納吉納成制曰咨某官某之女孝友恭儉實維母儀宜奉宗廟永承天祚以黝纁穀圭六馬以章典禮今使某官以禮納成告期制曰謀於公卿大筮元龜罔有不臧吉日唯某月某甲子可迎率遵典禮今遣某官以禮告期奉迎制曰禮之大體欽順重正其期維吉典圖是若今遣某官以禮奉迎三月禮部太常寺上納后儀注發六禮制書太皇太后御崇慶殿內外命婦立班行禮畢內給事中出殿門置六禮制書案上出內東門禮直官通事舍人引由宣祐門至文德殿後門入權置案於西閤門命使納采問名文德殿宰

臣親王執政官宗室百僚大小使臣易朝服樂備而不作班定內給事奉制書案置橫街北稍東西向北上禮直官通事舍人引門下中書侍郎次引使副就橫街南承制位北向東上內給事詣使者東北面稱太皇太后有制典儀曰再拜在位官皆再拜宣制曰皇帝納后命公等持節行禮典儀曰再拜使副皆再拜授制訖典儀曰再拜在位官皆再拜禮直官通事舍人太常博士引使副從制案出載於油絡網犢車出宣德門鼓吹備而不作至皇后行第大門外令使二人對奉制案立主人立大門內儐者立主人之左北面進受命出曰敢請事使者曰某奉制納采儐者入告主人曰某之女若而人旣蒙制訪臣某不敢辭儐者出告入引主人出大門外再拜使者先入使者曰太皇太后制再拜宣制書畢主人再拜受訖主人進表訖再拜使者出問名同上儀使者曰將加卜筮奉制問名主人曰臣某之女若而人旣蒙制命臣某不敢辭命使納吉納成告期並同命使納采問名儀納吉使者曰加諸卜筮占曰從制使某納吉主人曰臣某之女若而人龜筮云吉臣預有焉臣某謹奉典制告期使者曰某奉制告期主人曰臣某謹奉典制以上納吉納成告期請見授制接表並如納采儀臨軒命使冊后及奉迎於文德殿百官朝服皇帝常服乘輦至殿後閤侍中奏中嚴外辦乃服通天冠絳紗袍乘輦出自西房降輦卽御坐兩省官及待制權侍郎觀察使以上分東西入殿門各就位東西相向立奉寶置御坐前奉宣后冊由東上閤門至文德殿庭橫行典儀曰拜在位官皆再拜使副受冊宣制曰冊某氏爲皇后命公等持節展禮典儀曰拜使副再拜受冊寶訖典儀贊百官再拜宣制曰太皇太后制命公等持節奉迎皇后典儀贊使副再拜受節又贊百官再拜侍中奏禮畢解嚴百官再拜出皇帝常服還內冊寶至皇后行第如納采儀使者曰某奉制授皇后備物典冊皇后受冊寶內外命婦序立如儀主人以書奉使者奉迎百官常服班宣德門外行第儐者請使者曰某奉制以禮迎儐者入告主人曰臣某謹奉典制儐者出告入引主人出大門外再拜使者先入曰有制主人再拜使者宣制畢主人再拜受制答表又再拜姆導皇后尙宅前引升堂出立房外典儀贊使副再拜使者曰令月吉日某等承制以禮奉迎內侍受以入使副退主人以書授使者奉於司言受以奏聞皇后降立堂下再拜訖升堂主人升自東階西向曰戒之戒之夙夜無違命主人退母進西階上東向施衿結帨曰勉之戒之夙夜無違命皇后升輿至中門升車出大門使副及羣臣前引將至宣德門百官宗室班迎再拜訖分班皇后入門鳴鐘鼓班迎官退適降車入次升輿入端禮門文德殿東上閤門文德殿後門入至內東門內降輿司輿前導詣福寧殿門大次以俟晡後皇后車入宣德門侍中版奏請中嚴內侍轉奏皇帝服通天冠絳紗袍御福寧殿尙宮引皇后出次詣殿庭之東西向立尙儀跪奏外辦請皇帝降坐禮迎尙宮前引詣庭中之西東面揖皇后以入導升西階入室各就榻前立尙食跪奏具皇帝揖皇后皆坐尙食進饌食三飯尙食進酒受爵飲尙食以饌從再飲如初三飲用巹如再飲尙儀跪奏禮畢俱興尙宮請皇帝御常服尙寢請皇后釋禮服入幄次日以禮朝見太皇太后皇太后參皇太妃如宮中之儀詔從之四月太皇太后手書曰皇帝年長中宮未建歷選諸臣之家以故侍衛親軍馬軍都虞候贈太尉孟元孫女爲皇后制詔六禮尙書左僕射兼門下侍郎呂大防攝太尉充奉迎使同知樞密院事韓忠彥攝司徒副之尙書左丞蘇頌攝太尉充發冊使簽書樞密院事王巖叟攝司徒副之尙書左丞蘇轍攝太尉充告期使皇叔祖同知大宗正事宗景攝大宗正卿副之皇伯祖判大宗正事高密郡王宗晟攝太尉充納成使翰林學士范百祿攝宗正卿副之吏部尙書王存攝太尉充納吉使權戶部尙書劉奉世攝宗正卿副之翰林學士梁燾攝太尉充納采問名使御史中丞鄭雍攝宗正卿副之五月甲午行納采問名禮丁酉行納吉納成告期禮戊戌帝御文德殿發冊及命使奉迎皇后巳亥百官表賀于東上閤門次詣內東門賀太皇太后又上牋賀皇后上牋賀皇太妃皇后擇日詣景靈宮行廟見禮徽宗大觀四年冊貴妃鄭氏爲皇后議禮局重定儀注臨軒冊使皇帝御文德殿服通天冠絳紗袍百官朝服陳黃麾細仗依古用宮架冊使出殿門依近儀不乘輅權以穆清殿爲受冊殿其日皇后服褘衣其奉冊寶授皇后皆用內侍受冊訖皇后上表謝皇帝內外命婦立班稱賀羣臣入殿賀皇帝於內東門箋賀皇后其上禮儀注乞依進馬條令施行其會羣臣及皇后會外命婦儀注並依開元開寶禮受冊之日陳宮架用女工升降行止並依樂節而別定樂名樂章皇后上表乞免受冊排黃麾仗及乘重翟車陳宮架鹵簿等而於延福宮受冊其朝謁景靈宮亦止依近例云高宗紹興十三年閏四月冊貴妃吳氏爲皇后前期於文德殿內設東西房東西閣几香案宮架冊寶幄次舉

麾位押案位權置冊寶褥位受制承制宣制位奉節位贊者位奉冊寶位舉冊寶官位及文武應行事官執事官位皆儀鸞司太常典儀分設之以俟臨軒發冊其日質明皇帝服通天冠絳紗袍出西閤協律郎舉麾奏乾安之樂皇帝降輦即御坐樂止冊使副以下應在位官皆再拜侍中宣制曰冊貴妃某氏爲皇后命公等持節展禮冊使副再拜參知政事以節授冊使冊使跪受以授掌節者中書令以冊授冊使侍中以寶授副使並權置於案冊使副以下應在位官皆再拜冊使押冊副使押寶持節者前導正安之樂作出文德殿門樂止至穆清殿門外幄次權置以俟皇后首飾褘衣出閤協律郎舉麾坤安之樂作皇后至殿上中閒南向立定樂止冊使副就內給事前東向跪稱冊使副姓某奉制授皇后備禮典冊內給事入詣皇后前北向奏訖冊使舉冊授內侍內侍轉授內謁者監副使舉寶授內侍內侍授內謁者監掌節者以節授掌節內侍持節前導冊寶并案進行入諸殿庭冊寶初入門宜安之樂作至位樂止皇后降自東階至庭中北向位初行承安之樂作至位樂止皇后再拜舉冊官搢笏跪舉冊讀冊官搢笏跪宣冊內謁者監奉冊進授皇后皇后以授司言又奉寶進授皇后后以授司寶司言司寶置冊寶於案舉冊寶官并舉案官俱搢笏舉冊寶并案與詣東階之東西向位置定皇后初受冊寶成安之樂作受訖樂止皇后再拜禮畢

遼禮儀志凡皇帝納后之儀擇吉日至日后族畢集詣旦后出私舍坐於堂皇帝遣使及媒者以牲酒饔餼至門執事者以告使及媒者入謁再拜平身立少頃拜進酒於皇后次及后之父母宗族兄弟酒徧再拜納幣致詞再拜訖后族皆坐逹章錦夫人四拜請就車后辭父母伯叔父母兄弟各四拜宗族長者再拜皇后升車父母飲后酒如初教坊遮導贊祝后命賜以物后族追拜進酒遂行將至宮門宰相傳勅賜皇后酒徧及送者既至逹章錦夫人率皇族奉迎再拜皇后車至便殿東南七十步止逹章錦夫人請降車負銀罌捧縢履黃道行後一人張羔裘若襲之前一婦人捧鏡卻行置鞍於道后過其上乃詣神主室三拜南北向各一拜酹酒向謁者一拜起居訖再拜次謁舅姑御容拜奠酒選皇族諸婦宜子孫者再拜之授以罌縢又詣諸帝御容奠酒神賜襲衣珠玉佩飾拜受服之后姊若妹陪拜者各賜物皇族迎者后族送者徧賜酒皆相耦飲訖后坐別殿送后者退食於次媒者傳旨命送后者列于殿北俟皇帝即御坐選皇族尊者一人當奧坐主婚禮命執事者往來致辭於后族引后族之長率送后者升當御坐皆再拜又一人少進附奏送后之辭退復位再拜后族之長及送后者向當奧者三拜南北向各一拜向謁者一拜后族之長跪問聖躬萬福再拜復奏送后之詞又再拜當奧者與媒者行酒三周命送后者再拜皆坐終宴翼日皇帝晨興詣先帝御容拜奠酒訖復御殿宴后族及羣臣皇族后族耦飲如初百戲角觝戲馬較勝以爲樂又翼日皇帝御殿賜后族及贐送后者各有差受賜者再拜進酒再拜皇帝御別殿有司進皇后服飾之籍酒五行送后者辭訖皇族獻后族禮物后族以禮物謝當奧者禮畢其冊皇后儀至日北南臣僚內外命婦詣端拱殿幕次皇后至閤侍中奏中嚴引命婦班入就東西相向位立皇帝臨軒命使發冊使副押冊至端拱殿門外幕次侍中奏外辦所司承旨索扇扇上舉麾樂作皇后出閤升坐扇開簾捲偃麾樂止引命婦合班面殿起居入拜皇后降坐樂作至殿下褥位樂止引冊入置皇后褥位前侍中傳宣皇后四拜命婦陪位皆拜引讀冊官至皇后褥位前俛伏跪讀訖皇后四拜陪位者皆拜引皇后升殿使臣引冊置皇后坐前冊案退西向侍立命婦當殿稱賀四拜引班首東階上殿致詞訖東階下殿復位四拜侍中奏宣答稱有教旨四拜宣答訖四拜班首上殿進酒皇后賜押冊使副等酒訖侍中奏禮畢承旨索扇樂作皇后起入閤樂止分引命婦等東西門出

金海陵天德二年十月冊妃徒單氏爲皇后前一日儀鸞司設座勤政殿南向設羣臣次于朝堂大樂令展宮縣於殿庭設協律郎舉麾位於樂縣西北東向閤門設百官班位於庭並如常朝之儀又設典儀位于班之東北贊者二人在南少卻俱西向設冊使副位于殿門外之東又設冊使副受命位於百官班前又設冊寶幄次二於殿後東廂俱南向其日諸衞勒所部略列黃麾細仗於庭符寶郎奉八寶置於左右吏部侍郎奉冊禮部侍郎奉寶匣皆置於牀訖出就門外班大樂令協律郎樂正典儀贊者各入就位羣官等依時刻集朝堂俱就次各服朝服侍中約刻版奏請中嚴通事舍人引羣官入就庭東西相向立以北爲上又引冊使副於東偏門西向門下侍郎引主節奉節立於殿下東廂橫街北中書令中書侍郎帥舉捧冊官奉冊牀立於節南侍中門下侍郎帥舉捧寶官奉寶牀立於冊牀之南俱西面侍中版奏外辦殿上索扇協律郎舉麾宮縣作皇帝服通

天冠絳紗袍出自東房曲直華蓋警蹕侍衛如常儀郎座南向坐簾捲樂止通事舍人引冊使副入宮縣作使副就受命位侍中中書令門下侍郎中書侍郎舉捧官依舊西面立羣臣合班橫行北面如常朝之儀立定典儀曰再拜贊者承傳班首以下羣官在位者皆再拜班首問起居又再拜閤門官引攝侍中出班承制降詣使副東北西向稱有制使副稍前鞠躬再拜攝侍中宣制曰命公等持節授后冊寶宣制訖又俱再拜侍中還班門下侍郎引主節詣冊使所主節以節授門下侍郎門下侍郎執節西向授太尉太尉受付主節主節立於使副之左右門下侍郎退還班位中書侍郎引冊牀門下侍郎引寶牀立於冊使東北西向以次授與太尉太尉皆捧授冊牀置於北寶牀置於南侍中中書令禮儀使舉捧冊寶官及舁牀者退於東西塼道之左右相向立門下侍郎中書侍郎退還班典儀曰再拜贊者承傳羣臣在位者皆再拜訖分班東西相向立捧舉舁冊寶牀者進冊牀先行讀冊官次之寶牀次行讀寶官次之舉舁官各分左右通事舍人引冊使隨之以行持節者前導太尉初行宮縣樂作出殿門樂止攝侍中出班升殿奏侍中臣言禮畢殿上索扇簾降宮縣作降座入自東房樂止通事舍人引羣官在位者次出俟太尉司徒復命禮畢還內先是有司預設太尉司徒本品革車鹵簿於門外至殿門左右排列俟使副出鼓吹振作禮儀使舉捧官執節者幷舉舁人以冊寶少駐於泰和門太尉司徒及讀冊寶官暫歸幕次內侍閤門引入泰和殿俟至殿下位鼓吹止有司預供張太和殿設皇后座於扆前殿上垂簾又設東西房於座之左右稍北又設受冊位於殿庭西階之南東向又設內命婦次於殿之左右大樂令設宮縣於庭協律郎設舉麾位於殿上又設冊寶次於門外又設行事官次於門左右又設外命婦次於門之內其日諸衛於殿門外畧設黃麾仗有司設二步障於殿之西階簾前設扇左右各十紅繖一在西階欄干外又設舉冊寶案位於使副之前北向又設宣徽使位於北廂南向司贊設內外命婦以下陪列位於殿庭塼道之左右每等重行異位北向內命婦在後又設司贊位於東階東南贊者二人在南少退俱西向質明執事官大樂令等各就位皇后常服乘龍飾肩輿至泰和殿後閤近仗導衛如常儀宣徽使奏中嚴冊使副入門宮縣作俟冊使廷中立樂止冊在北寶在南使副立於牀後禮儀使帥持節者立于前舉捧冊寶官立於冊寶牀左右讀冊寶官各立于其後宣徽使奏外辦內侍閤門官引后出後閤宮縣作簾捲皇后降自西階左右步障繖扇從至階下望勤政殿御閤所在立樂止冊使進立於右宣有制閤門使內侍贊再拜冊使宣曰制遣太尉臣某司徒臣某恭授皇后冊寶閤門使內侍贊再拜冊使少退中書令侍中及舉捧官率舉舁人奉冊寶以次進于前宮縣作冊寶牀自東階升並置於殿之前楹間冊牀在北寶牀在南中留讀冊寶官立位並去帕及蓋舉舁人執之退立於西朶殿舉擡官分左右相向立讀冊寶官各立於牀之東西向立旣定樂止閤門使內侍贊再拜捧謝表官以表授左立內侍內侍以授后受訖以付右立內侍內侍持表立於右閤門使贊再拜訖冊使退宮縣作持表內侍以表付閤門官隨冊使行冊使副至門鼓吹振作如來儀入西偏門鼓吹止冊使副至御閤所在俛伏跪奏太尉臣某司徒臣某奉制授冊寶禮畢俛伏興退持表閤門官進表近侍接入進讀訖退初冊使退及門樂止閤門內侍引后自西階升殿宮縣作繖扇止於簾外退於左右朶殿前步障止於階下卷之后於座前南向立樂止中書令詣冊牀南立北向稱中書令臣某謹讀冊讀畢降自東階立於欄外第一墀上西向次侍中詣寶牀南立北向揖稱侍中臣某讀寶讀畢降階立於中書令之北西向內侍閤門引升座宮縣作坐定樂止舉捧官以次招舉舁人持帕蓋覆匣牀東置殿之左右冊牀在東寶牀在西置訖舉捧官以次降階立於中書令侍中之後立定合班北向閤門贊再拜訖降東階退出殿門其舉舁人置冊寶牀於東西訖各由朶殿下階於侍中等班後直出殿門以俟復入舉舁入宮受冊表謝訖內侍跪奏禮畢閤門引內外命婦陪列者以次進就北向位班首初行宮縣作至位樂止閤門曰再拜命婦皆再拜閤門引班首自西階升樂作至階樂止進當座前北向躬致稱賀訖降自西階樂作至位樂止閤門曰再拜舍人承傳命婦等皆再拜閤門使前承令降自西階詣命婦前西北東向稱有教旨命婦等皆拜閤門使宣曰祇奉聖恩授以冊寶榮幸之至兢厲增深所賀知舍人曰再拜命婦皆再拜訖內侍引內命婦還宮班首初行樂作出門樂止內侍引外命婦出次宣徽使奏稱禮畢降坐宮縣作入東房樂止歸閤宮縣作至閤樂止更常服內侍承教旨宣外命婦入會並如常儀會畢閤門引外命婦降階橫班北向舍人曰再拜訖以次出還宮如來儀中書門下侍郎復以引進司帥舉舁人進冊寶入內付與都點檢司退別

曰會羣官會妃主宗室等賜酒設食簪花教坊作樂如內宴之儀越日朝永壽永寧兩宮皇后旣受冊越二日內侍設座於所御殿南向其日夙興宣徽使版奏中嚴質明諸侍衞宮人俱詣寢殿奉迎宣徽使版奏外辦后首飾褘衣御車內侍前導降自西階以出侍衞如常儀至太后之褱門外降車障扇侍衞如常儀入立於西廂東向將至宣徽使版奏請中嚴旣降車宣徽使版奏外辦太后常服宣徽使引升座南向宣徽使引后進升至西階北面再拜進跪致謝詞存撫賜酒食並如家人之儀禮畢宣徽使贊再拜訖宣徽使引降自西階以出出門宣徽使奏禮畢降座入宮

元冊皇后儀前期二日儀鸞司設發冊寶案於大明殿御座前稍西設發寶案稍東掌謁設香案於皇后殿前設冊案於殿內座榻前稍西寶案稍東設受冊案於座榻上稍西設受寶案於稍東侍儀司設版位冊使副位於廷北面冊官位於右寶官位於左禮儀使位於冊案前主節位於太尉左皇后殿廷亦如之至期大昕引贊敘太尉以下於闕廷各公服侍儀使禮儀使引冊使引冊奉冊舉冊讀冊捧冊官由月華門入侍儀使禮儀使引冊副引寶奉寶舉寶讀寶捧寶官由日精門入至露階下依班位立侍儀捧牙牌入至寢殿前跪報外辦內侍入奏出傳制曰可侍儀使俛伏興皇帝出閣升輦鳴鞭三侍儀使引導從導皇帝入大明殿陞御座鳴鞭三司晨報時鷄唱畢尙引引殿前班入起居位起居贊拜舞蹈山呼如儀宣贊唱曰各恭事引贊引冊使以下入就位掌儀舍人引承奉班都知侍儀使禮儀使主節捧冊捧寶官升自左階由南東門入至御座前分左右相向立掌儀贊曰禮儀使稍前跪太尉以下皆跪禮儀使跪奏請進發皇后冊寶掌儀贊曰就拜曰興曰平身曰太尉以下皆興曰復位掌儀贊曰內謁者稍前曰搢笏曰捧冊寶跪進皇帝曰以冊寶授捧冊寶官捧冊寶跪受興掌儀贊曰主節官搢笏持節禮儀使引節導冊寶由正門出至露階南向立禮儀使稱有制承奉班都知唱曰太尉以下皆再拜通贊曰鞠躬曰拜曰興曰拜曰興曰平身禮儀使宣制曰命太尉某等持節授皇后冊寶通贊贊曰鞠躬曰拜曰興曰拜曰興曰平身降至露階下依次就位掌儀贊曰以冊寶置於案曰出笏曰復位方輿舁以行樂作侍儀使禮儀使引太尉及冊寶官奉隨至皇后宮庭奠案樂止掌儀贊曰捧冊寶官稍前搢笏捧冊寶置於案曰出笏曰復位侍儀使稍前跪報外辦內侍入啟出傳旨曰可侍儀使俛伏興皇后出閤詣褥位太尉稱制遣臣某等恭授皇后冊寶內侍贊禮曰跪掌儀贊曰太尉以下皆跪內侍贊皇后曰上香曰上香曰三上香曰拜曰興曰拜曰興掌儀贊曰太尉以下皆興皇后陞殿立於座榻前承奉班都知唱曰太尉以下進冊寶掌儀贊曰捧冊寶官稍前搢笏捧冊寶由正門至殿內掌儀贊曰以冊寶跪置於案曰捧冊寶官出笏興復位曰太尉以下皆跪曰舉冊官興至案前跪曰搢笏取冊於匣置於盤對舉曰讀冊官興至案前跪曰讀冊讀冊官稱臣某謹讀冊讀畢納冊於匣掌儀贊曰出笏舉寶官興至案前跪搢笏取寶於盝對舉曰讀寶官興至案前跪曰讀寶讀寶官稱臣某謹讀寶讀畢納寶於盝掌儀贊曰出笏曰太尉以下皆就拜曰興曰平身捧寶冊官以冊寶授太尉太尉以授掌謁掌謁以冊寶置於受冊寶案掌儀贊曰太尉以下跪曰衆官皆跪太尉致祝辭曰冊寶禮畢伏願皇后與天同算司徒應曰如所祝就拜興平身太尉進酒樂作皇后飮畢樂止禮儀使引節引主節由正門以出侍儀使引太尉以下由左門至階下北面立承奉班都知唱曰太尉以下皆再拜通贊曰鞠躬曰拜曰興曰拜曰興曰平身侍儀使引太尉以下還詣皇帝御坐前跪奏曰奉制授皇后冊寶謹以禮畢就拜興由左門出降詣旁折位侍儀使引導從導皇后詣大明殿前謝恩掌謁贊曰拜曰興曰拜曰興侍儀使分退掌謁導皇后升御座典引引丞相下入起居位起居贊拜如儀侍儀使詣右丞相前請進酒雙引陞殿至宇下褥位立侍儀使分左右北向立俟前行色曲將半舞旋列定通贊唱曰分班樂作侍儀使引右丞相由南東門入宣徽使奉隨至御榻前右丞相跪宣徽使立於東南曲終右丞相祝贊曰冊寶禮畢臣等不勝慶忭同上皇帝皇后萬萬歲壽宣徽使應曰如所祝右丞相俛伏興退詣進酒位進酒進表章禮物贊拜儹道賀獻大宴殿上並如元正儀宴畢鳴鞭三侍儀使導駕引進使導后還寢殿如來儀

明初諸帝皆即位後行冊立禮正統七年英宗大婚始定儀注凡納采問名前期擇日遣官告天地宗廟至期設御座制案節案鹵簿綵輿中和大樂如儀禮部陳禮物於丹陛上及文樓下質明皇帝冕服陞座百官朝服行禮訖各就位正副使朝服四拜執事舉制案節案由中門出禮物隨之俱置丹陛中道傳制官宣制曰茲選某官某女爲皇后命卿等持節行納采問名禮正副使四拜駕興舉制節案由奉天門中門出正副使取節及

制書置綵輿中儀仗大樂前導出大明門釋朝服乘馬行詣皇后第第中設使者幕次於大門外左南向設香案於正堂設制節案於南別設案於北使者至引禮導入幕次執事官陳禮物於正堂使者出次奉制書於案禮官先入立於東主婚朝服立於西禮官曰奉制建后遣使行納采問名禮引主婚者出迎使者捧制書及節主婚者隨至堂置制書及節於案正副使分立案左右主婚者四拜詣案前跪正使取納采制書宣曰朕承天序欽紹鴻圖經國之道正家爲本夫婦之倫乾坤之義實以相宗祀之敬協奉養之誠所資唯重祇遵聖母皇太后命遣使持節以禮采擇宣訖授主婚者主婚者授執事者置於北案上稍左副使取問名制宣曰朕唯夫婦之道大倫之本正位乎內必資名家特遣使持節以禮問名佇來聞宣訖授如前置案上稍右主婚者俯伏興執事舉表案以表授主婚者主婚者跪授正使表曰臣某伏承嘉命正使某官某等重宣制詔問臣名族臣女臣夫婦所生先臣某官某之曾孫先臣某官某之孫先臣某官某之外孫臣女今年若干謹具奏聞主婚者俯伏退四拜使者出置表綵輿中主婚者前曰請禮從者酒饌畢主婚者捧幣以勞使者使者出主婚者送至大門外使者隨綵輿入大明門左門至奉天門外以表節授司禮監復命次納吉納徵告期傳制遣使並如前儀但納徵用元纁束帛六馬穀璧等物制詞曰茲聘某官某女爲皇后命卿等持節行納吉納徵告期禮皇后第陳設如前唯更設玉帛案使者至以制書玉帛置案上六馬陳堂下執事先設皇后冠服諸物於正堂禮官入主婚者出迎執事舉玉帛案正使捧納吉納徵制書副使捧告期制書執事者捧節以次入各置於案主婚者四拜詣案前跪正使取制書宣曰大婚之卜龜筮師士協從敬循禮典遣使持節告吉又宣曰卿女有貞靜之德稱母儀之選宜共承天地宗廟遣使持節以禮納徵宣訖授主婚者正副使又捧圭及元纁以授主婚者俱如前儀副使取制書宣曰歲令月良吉日某甲子大婚維宜特遣使持節以禮告期宣訖授如前儀主婚者四拜使者持節出主婚者禮使者使者還復命如初次發冊奉迎所司陳設如前儀禮部陳雁及禮物於丹陛上內官監陳皇后鹵簿車輅於奉天門外制詞曰茲冊某官某女爲皇后命卿等持節奉冊寶行奉迎禮正副使以冊寶置綵輿中隨詣皇后第至門取制書冊寶置案上禮官先入主婚者朝服出見禮官曰奉制冊后遣使持節奉冊寶行奉迎禮主婚者出迎執事者舉案前行使者捧制書及節執事者以雁及禮物從之至堂中各置於案使者左右立主婚者四拜退立於西南女官以九龍四鳳冠褘衣進皇后內官陳儀仗於中堂前設女樂於堂下作止如常儀使者以節冊寶授司禮監官內贊導入中堂皇后具服出閣詣香案前向闕立四拜贊宣冊皇后跪宣冊官宣訖以授皇后皇后搢圭受冊以授女官女官跪受立於西贊宣寶如宣冊儀贊出圭贊興四拜訖皇后入閣司禮監官持節出授使者報受冊寶禮畢主婚者詣案前跪正使取奉迎制宣訖授主婚者副使進雁及禮物主婚者皆跪受如前儀主婚者興使者四拜出主婚者禮使者如初女官奏請皇后出閣自東階下立香案前四拜陛堂南向立主婚者進立於東西向曰戒之敬之夙夜無違退立於東階毋進立於西東向施衿結帨曰勉之敬之夙夜無違退立於西階內執事請乘輿皇后降階升輿導從出儀仗大樂前行次綵輿正副使隨次司禮監官擁導從大明門中門入百官朝服於承天門外班迎候輿入乃退皇后至午門外鳴鐘鼓鹵簿止正副使以節授司禮監復命授冊寶官捧冊寶儀仗女樂前導進奉天門至內庭幕次司禮監以冊寶授女官皇后出輿由西階進皇帝由東階降迎於庭揖皇后入內殿帝詣更服處具袞冕后詣更服處更禮服同詣奉先殿行謁廟禮祭畢還宮合巹帝更皮弁升內殿后更衣從陛各陛座東西相向執事者舉饌案於前女官取四金爵酌酒以進既飲進饌復進酒進飯訖女官以兩巹酌酒合和以進既飲又進饌畢與易常服帝從者餕后之饌后從者餕帝之饌次日早帝后皆禮服候太后陞座帝后進座前宮人以腶脩盤立於后左帝后皆四拜執事舉案至宮人以腶脩盤授后后捧置案女官舉案后隨至太后前進訖復位帝后皆四拜三日早帝冕服后禮服同詣太后宮行八拜禮還宮帝服皮弁升座女官導后禮服詣帝前行八拜禮后還宮升座引禮導在內親屬及六尚等女官行八拜禮次各監局內官內使行八拜禮是日皇帝御奉天殿頒詔如常儀四日早皇帝服袞冕御華蓋殿親王八拜次執事者五拜遂陞奉天殿百官進表行慶賀禮是日太后及皇后各禮服陞座親王入八拜出次內外命婦慶賀及外命婦進表箋皆如常儀五日行盥饋禮尚膳監具膳脩皇后禮服詣太后前四拜尙食以膳授皇后皇后捧膳進於案復位四拜退立於西南俟膳畢引出其冊皇后儀自太祖初定制凡冊皇后前期三日齋

戒遣官祭告天地宗廟前一日侍儀司設冊寶案於奉天殿御座前設奉節官位於冊案之東掌節者位於其左稍退設承制官位於其南俱西向設正副使受制位於橫街之南北向設承制宣制官位於其北設奉節奉冊奉寶官位於其東北俱西向設正副使受冊寶褥位於受制位之北北向典儀二人位丹陛上南贊禮二人位正副使北知班二人位贊禮之南東西相向百官及侍從位如朝儀是日早列鹵簿陳甲士設樂如儀內官設皇后受冊位及冊節寶案於宮中設香案於殿上設權置冊寶案於香案前設女樂於丹陛質明正副使及百官入鼓三嚴皇帝袞冕御奉天殿禮部官奉冊寶各置於案諸執事官各入就殿上位立樂作四拜興樂止承制官奏發皇后冊寶承制訖由中門出降自中陛至宣制位曰有制正副使跪承制官宣制曰冊妃某氏爲皇后命卿等持節展禮宣畢由殿西門入正副使俯伏興執事舉寶冊案由中門出降自中陛奉節官率掌節者前導至正副使褥位以案置於北掌節者脫節衣以節授奉節官奉節官以授正使正使以授掌節者掌節者跪受興立於正使之左奉節官退引禮引正使詣受冊位奉冊官以冊授正使正使跪受置於案退復位副使受寶亦如之樂作正副使四拜興樂止正使隨冊副使隨寶掌節者前導舉案者次之樂作出奉天門樂止侍儀奏禮畢鑾輿百官出掌節者加節衣奉冊寶官皆搢笏取冊寶置龍亭內儀仗大樂前導至中宮門外樂作皇后具九龍四鳳冠服褘衣出閤至殿上南向立樂止正副使奉冊寶權置於外所設案上引禮引正副使及內使監令俱就位正使詣內使監令前稱冊禮使臣某副使臣某奉制授皇后冊寶內使監令入告皇后出復位引禮引內外命婦入就位正使奉冊授內使監令內使監令跪受以授內官副使授寶亦如之各復位內使監令率奉冊奉寶內官入各置於案尚儀引皇后降陛詣庭中位立內官奉冊寶立於皇后之東西內使監令稱有制尚儀奏拜皇后拜樂作四拜興樂止宣制訖奉冊內官以冊授讀冊內官讀訖以授內使監令內使監令跪以授皇后皇后跪受以授司言奉寶如前儀受訖以授司寶尚儀奏拜皇后拜如前內使監令出詣正副使前稱皇后受冊禮畢使者退詣奉天殿橫街南北面西上立給事中立於正副使東北西向正副使再拜復命曰奉制冊命皇后禮畢又再拜給事中奏聞乃退皇后既受冊寶升座引禮引內命婦班首一人詣殿中賀位跪致詞曰茲遇皇后殿下膺受冊寶正位中宮妾等不勝懽慶謹奉賀贊拜樂作再拜興樂止退復位又引外命婦班首一人入就殿上賀位如內命婦儀禮畢皇帝御殿受賀如常儀遂卜日行謁廟禮先遣官用牲牢行事告以皇后將祗見之意前期皇后齋三日內外命婦及執事內官齋一日設皇后拜位於廟門外及廟中設內命婦陪祀位於廟庭南外命婦陪祀位於內命婦之南司贊位皇后拜位之東西司賓位內命婦之北司香位香案右陳盥洗於階東司盥洗官位其所至日內外命婦各翟衣集中宮內門外皇后具九龍四鳳冠服褘衣出內宮門升輿至外門外降輿升重翟車鼓吹設而不作尚儀陳儀衛次外命婦次內命婦皆乘車前導內使監屬從宿衛陳兵仗前後導從皇后至廟門司賓引命婦先入皇后降車司贊導自左門外入就位北向立命婦各就位北向立司贊奏拜司賓贊拜皇后及命婦皆再拜興司贊請詣盥洗位盥手帨手由東陛升至神位前司贊奏上香者三司香捧香於右皇后三上訖導復位贊拜如前司贊奏禮畢皇后出自廟之左門命婦以次出皇后升車命婦前導如來儀過廟鼓吹振作皇后入宮是日皇帝宴羣臣於謹身殿皇后宴內外命婦於中宮皆如正旦宴會儀及成祖卽位冊皇后徐氏其制小異皇帝皮弁服御華蓋殿翰林官以詔書用寶訖然後御奉天殿傳制皇后受冊禮畢翰林官以詔書授禮部官禮部官奉詔書於承天門開讀皇帝還宮率皇后具服謁奉先殿謁告畢皇后具服於內殿俟皇帝升座贊引女官導詣拜位行謝恩禮樂作八拜興樂止禮畢次日皇帝皇后受賀宴會如前儀天順八年增定親王於皇帝前慶賀次詣皇太后慶賀次詣皇后前八拜儀世宗嘉靖十三年冊皇后方氏禮臣具儀注有謁告內殿儀無謁告太廟世廟之禮帝命議增於是禮臣以儀上先期齋三日所司陳設如時祫儀至日皇帝御輅皇后如御翟車同詣太廟命官奉七廟主升神座訖皇帝奉高皇帝主皇后奉高皇后主出升神座迎神上香奠帛祼獻樂作止皆如儀次詣世廟行禮同上儀穆宗隆慶元年增定頒詔次日命婦行見皇后禮

天子冊妃嬪夫人 宋 金 明

宋內命婦有貴妃淑妃德妃賢妃大儀貴儀淑儀淑容順儀順容婉儀婉容昭儀昭容昭媛脩儀脩容脩媛充儀充容充媛婕妤美人才人貴人其官誥貴儀淑儀淑容順儀順容婉儀婉容用遍地銷金龍五色羅紙張韜帶兩面銷金雲鳳褾紅絲網子金縷鈒花塗粉錯滴粉縷金花鳳子中犀軸

婕妤才人貴人美人用遍地銷金鳳子五色羅紙張餙帶銷金盤鳳褾紅絲網子金塗銀軸銷滴粉金雲鳳玳瑁軸

金內命婦元妃貴妃淑妃德妃賢妃爲正一品昭儀昭容昭媛脩儀脩容脩媛充儀充容充媛曰九嬪正二品婕妤正三品美人正四品才人正五品各九人曰二十七婦寶林正六品御女正七品采女正八品各二十七人曰八十一御妻

明太祖洪武三年定前期一日禮部官奉冊印入置於謹身殿御座之前其日質明文武百官朝服序立於奉天殿丹墀之兩旁使副入就奉天殿橫街南北面立承制官奉節官奉冊印官皆入詣謹身殿俟內臣傳旨訖出自橫街南宣制妃服花釵翟衣出閤自本位宮中冊印至內使監令率內執事奉以入妃降詣庭中拜受畢妃升階就位內命婦諸親以次賀內使監令引妃謝皇帝皇后成祖永樂七年續定上御華蓋殿具皮弁服傳制執事官舉節冊案由御道東出黃蓋遮送至奉天門用鼓樂迎至右順門內官捧入節冊將至皇妃具禮服宮人各執扇衞從出迎於宮門外是日上率詣奉天殿行謁告禮畢皇妃詣上前行八拜禮回宮妃升座長公主公主親王妃及六尚等女官四品以上命婦俱行四拜禮皇妃坐受憲宗成化二十二年冊貴妃有寶先贊授冊後贊授寶德妃無寶止贊授冊謁告奉先殿畢先詣皇太后前行禮世宗嘉靖十一年帝冊九嬪禮官上儀注先日所司陳設儀仗如朔望儀至期皇帝具衮冕告太廟世廟訖易皮弁服御華蓋殿百官公服入行禮正副使朝服承制舉節冊至九嬪宮九嬪迎於宮門外隨至拜位女官宣冊九嬪受冊先後八拜送節出宮門復命九嬪隨具服俟皇后率詣奉先殿謁告還詣皇帝皇后前謝恩如冊妃禮唯圭用次玉穀文銀冊少減於皇貴妃五分之一二十年冊德妃張氏以妃將就室而帝方靜攝不傳制不謁告內殿餘並如舊

欽定續通典卷五十七

禮 嘉

皇太子納妃 皇子諸王附 宋 遼 明

宋徽宗政和五年三月詔選皇太子妃六年六月詔選少傅恩平郡王朱伯材女爲皇太子妃令所司備禮冊命帝服通天冠絳紗袍御文德殿發冊先是議禮局上五禮新儀皇太子納妃乘金輅親迎皇太子三奏辭乘輅及臨軒冊命詔免乘輅而發冊如禮焉其諸王聘禮賜女家白金萬兩敵門卽古之納采用羊二十口酒二十壺綵四十匹定禮羊酒綵各加十茗百斤頭𦈡巾緞綾絹三十匹黃金釵釧四雙條脫一副眞珠琥珀瓔珞眞珠翠毛玉釵朶各二副銷金生色衣各一襲金塗銀合二錦繡綾羅三百匹果盤花粉花幂眠羊卧鹿花餅銀勝小色金銀錢等物納財用金器百兩綵千匹錢五十萬錦綺綾羅絹各三百匹銷金繡畫衣十襲眞珠翠毛玉釵朶各三副函書一架纒束帛押馬函馬二十四羊五十口酒五十壺繫羊酒紅絹百匹花粉花幂果盤銀勝等物親迎用塗金銀裝肩輿一行障坐障各一方團掌扇四引障花十樹生色燭籠十高髻釵插幷童子八人騎分左右導扇輿其宗室子聘禮賜女家白金五千兩其敵門定禮納財親迎禮皆減半遠屬族卑者又減之政和三年四月議禮局上皇子納夫人儀采擇使者曰奉制某王之儷屬子懿淑謹之重之使某行采擇之禮儐者入告主人曰臣某之子顓愚不足以備采擇恭承制命臣某不敢辭問名使者曰某王之儷采擇旣諧將加官占奉制問名儐者入告主人曰制以臣某之子可以奉侍某王臣某不敢辭告吉使者曰官占旣吉奉制以告儐者入告主人曰臣某之子愚弗克堪占旣之吉臣與有幸臣某謹奉典制告成使者曰官占之吉嘉耦旣定制使某以儀物告成儐者入告主人曰奉制賜臣以重禮臣某謹奉典制告期使者曰涓辰之良某月某日吉制使某告期儐者入告主人曰臣某謹奉典制前期太史局擇日奏告景靈宮賜告前一日主人設使者次如常儀又設告箱之次於中門外北向隨闕所向設香案於寢庭其日大昕使者公服至主人出迎於大門外北向再拜使者不答拜謁者引使者入門而左主人入門而右舉告箱者同入主人立香案左使者在右舉告箱者以告置於香案女相者引夫人出面闕立使者稱有制女相者贊再拜使者曰賜某國夫人告又贊再拜退使者出皇帝醮戒於所御之殿皇子乘象輅親迎夫人朝見盥饋皇帝皇后饗夫人如儀諸王以下納采賓曰某官以伉儷之重施於某王某王率循彝典以某將事敢請納采儐者入告主人曰某之子弗嫺於姆訓維是腶脩棗㮚之饋未知所以告虔也某聽命於廟敢不拜嘉問名賓曰合二姓之好必稽諸龜筮敢請問名儐者入告主人曰某王恭謹重正昏禮將以加諸卜某敢不以告納吉賓曰某王承嘉命稽諸卜筮龜筮協從使某以告儐者入告主人曰某王不忘寒素欲施德於某未教之女而卜以告吉其曷敢辭納成賓曰某官以伉儷之重施於某王某王率循彝典有不腆之弊以某將事敢請納成儐者入告主人曰某王順彝典申之以備物某敢不重拜嘉請期賓曰某王謹重嘉禮將卜諸近日使某請期儐者入告主人再辭儐者出告賓曰某旣不獲受命於某官某王得吉卜曰某日敢不以告主人曰謹奉命以從親迎前一日主人設賓次如常儀其日大昕婿之父服其服告於祖廟子將行父醮之於廳事贊者設父位中間南向設子位父位之西近南東向父卽坐子公服升自西階進立位前贊者注酒於醆西向授子子再拜跪受贊者又設饌父位前子舉酒興卽坐飲食訖降再拜進於父位前命之曰躬迎嘉耦釐爾內治子再拜曰敢不奉命又再拜降出詣女家主人服其服告於祖廟如請期之儀賓將至主人設神位於寢戶外之西設醴女位於戶內南向具酒饌賓至贊者引就次女盛服於房中就位南向立姆位於右從者陪其後父公服升自東階立於寢戶外之東西向內贊者設酒饌女就位坐飲食訖降再拜內贊者徹酒饌主人降之東階東南西面贊者引賓出次立於門西東面儐者進受命出請事賓曰某受命於父以玆嘉禮躬聽成命儐者入告主人曰某固願從命儐者出告訖入引主人迎賓大門外之東西面揖賓賓報揖主人入門而右賓入門而左執雁者從入陳雁於庭主人升立於東階上西面賓升西階進當寢戶前北面再拜降出主人不降送賓初入門母出立於寢門外之西南面賓拜訖姆引女出於母左父命之曰往之女家以順爲正無忘肅恭母戒之曰必恭必戒無違舅姑之命庶母申之曰爾誠聽於訓言毋作父母羞女出門壻先還第其同牢廟見見舅姑諸禮皆如儀凡宗室婚姻英宗治平中宗正司奏宗室女舅姑夫族未立儀制皆當擲法詔壻家有二世食祿卽許娶宗室女未仕者與判司簿尉巳仕者隨資序推恩卽壻別祖女別房舊爲婚姻而於今卑尊不順者皆許壻之三代鄉貫生月人材書劄止令婚主問

驗以告宗正寺大宗正司寺司詳覈如條保明所進財皆賜壻家令止於本官納財媒妁使令之人非理求匄許告宗室女事舅姑及見夫之族親皆如臣庶之家其後又令宗室女再嫁者祖父有二代任殿直若州縣官以上卽許婚姻神宗熙寧十年又詔應袒免以上親不得與雜類之家婚嫁若父母居化外及見居沿邊兩屬之人其子孫亦不許為婚緦麻以上親不得與諸司胥吏出職納粟得官及進納伎術工商雜類惡逆之家子孫通婚應婚嫁者委主婚宗室擇三代有任州縣官或殿直以上者列姓名家世州里歲數奏上宗正司驗實召保付內侍省宣繫聽期而行嫁女則令其壻召保冒妄成婚者以違制論主婚宗室與媒保同坐不以赦降自首者減罪告者有賞非袒免者依庶姓法宗室離婚委宗正司審察若如律有可出之實或不相安方聽若無故掍拾者劾奏如許聽離追完賜予物給還嫁資再娶者不給賜非袒免以上親與夫聽離再娶者委宗正司審核其恩澤已追奪而乞與後夫者降一等尋詔宗室女毋得與嘗娶人結婚再適者不用此法

遼道宗太平八年六月權北院大王耶律鄭留奏今歲十一月皇太子納妃諸族備會親之帳詔以豪盛者三十戶給其費

明皇太子納妃儀太祖洪武元年定制凡行禮皆遣使持節如皇帝大婚儀納采問名制曰奉制納某氏女為皇太子妃命卿等行納采問名禮至妃第儐者出詣使者前曰敢請事使者曰儲宮納配屬於令德邦有常典使某行納采之禮儐者入告主婚者曰臣某之子昧於壼儀不足以備采擇恭承制命臣某不敢辭儐者出告使者入陳禮物於庭宣制曰某奉詔采擇奠雁禮畢使者出儐者復詣使者前曰敢請事使者曰儲宮之配采擇旣諧將加卜筮奉制問名儐者入告主婚者曰制以臣某之女可以奉侍儲宮臣某不敢辭儐者出告使者復入陳禮奠雁如儀宣制曰臣某奉詔問名將謀諸卜筮主婚者曰臣某第幾女某氏出次納吉儐者請事如前使者曰謀諸卜筮其占協從制使某告吉儐者入告主婚者曰臣某之子蠢愚懼弗克堪卜筮之吉惟臣之幸臣謹奉典制儐者出告使者入陳禮奠雁如儀宣制曰奉制告吉又次納徵儐者出告使者入陳玉帛禮物不奠雁宣制曰某奉制告成又次請期辭曰詢於龜筮某月某日吉制使某告期主婚者曰敢不承命陳禮奠雁如儀又次告廟遣使持節授冊寶儀注悉見前又次醮戒皇帝服通天冠絳紗袍御奉天殿百官侍立引進導皇太子至丹陛四拜入殿東門就席位東向立司爵以爵進皇太子跪搢圭受盞祭酒司饌以饌進跪受亦如之興就席坐飲食訖導詣御座前跪皇帝命之曰往迎爾相承我宗事勗帥以敬皇太子曰臣某謹奉制旨俯伏興出至丹陛四拜畢皇帝還宮皇太子出又次親迎前一日有司設皇太子次於妃氏大門外南向東宮官次於南東西相向至日質明東宮官具朝服陳鹵簿鼓吹於東宮門外皇太子冕服乘輿出侍衞導從如儀至宮門降輿升輅東宮官皆從至妃第回輅南向降輅升輿至次降輿入就次東宮官皆就次先是皇太子將至主婚者設會宴女至期妃服褕翟花釵出就閤南面立傅姆立於左右主婚者具朝服立於西階之下引進導皇太子出次立於大門之東西向儐者朝服出立於門東曰敢請事引進跪啟訖皇太子曰某奉制親迎引進受命興承傳於儐者儐者入告導主婚者出迎於大門之西東向再拜皇太子答拜引進導皇太子入門而左執雁者從儐者導主婚者入門而右皇太子升東階進立於閤門戶前北向立主婚者升西階立於西東向引進者啟奠雁執雁者以雁進皇太子受雁以授主婚者主婚者跪受興以授左右退立於西皇太子再拜降自東階出至次以俟主婚者不降送初皇太子入門妃母出立於閤門外奠雁位之西南向皇太子拜訖宮人傅姆導妃出立於母左主婚者命之曰戒之戒之夙夜恪勤毋或違命母命之曰勉之勉之爾父有訓往承惟欽庶母申之曰恭聽父母之言宮人傅姆擎執導從妃乘輿出門降輿乘鳳轎皇太子揭簾訖遂升輅侍從如來儀至東宮門外降輅乘輿至閤降輿入俟於內殿門外之東西面司閨導妃詣內殿門外之西東面皇太子揖妃入行合巹禮如中宮儀又次朝見其日妃詣內殿陛下候皇帝升座司閨導妃入北面立再拜自西階升宮人奉棗栗盤進至御座前授妃妃奠於御前退復位再拜禮畢詣皇后前奉腶脩盤如上儀又次醴妃次盥饋次謁廟次羣臣命婦朝賀皆如儀四年冊開平王常遇春女為皇太子妃禮部上儀注太祖覽之曰贄禮不用笄但用金盤翟車用鳳轎雁以玉為之古禮有親迎執綏御輪今用轎則揭簾是矣其合巹依古制用匏妃朝見入宮中乘小車以帷幕蔽之謁廟則皇太子俱往禮成後三日乃宴羣臣命婦著為令憲宗成化三十二年更定婚禮凡節冊等案俱由奉天左門出皇太子親迎由東長安門出親迎日妃服燕居服隨父母家廟行

禮執事者具酒饌妃飲食訖妃父母坐堂上妃詣前四拜父命之曰爾往大內夙夜勤愼孝敬無違母命之曰爾父有訓爾當奉承合巹前於皇太子內殿各設拜位皇太子揖妃入就位再拜妃四拜然後各升座廟見後百官朝賀致詞曰某官臣某等不勝欣忭之至謹當慶賀帝賜宴如正旦儀命婦詣太后皇后前亦賜宴致詞曰皇太子嘉聘禮成益綿景福餘大率如洪武儀

公主下降儀 宗室附　宋　遼　元　明

臣等謹按杜佑禮典載婚禮自天子至皇太子諸王納后納妃之儀靡不詳備至公主下降之儀載在開元禮中而禮典則僅載唐世公主出降拜舅姑一詔或唐以前未有定制故歟按公主貴敵諸王宜有殊典今考宋遼元明其載於正史及會典者以代類敘次於皇太子諸王之後以補杜氏之闕云

宋制公主下降初被選尚者即拜駙馬都尉賜玉帶襲衣銀鞍勒馬采羅百疋謂之繫親又賜辦財銀萬兩進財之數倍於親王聘禮出降賜甲第餘如諸王夫人之制掌扇加四引障花燭籠各加十皆行舅姑之禮諸親遞加賜賚其縣主繫親以金帶賜辦財銀五千兩納財賜賚大率三分減其二宗室女特封郡君者又差降焉仁宗嘉祐初禮官言禮閣新儀公主出降前一日行五禮古者納婚始用行人告以夫家采擇之意謂之納采問女之名歸卜太廟吉以告女家謂之問名納吉今選尙一出朝廷不待納采公主封爵已行誕告不待問名若納成則既有進財請期則有司擇日宜稍依五禮之名存其物數俾知婚姻之事重而夫婦之際嚴如此亦不忘古禮之義也時兗國公主下嫁李瑋詔出降日令夫家主婚者具合用雁幣玉馬等物陳於內東門外以授內謁者進入內侍掌事者受唯馬不入詔以昔傳神宗即位詔以昔傳先帝恭聞德音以舊制士大夫之子有尚帝女者輒皆升行以避舅姑之尊豈可以富貴之故屈人倫長幼之序宜詔有司革之以厲風俗於是著爲令仍命陳國長公主行舅姑之禮駙馬都尉王師約更不升行公主見舅姑行禮自此始舊例長公主凡有表章不稱妾禮院謂男子婦人凡於所尊稱臣若妾義實相對又宗室伯叔近臣悉皆稱臣即公主理宜稱妾況家人之禮難施於朝廷請自大長公主而下凡上牋表各据國封稱妾從王師約之請也唐國公主下降太常寺言按令公主出降申中書省請皇后帥宮闈掌事人送至第外命婦從今請如令詔出降日婉儀帥宮闈掌事者送至第外命婦免從徽宗改公主爲姬下詔曰在熙寧初有詔釐改公主郡主縣主名稱當時羣臣不克奉承近命有司稽考前世周稱王姬見於詩雅姬雖周姓考古立制宜莫如周可改公主爲帝姬郡主爲宗姬縣主爲族姬其稱大長者爲大長帝姬仍以美名二字易其國號內兩國者以四字其出降日壻家具五禮儀表如上儀太史局擇日告廟親迎前一日所司於內東門外量地之宜西向設壻次其壻父醮子如上儀乃命之曰往迎肅雍以昭惠宗祏子再拜曰祗率嚴命又再拜降出乘馬至東華門內下馬禮直官引就次有司陳帝姬鹵簿儀仗於內東門外候將升翟車引壻出次於內東門外鞠躬西向掌事者執雁內謁者奉雁以進候帝姬升車壻再拜先還第同牢其日初昏掌事設巾洗各二一於東階東南一於室北水在洗東尊於室中實四爵兩巹於篚壻至本第下馬以俟帝姬至降車贊者引壻揖之以及寢門又揖導之升階入室盥洗掌事布對位又揖帝姬皆即坐受醆三飲俱興再拜贊者徹酒見舅姑夙興帝姬著花釵服褕翟以俟見贊者設舅姑位於堂上舅位於東姑位於西各服其服就位女相者引帝姬升自東階詣舅姑前再拜贊者以棗栗授帝姬奉置舅位前舅即坐贊者進徹以東帝姬退復位又再拜女相者引詣姑位前再拜贊者以腶脩授帝姬奉置姑位前姑即位贊者亦徹以東帝姬退復位又再拜次醴婦盥饋饗婦如儀

遼公主下嫁儀選公主諸父一人爲婚主凡當奧者媒者致詞之儀自納幣至禮成大略如納后儀擇吉旦媒者趣尙主之家詣宮竢皇帝皇后御便殿率其族入見進酒訖命皇族與尙主之族相偶飲翼日尙主之家以公主及壻率其族入見致安於皇帝皇后獻贐送者禮物訖朝辭賜公主靑幰車二螭頭盝部皆飾以銀駕駝送終車一車樓純錦銀螭懸鐸後垂大氈駕牛載羊一謂之祭羊賜其壻朝服四時襲衣鞍馬凡所須無不備選皇族一人送至其家凡親王女封公主者婚儀倣此以親疏爲差降

元制凡駙馬尙公主率封王爵其宗王之女皆稱公主

明制凡公主出降行納采問名禮壻家備禮物表文於家庭望闕再拜掌婚者奉至內東門詣內使前曰朝恩貺室於某官某之子某習先人之禮使臣某請納采以表跪授內使內使跪受奉進內殿執雁及禮物者從入內使出掌婚者曰將加卜筮使臣某問名進表如初內使出曰有制掌婚者跪內使宣曰皇帝第幾女封某公主掌婚者俯伏興入就次賜宴出納吉儀與納采同掌婚者致詞曰加諸卜筮占曰從吉謹使臣某敢告納徵壻家具元纁玉帛乘馬表文如儀掌婚者致詞曰朝恩貺室於某官某之子某有先人之禮請臣某以束帛乘

馬納徵請期辭曰某命臣某謹請吉日親迎日壻公服告廟曰國恩貺室於某日親迎敢告將行父醮於廳隨意致戒壻再拜至內東門內使延入次執雁及奉禮物者各陳於庭其日公主禮服辭奉先殿詣帝后前四拜受爵帝后隨意訓誡受命訖又四拜降堦內命婦送至內殿門外公主升輦至內東門降輦壻揭簾公主升轎壻出次立執雁者以雁跪授壻壻受雁跪進於內使內使跪受以授左右壻再拜先出乘馬還公主鹵簿車輅後發公侯百官命婦送至府壻先候於門公主至壻揭簾公主降同詣祠堂壻東公主西皆再拜進爵讀祝又再拜出詣寢室壻公主相向再拜各就坐壻東公主西進饌合巹如儀復相向再拜明日見舅姑舅姑坐於東西向公主立於西東向行四拜禮舅姑答二拜第十日駙馬朝見謝恩行五拜禮初洪武九年太祖以太師李善長子祺爲駙馬都尉尙臨安公主先期告奉先殿下嫁前二日命使冊公主冊後次日謁奉先殿又定駙馬受誥儀吏部官奉誥命置龍亭至太師府駙馬朝服拜受次日善長及駙馬謝恩後十日始請婚期二十六年稍更儀注然儀注雖存其拜姑舅及公主駙馬相向拜之禮終明之世實未嘗行也明年又更定公主郡主封號婚儀及駙馬儀賓品秩孝宗宏治二年冊封仁和長公主重定婚儀入府公主駙馬同拜天地行八拜禮堂內設公主座於東西向駙馬東向座餘如前儀世宗嘉靖二年工科給事中安磐等言駙馬見公主行四拜禮公主坐受二拜雖貴賤本殊而夫婦分定於禮不安不聽莊烈帝崇禎元年教習駙馬主事陳鍾盛言臣教習駙馬鞏永固駙馬黎明於府門外月臺四拜云至三月後則上堂上門上影壁行禮如前始視膳於公主前公主飲食於上駙馬侍立於旁過此方議成婚駙馬饋果餚稱臣公主答禮書賜皆大失禮夫旣合巹則儼然夫婦安有跪拜數月稱臣侍膳然後成婚者會典載行四拜於合巹之前明合巹後無拜禮也以天子館甥下同隸役豈所以尊朝廷帝是其言令永固即擇日成婚明制凡選駙馬禮部榜諭在京官員軍民子弟年十四至十六容貌齊整行止端莊有家教者報名司禮內臣於諸王館會選不中則博訪於畿內山東河內選中三人欽定一人餘二人送本處儒學充廩生自宣德時駙馬始有教習用學官爲之正統以後令駙馬赴監習禮讀書嘉靖六年始定主事一人專在駙馬府教習

大夫士婚禮　宋　遼　明

宋品官婚禮納采問名納吉納成請期親迎同牢廟見見舅姑姑醴婦盥饋饗婦送者並如諸王以下婚四品以下不用盥饋饗婦禮士與庶人同其無雁者三舍生聽用羊假九品服

遼太宗會同三年十二月詔契丹人授漢官者從漢儀聽與漢人婚姻

明太祖洪武五年詔曰古之婚禮結兩姓之歡以重人倫近世以來專論聘財習染奢侈其儀制頒行務從節儉以厚風俗其時品節詳明皆有限制凡品官婚娶或爲子聘婦皆使媒氏通書女氏許之擇吉納采主婚者設席至日具祝版告廟訖賓至女氏第主婚者公服出迎揖賓及媒氏入雁及禮物陳於廳賓左主右媒氏立於賓南皆再拜賓詣主人曰某官以伉儷之重施於某某率循典禮謹使某納采主婚者曰某子弗嫻姆訓旣辱采擇敢不拜嘉賓主西南相向坐徹雁受禮訖復陳雁及問名禮物賓與詣主婚者曰某官愼重婚禮將加卜筮請問名主婚者進曰某第幾女妻某氏出或以紅羅或以銷金紙書女之第行年歲賓辭主婚者請禮從者禮畢送賓至門外納吉如納采儀賓致詞曰某官承嘉命稽諸卜筮龜筮協從使某告吉主婚者曰某未教之女旣以吉告某何敢辭納徵如納吉儀加元纁束帛函書不用雁賓致詞曰某官以伉儷之重加惠某官率循典禮有不腆之幣敢請納徵主婚者曰某官貺某以重禮某敢不拜受賓以函書授主婚者主婚者亦答以函書請期亦如納吉儀親迎日壻父告於禰廟壻北面再拜立父命之曰躬迎嘉耦釐爾內治壻進曰敢不承命再拜媒氏導壻之女家其日女氏主婚者告廟訖醴女如家人禮壻至門下馬就大門外之次女從者請女盛服就寢門內南向坐壻出次主婚者出迎於門外揖而入主婚者入門而右壻入門而左執雁者從至寢戶前北面立主婚者立於戶東西向壻再拜奠雁出就次主婚者不降送壻旣出女父母南向坐保母導女四拜父命之曰往之女家以順爲正無忘肅恭母命之曰必恭必戒毋違舅姑之命庶母申之曰爾忱聽於訓言毋作父母羞保姆及侍女翼女出門升車儀衞導前送者乘車壻先還俟婦至出迎於門內揖婦入及寢門壻先升階婦從升入室壻盥於室東南婦從者執巾進水沃之婦盥於室西北壻從者執巾進水沃之盥畢就座壻東婦西舉食案進酒進饌酒食訖復進如初侍女以巹注酒進於壻婦前各飲畢皆興立於座南東西相向皆再拜壻婦入室易服壻從者餕婦之餘婦從者餕壻之餘明日見宗廟設壻父拜位於東階下壻於其後主婦拜位於西階下婦於其後諸親各以序分立其日夙興壻父以下各就位再拜贊禮引婦至庭中北面立壻父

升自東階詣神位前跪三上香三祭酒讀祝興立於西婦四拜退復位壻父降自西階就拜位壻父以下皆再拜禮畢次見舅姑其日婦立堂下伺舅姑即座就位四拜保姆引婦升自西階至舅前侍女奉棗栗授婦婦進訖降階四拜詣姑前進腶脩如前儀次舅姑醴婦如家人禮次盥饋其日婦家備饌至壻家舅姑即座婦四拜升自西階至舅前從者舉食案以饌授婦婦進饌執事者加七筯進饌於姑亦如之食訖徹饌婦降階就位四拜禮畢舅姑再醴婦如前

庶人婚禮（宋　金　明）

臣等謹按杜佑通典婚禮載至大夫士而止而於庶民則闕焉今考宋明諸史知制有等殺有不容越分者謹列敘於左以存各朝之制度云

宋制庶人婚禮并問名於納采并請期於納成其無鴈奠者或以雉及鷄鶩代其詞稱吾子親迎質明掌事者設禰位廳事東閒南向壻之父服其服北面再拜祝曰某子某年若干禮宜有室聘某氏第幾女以某日親迎敢告子將行父坐廳事南向子服其服（服皂衫衣折上巾）立父位西少南東向贊者注酒於醆授子子再拜跪受贊者又以饌設位前子舉酒興即坐飲食訖降再拜進立父位前命之曰蘁爾內治往求爾匹子再拜曰敢不奉命又再拜降出初婚掌事者設酒饌室中置二醆於槃婿服其服如前服至女家贊者引就次掌事者設禰位主人受禮如請期之儀（主人謂女父）女盛服立房中父升階立房外之東西向（非南向者各隨其所向父立於門外之左餘倣此）贊者注酒於醆授女女再拜受醆贊者又以饌設於位前女即坐飲食訖降再拜父降立東階下賓出次（賓謂婿）主人迎於門揖賓入賓報揖從入主人升東階西面賓升西階進當房戶前北面掌事陳鴈於階賓曰某受命於父以玆嘉禮躬聽成命主人曰某固願從命賓再拜降出主人不降送初女出父戒之曰往之女家無忘肅恭母戒之曰夙夜以思無有違命諸母申之曰無違爾父母之訓女出壻先還俟於門外婦至贊者引就北面立壻南面揖以入至於室掌事者設對位室中壻婦皆即坐贊者注酒於醆授壻及婦壻及婦受醆飲訖設饌再拜贊者徹酒饌見祖禰見舅姑醴婦饗送如儀

金章宗明昌元年十月制民庶聘財爲三等上百貫次五十貫次二十貫承安五年十二月詔官籍監戶百姓自願以女爲昏者聽泰和六年十一月詔屯田軍戶與所居民爲婚姻者聽

明太祖洪武元年定制依朱子家禮無問名納吉止納采納幣請期下令禁指腹割衫襟爲親者凡庶人娶婦男年十六女年十四以上並聽婚娶常服或假九品服婦服花釵大袖其納采納幣請期略倣品官之儀有媒無賓詞亦稍異親迎前一日女氏使人陳設於壻之寢室俗謂之鋪房至若告祠醮戒奠鴈合卺並如品官儀見祖禰舅姑舅姑醴婦亦略相準

欽定續通典卷五十八

欽定續通典卷五十九

禮嘉

君臣服章制度袍附　宋　遼　金　元　明

宋制天子之服一曰大裘冕二曰衮冕三曰通天冠絳紗袍四曰履袍五曰衫袍六曰窄袍七曰御閱服中興後有之神宗元豐四年詳定禮文所言大裘黑羔皮爲之領袖以黑繒纁裳朱紱而無章飾佩白玉元組綬革帶玉鉤鰈素帶朱裏其外上朱下綠白紗中單皂領青褾襈裾朱韈赤舄黑絇繶純其當暑奉祠之服乞降梁陸瑋議以黑繒爲裘及唐輿服志以黑羊皮爲緣詔重詳定光祿寺丞集賢校理陸佃言禮記云郊之日王被衮以象天又曰大裘不裼此明大裘以衮衣襲之先儒謂周禮天地皆服大裘非是於是詳定所言裘不可徒服請冬至祀昊天與黑帝皆服大裘被以衮非祀天及夏至祭地則皆服衮哲宗元祐元年禮部言元豐所造大裘作短袍制襲於衮下未合典禮下禮部太常寺議禮部員外郎何洵直言周禮節服氏旣云衮冕又云裘冕是裘與衮各有冕今裘旣無冕又襲於衮中何以示裘衮之別古人雖質不應以裘爲夏服蓋冬用大裘當暑則以同色繒爲之後詔如洵直議徽宗政和時議禮局上大裘青表纁裏黑羔皮爲領褾襈朱裳被以衮服中興後無存者高宗紹興十三年詔有司如舊制以羔造禮部言關西羔羊天生黑色今有司湟白羔爲之不中禮制不如權以繒代從之衮服初因五代之舊衣青色日月星山龍雉虎蜼七章紅裙藻火粉米黼黻五章紅蔽膝升龍二並織成閒以雲朶飾以金鈒花鈿窠裝以眞珠琥珀雜玉環三羅襦裙繡五章青褾襈裾六采綬一小綬三結玉環三素大帶朱裏青羅四神帶二繡四神盤結白羅中單青羅抹帶紅羅勒帛鹿盧玉具劒白玉雙佩金龍鳳革帶紅韈赤舄金鈒花四神玉鼻祭天地宗廟朝太清宮饗玉淸昭應宮景靈宮受冊尊號元日受朝冊皇太子則服之太祖建隆元年太常禮院上衮龍服令式元衣纁裳十二章升火於衣爲八章裳四章衣褾領如上爲升龍皆織成山龍以下每章一行重以爲等每行十二白紗中單黼領青褾襈裾蔽膝龍山火三章革帶玉鈎鰈大帶素帶朱裏玉劍佩大小綬玉環朱韈赤舄加金飾仁宗景祐二年詔冠服鐲減珍華務從簡約由是衮衣改用青羅紅羅襈繡八章閒以雲疏密視所宜云鈿窠及珠璣飾裳用紅羅繡四章蔽膝繡升龍二以雲補空地去鈿窠除帶首黃金葉用銷金英宗治平二年詔衮服悉去繪畫龍鱗紫雲白鶴蹙金縧龍裳繡服用繪神宗元豐元年詳定禮文所言古者朝祭之裳皆前三幅後四幅殊其前後不相連屬今裳以八幅考古不合請改用七幅幅廣二尺二寸兩旁各殺縫一寸腰閒辟積無數裳側有紳下有錫廣各寸半羣臣祭服之裳准此政和議禮局上冕服之制衣八章裳四章如舊制而升龍於山絳紗袍以織成雲龍紅金條紗爲之紅裏皂褾襈裾絳紗裙蔽膝如袍飾並皂褾襈白紗中單朱領褾襈裾白羅方心曲領白韈黑舄佩綬如衮大祭祀致齋正旦冬至五月朔大朝會大冊命親耕耤田皆服之孝宗乾道九年又用履袍袍以絳羅爲之折上巾通犀金玉帶繫履則曰履袍服鞾則曰鞾袍履鞾皆用黑革四孟朝獻景靈宮郊祀明堂詣宮宿廟進胙上壽兩宮及端門肆赦並服之大禮畢還宮乘平輦服亦如之若乘大輦則服通天冠絳紗袍如常儀衫袍有赭黃淡黃玉裝紅束帶皂文鞾大宴則服之赭黃淡黃襖袍紅衫袍常朝則服之窄袍便坐視事則服之皆皂紗折上巾通犀金玉環帶窄袍或御烏紗帽御閱服以金裝甲乘馬大閱則服之皇太子之服一曰衮冕二曰遠遊冠朱明衣三曰常服衮服青羅衣繡山龍雉火虎蜼五章紅羅裳繡藻粉米黼黻四章紅羅蔽膝繡山火二章白紗中單青褾襈裾革帶瑜玉雙佩四采大綬結二玉環青羅抹帶紅羅勒帛玉具劒白羅韈朱履金塗銀釦從祀則服之太宗至道元年皇太子衮服元衣纁裳赤舄加金飾謁廟加元服納妃則服之朱明服紅花金條紗衣紅紗裏皂褾襈紅紗裳紅紗蔽膝並紅紗裏白花羅中單皂褾襈白羅方心曲領羅襪黑舄革帶劒佩綬餘同衮服抹帶勒帛執桓圭受冊謁廟朝會則服之常服皂紗折上巾紫公服通犀金玉帶諸臣祭服九旒冕青羅衣繡山龍雉火虎蜼五章緋羅裳繡藻粉米黼黻四章緋蔽膝繡山火二章白花羅中單玉裝劍佩革帶暈錦綬二玉環緋白羅大帶緋羅韈履親王中書門下奉祀則服之其冕無額花者元衣纁裳悉畫小白綾中單獅子錦綬二銀環餘同上三公奉祀則服之七旒冕衣畫虎蜼粉米三章裳畫黼黻二章銀裝佩劒革帶餘同九旒冕九卿奉祀則服之五旒冕青羅衣裳無章銅裝佩劒革帶餘同七旒冕四品五品爲獻官則服之六品以下無劒佩綬紫檀衣朱通考作及裳羅爲之皂大綾綬銅裝劒佩御史博士服之平冕無旒青衣纁裳無劒佩綬餘同五旒冕太祝奉禮服之朝服進賢五梁冠緋羅袍白花羅中單緋羅裙緋羅蔽膝並皂褾襈白羅大帶白羅方心曲領玉劒佩銀革

帶暈錦綬二玉環白綾襪皂皮履一品二品侍祠朝會則服之中書門下則冠加籠巾貂蟬三梁冠無中單銀劒佩獅子錦綬銀環餘同五梁冠諸司三品御史臺四品兩省五品侍祠朝會則服之御史大夫中丞則冠有獬豸角衣有中單兩梁冠銅劒佩練鵲錦綬銅環餘同三梁冠四品五品侍祠朝會則服之六品以下無中單無劒佩綬御史則冠有獬豸角衣有中單仁宗康定三年少府監言每大禮法服庫準百官品位給朝服其諸司五品以上寔有官高品卑及品高官卑者請諸司五品國子博士至內給事並依六品以下去劒佩綬御史則冠獬豸衣有中單其諸司使副使以下至閤門祗候如有攝事合請朝服者並同六品詔從所請袴褶紫緋綠各從本服也白綾中單白綾袴白羅方心曲領本品冠導駕則騎而服之建隆四年范質與禮官議袴褶制度先儒無說案令文武弁金飾平巾幘簪導紫褶白袴玉梁珠寶鈿帶韡騎馬服之金飾郎附蟬也詳此即是二品三品所配弁之制也又令文三品以上紫褶五品以上緋褶七品以上綠褶九品以上碧褶並白大口袴起梁帶烏皮韡今請造袴褶如令文之制其起梁帶形制尋檢未是望以革帶代之奏可是歲造成而未用乾德六年郊祀始服而冠未造乃取朝服進賢冠帶襪履參用焉其公服因唐之制三品以上服紫五品以上服朱七品以上服綠九品以上服青其制曲領大袖下施橫襴束以革帶幞頭烏皮韡自王公至一命之士通服之太宗太平興國三年詔朝官出知節鎮及轉運使副衣緋綠者並借紫知防禦團練刺史州衣綠者借緋衣緋者借紫其後江淮發運使同轉運提點刑獄同知刺史州雍熙初郊祀慶成始許升朝官服緋綠二十年者敘賜緋紫眞宗登極京朝官亦聽敘及東封西祀赦書京朝官並以十五年爲限後每帝登極亦如例仁宗景祐元年詔軍使曾任通判者借緋曾任知州者借紫神宗元豐元年去青不用階官至四品服紫至六品服緋九品以上則服綠太宗太平興國七年詔以士庶車服頗有踰僭令翰林學士承旨李昉詳定以聞昉奏近年品官綠袍及舉子白襴下皆服紫色請禁之其私第便服許紫皂衣白袍舊制庶人服白今請流外官及貢舉人庶人通許服皂從之帽衫帽以烏紗衫以皂羅爲之角帶繫鞵東都士大夫交際常服之紫衫本軍校之服中興士大夫服之以便戎事高宗紹興二十六年禁以戎服臨民自是士大夫皆服涼衫以爲便服涼衫制如紫衫亦曰白衫孝宗乾道初以其似凶服禁之便服仍許用紫衫深衣用白細布圓袂方領曲裾黑緣大帶緇冠幅巾黑履士大夫家冠昏祭祀宴居交際服之襴衫亦白細布爲之圓領大袖下施橫襴爲裳腰閒有辟積進士及國子生州縣生服之

臣等謹按前世服物采章各有定式夏收殷哻三代巳不相沿是以諸史輿服志所臚雖損益隨時而禮徵從朔敦本之義固然自北魏始啟澆風變移國俗以洎遼金元之世服飾並更未幾而國勢浸微淪胥淬及載稽前蹟殷鑒具存洪惟

皇朝鴻業肇興

列祖

列宗制作隆備

釐定冠服昭示來茲

皇上念切紹衣訓行罔斁於

序禮器圖暨

評通鑑輯覽務懲輕易之弊至再至三近復以嘉禮典

中敘按未能明晳

諭臣等悉心訂正且

申示本

天本

祖饗

帝饗

親之

至論臣等恭聆心折實爲發從來所未發仰見

聖心所以範率由而綿

景祚者依古罕有此倫臣等謹覈各代正史紀志並各國志之文詳列改制年載仍各系按發明用誌緣起

遼自太祖仲父述瀾以約尼氏裕悅之官占居潢河沃壤始爲桑麻組織之教王業之基實肇於此太祖帝北方太宗制中國纖麗爽礱載而至會同中太后北面臣僚並國服皇帝南面臣僚並漢服乾亨五年聖宗冊承天太后給三品以上法服自是大禮雖北面三品以上亦漢服興宗重熙五年尊號冊禮皇帝服龍袞北南面臣僚並朝服自是以後大禮並從漢服矣今先列國服而以漢服次於後焉

遼祭山儀大祀皇帝服金文金冠白綾袍紅帶縣魚三山紅垂飾犀玉刀錯絡縫烏韡小祀皇帝服硬帽紅克絲龜文袍臣僚服飾各從本部旗幟之色其朝服皇帝服錫魯袞冠絡縫紅袍垂飾犀玉帶錯絡縫韡謂之國服袞冕太宗更以錦袍玉帶臣僚戴氈冠或紗冠紫窄袍鞊鞢帶以黃紅色絛裹革爲之用金玉水晶靛石綴飾謂之盤紫太宗更以錦袍金帶公服皇帝紫皁幅巾紫窄袍玉束帶或衣紅襖臣僚亦幅巾紫衣常服謂之盤裹綠花窄袍中單多紅綠色貴者披貂裘以紫黑色爲貴青次之又有銀鼠尤潔白賤者貂毛羊鼠沙狐裘田獵服皇帝幅巾擐甲戎裝以貂鼠或鵞項鴨頭爲扞腰蕃漢諸司使以上並戎裝衣皆左衽黑綠色其裘冕

終遼世郊丘不建不書其袞服元衣纁裳十二章八章在衣四章在裳衣褾領爲升龍織成文各爲六等龍山以下每章一行行十二白紗中單黼領青褾襈裾黻革帶大帶劒佩綬舄加金飾通天冠絳紗袍白紗中單褾領朱襈裾白裙襦絳蔽膝白假帶方心曲領革帶佩劒綬韈舄皇太子遠遊冠絳紗袍白紗中單皂領褾襈裾白裙襦白假帶方心曲領絳紗蔽膝革帶劒佩綬韈舄與上同後改爲白韈黑舄親王遠遊冠絳紗單衣白紗中單皂領褾襈裾白裙襦革帶鉤䚢假帶曲領方心絳紗蔽膝韈舄劒佩綬二品以上同七品以上去劒佩綬八品以下同公服其公服皇帝翼善冠柘黃袍九環帶白練裙襦六合鞾皇太子遠遊冠絳紗單衣白裙襦革帶金鉤䚢假帶方心紛鞶囊白韈烏皮履一品至五品冠幘纓絳紗單衣白裙襦帶鉤䚢假帶方心紛鞶囊六品以下去紛鞶囊餘並同其常服皇帝柘黃袍衫折上頭巾九環帶六合鞾皇太子進德冠絳紗單衣白裙襦白韈烏皮履五品以上幞頭紫袍牙笏金玉帶烏皮六合鞾六品以下幞頭緋衣木笏銀帶魚袋佩九品幞頭綠袍鍮石帶鞾並同

臣等謹按宇文懋昭大金國志國主視朝服純紗幞頭窄袖赭袍玉匾帶黃滿領金史輿服志太宗即位始服赭黃是雖初變章飾而消僕之風未盡漓也熙宗天眷三年車駕將幸燕京始製通天冠絳紗袍自是祭祀則袞衣朝會則朝服而臣下祭服尚闕至章宗泰和元年議制羣臣祭服於是縏文彌勝而樸畧之風益遠矣

金熙宗天眷三年有司以車駕將幸燕京合用通天冠絳紗袍衣式成造禮服袍裳方心曲領中單蔽膝革帶大帶玉具劒綬佩舄韈其袞服用青羅夾製五綵閒金繪畫日一月一昇龍四山十二上下襟華蟲火各六對虎蜼各六對背面星一昇龍四山十二華蟲火各十二對虎蜼各六對中單一白羅單製羅領褾襈裳一帶褾襈紅羅八幅夾製繡藻三十二粉十六米十六黼三十二黻三十二蔽膝一帶褾襈並紅羅夾製繡昇龍二大小綬施玉環緋白大帶紅羅勒帛青羅抹帶玉佩舄重底紅羅面白綾托裏如意頭銷金黃羅緣口玉鼻仁飾以珠凡大祭祀加尊號受册寶則服袞冕行幸齊戒出宮或御正殿則通天冠絳紗袍皇太子袞服青衣朱裳五章在衣山龍華蟲火宗彝四章在裳藻粉米黼黻白紗中單青褾襈裾革帶蔽膝隨裳色爲火山二章玉佩大綬施玉環白襪朱舄舄加金塗銀釦謁廟則服之遠遊冠朱明服紅裳白紗中單方心曲領絳紗蔽膝白襪黑舄餘同袞服受册寶則服之臣下朝服凡導駕及行大禮文武百官皆服之梁冠佩劒緋羅大袖緋羅裙緋羅蔽膝緋白羅大帶白羅方心曲領白紗中單銀褐勒帛烏皮履白綾襪正二品以下不佩劍熙宗皇統七年太常寺言太廟成後奉安神主袷享行禮凡行禮執事助祭陪位官准古典當服袞冕虞夏殷並十二章周九章後魏帝服袞冕與祭者皆朝服開元禮一品服九章五禮新儀正一品服九旒冕衣畫降龍今汴京舊禮直官言自宣和二年以後一品祭服七旒冕大袖無龍唐雖服九章服當時司禮少常伯孫茂道已言飾龍名袞尊卑相亂尚書省乃奏用後魏故事止用燕京大冊禮時所服朝服以祭世宗大定三年八月詔遵皇統制攝官則朝服散官則公服以皇太子爲亞獻服袞冕章宗泰和元年禮官言祭服朝服歷代各有分別國朝惟大子備袞冕通天冠二等之服羣臣祭服尚闕每有祀事但以朝服從事實於典禮未當請依漢唐故事祭服冕旒畫章然三公法服有龍恐涉於僭國初禮官亦嘗駁議乞參酌古今改置祭服其冠則如服冠而但去其貂蟬豎筆其服用青衣朱裳白韈朱履非攝事者則用朝服庶幾少有差別上曰朝祭之服固宜分也其公服大定官制文資五品以上官服紫三師三公親王宰相一品官服大獨科花羅徑不過五寸執政官服小獨科花羅徑不過三寸二品三品服散荅花羅（謂無枝葉者）徑不過寸半四品五品服小雜花羅（謂花頭碎小者）徑不過一寸六品七品服緋芝麻羅八品九品服綠無紋羅應武官皆服紫十五年制曰袍不加襴非古也遂命文資官公服皆加襴（大定二年制百官趨朝赴省並須裹帶五品以上官趨朝則朝服赴省則展皂雨雪沾衣則從便凡朝參主寶主符展紫御仙花或太平花金束帶近侍給使供御筆硯直長符寶吏紫襖子塗金束帶輪直則近侍給使並常服常服則展紫閤門六尚遇朝參侍立則服本品服若宮中當直則服窄紫金帶學士院官修起居注補闕拾遺秘書丞郎朝參侍立則服本品服色帶當直則窄紫金帶東宮左右衛率僕正副僕正典儀贊儀內直郎丞當直亦許服之太子太師出入宮中則展紫至東宮則展皂三少則展紫）其常服四帶中盤領衣烏皮靴其衣色多白三品以皂窄袖盤領縫腋下爲襞積而不缺袴其胸臆肩袖或飾以金繡其從春水之服則多鶻捕鵞襍花卉之飾其從秋山之服則以熊鹿山林爲文其長中骭取便於騎也章宗明昌六年制係籍儒生止服白衫領繫皆帶止以紫圓條羅帶乾皂鞾餘人用純紫領不得用緣雜色圓板條羅帶不得用紫鞾用黃及黑油皂蠟等

臣等謹按元憲宗二年八月祭天於日月山用冕

服自此始成宗大德六年祭天於麗正門外命獻官各公服行事大禮用公服自此始然史言至元十二年大德十一年博士皆嘗議上袞冕制度而事未果行則憲宗之所服者特稀闊一時之舉而後亦旋廢矣大德祭天始以公服行事則前此殆皆國服與至延祐七年英宗令省臣與太常禮儀院速製法服於是中書省會翰林集賢太常禮儀院官講議依秘書監所藏前代帝王袞冕法服圖本命有司製如其式蓋始變而公服繼變而冕服渞樸之風雖而日遠而元亦於是將季矣元國服之制無可考今敘漢服之制如左

元天子袞龍服制以青羅飾以生色銷金帝星一日一月一升龍四復身龍四山三十八火華蟲虎蜼各四十八裳制以緋羅其狀如裙飾以文繡凡一十六行每行藻二粉米二黼二黻二中單制以白紗絳緣黃勒帛副之蔽膝制以緋羅有褾緋絹為裏其形如襜袍上着之繡複身龍玉佩玉環綬紅羅韡納奇寶也金錦履紅綾襪皇太子袞服元衣纁裳中單蔽膝玉佩大綬朱韈赤舄臣僚祭服三獻官及司徒大禮使有青羅服紅羅裙紅羅蔽膝白紗中單白羅方心曲領赤革履白綾襪諸執事官祭服有青羅服紅綾裙紅羅蔽膝紫羅公服白紗中單白羅方心曲領皂韡赤革履白綾襪社稷祭服有青羅袍白紗中單紅梅花羅裙紅梅花羅蔽膝革履白綾襪白羅方心曲領宣聖廟祭服有鴉青袍方心曲領紅羅裙白絹中單紅羅蔽膝革履白絹襪曲阜祭服有青羅大袖夾衣紫羅公服褐羅大袖衣白羅衫白絹中單大紅羅夾蔽膝大紅夾裳緋紅夾裳緋紅羅夾蔽膝緋羅夾裳黃羅夾裳白羅方心曲領皂韡白羊毳襪大紅羅鞋白絹夾襪其積蘇內庭大宴則服之冬夏之服不同無定制凡勳戚大臣近侍賜則服之下至於樂工衞士皆有其服天子積蘇冬之服十有一等夏之服十有五等詳見冠冕篇百官積蘇冬之服凡九等夏之服凡十四等其百官公服制以羅大袖盤領俱右衽一品紫大獨科花徑五寸二品小獨科花徑三寸三品散荅花徑二寸四品五品小雜花徑一寸五分六品七品緋羅小雜花徑一寸八品九品綠羅無文仁宗延祐元年詔曰比年所在士民靡麗相尚尊卑混淆僭禮費財命中書省定服飾等第凡蒙古人及見當集賽諸色人等不在禁限唯不許服龍鳳文龍謂五爪二角者其職官除龍鳳文外一品二品服渾金花三品服金荅子四品五品服雲袖帶襴六品七品服六花八品九品服四花散官職事從其高者庶人不得服赭黃惟許服暗花紵絲紬綾羅毳帽笠不許飾用金玉韡不得裁制花樣

明皇帝袞服太祖洪武十六年定制元衣黃裳十二章日月星辰山龍華蟲六章織於衣宗彝藻火粉米黼黻六章繡於裳白羅大帶紅裏蔽膝隨裳色繡龍火山文玉革帶玉佩大小綬玉環白羅中單黻領青緣襈黃襪黃金舄二十六年更定元衣纁裳素紗中單紅羅蔽膝綬佩稍易其色朱襪赤舄餘如舊制成祖永樂三年再定袞服元衣八章日月龍在肩星辰山在背火華蟲宗彝在袖皆織成本色領褾襈裾纁裳四章織藻粉米黼黻各二前三幅後四幅前後不相連屬腰有襞積本色綼裼素紗中單青領褾襈裾領織黻文十三蔽膝隨裳色四章織藻粉米黼黻各二本色緣有紃施於縫中飾以玉鉤玉佩加綬施玉環韈舄皆赤色世宗嘉靖八年諭閣臣張璁袞冕有革帶今何不用璁對曰革帶前繫黻後繫綬左右繫佩自古冕弁恆用之今惟不用革帶前後佩服皆無所繫遂附屬裳腰之間失古制矣帝曰冕服祀天地享祖宗若闕革帶非齊明盛服之意會典蔽膝用羅織火山龍三章并大帶緣用錦皆與今所服不合卿可并革帶繫蔽膝佩綬之式詳考繪圖以進又曰衣裳分上下而今衣恆掩裳裳制如帷而今兩幅朕意衣但當與裳要下齊而露裳之六章又曰衣有六章古以繪今當以織朕命織染局考國初冕服日月各徑五寸當從之裳六章古用繡亦當從之古色用元黃取象天地今裳用纁於義無取當從古革帶即束帶後不當用玉蔽膝繡龍火可不用山卿與內閣諸臣同考之於是楊一清等言太祖皇帝定為十二章之制司造之官仍習舛訛非制作初意伏乞聖斷不疑帝乃擇吉更定其制元衣黃裳衣裳各六章日月徑五寸裳前後連屬如帷章用繡蔽膝隨裳色繡龍火繫於革帶大帶素表朱裏上緣以朱下以綠革帶前用玉其後無玉以佩綬繫而掩之中單及圭俱如永樂間制朱韈赤舄通天冠服絳紗袍深衣製白紗中單皂領褾襈裾絳紗蔽膝白假帶方心曲領白韈赤舄其革帶佩綬與袞服同皮弁服絳紗衣蔽膝隨衣色白玉佩革帶玉鉤鰈緋白大帶白襪黑舄武弁服親征遣將服之嘉靖八年定制韎衣韎裳俱赤色佩綬革帶如常制舄如裳色皇帝常服洪武三年定烏紗折角向上巾盤領窄袖袍束帶永樂三年更定翼善冠袍黃盤領窄袖前後及兩肩各織金盤龍一帶用玉韡以皮為之先是洪武二十四年帝微

行至神樂觀見有結網巾者翼日命取網巾頒示十三布政使司人無貴賤皆裹網巾天子亦常服之嘉靖七年帝以燕居冠服尙沿習俗諭張璁考古帝王燕居法服之制璁乃采禮書元端深衣之文圖註以進帝爲參定其制更名曰燕弁服如古元端之制色元邊緣以青兩肩繡日月前盤圓龍一後盤方龍二邊加龍文八十一領與兩袪共龍文五九衽同前後齊共龍文四九襯用深衣之制色黃袂圓袪方下齊負繩及踝十二幅素帶朱裏青表綠緣邊腰圍飾以玉龍九元履朱緣紅纓黃結白韈皇太子袞服九章元衣纁裳衣五章織山龍華蟲宗彝火裳四章織藻粉米黼黻白紗中單黻領蔽膝隨裳色織山火二章革帶金鉤䚢玉佩綬玉環白襪赤舄永樂三年更定元衣五章龍在肩山在背火華蟲宗彝在袖皆織成本色領褾襈裾纁裳四章織藻粉米黼黻各二前三幅後四幅不相屬腰有襞積本色綼裼素紗中單青領褾襈裾領織黻文十二蔽膝隨裳色四章織藻粉米黼黻本色緣有紃施於縫中上玉鉤二玉佩大帶大小綬施玉環韈舄皆赤皮弁服絳紗袍本色領褾襈裾紅裳如冕服內制不織章素紗中單如深衣制紅領褾襈裾領織黻文十一蔽膝隨裳色本色緣有紃施於縫中玉鉤玉佩大小綬大帶韈舄赤色常服翼善冠袍赤盤領窄袖前後及兩肩各金織盤龍一玉帶鞾以皮爲之親王袞冕之服青衣纁裳餘皆同東宮其皮弁服常服皆與東宮同嘉靖七年酌燕弁及忠靖冠之制爲保和冠服頒賜宗室（自郡王世子以上服之）其服青質青緣前後方龍補身用素地邊用雲襯用深衣玉色帶青表綠裏綠緣履用皁綠結白襪親王世子袞冕七章青衣三章織華蟲火宗彝纁裳四章織藻粉米黼黻素紗中單青領褾赤韍革帶佩白玉三采綬白玉環白韈赤舄永樂三年更定冕服青衣三章火在肩華蟲宗彝在兩袖皆織成本色領褾襈裾其纁裳玉佩帶綬之制俱與親王同第織黻文減二皮弁服制如親王其圭佩帶綬韈舄如冕服內制常服亦與親王同郡王冕服青衣三章粉米在肩藻宗彝在兩袖皆織成纁裳二章織黼黻各二中單領織黻文七餘與親王世子同皮弁服常服亦與親王世子同郡王長子朝服七梁冠大紅素羅衣白素紗中單大紅素羅裳及蔽膝大紅素羅白素紗二色夾帶玉朝帶丹礬紅花錦鷄綬玉佩象笏及白絹韈皁皮雲頭履鞵公服皁縐紗幞頭大紅素紵絲衣玉革帶常服烏紗帽大紅紵絲織金獅子開䄂圓領玉束帶皁皮銅線鞾文武官朝服洪武二十六年定用梁冠赤羅衣白紗中單青飾領緣赤羅裳青緣赤羅蔽膝大帶革帶佩綬白韈黑履（初洪武元年命制公服朝服以賜百官禮部言各官散官與現任職事高下不同服色不能無異乞定其制詔省部臣定議禮部復言唐制服色皆以散官爲準元制散官職事各從其高者國初服色依散官與唐制同乃定服色準散官不計現職所賜袍帶亦如之三年禮部言歷代異尙夏黑商白周赤秦黑漢赤唐服色黃旗幟赤國家承元之後取法周漢唐宋服色所尙於赤爲宜從之）凡親祀郊廟社稷文武官分獻陪祀則服祭服青羅衣白紗中單俱皁領緣赤羅裳皁緣赤羅蔽膝方心曲領其冠帶佩綬等差同朝服其家用祭服三品以上去方心曲領四品以下幷去佩綬嘉靖八年更定百官祭服上衣青羅皁緣下裳赤羅皁緣蔽膝綬環大帶革帶佩玉襪履俱與朝服同其視牲朝日夕月耕耤祭歷代帝王廟獨錦衣衛堂上官大紅蟒衣飛魚烏紗帽鸞帶佩繡春刀祭太廟社稷則大紅便服其公服每日早晚朝奏事及侍班謝恩見辭則服之在外文武官每日公座服之其制盤領右衽袍用紵絲或紗羅絹袖寬三尺一品至四品緋袍五品至七品青袍八品九品綠袍未入流雜職官與八品以下同（花樣與元制同）其常服洪武三年定凡常朝視事以烏紗帽圓領衫束帶爲公服六年禮官議品官見尊長用朝君公服於理未安宜別製梁冠絳衣裳革帶大帶大白襪烏舄其衣裳去緣襈三品以上佩綬三品以下不用從之二十四年又定公侯駙馬伯服繡麒麟白澤文官一品仙鶴二品錦鷄三品孔雀四品雲雁五品白鷴六品鷺鷥七品鸂鶒八品黃鸝九品鵪鶉雜職練鵲風憲官獬廌武官一品二品獅子三品四品虎豹五品熊羆六品七品彪八品犀牛九品海馬嘉靖七年旣定燕居法服之制閣臣張璁因言品官燕居之服未有明制乞更法古元端別爲簡易之制昭布天下使貴賤有等帝因復製忠靖冠服在京許七品以上官及八品以上翰林院國子監行人司在外許方面官及各府堂官州縣正堂儒學教官服之武官止都督以上其餘不許濫服其服仿古元端色用深青以紵絲紗羅爲之三品以上雲四品以下素緣以藍青前後飾本等花樣補子深衣用玉色素帶如古大夫之帶制青表綠緣邊幷裏素履青綠絛結白襪其狀元及諸進士冠服狀元冠二梁緋羅圓領白絹中單錦綬蔽膝紗帽槐木笏光銀帶藥玉佩朝鞾氈襪皆御前頒賜上表謝恩日服之進士巾如烏紗帽頂微平展角闊寸餘長五寸系以垂帶皁紗爲之深藍羅袍緣以青羅袖廣而不殺槐木笏革帶青鞓飾以黑角垂撻尾於後傳臚日服之釋菜禮畢易常服生員襴衫用玉色布絹爲之寬袖

皂緣皂絛軟巾垂帶貢舉入監者不變所服仁宗時命
監生易靑圓領庶人四方平定巾雜色盤領衣不許用
黃不得僭用金繡錦綺紵絲綾羅止許紬絹素紗

欽定續通典卷五十九

禮 嘉

后妃命婦首飾制度 宋 金 元 明

宋皇太后皇后首飾花十二株小花如大花之數并兩博鬢冠飾以九龍四鳳受冊朝謁景靈宮服之妃首飾花九株小花同并兩博鬢冠飾以九翬四鳳受冊服之皇太子妃首飾花九株小花同并兩博鬢受冊朝會服之中興之制龍鳳花釵冠大小花二十四株應乘輿冠梁之數博鬢冠飾同皇太后皇后服之（高宗紹興九年定）花釵冠大小花十八株應皇太子冠梁之數施兩博鬢去龍鳳皇太子妃服之（孝宗乾道七年定）命婦首服徽宗政和時議禮局上花釵冠皆施兩博鬢寶鈿飾一品花釵九株二品八株三品七株四品六株五品五株寶鈿準花數受冊從蠶服之（七年臣僚言今文臣九品殊以三等之服至於命婦已釐八等之號而服制未有名稱詔有司視其夫之品秩而定其服飾送禮制局定之然其儀闕焉）

臣等謹案遼史不載后妃命婦首飾服章惟言祭山儀皇后御絳帓絡縫紅袍懸玉魚雙結帕絡縫烏鞾命婦服飾各從本部旗幟之色餘無所見云

金皇后花珠冠用盛子一青羅表青絹襯金紅羅托裏用九龍四鳳前面大龍銜穗毬一朶前後有花株各十有二及鸂鶒孔雀雲鶴王母隊仙人浮動插瓣等後有納言上有金蟬鑻金兩博鬢以上並用鋪翠滴粉縷金裝珍珠結製下有金圈口上用七寶鈿窠後有金鈿窠二穿紅羅鋪金款幔帶一 其命婦首飾許用明金籠金間金

元仁宗延祐元年詔定服色等第凡命婦首飾一品至三品許用金珠寶玉四品五品用金玉珍珠六品以下用金惟耳環用珠玉（同籍不限親疎期親雖別籍及出嫁同）

臣等謹案元史及元典章並不載后妃首飾服章惟命婦首飾等差略見於史者如此其詳亦不可得考云

明太祖洪武三年定皇后受冊謁廟朝會禮服其冠圓匡冒以翡翠上飾九龍四鳳大花十二樹小花數如之兩博鬢十二鈿成祖永樂三年重定飾翠龍九金鳳四中一龍銜大珠一上有翠蓋下垂珠結餘皆口銜珠滴珠翠雲四十片大珠花小珠花數如舊三博鬢飾以金龍翠雲皆垂珠滴翠口圈一副上飾珠寶鈿花十二翠鈿如其數托裏金口圈一副珠翠面花五事珠排環一對皂羅額子一描金龍文用珠二十一其常服洪武三年定雙鳳翊龍冠首飾釧鐲用金玉珠寶翡翠四年更定龍鳳珠翠冠制如特髻上加龍鳳飾永樂三年又定冠用皂縠附以翠博山上飾金龍一翊以珠翠鳳二皆口銜珠滴前後珠牡丹二花八蕋翠葉三十六珠翠穰花鬢二珠翠雲二十一翠口圈一金寶鈿花九飾以珠金鳳二口銜珠結三博鬢飾以鸞鳳金寶鈿二十四邊垂珠滴金簪二珊瑚鳳冠觜一副皇妃皇嬪及內命婦冠洪武三年定皇妃受冊助祭朝會禮服冠飾九翬四鳳花釵九樹小花數如之兩博鬢九鈿常服鸞鳳冠首飾釧鐲用金玉珠寶翠又定山松特髻假鬢花鈿或花釵鳳冠永樂三年更定禮服九翟冠二以皂縠為之附以翠博山飾大珠翟二小珠翟三翠翟四皆口銜珠滴冠中寶珠一座翠頂雲一座其珠牡丹翠穰花鬢之屬俱如雙鳳翊龍冠制第減翠雲十又翠牡丹花穰花各二面花四梅花環四珠環各二九嬪冠服世宗嘉靖十年始定冠用九翟次皇妃之鳳內命婦冠服洪武五年定三品以上花釵四品五品山松特髻貴人視三品以皇妃燕居冠為禮服以珠翠慶雲冠為常服皇太子妃冠洪武三年定禮服與皇妃同常服犀冠刻以花鳳首飾釧鐲俱同皇妃四年定常服冠亦與皇妃同永樂三年更定禮服九翬四鳳冠漆竹絲為匡冒以翡翠上飾翠翬九金鳳四皆口銜珠滴珠翠雲四十片大珠花九樹小珠花數如之雙博鬢飾以鸞鳳皆垂珠滴翠口圈一副上飾珠寶鈿花九翠鈿如其數托裏金口圈一副珠翠面花五事珠排環一對珠皂羅額子一描金鳳文用珠二十一燕居冠以皂縠為之附以翠博山上飾寶珠一座翊以二珠翠鳳皆口銜珠滴前後珠牡丹二花八蕋翠葉三十六珠翠穰花鬢二珠翠雲十六片翠口圈一副金寶鈿花九上飾珠九金鳳一對口銜珠結雙博鬢飾以鸞鳳金寶鈿十八邊垂珠滴金簪一對珊瑚鳳冠觜一副親王妃禮服洪武三年定九翬四鳳冠永樂三年又定九翟冠制同皇妃公主與親王妃同親王世子妃亦與親王妃同惟冠用七翟郡王妃七翟冠與親王世子妃同郡主亦七翟冠惟減四珠環一對郡王長子夫人鎭國將軍夫人及縣主並珠翠五翟冠輔國將軍夫人奉國將軍淑人鎭國中尉恭人郡君並四翟冠輔國中尉宜人奉國中尉安人縣君鄉君並三翟冠其命婦冠服洪武元年定命婦一品冠花釵九樹兩博鬢九鈿二品冠花釵八樹兩博鬢八鈿三品冠花釵七樹兩博鬢七鈿四品冠花釵六樹兩博鬢六鈿五品冠花釵五樹兩博鬢五鈿六品冠花釵四樹兩博鬢四鈿七品冠花釵三樹兩博鬢三鈿四年以古天子諸侯服

袞冕后與夫人亦服褘翟今羣臣既以梁冠絳袍爲朝服不敢用冕則外命婦亦不當服翟衣命禮部議之奏定命婦以山松特髻假鬢花鈿爲朝服以珠翠角冠金珠花釵爲燕居服其首飾一品二品金玉珠翠三品四品金珠翠五品金翠六品以下金鍍銀間用珠五年更定品官命婦冠服一品禮服用山松特髻翠松五株金翟八口銜珠結正面珠翠翟一珠翠花四朶珠翠雲喜花三朶後鬢珠梭毬一珠翠飛翟一珠翠梳四金雲頭連三釵一珠簾梳二金簪二珠梭環一常服用珠翠慶雲冠珠翠翟三金翟一口銜珠結鬢邊珠翠花二小珠翠梳一雙金雲頭連三釵一金壓鬢雙頭釵二金腦梳一金簪二金腳珠翠佛面環一雙鐲釧皆金二品特髻上金翟七餘同一品常服亦與一品同三品特髻上金孔雀六正面珠翠孔雀一後鬢翠孔雀二餘同二品常服冠珠翠孔雀三金孔雀二餘同二品四品特髻上金孔雀五餘同三品常服亦與三品同五品特髻上銀鍍金鴛鴦四正面珠翠鴛鴦一小珠鋪翠雲喜花三朶後鬢翠鴛鴦一銀鍍金雲頭連三釵一小珠簾梳一鍍金銀簪二小珠梳環二餘同四品常服冠上小珠翠鴛鴦三鍍金銀鴛鴦二挑珠牌鬢邊小珠翠花二朶雲頭連三釵一梳一壓鬢雙頭釵二鍍金簪二銀腳珠翠佛面環一雙鐲釧皆用銀鍍金六品特髻上翠松三珠銀鍍金練鵲四口銜珠結正面銀鍍金練鵲一小珠翠花四朶後鬢翠梭毬一翠練鵲二翠梳四銀雲頭連三釵一珠緣翠簾梳一銀簪二常服冠上鍍金練鵲三叉鍍金銀練鵲二挑小珠牌鐲釧皆用銀餘同五品七品禮服常服俱同六品八品九品禮服常服俱用小珠慶雲冠銀間鍍金銀練鵲三叉銀間鍍金銀練鵲二挑小珠牌銀間鍍金雲頭連三釵一銀間鍍金壓鬢雙頭釵二銀間鍍金腦梳一銀間鍍金簪二二十六年定一品冠用金事件珠翟五珠牡丹開頭二珠半開三翠雲二十四片翠牡丹葉一十八片翠口圈一副上帶金寶鈿花八金翟二口銜珠結二二品至四品冠用金事件珠翟四珠牡丹開頭二珠半開四餘同一品五品六品冠用抹金銀事件珠翟三珠牡丹開頭二珠半開五翠口圈一副上帶抹金銀寶鈿花八抹金銀翟二口銜珠結二餘同四品七品至九品冠用抹金銀事件珠翟二珠月桂開頭二珠半開六翠雲二十四片翠月桂葉一十八片餘同六品內外官親屬凡祖母及母與子孫同居親弟姪婦女禮服各以本官所居官職品級通用漆紗珠翠慶雲冠唯山松特髻子止許受封誥敕者用之品官次妻許用本品珠翠慶雲冠

后妃命婦服章制度宋　金　明

宋制后妃之服一曰褘衣二曰朱衣三曰禮衣四曰鞠衣后之褘衣深青織成翟文素質五色十二等青紗中單黼領羅縠褾襈蔽膝隨裳色以緅爲領緣用翟爲章三等大帶隨衣色朱裏紕其外上以朱錦下以綠錦紐約用青組革帶以青衣之白玉雙佩黑組雙大綬小綬三間施玉環三青韈舄舄加金飾受冊朝謁景靈宮服之鞠衣黃羅爲之蔽膝大帶革舄隨衣色餘同褘衣唯無翟文親蠶服之其朱衣禮衣仍唐制但存其名而已妃褕翟青羅繡爲搖翟之形編次於衣青質五色九等素紗中單黼領羅縠褾襈蔽膝隨裳色以緅爲領緣以搖翟爲章二等大帶隨衣色不朱裏紕其外餘仿皇后之制受冊服之皇太子妃褕翟青織爲搖翟之形青質五色九等素紗中單黼領羅縠褾襈皆以朱色蔽膝隨裳色以緅爲領緣以搖翟爲章二等大帶隨衣色不朱裏紕其外上以朱錦下以綠錦紐約用青組革帶以青衣之白玉雙佩純朱雙大綬章采尺寸與皇太子同受冊朝會服之鞠衣黃羅爲之蔽膝大帶革帶隨衣色餘與褕翟同唯無翟從蠶服之其常服后妃大袖生色領長裙霞帔玉墜子背子生色領皆用絳羅與臣下不異命婦服徽宗政和中議禮局上翟衣青羅繡爲翟編次於衣及裳一品翟九等二品八等三品七等四品六等五品五等並素紗中單黼領朱褾襈通用羅縠蔽膝隨裳色以緅爲領緣加文繡重雉爲章二等大帶革帶青韈舄佩綬受冊從蠶服之

金皇后褘衣深青羅織成翬翟之形素質十二等領褾襈並紅羅織成雲龍素青紗中單領織黼形十二褾袖襈織成雲龍並織紅縠造裳八幅深青羅織成翟文六等褾襈織成紅羅雲龍明金㡌帶蔽膝深青羅織成翟文三等領緣緅色羅織成雲龍明金帶大綬一長五尺濶一尺黃赤白黑縹綠六彩織成小綬三色同大綬間七寶鈿窠施三玉環土碾雲龍撚金線織成大小綬頭紅羅花襯大帶青羅朱裏紕其外上以朱錦下綠錦紐約用青組撚金線織成帶頭玉佩二朶每朶上中下璜各一半月墜子各二並玉碾褸金打鈒獸面篦鈎佩子各一水葉子珍珠穿綴青衣革帶用褸金青羅裹造上用金打鈒水地龍鸞眼鉈尾龍口攀束子共八事以玳瑁襯金釘腳抹帶二紅羅青羅各一並明金造各長一丈五寸舄以青羅製白綾裏如意頭明金黃羅準上用

玉鼻眞珠裝襪青羅表裏並綴繫帶其宗室及外戚幷一品命婦衣服聽用明金期親雖別籍女子出嫁並同及五品以上官母妻許披霞帔唯首飾霞帔領袖腰帶許用明金蹙金間金之類其衣服止用明銀象金及金條壓繡（金婦人服襜裙多以黑紫上徧繡全枝花周身六襞積上衣謂之團衫用黑紫或皁及紺直領左衽掖縫兩旁復爲雙襞積前拂地後曳地尺餘帶色用紅黃前雙垂至下齊年老者以皁紗籠髻如巾狀散綴玉鈿於上謂之玉逍遙此皆遼制也金亦襲之）

明太祖洪武三年定皇后褘衣深青繪翟赤質五色素紗中單黻領朱羅縠褾襈裾蔽膝隨衣色以緅爲領緣用翟爲章三等大帶隨衣色朱裏紕其外上以朱錦下以綠錦紐約用青組玉革帶青韈青舄金飾永樂三年定翟衣深青織翟文十二等間以小輪花紅領褾襈裾織黼文十三蔽膝隨衣色織翟爲章三等間以小輪花四以緅爲領緣織金雲龍文玉穀圭剡其上瑑穀文黃綺約其下韜以黃囊金龍文玉革帶青綺鞓描金雲龍文玉事件十金事件四大帶表裏俱青紅相半末純紅下垂織金雲龍文上朱緣下綠緣青綺副帶一綬五采黃赤白縹綠纁質間施二玉環皆織成小綬三色同大綬玉佩二各用玉珩一瑀一琚三衝牙一璜二瑀下垂玉花一玉滴二瑑飾雲龍文描金自珩而下繫組五貫以玉珠行則衝牙二滴與二璜相觸有聲上有金鉤有小綬五采以副之纁質織成青韈舄飾以描金雲龍皁純每舄首加珠五顆其常服洪武三年定諸色團衫金繡龍文帶用金玉四年更定眞紅大袖衣霞帔紅羅長裙紅褙子衣用織金龍文加繡飾永樂三年又定大衫霞帔衫黃霞帔深青織金雲霞龍文或繡或鋪翠圈金飾以珠玉墜子瑑龍文四褉襖子（卽褙子）深青金繡團龍文鞠衣紅色前後織金雲龍文或繡或鋪翠圈金飾以珠大帶紅綫羅爲之有緣餘或青或綠各隨鞠衣色緣襈襖子黃色紅領褾襈裾皆織金采色雲龍文緣襈裙紅色綠緣襈金采色雲龍文玉帶如翟衣內制第減金事件一玉花采結綬以紅綠綫羅爲結玉綬花一瑑雲龍文綬帶玉墜珠六金垂頭花瓣四小金葉六紅綫羅繫帶一白玉雲樣玎璫二如佩制有金鉤金如意雲蓋一下懸紅組五貫金方心雲板一俱鈒雲鳳文襯以紅綺下垂金長頭花四中小金鐘一末綴白玉雲朶五青韈舄與翟衣內制同皇妃禮服洪武三年定翟衣青質繡翟編次於衣及裳重爲九等青紗中單黻領朱縠褾襈裾蔽膝隨裳色加文繡重雉爲章二等緅爲領緣大帶隨衣色玉革帶青韈舄佩綬其常服諸色團衫金繡鸞鳳不用黃帶用金玉犀又定眞紅大袖衣霞帔紅羅裙褙子衣用織金及繡鳳文永樂三年更定大衫霞帔燕居佩服之飾俱同中宮第織金繡瑑俱雲霞鳳文不用雲龍文九嬪服世宗嘉靖十年定大衫鞠衫如皇妃制其皇太子妃禮服常服洪武時俱與皇妃同永樂三年更定翟衣青質織翟文九等間以小輪花紅領褾襈裾織金雲龍文中單玉色紗爲之紅領褾襈裾領織黻文十一蔽膝隨衣色織翟爲章二等間以小輪花三以緅爲領緣織金鳳雲文其玉圭帶綬玉佩韈舄之制及常服大衫霞帔燕居佩服之飾俱同皇妃親王妃服同東宮妃第金事件減一玉綬花瑑寶相花公主服與親王妃同惟不用圭親王世子妃服與親王妃同郡王妃服與親王世子妃同其大衫霞帔燕居佩服之飾俱同親王妃第繡雲霞翟文不用盤鳳文郡主服與郡王夫人同惟不用青郡王長子夫人服大紅紵絲大衫深青紵絲金繡翟褙子青羅金繡翟霞帔金墜頭鎭國將軍夫人服與郡王長子夫人同輔國將軍夫人服與鎭國將軍夫人同惟抹金銀墜頭奉國將軍淑人鎭國中尉恭人縣主服皆與輔國將軍夫人同惟褙子霞帔金繡孔雀文輔國中尉宜人郡君縣君服與鎭國中尉恭人同唯褙子霞帔金繡鴛鴦文奉國中尉安人鄕君服與輔國中尉宜人同唯大衫用丹礬紅褙子霞帔金繡練鵲文命婦冠服洪武元年定一品翟衣繡翟九重素紗中單黼領朱縠褾襈裾蔽膝隨裳色以緅爲領緣加文繡重翟爲章二等玉帶青韈舄佩綬二品翟衣八等犀帶餘如一品三品翟衣七等金革帶餘如二品四品翟衣六等餘如三品五品翟衣五等烏角帶餘如四品六品翟衣四等餘如五品七品翟衣三等餘如六品自一品至五品衣隨夫用紫六品七品隨夫用緋大帶如衣色四年禮部議定命婦以眞紅大袖衣珠翠慶金霞帔爲朝服以潤袖雜色綠緣爲燕居之服一品衣金繡文霞帔金珠翠妝飾玉墜子二品衣金繡雲肩大雜花霞帔金珠翠妝飾金墜子三品衣金繡大雜花霞帔珠翠妝飾金墜子四品衣繡小雜花霞帔翠妝飾金墜子五品衣銷金大雜花霞帔生色畫絹起花妝飾金墜子六品七品衣銷金小雜花霞帔生色畫絹起花妝飾鍍金銀墜子八品九品衣大紅素羅霞帔生色畫絹妝飾銀墜子五年更定命婦冠服一品禮服大袖衫眞紅色（大袖衫領闊三寸兩領直下一尺間綴紐子三末綴紐子二紐在掩紐之下拜則放之）霞帔褙子俱深青色紵絲綾羅紗隨用霞帔上施蹙金繡雲霞翟文鈒花金墜子（霞帔二條各繡禽七隨品級用前四後三墜子中鈒花禽一四面雲霞文禽如霞帔

褙子上施金繡雲霞翟文常服長襖長裙各色紵絲綾羅紗隨用長襖緣襈或紫或綠上施蹙金繡雲霞翟文看帶用紅綠紫上施蹙金繡雲霞翟文長裙橫豎金繡纏枝花文二品與一品同三品霞帔上施蹙金雲霞孔雀文褙子上施金繡雲霞孔雀文常服長襖緣襈看帶或紫或綠並繡雲霞孔雀文長裙橫豎襴並繡纏枝花文餘同二品四品與三品同五品霞帔上施繡雲霞鴛鴦文鍍金銀鈒花墜子褙子上施雲霞鴛鴦文常服長襖緣襈繡雲霞鴛鴦文餘同四品六品七品大袖衫綾羅紬絹隨所用霞帔施繡雲霞練鵲文鈒花銀墜子褙子上施雲霞練鵲文常服長襖緣襈看帶或紫或綠繡雲霞練鵲文餘同五品八品九品禮服唯用大袖衫霞帔褙子大衫同七品霞帔上繡纏枝花褙子上繡摘枝團花常服長襖緣襈看帶並繡纏枝花餘同七品又定命婦團衫之制以紅羅爲之繡重雉爲等一品九等二品八等三品七等四品六等五品五等六品四等七品三等其餘不用繡雉凡品官祖母及母與子孫同居親弟姪婦女禮服各以本官所居官職品級通用本品霞帔褙子緣襈襖裙品官次妻許用本品褙子爲禮服銷金濶領長襖長裙爲常服洪武三年定士庶妻首飾用銀鍍金耳環用金珠釧鐲用銀服淺色團衫用紵絲綾羅紬絹五年令民閒婦人禮服惟紫絁不用金繡袍衫止紫綠桃紅及諸淺淡顏色不許用大紅鴉青黃色帶用藍絹布

欽定續通典卷六十

欽定續通典卷六十一

禮嘉

君臣玉佩劍綬璽印 宋 遼 金 元 明

宋天子凡大祭祀大朝會服袞冕及通天冠絳紗袍皆執圭神宗元豐二年詳定所言周禮祭天地宗廟朝日夕月則執鎮圭唐六典凡祭祀則搢大圭執鎮圭若大朝會止進爵開寶通禮始著元會執圭湆化上壽進酒又令內侍奉圭於周制唐禮皆不合其元會受朝賀請不執圭從之哲宗元祐元年禮部言元豐新禮皇帝祀天搢大圭其制圓首前詘於禮未合欲放西魏隋唐玉笏之制方而不折上下皆博三寸長尺二寸其厚以鎮圭為約從之革帶玉鉤鰈大帶素帶朱裏紕其外上朱下綠紐約用組鹿盧玉具劍大珠鏢首鏢首初用玉太祖建隆元年改用珠白玉雙佩佩有衡有琚瑀有衡牙繫於革帶衡下垂三帶貫以蠙珠次則中有金獸面兩旁夾以雙璜又次設琚瑀下則衡牙居中央兩旁有玉滴子行則擊牙而有聲此徽宗政和議禮局所上制也元組雙大綬六采元黃赤白縹綠純元質長二丈四尺五寸首廣一尺小雙綬長二尺六寸色同大綬而首半之間施三玉環皇太子執桓圭革帶塗金銀鉤鰈大帶素帶不朱裏亦紕以朱綠紐約用組朱組雙大綬四采赤白縹綠純朱質長一丈八尺三百二十首廣九寸小雙綬長二尺六寸色同大綬而首半之間施二玉環諸臣祭服九旒冕玉裝劍佩革帶暈錦綬二玉環政和之制革帶以金塗銀玉佩以金塗銀裝冕無額花者獅子錦綬二銀環餘同上政和之制紅錦綬金塗銀革帶七旒冕銀裝劍佩革帶餘同九旒冕政和之制同上五旒冕銅裝劍佩革帶餘同七旒冕政和之制皂綾綬銅環金塗銅革帶佩六品以下無劍佩綬御史博士則皂綾綬銅裝劍佩笏文散五品以上皆用象九品以上皆用木武臣內職並用象千牛衣綠亦用象廷賜緋綠者皆給之魚袋以金為魚形公服則繫於前而垂於後以明貴賤太宗雍熙元年南郊後內出魚袋以賜近臣由是內外升朝官皆佩魚凡服紫者飾以金服緋者飾以銀廷賜紫則給金塗銀者賜緋亦有特給者京官幕職州縣官賜紫緋者亦佩親王武官內職將校皆不佩眞宗大中祥符六年詔技術官未升朝賜紫緋不得佩魚太祖受禪即受周廣順中所造二寶一曰皇帝承天受命之寶一曰皇帝神寶又製大宋受命之寶至太宗又別製承天受命之寶是後諸帝嗣服皆自為一寶以皇帝恭膺天命之寶為文凡上尊號有司製玉寶則以所上尊號為文寶用玉篆文廣四寸九分厚一寸二分塡以金盤龍鈕係以暈錦大綬赤小綬連玉環玉檢高七寸廣二寸四分厚四分玉斗方二寸四分厚一寸二分皆飾以紅錦金裝裹以紅綿加紅羅泥金夾帊納于小盝盝以金裝內設金牀暈錦褥飾以雜色玻瓈碧石珊瑚金精石瑪瑙又盝二重皆裝以金覆以紅羅繡帊載以腰輿及行馬並飾以金又有香爐寶子香匙灰匙火箸燭臺燭刀皆以金為之所謂緣寶法物也別有三印一曰天下合同之印中書奏覆狀流內銓歷任三代狀用之二曰御前之印樞密院宣命及諸司奏狀內用之三曰書詔之印翰林詔敕用之皆鑄以金又以鍮石各鑄其一太宗雍熙三年並改為寶別鑄以金舊六印皆毀之眞宗東封作天下同文之寶以印玉磩大小同御前之寶仁宗慶歷八年刻皇帝欽崇國祀之寶皇祐五年作鎮國神寶哲宗紹聖三年咸陽縣民段義得古玉印上之詔禮部御史臺以下參驗翰林學士承旨蔡京等奏按所獻玉璽色綠如藍溫潤而澤其文曰受命于天既壽永昌其背螭鈕五盤其玉乃藍田之色其篆與李斯小篆體合其為秦璽可知陛下嗣守大寶而神寶自出天之所畀烏可忽哉於是差官奏告天地宗廟齋戒御大慶殿受寶羣臣上壽稱賀徽宗崇寧五年作鎮國寶方四寸有奇螭鈕方盤上圓下方文倣李斯蟲魚篆大觀元年又黜紹聖所得傳國璽自作受命寶方四寸有奇瑑以白玉篆以蟲魚合天子皇帝六璽為八寶尙書省奏請鎮國受命寶唯封禪則用之皇帝之寶答鄰國書用之皇帝行寶降御札用之皇帝信寶賜鄰國書及物用之天子之寶答外國書用之天子行寶封冊用之天子信寶舉大兵用之二年詔受命寶加鎮國二字政和七年得于闐大玉又製一寶赤螭鈕文曰範圍天地幽贊神明保合太和萬壽無疆號曰定命寶篆以蟲魚製作之工幾於秦璽合前八寶為九詔九寶以定命寶為首其後諸寶俱失惟大宋受命之寶與定命寶獨存高宗建炎初始作金寶三一曰皇帝欽崇國祀之寶祭祀祠表用之二曰天下合同之寶降付中書門下省用之三曰書詔之寶發號施令用之紹興元年又作玉寶一文曰大宋受命中興之寶又得舊寶二歷世寶之凡上太上皇尊號冊后太子皆用焉十六年又作八寶一曰護國神寶以承天福延萬億永無極九字為文二曰受命寶以受命于天既壽永昌為文三曰天子之寶四曰天子信寶五曰天子行寶六曰皇帝之寶七曰皇帝信寶八曰皇帝行寶藏之御府大朝會則陳之上冊寶尊號冊后太子大禮設鹵簿亦如之寶之制用玉尺度鈕鼻大小綬玉環檢如舊制太宗至道元年製皇太子受冊金寶方二寸厚五寸係以朱組大綬連玉環金斗金檢長五寸濶二寸厚二分裹以紅綿加紅羅泥金帊納于小盝盝以金裝內設金牀又盝二重皆覆以紅羅銷金帊盝及腰輿行馬皆銀裝金塗他

法物皆銀爲之鈒花塗金中興寶龜紐金塗銀檢又寶斗勠漆盝三重並錦托裏外以金塗銀百花鳳葉子五明裝鑰以金鐷載以勠漆腰輿行馬諸臣之印沿唐制用銅諸王及中書門下印方二寸一分樞密宣徽三司尙書省諸司印方二寸唯尙書省印不塗金餘皆塗金節度使印方一寸九分塗金餘印並方一寸八分唯觀察使塗金諸王節度觀察使州府軍監縣印皆有銅牌長七寸五分諸王廣一寸九分餘廣一寸八分諸王節度觀察使牌塗以金刻文云牌出印入印出牌入其奉使出入或本局無印者皆給奉使印眞宗景德初別鑄兩京奉使印又有朱記以給京城及外處職司及諸軍將校等其制長一寸七分廣一寸六分中興仍舊制唯三省樞密院用銀印六部以下用銅印諸路監司州縣亦如之寺監惟長貳給焉屬則從其長若倉庫關涉財用司存或給之監司州縣長官曰印僚屬曰記又下無記者止令本道給以木朱記文大方寸或銜命出境者以奉使印給之復命則納于有司後以朝命出州縣者亦如之

遼祭山儀皇帝紅帶縣魚三山紅垂飾犀玉刀錯朝服垂飾犀玉帶錯公服玉束帶其漢服袞服革帶大帶劒佩綬其朝服革帶劒佩綬皇太子親王及羣臣皆同七品以下去劒佩綬其公服皇帝九環帶皇太子革帶金鉤鰈紛鞶囊一品以下五品以上帶鉤鰈紛鞶囊六品以下去紛鞶囊常服皇帝九環帶五品以上牙笏金玉帶文官佩手巾算袋刀子礪石金魚袋武官鞊鞢七事佩刀刀子磨石契苾眞噦厥針筒大石袋六品以下木笏銀帶魚袋八品九品鍮石帶太宗會同九年伐晉末帝表上傳國寶一金印三（其三印文未詳）開泰十年馳驛取石晉所上玉璽於中京天祚保大二年遺傳國璽於桑乾河玉印太宗破晉北歸得於汴宮藏隨駕庫穆宗應歷二年詔用太宗舊寶其御前寶金鑄文曰御前之寶以印臣僚宣命詔書寶文曰書詔之寶凡書詔批答用之契丹寶受契丹冊儀符寶郎捧寶置御坐東皇太子寶未詳其制重熙九年冊皇太子儀中書令授皇太子寶凡諸臣之印吏部印文曰吏部之印銀鑄以印文官制誥兵部印文曰兵部之印銀鑄以印軍職制誥其契丹樞密院契丹諸行軍部署漢人樞密院中書省漢人諸行宮都部署印並銀鑄文不過六字以上以銀硃爲色南北王以下內外百司印並銅鑄以丹黃爲色諸稅務以赤石爲色碩翁寬印以碩翁寬爲印紐（碩翁寬鷙鳥之總名以爲印紐取疾速之義）行軍詔賜將帥用之（道宗賜耶律仁先鷹紐印即此）

金天子有鎮圭大圭（熙宗皇統九年禮部下太常書鎮圭式大禮使據三禮以進用之世宗大定十一年太常寺言今鎮圭已依古制惟無大圭今御府有故宋白玉圭無上綱終葵首長尺有二寸雖非先王之法蓋後世玉難得隨宜故也擬以御府所藏行禮就用）大綬以赤黃黑白縹六采織紅羅托裏小綬三色同大綬銷金黃羅綬頭上間施三玉環皆刻雲龍大綬五百首小綬半之緋白大帶銷金黃羅帶頭鈿窠二十四紅羅勒帛青羅抹帶玉佩二白玉上中下璜各一半月各二皆刻雲龍玉滴子各二皆以眞珠穿製金篦鉤獸面水葉環釘涼帶一紅羅裏鏤金上有玉鷙七鉈尾束各一金攀龍口以玳瑁板釘襯腳皇太子桓圭長九寸廣三寸厚半寸用白玉若屋之桓楹爲二稜瑜玉雙佩四采織成大綬間施玉環三太子入朝起居及與宴則朝服紫袍上加玉帶雙魚袋視事及見師少賓客則小帽皂衫玉束帶臣下朝服正一品佩劒緋白羅大帶天下樂暈錦玉環綬一玉珠佩二金塗銀革帶二品不佩劒雜花暈錦玉環綬餘並同正四品白獅錦銀環綬珠佩銀革帶御史中丞則青荷蓮綬餘並同正五品金鵰錦銅環綬銀珠佩餘並同正六品七品黃獅錦銅環綬珠佩銅束帶餘並同（大定二十七年監察御史青綬）其公服皇太子玉帶佩玉雙魚袋親王玉帶佩玉魚一品玉帶佩金魚二品笏頭毬文金帶佩金魚三品四品荔枝或御仙花金帶並佩金魚五品服紫者紅鞓烏犀帶佩金魚服緋者紅鞓烏犀帶佩銀魚服綠者並皂鞓烏犀帶武官一品二品佩帶同三品四品金帶五品至七品紅鞓烏犀帶皆不佩魚八品以下並皂鞓烏犀帶司天太醫內侍教坊服同文武官惟不佩魚其常服束帶曰吐鶻玉爲上金次之犀象骨角又次之銙周鞓小者間置於前大者施於後左右有雙鉈尾納方束中其刻琢多如春水秋山之飾左佩牌右佩刀刀貴鑌柄尙雞舌木黃黑相半有黑雙距者爲上或三事五事實飾以醬瓣樺（謂樺皮班文色殷紫如醬中豆瓣也）鑌口飾以鮫（按大金國志金自太子至四品官皆用象簡五品以下用象笏今史中不載附識之以資考核云）太宗天會六年始詔給諸司印海陵王正隆元年以內外官印新舊名及階品不一有用遼宋舊印及契丹字者遂定制更鑄三師三公親王尙書令並金印方二寸重八十兩駝紐一字王印方一寸七分半金鍍銀重四十兩鍍金二字諸郡王印方一寸六分半金鍍銀重三十五兩鍍金三字國公無印一品印方一寸六分半金鍍銀重三十五兩鍍金三字二品印方一寸六分金鍍銅重二十六兩東宮三師宰執與郡王同三品印方一寸五分半銅重二十四兩四品印方一寸五分銅重二十

兩五品印方一寸四分銅重二十兩六品印一寸三分銅重十六兩七品印一寸二分銅重十六兩八品印一寸一分半銅重十四兩九品印一寸一分銅重十四兩凡朱記方一寸銅重十四兩章宗泰和元年安國軍節度使高有鄰言本州所掌印三曰安國軍節度使之印曰邢州觀察使印吏戶禮案用之曰邢州之印兵刑工案用之名實不正乞改鑄宰臣奏節度使專行之事自當用節度使印觀察使亦如之其六曹提典所軍兵民訟則當用本州印著爲定制上從之八年敕殿前都點檢司依總管官例鑄印以金木水火土五字爲號本司差人則給之元天子鎭圭制以玉長尺有二寸有袋副之玉佩珩一瑀一琚一衝牙一璜二衝牙以繫璜珩下有銀獸面塗以黃金雙璜夾之次又有衡下有衝牙旁則施雙滴以鳴用玉大帶以緋白二色羅合縫爲之玉環綬制以納奇實上有三小玉環下有青絲織網皇太子袞服玉佩大綬諸臣祭服三獻官及司徒大禮使有紅組金綬紳象笏銀束帶玉佩助奠以下諸執事官有織金綬紳銅束帶銅佩金荔枝帶烏角帶象笏銀杏木笏祀稷祭服有藍織錦銅環綬紳紅織錦銅環綬紳紅織錦玉環綬紳黃綾帶佩銅珩璜玉珩璜藍素紵絲銀帶銅帶鍍金銅荔枝帶角帶象笏木笏銅束帶宣聖廟祭服有絨錦綬紳藍結帶銅佩曲阜祭服有象牙笏木笏玉佩銅佩藍鞓帶紅鞓帶烏角帶黃鞓帶烏角偏帶大紅金綬結帶黃羅大帶紅羅綬帶黃絹大帶凡百官公服偏帶一品以玉或花或素二品以花犀三品四品以黃金爲荔枝五品以下以烏犀並八胯鞓用朱革笏制以牙上圓下方或以銀杏木天子八寶曰受命寶曰傳國寶曰天子之寶曰皇帝之寶曰天子行寶曰皇帝行寶曰天子信寶曰皇帝信寶寶輿紅銷金衣龍頭竿結綬蓋用銷金蒙覆襯複案諸臣之印皆掌於吏部刻印銷印皆掌於鑄印局惟中書令右左丞相大宗正府扎爾古齊用銀印

明太祖洪武元年定天子袞服白羅大帶紅裏玉革帶玉佩大綬六采赤黃黑白縹綠小綬三色同大綬閒施三玉環二十六年更定革帶佩玉長三尺三寸大帶緣上以朱錦下以綠錦大綬六采織成純元質五百首餘如舊制成祖永樂三年定玉圭長一尺二寸剡其上刻山四以象四鎭之山以黃綺約其下別以囊韜之金龍文玉佩二各用玉珩一瑀一琚一衝牙一璜二璃下垂玉花一玉滴二瑑飾雲龍文描金自珩而下繫組五貫以珠玉行則衝牙二滴與璜相觸有聲金鉤二有二大綬六采纁質三小綬色同大綬閒施三玉環龍文皆織成通天冠絳紗袍革帶佩綬與袞服同皮弁服白玉佩革帶玉鉤鰈武弁服佩綬革帶如常制玉圭視鎭圭差小剡上方下有篆文曰討罪安民常服束帶閒用金琥珀透犀永樂三年更定翼善冠帶用玉皇太子袞服洪武二十六年定圭長九寸九分革帶金鉤鰈玉佩綬五采赤白元縹綠織成純赤質三百三十首小綬三色同閒施三玉環大帶白表朱裏上緣以紅下緣以綠永樂三年更定其制玉佩二各用玉珩一瑀一琚一衝牙一璜二璃下垂玉花一玉滴二瑑雲龍文描金自珩而下繫組五貫以玉珠上有金鉤小綬四采赤白縹綠以副之纁質大帶素表朱裏在腰及垂皆有綼上綼以朱下綼以綠紐約用青組大綬四采赤白縹綠纁質小綬三采閒施二玉環龍文皆織成絳紗袍玉佩如冕服但無雲龍文有小綬四采以副之大帶大綬皆如冕服常服玉帶親王與東宮同唯玉圭長九寸二分五釐親王世子洪武二十六年定袞服革帶佩白玉元組綬紫質三采紫黃赤織成閒施三白玉環圭長九寸永樂三年更定並與親王同郡王圭長九寸餘與親王世子同郡王長子朝服大紅素羅白素紗二色夾帶玉朝帶丹礬紅花錦錦雞綬玉佩象笏公服玉革帶常服玉束帶鎭國將軍與郡王長子同輔國將軍帶用犀奉國將軍帶用金鈒花鎭國中尉帶素金佩用藥玉輔國中尉帶用銀鈒花綬用盤鵰奉國中尉帶用素銀綬用練鵲文武官朝服公侯伯及一品革帶與佩俱玉綬用黃綠赤紫織成雲鳳四色花錦下結青絲網玉綬環二二品革帶綬環犀餘同一品三品革帶金佩玉綬用黃綠赤紫織成雲鶴花錦下結青絲網金綬環二四品革帶金佩藥玉餘同三品五品革帶銀鈒花佩藥玉綬用黃綠赤紫織成盤鵰花錦下結青絲網鍍金綬環二一品至五品笏俱象牙六品七品革帶銀佩藥玉綬用黃綠赤織成練鵲三色花錦下結青絲網銀綬環二八品九品革帶烏角佩藥玉綬用黃綠織成鸂鶒二色花錦下結青絲網銅綬環二六品至九品笏俱槐木世宗嘉靖八年更定朝服之制綬各從品級花樣革帶之後佩綬繫而掩之其環亦各從品級用玉犀金銀銅不以織於綬大帶表裏俱素惟兩耳及下垂緣以青組約之革帶俱如舊式佩玉一如詩傳之制去雙滴及二珩其三品以上玉四品以下藥玉俱如舊式公服腰帶洪武二十六年定一品用玉或花或素二品犀三品四品金荔枝五品以下烏角鞓用青革仍垂撻尾於下笏依朝服公侯駙馬伯與一品同其常服洪武三年定束帶一品正二品花犀三品金鈒花四品素金五品銀鈒花六品七品素銀

八品九品烏角公侯駙馬伯與一品同明初寶璽十七其大者曰皇帝奉天之寶曰皇帝之寶曰皇帝行寶曰皇帝信寶曰天子之寶曰天子行寶曰天子信寶曰制誥之寶曰敕命之寶曰廣運之寶曰皇帝尊親之寶曰皇帝親親之寶曰敬天勤民之寶又有御前之寶表章經史之寶及欽文之璽冊符出驗四方成祖又製皇帝親親之寶皇帝奉天之寶誥命之寶敕命之寶孝宗宏治十三年鄠縣民毛志學於泥河濱得玉璽其文曰受命于天既壽永昌色白微青螭紐陝西巡撫熊翀以爲秦璽復出遣人獻之禮部尚書傅瀚言秦璽久亡且受命以德不以璽帝從其言卻而不用世宗嘉靖十八年新製七寶曰奉天承運大明天子寶大明受命之寶巡狩天下之寶垂訓之寶命德之寶討罪安民之寶敕正萬民之寶與國初寶璽共爲御寶二十四尙寶司掌之皇太子寶用金龜紐篆書親王亦金寶龜紐依周尺方五寸二分厚一寸五分親王世子亦金寶郡王鍍金銀印洪武初鑄中外諸司印信正一品銀印三臺方三寸四分厚一寸六部都察院並在外各都司俱正二品銀印二臺方三寸二分厚八分其餘正從二品官銀印二臺方三寸一分厚七分唯衍聖公以正二品三臺銀印則景泰三年賜也順天應天二府俱正三品銀印方二寸九分厚六分五釐其餘正從三品官俱銅印方二寸七分厚六分唯太僕光祿寺並在外鹽運司俱從三品銅印方減一分厚減五釐四品銅印方二寸五分厚五分五品銅印方二寸四分厚四分五釐惟在外各州從五品銅印方減一分厚減五釐六品銅印方二寸二分厚三分五釐七品銅印方二寸一分厚三分八品銅印方二寸厚二分五釐九品銅印方一寸九分厚二分二釐未入流者銅條記濶一寸三分長二寸五分厚二分一釐以上俱直紐九疊篆文初雜職亦方印至洪武十三年始改條記凡百官唯文淵閣銀印直紐方一寸七分厚六分玉箸篆文誠重之也武臣受重寄者征西鎮朔平蠻諸將軍銀印虎紐方三寸三分厚九分柳葉篆文洪武中嘗用上公佩將軍印後以公侯伯及都督充總兵官名曰掛印將軍有事征伐則命總兵佩印以往旋師則上所佩印於朝此外唯漕運總兵印同將軍其在外鎭守總兵參將掛印則洪熙元年始也有文臣掛將軍印者王驥以兵部尙書征湖貴苗掛征蠻將軍印王越以左都御史守大同掛征西將軍印其他文武大臣有領敕而權重者或給以銅關防直紐廣一寸九分五釐長二寸九分厚三分九疊篆文雖宰相行邊與部曹無異唯正德時張永征安化王用金鑄嘉靖中顧鼎臣居守用牙鏤關防皆特賜也初太祖重御史之職分河南等十三道每道鑄二印文曰繩愆糾繆守院御史掌其一其一藏內府有事則受以出復命則納之洪武二十三年都御史袁泰言各道印篆相類乃命改製某道監察御史其奉差者則曰巡按某處監察御史銅印直紐有眼方一寸五分厚三分八疊篆文

欽定續通典卷六十一

禮嘉

天子五輅 宋 遼 金 元 明

宋初五輅多仍唐舊其玉輅自唐顯慶中傳之至宋曰顯慶輅親郊則乘之制作精巧行止安重後載大常與闟戟分左右以均輕重世之良工莫能爲其制箱上置平盤黃屋四柱皆油畫刻鏤左青龍右白虎龜文金鳳翅雜花龍鳳金塗銀裝間以玉飾頂輪三層各施銀耀葉輪衣小帶絡帶並青羅繡雲龍周綴纓帶羅文銀佩穗毬小鈴平盤上布黃褥四角句闌設圓鑑翟羽虛匱內貼銀鏤香罨軾匱銀龍二銜香囊銀香爐香寶錦帶下有障塵青畫輪轅銀轂乘葉三轅銀龍頭橫木上有銀鳳十二左建青旗十有二旒皆繡升龍右載闟戟繡黻文並青繡綢杠又設青繡門簾銀飾梯一拓叉二銀鍇頭銅裝行馬青繒裹鞔索駕六青馬馬有金面插鵰羽鞶纓攀胸鈴拂青繡屜錦包尾踏路馬二在輅前飾同駕馬餘輅及副輅皆有之駕士六十四人金輅色以赤駕六赤馬建大旗駕士六十四人象輅色以淺黃駕六赭白馬建大赤駕士四十人革輅色以黃駕六騧馬建大白駕士四十人木輅色以黑駕六黑騮馬建大麾駕士四十人自金輅而下其制皆同玉輅惟無玉飾徽宗政和三年議禮局更上皇帝車輅之制詔頒行玉輅箱上平盤黃屋以下皆如舊頂輪三層內一層素輪頂上施金塗銀山花葉及翟羽青絲繡雲龍絡帶二周綴雜色纓帶八銅佩八銀穗毬二平盤上布紅羅繡雲龍褥曲几扶几上下設銀螭首二十四四角句闌設圓鑑一十六青羅繡寶相花帶火珠二十八香匱設香爐紅羅繡寶相花帶香囊香寶銀結綬二紅羅繡雲龍結綬一紅錦織龍鳳門簾一青畫輪轅銀轂乘葉軾匱橫轅前轅並飾以金塗銀螭首橫轅上施銀立鳳一十二左建大常十有二旒右載闟戟繡黻文杠袴一以青繡杠首飾以銀螭首金塗銅鈸青犛牛尾拂青繒裹索駕青馬六馬有銅面插鵰羽鞶纓攀胸鈴拂青線織屜紅錦包尾又踏路馬二在輅前飾同駕馬凡大祭祀乘之金輅以下並以次列其後若大朝會冊命皇太子諸王大臣則設五輅於大慶殿庭爲充庭之儀金輅赤質以金飾諸末建大旂餘同玉輅駕赤馬六凡玉輅之飾以青者金輅以緋象輅淺黃質金塗銅裝以象飾諸末建大赤餘同玉輅駕赭白六凡玉輅之飾以青者象輅以銀褐革輅黃質鞔之以革建大白餘同玉輅駕騮馬六凡玉輅之飾以青者革輅以黃木輅黑質漆之建大麾餘同玉輅駕黑騮六凡玉輅之飾以青者木輅以皂凡玉輅用金塗銀裝者象輅革輅木輅及五副輅並金塗銅裝尋詔玉輅青質輪輞絡帶其色如之四柱平盤虛匱則用赤增蓋弓之數爲二十八左右建旂常並青大常繡日月五星二十八宿旂上則繡以雲龍朱杠青縚鈴垂十有二就流蘇及佩各增十二之數樊纓飾以五采之罽衡式之上又加鸞和輅之諸末耀葉螭頭雲龍垂亐鎚腳花版結綬羅紋雜佩羽臺葱臺麻爐香寶壓貼牌字皆飾以玉自後而升式匱不去既成高二丈七寸五分濶一丈五尺時禮制局言玉輅馬纓十二而無采不應古制欲以五采罽飾樊纓十有二就輅衡軾並無和鸞己添置蓋弓二十有二乞增爲二十八以應星又司常注云九旗之帛皆用絳禮記月令天子乘大輅載黃旗今玉輅旗用青帛有升龍而無交龍又無三辰皆非古制如依成周以所尚之色則用赤依月令兼四代之制則用黃仍分縿旒之制又畫三辰於上又左傳言鍚鸞和鈴鈴在旗首今旗首無鈴乞增置又車蓋周以流蘇及佩各八無所法象欲各增爲十二以應天數又輅之諸末飾玉爲稱而羅紋雜佩乃用塗金乞改爲玉又車箱兩輻有金塗龜文及鵰翅左龍右虎乃後代之制欲改用蟉龍加玉爲飾又大常當車之後則自後登車有妨曲禮言僕展軨效駕奮衣由右上則君亦當自右由前而入今玉輅前有式匱不應古制恐當更革又禮記言車得其式周官輿人三分其隧一在前二在後以揉其式今玉輅無式于是復詔定其制四年詔金象革木四輅並依新修玉輅制度旂常並建各與輅一色除去闟戟改車箱兩輻龜文鵰翅左龍右虎之飾並用蟉龍增蓋弓博山流蘇等數軾衡加和鸞以合于古金輅朱質飾以金塗銀左右建大常大旗及輪衣絡帶等色皆以黃龍旂九斿如周官金輅建大旂之制駕馬以騮飾樊纓五采九就象輅朱質凡制度裝綴名物並同金輅飾以象及金塗銀鍮石左右建大常大赤輪衣絡帶等色皆以紅大赤繡鳥隼七斿如周官象輅建大赤之制駕馬以赤飾樊纓七就革輅朱質凡制度裝綴名物並同金輅飾以金塗銅鍮石左右建大常大白及輪衣絡帶等色皆以淺黃大白繡熊虎六斿如周官革輅建大白之制駕馬以赭白飾樊纓五就木輅朱質凡度制裝綴名物並同金輅飾以金塗鍮石左右建大常大麾及輪衣絡帶等色皆以皂大麾繡龜蛇四斿如周官木輅建大麾之制駕馬以烏飾樊纓三就四輅駕馬各六玉輅駕士六十四人餘皆四十八紹興時復制五輅高宗渡江儀仗鹵簿悉燬於兵紹興十二年工部尚書莫將戶部侍郎張澄等以天禧宣和鹵簿考究制度及故內侍工匠省記指說參酌制度是年九月玉輅成明年遂作金象革木四輅玉輅青色飾以玉通高十九尺輪高六十三寸輻徑三十九寸軸長十五尺三寸頂上剡爲輪三層象天圜也外施青玉博山八十一一名耀葉鏤以金塗龍文覆以青羅曰輪衣綴垂玉佩間以五色垂犛尾曰流蘇頂四角分垂青羅曰絡帶表裏繡雲龍遇雨則油黃繒覆之輅之中四柱

象地方也前柱卷龍平槃上布錦褥前有橫軾後垂錦軟簾登車則自後卷簾梯級以登四面周以闌而闕其中以備登降執綏官先自右升立於右柱下以備顧問闌柱頭有玉蹲龍軾前有牌鏤曰玉輅以玉篆之上有玉龍二中設御坐純以黃香木爲之取其黃中之正色也下有塗金蹲龍十六在平槃四圍下又有拓角雲龍金彩飾之前後左右各二前有轅木三鱗體昂首龍形轅木上束兩橫竿在前者名曰鳳轅馬負之以行次曰推轅班直推之以助馬力橫於轅後名曰壓轅以人壓於後欲取其平車輪三歲一易心用榆圜數尺圍以鐵以防折裂橫貫大木以爲軸夾以兩輪輪皆彩畫此輅下飾也左建大常右建龍旗插於輅後兩柱之金環前駕青馬六馬有鏤錫鞶纓金鈴紅旄繡屜金包騣錦包尾青繒裹索引之駕士二百三十二人誕馬十二人左右索百二十八人入轅馬十二人龍頭子二人前後抱轅各六人推竿四人捧輪四人拓叉四人淨席四人前攔人員一人後攔人員一人前攔馬八人後攔馬八人踏道人員二人踏道二十八人小拓叉四人小梯子二人燭臺二人香匙剪子二人左右索人員二人又有呵喝人員二人教馬官二人捧輪將軍四人千牛衛將軍二人推輪軸宮健八人抱大常龍旗官六人職掌五人專知官一人守分一人庫子八人裝柱工匠二人諸工匠十五人蓋覆儀鸞司十一人監官三員金輅黃色飾以金塗銀博山輪衣絡帶轅輻軸並以黃建大旂九旂駕黃馬六象輅朱色飾以象及金塗銅博山輪衣絡帶並以朱建大赤七旂駕赤馬六革輅淺黃白色飾以金塗銅博山輪衣絡帶並以淺黃白建大白六旂駕黃白馬六木輅黑色飾以金塗銅博山輪衣絡帶並以黑建大麾四旂駕黑馬六自金輅以下制並如玉輅而高減五寸駕士並一百五十四人五輅駕士服色平巾幘青絹抹額纈絹對花鳳袍緋纈絹對花寬袖襖羅抹絹袴襪麻鞵色從其輅大輅徽宗政和六年徐秉哲言南北郊皇帝乘玉輅以赴齋宮自齋宮赴壇正當祀天祭地乃乘大輦疑非禮意下禮制局討論禮制局請造大輅如玉輅之制唯不飾以玉所駕之馬其數如之唯鞶纓一就以稱尙質之義仍建大旂十有二旒龍章日月以協象天之義至禮畢還宮則乘大輦於禮無嫌從之

遼國輿皇帝所乘略見於臘儀祭山儀而史不詳其制太宗會同元年晉使馮道等備車輅法物上皇帝皇太后尊號冊禮自此有天子車服五輅太平中行漢冊禮乘黃令陳車輅尙輦奉御陳輿輦唐輦輅盡在遼廷矣其玉輅祀天祭地享宗廟朝賀納后用之青質玉飾黃屋左纛十二鑾在衡二鈴在軾龍輈左建旂十二旒皆畫升龍長曳地駕蒼龍金鍐鏤錫鞶纓十二就金輅饗射祀還飲至用之赤質金飾餘如玉輅色從其質駕赤騮象輅行道用之黃質象飾餘如金輅駕黃騮革輅巡狩武事用之白質革鞔駕白翰木輅田獵用之黑質漆飾駕黑駱

金象輅黃質以象飾諸末輪衣以銀褐建大赤餘同玉輅革輅黃質鞔之以革金塗銀裝輪衣以黃建大白餘同玉輅木輅黑質漆之輪衣以皂建大麾餘同玉輅世宗大定十一年將有事于南郊大常寺檢宋南郊鹵簿當用玉輅金輅象輅革輅木輅耕根車明遠車指南車記里鼓車崇德車皮軒車進賢車黃鉞車白鷺車鸞旗車豹尾車軺車羊車各一革車五屬車十二除見有車輅外闕象革木輅耕根明遠皮軒進賢白鷺羊車大輦各一革車三屬車四按五禮新儀玉輅以青金輅以緋象輅以銀褐革輅以黃木輅以皂蓋其物有隨輅之色者有當用別色者如玉輅用青絲繡雲龍絡帶青羅繡寶相花帶青畫輪轅青氂牛尾此隨輅之色者也若象革木輅則當用緋用銀褐用黃及皂若至尊乘御步武所及非若餘物但爲美觀其踏牀倚背踏道之褥皆用紅錦座褥及行馬透壁輭簾並用銀褐黃青羅錦三色又大輦宋陶穀創意造之至祥符中以其太重減七百餘斤可見當時亦無定制各以意從長斟酌造之其制金玉輅闕可見者象輅革輅木輅耕根皮軒進賢明遠白鷺羊車革車大輦凡一十有一

元五輅玉輅青質金裝青緣藻井栲栳輪蓋外施金裝雕木雲龍內盤碾玉福海圓龍一頂上匝以金塗鍮石耀葉八十一上圍九者二中圍九者三下圍九者四頂輪衣三重上二重青繡雲龍瑞草下一重無文輪衣內黃屋一黃素紵絲瀝水下周垂朱絲結網青紵絲繡小帶四十八帶頭綴金塗小銅鈴青紵絲繡絡帶二頂輪平素面夾用青紵絲蓋四周垂流蘇八飾以五色茸線結網五重金塗銅鈸五金塗木珠二十有五又擊玉雜佩八珩璜衝瑀全金塗鍮石鉤掛十六黃絨貫頂天心直下十字繩二各長三丈蓋下立朱漆柱四柱下直平盤虛櫃中檽三十下外桄二漆繪犀象鸚鵡錦雉孔雀隔窠嵌裝花板櫃周朱漆勾闌雲拱地霞葉百七十有九下垂牙護泥虛板並朱漆畫瑞草勾闌上玉行龍十碾玉蹲龍十孔雀羽臺九水精面火珠七金圈焰銅照八輿下周垂朱絲結網飾以金塗鍮石鐸三百綵畫鍮石梅萼嵌網眼中輿之長轅三界轅勾心各三上下龍頭六前轅引手玉螭頭三並繫以蹲龍後轅方罨頭三桄頭十六絟以蹲龍三轅頭衡一兩端玉龍頭二上列金塗銅鳳十二含以金塗銅鈴輿之軸一輪二軸之挈羅二明轄蹲龍絟並青漆輪之輻各二十四轂首壓貼金塗銅轂葉八十一金塗鍮石擎耳戀攀四櫃之前朱漆金裝雲龍輅牌一牌字以玉裝綴輅之箱四壁雕鏤漆畫填心隔窠龜文華板上層左畫青龍右畫白虎前畫朱雀後畫元武輅之前額玉行龍二奉一水精珠後額如之前兩柱青茸鈴索五貼金鸞和大響銅鈴十金塗鍮石雙魚五下朱漆軾櫃一櫃上金香毬金香寶金

香合銀灰盤各一並黃絲綬帶輅之後朱漆後轊一金塗曲戍黃紵絲銷金雲龍門簾一緋紵絲繡雲龍帶二輅之中金塗鍮石較碾玉龍椅一靠背上金塗圈焰玉明珠一左建大常旂十有二旒青羅繡日月五星升龍右建闟戟一九斿青羅繡雲龍中央黃羅繡青黑黼文兩旗綢杠並青羅旗首金塗鍮石龍頭二金塗銅鈴二金塗鍮石鈒青纓緌十二重金塗木珠流蘇十二重龍椅上方坐一綠褥一皆錦銷金黃羅夾帕一方輿地褥二句闌內褥八皆用雜錦綺青漆金塗鍮石鉸葉踏道一小褥五重青漆雕木塗金龍頭行馬一小青漆梯一青漆柄金塗長托叉二短托叉二金塗首青漆推竿一青茸引輅索二各長六丈餘金塗銅環二黃茸綏一輅馬誕馬並青色鞍轡鞦勒纓拂靷並青韋金飾誕馬青織金紵絲屜四青羅銷金絹裏籠鞍六蓋輅黃絹大蒙帕一黃油絹帕一駕士平巾大袖並青繪紵絲爲之金輅赤質制如玉輅凡輅與馬之飾玉輅以青者金輅以赤凡玉輅之飾以玉者金輅以鍮石駕士平巾大袖並緋繡紵絲爲之象輅黃質制如玉輅凡輅與馬之飾玉輅以青者象輅以黃凡玉輅之飾以玉者象輅以象牙駕士平巾大袖並黃繡紵絲爲之革輅白質制如玉輅凡輅與馬之飾玉輅以青者革輅以白凡玉輅之飾以玉者革輅以白檀駕士平巾大袖並白繡紵絲爲之木輅黑質凡輅與馬之飾玉輅以青者木輅以黑凡玉輅之飾以玉者木輅以鑌鐵駕士平巾大袖並紫繡紵絲爲之

明大輅高一丈三尺九寸五分廣八尺二寸五分輅座高四尺一寸有奇上平盤前後車欞並雁翅及四垂如意滴珠板轅長二丈二尺九寸有奇紅髹鍍金銅龍頭龍尾龍鱗葉片裝釘平盤下方箱四周紅髹匡俱十二槅內飾綠地描金繪獸六麟狻猊犀象天馬天祿禽六鸞鳳孔雀朱雀翟鶴盤左右下有護泥板及車輪二貫軸一每輪輻十有八其輞皆紅髹抹金銅鈒花葉片裝釘輪內車心用抹金銅鈒蓮花瓣輪盤裝釘軸中纏黃絨駕轅諸索輅亭高六尺七寸九分四柱長五尺八寸四分檻座皆紅髹前二柱戧金柱首寶相花中雲龍文下龜文飾前左右有門高五尺一寸九分廣二尺四寸九分四周裝雕木沉香色描金香草板十二片門旁槅各二及明栿俱紅髹以抹金銅鈒花葉片裝釘槅編以黃線條後紅髹屏風上雕描金雲龍五紅髹板戧金雲龍一屏後地沉香色土四槅雕描金雲龍四其次雲板如之下三槅雕描金雲龍三其次雲板亦如之俱抹金銅鈒花葉片裝釘亭內黃線條編紅髹匡軟座下蓮花墜石上施花毯紅錦褥席紅髹坐椅靠背上雕描金雲龍一下雕雲板一紅髹福壽板一并褥椅中黃織金綺靠坐褥四圍椅裙施黃綺帷幔亭外青綺緣邊紅簾十扇輅頂并圓盤高三尺有奇鍍金銅蹲龍頂帶仰覆蓮座垂攀頂黃線圓條盤上以紅髹其下外四面地沉香色描金雲內四角地青繪五彩雲以青飾輅蓋亭內貼金斗栱承紅髹匡寶蓋鬬以八頂冒以黃綺謂之黃屋中并四周繡五彩雲龍九天輪三層皆紅髹上安雕木貼金邊耀葉板八十一片內綠地雕木貼金雲龍文三層間繪五彩雲襯板八十一片盤下四周黃銅釘裝施黃綺瀝水三層每層八十一摺間繡五彩雲龍文四角垂青綺絡帶各繡五彩雲升龍圓盤四角連輅坐板用攀頂黃線圓條并貼金木魚輅亭前有左右轉角闌干二扇後一字帶左右轉角闌干一扇皆紅髹內嵌雕木貼金龍間以五彩雲三扇其十二柱柱首雕木貼金蹲龍及線金五彩蓮花抱柱闌干內四周布花毯亭後樹大常旗二以黃線羅爲之皆十有二斿每斿內外繡升龍一左旗腰繡日月北斗竿首用鍍金銅龍首右旗腰繡黻字竿首用鍍金銅戟各綴抹金銅鈴二垂紅纓十二纓上施抹金銅寶蓋下垂青線帉錔踏梯一紅髹以抹金銅鈒花葉片裝釘行馬架二紅髹上有黃絨匾條用抹金銅葉片裝釘有黃絹幰衣（即遮塵）油絹雨衣青氈衣及紅油合扇梯紅油托叉各一輅以二象駕之玉輅亦駕以二象制如大輅而無平盤下十二槅之飾輅亭前二柱飾以摶換貼金升龍屏風後無上四槅雲龍及雲板之飾天輪內用青地雕木飾玉色雲龍文而大常旂及踏梯行馬之類悉與大輅同（明初大朝會則拱衛司設五輅於承天門玉輅居中左金次革右象次木駕出則乘玉輅後有腰輿以八人載之其後太祖考周禮五輅以玉輅太侈不若止用木輅洪武六年命制木輅二乘一以丹漆祭祀用之一以皮輓行幸用之是冬大輅成命更造大輅一象輅十中官輅一後宮車十飾俱以鳳以將幸中立府故也二十六年始定鹵簿大駕之制玉輅一大輅一九龍車一步輦一後罷九龍車永樂三年更定鹵簿大駕有大輅玉輅大馬輦小馬輦步輦大涼步輦板轎各一）

副輅　宋

宋五副輅並駕六馬駕士四十人當用銀飾者皆以銅餘制如正輅政和三年禮制局上五副輅並金塗銅裝四年增改舊飾舊副玉輅色青飾以金改用黃而飾以玉樊纓如玉輅之制建大常色黃飾以組象日月于縿星辰于斿其長曳地舊金輅改用青飾以金樊纓以五彩罽而九就建大旂色青飾以組象交龍于縿升龍于斿其長齊軫象輅改用赤飾以象樊纓以五彩罽而七

就建大赤色赤飾以組象鳥隼於縿旒其長齊較革輅改用白飾以革龍勒條纓建大白色白飾以組象熊虎于縿旒其長齊肩三輅皆維以縷削幅爲之木輅依舊色而飾以漆其色黑前樊鵠纓建大麾色黑飾以組象龜蛇於縿旒其長齊首維以縷充幅爲之中輿後副輅不設

耕根車 宋 遼 金 明

宋制耕根車青質葢三層餘如五輅之副駕六青馬駕士四十八親祠具大駕法駕鹵簿並列於仗內若耕耤則乘之士七十五人（南渡制度同駕）

遼耕根車青質葢三重餘如玉輅耕耤用之

金耕根車青質葢三重制如玉輅而無玉飾

明世宗嘉靖十年帝將耕耤田詔造耕根車禮官上言考大明集禮耕耤用宋制乘玉輅以耕根車載耒耜同行第稽諸禮書祇有圖式而無高廣尺寸宜依今耤車式差小通用青質從之

進賢車 宋 遼 金

宋進賢車卽古安車太祖乾德元年改赤質兩壁紗牕擎耳虛匱一轅緋幰衣絡帶門簾皆繡鳳紅絲網中設朱漆牀香案紫綾案衣緋繒裹輓索朱漆行馬駕四馬駕士二十四人

遼安車一名進賢車臨幸用之金飾重輿曲壁八鸞在衡紫油纁朱裏幰朱絲絡網駕赤騮朱鞶纓

金進賢車赤質如革車緋輪衣絡帶門簾繡鳳上設朱漆牀香案紫綾衣一轅

明遠車 宋 遼 金

宋明遠車卽古四望車駕以牛太祖乾德元年改仍用四馬赤質制如屋重櫚句闌上有金龍四角垂銅鐸上層四面垂簾下層周以花板三轅駕士四十八人服繡對鳳

遼明遠車亦名四望車金飾青油纁朱裏通幰駕牛

金明遠車制如屋鋭頂重簷句欄頂上有金四角垂鐸上層四面垂簾下層周以花板三轅

羊車 宋 遼 金

宋羊車卽古輦車亦爲畫輪車駕以二小馬赤質畫龜文金鳳翅緋幰衣絡帶門簾皆繡瑞羊童子十八人

遼羊車赤質兩壁龜文鳳翅緋幰絡帶門簾皆繡瑞羊畫輪駕以牛童子十八人服繡瑞羊挽之

金羊車赤質兩壁油畫龜文金鳳翅幰衣絡帶並繡瑞羊二轅

指南車

宋指南車亦名司南車赤質兩箱畫青龍白虎四面畫花鳥重臺句欄鏤栱四角垂香囊上有仙人車雖轉而手常南指一轅鳳首駕四馬駕士舊十八人太宗雍熙四年增爲三十人（仁宗天聖五年燕肅復創意造之其法用獨轅車車箱外籠上有重構立木仙人於上用大小輪九合齒一百二十足輪二高六尺圍一丈八尺附足立子輪二徑二尺四寸圍七尺二寸齒各二十四齒間相去三寸轅端橫木下立小輪二其徑三寸鐵軸貫之左小平輪一其徑一尺二寸齒十二右小平輪一其徑一尺二寸齒十二中心大平輪一其徑四尺八寸圍一丈四尺四寸齒四十八齒間相去三寸中立貫心軸一其高八尺徑三寸上刻木爲仙人其車行木人南指若折而東推轅右旋附右足子輪順轉十二齒繫右小平輪一匝觸中心大平輪左旋四分之一轉十二齒車東行木人交而南指若折而西推轅左旋附左足子輪隨輪順轉十二齒繫左小平輪一匝觸中心大平輪右轉四分之一轉十二齒車西行木人交而南指若欲北行或東或西轉亦如之大觀元年內侍吳德仁又獻指南車之制其制身一丈一尺五寸分闊九尺五寸深一丈九寸車輪直徑五尺七寸車轅一丈五寸車箱上下爲兩層中設屏風上安仙人一執杖左右龜鶴各一童子四各執纓立四角上設關戾臥輪一十三各徑一尺八寸五分圍五尺五寸五分出齒三十二齒間相去一寸八分中心輪軸隨屏風貫下下有輪一十三中有大平輪其輪徑三尺八寸圍一丈一尺四寸出齒一百齒間相去一寸二分五釐通上左右起落二小平輪各有鐵墜子一皆徑一尺一寸圍三尺三寸出齒一十七齒間相去一寸九分又左右附輪各一徑一尺五寸五分圍四尺六寸五分出齒二十四齒間相去二寸一分左右疊輪各二下輪各徑二尺一寸圍六尺三寸出齒三十二齒間相去二寸一分上輪各徑一尺二寸圍三尺六寸出齒三十二齒間相去一寸一分左右車腳上各立輪一徑二尺二寸圍六尺六寸出齒三十二齒間相去一寸二分五釐左右後轅各小輪一無齒繫竹籊并索在左右軸上遇右轉使右轅小輪觸落右輪若左轉使左轅小輪觸落左輪行則仙童交而指南）

記里鼓車 宋

宋制記里鼓車一名大章車赤質四面畫花鳥重臺句欄鏤栱行一里則上層木人擊鼓行十里則次層木人擊鐲一轅鳳首駕四馬駕士舊十八人太宗雍熙四年增爲三十人（仁宗天聖五年內侍盧道隆上記里鼓車之制其制獨轅雙輪箱上爲兩重各刻木爲人執木楇足輪各徑六尺圍丈八尺足輪一周而行地三步以古法六尺爲步三百步爲里用較今法五尺爲步三百六十步爲里立輪一附于左足徑一尺三寸八分圍四尺四寸四分出齒十八齒間相去二寸三分下平輪一其徑四尺一寸四分圍一丈二尺四寸二分出齒五十四齒間相去與附立輪同立貫心軸一其上設銅旋風輪一出齒三齒間相去一寸二分中立平輪一其徑四尺圍丈二尺出齒百齒間相去與旋風等次設小平輪一其徑三寸少半寸圍一尺出齒十齒間相去寸半上平輪一其徑三尺少半尺圍一丈出齒百齒間相去與小平輪同其中平輪轉一周車行一里下一層木人擊鼓上平輪轉一周車行十里上一層木人擊鐲凡用大小輪八合二百八十五齒遞相鉤鏁周而復始詔以其法下有司製之大觀元年內侍省吳德仁獻記里鼓車之制其法車箱上下爲兩層上安木人二各手執木楇輪軸共四內左壁車腳上立輪一安車箱內徑二尺二寸五分圍六尺七寸五分二十齒齒間相去三寸三分五釐又平輪一徑四尺六寸五分圍一丈三尺九寸五分出齒六十齒間相去二寸四分上太平輪一通軸貫上徑三尺八寸圍一丈二尺出齒一百齒間相去一寸二分立軸一徑二寸二分圍六寸六分出齒三齒間相去二寸二分外太平輪軸上有鐵撥子二又木橫軸上關戾撥子各一其車腳轉一百遭通輪軸轉周木人各一擊鉦鼓）

白鷺車 宋 金

宋白鷺車一名鼓吹車赤質周施花板上有朱柱貫五輪相重輪衣以緋皂頂及緋絡帶並繡飛鷺柱杪刻木

爲鷺銜鸞毛筩紅綬帶一轅駕四馬駕士十八人
金白鷺車赤質周施花板上有漆柱柱杪刻爲鸞鸞銜鸞毛筩紅綬帶柱貫五輪相重輪衣皂頂緋裙緋絡帶並繡飛鷺一轅

鸞旗車 宋

宋制鸞旗車赤質曲壁一轅上載赤旗繡鸞鳥駕四馬駕士十八人

崇德車 宋

宋崇德車本秦辟惡車上有桃弧棘矢所以禳除不祥太祖乾德元年改赤質周施花板四角刻辟惡獸中載黃旗亦繡此獸太卜令一人在車中執旗駕四馬駕士十八人徽宗宣和元年禮制局言崇德車載太卜令一員畫辟惡獸於旗記曰前巫而後史傳曰桃弧棘矢以供禦王事請以巫易太卜弧矢易辟惡獸從之

皮軒車 宋 金

宋皮軒車漢前驅車也冒以虎皮爲軒取曲禮前有士師則載虎皮之義赤質曲壁上有柱貫五輪相重畫虎文駕四馬駕士十八人政和之制用漆柱貫朱漆皮軒五
金皮軒車赤質上有漆柱貫五輪相重畫虎紋一轅

黃鉞車 宋

宋制黃鉞車赤質曲壁中設金鉞一錦囊綢杠左武衛隊正一人在車中執鉞駕兩馬駕士十五人

豹尾車 宋

宋豹尾車制同黃鉞車上載朱漆竿首綴豹尾右武衛隊正一人執之駕兩馬駕士十五人

屬車 宋

宋屬車十二乘黑質兩箱弇裝前有曲欄金銅飾上施紫通幰絡帶門簾皆繡雲鶴紫絲網紛錯每乘駕二牛駕士十八人

五車 宋

宋制鹵簿有青旌車赤質曲壁中載青旌以絳帛爲之畫青鳥於其上鳴鳶車赤質曲壁中載鳴鳶旌以絳帛爲之畫鳴鳶於其上飛鴻車赤質曲壁中載飛鴻旌以絳帛爲之畫飛鴻於其上虎皮車赤質曲壁中載虎皮旌以絳帛爲之緣以赤畫虎皮於其上貔貅車赤質曲壁旌以絳帛爲之緣以赤畫貔貅於其上其轅皆一宣和元年禮制局言舊鹵簿記有白鷺鸞旗皮軒三車其制非古按曲禮有青旌鳴鳶飛鴻虎皮貔貅萬乘一出五車必載所以警衆也今欲改五車相次於中道鑾之以崇德車於是爲備禮焉

涼車 宋 遼

宋制涼車赤質金塗銀裝龍鳳五采明金織以紅黃藤油壁緋絲條龍頭梅紅羅褥銀螭頭穗毬雲朶踏頭蓮花坐厭鉤火珠門沓鍮鉞頻伽大小鐶駕以橐駝省方在道及校獵迴乘之
遼制涼車省方罷獵用之赤質金塗銀裝五彩龍鳳織藤油壁緋條蓮坐駕以橐駝

欽定續通典卷六十二

欽定續通典卷六十三

禮嘉

皇太后皇后車輅 宋 金 明

宋因唐制皇后車六等一日重翟二日厭翟三日翟車四日安車五日四望車六日金根車初用厭翟車箱上平盤四角曲欄盤兩壁紗窻龜文金鳳翅前有虛匱香爐香寶緋繡幰衣絡帶門簾三轅鳳首畫梯推竿行馬緋繒裹索駕六馬金銅面纓鑾鈴攀緋屜駕士三十八武弁緋繡衫襪宗政和三年議禮局上皇后車輿之制重翟車青質金飾諸末間以五采輪金根朱牙其箱飾以重翟羽四面施雲鳳孔雀刻鏤龜文頂輪上施金立鳳耀葉青羅幰衣一紫羅畫雲龍絡帶二青絲絡網二紫羅畫帷一青羅畫雲龍夾幔二車內設紅褥及坐橫轅上施立鳳八香匱設香爐香寶香匱飾以螭首前後施簾長轅三飾以鳳頭青繒裹索駕青馬六馬有銅面插翟羽鞶纓攀胸鈴拂青屜青包尾若受冊謁景靈宮則乘之厭翟車赤質其箱飾以次翟羽紫幰衣紅絲絡網紅羅畫絡帶夾幔錦帷餘如重翟車駕赤騮四若親蠶則乘之翟車黃質車側飾以翟羽黃幰衣黃絲絡網錦帷絡帶餘如重翟車駕黃騮四安車赤質金飾間以五采刻鏤龜文紫幰衣錦帷絡帶紅絲絡網前後施簾車內設褥及坐長轅三飾以鳳頭駕赤騮四凡駕馬鞶纓之飾並從車質四望車朱質青幰衣餘同安車駕牛三金根車朱質紫幰衣餘同安車駕牛三自重翟車以下備鹵簿則以次陳設

臣等謹按遼元皇后之車輅皆不著於史遼之國輿於納后儀見皇后就車於祭山儀見太后乘總纛車而其制亦無考焉

金皇后之車六一日重翟車青質金飾金塗銅鈒花葉段裝釘耀葉二十四明金立鳳一紫羅銷金生色寶相帷一青羅青油幰衣各一朱絲絡網紫羅明金生色雲絡帶各二兩箱明金五彩間裝翟羽二金塗碖石長轅鳳頭三橫轅立鸞八香爐香寶子一副宜男錦帶結朱漆杌子踏牀各一扶板扶魚一副紅羅明金衣褥紅羅襯褥一青羅行道褥四青羅明金生色雲鳳夾幔一紅羅明金緣紅竹簾二金塗銅葉斷行馬二朱紅漆金塗銀葉裝釘梯一青羅梯尋儀褥二踏道褥十青絹裏大麻索二油蒙帕一二日厭翟車赤質倒仙錦帷一紫羅紫油幰衣各一朱絲絡網宜男錦絡帶各二餘同重翟惟行道夾幔尋儀褥羅及裏索等用紅三日翟車黃質金飾碖石葉段裝釘宜男錦帷黃羅油幰衣碖石長轅鳳頭三無橫轅立鸞餘同厭翟而羅色用黃四日安車赤質倒仙錦帷紫油幰衣朱絲絡網天下樂錦絡帶碖石長轅鳳頭三無橫轅立鸞及香爐香寶子餘同翟車而色皆用紅五日四望車朱質宜男錦帷青幰衣轅端螭頭二餘並同安車六日金根車朱質紫羅紫油幰衣朱絲倒仙錦絡帶各二踏牀褥用紅綾衣尋儀褥踏道褥並用綾餘並同安車又有九龍車一高二丈廣一丈一尺長二丈六尺五鳳車四各高一丈八尺長廣如之圓輅車一方輅車一重簷車一各高一丈七尺長一丈八尺廣八尺皆駕馬四駕士各五十人並平巾幘生色青緋黃三色寶相花衫銀褐抹帶大口袴（案宇文懋昭大金國志金后妃並用殿車其車如五花樓之狀上以錦緣青氊爲蓋四圍以簾秋冬亦用氊並用錦緣柱廟月板護泥皆飾以金玉或四輪或兩輪並用朱車之四角后用金鳳妃用金孔雀所載與史差異附識之以資考核云）

明制皇后輅高一丈一尺三寸有奇平盤前後車櫺並雁翅四垂如意滴珠板轅長一丈九尺六寸皆紅髹轅用抹金銅鳳頭鳳尾鳳翎葉片裝釘平盤左右垂護泥板每輪輻十有八皆紅髹輞以抹金鈒花銅葉片裝釘車轂用抹金銅鈒蓮花瓣輪盤裝釘軸中纏黃絨駕轅諸索輅亭高五尺八寸有奇紅髹四柱檻座上沉香色描金香草板十二片前左右有門高四尺五寸有奇廣二尺四寸有奇門旁沉香色線金菱花槅各二下條環板有明栿抹金銅鈒花葉片裝釘後紅髹五山屏風戧金鸞鳳雲文屏上紅髹板戧金雲文中裝雕木渾貼金鳳一屏後紅髹板俱用抹金銅鈒花葉片裝釘亭底紅髹上施紅花毯紅錦褥席紅髹坐椅一靠背雕木線金五彩裝鳳一上下香草雲板各一紅福壽板一并褥椅中黃織金綺靠坐褥四周有椅裙施黃綺帷幔外用紅簾十二扇前二柱戧金上寶相花中鸞鳳雲文下龜文錦輅頂并圓盤高二尺有奇抹金銅立鳳頂帶仰覆蓮座垂攀頂黃線圓條四盤上紅髹下四周沉香色描金雲文內青地五彩雲文以青飾輅蓋內寶蓋紅髹匡顱以八頂冒以黃綺頂心及四周繡鳳九并五彩雲文天輪三層紅髹上雕木貼金邊耀葉板七十二片內飾青地雕木五彩雲鸞鳳文三層間繪五彩雲襯板七十二片下四周黃銅裝釘上施黃綺瀝水三層間繡鸞鳳文四垂青綺絡帶繡鸞鳳各一圓盤四角連輅座板用攀頂黃線圓條四輅亭前後有轉角闌干各二扇內嵌條環板皆紅髹計十二柱柱首雕木紅蓮花線金青綠裝蓮花抱柱其踏梯行馬之屬與大馬輦同（大馬輦見下篇）安車其制高九尺七寸有奇平盤前後車櫺並雁翅板轅二

長一丈六尺七寸有奇皆紅髹用抹金銅鳳頭鳳尾鳳翎葉片裝釘平盤左右垂護泥板及輪二貫軸一每輪輻十有八皆紅髹軸中纏黃絨駕轅諸索車亭高四尺四寸紅髹方柱四上裝五彩花板十二片前左右有門高三尺七寸有奇廣二尺二寸有奇門旁紅髹十字槅各二後三山屏風屏後壁板俱紅髹用抹金銅鈒花葉片裝釘亭底紅髹板上施紅花毯紅錦褥四周施黃綺帷幔外用紅簾四扇車蓋用紅髹抹金銅寶珠頂帶蓮座高六寸四角抹金銅鳳頭用攀條四並紅髹木魚蓋施黃綺瀝水三層銷金鸞鳳文鳳頭下垂紅帉錔其踏梯行馬幰衣與輅同

皇太子親王車輅 皇太孫附　宋　遼　金　明

宋皇太子車輅之制一曰金輅車二曰軺車三曰四望車太宗至道初眞宗爲皇太子謁太廟乘金輅常朝則乘馬眞宗天禧中仁宗爲皇太子亦同此制徽宗政和三年議禮局上皇太子車輅之制金輅赤質金飾諸末重較箱畫苣文鳥獸黃屋伏鹿軾龍輈金鳳一在軾前設障塵朱蓋黃裏輪畫朱牙左建旂九旒右載闟戟旂首飾金龍頭銜結綬及鈴綏八鸞在衡二鈴在軾駕赤騮四金鍐方釳插翟尾鏤錫鞶纓九就從祀謁太廟則供之軺車金飾諸末紫油通幰紫油纁朱裏駕馬一四望車金飾諸末青油通幰青油纁朱裏朱絲絡網駕馬一軺車四望車以次列於鹵簿仗內親王乘象輅

遼皇太子金輅從祀享正冬大朝納妃用之冊皇太子儀乘黃令陳金輅皇太子升降金輅軺車金飾紫幰朱裏駕一馬五日常朝享宮臣出入行道用之四望車金飾紫油纁通幰駕一馬弔臨用之

金世宗大定六年奏皇太子金輅典故制度奉敕詳定鞅旗旂首及應用龍者更以麟爲飾省去障塵等物上用名件色數依上公以九爲節軾前金龍改爲伏鹿軾上坐龍改爲鳳簾褥用黃羅處改爲梅紅其制並與宋皇太子金輅同皇帝輅自頂至地高一丈七尺今減網四分之一爲一丈三尺二寸修廣之網亦如之

明皇太子金輅高一丈二尺二寸有奇廣八尺九寸轅長一丈九尺五寸輅座高三尺二寸有奇平盤滴珠板輪輻輪輞悉同玉輅輅亭高六尺四寸有奇紅髹四柱長五尺四寸檻座上四周線金五彩香草板前左右有門高五尺有奇廣二尺四寸有奇門旁槅各二編紅線條及明栿皆紅髹後五山屏風青地上雕木貼金龍五間以五彩雲文屏後紅髹板皆抹金銅鈒花葉片裝釘紅髹匡軟座紅絨墜座大索四下垂蓮花墜石上施紅毯紅錦褥席紅髹椅一納板一并褥椅中紅織金綺靠背坐褥四周有椅裙施紅羅帷幔外用青綺緣邊紅簾十二扇椅雕貼金龍彩雲下線金彩雲板一亭內編紅線條輅頂并圓盤高二尺五寸有奇又鍍金銅寶珠頂帶仰覆蓮座高九寸垂攀頂紅線圓條四盤上丹漆下內外皆青地繪雲文以青飾輅蓋亭內周圍青斗栱承以丹漆匡寶蓋鬬以八頂冒以紅綺頂心繡雲龍餘繡五采雲文天輪三層皆紅髹上雕木貼金邊耀葉板七十二片內飾青地雕木貼金雲龍文三層間繪五采雲襯板七十二片四周黃銅裝釘上施紅綺瀝水三層每層七十二摺間繡五采雲龍文四角之飾與大輅同第圓條用紅線輅亭前一字闌干一扇後一字帶轉角闌干一扇左右闌干二扇內嵌丹漆五彩雲板計十四柱柱首制與大輅同亭後建紅旗二以紅羅爲之九斿每斿內外繡升龍一左旗腰繡日月北斗竿用抹金銅龍首右旗腰繡黻字竿用抹金銅戟綴抹金銅鈴二垂紅纓其踏梯行馬之屬與玉輅同親王象輅其高視金輅減六寸其廣減一尺轅長視大輅減一尺輅座高三尺有奇餘飾同金輅輅亭高五尺二寸有奇紅髹四柱檻座上四周紅髹條環板前左右有門高四尺五寸有奇廣二尺二寸有奇門旁槅各二及明栿後五山屏風皆紅髹用抹金銅鈒花葉片裝釘亭底紅髹施紅花毯紅錦褥席其椅靠坐褥帳幔紅簾之制俱同金輅輅頂幷圓盤高二尺四寸有奇用抹金銅寶珠頂餘同金輅天輪三層用紅髹上雕木貼金邊耀葉六十三片內飾青地雕木五彩雲文三層間繪五采雲襯板六十三片四周黃銅裝釘上施紅綺瀝水三層每層八十一摺繡瑞草文前垂青綺絡帶二俱繡升龍五彩雲文圓盤四角連輅坐板用攀頂紅線圓條四幷紅髹木魚亭前後闌干同金輅左右亦有闌干內嵌條環板皆紅髹計十四柱柱首雕木紅蓮花線金青綠裝蓮花抱柱前闌干內布花毯紅旗二與金輅所樹同竿上祇垂紅纓五其踏梯行馬之屬亦同金輅皇孫車成祖永樂中定皇太孫婚禮儀仗如親王降皇太子一等用象輅郡王無輅

公侯大夫等車輅　宋　金　元　明

宋制親王一品二品奉使及葬並給革輅制同乘輿之副惟改龍飾爲螭六引內三品以上乘革車赤質制如進賢車無案駕四赤馬駕士二十五人其緋幰衣絡帶旗戟綢杠繡文司徒以瑞馬京牧以隼御史大夫以獬豸兵部尚書以虎太常卿以鳳駕士衣亦同縣令乘軺

車黑質兩壁紗窗一轅金銅飾紫幰衣絡帶並繡雉銜瑞草駕二馬駕士十八人眞宗大中祥符三年知樞密院事王欽若言王公車輅上並用龍裝乞下有司檢定制度詔下太常禮儀院詳定本院言按鹵簿令王公以下象輅以象飾諸末朱班輪八鸞在衡左建旗畫龍一升一降右載闟戟革輅以革飾諸末左建旜餘同象輅木輅以漆飾之餘同革輅軺車曲壁青幰碧裏諸輅皆朱質朱蓋朱旗旜一品九旒二品八旒三品七旒四品六旒其鞶纓如之神宗元豐三年詳定禮文所言鹵簿記公卿奉引第一開封令乘軺車次開封牧隼旗次太常卿鳳旗次司徒瑞馬旗次御史大夫獬豸旗次兵部尙書虎旗而乘革車考之非是謹按周禮巾車職曰孤乘夏篆卿乘夏縵大夫乘墨車司常職曰孤卿建旜大夫建物請公卿以下奉引先開封令乘墨車建物次開封牧乘墨車建旗太常卿御史大夫兵部尙書乘夏縵司徒乘夏篆並建旜所以參備九旗之制詔從之徽宗時政和議禮局又上王公以下車制象輅以象飾諸末朱班輪八鸞在衡左建旗右載闟戟駕馬四親王晉則用之革車赤質載闟戟緋羅繡輪衣簾旗韜杠絡帶駕赤馬四大駕鹵簿六引法駕鹵簿三引開封牧乘之王公一品二品三品備鹵簿皆供革車一乘其輪衣簾旗韜杠絡帶繡文開封牧以隼大司樂以鳳少傅以瑞馬御史大夫以獬豸兵部尙書以虎軺車黑質紫幰衣絡帶並繡雉施紅錦簾香爐香寶結帶駕赤馬二鹵簿內第一引官縣令乘之駕馬皆有銅面插羽鞶纓攀胸鈴拂緋絹屜紅錦包尾六年禮制局言開封牧列職於朝與御史大夫同其在周官則卿大夫之職乃乘墨車可乎成周上公建常九斿侯伯七斿子男五斿大夫車旗亦各視其命之數則卿建旃當六斿大夫建物當四斿至于三斿則上士所建也其開封令宜乘墨車而建物四斿開封牧御史大夫戸部禮部兵部尙書皆卿也宜乘夏縵而建旗六斿其年詳定官蔡攸又言軺車非縣令宜駕革車非公卿宜用鳳馬之繡無所經見闟戟之設尤爲誤謬開封令秩比大夫開封牧古之諸侯其乘皆宜墨車其駕之馬令以三牧以四御史大夫以六尙書卿之任也其駕亦四則所乘之車稱矣司常曰孤卿建旜大夫士建物師都建旗開封令秩視大夫宜建以物開封牧師都之任宜建以旗尙書御史大夫古之卿也宜建以旜從之七年禮制局又言昨討論大駕六引車已經冬祀陳設訖所有駕士衣服尙循舊制宜改正請墨車駕士衣皂夏縵駕士皂質繡五色團花於禮爲稱從之

金王公以下車制一品轅用銀螭頭涼棚杆子月板並許以銀裝飾三品以上螭頭不得施銀涼棚杆子月板亦聽用銀爲飾五品以上轅獅頭六品以下轅雲頭庶人坐車平頭止用一色黑油

元制車輿除不得用龍鳳文外一品至三品許用間金裝飾銀螭頭繡帶青幔四品五品用素獅頭繡帶青幔六品至九品用素雲頭素帶青幔庶人車輿黑油齊頭平頂皂幔

明太祖洪武元年定品官車輿之飾與元同六年令大臣得用安車後廢不用景帝景泰四年令在京三品以上得乘轎孝宗宏治七年令文武官得乘轎者以四人舁之其五府管事內外鎭守守備及公侯伯都督等無問老少皆不乘轎

主妃命婦等車 宋 遼 金 明

宋皇太子妃有厭翟車駕以三馬內外命婦之車銀裝白藤輿檐內命婦皇親所乘白藤輿檐金銅犢車漆犢車或覆以氊或覆以㯶內外命婦通乘

遼青幰車二螭頭蓋部皆飾以銀駕用駝公主下嫁以賜之送終車車樓純飾以錦螭頭以銀下懸鐸後垂大氊駕以牛上載一羊謂之祭羊以擬送終之用亦賜公主

金章宗明昌元年定妃嬪車同鍍金鳳頭黃結御妻世婦同間金鳳頭梅紅結子

明皇妃車曰鳳轎與歷代異名其制青頂上抹金銅珠頂四角抹金銅飛鳳各一垂銀香圓寶蓋并綵結轎身紅髹木匡三面篾織紋簟繪以翟文抹金銅鈒花葉片裝釘紅髹欄飾以抹金銅鳳頭鳳尾靑銷金羅緣邊紅簾并看帶內紅交牀并坐踏褥紅銷金羅轎衣一頂用銷金寶珠文㵼水香草文看帶并幃皆鳳文紅油絹雨轎衣一東宮妃車亦曰鳳轎小轎制同皇妃親王妃車亦曰鳳轎小轎制俱同東宮妃唯鳳轎衣用木紅平羅小轎衣二一用㩳紅素紵絲一用木紅平羅公主車初沿宋制用厭翟車後定制用鳳轎如親王妃郡王妃郡主俱用翟轎與皇妃鳳轎同第易鳳爲翟

欽定續通典卷六十三

欽定續通典卷六十四

禮嘉

輦輿 宋 遼 金 元 明

宋太祖建隆四年翰林學士承旨陶穀爲禮儀使創意造爲大輦赤質正方油畫金塗銀葉龍鳳裝其上四面行龍雲氣火珠方鑑銀絲囊網珠翠結條雲龍鈿窠霞子四角龍頭銜香囊頂輪施耀葉中有銀蓮花坐龍紅綾裏碧牙壓帖內設圓鑑銀絲香囊銀飾句闌臺坐紅絲條網帉錔中施黃褥上置御坐扶几香爐錦結綬几衣輪衣絡帶並緋繡壓金銀綫長竿四銀裹鐵鍋龍頭魚鉤錦膊褥銀裝畫梯拓叉黃羅緣席褥帊梯杖褥朱索緋縚油帊主輦六十四人親祀南郊謁太廟還及具鑾駕黃麾仗省方還都則乘之眞宗東封以舊輦太重遂命別造凡減七百餘斤後常用焉神宗已後稍更其制祀畢車駕還內若不進輅則乘大輦徽宗政和之制黃質目以黃衣紘以黃帶車箱四圍於桯之外高二尺二寸設軾於前楹高三尺二寸建大旂於後楹旂十二斿其長曳地其色黃繪以交龍日月中興後更製名大安輦宋輦有七中興後惟存大輦平輦逍遙而已赤質正方高十五尺三寸方十一尺六寸四柱平槃上覆青綠錦上有天輪二層外施金塗銀博山八十一內有圓鏡金塗銀頂龍一四面行龍十六火珠四輪衣以青墜以金鈴頂有青羅十字分垂四角曰絡帶四角出龍首銜聲牛五色尾曰旒綴四面拱斗外施方鏡九柱圍以朱闌中設御坐曲几屏風錦褥下舉以長竿四攢竹筋膠丹漆之竿爲龍首平槃下四圍結紅絲網輦官服色𢧐弁黃纈對鳳龍袍黃絹勒帛紫生色袒帶紫絹行縢芳亭輦黑質頂如幕屋緋羅衣裙襴絡帶皆繡雲鳳兩面朱綠牕花版外施紅絲網金銅帉錔前後垂簾下設牙牀句闌長竿四銀龍頭銀飾梯行馬主輦一百二十八人政和之制簾以紅羅繡鷲爲額內設御坐長竿飾以金塗銅螭首橫竿二鳳輦赤質頂輪下有二柱緋羅輪衣絡帶門簾皆繡雲鳳頂有金鳳一兩壁刻畫龜文金鳳翅前有軾匱香爐香寶結帶下有句闌二重內設紅錦褥長竿三銀飾梯行馬主輦八十人法駕鹵簿不設逍遙輦以椶櫚爲屋赤質金塗銀裝朱漆扶版二雲版一長竿二飾以金塗銀龍頭常行幸所御魚鉤帉錔梅紅條輦官十二人春夏服緋羅衫秋冬服白獅子錦襖眞宗東封別造辟塵逍遙輦加牕隔黃縚爲裏賜名省方逍遙輦中興之制赤質金塗四柱椶屋上有走脊金龍四中起火珠凸頂四面不設牕障中有腳踏子制甚簡素祇應人員服帽子宜男方勝纈衫平輦又名平頭輦亦曰太平輦制如逍遙輦而無屋輦官十二人服同逍遙輦東封別造升山天平輦施機關賜名登封輦中興之制赤質正方形如一朱龍椅而加長竿二飾如逍遙輦而不施椶屋制尤簡素惟施畫雲板而已又有七寶輦孝宗隆興二年爲德壽宮製高五十一寸濶二十七寸深三十六寸此附大輦平輦制度爲之上施頂輪耀葉角龍頂龍滴子鐸子結穗毬下施梅紅絲裙網加綴七寶中設香木御座引手爲轉身龍靠背爲龍首靠杯子織以紅黃藤舁以長竿二竿首爲螭首金塗銀飾焉小輿赤質頂輪下施曲柄加蓋緋繡輪衣絡帶制如鳳輦而小下有句闌牙牀皆繡瀝水中設方牀緋繡羅衣錦褥上有小案坐牀皆繡衣踏牀緋衣前後長竿二銀飾梯行馬奉輿二十四人中興後去其輪蓋方四十九寸高三十一寸輿上周以句闌施翟羽玉照子中爲方牀三級上設御坐曲几踏子曲柄緋羅繡蓋輿下紅絲結五色花裙網舉以長竿二竿爲螭首宮殿從容所乘設鹵簿則陳之腰輿前後長竿各二金銅螭頭緋繡鳳裙襴上施錦褥別設小牀緋繡花龍衣奉輿十六人中興制赤質方形四面曲闌下結繡裙網制如小輿帷無翟尾玉照子三級牀曲柄蓋而上設方御牀曲几竿無螭首用亦同小輿相風烏輿上載長竿竿杪刻木爲烏垂鵞毛筩紅綬帶下承以小盤周以緋裙繡烏形輿士四人行漏輿制同鐘鼓樓輿而大設刻漏如稱衡首垂銅鉢末有銅象漆匱貯水渴烏注水入鉢中長竿四輿士六十八人十二神輿赤質四門旁刻十二辰神緋繡輪衣絡帶輿士十二人交龍鉦鼓輿各一皆刻木爲二青龍相交下有木臺長竿一掛畫鼓一掛金鉦上皆有緋蓋亦繡交龍輿士各二人鐘鼓樓輿各一皆刻木爲屋中置鐘鼓下施木臺長竿如鉦鼓輿輿士各二十四人其自行漏輿以下舊禮無文皆開寶定禮所增中興後相風行漏十二神鉦鼓四輿皆不設其皇太后皇后所乘則有龍輿龍肩輿東都皇太后垂簾皆抑損遠嫌不肯乘輦止用輿而已眞宗咸平中爲萬安太后製輿上設行龍六乾興元年詔皇太后御坐檐子名大安輦神宗嗣位尊皇太后爲太皇太后其行幸依治平元年之制而皇太后皇后常出止用副金塗銅裝白藤輿覆以椶櫚屋飾以鳳輦官服同乘輿平頭輦之制於是詔太皇太后出入所乘如萬安太后輿上設行龍六哲宗紹聖元年議造皇太后大安輦而皇太后避嫌竟不製造又哲宗嗣位尊朱貴妃爲皇太妃出入乘檐子有司請用牙魚鳳爲飾繖用青元祐三年太皇太后詔有司尋繹典故於是檐子飾以龍鳳繖用紅九年羣臣議改檐子爲輿上設行龍五哲宗以皇太后諭旨令太妃坐六龍輿出入進黃繖於是三省議皇太妃坐龍鳳輿繖紅黃兼用從皇太后出入止用紅紹興奉迎皇太后詔造龍輿其制朱質正方金

塗銀飾四竿竿頭螭首赭窻紅簾上覆以稷加走龍六內設黃花羅帳裀褥朱椅踏子紅羅黃羅繡巾二龍肩輿一名㯖檐子一名龍檐子舁以二竿故名檐子南渡後所製也東都皇后備厭翟車常乘則白藤輿中輿以太后用龍輿后惟用檐子其制方質㯖頂施走脊龍四走脊雲子六朱漆紅黃藤織白花龍爲障緋門簾看窻簾朱漆藤坐椅踏子紅羅裀褥軟屏夾幔

遼國輿有大輿柴冊再生儀載神主臘儀見皇帝皇后升輿降輿祭山儀皇帝降輿祭東而其制不詳其漢輿有大鳳輦赤質頂有金鳳壁畫雲氣金翅前有軾下有句闌絡帶皆繡雲龍銀梯主輦八十八芳亭輦黑質幕屋緋欄皆繡雲鳳朱綠夾幰花板紅網兩簾四竿銀飾梯主輦百二十八逍遙輦常用之㯖屋赤質金塗銀裝紅條輦官十二人春夏緋衫秋冬素錦服平頭輦常行用之制如逍遙（冊承天太后儀太后乘平頭輦）無屋又有大芳輦仙遊輦小輦（永壽節儀皇太后乘小輦）大玉輦小玉輦腰輿前後長竿各二金銀螭頭緋繡鳳欄上施錦褥別設小牀奉輿十六人小輿赤質青頂曲柄緋繡絡帶制如鳳輦而小上有御座奉輿二十四人

金大輦赤質正方油畫金塗銀葉龍鳳裝其上四面施行龍雲朵火珠方鑑銀絲囊網珠翠結雲龍鈿窠霞子四角龍頭銜香囊須輪施耀葉中有銀蓮花坐龍紅綾裏碧牙壓帖內設圓鑑香囊銀輪句欄臺坐紫絲條網㸚錯中施黃褥上置御座曲几香爐錦結綬几衣輪衣絡帶並緋繡雲龍寶相花金錢壓長竿四飾以金塗銀龍頭畫梯托义行馬七寶輦制如大輦飾以玉裙網七寶滴子用眞珠皇后有平頭輦五華輦亭頭輦各高一丈九尺廣丈五寸長三丈舁士各九十六人並生色緋寶相花衫銀褐抹帶大口袴

元腰輿制以香木後背作山字牙嵌七寶裝雲龍屛風上施金圈焰明珠兩旁引手屛風下施雕鏤雲龍牀坐前有踏牀嗬達爾錦褥一（嗬達爾蒙古語表也）坐上貂鼠緣金錦條褥綠嗬達爾方坐象轎駕以象凡巡幸則御之

明大馬輦高一丈二尺五寸九分廣八尺九寸五分轅長二丈五寸有奇輦坐高三尺四寸有奇餘同大輅輦亭高六尺四寸有奇紅髹四柱長五尺四寸有奇檻座高與輅同四周紅髹條環板前左右有門高五尺有奇廣二尺四寸有奇門旁槅各二後槅三及明栿皆紅髹抹金銅鈒花葉片裝釘槅心編以黃線條亭內制與大輅同第軟坐上不用花毯而用紅毯亭外用紅簾十二扇輦頂并圓盤高二尺六寸有奇上下俱紅髹以靑飾輦蓋其銅龍蓮座寶蓋黃屋及天輪輦亭悉與大輅同太常旂踏梯行馬之屬亦同大輅駕以八馬備鞍韉鞦轡鈴纓之飾小馬輦視大馬輦高廣皆減一尺轅長一丈九尺有奇餘同大馬輦輦亭高五尺五寸有奇紅髹四柱長五尺四寸有奇檻座紅髹四周條環板前左右有門高五尺廣二尺二寸有奇門旁槅各二及明栿後屛風壁板俱紅髹用抹金銅鈒花葉片裝釘亭底紅髹上施紅花毯紅錦褥席外用紅簾四扇駕以四馬餘同大馬輦步輦高一丈二尺二寸有奇廣八尺二寸有奇輦坐高三尺二寸有奇四周雕木五彩雲渾貼金龍板十二片間以渾貼金仰覆蓮座下雕木線金五彩雲板十二片轅四紅髹中二轅長三丈五尺九寸左右二轅長二丈九尺五寸有奇俱以鍍金銅龍頭龍尾裝釘輦亭高六尺三寸有奇四柱長六尺二寸有奇檻座紅髹四周雕木沉香色描金香草板十二片抹金銅鈒花葉片裝釘前左右有門高五尺七寸有奇廣二尺四寸有奇門旁紅髹十字槅各二雕飾沉香色描金雲龍板八片下雲板如其數後紅髹屛風上雕沉香色描金雲龍五屛後雕沉香色描金雲龍板三片又雲板如其數俱用抹金銅鈒花葉片裝釘餘同馬輦帷紅簾用十扇輦頂并圓盤高二尺六寸有奇其蓮座輦蓋天輪幰衣之屬俱同馬輦大涼步輦高一丈二尺五寸有奇廣一丈二尺五寸有奇四面紅髹匡裝雕木五彩雲板二十片間以貼金仰覆蓮座下紅髹如意條環板如其數紅髹轅六中二轅長四丈三尺五寸有奇左右二轅長四丈有奇外二轅長三丈六尺五寸有奇前後俱飾以雕木貼金龍頭龍尾輦亭高六尺五寸有奇廣八尺五寸有奇四柱紅髹前左右有門高五尺八寸有奇廣二尺五寸有奇四周描金香草板十二片門旁槅各二後槅三及明栿皆紅髹編以黃線條亭底上施墊毯加紅錦褥并席紅髹坐椅一四周雕木沉香色描金寶相花靠背褥裙帷幔與馬輦同內設紅髹桌二紅髹闌干香桌一闌干四柱首俱雕木貼金蹲龍鍍金銅龍盝香爐一并香匙箸瓶紅錦墩二外紅簾三輦頂高二尺七寸有奇鍍金銅寶珠頂帶仰覆蓮座高一尺三寸有奇垂攀頂黃線圓條四頂用丹漆上冒紅毯四垂以黃毯爲如意雲黃毯緣條四周施黃綺瀝水三層每層百三十二摺間繡五彩雲龍文或用大紅羅冒頂以黃羅爲如意雲緣條瀝水亦用黃羅頂下四周以紅毯爲帷黃毯緣條四角鍍金銅雲四亭內寶蓋繡五龍頂以紅髹木匡冒

以黄綺爲黄屋頂心四周繡雲龍各一輦亭四角至輦座用攀頂黄線圓條四并貼金木魚輦亭前左右轉角闌干二扇後一字帶轉角闌干一扇皆紅髹雕木渾貼金龍間以五彩雲板闌干内四周布席其闌干十二柱之飾及踏梯之屬俱與馬輦同其紅板轎即古肩輿遺制高六尺九寸有奇頂紅髹近頂裝圓匡蜊房窻鍍金銅火燄寶帶仰覆蓮座四角鍍金銅雲朶轎扛二前後以鍍金銅龍頭龍尾裝釘有黄絨墜角索四周紅髹板左右門二用鍍金銅釘鉸轎内紅髹匡坐椅一福壽板一并褥椅内黄織金綺靠坐褥四周椅裙下舖席並踏褥有黄絹轎衣油絹雨衣各一青氊衣紅氊緣條雲子

宋中興以後皇后常乘龍肩輿又以征伐道路險阻詔百官乘轎名曰竹轎子亦曰竹輿元皇帝用象轎至用紅板轎則自明始也世宗嘉靖十三年謁廟帝及后妃俱乘肩輿出宮至奉天門降輿升輅穆宗隆慶四年設郊祀慶成宴帝乘板輿由歸極門出入皇極門至殿上降輿

禮 嘉

鹵簿 旌旗附 五代 宋 遼 金

臣等謹按杜佑通典述嘉禮分旌旗鹵簿爲兩門雖本之開元禮然旌旗原屬於鹵簿事無二用若分門別載勢不免互見複出體例未爲完善考宋綬鹵簿圖記車輅之等人物之列器用之宜旌麾之制連類爲圖次第明晰而鄭居中等所撰政和五禮新儀亦以鹵簿旌旗合載並加精審焉今參考宋遼金元明五朝史志詳述鹵簿卽以旌旗附載於後庶幾義類貫通不致轇轕其一朝後先更制者仍每條分註以備參考云

梁太祖開平二年十一月南郊禮儀使奏皇帝赴南郊法駕鹵簿自清遊以下諸衛將軍平巾幘緋兩襠大口袴錦滕金帶刀弓箭佽飛執旗人引駕三衛並武弁緋兩襠大口袴供奉官並武弁服色各一人步從餘文武官及導駕士絳衣平巾幘餘並戎服近侍導駕官引車從本縣令州府御史大夫卽朝服各乘輅車前導其引駕官員不總備車輅自中書令侍中已下則公服內諸司使並常服（按五代鹵簿新舊五代史及通考皆失載今據五代會要南郊禮補輯）

宋鹵簿四等曰大駕曰法駕曰鑾駕曰黃麾仗大駕之儀極盛郊祀藉田薦獻玉清景靈宮用之法駕減三分之一泰山汾陰明堂用之鑾駕又減半謁陵封祀朝謁太淸奏告玉淸宮用之黃麾仗又減於鑾駕親征御樓省方還京六廟上冊用之太祖建隆四年將郊祀大禮使范質與鹵簿使張昭儀仗使劉温叟同詳定大駕鹵簿之制禮儀使陶穀建議金吾及諸衛將軍導駕及押仗舊服紫衣請依開元禮各服本色繡袍舊執仗軍士悉衣五色畫衣隨人數給之以五行相生之色爲次黑衣先之青衣次之赤黃白又次之乾德三年蜀平命左拾遺孫逢吉收蜀中法物其不中度者悉毀之是歲太祖親閱鹵簿四年始改畫衣爲繡衣至開寶三年成謂之繡衣鹵簿其後郊祀皆用之太宗至道中令有司以絹畫爲圖凡三幅中幅車輅六引及導駕官外兩幅儀衛藏祕閣凡仗內自行事官排列職掌并捧日奉宸散手天武外步騎一萬九千一百九十八人眞宗咸平五年詔南郊儀仗引駕官不得多帶從人大中祥符元年改小駕爲鑾駕仁宗時宋綬定鹵簿爲圖記凡大駕用二萬六十一人皇祐二年將享明堂鹵簿使奏法駕減大駕三分之一詔禮官與兵部考正用萬有一千八十八人嘉祐二年祫享用禮儀使奏南郊仗金吾上將軍六統軍左右千牛皆服紫繡戎服珂佩騎而前節度使亦衣袴褶導駕如舊例是月禮官奏南郊還禮當乘金輅而或詔乘大輦官著爲令常以大輦從神宗元豐元年更定大駕儀仗鹵簿仗仗下官一百四十六人執仗押引從軍員職掌諸軍諸司二萬二千二百二十一人徽宗政和四年禮制局言鹵簿六引儀仗信幡承以雙龍惟乘輿器用並飾以龍今六引內係羣臣鹵簿而旗物通畫交龍非便釐正之政和七年兵部尚書蔣猷請取天聖鹵簿圖記更加考正高宗紹興十二年檢會舊儀始備黃麾仗慶冊親饗皆用焉孝宗龍興二年令有司條奏其可省者次年郊祀用六千八百八十九人明堂用三千三百十九人乾道六年郊祀備五輅大安輦六象人數如舊自後無所改革云

臣等謹按宋史至道政和紹興皆有鹵簿之制至道初得唐長興南郊鹵簿字圖規模草創制多闊略南渡後禮儀失墜務爲簡省其見於國史會要諸書者較承平時未及其半獨政和所定則自元豐以來置立詳定禮文所議禮局考訂精審其文最詳故具載之其法駕鹵簿與宣和沿革之制及小駕屬車並附見焉

政和大駕鹵簿象六分左右次六引開封令開封牧大司樂少傅御史大夫兵部尚書（各用本部鹵簿）次金吾纛矟左右皁纛各六（執托各一人絲四人）押衙四人（並騎）爆矟八（執各一人）本衛上將軍將軍各四人本衛大將軍二人（並騎）爆矟四夾大將軍（執各一人夾二人並騎○法駕爆矟減二本衛上將軍將軍各減三人）次朱雀旗隊（並騎）金吾衛折衝都尉一人引隊爆矟二夾都尉（執旗一人引夾各二人凡仗內引夾執人人數準此）弩四弓矢十六矟二十左右金吾衛果毅都尉二人押隊（法駕弩減二弓矢減六矟減八宣和引隊改天武都指揮使押隊改天武指揮使）次龍旗隊大將軍一人檢校（騎）引旗十二人（並騎）風伯雨師雷公電母旗各一五星旗五左右攝提旗二北斗旗一護旗十二人副竿二（執人並騎 法駕引旗護旗人各減四宣和撿校改左右衛大將軍雷公電母旗去公母二字）次指南車記里鼓車各一駕馬各四駕士各三十八人白鷺車鸞旗車崇德車皮軒車各一駕士各十八人（法駕無白鷺崇德宣和有青旌青雀之下崇德之前減白鷺鸞旗鳴鳶飛鴻虎皮貔貅六車在記里鼓皮軒三車駕士之數如前）次金吾引駕騎本衛果毅都尉二人儀刀弩弓矢矟各八（法駕儀刀弩弓矢矟各減二宣和改都尉爲神勇都指揮使）次大晟府前部鼓吹令二人府史四人（按通考作府史二人）管轄指揮使一人掆鼓金鉦各十二（帥兵官八人領）大鼓一百二十（帥兵官二十人領）長鳴一百二十（帥兵官六人領）鐃鼓十二（帥兵官四人領）歌工拱宸管簫笳各二十四大橫吹一百二十（帥兵

官十人領節鼓二笛簫觱篥笳桃皮觱篥各二十四掆鼓金鉦各十二帥兵官四人領小鼓中鳴各一百二十帥兵官八人領羽葆鼓十二帥兵官四人領歌工拱宸管簫笳各二十四法駕前後掆鼓金鉦各減四大鼓減四十長鳴減四十鐃鼓減四拱宸管後簫笳各減八大橫吹減四十節鼓後笛簫觱篥笳桃皮觱篥各減八小鼓中鳴各減四十羽葆鼓減四最後簫笳各減八帥兵官共減十八人次太史相風行漏等輿太史令及令史各一人並騎相風烏輿一輿士四人交龍鉦鼓各一輿士各六人司辰典事各一人並騎漏刻生四人鼓樓鐘樓行漏輿各一輿士各一百人大史正一人清道二人十二神輿一輿士十四人法駕行漏輿一輿士各四十人神輿一輿士多大駕二人宣和鼓鐘樓並改爲輿太史正前有捧日副指揮使二人捧日節級十人神輿輿士增十次持鈒前隊左右武衛果毅都尉二人引隊左右武衛校尉二人絳引旛一紼二人左右有金節十二執人並騎罕畢各一朱雀幢導蓋青龍白虎幢各一叉三執人並騎隊長一人鈒戟二百八十八左右武衛將軍二人檢校左右武衛校尉四人押隊法駕金節減四鈒戟減七十二宣和引隊改驍騎都指揮使武衛校尉改驍騎軍使增朱雀幢後之叉一去龍虎幢後之叉三檢校改用左右驍騎將軍次黃麾幡一執一人騎紼二人法駕前有殿中侍御史二員次六軍儀仗左右神武軍左右羽林軍左右龍武軍各有統軍二人都頭二人羽林又有節級二人押仗本軍旗各一排闌旗各二十吏兵力士旗各五掩尾天馬旗二羽林有赤豹黃熊旗龍武有龍君虎君旗各一白柯槍五十哥舒棒十鐙仗八法駕神武軍減排闌旗十羽林龍武軍各減四吏兵力士旗減一宣和統軍改將軍神武軍旗改熊虎排闌旗改平列哥舒棒改戈戟鐙仗改矛戟羽林隊無節級黃熊改黃羆龍武旗改熊虎次引駕旗天王旗二排仗通直官二人押旗十二辰旗各一法駕同次龍墀旗天下太平旗一排仗大將二人夾騎五方龍旗各一金鸞金鳳旗各一獅子旗二君王萬歲旗一日月旗各一法駕減鸞鳳獅子旗次御馬二十四控馬每匹天武二人御馬直二人爲十二重法駕減八爲八重宣和御馬直改爲習馭次中

道隊大將軍一人檢校法駕同宣和大將軍改左右驍衛大將軍次日月合璧旗一苣文旗二五星連珠旗一祥雲旗二長壽幢二宣和苣文改慶雲祥雲改祥光次金吾牙門旗四監門校尉六人次金吾細仗青龍白虎旗各一五嶽神旗五方神旗五方龍旗五方鳳旗各五以上執各一人紼各三人法駕五方龍鳳旗各減二宣和改校尉爲使臣五嶽神旗去神字次八寶鎮國神寶皇帝之寶皇帝行寶皇帝信寶在左受命寶天子之寶天子行寶天子信寶在右爲四重香案八各以二列於寶輿之前碧襴二十四人符寶郎行於碧襴之間法駕減碧襴八人宣和增引寶職掌二人香案職掌六人援衛傳喝親從一百人奉寶輦官每寶二十八人節級一人奉寶一十二人舁香案行馬執燭龍各四人持席褥油衣共三人香案寶輿各九燭籠二十六碧襴之數同前次方繖二大雉尾扇四夾執繖扇各一人以下唯此法駕同次金吾四色官六人押仗二人法駕減押仗次金甲二人宣和改銅甲次太僕寺進馬四人並騎次引駕千牛衛上將軍一人千牛八人中郎將二人並乘珂馬千牛二人並騎宣和引駕改千牛衛大將軍中郎將改爲捧日都虞候次長史二人並騎宣和無次金吾引駕官四人並騎次導駕官執政以上從六人待制諫議防禦使以上五人監察御史刺史諸衛將軍以上四人次繖扇輿輦大繖二中雉尾扇四夾腰輿一小雉尾扇四夾應奉一人十將將虞候節級二人長行十六人排列官二人中雉尾扇十二華蓋二執各一人香鐙一執擎八人小輿一應奉人逍遙平輦下長行二十四人逍遙子一應奉人十將將虞候節級共九人長行二十六人平輦一應奉人員七人餘同上法駕排列官後中雉尾扇減四宣和去小雉尾扇四腰輿一管押八員二人都將四人僉押小輿排列官二人小輿一奉輿二十四人都將九人逍遙子改爲逍遙輦奉輦一十六人平輦一奉輦人同上後有上輦奉御二人騎小輿前又有大路一駕馬六太僕卿御駕士一百二十八人次駕前東第五班開道旗一皁纛十二引駕六十六人鈞容直三百人引駕回作樂五方色龍旗五門旗四十御龍四直步執門旗六十天武駕頭下一十二人茶酒班執從物十一人御龍直仗劍六人天武把行門八人麾旗一

殿前班擊鞭十人簇輦龍旗八日月麟鳳旗四青白赤黑龍旗各一御龍直四十人踏路馬二夾輅大將軍二人進輅職掌二人部押二人教馬官二人法駕同宣和無鈞容直開道旗內增押班一人殿侍二人皁纛旗十二殿侍十二人引駕二人長行六十人五方色吉字旗殿侍三人管押十八人門旗殿侍二人管押四十人又八門旗六十御龍直一十二人骨朶直十二人御龍弓箭直弩直各十八人御龍直仗劍六人執麾旗殿侍二人管押龍旗二人都知副都知各一人執骨朶殿侍十六人內大將軍改爲千牛衛大將軍朝服步從將軍二人朝服陪乘掌輦四人皇帝乘玉輅駕青馬六駕士一百二十八人扶駕八人骨朶直一百三十四人行門三十五人分左右陪乘將軍二人法駕同宣和駕士增爲二百三十四人次奉宸隊御龍直左廂骨朶子直右廂弓箭直弩直御龍四直並以逐班直所管人數列爲五重天武骨朶大劍三百一十八人次駕後東第五班大黃龍旗一鈞容直三十一人扇筤下天武二十八人茶酒班簇輦三十一人招箭班三十三人法駕同宣和止用黃龍旗餘並無次副玉輅一駕青馬六駕士四十人法駕無宣和駕士一百八人內人員二人次大輦一掌輦四人應奉人員十二人十將將虞候節級共十八人長行三百五十五人尙輦奉御二人殿中少監供奉職官二人令史四人書令史四人法駕同宣和增奉輦爲九十八人次太僕御馬二十四爲十二重法駕減八爲八重宣和無太僕次持鈒後隊左右武衛旅帥二人法駕同宣和改爲神勇都指揮使次重輪旗二大繖二大雉尾扇四小雉尾扇朱團扇各十二華蓋二叉二睥睨稍十二御刀六眞武幢一叉一絳麾二細稍十二法駕小雉尾扇朱團扇睥睨稍各減四華蓋減一御刀減二宣和眞武幢改爲元武幢次左右金吾衛果毅都尉二人並騎總領大角一百二十法駕減四十宣和改都尉爲驍騎都指揮使次太晟府後部鼓吹丞二人典事四人管轄指揮使一人羽葆鼓十二帥兵官四人領歌工拱宸管簫笳各二十四帥兵官二人領鐃鼓十二帥兵官四人領歌工簫笳各二十

四小橫吹一百二十帥兵官八人領笛簫觱篥笳桃皮觱篥各二十四法駕羽葆鼓減四簫笳觱篥桃皮觱篥各減八鐃鼓減四小橫吹減四十帥兵官並減二八宣和帥兵官改爲天武神勇宣武虎翼四都頭次黃麾幡一執綵人數同前部法駕亦同有殿中侍御史二人芳亭輦一奉輦六十八人鳳輦一奉輦五十八人法駕去奉輦宣和芳亭奉輦六十二人次金象革木四輅並有副輅金輅踏路赤馬二正副各駕赤馬六駕士六十人餘輅正副駕馬數同而色異象輅以赭白革輅以騮木輅以黑駕士各四十人法駕副輅宣和駕馬之色又異金以騮象以赤革以赭白木以烏駕士正一百五十人副一百人管押人員各二人耕根車一駕青馬六駕士四十人法駕同宣和無進賢車一駕士一十四人明遠車一駕士四人法駕無宣和各增駕馬四次屬車十二乘每乘駕牛三駕士十人法駕減四乘宣和增衙官二人管押節級一人次黃一次門下中書祕書殿中四省局官各二人法駕同鉞車豹尾車各一各駕赤馬二駕士十五人法駕除進賢明遠車外並同宣和有黃鉞天武副都頭及神勇副都頭各一次掩後隊左右威衛折衝都尉二人領隊大戟刀盾弓矢矟各五十法駕各減十六宣和押隊改爲宣武都指揮使二人次員武隊金吾衛折衝都尉一人㬥矟二仙童旗一員武旗一螣蛇神龜旗各一矟二十五弓矢二十弩五法駕矟減六弓矢減五弩減一宣和改爲元武隊員武旗改元武旗又去仙童龜蛇旗改都尉爲虎翼都指揮使其大駕外仗清游隊次第六引外仗白澤旗二左右金吾衛折衝都尉二人弩八弓矢三十二矟四十法駕次第三引外仗弩減二弓矢減八矟減十宣和改都尉爲捧日都指揮使左右金吾各十六騎帥兵官二人弩八弓矢矟各十二法駕金吾騎及弓矢矟各減四宣和改金吾爲天武都頭次佽飛隊左右金吾衛果毅都尉二人分領並騎虞候佽飛四十八人並騎鐵甲佽飛二十四人並甲騎法駕前減十八人後減八人宣和改金吾衛爲拱聖都指揮使改都尉爲都指揮使次前隊殳仗左右領軍衛將軍二人檢校並騎㬥矟四殳叉分五隊第一百六十八人第二八十八人第三一百八人第四第五

各八十人逐隊有帥兵官左右領軍衛左右威衛左右武衛左右驍衛左右衛各四人法駕殳叉第一隊減六十第二第三各減三十第四第五各減二十宣和改檢校爲左右衛將軍領軍衛爲天武都頭威衛爲神勇都頭武衛爲宣武都頭驍衛爲虎翼都頭殳叉第一隊減六十增第二隊至五隊爲一百次後隊殳仗殳叉分五隊第一第二各八十人第三一百人第四八十人第五一百六十人帥兵官左右衛左右驍衛左右武衛左右威衛左右領軍衛凡前後隊殳仗前接中道北斗旗後盡鹵簿後隊法駕殳叉第一第二隊各減二十四第三第四各減三十第五減六十宣和殳叉各一百天武神勇宣武虎翼廣勇都頭次前部馬隊凡十二皆以都尉二人分領第一前左右金吾衛折衝領角亢斗牛宿旗四弩十弓矢二十矟四十第二氐房女虛宿旗四第三心危宿旗第四尾室宿旗各二以上四隊各以左右領軍衛果毅領第五箕壁宿旗第六奎井宿旗各二各以左右威衛折衝領第七婁鬼宿旗第八胃柳宿旗第九昴星宿旗各二各以左右武衛果毅領第十畢張宿旗第十一觜翼宿旗第十二參軫宿旗各二各以左右驍衛折衝領弩弓矢矟人數同第一隊法駕分二十八宿旗爲十隊逐隊弩減四弓矢減六矟減二十宣和捧日拱聖神勇驍衛宣武五都指揮使分領上十隊以虎翼廣勇都指揮使分領下二隊按捧日等五指揮使宋史訛五爲四今據通考改正次步甲前隊凡十二左右領軍衛將軍二人檢校並騎㬥矟四逐隊皆有都尉二人分領第一第三各以左右領軍衛第五以左右威衛第七以左右武衛第九以左右驍衛第十一以左右衛並折衝第二第四各以左右領軍衛第六以左右威衛第八以左右武衛第十以左右驍衛第十二以左右衛並果毅內有鶡貔玉馬三角獸黃鹿飛麟駃騠鸞麟馴象玉兔辟邪等旗各二以序居都尉之後逐隊有弓矢刀盾相間各六十人居旗之後法駕止十隊每隊弓矢各減二十宣和檢校改左右

衛將軍又去㬥矟分領並改爲都指揮使第一第二並捧日第三第四並天武第五第六並拱聖第七第八並神勇第九驍騎第十宣武第十一虎翼第十二廣勇按宋制驍衛稱大將軍稱將軍都尉郎將若稱指揮稱都頭者則驍騎也通考驍衛驍騎前後互異據此驍衛應是驍騎訛文耳次前部黃麾仗絳引幡二十下分六部第一左右威衛第二左右領軍衛第三左右威衛第四左右武衛第五左右驍衛第六左右衛諸部各有殿中侍御史二人本衛大將軍二人檢校本衛折衝都尉二人分領又各有帥兵官二十人龍頭竿六重重各二十揭鼓三重重各二儀鍠五色幡小戟矟各一重重各二十弓矢三重重各二十朱緣犦絡盾并刀二重重各二十法駕止五部絳引幡帥兵官龍頭竿幡戟弓矢盾刀矟並減六宣和六部驍衛武衛屯衛領軍衛監門衛千牛衛皆左右上將軍天武神勇宣武虎翼廣勇皆都指揮都頭逐部上將軍都頭各一人次青龍白虎旗各一左右衛果毅都尉二人分押旗及領後七十騎弩八弓矢二十二矟四十法駕減後騎三十弩減二弓矢減八矟減二十宣和改都尉爲虎翼都指揮使次班劒儀刀隊並騎左右衛將軍二人分領郎將二十四人左右親衛勛衛各四人每衛班劒二百二十人諸翊衛左右衛六人領儀刀四百八人左右驍衛二人領儀刀二百三十六人左右武衛威衛領軍衛金吾衛各二法駕親勛衛班劒減八十四人翊衛儀刀減一百三十二人增左右驍衛四人班劒儀刀九十二人宣和分領改爲左右武衛及捧日天武指揮四人拱聖六人神勇驍騎驍勝宣武虎翼指揮使各二人次親勛散手驍衛翊衛隊並騎左右衛供奉中郎將四人分領親勛翊衛四十八人左右衛郎將二人分領散手翊衛六十人左右驍衛郎將二人分領驍衛翊衛五十六人法駕親勛減十六人散手驍衛各減二十人宣和改爲中衛翊衛親衛隊中衛郎四人分領衛兵四十八人翊衛郎將八人分領衛兵六十人親衛郎二人分領衛兵五十六人次左右驍衛翊衛三隊並騎各有二人分領第一本衛大將軍第二本衛將軍第三本衛郎將花鳳衣黃吉利旗各二分爲三隊逐隊弩十弓矢二十矟四十

法駕弩減四弓矢矟各減半宣和分領第一第二隊左右驍衛大將軍將軍第三廣勇指揮使改花鳳旗爲雙蓮旗次夾轂隊凡六逐隊都尉二人檢校第一第四左右折衝第二第三第五第六並左右衛果毅逐隊刀盾各六十人內第一第四有寶符旗二法駕各減刀盾二十宣和檢校改爲捧日天武拱聖三指揮使次捧日隊逐隊引一人押二人長行殿侍二十八人旗頭三人槍手五人弓箭手二十人左右廂天武約攔各一百五十五人法駕同次後部黃麾仗分六部左右衛左右驍衛左右武衛左右威衛左右領軍衛左右武衛部內殿中侍御史大將軍都尉帥兵官絳引幡龍頭竿等並同前部法駕減第六部絳引幡減六宣和六部第一改爲左右驍衛大將軍自二至六改爲天武神勇宣武虎翼廣勇五指揮次步甲後隊凡十二皆有都尉二人分領第一以左右衛第三以左右驍衛第五以左右武衛第七以左右威衛第九第十一各以左右領軍衛以上並果毅第二以左右衛第四以左右驍衛第六以左右武衛第八以左右威衛第十第十二各以左右領軍衛以上並折衝內有貔鶡雞仙鹿金鸚䳢瑞麥孔雀野馬犛牛甘露網子祥光翔鶴等旗各二以序居都尉之後逐隊有弓矢刀盾相間各六十人居旗之後法駕止十隊宣和自第七隊以下分領改用都指揮使七八並神勇九驍騎十宣武十一虎翼十二廣勇旗亦改其半七天正堯瑞八日有戴承十翔鶴十一紅光十二文石次後部馬隊凡十二皆以都尉二人分領第一第二各以左右衛第五第六第七各以左右武衛第十第十一第十二各以左右領軍衛並折衝第三第四各以左右驍衛第八第九各以左右威衛並果毅內有角䲢赤熊兕天下太平馴犀鵕鸃驌驦騶牙蒼烏白狼龍馬金牛等旗各二以序居都尉之後每隊弩十弓矢二十矟四十法駕止十隊弩減四弓矢減六矟減十二宣和改都尉爲指揮使一二並以捧日三四並以天武五六並以拱聖七八並以神勇九以驍騎十以宣武十一以虎翼十二以廣勇內六有芝禾並秀旗七有萬年連理木旗以上鹵簿凡門有六中道門二第一門居日月合璧等旗之後法駕居龍墀旗之後第二門居掩後隊之後法駕同各有金吾牙門旗四監門校尉六人左右道門四第一居步甲前隊第六隊之後第二居十二隊之後第三居夾轂隊之後第四居步甲後隊第六隊之後法駕同各有監門校尉四人宣和改校尉爲使臣按中道門二各有金吾牙門旗四則左右道門四亦當各有金吾牙門旗二後牙門旗一條左右門各門二旗可互證也此處或宋史脫誤其小駕減大駕六引及象木革輅五副輅小輿小輦又減指南記里白鷺鸞旗崇德皮軒耕根進賢明遠黃鉞豹尾屬車等十一餘並減大駕之半屬車黑質兩箱耷裝前有曲欄金銅飾上施紫通幰絡帶門簾皆繡雲鶴紫絲網帉錔並因唐大駕之制

宋旌旗之制太祖創製錯繡諸旗著於通禮其殿廷立仗旌旗正至五月一日御正殿設青龍白虎旗各一五嶽旗五五星旗五五方龍旗二十五五方鳳旗二十五紅門神旗二十八朱雀眞武旗各一皁纛十二各分左右以上金吾天一太一旗各一攝提旗二五辰旗五北斗旗一木火北斗在左金水土在右二十八宿旗各一角宿至壁宿在左奎宿至軫宿在右風伯雨師旗各一白澤馴象仙鹿玉兔馴犀金鸚䳢瑞麥孔雀野馬犛牛旗各二日月合璧旗一五星連珠旗一雷公電母旗各一軍公旗六黃鹿飛麟兕騶牙白狼蒼烏辟邪網子貔旗各二信幡二十二傳教告止幡各十二黃麾二各分左右以上兵部日旗月旗各一君王萬歲旗一天下太平旗一獅子旗二金鸞金鳳旗各一五方龍旗各一青赤在左黃白黑在右以上龍墀龍君虎君旗各五赤豹黃羆旗各五小黃龍旗一天馬旗一吏兵力士旗各五天王旗四太歲旗十二天馬旗六排攔旗六十左右幡氅各五行行七十五大黃龍旗二大神旗六各分左右以上六軍凡旗皆錯采爲之漆竿鍍首纛頭錦帶腰火燄腳白澤攝提金鸞金鳳獅子昔文天下太平君王萬歲仙童螣蛇神龜及在步甲前後隊後馬隊三隊六軍儀仗內並以赤日月及合璧連珠風雨雷電五星二十八宿祥雲並以青北斗以黑五嶽四瀆五方四神十二辰五龍五鳳龍虎君並以方色天王以赤黃二色排攔以黃紫赤三色其牙門旗赤質錯采爲神人象中道前後各一門左右道五門按門有六前有中道門二即此前後各一門也前言左右道門四而此言五門恐即四門之訛二旗蓋取周制樹旗表門及天子五門之制

神宗元豐三年詳定郊廟奉祀禮文所言鹵簿前用二十八宿五星攝提旗有司乃取方士之說繪畫人形及牛虎頭婦人小兒之類於禮無據伏請改製各著其象以則天文從之哲宗元符三年徽宗卽位兵部侍郎黃裳請製旗號曰寶符曰重輪曰祥光曰瑞鶴從之政和中大祀饗立仗大黃龍負圖旗一執綀二百人陳于闕廷赤龍旗南少西大黃龍旗之北大黃龍旗一執綀六十人陳於宿頓宮門外宣德門次大黃龍負圖旗之南正至受朝同龍墀旗陳於殿廷太廟在西檽星門外路南次赤龍旗少北青城在泰禋門外夏祭大禮在明禋門外赤龍旗之南宗祀祫饗大禮不設大黃龍負圖旗大黃龍旗大神旗六執綀各九十人宣德門泰禋門並陳於大黃龍旗之南東西相望太廟陳於西檽星門外大黃龍旗之西少南視赤龍旗爲列南北相望龍墀旗執綀各十二人左右有日月旗各一次君王萬歲旗一宣德門泰禋門在路東太廟在門外路南次獅子旗二左右有金鸞金鳳旗各一次五方龍旗各一青黃赤龍旗宣德泰禋門在東太

廟在南黑白龍旗宣德泰禋門在西太廟在北次天下太平旗一宣德泰禋門在路西太廟在路北其文德殿發冊設日旗君王萬歲旗獅子旗金鸞旗靑龍旗赤龍旗各一在殿東階之東以西爲上月旗天下太平旗獅子旗金鳳旗白龍旗黑龍旗各一在西階之西以東爲上次皁纛旗一十二次靑龍旗白虎旗次五方龍旗五方鳳旗次五嶽神旗次五星神旗次朱雀旗眞武旗以上各分東西北向次紅門旗二十八分左右次寅卯辰巳午未旗六在東申酉戌亥子丑旗六在西天王旗四分左右夾辰旗次龍君赤豹吏兵旗各五每旗各爲一列每列掩尾天馬旗一以次在東次虎君黃熊力士旗各五每旗各爲一列每列掩尾天馬旗一以次在西左廂第一隊鶡雞白澤玉馬貔旗四瀆旗各一第二隊角亢氐房心宿旗各一第三隊虛危室壁奎宿旗各一第四隊參井鬼柳宿駃騠旗各一第五隊三角獸黃鹿苣文馴象飛麟旗各一第六隊辟邪玉兔吉利仙鹿祥雲旗各一第七隊花鳳飛黃野馬金鸚鵡瑞麥旗各一第八隊孔雀兕甘露網子角觽旗各一並各爲一列第九隊犀牛旗一設於孔雀旗後右廂第一隊同左廂第二隊尾箕斗牛女宿旗各一第三隊婁胃昴畢觜宿旗各一第四隊星張翼軫駃騠旗各一第五隊至八隊並同左廂第九隊騶牙旗蒼烏旗各二相間爲一列每旗執揣三人俱北向五色龍鳳旗之東西各色黃麾幡二次告止幡傳敎幡信幡各五次絳麾幡二次絳引幡五排攔旗三十自黃麾幡東西排列以次於南每旗執揣三人俱北向又於騶牙旗南設大小黃龍旗各一大黃龍旗在殿門裏少西執揣二十人小黃龍旗在大黃龍旗後少西執揣三人次大神旗十六凡大朝會儀衞有司皆依令式陳設四年禮制局言鹵簿大黃龍負圖旗畫八卦乞改畫九一三七二四六八五之數仙童網子大神三旗無所經見乞除去從之初大觀三年西京潁陽縣大慶觀聖祖殿東有嘉禾芝草並生嘉禾一本四穗芝草葉圓而重起至是詔製芝禾並秀旗又以是年二月日上生靑赤黃戴氣日下生靑赤黃承氣詔製日有戴承旗又以元符二年武夷君廟有仙鶴迎詔政和二年延福宮宴輔臣有羣鶴自西北來盤旋睿謨殿上及奏大晟樂翔鶴屢至詔製瑞鶴旗八年禮部侍郎張邦昌奏太祖時甘露降於江陵者十日瑞麥秀於濮陽者六岐獲金鸚鵡於隴坻得三玉兔於鄆封馴象至而五嶺平瓊管奏而白鹿出皆命製爲旗章陳之望詔有司取自崇觀至今凡中外所上瑞應悉掇其尤殊者增制旗物上以丕承天貺下以聳動民瞻從之初宋制旗物最盛中興後惟務簡約雖參用舊制然亦不無因革其太常靑質夾羅惟繡日月星而無龍下有網鬉謂之旆竿頭爲龍首銜靑結綬垂靑旒綬十二謂之旒蓋幅下無斿而竿首垂旒抑又取古者注旄及羽於竿首之遺制竿用棡木護以剖竹膠以鬃飾以藻玉輅建之大旗黃質九幅每幅繡升龍一側幅二下垂黃絲網綉九金輅建之大赤朱質七幅每幅繡鳥隼二側幅如之下垂朱絲網綏七象輅建之大白素質五幅每幅繡熊一虎一側幅如之下垂淺黃絲網綏五革輅建之大麾皁質四幅每幅繡五采龜蛇一側幅繡龜二下垂皁絲網綏四木輅建之其黃龍負圖旗以百九十人維之其君王萬歲天下太平日月五星北斗招搖靑龍白虎朱雀元武等旗以十七人維之其祥瑞旗八高宗紹興二十五年所製是歲適當郊祀而太廟生靈芝九莖贛州進太平瑞木餘若道州連理木遂寧府嘉禾鎭江府瑞瓜南安軍雙蓮花嚴州兜率寺信州玉山芝草黎州甘露禮部侍郎王岷等請並繪旗以紀盛美焉

遼鹵簿會同三年太宗在薊州觀導駕儀衞圖遂備法駕幸燕自後御殿受朝賀以爲常大同元年三月將幸中京鎭陽詔收鹵簿法物委所司押領先往未幾鎭陽入漢鹵簿法物隨世宗歸於上京穆宗應歷元年詔朝會用漢禮聖宗統和元年車駕還上京迎導儀衞如式四年燕京留守具儀衞導駕入京上御殿百僚朝賀其儀仗步行擎執二千四百一十二人坐馬擎執二百七十五人坐馬樂人二百七十三人步行敎坊七十一人御馬牽攏官五十二人御馬二十六匹官僚馬牽攏官六十六人坐馬挂甲人五百九十八人步行挂甲人一百六十八人金甲二人神輿十二人長壽仙一人諸職官等三百五人內侍一人引稍押衙二人赤縣令一人府牧一人府吏二人少尹一人司錄一人功曹一人太常少卿一人丞一人博士一人司徒一人太僕卿一人鴻臚卿一人大理卿一人御史大夫一人侍御史二人殿中侍御史二人監察御史一人兵部尚書一人侍郎一人郎中一人員外郎一人符寶郎一人左右諸衞將軍三十五人左右諸折衝二十一人左右諸果毅二十八人尚乘奉御二人排仗承直二人左右夾騎二人都頭六人主帥十四人敎坊司差押纛二人左右金吾四人虞候佽飛十六人鼓吹令二人漏刻生二人押當官一人司天監一人令史一人司辰一人統軍六人千牛備身二人左右親勳二人左右郎將四人左右拾遺二人左右

補闕二人起居舍人一人左右諫議大夫二人給事中書舍人二人左右散騎常侍二人門下侍郞二人中書侍郞二人鳴鞭二人內侍司差侍中一人中書令一人監門校尉二人排列官二人武衛隊正一人隨駕諸司供奉官三十人三班供奉官六十人通事舍人四人御史中丞二人乘黃丞二人都尉一人太僕卿一人步行太卜令一人職官乘馬三百四匹進馬四匹駕車馬二十八匹人之數凡四千二百三十有九馬之數凡千五百二十天顯四年太宗幸遼陽府人皇王備乘輿羽衛以迎乾亨五年聖宗東巡東京留守具儀衛迎車駕此故渤海儀衛用于一時具載遼史今統敘漢仗鹵簿儀注故從略云

遼國仗要尼末主遺制迎十二神纛天子旗鼓置太子帳前諸弟羅格等叛允丹達實縱火焚行宮皇后命海固勒救之止得天子旗鼓太宗卽位置旗鼓神纛於殿前

金大駕鹵簿世宗大定三年祫享用黃麾仗三千人分四節第一節無縣令府牧卽用黃麾前三部次前部鼓吹次金吾牙門旗次駕頭次引駕龍墀隊次天王十二辰等旗第二節黃麾第四第五部次君王萬歲日月旗次御馬內增控馬司圉挾馬司圉各一十六人按控馬司圉挾馬司圉俱作圉以義考之從圉爲是大明集禮云宋會要天武一百五十人充圉子金集禮司圉四十人皆不注其義今按圉子卽響節也金之司圉自是司響節若此明云控馬挾馬則司圉卽圉人也不得以圉字次相近彼此牽混次日月合璧五星連珠等旗次八寶內增執黑杖傳唱一十八人在香案前次七寶輦第三節黃麾後第一第二部次玉輅次梼杌隊次導駕門仗官第四節黃麾後第三第四第五部次金輅次牙門旗次後部鼓吹大定六年九月西京還都用黃麾仗二千五百四十二人攝官在內騎七百六十二匹分四節第一節攝官五十四人執擎三百二人樂工一百七十八人第二節攝官三十二人執擎三百七十六人第三節仗內攝官四十四人導駕官四十二人門仗官一百人玉輅青馬八駕士一百四十人護駕梼杌隊五百人執擎二百四十二人第四節攝官五十人金輅赤馬八駕士九十四人控鶴二十二人樂工八十四人執擎二百九十八人大定十一年將有事於南郊朝享太廟右丞石琚奏其禮上曰前朝漢人祭天唯務整肅儀仗此自奉耳非敬天也朕謂祭天在誠不在儀仗之盛也其減半用之於是遂增損黃麾仗爲大駕鹵簿凡用七千人攝官在內分八節第一節第一引七十人縣令第二引二百六十四人府牧第三引二百二十九人御史大夫名色與府牧同頗損其數而增行止旗一第二節金吾皁纛旗一十二人朱雀隊三十四人指南記里鼓車皆五十二人鸞旗車一十八人前部鼓吹一百二十九人清游隊七十二人內白澤旗二旗五人緑貝裝冠緑皮甲勒皮錦臂韝橫刀引夾加弓矢緋皮馬甲包尾全折衝都尉二人黑平巾幘紫繡辟邪袍革帶銀褐大口袴錦縢蛇橫刀弓矢弩六弓矢二十四矟三十並錦帽青繡寶相花彩革帶銀褐大口袴佽飛隊四十八人內果毅都尉二黑平巾幘紫繡飛麟袍革帶銀褐大口袴錦縢蛇橫刀弓矢虞候佽飛三十人鐵甲兜牟橫刀弓矢黑馬甲全鐵甲佽飛一十六人服執如上前部馬隊第一隊六十四人第二第三隊皆六十人第四第五隊皆五十八人殳叉仗五十四人內帥兵官二人黑平巾幘緋寶相花彩革帶銀褐大口袴執儀刀殳叉各二十六五色寶相花彩抹額抹帶行縢鞋襪行止旗一緋繡寶相花彩抹額銀褐抹帶大口袴第三節前部鼓吹第二三百六十九人前步甲隊第一至第五隊皆四十二人牙門旗二十八人黃麾前第一部一百五十八人第二部一百二十八人殳叉仗五十八人行止旗一第四節黃麾幡三人六軍儀仗二百二十六人御馬三十三人黃麾前第三至第五部皆一百二十八人青龍白虎隊五十二人殳叉仗五十六人行七旗一第五節八寶二百三十二人平頭輦三十人七寶輦四十二人班劒儀刀隊二百人內將軍二人折衝都尉二人平巾幘緋辟邪袍革帶銀褐大口袴錦縢蛇執儀刀班劒儀刀各九十八並平巾幘緋繡寶相花彩革帶銀褐大口袴錦縢蛇執儀刀驍衛翊衛隊六十人內供奉郞將二人黑平巾幘緋繡瑞馬袍革帶銀褐大口袴執儀刀鳳旗二旗五人服執如前弩弓矢矟皆一十六服如班劒儀刀夾轂隊第一隊九十二人內折衝都尉二人平巾幘緋繡飛麟袍革帶銀褐大口袴執儀刀寶符旗二旗五人朱鍪甲刀盾八十朱甲錦臂韝行縢鞋襪第二隊八十二人內果毅都尉二人白澤袍飛黃旗二旗五人銀褐鍪甲刀盾七十第三隊八十二人內果毅都尉二人赤豹袍吉利旗二旗五人皁鍪甲刀盾七十殳叉仗五十六人行止旗一第六節馬步門旗隊一百人駕頭一十五人廣武官茶酒班執從物者二十三人御龍直四十八人紅錦團襖鍍金束帶內人員二皁幘三十八人眞珠頭巾玉輅一百五十一人梼杌隊五百人內金槍隊一百二十六人分左右人員十八並鐵甲皁幘紅綿背子執小旗馬甲紅錦包尾長行一百八人鐵甲兜牟紅繡背子錦臂韝馬甲紅錦包尾執金槍銀槍隊一百二十六人人員十八長行一百八人服並如上金槍弓箭直步隊一百二十四人人員四鐵甲皁幘紅錦團花戰袍弓矢執銀骨朶馬甲全長行一百二十人鐵笠紅錦團花戰袍鐵甲弓矢骨朶骨朶直步隊一百二十四人人員四長行一百二十人服甲同上無弓矢金吾牙門旗二十八人黃麾後第一部一百五十八人第二部一百二十八人殳叉五十二人行止旗一第七節扇筤二十五人金輅九十四人大安輦一百八十一人內尙輦奉御二人殿中少監二人奉職官二人並公服令史四人書令史

四人七人烏紛幘緋四䙆素衫銀褐抹帶大口袴掌輦四人武弁黃繡寶相花衫銀褐抹帶大口袴人員十二皁帽紅錦團襖銅東帶內指揮使一人執銀骨朵舁士一百五十一人服同掌輦御馬三十三人拚鈒隊三十九人後部鼓吹一百六十人黃麾後第三至第五部皆一百二十人後步甲隊第一至第二隊皆四十二人殳叉仗五十六人行止旗一第八節後部鼓吹第二一百四十八人象輅革輅木輅皆五十人進賢車二十六人豹尾車一十八人屬車八十八人元武隊六十一人後步甲隊第三至第五隊皆四十二人金吾牙門旗二十人後部馬隊第一隊七十六人第二隊六十四人第三隊六十人殳叉仗六十四行止旗一後分行旗止旗爲二金殿庭內仗旌旗面北第一行牙門旗八第二行監門校尉十二分左右不列旗第三行長壽幢一押旗大將軍一居中次東五方龍旗十五次西五方鳳旗十五第四行自內而東青龍旗五紅龍旗二十自內而西青龍旗五紅龍旗二十第五行同上又君王萬歲旗一居中日旗一在左月旗一在右第六行自內而東天下太平旗苣文旗日月合璧旗苣文旗青龍旗赤龍旗河瀆旗江瀆旗各一未午巳辰卯寅旗各一青天王旗白天王旗各一自內而西祥雲旗五星連珠旗祥雲旗黃龍旗白龍旗黑龍旗淮瀆旗濟瀆旗各一申酉戌亥子丑旗各一緋天王旗皁天王旗各一按東西旗皆兩兩相偶如苣文與祥雲偶合璧與連珠偶龍旗則青與白偶赤與黑偶瀆旗則河與淮偶江與濟偶此自內而西者以祥雲旗居首則與東方旗參差不相偶矣或西之黃龍與東之太平爲偶或二旗但設在中其餘以次相偶俱不可知然無從查訂姑仍其舊第七行自內而東孔雀旗一蒼烏旗兕旗犛牛旗䮝𩦺旗赤熊旗白狼旗金鸚鵡旗馴犀旗角端旗鵕鸃旗騶牙旗野馬旗瑞麥旗甘露旗各一自內而西者同外仗在門外自一行至四行列仗無旗左第五行每太旗一均用小紅龍旗二間之角亢氐房心尾箕斗牛宿旗各三人均用二女宿旗一三人龍旗并黃排攔旗各一按此云龍旗右行云紅龍彼此差互上文云每大旗一均用小紅龍旗二間之此女宿旗亦當用紅龍旗蓋每大旗居中各以一小紅龍夾之下云紅龍則夾女宿者也黃排攔與下虛宿旗下黃排攔則夾虛宿旗其紅排攔則與下紅排攔夾危宿旗餘並倣此虛宿旗一三人黃紅排攔旗二危宿旗一三人紅紫排攔旗二室宿旗一三人紫黃排攔旗二壁宿旗一三人黃紅排攔旗二重輪旗一三人紅紫排攔旗二左攝提旗一三人紫黃排攔旗二青龍旗一三人黃紅排攔旗二木星旗一三人紅紫排攔旗二火星旗一三人紫黃排攔旗二土星旗一三人黃紅排攔旗二金星旗一三人紅紫排攔旗二水星旗一三人吏兵并紫排攔旗各一按諸排攔旗皆以二小旗夾一大旗以黃紅紅紫紫黃爲次如上文云黃排攔者下則當云黃紅又次則云紅紫又次則云紫黃又次則云黃紅舊史頗爲紊亂今悉正之右行倣此北嶽旗一三人吏兵并龍君旗各一東嶽旗一三人龍君并黃熊旗各一中嶽旗一三人黃熊并赤豹旗各一西嶽旗一三人赤豹并力士旗各一南嶽旗一三人力士并虎君旗各一朱雀旗一三人虎君并天馬旗各一右第五行奎婁胃昴畢觜參井鬼宿旗各三人均用二旗如前柳宿旗一三人紅龍并黃排攔旗各一星宿旗一三人黃紅排攔旗二張宿旗一三人紅紫排攔旗二翼宿旗一三人紫黃排攔旗二軫宿旗一三人黃紅排攔旗二重輪旗一三人紅紫排攔旗二右攝提旗一三人紫黃排攔旗二白虎旗一三人黃紅排攔旗二東方神旗一三人紅紫排攔旗二南方神旗一三人紫黃排攔旗二中央神旗一三人黃紅排攔旗二西方神旗一三人紅紫排攔旗二北方神旗一三人力士并紫排攔旗各一風伯旗一三人力士并虎君旗各一雨師旗一三人虎君并黃熊旗二雷公旗一三人黃熊并赤豹旗二電母旗一三人赤豹并吏兵旗二北斗旗一三人吏兵并龍君旗二元武旗一三人龍君并天馬旗二三人執一旗者重立二人執小旗者亦重立黃麾內仗面北第一行長壽幢一居中牙門旗八分左右第二行君王萬歲旗居中日旗在左月旗在右第三行五方龍旗十五五方鳳旗十五第四行紅龍旗三十四第五行紅龍旗三十四皆分左右第六行自內而東太平苣文合璧苣文赤龍青龍旗未午巳辰卯寅旗青天王旗白天王旗各一自內而西祥雲連珠祥雲黃龍白龍黑龍旗申酉戌亥子丑旗緋天王旗皁天王旗各一第七行自內而東河瀆江瀆兕赤熊馴犀角端鵕鸃網子旗各一自內而西淮瀆濟瀆兕赤熊馴犀角端鵕鸃網子旗各一外仗左邊第一行第二行並不列旗右同第三行從北角亢氐房心尾箕斗牛女虛危室壁旗各一次重輪旗左攝提旗青龍旗各一木火土金水星旗各一北東中南西嶽旗各一次紫排攔四黃排攔四紅排攔四吏兵旗二天馬旗一右第三行從北奎婁胃昴畢觜參井鬼柳星張翼軫旗各一次重輪旗右攝提旗白虎旗各一東南中西北方神旗各一風伯雨師雷公電母北斗旗各一次紫排攔四黃排攔四紅排攔四吏兵旗二天馬旗一

欽定續通典卷六十五

欽定續通典卷六十六

禮 嘉

鹵簿 旌旗附 元 明

元崇天鹵簿中道頓遞隊象六飾以金裝蓮座香寶鞍韂鞦鞶罽勒犛牛尾拂拔塵鈒具導者六人馭者南越軍六人皆弓花角唐帽緋絁銷金褖衫鍍金束帶烏鞾橫列而前行次駝鼓九飾以鍍金鈒具鞶飾罽籠旗鼓纓槍馭者九人服同馭象者中道相次而行次舍人二人四品服騎分左右夾駝而行次青衣二人武弁青絁衫青勒帛青鞾執青杖次清道官四人本品服騎次信旛二執者二人引護者四人武弁黃所生色寶相花袍黃勒帛黃鞾次騾鼓六飾騾以鍍金鈒具鞶罽籠旗鼓纓槍馭者六人服同駝者次告止旛二執者二人引護者四人武弁緋絁生色寶相花袍紅勒帛紅鞾次傳教旛二執者二人引護者四人武弁黃絁生色寶相花袍黃勒帛黃鞾並分左右次橋道頓遞使一人本品服騎中道舍人清道官橋道頓遞使從者凡七人錦帽紫褖衫小銀束帶行縢鞋襪後凡從者之服皆同此纛矟隊金吾將軍二人交角幞頭緋羅繡抹額紫羅繡辟邪裲襠紅錦襯袍錦䏶蛇金帶烏鞾橫刀佩符騎分左右次弩而騎者五人錦帽青絁生色寶相花袍銅帶綠雲鞾次矟而騎者五人錦帽緋絁生色寶相花袍銅帶朱雲鞾次纛一執者一人夾者四人護者二人皆錦帽紫絁生色寶相花袍鍍金帶紫雲鞾紫絁生色寶相花袍元史無絁字按輿服志儀衛服色云士卒袍制以絹絁縿寶相花下文押衙四人並與此護者二人之服色同彼文云紫絁生色寶相花袍知此文脫絁字也今補入絁字押纛官二人皆騎本品服次馬鼓四飾如騾鼓馭者四人服同馭騾次佩弓矢而騎者五人服同弩者執押衙四人騎而佩劍錦帽紫絁生色寶相花袍鍍金帶雲頭鞾爆矟者四人騎錦帽緋絁生色寶相花袍銅帶朱鞾爆矟元史訛爆爲爆按元史輿服志儀仗云爆矟制如節頂刻爆牛首有袋上加碧油是爆以傳寫致誤也今改正控馬八人錦帽紫衫銀帶烏鞾次矟而騎者五人服佩同執弩者金吾將軍押纛官從者四人服同前隊朱雀隊舍人一人四品服騎而前次朱雀旗一執者一人引護者四人錦帽緋羅生色鳳花袍銅帶朱雲鞾皆佩劍而騎護者加弓矢次金吾折衝一人交角幞頭緋羅繡抹額紫羅繡辟邪裲襠紅錦襯袍金帶錦䏶蛇烏鞾橫刀佩弓矢而騎按元史輿服志儀衛服色云抹額制以緋羅繡寶相花原作緋絁係傳寫訛文今據彼文改正帥甲騎凡二十有五弩五人次弓五人次矟五人次弓五人次矟五人皆甲騎冠朱畫甲青勒甲條鍍金環白繡汗胯束帶紅鞾帶弓箭器仗馬皆朱甲具裝珂飾全舍人金吾折衝從者凡二人服同前隊十二旗隊舍人一人四品服騎而前金吾果毅二人交角幞頭緋羅繡抹額紫羅繡辟邪裲襠紅錦襯袍金帶錦䏶蛇烏鞾橫刀佩弓矢騎分左右帥兵旗騎士五皆錦帽黃絁生色寶相花袍銀帶烏鞾次風伯旗左雨師旗右雷公旗左電母旗右執者四人甲騎冠青畫甲青勒甲條鍍金環白繡汗胯束帶青雲鞾馬皆青甲珂飾次五星旗五執者五人甲騎冠五色畫甲青勒甲條鍍金環白繡汗胯束帶五色雲鞾馬甲如其甲之色珂飾次北斗旗一執者二人甲騎冠紫畫甲青勒甲條鍍金環白繡汗胯束帶紫雲靴馬甲如其甲之色珂飾左右攝提旗二執者二人甲騎冠朱畫甲青勒甲條鍍金環白繡汗胯束帶紅雲鞾馬朱甲珂飾執副竿者二人騎錦帽黃絁生色寶相花袍銀帶烏靴執矟而護者六人騎服同執副竿者舍人金吾果毅從者凡三人服同前隊門旗隊舍人二人四品服監門將軍二人皆交角幞頭緋羅繡抹額紫羅繡獅子裲襠紅錦襯袍金帶烏靴橫刀佩弓矢騎馬甲珂飾全按緋羅元史作緋絁誤今改正次門旗二執者二人錦帽緋絁生色獅子文袍銅革帶紅雲靴劍而騎引護者四人服佩同執人而加弓矢騎次監門校尉二人騎服佩同監門將軍分左右行次鸞旗一執者一人引護者四人錦帽五色絁生色瑞鸞花袍束帶五色雲靴佩劍護人加弓矢皆騎舍人監門將軍監門校尉從者凡六人服同前隊雲和樂雲和署令二人朝服騎分左右引前行凡十有六人戲竹二排簫四簫管二龍笛二板二歌工四人皆展角花幞頭紫絁生色雲花袍鍍金帶紫靴次琵琶二十箏十六箜篌十六纂十六方響八頭管二十有八龍笛二十有八已上工百三十有二人皆花幞頭緋絁生色雲花袍鍍金帶朱靴次板八工人服色同琵琶工人次杖鼓三十工人花幞頭黃絁生色花襖紅絁生色花袍錦臂鞲鍍金帶烏靴次大鼓二工十八服色同杖鼓工人雲和署令從者二人服同前隊殿中黃麾隊舍人二人四品服殿中侍御史二人本品服皆騎次黃麾一執者一人夾者二人騎武弁緋絁生色寶相花袍紅勒帛紅雲靴舍人殿中侍御史從者凡四人服同前隊太史鉦鼓隊太史一人本品服騎引交龍㧓鼓左金鉦右舁者四人工二人皆武弁緋絁生色寶相花袍紅勒帛紅靴次司辰郎一人左典事一人右並四品服騎太史司辰郎典事從者三人服同前隊武衛鈒戟隊武衛將軍一人交角幞頭緋羅繡抹額紫羅繡瑞鷹裲襠紅錦襯袍錦䏶蛇金帶橫刀騎按武衛將軍冠服與監門將軍金吾將軍略同亦當是烏靴史文不具領五色繡旛一金節八罕右畢左朱雀青龍白虎幢三橫布纛蓋一中道又四武衛果毅二人服佩同武衛將軍鈒二十戟二十徒五十有九人武弁緋絁生色寶相花袍紅勒帛紅靴武衛將軍武衛果毅從者凡三人服同前隊龍墀旗隊舍人二人四品服中郎將二人服佩同鈒戟隊武衛將軍騎分左右帥騎士凡二十有四人執旗者八人天下太平旗中道中嶽帝旗左中央神旗右次日旗左月旗右次祥雲旗二分左右次皇帝萬歲旗中道執人皆黃絁巾黃絁生色寶相花袍黃勒帛黃雲靴橫刀引者八人青絁巾青絁生色寶相花袍青勒帛青雲靴橫刀執弓矢護者八人緋絁巾緋絁生色寶相花袍紅勒帛紅雲靴橫刀執弓矢舍人中郎將從者凡四人服同前隊御馬隊舍人二人四品服引左右衛將軍二人緋羅繡抹額紫羅繡瑞馬裲襠紅錦襯袍錦䏶蛇金帶烏靴橫刀皆騎分左右行按前隊金吾將軍金吾折衝果毅監門將軍武衛將軍皆交角幞頭緋羅繡抹額後隊亦然此文獨不著交角幞頭疑史志脫文御馬十有二匹分左右飾以纓轡鞍覆馭士控鶴二十有四人交角金花幞頭紅錦控鶴襖金束帶鞾鞋次尚乘奉御二人四品服騎分左右舍人左右衛將軍從者四人服同前隊拱衛控鶴第一隊拱衛指揮使二人本品服騎分左右帥步士凡二百五十有二人負劍者三十人次執吾杖者五十人次執斧者五十人次執鐙杖者六十人次執列絲骨朵者三十人皆分左右次擕金水瓶者一人左金盆者一人右次執列絲骨朵

者三十八皆分左右皆金縷額交角幞頭青濟蘇控鶴襖塗金荔枝束帶鞾鞋按濟蘇舊作賫孫今改正　拱衛指揮使從者二人服同前隊　安和樂安和署令二人本品服騎分左右行　領押職二人弓角鳳翅金花幞頭紅濟蘇加襴袍金束帶花靴　次扎鼓八爲二重次和鼓一中道次板二次龍笛四次頭管二次羌笛二次笙二次簫二左右行次雲璈一中道工二十有四人皆弓角鳳翅金花幞頭紅錦濟蘇襖金荔枝束帶花靴　從者二人服同前隊　金吾援寶隊舍人二人四品服引　金吾將軍二人交角幞頭緋羅繡抹額紫羅辟邪裲襠紅錦襯袍錦縢蛇橫刀佩弓矢皆騎分左右前　按史不著帶靴疑當如纛矟隊金吾將軍金帶烏靴　引駕十二重甲士一十二騎弩四次弓四次矟四爲三重次香案二金鑪合各二分左右　舁士十有六人侍香二人騎而從　次典瑞使二人本品服騎而左右引　八寶受命寶左傳國寶右次天子之寶左皇帝之寶右次天子行寶左皇帝行寶右次天子信寶左皇帝信寶右每輿寶盝銷金蒙覆襯覆案輿紅銷金衣龍頭竿結綬　舁士八人朱團扇四人凡九十有六人皆交角金花幞頭青紅錦濟蘇襖每輿前青後紅金束帶鞾鞋　援寶三十人交角金花幞頭窄紫衫銷金紅汗胯金束帶烏靴執金縷黑杖　次符寶郎二人四品服騎分左右　次金吾果毅二人服佩同金吾將軍騎分左右　次矟四人次弓四人次弩四人爲三重舍人金吾將軍侍香典瑞使符寶郎金吾果毅從者凡十有二人服同前隊　殿中繖扇隊舍人二人四品服騎分左右　領騎而執旗者四人日月合璧旗左五星連珠旗右次金龍旗左金鳳旗右黃絁巾黃絁生色寶相花袍黃勒帛黃靴佩劍　騎而引旗者四人青絁巾青絁生色寶相花袍青勒帛青靴佩劍執弓矢　騎而護旗者四人紅絁巾紅絁生色寶相花袍紅勒帛紅靴佩劍執弓矢　次朱團扇十有六次小雉扇八次中雉扇八次大雉扇八爲十重重四人次曲蓋二紅方繖二次紫方繖二次華蓋二次大繖二執者五十八人武弁紅絁生色寶相花袍紅勒帛紅靴　舍人從者二人服同前隊　控鶴圍子隊圍子頭一人執骨朶由中道交角幞頭緋錦濟蘇

襖鍍金荔枝帶鞾鞋　領執圍子十有六人分左右交角金花幞頭白襯肩青錦濟蘇襖鍍金荔枝帶鞾鞋　次朱繖中道次金脚踏左金椅右服如圍子頭　拱衛指揮使一人本品服騎中道　控鶴二十人服同上　拱衛指揮使從者二人服同前隊　天樂一部天樂署令二人本品服騎分左右　領押職二人弓角鳳翅金花幞頭紅錦濟蘇襖加襴金束帶花靴　次琵琶二箜篌二火不思二板二箏二胡琴二笙二頭管二龍笛一按元制凡前後樂部龍笛皆係偶數此獨作一者蓋龍笛與響鐵爲偶適符十八人之數也　響鐵一工十有八人徒二人皆弓角鳳翅金花幞頭紅錦濟蘇襖鍍金束帶花靴　控鶴第二隊僉拱衛司事二人本品服騎分左右　帥兵士凡七十有四人執立瓜者三十有六人分左右　次捧金杌一人左鞭桶一人右次蒙鞍一人左繖手一人右次執立瓜者三十有四人分左右皆交角金花幞頭緋錦濟蘇襖鍍金荔枝帶鞾鞋　僉拱衛司事從者二人服同前隊　殿中導從隊舍人二人四品服騎左右引　香鐙案一黃銷金盤龍衣金爐合結綬龍頭竿舁者十有二人交角金花幞頭紅錦濟蘇控鶴襖鍍金束帶鞾鞋　侍香二人騎分左右　次警蹕三人交角幞頭紫窄袖衫鍍金束帶烏靴　次舍人二人四品服騎引　天武官二人執金鉞金鳳翅兜牟金鎖甲青勒甲條金環白繡汗胯金束帶馬珂飾按天武官冠服同夾轂將軍以彼文推之亦當綠雲花勒　次金骨朶二次幢二次節二分左右　次金水盆左金椅右次蒙複左副執椅右次金水瓶鹿盧左銷金淨巾右次金香毬二金香盒二分左右　次金唾壺左金唾盂右金拂四扇十分左右　次黃繖中道繖衣從凡騎士三十人服如警蹕加白繡汗胯　步卒四人執椅二人蒙複一人繖衣一人服如舁香鐙　舍人天武官從者凡六人服如前隊　控鶴第三隊拱衛直鈐轄二人本品服騎引　執臥瓜八十人服如二隊　第拱衛直鈐轄從者二人服如前隊按直鈐轄有本品服者係領隊官不應無從者前控鶴圍子隊有上拱衛指揮使從者二人控鶴第二隊有僉拱衛司事從者二人此處例應如之史文當有脫漏今補　導駕官引進使二人分左右前行　次給事中一人左起居注一人

右侍御史一人左殿中侍御史一人右次翰林學士一人左集賢學士一人右次御史中丞一人左同知樞密院事一人右次御史大夫一人左知樞密院事一人右次侍儀使四人中書侍郎二人黃門侍郎二人侍中二人皆分左右　次儀仗使一人左鹵簿使一人右次禮儀使二人分左右　持劈正斧一人中道次大禮使一人左太尉一人右皆本品服騎　從者三十人惟執劈正斧官從者二人服同前隊　羽林宿衞舍人二人四品服前行　次羽林將軍二人交角幞頭緋羅繡抹額紫羅繡瑞鷹裲襠紅錦襯袍錦縢蛇金帶烏靴橫刀佩弓矢皆騎分左右　領宿衞騎士二十人執骨朶六人次執短戟六人次執斧八人皆弓角金鳳翅幞頭紫袖細褶辮線襖束帶烏靴橫刀　舍人羽林將軍從者凡四人服同前隊　檢校官分布中道之外外仗之內按檢校官以下似皆應有騎史多失之觀下大常博士一人皆朝服騎同檢校官則此處檢校官之有騎可知　頓遞隊監察御史二人本品服　次纛矟隊循仗檢校官二人次朱雀隊金吾中郎將二人皆交角幞頭緋羅繡抹額紫羅繡辟邪裲襠紅錦襯袍錦縢蛇金帶烏靴佩儀刀加弓矢　次十二旗隊兵部侍郎二人本品服　次門旗隊糾察儀仗官二人本品服　次雲和樂部金吾將軍二人騎服佩如金吾中郎將　知隊仗官二人本品服　次武衞鈒戟隊監察御史二人本品服　次外道左右牙門巡仗監門中郎將二人交角幞頭緋羅繡抹額紫羅繡獅子裲襠紅錦襯袍錦縢蛇金帶烏靴佩儀刀弓矢　次金吾援寶隊兵部尚書二人次循仗檢校官二人次殿中繖扇隊監察御史二人次禮部尚書二人皆本品服　次圍子隊知隊仗官二人次金吾大將軍二人服佩同金吾將軍各攜矟從　次殿中導從隊糾察儀仗官二人次循仗檢校官二人次　羽林宿衞隊左點檢一人左右點檢一人右紫羅繡瑞麟裲襠餘同金吾大將軍　領大黃龍負圖旗二執者二人夾者八人騎錦帽五色絁巾五色絁生色雲龍袍塗金束帶五色雲靴佩劍夾者加弓矢並行中道　控鶴外外仗內　前後檢校仗內知班

六人展角幞頭紫窄衫塗金束帶烏靴承奉班都知一人太常博士一人皆朝服騎同檢校官前後巡察宿直將軍八人服佩同左右點檢按宿直將軍亦當有騎史失之夾輅檢校三衛陪輅隊誕馬二匹珂飾纓轡青屜乘黃令二人本品服分左右次殿前將軍二人交角幞頭緋羅繡抹額紫羅繡辟邪裲襠紅錦襯袍錦螣蛇金帶烏靴橫刀騎玉輅太僕卿馭本品服千牛大將軍驂乘交角幞頭紅抹額繡瑞牛裲襠紅錦襯袍錦螣蛇金帶烏靴橫刀左右衛將軍服如千牛大將軍惟裲襠繡瑞虎文陪輅輅馬六匹珂飾纓轡青屜韋套鞶帶步卒凡八十有二人馭士四人駕士六十有四人行馬二人踏道八人推竿二人托叉梯並一人皆平巾青幘青繡雲龍花袍塗金束帶青靴教馬官二人進輅職長二人皆本品服夾輅將軍二人金鳳翅兜牟金鎖甲條環繡汗胯金束帶綠雲花靴按夾輅將軍不云佩及騎蓋史失之青瀌水扇二次千牛備身二人皆分左右交角幞頭緋羅繡抹額紫羅繡瑞牛裲襠紅錦襯袍金帶烏鞾橫刀佩弓矢按從千牛備身後者有騎則千牛備身有騎可知不云騎者史失之獻官二人殿中監六人內侍十人皆本品朝服騎分左右千牛備身後騎而執弓矢者十八人尚衣奉御四人尚食奉御二人尚藥奉御二人皆騎本品服次腰輿黃紇絲銷金雲龍蒙複步卒凡十有三人舁八人道扇四人黃繖一人皆交角金花幞頭紅濟蘇控鶴襖金束帶鞹鞋尚舍奉御二人騎左尚輦奉御二人騎右皆朝服從者三十有四人服同前隊大神亓門旗隊都檢校一人騎交角幞頭緋羅繡抹額紫羅繡瑞麟裲襠紅錦襯袍按都檢校不云帶靴亦史失之次監門大將軍二人分左右騎服如都點檢惟裲襠紫繡獅文門凡三重親衛郎將帥甲士分左右夾輅而陳繞出輅後合執氅者二爲第一門翊衛郎將帥護尉夾親衛而陳繞出輅後合爲第二門監門校尉二人騎左右衛大將軍帥甲士執五色龍鳳旗夾護尉而陳繞出輅後合牙門旗二爲第三門監門校尉二人主之服色詳見外仗雲和樂後部雲和署丞二人本品服騎分左右領前行戲竹二排簫二簫管二歌工二凡十八人皆騎

花幞頭紫絁生色花袍塗金帶烏靴按凡十人句史或有誤雲和署丞二人係部官當不在數內此下戲竹排簫簫管歌工各二人數之僅八人非十人也前有雲和署令二人其戲竹二排簫四簫管二龍笛二板二歌工四凡十有六人而署令二人不與則此處十人不當連署丞在內也此處或排簫誤四爲二或歌工誤四爲二或誤八人爲十人皆未可知今仍史原文而闕其疑次琵琶四箏四箜篌四纂四頭管六方響二龍笛六杖鼓十工四十人皆騎服同上惟絁色紅從者二人服同前隊後黃麾隊元武幢一絳麾二徒三人皆武弁紫絁生色寶雲花袍紫羅勒帛紫靴次黃麾執者一人夾者二人皆騎豹尾一執者一人夾者二人皆騎武弁紫絁生色寶相花袍紫勒帛紫靴元武黑甲掩後隊金吾將軍一人騎中道交角幞頭緋羅繡抹額紫羅繡辟邪裲襠紅錦襯袍金帶錦螣蛇烏靴佩刀後衛指揮使二人騎分左右服同各衛指揮使帥甲騎五十有七人元武旗一執者一人夾者二人小金龍鳳黑旗二執者二人皆黑兜牟金飾黑甲條環汗胯束帶靴帶弓矢器仗馬黑金色獅子甲珂飾按此與下矟四十人弩十人俱云條環汗胯蓋從省文矟四十人弩十人黑兜牟黑甲條環汗胯束帶靴帶弓矢器仗馬黑甲珂飾執衛司㩧矟二人錦帽紫絁生色辟邪文袍鍍金帶烏靴從者三人服與前隊同外仗金鼓隊金鼓旗二執者二人引護者八人皆五色絁巾生色寶相花五色袍五色勒帛靴佩劍引護者加弓矢分左右次折衝都尉二人交角幞頭緋羅繡抹額紫羅繡辟邪裲襠紅錦襯袍金帶錦螣蛇騎按不云佩靴者史失之疑當如元武黑甲掩後隊金吾將軍烏靴佩刀帥步士凡百二十八人鼓鉦皆二十四人並黃絁巾黃絁生色寶相花袍黃勒帛黃靴角二十四人紅絁巾紅絁生色寶相花袍紅勒帛紅靴車輻棒長刀皆二十四人並金飾青兜牟青甲條環白繡汗胯束帶青雲靴清游隊舍人二人四品服騎導按史不言從者脫文金吾折衝二人交角幞頭緋羅繡抹額紫羅辟邪裲襠紅錦襯袍金帶錦螣蛇橫刀佩弓矢騎分左右按金吾折衝果毅服色略同金吾將軍此及折衝都尉史不云烏靴者脫文帥步士凡百有十八人白澤旗二執者二人引護者八人次執弩次執矟次執弓次執矟次執弓並二十人皆甲騎冠金飾緣畫甲條環白繡汗胯束帶緣雲靴佩弓矢器仗馬金飾朱畫甲珂飾分左右佽飛隊鐵甲佽飛執矟者十有二人甲騎冠鐵甲佩弓矢器仗馬鐵甲珂飾按史不言條環汗胯帶鞾

者脫文次金吾果毅二人交角幞頭緋羅繡抹額紫羅辟邪裲襠紅錦襯袍金帶錦螣蛇橫刀弓矢騎次虞候佽飛執弩二十人錦帽紅絁生色寶相花袍鍍金帶烏靴殳仗隊領軍將軍二人交角幞頭緋羅繡抹額紫羅白澤裲襠紅錦襯袍金帶錦螣蛇烏靴橫刀騎帥步士五十人執殳執叉並二十五人錯分左右皆五色絁生色寶相花五色袍五色勒帛五色雲頭靴領軍將軍從者二人諸衛馬前隊舍人二人四品服騎導左右衛郎將二人交角幞頭緋羅繡抹額紫羅繡瑞馬裲襠紅錦襯袍金帶錦螣蛇烏靴橫刀佩弓矢騎分左右帥騎士百五十有六人前辟邪旗應龍旗次玉馬旗三角旗次黃龍負圖旗黃鹿旗次飛麟旗駃騠旗次鸞旗鳳旗次飛黃旗麒麟旗皆分左右執旗十有二人生色黃袍巾勒帛靴引旗十有二人服同執人惟袍色青護旗十有二人生色紅袍巾勒帛靴執弓六十人錦帽青絁生色寶相花袍塗金帶烏靴執矟六十人服如執弓者惟袍色紅每旗弓五矟五從者四人服同前隊二十八宿前隊舍人二人四品服騎導領軍將軍二人紫羅繡白澤裲襠餘如前隊左右衛郎將皆騎帥步士百十有二人井鬼柳星張翼軫旗在左參觜畢昴胃婁奎旗在右執旗十有四人生色黃袍巾勒帛靴引旗十有四人服如執人惟袍巾色青護旗十有四人服如執人惟袍巾色紅從以執刀盾者二十人弓矢者三十人矟者二十人皆五色兜牟甲條環白繡汗胯束帶五色雲靴舍人領軍將軍從者四人服同前隊領軍黃麾仗前隊舍人二人四品服騎導領軍將軍二人服佩如二十八宿前隊領軍將軍騎分左右帥步士凡一百五十人絳引旛十次龍頭竿繡氅十皆分左右次江瀆旗左濟瀆旗右次小戟十次弓十皆分左右次南方神旗左西方神旗右次鍠十次緑縢絡盾加刀十皆分左右次南嶽帝旗左西嶽帝旗右次龍頭竿氅十次朱縢絡盾加刀十皆分左右次南天王旗左西天王旗右次小戟十次弓十皆分左右次龍君旗左虎君旗右次鍠十次緑縢絡盾加刀十皆分左右執人一百三十人武弁五色生色寶相花袍勒帛靴引旗十人青絁

生色寶相花袍青絁巾勒帛靴護旗十人服同惟袍巾色紅殳仗後隊領軍將
軍二人騎帥步士凡五十人殳二十有五叉二十有五
錯分左右服佩同前隊左右牙門旗隊監門將軍二人騎紫羅繡獅子裲襠
餘如殳仗領軍將軍之服佩按紫羅繡獅子裲襠史脫羅字今補入次牙門旗四每旗
執者一人引夾者二人並黃絁巾黃絁生色寶相花袍黃勒帛黃雲靴皆騎次監
門校尉二人騎服佩同監門將軍從者四人服同前隊左右青龍白虎
隊舍人二人四品服騎導領軍將軍二人服佩同殳仗隊之領軍將軍騎分左
右帥甲士凡五十有六人騎青龍旗左執者一人夾者
二人從以執弩五人弓十人矟十人皆冠青甲騎青鐵甲青條金環束帶
白繡汗胯青雲靴白虎旗右執者一人夾者二人從以執弩五
人弓十人矟十人皆冠白甲騎白鐵甲青條金環束帶白汗繡胯白雲靴舍人領
軍將軍從者四人服同前隊二十八宿後隊舍人二人四品服騎
導領軍將軍二人騎分左右帥步士百十有二人角亢氐房
心尾箕旗在左壁室危虛女牛斗旗在右執旗凡十四
人引者護者各十四人從以執刀盾二十八人弓矢三十
人穳盾二十八人舍人領軍將軍從者四人執夾引從服佩皆同前隊
諸衛馬後隊舍人二人四品服騎導左右衛果毅都尉二人
服佩如前隊左右衛郎將騎分左右按左右衛果毅都尉及黃麾後隊之領軍將軍不云服色疑當與前隊
同然例當書曰服佩如前隊某官史文脫漏今補之帥衛士百五十有六人角觽
旗赤熊旗兕旗太平旗騼騳旗騶牙旗犀牛旗鵕鸃旗
蒼烏旗白狼旗龍馬旗金牛旗皆分左右舍人左右衛果毅
都尉從者四人執夾引從服佩同前隊左右領軍黃麾後隊舍人
二人四品服騎導領軍將軍二人服佩如前隊領軍將軍騎分左右帥步士
百六十人龍頭竿十次朱縢絡盾加刀十皆分左右次吏兵
旗左力士旗右次小戟十次弓十皆分左右次東天王旗左
北天王旗右次鍠十次綠縢絡盾加刀十皆分左右次東嶽
帝旗左北嶽帝旗右次龍頭竿氅十次朱縢絡盾加刀

十皆分左右次東方神旗左北方神旗右次小戟十次弓十
皆分左右次淮瀆旗左河瀆旗右次鍠十次綠縢絡盾加刀
十皆分左右次絳引旛十皆分左右掩後舍人領軍將軍從者四人
執夾引從服佩並同前隊執夾下舊脫引從二字今補入按前隊步士一百五十人為執者百三十八人并引
者護百各十八人也後隊執者增多十八故為步士百六十八人如闕引字則少十人與百六十八人不符又從者四
人不云服佩執夾等人服佩書於從者四人之下則執夾引從四者同服佩可知左右衛儀刀
班劍隊舍人二人四品服騎導左右衛中郎將二人交角幞頭緋羅
繡抹額紫羅繡瑞馬裲襠紅錦襖袍錦臕蛇金帶烏靴騎分左右帥步士凡四十人班
劍二十人儀刀二十人並錦帽紅絁生色寶相花袍塗金束帶烏靴舍人左
右衛中郎將從者四人服同前隊供奉宿衛步士隊供奉中
郎將二人交角幞頭緋羅繡抹額紫羅繡瑞馬裲襠紅錦襖袍錦臕蛇金帶烏靴橫刀佩弓矢騎分
左右帥步士凡五十有二人執短戟十有二人次執列絲
十有二人次叉戟十有二人次斧十有六人分左右夾玉輅行皆
弓角金鳳翅幞頭紫䄂細褶辮線襖塗金帶烏靴親衛步士隊親衛郎將二人
服同供奉中郎將騎分左右帥步士凡一百四十有八人執龍頭竿
氅者四次小戟十次氅二次儀鍠十次氅二次小戟十
次氅二次儀鍠十次氅二次小戟十次氅二次儀鍠十
次氅二次小戟十次氅二次儀鍠十次氅二次小戟十
皆分左右夾供奉宿衛隊次氅二次儀鍠十次氅二次小戟
十次氅二次儀鍠十次氅二折繞宿衛隊後而合其端
爲第一門以上共一百四十有八人服皆金兜牟甲青條金環綠雲靴翊衛護尉隊
翊衛郎將二人服同親衛郎將騎帥護尉騎士百有二人皆交角金
花幞頭窄袖紫衫紅銷金汗胯塗金束帶烏靴執金裝骨朶分左右夾親衛隊行折繞隊
後而合其端爲第二門左右衛甲騎隊左右衛大將軍
二人服如翊衛郎將帥騎士百人執青龍旗五人青鳳旗五人
次赤龍旗五人赤鳳旗五人次黃龍旗五人黃鳳旗五
人次白龍旗五人白鳳旗五人次黑龍旗五人黑鳳旗

五人次五色鳳旗二十五五色龍旗二十五左右曲繞輅
後合牙門旗爲第三門士皆冠甲騎冠金飾朱畫甲青條鍍金環白繡汗胯紅靴佩弓
矢器仗馬青金毛獅子甲珂飾左衛青甲隊左衛指揮使二人騎服紫羅繡雕
虎裲襠餘同左右衛大將軍帥騎士三十有八人執大青龍旗二人
大青鳳旗二人小青龍旗二人小青鳳旗二人分左右從
以持青矟者三十人皆青兜牟金飾青畫甲青條塗金環白繡汗胯束帶靴佩弓矢器仗
馬青金毛獅子甲珂飾折繞陪門前衛赤甲隊前衛指揮使二人
騎服佩同左衛指揮使帥騎士凡四十有八人執大赤鳳旗三人
大赤龍旗三人小赤鳳旗二人小赤龍旗二人分左右從
以持朱矟者三十有八人皆朱兜牟金飾朱畫甲條環白繡汗胯束帶靴佩弓矢器
仗馬朱甲珂飾從者二人服同前隊折繞陪門中衛黃甲隊中衛指
揮使二人騎服同前衛指揮使帥騎士凡五十有八人執大黃龍
旗者三人大黃鳳旗者三人小黃龍旗三人小黃鳳旗
三人分左右從以持黃矟者四十有六人皆黃兜牟金飾黃畫甲條環白
繡汗胯束帶靴佩弓矢器仗馬黃甲珂飾從者二人服同前隊折繞陪門右衛白
甲隊右衛指揮使二人騎服同中衛指揮使帥騎士凡七十有四
人執大白鳳旗四人大白龍旗四人小白鳳旗三人小
白龍旗三人分左右從以持白矟者六十八人皆白兜牟金飾白畫甲條
環白繡汗胯束帶靴佩弓矢器仗馬白甲珂飾從者二人服同前隊折繞陪門牙門
四監門中郎將二人服佩同各衛指揮使騎分左右次左衛次前衛次
中衛次右衛牙門旗各二色並赤監門校尉各二人騎服
佩同各衛之執旗者從者十人服同前隊
元儀仗旗錡制十字木於下上四枝交拱置簇於其上
以樹旗漆以朱按錡即坐也又扇錡制如梔形小六木拱於上而制作精於旗錡並漆以朱
風伯旗青質赤火燄脚畫神人犬首朱髮鬼形豹汗胯
朱袴負風囊立雲氣中雨師旗青質赤火燄脚畫神人
冠五梁冠朱衣黃袍黑襴黃帶白袴皂舃右手仗劍左

手捧鐘雷公旗靑質赤火餤腳畫神人犬首鬼形白擁項朱犢鼻黃帶右手持斧左手持鑿運連鼓於火中電母旗靑質赤火餤腳畫神人爲女子形纁衣朱裳白袴兩手運光金星旗素質赤火餤腳畫神人冠五梁冠素衣皁襴朱裳秉圭水星旗黑質赤火餤腳畫神人冠五梁冠皁衣皁襴綠裳秉圭木星旗靑質赤火餤腳畫神人冠五梁冠靑衣皁襴朱裳秉圭火星旗赤質靑火餤腳畫神人冠五梁冠朱衣皁襴綠裳秉圭土星旗黃質赤火餤腳畫神人冠五梁冠黃衣皁襴綠裳秉圭攝提旗赤質赤火餤腳畫神人冠五梁冠素中單黃衣朱蔽膝綠裳仗劒北斗旗黑質赤火餤腳畫七星角宿旗靑質赤火餤腳畫神人爲女子形露髮朱袍黑襴立雲氣中持蓮荷外仗角亢以下七旗並靑質靑火餤腳角宿旗繪二星下繪蛟亢宿旗靑質赤火餤腳畫神人冠五梁冠素衣朱袍皁襴皁帶黃裳持黑等子外仗繪四星下繪龍氐宿旗靑質赤火餤腳畫神人冠小冠衣金甲朱衣緣包肚朱擁項白袴左手仗劒乘一鱉外仗繪四星下繪貉房宿旗靑質赤火餤腳畫神人烏巾白中單碧袍黑襴朱蔽膝黃帶黃裙朱舃左手仗劒外仗繪四星下繪兔心宿旗靑質赤火餤腳畫神人冠五梁冠朱袍皁襴右手持杖外仗繪三星下繪狐尾宿旗靑質赤火餤腳畫神人冠束髮冠素衣黃袍朱裳靑帶右手仗劒左手持弓外仗繪九星下繪虎箕宿旗靑質赤火餤腳畫神人烏巾衣淺朱袍皁襴仗劒乘白馬於火中外仗繪四星下繪豹斗宿旗靑質赤火餤腳畫神人被髮素腰裙朱帶左手持杖外仗斗牛以下七旗並黑質黑火餤腳斗宿繪六星下繪獬牛宿旗靑質赤火餤腳畫神人牛首皁襴黃裳皁舃外仗繪六星下繪牛女宿旗赤質赤火餤腳畫神人烏牛首衣朱服皁襴黃帶烏靴左手持蓮外仗繪四星下繪蝠虛宿旗靑質赤火餤腳畫神人被髮裸形坐於甕中右手持一珠外仗繪二星下繪鼠危宿旗靑質赤火餤腳畫神人虎首金甲衣朱服貔皮汗胯靑帶烏靴外仗繪三星下繪燕室宿旗靑質赤火餤腳畫神人丫髮朱服乘舟水中外仗繪二星下繪豬壁宿旗靑質赤火餤腳繪神人爲女子形被髮朱服皁襴綠帶白裳烏舃外仗繪二星下繪㺄奎宿旗靑質赤火餤腳畫神人狼首朱服金甲緣包肚白汗胯黃帶烏靴仗劒外仗奎婁以下七旗並素質素火餤腳奎宿繪十六星下繪狼婁宿旗靑質赤火餤腳繪神人烏巾素衣皁袍朱蔽膝黃帶綠裳烏舃左手持烏牛角右手仗劒外仗繪三星下繪狗胃宿旗靑質赤火餤腳繪神人被髮裸形披豹皮白腰裙黃帶右手持劒外仗繪三星下繪雉昴宿旗靑質赤火餤腳繪神人黃牛首朱服皁襴黃裳朱舃左手持如意外仗繪七星下繪雞畢宿旗靑質赤火餤腳繪神人作鬼形朱裩持黑杖乘赤馬行於火中外仗繪八星下繪烏觜宿旗靑質赤火餤腳繪神人冠緇布冠朱服皁襴綠裳持一蓮坐於雲氣中外仗繪三星下繪猴參宿旗靑質赤火餤腳繪神人被髮衣黃袍綠裳朱帶朱舃左手持珠外仗繪十星下繪猿井宿旗靑質赤火餤腳繪神人烏巾素衣朱袍皁襴坐於雲氣中左手持蓮外仗井鬼以下七旗並赤質赤火餤腳井宿繪八星下繪犴鬼宿旗靑質赤火餤腳繪神人作女子形被髮素衣朱袍黃帶黃裳烏舃右手持杖外仗繪五星下繪羊柳宿旗靑質赤火餤腳繪神人作女子形露髻朱衣黑襴黃裳皁舃撫一靑龍外仗繪八星下繪麞星宿旗靑質赤火餤腳繪神人冠五梁冠淺朱袍皁襴靑帶黃裳烏舃持黃稱外仗繪七星下繪馬張宿旗靑質赤火餤腳繪神人衣豹皮朱帶素靴右手仗劒坐雲氣中外仗繪六星下繪鹿翼宿旗靑質赤火餤腳繪神人冠道冠皁袍黃裳朱蔽膝仗劒履火於雲中外仗繪二十二星下繪蛇軫宿旗靑質赤火餤腳繪神人冠道冠衣朱袍黃帶黃裳左手持書外仗繪四星下繪蚓日旗靑質赤火餤腳繪日於上奉以雲氣月旗靑質赤火餤腳繪月於上奉以雲氣祥雲旗靑質赤火餤腳繪五色雲氣合璧旗靑質赤火餤腳繪雲氣日月連珠旗靑質赤火餤腳繪五星東嶽旗靑質赤火餤腳繪神人冠七梁冠黃襴靑袍綠裳白中單素蔽膝執圭南嶽旗赤質靑火餤腳繪神人冠七梁冠黑襴緋袍綠裳黃中單朱蔽膝執圭中嶽旗黃質赤火餤腳繪神人冠七梁冠皁襴黃袍綠裳白中單朱蔽膝執圭西嶽旗白質赤火餤腳繪神人冠七梁冠靑襴白袍緋裳白中單素蔽膝執圭北嶽旗黑質赤火餤腳繪神人冠七梁冠紅襴皁袍綠裳白中單素蔽膝執圭江瀆旗赤質靑火餤腳繪神人冠七梁冠靑襴朱袍跨赤龍河瀆旗黑質赤火餤腳繪神人冠七梁冠皁襴黃袍跨靑龍淮瀆旗素質赤火餤腳繪神人冠七梁冠皁襴素袍乘靑鯉濟瀆旗靑質赤火餤腳繪神人冠七梁冠皁襴靑袍乘一鼈天下太平旗赤質靑火餤腳錯采爲字皇帝萬歲旗赤質靑火餤腳錯采爲字吏兵旗黑質赤火餤腳繪神人具甲兜鍪綠臂鞲仗劒力士旗白質赤火餤腳繪神人武士冠緋袍金甲汗胯皁履執戈盾東天

王旗青質赤火燄脚繪神人武士冠衣金甲緋裲襠右手執戟左手捧塔履石南天王旗赤質青火燄脚繪神人冠服同前西天王旗白質赤火燄脚繪神人冠服同前北天王旗黑質赤火燄脚繪神人冠服同前大神旗黃質黃火燄脚（詳見牙門旗下）牙門旗赤質赤火燄脚繪神人冠武士冠鎧甲緋裲襠襯肩包脚汗胯束帶長帶大口袴執戈戟金鼓旗黃質黃火燄脚書金鼓字朱雀旗赤質赤火燄脚繪朱雀其形如鸞元武旗黑質黑火燄脚繪龜蛇青龍旗青質赤火燄脚繪蹲龍白虎旗白質赤火燄脚繪蹲虎龍君旗青質赤火燄脚繪神人冠通眞冠服青繡衣白裙朱履執戟引青龍虎君旗白質赤火燄脚繪神人冠流精冠服素羅繡衣朱裙朱履執斬蛇劒引白虎大黃龍負圖旗青質青火燄脚繡複身黃龍背八卦小黃龍負圖旗赤質青火燄脚繪複身黃龍背八卦五色龍旗五色質五色直脚無火燄大四色龍旗青赤黃白四色質具火燄脚小四色龍旗制同大四色直脚無火燄應龍旗赤質赤火燄脚繪飛龍金鸞旗赤質青火燄脚繪鸞而金色鸞旗制同前而繪以五采金鳳旗赤質青火燄脚繪鳳而金色鳳旗制同前而繪以五采五色鳳旗五色質五色直脚無火燄大四色鳳旗青赤黃白四色質火燄脚色隨其質繪鳳小四色鳳旗制同前直脚無火燄玉馬旗赤質青火燄脚繪白馬兩膊有火燄駃騠旗赤質青火燄脚繪白馬飛黃旗赤質赤火燄脚形如馬色黃有兩翼騼騶旗青質青火燄脚繪獸形如馬白首虎文赤尾龍馬旗赤質青火燄脚繪龍馬麒麟旗赤質青火燄脚繪麒麟飛麟旗赤質青火燄脚繪飛麟其形五色身朱翼兩角長爪黃鹿旗赤質青火燄脚繪獸如鹿而色深黃兕旗赤質青火燄脚繪獸似牛一角青色犀牛旗赤質青火燄脚繪犀牛金牛旗赤質青火燄脚繪獸形如牛金色白狼旗赤質青火燄脚繪白狼辟邪旗赤質赤火燄脚繪獸形似鹿長尾二脚赤熊旗赤質赤火燄脚繪獸如熊色黃三角獸旗赤質赤火燄脚繪獸其首類白澤綠髮三角青質白腹䟦尾綠色角觽旗赤質赤火燄脚繪獸如羊而小尾項有獨角騶牙旗赤質青火燄脚繪獸形似麋齒前後一齊太平旗赤質青火燄脚金描蓮花四上金書天下太平字鵕鸃旗赤質青火燄脚繪鳥似山雞而小冠背黃眼赤項綠尾紅蒼烏旗赤質青火燄脚繪烏如烏而色蒼白澤旗赤質赤火燄脚繪獸虎首朱髮而有角龍身東方神旗綠質赤火燄脚繪神人金兜牟金鎧甲仗劒（已下四旗所繪神同）西方神旗白質赤火燄脚中央神旗黃質赤火燄脚南方神旗赤質青火燄脚北方神旗黑質赤火燄脚凡立仗諸旗各火燄脚三條色與質同長一丈五尺杠長二丈一尺牙門太平萬歲質長一丈橫濶五尺日月龍君虎君橫豎並八尺餘旗並豎長八尺橫濶六尺

臣等謹按宋元豐三年詳定禮文所言二十八宿五星攝提旗有司乃取方士之說繪畫人形及牛虎頭之類於禮無據伏請改製各著其象以則天文從之今攷元制二十八宿旗其外仗則旗上各繪六十星之象其下則繪角蛟亢龍之類內仗猶沿宋初之制繪畫人形如方士所說惜未有以元豐之制正之者

明制皇帝儀仗吳元年十二月中書左相國李善長率禮官以卽位禮儀進是日淸晨拱衞司陳設鹵簿列甲士於午門外之東西列旗仗於奉天門外之東西龍旗十二分左右用甲士十二人北斗旗一纛一居前豹尾一居後俱用甲士三人虎豹各二馴象六分左右布旗六十四門旗日旗月旗青龍白虎風雲雷雨江河淮濟旗天馬天祿白澤朱雀元武等旗木火土金水五星旗五嶽旗熊旗鸞旗（按明會典諸書俱載熊旗羆旗此處失載羆旗或係史志脫落）及二十八宿旗各六行每旗用甲士五人內一人執旗旗下四人執弓弩設五輅於奉天門外玉輅居中左金輅次革輅右象輅次木輅俱並列丹墀左右布黃麾仗黃蓋華蓋曲蓋紫方繖紅方繖雉扇朱團扇羽葆幢豹尾龍頭竿信旛傳教旛告止旛絳引旛戟氅戈氅儀鍠氅等各三行丹陛左右陳幢節響節金節燭籠青龍白虎幢班劒吾杖（按明會典作梧杖今依明史作吾杖）立瓜臥瓜儀刀鐙杖戟骨朶朱雀元武幢等各三行殿門左右設圓蓋一金交椅金脚踏金水盆金水罐團黃扇紅扇皆校尉擎執洪武元年十月定元旦朝賀儀金吾衞於奉天門外分設旗幟宿衞於午門外分設兵仗衞尉等於奉天殿門及丹陛丹墀設黃麾仗內使監擎執於殿上凡遇冬至聖節冊拜親王及蕃使來朝儀俱同其宣詔赦降香則惟設奉天殿門及丹陛儀仗殿上擎執云其陳布次第午門外刀盾殳叉各置於東西甲士用赤奉天門外中道金吾宿衞二衞設龍旗十二分左右用青甲士十二人北斗旗一纛一居前豹尾一居後用黑甲士三人虎豹各二馴象六分左右布旗六十四左前第一行門旗二每旗用紅甲士五人內一人執旗旗下四人執弓箭第二行月旗一用白甲士五人內一人執旗旗下四人

執弩青龍旗一用青甲士五人內一人執旗旗下四人執弩第三行風雲雷雨旗各一每旗用黑甲士五人內一人執旗旗下四人執弓箭天馬白澤朱雀旗各一每旗用紅甲士五人內一人執旗旗下四人執弓箭第四行木火金水土五星旗各一隨其方之色每旗用甲士五人內一人執旗旗下四人執弩其甲木青火紅土黃金白水黑熊旗鸞旗各一按明會典諸書俱載熊旗羆旗此處失載羆旗或係史志脫落每旗用紅甲士五人內一人執旗旗下四人執弩第五行角亢氐房心尾箕旗各一每旗用青甲士五人內一人執旗旗下四人執弓箭第六行斗牛女虛危室壁旗各一每旗用青甲士五人內一人執旗旗下四人執弩右前第一行門旗二每旗用紅甲士五人內一人執旗旗下四人執弓箭第二行日旗一用紅甲士五人內一人執旗旗下四人執弩白虎旗一用白甲士五人內一人執旗旗下四人執弩第三行江河淮濟旗各一隨其方之色每旗用甲士五人內一人執旗旗下四人執弓箭其甲江紅河白淮青濟黑天祿白澤元武旗各一每旗用甲士五人內一人執旗旗下四人執弓箭天祿白澤紅甲元武黑甲第四行東南中西北五嶽旗各一隨其方之色每旗用甲士五人內一人執旗旗下四人執弩其甲東嶽青南嶽紅中嶽黃西嶽白北嶽黑熊旗麟旗各一每旗用紅甲士五人內一人執旗旗下四人執弩第五行奎婁胃昴畢觜參旗各一每旗用青甲士五人內一人執旗旗下四人執弓箭第六行井鬼柳星張翼軫旗各一每旗用青甲士五人內一人執旗旗下四人執弩奉天門外拱衛司設五輅玉輅居中左金輅次革輅右象輅次木輅俱並列典牧所設乘馬於文武

樓之南各三東西相向丹墀左右布黃麾仗凡九十分左右各三行左前第一行十五黃蓋一紅大繖二華蓋一曲蓋一紫方繖一紅方繖一雉扇四朱團扇四第二行十五羽葆幢二豹尾二龍頭竿二信旛二傳教旛二告止旛二絳引旛二黃麾一第三行十五戟氅五戈氅五儀鍠氅五右前第一行十五黃蓋一紅大繖二華蓋一曲蓋一紫方繖一紅方繖一雉扇四朱團扇四第二行十五羽葆幢二豹尾二龍頭竿二信旛二傳教旛二告止旛二絳引旛二黃麾一第三行十五戟氅五戈氅五儀鍠氅五皆校尉擎執丹陛左右拱衛司陳幢節等仗凡九十分左右爲四行左前第一行響節十二金節三燭籠三第二行青龍幢一班劒三吾杖三立爪三臥爪三儀刀三鐙仗三戟三骨朶三朱雀幢一右前第一行響節十二金節三燭籠三第二行白虎幢一班劒三吾杖三立爪三臥爪三儀刀三鐙杖三戟三骨朶三元武幢一皆校尉擎執奉天殿門左右拱衛司陳設左行圓蓋一金腳踏一金木盆一團黃扇三紅扇三右行圓蓋一金交椅一金水罐一團黃扇三紅扇三皆校尉擎執殿上左右內使監陳設左拂子二金唾壺一金香盒一右拂子二金唾盂一金香爐一皆內使擎執和聲郎陳樂於丹墀文武官拜位之南後禮部增設丹墀儀仗黃繖華蓋曲蓋紫方繖紅方繖各二雉扇紅團扇各四羽葆幢龍頭竿絳引傳教告止信旛各六戟氅戈氅鍠氅各十成祖永樂元年禮部言鹵簿中宜有九龍車一乘請增置帝以禮貴得中過爲奢不及爲儉當遵舊章豈可輒有損益以啟後世之侈九龍車既先朝所無宜仍舊三年增定儀仗肅靜旗二金鼓旗二金龍畫角二

十四鼓四十八金四金鉦四杖鼓四笛四板四白澤旗二門旗八黃旗四十金龍旗十二日月旗二風雲雷雨旗四木火金水土星旗五列宿旗二十八北斗旗一東嶽旗一南嶽旗一中嶽旗一西嶽旗一北嶽旗一江河淮濟旗四青龍旗一白虎旗一朱雀旗一元武旗一天鹿旗一天馬旗一鸞旗一麟旗一熊旗一羆旗一紅纛二皂纛一紅節二小銅角二大銅角二纓頭一豹尾一麾一戲竹二簫十二笙十二龍笛十二頭管十二方響四篥八琵琶八箜篌八杖鼓三十六板四大鼓二弓矢百御杖六十誕馬二十四領頭十二黃麾二絳引旛十傳教旛十告止旛十信旛十龍頭竿十豹尾四儀鍠氅二十戈氅二十戟氅二十單戟六龍戟六班劒六吾杖六立瓜六臥瓜六儀刀六金鐙六金鉞六骨朶六羽葆幢十青龍幢一白虎幢一朱雀幢一元武幢一響節二十四金節六方天戟二十四鳴鞭四金馬杌一金交椅一金腳踏一金水盆一金水罐一金香爐一金香合一金唾盂一金唾壺一拂子四紅紗燈籠十二紅油紙燈籠六魫燈六紫羅素方傘四紅羅素方傘四紅羅直柄華蓋繡傘四紅羅曲柄繡傘四黃羅直柄繡傘四紅羅直柄繡傘四黃羅曲柄繡傘二銀鈴全青羅銷金傘三紅羅銷金傘三黃羅銷金傘三白羅銷金傘三黑羅銷金傘三黃油絹銷金雨傘一紅羅繡花扇十二紅羅繡雉方扇二紅羅單龍扇十黃羅單龍扇十紅羅雙龍扇二十黃羅雙龍扇二十紅羅素扇二十黃羅素扇二十壽扇二黃羅銷金九龍傘一黃羅曲柄繡九龍傘一仗馬六硃紅馬杌四鞍籠二金銅玲瓏香爐一寶匣一板轎一步輦一大涼步輦一大馬輦一小馬輦一玉輅一大

輅一黃帳房一宣德元年增定鹵簿儀仗有具服幄殿一座金交椅一金腳踏一金盆一金罐一金馬杌一鞍籠一金香爐一金香合一金唾盂一金唾壺一御杖二擺錫明甲一百副盔一百弓一百箭三千刀一百其執事校尉每人鵞帽濟蘇衣銅帶靴履鞋一副凡常日奉天門早朝則設丹陛駕於午門外及金水橋南祇用單龍戟六雙龍戟六班劍六吾仗六儀刀六立瓜六臥瓜六鐙杖六金鉞六骨朶六單龍扇二十雙龍扇二十黃蓋傘二黃曲柄繖二五方繖五鳴鞭四弓矢五十副按常朝儀明史志所載未備今依明會典諸書參輯

明制鹵簿儀仗前後增置詳略不同而旌旗之制亦遞有更定焉纛旗黃質上濶七尺二寸下三尺二寸黑字硃漆攢竹竿長八尺二寸下有鐵鐏靖旗制與纛旗同但用靖字金鼓旗黃質濶一丈二尺五寸下七尺紅金鼓二字硃漆攢竹竿長一丈四尺九寸內貼金木鎗頭長一尺五寸八分上飾紅纓下有鐵鐏金龍畫角木質黑漆金爲飾上節寶相花中節纏身單龍雲文下節八寶雙海馬鼓四十八木匡加紅油冒以革面徑一尺七寸匡畫寶相花面畫雙獅綵毬金四以銅爲之徑一尺七寸金鉦四銅質竹匡用紅粳繫鉦於匡鉦徑九寸五分杖鼓四木匡細腰匡兩頭加黑漆戧金雲龍文鐵圈二皆冒以革附於匡聯以紅絨綆加銅龍頭鉤子以青絨匾條懸之笛四截竹爲之六竅長一尺六寸板四鐵力木板各六貫以青綵組各長一尺一寸上濶一寸九分下濶二寸五分白澤旗三紅質四旁加黃襴赤火燄間綵腳傍竿加紅腰綵織白澤飛狀及雲文旗上旁有素額織白澤二青字旗身黃襴火燄長六尺六寸廣二尺九寸揭以硃漆攢竹竿長一丈三尺六寸九分內貼金木鎗頭長一尺三寸五分飾以紅纓鐏用鐵一青質但織白澤爲走狀餘同前制凡繡旗襴腳腰額并字色竿纓鐏制皆同惟黃旗北斗旗稍異門旗紅質中織金爲門字餘同白澤制黃旗四十黃質上廣八尺下四尺硃漆攢竹竿長一丈一尺三寸五分內貼金木鎗頭長一尺三寸五分上飾紅纓下有鐵鐏金龍旗十二青質織金雲龍文額織龍旗二字日旗青質織爲日紅色及日字月旗青質織爲月白色及月字風旗青質織箕星四及風字雲旗青質織五色雲文及雲字雷旗青質織雷文五及雷字雨旗青質織畢星八附耳一星在旁及雨字木星旗青質織木星一及木字火星旗赤質織火星一及火字土星旗一黃質織土星一及土字金星旗白質織金星一及金字水星旗黑質織水星一及水字角宿旗青質織角宿二及角字亢宿旗青質織亢宿四及亢字氐宿旗青質織氐宿四及氐字房宿旗青質織房宿四鉤鈐二小星在旁及房字心宿旗青質織心宿三及心字尾宿旗青質織尾宿九神宮小星一及尾字箕宿旗青質織箕宿四及箕字斗宿旗青質織斗宿六及斗字牛宿旗青質織牛宿六及牛字女宿旗青質織女宿四及女字虛宿旗青質織虛宿二及虛字危宿旗青質織危宿三及危字又四星在下室宿旗青質織室宿二及室字又六星在旁壁宿旗青質織壁宿二及壁字奎宿旗青質織奎宿十六及奎字婁宿旗青質織婁宿三及婁字胃宿旗青質織胃宿三及胃字昴宿旗青質織昴宿七及昴字畢宿旗青質織畢宿八及畢字附耳一星在旁觜宿旗青質織觜宿三及觜字參宿旗青質織參宿七及參字又四小星在左足下三星在內井宿旗青質織井宿八及井字又一星在旁鬼宿旗青質織鬼宿四及鬼字柳宿旗青質織柳宿八及柳字星宿旗青質織星宿七及星字張宿旗青質織張宿六及張字翼宿旗青質織翼宿二十二及翼字軫宿旗青質織軫宿四及軫字又一星在中左右二星在旁北斗旗黑質黃襴黑腰火燄間綵腳織北斗星七及北斗二字又一星在旁東嶽旗一青質織綵爲山形及東嶽二字南嶽旗赤質織山形及南嶽二字中嶽旗黃質織山形及中嶽二字西嶽旗白質織山形及西嶽二字北嶽旗黑質織山形及北嶽二字江旗赤質織水文及江字河旗白質織水文及河字淮旗青質織水文及淮字濟旗黑質織水文及濟字青龍旗青質織青龍形雲文及青龍二字白虎旗白質織白虎形雲文及白虎二字朱雀旗赤質織朱雀形雲文及朱雀二字元武旗黑質織龜蛇形雲水文及元武二字天鹿旗赤質織天鹿形雲文及天鹿二字天馬旗赤質織天馬形雲文及天馬二字鸞旗赤質織鸞形雲文及鸞字麟旗赤質織麟形雲文及麟字熊旗赤質織熊形雲文及熊字羆旗赤質織羆形雲文及羆字紅纛朱竹竿長一丈三尺九寸用犛牛尾染紅氂爲纛上施抹金銀寶蓋周圍綴資珠絡建於竿下鐵鐏皁纛與紅纛制同但用黑犛牛尾抹金銅寶蓋紅節朱竹竿抹金銀寶珠頭用犛牛尾染紅氂成如圓斗大凡四層每層上施抹金銀頂周圍綴資珠絡建於竿下有鐵鐏竿長同紅纛黃麾硃竹竿長一丈二尺五寸內龍頭鉤一尺銜抹金銅圈懸抹金銅頂四角紅羅寶蓋高七尺五寸圍二尺七寸五分周以綠羅腰黃羅

三簷銷金雲龍文中垂大紅羅旛長六尺三寸廣五寸五分旛上節綵繡荷葉蓋蓮花座其中青羅額金書黃麾二字中節描金雙升龍下節描金雲日文旛下綴五色橫坂絳引旛十制同黃麾但用五色羅爲旛不加金繡三簷用紫無額并字傳教旛十制同黃麾但額用黃羅繡青傳教二字中描金升降雲龍無下節雲日三簷用綵龍頭銜銅佩四銅鈴三十二其銅佩俱抹金告止旛十制同黃麾但額用黃羅繡青告止二字描金升降鸞鳳雲文三簷用青銅佩鈴如傳教之數信旛十制同黃麾但用黃羅額繡青信字描金升降雙雲龍與傳教同但三簷用黃銅佩銅鈴如傳教之數

臣等謹案明鹵簿之制凡正旦冬至聖節會同冊封遣祭諸典禮皆錦衣衛陳之其儀仗則兵部車駕司掌之其造作則工部營繕司掌之其旌旗之制亦多與前代不同昉於洪武增定於永樂更造於宣德初以鹵簿彌文務從節省後隨時增飾較初制爲備茲攷明史明會典及明集禮所載備著於篇以見勝代儀衛之大略云

欽定續通典卷六十六

欽定續通典卷六十七

禮嘉

養老五代　宋　遼　金　元　明

後唐莊宗同光元年四月制曰諸道管內有高年踰百歲者便與給復永俾除名自八十至九十者與一子免役州縣不得差徭

晉高祖天福二年四月詔天下百姓有年八十以上者與免一丁差徭仍令逐處簡署上佐官

宋制養老於太學皇帝服通天冠絳紗袍乘金輅至太學酌獻文宣王三祭酒再拜歸御幄比車駕初出量時刻遣使迎三老五更於其第老更俱朝服乘安車導從至太學就次國老庶老有司預戒之各服朝服集於其次大樂正帥工人二舞入立於庭東上百官宗室客使學生等以次入就位太常博士贊三老五更出次引國老庶老立於後重行異位禮直官通事舍人引左輔奏請中嚴少頃又奏外辦皇帝出大次侍衞如常儀大樂正令撞黃鐘之鐘右五鐘皆應宮架乾安之樂作皇帝即御座樂止典儀曰再拜在位官皆再拜三老五更杖而入各左右二人夾扶太常博士前引史臣執筆以從老更入門宮架和安之樂作至宮架北北面立東上奉禮郎引羣老隨入位於其後樂止博士進揖三老在前五更在後仍杖夾扶宮架和安之樂作至西階下樂止博士引老更自西階升堂國老庶老立於堂下老更當御座揖羣老亦揖皇帝爲興奉禮郎揖國老升博士引老更奉禮郎揖國老以下各於席後立典儀贊各就坐贊者承傳宮架尊安之樂作三老五更就坐三公授几九卿正履訖殿中監尚食奉御進珍羞及黍稷等先詣御座前進呈遂設於三老前樂止尚食奉御詣三老座前執醬而饋配尚醞奉御詣酒尊所取爵酌酒奉於三老次太官良醞令以次進珍羞酒食於五更羣老之前皆食大樂正引工人升登歌奏惠安之樂三終史臣記錄三老所論善言善行宮架作申安之樂惠言成福之舞畢文舞退作受成告功之舞畢三老以下降筵博士引老更當御座前奉禮郎引羣老復位俱揖皇帝爲興老更降階至堂下宮架和安之樂作出門樂止禮直官通事舍人引左輔前奏禮畢退復位典儀贊拜訖皇帝降座太常卿導還大次百僚以次退車駕還宮三老五更升安車導從還翼日詣闕表謝太宗淳化四年二月召賜京城高年帛百歲者一人加賜塗金帶眞宗咸平二年十一月賜京城父老衣帛十二月駐蹕澶州賜澶州父老錦袍茶帛大中祥符三年閏二月詔赤縣父老本府宴犒年九十者授攝官賜粟帛終身八十者爵一級

遼聖宗統和十六年六月詔婦人年踰九十者賜物太平四年二月詔賜諸官分耆老食

金世宗大定二十五年四月詔會寧府百姓年七十以上者補一官九月次轄沙河賜百歲老嫗帛

元成宗大德九年六月詔賜高年帛八十者一匹九十者二匹親年七十別無侍丁者從近遷除時立皇子德壽爲皇太子順帝至正元年十二月詔民年八十以上者蒙古人賜緇帛二表裏其餘州縣旌以高年耆德之名免其家雜役

明太祖洪武元年詔民年七十以上者許一丁侍養與免雜泛差役五年詔中外學官行養老之禮十九年詔所在有司審耆老不係隸卒倡優年八十九十鄰里稱善者備其年甲行實具狀奏聞貧無產業者八十以上月給米五斗肉五斤酒三斗九十以上歲加給帛一匹絮五斤雖有田產僅足自贍者所給酒肉絮帛亦如之其應天鳳陽二府富民年八十以上賜爵里士九十以上賜爵社士皆與縣官平禮並免雜差正官歲一存問著爲令世宗嘉靖中祭酒呂柟據開元禮參定視學養老儀注歲季春之月擇吉日行養老禮有司先奏定三師三少致仕者用德行年高一人爲三老次一人爲五更三品上下年德高邵者爲羣老併開具致政之老與其孤姓名事狀以聞前期一日祭先師孔子遣官行禮如丁祭儀又設先老位於廟門前至日黎明鼓徹警眾設六佾駕出宮至太學傳制迎三老五更於其第老更俱朝服乘安車導從如常儀擇史官二人充惇史朝服從之其羣老及致政之老則有司先戒之宿于太學以俟駕至太學堂上命官釋奠於先老禮畢太常卿導帝入御幄易冠服出升御座執大圭協律郎跪俯伏舉麾金奏姑洗之均樂止太常卿導三老五更皆杖各二人夾扶惇史執筆以從自西階升堂帝與揖遜欲拜三老五更去杖攝齊皆稽首遜辭帝不果拜乃揖就座老更皆坐三公授几九卿正履進珍羞及黍稷等帝省之遂設於老更前工升歌鹿鳴三終太常卿引帝詣三老座前以大圭授侍臣執醬而饋訖有司以次進珍羞酒食於五更前又設酒食於羣老前太常卿引帝詣酒尊所取爵贊酌酒訖引詣三老座前執爵而酳訖帝即座三老以下皆坐光祿卿進酒上飲酒三老以下坐食飲酒各三爵笙入三終光祿卿進加餚羹飲酒各三爵間歌

三終三老乃論父子君臣長幼之道治政之要五更飲亦如之帝俱虛躬聽受惇史錄之乃大合六樂羽舞大部以雲門咸池合之干舞大武以大夏大濩合之帝興冕而總干三老以下皆興稽首遜辭帝復卽座三老以下皆復坐飲酒各三爵樂九變畢太常卿跪奏樂闋致政之老與其孤館於門外者飲食畢皆入侍制命有司曰養爾老幼毋違朕命三老以下趨出賜三老五更襲衣冠帶牢醴綵帛其餘帛衣米肉三老以下序立於庭皆拜三稽首興分班序立有司奏禮畢駕還宮明日三老率五更以下詣闕表謝（按呂柟詳定儀注明世迄不果行）

異姓爲後議　宋

宋張栻曰原民之生與萬物並於天地之間父天而母地本一而已而於其身莫不有父母之親兄弟之愛以至於宗支之屬蕃分縷析血脈貫通分雖殊而本實一此性之所具而天之所爲也聖人有作立姓以別其系嚴宗以謹其承亦因夫性之自然理之所不可易者而已苟強離其所系而合於其所不可合是豈性也哉是故神不歆非祀民不祀非族以此防民而春秋之時猶有身爲諸侯而立異姓以涖祭祀如鄫子之爲者聖人書之曰莒人滅鄫謂其先無血食之理也豈不深切著明哉

讀時令　唐　宋

唐德宗貞元六年制四孟月迎氣之日令所司宣讀時令文宗太和八年六月中書門下奏天寶後盛典久廢請來年正月依舊禮讀時令命太常撰儀注

宋仁宗景祐四年三月詔五月朔行入閤之儀仍讀時令先是詔國朝時令委編修官約唐月令撰定以備宣讀於是賈昌朝等采國朝律厤典禮日度昏曉中星及祠祀配侑諸事當以歲時施行者改定一篇上之遂詔因入閤行其禮後亦不果行徽宗初建明堂禮制局請御明堂正南向之位布政則隨月而御堂又請以每歲十月於明堂受新厤退而頒之郡國政和七年詔頒朔布政自十月爲始是月一日帝御明堂平朔左个頒天運政治及八年戊辰歲運厤數於天下自是每月御明堂布是月之政先是羣臣五上表請負扆聽朝詔勿允至是復再請始從之十一月一日帝御明堂南面以朝百辟退坐於平朔頒政其禮百官朝服立明堂下乘輿自內殿出負斧扆坐大晟樂作百官朝於堂下大臣升階進呈所頒時令左右丞一員跪請付外施行宰相承制可之左右丞乃下授頒政官頒政官受而讀之訖出閤門奏禮畢百官乃退自是以爲常宣和元年蔡京言周觀治象於正月之始和以十二月頒告朔於邦國皆不在十月後世以十月者祖秦朔故也今請以季冬頒歲運於天下詔自今以正月且進呈宣讀四年二月太常王黼編類明堂頒朔布政與詔書條例氣令應驗凡六十二冊上之欽宗靖康元年罷頒朔布政

元正冬至受朝賀（朔望朝參及常朝日附）　唐　五代　宋　遼　金　元　明

唐文宗開成元年正月詔以入閤日次對官班退立於東階松樹下須宰臣奏事畢齊至香案前各言本司事左右起居又待次對官奏事畢方出武宗會昌二年中書門下奏元日御含元殿百官就列惟宰相及兩省官皆於未索扇前立欄檻內及扇開便侍立於御前三朝大慶萬邦稱賀唯宰相侍臣同介冑武夫竟不拜至尊而退酌於禮意事未得中請御殿日昧爽宰相兩省官對班於香案前俟扇開通事贊宰相兩省官再拜訖升殿侍立從之昭宣帝天祐二年十二月敕漢宣帝中興五日一聽朝歷代通規永爲常式近代不循舊儀輟聽制度須守舊規以循定制宜每月只許一五九日開延英計九度其入閤日仍於延英日一度指揮如有大段公事中書門下具牓子奏請開延英不計日數付所司（時又敕宮嬪女職本備內任近年以來稍失儀制宮人出內宣命寀御參隨侍朝乃失舊規須爲永制今後每遇延英坐朝日只令小黃門祗候引從宮人不得擅出內門庶循典儀免至紛雜）

後唐莊宗同光元年十二月中書門下奏每日常朝百官皆拜獨兩省官不拜準本朝故事朝退於廊下賜食謂之廊餐百僚遂有謝食拜惟兩省官本省有廚不赴廊餐故不拜竊以終日趨朝曾不一拜獨於班列有所異同未爲合禮若言官是近臣尤宜肅敬今後逐日常朝除職事押官班不拜外其兩省官與東西兩班並齊拜從之二年正月庚子朔帝袞冕御明堂殿受朝賀太常樂左右金吾仗六軍諸衛如常儀明宗天成元年十一月癸亥日南至帝御文德殿百僚稱賀三年十月中書奏按貞元四年中書侍郞李泌奏冬至日受朝賀請準元日從之十一月癸亥冬至帝御崇元殿受朝賀仗衛如式（天成元年五月敕本朝舊日趨朝官置待漏院候子城門開便入立班如遇不坐前一日晚便宣來日兩衙不坐其日纔明閤門立班便宣不坐百官各退歸司近年以來雖遇不坐正殿或是延英對宰臣或是內殿親決機務所司不循舊制往往及辰巳之時尚未放班今後若遇不坐日未御內殿前便令閤門使宣不坐放朝退班）長興元年二月郊祀畢敕宣兩日朝參以百官行事之勞故也五月詔諸州得替防禦團練所刺史並宣於班行比擬如未有員闕可隨常參官逐日立班

晉高祖天福二年正月甲寅朔帝御文明殿受文武百

僚朝賀四年十二月禮官奏歲正旦王公上壽皇帝舉酒奏元同之樂再飲三飲並奏文同之樂三飲訖羣臣再拜樂奏大同夔賓之鍾左右皆應是月又奏正旦宮縣歌舞未全且請雜用九部雅樂歌聲坊法曲從之五年冬十一月冬至帝御崇元殿受朝賀始用二舞帝舉觴奏元同之樂登歌奏文同之樂舉食文舞歌昭德之舞武舞歌成功之舞少帝開運元年十一月吏部侍郎張昭遠奏文武常參官每日於正衙立班閤門使宣不坐後百僚俱拜舊制惟押班宰相押樓御史通事舍人各緣提舉贊揚所以不隨庶官俱拜自唐天成末議者不悉朝儀遽遵舊典請依天成三年以前禮例施行殿中侍御史賈元珪奏通事舍人居贊導之職押樓御史當糾察之司一則示於紀綱一則防於謬誤俾令不拜雅合其宜宰相押班儀型文武統冠羣僚所宜列拜不得比贊導之職糾察之司致乖禮意帝從之

周太祖廣順三年正月壬子朔帝御崇元殿羣臣朝賀樂縣仗衛如常儀班退太祖御永福殿羣臣百僚稱觴獻壽舉教坊樂世宗顯德四年二月詔文武百僚起今後每遇入閤日宣賜廊餐八月乙卯帝御崇元殿文武百官入閤如儀既罷賜百官廊餐時帝御廣德殿西樓以觀命中黃門闕視酒饌無不腆

宋承前代之制以元日五月朔冬至行大朝會之禮太祖建隆二年正月朔始受朝賀於崇元殿（按崇元殿宋史作崇文殿今據通考輯）服衮冕設宮縣仗衛如儀仗退羣臣詣皇太后宮門奉賀帝常服御廣德殿羣臣上壽用教坊樂五月朔受朝賀於崇元殿帝服通天冠絳紗袍宮縣儀仗如元會儀乾德三年冬至受朝賀於文明殿四年冬至朝元殿受朝畢常服御大明殿羣臣上壽始用雅樂登歌二舞羣臣酒五行而罷太宗淳化三年正月朔命有司約開元禮定上壽儀皆以法服行禮設宮懸萬舞酒三行而罷仁宗天聖四年十二月詔明年正月朔先率百官赴會慶殿上皇太后壽畢乃受朝天安殿仍令太常禮院修定儀制五年正月朔曉漏未盡三刻宰臣百官與遼使諸軍將校並常服班會慶殿內侍請皇太后出殿後幄鳴鞭升座又詣殿後皇帝幄引皇帝出帝服鞾袍於簾內北面褥位再拜跪稱賀訖詣皇太后御座稍東內給侍酌酒授內謁者監進帝卻就褥位跪奏謹上千萬歲壽再拜還幄通事舍人引百官橫行典儀贊再拜舞蹈起居太尉升自西階稱賀訖宰臣以下進壽酒皆再拜宣徽使承旨宣羣臣升殿再拜升及東西廂坐酒三行侍中奏禮畢退樞密使以下迎乘輿於長春殿起居稱賀百官就朝堂易朝服班天安殿朝賀帝服衮冕受朝既賀更服通天冠絳紗袍稱觴上壽止舉四爵乘輿還內恭謝太后如常禮神宗元豐元年詔龍圖閣直學士史館修撰宋敏求等詳定正旦御殿儀注其制元正冬至大朝會有司設御座於大慶殿東西房於御座之左右少北東西閤於殿後百官宗室客使次於朝堂之內外五輅先陳於庭兵部設黃麾仗於殿之內外大樂令展宮架之樂於橫街南鼓吹令分置十二案於宮架外協律郎二人一位殿上西階之前楹一位宮架西北俱東向陳輿輦御馬於龍墀繖扇於沙墀貢物於宮架南（冬至不設貢物）餘則列大慶門外陳布將士於街左右金吾六軍諸衛勒所部列黃麾大仗於門及殿庭百僚客使等俱入朝文武常參官朝服陪位官公服近仗就陳於閤外大樂令樂工協律郎入就位中書侍郎以諸方鎮表案給事中以祥瑞案俟於大慶門之左右（冬至不設給事中位祥瑞案）諸侍衛官各服其器服輦出至西閤降輦符寶郎奉寶詣閤門奉迎百官客使陪位官俱入就位侍中版奏中嚴又奏外辦殿上鳴鞭宮懸撞黃鍾之鍾右五鍾皆應內侍承旨索扇扇合帝服通天冠絳紗袍御輿出協律郎舉麾奏乾安樂鼓吹振作帝出自西房降輿即座扇開殿下鳴鞭協律郎偃麾樂止爐烟升符寶郎奉寶置御座前中書侍郎給事中押表案祥瑞案入詣東西階下對立百官宗室及遼使班分東西以次入正安樂作就位樂止押案官歸本班起居畢復案位三師親王以下及御史臺外正任遼使俱就北向位典儀贊在位者皆再拜起居訖太尉將升中書令門下侍郎俱降至西階下立（凡太尉行則樂作至位樂止）太尉詣西階下解劍脫舃升殿中書令門下侍郎各於案取所奏文詣褥位解劍脫舃以次升分東西立以俟太尉詣御座前北向跪奏文武百僚太尉具官臣某等言元正啟祚萬物咸新（冬至改為晷運推移日南長至）伏惟皇帝陛下應乾納祜與天同休俛伏興降階佩劍納舃（餘官準此）還位在位官俱再拜舞蹈三稱萬歲再拜侍中進當御座前承旨退臨階西向稱制宣答曰履新之慶（冬至易曰履長之慶）與公等同之贊者曰拜舞蹈三稱萬歲橫行官分班立中書令門下侍郎升詣御座前各奏諸方鎮表及祥瑞訖戶部尚書就承制位俛伏跪奏諸州貢物請付所司禮部尚書奏諸蕃貢物如之司天監奏雲物祥瑞請付史館侍中進當御座前奏禮畢殿上承旨索扇殿下鳴鞭宮懸撞蕤賓之鍾左五鍾皆應協律郎舉麾宮縣奏乾安樂鼓吹振作帝

降座御輿入自東房扇開偃麾樂止侍中奏解嚴百官退還次客使陪位官並退有司設食案大樂令設登歌殿上二舞入立於架南預坐當升殿者位御座前文武相向異位重行北上非升殿者位於東西廊下尚食奉御設壽尊於殿東楹少南設坫於尊南加爵一有司設上下羣臣酒尊於殿下東西廂侍衛官及執事者各立其位仗衛仍立俟上壽百官立班如朝賀儀侍中版奏中嚴外辦帝御輿出東房儀如前光祿卿詣横街南跪奏具官臣某請允羣臣上壽興侍中承旨稱制可少退光祿卿再拜復位三師以下皆拜舞三稱萬歲太尉升殿詣壽尊所北向尚食奉御酌御酒一爵授太尉搢笏執爵詣御前跪進帝執爵太尉出笏俛伏興少退跪奏文武百僚太尉具官臣某等稽首言元正首祚（冬至云天正長至）臣等不勝大慶謹上千萬歲壽俛伏興降復位在位者皆再拜如前侍中承旨退西向宣曰舉公等觴在位者再拜如前北向班分東西序立太尉自東階侍立舉第一爵和安樂作飲畢樂止太尉受虛爵復於坫降階三師以下贊拜舞蹈如上儀侍中進奏侍中具官臣某言請延公王等升殿降復位承旨稱有制在位者皆再拜宣曰延公王等升殿皆再拜詣東階升立於席後尚食奉御進酒殿中監進第二爵登歌作甘露之曲飲訖殿中監受爵樂止羣臣升殿就横行位舍人曰各賜酒羣臣皆再拜舍人曰就坐太官令行酒搢笏受酒宮縣作正安之樂文舞入立宮架北觴行一周樂止尚食奉御進食又設羣官食作盛德升聞之舞三成止出殿中監進第三爵羣臣立於席後登歌作嘉禾之曲飲訖樂止殿中監受虛爵就行酒如上儀作正安之樂武舞進

觴又行一周樂止尚食奉御進食又設羣官食作天下大定之舞三成止出殿中監進第四爵登歌作靈芝之曲其禮如第三爵太官令行酒如第二爵又一周樂止舍人曰可起百僚立於席後侍中進跪奏禮畢俛伏興與羣官俱降階復位羣官皆再拜如儀皇帝還閤有司承旨放仗羣臣再拜退其常朝之制文武官每日赴文明殿正衙常參宰相一人押班五日起居卽崇德長春二殿中書門下爲班首其長春殿常朝則內侍省都知押班太祖建隆三年詔內殿起居日令百官以次轉對限三人爲定其封章於閤門通進復鞠躬自奏宣徽使承旨宣答拜舞而出眞宗天禧四年十月中書門下言唐朝故事五日一開延英隻日視事雙日不坐方今中外晏盜政刑淸簡望準舊事三日五日一臨軒聽政隻日視事雙日不坐除急大事須面對外餘並令中書樞密院附奏詔禮儀院詳定隻日視事或於長春殿或於承明殿應內殿起居日羣臣並依常日起居餘如中書門下之議俄又請隻日承明殿常朝依假日便服視事不鳴鞭詔可神宗元豐三年（按禮志作熙寧六年今據通考輯）引進使李端愨言近朔望御文德殿視朝祁寒盛暑數煩淸蹕而紫宸朝歲中罕御請朔日御文德旣望坐紫宸庶幾正衙內殿朝儀並舉從之高宗紹興十四年九月有司言明年正旦朝會請權以文德殿爲大慶殿合設黃麾大仗五千二十七人欲權減三分之一合設八寶座於御座之東西及登歌宮架樂舞諸州諸蕃貢物行在致仕官諸路貢士舉首並令立班詔從之明年正旦御殿受朝賀如儀

遼正旦朝賀儀臣僚並諸國使昧爽入朝奏班齊皇帝升殿坐契丹舍人殿上通訖引契丹臣僚東洞門入引漢人臣僚并諸國使西洞門入合班舞蹈五拜鞠躬平身引親王自東階上殿就欄內褥位俛伏跪自通全銜臣某等祝壽訖下殿復位舞蹈五拜鞠躬宣徽使稱有敕班首以下聽制訖再拜鞠躬宣云履端之慶與公等同之舍人贊謝宣諭拜舞蹈五拜贊各祗候分班引出引班首西階上殿奏表目訖教坊起居賀十二拜畢各祗候引契丹漢人臣僚并諸國使東西洞門入合班再拜親王自東階上殿就欄內褥位搢笏執臺琖進酒訖退復褥位置臺琖出笏少前俛伏自通全銜臣某等謹進千萬歲壽酒與殿下臣僚皆再拜鞠躬俟宣徽使稱有制親王以下再拜如初儀宣云飲公等酒與公等內外同慶舍人贊謝宣諭如初贊各祗候親王搢笏執臺琖殿下臣僚分班皇帝飲酒教坊奏樂殿上下臣僚皆拜呼萬歲贊各祗候樂止教坊再拜皇帝卒飲親王進受琖復褥位置臺琖下殿復位合班再拜贊各祗候分班引出皇帝起詣皇太后殿臣僚并諸國使兩洞門入班稱賀進酒皆如皇帝之儀畢引出教坊入起居進酒亦如之（按冬至朝賀儀略同正旦惟帝后並升殿坐與正旦異）常朝起居儀昧爽臣僚朝服入朝各依幕次內侍奏班齊先引京官班於三門外當直舍人放起居再拜各祗候依次兩府以下文武官於丹墀內面殿立侍班諸司并供奉官於東西道外相向立定當直閤使副贊放起居再拜各祗候退還幕次公服帝升殿坐兩府并京官丹墀內聲喏各祗候教坊司同北班起居畢奏事

金元旦上壽儀皇帝升御座鳴鞭報時畢殿前班小起居各復位立舍人引皇太子并臣僚使客合班入至丹

墀舞蹈五拜平立閤使奏諸道表目皇太子以下皆再拜皇太子升殿就褥位搢笏捧盞盤進酒皇帝受置於案皇太子退復褥位轉盤與執事者出笏二閤使齊揖入欄子內拜跪致辭云元正啟祚品物咸新恭惟皇帝陛下與天同休謹上壽巵伏願皇帝陛下萬歲萬歲萬萬歲祝畢拜興復褥位同殿下臣僚皆再拜宣答曰履新上壽與卿等內外同慶詞畢舞蹈五拜齊立皇太子搢笏執盤臣僚分班教坊奏樂皇帝舉酒殿上下侍立臣僚皆再拜皇太子受虛爵退立褥位轉盤盞與執事者出笏左下殿樂止合班在位臣僚皆再拜分引與宴官上殿次引宋國人從至丹墀再拜不出班奏聖躬萬福再拜唱有敕賜酒食又再拜各祗候平立引左廊立次引高麗夏人如上儀畢分引左右廊立御果牀入進酒皇帝飲則坐宴侍立臣皆再拜進酒官接盞還位坐宴官再拜復坐行酒傳宣立飲訖再拜坐次從人再拜坐三盞致語揖臣使從人立誦口號畢坐宴侍立官皆再拜坐次從人再拜坐食入七盞曲將終揖從人立再拜畢引出聞曲時揖臣使起再拜下殿果牀出至丹墀合班謝宴舞蹈五拜引出按金史禮志無冬至受朝賀之禮惟章宗本紀承安元年十一月戊戌有事於南郊大赦改元己亥曹王永升率親王百官賀然此以南郊禮成受賀非冬至受賀也冬會之禮終金之世未行

金朝參常朝儀及朔望儀准前代制以朔日六日十一日十五日二十一日二十六日爲六參日後又定制以朔望日爲朝參餘日爲常朝國初凡朔望常朝日殿下列衞士簾下置甲兵海陵正隆初去甲兵惟存錦衣弩手百人分立兩階世宗大定二年五月命臺臣定朝參禮除殿前班外若遇朔望自七品以上職事官皆赴其餘朝日五品以上職事官皆赴如左右司員外郎侍御史記注院等官職雖不係五品亦赴朝參凡親王宗室已命官者年十六以上皆隨班赴起居

元元正受朝儀前期習儀至期大昕侍儀使引導從護尉各服其服入奏外辦皇帝出閤陞輦鳴鞭三侍儀使并通事舍人分左右引擎執護尉劈正斧中行導至大明殿外劈正斧直正門北向立導從倒卷序立惟扇置於錡侍儀使導駕時引進使同內侍官引宮人擎執導從入至皇后宮庭報外辦皇后出閤陞輦引進使引導至殿東門外引進使分退押直至雩塗之次引導從倒卷出俟兩宮陞座鳴鞭三劈正斧退立於露階東司晨報時雞唱畢尚引引殿前班皆公服分入日精月華門就起居位相向立通班舍人唱左右衞上將軍兼殿前都點檢臣某以下起居尚引引至丹墀拜位知班報班齊行三拜禮都點檢稍前宣贊報聖躬萬福都點檢復位再拜舞蹈三跪左膝三叩頭山呼三復行三拜禮宣贊唱各恭事兩班點檢宣徽將軍分左右升殿宿直以下分立殿前俟后妃諸王駙馬以次賀獻禮畢尚引引丞相以下入就起居位如前通班唱文武百僚開府儀同三司錄軍國重事監修國史右丞相具官無常臣某以下起居贊拜舞蹈山呼並如前儀侍儀使詣丞相前請進酒雙引升殿前行樂工分左右引登歌者及舞童舞女以次升殿登歌音中本月之律丞相至宇下褥位立侍儀司分左右北向立俟前行色曲將半舞旋列定通贊唱分班樂作侍儀司引丞相入宣徽使隨至御榻前丞相跪宣徽使立於東南曲終丞相祝贊曰溥天率土祈天地之洪福同上皇帝皇后億萬歲壽宣徽使答曰如所祝丞相俛伏興退詣進酒位尚醞官以觴授丞相丞相搢笏奉觴北面立宣徽使復位前行色曲舞旋至露階上教坊奏樂樂舞至第四拍丞相進酒皇帝舉觴宣贊唱殿上下侍立臣僚再拜丞相三進酒畢以觴授尚醞官出笏復位樂止通贊合班禮部官押進奏表章禮物至橫階下讀表章官等至宇下跪宣表目畢退降第一重階下立俟讀禮物舍人升階至宇下跪讀禮物目如上儀同降至橫階隨表章西行至右樓下侍儀仍領禮物東行至左樓下太府受之贊拜山呼如前儀僧道耆老外國蕃客以次賀禮畢大會諸王宗親駙馬大臣宴饗殿上丞相等升殿侍宴四品以上賜酒殿上五品以下賜酒於日精月華門下宴畢鳴鞭三侍儀使導駕帝后還寢殿如來儀按元史禮志無賀冬之禮常朝之典亦未及舉每日宰執入延春閣及別殿奏事而已

明太祖洪武二十六年定正旦冬至朝會儀先日尚寶司設御座於奉天殿及寶案於御座東香案於丹陛南教坊司設中和韶樂於殿內東西北向翌明錦衣衞陳鹵簿儀仗於丹陛及丹墀設明扇於殿內列車輅於丹墀鳴鞭四人左右北向教坊司陳大樂於丹陛東西北向儀禮司設同文玉帛兩案於丹陛東金吾衞設護衞官於殿內及丹陛陳甲士於丹墀至午門外錦衣衞設將軍於丹陛至奉天門外陳旗幟於奉天門外俱東西列典牧所陳仗馬犀象於文武樓南東西向司晨郎報時位於內道東近北糾儀御史二位於丹墀北內贊二位於殿內外贊二位於丹墀北傳制宣表等官位於殿內俱東西向鼓初嚴百官朝服班午門外次嚴由左右掖門入詣丹墀東西北向立三嚴執事官詣華蓋殿帝具衮冕陞座鐘聲止儀禮司奏執事官行禮贊五拜畢

奏請陞殿駕興中和樂作尚寶司捧寶前行導駕官前導扇開簾捲寶置於案樂止鳴鞭報時贊班齊大樂作行四拜禮樂止典儀唱進表樂作給事中二人詣同文案前導引序班舉案由東門入置殿中樂止宣目官跪宣訖展表官取表宣表官至簾前衆官皆跪宣表訖序班舉表案於殿東衆官皆跪代致詞官跪丹陛中致詞云具官臣某茲遇正旦三陽開泰萬物咸新（冬至則云律應黃鍾日當長至）恭惟皇帝陛下膺乾納祜奉天永昌賀畢衆官皆俯伏興樂作四拜興樂止傳制官跪奏傳制由東門出至丹陛東向立稱有制贊禮唱跪宣制云履端之慶（冬至則云履長之慶）與卿等同之贊禮唱俯伏興搢笏三舞蹈山呼百官拱手加額呼萬歲三出笏俯伏興樂作四拜興樂止侍儀奏禮畢中和樂作鳴鞭駕興尚寶官捧寶導駕官前導至華蓋殿樂止百官以次出世宗嘉靖十六年改設蕃國貢方物案於丹陛中道左右定時鼓於文樓上大樂陳奉天門內其常朝御殿儀凡早朝文官自左掖門入武官自右掖門入如華蓋殿朝至鹿頂外東西序立鳴鞭訖守衛官至鹿頂內行禮訖就侍立位各衙門官以次行禮訖有事奏者入奏事無事奏者四品以上及應升殿者入殿內侍立五品以下官出至鹿頂外列班北向立候鳴鞭以次出如奉天殿朝俱於華蓋殿行禮奏事畢五品以下官詣丹墀依品級列班重行北向立四品以上及翰林院官給事中監察御史等官於中左中右門伺候鳴鞭各詣殿內立候朝退捲班以次出如先於奉天殿朝後卻奏事者文武官於丹墀內依品級重行北向立候鳴鞭行禮訖四品以上及翰林院官給事中監察御史等官陞殿侍立五品以下仍前序立候謝恩見辭人員行禮訖鳴鞭捲班退有事奏者於奉天門或華蓋殿進奏無事奏者以次出穆宗隆慶元年都給事辛自修等以朝儀久曠班行不肅請令禮官考議成式禮部禮科會議國初定制百官以品序立其後更定又有不拘於品者如內閣官錦衣衛升立寶位之東西翰林學士列於僉都御史之上其他翰林官不論品級敘於京堂之內科道官自爲一等列於部屬之先及鴻臚寺尚寶司列於西階三科六道與東班對侍雖若次序參錯然或以顧問糾察或以奉事承旨莫不有因難以輕改今後常朝悉如此例其餘官員仍依品級崇卑衙門次序爲例如有紊越聽糾儀官糾奏從之神宗萬厤三年令常朝日記注起居官四人列於東班給事中上稍前以便觀聽午朝則列於御座西稍南（時大學士張居正奏國初設起居注官日侍左右實古者左史記事右史記言之制後定官制乃設翰林院修撰編修檢討等官蓋以記載事重設官加詳原非有所罷廢而自職名更定遂失朝夕記注之規以致累朝史文闕略臣等仰稽成憲凡常朝御皇極門每日輪該記注起居並史官共四人列於東班各科給事之上午朝御會極門列於御座西稍南專記言動詔依擬行）

欽定續通典卷六十七

禮嘉

聖節朝賀唐 五代 宋 遼 金 元 明

臣等謹案唐開元禮有千秋節朝賀儀前史未詳其制故杜典不載五代時間舉上壽故事宋世聖節上壽或在紫宸殿或在垂拱殿已御正衙非開元時御樓之比自金迄明元日聖誕上壽并爲一儀則其禮與元正等今詳考史志別立專條附諸朝儀之後以資考信云

唐玄宗開元十七年八月癸亥以降誕之日大置酒張樂宴百寮於花萼樓下終宴丞相源乾曜張說率文武百官等上表請以八月五日爲千秋節著之甲令播之天下咸令宴樂休假三日十八年八月丁亥帝御花萼樓設九部之樂百官袴褶陪位上公稱觴獻壽穆宗長慶元年七月庚子降誕日百寮於紫宸殿稱賀畢詣昭德門外命婦詣光順門並進門奉賀皇太后文宗太和七年八月中書門下奏請以十月十日爲慶成節著在令式是日陛下於宮中奉迎太皇太后與昆弟諸王盛陳宴樂羣臣詣延英門奉觴上千萬歲壽開成元年十月慶成節宴於延英殿太常進雲韶樂宰臣及翰林學士赴宴又錫百寮宴於曲江

晉高祖天福七年二月壬子天和節御武德殿宰臣率文武百官上壽

漢隱帝乾祐三年三月丙子嘉慶節御廣政殿文武百寮上壽酒

周太祖廣順元年七月戊子永壽節御廣政殿百寮進酒上壽世宗顯德間歲一舉行

宋眞宗至道三年十二月癸巳承天節羣臣上壽於崇政殿英宗以正月三日爲壽聖節禮官奏故事聖節上壽親王樞密於長春殿宰臣百官於崇德殿天聖諒闇皆於崇政殿於是紫宸上壽羣臣升殿間飲獻一觴而退又一日賜宴於錫慶院徽宗以十月十日爲天寧節定上壽儀高宗建炎元年詔天申節百官上壽常禮可令寢罷止就佛寺啟散祝壽道場詣閤門或後殿拜表稱賀

遼太宗天顯三年冬十月天授節帝御五鑾殿受羣臣及諸國使賀會同四年冬十一月以永寧天授二節並受賀著爲令皇太后生日爲永寧節

金熙宗皇統三年正月乙巳萬春節受賀如正旦儀世宗大定二十八年三月丁酉萬春節御慶和殿受羣臣朝復宴於神龍殿諸王公主以次捧觴上壽帝懽甚以本國音自度曲帝自歌之皇太孫等和之極懽而罷

元世祖至元八年八月己未聖誕節初立內外仗及雲和署樂位如元正儀文宗至順元年二月中書省臣言舊制正旦天壽節內外諸司各有贄獻頃者罷之今江浙省臣言聖恩公溥覆幬無疆而臣等殊無補報凡遇慶禮進表稱賀請如舊制爲宜從之

明太祖洪武元年定朝賀儀凡冬至聖節朝會宴享皆同其聖節致詞皇太子則云茲遇父皇陛下聖誕之辰謹率諸弟某等敬祝萬萬歲壽丞相則云茲遇皇帝陛下聖誕之辰謹率文武百僚敬祝萬萬歲壽不傳制英宗天順五年十一月丁未以冬至萬壽節同日改致詞宣表等儀禮部言二節慶賀致詞各異又冬至傳制聖節不傳制今請通制詞曰茲遇律應黃鍾日當長至恭惟皇帝陛下萬壽聖節膺乾納祐奉天永昌臣某等誠懽誠忭敬祝萬萬歲壽然後惟以冬至制詞傳答羣臣其各王府及在外文武衙門二節賀表若前後宣讀不無重複請通宣表目又通宣表文曰忻逢長至恭遇聖誕其在外文武衙門至日行告天祝壽禮宜曰今茲冬至恭遇聖誕聖壽益增從之

策命皇太子宋 遼 金 元 明

宋太宗至道元年八月壬辰詔立皇太子命有司草具冊禮有司言前代無太子執圭之文請如王公之制執桓圭餘如舊制九月丁卯太宗御朝元殿陳列如元會儀百官就位太子常服乘馬就朝元門外幄次易遠遊冠朱明衣所司贊引三師三少導從至殿庭位再拜起居畢分班立太常博士引攝中書令就西階升殿詣御坐前俯伏興奏宣制降由東階至太子位東南向稱有制太子再拜中書侍郎引冊案就太子東中書令北面跪讀冊畢太子再拜受冊以授右庶子門下侍郎進寶授中書令中書令授太子太子以授右庶子各置於案由黃道出太子隨案南行樂奏正安之曲至殿門樂止太尉升殿稱賀侍中宣制答如儀太子易服乘馬還宮百官賜食於朝堂中書門下樞密院師保以下詣太子參賀皆序立於宮門之外庶子版奏外備內臣搴簾太子常服出次坐中書門下樞密師保賓客而下再拜並答拜四品以下官參賀升坐受之越三日具鹵簿謁太廟常服乘馬出東華門升輅儀仗內行事官乘車者並服禮衣餘皆袴褶乘馬導從神宗未及受冊禮而卽位乃以冊寶送天章閣遂爲故事

遼制前期一日設幄坐於宣慶殿設文武官幕次於朝

堂并殿庭版位太樂令陳宮縣守宮設皇太子次於朝堂北西向乘黃令陳金輅於朝堂門外西向皇太子儀仗笳簫鼓吹等陳宣慶門外典儀設皇太子版位於殿橫街南近東北向設文武官五品以上位於樂縣東西至日門下侍郎奉冊中書侍郎奉寶綬各置於案令史二人絳服對舉案立寶案在橫街北西向冊案在北門下侍郎中書侍郎並立案後侍中版奏中嚴皇太子遠遊冠絳紗袍秉珪出太子舍人引入就版位北面殿立東宮官三師以下皆從立皇太子東南西向太子入門樂作至位樂止典儀贊皇太子再拜在位者皆再拜中書令立太子東北西向門下侍郎引冊案中書侍郎取冊進授中書令退復位傳宣官稱有制皇太子再拜傳宣訖再拜中書令跪讀冊訖俯伏興皇太子再拜受冊退授左庶子中書侍郎取寶進授中書令皇太子進受寶退授左庶子中書令以下退復位舁案者以案退典儀贊再拜皇太子拜在位者皆再拜太子舍人引皇太子退樂作出門樂止侍中奏禮畢皇太子升金輅左庶子以下夾侍儀仗鼓吹等並列宣慶門外三師三少諸宮臣於金輅前後導從還東宮文武宮臣序班稱賀禮畢

金世宗大定八年正月冊皇太子禮官擬奏前三日遣使奏告天地宗廟前一日宣徽院帥儀鸞司設御座於大安殿當中南向設皇太子次於門外之東西向又設文武百僚應行事官東宮官等次於門外之東西廊又設冊寶幄次於殿後東廂俱南向又設受冊位於殿庭橫階之南工部官與監造冊寶官公服自製造所導引冊寶牀由宣華門入進呈畢赴幄次安置大樂令帥其屬展樂縣於庭至日質明東宮官各朝服自東宮乘馬導從至左翔龍門外通事舍人分引百官入立班東西相向次引侍中中書令門下侍郎中書侍郎及奉舁冊寶官詣殿後幄次前立少頃奉冊寶出幄次由大安殿東降至庭中褥位權置訖皇太子服遠遊冠朱明衣出次執圭三師三少以下導從立於門外侍中奏中嚴符寶郎奉八寶由東西偏門分入升置御座之左右侍中奏外辦皇帝出自東序即御座如常儀皇太子入門宮縣樂作至位樂止師少以下從入立於皇太子位東南西向典儀贊皇太子再拜搢圭舞蹈又再拜奏聖躬萬福又再拜引近東西向立師少以下并奉引冊寶官等赴百官東班通事舍人引百官俱橫班北向再拜舞蹈起居畢各還東西班典儀引皇太子復受冊位侍中承旨稱有制皇太子以下在位官皆再拜侍中宣制冊某王為皇太子又再拜通事舍人太常博士引中書令詣讀冊位中書侍郎引冊匣置於前捧冊官西向跪捧皇太子跪讀畢俯伏興再拜中書令奉冊授皇太子搢圭跪受冊以授右庶子中書令退復位通事舍人太常博士引侍中詣奉寶位門下侍郎引寶盝立於其右侍中奉寶授皇太子搢圭跪受以授左庶子冊寶俱置於牀侍中以下退復位典儀贊再拜皇太子退左右庶子帥其屬舁冊寶牀以出禮畢放仗以次出後二日皇太子拜表朝謝如儀又後二日百官奉表稱賀

元制前期三日右丞相率百僚至金玉局冊寶案前行禮導至中書省正位安置前期二日儀鸞司設發冊案於大明殿御座西發寶案於東典寶官設冊案於太子殿前階東寶案於階西又設受冊案於殿內座榻之西受寶案於東右丞相率百僚朝服至中書省導冊寶案至闕前中道入崇天門升大明殿置於案至期大昕皇帝陞大明殿御座引寶引冊使以下各就位禮儀使奏請發冊寶捧冊寶官受冊寶出正門控鶴使舁案至皇太子殿庭皇太子出閤立中階香案前行再拜禮太尉前稱制遣臣等恭授皇太子冊寶皇太子詣褥位跪諸執事官皆跪讀冊官讀冊畢納冊於匣讀寶官讀寶畢納寶於盝太尉進授冊寶皇太子恭受以授左右庶子奠於殿內受冊寶案太尉以下皆再拜還詣大明殿御座前跪復命侍儀使左右庶子導皇太子詣大明殿謝恩畢還府右丞相祝贊進酒進表章禮物如儀駕還寢殿皇太子還府陞殿典引引羣臣拜賀進酒進箋禮物訖皇太子還閤

明制冊皇太子所司陳設如儀先三日齋戒遣官祭告天地宗廟至日皇帝袞冕御謹身殿皇太子冕服俟於奉天門外辦皇帝陞奉天殿引禮導皇太子入奉天東門由東階升至丹陛位百官各就丹墀位皇太子再拜興承制官由殿中門出立於門外曰有制皇太子跪宣制曰冊長子某為皇太子俯伏興再拜引禮導皇太子由殿東門入內贊導至御座前內贊贊跪宣冊宣畢皇太子搢圭跪受冊以授內侍復贊授寶如授冊儀皇太子出圭俯伏興由殿東門出執事官舉節冊寶隨出皇太子復位四拜興由東階降儀仗鼓樂迎冊寶至文華殿持節官持節復命禮部官奉詔書赴午門開讀百官迎詔至中書省頒行皇太子詣太廟謁告詣奉天殿謝恩入謝中宮行朝謝禮禮畢親王世子俟於文華殿稱賀次日百官進表箋慶賀內外命婦慶賀中宮如常儀

宣宗宣德二年十一月皇子生羣臣表請立太子三年二月行禮以太子尚幼命正副使授冊寶於文華門憲宗成化十一年以冊立皇太子禮成文武官分五等賜綵緞有差

皇太子與百官相見宋 金 元 明

臣等謹按杜典載羣臣侍座太子後至一條又皇太子監國及會宮臣議一條所引晉及北齊等故事義類參錯與標目不皆比附攷宋以後史志載皇太子與百官相見儀節頗詳謹倣志文別立標題採輯大略以資援據亦庶與杜典所載互相證明云

宋太宗至道元年有司言百官見皇太子自兩省五品尚書省御史臺四品諸司三品以上皆答拜餘悉受拜宮官自左右庶子以下悉用參見之儀其宴會位在王公上徽宗政和時所定新儀太子與師保傅相見皇太子再拜師保傅以下答拜若三少特見則三少先拜其列仗設樂位次一如開元禮儀

金世宗大定二年定相見儀三師三公欄子內北向躬揖班首稍前奉候皇太子離位稍前正南立答揖宰執及一品職事官於欄子北向躬揖答揖如前二品職事官欄子外向南躬揖皇太子起揖三品職事官露階稍南躬揖皇太子坐揖四品以下職事官宮庭下躬揖跪問候皇太子坐受東宮師傅保與隨朝三師同東宮三少與隨朝二品同詹事以下並在庭下面北每品重行以東爲上再拜稍前問候又再拜皇太子坐受七年定制皇太子赴朝許與親王宰執相見餘官宗室並迴避後亦許與樞密使副御史大夫判宗正及東宮三師相見

元制正旦大朝會之明日文武羣官以常服至東宮行賀禮皇太子居偏殿南向坐羣官自丞相下以次入北面行四跪拜禮

明太祖洪武元年十二月帝以東宮師傅皆勳舊大臣當待以殊禮命議三師朝賀東宮儀禮官議曰唐制羣臣朝賀東宮行四拜禮皇太子答後二拜三公朝賀前後俱答拜近代答拜之禮不行而三師之禮不可不重謹擬凡大朝賀設皇太子座於大本堂設答拜褥位於堂中設三師賓客論德拜位於堂前皇太子常服陞座三師賓客常服入就位北向立皇太子起立南向贊四拜皇太子答後二拜十四年給事中鄭相同請如古制百官詣皇太子止稱名惟宮臣稱臣詔下羣臣議編修吳沈等議曰東宮國之大本所以繼聖體而承天位也臣子尊敬之禮不得有二請凡啓事東宮者稱臣如故從之

冊命諸王侯後唐 宋 遼 明

後唐明宗天成二年以楚王馬殷爲守太師尚書令封楚國王中書奏馬殷爲楚國王禮文不載國王之制請約三公之儀用竹冊從之

宋冊命親王大臣之制具開寶通禮雖制書有備禮冊命之文多上表辭免而未嘗行每命親王宰臣使相樞密使西京留守節度使並翰林草制夜中進入翼日自內置於箱黃門二人舁之立御座東南朝退乃奉箱出殿門外宣付閤門降置於案俟文德殿立班閤門使引制案置於庭宣付中書門下宰相跪受復位以授通事舍人赴宣制位唱名訖奉詣宰相宰相受之付所司若立后妃封親王公主卽宣稱有制百官再拜宣制訖復再拜舞蹈稱賀若宰相加恩制書卽宣付通政舍人引宰相於宣制石東北向再拜立聽訖拜舞復位若百官受制卽自班中引出聽麻文班於宣制石東武班於石西並如宰相儀聽訖出赴朝堂其罷相者卽引出赴朝堂金吾仗舍諸王宰相朝謝前一日內降官告從內出東上閤門外宣詞以賜授節者仍交旌節受者俯伏執旌節交於頸上者三親王節度使相官告並載以綵輿迎歸第徽宗政和時禮局上冊命親王大臣議迄不果行

遼冊王妃公主儀至日押冊使副并讀冊等官押冊東便門入持節前導至殿冊案置橫街北少東引使副等面殿鞠躬立侍中臨軒稱有制皆再拜鞠躬宣制訖舞蹈五拜引冊於宣慶殿門出使副等押領儀仗冊案赴各私第廳前向闕陳列受冊者就位立傳宣稱有制再拜宣制畢舁冊人舉冊匣於褥前跪捧引讀冊者與受冊者皆俯伏跪讀訖皆俯伏興受冊者謝恩國王五拜王妃公主四拜案金元諸王惟降制命之不行冊禮

明太祖洪武三年定制冊命親王先期告宗廟至日皇帝御奉天殿皇太子親王由奉天東門入樂作升自東階皇太子由殿東門入至御前侍立親王入至丹陛拜位贊拜樂作再拜興樂止承制官承制如儀諸王皆跪宣制曰封皇子某爲某王某爲某王宣畢諸王俯伏興贊拜樂作再拜興樂止引禮導王由殿東門入樂作內贊引至御座前拜位樂止王跪贊授冊捧冊官以冊授讀冊官讀訖以授丞相丞相授王王搢圭受以授內使授寶如上儀訖王出圭俯伏興引禮導王出復位以次

引諸王入殿授冊寶如儀內使以冊寶置綵亭訖贊拜樂作諸王皆四拜興樂止內使舉亭前行親王由東階降出奉天東門禮部尚書請詔書用寶赴午門開讀禮畢皇帝還宮皇太子出王年幼則遣官齎冊寶授之丞相承制至王所宣制最幼者保抱行禮是日親王朝謝皇后太子親王各自行賀幼者詣長者行四拜禮百官詣親王賀亦行四拜禮次日皇太子朝賀皇帝及中宮百官進表箋賀皇帝及中宮東宮內外命婦賀中宮是日百官及命婦各賜宴擇日諸王謁太廟憲宗成化末封岐益衡雍五王帝親告奉先殿遣使就各王府冊之罷臨軒禮諸王當襲封者俱於歲終遣官冊封世宗嘉靖中改於孟春著爲令

天子追尊祖考妣 上尊號附 五代 宋 遼 金 元 明

梁太祖開平元年追尊祖考爲皇帝妣爲皇后皇高祖黯諡曰宣元妣范氏諡曰宣僖曾祖茂琳諡曰光獻妣楊氏諡曰光孝祖信諡曰昭武妣劉氏諡曰昭懿考誠諡曰文穆妣王氏諡曰文惠

後唐莊宗同光元年追尊祖考爲皇帝妣爲皇后曾祖執宜妣崔氏皆諡曰昭烈祖國昌妣秦氏皆諡曰文景考諡曰武

晉高祖天福元年追尊祖考爲皇帝妣爲皇后高祖璟諡曰孝安妣秦氏諡曰孝安元后曾祖彬諡曰孝簡妣安氏諡曰孝簡恭后祖昱諡曰孝平妣來氏諡曰孝平獻后考紹雍諡曰孝元妣何氏諡曰孝元懿后

漢高祖卽位稱天福十二年追尊祖考爲皇帝妣爲皇后高祖湍諡曰明元妣李氏諡曰明貞曾祖昂諡曰恭僖妣楊氏諡曰恭惠祖僎諡曰昭憲妣李氏諡曰昭穆考典諡曰章聖妣安氏諡曰章懿

周太祖廣順元年追尊祖考爲皇帝妣爲皇后高祖璟諡曰睿和妣張氏諡曰睿恭曾祖諶諡曰明憲妣申氏諡曰明孝祖蘊諡曰翼順妣韓氏諡曰翼敬考簡諡曰章肅妣王氏諡曰章德

宋太祖建隆元年奉玉冊諡高祖曰文獻皇帝妣崔氏曰文懿皇后曾祖曰惠元皇帝妣桑氏曰惠明皇后祖曰簡恭皇帝妣劉氏曰簡穆皇后皇考曰武昭皇帝

遼興宗重熙二十一年秋七月追尊太祖之祖爲簡獻皇帝妣爲簡獻皇后太祖之考爲宣簡皇帝妣爲宣簡皇后

金熙宗天會十四年八月文武百僚太師宗磐等上議追尊九代以下祖考妣曰皇帝皇后帝於郊稱天以諡請上皇九代祖諡曰景元妣曰明懿八代祖諡曰德妣曰思七代祖諡曰安妣曰節六代祖諡曰定昭妣曰恭靖五代祖諡曰成襄妣曰威順皇高祖諡曰惠桓妣曰昭肅曾祖諡曰聖肅妣曰簡翼曾叔祖諡曰穆簡妣曰靜宣曾叔祖諡曰孝平妣曰貞惠皇伯祖諡曰恭簡妣曰敬僖須廟室告成涓日備物奉上寶冊藏於天府

元世祖至元三年追諡伊蘇凱烈祖神元皇帝 太祖之父 妣宣懿皇后

明太祖洪武元年追尊高祖考曰元皇帝曾祖考曰恆皇帝祖考曰裕皇帝皇考曰淳皇帝妣皆皇后

天子崇所生母議 追崇附 唐 五代 宋 遼 金 元 明

唐武宗會昌元年追冊所生母韋氏爲皇太后上尊諡曰宣懿 時有司奏太后陵宜別制號帝乃名所葬園曰福陵既又下詔朕因誕日展禮於太皇太后謂朕曰天子之孝莫大於承續今穆宗皇帝虛合享之位而宣懿太后實生嗣君富以祔廟繇是奉后合食穆宗室

後唐莊宗卽位冊尊母曹氏爲皇太后而以嫡母劉氏爲皇太妃太妃往謝太后太后有慚色帝旣滅梁使人迎太后歸洛陽居長壽宮而太妃獨留晉陽太妃與太后甚相愛其送太后於洛也涕泣而別

宋眞宗卽位追尊生母賢妃李氏爲皇太后咸平元年上尊諡曰元德 時有司言案禮春官大司樂之職奏夷則歌仲呂以享先妣謂姜嫄也是帝嚳之妃后稷之母特立廟曰閟宮晉簡文宣后以不配食築室於外歲時享祭唐先天元年始祔昭成肅明二后於儀坤廟又元宗元獻楊后立廟於太廟之西稽於前文咸有明據望令宗正寺於后廟內修奉廟室爲殿三間設神門齋房神廚以備薦享 仁宗明道二年四月追尊母宸妃李氏爲皇太后上尊諡曰莊懿哲宗卽位詔尊太后高氏爲太皇太后皇后向氏爲皇太后尊生母德妃朱氏爲皇太妃禮部議皇太妃生日節序其冠服之屬如皇后例稱慈旨慶賀用箋元祐三年宣仁太后詔以予貴輿蓋仗衛冠服悉侔皇后高宗旣卽位遙尊母韋賢妃爲宣和皇后紹興十年遙上皇太后冊寶於慈寧殿自後每遇誕日至朔皆遙行賀禮十二年八月自北歸至臨安入居慈寧宮

遼世宗卽位尊母蕭氏爲皇太后 世宗爲太祖太子倍長子倍以太祖命守東丹後適唐遇害世宗立追尊爲義宗母蕭氏太子妃尊爲太后

金海陵天德二年尊嫡母圖克坦氏爲皇太后尊生母大氏爲皇太后章宗卽位尊母圖克坦氏爲皇太后 顯宗之妃

元武宗卽位尊太母元妃達吉尼鴻吉喇特氏爲皇太后至大三年上尊號曰儀天興聖慈仁昭懿壽元仁宗延祐二年加上尊號曰全德泰寧福慶英宗卽位尊爲太皇太后加上尊號曰徽文崇祐

明世宗卽位尊祖母邵氏（憲宗妃睿宗母）爲皇太后所生母蔣氏（睿宗妃）爲興國太后嘉靖七年上皇太后尊號曰壽安改稱太皇太后上興國太后尊號曰慈仁十五年加上康靖貞壽神宗卽位尊生母貴妃李氏爲慈聖皇太后萬厤六年加上徽號曰宣文後又累加明肅貞壽端獻恭熹

支庶立爲天子追尊本親議　宋　金　元　明

宋英宗治平三年正月皇太后下書中書門下封濮安懿王宜如前代故事王與夫人王氏韓氏任氏皇帝可稱親尊濮安懿王爲皇夫人爲后詔遵慈訓稱親不加尊號又以塋爲園置守衞吏卽園立廟俾王子孫主祠事如皇太后旨仍令臣民避濮安懿王諱以王子宗懿爲濮國公（仁宗在位年久無子以濮安懿王第十三子宗實爲皇子及卽位宰相韓琦等奏請下有司議濮安懿王及譙國夫人王氏襄國夫人韓氏仙遊縣君任氏合行典禮詔須大祥後議之治平二年詔禮官與待制以上議翰林學士王珪等奏曰謹案儀禮喪服爲人後者傳曰何以三年也受重者必以尊服服之又爲人後者爲其父母傳曰何以期也不貳斬也特重於大宗降其小宗也爲人後者爲其昆弟傳曰何以大功爲人後者降其昆弟也先王制禮尊無二上若恭愛之心分於彼則不得專於此故也是以秦漢以來帝王有自旁支入承大統者或推尊其父母以爲帝后皆見非當時取議後世臣等不敢引以爲聖朝法況前代入繼者或援立之策出自臣下非如仁宗皇帝年齡未衰深惟宗廟之重簡推聖明授以大業陛下親爲先帝之子然後繼體承祧光有天下臣等竊以爲濮王宜準先朝封贈期親尊屬故事尊以高官大國譙國襄國並封太夫人攷之古今爲宜稱於是中書奏王珪等所議未見詳定濮安懿王當稱何親名與不名珪等議濮王於仁宗爲兄於皇帝宜稱皇伯而不名如楚王涇王故事中書又奏禮與令及五服年月敕出繼之子於所繼所生皆父母又漢宣帝光武皆稱父爲皇考今珪等議稱濮王爲皇伯於典禮未有明據請下尚書省集三省御史臺議奏方議而皇太后手詔詰責執政於是詔曰如聞集議不一權宜罷議令有司博求典故以聞禮官范鎮等又奏漢之稱皇考稱帝稱皇立寢廟序昭穆皆非陛下聖明之所法宜如前議爲便自是御史呂誨等彈奏歐陽修首建邪議韓琦曾公亮趙槩附會不正之罪固請如王珪等議既而內出皇太后手詔曰吾聞羣臣議請皇帝封崇濮安懿王至今未見施行吾載閱前史乃知自有故事濮安懿王譙國夫人襄國夫人仙遊縣君可令皇帝稱親濮安懿王稱皇譙國襄國仙遊並稱后事方施行而英宗卽日手詔曰稱親之禮謹遵慈訓追崇之典豈易克當且欲以塋爲園卽園立廟俾王子孫主奉祠事既而議寢神宗元豐二年詔以濮安懿王及三夫人可並稱王稱夫人云）

金世宗卽位於東京追尊皇考豳王爲皇帝諡簡肅廟號睿宗皇妣富察氏曰欽慈皇后李氏曰貞懿皇后（睿宗諱宗堯太祖之子）

元武宗卽位於上都追尊皇考曰皇帝諡曰昭聖廟號順宗尊太母元妃爲皇太后（順宗諱達爾瑪巴拉世祖之子）泰定帝卽位追尊皇考皇妣請諡於南郊皇考晉王曰光聖仁孝皇帝廟號顯宗皇妣晉王妃曰宣懿淑聖皇后（顯宗諱噶瑪拉裕宗長子）

明世宗卽位追尊父興獻王爲興獻帝祖母憲宗貴妃邵氏爲皇太后母妃爲興獻后嘉靖元年正月從宰臣楊廷和等議稱孝宗爲皇考慈壽皇太后爲聖母興獻帝后爲本生父母不加皇字三年四月追尊興獻帝爲本生皇考恭穆獻皇帝尋定稱孝宗爲皇伯考昭聖皇太后爲皇伯母興獻皇帝爲皇考章聖皇太后爲聖母四年五月作世廟祀獻皇帝七年七月追尊孝惠皇太后爲太皇太后恭穆獻皇帝爲恭睿淵仁寬穆純聖獻皇帝章聖皇太后爲章聖慈仁皇太后十七年九月上獻皇帝廟號睿宗神主祔太廟躋武宗上辛卯大享上帝於元極寶殿以睿宗配（興獻王諱祐杬憲宗第四子母妃邵氏成化間封興王正德十四年薨諡曰獻王薨二年武宗崩無嗣慈壽皇太后與大學士楊廷和定策以遺詔迎興王世子於興邸入繼大統禮臣毛澄等援漢定陶宋濮王故事考孝宗改稱王爲皇叔父興獻大王王妃爲皇叔母帝命廷臣集議未決進士張璁上書請考興獻王帝大悅會母妃至自安陸止通州不入帝啟張太后欲避位歸藩奉母羣臣惶懼太后命進王爲興獻帝妃爲興國后璁更爲大禮或問以進帝因諭輔臣楊廷和等帝后加稱皇廷和合廷臣爭之未決嘉靖元年禁中火廷臣引五行五事爲廢禮之證乃輟稱皇加稱本生父母尊園曰陵黃屋監衞如制設祠署安陸享用十二籩豆樂用八佾帝心終未慊三年加稱爲本生皇考恭穆獻皇帝興國太后爲章聖太后又建廟奉先殿西曰觀德殿祭如太廟七月諭去本生號九月詔稱孝宗皇伯考明年修獻皇帝實錄建世廟於太廟左七年命璁等集明倫大典成加上尊諡十七年揚州同知豐坊請加尊皇考廟號稱宗以配上帝九月加上尊諡廟號睿宗祔太廟位次武宗上明堂大享奉主配天罷世廟之祭四十四年芝生世廟柱復立玉芝宮祀焉）

五宗　宋

宋呂大臨宗子議國君之嫡長爲世子繼先君之正統自母弟而下皆不得宗次嫡爲別子別子既不得禰先君則不可宗嗣君又不可無所統屬故爲先君一族大宗之祖其生也適庶兄弟皆宗之別子之母弟雖適子與羣公子同不得謂之別子其死也子孫世世繼之爲先君一族之大宗凡先君所出之子孫皆宗之雖百世不遷無後則族人以支子繼之此謂別子爲祖繼別爲宗羣公子雖宗別子而自爲五世小宗之祖死則其子其孫爲繼禰繼祖之小宗至五世以上則上遷其祖下易其宗無子孫則絕此謂繼禰者爲小宗每一君有一大宗世世統其君之子孫故曰宗其繼別子之所自出者百世不遷者也別子所自出謂別子所出之先君如魯季友乃桓公之別子所自出爲桓公一族之大宗公子之公爲其士大夫之庶者宗其士大夫之適者則別子爲先君一族大宗之祖羣公子皆宗之是謂有大宗而無小宗若君無次適可立爲別子止有庶公子數人則不可無宗以統當立庶長一人爲小宗使諸弟皆宗之是謂有小宗而無大宗若庶長死國君復追立庶長爲別子以爲先君一族大宗之祖而以其子繼之此雖不經見然以義求之則一君之大宗不可以絕後也若君之正嫡外止有一公子旣不可宗君又無昆弟宗已

是謂無宗亦莫之宗然此公子亦爲其先君一族大宗之祖沒則百世相繼先君之子孫皆宗之如大宗法按宗有五大宗一小宗四孔穎達疏別子之後族人衆多或繼高祖與三從兄弟爲宗或繼曾祖與再從兄弟爲宗或繼祖與同堂兄弟爲宗或繼禰與親兄弟爲宗一身兼事四宗兼大宗爲五杜典所載數條經義已晰宋以後禮家訓釋略同呂氏議較爲詳盡故備志之

公子二宗 宋

宋朱子議宗子有公子之宗有大宗有小宗國家之衆子不繼世者若其間有適子則衆兄弟宗之爲大宗若皆庶子則兄弟宗其長者爲小宗此所謂公子之宗者也別子即是此宗子既沒之後其適長者各自繼此別子即是大宗直下相傳百世不遷別子之衆子既沒之後其適長子又宗之即爲繼禰之小宗每易一世高祖廟毀則同此廟者是爲袒免之親不復相宗矣所謂五世而遷也又謂宗子只得立適雖庶長立不得若無適子則亦立庶子所謂世子之同母弟世子是適若世子死則立世子之親弟亦是次適也是庶子不得立也本朝哲廟弟有申王次端王次簡王乃哲廟親弟當時章惇欲立簡王向太后謂諸王皆庶子莫得如此分別當以次立申王目眇不足以視天下乃立端王是爲徽宗章惇殊不知禮意同母弟須皆適子方可言既皆庶子安得不依次第今臣庶家要立宗也難惟宗室與襲封孔氏柴氏當立宗今孔氏柴氏襲封兄死弟繼與今俗門長略同殊失宗法

九族 宋

宋陳祥道禮書云書與詩序皆言九族惟周禮小宗伯儀禮士昏禮禮記仲尼燕居特言三族者三族父子孫也九族高祖至元孫也三族舉其本九族極其末舉三族則九族見矣白虎通夏侯歐陽何琦如淯之說父族四母族三妻族二爲九族其說蓋以詩之葛藟刺平王不親九族而言謂他人父謂他人母頍弁刺幽王不親九族而言豈伊異人兄弟甥舅角弓亦刺不親九族而言兄弟昏姻無胥遠矣則所謂九族者非特內宗而已是惡知詩人之所主者因內宗而發哉爾雅於內宗皆曰族於母妻皆曰黨又禮小功之末可以嫁娶妻之黨固無妨於嫁娶昏禮不容慮其不虞也然則九族之說當從孔安國鄭康成爲正小記曰親親以三爲五以五爲九上殺下殺旁殺而親畢矣此九族隆殺之差也蓋已上親父下親子三也以父親祖以子親孫五也以祖親曾高以孫親曾元九也然已之所親以一爲三祖孫所親以五爲九記不言者以父子一體而高與元曾同服故不辨異之也按九族自當以孔鄭說爲正然尚書堯典以親九族蔡傳雖主鄭義仍包母族妻族在內殆以下文平章百姓協和萬邦推而廣之不當獨略外姻致有滲漏而小記以三爲五以五爲九之義自不可易

鄉飲酒 唐 五代 宋 明

唐李栖筠爲常州刺史行鄉飲酒禮登歌降飲人人知勸

後唐時左僕射李愚請頒唐六典示百司使州縣貢士行鄉飲酒禮時以其迂闊不果行

宋制州軍貢士之月以禮飲酒以知州軍事爲主人學事司所在以提舉學事爲主人其次本州官行上舍生當貢者與州之耆老爲衆賓是月也會凡學之士及武士習射唐貞觀所頒禮惟明州獨存太宗淳化中會例行之徽宗政和時禮局定飲酒登降之節與舉酒作樂器用之屬並參用辟雍宴貢士儀其有古樂處令用古樂高宗紹興十三年比部郎中林保乞修定鄉飲儀徧下郡國於是國子祭酒高閌草具其儀上之寧宗慶元中朱熹以儀禮改定主賓僎介之位其主則州以守縣以令位於東南賓以里居年高致仕者位於西北僎則州以倅縣以丞或簿位東北介以次長位西南三賓以賓之次者司正以衆所推服者相及贊以士之熟於禮儀者其日質明主人率賓以下先釋菜於先聖先師退各就次以俟肅賓介與衆賓既入主人序賓祭酒再拜詣罍洗洗觶至酒尊所酌實觶授執事者至賓席前跪以獻賓賓酬主人主人酬介介酬衆賓賓主以下各就席坐訖酒再行次沃洗贊者請司正揚觶致詞司正復位主人以下復坐主人興復至阼階楣下僎從賓介復至西階下立三賓至西階立並南向主人拜賓介以下再拜賓介與衆賓先自西趨出主人少立自東出賓以下立於庠門外之右東鄉主人立於門外之左西鄉僎從主人再拜賓介皆再拜退

明太祖洪武五年詔定鄉飲酒儀令有司與學官率士大夫之老者行於學校民間里社亦行之十六年詔頒鄉飲酒圖式於天下每歲正月十五日十月初一日於儒學行之其儀以府州縣長吏爲主以鄉之致仕官有德行者爲僎擇年高有德者爲賓其次爲介其次爲三賓又其次爲衆賓教職爲司正贊禮贊引讀律皆使能者里中鄉飲略同二十二年定鄉飲禮以善惡分列三等爲坐次不許混淆如有不遵序坐及有過之人不行赴飲者以違制論

欽定續通典卷六十八

禮 賓

臣等謹案杜典述賓禮七篇一曰諸侯朝覲二曰諸侯遣使來聘三曰天子遣使迎勞四曰三恪二王後五曰天子朝位六曰公卿執贄七曰信節皆据經傳舊聞而於史事則略今續纂其書則其體例有宜於通變者夫三代以前分姓受氏君國子民星羅碁布雖凜共主之義而疆界既分風教各別其所以守王章而陳時夏者必賴乎朝覲有時巡行有度誕敷政教兼以通上下之情因時勢以制為典禮故厥制為詳自封建罷為郡縣天子統莅四海之內雖在荒陬遐土一如畿甸之間其封疆擁節星軺出使縱有方伯連帥之任實封建時守土食釆之臣既已天下一家中國一人自節鉞使相以至州縣令長爵秩攸殊不過比肩以事其主則無所謂諸侯朝覲與夫遣使來聘者矣惟是參其義例有可以類相從如藩國朝聘本兼中外而言唐五季以後每朝外蕃之朝會與夫宋遼金元之交際儀文品節可据史書以覈其實定朝宁之位篚縛異文存先代之後豐殺異制以及國信勘契之通達金符使節之往來義實本於古之信節可据以推廣杜典之義也至於遣使迎勞公卿執贄則後世不復舉其文在杜典已祇能敷敘經言而不能詳述其史事古今異宜所謂禮不相沿也今存其篇目而仍附著其說於後焉

天子受諸侯藩國朝宗覲遇宋 遼 元 明

臣等謹按杜典諸侯藩國統指中外君長而言邦畿千里所謂中也九州之外所謂外也其自周而後所述乃止中國諸侯其外蕃之禮缺然蓋未嘗有常典也今就累朝交際之儀雖不盡合於古各取其近似者以類相附云

宋太祖乾德三年五月宴近臣及孟昶於大明殿按宋史禮志凡外國君長來朝皆宴於內殿近臣及刺史都虞候以下皆預 太宗太平興國二年三月吳越錢俶來朝宴於長春殿親王宰相節度使劉鋹李煜皆預其君長來朝先遣使迎勞於候館使者朝服稱制曰奉制勞某主國主迎於門外與使者俱入升階使者執束帛稱有制國主北面再拜稽首受幣又再拜稽首以土物儐使者再拜受國主送使者出鴻臚引詣朝堂所司奏聞通事舍人承敕宣勞再拜就館翌日遣使戒見日如儀又次日奉見於乾元殿設黃麾仗及宮縣大樂典儀設國主位於縣南道西北向又設其國諸官之位於其後所司迎引國主服其國服至明德門外通事舍人引就位侍中奏中嚴皇帝服通天冠絳紗袍出自西房即御位典儀贊拜國主再拜稽首侍中承制降勞皆再拜稽首敕升坐又再拜稽首至坐俯伏避席侍中承制曰無下拜國主復位次引其國諸官以次入就位再拜並如上儀侍中又承制勞還館通事舍人引國主降復位再拜稽首出其國諸官皆再拜以次出侍中奏禮畢皇帝降坐按宋史禮志太祖太宗朝藩鎮沿五代舊制時或來朝自後非詔命不得擅離治所其入覲及被召使迴客省齎籤賜酒食節度使十日留後七日觀察使五日代還節度使五日留後三日觀察使一日防禦團練刺史並賜生料節度使以私故到闕下及步軍都虞候以上出使迴者亦賜酒食熟羊 徽宗政和中定五禮新儀凡蕃國主來朝其遣使迎勞前一日有司設次於館門之外道西南向其日使者至掌次者引就次蕃主服其國服所司引立於東階下西面凡蕃主行止皆所司先引制使皆謁者前導 使者朝服出次立於門西東面從者執束帛立於使者之南蕃主有司出門東西面曰敢請事使者曰奉制勞某主稱其國名有司入告蕃主迎於館門之外東西面再拜使者與蕃主俱入使者升自西階執束帛者從升立於使者之南俱東面蕃主升立東階上西面執束帛者以帛授使者稱有制蕃主將下拜使者曰有後敕蕃主再拜宣勞訖又再拜使者降出蕃主送於館門之外西向再拜使者還蕃國主入其遣使戒見日前一日有司設次於候館門之外道西南向其日使者至掌次者引就次蕃主服其國服降立於東階下西面蕃國諸官立於蕃主之後西面北上使者朝服出次立於門西東面蕃主有司出門東西面曰敢請事使者曰奉制戒某主見日有司入告蕃主迎於館門外之東西面再拜使者與蕃主俱入使者升自西階東面蕃主升自東階西面使者稱有制蕃主再拜宣制曰某日見蕃主又再拜使者降出蕃主送於館門之外西面再拜使者還蕃國主入其陳設殿中監前期帥其屬尚舍張設垂拱大慶殿門之內設御榻於大慶殿當中南向設東西房於御榻之左右稍北設東西閤於殿後之左右殿上前楹施簾設香案於丹墀螭階開大晟府展宮架之樂於殿庭橫街之南設協律郎位於宮架西北俱東向設大司樂押樂位於宮架之前北向儀鸞司設文武百官等次於殿門之外又設蕃國主次於宣德門外之西蕃國諸官次於其後尚輦陳輿輦於龍墀繖扇於沙墀陳五輅於宮架之南列御馬於龍墀在輿輦之後尚書兵部帥其屬設黃麾仗於殿門之內外張旗幟典儀設文武百官位於殿庭又設蕃主朝見

位於宮架之北稍西北向蕃國諸官在其後又設蕃主賜座位於御榻之東稍南設典儀位於丹墀南稍東西向贊者三人在其後餘並如大慶殿元正冬至大朝會儀其朝見是日所司引蕃國主及蕃國諸官至宣德門外次各服其國服闕大慶門文武百官等集於次服朝服大樂正帥樂工先入就位協律郎入就舉麾位大司樂入就押樂位典儀帥贊者先入就位並如大慶殿元正冬至大朝會之儀凡執事者以次入垂拱殿簾降東上閤門官先引武功大夫以下至保義郎并副承旨次通事舍人以下六尙局典御內符寶郎次知內侍省以下次管句六尙局次通侍大夫以下次知客省事以下次樞密都承旨以下次知入內內侍省事以下立定皇帝將出宮引知樞密院事以下入就位如儀東上閤門附內侍進班齊牌皇帝乘輦出殿上少駐簾卷殿上鳴鞭先輦下應奉人行門指揮使禁衞諸班親從並自輦常起居宣輦舍人揖樞密以下躬赴當殿北向躬通樞密某官姓名以下大起居訖樞密知客省事以下至僉書東上閤門官樞密都承旨至諸房副承旨分左右立以候前導六尙應奉官侍立武功大夫以下易朝服歸侍立餘位並先退管軍目僚窄衣舍人贊四拜起居贊祗候分左右引駕侯輦降東階垂拱殿門外禁衞親班親從自贊四拜起居至大慶殿後管軍目僚易公服執仗於殿階下分東西侍立皇帝降輦入西閤前導官易朝服詣御榻前分左右侍立知樞密院知客省事以下在東同知僉書樞密院事樞密都承旨至諸房副承旨在西帶御器械官及侍三閤門舍人以下兩朶殿立不祗應舍人並丹墀東階外立諸軍將校先入內外符寶郎奉寶俱詣閤奉迎次閤門御史臺太常寺四方館分引文武百官殿門外序立並加大慶殿元正冬至大朝會之儀內外符寶郎奉寶先出陳於御榻之左右禮直官舍人引左輔版奏中嚴少頃又奏外辦皇帝服通天冠絳紗袍簾卷大樂正令撞黃鍾之鐘右五鐘皆應殿上鳴鞭禁衞諸班親從輿輦下應奉人自贊四拜起居皇帝御輿出西閤協律郎跪俯伏舉麾興工鼓柷作乾安之樂（樂章俟國王朝日臨時命詞臣撰後准此）皇帝出自西房內侍承旨率協舍各人北向贊起儀將士就位四拜起居皇帝降輿升御榻東上閤門官於榻前班北稍東西向贊殿上侍臣樞密以下再拜贊拜閤門官贊拜訖北向隨班再拜畢西向贊各祗候皇帝南向坐簾卷內侍又贊扇扇開殿下鳴鞭偃麾戛敔樂止爐煙升禮直官舍人引殿門外班官分東西入宮架作正安之樂俱就位（分東西相向序）立樂止並如大慶殿元正冬至大朝會之儀通事舍人引蕃國主立於大殿殿門南階下稍西蕃國諸官在其後並北向東上（若諸蕃俱來朝以國之大小爲序）次禮直官通事舍人引班者以下橫行北向立（兩省官學士待制上將軍以下依舊東西相向立）典儀曰再拜贊者承傳在位官皆再拜搢笏舞蹈又再拜班首不離位奏聖躬萬福典儀曰拜贊者承傳在位官皆再拜三公以下分東西相向立通事舍人引蕃國主入就位（蕃國諸官未入）蕃國主入門正安之樂作蕃國主至位樂止通事舍人通某國蕃臣姓名見典儀曰拜贊者承傳蕃國主再拜舞蹈又再拜蕃國主不離位奏聖躬萬福又再拜左輔承指揮詣蕃國主東北稱有制蕃國主再拜宣制訖又再拜左輔迴奏又承旨降勞令升殿就座蕃國主再拜通事舍人引蕃國主樂作至階樂止東上閤門官接引升至座後贊就坐蕃主俯伏避席將下拜左輔承旨曰無下拜蕃國主復位再拜訖左輔迴奏又承旨勞還館通事舍人引蕃國主降自西階樂作出門復位樂止蕃主再拜訖通事舍人引蕃國主出樂作出門樂止初蕃主就位通事舍人引蕃國諸官以次入就位立定典儀曰拜贊者承傳蕃國諸官俱再拜舞蹈又再拜班首不離位奏聖躬萬福又再拜通事舍人承旨揮降自西階詣蕃國諸官東北稱敕旨蕃國諸官俱再拜宣旨訖又再拜通事舍人回奏又承旨勞還館蕃國諸官俱再拜至蕃主出通事舍人引蕃國諸官以次出訖左輔進當御座前俯伏跪奏稱左輔具官臣某言禮畢俯伏興羣臣俱降復北向立典儀曰拜贊者承傳在位官皆再拜搢笏舞蹈又再拜訖分東西序立內侍承旨贊扇合簾降鳴鞭大樂正令撞蕤賓之鐘左五鐘皆應協律郎跪俯伏舉麾興工鼓柷作乾安之樂皇帝降座閤門官贊殿上侍臣樞密以下再拜御輿入自東房還東閤侍衞如來儀內侍又贊扇扇開偃麾戛敔樂止禮直官通事舍人引左輔版奏解嚴文武百官退仗設如舊就位小休樞密都承旨以下退如別儀其會蕃國主有司排設備大樂令設登歌於殿上二舞入立於酇綴之開並如大慶殿元正冬至朝會之儀尙醞設御酒尊酒器於御座之東尙食設御茶牀於御座之西俱稍北有司設羣官酒尊酒器於殿下又設蕃國主座於御榻之東稍南蕃國諸官之位於東西朶殿餘並如大慶殿元正冬至大朝會之儀閤門御史臺太常寺引班首以下及蕃國主蕃國諸官各就位（分東西相向序立）禮直官通事舍人先引左輔版奏中嚴少頃又奏外辦皇帝服

通天冠絳紗袍簾卷大樂正令撞黃鍾之鍾右五鍾皆應殿上鳴鞭皇帝御輿出東閤協律郎跪俯伏舉麾興工鼓柷奏乾安之樂皇帝出自東房降輿即御座向南簾卷內侍又贊扇扇開殿下偃麾戛敔樂止爐煙升禮直官通事舍人引班首以下及蕃國主蕃國諸官橫行北向兩省學士待制上將軍以下依舊典儀曰拜贊者承傳在位官皆再拜隨拜三稱萬歲引班首以下及蕃國主蕃國諸官分班東西序立禮直官引殿中監少監升殿詣酒尊所侍進御茶牀次殿侍於橫街南酹酒訖引班首以下及蕃國主蕃國諸官橫行北向立典儀曰拜贊者承傳在位官皆再拜三稱萬歲禮直官通事舍人太常博士引班首自東階升詣酒尊所北向立殿中監以爵授班首官班首搢笏受爵詣御榻前少東西向立尙醞典御奉御開爵殿中少監酌酒凡進酒皆典御奉御開爵殿中少監酌酒禮直官太常博士東上閤門官引班首升榻詣御座前躬進皇帝執爵班首執盤虛跪興降榻以盤授殿中監班首執笏詣御榻前俯伏跪百僚皆躬奏稱文武百僚具官臣某等詞侯蕃國主朝日特命詞臣撰臣等不勝大慶謹上千萬歲壽俯伏興百僚直身立引退降階復位典儀曰拜贊者承傳在位官皆再拜隨拜三稱萬歲躬身左輔詣御榻前承旨退西向宣曰舉公等觴典儀曰拜贊者承傳在位官皆再拜隨三稱萬歲引班首以下及蕃國主蕃國諸官分班東西序立禮直官通事舍人太常博士引班首自東階升至殿中監前北向立搢笏接監升榻西向立皇帝舉第一爵官架作和安之樂止班首受虛爵訖虛跪興降榻以爵授殿中監訖執笏引降階班首以下及蕃國主蕃國諸官復北向立典儀曰再拜贊者承傳在位官皆再拜搢笏舞蹈又再拜宗室遙郡刺史及武功大夫以下并伎材官並退門外賜酒禮直官通事舍人引左輔自東階升進御榻前俯伏跪奏稱左輔具官臣某官請延王公等升殿俯伏興降階復位又引左輔詣御榻前躬身承旨西向稱制典儀曰拜贊者承傳在位官皆再拜宣曰延王公等升殿典儀曰拜贊者承傳在位官皆再拜搢笏舞蹈又再拜禮直官舍人引王公等以下升殿兩廊羣臣立於席後殿中監升榻詣御座東西向進皇帝第二爵酒第三第四爵進酒並如上儀每進酒舍人揖蕃國主蕃國諸官並臣僚興立席後進酒訖贊就位登歌作某樂飲訖樂止殿中監受虛爵殿上羣官就橫行位不升殿者於席後立舍人曰各賜酒典儀曰拜贊者承傳上下羣官皆再拜隨拜三稱萬歲舍人曰就坐羣官皆坐大官令行羣官酒羣官搢笏受酒宮架作正安之樂文舞入立宮架北觴行一週凡酒巡週並大官令奏樂止尙食典御奉御進食置御座前大官令設羣官食凡食徧並大官令奏宮架奏天下代成之舞三成止出殿中監進皇帝第三爵酒羣臣立席後登歌作某樂飲訖樂止殿中監受虛爵舍人曰就坐羣官皆坐大官令行羣官酒宮架作正安之樂武舞入觴行一週樂止尙食典御奉御進食置御坐前大官令設羣官食宮架奏四夷來王之舞三成止出殿中監進皇帝第四爵酒登歌作某樂大官令行羣官酒並如第二爵之儀觴行一週樂止舍人曰可起百僚皆立於席後引左輔進當御榻前俯伏跪奏稱左輔具官臣某言禮畢俯伏興羣官俱降復位典儀曰拜贊者承傳在位官皆再拜搢笏舞蹈又再拜訖分東西序立內侍承旨索扇扇合簾降鳴鞭大樂正令撞蕤賓之鐘左五鐘皆應協律郎跪俯伏舉麾興工鼓柷奏乾安之樂皇帝降坐御輿入自東房還東閤侍衞如來儀內侍又贊扇扇開偃麾戛敔樂止禮直官通事舍人引左輔版奏解嚴所司承旨放仗在位官皆再拜退宣詞令於橫街南慰勞將士隨詞逐自唱喏再拜退次大晟府樂工退賜酒贊拜殿上舍人殿下典儀

遼太祖神冊元年御正殿受諸國朝賀詔法度皆用漢禮

元太祖元年大會諸侯王於鄂濃鄂濃黃羊也河卽皇帝位始建九斿白旗五年輝和爾輝和爾部落名國王伊塔固伊塔固蒙古語謂山雞也來朝世祖至元元年敕高麗國王稙令修世見之禮六月稙來朝於上都其後蕃國來朝侯正旦聖節大朝會之日而行禮焉按元宗室諸王分封西北邊外極遠之地及魯趙昌鄆高昌高麗諸國世世尙主比於宗王俱得專制一方自任其陪臣有古封建之遺意其來朝則有金銀鈔幣之賜史不絕書至受朝之儀史志未之詳焉

明太祖洪武二十六年定凡各王大朝行八拜禮常朝一拜叩頭禮伯叔兄見天子在朝行君臣禮於便殿內行家人禮伯叔兄西向坐受天子四拜伯叔兄就於受禮位坐天子居正中南面坐以尙親親之義存君臣之禮按洪武初令親王每歲朝覲不得一同至一王還國無虞信報別王方聽來朝不拘歲月自長至幼以嫡先至嫡者朝畢方及庶者亦分長幼而至周而復始毋失其序其諸王居邊者無警則依期來朝有警從便不拘常期天子伯叔五十不朝兄弟孫姪六十不朝俱令世子代之英宗天順初親王無入朝者惟襄王瞻墡爲英宗叔父遘金符之嫌而王於景泰中疏奏皇太后問上起居及勸景皇帝朝上於南城俱留中上見之大悅特許入朝陛見後躬至內殿行家人禮宴賚加渥親送至大明門而別再朝復如之蓋特典也穆宗隆慶元年詔親王朝見禮久不行自後但令禮部知會其蕃王來朝儀先遣應天府官迎勞旣至館復遣省部設宴然後習

儀朝見於奉天殿及見皇太子於東宮朝見畢錫宴以
享之省府臺皆設席宴享及還遣官勞送出境蕃王至
龍江驛驛令具某國蕃王姓名及蕃國從官名數報應
天府應天府官稟知中書省及禮部禮部奏聞遣侍儀
通贊舍人二人接伴遣應天知府至龍江驛禮待前期
館人於正廳陳設蕃王座於廳之西北東向設應天知
府座於廳之東南西向中設酒案及食案又設蕃國從
官及應天府從官座位於廳之耳房賓西主東中設酒
案及食案應天知府至館館人入告接伴舍人引蕃王
出迎蕃王從官後從既見接伴舍人引蕃王應天知府
分賓主而入蕃王升自西階應天府官升自東階至廳
蕃王東向立應天知府西向立接伴舍人唱鞠躬拜興
凡二平身蕃王及應天知府皆如禮應天府官進詣蕃王
前致禮待之意畢接伴舍人引蕃王及應天知府各就
座所引應天府從官詣蕃王前唱鞠躬拜興凡二平身如
禮舍人又引蕃王從官詣應天知府前唱鞠躬拜興凡二
平身如禮應天知府答拜如禮應天從官與蕃國從官
俱詣耳房各再拜訖分賓主東西相向坐執事者舉食
案進供於蕃王及應天知府之前耳房執事者各舉食
案進供於各官之前廳上執事者斟酒凡酒五行湯五
品耳房亦酒五行湯三品宴畢舍人引應天知府降自
東階蕃王降自西階送至館門外王入應天府官還從
官皆以次出次日淸晨應天府從官復伴送蕃王入至
會同館禮部尚書奉旨卽往館宴勞前期館人陳設蕃
王及禮部尚書座次於正廳賓西主東中設酒案及食
案及設蕃國從官及禮部從官座位於廳之耳房賓西
主東中設酒案食案禮部尚書至館館人入告接伴舍
人引蕃王服其國服出迎蕃國從官以次後從既見接
伴舍人引蕃王禮部尚書蕃國從官禮部從官分賓主
而入蕃王升自西階禮部尚書升自東階至廳蕃王東
向立禮部尚書西向立蕃王從官立於蕃王之南稍後
東向禮部從官立於尚書之南稍後西向接伴舍人唱
鞠躬拜興凡二平身禮部尚書與蕃王皆如禮禮部尚書
進詣蕃王前致禮待之意畢接伴舍人引蕃王禮部尚
書詣座所引禮部從官詣蕃王前唱鞠躬拜興凡二平身
如禮蕃王答拜舍人又引蕃國從官詣尚書前唱鞠躬
拜興凡二平身如禮尚書答拜禮部從官與蕃國從官俱
詣耳房舍人引分賓主唱鞠躬拜興凡二平身蕃國從官
及禮部從官俱如禮舍人引就東西相向坐執事者舉
食案進供於蕃王及禮部尚書之前耳房執事者各舉
食案進供於蕃國從官禮部從官之前廳上執事者斟
酒凡酒五行湯五品上湯擊鼓行酒作細樂耳房酒五
行湯三品不設樂宴畢舍人引禮部尚書降自東階蕃
王降自西階出館門外蕃王乘馬行於道右禮部尚書
亦乘馬行於道左蕃王從官及禮部從官各乘馬於後
同至會同館門外下馬舍人引蕃王禮部尚書同入蕃
王升自西階禮部尚書升自東階至館次禮部尚書及
從官出蕃王蕃國從官送至館門外對舉手揖蕃王入
尚書及從官還明日都堂又奏知命省臣一員詣會同
館宴勞其陳設座次酒數食品樂器皆如禮部尚書宴
勞之儀前期禮部告示侍儀司諸執事引蕃王及蕃國
從官具服於天界寺習儀三日擇日朝見前一日內使
監陳御座香案於奉天殿如常儀尚寶司設寶案於御
座前侍儀司設蕃王次及從官次於午門外設蕃王拜
位於丹墀中道稍西及御座之南俱北向設蕃國從官
拜位於蕃王後中道之東西依序重行北向設方物案
位於丹墀之北中道之東西設方物案於御前及丹墀
之中設受方物官位於方物案之東西設文官侍立位
於文樓之北西向北上武官侍立位於武樓之北東向
北上殿前班指揮司官三員位於丹陛上東向光祿司
官三員位於丹陛上西向侍從班起居注殿中侍御史
尚寶卿位於殿上西向指揮司懸刀武官位於殿上東
向拱衞司官位於奉天門之左右東西相向典牧所官
位於仗馬之前東西相向宿衞鎭撫位於丹陛階下東
西相向宿衞百戶二十四員於宿衞鎭撫之南稍後東
西相向護衞千戶八員於殿東西門之左右東西相向
知班二人位於蕃王拜位之北東西相向贊禮二人位
於知班之北東西相向典儀二人位於丹陛上之南東
西相向內贊二人位於殿上東西相向引蕃王舍人位
於蕃王之北東西相向引蕃王從官舍人位於從官之
北東西相向引文武班舍人位於文武班之北稍後東
西相向舉方物執事位於方物案之東西鳴鞭四人位
於丹陛上之南北向天武將軍四人位於丹陛上之四
隅東西相向將軍二人位於殿上簾前東西相向將軍
六人位於奉天殿門之左右東西相向將軍六人位於
奉天門之左右東西相向是日金吾衞陳設甲士於午
門外之東西列旗仗於奉天門外之東西拱衞司陳儀
仗於丹陛上及丹陛之東西陳五輅於丹墀之南典牧
所陳仗馬於文武樓之南東西相向陳虎豹於奉天門
外和聲郎陳樂於丹墀蕃王拜位之南擊鼓初嚴禮部
以方物案陳於午門外舉案者就案催班舍人催文武

官各朝服擊鼓次嚴引班引文武百官依品從齊班於午門外以北爲上東西相向殿前班指揮光祿卿通班贊禮典儀內贊宿衛鎮撫護衛鳴鞭殿內外將軍各執事人俱入就位接伴舍人及引班引蕃王及蕃國從官立於午門方物案之前諸侍衛官各服其器服及尙寶卿侍從官入詣謹身殿奉迎擊鼓三嚴引班引文武官入就侍立位引班舍人引執事舉方物案前行引蕃王及從官由午門西入金水西橋奉天西掖門至丹墀之西俟立侍儀版奏外辦御用監官跪奏皇帝服通天冠絳紗袍御輿以出尙寶卿奉寶及侍衛侍儀導從警蹕如常儀皇帝將出仗動大樂鼓吹振作陞御座樂止將軍捲簾尙寶以寶置於案鳴鞭司辰郎報時雞唱訖引禮引蕃王就位執事者舉案及蕃王從官各就位立定舉案執事者退就位贊禮唱鞠躬拜興凡二平身蕃王及從官俱如禮樂止引禮導蕃王升殿行禮宣方物狀官取方物狀與展方物狀官從行俱西陛陞樂作從西門入引禮立伺於門外內贊接引蕃王至御座前行禮位樂止宣方物狀官以方物狀置於案與展方物狀官退立於殿西內贊唱鞠躬拜興拜興平身蕃王鞠躬拜興拜興平身內贊唱跪蕃王跪蕃王稱茲遇欽詣皇帝陛下訖宣方物狀官詣案取狀跪於御座前之西展方物狀官同跪展宣訖俯伏興於西承制官前跪承制興詣蕃王前宣制云云訖內贊唱俯伏興拜興凡二平身如禮內贊引蕃王及宣方物狀官展方物狀官由西門出樂作降自西陛引禮引復位樂止贊禮唱鞠躬拜興凡四平身如禮樂止贊禮唱禮畢侍儀奏禮畢鳴鞭皇帝興樂作警蹕侍從導引至謹身殿樂止引禮導蕃王及從官

出受方物官受方物舉案執事各舉案出引班引文武百官以次出擇日錫宴蕃王於謹身殿拱衛司於殿庭左右設黃麾仗內使擎執奉天殿受朝之儀內使監陳設御座於殿中設皇太子座於御座東偏西向稍南設諸王座以次而南皆西向又於御座西偏設諸王座與東偏諸王之座相對以次而南皆東向設蕃王座於殿中之西第一行東向次設文武一品陪宴座於第二行東西相向二品陪宴於第三行東西相向於西廡設蕃國從官座及文武官三品陪宴官依序坐以北爲上俱東向和聲郎於殿之南楹陳大樂細樂及歌舞隊光祿寺設御酒尊於殿中之南設皇太子諸王蕃王文武一品二品官酒尊於殿左右門之東西御位司壺二人尙酒尙食二人東偏皇太子諸王司壺一人奉酒奉食二人西偏諸王司壺一人奉酒奉食二人蕃王司壺一人奉酒食一人文武官第一行各司壺四人兼供酒食文武官左右第二行各司壺四人兼供酒食光祿寺直長西廡各置酒尊及設司壺供酒食之人光祿寺卿陳御食案及皇太子諸王食案及寺丞設蕃王食案於殿中直長設殿上左右文武官食案各置於座前西廡蕃國從官文武官食案亦各設於座前諸執事各供事舍人引文武百官常服侍立於殿門之左右舍人引蕃王服其國服侍立於百官之北引進引皇太子諸王常服侍立於殿內之左右侍儀導引皇帝常服陞御座大樂鼓吹振作鳴鞭樂止皇太子諸王各就座位禮部官取旨導蕃王入就座位丞相率禮部尙書光祿卿舉御食案進於御前禮部侍郎光祿少卿舉食案各進於皇太子諸王之前禮部郎中光祿寺丞舉食案進於蕃國王前

殿上文武官及西廡蕃國從官文武以次官各就座位內使監令於御前斟酒司壺於皇太子諸王蕃王及文武官前各斟酒細樂作奏太淸之曲和聲郎殿南北面立唱上酒皇帝舉第一爵飲皇太子及蕃王以下皆飲畢樂止內使監令又於御前斟酒司壺於皇太子諸王蕃王文武官前各斟酒細樂作奏感皇恩之曲和聲郎唱上酒皇帝舉第二爵飲皇太子及蕃王以下皆飲畢樂止內使監令於御前進食供食者於皇太子諸王蕃王文武官前各供食大樂作和聲郎唱上食皇帝進食皇太子蕃王以下食畢樂止內使監於御前斟酒司壺各斟酒細樂作奏賀聖朝之曲和聲郎唱上酒皇帝舉第三爵飲皇太子及蕃王以下皆飲畢樂止進食奏大樂如前內使監於御前斟酒司壺各斟酒細樂作奏普天樂之曲和聲郎唱上酒皇帝舉第四爵飲皇太子及蕃王以下皆飲畢樂止進食奏大樂如前內使監令於御前斟酒司壺各斟酒細樂作舞諸國來朝之舞和聲郎唱上酒皇帝舉第五爵飲皇太子及蕃王以下皆飲畢樂止進食奏大樂如前內使監令復斟酒司壺各斟酒細樂作奏朝天子之曲和聲郎唱上酒皇帝舉第六爵飲皇太子及蕃王以下皆飲畢樂止內使監令又斟酒司壺各斟酒細樂作奏醉太平之曲舞長生隊之舞和聲郎唱上酒皇帝舉第七爵飲皇太子及蕃王以下皆飲畢樂舞止進食奏大樂如前其西廡斟酒進食其次如殿上但不作樂宴畢皇帝興樂作皇太子諸王侍從還宮樂止引禮引蕃王出引禮引文武百官以次出蕃王還館蕃王將還國禮部奏知戒蕃王某日陛辭仍於天界寺習儀訖前期內使監設御座香案於奉天殿

如常儀尚寶司設寶案於御座前侍儀司設蕃王拜位於丹墀中道稍西及殿上御座前俱北向設蕃國從官拜位於蕃王後中道之東西依序重行北向設承制官位於殿上之東西向設文官侍立位於文樓之北西向北上武官侍立位於武樓之北東向北上殿前班指揮司官三員位於丹陛上東向光祿司官三員位於丹陛上西向侍從班起居注殿中侍御史尚寶卿位於殿上西向指揮司懸刀武官位於殿上東向拱衛司官位於奉天殿門之左右東西相向典牧所官位於仗馬之前東西相向宿衛鎭撫位於丹陛東西階下東西相向護衛百戸二十四員於宿衛鎭撫之南稍後東西相向護衛千戸八員位於殿東西門之左右東西相向知班二人位於蕃王拜位之北東西相向贊禮二人位於知班位之北東西相向典儀二人位於丹陛上之南東西相向內贊二人位於殿上東西相向引蕃王舍人位於蕃王之北東西相向引蕃王從官舍人位於從官之北東西相向引文武班舍人位於文武班之北稍後東西相向鳴鞭四人位於丹陛上之南北向天武將軍四人位於丹陛上之四隅東西相向將軍二人於殿上簾前東西相向將軍六人於奉天殿門之左右東西相向將軍六人於奉天門之左右東西相向是日金吾衛陳設甲士於午門外之東西列旗仗於奉天門外之東西拱衛司陳儀仗於丹陛上及丹陛之東西陳五輅於丹陛之南典牧所陳仗馬於文武樓之南東西相向陳虎豹於奉天門外和聲郎陳樂於丹墀蕃王拜位之南擊鼓初嚴催班舍人催文武官各具朝服擊鼓次嚴引班引文武百官依品從齊班於午門外以北爲上東西相向殿前班指揮光祿卿通班贊禮典儀內贊宿衛鎭撫護衛鳴鞭殿內外將軍各執事人俱入就位接伴舍人及引班引蕃王及蕃國從官立於午門外諸侍衛官各服其器服及尚寶卿侍從官入詣謹身殿奉迎擊鼓三嚴引班引文武官入就侍立位引班舍人引蕃王及從官由午門西入金水西橋奉天西掖門至丹墀之西俟立侍儀版奏外辦御用監官跪奏皇帝服通天冠絳紗袍御輿以出尚寶卿捧寶及侍儀侍衛導從如常儀皇帝將出仗動大樂鼓吹振作陞御座樂止將軍捲簾尚寶以寶置於案鳴鞭報時雞唱訖引班引蕃王及從官各就拜位贊禮唱鞠躬拜興凡四平身蕃王及從官俱如禮樂止引班引蕃王由西陛陞樂作西門入引班立俟於門外內贊接引蕃王至御座前立定樂止內贊唱鞠躬拜興凡二平身如禮樂止內贊唱跪蕃王跪承制官前跪承制詣蕃王前宣制訖或有賜物就宣內贊唱俯伏興鞠躬拜興凡二平身如禮內贊引蕃王自西門出樂作引班引復位樂止贊禮唱鞠躬拜興凡四平身俱如禮樂止贊禮唱禮畢侍儀奏禮畢皇帝興樂作警蹕侍從導引至謹身殿樂止引班引蕃王及蕃國從官出引文武官以次出蕃王詣東宮畢中書省官率禮部官送出國門外至龍江驛省臣還禮部官設宴如初至之儀宴畢禮部官還應天府官送起行

欽定續通典卷六十九

欽定續通典卷七十

禮賓

天子受諸侯遣使來聘 宋 遼 金 元 明

臣等謹按杜佑通典所徵天子受諸侯遣使來聘皆殷周封建諸侯之制故佑自注謂三代而下並無其禮是也惟攷外蕃遣使來聘之儀自唐開元禮外見於宋史禮志遼金禮志及明史禮志集禮諸書尤爲詳備則昔所無而後所有者今亦不得而遽削之也第宋與契丹約爲兄弟凡信使往來如古諸侯交聘非蕃國比其通金也亦用契丹故事暨建炎南渡奉表稱臣訖於金亡未嘗一日正敵國之禮也史臣所書自多隱諱然則南北通書等於蕃國聘使豈實錄哉但既無類例可歸采其儀注附見此條下差有倫脊故并著其說如右

宋太祖建隆元年八月三日宴近臣於廣政殿江南吳越朝貢使皆預開寶四年十一月五日江南李煜吳越錢俶各遣子弟來朝宴於崇德殿眞宗景德澶淵會盟之後始有契丹國信使副元正聖節朝見其入聘儀注前一日習儀於驛是日皇帝御崇德殿宰臣樞密使以下大班起居訖至員僚起居後館伴使副一班入就位東面立次接書匣閤門使升殿立次通事入不通喝拜兩拜奏聖躬萬福又喝兩拜隨呼萬歲喝祗候赴東西接引使副位舍人引契丹使副自外捧書匣入當殿前立天武官擡禮物分東西向入列於殿下以東爲上舍人喝天武官起居兩拜隨呼萬歲奏聖躬萬福喝各祗候閤門從東階降至契丹使位揖使跪進書匣閤門側身搢笏跪接舍人受之契丹使立閤門執笏捧書匣升殿當御前進呈訖授內侍都知都知拆書以授宰臣宰臣樞密進呈訖遂擡禮物出舍人與館伴使副引契丹使副至東階下閤門使下殿揖引同升立御前至國信大使傳國主問聖體通事傳譯舍人當御前鞠躬傳奏訖揖起北使皇帝宣閤門迴問國主北使跪奏舍人當御前鞠躬奏訖遂揖北使起御 引降階至辭見位面西揖躬舍人當殿通北朝國信使某官某祗候見應喏絕引當殿喝拜大起居其拜舞並依本國禮出班謝面天顏歸位喝拜舞蹈訖又出班謝沿路驛館御筵茶藥及傳宣撫問復歸位喝拜舞蹈訖舍人宣有敕賜窄衣一對金蹀躞子一金塗銀冠一韡一兩衣著三百匹銀二百兩鞍轡馬一每句應喏跪受起拜舞蹈訖喝祗候應喏西出凡傳語并奏聖躬萬福致辭並通事傳譯舍人當殿鞠躬奏聞後同此次通北朝國信副使某官某祗候見其拜舞謝賜致詞並如上儀西出其敕賜衣一對腰帶一幞頭鞾笏衣著二百匹銀器一百兩鞍轡馬一次通事及舍人引舍人已下分班入不通使引合班贊喝大起居拜舞如儀舍人喝有敕賜衣服束帶衣著銀器分物應喏跪授擡擔牀跪起舞蹈拜訖喝各祗候分班引出次引差來通事以下從人分班入不通使引合班喝兩拜奏聖躬萬福又拜隨呼萬歲喝有敕各賜衣服腰帶衣著銀器分物應喏跪授起喝兩拜隨拜萬歲喝各祗候唱喏分班引出次行門殿直入起居訖殿上侍立文明殿樞密直學士三司使內客省使下殿舍人合班奏報閤門無事唱喏訖卷班西出客省閤門使以下東出其排立供奉官已下橫行合班宣徽使殿上喝供奉官已下各祗候分班出並如常儀皇帝降坐還內宴日契丹使副已下服所賜承受引赴長春殿門外并侍宴臣僚宰執親王樞密使以下祗候俟長春殿諸司排當有備閤門使附入內都知奏班齊皇帝坐鳴鞭宰臣親王以下並宰執分班舍人引入其契丹使綴親王班入舍人通某甲以下唱喏班首奏聖躬萬福喝各就坐兩拜隨呼萬歲喝就坐分班引上殿或皇帝撫問契丹使副舍人傾引下殿喝兩拜如禮喝各就坐次舍人通事分引錫哩以下東西分班兩拜喝就坐分引赴兩廊下次舍人引差來通事從人東西分班入合班喝兩拜如禮喝就坐分引赴兩廊次喝教坊已下兩拜班首奏聖躬萬福又喝拜兩拜如禮喝各祗候次引看盞二人稍近前喝拜兩拜如禮喝上殿祗候分東西班上殿立有司進茶床內侍酹酒訖閤門使殿上御前鞠躬奏某甲以下進酒餘如常儀宴起宰臣以下降階舍人喝兩拜搢笏舞蹈喝各祗候分班出次錫哩合班喝兩拜舞蹈三拜拜謝訖喝各祗候分引出次通事從人合班喝兩拜如禮喝各祗候分班引出次喝教坊使以下兩拜如禮喝各祗候如傳宣賜茶酒又喝謝茶酒拜兩拜如禮喝各祗候出閤門使殿上近前側奏無事皇帝降坐鳴鞭還內辭日皇帝坐內殿起居班欲絕諸司排當有備催合侍宴臣僚東西相向班立崇德殿庭俟奏班齊舍人喝拜東西班殿侍兩拜奏聖躬萬福喝各祗候次舍人通館伴使副某甲以下常起居次通契丹使某甲常起居次通副使某甲常起居俱引赴西面立次通宰臣以下橫行通某甲以下應喏奏聖躬萬福喝各就坐應喏兩拜呼萬歲分升殿東西向立次通事舍人引契丹錫哩以下次差來通事從人俱分班入當殿兩拜奏聖躬萬福喝各就坐兩拜呼萬歲分引赴兩廊立次通教坊使看盞及進茶牀酹

酒并閤門奏進酒並如長春宴日之儀酒五巡起宰臣以下降階班立兩拜搢笏舞蹈三拜各祗候宰臣以下並三司使文明殿學士樞密直學士升殿侍立其餘臣僚並契丹使並出次引錫哩及差來從人俱兩拜呼萬歲分班引出如傳宣賜茶酒更喝謝拜如前儀已上班絕舍人再引契丹使人西面揖躬舍人當殿通北朝國信使某祗候辭通訖引當殿兩拜出班致辭歸位又兩拜訖宣有敕賜跪受拜舞訖喝好去遂引出次引副使致辭受賜拜舞如前儀次引錫哩以下次引差來通事從人俱分班入舍人喝有敕賜衣服衣著銀器分物各應喏跪受候擡擔床絕就拜起又兩拜萬歲喝好去分班引出其使副各服所賜再引入當殿兩拜呼萬歲喝祗候引升殿當御前立皇帝宣閤門使授旨傳語國主舍人揖國信使跪閤門使傳旨通譯訖揖國信使起立閤門使御前搢笏於內侍都知處奉授書匣舍人揖國信使跪閤門使跪分付訖揖起下殿西出政和詳定五禮有紫宸殿大遼使朝見儀紫宸殿大遼使朝辭儀崇政殿假日大遼使朝見儀崇政殿假日大遼使朝辭儀其紫宸殿赴宴遼使副位御座西諸位上將軍之南夏使副在東朵殿並西向北上高麗交趾使副在西朵殿並東向北上遼使錫哩從人各在其南夏使從人在東廊錫哩之南諸蕃使副首領高麗交趾從人溪峒衙內指揮使在西廊錫哩之南又至各就位有分引兩廊班首詣御坐進酒樂作贊各賜酒羣官俱再拜就坐酒五行皆作樂賜華皇帝再坐赴宴官行謝華之禮

按政和五禮有紫宸殿大遼使朝見儀其陳設前期殿中監帥其屬尙舍張設紫宸垂拱殿門之內設御座於殿上當中南向尙醞設御酒尊酒器於垂拱殿御座之東尙食設御茶床於御座之西俱稍北有司設羣官酒尊酒器於垂拱殿下又設羣公座三公左輔右弼太宰少宰在御座之東稍南知樞密院事門下中書侍郎尚書左右丞同知僉書樞密院事在其東次觀文殿大學士太子三少觀文殿學士資政殿大學士六曹尚書翰林學士承旨翰林學士資政端明殿學士閣學士左右散騎常侍又開封尹六曹侍郎直學士閣學士又在其東太子三師在樞密之南御史大夫在散騎常侍之南中丞在直學士之南並西向北上親王使相在御座之西稍南太尉在其西次節度觀察留後觀察使又在西大遼使副在節度使之南錫哩從人分位於兩廊其日尚輦陳輿輦於紫宸東西朵殿繖扇於階下尚書兵部列黃麾角仗及殿中細仗於紫宸殿其起居垂拱殿皇帝將出宮讀奏目官以下橫行立定如參儀東上閤門附內侍進班齊牌皇帝出宮行門禁衞諸班親從迎駕自贊常起居皇帝服黃袍坐鳴鞭讀奏目官以下常起居次知內侍省事以下次御前忠佐馬步軍頭以下次殿前都指揮使至諸軍副指揮使次騎馬都尉次殿前司諸軍員僚次宗室將軍以下各逐班先面西立俟班橫行起居次行門指揮使起居俟舍人南階下置身奏班絕皇帝降座鳴鞭詣紫宸殿後幄排立諸班親從迎駕自贊常起居初垂拱起居班將軍紫宸殿樞密以下大班入各就位並如堂參儀舍人傳稱警四色官趨赴殿庭稱警東上閤門附內侍進班齊牌皇帝御紫宸殿坐鳴鞭平輦道遙下應奉人朵殿階下迎駕自贊常起居訖升赴平輦道遙下立舍贊執仗人四再起居次宣贊舍人揖樞密以下躬與對立舍人並北向通班起居訖再鳴鞭樞密以下分東西升殿侍立知客省事以下庭東侍立次東上閤門官引親王就位揖躬退次侍衞親軍馬步軍都指揮使至諸軍副指揮使次開府儀同三司次馬步軍員僚三公以下百官門外序班立先殿中侍御史入側宣大起居訖分班復覺察位舍人二員各立其後知客省事以下退立東階下對立舍人退立西階下宣贊舍人退近當南庭中立次舍人分引兩省官入次東上閤門官舍人詣門外引班首以下分東西入殿庭東西相向立定東上閤門官揖躬贊舍人當殿通宰臣姓名以下起居東上閤門官引班首以下橫行北向並如堂參儀宣贊舍人揖左班近前自班後東階下立贊拜東上閤門官揖班首以下躬大起居東上閤門官揖宰相執政官升殿宣贊東上閤門官復侍立位引右班舍人由右班前出餘官分出殿中省押仗官復位次兩省官出次殿中侍御史對揖出知客省事以下復侍立位贊宣對立舍人各復位次館伴官入側宣大起居訖接書傳語知客省事官升殿引國信使副自外捧書匣入舍人承受引天武舉禮物分東西入國信使副當殿立接書知客省事官降階至國信使前舍人揖國信使稍前跪進書匣知客省事官側身搢笏跪接出笏起揖國信使復位立知客省事官執笏捧書匣升殿暫授入內省官知客省事官搢笏捧至御座前進呈退復授入內省官天武常起居人內省官發匣取書傳三省與樞密同進讀殿下引禮物出殿東偏門進書訖付入內省官各復侍立位舍人與館伴副使引國信使副至殿東階下傳語知客省事官降階揖同升殿國信使當檻北向立舍人揖國信使稍前跪傳大遼國主問聖體傳事譯授舍人舍人當國信使班前躬奏訖揖起復位立知客省事官詣御座前躬承旨近國信使班前西向立具宣問授傳事舍人揖國信使稍前跪傳事譯授訖具回奏譯授舍人舍人當班前躬奏如初揖起復位引降東階對見辭位西向立揖躬舍人側宣引當殿大起居班首出班謝面天顏復位五拜又出班謝沿路館驛茶藥御筵傳宣撫問復位五拜宣有敕各等第賜對衣著銀器鞍轡馬跪受賜起五拜西出次舍人傳事引錫哩分入當殿合班大起居宣有敕各等第賜衣服束帶衣著銀器分物跪受賜起五拜分出次舍人傳事引從人分當殿合班四拜起居奏聖躬萬福宣有敕各等第賜衣服腰帶衣著銀器分物跪受賜訖再拜分出次樞密直學士下殿出舍人合班躬奏閤門無事卷班西出皇帝降座鳴鞭知客省事以下排立使臣並卷班出舍人當殿承旨傳四色官趨赴殿庭稱奉敕放仗押仗官再拜訖退其宴國信使以下服所賜衣帶錫哩從人垂拱殿門外階下立赴宴官搢笏同國信使副屏門外分東西南向立諸司排當備俟內排傳立東上閤門附內侍奏班齊皇帝出宮鳴鞭行門禁衞諸班親從迎駕奏聖躬萬福皇帝即御座殿中監以下知客省事以下知內侍省事以下帶御器械官二人尙局應奉官祗應武功大夫以下闕班各奏聖躬萬福次管軍目僚奏聖躬萬福各復侍立祗應位次舍人引赴宴官并國信使副依東西座位入當殿立定奏聖躬萬福訖贊各就座再拜贊就座舍人分引升殿席前相向次引錫哩次從人並分入當殿贊各就座再拜贊就座分引升座訖次教坊使以下通班四拜起居次看琖人謝升殿再拜內侍進御茶牀殿侍酹酒訖東上閤門官詣御座前躬奏班首姓名以下進酒舍人分引殿上臣僚橫行北向贊再拜舍人承班首稍前東上閤門官接引詣御座東北向搢笏殿中監奉盤琖接首奉御啟琖班首西向立殿中少監以酒注於琖班首捧酒詣御座前躬進訖盧跪興以盤授殿中監出笏東上閤門官引退舍人接引復位贊再拜舍人引班首稍前殿上臣僚席前相向立東上閤門官接引班首詣御座前北向搢笏殿中監授盤捧詣御座前西向立作樂皇帝飲訖舍人分引臣僚橫行東上閤門官引班首接琖訖少退盧跪興授殿中監出笏引退舍人接引復位贊再拜舍人贊各賜酒羣臣再拜贊就座羣官俱立席後復贊就座羣官俱坐酒初行羣官搢笏受酒先宰臣次百官皆作樂尙食典御奉御進食大官令設羣官食皇帝再舉酒羣官俱立席後樂作飲訖贊各就座復行羣官酒樂作第三第四第五並如第二之儀若宣示琖即隨所向東上閤門官以下揖稱宣示琖躬贊就座若宣勸即立席後躬飲訖贊再拜內侍舉御茶牀舍人引班首以下降階橫行再拜搢笏舞蹈又再拜分班出次錫哩五拜次從人再拜并分出次教坊謝祗應並再拜如賜茶酒殿中監以下知客省事以下知內侍省事以下帶御器械官次尙局應奉官祗應武功大夫以下次行門禁衞諸班親從教坊逐班贊謝茶酒再拜東上閤門官殿上側奏無事皇帝降座鳴鞭與此大同小異

徽宗宣和元年金使李善慶等來遣直秘閣趙有開偕善慶等報聘已而金使復至用新羅使人禮引

見宣政殿徽宗臨軒受使者書自後屢遣使來帝待之甚厚時引上殿奏事賜予不貲禮遇並用契丹故事高宗紹興三年十二月宰臣進呈金使李永壽等正旦入見故事百官俱入上曰全盛之時神京會同朝廷之尊百官之富所以夸示今暫駐於此事從簡便舊日禮數豈可盡行無庸俱入使人見辭並賜食於殿門外八年金國遣使副來就驛議和詔王倫就驛賜宴十一年十一月金國遣審議使來入見時殿陛之儀議猶未決議者謂兵衞單弱則非所以隆國體欲設仗衞恐駭敵情乃設黃麾仗千五百人於殿廊蔽以帟幙班定徹帷十二年扈從徽宗梓宮皇太后使副來十三年十一月有司言賀正旦使初至於盱眙賜宴未審回程合與不合筵待詔內侍省差使臣三員沿路賜宴一員於平江府一員於鎭江府一員於盱眙軍尋詔金國賀正旦人使到闕赴宴等坐次合與宰臣相對稍南使副上下馬於執政官上下馬處三節人從並於宮門外上下馬立班則於西班與宰臣相對立乃權移西班使相在東壁宰臣之東十四年正月一日宴金國人使於紫宸殿文臣權侍郎以上武臣刺史以上赴坐自後正旦賜宴倣此五月金國始遣賀天申節使來有司言合照舊例北使賀生辰聖節使副隨宰臣紫宸殿上壽進壽酒畢皇帝宰臣以下同使副酒三行教坊作樂三節人從不赴既而三節人從有請乞隨班上壽詔許之仍賜酒食遇賀正人使朝辭在上辛祠官致齋之內仍用樂二十九年以皇太后崩其賀正使副止就驛賜宴見辭日賜茶酒並不舉樂大率北使至闕先遣伴使賜御筵於班荊館在赤岸去府五十里酒七行翼日登舟至北郭稅亭茶酒畢上馬入餘杭門至都亭驛賜襖被鈔鑼等明日臨安府書送酒食閤門官入位具朝見儀投朝見牓子又明日入見伴使至南宮門外下馬北使至隔門內下馬皇帝御紫宸殿六參官起居北使見畢退赴客省茶酒遂宴垂拱殿酒五行惟從官已上預坐是日賜茶器名果又明日賜生餼見之二日與伴使偕往天竺燒香上賜沈香乳糖齋筵酒果次至冷泉亭呼猿洞而歸翼日賜內中酒果風藥花餳赴守歲夜筵酒五行傀儡正月朔旦朝賀禮畢上遣大臣就驛賜筵中使傳旨宣勸酒九行三日客省僉賜酒食內中賜酒果遂赴浙江亭觀潮酒七行四日赴玉津園燕射命諸校善射者假管軍觀察使伴之上賜弓矢酒行樂作伴射官與大使並射弓館伴副使並射弩酒九行退五日大宴集英殿尚書郎監察御史以上皆預學士撰致語六日朝辭退賜襲衣金帶大銀器臨安府書送贐儀復遣執政官就驛賜宴晚赴解換夜筵伴使與北使皆親勸酬且以衣物爲侑次日加賜龍鳳茶金鍍合乘馬出北關門登舟宿赤岸又次日復遣近臣押賜御筵自到闕朝見射朝辭共賜大使金千四百兩副使金八百八十兩衣各三襲金帶各三條都管上節各賜銀四十兩中下節各三十兩衣一襲塗金帶一條使人到闕筵宴凡用樂人三百人百戲軍七十人築毬軍三十二人起立毬門行人三十二人旗鼓四十人並下臨安府差相撲一十五人於御前等子內差並前期教習之按宋志夏國進奉使見辭儀夏國歲以正旦聖節入貢元豐八年使來詔夏國見辭儀制依嘉祐八年見於皇儀殿門外朝辭詣垂拱殿政和新儀夏使見日俟見班絕謝班前使奉表函引入殿庭副使隨入西向立舍人揖躬舍人當殿躬奏夏國進奉使姓名以下祗候見引當殿前跪進奉表舍人受之副入內侍省官進呈使者起歸位四拜起居舍人宣有敕賜某物兼賜酒饌跪授箱過俯伏興再拜舍人曰各祇候揖西出次從人入不奏即引當殿四拜起居舍人宣賜分物兼賜酒食跪受箱過俯伏興再拜舍人曰各祇候揖西出辭日引使副入殿庭西向立舍人揖躬舍人當殿躬奏夏國進奉使姓名以下祇候辭引當殿四拜宣賜某物酒饌再拜如見儀凡蕃使見辭同日者先夏國次高麗次交阯次海外蕃客次諸蠻高麗進奉使見辭儀見日使捧表函引入殿庭副使隨入西向立舍人鞠躬當殿前通高麗國進奉使姓名以下祇候見引當殿使稍前跪進表函俯伏興訖歸位大起居班首出班躬謝起居歸位再拜又出班謝面天顏沿路館券都城門外茶酒歸位再拜搢笏舞蹈俯伏興再拜舍人宣有敕賜某物兼賜酒食搢笏跪授箱過俯伏興再拜舍人曰各祇候揖西出次押物以下入不通郎引當殿四拜起居宣有敕賜某物兼賜酒食跪受箱過俯伏興再拜起居舍人曰各祇候揖西出辭日引使副入殿庭西向立舍人揖躬舍人當殿躬通高麗進奉使姓名以下祇候辭引當殿四拜起居班首出班致詞歸位再拜舍人宣有敕賜某物兼賜酒食搢笏跪授箱過俯伏興再拜舍人曰好去揖西出次從人入辭如儀政和元年詔高麗在西北二國之間自今可依熙寧十年指揮隸樞密院明年入貢詔復用熙寧例以文臣充接伴使副仍往還許上殿七年賜以籩豆各十二簠簋各四登一鉶二鼎二罍二洗一尊二銘曰惟爾令德孝恭世稱東蕃有來顯相余一人嘉之用錫爾寶尊以寧爾祖考子子孫孫其永保之紹興二年高麗遣使副來貢並賜酒食於同文館其交州宜州黎州諸國見辭並如上儀唯迓勞宴賚之數則有殺焉其授書皆令有司付之又有西蕃嘉勒氏西南諸蕃占城回鶻大食于闐三佛齊邛部川蠻及溪峒之屬或比間數歲入貢層檀日本大理注輦蒲甘龜茲佛泥拂菻眞臘羅殿渤泥邈黎闍婆州眉流諸國入貢或一再或三四不常至注輦三佛齊使者至以眞珠龍腦金蓮花等登陛跪散之謂之撒殿元祐二年知潁昌府韓縝言交阯小國其使人將及境臣嘗近弼難以抗禮按元豐中迓以兵官餞以通判使副詣府其犒設令兵官主之請如故事仍詔所過郡凡前宰相執政官知判者亦如之又詔立回賜于闐國信分物法歲遣貢一使雖多止一加則又命于闐國使以表章至則間歲聽一入貢餘令於熙秦州貿易禮部言元豐著令西南五姓蕃每五年許一貢今西蕃奉平軍入貢期限未及詔特許之學士院言諸蕃初入貢者請令安撫鈐轄轉運等司體問其國所在遠近大小與見今入貢何國爲比保明聞奏庶待遇之禮不致失當宣和詔蕃國入貢令本路驗實保明如涉詐偽以上書詐不實論建炎三年占城國王遣使進貢適遇大禮遂加恩特授檢校少傅加食邑自後明堂郊祀並倣此紹興二年占城國王遣使進貢沈香犀象玳瑁等答以綾錦銀絹建炎四年南平王薨差廣南西路轉運副使尹東珣充弔祭使賜絹布各五百匹羊酒寓錢寓綵寓金銀等就欽州授其國迎接人制贈侍中進封南越王封其子爲交阯郡王遇大禮並加恩加占城國王淳熙元年賜安南國王印銅鑄塗以金紹興七年三佛齊國乞進章奏赴闕朝見詔許之令廣東經略司酌量只許四十人到闕進貢南珠象齒龍涎珊瑚琉璃香藥詔補保順慕化大將軍三佛齊國王給賜鞍馬衣帶銀器賜使

入宴於懷遠驛淳熙五年再入貢計其直二萬五千緡回賜綾錦羅絹等物銀二千五百兩紹興三十一年正月安南獻馴象帝曰蠻荒貢方物乃其職但朕不欲以異獸勞遠人其令帥臣告諭自今不必以馴象入貢三十二年孝宗登極詔曰比年以來累有外國入貢太上皇帝冲謙弗受況朕涼菲又何以堪自今諸國有欲朝貢者令所在州軍以理諭遣毋得以聞淳祐三年安南國王陳日煚來貢加賜功臣號十一年再來貢景定三年六月日煚上表貢獻乞授其位於其子陳威晃咸淳元年二月加安南大國王陳日煚功臣增安善二字安南國王陳威晃功臣增守義二字各賜金帶鞍馬衣服二年復上表進貢賜金五百兩帛一百匹降詔嘉獎

遼制高麗使人入見臣僚常服起居應上殿臣僚殿上序立閤門奏牓子引高麗使副面殿立引上露臺拜跪附奏起居訖拜起立閤門傳宣王詢安否使副皆跪大使奏臣等來時詢安引下殿面殿立進奉物入列置殿前控鶴官起居畢引進使鞠躬通高麗國王詢進奉宣徽使殿上贊進奉赴庫馬出擔牀出畢引使副退面西鞠躬舍人鞠躬通高麗國謝恩進奉使某官某以下祗候見舞蹈五拜不出班奏聖躬萬福再拜出班謝面天顏五拜出班謝遠接湯藥五拜贊各祗候使副私獻入列置殿前控鶴官起居引進使鞠躬通高麗國謝恩進奉使某官某以下進奉宣徽使殿上贊如初引使副西階上殿序立皇帝不入御牀臣僚伴酒契丹舍人通漢人閤使贊再拜稱萬歲各就坐酒三行殽膳二味若宣令飲盡就位拜稱萬歲贊各就坐殽膳不贊起再拜稱萬歲引下殿舞蹈五拜贊各祗候引出於幕次內別差使臣伴宴起宣賜衣物訖遙謝五拜畢歸館其曲宴高麗使儀臣僚入朝班齊皇帝升殿宣徽教坊控鶴文武班起居皆如常儀謝宣宴贊各上殿祗候契丹臣僚謝宣宴引高麗使入面南鞠躬舍人鞠躬通高麗國謝恩進奉使某官某以下起居謝宣宴共十二拜贊各上殿祗候臣僚使副就位立大臣進酒契丹舍人通漢人閤使贊上殿臣僚皆拜贊各祗候進酒大臣復位立贊應坐臣僚拜贊各就坐行酒若宣令飲盡贊再拜贊各就坐教坊致語臣僚皆起立口號絕贊再拜贊各就坐凡拜皆稱萬歲曲破臣僚起下殿契丹臣僚謝宴中書令以下謝宴畢引使副謝七拜贊各好去控鶴官門外祗候報閤門無事供奉官捲班出來日問聖體其高麗使朝辭儀臣僚起居上殿如常儀閤門奏高麗使朝辭牓子起居戀闕如儀贊各上殿祗候引西階上殿立契丹舍人贊拜稱萬歲贊各就坐中書令以下伴酒三行殽膳二味皆如初見之儀既謝贊有敕宴五拜贊各好去引出於幕次內別差使臣伴宴畢賜衣物跪受遙謝五拜歸館西夏國進奉使朝見臣僚常朝畢引使者左入至丹墀面殿立引使者上露臺立揖少前拜跪附奏起居訖俯伏興復位閤使宣問某安否鞠躬聽旨跪奏某安俯伏興退復位引左下至丹墀面殿立禮物右入左出畢閤使鞠躬通某國進奉使姓名候見共一十七拜贊祗候平立有私獻過畢揖使者鞠躬贊進奉收訖贊祗候引左上殿就位立臣僚使者齊聲喏酒三行引使左下至丹墀謝宴五　拜畢贊有敕宴五拜祗候引右出禮畢于外賜宴客省　伴宴仍賜衣物其西夏使朝辭常朝畢引使者左入通　某國某使祗候辭再拜不出班起居再拜出班戀闕致　詞復再拜賜衣物謝恩如常儀若賜宴五拜畢贊好去　引右出

金制外國使入見皇　帝即御座鳴鞭報時畢殿前班小起居畢至侍立位引　臣僚左右入丹墀小起居引宰執上殿其餘臣僚分班　出閤門使奏使者入見牓子先引宋使副出笏捧書左　入至丹墀北向立閤使左下接書捧書者單跪授書拜起立閤使左上露階右入欄內奏封全轉讀畢引使副左上露階齊揖入欄內揖使副鞠躬使少前拜跪附奏畢拜起復位立待宣問宋皇帝時並鞠躬受敕旨再揖鞠躬使少前拜跪奏畢起復位齊退卻引使副左下至丹墀北向立禮物右入左出盡揖使副旁折通班　再引至丹墀舞蹈五拜不出班奏聖躬萬福再拜揖使副鞠躬使出班謝面天顏復位舞蹈五拜再揖使副鞠躬使出班謝遠差接伴兼賜湯藥諸物等復位舞蹈五拜各祗候引右出賜衣次引宋從人入通名以下再拜不出班又再拜各祗候亦引右出次引高麗使左入至丹墀北向略立引使左上露階立定揖橫使鞠躬正使少前拜跪附奏畢拜起復位立閤使宣問高麗王時並鞠躬受敕旨畢再揖橫使鞠躬正使少前拜跪奏畢拜起復位齊退卻引左下至丹墀面殿立定禮物右入左出盡揖使旁折通班畢引至丹墀通一十七拜各祗候平立引左階立次引夏使見如上儀引右階立次再引宋使副左入至丹墀謝恩舞蹈五拜各祗候平立次引高麗夏使並至丹墀三使並鞠躬有敕賜酒食舞蹈五拜各祗候引右出次引宰執下殿禮畢其曲宴儀皇帝即御座鳴鞭報時畢殿前班小起居至侍立位引臣僚并使客左入旁折通班至丹墀舞蹈五拜不出班奏聖躬萬福又再拜出班謝宴舞蹈五拜各上殿祗候分引預宴官上殿其餘臣僚右出次引宋使從人入至丹墀再拜不出班奏聖躬萬福又再拜有敕賜酒食又再拜引左廊立次引高麗夏從人入分引左右廊立果牀入進酒皇帝舉酒時上下侍立官并再拜接盞畢候進酒官到位當坐者再拜坐即行臣使酒傳

宣立飲畢再拜坐次從人再拜坐至四盞餠茶入致語聞鼓笛時揖臣使并人從立口號絶坐宴并侍立官并再拜坐次從人再拜坐食入五盞歇宴教坊謝恩畢揖臣使起果牀出皇帝起入閤臣使下殿歸幕次賜花人從隨出戴花畢先引人從入左右廊立次引臣使入左右上殿位立皇帝出閤坐果牀入坐立並再拜坐次從人再拜坐九盞將曲終揖從人至位再拜引出聞曲時揖臣使起再拜下殿果牀出至丹墀謝宴舞蹈五拜分引出朝辭儀皇帝即御座鳴鞭報時畢殿前班小起居至侍立位引臣僚合班入至丹墀小起居引宰執上殿其餘臣僚分班出閤使奏辭牓子先引夏使左入旁折通班畢至丹墀再拜不出班奏聖躬萬福又再拜揖使副鞠躬使出班戀闕致詞復位又再拜唱各好去引右出次引高麗使如上儀亦引右出次引宋使副左入旁折通班畢至丹墀依上通六拜各祗候平立閤使賜衣馬鞠躬聞敕再拜賜衣馬畢平身搢笏單跪受别錄物過盡出笏拜起謝恩舞蹈五拜有敕賜酒食舞蹈五拜引使副左上露階齊揖入欄內揖鞠躬大使少前拜跪受書起復位揖使副齊鞠躬受傳達畢齊退引左下至丹墀鞠躬唱各好去引右出次引宰執下殿禮畢熙宗時夏使入見改爲大起居定制以宋使列於三品班高麗夏列於五品班皇統二年六月定臣使辭見臣僚服色拜數止從常朝起居三國使班品如舊侯殿前班及臣僚小起居引宰執升殿餘臣分班畢乃令行人見及朝辭之禮凡入見則宋使先禮畢夏使入禮畢而高麗使入其朝辭則夏使先禮畢而高麗使入禮畢而宋使入夏高麗朝辭之賜則遣使就賜於會同館唯宋使之賜則庭授世宗大定六年詔外國使初見朝辭則於左掖門出入朝賀賜宴則由應天門東偏門出入

元自太祖時輝和爾回鶻西夏西域高麗皆遣使入貢世祖以後安南占城雲南金齒緬國大理拂郎等國亦皆遣使貢獻元蕃使朝貢於正旦聖節大朝會之日隨班行禮

明太祖洪武二年定蕃國遣使進表儀所司於王宮及國城街巷結綵設闕庭於殿上正中前設表箋案又前設香案使者位於香案東捧表箋二人於香案西設龍亭於殿庭南正中儀仗鼓樂具備清晨司印者陳印案於殿中滌印訖以表箋及印俱置於案王冕服衆官朝服詣案前用印畢用黃袱裹表紅袱裹箋各置於匣中仍各以黃袱裹之捧表箋官捧置於案引禮引王至殿庭正中衆官位其後贊拜樂作再拜樂止王詣香案前跪衆官皆跪三上香訖捧表官取表東向跪進王王授表以進於使者使者西向跪受興置於案贊興王復位贊拜樂作王與衆官皆四拜樂止禮畢捧表箋官捧表前行置於龍亭中金鼓儀仗鼓樂前導王送至宮門外還衆官朝服送至國門外使者乃行是年占城國遣陪臣虎都蠻來貢高麗遣陪臣禮部尚書洪尙載安南遣陪臣同時敏等皆貢方物既至有司奏聞出國門以迎勞擇日進表幣方物於奉天殿畢進箋及方物於中宮東宮上位遣官於會同館賜宴畢東宮復遣官禮待省府臺皆有宴將還遣使勞送出境如或常朝則中書接受表箋方物次日使者隨班入見其宴賜上位東宮取旨禮待令具其儀　蕃使至龍江驛驛令具某國遣使者姓某名某及從人名數詣應天府報知應天府官稟知中書省及禮部禮部奏聞遣侍儀舍人二人接伴遣應天府同知龍江驛禮待前期館人陳設蕃使及應天府官坐次於正廳賓左主右中設酒案及食案應天府官至館館人入告蕃使接伴舍人引蕃使出迎於館門之外贊引引應天府官與蕃使俱入蕃使升自西階應天府官升自東階至廳蕃使東向立府官西向立贊引唱鞠躬拜興凡二平身蕃使與應天府官皆如禮應天府官進詣蕃使前致禮待之意畢贊引引蕃使與府官各就位坐執事者各舉食案進供於蕃使及府官之前執事者斟酒及進食凡酒五行食三品宴畢贊禮引蕃使送應天府官出蕃使自西應天府官由東出至館門外蕃使入明旦應天府官請使者出館俱上馬蕃使行近右應天府官行近左從人後從至會同館下馬接待舍人引蕃使由西而入應天府官由東而入至次訖報知中書省中書省奏知命禮部侍郎至會同館禮待其陳設位次食品一如前儀宴畢接待舍人引蕃使及禮部侍郎出蕃使降自西階禮部侍郎降自東階出館門外使者還館其受蕃國來附遣使進貢之儀前期侍儀司引蕃使天界寺習儀三日擇日朝見前一日內使監設御座香案於奉天殿中尙寶卿設寶案於御座前侍儀司設表案於丹墀中道之北及殿上正中設方物位於表箋案之南中道之東西擧方物案執事位於方物案之左右設使者位於中道之東西方物案之南北向設通事位於使者位之西北向設文武官侍立位於丹墀之北東西相向設受表兼宣表官受方物兼宣方物官位及展表官位於表案之西東向設承制官位於殿內西向及使者之北設典儀二人位於丹陛上東西相向設知班位於丹墀之北東西相向設贊禮位於知班之

北東西相向設內贊二人位於殿上東西相向引使者舍人二人於使者拜位之西東向引文武官舍人四人於文武班之北稍後東西相向侍從班起居注殿中侍御史尚寶卿位於殿上西向指揮司懸刀武官位於殿上東向拱衞司官位於奉天門之左右東西相向典牧所官位於仗馬之前東西相向宿衞鎮撫位於丹陛東西階下東西相向護衞百戶二十四員於宿衞鎮撫之南稍後東西相向護衞千戶八員於殿東西門之左右東西相向將軍二人於殿上東西相向天武將軍四人於丹陛上之四隅東西相向將軍六人於奉天殿門之左右東西相向將軍六人於奉天門之左右東西相向是日金吾衞陳設甲士於午門外之東西列旗仗於奉天門外之東西拱衞司陳儀仗於丹陛上及丹墀之東西陳五輅於丹陛之南典牧所陳仗馬於文武樓之南東西相向陳虎豹於奉天門外和聲郎陳樂於丹墀諸蕃使拜位之南擊鼓初嚴侍儀舍人入陳拜席引班引文武百官各具朝服次嚴引班引文武百官齊班於午門外東西相向以北爲上禮部執事以方物各置於案各執事俱入就位諸侍衞官各服其器服及尚寶卿侍從官入詣謹身殿奉迎引班引使者服朝服奉表執事者舁方物前行使者朝服後從由午門入就金水西橋入西掖門至丹墀西東向序立擊鼓三嚴引班引文武官入就侍立位侍儀版奏外辦御用監跪奏皇帝服皮弁御輿以出尚寶卿捧寶及侍儀侍衞導從如常儀皇帝將出仗動樂作陞御座樂止尚寶卿置寶於案鳴鞭雞唱報時訖引禮引使者置表於案就位北向立執事者舁方物入就位退立於左右知班唱齊班訖贊禮唱鞠躬拜興凡四平身使者及衆使者皆如禮樂止贊禮唱進表引禮引使者詣表案前贊禮唱跪使者及衆使者皆跪唱進表使者跪取表函捧進於受表官受表官受表進方物狀者跪取方物狀授於受方物狀官受方物狀官受方物狀與受表官展表官由西階陞西門入至殿庭以表置於案俱退立於西內贊唱宣表宣表官詣案取表跪宣於殿西展表官同跪展宣訖俛伏興宣表官以表置於案退立於殿西宣方物狀官詣案取方物狀跪宣於殿西展方物狀官同跪展宣訖俛伏興宣方物狀官以方物狀置於案與宣表官展表官由殿西門出復位贊禮唱俛伏興使者及衆使者皆俛伏興平身贊禮唱復位引禮引使者退復位承制官承制由中門出中階降詣使者前稱有制贊禮唱跪使者及衆使者皆跪承制官宣制曰皇帝制問使者來時想爾某國君安好使者答畢贊禮唱俛伏興拜興凡四平身使者及衆使者皆如禮樂止承制官稱有後制贊禮唱跪使者及衆使者皆跪承制官宣制曰皇帝又問爾使者遠來勤勞使者答畢贊禮唱俯伏興拜興凡四平身使者及衆使者皆如禮樂止承制官自西階升西門入回奏訖復侍立位贊禮唱鞠躬拜興凡四平身使者及衆使者皆如禮樂止禮部官收表及方物引使者出侍儀奏禮畢皇帝駕興樂作還宮樂止引班引文武百官及使者以次出

臣等謹按漢時呼韓邪單于入覲蕭望之謂單于非正朔所加宜待以不臣之禮後代蕃使朝貢儀注率多優假皆本於望之之議明初定蕃使入朝宣制撫問國君並及使者略如敵國之儀此亦沿習歷代具文而揆諸大一統之朝所以駕馭蕃服者其說固未當也夫溥天率土莫非王臣要荒之裔以職事來朝正宜示以彝憲俾知共主之尊義在則然卽頑梗不率之風因之盡戢彼望之之議特以威德不能及遠聊爲權宜之計耳後儒無識遂至承訛襲繆豈知帝王撫臨中外予以拊循尤當明其體制若槩以敵國待之轉致取輕殊俗於恩威並用之道寧有當哉洪惟我
國朝以文德武功撫一區宇蒙古內外扎薩克等歲時
分班入
覲秋獮行圍執櫜扈從迨西陲大定準噶爾回部盡入版圖而絕遠諸部若哈薩克布嚕特安集延巴達克山等無不款塞請吏願爲臣僕近者土爾扈特率其全部稽首歸降並隸編戶自餘朝鮮安南琉球暹羅南掌西洋之屬世世隸於典屬恭順彌加蓋
天家德威遠暨遐荒奉朔曉然識
共主之尊歲事請朝理藩院率領於班行之末九叩抃誠或遇
錫宴賜幣拜跪如禮已爲榮幸豈復有賓客之足言蓋時勢旣殊儀文自別不獨破除因循陋習而已

蕃使每歲常朝於中書省接受表箋方物是日於省門前執事者置方物於案引禮引使者捧表箋由中門入方物隨行至堂上置方物於前丞相興使者捧表箋各至丞相前丞相受表箋各授於執事使者退立於西司壺舉杯者出舉杯者以杯先進於丞相丞相執杯使者跪持酒飲畢退立引禮引使者由西廊出戶部受方物報侍儀司習儀次日各依品從具公服行五拜禮出午

門釋服於東宮行禮其受蕃使每歲常朝之儀中書省
受表箋侍儀司引蕃使於天界寺習儀擇日朝見前一
日內使監陳設御座香案於奉天殿如常儀侍儀司設
使者位於丹墀中道上之西北向承制官侍立位於殿
內之東宣制位於使者之北百官侍立位於丹墀之北
東西相向知班二人位於使者之北東西相向贊禮二
人位於知班之北東西相向典儀二人位於丹陛上東
西相向引使者二人位於使者之西東向引文武班四
人位於文武班之北稍後東西相向侍從班位於殿上
東西相向文東武西導駕官位於殿內東西相向將軍
六人位於奉天門之左右將軍六人位於奉天殿門之
左右將軍四人位於丹陛上之四隅將軍二人位於奉
天殿內簾前之左右宿衛鎮撫二人位於丹墀東西階
下東西相向護衛二十四人位於宿衛鎮撫之南稍後
東西相向護衛千戶八員位於殿東西門之左右拱衛
司陳設儀仗於丹墀丹陛之東西鳴鞭四人於丹陛上
北向拱衛司光祿寺官侍立位於殿門之左右是日侵
晨擊鼓初嚴各執事陳設如儀引班催請使臣及百官
各具朝服次嚴執事各入就位引班引百官使者齊班
於午門外東西相向三嚴引班引百官入就侍立位引
使者入立於丹墀之西導駕官入謹身殿奉迎侍儀奏
外辦御用監官跪奏皇帝具通天冠絳紗袍侍從導引
出宮樂作陞御座樂止捲簾鳴鞭報時訖引班引使者
入就位知班唱班齊贊禮唱鞠躬拜興凡四平身如禮樂
止承制官前跪承制由中門出中階降至使者前稱有
制贊禮唱某等跪聽使者跪承制官宣制曰皇帝制問
使者來時爾某國王某安好使者答畢贊禮唱俯伏興

拜興凡四平身使者如禮樂止承制官稱有後制使者跪
承制官宣制曰皇帝又問爾使介遠來勤勞使者又答
畢贊禮唱俯伏興樂作拜興凡四平身使者如禮樂止承
制官由西階陞西門入回奏訖復侍立位贊禮唱鞠躬
拜興凡四平身使者皆如禮樂止侍儀奏禮畢大駕回樂
作還宮樂止引班引文武百官及使者以次出　蕃使
進貢及參見畢禮部官奏奉聖旨錫宴於會同館前期
館人陳設坐次於會同館正廳賓西主東中設御酒案
於正中膳部主客命執事設酒案及食案於廳之南楹
教坊司陳設樂舞於酒案之左右是日禮部官陳龍亭
于午門外光祿寺官取旨捧御酒置於龍亭儀仗鼓樂
前導禮部官光祿寺官乘馬後隨至館門館人入報蕃
使出迎於館門之外執事者捧御酒前行引贊引奉旨
官從行由中道入至廳上置於案使者自西階升立於
西隅奉旨官立於御酒案之東稱有制使者望闕跪聽
宣制畢贊禮唱鞠躬拜興凡二平身使者如禮奉旨官舉
杯酌酒授使者飲北面同跪使者飲畢贊禮唱鞠躬拜
興凡二平身如禮贊禮引使者及奉旨官就席坐執事者
舉食案進供於使者及奉旨官之前執壺者斟酒樂作
飲畢樂止酒七行湯七品上湯擊鼓行酒作細樂及陳
雜戲宴畢使者送奉旨官出至館門外奉旨官上馬使
者入擇日皇太子錫宴陳設食品禮節皆如前儀蕃使
將還國禮部奏知戒蕃使某日陛辭前二日於天界寺
習儀前一日內使監陳設御座香案於奉天殿侍儀司
設蕃使拜位於丹墀中道稍西北向設文武官侍立位
於丹墀之北東西相向承制官位於殿上之東及宣制
位於丹陛之東南設知班二人位於蕃使之北設贊禮

二人位於知班之北典儀二人位於丹陛上之南俱東
西相向設引蕃使舍人二人位於蕃使之西東向引文
武班舍人四人位於文武班之北稍後東西相向侍從
班位於殿上之東西拱衛指揮光祿寺官位於殿門前
之左右內使擎執八人位於御座前之左右宿衛鎮撫
位於丹陛東西階下護衛百戶二十四人位於鎮撫之
南稍後俱東西相向護衛千戶八人位於殿東西門之
左右將軍二人位於殿之左右將軍六人位於殿門之
左右將軍四人位於丹陛之四隅將軍六人位於奉天
門之左右俱東西相向鳴鞭四人位於丹陛上之南是
日侵晨金吾衛陳設兵仗於午門外之東西拱衛司陳
儀仗於丹墀丹陛之東西樂工陳樂於丹墀之內擊鼓
初嚴禮部官於午門外以御酒禮物置於案執事者若
干人服窄紅衫舉案捧禮物官具朝服若干人從入陳
案於丹陛上東西如賜詔則設詔書案於禮物案之北拱衛司用黃蓋遮覆執事各
入就位舍人催文武官及蕃使具朝服擊鼓次嚴侍儀
侍衛入迎車駕舍人引文武官齊班於午門外之東西
引使者立於武官之南東向擊鼓三嚴引班引文武官
入就侍立位引蕃使入立於丹墀之西南侍儀版奏外
辦御用監跪奏皇帝服皮弁服御輿以出侍儀侍衛導
從警蹕如常儀皇帝將出仗動樂作陞御座樂止將軍
捲簾鳴鞭雞唱報時訖引禮引蕃使入就位贊禮唱鞠
躬拜興凡四平身蕃使皆如禮樂止承制官詣御座前跪
承制由殿中門出立於宣制位稱有制贊禮唱某官跪
聽蕃使皆跪承制官宣制曰皇帝制諭宣畢贊禮唱俯
伏興拜興凡四平身蕃使皆如禮樂止承制官由殿西門
入跪奏云承制訖復侍立位贊禮唱鞠躬拜興凡四平身

蕃使皆如禮樂止贊禮唱禮畢捧禮物官捧禮物自丹墀中道降由奉天中門出如有詔則黃蓋遮覆詔書出舍人引蕃使由奉天西門出侍儀奏禮畢皇帝興樂作還宮樂止引禮引百官以序出捧禮物官捧禮物至午門付使者行每歲常朝具本品公服隨班行五拜禮蕃使辭東宮禮部官率應天府官送出國門之外至龍江驛禮部官還應天府官設宴如初至之儀宴畢應天府官還驛丞送起行穆宗隆慶五年九月復朝鮮使臣引見舊班初帝用鴻臚卿李際春言四夷貢使俱不得至御前引見至是禮科都給事張國彥等奏朝鮮屬國乃冠帶禮義之邦宜仍復舊班以示優禮從之

天子遣使迎勞諸侯

臣等謹按杜佑所述天子遣使迎勞諸侯乃封建舊制所謂小行人迎勞於畿大行人勞視館載於禮經後世久不行矣宋與遼金則有國使往還如古諸侯相交聘比附朝覲亦以類從耳非盡如古所云也其諸侯來朝天子遣使迎勞獨明集禮所載較詳然類敘天子受諸侯朝覲之下事無裒出義屬相通故不復敘

欽定續通典卷七十

禮賓

三恪二王後 五代 宋 金 元 明

臣等謹按三恪二王後之說經無正文鄭康成據樂記武王克商封黃帝堯舜夏殷之後謂杞宋爲二王後祝薊陳爲三恪杜預據左傳以備三恪之文謂周封夏殷二王後又封舜後并之爲三恪兩說不同崔靈恩三禮義宗主鄭氏說而杜佑非之謂尊賢不過二代黃帝堯舜自以功德崇深特封其後非古今通法故累朝皆以三代爲三恪其說近是然推古制禮之意蓋以虞夏由於受禪湯武三統以備一王之制自封建改爲郡縣革命之事已異古初自不必更沿三恪之舊而魏晉以降猶相承不改者則以既假禪讓之故事不得不修備恪之空文然名雖託於賓王實則同於幽禁揆諸古昔隆禮先代之指相去絕遠若宋承周禪惟立周後不及前代且舍郭氏而立柴宗議者多訾其失元之瀛國公明之崇禮侯雖加封爵而未聞世及恩亦浸薄洪惟我

太祖

太宗肇基東土功德綿長及明莊烈之末流寇作難神器不守我

世祖章皇帝命將專征殲除巨憝撫一中外傳祚萬世昔人謂三代以下惟漢與明崛起編戶較之晉隋唐宋爲得其正然漢高帝明太祖雖未臣事於秦與元猶在食毛踐土之列揆之大義不無閒然我

朝於明本爲敵國至明季國祚已移中原無主然後

王師翦除流賊且爲明之臣民雪不共之恥初非取天下於明也是則推得統之正不惟遠逾唐宋抑且度越漢明豈於明之後裔猶當有賓禮待之之義然猶追念前代恩禮頻加逮我

世宗憲皇帝御極之初仰承

聖祖仁皇帝成命訪求明裔爵之通侯世世罔替我

皇上肇錫嘉名寵以延恩侯之號俾與五等諸藩並荷榮封而汞苗裔蓋禮以義起迥非三恪作賓之文所可同年而語矣爰因敘賓禮而弁析其義云

梁太祖開平二年以唐宗室子鴻臚卿李嵸封萊國公爲二王後時中書門下奏萊國公李嵸合於西都選地建立三廟以備四仲祠祭每祭仍令度支供給祭料從之是時禮儀使又奏唐朝以魏元氏子孫封韓國公爲三恪以周宇文氏子孫封介國公隋楊氏子孫封酅國公爲二王後今國家受禪封唐李氏宗室子李嵸爲萊國公今請以介國公爲三恪酅國公萊國公爲二王後從之

晉高祖天福二年敕周以杞宋封夏殷之後爲二王後兼封舜之後爲三恪唐以周隋之後封公爲二王後又封魏之後爲三恪宜於唐朝宗屬中取一人封公世襲兼隋之酅國公爲二王後以後周介國公備三恪主祀及赴大朝會委所司具典禮申奏其唐朝宗屬中舊在朝及諸道爲官者各據資歷考限滿日從品秩序遷已有出身仍令參選四年敕以郇國三千戶封唐許王李從益爲郇國公奉唐之祀服色旌旗一依舊制以西京至德宮爲廟牲幣器用祭服悉從官給按梁晉皆以唐及隋爲二王後通周後爲三恪

漢高祖天福十二年夏五月甲午以郇國公李從益知南朝軍國事

宋太祖建隆元年正月詔曰封二王之後備三恪之賓所以示子傳孫興滅繼絕夏商之居杞宋周隋之啟介酅古先哲王賓用茲道矧予涼德歷試前朝雖周德下衰勉從於禪讓而虞賓在位豈忘於烝嘗其封周帝爲鄭王以奉周嗣正朔服色一如舊制又詔曰朕唯眇躬逮事周室謳歌獄訟雖歸新造之邦廟貌園陵豈忘舊君之禮其周朝嵩慶二陵及六廟宜令有司以時差官朝拜祭饗永爲定式仍命周宗正卿郭玘行禮仁宗天聖六年錄故虢州防禦使柴貴子肅爲三班奉職七年錄故太子少傅柴守禮孫詠爲三班奉職其後又錄柴氏之後曰熙曰愈曰若拙曰上善並爲三班奉職曰餘慶曰誠爲州長史助教曰貽廓等十一人復其身仍各賜錢一萬又錄世宗曾孫揆柔及貴曾孫日宣守禮曾孫若訥皆爲三班奉職嘉祐四年著作郎何鬲言舜受堯禹受舜之天下而封丹朱商均以爲國賓周漢以降以及於唐莫不崇奉先代延及苗裔本朝受周天下而近代之盛莫如唐自梁以下皆不足以崇襲臣願考求唐周之裔以備二王之後授以爵命封縣立廟世世承襲永爲國賓事下太常議曰古者立二王後不唯繼絕兼取其明德可法五代草創蔑祀不永文章制度一無可考上取唐室世數已遠於經不合惟周則我受禪之所自義不可廢宜訪求子孫如孔子後衍聖公授一京官爵以公號使奉廟饗歲時存問賜之粟帛牲器祭服

每遇時祀並從官給其廟宇亦加嚴飾如此則上不失繼絕之義度之於今亦簡而易行從之四月詔曰先王推紹天之序尚尊賢之義褒其後嗣賓以殊禮豈非聖人稽古報功之大典哉國家受命之元繼周而王雖民靈欣戴歷數允集而虞賓將遜德美丕顯頃者推命本始褒及支庶每遇南郊許奏白身一名充班行恩則厚矣而義未稱將上采姚姒之舊略循周漢之典詳其世嫡優以公爵異其仕進之路申以田土之錫俾廟寢有奉饗祀不輟庶幾乎春秋通三統厚先代之制矣宜令有司取柴氏譜系於諸房中推最長一人令歲時親奉周室祀事如白身即與京主簿如爲班行者即比類換文資仍封崇義公與河南府鄭州合入差遣給公田十頃專管句陵廟應緣祭饗禮料所須皆從官給如至知州資序即別與差遣卻取以次近親令襲爵授官永爲定式八月太常禮院定到內殿崇班相州兵馬都監柴詠於柴氏諸族最長詔換殿中丞封崇義公僉書奉寧軍節度判官事以奉周祀又以六廟在西京而歲時祭饗無器服之數令有司以三品服一四品服二及所當用祭器給之神宗熙寧四年西京留守司御史臺司馬光言崇義公柴詠祭祀不以儀式周本郭姓世宗后姪爲郭氏後今存周後則宜封郭氏子孫以奉周祀帝閱奏問王安石安石曰宋受天下於世宗柴氏也帝曰爲人後者爲之子安石曰爲人後於異姓非禮也雖受天下於郭氏豈可以天下之故而易其姓氏所出帝然之五年正月柴詠致仕詠長子早亡嫡孫夷簡當襲太常禮院言夷簡有過合以次子西頭供奉官若訥承襲詔以若訥爲衛尉寺丞襲封崇義公僉書河南府判官廳公事徽宗政和八年詔曰昔我藝祖受禪於周嘉祐中擇柴氏旁支一名封崇義公議者謂不當封周然禪國者周而三恪之封不及禮蓋未盡除崇義公依舊外擇柴氏最長見在者以其祖父爲周恭帝後以其後世世爲宣義郎監周陵廟與知縣請給以示繼絕之仁爲國二恪永爲定制（按世宗與恭帝後爲二恪是郭氏子孫終未見録也司馬光之言惜乎未行）高宗紹興五年詔周世宗元孫柴叔夏爲右承奉郎襲封崇義公奉周後二十六年叔夏升知州資序別與差遣以子國器襲封令居衢州朝廷有大祀則入侍祠如故事其柴大有柴安宅亦各補官理宗淳祐九年春正月詔周世宗八世孫柴彥穎補承務郎襲封崇義公（按時又求隋唐及朱氏李氏石氏劉氏郭氏之後及吳越荊南湖南蜀漢諸國之子孫皆命以官使守其祠）

金太宗天會三年八月遼主延禧入見降封海濱王六年八月以宋二庶人入見封其父昏德公子重昏侯熙宗皇統元年二月改封海濱王耶律延禧爲豫王昏德公趙佶爲天水郡王（及齊劉豫爲三恪）重昏侯趙桓爲天水郡公十二月天水郡公趙桓乞本品俸詔賙濟之三年八月詔給天水郡王孫及天水郡公壻俸祿

元世祖至元十三年夏五月布延以宋主㬎至上都制授㬎開府儀同三司檢校大司徒封瀛國公

明太祖洪武元年詔封元皇孫邁達哩巴拉爲崇禮侯七年九月上謂廷臣曰草木無心遇春而茂遇秋而零落氣之所感猶知榮悴況於人乎崇禮侯邁達哩巴拉南來已五載今已長成豈無父母鄉土之思宜遣之還於是厚禮而歸之

天子朝位　五代　宋　遼　金　元　明

後唐明宗天成元年五月詔每月朔望日賜百官廊下餐（按唐室升平日常參官每日退朝賜食謂之廊餐自乾符離亂之後祇遇月旦入閤日賜食上初即位命百官五日一起居御史中丞李琪以爲非故事請罷之唯每月朔望日入閤賜食至是宣旨朔望入閤外依舊五日一起居遂爲定式又按葉夢得曰唐以宣政殿爲前殿謂之正衙即古之內朝也以紫宸殿爲便殿謂之上閤即古之燕朝也而外別有含元殿古者天子三朝外朝內朝燕朝外朝在王宮庫門外有非常之事以詢萬民於宮中內朝在路門外燕朝在路門內蓋內朝以見羣臣或謂之路朝燕朝以聽政猶今之奏事或謂之燕寢鄭氏小宗伯注以漢司徒府有天子以下大會殿爲周之外朝而蕭何造未央宮言前殿則宜有後殿大會殿設於司徒府則爲外朝而宮中有前後則爲內朝燕朝蓋去周猶未遠也唐含元殿宜如漢之大會殿宣政紫宸乃前後殿其沿習有自來矣方其盛時宣政蓋常朝日見羣臣遇朔望陵寢薦食然後御紫宸旋傳宣喚仗入閤宰相押之由閤門進百官隨之入謂之喚仗入閤紫宸殿言閤猶古之言寢此御朝之常制也中世亂離宣政不復御正衙立仗之禮遂廢惟以隻日常朝御紫宸而不設仗敬宗始復修之因以朔望陳仗紫宸以爲盛禮亦謂之入閤誤矣又曰唐正衙日見羣臣百官皆在謂之常參喚仗入閤百官亦隨以入則唐制天子未嘗不日見百官也其後不御正衙紫宸所見惟大臣及內諸司百官俟朝於正衙者傳聞不坐即退則百官無復見天子矣敬宗再舉入閤禮之後百官復存一朔望兩朝至五代又廢故後唐明宗始詔羣臣每五日一隨宰相入見謂之起居時李琪爲中丞以爲非禮請復朔望入閤之禮明宗曰五日起居吾思見羣臣不可罷朔望入閤可復遂以五日羣臣一入見中興便殿爲起居朔望天子一出御文明前殿爲入閤訖）

宋因五代之制文武官每日赴文明殿正衙常參宰相一人押班五日起居即崇德長春二殿中書門下爲班首其長春殿常朝則內侍省都知押班率內供奉官以下并寄班等先起居次閤門使次三班使臣（節度觀察防禦團練刺史等子弟充供奉官侍禁殿直有旨令預內朝起居者）次內殿當直諸班（殿前指揮使左右班都虞候以下內殿直散直散指揮散都頭金槍班等）次長入祗候東西班殿侍次御前忠佐次殿前都指揮使率軍校至副指揮使次駙馬都尉（任刺史以上者綴本班）次諸王府僚次殿前司諸軍使都頭次皇親將軍以下至直殿次行門指揮使率行門起居（以上並內侍贊謁）如傳宣前殿不坐即宰相與樞密使文明殿學士三司使翰林樞密直學士中書舍人三司副使知起居注皇城內監庫藏朝官諸司使副內殿崇班

供奉官侍禁殿直翰林醫官待詔等同班入（中書舍人乾德後始令赴內朝三司判官太平興國前赴內殿其後罷之止隨百官五日起居中書舍人知起居注遇五日起居之時亦各赴外朝）次親王次侍衞親軍馬步軍都指揮使率軍校至副指揮使次使相次節度使次統軍次兩使留後觀察使次防禦團練使刺史次侍衞馬軍步軍使都頭起居畢見謝班入如御崇德殿卽樞密使以下先就班俟升坐（諸司使副以下至殿直分東西對立餘皆北向長春殿皆北向）宰相參知政事最後入（以上並閤門贊謁）日止再拜朔望及三日假卽樞密使以下皆舞蹈國初近侍執事之臣皆赴晚朝後罷之凡早朝宰相樞密宣徽使起居畢同升殿問聖體宰相奏事樞密宣徽使退候宰相對畢樞密使復入奏事次三司開封府審刑院（遇百官起居卽樞密宣徽使侍立俟左右巡使出卽退其崇德殿三司使文明樞密直學士內客省使仍侍立舊三司使奏事副使判官同對其後止副使同之大中祥符九年詔自今有大事許判官同上之）及羣臣以次升殿（大兩省以上領務京師者有公事許郎請對自餘受使出入要切者欲面議奏事則先聽進止）其見謝辭官以次入於庭（出使閤散及未升朝官或止拜於殿門外自祕書監上將軍觀察使內客省使以上得拜殿前皆上及升殿止拜御座前餘皆庭中）也凡見者先之謝次之辭又次之（其班次先宰相次親王次樞密副使參知政事次內職內臣次使三司學士兩省御史臺文武班節使以下次將軍校次雜班）惟宰相親王使相赴崇德殿卽宣徽使通喚餘皆側立候通再拜舞蹈致詞辭卽不舞蹈見卽將相升殿問聖體其賜分物酒食及收進奉物皆舞蹈稱謝（凡收進奉物皆入謝）幕職州縣官謝辭卽判銓官引對兼於殿門外宣辭戒勵凡國有大慶瑞出師勝捷樞密使率內職軍校入賀致詞閤門使宣答訖當侍立者升殿次百官入宰相致詞宣徽使宣答賜酒卽預坐官後入作樂送酒如曲燕之儀凡視朝退進食訖易服御崇政殿或承明殿先羣臣告謝（自諫舍知雜御史以上及帶三司官王府僚屬歷官醫官刺史以上上將軍并發運使轉運使并許焉自非宣制並捧官告敕敘謝其貴近者或賜坐賜茶餘或改章服卽謝訖易服又告謝再拜）次軍頭引見司奏事於殿陛下次三班審官院流內銓刑部及諸司引見官吏（後詔審官院引對京朝官奏課不得過三人差遣不得過五人三使部選人差遣各不得過十人）如假日起居辭見畢卽移御坐臨軒視事旣退復有羣司奏或閱器物之式謂之後殿再坐太祖建隆二年八月朔上御崇元殿行入閤儀置待制候對官賜廊下食（按入閤唐制起於天寶明皇以無為守成詔朝喚仗百官從容至閤門入蓋唐前含元殿非正至大朝會不御次宣政殿謂之正衙每坐朝必立仗於正衞或御紫宸殿卽喚正衙仗自宣政殿兩門入是為東西上閤門故謂之入閤其後遂為常朝之儀五代以來旣廢正衙立仗而入閤亦希闊不講至是復行之然御前殿非唐舊矣崇元殿卽大慶殿前殿也待制候對者亦唐制也每正衙待制官兩員正衙退後又令六品以下於延英候對皆所以備顧問其後每入閤卽有待制次對官後唐天成中廢至是復行之廊下食起唐貞觀其後常參官每日朝退賜食謂之廊餐唐末浸廢但於入閤起居日賜食今循其制）神宗熙寧三年知制誥宋敏求等言文德殿入閤儀制考之國朝會要與今儀制所載頗或異同按今文德殿唐宣政殿也紫宸殿唐紫宸殿也然祖宗朝皆嘗御文德殿入閤唐制常設仗衞於宣政殿或遇上坐紫宸卽喚仗入閤如此則當御紫宸殿入閤方協舊制請下兩制及太常禮院詳定詔學士院議翰林學士承旨王珪等言按入閤者乃唐隻日紫宸殿受常朝之儀也唐宣政殿卽今文德殿唐紫宸殿今紫宸殿也唐制天子坐朝必立仗於正衙若上御紫宸卽喚正衙仗自宣政殿東西閤門入故為入閤五代以來遂廢正衙立仗之制今閤門所載入閤儀者止是唐常朝之儀非為盛禮不可遵行從之自是入閤之儀制遂罷敏求又言本朝以來惟入閤乃御文德殿視朝今既不用入閤儀卽文德殿遂闕視朝之禮請下兩制及太常禮院約唐制御宣政殿裁定朔望御殿儀以備正衙視朝之制詔學士院詳定儀注學士韓維等以入閤圖增損裁定上議曰朔日不值假前五日閤門關諸司排辦前一日有司供帳於文德殿其日左右金吾將軍常押本衞仗判殿中省官押細仗先入殿庭東西對列文武官等分東西序立諸軍將校分入北向立朝堂引贊官引彈奏御史二員入殿門踏道當下殿北向立次催文武班分入並東西相向對立諸軍將校卽於殿庭北向立班（其班次並御史臺祗應）皇帝服靴袍御垂拱殿坐鳴鞭內侍閤門管軍依朔望常例起居次引樞密宣徽使三司使副樞密直學士內客省使以下至醫官待詔及修起居注官二員並大起居皇帝乘輦至文德殿後閤門奏班齊皇帝自後閤出殿上索扇升榻鳴鞭扇開簾捲儀鑾使焚香喝文武官就位四拜起居雜人唱時舍人於彈奏御史班前西向喝大起居御史由文武班後至對立位次引左右金吾將軍合班於宣制石南大起居班首出班躬奏軍國內外平安歸位再拜各歸東西押仗位通喝舍人於宣制石南北向對立舍人退於西階次揖宰臣親王以下躬奏文武百僚宰臣某姓名以下起居分引宰臣以下橫行諸軍將校仍舊立閤門使喝大起居舍人引宰臣至儀石北俯伏跪致詞祝月訖（其詞曰文武百僚宰臣全銜臣某姓名等言孟春之吉伏惟皇帝陛下膺受時祉與天無窮臣等無任懽呼舞蹈之至）歸位五拜閤門使揖中書由東階升殿樞密使帶平章事以上由西階升殿侍立（並依圖）給事中一員（以知門下封駁事官充）歸左省位立轉對立於給事中之南（如罷轉對官每遇御史臺前期牒請文官二員並依轉對官例先於閤門投進奏狀）吏部侍郎及刑法官立於轉對官之南兵部侍郎於右省班南與吏部侍郎東西相向立定搢笏各出班籍置笏上（吏部兵部侍郎以知審官東西院官充刑法官以知審刑大理寺官充）親王使相以下分班出

引轉對官於宣制石南宣徽使殿上承旨宣答如儀次吏部兵部侍郎及刑法官對揖出（見謝辭班自從別儀）次彈奏御史無彈奏對揖出（如有彈奏並如儀）引給事中至宣制石南揖躬奏殿中無事喝祗候揖西出次引修起居注官次立排立供奉官以下各合班於宣制石南躬唱祗候揖分班出喝文武官等門外祗候出索扇垂簾皇帝降座鳴鞭舍人當殿承旨放仗四色官嚴韡急趨至宣制石南稱奉敕放仗金吾將軍并判殿中省官對拜訖隨仗出親王使相節度使至刺史學士臺省官文武百僚諸將軍校等並序班朝堂謝賜茶酒皇帝御垂拱殿座中書樞密及請對官奏事不引見謝辭班後殿座臨時取旨其日遇有德音制書御札仍候退御垂拱殿座制籍出外應正衙見謝辭文武臣僚並依御史臺儀制喚班依序分入於文武班後以北爲首分東西相向重行異位依見謝辭班序位餘押班臣僚於班稍前押班候刑法官對揖出分引近前揖躬舍人當殿宣班引轉對班見謝辭並如紫宸殿儀樞密使不帶平章事參知政事至同僉書樞密院事宣徽使並立於宣制石稍北宰臣親王樞密帶平章事使相繫押班者立於儀石南（餘官並立於宣制石南并合贊喝閤門使）引並如儀贊喝訖中書樞密並揖升殿謝辭揖西出其合問聖體者並如儀餘官分班出（彈奏御史候見謝辭班絕對揖出其朝見如謝都城門外御筵及詔赴闕謝茶藥撫問之類不可合班者各依別班中謝對賜酒食等並門賜其係正衙見門謝辭亦門外喝放）應正衙見謝辭臣僚前一日於閤門投牒正衙牓子閤門下奏目又投正衙狀於御史臺四方館應朔日或得旨罷文德殿視朝止御紫宸殿起居其已上奏目正衙見謝辭班並放免依官品隨赴紫宸殿引或值改依常朝文德殿自有百官班日並如舊儀應外國蕃客見辭候喚班先引赴殿庭東邊依本國職次重行異位立候見謝辭班絕西向躬舍人當殿通班轉於宣制石南北向立贊喝如儀西出其酒食分物並門賜如有進奉候彈奏御史出入進奉入（惟御馬及檐牀自殿西偏門入東偏門出其進奉出入文武官起居舍人通某國進奉宣徽使喝進奉出節次如紫宸殿儀式）候進奉出給事中奏殿中無事出其後殿再座合引出者從別儀其日賜茶酒宰臣樞密於閤子親王於本廳使相宣徽使觀文殿大學士至寶文閣直學士兩省官待制三司副使文武官員皇親使相以下至率府副率及四廂都指揮使以下至副都頭並於朝堂（如朝堂位次不足即于朝堂門外序次）管軍節度使至四廂都指揮使節度使兩使留後至刺史並於客省廳詔依所定徽宗政和三年九月引進使李端愨言近朔望御文德殿視朝初寒盛暑數煩清蹕而紫宸之朝歲中罕御請朔日御文德既望坐紫宸庶幾正衙內殿朝儀並舉從之十一月侍御史知雜事滿中行言文德正衙之制尚存常朝之虛名襲橫行之謬例有司失於申請未能釐正兩省臺官文武百官赴文德殿東西相向對立宰臣一員押班聞傳不坐則再拜而退謂之常朝遇休假并三日以上應內殿起居官畢集謂之橫行自宰臣親王以下應見謝辭者皆先赴文德殿謂之過正衙然在京釐務之官例以別敕免參宰臣押班近年已罷而武班諸衞本朝又不常置故今之赴常朝者獨御史臺官與審官待次階官而已今垂拱內殿宰臣以下既已日參而文德常朝仍復不廢舛謬倒置莫此爲甚至於橫行參假與夫見謝辭官先過正衙雖沿唐之故事然必俟天子御殿之日行之可也高宗紹興十二年臣僚又奏乞明詔有司講求祖宗故實常朝視朝正衙便殿朝會之儀舉而行之以隆帝業用稱萬邦百辟尊君之心天下幸甚詔令禮部太常寺閤門同共討論尋討論在京月朔日文德殿視朝紫宸殿日參望參垂拱殿日參四參假日崇政殿坐聖節垂拱殿上壽今乞先次宰臣率百僚拜表奏請皇帝御正殿視朝若降指揮許允其合行事務續令逐處條具申請詔從之十一月三日權禮部侍郎王賞等言契勘朝會之制正旦冬至及慶賀受朝係御大慶殿其文德紫宸垂拱殿禮制不同月朔視朝則御文德殿謂之前殿正衙仍設黃麾半仗其餘紫宸垂拱皆係側殿不設儀仗今來已降指揮依臣僚所請乞降朝會之儀緣元正在近大慶殿之禮事務至多欲乞先舉行文德殿視朝之制其朝會合服朝服并設樂上壽問飲三周設祥瑞表案等并乞候來年冬至前別行取旨詔依從之

遼穆宗卽位詔朝會依嗣聖皇帝故事用漢儀常朝起居儀昧爽臣僚朝服入朝各依幕次內侍奏班齊先引京官班於三門外當直舍人放起居再拜各祗候依次兩府以下文武官於丹墀內面殿立侍班諸司并供奉官於東西道外相向立定當直閤使副贊放起居再拜各祗候退還幕次公服帝升殿坐兩府并京官丹墀內聲喏各祗候教坊司同北班起居畢奏事燕京就嘉盛殿西京就同文殿朝服以幞頭袍笏公服以紫衫帽正座儀皇帝升殿座警聲絕契丹漢人殿前班畢各依位侍立次教坊班畢捲退京官班入拜畢揖於右橫街西依位班立次武班入拜畢依位立文班入拜畢依位立北班入起居畢於左橫街東序班立次兩府班入鞠躬

通宰臣某官以下起居拜畢引上殿奏事已上六班起
居並七拜內有不帶節度使班首止通名亦七拜捲班
與常朝同直院有旨入文班留守司三司統軍司制置
使謂之京官都部署司宮使副都丞以下令史北面主
事以下隨駕諸司爲武官館閣大理寺堂後以下御史
臺隨駕閒員令史司天臺翰林醫官院爲文官
金熙宗天眷二年詔詳定常朝及朔望儀准前代制以
朔日六日十一日十五日二十一日二十六日爲六參
日後又定制以朔望日爲朝參餘日爲常朝凡朔望朝
參日百官卯時至幕次皇帝辰刻視朝供御弩手繖子
直於殿門外分兩面排立司辰入殿報時畢皇帝御殿
坐鳴鞭閤門報班齊執擊儀物內侍分降殿階兩旁面
南立宿衞官自都點檢至左右親衞祗應官自宣徽閤
門祗候先兩拜班首少離位奏聖躬萬福兩拜弩手繖
子先於殿門外東西向排立候奏聖躬萬福時卽就位
北面山呼聲喏起居畢卽相向對立擎御繖直立左班
內侍上都點檢以次升殿副點檢在少南東西相向立
左右衞在殿下東西相向立閤門乃引親王班贊班首
名以下再拜訖班首少離位奏聖躬萬福歸位再拜畢
先退次引文武百僚班首以下應合朝參官并府運六
品以上官皆左入至丹墀之東西向鞠躬畢閤門通喝
復引至丹墀閤門贊班首名以下起居舞蹈五拜又再
拜畢領省宰執升殿奏事殿中侍御史對立於左右衞
將軍之北少前修起居東西對立於殿欄之內副階下
餘退右出初帝就坐置寶匣於殿階之上東南角後定
制師傳起居畢御案始東入置定捧案內侍東西分下
侍殿隅直日主寶捧寶當殿卭欄奏封前符寶郎及當
監印郎中各一員監當主分令史用印訖主寶吏封受
主寶俟奏事畢進封訖內侍徹案若常朝則親王班退
引七品以下職事官分左右班入丹墀再拜班首稍前
起居畢復位再拜宰執升殿餘官分班退世宗大定二
年命臺臣定朝參禮五品以上職官趨朝朝服入局治
事則展皂自來朝參除殿前班外若遇朔望自七品以
上職事官皆赴其餘朝日五品以上職事官得赴六品
以下止於本局司治事如左右司員外郎侍御記注院
等官職雖不係五品亦赴朝參若拜詔則但有職事及
七品以上散官皆赴朝參吏員令譯使通事檢法各於
本局待官員朝退赴局簽押文字不得於宮內署押七
品以下流外職遇朝日亦不合入宮如左右司都事有
須合奏事乃聽入宮七品以上職事官如遇使客朝辭
見日依朔望日皆赴若元日聖節拜詔車駕出獵迎送
詣祖廟燒飯但有職事并七品以上散官皆赴凡親王
宗室已命官者年十六以上皆隨班赴起居大定五年
右諫議大夫伊喇子敬言明安穆昆不得與州鎭官隨
班入見非軍民一體之意上是其言責宣徽院令隨班
入見凡班首遇朝參有故不赴以次押班凡五品以上
及侍御史尙書諸司郎中太常丞翰林修撰起居注殿
中侍御史補闕拾遺赴召或假一月以上若除官出使
之類皆通班入見辭謝除官於殿門外見謝班皆舞蹈
七拜辭班四拜門見謝辭並再拜
元世祖中統元年監察御史魏初上疏曰臣聞君猶天
也臣猶地也尊卑之禮不可不肅方今內有太常有史
官有起居注以議典禮記言動外有高麗安南使者入
貢以觀中國之儀昨閭錫燕大臣威儀弗謹非所以尊
朝廷正上下疏入帝欣納之至元初尙未遑興建宮闕
凡遇稱賀則臣庶皆集帳前無尊卑貴賤之辨執法官
厭其喧雜揮杖擊逐之去而復來者數次翰林承旨王
磐時兼太常卿慮將貽笑外國奏請立朝儀遂如其言
至元六年太保劉秉忠大司農博爾歡奉詔命趙秉溫
史杠訪前代知禮儀者肄習朝儀既而秉忠奏曰一人
習之雖知之莫能行也得旨許用十人遂徵儒生周鐸
劉允中尙文岳忱關思義侯祐賢蕭琬徐汝嘉從亡金
故老烏庫哩居貞完顏復昭完顏從愈葛從亮于伯儀
及國子監祭酒許衡太常卿徐世隆稽諸古典參以時
宜沿情定制而肄習之百日而畢秉忠及翰林太常奏
曰今朝儀既定請備執禮員有旨命丞相安圖大司農
博爾歡擇蒙古宿衞士可習容止者二百餘人肄之期
月至七年二月奏以丙子觀禮前期一日布綿蕞於金
帳殿前帝及皇后臨觀於露階禮文悉無遺失是月立
侍儀司先是劉秉忠等奏請建官典朝儀帝命與尙書
省論定以聞至是以呼圖克濟蘇頴森頴爲左右侍儀
奉御趙秉溫爲禮部侍郎兼侍儀司事周鐸劉允中爲
左右侍儀使尙文岳忱爲左右直侍儀事關思義侯祐
賢爲左右侍儀副使蕭琬徐汝嘉爲僉左右侍儀事烏
庫哩居貞爲承奉班都知完顏復昭爲引進副使葛從
亮爲侍儀署令于伯儀爲尙衣局大使八年夏四月侍
儀司奏請制內外仗如歷代故事從之秋七月內外仗
成遇八月帝生日號曰聖壽聖節用朝儀自此始九年
定受宣敕官禮儀二十一年右丞相率百官奉玉冊玉
寶上尊號曰憲天體道仁文義武大光孝皇帝諸王百
官朝賀如朔旦儀順帝元統二年十月正內外官朝會

儀班次依品從蘇天爵奏曰朝覲會同國家大體班制儀式不可不肅夫九品分官所以著尊卑之序四方述職所以同遠近之風蓋位序尊嚴則觀望隆重朝廷典憲莫大於斯邇年以來朝儀雖設版位品秩率越班行均爲衣紫從五與正五雜居共曰服緋七品與六品齊列下至八品九品莫不皆然夫既踰越班制遂致行立不端因忘肅敬之心殊失朝儀之禮今後朝賀行禮聽讀詔赦先儘省部院臺正從二品衙門次諸司局院各驗職事散官敘列正從班次濟濟相讓與與而行如有踰越品秩差亂位敘者同失儀論以懲不恪庶幾貴賤有章儀式不紊上尊朝廷之典禮下聳中外之觀聽又馬祖常曰百官朝見奏事古有朝儀今國家有天下百年典章文物悉宜燦然光於前代況欽遇列聖文明之主如科舉取士吏員降等之類屢復古制唯朝儀之典不講而行使後世無以鑒觀則於國家太平禮樂之盛實爲闕遺且夫羣臣奏對之際御史執簡史官執筆搢紳佩玉儼然左右則雖有懷姦利乞官賞者亦不敢公出諸口如蒙聞奏命中書省會集文翰衙門官員究講參酌古今之宜或三日二日一常朝則治道昭明生民之福也

明太祖洪武三年定朔望朝儀凡朔望日上皮弁服御奉天殿百官公服於丹墀東西對立侯引班引合班北面立再拜班首詣前同百官鞠躬唱某官臣某起居贊禮唱聖躬萬福班首平身復位同百官皆再拜引班引百官分班仍對立省府臺部官諸衙門有事奏者由西階陞殿奏事畢降自西階引班引百官以次出如無事奏則侍儀由西階陞殿跪奏如之侯侍儀降階引班導百官出按洪武初凡早朝文官自左掖門入武官自右掖門入如華蓋殿朝至鹿頂外東西序立鳴鞭訖守衛官至鹿頂內行禮訖就侍立位各衙門官以次行禮訖有事奏者入奏無事奏者四品以上及應陞殿者入殿內侍立五品以下官出至鹿頂外列班北向立侯鳴鞭以次出如奉天殿俱朝於華蓋殿外行禮奏事畢五品以下官詣丹墀依品級列班重行北向立四品以上及翰林院官給事中監察御史等官于中左中右門伺候鳴鞭各詣殿內序立候退朝捲班以次出如先於奉天殿朝後御奏事者文武官於丹墀內依品級重行北向立候鳴鞭行禮訖四品以上及翰林院官給事中監察御史等官陞殿侍立五品以下仍前序立候謝恩見辭人員行禮訖鳴鞭捲班退有事奏者於奉天門或華蓋殿進奏無事奏者以次出十四年定凡朔望日文武百官各具朝服俟鼓三嚴公侯一品二品官入東西角門俟其餘三品以下先於丹墀內班橫行序立鐘三鳴公侯一品二品以次入班序立鐘鳴畢儀禮司奏外辦導駕官導上出陞御座鳴鞭訖鳴贊唱班齊通贊詣中道班首臣某等起居聖躬萬福畢百官行五拜禮儀禮司奏禮畢而退十七年令百官凡遇朔望免行起居禮後更定朔望日上御奉天殿百官各具公服行禮常朝官序立於丹墀東西相向謝恩見辭官序立於奉天門外北向候上陞座鳴鞭鴻臚寺贊排班樂作常朝官行一拜三叩頭禮畢樂止復班鴻臚寺奏謝恩見辭於奉天門外行五拜三叩頭禮畢鳴鞭駕興二十二年令奉天殿常朝五府六部都察院通政司大理寺錦衣衛等官於殿內侍立奏事止於華蓋殿二十四年定侍班官員凡文武官除分詣文華殿啟事外如遇陞殿各用履鞋照依品級侍班有違越失儀者從監察御史儀禮司糾劾東班則六部堂上官各部堂掌印官都察院堂上官十三道掌印御史通政司大理寺太常寺太僕寺應天府翰林院春坊光祿寺欽天監尚寶司太醫院五軍斷事官及京縣官西班則五軍都督及首領官錦衣衛指揮各衛掌印指揮給事中中書舍人是年令禮部置百官朝班序牌大書品級列丹墀左右木柵之上文武百官照品序立侍班令朝參將軍先入近侍官員次之公侯駙馬伯又次之五府六部又次之應天府及在京雜職官員又次之二十六年令公侯序於文武班首次駙馬次伯自一品而下各照品級文東武西依次序立風憲糾儀官居下朝北紀事官居文武第一班之後稍近上便於觀聽不許攙越如有奏事須要從班末行至御前跪奏不許於班內橫過奏畢即便入班序立成祖永樂初令內閣官員侍朝立在金臺東錦衣衛在西後移下貼御道東西對立景泰帝三年令師保兼官品同者立班以衙門爲次景泰初定凡午朝上御左順門先期內官設御座於左順門之北設案稍南文武執事奏事等項官員俱於左掖門外伺候駕出視朝各官照班次序立內閣并五府六部奏事官六科侍班官俱於案西序立侍班御史二員序班二員將軍四員俱於案南面北立鴻臚寺鳴贊一員於案東向西立錦衣衛鴻臚寺堂上官於奏事官班以次面東立管將軍官并侍衛官立於將軍之西五府六部等衙門官照依衙門次第出班奏事通政司官照依常例引入奏事三法司官遇有奏事俱隨班其常日答應內刑部大理寺郎中等官各一員答應都察院侍班御史答應其餘衙門官有事者分管答應鴻臚寺官贊奏事畢徹案各官退如各衙門另有機密重事許赴御前具奏英宗天順三年奏準凡方面官入朝遇降京官一班序立憲宗成化十四年令朝參官員遇鼓起時俱於左右掖門外拱候東西班次照依衙門品級序其進士各照辦事衙門次序立於見任官後凡糾舉失儀洪武初令百官有未嫻禮儀新任及諸武臣聽侍儀司官每日於午門外演習御史二員監視有不如儀者糾舉百官入朝失儀者亦糾舉如律世宗嘉靖九年令常朝官叩頭畢內閣官於東陛錦衣衛官於西陛各以次陛立於寶座之東西錦衣衛官在司禮監官之南遇有欽差官及外國人等領敕翰林院詹事府左右春坊司經局堂上官輪流一人捧敕立於內閣官之後稍上候領敕官面

辭捧敕官下立於御前候承旨訖由左陛而下循御道邊行授與領敕官仍回至本班立神宗萬厯三年題準常朝該日記注起居史官四員列於東班各科給事中之上稍前以便觀聽四年議准五府都督官常朝班次不當入侯伯班仍照殿班立於錦衣衛官之後稍上待錦衣衛堂上官詣金臺邊北司官於臺下各侍立仍與南北司無執事官同班而序於其上十一年令於金水橋邊增設序班三員北向站立俟東西兩班站定各於班末熟視有回顧耳語咳嗽吐唾者卽時糾舉其京堂四品以上翰林院學士及領敕官俱不面糾十二年議令吉服朝參日期除祭祀齋戒不面糾外其餘照常糾儀又令參將見朝在京營者照京官儀不贄跪在外者照外官儀贄跪失儀俱面糾

天子上公及諸侯卿大夫士等贄

臣等謹案杜典載天子以下執贄儀物上朔虞典五玉之文下及周記珪幣之制經傳所載三代典章約略可見兩漢以降封建之制不行玉帛冠裳非復五等來賓之儀顧三公卿監以下聯班分等約以公侯卿士之遺法漢儀魏典往往得其一二焉第儀物不詳制度莫究所自漢氏之公卿執贄僅見於正會禮文援引所及未竟其言其稍可考者獨曹魏靑龍二年高堂隆請時制畧擬周官尚存典則故杜典鈌漢而著魏制自後茫然無可摭拾矣今按唐宋元明史志若會要典禮諸篇凡朝儀覲典皆無執贄明文不可强爲附益故著其說如右仍存其篇目以備考鏡

信節宋 遼 金 元 明

臣等謹按杜典信節篇全錄周官掌節之文而以漢代銅虎符及符印使節諸名附注其下亦倣鄭注引漢制釋經之例也自周以後鈌而不載今驗史志舊文若符璽制度當歸輿服徵發期會多屬兵家其賓禮使節之條雖偶見旁文而不詳體制杜氏之刊落不載有以哉惟趙宋而後國信往來鄰國之文頗著今約采其有補於賓禮者附著於後

宋神宗熙寧四年詔中外奉使除文臣兩省武臣橫行已上不以職務緊慢餘官如使外國接送伴體量安撫制勘之類給奉使印餘給銅記以奉使朱記爲名先是臣僚差使不以官序高下職務慢緊例給奉使印而令式節文非劇司者記故密院有請也九年禮部言政和令奉使官第二等以上給印餘給記差出者遇替移事故元借印記隨所在寄納本部歲終檢舉拘收而寄納州縣占留給借無以防之乃詔有司立法應州縣寄納禮部印記非奉朝旨不許擅行給借

遼制有木契正面爲陽背面爲陰閤門喚仗則用之朝賀之禮宣徽使請陽面木契下殿至於殿門以契授西上閤門使云授契行勘勘契官聲喏跪受契舉手勘契同俯伏興鞠躬奏內外勘契同閤門使云準敕勘契行勘勘契官執陰面木契聲喏平身立少退近後引聲云軍將門仗官齊聲喏勘契官云內出喚仗木契一隻準敕付左右金吾仗行勘勘契官合不合門仗官云合凡再勘契官云同不同門仗云同亦再勘契官近前鞠躬奏勘官左金吾引駕仗句畫都知某官某對御勘同平身少退近後右手舉契云其契謹付閤門使進入閤門使引聲喏門仗官下聲喏勘契官跪以契授閤門使上殿納契宣徽使受契閤門使下殿奉敕喚仗其木箭之制內箭爲雄外箭爲雌皇帝行幸則用之還宮勘箭官執雌箭東上閤門使執雄箭如勘契之儀

金穆宗之世諸部長各刻信牌交互馳驛訊事擾人太祖定議自非穆宗之命擅制牌號者寘重法自是號令始一收國二年九月始制金牌後又有銀牌木牌之制蓋金牌以授萬戶銀牌以授明安木牌則穆昆佛寧所佩者也

元世祖中統三年賜夔州行省楊大淵金符十銀符十九賞麾下將士別給海靑符二事有急速馳以上聞至元十五年追江南工匠官虎符八月中書省臣言近有旨追諸路管民官所授金虎符其江南路臣宜仍所授從之閏十一月羅施鬼國西南番王並內附詔各爲其地安撫使佩虎符十二月都掌蠻夷及其屬內附詔以其長爲安撫使賜虎符餘授宣敕金銀符有差十九年敕出使人還不卽以所給符上與有司不卽收者皆罪之二十三年給金齒國使臣圓符二十八年南丹州莫國麟入覲授國麟安撫使三珠虎符成宗大德四年賜雲南王緬國十五驛驛給圓符四驛券二十

明太祖洪武十五年製使節黃色三簷寶蓋長二尺黃紗袋籠之又置丹漆架一以節置其上使者受命則載以行使歸則持之以復命二十三年詔考定使節之制禮部奏漢光武時以竹爲節柄長八尺其毛三重而黃公紹韻會注漢節柄長三尺毛三重以旄牛爲之詔從三尺之制

欽定續通典卷七十一

欽定續通典卷七十二

禮　軍

臣等謹案杜典述軍禮較諸禮爲略葢以軍禮自田獵大射而外其用之邦國者典不常舉儀亦最簡也夫周官因田賦以出兵而儀禮不備其文後世養兵之制多屬一時權宜儀文之略有由來矣然大刑用甲兵而古者必裁之以禮此大昜所謂以此毒天下而民從之也宋人立國本弱親征大閱諸制徒爲繁縟遼金元因其國俗用兵動合機宜行師肄武因事以定爲禮制簡而易行明初於田獵大閱諸制間有修舉至中葉而紀綱不振營制亦紊矣今据諸史禮志兵志營衞志之言軍禮者自親征祭告以及時儺以次類纂其散見於帝紀及續通鑑諸書者兼采以補史志所未備焉

天子諸侯將出征類宜造禡並祭所過山川　宋　遼　元　明

宋太宗征河東出京前一日遣右贊善大夫潘愼修出郊用少牢一祭蚩尤禡牙遣著作佐郎李巨源卽北郊望氣壇用香柳枝鐙油乳粥酥蜜餅果祭北方天王太平興國五年十一月太常禮儀院言車駕北征請出宮前一日遣官祭蚩尤及禡牙於地並用少牢祭北方天王於北郊迎氣壇從之仍遣內侍一人監祭咸平中詔太常禮院定禡儀所司除地爲壇兩壝繞以青繩張幄帟置軍牙大纛位版版方七寸厚三分祭用剛日具饌牲用太牢以羊豕代其幣長一丈八尺軍牙以白大纛以皁都部署初獻副都部署亞獻部署三獻皆戎服淸齋一宿將校陪位禮畢焚幣釁鼓以一牢又擇日祭馬祖馬社

遼皇帝親征儀常以秋冬應敵制變或無時將出師必先告廟乃立三神主祭之曰先帝曰道路曰軍旅刑青牛白馬以祭天地其祭常依獨樹無獨樹卽所舍而行之或皇帝服介冑祭諸先帝宮廟乃閱兵將行牝牡麃各一爲禳祭將臨敵結馬尾祈拜天地而後入下城克敵祭天地牲以白黑羊班師以所獲牡馬牛各一祭天地出師以死囚還師以一諜者植柱縛其上於所向之方亂射之矢集如蝟謂之射鬼箭景宗乾亨二年十月辛巳將南伐祭旗鼓聖宗統和六年九月癸卯祭旗鼓

元憲宗七年詔諸王出師征宋夏六月謁太祖行宮祭旗鼓

明太祖洪武元年閏七月詔定軍禮中書省臣會儒臣言古者天子親征所以順天應人除殘去暴以安天下自黃帝習用干戈以征不享此其始也周制天子親征則類於上帝宜於大社造於祖廟禡於所征之地及祭所過山川師還則奏凱獻俘於廟社後魏有宣露布之制唐仍舊典宋亦間行焉於是歷考舊章定爲親征禮六軍具牲幣作樂皆行三獻禮其儀與大祀同又於國南神祠行禡祭禮凡所過山川嶽鎭海瀆用太牢其次少牢又次特牲若行速止用酒脯祭器籩豆各一前期齋一日皇帝服通天冠絳紗袍省牲視滌祭之日服武弁行一獻禮其禡祭儀制皇帝及大將陪祭官皆齋一日前一日皇帝服通天冠絳紗袍省牲詣神廚視鼎鑊滌溉執事設軍牙六纛於廟中之北軍牙東六纛西籩豆十二簠簋各二鉶登俎各三設瘞坎位於神位西北設席於坎前上置酒盌五雄雞五餘陳設如常儀祭日建牙旗六纛於神位後皇帝服武弁自左南門入至廟廷南正中北向立大將及陪祭官分文武重行班於後迎神再拜奠幣行初獻禮先詣軍牙神位前再詣六纛神位前俱再拜亞獻終獻如之惟初獻讀祝詣飲福位再拜飲福受胙又再拜掌祭官徹豆贊禮唱送神復再拜執事官各以祝幣掌祭官取饌詣燎所太常奏請望燎執事殺雞刺血於酒盌中酹神燎半奏禮畢駕還若遣將則於旗纛廟壇行三獻禮大將初獻諸將亞獻終獻永樂八年二月以親征祓於承天門遣官祭太歲旗纛之神八月丁未遣官祭旗纛又嘉靖十八年南巡遣官祭旗纛之神用牲醴制帛三獻如常儀

軷祭

臣等謹案軷祭之禮起於周天子將出師大馭掌馭王輅以祀及犯軷自是以後唯後周及隋唐用之唐以後其禮久廢明成祖時雖嘗舉行而儀文不備茲不復續纂

天子諸侯四時田獵　唐　五代　宋　遼　金　元　明

唐德宗貞元十一年十二月上獵苑中戒多殺止行三驅之禮勞士而還穆宗長慶二年獵於咸陽又獵於驪山會昌二年十一月獵於白鹿原

後唐莊宗同光中屢畋於伊闕明宗天成二年畋於東郊

晉高祖天福八年畋於近郊出帝開運七年畋於成城

宋太祖建隆二年始校獵於近郊先出禁軍爲圍場五坊以鷙禽細犬從帝親射走兔三從官貢馬稱賀其後多以秋冬或正月田於四郊從官或賜窄袍暖鞾親王

以下射中者賜焉太宗將北征因閱武獵近郊以多盜獵狐兔者命禁之有衛士奪人獐當死帝曰若殺之後世必謂我重獸而輕人特貰其罪帝嘗以臘日校獵諭從臣曰出狩以從時令緩轡從禽是非荒也回幸講武臺張樂賜羣臣飲其後獵西郊親射走兔五詔以古者蒐狩以所獲之禽薦享宗廟而其禮久廢今可復之遂爲定式眞宗時詔教駿所養鷹鶻以備諸王從時展禮仁宗時臣僚言校獵之制所以順時令訓戎事請修此禮於是詔樞密院奏定制度獵日五鼓帝御內東門賜從官酒三行奏鈞容樂幸瓊林苑門賜從官食遂獵於楊村宴於幄殿奏教坊樂遣使以所獲馳薦太廟既而召父老臨問賜以飲食茶絹及五坊軍士銀絹有差宰相賈昌朝等曰陛下暫幸近郊順時田獵取鮮殺而登廟俎所以昭孝慎也即高原而閱軍實所以講武事也問耆老而賜飲食所以養老也勞田夫而賜惠所以勸農也乘輿一出而四美皆具伏望宣付史館從之明年復獵於城南東韓村自玉津園去輦乘馬分騎士數千爲左右翼節以鼓旗合圍場徑十餘里部隊相應帝按轡道中親挾弓矢屢獲禽仍召父老存問欽宗靖康後不復講

遼國俗以畜牧射獵爲業獵無常時地無定所太祖七年次烏林觀魚九年射魚於漠北神冊中射虎於東山射龍於伊喇山陽水上天贊中獵於雅爾罷都勒幹山觀漁於烏勒呼河天顯中障鷹於近山蒐於潢水之曲會同以後如射柳射鹿射鴨釣魚每歲舉行焉四時各有行在之所謂之巴納春曰鴨子河濼皇帝正月上旬起牙帳約六十日方至天鵞未至卓帳冰上鑿冰取魚冰泮乃縱鷹鶻捕鵞雁晨出暮歸從事弋獵鴨子河濼東西二十里南北三十里在長春州東北三十五里四面皆沙渦多榆柳杏林皇帝每至侍御皆服墨綠色衣各備連鎚一柄鷹食一器刺鵞錐一枚於濼周圍相去各五七步排立皇帝冠巾衣時服繫玉束帶於上風望之有鵞之處舉旗探騎馳報遠泊鳴鼓鵞驚騰起左右圍騎皆舉幟麾之五坊擎進海東青鶻拜授皇帝放之鶻擒鵞墜勢力不加排立者舉錐刺鵞取腦以飼鶻救鶻人例賞銀絹皇帝得頭鵞薦廟羣臣各獻酒果舉樂更相酬酢致賀語皆插鵞毛於首以爲樂賜從人酒徧散其毛弋獵網鈞春盡乃還夏巴納無常所多在圖爾山道宗每歲先幸黑山拜聖宗興宗陵賞金蓮乃幸子河避暑圖爾山在黑山東北三百里近饅頭山黑山在慶州北十三里上有池池中有金蓮子河在圖爾山東北三百里懷州西上有淸涼殿爲行幸避暑之所四月中旬起牙帳卜吉地爲納涼所五月末旬六月上旬至居五旬與北南臣僚議國事暇日遊獵七月中旬乃去秋巴納曰伏虎林在永州西北五十里嘗有虎據林傷害居民畜牧景宗領數騎獵焉虎伏草際戰慄不敢仰視上舍之因號伏虎林每歲車駕至皇族而下分布濼水側伺夜將半鹿飲鹽水令獵人吹角效鹿鳴旣集而射之謂舐鹻鹿又名呼鹿冬巴納曰廣平淀在永州東南三十里本名白馬淀東西二十餘里南北十餘里地甚坦夷四面皆沙磧木多榆柳其地饒沙冬月稍暖牙帳多於此坐冬與南北大臣會議國事時出校獵講武兼受南宋及諸國禮貢皇帝牙帳以槍爲硬寨用毛繩連繫每帳下有黑傘以庇衛士風雪槍外小氈帳一層每帳五人各執兵仗爲禁圍又定獵儀於十二月辰日前期一日詔司獵官選獵地其日皇帝皇后焚香拜日畢設圍命獵夫張左右翼司獵官奏成列皇帝皇后升轝車多囉倫穆騰以酒二尊盤飧奉進北南院大王以下進馬及衣皇帝降輿祭東畢乘馬入圍中皇太子親王率羣官進酒分兩翼而行皇帝始獲兔羣臣進酒上壽各賜以酒至中食之次親王大臣各進所獲及酒訖賜羣臣酒還宮其服飾皇帝幅巾擐甲戎裝以貂鼠或鵞項鴨頭爲扞腰蕃漢諸司使以上並戎裝皆左衽黑綠色

金世宗大定三年十二月獵於近郊所獲薦山陵自是歲以爲常章宗明昌元年制諸王任外路者許游獵五日過此禁之又遣諸王出獵毋越本境其從獵之服春水以鶻捕鵞雜花卉爲飾秋水以熊鹿山林爲文

元制自御位及諸王皆有鷹人是故捕獵有戶使之致鮮食以供宗廟天庖而齒革羽毛又皆足以備用然地有禁取有時而違者則罪之春冬之交天子或親幸近郊縱鷹隼搏擊之以爲遊豫之度謂之飛放故鷹房捕獵皆有司存世祖中統三年禁京畿田獵至元元年禁上都畿內捕獵七年七月命達嚕噶齊烏蘭哈達給上都扈從畋獵糧十年九月遼東饑弛獵禁戊子禁五百里內射獵己丑敕自今秋獵鹿豕先薦太廟成宗大德元年禁民間捕鷹鶻命諸阿濟格自今出獵悉自供具毋傷民力

明成祖永樂十年十月獵於城南武岡二十年五月車駕度偏嶺命將士獵於道傍山下上顧從臣曰士卒隨朕征討道中唯畋獵可以馳馬揮戈振揚武士作其驍

勇之氣宣宗宣德四年獵於谷口英宗天順二年上校
獵南苑苑在京城南二十里苑中有按鷹臺一名晾鷹臺
旁有三海皆元之舊也

大閱 唐 五代 宋 遼 金 元 明

臣等謹案杜典有出師儀制而揚兵講武附焉其
書本未載出師之儀悉敘各代閱兵講武之典今
考各代正史及會要會典諸書皆未特載出師儀
制大約所謂儀制者卽親征之禮也今改曰大閱
而以各代閱兵之禮纂序於左

唐肅宗至德二載八月大閱乾元元年正月大閱諸軍於含元殿庭上御棲鸞閣觀之寶應元年九月大閱兵馬於鳴鳳門街

梁太祖開平元年冬十月講武於繁臺四年春正月講武於榆林乾化元年八月大閱於興安鞠場十月大閱於魏東郊

唐天祐十有五年八月大閱於魏東郊明宗天成二年十月御興教門觀兵自卯至午隊伍方絕

晉高祖天福二年十月敕習戰講武歷代通規選士練兵其采舊制宜以每年農隙時講武仍准令式處分開運元年正月講武於澶淵二年二月大閱於戚城

周世宗顯德元年三月次澤州閱兵於北郊

宋太祖征伐四方親講武事故不盡用定儀亦不常其處鑿講武池朱明門外以習水戰復築講武臺城西楊村秋九月大閱與從臣登臺觀焉眞宗詔有司擇地含輝門外之東武村爲廣場置臺臺上設屋搆行宮其夜三鼓殿前侍衞馬步諸軍分出諸門詰旦帝乘馬從官並戎服賜以窄袍至行宮諸軍陣臺前左右相向步騎交屬亙二十里諸班衞士扈從於後有司奏成列帝升臺東向御戎帳召從臣坐觀之殿前都指揮使王超執五方旗以節進退於兩陣中起候臺相望使人執旗如臺上之數以相應初舉黃旗諸軍旅拜舉赤旗則騎進舉青旗則步進每旗動則鼓駴士譟聲震百里外皆三挑乃退次舉白旗諸軍復再拜呼萬歲有司奏陣堅而整士勇而厲欲再舉詔止之遂舉黑旗以振旅軍於左者略右陣以還由臺前出西北隅軍於右者略左陣以還由臺前出西南隅並凱旋以還乃召從臣宴教坊奏樂回御東華門閱諸軍還營鈞容奏樂於樓下復召從臣坐賜飲明日又賜近臣飲於中書諸軍將校飲於營中內職飲於軍器庫諸班衞士飲於殿門外神宗閱左藏庫副使开斌所教牌手於崇政殿乃命殿前步軍司擇驍健者依法教習自是營屯及更戍諸軍幾徧三路民兵皆隨伎藝召見親閱焉凡閱試禁衞戍軍民兵總率第其精粗賜以金帛而超等高者至命爲吏選官其典領者優加職秩孝宗乾道二年幸候潮門外教場次幸白石教場應從駕臣僚自祥曦殿並戎服起居從駕後幸白石教場皇帝登臺三衙統制統領官等起居畢舉黃旗諸軍皆三呼萬歲拜訖三衙管軍奏報取旨馬軍上馬打圍教場舉白旗三司馬軍首尾相接舉紅旗向臺合圍聽一金止軍馬各就圍地作圓形排立射生官兵隨鼓聲出馬射獐兔一金止疊金射生官兵各歸陣隊舉黃旗射生官兵就御臺下獻所獲帝遂慰勞賜賚諸將鞍馬金帶以及士卒四年殿前司言相視龍王堂北江岸以東茅灘一帶平地可作教場已修築將臺將來三司馬步軍並合全裝披帶衣甲執色器械至日先赴教場下營排辦俟駕登臺聽金鼓起居畢依資次變陣教閱所有聖駕出郊除禁衞外欲於本司入陣馬軍內摘差護聖馬軍八百人騎弓箭器械作十六隊於前後儀衞引從各分八隊隊各五十人往回沿路各奏隨軍鼓笛大樂及摘差本司入教陣隊內諸軍步親隨一千人并統領將官三員至日先赴將臺下各分左右於後壁周圍留空地三十步以容禁衞分作三重環立其日車駕至灘上諸軍前一日於教場東列幕宿營是日三衙管軍與各軍統領將佐導駕乘馬至護聖步軍大教場更御甲冑至灘上皇帝登臺三衙起居畢權主管殿前司王逵奏三司人馬齊舉黃旗諸軍呼拜者三逵奏從頭教閱中軍鳴角倒門角旗出營馬步軍簇隊成收鼓訖連三鼓馬軍上馬步人擐起旗鎗四鼓舉白旗中軍鼓聲旗應變方陣爲備敵之形別高一鼓步軍四向作禦敵之勢且戰且前馬軍出陣作戰鬬之勢別高一鼓各分歸地分五鼓舉黃旗變圓陣爲自環內固之形如前節次訖三鼓舉赤旗變銳陣諸軍相屬魚貫斜列前利後張爲衝敵之形亦依前節次訖王逵奏人馬教絕取旨舉青旗變放教直陣收鼓訖一金止重鼓三馬軍下馬步人齪落旗槍皆應規矩帝大悅犒賞倍之士卒歡呼謝恩如儀鳴角聲簇隊訖放教步人分東西引拽馬軍交頭於御臺下隨隊呈試驍銳大刀武藝繼又進呈車炮火烟槍及赭山打圍射生馬步軍統制官蕭鷓巴以所獲獐鹿等就御臺下進獻人馬拽絕皇帝復御常服乘馬至車子院宣喚殿前司撥發官馬定遠侯彥昌等各賜馬一匹彥昌仍自準備將特升副將進御酒上並賜逵酒其時重定大閱儀制皇帝至祥曦

殿行門禁衛等並戎服迎駕常起居皇帝至知閤門官以下並戎服常起居訖皇帝乘馬出從駕官從駕至候潮門外大教場御幄殿下馬入幄更衣訖皇帝被金甲出幄行門禁衛等迎駕奏萬福皇帝乘馬至教場臺下馬升臺入幄從駕官宰執親王使相正任知閤御帶環衛官升臺於幄殿分東西相向立管軍並令全裝衣甲帶御器械執骨朶升臺於幄殿稍南面西立俟入內官喝排立皇帝出幄行門禁衛等迎駕奏萬福皇帝出閤門分引殿前馬步三司統制統領官常起居訖次三司將佐以下聽鼓聲常起居次殿前帥執骨朶赴御座前奏教直陣俟教閱畢再赴御座前奏教圓陣俟閱畢再赴御座前奏教銳陣俟教閱畢再赴御座前奏教閱畢歸侍立內侍傳旨與殿前太尉某諸軍謝恩承旨訖轉與撥發官引三司統制統領將佐再拜謝恩訖各歸本軍皇帝起入幄更衣訖皇帝出幄皇帝坐舍人引宰執墪後立俟進御茶牀舍人贊就坐宰執躬身應喏訖直身立就坐進第一盞酒起立墪後俟皇帝飲酒訖舍人贊就坐躬身應喏訖直身立俟宰執酒至接盞飲酒訖盞付殿侍次舍人贊食並如儀至第四盞傳旨宣勸訖重行立御藥傳旨不拜舍人承旨訖揖宰執躬身贊不御藥傳旨不拜舍人承旨贊不拜贊就坐第五盞宣勸如第四盞儀酒食畢舉御茶牀舍人分引宰執於幄殿拜各祗候直身立降踏道歸幕次皇帝起乘馬至車子院門樓上出賜親王酒再拜謝訖次賜使相正任并管軍知閤御帶環衛官酒訖一班再拜謝訖俟皇帝觀畢降車子院門樓歸幄親王以下退皇帝乘馬出車子院門行門禁衛等迎駕奏萬福皇帝乘馬至候潮門外大教場應從駕官並戎服乘馬從駕回皇帝乘馬入和寧門至祥曦殿上下馬還宮其時淳熙四年大閱於茅灘十年大閱於龍山十六年大閱於城南教場並如前儀寧宗慶元二年大閱於茅灘嘉泰二年幸候潮門外教場大閱

遼太宗天顯元年十二月閱旗鼓二年正月乙酉閱北剋兵籍庚辰閱南剋兵籍丁巳閱皮室伊喇摩哩三軍四年十月幸諸營閱軍籍庚戌以雲中郡未平大閱六軍會同三年五月閱騎兵於南郊六月閱步卒於南郊七年十二月南伐次古北口閏月閱諸道兵於温榆河九年八月自將南伐九月閱諸道兵於漁陽西棗林淀聖宗統和元年十月上將親征高麗閱東京留守耶律穆濟所總兵馬

金世宗大定二十二年三月命尚書省申敕西北路招討司勒明安穆昆督部人習武備二十六年九月上謂宰臣曰西南西北兩路招討司地隘明安人戶無處圍獵不能閑習騎射委各明安穆昆官依時教練其弛慢過期及不親監視並決罰之章宗承安四年九月詔訓練軍士

元世祖至元十五年六月詔蒙古人總漢軍閱習水戰武宗至大四年十月敕諸衛漢軍練習武事仁宗延祐七年十一月遣使閱實各行省戍兵

明宣宗宣德四年十月帝將閱武郊外命都督府整兵文武各堂上一員屬官一員扈從正統間或閱於近郊於西苑不著令穆宗隆慶二年大學士張居正言祖宗時有大閱禮乞親臨校閱兵部引宣宗英宗故事請行之命於明年八月舉行及期禮部定儀前期一日皇帝常服告於內殿行四拜禮如出郊儀司禮監設御幄於將臺上總協戎政大臣巡視科道督率將領軍兵預肅教場至日早遣官於教場祭旗纛之神三大營官軍具甲仗將官四員統馬兵千扈駕文臣各堂上官科道掌印官禮兵二科禮部儀制司兵部四司官糾儀監察御史鴻臚寺供事官武臣都督以上錦衣衛堂上及南鎭撫司掌印僉書官俱大紅便服關領扈從牙牌懸帶先詣教場是日免朝錦衣衛備鹵簿皇帝常服乘輦由長安左門出官軍導從鉦鼓震作出安定門至閱武門外總協戎政官率大小將佐戎服跪迎入將臺下北向序立駕進閱武門內中軍舉號礮三各營鉦鼓震作扈從官序立於行宮門外駕至門降輦兵部官導行入宮鳴金止鼓候升座扈從官行一拜禮傳賜酒飯各官謝恩出將臺下東西序立兵部官奏請大閱兵部鴻臚寺官導駕登臺舉礮三京營將士叩頭畢東西侍立總協戎政官立列於扈從官之北諸將列從官之南兵部尚書奏請令各戎整搠人馬臺上吹號笛麾黃旗總協戎政及將佐等官各歸所部兵部尚書請閱陣舉礮三馬步官軍演陣如常法演畢復吹號笛麾黃旗將士俱回營少頃兵部尚書請閱射總協戎政官以下及聽射公侯駙馬伯錦衣衛等官俱於臺下較射馬三矢步六矢中的者鳴鼓以報御史兵部官監視紀錄把總以下及家丁軍士射府部大臣並御史兵部官於東西廳較閱鎗刀火器等藝聽總協戎政官量取一隊於御前呈驗兵部尚書奏大閱畢臺下舉號旗總協戎政官及諸將領俱詣臺下北向序立鴻臚寺官奏傳制贊跪宣制訖贊叩頭各官先退出門外贊扈從官行叩頭禮禮畢駕回

行宮少憩扈從等官趨至門內立皇帝升輦中軍舉礮三各營皆鼓吹鹵簿及馬兵導從如來儀鉦鼓與大樂相應振作總協戎政以下候駕至叩頭退馬兵至長安左門外止鹵簿大樂至午門外止駕還仍詣內殿參謁如前儀百官不扈從者各吉服於承天門外橋南序立送駕還迎如之次日總協戎政以下表謝百官侍班行稱賀禮如常儀兵部以將士優劣及中箭多寡教練等第奏聞越二日皇帝御皇極門賜敕勉勵將士總協戎政官捧至綵輿將士迎導至教場開讀行禮如儀是日卽行賞賚并戒罰有差次日總協戎政官率將吏復謝恩詔如儀行駕還樂奏武成之曲神宗萬曆九年大閱如隆慶故事

臣等謹按明太祖洪武時屢命元勛宿將練兵而其制未定成祖永樂中嘗較閱六師又敕秦晉周肅諸王各選護衞軍五千命官督赴眞定操練陝西甘肅寧夏大同遼東諸守將及中都留守河南等都司徐宿等衞遣將統馬步軍分駐眞定德州操練候赴京閱視是并閱各省之兵也而其時禮儀未備景泰後立十團營置總理協理軍營戎政之官始制大閱之禮然其典亦不數舉云

命將出征 宋 明

宋命將出征儀受旌節前一日儀鸞司設大將次於朝堂其日大將常服入就次執事設褥位於東上閤門外階下設制誥箱於褥位之前少西持旌節者少南謁者引大將至就褥位北面立揖東上閤門官宣有敕大將再拜躬聽口宣訖搢笏謁者二人持箱進於大將之前大將受訖次少府監執事者交旌節大將俛伏興再拜搢笏舞蹈又再拜訖出文德殿門次端禮門入右昇龍門出宣德西偏門大將勒所部兵衞并偏將裨將各建旗以正行列執擎旌節并押節人騎士槍牌步兵樂工等分左右前導至第引見之日大將常服入就殿門外次舍人引詣殿庭進當殿陛北面立揖大將再拜興奏聖躬萬福又再拜引大將稍前躬致詞歸位再拜西出少頃舍人再拜再引大將詣殿庭進當殿陛北向再拜訖引至東階揖升殿近御前之左大將奏事稟方略訖降東階下殿再拜西出其造廟前期太史擇日太常寺具時日告諸司前告二日儀鸞司設告官以下次於常所設大將次於南門之外道東西向前一日質明告官以下赴祠所淸齋行事執事官並集告官齋所肄儀太祝習讀祝文眡禮饌香幣次贊者引監察御史南向西上開瘞坎於西階之東北向方深取足容物設望瘞位于瘞坎之南告官大將北向監察御史東向奉禮郞太祝大官令位於其後西上光祿卿位於監察御史之東北向又設監察御史之位於殿上之西東向奉禮郞太祝於東西向北上大官令於酒尊所北向告日未明大官令率其屬實饌具畢引光祿卿入定位贊者曰再拜光祿卿再拜升自西階點眡禮饌畢次引監察御史升殿點閱陳設糾察不如儀者光祿卿還齋所餘官各服祭服引告官大將以下詣東神門外虛一揖位禮直官贊揖訖贊者引監察御史奉禮郞太祝大官令先入就位立定祠祭官於殿上贊奉神主次引宮闈令入室搢笏於祏室內奉神主設於座執笏退復執事位祠祭官於殿上贊奉神主訖禮直官稍前贊有司謹具請行事贊者曰再拜在位者皆再拜引監察御史奉禮郞太祝大官令升就位立定次引告官詣盥洗位北向立搢笏盥手執笏升詣僖祖室神位前搢笏跪三上香引奉禮郞搢笏西向跪執事者以幣授奉禮郞奉禮郞卽以幣授告官訖執笏興詣次室以候告官受幣奉奠訖執笏俛伏興再拜訖引告官以次詣翼祖宣祖太祖太宗眞宗仁宗英宗神宗哲宗室奉奠並如上儀降復位少頃引告官再詣盥洗位北向立搢笏盥洗閱禮饌畢退還齋所未後一刻大官令率宰人以鸞刀引牲遂烹牲晡後有司帥其屬淸掃廟門之內外告日前三刻禮直官贊者諸司職掌各服其服贊者先引宮闈令入詣殿庭北向再拜升殿開室訖太常陳幣篚於神位之左祝版於神位之右置於殿香爐并合置於案上次設祭器藉以席光祿實之每位左十有二籩爲四行以右爲上右十有二豆爲四行以左爲上俎二一在籩前一在豆前又俎六在豆右爲三重以北爲上敦二在胙俎之北欒一在室戶外之左甑二一在鉶之前一在籩之左鉶三在甑之後籩豆之間簠簋各一在籩豆外二俎間簠在左簋在右設犧牲罇置於坫加勺冪置諸戶前楹閒北向太常設燭於神位前洗二於東階之東罍在洗東加勺篚在洗西南肆實以巾執罍篚者於其後又設虛揖位於齋宮內道南及東神門外告官大將在南北向監察御史奉禮郞太祝大官令在北盥手帨手執笏詣爵洗位北向立搢笏洗爵拭爵以爵授執事者搢笏升詣僖祖神位前搢笏跪執事官以爵授告官告官執爵跪三祭酒奠爵執笏俛伏興出室戶外北向少立太祝搢笏於室戶外之右東向跪讀祝文訖執笏興復位告官再拜訖引告官以次詣翼祖宣祖太祖太宗眞宗仁宗

英宗神宗哲宗室酌獻並如上儀降復位禮直官曰賜胙贊者曰再拜告官大將以下皆再拜祠祭官於殿上贊奉神主入祏室引宮闈令搢笏奉神主入祏室訖次引告官大將詣望瘞位有司詣神位前取祝幣置於瘞坎次引監察御史奉禮郎太祝降望瘞位立定禮直官曰可瘞置土半坎引告官以下復詣東神門外虛揖位對立禮直官贊禮畢揖訖大官令帥其屬徹禮饌監察御史升殿監眂收訖徹訖退宮闈令闔戶以降太常藏祝於匱若凱旋祭告惟陳俘馘及軍實於南門之外北面東上其告禮並如上儀

明太祖洪武元年中書省臣會官議奏王者遣將所以討有罪除民害也今定遣將禮皇帝武弁服御奉天殿大將入就丹墀四拜由西陛入殿再拜跪承制官宣制以節鉞授大將軍大將軍受之以授執事者俛伏興再拜出降陛復位四拜駕還宮大將軍出至午門外勒所部將士建旗幟鳴金鼓正行列擎節鉞奏樂前導百官以次送出造廟宜社之禮即命大將軍具牲幣行一獻禮與遣官祭告廟社儀同其告武成王廟儀前二日大將省牲祭日大將於幕次僉祝版入就位再拜詣神位前上香奠帛再拜進熟酌獻讀祝再拜詣位再拜飲福受胙復再拜徹豆望燎其配位亦大將行禮兩廡陪祀諸將分獻

宣露布　後唐　宋　遼　明

後唐莊宗爲晉王時擒幽州劉守光命掌書記王緘草露布以練新劉仁恭父子凱歌入於晉陽獻於太廟

宋太祖平蜀孟昶降詔有司約前代儀制爲受降禮昶至前一日設御座仗衛於崇元殿如元會儀至日大陳馬步諸軍於天街左右設昶及其官屬素案席褥於明德門外表案於橫街北通事舍人引昶及其官屬素服紗帽北向序立昶跪奉表授閤門使復位待命表至御前侍臣讀訖閤門使承旨出昶等俯伏通事舍人掖昶起官屬亦起宣制釋罪昶等再拜呼萬歲賜襲衣冠帶陳於前昶等又再拜跪受改服乘馬至昇龍門下馬官屬至啓運門下馬就次帝常服升坐百官先入起居班立閤門使引昶等入舞蹈拜謝召昶升殿閤門使引自東階升宣撫使承旨安撫之昶至御座前躬承問訖還位與官屬舞蹈出中書率百官稱賀遂宴近臣及昶於大明殿嶺南平劉鋹就擒詔有司撰獻俘禮鋹至上御明德門列仗衛諸軍百官常服班樓前別設獻俘位於東西街之南北向其將校位於獻俘位前北上西向有司率武士係鋹等白練露布前引至太廟西南門鋹等並下馬入南神門北向西上立監將校官次南面立俟告禮畢於西南門出乘馬引至大社如上儀乃押至南御路之西下馬立俟獻俘將校戎服帶刀攝侍中版奏中嚴百官班定版奏外辦帝常服御坐百官舞蹈起居畢通事舍人引鋹就獻俘位將校等詣樓前舞蹈訖次引露布案詣樓前北向宣付中書門下如宣制儀通事舍人跪受露布轉授中書門下轉授攝兵部尚書次攝刑部尚書詣樓前跪奏以所獻俘授有司上召鋹詰責鋹伏地待罪詔誅其臣龔澄樞等特釋其縛與其弟保興等罪仍賜襲衣冠帶鞾笏器幣鞍馬各服其服列謝樓下百官稱賀畢放仗如儀南唐平帝御明德門露布引李煜及其子弟官屬素服待罪初有司請如獻劉鋹禮帝以煜奉正朔非若鋹拒命寢露布弗宣遣閤門使承制釋之太宗征太原劉繼元降帝幸城北陳兵衛張樂宴從臣於城臺繼元帥官屬素服臺下遣閤門使宣制釋罪召繼元覲勞之從臣詣行宮稱賀時以在軍中故不備禮繼元至京師詔告獻太廟前一日所司陳設如常告廟儀告日黎明博士引太尉就位通事舍人引繼元西階下東向立其官屬重行立贊者贊太尉再拜訖博士引就盥爵如常儀詣東階解劍脫舄升第一室進奠再拜太祝跪讀祝文訖又再拜通事舍人引繼元官屬詣室前西階下北向立舍人贊云皇帝親征收復河東僞主劉繼元及僞命官見贊者曰再拜訖退位次至第二第三第四第五室皆如第一室博士引太尉降階佩劍納履復位贊者曰再拜太尉與繼元等皆再拜退焚祝版於齋坊繼元旣命以官故不稱俘焉哲宗元符二年西蕃王隴贊邈川首領轄戩等降詔具儀注以受降日御宣德門設諸班直上四軍仗衛諸軍素服陳列降者各服蕃服以見審問訖有旨放罪依等第賜首服袍帶百官稱賀御紫宸殿賜宴會哲宗崩樞密院留隴贊等西京聽旨詔罷御樓立仗但引見於後殿隴贊一班契丹公主一班夏國回鶻公主次之轄戩一班必斯布結并族屬次之廳族屬首領各從其長以次見僧尼公主皆蕃拜並賜冠服謝訖賜酒饌橫門外政和初議禮局上受降儀皇帝乘輿升宣德門樓降輿坐御幄百官與降王蕃官各班樓下如大禮肆赦儀東上閤門以紅絛袋班齊牌引升樓樓上東上閤門官附內侍承旨索扇扇合帝即御坐簾卷內侍又贊扇開侍衛如常儀諸班親從并裹圍降王人等迎駕自贊常起居次舍人贊執儀將士常起居次管幹降王使臣并隨行舊蕃

官常起居次禮直官舍人引百官橫行北向贊者曰拜在位官皆再拜舞蹈三稱萬歲又再拜班首奏聖躬萬福又再拜退百官各就東西位舍人引降王服本國衣冠詣樓前北向女婦少西立僧又少西尼立於後入內省官詣御坐前承旨傳樓上東上閤門官承旨錄訖以紅條袋降制樓下東上閤門官承旨退降王以下俯伏東上閤門官至令通事舍人掖之起首領以下皆起鞠躬閤門宣有敕降王以下再拜僧尼止躬呼萬歲閤門錄敕旨付管幹官降王等躬聽詔問如有復奏閤門錄訖仍以紅條袋引升樓如無復奏入內省官詣御坐承旨傳樓上閤門官稱有敕放罪訖舍人贊謝恩降王以下再拜稱萬歲復序立入內省官詣御座承旨傳樓上閤門官稱有敕各賜首服袍帶樓下閤門官承旨引所賜擔牀陳於西舍人宣曰有敕降王以下再拜鞠躬舍人稱各賜某物畢又再拜稱萬歲若賜官即贊謝再拜並歸次易所賜服舍人先引降王以下至授遼郡以上當樓前北向東上立贊再拜稱萬歲又再拜次贊服冠帔婦女再拜僧尼別謝引還次贊樓上侍立官稱賀再拜禮直官舍人分引百官橫行北向立贊拜訖班首少前俛伏稱賀其詞中書隨事撰述賀訖復位在位者又再拜舞蹈三稱萬歲又再拜東上閤門官進詣樓前承旨就班首宣曰有制贊者曰拜在位官皆再拜宣答其詞學士院隨事撰述又贊再拜三稱萬歲又再拜樓上樞密院前跪奏稱某官臣某言禮畢內侍索扇扇合簾垂帝降坐內侍贊扇開所司承旨放仗樓下鳴鞭百官再拜退

遼制下城克敵班師以所獲牡馬牛各一祭天地

明太祖洪武四年蜀夏明昇降表至京師太祖命中書集議受降禮省部請如宋太祖受蜀主孟昶故事擬明昇朝見日皇帝御奉天門昇等於午門外跪進待罪表侍儀使捧表入宣表官宣讀訖承制官出傳制昇等皆俯伏於地侍儀舍人掖昇起其屬官皆起跪聽宣制釋罪昇等五拜三呼萬歲承制官傳制賜衣服冠帶侍儀舍人引昇入丹墀中四拜侍儀使傳旨昇跪聽宣諭俯伏四拜三呼萬歲又四拜出百官行賀禮帝以昇年幼事由臣下免其叩頭伏地上表請罪禮唯命昇及其官屬朝見百官朝賀其奏凱獻俘之儀凡親征師還皇帝率諸將陳凱樂俘馘於廟南門外社北門外告祭廟社行三獻禮同出師儀祭畢以俘馘付刑部協律郎導樂以退皇帝服通天冠絳紗袍升午門樓以露布詔天下百官具朝服以聽儀與開讀詔赦同大將奏凱儀先期大都督以露布聞內使監陳御坐於午門樓上前楹設奏凱樂位於樓前協律郎位於奏凱樂北司樂位於協律郎南又設獻俘位於樓前少南獻俘將校位於其北刑部尚書奏位於將校北皆北向又設刑部尚書受俘位於獻俘位西東向設露布案於內道中南向受露布位於案東承制位於案東北俱西向宣露布位於文武班南北向至日清晨先陳凱樂俘馘於廟社門外不奏歌曲俟告祭畢復陳樂於午門樓前將校引俘侍立於兵仗之外百官入侍立位皇帝常服升樓侍衛如常儀大將於樓前就位四拜諸將隨之退就侍立位贊奏凱樂協律郎執麾引樂工就位司樂跪請奏凱樂協律郎舉麾鼓吹振作徧奏樂曲樂止贊宣露布承制官以露布付受露布官引禮引詣案跪受由中道南行以授宣露布官宣訖付中書省頒示天下將校引俘至位刑部尚書跪奏曰某官某以某處所俘獻請付所司奏訖退復位其就刑者立於西廂東向以付刑官其宥罪者樓上承制官宣旨有敕釋縛樓下承旨釋訖贊禮贊所釋之俘謝恩皆四拜三呼將校以所釋俘退如有所賜就宣旨賜之大將以下就拜位舞蹈山呼如常儀班前稍前跪稱賀致詞訖百官復四拜禮畢還宮後定制凡大捷擇日以宣其日不奏事百官吉服賀即日遣官薦告郊廟中捷以下止宣捷不祭告慶賀成祖永樂四年定凡捷兵部官以露布奏聞大將在軍則進露布官行禮次日行開讀禮第三日行慶賀禮餘如前儀

欽定續通典卷七十二

欽定續通典卷七十三

禮 軍

天子諸侯大射鄉射 唐 宋 遼 金 明

唐制燕遊小射則服常服不陳樂懸不行會禮餘如大射之儀案大射儀已詳杜典

宋太宗命有司定大射之禮儀注定制羣臣朝謁如元會酒三行有司言請賜王公以下射侍中稱制可皇帝改服武弁布七埒於殿下王公以次射開樂懸東西廂設熊虎等侯陳賞物於東階以賚能者設豐爵於西階以罰否者并圖其冠冕儀式表著埒之位以進帝覽而嘉之謂宰臣曰俟弭兵當與卿等行之凡遊幸池苑或命宗室武臣射每帝射中的從官再拜奉觴貢馬爲賀苑中皆有射棚畫暈的射則用招箭班三十人服緋紫繡衣帕首分立左右以唱中否節序賜宴則宗室禁軍大校牧伯諸司使副皆令習射遂爲定制外國使人朝亦令館伴賜射於園苑政和宴射儀皇帝御射殿侍宴官公服繫鞾射官窄衣奏聖躬萬福再拜升殿酒三行引射官降皆執弓矢謝恩再拜三公以下在右射官在左不射者依坐次分立皇帝初射中舍人贊拜凡左右祗應臣僚除內侍外並階上下再拜行門禁衞諸班親從諸司祗應人並自贊再拜招箭班殿上躬奏訖跪進椀射官先傳弓箭與殿侍側立內侍接椀訖就拜起降階再拜有司進御茶牀天武引進奉馬列射垜前員僚奏聖躬萬福東上閤門官詣御前躬奏班首姓名以下進酒班首以下橫行立贊再拜班首奉進酒樂作飲畢殿上臣僚再拜舍人贊各賜酒羣臣俱再拜贊各就坐羣臣皆立席後引進司官臨階宣進奉出天武奉馬出樂合復贊就坐飲訖揖輿諸司收坐物等射官左側臨階取弓箭侍立皇帝再射中的或雙中如上儀臣僚射中引降階再拜訖殿下側立御箭中招箭班進椀如上儀舍人再引射中官當殿揖躬宣有敕賜窄衣金帶跪受箱過再拜過殿側服所賜訖再引當殿再拜更不射如宣再射或更賜箭令射如未退即就位再拜射訖進御茶牀諸司復陳坐物等羣臣各立席後贊就坐羣臣俱坐酒五行宣示醆宣勸如儀皆作樂宴畢內侍舉御茶牀三公以下降階再拜退孝宗乾道二年車駕幸玉津園皇帝射訖次命皇太子次慶王次恭王次管軍臣僚等射如是者三每射四發帝前後四中的淳熙元年車駕幸玉津園命從駕文武官行宴射之禮皇太子宰執以下酒三行樂作皇帝臨軒有司進弓矢皇帝中的皇太子進酒率宰執以下再拜稱賀宣皇太子射射中賜宣預射臣僚射使相鄭藻起居舍人王卿月環衞官龔多囉倫射中各賜襲衣金帶其鄉射之儀於鄉飲酒前一日本州於射亭東西序量地之宜設提舉學事諸監司知州通判州學教授應赴鄉飲酒官貢士幕次本州兵馬教諭備弓矢應用物設樂其日初筵提舉學事知州軍通判帥應赴鄉飲酒官貢士詣射亭執弓矢揖人射乘矢若中則守帖者舉獲唱獲執算者以算投壺畢多算勝少算射畢贊者贊揖酬酢如儀畢揖退

遼制有射柳儀皇帝再射親王宰執以次各一射中柳者質誌柳者冠服不中者以冠服質之不勝者進飲於勝者然後各歸其冠服又三月三日國俗刻木爲兔分朋走馬射之先中者勝負朋下馬列跪進酒勝朋馬上飲之

金制凡重五日拜天地畢插柳毬場爲兩行當射者以尊卑序各以帕識其枝去地約數寸削其皮而白之先以一人馳馬前導後馳馬以無羽橫鏃箭射之既斷柳又以手接而馳去者爲上斷而不能接去者次之或斷其青處及中而不能斷與不能中者爲負每射必伐鼓以助其氣

明太祖洪武三年定凡郊廟祭祀先期行大射禮工部製射侯等器其射鵠有七虎鵠五采天子用之熊鵠五采皇太子用之豹鵠五采親王用之豹鵠四采文武一品二品者用之㺹鵠三采三品至五品者用之狐鵠二采六品至九品用之布鵠無采文武官子弟及士民俊秀用之凡射時置乏於鵠右乏又名容見周禮大司馬服不氏職執旌及侍獲者以蔽身設楅及韋當射時置於前以齊矢設射中五皮樹中天子大射用之閭中天子宴射用之虎中皇太子親王射用之兕中一品至五品文武官用之鹿中六品至九品及文武官子弟士民俊秀通用之其職事設司正官二掌驗射者品級尊卑人力强弱而定耦其中否則書於算兵部官職之司射二掌先以强弓射鵠誘射以鼓衆氣武職官充之司射器官二掌辨弓力强弱分爲三等驗人力强弱以授工部官職之舉爵者掌以馬湩授中者飲光祿寺職之請射者掌定耦射射畢再請某耦射侍儀司職之侍獲者掌矢納於司射器者以隸僕供其役執旌者六人掌於容後執五色旗如射者中的舉紅旗應之中采舉采旗應之偏西舉白旗偏東舉青旗過於鵠舉黃旗不及鵠舉黑旗軍士二人掌之引禮二掌引文武官進退侍儀司舍人職之太祖又以先王射禮久廢弧矢之事專習於武夫而文士多

未解乃詔國學及郡縣生員皆令習射頒儀式於天下朔望則於公廨或閒地習之其官府學校射儀略倣大射之式而殺其禮射位初三十步自後累加至九十步射四矢以二人爲耦成祖永樂時有擊毬射柳之制十一年幸東苑擊毬射柳聽文武羣臣四夷朝使及在京耆老聚觀分擊毬官爲兩朋自皇太孫而下諸王大臣以次擊射賜中者幣布有差

天子合朔伐鼓　唐　宋　明

唐德宗貞元三年八月日有食之有司將伐鼓帝不許太常卿董晉言伐鼓所以責陰而助陽也請聽有司依經伐鼓不報由是其禮遂廢

宋太祖建隆元年司天監言日食五月朔請掩藏戈兵鎧冑事下有司有司請皇帝避正殿素服百官各守本司遣官用牲太社如故事眞宗景德四年五月朔日食上避正殿不視事仁宗至和元年四月朔日食既內降德音改元易服避正殿減膳百官詣東上閤門拜表請御正殿復常膳三表乃臨至日遣官祀太社而陰雨以雷至申乃見食九分之餘百官稱賀仁宗嘉祐四年詔正旦日食無拜表自十二月二十一日不御前殿減常膳宴遼使罷作樂至日仍遣官祀太社百官三表乃御正殿復膳六年六月朔日食詔禮官驗詳典故皇帝素服不御正殿不視事百官廢務守司合朔前二日郊社令及門僕守四門巡門監察鼓吹令率工人如方色執麾旂分置四門屋龍蛇鼓隨設於左東門者立北墩南面南門者立東墩西面西門者立南墩北面北門者立西墩東面隊正一人執刀率衞士五人執五兵之器立鼓外矛處東戟處南斧鉞在西矟在北郊社令立攢於壇四隅縈朱絲繩三匝又於北設黃麾龍蛇鼓一次之弓一矢四次之諸兵鼓俱靜立俟司天監告日有變工舉麾乃伐鼓祭告官行事太祝讀文其詞以責陰助陽之意司天官稱止乃罷鼓如霧晦不見卽不伐鼓自是日有食之皆如其制英宗治平四年詔古者日食百官守職蓋所以祗天戒而備非常今獨闕之甚非王者小心寅畏之道可令中書議舉行神宗熙寧六年四月朔日食詔易服避殿減膳如故事降天下死刑釋流以下罪政和中上合朔伐鼓儀有司陳設太社玉帛籩豆如儀社之四門及壇下近北各置鼓一並植麾旂各依其方色壇下立黃麾麾杠十尺旂八尺祭告日於時前大官令帥其屬實饌具畢光祿卿點視次引監察御史奉禮郎太祝大官令先入就位次引告官就位皆再拜次引御史奉禮郎太祝升就位大官令就酌尊所告官盥洗詣太社三上香奠幣玉再拜復位少頃引告官再盥洗執爵三祭酒奠爵俛伏興少立引太祝詣神位前跪讀祝文告官再拜退伐鼓其日時前太史官一員立壇下視日鼓吹令率工二十八人如色服分立鼓左右俟太史稱日有變工齊伐鼓明復太史稱止乃罷鼓其日廢務而百司各守其職如舊儀

明太祖洪武六年定救日食禮其日皇帝常服不御正殿中書省設香案百官朝服行禮鼓人伐鼓復圓乃止月食大都督府設香案百官常服行禮不伐鼓雨雪雲翳則免又更定禮部設香案於露臺向日設金鼓於儀門內設樂於露臺下各官拜位於露臺上至期百官朝服入班樂作四拜興樂止跪執事官奉鼓班首擊鼓三聲衆鼓齊鳴候復圓復行四拜禮月食則百官便服於都督府救護如儀在外諸司日食則於布政司府州縣月食則於都指揮使司衞所如儀

馬政附馬祭　唐　五代　宋　遼　金　元　明

唐制太僕寺卿掌廄牧輦輿之政凡監收籍帳歲受而會之乘黃令率駕士調習倚乘隨路色供馬典廄署掌飼馬良馬一丁中馬二丁駑馬三丁其諸牧監上牧監一人副監二人丞三人主簿一人南使西使丞各三人錄事一人北使鹽州使丞各二人掌羣牧孳課凡馬五千爲上監三千爲中監不及爲下監其羣有牧長有尉馬之駑良皆著籍良馬稱左駑馬稱右每歲孟秋羣牧使以諸監之籍合爲一以仲秋上送於寺送細馬則有牽夫識馬小兒獸醫等凡馬游牝以三月駒犢在牧三歲則羣孳生過分有賞死耗亦以率除之歲終監牧使巡按以功過相除爲考課凡祭馬祖先牧馬社馬步皆羊代宗永泰元年四月命太常復置馬祖壇依常式饗祭

梁太祖開平四年頒奪馬令冒禁者罪之先是梁師攻戰得敵人之馬必納官故出令命獲者有之

唐莊宗同光三年下河南河北諸州和市戰馬官吏除一匹外匿者有罪長興中上問見管馬數樞密使范延光奏天下近支草粟者近五萬匹見今西北諸蕃賣馬者往來如市其郵傳之費中估之直日四五十貫以臣計之國力十耗其七馬無所使財賦漸消朝廷甚非所利上善之敕沿邊藩鎮或有蕃部賣馬可擇其良壯者給券具數以聞

晉高祖天福九年發使於諸道州府括取公私馬以備禦契丹

宋太祖初置左右飛龍二院以左右二使領之太宗太平興國初改爲天廄坊雍熙四年改爲騏驥院左右天駟監四左右天廄坊二皆隸焉眞宗咸平三年置羣牧使以內臣句當制置羣牧司京朝官爲判官景德二年改諸州牧龍坊悉爲監賜名鑄印以給之在外之監十有四凡廄牧之政皆出於羣牧司自騏驥院而下皆聽命焉太平興國四年太宗觀兵於幽州得汾晉燕薊之馬四萬二千餘匹內阜充牣分置諸州牧養其太僕卿掌廄牧之政車輅院應奉御馬仲春祀馬祖仲夏祀先牧仲秋祭馬社仲冬祭馬步並擇日壇壝之制三壇各廣九尺高三尺四陛一壝

遼太祖懲約尼氏單弱撫諸部明賞罰不妄征討因民之利而利之羣牧蕃息上下給足及卽位伐河東下代北郡縣獲牛羊駝馬十萬餘樞密使耶律色珍獲馬二十餘萬分牧水草便地數歲所增不可勝算自太祖及興宗垂二百年羣牧之盛如一日世宗天祚初年馬猶有數萬羣每羣不下千匹祖宗舊制常選南征馬數萬匹牧於雄霸隙地以備燕雲緩急復選數萬給四時游畋餘則分地以牧法至善也至末年累與金戰番漢戰馬十損六七雖增價數倍竟無所買乃冒法買官馬從軍諸羣牧私賣日多田獵亦不足用遂爲金所敗後松漠以北善馬皆爲達實林牙所有其北面官有尙廄使尙廄副使飛龍使飛龍副使總領內外廄馬等官南面官亦設太僕寺皆專掌馬政

金太宗天會三年七月詔南京括官豪牧馬以等第取之分給諸軍其尙廄局副使掌御馬調習牧養

元世祖中統四年設羣牧所後改爲尙牧監又改爲太僕院又改爲衞尉院後又立太僕寺管阿克塔斯馬匹

明太祖洪武四年置羣牧監隨水草利便立官署專司牧養後改爲太僕寺有卿少卿掌牧馬之政以聽於兵部少卿一人佐寺事一人督營馬一人督畿馬其山西等處行太僕寺掌各邊衞所營堡之馬政以聽於兵部以時督察三歲一考比布按二司不得與有瘠損則聽兵部參罰成祖永樂中置苑馬寺於北直隸等處有卿一人少卿一人掌六監二十四苑之馬政而聽於兵部凡苑視廣狹爲三等上苑牧馬萬匹中苑七千下苑四千凡馬駒歲籍其監苑之數上於兵部其御馬監以宦官掌之其祭馬祖始自洪武二年命祭馬祖先牧馬社馬步之神築壇後湖禮官言春祭馬祖天駟星也夏祭馬牧始養馬者秋祭馬社始乘馬者冬祭馬步乃神之災害馬者隋用周制祭以四仲之月唐宋因之今定春秋二仲月甲戊庚日遣官致祀爲壇四樂用時樂行三獻禮四年蜀明昇獻良馬十其一白者長丈餘不可加韉勒太祖曰天生英物必有神司之命太常以少牢祀馬祖囊沙四百斤壓之令人騎而遊苑中久之漸馴帝乘之以夕月於淸涼山比還大悅賜名飛越峯復命太常祀馬祖五年并諸神爲一壇歲止春祭永樂十三年立北京馬神祠於蓮花池其南京馬神則以南太僕主之

時儺 宋 遼 元

宋季冬宮中行儺禮民間亦行之

遼制正旦以糯米飯和白羊髓爲餅丸之若拳每帳賜四十九枚戊夜各於帳內牕中擲丸於外數偶動樂數奇令巫十有二人鳴鈴執箭繞帳歌呼帳內爆鹽爐中燒地拍鼠謂之驚鬼又歲除夕敕使及伊勒希巴率執事郎君至殿前以鹽及羊膏置爐中燎之巫及大巫以次贊祝火神訖閤門使贊皇帝面火再拜

元制每歲十二月下旬擇日於西鎭國寺墻下灑掃平地太府監供綵幣中尙監供細氈鍼線武備寺供弓箭環刀束桿草爲人形一爲狗一翦雜色綵段爲之腸胃選達官世家之貴重者交射之列射至糜爛以羊酒祭之祭畢帝后及太子嬪妃併射者各解所服衣俾蒙古巫覡祝讚之祝讚畢遂以與之名曰脫災

欽定續通典卷七十三

欽定續通典卷七十四

禮凶

臣等謹案杜佑述凶禮典援經傳以徵史事而必推言其變覩諸禮較爲詳備後世考凶禮者咸取資焉自唐初諸臣謂凶事非臣子所宜言遂致儀文散佚杜典縱廣爲摭拾仍不能無遺漏也考儀禮十七篇喪服之外但有士喪禮自士而上禮節闕然大小戴禮記間載一二亦始末不具周官惟載諸司職掌而無以考行禮之次第然僕儒已取喪服傳別爲之注六朝諸儒遂有專以喪服名家者豈不以愼終之典自非講求於平日則無以致誠信於臨時哉茲續纂凶禮凡唐以前服制爲杜典失載者采以補之其原書所載條目有後世所不經見者則從其闕至於歷代史志舊五代不載凶禮遼志僅存其略金元禮志亦約舉未備惟宋史獨詳而明史亦分類編次今取紀傳雜志並原書之有關喪制者按代排纂先儒所議隨事命題亦依例附錄庶可與杜典互相證明焉

大喪初崩及山陵制 唐 五代 宋 遼 金 元 明

唐德宗貞元二十一年正月二十三日癸巳崩 按是年八月改元永貞故司馬光資治通鑑作永貞元年 二十四日宣遺詔 按資治通鑑永貞元年正月癸巳倉卒召翰林學士鄭絪衛次公等至金鑾殿草遺詔宦官或曰禁中議所立尙未定次公曰太子雖有疾地居冢適中外屬心必不得已猶應立廣陵王不然必大亂絪等從而和之議始定 皇太子衰服見百僚二十六日卽位太極殿 按前漢書有自崩至葬不及旬日者嗣君卽位多在旣葬之後至東漢則葬期漸遲於是始制令以大行柩前卽位而歷代遵之 以檢校司空平章事杜佑攝冢宰兼護山陵使中丞武元衡爲副使宗正卿李紓爲案行山陵使刑部侍郎鄭雲逵爲鹵簿使庚子百僚請聽政不許二月癸卯朝百寮於紫宸門佑前進跪曰陛下居憂過禮羣臣懼焉願得覩聖顏左右乃爲皇帝舉帽百僚皆再拜

後唐莊宗同光三年七月貞簡皇太后 太祖皇后曹氏謚貞簡 遺令曰皇帝以萬機至重八表所尊勿衣粗衰勿居諒闇三年之制以日易月過三日便親朝政釋服後未御八音勿廢羣祀勿斷屠宰勿禁宴游園陵喪制皆從簡省故申遺令奉而行之其月太常禮院奏案故事中書門下翰林學士在朝文武百官內諸司使供奉官以下從成服三日每日赴長壽宮朝臨自後不臨其服以日易月十三日除至小祥合釋服每至月朔月望小祥大祥釋服曰未除服者衰服臨已除服者則素服不臨並赴長壽宮先拜靈訖移班近東進名奉慰從之長興四年十一月戊戌明宗崩於雍和殿祕其喪六日 時召宋王於鄴 十二月癸卯朔發喪於西宮 按五代會要左僕射平章事李愚撰哀冊文吏部尙書平章事劉尙撰謚冊文 愍帝卽位於柩前 愍帝卽宋王按五代會要云自魏府入纘皇統 羣臣見於東階復於喪位丙午成服於西宮馮道爲大行皇帝山陵使戶部尙書韓彥惲爲副中書舍人王延爲判官禮部尙書王權爲禮儀使兵部尙書李鱗爲鹵簿使御史中丞龍敏爲儀仗使左僕射權判河南府盧質爲橋道頓遞使 案晉漢周三代嗣君卽位於柩前當與唐同其山陵諸使亦同惟晉漢皆無橋道頓遞使疑當時不置或舊史實錄闕書歐陽修五代史因之

宋太祖建隆二年六月皇太后杜氏崩於滋德殿 按昭憲杜太后歸於宣祖生太祖太宗太祖卽位尊爲皇太后 三日百官入臨明日百姓成服羣臣服布斜巾四腳直領襴衫外命婦帕頭帔裙衫九日帝見百官於紫宸門太常禮院言皇后長公主皇弟合隨皇帝二十七日禫除畢服吉心喪終制從之開寶九年十月太祖崩遺詔以日易月皇帝三日而聽政十三日小祥二十七日大祥諸道州府臨三日釋服羣臣敘班殿庭宰臣宣制發哀畢太宗卽位號哭見羣臣羣臣服布斜巾四腳直領布襴腰經 鄭康成士喪禮注麻在首在要皆曰經經之言實也明孝子有忠實之心要經象大帶朱子曰兩頭長垂下 命婦布帕首裙帔皇弟皇子文武二品以上加布冠斜巾帽首經 士喪禮注首經象緇布冠之缺項 大袖裙袴竹杖士民縞素婦人素縵諸軍就屯營三日哭羣臣屢請聽政始御長春殿羣臣喪服就列帝去杖經服斜巾垂帽捲簾視事是月卜葬以翰林學士杜彥圭爲山陵按行使齊王廷美爲山陵使兼橋道頓遞又有禮儀鹵簿儀仗使皆以侍官爲之太宗至道三年三月崩眞宗散髮號擗奉遺詔卽位萬歲殿之東楹制永熙陵皇堂深百尺方廣八十尺陵臺方二百五十尺大舉鹵簿用玉輅一革車五外用九千四百六十八人有司定散髮之禮 按文獻通考初有司言皇帝當聽政更不散髮帝曰豈有居父之喪不盡禮乎朕已散髮矣 皇帝皇后諸王公主縣主諸王夫人六宮內人並左被髮皇太后全被髮帝服布斜巾四腳大袖裙袴帽竹杖腰經首經直領布襴衫白綾襯服諸王皇親以下如之加布頭冠絹襯服皇太后皇后內外命婦布裙衫帔帕頭首經絹襯服宮人無帔文武二品以上布斜巾四腳頭冠大袖襴衫裙袴腰經竹杖絹襯服自餘百官並布幞頭襴衫腰經兩省五品御史臺尙書省四品諸司三品以上見任前任防禦團練刺史布頭冠幞頭大袖襴衫裙袴腰經諸軍庶民白衫紙帽婦人素縵不花釵三日哭而止山陵前朔望不視事眞宗景德四年四月章穆皇后崩 初謚莊穆後改章穆 皇帝七日釋服後改用十三日 按眞宗在襄邸太宗爲聘之眞宗嗣位立爲皇后崩上深嗟悼禮官奏七日釋

(服時詔增至十三日)羣臣三日釋服諸道州府官吏訃到日舉哀成服三日而除司天監詳定園陵帝令棺槨等事無得鏤花樣務令堅固乾興元年二月十九日眞宗崩仁宗卽位二十一日羣臣入臨見帝於東序閤門使宣口敕曰先皇帝奄棄萬國凡在臣僚畢同號慕及中外將校並加存撫羣臣拜舞稱萬歲復哭盡哀退以宰相爲山陵使餘如舊制六月參知政事王曾言奉詔按視山陵定皇堂之制深八十一尺上方百四十尺宰相請以前後所降天書置陵中十月葬永定陵仁宗明道二年三月章獻皇太后崩於寶慈殿遷座於皇儀殿宣遺誥(按文獻通考太常寺言章獻明肅皇太后遺誥十三日令在京百官除服)羣臣哭臨見帝於殿之東廂奉慰司天監詳定山陵制度皇堂深五十七尺神墻高七尺五寸四面各長六十五步乳臺高一丈九尺至南神門四十五步鵲臺高二丈三尺至乳臺四十五步嘉祐八年三月仁宗崩英宗立喪服制度及修永昭陵(按宋文鑑仁宗皇帝哀冊文云皇帝崩於福寧殿旋殯於殿之西階粵十月六日遷座於永昭陵禮也)並用定陵故事英宗治平四年正月崩遺詔山陵務從省約神宗立喪禮如舊制(按名臣琬琰之章程頤代父上書請奉遺詔凡百規模盡依魏文之制范鎭奏上宮下宮及兆域之數願一以安陵爲祖)神宗元豐八年三月崩哲宗立七月請謚於南郊九月讀謚寶冊於福寧殿十月葬永裕陵哲宗元符三年正月崩徽宗立詔山陵制度並如元豐高宗紹興五年四月徽宗崩於五國城七年正月問安使何蘚等還以聞帝號慟擗踊終日不食宰臣張浚等力請始進糜粥成服於几筵殿三十一年五月金國使至以欽宗訃聞詔朕當持斬衰三年之服以申哀慕禮臣請依典故以日易月從之南宋國恤喪禮自聽遺誥始是日皇帝服白羅袍黑銀帶絲鞋白羅軟折上巾(皇太后初喪皇帝服素紗軟幞頭白羅衫黑銀帶太皇太后太上皇后初喪日並同)文武百僚並服常服黑帶(去金玉飾)入詣殿下立班定禮聽宣遺誥(讀遺詔同)並舉哀一十五音再拜立班首稍前躬身奉慰(凡奉慰有皇太后並先慰皇太后)故事未成服以前文武百僚諸司長吏以上及近臣列校每日朝晡臨(皇太后崩朝晡臨至成服後三日止餘並同皇后崩發哀次日入臨成服後三日而止餘並同)大斂成服日(奉尸斂於棺謂之大斂)皇帝服布斜巾四腳裙袴冠帽竹杖(皇太后喪用桐木杖)腰經首經直領大袖布襴衫白絹襯衫(皇太后喪用白綾襯衫)小祥日改用布四腳直領布襴衫腰布袴(按北宋諸帝喪儀略見宋史禮志南宋以後則闕文獻通考載有國恤儀其上篇與宋史文同蓋通考作於前宋史撰於後故志文多本之其下篇多載南宋帝后喪紀而隨事類序不分前後茲特舉南宋大喪通儀著於篇)

遼太祖天顯元年七月次扶餘府崩八月奉梓宮西還耀庫濟奔赴行在人皇王倍(卽義宗)繼至九月梓宮至皇都殯於子城西北太宗大同元年四月崩於欒城世宗嗣位發哀成服(按舊五代史歐陽史通鑑契丹國志俱作五月嗣位唯遼史世宗紀作四月)景宗乾亨四年九月次焦山崩十二月奉大行皇帝梓宮於菆塗殿(按周禮賈公彥疏菆叢也謂用木菆棺而四面塗之故名菆塗)聖宗太平十一年六月崩興宗哭臨於菆塗殿大行之夕四鼓終皇帝率羣臣三致奠奉柩出殿之西北門就轀輬車藉以素裀巫者祓除之興宗重熙二十四年崩道宗親擇地以葬道宗壽隆七年崩有司奉喪服天祚皇帝問禮於總知翰林院事耶律固始服斬衰及至葬靈柩就轝皇帝免喪服步引至長福岡是夕皇帝入陵寢授遺物於皇族外戚及諸大臣(按歐陽修五代史謂遼祖明殿若中土陵寢之制其國君殂葬於其墓側起殿置官屬職司歲時奉表如事生置明殿學士一人掌荅書詔每國有大慶弔學士以先君之命爲書以賜)

金太宗天會十三年正月崩於明德宮熙宗卽位於柩前(按天會十年宗翰宗輔希尹與宗幹議曰儲位久虛今不早定恐授非其人合拉太宗嫡孫當立相與請於太宗下詔定爲儲副合拉卽熙宗)哀宗正大八年九月明惠皇太后崩(宣宗后王氏哀宗尊爲皇太后)遺命園陵制度務從儉約(按金太祖天輔七年八月戊申崩於部堵濼西行宮太宗以九月丙辰卽皇帝位葢太宗爲太祖母弟九月乙卯巳葬太祖於宮城西諸臣固請正位不許迨諸弟以赭袍被體寘璽於懷而後卽位其去八月戊申巳九日其餘章宗以皇太孫衛紹王以藩封哀宗以皇太子俱卽位於柩前皆與熙宗卽位典禮無殊故不分載)

元國俗舊禮凡帝后有疾危殆度不可愈移居外氊帳房有不諱則就殯殮其中葬後每日用羊二次燒飯以爲祭至四十九日而後巳其帳房卽以賜近臣凡宮車晏駕棺用香楠木中分爲二刳肖人形其廣狹長短僅足容身太祖崩葬起輦谷在漠北不加築爲陵諸帝皆從葬於此

明太祖洪武三十一年崩遺詔天下臣民令到出三日皆釋服嫁娶飲酒皆無禁無發民哭臨宮殿中當臨者皆以旦晡各十五舉哀禮畢當給喪事及哭臨者皆無跣經帶無過三寸無布車兵器禮部定議京官聞喪次日素服赴內府聽遺詔於本署齋宿朝晡詣几筵哭越三日成服朝晡哭臨至葬乃止自成服日始二十七日除諸王世子王妃郡主內使宮人俱斬衰二十七月除孝陵設神宮監幷孝陵衛及祠祭署成祖永樂二十二年遺詔喪服禮儀一遵太祖皇帝遺制禮部議奏宮中自皇太子以下成服日爲始服斬衰二十七月而除親王世子郡王及王妃世子妃郡王妃公主郡主以下聞喪皆哭盡哀第四日成服斬衰二十七月而除凡王親事素服烏紗帽黑角帶退服衰服仁宗崩詔營獻陵帝召尚書蹇義夏原吉曰國家以四海之富葬親豈宜惜費然古聖帝明王皆從儉制況皇考遺詔天下所共知

宜遵先志於是建寢殿五楹左右廡神廚各五楹門樓三楹其制較長陵遠殺英宗正統七年誠孝皇太后崩仁宗誠孝張皇后宣宗即位上尊號曰皇太后英宗即位加上太皇太后遺詔喪服以日易月二十七日而除哭臨三日即止君臣皆同皇帝成服三日後即聽政天地宗廟社稷及百神之祀皆勿停宗室諸王但遣官進香不必送喪在外大小文武衙門並免進香臣民之家勿禁音樂嫁娶英宗崩遺詔不得以宮妃殉葬

總論喪期　唐　五代　宋　金　元　明

唐代宗大曆十四年崩德宗即位下詔曰朕聞禮貴緣情因心展孝高宗得說其代予言今朝有股肱濟爲舟楫出納惟允足以保邦況荼蓼在懷日時猶淺欲遂權奪抑就公除攀號痛心實所未忍朕將從禫服以終喪制百爾卿士宜悉哀懷禮儀使禮部尚書顏眞卿奏曰哀號在疚開闢所無誠懇尙違庶僚增懼伏見百辟並已釋除事既合權禮無獨異不可以吉凶兼制臣子殊儀伏乞奉顧命之文節因心之孝順時即吉屈已臨朝則萬姓心安四方事集又下詔欲以素服練巾聽政曰昔高宗諒陰三年舜爲堯禹爲舜亦服喪三年故禮曰三年之喪自天子達是知罔極之恩昊天難報朕虔奉遺詔又迫於羣議將欲從吉未忍割哀其百僚宜以今月十七日釋服朕以素服練巾衙哀聽政凡百在位知朕意焉禮儀使又奏曰臣伏守遺詔禮從易月祥禫變除儀注皆備若陛下未忍即吉更服練巾則遺詔不得奉行羣僚無以覲見伏乞俯順人望仰遵先旨實大孝不虧萬方幸甚

後唐貞簡皇太后遺令皇帝三年之制以日易月過三日便親朝政皇后諸妃及諸王公主服齊衰以日易月十三日除長興四年明宗崩於雍和殿宋王從厚自鄴都至是日發哀百僚縞素就位中書侍郎平章事劉昫宣遺制宋王從厚於柩前即位服紀以日易月一如舊制

漢乾祐元年正月高祖崩二月辛巳內降大行皇帝遺制云周王承祐可於柩前即皇帝位服紀日月一依舊制

周宣懿皇后按周家人傳符氏初世宗納爲繼室後冊爲皇后崩議者以方用兵請殺喪禮於是百官朝臨於西宮三日而釋服帝亦七日而釋世宗崩遺制服紀日月一依舊制

宋乾興元年二月十九日眞宗崩仁宗即位二十四日大斂成服三月一日小祥帝行奠釋衰服羣臣入臨退赴內東門進名奉慰自是每七日皆臨至四十九日止十三日大祥帝釋服服黲按馬端臨日時上雖用以日易月之制改服臨朝而宮中實行三年之喪元豐八年三月五日神宗崩十三日大斂帝成服十七日小祥四月一日禫除按此自成服至除服僅十九日祕書省范祖禹言國朝自祖宗以來外廷雖用易月之制而宮中實行三年之喪且易月之制前世所以難改者以人君自不爲服也今君上之服已如古典而臣下之禮猶依漢制是以大行在殯而百官有司皆已復其故常文獻通考但云是以百官有司皆已復其故常今依歷代名臣奏議補正豈人之性如此其薄哉由上不爲之制禮也今羣臣易月人主實行三年之喪故十二日而小祥期而又小祥二十四日大祥再期而又大祥既以日爲之又以月爲之此禮之無據者也再期而大祥中月而禫禫者祭之名也非服之色也今乃爲之黲服三日然後禫此禮之不經者也既除服至葬而又服之蓋見梓宮不可以無服也文獻通考宋史禮志俱云蓋不可以無服也文義未明今依歷代名臣奏議補正祔廟後即吉纔八月矣而遽純吉無所不佩此又禮之無漸者也詔禮官詳議以聞其後禮部尚書韓忠彥等言朝廷典禮時世異宜不必循古若先王之制不可盡用則當以祖宗故事爲法今言者欲令羣臣服喪三年民閒禁樂如之雖過山陵不去衰服庶協古之制緣先王恤典節文甚多必欲循古又非特如臣僚所言故事而已今既不能盡用則當循祖宗故事及先帝遺制從之孝宗淳熙十四年十月八日高宗崩孝宗號慟擗踊踰二日不進膳尋諭宰執王淮欲不用易月之制如晉武魏孝文實行三年之喪自不妨聽政淮等奏通鑑載晉武帝雖有此意後來只是宮中深衣練冠帝曰當時羣臣不能將順其美司馬光所以譏之後來武帝竟欲行之謂皇太后之喪淮曰記得亦不能行按文獻通考及宋史禮志俱作王淮奏對而周密癸辛雜志作周必大語與周必大思陵錄合帝曰自我作古何害淮曰御殿之時人主衰絰羣臣吉服可乎帝曰自有等降乃出內批朕當衰服三年羣臣自行易月之令其合行儀制令有司討論詔百官於以日易月之內衰服治事二十日丁亥小祥帝未改服王淮等乞俯從禮制帝流涕曰大恩難報情所未忍二十一日車駕還內帝衰絰御輦設素仗軍民見者往往感泣詔自今五日一詣梓宮前焚香帝欲衰服素幄引輔臣及班亥而禮官奏謂苴麻三年難行於外庭奏入不出十一月戊戌朔禮官顏師魯尤袤等奏乞大祥禮畢按宋史禮志不云大祥今從文獻通考補正改服小祥之服去杖絰禫祭禮畢改服素紗軟腳折上巾淡黃袍黑銀帶神主祔廟畢改服幞頭黑鞓犀帶遇過宮燒香則於宮中衰絰行禮二

十五月而除帝批淡黃袍改服白袍二日己亥大祥四日辛丑禫祭禮畢五日壬寅百官請聽政不允八日三上表引康誥被冕服出應門等語爲證九日詔可十五年三月二十日丙戌神主祔廟是日詔曰朕菲降指揮欲衰絰三年緣羣臣屢請御殿易服故以布素視事雖有俟過祔廟勉從所請之詔稽諸典禮心實未安行之終制乃爲近古宜體至意勿復有請於是徑行三年之喪焉

金世宗大定二十九年章宗卽位禮官言自大定二十七年十月祫享至今年正月世宗升遐故四月不行禘禮按公羊傳閔公二年吉禘於莊公言吉者未可以吉謂未三年也注禘祫從先君數朝聘從今君數三年喪畢遇禘則禘遇祫則祫故事宜於辛亥歲爲大祥三月禫祭踰月卽吉則四月一日爲初吉適當孟夏禘祭之時可爲親祠詔從之及期以孝懿皇后崩而止五月禮官言世宗廾祔已三年尙未合食於祖宗若來冬遂行祫禮皇帝見居心喪喪中之吉春秋譏其速恐冬祫未可行乞依故事三年喪畢祫則祫禘則禘於明昌四年四月一日釋心喪行禘禮上從之（按金史凶禮雖闕而章宗時禮官所奏於喪禮有關故錄之）

元英宗至治二年九月丙辰（按元史祭祀志誤作八月丙辰今從本紀改正）太皇太后崩（諡昭獻元聖）太常院官奏國哀以日易月旬有二日外乃舉祀事（按元史本紀十月戊辰享太廟以國哀迎香去樂）

明成祖永樂二十二年崩禮部尙書兼太常卿呂震奏大行遺命喪服一如高皇帝倣漢制以日易月今已踰二十七日（按漢文帝三十六日釋服唐明皇肅宗之喪乃降三十六日爲二十七日後之議禮者以二十七日爲以日易月之漢制皆沿漢文之失也）請上釋衰服服烏紗冠素服黑角帶臨朝仁宗不聽命六部都察院詳議以聞震與六部都察院奏上宜服素衣冠黑角帶羣臣從君服仁宗曰梓宮在殯朕何忍遽易自是臨朝素冠麻衣麻絰朝退仍衰服成化二十三年戊辰憲宗純皇帝之喪至是已百日上以梓宮在殯仍不釋服視事百官素服朝參如舊丙子監察御史曹璘上疏請梓宮發引之日上衰絰杖履至大明門外率百官拜哭而別仍率宮中行三年之喪（時潘府請力排羣議斷自聖心定爲三年之喪詔禮官博士參考載籍使喪不廢禮朝不廢政合於古不戾於今行於上可通於下則大本以立大經以正從之）

奔大喪　奔山陵附　周　漢　宋　遼　元　明

周書康王之誥太保率西方諸侯入應門左畢公率東方諸侯入應門右（胡氏安國曰此奔成王之喪也諸侯喪安得以爲修服於國而可乎）春秋諸侯於天王崩而行郊禮受與國之朝聘修禮於他國皆特書以致貶胡氏安國汪氏克寬高氏閌諸儒論之甚嚴此諸侯爲天子奔喪制服之舊制也

漢昭帝元平元年崩大將軍霍光徵昌邑王賀典喪至霸上大鴻臚郊迎騶奉乘輿車王使僕壽成御郎中令龔遂參乘旦至廣明東都門遂曰禮奔喪望見國都哭此長安東郭門也白虎通曰禮王者崩諸侯悉奔喪何臣子悲哀慟怛莫不欲觀君父之棺柩盡悲哀者也又爲天子守蕃不可頓空也故分爲三部有始死先奔者有得中來盡其哀者有得會喪奉送君者七月之間諸侯有在京師親供臣子之事者有號泣悲哀奔走道路者有居其國哭痛思慕竭盡所供以助喪事者是四海之內臣下若喪考妣之義也（以上杜典不載今補纂）

宋太祖開寶九年崩遺詔諸道節度防禦團練使刺史知州等不得輒離任赴闕

遼義宗（按遼史宗室傳義宗名倍太祖長子神册元年立爲皇太子）留治東土（卽東丹國）太祖訃至卽日奔赴山陵知皇太后本意欲立德光讓以大位

元太祖崩於薩里川哈喇圖之行宮（時率師伐金）遺命以太宗嗣位（太祖定西域太宗攻城略地之功居多）時太宗不在左右及訃至始自和博之地來會喪乃遵遺詔卽位於和林（和林本唐回鶻地自太祖定河北卽建都於此爲會同之所後改和寗路）

明太祖遺詔諸王闖喪各於本國哭臨不必赴京中外管軍戍守官員無得擅離信地許遣人至京洪熙元年仁宗崩皇太子還自南京至良鄉宮中始發喪宣遺詔文武官常服於午門外四拜宣畢舉哀復四拜易素服迎皇太子於盧溝橋橋南設幕次香案皇太子至常服詣次四拜聽宣遺詔復四拜哭盡哀易素服至長安右門下馬步哭至宮門外釋冠服被髮詣梓宮前五拜三叩首哭盡哀就喪次

國有大喪受他國弔慰服議　宋　遼

宋眞宗之喪契丹遣殿前都點檢崇義軍節度使耶律賽音翰林學士工部侍郎知制誥馬貽謀充大行皇帝祭奠使副左林牙左金吾衞上將軍蕭日新利州觀察使馮延休充太皇后弔慰使副右金吾衞上將軍耶律寗引進使姚居信充皇帝弔慰使副所司預於滋福殿設大行皇帝神御座又於稍東設御座祭奠弔慰使副各素服由西上閤門入陳禮物於庭中書門下樞密院並立於殿下再拜訖升殿分東西立禮直官閤門舍人贊引耶律賽音等詣神御座前階下俟殿上簾捲使副等並舉哭殿上皆哭再拜訖引升殿西階詣神御座前

上香奠茶酒貽謀跪讀祭文畢降階復位又舉哭再拜訖稍東立俟皇太后升座簾外侍立舍人引慰弔祭奠使副朝見殿上舉哭左右皆哭弔慰使副蕭日新等升殿進書訖降座俟皇帝升座舍人引弔慰祭奠使副朝見皇帝舉哭左右皆哭弔慰使副耶律寧等升殿進書訖賜襲音等襲衣冠帶器幣鞍馬隨行實里𤣥校等衣服銀帶器幣有差淳熙十五年二月宰執進呈禮官閤門國信所定弔慰使副德壽宮宰執以下皆用常服周必大奏昨顯仁時北使副至已是祔廟故用常服今大行太上皇帝在殯陛下方縗絰受弔臣等亦難冠裳侍立況啟殯發引服如初喪固未除也上曰宰執侍從當如大祥服四脚幞頭縗絰去杖正得中矣

遼道宗崩天祚皇帝問禮於耶律固宋國遣使弔及致祭歸賵皇帝喪服御游仙之北別殿使入門皇帝哭使者詣柩前上香讀祭文訖又哭有司讀遺詔慟哭使者出少頃復入陳賻賵於柩前皇帝入臨哭退更衣杜典原書無受弔服議今因宋遼事纂入

君遣使弔他國君　宋　遼　金

宋仁帝天聖九年七月契丹使來告其主隆緒之喪遣使祭奠弔慰至和元年九月契丹主宗眞殂遣使祭奠弔慰孝宗淳熙十六年三月金遣王元德等來告哀遣諸葛廷瑞沈揆等往弔祭

遼太宗天顯九年閏月戊午唐遣使告哀卽遣弟弔祭會同五年八月遣天城軍節度使蕭拜石弔祭於晉聖宗太平十年宋眞宗崩薛貽廓報哀入境幽州急遞先聞帝不俟貽廓至閱集大臣舉哀詔沿邊州軍不得作樂興宗重熙十七年夏國王李元昊薨遣永興宮使耶律鈕斡哩等慰奠道宗淸寧九年宋仁宗崩遣使祭大行於皇儀殿遂見宋嗣帝英宗於東厢

金世宗大定二十八年正月遣宣徽使富察克忠爲宋弔祭使二月宋遣使獻先帝遺留物宋使朝辭以所獻物中玉器五玻璃器二十及弓劒之屬使還遺宋曰此皆爾前主珍玩之物所宜寶藏以無忘追慕今受之義有不忍歸告爾主使知朕意也章宗承安五年十月宋遣使來告孝宗哀以工部尚書烏庫哩誼等爲弔祭使十一月宋復遣使來告光宗哀以河南路統軍使克等爲弔祭使泰和四年正月高麗嗣子䄷遣使來告其父暭哀四月遣西上閤門使張偁等爲高麗敕祭使東上閤門使石懋等爲慰問并起復橫賜使

欽定續通典卷七十四

欽定續通典卷七十五

禮凶

未踰年天子崩議 元 明

元泰定帝致和元年三月崩懷王即位七月暴崩從葬諸帝陵是月皇太子即位十二月知樞密院事臣額布勒等議請上尊謚曰翼獻景孝皇帝廟號明宗文宗至順三年八月崩十月鄜王即位十一月崩葬起輦谷順帝至元四年三月上尊謚曰沖聖嗣孝皇帝廟號寧宗按元史順帝紀太常禮儀院禮部官定議寧宗皇帝尊謚廟號在至元二年十二月而寧宗紀作四年三月元史之前後互異如此

明神宗萬歷四十八年七月崩八月丙午朔太子即位九月己丑朔崩熹宗即位從廷臣議上尊謚廟號光宗葬慶陵

臣等謹案杜典作未踰年天子崩諸侯薨議其所載止北鄉侯一條北鄉侯是未踰年天子非諸侯也諸侯自唐以來不見史冊明顧鼎臣等言今之公卿即古之諸侯夏言駁之云世無諸侯久矣古之諸侯建邦啟土世有其國今之所謂公卿者能以君道自處乎故凡杜氏所載諸侯禮槩不續纂

藩王入繼大統爲先君服議 宋

宋嘉祐八年三月晦日仁宗崩英宗立喪服制度並用定陵故事禮院言故事大祥變除服制以四月二十九日祥至五月二十九日禫六月二十九日禫除至七月一日從吉已蒙降敕謹案禮學王肅以二十五月爲畢喪而鄭康成以二十七月通典用其說又加至二十七月終則是二十八月畢喪而二十九月始吉蓋失之也天聖中更定五服年月敕斷以二十七月今士庶所同遵用夫三年之喪自天子達不宜有異請以四月二十九日爲大祥五月擇日而爲禫六月一日而從吉於是大祥日不御前後殿開封府停決大辟及禁屠至四月五日待制觀察以上及宗室管軍官日一奠二十八日而羣臣俱入奠二十九日禫除羣臣皆奉慰焉時宰相韓琦言濮安懿王德盛位隆所宜尊禮陛下受命先朝躬承聖統顧以大義後其私親請下有司議濮安懿王及譙國太夫人王氏襄國太夫人韓氏仙遊縣君任氏合行典禮詳處其當以時施行詔須大祥後議二年四月詔議崇奉濮王典禮以聞翰林學士王珪等相顧不敢先天章閣待制司馬光獨奮筆立議議成王珪即敕吏以光手藁爲案其議曰臣等謹案儀禮喪服爲人後者按雷氏云此文當云爲人後者爲所後之父闕此五字者以其所後之父或早卒又或後祖父或後曾高祖故闕之也傳曰何以三年也受重者必以尊服服之按受重謂繼宗祀尊服謂斬衰爲所後者之祖父母妻妻之父母昆弟昆弟之子若子若子者皆如親子也又爲人後者爲其父母傳曰何以期也不二斬也持重於大宗者降其小宗又爲人後者爲其昆弟傳曰何以大功也爲人後者辟其昆弟也以此觀之爲人後者不敢顧私親聖人制禮尊無二上若恭愛之心分施於彼則不專一於此故也是以秦漢以來帝王有自旁支入繼大統或推尊父母以爲帝后皆見非當時取譏後世臣等不敢引以爲聖朝法前代之入繼者多宮車晏駕之後援立之策或出母后或出近臣非如仁宗皇帝年齡未衰深惟宗廟之重祇承天地之意於宗室衆多之中簡拔聖明授以大業陛下身爲先帝之子然後繼體承祧光有天下濮安懿王雖於陛下有天性之親顧復之恩然陛下所以負扆端冕富有四海子子孫孫萬世相承者皆先帝之德也臣等愚淺不達古今竊謂今日所以崇奉濮安懿王典禮宜準先朝封贈期親尊屬故事高官大國極其尊榮襄國太夫人仙遊縣君亦改封大國太夫人考之古今實爲宜稱議上中書奏王珪等議未見詳定濮王當稱何親珪等議濮王於仁宗爲兄皇帝宜稱皇伯而不名如楚王涇王故事中書又奏案儀禮爲人後者爲其父母服及案令文五服年月敕並云爲人後者爲其所後父母斬衰三年爲其父母齊衰期即出繼之子於所繼所生父母皆稱父母又漢宣帝光武皆稱其父爲皇考今珪等議皇伯於典禮未見明據請下尚書省集議從之按東都事略歐陽修著濮議引喪服記以爲爲人後者爲其父母服降三年爲期而不沒其父母之名以見服可降而名不可沒也今議者欲以爲人後之故使一旦反視父母若未嘗生我者其絕之也甚矣與中書同議臺諫皆是王珪太后聞之內出手書切責韓琦等不當議稱皇考上命權宜罷議令有司博求典故以聞范鎮時判太常率禮官上言漢宣帝於昭帝爲孫光武於平帝爲祖則其父容可稱皇考然議者猶或非之謂其以小宗而合大宗之統也今陛下既考仁宗又考濮王則其失又非漢宣光武比也凡稱帝稱皇稱皇考立寢廟論昭穆皆非是侍御史知雜事呂誨言臣竊原敕意直欲加濮安懿王爲皇考與仁廟同稱如是則尊有二上服有二斬律禮之文皆相戾臣恭以陛下龍躍藩邸入繼大統南面尊臨皆先帝之德也方勤孝養上奉慈顏猶懼其不足矧復顧私恩別親疏而忘大義哉人言不已誠有累於聖躬欲解天下之疑莫若發睿斷特以手詔自中而下以王珪等前議爲定追封濮安懿王大國諸夫人典禮稱是慰厭人心於體爲順皆留中不下

司馬光又言聖人舉事與衆同欲故能下叶人心上順天意洪範曰三人占從二人言蓋國有大疑則決之於衆自上世而然矣伏見向者詔羣臣議濮安懿王合行典禮翰林學士王珪等二十餘人皆以爲宜準先朝封贈期親尊屬故事凡兩次會議無一人異辭蓋欲奉濮王以禮輔陛下以義也而政府之意獨欲尊濮王爲皇考巧飾詞說誤惑聖聽不顧先王之大典蔑棄天下之公議使宗室疎屬皆以受奉贈而崇濮王之禮未能知二議是非臣更爲陛下別白言之政府言儀禮令文五服年月敕皆云爲人後者爲其父母卽出繼之子於所生皆稱父母臣案禮法必須指事立文使人曉解今欲言爲人後者爲其父母之服若不謂之父母不知如何立文此乃政府欺罔天下之人謂其皆不識文理也又言漢宣帝光武皆稱其父爲皇考臣案宣帝承昭帝之後以孫繼祖故遵其父爲皇考而不敢尊其祖爲皇考以其昭穆同故也光武起布衣誅王莽親冒矢石以得天下名爲中興其實創業雖自立七廟猶非大過況但稱皇考其謙損甚矣今陛下親爲仁宗之子傳曰國無二君家無二尊若復尊濮王爲皇考則置仁宗於何地乎涉前後十一奏乞依王珪等奏定濮王崇奉典禮不報（杜典但載繼兄弟統制服議今補纂繼大統爲先君服議）

天子爲繼兄弟統制服議　唐　宋　金　明

唐陳貞節蘇獻等議曰按禮論晉太常賀循議云禮兄弟不相爲後也故殷之盤庚不序陽甲而上繼於先君漢之光武（按唐志如此或作武宣非）不嗣於孝成而承於元帝又曰晉惠帝無後懷帝承絕懷帝自繼於世祖而不繼於惠帝此蓋禮之常例也

宋眞宗咸平元年判太常禮院李宗訥等言太祖宜稱皇伯后宜稱皇伯妣事下尙書省議戶部尙書張齊賢等言王制天子七廟謂三昭三穆與太祖之廟而七前代或有兄弟繼及亦移昭穆之列是以漢書爲人後者爲之子所以尊本祖而重正統也又云天子絕期喪安得宗廟中有伯氏之稱乎其唐及五代有所稱者蓋禮官之失非正典也請自今有事於太廟則太祖并諸祖室稱孝孫孝曾孫嗣皇帝太宗室稱孝子嗣皇帝劉敞爲兄後議云天子諸侯或傳之諸兄或傳之諸弟既已受國家天下則所傳者雖非子亦猶子道也傳之者雖非其父亦猶父之道也以天下國家爲重矣春秋僖公實閔公之兄閔公遭弒僖不書卽位明臣子一體也公孫嬰齊卒春秋謂之仲嬰齊以謂爲人後者爲之子當下從子例不得復顧兄弟之親稱公孫也儒者或疑禮無後兄弟之文遂以春秋書仲嬰齊爲不與子爲父孫非也子爲父孫誠非禮之正有不得已者春秋正其爲臣子一體而已故實公孫嬰齊而謂之仲嬰齊若春秋本不聽其爲後者則當書曰公孫嬰齊卒學者問之曰此仲嬰齊曷爲謂之公孫嬰齊不與爲兄後也乃可矣夫春秋家猶重之況國乎國猶重之況天下乎故凡繼其君雖兄弟必使子之繼其大宗雖兄弟必使子之如繼其君繼其大宗而不使子是教不子而輕其所託也此文公所以受逆祀之貶也自漢世以來其議尤衆皆曰兄弟不相爲後不當以昭穆格之妄也若不以昭穆格之則天下受之誰乎凡人君以兄弟爲後者必非有子者也引而爲嗣臣子一體矣而當嗣者反以兄弟之故不繼所受國而繼先君則是所受國者竟莫有嗣之者也不可一矣生則以臣子事之死則以兄弟治之忘生悖死不可二矣已實受之後君不受之先君今當自繼先君者不惟棄後君命已之命且廢先君命兄之命不可三矣天下國家則歸之已而父子之禮則恥不爲不可四矣推生嗣死獨可悖哉（按禮爲人後者爲之子本不指兄弟相繼言所謂大宗無子則立支子是也若兄弟相繼雖亦爲嗣統究不同於以姪繼伯叔但當持三年之服而不得竟以兄爲父劉敞之議據三傳閔僖相繼以立言考杜預范甯孔穎達諸說皆謂僖本閔兄而嘗爲之臣故不可以逆祀非謂僖卽當爲閔之子其祖禰之說雖見於公穀而左傳本無此文也蓋不可紊者國統之序而不可改者天倫之名弟可以繼兄不可以禰兄設如劉氏之說弟繼兄統卽爲兄之子則商時陽甲至小乙兄弟四人相承陽甲當爲小乙之曾祖考矣有是理乎宋眞宗爲太祖之從子而張齊賢欲稱孝孫是禰太宗而祖太祖矣眞宗既以太祖爲祖則太宗當以太祖爲父太宗之享太祖稱曰孝弟已二十餘年至眞宗而追改之於理亦爲不順當日從宋湜言祭太祖祝文並稱孝子殆爲得其中云）

哲宗元符三年正月崩徽宗卽位（按宋史本紀哲宗係神宗第六子徽宗係神宗第十一子）太常寺言太宗皇帝上繼太祖兄弟相及雖行易月之制實斬衰三年以重君臣之義公除已後庶事相稱具載國史今皇帝嗣位哲宗實承神考之世已用開寶故事爲哲宗服衰重今神主已祔百官之服並用純吉皇帝服御宜如太平興國二年故事禮部言太平興國中宰臣辥居正表稱公除以來庶事相稱獨命徹樂誠未得宜公除後除不舉樂外釋衰從吉事理甚明今皇帝常服素紗展腳幞頭淡黃衫黑犀帶請下有司裁制宰臣請從禮官議乃詔候周期服吉時詔不由門下徑付有司給事中龔原言喪制乃朝廷大事今行不由門下是廢法也臣爲君服斬衰三年古未嘗改且陛下前此議服禮官持兩可之論陛下既察見其姦其服遂正今乃不得已從之臣竊爲陛下惜開寶時并汾未下兵革未弭祖宗櫛風沐雨之不暇其服制權宜一時非故事也原坐黜知

南康軍於是詔依元降服喪三年之制其元符三年九月自小祥從吉指揮改正高宗紹興三十一年金國使至以欽宗訃聞（按宋史本紀欽宗係高宗之兄）詔朕當持斬衰三年之服以申哀慕權禮部侍郎金安節等請依典故以日易月自五月二十二日立重安奉几筵至六月十七日大祥所有衰服權留以待梓宮之還從之

金大定二十九年有司言世宗與熙宗爲兄弟不相爲後

明武宗正德十六年二月禮部尚書毛澄等言茲者大行皇帝大喪成服已畢伏望皇上以宗廟社稷爲重少節哀情於西角門視事文武百官行奉慰禮上曰朕哀痛方切未忍遽離喪次其以二十七日視朝具儀來聞於是澄等具上儀注曰本月二十七日早上服衰服御西角門視朝文武百官素服烏紗帽黑角帶皂靴行奉慰禮二十八日以後上仍衰服御西角門視朝五月十八日遵依遺詔二十七日服制已滿自十九日以後合照孝宗敬皇帝服制上釋衰服易素翼善冠麻布袍腰絰御西角門視事俱不鳴鐘鼓文武百官仍素服烏紗帽黑角帶皂靴朝參至百日後變服如常候梓宮發引之時另行奏請上從之（按世宗於武宗爲兄弟而服用二十七日之制是既服三年之服矣繼乃恩禮漸衰則議禮之後也）

天子不降服及降服議（周　晉　宋）

周制喪服爲祖父母期爲曾祖父母齊衰三月賈公彥曰天子七月而葬諸侯五月葬爲之齊衰者皆三月藏其服至葬更服之葬後乃除（按此則天子諸侯不降服其曾祖父母也祖父母不降可知）又曰大功章曰適婦注云適子之婦傳曰何以大功也不降其適也既無所指斥明關之天子諸侯也

晉摯虞議天子無服殤之義絕期故也（以上杜典不載今補纂）

宋太祖開寶元年皇妹燕國大長公主高氏卒禮官言皇帝爲公主高氏降服大功仁宗天聖二年五月申國大長公主卒禮官言皇帝降服大功朱子語類期之喪天子諸侯絕大夫降然諸侯大夫尊同則亦不絕不降姊妹嫁諸侯者則亦不絕不降此皆貴貴之義楊信齋云天子諸侯絕旁期尊同則不降正統之期不降於眾子絕而無服

天子爲皇后父母服議（皇后爲父母及爲祖父母服附　周　後魏　宋　明）

周制喪服爲妻之父母緦子夏傳曰何以緦從服也宋庾蔚之曰嫡子爲妻之父母服則天子諸侯亦服妻之父母可知也（按小記云世子不降妻之父母初不言天子諸侯也庾蔚之因世子而推及天子諸侯未爲確論）

後魏孝靜帝武定五年正月齊獻武王（即高歡）薨時祕凶問六日孝靜皇帝舉哀於太極東堂服齊衰三月（按妻之父母當服緦麻三月茲乃隆以齊衰三月是明畏其勢而爲此過情之禮也　以上杜典不載今補纂）

宋制皇帝臨皇后父母喪出宮服常服至所臨處變服素服中宮爲祖父母成服儀訃至命太史擇日成服前一日有司於主人第正寢東設皇后次周以簾帷又設內外命婦次於中門內外其日皇后服常服乘肩輿侍衛如常儀至主人第次前降輿尚儀前引詣坐俟時至皇后釋常服服素服訖尚儀詣次前俛伏跪奏具官臣某姓名言請皇后爲祖父某官薨成服（祖母曰祖妣某夫人某氏餘喪各隨所稱）奏訖俛伏興又躬奏請舉哭十五舉音又躬奏請哭止皇后哭止贊者引內命婦詣次前奉慰次引外命婦儀慰訖皇后釋素服服常服乘肩輿還內如常儀

明制凡中宮父母祖父母薨未成服前內使監令尚服製皇后齊衰及應從臨命婦孝服俟喪家成服之日尚服奉齊衰進於皇后服訖侍女扶引皇后哭詣靈前從臨命婦亦服孝服立哭於其後（按宋政和禮中宮遇祖父母喪服常服至主人第俟成服時至始服素服逮哭止奉慰以後仍服常服還內明集禮但云中宮爲父母祖父母成服日至喪家服齊衰則自宮中詣喪家及成服後還宮時仍當服常服如宋制也　杜典有皇后爲父母服而祖父母無之今採宋政和禮明集禮補纂）

天子爲庶祖母持重服議（五代　明）

晉出帝天福七年七月太皇太后劉氏崩（歐陽史高祖天福七年尊太妃劉氏爲皇太后）高祖之庶母也遺誥服紀園陵毋用后禮皇帝不得廢軍國機務既而禮官奏準令式爲祖父母齊衰周又準喪葬令皇帝本服周者三哭而止請準後唐同光三年皇太妃北京薨莊宗於洛京西內發哀素服不視事三日從之（歐陽史皇祖母劉氏崩輟視朝三日注云高祖時尊爲皇太后矣其崩也喪葬不用后禮見恩禮之薄不書曰皇太后者於帝爲庶祖母也曰崩正其名也）

明世宗嘉靖元年十一月壽安皇太后崩（憲宗之妃興獻王之生母也）世宗服喪二十七日而除（按自漢以後天子由支庶登大位者莫不尊其所生同之於適沒則服以三年若沒於其孫之世則其孫以父之所尊也莫不奉以太皇太后之禮而亦服以三年此後世之常禮也）

天子爲母黨服議（南北朝宋　魏　宋）

宋文帝元嘉三年殷景仁爲中領軍太祖所生章太后早亡上奉太后所生蘇氏甚謹六年蘇氏卒車駕親往臨哭下詔曰朕夙罹偏罰情事兼常每思有以光隆懿戚少申罔極之懷而禮文遺逸取正無所鑑之前代用否又殊故懷疑累年在心未遂蘇夫人奄至傾殂情理莫寄追思遠恨與事而深日月有期將卜窀穸便欲粗依春秋以貴之義式遵二漢推恩之典但動藉史筆傳

之後昆稱心而行或容未允可具詳論以求其中執筆永懷益增感塞景仁議曰至德之感靈氣厥祥文母俔天實熙皇祚主上聿遵先典號極徽崇以貴之義禮盡於此蘇夫人階緣戚屬情以事深寒泉之思實感聖懷明詔爰發詢求厥中謹尋漢代推恩加爵於時承秦之弊儒術蔑如自君作故罔或前典懼非盛明所宜軌蹈晉監二代朝政之所因君舉必書哲王之所愼體至公者懸爵賞於無私奉天統者每屈情以申制所以作令王國貽則後昆臣豫蒙博逮謹露庸短帝從之按魏明宋文皆欲爲外祖母制服而廷臣執議不從蓋皆據天子絕期之義也乃杜典載譙周庾蔚之以爲當服者特據諸侯適子爲外祖父母妻父母行服而推類言之耳不知諸侯適子無君國子民之責其行服固宜天子而欲等之於諸侯之子擬非其倫矣且天子於五服之旁親皆不服則外戚無服可知也乃以爲母族之正統而不降此果何所本乎情固宜從厚而禮又貴乎得中則殷景仁之議未可謂非也

魏胡國珍女生肅宗卽靈太后也神龜元年四月國珍薨肅宗服小功服舉哀於太極東臺以上杜典不載今補纂

宋章穆太后母楚國太夫人吳氏薨太常禮院言皇帝爲外祖母本服小功詳開寶通禮卽有舉哀成服之文又緣近儀大功以上方成服今請皇太后擇日就本宮掛服雍王以下爲外祖母給假其後太后適母韓國太夫人薨亦用此制焉

天子弔大臣服議 宋　明

宋制皇帝臨宗戚貴臣等喪出宮服常服至所臨處變服素服天聖喪葬令皇帝臨臣之喪一品服錫衰三品以上緦衰四品以下疑衰按周禮司服王爲三公錫衰爲諸侯緦衰爲大夫士疑衰鄭司農云錫麻之滑易者十五升去其半有事其布無事其縷緦亦十五升去其半有事其縷無事其布疑衰十四升衰鄭康成云疑之言擬也擬於吉皇從兄節度使樂安郡王惟正薨詔禮官議服奏言天子爲羣臣二品宗室大功以上爲服據惟正本小功親本官三品禮不當掛服特詔擇日掛服皇帝皇太后並素服按期功以下天子絕服宋制爲二品宗室大功親以上爲服已爲過當至惟正本小功親本官三品而特爲之服尤不足爲據矣

明制凡大臣訃奏太史監擇皇帝臨喪日期拱衛司設大次於喪家大門外設御座於正廳中其日鑾駕至大次降輅升輿入易素服百官皆易服皇帝降輿詣靈座前哭百官皆哭太常卿奏止哭三上香三祭酒出至正廳御座主喪以下詣廳下拜位再拜承制官詣喪主前云有制喪主以下皆跪宣制訖皆再拜退立於廳西太常卿奏禮畢皇帝升輿出就大次易服

天子爲大臣及諸親舉哀議 五代　宋　遼　金　明

周世宗顯德二年樞密使鄭仁誨薨其日世宗車駕幸其私第贊禮者引喪主哭於大門內望見乘輿止哭再拜引喪主立於庭皇帝至幕殿改服素服就臨升殿南閒喪主內外再拜皇帝哭十五舉音喪主內外皆哭皇帝詣祭所三奠酒喪主以下再拜皇帝退止哭從官進名奉慰皇帝改常服還內及五年王朴薨世宗臨喪更不具儀

晉高祖天福五年四月曹州防禦使石暉卒帝之從弟也禮官奏天子爲五服之內親本服周者三哭而止從之

宋眞宗時太尉兼侍中王旦薨上臨哭輟視朝三日發哀於苑中仁宗時忠武軍節度使王德用薨詔輟朝三日發哀於苑中其臨喪故事車駕將至所幸之第贊禮者引喪主哭於太門內望見乘輿止哭再拜立於庭皇帝至幕殿改素服就臨喪主內外再拜皇帝哭十五舉音喪主內外皆哭皇帝詣祭所三奠酒喪主以下再拜皇帝退止哭從官進名奉慰皇帝改常服還內按朱子語類本朝於大臣之喪待之甚哀賀孫舉哲宗哀臨溫公事曰溫公固是如此至於嘗爲執政已告老而死祖宗亦必爲之親臨罷樂

遼興宗重熙十二年蕭孝忠薨帝素服哭臨赦死囚數人爲孝忠薦福葬日親臨賜官戶守冢

金熙宗皇統元年五月梁宋國王宗幹薨庚戌上親臨百官奏戌亥不宜哭泣上曰君臣之義骨肉之親豈可避之遂哭之慟六月紀王宗強薨上親臨如宗幹喪世宗大定六年布薩忠義薨上親臨哭之慟輟朝奠祭賻銀千五百兩重綵絹各五十世宗將幸西京復臨奠命參知政事唐古安禮護喪事凡葬祭從優厚官爲給之十二年赫舍哩志寧薨上輟朝臨其喪行哭而入哀動左右將葬上致祭見陳甲柩前復慟哭之賻銀千五百兩重綵五十端絹五百匹葬事祠堂皆從官給宣宗興定五年越王永功薨上親奠於殯所

明制乘輿爲王公大臣舉哀凡王公薨訃報太常司告示百官拱衛司前期於西華門內壬地設御幄南向陳御座於正中上置素褥侍儀司設訃者位於御幄前之南設文武官陪哭位於幄前東西相向奉慰位於訃者位之北北向設贊禮二人位於訃者拜位之北東西相向引訃者二人位於贊禮之南東西相向引文武官四人於文武官之北東西相向其日拱衛司儀仗於奉天門奉迎車駕引禮引文武官素服由西華門入就陪哭位引訃者亦由西華門入立位於西南侍儀版奏外辦皇帝素服乘輿詣幄儀仗分列於幄前之左右和聲郎陳樂於御幄之南設而不作太常卿於幄西跪奏某官來訃某年某月某日臣某官以某疾薨請舉哀皇帝哭

十五聲文武官在位者皆哭其哭聲隨上爲節太常卿跪奏請止哭皇帝止哭百官在位者皆止哭按明史禮志洪武二年開平王常遇春卒訃至禮官請如宋太宗爲趙普舉哀故事遂定制

公主服所生議宋

宋文帝元嘉二十三年七月白衣領御史中丞何承天奏白尚書刺海鹽公主所生母蔣美人喪海鹽公主先離婚今應成服撰儀參詳宜下二學禮官博士議公主所服輕重太學博士顧雅議今既咸用士禮便宜同齊衰削杖布帶疏履朞禮畢心喪三年博士周野王議又云今諸王公主咸用士禮譙王衡陽王爲所生太妃皆居重服則公主情禮亦宜家中朞服爲允其博士庾邃之顏測殷明王淵之四人同雅議何惔王羅雲二人同野王議臺按今之諸王雖行士禮是施於旁親及自已以下至於爲帝王所厭猶一依古典又永初三年九月符修儀亡廣德公主以餘尊所厭猶服大功海鹽公主體自宸極當上厭至尊豈得遂服臺據經傳正文并引事例依源責失而博士顧雅周野王等悍不肯從方稱自有宋以來皇子藩王皆無厭降同之士禮著於故事緦功之服不廢於末戚顧獨貶於所生是申其所輕奪其所重豈緣情之謂臺伏尋聖朝受終於晉凡所施行莫不上稽禮文兼用晉事又太元中晉恭帝時爲皇子服其所生陳氏練冠縓緣此則前代施行故事謹依禮文者也又廣德三公主爲所生母符修儀服大功此先君餘尊之所廢者也元嘉十三年第七皇子不服曹婕好止於麻衣此厭乎至尊者也博士既不據古又不依今背違施行而多作浮辭自衞乃云五帝之時三王之季又言長子去斬衰除禫杖皆是古禮今世博士雖復引此諸條無救於失又詰臺云藩國得遂其私情此意出何經記臣按南譙衡陽太妃並受朝命爲國小君是以二王得遂其服豈可爲美人比例尋藩王得遂者聖朝之所許也皇子公主不得申者由有厭而然也臺登重更責失制不得過十日而復不酬答既被催攝二三日甫輸怙辭雖理屈事窮猶聞義恥服臣聞喪紀有制禮之大經降殺攸宜國家舊典古之諸侯衆子猶以尊厭況在王室而欲同之士庶此之僻謬不俟言而顯太常統寺曾不研卻所謂同乎失者亦未得之宜加裁正宏明國典謹案太學博士顧雅國子助教周野王博士王羅雲顏測殷明何惔王淵之前博士遷員外散騎侍郎庾邃之等咸蒙抽飾備位前疑既不謹守舊文又不審據前準遂上背經典下違故事率意妄作自造禮章太常臣敬叔位居宗伯問禮所司騰述往反了無研卻混同茲失亦宜及咎請以見事並免今所居官解野王領國子助教雅野王初立議乖舛中執捍徵失未違十日之限雖起一事合成三愆羅雲掌押捍失三人加禁錮五年詔敬叔白衣領職餘如奏杜典不載今補纂

欽定續通典卷七十五

欽定續通典卷七十六

禮凶

臣民爲太皇太后皇太后服議 五代 宋 明

臣等謹案太皇太后皇太后崩杜典見於大喪初崩及山陵制其於臣民之服未甚詳悉茲特另著於篇

後唐莊宗同光三年貞簡皇太后遺令中書門下翰林學士在朝文武百官內諸司使及諸道節度觀察防禦使刺史監軍及前資官并寮佐官吏士庶僧道百姓並準本朝故事降服施行勿使過制其月太常禮院奏按故事中書門下翰林學士在朝文武官內諸司使供奉官以下從成服三日每日赴長壽宮朝臨自後不臨其服以日易月十三日除每至月朔月望小祥大祥釋服日未除服者縗服臨已除服者則素服不臨並赴長壽宮先拜靈訖移班近東進名奉慰又奏准故事文武前資官及六品以下未升朝官并士庶等各於本家素服一臨禁衛諸軍使已下各於本軍廳事素服一臨僧尼道士各於本寺觀一臨外命婦各於本家素服朝臨三日諸道節度觀察防禦團練刺史及僚佐等聞哀後當日成服三日改縿十三日除從之

宋太祖建隆二年六月二日皇太后杜氏崩於滋德殿三日百官入臨明日大斂殯於滋德宮百姓成服中書門下文武百僚諸軍副兵馬使以上並服布斜巾四腳直領襴衫外命婦帕頭帔裙衫神宗元豐二年太皇太后崩（慈聖光獻曹皇后英宗卽位冊爲皇太后神宗卽位尊爲太皇太后）是日文武百官入宮宰臣王珪升西階宣遺誥已內外舉哭盡哀而出哲宗元祐八年太皇太后崩（宣仁聖烈高皇后神宗卽位尊爲皇太后哲宗卽位尊爲太皇太后）遺誥皇帝成服三日聽政羣臣十三日諸州長吏以下三日而除釋服之後勿禁作樂高宗紹興元年皇太后崩（昭慈聖獻孟皇后元祐七年冊爲皇后元符末號元祐皇后高宗立尊爲元祐太后尋以所居宮稱隆祐太后）太常寺言遇皇帝視事日宰相奏事去杖小祥日奏事去冠餘官如之皇帝聽政未釋服前其引班若行弔臨之禮卽服喪經如遇內殿引班奏事及從駕常服黑帶士庶以下服軍人百姓白衫紙帽婦人素縵不花釵三日止士庶婚嫁服除外不禁文武臣寮之家至山陵祔廟畢並許嫁娶不用花綵仍禁樂定制皇太后崩服齊衰服中書門下省樞密使副尙書翰林學士節度使金吾衛上將軍文武官二品以上布頭冠布斜巾四腳大袖襴衫裙袴腰絰桐木杖絹襯衫文武五品以上并職事官監察御史以上內客省宣政昭宣使知閤門事及入內都知押班布頭冠幞頭大袖襴衫裙袴腰絰自餘文武百官三省樞密院書令史以上及御史臺閤門太常寺引班祗應人布襴衫腰絰百日皇帝於几筵前行燒香禮諸路庶民禁樂并屠宰一日宰臣率百官入臨奉慰

明英宗正統七年誠孝太皇太后崩（誠孝張皇后洪武中冊爲燕世子妃仁宗立冊爲皇后宣宗卽位上尊號曰皇太后英宗卽位加上太皇太后）禮部議奏事宜在京文武官聞喪素服烏紗帽黑角帶自明日始至第三日每旦詣思善門外哭退於本衙門齋宿不飲酒食肉第四日具斬衰服至思善門外朝夕哭臨三日各十五舉哀止凡入朝及在外衙門視事用布裹紗帽黑角帶素服腰絰麻鞋退卽服衰服通前二十七日而除一品至四品命婦麻布大袖圓領長衫蓋頭淸晨由西華門入至思善門外哭臨三日悉去金銀首飾仍素服通前二十七日而除軍民素服婦人素服不妝飾俱以聞喪日爲始二十七日而除在外文武官員人等遺誥到日素服烏紗帽黑角帶行四拜禮跪聽宣讀訖舉哀再行四拜禮畢各置斬衰服於衙門內望闕設香案朝夕哭臨三日各十五舉聲止其命婦聞喪素服舉哀三日各十五舉聲（以上素服俱自聞喪之日通計二十七日而除）軍民男女止素服十三日

臣民爲天子服議 唐 宋 明

臣等謹案古天子與諸侯實各治其國禮惟諸侯爲天子服大夫之朝於天子者有服故杜典載諸侯及公卿大夫諸侯之大夫爲天子服議言諸侯之大夫則侯國士庶不與矣古之諸侯略如後世之封疆大吏古諸侯之臣略如後世之郡邑守長乃古者自諸侯以下有斬衰繐衰之分而漢以後之外吏與庶民率皆三日而釋服儀禮庶人爲國君齊衰三月註云天子畿內之民服天子亦如之則畿外之民不服矣漢以後庶民之服徧於天下其時分封諸侯王雖參錯郡縣之閒而天子之聲靈逮於遐荒已非各君其國者比矣蓋古今異勢服亦隨之而遞變吏則由重而減輕民則推近以及遠此一統之所以異於封建也類而推之古諸侯之夫人爲天子齊衰不杖期諸侯之子嫌不敢服士之子賤不制服大夫之子則與士俱服斬衰多與後世之制不同自唐以下特立臣民爲天子服一條而去其諸侯及公卿大夫諸侯之大夫爲天子服二目以見古今之異禮也

唐代宗崩廷臣議羣臣喪服常衮以爲禮臣爲君斬衰

三年漢文權制猶三十六日玄宗以來始服二十七日古者卿大夫從君而服羣臣當從皇帝二十七日而除其天下吏人三日釋服自遵遺詔崔祐甫以爲遺詔無朝臣庶人之別但言天下人吏敕到後出臨三日皆釋服則朝野中外何非天下凡百執事誰非吏職皆應三日釋服相與力爭聲色陵厲袞不能堪乃奏祐甫率情變禮貶之案舊唐書崔祐甫傳袞排祐甫原出私心而其論喪禮則是蓋服制自三十六日降爲二十七日又欲易之以三日祐甫之議非矣

宋制有三等中書門下樞密使副尚書翰林學士節度使金吾上將軍文武二品以上布梁冠直領大袖衫布裙袴腰經竹杖或布幞頭襴衫布斜巾絹襯服文武五品以上幷職事官監察御史以上內客省宣政昭宣知閤門事殿前都知押班布梁冠直領大袖衫裙袴腰經或幞頭襴衫腰經入局治事並不易服宰執奏事去杖小祥去冠餘官奏事如之大祥素紗軟腳折上巾黲公服白鞓錫帶禫除畢去黲服常服仍黑帶皂鞍韉祔廟畢始純吉服宗室出則常服居則衰麻以終制軍人百姓白衫紙帽婦人素縵不花釵三日止士庶婚嫁服除外不禁文武臣僚之家至山陵祔廟畢並許婚嫁不用花欵仍禁樂甯宗居光宗之憂復令百官以日易月禫除畢服紫衫皂帶以治事從禮部侍郎陳宗召請也諸路監司州軍縣鎮長吏以下服布四腳直領布襴衫麻腰經朝晡臨三日除內外命婦當入臨者布裙衫帔首經絹襯衫帕首士庶於本家素服三日而除案朱子議服始三日用古冠服上衣下裳以後用今制四腳幞頭等自京官以上是一等服京官以下是一等服士人又一等服庶人又一等如此等級分明乃善

明洪武三十一年太祖崩禮部議奏事宜在京五府六部等衙門官員聞喪次日各易素服烏紗帽黑角帶赴內府聽宣遺詔畢於本衙門齋宿素服朝晡詣几筵哭仍各置孝服至第四日成服朝晡哭臨至葬畢而止仍自成服日爲始服孝服二十七日而除其命婦亦於第四日各具孝服由西華門入哭臨不許戴金銀首飾在外大小文武官員人等詔書到日素服烏紗帽黑角帶跪聽宣詔訖舉哀各置孝服至第四日成服爲始每旦設香案哭臨三日而除永樂二十二年成祖崩禮部議奏在京文武官初聞喪素服烏紗帽黑角帶明日晨詣思善門外哭退各置斬衰服於本衙門歇宿不飲酒食肉第四日成服具衰服詣思善門外哭臨三日又朝臨十日按仁宗及宣宗實錄俱朝臨七日各十五舉聲成服日爲始服衰服二十七日聽選辦事等官服衰服監生吏典僧道人等素服以成服爲始皆赴順天府朝闕設香案朝夕哭臨三日又朝臨十日按仁宗及宣宗實錄俱朝臨七日各十五舉聲仍各素服二十七日而除文武官命婦按仁宗及宣宗實錄俱云文武官員一品至四品命婦聞喪第四日各服麻布大袖圓領長衫麻布蓋頭清晨由西華門入哭臨三日去金銀首飾素服二十七日軍民素服婦人素服不妝飾俱二十七日在外俱以聞喪日爲始令到文武官員素服烏紗帽黑角帶行四拜禮跪聽宣詔訖舉哀再行四拜禮畢各置斬衰服於本衙門宿歇不飲酒食肉第四日成服每旦設香案朝夕哭臨三日又朝臨十日按仁宗及宣宗實錄俱朝臨七日各十五舉哀餘與在京文武官儀注同文武官命婦聞喪素服舉哀三日各十五舉聲去金銀首飾素服二十七日而除軍民男女皆素服一十三日

皇太后皇后以下爲天子服議宋　明

宋太宗之喪太常禮院上言皇太后皇后內外命婦布裙衫帔帕頭首經絹襯服六宮內人無帔皇帝皇后諸王公主諸縣主諸王夫人六宮內人並左被髮皇太后全被髮孝宗崩太皇太后有旨皇帝以疾聽在內成服太皇太后代皇帝行禮

明太祖崩將葬之夕設辭奠帝后太子以下皆衰服以序致祭洪熙元年仁宗崩皇太子還自南京至良鄉宮中始發喪自皇后以下皆被髮哭嘉靖四十五年肅皇帝崩禮部議發喪皇貴妃等妃殿下妃皇孫涇簡王妃等妃景恭王妃甯安公主舉哀各歸喪次成服日皇貴妃殿下妃皇孫及各王妃公主皆成服各設祭一壇六尚及宮人各隨祭禮畢各歸喪次

宗室童子爲天子服宋

宋制太上皇帝喪未冠者依皇孫服制案白虎通童子諸侯不朝而來奔喪者何明臣子於其君父非有老少也亦因喪質無盤旋之禮但盡悲哀而已

皇后爲親屬舉哀議五代　宋

晉高祖天福七年三月皇后爲妹契丹樞密使趙延壽妻燕國長公主卒於幽州舉哀於外次

宋孝宗乾道三年孝明皇后姊太原郡君王氏卒中書門下據太常禮院狀準禮例皇后合出就故新德軍節度使王饒第發哀成服文武百僚詣其第進名奉慰從之

皇后親爲皇后服議宋

宋甯宗慶元六年恭淑皇后上仙太常寺言韓侂係皇后兄合服大功九月侂之子照典故合解官持服三年從之

臣民爲皇后服議宋　明

宋眞宗章穆皇后郭氏景德四年四月十五日崩羣臣三日釋服諸道州府官吏訃到日舉哀成服三日而除

明太祖洪武十五年高皇后崩禮臣議定喪禮聞喪次日文武百官素服行奉慰禮在京文武百官於聞喪之次日清晨素服詣右順門外具喪服入臨臨畢素服行奉慰禮第二日第三日禮同文官一品至五品武官一品至三品命婦於聞喪之次日清晨素服至乾清宮具喪服入臨行禮不許用金珠銀翠首飾及施脂粉喪服用麻布蓋頭麻布衫麻布長裙麻布鞋在京文武百官及聽除等官人給布一匹自製喪服皆服斬衰自成服爲始二十七日而除仍素服至百日始服淺淡顏色衣服在外文武官喪服服制與在京官同聞訃日於公廳成服三日而除命婦喪服與京官命婦同亦三日而除軍民男女皆素服三日成祖永樂五年定文皇后喪禮文武百官自次日爲始各就公署齋宿至二十七日止文武四品以上命婦成服日爲始喪服詣思善門內哭臨三日而止聽選辦事等官各喪服監生吏典僧道者老各素服自成服日爲始赴應天府舉哀三日案杜典諸侯及公卿妻爲皇后服後世文武百官命婦遵行此義杜典藩國臣爲皇后服後世在外文武官亦遵行此義而杜典言臣而不及民後世又加詳焉故備錄之

皇太子爲皇后不終三年服議 唐 明

唐德宗貞元初昭德皇后崩中外服除皇太子諸王將服三年詔太常議太子服博士暢當與張薦等曰子爲母齊衰三年蓋通喪也太子爲皇后服古無文晉元皇后崩亦疑太子服杜預議古天子三年喪既葬除服魏亦以既葬爲節皇太子與國爲體若不變除則東宮臣僕亦以衰麻出入殿省太子遂以卒哭除服貞觀十年六月文德皇后崩十一月而葬太子喪服之節國史不書至明年正月以晉王爲并州都督既命官當已除矣今皇太子宜如魏晉制既葬而虞虞而卒哭卒哭而除心喪三年宰相劉滋等請三十日除入謁則服墨縿還宮衰麻右補闕穆質上疏曰三年之喪漢文帝以宗廟社稷之重自貶乃以日易月太子人臣也不得如人君之制母喪宜無厭降父在爲母期古禮也國朝服之三年臣謂三年則太重惟行古爲得禮德宗遣內常侍馬欽敘謂質曰太子有撫軍監國問安侍膳之事有司以三十日除既葬釋服以墨衰終是何疑邪質又奏曰太子於陛下子道也臣道也君臣以義則撫軍監國有權奪父子問安侍膳固無服衰之嫌古未有服衰而廢者舒王以下服三年將不得問安視膳耶詔宰臣與有司更議太常卿鄭叔則草奏既葬卒哭十一月小祥十三月大祥十五月禫內謁則墨服從之及董晉代叔則爲太常卿帝曰皇太子服期穌諫官初非朕意暢當等請循魏晉故事至論也案父在爲母古禮原止期服至唐始增爲三年穆質請依古服期雖己違朝制然猶曰古禮可依也乃暢當輩堅守杜預之說欲卒哭而除已爲非禮之極而宰相猶以爲過重然則母喪竟可不服乎厥後德宗雖從太常之議終以暢當說爲善誤矣

明太祖洪武十六年八月孝慈皇后小祥皇太子服熟布練冠九禩去首絰負版辟領衰見上及百官則素服烏紗帽烏犀帶及成祖永樂六年七月仁孝皇后小祥皇太子服亦如之案明太祖太宗實錄馬徐兩皇后初崩禮官所上儀注俱不載太子服制會典亦然至小祥則言去負版辟領衰則初喪衰服可知也

皇太子爲所生母服議

臣等謹案杜典載晉廢帝海西公太和中太子所生陳淑媛薨晉書禮志孝武帝太元十五年淑媛陳氏卒皇太子所出也海西公無太子當從晉志作太元中爲是徐邈議當依公子爲母練冠麻衣既葬除之殷仲堪以爲當依庶子爲後服所生母緦皇子服乃練冠耳夫徐邈所引公子爲母條乃禮汎言諸侯之庶子非指爲後者言也若主爲後者立論當以殷仲堪之說爲長且禮言庶子爲後者爲其母自必存亡同之豈可專謂父亡之後乎雖既葬而除與緦麻三月其服之輕重無甚異然一在五服之內一在五服之外其禮自有閒矣況古諸侯之妾視大夫三月而葬則既葬而除者尙有三月之服後世皇家之葬或一月或二三月甚者或止數日則既葬而除者多不及三月之期矣而可乎徐邈之論雖詳終不若仲堪之核也

皇太子爲庶母服議 明

明太祖洪武七年九月孫貴妃薨十一月一日孝慈錄成太祖既裁定喪禮太子當服齊衰杖期按開元禮政和禮書儀家禮俱爲庶母緦麻三月即明令與集禮亦皆曰爲庶母緦而孝慈錄加爲杖期會典同太子曰在禮惟士爲庶母服緦大夫以上爲庶母則無服又公子爲其母練冠麻衣既葬除之蓋諸侯絕期以下無服諸侯之庶子雖爲其母亦厭於適母不得申其私故權爲此制也然則諸侯之世子不爲庶母服也明矣今陛下貴爲天子臣忝居適長幸得備位儲副而爲庶母服期非所以敬宗廟明正體重繼世也上必欲太子服之桂彥良持衰服之太子不得已乃服以拜謝明史貴妃無子明太祖命吳王橚主喪事服慈母服斬衰三年皇太子及諸王皆齊衰杖期或曰太子即孫妃所出也故特爲之加服云閻若璩曰成穆貴妃薨上命吳王爲之子則似無所出者且果生懿文豈有命之杖期而如此執禮不少爲感動者乎按懿文太子所執雖亦古制然新禮既行即不宜泥古以違父命必如桂彥良所諫當緣君父之情不可執小禮以虧大孝斯得之也

諸王出後爲本生父母議 明

明武宗正德八年十一月丁酉初淮寧王世子見濂卒無子康王老請以次子淸江王見濈攝府事逮康王薨見濈尋卒其長子祐棨襲爲淮王已而見濂得追封淮安王其妃王氏爲王妃時制冊稱安王爲祐棨伯父故其常祭祝號安王稱王伯淸江王稱王考且安王妃王氏仍居世子府宮而本生母趙氏入居永壽宮輔導官謂其非宜言於王王奏其生在安王卒後未嘗爲嗣欲加重其私親事下禮部移江西守臣令輔導官勘覆乃謂安王伯父之稱本諸制詞惟稱淸江王爲王考於義未協案禮諸侯之子爲天子後者禰於所後之天子而不得禰於所生之諸侯別子之子爲諸侯後者禰於所後之諸侯而不得禰於所生之別子其不爲人後者子爲天子而父非天子則必追尊之詔已播於天下乃可禰其父爲天子子爲諸侯而父非諸侯則必追封之請已允於天子乃敢禰其父爲諸侯今之親王卽古所謂諸侯也今之郡王卽古所謂別子也親王所主祭之皇考則諸侯之禰廟也淮王既不後於其伯則非爲人後者欲乞以淸江王追封入廟與安王同爲三世之穆似兩得之但今未得請王乃以親王之爵主祭郡王之廟祝號稱爲王考是卽子爲諸侯而父非諸侯請未允於天子而輒稱父爲諸侯又生母趙氏未得進封遽稱國母先居永壽宮此則其非據者於是禮部尚書劉春謂安王雖未封而卒今已追封爲王祐棨雖生於安王卒後今既入繼親王則實承安王後矣皆朝廷之命非無所承也又更欲追封其所生之父則安王封謚之命將安委乎徒欲顧其私親而不知繼嗣之重事體殊戾況安王既追封入廟爲三世之穆淸江王又欲進封則一代二穆豈禮哉祝號稱呼不可以制冊爲據惟當以所後爲稱其淸江王祀事宜令次子祐授主之淮王無與也所居宮則安王妃遷入永壽宮淸江王妃退居淸江府斯禮典法令皆得矣詔以其援據甚明從之十一月甲子初交成榮惠王薨無嗣姪表枂襲爵得追封本生父奇瀟爲王至是管府事鎭國將軍奇泖請加封奇瀟之女太平郡君爲縣主下禮部議尚書劉春言加封事例施於世次應襲王爵而未得者若世次不應襲其子雖進襲王爵惟以繼嗣爲重不得加封至於子女尤所弗論所以正統緒定名分也交成王表枂以姪繼伯追封其父已爲過分乃又欲加封其女不可許且請申諭各王府今後有旁支進襲王爵者不得奏請加封父母及其父母所生之子女違者罪坐輔導官上是之九年八月壬寅先是鄭康王祐枔薨無嗣詔以其從弟祐檡襲封爲鄭王蓋簡王之孫而東垣端惠王之子也嘗爲其父奏請追封入廟凡三上疏禮部屢覆鄭王以旁支入繼親王不得顧其私親詔如議至是復以爲請下禮部議以鄭王懇疏雖出於孝然非以禮事其親者執議如初詔曰既於禮有悖其已之

爲皇太子服議 宋 明

宋孝宗乾道三年莊文太子薨 太子名愭孝宗適長子乾道元年立爲太子賢孝上皇與帝皆愛之 設素幄於太子宮正廳之東皇帝自內常服至幄俟時至易服皂幞頭白羅衫黑銀帶絲鞵就屋發哀是日皇后服素詣宮隨時發哀如宮中之禮合赴陪位官並常服吉帶入麗正門詣宮幕次俟時至常服黑帶立班俟發哀畢易吉服退自發哀至釋服日皇帝不視事權禁行在音樂仍命諸寺院聲鐘成服日皇帝服期衣粗布幞頭襴衫腰絰絹襯衫白羅鞵以日易月十三日而除 案父爲長子三年不獨儀禮爲然唐開元宋政和諸禮莫不皆然乃禮文則如彼而制服則如此世咸謂長子服期由明太祖始改不知前代已不行三年矣 皇后服次粗布蓋頭長衫裙帔絹襯服白羅鞵六宮人不從服皇太子妃及本宮人並斬衰三年文武百官成服一日而除其文武合赴官及御史臺閤門下太常寺引班祗應人並服布幞頭襴衫腰繫布帶本宮官僚並服齊衰三日服臨七日而除釋衰服後藏其服至葬日服葬畢而除寧宗嘉定十三年景獻太子薨 太子名詢燕懿王後藝祖十一世孫也寧宗養於宮中賜名曮立爲皇太子更名幬又更名詢 其發哀制服並如莊文太子之禮

明太祖洪武二十五年懿文皇太子薨 太子名標高帝長子 命禮部議喪禮侍郎張智等議曰喪禮父爲長子服齊衰期年又云期之喪達乎大夫今斟酌其宜皇帝當以日易月服齊衰十二日祭畢釋之世宗嘉靖二十八年莊敬太子薨禮部尚書徐階上議曰案查景泰四年成化八年及嘉靖十二年雖節有皇太子喪儀但俱在下殤奉旨禮從簡殺今皇太子冊立已踰十年近又已成冠禮所有先年簡殺儀文未敢援據爲例臣等謹案本朝喪服之制父爲長子服期又案儀禮臣爲君長子齊衰不杖期傳曰何以期也從服也言從君而服也臣等謹參酌古今事宜自十七日至十九日皇上服淺淡服色二十日易素服凡十二日而除文武百官聞喪素服烏紗帽黑角帶於本衙門宿歇至二十日早具齊衰服不杖赴思善門舉哀行四拜禮二十二日百官素服烏紗帽黑角帶詣西角門行奉慰禮退易布裹紗帽絰帶麻履本衙門辦事通十二日而除奏入上曰天子絕期況十

五歲之外方出三殤朕服非禮止輟朝十日百官如制成服無詣門哭臨之禮

爲太子妃服議 明

明懿文太子常妃薨太祖素服輟朝三日中宮素服哀臨皇太子服齊衰葬畢焚於墓所常服還內皇孫服斬衰置靈座傍遇祭奠則服之諸王公主服如制神宗時皇太子才人王氏薨詔視皇太子妃郭氏例輟朝五日不鳴鐘鼓帝服淺淡色衣百官青素服黑角帶朝參皇長孫主饋奠

爲皇子服議 宋

宋仁宗慶歷三年集賢校理余靖奏曰臣伏見陰陽剋擇官狀申皇子故鄂王殯祓服並取今月初四日又見每年正月五日紫宸殿開宴管領契丹賀正人使恐有司循故事申舉以戒使爲重依例作樂開宴臣敢先事言之故鄂王雖在襁褓是爲無服之殤已賜爵命當同成人之例今日服之明日宴樂情何以安且臣寮之家遭此喪尙當給假況萬乘之主不得申其私恩深可痛也昔周景王以子喪既葬而與宴春秋譏之以爲失禮古者卿佐之喪雖有祭祀尙猶廢樂況在親父子乎

爲公主服議 唐 宋 明

唐太宗貞觀時豫章公主薨魏徵上奏曰自豫章公主薨逝陛下久著素服羣情悚慄咸不自寧臣聞古之王者絕於期服此乃前書典禮列代舊章陛下發上聖之慈深下流之慟素服以來遂經旬月悼往之義足爲加隆伏願割無已之痛從先王之禮改御常服以副羣下之心臣濫蒙重任不敢寢默帝從之案天子於公主本無服唐太宗素服經月則踰於禮制矣故魏徵諫止列在名臣奏議內杜典未載今補纂并舉宋史禮志明會典列敍於後 唐書豫章公主爲太宗第六女

宋太祖開寶六年皇妹燕國大長公主薨禮官言皇帝爲已出適之公主降服大功請輟朝三日詔特輟五日仁宗天聖二年申國大長公主卒禮官言皇帝降服大功請輟朝一日詔特輟五日堂攢掩壙亦各輟一日

明制公主喪聞上輟朝一日各王孝服花冠等件內府內官監等衙門成造其七七百日周年二周年除服御祭各一壇

爲諸王服議 宋 明

臣等謹案杜典於爲太子妃服議下附諸王妃而於諸王闕如今補纂

宋禮院例冊齊衰期大功各輟視朝三日小功緦麻輟視朝一日咸平六年皇弟兗王元傑薨景德二年皇弟雍王元份薨禮官言皇帝爲兗王雍王並齊衰期請輟三日詔特輟五日堂欑啟欑發引掩壙日又各輟一日天聖五年齊王元佐薨禮官言本服齊衰期不視事三日詔特輟五日朝參

明太祖洪武二十八年秦王樉薨詔定喪禮禮部尙書任亨泰言考宋制宜輟朝五日今遇時享請暫輟一日皇帝及親王以下至郡主及靖江王宮眷服制皆與魯王喪禮同皇太孫服齊衰期亦以日易月十三日而除素服期年從之定制親王喪輟朝三日禮部奏遣官掌行喪葬禮翰林院撰祭文諡冊文壙志文工部造銘旌遣官造墳欽天監官卜葬其服制王妃世子衆子及郡王郡主下至宮人斬衰三年封內文武官齊衰三日哭臨五日而除在城軍民素服五日郡王衆子郡君爲兄及伯叔父齊衰期年郡王妃小功

爲諸王妃服議 宋 明

宋制皇帝臨諸王妃喪出宮服常服至所臨處變服素服

明太祖洪武九年五月晉王妃謝氏薨命議喪服之制侍講學士宋濂等議曰按唐制皇帝爲皇妃等舉哀宋制皇帝爲皇親舉哀今參酌唐宋之制皇帝及中宮服大功東宮公主親王等皆服小功晉王服齊衰期靖江王妃服小功王妃服緦麻輟朝三日既成服皇帝素服入喪次十五舉哀百官奉慰皇帝出次釋服服常服制曰可其後王妃喪視此

爲皇子殤服議 宋

宋仁宗康定二年皇子壽國公昕薨年二歲禮官言已有爵命宜同成人遂發哀成服神宗熙寧十年永國公薨係無服之殤詔特舉哀成服

欽定續通典卷七十六

欽定續通典卷七十七

禮 凶

喪制上

初喪 宋 元 明

宋司馬光書儀疾病遷居正寢內外安靜以俟氣絕男子不絕於婦人之手婦人不絕於男子之手既絕諸子啼兄弟親戚侍者皆哭各盡哀止哭朱子家禮疾病遷居正寢既絕乃哭明邱濬補儀節云遷居正寢戒內外書遺言加新衣屬纊廢牀寢地楔齒舉哀

元制凡有疾危殆移居外帳房死則殯殮其中

明品官喪屬纊以俟氣絕乃廢牀寢於地 庶人喪禮同

復 始卒事位及奠訃告等附 宋 明

宋政和五禮新儀品官喪位皆以服精麤為序復於正寢復者三人 六品以下二人婦人親其夫 皆常服以死者之上服左荷之升自前東榮當屋履危 危屋棟也 北面西上左執領右執腰招以左每招曰皋某復三呼而止 丈夫稱字或伯仲婦人皆稱姓 投衣於前受以箱升自東階入以覆尸復者降自後西榮復衣不以襲斂 浴則去之 設牀第於室戶內之西去腳舒簟設枕施幄去裙遷尸於牀南首覆用夷衾 大斂時所用之衾也黃表素裏下同 去死衣 疾困所加新衣 即牀而奠 按葬以前皆謂之奠其禮甚簡蓋哀不能文而於新死者亦未忍遽以鬼神之禮事之也 贊者以脯醢酒用吉器升自東階設於尸東當腢 內喪皆內贊者行事受於戶外入而設之 既奠贊者降出帷堂司馬光書儀侍者一人以死者之上服左執領右執腰就寢庭之南北面招以衣呼曰某人復凡三呼畢卷衣入覆於尸上然後行死事立喪主主婦護喪司書司貨易服訃告護喪司書為之發書訃告於親戚及僚友朱子家禮復立喪主主婦護喪司書司貨 按邱濬補載諸器物非盡始死時所需多有用于既襲既斂之後者故不錄 乃易服不食治棺訃告於親戚僚友

明品官喪復於正寢復者以死者之上服左荷之升自前東榮當屋履棟北面西上左執領右執腰招以左每招曰某人復三呼而止以衣投於前承之以篋升自東階入以覆尸復者降自後西榮乃立喪主主婦護喪司書司貨執事者設牀於室戶內之西去腳舒簟設枕施幄遷尸於牀南首覆用斂衾去死衣即牀而奠奠者以酒饌升自東階設於尸東當腢既奠贊者降出帷堂

大夫士弔服 宋 遼

宋朱子家禮凡弔皆素服 幞頭衫帶皆以生白絹為之 黃榦儀禮弔服圖說大夫相為弔服弁經錫衰士朋友相為服弔服加麻緦經帶疑衰素裳庶人弔服素委貌白布深衣婦人弔服吉笄無首素總服婦與夫同

遼制弔服用素服乘赭白馬

三不弔議 明

明呂坤四禮疑曰三不弔非人情也三族五服之親是可已乎禮畏壓溺皆不弔正遠於人情父母妻族五服血屬之親寧忍於不弔乎

沐浴 宋 明

宋政和五禮新儀品官喪將沐掌事者淅稷米 六品以下用粱米 取潘煮之又汲為湯以俟浴以盆承潘及沐盤升自西階以授沐者 以侍者四人為之六品以下二人 沐者執潘及盤入主人以下皆出戶外北面西上 按沐浴裸裎主人出至設明衣裳而後入入子之於父母若有所避者古命士以上父子異宮必無裸裎以見其子者死而沐浴猶此志也 俱立哭 丈夫在東婦人在西婦人權障以帷下同 乃沐櫛束髮用組浴則四人抗衾二人浴拭用巾拒用浴衣濡濯棄於坎設牀於尸東衽下莞上簟浴者舉尸易牀設枕翦鬢斷爪盛以小囊大斂納於棺著明衣裳 按此生時之齋服也陳用之云明衣以致其精明之德 以方巾覆面仍以大斂之衾覆之主人以下入就位哭士庶人喪同惟淅粱米及浴不云四人與無抗衾二人為異耳

司馬光書儀將沐浴則以帷障臥內侍者設牀於尸所臥牀前縱置之施簀席簟枕不施氈褥遷尸於牀上南首覆之以衾侍者掘坎於屏處潔地陳襲衣裳於堂前東北藉以席西領南上幅巾一充耳二用白纊幎目一用帛方尺二寸握手用帛長尺二寸廣五寸深衣大帶屐又陳沐浴之具於堂前西壁下南上沐巾一浴巾二設於篋櫛置於桌子上侍者以沐浴湯入主人以下皆出立於帷外北面侍者沐髮櫛之晞之以巾撮為髻舉衾而浴拭之以二巾翦爪如平時其沐浴餘衣及巾櫛皆棄於坎遂築而實之侍者別設襲牀施薦席氈褥枕如平時先置大帶深衣袍襖汗衫袴襪勒帛裹肚之類於其上遂舉以入置浴牀之西遷尸於其上悉去病時衣及復衣易以新衣但未著幅巾深衣屐移至堂中間卑幼則各於其室中間執事者置脯醢酒於桌升自阼階祝盥手洗盞斟酒奠於尸東當腢巾之 按士喪禮復者降楔齒綴足即奠脯醢醴酒於尸東開元禮五品以上如士喪禮六品以下含而後奠宋不以官品高下沐浴正尸然後設奠於事為宜奠謂斟酒奉至桌上而不酹也主人虞祭然後親奠酹巾者以辟塵蠅凡無兩階者止以階之東偏為阼階西偏為西階祝選親戚為之 明邱濬家禮補有沐浴之具幃掘坎為甕盆瓶沐巾浴巾櫛組

明制品官喪沐巾浴巾浴衣皆具於西序南上陳襲衣於房中掌事者為湯以俟以浴盆及沐盤升自西階以授沐者 以侍者四人為之六品以下三人 沐者入喪主以下皆出戶外北面西上俱立哭乃沐櫛束髮用組抗衾而浴拭以巾

餘水棄於坎設牀於尸東下莞上簟浴者舉尸易牀設枕翦鬢斷爪盛於小囊大斂納於棺著明衣裳以方巾覆面仍以大斂之衾覆之喪主以下入就位哭庶人喪侍者以湯入喪主以下皆出幃外北面侍者沐髮櫛之晞以巾撮爲髻抗衾而浴拭以巾翦爪併沐浴餘水巾櫛棄於坎而埋之

含　宋　明

宋政和禮品官喪贊者奉盤水及笄（笄竹器也）飯用稷含用璧升堂（六品以下用粱與貝）含者（六品以下主人自爲之）盥手於戶外贊者沃盥含者洗稷璧（粱貝同）實於笄執以入贊者從入北面徹枕奠笄於尸東含者坐於牀東西面發巾實飯含於尸口訖主人復位（位在尸東）庶人喪贊者舉奉盤以及笄飯用粱含用貝升堂主人出盥手於戶外洗粱貝實於笄執以入徹枕奠笄於尸東主人坐於牀東西面發巾實飯含於尸口訖主人復位司馬光書儀侍者陳飯含之具於堂前西壁下南上錢三實於小箱（古者飯用米貝今用錢猶古用貝也大夫以上仍有珠玉錢多既不足貴又口所不容珠玉則更爲盜賊之招故但用三錢而已）米二升實於盌（古者諸侯飯用粱大夫用稷士用稻今但用鄭士平日所食之米可也古升小故用四升今升大故用二升）明邱濬家禮補有含具錢箱米椀匙盥盆（六品以下喪主自爲之）明制品官喪贊者奉盤水及笄升堂含者盥手於戶外贊者沃盥含者洗飯玉實於笄執以入贊者從入北面徹枕奠笄於尸東含者坐於牀東西面發巾實飯含於尸口訖喪主復位庶人喪喪主盥手執錢箱以入侍者一人插匙於米碗執以從置於尸西以幎巾徹枕覆面喪主就尸東由足而西牀上坐東面舉巾以匙抄米實於尸口併實以錢侍者加幅巾充耳設幎目納履乃襲深衣結大帶設握手覆以衾明史喪葬之制飯含五品以上飯稷含珠九品以上飯粱含小珠

襲　宋　明

宋政和五禮新儀品官喪飯含後襲者以牀升入設於尸東布枕席如初執服者陳襲衣於席遷尸於席上而衣之（凡衣死者左衽不紐）祝去巾加面衣設充耳著握手納履若舄覆以夷衾內外皆就位哭如初（諸尊者於卑幼之喪及嫂叔兄弟娣姪婦哭朝晡之閒非有事則休於別室）

明集禮品官喪與宋政和禮同

設冰　周

左傳昭公四年申豐曰大夫命婦喪浴用冰禮記疏浴時無席爲漏水也設冰無席爲通寒氣也人君仲春則用冰卿大夫以下三月以後得用冰既襲謂大夫也既小斂謂士也皆是死之明日若天子諸侯亦三日而設冰在襲斂之前也（杜典不載今補纂）

設銘　周　宋　明

檀弓銘明旌也以死者爲不可別已故以其旗識之愛之斯錄之矣敬之斯盡其道焉耳（杜典不載今補纂）

宋政和禮品官設銘以絳廣充幅（四品以下廣終幅）韜杠（杠銘竿也）（其長視絳四品以上長九尺六品以上長八尺九品以上長七尺）書曰某官封之柩（婦人視其夫有官封則曰某官封某人姓氏之柩未有封曰某妣或妻某氏之柩）庶人設銘於西階下銘以絳廣充幅韜杠書云某人之柩

明品官喪設銘旌倚於靈座之右庶人喪亦立銘旌

臣等謹案銘旌制度宋政和五禮新儀注四品以上長九尺六品以上長八尺九品以上長七尺宋史禮志詔葬禮院例三品以上長九尺五品以上八尺六品以上七尺明制喪葬之制四品以上銘旌絳帛長九尺諸說不一各因時以定制耳

懸重　宋

宋品官喪爲重長八尺橫者半之（五品以下七尺七品以下六尺）置於中庭參分庭一在南掌事者以沐之米爲粥實於二鬲（鬲各視其數）冪用疏布繫以竹篾垂於重覆用葦席北向屈兩端交於後兩端在上綴以竹篾祝取銘置於重又於殯堂前楹下夾以葦席簾門以布又設葦障於庭厥明乃斂庶人喪爲重置於庭厥明乃小斂

始死服變　宋　明

宋品官儀初終男子白布衣被髮徒跣婦人青縑衣被髮不徒跣女子子亦然（父爲長子爲人後者爲其本生父母皆素冠不徒跣女子子嫁者髽）齊衰期以下丈夫素巾婦人去首飾主人坐於牀東餘在其後啼踊無算士庶人喪禮初終男子易以白布衣被髮徒跣婦人青縑衣被髮不徒跣女子子亦然期親以下丈夫素巾婦人去首飾主人坐於牀東餘次之啼踊無算

明品官喪禮初終男子白布衣被髮徒跣婦人青縑衣被髮不徒跣女子子亦然齊衰以下丈夫素冠婦人去首飾孝子坐於牀東餘在其後啼踊無算庶人喪男子扱上衽被髮徒跣婦人去冠被髮不徒跣諸有服者皆去華飾王廷相喪禮未斂服說崔氏云凡親死將三年者皆去冠而笄纚如故著十五升白布深衣扱上衽徒跣交手而哭婦人去笄而纚如故不徒跣不扱衽亦著白布深衣齊衰以下男子著素冠婦人骨笄而纚皆吉屨無絇其服皆白布深衣此未小斂時所服也小斂畢斬衰男子以麻括髮女子以麻爲髽齊衰男子於主人括髮之時皆去冠纚以布爲免婦人皆去笄纚以布爲髽大功以下男子皆免而婦人不髽但素笄爾其服自斂

畢至成服皆白布深衣不改此小斂以後成服以前之服也古今冠異宜今用其意可也其未斂也男子去冠巾婦人去假髻然喪不可無飾也仍各以白布一幅裹其首（漢時裹巾帕頭之製）其既小斂也男子則去布以麻繩括其髮仍帶白布巾而加環絰於其上腰絰散垂其末而加絞帶婦人亦去布以麻繩纏其髮為髽齊衰男女免而髽大功以下免而素笄皆如其制可也今之白布長衫衣與裳連古深衣之變也男子初喪至成服不改可也婦人白布衫裙不改亦可也

始死襚（大斂襚附）　漢　宋

臣等謹案士喪禮庶襚親者庶兄弟朋友所襚繼襲衣之下陳之而不用以襲至小斂則用之惟君襚至大斂乃用所以章君之賜也又襚之至者有先後或於室或於堂先者以共小斂後者以共大斂又有過期而至不及斂事者則衣無所用之特致彼之意而已其未葬者則猶殯東致命委衣而徹之以東杜典備載特總敘於此

漢劉向說苑衣衾曰襚知死者贈襚所以送死也白虎通曰襚之為言遺也衣被曰襚（以上杜典不載今補纂）

宋司馬光書儀其所賻襚者則先遣人以書致之然後往弔既弔而致之亦可也

小斂　宋　明

宋品官喪儀小斂之禮以喪之明日夙興陳斂衣九稱（謂朝服公服各為一稱餘皆常服不足各隨所辦下同）於東房西領南上非正色不入絺綌不入饌於堂東階下（隨宜設醴饌器皆以素下倣此）具牀席於堂西斂者盥訖執服者以斂衣入主人以下少退西面主婦以下少退東面內外俱哭斂者斂訖覆以夷衾設牀於兩楹間袵（袵寢臥之席也）下莞上簟設枕卒斂開帷（帷堂之帷事畢則下之）主人以下西面憑（按喪大記君於臣撫之父母於子執之子於父母憑之婦于姑舅奉之舅姑於婦撫之妻於夫拘之夫於妻於兄弟執之此憑尸者身曲而伏之重也）哭踊無算主婦以下東面憑亦如之庶人禮斂衣一稱司馬光書儀注古者死之明日小斂又明日大斂顛倒衣裳使之正方束以絞衾韜以衾冒皆所以保肌體也今世俗有襲而無大小斂所闕多矣朱子家禮厥明執事者陳小斂衣衾（高閌曰襲衣所以衣尸斂衣則包之而已此襲斂之辨也今之喪者衣衾既薄絞冒不施懼夫形體之露也遽納之於棺乃以入棺為小斂蓋棺為大斂入棺既在始襲之時蓋棺又在成服之日則是小斂大斂之禮皆廢矣）設小斂牀布絞衾衣遂小斂

明品官喪小斂之禮以喪之明日陳其斂衣於東序（四品五品以下於東房）饌於堂東階下設牀施薦席褥于西階鋪絞衾衣舉之升自西階置於尸南先布絞之橫者三於下以備周身相結乃布縱者一於上以備掩首及足也侍者盥手舉尸男女共扶助之遷於牀上先去枕而舒絹疊衣以藉其首仍卷兩端以備兩肩空處又卷衣夾其兩脛取其正方然後以餘衣掩尸左衽不紐裹之以衾而未結以絞未掩其面蓋孝子猶欲俟其復生欲時見其面也斂畢覆以衾喪主西向憑尸哭擗主婦東向憑尸哭擗斂者舉尸男女從奉之遷於堂中哭位如室內庶人喪死之明日厥明執事者陳小斂衣衾於堂東北壁下設桌子於阼階東南置奠饌及盃注於其上巾之設盥盆帨巾各二於饌東設小斂牀施薦席褥於西階之西鋪絞衾衣舉之升自西階置於尸南先布絞之橫者三於下乃布縱者一於上侍者盥手舉尸男女共扶助之遷於牀上先去枕而舒絹疊衣藉其首乃卷兩端以補兩肩空處又卷衣夾其兩脛取其正方然後以餘衣掩尸左衽不紐裹之以衾而未結其絞未掩其面斂畢覆以衾喪主主婦憑尸哭擗乃遷尸牀於堂中

既小斂斂髮服變　宋　明

宋政和禮品官喪斂訖男子括髮衰巾帕頭（六品以下布束）婦人括髮而髽斂者舉尸男女從奉之遷於堂覆以夷衾哭位如室中踊無算庶人喪儀男子衰巾束髮婦人束髮而髽司馬光書儀小斂具括髮麻免布及髽麻古者主人素冠環絰視小斂既而男子括髮婦人髽皆有首絰腰絰始死去冠二日去笄纚括髮男子括髮以麻婦人髽帶麻髽者去纚為紒也今恐倉卒未能具冠絰故於小斂訖男子婦人皆收髮為髻先用麻繩撮髻又以布為頭帮斬衰者括髮紐麻為繩齊衰以下至同五世祖者皆免裂布或縫絹廣寸婦人髽亦紐麻為繩齊衰以下亦用布絹為免皆如幧頭之制自頂向前交於額上卻遶髻如著幧頭也為母雖齊衰亦用麻婦人惡笄當用鏍釵或竹木骨角為簪至於環釧之類用金銀者居喪盡當去之陳祥道禮書婦人之髽猶男子之括髮免故括髮以麻則髽以麻矣免以布則髽以布矣以麻則斬衰也以布則齊衰也小斂之髽不言笄則未成服之髽無笄矣女子子適人者為其父母婦為舅姑惡笄有首以髽孔子言髽而繼之以榛笄則成服之髽有笄矣小記言齊衰惡笄以終喪則斬衰齊衰之髽皆終喪矣男子之祖免及於五世婦人之髽不及於大功者以髽不特對免而上同於括髮故也禿者不髽以疾也然則髽雖麻與布之不同其為露紒一也楊復曰小斂變服斬衰者袒括髮今人無袒括髮一節何也緣世俗以襲為小斂故失此變服一節在禮奔喪入門詣柩前再

拜哭盡哀乃就東方去冠及上服被髮徒跣如始喪之儀詣殯東面坐哭盡哀乃就東方袒括髮又哭盡哀如小斂之儀明日後日朝夕哭猶袒括髮至第四日乃成服夫奔喪禮之變也猶謹其序而況處禮之常可欠小斂一節又無袒括髮乎此則孝子知禮所當謹而不可忽也

明品官喪斂畢喪主西向憑尸哭擗主婦東向憑尸哭踊斬衰者袒以麻繩括髮齊衰以下裂布廣寸自項向前交於額上卻繞髻如著掠頭婦人以麻撮髻而髽庶人禮斂畢喪主主婦憑尸哭擗男子袒而括髮齊衰以下袒而裂布以免婦人亦用麻繩髽

小斂奠代哭附　宋　明

宋品官喪贊者盥手奉饌至階升奠於尸東徹襲奠自西階降出下帷內外俱坐以親疎爲之代哭宵爲燎於庭厥明滅燎乃大斂庶人喪贊者奉饌至階升奠於尸東徹襲奠自西階降出下帷內外俱坐以親疎爲之代哭宵爲燎於庭厥明滅燎乃大斂

明品官喪執事者盥手舉饌升自東階至靈座前祝焚香洗盞斟酒奠之喪主以下哭盡哀乃代哭不絕聲宵爲燎於庭厥明滅燎乃大斂庶人禮執事者舉饌升自阼階至靈座前祝焚香洗盞斟酒奠之喪主以下哭盡哀乃代哭不絕聲

棺槨制　宋　明

宋朱子語類云二棺共槨蓋古者之槨乃合眾材爲之故大小隨人所爲今用全木則無許大木可以爲槨故合葬者只同穴而各用槨也

明制諸王公主喪工部造棺槨其官民喪葬棺槨之制品官棺用油杉朱漆槨用土杉士庶喪棺用堅木油杉爲上柏次之土杉松又次之用黑漆金漆不得用朱紅

欽定續通典卷七十七

禮凶

喪制中

大斂 宋 元 明

宋品官喪大斂禮以小斂之明日按次日小斂三日大斂乃禮經之常夷槃設冰用以備暑所謂秋涼而止者是也然士不用冰已難與卿大夫同例而炎方盛夏又有地鮮藏冰者則陳龍正所稱三日而殯當暑宜先之說正所以通禮經之變耳夙興陳衣於東序十稱朝服公服各一稱餘皆常服不足者隨所有西領南上內喪則具花釵饌於堂東階下如初掘殯坎於西階之上棺入內外哭止升棺於殯所灰炭枕席之屬皆預設於棺內升訖內外皆哭熬黍稷六箱皆加魚腊燭俟於饌東贊者徹小斂之饌降出乃適新饌所斂者盥訖與執服者以斂衣入內外皆少退立哭斂者斂訖覆以夷衾卒斂開帷主人以下憑哭如初退復位諸親以次憑哭斂者四人舉牀男女從奉尸斂於棺乃加蓋覆以夷衾內外皆復位如初庶人大斂禮以小斂之明日夙興陳衣三稱於東序西領南上饌於堂東階下掘殯坎於西階之上棺入內外哭止升棺於殯所升訖內外皆哭熬黍稷二箱加魚腊燭俟於饌東贊者徹小斂之饌降出乃適新饌所斂者盥訖與執服者以斂衣入內外皆少退立哭斂者斂訖覆以夷衾卒斂開帷主人以下憑哭斂者四人舉牀男女從奉尸斂於棺乃加蓋覆以夷衾內外皆復位如初

元武宗至大元年十二月涂全周呈嘗觀聖經有曰葬也者藏也藏也者欲人之勿得見也衣足以飾身棺周於衣椁周於棺土周於椁又觀漢史則曰仲尼孝子延陵慈父其葬骨肉皆微薄矣非苟爲儉誠便於體德彌厚者葬彌薄知愈深者葬愈微切見江南流俗以侈靡爲孝凡有喪葬大其棺椁厚其衣衾有將寶鈔藉尸斂葬習以成風非惟甚失古制於法似有未應今後喪葬之家除衣衾棺椁依禮舉葬外不許輒用金銀寶玉器玩裝斂違者以不孝坐罪以望無起盜心少全孝道惜生者有用之資免死者無益之禍奉旨盡行禁斷

明品官喪大斂之禮以小斂之明日夙興陳衣於東序饌於堂東階下如小斂之儀舉棺以入置於堂中少西侍者先置衾於棺中與子孫婦女俱盥手掩首結絞共舉尸納於棺中實生時所落髮齒及所翦爪於棺角又揣其空缺處卷衣塞之務令充實不搖動以衾先掩足次掩首次掩左次掩右令棺平滿喪主主婦憑哭盡哀乃召匠匠加蓋下釘徹牀覆柩以衣庶人喪禮略同

大斂奠 宋 明

宋司馬光書儀大斂祝帥執事者盥手舉新饌自阼階升置於靈座前祝焚香洗盞斟酒奠之卑幼再拜哭皆如小斂奠之儀士喪禮卒塗乃奠設於奥注自是不復奠於尸既夕禮燕養饋羞湯沐之饋如生日注孝子不忍一日廢其事親之禮於下室日設之如生也開元禮奠於室之西南隅六品以下設於靈座前席上殯於外者施蓋訖設大斂之奠於殯東既殯設靈座於下室西閒東向施牀几案屏幛服飾以時上膳羞及湯沐皆如平生下室者謂燕寢無下室則設靈座於殯東　按古者室中牖在西戶在東故設神席於西南隅東面得其宜也今士大夫家既不可殯於聽事則正室之外別無燕寢又朝夕之奠何常不用飯而更設靈座於下室西閒東向兩處饋奠甚無謂也又靈座若在殯而奠於殯東亦非禮也今但設奠於靈座前庶從簡易朱子家禮大斂設靈牀於柩東乃設奠如小斂之儀

明品官喪大斂畢設靈牀於柩東贊者以饌升入室西向奠於席前內外皆就位哭如初喪主以下各歸喪次庶人禮大斂畢設靈牀於柩東乃奠喪主以下各歸喪次

殯 設熬附 宋 明

宋品官喪掘殯坎於西階之上棺入內外哭止升棺於殯所設熬首足各一箱以木覆棺上乃塗卒塗乃設奔於殯上祝取銘置於殯贊者盥手以饌升入室西面設於殯前降出下帷內外皆就位哭如初既殯設靈座於下室西閒東向施牀案屏幛服飾以時上飲膳及湯沐如平生大功以下異門者各歸其家庶人禮設熬穀首足各一箱以木覆棺上乃塗卒塗乃設奔贊者以饌入設於殯前降出下帷內外皆就位哭如初既殯設靈座於殯東施牀案屏幛服飾以時上飲食及湯沐如平生大功以下異門者各歸其家

明王廷相答趙生家禮疑問有若喪次之居殯側之居二者不知居孰爲宜三日而斂斂而即殯殯於堂中少西蓋疾病遷居正寢已在堂中記曰尸未設飾故帷堂觀此則喪次與殯側一而已矣自喪者言之謂之喪次自死者言之謂之殯側

將葬筮宅 卜日附 宋 明

臣等謹案開元禮有卜宅卜日之儀而政和禮無之但云墓兆葬日皆前期擇之不知其所擇者用何法也若用龜蓍必備詳其儀如開元禮矣今但曰擇之而不載其儀則用地師之術可知也蓋唐之世相地擇日之書雖已行於時而儒臣之議禮猶知依仿古人至宋則并此虛文而亡之矣司馬光書儀古意尚存謹備錄於右

宋司馬光書儀卜宅兆葬日開元禮五品以上卜六品以下筮今若不曉卜筮止用杯珓可也若葬於祖塋則更不卜筮既殯以謀葬事檀弓曰既殯旬而布材與明器今但殯畢則可以謀葬事既擇地得數處執事者掘兆四隅外其壤掘中南其壤按將爲壙之地掘其四隅與中央略以識之而已以神之從違未可必也涖卜或

命筮者擇遠親或賓客爲之及祝執事者皆吉冠素服雜記大夫卜宅與葬日有司麻衣布衰布帶因喪屨緇布冠不蕤古者皮弁如筮則史練冠長衣以筮占者朝服注曰麻衣至緇布冠非純凶也皮弁則純吉之尤者也長衣練冠純凶服也朝冠服純吉服也今從簡易依開元禮皆非純吉亦非純凶素服者但徹去華采珠玉之飾而已執事者布卜筮席於兆南北向主人既朝哭適兆所立於席南當中壤北向免首經按免首經除首經也以對神不可純凶故去經而不用與祖免之免不同左擁之涖卜筮者立於主人之右北向卜筮者東向執龜筴進南面受命於主人涖卜者從旁命之曰孤子姓名爲父某官爲母則稱哀子度茲幽宅無有後艱卜筮者許諾右旋就席北面爲母某封坐述命士喪禮不述命士禮略也開元禮則既受命而申言之指中封而卜筮中封中央壤也占既得吉則執龜筴東向進告於涖卜筮者及主人曰從主人經哭若不從更卜筮他所如初儀兆既得吉執事者於其中壤及四隅各立一標當南門立兩標祝帥執事者入設后土氏神位於中壤之左南向古無此開元禮有之置倚卓盥盆帨架盞注脯醢不能如此只常食兩三味皆如常日祭神之儀但不用紙錢告者與執事者皆入卜者不入序立於神位東南重行西向北上立定再拜告者盥手洗盞斟酒進跪酹於神座前俯伏興少退北向立搢笏執詞進於神座之右東面跪念之曰維年月朔日子某官姓名敢昭告於后土氏之神今爲某官姓名主人也營建宅兆神其保佑俾無後艱謹以清酌脯醢祗薦於神尚饗訖興復位告者再拜出祝及執事者皆西向再拜徹饌出主人歸殯前北面哭卜筮葬日於三月之初若墓遠則卜筮於未三月之前命日某月日主人先與賓議定可葬日三日謂可以辦具及於事便者必用三日備不吉也執事者布卜筮席於殯門外闑西北向主人既朝哭與衆主人謂亡者諸子出立於殯門外之東壁下西向南上闔東扉主婦立於其內主人進立於門南北向免首經左擁之涖卜筮者立主人東北西向卜筮者執龜筴東向進受命於涖卜筮者命之曰孤子某將以今月某日先卜遠日不吉再卜近日卜葬其父某官考降無有近悔考上也降下也言卜此日葬魂神上下無得近於咎悔者乎按近悔如雨不克葬之類筮宅爲久遠之計故慮有後艱卜日乃目前之事故期無近悔卜筮者許諾右旋就席西向坐述命卜筮不吉則又與受命述命再卜占既得吉與告於涖卜者及主人曰某日從主人經與衆主人皆哭又使人告於主婦主婦亦哭主人與衆主人入至殯前北向哭遂使人告於親戚僚友應會葬者若孫爲祖後則涖卜葬者命之曰孤孫某卜葬某祖某官夫曰乃夫某卜筮其妻某氏兄弟及他親爲喪主者各隨所稱曰某親某卜葬某親某明會典載品官禮三月而葬前期擇地之可葬者蓋地有美惡地之美者則其神靈必安其子孫必盛地之惡者則反是所謂美者土色之光潤草木之茂盛他日不爲道路不爲城郭不爲溝池不爲貴勢所奪不爲耕犂所及即所謂美地也古人所謂卜其宅兆者正此意而非若後世陰陽家禍福之說也既得地喪主帥執事者於所得地掘兆四隅外其壤掘中南其壤各立一標當南門立兩標庶人禮三月而葬擇地之可葬者土色光潤草木茂盛之處即爲美地又須愼五患使他日不爲道路不爲城郭不爲溝池不爲貴勢所奪不爲耕犂所及乃可世人多徇俗師陰陽之說既擇年月日時又擇山水形勢以爲子孫貧賤富貴壽夭賢愚盡繫於此至有終身不葬者悖禮傷義無過於此既得地乃擇日開塋域

啟殯朝廟宋

宋司馬光書儀啟殯之日執事者遷靈座及椸於旁側爲將啟殯也祝凶服無服者則去華盛之飾執功布止哭者北向立於柩前抗聲三告曰謹以吉辰啟殯既告內外皆哭盡哀止既夕禮商祝免執功布入升自西階盡階不升堂聲三啟三命哭開元禮祝三聲噫嘻今恐驚俗故但用其辭婦人退避於他所爲役者將入主人及衆主人輯杖立視啟殯祝取銘旌置靈座之側役者入徹殯塗及墼埽地潔之祝以功布拂去棺上塵覆以裌衾既夕禮祝取銘置於重今以魂帛代重故置於靈座側役者出婦人出就位立哭執事者復設椸及靈座於故處乃徹宿奠置新奠如常日朝夕奠之儀朝祖按儀禮記有朝禰一節禮畢乃適祖今但言朝祖者禰祖共廟舉祖以包禰也役者入婦人退避主人立視如啟殯役者舉柩詣影堂前祝以箱奉魂帛在前執事者奉奠及倚卓次之銘旌次之柩次之未明則柩前後皆用二燭照之主人以下皆從哭男子由右婦人由左重服在前輕服在後各以昭穆長幼爲序侍者在末無服之親男居男之右女居女之左不與主人主婦並行婦人皆蓋頭爲有役者在前故也役者出則去蓋頭至影堂前置柩於席北首呂氏家範按書儀置柩於席北首不唯於事不便亦於理不合據儀禮既夕禮遷於祖正柩於兩間用夷牀是則古禮朝祖置柩於牀不於席也今世俗置柩用凳亦夷牀之遺意役者出祝帥執事者設靈座及奠於柩西東向若影堂前迫隘則置靈座及奠於旁近從地之宜主人以下就位位在柩之左右前後如在殯宮立哭盡哀止役者入婦人避退祝奉魂帛導柩右旋主人以下哭從如前詣聽事置席上南首設靈座及奠於柩前南向餘如朝祖主人以下就位坐於柩側藉以薦席如在殯宮乃代哭如未殯之前呂氏家範按儀禮啟殯夙興設盥於祖廟門外陳鼎皆如殯東方之饌亦如之是陳鼎及饌皆在廟而不在殯所也遷於祖正柩於兩楹間質明乃奠如初升降自西階是行奠禮在朝廟之時而不在啟殯之時也然啟殯動柩略無奠祭似於人情未盡故書儀從開元禮設啟奠而朝祖之時不設遷祖奠今從書儀朱子家禮發引前一日因朝奠以遷柩告設饌如朝奠祝斟酒訖北面跪告曰今以吉辰遷柩敢告俯伏興主人以下哭盡哀再拜蓋古有啟殯之奠今既不塗殯則其禮無所施又不可全無節文故爲此禮也奉柩朝於祖又語類問朝祖

時有遷祖奠恐在祖廟之前祖無奠而亡者難獨享否曰不須如此理會禮說有奠處便是合有奠無奠處便合無奠更何用疑按儀禮注疏之說分朝禰與朝祖爲二日敖氏則謂同在一日朝禰日並無別事何須歷終日之久覺敖說爲長

薦車馬明器及飾棺　五代　宋　元　明

五代喪葬制三品以上輀車用開轍車油幰朱絲絡網兩廂畫龍虎庶人喪車用合轍車工商諸色人吏無官者諸人無職掌者無合轍車三品以上明器九十事四神十二時在內不得過二尺五寸餘五品以上明器六十事四神十二時在內九品以上明器四十事四神十二時在內不得過一尺餘同光三年敕斷轝用錦繡祇使常式素車不定人數使素紫白絹帶額遮幃轝上使白粉埽木珠節子上使白絲五品六品升朝官使二十人舁轝車竿高七尺長一丈三尺闊五尺以白絹全幅爲帶額婦人以紫絹爲帶額並畫雲氣周迴遮蔽上安白粉埽木珠節子二十道七品八品升朝官使一十六人舁轝車竿高七尺長一丈三尺闊五尺以白絹全幅爲帶額婦人以紫絹全幅爲帶額周迴遮蔽上安白粉埽木珠節子二十道六品至九品不升朝官使一十二人舁轝車竿高六尺長一丈一尺闊四尺以白絹全幅爲帶額婦人以紫絹爲帶額周迴遮蔽上安白粉埽木爲珠節子一十六道周太祖廣順元年葬故樞密使楊邠等楯車魂車儀椁車買道車誌石車各一

宋太常因革禮諸輀車三品以上油幰朱絲絡網施襈兩廂畫龍幰竿諸末垂六旒蘇七品以上油幰施襈兩廂畫雲氣垂四旒蘇九品下無旒蘇司馬光書儀明器刻木爲車馬僕從侍女各執奉養之物象平生而小多少之數依官品下帳爲牀帳茵席倚卓之類皆象平生所用而小也既夕禮苞二牲所以裹奠羊豕之肉檀弓曰國君七个遣車七乘雜記曰遣車視牢具或問曾子曰君子既食則裹其餘乎曾子曰大享既饗卷三牲之俎歸於賓館父母而賓客之所以爲哀也晉賀循用脯一篋以代所苞牲體今遣奠既無牲體又生肉經宿則臭敗不若用循禮得事之宜然遣奠之時亦當設脯既奠苞以蒲篋或箱或竹掩耳或席簟之類包之可也既夕禮筲三黍稷麥今但以竹器或小罌貯五穀各五升可也既夕禮甕三醯醢屑鄭注屑薑桂之屑也今但以小罌二貯醯醢按朱子曰苞筲甕以盛羊豕五穀酒醯醢雖古人不忍死其親之意然實非有用之物且脯肉腐敗生蟲聚蟻尤爲非便雖不用可也

元順帝至元七年十二月尙書刑部奉尙書省札付該准中書省咨十一月十八日奏民間喪葬多有無益破費略舉一節紙房方相等近年起置有每家費鈔一兩定鈔底至甚無益其餘似此多端奉旨紙房子無疑禁了其餘商量行都省議得除紙錢外據紙糊房子金錢人馬并綵帛衣服帳幙等物欽依聖旨盡行禁斷咨請照驗施行定喪事體例棺上貼畫靈馬走唱孝車前承應合用的依體例行

明喪葬之制太祖洪武五年定牆翣公侯六三品以上四五品以上二明器公侯九十事一品二品八十事三品四品七十事五品六十事六品七品三十事八品九品二十事引者引車之紼也披者以纁爲之繫於輀車四柱在旁執之以備傾覆者也五品以下二引二披左右各二鐸羽旛竿長九尺五品以上一人執之以引柩六品以下不用功布品官用之長三尺方相四品以上四目七品以上兩目八品以下不用柳車上用竹格以綵結之旁施帷幔四角垂流蘇按飾柩在旁爲牆在上爲柳初洪武二年敕葬開平王常遇春於鍾山之陰給明器九十事納之墓中鉦二鼓四紅旗挪子各二紅羅蓋鞍籠各一弓二箭三竈釜火爐各一俱以本色爲之水鑵甲頭盔臺盞杓壺瓶酒甕唾壺水盆香爐各一燭臺二香盒香匙各一香筯二香匙筯瓶茶鍾茶盞各一筯二匙一匙筯瓶一椀二楪十二槖二俱以錫造金裹之班劍牙仗各一金裹立瓜骨朵戟響節各二交椅腳踏馬杌各一鞍馬六槍劍斧弩食卓牀屛風柱杖箱交牀香卓各一櫬二俱以木爲之樂工十六執儀仗二十四控士六女使十青龍白虎朱雀元武神四門神二武士十并以木造各高一尺雜物翣六璧一筐笥楎椸衿鞶各一苞二筲二糧漿瓶二油瓶一紗廚煖帳各一束帛青三段纁二段每段長一丈八尺後定制公侯九十事者准此行之餘以次減殺

祖奠　宋　明

宋司馬光書儀祖奠執事者具祖奠酒饌如殷奠其日晡時祖禮用日昃謂日過中時今宜此夕奠差早用晡時可也主人以下卑幼皆立哭祝帥執事者設酒饌於靈前祝奠訖退北面跪告曰永遷之禮靈辰不留謹奉柩車式遵祖道俯伏興餘如朝夕奠儀主人以下復位坐代哭以至於發引按儀禮既夕禮稱奠者有四葬前一日柩遷於祖質明乃奠如初所謂遷祖奠也日側乃載布席乃奠如初所謂祖奠也賓賵者將命兄弟賵奠可也者所謂有服之親奠也葬日厥明陳鼎饌乃奠者所謂大遣奠也則是葬前一日先遷祖奠次祖奠次乃有服親之奠書儀親賓奠乃在祖奠之前似未合古

明品官禮啟之夕發引祝帥執事者設祖奠於柩東祝以酒奠訖詣饌南北面跪曰永遷之禮靈辰不留謹奉

旋車式遵祖道侑饗少頃徹之庶人禮日晡時設祖奠祝斟酒訖北面跪告曰永遷之禮靈辰不留今奉柩車式遵祖道俯伏興厥明輿夫納大輿於中庭執事者徹祖奠祝北面跪告曰今遷柩就輿敢告遂遷靈座置旁側

賵賻五代　宋　明

後唐明宗長興元年敕太常禮院例凡賻匹帛言段不言端匹每二丈爲段四丈爲匹五丈爲端近日三司支遣多每段全支端匹此後凡支賻贈匹帛祇言合支多少段庫司臨時併計丈尺給付不得剩有支破二年中書門下復奏尚書都官員外郎知制誥張昭遠丁母憂伏以大臣枕凷有弔祭之恩羣寮寢苫無慰問之例高下之位君臣之事無偏況爲卿士者甚多有父母者極少固於孝道上軫聖懷張昭遠望量與恩賜自此朝臣或有丁憂亦乞頒賚其狀尋已印出今具官員等第所定支給數目文班左右常侍諫議給事舍人諸部尚書太子賓客諸寺大卿御史中丞國子祭酒詹事左右丞諸部侍郎絹三十匹布二十匹粟麥各二十五石起居補闕拾遺侍御史殿中監察御史左右庶子諸寺少卿國子監司業河南少尹左右諭德諸部郎中員外郎太常博士絹二十匹布一十五匹粟麥各一十五石國子博士五經博士兩縣令著作郎太常宗正殿中丞諸局奉御大理寺太子中允洗馬左右贊善太子中舍司天五官正絹布各一十五匹粟麥各一十石左右諸衞大將軍左右諸衞將軍絹二十匹布一十五匹粟麥各一十五石左右率府副帥絹布各一十五匹粟麥一十石奉敕宜依其張昭遠所支絹布粟麥仍依所定官資領給

宋制賻贈凡近臣及帶職事官薨非詔葬者如有喪訃及遷葬皆賜賻贈鴻臚寺與入內內侍省以舊例取旨其嘗踐兩府或任近侍者多增其數絹自五百匹至五十匹錢自五十萬至五萬又賜羊酒有差其優者仍給米麥香燭自中書樞密而下至兩省五品三司三館職事內職軍校并執事禁近者亡歿及父母近親喪皆有贈賜宗室期功袒免乳母殤子及女出適者各有常數其特恩加賜者各以輕重爲隆殺焉太祖建隆元年十月詔有死於矢石者人給絹三匹仍復其家三年長吏存撫之仁宗慶歷二年詔陣亡軍校無子孫者賜其家錢指揮使七萬副指揮使六萬軍使都頭副兵馬使副都頭五萬神宗熙甯七年參酌舊制著爲新式諸臣喪兩人以上各該支賜孝贈只就數多者給官與職各該賻贈者從多給諸兩府使相宣徽使并前任宰臣問疾或澆奠已賜不願敕葬者并宗室不經澆奠支賜雖不係敕葬並支賻贈餘但經問疾或澆奠支賜或敕葬者更不支賻贈前兩府如澆奠只支賻贈仍加絹一百布一百羊酒米麪各一十諸支賜孝贈在京羊每口支錢一貫以折第二等絹每匹折錢一貫三百文餘支本色在外米支白秔米麪每石支小麥五斗酒支細色餘依價錢諸文臣卿監以上武臣元係諸司使以上分司致仕身亡者其賻贈並依見任官三分中給二政和五禮新儀品官喪儀若遣使致賻使者至立於大門外之西東面從者以箱奉元纁束帛立於使者之側贊者入告主人立哭贊者引使者入立於門內之西東面從者以箱授使者主人哭止使者奉箱少進東面曰某封某官使某賻主人哭再拜使者又少進坐委之興復位掌事者進坐舉之興以東使者出主人拜送庶人喪儀與此略同

明太祖洪武二十六年定優給例凡陣亡失陷傷故渰沒者全支邊遠守禦出征并出海運糧病故者減半一品米六十石麻布六十匹二品米五十石麻布五十匹三品四品米四十石麻布四十匹五品六品米三十石麻布三十匹凡公侯不分病故陣亡止給麻布一百匹嘉靖六年定凡在京文武官員及夫人病故者止與應得祭葬其齋糧麻布一體裁革

遣奠宋　明

宋開寶九年十月太祖崩明年四月十三日祖奠徹設次明德門外行遣奠禮司馬光書儀祖奠厥明執事者具遣奠如殷奠轝夫納大轝於聽事前中庭執事者徹祖奠祝奉遷靈座置旁祝北面告曰今遷柩就轝敢告婦人避退召轝夫遷柩乃載載謂升柩於轝也以新組左右束柩於轝乃以橫木楔柩足兩旁使不動搖男子從柩哭降視載婦人猶哭於帷中載畢祝帥執事遷靈座於柩前南向乃設遣奠惟婦人不在餘如朝夕奠之儀執事者徹所奠脯置舁牀上執事者徹遣奠若柩自他所將歸葬鄉里則但設酒果或脯醢朝哭而行至葬日之朝乃行遣奠禮祝奉魂帛升靈舁焚香婦人蓋頭出帷降階立哭有守家不送葬者哭於柩前盡哀而歸卑幼則再拜辭楊復曰喪奠之禮有三變始死奠於尸東小斂奠亦如之既殯奠於奧設席東面朝夕奠朔月奠薦新奠亦如之啟殯入廟席設於柩西奠設如初如初者如室中之神席東面也朝祖奠亦如之降奠及祖奠遣奠皆如之但設於柩東爲異

明品官禮柩動旌次之靈次之喪主以下從哭於柩後婦人次之遂升柩就輿內外哭位如初在庭之儀乃設遣奠於柩車前如祖奠之儀祝奠酒訖少頃徹饌祝奉魂帛置靈車上別以箱盛主置帛後靈車動從者如常

庶人禮召役夫遷柩就輿喪主從柩哭覩載婦人哭於帷中載畢祝帥執事者遷靈座於柩前南向乃設遣奠奠畢執事者徹奠

器行序 宋 元 明

宋朱子家禮柩行方相等前導如陳器之序明邱濬補儀節云先方相次明器牀次銘旌次靈車次大轝夾以功布及翣今世俗送葬有食案從俗用之亦可

元世祖至元二十一年九月行御史臺咨據陝西漢東道按察司申所轄城郭內值喪之家往往盡皆使用祗候人等掌打茶褐傘蓋儀仗等物送殯權勢之家官爲差撥士庶之戶用錢僱倩詳此一端實違國家置備儀從之禮擬合禁斷呈奉中書札付送禮部議得若品官遇有婚喪止依品職合得儀從送迎外禁斷無官百姓人等不得僭越似爲中禮都省准呈施行武宗至大三年禁止用樂出殯

明品官禮靈車動從者如常靈車後方相車次誌石車次明器輿次下帳輿次米輿次酒脯輿次食輿次銘旌次纛次鐸次挽歌次柩車喪主及諸子俱絰杖衰服徒跣哭從餘各依服精麤爲序庶人禮柩行明器銘旌等前導喪主以下男女哭步從尊長次之無服之親又次之賓客又次之

挽歌五代 宋 元 明

後唐明宗長興二年詔五品六品常參官喪轝舁者二十人挽歌八人七品常參官挽歌六人

晉高祖天福十二年葬故魏王周太祖廣順元年葬故樞密使楊邠侍衛使史宏肇三司使王章例並用一品禮挽歌三十六人

宋詔葬禮院例三品以上挽歌六行三十六人四品挽歌四行十六人五品六品挽歌八人七品八品挽歌六人九品挽歌四人白練幘白練褠衣皆執鐸綍並鞵襪

元喪事例靈馬走唱卽挽歌之遺

明品官儀靈車動纛鐸之後次以挽詩

欽定續通典卷七十八

欽定續通典卷七十九

禮凶

喪制下

葬儀合葬附　晉　唐　宋　遼　金　元　明

晉葬儀據漢魏故事將葬設吉凶鹵簿皆有鼓吹新禮以禮無吉駕導從之文臣子不宜釋其衰麻以服玄黃除吉駕鹵簿又凶事無樂遏密八音除凶服之鼓吹摯虞以爲祥車曠左則今之容車也宜定新禮設吉服導從如舊其凶服鼓吹宜除詔從之南渡後淮南小中正王式繼母前夫終更適式父式父終喪服訖議還前夫家前夫家亦有繼子奉養至終遂合葬於前夫式自云父臨終母求去父許諾於是制出母齊衰期卞壼奏曰就如式父臨終許諾必也正名依禮爲無所據若夫有命須顯七出之責當存時棄之無緣以絶義之妻留家制服若式父臨困謬亂使去留自由者此必爲相要以非禮則存亡無所得從式宜正之以禮式母於夫生事奉終非爲既絶之妻夫亡制服不爲無義之婦自云守節非爲更嫁離絶之斷在夫歿之後夫之既歿是其從子之日而式以爲出母此母以子出也致使存無所容居沒無所托地寄命於他人之門埋尸於無名之冢閨門之內犯禮違義開闢未有於父則無追亡之善於母則無孝敬之道存則去留自由亡則合葬路人可謂生事不以禮死葬不以禮者也虧損世教不可以居人倫詮正之任疏奏式遂廢棄終身案合葬前夫此所僅見使死而有知何以見前夫於地下卞壼之持論正矣杜典載唐定安公主襲王同皎子繇請其父合葬夏侯銛駁之云生存之時已與前夫義絶殂謝之日合從後夫禮葬即此義

唐中宗時韋庶人請妃公主命婦以上葬給鼓吹詔可左臺侍御史唐紹言鼓吹本軍容黃帝戰涿鹿以爲警衛故曲有靈夔吼雕鶚爭石墜崖壯士怒之類惟功臣詔葬得兼用之男子有四方功所以加寵雖郊祀天地不參設容得接閨閫哉在令五官婚葬無給鼓吹者惟京官五品則假四品蓋班秩在夫若子請置前詔用舊典不省以上杜典不載今補纂

宋太祖乾德六年孟昶薨詔令用本品鹵簿鼓吹儀仗俟導引至城外分半導至西京墳下太宗太平興國七年正月命翰林學士李昉等重定士庶喪葬制度昉等奏議曰唐大曆七年詔喪葬之家送葬祭盤只得於喪家及塋所置祭不得於街衢張設又長慶二年令百姓喪葬祭奠不得以金銀錦繡爲飾及陳設音樂葬物稍涉僭越並勒毀除臣等參詳子孫之葬父祖卑幼之葬尊親全尚樸素即有傷孝道其所用錦繡伏請不加禁斷其用音樂及欄街設祭身無官而葬用方相者望嚴禁之其詔葬設祭者不在此限寧宗開禧三年成肅皇后夏氏崩殯於永阜陵正北吏部尚書陸峻言伏睹列聖在御間有諸后上仙緣無山陵可祔是致別葬若上仙在山陵已卜之後無有不從葬者其他諸后葬在山陵之前神靈既安並不遷祔惟元德章懿二后方其葬時名位未正續行追冊其成穆皇后孝宗登極即行追冊改殯所爲欑宮典禮已備與元德章懿事體不同所以更不遷祔竊稽典禮祇緣喪有前後勢所當然其於禮意卻無隆殺今從葬阜陵爲合典故從之司馬光書儀柩行自方相等皆前導主人以下男女哭步從如從柩朝祖之序出門以白幕夾障之尊長乘車馬在其後無服之親又在其後賓客又在其後皆乘車馬無服之親及賓客或先待於墓及祭所出郭不送至墓者皆辭於柩前卑幼亦乘車馬若郭門遠則步從三里所可乘車馬途中遇哀則哭無常準若墓遠經宿以上則每舍設靈座於柩前設酒果脯醢爲夕哭之奠夜必有親戚宿其旁守衛之明旦將行朝奠亦加之館舍迫隘則設靈座於柩之旁側隨地之宜掌事者先張靈幄於墓道西設倚卓又設親戚賓客之次男女各異又於羨道之西設婦人幄蔽以簾帷柩將及墓親戚皆下車馬步進靈幄前祝奉祠版箱及魂帛置倚上設酒果脯醢之奠於其前巾之大轝至墓道轝夫下柩舉之趣壙主人以下哭步從掌事者設席於羨道南轝夫置柩於席上北首乃退掌事者陳明器下帳上服苞筲醯醢酒用飯牀於壙東南北上銘旌施於柩上賓客送至墓者皆拜辭先歸至是上下可以具食既食而窆主人拜賓客賓客答拜主人及諸丈夫立於埏道東西向主婦及諸婦人立於埏道西幄內東向皆北上以服之重輕及尊卑長幼爲序立哭轝夫束棺乃窆諸子轍哭視窆既窆掌事者置上服銘旌於柩上愼勿以金玉珍玩入壙中爲亡者之累主人贈用制幣玄纁束置柩旁再拜稽顙在位者皆哭盡哀既夕禮注丈八尺曰制二制合之束十制五合疏玄纁之率玄居三纁居二或家貧不能備玄纁束則隨家所有之帛爲贈幣雖一制可也匠以甎塞壙門在位者皆還次掌事設誌石藏明器下帳苞筲醯醢酒於便房以版塞其門遂實土親戚一人監視之至於成墳

遼景宗乾亨五年二月神柩升轀輬車具鹵簿儀衞

金纂修雜錄圖吉凶二儀鹵簿十三節以備大葬金石例金制諸葬儀一品官石人四事石虎石羊石柱各二事

元墓地禁步之圖一品九十步二品八十步三品七十步四品六十步五品五十步六品四十步七品以下二

十步庶人九步

明制品官葬禮柩車出郭門親賓還者權停柩車乘者皆下哭贊者引親賓以次俱向柩立哭盡哀卑者再拜而退婦人亦如之親賓既還乘車馬如初若墓遠其病不堪步者出郭喪主及諸子亦乘去塋三百步乃下靈車至帷門外迴南向遂薦食於靈座前少頃徹之柩車至入凶帷南向祝設几席於柩車之東初至宿次內外皆就柩車所分東西如常立哭遂設酒脯之奠柩車至壙前迴南向哭位如在庭之儀掌事者陳明器於壙東南西向北上乃下柩於席丈夫柩東婦人柩西以次憑哭盡哀各退復位內外卑者哭再拜辭訣贊者引喪主以下哭於羨道東西面北上妻及女子子以下哭於羨道西東面北上哭踊無算婦人皆障以行帷掌事者設席於壙內遂下柩於壙內席上北首覆以夷衾持翣者入倚翣於壙內兩廂遂以下帳張於柩東南向米酒脯陳於帳東北食器設於帳前醯醢設於食器南藉以版明器設於壙內之左右掌事者以玄纁授喪主喪主授祝祝奉以置柩旁喪主拜稽顙施銘旌誌石於壙內乃掩壙覆土喪主以下稽顙哭盡哀乃祠后土於墓左庶人禮柩未至墓執事者先設靈幄在墓道西南向親賓次在靈幄前十數步婦人幄在靈幄後壙西明器等至靈車至祝奉魂帛就幄座遂設奠而退執事者先布席於壙內柩至脫載置席上北首執事者取銘旌去杠置其上喪主男女各就位哭賓客拜辭而歸乃窆喪主兄弟輟哭臨視喪主奉玄纁置柩旁再拜稽顙在位者皆哭盡哀乃實土而漸築之祠后土於墓左至於墳塋之制定自太祖洪武三年一品塋地周圍九十步墳高一丈八尺二品八十步高一丈四尺（案明會典作一丈六尺）三品七十步高一丈二尺（案明會典作一丈四尺）以上石獸各六四品四十步（案明會典作四品塋地六十步墳高一丈四尺）七品以下二十步高六尺（案明會典五品塋地五十步墳高一丈六品塋地四十步墳高八尺七品塋地三十步墳高六尺明史不言五六品疑有脫誤）五年重定功臣沒後封王塋地周圍一百步墳高二丈圍牆高一丈石人四文武各二石虎羊馬石望柱各二一品至六品塋地如舊制七品加十步一品墳高一丈八尺二品至七品遞殺二尺一品墳牆高九尺二品至四品遞殺一尺五品四尺一品二品石人二文武各一虎羊馬望柱各二三品四品無石人五品無石虎六品以下無當太祖時盱眙楊王墳置守戶二百一十宿州徐王墳置墳戶九十三滁州滁陽王墳亦置墳戶

虞祭　宋　明

宋神宗元豐二年仁宗慈聖太皇太后崩秘閣校理何洵直言按禮既葬日中還虞於正寢蓋古者之葬近在國城之北故可以平旦而往至日中即虞於寢所謂葬日虞弗忍一日離也後世之葬其地既遠則禮有不能盡如古者今大行太皇太后葬日至第六虞自當行之於外如舊儀其七虞及九虞卒哭謂宜行之於慶壽殿又按春秋公羊傳曰虞主用桑士虞禮曰桑主不文伏請罷題虞主太常言洵直所引乃士及諸侯之禮況嘉祐治平並虞於集英殿宜如故事又嘉祐治平虞主已不書謚當依所請南宋大喪通儀第一虞至第六虞祭太常卿既行掩欑宮之禮並如遷奠之儀（惟不用陪位官掩欑之後總護使以下並易常服黑帶）奉迎虞主依例用細仗五百人太常鼓吹一百三十人（下兵部太常寺差撥及神主祔廟日同）山陵等使並隨還京文武百僚合出城奉迎第七至第九虞祭並皇帝親行禮閒日而祭其日有司設牙牀牲牢醴饌行禮前御史臺閤門太常寺先引文武百官詣几筵殿裏外立班定次禮直官引讀文官詣殿上東向立進幣爵酒官詣殿上西向立酌酒官於殿上酒罇之後北向立定次禮直官太常博士引太常卿詣幄前立定皇帝入御幄簾降禮直官太常博士引太常卿當幄前俛伏跪奏稱太常卿臣某言請皇帝行虞祭之禮奏訖俛伏興退復位簾捲前導官導皇帝出幄詣殿上褥位西向立內侍啟虞主匱於後以羅巾覆之訖奏請皇帝再拜在位官皆再拜內侍進盤匜沃內侍奏請皇帝帨手內侍進爵又奏請皇帝洗爵內侍進巾又奏請皇帝拭爵訖前導官導皇帝詣虞主前奏請皇帝跪三上香進幣爵酒官搢笏跪先進幣次進爵酒又奏請皇帝受幣奠執爵三祭酒於茅苴奠爵訖俛伏興又奏請少立讀祝文官搢笏跪讀祝文訖奏請拜皇帝再拜在位官皆再拜前導官導皇帝還褥位西向立奏請拜皇帝再拜在位官皆再拜訖內侍啟虞主巾捧匱覆虞主訖前導官導皇帝歸御幄簾降禮直官太常博士次引太常卿當幄前俛伏跪奏稱太常卿臣某言禮畢訖俛伏興退復位前導官退陪位行事官以次退文武百僚進名奉慰第八第九虞並如上儀司馬光書儀虞祭主人以下皆沐浴執事者設盥盆帨巾各二酒一瓶注子及盞一蔬果匕筯茶酒盞醬楪香爐主人及諸子與有服之親皆入尊長坐哭如反哭位卑幼立哭於靈座前斬衰為一列最在前齊衰以下以次各為一列無服之親又為一列丈夫處左西上婦人處右東上各以昭穆長幼為序皆北向頃

之祝止哭者主人降自西階盥手帨手詣靈座前焚香再拜退復位及執事者皆盥手帨手執事者一人升取盞斟酒西向酹之祝帥餘執事者奉饌設於靈座前主人進詣酒注所北向執事者一人取酒盞立於主人之左主人左執盞右執注斟酒授執事者置靈座前主人進詣靈座前執事者取酒盞授主人主人跪酹執事者受盞俛伏興少退立祝執辭出主人之右西向跪讀祝興主人哭再拜退復位哭止主婦亞獻親戚一人或男或女終獻不焚香不讀祝餘皆如初獻之儀畢主人以下皆出祝闔門主人立於門左卑幼丈夫在其後皆西向主婦立於門右卑幼婦人在其後皆東向尊長休於他所如食閒祝告啟門三乃啟門主人以下皆入就位祝西向告利成斂祠版韜藉匣之置靈座主人以下皆哭應拜者再拜盡哀止出就次執事者徹饌祝取魂帛帥執事者埋於屏處潔地遇柔日再虞遇剛日三虞朱子家禮虞祭主人以下皆沐浴執事者陳器具饌祝出神主於座主人以下皆入哭降神祝進饌初獻亞獻終獻侑食主人以下皆出祝闔門祝啟門主人以下入哭辭神祝埋魂帛罷朝夕奠遇柔日再虞遇剛日三虞

明成祖永樂二十二年文皇帝喪禮葬日初虞柔日再虞剛日三虞後閒日一虞至九虞止在途皇太子行禮還京皇帝親行禮（按隆慶初自初虞至七虞在途八虞在城外俱護喪官行禮九虞還京帝親行禮）虞祭內侍陳醴饌拜位於几筵前如常祭儀內導引官導皇帝衰服詣拜位皇太子親王以下衰服各就拜位行四拜禮初獻奠帛獻酒讀祝亞獻終獻贊四拜舉哀興哀止望瘞至於品官葬禮柩既入壙掌事者先歸修虞事或墓遠則但不出是日可也喪主以下既沐浴執事者陳器具饌設盥盆帨巾二於西階西南上酒瓶幷架一於靈座東南置卓子於其東設注子及盤盞於其上火爐湯瓶於靈座西南置卓子於其西設祝版於其上設蔬果盤盞於靈座前卓上匕筯居內當中酒盞在其西醋楪居其東果居外蔬居果內實酒於瓶設香案於堂中炷火於香爐束茅聚沙於香案前具饌如朝奠陳於堂門之東祝出神主於座喪主及兄弟倚杖於室外及與祭者皆入哭於靈座前其位皆北面以服為列重者居前輕者居後尊長坐卑幼立丈夫處東西上婦人處西東上遂行各以長幼為序侍者在後乃降神祝止哭者喪主降自西階盥手帨手詣靈座前焚香再拜執事者皆盥帨一人開酒實於注西面跪以注授喪主喪主跪受一人捧卓上盤盞東向跪於喪主之左喪主斟酒於盞以注授執事者左手取盤右手執盞酹於茅上以盤盞授執事者俛伏興少退再拜復位既降神祝進饌執事者佐之喪主乃初獻進詣注子卓前執注北面立執事者一人取靈座前盤盞立於喪主之左喪主斟酒反注於卓上與執事者俱詣靈座前北面立喪主跪執事者亦跪進盤盞三祭於茅束上俛伏興執事者受盞奉詣靈座前奠於故處祝執版出於喪主之右西向跪讀之云日月不居奄及初虞夙興夜處哀慕不寧謹以潔牲庶羞粢盛醴齊哀薦祫事祝興喪主哭再拜復位哭止主婦為亞獻禮如初不讀祝親賓一人為終獻禮如亞獻乃侑食執事者執注添盞中酒喪主以下皆出祝闔門喪主立於門東西向卑幼丈夫在其後重行北上主婦立於門西東向卑幼婦女亦如之尊長休於他所祝進當門北面噫歆告啟門三乃啟門喪主以下入就位祝立於喪主之右斂主匣之置故處喪主以下哭辭神再拜盡哀止出就位執事者徹饌祝取魂帛埋之屏處潔地罷朝夕奠遇柔日再虞禮如初虞（惟前期一日陳設具饌厥明夙興設蔬果酒醴質明行事祝出神主於座祝辭改初虞為再虞祫事為虞事）遇剛日三虞禮如再虞（祝辭改再虞為三虞虞事為成事若去家經宿以下則初虞於所館行之墓遠塗中遇柔日亦於所館行之若三虞則必須至家始可行禮）庶人禮葬之日日中而虞或墓遠則但不出是日可也柩既入壙掌事者先歸修虞事具饌於堂東既沐浴喪主以下內外俱詣靈座所喪主及諸子倚杖於室戶外內外俱哭掌饌者以饌入設於靈座前降出贊者請喪主止哭盥手詣靈座前以盞跪奠酒俛伏興西向立內外哭止祝進立於靈座右跪讀祝文曰維年月朔日辰孤子某敢告於於考某人之靈日月遄邁奄及初虞叩地號天五情糜潰謹以清酌庶羞哀薦虞事尚享祝興喪主哭再拜退復位內外哭盡哀喪主以下出杖降自西階就次妻妾女子子還別室少頃徹饌祝取魂帛帥執事者埋於屏處潔地罷朝夕奠遇柔日再虞剛日三虞

卒哭祭（宋　明）

南宋大喪通儀卒哭其日有司設牙牀牲牢醴饌行事陪位官就位立班皇帝入御幄簾降次引皇太子宰執從駕官立班太常當幄前跪奏請皇帝行卒哭之祭簾捲前導官導皇帝出幄詣殿上褥位西向立內侍啟虞主匱於後以白羅巾覆之（皇太后虞主覆以青羅巾）奏請拜皇帝再拜在位官皆再拜內侍捧盤匜帨手巾酒爵以進奏請皇帝盥手帨手洗爵拭爵前導官導皇帝詣虞主前奏請皇帝跪三上香進幣爵酒官跪進幣次進爵酒奏請皇帝受幣奠幣執爵酒三祭酒於苞苴奠爵俛伏興奏

請少立讀祝文官跪讀祝文訖奏請拜皇帝再拜在位官皆再拜前導官導皇帝還褥位西向立內侍啟虞主巾捧匵覆虞主前導官導皇帝歸御幄簾降禮畢高宗紹興二十九年十二月五日禮部太常寺言檢照元豐二年慈聖光獻皇太后上仙太常禮院言按禮葬而後虞虞而後卒哭卒哭而後祔景德中明德皇后以百日爲卒哭蓋古之士禮不當施於朝廷詔改卒哭爲百日司馬光書儀卒哭祭其日夙興執事者具饌如時祭陳之於盥帨之東用卓子蔬果各五品膾炙羹殺軒脯醢庶羞麵食米食共不過十五品器用平生飲食器設玄酒一瓶於酒瓶之西主人既焚香帥眾丈夫降自西階眾丈夫盥手帨手以次奉肉食升設靈座前主婦帥眾婦女降自西階盥手帨手以次奉麵食米食設於肉食之北主人既初獻祝東向跪讀祝辭既啟門告利成餘皆如三虞之儀朱子家禮三虞後遇剛日卒哭設蔬果酒饌祝出主主人以下皆入哭降神主人主婦進饌三獻侑食闔門啟門辭神自是朝夕之閒哀至不哭

明會典品官禮三虞後遇剛日卒哭前期一日陳器具饌並同虞祭惟更設玄酒一瓶於酒瓶之西其日厥明夙興設蔬果酒饌並同虞祭質明祝出主喪主以下皆入哭降神喪主奉魚肉主婦盥帨奉麵米食喪主奉羹主婦奉飯以進乃初獻並同虞祭惟祝執版立於喪主之左東向跪讀爲異祝辭改三虞爲卒哭哀薦成事下云來日隮祔於祖考某官府君尚饗亞獻終獻侑食闔門啟門辭神其儀並與虞祭同自是朝夕之閒哀至不哭其朝夕哭猶故喪主兄弟疏食水飲不食菜果寢席枕木庶人禮三月而卒哭其日夙興掌事者具饌於堂東內外各衰服贊者引喪主以下俱杖升立哭於靈座東西向南上婦人升詣靈座西東面南上內外俱就位哭贊者升自東階入徹夕奠出執饌者以饌升設於靈座前贊者引喪主降盥手訖進詣靈座前以盞跪奠酒俛伏興少退西面祝入立於靈座南北面內外哭止跪讀祝文曰維某年某月朔日辰孤子某敢昭告於考某人母則曰哀子曰妣某氏日月不居奄及卒哭叩地號天五情糜潰謹以清酌庶羞哀薦成事尚饗祝興喪主再拜哭應拜者皆再拜哭盡哀喪主以下各還次自卒哭後朝一哭夕一哭乃諱名喪主疏食水飲不食菜果寢席枕木

祔祭宋　金　元　明

宋眞宗景德初禮官詳定明德皇太后靈駕發引於京師壬地權欑依禮埋懸重升祔神主案宋史禮志太宗明德皇后李氏於景德元年三月十五日崩九月二十二日遷坐於沙臺欑宮十月七日祔神主太宗室三年十月十五日帝詣欑宮致奠李安易上言曰禮云既虞作主虞者已葬設吉祭也明未葬則未立虞主及神主所以周制但鑿木爲懸重以主神靈皇后七月而葬則埋懸重掩元堂凶仗轀輬車龍輴之屬焚於柏城訖始可立虞主吉仗還京備九祭復埋虞主然後立神主升廟堂自曠古至皇朝上奉祖宗陵廟俱行此禮何以今日乃違典章苟且升祔方權欑妄立神主未大葬輒埋懸重且棺柩未歸園陵則神靈豈入太廟柰柏城未焚凶仗則凶穢唐突祖宗望約孝章近例但於壬地權欑未立神主升祔凶儀一切祇奉俟丙午年靈駕西去園陵東回祔廟如此則免於顚倒乃詔有司再加詳定判禮院孫何等上言案晉書羊太后崩廢一時之祀天地明堂去樂不作又按禮皇后崩五祀之祭不行既殯而祭所言五祀不行則天地之祭不廢遂議以園陵年月不便須至變禮從宜又緣先準禮文候神主升祔畢方行享祀若俟丙午歲則三年不祭宗廟禮文有闕況明德皇太后德配先朝禮合升祔遂與史館檢討同共參詳以爲廟未祔則神靈不至伏恐祭祀難行欑既畢則梓宮在郊可以葬禮比祔遂案禮云葬者藏也欲人不得而見也既不欲穿壙動土則龍輴欑木題湊蒙槨上四柱如屋以覆盡塗之所合埋重一依近例便可升祔神主安易妄言以凶仗爲凶穢目羣臣爲顚倒指梓宮爲棺柩令百司分析園陵浼瀆聖聽誣罔臣下安易又云昔日覩羣官盡公奉二帝諸后並先山陵後祔廟今日覩羣官顚倒奉明德皇太后獨先祔廟後園陵者今詳當時先山陵後祔廟蓋爲年月便順別無陰陽拘忌今則年月未便理合從宜未埋重則禮文不備未升祔則廟祭猶闕須從變禮以合聖情兼明德皇太后將赴權欑而安易所稱柏城未焚凶仗則凶穢唐突祖宗案檀弓云喪之朝也順死者之孝心也鄭康成注云謂遷柩於廟又云其哀離其室也故至於祖考之廟而後行商朝而殯於祖周朝而遂葬今亦遍辭宗廟而後行豈可以禮經所出目爲顚例吉凶具儀謂之唐突哉又云孝章皇后至道元年崩亦緣有所嫌避未赴園陵出京權欑之時不立神主入廟直至至道三年西去園陵禮畢然後奉虞主還京易神主祔廟以合典禮今詳當時文籍緣孝章爲太宗嫂氏上仙之時止輟五日視朝百官不曾成服與今不同初亦無詔命令住廟享今明德皇太后母儀天下主上孝極曾顏況上仙之初卽有遺命權停享祀今案禮文固合如此安易荒唐庸昧妄有援引以大功之親比三年之制欺罔乃至於此本院所議並明稱典故旁考時

宜雖曰從權粗亦稽古請依元議施行從之案權櫕未葬不宜苟且祔廟安易之言正合古禮而孫何等乃重駁之謬矣司馬光書儀卒哭之來日祔於曾祖考曾祖考曾祖妣皆以主人言之內外夙興掌事者具饌三分雜記曰男子祔於王父則配女子祔於王母則不配注謂若祭王父則配王父也有事於尊者可以及卑有事於卑不敢援尊祭饌如一祝辭異不言以某妃配某氏耳如時祭設曾祖考妣坐於影堂南向影堂窄則設座於他所妣則但設祖妣坐設死者坐於其東南西向各有倚卓設盥盆帨巾於西階下設承版卓子於西方火爐湯瓶火筯在其東其日夙興設玄酒酒瓶盞注卓子於東方設香卓於中央置香爐炷香於其上質明主人以下各服其服哭於靈座前奉曾祖考妣祠版匣置承祠版卓子上出祠版置於座藉以褥次詣靈座奉祠版匣詣影堂主人以下哭從如從柩之序至影堂前止哭祝奉祠版置於坐藉以褥主人及諸子倚杖於階下與有服之親尊長卑幼皆立於庭曾祖考妣在焉故尊長不敢坐以服輕重爲列丈夫處左西上婦人處右東上左右皆據曾祖考妣言之各以昭穆長幼爲序皆北向婢妾在婦人之後位定俱再拜參曾祖考妣其進饌先詣曾祖考妣前設之次詣亡者前設之主人先詣曾祖考妣前北向跪酹酒俛伏興少退立祝奉辭出主人之左東向跪讀曰維某年月日孝曾孫某敢以柔毛嘉薦普淖明齊溲酒適於曾祖考某官不言以某封某氏配若妣祔於祖妣則云適於祖姑某封氏隮祔孫某官妣云隮祔孫婦某封某氏尚饗祝興主人再拜不哭次詣亡者前東向跪酹酒俛伏興少退立祝讀曰維年月日孝子某敢用柔毛嘉薦普淖明齊溲酒哀薦祔事於先考某官妣云先妣某封適祖考某官尚饗祝興降位主人再拜不哭降復位主婦亞獻親賓終獻皆如主人儀祝闔門主人以下出侍立於門左右不哭如食閒祝告啟門三及啟門主人以下各就位祝東向告利成主人以下不哭皆再拜辭神祝先納曾祖考妣祠版於匣奉置故處次納亡者祠版於匣奉之還靈座主人以下哭從如來儀

金制凡升祔神主用栗具依唐制諸侯用一尺刻謚於背

元英宗卽位將升祔仁宗皇帝并增置廟室太常禮儀院下博士檢討歷代典故移書禮部中書集議曰古者天子祭七代兄弟同爲一代廟室皆有神主增置廟室又議大行皇帝升祔太廟七室皆有神主增室不及依前代典故權於廟內止設幄座南面安奉今相視得第七室近南對室地位東西一丈五尺除設幄座外餘五尺不妨行禮乃結綵爲殿置武室南權奉神主

明文皇帝崩祔饗用卒哭之明日太常寺設醴饌於太廟如時饗儀樂設而不作設儀衛繖扇於午門外內侍進御輦於几筵殿前皇帝衰服四拜舉哀興哀止立於拜位之東西向內侍奉請神主降座升輦詣太廟祔饗至思善門外皇帝易祭服升輅隨至午門外詣御輦前跪太常卿奏請神主降輦皇帝俛伏興捧主由左門入至丹陛下典儀唱太宗文皇帝謁廟至廟前內侍捧主至褥位皇帝於後行八拜禮每廟俱同內侍捧主北向太常卿立壇東西向唱賜坐皇帝搢圭奉神主安於座官祔祭之禮卒哭明日而祔卒哭之祭既徹陳器具饌詣拜位行祭禮如時饗儀太常卿奏請神主還几筵品於祠堂堂狹卽於聽事隨便設亡者祖考妣位於中南向西上設亡者位於其東南西向母喪則不設祖考位置酒瓶玄酒瓶於阼階上火爐湯瓶於西階上具饌如卒哭而三分母喪則兩分祖妣二人以上則以親者厥明設蔬果酒饌質明喪主兄弟皆倚杖於階下入詣靈座前哭盡哀止乃詣祠堂祝軸簾啟櫝奉所祔祖考之主置於座內執事者奉祖妣之主置於座西上喪主以下還詣靈座所哭祝奉主櫝詣祠堂西階上卓子上喪主以下哭從如從柩之次至門止哭祝啟櫝乃出主乃降神祝進饌酌獻先詣祖考妣前祝版云孝孫某謹以潔牲庶羞粢盛醴齊適於某考某官府君隮祔孫某官尚饗皆不哭內喪則云某妣某封某氏隮祔孫婦某封某氏次詣亡者位前祝版云薦祔事於先考某官府君適於某考某官府君尚饗二獻侑食闔門啟門辭神並同卒哭儀禮畢祝奉主各還故處先納祖考妣神主龕中匣之次納亡者神主西階卓子上匣之奉而還於靈座出門喪主以下哭從如來儀庶人禮卒哭之明日乃祔其日夙興執事者具器陳饌喪主以下入哭於靈座前乃詣祠堂奉所祔祖考之主置於座內執事者奉祖妣之主置於座還詣靈座所哭祝奉新主以行喪主以下哭從如從柩之次至祠堂門止哭祝出主置於座喪主以下各就位贊者曰再拜在位者皆再拜掌饌者以饌升各陳於座前設訖降出贊者引喪主盥手酌酒先詣祖考妣位前祝辭云孝孫某謹以清酌庶品適於某祖考之靈隮祔孫某人之靈內喪則云適於某祖妣某人隮祔孫婦某人某氏次詣亡者位前祝辭云薦祔事於先考之靈適於某考之靈尚饗喪主再拜興降出贊者引喪主詣諸座前各再拜乃復位贊者曰再拜在位者皆再拜祝先納祖考妣神主於龕中匣之次納亡者神主匣之奉之反於靈座喪主以下哭從如來儀

小祥變宋　明

宋制十三日小祥（外朝以日易月之制）行奠祭禮其日儀鑾司設素幄於几筵殿之東陪位官就位立班皇帝服衰服詣幄即御座簾降太常卿當幄前跪奏請皇帝行祭奠之禮簾捲前導官導皇帝出幄詣殿下褥位向西立奏請再拜舉哭皇帝再拜舉哭在位官皆再拜舉哭前導皇帝升殿詣香案前三上香三奠酒俛伏興讀祝文官跪讀祝文訖奏請哭盡哀皇帝哭盡哀在位官皆哭盡哀奏請再拜皇帝再拜在位官皆再拜前導皇帝降階殿下褥位西向立奏請皇帝再拜在位官皆再拜前導皇帝還幄簾降奏禮畢皇帝改服大祥服理宗初眞德秀論不祥不當從吉狀伏覩指揮羣臣候過寧宗皇帝小祥並服純吉等某案本朝列聖相承外庭雖用易月之制而宮中實行三年之服迨至阜陵獨出宸斷易月之外衰服如初朝衣服冠皆以大布惜時臣不能弁定臣下執喪儀遂使人主衰服三年於上而羣臣易月公除於下逮紹熙甲寅阜陵上賓羅點等建議乞令羣臣於易月之後不釋衰服朝會治事權用公服黑帶每遇七日及朔望時節朝臨奉慰應於喪禮皆以衰服行事山陵之後期與再期則又服衰服大祥而後除至於燕服亦去紅紫之飾詔從之侂胄弄權一切反慶元初制故光宗之喪羣臣復以小祥純吉揆之禮意參之人情有未安者二焉皇帝以躬執三年之喪在宮則苴麻臨朝則淺黃之服黑犀之帶而羣臣遽已無所不佩豈君服斯服之義乎此其未安者一也八月三日實維小祥越七日而遂純吉追念去年是時先皇帝負扆朝羣臣今音容若存仙遊已邈臣子雖號慟泣血未足以洩其哀乃遽卽純吉之服忘憂戚之容揆之人情必所不忍此其未安者二也欲望朝廷更下有司考求紹興甲寅巳定之例斟酌而行之其八月十日百官純吉指揮望姑賜寢庶幾稍合禮意足以貽示方來司馬光書儀云既練男子去首經負版辟領衰故朱子家禮據書儀云小祥去首經負版辟領衰但禮經既練男子除首經婦人除要帶家禮於婦人成服時並無婦人經帶之文此爲疏略故既練亦不言婦人除帶當以禮經爲正

明品官禮期而小祥喪至此凡十三月（不計閏）古卜日而祭今止用初忌以從簡易前期一日喪主以下沐浴洒掃滌濯主婦帥衆婦女滌釜鼎具祭饌（如卒哭）設次陳練服厥明夙興設蔬果酒饌質明祝出主喪主倚杖於門外與期親各服其服而入皆哭盡哀止乃出就次易服復入哭祝止哭乃降神初獻亞獻終獻侑食闔門啓門辭神同卒哭之儀祝版云日月不居奄及小祥夙興夜處小心畏懼不惰其身哀慕不寧敢用潔牲庶羞粢盛醴齊薦此常事尚享自是止朝夕哭始食菜果庶人禮小祥前期一日喪主及諸子皆沐浴具饌陳器設次陳練服於其所其日夙興祝入整拂几筵以出內外衰服喪主以下倚杖於階東俱出就位哭盡哀贊者引喪主杖就次主婦以下各就次乃陳練服贊者引喪主倚杖如初乃升內外俱升就位哭贊者引喪主盥手奠酒祝進立於靈座右內外止哭祝讀祝文曰維年月朔日辰孤子某敢告於考某人之靈歲月驚迫奄及小祥攀慕永遠重增荼裂謹以清酌庶羞祇薦常事尚享祝興喪主哭再拜退復位內外哭盡哀喪主以下出杖降自西階就次妻妾女子子還別室自小祥之後止朝夕哭

大祥變（宋　明）

宋制二十五日大祥（外朝以日易月之制行奠祭禮如前祭儀）是日皇帝改服禫服高宗紹興九年正月二十五日徽宗大祥高宗服白羅袍至禫祭祥服日服素紗軟脚幞頭淺色黃羅袍黑銀帶及紹興三十一年八月太常寺檢會故事言大祥日服素紗軟脚幞頭白羅黑銀帶孝宗淳熙十四年十月十一日太常寺檢照大祥日服素紗軟脚折上巾淡黃袍黑銀帶上批淡黃袍改服白袍自後每御延和殿並服大祥之服又不用皁幞頭其折上巾白袍並以布爲之宮中則布衫過宮則衰經而杖

明品官禮再期而大祥喪至此凡二十五月亦止用第二忌日祭前期一日沐浴陳器具饌（如小祥）設次陳禫服以酒果告遷於祠堂告畢改題神主遞遷而西虛東一龕以候新主厥明行事皆如小祥之儀（祝版改小祥曰大祥常事曰祥事）祝畢奉神主入於祠堂喪主以下哭從如祔之序至祠堂止哭執事者徹靈座斷杖棄之屛處奉遷主埋於墓側始飲酒食肉而復寢庶人禮大祥前期一日喪主及諸子俱沐浴具饌陳器陳禫服於次乃告遷於祠堂告畢改題神主而遞遷之虛東一龕以俟厥明祝先入拂几筵降出內外於次哭盡哀掌事者設饌於靈座前內外俱就位哭贊者引喪主盥手奠酒祝立於靈座右跪讀祝文曰維年月朔日辰孤子某敢告於考某人之靈日月逾邁奄及大祥攀慕永遠無任荒踣謹以清酌庶羞祇薦祥事尚享祝興喪主哭再拜退復位內外哭盡哀祝奉神主入於祠堂喪主以下哭送掌事者徹靈座斷杖棄之屛處始飲酒食肉而復寢

禫變（宋　明）

宋制二十七日禫（用以日易月之制）奠祭是日皇帝釋禫服政

和禮品官喪儀禫前一日之夕掌事者先備內外禫服各陳於別所主人及諸子俱沐浴具饌如初其日夙興祝入設几筵於奧主人及諸子妻妾女子子仍祥服內外俱升就位哭盡哀降釋服服禫服復升就位哭設饌如初贊者引主人盥手奠酒如初祝進立於靈座右止哭祝跪讀祝文曰維某年月朔日辰孤子某敢昭告於考某官封謚（案庶人禮作敢昭告於考某人之靈）尙饗餘如大祥之儀

明品官禮大祥之後閒一月禫禫者淡淡然平安之意蓋喪至此計二十有七月前一月下旬卜來月三旬中各一日或丁或亥設卓子於祠堂門外置香爐香合珓珓於其上喪主禫服西向衆兄弟次之子孫在其後重行北上執事者北向東上喪主炷香薰珓命以上旬之日月某將以來月某日祗薦禫事於先考某官府君卽以珓擲於盤以一俯一仰爲吉不吉更命中旬之日又不吉則直用下旬之日（案司馬光書儀大祥後閒一月月中隨便擇一日不用卜）喪主乃入祠堂本龕前再拜在位者皆再拜喪主焚香祝執版立於喪主之左跪告曰孝子某將以來月某日祗薦禫事於先考某官府君（案庶人禮作敢昭告於考某人之靈）卜既得吉敢告喪主再拜興降在位者皆再拜祝闔門退乃前期一日沐浴設神位於靈座故處陳器具饌厥明行事皆如大祥之儀

五服成服及變除附　宋

宋司馬光書儀衰裳之制斬衰用極粗生布爲之不緝衣縫向外裳縫向內裳前三幅後四幅每幅作三㡇皆屈兩邊相著空其中負版方一尺八寸（此尺寸皆用周尺）在背上綴於領下垂放之辟領方四寸置於負版兩旁各攙負版一寸亦綴於領下衰長六寸廣四寸綴於前衿當心衣長過腰足以掩裳上際袵用布三尺五寸留上一尺正方不破旁入六尺乃向下邪裁之一尺五寸去下畔亦六寸橫斷之留下一尺正方以兩正方左右相沓綴於衣兩旁垂之向下狀如燕尾掩裳旁際（案朱子家禮同）齊衰以布稍粗者爲寬袖襴衫大功小功緦麻皆用生白絹爲襴衫凡緝者皆向外撚之小祥則除負版及衰大祥後服皁布衫黃鞓曰喪服婦人自斬至緦成服皆布總其布之升數象男子冠數始死將斬衰婦人去笄至男子括髮著麻髽之時猶不笄今成服始用箭笄（案箭篠竹也以箭篠爲笄也）箭笄長尺婦人箭笄終喪婦人有除無變也

（案喪服之制有變有除變者不遽除除者不更變故變有受而除無受）

五服衰裳制度　五代　宋

後唐始以五服制度著於令

宋楊復曰喪服制度惟辟領一節沿襲差誤自通典始案喪服記云衣二尺有二寸蓋指衣身自領至腰之長而言之也用布八尺八寸中斷以分左右爲四尺四寸者二又取四尺二寸者四中摺以分前後爲二尺二寸者四此卽尋常度衣身之常法也合二尺二寸者四疊爲四重從一角當領處四寸下取方裁入四寸乃記所謂適博四寸注疏所謂辟領四寸是也案鄭注云適辟領也則兩物卽一物也今記曰適注疏又曰辟領何爲而異其名也辟猶開也從一角當領處取方裁開方四寸故曰辟領以此辟領四寸反摺向外加兩肩上以爲左右適故曰適乃疏所謂兩相向外各四寸是也辟領四寸既反摺向外加兩肩上以爲左右適故後之左右各有四寸虛處當脊而相並謂之闊中前之左右各有四寸虛處當脊而相對亦謂之闊中乃疏所謂闊中八寸是也此則衣身所用布之處與裁之之法也注又云加辟領八寸而又倍之者謂別用布一尺六寸橫闊八寸又縱摺而中分之其下一半裁斷左右兩端各四寸除去不用只留中閒八寸以加後之闊中元裁辟領各四寸處而塞其闕當脊相並處此所謂加辟領八寸是也其上一半全一尺六寸不裁以布之中閒從項上分左右對摺向前垂下以加於前之闊中與元裁斷處當肩相對處相接以爲左右領也夫下一半加於後之闊中者用布八寸而上一半從項而下以加前之闊中者又倍之而爲一尺六寸此所謂又倍之者也此則衣領所用之布與裁之之法也古者衣服吉凶異制故衰服領與吉服領不同而其制如此也注又云凡用布一丈四寸者用身八尺八寸衣領一尺六寸合爲一丈四寸也此是用布正數又當少寬其布以爲鍼縫之用然此卽衣身與衣領之數若負衰帶下及兩袵又在此數之外矣但領必有袷此布何從出乎曰衣領用布闊八寸而長一尺六寸古者布幅闊二尺二寸除衣領用布闊八寸之外更餘闊一尺四寸長一尺六寸可以分作三條施於袷而適足無餘欠也通典以辟領爲適本用注疏又自謂喪服記文難曉而用臆說以參之既別用布以爲辟領又不言制領所用何布又不計衣身衣領用布之數失之矣但知衣身八尺八寸之外又別用布一尺六寸以爲凡用布共一丈四寸則文義不待辨而自明矣又曰儀禮婦人不殊裳衰如男子衰（案斬疏繐大功小功緦裼皆曰衰喪正服也）下如深衣無帶下又無袵夫衰如男子未知備負版辟領之制與否下如深衣未知裳用十二幅與否此雖無文可明但衣身必二尺二寸袂必屬幅裳必

上屬於衣裳旁兩幅必相聯屬此所以衣不用帶下尺裳旁不用衽也今考家禮則不用此制婦人用大袖長裙蓋頭男子衰服純用古制而婦人不用古制此則未詳

五服制度考宋

宋司馬光曰古者既葬練祥禫皆有受服變而從輕今世俗無受服自成服至大祥其衰無變故於既葬別爲家居之服是亦受服之意也朱子曰温公儀凶禮斬衰用古制而功緦又不用古制古者五服皆用麻但布有差等皆有冠絰但功緦之絰小耳今定家禮斬衰衣裳用極粗生布齊衰用次等粗生布杖期又用次等生布不杖期及齊衰三月又用次等生布大功用稍粗熟布小功用稍細熟布緦麻用極細熟布黃榦曰案練再受服經傳雖無明文謂既練而服功衰則記禮者屢言之服問曰三年之喪既練矣期之喪既葬矣則服其功衰雜記曰三年之喪雖功衰不弔又曰有父母之喪尚功衰而祔兄弟之殤則練冠是也案大功之布有三等七升八升九升而降服七升爲最重斬衰既練而服功衰是受以大功七升布爲衰裳也故喪服斬衰章賈氏疏云斬衰初服粗至葬後大祥後漸細加飾斬衰裳三升冠六升既葬後以其冠爲受衰裳六升冠七升小祥又以其冠爲受衰裳七升冠八升女子子嫁反在父之室疏云至小祥受衰七升總八升又案閒傳小祥練冠孔氏疏云至小祥以卒哭後冠受其衰而以練易其冠而橫渠張子之說又曰練衣必鍛煉大功之布以爲衣故言功衰功衰上之衣也以其著衰於上故通謂之功衰必著受服之上稱受者以此得名受蓋以受始喪斬疏之衰而著之變服其意以喪久變輕不欲摧割之心亟忘於內也據橫渠此說謂受以大功之衰則與傳記注疏之說同謂鍛煉大功之布以爲上之衣則非特練中衣亦練功衰也又取成服之初衰長六寸博四寸縫於當心者著之於功衰之上是功衰雖漸輕而長六寸博四寸之衰猶在不欲哀心之遽忘也此說則與先儒異今並存之

欽定續通典卷七十九

欽定續通典卷八十

禮凶

五服年月降殺(杜典分爲五卷今於原書已載及唐以後與古制同者槩不錄錄杜典所載古制未備及後世增入者合爲一卷)

斬衰三年 唐 宋 元 明

唐律爲人後者爲所後父孫爲祖後承重婦爲舅(其夫爲祖後者妻亦從服)皆斬衰

宋政和禮婦爲舅與唐律同(夫爲祖曾高祖後者其妻從服亦如之)

元典章爲人後者爲所後父與唐律同

明會典(孝慈錄同)子爲父母爲人後者爲所後父母女在室爲父母女嫁反在室爲父母嫡孫爲祖父母承重及曾高祖父母承重者同(父歿適孫爲祖承重服若父祖俱亡而子孫爲高祖後者同)婦爲舅姑爲人後者爲所後祖父母承重庶子爲所生母子爲繼母爲慈母爲養母夫爲人後則妻從服庶子之妻爲夫之所生母俱斬衰

孫爲祖持重議 宋 元

宋神宗時知太常禮院蘇頌議承重法疏略曰古者貴賤不同禮諸侯大夫世有爵祿故有大宗小宗主祭傳重之義則喪服從而異制匹士庶人亦何預焉何以言之喪服傳曰父爲長子何以三年也正體於上又乃將所傳重也鄭康成曰重其當先祖之正體又以其將代已爲宗廟主也而經不言長孫爲祖者蓋有爵土則父歿孫當傳已其承重可知也近代仕不世爵宗廟因而不立尊卑亦無所統其長子孫與眾子孫無以異也生而情禮則一死而喪服獨異恐非先王制禮之本意也而世俗之倫乃以三年之喪爲承重故爲當服者爲承重而不知爲承大宗之重也嘗聞慶曆中朝廷欲議臣僚應任子者長子長孫差優與官餘皆降等此亦近古立宗之法也然不果行慶曆末石中立卒未幾庶子從簡又卒嫡孫祖仁先服期不知後服禮官以謂宜別制斬衰嘉祐中劉煇祖母卒自言幼孤鞠於祖母雖有諸父亦乞解官行服禮官議煇長孫當承重臣謂祖仁官丞郎列近職世荷賞延是有重可承者也煇乃庶官世又非顯若云鞠於祖母報以三年可也有諸父在而今承長孫重非也故熙寧八年六月詔書嫡子死無眾子者然後嫡孫承重襲封爵雖有眾子猶承重此明宗子傳重正合古禮而未議無封爵者及庶人所以承重之意故學禮者猶以爲未盡也傳曰都邑之士則知尊禰大夫及學士則知尊祖是故諸侯及其太祖天子及其始祖之所自出由此言之尊卑之禮有隆殺之異而喪服從而爲之制也明矣今服祖重者而無所以爲重之義又無大夫庶人之別是尊卑一統而貴賤同體也乞詔禮官博士參議禮律若以無封爵者無傳重之義即別立服制如在禮合承重亦參酌古今收族主祭之禮立爲宗子繼祖有以異於眾子孫之法及庶人與士大夫不當同用一律頒布天下使知尊祖不違禮教則州郡用法斷於不疑也建炎以來朝野雜記高宗之喪孝宗爲三年服及孝宗之喪有司請於易月之外用漆紗淺黃之制蓋循紹興以前之舊朱文公後入不以爲然奏言今已往之失不及追改惟有將來啟欑發引禮當復用初喪之服則其變除之節尚有可議望明詔禮官稽考禮律豫行指定其官吏軍民方喪之服亦宜稍爲之制勿使肆爲華靡其後詔中外百官皆以涼衫視事蓋用此也方文公上議時門人有疑者文公未有以折之後讀禮記正義喪服小記爲祖後者條因自識於本議之末其略云準五服年月格斬衰三年嫡孫爲祖(謂承重者)法意甚明而禮經無文但傳云父歿而爲祖後者服斬然而不見本經未詳何據但小記云祖父歿而爲祖母後者三年可以旁照至爲祖後者條下疏中所引鄭志乃有諸侯父有廢疾不任國政不任喪事之問而鄭答以天子諸侯之服皆斬之文方見父在而承國於祖服向來入此文字時無文字可檢又無朋友可問故大約且以禮律言之亦有疑父在不當承重者時無明白證驗但以禮律人情大意答之心常不安歸來稽考始見此說方得無疑

元典章本宗五服之圖孫爲祖父母齊衰不杖期若嫡孫承祖同父母斬衰齊衰三年

適孫亡無後次孫爲祖承重議 宋

宋神宗熙寧八年詔禮官立法自今承重者適子死無諸子即適孫承重無適孫適孫同母弟承重

適孫承重在喪而亡次孫代之議 宋

宋仁宗皇祐元年博士宋敏求議承祖父重服曰自開元禮以前嫡孫卒則次孫承重或謂已服期不當接服斬而更爲重制案儀禮子嫁反在父之室爲父三年鄭康成註謂遭喪而出者始服齊衰期出而虞則以三年之喪杜佑通典引其義附前問答之次況徐邈范宣之說已爲司馬操駁之是服可再制明矣

齊衰三年 五代 宋 金

宋政和禮家禮子爲母不分父存歿俱齊衰三年如唐律開元禮(明會典改爲母斬衰三年)

後唐明宗長興中太常卿劉岳奉敕刪定鄭餘慶書儀

定婦爲姑齊衰三年

宋太祖乾德三年從僕射魏仁浦等奏依後唐之制婦爲姑齊衰三年開寶禮養母謂養同宗及三歲以下遺棄之子者與親母同（案養母之服不見於經蓋古無異姓相養之理有之自宋開寶禮始）載入齊衰三年章元典章因之明孝慈錄加爲斬衰三年 神宗熙寧七年命官參酌舊例定爲新式父母及繼母慈母已所生母並三年（案母及繼母慈母之服自唐定爲齊衰三年不分父存殁五代及宋皆因之而不改何待神宗之更定乎至於生母之服周世大夫士之庶子父卒皆服齊衰三年與子爲母同唐開元禮及宋初俱因之亦不待神宗之更定大要當時不過申明故事而紀事者不審舊章原自如此遂誤以爲新式爾）金章宗時霍王從彝母早死溫妃舒穆嚕氏養之明昌六年溫妃薨帝問從彝喪服諫議大夫張暐奏慈母服齊衰三年桐杖布冠禮也從彝近親至尊壓降與臣下不同乞於未葬以前服白布衣絹巾既葬止用素服終制朝會從吉帝從其奏

後妻子爲前母服議 晉

晉初吳國朱某娶妻陳氏生子東伯入晉晉賜妻某氏生子綏伯太康中某已亡綏伯將母以歸邦族兄弟交愛敬之道二母雋先後之序雍雍入無閒言及其終也二子交相爲服君子以爲賢安豐太守程諒先已有妻後又娶遂立二適前妻亡後妻子動疑所服中書令張華造甲乙之問曰甲娶乙爲妻後又娶丙居家如二適無有貴賤之差乙亡丙之子當何服本實並列適庶不殊雖二適非正此失在先人人子何得專制析其親也若爲庶母服又不成爲庶進退不知所從太傅鄭沖議曰甲失禮於家二適並在誠非人子所得正則乙丙之子並當三年禮疑從重車騎賈充侍中少傅任愷議略與鄭同太尉荀顗議曰春秋並后匹適古之明典也今不可以犯禮並立二妻不別尊卑而遂其失也故當斷之以禮先至爲適後至爲庶丙子宜以適母服乙乙子宜以庶母事丙（杜典不載今補纂）

爲高曾祖母及祖母持重服議 宋 明

宋仁宗天聖四年大理評事杜杞言祖母穎川郡君鍾没並無服重子婦餘孤孫七人臣最居長今已服斬衰卽未審解官與否禮院言案禮喪服小記曰祖父卒而後爲祖母後者三年正義曰此論適孫承重之服祖父卒者謂適孫無父而爲祖後祖父已卒今遭祖母喪故云爲祖母後也父卒爲母故三年若祖父卒時父已先亡亦爲祖父三年若祖卒時父在已雖爲祖期今父殁祖母亡時已亦爲祖母三年也又案令文爲祖後者父卒爲祖斬祖父殁適孫爲祖母承重者齊衰三年並解官合依禮令二程全書州從事有旣孤而遭祖母喪者身爲適孫未果承重先生爲推典法意告之甚悉其人從之至今遂爲定令而天下搢紳始習爲常朱子語類祖在父亡祖母死亦承重家禮適孫父卒爲祖母若高曾祖母承重皆齊衰三年

明季適孫爲祖父母承重及曾高祖父母承重者改爲斬衰三年

父卒母嫁復還及庶子爲嫡母繼母改嫁服議

臣等謹案杜典載喪服父卒繼母嫁從爲之服報並註鄭王諸說疏以從爲之服爲句從鄭康成義也後儒於從字絕句用王肅說也以義斷之當以王說爲正蓋繼母本非屬毛離裏之親又改嫁與父絕族乃令前妻之子自居其室者亦皆舍其宗廟祭祀而爲之服此於情爲不稱而揆之理亦未順唯從繼母而嫁者則爲之服以其有撫育之恩故也此不別爲其父後與否者以從乎繼母而嫁必有幼弱不能自存者也受恩旣同持服豈得異故無分乎適庶也從母嫁則繼父同居者尙有服況繼母乎況親母乎傳云貴終貴繼母之嫁而能終撫字之恩也鄭以嘗爲母子言非也

父在爲出母服議 元

元典章八母服圖父在而母離棄被出者齊衰杖期

父卒爲嫁母服議 宋 金 元 明

宋仁宗景祐二年禮官宋祁言前祠部員外郎集賢校理郭稹幼孤母邊氏更嫁有子（按歷代名臣奏議母邊氏適士人王渙生四子）稹無伯叔兄弟獨承郭氏之祭今邊氏不幸訃聞稹解官行服臣深用爲疑按五服制度敕齊衰杖期降服之條曰父卒母嫁及出妻之子爲母其左方注曰謂不爲父後者若爲父後者則爲嫁母無服（按歷代名臣奏議有云今詳邊氏嫁則從夫已安於王室死則同穴非於郭偶旣爲父後則宜歸重本宗雖欲懷有慈之愛推無絕之義亦不得爲已嫁之母亢父而盡其禮也此數語宋史禮志未載）詔議之（以下劉夔等議歷代名臣奏議中不載今從宋史禮志備載）侍御史劉夔曰按天聖六年敕開元五服制度開寶正禮並載齊衰降服條例雖與祁言不異然假寧令諸喪斬衰三年並解官齊衰杖期及爲人後者爲其父母若庶子爲後爲其母亦解官申心喪母出及嫁爲父後者雖不服亦申心喪注云皆爲生己者律疏云心喪者爲妾子及出妻之子合降其服二十五月內爲心喪載詳格令子爲嫁母雖爲父後者不服亦當申心喪又稱居心喪者釋服從吉及忘哀作樂冒哀求仕者並同父母正服今龍圖閣學士王博文御史中丞杜衍嘗爲出嫁母解官行喪若使生爲母子沒爲路人則

必虧損名教上玷孝治且杖期降服之制本出開元禮文逮乎天寶降敕俾終三年然則當時已悟失禮晉袁準謂爲父後猶服嫁母據外祖異族猶廢祭行服知父後應服嫁母劉智釋疑云雖爲父後猶爲嫁母齊衰譙周云非父所絕爲之服周可也昔孔鯉之妻爲子思之母鯉卒而嫁於衛故檀弓曰子思之母死柳若謂子思曰子聖人之後也四方於子乎觀禮子盍慎諸子思曰吾何慎哉喪之禮如子云子聖人之後卽父後也石苞問淳于睿爲父後者不爲出母服嫁母猶出母也或者以爲嫁與出不異不達禮意雖執從重之義而以廢祭見譏君爲詳正睿引子思之義爲答且言聖人之後服嫁母明矣稹之行服是不爲過詔兩制御史臺禮院再議曰按儀禮父卒繼母嫁爲之服期謂非生己者故父卒改嫁降不爲己母唐上元元年敕父在爲母尚許服三年今母嫁旣是父終得申本服唐紹議曰爲父後者爲嫁母杖周不爲父後者請不降服至天寶六載敕五服之紀所宜企及三年之數以報免懷其嫁母亡宜終三年又唐八坐議吉凶加減禮云凡父卒親母嫁齊衰杖期爲父後者亦不服不以私親廢祭祀惟素服居堊室心喪三年免役解官母亦心喪之母子無絕道也按通禮五服制度父卒母嫁及出妻之子爲母及爲祖後祖在爲祖母雖周除仍心喪三年侍講學士馮元言儀禮禮記正義古之正禮開寶通禮五服年月敕國朝見行典制爲父後者爲出母無服惟通禮義纂引唐天寶六年制出母嫁母並終服三年又引劉智釋疑雖爲父後猶爲出母嫁母齊衰卒哭乃除蓋天寶之制言諸子爲出母嫁母故云並終服三年劉智言爲父後者爲出母嫁母故云猶爲齊衰卒哭乃除各有所謂故無疑也況天聖五服年月敕父卒母嫁及出妻之子爲母降杖期則天寶之制已不可行又但言母出及嫁爲父後者雖不服亦申心喪卽不言解官若專用禮經則是全無服式若俯同諸子杖期又於條制相戾請凡子爲父後無人可奉祭祀者依通禮義纂劉智釋疑服齊衰卒哭乃除踰月乃祭仍申心喪則與儀禮禮記正義通典通禮五服年月敕爲父後爲出母嫁母無服之言不遠如諸子非爲父後者爲出母嫁母依五服年月敕降服齊衰杖期亦解官申心喪則與通禮五服制度言雖周除仍心喪三年及刑統言出妻之子合降其服皆二十五月內爲心喪其義一也郭稹應得子爲父後之條緣其解官行服已過期年難於追改爲當依此施行詔自今並聽解官以申心喪按范文正公年譜公生二歲而孤母夫人謝氏再適朱氏天聖四年丁母夫人憂六年服除是爲嫁母服三年喪也蓋喪服云父卒繼母嫁從爲之服報王肅以從字絕句從母嫁則繼母尚有服況公以二歲從親母乎此禮以義起故當世無議之者

金世宗大定八年二月甲午朔制子爲改嫁母服喪三年

元典章八母服圖父亡母改嫁適人齊衰杖期

明太祖洪武二十三年進士王希曾言其母任氏之喪以改嫁服止期年願終三年之制帝命禮部議之尚書李原名奏曰不喪出母古之制也希曾之母旣已失節難踰定制詔從之

齊衰不杖周 宋 明

宋開寶禮爲父所生庶母政和禮嫁母出母爲其子繼母嫁爲前夫之子從己者

明會典父母爲適長子及衆子妾爲家長父母

齊衰三月 宋

宋沈括曰喪服但有曾祖齊衰三月曾孫緦麻三月而無高祖玄孫服先儒皆謂同曾祖曾孫故不言可推而知或曰經之所不言則不服皆不然也曾重也由祖而上者皆曾祖也由孫而下者皆曾孫也苟有相逮者則必爲之服喪三月朱子語類沈存中沈括字存中說喪服中曾祖齊衰服曾祖以上皆謂之曾祖恐是如此如此則皆合有齊衰三月服看來高祖死豈有不爲服之理須合行齊衰三月也存中又云高祖齊衰三月不特四世祖爲然自四世以上凡逮事皆當服衰麻三月高祖蓋通稱爾

大功殤服九月七月

臣等謹案儀禮有三殤之服漢晉迄元皆相沿不廢朱子爲家禮則略之而贅其例於末云凡爲殤服者降一等明初編集禮及令皆仍古制至改制孝慈錄盡去殤服不載又案禮無七月之服惟殤有之殤之中又惟中殤有之蓋長殤降一等下殤降二等中殤則無定其在大功之殤則中從上而降一等在小功之殤則中從下而降一等降二等者固與小功之服同其降一等者不可卽與大功之服同故特設七月以處之誠先王盡倫之善制也大功成人九月

臣等又案宋政和禮司馬氏書儀朱子家禮明集禮會典多與唐律同惟元典章爲嫡孫婦緦麻而爲衆孫婦大功此議禮者之誤也

爲衆子婦 宋 元

宋黃榦曰魏徵以兄弟子之婦同於衆子婦先師朱文

公曰禮經嚴適故儀禮適婦大功庶婦小功此固無可疑者但兄弟子之婦則正經無文而舊制爲之大功乃更重於衆子之婦雖以報服使然然於親疏輕重之閒亦可謂不倫矣故魏公因太宗之問而正之然不敢易其報服大功之重而但升適婦爲期乃正得嚴適之義升庶婦爲大功亦未害於降殺之差也

元典章爲嫡婦杖期爲衆婦大功

小功殤服五月　周

喪服從父昆弟之長殤傳曰問者曰中殤何以不見也大功之殤中從上小功之殤中從下　按成人當服大功者其中殤與長殤同成人當服小功者其中殤與下殤同凡不見於經者皆當以此例求之　杜典不載今補纂

小功成人服五月　唐　宋

唐律爲舅爲從母顯慶禮爲甥　杜典不載今補纂

宋政和禮女適人者爲其兄弟姪之爲人後者爲人後者爲其從父兄弟

嫂叔服　唐　五代　宋　元　明

唐顔師古嫂叔服議原夫服紀之制異統同歸或本恩情或申教義所以愼終追遠敦風厲俗輕重各順其適名實不可相違喪過乎哀易象之明訓　按文苑英華易象作承象誤　其易寧戚聖道之遺旨所議兩條實爲舛駁特降絲綸俾革遺謬歷代之所不寤儒者於是未詳超然遠覽獨照深致竊以舊館脫驂尚云出涕鄰里有殯且輟巷歌況乎昆弟之妻嚴親自奉夫之昆弟貲業本同遂乃均諸百姓絕於五服當其喪沒閤門縞素已獨晏然玄黃莫改靜言至理殊非宏通無益關坊實開偷薄相爲制服孰謂非宜在昔子思仲尼之胄爲位哭嫂事著禮文哭既施位明其慘怛苟避凶服豈曰稱情愚謂昆弟之妻服當五月夫之昆弟咸亦如之則親疏中節名數有倫帷簿之制更嚴內外之序增睦　與魏徵議同杜典不載今從唐會要纂入

後唐末帝淸泰三年刑部侍郎權判太常卿馬縞　案冊府元龜作戶部侍郎　言衰麻喪紀所以別親疏辨嫌疑禮叔嫂無服推而遠之也唐太宗時有司議爲兄之妻服小功五月今有司給假爲大功九月非是廢帝下其議太常博士段顒議嫂服給假以大功者令文也令與禮異者非一而喪服之不同者五禮姨舅皆服小功令皆大功妻父母壻外甥皆服緦令皆小功禮令之不可同如此右贊善大夫趙咸乂議曰喪與其易也寧戚儀禮五服或以名加或因尊制推恩引義各有所當據禮爲兄之子妻服小功是輕重失倫也以名則兄子之妻疏因尊則嫂非卑嫂服大功其來已久令國之典不可減也　案冊府元龜諸博士駁云律令國之大經馬縞知禮院時不曾論定今遽上疏駁令式罪人也　司封郎中曹琛請下其議幷以禮令之違者定議詔尚書省集百官議左僕射劉昫等議曰伏以嫂叔服小功五月開元禮會要同其式令於喪服無正文而嫂服給大功假乃假寧附令而敕無年月臣等集議嫂叔服幷諸服紀請以開元禮爲定下太常具五服制度附於令從之

宋仁宗天聖五年侍講學士孫奭言伏見禮院及刑法司外州執守服制詞旨俚淺如外祖卑於舅姨大功加於嫂叔顚倒謬妄難可遽言臣於開寶正禮錄出五服年月幷見行喪服制度編附假寧令請下兩制禮院詳定從之程氏遺書云問嫂叔古無服今有之何也曰古之所以無服者只爲無屬其夫屬乎父道者妻皆母道也其夫屬乎子道者妻皆婦道也今上有父有母下有子有婦叔父伯父父之屬也故叔母伯母之服與叔父伯父同兄弟之子子之屬也故兄弟之子之婦服與兄弟之子同若兄弟則已之屬也難以妻道屬其嫂此叔嫂所以無服之義今之有服亦是豈有同居之親而無服者又問既是同居之親古卻無服豈有兄弟之妻死而已恝然無事乎曰古者雖無服若哀戚之心自在且如鄰里之喪尚不相舂不巷歌匍匐救之況至戚乎又云嫂叔無服先王之權後聖有作雖復制服可矣張子全書云韓退之以少孤養於嫂故爲嫂服加等大抵族屬之喪不可有加若爲嫂養便以有恩而加服則是待兄之恩至薄大抵無母不養於嫂更無處可養若爲族屬之親有恩而加等則待已無恩者可不服乎哉昔有士人少養於嫂生事之如母死自處以齊衰或告之非先王之禮聞而遂除之惟持心喪遂不復應舉人以爲得體朱子語類云問嫂叔無服而程先生云後聖有作須爲制服答曰看推而遠之便是合有服但安排不得故推而遠之若有鞠養恩義心自住不得如何無服眞卿曰當如同爨緦今法從小功

元典章本宗五服之圖兄弟妻小功

明制敘服曰小功五月者爲兄弟之妻婦人爲夫之兄弟曰緦麻三月者爲同堂兄弟之妻婦人爲夫之同堂兄弟

緦麻成人服三月　宋　明

宋政和禮爲兄弟之曾孫爲夫兄弟之曾孫爲同堂兄弟之孫爲夫同堂兄弟之孫女適人者爲兄弟之孫爲夫之兄弟之孫女適人者女適人者爲從祖祖母爲從祖祖姑爲從祖姑

明制以庶子爲父後者爲其母改入斬衰生母條以士

爲庶母改入杖期庶母條其嫁女爲同堂姊妹之出嫁者增入緦麻三月按杜典載有緦麻殤服一條儀禮云爲庶孫之中殤而鄭康成謂當爲下殤馬融謂有中則有下王肅謂大夫爲孫服者無殤據自唐以後亦遂無議及此禮者茲故不錄

舅之妻及堂姨舅 唐 宋 元

臣等謹按杜典載開元制及裴耀卿張九齡等奏而韋縚原奏崔沔等衆議未載今從舊唐書禮儀志備敘并錄宋黄幹儀禮經傳續解以備詳考

唐玄宗開元二十三年下制曰服紀之制或有所未通宜令禮官學士詳議聞奏太常卿韋縚奏曰謹案儀禮喪服舅緦麻三月從母小功五月傳曰何以小功以名加也堂姨舅舅母恩所不及外祖父母小功五月傳曰何以小功以尊加也舅緦麻三月並是情親而服屬疏者也外祖正尊同於從母之服姨舅一等服則輕重有殊堂姨舅親卽未疏恩絕不相爲服親舅母來承外族同爨之禮不如竊以古意猶有所未暢者也且爲外祖小功此則正尊情甚親而服屬疏者也請加至大功九月姨舅同情親既無別服宜齊等請爲舅加小功五月堂姨舅疏降一等親舅母從服之例先無制服之文並望加至袒免臣聞禮以飾情服從義制或有沿革損益可明事體既大理資詳審望付尚書省集衆官吏詳議務從折衷永爲典則於是太子賓客崔沔建議曰竊聞大道既隱天下爲家聖人因之然後制禮禮教之設本爲正家家道正而天下定矣正家之道不可以貳總一定議理歸本宗父有尊崇母以厭降豈忘愛敬宜在倫序是以內有齊斬外服皆緦麻尊名所加不過一等此先王不易之道也前聖所志後賢所傳其來久矣貞觀修禮案文苑英華作往修新禮今從唐志及會要時改舊章漸廣渭陽之恩不遵洙泗之典及弘道之後唐元之間案唐會要作唐隆之間歷代名臣奏議刪此句今從唐志及文苑英華國命再移於外族矣禮亡徵兆儻或斯見天人之際可不誡哉開元初補闕盧履冰嘗進狀論喪服輕重敕令僉議於時羣議紛拏各安積習太常禮部奏依舊定陛下運稽古之思發獨斷之明至開元八年特降別敕一依古禮事符故實人知向方式固宗盟社稷之福更圖異議竊所未詳願守八年明旨以爲萬代程法職方郎中韋述議曰天生萬物惟人最靈所以尊尊親親別生分類存則盡其愛敬歿則盡其哀戚緣情而制服考事而立言往聖討論亦已勤矣上自高祖下至玄孫以及其身謂之九族由近而及遠稱情而立文差其輕重遂爲五服雖則或以義降或以名加教有所從理不踰等百王不易三代可知日月同懸咸所仰也自微言既絕大義復乖雖文質有遷而必遵此制謹案儀禮喪服傳曰外親之服皆緦麻鄭康成謂外親異姓正服不過緦麻外祖父母小功五月以尊加也從母小功五月以名加也舅甥外孫中外昆弟依本服緦麻三月若以匹敵外祖則祖也舅則伯叔父之別也姨舅伯叔則父母之恩不殊而獨殺於外氏聖人之心良有以也且家無二尊喪無二斬人之所本不可貳也特重於大宗者降其小宗爲人後者減其父母之服女子出嫁殺其本家之喪蓋所存者遠所抑者私也今若外祖及舅更加服一等堂舅及姨列於服紀之內則中外之制相去幾何廢禮徇情所務者末古之制作者知人情之易搖恐失禮之將漸別其同異輕重相懸欲使後來之人永不相雜微旨所在豈徒然哉且五服有上殺之義必循源本方及條流伯叔父母本服大功九月從父兄弟亦大功九月並以上出於祖其服不得過於祖也族祖祖父母族祖父母族祖昆弟皆緦麻三月以其出於高祖其服不得過於高祖也堂舅姨既出於外曾祖若爲之制服則外曾祖父母及外伯叔祖父母亦宜制服矣外祖加至大功九月則外曾祖合至小功外高祖合至緦麻若舉此而舍彼事則不均棄親而錄疏理則不順推而廣之是與本族無異矣聖人豈薄其骨肉背其恩愛情之親者服制乃輕然本於公者薄於私存其大者略其細義有所斷不得不然苟可加也亦可減也往聖可得而非則禮經可得而隳矣先王之制謂之彝倫奉以周旋猶恐失墜一紊其敘庸可正乎且舊章淪胥爲日已久矣所存者無幾又欲棄之雖曰未達不知其可請依儀禮喪服爲定禮部員外郎楊仲昌議曰謹案儀禮曰外服皆緦又曰外祖父母以尊加從母以名加並爲小功五月其爲舅緦鄭文貞公魏徵已議同從母例加至小功五月迄今之所加豈異前旨雖文貞賢也而周孔聖也以賢改聖後學何從堂舅堂姨舅母並升爲袒免則何以祖述禮經乎如以外祖父母加至大功則豈無加報於外孫乎如外孫爲報服大功則本宗庶孫何同等而相淺乎儻必如是深所不便竊恐內外乖序親疏奪倫情之所沿何所不至理必然也昔子路有姊之喪而不除孔子問之子路對曰吾寡兄弟而不忍也子曰先王制禮行道之人皆不忍也子路聞而除之此則聖人因言以立訓援事抑情之明例也禮不云乎無輕議禮明其播於天地並彼日月賢者由之安敢小有損益也況夫喪服之紀先王大猷奉以周旋以匡人道一辭寧措千載是遵涉於異端豈曰宏教伏

望各依正禮以厚儒風太常所謂增加愚見以爲不可又戸部郎中楊百成左監門錄事參軍劉秩並同是議與沔等略同

宋黃榦曰本朝乾德三年左僕射魏仁浦等奏云唐明皇增舅母服緦麻又堂姨舅服袒免迄今遵行遂爲定制及案今服制令與温公書儀等書並不見有舅母服緦麻及堂姨舅袒免之文案舅母之服唐朝既制於前宋初復遵於後而服制令諸書不載者蓋前此禮院及刑法司所執姨舅嫂叔皆加至大功婦翁女婿皆加至小功至天聖時學士孫奭請兩制詳定因並舅母服而刪之也夫舅母無服雖本古禮然檀弓有同爨服緦之言明皇既定之爲制則後世因而仍之於禮亦無害

元典章外族服圖母兄弟妻小功母姊妹小功而不及堂姨舅

欽定續通典卷八十一

禮 凶

三公諸侯大夫降服議 隋 唐 宋 明

隋劉炫爲散騎尉吏部尚書牛弘建議以爲禮諸侯絕旁期大夫降一等今之上柱國雖不同古諸侯比大夫可也官在第二品宜降旁親一等議者以爲然炫駁之曰古之仕者宗一人而已庶子不得進經是先王重適其宗子有分祿之義族人與宗子雖疏遠猶服齊衰三月良由受其恩也今之仕者位以才升不限適庶與古既異何降之有今之貴者多忽近親若或降之民德之疏自此始矣遂寢其事杜典不載今補纂

唐制皇家所絕旁親無服者皇弟皇子爲之皆降一等

宋王安石降服議先王制服順性命之理而爲之節恩之深淺義之遠近皆於此乎權之貴之與賤或降或絕或否蓋在先王之時諸侯大夫各君其父兄欲尊尊之義有所申則宜親親之恩有所屈此其所以降絕之意也自封建之法廢諸侯大夫降絕之禮無所復施士大夫無宗其適孫傳重之屬不可純用周制臣愚以爲方今惟諸侯大夫降絕之禮可廢而適子非傳爵者無眾子乃可於適孫承重

明世宗嘉靖十三年孟夏享太廟先期命侍郎顧鼎臣霍韜捧主會鼎臣韜皆有期功之服上言臣等考之古禮期服諸侯絕大夫降今之公卿卽古之諸侯而猶有期制非禮也若律言緦麻以上皆不與祭者謂其身莅之者也而百官聞期功之訃不過私家爲位及踰月則無容於避矣帝命禮官考議於是尚書夏言奏曰古之諸侯建邦啟土世有其國伯叔兄弟皆其臣也故期可絕今之所謂公卿者在位則爲公卿釋位乃爲族屬無君道以臣其伯叔兄弟喪服之制人情所由生豈以在位釋位而有隆殺哉夫哀有淺深故服有輕重定之三月以哀不能忘於三月也定之期年以哀不能忘於期年也而祭祀吉禮所以致敬於神明若情未忘哀則不能專誠於祭故不與也今以其身不莅喪與夫時之過者皆無可避臣未之前聞禮曰小功緦麻執事不與二臣所服之喪非小功緦麻皆服之重者也太廟捧主又禮之重者也以服之重而與夫禮之重者焉得謂之知禮臣等職司典禮敢不據經守正以嚴瀆踰之防疏入詔鼎臣韜迴避以侍郎黃宗明林樹代之

奔喪及除喪而後歸制 宋

宋政和禮奔喪之禮始聞親喪以哭答使者盡哀問故又哭盡哀服布深衣素冠遂行父母之喪見星而舍若未得奔則成服而後行至家內外哭待於堂上奔喪者入門而左升自西階殯東西面憑哭盡哀少退再拜退於序東被髮復位坐哭又盡哀尊卑撫哭如常訖內外各還次奔喪者乃還如未成服者三日成若至在小斂前與主人俱成服小斂以後自用日數賓弔拜賓如常奔喪者非主人則主人爲之拜賓不及殯則先之墓北面近墓哭主人以下待於墓左西面主婦以下於墓右東面皆北上奔喪者哭盡哀再拜於墓東被髮復位哭盡哀贊者告禮畢奔喪者又再拜遂冠而歸入門而左升自西階靈東西向憑靈哭主人以下升哭如常盡哀再拜各還次三日成服司馬光書儀始聞親喪以哭答使者盡哀問故又哭盡哀裂布爲四腳白布衫繩帶麻屨遂行日行百里不以夜行惟父母之喪見星而行見星而舍道中哀至則哭避市邑喧繁之處望其州境哭望其縣境哭望其城哭望其家哭入門升自西階至殯前再拜哭盡哀乃就位方去冠及上服被髮扱衽徒跣如始死之儀詣殯東西面坐哭盡哀乃就東方袒括髮又哭盡哀丈夫婦人之待之也皆如朝夕哭位無變也既哭奔喪者復著布四腳布衫拜諸尊長及受諸卑幼拜皆哭盡哀明日後日朝夕哭猶袒括髮至家四日乃成服而朝哭有弔賓至則出見之可也若未得行須踰過三日以上者則爲位不奠被髮扱衽徒跣皆如始死之儀明日斬衰者袒括髮齊衰以下袒免代哭皆如小斂之儀聞喪後四日成服而朝哭皆如在家之儀道中及至家惟不去冠及上服被髮扱衽徒跣袒括髮其餘皆如未成服之儀入門至殯前北面再拜哭盡哀拜諸尊長又受諸卑幼拜皆哭盡哀弔賓至卽出見之若奔喪者不及殯則先之墓望墓而哭至墓北面哭盡哀再拜在家丈夫之待之也卽位於墓左婦人墓右皆哭盡哀未成服者去布四腳及布衫袒括髮於墓東南卽本位又哭盡哀復著布四腳衫拜尊長及受卑幼拜如上儀遂歸至家入門去布四腳及布衫袒括髮至靈座前北面哭盡哀如未葬之儀已成服者不袒括髮齊衰以下聞喪則爲位而哭若奔喪則釋去華盛之服裝辦卽行緩速惟所欲既至齊衰望鄉而哭大功望門而哭小功以下至門而哭入門始至殯前北向哭盡哀再拜乃易所服之服卽本位又哭盡哀乃見諸尊長及卑幼拜哭如主人儀若不奔喪則齊衰始聞喪三日中朝夕爲位會哭四日之朝成服又爲位會哭大功以下始聞喪爲位會哭成服又爲位會哭自是每月朔爲位會哭月數既滿次月朔爲位會哭

遂除服其聞喪至各哭固無常準齊衰以上自有喪以來親戚未嘗相見者旣除服而相見不變服各哭盡哀然後斂拜（朱子家禮 明會典同）

士爲所生母服議 宋 明

宋眞宗大中祥符八年樞密使王欽若言太常博士祕閣校理聶震丁所生母服適母尙在望特免持服禮官言按周制庶子在父之室則爲其母不禫晉解遂問蔡謨曰庶子喪所生適母尙存不知制服輕重答云士之妾子服其母與凡人喪母同鍾陵胡濟所生母喪自有適兄承統而適母存疑不得三年問范宣答曰爲慈母且猶三年況親所生乎適母雖尊然厭降之制父所不及婦人無專制之事豈得引父爲比而屈降支子也南齊褚淵遭庶母郭氏喪葬畢起爲中軍將軍後適母吳郡公主薨葬畢令攝職則震當解官行服心喪三年

明會典改入斬衰三年

臣等謹按齊衰三年首言父卒則爲母下卽及繼母慈母知妾子之母亦包於爲母之中也惟大夫之妾子公子之於母爲尊厭降庶子爲父後不敢服於私親經表此三者之異則士而下與不爲後者之從同不必言也小記云庶子在父之室則爲其母不禫是生母之服父在期而父卒三年當與繼母慈母一例而推矣

大夫士爲慈母服議 明

明董應舉湛誠慈母如母服議家禮三父八母圖慈母齊衰三年蓋義服也而律亦有爲慈母服之說但家禮慈母注云所生母死父令別妾撫育者謂之慈母當服三年而父妾乳哺者謂之乳母只服緦麻迹雖相似而恩有淺深服有輕重今湛誠所丁憂者顧氏乃其父之媵妾有子則當杖期無子則當緦麻總有撫抱之恩亦當先請後服

臣等謹案禮有慈母之條非僅謂母死父使他妾乳之也乃父命之爲母子故行三年之服觀小記爲慈母後之語義自可見家禮於慈母條下謂庶子無母父命他妾之無子者慈己明會典於慈母條下謂母卒父命他妾養己者似與古所謂庶母慈己者無異又何以有三年小功之別乎蓋父之命妾命子正是命之爲後小記更有爲祖庶母後一語則知慈母如母自與庶母慈己者迥別故曰貴父之命也雖云如母而記稱不世祭有不得盡同於母者矣

繼適母黨服

臣等謹案禮有適母無繼適母之文蓋自前母之子視之則爲繼母自庶子視之則正繼皆爲適也故開元禮政和禮家禮孝慈錄明會典俱統於庶子爲適母之父母兄弟姊妹條內小功五月適母亡則不服

妻已亡爲妻父母服議 五代 宋

後唐末帝清泰三年太常博士段顒言妻之父母舊服緦麻今給假令式服小功下尙書省集議左僕射劉昫等奏上諸服紀請一依開元禮從之

宋朱子家禮及明會典妻亡而別娶亦服妻之親母雖嫁出猶服

總論爲人後議 明

明邱濬曰古人大宗無子則以族人之子繼之而不及小宗大明令及律雖許同宗立嗣然皆謂其人生前自立而無死後追立之文聖祖之意蓋以興滅繼絕必前代帝王功臣賢人之後不可不使血食也先王制禮不下庶人今庶人之家若生前將昭穆相應之人自幼鞠養者從其自便旣死之後告爭承繼者無非利其財產而已若死者係軍匠籍雖脇之使繼彼肯從哉今宜敕禮官定制若前代名人之後或在今曾有大名顯宦者以宗法爲主先求繼禰小宗次繼祖之宗次繼曾祖之宗次繼高祖之宗四宗俱無人然後及疏遠及同姓之人若其人生前或養同宗之子世系雖遠而昭穆不失序不必更求其有鞠育之恩氣雖不純而心已相孚故也又凡爲人後承父之命方許出繼已孤之子不許所以然者爲人後者爲之子旣爲之子則稱其所生爲伯叔不承父命而輒稱已父母爲伯叔可乎是貪利而忘親也如此則傳序旣明而爭訟亦息矣田汝成立後論曰古稱爲父後者非謂諸子皆可以爲父後也必適子乃足以當之適子者大宗小宗之統也身爲小宗之適則五服之親皆其所統故禮曰適子不得後大宗以支子可也而漢初之詔賜民爲父後者爵一級蓋適子之謂也古稱立後者非謂昆弟無子者人人爲之立後也惟大宗乃舉之故禮曰大宗不可絕故族人以支子後大宗非大宗而立後者蓋義舉也於禮未之有聞也古稱爲大宗後者非必親昆弟之子也有以從昆弟之子後從世父者矣有以諸孫後祖者矣有以諸曾孫後曾祖者矣有以諸玄孫後高祖者矣故禮曰爲人後者斬衰三年不名所後爲父者以所後不定難以預著其名也後世宗法不明而適子庶子皆稱父後立後之義不

明而同居異居昆弟之無子者皆爲立後稱謂之義不明而爲人後者伯父叔父皆易爲父而以孫後祖以無服之孫後遠祖者禮既不行名亦不著非先王之本旨矣

近親無繼官爲繼絕議 宋

宋哲宗元祐時南郊赦文戶絕之家近親不爲立繼者官爲施行徽宗大觀四年詔曰孔子謂興滅繼絕天下之民歸心王安石子雱無嗣有族子棣已嘗用安石孫恩例官可以棣爲雱後以稱朕善善之意

閒代立後議 晉 宋

晉侍中荀顗無子以從孫徽嗣中興初以顗兄玄孫序爲顗後封臨淮公杜典不載今補纂

宋神宗元豐中國子博士孟開請以姪孫宗顏爲孫又王彥林請以弟彥通爲叔祖母宋繼絕孫詔皆如所請

臣等謹案雷次宗釋儀禮爲人後者之文以爲不言所後之父者或後祖或後高曾凡諸所後皆備於其中庾純云爲人後者三年或爲子或爲孫若荀太尉養兄孫以爲孫是小記所謂爲祖後者同三年也杜典載宋庾蔚之謂閒代取嗣古未之聞然自夫子之告子游已謂三代已後各親其親各子其子自非大宗五世親盡則族屬絕苟兄弟之子無當立者舍弟兄之孫弗立其於一氣感召之義何故昭穆相續其常也不得已而立從孫爲孫如父子之誼仍不改其昭穆之倫毋亦勢之不得不然歟

夫爲祖曾祖高祖父母持重妻從服議 宋 明

宋朱子家禮明會典孝慈錄無正文惟妻從夫族服圖凡諸承重並從夫服

臣等謹案杜典載虞喜之論云玄孫爲後其母尚存玄孫之婦猶爲庶不得傳重傳重之服理當在姑竊以儀禮喪祭稱主人者皆宗子也稱爲主婦者皆宗子之妻也此之謂夫婦親之故父死母爲內主者惟子幼未娶者耳已娶未有不主重者也主重未有不從服者也縱玄孫爲後妻主姑存者重在爲主虞喜之論未爲達禮

出後者爲本父母服議 隋 宋

隋永寧令李公孝四歲喪母九歲外繼其後父更別娶後妻案父乃本生父也至是而亡河間劉炫以無撫育之恩議不解任劉子翊駁之曰傳云繼母如母與母同也當以配父之尊居母之位齊杖之制皆如親母又爲人後者爲其父母期報期者自以本生非殊親之與繼也父雖自處旁尊之地於子之情猶須隆其本重是以令云爲人後者爲其父母並解官申其心喪父卒母嫁爲父後者雖不服亦申心喪其繼母嫁不解官此專據嫁者生文耳將知繼母在父之室則制同親母若謂非有撫育恩同之行路何服之有乎服既有之心喪焉可獨異三省令旨其義甚明今言令許不解何其甚謬也且後人者爲其父母期未有變隔以親繼親繼既等故知心喪不殊服問云母出則爲繼母之黨服豈不以出母族絕推而遠之繼母配父引而親之乎子思曰爲伋也妻是爲白也母不爲伋也妻是不爲白也母是知服以名重情因父親所以聖人敦之以孝慈宏之以名義是使子以名服同之親母繼以義報等之已生如謂繼母來在子出之後制有淺深者考之經傳未見其文譬出後之人所後者初亡後之者始至此復可以無撫育之恩而不服重乎奏入從子翊之義案明邵寶曰繼母以父重以義制恩而服之隆殺從之嫁母以父輕出母以父絕禮也　杜典不載今補纂

宋中丞何澹所生父繼室周氏死澹欲服伯母服下太常百官雜議呂祖儉遺書宰相曰禮曰爲伋也妻者是爲白也母今周氏非中丞父之妻乎將不謂之母而謂之何中丞爲風憲首而以不孝令百僚何觀焉案伯母服期所生父繼室亦服期澹欲服伯母服者不肯解官申心喪耳祖儉以不孝刺之得其情矣

出後子爲本親服議

臣等謹案爲人後者爲本生祖父母服此恆有之事乃禮書及律文並不言及何也以爲出後者於本宗概降一等故不必言耶何以於本宗兄弟與出嫁之姊妹本宗之外祖父母又歷歷言之蓋使所後者而爲父之親昆弟則祖卽吾之祖自不必言若使所後者而爲父之從昆弟或再從并五服外之昆弟則依所後之倫序而降將有降爲緦麻及無服者矣此疑似難明之際正不可不爲辨別據禮文皆云爲人後者於本生諸親例降一等故王彪之崔凱之議以爲本生祖父母應降服大功但禮無明文當以義起旁殺下殺之服可降而上推則追本所生不得從所後遞殺夫女子出適爲其父母服期者三年之喪無二斬也而於祖父母則不降爲其上推也此可類舉而互證耳

爲庶子後爲庶祖母承重服議 北魏 宋 明

魏廣陵王恭北海王顥疑爲所生祖母服期與三年博士執意不同詔羣僚會議按魏書禮志熙平二年十一月乙丑太尉清河王懌表奏二王制服輕重不同乞爲定制下禮官議張普惠議曰謹案二王祖母皆受

命先朝爲二國太妃可謂受命於天子爲始封之母矣喪服慈母如母在三年章傳曰貴父命也鄭注云大夫之妾子父在爲母大功則士之妾子爲母期父卒則皆得申此大夫命其妾子以爲母所慈猶曰貴父命爲之三年況天子命其子爲列國王命其生母爲國太妃反自同公子爲母練冠之與大功乎輕重顚倒不可之甚者也傳曰始封之君不臣諸父昆弟則當服其親服若魯衞列國相爲服期判無疑矣何以明之喪服君爲姑姊妹女子子嫁於國君者傳曰何以大功尊同也尊同則得服其親服諸侯之子稱公子公子不得禰先君然則兄弟一體位列諸侯自以尊同得相爲服不可還準公子遠厭天王故降有四品君大夫以尊降公子大夫之子以厭降名例不同何可亂也禮大夫之妾子以父命慈己申其三年太妃既受命先帝光昭一國二王胙土茅社顯錫大邦舍尊同之高據附不禰之公子雖許蔡失位亦不是過服問曰有從輕而重公子之妻爲其皇姑公子雖厭妻尚獲申況廣陵北海論封則封君之子語妃則命妃之孫承妃纂重遠別先皇更以先后之正統厭其所生之祖適方之皇姑不以遠乎今既許其申服而復限之以期比之慈母不亦爽歟經曰爲君之祖父母父母妻長子傳曰何以期父母長子君服斬妻則小君父卒然後爲祖後者服斬今祖乃獻文皇帝諸侯不得祖之母爲太妃蓋二王三年之證議者近背正經以附非類差之毫毛所失或遠且天子尊則配天莫非臣妾何爲命之爲國母而不聽其子服其親乎記曰從服者所從亡則已又曰不爲君母之黨服則爲其母之黨服今所從既亡不以親服服其所生則屬從之服於何所施若以諸王入爲公卿便同大夫者則當今之議皆不須以國言也今之諸王自同列國雖不之國別置臣僚玉食一方不得以諸侯言之敢據周禮輒同三年杜典不載今補纂

宋仁宗寶元二年度支判官集賢校理薛紳言祖母萬壽縣太君王氏卒是先臣所生母服紀之制罔知所適乞降條制庶知遵守詔送太常禮院詳定禮官言五服年月敕齊衰三年爲祖後者祖卒則爲祖母又曰齊衰不杖期爲祖父母注云父之所生庶母亦同惟爲祖後者不服又案通禮義纂爲祖後者父所生庶母亡合三年否記云爲祖母也爲後三年不言適庶然奉宗廟當以貴賤爲差祖庶母不祔於皇姑已受重於祖當爲祭主不得申於私恩若受重於代父而養爲後可也又曰祖庶母合從何服禮無服祖庶母之文有爲祖庶母後者之服晉王廙議曰受命爲後則服之無嫌婦人無子託後族人猶爲之服況其子孫乎人莫敢卑其祖也且子父沒爲母得申三年孫無由獨屈當服之也看詳五服年月敕不載持重之文於義纂卽有所據今薛紳不爲祖後受重於父合申三年之制史館檢校同知太常禮院王洙言五服年月敕與新定令文及通禮正文內五服制度皆聖朝典法此三處並無爲父所生庶母服三年之文惟義纂者是唐世蕭嵩王仲邱等撰集非創修之書未可據以決事且所引兩條皆近世諸儒之說不出於六經臣已別狀奏駁今薛紳爲映之孫耀卿爲別子始祖紳繼別之後爲大宗所守至重非如次庶子等承傳其重者也不可輒服父所生庶母三年之喪以廢始祖之祭也臣謹案禮經所謂重者皆承後之文據義纂稱受重於父亦有二說一者適長子自爲正體受重可知二者或適長亡取適或庶次承傳父重亦名爲受重也若繼別子之後自爲大宗所承至重不得更遠繫祖庶母爲之服三年惟其父以生已之故爲之三年可也詳義纂所謂受重於父者指適長子亡次子承傳父重者也但其文不同爾詔太常禮院與御史臺詳定聞奏衆官參詳耀卿王氏子紳王氏孫尤親於慈母庶母祖母祖庶母也耀卿既亡紳受重代養當服之也又薛紳頃因耤田覃恩乞將敘封母氏恩澤迴授與故父所生母王氏其薛紳官爵未合敘封祖母蓋朝廷以耀卿已亡紳是長孫敦以孝道特許封邑豈可王氏生則輒邀國恩沒則不受重服況紳被王氏鞠育之恩體尊義重合令解官持齊衰三年之服詔從之

明戚應奎爲南京車駕主事以祖庶母喪求去例不得持重猶服私喪三年以重所自出姚翼家規曰承重者主宗廟之灌鬯也庶孫不爲祖後不得加斬於生祖母雖無適孫而庶孫承重亦不槪及於生祖母蓋庶子服生母斬衰爲其生育之恩與父均也非爲其與父共承宗廟也何爲而及於生祖母乎至於庶孫繼祖卽不得服生祖母則宋庾蔚之之言本朝典法無考只守齊衰不杖期之本服爲是

臣等謹案承重之服祇於正適槪不及庶杜典載庾蔚之之論明矣魏廣陵北海二太妃爲始封之君母受命歸國諸侯不敢祖天子則太妃是爲二王之祖母故議以持重三年宋薛紳明戚應奎皆以私恩加服禮官不能以義斷也姚氏家規其知禮歟

並有父母之喪議宋 明

宋眞宗天禧四年御史臺言文武官弁丁憂者相承服五十四月別無條例下太常禮官議曰案禮喪服小記云父母之喪偕先葬者不虞祔待後事其葬服斬衰注謂同月若同日死也先葬者母也其葬服斬衰者喪之隆衰宜從重也假令父死在前月而同月葬猶服斬衰不葬不變服也言其葬服斬衰則虞祔各以其服矣及練祥皆然卒事反服重雜記云有父之喪如未沒喪而母死其除父之喪也服其除服卒事反喪服注云沒猶終也除服謂祥祭之服卒事既祭反喪服服後死者之服杜預賀循之議同按杜預賀循議已載杜典臣等參考典故則是隨其先後而除之無通服五十四月之文請依禮改正

明王廷相曰並有父母之喪如之何曰其父已葬而有母之喪則服母之服既虞也反服父之服既練也則服母之服不以輕掩重也其除父之喪也服其除服卒事反服母服母先而父後也亦如之宋纁曰母喪未葬而值父之二祥則不得服祥服以祥祭爲吉未葬爲凶不忍於凶時行吉禮也居母喪遭父喪者亦然

有適母喪而所生母死爲服位議宋

宋司馬光曰人居適母之喪而所生母卒疑其所以爲服按雜記云有三年之練冠則以大功之麻易之又云有父之喪如未沒喪而母死其除父之喪也服其除服卒事反喪服雖諸父昆弟之喪如當母之喪其除諸父昆弟之喪也皆服其除喪之服卒事反喪服是先有喪而重有者皆當別爲服也又曾子問曰並有喪如之何何先何後孔子曰其葬也先輕而後重其奠及虞先重而後輕此謂遭同月者也今之律令適繼慈養與母同例皆應服齊衰三年子之於母適庶雖殊情無厚薄固當同服而喪服小記云妾祔於妾祖姑蓋古妾與女君尊卑殊絕設位於他所可也

居重喪遭輕喪易服議宋 明

宋司馬光書儀若重喪未滿而遭輕喪則制輕喪之服而哭之月朔輒爲位服而哭之既畢反重服其除之也亦服輕服若除重喪而輕未除則服輕服以終其餘日政和禮家禮同

明邵寶喪禮雜記喪有常服而所遭不能無變變之所值服之所難故服有成有受有練有禫其常也有易有包有特有重有兼其變也三日斂而成服期小祥而練除首之絰受以功衰又期而大祥中月而禫當其時服其服所謂常也如此是固無庸論者惟夫斬衰之喪既虞卒哭而遭齊衰則男子有易要絰婦人有易首絰所謂包者男子有仍首絰婦人有仍要絰所謂特者既練遭大功之喪有男婦首要皆麻所謂重麻者有男婦首要皆葛所謂重葛者齊喪虞卒哭遭大功之喪男以功麻易齊帶之葛婦以功麻易齊首之麻而要猶齊葛所謂兼服者有斬葛齊麻前喪既葬後喪初斂男要婦首易而兼服者彼一時也此一時也物以時變新故重輕參伍伸屈而無失乎恩義之中所謂變也又如此夫是之謂難苟類而推之則一人之身周旋五服之內雖日有變不虞也而況其常乎

臣等謹案古人先有重喪後遭輕喪其所變易者不過絰帶而已衰與冠固不變也至後世則更新喪之衰而並不言絰帶是又禮之一變也

居所後父喪有本親喪服議明

明王廷相曰有所後父之喪而本生父母亡如之何曰已殯則服其服而往哭之襲而歸反喪服已葬則俟其殯而歸反喪服其除喪也服其除服卒事反喪服曰不亦輕本生乎曰禮有所重斬不可以離次也

欽定續通典卷八十一

禮凶

祖先亡父後卒而祖母亡服議 北魏 宋

魏世宗永平四年冬十二月員外將軍兼尚書都令史陳終德有祖母之喪欲服齊衰三年以無世爵之重不可陵諸父若下同衆孫恐違後祖之義請求詳正國子博士孫景邕劉懷義封軌高綽太學博士袁昇四門博士陽寗居等議適孫後祖持重三年不爲品庶生二終德宜先諸父太常卿劉芳議案喪服乃士之正禮含有天子諸侯卿大夫之事其中時復下同庶人者皆別標顯至如傳重自士以上古者卿士咸多世位又士以上乃有宗廟世儒多云適孫傳重下通庶人以爲差謬何以明之禮稽命徵曰天子之元士二廟諸侯之上士亦二廟中下士一廟一廟者祖禰共廟祭法又云庶人無廟既如此分明豈得通於庶人也傳重者主宗廟非謂庶人祭於寢也兼累世承適方得爲適子適孫不爾者不得繼祖也又鄭元別變除云爲五世長子服斬也魏晉以來不復行此禮矣案喪服經無適孫爲祖持重三年正文唯有爲長子三年適孫期傳及注因說適孫傳重之義今世既不復爲適子服斬卑位之適孫不陵諸叔而持重則可知也且準終德資階方之於古未登下士庶人在官復無斯禮考之舊典驗之今世則茲範罕行且諸叔見存喪主有寄宜依諸孫服期爲允景邕等又議云喪服雖以士爲主而必下包庶人何以論之自大夫以下每條標列逮於庶人含而不述比同士制起後疑也唯有庶人爲國君此則明義服之輕重不涉於孫祖且受國於曾祖廢疾之祖父亦無重可傳而猶三年不必由世重也夫霜感露濡異識咸感承重主嗣寗甄寢廟適孫之制固不同殊又古自卿以下皆不殊承襲末代僭妄不可以語通典是以春秋譏世卿王制稱大夫不世此明訓也喪服經雖無適孫爲祖三年正文而有祖爲適孫者豈祖以適服已已與庶孫同爲祖服期於義可乎服祖三年此則近世未嘗變也準古士官不過二百石已上終德卽古之朝士也假令終德未班朝次苟曰志仁必也斯遂況乃官歷士流當訓章之運而以庶叔之嫌替其適重之位未是成人之善也景邕等又議晉太康中令史殷遂以父祥不及所繼求還爲祖母三年時政以禮無代父追服之文亦無不許三年之制此卽晉世之成規也尚書邢巒奏依芳議詔曰適孫爲祖母禮令有據士人通行何勞芳致疑請也可如國子所議 杜典不載今補纂

宋神宗熙寗時知廬州孫覺以適孫解官持祖母服覺叔父在有司以新令乃改知潤州元豐三年太常丞劉次莊言祖母亡有適曾孫次莊爲適孫同母弟在法未有庶孫承重之文詔下禮官立法自今承重者適子死無諸子卽適孫承重無適孫適孫同母弟承重無母弟庶孫長者承重曾孫以下準此其傳襲封爵自依禮令

祖與父先後喪亡服議 明

明王廷相喪服說祖父之喪將練而父亡何如曰持重於祖兼主於父禮也練祥禫祭服其除服卒事反父服父喪未終而祖沒何如曰適孫爲父後者承重禮也父雖練也猶服其承服其除父之喪也服其除服卒事反承服

生不及祖父母不稅服議 梁 北魏 宋

梁袁昂父顗敗沒時昂年五歲乳媪攜抱匿於廬山會赦得出猶徙晉安至元嶶中聽還時年十五葬父訖更制服廬於墓次

魏楊引三歲喪父爲叔所養母年九十三卒引年七十五哀毀過禮三年服畢恨不識父追服斬衰食粥粗服誓終身命 以上杜典不載今續纂

宋胡旦爲祠部郎中服母喪既除乃言父卒時嘗詔奪哀從事請追行服三年

小功不稅服議 唐 宋

唐韓愈曰曾子稱小功不稅則是遠兄弟終無服也鄭元注云以情責情今之士人遂引此不追服小功小功服最多親則叔父之下殤與適孫之下殤與昆弟之下殤尊則外祖父母常服則從祖祖父母禮沿入情其不可不服也明矣古之人行役不踰時各相與處一國其不追服雖不可猶至少今之人男出仕女出嫁或千里之外家貧訃告不及時則是不服小功者恆多而服小功者恆鮮矣君子之於骨肉死則悲哀而爲之服者豈牽於外哉聞其死則悲哀豈有間於新故死哉今特以訃告不及時聞死出其月數則不服其可乎愈常怪之近出弔人見其顏色慼慼類有喪者而其服則吉問之則云小功不稅者也禮文殘缺師道不傳不識禮之所謂不稅果不追服乎無乃別有所指而傳注者失其宗乎

宋劉敞曰韓子常弔於人見其貌戚意哀而服則吉問之曰小功不稅也是以韓子疑之而作小功不稅之書夫爲服者至親之恩以期斷其殺至於大功兄弟之恩以小功止其殺止於緦外親之服以緦窮其殺止於祖

免聖人之制禮豈苟言情哉亦著於文而已矣大功稅小功不稅其文止於是也兄弟之服不過小功外親之服不過緦其情止於是也因其情而爲之文親疎之殺見矣故禮大功以上不謂之兄弟兄弟有加而大功無加者親親也有加者報之也親親者稅不親親者不稅是亦其情也且禮專爲情乎亦爲文乎如專爲情也則至親不可以期斷小功不可以不稅如其文也則至親之期斷小功之不稅一也夫曾子韓子隆於情而不及文失禮之指而疑其說雖然韓子疑之是也彼人之爲非也何以言之小功雖不稅亦不吉服而已矣記曰聞遠兄弟之喪既除喪而后聞之則免袒哭之成踊夫若是奚其吉哉故曰彼人之爲非也韓子疑之是也小功不稅禮也然則免袒成踊則已矣乎猶有加焉曰我未之聞也雖然降而無服者麻不稅是亦降而無服也哀之以其麻哭之以其情逾月然後已其亦愈乎吉也

庶祖母慈祖母服議 齊 梁

齊安陸王子敬生母早亡帝命貴妃范氏養之而子及婦服制禮無明文永明中尚書令王儉議孫爲慈孫婦爲慈婦姑爲慈姑宜制期年服從之

梁武帝天監七年安成太妃陳氏甍舍人周捨議曰賀彥先稱慈母之子不服慈母之黨婦又不從夫而服慈姑小功服無從故也庾蔚之云非徒子不從母而服其黨孫又不從父而服其慈由斯以言慈祖母無服明矣杜典不載今補纂

臣等謹按古者士爲庶母緦麻三月大夫以上無服庶祖母之制服古今未聞明制加庶母杖期而不及於庶祖母亦以恩之無可加也斯爲之祖免可耳又按先儒云婦人不服慈姑婦從夫尙於慈姑無服而況於孫乎然虞喜云慈祖母雖賤若其父先亡已養於祖以祖母之服服之固可也是知亡於禮者之禮在人之動也中耳

父母乖離知死亡及不死亡服議 晉 宋

晉元帝大興二年司徒荀組云二親陷沒寇難萬無一冀者宜使依王法隨例行喪庾蔚之云二親如陷沒寇難存亡未可知者宜盡尋求之理尋求之理絕三年之外便宜昏宦胤嗣不可絕王政不可廢故也猶宜以哀素自居不豫吉慶之事待中壽而服之也若境內賊亂淸平肆眚之後尋覓無蹤跡者便宜制服康帝時有遭亂與父母乖離議者或以進仕理王事婚姻繼百世於禮非嫌司徒西曹謝尙議曰典禮之興皆因循情理開通宏勝如運有屯夷要當斷之以大義夫無後之罪三千所不過今婚姻將以繼百世崇宗緒此固不可塞也然至於天屬生離之哀父子乖絕之痛痛之深者莫深於玆夫以一體之小患猶或忘思慮損聽察況於抱傷心之巨痛懷忉怛之至戚方寸既亂豈能綜理時務哉有心之人決不冒榮苟進冒榮苟進之儔必非所求之旨徒開偷薄之門而長流弊之路或有執志邱園守心不革者猶當崇其操業以宏風尙而況含艱履感之人勉之以榮貴耶李胤字宣伯遼東襄平人祖敏漢河內太守去官還鄉里遼東太守公孫度欲强用之敏乘輕舟浮滄海莫知所終胤父信追求積年浮海出塞竟無所見遂情若居喪而不聘娶後有鄰居故人與其父同年者亡因行喪制服燕國徐邈云不孝莫大於無後勸使娶妻既生胤遂絕房室恒如居喪禮不堪其憂數年而卒胤既孤有識之後亦以喪禮自居又以祖不知存亡設木主以事之由是以孝聞按信始不娶既制喪乃娶生子仍心喪三年可謂仁至義盡者矣

宋崔懷順清河東武城人父邪利魯郡太守元嘉中爲魏所獲懷順與妻房氏篤愛聞父見擄卽日遣妻布衣蔬食如居喪禮歲時北向流淚其從叔模爲滎陽太守亦入魏模子雖居處改節不廢昏宦大明中冀州刺史崔元孫使魏魏人問曰崔邪利模力屈歸命二家子姪出處不同義將安在元孫曰王尊驅驥王陽回車欲令忠孝並宏臣子兩遂杜典不載今補纂

爲姑姊妹女子子無主後者服議 宋

宋敎繼公曰爲姑姊妹女子子出適者降爲大功今以其無主乃加於降服一等而爲之期其姑姊妹於昆弟姪亦不容不以其所加者服之云報者服期之義生於己而不在彼故也女子子適人者爲父母自當期固不必言報矣然父母爲己加一等而已於父母不復加者其亦婦人不能貳斬也雷次宗曰或問女子子出適者不得爲無主服周斯則然矣敢問兩無主得互相反服否答曰經云姑姊妹報名反服不由己身人今哀已不可無報若兩俱無主義無先服則無報安得互相爲周

昏有期而夫死服議 宋

宋眞宗大中祥符八年廣平公德彝聘王顯孫女將大歸而德彝卒疑其禮制禮官言案曾子問曰娶女有日而女死如之何孔子曰壻齊衰而弔既葬而除之夫死亦如之注云謂無期三年之恩也女服斬衰

喪遇閏月議 隋 宋

隋文帝開皇初太常卿牛宏撰儀禮百卷上之定制三

年及期喪不數遇閏大功以下數之以閏月亡者祥及忌日皆以閏所附之月為正開元禮同杜典不載今補纂

宋張子全書大功以下算閏月期以上以期斷不算閏月三年之喪禫祥閏月亦算之

臣等謹按喪遇閏月六朝諸儒之論如王彪之譙王恬戴謐郗詣庾蔚之輩最為折中吳商諸人皆似是而非也至范甯謂前閏亡者取後閏之日為忌尤屬謬妄蓋以月計者數閏歲計者沒閏若牛宏所定可謂經通而無弊者矣

忌日議 唐 宋 金 明

唐祝欽明為禮部尚書知政事以匿忌日為御史中丞蕭至忠所劾貶申州刺史德宗貞元八年將作監元亘當攝太尉享昭德皇后廟以私忌日不受誓誡為御史劾奏詔尚書省與禮官法官集議右丞盧邁奏狀曰臣案禮大夫士將奉祭於公既視濯而父母死猶奉祭也又案唐禮散齋有大功喪致齋有周喪及齋中疾病即還家皆無忌日不受誓誡之文雖假寧令忌日給假一日春秋不以家事辭王事亘不宜以忌日辭攝祭由是坐罰俸

宋開寶敕文應常參官及內殿起居職官等自今刺史郎中將軍以下遇私忌請準式假一日忌前之夕聽還私第葉夢得曰元豐編敕修假寧令於父母私忌假下添入逮事祖父母者準此舊法祖父母私忌不為假立此法者謂生而祖父母沒則不假存則為假然則當言逮事蓋誤用禮之文也案禮逮事父母則諱王父母不逮事父母則不諱王父母鄭氏以逮為及識當是有知之稱今以逮事為及見誤矣法初行安厚卿為樞密適祖母忌祖母沒時厚卿纔三歲疑而以問禮部郎官何洵直洵直雖知法官之誤因欲遷就其說引子生三月而父名之以為天時一變為有識欲以三月為限斷過矣今士大夫凡生而祖父母存者皆告假從立法者之意也張子全書忌日變服為曾祖祖皆布冠而素帶麻衣為曾祖之妣皆素冠布帶麻衣為父布冠帶麻衣麻履為母素冠布帶麻衣麻履為伯叔父皆素冠帶麻衣為伯叔母麻衣素帶為兄麻衣素帶為弟姪易褐不肉為庶母及嫂亦不肉案唐人忌日服黲朱子語類忌日服白生絹衫帶黲巾無等差朱子家禮忌日儀前一日齋戒設位陳器具饌止一位一桌厥明夙興設蔬果酒饌並如祭禰之儀質明主人以下變服詣祠堂奉神主出就正寢參神降神進饌初獻亞獻終獻侑食闔門啟門辭神納主徹是日不飲酒不食肉不聽樂黲布素服素帶以居夕寢於外

金章宗明昌元年制內外官并諸局承應人遇祖父母父母忌日並給假一日

明張文嘉齊家寶要忌祭儀節質明主人以下素服詣祠堂考妣前焚香跪告曰今以某官某考遠諱之辰取請神主出就正寢恭伸追慕儀節同時祭用贊唱去飲福受胙祝文云歲序流易諱日復臨追遠感時昊天罔極如祖考妣以上則改昊天罔極為不勝永慕謹以清酌庶羞用伸奠獻謹奉顯妣孺人某氏配食尚享若妣忌則用伸奠獻下云敬奉以配顯考某府君尚享案妣不曰祔食而曰配食蓋夫婦得合食也考妣於讀祝後加舉哀哀止祖考妣近故者亦然忌日變服高曾祖考妣衣用青素祖考妣玄冠白衣考妣白冠白衣

臣等謹按凡祭皆吉服而忌用縞素凡祭皆飲福而忌獨舉哀夫縞素舉哀非所以施之祭也故此祭宜與祥禫同類列於喪禮之末

國忌日議 唐 五代 宋 遼 金 明

唐六典凡國忌日兩京定大觀寺各二散齋諸道士女道士及僧尼皆集於齋所京文武五品已上與朝請七品已上皆集行香以退若外州亦各定一觀一寺以散齋州縣官行香應設齋者蓋八十有一州焉謂四輔五府六雄十望曹濮兗齊豫徐陳青亳仙涼秦瀛貝邢恒冀定趙滄德深博易相梁襄澤安綿梓遂眉邛果彭蜀漢潤越常蘇杭婺衢湖宣洪潭廣桂隴邠涇等州是也其道士女道士僧尼行道散齋皆給香油炭料若官設齋道佛各施物三十五段供修理道佛寫一切經道士女道士僧尼各施錢十二文五品已上女及孫女出嫁者官齋行道皆聽不預若私家設齋道士女道士僧尼兼請不得過四十九人凡遠忌日雖不廢務然非軍務急切亦不舉事餘如常式文宗太和七年二月敕準令國忌日唯禁飲酒舉樂至於科罰人吏都無明文但緣其日不合釐務官曹即不得決斷刑獄大小笞責在禮律固無所妨起今後縱有此類臺府更不舉奏案均王傳王堪男損國忌日於私第決責下人為御史臺所奏遂下此敕

後唐明宗天成三年又八月九日敕今後每遇大忌宜設僧道齋一百人列聖忌日齋僧道共五十人不視朝不舉樂止刑罰斷屠宰依舊

晉高祖天福五年正月御史竇貞固奏每遇國忌行香宰臣跪爐百官依常位立班行香之後齋僧百人永為定制

宋忌日禮據唐初始著罷樂廢務及行香修齋之文其後又朔望停朝令天下上州皆準式行香天祐初始令百官詣閤奉慰宋循其制唯宣祖昭憲皇后為大忌前一日不坐殿羣臣詣西上閤門奉慰移班奉慰皇太后退赴佛寺行香凡大忌中書悉集小忌差官一員赴寺如車駕巡幸道遇忌日皆不進名奉慰留守自於寺院行香仍不得在拜表之所天下州府軍監亦如之案畢仲荀

燕閒錄曰國忌行香起於後魏江左齊梁間每然香薰手或以香末散行謂之行香又唐會要謂高宗時李義府為太子設齋詔五品以上行香不空三藏為神堯以下忌辰行香太祖建隆二年宣祖忌日時明憲乾德二年改謚昭憲太后在殯羣臣止詣閤奉慰而罷行香真宗崩元德明德皇后忌日在禫制內乃停進名行香凡奉慰宰相樞密使各帥百官內職共進名節度使留後觀察使各進名忌日前後各禁刑三日如天慶節釋杖以下情輕者復斷屠宰不視事前後各三日禁樂各五日其後以歲月漸遠禁刑不視事各二日禁樂各三日章獻明肅太后忌辰前後二日不視事一日禁屠宰各三日禁樂詔應大忌日行香臣僚並素食案王栐燕翼貽謀錄云國忌行香本非舊制真宗大中祥符二年詔日宣祖昭武皇帝昭憲皇后自今忌前一日不坐殿羣臣進名奉慰寺觀行香禁屠廢務著于令自後太祖太宗忌日亦援此例累朝因之政和新儀羣臣進名奉慰其日質明文武朝參官入詣朝堂就次御史臺先引殿中侍御史一員入就位次西上閤門御史臺分引朝參官及諸軍將校次禮直官引三公以下在西上閤門南階下每等重行異位並北向東上知西上閤門官於班前西向立搢笏執名紙躬三公以下文武百僚俱再拜俟閤門官執笏置名紙笏上入西上閤門訖退羣臣奉慰詣景靈宮每等重行異位並北向東上禮直官揖班首以下再拜訖引班首自東階升殿舍人接引同升詣香案前搢笏上香跪奠茶訖執笏興降階復位又再拜次引班首以下分左右搢笏行香宰相執政官分左右行香訖執笏俱復位次引班首升殿詣香案前俯伏跪搢笏執爐俟讀疏畢執笏俯伏興降階復位又再拜退南渡後制忌日如在以日易月服制之內並依禮例權停孝宗淳熙元年十一月詔文武百僚詣景靈宮國忌立班行香如有稱疾托故不赴者御史臺彈奏案宋禮志景靈宮神御殿之一也以奉先朝御容元豐五年作景靈宮十一殿而在京宮觀神御皆迎入禁中夢粱錄日紹興間臣僚奏復景靈宮以奉祖宗衣冠之游詔從之咸淳間度廟親灑扁目自聖祖至理廟凡十六殿自元天聖后至楊太后凡十五殿岳珂云今世國忌日百僚行香在京則雙忌賜假隻忌視事坐曹如故外郡皆如平日笞決無禁

遼忌辰儀先一日奏忌辰牓子預寫名紙大紙一幅用陰面後三行書文武百僚宰臣某以下謹詣西上閤門進名奉慰至日應拜大小臣僚並皁衣皁鞓帶四鼓至時於幕次前在京於僧寺班齊依位望闕序立直日舍人跪右執名紙在前班首以下皆再拜引退名紙於宣徽使付內侍奏聞興宗重熙十一年宣獻皇后忌日上與皇太后素服飯僧於延壽憫忠三學三寺

金皇統元年七月癸卯以景宣皇帝忌辰命尚食徹肉

明成祖永樂元年禮官具奏五月初十日為太祖高皇帝忌辰自初八至初十日不鳴鐘鼓不行賞罰不舉音樂禁屠宰文武官自初八日服淺淡衣黑角帶侍朝至日早赴孝陵行禮八月初十日孝慈高皇后忌辰禮亦如之宣宗敕諭禮部忌日悉輟朝參歲為定例用申永慕之誠宣德三年令凡遇忌辰通政司兵馬司免引因奏事

忌日祭奠議　金　明

金初太祖忌辰皇帝至褥位立再拜稍東西向詣香案前又再拜上香訖復位又再拜進食奠茶辭神皆再拜而退二十一年五月十二日睿宗忌辰有司更定禮儀前一日宣徽院設御幄於天興殿門外稍西至日質明皇太子親王百官具公服於衍慶宮門外立班奉迎皇帝乘馬至衍慶宮門外下馬二宣徽使前導步入宮門稍東皇帝乘輦織扇侍衛如常儀至天興殿門外稍西皇帝降輦入幄次簾降典贊儀引皇太子閤門引親王宰執四品以上官由偏門入至於殿庭左右分班立定二宣徽使導皇帝由天興門正門入自東階升殿詣褥位立定皇太子以下官合班五品以下班於殿門外宣徽使奏請皇帝先再拜請詣侍神位立俟有司置香案酒桌訖請詣褥位又再拜三上香奠酒復位再拜皇太子以下皆陪位再奏請詣稍東侍神位立典贊儀引皇太子升殿赴褥位先兩拜奠酒再兩拜降復褥位次閤門引終獻官趙王上殿行禮宣徽使奏請皇帝詣褥位再兩拜皇太子以下官皆再拜禮畢百官依前分班立皇帝出殿門外入幄次簾降更衣引皇太子以下官出宮門外立班皇帝乘輦至宮門稍東降輦步出宮門外上馬還宮導從侍衛如來儀皇太子以下官俟車駕後然後退案金禮志天德四年於燕京所建原廟名其宮曰衍慶殿曰聖武門曰崇聖奉安列祖神御世宗大定五年奉旨太祖忌辰衍慶宮薦享止用素食諸京凡御容所在皆同又朔望皆行朝拜禮六年有司奏太祖皇帝忌辰車駕親奠百官陪拜今車駕巡幸合以宰臣為班首率百官詣衍慶宮行禮從之十六年奉旨世祖太宗忌辰一體奉奠十八年八月太祖忌辰世祖太宗同在一處致祭有司言歷代無一聖忌辰列聖與祭之典擬議間敕太子一位行禮并就祭功臣二十六年以內外祖廟不同定擬太廟每歲五享山陵朔望忌辰及節辰祭奠並依前代典故外衍慶宮自來車駕行幸遇祖宗忌辰百官行禮并諸京祖廟節辰忌辰朔望拜奠合依舊以盡崇奉之意從之

明制凡值帝后忌辰皆遣官於陵上致祭止用香燭酒

果無帛祝文維年月日孝子皇帝御名謹遣某官敢昭告於皇考或皇妣謚號皆備書某皇帝或某皇后尊靈曰惟我皇考或皇妣諱日之辰瞻望德恩不勝哀感謹用祭奠伏惟尚饗或高曾祖考妣則玄曾孫惟所用

臣等謹按唐宋忌日百官於寺觀行香誦經設齋以爲追薦雖屬孝思頗非典禮不若金代於衍慶宮親奠百官陪拜能酌古禮而修其制也明國忌遣官上陵親祭內殿即奉先殿無行香齋薦之禮皆唐宋所不及

忌日祭祀停樂議唐　宋

唐文宗開成四年正月太常寺奏今月二十二日祀先農於東郊其日與穆宗皇帝忌日同太和七年十二月八日季冬蜡祭百神與敬宗皇帝忌日同準其年十二月六日敕近廟忌辰奏樂非便季冬蜡祭又不可移變禮從宜古有明據宜令其日懸而不樂庶叶典經今月二十二日祀先農欲準先敕懸而不樂從之

宋太祖乾德二年禘於太廟其日惠明皇后忌有司言唐開成四年正月二十二日祀先農與穆宗忌同日太和七年十二月八日蜡百神與敬宗忌同日詔以近廟忌辰作樂非便宜令懸而不作竊以農蜡之祭猶避廟忌而不作樂況僖祖同廟連室而在諱辰詎可輒陳金石之奏伏望依禮懸而不作

忌日易服議宋　金　明

宋高宗紹興元年二月太常少卿蘇遲等以徽宗欽宗留北有朔望遙拜之禮乃言凡遇祖宗帝后忌前一日並忌日皇帝自內先服紅袍遙拜訖易服行禮從之

金章宗明昌元年世宗忌辰祭諸王陪位服黲素

明會典載定制凡遇各廟忌辰上服淺淡服御奉天門視事不鳴鐘鼓百官各服淺淡服黑角帶朝參其謝恩見辭官具公服如常儀孝宗弘治十四年令遇忌辰朝參官不許服紵絲紗羅恭仁康定景皇帝恭讓章皇后忌辰如遇節令服青綠花樣宣宗章皇帝忌辰如遇奏祭祀許服紅世宗嘉靖元年奏準正月初三日宣宗章皇帝忌辰二月十九日恭仁康定景皇帝忌辰十一月初五日恭讓章皇后忌辰許穿青紵絲穆宗隆慶元年題準凡遇忌辰文武百官不問內外班行謝恩見辭俱淺淡服色烏紗帽黑角帶不許用公服神宗萬歷四年題準凡郊廟奏祭祀日遇有忌辰則移前一日如致齋日內遇忌辰上具常服百官具青綠錦繡其正祭日遇忌者如祭在日間除臨時照常具祭服行禮本日祭前祭後與致齋遇忌同如夜分祭畢是日上仍淺淡服色百官青衣角帶辦事

忌日不廢軍務議唐

唐太宗貞觀十九年太宗親征高麗以五月五日行旣至遼陽屬高祖忌日八座奏言臣等謹案禮云君子有終身之憂而無一朝之患此所謂星迴歲改親沒同辰思其居處不爲樂事今陛下親御六軍已登寇境庶務繁擁伏待剖決可以尊先聖之常經署近代之一志望請所有軍機要切百司依式聞奏手詔答曰今旣戎旅大事不可失在機速所以仰順古風俯從今請

立春遇忌日議宋

宋高宗紹興十三年正月御史臺言本月十三日欽聖憲肅皇后忌其日立春準令諸臣僚及將校立春日賜幡勝遇稱賀等拜表忌辰奉慰退卽戴欲乞候十三日忌辰行香退卽行戴插從之

慶節遇忌日議明

明世宗嘉靖二年八月丁未萬壽聖節先是再遇聖節皆以先帝喪殺禮又値高皇后忌辰移之先一日至是禮官言大喪旣除宜盡從吉典先忌祭而後受朝亦不妨同日上可其同日之請猶以孝惠皇太后制未闋不忍純吉仍暫免習儀宣表及雞唱山呼之禮是日帝親祀奉先殿奉慈殿孝惠皇太后几筵殿畢出御奉天殿受賀免文武百官及四夷使臣宴賞

忌日輟經筵議明

明世宗嘉靖元年五月仁宗昭皇帝忌辰遣官祭獻陵先是給事中安磐等奏稱是日適値經筵衣緋賜宴輟講則廢學如儀則忘孝請移經筵前一日帝下其議禮部覆言經筵禮儀期日累朝未之有改考之祭義曰君子有終身之喪忌日之謂也此專指父母而言祖父以上禮經未載伏聞孝宗在位遇憲宗忌辰仍御經筵凡侍班等官俱衣青綠花樣賜宴宜做此行帝特旨暫免

祧廟廢忌日議唐　宋

唐文宗太和十五年五月太常禮院奏睿宗神主祧遷其六月二十日忌幷昭成皇后十一月二日忌準禮合廢從之

宋高宗紹興三十二年正月禮部太常寺言已降旨欽宗祔廟翼祖當遷於正月九日告遷翼祖皇帝簡穆皇后神主奉藏於夾室所有以後翼祖皇帝忌及簡穆皇后忌欲乞依禮不諱不忌詔恭依

忌月舉樂議唐　宋

唐睿宗祥月太常奏朔望弛朝尚食進蔬且止樂餘日

御便殿具供奉朕中書門下官得侍他非奏事毋謁前忌與晦三日後三日皆不聽事忌晦之明日百官卬側門通慰後遂爲常至憲宗元和九年正月修撰太學博士韋公肅上疏曰準禮無忌月禁樂今太常及教坊以正月是國家忌月停習郊廟享宴之音中外士庶咸罷慶樂伏尋經典竊恐乖宜臣謹按禮記有忌日不樂無忌月之文漢魏以降代襲斯旨唯晉穆帝將納后以康帝忌月下議禮官荀訥王洽曹耽王彪之並當時知禮者皆稱有忌日無忌月若有忌月卽有忌時忌歲並無禮據時從其議伏以前禁在二十五月之中今旣逾遠禮須改革又記曰禫月從樂明王制禮漸去其情不應以追遠而立禮反重也今太常停習郊廟之樂是反重而慢神有司禁中外之音是無故而去樂詳其前典情理不倫考其沿襲又無所據倘陛下正因循之越度法經典之明文得禮之儀傳於史冊天下幸甚詔傳中書門下令召太常卿禮官等學官詳議可否中書門下奏曰忌日太常寺及教坊悉停閱習中外士庶亦皆禁斷準禮及歷代典故並無忌月禁樂請依常教習者敕旨宜依其士庶之家亦宜準此

宋眞宗咸平中有司將設春宴金明池習水戲開瓊林苑縱都人遊賞帝以是月太宗忌月命詳定故事以聞史館檢討杜鎬等引晉荀訥唐王方慶韋公肅言禮無忌月禁樂當時悉從所議伏以忌日不樂嘗載禮經忌月徹懸實無典故況前代鴻儒議論足據其春宴及池苑並合舉樂

欽定續通典卷八十二

禮凶

師弟子相爲服議唐 宋 元 明

唐王義方卒門人員半千何彥先行喪植松栢冢側三年乃去

宋胡瑗卒詔至京學士錢公輔與太學生徒百餘人詣興國戒壇院舉哀自陳師喪給假二日張子全書聖人不制師之服師無定體豈可一槩服之故聖人不制其服心喪之可也孔子沒弔服加麻亦是服也却不得謂無服也何基卒金履祥議曰爲師服者弔服加麻心喪三年古之制也布襴俗服也今之服緦功以上者用之生絹鈞領之衫俗服也今之服緦麻者亦用之服今緦麻之服是不得同喪父無服之重也疑衰古士之弔服也其服亡矣白布深衣古庶人之弔服其制今猶存焉然古之士今之官也今之士其未仕者古之庶人也宜用古庶人之服而以深衣爲弔服昔朱子之服門人用細麻深衣而布緣矣然凡布皆麻古以三十升麻爲麻冕之布以十五升麻爲深衣之布深衣之麻自司馬氏朱氏皆云用極細布則深衣布用苎代麻久矣其緣則孤子純以素是喪父旣除之服也孔門喪夫子若喪父而無服則以喪父服除之服爲若喪父無服之服其純用素可也其冠則庶人之弔素委貌失其制矣以白布代之而加素絰於冠可也加麻之絰緦服之絰也今用緦麻而小可也加麻之帶緦服之帶也今用細苎可也所謂疑衰擬於衰者也

元韓擇卒門人爲服緦麻者百人

明錢德洪師事王守仁嘉靖丙戌舉進士未廷試而歸戊子北上途中聞守仁之喪往迎至廣信且馳書於其父具陳父生師敎願爲喪服父許之與同門王畿議服制德洪以父母在麻衣布絰弗敢加爲畿請服斬衰以從築場廬墓三年而後去

朋友相爲服議宋

宋朱子家禮爲朋友緦麻三月語類云朋友麻則弔服而加麻絰爾王柏朋友服議儀禮喪服有朋友麻三字豈非朋友之服乎案鄭康成云朋友雖無親有同道之恩相爲服緦之絰帶又曰士以緦麻爲喪服其弔服則疑衰疑之爲言擬也緦麻之布十五升疑衰十四升卽白麻深衣擬於吉服也葢緦麻服之極輕者也他無服矣止有弔服所以擬之注云弔服加麻其師與朋友同旣葬除之疏云以白布深衣庶人之常服又尊卑未成服以前服之故庶人得爲弔服素冠吉屨無絇其弔服圖云庶人弔服素委貌白布深衣士朋友相爲服弔服加麻加麻者卽加緦之絰帶是爲擬衰或曰深衣吉服也而可爲弔服乎僕曰注固云擬於吉服也況非止爲弔服親疾病時男女改服注曰庶人深衣又曰子爲父斬衰尸旣襲衣十五升布深衣扱上衽徒跣交手哭是孝子未成服亦服深衣也或又曰安知深衣爲弔服又爲麻純乎僕曰純之以采者曰深衣純之以麻者曰麻衣純之以素者曰長衣以采緣之褒長在外則曰中衣又各自有名不可亂也今以深衣爲弔服鄉閭亦行之但未有麻爾是服也勉齋黃氏考之爲至詳僕於北山何先生成服日服深衣加絰帶冠加絲武卽素委貌覆以白巾見者未嘗不以爲怪越數日通齋葉仲成父來弔僕問昔日毅齋之喪門人何服曰初遭喪時朋友以襴襆加布帶其後共考儀禮至葬時方以深衣加絰帶僕於是釋然知無戾於禮也

除心喪議宋 陳 隋 唐 宋

宋文帝元嘉十七年元皇后崩皇太子心喪三年禮心喪者有禫無禫禮無成文世或兩行皇太子心喪畢詔使者博議有司奏喪禮有禫以祥變有漸不宜便除卽吉故其間服以纖縞也心喪已經十三月大祥十五月禫變除禮畢餘一期不宜復有禫宣下以爲永制詔可

孝武大明二年正月有司奏故右光祿大夫王偃喪依格皇后服期心喪三年應再周來二月晦檢元嘉十九年舊事武康公主出適二十五月心制終盡從禮卽吉昔國哀再周孝建二年二月其月末諸公主心制終則應從吉於時猶稱心禫素衣二十七月乃除二事不同領曹郎朱膺之議詳尋禮文心喪不應再禫皇代考驗已爲定制元嘉季年禍難深酷聖心天至喪紀過哀是以出適公主還同在室卽情變禮非革舊章今皇后二月晦宜依元嘉十九年制釋素卽吉

陳文帝天嘉元年八月尚書儀曹請今月晦皇太后服安吉君禫除儀注沈洙議謂至親期斷加隆故再期而再周之喪斷二十五月但重服不可頓除故變之以纖縞創巨不可便愈故稱之以祥禫禫者淡也所以漸袪其情至如父在爲母出適後之子則屈降之以期期而除服無復衰麻緣情有本同之義許以心制心制旣無杖絰可除不容復改玄綅所以宋元嘉立義心喪以二十五月爲限今皇后於安吉君心喪之期宜除於再周詔從之

隋制齊衰心服以上雖有奪情並終喪不弔不賀不預

寘（以上杜典不載今續纂）

唐制父在爲母一周除靈三年心喪又嫁母出母妾母本生父母及父卒祖存爲祖母皆心喪二十五月並解官（宋制同）

宋吳榮王顥爲慈聖光獻太后之服易月當除顥曰身爲孫而情文缺然若是可乎請如心喪禮須上禫除郎吉詔可

臣等謹按賀循喪服要記凡降服既降心喪如常月劉智謂小功以下不稅乃無心喪又陳沈洙議元嘉立義心喪以二十五月爲限惟王儉古今集記終二十七月爲王逡所難何佟之儀注亦用二十五月無復心禫云云是則心禫可廢心喪不可廢也宋服制凡如適孫祖在爲祖母爲人後者爲其所生父母之類皆許解官中心喪三年蓋由遵用前代之制自元明此制不行雖不解官而所謂心喪之實固未嘗禁也

罔喪察舉議（宋）

宋眞宗天禧三年正月貢舉人郭稹等見崇政殿稹冒喪赴舉命典謁詰之卽引咎殿三舉（時郭稹等四千三百人見於崇政殿稹以冒緦喪赴舉爲同輩所訟帝命典謁詰之引服付御史臺劾問殿三舉同保人並贖金殿一舉）四年二月翰林學士承旨晁迥上言舊制期喪百日內妨試尊長卑幼同士人病之多入京冒哀就同文試洎中選被人論訴不免坐罪請自今卑幼期服不妨取解詔從之仁宗天聖七年興化軍進士陳可言臣昨與本軍進士黃價同保臣預解送之後本軍言黃價昨赴舉時有叔爲僧喪服未滿臣例當駮放竊思出家制服禮律俱無明文況僧犯大罪並無緣坐犯事還俗敕不得均分父母田園又釋門儀式見父母不拜居父母喪不經死則法門弟子爲之制服其於本族並無服式望下禮官詳議許其赴試太常禮院言檢會敕文期周尊長服不得取應又禮爲叔父齊衰期外繼者降服大功九月其黃價爲叔僧合比外繼降服大功哲宗元祐時程頤看詳學制謂士子遭祖父母喪不得應舉（按朱子曰祖父母喪不赴舉法令雖不禁士子宜行之知渡江之後載籍散亡矣）

丁憂終制議（元　明）

元制諸職官親死不奔喪降先職二等未終喪赴官降一等不丁父母憂者罪與不奔喪同

明制令百官聞喪不待報卽去官後京官有勘合在外官有引起復有程限奪喪短喪匿喪有禁視昔加嚴云

太祖洪武初百官聞祖父母伯叔兄弟喪俱得奔赴二十三年四月吏部言祖父母伯叔兄弟皆係期年服若俱令奔喪守制或一人連遭五六期喪或道路數千里則居官日少更易繁數曠職廢事今後除父母及祖父母承重者丁憂外其餘期服制不許奔喪但遣致祭從之英宗正統十二年令內外大小官員丁憂者不許保奏奪情起復世宗嘉靖四十二年周府南陵王睦楧上疏云文職上自九卿下及百僚皆知父母之恩行三年丁憂之制今各王府所選儀賓受封大夫郎官之職係與文職一體相同何父母身終不行丁憂之制豈爲人子之道哉伏望敕下禮部自今見爵儀賓凡有父母身故宜照文職事例將半俸停止服滿之日方許開俸疏入下禮部議明年御史林潤等以爲言始定儀賓守制穆宗隆慶元年吏部主事郭諫臣請衍聖公終制先是衍聖公凡遇父母之喪不行丁憂卽請承襲與軍職同至是諫臣疏謂魯爲上世秉禮義之國而孔子又萬世禮義之宗今國家特世封爲衍聖公秩以一品者正以聖人後爲能守禮以表率天下之人耳不使其子孫守三年之制其何以責天下乞許遵制丁憂一如文臣終制起復從之生員丁父母憂者不許赴鄉試及提學官科歲二試舉人丁父母憂者不許赴會試其監生及儒士丁憂者亦不許赴試景帝景泰五年御史黃溥請罷舉人監生由服以廣科目從之（由服者二十七月正服之外餘服程限也）

改葬服議（北齊　唐　宋　明）

北齊王元軌子欲改葬祖及祖母列上未知所服邢子才議曰禮改葬緦麻鄭玄注臣爲君子爲父妻爲夫惟三人而己然適孫曾孫承重者曾祖父母祖父母改葬既並三年之服皆應服緦禮文非遺漏是舉其畧耳（杜典不載今續纂）

唐韓愈議經曰改葬緦春秋穀梁傳亦曰改葬之禮緦舉下緬也此皆謂子之於父母其他則皆無服何以識其必然經次五等之服小功以下然後著改葬之制更無輕重之差以此知惟記其最親者其他無服則不記也若主人當服斬衰其餘親各服其服則經亦言之不當惟云緦也傳稱舉下緬者緬猶遠也下服之最輕者也以其遠故其服輕也江熙曰禮天子諸侯易服而葬以爲交於神明者不可純凶況其緬者乎是故改葬之禮其服雖輕以此而言則亦明矣衞司徒文子改葬其叔問服於子思子思曰禮父母改葬緦既葬而除之不忍無服送至親也非父母無服無服則弔服而加麻此又其著者也文子又曰喪服既除然後乃葬則其服何服子思曰三年之喪未葬服不變除何有焉然則改葬

與未葬者有異矣古者諸侯五月而葬大夫三月而葬士踰月無故未有過時而不葬者也過時而不葬謂之不能葬春秋譏之若有故而未葬雖出三年子之服不變此孝子之所以著其情先王之所以必其時之道也雖有其文未有著其人者以知其至少也改葬爲山崩水涌毁其墓及葬而禮不備者若文王之葬王季以水嚙其墓魯隱公之葬惠公以有宋師太子少葬故有闕之類是也喪事有進而無退有易以輕服無加以重服殯於堂則謂之殯瘞於野則謂之葬近代已來事與古異或游或仕在千里之外或子幼妻稚不能自還甚者拘以陰陽畏忌遂葬於其土及其反葬也遠者或至數十年近者亦出三年其吉服而從於事也久矣又安可取未葬不變服之例而反爲之重服與在喪當葬猶宜易以輕服況既遠而反純凶以葬乎若果重服是所謂未可除而除不當重而更重也或曰喪與其易也寧戚雖重服不亦可乎曰不然易之與戚則易固不如戚矣雖然未若合禮之爲懿也儉之與奢則儉固易於奢矣雖然未若合禮之爲懿也過猶不及其此類之謂乎或曰經稱改葬緦而不著其月數則是三月而後除也子思之對文子則曰既葬而除之今宜如何曰自啓殯至於既葬而三月則除之未三月則服以終三月也（案袁孝尼云喪無再服若終月數是再服也魏崔長仁云鄭氏得服緦之旨謬三月之言）曰妻爲夫何如曰如子無弔服而加麻何如曰今之弔服猶古之弔服也

宋禮志太祖改葬宣祖安陵有司言案儀禮改葬緦注云臣爲君子爲父妻爲夫也必服緦者親見尸柩不可以無服緦三月而除之今請皇帝服緦皇親及文武官護送靈駕者亦服緦既葬而除（朱子云改葬服緦鄭元謂終三月而除王肅謂事畢而除俱不可攷禮宜從重從鄭可也）

明集禮改葬之日內外諸親皆至各就次主人服緦麻服諸親皆素服既葬行虞祭畢主人以下出就別次釋緦麻服素服而還

臣等謹按改葬緦蓋緦乃主布而言服之輕者非緦必繫之三月也周禮司服凡弔王爲諸侯緦衰諸侯及卿大夫亦以緦衰爲弔服豈必繫之三月乎此不過改葬時見尸柩之暫服鄭注三月而除之誤矣昌黎韓氏以營葬既畢恰值三月爲解亦屬附會戴德云制緦麻具而葬葬而除斯言得之矣

改葬反虞議 宋 明

宋政和禮凡有改葬者皆具事日聞於官勘驗得實聽之（案明呂坤曰改葬非得已也濵於水則遷櫬於客土則遷必爲城郭道路則遷先貧賤後富貴合而窆之則遷凡以爲親也非是則否）將改葬先於墓所隨地之宜張白布帷幕南向開戶其日內外諸親皆至墓所各就便次主人以下及妻妾女子俱緦服周親以下素服丈夫於墓東西向婦人於墓西東向皆北上婦人障以行帷俱立哭盡哀卑者再拜祝立於羨道南北向內外哭止祝三聲噫嘻啓以改葬之故內外又哭盡哀權就別所掌事者開墳訖內外又就位哭如初設席於墓下舉柩出置於席上內外俱從哭於墓所分東西位如常儀祝以功布拭棺掌饌者設饌於柩南主人盥手以琖跪奠酒再拜訖少頃徹奠進柩車於帷門外南向升柩於車遂詣幕所內外俱哭掌事者先設床於幕下有枕席周設帷（如不易棺則不設床）柩車至帷門外丈夫柩東婦人柩西俱立哭掌事者舉柩入設床柩東舉尸出置於床南首遂斂如大斂之儀（如明衣裳不殯也）乃設靈座於吉帷內幕下西廂東向（施床帷屏服飾以時上飲饍及沐如平生也）乃葬將引柩告曰以今吉辰用卽宅兆不設祖奠無反哭無方相魌頭餘如常葬之儀既葬就吉帷靈座前一虞虞如常儀其祝辭云維年月朔日辰孝子某敢昭告於考某官封謚改遷幽宅禮畢終虞夙夜匪寧啼號罔極謹以清酌庶羞祗薦虞事於考某官封謚尚饗既虞主人以下出就別所釋緦服及素服而還掌饌者徹饌掌事者徹靈座朱子曰改葬須告廟而後告墓以葬葬畢奠而歸又告廟哭而後畢事方穩當行葬更不必出主祭告時却出主於廟

明會典與宋同

臣等謹按晉荀訥以改葬不應反虞故開元政和諸禮皆設靈座於墓所葬畢而虞祭畢而徹無反哭之文觀朱子云又告廟哭而後畢事是仍宜反哭也

父母墓毁服議 明

明王廷相曰父母之墓崩毁或盜發露柩體修之宜何服曰此痛之甚者也可無制服以臨之乎禮無正文以義而起亦可也改葬禮緦其服雖輕而用情甚重修墓更葬其事體均制緦禮也

三年而後葬變除議 宋

宋政和禮凡父母之喪周而葬者則以葬之後月小祥大祥取再周之禮禫亦如之若再周而後葬者則以葬之後月練又後月爲大祥祥而卽吉無復禫矣其未再周葬則以二十五月練二十六月祥二十七月禫若再周而未葬則俟已葬而後除服

久喪不葬服議陳

陳高祖永定中有司奏前盧遠將軍建康令沈孝軌門生陳三兒牒稱主人翁靈柩在周主人奉使關內因欲迎喪久而未返此月晦即是再周主人弟息見在此者爲至月末除靈內外即吉爲待主人還情理申竟以事諮左丞江德藻德藻議曰王衞軍云久喪不葬唯主人不變其餘親各終月數而除此蓋引禮文論在家內有事故未得葬者耳孝軌既在異域雖已迎喪還期無指諸弟若遂不除永絕婚嫁此於人情或爲未允中原淪陷已後理有事例宜諮沈常侍洙詳議洙曰禮有變正又有從宜禮小記云久而不葬者唯主祭者不除其餘以麻終月數者除喪則已注云其餘謂旁親如鄭所解衆子皆應不除王衞軍所引此蓋禮之正也但魏氏東關之役既失亡尸柩葬禮無期時議以爲禮無終身之喪故制使除服晉氏喪亂或死於寇庭無由迎殯江左故復申明其制李胤之祖王華之父並存亡不測其子制服依時釋衰此並變禮之宜也孝軌雖因奉使便欲迎喪而還期未剋宜依東關故事在此國內者並應釋除衰麻毀靈祔祭若喪柩得還別行改葬之禮德藻依洙議奏可杜典不載今補纂

招魂葬議唐　宋　明

唐辟收曰招魂葬非古禮也漢魏之衞皆妄也葬之爲言藏也仁人於其親掩藏歸穴不豐不儉必約於禮焉延陵季子曰魂無不之此言葬形非葬魂矣禁之禮也

宋太宗湻化中有言昭成太子璧妾張氏於都城西佛寺招魂葬其父母僭差踰制帝怒遣昭宣使王繼恩驗問

明李濂招魂葬答問嘉靖丁酉冬十二月十日汴馬生北赴南宮試渡河走冰壞其舟溺而死求其尸踰月不可得其家請招魂葬焉乃質於李子李子曰史傳有之禮家之所不取也吾聞葬也者藏也所以藏其形於地下以安厝也故椁周於棺棺周於身非身無棺非棺無椁苟無其身而招魂葬焉則於義爲窒於德爲悖於禮爲不物何也亡者不可以假存無者不可以僞有也是故禮經無招魂葬之文漢魏以還或有冒爲之者而袁瓌荀組干寶孔衍之徒咸著論以非之可謂通幽明之故知鬼神之情者矣延陵季子曰骨肉復歸於土命也若魂氣則無不之也是故聖人制爲殯葬之禮本以掩厥形骸不以安魂爲事既葬之日迎神而返於家蓋孝子之心不忍一日離也若閉靈爽於沈魄之域是爲不仁樹松楸於空椁之冢是爲不知仁知亡而人之道熄矣豈孝子事其親之心哉曰然則當如之何曰闔宅眷屬宜於遭溺之地備迎神之禮括髮徒跣號呼於塗而迎之以歸祠廟以妥之木主以依之祝辭以告之牲醴俎豆以享之哭泣擗踊以哀之三年而除其服歲時舉祀如常儀則庶乎其可也

禁火葬議宋　元　明

宋太祖建隆三年三月丁亥詔曰王者設棺椁之品建封樹之制所以厚人倫而一風化也近代以來率多火葬甚愆典禮自今宜禁之高宗紹興二十七年監登聞鼓院范同言今民俗有所謂火化者生則奉養之具惟恐不至死則燔爇而棄捐之何獨厚於生而薄於死乎甚者焚而置之水中識者見之動心國朝著令貧無葬地者許以係官之地安葬河東地狹人衆雖至親之喪悉皆焚棄韓琦鎮并州以官錢市田數頃給民安葬至今爲美談然則承流宣化使民不畔於禮法正守臣之職也方今火葬之慘日益熾甚事關風化理宜禁止仍敕守臣措置荒閑之地使貧民得以收葬少裨風化之美從之司馬光書儀世人有游宦沒於遠方子孫火焚其柩收燼歸葬者夫孝子愛親之肌體故斂而葬之殘毀他人之尸在律猶嚴況子孫而悖謬如此其始蓋出於羌俗行之既久習以爲常見者恬然曾莫之怪豈不哀哉延陵季子適齊其子死葬於嬴博之間曰骨肉復歸於土命也魂氣則無不之也孔子以爲合禮必也不能歸葬葬於所在可也不猶愈於焚之哉

元順帝至正十五年正月北京路同知高朝列牒伏見北京路百姓父母身死往往置於柴薪之上以火焚之照得古者聖人治喪具棺椁而厚葬之今本路凡人有喪以火焚之實滅人倫有乖喪禮本省看詳送禮部議得四方之民風俗不一若便一體禁約似有未盡參詳比及通行定奪以來除從軍應役并遠方客旅諸色目人許從本俗不須禁約外據土著漢人擬合禁止如遇喪事稱家有無置備棺椁依禮埋葬以革火化之弊若貧民無地葬者聽於官荒地內埋了若無人收葬者官爲埋瘞

明太祖洪武三年禁止浙江等處水葬火葬中書禮部議以民間死喪必須埋葬如無地官司設爲義冢以便安葬並不得火化違者坐以重罪

欽定續通典卷八十三

欽定續通典卷八十四

禮凶

卒哭後諱及七廟諱字議唐　五代

唐僖宗咸通十二年七月侍御史李谿以進狀內字與廟諱音同罰一季俸復執奏曰臣案禮記不諱嫌名又職制律諸犯廟諱嫌名不坐注云若禹與雨謂聲同而字異也今若受罰是違典律乃免之

晉高祖天福三年二月中書門下奏禮經云禮不諱嫌名二名不偏諱注云嫌名謂聲音相近若禹與雨丘與區也二名不偏諱孔子之母名徵在言在不稱徵言徵不稱在此古禮也唐太宗元宗二名皆諱人姓與國音聲相近是嫌名者亦改姓氏與古禮有異若廟諱平字卽不諱餘側若諱側字卽不諱平聲所諱字正文及偏旁皆闕點畫望令依令式施行敕二名及嫌名依唐故事

上書犯帝諱議宋

宋胡安國疏曰臣昨列職經筵專以春秋進讀緣正文有淵聖御名方奏劄未及進稟得罪去國後聞禮官建議乞以他字易之定讀爲威其經傳本字卽不改易臣今奉旨纂修於經傳本字既有詔令可遵其援引他經子史有犯淵聖御名者亦許依本字書寫或當遷避有所疑惑臣聞古者不以名爲諱周人以諡易名於是有諱禮然臨文不諱二名不偏諱載在禮律孔子作春秋當恭王與哀公之世匄乃恭王之名夷卽三世之穆定卽哀公之考午卽皇考之廟諱而筆削之際並無迴避春秋爲尊君父而作書法如此其義可知自漢以來此義不行有易人之名以徹爲通者易人之姓以莊爲嚴者易甲乙之紀以丙爲景者易郡縣之號以還涓爲淸溪者又其甚則父名晉肅而子不敢應進士舉者忌諱旣繁名實愈亂恭惟陛下天縱聰明旣尊春秋之書以宣聖德宜用春秋之法以斷政事臣所纂修繕寫進本援引他經子史之類欲乞應犯廟諱不可遷避者依太常博士王晳所奏並依監本空闕點畫於淵聖御名亦不改易本字覆以黃紙庶幾名實不亂上遵春秋之法以明恭順之實

山川與廟諱同應改變議宋

宋眞宗時凡恆之字爲常改千文嶽宗恆岱爲泰岱北岳恆山爲常山

誄議周　漢　晉　梁

周禮春官太祝作六辭以通上下親疏遠近六曰誄（注誄謂積累生時德行以錫之命主爲其辭也）以太史遣之日讀誄（注遣謂祖廟之庭大奠將行時）曾子問賤不誄貴幼不誄長禮也唯天子稱天以誄之諸侯相誄非禮也檀弓魯哀公誄孔丘曰天不遺耆老莫相予位焉嗚呼哀哉尼父（注尼父因其字以爲之諡）

後漢大司馬吳漢薨光武詔諸儒誄之

晉鄭超死之日貴賤操筆爲誄者四十餘人

梁劉勰曰詳夫誄之爲制蓋選言錄行傳體而頌文榮始而哀終論其人也曖乎若可覿道其哀也悽焉如可傷此其旨也（以上杜典不載今補纂）

臣等謹案誄者哀之而述其行之辭如哀公誄孔子之類非必有諡也鄭氏注禮每解誄爲諡而陳氏集說仍之誤矣文心雕龍所言乃後世誄文之體其於賤不誄貴幼不誄長諸侯不相爲誄之禮自漢以來胥失之

喪禮雜制

臣等謹案杜典末卷雜引禮經以補典中所未及今依其次服義則取先儒經說服制則据書儀家禮凡令甲所申與俗禮之宜因宜革者悉取前人論議以備典實而以居喪讀禮終焉每條冠以標目乃雜著之體例以便觀覽

服術有六元

元吳澄曰服術謂古先聖人制服之道其一親親之服承上文人道之親親下治子孫者而言子至親也故適長子斬衰三年同於父衆子齊衰期同於祖子之下其親者孫故適孫齊衰期亦同於祖衆孫則大功九月孫之下其親曾元並緦麻三月此親親之下殺也其二尊尊之服承上文人道之尊尊上治祖禰者而言父至尊也故斬衰三年其父之重無以加父之上其尊者祖故齊衰期祖之上其尊曾高並齊衰三月此尊尊之上殺也其三名服其四出入之服承上文人道之男女有別別之以禮義者而言人者彼女來配此男母者配父之名其尊齊於至尊之父故服三年之衰與父同但齊其斬而已妻者配己之名其親比於至親之子故服期年之齊衰與子同又加之以杖也而妻之於夫則比於至尊之父故服三年之斬衰移其所天之父以天其夫婦者配子之名故服大功九月小功五月伯母叔母其名同於父之配視己尊一等故服齊衰期昆弟之子之婦其名同於子之配視己卑一等故服小功五月唯兄弟之妻其名不可同於己之配爲其與己同等故無服出者此女往配彼男故姑姊妹女子子在室齊衰期出嫁則降大功九月入者雖已出嫁或被出或無子而復

婦本宗則仍服在室未嫁之本服也其五長幼之服承上文人道之長長旁治昆弟者而言長者謂昆幼者謂弟昆弟相爲服齊衰期也同祖者從昆弟則服大功九月同曾祖者再從昆弟則服小功五月同高祖者族昆弟則服緦麻三月此長幼之旁殺也由長而上則有旁尊之殺父之親昆弟爲從父則服齊衰期父之從昆弟爲再從父則服小功五月父之族昆弟爲族父則服緦麻三月祖之親昆弟爲從祖則服小功五月祖之從昆弟爲族祖及曾祖之親昆弟爲族曾祖並服緦麻三月由幼而下則有旁卑之殺子之從昆弟爲親昆弟之子則服齊衰期子之再從昆弟爲從昆弟之子則服小功五月子之族昆弟爲再從昆弟之子則服緦麻三月孫之再從昆弟爲親昆弟之孫則服小功五月孫之族昆弟爲從昆弟之孫及曾孫之族昆弟爲親昆弟之曾孫並服緦麻三月以上喪服之五術本乎人道之四親皆爲親之服也非親而服者不在此數其六從服謂非己之正服從於人而服也故殿於五術之後

從服有六元

元吳澄曰從服之目有六屬從者屬謂親屬以親屬故爲其黨服妻從夫服夫家旁尊旁卑之親子從母服母黨之親也徒從者徒空也謂彼非親屬空爲其黨服子爲母之君母庶子爲君母之親妾爲女君之黨也從有服而無服者其夫爲其昆弟有服妻從夫而爲夫之兄弟則無服公子之妻爲其父母有服夫從妻而公子爲君所厭爲妻之父母則無服也從無服而有服者其夫爲兄嫂弟婦無服妻從夫而娣姒婦相爲小功則有服也公子被君厭爲母之父母姊妹無服妻從夫而爲公子之外祖父母及從母皆緦則有服也從重而輕者姑雖出嫁猶爲姪服大功九月爲重其子從母而爲內兄弟服緦則輕妻爲其父母服期爲重夫從妻而服外舅姑緦則輕也從輕而重者公子爲君所厭爲其母練冠爲輕妻從夫而爲公子之母服期則重也

絕族無移服宋

宋張子曰君子之澤五世而斬小人之澤五世而斬澤斬於五世則恩可知矣故四從六世爲絕族而從旁及之服特親者各以親疎屬之也服不及於六世而婚姻乃百世不通者仁之所施有宗而義之所別不可已也然所謂絕非特此也喪服出妻之子爲母期則爲外祖父母無服傳曰絕族無施服親者屬也謂妻於夫家與族齒其出也與族絕族絕則爲外祖父母無服此所謂無施服然夫妻則配合有絕族子母至親無絕道故爲出母期謂親者屬禮記作移喪服傳作施蓋古通用也

上殺下殺旁殺宋

宋馬晞孟曰親親以三爲五以五爲九而不言七者以其上而高曾者皆爲遠祖也下而曾元者皆爲遠孫也凡喪服之道以近爲親是故上殺者有緦麻而無功衰以其相遠也旁殺之親有大功有小功者以其相近也近者至於親親而不尊遠者至於尊尊而不親惟其親而不尊故九月五月之喪功衰而已惟其尊而不親故雖齊衰亦有三月也

親疏嫌疑同異宋

宋呂大臨曰伯母叔母疏衰踊不絕地姑姊妹之大功踊絕於地爲祖父母齊衰期爲曾祖父母齊衰三月此所以定親疏也嫂叔不通問嫂叔無服君沐粱大夫沐稷士沐稻燕不以公卿爲賓以大夫爲賓此所以決嫌疑也己之子與兄弟之子異矣引而進之同服齊衰期天子至於庶人貴賤異矣而父母之喪衰疏之服飦粥之食無貴賤一也大夫爲世父母叔父母眾子昆弟昆弟之子降服大功尊同則不降此所以別同異也

五服十制四疑明

明呂坤曰喪禮先王所制以制放逸忘哀之情故謂之制制以三年爲重故適長子不在適長孫承祖之重謂之承重五服者三年一年九月五月三月五等之衣服也十制者斬衰三年齊衰三年齊衰杖期齊衰不杖期齊衰五月齊衰三月大功九月小功五月緦麻三月袒免在次十等之制度也齊衰與斬衰布麻有麤細五齊衰布麻無麤細袒免雖極輕亦先王禮制但不成服故不可入五服爾疑服有四正義加降正服禮稱情也義服情從禮也加服禮從情也三者皆隆降服禮裁情也降服非君子之所忍服所降以明禮稱所本以明情三年重喪也降爲期稱重期期降大功稱期功小功降緦稱功緦仁之至義之盡也故曰加服不稱本服降服不忘本服厚道也

冠制宋

宋政和禮斬衰通屈繩爲武齊衰以降以布爲武緦麻澡治其布爲武皆垂其下爲纓其冠以布爲三辟襵前後屈而出于武其外厭而縫之爲外縪其內厭而縫之爲內縪大功以上辟襵向右小功以下辟襵向左司馬光書儀冠比衰布稍細廣三寸跨頂前後以紙糊爲材上裏以布爲三輒皆向右縱縫之兩頭皆在武下向外反屈之縫於武用麻繩一條從額上約之至頂後交過

前各至耳於武上綴之各垂於頤下結之齊衰以布稍細者爲布四脚其制如幅巾前綴二大脚後綴二小脚以覆髻自額前向項後以大脚繫之大暑則屈後小脚於髻前繫之謂之幞頭大功以生白絹爲四脚大祥後服垂脚黲紗幞頭朱子家禮冠制斬衰同齊衰冠並如斬衰用次等粗生布爲之大功用稍熟布以上辟積縫皆向右小功用稍熟細布緦麻用極細熟布以上辟積縫向左陳師道曰司馬溫公云仁宗崩有司用乾興故事羣臣布四脚加冠時莫識其制以幅巾幕首破其後爲四脚其後鄭穀夫讀續事始云三代黔首以皁絹裹髮周武帝裁爲四脚名幞頭馬周請重繫前脚蓋布四脚脚皆後垂如周制遇暑則繫其前脚如唐制英宗崩宋次道誤爲布幞頭有司遂用民間幕喪之服以今漆紗幞頭去其鐵脚而布裹之前繫後垂而不可加冠壞之而冠幞頭之失自次道始也余謂四脚加冠今士大夫喪冠是也大布之冠古也四脚今也於禮爲繁矣

笄總制 宋 明

宋司馬光書儀斬衰婦人用極粗生布爲頭𦈏惡竹笄布蓋頭齊衰婦人露髻以生白絹爲頭𦈏蓋頭大功亦如之朱子家禮斬衰婦人用極麤生布爲蓋頭不輯布頭𦈏竹釵齊衰婦人蓋頭布總竹釵大功小功緦制俱同布之精粗有異

明呂柟曰婦人麻布大袖圓領長衫者何衰之變也禮婦人言衰不言裳衰之長可以掩裳秦人以長衫爲背子故長衫者衰之變也麻布蓋頭者何布總之變也自有書儀以來未之有改也丘文莊曰唐羃䍦之變也家禮布頭𦈏竹釵者何曰箭笄之變也奚不經乎既蓋頭奚經也故有腰絰無首絰白䍦蓋頭宋王淮之議也

絰帶制 宋 明

宋政和禮首絰之制斬衰以苴麻爲首絰大九寸左本在下齊衰以牡麻爲首絰大七寸二分右本在上大功成人以牡麻爲絰以繩爲纓中殤無纓其大五寸七分小功以牡麻爲絰小功殤服以緦麻爲絰皆大四寸六分緦麻以澡麻爲首絰其大三寸七分大功以上麻皆有本小功以下麻絰皆斷本要絰絞帶之制五分首絰殺一以爲要絰五分要絰殺一以爲絞帶斬衰以麻齊衰以下絰帶以麻絞帶以布麻有苴有牡有澡有不澡有有本有絕本者皆如首絰之等司馬氏書儀斬衰以有子麻絍爲首絰其大一搤左本在下五分去一以爲要絰兩股相交兩頭結之各存麻本散垂三尺其交結處兩旁各綴細白絹帶繫之使不脫又以細繩帶繫於其上子爲母布帶婦爲姑以無子麻爲絰齊衰布帶大功小功緦麻皆繫黑𩊚角帶朱子家禮斬衰首絰以有子麻爲之其圍九寸麻本在左從額前向右圍之從項過後以其末加於本上又以繩爲纓以固之如冠之制要絰大七寸有餘兩股相交兩頭結之各存麻本散垂三尺其交結處兩旁各綴細繩繫之絞帶用有子麻繩一條大半要絰中屈之爲兩股各一尺餘乃合之其大如絰圍要從左過後至前乃以其右端穿兩股間而反插於右在絰之下齊衰首絰以無子麻爲之大七寸餘本在右末繫本下布纓要絰大五寸餘絞帶以布爲之而屈其右端

明丘濬家禮補斬衰婦人要絰用有子麻爲之制如男子繫於大袖之上未成服不散垂齊衰婦人要絰制如男子用無子麻爲之濬曰家禮婦人服制皆本書儀自大袖以下俱非古制今特補入腰帶一事者蓋禮男子重乎首絰婦人重乎腰帶存其一之最重者使後人或因此以復古也

杖制 宋

宋政和禮爲父杖竹而苴爲母杖桐而削其大皆如要絰其長皆齊心司馬氏書儀爲父竹杖本在下爲母削桐上圓下方亦本在下家禮凡婦人不杖楊復曰案家禮書儀婦人皆不杖與問喪喪大記喪服小記不同恨未得質正

屨制 宋

宋司馬光書儀斬衰著麤麻屨婦人同齊衰麻屨婦人白屨楊復曰儀禮菅屨菅屨草屨也家禮菅亦麤麻爲之恐當從儀禮爲正又曰婦人屨經傳無明文惟周禮屨人云命婦有散屨注云散屨去飾又云祭祀而有散屨者惟大祥時案儀禮大功以上散屨

喪不用樂 宋 明

宋太宗太平興國七年正月學士李昉等奏議曰案唐長慶三年令百姓喪葬不得陳設音樂臣等參詳喪用音樂望嚴禁之九年詔曰訪聞喪葬之家有舉樂及令章者蓋聞鄰里之內喪不相舂苴麻之旁食未嘗飽此聖王教孝之道治世不刊之言何乃匪人親罹釁酷或則舉奠之際歌吹爲娛靈柩之前令章爲戲甚傷風教實紊人倫今後有犯此者並以不孝論

明來知德曰樂者樂也先王所以飾喜也樂必發於聲音以其喜也禮斬衰之喪唯而不對齊衰之喪對而不言大功之喪言而不議小功之喪議而不及樂故鄰有喪舂不相者謂其喧鬧而樂也有小功之喪者且議論

而不及樂事況父母之喪可以喧鬧而用金鼓之樂乎且聞樂不樂聖有明訓君喪用樂律有大法今不遵聖人之教違祖宗之法而甘為十惡大罪之人乎此鼓樂所當革也

喪不宴客 元

元仁宗延祐元年七月江南道監察御史王奉訓呈近年以來江南風俗日薄父母之喪小斂未畢茹葷飲酒略無顧忌至於送殯管絃歌舞導引循柩焚葬之際張筵排宴不醉不已泣血未乾享樂如此昊天之報其安在哉興言及此誠可哀憫宜下有司嚴加禁治從之

喪不嫁娶 宋 明

宋哲宗元祐八年蘇軾奏曰臣伏見元祐五年秋頒條貫諸民庶之家祖父母父母老疾無人供侍子孫居喪者聽尊長自陳驗實昏娶右臣伏以人子居父母喪不得嫁娶人倫之正王道之本孟子論禮色之輕重不以所重徇所輕喪三年為二十五月使嫁娶有二十五月之遲此色之輕者也釋喪而昏會鄰於禽犢此禮之重者也先王之政亦有適時從宜者矣然不立居喪嫁娶之法者所害大也近世始立女居父母及夫喪而貧乏不能自存並聽百日外嫁娶之法既已害禮傷教矣然猶或可以從權而冒行者以女弱不能自立恐有流落不虞之患也今又使男子為之此何義也哉男年至於可娶雖無兼侍亦足以養父母矣今使之釋喪而昏娶是誠使民以色廢禮耳豈不過甚矣哉春秋禮經記禮之變必曰自某人始使秉直筆者書曰男子居父母喪得娶妻自元祐始豈不為當世之病乎臣謹案此法本因邛州官吏妄有啟請當時法官有失考論便為立法臣備位秩宗前日又因邇英進讀論及此事不敢不奏伏望削去上條稍正禮俗

明世宗嘉靖時鎮國中尉多炘生母象氏卒宗老援壓適之說呈巡按準期年服闋成昏多炘堅執終喪啟於樂安王王批庶子於生母之喪壓適之說第以服色變淡不敢行悲哀也今多炘終喪而後成昏可以厚人倫敦化源宜依所請巡撫胡松具題敕遣官獎諭

匿喪不舉 五代

後唐明宗天成二年中書門下條奏據長定格選人中有隱憂者逓五選伏以人倫之貴孝道為先既有負於尊親定不公於州縣有傷風教須峻條章今後諸色官員內有隱憂冒榮者勘實不虛終身不齒所有入仕已來告敕並付所司焚燬從之

釋服從吉 唐

唐呂諲丁母憂起復上元元年加同中書門下三品賜門戟既立於第門或謂諲曰吉慶之事不宜凶服受之諲遂權釋衰麻當中而拜人皆笑其失禮

停喪不葬 五代 宋 元 明

周太祖廣順三年十一月敕應內外文武臣僚幕職州縣官舉選人等今後有父母未經營葬其主家之長不得輒求仕進所由司亦不得申舉其合赴舉選者葬事禮畢敕所由於家狀內具言不得調冒所司覺察糾舉犯者必行典法如是不加覺察罪在糾察之司

宋哲宗元祐中詔御史臺臣僚父母無故十年不葬即依條彈奏及令吏部候限滿檢察尚有不葬父母即未得與關升磨勘如失檢察亦許彈奏

元仁宗延祐五年五月福建廉訪使趙奉訓牒竊見江南民俗率多遠喪稽葬習以成風是省察宜明者有所未至耳蓋嘗聞之惟送死可以當大事而喪具稱家有無所以使貧富之葬咸遂人鬼之道俱安也今閩中停喪不葬動經一二十年有一家累至三四柩者問之則曰年月未利卜地未得貧乏不能勝喪案禮諸侯大夫士葬皆有月數是古者不擇年月矣古之葬者皆於國都之北兆域有常處是不擇地矣經曰喪與其易也寧戚茍能盡其哀痛之情稱家有無貧而薄葬何害於禮且下貧之戶不即營葬輒作佛事欲為死者妄徼冥福使移飯僧之費以為葬資固不患不勝喪也宜限以月日使依期埋葬以厚人倫之道以長孝愛之風其於教化豈小補哉

明制凡有喪之家必須依禮定限安葬若惑於風水及託故停柩在家律以暴露之罪

神像 明

明劉世節曰祭祀用尸其義精深尸不能行而易以木主畫像二者猶有用尸之義宋儒謂影像與祖考無干專用本主不知數寸之木與祖何相干也古人木主之設蓋以祭祀用尸皆使子弟為之高曾祖考無以分別故用主以識之今不用尸而用主正如今之鄉飲主賓介僎之帖獨有帖而無人也呂坤曰程伊川不取影堂曰若多一莖鬚便是別人不知木主何以似吾親邪古有鑄金刻木琢石塑土以像親者皆出於思慕之極無聊不得已之情亦何病於禮乎孝子慈孫於木主影帳兩存之可也不必於有不必於無亦可也

臣等謹案神像之設雖非古禮然親沒之後音容日遠所傳雖不盡肖而十分中有六七相似則聲

音笑貌猶宛然在目不愈於日遠日忘乎且非獨親見之子孫可以繫其孝思也將傳之曾元猶得見高曾之儀範而動其追遠之誠其視數寸之木主不更覺洋洋如在耶禮貴從宜不可以非古而去之也

墓祭 宋 明

宋朱子家禮儀節三月上旬擇日前一日齋戒 如家祭之儀 具饌厥明灑掃 主人帥執事者詣墓所 布席陳饌 陳於墓前如家祭之儀 參神降神初獻亞獻終獻辭神乃徹祝文維某年歲次月朔日辰孝子某 或孫曾元 敢昭告於某親某官府君之墓歲序流易雨露既濡瞻掃封塋不勝感慕謹以潔牲醴齊祇薦歲事尚饗遂祭土后 布席陳饌如前儀 祝文維年月日某官姓名敢昭告於土地之神某躬修歲事於某親某官府君之墓惟時保佑實賴神休敢以酒饌敬申奠獻

明呂坤曰墓祭非古而東郭墦間古亦有祭者且世遠族多同城而葬非祭則死者無以聯疏生者無以合食苟於人情近也何必古

禮從簡約 宋

宋朱子語錄曰喪禮太繁今只存大概使人知其意義必不可盡行如始喪一段若欲盡行則必無哀戚哭泣之情哀苦荒迷之際何有心情一一如古禮之繁細委曲耶古有相禮者導孝子爲之況依今世俗之禮亦未爲失但使哀戚之情得盡耳有虞氏瓦棺而葬夏后氏堲周必無周人之繁文也古人壙中置物甚多禮文之意大備則防患之意反不足只當防慮久遠毋使士親膚而已其他禮文皆可略也又如古者棺不釘不用漆粘而今灰漆如此堅密猶有蟻子能入何況不用釘漆乎孔子從先進已厭周之文矣聖賢者作不必盡守古禮必裁酌從今之宜而爲之也問喪禮制度節目朱子曰恐儀禮也難行如朝夕奠與葬時事尚可未殯以前安得一一如此仔細含飯一節教人從那裡轉那裡安頓一一各有定所須是有相者方得孔子曰行夏之時乘殷之輅已厭周文之煩矣聖人復起亦但隨今風俗立一限制須從寬簡今若考得仔細一一如古固好如考不得亦只隨俗不礙理者行之又曰今人吉服皆已變古獨喪服必從古恐不相稱禮時爲大衣冠本以便身古人亦未必一一有義況隨時增減名物愈繁須是酌古之制去其重複使之簡易然後可行又曰古禮難行爲古人有做未到處古者以皮束棺豈能固設熬黍稷於棺傍以惑蚍蜉可見少智今棺用漆要三日便殯亦難

居喪讀禮 宋

宋陳祥道曰非喪而讀喪禮則非人子之情居喪而不讀喪禮不失之過則失之不及未葬而讀祭禮則非孝子之情既葬而不讀祭禮不失之黷則失之怠未除而讀樂章則哀不足喪復常而不讀樂章則樂必崩閔子子夏援琴而哀樂異孔子皆以爲君子則喪復常讀樂章先王之中制也

欽定續通典卷八十四

欽定續通典卷八十五

樂

臣等謹案杜佑作樂典以爲古者因樂著教將欲閑其邪正其頹非樂無由故其敘樂也上自皇初下終天寶舉夫因革之大凡制作之得失以及鏗鏘綴兆之節殊方下里之音本末粲然聲容畢具而類例所不能賅者又爲諸議以補其缺百世而下所謂聞其樂以知其德者將於是乎在也唐自肅代以後國事倥傯樂文墜缺洎乎五代雖有製造鮮足觀者宋太祖太宗留心雅樂樂至皇祐間始定大安之名一代講求聲律家如司馬光周子朱子蔡元定諸人類皆有夙悟神解可垂不朽顧當時不盡見用而所謂播在樂府薦之郊廟者乃出自李照魏漢津者流蓋古樂之難復久矣遼金元大都沿漢津之舊至明李文利主三寸九分爲黃鍾朱載堉爲開方乘除之說則又師心自用去古益遠方之自鄶不亦宜乎今去其繆者存其要始唐至德間迄於明代以續通典之後云

第一歷代沿革上

第二歷代沿革下

第三十二律　五聲八音名義　五聲十二律旋相爲宮　五聲十二律相生法

第四權量

歷代製造

金二　石二　土三　革四　絲五　木六

匏七　竹八　八音之外又有七

樂懸

第五歌　雜歌曲　舞　雜舞曲

第六清樂　坐立部伎　四方樂　散樂　前代雜樂

第七大祠與忌日同者不去樂議　古樂淡且和議

律尺議　元豐朝會樂十議　楊傑大樂七失議　用正聲廢中聲議　太正少三等八條議　崇寧之樂可變議　黃鍾三寸九分不合於理議　琴以第三絃爲宮爲中和議

樂一

歷代沿革上唐　五代　宋

唐代宗寶應二年六月太常奏玄宗室請奏大運之舞調用太蔟肅宗室請奏惟新之舞調用夷則德宗卽位十一月禮儀使奏代宗室樂用保大之舞貞元三年三月以昭德皇后廟樂章九首付有司帝令有司議廟舞之號禮官請號坤元之舞從之十四年二月帝自製中和舞又奏九部樂及禁中歌舞伎者十數人布列在廷上御麟德殿會百寮觀新樂作詩令太子書示百官十九年四月修德明興聖及獻懿二祖廟遷神主於廟太常寺奏德明興聖獻祖懿祖廟樂用宮懸詔可憲宗永貞元年十二月有司請德宗廟室酌獻奏文明之舞用黃鍾宮元和元年有司奏順宗室奏大順之舞中書侍郎平章事段文昌撰樂章穆宗以元和十五年正月卽位四月禮儀使奏憲宗皇帝廟樂請用象德之舞六月祔廟請用當月均調林鍾宮謹按律曆志曰黃鍾太蔟林鍾謂之三正律皆音之君也今祔饗始於六月辛未聲應林鍾之宮制可中書侍郎平章事段文昌進撰樂章敬宗以長慶四年正月卽位有司奏穆宗室奏和寧之舞中書侍郎平章事牛僧孺奉敕撰奏樂章文宗以寶曆二年卽位有司奏敬宗廟奏大鈞之舞中書侍郎平章事韋處厚撰樂章

梁太祖開平元年既受唐禪始建宗廟凡四室每室有登歌酌獻之舞肅祖宣元皇帝室曰來儀之舞烈祖文穆皇帝室曰昭德之舞二年正月太祖將議郊禋有司撰進樂名舞名樂曰慶和之樂舞曰崇德之舞皇帝行奏慶順之曲奠玉幣登歌奏慶平之曲迎俎奏慶肅之曲酌獻奏慶熙之曲飲福酒奏慶隆之曲送文舞迎武舞奏慶融之曲亞獻終獻奏慶休之曲太廟迎神舞開平之舞

後唐莊宗同光二年正月將有事於南郊光祿大夫檢校尚書左僕射行太常卿充南郊禮儀使李燕進太廟登歌樂章洎舞名其懿祖昭烈皇帝室登歌酌獻曰昭德之舞獻祖文皇帝室登歌酌獻曰文明之舞太祖武皇帝室登歌酌獻曰應天之舞昭宗皇帝室登歌酌獻曰永平之舞從之明宗天成元年八月太常定莊宗廟堂酌獻舞武成之舞

晉高祖天福五年八月詳定院奏先奉詔正冬二節朝會舊儀廢於離亂之時興自和平之代將期備物全繫用心須議擇人同爲定制其正冬朝會禮節樂章二舞行列等事宜差太常卿崔梲御史中丞竇貞固刑部侍郎呂琦禮部侍郎張允與太常等官一一詳定禮從新意道在舊章庶知治世之和漸見移風之善今衆官檢討典禮具述制度按禮云天子以德爲事以樂爲御大樂與天地同和大禮與天地同節又曰安上治人莫善于禮移風易俗莫善于樂故樂書議舞曰夫樂在耳曰

聲在目曰容聲應乎耳可以聽知容藏於心難以貌覩故聖人假干戚羽旄以表其容發揚蹈厲以見其意聲和合則大樂備矣又按義鏡問鼓吹十二案合於何所答云周禮鼓人掌六鼓四金漢朝乃有黃門鼓吹崔豹古今注云因張騫使西域得摩訶兜勒一曲李延年增之分爲二十八曲梁置鼓吹清商令二人唐又有㧹鼓金鉦大鼓長鳴歌簫笳笛合爲鼓吹十二案大享會則設于懸外此乃是設二舞及鼓吹十二案之繇也今議一從令式排列教習文舞郎六十四人分爲八佾每佾八人左手執籥禮云葦籥伊耆氏之樂也周禮有籥師教國子爾雅曰籥如笛三孔而短大者七孔謂之簅歷代以來文舞所用凡用籥六十有四右手執翟周禮所謂羽舞也書云舞干羽于兩階翟山雉羽分析連攢而爲之二人執纛前引數于舞人之外舞人冠進賢冠服黃紗袍白紗中單白領褾白練褠襠白布大口袴革帶烏皮履白布襪武舞郎六十四人分爲八佾左手執干干楯也今之旁牌所以翳身也其色赤中畫獸形故謂之朱干周禮所謂兵舞取其武象用楯六十有四右手執戚戚斧也上飾以玉故謂之玉戚二人執旌前引旌似旗而小絳色畫昇龍二人執鼗鼓二人執鐸周禮有四金之奏其三曰金鐸以通鼓形如大鈴抑而振之金錞二每錞二人舉之一人奏之周禮四金之奏一曰以金錞和鼓鑄銅爲之其色立其形圓若錐上大下小高三尺六寸有六分圓二尺四寸上有伏虎之狀旁有耳獸形銜環二人執鐃以次之周禮四金之奏二曰金鐃以止鼓如鈴無舌搖柄以鳴之二人掌相在左禮云理亂以相制如小鼓用皮爲裏實之以糠撫之以節樂二人掌雅在右禮云訊疾以雅以木爲之狀如漆筩而弇口大二圍長五尺六寸以羖皮鞔之旁有二紐髹畫賓醉而出以器築地明行不失節武舞人服弁平巾幘金支緋絲布大袖緋絲竹布兩襠甲金飾白練褠襠錦螣蛇起梁帶豹文大口布袴烏布靴工人二十數于舞人之外舞弁朱褠革帶烏皮履白練褠襠白布襪殿廷仍加鼓吹十二案義鏡云帝設毡案以毡爲牀也今請制大牀容九人振作歌樂其牀爲熊羆貙豹騰倚之狀以承之象百獸率舞之意分置於建鼓之外各三案每案羽葆鼓一大鼓一金錞一歌二人簫二人笳二人十二案樂工一百有八人舞助一百三十有二人取年十五已上弱冠已下容止端正者其歌曲名號樂章詞句中書條奏差官修撰從之

漢高祖天福十二年九月權判太常寺張昭奏改唐祖孝孫所定治康之舞爲治安之舞凱安之舞爲振德之舞又改貞觀中九功舞爲觀象之舞七德舞爲講功之舞其治安振德二舞請依舊郊廟行用以文舞降神武舞送神其觀象講功二舞請依舊宴會行用昔周奏六代之樂卽今二舞之類是也其賓祭常用别有九夏之樂卽肆夏皇夏等是也梁武帝善音樂改九夏爲十二雅前朝祖孝孫改雅爲和示不相沿也臣今改爲成取韶樂九成之義十二成樂曲名祭天神奏豫和之樂請改爲禋成之樂祭地祇奏順和請改爲順成祭宗廟奏永和請改爲裕成祭天地宗廟登歌奏肅和請改爲肅成皇帝臨軒奏太和請改爲政成王公出入奏舒和請改爲弼成皇帝食舉及飮宴奏休和請改爲德成皇帝受朝皇后入宮奏正和請改爲扆成皇太子軒懸出入奏成和請改允成元日冬至皇帝禮會登歌奏昭和請改爲慶成郊廟俎入奏雍和請改爲騂成皇帝祭享酌獻讀祝文及飮福受胙奏壽和請改爲壽成祖孝孫原定十二和曲開元朝又奏三和遂有十五和之名凡制作禮法動依典故梁置十二雅蓋取十二天之成數契八音十二律之變輒益以三和有乖稽古又緣祠祭所用不可盡去臣取其一焉祭孔宣父齊太公廟降神奏宣和請改師雅之樂三公升殿會訖下階履行奏祴和請廢同用弼成享先農耕耤田奏豐和請廢同用順成

周太祖廣順元年五月太常卿邊蔚上太廟四室奠獻舞詞表謂西漢詔叔孫通重定禮樂始有廟樂及降神納俎登歌薦祼等曲迨至唐朝降神用文舞送神用武舞其餘卽奏十二和之樂一曲則別立舞名降及前朝亦徇此制今者將新郊廟嚴配祖宗合更率舞之名仰詠累功之盛請信祖睿和皇帝室酌獻奏肅雍之舞僖祖明憲皇帝室酌獻奏章德之舞義祖翼順皇帝室酌獻奏善慶之舞慶祖章肅皇帝室酌獻奏觀成之舞又崇德之舞講功爲象成之舞又議改十二成樂曲爲十二順曰昭順曰寧順曰肅順曰感順曰治順曰忠順曰康順曰雍順曰溫順曰禮順曰禋順曰福順

宋太祖建隆三年二月有司請改一代樂名并太廟四室酌獻迎俎送神樂章詔翰林學士竇儼撰進四月儼上新定二舞十二樂曲名并樂章改周文舞崇德之舞爲文德之舞武舞象成之舞爲武功之舞改樂章十二順爲十二安蓋取治世之音安以樂之義祭天爲高安祭地爲靜安先農耤田同靜安宗廟爲理安天地宗廟登歌爲

嘉安皇帝臨軒爲隆安王公出入爲正安皇帝食飲爲和安皇帝受朝皇后入宮爲順安皇太子軒縣出入爲良安正冬朝會爲永安（文宣王武成王同永安）郊廟俎豆入爲豐安祭享酌獻飲福受胙爲禧安五月攝上太廟四室舞名并登歌辭禧祖室舞大善之舞奏大善之曲順祖室舞大寍之舞奏大寍之曲翼祖室舞大順之舞奏大順之曲宣祖室舞大慶之舞奏大慶之曲乾德元年翰林學士承旨陶穀等奉詔撰定祀感生帝之樂章曲名降神用大安太尉行禮用保安奠玉幣用慶安司徒奉俎用咸安酌獻用崇安飲福用廣安亞獻終獻用文安送神用普安四年和峴言按唐貞觀十四年景雲見河水清張文收采古朱雁天馬之義作景雲河清歌名燕樂元會第二奏者是也伏見今年荆南進甘露京兆東州進嘉禾黃州進紫芝和州進綠毛龜黃州進白兔欲依月律撰神龜甘露紫芝嘉禾玉兔五瑞各一曲每朝會登歌首奏之六年峴又言漢朝獲天馬赤雁神鼎白麟之瑞並爲郊歌國朝合州進瑞木成文馴象南方自至秦州獲白烏黃州獲白雀並合播在管絃薦於郊廟詔峴作瑞文馴象玉烏皓雀四瑞樂章以備登歌太宗太平興國二年冬至上壽復用敎坊樂淳化三年元日朝賀畢再御朝元殿羣臣上壽復用宮縣二舞登歌五瑞曲自此遂爲定制眞宗咸平四年太常言樂工習藝匪精每祭享郊廟止奏黃鍾宮一調未嘗隨月轉律望示條約乃命侍讀學士夏侯嶠判寺郭贄同按試擇其曉習月律者悉增月奉自餘權停廩給再俾學習以奬勵之雖頗振綱紀然亦未能精備蓋樂工止以年勞次補而不以藝進至有抱其器而不能振作者故難於驟變

景德二年詔翰林學士李宗諤權判太常寺復以龍圖閣待制戚綸同判寺事乃命太常樂鼓吹兩署工校其優劣黜去濫吹者五十餘人宗諤因編次律呂法度樂物名數目曰樂纂又裁定兩署工人試補條式及肄習程課先是惟天地感生帝宗廟用樂親祀用宮縣有司攝事止用登歌自餘大祀未暇備樂至是詔自今諸大祀並宜用樂皆同感生帝六變八變如通禮所載大中祥符元年判太常禮院孫奭上言按禮文饗太廟終獻降階之後武舞止太祝徹豆豐安之樂作一成止然後理安之樂作是謂送神郊祀錄載登歌徹豆一章奏無射羽然則宗廟之樂禮有登歌徹豆今於終獻降階之後卽作理安之樂誠恐缺失望依舊禮增用詔判太常寺李宗諤與檢討詳議以聞宗諤等言國初撰樂章有徹豆豐安曲辭樂署因循不作望如奭所奏從之時以將行封禪詔改酌獻昊天上帝禧安之樂爲封安皇地祇禧安之樂爲禪安飲福禧安之樂爲祺安別製天書樂章瑞安靈文二曲每親行禮用之又作醴泉神芝慶雲靈鶴瑞木五曲施於朝會宴享以紀瑞應五年上製薦獻聖祖文舞曰發祥流慶之舞武舞曰降眞觀德之舞自是玉清昭應宮景靈宮親薦皆備樂用三十六虡景靈宮以庭狹止用二十虡上又取太宗所撰萬國朝天曲曰同和之舞平晉曲曰定功之舞親作樂辭奏於郊廟仁宗景祐二年帝親製樂曲以夾鍾之宮黃鍾之角太蔟之徵姑洗之羽作景安之曲以祀昊天更以高安祀五帝日月作太安以享景靈宮罷舊眞安之曲以黃鍾之宮大呂之角太蔟之徵應鍾之羽作興安以獻宗廟罷舊理安之曲景安興安惟乘輿親行則用之以姑洗之角林鍾之徵黃鍾之宮太蔟之商南呂之羽作祐安之曲以酌獻五帝以林鍾之宮太蔟之角姑洗之徵南呂之羽作寍安之曲以祭地及太社太稷罷舊靜安之曲於時制詔有司以太祖太宗眞宗三聖並侑乃以黃鍾之宮作慶安之曲以奠幣彰安之曲以酌獻又詔躬謁奉慈廟章獻皇后之室作達安之曲以奠瓚厚安以酌獻章懿皇后之室作報安之曲以奠瓚衍安以酌獻皇帝入出作乾安罷舊隆安之曲常祀至日祀圜丘太祖配以黃鍾之宮作定安以奠幣英安以酌獻孟春祀感生帝宣祖配以太蔟之宮作皇安以奠幣肅安以酌獻祈穀祀昊天太祖配作仁安以奠幣紹安以酌獻孟夏雩上帝太祖配以仲呂之宮作獻安以奠幣感安以酌獻夏至祭皇地祇太祖配以蕤賓之宮作恭安以奠幣英安以酌獻季秋大饗明堂眞宗配以無射之宮作誠安以奠幣德安以酌獻孟冬祭神州地祇太宗配以應鍾之宮作化安以奠幣韶安以酌獻又造沖安之曲以七均之爲八十四皆作聲譜以授有司沖安之曲獨未施行親製郊廟樂章二十一曲財成頌體告於神明詔宰官呂夷簡等分造樂章參施羣祀又爲景祐樂髓新經凡六篇第一釋十二均第二明所主事第三辨音樂第四圖律呂相生并祭天地宗廟用律及陰陽數配第五十二管長短第六歷代度量衡皆本之於陰陽配之於四時建之於日辰通之於鞮竺演之於壬式遁甲之法以授樂府以考正聲以賜羣臣焉皇祐二年五月明堂禮儀使言明堂所用樂皆當隨月用律九月以無射爲均五天帝各用本音之樂於是內出明堂樂曲及二舞名迎神曰誠安皇帝升降行止曰儀安昊天

上帝皇地祇神州地祇位奠玉幣曰鎭安酌獻曰慶安太祖太宗眞宗位奠幣曰信安酌獻曰孝安司徒奉俎曰饎安五帝位奠玉幣曰鎭安酌獻曰精安皇帝飲福曰胙安退文舞迎武舞亞獻終獻皆曰穆安徹豆曰歆安送神曰誠安歸大次曰憩安文舞曰右文化俗武舞曰威功睿德又出御撰樂章鎭安慶安信安孝安四曲餘詔輔臣分撰庚戌詔御所撰樂曲名與常祀同者更之遂更常所用圜丘雩祭明堂誠安之曲曰宗安祀感主帝慶安之曲曰光安奉慈廟信安之曲曰慈安六月內出御撰明堂樂八曲以君臣民事物配屬五音凡二十聲爲一曲用宮變徵變者天地人四時爲七音凡三十聲爲一曲以子母相生凡二十八聲爲一曲皆黃鍾爲均叉明堂月律五十七聲爲二曲皆無射爲均叉以二十聲二十八聲三十聲爲三曲亦無射爲均皆自黃鍾宮入無射如合用四十八或五十七聲卽依前譜次第成曲其徵聲自同本律及御撰鼓吹警嚴曲合宮歌並肄於太常七月御撰明堂無射宮樂曲譜三皆五十七字五音一曲奉俎用之二變七律一曲飲福用之七律相生一曲退文舞迎武舞及亞獻終獻徹豆用之是月上封事者言明堂酌獻五帝精安之曲並用黃鍾一均聲此乃國朝常祀五時迎氣舊法若於親行大饗卽所未安且明堂之位木室在寅火室在巳金室在申水室在亥蓋木火金水之始也土室在西南蓋土王之次也旣皆用五行本始所王之次則獻神之樂亦當用五行本始月律各從其音以爲曲其精安五曲宜以無射之均太蔟爲角獻靑帝仲呂爲徵獻赤帝林鍾爲宮獻黃帝夷則爲商獻白帝應鍾爲羽獻黑帝詔兩制官同太常議而堯臣等言大饗日迫事難猝更詔俟過大禮詳定以聞於是中書門下集兩制太常官置局於祕閣詳定大樂王堯臣等言天章閣待制趙師民博通今古願同詳定及乞借參知政事高若訥所校十五等古尺並從之三年二月詔兩制及禮官參稽典制以定國朝大樂名中書門下審加詳閱以聞初胡瑗請太祖廟舞用干戚太宗廟兼用干羽眞宗用羽籥以象三聖功德然議者謂國朝七廟之舞名雖不同而干羽並用又廟制與古異及瑗建言止降詔定樂名而已七月堯臣等言按太常天地宗廟四時之祀樂章凡八十九曲自景安而下七十五章率以安名曲豈特本道德政教嘉靖之美亦緣神靈祖考安樂之故臣等謹上議國朝樂宜名大安詔曰朕惟古先格王隨代之樂亦旣制作必有稱謂緣名以討義繇義以知德蓋名者德之所載而行遠垂久之致焉故韶以紹堯夏以承舜濩以救民武以象伐傳之不朽用此道也國家舉墜正失典章交備獨斯體大而有司莫敢易言之朕憫然念茲大懼列聖之休未能昭揭於天下之聽是用申敕執事遠求博講而考定其衷今禮官學士迨三有事之臣同寅一辭以大安之議來復且謂藝祖之戡暴亂也安天下之未安其功大二宗之致太平也安天下之旣安其德盛洎朕之承聖烈也安祖宗之安其仁厚祇覽所議熟復於懷恭唯神德之造基神功之戡武章聖恢淸淨之治沖人蒙成定之業雖因世之迹各異而靖民之道同歸以之播鍾球文羽籥用諸郊廟告於神明曰大且安誠得其正嘉祐四年九月御製祫享樂舞名僖祖奏大基順祖奏大祚翼祖奏大熙宣祖奏大光太祖奏大統太宗奏大昌眞宗奏大治孝惠皇后奏淑安孝章皇后奏靜安淑德皇后奏柔安章懷皇后奏和安迎神送神奏懷安皇帝升降奏肅安奠瓚奏顧安奉俎徹豆奏充安飲福奏僖安亞獻終獻奏祐安退文舞迎武舞奏顯安皇帝歸大次奏定安登樓禮成奏聖安駕回奏采茨文舞曰化成治定武舞曰崇功昭德帝自製迎神送神樂章詔宰臣富弼等撰大祚至采茨曲詞十八七年八月御製明堂迎神樂章皆肄於太常英宗治平元年六月太常寺奏仁宗配享明堂奠幣歌誠安酌獻歌德安神宗元豐三年楊傑上十二均圖帝取所上圖考其說乃下范鎭劉几參定而王朴阮逸之黃鍾乃當李照之太蔟其編鍾編磬雖有黃鍾大呂而全闕四淸聲非古制也朴之太蔟夾鍾則聲失之高歌者莫能追逐平時設而不用聖人作樂以紀中和之聲所以導中和之氣淸不可太高重不可太下必使八音協諧歌者從容而能永其言鎭等因請擇李照編鍾編磬十二參於律者增以王朴無射應鍾及黃鍾大呂淸聲以爲黃鍾大呂太蔟夾鍾之四淸聲俾衆樂隨之歌工詠之中和之聲庶可以考請下朴二律就太常鍾磬擇其可用者用之其不可修者別製之而太常以爲大樂法度舊器乞留朴鍾磬別製新樂以驗議者之術詔以朴樂鍾爲淸聲毋得銷毀六年春正月御大慶殿初用新樂二月太常言郊廟樂虡若遇雨雪望祭卽設於殿上三月禮部言有司攝事昊天舞名請初獻曰帝臨嘉至亞終獻曰神娛錫羡太廟初獻曰孝熙昭德亞終獻曰禮洽儲祥詔可九月禮部言周禮凡大祭祀王出入則奏王夏明入廟門已用樂矣今旣移祼在作樂之前皇帝詣罍洗奏乾安則入

門亦當奏乾安庶合古制其入景靈宮及南郊壝門乞
如之哲宗元祐三年范鎮樂成樂下太常楊傑著元祐
樂議破鎮說曰鎮謂清聲不見於經惟小胥注云鍾磬
者編次之十六枚而在一虡謂之堵至唐又有十二清
聲其聲愈高尤爲非是國朝舊有四清聲置而弗用至
劉几用之與鄭衛無異按編鍾編磬十六其來遠矣豈
徒見於周禮小胥之注哉漢成帝時犍爲郡於水濱得
古磬十六枚帝因陳禮樂雅頌之聲以風化天下其事
載於禮樂志不爲不詳豈因劉几然後用哉且漢承秦
秦未嘗制作禮樂其稱古磬十六者乃二帝三王之遺
法也其王朴樂內編鍾編磬以其聲律太高歌者難逐
故四清聲置而弗用及神宗朝下三律則四清聲皆用
而諧協矣周禮曰梟氏爲鍾薄厚之所震動清濁之所
由出則清聲豈不見於經哉今鎮簫笛塤篪巢笙和笙
獻於朝廷簫必十六管是四清聲在於其間矣自古無
十二管之簫豈簫韶九成之樂已有鄭衛之聲乎禮部
太常亦言鎮樂法自係一家之學難以參用而樂如舊
制徽宗崇寧三年秋七月景鍾成景鍾者黃鍾之所自
出也垂則爲鍾仰則爲鼎鼎之大終於九斛中聲所極
製煉玉屑入於銅齊精純之至音韻清越其高九尺拱
以九龍惟天子親郊乃用之立於宮架之中以爲君圍
於是命翰林學士承旨張康國爲之銘四年七月鑄帝
鼐八鼎成八月大司樂劉昺言大朝會宮架舊用十二
熊羆案金錞簫鼓觱篥等與大樂合奏今所造大樂遠
稽古制不應雜以鄭衛詔罷之又依昺改定二舞各九
成每三成爲一變執籥秉翟揚戈持盾威儀之節以象
治功庚寅樂成列於崇政殿有旨先奏舊樂三闋曲未
終帝曰舊樂如泣聲揮止之既奏新樂天顏和豫百寮
稱頌九月朔以鼎樂成帝御大慶殿受賀是日初用新
樂太尉率百寮奉觴稱壽有數鶴從東北來飛度黃庭
回翔鳴唳乃下詔曰禮樂之興百年於此然去聖愈遠
遺聲弗存迺者得隱逸之士於草茅之賤獲英莖之器
於受命之邦適時之宜以身爲度鑄鼎以起律因律以
制器按協於庭八音克諧昔堯有大章舜有大韶三代
之王亦各異名今追千載而成一代之制宜賜新樂之
名曰大晟朕將薦郊廟享鬼神和萬邦與天下共之其
舊樂勿用先是端州上古銅器有樂鐘驗其款識乃宋
成公時帝以端王繼大統故詔言受命之邦而隱逸之
士謂魏漢津也朝廷舊以禮樂掌於太常至是專置大
晟府大司樂一員典樂二員並爲長貳大樂令一員協
律郎四員又有製撰官爲制甚備於是禮樂始分爲二
時蔡攸提舉大晟府不喜佗人預樂有士人田爲者善
琵琶無行攸乃奏爲大晟府典樂遂不用中聲八寸七
分瑲而但用九寸瑲又爲一律長尺有八寸曰太聲一
律長四寸有半曰少聲是爲三黃鍾律矣律與容盛又
不翅數倍黃鍾既四寸有半則圜鍾幾不及二寸諸品
大小皆隨律蓋但以器大者爲太小者爲少樂始成試
之於政事堂執政心知其非然不敢言因用之於明堂
布政望鶴愈不至攸弟絛曰宴樂本雜用唐聲調樂器
多夷部亦唐律徵角二調其均自隋唐間已亡政和初
命大晟府改用大晟律其聲下唐樂已兩律然劉昺止
用所謂中聲八寸七分瑲爲之又作匏笙塤篪皆入夷
部至於徵招角招終不得其本均大率皆假之以見徵
音以其曲譜頗和美故一時盛行於天下然教坊樂工
嫉之如讐其後蔡攸復與教坊用事樂工附會又上唐
譜徵角二聲遂再命教坊制曲譜既成亦不見施行而
止然政和徵招角招遂傳於世矣二年八月罷大晟府
製造所并協律官四年十月洪州奏豐城縣民鋤地得
古鐘大小九具狀制奇異各有篆文驗之考工記其制
正與古合令樂工擊之其聲中律之無射繪圖以聞七
年十二月詔革弊事廢諸局於是大晟府及教樂所教
坊額外人並罷靖康二年汴京失守凡大樂軒架樂舞
圖舜文二琴教坊樂器樂書樂章明堂布政閏月體式
景陽鐘并虡九鼎皆亡矣高宗紹興元年始饗明堂時
初駐會稽而渡江舊樂復皆燬散太常卿蘇遲等言國
朝大禮作樂依儀合於壇殿上設登歌壇殿下設宮架
今親祠登歌樂器尚闕宜和添用籥色未及頒降州郡
無從可以搬製宜權用望祭禮例止設登歌用樂工四
十有七人乃訪舊工以備其數四年再饗國子丞王普
言按書舜典命夔曰詩言志歌永言聲依永律和聲蓋
古者既作詩從而歌之然後以聲律協和而成曲自歷
代至於本朝雅樂皆先製樂章而後成譜崇寧後先製
譜後命詞故詞律不相諧協且與俗樂無異乞復用古
製又按周禮奏黃鍾歌大呂以祀天神黃鍾堂下之樂
大呂堂上之樂也郊祀之禮皇帝版位在午階下故還
位之樂當奏黃鍾明堂版位在阼階上則還位當歌大
呂今明堂禮不下堂而襲郊祀還位例並奏黃鍾之樂
于義未當尋皆如普議又禮部侍郎施坰奏禮經蕃樂
出於荒政蓋一時以示貶抑昨內外暫止用樂今徽考
大事既畢慈寧又已就養其時節上壽理宜舉樂一如
舊制禮部尋言太母還宮國家大慶四方來賀自今冬

至元正舉行朝賀之禮依國朝故事合設大仗及用樂舞等庶幾明天子之尊舊典不至廢墜有詔俟來年舉行孝宗淯熙六年始舉明堂禋禮命五使按雅樂并嚴更警場於貢院奉詔將樂器依堂上堂下儀制排設五使及應赴官僚從旁立觀按閱仍聽往來察視時大禮使趙雄言前例閱樂至皇帝詣飲福位一曲卽五使以下皆立而每閱奠玉帛及酌獻等樂皆坐自如於禮未盡不當襲用前例故有是詔旣而禮官討論自紹興以來凡五饗明堂禮畢還輦並未經用樂卽無作樂節次可考乃參酌禮例成禮稱賀並用皇祐大饗禮施行其南郊明堂儀注實述紹興成憲又命有司兼酌元豐大觀舊典爲後世法程其用樂作止之節粲然可觀前三日太常設登歌樂於壇上稍南北向設宮架於壇南內壝之外立舞表於酇綴之間（明堂登歌設於堂上前兩楹間宮架設於庭中）前一日設協律郎位二押樂官一太常丞於登歌樂虡北太常卿於宮架北省牲之夕押樂太常卿及丞入行樂架協律郎展視樂器祀之日樂正帥工人二舞以次入皇帝乘輿自靑城齋殿出樂正撞景鐘降輿入大次景鐘止（明堂不用景鐘）服大裘袞冕自正門入協律郎跪俯伏舉麾興工鼓柷宮架乾安之樂作凡升降行止皆奏之（明堂奏儀安）至午階版位西向立協律郎偃麾戛敔樂止（明堂至阼階下樂止）禮儀使奏請行事宮架作景安之樂（明堂作誠安）文舞進左丞相等升詣神位前樂作六成止皇帝執大圭再拜內侍進御匜帨宮架樂作帨手畢樂止禮儀使前導升壇宮架樂作至壇下樂止升自午階（明堂並自阼階升）登歌樂作至壇上樂止登歌嘉安之樂作（明堂至堂上作鎭安）奠鎭圭奠玉幣於上帝樂止詣皇地祇太祖太宗神位前如上儀禮儀使導還版位登歌樂作降階樂止（明堂降自阼階）宮架樂作至版位樂止奉俎官入正門宮架豐安之樂作（明堂作禧安）跪奠俎訖樂止內侍以御匜帨進宮架樂作帨手拭爵樂止禮儀使導升壇宮架樂作至午階樂止升自午階登歌樂作至壇上樂止（明堂無升壇）登歌禧安之樂作（明堂作慶安）詣神位前三祭酒少立樂止讀冊皇帝再拜每詣神位並如之禮儀使導還版位登歌樂作降階樂止宮架樂作至版位樂止奏請還小次宮架樂作入小次樂止武舞進宮架正安之樂作（明堂作穆安）舞者立定樂止亞獻升詣酌尊所西向立宮架正安之樂作（明堂皇太子爲亞獻作穆安）三祭酒以次酌獻如上儀樂止終獻亦如之奏請詣飲福位宮架樂作至午階樂止升自午階登歌樂作將至位樂止登歌禧安之樂作（明堂作胙安）飲福禮畢樂止禮儀使導還版位登歌樂作降階樂止宮架樂作至版位樂止（明堂不降階）徹豆登歌熙安之樂作（明堂作歆安）送神宮架景安之樂作一成止（明堂作誠安）詣望燎望瘞位宮架樂作至位樂止（明堂有燎無瘞）燎瘞畢還大次宮架乾安之樂作（明堂作懇安）至大次樂止皇帝乘大輦出大次樂正撞景鐘鼓吹振作降輦還齋殿景鐘止百官宗室班賀於端誠殿奏請聖駕進發軍樂導引至麗正門大樂正令奏采茨之樂入門樂止（明堂就賀於紫宸殿不奏采茨）光宗受禪崇上壽皇聖帝壽成皇后暨壽聖皇太后尊號壽皇樂用乾安壽聖壽成樂用坤安三殿慶禮在當時侈爲盛儀尋以禮部太常寺言國朝歲饗上帝太祖肇造王業則配冬饗於圜丘太宗混一區宇則春祈穀夏大雩秋明堂俱配焉高宗身濟大業功德茂盛所宜奉侑仰繼祖宗以協先儒嚴祖之義以彰文祖配天之烈乃季秋升侑於明堂奠幣用宗安之樂酌獻用德安之樂並登歌作大呂宮及加上高宗徽號奉冊寶以告用顯安之樂寧宗卽位孝宗升祔祧僖祖立別廟禮官言僖祖旣做唐興聖立爲別廟遇祫則卽廟以饗孟冬祫饗日合先詣禧祖廟室行禮其樂舞欲依每歲別廟五饗設樂禮例於僖祖添設登歌樂如僖廟行禮就廟殿依次作登歌其宮架樂則于太廟殿上通作從之嘉定十四年詔山東河北連城慕義奉玉寶來獻其文曰皇帝恭膺天命之寶實惟我祖宗之舊及明年元日上御大慶殿受寶用鼓吹導引備陳宮架大樂奏詩三章一曰恭膺天命二曰舊疆來歸三日永淸四海並奏以太蔟宮理宗享國四十餘年凡禮樂之事式遵舊章未嘗有所改作先是孝宗廟用大倫之樂光宗廟用大和之樂至是寧宗祔廟用大安之樂

欽定續通典卷八十五

欽定續通典卷八十六

樂二

歷代沿革下 遼 金 元 明

遼有國樂有諸國樂有雅樂有大樂有散樂有鐃歌橫吹樂祭天神地祇於木葉山用樂正月朔日夜皇帝燕飲用國樂春飛放杏堝皇帝射獲頭鵝薦廟燕飲樂工數十人執小樂器侑酒七月十三夜皇帝出行宮三十里卓帳宿十四日應從諸軍隨各部落動樂十五日中元大宴用漢樂臘日皇帝帶甲戎裝五更三點坐朝動樂飲酒正月元會用大樂曲破後用散樂角觝終之朝會設熊羆十二案法駕有前後部鼓吹樂太宗會同元年十一月晉遣馮道劉昫來上尊號得晉大樂三年四月宴晉及諸國使晉使楊端王朓起進酒作歌舞大同元年正月入汴二月丁巳朔建國號大遼(初號契丹至是始稱遼)大赦改元用晉樂時晉開運四年也太宗入晉金吾六軍殿中省仗太常樂舞陳於庭聖宗統和元年六月上皇太后尊號用宮縣雅樂設宮縣簨虡皇太后自紫宸殿乘平頭輦童子女童隊樂引至金鑾門太后儀衛動奏太和之樂文武三品以上入奏舒和之樂皇帝入門奏雍和之樂太平元年十一月帝御昭慶殿百僚奉冊加上尊號用宮縣雅樂初遼本唐用十二和豫和祀天神順和祭地祇永和享宗廟肅和登歌奠玉帛雍和入俎接神壽和酌獻飲神太和節升降舒和節出入昭和舉酒休和以飯正和皇后受冊以行承和太子以行後改用十二安樂天子出入奏隆安太子行奏貞安餘十安樂名闕

金太祖天輔五年伐遼詔克中京先以禮樂儀仗等津發赴闕太宗天會五年四月宗翰宗望以宋大樂北還熙宗皇統元年正月上尊號用宋樂有司以鐘磬刻晟字者犯太宗諱皆以黃紙封之(黃佐曰宋徽宗作大晟樂八音皆以金字識之後皆沒於金主晟)時定文舞曰仁豐道洽之舞武舞曰功成治定之舞(貞元儀又改文舞曰保大定功之舞武舞曰萬國來同之舞世宗大定十一年加武舞曰四海會同之舞)海陵天德二年十月冊皇后用宮縣樂是日皇帝將升御座宮縣奏乾寧之曲降座同冊寶入門奏昌寧之曲出門同將受冊寶以冊寶入門宮縣奏肅寧之曲命婦升降同皇后出閤奏順寧之曲升降座同受冊奏坤寧之曲別日會羣官會妃主宗室等賜酒設食簪花教坊作樂四年二月冊皇太子前一日儀鑾司設御座於大安殿大樂令帥其屬展樂縣於庭其日皇帝將升御座宮縣奏乾寧之曲冊使入門奏昌寧之曲皇太子出入奏元寧之曲皆用夾鍾宮(大定八年冊皇太子奏洪寧肅寧嘉寧和寧諸曲皆用太蔟宮)世宗大定三年十月增上睿宗尊謚皇帝御大安殿授太尉冊寶行事備登歌宮縣樂太尉率百官赴衍慶宮行禮用登歌樂樂奏顯寧之曲用應鍾宮七年正月御大安殿受尊號冊寶百官上壽備宮縣登歌二舞皇帝將出奏乾寧之曲冊寶入宮縣奏歸美揚功之曲合班樂奏同冊寶進行樂奏肅寧之曲冊匣升殿樂奏同讀冊訖寶盝升殿樂奏同讀寶訖宮縣奏純誠享上之曲太尉跪賀宮縣奏肅寧之曲太尉司徒就百僚位宮縣奏同禮畢奏乾寧之曲降座入後閤百僚歸幕次以俟上壽上冊寶禮畢有司供辦御牀及與宴羣官位攝太常卿與大樂令師工人入宮縣奏乾寧之曲皇帝即座合班樂奏肅寧之曲上公由東階升宮縣奏同進爵宣答訖分班再引上公自東階升宮縣奏同跪舉酒宮縣奏景命萬年之曲飲訖降階宮縣奏肅寧之曲與宴羣官升殿宮縣奏同內侍局進御牀入再進第一爵酒登歌奏聖德昭明之曲行羣官酒宮縣奏肅寧之曲文舞入設羣官食宮縣奏保大定功之舞三成止出又進第二爵酒登歌奏天贊堯齡之曲行羣官酒宮縣奏肅寧之曲武舞入設羣官食宮縣奏萬國來同之舞三成止出又進第三爵酒登歌奏慶雲之曲行羣官酒宮縣奏肅寧之曲設羣官食宮縣奏同禮畢羣官降階宮縣奏同扇合簾降奏乾寧之曲降座入後閤七月建社稷壇於中都祭用春秋二仲月上戊日樂用登歌遣官行事祭日大樂令帥樂工入太尉詣盥洗位作太蔟宮正寧之曲詣太社壇作應鍾宮嘉寧之曲奠玉幣作太蔟宮嘉寧之曲司徒奉太社之俎大官令引饌入作太蔟宮正寧之曲太尉詣罍洗位詣太社壇至酒罇所酌酒訖作太蔟宮昭寧之曲太尉詣配位酌酒訖作太蔟宮昭寧之曲太祝進徹豆作應鍾宮娛寧之曲(按祭太稷並如太社之樂)十一年十一月郊祀前一日朝享於太廟皇帝入門宮縣無射宮昌寧之曲升殿登歌夾鍾宮昌寧之曲迎神宮縣來寧之曲黃鍾三奏大呂角二奏太蔟徵二奏應鍾羽二奏皇帝盥洗宮縣無射宮昌寧之曲升階降階並同司徒奉俎宮縣無射宮豐寧之曲始祖酌獻宮縣無射宮大元之曲獻祖大昭之曲昭祖大成之曲景祖大昌之曲世祖大武之曲肅宗大明之曲穆宗大章之曲康宗大康之曲太祖大定之曲太宗大惠之曲睿宗大和之曲文舞退武舞進宮縣肅寧之曲亞終獻同皇帝飲福登歌夾鍾宮福寧之曲徹豆登歌夾鍾宮豐寧之曲送神宮縣黃鍾宮來寧之曲是年太常議

樂曲之名唐以和宋以安本朝以寧顧郊祀樂曲未備皇統九年拜天用乾寧之曲今圜丘降神固可就用其皇帝入中壝奠玉幣迎俎酌獻舞出入樂曲宜皆以寧字製名遂命學士院撰焉皇帝入中壝宮縣黃鍾宮昌寧之曲凡步武同降神宮縣乾寧之曲仁豐道洽之舞圜鍾爲宮三奏黃鍾爲角太蔟爲徵姑洗爲羽皆一奏皇帝盥洗宮縣黃鍾宮昌寧之曲升壇登歌大呂宮昌寧之曲昊天上帝奠玉幣登歌大呂宮洪寧之曲皇地祇坤寧之曲配位太祖皇帝永寧之曲司徒迎俎宮縣黃鍾宮豐寧之曲昊天上帝酌獻登歌大呂宮嘉寧之曲皇地祇泰寧之曲配位太祖皇帝燕寧之曲文舞退武舞進宮縣黃鍾宮咸寧之曲亞終獻宮縣同功成治定之舞皇帝飲福登歌大呂宮福寧之曲徹豆登歌大呂宮豐寧之曲送神宮縣圜鍾宮乾寧之曲方丘如圜丘之儀迎神鎭寧之曲林鍾宮再奏太蔟角再奏姑洗徵再奏南呂羽再奏初獻盥洗太蔟宮肅寧之曲升壇應鍾宮肅寧之曲奠玉幣太蔟宮億寧之曲司徒奉俎太蔟宮豐寧之曲正位酌獻太蔟宮溥寧之曲配位配太宗也酌獻太蔟宮保寧之曲亞終獻升壇太蔟宮咸寧之曲徹豆應鍾宮豐寧之曲送神林鍾宮鎭寧之曲詣望燎謹按燎應作瘞史誤刻也位太蔟宮肅寧之曲又詔以三年冬祫五年夏禘爲常禮皇帝親享備宮縣登歌樂皇帝入門宮縣無射宮昌寧之曲出入步武同升殿登歌夾鍾宮昌寧之曲升階及將還版位皆同盥洗宮縣無射宮昌寧之曲降階同迎神宮縣來寧之曲黃鍾宮三奏大呂角二奏太蔟徵二奏應鍾羽二奏司徒引俎宮縣無射宮豐寧之曲始祖酌獻宮縣無射宮大元之曲德皇帝大熙之曲安皇帝大安之曲獻祖大昭之曲昭祖大成之曲景祖大昌之曲世祖大武之曲肅宗大明之曲穆宗大章之曲康宗大康之曲太祖大定之曲太宗大惠之曲熙宗大同之曲睿宗大和之曲世宗大鈞之曲顯宗大寧之曲章宗大隆之曲宣宗大慶之曲謹按金史樂志禘祫親饗諸曲均不載製造年月雅樂篇則彙敘於大定十一年朝饗之後今仍原文附載於此文舞退武舞進宮縣無射宮肅寧之曲亞終獻無射宮肅寧之曲飲福登歌夾鍾宮福寧之曲徹豆登歌夾鍾宮豐寧之曲送神宮縣黃鍾宮來寧之曲十四年太常議歷代之樂各自爲名今郊廟社稷所用宋樂器犯廟諱宜皆刮去更爲製名於是命禮部學士院太常寺撰名取大樂與天地同和之義名之曰大和

元太宗十年十一月徵金太常遺樂宣聖五十一代孫衍聖公元措言於帝曰今禮樂散失燕京南京等處亡金太常故臣及禮冊樂器多存者乞降旨收錄於是降旨令各處管民官如有亡金知禮樂人可并其家屬徙付東平令元措領之於本路稅課所給其食憲宗二年三月五日命東平萬戸嚴忠濟立局製鐘磬筍虡儀物肄習五月十三日召太常禮樂人赴日月山八月七日學士魏祥卿徐世隆郎中姚樞等以樂工李明昌許政吳德段楫寇忠杜延年趙德等五十餘人見於行宮帝問制作禮樂之始世隆對曰堯舜之世禮樂興焉時明昌等各執鐘磬笛簫箎塤巢笙於帝前奏之曲終復合奏之凡三終十一日始用登歌樂祀昊天上帝於日月山祭畢命驛送樂工還東平世祖中統元年七月用新製雅樂享祖宗於中書省三年九月東平萬戸嚴光範奏太常登歌樂器樂工已完宮縣樂文武二舞未備凡用人四百一十二請以東平漏籍戸充之合用樂器官爲置備制可命中書省臣議行於是中書命左三部太常寺少府監於興禪寺置局委官楊天祐太祝郭敏董其事大樂正翟剛辨驗音律充收受樂器官丞相耶律鑄又言今製宮縣大樂內編磬十有二虡宜於諸處選石材爲之太常寺以新撥宮縣樂工文武二舞四百一十二人未習其藝遣大樂令許政往東平教之至元二年閏五月大樂署言堂上下樂舞官員及樂工合用衣服冠冕鞾履等物乞行製造中書禮部移準太常博士議定制度七月中書吏部再準太常博士議定行下所司製造宮縣樂器既成大樂署郭敏開坐名數以上是月新樂服成樂工至自東平敕翰林院定撰八室樂章大樂署編運舞節俾肄習之十一月有事於太廟宮縣登歌文武二舞咸備其迎送神曲曰來成之曲降神文武九成黃鍾宮三成大呂角二成太蔟徵二成應鍾羽二成送神黃鍾宮一成烈祖曰開成之曲太祖曰武成之曲太宗曰文成之曲皇伯考卓沁曰弼成之曲皇伯考察罕台曰協成之曲睿宗曰明成之曲定宗曰熙成之曲憲宗曰威成之曲初獻盥洗曰肅成之曲無射宮初獻升降登歌肅成之曲夾鍾宮司徒奉俎曰嘉成之曲文舞退武舞進曰和成之曲亞終獻酌獻曰順成之曲並無射宮徹豆登歌豐成之曲夾鍾宮文舞曰武定文綏之舞武舞曰內平外成之舞武舞六成第一成象滅王罕二成破西夏三成克金四成收西域定河南五成取西蜀平南詔六成臣高麗服交趾初清廟雅樂止有登歌詔耶律鑄製宮縣八佾之舞至元四年三月樂舞成表上之仍請賜名大成制曰可十三年三月平宋

得其樂器宋主㬎舉國內附詔凡太常寺祭器樂器法服樂工鹵簿儀衛等物盡仰收拾巴延入臨安遣郎中孟祺籍宋太廟四祖殿景靈宮禮樂器暨太常寺祭器樂器等物至十七年四月以宋太常樂付太常寺十九年王積翁請徵亡宋樂器至京置於八作司後付大樂署鎛鐘二十有七編鐘七百二十有三特磬二十有二編磬二十有八鐃六單鐸雙鐸各五錞各八三十年六月初立社稷樂用登歌命大樂正許德良運製曲譜翰林國史院撰樂章其降送神曰鎮寧之曲降神八成林鐘宮二成太蔟角二成姑洗徵二成南呂羽二成送神林鐘宮一成初獻盥洗升壇降壇望瘞位皆肅寧之曲盥洗望瘞太蔟宮升降應鐘宮正配位奠玉幣曰億寧之曲太蔟宮司徒奉俎徹豆曰豐寧之曲奉俎太蔟宮徹豆應鐘宮正配位酌獻曰保寧之曲亞終獻曰咸寧之曲並太蔟宮明年八月初祀社稷用堂上樂歲以為常成宗大德六年三月合祭昊天上帝皇地祇五方帝於南郊撰定樂章降神奏乾寧之曲六成圜鐘宮三成黃鐘角一成太蔟徵一成姑洗羽一成初獻盥洗奏肅寧之曲黃鐘宮初獻升降奏肅寧之曲大呂宮奠玉幣奏大呂宮迎俎奏豐寧之曲黃鐘宮酌獻奏嘉寧之曲大呂宮亞終獻奏咸寧之曲黃鐘宮徹豆奏豐寧之曲大呂宮送神奏圜鐘宮望燎奏黃鐘宮九年十一月祀昊天上帝於南郊其文舞曰崇德之舞武舞曰定功之舞時新建郊壇既成命大樂署編運曲譜舞節翰林撰樂章十一月二十八日親祀圜丘用之皇帝入中壝黃鐘宮皇帝盥洗黃鐘宮皇帝升壇降壇大呂宮降神奏天成之曲圜鐘宮三成黃鐘角一成太蔟徵一成姑洗羽一成初獻盥洗奏隆成之曲黃鐘宮初獻升降並奏隆成之曲大呂宮正配位奠玉幣並奏欽成之曲黃鐘宮司徒奉俎奏寧成之曲黃鐘宮昊天上帝位酌獻奏明成之曲黃鐘宮皇地祇位酌獻大呂宮太祖位酌獻黃鐘宮皇帝飲福大呂宮皇帝出入小次黃鐘宮文舞退武舞進奏和成之曲黃鐘宮亞終獻奏和成之曲黃鐘宮徹豆奏寧成之曲大呂宮送神奏天成之曲圜鐘宮望燎奏隆成之曲黃鐘宮皇帝出中壝黃鐘宮然自世祖以來未嘗躬舉其事是年因右丞相哈剌哈斯等奏始講求親祀之禮其後仍遣官攝祭也攝祭之樂宮曲並同親祀惟去飲福奏樂而亞獻終獻奏黃鐘宮熙成之曲宗廟之樂武宗至大以後與至元四年互有同異皇帝入門盥洗俱奏順成之曲無射宮皇帝升殿奏夾鐘宮順成之曲皇帝出入小次奏金曲無射宮昌寧之曲迎神奏思成之曲宮律同至元初獻盥洗奏肅成初獻升降奏肅寧太祖室奏開成睿宗室奏武成宮律並同至元世祖室奏無射宮混成之曲裕宗室奏昭成順宗室奏慶成成宗室奏守成武宗室奏威成仁宗室奏歆成英宗室奏獻成顯宗室奏德成明宗室奏永成俱無射宮皇帝飲福奏夾鐘宮釐成之曲文舞退武舞進奏肅成亞終獻奏肅成徹豆奏豐寧送神奏保成宮律並同至元皇帝出廟廷奏無射宮昌寧之曲

明太祖洪武元年春親祭太社太稷祔享於太廟其冬祀昊天上帝於圜丘明年祀皇地祇於方丘又以次祀先農日月太歲風雷嶽瀆周天星辰至聖先師歷代帝王皆定樂舞之數奏曲之名圜丘迎神奏中和之曲奠玉帛奏肅和之曲奉牲奏凝和之曲初獻奏壽和之曲武功之舞亞獻奏豫和之曲終獻奏熙和之曲俱文德之舞徹豆奏雍和之曲送神奏安和之曲望燎奏時和之曲方丘並同曲詞各異易望燎曰望瘞太社太稷易迎神曰廣和省奉牲餘並與方丘同曲詞各異先農迎神奠帛奏永和之曲進俎奏雍和之曲初獻終獻並奏壽和之曲徹豆送神並奏永和之曲望瘞奏太和之曲朝日迎神奏熙和之曲奠玉帛奏保和之曲初獻奏安和之曲武功之舞亞獻奏中和之曲終獻奏肅和之曲俱文德之舞徹豆奏凝和之曲送神奏壽和之曲望燎奏豫和之曲夕月迎神易凝和奠帛以下與朝日同曲詞各異太歲風雷嶽瀆迎神奏中和奠帛奏安和初獻奏保和亞獻奏肅和終獻奏凝和徹豆奏壽和送神奏豫和望燎奏熙和周天星辰初附祀夕月洪武四年別祀迎神奏凝和奠帛初獻奏保和武功舞亞獻奏中和終獻奏肅和俱文德舞徹豆奏豫和送神奏雍和太廟迎神奏太和之曲奉冊寶奏熙和之曲進俎奏凝和之曲初獻奏壽和之曲武功之舞亞獻奏豫和之曲終獻奏熙和之曲俱文德之舞徹豆奏雍和之曲送神奏安和之曲初獻則德懿熙仁各奏樂舞亞終獻則四廟共之釋奠先師初用大成登歌舊樂洪武六年始命詹同樂韶鳳等更製樂章迎神奏咸和奠帛奏寧和初獻奏安和亞獻終獻奏景和徹饌送神奏咸和歷代帝王迎神奏雍和奠帛初獻奏保和武功舞亞獻奏中和終獻奏肅和俱文德舞徹豆奏凝和送神奏壽和望瘞奏豫和又定王國祭祀樂章迎神奏太清之曲初獻奏壽清之曲亞獻奏豫清之曲終獻奏熙清之曲徹饌奏雍清之曲送神奏安清之曲其社稷山川易迎神為廣清增

奉壅曰時清此祭祀之樂歌節奏也又定朝會宴饗之制凡聖節正旦冬至大朝賀和聲郎陳樂於丹墀百官拜位之南北向駕出仗動和聲郎舉麾奏飛龍引之曲樂作陞座樂止偃麾百官拜奏風雲會之曲拜畢樂止丞相上殿致詞奏慶皇都之曲致詞畢樂止百官又拜奏喜昇平之曲拜畢樂止駕興奏賀聖朝之曲還宮樂止百官退和聲郎樂工以次出凡宴饗和聲郎四人總樂舞二人執麾立樂工前之兩旁二人押樂立樂工後之兩旁殿上陳設畢和聲郎執麾由兩階升立於御酒案之左右二人引歌工樂工由兩階升立於丹陛上之兩旁東西相向舞師二人執旌引武舞士立於西階下之南又二人執翿引文舞士立於東階下之南又二人執幢引四夷舞士立於武舞之西南俱北向武舞曰平定天下之舞象以武功定禍亂也文舞曰車書會同之舞象以文德致太平也四夷舞曰撫安四夷之舞象以威德服遠人也引大樂二人執戲竹引大樂工陳列於丹陛之西文武二舞樂工列於丹陛之東四夷樂工列於四夷舞之北俱北向駕將出仗動大樂作升座樂止進第一爵和聲郎舉麾唱奏起臨濠之曲引樂二人引歌工樂工詣酒案前北面重行立定奏畢偃麾押樂引衆工退第二奏開太平之曲第三奏安建業之曲第四奏削羣雄之曲第五奏平幽都之曲第六奏撫四夷之曲第七奏定封賞之曲第八奏大一統之曲第九奏守承平之曲其舉麾偃麾歌工樂工進退皆如前儀進第一次膳和聲郎唱奏飛龍引之樂大樂作食畢樂止偃麾第二奏風雲會之樂第三奏慶皇都之樂第四奏平定天下之舞第五奏賀聖朝之樂第六奏撫安四夷之舞第七奏九重歡之樂第八奏車書會同之舞第九奏萬年春之樂其舉麾偃麾如前儀九奏三舞既畢駕興大樂作入宮樂止和聲郎執麾引衆工以次出宴饗之曲後凡再更四年所定一日本太初二日仰大明三日民初生四日品物亨五日御六龍六日泰階平七日君德成八日聖道行九日樂清寧十五年所定一日炎精開運二日皇風三日眷皇明四日天道傳五日振皇綱六日金陵七日長楊八日芳醴九日駕六龍凡大朝賀教坊司設中和韶樂於殿之東西北向陳大舞於丹陛之東西亦北向駕興中和韶樂奏聖安之曲陞座進寶樂止百官拜大樂作拜畢樂止進表大樂作進訖樂止宣表目致賀訖百官俯伏大樂作拜畢樂止宣制訖百官舞蹈山呼大樂作拜畢樂止駕興中和韶樂奏定安之曲導駕至華蓋殿樂止百官以次出其大宴饗教坊司設中和韶樂於殿內設大樂於殿外立三舞雜隊於殿下駕興大樂作陞座樂止文武官入列於殿外北向拜大樂作拜畢樂止進御筵樂作進訖樂止進花樂作進訖樂止進第一爵教坊奏炎精開運之曲樂作內外官拜畢樂止散花樂作散訖樂止第二爵奏皇風之曲樂止進湯鼓吹響節前導至殿外鼓吹止殿上樂作羣臣湯饌成樂止武舞入教坊司請奏平定天下之舞第三爵教坊司請奏眷皇明之曲進酒如前儀樂止教坊司請奏撫安四夷之舞第四爵奏天道傳之曲進酒進湯如前儀樂止奏車書會同之舞第五爵奏振皇綱之曲進酒如前儀樂止奏百戲承應第六爵奏金陵之曲進酒進湯如前儀樂止奏八蠻獻寶承應第七爵奏長楊之曲進酒如前儀樂止奏采蓮隊子承應第八爵奏芳醴之曲進酒進湯如前儀樂止奏魚躍于淵承應第九爵奏駕六龍之曲進酒如前儀樂止收爵進湯進大膳樂作供羣臣飯食訖樂止百花隊舞承應宴成徹案羣臣出席北向拜樂作拜畢樂止駕興大樂作鳴鞭百官以次出此朝賀宴享之樂歌節奏也成祖永樂十八年北京郊廟成其合祀合享禮樂一如舊制更定宴饗樂舞初奏上萬壽之曲平定天下之舞二奏仰天恩之曲撫四夷之舞三奏感地德之曲車書會同之舞四奏民樂生之曲表正萬邦之舞五奏感皇恩之曲天命有德之舞六奏慶豐年之曲七奏集禎應之曲八奏永皇圖之曲九奏樂太平之曲嘉靖元年御史汪珊請屏絕玩好令教坊司毋得以新聲巧技進世宗嘉納之是時更定諸典禮因亦有志於樂建觀德殿以祀獻帝召協律郎肄樂供祀事後建世廟成改殿曰崇先乃親製樂章命大學士費宏等更定曲名以別於太廟其迎神曰永和之曲初獻曰清和之曲亞獻曰康和之曲終獻曰沖和之曲徹饌曰泰和之曲送神曰寧和之曲弘等復議獻皇生長太平不尙武功其三獻皆當用文德舞從之遂去武舞已而太常復請之乃命禮官會張璁議璁言樂舞以佾數爲降殺不聞以武文爲偏全使八佾之制用其文而去其武則兩階之容得其左而闕其右是皇上舉天子禮樂而自降殺之矣何以式四方垂萬世乃從璁議仍用二舞九年二月始祈穀於南郊帝親製樂章命太常協於音譜是年始祀先蠶下禮官議樂舞禮官言先蠶之祀周漢所同其樂舞儀節經史不載唐開元先蠶儀注大樂令設宮縣於北郊壇壝內諸女工咸列於後則祀先蠶用女樂可知唐六典宮縣之舞八

佾軒縣之舞六佾則祀先蠶用八佾又可知然止言舞生冠服而不及舞女冠服陳暘樂書享先蠶圖下止有宮架登歌圖而不及舞夫有樂有舞雖祀禮之常然周漢制度既不可考宋祀先蠶代以有司又不可據惟開元略爲近古而陳氏樂書考據亦明前享先農既以佾數不足降八爲六則今祀先蠶止用樂歌不用樂舞亦合古制且以見少殺先農之禮帝以舞非女子事罷不用使議樂女冠服以聞禮官言北郊陰方其色尙黑同色相感事神之道漢蠶東郊魏蠶西郊色皆尙青非其色矣樂女冠服宜黑乃用樂六奏去舞其樂女皆黑冠服因定享先蠶樂章又以祀典方釐定南北郊復朝日夕月之祭命詞臣取洪武時舊樂歌一切更改禮官因請廣求博訪有如宋胡瑗李照者具以名聞授之太常考定雅樂給事中夏言乃以致仕甘肅行大僕寺丞張鶚應詔命趣召之旣至授鶚太常寺丞令詣太和殿較定樂舞鶚遂上言周禮有郊祀之樂有宗祀之樂尊親分殊聲律自別臣伏聽世廟樂章律起林鍾均殊太廟臣竊異之蓋世廟與太廟同禮而林鍾與黃鍾異樂函鍾主祀地祇位寓坤方星分井鬼樂奏八變以報資生之功故用林鍾起調林鍾畢調也黃鍾主祀宗廟位分子野星隸虛危樂奏九成以報本源之德故用黃鍾起調黃鍾畢調也理義各有歸旨聲數默相感通況天地者父母之象大君者宗子之稱今以祀母之樂奏以祀子恐世廟在天之靈必不能安且享矣不知譜是樂者何所見也臣觀舊譜樂章字用黃鍾聲同太廟但審聽七聲中少一律今更補正使依奏格則祖孫一氣相爲流通函黃二宮不失均調尊親之分兩得神人之心胥悅矣詔下禮官李時等覆奏以爲鶚所 言與臣等所聞於律呂諸書者深有所 合蓋黃鍾一調 以黃鍾爲宮太蔟爲商姑洗爲角蕤賓 爲變徵林鍾爲 徵南呂爲羽應鍾爲變宮舊樂章用合 用四用一用尺 用工去蕤賓之句而越次用再生黃鍾 之六此舊樂章 之失也若林鍾一調則以林鍾爲宮南 呂爲商應鍾爲 角大呂之半聲爲變徵太簇之半聲爲 徵姑洗之半聲 爲羽蕤賓之半聲爲變宮邇者沈居敬 更協樂章用尺 用合用四用一用工用六夫合黃鍾也 四太簇之正聲 也一姑洗之正聲也六黃鍾之子聲也以林鍾爲宮而所用爲角徵羽者皆非其一均之聲則謬甚矣況林鍾一調不宜用於宗廟而太廟與世廟不宜異調鶚見尤眞自今宜用舊協音律惟加以蕤賓句聲去再生黃鍾之六改用應鍾之凡以成黃鍾一 均庶於感格之義深有所補乃命鶚更定廟享樂音而逮治沈居敬等鶚尋譜定帝社稷樂歌以進詔嘉其勤優祿一級陞爲少卿掌敎雅樂十二年五月夏言又奏古者龍見而雩命樂正習盛樂舞皇舞請依古禮定大雩之制當三獻禮成之後九奏樂止之時櫽括雲漢詩詞製爲雲門一曲使文武舞士並舞而合歌之仍於神樂觀增設鼓吹數番選敎舞童古人青衣執羽繞壇周旋歌雲門之曲而舞曲凡九成藉以鼓暢陽氣敷潤下上帝可其議其所定樂章迎神中和奠帛肅和進俎咸和初獻壽和亞獻景和終獻永和徹饌凝和送神淸和望燎太和十七年九月上太宗廟號成祖獻皇帝廟號睿宗遂奉睿宗神主祔太廟各撰樂章並定九廟樂章上成祖諡號樂章迎神太和舉冊寶熙和初獻壽和亞獻豫和終獻康和徹饌永和送神安和上睿宗廟號樂章曲 名同詞別撰其升祔太廟樂章迎神太和初獻壽和亞獻豫和終獻寧和徹饌雍和送神安和凡二祖七宗九廟及春特享三時祫季冬大祫樂章皆更定焉孟春九廟特享樂章太祖廟迎神太和初獻壽和亞獻豫和終獻寧和徹饌豫和還宮安和成祖廟迎神太和三獻徹饌還宮俱與太祖廟同仁宗廟迎神太和初獻壽和亞獻豫和終獻寧和徹饌雍和還宮安和宣廟英廟憲廟俱與仁廟同孝廟曲名與仁廟同詞別撰武廟迎神曲詞別撰餘俱與孝廟同睿宗曲名並同詞別撰九廟時祫樂章孟夏迎神太和初獻壽和亞獻豫和終獻寧和徹饌雍和還宮安和孟秋迎神三獻徹饌還宮曲詞俱別撰孟冬迎神徹饌詞別撰三獻俱同孟秋還宮亦同惟改嘗祫爲烝祫大祫樂章迎神三獻徹饌還宮並有詞無曲名定大享樂章帝欲宗祀皇考以配上帝遂定明堂大享禮時未建明堂迨季秋乃大享上帝於元極寶殿奉皇考睿宗配焉所奏樂章迎神中和奠玉帛肅和進俎凝和初獻壽和亞獻豫和終獻熙和徹饌雍和送神淸和望燎時和至十月禮部言皇上肇成大享仰答嚴恩諸禮度儀 物皆宜次第修舉而太常寺宗祀贊禮尤宜備官請選 樂舞生以次充補並令各壇樂舞生 通融執事帝曰今 秋肇稱大祀制度未備諸建置釐正事宜候朕命行太 常官郎加考選樂舞生許通融執事十一月上皇天上 帝泰號改上太祖高皇帝高皇后尊號各撰樂章上奏 號樂章迎神中和升冊表元和奠玉帛休和進俎豫和 初獻壽和奏祝景和亞獻太和終獻永和徹饌咸和送 神淸和奉燎熙和改上尊號樂章迎神太和舉冊寶鴻 和初獻崇和

亞獻豫和終獻永和徹饌彰和還宮綏和穆宗隆慶三
年七月裁省協律郎及樂舞生員數時罷諸不急祀其
樂亦革省協律郎十九員裁樂舞生千四十七人一切
禮儀皆復祖宗之故

欽定續通典卷八十六

欽定續通典卷八十七

樂三

十二律

宋陳祥道禮書太師掌六律六同以合陰陽之聲陽聲黃鐘太蔟姑洗蕤賓夷則無射陰聲大呂應鐘南呂函鐘小呂夾鐘蓋日月所會在天而右轉斗柄所建在地而左旋轉旋雖殊而交錯互見如表裏然故子合於丑寅合於亥辰合於酉午合於未申合於巳戌合於卯故大司樂奏黃鐘歌大呂以祀天神奏太蔟歌應鐘以祭地祇奏姑洗歌南呂以祀四望奏蕤賓歌函鐘以祭山川奏夷則歌小呂以享先妣奏無射歌夾鐘以享先祖皆卽其所合者用之也唐之祭社下歌太蔟上歌黃鐘趙愼言曰太蔟陽也位在寅應鐘陰也位在亥故斗建亥則日月會於寅斗建寅則日月會於亥是知聖人之制取合於陰陽歌奏之儀用符於交會陳暘樂書陽六為律陰六為呂律與呂異合而言之呂亦謂之律此禮運所以有五聲六律十二管之說也蔡元定律呂新書律呂本原黃鐘篇曰長九寸空圍九分積八百一十分按天地之數始於一終於十其一三五七九為陽九者陽之成也其二四六八十為陰十者陰之成也黃鐘者陽聲之始陽氣之動也故其數九分寸之數具於聲氣之元不可得而見及斷竹為管吹之而聲和候之而氣應而後數始形焉均其長得九寸審其圍得九分積其實得八百一十分長九寸圍九分積八百一十分是為律本度量衡權於是而受法十一律由是而損益焉其證辨曰律長則聲濁而氣先至律短則聲清而氣後至極長極短則不成聲而氣不應今欲求聲氣之中而莫適為準莫若且多截竹以擬黃鐘之管或極其短或極其長長短之內每差一分而為一管皆卽以其長權為九寸而度其圍徑如黃鐘之法焉更迭以吹則中聲可得淺深以列則中氣可驗苟聲和氣應則黃鐘之為黃鐘者信矣黃鐘者信則十一律與度量權衡者得矣後世不知出此而惟尺之求晉氏而下多求之金石梁隋以來又參之秬黍至王朴專恃累黍金石亦不復考夫金石眞僞固難盡信而秬黍長短大小不同尤不可恃古人謂子穀秬黍中者實其龠是先得黃鐘而後度之以黍以見周徑之度以生度量權衡之數而已非律生於黍也百世之下欲求百世之前之律者亦求之聲氣之元而毋必之於秬黍斯得之矣理宗紹定閒姜夔言登歌當與奏樂相合周官歌奏取陰陽相合之義歌者登歌徹歌是也奏者金奏下管是也奏六律主乎陽歌六呂主乎陰聲不同而德相合也自唐以來始失之故趙愼言云祭祀有下奏太蔟上歌黃鐘俱是陽律既違禮經抑乖會合今太常樂曲奏夾鐘者奏陽歌陰其合宜歌無射乃或歌大呂奏函鐘者奏陰歌陽其合宜歌蕤賓乃或歌應鐘奏黃鐘者奏陽歌陰其合宜歌大呂乃雜歌夷則夾鐘仲呂無射矣苟欲合天人之和此所當改

五聲八音名義

宋陳祥道禮書萬物盈於天地之閒而若堅若脆若勁若韌若實若虛若沈若浮莫過於金石土革絲木匏竹而天下之音具存矣可以和神人可以作動物非深於樂者其能究此乎蓋樂器重者從細輕者從大大不踰宮細不踰羽太細之中則角而已金重者也故尚羽瓦絲輕者也故尚宮石輕於金而重於瓦絲故尚角匏竹無細大之從故尚議革木無清濁之變故一聲此八音之所以直八卦而遂八風也蓋主朔易者坎也故其音革而風廣莫為果蓏者艮也故其音匏而風融震為竹故其音竹而風明庶巽為木故其音木而風清明兌為金故其音金而風閶闔乾為玉故其音石而風不周瓦土器也故坤音瓦而風涼蠶火精也故離音絲而風景以方言之金石則土類也西凝之方也故三者在西匏竹則木類也東生之方也故三者在東絲成於夏故在南革成於冬故在北小胥之序八音先之以金石土中之以革絲後之以匏竹木蓋西者聲之方虛者聲之本故音始於西而終於東西則先金石而後土者陰逆推其所始也東則先匏竹而後木者陽順序其所生也革絲居南北之正而先革而後絲亦先虛之意與理宗紹定三年姜夔進大樂議於朝言紹興大樂多用大晟所造有編鐘鎛鐘景鐘有特磬玉磬編磬三鐘三磬未必相應塤有大小簫篪笛有長短笙竽之簧有厚薄未必能合度琴瑟絃有緩急燥溼軫有旋復柱有進退未必能合調總衆音而言之金欲應石石欲應絲絲欲應竹竹欲應匏匏欲應土而四金之音又欲應黃鐘不知其果應否樂曲知以七律為一調而未知合度之義知以一律配一字而未知永言之旨黃鐘奏而聲或林鐘林鐘奏而聲或太蔟七音之協四聲各有自然之理今以平入配重濁以上去配輕清奏之多不諧協八音之中琴瑟尤難琴必每調而改絃瑟必每調而退柱上下相生其理至妙知之者鮮又琴瑟聲微每見蔽於鐘磬鼓簫之聲匏竹土聲長而金石常不能以相待往往考擊失宜消息未盡至於歌詩則一句而鐘四擊一字而竽一吹未協古人槁木貫珠之意況樂工苟焉占籍擊鐘磬者不知聲吹匏竹者不知穴操琴瑟者不知絃同奏則動手不均迭奏則發聲不屬比年人事不和天時多忒由大樂未有以格神人召和氣也宋史音樂志宮聲沉粗大而下為君聲合口通音謂之宮其聲雄洪商聲勁凝明達上而下歸於中為臣聲開口吐聲謂之商將

將倉倉然角聲長而通徹中平而正爲民聲出齒開謂之角喔喔確確然徵聲抑揚流利從下而上歸於中爲事聲齒合而脣啟謂之徵倚倚巇巇然羽聲嚶嚶而遠徹細小而高爲物聲齒開脣聚謂之羽詡雨酗芋然

明世宗嘉靖閒廖道南奏禮曰五聲六律十二管旋相爲宮孟子亦曰不以六律不能正五音五音也者天地自然之聲也在天爲五星之精在地爲五行之氣在人爲五臟之聲出於脾合口而通之謂之宮出於肺開口而吐之謂之商出於肝而張口湧吻謂之角出於心而齒合吻開謂之徵出於腎而齒開吻聚謂之羽宮土行也君象也其性信其味甘其色黃其事思其位戊己其數八十有一其聲重以舒猶夫牛之鳴窌也而主合也商金行也臣象也其性義其味辛其色白其事言其位庚辛其數七十有二其聲明以敏猶夫羊之離羣也而主張也角木行也民象也其性仁其味酸其色青其事貌其位甲乙其數六十有四其聲防以約猶夫雉之登木也而主湧也徵火行也事象也其性禮其味苦其色赤其事視其位丙丁其數五十有四其聲泛以疾猶夫豕之負駭也而主分也羽水行也物象也其性智其味鹹其色黑其事聽其位壬癸其數四十有八其聲散以虛猶夫馬之鳴野也而主吐也宮數八十有一下生爲徵徵數五十有四上生爲商商數七十有二下生爲羽羽數四十有八上生爲角角數六十有四五色成文而不亂八風從律而不姦百度得數而有常史記曰宮動脾而和正聖商動肺而和正義角動肝而和正仁徵動心而和正禮羽動腎而和正智聞宮音使人溫舒而廣大聞商音使人方正而好義聞角音使人惻隱而愛人聞徵音使人樂善而好施聞羽音使人整齊而好禮聲音之道與政通矣伏願敕下所司延訪通樂之儒遴選典樂之官務重其任而不泛視以爲常務久其任而不更易以爲數凡協律郎必擇其行誼端謹音律閑熟者不許虛應故事而卑汚亢濫得以列其閒凡樂舞生必擇其年貌精壯禮節閑熟者不許濫收庸品而瑣屑齷齪得以容其迹庶乎教之豫而有本習之久而自化而古樂可復矣

五聲十二律旋相爲宮

周世宗顯德六年正月樞密使王朴上疏云黃帝吹九寸之管得黃鐘之聲爲樂之端也半之清聲也倍之緩聲也三分其一次損益之相生之聲也十二變而復黃鐘聲之總數也乃命之曰十二律旋迭爲均均有七調合八十四調播之於八音著之於歌頌宗周而上率繇斯道自秦而下旋宮聲廢洎東漢雖有太子丞鮑鄴興之亦人亡而息無嗣續之者漢至隋垂十代凡數百年所存者黃鐘之宮一調而已十二律中惟用七聲其餘五律謂啞鐘蓋不用故也唐太宗用祖孝孫張文收考正雅樂而旋宮八十四調復見於時在懸之器方無啞者安史之亂京都爲墟器之與工十不存一所用歌奏漸多紕繆逮乎黃巢之餘工器都盡購募不獲文記亦亡集官酌詳終不知其制度時有太常博士殷盈孫按周官考工記之文鑄鎛鐘十二編鐘二百四十處士蕭承訓較定石磬今之在懸者是也雖有樂器之狀殊無相應之和逮乎僞梁後唐歷晉與漢皆享國不遠未暇及於禮樂至於十二鎛鐘不問聲律宮商但循環而擊編鐘編磬徒懸而已絲竹匏土僅有七聲作黃鐘之宮一調亦不和備其餘八十三調於是乎泯絕樂之缺壞無甚於今陛下命中書舍人竇儼參詳太常樂事不踰月調品八音粗加和會以臣曾學律歷宣示古今樂錄令臣討論臣雖不敏敢不奉詔遂依唐法以秬黍較定尺度長九寸虛徑三分爲黃鐘之管與見在黃鐘之聲相應以上下相生之法推之得十二律管以爲衆管互吹用聲不便乃作律準十三絃宣聲長九尺張絃各如黃鐘之聲以第八絃六尺設柱爲林鐘第三絃八尺設柱爲太蔟第十絃五尺三寸四分設柱爲南呂第五絃七尺一寸三分設柱爲姑洗第十二絃四尺七寸五分設柱爲應鐘第七絃六尺三寸三分設柱爲蕤賓第二絃八尺四寸四分設柱爲大呂第九絃五尺六寸三分設柱爲夷則第四絃七尺五寸一分設柱爲夾鐘第十一絃五尺一分設柱爲無射第六絃六尺六寸八分設柱爲中呂第十三絃四尺五寸設柱爲黃鐘之清聲十二聲中旋用七聲爲均爲均之主者宮也徵商羽角變宮變徵次焉發其均主之聲歸乎本音之律七聲迭應而不亂乃成其調均有七調聲有十二均合八十四調歌奏之曲繇之出焉旋宮之聲久絕一日而補出臣獨見恐未詳悉望下中書門下集百官及內外知音者較其得失然後依調制曲八十四調曲有數百今見存者九曲而已皆謂之黃鐘之宮聲其餘六曲錯雜諸調蓋傳習之誤也唐初雖有旋宮之樂至於用曲多與禮文相違旣不敢用唐爲則臣又懵學獨力未能備究古今亦望集多聞知禮樂者上本古典下順常道定其義理於何月行何禮合用何調何曲聲數長短幾變成議定而制曲方可久長行用所補雅樂旋宮八十四調並所定

尺所吹黃鐘管所作律準謹上進疏奏帝稱善因命百官議而行之宋神宗元豐五年開封布衣葉防上書論樂器律曲不應古法范鎮言國朝三大祀樂譜並依周禮然其說有黃鐘爲角黃鐘之角黃鐘爲角者夷則爲宮黃鐘之角者姑洗爲角十二律之於五聲皆如此率而世俗之說乃去之字謂太蔟曰黃鐘商姑洗曰黃鐘角林鐘曰黃鐘徵南呂曰黃鐘羽今葉防但通世俗之說而不見周禮正文所以稱均有差也蔡元定律呂新書變律篇曰黃鐘十七萬四千七百六十二(小分四百八十六)全八寸七分八釐一毫六絲二忽不用半四寸三分八釐五毫三絲一忽林鐘十一萬六千五百〇〇八(小分三百二十四)全五寸八分二釐四毫一絲一忽三初半二寸八分五釐六毫五絲六初太蔟十五萬五千三百四十四(小分四百三十二)全七寸八分二毫四絲四忽七初不用半三寸八分四釐五毫六絲六忽八初南呂十〇萬三千五百六十三(小分四十五)全五寸二分三釐一毫六絲一初六秒半二寸五分六釐七絲四忽五初三秒姑洗十三萬八千〇八十四(小分六十)全七寸一釐二毫二絲二初二秒不用半三寸四分五釐一毫一絲一初一秒應鐘九萬二千〇五十六(小分四十)全四寸六分七毫四絲三忽一初四秒(餘一算)半二寸三分三毫六絲六忽六秒彊不用按十二律各自爲宮以生五聲二變其黃鐘林鐘太蔟南呂姑洗應鐘六律則能具足至蕤賓大呂夷則夾鐘無射仲呂六律則取黃鐘林鐘太蔟南呂姑洗應鐘六律之聲少下不和故有變律變律者其聲近正而少高於正律也然仲呂之實一十三萬一千〇七十二以三分之不盡二算既不可行當有以通之律當變者有六故置一而六三之得七百二十九以七百二十九因仲呂之實十三萬一千〇七十二爲九千五百五十五萬一千四百八十八三分益一再生黃鐘林鐘太蔟南呂姑洗應鐘六律又以七百二十九歸之以從十二律之數紀其餘分以爲忽秒然後洪纖高下不相奪倫至應鐘之實六千七百一十〇萬八千八百六十四以三分之又不盡一算數又不可行此變律之所以止於六也變律非正律故不爲宮也(其證辨曰宮羽之閒有變宮角徵之閒有變徵此亦出於自然左氏所謂七音漢前志所謂七始是也然五聲者正聲故以起調畢曲爲諸聲之綱至二變聲則不比於正音但可濟其不及而已然有五音而無二變亦不可以成樂也)八十四聲篇曰黃鐘不爲他律役所用七聲皆正律無空積忽微自林鐘而下則有半聲大呂太蔟一半聲夾鐘姑洗二半聲蕤賓林鐘四半聲夷則南呂五半聲無射應鐘爲六半聲仲呂爲十二律之窮三半聲也自蕤賓而下則有變律蕤賓一變律大呂二變律夷則三變律夾鐘四變律無射五變律仲呂六變律也皆有空積忽微不得其正故黃鐘獨爲聲氣之元雖十二律八十四聲皆黃鐘所生然黃鐘一均所謂純粹中之純粹者也八十四聲正律六十三變律二十一六十三者九七之數也二十一者三七之數也(其證辨曰漢前志黃鐘爲宮則太蔟姑洗林鐘南呂皆以正聲應無有忽微不復與他律爲役者同心一統之義也非黃鐘而他律雖當其月自宮者則其和應之律有空積忽微不得其正此黃鐘至尊亡與並也按黃鐘爲十二律之首他律無大於黃鐘故其正聲不爲他律役其半聲當爲四寸五分而前乃云無者以十七萬七千一百四十七之數不可分又三分損益上下相生之所不及故亦無所用也至於大呂之變宮夾鐘之羽仲呂之徵蕤賓之變徵夷則之角無射之商自用變律半聲非復黃鐘矣此其所以最尊而爲君之象然亦非人之所能爲乃數之自然他律雖欲役之而不可得也此一節最爲律呂旋宮用聲之綱領古人言之已詳惟杜佑通典六十調篇再生黃鐘之法爲得之而他人皆不及也)曰十二律旋相爲宮各有七聲合八十四聲宮聲十二商聲十二角聲十二徵聲十二羽聲十二凡六十聲爲六十調其變宮十二在羽聲之後宮聲之前變徵十二在角聲之後徵聲之前宮徵皆不成凡二十四聲不可爲調黃鐘宮至夾鐘羽並用黃鐘起調黃鐘畢曲大呂宮至姑洗羽並用大呂起調大呂畢曲太蔟宮至仲呂羽並用太蔟起調太蔟畢曲夾鐘宮至蕤賓羽並用夾鐘起調夾鐘畢曲姑洗宮至林鐘羽並用姑洗起調姑洗畢曲仲呂宮至夷則羽並用仲呂起調仲呂畢曲蕤賓宮至南呂羽並用蕤賓起調蕤賓畢曲林鐘宮至無射羽並用林鐘起調林鐘畢曲夷則宮至應鐘羽並用夷則起調夷則畢曲南呂宮至黃鐘羽並用南呂起調南呂畢曲無射宮至大呂羽並用無射起調無射畢曲應鐘宮至大蔟羽並用應鐘起調應鐘畢曲是爲六十調六十調卽十二律也十二律卽一黃鐘也黃鐘生十二律十二律生五聲二變五聲各有紀綱以成六十調六十調皆黃鐘損益之變也宮商角三十六調老陽也其徵羽二十四調老陰也調成而陰陽備也或曰日辰之數由天五地六錯綜而生律呂之數由黃鐘九寸損益而生二者不同至數之成則日有六甲辰有五子爲六十日律呂有六律五聲爲六十調若合符節何也曰卽所謂調成而陰陽備也夫理必有對待數之自然也以天五地六合陰與陽言之則六甲五子究於六十其三十六爲陽四十二爲陰以黃鐘九寸紀陽不紀陰言之則六律五聲究於六十亦三十六爲陽二十四爲陰蓋一陽之中又自有陰陽也非知天地之化育者不能與於此(其證辨曰禮運五聲六律十二管還相爲宮孔氏疏曰黃鐘爲第一宮至仲呂爲第十二宮各有五聲凡六十聲按聲者所以起調畢曲爲諸聲之綱領禮運所謂還相爲宮所以始於黃鐘終於南呂也後

世以變宮變徵參而爲八十四調其亦不攷矣理宗紹定閒姜夔言古樂祇用十二宮周六樂奏六律歌六呂惟十二宮也王大食三侑注云朔日月半隨月用律亦十二宮也十二管各備五聲合六十聲五聲成一調故十二調古人於十二宮又特重黃鐘一宮而已齊景公作徵招角招之樂師涓師曠有清商清角清徵之操兩漢曁魏以來燕樂用之雅樂未聞有以商角徵羽爲調者惟迎氣有五引而已隋書云梁陳雅樂並用宮聲是也若鄭譯之八十四調出於蘇祇婆之琵琶大食小食般涉者胡語伊州石州甘州婆羅門者胡曲綠腰誕黃龍新水調者華聲而用胡樂之節奏惟瀛府獻仙音謂之法曲卽唐之法部也凡有催衮者皆胡曲耳法曲無是也且其名八十四調者其實則有黃鐘太蔟夾鐘仲呂林鐘夷則無射七律之宮商羽而已於其中又缺太蔟之宮商羽焉國朝大樂諸曲多襲唐舊竊謂以十二宮爲雅樂周制可舉以八十四調爲宴樂胡部不可雜郊廟用樂咸當以宮爲曲

五聲十二律相生法

宋陳祥道禮書曰先王因天地陰陽之氣而辨十有二辰因十有二辰而生十有二律統之以三故黃鐘統天林鐘統地太蔟統人所以象三才生之以八故黃鐘生林鐘林鐘生太蔟太蔟生南呂之類所以象八風律生呂爲同位所以象夫婦呂生律爲異位所以象子母六上所以象天地之六氣五下所以象天地之五行其長短有度其多寡有數其損益有宜始於黃鐘終於仲呂黃鐘太蔟姑洗損陽以生陰林鐘南呂應鐘益陰以生陽蕤賓夷則無射又益陽以生陰大呂夾鐘中呂又損陰以生陽何則黃鐘太蔟姑洗陽之陽也林鐘南呂應鐘陰之陰也陽之陽陰之陰則陽息陰消之時故陽常下生而有餘陰常上生而不足蕤賓夷則無射陰之陽也大呂夾鐘中呂陽之陰也陰之陽陽之陰則陽消陰息之時故陽常上生而不足陰常下生而有餘然則子午以左皆上生子午以右皆下生矣鄭康成以黃鐘三律爲下生蕤賓三律爲上生其說是也班固則類以律爲下生呂爲上生誤矣朱子答廖子晦書凡十二律各以本律爲宮而生四律如黃鐘爲宮則太蔟爲商姑洗爲羽林鐘爲徵南呂爲角是黃鐘一均之聲也若林鐘爲宮則南呂爲商應鐘爲角太蔟爲徵姑洗爲羽是林鐘一均之聲也各就其宮以起四聲而後六十律之聲備非以黃鐘定爲宮太蔟定爲商姑洗定爲羽林鐘定爲徵南呂定爲角也但黃大太夾姑中蕤林夷南無應爲十二律長短之次宮商角徵羽爲五聲長短之次黃鐘一均上生下生長短皆順故得各用其全律之正聲自林鐘之宮而生太蔟之徵則林鐘六寸而太蔟八寸徵反長於宮而聲失其序矣故以十二律而言雖當爲林鐘上生太蔟而以五聲而言則當爲宮下生徵而得太蔟半律四寸之管其聲方順又自太蔟半律四寸之徵而生南呂五寸有奇之商則於律雖本爲下生而於聲反爲上生矣自南呂五寸有奇之商而生姑洗七寸有奇之羽則於律雖本爲上生而於聲則又當用其半而爲下生矣自姑洗半律三寸有奇之羽而生應鐘四寸有奇之角則於律雖爲下生而於聲反爲上生矣其餘十律皆然孔疏蓋知此法但言之不詳耳半律杜佑通典謂之子聲者是也此是古法但後人失之而惟存黃鐘大呂太蔟夾鐘四律有四淸聲卽此半聲是也變宮變徵始見於國語註中及後漢樂志乃十二律之本聲自宮而下六變七變而得之者非淸聲也如黃鐘爲宮則第六變得應鐘爲變宮第七變得蕤賓爲變徵如林鐘爲宮則第六變得蕤賓爲變宮第七變得大呂爲變徵是也十二律皆有二變一律之內通前五聲合爲七均祖孝孫王朴之樂皆同所以有八十四調者蓋每律各添此二聲而得之也蔡元定律呂新書律生五聲篇曰宮聲八十一商聲七十二角聲六十四徵聲五十四羽聲四十八按黃鐘之數九九八十一是爲五聲之本三分損一以下生徵徵三分益一以上生商商三分損一以下生羽羽三分益一以上生角至角聲之數六十四以三分之不盡一算數不可行此聲之數所以止於五也或曰此黃鐘一均五聲之數他律不然曰置本律之實以九九因之三分損益以爲五聲再以本律之實約之則宮固八十一商亦七十二角亦六十四徵亦五十四羽亦四十八矣其證辨曰漢志易曰參天兩地而倚數天之數始於一終於二十五其義紀之以三故置一得三又二十五分之六凡二十五置終天之數得八十一以天地五位之合終於十者乘之爲八百一十分應歷一統千五百三十九歲之章數黃鐘之實也餘此之義起十二律之周徑地之數始於二終於三十其義紀之以兩故置一得二凡三十置終地之數得六十以地中六數乘之爲三百六十分當期之日林鐘之實也八者繼天順地序氣成物統八卦調八風理八政正八節諧八音舞八佾監八方被八荒以終天地之功故八八六十四其義極天地之變以天地五位之合終於十者乘之爲六百四十分以應六十四卦太蔟之實也接漢志以黃鐘林鐘太蔟三律之長自相乘又因之以十十也黃鐘長九寸九九八十一又以十因之爲八百一十林鐘長六寸六六三十六又以十因之爲三百六十太蔟長八寸八八六十四又以十因之爲六百四十黃鐘應歷一統林鐘當期之日太蔟應六十四卦皆倚數配合爲說而已獨黃鐘云蘇此之義起十二律之周徑蓋黃鐘十其廣之分以爲長十一其長之分以爲廣故空圍九分積八百一十分其數與此相合長九寸積八百一十分則其周徑可以數起矣郎胡安定所謂徑三分四釐六毫圍十分二釐八毫

者是也孟康不察乃謂凡律圍徑不同各以圍乘長而得此數者蓋未之考也黃鐘之實篇曰子一黃鐘之律丑三爲絲法寅九爲寸數卯二十七爲毫法辰八十一爲分數已二百四十三爲釐法午七百二十九爲釐數未二千一百八十七爲分法申六千五百六十一爲毫數酉一萬九千六百八十三爲寸法戌五萬九千〇〇四十有九爲絲數亥一十七萬七千一百四十七黃鐘之實按黃鐘九寸以三分爲損益故以三歷十二辰得一十七萬七千一百四十七爲黃鐘之實其十二辰所得之數在子寅辰午申戌六陽辰爲黃鐘寸分釐毫絲之數在亥酉未巳卯丑六陰辰爲黃鐘寸分釐毫絲之法其寸分釐毫絲之法皆用九數故九絲爲毫九毫爲釐九釐爲分九分爲寸爲黃鐘蓋黃鐘之實一十七萬七千一百四十七之數以三約之爲絲者五萬九千四十九以二十七約之爲毫者六千五百六十一以二百四十三約之爲釐者七百二十九以二千一百八十七約之爲分者八十一以一萬九千六百八十三約之爲寸者九由是三分損益以生十一律焉或曰徑圍之分以十爲法而相生之分釐毫絲以九爲法何也曰以十爲法者天地之全數也以九爲法者因三分損益而立也全數者卽十而取九相生者約十而爲九卽十而取九者體之所以立約十而爲九者用之所以行體者所以定中聲用者所以生十一律也其證辨曰程子曰黃鐘之聲亦不難定自世有知音者將上下聲考之既得正便將黍以實其管看管實得幾粒然後推而定法可也古法律管當實千二百粒黍今羊頭黍不相應則將數等驗之看如何大小者方應其數然後爲正昔胡先生定樂取羊頭山黍用三等篩子篩之取中等者特未定也又曰以律管定尺乃是以天地之氣爲準非秬黍之比也秬黍積數在先王時惟此適與度量合故可用今時則不同黃鐘生十一律篇曰子一分一爲九寸丑三分二一爲三寸寅九分八一爲一寸卯二十七分十六三爲一寸一爲三分辰八十一分六十四九爲一寸一爲一分已二百四十三分一百二十八二十七爲一寸三爲一分一爲三釐午七百二十九分五百一十二八十一爲一寸九爲一分一爲一釐未二千一百八十七分一千二十四二百四十三爲一寸二十七爲一分三分一釐一爲三毫申六千五百六十一分四千九十六七百二十九爲一寸八十一爲一分九爲一釐一爲一毫酉一萬九千六百八十三分八千一百九十二二千一百八十七爲一寸二百四十三爲一分二十七爲一釐三爲一毫一爲三絲戌五萬九千四十九分三萬二千七百六十八六千五百六十一爲一寸七百二十九爲一分八十一爲一釐九爲一毫一爲一絲亥一十七萬七千一百四十七分六萬五千五百三十六一萬九千六百八十三爲一寸二千一百八十七爲一分二百四十三爲一釐二十七爲一毫三爲一絲一爲三忽按黃鐘生十一律子寅辰午申戌六陽辰皆下生丑卯巳未酉亥六陰辰皆上生其上以三歷十二辰者皆黃鐘之全數其下陰數以倍者三分本律而損其一也陽數以四者三分本律而增其一也六陽辰當位自得六陰辰則居其衝其林鐘南呂應鐘三呂在陰無所增損其大呂夾鐘仲呂三呂在陽則用倍數方與十二月之氣相應蓋陰之從陽自然之理也其證辨曰按呂氏淮南子與司馬氏律書漢前志不同雖大呂夾鐘仲呂用倍數則一然呂氏淮南不過以數之多寡爲生之上下律呂陰陽錯亂而無倫非其本法也元熊朋來律論黃鐘流行諸律本無間斷也算法之起殆因管音有短長此算家因律以命術非强律以命算也猶之方田焉田生五穀豈知我爲圭箕弧環律置五聲豈知我爲正變倍半皆算家命之耳故古之言鐘律者以耳齊其聲後人不能假數以正其度所以古樂之不可復與

歷代製造

唐文宗太和八年十月宣太常寺準雲韶樂舊用人數令于本寺閱習進來者至開成元年十月敎成三年武德司奏宣索雲韶樂縣圖二軸進之昭宗以文德元年卽位將親謁郊廟先是廣明初黃巢干紀樂工淪散金奏幾亡至是有司請造樂懸詢于舊工莫知制度時太常博士殷盈孫按周官考工記究其欒銑于鼓鉦舞甬之法用算法乘除鎛鐘之輕重高徑乃定懸下編鐘正黃鐘九寸五分下至登歌倍應鐘三寸三分半凡四十八等口項之量徑衡之圍悉爲圖進遣金工依法鑄之凡二百四十口修奉使宰臣張濬求知聲者處士蕭承訓樂工陳敬言太樂令李從用令先較定石磬合而擊拊之八音克諧觀者聳聽宋仁宗景祐元年八月判太常寺燕肅等上言大樂制器歲久金石不調願以周王朴所造律準考按修治并閱樂工罷其不能者乃命直史館宋和內侍李隨同肅等典其事又命集賢校理李照預焉于是帝御觀文殿取律準閱視親篆之以屬太常明年二月肅等上考定樂器并見工人帝御延福宮臨閱奏郊廟五十一曲因問照樂音高命詳陳之照言朴準視古樂高五律視教坊樂高二律蓋五代之亂雅樂廢壞朴剏意造準不合古法又編鐘鎛磬無大小輕重厚薄長短之差銅錫不精聲韻失美大者陵小者抑非中度之器也昔軒轅氏命伶倫截竹爲律後令神瞽協其中聲然後聲應鳳鳴而管之參差亦如鳳翅其樂傳之亘古不刊之法也願聽臣依神瞽律法試鑄編鐘

一簴可使度量權衡協和乃詔于錫慶院鑄之既成奏御照遂建議請改制大樂取京縣秬黍累尺成律鑄鐘審之其聲猶高更用太府布帛尺為法乃下太常制四律刖詔潞州取羊頭山秬黍上送于官照乃自為律管之法并引集賢校理聶冠卿為檢討雅樂制度故實官凡所改制皆關中書門下詳定以聞別詔翰林侍讀學士馮元同祁冠卿照討論樂理為一代之典五月照鑄銅為龠合升斗四物以興鐘鎛聲量之法龠之率六百三十黍為黃鐘之容合三倍於龠升十二倍于合斗十倍于升乃改造諸器以定其法俄又以鎛之容受差大更增六龠為合十合為升十升為斗銘曰樂斗數月潞州上秬黍照等擇大黍縱累之檢考長短尺成與太府尺合法乃定初照等改造金石所用員程凡七百十四攻金之工百五十三攻木之工二百十六攻皮之工四十九刮摩之工九十一搏埴之工十六設色之工百八十九起五月止九月成金石具七縣至于鼓吹及十二案悉修飭之令冠卿等纂景祐大樂圖二十篇以載鎔金鑪石之法歷世八音諸器異同之狀新舊律管之差是月與新樂并獻于崇政殿詔中書門下樞密院大臣預觀焉自董監而下至工徒凡七百餘人進秩賞賜各有差其年十一月有事南郊悉以新樂并聖製及諸臣樂章用之先是左司諫姚仲孫言照所製樂多詭異至如煉白石以為磬範中金以作鐘又欲以三辰五靈為樂器之飾臣愚竊有所疑自祖宗考正大樂薦之郊廟垂七十年一旦黜廢而用新器臣竊以為不可御史曹修睦亦為言帝既許照制器且欲究其術之是非故不聽焉景祐三年馮元等上新修景祐廣樂記八十一卷詔翰林學士丁度知制誥胥偃直史館高若訥直集賢院韓琦取鄧保信阮逸胡瑗等鐘律詳定得失可否以聞九月阮逸言臣等所造鐘磬皆本于馮元宋祁其分方定律又出于胡瑗算術而臣獨執周禮嘉量聲中黃鐘之法及國語鈞鐘絃準之制皆抑而不用臣前蒙召對言王朴律高而李照鐘下竊覩御製樂髓新經歷代度量衡篇言隋書依漢志黍尺制管或不容千二百或不啻九寸之長此則明班志以後歷代無有符合者惟蔡邕銅龠本得于周禮遺範邕自知音所以只傳銅龠積成嘉量則是聲中黃鐘而律本定矣謂管有大小長短者蓋嘉量既成即以量聲定尺明矣今議者但爭漢志黍尺無準之法殊不知鐘有鈞石量衡之制況周禮國語姬代聖經翻謂無憑孰為稽古有唐張文收定樂亦鑄銅甌此足驗周之嘉量以聲定律明矣臣所以獨執周禮鑄嘉量者以其方尺深尺則度可見也其容一鬴則量可見也其重鈞則衡可見也聲中黃鐘之宮則律可見也既律度量衡如此符合則制管歌聲其中必矣臣昧死欲乞將臣見鑄成銅甌再限半月內更鑄嘉量以其聲中黃鐘之宮乃取李照新鐘就加修整務合周制鐘量法度文字已編寫次未敢具進詔送度等并定以聞十月度等言據鄧保信黍尺二其一稱用上黨秬黍圜者一黍之長累百成尺與蔡邕合臣等檢詳前代造尺皆以一黍之廣為分惟後魏公孫崇以一黍之長為寸法太常劉芳以秬黍中者一黍之廣即為一分中尉元匡以一黍之廣度黍二縫以取一分三家競不能決而蔡邕銅龠本志中亦不明言用黍長廣累尺合鄧保信黃鐘管內秬黍二百粒以黍長為分再累至尺二條比保信元尺一長五黍一長七黍又律管黃鐘龠一枚容秬黍千二百粒以元尺比量分寸累同復將實龠秬黍再累者校之即又不同其龠合升斗亦皆類此又阮逸胡瑗鐘律法黍尺其一稱用上黨羊頭山秬黍中者累廣求尺制黃鐘之聲臣等以其大黍百粒累廣成尺復將管內二百粒以黍廣為分再累至二尺比逸等元尺一短七黍一短三黍蓋逸等元尺並用一等大黍其實管之黍大小不均遂致差異又其銅律管十二枚臣等據楚衍等圜九方分之法與逸等元尺及所實龠秬黍再累成尺者校之又各不同又所製銅稱二量亦皆類此臣等看詳其鐘磬各一架雖合典故而黍尺一差難以定奪又言太祖皇帝嘗詔和峴等用景表尺典修金石七十年間薦之郊廟稽合唐制以示貽謀則可且依景表舊尺俟天下有妙達鐘律之學者俾考正之以從周漢之制其阮逸胡瑗鄧保信并李照所用大府寺等尺及阮逸狀進周禮度量法其說疏舛不可依用五年五月右司諫韓琦言臣前奉詔詳定鐘律嘗覽景祐廣樂記覩照所造樂不依古法皆率已意別為律度朝廷因而施用識者非之今將親祀南郊不可重以違古之樂上薦天地宗廟竊聞太常舊樂見有存者郊廟大禮請復用之詔資政殿大學士宋綬三司使晏殊同兩制官詳定以聞七月綬等言李照新樂比舊樂下三律眾論以為無所考據願如琦請郊廟復用和峴所定舊樂鐘磬不經鐫磨者猶存三縣奇七虡郊廟殿廷可以更用皇祐三年十二月召兩府及侍臣觀新樂于紫宸殿凡鎛鐘十二黃鐘高二尺二寸半廣一尺二寸鼓六鉦四舞六甬衡并旋蟲高八寸四分遂徑一寸二

分深一寸一簴篆帶每面縱者四橫者四枚景挾鼓與舞四處各有九每面共三十六兩欒間一尺四寸容九斗九升五合重一百六斤大呂以下十一鐘並與黃鐘同制而兩欒間遞減至應鐘容九斗三升五合而其重加至應鐘重一百四十八斤並中新律本律特磬十二黃鐘大呂股長二尺博一尺鼓三尺博六寸九分寸之六絃三尺七寸五分太簇以下股長尺八寸博九寸鼓二尺七寸博六寸絃三尺三寸七分半其聲各中本律黃鐘厚二寸一分大呂以下遞加其厚至應鐘厚三寸五分詔以其圖送中書議者以爲周禮大鐘十分其鼓閒以其一爲之厚小鐘十分其鉦閒以其一爲之厚則是大鐘宜厚小鐘宜薄今大鐘重一百六斤小鐘乃重一百四十八斤則小鐘厚非也又磬氏爲磬倨句一矩有半博爲一股爲二鼓爲三三分其股博去其一以爲股博三分其股博以其一爲之厚今磬無博厚無長短亦非也五年四月知制誥王洙奏黃鐘爲宮最尊者但聲有尊卑耳不必在其形體也言鐘磬依律數爲大小之制者經典無正文惟鄭康成立意言之亦自云假設之法孔穎達作疏因而述之據歷代史籍亦無鐘磬依數大小之說其康成穎達等卽非身曾制作樂器至如言磬前長三律二尺七寸後長二律一尺八寸是磬有大小者據此以黃鐘爲律臣曾依此法造黃鐘特磬者止得林鐘律聲若隨律長短爲鐘大小之制則黃鐘長二尺二寸半減至應鐘則形制大小比黃鐘才四分之一又九月十月以無射應鐘爲宮卽黃鐘大呂反爲商聲宮小而商大是君弱臣彊之象今參酌其鎛鐘特磬制度欲且各依律數算定長短大小容受之數仍以皇祐中黍尺法鑄大呂應鐘鐘磬各一卽見形制聲韻所歸奏可五月翰林學士承旨王拱辰言奉詔詳定大樂比臣至局鐘磬已成竊緣律有長短磬有大小黃鐘九寸最長其氣陽其象土其正聲爲宮爲諸律之首蓋君德之象不可並也今十二鐘磬一以黃鐘爲率與古爲異臣等亦嘗詢逸瑗等皆言依律大小則聲不能諧故臣竊有疑請下詳定大樂所更稽古義參定之是月知諫院李兌言曩者紫宸殿閱太常新樂議者以鐘之形制未中律度遂斥而不用復詔近臣詳定竊聞崇文院聚議而王拱辰欲更前史之義王洙不從議論喧嘖夫樂之道廣大微妙非知音入神豈可輕議西漢去聖尙近有制氏世典大樂但能紀其鏗鏘而不能言其義況今又千餘年而欲求三代之音不亦難乎且阮逸罪廢之人安能通神明述作之義務爲異說欲規恩賞朝廷制樂數年當國財匱乏之時煩費甚廣器旣成矣又欲改爲雖命兩府大臣監議然未能裁定其當請以新成鐘磬與祖宗舊樂參校其聲但取諧和近雅者合用之六月帝御紫宸殿奏太常新定大安之樂召輔臣至省府館閣預觀焉賜詳定官器幣有差八月詔南郊姑用舊樂其新定大安之樂常祀及朝會用之翰林學士胡宿上言曰自古無並用二樂之理今舊樂高新樂下相去一律難並用且新樂未施郊廟先用之朝會非先王薦上帝配祖考之意帝以爲然九月御崇政殿召近臣宗室臺諫省府推判官觀新樂并新作晉鼓乃以瑗爲大理寺丞逸復尙書屯田員外郞保信領榮州防禦使入內東頭供奉官賈宣吉爲內殿承制並以制鐘律成特遷之至和二年潭州上劉陽縣所得古鐘送太常初李照斥王朴樂音高乃作新樂下其聲太常歌工病其太濁歌不成聲私賂鑄工使減銅齊而聲稍清歌乃協然照卒莫之辨又朴所制編鐘皆側垂照瑗皆非之及照將鑄鐘給銅於鑄瀉務得古編鐘一工人不敢毀乃藏於太常鐘不知何代所作其銘云粤朕皇祖寶龢鐘粤斯萬年子子孫孫永寶用叩其聲與朴鐘夷則清聲合而其形側垂瑗後改鑄正其鈕使下垂叩之弇鬱而不揚無射鐘又長甬而震掉聲不和哲宗元祐三年范鎭樂成上其所製樂章三鑄律十二編鐘十二鎛鐘衡一尺一斛一響石爲編磬十二特磬一簫笛塤篪巢笙和笙各二并書及圖法帝與太皇太后御延和殿詔執政侍從臺閣講讀官皆往觀焉賜鎭詔曰朕惟春秋之後禮樂先亡秦漢以來韶武僅在散樂工於河海之上往而不還聘先生於齊魯之閒有莫能致魏晉以下曹鄶無譏閒有作者猶存典型然銖黍之一差或宮商之易位惟我四朝之老獨知五降之非審聲知音以律生尺覽詩書之來上閱簨簴之在廷君臣同觀父老太息方詔學士大夫論其法工師有司考其聲上追先帝移風易俗之心下慰老臣愛君憂國之志究觀所作嘉歎不忘高宗紹興十六年命禮局造鎛鐘四十有八編磬一百八十七特磬四十八及添製編鐘等命軍器所造建鼓八雷鼓二晉鼓一雷鼗二柷敔各四尋製金鐘玉磬二架初元豐本虞廷鳴球及晉賀循采玉造磬之義命榮咨道肇造玉磬元祐親祠明堂一用之久藏樂府至政和加以磨礱俾協音律并造金鐘專用於明堂蓋堂上之樂歌鐘居左歌磬居右金玉稟氣於乾純精至貴故鐘必以金磬必以玉始備金聲玉振之全此中興

所以繼作也於是帝諭輔臣以鐘磬音律其餘皆和惟黃鐘大呂猶未應律宜熟加考究詔禮官以鑄造鎛鐘更須詳審令聲和而律應乃可奉祀命太常前期按閱仍用皇祐進呈雅樂禮例皇帝御射殿召宰執侍從臺諫寺監館閣及武臣刺史以上閱視新造景鐘及禮器皇帝卽御座撞景鐘用正旦朝會三曲奏宮架之樂其製造官推恩有差添置景鐘樂正一鎛鐘樂工十有二特磬樂工亦如之次降下古制銅錞一增造其二古銅鐃一增造其六改造登歌夷則律玉磬降到長篴二十有四並付太常寺掌之專俟大禮施用明太祖初克金陵置太常司掌祭祀禮樂之事凡樂四等曰九奏曰八奏曰七奏曰六奏舞二曰文舞曰武舞樂器不從陵園之祭無樂又罷教坊司掌宴會大樂設大使副使和聲郎左右部舞左右司樂皆以樂工爲之後改和聲郎爲奉鑾孝宗弘治十四年九月重鑄朝鐘時內官監太監李興工部尙書曾鑑奉命改鑄既成計費白金十餘萬兩興鑑皆受賞匠官傅玖等各升職加俸有差未三月而鐘璺工科都給事中馬子聰等劾之命興鑑等罰俸一月傅玖等所升職事俸糧冠帶俱奪之明呂懷劉濂韓邦奇黃佐王邦直之徒著書甚備職不與典樂託之空言而已張鶚雖因知樂得官候氣終屬渺茫不能準以定律弘治中莆人李敎授文利著律呂元聲獨宗呂覽黃鐘三寸九分之說世宗初年御史范永鑾上其書其說與古背馳不可用嘉靖十七年遼州同知李文察進所著樂書四種禮官謂於樂理樂書多前人所未發者乃授文察爲太常典簿以獎勸之而其所云按人聲以考定五音者不能行也神宗時鄭世子載堉著律呂精義律學新說樂舞全譜共若干卷不宗黃鐘九寸不用三分損益不拘隔八相生不取圍徑皆同具表進獻未及施行

欽定續通典卷八十七

欽定續通典卷八十八

樂四

權量

宋蔡元定律呂新書審度篇曰度者分寸尺丈引所以度長短也生於黃鐘之長以子穀秬黍中者九十枚度之一爲一分 凡黍實于管中則十三黍三分黍之一而滿一分積九十分則千有二百黍矣故此九十黍之數與下章千二百黍之數其實一也 十分爲寸十寸爲尺十尺爲丈十丈爲引數始于一終于十者天地之全數也律未成之前有是數而未見律成而後數始得以形焉度之成在律之後度之數在律之前故律之長短圍徑以度之寸分之數而定焉 其證辨曰周禮典瑞璧羨以起度玉人璧羨度尺好三寸以爲度按爾雅曰肉倍好謂之璧羨延也此璧本圓徑九寸好三寸肉六寸而裁其兩旁各半寸以益上下也其好三寸所以爲璧也裁其兩旁以益上下所以爲羨也袤十寸廣八寸所以爲度尺也以爲度者以爲長短之度也則周家十寸八寸皆爲尺矣漢前志曰度者分寸尺丈引也所以度長短也本起黃鐘之長以子穀秬黍中者一黍之廣度之九十分黃鐘之長一爲一分十分爲寸十寸爲尺十尺爲丈十丈爲引而五度審矣按一黍之廣爲分故累九十黍爲黃鐘之長積千二百黍爲黃鐘之廣古人蓋參伍以存法也自晉宋以來儒者論律圍徑始有同異至隋因定圍徑三分之說苟徑三分則九十黍之長止容黍八百有奇與千二百黍之廣兩不相通矣房庶不知徑三分之爲誤乃欲增益漢志之文以就其說范蜀公又從而信之其過益又甚矣

嘉量篇曰量者龠合升斗斛所以量多少也生于黃鐘之容以子穀秬黍中者一千二百實其龠以井水準其槩以度數審其容 一龠積八百一十分 合龠爲合 兩龠也積一千六百二十分 十合爲升 二十龠也積一萬六千二百分 十升爲斗 百合二百龠也積十六萬二千分 十斗爲斛 二千龠千合百升也積一百六十二萬分 其證辨曰周禮栗氏爲量改煎金錫則不耗不耗然後權之權之然後準之準之然後量之量之以爲鬴深尺內方尺而圜其外其實一鬴其臀一寸其實一豆其耳三寸其實一升重一鈞聲中黃鐘之宮按周鬴容六斗四升實一千二百八十龠計一百三萬六千八百分爲一千三十六寸八分嘗攷漢斛容十斗實二千龠計一百六十二萬分爲一千六百二十寸益方尺圓其外庣旁九釐五毫故羃百六十二寸深尺積一千六百二十寸今考周家八寸十寸皆爲尺范蜀公曰周鬴方尺者八寸之尺深尺者十寸之尺方八寸圓其外庣其旁則羃一百有三寸六分八釐深十寸則積一千三十六寸八分與漢斛同法無疑也鄭氏云方尺積千寸又云圓其外者爲之脣二說皆非是方鄭氏之世漢斛尚在豈偶然不及見與抑鄭氏以爲周鬴之制異於漢斛歟漢志曰量者龠合升斗斛也所以量多少也本起於黃鐘之龠用度數審其容以子穀秬黍中者千有二百實其龠以井水準其槩合龠爲合十合爲升十升爲斗十斗爲斛而五量嘉矣其法用銅方尺而圜其外旁有庣焉其上爲斛其下爲斗左耳爲升右耳爲合龠其狀似爵上三下二參天兩地圜而函方左一右二陰陽之象也其圜象規其重二鈞備氣物之數合萬有一千五百二十聲中黃鐘之宮始於黃鐘而反覆焉隋志載斛銘曰律嘉量斛方尺而圓其外庣旁九釐五毫羃百六十二寸深尺積一千六百二十寸容十斗按斛銘文云方尺者所以起數也圓其外循四角而規圜之其徑當一尺四寸有奇也庣旁九釐五毫者徑一尺四寸有奇之數猶未足也羃百六十二寸者方尺羃百寸圜其外每旁約十五寸合六十寸庣其旁約二寸也深尺積一千六百二十者以十而登也容十斗者一寸羃百六十二寸爲容一斗積十寸羃一千六百二十寸爲容十斗也漢志止言旁有庣焉不言九釐五毫者數猶有未足也祖冲之所算云少一釐四毫有奇是也胡安定之法積一千六百二十寸其律是也范蜀公之法積一千二百五十寸其律非也蜀公或乎徑三分之說遂生圓分之法自古算法無所謂圓分也圓其外以爲之脣與安定之深一尺六寸二分蜀公之深一尺二寸五分其制皆非也律之圜徑古無明文向非因量之積分則黃鐘之龠亦無由可得其實自漢以下律之所以不成者其失皆此之謂也

謹權衡篇曰權衡者銖兩斤鈞石所以權輕重也生於黃鐘之重以子穀秬黍中者一千二百實其龠百黍一銖一龠十二銖二十四銖爲一兩 兩龠也 十六兩爲斤 三十二龠三百八十四銖也 三十斤爲鈞 九百六十龠一萬一千五百二十銖四百八十兩也 四鈞爲石 三千八百四十龠四萬六千八十銖一千九百二十兩也 其證辨曰淮南子曰十二粟而當一分十二銖而當半兩衡有左右因倍之故二十四銖爲一兩天有四時以成一歲因而四之四四十六兩爲一斤三月而爲一時三十日爲一月故三十斤爲一鈞四時而爲歲故四鈞爲石漢前志曰衡權者衡平也權重也衡所以任權而均物平輕重也本起於黃鐘之重一龠容千二百黍重十二銖兩之爲兩二十四銖爲兩一十六兩爲斤三十斤爲鈞四鈞爲石忖爲十八易有十八變之象也五權之制以義立之以物鈞之其餘大小之差以輕重爲宜圜而環之令之肉倍好者周旋無端終而復始無窮已也唐貞觀中張文收鑄銅斛稱尺升成得其數詔以其副藏於樂署斛左右耳與臀皆正方積十而登以至於斛銘云大唐貞觀十年依新令累黍尺定律校龠成茲嘉量與古玉斗相符同律度量衡協律郎張文收奉敕修定按萬寶常之樂當時以爲近前漢之樂則是隋代漢律管雖亡而聲猶在也 [illegible] 無法而聲不失於古自王朴以黍定尺以生律又或於三分之徑與器始皆失之矣 紹定間姜夔進大樂議言雅俗樂高下不一宜正權衡度量自尺律之法亡於漢魏而十五等尺雜出於隋唐正律之外有所謂倍四之器銀字中管之號今大樂外有所謂下宮調下宮調又有中管倍五者有曰羌笛孤笛曰雙韻十四弦以意裁聲不合正律煩數悲哀棄其本根失之太清有曰夏笛鷓鴣曰胡盧琴渤海琴沈滯抑鬱腔調含糊失之太濁故聞其聲者性情蕩於內手足亂於外禮所謂慢易以犯節流湎以忘本廣則容姦狹則思欲者也家自爲權衡鄉自爲尺度乃至於此謂宜在上明示以好惡凡作樂製器者一以太常所用及文思所頒爲準其他私爲高下多寡者悉禁之則斯民順帝之則而風俗可正

金一 四清聲鐘 景鐘 鎛鐘 編鐘 金錞 金鐲 金鐃 金鐸

宋初太常鐘磬每十六枚爲虡而四清相承不擊景祐中李照上言十二律聲已備餘四清聲乃鄭衞之樂請於編縣止留十二中聲去四清聲則哀思邪僻之聲無由而起也馮元等駁之曰前聖制樂取法非一故有十三管之和十九管之巢三十六簧之竽二十五絃之瑟十三絃之箏九絃七絃之琴十六枚之鐘磬各自取義盧有一之於律呂專爲十二數者春秋號樂總言金奏詩頌稱美實依磬聲此二器非可輕改今照欲損爲十

二不得其法稽諸古制臣等以爲不可原四清聲之意葢爲夷則至應鐘四宮而設也五音聲重大者爲尊輕清者爲卑卑者不可以加於尊古今之所同今若止用十二鐘旋相考擊至夷則以下四管爲宮之時臣民相越上下交戾則淩犯之音作矣此甚不可者也其鐘磬十六皆周漢諸儒之說及唐家典法所載欲損爲十二惟照獨見臣以爲且如舊制便帝令權用十二枚爲一格且詔曰俟有知者能考四鐘協調清濁有司別議以聞皇祐二年六月翰林學士承旨王堯臣等言奉詔與參議阮逸所上編鐘四清聲譜法請用之於明堂者竊以律呂旋宮之法既定以管又制十二鐘準爲十二正聲以律計自倍半說者云半者準正聲之半以爲十二子聲之鐘故有正聲子聲各十二子聲卽清聲也其正管長者爲均自用正聲正管短者爲均則通用子聲而成五音然求聲之法本之於鐘故國語所謂度律均鐘者也其編金石之法則歷代不同或以十九爲一虡者葢取十二鐘當一月之辰又加七律焉或以三十一爲一虡者以一均聲更加濁倍或以十六爲一虡者以均清正爲十四宮商各置一是謂縣八用七也或以二十四爲一虡則清正之聲備故唐制以十六數爲小架二十四爲大架天地宗廟朝會各有所施今太常鐘縣十六者舊傳正聲之外有黃鐘至夾鐘四清聲雖於圖典未明所出然考之實有義趣葢自夷則至應鐘四律爲均之時若盡用正聲則宮輕而商重緣宮聲以下不容更有濁聲一均之中宮弱商彊是謂陵僭故須用子聲乃得長短相敘自角而下亦循茲法故夷則爲宮則黃鐘爲角南呂爲宮則大呂爲角無射爲宮則黃鐘爲商太簇爲角應鐘爲宮則大呂爲商夾鐘爲角葢黃鐘大呂太簇夾鐘正律俱長並當用清聲如此則音律相諧而無所抗此四清鐘可用之驗也至他律爲宮其長短尊卑自序者不當更以清聲閒之自唐末世樂文墜缺考擊之法久已不傳今若使匏土絲竹諸器盡求清聲卽未見其法又據大樂諸工所陳自磬簫琴和巢笙五器本有清聲塤篪竽筑瑟五器本無清聲五絃阮九絃琴則有太宗皇帝聖制譜法至歌工引音極唱止及黃鐘清聲臣等參議其清正二聲既有典據理當施用自今大樂奏夷則以下四均正律爲宮之時商角依次並用清聲自餘八均盡如常法至於絲竹等諸器舊有清聲者令隨鐘石敎習本無清聲者未可創意求法且當如舊惟歌者本用中聲故夏禹以聲爲律明人皆可及若彊所不至足累至和請止以正聲作歌應合諸器亦自是一音別無差戾其阮逸所上聲譜以清濁相應先後互擊取音靡曼近於鄭聲不可用詔可徽宗大觀四年大晟新樂成帝親製樂記命大中大夫劉昺編修樂書具列八音之器金部有七曰景鐘曰鎛鐘曰編鐘曰金錞曰金鐲曰金鐃曰金鐸其說以謂景鐘乃樂之祖而非常用之樂也黃帝五鐘一曰景鐘景大也鐘西方之聲以象厥成惟功大者其鐘大世莫識其義久矣其聲則黃鐘之正而律呂由是生焉平時弗考風至則鳴鎛鐘形聲宏大各司其辰以管攝四方之氣編鐘隨月用律雜比成文聲韻清越錞鐲鐃鐸古謂之四金鼓屬乎陽金屬乎陰陽造始而爲之倡故以金錞和鼓陽動而不知已故以金鐲節鼓陽之用事有時而終故以金鐃止鼓時止則止時行則行天之道也故以金鐸通鼓金乃兌音兌爲口舌故金之屬皆象之元世祖至元元年十一月括金樂器散在寺觀民家者先是括到燕京鐘磬等器凡三百九十有九事下翟剛辨驗給價至是大興府又以所括鐘磬樂器十事來進太常因言若止於燕京拘括似爲未盡合於各路各官民家括之庶省鑄造於是奏檄各道宣慰司括到鐘三百六十有七磬十有七錞一送於太常又中都軍德平灤順天河東眞定西京大名濟南北京東平等處括到大小鐘磬五百六十有九其完者景鐘二鎛鐘十六大聲鐘十中聲鐘一小聲鐘二十有七編鐘百五十有五編磬七其不完者景鐘四鎛鐘二十有三大聲鐘十有三中聲鐘一小聲鐘四十有五編鐘二百五十有一編磬十有四明鄭世子朱載堉律呂精義曰律呂之數肇於黃鐘黃鐘在子圜鐘在卯函鐘在未應鐘在亥一律三呂皆以鐘爲名焉古語稱爲鐘律之學然則鐘固樂之始也其大者爲鎛鐘其小者爲編鐘非大非小爲特鐘爾雅曰大鐘謂之鏞其中謂之剽小者謂之棧是也且如編鐘之制周禮考工記鳧氏條下言其樣制最詳可見聖人制作之不苟也古鐘匾而不圓大小不一般鐘下有兩角名曰銑前後有乳三十六枚名曰枚鐘上有柄名曰甬於架上側垂之以便於擊今則不然圓如瓦罐大小若一式樣鄙陋後查文獻通考唐末殷盈孫及五代王朴所造鐘律甚精悉依周禮樣制至宋李照胡瑗皆非之始改鑄正其紐使下垂叩之弇鬱而不揚遂欲毀前代所寶古鐘以滅其跡工人不敢毀乃藏於太常神宗命楊傑造樂傑欲銷王朴舊鐘意新樂成雖不善更無舊鐘可校乃詔許借朴鐘爲清聲不得銷毀後輔臣至太常

按試前一夕傑乃陳朴鐘已弊者一縣樂工不平夜易之而傑不知明日輔臣至傑厲聲云朴鐘甚不諧美使樂工叩之韻更佳傑大沮以此觀之則鐘制之陋自宋始也然宣和博古圖亦宋人所撰三代古鐘之制備載其中宋人好古如此之甚考古如此之精而不留意於當代之樂特以三代之器爲玩戲是可惜也又曰按地官大司徒其屬有鼓人者掌教六鼓四金以節聲樂以和軍旅以正田役已上三言明其所掌非止聲樂一事故其下言以雷鼓鼓神祀以靈鼓鼓社祭以路鼓鼓鬼享以鼖鼓鼓軍事以鼛鼓鼓役事以晉鼓鼓金奏已上六物葢卽所謂以節聲樂以和軍旅以正田役者也其下又言以金錞和鼓以金鐲節鼓以金鐃止鼓以金鐸通鼓已上四物大司樂無之大司馬有之葢此四金乃軍旅所用非樂器屬也鼓人一官兼之是故不屬春官宗伯而屬地官司徒其與大司樂所掌者異矣春官小師條下鄭註和爲錞于固與經文不合除此之外經文亦無四金之名後世武舞雜用四金皆承襲之誤也世宗嘉靖中廖道南奏金兌音也其風閶闔其聲春容其音鏗秋分之氣也其爲樂也爲鐘爲鏞爲編鐘爲鎛鐘爲剽爲棧爲錞爲鐲爲鉦爲鐸

石二　特磬　編磬　笙磬　頌磬　磬石

宋仁宗皇祐三年正月詔徐宿泗耀江鄭淮陽七州軍采磬石仍令諸路轉運司訪民間有藏古尺律者上之神宗元豐七年詔從協律郞榮咨道請於奉宸庫選玉造磬令太常審定音律哲宗元祐元年咨道又言先帝詔臣製造玉磬將用於廟堂之上依舊同編磬以登歌今年親祠明堂請用之以章明盛典從之大晟之器石部有二曰特磬曰編磬劉昺以謂依我磬聲以石有一定之聲衆樂依焉則鐘磬未嘗不相須也往者國朝祀天地宗廟及大朝會宮架內止設鎛鐘惟后廟乃用特磬若已升祔后廟遂置而不用如此則金石之聲小大不作大晟之制金石竝用以諧陰陽漢津之法以聲爲主必用泗濱之石故禹貢必曰浮磬者遠土而近於水取之實難昔奉常所用乃以白石爲之其聲沈下製作簡質理宜改造焉紹興十四年太常寺言將來大禮見闕玉磬十六枚其所定聲律係於玉分厚薄取聲高下正聲凡十有二黃鐘厚八分進而爲大呂太蔟夾鐘姑洗仲呂蕤賓林鐘夷則南呂無射應鐘每律增一分至應鐘一寸九分而止淸聲夾鐘厚二寸三分退而爲太蔟大呂黃鐘共四清聲各減一分至黃鐘二寸而止乃下之四川茶馬司寬數增分市易以供用元至元二十七年十月新作太廟登歌宮縣樂先是二十二年閏十一月太常卿呼圖克納蘇奏大樂見用石磬聲律不協稽諸古磬石莫善於泗濱女直未嘗得此今泗在封疆之內宜取其石以製磬從之選審聽音律大樂正趙榮祖及識辨磬材石工牛全詣泗州采之得磬璞九十製編磬二百三十命大樂令陳革等料簡應律者百有五二十九年四月太常太卿希沙又請采石增製編磬遣孔鑄往泗川得磬璞五十八製磬九十大樂令毛莊等審聽之得應律磬五十有八於是編磬始備明朱載堉曰虞書曰擊石拊石先儒解曰重擊爲擊輕擊爲拊夫八音諸器皆不言輕重惟磬言之者豈無深意耶蓋磬有厚者有薄者厚者擊之宜重不宜輕輕則不清薄者擊之宜輕不宜重重則不和是以經文有輕重之別也夫判縣者笙磬在阼階東其形厚而小其聲淸而高故與笙管協詩云笙磬同音又云磬管將將此之謂也頌磬在賓階西其形薄而大其聲和而平故與歌頌協詩云旣和且平依我磬聲此之謂也嗚呼古之聖君能興樂敎者莫如舜古之賢臣能明樂事者莫如夔然舜命曰八音克諧而夔惟以擊石爲對則石乃八音綱領可知矣若夫出產磬石之處考諸禹貢則徐州有浮磬而梁州有璆磬雍州有球琳豫州有磬錯及山海經所載出產磬石處未能遍舉似不拘於靈壁一處而已唐制采華原石爲磬正與禹貢之義相合而迂儒反譏之蓋未之詳考耳今懷慶府河內縣地方太行山諸處亦產美石殊勝靈壁之磬磬之所產不拘何處惟在人擇之耳有一種石其性最堅難於制造而聲最佳又一種石性不甚堅易於制造而聲不佳然此二種色貌相類托石工采之者往往爲彼所欺但取易造故不佳耳嘉靖中廖道南奏石乾音也其風不周其聲溫栗其音辨正冬之氣也其爲樂也爲玉磬爲鼗磬爲編磬爲離磬爲笙磬爲頌磬爲球爲卷

土三　塤　缶

大樂塤舊以漆飾宋景祐間敕令黃其色以表土音大晟之器土部有一曰壎劉昺以謂釋詩者以壎篪異器而同聲然八音孰不同聲必以壎篪爲況嘗博詢其音蓋八音取聲相同者惟壎篪爲然壎篪皆六孔而以五竅取聲十二律始於黃鐘終於應鐘者其竅盡合則爲黃鐘其竅盡開則爲應鐘餘樂不然故惟壎篪相應明朱載堉曰按八音內有所謂土音者蓋燒土爲之猶土簋土鉶之曰土耳鉶簋二器苟非燒土爲之豈不盛水

則壞然謂之土何耶古人所謂土猶今人謂之瓦耳土音之塤缶推此可知也後世作樂苟簡塤雖土爲之大率不曾燒蓋由惑於土之一字未暇詳考故耳國語曰瓦絲尚宮又曰匏以宣之瓦以贊之爾雅曰大塤謂之嘂註云塤燒土爲之大如鵝子銳上平底形如秤錘六孔小者如鷄子疏引周禮小師註云塤燒土爲之大如雁卵鄭司農云六孔是相傳爲然也陳暘樂書曰塤之爲器平底六孔水之數也中虛上銳如秤錘然火之形也塤以水火相合而後成器亦以水火相和而後成聲故大者聲合黃鐘大呂小者聲合太蔟夾鐘要在中聲之和而已又曰古有雅塤如雁子頌塤如鷄子其聲淸濁合乎雅頌故也塤腰四隅各開一孔相對透明雖顯四孔只是兩孔之通者耳古云其二通者此也雙孔之下復開一孔形如鼎足共上一孔是爲六孔所謂前三後二併吹孔爲六者是也舊說塤箎其竅盡合則爲黃鐘其竅盡開則爲應鐘今按脣有俯仰抑揚氣有疾徐輕重一孔可具數音則旋宮亦自足不必某孔爲某聲也又曰周禮載諸樂器猶不言缶爾雅釋樂亦不言缶而缶乃在釋器篇中則缶本非樂器偶値無鐘磬時權以缶代之耳後世宮縣既有鐘磬而又擊缶非也今附錄於土音條下嘉靖中廖道南奏土坤音也其風涼其聲含宏其音濁立秋之氣也其爲樂也爲土鼓爲瓦鼓爲塤爲缶爲雅壎

革四　建鼓　散鼓　晉鼓　鼗鼓　雅　相　搏拊　鞞

宋仁宗明道時直史館宋祁上言縣設建鼓初不考擊又無三鼗且舊用諸鼓率多陋敝於是敕馮元等詳求典故而言曰建鼓四今皆具而不擊周設四散鼓於縣閒擊之以代建鼓乾德四年祕書監尹拙上言散鼓不詳所置之由且於古無文去之便時雖奏可而散鼓於今仍在又雷鼓靈鼓雖擊之皆不成聲故常賴散鼓以爲樂節而雷鼗靈鼗路鼗闕而未製今既修正雅樂宜申敕大匠改作諸鼓使考擊有聲及創爲三鼗如古之制使先播之以通三鼓罷四散鼓如乾德詔書奏可後李照等以殿廷備奏四隅建鼓左鞞右應既隨月協均顧無以節樂而周官鼓人晉鼓鼓金奏應以施用詔依周官舊法製焉於是縣內始有晉鼓矣景祐五年太常言舊樂宮縣用龍鳳散鼓四面以應樂節李照廢而不用止以晉鼓一面應節舊樂建鼓四幷鞞應共十二面備而不擊李照以四隅建鼓與鎛鐘相應擊之舊樂雷鼓兩架各八面止用一人考擊李照別造雷鼓每面各用一人椎鼓順天左旋三步一止又令二人搖鼗以應之又所造大竽大笙雙鳳管兩儀琴十二絃琴並行今既復用舊樂未審照所作樂器制度合改與否詔悉仍舊制其李照所作勿復施用大晟之器革部十有二曰晉鼓曰建鼓曰鼗鼓曰雷鼓曰雷鼗曰靈鼓曰靈鼗曰路鼓曰路鼗曰雅鼓曰相鼓曰搏拊劉昺謂凡言樂者必曰鐘鼓蓋鐘爲秋分之音而屬陰鼓爲春分之音而屬陽金奏待鼓而後進者雷發聲而後羣物皆鳴也鼓復用金以節樂者雷收聲而後蟄蟲坏戶也周官以晉鼓鼓金奏陽爲陰唱也建鼓少昊氏所造以節眾舞夏加四足謂之足鼓商貫之以柱謂之楹鼓周縣而擊之謂之縣鼓鼗者鼓之兆也天子錫諸侯樂以柷將之錫伯子男樂以鼗將之柷先眾樂鼗則先鼓而已以雷鼓鼓天神因天聲以祀天也以靈鼓鼓社祭以天爲神則地爲靈也以路鼓鼓鬼享人道之大也以舞者迅疾以雅節之故曰雅鼓相所以輔相於樂今用節舞者之步故曰相鼓登歌令奏擊拊以革爲之實之以糠升歌之鼓節也明朱載堉曰按鼓之制其名雖多大率不甚相遠伊耆氏之土鼓不過以瓦爲其腔耳夏后之足鼓不過以鼓加其趺耳殷之楹鼓卽今以柱爲柄者也楹乃柱之別名如曰爲屋幾楹是也周之縣鼓卽今懸於鼓旁者也建鼓卽今插柄穿心鼓也繪以鳳雲雷雨之象謂之雷鼓繪以麟鳳龜龍之象謂之靈鼓繪以飛鷺盤旋之象謂之路鼓路鷺通省文也鷺乃鼓精舊有是說隋唐以來刻翔鷺於鼓上周制但繪鷺於鼓腔而已詩云振振鷺鷺于飛鼓咽咽醉言歸此之謂也或曰八面六面四面何耶答曰八面者一樣八副也六面四面放此猶今儀仗花腔鼓二十四面杖鼓十二面非一鼓而有多面也舊說及圖近乎穿鑿不必從也爾雅大鼓謂之鼖小者謂之應然則不大不小謂之田又謂之朄朄一名朔鞞應一名應鞞又謂之應鼓儀禮應鞞在建鼓東禮記應鼓在縣鼓東先儒以爲擊之便也鞞今俗呼鞭鼓然則鞭乃便之訛歟路鼓以上雖大小不同而形皆如鼓惟鞞之兩端一大一小此其異也又曰按近代搏拊之制以木爲腔形如小鼓而長冒以熟皮或以生皮或著以糠或無糠焉嘗考古制蓋不然也史記樂書絃匏笙簧合守拊鼓條下張守節正義詳矣其說曰合會也守待也拊者皮爲之以糠實如革囊也用手撫之鼓也言奏絃匏笙簧之時若欲令堂上作樂則撫拊堂上樂工聞撫拊乃絃歌也若欲令堂下作樂則擊鼓堂下樂工聞鼓乃吹管播樂也言絃匏笙簧皆待拊鼓爲

節故言會守拊鼓也以此觀之則非以木爲腔之拊故文獻通考曰拊狀如革囊實以糠擊之以節樂此說得之矣嘉靖中廖道南奏革坎音也其風廣莫其聲隆大其音讙立冬之氣也其爲樂也爲鼓爲拊爲鼙爲鞉爲應爲鼖爲鞞爲提爲雷爲靈爲路爲建鼓爲足鼓爲楹鼓爲懸鼓

絲五 瑟 七絃 太一 六絃 天寶樂 琴 阮

七絃鄭喜子作唐開元中進形如阮咸其下缺少而身大傍有少缺取其身便也絃十三隔孤柱一合散聲七隔聲九十一柱聲一總九十九聲隨調應律太一司馬縚開元中進十二絃六隔合散縚十二隔聲七十二絃散聲應律呂以隔聲旋相爲宮合八十四調令編入雅樂宮縣內用之六絃史盛作天寶中進形如琵琶而長六絃四隔孤柱一合散聲六隔聲二十四柱聲一總三十一聲隔調應律天寶樂任偓作天寶中進類石幢十四絃六柱黃鐘一均足倍七聲移柱作調應律宋太宗至道元年十二月帝以新增九絃琴五絃阮宣示近臣謂之曰古樂之用與鄭衞不同朕近因內治心術外觀時政求古人之意有未盡者增琴爲九絃曰君臣文武禮樂正民心阮爲五絃曰金木水火土別造新譜凡三十七卷俾太常樂工肄習之以備登薦二年太常音律官田琮以九絃琴五絃阮均配十二律旋相爲宮隔八相生並協律呂冠於雅樂具圖以獻上覽而嘉之遷其職以賞焉自是遂廢拱宸管景祐二年又出兩儀琴及十二絃琴二種以備雅樂兩儀琴者施兩絃十二絃琴者如常琴之制而增其絃皆以象律呂之數又敕更造十絃九絃琴皆令圓其首者以祀天方其首者以祀地大晟之器絲部有五曰一絃琴曰三絃琴曰五絃琴曰七絃琴曰九絃琴曰瑟劉昺以謂漢律誦其師之說曰古者聖人作五等之琴琴主陽一三五七九生成之數也師延拊一絃之琴昔人作三絃琴蓋陽之數成於三伏羲作琴有五絃神農氏爲琴七絃琴書以九絃象九星五等之琴額長二寸四分以象二十四氣嶽闊三分以象三才嶽內取聲三尺六寸以象期三百六十日龍齦及折勢四分以象四時其長三尺九寸一分成於三極於九九者究也復變而爲一之義也大晟之瑟長七尺二寸陰爻之數二十有四極三才之陰數而七十有二以象一歲之候既罷箏筑阮絲聲稍下乃增瑟之數爲六十有四則八八之數法乎陰琴之數則九十有九而法乎陽明朱載堉曰論瑟當以五事證一儀禮左何瑟右手相二少儀琴瑟執之皆尚左手三論語取瑟而歌舍瑟而作已上三條證瑟體輕是故荷執取舍利便四曲禮琴瑟在前坐而遷之戒勿越已上一條亦證瑟不用架鼓者坐而非立鄉飲酒禮鄉射禮燕禮大射儀解曰古人席地而坐爲工設席於堂上近南簷邊面向北坐以東爲上然後引工入凡工皆瞽者若工四人則二人彈瑟用瑟二張若工六人則四人彈瑟用瑟四張瑟先謂彈瑟者在前行歌詩者二人隨入也相者扶也扶持瞽者與其引路也皆左何瑟者引路之人就以左肩擔瑟也挎越者越瑟底之空穴也以左手四指入瑟底空穴內捉之也內絃者絃側向內也右手相者攙扶工也其相歌者徒相謂空手扶之也坐授瑟者謂持瑟之人跪於地然後將瑟遞與彈瑟之人也乃降者遞瑟已畢退立於堂下也按禮記少儀云琴瑟執之皆尚左手蓋謂攜琴挎瑟皆用左手而不用右手也若瑟長大且重兩手舉之猶難其能一手挎之歟嘉靖中廖道南奏絲離音也其風景其聲纖微其音哀夏至之氣也其爲樂也爲琴爲瑟爲離琴爲中琴爲小琴爲灑瑟爲中瑟爲小瑟

木六 柷 敔 舂牘

宋仁宗景祐間或奏言柷舊以方畫木爲之外圖以時卉則可矣而中設一色非稱也先儒之說曰有柄連底挏之鄭康成以爲設椎其中撞之今當創法垂久用明制作之意有所本焉柷之中東方圖以青隱而爲青龍南方圖以赤隱而爲丹鳳西方圖以白隱而爲騶虞北方圖以黑隱而爲靈龜中央圖以黃隱而爲神螭撞擊之法宜用康成之說從之至和間翰林學士王珪言昔之作樂以五聲播於八音調和諧合而與治道通先王用於天地宗廟社稷事於山川鬼神使鳥獸盡感況於人乎然則樂雖盛而音虧未知其所以爲樂也今郊廟升歌之樂有金石絲竹匏土革而無木音夫所謂柷敔者聖人用以著樂之始終顧豈容有缺耶且樂莫隆於韶書曰戛擊是柷敔之用既云下而擊鼗知鳴球與柷敔之在堂故傳曰堂上堂下各有柷敔也今陛下躬祠明堂宜詔有司考樂之失而合八音之和於是下禮官議而堂上始置柷敔大晟之器木部有二曰柷曰敔劉昺以謂柷之作樂敔之止樂漢律嘗問於李良良曰聖人制作之旨皆在易中易曰震起也艮止也柷敔之義如斯而已柷以木爲底下實而上虛震一陽在二陰之下象其卦之形也擊其中聲出虛爲眾樂倡震爲雷雷出地奮爲春分之音故爲眾樂之倡而外飾以山林物生之狀艮屬寅爲虎虎伏則以象止樂背有二十七刻三九陽數之窮戛之以竹裂而爲十古或用十寸或裂

而爲十二陰數十二者二六之數陽窮而以陰止之明朱載堉曰爾雅曰所以鼓柷謂之止註云柷如漆桶方二尺四寸深一尺八寸中有椎柄連底挏之令左右擊止者其椎名文獻通考曰柷如漆桶方二尺四寸深一尺八寸中有椎柄連底旁開孔内手於中擊之以舉樂爾雅曰所以鼓敔謂之籈註云敔如伏虎背上有二十七鉏鋙刻以木長尺櫟之籈者其名文獻通考曰敔狀如伏虎背上有二十七齟齬碎竹以擊其首而逆戛之以止樂又曰宋因唐制用竹長二尺四寸析爲十二莖先擊其首次三戛齟齬而止與舊用木櫟齟齬者異矣雖曰因時制宜要之非有意義孰若復古制之爲愈哉舂牘之爲器猶今拍板也以竹爲之形如竹筩凡十二枚廣一寸長一尺二寸上端二寸之下兩旁各有一孔孔長二分聯以皮條右手總握上端而以下端撞於左手掌中是故不曰擊而曰舂非築舂於地也猶今搗衣服古謂之擣衣非於日中擣也嘉靖中廖道南奏木巽音也其風清明其聲茂遂其音直立夏之氣也其爲樂也爲柷爲敔爲止爲籈爲椌楬爲舂牘

匏七　巢笙　和笙　竽笙　閏餘匏　九星匏　七星匏

舊制巢笙和笙每變宮之際必換義管然難於遽易宋景德二年樂工單仲辛遂改爲一定之制不復旋易與諸宮調皆協又令仲辛編唱八十四調曲遂詔補副樂正賜袍笏銀帶元豐中范鎮奏八音無匏土二音笙竽以木斗攢竹而以匏裹之是無匏音也塤器以木爲之是無土音也八音不具以爲備樂安可得哉大晟之器匏部有六曰竽笙曰巢笙曰和笙曰閏餘匏曰九星匏曰七星匏劉昺以謂列其管爲箎聚其管爲笙鳳凰於飛箎則象之鳳凰戾止笙則象之故內皆用簧皆施匏於下前古以三十六簧爲竽十九簧爲巢十三簧爲和皆用十九數而以管之長短聲之大小爲別八音之中匏音廢絶久矣後世以木代匏乃更其制下皆用匏而幷造十三簧者以象閏餘十者土之成數三者木之生數木得土而能生也九簧者以象九星物得陽而生九者陽數之極也七簧者以象七星笙之形若鳥斂翼鳥火禽火數七也明朱載堉曰匏者瓠屬大者可以爲瓢小者可以爲笙今之圓葫蘆是也壺亦瓠屬大者可以盛酒小者可以盛藥今之亞腰葫蘆是也太古之世民醇而愚儀物未備是故用匏以爲笙用壺以爲尊軒轅以來至於三代聖王迭出智巧滋彰乃用膠漆角木之制以代匏金錫模範之作以代壺禮有壺尊樂有匏笙蓋象其本形存其舊名耳實非眞用匏及壺也夫既不用匏壺而猶謂之匏壺何也不忘本也其名古雅未可廢也譬如麻冕雖不用麻而猶謂之麻冕皮弁雖不用皮而猶謂之皮弁琴尾非焦而曰焦尾書首非簡而曰簡首此類衆多難盡舉也姑以詩禮二經證之八月斷壺之壺則眞壺也淸酒百壺之壺則未必眞壺也匏有苦葉之匏則眞匏也匏竹在下之匏則未必眞匏也然先儒之惑者疑今之笙非眞匏音謂必用匏而後八音備噫是豈知麻冕從衆之義哉蓋臣初亦疑焉嘗命良工列簧匏中而吹之終不如代匏之爲妙也木代匏者其制甚精其來亦遠非三代之聖人抉不能爲先儒以爲世俗之制誤矣聞今溪洞諸蠻猶用匏以爲笙穴管之間鹽而漏氣其音終不若中國之笙也必欲仍用眞匏斯亦理之不通者也以木代匏其法有二或用眞匏爲質者或不用眞匏只像匏形亦可也臣嘗取世俗所吹十七簧笙截去笙斗之下段削去笙觜及周遭之漆而後截去葫蘆之上段將削過笙斗陷於葫蘆中用膠漆灰布以固其口縫惟匏不漆尙質故也此是一法又一法用桐木旋作匏身取其輕也用棗木鏇作匏面取其硬也中間實處亦同常笙若不實則費氣而難吹也匏外安笙觜名曰咮形如鷺項代匏並咮皆髹以黑漆也笙管曰修揭用紫竹爲之中揭最長餘揭漸短各於按孔上刻律呂之名俗笙周遭之管有闕不連而向內者二孔指入其中按之雅笙則不然也周遭之管如環無端孔皆向外指不入內此其異也是故雅樂笙簫諸器皆須吹律議定傳曰匏竹尙議此之謂也又曰說者云詩傳以簧爲笙中薄金葉蓋指近世之銅簧然簧字於文從竹非從金元史樂志云中統間回回國所進笙以竹爲簧有聲而無律四夷風俗雖陋而有古制存焉臣愚以爲不然夫簧之爲字從竹者何也竹乃笙字之省文也會義也從黃者諧聲也然則簧非從竹故知用竹簧者非也嘉靖中廖道南奏匏艮音也其風融其聲崇聚其音啾立春之氣也其爲樂也爲鳳笙爲巢笙爲大竽爲小竽爲和

竹八　篴　篪　簫　管　籥

宋太祖乾德四年十月和峴言樂器中有叉手笛與樂正聲清濁相應可以旋十二宮可以通八十四調其制如雅笛而小長九寸與黃鍾之管等其竅有六左四右二樂人執持兩手相交有拱揖之狀請名之曰拱宸管望於十二案十二編磬并登歌兩架各設其一編於令式詔可景祐開詔以新製雙鳳管付大樂局其制合二

管以足律聲管端刻飾雙鳳施兩簧焉李照因自造葦籥淸管簫管淸笛大笙大竽宮琴宮瑟大阮大稽凡十一種以備雅器詔許以大竽大笙二種下大樂用之大晟之器竹部有三曰長篴曰篪曰簫劉昺以謂篴以一管而兼律呂衆樂由焉三竅成籥三才之和寓焉六竅爲篴六律之聲備焉篪之制宋竹竅厚均者用兩節開六孔以備十二律之聲則篪之樂生於律樂始於律而成於簫律準鳳鳴以一管爲一聲簫集衆律編而爲器參差其管以象鳳翼簫然淸亮以象鳳鳴明朱載堉論管曰按八音之內當以竹音爲首竹音之內當以律管爲首律管之爲器吹之以候氣奏之以和聲舜典所謂律和聲月令所謂律中某之類皆指律管而言是知管卽律律卽管一物而二名也形而上者謂之道形而下者謂之器律者其道也管者其器也書曰下管鞉鼓詩曰磬管將將嘒嘒管聲禮曰下管新宮下而管象與夫孤竹孫竹陰竹之管皆是物也然則先王雅樂何嘗不用管哉近代雅樂廢之何也蓋由前儒不識管者謂管長尺圍寸併兩而吹此漢大子樂官之雙管非古所謂管也後儒不識管者謂管除鄚子外長六寸餘此係教坊俗樂之頭管亦非所謂管也所謂管者無孔凡有孔者非也惟管端開豁狀如簫口形似洞門俗名洞簫以此論簫曰按十三經註疏毛詩周頌簫管備舉條下引爾雅釋樂云大簫謂之言小者謂之筊郭璞曰簫大者編二十三管長尺四寸小者十六管長尺二寸一名籟又引風俗通云簫參差象鳳翼十管長二尺其言管數長短不同爾雅疏亦引風俗通云舜作簫其形參差象鳳翼十管長二尺今本風俗通但作長一尺復與唐儒所見之本不同臣愚以爲於理皆通蓋古本風俗通言二尺者指倍律也今本風俗通言一尺者指正律也惟言十管疑有脫文當從郭註作十六管者是矣隋書樂志曰簫十六管長二尺而無二十三管之簫今則兼從二書之說其長二尺者爲大簫謂之言其長一尺者爲小簫謂之筊大小二等皆十六管以筆竹或笙竹佳者帶皮用之於多竹中擇取天生兩端圓勻合外徑之數其質若夫內徑或修治之使合規度可也兩端飾以朱漆外則不漆文選所謂因其自然而絳唇錯雜也除邊管外其餘諸管兩旁略削平平處使鰾則固不然則不固也上有二束象牙爲之隨器大小狀類腰帶銅釘開飾文選所謂帶以象牙而羅鱗捷獵也簫字奇篆作[illegible]象形龠字作[illegible]會意先秦古制觀此可考世有排簫以木爲櫝戧金雲鳳其形陋可笑也蔡邕謂簫有底以蠟實之增損則和此乃漢末賣飴餳者所吹俗器非古之簫也劉濂曰簫乃十二律之本體虞廷最重之器故曰簫韶長短幷列有似鳳翼故曰鳳簫一管一音無事假借其十二管長短俱如本律或用加倍卽鳳簫制也此言得之矣論籥曰按竹音諸器管爲首籥次之籥者五聲之主宰八音之領袖十二律呂之本源度量權衡之所由出者也漢書贊曰元元本本數始於一產氣黃鐘造計秒忽八音七始五聲六律度量權衡歷算迺出此之謂也故曰律爲萬事根本體有長短檢以度物有多少受以量量有輕重平以權衡度長短者不失毫釐量多少者不失圭撮權輕重者不失黍絫書曰協時月正日同律度量衡堯舜之政此爲要務所以齊遠近立民信也三代稽古法度章焉是故舜作大韶執籥秉翟周人舞象亦放其制季札所觀韶箾象箾是也箾卽籥之別名先儒解爲兵器非也舜以文德化天下豈用兵器以舞哉故孔子曰韶盡美矣又盡善也語爲邦曰樂則韶舞在齊聞韶不知肉味歎美之至如此蓋籥爲五聲八音之主宰律度量衡之根本故先王重之執之以舞貴其義也後世樂學失傳籥之制度無考乃誤以籥爲笛之類今籥三孔形類橫笛失之遠矣殊不知籥卽古所謂律黃鐘之籥也苟非有取於是而但取其類笛然則八音之器衆多先王何獨貴此而執之以舞乎周禮籥師掌敎國子舞羽吹籥春秋壬午猶繹萬入去籥杜氏註云內舞去籥惡其聲聞則是文舞吹籥以舞明矣近世文舞雖執籥而籥師不吹是故籥失其制亦不能成聲矣有志於復古者當使吹籥以舞可也然竹音諸器惟籥最難吹吹之最難和籥和而後謂之和故許氏說文曰龠者樂之竹管三孔以和衆聲龢龤龡字皆从龠旁是也吹法三孔盡閉緩宮急徵啟下一孔緩商急羽啟中下二孔緩角急爲和啟上下二孔緩爲中也宋徽宗宣和元年有人會獻古籥一枚左手食指按上一孔右手食指按中一孔右手中指按下一孔吹之其聲悉協音律詔頒行之元史樂志亦載吹籥之工則今失傳尚未久耳論篴讀作笛曰按周禮笙師掌敎吹篴先儒讀篴爲蕩滌之滌風俗通曰笛者滌也所以蕩滌邪穢納之於雅正也蓋篴與笛音義併同古文作篴今文作笛其名雖謂之笛實與橫笛不同當從古作篴以別之可也嘗考古制籥笛二物大同小異籥之吹處類今之簫篴之吹處類今之楚吹處不同此所以異名也笙師

條外笛不經見故儒者或疑笛非雅器殊不知雅音之笛與籥同類古人多以籥呼之笛之名雖隱而其器未嘗無也左傳曰象箾南籥廣雅曰籥七孔謂之笛毛詩傳曰籥六孔其或曰七孔者連吹孔而言也凡此之類非指三孔之籥且註疏家解籥曰如笛三孔而短然則解笛當曰如籥六孔而長是知笛與籥同類觀此可考也杜子春云笛五孔馬季長云笛四孔京君明加一孔爲五孔又云近世羌人所造許氏說文云羌笛三孔風俗通云笛七孔漢邱仲造以此觀之漢儒似不識笙師所掌之笛矣古笛三孔與今笛異而與俗呼楚者頗相類而不同蓋俗則二孔古則三孔也或謂笛從羌起非也羌笛今橫吹者是也張博望入西域始傳摩訶兜勒之曲自漢以來鼓吹部用之不入雅樂近代太常誤以橫吹爲笛而呼笛爲長籥故朱子語錄曰今呼簫者乃古之笛惟排簫乃古之簫可謂知言矣論篪曰夫樂學失傳而八音諸器皆非本制然自唐已前圖譜所載雖各有得失而近理者向多自宋已後則失之益遠矣且如竹音五種無一種得其眞大率古器細小而短今器粗大而長蓋由不用黍尺而誤用時尺耳近代太常以橫笛代篴以篴簫代籥其所謂排簫者妄加木櫝已違漢唐舊式而所謂篪籥者尤粗鄙可笑也嘗於好事之家見一古器銅色若漆狀類詩筒中空而兩端有底底中心皆無孔前面左右皆三孔共爲六孔孔徑約一分半惟居中一孔翹然上出可徑三分後面有銘三字字皆古篆甚奇其文曰黃鐘龣兩端圍徑大小與開元通寶錢同橫排錢十四枚則與篪之長同所謂大篪長尺四寸者也律家相傳以爲開元錢之徑卽古黍尺之一寸信矣徑一寸者所謂圍三寸也以篾探之其中空處約徑七分筒厚一分半吹之嗚嗚然其聲和雅蓋三代之物希世之寶也按說文曰龣管樂也从侖虒聲或从竹作篪爾雅曰大篪謂之沂註云篪以竹爲之長尺四寸圍三寸一孔上出寸三分名翹橫吹之小者尺二寸廣雅云八孔古註云讀篪如池讀沂如銀引孫炎曰篪聲悲沂悲也釋名曰篪啼也聲如嬰兒啼鄭司農註周禮云篪七孔蓋不數其上出者故七也疏家之說如此按朱子傳曰篪長尺四寸圍三寸七孔一孔上出徑三分凡八孔橫吹之今觀此器連吹之孔惟七孔先儒以爲八孔蓋因廣雅之說而遂誤也惟鄭司農以爲七孔者得之矣嘉靖中廖道南奏竹震音也其風明庶其聲越其音溫春分之氣也其爲樂也爲簫爲籥爲管爲篴爲篎爲籥爲篴爲篪爲簜

八音之外又有七

唐貞元中五印度種落有驃國王子獻樂器皆演釋氏經唄有玉蠡聲若竽籟　宋嘉祐中王疇欲定大樂就成都房庶取玳瑁古笛以校金石　又宋有紅牙管篴而吹之其聲與律隔八相吹尙存羊骨舊制周密齊東野語紫霞翁嘗自品象管作霓裳數聲眞有駐雲落木之意非人間曲也　紅牙拍板宋陸友仁研北雜志曰趙子固每醉歌樂府執紅牙以節曲紅牙拍板也　桃皮管以桃皮卷而吹之古謂之管木亦謂之桃皮觱篥遼金鼓吹部皆有之　吹葉遼大樂部有之田汝成炎徼紀聞曰牂牁辰沅間峝蠻暇則吹蘆笙木葉爲樂又蔡家相傳春秋時楚俘蔡人之裔男女吹木葉而索偶　椰殼筒明永樂七年命太監鄭和至占城國其酋擁番兵椎鼓吹椰殼筒出郊迎詔

臣謹按通典八音之外又有三謂玉蠡及桃皮管吹葉也今宋歷代雜樂增載玳瑁古笛四條其爲七云

樂懸

唐樂縣庭廟以五綵雜飾軒縣以朱五郊則各從其方色每先奏樂三日大樂令宿設縣於庭其日率工人入居其次協律郞舉麾作樂仆麾樂止文舞退武舞進若常享會先一日具奏立部樂名封上請所奏御注而下及會先奏坐部伎次奏立部伎次奏蹀馬次奏散樂而畢矣廣明初巢賊干紀樂工淪散昭宗卽位將親謁郊廟有司請造縣樂時太常博士殷盈孫鑄鐘成宰相張濬求知聲者與太樂令李從周校定進呈昭宗陳于殿廷以試之時以宗廟焚燬之後修奉不及乃權以少府監廳爲太廟其庭甚狹議者論縣樂之架不同濬奏議曰臣伏準舊制太廟含元殿並設宮縣三十六架太淸宮南郊社稷及諸殿庭並二十架今修奉樂縣太廟合造三十六架臣今參議請依古禮用二十架伏自兵興以來雅樂淪鈌將爲修奉事實重難變通宜務於酌中損益當循於儉臣聞諸舊史昔武王定天下至周公相成王始暇制樂魏初無樂器及伶人後稍得登歌會舉之樂明帝大明末詔增益之咸和中鳩集遺逸尙未有金石之音至孝和太元中四廂金石始備郊祀猶不舉樂宋文帝元嘉九年初調金石二十四年南郊始設登歌妙舞亦闕孝武建元中有司奏郊廟宜設備樂始爲詳定故後魏孝文太和初司樂上書陳樂章有鈌求集羣官議定廣修器數正立名品詔雖行之仍有殘鈌隋文踐祚太常議正雅樂九年之後惟奏黃鐘一宮郊廟止用一調據禮文每一代之樂二調並奏六代之樂凡一十二調其餘聲律皆

不復通高祖受隋禪軍國多務未遑改創樂府尙用隋氏舊文武德九年命太常考正雅樂貞觀二年考畢上奏蓋其事體大故歷代不能速成伏以俯逼郊天式修雅樂必將集事須務相時今者帑藏未充貢奉多缺方圓制度之間亦宜撙節臣伏惟儀禮宮縣之制陳鎛鐘二十架當十二辰之位甲丙庚壬各設編鐘一架乙丁辛癸各設編磬一架合爲二十架樹建鼓於四隅當乾坤艮巽之位以象二十四氣宗廟殿庭郊丘社稷皆用此制無聞異同周漢魏晉宋齊六朝竝祇用二十架隋氏平陳檢梁故事乃設三十六架國初因之不改高祖皇帝初成蓬萊宮充庭七十二架尋乃省之則簨虡架數太多本近於侈止於二十架正協禮經兼今太廟之中地位甚狹百官在列萬舞充庭雖三十六架具存亦施爲不得廟庭難於容易開廣樂架不可重沓鋪陳今請依周漢魏晉宋齊六代故事用二十架從之古制雅樂宮縣之下編鐘四架十六口近代用二十四口正聲十二倍聲十二各有律呂凡二十四聲登歌一架亦二十四鐘雅樂淪滅至是復全宋太祖開寶中太常寺言準舊令宗廟殿庭設宮縣二十虡郊祀二十虡殿庭加鼓吹十二案開寶四年郊祀誤用宗廟之數今歲親郊請復用舊禮有詔圜丘增十六虡餘依前制神宗元豐四年十一月詳定所言搏拊琴瑟以詠則堂上之樂以象朝廷之治下管鼗鼓合止柷敔笙鏞以閒則堂下之樂以象萬物之治後世有司失其傳歌者在堂兼設鐘磬宮架在庭兼設琴瑟堂下匏竹寘之於牀竝非其序請親祠宗廟及有司攝事歌者在堂不設鐘磬宮架在庭不設琴瑟堂下匏竹不寘於牀其郊壇上下之樂亦以此爲正而有司攝事亦如之又言以小胥宮縣推之則天子鐘磬鎛十二虡爲宮縣明矣故或以爲配十二辰或以爲配十二次則虡無過十二先王之制廢學者不能考其數隋唐以來有謂宮縣當二十虡甚者又以爲三十六虡方唐之盛日有司攝事樂竝用宮縣至德後太常聲音之工散亡凡郊廟有登歌而無宮縣後世因仍不改請郊廟有司攝事改用宮架十二虡太常以爲用宮架十二虡則律呂均聲不足不能成均請如禮宮架四面如辰位設鎛鐘十二虡而甲丙庚壬設鐘乙丁辛癸設磬位各一虡四隅植建鼓以象二十四氣宗廟郊丘如之七年六月禮部言親郊之歲夏至祀皇地祇於方丘遣冢宰攝事禮容樂舞謂宜加於常祀而其樂虡二十樂工百五十有二舞者六十有四與常歲南北郊上公攝事無異未足以稱崇欽之意乞自今準親祠用三十六虡工八三百有六舞八百二十有四詔可高宗紹興十有三年郊祀詔以祐陵深弓劒之藏長樂遂晨昏之養昭答神天就臨安行在所修建圓壇於是有司言大禮排設備樂宮架樂辦一料外登歌樂依在京夏祭例合用兩料其樂器登歌則用編鐘磬各一架柷敔二搏拊鼓二琴五色自一三五七至九絃各二瑟四篴四塤篪簫竝二巢笙和笙各四竝七星九曜閏餘匏笙各一麾幡一宮架則用編鐘編磬各十二架柷敔二琴五色各十瑟二十六巢笙及簫竝一十四七星九曜閏餘匏笙各一竽笙十塤一十二篪一十八篴二十晉鼓一建鼓四麾幡一乃從太常下之兩浙江南福建州郡又下之廣東西荆湖南北括取舊管大樂上於行都有闕則下軍器所製造增脩雅飾而樂器寖備矣其樂工詔依太常寺所請選擇行止畏謹之人合登歌宮架凡用四百四十八人同日分詣太社太稷九宮貴神每祭各用樂正二人執色樂工掌事掌器三十六人三祭共一百一十四人文舞武舞計用一百二十八人就以文舞番充其二舞引頭二十四人皆召募補之樂工舞師照在京例分三等廩給其樂正掌事掌器自六月一日教習引舞色長文武舞頭舞師及諸樂工等自八月一日教習於是樂工漸集孝宗淳熙二年詔以上皇加上尊號立春日行與受禮有司尋言乾道加尊號用宮架三十六樂工共一百一十三人今來加號慶受事體尤重合依大禮例用四十八架樂正樂工用一百八十八人庶得禮樂明備仍令分就太常寺貢院前五日教習前期太常設宮架之樂於大慶殿協律郎位於宮架西北東向押樂太常卿位於宮架之北北向皇太子及文武百僚竝位於宮架之北東西相向又設宮架於德壽殿門外協律郎太常卿位如之按大禮用樂凡三十有四色歌色一篴色二塤色三篪色四笙色五簫色六編鐘之編磬八鎛鐘九特磬十琴十一瑟十二柷敔十三搏拊十四晉鼓十五建鼓十六鞞應鼓十七雷鼓（祀天神用）十八雷鼗鼓（同上）十九靈鼓（祭地祇用）二十靈鼗鼓（同上）二十一路鼓（饗宗廟用）二十二路鼗鼓（同上）二十三雅鼓二十四相鼓二十五單鼗鼓二十六旌纛二十七金鉦二十八金錞二十九單鐸三十雙鐸三十一鐃鐸三十二奏坐三十三麾幡三十四此國樂之用尤大者故具載於篇遼雅樂八音器數金鎛鐘石球磬絲琴瑟竹籥簫篴匏笙竽土壎革鼓鼗木柷敔大樂器及樂工舞人員數玉磬方響搊箏筑卧箜篌大箜篌小箜篌大琵琶小琵琶大

五紘小五紘吹葉大笙小笙觱篥簫銅鈸長笛尺八笛短笛（以上每器一人）毛員鼓連鼗鼓貝（以上各二人）歌二人舞二十人分四部景雲舞八人慶雲樂舞四人破陣樂舞四人承天樂舞四人金世宗大定十一年郊之日用宮縣二十虡樂奏六成登歌鐘磬各一虡時太常議按唐會要舊制南北郊宮縣二十架周漢魏晉宋齊六朝及唐開元宋開寶禮其數皆同宋會要三十六架五禮新儀四十八架其數過多因擬太常因革禮天子宮縣樂三十六虡宗廟與殿庭同郊丘則二十虡用宮縣二十架登歌編鐘編磬各一虡又按周禮大司樂圜鐘爲宮黃鐘爲角太蔟爲律姑洗爲羽冬至日圜丘奏之樂六變則天神皆降蓋圜鐘爲宮宮聲三奏角徵羽各一奏合陽之奇數凡樂起於陽至少陰而止圜鐘自卯至申其數有六故六變而樂止於是定用宮縣二十架登歌編鐘編磬各一虡明樂器之制郊丘廟社太祖洪武元年定樂工六十二人編鐘編磬各十六琴十瑟四搏拊四柷敔各一壎四篪四簫八笙八笛四應鼓一歌工十二協律郎一人執麾以引之七年復增簫四鳳笙四壎用六搏拊用二共七十二人舞則武舞生六十二人引舞二人各執干戚文舞生六十二人引舞二人各執羽籥舞師二人執節以引之共一百三十人惟文廟樂生六十人編鐘編磬各十六琴十瑟四搏拊四柷敔各一壎四篪四簫八笙八笛四大鼓一歌工十十六年鑄太和鐘其制倣宋景鐘以九九爲數高八尺一寸拱以九龍柱以龍虡建樓於圜丘齋宮之東北懸之郊祀駕動則鐘聲作升壇鐘止衆音作禮畢升輦鐘聲又作侯導駕樂作乃止十七年改鑄減其尺十之四焉朝賀洪武三年定丹陛大樂簫四笙四箜篌四方響四頭管四龍笛四琵琶四箏六杖鼓二十四大鼓二板二二十六年又定殿中韶樂簫十二笙十二排簫四橫笛十二壎四篪四琴十瑟四編鐘二編磬二應鼓二柷一敔一搏拊二丹陛大樂戲竹二簫十二笙十二笛十二頭管十二箏八琵琶八二十紘八方響二鼓二拍板八杖鼓十二命婦朝賀中宮設女樂戲竹二簫十四笙十四笛十四頭管十四箏十琵琶八二十紘八方響六鼓五拍板八杖鼓十二正旦冬至千秋凡三節太皇太后皇太后並同其朔望朝參戲竹二簫四笙四笛四頭管四箏二琵琶二二十弦二方響一鼓一拍板二杖鼓六大宴洪武元年定殿內侑食樂簫二笙六歌工四丹陛大樂戲竹二簫四笙四琵琶六箏六箜篌四方響四頭管四龍笛四杖鼓二十四大鼓二板二文武二舞樂器笙二橫管二箏二杖鼓二大鼓一板一四夷舞樂（詳四方樂門）二十六年又定殿內侑食樂柷一敔一搏拊一琴四瑟二簫四笙四笛四壎二篪二排簫一鐘一磬一應鼓一丹陛大樂戲竹二簫四笙四笛二頭管二琵琶三箏二二十弦二方響二杖鼓八鼓一迎饍樂戲竹二笙二笛二杖鼓八鼓一板一太平清樂笙四笛四頭管二箏四方響一杖鼓八小鼓一板一憲宗成化二十一年七月禮部言今教坊司樂工奏中和韶樂者多不諧而善彈瑟及箜篌擊鐘磬者殊少恐因循失傳漸至大樂不備宜令樂官選其中子弟於本司演習每奏樂二十一色通用八十四人又加以四人共選三百三十六人如此庶大樂不致廢弛詔可

欽定續通典卷八十八

欽定續通典卷八十九

樂五

歌

唐段安節樂府雜錄歌者樂之聲也故絲不如竹竹不如肉迥居諸樂之上善歌者必先調其氣氤氳自臍出至喉乃噫其詞即分抗墜之音既得其術即可致遏雲響石之妙也

天寶中內人許永新善歌一日賜大酺於勤政樓萬衆喧嘩高力士奏請永新出樓歌一曲永新承旨直奏曼聲廣場寂寂若無一人喜者聞之氣勇愁者聞之腸絕

李肇國史補李袞善歌名動京師崔昭入朝密載而至乃廣宴賓客請第一部樂及京師名倡以爲盛會昭言表弟欲登末坐袞乃敝衣而出滿坐嗤笑少頃命酒袞喉轉一聲樂人皆大驚曰李八郎也羅拜之

馮贄記事珠曰絳樹一聲能歌兩曲二人細聽各聞一曲一字不亂人疑其一聲在鼻

咸通中伶人李可及善音律尤能轉喉爲新聲音辭曲折聽者忘倦京師屠沽少年效之謂之拍彈

張淏雲谷雜記宋太祖潛耀日嘗與一道士游姓名無定自曰混沌又曰眞無善歌能引其喉於杳冥之間作清微之聲時或一二句從天風飄下

周密齊東野語思陵朝有菊夫人者善歌舞妙音律爲僊韶院之冠宮中號爲菊部頭

明宋新吳歌記曰唐初之詩以入唱爲高自宋代以調興而歌詩之法廢金元以北九宮興而歌調之法廢元以後以南曲興而北曲廢譬之於禮詩體猶羊而歌音猶告朔也廢告朔而供羊不可謂禮廢古音而存體不可謂樂

雜歌曲

得至寶唐時長安有富家子落魄不事生計嘗與國樂遊處一旦家產蕩盡偶一老嫗持舊錦褥貨鬻乃以半千獲之尋有波斯見大驚謂之曰何處得此是冰蠶絲所織若暑月陳於座可致一室清涼即酬千萬富家子得之還與國樂追歡不經年復盡樂人惜之遂製此曲

春鶯囀高宗曉音律晨坐聞鶯聲命樂工明達寫之遂有此曲

道調子懿宗命樂工敬納吹觱篥初弄道調上謂是曲誤拍之敬納乃隨拍撰成曲子

春光好元宗所製也嘗遇二月宿雨初晴景物明麗小殿內庭柳杏將吐覩而歎曰對此景物豈得不與他判斷之乎因臨軒縱擊此曲神思自得及顧柳杏皆已發拆上笑謂嬪御曰此事不喚我作天工可乎嬪御皆呼萬歲

秋風高亦元宗所製曲也每至秋空迥徹纖翳不起即奏之必遠風徐來庭葉隨下

荔枝香亦元宗所製曲也帝幸驪山楊貴妃生日命小部讌張樂長生殿因奏新曲未有名會南方進荔枝因名曰荔枝香

一斛珠梅妃所作也妃居上陽東宮明皇封珍珠一斛密賜妃妃不受以詩付使者曰爲我進御前也上覽詩悵然不樂令樂府以新聲度之號一斛珠曲名始此

謫仙怨明皇幸蜀登高望秦川謂高力士曰吾聽張九齡言不至此遣使祭之吹笛爲此曲

舞山香汝陽王璡妙達音旨每隨遊幸嘗帶砑絹帽打曲上自摘紅槿花置之帽簷二物皆極滑久之方安奏此一曲終而花不墜落上大喜賜金器一廚

于蔿于元德秀所作也元宗幸東都三百里內刺史縣令俱以聲樂至都下爲歡德秀時爲魯山令惟遣樂工數十人連袂而歌于蔿于上聞之曰此賢人之言也乃深獎之

陽關曲王維所作也每句皆再唱而第一句不疊白居易詩相逢且莫推辭去聽唱陽關第四聲第四聲者勸君更盡一杯酒也

播皇猷宣宗時製歌者高冠方履褒衣博帶趨走俯仰皆中規矩

葱嶺西亦宣宗時製士女蹋歌爲隊其詞言葱嶺之民樂河湟故地歸唐也

蜀道易陸暢所作也韋皋鎭蜀暢感其遇作蜀道易其首句曰蜀道易易於履平地南康大喜贈羅八百疋

萬斯年會昌初宰相李德裕命樂工製

楊柳枝白居易閒居洛邑時作後入教坊

望江南始自李德裕鎭浙日爲亡妓謝秋娘所撰本名謝秋娘後改此名亦曰夢江南白居易因爲二篇

文敘子長慶中俗講僧文敘善吟經其聲宛轉感動里人樂工黃米飯狀其念四聲觀世音菩薩乃撰此曲

瑤臺第一層陳后山詩話武才人出壽宮色冠後庭裕陵得之會教坊獻新聲爲詩作詞號瑤臺第一層

還鄉歌吳越王錢鏐游衣錦軍作詞曰三節還鄉兮挂錦衣父老遠來相追隨牛斗無孛人無欺吳越一王駟馬歸

陌上花吳越王錢鏐妃每歲春必歸臨安王以書遺妃

曰陌上花開可緩緩歸矣吳人用其語爲曲含思宛轉淒然動人但詞多鄙野蘇軾爲易三詩

醉翁引宋歐陽修謫守滁州山川秀絕公刻石爲記以遺州令旣去十年太常博士沈遵往遊其地以琴寫其聲爲醉翁引有曲無詞廬山道人崔閑請蘇軾補之

御街行唐白樂天有花非花霧非霧夜半來天明去來如春夢不多時去似朝雲無覓處宋張子野衍之爲御街行一闋

醉蓬萊宋柳永所作也永字耆卿累舉不第仁宗召見之會老人星見入內都知史姓者愛其才乞命永撰詞以頌休祥永作醉蓬萊詞以進

剗浪沙遼四裔樂有大曲小曲此乃小曲之一也

江水曲金天興間元兵攻汴急右丞舒穆嚕嘗命作此曲使城上之人靜夜唱之

白翎雀元教坊大曲也其鳥生於烏桓朔漠之間雌雄和鳴自得其樂世皇因命伶人碩德閭製曲以名之

鸚鵡曲元薩都拉所作也序云有以繡枕見貺上繡楊妃看鸚鵡高力士二宮女侍立皆寸許其布置得體想像可愛故作鸚鵡曲以答云

烏鹽角始教坊家人市鹽得曲譜於角子中翻之遂名

明洪武初敕中書省令天下郡縣舉素志高潔博古通今之士禮送至京同製樂章有起臨濠開太平削羣雄平幽都龍池宴定封賞大一統守承平等曲命協音律者歌之

舞

宋隊舞之制其名各十小兒隊凡七十二人一曰柘枝隊衣五色繡羅寬袍戴胡帽繫銀帶二曰劍器隊衣五色繡羅襦裹交脚幞頭紅羅繡抹額帶器仗三曰婆羅門隊紫羅僧衣緋掛子執錫環拄杖四曰醉鬍騰隊衣紅錦襦繫銀鞊鞢戴氈帽五曰諢臣萬歲樂隊衣紫緋綠羅寬衫諢裹簇花幞頭六曰兒童感聖樂隊衣青羅生色衫繫勒帛總兩角七曰玉兎渾脫隊四色繡羅襦繫銀帶冠玉兎冠八曰異域朝天隊衣錦襖繫銀束帶冠夷冠執寶盤九曰兒童解紅隊衣紫緋繡襦繫銀帶冠花砌鳳冠綬帶十曰射鵰回鶻隊衣盤鵰錦襦繫銀鞊鞢射雕盤女弟子隊凡一百五十三人一曰菩薩蠻隊衣緋生色窄砌衣冠卷雲冠二曰感化樂隊衣青羅生色道衣背梳髻繫綬帶三曰拋毬樂隊衣四色繡羅寬衫繫銀帶奉繡毬四曰佳人剪牡丹隊衣紅生色砌衣戴金冠剪牡丹花五曰拂霓裳隊衣紅僊砌衣碧霞帔戴仙冠紅繡抹額六曰采蓮隊衣紅羅生色綽子繫暈裙戴雲鬟髻乘綵船執蓮花七曰鳳迎樂隊衣紅僊砌衣戴雲鬟鳳髻八曰菩薩獻香花隊衣生色窄砌衣戴寶冠執香花盤九曰綵雲仙隊衣黃生色道衣紫霞帔冠仙冠執旌節鶴扇十曰打毬樂隊衣四色窄繡羅襦繫銀帶裹順風脚簇花幞頭執毬杖大抵若此而復從宜變易太祖乾德四年和峴言郊廟殿庭通用文德武功之舞然其綴兆未稱武功文德之形容又依古義以揖讓得天下者先奏文舞以征伐得天下者先奏武舞陛下以推讓受禪宜先奏文舞請改殿廷所用文舞爲元德升聞之舞其舞人約唐太宗舞圖用一百二十八人以倍八佾之數分爲八行皆著履執拂服袴褶冠進賢冠引舞二人執五采纛其舞狀文容變數聊更增改又陛下以神武平一宇內即次奏武舞請改爲天下大定之舞人數行列悉同文舞其人皆被金甲持戟引舞二人執五采旗其舞六變一變象六師初舉二變象上黨克平三變象淮揚底定四變象荊湖歸復五變象邛蜀納款六變象兵還振旅仍別撰舞曲樂章而文德武功二舞請於郊廟仍舊通用景祐二年九月翰林學士承旨章得象等言宋祁所上大樂義其論武舞所執九器禮經但舉其凡而不著言其用後先故旅進輩作而無終始之別且鼗者所謂導舞也鐸者所謂通鼓也錞者所謂和鼓也鐃者所謂止鼓也相者所謂輔樂也雅者所謂陔步也蓋有導舞方始而參以止鼓止鼓旣搖而亂以通鐸臣謂當舞入之時左執干右執戚離爲八列別使工人執旌最前鼗鐸以發之錞以和之左執相以輔之右執雅以節之及舞之將成也則鳴鐃以退行列築雅以陔步武鼗錞相皆止而不作如此則庶協舞儀請如祁所論其冬禮官言春秋隱公五年考仲子之宮初獻六羽何休范甯等咸謂不言佾者明佾則干舞在其中婦人無武事獨奏文樂也江左宋建平王宏皆據以爲說故章皇后廟獨用文舞至唐垂拱以來中宮之懸旣用鎛鐘其後相承故儀坤等廟獻武舞備鐘石之樂尤爲失禮前詔議奉慈之樂有司援舊典已用特磬代鎛鐘取陰教尙柔以靜爲體今樂去大鐘而舞進干盾頗戾經旨請止用文德之舞奏可治平二年九月禮官李育上言南郊太廟二舞郎總六十八文舞罷含羽籥執干戚就爲武舞臣謹按舊典文武二舞各用八佾凡祀圜丘祀宗廟大樂令率工人以入就位文舞入陳于架北武舞立于架南又文舞出武舞入有送迎之曲名曰舒和亦曰同和凡三十一章止用一曲是進

退同時行綴先定步武容體各應樂節夫至德升聞之舞象揖讓天下大定之舞象征伐柔毅舒急不侔而所法所習亦異不當中易也竊惟天神皆降地祇皆出八音克諧祖考來格天子親執珪幣相維辟公嚴恭寅畏可謂極矣而舞者紛然縱橫于下進退取舍蹙迫如是豈明有德象有功之誼哉國家三年而躬一郊同殿而享入室而舞者闕如名曰二舞實一舞也且如大朝會所以宴臣下而舞者備其數郊廟所以事天地祖考而舞者減其半殊未爲稱事有近而不可廢禮有繁而不可省所繫者大而有司之職不敢廢也伏請南郊太廟文武二舞各用六十四人以備帝王之禮樂以明祖宗之功德奏可元祐四年十二月始命大樂正葉防撰朝會二舞儀武舞曰威加四海之舞第一變舞人去南表三步總干而立聽舉樂三鼓前行三步及表而蹲再鼓皆舞進一步正立再鼓皆持干荷戈相顧作猛賁趫速之狀再鼓皆轉身向裏以干戈相擊刺足不動再鼓皆回身向外擊刺如前再鼓皆正立舉手蹲再鼓皆舞進一步轉面相向立干戈各置腰再鼓各前進以左足在前右足在後左手執干當前右手執戈在腰爲進旅再鼓各相擊刺再鼓各退身復位整其干爲退旅再鼓皆正立蹲再鼓皆舞進一步正立再鼓皆轉面相向秉干持戈坐作再鼓各相擊刺再鼓皆起收其干戈爲克捷之象再鼓皆正立遇節樂則蹲第二變聽舉樂作前蹲再鼓皆舞進一步正立再鼓皆正而作猛賁趫速之狀再鼓皆轉身向裏相擊刺足不動再鼓各轉身向外擊刺如前再鼓皆正立蹲再鼓皆舞進一步陳其干戈左右相顧爲猛賁趫速之狀再鼓皆併入行以八爲四再鼓皆兩兩對相擊刺再鼓皆回易行列左在右右在左再鼓皆舉手蹲再鼓皆舞進一步正立再鼓各分左右再鼓各揚其干戈再鼓交相擊刺再鼓皆總干正立遇節樂則蹲第三變聽舉樂則蹲再鼓皆舞進一步轉而相向再鼓整干戈以象登臺講武再鼓皆擊刺于東南再鼓皆按盾舉戈東南嚮而望以象漳泉奉土再鼓皆擊刺於正南再鼓皆按盾舉戈南嚮而望以象杭越來朝再鼓皆舞進一步正立再鼓皆擊刺於西北再鼓皆按盾舉戈西北嚮而望以象克殄并汾再鼓皆擊刺於正西再鼓皆按盾舉戈西嚮而望以象肅清銀夏再鼓皆舞進一步正跪右膝至地左足微起再鼓皆置干戈於地各拱其手象其不用再鼓皆左右舞蹈象以文止武之意再鼓皆就拜收其干戈起而躬立再鼓皆舞退鼓盡卽止以象兵還振旅文舞曰化成天下之舞第一變舞人立南表之南聽舉樂則蹲再鼓皆舞進一步正立再鼓皆稍前而正揖合手自下而上再鼓皆左顧左揖再鼓皆右顧右揖再鼓皆開手蹲再鼓皆舞進一步正立再鼓皆稍卻身初辭合手自上而下再鼓皆右顧以右手在前左手推後爲再辭再鼓皆左顧以左手在前右手推出爲固辭再鼓皆合手蹲再鼓皆舞進一步正立再鼓皆俛身相顧初謙合手當胸再鼓皆右側身左垂手爲再謙再鼓皆左側身右垂手爲三謙再鼓皆躬而授之遇節樂則蹲第二變聽舉樂則蹲再鼓皆舞進一步轉面相向再鼓皆稍前相揖再鼓皆左顧左揖再鼓開手蹲正立再鼓皆舞進一步復相嚮再鼓皆卻身爲初辭再鼓皆舞辭如上儀再鼓皆再辭再鼓皆固辭再鼓皆合手蹲正立再鼓皆舞進一步再鼓皆嚮再鼓皆顧爲初謙再鼓皆再謙再鼓皆三謙再鼓皆躬而授之正立遇節樂則蹲第三變聽舉樂則蹲再鼓皆舞進一步兩兩相嚮再鼓皆相趨揖再鼓皆左揖如上再鼓皆右揖再鼓皆開手蹲正立再鼓皆舞進一步復相嚮再鼓皆卻身初辭再鼓皆再辭再鼓皆固辭再鼓皆合手蹲正立再鼓皆舞進一步兩兩相嚮再鼓皆相顧初謙再鼓皆再謙再鼓皆三謙躬而授之正立節樂則蹲凡二舞綴表器及引舞振作並舉大祭祀之舞同協律郞陳祁按閱以謂節奏詳備自是朝會用之

遼大樂舞四部二十八人景雲樂舞八人慶雲樂舞四人破陣樂舞四人承天樂舞四人

金皇統年間定文舞曰仁豐道洽之舞武舞曰功成治定之舞又命太常議文武二舞所當先後太常議按唐宋郊廟之禮並先文後武本朝行禘祫之禮亦然惟唐韋萬石建議謂先儒相傳以揖讓得天下則先文以征伐得天下則先武當時雖從尋復改之其以開元禮先文後武爲定貞元時又改文舞曰保大定功之舞武舞曰萬國來同之舞大定十一年又加武舞曰四海會同之舞

元至元三年定文舞曰武定文綏之舞武舞曰內平外成之舞第一成象滅王罕二成破西夏三成克金四成收西域定河南五成取西蜀平南詔六成臣高麗服交趾大德九年定郊祀文舞曰崇德之舞武舞曰定功之舞又有樂隊一曰樂音王隊元旦用之以男子三人戴青面具舞蹈次爲飛天夜叉像舞蹈而進又以婦女二十人執牡丹花舞唱次以婦女搖日月金軺稍子鼓舞唱相和次男子五人作五方菩薩相一人作樂音王相

歌舞一曰壽星隊天壽節用之以男子執金字牌或執梅竹松椿石或作飛鵶之象俱各歌舞而進又有執寶葢日月椶毛扇或魚鼓簡子龍竹藜杖齊唱舞而前一曰禮樂隊朝會用之以男子五人執香花婦女二十人分爲四行鞠躬拜興舞蹈或執孔雀幢舞唱男子八人披金甲執金戟一人冠平天冠執圭齊唱舞而前

明洪武元年定郊祀文武二舞曰文德之舞武功之舞三年定朝會宴饗文舞曰車書會同之舞象以文德致太平也武舞曰平定天下之舞象以武功定禍亂也又有四夷舞曰撫安四夷之舞象以威德服遠人也永樂十八年又增宴饗樂舞曰表正萬邦之舞曰天命有德之舞至其隊舞之制大祀慶成大宴用萬國來朝隊舞纓鞭得勝隊舞萬壽聖節大宴用九夷進寶隊舞壽星隊舞冬至大宴用讚聖喜隊舞百花聖朝隊舞正旦大宴用百戲蓮花盆隊舞勝鼓采蓮隊舞

雜舞曲

樂府雜錄曰舞者樂之容也有大垂手小垂手或如驚鴻或如飛燕婆娑舞態也曼衍舞綴也古之能者不可勝記卽有健舞軟舞字舞花舞馬舞健舞曲有稜大阿連柘枝劒器胡旋胡騰軟舞曲有涼州綠腰蘇合香屈柘團圓旋甘州等字舞以舞人亞身於地布成字也花舞著綠衣偃身合成花字也馬舞者櫳馬人著綵衣執鞭於牀上舞蹀躞蹄皆應節奏也開元中有公孫大娘善舞劒器僧懷素見之草書遂長葢準其頓挫之勢也

柘枝舞曲樂苑曰羽調有柘枝曲此舞因曲爲名用二女童鮮衣帽施金鈴抃轉有聲其來也于二蓮花之中藏之花折而後見舞中之雅妙者也宋俞琰席上腐談曰嚮見官妓舞柘枝戴一紅物體長而頭尖儼如角形想卽是今之罟姑也瑣碎錄云柘枝舞本北魏拓拔之名易拓爲柘易拔爲枝

霓裳羽衣舞曲唐元宗登三鄉驛望女几山所作也逸史云羅公遠天寶初侍元宗八月十五夜宮中翫月曰陛下能從臣月中遊乎乃取一枝杖向空擲之化爲一橋其色如銀請上同登約行數十里遂至大城闕下公遠曰此月宮也有仙女數百素練寬衣舞于廣庭上前問曰此何曲也曰霓裳羽衣也上密記其聲調遂回橋卻顧隨步而滅旦諭伶官象其聲調作霓裳羽衣曲沈括夢溪筆談曰霓裳曲凡十三疊前六疊無拍至第七疊始有拍而舞作故白居易詩云中序擘騞初入拍中序卽第七疊也南唐書曰唐盛時霓裳羽衣最爲大曲亂離之後周后得殘譜以琵琶奏之於是開元天寶之遺音復傳於世內史舍人徐鉉聞之於國工曹生鉉亦知音問曰法曲終則緩此聲乃反急何也曹生曰舊譜實緩宮中有人易之非吉徵也

達摩支健舞曲也天寶十三載改達摩支爲汎蘭叢歎百年曲咸通中伶人李可及製舞人皆盛飾珠翠仍畫魚龍地衣以列之曲終樂闋珠翠覆地調語悽惻懿宗厚賜之

邀醉舞破南唐周后嘗雪夜酣宴舉杯請後主起舞後主曰汝能創爲新聲則可矣后卽命箋綴譜喉無停音筆無停思俄頃譜成所謂邀醉舞破也

臣等謹按杜佑謂前代樂飲酒酣必起舞魏晉閒尤重以舞相屬近代以來此風絕矣夫舞之廢缺唐時已然故後此不少概見而餘音委節猶時彷彿于俳優之流葢自參軍椿假婦戲盛行于咸通大中間而宋之樂部亦列雜劇員降至元明而傳奇諸院本盡態窮形妍媸畢露亦古人諷勸之遺意也顧其事多鄙俚且稗官小說家不得備載茲特于舞曲之後附誌其顛末如此

欽定續通典卷八十九

欽定續通典卷九十

樂六

清樂

晉魏有相和大曲清商三調曰平曰清曰瑟見宋書樂志沈約云傳自漢世今不聞矣瑟又訛為側世俗之樂猶得其緒餘焉始有正宮中呂宮南呂宮黃鐘宮各有羽商變宮為十六調唐太宗始增大呂高宮高宗增中呂道調夷則仙呂共二十八調以商名宮即清商調也夾鐘名中呂宮林鐘名南呂宮無射名黃鐘宮惟正宮不然蓋統於黃鐘故也然宮洪羽殺商角頗分正宮古黃鐘也中呂調夾鐘羽也正宮中呂相為出入但正宮聲洪中呂則殺商調與仙呂亦相出入但仙呂聲高商調低緩相應謂之犯度曲謂之節歸宿謂之煞五行之聲所司為正犯黃鐘宮為無射應彼為宮也所欹為旁犯越調黃鐘應無射為商也所叶為偏犯中呂宮應彼為羽也所下為側犯越角南呂應黃鐘為角也餘倣此八犯歌曰宮商角羽宮商羽三出逆八七歸祖商宮角角羽商宮四出逆八八歸宗羽角宮商復再動三四五六逆八用又四犯歌曰宮角羽商商羽角宮羽角宮商其運調也以羽角宮商為平上去入七羽調首中呂次正平高平終黃鐘大呂羽七角調首越角次大食角終於林鐘南呂變宮七宮調首正宮次高宮中呂宮終於夷則無射之宮七商調首越調次大食調高大食調終於夷則無射之商凡聲將轉字將闕則用拍板節之緩急不合聲律謂之失板其尾聲歸宿本調惟雙調歌拍煞鴛鴦煞不復歸宿所謂往而不反也有折掣反丁等聲折者上生四位掣者下隔一宮反者宮閏相頂丁者上下相同又奇煞訣曰土五金水八木六火煞憑輪丁兩廝頂折掣四相生惟以夾鐘清聲為律本不論正聲則與雅樂相亂矣今以頭管考之夾鐘清收四聲為緊五居九孔之首為宮次六字為羽次凡字為商次工字為閏閏為角其正角聲變聲徵聲皆不收黃鐘居子蕤賓為變而居午變亦為宮與雅樂七音全不同矣正聲三調黃鐘為調以統四聲則其聲優游平中今乃高至緊五夾清低至上一姑洗卑則過節高則流蕩甚至佚出均外此所以為靡靡之樂也春華用夾鐘唐元宗擊羯鼓自製曲曰春光好四顧柳杏皆已微拆乃夾鐘宮也時當正月以二月律催花秋月用南呂開元中西涼節度使楊敬述進黃鐘商婆羅門曲凡十二遍而終天寶七載八月上夢遊月宮改用六么蓋般涉調黃鐘羽也更號其曲曰霓裳羽衣云時貴妃有寵蓋太簇以律娶妻為南呂今乘商用羽子婦同宮召亂兆於樂矣召川而用林鐘天寶中上在東都夢淩波池中龍女製淩波曲鼓之其一林鐘宮時號水調宮其一南呂商時號水調商取林鐘水土之母而生南呂水音也世傳歌此調能致鬼神云樂清平用黃鐘天寶中賞木芍藥宜翰林李白令進清平調三章皆七言絕句也蓋古樂取聲律高下合為三曰清調平調側調明皇不樂側調止用黃鐘宮黃鐘商歌之蓋義取君臣也祝壽者用姑洗武后鳥歌萬歲樂用太簇商又西河長命女用林鐘羽時號平調今俗呼高平調二曲皆姑洗也取壽星龍角哀隕絕用中呂明皇入蜀雨中聞鈴聲作雨淋鈴曲用雙調何滿子乃滄州歌者姓名臨刑進此曲贖罪竟不免死亦用雙調乃夾鐘之中呂商也律窮於中呂又屬商義取秋殺紀臣功用無射北齊蘭陵王破周師有入陳曲今越調蘭陵王三段二十四拍乃其遺聲也唐明皇自潞州還京師夜半舉兵平韋氏之亂製夜半樂還京樂二曲皆用無射商黃鐘越調動物類用太簇楊柳枝曲七言四句每句下各增三字一句為和聲用黃鐘商歌之蓋正月春律也天寶中南海進荔枝作荔枝香曲用大石歌指二調太簇生林鐘之商為南呂義取水木也羯鼓音屬太簇一均明皇與宋璟皆善之永泰中西川節度使杜鴻漸登閣奏此山下羣羊皆舞他如鳳將雛則宮商相應以象父子鳳求凰則宮徵相合以象夫婦烏夜啼主角調以烏聲角也別鶴怨主羽調以鶴聲羽也春草晨雞亦無不可被管絃者虞美人曲有二中呂宮則夾鐘宮也其一屬中呂調乃黃鐘為羽也有草應拍而舞曰虞美人草沈括以為吳音即此宋太平興國中伶官蔚茂多侍大宴聞雞唱崔瀚問之曰此可被管絃乎茂多即法其聲製曲曰雞呌子夫世俗之樂其去古也遠矣然猶感物通靈若此然則雅樂當何如也

坐立部伎

坐立部伎唐末已亡惟景雲樂舞僅存山堂考索曰元宗時樂分為二部堂下立奏謂之立部伎堂上坐奏謂之坐部伎太常閱坐部不可教者隸立部又不可教者乃習雅樂君臣共為荒樂當時流俗多傳其事以為盛其後巨盜起陷兩京自此天下用兵不息獨其餘聲遺曲人間聞者為之悲涼感動蓋其事適足以為戒而不可考法也宋中興四朝樂志敘曰國朝初得江南樂已汰其坐部不用遼樂志曰雅樂有七音大樂亦有七聲謂之七旦取四旦二十八調為大樂其法不用黍律以琵琶絃叶之皆從濁至清迭更其聲下益濁上益清七七四十九調餘二十一調失其傳蓋出九部樂之龜茲部云遼國大樂可考者惟景雲四部樂舞而已其坐立部樂並亡

四方樂

唐東夷樂有高麗百濟北狄樂有鮮卑吐谷渾部落稽南蠻樂有扶南天竺南詔驃國西戎樂有高昌龜茲疏勒康國安國凡十四國而八國之伎列于十部樂天寶以後工人亡散音伎多闕德宗貞元中南詔異牟尋遣使詣劍南節度使韋皋欲獻夷中歌曲皐乃作南詔奉聖樂以進德宗閱于麟德殿以授太常工人後又有驃國王遣其弟獻國樂至成都韋皋復譜次其聲又圖其舞容樂器以獻

宋神宗元豐六年有米脂砦降戎樂工四十二人奏樂於崇政殿大晟樂書曰前此宮架之外列熊羆案所奏皆四夷樂也豈容淆雜大樂乃奏罷之然古鞮鞻氏掌四夷樂韎師旄人各有所掌以承祭祀以供宴享先王之所不廢也

遼太宗會同三年端午日百僚及諸國使稱賀宴飲命回鶻燉煌二使作本國舞

散樂

唐時有天竺伎能自斷手足刺腸胃高宗惡其驚俗詔不令入中國睿宗時婆羅門國獻人倒行以足舞仰植銛刀俯身就鋒歷臉下植於背吹觱篥者立腹上終曲而不傷又伏伸其手二人躡之周旋百轉開元初猶與四夷樂同列文宗時有妓女石火胡挈養女五人纔八九歲於百尺竿上張弓弦五條令五女各居一條之上衣五色衣執戟持戈舞破陣樂曲火胡立於十重朱畫

粧子上令諸女迭踏以至半空手中皆執五綵小幟粧子大者始一尺餘俄而手足齊舉謂之踏渾脫歌呼抑揚若履平地文宗惡其太險傷人不復作

宋百戲有踏毬蹴毬踏蹻藏挾雜旋弄鎗椀瓶齪劍踏索尋橦筋斗拗腰透劍門飛彈丸之類皆隸左右軍

遼主生辰宴及曲宴宋國使樂皆用雜劇角觝冊后儀呈百戲角觝戲馬以爲樂元會則以散樂角觝終之

金有散樂元日聖誕稱賀曲宴外國使則教坊奏之其樂器名曲不傳章宗明昌二年禁伶人不得以歷代帝王爲戲及稱萬歲

元駕前承應有雜戲飛竿走索踢弄藏擫等伎

明孝宗宏治初親耕藉田教坊司以雜劇承應武宗正德三年令移文各省選樂工有精通藝業者送京供應自是所隸益復猥雜筋斗百戲之類日盛於禁掖既而河間等府奉詔送樂戶至京給與口糧工部仍相地爲之居室時樂工既得幸時時言外郡樂工不宜獨逸請移文天下取精於諸伎者送教坊於是有司遣官押送乘傳續食者又數百人

前代雜樂

燕樂自周以來用之唐貞觀增隋九部爲十部以張文收所製歌名燕樂而被之管絃厥後至坐伎部琵琶曲盛流於時宋初置教坊得江南樂已汰其坐部不用自後因舊曲創新聲轉加流麗政和間詔以大晟雅樂施於燕饗御殿按試補徵角二調播之教坊頒之天下然當時樂府奏言樂之諸宮調多不正皆俚俗所傳及命劉昺輯燕樂新書亦惟以八十四調爲宗非復雅音紹興中始省教坊樂凡燕禮屏坐伎乾道時間用雜攢以充教坊之號取具臨時不用女樂頒示子孫守之以爲家法蔡元定嘗爲燕樂一書證俗失以存古義今采其略附於下黃鐘用合字大呂太簇用四字夾鐘姑洗用一字夷則南呂用工字無射應鐘用凡字各以上下分爲清濁其中呂蕤賓林鐘不可以上下分中呂用上字蕤賓用句字林鐘用尺字其黃鐘清用六字大呂太簇夾鐘清各用五字而以上下緊別之緊五者夾鐘清聲俗樂以爲宮此其取律寸律數用字紀聲之略也一宮二商三角四變爲宮五徵六羽七閏爲角五聲之號與雅樂同惟變徵以於十二律中陰陽易位故謂之變變宮以七聲所不及取閏餘之義故謂之閏四變居宮聲之對故爲宮俗樂以閏爲正聲以閏加變故閏爲角而實非正角此其七聲高下之略也聲由陽來陽生於子終於午燕樂以夾鐘收四聲曰宮曰商曰羽曰閏閏爲角其正角聲變聲徵聲皆不收而獨用夾鐘爲律本此其夾鐘收四聲之略也宮聲七調曰正宮曰高宮曰中呂宮曰道宮曰南呂宮曰僊呂宮曰黃鐘宮皆生於黃鐘商聲七調曰大食調曰高大食調曰雙調曰小食調曰歇指調曰商調曰越調皆生於太簇羽聲七調曰般涉調曰高般涉調曰中呂調曰正平調曰南呂調曰僊呂調曰黃鐘調皆生於南呂角聲七調曰大食角曰高大食角曰雙角曰小食角曰歇指角曰商角曰越角皆生於應鐘此其四聲二十八調之略也竊考元定言燕樂大要其律本出夾鐘以十二律兼四清爲十六聲而夾鐘爲最清此所謂靡靡之聲也觀其律本則其樂可知變宮變徵既非正聲而以變徵爲宮以變宮爲角反紊亂正聲若此夾鐘宮謂之中呂宮林鐘宮謂之南呂宮者燕樂聲高實以夾鐘爲黃鐘也所收二十八調本萬寶常所謂非治世之音俗又於七角調各加一聲流蕩忘反而祖調亦不復存矣聲之感人如風偃草宜風俗之日衰也宋初循唐舊制教坊本隸宣徽院有使副使判官都色長色長高班大小都知天聖間以內侍二人爲鈐轄嘉祐中詔樂工每色額止二人教頭止三人有闕即填異時或傳詔增置許有司論奏使副歲閱雜劇把色人分三等遇三殿應奉人闕即以次補諸部應奉及二十年年五十已上許補廟令或鎭將官制行以隸太常寺同天節寶慈慶壽宮生辰皇子公主生凡國之慶事皆進歌樂詞熙寧九年教坊副使花日新言樂聲高歌者難繼方響部器不中度絲竹從之宜去噍殺之急歸嘽緩之易請下一律改造方響以爲樂準絲竹悉從其聲則音律諧協以導中和之氣詔從之政和四年正月禮部奏教坊春或用商聲孟或用季律甚失四時之序乞以大晟府十二月所定聲律令教坊閱習仍令祕書省撰詞高宗建炎初省教坊紹興十四年復置凡樂工四百六十人以內侍充鈐轄紹興末復省孝宗隆興二年天申節將用樂上壽上曰一歲之間只兩宮誕日外餘無所用不知作何名色大臣皆言臨時點集不必置教坊上曰善乾道後北使每歲兩至亦用樂但呼市人使之不置教坊止令修內司先兩旬教習舊例用樂人三百人百戲軍百人百禽鳴二人小兒隊七十一人女童隊百三十七人築毬軍三十二人起立門行人三十二人旗鼓四十人（以上並臨安府差）相撲等子二十一人（御前中佐司差）命罷小兒及女童隊餘用之又有雲韶部者黃門樂也開寶中平嶺表擇廣州內臣之聰警者得八

十八人令於教坊習樂藝賜名簫部部雍熙初改曰雲韶每上元觀燈上巳端午觀水嬉皆命作樂於宮中遇南至元正清明春秋分社之節親王內中宴射則亦用之奏大曲十三一曰中呂宮萬年歡二曰黃鐘宮中和樂三曰南呂宮普天獻壽此曲亦太宗所製四曰正宮梁州五曰林鐘商汎清波六曰雙調大定樂七曰小石調喜新春八曰越調胡渭州九曰大食調清平樂十曰般涉調長壽仙十一曰高平調罷金鉦十二曰中呂調綠腰十三曰仙呂調綵雲歸樂用琵琶箏笙觱栗笛方響杖鼓羯鼓大鼓拍板雜劇用傀儡後不復補又有鈞容直亦軍樂也太平興國三年詔籍軍中之善樂者命曰引龍直每巡省遊幸則騎導車駕而奏樂若御樓觀燈賜酺則載第一山車端拱二年又選捧日天武拱聖軍曉暢音律者增多其數以中使監視藩臣以樂工上貢者亦隸之淳化四年改名鈞容直取鈞天之義初用樂工同雲韶部大中祥符五年因鼓工溫用之請增龜茲部如教坊其奉天書及四宮觀皆用之有指揮使一人都知二人副都知二人押班三人應奉文字一人監領內侍二人嘉祐元年係籍三百八十三人六年增置四百三十四人詔以為額闕卽補之七年詔隸班及二十四年年五十以上者聽補軍職隸軍頭司其樂舊奏十六調凡三十六大曲鼓笛二十一曲并他曲甚眾嘉祐二年監領內侍言鈞容直與教坊樂並奏聲不諧詔罷鈞容舊十六調取教坊十七調肄習之雖間有損益然其大曲曲破并急慢諸曲與教坊頗同矣紹興中鈞容直舊管四百八人楊存中請復收補權以舊管之半為額尋聞其召募騷擾降詔止之及其以應奉有勞進呈推賞又申諭止於支賜一次庶杜其日後希望紹興三十年復詔鈞容班可蠲省令殿司比擬一等班直收頓內老弱癃疾者放停教坊所嘗援祖宗舊典點選入教雖暫從其請紹興三十一年有詔教坊卽日蠲罷各令自便又有東西班樂亦太平興國中選東西班習樂者樂器獨用銀字觱栗小笛小笙每騎從車駕而奏樂或巡方則夜奏於行宮殿庭凡諸軍皆有善樂者每車駕親祀回則衣緋綠衣自靑城至朱雀門列於御道之左右奏樂迎奉其聲相屬聞十數里或軍宴設亦奏之又淸衛軍習樂者令鈞容直教之內侍主其事園苑賜會及館待契丹使人又有親從親事樂及開封府衙前樂園苑又分用諸軍樂諸州皆有衙前樂

遼於雅樂大樂散樂之外復有國樂元夕皇帝燕飲用國樂七月十三日皇帝出行宮三十里卓帳十四日設宴應從諸軍隨各部落動樂十五日中元大宴用漢樂春飛放杏堝皇帝射獲頭鵝薦廟宴飲樂工數十人執小樂器侑酒

金有本國舊音世宗大定九年十一月皇太子生日上宴於東宮命奏新聲謂大臣曰朕製此曲名君臣樂今天下無事與卿等共之不亦樂乎辭律不傳十三年四月上御睿思殿命歌者歌女直詞顧謂皇太子曰朕思先朝所行之事未嘗暫忘故時聽此詞亦欲令汝輩知女直醇質之風至於文字語言或不通曉是忘本也二十五年四月幸上京宴宗室於皇武殿飲酒樂於時宗室婦女起舞進酒畢羣臣故老起舞上曰吾來故鄉數月矣今迴期已近未嘗有一人歌本曲者汝曹來前吾為汝歌乃命宗室子序坐殿下者皆上殿面聽上歌曲道祖宗創業艱難及所以繼述之意上既自歌至慨想祖宗音容如覩之語悲感不復能成聲歌畢泣下數行右丞相元忠暨羣臣宗戚捧觴上壽皆稱萬歲於是諸老人更歌本曲如私家相會暢然歡洽上復續調歌曲留坐一更極歡而罷

元太祖初年以河西高智耀言徵用西夏舊樂

鼓吹樂本軍樂也說者謂列於殿廷者為鼓吹從行者為騎吹魏晉而下莫不沿倘始有鼓吹之名宋因之有導引曲六州曲十二時曲國初以來奏大樂則鼓吹備而不作同名為樂而用實異徽宗政和七年議禮局言古者鐃歌鼓吹曲各異其名以紀功烈今所設鼓吹惟備警衛而已未有鐃歌之曲非所以彰休德揚偉績也乞詔儒臣討論撰述因事命名審協聲律播之鼓吹俾工師習之凡王師大獻則令鼓吹具奏以聳羣聽從之紹定間姜夔言鼓吹曲以歌功德我太祖太宗平僭僞一區宇眞宗一戎衣而卻契丹仁宗海涵春育德如堯舜高宗再造大功上儷祖宗願詔文學之臣追述功業之盛作為歌詩使知樂者協以音律領之太常以播於天下夔乃自作聖宋鐃歌曲宋受命曰上帝命平上黨曰河之表定維揚曰淮海清取湖南曰沅之上得荊州曰皇威暢取蜀曰蜀土遂取廣南曰時雨霈下江南曰望鍾山吳越獻國曰大哉仁漳泉獻土曰謳歌歸克河東曰伐功繼征澶淵曰帝臨墉美仁治曰維四葉歌中興曰炎精復凡十有四篇上於尚書省遼之鼓吹樂有前後二部又有橫吹亦軍樂與鼓吹分部而同為皆屬鼓吹令金初用遼故物其後雜用宋儀海陵遷燕及大定十一年鹵簿皆分鼓吹為四節其他行幸惟用兩部

而已自金以後無可考

欽定續通典卷九十

欽定續通典卷九十一

樂

大祠與忌日同者不去樂議宋

宋仁宗嘉祐七年祕閣校理裴煜奏大祠與國忌同者有司援舊制禮樂備而不作忌日必哀志有所至其不用樂宜也然樂所以降格神祇非以適一己之私也謹按開元中禮部建言忌日享廟應用樂裴寛立議廟尊忌卑則作樂廟卑忌尊則備而不奏中書令張說以寛議爲是宗廟如此則天地日月山川社稷之祠用樂明矣臣以爲凡大祠天地日月社稷與忌日同者伏請用樂其在廟則如寛之議所冀略輕存重不失其稱下其章禮官議曰傳稱祭天以禋爲歆神之始以血爲陳饌之始祭地以埋爲歆神之始以血爲陳饌之始宗廟以灌爲歆神之始以腥爲陳饌之始然則天地宗廟皆以樂爲致神之始故曰大祭有三始謂此也天地之間虛豁而不見其形者陽也鬼神居天地之間不可以人道接也聲屬於陽故樂之音聲號呼召於天地之間庶幾神明聞之因而來格故祭必求諸陽商人之祭先奏樂以求神先求於陽也次灌地求神於陰達於淵泉也周人尚臭四時之祭先灌地以求神先求諸陰也然則天神地祇人鬼之祀不可去樂明矣今七廟連室難分廟忌之尊卑欲依唐制及國朝故事廟祭與忌同日並縣而不作其與別廟諸后忌同者作之若祠天地日月九宮太一及蜡百神並請作樂社稷以下諸祠既卑於廟則樂可不作翰林學士王珪等以爲社稷國之所尊其祠日若與別廟諸后忌同者伏請亦不去樂詔可

古樂淡且和議宋

周子通書曰古者聖王制禮法修敎化三綱正九疇敘百姓太和萬物咸若乃作樂以宣八風之氣以平天下之情故樂聲淡而不傷和而不淫入其耳感其心莫不淡且和焉淡則欲心平和則躁心釋優柔平中德之盛也天下化中治之至也是謂道配天地古之極也後世禮法不修政刑苛紊縱欲敗度下民困苦謂古樂不足聽也代變新聲妖淫愁怨導欲增悲不能自止故有賊君棄父輕生敗倫不可禁者矣嗚呼樂者古以平心今以助欲古以宣化今以長怨不復古禮不變今樂而欲至治者遠矣

律尺議宋

司馬光與范景仁論樂書曰蒙示房生尺法云生嘗得古本漢書云度起於黃鐘之長以子穀秬黍中者一黍之起積一千二百黍之廣度之九十分黃鐘之長一爲一分今文誤脫之起積一千二百黍八字故自前世以來累黍爲尺縱置之則太長橫置之則太短今新尺橫置之則不能容一千二百黍則大其空徑四釐六毫是以樂聲太高又嘗得開元中笛及方響校太常樂下五律教坊樂下三律皆由儒者誤以一黍爲一分其法非是不若以一千二百黍實管中隨其短長斷之以爲黃鐘九寸之管九十分其長一爲一分取三分以度空徑數合則律正矣景仁比來盛稱此論以爲先儒用意皆不能到可正積古之謬袪一世之惑光竊思之有所未諭者凡數條敢書布陳幸景仁教之景仁曰房生家有漢書異於今本夫累黍求尺其來久矣生所得書不知傳於何世而相承積謬由古至今更大儒甚衆曾不寤也又其書旣云積一千二百黍之廣何必更云一黍之起此四字者將安施設劉子駿班孟堅之書不宜如此冗長也且生欲以黍實中乃求其長何得謂之積一千二百黍之廣孔子稱必也正名乎必若所云則爲新尺一丈二尺得無求合其術而更戾乎景仁曰度量權衡皆生於律者也今先累黍爲尺而後制律返生于度與黍無乃非古人之意乎光謂不然夫所謂律者果何如哉向使古之律存則歛其聲而知聲度其長而知度審其容而知量校其輕重而知權衡今古律已亡矣非黍無以見度非度無以見律律不生于度與黍將何從生耶夫度量衡所以佐律而存法也古人所謂制四器者以相參校以爲三者雖亡苟其一存則三者從可推也又謂後世器或壞亡故載之于書形之于物夫黍者自然之物有常不變者也故于此寓法焉今四器皆亡不取于黍將安取之凡物度其長短則謂之度量其多少則謂之量稱其輕重則謂之權衡然量有虛實衡有低昂皆易差而難精等之不若因度求律之爲審也房生今欲先取容一龠者爲黃鐘之律是則生於量也量與度皆非律也舍彼用此將何擇焉景仁曰古律法空徑三分圍九分今新律空徑三分四釐六毫此四釐六毫者何從出耶光謂不然夫徑三分圍九分者數家言其大要耳若以密率言之徑七分者圍二十二分也古之爲數者患其空積微之太煩則上下輩之所爲三分者舉成數而言耳四釐六毫不及半分故棄之也又律管至小而黍粒體圓其中豈無負載庣空之處而必責其絲忽不差耶景仁曰生以一千二百黍積實于管中以爲九寸取其三分以爲空徑此自然之符也光按量法方尺之量所受一斛此用累積黍之法校之則合矣若

從生言度法變矣而量法自如則一斛之物豈能滿方尺之量乎景仁曰量權衡皆以千二百黍爲法何得度法獨一黍光按黃鍾所生凡有五法一曰備數二曰和聲三曰審度四曰嘉量五曰權衡量與權衡據其容與其重非千二百黍不可至于度法止于一黍爲分無用其餘若數與聲則無所事黍矣安在其必以一千二百爲之定率也景仁曰生云今樂太高太常黃鍾適當古之仲呂不知生所謂仲呂者果后夔之仲呂耶開元之仲呂耶若開元之仲呂則安知今之太高非昔之太下耶笛與方響里巷之樂庸工所爲豈能盡得律呂之正乃欲取以爲法考定雅樂不亦難乎此皆光之所大惑君子之論無固無我惟是之從景仁苟有以解之使瑩然明白則敢不斂衽服義豈欲徒爲此譊譊也　范鎭答司馬君實論樂書曰昨日辱書以爲鎭不當爲議狀是房庶尺律法始得書懽然而懼曰鎭違羣公之議而下與匹士合不啻中宜獲戾于朋友也既讀書乃釋然而喜曰得君實之書然後決知庶之法是而鎭之議爲不謬庶之法與鎭之議于今之世用與不用未可知也然得附君實之書傳于後世之人質之故終之以喜也君實之疑凡五而條目又十數安敢不盡言解之君實曰漢書傳于世久矣更大儒甚眾庶之家安得善本而有之是必謬爲脫文以欺于鎭也是大不然鎭豈可欺哉亦以義理而求之也春秋夏五之闕文禮記玉藻之脫簡後人豈知其闕文與脫簡哉亦以義理而知之也猶鎭之知庶也豈可逆謂其欺而置其義理哉又云一黍之起于劉子駿班孟堅之書爲冗長者夫古者有律矣未知其長幾何未知其空徑幾何未知其容受幾何豈可直以千二百黍置其間哉宜起一黍積而至一千二百然後滿故曰一黍之起積一千二百黍之廣其法與文勢皆當然也豈得爲冗長乎若如君實之說以尺生律漢書不當先言本起黃鍾之長而後論用黍之法也若爾子駿孟堅之書不爲冗長而反爲顛倒也又云積一千二百黍之廣是爲新尺一丈二尺者君實之意以積爲排積之積廣爲一黍之廣而然邪夫積者謂積于管中也廣者謂所容之廣也詩云乃積乃倉孟康云空徑之廣是也又云孔子曰必也正名乎者此孔子教子路以正衞之君臣父子之名分豈積與廣之謂也又云古人制律與尺量權衡四器者以相參校以爲三者苟亡得其一存則三者從可推也者是也又云黍者自然之物有常而不變者亦是也古人之慮後世其意或當如是然古以律生尺古人之意既知黍之于後世可以爲尺豈不知黍之于後世亦可爲律而故于其法爲相戾乎若如君實之說則是古人知一而不知二也知彼而不知此也又云徑三分圍九分者數家之大要不及半分則棄之也者今三分四釐六毫其圍十分三釐八毫豈得謂不及半分而棄之哉漢書曰律容一龠得八十一寸謂以九分之圍乘九寸之長九九而八十一也今圍分之法既差則新尺與量未必是也如欲知庶之量與尺合姑試驗之乃可又云權衡與量據其容與其重必千二百黍而後可至于尺法止于一黍爲分無用其餘若以生于一千二百是生于量也且夫黍之施于權衡則由黃鍾之重施于量則由黃鍾之龠施于尺則由黃鍾之長其實皆一千二百也此皆漢書正文也豈得謂一黍而爲尺邪豈得謂尺生于量邪又云庶言太常樂太高黃鍾適當古之仲呂不知仲呂者果后夔之仲呂耶開元之仲呂耶若開元之仲呂則安知今之太高非昔之太下者此正是不知聲者之論也無復議也又云方響與笛里巷之樂庸工所爲不能盡得律呂之正者是徒知古今樂器之名爲異而不知其律與聲之同也亦無復論也使得其眞黍用庶之法制爲律呂無忽微之差乃黃帝之仲呂也豈直后夔開元之云乎書曰律和聲方舜之時使夔典樂猶用律而後能和聲今律有四釐六毫之差以爲適然而欲以求樂之和以副朝廷制作之意其可得乎其可得乎太史公曰不附青雲之士則不能成名君實欲成其名而知所附矣惟其是而附之則可其不是而附之安可哉諺曰抱橋柱而浴者必不溺君實之議無乃爲浴者類乎君實見咨不敢不爲此譊譊也　徽宗崇甯元年詔宰臣置僚屬講議大政以大樂之制訛謬殘闕太常樂器弊壞琴瑟制度參差不同簫篴之屬樂工自備每大合樂聲韻淆雜而皆失之太高箏筑阮秦晉之樂也乃列於琴瑟之間熊羆按梁隋之制也乃設於宮架之外笙不用匏舞不象成曲不協譜樂工率農夫市賈遇祭祀朝會則追呼於阡陌閭閻之中教習無成曹不知音議樂之臣以樂經散亡無所據依秦漢之後諸儒自相非議不足取法乃博求知音之士而魏漢津之名達於上焉漢津至是年九十餘矣本剩員兵士自云居西蜀師事唐仙人李良授鼎樂之法皇祐中漢津與房庶以善樂被薦既至黍律已成阮逸始非其說漢津不得伸其所學後逸之樂不用乃退與漢津議指尺作書二篇敘述指法漢津常陳於太常樂工憚改作皆不主其說或謂漢津舊

嘗執役於范鎮見其制作略取之蔡京神其說而托於李艮二年九月禮部員外郞陳暘上所撰樂書二百卷命禮部尚書何執中看詳以謂暘欲考定音律以正中聲願送講議司令知音律者參驗行之暘之論曰漢津論樂用京房二變四清蓋五聲十二律樂之正也二變四清樂之蠹也二變以變宮爲君四清以黃鐘清爲君事以時作固可變也而君不可變太簇大呂夾鐘或可分也而黃鐘不可分豈古人所謂尊無二上之旨哉壬辰詔曰朕惟隆禮作樂實治內修外之先務損益述作其敢後乎其令講議司官詳求歷代禮樂沿革酌古今之宜修爲典訓以貽永世致安上治民之至德著移風易俗之美化迺稱朕咨諏之意焉三年正月漢津言曰臣聞黃帝以三寸之器名爲咸池其樂曰大卷三三而九乃爲黃鐘之律禹效黃帝之法以聲爲律以身爲度用左手中指三節三寸謂之君指裁爲宮聲之管又用第四指三節三寸謂之臣指裁爲商聲之管又用第五指三節三寸謂之物指裁爲羽聲之管第二指爲民爲角大指爲事爲徵民與事君臣治之以物養之故不用爲裁管之法得三指合之爲九寸卽黃鐘之律定矣黃鐘定餘律從而生焉臣今欲請帝中指第四指第五指各三節先鑄九鼎次鑄帝座大鐘次鑄四韻清聲鐘次鑄二十四氣鐘然後均絃裁管爲一代之樂制其後十三年帝一日忽夢人言樂成而鳳凰不至乎蓋非帝指也帝寤大悔歎謂崇寧初作樂請吾指寸而內侍黃經臣執謂帝指不可示外人但引吾手略比度之曰此是也蓋非人所知今神告朕如此且奈何于是再出中指寸付蔡京密命劉昺試之時昺終匿漢律初說但以其前議爲度作一長笛上之帝指寸既長于舊而長笛殆不可易以動人觀聽于是遂止蓋京之子絛云

朱子曰古樂之亡久矣然秦漢之間去周未遠其器與聲猶有存者故其道雖不行於當世而其爲法猶未容有異論也逮於東漢之末以接西晉之初則已寖多說矣歷魏周齊隋唐五季論者愈多而法愈不定爰及我朝功成治定理宜有作建隆皇祐元豐之間蓋亦三致意焉而和胡阮李范馬劉楊諸賢之議終不能以相一也而況於崇宣之際姦諛之會黥涅之餘而能有以語夫天地之和哉丁未南狩今六十年神人之憤猶有未攄是故不遑於稽古禮文之事然學士大夫因仍簡陋遂無復以鐘律爲意者則已甚矣吾友建陽蔡君元定季通當此之時乃獨心好其說而力求之旁搜遠取巨細不捐積之累年乃若冥契著書兩卷凡若干言予嘗得而讀之愛其明白而淵深縝密而通暢不爲牽合傅會之談而橫斜曲直如珠之不出於盤其言雖多出於近世之所未講而實無一字不本於古人已試之成法蓋若黃鐘圍徑之數則漢斛之積分可考寸以九分爲法則淮南太史小司馬之說可推五聲二變之數變律半聲之例則杜氏之通典具焉變宮變徵之不得爲調則孔氏之禮疏因亦可見至於先求聲氣之元而因律以生尺則尤所謂卓然者亦班班雜見於兩漢之志蔡邕之說與夫國朝會要以及程子張子之言顧讀者不深考其間雖或有得于此者而又不能無失於彼是以晦蝕紛拏無復定論大抵不拘攣於熟習見聞之近卽肆其胸臆妄爲穿穴而無所據依季通乃能奮其獨見超然遠覽爬梳剔抉參互考尋用其平生之力以至於一旦豁然而融會貫通焉斯亦可謂勤矣及其著論則又能推原本根比次條理撮取機要闡究精微不爲浮詞濫說以汨亂於其間亦庶幾乎得書之體者予謂國家行且平定中原以開中天之運必將審音協律以諧神人當此之時受詔典領之臣能得此書而奏之則東京郊廟之樂將不待公孫述之瞽師而後備而參摹四分之書亦無待乎後世之子雲而後知好之矣抑季通之爲此書詞約理明初非難讀而讀之者往往未及終篇輒已欠伸思睡固無由了其歸趣獨以予之頑鈍不敏乃能熟復數過而僅得指意之彷彿季通以是亦許予爲能知己志者故屬予以序引而予不得辭焉季通更欲均調節族被之管絃別爲樂書以究其業而又以其餘力發揮武侯六十四陣之圖緒正邵氏皇極經世之歷以大備乎一家之言其用意亦健矣予雖老病儻及見之則亦豈非千古之一快也哉

元豐朝會樂十議 宋

神宗元豐二年詳定所以朝會樂而有請者十其一唐元正冬至大朝會迎送王公用舒和開元禮以初入門舒和之樂作至位樂止蓋作樂所以待王公今中書門下親王使相先於丹墀上東西立皇帝升御座乃奏樂引三品以上官未爲得禮請侍從及應赴官先就立位中書門下親王使相諸司三品尚書省四品及宗室將軍以上班分東西入正安之樂作至位樂止其二令朝會儀舉第一爵宮懸奏和安之曲第二第三第四登歌作慶雲嘉禾靈芝之曲則是合樂在前登歌在後有違古義請第一爵登歌奏和安之曲堂上之樂隨歌而發第二爵笙入奏慶雲之曲止吹笙餘樂不作第三爵堂上歌嘉禾之曲堂下笙吹瑞木成文之曲一歌一吹相間第四爵合樂奏靈芝之曲堂上下之樂交作其三定文舞武舞各爲四表表距四步爲酇綴各六十四舞者

服進賢冠左執籥右秉翟分八佾二工執纛引前衣冠同之舞者進蹈安徐進一步則兩兩相顧揖三步三揖四步為三辭之容是為一成餘成如之自南第一表至第二表為第一成至第三表為再成至北第一表為三成覆身卻行至第三表為四成至第二表為五成復至南第一表為六成而武舞入今文舞所秉翟羽則集雉尾置於髹漆之柄求之古制實無所本聶崇義圖羽舞所執類羽葆幢析羽四重以結綬系於柄此纛翳之謂也請按圖以翟羽為之其四武舞服平巾幘左執干右執戈二工執旌居前執鞀執鐸各二工金錞二四工舉二工執鐲執鐃執相在左執雅在右亦各二工夾引舞者衣冠同之分八佾於南表前先振鐸以通鼓乃擊鼓以警戒舞工聞鼓聲則各依鄭綴總干正立定位堂上長歌以咏歎之於是播鞀以導舞舞者進步自南而北至最南表以見舞漸然後左右夾振鐸次擊鼓以金錞和之以金鐲節之以相而輔樂以雅而陔步舞者發揚蹈厲為猛賁趫速之狀每步一進則兩兩以戈盾相向一擊一刺為一伐四伐為一成成謂之變至第二表為一變至第三表為二變至北第一表為三變舞者覆身嚮空卻行而南至第三表為四變乃擊刺而前至第二表回易行列春雅節步分左右而跪以右膝至地左足仰起象以文止武為五變舞蹈而進為兵還振旅之狀振鐸搖鞀擊鼓和以金錞發鐲鳴鐃復至南第一表為六變而舞畢古者人君自舞大武故服冕執干戚若用八佾而為擊刺之容則舞者執干戈說者謂武舞戰象樂六奏每一奏之中率以戈矛四擊刺戈則擊兵矛則刺兵玉戚非可施於擊刺今舞執干戚蓋沿襲之誤請左執干右執戈其五古之鄉射禮三笙一和而成聲謂三人吹笙一人吹和今朝會作樂丹墀之上巢笙和笙各二人其數相敵非也蓋鄉射乃列國大夫士之禮請增倍為八人丹墀東西各三巢一和其六今宮懸四隅雖有建鼓鞞應相傳不擊乾德中詔四建鼓并左右鞞應合十有二依李照所奏以月建為均與鎛鐘相應鞞應在建鼓旁是亦朔鼙應鼙之類請將作樂之時先擊鼙次擊應然後擊建鼓其七今樂懸四隅設建鼓不擊別施散鼓於樂懸內代之乾德中尹拙奏宜去散鼓詔可而樂工積習亦不能廢李照議作晉鼓以為樂節請樂縣內去散鼓設晉鼓以鼓金奏其八古者瞽矇眡瞭皆掌播鞀所以節一唱之終請宮縣設鞀以為樂節其九以天子禮求之凡樂事播鞀擊頌磬笙磬以鐘鼓奏九夏是在廷之樂戛擊則柷敔球則玉磬搏拊所以節樂琴瑟所以詠詩皆堂上樂也磬奏在堂下尊玉磬故進之使在上若擊石拊石則當一庭後世不原於此以春秋鄭人賂晉侯歌鐘二肆遂於堂上設歌鐘歌磬蓋歌鐘則堂上歌之堂下以鐘鼓應之耳歌必金奏相和名曰歌鐘則以節歌是已豈堂上有鐘邪歌磬之名本無所出晉賀循奏置登歌簨虡采玉造小磬蓋取舜廟鳴球之制後周登歌備鍾鐘磬隋唐迄今因襲行之皆不應禮請正至朝會堂上之樂不設鐘磬其十古者歌工之數大射工六人四瑟則鼓以四人歌以二人天子八人則瑟與歌皆四人矣魏晉以來登歌五人隋唐四人本朝因之是循用周制也禮登歌下管貴人聲也故儀禮瑟與歌工皆席於西階上隋唐相承庭中磬虡之下擊以偶歌琴瑟非所謂升歌貴人聲之義今堂上琴瑟比之周制不啻倍蓰而歌工止四人音高下不相權蓋樂有八音所以行八風是以舞佾與鐘磬俱用八為數請罷庭中歌者堂上歌為八琴瑟之數做此其箏阮筑悉廢太常以謂堂上鐘磬去之則歌聲與宮縣遠漢唐以來宮室之制寢廣堂上益遠庭中其上下樂節苟不相應則繁亂而無序況朝會之禮起於西漢則後世難以純用三代之制其堂上鐘磬庭中歌工與箏筑之器從舊儀便遂如太常議

楊傑大樂七失議　宋

元豐三年楊傑言大樂七失一曰歌不永言聲不依永律不和聲蓋金聲春容失之則重石聲溫潤失之則輕土聲函胡失之則下竹聲清越失之則高絲聲纖微失之則細革聲隆大失之則洪匏聲叢聚失之則長木聲無餘失之則短惟人稟中和之氣而有中和之聲八音律呂皆以人聲為度言雖永不可以逾其聲今歌者或詠一言而濫及數律或章句已闋而樂音未終所謂歌不永言也請節其煩聲以一聲歌一言且詩言人志詠以為歌五聲隨歌是謂依詠律呂協奏是謂和聲先儒以為依人音而制樂託樂器以寫音本效人非人效樂者此也今祭祀樂章並隨月律聲不依詠以詠依聲律不和聲以聲和律非古制也二曰八音不諧鐘磬缺四清聲虡樂九成以簫為主商樂和平以磬為依周樂合奏以金為首鐘磬簫者眾樂之所宗則天子之樂用八鐘磬簫眾樂之本乃倍之為十六且十二者律之本聲而四者應聲也本聲重大為君父應聲輕清為臣子故其四聲曰輕清或曰子聲也李照議樂始不用四清聲是有本而無應八音何從而諧哉今巢笙和笙其管十

九以十二管發律呂之本聲以七管爲應聲用之已久而聲至和則編鐘磬簫宜用四子聲以諧八音三曰金石奪倫樂奏一聲諸器皆以聲應之既不可以不及又不可以有餘今琴瑟塤箎笛簫笙阮箏筑奏一聲則鎛鐘特磬編鐘編磬擊三聲聲煩而掩眾器遂至奪倫則鎛鐘特磬編鐘編磬節奏與眾器同宜勿連擊四曰舞不象成國朝郊廟之樂先奏文舞次奏武舞而武舞容節六變一變象六師初舉二變象上黨克平所向宜北三變象維揚底定所向宜東南四變象荆湖來歸所向宜南五變象邛蜀納款所向宜西六變象兵還振旅所向宜北而南今舞者發揚蹈厲進退俯仰既不足以稱成功盛德失其所向而文舞容節尤無法度則舞不象成也五曰樂失節奏樂之始則翕然如眾羽之合縱之純如也節奏明白皦如也往來條理繹如也然後成今樂聲不一混淆無馭則失於節奏非所謂成也六曰祭祀饗無分樂之序蓋金石眾作之謂奏詠以八聲之謂歌陽律必奏陰呂必歌陰陽之合也順陰陽之合所以交神明致精意今冬至祀天不歌大呂夏至祭地不奏太蔟春饗祖廟不奏無射秋饗后廟不歌大呂而四望山川無專祠用樂之制則何以贊導宣發陰陽之氣而生成萬物哉七曰鄭聲亂雅然朱紫有色而易別雅鄭無象而難知聖人懼其難知也故定律呂中正之音以示萬世今古器尚存律呂悉備而學士大夫不講考擊奏作委之賤工則雅鄭不得不雜願審調鐘管用十二律還宮均法令上下通習則鄭聲莫能亂雅遂爲十二均圖併上之

用正聲廢中聲議 宋

徽宗大觀八年八月宣和殿大學士蔡攸言九月二日皇帝躬祀明堂合用大樂按樂書正聲得正氣則用之中聲得中氣則用之自八月二十八日已得秋分中氣大饗之日當用中聲樂今看詳古之神瞽考中聲以定律中聲謂黃鐘也黃鐘即中聲非別有一中氣之中聲也考閱前古初無中正兩樂若以一黃鐘爲正聲又以一黃鐘爲中聲則黃鐘君聲不當有二況帝指起律均法一定大呂居黃鐘之次陰呂也臣聲也今減黃鐘三分則入大呂律矣易其名爲黃鐘中聲不唯紛更帝律又以陰呂臣聲僭竊黃鐘之名若依樂書正聲得正氣則用之中聲得中氣則用之是冬至祀天夏至祭地常不用正氣而用中聲也以黃鐘爲正聲易大呂爲中聲之黃鐘是帝律所起黃鐘常不用而大呂常用也抑陽扶陰退律進呂爲害斯大無甚於此今來宗祀明堂緣八月中氣未過而用中聲樂南呂爲宮則本律正聲皆不得預欲乞廢中聲之樂一遵帝律止用正聲協和天人刊正訛謬著於樂書詔可攸又乞取已頒中聲樂在天下者

太正少三等八條議 宋

宣和元年四月攸上書奉詔製造太少二音登歌宮架用於明堂漸見就緒乞報大晟府者凡八條一太正少鐘三等舊制編鐘編磬各一十六枚應鐘之外增黃鐘大呂太簇夾鐘四清聲今既分太少則四清聲不當兼用止以十二律正聲各爲一架其二太正少琴三等舊制一三五七九絃凡五等今來討論並依律書所載止用五絃大者爲宮而居中央君也商張右傍其餘大小相次不失其序以爲太正少之制而十二律舉無遺音其一三五七九絃太少樂內更不製造其三太正少簫三等謹按周官籥章之職龡以迎寒暑王安石曰籥三孔律呂於是乎生而其器不行於世久矣近得古籥嘗以頒行今如爾雅所載製造太正少三等用爲樂本設於眾管之前其四太正少篴塤箎簫各三等舊制簫一十六管如鐘磬之制有四清聲今既分太少其四清聲亦不合兼用止用十二管其五大晟匏有三色一曰七星二曰九星三曰閏餘莫見古制匏備八音不可闕數今已各分大正少三等而閏餘尤無經見唯大晟樂書稱匏造十三簧者以象閏餘十者土之成數三者木之生數木得土而能生也故獨用黃鐘一清聲黃鐘清聲無應閏之理今去閏餘一匏止用兩色仍改避七星九星之名止曰七管九管其六舊制有巢笙竽笙和笙巢笙自黃鐘而下十九管非古制度其竽笙和笙並以正律林鐘爲宮三笙合奏曲用兩調和笙奏黃鐘曲則巢笙奏林鐘曲以應之宮徵相雜器本宴樂今依鐘磬法裁十二管以應十二律爲太正少三等其舊笙更不用其七柷敔晉鼓鎛鐘特磬雖無太少係作止和樂合行備設其八登歌宮架有搏拊二器按虞書戛擊鳴球搏拊琴瑟王安石解曰或戛或擊或搏或拊與虞書所載乖戾今欲乞罷而不用詔悉從之

崇寧之樂可變議 元

吳萊淵穎集曰鄉余北遊京師聞太常所用樂本大晟之遺法也自東都不守大樂氏奉其樂器北赴燕都燕都喪亂又徙汴蔡汴蔡陷沒而東平嚴侯獨得其故樂部人國初有旨徵樂東平太常徐公遂典樂向日月山奏觀乞增宮懸文武二舞令舊工教習以備大祀故今

樂戶子孫猶世籍河汴間僅能肄其鐘鼓鏗鏘不復能究其義矣予因考求前代議樂自和峴以下更六七鉅公而議論莫之有定前日之宿縣者本謂樂和曾未幾時倏已改鑄或云樂失之淸或云樂過於濁樂工冶卒且深厭其爐鞴鼓鑄之勞則或自取其樂之協時和銅齊以濟之當軒臨試雖以老師宿儒終不能必其銅齊之輕重而徒論其銅律之淸濁也迨夫崇甯之世魏漢津乃以獨一黥卒爲造大晟樂府遂頒其樂書於天下蓋謂古之制樂者惟黃帝夏禹得樂之正何則聖主之稟賦上與陰陽爲一體聲則爲律身則爲度故夫黃帝夏禹之制樂實自其身而得之臣今請以聖主中指三節三寸定黃鐘之律中指之徑圍又卽據而定爲度量權衡樂以是制臣將見其合天地之正備陰陽之和而並得夫金石淸濁之宜矣當是時惟丞相蔡京最神其說先鑄帝鼐八鼎復造金石鐘虡雕幾刻鏤葢極後世之選矣然以崇甯之指尺既長而樂律遂高雖漢津亦自知之嘗私謂其弟子任宗堯曰樂律高北方元鼎水又溢出律高則聲過哀而國亂水溢出則國有變而境土喪沒是不久矣嗚呼漢津所制豈復有加於和峴以下諸人所論之樂哉然且至今沿襲相承未聞有所改作樂殊不可以草創苟且而遽定也雖然崇甯之樂亦可變矣葢古之論樂者一曰古雅樂二曰俗部樂三曰胡部樂古雅樂更秦亂而廢漢世惟採荆楚燕代之謳稍協律呂以合八音之調不復古矣晉宋六代以降南朝之樂多用吳音北國之樂僅襲北俗及隋平江左魏三祖淸商等樂存者什四世謂爲華夏正聲葢俗樂也至是沛國公鄭譯復因龜玆人蘇祗婆善胡琵琶而翻七調遂以制樂故今樂家猶有大食小食大食般涉等調大食等國本在西域而般涉卽是般贍華言羽聲隋人且以是爲太簇羽矣由是覩之漢世徒以俗樂定雅樂隋氏以來則以胡樂定雅樂唐至元宗胡部坐俗部立樂工肄樂坐技不通然後爲立技立技不精然後使教雅樂天下後世卒不復知有古雅樂之正聲矣自唐歷宋大抵皆然當大晟樂書之行教坊色長張俣曾製大樂元機賦論七音六十律八十四調本不脫乎龜玆蘇祗婆之舊正行四十大曲常行小令四部絃管猶或尙循乎大唐五代黎園法曲之遺此非胡與俗之雜行者乎宜雅樂之未易遽復也古來律歷二事更相爲用太史郭公一嘗定歷誠曠世所未有予謂宜依古法緹室葭灰隨月候氣天地之中氣旣應則鐘律之中聲當無有不應者要在久而後驗樂殊不可以草創苟且而遽定也嗚呼崇甯之樂亦可變矣吾又安得夫伶倫榮猨之徒而與之共論樂哉

黃鐘三寸九分不合於理議　明

季本律呂別說曰近日莆田李教授文利著律呂元聲專主黃鐘三寸九分之說葢本呂氏春秋仲夏適音篇其言曰黃帝令伶倫自大夏之西阮隃之陰取竹嶰谿之谷空竅厚均者斷兩節間其長三寸九分而吹之以爲黃鐘之宮次制十二筩以聽鳳凰之鳴以別十二律其雄鳴爲六雌鳴亦六以比黃鐘之宮而皆可以生之故曰黃鐘之宮律呂之本宋劉恕作外紀書黃帝令伶倫造律亦載此文原恕之意不過博采古書以備三皇之事耳而三寸九分之制則未暇詳求其義焉然呂氏季夏六月紀又曰黃鐘生林鐘林鐘生太簇太簇生南呂南呂生姑洗姑洗生應鐘應鐘生蕤賓蕤賓生大呂大呂生夷則夷則生夾鐘夾鐘生無射無射生仲呂三分所生益之一分以上生三分所生去其一分以下生黃鐘大呂太簇夾鐘姑洗仲呂蕤賓爲上林鐘夷則南呂無射應鐘爲下其法固與史記漢書上下相生三分損益者同而黃鐘之宮實起九寸也呂氏之說前後不同亦自相牴牾矣夫史記漢書雖未爲得古人律制之意然比之三寸九分之說猶有可推而其數亦似自然若以三寸九分爲黃鐘如呂氏上下相生之法而損益之至於應鐘止長一寸八分四釐八毫八絲何以成聲耶竊意長三寸九分當爲長九寸空徑三分之誤也故漢書引此語削去長三寸九分五字葢有以知其爲非矣隋志亦偶未察而復述此以論和聲亦欲備古義而其誤而不覺耳終亦以上下相生三分損益爲古人易筩之法而黃鐘之爲九寸者皆仍漢舊未有改也若韋昭註國語而曰黃鐘陽之變本爲黃鐘而言其曰管長九寸徑三分圍九分亦言黃鐘之圍徑長短而於蕤賓則固曰管長六寸二分八釐但舉成數而曰六寸三分耳非以九寸本蕤賓之律而爲黃鐘之變也豈可據三寸九分之謬說以爲黃鐘之定數哉文利之意本以律呂之數往而不返非陰陽消長往來之理故以三寸九分起數循環升降自大呂以至蕤賓五陽辰皆以陽升而進九分惟黃鐘陽氣尙微故止進六分自林鐘以至黃鐘五陰辰皆以陰降而退九分惟林鐘陰氣未盛故止退六分此其差也然陽之進也氣則從微至著以漸而盈陰之退也氣則從盛反衰以漸而縮陰陽進退盈縮適均不應陽之始進以六分而後則五辰皆進九分

陰之始退以六分而後則五辰皆退九分也其意雖善而數亦强排且非呂氏上生下生之本法也則亦臆說而已既以三寸九分爲黃鐘因謂黃鐘之尊在於清氣上行不在數多清者數少濁者數多數少者貴數多者賤黃鐘爲宮聲極清而上行至角徵羽乃下降重濁而爲民事物盡斥諸儒言黃鐘長九寸之非殊不知禮有以多爲貴者如獻數天子十二上公九侯伯七子男五卿大夫三士一豆數天子二十六諸公十六諸侯十二上大夫八下大夫六佾數天子八諸侯六大夫四士二之類各隨所重以別尊卑未嘗執一端以爲典要也故數多管長則聲濁而爲宮有持重深沈之意焉何害其爲貴數少管短則聲清而爲羽有飛越輕佻之意焉何害其爲賤商角徵之聲亦因是而上下之此君臣民事物所以序也凡天之道體靜而用動君也者以靜制動者也自商以下皆以動而制於靜者也古人立法亦隨所用而各有意義何必務爲新奇以成其臆說哉今律呂大象章既以子黃鐘爲正宮丑大呂亥應鐘爲宮寅太簇戌無射爲商卯夾鐘酉南呂爲角辰姑洗申夷則爲徵巳仲呂未林鐘爲羽午蕤賓爲正羽以配君臣民事物之等則明以三寸九分之黃鐘以次而至於九寸之蕤賓者也其定五聲生數次第則曰宮聲五十商聲八十角聲九十徵聲七十羽聲六十商角則自宮而加多徵羽則自角而減少或加三十或加一十或減二十或減一十其參差不齊又不知其何所本耶夫宮土聲也以土當河圖之五數十乘之而爲五十徵火聲也以火當河圖之七數十乘之而爲七十羽水聲也以水當河圖之六數十乘之而爲六十猶可說也商金聲也而以當河圖之八數十乘之而爲八十則木而非金矣角木聲也而以當河圖之九數十乘之而爲九十則金而非木矣其視律呂大象章所差之次又何其舛錯耶又以變宮五十變徵七十爲二變以備七音是又襲七始七聲之舊也故其對調旋宮之圖悉從律呂新書每均七聲之數而蔡氏相去一律則音節和相去二律則音節遠之說亦併用之然止用全聲不用半聲其聲皆不因上生下生而得徒以雌雄和鳴之故陽律三爲宮商角則陰呂二爲徵羽陰呂三爲宮商角則陽律二爲徵羽其長短亦不皆一一順序也亦安在其爲均哉至於六十調圖雖本律呂新書而新書之意乃以一律爲五調故每律皆立五均今以其逆行而正之以從左旋而每五調之後又列一宮提與大司樂奏歌之說相湊其雙宮對調之圖則止據奏歌二律分配而互換更番也此本不知律呂新書之意而妄意爲之其勞拙亦甚矣其正五音章以喉舌齒脣牙分屬宮商角徵羽則別爲一義蓋喉舌齒脣牙字音也字亦有清濁半清半濁之分故借宮商角徵羽以名之如沈括所謂字則有喉脣齒舌當使字字舉皆輕圓而聲中無字又宮聲字而曲合用商聲則能轉宮爲商使字中有聲則可若謂字聲卽合歌聲則不可以歌聲卽同字聲是又一牽扯也至引蘇祇婆七聲之說正是秦漢以來五聲二變之義但在西域其名異耳安得執此以爲聲清之證哉其爲此書止有以先儒不識黃鐘生成之數一節足以破往而不返之失其餘諸論今不今古不古以法象則無取以度數則不倫無一合於理者也孔子曰蓋有不知而作之者其此之類也夫

琴以第三絃爲宮爲中和議　明

朱載堉律呂精義曰往年與善琴者論古今雅樂高下聞其說曰冷謙之樂乃古無射調也俗呼爲淸商調以第二絃爲宮音少者歌之則拽不出失之太下恐非中和也蔡元定之樂乃古夾鐘調也俗呼爲淸徵調以第四絃爲宮音老者歌之則揭不起失之太高亦非中和也所謂中和者古之正調是也俗呼爲淸角調軒轅氏之所造以第三絃爲宮音比冷謙高一調比蔡元定低一調老者歌之不揭少者歌之不拽不高不下是名爲中和也時典樂尤世賢亦知音者以所帶來神樂觀奎吹其所習舊樂章譜與琴譜相校所論不虛也

欽定續通典卷九十一

欽定續通典卷九十二

兵

臣等謹按杜佑作兵典其序以西漢之重兵在京師爲得宜東漢至唐之藩翰力盛爲失策洵爲切中事理然于兵之本計則尚未悉也夫古聖人之重兵也久矣周禮大司馬中春敎振旅遂以蒐田中夏敎茇舍遂以苗田中秋敎治兵遂以獮田中冬敎大閱遂以狩田他若五射以敎國子五物以詢衆庶罔不以兵事爲兢兢若是者何哉用戒不虞無時可緩也後世以治兵爲好武以田獵爲禽荒以晏安爲得體以簡閱爲故事軍政日弛而國遂以弱矣宋初有禁兵廂兵鄉兵蕃兵神宗之時更有保甲兵非不多也然而將驕卒惰臨陣輒潰者外有稽簡之名內無訓練之實失本計也遼金及元皆以兵立國故兵勢最爲雄健明初改元舊制自京師達于郡縣皆設立衞所在外則統之都司在內則統于五軍都督府復有上十二衞爲天子親軍亦自成一代之制然往往當其盛也兵將相習內外相維故用之而有效及其衰也敎閱不明行伍虛耗而國事遂不可問亦在本計之得失而已杜典爲卷十有五爲目百四十有奇其於兵事畧備矣然古今異宜兵機尤甚今之所續頗有損益其事則自唐迄明代凡兵家之論說名將之事跡皆採擇焉若前典以孫子爲綱故諸目之前悉冠以孫子兵法今不復重錄惟徵引諸書以符前典分門之本意至其分門中間有詞義畧同者今則合併之以免繁複云

敘兵

唐李筌太白陰經曰兵之興也有形有神旗幟金鼓依於形智謀計事依於神戰勝攻取形之事而用在神虛實變化神之功而用在形觀形不見其神不知其事是以曳柴揚塵形其衆也減竈滅火形其寡也勇而無剛嘗敵而速去之形其退也斥山澤之險無所不致形其進也油幕布帔冠諸樹株形其强也偃旗卧鼓寂若無人形其弱也故曰兵形象陶人之埏土鳧氏之冶金爲方爲員或鼎或鍾土金無常性因功以爲名戰陣無常勢因敵以爲形形不因神不能爲變化神不因敵不能爲智謀

宋時禁兵繁冗更戍絡繹天下困於供億蘇軾因應詔獻策論之一曰定軍制二曰練軍實其畧曰郡縣之土兵可以漸訓則禁兵可以漸省苟禁兵漸省而以其資糧益優郡縣之土兵則彼固已戴上之恩而願效其力又何遽不如禁兵邪如此則內無屯聚仰給之費而外無遷徙供億之勞矣又曰自今以往民之願爲兵者皆三十以下則收限以十年而除其籍如此則縣官常無老弱之兵而民不任戰者不至於無罪而死謂見屠及餌敵十年之中有始至者有既久者有將去者有當代者新故

雜居而教之則緩急可以無憂矣許洞虎鈐經曰古法曰散地無戰散地者境內地土也士卒顧家其意未專不可戰也輕地則止入敵地尙淺士卒意未堅不可以進敵當自堅其心也爭地則無攻山谷嶮隘之口以弱勝強以少擊衆之地也交地則無絕俱可進退之地不可以兵絕之衝地則合交有路往來我可以結交于諸侯也重地則掠深入敵境士卒意已堅固可以掠取財物圍地則謀士卒困於險隘闕則兵弱持久則糧食乏絕則當用謀以免難死地則戰前有高山後有大水糧食乏絕進退守備皆無所利當此祗得死戰也洞曰此八者古人用八地之法若地協于用則用之不協于用則反之反之謂何曰若敵衆深入吾境營壁不完芻糧寡少守且不利詎可以散地而不戰乎在我當以必戰爲約怯退示以必死擒獲示以必賞令立告諸吏士將戰之際後顧者斬之臨敵而身不定目數移者斬之將憂色者偃蹇者相視而動目者遺弓箭器械者金鼓不應節者皆斬之獲一首級者亦厚賞之如是則有散地之用矣入敵地尙淺險則據而挑夷則守而應慮士卒心不固當擇左右前後皆險絕無生路肅部伍嚴節制使人人欲自戰是則有輕地之用矣山谷險隘敵人先得以控搤我勢我當屯師爲大營廣陣務攻具露其機狀如不密俾敵見之欲敵備在前陰出精銳敢死者循間道或扼其糧運或擣絕其後凡間道必多險阻或有崇巖峭壁之地則爲懸梯竹索以陟降之或有深淵絕澗則爲罌缶渡之敵覺內撓則自營陣中出精兵爲應內外夾攻有爭地之用矣道路相錯我可以往彼可以來利設伏進戰佯北佚逐北過半則舉號發伏衝擊之反佯北之師以應有交地之用矣頓泊之地逕達四面當選腹心勁勇者各將步騎以扼四衝人數隨多少使之雖無交應有衝地之用矣致兵敵境凡屬守備者順則安之否則夷之資食所獲必付吏士內以悅師人外絕敵所恃豈直深入然後用掠乎如是則有掠非止重地之用矣大兵將動先料其強弱觀其雲氣察地勢順逆審人心向背而後舉焉兵法曰策之而知得失之計候之而知動靜之理故得失之道利在先知謀勝於未勝愼失於未失者善有死地之圍始謀於軍者必有後機之困矣設能反後機而達先知必無圍地之患矣高山大澤險阻峭壁沮洳谿逕斷無可生道此乃智士用謀之秋也當出其不意以衝敵動而後擊之奇兵奔衝或利用燧馬燧牛如田單揚班之類是也或候夜昏詐爲號直奔衝敵師混服飾軍伍辨認之類是也如止死戰以爲期苟敵兵益壯我後不繼則李陵有弓折矢盡之困矣戰極力敝當自隕陷能竭智用謀萬變不極則無死地之憂矣孫子曰戰貴地利然則地利不可不用也但臨時觀其用何如耳兵貴以變設不能以變用兵雖得地利無益也學兵用武率以古法爲執焉與膠柱鼓瑟無異耳未見決中者也兵家之利利在變通之機觀其順逆夫興師之際先探敵將才不才設若敵將不能以兵法使衆惟以勇敢爲己任我則順古法以待之也或敵將善用古法我則逆古法以待之也夫用兵之奇莫奇於設伏設伏之奇莫奇於新智新智者非不師古也師古而反之爾古人料敵以其始來戰陣未合先以賤而勇者挑之觀其號令旗鼓之整與亂士馬之强弱營陣之偏正行伍之齊肅散亂言語之諠譁緘默以定勝負焉是以古法曰若其衆諠旗亂其卒自行自止其兵或縱或橫其逐北恐不及見利恐不得如此者將必無謀雖衆可獲矣洞曰如古人以此取攻苟敵人料我當順其所料伏兵待之以詐示之佚彼出師則發伏兵攻之古法曰杖而立者飢也汲而先飲者渴也見利不進者勞也軍擾者將不重也旗動者亂也吏怒者倦也懸瓶不及其舍者窮寇也湻湻翕翕徐與人言者失其衆也數顧者失其羣也來委謝者欲休息也洞曰如古人以此料敵今則不然當擇精銳吏士分而伏於衝要使其勞倦傷殘者如飢渴失羣之狀或數搖動其旗或數驚擾其衆使吏士諠譁應人所料苟出師襲我則潛發所伏出其不意擊之古法曰敵始來到行陣未定可擊也跋涉長道後行未息可擊也行坂涉險半隱半出可擊也涉水半渡可擊也險道狹路可擊也旌旗亂動可擊也陣數動移可擊也洞曰在我則不然如以行陣未定四面可設伏也長道後行未息中可設伏也行坂半隱半出長林大谷可設伏也涉水半渡崖岸坡坂可設伏也狹路險道旌旗亂動陣數動移前後可設伏也如或敵人敗走我師未敢逐之防有伏也古法曰鳥起者伏也衆樹動者來也此未必果伏與來也慮爲疑兵也己奔遁令老弱者動其衆樹及驚鳥起之類是也又曰無約而請和者謀也半進半退者誘也此亦大兵己潛遁恐後人逐者設爲此疑也是以兵法如車也載其物則車也及有車之用則東西南北者由人也故兵法不可執而用之也

金章宗嘗謂宰臣曰人有以八陣圖來上者其圖果何如朕嘗觀宋白所集武經其載攻守之法亦多難行右

丞相清臣曰兵書一定之法難以應變本朝行兵惟用正奇二軍臨敵制變以正爲奇以奇爲正故無往不克帝曰自古用兵亦不出奇正二法且學古兵法如學弈棋未能自得於心欲用舊陣勢以接敵疎矣敵所應與舊勢異則必不可支第武經所述雖難遵行然知之猶愈於不知耳

收衆

唐李抱眞領昭義軍留後密揣山東道有變上黨且當兵衝是時承戰鬬之後土瘠賦重人民益貧困無以養軍乃籍戶丁男三選其一有材力者免其租徭給弓矢令之曰農之隙則分曹角射歲終吾當會試及期按簿而試之以示賞罰復命之如初比三年皆善射抱眞曰軍可用矣於是舉部內之鄉丁得成卒二萬不仰衣食於官府而倉庫益實乃繕甲兵爲戰具遂雄視山東天下稱昭義步軍冠諸軍又馬燧帥河東以兵力單弱募厮役得數千人悉補騎士敎之戰數月成精卒居一年得兵二萬造鎧必短長三制稱士爲衣以便進趨爲戰車冒以狻猊象列戰於後行以載兵止則爲陣器用完銳威震北方

宋种世衡守環州初至青澗嘗課吏民射以銀爲射的中者與之或爭徭役優重亦使之射射中者得優處有過失射中輒釋之或因中否而予奪其所事人人自勵皆精於射由是數年敵不敢近環境又張浚曉諭民間招軍一百人與補下班祗應招軍二百人與補進武校尉招軍三百人與補承信郎已上各有差等令不兩月軍致數萬

遼太祖天贊元年以戶口滋繁糺轄疎遠分北達寍領爲二部立兩節度以統之三年西征党項等國俘獲不可勝紀四年又親征渤海天顯元年滅渤海國地方五千里兵數十萬五京十五府六十二州盡有其衆自此益强大莫之能禦矣

金舊無鐵景祖時鄰國有以甲冑來鬻者必傾貲厚價以與貿易亦令昆弟族人皆售之得鐵既多因之以修弓矢備器械諸部來附者衆景祖收而團練之兵勢於是漸振矣至穆宗將伐蕭哈里募兵得千餘人女直兵未嘗滿千至是太祖勇氣百倍曰有此甲兵何事不可圖也

元星濟奉詔守江州時江州已陷賊據池陽號百萬太平官軍止有三百人衆皆欲走星濟曰畏賊而逃非勇也坐而待攻非智也汝等皆有妻子財物縱逃其可免乎乃貸富人錢募人爲兵一日得三千人軍聲大振遂復池州

選擇附

唐郭子儀率朔方兵破史思明於藁城南攻趙郡擒賊四千還常山思明更以衆數萬尾軍子儀選騎五百更出挑之三日賊引去乘之再破於沙河又李愬募死士三千人爲突將自敎之

五代周世宗卽位旣敗北漢兵於高平謀肅軍政謂侍臣曰凡兵務精不務多今以農夫百未能當甲士一奈何浚民之膏澤養此無用之人乎且健懦不分衆何所勸乃命大簡諸軍精銳者升之上軍羸者斥去之詔募天下壯士咸詣闕選其尤者爲殿前諸班其騎步諸軍各命將帥選士由是士卒精强所向皆捷

宋韓世忠與岳飛並置背嵬軍皆勇鷙絕倫者故俱能以少擊衆又淮東制置使許國檄趙葵曰兵不能集集不能精柰何葵曰請覈兩路之兵別其精銳君侯留二萬於帳前敵不敢動矣國曰不若集淮兵來閱而君董之旣足示衆亦可選銳葵曰有兵之郡必當衝要守將豈肯空壁以從制使命耶必將力爭於朝分留自備一得朝命必匿其强壯遣老弱以備數本欲選銳適得其鈍本欲示衆適示單弱徒啟敵心不聽卒敗

遼凡舉兵皇帝親點將校又選勳戚大臣充行營兵馬都統副都統都監各一人又選諸軍兵馬尤精銳者三萬人爲護駕軍又選驍勇三千人爲先鋒軍又選剽悍百人以上爲遠探攔子軍故兵無不善戰者

金選弩手之制先以營造尺度杖其長六尺立之謂之等杖取身與杖等能踏弩至三石鋪弦解索登踏閑習射六箭皆上垛內二箭中貼者又選親軍取身長五尺五寸善騎射者明安穆昆以名上兵部移點檢司宣徽院試補之

明韓雍討峒賊最强方設策進勦新會縣丞陶魯自請征雍曰所將幾何而辦曰三百人足矣曰何少也曰魯猶以爲多兵貴精請任選擇雍從之魯乃標約式令曰有力能舉百鈞矢射二百步者來三軍之士十五萬人比於式者二百五十人曰未也復募數日始定魯乃爲別將日操練陣法椎牛犒軍甘苦共之士爭願爲死卒以先登大破賊又蜀盜藍鄢叛僉事馬昊佐治兵甫至閱所部曰將不知兵若何求勝擇驍勇才力千人分四隊隊立長會賊來逼城昊夜出百騎舉炮擊賊賊營亂自蹈藉昊悉兵從後乘之斬首四千級再前遇賊賊方陣於左而伏兵於右爲應昊以正兵當左乃身與百騎

直擣伏賊驚潰趨左左陣亦潰遂合兵縱擊火其柵大破之

立軍

唐高祖初起開大將軍府得兵二十萬武德初始置軍府以驃騎車騎兩將軍府領之析關中為十二道曰萬年道長安道富平道醴泉道同州道華州道甯州道岐州道豳州道西麟州道涇州道宜州道皆置府三年更以萬年道為參旗軍長安道為鼓旗軍富平道為元戈軍醴泉道為井鉞軍同州道為羽林軍華州道為騎官軍甯州道為折威軍岐州道為平道軍豳州道為招搖軍西麟州道為苑游軍涇州道為天紀軍宜州道為天節軍軍置將副各一人以督耕戰以車騎府統之六年廢十二軍改驃騎曰統軍車騎曰別將居歲餘十二軍復而軍置將軍一人軍有坊置主一人以檢察戶口勸課農桑太宗貞觀十年更號統軍為折衝都尉別將為果毅都尉諸府總曰折衝府凡天下十道置府六百三十四皆有名號而關內二百六十有一皆以隸諸衛凡府三等兵千二百人為上千人為中八百人為下府置折衝都尉一人左右果毅都尉各一人長史兵曹別將各一人校尉六人士以三百人為團團有校尉五十人為隊隊有正十人為火火有長凡民年二十為兵六十而免其能騎而射者為越騎其餘為步兵武騎排矟手步射其隸於衛也左右衛皆領六十府諸衛領五十至四十其餘以隸東宮六率凡發府兵皆下符契州刺史與折衝勘契乃發若全府發則折衝都尉以下皆行不盡則果毅行少則別將行凡當宿衛者番上兵部以遠近給番五百里為五番千里七番一千五百里八番二千里十番外為十二番皆以月上若簡留直衛者五百里為七番千里八番二千里十番外為十二番亦月上案三代以下軍制唐府兵為最善杜典於立軍下雖附今制一門而府兵之制未詳今補纂

宋立禁軍廂軍分隸殿前侍衛總管司而籍藏樞密院凡召募廩給訓練屯戍遷補之政皆樞密院掌之禁軍者天子之衛兵也以守京師備征戍總於殿前侍衛二司其尤親近扈從者號班直殿前侍衛二司各閱所掌兵揀其驍勇升為上軍老弱怯懦置剩員以處之廂軍者諸州之鎮兵也建隆初詔選州兵壯勇者悉部送京師以備禁衛餘留本城以給役使又選彊壯卒定為兵樣分送諸道召募教習俟其精練即送闕下復立更戍法分遣禁旅戍守邊城使往來道路以習勤苦均勞佚自是將不得專其兵而士卒不至於驕惰矣

遼太祖以德哷部受禪析本部為五院六院統以皇族而親衛缺然乃立鄂爾多法分州縣籍戶丁以建宮衛宏義宮騎軍六千長寧宮騎軍五千永興宮騎軍五千積慶宮騎軍八千延昌宮騎軍二千彰愍宮騎軍一萬崇德宮騎軍一萬興聖宮騎軍五千延慶宮騎軍一萬太和宮騎軍一萬五千永昌宮騎軍一萬敦睦宮騎軍五千文忠王府騎軍一萬十二宮一府自上京至南京總要之地各置提轄司重地每宮皆置內地一二而已入則居守出則扈從有兵事則五京二州各提轄司傳檄而集不待調發州縣部族十萬騎軍已立具矣民年十五以上五十以下隸兵籍每正軍一名馬三匹打草穀守營鋪家丁各一人人鐵甲九事馬韉轡馬甲皮鐵視其力弓四箭四百長短槍錍錢斧鉞小旗鎚錐火刀石馬盂粆一斗粆袋搭鈍傘各一縻馬繩二百尺皆自備

金初諸部之民無他徭役壯者皆兵平居則佃漁射獵習為勞事有警則下令部內及遣使詣諸貝勒徵兵凡步騎之杖糗皆取備焉其部長曰貝勒行兵則稱曰明安穆昆從其多寡以為號明安者千夫長也穆昆者百夫長也穆昆之副曰富埒琿士卒之副從曰伊勒希太祖收國二年以兵二千五百破耶律色實始命以三百戶為穆昆穆昆十為明安繼而諸部來降率用明安穆昆之名以授其首領而部伍其人出河之戰兵始滿萬而遼莫敵矣及來流鴨水鐵驪布德古之民皆附東京既平山西繼定內收遼漢之降卒外籍部族之健士以北部百三十戶為一穆昆諸州漢人六十五戶為一穆昆親信之臣並領所部為明安世宗以上京地廣而腴出府庫錢以濟行賚牛畜遷率濱一明安和囉噶二明安二十四穆昆以實之多易置河北山東所屯之舊括民地而為之業戶頒牛而使之耕畜甲兵而為之備乃大重其權授諸王以明安之號或新置者特賜之名制其奢靡禁其飲酒習其騎射儲其糧糗其備至嚴也

元世祖立五衛以總宿衛諸軍衛設親軍都指揮使外則萬戶之下置總管千戶之下置總把百戶之下置彈壓立樞密院以統之初有蒙古軍特默齊軍蒙古軍皆國人特默齊軍則諸部族也男子年十五以上七十以下盡僉為兵十人為一牌設牌頭上馬則備戰鬭下馬則屯聚牧養孩幼稍長又籍之曰漸丁軍既平中原發民為卒是為漢軍限年二十以上者充其繼得宋兵號新附軍又有遼東之糺軍契丹軍女直軍雲南之寸白軍福建之畬軍則皆不出戍他方者蓋鄉兵也又有以

技名者曰炮軍弩軍水手軍應募而集者曰達爾罕軍
明初自京師達於郡縣皆立衞所外統之都司內統於五軍都督府而上十二衞爲天子親軍者不與焉征伐則命將充總兵官調衞所軍領之旣旋則將上所佩印官軍各回衞所京軍設三大營一曰五軍一曰三千一曰神機居常五軍肄營陣三千肄巡哨神機肄火器大駕征行則大營居中五軍分駐步內騎外騎外爲神機神機外爲長圍周二十里樵採其中自成祖至宣宗皆以京營制勝焉景帝時兵部尚書于謙建議以三大營各爲教令臨期調撥兵將不相習乃請於諸營選勝兵十萬分十營團練每營都督一號頭官一都指揮二把總十領隊一百管隊二百於三營提督中推一人充總兵官以兵部尚書或都御史一人爲提督出征卽令原都督等統領之

論將

唐李勣統兵與李靖合攻突厥勣曰頡利得度磧保九姓卒難以定若約齎薄之不戰可縛矣靖從之率衆夜發勣先勒兵屯磧口頡利奔不能度遂降太宗曰煬帝不擇人守邊築長城以勞中國我用勣守并突厥不敢南嚮於長城遠矣又太宗征遼薛仁貴著白衣自標幟持戟腰鞬兩弓所向披靡敵遂奔潰帝召仁貴曰舊將皆老欲擢驍勇付閫外莫如卿者吾不喜得遼東喜得虓將還右領軍中郞將後以罪除名未幾拜代州都督率兵擊突厥突厥問唐將爲誰曰薛仁貴突厥曰薛將軍流象州死矣安得復生仁貴脫兜鍪見之突厥相視失色皆下馬羅拜

宋范仲淹知延州先是詔分邊兵令諸將領之寇至則官卑者先出仲淹曰將不擇人以官爲序致敗之道也於是大閱州兵得萬八千人分六將領之日夜訓練分番禦敵元昊聞之相戒勿犯

金宗弼再伐江南以酈瓊素知南方山川險易召至軍與計事瓊從容語同列曰瓊嘗從大軍南伐每見元帥國王親臨陣督戰矢石交集而王指麾三軍意氣自若用兵制勝皆與孫吳合可謂命世雄材矣至於親冒鋒鏑進不避難將士視之孰敢愛死宜其所向無前日闘國千里也江南諸帥才能不及中人每當用兵必身居數百里外謂之持重或督召軍旅易置將校僅以一介之士持虛文諭之謂之調發制敵決勝委之偏裨是以智者解體愚者喪師幸一小捷則露布飛馳增加俘級以爲己功斂怨將士縱或親臨亦必先遁何能整軍而經武耶衆以爲確論

明章溢侍太祖因問征閩諸將對曰湯和由海道進胡延瑞自江西入此可必勝然閩中尤服李文忠威信若令文忠由浦城取建寧此尤萬全計也太祖喜立詔文忠督師閩中

搜才附

唐李筌太白陰經曰有深沉謀慮出人意表者名曰智囊之士有辭縱理横飛箝捭闔能移人之性奪人之心者名曰說辯之士有得敵國君臣門閫請謁之術者名曰間諜之士有知山泉水井次舍道路迂直者名曰鄉導之士有制造五兵攻守利器奇變譎詭者名曰伎巧之士有引五石之弓矢貫重鎧戈矛劍鉞便於利用陸搏犀兕水攫黿鼉跳身捕敵搴旗摭鼓者名曰猛毅之士有立乘奔馬左右超忽踰越城堡出入廬舍而無形迹者名曰蹻捷之士有往返三百里不及夕者名曰疾足之士有力負三百六十斤行五十步者名曰巨力之士有步五行運三式多言天道詭說陰陽者名曰伎術之士

宋許洞虎鈐經曰今之取人率求其多學而舍其偏技非良術也兵家所利隨其短長用之也精銳者使鬭果敢者使攻沉毅而性執者使據阻險輕捷者使誘敵剛愎者使當鋒利口喋喋者使用間善竊者使盜號探敵惡言者使揚毀詈罵奇才異識者使預談論深識大度者使安衆志倔强多力者使斬闘榛莽善隨地形結構者使度樹營柵諳山澤高下水泉之利者使詳地狀妖言詐辭善張皇鬼神推衍天命者使揚聲惑衆以動敵心善擇地勢平險知往來細大之蹊路者使通儲糧奇辭偉辯能駕虛矜大者使奮振威德耳目聰明善探敵情者使伺候奸僞敏才健筆者使主牋檄明七曜休咎者爲歷數之士善占風雲氣候者爲候風氣之士曉六壬遁甲者爲選日之士善蓍龜者爲卜筮之士人醫須二十以上以兵數增之獸醫亦如人醫之數大將軍推通材者與之參議可否故我大衆之內無棄人焉人無所棄斯動則有功矣

明金幼孜北征錄曰正兵之外復收諸色材技分爲二十八將一辭說將招善游談辯說者充一間諜將招善探聽事務者充一鄉導將招曾歷內外道路者充一伏兵將招善搜伏隱路者充一營寨將招善辨形驗勢者充一聽望將招耳聾目瞽者充聾者專於望瞽者專於聽一偷劫將招善攻營襲寨者充一潛身將招善無火夜行者充一輕捷將招善上竿立索者充一樓閣將招善緣牆上壁

者充一窟穴將招善穿窟穴者充一烟火將招善飛烟走炮者充一毒藥將招善修合藥餌者充一醫人將招善醫人病者充一醫馬將招善醫馬病者充一波濤將招善弄潮泛水者充一洋海將招識海道者充一風雲將招善辨風驗雲者充一孤虛將招善鑽龜揲易六壬太乙者充一游獵將招善羅弋禽獸籠檻敎使者充一鋒刃將招善煉鋼團鐵者充一觔角將招善製弓弩者充一皮革將招善薰皮雙線者充一樓櫓將招善斤斧繩墨者充一油漆將招善煎油髹漆者充一機杼將招善機織錦羅者充一丹青將招善揮染繪畫者充一機巧將招善雕鐫裝塑者充二十八將各置隊伍敎以本色材技兼習武藝戰鬬案龍韜太公曰凡舉兵師以將爲命命在通達不守一術因能授職各取所長隨時變化以爲紀綱故將有股肱羽翼七十二人以應天道腹心一人主贊謀應卒揆天消變總覽計謀保全民命謀士五人主圖安危慮未萌論行能明賞罰授官位決嫌疑定可否天文三人主司星歷候風氣推時日考符驗校災異知天心去就之機地利三人主軍行止形勢利害消息遠近險易水涸山阻不失地利兵法九人主講論異同行事成敗簡練兵器刺舉非法通糧四人主度飲食備蓄積通糧道致五穀令三軍不困乏奮威四人主擇才力論兵革風馳電掣不知所由伏旗鼓三人主伏旗鼓明耳目詭符印謬號令闇忽往來出入若神股肱四人主任重持難修溝塹治壁壘以備守禦通才二人主拾遺補過應對賓客論議談語消患解結權士三人主行奇譎設殊異非人所識行無窮之變耳目七人主往來聽言觀變覽四方之事軍中之情爪牙五人主揚威武激厲三軍使冒難攻銳無所疑慮羽翼四人主揚名譽震遠方動四境以弱敵心遊士八人主伺姦候變開闔人情觀敵之意以爲間諜術士二人主爲譎詐依託鬼神以惑衆心方士三人主百藥以治金瘡以痊萬病法算二人主會計三軍營壘糧食財用出入太公之需才如此使人非旁搜博採何由備用哉搜才之法談兵家多言之者而其目莫詳於太白陰經虎鈐經北征錄故備載之

欽定續通典卷九十二

欽定續通典卷九十三

兵

法制

唐貞觀初練兵之制每歲季冬折衝都尉率五校兵馬之在府者分步隊騎隊左右相距百步各執矟幡刃旗擊鼓則進聞金則却以吹角始以吹角止因縱獵獲各入其人至開元中以仲冬月講武前期所司于都門外除地為場為和門壇地為營坪立表為進退之節至日將士集依方色建旗東西成列吹角三通聽誓於大將軍鼓鳴旗舉士衆趨進東軍鼓而舉青旗為直陣西軍亦鼓而舉白旗為方陣以應之次西軍鼓而舉赤旗為銳陣東軍亦鼓而舉黑旗為曲陣以應之次東軍鼓而舉黃旗為圓陣西軍亦鼓而舉青旗為直陣以應之次西軍鼓而舉白旗為方陣東軍亦鼓而舉赤旗為銳陣以應之次東軍鼓而舉黑旗為曲陣西軍亦鼓而舉黃旗為圓陣以應之凡陣遞為主客先舉為客後舉為主五變而畢事步軍畢乃講騎軍進止如之後詔府兵六歲一簡自彍騎羽林之軍設擇材勇者頗習弩射亦以試士及第者有賞元宗講武驪山以虧失軍容詔斬兵部尚書郭元振坐之纛下宰相跪諫曰元振推戴上皇有大功得免死流新州禮儀使唐紹草軍儀有失斬之諸軍震恐失序惟薛訥解琬軍不動帝召至慰勞又李光弼代郭子儀鎮朔方麾幟仍舊號令一新會師兵東出大將張用濟稍逗遛立斬之諸將畏服用命

五代漢將史弘肇御衆嚴整將校少不從命即撾殺之士卒犯民田及繫馬于樹者皆斬軍中畏服

周世宗與北漢戰右軍樊愛能何徽引騎兵先遁世宗親冒矢石擊敵却之歸即收愛能徽及軍士七十餘人責之曰汝輩非不能戰正欲以朕為奇貨賣與劉崇耳悉斬之將士股栗所至克捷

宋初殿前侍衞二司各閱所掌兵健勇者升上軍怯弱者為剩員並詔諸州長吏精練部兵送闕下仍日習之習法以鼓聲為節騎兵五習步兵四習閱陣畢令解鐙以弓弩射營製弓三等自一石至八斗弩四等自二石八斗至二石五斗以次閱習騎兵只射九斗至七斗弓畫的五暈去的二十步引滿發中者視暈數論賞騎兵帶甲射不能發矢者奪所乘馬與本營藝優士卒後又立挽强蹠硬射格以春秋大教弓射夏三月只習短兵咸平中閱侍衞兵二十萬於東武村步騎交屬左右相向都指揮執方旗以節進退使人于兩陣中執旗登候臺應之初舉黃旗諸軍旅拜次舉赤旗則騎進舉青旗則步進旗動鼓作諸軍士皆三挑而後退次舉白旗諸軍拜遂舉黑旗以振旅軍于左者略右陣右者略左陣而還熙寧五年以蔡挺衛校陣法頒諸路五伍為隊五隊為陣陣橫列騎兵二隊亦五伍列之東草為人射焉中者有賞馬步軍皆前三行鎗刀後二行弓弩隊中附虎蹲弩牀子弩各一具射與擊刺迭出以鼓為節聞金即退其人馬强者預隱隊中遇有用處則別出為奇南渡後專習制禦鐵騎摧鋒破敵之法習全副執帶出入短椿神臂弓長柄膊刀馬射穿甲施用棍棒每營揀二十人閱習放炮排日就營教閱每軍各置旗號前軍緋旗鳥為號後軍皁旗龜為號左軍青旗蛟為號右軍白旗虎為號中軍黃旗神人為號又別以五色物號制招旗分旗舉招旗則五軍以旗相應合而成陣舉分旗則五軍以旗相應分而成隊左右前却或分藏為伏或分出為奇皆舉旗為號更鳴小金應鼓備瞻望不及者預約伏藏之所緩鳴小金即止急鳴應鼓即奇兵出陣趨戰急鳴小金即伏兵盡出其春秋大校皆依此法乾道四年十月大閱于茅灘教場先期修築將壇至日三衙管軍與各軍統制統領將佐全裝披帶率三司馬步軍兩忠毅軍寨馬軍各執弓鎗帶刀斧齊集視黃旗舉中軍鳴角馬步軍簇隊連三鼓馬軍上馬步人擐起旗鎗四鼓舉白旗中軍鼓聲應變方陣為備敵之形別高一鼓步軍四向如遇敵且戰且前馬軍出陣如交鬭再高一鼓各分歸本位五鼓舉黃旗變圓陣如自環固又三鼓舉赤旗變銳陣魚貫斜列如衝敵再舉青旗變直陣中間節次皆如方陣鳴金收隊重三鼓馬軍上馬步人齪落擊刺中節仍鳴角簇隊步人分東西引拽馬軍交頭隨隊呈試驍銳大刀繼而進試車砲烟槍各藝訖鳴金收軍先是熙寧中趙卨言大閱陣隊且以萬二千五百人為法旌旗麾幟各隨方色仍依唐李靖結隊之式稍為變動每一大隊合五中隊五十人為之中隊合三小陣九人為之小隊合三人為之皆令自擇其心意相得者又選壯勇善鎗者一人為旗頭令自擇如己藝心相得者二人為左右傔自選勇悍者一人為引戰選軍校一人執刀在後為擁隊凡隊內一人用命二人應援小隊用命中隊應援中隊用命大隊應援大隊用命小隊應援如觀望不赴救致有失者本隊委擁軍校次隊委本轄校將審勘所由斬之其不可救與不能救者不坐用法精密後用張誠一李憲等教李靖六花陣法教演七軍曰營曰陣止為營行為陣營則正陣則奇至湞

熙間又立槍手射鐵簾賞格槍手以竄刺中多少爲十二等支銀兩高下有差射鐵簾以步數遠近犒賞緡錢有差又岳飛討楊么統制任士安不稟前帥令致軍無功鞭之使餌賊曰三日賊不平斬汝乃挑賊併攻伏兵四起擊賊走之孟宗政權棗陽軍初視事一愛僕犯新令立斬之軍民股栗孟珙以元兵至三川下令應出戍主兵官不許失棄寸土權開州梁棟以乏糧還司珙曰是棄城也斬以徇由是諸將稟命惟謹

遼制鑄金魚符調發軍馬其捉馬及傳命有銀牌二百軍所舍有遠探欄子馬以夜聽人馬之聲凡舉兵帝率羣臣祭告天地日神分命近臣告太祖以下諸陵及木葉山神乃詔諸道徵兵惟南北奚王東京渤海兵馬燕京統軍兵馬雖奉詔未敢發兵必以聞上遣大將持金魚符合然後行始聞詔攢戶丁推戶力覆籍齊衆以待自十將以上次第點集軍馬器仗符至兵馬本司自領使者不得與惟再共點軍馬訖又以上聞量兵馬多少再命使充軍主與本司互相監督又請引五方旗鼓然後皇帝親點將校選士卒其南伐點兵多在幽州北千里鴛鴦泊及行並取居庸關曹王峪白馬口古北口阿達木口松亭關榆關等路將至平州幽州境又遣使分道催發不得久駐恐踐禾稼出兵不過九月還師不過十二月皇帝親征留親王一人在幽州權知軍國大事旣入南界分爲三路廣信軍雄州權知各一駕必由中道兵馬都統護駕等軍皆從各路軍馬遇縣鎭卽時攻擊若大州軍必先料其虛實可攻次第而後進兵至宋北京三路兵皆會以議攻取及退亦然三路軍馬前後左右有先鋒遠探子馬各十數人在先鋒前後欄二十餘里全副衣甲夜中每行十里或五里少駐下馬側聽有無人馬之聲有則擒之力不可敵飛報先鋒齊力攻擊如有大軍走報主帥敵中虛實動必知之軍行當道州城防守堅固不可攻擊引兵過之恐敵人出城邀阻乃圍射鼓譟詐爲攻擊敵方閉城固守前後無阻引兵進分兵抄截使隨處州城隔絕不通孤立無援所過大小州城至夜恐城中出兵突擊及與鄰州計會軍馬甲夜每城以騎兵百人去城門左右百餘步被甲執兵立馬以待兵出力不能加馳還句集衆兵與戰左右官道斜徑山路河津夜中並遣兵巡守其打草穀家丁各衣甲持兵旋團爲隊必先砍伐園林然後運土木塡壕塹又於本國州縣起漢人鄉兵萬人隨軍專伐園林塡道路御寨及諸營壘惟用桑柘梨栗軍退縱火焚之敵軍旣陣料其陣勢小大山川形勢往囘道路救援捷徑漕運所出各有以制之然後于陣四面列騎爲隊每隊五七百人十隊爲一道十道當一面各有主帥最先一隊走馬大譟衝突敵陣得利則諸隊齊進若未利引退第二隊繼之退者息馬飲水諸道皆然更退迭進敵陣不動亦不力戰歷二三日待其困憊又令打草穀家丁馬施雙帚因風疾馳揚塵敵陣更互往來敵旣飢疲目不相覩可以取勝若陣南獲勝陣北失利主將在中無以知之則以本國四方山川爲號聲以相聞得相救應若帝不親征重臣統兵不下十五萬衆三路往還北京會兵進以九月退以十二月行事次第皆如之若春以正月秋以九月不命都統止遣騎兵六萬不許深入不攻城池不伐林木但於界外三百里內耗蕩生聚不令種養而已軍入南界步騎車帳不循阡陌二道將領各一人率欄子馬各萬騎支散游奕百十里外更迭覘邏及暮以吹角爲號衆卽頓舍環繞御帳自近及遠折木稍屈爲弓子鋪不設鎗營塹柵之備每軍行鼓三伐不問晝夜大衆齊發未遇大敵不乘戰馬俟近敵乘新羈馬蹄有餘力成列不戰退則乘之多伏兵斷糧道冒夜舉火上風曳柴饋餉自賫散而復聚善戰耐寒此兵之所以强也準布達爾罕叛命耶律仁先爲西北路招討使許便宜從事仁先嚴斥堠扼敵衝懷柔服從庶事整飭達爾罕來寇仁先擊敗之

金用兵之制戈爲前行號曰硬軍弓矢在後設而不發非五十步不射弓力不過七斗箭鏃至六七寸形如鑿入輒不可出人攜不滿百隊伍之法五十百千皆有長五長擊柝十長執旗百長挾鼓千長則旗幟金鼓悉備五長戰死四人皆斬十長戰死五長皆斬百長戰死十長皆斬凡爲將自執旗人視其所向而趨自主帥至步卒皆自馭無從者國有大事適野環坐畫灰而議自卑者始議畢卽漫滅之人不聞聲其密如此將行軍大會而飲使人人獻策主帥聽而擇焉其合者卽爲將任其事師還又大會問有功高下賞之以金若干舉以示衆或以爲薄復增之初盛之時率用騎兵旗幟之外各有字記大小牌子繫馬上爲號每五十人分爲一隊前二十人全裝重甲持棍槍後三十人輕甲操戈每遇敵必有一二人躍馬而出先覘陣之虛實或向其左右前後結隊而馳擊之百步之內弓矢齊發中者常多勝則整隊而緩追敗則復聚而不散其分合出入應變若神兵之所以强也太祖命舍音都統內外諸軍取遼中京詔曰遼政不綱神人共棄今欲中外一統故命汝率大軍

以行討伐爾其愼重兵事擇用善謀賞罰必行糧餉必繼勿擾降服勿縱俘掠見可而進毋淹師期事有從權無煩奏禀舍音遂克中京又烏珠臨敵被白袍乘甲馬以牙兵三千督戰兵皆重鎧甲號鐵浮圖戴鐵兜牟周匝綴長簷三人為伍貫以韋索每進一步卽用拒馬擁之人進一步拒馬亦進退不可却又以鐵騎分左右翼號拐子馬皆女直為之號長勝軍專以攻堅戰酣然後用之所向無前屢建奇績

明太祖洪武六年命中書省大都督府御史臺六部議教練軍士律騎卒必善馳射槍刀步兵必善弓弩槍步射以十二矢之半遠可到近可中為程遠可到將弁百六十步軍士百二十步近可中五十步彀弩以十二矢之五遠可到蹶張八十步划車六十步槍必進退熟習在京衛所以五千人為率取其一指揮以下官領赴御前驗試餘以次番試在外都司衛所每衛五千人取五之一千戶以下官領赴京驗試餘以次番試軍士步騎皆善將領各以其能受賞否則軍士給錢六百為道里費將領自指揮使以下所統軍士三分至六分不中者次第奪俸七分以上次第降官至為軍止都指揮軍士四分以上不中奪俸一年六分以上罷職李文忠下錢塘入宿城上秋毫無犯令曰敢擅入民居者斬一卒借民釜立磔以徇又韓雍征廣西猺酋兼程而進一入軍先斬失律指揮李英等四人將士股栗壁壘改觀卒滅大藤諸賊又梁震為大同鎮總兵大同鎮兵素驕悍鎮巡官畏禍每甘言煦之稍不如意卽反脣瞪目飛章訕語相搖惑震受命率家丁五百人馳至雲中申明約束曰我無爾淩爾無我叛王法軍令具在我不敢破國家紀綱家丁時時向鎮兵語曰爾敢犯主將者恃眾耳兒郞輩無不一以當百五步之內恐爾不得用其眾矣鎮兵由是斂戢

雜教令附

唐李筌太白陰經曰夫人以心定言定言以出令故須振雄畧出勁詞銳鐵石之心凜風霜之氣發揮號令申明軍法經曰師眾以順為武軍事有死無犯為敬故穰苴斬莊賈魏絳戮楊干而名聞諸侯威震鄰國令之不行不可以稱兵三令而不如法者吏士之罪也申明而不嚴整者將之過也先甲三日懸令于軍門使軍正執木宣于六軍之眾有犯令者使軍正準令按集軍人而後行刑使六軍皆知之

宋制賞格凡臨陣對賊矢石未交先鋒馳入陷陣突眾賊徒因而破敗者為奇功或寇賊堅銳城池險固山林阻險道路遙遠及救兵不繼如此之類旣制勝克敵難易相遠並不可以常格酬敘委主將臨時錄奏旌賞

明制令凡交鋒之際突入敵陣透出其背殺敗敵眾者勇敢入陣斬將搴旗者本隊已敗敵眾別隊勝負未決而能救援克敵者受命能任其事出奇破敵成功者皆為奇功齊力進前者首先敗敵者前隊交鋒未決後隊向前殺敗敵眾者皆為頭功凡建立奇功頭功者其親管頭目卽為報知妄報者治以重罪行營及下營之時擒獲姦細者陞賞准頭功哨馬生擒敵一人賞銀三十兩斬首一級者二十兩

欽定續通典卷九十三

欽定續通典卷九十四

兵

料敵制勝

唐高祖遣李密出關長史張寶德言其必叛乃勑密更受節度密曰無故召還恐無生理遂斬使者入桃林縣驅掠徒衆直趨南山乘險而東使人馳告故將伊川刺史張善相令以兵應接而聲言向洛行軍總管盛彥師聞之率衆踰熊耳山南據要道令其衆夾路而伏諭之曰俟賊半渡一時俱發或曰聞密欲向洛而公入山何也彥師曰密聲言向洛實欲出不意走襄城就張善相耳若賊入谷我後追之山路險隘一夫殿後必不能制今吾得先入谷擒之必矣密果南出半渡彥師擊斬之傳首長安又太宗征高麗至元菟高麗大駭城邑皆閉車駕次安市高麗北部傉薩高延壽帥兵十五萬來援上謂諸將曰今爲延壽策有三引兵直前連城爲壘據險食粟掠吾牛馬攻之不可猝下欲歸則泥潦爲阻坐困吾軍上策也拔城中之衆與之宵遁中策也不度智能來與吾戰下策也卿曹觀之彼必出下策成擒在吾目中矣後延壽果敗舉衆降又唐休璟在邊遇吐蕃大將麴莽布支率騎數萬寇涼州休璟以兵數千臨高望之見賊旗鎧鮮明謂麾下曰莽布支新將兵欲以示武耳然其下皆貴臣子弟不習戰請爲君破之乃披甲先登六戰皆克又李光弼圍安太淸於懷州因史思明來救壁野水渡比暮還軍留雍希顥守曰賊將高暉李日越萬人敵也必令劫我爾留此賊至勿與戰若降與偕來是日思明果召日越曰光弼野次爾以鐵騎五百夜取之不然無歸日越至壘問曰太尉在乎曰去矣曰兵幾何曰千人曰將爲誰曰雍希顥日越謂其下曰我受命云何今獲希顥歸不免死遂請降希顥與俱至光弼厚待之表授大將高暉亦降或問公降二將何易也光弼曰思明再敗聞我野次彼固易之命將來襲必許以死希顥無名不足以爲功日越懼死不降何待高暉材出日越之右降者見遇貳者得不思奮乎嗣由地道攻城俘安太淸以獻又李晟討朱泚之亂引兵叩都門會諸將圖所向衆對先拔外城然後淸宮晟曰外城有里閈之隘若設伏格戰居人囂潰非計也賊重兵精甲聚苑中今直擊之是披其心腹將圖走不暇諸將曰善乃自東渭橋移壁光泰門以薄都城連溝柵而賊將張庭芝李希倩求戰晟顧曰賊不出是吾憂也今乃冒死來天誘之矣勒吳詵等縱兵蹙擊晟以精騎鼓譟而從大破之乘勝入光泰門再戰賊却走又楊朝晟爲邠寧節度使請城方渠合道木波以遏吐蕃要路詔問須兵幾何對曰邠寧兵足以城之帝曰嚮城鹽州用兵七萬今三城尤逼敵境何易邪對曰今發本鎭兵不旬日至出其不意而城之敵謂吾衆不減七萬不敢輕來不過三旬吾城已畢敵雖至城旁草盡不能久留敵退則運芻糧實之此萬全策也若大集諸道兵踰月始至敵亦集衆來與我爭戰何暇築城哉帝從之朝晟分軍爲三各築一城三旬三城成朝晟軍還至馬嶺吐蕃始出追之相距數日而去朝晟遂城馬嶺而還開地三百里皆如其策

五代梁攻鄆州朱瑾來救梁諸將或勸太祖縱瑾入鄆耗其食堅壁勿戰此可以俱敝太祖曰瑾來必與時溥俱不若遣霍存邀之存伏兵蕭縣已而瑾果與溥俱出迷離存發伏擊之遂敗瑾等於石佛山

晉兵圍張文禮於鎭州久不下而定州王都引契丹來侵契丹至新樂晉人皆恐欲解圍去莊宗未決郭崇韜曰契丹之來非救文禮爲王都以利誘之耳且晉新破梁軍宜乘已振之勢不可遽自退怯莊宗然之果敗契丹又莊宗旣定魏州梁將劉鄩軍於洹水時張源德據貝州魏人請先擊貝州然後東出師徇地滄海莊宗曰貝州魏之邊郡壁壘完堅源德託附劉鄩勢難卒解德州西接貝州與滄帥共爲首尾昨偵其無備可以輕騎取之若在彼駐軍二賊自然勢解各保孤城然後進擊於是遣騎軍晝夜兼行襲德州郡將不意師至踰垣而遁遂克其城又莊宗聞梁人欲大舉數道入寇深以爲憂召諸將會議郭崇韜對曰臣嘗細詢康延孝以河南之事度己料彼日夜思之成敗之機決在今歲梁今悉以精兵授段凝決河自固恃此不復爲備凝非將材不足畏降者皆言大梁無兵陛下若留兵守魏固保楊劉自以精兵與鄆州合勢長驅入汴僞主授首則諸將自降矣莊宗意乃決濟河至鄆州中夜進軍以李嗣源爲前鋒遇梁兵連破之擒王彥章莊宗謂諸將曰段凝猶在河上何向而可諸將以爲東方諸鎭兵皆在段凝麾下所餘空城耳以天威臨之無不下者若先廣地東傅於海然後觀釁而動可以萬全康延孝固請亟取大梁嗣源曰今彥章就擒段凝必未之知就使有人走告之疑信之間尙須三日設若知吾所向卽發救兵直路則阻決河須自白馬南渡舟檝亦難猝辦此去大梁至近無險信宿可至段凝未離河上友貞已爲吾擒矣延孝之言是也莊宗從之遂滅梁

周太祖因劉旻攻晉州遣王峻將兵討之峻軍出自絳州前鋒報過蒙阬峻喜謂其屬曰蒙阬晉絳之險也旻不分兵扼之使吾過此可以知其必敗也峻軍去晉州一舍旻聞周兵大至卽解去

宋太祖謀伐蜀遣王全斌由鳳州劉光儀由歸州進光儀將行太祖示以地圖指鎖江曰我軍至此泝流而上愼勿以舟師爭勝當先以步騎陸行出其不意擊之俟其勢却卽以戰櫂夾攻取之必矣及師至夔距鎖江三十里舍舟前進先奪浮梁復牽舟而上蜀監軍武守謙領麾下與光儀騎將張廷翰戰敗遂入盦江城守將高彥儔自焚死又曹彬潘美諸將北伐陛辭太宗謂曰潘美但先趨雲應卿等以十萬衆聲言取幽州且持重緩行不得貪利敵聞我兵至必悉衆救范陽不暇援山後矣後彬違詔致敗又景德時劉汞規知宜州在郡嚴酷衆咸怨焉澄海軍校陳進率所部害汞規擁判官盧成鈞爲謀主嬰城拒命詔東上閤門使曹利用等發兵討之初奏至眞宗謂王旦等曰司天屢言當有兵方憂遠地牧守不得其人今果有是當遣使翦除旦言利用精於方畧悉心王事此賊不過保其家屬據城拒守或掠城中貲以趨山林如此不足爲慮若選募驍勇立謀主直趨廣州彼其智識必不及此猶慮爲人誘敎爾及聞賊分據柳州洛容縣帝曰此不能離窟穴枉自棄耳不久遂平又王韶以龍圖閣待制知熙州入朝會轄戩敗景思立於踏白城圍河州甚急詔自京師還至興平聞之乃日夜馳至熙州熙方守城命撤之選兵得二萬議所向諸將欲趨河州韶曰賊所以圍城者恃有外援也今知救至必設伏待戰且新勝氣銳未可與爭當出其不意以攻其所恃此所謂扼吭擣虛形格勢禁則自爲解者也乃直叩定羌城破結和爾族斷夏國通路進臨盦河分命偏將入南山轄戩知援絕拔柵去又章楶知慶州時朝廷戢兵戒邊吏勿妄動楶言夏人嗜利畏威不有懲艾邊不得休息宜稍取其疆土如古削地之制以固吾圉然後諸路出兵擇據要害不一再舉勢將自蹙矣遂乘便出討以致其師夏果入圍環州楶諜知之遣驍將伏兵洪德城夏師過之鼓譟而出斬獲甚衆又孟珙少時從父宗政在襄金人攻襄珙料其必窺樊城乃獻策宗政由羅家渡濟河宗政然之翼日諸軍臨渡布陣金人果至渡伏發大敗之又趙范趙葵擊李全於揚州全敗走范葵議所向葵曰出東門范曰西出嘗不利賊必見易因其所易而圖之必勝乃悉精銳數千而西取官軍素爲賊所易者張其旗幟以誑之全望見喜直前突鬭范麾兵並進葵親搏戰諸軍爭奮賊始疑非前日軍欲走入土城李虎軍已塞其甕門全窘從數十騎北走追及刺殺之

遼耶律烏魯斯與晉將杜重威戰於望都被圍衆言陣薄處可出烏魯斯曰恐彼有他備竟引兵衝堅而出迥視衆所指處皆大塹也其料敵多此類

金太祖將舉兵伐遼問都古嚕納曰遼名爲大國其實空虛主驕而士怯戰陣無勇可取也吾欲舉兵仗義而西君以爲何如都古嚕納曰以主公英武士衆樂爲用遼主荒於畋獵政令無常易與也太祖從之卒滅遼又薩里哈因宋吳玠擁重兵據涇州涇原以西多應之欲退守京兆侯河南河東軍古英曰我退守吳玠必取鳳翔京兆同華據潼關吾屬無類矣不如速戰我軍陣涇之南原宋兵必自西原來古英與希卜蘇各以選騎五百摧其兩翼元帥當其中擊之可以得志監軍巴爾斯曰二子當其左右巴爾斯願當其中元帥據岡阜多張旗幟爲疑兵可以得志薩里哈從之吳玠兵果自西原來古英希卜蘇擊其左右自旦至午吳玠左右軍少退巴爾斯當其前衝擊之遂敗玠軍自此蜀人不敢復出關陝遂定

元太祖諭諸將曰金精兵在潼關南據連山北限大河難以遽破若假道於宋宋金世讐必能許我則下兵唐鄧直擣大梁金急必徵兵潼關然以數萬之衆千里赴援人馬疲敝雖至弗能戰破之必矣又郭侃從宗王實喇烏克西征至密實勒會日暮已休復驅兵起只留數病卒西行十餘里頓軍令軍中銜枚傳箭敵不知也潛兵夜來襲殺病卒克鼐蘇勒坦大驚曰東天將軍神人也遂降後世祖卽位侃上疏陳平宋之策其畧曰宋據東南以吳越爲家其要地則荆襄而已今日之計當先取襄陽旣克襄陽彼揚廬諸城彈丸地耳置之勿顧而直趨臨安疾雷不及掩耳江淮巴蜀不攻自平後皆如其策又中統元年哈喇布哈琿塔哈據六盤山以兵應額哷布格商挺謂廉希憲曰爲六盤有三策悉銳而東直擣京兆上策也聚兵六盤觀釁而動中策也重裝北歸以應和林下策也希憲曰彼將何從挺曰必出下策已而果然於是令巴沁汪良臣發兵禦之六盤之兵旣北而阿勒達爾自和林引兵南來與哈喇布哈琿塔哈遇於甘州哈喇布哈以語不合引其兵北去阿勒達爾遂與琿塔哈合軍而南時諸王哈丹率騎兵與巴沁汪良臣兵合乃分爲三道以拒之大戰於甘州東殺阿勒

達爾琿塔哈事聞帝大悅曰商孟卿古之良將也

明劉基初見太祖太祖問征取計基曰士誠自守奴不足慮友諒劫主脅下名號不正地據上流其心無日忘我宜先圖之陳氏滅張氏勢孤一舉可定然後北向中原王業可成也太祖大悅會友諒陷太平謀東下勢甚張諸將或議降或議奔據鍾山太祖召基入內基奮曰主降及奔者可斬也太祖曰計安出基曰賊驕矣待其深入伏兵邀取之易耳天道後舉者勝取威制勝以成王業在此舉矣太祖用其策誘友諒至大破之又常遇春因陳友諒來援安慶料其必攻池州乃伏銳士於九華山敵果來攻伏起擒斬萬餘人又張士誠攻新城李文忠率朱亮祖等馳救去新城十里而軍胡德濟使人告賊勢方盛宜少駐以俟大軍文忠曰兵在謀不在眾乃下令曰彼眾而驕吾少而銳以銳遇驕何憂不克彼軍輜山積此天以富汝曹也勉之乃分左右軍文忠橫槊引鐵騎數千乘高馳下大軍繼之敵遂大潰又沐春嗣父英爵鎮雲南洪武時平越麓蠻立瀾滄衞阿資復叛與何福討之春曰此賊積年逋誅者以與諸上酋姻婭輾轉亡匿今悉發諸酋從軍縻繫之而多設營堡制其出入賊必授首遂趨越州分道逼其城伏精兵道左以羸卒誘賊縱擊大敗之遂擒阿資

敵十五形帥十過附

宋許洞虎鈐經曰猛而輕死者可伏而挑之也智而遲者可逼之也機事疾速而不精者可誘也機緩而精者可抗也自功者可間其下也信人者可詐也不信人者可離也剛愎自用者可乘也親愛人者可侮也貪者可賂也鄙者可奪也廉者可污也清者可辱也畏鬼神者可驚也懦而好用人者可欺也將有是十五者擊之無疑也士卒使用無時者可擊也士馬秣食無時者可擊也結營之地無出入之便者可擊也臨陣諠譁約之不止者可擊也營柵無泉源溪澗者可擊也動而不能避日耗月刑者可擊也諸將爭功者可擊也謀臣放逐者可擊也吏士怨怒者可擊也傳呼不應節者可擊也是十者但候而擊之無疑焉

察而後動

唐兵圍洛陽掘塹築壘而守之城中乏食竇建德悉眾來援太宗集將佐議之郭孝恪曰世充窮蹙垂將面縛建德遠來助之此天意欲兩亡之也若據守虎牢以軍氾水伺間而動破之必矣

五代時南唐李金全將兵救河中軍於沂州之境方與諸將會食候騎白有漢兵數百在澗北皆羸弱請掩之金全令曰敢言過澗者斬及暮漢伏兵四起金鼓聞十餘里金全曰曏可與之戰乎於是退保海州

宋韓世忠征劉忠與賊對壘奕碁張飲堅壁不動眾莫測一夕馳騎穿賊營候者呵問卽以賊軍號隨聲應之周覽以出喜曰此天賜也遂伏精兵於白面山與諸將拔營而進賊兵方迎戰所伏兵巳馳入中軍奪望樓植旗蓋傳呼如雷賊驚潰因斬忠

金太祖天輔時遼耶律伊都降金金以為監軍久不遷常怏怏伊都有叛心遣使約燕京統軍詰里反詰里亦契丹人時金西監軍烏舍自雲中來燕微聞其事而未信同行數百里因獵居庸之東遙見二騎馳遞交相遇於道立馬久談烏舍疑之命數騎追一人至詰曰爾何人也曰伊都使者以軍事詣燕京統軍司詰里烏舍曰爾等適立馬話及何事曰問候烏舍曰非也問候之語無許久又曰話別烏舍曰亦非也話別之語無許久又曰敘家事烏舍曰家事固非立馬敘又曰敘往事烏舍曰往事亦非立馬敘馳者詞窮面顫且戰慄不巳烏舍察其言色兼素疑伊都詰里皆契丹反覆無定因以詐折之曰我知汝二人密議反者近有人密告伊都詰里反期於今日各有使至我故來此伺果得爾輩夫何隱焉其人謂烏舍果知不敢隱伊都之叛由是敗

元阿珠沉幾有智畧入覲與參政阿爾哈雅奏請伐宋帝命相臣議久不決阿珠進曰臣久在行間備見宋兵弱於往昔失今不取時不再來帝卽可其奏詔益兵十萬與丞相巴延參政阿爾哈雅等同伐宋又汪良臣將兵攻嘉定昝萬壽堅守不出良臣度有伏兵先大搜山谷果得而殺之乃進壘薄城萬壽悉軍出戰大破之萬壽乞降

明王守仁討橫水賊始仍故事招安之因給以牛種俾力耕自新所遣使與給者俱盡圖其山谷險易猝以秋高進兵食其所穫賊不及備大破之

驗虛聲知無實

漢高祖天福十二年四月（漢高祖於晉少帝開運四年二月卽位仍稱天福十二年）收復承天軍軍太原東都土門所衝也乃留步卒一千戍之備其不虞時契丹還眾每驚潰敵乃焚其井邑一日之中狼烟百餘舉高祖曰此必敵之將退張虛勢也乃遣親將葉仁魯領步騎三千趣之會敵黨發掘掠取不意軍至敗之斬級獲馬各千餘而還

金阿蘇叛奔遼太祖遣實古納尼楚赫往索阿蘇實古納等還具言遼主驕肆廢弛之狀於是議伐遼遼統軍

司聞始爲備命統軍蕭托卜嘉調諸軍於寧江州太祖使富卦喇復索阿蘇實觀其形勢富卦喇還言遼兵多不知其數太祖曰彼初調兵豈能遽集如此復遣呼實布往還言惟四院統軍司與寧江州軍及渤海八百人耳太祖曰果如吾言謂諸將佐曰遼人知我將舉兵集諸路軍備我我必先發制之無爲人制衆皆曰善乃舉兵伐遼又宗望伐宋渡江敗宋兵於江上遣璋都等以兵追宋主宋主入會稽若爲堅守計有兵數千列陣於郭東竹葦間諸將欲擊之璋都曰此詐也不若急攻城不然將由他門逸去諸將猶豫未決而宋主果於他門以單舟入海不獲而還

元阿珠旣築壘斷襄陽糧道宋將夏貴范文虎復相繼來援又分兵出入東岸林谷間阿珠謂諸將曰此張虛形不可與戰宜整舟師備新堡諸將從之明日宋兵果趨新堡大破之

敵降審察

唐突厥阿史德溫傅反與阿史那伏念合詔裴行儉總諸軍討之伏念密送降款請自效行儉不泄其事而密表以聞數日有烟塵漲天而至斥堠惶駭來白行儉召三軍謂曰此伏念執溫傅來降非他也然受降如受敵但須嚴備更遣單使仍前勞之少間伏念果率屬縛溫傅來軍門請罪盡平突厥餘黨

宋夏州李繼遷遁斤澤都巡檢曹光實選精騎襲之繼遷僅以身免獲其母妻於是繼遷復結婚於豪酋轉徙伏匿浸以強盛使人給光實曰我數奔北勢窘不能自存矣公許我降乎因陳舅甥之禮期某日於葭蘆川降光實信之且欲擅其功故不與人謀至期繼遷設伏止領十數人近城迎光實從百騎赴之繼遷前導北行至其地忽舉手揮鞭伏兵盡起光實被害又元昊遣高延德還延州與范仲淹約和仲淹自爲書遣元昊反覆戒諭令去帝號盡臣節以報累朝厚待之恩韓琦聞之曰無約而請和者謀也命諸將戒嚴而自行邊至高平元昊果遣衆寇渭州薄懷遠城琦乃趨鎭戎軍盡出其兵以禦之

遼韓匡嗣耶律沙伐宋以報圍城之役耶律休格率本部兵從匡嗣等戰於滿城翌日將復戰宋人請降匡嗣信之休格曰彼衆整而銳必不肯屈乃誘我耳宜嚴兵以待匡嗣不聽休格引兵憑高而視須臾南兵大至鼓譟疾馳匡嗣倉卒不知所爲士卒棄旗鼓而走遂敗績休格整兵進擊敵乃却

元郭侃征西屢捷至大房其將珠蘇爾致書請降左右以爲信然易之侃曰軍機多詐不可信也若中彼計恥莫大焉乃嚴陣以待珠蘇爾果以兵來邀侃與戰大破之巴爾蘇勒坦降下其城一百八十五又李恒圍隆興宋轉運使劉槃請降恒察其詐密爲之備槃果以銳兵突至恒擊敗之殺獲殆盡乃降又星節爲湖廣行省平章政事値汝潁妖賊起會僚屬議之或曰有鄭萬戶老將也宜起而用之星節乃命募土兵完城池修器械嚴巡警悉以其事屬鄭賊聞之遣其黨二千人來約降星節與鄭謀曰此詐也然降而卻之則不可受而審之可也果得其情乃殲之械其渠魁數十人以待命適有旨召星節爲大司農同僚受賊賂乃誣鄭罪而釋其所械者明日賊大至內外響應城遂陷又伊蘇擒婁特穆爾布哈賊黨程思忠等乞降於參政撒凌特穆爾爲請命於朝詔許之命伊蘇退師伊蘇度賊必以計怠我師乃嚴備以偵之程思忠果棄城遁去亟追至瑞州殺獲萬計賊遂東走

明鄧愈駐兵於臨江之平塘時鄧克明據撫州遣使通款而實無獻城之意愈知其情捲甲夜趨比日入城克明單騎遁

臣等謹按元劉元振爲成都經畧使宋瀘州守將劉整密送款求降元振往受之諸將皆曰劉整無故而降不可信也元振曰宋權臣當國賞罰無章有功者往往以計除之是以將士離心且整本非南人而居瀘南重地事勢與李全何異此舉無可疑者遂行其父哈瑪爾戒之曰劉整宋之名將瀘乃蜀之重地今整遽以瀘降情僞不可知汝無爲一身慮事成則爲國家利不成則當效死乃其分也元振至瀘整開門出迎元振棄衆而先下馬與整相見示以不疑明日請入城元振釋戎服從數騎與整聯轡而入飲燕至醉整心服焉元振還宋瀘州主帥俞興率兵圍瀘州晝夜急攻城幾陷左右勸元振曰事勢如此宜思變通整本非吾人與俱死無益也元振曰人以誠歸我旣受其降豈可以急而棄之且瀘之得失關國家利害吾有死而已乃犒將士募善泅者賫蠟書至成都求援又權造金牌分賞有功未幾援至元振與整出城合擊興兵大敗之興退走據此實與杜典之意互相爲用夫敵情多詐受降者固不可不審察以燭其幾然使過於疑則又無以服降者之心而收實效觀劉元振之處劉整可謂信義交至而劉整亦卒無

叛意要惟能審察而後能不疑此又臨敵者所當知也謹附識於此

欽定續通典卷九十四

欽定續通典卷九十五

兵

間諜

唐郭元振爲武衛參軍會吐蕃乞和其大將論欽陵請罷四鎭兵元振言吐蕃倦徭戍久矣咸願和解以欽陵欲裂四鎭專制其國故未歸款陛下誠能歲發和親使而欽陵不從則其下必怨斯離間之漸也如其計後吐蕃君臣相猜攜卒誅欽陵又李晟邏得朱泚將姚令言等諜者令釋縛輒飲之遣還敕曰爲我謝令言等善爲賊守勿不忠於泚乃引兵叩都門賊不敢出

宋太祖忌江南林仁肇威名賂其侍者竊取仁肇畫像懸別室引江南使者覩之問何人使者曰林仁肇也曰仁肇將來降先持此爲信又指空館曰將以此賜仁肇使者歸白江南主江南主不知其間鴆殺仁肇又曹瑋馭軍嚴明尤善用間周知敵動靜時李繼遷叛徙瑋知鎭戎軍繼遷虐用其民瑋知其下多怨卽移書諸部諭以朝廷恩信以離諸羌由是康諾爾等族請內附渭州有告戍卒叛入夏國者瑋方對客奕棋不聽言者不已遽曰吾使之往也未幾夏人斬叛者投其首境上又种世衡居靑澗城時夏元昊方强其貴人伊勒綱朗淩裕勒且兄弟有材謀親信用事邊臣欲以謀間之鄜延經畧使龐籍兩爲保安軍守劉拯書賂番部博綽以達伊勒兄弟而涇原路王沿葛懷敏亦遣人持書及金寶以遺裕勒且會綱朗淩令朗默特實奇默囊等三人詣世衡請降世衡知其詐曰與其殺之不若因以爲間留使監商稅出入騎從甚寵有僧王光信者趫勇善騎射習知番部山川道路世衡出兵常使爲鄉導數盪族帳奏以爲三班借職改名嵩世衡爲蠟書遣嵩遺綱朗淩言朗默特等已至朝廷知王有向漢心命爲夏州節度使奉錢月萬緡旌節已至趣其歸附以棗綴畫龜喻其早歸之意綱朗淩得書大懼自所治執嵩歸元昊元昊疑綱朗淩貳己不遣還所治且錮嵩穽中使其臣李文貴以綱朗淩旨報世衡且言不達所遣書意或許通和願賜一言世衡以白籍時朝廷已欲招撫籍召文貴至諭以國家開納意縱使還報元昊得報出嵩禮之甚厚使與文貴偕來自是繼遷遣使者請降稱臣如舊世衡聞伊勒兄弟誅爲文越境祭之一云綱朗淩號伊勒王裕勒且號天都王世衡既以計誅伊勒欲并間天都因設祭境上書祭文於版述二將相結有意本朝悼其垂成而失其文雜紙幣中伺敵至急爇之以歸版字不可遽滅敵得之以獻元昊天都亦以此得罪元昊既失心腹之將悔恨無及乃定和議又岳飛知劉豫結尼雅滿而烏珠惡劉豫可以間而動會軍中得烏珠諜者飛陽責之曰汝非吾軍中人張斌乎前遣汝至齊誘致四太子何竟不報今齊使至爾乃來不亦緩乎諜冀緩死卽詭服乃作蠟書與豫誘四太子狀謂諜曰姑貸汝圖後效封服納書戒勿泄諜歸以書示烏珠果疑豫馳白其主廢之

金世祖既平和諾克薩達富珠哩部布呼猶保薩阿宗村招之不出布呼之屬曰舒嚕舒嚕之母嫁於圖們部達爾罕貝勒而爲之妻達爾罕與族兄弟瑪賚音貝勒俱事世祖世祖欲間舒嚕於布呼謂達爾罕曰汝之事我不如瑪賚音之堅固也盍謂舒嚕毋予一彼焉一此焉以此撼舒嚕舒嚕聞之遂殺布呼而降又赫舍哩志寧討鄂斡大敗之鄂斡入於奚中志寧獲敗將碩和卓弗殺許以官賞縱之歸約以捕鄂斡自效碩和卓既去見鄂斡祕不言見獲事乃反間奚人於鄂斡曰陷泉失利奚人有貳志不可不察當是時鄂斡屢敗其下亦各有心碩和卓乃與賊帥實圖根執鄂斡降又完顏霆改大名路提控取玉田三河香河三縣徙屯濱棣淄留副將孫江守滄州江以滄州降於王檝而江將兵圍觀州霆乃詐作書與孫江約同取滄州者王檝得其書果疑孫江與霆有謀召江還殺之霆乃定觀州而還

明太祖駐建康陳友諒率兵六十萬順流攻取又遣使約張士誠同入寇太祖慮二人謀合爲害益難支乃因康茂才與友諒舊知遣爲間紿僞降約爲內應招之速來給告以虛實使分兵三道以弱其勢遂令閽者至友諒軍友諒得書甚喜問曰康公何在閽者曰見守江東木橋乃與酒食遣還謂曰吾至呼老康爲驗閽者還以告乃命李善長亟撤江東橋易以鐵石友諒率舟師至太祖命馮勝常遇春伏於石灰山側徐達於南門外楊璟於大勝港張德勝朱虎將艨艟出龍江關外自總大軍於獅子山友諒以舟不得進徑衝江東橋見大石驚呼老康無應之者卽遣兵登岸立柵太祖下令諸軍拔柵爭戰伏兵起大破之友諒走還又徐達攻平江不下時莫天佑爲張士誠守無錫更相脣齒其將楊茂善泅數從水中爲偵達獲茂釋而厚賞之使往來爲間因盡得其虛實遂破之又王守仁勘事福建路經南贛偵宸濠叛亂乃與縣令顧泌約知府伍文定等起兵討賊恐濠直趨南京遣諜四出投檄言京師湖廣廣東西江浙等處各發兵數十萬以疑濠使其遲出遠近聞風有備又密致書與賊心腹李士實劉養正及閔念四吳十三若有約內應者濠得致書人及密書遂疑士實等士實勸濠舍安慶直趨南京否則徑出蘄黃趨京師濠不聽

以至於敗又沈希儀爲右江柳慶參將駐柳州時象州武宣融縣猺反詔討之希儀謂圖勝算莫如得賊情得賊情莫如用諜間使官府人爲之則賊生疑於是陰求得與猺通販易者數十人釋其罪而厚撫之使詗賊賊動靜希儀無不知之雖肘腋親近絶不得聞人皆以爲神希儀初至令熟猺得出入城中無所禁因厚賞其黠者使爲諜後漸令猺婦入見其妻賚以酒食繒布其夫常以賊情告者則陰厚之諸猺婦利賞爭勸其夫輸賊情或自入府言之以故賊益無所匿形多易面爲熟猺自是柳城四旁數百里無敢攘敓者

不信敵間附

唐李希烈反遷曹王臯鎭江西至豫章大集將吏得裨校伊慎擢爲大將治戰艦裒兵二萬以士二千五百委愼等敎之初愼嘗從希烈平襄州至是希烈懼爲臯用乃遺愼七屬甲詐爲愼書行間焉德宗遣中使卽軍中斬之臯乃抗疏論雪上章未報會賊兵泝江來寇臯乃召愼勉之令戰斬首數千朝廷始信其不二

臣等謹案用間之法我以間往敵亦以間來惟我不信間而後可以用間杜典無此目謹倣其例增附於此

行師先在臺力不可窮兵

唐李光弼討史思明時魚朝恩屢上賊可滅狀詔諭光弼光弼固言賊方銳未可輕動僕固懷恩媢光弼功陰佐朝恩陳掃除計使者來督戰不得已出師北邙令附山阻險而陣懷恩不從賊據高原委物佯北官軍爭獲之伏發大潰

宋趙范趙葵欲乘時撫定中原建守河據關收復三京之議朝臣多以爲未可獨鄭淸之力主其說乃命趙范移司黃州刻日進兵喬行簡時在告上疏曰臣不憂師出之無功而憂事力之不可繼有功而至於不可繼則其憂始深矣夫規恢進取必須選將練兵豐財足食今將乏卒寡財匱食竭臣恐北方未可圖而南方已先騷動矣不聽詔全子才合淮西兵萬人赴汴趙葵以淮西兵五萬人取泗州由泗趨汴會子才軍命楊誼等將兵入洛陽誼至洛東三十里遇敵伏兵大潰葵等亦棄汴而歸

遼太祖天贊二年皇子輝庫濟爲大元帥圖魯卜爲副旣克平州進軍燕趙攻下曲陽北平至易州易人來拒踰濠而陣李景章出降言城中人無鬬志大元帥將修攻具圖魯卜諫曰我師遠來人馬疲憊勢不可久留乃止軍還大元帥以其謀聞太祖大悅賜賚優渥

金太祖伐遼克臨潢府至沃赫河宗幹諫曰地遠時暑士罷馬乏若深入敵境糧運不繼恐有後艱帝從之遂班師又布薩忠義移軍壓淮境遣赫舍哩志寧率偏師渡淮取盱眙濠廬和滁等州宋人懼而世宗意天下厭苦兵革思與百姓休息詔忠義度宜以行忠義使右監軍宗敘入奏將近暑月乞俟秋涼進發詔許之又布薩揆伐宋下眞州宋遣陳璧來告和揆以乞辭未誠徙欲緩師卻之宋人不獲請成乃決巨勝成公雷塘瀦積水以爲阻盡焚其廬舍儲積過江遁去揆以方春地濕不可久留且欲休養士馬振旅而還

元阿巴齊從皇子鎭南王征交阯至思明州賊阻險拒守阿巴齊選精銳與賊戰於女兒關斬馘萬計餘兵棄關走於是大軍深入進至交州陳日烜空其城而遁阿巴齊曰賊棄巢穴而匿山海者意待吾之敝而乘之耳將士多北人春秋之交瘴癘交作賊弗就擒吾不能持久矣今出兵分定其地招降納附勿縱士卒侵掠急捕日烜此策之善者也

臨敵易將

五代梁王彥章將軍攻晉之夾寨南城段凝副之彥章血戰功獨多段凝有異志陰與梁之要臣趙巖張漢傑交通匿彥章捷書而獨進段凝所奏末帝初疑其事已而使者至軍獨賜勞凝而不及彥章軍士皆失色及楊劉之敗凝乃誣奏彥章使酒輕敵以至於敗趙巖等從中毁之遂罷彥章以凝爲招討使凝尋帥精兵數萬降唐

金宣宗貞祐三年詔諸道按察司講究防秋盧庸陳便宜有曰掌軍之官不宜臨時易代臨敵易將乃兵家所忌將非其人屢代何益時論韙之

元舒穆嚕額森從穆呼哩取東京時金人新易東京留守將至額森諜知之卽與數騎邀而致之懷其所受誥命至東京謂守門者曰我新留守也入據府中問吏列兵於城何謂交以邊備對額森曰吾自朝廷來中外晏然柰何欲陳兵以動搖人心乎卽命撤守備曰寇至在我是夜下令易置將佐部伍三日穆呼哩至入東京不費一矢又順帝至正十三年張士誠據高郵叛右丞相托克托總大軍出討數敗士誠圍高郵隳其外城城且下順帝信讒解托克托兵柄削官爵以他將代之士誠乘間奮擊元兵潰去由是復振

明世宗嘉靖時倭寇猖獗東南命張經總督江南江北浙江山東福建湖廣諸軍討之便宜行事時倭二萬餘

擄柘林川沙窪其黨方踵至經日選將練兵爲擣巢計以江浙山東兵屢敗欲俟所徵兩廣狼土兵至用之乃遣總兵官俞大猷遊擊鄒繼芳參將湯克寬分屯金山衛閔港乍浦犄賊三面以待永順保靖兵之集會侍郎趙文華以祭海至與浙江巡按胡宗憲比屢趣經進兵經曰賊狡且衆待永保兵至夾攻庶萬全文華遂密疏經糜餉殃民畏賊失機帝怒卽下詔逮經以蘇松巡撫周琉代之方文華之拜疏也永保兵已至其日卽有石塘灣之捷至五月朔倭突嘉興經遣參將盧鏜督保靖兵以大猷督永順兵由泖湖趨平望以克寬引舟師由中路擊之合戰於王江涇斬賊首一千九百餘級焚溺死者甚衆給事中李用敬等言王師大捷倭奪氣不宜易帥帝不聽卒論經死琉泣任無所展布賊復熾狼土兵亦不奉琉節制大肆焚掠於是東南民旣苦倭復苦兵矣

軍政不一必敗

唐初劉黑闥引突厥寇河北淮陽王道元授山東道行軍總管師次下博與賊軍遇道元帥騎先登命副將史萬寶督軍繼進萬寶與之不協及道元深入而擁兵不進謂所親曰吾奉手詔言淮陽小兒雖名爲將而軍之進止皆委於吾今其輕銳越泥濘交戰吾軍若動必陷泥濘莫如結陣以待之雖不利王而利國也道元遂爲賊所擒又蘇定方從大將軍程知節征賀魯至鷹娑川突厥引二萬騎來拒總管蘇海政與戰未決旣而突厥別部鼠尼施等又領二萬餘騎續至定方正歇馬隔一小嶺去知節十里許望見塵起率五百騎馳往擊之敵衆大潰追奔二十里副總管王文度害其功謂知節曰雖云破賊官軍亦有死傷今當結爲方陣輜重並納腹中四面布隊人馬披甲敵來卽戰自保萬全又矯制收軍不許深入終日跨馬披甲結陣由是馬瘦卒勞無鬬志定方謂知節曰本來討賊今乃坐守何功之立哉且公爲大將閫外之事不許自專別遣軍副專其號令理必不然須囚繫文度飛表奏之知節不從師竟無功

五代周世宗南征徙下蔡浮橋於渦口爲鎭淮軍築二城以夾淮時南唐元帥李景達遣朱元等屯紫金山築甬道以餉壽州周師連破紫金諸寨景達雖爲元帥而兵事皆決於陳覺覺與元素有隙以元李守貞客反覆難信南唐主李景遣大將楊守忠代元且召之元憤怒叛降於周諸軍皆潰景達以舟兵奔還金陵

宋潘美與契丹耶律色珍戰於飛狐敗績議引兵護雲應寰朔吏民內徙時色珍乘勝入寰州兵勢甚盛美副將楊業欲避其鋒但領兵出大石路直入石碣谷護軍王侁等以爲畏懦欲從雁門北川中往業不可侁曰君侯素號無敵今逗撓不戰得非有他志乎業曰業非避死蓋時有未利徒殺士卒而功不立今君責業以不死當爲諸公先將行指陳家谷口曰諸君幸於此張步兵強弩以相援也業轉戰當至此可夾擊之不然無遺類矣美乃與侁帥麾下陣於谷口業進與色珍戰大敗退趨狼牙村侁自寅至巳不得業報使人登多羅臺望之無所見以爲契丹敗走欲爭其功卽領兵離谷口美不能制乃緣交河西南而進行二十里聞業敗卽麾兵却走業且戰且行至谷口望見無人拊膺大慟再率麾下力戰身被數十創士卒殆盡遂被擒於是雲應朔諸城皆復陷又李顯忠克復宿州與別將邵宏淵不相能金布薩率步騎十萬來攻晨薄城列大陣顯忠謂宏淵併力夾擊宏淵按兵不動顯忠獨以所部力戰俄而敵大至顯忠用克敵弓射却之宏淵謂衆曰當此盛夏搖扇於淸涼猶不堪況烈日中被甲苦戰乎人心遂搖無鬬志顯忠移軍入城統制張訓通等以顯忠宏淵不協各遁去金人乘虛復來攻城顯忠竭力捍禦敵始退宏淵又言金添生兵二十萬來儻我兵不返恐變生不測顯忠知宏淵無固志勢不可孤立遂夜引還

元囊扎爾受命參議陝西行樞密院事比行入奏曰關陝要地軍務非輕阿道伊埒國之元臣陛下方委任之伏慮臨時議論不協必誤大計儻有異同臣請得以上聞帝可其奏

明李景隆與郭英吳傑合兵伐燕燕王帥諸將進駐固安謂邱福等曰李九江等皆匹夫無能爲惟恃其衆耳然衆豈可恃也人衆易亂擊前則後不知擊左則右不應將帥不專政令不一甲兵糧餉適足爲吾資耳爾等但秣馬厲兵以待旣而戰於白溝河景隆等果大敗

軍無政令敗

宋李綱爲兩路宣撫使練士卒修器甲期兵集大舉而朝廷降詔罷所起兵綱上疏言秋高馬肥敵必深入宗社安危殆未可知防秋兵盡集尙恐不足今河北河東日告危急未有一人一騎以副其求奈何甫集之兵又皆散遣且以軍法勒諸路起兵而以寸紙罷之臣恐後時有所號召無復應者矣疏上不報

金哀宗天興時聞元兵至以點檢瓜爾佳薩哈爲總帥率步兵三萬巡河渡命內族長樂監其軍行至封邱而還朝廷置而不問於是薩滿愛實上言曰薩哈統兵三

萬本欲乘元兵遠至喘息未定而擊之出京纔十里不逢一人一騎己畏縮不敢進設遇元兵其肯用命乎乞斬二人以肅軍政不報

明張玉因耿炳文帥師北向往覘其營還報成祖曰炳文軍無紀律其上有敗氣無能爲遂詔問諸將所嚮衆莫對玉曰當徑趨眞定彼雖衆新集志未齊一我軍乘勝可一鼓破之成祖曰玉言正合吾意吾倚玉一人足辦矣

推誠

唐張儉剌朔州屬李靖旣平突厥有思結部者窮歸於儉儉受而安集之其在磧北者親屬私相過省儉不禁示羈縻而已及儉徙勝州後將謂其將叛遽以奏聞朝廷議發兵進討仍起儉爲使就觀動靜儉單騎入其部落召諸首領慰諭推腹心咸匍匐歸命又郭子儀鎭河中時僕固懷恩率吐蕃回紇等三十萬衆掠涇邠躪鳳翔入醴泉奉天京師大震召子儀屯涇陽軍纔萬人比到敵騎圍已合乃使李國臣拒其東魏楚玉當其南陳回光當其西朱元琮當其北子儀率甲騎二千出沒左右前後回紇見而問曰此誰也報曰郭令公驚曰令公存乎懷恩言天可汗已棄四海令公亦謝世故我從以來今令公存天可汗存乎報曰皇帝萬壽回紇悟曰懷恩欺我子儀又使諭之曰公等頃歲遠涉萬里翦除凶逆恢復二京我與若休戚同之今乃棄舊好助叛臣何其愚也且懷恩背主棄親於公等何有回紇曰本謂公亡不然何以至此今誠存我得見乎子儀將出左右諫曰敵人之心不可信也請無往子儀曰敵衆數十倍吾將示以至誠左右又請以騎五百從不聽卽傳呼曰令公來敵皆持滿待子儀以數十騎免胄徐出而勞之曰安乎公等久同忠義何至於是回紇皆捨兵下馬齊拜曰果吾父也子儀召其首領各飲之酒與之羅錦歡好如初又曹王皐遷湖南觀察使前使辛京杲貪虐有部將王國良者戍武岡賴其富卽劾以死國良懼遂散財聚衆據縣以叛斂諸道兵討之再歲不能下皐至遣使遺國良書曰觀將軍非敢大逆者蓋逃讒抗死爾將軍遇我何不速降我固爲京杲誣者幸蒙雪何忍以兵加將軍哉以爲不然我以陣術破將軍陣以攻法屠將軍城非將軍所度也國良得書喜且畏因請降然內尙首鼠皐卽日單騎稱使者造國良壘國良延使者入皐遂大呼軍中曰有識曹王者乎乃我也來受國良降國良安在一軍愕眙不敢動適有識者走至傳呼曰是國良匍匐叩頭請罪皐執手約爲昆弟盡焚攻守具散其兵令赴農桑有詔赦之賜名惟新又馬燧討李懷光於長春宮懷光將徐庭光以兵六千守宮城禦備甚嚴燧度長春不下則懷光自固久攻所傷必多乃挺身至城下呼庭光庭光素憚燧威名拜於城上燧度庭光心已屈乃徐曰我來自朝廷可西面受命庭光復拜燧曰公等皆朔方將士祿山以來首建大勳四十餘年功伐最高奈何棄祖父之勳力背君上爲滅族之計耶從吾言非止免禍富貴可圖也賊衆俱不對燧又曰爾以吾爲欺邪今相去不遠數步爾當射我乃披襟示之庭光感泣俯伏軍士亦泣下乃率衆出降燧以數騎徑入城處之不疑莫不畏服

五代唐李茂貞爲鳳翔節度性至寬有部將符昭者人或告其謀變茂貞親至其家去爪牙熟寢經宿而還上下遂服之

宋宗澤尹開封威望素著會巨寇王善擁衆七十萬車萬乘欲據京城澤馳至其營泣曰朝廷危難乃汝立功之秋不可失也善感泣曰敢不效力遂解甲降又魏勝知海州治軍旅獲金諜者犒以酒食厚賂遣還有自北方來歸者與之同臥起其飲食示以不疑周其窶乏使之感激自是山東河北歸附者衆得金人虛實悉以上聞

金蕭仲恭使宋且還宋人意仲恭耶律伊都皆有亡國之戚而伊都爲金監軍有兵權可誘而用之乃以蠟丸書令仲恭致之伊都使爲內應仲恭素忠信無反覆志但恐宋人留不遣遂陽許還見宗望卽以蠟丸書獻之宗望察仲恭無他薄罰之於是再舉伐宋又楊仲武還同知臨洮尹臨洮地接西羌與瑪爾布雜居邊將貪暴瑪爾布苦之遂相率爲寇仲武乃從數騎入其營諭之曰此皆將校侵漁汝等以至此爾今懲治此輩不復擾害汝也并以禍福曉之羌人喜悅寇掠遂息後瑪爾布復掠熙河主帥使人諭之不肯去曰楊總管來我乃解去熙河具奏詔復遣仲武當是時瑪爾布謂仲武不能復來及仲武至與其酋帥相見責以負約對曰邊將苦我我之來求訴於上官耳今幸見公願終不復犯塞乃舉酒酹天折箭爲誓仲武因以卮酒飲之曰當更爲汝請若復背約必用兵矣羌人羅拜而去

元安扎爾討平涇州師還原州降民棄老幼夜亡走衆曰此必反也宜誅之以警其餘安扎爾曰此輩懼吾驅之北徙耳遣人諭之曰汝等若走以軍法治罪父母妻子倂誅矣汝歸保無他於是州民皆復歸豪民陳苟集

數千人潛匿新寨諸洞衆議以火攻之安扎爾曰招諭不出攻之未晚遂偕數騎抵寨縱馬解弓矢召苟遙語折矢與爲誓苟卽相呼羅拜謝更生之恩皆降又賽音諤德齊鎭四川宋將昝萬壽擁强兵守嘉定與賽音諤德齊軍對壘一以誠意待之不爲侵掠萬壽心服未幾賽音諤德齊召還萬壽請置酒爲好左右皆難之賽音諤德齊竟往不疑酒至左右復言未可飲賽音諤德齊笑曰若等何見之小耶昝將軍能毒我其能盡毒我朝之人乎萬壽歎服又呼遜爲河南等路宣慰司同知以河南多强盜往往羣聚山林劫殺行路官軍收捕失利乃以招安自任遣土豪傳檄諭之未幾賊二人來歸呼遜賜之冠巾且諭之曰汝昔爲賊今旣自歸卽良民矣悉放還令遍諭其黨數日後招集其爲首者十輩來身各長七尺餘羅拜庭下呼遜命吏籍其姓名爲民時召而飲食之皆得其歡心羣盜聞之相繼款附

明太祖擒陳兆先悉降其衆釋兆先而用之擇其驍兵五百人置麾下五百人者多懷疑懼太祖覺其意是夕令入宿衞環帝而寢悉屏舊人於外獨留馮國用一人侍臥榻傍太祖解甲酣寢達旦疑懼者始安又處州寇葉宗留等憑恃險阻乘間時出官軍討之又復遠遁屯師日久計無所施陶成乃從僕隸四五人徑抵賊巢諭以禍福言辭懇惻宗留等悚動悔罪率衆出降

示信

唐蘇定方旣擊破賀魯至怛篤城有敵人降附副總管王文度曰師還而降且爲賊不如殺之取其貲定方曰此乃自作賊耳何以稱伐叛哉及分財定方一無所取後俘都曼請於帝曰臣向喻陛下意許以不死帝曰朕爲卿全信宥之葱嶺以西遂平

宋种世衡知環州番部有努鄂者素倔强未嘗出謁郡守聞世衡至遽郊迎世衡與約明日當至其帳往勞部落是夕大雪深三尺左右曰地險不可往世衡曰吾方結諸羌以信不可失期遂緣險而進努鄂方臥帳中謂世衡必不能至世衡躄之起努鄂大驚曰前此未嘗有官至吾部者公乃不疑我耶率其族羅拜聽命

金宗望率兵討張覺覺敗奔宋宗望使以詔書宣諭城中張敦固等出降使使與敦固俱入城收兵仗城中人殺使者立敦固爲都統乘城拒守敦固以兵八千分四隊出戰大敗宗望再三開諭敦固等曰屢嘗拒戰不敢遽降宗望許其望闕遙拜敦固乃開其一門宗望使棟摩奏其事遂下詔赦南京官民大小罪皆釋之官職如舊

元史天祥獲金將完顏和斯穆呼哩欲殺之天祥曰殺一人無損於敵適驅天下之人爲吾敵也且其降時嘗許以不死今殺之無以取信於後不若用之乃以爲千戸又鍾明亮以循州叛帝命管如德統兵討之諸將欲直擣其巢穴如德曰嚮令田野之氓疲於轉輸介冑之士病於暴露重困斯民而自爲功吾不爲也於是遣使諭以禍福明亮感如德誠信卽擁十餘騎詣贛州石城縣降平章政事鄂囉齊怒其跋扈不臣欲以事殺明亮如德聞之曰皇元仁厚未嘗殺降明亮叛人何足惜所重者信不可失耳

示義

唐侯君集伐高昌率兵至柳谷候騎言其國王文泰尅日將葬諸將請襲之君集曰不可天子以高昌驕慢無禮使吾恭行天罰今襲人於墟墓之間非問罪之師也於是鼓行而前又李晟旣克京師勒兵屯於含元殿號令諸軍曰長安士庶多陷賊庭若小有震驚則非伐罪弔民之義也晟與公等各有家室離別數年今已成功相見非晚五日內不得輒通家信違命者斬乃遣京兆尹李齊運告諭百姓居人安堵秋毫無所犯尙可孤軍人有擅取賊馬者晟立斬之莫敢仰視士庶無不感悅又裴度爲節度招撫使平淮西蔡人大悅初吳元濟禁偶語於道夜不然燭人或以酒食相過從者以軍法論度乃約法惟盜鬭殺外餘盡除其往來者不復以晝夜爲限度以蔡卒爲牙兵或以爲反側之徒其心未安不可自去其備度笑而答曰吾受命爲帥元惡就擒蔡人卽吾人也父老無不感泣

宋曹彬圍江南城將下忽稱疾不視事諸將來問疾彬曰余之疾非藥石所能愈唯諸君誠心自誓克城之日不妄殺一人則自愈矣諸將許之明日城陷一無所殺李煜詣軍門降待以賓禮封府庫籍圖書金帛以歸於朝秋毫無犯江南遂安又至道中交阯酋長黎桓不順海賊頻年剽劫朝廷加恩於桓以轉運使陳堯叟爲國信使初將命交阯者必獲贈遺數千緡桓所賦斂往往斸民手足堯叟知之遂召桓子授以朝命却其私覿又桓界先有亡命來奔者鎭將多匿不遣堯叟悉捕亡命歸之且戒勿加酷法交阯感恩併捕海賊爲謝

金熙宗皇統元年毛碩知拱州宋將張俊據亳州而柘城酒監房人傑叛以應俊碩發兵討之至柘城躬扣城門呼耆老以諭意縣人縛人傑以降碩逕入縣署召百姓慰安之衆皆感悅

元世祖以宋張世傑據台州而閩中亦爲宋守敕董文炳進兵文炳所過禁士馬無敢履踐田麥曰在倉者吾旣倉之在野者汝又踐之新邑之民何以續命是以南人感之不忍以兵相向次台州世傑遁諸將先俘州民文炳下令曰台人首效順於我我不暇有故世傑據之其民何罪敢有不縱所俘者以軍法論得免者數萬口至溫州未下令曰毋取子女毋掠民有衆曰諾其守將火城中逃文炳亟命滅火追擒其將數其殘民之罪斬以徇逾嶺閩人扶老來迎漳泉建寧邵武諸郡皆降又蘿槃甸叛賽音諤德齊往征之有憂色從者問故賽音諤德齊曰吾非憂出征也憂汝曹冒鋒鏑不幸以無辜而死又憂汝曹刼掠平民使不聊生及民叛則又從而征之耳師次蘿槃城三日不降諸將請攻之賽音諤德齊不可遣使以理諭之蘿槃主曰謹奉命越三日又不降諸將奮勇請進兵賽音諤德齊又不可俄而將卒有乘城進攻者賽音諤德齊怒遽鳴金止之召萬戶叱責之曰天子命我安撫雲南未嘗命以殺戮也無主將命而擅攻於軍法當誅命左右縛之諸將叩首請俟城下之日從事蘿槃主聞之曰平章仁義如此吾拒命不祥乃舉國出降將卒亦釋不誅由是西南諸夷翕然款附明太祖以諸將破和陽多暴橫殺人城中民夫婦不相保乃諭之曰諸軍自滁來多擄人妻女使人夫婦離散軍無紀律何以安衆凡軍中所得婦女悉還之於是民家室得完遠近悅服又太祖欲取鎮江慮諸將濫殺乃命徐達爲大將諭之曰爾等當體吾心戒輯士卒城下之日毋焚掠毋殺戮有犯令者處以軍法縱之者罰無赦達頓首奉命師至鎮江元平章鼎鼎遁去卽克其城兵不血刃號令嚴明秋毫無犯又陳友諒引兵襲金陵敗潰奔還尋遣其將張定邊陷安慶府太祖乃下令諸將曰陳友諒賊殺其主僭稱大號侵我太平犯我建康今又以兵陷我安慶觀其所爲不滅不已爾等其厲士卒以從徐達曰師直爲壯今我直而彼曲焉有不克劉基曰取威制敵以成王業在此時也遂督諸帥率舟師乘風遡流而上克安慶長驅向江州又大破之友諒奔武昌其僞相胡廷瑞等皆來降

欽定續通典卷九十五

兵

撫士

唐李晟能與下同甘苦以忠義感發士心終無攜怨且臨下明每治軍必曰某有勞某長於是雖厮養小善必記姓名又馬燧移刺懷州時師旅後歲大旱田茀不及耕燧務勤教化止横調將吏有親者必造之厚爲禮瘞暴骴止煩苛是秋稆生于境人賴以濟

五代周太祖居軍中延見賓客褒衣博帶及臨陣行營幅巾短後與士卒無異所得賜予與諸將會射恣其所取其餘悉以分賜士卒將士皆懽樂又王環每戰身先士卒與衆同甘苦嘗置鍼藥於座右戰罷索傷者於帳前自傅治之士卒隸環者相賀曰吾屬得死所矣故所向有功

宋种世衡爲將善撫養士卒病者遣一子專視其食飲湯劑人以是樂爲用又岳飛御軍嚴整卒有取民麻一縷以束芻者立斬以徇然遇士卒有疾躬爲調藥諸將遠戍遣妻問勞其家死事者哭之而育其孤或以子婚其女李寶自楚來歸韓世忠留之寶痛哭願歸飛世忠嘆服又吳玠素不爲威儀除宣撫副使簡易如故常負手步出與軍士立語幕客請曰今大敵不遠安知無刺客萬一或有意外豈不上負朝廷下孤軍民之望哉玠謝曰誠如君言然玠意不在此國家不知玠之不肖使爲宣撫玠欲不出恐軍民之冤抑無告者爲門吏所隔無由自達某所以屢出者爲此也幕客乃服

金延嘉們都從監軍杲招復陝西進至鳳翔齊國初廢諸路多反覆不一杲授們都牌劄令往撫定們都所至多張甲兵從者安之違者討之帖然無復叛者杲甚嘉之又元光時以赫舍哩約赫德爲京東便宜總帥兼行戶工部事帝因謂宰臣曰約赫德性剛人皆畏之委之行部無不辦者至於御下亦頗有術提控有呼喇珠者渠厚待之常同器而食其人感奮遂以戰死英王守純曰凡爲將帥駕馭人材皆當如此帝曰然

元顯宗嘗出征駐金山會大雪擁火坐帳內歡甚顧謂左右曰今日風雪如是吾與卿處猶有寒色彼從士亦人耳腰弓矢荷刃周廬之外其苦可知遂命饔人大爲肉糜親嘗而徧賜之又王榮祖攻石城遣健卒賈實穴其城城崩被壓衆謂已死弗顧也榮祖曰士忘身死國安忍棄去發石取之猶生一軍感激樂爲効死

明郭登爲都督守大同時大同兵士戰殁後城門晝閉人心惶懼有勸登棄城去者登不可登雖處危疑而氣益壯弔死問疾親爲存恤晝夜籌畫修城繕兵以圖後舉卒完其城

明賞罰

唐史思明遣賊將周摯攻河陽北城李光弼登城望賊曰彼雖衆亂而囂不足懼也因謂郝廷玉論惟貞曰爾等望吾旗而戰若麾旗緩任爾觀便宜而進退吾旗連麾三至地則萬衆齊入生死以之少退者斬廷玉等策馬赴賊有一將援槍刺賊洞馬腹連及數人一將逢賊不戰而退光弼召不戰者斬之賞援槍者絹五百匹令赴戰須臾廷玉奔歸光弼望之驚曰廷玉退吾事危矣命使者取廷玉頭來廷玉見使者曰馬中箭非退也使者馳報光弼令換馬而復廷玉等決死往戰光弼連麾三軍望旗俱進聲動天地一鼓而破之

宋仁宗皇祐中儂智高叛命狄青討之青臨行上言謂古之師還以訊馘告割耳鼻則有之不聞以獲首者秦漢以來方有是事故獲一首賜爵一級因謂之首級然開爭啟倖莫此之甚故軍士爭首級以致相殺又其間多以首級爲貨售於無功不戰之人非所以勸願一切寢罷如師有功則差次其勞全軍加賞無功則斟酌其罪全軍加罰庶合上下一心不專自爲私計則決勝之道也詔從之又宗澤在磁州以趙世隆爲中軍將澤去磁以州事付李侃世隆殺之後與其弟世興將兵二萬歸澤世隆入拜澤詰之曰河北陷没吾宋法令與上下之分亦陷没耶令斬之時衆兵露刃於庭世興佩刀侍側左右皆懼澤徐語世興曰汝兄犯法當誅汝能奮志立功足以雪恥矣世興感泣會滑州報至澤謂世興曰試爲我取滑州世興欣然受命遂得州以歸

金布薩忠義拜平章政事兼右副元帥世宗賜以御府貂裘賓鐵吐鶻弓矢大刀具裝對馬及安山鐵甲金牌詔曰軍中將士有犯連職之外並以軍法從事有功者依格遷賞

明王驥受命巡邊至甘肅見莊浪等處守兵俱少烽堠不飭翼日大集兵衆於轅門問先年遇敵先退者誰皆曰都指揮安敬命引出斬之徇於衆曰自今遇敵畏縮者視此三軍股栗因簡戍兵勤訓練軍容肅然

臣等謹按杜典此下有賞宴不均致敗一條夫賞宴之均所以示犒考唐太宗追宋金剛於雀鼠谷一日八戰皆捷軍中止有一羊與將士分食之又宋太祖於諸鎭臣來朝必賜以飲食錫賚殊異觀賞宴均之制勝即可知不均之所由敗也故不別

爲類謹附識於此

行賞安衆

唐劉仁軌鎮守百濟時百濟再被亂仁軌始命葺復戶版營屯田以經略高麗先是貞觀永徽中士戰歿者或贈官推授子弟顯慶後討伐恩賞殆絕及破百濟有功者皆不甄敘州縣購募不願行身壯家富者率以賄免所募皆𤢖劣寒傖無鬭志仁軌具論其弊請加慰賚以鼓士心又表用扶餘隆使綏定餘衆詔可後討高麗平之

分賞取敵

宋師征蜀諸將入辭太祖謂曰所破郡縣當傾帑藏爲朕賞戰士國家所取惟土疆爾故人皆效命所至成功

金太祖襲遼主於鴛鴦濼時奉聖州守委城遁去衆無所屬相與叩門請李師夔主郡事師夔許之乃按卒治兵都古爾納兵至師夔與其故人沈璋密謀出降曰一城之命懸於此舉即率親信十數輩詰旦出城見伊都與之約曰今已服從願無以兵入城及俘掠境內伊都許諾詔以師夔領節度以璋佐之賜師夔駿馬二俾招未附者許以便宜從事又興定時完顏薩布奉詔出兵河北時河北所在義軍官民堅守堡寨力戰破敵者衆薩布上章言此類忠赤可嘉若不旌酬無以激人心乞朝廷量加官爵萬一敵兵復來將爭先效用矣帝覽奏召樞密官曰朕與卿等亦嘗有此議以不見彼中事勢故一聽帥臣規畫今觀此奏甚稱朕意其令有司偏賞之

元初宋人圍諸路軍於成都汪德臣遣將赴之約曰先破敵者奏領此城諸將奮勇圍遂解詔候江南事定如約以城與之

行賞招降

唐李愬討吳元濟擒驍將丁士良不殺署爲捉生將士良請盡死以報德因說愬討吳秀琳秀琳降以爲衙將有李憲者亦賊將愬更其名曰忠義而用之於是賊中降者相繼愬聞其有父母者給粟帛而遣之衆皆感泣愬每得降卒必親引問委曲由是賊中險易遠近虛實盡知之因襲蔡

宋岳飛受命招捕楊么飛所部皆西北人不習水戰飛曰兵何常顧用之何如耳先遣使招諭之賊黨黃佐曰岳節使號令如山若與之敵萬無生理不如往降節使誠信必善遇我遂降飛表授佐武義大夫單騎按其部拊佐背曰子知順逆者果能立功封侯豈足道欲復遣子至湖中視其可乘者擒之可勸者招之如何佐感泣誓以死報佐襲周倫砦殺倫擒其統制陳貴等飛上其功遷武功大夫佐又招楊欽來降飛喜曰楊欽驍悍既降賊腹心潰矣表授欽武義大夫禮遇甚厚復遣歸湖中兩日欽說余端劉銑等降飛詭罵欽曰賊不盡降何來也杖之復令入湖是夜掩賊營降其衆數萬

金宣宗興定四年權參知政事內族巴薩上言宋境山州宕昌東上拶一帶番族昔嘗歸附分處德順鎮戎之閒其後有司不能存恤相繼亡去近聞復有歸心然不招之亦無由自至誠得其衆可以助兵盪謐一方臣以同知通遠軍節度使事烏庫哩長壽及通遠節度副使溫屯永昌皆本番屬且久鎮邊鄙深得彼心已命遣人招之其所遣及諸來歸者皆當甄獎請預定賞格以待之帝是其言

元順帝至正閒額琳沁巴勒移江西行省左丞時妖寇由蘄黃陷饒州饒之屬邑安仁與龍興相接境其民皆相挻爲亂額琳沁巴勒道出安仁因駐兵招之來者厚加賞賚不從者命哈喇多爾濟等攻散之餘干久爲盜區亦聞風順服

示惠招降

唐憲宗元和中詔諸軍進討李師道魏博節度使田宏正自楊劉濟河獲其將夏侯澄等四十七人帝並釋放之給繒絮遞送軍前驅使如父母在欲還者優遣及澄等至行營賊覘知之潛相傳告由是叛徒皆感朝廷恩繼有降者劉悟遂擒師道傳首京師又高仁厚討邛州賊阡能未發前一日得諜者仁厚命釋縛因謂之曰高尙書來所將止五百人無多兵也汝當爲我潛語寨中人云尙書欲拯救汝曹汝曹各投兵迎降當遣復舊業所欲誅者阡能羅渾擎等耳必不橫及百姓也遂遣之仁厚引兵發至雙流阡能聞其將至遣羅渾擎立五寨於雙流之西伏兵千人於野橋箐以邀官軍仁厚詗知引兵圍之下令勿殺遣人釋戎服入賊中告諭如昨日所以語諜者賊大喜爭棄甲投兵請降仁厚悉撫慰書其背使歸語寨中未降者餘衆爭出執渾擎以降仁厚悉命焚五寨及其甲兵明日諸寨知大軍已近爭出執阡能迎官軍讙呼不可止賊寨在他所者分遣諸將往降之逆黨悉平

五代周世宗顯德五年征淮南天長軍使易贇令男延壽齎表以其城來降天長縣當九驛之路城小而固南人以其地爲雄州世宗之破楚州也獲其守將張彥卿男光祚舍而不誅因令光祚齎璽書以諭贇贇知楚州

既下故降
宋岳飛攻賊李成將馬進賊駭亂退走飛使人呼曰不從賊者坐吾不殺汝坐而降者八萬餘人賊大敗又因曹成敗去謂張憲等曰追之則脅從可憫縱之則復聚爲盜今遣若等誅其酋而撫其衆愼勿妄殺累主上保民之仁於是降者二萬進兵追之成出降
金宣宗元光二年御史中丞師安石上章言備禦二事其二曰今敵中來歸者頗多宜豐其糧餉厚其接遇度彼果肯爲我用則擇有心力者數十人潛往以誘致其餘來者旣衆彼必轉相猜貳然後徐起而圖之則中興之功不遠矣帝嘉納之
元阿爾哈雅攻潭州州守李芾自殺其將劉孝忠以城降諸將欲屠之阿爾哈雅曰是州生齒數百萬口若悉殺之非上諭巴延以曹彬不殺意也其屈法生之復發倉以食饑者遣使徇郴全道桂陽永衡武岡寶慶袁韶南雄諸郡其守臣皆率其民來迎曰聞丞相體皇帝好生之德毋殺擄所過秋毫無犯民今復見太平各奉表來降又博囉引兵入齊宋守將李全降諸將皆曰全勢窮出降非心服也今若不誅後必爲患博囉曰不然誅一人易耳山東未降者尚多全素得人心殺之不足以立威徒失民望表聞詔博囉便宜處之乃以全爲山東淮南楚州行省鄭衍德田世榮副之郡縣聞風款附山東悉平
明太祖旣撫定寗越欲遂取浙東諸郡乃謂諸將曰吾師比克建康秋毫無犯故一舉而遂定今新克婺城當厚加撫恤使民樂於歸附則彼未降郡縣亦必聞風而歸矣又胡大海常自稱吾行軍惟知有三事不殺人不擄人婦女不焚人廬舍故其軍一出遠近爭趨附之

軍帥志堅必勝

唐廣平王收長安李嗣業統前軍陣於香積祠北賊將李歸仁擁精騎薄戰王師注矢逐之走未及營賊大出掩追騎還蹂王師於是亂不能陣嗣業謂郭子儀曰今日不以身餌敵則軍無類矣卽肉袒持長刀大呼出陣前殺數十人陣復整步卒二千以陌刀長柯斧堵進所向無前歸仁匿兵營左覘軍勢僕固懷恩引回紇銳兵擊其伏嗣業出賊背合攻之自日中至昃斬首六萬級賊東走遂平長安又朱泚逼奉天德宗召渾瑊勉諭之賊造雲梯薄城下三千餘人相繼而登城上士卒皆大寒餒又少甲冑瑊但感激誡勵之以飢弱之衆當劇賊之鋒瑊力戰應敵中流矢還自拔之血流霑足格鬭不已不言瘡痛以激士心旣而李懷光大軍至賊解圍去
五代梁晉相拒於柏鄉梁龍驤軍以赤白馬爲兩陣旗幟鎧仗皆如馬色晉兵望之皆懼莊宗舉鍾以飮嗣源曰卿望梁家赤白馬懼乎雖吾亦怯也嗣源笑曰有其表爾翼日歸吾廐也莊宗大喜曰卿當以氣吞之因舉鍾飮酹奮撾馳騎犯其白馬挾二裨將而還梁兵敗
宋欽宗靖康二年宗澤自大名至開德與金人十三戰皆捷以書勸康王檄諸道兵會京城又移書北道總管趙野河東北路宣撫范訥知興仁府曾楙合兵入援三人皆以澤爲狂不答澤遂以孤軍進至衛南先驅云前有敵營澤揮衆直前與戰敗之轉戰而東敵益生兵至澤將王孝忠戰死前後皆敵壘澤下令曰今日進退等死不可不死中求生士卒知必死無不一當百金人敗退卻數十里
金世祖與實圖美交好鄰部不悅遂合兵攻之實圖美使弟阿蘇美率二百人南下拒敵敵兵千人已出其東據高泉實圖美將五千人迎擊之敵將穎勒本者勇士也出挑戰實圖美射中其馬穎勒本反射射中實圖美腹實圖美拔箭戰愈力阿蘇美與勇士七人步戰殺穎勒本諸部兵遂敗又大定初丞相襄從左副元帥默音以本部兵討契丹戰于肇州之長濼襄先登壓擊足中流矢裹創以戰氣愈厲七戰皆勝默音握其手曰今日之捷皆公力也敵走渡霧淞河擊追之
元蘇布特從諸王巴圖等攻曼濟勒部主齊哩克戰敗于鄂寗河諸王以敵尙衆欲要蘇布特還徐圖之蘇布特曰王欲歸自歸我不至圖納河瑪察城不還也乃馳至瑪察城諸王亦至遂攻拔之而還又趙瑨攻相州抵其門死士突出瑨直前擊之流矢中鼻側鏃出腦後拔矢再戰七日破其城
明朱能從成祖師駐臨淮諸將以盛暑乏糧又戰小卻多請班師能曰自義舉以來克捷多矣豈可因小挫遂自摧阻耶但當爲宗社計整兵前進成祖拊髀曰爾言深合我意遂進兵渡淮

軍將驕敗

唐郭孝恪爲西安都護討龜茲破其都城孝恪自留守之龜茲相那利潛引西突厥之衆幷其國兵萬餘人來襲孝恪時營於城外有龜茲人來謂孝恪曰那利我之國相人心素歸今亡在野必思爲變城中之人頗有異志公宜備之孝恪不以爲意那利率兵奄至孝恪始覺乃領部下千餘人將入城城中降人與那利表裏夾擊孝恪自爲前鋒力戰而入至其王所居旋復出戰爲寇

所殺又昭宗時李仁矩爲閬州節度董璋反率兇黨以攻其城仁矩召軍校謀守戰利害皆曰璋久圖反計以賂誘士心兇氣方盛未可與戰宜堅以老之儻浹旬之閒大軍東至賊必自退仁矩曰蜀兵懦安能當我精甲卽驅之出戰兵未交爲賊所敗旣而城陷仁矩被擒

宋太祖伐蜀遣王全斌崔彥進等出鳳州劉光儀曹彬出歸州蜀孟昶遣王昭遠拒之兵始發成都昶遣李昊等餞之昭遠手執鐵如意指揮軍事自比諸葛亮酒酣謂昊曰吾之是行何止克敵當領此二三雕面惡少兒取中原如反掌爾全斌至三泉遇昭遠擊敗之昭遠焚吉柏江浮橋退守劍門

敵屢勝驕不備可敗

五代梁晉戰於胡柳晉軍敗莊宗欲引兵退保臨濮閻寶曰夫決勝料勢決戰料情情勢旣得斷在不疑今梁兵窘蹙其勢可破勝而驕怠其情可知此不可失之時也莊宗謝曰微公幾敗吾事乃整軍復戰遂敗梁兵

軍行自表異致敗

宋种世衡居西邊党項犯邊有敏珠爾族首領驍悍最爲邊患世衡欲以計擒之聞其好擊鼓乃造一馬持戰鼓以銀裹之極華煥密使諜者陽賣之入敏珠爾族後乃擇驍卒數百人戒之曰凡有負銀鼓隨者併力擒之一日羌酋負鼓而出遂爲所擒又趙范趙葵敗李全於揚州議出堡寨西門有堡寨候卒識全槍垂雙椰（本又作拂）爲號以告范范喜謂葵曰此賊勇而輕若果出必成擒矣乃悉精銳誘致鏖敗之（鼓裹銀槍垂椰亦同表異之義）

金宗望等追遼主於石輦驛遼主謂宗望兵少必敗與嬪御皆自高阜下平地觀戰伊都示諸將曰比遼主麾蓋也若萃而薄之可以得志騎兵馳赴之遼主望見大驚卽遁去遼兵遂潰

臣等謹案唐朱泚之亂李懷光自河北赴難李晟每將合戰必自表異繡帽前行親自指導懷光見之不悅乃謂晟曰將帥當持重豈宜自表飾以啗賊也晟曰晟久在涇原軍士頗相畏服故欲令先識以奪其心耳又宋韓世忠聞劉豫聚兵淮揚勒衆向敵遣人語之曰錦衣驄馬立陣前者韓相公也或危之世忠曰不如是不足以致敵敵果至殺其導陣者二人遂引去據此則自表異不唯不致敗并可以取勝所謂運用之妙存乎一心也謹附識於此

師行衆悲恐敗

唐僖宗廣明時黃巢攻汝州欲薄東都田令孜請自將帝幸神策軍以飛龍使楊復恭副令孜於是募兵京師得數千人時巢已陷東都帝餞令孜章信門賚遺豐優然衛兵皆長安高貲世籍兩軍得稟賜侈服怒馬以詫權豪初不知戰聞料選皆哭於家陰出貲雇販區病坊以備行陣不能持兵觀者寒毛以慄賊進取陝號神策兵過華裹三日糧不能飽無鬬志賊急攻關王師潰

聲感人附

唐李筌太白陰經曰古人出師必犒以牛酒絲竹哀怨悽愴復安得而用哉故隨蕤樂例用大鼓枝鼓腰鼓破陣樂笛拍板舞劍渾脫角觝投石拔拒蹴踘

五代周世宗征南唐取泗州周師步騎數萬水陸齊進軍士作檀來之歌聲聞數十里

元崇古嚕領征北諸軍師師踰金山攻巴林之地巴林之南有達勒琿河其將特哩台阻水而軍伐木柵岸以自庇士皆下馬跪坐持弓矢以待元軍矢不能擊馬不能進崇古嚕命吹銅角舉軍大呼聲震林野其衆不知所爲爭起就馬於是麾師畢渡

守則有餘

唐吳少誠攻許州上官涚知節度留後欲棄城走判官劉昌裔止之曰留後旣受詔宜以死守城況城中士馬足以破賊但堅壁不戰不過五七日賊勢必衰我以全制之可也涚然之賊日夜攻急堞壞不得修昌裔令造戰棚木柵以代之募壯士破營得突將千人鑿城分出大破之因立戰棚木柵於城上守陴遂安

宋魏勝守海州金兵大至環城圍數重勝與統制郭蔚分兵備禦偃旗仆鼓寂若無人金軍驚疑數日不敢攻已乃植雲梯置礮石四面合圍負土填壕勝侯其近城鳴鼓張旗矢石俱發繼以火牛金液凡三晝夜金兵不能近

金哀宗天興初元兵圍汴京汴人共推强伸爲府簽事領所有軍二千五百人元兵圍之東西北三面多樹大礮伸括衣帛爲幟立之城上率士卒赤身而戰以壯士往來救應大呌以憨子軍爲號其聲勢與萬衆無異兵器旣盡以錢爲鏃得元兵一箭截而爲四以筒鞭發之又創過礮用不過數人能發大石於百步外所擊無不中伸奔走四應所至必捷得二駝及所乘馬皆殺之以犒軍士人不過一啗而得者如百金之賜云

守拒法附

唐張巡守睢陽修守具賊爲雲梯勢如半虹置精卒二百於其上推之臨城欲令騰入巡預於城潛鑿三穴候

梯將至一穴中出大木末置鐵鉤鉤之使不得退一穴中出一木挂之使不得進一穴中出一木末置鐵籠盛火焚之賊又以鉤車鉤城上柵閣巡以大木置連鏁大環拔其鉤截之賊又造木驢攻城巡鎔金汁灌之賊又以土囊積柴爲磴道欲登城巡潛以松明乾蒿投之積十餘日使人順風持火焚之巡之所爲皆應機立辦賊服其智乃不復攻

宋曾公亮武經總要曰守城之道無恃其不來恃吾有以待之無恃其不攻恃吾有所不可攻故善守者敵不知所攻非獨爲城高池深卒强糧足而已必在乎慮智周密計謀百變或彼不來攻而我守或彼不挑戰而我擊或多方以謀彼師或屢出以疲彼師或彼來鬬而我不出或彼欲去而懼我襲若此者皆古人所以坐而役敵國之道也此雖得禦攻之計然又要先審可守之利害凡守城之道有五敗一曰壯夫寡少弱衆二曰城大而人少三曰糧寡而人衆四曰蓄貨積於外五曰豪强不用命加之外水高而城內低土脈疏而池隍淺守具未足薪水不供雖有高城宜棄勿守有五全一曰城隍修二曰器械具三曰人少粟多四曰上下相親五曰刑嚴賞重加之得大山之下廣川之上高不近旱而水用足下不近水而溝防省因天財就地利土堅水流險阻可恃兼此形勢守則有餘故兵法曰城有不可攻又曰善守者藏於九地之下皆謂此也凡敵已向城乘城將士皆援立牌以自障城及弩臺上並度覗遠近施放矢石火毬火鷂鞭箭敵在城下則拋飛鉤敵若塡壕則爲火藥鞭箭以射焚其芻囊橋械敵傳城欲上則隨其處下擂木擂石以擊之投飛炬以燒其攻器下火牀及以行鑪鎔鐵灑灼敵人颺石灰糠麩眯害其目樓棚踏空版內雜短兵下刺登城者若登者漸多則禦以狟牙鐵拍手漸攀城則以連枷棒擊之剉手斧斷之敵以衝車等進則穿以鐵鐶木鐶放猛火油敵雲梯倚城則引叉竿推撞車敵木驢空（音孔）城則用絞車鐵撞燕尾炬壞之敵飛礮石則張布幔繩過之敵爲地道來攻則爲地聽候其來方穿井邀之霹靂火毬等害之敵附高穴城則縋遊火箱灼之敵築土堙傍城欲上則穿地道至堙下引取其土敵堙自壞或城內薄城起堙相對盛兵抵禦敵以火攻城則城上應救火之具有托叉火鉤火鐮柳灑子柳罐鐵手猫唧筒尋常之所預備者若攻具猛至則爲水袋水囊以投沃之一應棚樓器械雖已塗覆亦頻舉麻搭潤護若敵爲火車燒城門則下濕沙滅之切勿以水水加則油焰愈熾敵若縱煙向城則列甕缶以醋漿水各實五分人覆面於上其煙不能犯鼻目敵夜圍城則每五十人以一人繫城下置食其前城上聞犬吠則縋火下照舉表加備又於城半腹每十步繫一燈籠又束蘆葦插以松明樺皮可用照敵或攻摧女墻則以木女墻代之或攻壞城門則以刀車塞之又陳規守城錄曰凡攻城者有生有死而善守者有生無死今夫百里之城有數敵登之守城之人便自甘心乞命於敵者非攻之善乃守之不善也敵先采濕木編洞屋以生牛皮葢其上戴之令人運土木塡壕以進攻械守城人得計則城內先施礮碎之若要摧毀攻械則須用大礮及石敵人攻城用大礮葢欲摧毀城樓守城欲用摧毀敵人攻械大礮與小礮遠礮齊用縱敵在城外代木爲對樓雲梯火車等攻械可以礮盡又須先用稍大木造高一丈長一丈闊一丈一丈上下外直裏斜外密裏疏洞子外密處以大麻繩橫編如竹笆相似以備礮石衆多攻壞女頭卽於兩邊連進洞子向前以代女頭則礮石縱大且多亦無損壞閒有損者卽前抽換如此捍禦礮石亦何能害人已可必得無虞也又築城之制城面上必作女頭墻中閒立狗腳木一條每女頭中掛搭篦籬帷可以隔遮弓箭弩於礮石則難以遮隔若改作平頭墻不用篦籬只於近下留品字方眼與女頭相似亦甚濟用又敵人初到城下觀其攻械勢恐難遏宜便於城裏腳下取土深闊裏壕壕外去壕數丈再築重城對舊城門更不作門卻於新築城下緣裏壕二三里地新城上開門使人入得大城直行不得須於裏壕垠上新城腳下繞繚二三里地方始入門若此則假使敵善塡壕止不過塡外壕必不得塡裏壕若由門入城須行新城腳下裏壕垠上新城上人直下臨敵何物不可設用敵必不敢入既由正門入城尙不敢豈肯用命打城乎古人云上策莫如自治又事貴制人不貴制於人皆此之謂也

明呂坤實政錄曰凡城不宜大大則難守城不宜卑卑則易登大者根厚五丈頂闊二丈五尺小者根厚三丈頂闊丈五高須三丈五尺卑亦不下三丈外峻中陂垛頭高六尺闊七尺四平方角垛不用眼（此眼不能發矢石且窺敵亦無賴此）三尺爲垛口厚二尺五寸高與心齊（口隘小雖敵上爲難而我不能出頭口高厚雖堅久可恃而我不能下覗）垛口墻根之下留天井一箇圓徑一尺（太大則敵得力太小則我不便）直通城下一眼直看城根可落升口圓石可容仰月鏟斷鉤杆推雲梯可使三刺槍可打快槍發箭用噴火噴糞天井之制下圓上方方口橫二

丈長二丈有半敵卽上城先投井中足不及定手安得施我卽殺之矣此眼平日以石推壓但可流水用則開之鑿石更妙守城時以門二扇蓋之防我失腳垜口用鼓腔琉璃磚厚一尺鉤杆滑不可着敵臺方三丈每面六垜口七十步立一臺遠則矢石無力弓箭火槍高手俱置臺上以便矢石交及鉛箭火藥須備百倍兩敵臺交相射打則兩臺之間雖守垜無人而敵亦不敢登矣城根土堅上留一丈下面卽挑池池深三丈口闊十丈底闊三丈城根窄則敵無處容足又池深以助城高池底每十步鑿一圓井口闊一丈深一丈謂之重淵及泉更好否則外引河水或內引城中雨潦之水常令丈深若土脈不堅城根之外須留三五丈池兩崖多栽盤根宿草以耐崩坍池外不用高阜之土以防墳壕但爲品窖以陷敵馬池外一里之內不可栽樹一蔽望敵之眼使敵得以潛伏而我不見一小樹吹倒數株倒倚城上可以緣登又橫羈池中可以涉水城門須有弔橋闊三丈作弔橋不如作機橋可陷敵馬城門不可安在洞中常宜近外使敵無所容身若原在洞中安門者城門之上以磚砌五星池狀通兩扇門面深二尺闊一尺留五孔大如升高地一尺敵以火焚門可以下水可以放快鎗可以射箭可以擂石城內附墻多留蹬道半里一座以便急時往來每蹬道須留一門以防敵人登城城上用內攔墻高與心齊以防進城之敵便於對打

欽定續通典卷九十六

欽定續通典卷九十七

兵

示弱

唐太宗曰守示以不足敵必來攻是敵不知其所攻也攻示以有餘敵必自守是敵不知其所守也又魏博田悅兵圍邢州身攻臨洺築重城絕內外援邢將李洪臨洺將張伾固守詔馬燧與李抱真李晟合軍救之燧出峪口未過險移書抵悅示好悅以燧畏己大喜既次邯鄲悅使至燧皆斬之遣兵破其支軍又袁滋討吳元濟至唐州元濟圍其新興柵滋卑辭以請之元濟由是不復以滋為意朝廷知之貶滋撫州刺史以李愬代之愬至唐州知士卒憚戰謂之曰天子知愬柔弱故使拊循爾曹至於戰攻進取非吾事也眾信而安之愬親行視士卒不事威嚴或以軍政不肅為言愬曰吾非不知也袁尚書專以恩惠懷賊賊易之聞吾至必增備吾故示之以不肅彼必以吾為弱而懈惰然後可圖也淮西人輕愬不為備愬遂襲蔡州

五代梁朱友謙以河中同州降晉梁遣劉鄩攻同州友謙求救乃遣符存審與李嗣昭救之河中兵少而弱梁人素易之且不虞晉軍之速至也存審選精騎二百雜河中兵出擊鄩壘陽敗而走鄩兵追之晉騎反擊獲其騎兵五十梁人知其晉軍也皆大驚然河中糧少而新降人心頗持兩端晉軍屯朝邑諸將皆欲速戰存審曰使梁軍知吾利於速戰則將夾渭而營斷我餉道以持久困我則我進退不可敗之道也不若按兵示弱伺隙出奇可以取勝嗣昭從之居旬日望氣者言有黑氣狀如鬬雞存審曰可以一戰矣乃進軍擊鄩大敗之

宋苗傅劉正彥反韓世忠率兵討之至秀州稱病不行治器械傅等始懼初傅正彥聞世忠來檄其兵屯江陰世忠以好語報之且言所部零殘欲赴行在傅等大喜許之時世忠妻梁氏及子諒為傅所質防守嚴密於是朱勝非給傅遣之梁氏疾驅出城會世忠於秀州世忠知其謀進兵益急擒賊伏誅

明李文忠擣應昌令士卒各持二十日糧兼程進與敵遇力戰走之追至瀚海敵至益眾乃據險為營示以單弱敵疑有伏遁去

示怯

五代梁太祖遣子友寧攻青州王師範乞兵於楊行密行密遣其將王茂章以步騎七千救之茂章與友寧戰大敗之遂斬友寧以其首報行密是時梁太祖方攻鄆州聞友寧死以兵二十萬倍道而至茂章閉壘示怯伺梁兵怠毀柵而出驅馳疾戰戰酣退坐召諸將飲酒已而復戰太祖登高望見之得青州降人問飲酒者是誰曰王茂章也太祖歎曰使吾得此人為將天下不足平也

宋狄青在涇原常以寡當眾預戒軍中盡捨弓弩皆執短兵密令軍中聞鉦一聲則止再聲鉦則嚴陣而陽卻鉦聲止則大呼而突之士卒皆如其教纔遇敵未接戰遽聲鉦士卒皆止再聲則卻敵大笑相謂曰孰謂狄天使勇鉦聲止忽前突之敵兵大亂相蹂踐死者不可勝計又張俊討李成時成圍江州未解成黨馬進在筠州俊急趨豫章既入城喜曰我已得洪州破賊決矣及進犯洪州連營西山俊斂兵若無人者金鼓不動令將士登城者斬居月餘進以大書牒索戰俊以細書狀報之賊以俊為怯故懈俊密遣岳飛楊沂中由上流絕生米渡出賊不意追奔七十里又與賊戰令陳思恭從山後馳擊夾攻破之

元巴延久居北邊時有諸王與海都通好者詔以御史大夫伊實特穆爾代之未至會海都兵復至巴延遣人請伊實特穆爾曰公姑止待吾翦此寇而來未晚也巴延與海都兵交且戰且卻凡七日諸將以為怯憤曰果懼戰何不授軍於大夫巴延曰海都懸軍涉吾地邀之則遁誘其深入一戰可擒也諸軍必欲速戰若失海都誰任其咎諸將曰請任之即還軍擊敗之海都果脫去

示緩

唐賊史思明既襲降許叔冀乘勝西向李光弼敕陣徐行趨河陽身以五百騎殿賊游騎至石橋諸將曰並城而北乎當石橋而進乎弼曰當石橋而進命甲士夜持炬徐引部曲重堅賊不敢逼已而賊來攻光弼與戰中潬西斬千級執五千人又郭子儀屯奉天僕固懷恩誘吐蕃回紇入寇眾請擊之子儀曰客深入利速戰彼下素德我緩之當自攜貳因下令敢言戰者斬堅壁待之敵果遁去

五代唐王晏球攻定州王都久不克明宗數遣人促其破賊晏球以為未可急攻其偏將朱宏昭張虔釗等宣言曰晏球怯耳乃驅兵以進兵果敗殺傷三千餘人由是諸將不敢復言攻晏球乃休養士卒食其三州之賦悉以俸祿所入具牛酒日與諸將高會久之都城中食盡先出其民萬餘人數謀決圍以走不果都將馬讓能以城降都自焚死

遼埒克黨善蘇庫埒西樓（按遼有四樓在上京者曰西樓木葉山曰南樓龍化州曰

東樓唐州曰北樓蔵時遊獵常在四樓閒太祖至士河秣馬休兵若不爲意諸將請急追之帝曰俟其遠遁人各懷土懷土旣切其心必離我軍乘之破之必矣

金宗弼再取河南宋李興據河南府李成軍入孟津興率眾薄城鼓譟請戰成不應日下昃興士卒倦且飢成開門急擊大破之興走漢南成遂取洛陽嵩汝等河南平

元世祖中統初國寶討阿勒達爾叛將和托時和托據吐蕃之達實嶺眾欲速戰國寶曰此窮寇也宜少緩以計破之遂以精兵襲其後和托欲西走國寶據險要之挑戰則斂兵自固相持兩月潛兵出其不意擒殺之

明威寧伯王越與保國公朱永巡邊猝遇敵主客不當永欲走越止之列陣以自固敵疑未敢前薄暮令騎皆下馬銜枚魚貫而行毋反顧自率騎殿後從山後走五十里抵城敵不覺明日謂永曰我一動敵躡擊無噍類矣結陣示暇形惑之也

聲言擊東其實擊西

唐曹王臯爲江南西道節度使時李希烈反賊樹堡柵於蔡山臯度峻險不可攻乃聲言西取蘄州理戰艦分兵傍南涯與舟師泝江而上賊以老弱守柵引軍循江隨戰艦南北與臯兵相直去蔡山三百里賊亦隨之乃令徒兵悉登舟順流東下不一日拔蔡山賊還兵救柵閒一日方至大破之因取蘄州降其將李良復至黃州斬首千餘級軍益振

五代初淮南節度使高駢死淮南亂楚州刺史劉瓚奔梁梁王納之時欲攻徐州時溥乃遣朱珍將兵數千以東聲言送瓚還楚溥聞珍以兵來果出兵拒之珍戰於吳康大敗之取其豐蕭二縣別遣龐師古攻徐州又晉軍與梁將劉鄩對壘於莘晉軍數挑戰鄩閉壁不出晉王留符存審於莘聲言西歸鄩聞晉王且去卽引兵擊魏攻城東王行至貝州反擊鄩大敗之追至於故元城又敗之鄩走黎陽

宋王韶旣破羌眾會轄戩度洮爲之援餘黨復集韶乃命別將趣竹牛嶺虛張軍聲而潛師越武勝遇轄戩等與戰破之遂改武勝爲鎮洮軍

金宗弼復取河南徐文破宋將李寶於濮陽孟邦傑於登封宋蔣知軍據河陽文遲明至其城下使別將攻城東北自將精銳潛師襲南門城中悉眾救東北文乃自南門斬關入城宋軍潰去追擊敗之

元巴延伐宋宋淮西制置使夏貴等以戰艦萬艘分據要害兵不得進千戶馬福建言淪河口可通沙蕪入江巴延使覘沙蕪口夏貴亦以精兵守之乃圍漢陽軍聲言由漢口渡江貴果移兵援漢陽大軍次漢口諸將自漢口開壩引船入淪河先遣萬戶阿老罕以兵拒沙蕪口逼近武磯巡視陽羅城堡徑趨沙蕪遂入大江

明傅友德與湯和分道伐蜀和以舟師攻瞿塘友德以步騎出秦隴疾馳至陝集諸軍聲言出金牛而潛兵趨陳倉攀援巖谷晝夜行抵階州敗蜀將丁世珍克其城度白龍江橋破五里關遂拔文州又成祖將取滄州乃下令東征將士頗不樂張玉朱能爲言成祖密諭之曰德州城壁堅定州城粗備皆難猝下獨滄州土城隤圮日久天寒地且凍修城不易乘其未備攻之必克兵貴神密佯言東征者使彼懈不備耳乃以夜三更起程直抵滄州城下守將徐凱始覺眾股栗不能甲遂麾兵四面急攻拔之

示形在彼而攻於此

唐李愬謀襲蔡時賊將李祐有膽略守興橋柵嘗侮易官軍愬召其將史用誠之曰今祐以眾穫麥於張柴爾可三百騎伏傍林中又使搖旗於前示將焚麥者祐素易我軍必輕而來逐爾以輕騎搏獲之用誠如其言果擒祐而還又高仁厚爲行軍司馬將兵三千討韓秀昇屈行從召耆老詢以山川蹊徑及賊寨所據喜曰賊精兵盡在舟中使老弱守寨而資糧皆在寨中此所謂重戰輕防其敗必矣乃揚兵江上爲欲涉之狀賊晝夜禦備遣兵挑戰仁厚不應潛遣勇士千人攻焚其寨賊救之不及資糧蕩盡仁厚遣兵於要路邀擊且招之賊眾執秀昇行從以降

五代梁王彥章與唐相持於楊劉是時唐已得鄆州郭崇韜曰彥章圍我於此其志在取鄆州耳臣願得兵數千據河下流築壘於必爭之地以應鄆爲名彥章必來爭旣分其兵乃可圖也然版築之事難以卒就陛下日以精兵挑戰使梁兵不得東十日壘成矣崇韜與毛彰將數千人夜行渡河築壘於博州東晝夜督役六日壘成彥章果引兵來攻天熱卒疲不克還趨楊劉莊宗迎擊遂敗之

宋种師道知渭州督諸道兵城席葦土賊工敵至壁葫蘆河師道陣於河滸若將決戰者陰遣偏將曲充徑出橫嶺揚言援兵至敵方駭顧楊可世潛軍銜其後姚平仲以精甲衷擊之敵大潰卒城而還又畢再遇與陳孝慶取泗州尅日進兵金人聞之閉榷場塞城門爲備再遇曰敵已知吾濟師之日矣兵以奇勝當先一日出

其不意孝慶從之乃進兵薄泗州泗有東西二城再遇伞陳戈旗舟楫於石囤下如欲攻西城者乃自以麾下兵從陡山徑趨東城南角先登金人潰守將北遁兩城遂定

金太宗天會初烏塔嘯叛太宗命阿里罕次子晏督扈從諸軍往討之至混同江諭將士曰今叛衆依山谷地勢險阻林木深密吾騎卒不得成列未可以歲月破也乃具舟楫艤江令諸軍據高山連木爲柵示以持久計且言俟大軍畢集而發乃潛以舟師浮江而下直擣其營遂大破之據險之衆不戰而潰月餘一境皆定又赫舍哩志寧以精兵萬人發自睢陽趨宿州宋將李顯忠聞志寧軍止萬人甚易之志寧將至宿州仍令從軍盡執旗幟駐州西爲疑兵三明安兵駐州南志寧自以大軍駐州東南扼其歸路顯忠望見州西兵旌旗蔽野果謂大軍在州西而謂東南兵少不足慮先擊之以步騎數萬皆執盾背城爲陣外以行馬捍之使別將將兵三千出自東門欲自陣後攻志寧軍萬戶布勒察擊敗之右翼萬戶瓜爾佳清臣爲前行撤毀行馬短兵接戰顯忠軍亂諸將乘之追殺至城下又布薩揆總大軍南伐分兵爲九路進揆以行省兵三萬出潁壽至淮宋人旅拒於水南揆密遣人測淮水惟八疊灘可涉即遣鄂屯驤揚兵下蔡以示欲渡宋師何汝礪姚公佐悉銳師屯花靨以備揆乃遣右翼都統完顏薩布先鋒都統納喇巴哩潛渡八疊駐南岸揆麾大軍直壓其陣敵不虞我兵卒至皆潰走自相蹂踐死於水者不可勝計進奪潁口下安豐軍遂攻合肥取滁州盡獲其軍實

元張宏範既克宋三江寨至漳州軍東門命別將攻南門西門遂乘虛破其北門克之

明徐達從太祖討陳友諒率舟師順流而上直抵安慶先陳陸兵以疑友諒潛令俞通海等以精兵擣其水寨友諒軍不及支遂大破之又沐英從傅友德征雲南師至白石江元梁王遣兵十萬拒戰友德欲渡江英整諸軍若將渡者而以奇兵潛從下流濟遶出陣後元兵驚擾英急麾軍渡江以善泅者先之長刀斫其軍軍卻師畢濟鏖戰良久復縱鐵騎遂大敗之

示無備設伏取之

唐黃巢陷東都鳳翔節度使鄭畋遣兵戍京師賊將王璠率衆三萬來攻畋使行軍司馬唐宏夫設伏以待璠內輕畋儒柔縱萬騎鼓而前畋以銳卒數千當賊疏陣賊不測衆寡陣未整伏發衆皆譟日暮軍四合鏖戰龍尾坡殺賊二萬級多獲鎧仗璠遁去

元張宏範討李璮於濟南璮出軍突諸將營獨不向宏範宏範築長壘內伏甲士而外爲壕開東門以待之夜令士卒浚壕益深廣璮不知也明日擁飛橋來攻未及岸軍陷壕中得跨壕而上者突入壘門遇伏兵皆死

示強

唐武后垂拱初突厥犯邊命黑齒常之率兵拒之至兩井忽遇敵衆三千方擐甲常之見其囂領二百餘騎身當先鋒直衝之敵皆棄甲而散比暮賊衆大至常之令伐木營中然火如烽燧時東南忽有大風起敵疑救至夜遁又吐蕃陷瓜州以張守珪爲瓜州刺史領餘衆修築州城板堞初立敵暴至城下城中人相顧失色守珪曰彼衆我寡又創痍之後不可以矢石相持須以權道制之乃於城上置酒作樂以會將士敵疑有備不敢攻而退守珪縱兵擊敗之於是修復廨宇收合流亡皆復舊業又永王璘拒命肅宗遣啖廷瑤招諭之時河南招討判官李銑以廣陵步卒三千同出於瓜步廣張旗幟耀乎江津璘登陴望之竟日始有懼色其夕銑令多燒火人執兩炬以疑之隔江望者兼水中之影一皆爲二璘軍人以火應之璘懼以爲官軍悉濟矣遂宵遁又東川留後高仁厚討叛將楊師立賊黨鄭君雄張士安堅壁不出仁厚曰攻之則彼利我傷圍之則彼困我逸遂列十二寨圍之夜二鼓君雄等出勁兵掩擊城北寨副使楊茂言不能禦帥衆棄寨走其旁數寨亦走東川人併兵南攻中軍仁厚聞之大開寨門自帥士卒爲兩翼伏道左右賊至見門開不敢入還去仁厚發伏兵擊之東川兵大奔追至城下斬獲甚衆而還

五代梁太祖攻濮州已破濮人積草焚之梁兵不得入是時梁將王重師方病金瘡臥帳中諸將彊之重師遽起悉取軍中氈毯沃以水蒙之火上率精卒以短兵突人梁兵隨之皆入遂取濮州

唐與梁軍戰潘張軍敗而潰莊宗得三四騎馳去梁兵數百追及攢矟圍之唐將元行欽望其旗而識之馳一騎奮劍斷其二矛斬首一級梁兵解去又蒉從簡以功遷步軍都指揮使莊宗與梁軍對陣梁軍有執大旗出入陣間者莊宗登高邱望見之歎曰彼猛士誰能爲我取之者從簡因前請往莊宗惜之不許從簡潛率數騎馳入梁軍奪其旗而還軍中皆鼓噪莊宗壯之

晉皇甫遇與契丹戰至榆林爲敵所圍遇乘馬中鏑而斃遇有僕杜知敏以馬授遇遇得馬復戰久之稍解顧杜知敏已被獲遇謂慕容彥超曰知敏義士也豈可失

之遂與彥超躍馬入陣取之而還敵壯之俄而生軍復合遇不能解時安審琦已至安陽河謂首將張從恩曰皇甫遇等未至必為敵騎所圍若不急救則成擒矣從恩曰敵勢甚盛無以枝梧將軍獨往何益審琦曰成敗命也設若不濟則與之俱死若失此二將將何面目以見天子遂率鐵騎北渡赴之敵見塵起謂救軍併至乃引去遇與彥超中數槍得還時諸軍歎曰此三人皆猛將也

宋曹彬伐江南朱令贇自湖口入援眾號十五萬順流而下將焚采石浮梁彬聞之遣戰櫂都部署王明密令人樹長木於洲渚間若帆檣之狀令贇望見疑有伏逗撓不敢進又眞宗時寇準為相値契丹大舉入邊王欽若陳堯叟請出幸以避之獨準力勸帝親征帝至澶州見契丹兵盛眾請駐蹕準曰陛下不過河則人心益危況王超李繼隆石保吉等各分兵扼其吭背四方援兵日至何疑而不進高瓊亦固請帝乃渡河遠近望見御蓋皆踴躍呼萬歲敵人氣奪又王德用判定州兼三路都部署德用時教士卒習戰頃之士勇皆可用契丹遣人來覘或請捕之德用曰彼得其實以告是服人之兵以不戰也明日大閱於郊下令具糗糧聽吾鼓視吾旗所向覘者歸告敵謂漢兵將大至和議益決又儂智高反以孫沔為廣南安撫使沔請發騎兵求武庫精甲五千梁適折沔曰毋張皇沔曰前日惟無備故至此今乃欲示鎭靜邪夫實備不至而貌為鎭靜危亡之道也乃興兵七百人沔憂賊度嶺而北乃檄湖南江西曰大兵且至其繕治營壘多具燕犒賊疑不敢北侵又种師道將至洛陽聞斡里雅布屯京城下或止勿行曰敵勢方銳願少駐汜水以謀萬全師道曰吾兵少若遲回不進形見情露祇取辱焉今鼓行而前彼安能測我虛實都人知吾來士氣自振何憂敵哉揭榜沿道言种少保領西兵百萬來遂抵城西趨汴水南徑逼敵營金人懼徙砦稍北又王德討賊李成以百騎覘賊至上蔡驛口橋賊疑為誘騎擁眾欲西德麾騎大呼曰王師大至矣賊駭遁追殺甚眾又魏勝取海州郡守高文富遣兵來捕勝迎擊走之追至城下眾驚傳水陸悉有兵城中大恐文富閉門守驅民上城禦之勝令城外多張旗幟舉烟火為疑兵繼遣勇銳者登城樓餘自城門入莫有禦者

遼景宗乾亨元年宋既下河東乘勝侵燕耶律學古受詔往援始至京宋敗耶律希達蕭托郭等勢益張圍城三周穴城而進城中民懷二心學古以計安反側隨宜備禦晝夜不少懈適有敵三百餘人夜登城學古戰卻之會援軍至圍遂解學古開門列陣四面鳴鼓居民大呼聲震天地旋有高梁之捷二年伐宋會宋將潘美率兵分道來侵學古以軍少虛張旗幟雜丁黃（按禮男幼為黃四歲為小十六為中二十一為丁軍中雜幼弱以疑敵也）為疑兵是夜適獨虎峪舉烽火遣人偵視見敵俘掠村野擊之悉獲所掠物擒其將領又耶律都沁侵宋分總贏師以從及戰取緋帛被介胄以自標顯馳突出入敵陣格殺甚眾

金薩滿阿里值遼人來攻貝勒和色哩城阿里率百餘騎救之遼兵數萬阿里兵少乃令軍士裂衣多為旗幟出山谷間遼兵望見遁去又麗迪知懷德軍兼沿邊安撫使夏人合兵五萬薄懷德城迪開門待之夏人不敢入因以數千騎分門突出遂破之斬首五百級

元齊榮顯與宋兵戰次五河口抵大堤榮顯偕數騎前行覘敵值邏騎數十從者將退榮顯曰彼眾我寡若示以怯必為所乘援弓策馬射殺兩人而還又至元時納延叛車駕親征察球爾扈從遇納延駐兵萬餘察球爾兵不滿三千眾有懼色察球爾夜令軍士多裂裳帛為旗幟斷馬尾為旄掩映林木張設疑兵納延兵大驚以為官兵大至遂降

明李文忠為浙東行省左丞時張士誠急攻諸全守將謝再興告急遣胡德濟往援再興復請益兵文忠兵全無以應會太祖使邵榮討處州亂卒文忠乃揚言徐右丞邵平章將大軍尅日進兵軍聞之懼謀夜遁德濟與再興夜半開門突擊大破之又傅友德征蜀蜀將吳友仁謀復漢中兵大至守臣告急友德以精騎攻斗山寨令人持十炬列山上蜀兵驚遁又平安兵圍北平甚急劉江請往救與成祖約曰臣出北平以礮響為號一礮則決圍二礮則入城若三礮不聞則臣必戰死臣決圍之後宜令後軍帶十礮俟三礮既響為殿者常放礮不絕聲則遠近皆謂大軍繼至平安必駭走矣江遂進兵與安戰悉如其策大敗平安又成祖師至瓜洲盛庸以海艘迎戰列兵沿江上下二百里皆大驚愕師漸近岸庸等整師以禦成祖麾諸將鼓譟先登以精騎數百衝庸軍南師大潰乃令來降海舟懸黃幟往來江中鎭江城中望見驚曰海舟皆已降吾將何為其守將章儁遂率眾來降又王信守備荊襄劉千斤反信以房縣險進據之民兵不滿千人賊四千餘眾突至圍城主帥逗遛不進拒四十餘日信選死士出城五六里舉火礮賊以為援兵至驚走追敗之又胡宗憲既說降倭寇汪直遣諭巨賊徐海謂不早降新總督用兵如神後悔何及海

因要請中國貨物以遺他酋宗憲佯諾之輒以銀幣厚遺諜者而陰令營中盛兵容故縱敵覘之明日復遣人來待之如初海于是歸心于宗憲矣

敵軍攻城久不下師老取之

宋趙范統軍攻唐鄧時金人在蘄黃孟宗政惑之范曰撤襄陽之備以救蘄黃則唐鄧之師必躡吾後且蘄黃之師正銳曷若先擣唐鄧以示有餘唐鄧應我不暇則吾圍不守而自固敵在蘄黃師日以老然後回師蹙之則勝敵而無後患矣

遼蕭思溫爲南京留守會周師來侵圍馮母鎮勢甚張思溫請益兵帝報曰敵來則與統軍司併兵拒之敵去則務農作勿勞士馬會敵入東城我軍退渡滹沱而屯思溫勒兵徐行周軍數日不動思溫與諸將議曰敵衆而銳戰不利則有後患不如頓兵以老其師躡而擊之可以必勝諸將從之周師引退

金章宗泰和六年宋將李爽圍壽州田俊邁陷蘄縣平章政事布薩揆遣安國軍節度副使納刺巴哩與穆延薩克達以精騎三千戍宿州俊邁果率步騎二萬來襲郭倬李汝翼以衆五萬繼至遂圍城攻之甚力城中叢射敵不能逼會淫雨潦溢敵露處勞倦巴哩遣騎二百潛出敵後突擊之敵亂薩克達率騎蹂之殺傷數千人敵復聞援軍將至遂夜遁巴哩薩克達躡其後黎明合擊大破之獲田俊邁

元王義拔束鹿金將武仙以兵四萬來攻論軍士曰束鹿兵少無糧城無樓櫓一日可拔也因盡銳攻擊義隨機應拒積三十日不能下義召將佐曰今城守雖有餘然縣無援兵糧食將盡豈可坐而待斃椎牛饗士率精銳三千銜枚夜出直擣仙營仙軍亂乘暗攻之殺數千人仙率餘衆遁還

明傅友德取雲南兵已抵烏撒將城之土甫集蠻大至友德故持重不戰以老之士踴躍思奮乃前爲陣蠻麕集友德鼓士奮擊大破其衆蠻遁

欽定續通典卷九十七

兵

佯敗引退取之

五代初淮南節度高駢爲畢師鐸所攻楊行密率兵數千赴之行至天長師鐸已囚駢行密不得入屯於蜀岡師鐸率衆數萬出擊行密行密佯敗棄營走師鐸兵飢乘勝爭入營收軍實行密反兵擊之師鐸大敗

唐周德威身爲大將常與士卒馳騁矢石之間梁軍圍太原募生致周陽五者（德威小字陽五）爲刺史有騎將陳章者乘白馬被朱甲以自異請致之德威因戒其部兵曰見白馬朱甲者佯走以避之兩軍皆陣已微服雜卒伍中陳章出戰兵始交德威兵退走章奮矟追之德威伺章已過揮鎚擊墮馬遂生擒之

金完顏璋將兵二萬救德順宋將吳璘據城北險要爲營璋亦築營與璘相望可三里許兩軍遇於城東凡五接戰璘軍敗走璋追至城下璘軍已據城北岡阜與其城上兵相應以弩夾射璋軍璋軍佯卻城中出兵來追璋反旆與戰大敗之

元阿珠奉命略淮東抵揚州宋都統姜才領步騎二萬來攻敵軍夾河爲陣阿珠麾騎士渡河擊之戰數合堅不能卻衆軍佯北才逐之遂奮而回擊萬矢雨集才軍不能支擒其副將張林斬首萬八千級又大德中羅和反詔劉國傑討之師出播州與賊戰不利乃令軍士人持一盾布釘其上既戰卽棄盾佯卻賊追之奮不能止遇盾皆仆國傑鼓譟趨之賊大敗

明徐達帥兵取中原至山東界首克沂州進取青州遇元將伊蘇兵乃命傅友德率騎與戰佯北伊蘇來追達麾後軍前進俘斬甚衆伊蘇遁遂下青州

臣等謹案杜典此下有僞稱敗怠敵取之條考僞敗與佯敗無甚差別今不復分析

引退設伏取之

唐高祖武德初劉武周將黃子英往來雀鼠谷高祖令武衞將軍姜寶誼擊之子英數以輕兵挑戰寶誼兵纔接子英輒遁如此者三寶誼悉兵逐之伏發軍大敗寶誼被擒又郭子儀圍衞州安慶緒分其衆爲三軍將戰子儀選善射士三千伏壁內戒曰須吾卻賊必乘壘若等譟而射既戰僞遁賊薄營伏發注射賊震駭而奔斬首四萬級執安慶和收衞州

五代周世宗伐江南犬將張永德請行師至壽春劉仁贍堅壁不下永德出疲兵居前誘之伏精兵於便地每戰佯不利北退三十里伏兵悉起前後夾攻大敗之仁贍僅免

宋高宗紹興初權京西南路副總管李忠反陷金州諸關王彥與戰不利退屯秦郊令將士盡伏山谷閒焚積聚僞若遁者秦郊距郡城二十里路坦夷募敢死士易麾幟設奇以待閱再宿賊至秦郊逆戰大敗之

遼太宗自將援石敬瑭會唐將高行周符彥卿以兵來拒遂勒兵陳於太原及戰佯卻行周彥卿追之爲伏兵所斷首尾不相救大敗之棄仗如山斬首數萬級又耶律色珍聞宋將楊繼業出兵令蕭達林伏兵於路明日繼業兵至色珍擁衆爲戰勢繼業麾幟而前色珍佯退伏兵發色珍進攻繼業敗走

金珠嘉辰嘉伐宋時宋兵二千屯高柳橋其寨兩城環之以水辰嘉先令水軍徑渡攻之大軍繼進夷其寨而還遇宋兵數千於梅景村辰嘉伏兵林閒以步卒誘致之伏發宋兵潰追奔十餘里生擒其將阮世安等五人獲器仗甚衆又赫舍哩約赫德圍盱眙宋人閉門堅守不敢出以騎兵分掠境內而時遣羸卒薄城誘之宋人出騎數百來拒約赫德麾兵佯北發伏擊之斬首二百宋人復出步騎八千來援又擊敗之

元王義從穆呼哩取鉅鹿洺州二城還軍至廣陽西九門遇金監軍納蘭率冀州節度使柴茂等將兵萬餘北行王義伏兵桑林先以百騎挑之納蘭迎戰因稍卻誘之近桑林伏起金兵大亂奔還又石應天取綏德金行省完顏哈達出兵三萬陣於城東蒙古布哈以騎三千覘之馳報曰彼見吾兵少有輕敵心明日合戰當佯敗可以伏兵取勝也從之夜半以大軍銜枚齊進伏於城東十五里兩谷閒明日蒙古布哈進兵望見金兵卽棄鼓旗走金兵果追之伏發鼓聲震天地萬矢齊下金兵大敗

明太祖因元兵圍六合率師救之設伏澗側令耿再成佯敗誘之渡澗伏發城中亦鼓譟出夾擊之元兵大敗去滁城以全又郭英隨徐達率兵進抵河西務英首與元兵戰大捷翌日大霧英令千人伏道傍率精騎三千直抵城下元將率敢死士萬餘張兩翼出戰長久英佯敗敵乘勝來追伏兵起截其軍爲二斬首數千級

聲言退誘敵破之

五代梁遣楊師厚攻王師範屯於臨朐師範以兵追之師厚陽爲卻不敢出閒遣人陽言曰梁兵少方乞兵於鳳翔今糧且絕當還軍師範以爲然乃遣弟師魯悉兵攻之師厚拒而不戰師魯兵卻師厚追擊大敗之師範

請降

唐莊宗與梁將劉鄩相拒於魏數以勁兵壓鄩營鄩不肯出莊宗謂諸將曰劉鄩學六韜喜以機變用兵本欲示弱以襲我今其見迫必求速戰乃聲言歸太原命符存審守魏陽爲西歸而潛兵貝州鄩果報末帝曰晉王西歸魏無備可擊乃以兵萬人攻魏城東莊宗自貝州返趨擊之鄩忽見晉軍驚曰晉王在此邪兵稍卻追至故元城莊宗與符存審爲兩方陣夾之鄩爲圓陣以禦晉人兵再合鄩大敗南奔

引退設伏潛兵襲其營

五代初秦宗權遣張晊攻汴梁王聞晊來登封禪寺後岡望晊兵過遣朱珍躡之戒曰晊見吾兵必止望其止當速返毋與之鬬也已而晊見珍在後果止珍卽馳還王令珍引兵蔽大林而自率精騎出其東伏大冢閒晊止而食食畢拔旗幟馳擊珍珍兵少卻王引伏兵橫出斷晊軍爲三而擊之晊大敗脫身走

周世宗遣王景向訓攻秦鳳州數爲蜀將王環所敗周兵糧道頗艱孟昶遣兵出堂倉扺黃花口以爭糧道景訓先知其來命張建雄以兵當谷口別遣將以勁卒出其後伏堂倉以待其歸蜀兵前遇建雄戰不勝退走堂倉伏發盡殪之由是蜀兵守諸城堡皆潰

金章宗泰和時宋程松遣將曲昌世襲方山原自率兵數萬分道襲和尚原西山寨龍門等關遂據之富察貞遣費摩阿里及完顏布倫以兵千人伏方山原下別遣鄂屯薩哈瑪勒及珠赫哈達將壯士五百取閒道潛登出宋兵上自高而下宋兵大駭伏兵合擊遂破之貞乃分遣諸將率兵千人取和尚原西山寨自以兵七百由中路取龍門等關

元安扎爾攻西和州宋將强俊領衆數萬堅壁淸野以老元師安扎爾率死士罵城下挑戰俊怒悉衆出陣安扎爾佯走俊追之因以奇兵奪其城伏兵要其歸轉戰數十里斬首數千級擒俊餘衆退保仇池進擊拔之

設伏引敵鬬襲其營

五代初梁太祖與秦宗權將張晊相拒於汴使張歸霸以弓手五百人伏湟中太祖以騎數百爲游兵過晊柵晊出兵追之歸霸發伏殺晊兵千人奪馬數十匹

宋邱岳知眞州蒙古率衆攻城岳以强弩射其帥斃之敵少卻岳曰敵兵十倍於我不可以力勝乃爲二伏設礮石以待之敵至伏發殺其驍將敵衆大擾又遣勇士襲其營焚其廬帳敵惶駭遂引去

明王守仁討橫水賊謝志山駐南康去橫水三十里先遣四百人伏賊巢左右進軍逼之賊方迎戰兩山舉幟賊驚謂官軍已盡犂其巢遂潰乘勝克橫水

設伏引敵鬬敗之附

元順帝至正末劉福通陷汴梁察罕特穆爾大發秦晉諸軍會汴城下奪其外城察罕自將鐵騎屯杏花營諸將環城而壘城中屢出戰輒敗遂嬰城以守乃夜伏兵城南旦日遣苗軍跳梁者略城而東敵傾城出追伏兵鼓譟起邀擊敗之

明領森破紫荊關直入窺京師石亨議堅壁以老之于謙曰是益張其勢也亟擐甲營於德勝門領森見兵盛而微以騎來嘗謙乃設伏於空舍使數騎誘之敵以萬騎來薄伏發敗之

臣等謹案襲其營是往襲其營也敗之是敵來而敗之也事雖稍異而敗敵之策同杜典無此目謹倣此例增附於此

示退乘懈掩襲

五代梁將葛從周圍朱瑾於兗州瑾閉壁不出從周詐言救兵至陽避之高吳夜半潛還城下瑾謂從周已去乃出兵收外壕從周掩擊之殺千餘人

敵退追奔

五代初楊行密將王景仁救王師範既敗梁兵引還梁兵急追之景仁度不可走遣裨將李虔裕以衆一旅設伏於山下以待之留軍不行解鞍而寢虔裕疾呼曰追兵至矣宜速走吾以死遏之景仁曰吾亦戰於此也虔裕三請景仁乃行而虔裕卒戰死梁兵以故不能及而景仁乃全軍而歸梁軍以不能及而不勝

周世宗攻楚州率戰士持火炬以焚其城樓克之帝計其敗卒必將南遁因親領衛士及驍騎數百於南城逐之又殺數千人楚州遂平

金太祖自將精兵襲遼主於大魚濼普嘉努宗望率兵四千爲前鋒晝夜兼行馬多乏追及遼主於石輦驛軍士至者才千人遼軍餘二萬五千方治營壘普嘉努與諸將議伊都曰我軍未集人馬疲劇未可戰宗望曰今追及遼主而不亟戰日入而遁則無及遂戰短兵接遼兵圍之數重士皆殊死戰遂敗遼兵

元世祖至元末宗王明埒特穆爾挾海都叛巴延討破之明埒特穆爾挺身走命蘇克特們德爾等追之巴延引軍夜還卒遇伏兵巴延堅壁不動黎明遂引去巴延輕騎追擊之會蘇克特們德爾等兵亦至乃夾擊之斬俘甚衆又博羅歡既敗納延兵其黨塔布岱以兵來拒

會久雨軍乏食諸將欲退博羅歡曰今兩陣相對豈容先動俄塔布岱引兵退博羅歡以其師乘之轉戰二日大破之

明初張士誠寇建德李文忠爲帥欲擊之劉基曰三日後必走走而尾之可盡擒也及三日敵僞設旌旗聲鼓如故至其所皆空壁所留盡老弱追而薄之東陽悉獲其衆

縱敵退於歸路設伏取之

唐李泌因吳法超叛引步騎四千過陝乃陰遣將士伏太原倉隘令曰賊隊過東伏大呼擊之西伏亦大呼應之勿遮道勿留行常讓以半道又遣唐英岸夜出陣澗北燕子楚趣長水明日淮西兵入隘兩伏發殺賊頗衆進遇英岸子楚邀擊大敗之賊所餘僅四十七人

宋西夏元昊寇渭州薄懷遠城韓琦亟趨鎮戎軍盡出其兵又募勇士萬八千人命環慶副總管任福將之涇原都監桑懌爲先鋒福將行琦令福併兵自懷遠城趨德勝砦至羊牧隆城出敵之後諸砦相距約四十里度勢未可戰卽據險置伏要其歸路戒之再三且曰苟違節制有功亦斬福引輕騎數千趨懷遠敵棄馬羊槖駝佯北懌引騎追之福踵其後諜傳敵兵少福等頗易之與懌合軍屯好水川遇夏軍循川行出六盤山下距羊牧隆城五里結陣諸將方知墮敵計勢不可留遂前格戰夏兵四合福與懌俱戰死又宗澤爲東京留守知開封府時金帥烏珠自鄭抵白沙去汴京密邇都人震恐僚屬入問計宗澤笑曰何事張皇劉衍等在外必能禦敵乃選精銳數千使繞出敵後伏其歸路金人方與衍戰伏兵起前後夾攻之金人果敗

遼太祖追埒克至布濟克河先遣室韋及吐渾酋長巴拉達里庫等分兵伏其歸路別遣將進擊之埒克率兵逆戰相拒至晡衆乃潰追至柴河遂自焚其車乘廬帳而去前遇巴拉達里庫等伏發合擊大敗之埒克奔潰

金李師夔主奉聖州事賊焦望天尹智穆率兵數千來寇師夔以兵臨之設伏歸路使人閒望天於智穆智穆果疑望天先引去望天勢孤亦還遇伏而敗遂執斬之是後賊衆不敢入境

誘敵進於歸路設伏取之附

金師攻宋時楊存中爲淮北宣撫使屯泗州金密令人告以敵騎數百屯柳子鎭矣存中自將五百騎夜襲之黎明不見敵而還金以進兵伏歸路存中知之遂橫奔而潰

臣等謹案縱敵退而取之是將退而縱之退也誘敵進而取之是未進而誘之進也設伏於歸路之法同而縱與誘之計異杜典無此目謹倣其例增附於此

兵機務速

唐太宗貞觀中李靖爲西海道行軍總管討吐谷渾侯君集副之師次鄯州君集言於靖曰大軍已至賊尙未走險宜簡精銳長驅疾進彼不我虞必有大利若此策不行遁岨山谷討之實難靖然其計乃簡精銳輕齎深入追及其衆於庫山破之又史朝義乘邙山之捷進略申光等十三州李光弼聞之就道監軍使以兵少請保揚州光弼曰朝廷以安危寄我賊安知吾衆寡若出其不意當自潰遂疾驅入徐州使田神功擊敗賊於宋州

五代梁牛存節虞朱瑾召吳兵攻徐宿謀曰淮兵必不先攻宿然宿溝壘素固可以禦敵乃夜以兵急趨徐州比傅徐城下瑾兵方至望其塵起驚曰梁兵已來何其速也不能攻而去又王晏球爲龍驤四軍都指揮使時捉生軍將李覇戍楊劉乘夜作亂自水門入縱火大譟以長竿縛布沃油仰燒建國門晏球聞亂不俟命率龍驤五百騎擊之賊勢稍卻末帝登樓見之呼曰此非吾龍驤軍邪晏球奏曰亂者李覇一部爾陛下嚴守宮城責臣破賊遲明盡殺之又唐取梁鄆州召王彥章爲招討使禦之問破敵之期彥章曰三日左右皆失笑彥章馳兩日至滑州置酒大會陰遣人具舟於楊村命甲士六百人持巨斧載冶者具韛炭乘流而下彥章會飲酒半佯起更衣引精兵沿河趨德勝舟兵舉鎖燒斷之以巨斧斬浮橋而彥章急擊南城浮橋斷南城遂破蓋三日矣

唐莊宗時梁將劉鄩攻同州河中節度使朱友謙請師於唐莊宗遣符存審等往援師集河中朝至夕渡時汴人不意王師速至劉鄩曰師行次舍倍道兼程計其行途未能及此存審聞之笑曰兵法有出奇無窮者兵若自天而墜劉鄩善將何其昧哉又康延孝征蜀與蜀王衍戰三泉衍敗走斷吉柏江浮橋延孝造舟以渡進取綿州衍復斷綿江浮橋延孝謂招撫使李嚴曰吾遠軍千里入人之國利在速戰乘衍破膽之時但得百騎過鹿頭關彼將迎降不暇若修繕橋梁必留數日使衍得閉關爲備則勝負未可知也因與嚴乘馬渡江軍士隨之濟者千餘人遂入鹿頭關下漢州後軍始至衍弟宗弼果以蜀降又明宗行幸汴州至滎陽朱守殷反范延光曰守殷反迹始見若緩之使得爲計則城堅而難近

故乘人之未備者莫若急攻臣請騎兵五百馳至城下以神速駭之乃以騎兵五百自暮疾馳至半夜行二百里戰於城下遲明明宗亦馳至汴兵望見天子乘輿乃開門而延光先入猶巷戰殺傷甚眾守殷死汴州平

宋太祖建隆初李筠起兵樞密使吳延祚白太祖曰潞城巖險且有太行之阻彼若保之未可以歲月破筠素輕銳若速舉兵擊之彼必出關但離巢穴即成擒矣帝從其言遂親征次滎陽西京留守向拱勸帝濟河踰太行乘其未集誅之儻稽浹旬彼眾愈滋攻之難爲力矣趙普亦曰兵尙拙速不貴巧遲倍道兼行掩其未備可一戰而克也若使堅壁固守老我師徒饋運險難勝負難決矣帝納之帝至澤州召控鶴指揮使馬全義問計策全義請并力急攻且曰緩之恐生變帝命諸軍奮擊親帥衛兵繼之克其城又曹瑋用兵多奇計出入神速不可測一日張樂飲僚吏忽失瑋所在徐出視事賊首已擲庭下矣嘗稱疾臥閤內會寇至則奮起裹創被甲跨馬賊望見皆遁去又高宗紹興初金人窺蜀時吳玠在河池金將薩里哈自商於直擣上洋趨洋漢守臣劉子羽告急玠自河池日夜馳三百里以黃柑遺敵曰大軍遠來聊用止渴薩里哈大驚以杖擊地曰爾來何速也又金人入合肥王德請守淮以保江遂渡采石張俊督軍繼之德曰明旦當會食歷陽已而夜拔和州敵退保昭關又擊走之追至柘皐與金人夾河而軍諸將皆集張俊後至統制田師中欲待之德曰事當機會復何待徑上馬烏珠以鐵騎十萬夾道而陣德曰敵右陣堅當先擊之有敵將被甲躍馬始出德引弓一發而斃乘勢大呼令萬兵持長斧如牆而進敵大敗又孟宗政以棗陽圍急乃引兵午發峴首遲明即抵棗陽馳突如神金人大駭宵遁

遼景宗保寧初宋圍太原以耶律烏哲率兵往援至白馬嶺遣勁卒夜出間道疾馳駐太原西鳴鼓舉火宋兵以爲大軍至懼而宵遁

金章宗明昌時詔完顏安國等趨多泉子進討北方乃命支軍出東道丞相襄由西道而東軍至龍駒河爲珠卜所圍三日不得出求援甚急或請俟諸軍集乃發襄曰我軍被圍數日馳救之猶恐不及豈可後時即鳴鼓夜發或請先遣人報圍中使知援至襄曰所遣者儻爲敵得使知我兵寡而糧在後則吾事敗矣乃益疾馳遲明距敵近眾請少憩襄曰吾所以乘夜疾馳者欲掩其不備爾緩則不及嚮晨壓敵突擊之圍中將士亦鼓譟出戰敵大敗皆奔額勒哲河遣安國追躡之眾散走

元納延叛陰遣使來結額布根舒埒赫爲都指使圖圖爾哈所執盡得其情會有言額布根叛者眾欲先聞於朝然後發兵圖圖爾哈曰兵貴神速若彼果叛我軍出其不意可即圖之否則與約而還即日啟行疾馳七晝夜渡圖喇河戰於博恰嶺大敗之額布根僅以身免

明太祖因陳友諒降將吳宏兵使取撫州撫帥鄧克明欲拒宏而畏饒州守鄧愈强乃遣人詐獻地以緩師愈詗得之即率勁兵閒道夜馳二百里黎明下其三門克明單騎走旁邑自度不免以分省及撫州四路縣印詣愈降遂定撫州又燕王將張玉既破李景隆兵諜報景隆收潰卒號百萬且至玉進計曰兵貴神速請急往白溝河以逸待之可勝也乃悉師而往至白溝三日而景隆來戰玉以麾下馳之挫其鋒大軍乘而破之又楊榮因漢王高煦反首勸宣宗親征夏原吉亦曰往事可鑒不可失也且兵事貴速宜卷甲韜戈以往一鼓而平之所謂先人有奪人之志宣宗遂意決躬率諸軍啟行不數日抵樂安城中駭潰遂械高煦以歸又郭登爲總兵官景泰初偵知額森自順聖川入營沙窩請將以敵眾我寡請旋師回城登曰我軍去城已百里若一退避敵以鐵騎來追縱欲自全得乎敢言退者斬遂連夜進兵直薄敵營登奮勇先登呼聲震山谷大破其眾追至栲栳山斬二百餘級

掩襲

唐契苾何力從征吐谷渾何力欲襲之薛萬均不可何力曰敵無城郭逐水草爲生若不襲其不虞便恐鳥驚魚散一失機會後可傾其巢穴耶乃自選驍兵千餘騎直入突倫川襲破吐谷渾牙帳斬首數千級獲駝馬牛羊二十餘萬吐谷渾主脫身免又吐蕃寇臨洮次大來谷王晙率所部二千人卷甲倍程與臨洮軍合勢以拒之吐蕃將坌達延又率兵繼至晙乃出奇兵七百人衣之番服夜襲之相去五里置鼓角令前者遇寇大呼後者擊鼓以應之敵眾懼疑有伏兵自相殺傷死者萬計又王君㚟爲河西隴右節度使判涼州都督事開元時吐蕃大將悉諾邏入寇攻甘州焚燒市里君㚟候其兵疲踅士馬以掩其後會大雪敵兵凍死者甚眾遂取積石軍西路而還

五代初秦宗權稱帝遣其將秦賢盧瑭張晊攻汴賢軍板橋晊軍北郊瑭軍萬勝環汴爲三十六柵梁王遣將朱珍擊賢於板橋拔其四柵又擊瑭於萬勝瑭敗投水死宗權聞瑭等敗乃自將精兵數千柵北郊會兖州朱

瑾鄆州朱宣來赴援王暹酒軍中中席王暘起如厠以輕兵出北門襲暀而樂聲不輟暀不意兵之至也兗鄆之兵又從而合擊遂大敗之斬首二萬餘級宗權與暀夜走

宋太宗端拱中遣李繼隆發鎮定軍萬餘護運契丹將耶律休格率精銳將邀於路適尹繼倫巡邊與相値休格不顧竟趨大軍繼倫謂其麾下曰敵南出而捷還則乘勝驅我北則洩怒致死我無遺類矣今但卷甲銜枚以躡之彼銳氣前驅不虞我之至勝足以自樹敗亦不失爲忠義衆皆思奮繼倫令軍中侯夜人持短兵敵方陣於前繼倫從後掩擊遂驚潰又狄青討儂智高至廣南合孫沔余靖之兵進次賓州時智高還守邕州青懼崑崙關險阨爲所據乃按兵不動下令賓州具五日糧休士卒値上元節令大張燈燭首夜宴將佐次夜宴從軍官三夜饗軍校首夜樂飲徹曉次夜二鼓青忽稱病暫起如內久之使人諭孫沔令暫主席行酒少服藥乃出數使勸勞座客至曉客未敢退忽有馳報者云夜時三鼓元帥已奪崑崙矣是夜大風雨青率兵度崑崙關既度喜曰賊不知守此無能爲也已近邕州賊方覺逆戰於歸仁舖青使步卒居前匿騎兵於後青登高執五色旗麾騎兵爲左右翼出其後斷敵軍爲三旋而擊之敵衆披靡遂大敗智高焚城遁去

元世祖至元時高麗人金通精據珍島以叛屢討不下以史樞爲鳳州經略使樞至謂衆曰敵勢方張未易力勝況炎暑海氣蒸鬱弓力弛弱猝不可用宜分軍爲三多張旗幟以疑之吾與諸軍潛師擣其穴破之必矣與戰大破之其地悉平

明徐達率師至太原元庫庫營於城西郭英憑高望曰彼兵多而不整營大而無備請以夜劫其營常遇春亦曰我騎兵雖集步卒未至不可與戰請夜劫營當彼衆亂主將可縛也達從其計先遣五千騎伏城東以火礮爲期至夜郭英潛入其營舉礮伏起應之鼓譟相接敵大潰自相殺戮庫庫遁去遂克太原得士馬各四十萬又藍玉襲元主特古斯特穆爾於捕魚兒海用定遠侯王弼謀戒諸軍穴地而爨毋使見烟火乘夜至海南敵營在海東北八十餘里玉令弼爲前鋒疾馳襲其營敵不虞軍至大驚迎戰敗之元主遁餘衆潰降又張輔征交阯敵於多邦城旁築土城高峻城下築重壕壕內密置竹刺壕外坎地以陷人馬輔下令期夜襲城以舉火鳴角爲號夜四鼓都督黃中銜枚舁攻具越重壕薄城下以雲梯附城牙將蔡福先登將士繼之火炬齊明銅角競響敵驚散遂入城

　甘言厚幣乘懈襲之

唐初突厥頡利合兵十萬寇涇州太宗自率六騎幸渭上與頡利隔水語責以負約頡利請和詔許之誓盟於便橋之上突厥引兵退蕭瑀曰突厥未和之時諸軍爭欲戰陛下不許而敵自退其策安在帝曰突厥衆多而不整君臣之志惟賄是求故卷甲韜戈啗以金帛彼既得所欲志必驕惰然後養威俟釁一舉可滅也將欲取之必姑與之此之謂也瑀謝不及又李懷光有叛志欲併諸軍時李晟與李建徽陽惠元皆聯屯恐見脅適有使至晟所晟遂僞稱有詔徙屯即結陣趨東渭橋未幾懷光併建徽惠元兵惠元死之晟提孤軍橫當寇鋒恐二盜合以軋之乃卑亂厚幣致誠於懷光使不爲忌後諸路軍皆受晟節度乃移書顯讓之懷光不聽走遁河中

五代初山南盜孫喜以衆千人襲均州刺史呂煜不能禦時馮行襲爲州校乃陰選勇士伏江南獨乘小舟逆喜告曰州人聞公至皆欲歸矣然知公兵多民懼擄掠恐其驚擾請留兵江北獨與腹心數人從行願爲前導以慰安州民事可立定喜以爲然乃留兵江北獨與行襲度江軍吏前謁行襲擊喜仆地斬之伏兵發盡殺從行者餘兵在江北聞喜死皆潰

欽定續通典卷九十八

兵

避銳

五代梁遣王景仁擊趙晉遣周德威救之景仁所將皆
梁精兵晉軍望之色動德威告莊宗曰梁兵銳未可與
爭宜少退以待之莊宗未決已而獲梁諜者知梁軍果
將渡河莊宗如其策乃退軍鄗邑誘破梁軍
周太祖因劉旻攻晉州遣王峻爲行營都部署將兵討
之刖遣陳思讓康延釗自烏嶺出絳州與峻會峻至陝
州留不進太祖遣使者翟守素馳至陝州諭峻欲親征
峻屏左右謂守素曰晉州城堅不可近而劉旻兵銳亦
未可當臣所以留此者非怯也蓋有待爾守素馳還具
道峻言是時太祖已下詔西幸聞峻語乃止不行
元趙天錫以元帥左都監兼冠氏令宋將彭義斌據大
名冠氏元帥李全降之人心頗搖天錫令衆姑少避其
鋒以圖後舉乃帥將佐往依博里哈大軍未幾破義斌
於眞定

堅壁持久候隙破之

唐李光弼以朔方兵五千救常山常山團結兵執賊將
史思義降時史思明攻饒陽李光弼問計於思義答曰
今軍行疲勞逢敵不支不如按軍入守料勝而出賊兵
方銳持重圖之爲萬全光弼善之會饒陽賊五千至九
門思明恃有援解鞍休士光弼諜知之提輕兵斂旗鼓
伺賊方飯襲殺之且盡思明懼引去
五代時晉攻魏魏人求救於梁太祖遣侯言救魏言築
壘於洹水太祖怒言不出戰遣葛從周代言從周至軍
益閉壘不出而鑿三闇門以待晉兵攻之從周以精兵
自闇門出擊敗晉軍
金太祖收國初遼主自將七十萬至特們駙馬蕭特默
等將騎五萬步四十萬至沃稜濼帝自將禦之行次約
羅會諸將議皆曰遼兵號七十萬其鋒未易當吾軍遠
來人馬疲乏宜駐於此深溝高壘以待帝從之遣都古
爾訥尼楚赫鎭達嚕古帝以騎兵親候遼軍獲督餉者
知遼主以卓努叛西還二日矣是日帝還至舒吉濼有
光見于矛端諸將曰今遼主既還可乘其怠追擊之帝
曰誠欲追敵約齎以往無事餽餉若破敵何求不得衆
皆奮躍追及遼主於呼卜堵岡遼兵大潰金師馳之橫
出其中遼師敗績
元順帝至正時徽饒賊寇於潛以董摶霄參知政事將
兵討破之遂復其縣治既而賊兵大至焚倚郭廬舍摶
霄按軍不動左右請出兵摶霄曰未也遣人執白旗登
山望賊約曰賊以我爲怯必少懈伺其有間則麾所執
旗又伏兵城外皆授以火礮復約曰見旗動礮卽發已
而旗動礮發兵乃盡出斬首數千級

堅壁挫銳

唐劉蘭爲夏州都督府司馬貞觀初梁師都以突厥兵
頓於城下蘭偃旗臥鼓不與爭鋒賊疑不敢迫夜引去
蘭追擊破之
宋魏勝守海州金兵逼關勝登關門張樂飲酒犒軍士
令固守勿出戰金攻之踰時乃少遣士出憑險隘擊之
金知不可攻將轉而渡河襲關後勝斂兵入城金軍徑
趨關更欲過砂堰圍城爲營勝先已據堰備之金軍不
得過
元李璮陰結宋人以益都反處濟南詔親王嵩必齊總
兵討之賊勢甚盛繼命史天澤往天澤聞璮入濟南笑
曰豕突入苙無能爲也至則進說於嵩必齊曰璮多譎
而兵不精不宜力角當以歲月斃之乃深溝高壘絕其
奔軼凡四月城中食盡軍潰出降

不戰挫銳

五代初楊行密取楚州孫儒率衆攻之行密將田頵劉
威等遇之輒敗行密欲走銅官其客戴友規曰儒來氣
銳而兵多蓋其鋒不可當而可以挫其衆不可敵而可
久以敝之若避而走是就擒也劉威亦曰背城堅柵可
以不戰疲之行密以爲然久之儒兵飢又大疫行密悉
兵擊之儒敗被擒
宋馮讚知梓州時劍外初平讚視事纔數日僞軍校上
官進嘯聚士卒三千餘衆劫村民數萬人夜攻州城讚
曰賊乘夜奄至此烏合之衆以箠挺相撻擊必無固志
可持重以鎭之待旦自潰矣躬自率衆巡城密令促其
更籌未夜分擊五鼓賊悉遁去因追之擒進斬於市郡
境以安
元劉從太祖征奈曼敵率銳兵鼓而進劉按兵屹不動
敵止俄復鼓而進劉亦不動敵卒疑畏不敢前又輩昌
部長和托叛兵大擾汪惟正謂將吏曰和托今若猘犬
方肆狂嚙苟一戰不利則城邑爲墟當勝以不戰乃發
兵踵之賊欲戰不得休則撓之若是者兩月知其糧盡
勢蹙曰可矣與戰屢捷

敵飢以持久敝之

唐河閒王孝恭討輔公祏賊將馮惠亮等據險邀戰孝
恭堅壁不出遣奇兵絕糧道賊飢夜薄營孝恭臥不動
明日使羸兵抨賊壘挑之刖令將盧祖尙選精騎以待

俄而兵卻賊追北且囂遇祖尙軍薄戰遂大敗公祏窮棄丹陽走擒之江南平

五代漢隱帝遣樞密使郭威討李守貞威用馮道計謀以遲久困之乃與諸將分爲三柵發五縣丁夫築連壘以護三柵守貞出兵壞連壘威輒補其所壞守貞輒出爭之每出必有亡失如此逾年守貞城中兵食俱盡殺人而食威曰可矣乃爲期日督兵四面攻而破之守貞自焚死

宋韓世忠敗金人於大儀時達剌屯泗州烏珠屯竹墊鎭爲世忠所扼會雨雪金饋道不通野無所掠殺馬而食番漢軍皆怨烏珠夜引軍還餘衆棄輜重遁

因敵飢乘其敝而取之

唐邱行恭於大業末聚兵萬人保郿城百姓多附之時原州賊圍扶風太守竇璡堅守經數月賊食盡無所掠衆稍散歸行恭行恭因遣諭諸賊共迎義軍乃自率五百人負米麥持牛酒詣賊營賊帥長揖行恭斬之謂其衆曰若皆豪傑也何爲事賊衆皆俯伏曰願改事公行恭率其衆迎謁太宗於渭北

因敵三鼓致衰敗之

元張宏範率千人戍萬山旣城與將士校射東門宋師奄至咸謂衆寡不敵宜入守宏範戒曰退者斬遣李庭當其前他將攻其後親率二百騎爲長陣令曰聞鼓則進未鼓勿動宋步騎相間突陣宏範軍不動再進再卻宏範曰彼氣衰矣鼓之前後奮擊宋師奔潰

致敵力疲夾攻敗之

唐郭子儀李光弼敗賊將史思明於沙河遂趨常陽祿山聞思明敗益以精兵子儀堅壁自固賊來則守賊去則追晝揚其兵夜襲其幕賊人不得休息數日子儀謂光弼曰賊怠矣可以戰戰於嘉山斬馘四萬級

宋畢再遇守六合金將赫舍哩攻之不克乃益增兵至環城亘三十里再遇令臨門作樂以示閒暇而閒出奇兵擊之敵晝夜不得休乃引退再遇料其且復來乃自提兵奪城東野新橋出敵之背金人遂遁去

遼太宗伐晉晉兵駐澶淵其前軍高行周在戚城乃命趙延壽延昭以數萬騎出行周右帝以精兵出其左戰至暮帝復以勁騎突其中軍晉軍不能戰會有諜者言晉軍東面數少沿河城柵不固乃急擊其東偏衆皆奔潰縱兵追及遂大敗之又統和時宋將曹彬米信取涿州陷固安耶律休格擊走之月餘復至休格以輕兵薄之伺蓐食擊其離伍單出者且戰且卻南軍自救不暇結方陣塹地兩邊而行軍渴乏井漉淖而飮凡四日始達於涿會太后軍至冒雨而遁太后以銳卒追及之彬信力窮環糧車自衞休格圍之彬信以數騎亡歸餘衆悉潰

金章宗泰和六年宋將皇甫斌分路侵蔡阻溱水不敢進於是平章布薩揆遣完顏薩布及布色鄂諾完顏達希布等以騎七千往擊之會溱水漲宋兵扼橋以拒薩布等謀潛師夜出達希布以騎涉水出其右鄂諾出其左薩布度其軍畢渡乃率副統阿嚕岱以精兵直趨橋宋兵不能遏比明大潰鄂諾以兵斷眞陽路諸軍追擊至陳澤斬首二萬級

元托壘攻鄧州不下遂將而北金將哈達等知托壘已北合步騎十五萬躡其後托壘按兵遣其將呼圖克等誘之且且暮命軍中曰毋令彼得休息宜夜鼓譟以擾之太宗時亦渡河遣親王抑肯布哈等將萬餘騎來會遂奮擊大破之追奔數十里

明李文忠援大同次馬邑敗元游兵進至白楊門天雨雪已駐營文忠令移前五里阻水自固元兵乘夜來劫文忠堅壁不動質明敵大至以二營委之殊死戰度敵疲乃出精兵左右擊大破之追至蒙克倉而還

陣久疲致敗

五代梁晉戰胡柳晉軍敗莊宗欲收兵還臨濮李嗣昭曰梁軍已勝且暮思歸吾若收軍使彼休息整而復出何以當之宜以精騎撓之因其勢乏可以勝也王建及亦曰敵衆晡晚大半思歸擊此疲敗之卒易如拉朽時日已暮建及大呼入陣李嗣昭繼之梁軍大敗

周世宗旣敗北漢兵于高平乘勝而進圍城之役諸將議不一故久無成功世宗欲解去而未決聞史彥超戰死遂班師倉卒之際亡失甚衆

出其不意

唐張巡守雍邱令狐潮引賊衆四萬至城下巡曰賊兵精銳且知城中虛實有輕我心今出其不意擊之彼必驚潰賊勢少折然後城可守也乃分千人乘城以數隊開門突出巡身先士卒直衝賊陣人馬辟易賊遂退又李晟爲鳳翔節度使以吐蕃侵軼遣將王佖夜襲賊營率驍勇三千入汧陽城戒之曰賊大衆當過城下愼無擊其首尾雖敗其中軍力全若合勢攻汝必受其弊但俟其前軍已過見五方旗虎豹衣則其中軍也突其不意可建奇功佖如言出擊之賊衆果敗又李愬將攻吳房諸將曰今日往亡愬曰吾兵少不足戰宜出其不意彼以往亡不吾虞可擊也遂往克其外城而還

五代初義成軍亂逐安師儒師儒奔梁太祖遣朱珍以兵趨滑州道遇大雪珍趣兵疾馳一夕至城下遂乘其城義成軍以為方雪不意梁兵來不為備遂下之又秦宗權遣盧塘張晊等攻梁是時梁兵尚少數為宗權所困太祖乃拜珍淄州刺史募兵於淄青得兵萬餘以歸太祖喜曰賊方息兵養勇度吾兵少而未知珍來謂吾不過堅守而已宜出其不意擊之乃出擊敗晊等宗權由此敗亡又唐莊宗初襲位會梁兵攻潞州築夾寨聞晉王李克用已死以為援兵不能復來遂歸洛陽停斥候莊宗與諸將謀曰敵所憚者先王耳聞吾新立以為童子未閑軍旅必有驕怠之心若簡精兵倍道趨之出其不意破之必矣乃大閱士卒發太原軍伏兵三垂岡詰旦大霧進兵直抵夾寨梁軍不意晉兵之至將士尚未起軍中驚擾晉兵燒寨鼓譟而入梁兵大潰失亡將校士卒以萬計又李繼韜以潞州叛降梁莊宗有憂色召李嗣源帳中謂曰繼韜以上黨降梁而梁方急攻澤州吾出不意攻其鄆州以斷梁右臂可乎嗣源對曰夾河之兵久矣苟非出奇則大計不決臣請獨當之乃以步騎五千涉濟至鄆州鄆人無備遂襲破之又明宗以康福帥靈武靈武深入敵境為帥者多遇害明宗乃令將軍牛知柔以兵衛福行至方渠吐蕃果出邀福福以兵擊走之至青岡峽遇雪福登山望見川谷中煙火有吐蕃數千帳不覺福之至福分其兵為三道出其不意襲之吐蕃大駭棄車帳而走追擊敗之

晉彰國軍節度使張彥澤與契丹戰於陽城為契丹所圍而軍中無水鑿井輒壞又天大風契丹順風揚塵奮擊甚銳軍中大懼彥澤以問諸將諸將皆曰今敵乘上風而吾居其下宜待風回乃可戰彥澤以為然諸將皆去偏將藥元福獨留謂彥澤曰今軍中飢渴已甚若待風回吾屬為俘矣且逆風而戰敵人謂我必不能所謂出其不意彥澤即拔拒馬力戰契丹奔北二十餘里追至衛村又大敗之

宋韓世忠平閩寇旋師永嘉若將休息者忽由處信徑至豫章連營江濱數十里羣賊不虞其至大震驚遣人招之賊首曹成以其眾降得戰士八萬又宗澤既敗金人于衛南渡更策其乘敗來襲乃暮徙其軍金人夜至得空營益驚懼澤不敢復出兵澤出其不意遣兵過大河襲擊敗之

金固英以本部破宋五萬人遂奪新义口宗弼留兵守之是夜大雪道路皆冰和尚原宋兵勢重不可徑取宗弼用固英策入自傍近高山叢薄翳薈間出其不意遂取和尚原

元穆呼哩攻眞定遣史天祥諭武仙降之乃引兵屯邢西遙水山下仙兒貴以萬人壁山上負固不下天祥攜完顏呼遜濟哈軍百人由鳥道扳援而上盡掩捕之仙驚曰公若有羽翼者不然何其能也遂下邢磁相三州又巴延統兵船由淪河入江攻宋陽邏堡三日不克乃密令阿珠夜以鐵騎三千泛舟直趨上流為搗虛之計分遣阿爾哈雅等先以步騎攻堡夏貴來援阿珠出其不意率軍泝流西上四十里泊青山磯冒雪趨沙洲載馬後隨登岸擒其守將高邦顯遣報巴延巴延急揮諸將破堡宋兵大潰又張宏範襲宋以其弟宏正為先鋒攻三江寨寨據隘乘高不可近因連兵向之寨中持滿以待宏範下令下馬治朝食若將持久者持滿者疑不敢動而他寨不虞也忽麾軍連拔數寨回擣三江盡拔之召何伯祥從察罕伐宋屢捷諸軍入宋境察罕自他道遽還諸軍倉皇失措伯祥曰此必為敵所遏不若出其不意而遂深入其地彼不我測乃可出也遂帥兵冥戰直抵司空寨疏布營壘陵高伐木為攻取勢既夜命為五營營火十炬伏精銳於營側險要之地天明令士卒速行而鳴鼓其後宋兵果來追伏發驚潰追擊大破之又李穀攻成都由廣元出葭萌度木瓜坡蜀人聞穀至潛伏以待穀諜知之令眾銜枚疾進出其不意賊兵敗走長驅至成都破之

明湯和傅友德伐蜀太祖諭友德蜀人必悉精銳東守瞿塘北阻金牛以抗我師若出其意外直擣階文門戶既隳腹心自潰兵貴神速但患不勇耳友德奉命遂克成都又吳禎從湯和討方國珍乘潮入曹娥江毀壩通道出不意直抵軍廄國珍遁入海追及之盤嶼合戰敗之盡獲其戰艦士卒輜重國珍降

擊其不備

唐高祖武德時吐谷渾寇邊遣柴紹討之敵乘高射紹矢下如雨紹遣人彈琵琶二女子對舞敵怪之相與聚觀紹察其無備潛遣精騎出敵陣後擊之敵眾大潰又張巡守睢陽賊尹子琦圍之不能克乃濟師巡夜鳴鼓嚴隊若將出賊申警俄息鼓賊覘城上兵休乃弛備巡使南霽雲等開門徑抵子琦所斬將拔旗有番將被甲引千騎麾幟乘城招巡巡陰縋勇士隍中持鉤陌刀强弩約曰聞鼓而奮敵恃眾不備城上譟伏發擒之弩注矢外向救兵不能前俄而縋士復登陴賊皆愕眙乃按甲不出

五代唐莊宗遣李嗣源襲鄆州高行周爲前軍會日暮陰雨人無進志行周曰此天贊也彼必無備是夜涉河至城下鄆人不知李從珂先登啟關納外兵旦拔牙城又魏王繼岌伐蜀蜀道阻險議者謂宜緩師待變而進招討使郭崇韜以決於都統判官李愚愚曰王衍荒怠亂國之政民人厭之乘其倉卒擊其無備其利在速不可緩也崇韜以爲然所至迎降遂滅蜀

周李謙溥知隰州并人來圍其城議者皆請速救楊廷璋曰隰州壁壘甚固敵人奄至未能爲攻城具當出奇以破之乃募敢死士七百人許以重賞使人與謙溥潛爲之期既至則果不爲備遂與城中相應銜枚夜擊并人驚潰逐北數十里斬首萬級獲鎧甲萬計

宋王德討信州賊王念經次饒州會賊劉文舜圍城德引兵赴之文舜降謂諸校曰念經聞吾宿留必不爲備倍道而趨一鼓擒之

遼末帝乾統元年以蕭多喇久練邊事爲西北路招討使北準布尼都格爾率鄰部來侵多喇逆擊追奔數十里乘尼都格爾無備輕騎襲之獲馬五千匹牛羊稱是

金布薩忠義以平章政事兼攝都元帥討契丹師將發敵聲言乞降圖克坦克寧曰敵初困蹙且無降意所以揚言者是欲緩吾師期也不若攻其未備敵若挫衄則其降必速如其不降乘其怠而急擊之可一戰而定也忠義以爲然乃與克寧出中路遂敗之

元史樞從憲宗伐宋師次苦竹厓前阻絕澗深數百尺宋人恃險而不備帝使樞偵之樞率健卒數十縋而下得所致師處以聞帝趣樞急取之宋人懼乃降又憲宗西征丞相史天澤選諸道兵之驍勇者爲先鋒命李進爲摠把道由陳倉入興元度米倉關其地流塞不通進伐木開道七百餘里至定遠七星關其關上下皆築連堡宋以五百人守之巴渠江水環堡東流天澤命進往關說降之不從進潛視間道歸白天澤曰彼可取也是夜二鼓天澤遣進率勇士七十人掩其不備攻之脫門樞而入者二十八人守門者覺拔刀拒之懸門俄閉諸軍不得入進與二十八人力戰殺傷三十人後兵走上堡進乃毀懸門納諸軍追至上堡殺傷益衆宋兵不能敵棄走進遂得其堡守之關路以通

明成祖聞耿炳文率衆三十萬至眞定乃躬擐甲胄帥師至鄚州令衆秣馬蓐食渡白溝河謂今夕中秋彼必不備飲酒爲樂此可破也夜半至雄縣破其城斬守將楊松又王守仁既討破橫水賊謝志山浰頭賊池仲容遣弟仲安來歸守仁佯許之而陰集兵以待遂下令散兵會歲首大張燈樂仲容信且疑守仁賜以節物誘入謝仲容率九十三人營教場而自以數人入謁守仁呵之曰若皆吾民屯於外疑我乎悉引入祥符宮厚飲食之賊大喜過望益自安守仁留仲容觀燈時正月三日大享伏甲士於門諸賊入以次悉擒戮之自將抵賊巢破上中下三浰斬馘二千有奇浰頭平又劉顯總四川兵攻把都蠻於淩霄峰賊黨阿二方三等上九絲山顯計蠻中九日必醉飲乘夜冒雨攀蘿緣緪扳挽而上兵入蠻帳二賊驚起拒鬬互擊蹈藉投崖者無筭二賊奔逸

攻其不整

唐伊愼剌蘄州充江南西道節度都知兵馬建中末德宗在梁洋鹽鐵使包佶以金幣泝江進獻次蘄口時李希烈已屠汴州遣將杜少誠將兵寇蘄黃以絕江道愼兵遇於永安戍列樹三柵相去纔數里偃旗卧鼓於中柵少誠至分兵圍之軍伍未定中柵聲鼓三柵悉兵以擊賊軍大亂少誠脫身免江路遂通

宋太祖征太原時節度使何繼筠把石嶺關契丹來援繼筠率數千騎禦之敵至乘其未成列遽麾兵擊之敵衆大潰追奔數十里又岳飛從劉浩解東京圍與敵相持于滑南領百騎習兵河上敵猝至飛麾其徒曰敵雖衆未知吾虛實當及其未定擊之乃獨馳迎敵斬其梟將遂大敗之

金鄂勒博從宗望伐宋師自大名濟河鄂勒博屯于洺州之境時宋兵來攻鄂勒博乘夜以騎二百潛出其後反擊敗之居數日敵復來蘇統制以兵二萬先至鄂勒博乘其未集以三百騎出戰大敗其衆生擒蘇統制殺之又羅索等追遼主至白水濼遂與棟摩攻破西京時夏人救遼兵次天德羅索使塔納布克丹以騎二百爲候兵夏人敗之額圖琿復以二百騎往遇伏兵亦敗時久雨諸將欲且休息羅索曰彼再破吾騎兵我若不復往彼將以我怯卽來攻我矣乃選千騎往將至野登高望之夏人恃衆而不整方濟水爲陣羅索分軍爲二迭出迭入進退轉戰三十里過宜水烏嚕軍亦至合擊敗之

元滿濟勒臺討叛王海都都勒幹既與之遇方約戰行伍未定單騎突入陣中往復數四敵兵大擾一戰遂大捷又大德中叛王圖們烏魯斯等犯邊崇古嚕迎敵於庫克之地及其未陣直前搏之敵不敢支追至金山乃還又隆興之分寧叛行省檄石安琬討之賊背山而陣

安琬引兵出陣後賊驚潰退而距守安琬揮兵直抵壘門賊揚言曰願少整行伍而戰死且不憾安琬佯許之賊果出陣安琬突陣而入大呼曰吾止誅賊首脅卒非我敵也手刃賊背生擒之

明張輔討安南追賊於富良江賊悉衆拒戰聯舟十餘里橫亙江中而用小船載木立柵以拒官軍輔乘霧未備督將士力戰賊不能支黎季犛父子遁走諸僞將相俱赴軍門降安南平

先設備而勝

唐高崇文統神策軍討劉闢崇文在長武城練卒五千人常若寇至及中使至卯時宣命辰時出師兵仗軍需無不備具後擒闢送京師

宋趙方每令諸將飲酒勿至醉治兵待寇常使日日可戰故淮蜀沿邊雖屢遭金兵而京西一境獨全又孟珙制置夔路元兵謀大舉臨江珙策必道施黔以達湖湘請粟十萬分兵屯峽歸松滋爲聲援元兵自隨臨江珙密遣將拒敵更遣兵屯施州元師數十萬入蜀珙增置營砦分布戰艦修上流備禦元人知有備不果入

遼太祖時㢮克之亂欲乘我不備爲掩襲計紿降太祖將納之命魯庫耶律雲嚴號令勒士卒控轡以防其變逆黨知有備懼而遁

金熙宗天眷二年宋將岳飛以兵十萬圍邳州甚急城中兵纔千餘守將懼遣人求救于鎮國上將軍璮都璮都曰爲我語守將我嘗至下邳城中西南隅有塹深丈餘可速實之守將如其教塡之岳飛果自此穴地以入知有備遂止璮都舉兵以爲聲援飛乃退又明昌時珠卜復叛丞相襄出屯北京會羣牧契丹德壽托蘇等據信州叛衆號數十萬遠近震駭襄閒暇如平日人心乃安初襄之出鎮也至石門鎮密謂僚屬曰北部犯塞奚足慮第恐姦人乘隙而動北京近地軍少當預爲之備卽遣官發上京等軍六千至是果得其用又宣宗興定四年夏人攻鞏州持嘉喀齊喀遣兵擊走之生擒夏將劉達爾嘉允等訊知夏大將尼舒鼎鄂特明二人謀以爲鞏帥府所在鞏既下則臨洮積石河洮諸城不攻自破故先及鞏且構宋統制程信等將兵四萬來攻喀齊喀聞之飭兵嚴備俄而兵果至喀齊喀督兵搏戰卻之殺數千人攻益急將士殊死戰殺傷者以萬計夏人焚其攻具拔柵而去喀齊喀已先伏甲要地邀之復率衆躡其後斬首甚衆

元世祖中統三年李璮叛據濟南史樞從史天澤往討之城西南有大澗亙歷山樞一軍獨當其險夾澗而城豎木柵于澗中潦雨暴漲木柵盡壞樞曰賊乘吾隙俟夜必出命作葦炬數百置城上逮三鼓賊果至飛炬擲之風怒火烈弓弩齊發賊衆大潰又張柔伐宋壁於黃州西北隅有乘舟出者柔曰此偵伺我者也夜必襲吾不備乃分軍爲三以待之二鼓時宋師果至柔邀擊之俘數百人溺死者不可勝計又成宗大德二年秋諸王將帥共議防邊咸曰敵往歲不冬出且可休兵於境庫爾濟蘇曰不然今秋候騎來者甚少所謂鷙鳥將擊之匿其形備不可緩也衆不以爲然庫爾濟蘇獨嚴兵以待之是冬敵兵果大至三戰三克又劉福通陷汴梁號召羣盜察罕特穆爾北塞太行南守鞏洛自將中軍軍沔池會叛將周全棄覃懷入汴梁合兵攻洛陽察罕特穆爾下令嚴守備別以奇兵出宜陽而自將精騎發新安來援賊至城下見堅壁不可動退去因追至虎牢塞成皋諸險而還

明湯和守常州凡十年防禦周密寇來輒破走之與吳良守江陰耿炳文守長興氣勢聯絡屹爲東藩保障又楊銳守備安慶先是林俊策宸濠必反密謀於同知林有禄修濬城池銳策其必攻皖預設鉤距於江側禁勿泄至是宸濠起兵果至船皆爲鉤距所破銳與郡官張文錦林有祿嬰城固守濠至城下銳令軍士大罵之宸濠怒悉力攻城不克乃令潘僉事家人持書諭降銳手斬以狥賊氣遂衰又安南叛人入寇剽掠欽廉等州諸司議募陸兵俞大猷曰賊由海來當以海舟破之若專備於陸賊舍此擊彼我不勝其備賊不勝其擊彼逸我勞非計也乃多集海舟遂破之於永安萬寧安南函馘首以降

欽定續通典卷九十九

兵

以逸待勞

五代唐莊宗侵梁趨汴州宿胡柳坡遇梁軍問戰於周德威德威曰此去汴州信宿而近梁軍父母妻子皆在其中軍必力爭吾以深入之兵當必死之戰可以計勝難以力圖且吾先至此糧糗具營柵完以逸待勞王宜按軍無動臣請以騎軍擾之使其營柵不成樵爨不暇給因其勞而乘之可以勝也不聽卒敗

金元帥完顏默音征鄂斡以兵甲士萬三千人分為左右翼至木虎崖盡委輜重齎數日糧輕騎襲之時鄂斡自泰州走齊州有吏糺者來降謂默音曰賊中馬肥健官軍馬疲弱此去賊八十里比過賊馬已憊賊輜重去此不遠我攻之賊必救其巢穴賊至馬必疲我馬少得息所謂以逸待勞者也默音從之鄂斡果敗

明傅友德既敗韓乙度敵尚强且復至乃開城門陣於野使皆臥槍以待聞鼓卽起賊李二果盛兵至輕我寡競而嘗友德鼓之士騰躍搏賊遂縛李二以獻又都督劉江鎮遼瞭島東南有火光度倭且至犒師秣馬略不為意設伏燒賊船截其歸路約曰旗舉炮鳴伏盡起奮擊倭果翌日登岸江舉旗鳴鼓伏兵兩翼進搏賊大敗諸將問臨敵意思安閒惟飽士馬何也江曰窮寇遠來必饑且勞我以逸待勞以飽待饑兵法也又倭寇陷泉州朝廷責戰益急俞大猷疏曰賊尙萬人入死地能戰若迫城而攻彼實我虛彼逸我勞彼飽我饑一挫而東南事壞矣不若列營以困之彼欲攻柵以遁我實彼虛我逸彼勞我飽彼饑而我得犄角以取之敵以戰為守我以守為攻於是星布兵營畫地鑿溝令東西通而列柵其上賊挑戰不動已竟殲賊

師不襲遠

五代漢隱帝時李守貞趙思綰王景崇反遣樞密使郭威率禁兵將白文珂等督攻之諸將皆請先擊思綰景崇威計未知所向行至華州節度使扈彥珂謂威曰三叛連衡以守貞為主守貞先敗則思綰景崇可傳聲而破矣若捨近圖遠使守貞出兵於後思綰景崇拒戰於前則漢兵屈矣威以為然遂先擊守貞

明郭英從傅友德征雲南兵由永寧路多險阻諸將欲深入郭英曰破敵貴先聲攻取必自近始舍近趨遠非策之上也遂以兵攻赤水河路時久雨水暴漲英斬木造筏乘夜渡河比曉敵大驚潰生擒烏撒并阿容等攻克曲靖陸涼越州關索嶺椅子寨

餌敵取勝

唐高開道為蔚州總管幽州饑羅藝求賑開道許之藝遣老弱就食皆厚遇之藝悅不為虞更發兵三千車數百馬數千往請粟開道悉留不遣又曲環鎮陳許軍劉昌裔為營田副使環卒上官涗知留後會吳少誠引兵薄城有兵馬使安國寧謀以城應賊事洩昌裔密計斬之卽召其麾下千餘人人賞縑二疋伏兵要諸巷令持縑者悉斬之無一人得脫賊聞解去又楊行密為將值畢師鐸鄭漢章將兵萬餘人猝至眾驚懼行密安臥帳中曰賊近告我遂積金帛糧米於一寨使老弱守之伏精兵於傍師鐸等至密自將千人衝其陣佯敗走師鐸兵追之入寨大掠伏發盡殲之

遼景宗乾亨初宋下河南乘勝襲燕北院大王耶律希達與蕭托郭逆戰敗績退屯清河北耶律色珍取希達等青幟軍於得勝口以誘敵敵果爭赴色珍出其後奮擊敗之以敗軍誘敵亦同餌敵之義

元察罕特穆爾謀復汴梁令弱卒立柵外城以餌賊賊出爭之弱卒佯走至城西因突鐵騎縱擊悉擒其眾賊不敢出

明時海賊徐海麻葉犯杭胡宗憲馳至嘉興賊來薄城外宗憲取酒百餘罌投以毒載之兩舟選卒慧而猛者假冠服坐舟中佯作餉軍狀載向賊所從道見賊卽委舟走賊信不疑爭取酒飲之多死

受敵餌取敗附

唐王佖為靈鹽節度使先是吐蕃欲成烏蘭橋每於河壖先貯材木朔方府每遣人潛載之委於急流終莫能成蕃人知佖貪而無謀先厚遺之然後并役成橋仍築月城圍守之自是朔方禦寇不暇由佖黷貨邊上以貽患焉

臣等謹按餌敵可以取勝受敵餌卽可以取敗兵家炯鑒事實相因杜典無此目謹附於此

軍勝擄掠被追襲多敗

唐李晟與李懷光同討朱泚懷光軍輒擄掠驅牛馬百姓苦之晟軍無所侵犯收復京城告諭於眾百姓安堵如故

明傅友德守彭城王保保遣將李二來攻勢甚張友德度多寡不敵詗其眾方肆掠率步騎自呂梁渡直趨擊之單騎奮槊刺其驍將韓乙師乘而進敵大敗

抽軍

五代梁將劉鄩拒晉以晉兵盡在魏州晉陽必虛欲以

奇計取之乃潛引兵自黃澤關西去晉人恠鄴軍數日不出寂無聲迹遣騎覘之無斥堠者城中亦無煙火但鳥止於壘上時見旗幟循堞往來晉王曰我聞劉鄩用兵一步百計必詐也更使覘之乃縛旗於芻偶之上使驢負之循堞而行得城中羸老者詰之云軍已去二日矣既而有人自鄴至者言鄩兵已趣黃澤晉王始發騎追之又黃文靖佐葛從周入潞會晉軍十餘萬俯外垣砦文靖慮孤軍難守乃與從周啟闉出師文靖為殿後命矢刃皆外向持重而還晉人不敢逼

宋攻金宿州失利將班師諸軍發靈壁畢再遇獨留未動度軍行三十餘里乃火靈壁諸將問夜不火火今日何也再遇曰夜則照見虛實晝則煙埃莫覩彼已敗不敢追諸軍乃可安行無虞汝等安知兵易進而難退耶遂還泗州

乘敵抽軍襲破之附

唐武宗時鎮州奏事官高迪密陳事宜其一以為賊中好為偷兵術潛抽諸處兵聚於一處官軍多就迫逐以致失利官軍須知此情自非來攻慎弗與戰彼淹留不過三日須散歸舊屯如此數四空歸自然喪氣官軍密遣諜者詗知其抽兵之處乘虛襲之無不捷矣

臣等謹按抽軍之法所以防追襲也若預知敵情則乘虛更足以取勝謹增附此目益以見抽軍之宜慎云

卑辭怠敵取之

五代初青州王師範遣將盧洪攻棣州張蟾洪以兵返襲青州師範陽為好辭遣人迎語洪曰吾幼未能任事賴諸將共持之耳不然聽公所為也洪以師範無能為遽還不為備師範伏兵於道語其僕劉鄩曰洪來為我斬之明日洪至師範出迎鄩於坐上斬之伏兵發盡殺其餘兵又晉王李克用因劉守光使人諷鎮定尊已為尚父怒欲伐之諸將皆曰是為惡極矣不若陽為推尊以稔之乃與六節度共奉冊往守光益驕卒為晉所滅

稱降及和因懈敗之

唐初王君廓聚眾掠夏長平河東丞丁榮拒之且遣使慰召君廓見使謬欲歸首者榮輕之因陳兵登山君廓悉伏兵山谷中榮軍還掩擊破之又李光弼守太原史思明引兵十萬攻之光弼遣人詐為約降而穿地道周賊營中至期遣裨將將數千人出如降狀賊皆屬目俄而營中地陷死者千餘人賊眾驚亂官軍鼓譟乘之俘斬萬計又思明至偃師光弼悉軍趨河陽身以五百騎殿已入城眾二萬軍纔十日糧賊頓白馬祠治塹溝築月城以守光弼謂李抱玉曰將軍能為我守南城二日乎抱玉曰過期若何曰棄之抱玉許諾卽給賊曰吾糧盡明日當降賊喜歛兵待期抱玉已繕完卽請戰賊忿欺急攻之抱玉出奇兵夾擊賊帥周摯引卻

五代梁將朱珍攻朱裕於鄆州珍去鄆二十里遣精兵挑之鄆人不出裕詐為降書陰使人召珍約開門為內應珍信之夜率兵叩城裕登陴開門納珍軍已入甕城而垂門發鄆人從城上磔石以投之珍兵皆死珍僅以身免

金李師夔遇賊張勝以萬人攻奉聖州城師夔度眾寡不敵乃偽與之和日致饋給勝信之師夔乘其不備使人刺勝殺之以其首徇曰汝輩皆良民脅從至此今元惡已誅可棄兵歸復其所賊眾大驚皆散去

兩軍相對取背破之

唐初吐谷渾寇邊詔李靖及江夏王道宗討之賊聞兵至走嶂山數千里諸將議息兵道宗固請討李靖然之乃遂師偏師兼行倍道去大軍十日追及之賊據險苦戰道宗潛遣千餘騎踰山襲其後賊表裏受敵遂奔潰又至德中賊安慶緒遣嚴莊助張通儒拒官軍於陝李嗣業從郭子儀討賊遇於新店先是回紇傍南山設伏按軍北崦以待官軍與賊力戰數合我師初勝而後敗嗣業遂急應接回紇從南山望見官軍敗與白旗而下徑抵賊背穿賊陣過賊陣西北角先陷嗣業又率精騎前擊表裏齊進賊眾大敗走河北又僕固懷恩領朔方行營節度會回紇請和助討史朝義卽引兵屯陝州時諸節度兵齊進次黃水賊堅壁自固懷恩陣西原多張旗幟使突騎與回紇稍南出繚賊後舉旗為應破賊壁死者數萬

宋曹瑋知秦州嘉勒斯賚入寇瑋迎戰二都谷賊雖眾然器甲殊少在後者皆持白梃毛連瑋知不足畏欲以氣凌之引百騎穿賊陣出其後升高指揮軍中鼓譟夾擊斬首三千明日視林薄間中傷及投崖死者萬計又張俊討李成賊驍將以眾十萬來援夾河而營楊存中謂俊曰彼眾我寡擊當用奇願以騎見屬公以步卒居前俊從之存中夜銜枚渡河出西山馳下擊賊背俊以步兵夾攻俘八千人

遼耶律色珍為山西路兵馬都統宋將楊繼業陷山西諸郡色珍至定安遇賀令圖軍擊破之明日至蔚州敵不敢出色珍書帛射城上諭以招慰意陰聞宋軍來救令都監耶律達薩夜伏兵險阨俟敵至而發城守者見

救至突出色珍擊其背二軍俱潰追至飛狐遂取蔚州
金富察貞敗宋將程松於和尙原進兵至小關松將楊廷據險注射貞不得前令行軍副統費摩阿里爲疑兵潛遣明安胡信率甲士五千人繞出其後反擊之宋兵大亂遂斬廷於陣宋兵走五里關又興定初宋人圍海州完顏仲原軍高橋令提控完顏阿林領騎遶出其後夾擊之宋兵解去
元史天澤圍武仙於衞州金將完顏哈達以衆十萬來援戰不利諸將皆北天澤獨以千人繞出其後敗一都尉軍遂與大軍合攻之仙遁去遂復衞州又至正末賊陷大寗伊蘇討之兵次侯家店與賊戰自昏抵曙散而復合伊蘇遣別騎繞出城後賊腹背受敵大敗之
明鄧愈從太祖渡江克采石取太平元將陳額森合哈雅兵來戰甯合愈與徐達率奇兵繞出其後大破之獲額森哈雅走遂下建康又徐達與常遇春討張士誠敵大潰薄其城士誠弟士信來援遇春率奇兵入大全港營於東阡御壓其背士信急抽精兵搏戰遇春鼓將士立破之又徐達鎭池州陳友諒來犯太祖命常遇春助之令達設伏九華山下急掩其後友諒至盡銳攻城城中伐鼓大譟伏盡發內外夾攻遇春率萬人自山下擊斬首萬計又沐英攻雲南大理城大理倚點蒼山二關爲固英乃令王弼由洱水趨上關自以兵綴下關別遣胡海從閒道夜渡河繞出點蒼山後緣岸而上立我軍旗幟英士卒望見皆踴躍大呼敵衆驚擾英遂斬關入海亦麾山上軍馳下前後夾攻敵悉潰走又成祖因盛庸軍夾河爲營遂帥師東向下令曰吾觀敵陣每以精銳在前罷弱在後今當以勁師前摧其精銳中軍去敵五六里嚴陣以待俟我以精銳繞出其後擊之使前奔中軍乘其氣乏擊之我躡其後乘勢逐北必敗愼勿逆擊彼敗不得前奔則盡力死鬬矣

兩軍相對繼遣軍助卽勝

唐高祖初率兵擊羣盜至龍門縣有賊毋端兒衆數千人掩至城下時諸軍無備爲賊所乘高祖親率百餘騎橫出助擊之所射應弦而倒賊大潰逐北數十里又羅士信取千金堡太宗令屈突通守之王世充自來攻堡通懼舉烽請救太宗度通力堪自守且緩救以驕世充通舉三烽已急太宗方出援之左右未獲從以兩騎進遇賊將葛彥璋射之擒之於陣後軍亦繼至通軍復振表裏奮擊世充大敗
五代晉王李存勗救趙與梁軍相拒鄗邑鎭定兵扼河橋梁兵急擊之存勗望見鎭定兵將敗顧王建及曰橋爲梁奪則吾軍危矣建及選騎馳擊梁兵梁兵敗解去
宋趙葵旣破金兵於蘄州復分軍爲二陣趙范將左扈再興將右葵左右策應敵亦背山分爲二以相當而不先動范曰金人必謀夜戰以俸勝乃預備大鼓令士卒聞鼓聲始動未幾金果進兵范疊鼓麾軍突鬭葵繼之獲其輜重山積
金世宗大定二年宋以萬人據壽安縣嵩州刺史舒穆嚕圖喇押軍萬戶圖克坦薩布以騎兵三百巡邏遇於縣東請師於富察沃稜沃稜使明安完顏呼沙呼率七百人助之宋兵多圖喇使士卒下馬跪而射之宋兵不能當走入縣城圖喇進逼之宋人棄城去追及於鐵索口復大敗遂復壽安
元季文龍章焱等叛據處州趙賁亨率衆圍之斬首三級焱復合衆二萬來攻陣惡溪南賁亨分兵拒守自將精銳亂流衝擊屬萬戶呼都克台以援兵繼至擊之自巳至亥賊乃退文龍溺死
明初陳友諒陷太平進逼龍灣太祖與戰於石灰山未決馮勝率宿衞士直擣其中堅遂大破之

兵多力有餘宜分軍相繼

唐李盡忠叛詔王孝傑統兵十八萬討之孝傑軍至東硤石谷遇賊道險兵甚衆孝傑率精銳之士爲先鋒且戰且行及出谷布方陣以扞賊後軍總管蘇宏暉畏賊衆棄甲而遁孝傑旣無後繼爲賊所乘營中潰亂孝傑墮谷而死兵士被殺殆盡
五代晉高祖時安重榮反杜重威逆戰於宗城重榮爲偃月陣重威擊之不動重威欲少卻以何之偏將王重胤曰兩兵方交退者先敗乃分兵爲三重威先以左右隊擊其兩翼戰酣重胤以精兵擊其中軍重榮將趙彥之來奔重榮遂大敗走還鎭州閉壁不敢出重威率衆攻破之
遼太宗會同八年分兵攻晉邢洺磁三州入鄴都境張從恩馬全節安審琦兵悉陣於相州安陽水之南皇甫遇與濮州刺史慕容超將兵千騎來覘遼軍至鄴都遇遼軍數萬且戰且卻至榆林店遼軍繼至遇與彥超力戰百餘合遇馬斃步戰審琦引騎兵踰水以救遼軍乃還
金宗翰駐軍北安與都統杲議伐遼杲軍出青嶺宗翰軍出瓢嶺期於羊城濼會軍宗翰以精兵六千襲遼主聞遼主自五院司來拒戰宗翰倍道兼行一宿而至遼主遁去乃使希尹等追之西京復叛耿守忠以兵五千

來救至城東四十里富察烏爾古納先擊之斬首十餘宗翰宗雄宗幹宗峻繼至宗翰率麾下自其中衝擊之使餘兵去馬從旁射之守忠敗走其衆殲焉

明廖永忠與蜀將鄒興戰於夔府分軍爲前後陣前陣旣接乃令後軍兩翼傍出大敗之又常遇春從攻張士誠蘇州圍久士誠欲出城突戰遂謀奔遇春營遇春覺之分兵北濠斷其後遣兵與鬭乃命王弼與决死戰遇春復率衆繼之士誠兵大敗走入城勢益窘

我寡敵衆自遠至乘疲敗之

五代晉楊光遠反引契丹侵陷貝州博州守周儒亦叛降竇儀言於出帝曰今不以重兵守博州渡使契丹得引北兵東渡河與光遠合則河南危矣乃遣李守貞皇甫遇以兵萬人沿河而下儒果引北兵自馬家渡濟河方築壘守貞等急擊之契丹大敗遂與光遠隔絕契丹主聞河上兵敗與晉戰于澶魏之間亦敗遂北去

宋曹瑋知鎭戎軍常出與番戰番引去瑋偵敵去已遠乃緩驅所掠牛馬輜重而還敵聞瑋逐利行遲師又不整遂還兵來襲將至瑋使諭之曰番軍遠來必疲我不乘人之怠請憩士馬少選决戰敵方甚疲皆欣然解嚴良久瑋又使諭之曰可相馳矣乃各鼓軍而進大破敵兵因謂其下曰吾知敵已疲故爲貪利以誘之比其復來幾行百里矣若乘銳以戰猶有勝負遠行之人小憩則足痺不能立人氣亦闌吾以此取之

元雅克特穆爾聞特們德爾及額森特穆爾軍陷通州將襲京師急引軍至通州乘其初至擊之敵軍狼狽走渡潞河夾河而軍敵列植黍稭衣以氊衣然火爲疑兵夜遁雅克特穆爾率師渡河追之

明傅友德伐蜀破階文蜀丞相戴壽帥兵來援時諸將議江水漲欲駐師大溪口友德乃下令曰彼遠來勞困衆方洶洶一戰可克也遂迎擊壽兵拔漢州擒其將梁士達等俘獲甚衆又張温守蘭州會元王保保引兵來襲温曰彼衆我寡難與爲敵但其匆卒遠來未知我虛實乘暮擊之可挫其鋒若復不退則亦可固守以待援乃整兵出戰保保兵卻卒完其城

挑戰

唐郭子儀李光弼率師下井陘拔常山賊將史思明收散卒數萬人踵其後我行亦行我止亦止子儀選驍騎五百更挑戰三日至行唐賊疲乃退我軍乘之又敗於沙河

五代梁遣王景仁將魏滑汴宋等兵七萬人擊趙趙使王鎔乞師於晉莊宗自將出贊皇會周德威於石橋進距栢鄉五里營於野河北莊宗意在速戰德威曰吾兵少而臨賊營門所恃者一水隔耳使梁得舟栰渡河吾無類矣不如退軍鄗邑誘敵出營擾而勞之可以策勝也乃退軍鄗邑德威晨遣三百騎叩梁營挑戰自以勁兵三千繼之景仁怒悉其軍以出與德威轉鬬數十里至於鄗南兩軍皆陣梁軍橫亘六七里汴宋之軍居西魏滑之軍居東德威請俟其將退而擊之至未申時梁軍東偏塵起德威鼓譟而進麾其西偏曰魏滑走矣又麾其東偏曰梁軍走矣梁陣動不可復整乃皆走遂大敗自鄗追至柏鄉景仁以十餘騎僅免

漢隱帝遣趙暉討王景崇景崇西招蜀人爲助蜀兵至寶雞爲暉將藥元福李彥從所敗暉攻鳳翔塹而圍之數以精兵挑戰景崇不出暉乃令千人潛之城南一舍僞爲蜀兵旗幟循南山而下聲言蜀救兵至矣須臾塵起景崇以爲然乃令數千人潰圍而出以爲應暉設伏以待之景崇兵大敗

元蘇布特從睿宗經理河南道出牛頭關遇金將哈達帥步騎數十萬待戰睿宗問以方略蘇布特曰城居之人不耐勞苦數挑以勞之戰乃可也師集三峰山金兵圍之數匝會風雪大作其士卒僵仆師乘之大捷

敵處高勿攻

唐蘇定方征賀魯至曳咥河賀魯率十姓兵十萬拒戰輕定方兵少舒左右翼包之定方令步卒據高攢矟外向親引勁騎陣北原賊三突步陣不能入定方因其亂擊之賊大奔

五代唐李嗣昭攻梁邢洺爲梁將葛從周所敗梁兵追之李嗣源從間道至解鞍礪鏃憑高爲陣左右指揮梁兵望之莫測嗣源急呼曰吾取葛公士卒可無動乃馳騎犯之出入奮擊嗣昭繼進梁兵解去

元董文蔚從憲宗伐宋入川蜀至釣魚山崖壁巉峭惟一逕可登敵恃險阻未即降帝命攻之文蔚以次往攻激厲士卒挾雲梯冒飛石履崎嶇以登直抵其寨苦戰頃之兵士被傷乃還

賊黨急之則合緩之則離

唐高仁厚討叛將楊師立圍梓州久不下乃爲書射城中遺將士曰仁厚不忍城中玉石俱焚爲諸君緩師十日使諸君自成其功若十日不送師立首當分見兵爲五番番分晝夜以攻之於此甚逸於彼必困矣五日不下四面俱進克之必矣諸君圖之數日賊黨鄭君雄大呼於衆曰天子所誅者元惡耳他人無預也大譟突入

府中師立自殺

五代初楊行密遣劉存攻鄂州焚其城城中兵突圍而出諸將請急擊之存曰擊之復入則城愈固聽其去城可取也是日城破執杜洪斬於廣陵

假託安衆

唐裴行儉奉詔册立波斯王且爲安撫大食使途經莫賀延磧屬風沙晦瞑導者迷將士饑乏行儉命止營致祭令曰井泉非遥衆少安俄而雲收風靜行數百步水草甚豐後來者莫識其處衆皆驚比之貳師將軍又高仙芝討吐蕃破連雲堡留兵守之而進將至坦駒嶺直下峭峻四十餘里仙芝恐兵士憚險不下乃潛遣二十騎詐作阿弩越衣服上嶺來迎既至坦駒嶺兵士果不肯下曰公驅我何去言未畢仙芝所使二十人來云阿弩越並好心奉迎仙芝佯喜令兵士盡下下嶺三日阿弩越果來迎

宋狄青征儂智高兵出桂林之南道傍有廟人謂其神甚靈青遽爲駐節禱之因祝曰勝負無以爲據乃取百錢自持之且與神約果大捷則投此期盡錢面也萬衆方聳視已揮手一擲則百錢盡紅矣於是舉軍歡呼聲大喜顧左右取百釘來即隨錢疎密布地而釘帖之加以青紗籠復手自封焉曰俟凱旋當謝神取錢其後破崑崙關敗智高師還如言取錢與幕府士大夫共視之乃兩面錢也

金和羅附布鼐布鼐誘烏春兵爲亂世祖與遇蘇素海甸世祖曰予昔有異夢今不可親戰若左軍中有力戰者則大功成矣命肅宗及實喇蘇卜實與之戰大敗之

欽定續通典卷一百

欽定續通典卷一百一

兵

行軍下營審擇其地

唐太宗討高麗營州都督張儉畏不敢深入李道宗請以百騎往曰臣請二十日行留十日覽觀山川得還見天子因傍南山入賊地相易險度營陣便處將還會高麗兵斷路更走間道謁帝如期

五代時謝彥章爲梁騎將與賀瓌行視郊外瓌指一地語彥章曰此地岡阜隆起其中坦然營柵之地也已而晉兵柵之瓌疑彥章陰以告晉益惡之

宋宗澤於京城四壁各置使以領招集之兵又據形勢立堅壁二十四所於城外沿河鱗次爲珠砦以聯結兩河諸路人馬又吳璘按行諸屯預治黃河戰地先以數百騎嘗敵敵鳴鼓銳士自空壁出突璘軍璘軍先得治地無不一當十敵大敗遁入壁又詔孟珙收復荆襄珙謂必得郢然後可以通饋餉得荆門然後可以出奇兵於是歸州屯三千人鼎澧辰沅靖各屯五千人郴桂各千人以保江西

元薩奇蘇布哈追金圭至歸德欲薄城背水而營史天澤曰此豈駐兵之地乎彼若來犯則進退失據矣不聽果全軍覆没又達實巴圖爾攻襄陽相視形勢內列八翼包絡襄城外置八營軍峴山楚山以截其援自以中軍四千據虎頭山以瞰城中

鄉導

唐代宗時吐蕃與諸雜羌戎寇陷西山柘靜等州詔嚴武收復武遣崔旰統兵西山賊城周圍皆石礫攻具無所設惟東南隅環丈之地壤土可穴諜知之以告旰晝夜穿地道以攻之再宿而拔其城因拓地數百里下城寨數四番眾相語曰崔旰神兵也將更前進以糧盡還

五代初梁以葛從周爲兗州刺史將兵在外時劉鄩爲王師範守登州使人負油鬻兗城中悉視城中虛實出入之所油者得羅城下水竇可入鄩以步兵五百從水竇襲破之

宋郭逵知澧州得北溪蠻親信厚待之用以爲鄉導盡平諸隘遂破其所居桃花州蠻彭仕義棄城走眾悉降又种世衡守青澗有僧王光信者習知番部山川道路世衡出兵嘗使爲鄉導數有功又韓世忠破方臘窮追至睦州青溪峒賊深據岩屋爲三窟諸將繼至莫知所入世忠潛行溪谷問野婦得逕卽挺身仗戈直前度險數里擣其穴格殺數十人擒臘以出又孟珙討唐鄧行省武仙仙愛將劉儀降珙問仙虛實儀陳仙所據九砦石穴山以馬蹬沙窩岵山三砦蔽其前三砦不破石穴未易圖也若先破離金砦則王子山砦亦破岵山沙窩孤立三帥成擒矣珙翼曰遣兵向離金執黑旗入砦分據巷道縱火掩殺是夜壯士楊青擣王子山砦入帳斬其帥首一時諸砦俱破

金太宗天會間伊喇成隸達賚下爲行軍明安與宋人戰於楚泗之閒成以所部先登大破宋軍劉麟約會天長軍議進止成與瓜爾佳察罕孫俱爲達賚前鋒得宋生口爲鄉導遂達天長睿宗嘉之又宋蔡靖遣郭藥師帥師與金人戰於白河兵敗而還藥師遂帥所部兵劫靖及轉運使呂頤浩以降斡里雅布旣得藥師益知宋虛實因以爲鄉導懸軍深入矣

元太祖距居庸關百里召徹伯爾問計對曰從此而北黑樹林中有閒道騎行可一人臣向嘗過之若勒兵銜枚以出終夕可至太祖乃令徹伯爾輕騎前導日暮入谷黎明諸軍已在平地疾趨南口金鼓之聲若自天下又襄陽軍乏食劉斌知青陵多積穀前阻大澤水深不可涉陳可取狀眾難之斌叱曰彼恃險不我虞取可必也帥騎兵百人夜發所獲敵人使道之前行汙澤中五十餘里遇敵斌捨馬揮槊突敵敗之得糧數千斛又張宏範破宋廣州由潮陽港發船入海至甲子門獲宋斥堠劉清顧凱乃知宋廣王所在遂次崖山

明徐達分布士馬規取河北克臨清獲李寶臣等用爲鄉導又檄諸將率馬步舟師夾河進元伊蘇帥眾禦海口望風大潰又王守仁旣諭降土番盧蘇王受卽因其兵攻斷藤峽其中諸猺上連八寨下通仙臺花相諸峒連絡數十餘巢盤亘三百里守仁使盧蘇等爲鄉導以土兵分道深入大破之又王守仁攻橫水左溪賊至賊巢三十里駐兵夜募鄉兵善登山者四百人各執旗礮銃砲由閒道入險分布近巢左右極高山頂伏覘賊度我兵至險舉砲應之又先遣壯士緣崖奪險盡獲其滾木壘石亡何守仁進攻賊正據險迎敵忽聞近巢砲聲烟焰蔽天起乃急麾兵逼之賊大驚潰遂乘勝破之又林俊巡撫四川值賊首藍廷瑞廖惠等攻破諸郡邑俊以官兵不諳地勢乃召各處土兵協力勦之殺溺死者六千餘人廖惠被擒廷瑞奔投鄢本恕越陝西漢中三十六盤至大巴山俊復遣兵追及敗之擒廷瑞本恕蜀寇以靖

下營斥堠幷防捍及分布陣

五代梁謝彥章爲葛從周養子從周授之兵法以千錢

置大盤中爲行陣偏伍之狀示以出入進退之節彥章盡得之後爲將居軍中常儒服或臨敵御衆肅然有將帥之威左右馳驟疾若風雨晉人望其行陣齊整相謂曰謝彥章必在此也

宋眞宗景德初契丹寇河朔車駕親征大將李繼隆爲駕前排陣使赴澶州陳兵北城澶淵城壁不足守無敵柵戰格之具繼隆計度州之三面距大河毀車爲營先命士卒掘重濠塹埋鹿角數十里以大車數千乘重疊環之步騎處其中敵數萬來犯急攻其營禦之遁去又

神宗熙寧七年十月帝以新安結隊法幷賞罰格及置陣形勢等遣近侍李憲付鄜延帥趙卨俾講求推及諸路於是卨奏曰伏詳置陣之法以結隊爲先今聖制雖與古同而用法尤爲精密此蓋陛下天錫勇智不待學而後能也然而議者云四十五人而一長不若五人而一長之密夫有五人而一長卽五十人而十長也推之於百千萬則爲長多而統制不一也至如周制五人爲伍屬之比長五伍爲兩屬之閭胥四兩爲卒屬之族師五卒爲旅屬之黨正五旅爲師屬之州長五師爲軍屬之命卿此猶今之軍制百人爲都五都爲營五營爲軍十軍爲廂四廂都指揮而下各有節級有員品亦昔之比長閭胥族師黨正之任也況八陣之法久失其傳聖制煥然一新稽之前聞若合符節蓋法制一定易以致人臣有所見不敢不聞又八年帝諭廷臣曰黃帝始置八陣法敗蚩尤於涿鹿諸葛亮造八陣圖於魚復平沙之上壘石爲八行晉桓溫見之曰常山蛇勢此卽九軍陣法也至隋韓擒虎深明其法以授其甥李靖靖以時遭久亂將帥通曉者頗多故造六花以變九軍之法使世人不能曉之大抵八陣卽九軍九軍者方陣也六花陣卽七軍七軍者圓陣也蓋陣以圓爲體方陣者內圓而外方圓陣則內外俱圓矣故以方圓物驗之則方以八包一圓以六包一此九軍六花陣之大體也六軍者左右虞候軍各一爲二虞候軍左右廂各二爲四廂軍與中軍共爲七軍八陣者加前後二軍共爲九軍開國以來置殿前馬步軍三帥卽中軍前後軍帥之別名而馬步軍都虞候是爲二虞候軍天武捧日龍神衞四廂是爲四廂軍也中軍帥總制九軍卽殿前都虞候專總中軍之事務是其名實與古九軍及六花陣相符而不少差也今論兵者俱以唐李筌太白陰經中陣圖爲法失之遠矣今可約李靖法爲九軍營陣之制然李筌之圖乃營法非陣也朕採古之法酌今之宜曰營曰陣本出於一法而已止曰營行曰陣在奇正言之則營爲正陣爲奇也又郭逵慷慨喜兵學神宗嘗訪八陣遺法對曰兵無常形特奇正相生之一法耳因爲帝論其詳在延安使以教兵久不就逵擇諸校習金鼓屯營者六十四人使人教一隊頃刻而成尤善用偏裨每至所部令人自言所能暇日閱按之故臨陣皆盡其技又岳飛隸留守宗澤戰開德曹州皆有功澤大奇之曰爾勇智才藝古良將不能過然好野戰非萬全計因授以陣圖飛曰陣而後戰兵法之常運用之妙存乎一心澤是其言又吳璘兵法云布陣之法以步軍爲陣心左右翼以馬軍距馬步兩肋之間至帖撥增損則係乎臨機耳又吳璘疊陣法每戰以長槍居前坐不得起次最强弓次强弩跪膝以俟次神臂弓約賊相搏至百步內則神臂先發七十步强弓並發次陣如之凡陣以縱馬爲限鐵鉤相連俟其傷則更代之遇更代則以鼓爲節騎兩翼蔽於前陣成而騎退謂之疊陣此卽古來伍法也戰士心定則能持滿敵雖銳不能當也

金布薩忠義赫舍哩志寧追鄂斡於臬嶺西陷泉明日敵軍三萬騎涉水而東大軍先據南岡左翼軍自岡爲陣迤邐而北步軍繼之右翼軍繼步軍北引而東作偃月陣步軍居中騎兵據其兩端使敵不見首尾是日大霧晦冥旣陣霧開少頃晴霽敵見左翼據南岡不敢擊擊右翼軍烏延察喇力戰敵稍郤志寧與瓜爾佳清臣烏林阿拉薩道刺合戰敵大敗又珠嘉塔爾琿因元兵入陝西上章曰宋人與我爲讎敵頃以力屈自保非其本心今陝西被兵河南出師轉戰連年不絕兵死於陣民疲於役國力竭矣壽泗一帶南接盱楚紅襖賊李全巢穴也萬一宋人諜知與全乘虛而入腹背受敵非計之得也臣已令所部沿邊警斥以備非常宜敕壽泗帥臣謹斥堠嚴烽燧常若敵至此兵法所謂無恃其不來恃吾有以待之之道也帝是而行之

元阿爾哈雅曰汴在南北之交使西人得至此則江南三省之道不通於畿甸軍旅應接何日息乎夫事有緩急輕重今重莫如足兵急莫如足食吾徵湖廣之平陽保定兩翼軍與吾省之鄧新翼廬州沂郯砲弩手諸軍以備虎牢裕州哈喇婁鄧州孫萬戶兩軍以備武關荆子口以屬郡之兵及蒙古兩都萬戶左右衞諸部丁壯之可入軍者給馬乘貲裝立行伍以次備諸隘芍陂等屯兵本自襄鄧都軍來田者還其軍益以民之丁壯使守襄陽白土峽州諸隘別遣塔海以備自蜀至者以汴汝荆襄兩淮之馬給之府庫不足則命郡縣假諸般

富之家安豐等郡之粟遡黃河運至於陝羅諸汴汝近郡者則運諸滎陽以達於虎牢吾與諸軍各奮忠義以從王事宜無不濟者衆曰唯命卽日部分行事又湖南猺獠竊發朝廷命招諭之達實特穆爾謂寇情不可料請置三分省一治靜江一治沅靖一治柳桂以左右丞參政分兵鎭其地罷靖州路總管府改立靖州軍民安撫司設萬戶府益以戍兵又布延特穆爾旣敗賊於丁家洲分遣萬戶普賢努屯陽陵王建中屯白面渡魯爾討無爲州而自率鎭撫布哈萬戶明安駐池口以遏上流爲之節度又元主以伊濟爲淮西宣慰副使守安慶集有司議屯田守戰策環境築堡砦選精甲外捍而耕稼於中浚湟增陴外環以大防深塹三重南引江水注之環植木爲柵城上四面起飛樓表裏完固俄陞都元帥時羣盜環布四外伊濟居其中左提右挈屹爲江淮一保障又山東賊分道犯京師察罕特穆爾奉詔屯兵涿州卽留兵戍清湫義谷屯潼關塞南山口以備他盜而自將銳卒赴召又察罕特穆爾定河南以兵分鎭關陝荊襄河洛江淮而重兵屯太行營壘旌旗相望數千里曰修車船繕兵甲務農積穀訓練士卒謀大舉以復山東

明徐達遣指揮華雲龍經理故都城垣右丞辥顯參政傅友德平章曹良臣都督顧時率驍騎偵邏隘口楊鎭撫以舟師鎭直沽太祖稱大將軍有體者以此達數出邊鎭北平北人畏達威名不敢復犯邊達但戒守者繕城戍簡士馬謹烽堠毋得邀功啟釁十餘歲兵民熙熙有太平色又成祖行營不爲塹壘但分布隊伍列陣爲門敵不敢犯故將士至營卽得休息自便暇則射獵周覽地勢得禽輒頒人樂爲用南軍所至掘塹作壘爲營通夕不得休旣成復行虛做人力故臨戰輒先疲困又都指揮使安敬爲偏將驕而怯都督蔣貴都御史曹翼追敵魚兒海而安敬詭辭阻軍翼言狀帝密勅王驥行邊會諸將方就坐忽揖敬下曰汝奈何逗撓誤大計命斬敬謂貴曰公亦當死且責狀以報諸將股栗驥分兵畫地自莊浪西南抵黃河東北抵寧夏屬都督李安自涼州北抵鎭番南抵古浪東南抵板井屬都督趙安自甘州東過山丹抵永昌北抵臙脂堡西抵深溝壘屬任禮自肅州東接深溝稍東北抵鎭夷西抵嘉峪北抵天倉屬蔣貴約以小至則各守大至則幷力拒敵由是軍伍整肅敵騎遠避又余子俊經理榆林東起清水營之紫城砦西至寧夏花馬池延袤二千里每二三里則爲敵臺崖砦連比不絕又於中空地築短牆橫一斜二如蠍月形以爲偵敵避箭之所凡爲堡十二崖砦八百餘墩九十有五自是要害旣據內地益安榆林遂爲雄鎭又余子俊總督宣大建議以萬人爲一軍用戰車五百餘輛行則縱以爲陣止則橫以爲營車空缺處用鹿角柞補塞內藏戰士糧草器械與賊對壘賊用弓矢不過百步我用鎗炮可及三四百步賊散掠則出兵防遏日暮則擊其惰歸前項車營尤便策應又楊一清撫靈川時有笑其演營習陣者一清曰古人行必謹哨探止必修戰備無事常如有事時隄防有事常如無事時鎭靜武侯李靖均未嘗廢營陣苟世無武穆豈可恃野戰爲能哉又俞大猷從李良欽學擊劍盡其術益悟常山蛇勢以爲兵法數起五猶一身五體雖將百萬之師可使合爲一人也

臣等謹按古者伍法數家大略小列之爲五人大列之二十五人參列之七十五人五其數得三百七十五人三百爲正六十人爲奇後世多因襲苴五人爲伍十五爲隊大將握奇之數皆以中軍內丁代之然則伍隊雖歷世而未改也楊儀從容結陣馬昊分隊立長戚繼光偏伍什兩總是一法王驥畫界分疆不過因地而推用之耳

先據要地及水草

唐史敬奉形甚短小若不能勝衣至於野外馳逐能擒奔馬自執鞍勒隨鞍勒躍上然後羈帶矛矢在手前無強敵僮使僅二百人每以自隨臨入敵輒分其隊爲四五隨逐水草每數日各相遇已而皆有獲又張仁愿以朔方軍躡於突厥時默啜悉衆擊突厥仁愿請乘虛奪取漠南地就河北築三受降城首尾相應以絕南寇之路自是突厥不敢踰山畋牧歲減鎭兵數萬人省費億計又史思明之亂王師敗績乘勝而西李光弼整衆至洛謂留守韋陟曰賊乘鄴下之勝再犯王畿宜按甲以挫其鋒不利速戰洛城非禦備之所公計若何陟曰加兵陝州退守潼關據險以待之足挫其銳矣光弼曰兩軍相敵貴進尺寸之間今委五百里而不顧是張賊勢也若移軍河陽北阻澤潞三城以抗勝卽擒之敗則自守表裏相應使賊不敢西侵則猿臂勢也遂移牒留守及河南尹縱居人出城避寇率軍士運油鐵諸物以爲戰守之備未一夜入河陽三城排門守備賊憚光弼威略頓兵白馬寺南不出百里不敢犯闕又劉昌爲涇原營田使受詔築城平涼以扼彈箏峽口昌命從事旬餘而畢又於平涼西別築峿谷堡名曰彰信平涼當四會

之衝北地之要分兵援戍遏其要衝築神威軍於青海中龍駒島名神龍城吐蕃屏跡不敢近青海又德宗貞元中楊朝晟奏方渠合道木波皆吐蕃要路請城其地以備之又奏前築鹽州凡興師七萬諸軍番戍盡知之今臣境臨邊若大興兵卽戎番來寇寇則戰戰則無暇城矣今請發軍士不十日至塞下未三旬而工畢番人始知已無奈何帝從之已事軍還吐蕃始來斲曰退又李德裕訪破敵之策於高文端對曰官軍攻潞州澤州兵約萬五千人賊常分兵大半伏山谷俟官軍攻城疲倦則出掠之官軍必失利請令軍築城遶澤州以遏救兵固鎭塞峻不可攻然寨中無水倘以兵絕水道賊必遁去德裕以其言告諸將果如所策

宋潘美知幽州命兼三交都部署以扞北邊三交西北三百里地曰固軍形勢險阻爲北邊咽喉美潛師擊之遂據其地屯兵積粟以守之自是北方以寧又耿全斌從征太原還遇敵於蒲陰追擊至徐河因據水口要害遷補騎副兵馬使又改雲騎軍使屯瀛州與敵戰所乘馬兩中流矢死凡三易乘戰不卻敵爲引去又仁宗寶元初趙元昊反狄青爲延州指使青旣破金湯城略宥州屠羅密翠香摩諾爾桑羅沁七家口等族燔積聚數萬收其帳二千三百又城橋子谷築招安豐林新砦大郎等堡皆扼賊要害又范仲淹以慶州西北馬鋪砦當後橋川口在賊腹中欲城之度賊必爭密遣其子純祐與番將趙明先據其地引兵隨之諸將莫知所向行至柔遠版築皆具旬日城成卽大順城也環慶自此寇盜益少又种世衡爲鄜州判官西邊用兵守備不足世衡建議創青澗城以遏寇衝朝廷從之夏人屢來爭世衡且戰且築城成復開營田二千頃出官錢以募商賈使通其利城中芻糧錢幣軍需城守之具皆不須外計又劉子羽以潭毒山形斗拔其上寬平有水爲築壘方成金人已至子羽據胡牀坐於壘口諸將泣告請他徙子羽曰子羽今日死於此旣而敵疑其誘已遂不敢逼又金歸宋河南陝西地宋詔吳璘帥秦鳳移川口諸軍於陝璘謂胡世將曰金大兵屯河中府止隔大慶一橋耳騎兵疾馳不五日至川口吾軍遠在陝西緩急不可遽集關隘不葺糧道斷絕此存亡之秋也因抗奏方今大計宜固和好內修守禦所當分兵陝蜀接近仙人關未可遽廢魚關倉亦宜積糧從之

遼耶律休格敗宋兵於望都時宋將劉廷讓以數萬騎並海而出約與李敬源合兵聲言取燕休格聞之先以兵扼其地會太后軍至接戰殺敬源廷讓走瀛州

金圖克坦喀齊喀遣統軍都監紐赫以兵七千會完顏璋於德順與宋將吳璘戰璘遣兵據東山堡欲樹柵璋與實訥呼紐赫議曰敵若據東山堡此城亦不可拔宜急擊之於是璋先據要地實訥呼以兵逼東山堡璘兵恃濠相拒短兵相接璘兵退走實訥呼追擊之又世宗大定時伐宋趨滁州將至清流關得宋偵者知敵欲三道夜出掩我不備左副元帥赫舍哩志寧問計於襄襄曰今兵少地險儻不得關敵至我無所據必先取之曰我與若孰往襄曰元帥國家大臣詎宜輕動襄當爲公往取志寧韙之襄率騎二千分二道一由衡路自以千兵閒道潛登旣近敵始覺襄攻克之據其關志寧履行戰地顧謂曰克敵於不可勝之地眞天下英傑也又世宗詔布薩忠義以丞相總戎事居南京節制諸將忠義至南京簡閱士卒分屯要害戒諸將嚴守備是時已復泗壽鄧州請隳其城遷其民於宿亳蔡州上曰三州本吾土也得之則已忠義使將士擇善水草休息且牧馬俟來歲取淮南初世宗詔諸將由泗壽唐鄧三道進發宋人聞之卽自方城葉縣以來田野皆燒夷之使無所芻牧忠義命唐鄧道軍芻牧許汝閒

元人議攻襄陽遣史天澤呼喇珠往經畫之至則相要害立城堡以絕聲援爲必取之計十年與平章阿珠等進攻樊城拔之襄陽降又阿珠還渡江議兵所向或欲先取蘄黃阿珠曰若赴下流退無所據先取鄂漢雖遲旬日可爲萬全計巴延從之又元師伐宋屢捷巴延與諸將會鄂城下議曰鄂襟山帶江江南之要區也兵糧皆備不以一大將撫之上流一動則鄂非我有也乃以兵四萬遣阿爾哈雅戍鄂而與阿珠將大兵以東

明楊一淸總制三邊以寧夏花馬池東至延綏安邊營西至寧夏黃河邊橫城墍地方綿亙四百餘里河套數由內侵乃請修濬墻壁以固邊防增設衞所以壯邊兵又馬昊討彝部賊高珙普法慧擣破之獨青山寨不下昊周行視寨曰此地固高絕其水道可下也乃遣兵據泉口撤南方圍待之兩日賊渴覘南圍薄夜走追逋萬人執普法慧誅之又馬昊撫蜀時蜀賊廖麻子死餘黨竄東鄉山推喻老人爲帥昊請於彭澤曰山險不便騎射深入賊爲主或反失便願發步兵五萬據出入要道賊當自餓死也澤從之賊窘果縛老人降又播州楊應龍叛據海龍囤李化龍集兵分川貴湖廣八路討之攻拔山峒關砦據三圓山賊樵汲路絕復破海門龍鳳諸關賊遁囤上而守鐵鑄關會霖雨白日晦冥急攻破之

賊窘自焚死

識水泉隔山取水越山度險附

唐德宗建中時楊朝晟築木波以捍吐蕃初軍次方渠無水師徒囂然遽有青蛇乘高而下視其迹水隨而流朝晟命築防環之遂爲渟泉軍人仰飲以足圖其事上聞詔置祠焉

宋曹翰從征太原軍中乏水城西十餘里谷中有娘子廟翰往禱之穿渠得水人馬以給又魏勝知海州築砦以守金人急攻絕其水砦中食乾糒殺牛馬飲血勝默禱而雨驟作又种世衡旣請城故寛州然處險無泉議不可守鑿地百有五十尺始至石工徒拱手曰是不可井矣世衡曰過石而下將無泉耶爾其屑而出之凡一畚償百金工復致力過石數重泉果沛發萬人歡呼曰神乎雖敵兵重圍吾無困竭之患矣旣而朝廷賜名爲清澗城

據倉廩

五代唐莊宗與劉鄩相持於魏鄩夜潛軍出黃澤關以襲太原周德威自幽州以千騎入土門躡之鄩至樂平遇雨不得進而還德威與鄩俱來爭趨臨淸臨淸有積粟且晉軍餉道也德威先馳據之以故莊宗卒能困鄩軍而敗之又郭崇韜伐蜀軍入大散關崇韜以馬箠指山險謂魏王繼岌曰朝廷興師十萬已入此中儻不成功安有歸路今岐下飛輓才及旬曰必須先取鳳州收其儲積方濟吾事乃令李嚴康延孝先馳書檄以諭僞鳳州節度王承捷及大軍至承捷果以城降得軍儲四十萬又下三泉得軍儲三十餘萬自是師無匱乏軍聲大振

宋王全斌伐蜀下興州與蜀刺史藍思綰戰敗蜀軍七千人獲軍糧四十餘萬斛進攻石圖魚關白水二十餘砦敗蜀軍數萬擒招討使韓保正復獲糧三十餘萬斛進克利州得軍糧八十萬斛兵賴以濟無匱乏之憂遂以破蜀

元明安岱爾善騎射從征淮安因糧於敵未嘗匱乏軍士免負擔之勞咸樂爲用又蒙古台治水軍於萬山南岸大軍攻樊分軍爲五道蒙古台當其一率五翼軍以進焚南岸舟暨雲梯於北岸登櫃子城奪西南角入城命部將據倉粟功在諸將右又元城正陽饑饉久不繼托爾珠出兵據險潛取安豐麥以餉軍軍心以安又世祖至元三十年廣西元帥府請募南丹五千戶屯田事上行省哈喇哈斯曰此土著之民誠爲便之內足以實空地外足以制交趾之寇可不煩士卒而饋餉有餘卽命度地立爲五屯統以屯長給牛種農具與之

明英宗陷土木于謙禦敵令九門要地都督孫鏜等分守兵皆出營郭外毋避而示弱郭外民內徙毋令失所而囂通倉積粟令官軍儘給草廠聽取用不盡則焚無以飽敵

欽定續通典卷一百一

兵

攻其必救（先取根本同）

唐高宗龍朔中劉仁願與劉仁軌拔百濟之眞峴城詔孫仁師率兵渤海爲之援百濟王扶餘豐南引倭賊拒官軍仁師迎擊破之遂與仁願之衆合諸將會議或曰加林城水陸之衝請先擊之仁軌曰加林險固急攻則傷損將士固守則曠日持久不如先攻周留城周留賊之巢穴羣凶所聚除惡務本須拔其源若克周留城則諸城自下于是令仁願及新羅金法敏帥陸軍以進仁軌乃別率杜爽扶餘隆率水軍及糧船自熊津江往白江以會陸軍同趨周留城四戰皆捷焚其舟四百艘豐脫身走獲其寶劒僞王子扶餘忠志等率士女及倭衆並降百濟諸城皆復歸順又李光弼與郭子儀合擊史思明於嘉山大破之光弼以范陽本安史巢窟當先取之搗賊根本會潼關失守乃拔軍入井陘又馬燧因安祿山反使賈循守范陽說循曰祿山首亂公盍傾其本根使西不得入關退亡所據則坐受擒矣此不世功也循不決又朱滔王武俊圍康曰知於趙州李晟言以兵趨定州與張孝忠合以圖范陽則武俊等當捨趙帝壯之俾神策三將軍莫仁擢等隸之晟自魏引而北武俊果解去又馬燧討田悅軍渡漳水悅知燧食乏深壁不戰燧令齎十日糧進營倉口與悅夾洹而軍日挑戰悅不出陰伏萬人將以掩燧燧令諸軍夜半食先雞鳴時鼙鼓吹角趨魏州留百騎持火待軍畢發匿其旁須悅衆渡即焚橋悅黨李納等踰橋乘風縱火而前燧令除榛莽廣百步爲埸募勇士五千陣而待比悅至火止氣少衰燧縱兵擊之悅敗奔橋橋焚衆多赴水死悅敗遁魏州諸將曰糧少而深入何也燧曰糧少利速戰悅與淄青恆三軍爲首尾欲不戰以老我師若分擊左右未可必破悅且來助是腹背受敵也法攻其必救故取魏以動之此致人之術耳

五代唐時後蜀孟知祥與東川董璋反合兵攻遂州唐明宗命天雄軍節度使石敬瑭討之唐師攻劒門殺璋守兵三千人遂入劒門璋告急於知祥知祥大駭已而聞唐軍止劒州不進喜曰使唐急趨東川則遂州解圍吾勢阻而兩川搖矣今其不進吾知其易與爾

漢隱帝時李守貞反而趙思綰先以京兆反已而王景崇又以鳳翔反景崇與思綰遣人推守貞爲秦王隱帝乃遣樞密使郭威率禁兵討之諸將皆請先擊思綰景崇威計未知所向行至華州節度使扈彥珂謂威曰三叛連衡以守貞爲主守貞先敗則思綰景崇可傳聲而破矣若舍近圖遠使守貞出兵於後思綰景崇拒戰於前則漢兵屈矣威以爲然遂先擊守貞

宋韓琦在陝西值元昊出寇三川琦欲解其圍即遣將領兵七千聲言巡邊部分諸將夜趣七十里至白豹城平明克之破四十一族焚其積聚元昊回兵救之不及

遼太祖天贊三年將伐渤海耶律都沁諫曰陛下先事渤海則西夏必躡吾後請先西討庶無後顧憂太祖從之

元李楨表言襄陽乃吳蜀之要衝宋之喉襟得之則可爲他日取宋之基本定宗嘉其言又史天澤旣覆眞定繕城壁立樓櫓爲不可犯之計以抱犢砦爲武仙之巢穴不即翦覆終遺後患急攻下之仙遁走又舒穆嚕額森遼人也聞太祖起朔方首言東京爲金開基之地蕩其根本則中原可傳檄而定也又世祖至元十一年朝議淮上諸郡宋之北藩城堅兵精攻之不可猝下徒老我師宜先渡河翦其根本留兵淮甸絕其救援則長江可乘虛而渡也於是以托爾珠爲鎭國上將軍攻取安豐諸處皆捷又史天倪略地三關南至於東海所過城邑皆下因進言於穆呼哩曰彼棄幽燕遷都於汴已失策矣遼水東西諸郡金之腹心也我若得大寧以扼其喉襟則金必救之雖有遼陽將不能保穆呼哩從之又史天倪徇地山西遂克三關不浹旬定四十餘砦兵至河徼喜曰河徼者夷門之限河徼破則夷門不能守矣

明劉基因攻安慶不下請徑拔江州傾其巢穴從之悉師西上陳友諒以爲神兵自天而下倉猝不能禦奔武昌遂克江州旋師攻安慶下之又雲南烏撒蠻復叛傅友德討之太祖諭曰若過關索嶺愼勿與蠻人戰於嶺上當分兵直擣巢穴以掩襲之使各救其家不能糾合以抗吾師其傍諸土寨即未能下合力攻之必克也又成祖以李景隆聚兵德州將俟來春大舉當誘之來以敝其衆乃於隆冬帥師進攻大同景隆來援苦寒之地南卒不堪奔命凍餒死者甚衆委棄鎧仗不可勝計又計窺北平下令曰保定北平股肱郡保定失即北平危矣豈可不援遂率精兵三萬邀擊破之又謂諸將曰我圍房昭急眞定必來援然摧敗之餘進必不銳我輕騎往定州彼聞必速來來則據險以待我還兵合擊必敗之援兵敗寨可不攻自下矣又韓雍勦兩廣蠻寇或請分軍蹙賊入廣西雍曰二廣地鮮完郡大藤峽爲賊根

本諸兵不先薄其本乃分兵以趨末分兵勢弱趨末難盡我全師而至南可以攻大藤援高雷廉東可以應南韶西可以取柳慶北可以斷陽峒諸路勢若常山蛇首尾互應彼分而拒我聚而攻志曰先人有奪人之心茲行必勝遂行又王守仁起義討宸濠衆議宜逼之安慶江中守仁曰我師越南昌與賊相持於中道南昌兵必絕我糧道以躡其後腹背受敵非利不若先攻南昌濠精兵皆出攻安慶南昌僅老弱守禦一鼓易破賊聞巢穴已傾勢必解安慶圍還救首尾牽制易成擒耳果如其策又亂民張璉反流陷江閩州縣詔諸道合師討之且言賊棄巢出宜速擊俞大猷謂璉妻子財貨皆在巢若我以大軍迫其巢彼必聚衆自救譬之虎方逐鹿熊據穴而搏其子虎安得不置鹿而還還而蹙之如拉朽矣且三省會擊有期豈可以數萬之師從一夫浪走哉乃引兵疾走相嵩嶺瞰璉巢賊歸援出擊遂執璉

軍師伐國若中路城大兵多須下方過

元信州城守求援於索多曰元帥不來信不可守今邵武方聚兵覬釁元帥且往邵武兵夕至矣索多告於衆曰若邵武不下則腹背受敵豈獨信不可守乎乃遣周萬戶等往招降之又張宏略爲江西宣慰使饒州盜起犯都昌宏略以爲饒在江東與南康只隔一湖寇勢甚大若不滅將爲吾境患乃使人直擣其巢穴生縛賊酋磔於市餘黨潰散

明徐達征張士誠常遇春請徑擣平江太祖曰賊分兵駐吳興錢塘以自輔我頓兵堅城不克而招二輔之援非計也先攻吳興便徐達悉舟師自太湖趨薄吳興士誠將張天騏等分道出戰達亦分兵應之而遣驍將王國寶以長槍軍扼其歸吳興下又成祖聞李景隆將大兵擣北平呼景隆小字曰我在此李九江必不敢來大寧去此不遠移師襲之可無後患景隆聞吾兵向大寧必乘虛擣北平我還師破之必矣乃整兵從劉家口徑取大寧撫定城中亡何李景隆兵至成祖悉大寧諸衞兵至鄭村壩上與景隆兵大戰三日抵北平城下張玉直擣其營城中亦鼓譟出中外夾擊大敗之又靖難師起諸將咸欲南張玉曰爲我肘腋患者薊也必滅薊而後可以安意南行遂整兵圍薊破之移兵取遵化

必攻其易

金察罕取馬紀嶺道攻阿蘇穆宗自將期阿蘇城下會軍察罕行次烏布蘇水烏延部色埒貝勒來謁謂察罕曰聞國相將與太師會軍阿蘇城下此爲深入必取之策宜先撫定展楚琿錫馨之路落其黨附奪其民人然後合軍未晚也察罕從之攻屯城請濟師穆宗與之察罕遂攻下屯城而與穆宗來會阿蘇城下屯在南阿蘇在北穆宗初遣察罕分道卽會攻阿蘇聞其用色埒計先取屯城與初議必合頗不然之及遣使來止勿攻阿蘇然後深以先取屯城爲功也

元博囉歡軍於下邳召將佐謀曰清河城小而固與昭信淮安泗州爲犄角猝未易拔海州東海石秋遠在數百里之外必不嚴備吾頓大兵爲疑兵以輕騎倍道襲之其守將可擒也師至三城果皆下又巴延攻陽羅堡三日不克謀於阿珠曰彼謂我必拔此堡方能渡江此堡甚堅攻之徒勞汝今夜以鐵騎三千泛舟直趨上流爲擣虛之計阿珠旣敗宋軍巴延大喜遂急攻陽羅堡破之又阿珠師次盧山得俘民言宋沿江九郡精銳盡聚郢江東西兩城今舟師出其間騎兵不得護岸此危道也不如取黃家灣堡東有河口可由其中拖船入湖轉以下江爲便從之

明王守仁撫粵方徵湖廣兵夾攻桶岡而橫水左溪在其東乃會諸將議曰桶岡地險又恃橫水左溪爲羽翼若進兵則腹背受敵況賊止聞徵兵攻桶岡其橫水左溪必觀望未備今出其不意先攻二處破之而移兵桶岡法所謂攻瑕而堅者自瑕也於是分部兩路兵入會左溪自率兵擣橫水俱攻破之賊奔入桶岡會楚兵亦至遂克其巢

毋貪其易附

元巴延伐宋自漢口開壩引船入淪河徑趨沙蕪入江諸將議先取沙蕪南岸戰船巴延曰吾亦知其易取慮汝輩貪小功失大事不若竟渡江收其全功可也

臣等謹按杜氏通典攻其必救之後復曰必攻其易夫敵之所易卽其所不必救者也其論似不相合細繹杜氏意誠恐執攻其必救之說者頓兵堅城之下或致進退兩難故又示以攻瑕之方至若以無關得失之地而我必貪其易盡力攻之旣損軍實或且以分我軍勢知兵者亦復不爲也謹增入毋貪其易以補足杜氏之意焉

輕易致敗

唐哥舒翰出潼關次靈寶西原與賊將崔乾祐戰賊以數千人先伏險翰浮舟中流以觀軍謂乾祐兵寡易之又覘其陣無法促士卒進賊伏兵起遂大敗又郭子儀破史思明於沙河安祿山益出精兵佐思明子儀曰彼恃加兵必易我易我心不固戰則克矣與戰未決戮一

部將以徇士殊死鬬遂破之乃晝揚兵夜擣壘賊不得息氣益老思明逃奔博陵又史思明攻河陽使驍將劉龍仙臨城挑戰龍仙健勇自恃舉右足加馬鬣上嫚罵李光弼光弼顧白孝德願獨往取之選五十騎於軍門爲繼大軍鼓譟以增氣勢乃挾二矛策馬截流而渡龍仙見其獨來甚易之足不降鬣稍近將動孝德搖手示之若使其不動龍仙不之測乃止孝德呼曰侍中使余致辭非他也龍仙去十步與之言褻罵如初孝德息馬伺便因瞋目虓喊持矛躍而博城上鼓譟五十騎繼進龍仙矢不暇發環走堤上孝德追斬之擕首而歸

五代梁王彥章擊破德勝唐軍東保楊劉彥章圍之莊宗登壘望見彥章爲重壍以絕唐軍意輕之笑曰我知其心矣其欲持久以斃我也卽引短兵出戰爲彥章伏兵所射大敗而歸又梁晉戰胡柳晉軍敗莊宗欲引兵退保臨濮閻寶曰夫決勝料勢決戰料情情勢旣得斷在不疑今梁兵窮蹙其勢可破勝而驕怠其情可知此不可失之時也莊宗謝曰微公幾敗吾事乃整軍復戰遂敗梁兵

唐伐蜀班師至利州會康延孝叛據漢州張礪言於任圜請伏精兵於後先以羸師誘之延孝驍將以任圜儒生覩其羸師殊不介意及戰酣圜發精兵擊之遂擒延孝

宋太宗命白守榮等護送軍糧於靈州詔發軍乘分爲三輩護送仍命田紹斌率兵援接李繼遷知之邀於洛浦河守榮等欲擊之紹斌曰番戎輕佻勿棄輜重與戰但按轡結陣徐行守榮等怒曰我不受若節度若但率兵來迎耳勿預吾事紹斌因率所部去輜重四五里繼遷望見紹斌旌旗不敢擊守榮欲自邀功遂決戰賊先以羸騎挑戰繼而伏發守榮敗丁夫潰走蹂踐死者無數紹斌振旅徐還所部不失一人至淸遠與張延川會食見濠中裸而呼之者曰我白守榮也以繩引上解衣遺之又狄靑爲將党項犯塞時新募萬勝軍未習戰陣遇寇多北靑一日盡取萬勝旗付虎翼軍使之出戰寇望其旗易之全軍徑趨爲虎翼所破殆無遺類又岳飛討李成賊連營西山乃自爲先鋒麾騎從上流濟出賊右突其陣大敗之走筠州復出城布陣十五里飛設伏以岳字幟麾騎二百而前賊易其少薄之伏發敗走又趙葵守揚州敗于李全時正月望城中放燈張樂以示暇全亦張燈平山堂嬌情自肆葵與趙范議西出常不利賊必見易因其所易而圖之必勝不如出堡塞西門旣而候卒識槍垂雙拂者爲全范喜謂葵曰此賊勇而輕若果出必成擒矣乃悉精銳數千而西取官軍素爲賊易者張其旗幟以誘之全望見喜謂金使曰看我掃南軍官軍見賊突鬬而前奮擊賊敗欲走入土城部將李虎軍已塞其甕門全窘走新塘爲泥濘所陷碎其屍

遼耶律和克使宋還言宋人必取河東合先事以爲備韓匡嗣詆之曰寧有是耶已而宋人果取太原乘勢逼燕匡嗣與南府宰相沙特哩裒休格侵宋軍於滿城方陣宋人請降韓匡嗣欲納之休格曰彼軍氣甚銳疑誘我也可整頓士卒以禦韓匡嗣不聽俄而宋軍鼓譟薄我衆蹙踐塵起漲天韓匡嗣倉卒諭諸將無當其鋒衆旣奔遇伏兵扼要路韓匡嗣棄旗鼓遁其衆走易州山獨休格收所棄兵械全軍還又重熙時征夏國蕭惠自河南進戰艦糧船綿亘數百里旣入敵境偵候不還鎧甲載於車軍士不得乘馬諸將咸請備不虞惠曰諒祚必自迎車駕何暇及我無故設備徒自弊耳數日我軍未營候者報夏師至惠方詰妄言罪諒祚軍從阪而下惠與麾下不及甲而走追者射惠幾不免

元時宋蜀帥陳隆之貽書請戰聲言有衆百萬有輕我之心皇子爲帥集諸將議曰隆之可生擒也屢戰敗之

明盛庸與鐵鉉等聞北師將至大犒賞將士誓師簡精銳背城而陣列火器毒弩以待時北師屢勝見庸軍卽鼓譟前薄盡爲火器所傷

乘敵亂而取之

宋岳飛因虔寇彭友迎戰擒之餘酋退保石洞洞高環水入止一徑乃列騎山下令皆持滿旦遣死士馳登賊亂棄山而下圍之賊呼丐命遂受其降初奉旨屠賊於是請誅首惡而赦脅從之

金烏延和囉噶從梁王宗弼復河南將攻陳州遣和囉噶以甲士三十捕偵候人至蔡州西遇兵八十餘戰敗之獲南頓縣令及攻陳州夜將四更忽聞敵開門潰走和囉噶亟領二穆昆軍追及之而明安托克索亦領軍繼至大敗之

元丞相巴延伐宋賈居貞以宣撫使議行省事旣渡江下鄂漢巴延以大軍東下留左丞阿爾哈雅與居貞分省鎭之居貞曰江陵要地乃宋制閫重兵所屯聞諸將不睦遷徙之民復皆疾疫芻薪乏闕杜門不敢採樵不乘隙先取之迨春水漲恐上流爲彼所乘則鄂危矣驛聞從之又汪世顯軍薄成都陳隆之堅壁不出其部曲田顯約夜降隆之覺方驚擾無定策世顯遂乘亂急梯城入獲隆之

明沐英以雲南兵陣南岸乃分遣一軍泝流潛渡出達爾瑪陣後吹銅角樹旗幟山谷中爲疑兵達爾瑪大駭急撤後軍以禦岸上軍心動陣亂英復率衆濟江矢石交發呼聲動天地大戰敗之又景帝景泰時額森兵薄京城石亨令姪彪誘敵至彰義門敵見彪軍少逼之亨率衆乘之躡敵大潰亨追之淸風店敵將出關亨使紿云陣中將者假亨名耳敵信之來攻亨率彪奮擊敵始知亨在囂亂相蹂踐亨悉衆乘之大捷敵以所掠羊馬財物盡棄餌我兵乃得遁去

分敵勢破之

唐德宗貞元中築鹽州城慮爲吐蕃掩襲詔劍南節度使韋皐發兵深入吐蕃以分其軍皐命將董勔張芬出西山及南道破峩和城凡平堡柵五十餘所城之二句而畢其後贊普北寇靈朔又令皐出兵深入乃命將一出三奇路一出龍溪石門路一趨吐蕃維州城一趨雞棲老翁城一趨故松州一出雅邛黎嶲路一過大渡河入番界一進攻昆明城自八月出軍齊入至十月破番兵十六萬生擒六千斬首萬餘級轉戰千里番軍連敗又李愬攻蔡殘吳房外垣或勸遂下吳房愬曰不可房拔則賊力專不若留之以分其力卒擒吳元濟

五代時唐定州王都反以王晏球爲招討使與宣徽南院使張延朗討之都出不意擊延朗軍延朗大敗收餘兵會晏球自望都趨曲陽都乘勝追之晏球先至水吹方坐胡牀指麾而都衆掩至晏球與左右十餘人連兵射之都衆稍卻而後軍亦至晏球立高岡號令諸將皆櫜弓矢用强兵回顧者斬符彥卿以左軍攻其左高紆珪以右軍攻其右中軍騎士抱馬項馳入都軍都遂大敗又唐莊宗因梁王彥章擊破德勝軍遂東保楊劉彥章圍之莊宗問郭崇韜計安出是時唐已得鄆州矣崇韜因曰彥章圍我於此其志在取鄆州也臣願得兵數千據河下流築壘於必爭之地以應鄆州爲名彥章必來爭旣分其兵可以圖也然板築之功難卒就陛下自以精兵挑戰使彥章兵不得來十日壘成矣莊宗以爲然乃遣崇韜與毛璋將數千人夜行所過驅掠居人毀屋伐木渡河築壘於博州東晝夜督役六日壘成彥章果引兵急攻之時方大暑彥章兵熱死及攻壘不克所失大半還趨楊劉莊宗迎擊遂敗之

宋王德與桑仲戰曰賊衆我寡故分三道以離吾勢法當先破其堅則脆者自走乃遣他將分禦而自以銳兵相持賊大敗遂梟仲又金烏珠渡河謀攻汴京諸將請先斷河梁嚴兵自固宗澤笑曰去冬金騎直來正坐斷河梁耳乃命部將劉衍趨滑劉達趨鄭以分其勢戒諸將極力保護河梁以俟大兵之集金人聞之夜斷河梁去又孟珙圖復荆襄諜知元人於襄樊隨信陽招集軍民布種順陽集船材乃遣張漢英出隨任義出信陽焦進出襄分路撓其勢又度敵必因糧於蔡遣張德劉整分兵入蔡火其積聚又趙葵守揚州賊李全遣步卒三百餘向城西門乍進乍退以誘葵復驅丁壯增濠面培鹿角趙遣騎將出夾城東西門分三道以進賊望風潰

金初烏達治蘇濱水諸部烏色鄂囉佐之定諸部而還久之高麗殺行人阿固雙寬而築九城於海蘭甸烏色將內外兵海古勒呼納珠富察都古嚕訥佐之高麗兵數萬來拒烏色分兵爲十隊更出迭入遂大破之又托克索破宋兵四千於文水聞宋將黃廸以兵三十萬柵於縣之西山復與耿守忠合兵九千擊之宋制置使姚古率兵至隆州谷托克索與巴爾斯以步騎萬餘禦之种師中兵十萬據榆次尼楚赫乃召托克索使中分其兵而還與和碩等合兵八千擊敗之斬師中於殺熊嶺宋將張灝以兵十萬營於文水近郊復與巴爾斯擊破之又宣宗元光二年紅襖賊寇壽潁剽掠數日而去赫舍哩約赫德聞之率兵渡淮偵知朱村孝義村有賊各數百分兵攻之連破兩柵及焚其村塢數十還遇宋兵數百陣淮南岸擊殺其半尋有兵千餘自東南來追復大敗之又布色安貞伐宋出息州軍於七里鎭宋兵據淨居山遣兵擊敗之宋兵保山寺縱火焚寺乘勝追至洪門山宋兵方浚濠立柵安貞軍亟戰奪其柵宋黃統制圍兵五千保黃土關關絕險素有備堅壁不出安貞遣輕兵分爲左右軍潛登別以兵三千直逼關門翼日左右軍會於山巔俯瞰關內宋人守關者望之駭愕不能立中軍急攻宋兵潰遂奪黃土關

元安塔哈與丞相巴延合軍克池州師次建康宋鎭江攝守石祖忠遣使乞降揚州守將李庭芝聞之遣兵突圍出擊安塔哈率師救之宋兵望風退走時眞泰諸城尙爲宋守鎭江地扼襟喉城壁不固安塔哈乃立木柵以障居民又屯兵瓜洲以分敵勢揚州之援遂絕又汪良臣攻重慶命元帥康寶圖先驅與宋將朱禩孫兵交良臣塞其歸路引兵橫擊之斷敵兵爲二敗走趨城不得入盡殺之又巴延伐宋朝議以宋之兵力多聚兩淮聞我欲渡江彼必移師拒守遂命右衞指揮使圖們岱帥輕銳二萬攻淮安以牽制之

明太祖因諸將家屬尙留和州元兵據采石南北道阻

不通命常遇春以奇兵分其勢而親以正兵與之合兵交則出奇兵擣之且縱火焚其連艦遂大破之又太祖從滁陽王郭子興子興死太祖爲大帥與徐達等拒元將曼濟哈雅達別率精兵數千取溧陽溧水二城斷其肘諸軍前薄哈雅軍大破之又沐英攻和林去敵營五十里下令分軍爲四一襲其背二掩其左右自引驍騎當其前夜銜枚或左或右而襲敵皆駭惑就擒獲其全部以歸又徐達進征張良臣恐其黨與爲聲援乃遣兵抄其出入之路俞通源略其西傅友德略其東陳德略其南顧時略其北達帥諸將四面圍其城良臣窘急出兵達擊敗之又吳良守江陰吳將蘇同僉來攻城良曰彼衆我寡當以計破之有頃敵陣於江壖良命弟禎整兵當其南北而以輕兵躡之敵又攻東門良與王子明馳出擊之生獲其將士五百人殺溺死者甚衆同僉大敗宵遁又張吉在廣西以府江山川盤結林木蒙翳或扼要害或縱斧斤以毀其伏匿之所又以江東西二賊相爲犄角而東賊尤悍乃併力攻其東破之西賊亦戢府江以寧又世宗嘉靖時海賊趨台州胡宗憲令番兵分道布截官兵多張旗幟爲疑兵以撼賊勢賊四面受敵追至清風嶺俘斬無數

臣等謹按以上諸條其中閒有自分軍勢以勝敵者雖與杜典分敵勢之例不同然揆諸臨陣之法欲分敵勢未有不自分軍勢者事因比類而及正不必過爲區分也

審敵勢破之附

唐張公謹副李靖經略突厥因言突厥可取之狀曰頡利縱欲肆情窮兇極暴塞地霜早餱糧乏絕若師出塞垣自然有應者太宗深納之果破定襄敗頡利

元黃陵岡之役金兵陣河南岸示以死戰穆呼哩曰此不可用長兵當用短兵取勝令騎下馬引滿齊發自下馬督戰果大破之又金人以兵十餘萬保少室山太平寨時方會師圍汴李守賢度其帥完顏延壽無守禦之才潛遣輕捷者數十人緣崖蟻附以登殺其守卒遂大縱兵入破之下令無許抄掠悉收餘衆以歸

明徐達兵下鳳翔李思齊走臨洮諸將皆以張思道才不如思齊慶陽易於臨洮請先由豳州取慶陽後度隴攻臨洮達曰思道自守者耳城險而兵精卒未易拔也臨洮北界河湟西控羌夷地富而人衆以大兵蹙之思齊不走絕徼則束手降矣思齊降全陝皆爲我有遂決策度隴克秦州皆如其策

布陣大勢分易敗

五代晉安重榮反杜重威逆戰於宗城重榮爲偃月陣重威擊之不動欲少卻以伺之偏將王重允曰兩兵方交退者先敗乃分兵爲三重威先以左右隊擊其兩翼戰酣重允以精兵擊其中軍重榮將趙彥之來奔遂大敗重榮

遼聖宗統和二十八年征高麗耶律博諾爲先鋒至銅州高麗將康肇分兵爲三以抗大軍一營於州西據三水之會肇居其中一營近州之山一附城而營博諾率耶律宏古擊破三水營擒肇李元蘊等軍望風潰會大軍至斬三萬餘級追至開京破敵於西嶺高麗王詢聞邊城不守遁去

惜軍勢

五代梁朱全忠破趙匡凝取荊襄遂攻淮南敬翔切諫以爲新勝之兵宜持重以養威不聽兵出光州遭大雨幾不得進攻壽州不克而多亡失

力少分軍必敗

五代梁康延孝奔唐莊宗屏人問以梁事延孝具言末帝懦弱任用張漢傑段凝等而遣漢傑監王彥章軍有必亡之勢又言梁將大舉分兵伐唐莊宗問何以禦之延孝曰梁兵雖衆分則無餘臣請待其既分以鐵騎五千自鄆汴出其不意擣其空虛不旬日天下大定矣

宋仁宗朝契丹來侵詔趙延進與崔翰李繼隆將兵八萬禦之詔賜陣圖分爲八隊師至滿城敵騎至延進乘高望之東西亘野翰等方按圖布陣陣相去百步延進曰主上委吾等以邊事期於克敵今敵衆若此不如合而擊之可以決勝違令而獲利不猶愈於辱國乎儻有喪敗則延進獨當其責於是改爲二陣前後相副士衆皆喜三戰咸捷又宋以金主亮索淮南地議舉兵禦之遣大將成閔爲荊湖制置使將禁衞五萬禦襄漢上流虞允文曰兵來不除道敵爲虛聲以分我兵成其出淮姦謀耳不聽卒遣閔後聞金主亮徙汴允文語陳康伯閔軍約程在江池宜令到池者駐池到江者駐江若敵兵出上流則荊湖之軍捍於前江池之軍援於後若出淮西則池之軍出巢縣江州軍出無爲可爲淮西援是一軍而兩用也康伯然其說而閔軍竟屯武昌金主果出淮西造浮梁於淮上自渦口渡淮又楊存中從張俊討李成諸將議欲分道進存中曰賊勢盛我兵分則力弱又諸將位均勢敵非招討督之必不爲用俊然之整軍至豫章破賊於玉隆觀賊將率衆十萬來援夾河而營存中謂俊曰彼衆我寡擊之宜用奇願以奇兵見屬

公以步兵居前後存中夜銜枚渡筍河出西山馳下擊賊俊來攻之俘八千人成遁又知安豐軍趙善湘與趙范趙葵出師詔問守禦策杜杲上封事曰沿淮旱蝗不任征役中原赤土無糧可因若虛內事外移南就北腹心之地必有可憂及兵敗洛陽人始服其先見

欽定續通典卷一百二

兵

按地形知勝負

五代梁王景仁將兵擊趙至柏鄉晉王李存勗救之欲速戰周德威曰鎮定之兵長於守城短於野戰且吾所恃者騎兵利於平原廣野可以馳突今壓壘門騎無所展其足又謂張承業曰今去賊咫尺所限者一水耳彼若造橋以薄我我衆立盡矣請退軍鄗邑以計困之後得梁降人詰之曰方多造浮橋存勗乃從德威策退軍卒敗梁兵

宋曹瑋知鎮戎軍瑋以鎮戎據平地便於騎戰非中國之利請自隴山以東循古長城塹以爲限又曹瑋嘗上涇原環慶兩道圖盡攻守出入之要帝以示左右曰山川城郭險固舉在是矣因別繪圖賜諸將令按圖計事由是師出有功又岳飛趨襄陽李成盛兵迎戰左臨襄江飛笑曰步兵利險阻騎兵利平曠成左列騎江岸右列步平地雖衆十萬何能爲舉鞭指王貴曰爾以長鎗步卒擊其騎兵指牛皐曰爾以騎兵擊其步卒合戰馬應鎗而斃後騎皆擁入江步卒死者無數成夜遁遂復襄陽又余玠在四川招納豪傑辟冉璡冉璞營賓館以處之且使人密窺其所爲兄弟終日對踞以堊畫地爲山川城池之形起則漫去既而見玠屏人曰計安西蜀惟徙合州城爲上策耳玠問其地曰蜀口形勢之地莫若釣魚山倘徙諸此積粟以守之賢於十萬師遠矣玠以聞諸朝授其兄弟官委以築城之事釣魚城成蜀始可守又孟珙在江陵府屬兵八千珙曰金人若向呂堰則八千不爲少然須本查騰雲呂堰等砦受節制乃可濟已而劉全雷去危與金人戰於夏家橋小捷有頃金人犯呂堰珙喜曰吾計得矣亟命諸軍追擊呂堰進逼大河退逼山險砦軍四合金人棄輜重走

元石天應從穆呼哩征陝右假道西夏自東勝濟河南攻葭州拔之因說穆呼哩曰西戎雖降實未可信此州當金夏之衝居人勇健倉庫豐實加以長河爲限脫爲敵軍所梗緩急非便宜命將守之多造舟楫以備不虞穆呼哩然之又石天應謁穆呼哩於汾水諭以進取之策天應還鎮召諸將曰吾累卿等留屯於此今聞河東西皆平川廣野可以駐軍規取關陝諸君以爲何如或諫曰河中雖用武之地南有潼關西有京兆皆金軍所屯且新附其心未一守之恐貽噬臍之悔天應曰葭州正通鄜延今鄜已平延不孤立若發國書令夏人取之猶掌中物耳且國家之急本在河南此州路險地僻轉餉甚艱河中雖迫於二鎮實用武立功之地北接汾晉西連華同地五千餘里戶數十萬若走漕運以通饋餉則關內可尅期而定關內既定長河以南在吾目中矣遂移軍河中既而金人果潛入中條襲河中天應知之遣驍將吳澤伏兵要路以待又安扎爾言於宗王曰隴州縣方平人心猶貳西漢陽當隴蜀之衝吐蕃利於入寇宜得良將以鎮之宗王曰安反側制寇賊此上策也遂分蒙古千戶五人隸麾下以往又巴延侵宋已破陽羅堡諸將多請先向蘄黃阿珠曰若趣下流退無所據先取鄂漢雖遲旬日萬全計也又元師破樊城外郛其將復閉內城守阿爾哈雅以爲襄陽之有樊城猶齒之有脣也宜先攻樊城樊城下則襄陽可不攻而得

明常遇春攻張士誠於蘇州久不下遇春架飛樓以覘城中動靜士誠以物盡覆街市了無所覩有善地形者曰此城龜形盤門是首閶門是尾擊其尾首必出矣乃如其言攻之盤門果先開又傅友德討雲南太祖餞之龍江曰朕覽輿圖詢彼地豪傑而得其扼塞取之計當自永寧先遣驍將將兵向烏撒大軍繼自辰沅入普定分據要害乃進兵曲靖彼所必守地也曲靖下以一軍向烏撒應永寧之師大軍直擣雲南彼此牽制破之必矣下雲南必次下大理餘郡邑部落可撫而有也

自戰其地則敗

金完顏璋攻宋將吳璘於東山壘璘以軍三萬據險作三陣金諸將皆曰吳璘恃險不善野戰我退軍平涼彼必棄險就平地然後可圖也璋曰不然彼恃其衆非特恃險也昔人有言寧棄千軍不棄寸地故退兵不如濟師我退軍平涼彼軍深入吾地固壘以拒我我則如之何於是親率四萬人急擊之璘軍敗走

元劉斌攻睢陽軍杏堆距陳州七十里聞陳軍陣於近郊斌帥衆夜擊之陳軍無鬭志遂大敗

據險隘

唐哥舒翰禦安祿山引兵出潼關遇賊將崔乾祐於靈寶西原乾祐先據險南薄山北阻河狹道七十里翰使王思禮等將精兵十五萬分前後衝之賊伴欲遁官軍不備爲所擊敗道隘士卒如束槍槊不得用翰退入關又范希朝爲振武節度使有黨項室韋交居川阜淩犯爲盜曰入慝作謂之刮城門居人懼駭鮮有寧日希朝於要害處置堡柵斥堠嚴密人遂獲安

五代唐莊宗與梁軍戰於汴州胡柳坡梁將王彥章等走濮陽餘兵登陂中土山莊宗率騎追至山下梁軍戒

嚴不動莊宗謂諸將曰今日之戰得山者勝賊已據山乘高四望衆人皆有懼心乃率騎先登銀槍步卒繼進敵紛紛而下在土山西結陣數里時已日暮諸軍未齊或請詰朝合戰閻寶曰賊帥奔亡衆心方恐據山而猶委棄結陣更復何爲今登高擊下勢如破竹耳遂與王建及急擊大破其軍

晉杜重威李守貞攻瀛州不克退及武彊聞契丹來侵惶惑不知所之張彥澤適至言敵可破之狀乃與重威等西趨鎮州彥澤爲前鋒至中渡橋已爲敵所據彥澤力戰爭橋燒其半敵少卻遂夾河而寨

宋狄青戰於歸仁張玉先鋒賈逵將左孫節將右既陣青誓曰不待令而舉者斬及節搏賊死山下逵私念兵法先據高者勝乃引軍疾趨山甫登賊至逵擁衆而下揮劍大呼斷賊陣爲二玉以先鋒突出陣前而青麾番落騎兵出賊後賊遂大潰逵乃詣青帳前請罪青撫逵背曰違令而勝權也何罪之有又劉光世鎮京口金兵復南光世將退保丹陽王德請以死捍江諸將恃以自強分軍扼險渡江襲金人收眞揚數郡又金人自合肥人遊騎及江張俊議分守南岸王德曰淮者江之蔽棄淮不守脣亡齒寒敵數千里遠來餉道決不能繼及其未濟急擊之可以奪氣若遲之稍安則淮非吾有矣又魏勝守海州金兵已逼關勝登關門張樂飲酒犒士卒令固守勿出戰金兵攻之踰時乃少遣士出憑險邀擊之金人知不可攻徑趨城東欲過砂堰圍城爲營勝先已據堰備之金兵不得過拒戰竟日終不能近又魏勝以海州城西南枕孤山敵至登山瞰城虛實立見故西南受敵最劇遂築重城圍山在內敵至則先據之不能害又張浚破李成賊黨乘勝勦除追至樓子莊賊黨商元據草山挾險設伏浚遣步兵從間道直趨椒山殺伏奪險乘勝追至江州成絕江而遁浚引兵渡江至黃梅與成戰成懲奉新失險之敗據石幢坡憑山以木石投人浚先遣遊卒進退若爭險狀以誑賊而親冒矢石率衆攻險賊衆懼潰又曹友聞因北兵破沔州乃分遣諸將趨雞冠隘據陽平關復親登嶺指麾諸軍敵兵突至諸將進戰敵退友聞謂總管陳庚及當可曰敵必旋兵攻雞冠隘急援之既而敵步騎果至庚與當可力戰蹀血十餘里兵乃解去又曹友聞招集忠義得健士五千人制置使李𡌴命領所部守仙人關且行且戰至峽口據險會金人來侵友聞令諸軍乘高據險乃身冒矢石爲士卒先敵不能進

金李英上右副元帥珠赫哷果勒齊書曰中都之有居庸猶秦之崤函蜀之劍門也邇者撤居庸兵我勢遂去今土豪守之朝廷當遣官節制失此不圖忠義之士將轉爲他用矣又曰可鎭撫宣德德興餘民使之從戎所在自有宿藏足以取給是國家不費斗糧尺帛坐收所失之關隘也居庸咫尺都之北門而不能衞護英實恥之果勒齊奏其書卽除尚書工部員外郎充宣差都提控居庸等關隘悉隸焉

元察罕特穆爾分兵屯澤州塞碗子城屯上黨塞吾兒谷屯并州塞井陘口以杜太行諸道賊屢至俱擊卻之又劉元禮爲潼川漢軍都元帥奏嘉定去都三百六十里其間舊有眉州城請修復以扼嘉定往來之路世祖從之又張宏範圍襄陽以其境南接江陵歸峽商販行旅士卒絡繹不絕遂城萬山以斷其西柵灌子灘以絕其東又築一字城通襄陽破樊城外郭截江道斷其援兵遂拔之

塞險則勝否則敗

唐高宗永淳中突厥圍豐州朝廷議棄豐州保靈夏唐休璟疏以爲不可會吐蕃破焉耆投休璟靈州都督因請復四鎭自後王孝傑拔龜茲諸國城皆由休璟刱始之功也又郭元振爲涼州都督州境狹纔四百里邊兵竟至城下元振始於南狹口置和戎城北磧置白亭軍制東要路遂拓地千五百里自是州無邊患又郭子儀以吐蕃方強上書欲於諸道料精卒五萬列屯北邊則制勝可必如河南北江淮大鎭數萬小者數千簡擇趨赴關中勒步隊示金鼓則攻必破守必堅長久之策也

宋曹瑋知渭州築堡塞外爲籠竿城募土兵守之曰異時秦渭有警此必爭之地也又王全斌伐蜀趣劍門謂諸將曰古稱劍門天險願聞取之之策有降卒言益光江東越大山數重有狹徑名來蘇蜀人於江右置砦對岸有渡自此出劍關二十里倘此處進兵劍門不足恃也斌卽遣裨將史延德趣來蘇夾攻之自將大軍攻劍門王昭遠趙崇韜遁走獲之遂克劍州又吳玠以和尙原地去蜀遠乃於仙人關右殺金坪刱築一壘移原兵守之遂爲抗蜀形勝故金人至輒不得入又劉子羽因張浚富平敗後官屬有請徙治夔州者子羽曰四川全盛敵欲入寇久矣直以川口有鐵山棧道之險未敢遽窺耳今棄之而處夔峽則與關中聲援不相聞進退失計悔將何及今幸敵方四掠宣司當留興州以安蜀人心急遣人呼諸亡將堅壁固壘觀釁而動庶可轉敗爲功已而招諸亡將果集分兵悉守關隘金人以有備引

去又楊存中以朝議棄祁尚原力爭此係隴右之要害敵得之可以睥睨漢川我得之可以下兵秦雍願毋棄又吳璘帥秦鳳時金方歸陝西地議欲盡移川口軍於陝西璘曰金人反覆難信今我移軍陝西蜀口空虛敵若自南山要我陝右軍直擣蜀口我不戰自屈矣當且依山爲屯控其要害俟其情見力疲漸圖進取又孟宗政爲荊鄂都統制以金人逼壕而陣易於馳驟乃於西北壕外豬水爲濫由是金騎不得衝突又曹友聞扼仙人關諜聞北兵合契丹西夏回回吐蕃渤海軍五十餘萬大至乃語弟曹萬曰衆寡不敵豈容浪戰惟當乘高據險出奇匿伏以待之北兵既入興元欲衝大安趙彥吶檄友聞控制大安以保蜀口友聞馳聲報曰沔陽蜀之險要吾重兵在此敵有後顧之憂必不能越此而入蜀又有曹萬王宣首尾應援可保必捷大安地勢平曠無險可守敵騎所長步兵所短衆寡不敵豈可於平地控禦不聽趣友聞進兵乃選精騎夜渡遇雨卒大敗又孟珙攻金蔡州命諸將奪柴潭樓金人爭樓諸軍魚貫上金字號樓伏巨弩相傳下有龍人不敢近將士疑畏珙召麾下飲再行曰柴潭非天造地設樓上伏弩能及遠而不可射近彼所恃此水耳決而注之涸可立待皆曰隄堅未易鑿珙曰所謂堅者止築兩隄首耳鑿其兩翼可也潭果決實以薪葦遂濟師攻城擒其將斬之

明英宗正統中都督王禎始城榆林增三十六營堡盡補陝中伍籍之脫落者及罪謫南戍皆聽還伍以實榆林於是邊有城堡軍士得勤力樹藝蔬并開界石外地使與屯田歲得糧十餘萬石而榆林始稱重鎮東渡河連大同西接寧夏邊人不敢復恣出入又于謙以獨石馬營等八城遇兵殘毀議者欲棄之謙曰棄之則不但宣府懷來難守京師不免動搖乃薦都督孫安授以方略命參政葉盛贊其軍盛與安率兵度龍門關且戰且守八城復完如舊又張鑾巡撫寧夏先是寧夏城皆土築鑾至始甃以磚復導河流灌溉屯田處置降人使不爲變邊境藉以無事

死地勿攻

唐張仁愿初建三受降城不置壅門及格曲戰闘之具或問曰此邊城禦賊之所不爲守備何也仁愿曰兵貴在攻取不宜退守寇若至則當併力出戰迴顧望城猶須斬之何用守備生其退恧之心也其後常元楷爲朔方軍總管始築壅門以備寇議者以此重仁愿而輕元楷焉又昭宗時幽州劉仁恭率軍士十萬寇魏州屠其郡梁將葛從周自邢臺馳入魏州燕軍攻館陶門從周與五百騎出戰謂門者曰前有敵不可返顧命闔其門從周極力死戰大敗燕人

五代晉皇甫遇帥滑州契丹率衆屯邯鄲遇與安審琦慕容彥超等禦之將渡漳河敵前鋒大至遇引還轉闘二十里至鄴南榆林店遇謂審琦等曰彼衆我寡走無生路不如血戰遂自辰及未戰百餘合所傷甚衆

宋宗澤進兵衛南度兵寡不深入不能成功揮衆逼敵轉戰而來前後皆敵壘下令曰今日進退等死當從死中求生衆分必死無不一當百斬首數千級大敗之又韓世忠追擊李復至臨淄河兵不滿千分爲四隊布鐵蒺藜自塞歸路令曰進則勝退則死走者命後隊勦殺於是衆莫敢反顧與復遇大破之

臣等謹按杜氏通典死地勿攻謂敵在死地我逼之彼將致死於我不可犯也若敵來攻我而我適處其困進則勝退則敗是正可藉以激厲士卒以期克敵所謂置之死地而後生也因於死地勿攻之條依類次之

總論其地形附

宋王部詣闕上平戎策三篇其略以爲西夏可取欲取西夏當先復河湟則夏人有腹背受敵之憂夏人比年攻青唐不能克萬一克之必併兵南向大掠秦渭之閒牧馬於蘭會斷古渭境盡服南山生羌西築武勝遣兵時掠洮河則隴蜀諸郡當盡驚擾瞎戩兄弟其能自保耶今嘉勒氏子孫唯棟戩粗能自立瞎戩欺巴鄂特之徒文法所及各不過一二百里其勢豈能與西人抗哉武威之南至於洮河蘭鄯皆故漢郡縣所謂湟中浩亹大小榆枹罕土地肥美宜五種者在焉幸今諸羌瓜分莫相統一此正可并合而兼撫之時也諸種既服嘉勒氏敢不歸嘉勒氏歸則河西李氏在吾股掌中矣且嘉勒氏子孫瞎戩差盛爲諸羌所畏若招諭之使居武勝或渭源城使糾合宗黨制其部族習用漢法異時族類雖盛不過一延州李士彬環州慕恩耳爲漢有肘腋之助且使夏人無所連結策之上也又种世衡爲鄜州從事夏人犯延安世衡建言延安東北二百里有故寬州請因其廢壘而興之以當寇衝左可致河東之粟右可固延安之勢北可圖銀夏之舊有是三利朝廷從之又孟珙知江陵府曰陸抗有言荊州國之藩表如有虞非但失一郡當傾國爭之若非增兵八萬併力備禦雖韓

白復生無所用其巧今事勢相似彼若以兵綴我上下流急將若之何珙往則彼擣吾虛不往誰實捍禦識者是之又上言上流備禦宜周沅之險不如辰靖之險不如沅三州皆當措置而沅尤急江防自秭歸至壽昌亘二千里自公安至峽川灘磧十餘處節節當防兵諱備多乃京湖之憂也又孟珙至江陵修復內隘引沮漳之水俾遶城北入於漢隨其高下爲匱蓄洩三百里閒渺然巨浸迄爲荆州形勝云

金章宗泰和七年陝西宣撫司請增新得關隘戍兵萬人是時宋遣左司郎中王柟稾請歸川陝關隘完顏匡奏曰關隘之事臣初亦惑之今當增戍萬人壁壘之役餽運之勞費用必廣祖宗所以不取者以關隘僅能自保耳非有益於戰也設能入寇縱之平地以鐵騎蹂之無一得脫彼哀祈不已者以前日負固尚且摧覆今遂失之是無一日之安也必謂兵力得之不可還賜則漢上諸郡皆膏腴耕桑之地棗陽光化歸順之民數萬戶較之陝右輕重可知獨在陛下決之耳又宣宗興定三年蒙古綱奏曰濟南介山東兩路之閒最爲衝要被兵日久雖與東平隣接不相統屬緩急不相應乞權隸本路且差近於益都詔從之綱奏恩州武城縣艾家凹水濼清河縣澗口河濼其深一丈廣數十里險固可恃因其地形少加浚治足以保禦請遷州民其中多募義軍以實之制可

明太祖遣徐達充大將軍北取元都曰吾欲先取山東撤其屏蔽旋拖河南斷其羽翼拔潼關而守之天下形勢入我掌握不待鏖戰牧野而元都下矣鼓行而西雲中九原以逮關隴可席捲也及達攻下徐州賜書勞達曰將軍今何嚮嚮益都則必以兵扼黃河斷其援即不嚮益都西取濟南濟寧二郡亦便兵難遙度其在將軍又楊一清曰河套周之朔方漢之定襄赫連勃勃統萬城也唐張仁愿築三受降城置烽堠千八百所朔方自此無寇歲省費億計減鎭兵數萬其守皆在河外正統以來浸失其險舍受降而衞東勝已失一面之險又輟東勝就延綏是以一面而遮千餘里之衝遂使河套沃壤淪爲敵巢寧夏外險反南備河邊患莫之能解茲欲復守東勝因河爲固東接大同西接寧夏使河套二千里之地歸我耕牧用省內運以紓秦民爲便從之鎭兵不行

勵士決戰

唐張巡守睢陽每戰必親臨行陣有退者巡已立其所謂曰我不去此爲我決戰士感其誠皆一當百又張巡守雍丘有大將六人官開府特進白巡以勢不敵且上存亡莫知不如降巡陽許諾明日堂上設天子畫像率軍士朝宣諭大義人人盡泣巡引六將斬之士心益勸又安祿山反常山郡盡爲賊傷死人蔽野大將李光弼帥本鎭兵來援親酹其屍而哭之爲賊幽閉者出之誓平寇難以慰其心衆遂感動又李光弼將戰內刃於鞾曰戰危事吾位三公不可辱於賊萬一不捷當自刎以謝天子於是西向拜舞三軍感動又李懷光叛李晟恐爲所脅僞爲有詔令徙屯東渭橋孤軍當寇鋒之閒爲諸將開陳大義激勵忠節下令曰渭橋斷賊首尾與諸公戮力殺賊建不世奇功以取富貴正在此時士皆奮遂顯責懷光懷光遁河中又李愬授魏博節度時幽鎭復亂田宏正遇害愬聞之素服以令三軍曰魏人所以富庶而能通聖化者由田公也天子以其仁愛使治鎭州且田公出於魏撫師七年一日鎭州不道敢行殘害以魏無人也若父兄子弟受田公恩者其何以報衆皆大哭願効用焉又夔州守崔義元討妖女陳碩貞兵至下淮戍擒其閒諜二十餘人詰朝進擊身先士卒左右以盾蔽箭義元曰刺史尚欲避箭誰肯致死由是士卒戮力斬首數百級

五代唐主舉兵擊梁救趙進軍栢鄉五里遣周德威先以騎兵進薄梁營梁將韓勍等精兵三萬鎧甲皆被繒綺金銀炫燿晉人望之懼形於色德威謂李存璋曰賊志在不戰欲以甲兵燿威耳遣存璋諭諸軍曰爾見此賊軍否是汴州天武健兒皆屠沽傭販虛有其表徒被精甲十不當一擒獲足以爲貨無徒悵望勉而取之可也德威自率精騎擊其兩偏左馳右決出沒數四是日獲百餘人梁兵渡河而退

宋韓世忠鎭楚州世忠披草萊立軍府與士卒同力役夫人梁氏親織簿爲幄將士有怯戰者世忠遺以巾幗設樂大宴俾婦人妝以恥之故人人奮勵撫集流散通商惠工楚州遂爲重鎭又李寶因海州圍急衝風縱舟抵海州敵已雲合圍城寶麾兵登岸以劍畫地令曰此非復吾境力戰與不在汝等因握槊前行遇敵奮擊將士賈勇無不一當十敵出不意亟引去又劉錡攜弩趨順昌金兵至衆以不敵請還時部將許清亦攜弩在軍曰强敵在前進退不可不如努力一戰死中求生議與錡合錡令敢言去者斬沉舟積薪於門戒守者不利即焚家毋辱敵手於是一軍皆奮又張浚與韓世忠討苗傅劉正彥浚大犒將士呼至前抗聲問曰今日之舉孰

順孰逆眾皆曰賊逆我順浚曰聞賊以重賞購吾首若浚此舉違天悖人汝等可取浚頭去不然一有退縮悉以軍法從事眾咸感憤願聽命決戰於是令世忠以兵赴闕又劉豫與子猊挾金人入攻張俊劉光世皆張大敵勢張浚謂賊豫以逆犯順不勦除何以為國今日之事有進無退命楊沂中屯濠州時劉麟逼合肥劉光世舍廬州而南淮西洶動浚疾馳至采石令曰有一人渡江者斬光世復駐軍與沂中接劉猊攻沂中沂中大破之猊麟皆拔柵遁又王彥獨保共城西山遣腹心結兩河豪傑圖再舉金購彥急彥慮變夜寢屢遷其部曲覺之刺面作赤心報國誓殺敵人八字以示無他意彥益感厲愛士卒與同甘苦未幾兩河響應受彥約束又吳玠與璘以散卒數千駐原上朝問隔絕人無固志有謀劫玠兄弟北去者玠知之召諸將歃血盟誓勉以忠義將士皆感泣願盡死力

元既平山東滕州尚未下諸將或言炎暑未可進攻博囉曰主上親督大軍平定西域未聞當暑不戰我等安敢自逸乎又太祖與克哷王汗對陣於喀爾沁師少不敵帝命烏嚕一軍先發其將珠巴克台橫鞭馬鬣不應威山爾奮然曰我猶鑿也諸君斧也鑿匪斧不入我請先入諸君繼之萬一不還有三黃頭兒在唯上命之遂先出陷陣大敗之又上諭雅克特穆爾曰丞相每戰親冒矢石脫有不虞其若宗社何自今後但憑高督戰將士之用命不用命者以賞罰之可也對曰臣以身先之為諸將法敢後者軍法從事託之諸將萬一先刊悔將何及又阿勒塔爾琿塔哈逆命劫六盤府軍西陲騷動汪良臣討之兵至山丹置營按兵不動凡三月俄大舉至耀碑谷兩軍相當良臣慷慨誓諸將曰今日之事係國家安危勝則富貴可保敗則身戮家亡苟能用命則死行間不失忠孝之名眾聞踴躍而前會大風揚沙晝晦良臣手刃數十人眾軍繼之賊大潰又劉元禮與宋夏貴大戰蓬溪自寅至未不分勝負劉元禮激厲將士曰此去城百里為敵所乘則城不可得入潼川非復國家有矣丈夫當以死戰取功名時不可失也即持大刀長呼突入陣所向披靡將士感奮無不以一當百大敗之又王慶端戍清口宋兵來攻守將戰死城欲陷慶端淮右賊掠汴以西擣中牟營察罕特穆爾以利害諭士卒士卒賈勇決戰會大風揚沙自率猛士從中奮起擊賊中堅破之又方國珍懷疑入海以叛台哈布哈自分以死報國詔眾曰吾以書生登顯要誠慮負所學今守海隅賊甫招來又復為變君輩助我擊之其克則汝眾功也不克則我盡死以報國眾皆踴躍願行

明詔副將軍李文忠移兵陝西與大將軍合攻慶陽行次太原慶陽已平而敵東攻大同甚急文忠率軍援大同軍吏以為疑文忠按劍曰閫外之事吾得專之敢言不援大同者斬遂出鴈門次馬邑敗其邏騎千擒劉平章進次白楊門擒四大王又額森逼居庸關甚急羅通守關宣府參將楊俊入衞京師告通啟關通仗劍厲聲曰若保居庸足矣下令有一人一騎南行者斬以徇乃止會天大寒令老弱汲水灌城冰堅滑不可破七日敵計沮退趨紫荊關又伍文定因宸濠盡發南康九江兵併力挑戰我兵敗乃急令斬先卻者以徇身立銃砲間火焚其鬚鬢不移足士殊死鬬兵復振乃為火攻之具分兵四伏期火發兵合火及宸濠副舟賊眾大潰

眾寡勢百相懸厲士攻其師

唐李靖擊吐谷渾請薛萬徹同行及至賊境與諸將各率百餘騎先行卒與賊數千相遇萬徹單騎馳擊之無敢當者還謂諸將曰賊易與耳躍馬復進諸將隨之斬數千級人馬血流勇冠三軍又張巡守睢陽賊尹子琦圍之巡語其下曰吾蒙上恩止有死耳但諸君捐軀而賞不直勳以此痛恨聞者感慨乃椎牛大饗悉軍戰賊望兵少大笑巡與許遠親鼓之賊潰追北數十里

金主亮率大軍臨采石而別以兵爭瓜洲宋命虞允文往蕪湖趣李顯忠交王權軍且犒師允文至采石權已去顯忠未來敵騎充斥師三五星散解鞍束甲坐道旁皆權敗兵也允文立招諸將勉以忠義曰金帛告命皆在此以待有功眾曰今既有主請死戰謀者言金主祭天與眾盟以明日濟江晨炊玉麟堂先濟者與黃金一兩時敵兵實四十萬馬倍之宋軍纔一萬八千允文命諸將列大陣不動分戈船為五其二並東西岸而行其一駐中流藏精兵待戰其二藏小港備不測部分甫畢敵已大呼亮操小紅旗麾數百艘絕江而來瞬息抵南岸者七十艘直薄宋軍軍小卻允文入陣中撫時俊之背曰汝膽略聞四方立陣後則兒女子耳俊即揮雙刀出士殊死戰中流官軍亦以海鰌船衝敵舟皆平沉敵半死半戰日暮未退會有潰兵自光州至允文授以旗鼓從山後轉出敵疑援兵至始遁又命勁弓尾擊追射大敗之犒將士謂之曰敵今敗明必復來夜半部分諸將分海舟綫上流別遣兵截楊林口次日敵果至因夾擊之復大戰焚其舟三百敵始遁去

遼道宗咸雍九年烏爾古德哷勒叛都監耶律托迪以兵少不戰屯臚朐河德哷勒合邊人掠居民蕭伊嚕率精騎四百力戰敗之盡獲其輜重繼聞酋長哈準三千餘騎掠附近部落縱兵躡其後連戰二日斬數千級盡得被掠人畜而還

金世祖禦和諾克於北隘甸使蘇卜實取海古勒兄弟兵已而知海古勒兄弟貳於和諾克矣欲併取其眾偵者報曰敵已至將戰世祖戒蘇卜實曰汝先陣於托郭千原待吾三颺旗三鳴鼓卽棄旗決戰死生惟在今日命不足惜時和諾克薩達甚强世祖軍未戰而懼皆植立無人色世祖揚揚如平常亦無責讓之言但令士卒解甲少憩以水沃面有頃軍勢復振世祖袒袖不被甲以縕袍垂襴護前後心韔弓提劍三颺旗三鳴鼓棄旗搏戰身為軍鋒突入敵陣眾從之蘇卜實從後奮擊大敗之又金伐遼攻西京遼兵三萬列營於西京之西副統棟摩以三千擊之棟摩使士卒皆去馬陣於溝塹之間曰以一擊十不致之死地不可使戰也謂眾曰若不勝敵不能求生於是人皆知死戰遼兵遂敗

元郝和尚巴圖從都元帥塔海征蜀下興元宋將王連以重兵守劍閣乃募敢死士十二人激之以義乘夜破關入蜀悉下取夔府抵大江宋兵三十萬軍於南郝和尚巴圖選驍勇九人乘輕舸先登橫馳陣中既出復入宋兵不能支由是以善戰名

明李文忠因吳兵圍胡德濟於新城卽馳兵赴援德濟以眾寡不敵宜避之文忠曰以眾則我非彼敵以謀則彼非我敵死中求生正在今日乃下令曰賊眾而驕我少而銳可一戰擒之輜重皆汝等有也明日賊空壁來逆戰文忠戒將士奮擊之自於馬上仰天誓曰朝廷大事在此一舉豈敢愛生以後三軍於是士卒皆奮無不一當百陣既交文忠策馬挺身入陷其中堅獨格殺數十人部將王瑛獨當一面引部下健士亦貫陣入敵眾披靡文忠因督眾乘之敵大潰又景泰初敵入境郭登躡之行七十里休兵夜二鼓東西沙窩敵自朔州掠回或言敵眾我寡宜全軍而退登曰軍去城百里一退避人馬疲倦敵以鐵騎來追難以自全卽按劍起曰敢言退者斬徑薄敵營奮勇先登諸軍繼進呼聲震山岳遂大破之追奔至栲栳山

乘卒初銳用之

唐太宗嘗選精銳千餘騎為奇兵皆皁衣黑甲分為左右隊建大旗令騎將秦叔寶尉遲敬德翟長孫等分統之每臨寇太宗躬披黑甲先鋒率之候機而進所向摧靡常以少擊眾賊徒氣懾

元之伐宋也宋以戰艦三百餘艘泊黑石峽東以輕舟五十為前鋒北軍之船五十泊峽西相距一里許史天澤號令於眾曰聽吾鼓視吾旗無少怠也頃之聞鼓聲視其旗東指諸軍遂鼓譟而入兵一交宋兵潰走戰艦繼亂順流擊死者不勝計

激怒其眾

五代梁末帝討友珪之逆僞為詔書發左右龍驤在東都者還洛因激怒之曰天子以懷州屯兵叛追汝等盡阬之諸將皆泣復以言懼之出太祖像示之曰汝能趨洛擒逆賊則轉禍為福矣遂共討友珪誅之

明李文忠率兵破昌化恐士卒擄獲充積莫有鬬志因激怒之使盡焚其輜重曰能破敵何患不富貴眾皆奮

勵進取

欽定續通典卷一百三

兵

圍敵勿周

明劉江伏兵敗倭賊奔櫻桃空堡中官軍環攻之將士欲入堡勦殺江故開西壁以縱之仍分兩翼夾擊擒斬無算諸將問故江曰賊既入堡唯有死鬬我兵多傷縱以出路而後掩擊圍師必闕之法也又彭澤討蜀盜餘黨廖麻子賊大敗逃入菁棘中澤分兵搤出入奪水道度窘開一面縱其出走夾擊之且盡

圍師量無外援緩攻取之

唐末朱全忠將牽兵西攫王珂在河中爲患命張存敬侯言以兵出含山破晉絳二州遣何絪以兵守之絕晉援存敬屯河中珂急求救於晉晉以絪故不得前珂卒爲全忠所俘

五代周世宗南征圍濠州濠州刺史郭廷謂告於周曰臣不能守一州以抗王師然願請命於唐而後降世宗爲之緩攻廷謂遣人請命於李景景許其降乃降

元世祖至元初年阿爾哈雅與元帥阿珠劉整取襄陽帝遣諸將命毋攻城但圍之以俟其自降乃築長圍起萬山包百丈楚山盡鹿門以絕之又益都李璮及徐州總管李杲克俱叛史天澤薦郭侃召入見世祖問計將安出對曰羣盜竊發猶柙中虎內無資糧外無救援築城環之坐待其困計日可破也帝然之

攻城戰具附

唐侯君集伐高昌高昌嬰城而守先是大軍之發也凡善爲攻城器者悉遣從軍君集遂刊木塡隍推撞車撞其睥睨拋車飛石擊其城中其所當者無不靡碎城上守陴者不復得立遂拔之

五代周世宗親征淮南幸水岩行至迎橋自取石一塊於馬上持之至砦以供飛礮文武從臣過橋者皆齎一石

元師至沁達噶城烏蘭哈達病委軍事於阿珠環城立礮以草塡塹衆軍始集阿珠所部搏戰城上遂破又索多攻潮州知府馬發城守嚴備索多塞塹塡濠造雲梯鵝車日夜急攻馬發潛遣人焚之二十餘日不能下索多令於衆曰有能先登者拜爵已仕者增秩總管烏蘭噶爾先登諸將繼之戰至夕宋兵潰又史天倪從穆呼哩徇河東至絳州其團樓甃以石牢不可破天倪命穴其旁地虛樓陷遂拔之又武仙復叛據邢何實帥師五千圍之立雲梯先士卒登堞橫稍突之城破武仙走又察罕特穆爾圍益都環城列營凡數十大治攻具百道並進賊守益固復掘重塹築長圍遏南洋河以灌城中仍令分守要害收輯流亡郡縣戶口再歸職方號令煥然又田豐王士誠復叛庫庫特穆爾討之攻城甚急而守愈堅乃穴地通道以入執其渠魁陳猱頭二百餘人

明徐達會諸將兵進逼姑蘇四面築長圍困之又架木塔與城中浮屠等築敵樓三層下瞰城中置弓弩火銃於上又設襄陽礮以擊之礮著物皆碎礮風著人皆死城中大恐士誠屢出挑戰皆忽忽無計又郭登爲將常以馬少步卒不能追賊乃以己意設爲攪地龍飛天網等法鑿爲深塹覆以土木人馬行如平地敵入圍中令人發其機自相擊撞頃刻十餘里皆陷又用礮石擊賊一發五百餘步人馬死者數千敵驚以爲神云又李賢爲兵部侍郎上言敵所以敢輕中國者恃其弓馬之强而已觀今之拒馬木止能拒馬不能拒箭挨牌止能避箭不能拒馬今中國長策當用衞青武剛車法車製四圍箱板內藏人下留銃眼上開小窗長一丈五尺高六尺五寸前後左右橫排搶頭每車前後占地五步若用車一千輛一面二百五十輛約長四里行止自如中藏軍馬糧草輜重遇敵則可遏其弓馬仍以火礮助之奇兵翼之庶幾取便克敵

絕糧道及輜重

宋李繼隆爲河西都部署會密詔廢夏州城繼隆入奏以爲朔方古雄鎮賊所窺覦存之可依以破賊并請於銀夏山界中增置堡戍以爲屬番障蔽且可斷賊糧道

遼太祖天顯初佛德爲南院額爾音木石敬塘破張敬達軍於太原北時佛德勒兵爲援敬達遁敬塘追至晉安寨圍之佛德領輕騎襲潞州塞其餉道唐諸將懼殺敬達以降又耶律圖勒錦從討石重貴杜重威擁十萬餘衆拒滹沱橋力戰數日不得進圖勒錦曰漢人足力弱而行緩如選輕銳騎先絕其餉道則事蔑不濟矣帝喜曰國强則其人賢海巨則其魚大於是塞其餉道數出以牽撓其勢重威果出降

金圖克坦喀齊喀駐軍水洛城東宋將吳璘分軍守秦州喀齊喀自六盤山至石山頭分兵守之斷其餉道璘乃引歸

元夏貴舉淮西諸城來附阿珠諸將曰今宋已亡獨李庭芝未下以外助猶多故也若絕其聲援塞彼糧道尚恐東走通泰逃命江淮乃柵揚州之西北丁村以阨其高郵寶應之餽運貯粟灣頭堡以備捍禦留屯新城以

逼泰州又遣千戶巴延徹爾率甲騎三百助灣頭之兵又阿珠過襄陽駐馬虎頭山指漢東白河口曰若築壘於此襄陽糧道可斷也遂築鹿門新城等堡繼又築臺漢水中與夾江堡相應自是宋兵援襄者不能進阿珠抵揚州卽造樓櫓戰具於瓜洲漕粟於眞州樹柵以斷其糧道

明太祖與陳友諒戰鄱陽湖太祖移舟扼上流別出奇兵絕糧道凡旬五日友諒乏食左右多降友諒追以百艘突犯湖口太祖覺之自晨至酉友諒中流矢死又成祖以南軍聚德州資糧皆道徐沛遂遣將李遠等率輕騎六千詣徐沛令易士卒甲冑與南師同使不疑又恐接戰不能辨令人插柳枝於背爲識且戒毋多虐百姓遠等由臨清至徐沛敵皆不疑乃縱火焚糧舟數萬艘軍資器械俱盡河水爲熱魚鼈皆浮死南軍糧餉遂艱京師大震

火攻

唐李孝逸魏元忠破徐敬業敬猷于淮陰乃進軍與敬業隔溪相拒前軍爲賊所破孝逸懼欲退元忠曰順風荻乾火攻之利固請決戰乃平敬業又高仁厚討東川韓秀昇以銳兵負岸而陣使遊兵逼賊久不戰乃以千卒直薄營火而噪之秀昇率舟師救火仁厚遣人鶩没鑿舟皆沈衆潰執秀昇降又昭宗乾寧中朱全忠領大軍自鄆州東路北次於魚山攻朱瑄方整軍出寨瑄與弟瑾已陣於前須臾東南風大起汴軍旌旗失次甚有懼色時兩軍皆在草莽中全忠因令縱火烟焰亘天乘勝以攻賊陣瑄瑾大敗殺萬餘人衆壅入清河因築京觀於魚山下

五代唐康延孝叛董璋往破之延孝入漢州閉城不出漢州無城塹樹竹木爲柵璋帥諸軍鼓譟而進四面縱火風烟亘天延孝急引騎出陣又敗與十餘騎奔綿竹追擒之

宋總管李寶統舟師救海州追敵至膠西石臼島敵舟已出海口泊唐島相距僅一山時北風盛寶禱於石臼神俄有風自柂樓中來衆感奮待戰敵操舟者皆中原遺民遙見寶船紿敵入舟中使不知救兵猝至會風駛舟疾敵大驚舉帆帆皆因風偃捲聚一隅窘束無復行次寶亟命火箭環射中敵舟延燒數百艘斬其帥六人火四晝夜不絕焚溺斬獲無算

金布薩與烏春烏木罕結約烏春舉兵度嶺世祖駐軍溫丕村以待之進至蘇素海甸兩軍皆陣將戰世祖命肅宗以左軍戰實喇蘇卜實助之肅宗束縕縱火大風從後起火熾烈時八月野草尙青火盡燎烟焰漲天烏春軍在下風肅宗自上風擊之烏春大敗而城蘇素海甸以據之

元時宋兩淮鎭將張世傑孫虎臣以舟師萬艘駐焦山東每十船爲一舫聯以鐵鎖以示必死元將阿珠登石公山望之舳艫連接旌旗蔽江曰可燒而走也遂遣強健善射者千人載以巨艦分兩翼夾射阿珠居中合勢進擊繼以火矢燒其篷檣烟焰漲天宋兵旣碇舟死戰至是欲走不能前軍爭赴水死後軍散走追至圌山獲黃白鷂船七百餘艘自是宋人不復能軍矣

明太祖與陳友諒鄱陽湖大戰友諒悉巨舟連鎖爲陣旌旗樓櫓望之如山明師舟小怯於仰攻多退縮太祖親執旗麾之不前命斬隊長十餘人郭興進曰舟大小不敵非火攻不可太祖命常遇春俞通海等將舟盡扼上流通海分調漁舟載荻葦置火藥其中時東北風起乘風縱火焚其舟數百艘友諒弟友仁友貴等皆焚死又胡宗憲督勦海賊徐海陳東時二賊各擁兵自衞令間說東謂海約官兵將圍東東黨果疑海宗憲叱土司兵夾攻會風勢猛烈麾衆各持十炬縱火焚之海窘甚投水死

火兵附

宋潘美伐劉鋹距廣州百二十里鋹兵十五萬依山谷堅壁以待美因築壘休兵與諸將計曰彼編竹爲柵若攻之以火彼必潰亂因以銳師夾擊之萬全策也遂分遣丁夫數千人人持二炬間道造其柵及夜萬炬俱發會天大風火勢甚熾鋹衆驚擾美揮兵急擊之鋹衆大敗

元大軍伐蜀皇子出大散關分兵令宗王穆濟等出陰平郡期會於成都安扎爾領礮手兵爲先鋒破宕昌殘階州

火獸附

宋趙遹在瀘南討晏州夷卜漏等漏據山爲寨壘石樹柵遹軍不能進乃遣思峩土丁伐木緣岸得猱數十頭束麻灌脂於背率衆入賊柵出火燃炬猱熱奔賊舍舍皆竹茅火大發賊驚擾不能相救遂擒漏

明福清石竺山多猴千百爲羣戚繼光勦倭時屯兵於此每教軍士放火器狙竊而習之乃命軍士捕數百善養之仍令習火器以爲常比賊至伏兵山谷中而令羣狙鬭其營賊不虞也少頃火器俱發霹靂震地賊大驚駭伏發殲焉

火禽附

孫子火隆周亮輔纂孫子作火隊註云臨戰之時火礮火車之外又有火燕焚燒其隊伍使亂因而擊之

火盜附

五代晉時梁軍破棗强符存審扼下博橋史建瑭率百騎爲梁旗幟雜梁芻牧者夜叩梁營斬其守門卒縱火大呼斬擊數十百人梁祖夜拔營去

火弩附

元郭寶玉從太祖伐西番次阿穆爾河敵築十餘壘陳船河中俄風濤暴起寶玉令發火弩射其船一時延燒乘勝直前破護岸兵五萬

臣等謹案杜氏通典火攻之後附以火兵火獸火禽火盜火弩葢卽火攻之具杜氏特詳其制後之行軍者往往用之今依次纂入又如金以敕黃紙十六重爲筒長二尺許實以柳炭鐵滓磁末硫黃砒霜以繩繫槍端軍士各懸小鐵礶藏火臨陣燒之焰出槍前丈餘藥盡而筒不損謂之火槍又有火礮名震天雷者用鐵礶盛藥以火點之所爇圍半里已上火點著鐵甲皆透明曾銑在邊置慢礮法礮圓如斗中藏機巧火綫至一二時纔發外以五采飾之敵拾得者駭爲異物聚觀傳玩者擠擁須臾藥發死傷甚衆又製地雷穴地丈餘許櫃藥於中以石滿覆更覆以沙令與地平伏火於下可以經月繫其發機於地面過者蹴機則火墜藥發石飛墜殺人敵驚以爲神此皆火攻之具也今不另分列門類謹附載於此

禦火攻附

唐末王重師爲潁州刺史從梁太祖攻濮州縱兵壞其堞濮人因屯火塞其壞壘烟焰亙空人莫敢越重師方苦金瘡卧軍次諸將勉之乃躍起命將士悉取軍中氊罽投水中擲於火上重師率精銳持短兵突入諸軍踵之濮州乃陷

宋冀州將官李政備守有方紀律嚴明一日金人登城火其門樓政以重賞募死士撲之俄有數千人皆以溼氊裹身躍火而進大呼力戰金人解去城賴以全後政死而城失守又王德既破邵青諜言青復索戰將用火牛德笑曰此古法也可一不可再命合軍時萬弩齊發牛皆反奔賊衆盡殲青遂面縛執送行在

臣等謹按杜氏通典火攻言我以火攻敵也若敵用火攻尤當思所以禦之通典未及此今謹增入

乘風取勝

五代晉時契丹入寇杜重威領兵至白團衞村下營敵騎環繞之奇兵出寨後斷糧道是夜東北風大起破屋折木營中掘井輒壞人馬俱渴契丹主令其衆曰晉軍止此耳當盡擒之命鐵鷂軍四面下馬拔鹿角而入奮短兵以擊晉軍又順風縱火揚塵以助其勢至曙風尤甚時晉師居下風弓弩無所施李守貞曰此風助我也彼衆我寡風沙之內莫測多少奮命格鬬彊者必勝如俟風止我無噍類矣張彥澤召諸將問計藥元福曰敵謂我不能逆風以戰宜出其不意以擊之此亦兵家詭道也符彥卿曰與其束手就擒曷若以身徇國乃與元福等引精騎出西門擊賊諸將繼之契丹卻數百步彥卿謂守貞且曳隊往來乎直前奮擊以勝爲度乎守貞曰事勢如此安可回鞚宜長驅取勝耳彥卿等躍馬而去風勢益甚昏晦如夜乃擁萬餘騎橫擊契丹呼聲動天地契丹大敗而走

金太祖會遼都統蕭哈哩副都統托卜嘉於鴨子河將及河遼兵方壞陵道金選壯士十輩擊走之大軍繼進遂登岸甲士三千七百至者纔三之一俄與敵遇於出河店會大風起塵埃蔽天乘風勢擊之遼兵潰遂至斡稜濼

元星節復池州進據清水灣伺者告賊艦至自上流順風舉帆衆數十倍諸將失色星節曰無傷也風勢盛彼倉猝不得泊但伏橫港中偃旗以待俟過而擊之無不勝矣風怒水駛賊奄忽而過乃命舉旗張帆鼓譟而薄之官軍殊死鬬風反爲我用大克之又金將李伯祥據趙州穆呼哩遣王義擣其城會天大風雨義帥壯士挾長梯疾趨夜四鼓四面齊集登城殺守陴者城中亂伯祥挺身走天壇寨一州遂定又巴延伐宋命呂文煥招降郢州守將王虎臣王大用不應日暮風大起巴延命順風掣金汁礮焚其廬舍烟焰漲天城破居之

明成祖與盛庸軍遇南兵軍西南北兵軍東北交戰未分勝負忽東北風大作塵起蔽天砂礫擊面人咫尺不相見成祖麾兵乘風大呼縱左右翼橫擊之鉦鼓之聲震地南兵大敗追至滹沱河斬溺死者不可勝計降者悉縱遣之又成祖與李景隆大戰於白溝河先爲瞿能平安所勝得高煦帥精騎數千合戰會大風起南師陣少動乃以勁騎繞出其後突入馳擊遂斬能於陣安亦敗乘風縱火南師大潰盡棄其輜重以遁斬溺數十萬降者數萬人

水攻

五代梁太祖遣丁會將兵攻宿州刺史張筠堅守丁會乃率衆於州東築堰壅汴水以浸城筠乃降宿州平大舉南伐命龐師古以徐宿宋滑之師直趣淸口楊行密遣朱瑾領兵以拒師古因決水浸軍初師古營淸口其地卑下或請就高爲柵師古以非全忠命不聽淮人決水浸之請者告曰淮人決河上流水至矣師古怒其搖衆斬之已而水至軍不能戰遂見殺

周李重進伐吳破濠州南關城世宗自攻濠州王審琦拔其水寨吳人屯戰船數百於城北植巨木於淮水以限周兵帝命水軍攻之拔其水寨焚船七十餘艘斬首二千餘級又收其羊馬城中震恐又周師攻吳壽州吳人大發樓船蔽川而下泊於濠泗周師頗不利吳將林仁肇以水陸軍齊進又以船載薪乘風縱火欲焚周所爲浮梁周將張永德使習水者沒其船下繫以鐵鏁急引輕舸擊之吳人船不得進退溺者甚衆奪巨艦數十永德解金帶賞習水者

宋太祖北征王師傅太原命築長隄壅汾水灌其城決晉祠水注城下置寨於城四面逼之太祖幸城北引汾水入隄灌城內又幸城東南命水軍乘小舟載強弩進攻水自城門入而有積草自城中飄出塞之會歲暑雨軍士多疾乃班師其後北漢主決城下水注之臺駘澤水落而城多摧圮契丹使者韓瑨猶在太原歎曰王師之引水浸城也知其一不知其二若知先浸而後涸則并人無類矣

金薩滿阿里與高彪監護水運宋以舟師阻亳州河路擊敗之追殺六十餘里獲其將蕭通破漣水水寨賊焚得其大船遂取漣水軍招徠安輯之石州平宗弼再伐宋薩滿阿里巳老督造戰船詔賜薩滿阿里錢千萬自結髮從軍大小數十戰尤習舟楫江淮用兵無役不從時人以水星目之

元張弘範師次崖山宋軍千餘艘碇於海中建樓櫓其上隱然堅壁也弘範引舟師赴之崖山東西對峙其北水淺舟膠非潮來不可進乃由山之東轉南入大洋始得逼其舟又出奇兵斷其後路燒其宮室

明俞通海從征陳友諒戰鄱陽湖建議曰湖水有淺深舟難迴旋不利戰莫若縱之入江先據敵上流迎戰友諒成擒矣後果然又俞大猷言防江必先防海水兵急於陸兵蓋倭寇長陸戰今樓船高大倭船遇之輒摧壓魚爛固我兵所長也善戰者毋以短擊長而以長制短且海戰無他法在知風候齊號令以大勝小以多勝寡耳於是用舟師戰而舟山積歲不除之賊皆勦

水平及水戰具附

五代周師征南唐李景初無水戰之具已而屢敗景兵獲水戰卒乃造戰艦數百艘使降卒教之水戰又造齊雲船數百艘世宗至楚州北神堰齊雲船大不能過乃開老鸛河以通之遂至大江景初自恃水戰以周兵非敵且未能至江及見周師列於江次甚盛以爲自天而下乃請降

金海陵王正隆時營汴京新宮張中彥采運關中村木靑峯山巨木最多而高深阻絕唐宋以來不能致中彥使構崖駕壑起長橋十數里以車運木若行平地開六盤山水洛之路遂通汴梁明年作河上浮梁復領其役舟之始製匠者未得其法中彥手製小舟纔數寸許不假膠漆而首尾自相鉤帶謂之鼓子卯諸匠無不駭服其智巧如此浮梁巨艦畢功將發旁郡民曳之就水中彥召役夫數十人治地勢順下傾瀉於河取新秫稭密布於地復以大木限其旁臨晨督衆乘霜滑曳之殊不勞力而致諸水

元師逼萬州宋人將舟師數百艘遡流迎戰安扎爾順流率勁兵乘巨筏浮草舟於其間弓弩雨射宋人不能敵敗諸夔門又賈似道都督諸路軍馬十三萬號百萬步軍指揮使孫虎臣爲前鋒淮西制置使夏貴以戰艦二千五百艘橫亘江中似道將後軍巴延命左右翼萬戶率騎兵夾江而進礮聲震百里宋軍陣動貴先遁以扁舟掠似道船呼曰彼衆我寡勢不支矣似道聞之倉皇失措遽鳴金收軍軍潰衆軍大呼曰宋軍敗矣諸軍戰艦居後者阿珠促騎召之挺身登舟手柁衝敵船舳艫相盪乍分乍合阿珠以小旗麾何瑋李庭等並舟深入巴延命步騎左右犄之追殺百五十餘里溺死無算得船二千餘艘及其軍資器仗圖籍符印又張世傑集海艦千餘艘貫以巨索爲柵以自固李恆斷其汲路其勢日逼諭降不可乃陣於船尾由北面逆行擣其柵索絕世傑戰死

明戚繼光編水兵法每一寨係一將領者不拘船之大小多寡均勻分派但係一寨之尊不拘參遊都司把總一例曰主將各量分親船爲中軍司中軍領之緣將領所職應在衝要故多其數以便督進若主將往中左右各司巡邏監督只將中軍隨從便於往來一到彼哨又有該哨相幫卽稱重矣永不許抽零司哨之船若主將仍抽取司哨寸版以致司哨寡弱誤事只重罪主將主將中軍船不及各司數者以其常與一司合爲一處勢

巳倍於他哨而船中必擇其第一堅大者爲中軍司將勢巳厚餘分爲中司左司右司每司分二哨共六哨船多則加前司後司又加分二哨共十哨每哨船隻大小相兼大約十船以下五船以上爲一䑸哨官領之兩哨爲一司分總領之三司二司則爲一部主將領之凡戰船上大旂俱用黑布一則便於遠瞭一則合於水性也仍用白布取寨名一字大書加於旂心各照方色製以號帶每隊長小旂一面各照本船號帶方色凡捕盜專管一船之務無所不理凡入船客兵俱聽管束第一當重其事權俾有專力無掣肘可也舵工兼管舵兼防舵門下攻守椗手專管椗正頭前攻守瞭手專管帆檣繩索主將調篋斗手遇賊則上斗用犁頭鏢下射賊舟神器手專管定發無敵神飛礮掌號手專管接應司哨號令及獨船對敵進止號令守艙門者臨敵牢守艙門平時管一應家火槓具支銷晝夜出入關防隊長司一隊內攻守督兵用命賊近專發火桶平時督兵習藝修治軍火器械一號某字船一隻捕盜一名家丁一名舵工二名斗手三名瞭手二名椗手二名守艙門二名掌號一名神器四名此一定不可增減兵八隊每隊隊長一名兵十名共八十八名或七隊六隊五隊相船相地損益之後號船皆倣此旗幟方色俱隨本哨

敵半涉水擊必勝

五代晉高祖天福二年范延光反遣其牙將孫銳澶州刺史馮暉以兵二萬距黎陽掠滑衞高祖以楊光遠爲招討使引兵自滑州渡胡梁攻之銳輕脫無謀時軍士苦大熱皆不爲用光遠得其諜者知其謀誘銳等渡河半濟而擊之兵多溺死銳暉退走入魏閉壁不復出

明胡宗憲勦海賊徐海等會賊入紹興大兵遇於江橋僅隔一河乃令土目田九霄邀其前同知曲入繩襲其後賊見兩兵渡河大怖而走宗憲笑曰賊若乘我兵半渡追擊勝負未可量今已投死地無能爲也聚衆圍之死者强半又菼浦賊八千餘人渡江東寇沈希儀以五百人待之賊將窺江希儀謀之諸將曰蛟龍灘闊滑石灘狹須奪其闊而致之狹乃可擊於是伐岸竹編筏爲繆揭竿爲旗使羸卒樹幟燃柴向蛟龍灘以惑之賊疑有備果趨滑石灘希儀預分兵兩岸潛以小艇載勁卒伏葭葦中俟其半渡希儀乘艇順瀧急衝之兩岸伏軍譟而前水陸夾攻賊俱擠墜入淵盡俘之

軍行渡水附

唐馬燧討田悅悅衰散兵二萬守漳之長橋築月壘扼軍路燧於下流以鐵鏁維車數百絕河載土囊遏水而後渡

五代唐李存進爲振武軍節度使時晉軍德勝爲南北寨每以舟兵來往頗以爲勞而河北無竹石存進欲造浮橋軍使曰河橋須竹笮大緪兩岸石倉鐵牛以爲固今無竹木竊慮難成存進曰成算在心必有所立乃課軍造葦笮維大艦數千艘作土山巨木於岸以繫之初軍士以爲戲月餘橋成人皆服其智

晉攻梁楊劉晉王李存勗自負芻以堙塹遂破之後與梁相拒於楊劉梁將謝彥章決河水以隔晉軍晉軍渡水擊彥章破其四寨

周世宗幸淮上親領兵破賊砦砦在濠水東北十八里灘上其灘廣袤數里淮水浸而圜之乃濠上之咽喉也先是賊居其地泊舟檝以自固恃其四面水深謂王師不能濟帝之將行也悉索行在槖駝以往臣僚咸不論其旨及至命甲士數百人跨槖駝以濟帝又續領騎士相繼而渡一鼓而盡殪之獲其戰艦而迴

宋時南唐樊若水謀歸宋乃於采石江上乘小舟載絲繩其中維南岸疾抵北岸量江廣狹因詣闕上書言江南可取狀請造浮梁以濟師及朱用兵造舟數十艘乃先試於石牌口移置采石不差尺寸大兵渡江若履平地卒以克捷

金和碩從羅索圍太原宋將种師中以兵十萬來援和碩擊敗之大軍至河無船不得渡羅索遣和碩循水上下和碩率軍三百自孟津而下度其可渡遂引軍以濟大軍於是皆繼之宋將郭京出兵數萬趨羅索營和碩從旁奮擊敵亂遂破之師還破敵於平陸渡得其船以濟又宗望伐宋宗弼從軍取湯陰縣降其卒三千人至御河宋人已焚橋不得渡赫哷蘇以七十騎涉之殺宋焚橋軍五百人宗望遣吳孝民先入汴諭宋人宗弼以三千騎薄汴城宋主出奔選百騎追之弗及獲馬三千而還又宗弼軍自杭州遂取秀州特嘉暉敗宋軍於平江遂取平江阿里率兵先趨鎭江宋韓世忠以舟師扼江口宗弼舟小契丹漢軍沒者二百餘人遂自鎭江泝流西上世忠襲之奪世忠大舟十艘於是宗弼循南岸世忠循北岸且戰且行世忠艨艟大艦數倍宗弼軍出宗弼軍前後數里擊柝之聲自夜達旦世忠以輕舟來挑戰一日數接將至黃天蕩宗弼乃因老鸛河故道開三十里通秦淮一日一夜而成宗弼乃得至江寧達賚使伊拉固自天長趨江寧援宗弼烏淩阿托雲亦以兵來會連敗宋兵宗弼發江寧將渡江而北宗弼軍渡自

東伊拉固渡自西與世忠戰於江渡世忠分舟師絕江流上下將左右掩擊之世忠舟皆張五緉宗弼選善射者乘輕舟以火箭射世忠舟上五緉著火箭皆自焚烟熖滿江世忠不能軍追北七十里舟軍殲焉世忠僅能自免宗弼渡江北還又赫舍哩志寧以臨海節度使都統右翼軍攻鄂斡鄂斡敗於長樂西走志寧追及於霧霆河賊已先渡依岸為陣毀橋岸以為阻志寧與賊夾河為疑兵與萬戶瓜爾佳清臣圖克坦哈魯於下流設渡已渡前有支港岸斗絕其中泥淖乃束柳塡藉士卒畢濟行數里得平地將士方食賊奄至據南岡三馳下志寧陣陣堅力戰卻之

元張榮從太祖征西域至莫蘭河不能涉召問濟河之策榮請造舟太祖曰舟卒難成濟師在何時榮請以一月為限乃督工匠造舟百艘遂濟又楊奇扎噶師至徐州河不得濟探知賊兵有操舟楫伏澤中帥勁卒數人憑河擊之悉奪舟楫衆遂得渡又楊奇扎噶從安扎爾攻歸德奇扎噶麾諸將縛草作筏渡濠抵城下梯城先登拔之又世祖南伐駐蹕江渚令諸將南渡先達彼岸者舉烽火為應鄭鼎首達南岸衆軍悉渡又世祖師至嘉陵白水交會勢洶急帝問船幾何可濟汪德臣曰大軍百萬非可延淹當別為方略即命繫舟為梁一夕而成如履坦途又巴延阿珠伐宋趨郢州遇水潦霖雨水溢無舟不能涉巴延曰吾且飛渡大江而憚此潢潦耶乃召一壯士負甲仗騎而前導麾諸軍畢濟次鹽山又先是襄樊兩城漢水出其間宋植木江中聯以鐵鎖中立浮梁以通援兵樊恃此為固至是巴延師至漢口阿珠以機鋸斷木以斧斷鎖焚其橋襄兵不能援遂拔樊城守將呂文煥懼而出降又舒穆嚕安扎攻蜀敘州守將橫截江津不得渡安扎聚軍中牛皮作渾脫及皮船乘之與戰破其軍奪渡口為浮橋以濟

明常遇春初從太祖渡江抵采石元兵陣磯上下聯大舟距三丈許莫敢先登遇春至太祖麾之前即捨舟挺戈一躍而上衆披靡遂拔采石

禦敵水軍絕下流敗之

元武仙遣將盧秀李伯祥帥兵謀襲趙州并取滹城率戰艦數百艘沿江而下王義具舟楫於紀家莊截下流邀擊之義士卒皆水鄉人善水戰回旋開闔往來如風雨船接則躍登彼舟奮戈疾擊敵莫能當大破之又巴延攻郢州郢在漢水北以石為城宋人又於水南築新郢橫鐵絙鎖戰艦密樹椿木水中下流黃家灣堡亦設守備之具堡之西溝南通藤湖至江僅數里巴延乃遣將攻黃家灣堡拔之諸軍破竹席地盪舟由藤湖入漢江

明傅友德征雲南進兵曲靖元梁王遣達爾瑪拒戰友德用沐英策勒兵至白石江與相拒揚聲欲渡而分遣將以精卒數千潛從下流掩其背衆亂友德乃麾軍畢濟悉師薄之副將率鐵騎擣其中堅下流之師表裏合擊遂大破之

欽定續通典卷一百四

兵

因機設權

唐長孫晟討達頭晟謂突厥飲泉易可餌毒因取諸藥毒水上流達頭人馬飲之多死大驚曰天雨惡水其亡我乎因夜遁又王忠嗣在朔方每至互市時卽高估馬價以誘之諸番聞之競來求市輒買之故番馬益少而漢軍益壯迄於天寶末戰馬蕃息賴其用焉又議討阿史那都支裴行儉請以立波斯王質子泥涅師爲名路出二番因權制事可不勞而成功帝遣之至西州諸番郊迎召豪傑千餘人自隨揚言大熱宜駐軍須秋都支覘知之不設備行儉召四鎭酋長僞約畋於是子弟願從者萬人乃陰勒部伍倍道而進去都支帳十餘里先遣其親問安否外若閒暇非討襲者又使人趣召都支都支本與遮匐計及秋拒使者已而聞軍至倉卒不知所出率子弟五百人詣營謁遂擒之是日傳契箭召諸部酋長悉來請命并執送碎葉城簡精騎約齎襲遮匐道獲其使者釋之使諭其主言都支已擒狀遮匐遂降又李光弼屯太原諸將慮兵少議修城爲備光弼曰太原城周四十里賊垂至而興役是先自困也乃於城外鑿河作塹及賊攻城用以增壘賊不得入又賊爲飛梯障以木幔築土山臨城光弼爲地道以迎之近城輒陷又撤民屋爲擂石車二百人挽之石所及輒數十人死復遣人詐與賊約刻日出降使潛穿地道於賊營中至期遣裨將將數千人出如降狀賊皆屬目俄而營中地陷賊衆驚亂乘之遂俘斬萬餘又張巡守雍邱令狐潮攻之設百樓巡柵城上束芻灌膏以焚焉賊不敢向巡伺隙擊之賊敗走後潮復來攻城中矢盡巡夜縛藁爲人被以黑衣縋城下潮兵爭射之得矢數十萬後復夜縋人賊笑不設備乃以死士五百斫潮營潮軍大亂焚壘而遁又令狐潮圍雍邱城中薪水竭張巡紿潮欲引衆走請退軍二舍使我逸潮許之遂空城四出三十里撤屋發木而還爲備潮怒圍復合巡徐謂潮曰君須此城歸馬三十匹我得馬且出奔請君取城以藉口潮歸馬巡悉以給驍將約曰賊至人取一將明日潮責巡答曰吾欲去將士不從奈何潮怒欲戰陣未成三十騎突出擒將十四斬百餘級收器械牛馬潮遁還陳留又張巡守睢陽賊尹子琦圍之巡欲射子琦莫能辨因剡蒿爲矢中者喜謂巡矢盡走白子琦乃得其狀使南霽雲射一發中左目賊還又德宗建中末渾瑊從德宗幸奉天爲行在都虞候與朱泚戰於城東不利賊遂乘勝奔突將入官軍與賊隔門相持自卯至午殺傷頗甚門內有草車數乘瑊乃令虞候高固等推車塞門焚之以禦乘火力鬬賊衆遂退又朱滔爲幽州留後成德軍李寶臣死其子惟岳謀襲滔與成德軍節度張孝忠征之大破於束鹿滔命偏師守之進圍深州惟岳乃統萬餘衆及田悅援兵圍束鹿敵將王武俊以騎三千方陣橫進滔繪帛爲狻猊象使猛士百人蒙之鼓譟奮馳敵馬驚亂隨擊大破之惟岳焚營而遁又賊朱泚遣將韓旻統領師三千疾馳奉天僞迎天子段秀實以爲此係危逼之時遣人諭大吏岐靈岳竊取泚將姚令言印不獲乃倒用己之司農印追其兵旻至駱谷驛得符而還又王翃爲河中少尹有悍將凌正者橫暴擾軍政約至夜鼓譟斬關以逐翃有告者翃縮夜漏數刻以差其期賊驚遠遁遂誅正軍賴以安又康承訓與賊將王宏立戰令官軍斷賊所過橋柱且勿絕乃伏兵以待之賊過橋崩伏兵發盡殪之又唐末青州王師範遣張居厚以壯士二百爲輿夫伏兵輿中西馳梁軍稱師範使者聘梁因欲刼殺朱全忠居厚至華州東城華州將婁敬思疑其有異剖輿見其兵居厚遂刼殺敬思以兵攻西城不克而反又魏博羅紹威將誅牙軍乞兵於朱全忠全忠女嫁魏適死乃遣馬嗣勳以長直千人爲釆輿入魏致兵器輿中聲言助葬嗣勳館銅臺夜與魏新鄉鎭兵攻牙杜門入迎紹威家屬衞之乃益取魏甲兵攻牙軍牙軍不知兵從何來莫能爲備殺之俱盡

五代梁太祖屯軍於岐下晉軍潛襲絳州前軍不利晉軍恃勢而攻臨汾氏叔琮嚴備禦乃於軍中選壯士二人深目虬鬚貌如沙陀者令就襄陽縣牧馬於道側晉寇見之不疑二人因雜其行閒俄伺隙各擒一人而來晉軍大驚且疑有伏兵遂退據蒲縣又氏叔琮旣夜擊晉軍敗之已而兵大疫叔琮班師令曰病不能行者焚之病者懼皆言無恙乃以精卒爲殿而還至石會留數騎以大將旗幟立於高岡晉兵疑其有伏乃不敢追

唐符存審救河中汴人素輕蒲兵每遇遊騎挑戰必窮追襲存審初至率精甲千人內選二百處蒲人之間且歷賊壘賊出千騎結陣而追之遽見唐師大駭而走獲賊騎五十而旋自是賊軍憚戰

晉高祖時安從進蓄異志與安重榮陰相結託期爲表裏天福六年安重榮反高祖爲之幸鄴鄭王重貴留守京師宰相和凝曰陛下且北從進必反何以制之高祖曰卿意奈何凝曰臣聞兵法先人者奪人願爲空名宣

敕十數遷授鄭王有急則命將以往從進聞高祖北遂殺潘知麟以反鄭王以空名敕授李建崇郭金海等討之從進引兵攻鄧州不克進至湖陽遇建崇等大駭以為神速復為野火所燒遂大敗從進以數十騎奔還襄陽又周訪討賊張彥與賊隔水賊眾數倍訪自知力不能敵乃密遣人如樵采者而出結陣鳴鼓而來大呼曰左軍至士卒皆稱萬歲至夜軍中多布火而食賊謂官軍益至未曉而退

周世宗南征以李穀為行營都部署攻自壽州始是時南唐宋齊邱為洪州節度使李景乃召齊邱還金陵以劉彥貞為神武統軍劉仁贍為清淮軍節度使以拒周師李穀曰吾無水戰之具使淮兵斷正陽浮橋則我背腹受敵乃焚其芻糧退屯正陽是時世宗親征行至圉鎮聞穀退軍曰吾軍卻唐兵必追之遣李重進急趨正陽曰唐兵且至宜急擊之劉彥貞等聞穀退軍果以為怯急追之比及正陽而重進先至軍未及食而戰彥貞等遂敗

吳越王子錢傳瓘督舟師與吳彭彥章戰瓘順風揚灰吳人不能開目及船舷相接瓘復散沙於船中而散豆於吳船豆為戰血所漬吳人踐之皆僵仆因縱火焚之吳人崩潰

宋潘美伐南漢南漢人教象為隊每象載十數人皆執兵仗將戰必至陣前以將軍威美集勁弩射之象奔踶乘者皆墜反踐其軍遂大敗又軍校呂翰殺武懷節據嘉州叛曹翰及諸將奪其城諜賊約三鼓復來攻翰戒知更使緩向晨猶二鼓賊眾不集而潰因而破之又契丹犯邊李繼隆率諸將禦之太宗常授以陣圖及臨陣有不便眾以上命不可違繼隆曰事有應變安可預定設獲違詔之罪請自當之卽便宜行事卒敗敵於徐河又周虎者據蕪湖縣邵青以舟船至蕪湖縣乃遣人與戰一日七敗參議魏曦以小舟觀戰江中既而告青曰吾知所以敗亦知所以勝矣彼以紅巾轉纏與吾之號相同故與戰則不能分彼我所以必敗宜易其號則勝矣青然之乃令其眾皆作鑽風角子俄附壘而行遇戰則去其紅巾惟見鑽風角子又用墨抹搶子眼下如伶人雜劇之戲者及口吹呌一戰而勝青遂駐於蕪湖又開禧用兵諸將皆敗唯畢再遇數有功敵常以水櫃敗我再遇夜縛藁人數十衣以甲冑持旗幟戈矛儼立成行昧爽鳴鼓敵人驚視亟放水櫃旋知其非眞也甚沮乃出師攻之敵大敗

遼太宗再伐晉晉主遣趙延壽族人趙行實以書來招時晉人堅壁不出延壽紿曰我陷敵久寧無父母之邦若以軍逆我卽歸晉人以為然遣杜重威率兵迎之延壽至滹沱河據中渡橋與晉軍力戰手殺其將王靖兩軍相拒太宗潛由他渡濟留延壽與耶律霜庫據橋敵不能奪屢敗之杜重威歸眾降又耶律色珍為山西路兵馬都統宋將楊繼業陷山西諸郡各以兵守自屯代州色珍至定遇賀令圖軍擊破之追至五臺斬首數萬級明日至蔚州敵不敢出色珍書帛射城上諭以招慰意陰聞宋軍來救令都監耶律達薩夜伏兵險阸俟敵至而發城守者見救至突出色珍擊其背二軍俱潰追至飛狐斬首二萬餘級遂取蔚州又遼太宗太平末大延琳叛蕭巴爾將北南院兵往討遇於蒲水南院兵少卻至手山復與賊遇巴爾乃易兩院旗幟鼓勇力戰破之

金宣宗興定二年宋高太尉兵三萬駐朐山完顏霆軍乏糧采野菜麥苗雜食之宋兵柵朐山下隔湖滂霆作滂中暗橋遣萬戶胡仲珪副統劉贇率死士由暗橋登山霆率兵四千人趨山下約以昏時舉火為期上下夾擊宋兵大敗墜澗溺水死者不可勝計斬高太尉彭元帥於陣餘眾潰去又元光二年夏人步騎數十萬攻鳳翔甚急元帥持嘉喀齊喀以郭哈瑪爾總領軍事從巡城濠外一人坐胡牀以箭力不及氣貌若蔑視城守者喀齊喀指以示哈瑪爾云汝能射此人否哈瑪爾測量遠近曰可哈瑪爾平時發矢伺腋下甲不掩處射之無不中卽持弓矢伺坐者舉肘一發而斃又郭哈瑪爾與鞏州元帥田瑞攻取會州哈瑪爾率騎兵五百皆被褚衲蔽州之南山而下夏人猝望之以為神城上有舉手於懸風版者哈瑪爾射之手與版俱貫凡射死數百人夏人震恐乃出降

元師伐交趾其國主陳日照隔江列象騎步卒甚盛烏蘭哈達分軍為三隊濟江徹辰圖從下流先濟大師居中駙馬懷都與阿珠在後仍授徹辰圖方略曰汝軍既濟勿與之戰彼必來逆我駙馬隨斷其後汝伺便奪其船蠻若潰走至江無船必為我擒矣又攻文州守將劉祿數月不下諜知城中無井乃奪其汲道率勇士梯城先登殺守陴者數十人遂拔其城又劉元振守瀘州權造金銀牌分賞將士未幾援兵至內外合擊敗之捷聞自陳其擅造金銀牌罪帝嘉其權變賜賚甚厚又宋以巨艦載甲士數萬屯清河浮橋相距七十日水暴漲浮橋壞西岸軍多漂溺舒穆嚕安扎軍東岸急撤浮橋聚

舟岸下士卒得不死

明太祖以滁州乏糧欲取和陽以自固乃言於滁王曰向攻民寨得廬州路義兵號衣今選勇敢士三千令青衣佯爲元兵以四騾駝載賞物使人聲言廬州兵送使者入和陽宣犒將士復命耿再成將絳衣兵爲繼候青衣薄城絳衣繼至城必破矣已而絳衣兵先至與元兵戰青衣兵復繼之遂入據其城又廖永忠攻瞿塘以敵據關口設鐵索飛橋亙江上舟不得進乃密遣壯士數百人舁小舟衣青蓑衣緣山伏草木中行渡關人各持糗糧挈水筩以禦饑渴魚貫出山石間守關者不覺既渡險夜以小舟入江繞出敵背永忠等與約期度已入江乃率精兵出黑葉渡分兩道夜五鼓以一軍攻其陸寨一軍攻其水寨將士皆以鐵裹船頭置火鎗火器前進黎明蜀人盡鋭來攻永忠已破陸寨亡何將士舁舟者自上流俱發揚旗鼓譟而下蜀人大駭不知其兵所自來也下流舟師並進夾攻大破之焚三橋橫江鐵鎖須臾鎔絕斬溺死者無算又傅友德湯和駐兵延安以防西邊巴延特穆爾僞請和上乃陽召和還而留友德以誘之特穆爾果入寇友德設伏縱擊大破之又傅友德圍成都戴壽向大亨以象載甲士出戰友德命前鋒李德英以弓矢火器衝之象皆中矢卻走壽等兵大敗乃籍府庫倉廩甲兵之數詣降又成祖趨宿州諜報平安馬步兵四萬來成祖曰此濱河多林木彼必疑有伏淝河地平少樹彼不疑可伏兵遂親率騎二萬持三日糧至淝河挍伏敕諸軍皆束炬相屬於道戒之曰俟與敵戰則舉火一炬舉餘炬皆應但一敗其前鋒彼自奪氣乃令王眞劉江各將百騎往逆之戒以綠路挍伏過敵誘入伏與戰又令王眞束草實囊中如束帛狀載馬上敵來追擲於地使敵往取亂之眞等果與平安軍遇敵追至擲囊草餌之眾皆競取行伍稍亂又入伏內伏發敵眾敗走又成祖與盛庸戰於交河庸軍士擁盾自蔽矢石不能入燕軍預作木鑽長六七尺橫貫鐵釘於上釘末有逆鉤令勇士直前擲之連貫其盾亟不得出動則牽連不可以蔽遂乘其空隙攻之庸軍棄盾走騎兵乘之而入遂大潰又張輔入安南城賊在城內騎象爲陣輔以畫獅蒙馬當象仍以神銃翼而前象皆股栗多中銃箭傷遂退走賊眾潰亂死者不可勝計又陶成僉事浙江時處州寇葉宗留等爲亂成至金華令軍中製竹笆三百五十面笆如牌製糊以紙畫獸形可禦賊槍乃兼程進處州界時賊眾萬人出山索戰官兵分三陣奮擊賊被射死者三百餘人持槍者多爲竹笆所制蓋槍入竹隙急不得出多被擒獲賊大潰又仇鉞爲寧夏副總兵值寘鐇反鉞在城中詐稱病陰約遊兵壯士候官兵至河上從中發爲內應俄而覘知兵至鉞誘賊將何錦出城留賊周昂城守鉞復稱病亟昂入問疾鉞令蒼頭捶殺之即起披甲仗劍跨馬一呼諸遊兵壯士皆集遂奪城門擒寘鐇又楊鋭守安慶宸濠叛兵犯城於北濠爲木棧與城接挾兵而進鋭詭以大將軍火銃實石被緋金鼓置城上寇望見大潰潛使卒從閒道出燒棧絕俟賊懈募善泅者入賊船乘其熟睡斬首絕其纜放之江中或於岸上舉火礮擊其營乘亂捕殺聲震數里賊遁又張岳爲督撫駐師辰州因苗魁龍許保吳黑苗等倡亂岳檄石邦憲等密遣使入寨計擒龍許保賄令聽撫又懸賞購之苗吳老猓等窺龍許保至龍田寨所親家弔喪誘至別寨飲酒醉而縛之遣人報邦憲以兵取之去疏聞誅之又詢知吳黑苗以捕急故深自匿岳乃緩其令所羈執親屬盡釋令去密督土官廉得其處遣兵劉甫等徑入其寨襲斬之又鄒文盛爲都御史奉命剿除淸平苗乃相賊巢險易分兵哨由隘路五處刻期進抵香爐山壁立陡絕賊皆築砦柵守禦官兵稍近則木石毒弩俱下官兵用火銃焚其寨柵隨以水沃滅之諸將仰攻不克乃以意製鐵猫爬山虎繩梯等具督令精兵昧爽附山下緣崖猿攀相引去拔其外柵賊死戰禦之復釆木製揚橋戰樓高與賊寨埒約接近可攀登者遂乘夜雷雨大作覘賊不備舁前攻具附崖先登斬關拔柵縱火焚賊廬舍四面夾攻賊退據後山重險閒乃先遣人入寨與約誘至山前招撫之使命往復故延久賊果聚前山觀聽山後備稍弛諸將齊登眾官兵已奪險賊倉卒不能禦遂乘勝入擣崖峒擒賊首阿傍等斬獲甚眾又土司岑濬叛誅之以蠻徐五韋貴爲土巡檢聽於流官蠻民常思故主有狡蠻託言濬子冒名岑金諸蠻立爲小主扇召爲亂而揚留者爲濬腹心濬死無所歸應沈希儀募留賓州至是欲往投金希儀婉色好語曰汝第往復低聲曰聞金乃濬第九子岑氏其有後乎且呼至密所曰金欲官非賂我萬金不可瀕行復召謂曰我幾忘之貴五素仇汝亦仇金可善備之留詣金具如希儀言金大喜因率兵五千人之賓希儀漸以計諷金使遣其兵還巢覘金左右孤乃擒金斬之

多方誤之

唐柴紹爲右驍衛大將軍高祖武德中吐谷渾與黨項

俱來寇邊命紹討之敵據高臨下射紹軍中矢下如雨紹乃遣人彈琵琶二女子對舞敵異之駐弓矢而相與聚觀紹見敵陣不整密使精騎自後擊之敵大潰斬首五百餘級又李孝恭討蕭銑破銑三鎮縱戰艦放江中曰令銑瀕江鎮戍見舳艫蔽江下必謂銑已敗不即進兵覘候往返以引救期則吾已拔江陵矣已而救兵到巴陵見船疑不進銑內外阻絕遂降又僕固懷恩爲李光弼右廂兵馬使光弼守河陽命懷恩收懷州城官軍頻不利懷恩設策潛通地道取賊號詐傳號令賊軍亂遂收懷州城生擒僞刺史及軍將等送闕下又唐末晉王李克用圍李存孝於邢州將掘塹以困之存孝出兵衝擊塹不得成裨將袁奉韜使人說存孝曰公所畏者晉王耳王俟塹成且留兵去諸將非公敵也存孝以爲然縱兵成塹塹成深溝高壘不可近存孝遂窘食盡而降

五代梁朱温以岐人堅壁不戰且慮師老思欲旋旆以歸河中因密召上將數人語其事時親指揮使高季昌獨前出抗言曰天下雄傑窺此舉者一歲矣今岐人已困願少俟之温嘉其言因曰兵法以正合以奇勝奇者詐也乘機集事必由是乎乃命季昌密募人入岐以紿之尋有騎士馬景堅願應命許之躍馬西走直叩岐闉詐以梁軍悉東遁爲告且言列砦倘留萬餘人俟夕將遁矣宜速掩之茂貞信其言遽啟二扉悉衆來寇時諸軍已介馬待之中軍一鼓百營俱進又分遣數百騎以據其闉岐人進不能駐其趾退不能入其壘殺戮蹂踐不知其數茂貞由是喪膽但閉壘而已又梁葛從周圍兗州兗人不出從周詐揚言并人來救即引兵趨高吳夜半潛御歸砦朱瑾果出兵攻外壕我軍土突出掩殺千餘人

唐將符存審因朱全忠攻蓚援兵不至思以奇計破之乃引兵抵下博橋遇梁軍樵采者殺之縱數人回曰晉王大軍至矣時全忠方攻城未及置營存審命二將各引三百騎效梁軍旗幟服色與樵芻雜行暮至縱火大譟弓矢亂發梁軍驚駭前縱者回復曰晉大軍至矣全忠夜遁又後唐明宗兵變招平盧節度符習從之監軍楊希望以兵圍習家屬將殺之指揮王公儼素爲希望所信紿以習家不足慮宜分兵守城以虞外變希望信之乃悉分其兵守城公儼因擒斬之

漢隱帝乾祐初王景崇盜據岐山不受代命趙暉爲西南面行營都部署統兵討之時李守貞叛蒲趙思綰據雍景崇皆援之及引蜀軍出大散關勢不可遏暉領兵數千塹而圍之屢使人挑戰賊終不出暉乃潛使千餘人於城南一舍之外擐甲執兵僞爲蜀兵旗幟循南山而下詐令諸軍聲言川軍至景崇乃令數千人潰圍而出以爲應援暉設伏而待一鼓而盡殪之自是景崇膽破不復敢出明年拔之

宋太祖開寶中伐金陵自荆渚乘戰艦而下以黃州刺史王明領戰艦爲江路巡檢南唐將朱令贇自湖口領兵十五萬連大艦沿流而下將焚采石浮梁直抵金陵爲援明請益舟師以襲令贇帝曰非應急之策也令贇朝夕至金陵之圍解矣乃密遣人諭明令於洲浦間多立長木若帆檣之狀令贇望見果疑我師襲其後逗留不進移檄諸軍生擒令贇又張齊賢知代州契丹薄城齊賢約潘美以并師會戰使爲契丹所執俄而美使至云師出至柏井得密詔不許出戰已還州矣齊賢曰敵知美之來而不知美之退乃夜發兵二百人持一幟負一束芻距州西南三十里列幟燃芻契丹遙見火光中有旗幟謂并師至駭而北走齊賢預伏步卒二千於土鐙砦邀擊大敗之契丹遁去又孟珙因元兵窺江令諸軍變易旌旗服色循環往來夜則列炬照江數十里相接破砦二十有四

遼太宗會同八年圍鎮州先遣候騎報晉兵至遣精兵斷河橋晉兵退保武強南院大王達年將軍高模翰分兵由瀛州間道以進杜重威等退保中渡寨義武軍節度使李殷以城降遂進兵夾滹沱而營去中渡寨三里分兵圍之夜則列騎環守晝則出兵鈔掠復命大內特哩袞耶律碩格及趙延壽分兵圍守自將騎卒夜渡河出其後攻下欒城降騎卒數千分遣將士據其要害下令軍中預備軍食三日不得舉烟火但獲晉人即黥而縱之諸饋運見者皆棄而走於是晉兵內外隔絕食盡勢窮杜重威李守貞張彥澤等率所部二十萬衆來降

金穆宗使布展守阿蘇城阿蘇在遼不敢歸遼使爲阿蘇來穆宗聞之使烏林阿舒嚕濟師且戒布展令易衣服旗幟與阿蘇城中同色使遼使不可辨遼使至乃使富察部呼嚕貝勒穆遜貝勒與俱至布展軍而軍中已易衣服旗幟與阿蘇城中如一遼使果不能辨布展詭曰吾等自相攻於汝何事誰識汝之太師乃刺殺呼嚕穆遜所乘馬遼使驚怖走去遂破其城

元烏蘭哈達進至烏爾所都押赤城城際滇池三面皆水既險且堅選驍勇以礮摧其北門縱火攻之皆不克乃大震鼓鉦進而作作而止使不知所爲如是者七月

何其困乏夜五鼓遣其子阿珠潛師躍入亂斫之遂大潰又張宏範攻宋主於崖山按李恆戰艦二使守北面將戰或請用礮宏範曰火起則舟散不如戰也明日四分其軍軍其東南北三面宏範自將一軍相去里許令曰聞吾樂作乃戰違者斬先麾北面軍乘潮而戰不克恆等順潮退樂作宋將以為且宴少懈宏範舟師犯其前眾繼之預構戰樓於船尾以布幔障之命將士負盾而伏令曰聞金聲起戰先金而動者死飛矢集如蝟伏盾者不動舟將接鳴金撤障弩弓火兵交作頃刻併破七舟宋師大潰又阿珠軍還宋兵邀襄樊閉阿珠乃自安陽濟江留精騎三千陣牛心嶺復立虛寨設疑兵是夜敵果至斬首萬餘級

明王守仁討浰頭賊破其巢餘賊奔九連山守仁以九連深險不易攻乃使精卒七百衣賊衣佯若奔潰者賊從崖上招呼與相應久而賊覺之則師已度險賊狼狽失據大軍蹙之皆就縛又沈希儀征苗苗或走之他巢則揚聲曰某巢舍姦宜並勦他巢人驅賊走轉而之他巢則又嚇之他巢又恐驅賊走於是賊走無所跰血踵以死或餒卧崖石希儀又嘗以風雨晦冥夜察賊所止遣人衣氅帽與草同色潛伏賊所夜發火礮以驚之賊大駭曰老沈至矣挈妻子蒲伏上山頂兒啼女咷他巢皆然於是苗人相告以為其巢皆有希儀夜來及陰詗之希儀固在參府未出也自此賊多易面為熟猺柳城旁雖童子牽牛行深山中無敢詗者

先攻其心

唐太宗謂李靖曰朕常臨陣料敵之心與己之心孰審然後彼可得而知焉察敵之氣與己之氣孰治然後己可得而知焉李靖曰攻其心者是所謂知彼者也守吾氣者是所謂知己者也又唐李抱眞時僕固懷恩反上憂其結連回紇兵馬强盛召抱眞問之對曰郭子儀常領朔方軍士卒至今感悅懷恩欺其下以子儀為朝恩所殺今起而用之可不戰而解也已而用子儀敗懷恩果如其策

金耶律伊都自遼來降都統杲等言耶律瑪克展伊都烏克紳道喇等謀叛宜早圖之按金史伊都傳作耶律瑪克展告伊都烏克紳道喇等謀叛是瑪克展告謀叛之人非謀叛之人也今據帝紀纂入與傳互異謹附訂於此太祖召伊都從容謂之曰朕得天下皆我君臣同心同德以成大功固非汝等之力今聞汝等謀叛若誠然耶必須鞍馬甲冑器械之屬當悉付汝朕不食言若再為我擒無望免死欲留事朕無懷異志吾不汝疑伊都戰慄不敢對命杖道喇七十餘並釋之

元師與王禪鏖戰於白浮之野周旋馳突戈戟戛摩雜克特穆爾手斃七八會日晡對壘而宿夜二鼓遣精銳百騎鼓譟射其營敵果驚擾互自相擊至旦始悟人馬死傷無數及王禪集散卒成列出山元師駐白浮西壓壁不動是夜又命薩敦潛軍繞其後部曲巴圖爾壓其前夾營吹銅角以震盪之敵心膽俱落不悟而亂自相過擊三鼓後乃西遁遲明追及昌平大敗之

明成祖初起兵靖難以居庸關天險北平襟喉也必據此方可免北顧憂聞俞瑱等欲來攻吾城莫若乘其初至眾心未定取之遂令徐安等攻奪居庸關城瑱走依宋忠於懷來所擁兵皆燕府軍欲爭居庸諸將以眾寡不敵為疑成祖曰當以智勝力非所論也遂帥馬步精銳八千捲甲倍道進獲諜者言宋忠激怒其將士云爾等家在北平者皆被殺無遺矣成祖命各家人張所書用旗幟為先鋒又見父兄子弟無恙相呼應皆大喜多降者麾兵渡河擊破之山外諸州響應又王信鎮守湖廣時靖州武岡蠻久不靖守臣議欲剿之信巡邊召諸苗面論禍福且犒以牛酒詰其背亂之由皆曰累歲苦麾使徵索故作亂今將軍待我如此方願為屬役尙敢反耶於是諸蠻率服又項忠因鄖陽賊劉鬍子等煽惑流民作亂督兵討之謂流民逃聚山谷其始非擬為寇勢多脅從民去官府遠既陷盜中遂不能自脫耳乃遣人持榜入山招諭有能去賊自歸者禁勿殺於是民多攜老幼纍纍來歸賊勢遂不振然後縱兵擊負固不服者斬獲甚眾劉鬍子為其黨所殺又馬平猺韋扶諫凶猾甚嘗弋捕之不能得會有報扶諫逃隣苗三層巢者沈希儀率兵討之至巢則賊已與三層苗往刼他所乃俘三層猺之妻子以歸閉空室中善飲食之時使狼兵怒而挺刃獰猙入室作欲搶狀希儀佯執鞭痛鞭狼兵退如是者三以深德諸婦女而潛使諸猺聞之以繫其心並使人謂婦女言幕府得扶諫卽釋爾等歸巢乃縱諸猺來視其妻子則相持諸猺哭曰非沈公吾等為狼兵殺且搶已而相怨詈曰咄扶諫非汝爺孃何不縛以贖我諸猺心割而刖於是曲誘扶諫卒縛以獻而贖其妻子

奪敵心計

唐裴矩為黃門侍郎以始畢可汗本眉易可離閒但由其內多羣羌桀黠敎導之聞史蜀胡悉尤多姦計幸於始畢請誘殺之因遣人告胡悉曰天子出珍物今在馬邑欲共互市多作交關若前來者卽得好物胡悉貪而

信之不告始畢率其部盡驅六畜星馳爭進冀先互市矩伏兵馬邑下誘而斬之詔報始畢曰史蜀胡悉忽領部落走來至此云背可汗請我容納突厥既是我臣彼有背叛我當共殺今已斬之故令往報

五代晉馮暉鎮靈武時前官失邊鄙心大爲患暉募兵千餘行至梅戌番人稍稍來謁暉顧首領一人指其佩劒曰此板橋王氏劒耶吾聞王氏劒天下利器也俯而取諸腰間若將觀之因擊殺首領其從騎十餘人皆殺之裨將藥元福曰今去靈武尚五六百里奈何暉笑曰此土番之豪部族之所恃也吾能殺之其餘豈敢動哉已而諸族皆以兵扼道路暉以言譬諭之獨所殺首領一族求戰卽與之戰而敗走諸族遂不敢動

宋岳飛討楊么所部皆西北人不習水戰曰兵何常顧用之何如耳先遣使招諭之會張浚督軍至見之飛曰水戰我短彼長攻之所以難若因敵將用敵兵奪手足之助離腹心之託使孤立而後乘之不八日可破賊後賊平果如期浚服其神算

遼聖宗親和閩征高麗破康肇軍於銅州耶律揚珠之力爲多王詢乞降羣臣議皆謂宜納揚珠曰王詢始一戰而敗遽求納款此詐耳納之恐墮其姦計待其勢窮力屈納之未晚已而詢果遁清野無所獲其衆阻險而壘攻之不下揚珠以計降之

金熙宗天眷元年以鎮國上將軍昂尹東平明年宋將岳飛以兵十萬號稱百萬來攻東平東平有軍五千倉卒出禦之時桑柘方茂昂使多張旗幟於林中以爲疑兵自以精兵陣於前飛不敢動相持數日而退昂勒兵襲之至淸口飛衆泛舟逆水而去時霖雨晝夜不止昂乃附水屯營夜將半忽促衆北行諸將諫曰軍士遠涉泥淖饑憊未食恐難遽行昂終不應鳴鼓督之下令曰鼓聲絕而敢後者斬遂棄營去幾二十里而止是夜宋人來刼營無所得而去諸將入賀且問其故昂曰沿流而下者走也泝流而上者誘我必追也今大雨泥淖彼舟行安我陸行勞士卒饑乏弓矢敗弱我軍居其下流勢不便利其襲我必矣衆皆稱善

元納延叛諸王諾延等皆應之帝問計將安在阿穆爾巴哈對曰臣愚以爲莫若先撫安諸王乃行天討叛者勢自孤矣帝曰善卿試爲朕行之卽北說諾延曰大王聞納延反耶曰聞之曰大王知納延已遣使自歸耶曰不知也曰聞大王等皆欲爲納延外應今納延既自歸矣是獨大王與主上抗幸主上聖明亦知非大王意置之不問然二三大臣不能無惑大王何不往見上自陳爲萬全計諾延悅許之於是諸王之謀皆解又劇賊蘇仲集潰卒據鎭龍山稱王刼掠於外耕植於內秋聞大兵至則僞出降其心恃有廬柵之固禾稼之富而官軍畏暑又不敢深入故橫象賓貴四州皆被其害史格至築堡於外守以土兵令官軍火其廬柵踐其禾稼仲窮蹙遂降

明徐達圍常州張士誠弟士德率衆數萬來援達奮擊破之士德墜馬被擒太祖大喜曰張士誠謀主士德其人智勇足備今被我擒張氏之成敗可知矣又沐春討雲南叛酋阿資謂其衆曰大兵連年不獲此寇者以彼恃其地多險阻各處土酋皆姻婭得以匿之耳今悉調土酋從征俾不能通復多置營堡制其出入彼將無所逃矣乃進兵至赤窩果獲阿資斬之諸夷讋服又田州平岑猛死安置猛子於福建議設流官沈希儀曰思恩設流官反側至今未懲若田州復然兩賊且合不聽田州蠻盧蘇果與思恩蠻王受連兵刼城希儀又曰兩寇以復故主爲名故能用其衆今若返岑邦相於福建置之南寧則衆散交離兩寇坐縛矣不聽用兵無功姚鎭罷黜以王守仁代卒用儀策始撫定

欽定續通典卷一百五

兵

敵無固志可取之

唐高祖爲山西河東道撫慰大使率兵以禦羣盜行至太平關遇賊數千人時所將兵少左右皆懼高祖謂之曰此烏合之衆易與耳因率精騎十二人出擊之所向皆靡衆情始定併力奮擊遂大破之

五代時後蜀孟知祥遣趙廷隱率兵三萬自將擊董璋陣雞距橋知祥得璋降卒衣以錦袍使持書招降璋璋曰事已及此不可悔也璋軍士皆譟曰徒曝我於日中何不速戰璋卽麾軍以戰兵始交璋偏將張守進來降知祥乘之璋遂大敗

宋太祖朝劍外初平馮瓚知梓州視事纔數日僞軍校上官進嘯聚士卒三千餘衆刼村民數萬人夜攻州城瓚曰賊乘夜奄至此烏合之衆以箠梃相撻擊必無固志正可持重以鎭之待旦自潰矣衆巡城密令促其更籌未夜分擊五鼓賊悉遁去因縱兵追之擒上官進斬於市招誘餘黨得千餘人並赦其罪令復其業郡境以安

金衞王大安三年詔承裕主兵事元兵至野狐嶺承裕不敢拒戰退至宣平縣中土豪請以土兵爲前鋒以行省兵爲聲援承裕畏怯不敢用但問此去宣德閒道而已土豪嗤之曰溪閒曲折我輩諳知之行省不知用地利力戰但謀走耳今敗矣其夜承裕率兵南行元兵躡擊之明日至會河川承裕兵大潰承裕僅脫身走入宣德

元順帝至正時遼東郡縣唯永平不被兵積聚多而居民殷富賊乘閒竊入增土築城因河爲塹堅守不可下伊蘇外列大營絕其樵采賊無固志與戰敗之

明王守仁討宸濠攻克南昌宸濠解安慶圍還救衆議堅壁以待四方之援守仁曰賊不能進取而反顧內憂衆心已離法當急攻之乃縱火大戰于樵舍擒之

歸師勿遏

宋狄青嘗與契丹戰大勝追奔數里敵忽壅遏山嶇士卒皆欲奮戰青知其前必遇險遽鳴鉦止之敵得引去驗其處果臨深澗將佐悔不擊青獨曰不然奔命之寇忽止而拒我安知非謀軍已大勝殘寇不足利得之無所加重萬一落其術中存亡不可知寧悔不擊不可悔不止又狄青破儂智高智高兵敗奔邕州其下皆欲窮其窟穴青亦不從以爲趨利乘勢入不測之城非大將事智高因而獲免天下皆罪青不入邕州脫智高於垂死然青之用兵主勝而已不求奇功故未嘗大敗計功最多卒爲名將

元巴延趨軍攻破陽邏堡斬王達宋軍潰夏貴僅以身免諸將請追之巴延曰吾欲示宋人以陽邏之捷貴代吾往何追爲旣而拔常州斬王安節劉師勇奔平江諸將復請追之巴延曰勿追師勇所過城守者膽落矣

明太祖北伐詔問大將軍徐達方略達曰大兵平齊魯掃河洛庫庫自保不暇敢離其巢穴哉我西據潼關李思齊張思道魄奪遠竄元都如在穽中誰與爲臂指者臣奉天威取之如拉朽且曰進師以後彼必北奔不窮迹之將爲後患太祖曰興衰有時彼旣澌滅何煩窮兵出塞之後固守疆圉防其侵軼而已又燕師南寇遼東守將楊文圍永平略薊州遵化燕王遣劉江禦之戒曰爾至永平文必遁回山海勿追第聲言還北平設伏以待其來追則速出擊之如言果敗文於昌黎

防遁附

元郭侃破西戎東西二城中有大河侃預造浮橋以防其遁城破哈喇法蘇勒坦登舟覩有浮梁扼之自縛詣軍門降

臣等謹按杜氏通典有歸師勿遏誠窮寇勿追之意顧一日縱敵數世之患要其遏之之法不在兵而在智謹增入防遁一門

大陣動則亂因乘而敗之

唐元宗天寶末吐蕃入寇官軍衆寡不敵王忠嗣單馬進左右馳突當者無不辟易出而復合殺數百人賊衆遂亂三軍翼而擊之吐蕃大敗又安史之亂賊史朝義領鐵騎十萬陣於昭覺寺賊皆殊死決戰短兵旣接相殺甚衆官軍驟擊之賊陣不動魚朝恩令射生五百人下馬弓弩亂發多中賊而死陣亦如初鎭西節度使馬璘曰事急矣遂拔旗而進單騎奔擊奪賊兩牌突入萬衆之中左右披靡大軍乘之而入朝義大敗

宋賊劉猊先犯定遠縣楊存中以兵二千襲敗於越家坊旣而與猊兵遇藕塘賊據山列陣矢下如雨存中急擊之且使統制吳錫以勁騎五千突其陣亂存中鼓大軍乘之自以精騎衝其脇大呼曰破賊矣賊錯愕駭視前軍統制張宗顏自泗來乘背擊之賊大敗猊遁去又金圍宋濠梁劉錡楊存中王德救之夾黃連埠相距六十里聞城陷謀曰進無所依人懷歸心勝氣已索此危道也不若退師據險俟其去爲後圖衆善之會牒報敵已去張俊欲自以爲功止錡毋往命存中與德偕至

濠列陣未定烟起城中金人伏騎分兩翼出存中以策揮軍諸軍以爲令其走也遂散亂南奔無復紀律金人追殺甚衆又岳飛因王善曹成孔彥舟合兵五十萬薄南薰門所部僅八百衆懼不敵曰吾爲諸君破之左挾弓右運矛橫衝其陣賊亂大敗之

遼聖宗統和十七年南伐宋將范庭召列方陣而待時皇弟隆慶爲先鋒問諸將佐誰敢當者蕭柳曰若得駿馬則願爲之先隆慶授以甲騎柳攬轡謂諸將曰陣若動諸君急攻遂馳而前敵少卻隆慶席勢攻之南軍遂亂柳中流矢裹創而戰衆皆披靡

金完顏璋與實訥埒追擊宋經略使荆臬敗之於高赤崖下荆臬乘夜來襲營爲退軍八十里明日實訥埒追之璋兵至上八節宋兵據險爲陣璋捨馬步戰地險不得接相距至曙宋兵動璋乘之追至甘谷城實訥埒兵亦至宋兵宵遁

元郭德海從先鋒哲伯西征渡奇扎爾布哈攻鐵山衣幟與敵軍不相辨乃焚蒿爲號烟焰漫野敵軍動因乘而攻之遂大勝

先設伏乘勢逐敵敗之

唐哥舒翰爲河源軍使先是吐蕃每至麥熟時卽率部衆至積石軍穫取之共呼爲吐蕃麥莊前無敢拒之者至是翰使王唯德楊景暉等潛引兵至積石軍設伏以待之吐蕃以五千騎至翰於城中率驍勇馳擊殺之略盡餘或挺走伏兵邀擊匹馬不還

宋宗澤因金人渡河謀攻汴京命劉衍趨滑劉達趨鄭以分敵勢僚屬問計澤方對客圍棊笑曰何事張皇劉衍等軍必能禦敵乃選精銳數千使繞出敵後伏其歸路衍方戰伏起前後夾擊敗之又魏勝起義兵復海州金遣蒙古鎭國將兵萬餘抵州北二十里新橋勝出兵迎之設伏於隘嚴陣以待及戰士殊死鬬伏又發殺鎭國斬獲幾二千人軍聲大振

遼太祖討黑車子室韋唐盧龍軍節度使劉仁恭發兵數萬遣趙霸來拒霸至武州太祖諜知之伏勁兵桃山下遣室韋人摩哩詐稱其酋長所遣約霸兵會平原既至四面伏發擒霸殲其衆乘勝大破室韋

金固英攝河東南北兩路兵馬都總管時河南陝西已與宋既而復取之師至耀州宋人每旦出城張旗鬬隊抵暮而還道隘騎不得逞固英以兵五百薄暮先使五十人趨山嶺令之曰旦日覘敵出舉幟指其所向乃以餘兵伏山谷間明日城中人出鬬如前山巔旗舉伏兵發宋兵爭馳入城固英麾軍登城拔宋幟立金軍旗幟宋兵後者望見之不敢入遂降城中人亦降

元因宋夏岳帥師圍正陽決淮水灌城幾陷托爾珠往救之道出潁川遇宋兵攻潁戍卒僅數百人托爾珠卽發公庫弓矢驅市人出戰預度潁之北關攻易破急徙民入城伏兵以待是夜宋人果焚北關火光屬天托爾珠率衆從暗中射之矢下如雨宋軍退去至沙河大破之又元師伐宋揚州未附諜告揚州人將夜襲丹徒守將乞援托爾珠設伏以待揚州軍果夜至托爾珠扼西津邀擊之殺獲溺死者甚衆又郭侃攻西戎至烏拉爾城伏兵下令聞鉦聲則起敵兵果來伏發盡殺之

明韓雍攻大藤峽以歐信等率兵六萬餘人爲右軍自武宣分五道入攻其北以白全等率兵九萬餘人爲左軍由桂平分八道入攻其南以孫震等守左江截其歸路雍復令歐信曰山北既破便可提兵深入夾攻桂州橫石諸崖令夏正伏兵林峒扼其奔遂進夾攻之賊遁入桂州橫石九層樓據險立柵以拒雍麾令死士以大斧刊木開道兩軍齊登發火箭焚其柵而夏正自林峒來援賊大驚潰擒斬甚衆遂磨崖石紀歲月更斬峽藤斷之易名斷藤峽乃遣將四出剿平諸寇兩廣平又李承勛爲南昌守時桃源賊起總制俞諫請邊兵剿賊勛以賊乏食必掠裴源積粟請贛兵自德興南昌兵自岳源分兩翼伏裴源而令邊兵驅賊已而賊果趨裴源三路兵至大破之

乘勝

唐朱泚之亂賊將張庭芝逼柵求戰李晟勒諸將縱兵擊之時賊併力攻駱元光營晟遣李演孟華以精卒救之中軍鼓譟演力戰大破之翌日將復出師諸將請待西軍至左右夾攻晟曰賊既傷敗須乘勝撲滅若俟其有備豈王師之利乎令畢陣於光泰門外使王佖李演史萬頃等領步騎直抵苑牆拔柵而入賊奔潰追斬不可勝計朱泚姚令言遁走

五代唐時契丹寇望都莊宗追擊之獲氊裘毳幕不可勝紀時大雪平地五尺敵之芻糧人馬斃踣于道乘勝追襲大破之

金宗弼取和尙原固英請速入大散關自以本部爲殿以備伏兵宗弼至仙人關固英先攻之宗弼止之固英不止宗弼以刀背擊其兜鍪使之退固英曰敵氣已沮不乘此而取之後必悔之已而果然宗弼歎曰旣往不咎乃班師又王伯龍從宗望討張覺於平州伯龍先登馳擊手殺數十百人白河之戰伯龍當其左軍麾兵疾

騎蹂之宋軍亂金師乘勝奮擊敗之又承裕完顏璘及河州防禦使富察秉鉉迎擊宋將馮興楊雄等於赤谷宋步兵保西山騎兵走赤谷承裕遣部將唐古安塔哈率騎二百馳擊宋步兵甲士蒙古挺身先入乘之宋步兵大潰追奔至皂郊城斬二千餘級明安巴添努追宋騎兵殺千餘人斬楊雄等于陣馮興僅以身免承裕進兵克成州

元實訥台率精甲三千與史天澤合兵進圍中山武僊遣其將葛鐵槍來援實訥台撤圍迎之遇諸新樂奮擊敗之會日暮阻水爲營實訥台料其氣索必宵遁乘勝復進擊大敗之擒鐵槍中山守將亦宵遁遂克中山取無極拔趙州又阿爾哈雅鎮襄陽奏曰襄陽自昔用武之地也今天助順而克之宜乘勝順流長驅宋可必平奏入平章阿珠亦贊其說帝命丞相史天澤議之天澤曰朝廷若遣重臣如丞相安圖同知樞密院事巴延者一人都督諸軍則四海混同可立待也又興州趙祚反士豪楊瑪魯等附之石瑪努勒從親王察克台往討斬賊將董巒等圍瑪魯於險樹寨瑪努勒乘勢令健卒劉五兒郎寨北小徑上大樹以繩潛引百人登寨直前劫之瑪魯膽懾投崖死餘黨悉平又巴延破宋濮陽軍由江抵丁家洲宋師潰遁江東淮西諸州軍多降四月有詔以暑罷征俟秋再舉巴延謂不可少縱恐逸而逝世祖曰將在軍不從中制兵法也宜從丞相言

明沐英將兵出塞時諸將各以所向逐敵還英獨領兵出古北口乘勝克嵩高全寧諸州郡過臚朐河獲其知院并部衆而回又韓雍率軍三萬兼程至全州會陽峒西苗賊爲梗擊滅之斬失律指揮李英等四人將士股栗至潯州延父老問計皆曰大藤天險重崖密箐多瘴不可深入莫若屯兵圍之且耕且守可不戰自斃雍曰不然山峽道遠紛披錯雜安可圍也屯兵曰久將士懈弛豈能爲防哉今我軍新破峒苗士氣十倍賊聞喪氣褫魄矣因而乘之可立破也又馬昊討藍鄢擊敗之斬首數千軍中皆喜以兵起所未有者昊曰未見大敵胡足喜宜及勝用之遂前逼賊設奇正兵合擊大破之又王驥因麓川酋思任叛率兵討之師抵金沙江賊柵西岸以拒驥浮梁渡兵縱火焚柵攻破之乘勝進至孟養賊斂衆據險爲寨驥麾兵深入復破其連環七砦思任遁去斬獲無算

乘勢先聲後實

唐太宗討竇建德入武牢進攻其營多所傷殺凌敬進說曰宜悉兵濟河攻破懷州河陽使重將居守更率衆鳴鼓建旗踰太行入上黨先聲後實傳檄而定折趨壺口收河東之地此策之上也行必有三利一則入無人之境師有萬全二則拓土得兵三則鄭圍自解建德將從之而世充之使長孫安世陰齎金玉啗其諸將以亂其謀衆咸進諫建德從之謝敬曰今衆心甚銳戰必大捷不得從公言也敬固爭建德怒扶出於是悉衆進逼武牢官軍案甲挫其銳建德中槍竄於牛渚口唐軍生獲之

金世宗大定二年宋人陷汝州河南統軍使宗尹遣富珠哩定方將兵四千往取之汝州東南及北面皆山林險阻不可以騎軍戰是時宋兵由鴉路出没定方至襄城得敵虛實遂牒諭汝州屬縣曰我率許州戍兵十二萬徑取汝州爾等可備糧草二十萬使人揚言欲據要路絕宋兵往來既而定方引兵趨鴉路宋人聞之果棄城遁去定方至魯山境知宋兵已去遂遣輕騎二百追擊敗之遂復汝州又布色揆敗宋軍於六合進屯瓦梁河以控眞揚諸路之衝整列軍騎畢張旗幟沿江上下皆金兵焉江表震恐宋眞州兵數萬保河橋復遣統軍赫舍哩子仁往攻之分軍涉淺潛出敵後敵見之大驚不戰而潰

元時宋將姜才知高郵米運將至夜出步騎五千犯丁村柵至曉巴延徹爾來援所將皆安集延下精兵旗幟畫雙赤月衆軍望其塵連呼曰丞相來矣宋軍識其旗皆遁

明李文忠守嚴州吳人率苗獠水陸奄至文忠出奇大敗之乃置斬馘於巨筏上放之中流水賊見之皆震慴遁去遂克諸暨又傅友德取蜀拔文州進拔綿州漢水漲乃伐山造百艦而以木牌數千書克階文綿州日月投漢水順流而下郡邑見之皆解體艦成遂渡圍漢州又王守仁約兵夾攻桶岡賊守仁議桶岡尤險橫水左溪潰賊奔入協守益力我頓兵險地非計也不若乘累勝威脅之賊必恐或有不從必反覆籌議乃乘其猶豫襲之可以得志遣素通賊之李正巖劉福泰諭之而橫水左溪奔入者持不可遲疑不爲備守仁日遣人於鎖鑰匙促降而別遣邢珣伍文定等帥兵分道冒雨而入賊首藍廷鳳方於鎖鑰匙待命忽聞官兵已入險皆震慴官兵四出急擊遂破大巢

散衆

宋大將范瓊擁强兵江西劉子羽既與張浚以計誅之出諭其麾下曰所誅止瓊耳汝等固天子自將之兵也

眾皆投刃曰諾有旨分隸御營五軍頃刻而定又宋畢
再遇知揚州有北軍二千五百人再遇請分隸建康
鎮江軍每隊不過數人使不得爲變
元永安節度使劉成叛降武仙勢甚眾董俊下令曰逆
者一人餘能去逆卽忠義士與其家財仍奏官之一時
眾盡散去
明項忠討荊襄流寇忠率官兵二十五萬聲言勦捕而
實諭撫散因徧示山谷解散者九十三萬人編戍者萬
餘人隨附土著者三萬人

因敵懼遂取之

唐高祖武德中巴州山獠相聚爲亂梁州總管龐玉進
兵討之梟其魁帥王多馨餘黨皆散移兵集州其待陽
白石二縣反獠據險自守兵不得進軍糧且盡二縣熟
獠與反者先爲州里互有親戚皆言賊不可擊請玉班
師玉徐云知之揚言曰秋穀將熟百姓不得收刈一切
供軍非平賊吾不返也聞者大懼因謂曰大軍不去食
吾穀盡吾徒皆餓死矣何得措手耶其中壯士入賊營
各求其所親與相要結斬賊渠帥眾遂分散玉隨而捕
之無往不克又裴度在淮西布衣栢耆以策干韓愈曰
元濟旣擒承宗破膽願奉丞相書往說之可不煩兵而
服愈白度爲書遣之承宗懼請以二子爲質及獻德棣
二州
五代梁將戴思遠攻德勝北城唐莊宗命李嗣源設伏
於戚城令騎軍挑戰梁軍大至莊宗率中軍禦之時李
從珂僞爲梁幟奔入梁壘斧其望樓持級而還梁軍愈
恐步騎漸至李嗣源以鐵騎三千乘之梁軍大敗俘斬
二萬計

唐郭崇韜伐蜀諸將謂蜀險阻未可長驅李愚曰蜀主
荒淫人莫爲用宜乘其人情崩離風驅電擊彼自膽落
雖有險阻誰與爲守乃倍道而進所至迎降進至綿江
李紹琛謂李嚴曰吾懸軍深入利在速戰乘蜀人破膽
之時但得百騎過鹿頭關事濟矣若俟修繕橋梁必留
數日或教王衍閉關折吾兵氣勝負尚未可知乃與嚴
乘馬浮渡從兵得濟者千人遂入鹿頭關據漢州王衍
弟宗弼送欵遂破成都
宋楊業有威名契丹兵十萬寇鴈門業領麾下數百騎
之殺其節度使駙馬侍中蕭咄李自是契丹畏業望見
旌旗輒引去諸將忌之或潛上謗書帝悉以付業故能
成功又劇賊李昱據任城久不克楊存中以數騎入壘
殺數百人帝乘高望見介胄盡赤意被重創召視之皆
汚賊血壯之飲以酒曰酌此血漢存中請復往帝止之
存中曰此賊膽碎卽成擒矣遂大破之復任城
金溫德亨富拉塔領軍五千遇契丹眾萬餘與戰敗之
出恭古魯道敗敵八千餘至拉們華道復以伏兵敗敵
萬人太祖定燕自儒州至居庸關執其喉舌人有頃敵
三千餘人寇拉們華道富拉塔整隊先登敵識其旗幟
望風而遁遂奮擊之親執敵帥
元襄陽民受達實巴圖爾圍日久懼甚夜半縋城叩營
門具告虛實願爲內應約以期授之密號而去賊船百
餘艘在城北陰募善水者鑿其底至期民垂繩以引官
軍先登者近千人城破賊巷戰不勝走就船船壞皆溺
死僞將王權領兵千人西走遇伏兵被擒襄陽平
明花雲爲先鋒從攻滁州單騎前行遇賊數千人欲退
不可乃提劍躍馬衝其陣而過賊大驚曰此黑

將軍勇不可與爭鋒縱之去旣而後軍至雲帥以攻滁
遂克其城又沐英旣平雲南土官楊苴復叛糾集二十
萬眾圍城英時在烏撒聞之卽遣兵赴援至曲靖先遣
一健卒入報城中爲賊所得紿之曰總兵官已領三十
萬大軍至矣賊眾駭愕宵遁英追討於諸寨悉殲之

推人事破災異

唐崔義元爲婺州刺史屬睦州女子陳碩眞反遣其黨
童文寶領徒四千襲婺州義元督兵拒戰時百姓訛言
碩眞當昇天犯其兵馬者無不滅門眾皆恟懼司功參
軍崔元籍曰此乃妖誑豈能得久義元以爲然因命元
籍爲先鋒義元率兵繼進斬首數百級又李晟以朱泚
之叛屯於渭橋時熒惑守歲久之方退參佐或勸曰今
熒惑已退皇家之利也可速用兵晟曰天子外次人臣
但當死節垂象高遠吾安知天道耶及平賊後晟謂參
佐曰前者士大夫勸晟出軍非敢拒也且軍可用之不
可使知之嘗聞五星盈縮無準懼後來守歲則我軍不
戰而自潰參佐皆歎服又李愬將攻吳房吏曰往亡日
法當避曰彼謂吾不來此可擊也遂攻之毀其外垣而
還賊以精騎尾擊愬下馬據胡牀令曰退者斬眾決死
戰射殺其將賊乃走
五代唐郭崇韜因梁康延孝來奔延之臥內盡得梁虛
實遂請分兵守魏而自鄆長驅擣汴莊宗問司天言歲
不利用兵崇韜曰古者命將鑿凶門而出況成筭已決
區區常談豈足信也卽日下令襲汴八日而滅梁
宋曹翰從征幽州率所部攻城東南隅卒掘土得蟹以
獻翰謂諸將曰蟹水物而陸居失所也且多足彼援將
至不可進拔之象況蟹者解也其班師乎已而果驗又

李寶因金人將由海道南襲請舟師三千往禦之衆以西北風勁爲疑下令敢阻大計者斬由江陰發大洋風甚舟散不可收寶神色不動曰天以是試寶耶寶心如鐵石不變矣酹酒自誓風卽止得抵東海遂仗劍奮擊解海州圍

元陝州危急多爾濟巴爾爲陝西行臺御史大夫至中途聞商州陷武關不守卽輕騎晝夜兼程至奉元而賊已至鴻門吏白涓日署事不許曰賊勢若此尙何顧陰陽拘忌哉卽就署又穆呼哩師薄靑龍堡是年八月有星晝見隱士喬靜眞曰今觀天象未可征進穆呼哩曰主上命我平定中原今河北雖平而河南秦鞏未下若因天象而不進兵天下何時而定耶且違君命得爲忠乎

明太祖在滁州値元托克托以兵圍六合六合求救時諸將以元兵盛不敢往俱以禱神弗吉爲辭主帥滁陽王乃召太祖將兵亦令禱神太祖曰事之可否當斷於心何以禱爲乃帥兵東趨六合又成祖以巺傑等固守眞定乃誘之出戰散軍四出聲言取糧敵聞出軍滹沱河北兵趨進衆以卜惡兵忌不宜曰稍緩則彼退守城堅糧足難爲力矣何拘小忌遂進至藁城敵列方陣成祖曰四面受敵我攻一隅乃悉精銳攻其東北繞出陣後大呼奮擊俘斬六萬餘級又項忠討士達滿四於固原賊退保石城以自固時遠近聞毛忠敗恐其與北邊運兵且彗出西方占應秦州不祥軍心搖動忠曰昔李晟討朱泚熒惑守歲卒以成功師直而壯行當就擒矣乃不候援師至卽以兵據賊水草道掩捕芻汲者多被擒滿四窘迫遂請降

風雲氣候雜占

唐薛萬均圍梁師都諸將以城險未可下萬均曰城中氣死鼓不能聲破亡兆也旣而賊果斬師都降又薛萬均追吐谷渾衆至積石山大風折旗萬均曰敵且來乃勒兵俄而賊至萬均直前斬其將衆遂潰

五代梁以王景仁爲北面招討使將韓勍李思安等兵伐趙行至魏州司天監言太陰虧不利行師太祖急召景仁等還已而復遣之景仁已去太祖思術者言馳使者止景仁於魏以待景仁不奉詔進營於柏鄉及晉人戰果敗梁太祖攻朱瑾於兗州朱宣遣賀瓌與何懷寶柳存等以兵萬人救兗州瓌趨待賓館欲絶梁餉道梁太祖略地至中都得降卒言瓌等兵趨待賓矣以六壬占之得斬關卦名以爲吉乃選精兵夜疾馳百里期先至待賓以逆瓌而夜黑兵失道旦至鉅野東遇瓌兵擊之瓌等敗走

唐將符存審李嗣昭救河中朱友謙按兵示弱旬日望氣者言夜見西向黑氣如鬭雞之狀必有戰陣存審曰吾方欲決戰而形於氣象得非天贊我歟召嗣昭友謙聚謀下令軍中誡示所向翌日合戰遂敗梁兵又魏王繼岌郭崇韜伐蜀是歲王衍幸彭州平陽山漢州三學山又幸秦州羣臣切諫不聽行至梓潼大風發屋拔木太史曰此貪狼風也當有敗軍殺將者衍不省行至縣谷而唐師入其境衍懼遽還

宋許洞虎鈐經曰望氣者以氣勝敗告於大將觀敵之氣衰則進攻氣王則止兵勿與戰此之謂順天時彼之氣王他人皆懼不敢進兵我獨勇而進焉反能必勝者何也在乎以智逆氣而已順任乎時者也夫五行之王以日時爲用靜爲主動爲客敵之勝氣有如門上樓如扞拔柯曰木候金時自西擊之可克矣水日水時不可也水能生木故也敵之勝氣或赤如火光火烟之狀暈暈而起者木日木時不可也爲木能生火也候水日水時自北擊之可克矣敵之勝氣如白粉者爲金水日水時不可也火日火時利自南方攻之敵之勝氣黃如土臺者土日金時不可也金日土時不可也土日木時利自東方擊之黃土也臺亦土也大凡雲氣如水狀及色墨者綠黑色多爲敗氣此不復用或敵人先據吉地我之頓軍稅駕遍於凶神死氣之上不得利門而出者但觀我軍上雲氣及敵上雲氣形色以五行生尅用之敵氣能生我我則出軍進戰我軍上氣能尅敵亦利出師進戰不然則勒兵撫士戒嚴警備俟時而動焉不可妄也夫天不專勝敗之氣由人用之而已兵家萬變此其一也又劉錡充東京副留守自臨安絶淮至渦口方食暴風拔坐帳錡曰此賊兆也主暴兵卽下令兼程而進未至順昌三百里金人果敗盟來侵

遼楊勇赴乾寧軍爲滄州節度使田武名所圍高模翰與趙延壽聚議往救俄有光自模翰目中出縈繞旗矛啖啖如流星久之模翰喜曰此天贊之祥遂進兵殺獲甚衆

金穆宗攻阿蘇城是日辰巳閒忽暴雨晦暝雷電下阿蘇所居旣又有大光聲如雷墜阿蘇城中識者以爲破亡之徵又太祖攻遼方進師有火光正圓自空而墜上曰此祥徵殆天助也酹白水而拜將士莫不喜躍又太祖師次唐古特旺節之地諸軍禳射介而立有光如烈火起於人足及戈矛之上明日次哲爾吉光見如初人

以爲兵祥又布色忠義追鄂斡於臯嶺西陷泉與賊遇時昏霧四塞跬步莫覩物色忠義禱曰狂寇肆暴殺戮無辜天不助惡當爲開霽莫已昏霧廓然及戰忠義左據南岡爲偃月陣右迤而北大敗之

元巴延揮諸將攻陽羅堡三日不克有術者來言天道南行金木相犯若二星交過則江可渡巴延卻之使勿言乃密謀於阿珠以鐵騎三千趨上流爲擣虛之計又睿宗軍由洛陽次三峰山金人溝地立軍圍之睿宗令軍中祈雪又燒羊髀骨卜得吉兆夜大雪深三尺溝中軍僵立刀槊凍不能舉衝破之

明劉基從太祖鄱陽湖大戰勝負未決乃密言移軍湖口期以金木相犯日決勝又一日在舟中忽躍起大呼曰難星過矣太祖悟遂命更舟未半晌而舊舟已爲敵礮擊碎矣既而友諒平皆如其策又劉基以馮勝將兵請授方略乃書片紙授之使夜半出兵云至某所見某方青雲起即伏兵頃黑雲起者是賊伏也愼勿妄動日中後黑雲漸薄回與青雲接者是賊歸也即擊之可盡擒也衆初莫信已而皆驗遂擒賊而還又太祖議北伐賜徐達書曰金火二星會於丑分後火逐金踰齊魯以時進取毋失達遂率兵攻圍益都又馬軾從都督董興行師至中道夜半雞鳴軾曰雞不時鳴由賞罰不明願將軍申嚴軍令經淸遠峽有白魚入舟軾曰此逆賊授首之徵有大星墜於河南岸軾曰四旬內必破賊矣時賊黃蕭養聚戰艘千餘勢甚張衆請益兵軾曰兵貴神速若復請兵則緩不及事以所徵兩廣江西狼兵取勝猶拉朽耳興從之率官軍與賊遇果大破之蕭養中流矢被擒伏誅餘黨悉平

欽定續通典卷一百六

欽定續通典卷一百七

刑

臣等謹按杜佑作刑典凡十有一門曰刑制曰雜議曰肉刑議曰詳讞曰決斷附考訊曰守正曰赦宥禁居殺贖生附曰寬恕曰四繫曰舞柔曰峻酷竊惟刑法者帝王宰世之大權舜命皐陶曰惟明克允明以言其權衡之至當允以言其施措之不撓是以罪惟天討刑歸衆棄胥視其人之自取無或畸輕畸重於其閒而協中之治成焉唐自開元已前賓典略備德宗而後刑制略准開元而憲宗以流代殺爰有廢法之弊五代政刑紊亂初無典要可述宋承其敝釐正刑章旨歸平恕而得失並存詔獄之興奸權藉手三尺下移致乖公論而傷國脈遼初法尚嚴峻厥後互有重輕金則兼修隋唐宋遼之制明昌泰和閒律義頗稱詳善元代用輕典而南北異制吏得舞法行私論者以爲失在縱弛信已明法簡覈過於唐寬厚不如宋若其東西廠之設廷杖之制一朝秕政流毒無窮亦前代所未有也茲續纂是書一如舊目惟考肉刑後世久廢宜不立專門改附雜議並參馬端臨通考之例增贖刑門以昭詳備焉

刑制上　唐　五代　宋　遼　金

唐德宗貞元八年詔凡罪至死者先決杖宜停具寬恕篇憲宗時刪天寶以後敕爲開元格後敕元和八年詔兩京關內河東河北淮南山南東西道死罪十惡殺人鑄錢造印若強盜持杖劫京兆界中及他盜贓踰三疋者論如故其餘死罪皆流天德五城父祖子孫願隨者勿禁詔天德軍五城及諸邊城配流人准格例滿日六年後並許放還文宗時命尚書省郞官各刪本司敕丞與侍郞覆視中書門下察其可否而奏之爲太和格後敕開成三年以開元二十六年以後至於開成制敕刪其繁者爲開元詳定格武宗時詔竊盜贓滿千錢者死會昌五年制據律已去任者公罪流以下勿論公罪之條情有輕重苟涉欺詐豈得勿論自後公罪有情狀難恕並不在勿論之限宣宗時左衞率府倉曹參軍張戣以刑律分類爲門附以格敕爲大中刑律統類詔頒行之又詔竊盜滿三疋者死如建中時制大中五年敕今後有官典犯贓及諸色取受能於未發覺以前陳首卽准律文減等如知事發已有萌肇雖未被追捕勘問亦不在陳首之限七年敕法司斷罪每脊杖一下折法杖十下臀杖一下折笞杖五下八年敕佑絹結贓天下均依上都例以一千一百九十文爲陌計贓絹一疋僖宗乾符四年敕自後州縣官所犯諸罪五年之後去任勿論五年內同現任官例追收據事定例

梁太祖開平四年刪定令三十卷式二十卷格一十卷律幷目錄十三卷律疏三十卷共一百三卷爲大梁新定律令格式頒行之

後唐莊宗同光二年廢梁新格行開成格三年大理寺奏準斷獄律諸立春後秋分以前不得奏決死刑違者徒一年今寺司案牘相次若準律文俟秋分後申奏恐刑獄遲滯詔以諸司囚徒並宜據罪詳斷輕者卽時疏理重者候過立春至秋分後然後行法如事繫軍機或謀爲惡逆或蘊蓄奸邪或行劫殺人難於留滯不在此限明宗長興四年大理正張仁瑑奏伏見諸道州府刑殺罪人雖有骨肉尋時不容收瘞或殘害尸髮多致邀求準獄官令諸大辟罪並官給酒食聽親故辭訣宣告犯狀日未後行刑決之經宿所司卽爲埋瘞若有親故亦任收葬又諸囚死無親戚者官給棺於官地埋瘞置銘壙內立碑冢上書姓名請依令指揮從之

晉天福七年詔應大辟罪者遇大祠冬正受朝立春立夏及大雨雪並不論決

漢高祖時敕凡強盜捉獲不計贓物多少按驗不虛並宜處死又詔下州縣凡盜所居本家及隣保皆誅具峻酷篇

周太祖廣順二年敕民有訴訟必先歷縣州及觀察使處決不直乃聽詣臺省或倩人書牒者必書所倩姓名居處若無可倩聽執素紙所訴必須已事無得挾私妄訴世宗顯德四年以法書文義古質條目繁細前後敕

格差繆重疊難於詳究令侍御史知雜事張湜編集新格律令有難解者就文訓釋格敕有繁雜者隨事刪除有重輕未當便於古而不便於今矛盾相攻可於此而不可於彼盡宜改正編集竣日委御史臺尙書省四品以上官及兩省五品以上官參詳可否送中書門下定議五年七月書成凡二十一卷爲大周刑統與律疏令式通行其刑法統類開成編敕等采掇既盡不在法司行使之限至舊有宣命指揮公事及三司臨時條法州縣見今施行不在編集之數者令本司刪集送中書門下詳議奏聞五年敕州縣自長官以下因公事行責情杖不得過臀杖十五因責情杖致死者具事由奏聞又敕諸盜經斷後仍更行盜前後三犯並曾經官司推問伏罪者不問赦前後贓多少並決殺

宋太祖建隆三年定大辟詳覆法具詳讞篇詔自今竊盜贓滿五貫者死先是漢乾祐以來用法嚴急民盜一錢者死周太祖時改令竊盜贓滿三疋棄市建隆二年增爲錢三千陌以八十爲限至是又有是詔定折杖法凡流刑四加役流脊杖二十配役三年流三千里脊杖二十二千五百里脊杖十八二千里脊杖十七並配役一年徒刑五徒三年脊杖二十二年半脊杖十八二年脊杖十七一年半脊杖十五一年脊杖十三杖刑五杖一百臀杖二十九十臀杖十八八十臀杖十七七十臀杖十五六十臀杖十三笞刑五笞五十臀杖十下四十三十臀杖八下二十臀杖七下常行官杖如周顯德五年制長三尺五寸大頭闊不過二寸厚及小頭徑不過九分徒流笞通用常行杖徒罪決而不役乾德四年判大理寺竇儀上重定刑統三十卷刪去令式宣敕一百九十增制敕十五又錄律內餘律准此者四十四條附名例之次又別取格令宣敕之削出及續降應用者一百六條共爲四卷曰新編敕詔與刑統並行參酌輕重世稱平允詔蜀郡有不省父母疾者罪之又詔士庶有闔童男者不赦開寶二年八月詔川峽諸州察民有父母在而別籍異財者論死太宗八年除其律四年十月詔僞作黃金者死又詔十月後犯強竊盜者郊赦不原太宗以國初沿五代之制罪人率配隸西北邊多亡投塞外誘羌戎爲患乃詔當徙者勿復隸秦州靈武通遠軍及緣邊諸郡時江廣已平乃皆流南方太平興國元年命諸州大索知天文術數人送闕下匿者論死二年七月詔諸庫藏敢變權衡以取羨餘者死十月詔禁天文卜相等書私習者斬又禁江南諸州新小錢私鑄者死十二月試諸州所送天文術士隸司天臺無取者黥配海島三年命有司取國初以來敕條纂太平興國編敕十五卷五月詔中外臣庶有子弟素懷凶險屢戒不悛者尊長聞諸州縣錮送闕下配隸遠方如隱不以聞坐及期功以上六月詔諸職官以贓致罪者雖會赦不得敘五年詔配役者分隸鹽亭役使先是犯死罪獲貸者多配隸登州沙門島通州海島皆屯兵使者領護而通州島中凡兩處豪强難制者隸崇明鎭懦弱者隸東布州兩處悉官煮鹽是歲始令分隸鹽亭役之而沙門如故又詔諸犯徒流罪並配所在牢城勿復錮送闕下六年詔長吏每五日一慮囚情得者卽決之具詳讞篇詔自今繼母殺傷夫前妻子及前妻子婦者同凡人論十年五月令竊盜滿十貫者奏裁七貫決杖黥面隸本城五貫配徒三年三貫二年一貫一年他如舊制雍熙元年令諸州笞杖罪不須證逮者長吏卽決之勿復付所司三年定制凡斷獄失入死刑者不得以官減贖檢法官判官皆削一任檢法仍贖銅十斤長吏停任端拱二年詔免嶺南流配荷校執役令婦人有罪至流者免配役具寬恕篇淳化元年閏二月詔京城犯蒱博者斬二年詔凡太歲三元及上慶誕日兩京諸州不決死罪餘如故三年詔江南兩浙荆湖吏民之配嶺南者還本郡禁錮至道二年詔川峽諸州民家先藏兵器者限百日悉送官匿不以聞者斬眞宗咸平中以編敕萬八千五百五十五條刪定二百八十六條爲十一卷又別爲儀制令一卷當時便其簡易三年以浙江荆湖廣南遠地凡强盜及持杖不死者幷捕其屬至京師多殞于道詔自今止決杖黥面配所在五百里外牢城六年詔有盜主財者五貫以上杖脊黥面配牢城十貫以上奏裁勿得私黥涅景德元年詔民間天象器物讖候禁書並納所司焚之匿不言者死四年詔諸路提點刑獄司如有刑獄枉濫不能摘發官吏曠弛不能彈奏者罪之又官吏因公事受財許爲曲法決遣之際仍依法科行巧避枉法之罪證佐明白者以枉法論至死者加役流又杖罪械繫者枷以十五斤爲準大中祥符四年詔自今決杖令衆者舊十日減爲三日半月以上勿過五日暑月免之七年增編敕三十卷一千七十四條又景德農田敕五卷與敕並行詔諸州長吏有罪自首如實未顯露卽以狀報轉運使雖格當原免亦書于歷天禧二年敕命官犯贓不以輕重並劾舉之私罪杖以下勿論定制自今捕盜掌獄官不稟長吏而捶囚不甚傷而得情者以違制失公論過差而不得情挾私拷決有所規求者以違制私論又捕盜

官有捕捉稽時不即聞州者以違制失論又律有被制書有所施行而違者徒二年失錯者杖一百今法官斷罪除每行條貫元敕指定違制外自餘情輕失錯者止從違制失論其公私相半而私情重者奏裁四年詔天下犯十惡劫殺謀殺故殺鬭殺放火强劫正枉法贓僞造符印厭魅咒詛造妖書妖言傳授妖術合造毒藥禁軍諸軍逃亡爲盜罪至死者每遇十二月權止區斷過天慶節即決之餘犯至死者十二月及春夏未得區遣禁錮奏裁具雜議篇仁宗天聖四年命官刪定敕令當時編敕自大中祥符七年重修後復增至六千餘條因令刪定是歲書成共三十卷合農田敕爲一書大辟之屬十有七流之屬三十有四徒之屬百有六杖之屬二百五十有八笞之屬七十有六又配隸之屬六十有三大辟而下奏聽旨者七十有一詔下諸路閱視聽言其未便者旣又詔須一年無改然後鏤版又以唐令有與本朝事異者亦命官修定取咸平儀制及制度約束之在敕者五百餘條附令後號曰附令敕六年集賢校理聶冠卿請罷覆杖笞徒以上雖不繫獄皆附奏從之又以折杖輕重無準官吏得以任情詔毋得過十五兩改强盜法不持杖不得財徒二年得財爲錢萬及傷人者死持杖而不得財流三千里得財爲錢五千者死傷人者殊死不持杖得財爲錢六千若持杖罪不至死者仍刺隸千里外牢城又詔告羣盜劫殺人者賞有差及十人者予錢十萬旣而有司言竊盜不用威力得財爲錢五千即刺爲軍兵反重于强盜請竊盜罪亦第減之至十千刺爲兵詔可又詔京城持杖竊盜得財爲錢四千亦刺爲兵自是盜法惟京城加重餘視舊益寬又詔荊湖殺人祭鬼其首謀及加功者凌遲斬募告者以犯人家貲界之捕殺者重賞是歲詔京師正旦四立分至庚戌己巳日毋決大辟故事天慶等五節有司不奏大辟具獄者十日天聖初詔止三日餘罪一日而已開封府舊制每歲正旦冬至三日端午一日俱禁刑入國忌日舊亦禁刑至是詔聽決杖罪七年詔頒附令敕九年四月詔論平民五人爲劫盜抵死主者雖更赦並從重罰明道元年詔頒刪定敕令二年詔凡命官犯重罪當配隸者于外州編管或隸牙校其坐死特貸者多杖黥配遠州牢城經恩量移始免軍籍景祐中詔當配沙門島者第配廣南遠惡地牢城廣南罪人乃配嶺北其後亦有配沙門島者皇祐中命配隸重者沙門島寨其次嶺表其次三千里至鄰州其次羈管其次遷鄉斷訖不以寒暑即時上道吳充建請流人冬寒被創上道多凍死自今非情理巨蠹遇冬月聽流役本處至春月遣之詔可至和初詔前代帝王後嘗仕本朝官不及七品者祖父母父母妻子罪流以下聽贖雖不仕而嘗被賜予者罪非巨蠹亦如之嘉祐五年以判刑部李綖言詔刑部類次天下所斷大辟歲上朝廷以助觀省神宗熙寧元年以京朝官分治左右廂凡鬬訟杖六十以下情輕者得專決二年知金州張仲宣坐受賕論罪時金州金坑發仲宣檄巡檢體究無甚利土人憚興作以金八兩求仲宣不差官比校及事覺法官坐仲宣枉法贓應絞援前比貸死杖脊黥配海島知審刑院蘇頌言仲宣所犯可比恐喝條且古者刑不上大夫遂免杖黥流海外嗣是命官無杖黥法三年詔決配强盜無以全黨置之一路是年興詔獄凡因事置推已事而罷者詔獄謂之制勘院非詔獄謂之推勘院其體大者則下御史臺獄成即開封府大理寺究治按是年命尚書都官郎中沈衡鞫前知杭州祖無擇于秀州蓋王安石私怨所爲也嗣後詔獄繁興終熙豐之世柄國權臣多藉此以威縉紳效尤反復無所不至具詳舞案峻酷篇是年編修中書條例所請委諸路提點刑獄司歲冬夏按舉牒州長吏勿留獄牒訖奏聞舊制每歲冬夏降詔卹刑旣委提點刑獄自是不復降詔八月詔曰在京班直諸軍請糧斛斗不足出戍之家尤甚倉吏自以在官無祿恣爲侵漁非朕所以愛養將士之意于是三司始立諸倉丐取法已而中書請主典役人歲增祿至一萬八千九百餘緡丐取不滿百錢徒一年每百錢加一等千錢流二千里每千錢加一等罪止流三千里其行貸及過制者減首罪二等徒者皆配五百里流者皆配千里滿十千爲首者配沙門島自首除罪凡吏定約束十條行之其後內則政府外則監司多倣此法四年六月令河北饑民爲盜者與減死刺配又令盜賊囊橐停匿之家立重法凡劫盜罪當死者籍其家貲以賞告人妻子編置千里遇赦若災傷減等者配遠惡地罪當徒流者配嶺表流罪會降者配三千里籍家貲之半爲賞妻子遞降等有差應編配者雖會赦不移不釋囊橐之家劫盜死罪情重者斬餘皆配遠惡地籍家貲之半爲賞盜罪當徒流者配五百里籍家貲三之一爲賞竊盜三犯杖配五百里或鄰州雖非重法之地而囊橐重犯之人並以重法論其知縣捕盜官盜發十人以上者限內捕不獲半劾罪取旨若復殺官吏及累殺三人焚舍屋百間或羣行州縣掠劫江海船栰者非重法之地亦從重法論按宋重法之地始于嘉祐中自開封府諸縣後稍及曹濮澶滑等州熙寧四年以開成府東明考城長垣縣京西滑州淮南宿州河北澶州京東應天府濮齊濟單兗鄆沂州淮陽軍均立重法著爲令至元

豐時河北京東淮南福建等路用重法郡縣寖廣夫刑所以齊天下也法以地殊頗乖古制三代明允之訓當不謂然六年審刑院言登州沙門島寨配隸以二百人爲額餘則移置海外非禁姦之意詔以三百人爲額廣南轉運司言春州瘴癘之地配隸至者多死願停配罪人詔應配沙門島者許配春州餘勿配旣而諸配隸除凶盜外少壯者並寘河州七月詔邊吏殺熟戶以邀賞者死七年詔品官有罪按察之官並奏劾聽旨毋得擅捕繫罷其職俸九年詔以交趾犯順應配廣南東西路罪人並權配三千里外元豐元年詔復設大理獄具詳獄篇按宋舊制大理寺讞天下奏案而不治獄神宗以廢大理獄爲非是乃復命官職分左右左斷刑右治獄元祐元年以右治獄事少併左右爲一司三年罷右治獄紹聖二年復設其建置沿革詳見職官典茲不備錄二年新修敕令格式成分敕令格式爲四凡入笞杖徒流死自例以下至斷獄十有二門麗刑名輕重者皆爲敕自品官以下至斷獄三十五門約束禁止者皆爲令命官庶人之等倍全分釐之給有等級高下者皆爲格表奏賬籍關牒符檄之類有體制模楷者皆爲式時有司言往時川陝絹疋爲錢二千六百以此編敕估贓兩鐵錢得銅錢之一近歲絹疋不過千三百估贓二疋乃得一疋之罪至多重法請以一錢半當銅錢一從之三年正月詔審刑院刑部斷議官自今歲終具嘗失入徒罪五人以上或失入死罪者取旨連名者二人當一人京朝官展磨勘年幕職州縣官展考或不與任滿指射差遣或罷本年斷絕支賜去官不免七年七月以御史黃降言令議法之官于敕令文意有疑者務須參以看詳舊卷考其意義俾法定于一無或重輕八月詔大暑大寒或雨雲稍愆並依故事停錄囚決獄八年詔犯盜刺環于耳後徒流以方杖以圓三犯杖移于面徑不得過五

分哲宗元祐元年刋修元豐敕令格式先是元豐中所修凡載于敕者多移于令及是以御史中丞劉摯言重命刋修取慶歷嘉祐以來新舊敕參照去取刪正成書五年令凡佃客犯主加凡人一等主犯之杖以下勿論徒以上減凡人一等謀殺盜詐及有所規求避免而犯者不減因毆致死者不刺面配鄰州情重者奏裁六年令凡諸配隸沙門島強盜殺人縱火贓滿五萬錢強姦毆傷兩犯至死累贓至二十萬錢謀殺至死者及十惡死罪造蠱已殺人者不移配強盜徒黨殺人不同謀贓滿二十五萬遇赦移配廣南盜額者配隸遠惡餘犯遇赦移配荆湖南北福建路諸州盜額者配隸廣南在沙門島滿五年遇赦不該移配與不許縱還而年及六十以上者移配廣南在島十年者依餘犯格移配篤疾或年及七十在島三年以上移配近鄉州軍犯狀應移而老病者同其永不放還者各加二年移配又凡命士死于官或去位其送徒道亡則部轄將校節級與首率衆者徒一年情輕則杖百雖自首不免七年令凡失出死罪五人比失入一人失出徒流罪三人比失入一人紹聖時詔復用熙寧元豐敕令格式舊制三年詔配沙門島人已盜額者並配瓊州萬安軍昌化珠崖軍元符中詔參用元豐元祐敕令格式條目三年詔強盜計贓應絞者贓數並增一倍贓滿不傷人而情輕者奏裁其用兵杖湯火之類傷人或入州縣鎮寨行劫不在奏裁之限若驅虜官吏巡防人等罪不至死仍奏裁先是曾布首建是議及布爲相遂行之後布罷翰林學士徐勣言其不便仍照強盜應絞者計贓如舊法前詔勿行罷理官失出之罪徽宗崇寧元年詔復用元豐時敕令格式復類修前後所用例去其與法妨者三年令諸州築圜土

以居強盜貸死者廢置具囚繫篇四年以左右司所編紹聖元符以來申明斷例頒天下刑名例頒刑部大理寺大觀元年詔計贓之律以絹論罪令絹價增貴而計絹之數猶循舊制定以一貫三百爲率計價旣低抵罪太重可以一貫五百定罪二年更定笞法並以小杖行決笞十爲五二十爲七三十爲八四十爲十五五十爲二十不以大杖比折永爲定制三年令應推強盜不究囊橐之家及所止地名者各徒二年不盡者減二等四年詔河北河東羣盜所經歷縣及十次以上知縣降一官衝替縣尉降一官勒停不及十次知縣衝替縣尉勒停政和五年詔不法官已爲按察官所劾而輒論告按察官者候結勘斷罪畢再推勘如不實特于法外別行重斷七年詔停掌典解役聽從去官法初政和中赦凡掌典解役並依在官犯法去官勿論之例有犯則解役歸農幸免重罪及是罷之重和元年二月禁州縣用非法酷刑犯者以違制論四月詔肉刑廢而爲杖笞折杖之數多寡不倫宜約其數自今徒二年半杖九十者折十七徒二年杖八十者折十五徒一年半杖七十者十三徒一年杖六十者十二笞五十者十笞四十者八笞三十者七笞二十者六笞十者五宣和二年令自今奏案並列其戶之高下毋使刑及貧民而富者獲免吏有作姦者懲之又詔大理寺開封府不得輒奏獄空不許妄作斷絕獄官吏冒賞者詔令御史臺覺察彈奏又詔州縣官不親聽囚而使吏鞫訊者徒二年高宗建炎元年令以絹計贓者按直增估以二千爲準二年詔自今犯枉法自盜贓者中書籍其姓氏罪至徒者永不錄用又詔贓罪至死者籍其貲三年詔遵用嘉祐條法凡擬斷刑名

嘉祐與見行條法輕重不等者並從輕賞格從重四年二月詔靖康元年以前所降御筆多出法令之外自今除有出于法外者依累降指揮施行其餘減杖䣙刑之類並合遵守十年詔贓吏罪抵死情犯甚者奏取旨十一年坐監司不按贓吏罪五月禁州縣以私意籍罪人貲產八月詔自今官吏犯贓雖未卽誅戮若杖脊流配決不可貸凡贓罪至死者籍其家紹興二年詔知州兼統兵者非出師臨陣無得概用重刑（時州軍有捕獲劫盜殺人者至族其家故有是詔）初建炎中令以嘉祐政和敕令格式對修及是書成凡一百二十卷詳看六百四卷名紹興重修敕令格式頒行之三年詔自今犯私鹽者並依紹興敕斷私鹽一斤徒一年三百斤配本城煎煉者一兩比二兩雖遇特恩不以赦原時因紹興二年有私販不計多寡杖脊配廣南指揮殿中侍御史常同言其太重故有是詔又詔捕獲强盜雖無被主姓名贓滿已經論決者許推賞二十五年八月申嚴誣告加等法二十六年以吏部續降申明條冊有與都省批狀指揮參雜者令敕令所看詳酌刪毋與三尺混淆三十年令海賊罪不至死者刺爲龍猛龍騎軍又令諸路貸死强盜少壯者爲兵孝宗隆興元年以諸州斷配海賊例送廣南遠惡州軍瀕海之郡賊船嘯聚慮長姦惡令自今分隸兩淮水軍收管四年詔販牛過淮者論如興販軍須之罪乾道二年刑部侍郎方滋上乾道新編特旨斷例七十卷四年正月令凡守令與掌行刑獄之官並依法製大小杖當官封押行用不得增添換易訊囚過數五月更定聚錄之法于聚錄時委長貳遣無干礙吏人先附囚口責狀一通覆視獄案無差然後依句宣讀務在詳明庶使伏辜者無憾六年乾道重修敕令格式成凡百二十二卷存留照用指揮二卷淳熙元年五月頒浙西提刑鄭興裔檢驗格目于諸路提刑司初興裔懲州縣檢驗之弊遂置格目每一檢驗用格目三本一申所屬一申本司一給被害之家州縣受詞差官檢官受牒起發皆注日時于上州縣不得爲奸及是詔以其法行于諸路十月詔以今之有司多有執例廢法者除刑部許用乾道所修則名斷例及司勳許用編類獲盜推賞例幷乾道元年輕置修例敝事指揮內立定合引例外其餘並依成法不許用例四年復分門編類爲淳熙條法事類頒之修淳熙敕令格式九年申嚴盜販解鹽法十一年五月命刑部大理寺議減刺配法十三年正月詔强盜兩次以上雖爲從論死九月詔僞造會子凡經行用並處死十四年詔復元豐政和編配格分情重稍重情輕稍輕四等如入情重則刺面用不移不放之格其次稍重止刺額角用配及十年之格其次稍輕則與免黥刺用不刺面役滿放還之格其次最輕則降爲居役別立年限縱免之格倘有從坐編管則置之本城減其放限光宗紹熙二年令凡凶惡貸死隸于流籍者分沿江諸屯及他遠惡之地毋專投海外以爲凶藪又詔監司郡守互送以贓論三年刺沿邊盜萬人爲諸州禁軍又令凡刺配人至本州務依年限方許放停如限內再有所犯撥入屯駐軍中重役永不復放寧宗慶元四年慶元敕令格式成初淳熙末以淳熙敕令格式倘多遺缺令刑部詳定及是書成頒之嘉泰元年正月命諸州兵士毋受饋遺及擅招軍違者寘之法三月臨安大火詔察姦民縱火者治以軍法二年詔凡殺傷人者如都保不申官州縣不差官檢覆及家屬受財私和許諸色人告首並從條究治其行財受和會之人計贓論罪四年詔頒檢驗正背人形圖于諸路提刑司令于傷損之處依樣朱紅書畫遇檢驗時唱喝傷痕眾無異詞然後著押俾吏姦難行愚民易曉更定配隸法凡鄉民鬭毆殺傷及胥吏犯贓貸命流配等人止從配本州牢城重人限滿放還爲民至累犯强盜及聚眾販賣私商曾經殺傷捕獲之人並記屯駐軍限滿改刺從正軍衣糧十三年詔凡在官財物不應用而用之私入已者爲贓罪私饋遺者爲私罪充公用者爲公罪創始者爲首坐以全罪循例者爲從與減一等開禧元年九月詔官吏犯贓追還所受如舊法閏八月詔自配隸編管羈管外其餘悉從本條科罪不得以土著之人押出外界十一月申嚴告訐之禁二年正月詔坑戶毀錢爲銅者不赦仍籍其家八月有司上開禧刑名斷例嘉定四年閏二月詔諸路帥臣監司守令格朝廷振恤之令及盜發不卽捕者重罪之六年六月詔刑部歲終上諸州未決之獄于尚書省其最久者罪之又令自今民間凡輕虧楮幣違犯約束者止繩以法毋得更籍其家十六年二月令凡檢驗不實或失當不得用覺舉原免理宗寶慶元年十二月詔刪修敕令紹定五年五月詔齊民有罪毋輒籍沒其家必具聞俟命淳祐二年三月詔州縣官有罪諸帥司毋輒加杖責淳祐敕令格式成六年五月詔官吏贓狀顯露卽下所屬州郡拘贓聽朝廷議罰或移爲他用併籍其家十一年四月成淳祐條法事類四百三十卷寶祐五年正月禁奸民作白衣會監司郡縣等官失察者坐罪遼自蘇爾威汗命宗室雅里爲額爾奇木以掌刑辟太

祖初年庶事草創犯罪者量輕重決之其後治諸弟逆黨權宜立法親王從逆不磬諸甸人或投高崖殺之淫亂不軌及逆父母者五車轘殺之訕詈犯上者以熟錐揕其口殺之從坐者量罪輕重杖決杖有二大者重錢五百小者三百又爲梟磔生瘗射鬼箭砲擲支解之刑（具峻酷篇）其後制刑有四曰死曰流曰徒曰杖死刑有斬絞凌遲之屬又有籍沒之法流刑量罪輕重寘邊城部族之地遠則投諸境外又遠則罰使絕域徒刑一曰終身二曰五年三曰一年半終身者決五百其次遞減百又有黥刺之法杖刑自五十至三百亦有八議八縱之法籍沒始自太祖至世宗詔免之其後內外戚屬及世官之家犯反逆等罪復沒入焉又有沙袋木劍大棒鐵骨朵之法沙袋用熟皮合縫之長六寸廣二寸柄一尺許凡杖五十以上者以沙袋決之木劍面平背隆大臣犯罪重欲寬宥則擊之鐵骨朵者有重罪將決以沙袋先於脽骨之上及四周擊之其餘非常用而無定式者不可殫紀太祖神冊六年詔大臣定治契丹及諸夷之法漢人則斷以律令仍置鐘院以達民寃太宗時治渤海人一依漢法穆宗應曆十二年國舅帳郎君蕭延之奴哈里强陵蘇扯圖哩年未及之女以法無文加之宮刑仍付圖哩爲奴因著爲令十六年諭有司凡行幸頓次必高立標識以禁行者比聞楚古輩故低置其標深草中利人誤入因之取財自今有復然者以死論聖宗統和元年二月詔所在官吏軍民不得無故聚眾私語及冒禁夜行違者坐之十二月詔民間有父母別籍異居者聽鄰里覺察罪之十二年七月詔契丹人犯十惡斷以漢律先是契丹及漢人相毆致死其法輕重不均至是俱一等科之二十四年詔主非犯謀反大逆及流死罪者其奴婢無得首告若奴婢犯罪至死聽送有司其主無得擅殺二十九年以舊法宰相節度使世選之家子孫犯罪徒杖如齊民惟免黥面詔自今但犯罪當黥卽准法同科開泰八年定竊盜贓滿二十五貫爲首者處死從者決流先是贓滿十貫爲首者死其法太重故有此令又詔三犯竊盜黥額徒三年四則黥面徒五年五則處死太平六年詔貴戚以事被告並令所在官司案問具申南北院覆問得實以聞（南北二院分治契丹漢人）其不案輒申及受請託爲奏言者以本犯人罪罪之七年七月詔中外大臣制條中有遺闕及輕重失中者其條上之議增改焉興宗重熙元年詔職事官子弟及家人受賕不知情者止坐犯人先是南京三司銷錢作器皿三斤持錢出南京十貫及盜遺火家物五貫者死至是銅逾三斤持錢及盜物二十貫以上處死二年詔犯終身徒者止刺頸奴婢犯逃若盜其主物主無得擅黥其面刺臂及頸者聽犯竊盜者初刺右臂再刺左三刺頸之右四刺左至于五則處死五年四月頒行新定條制先是詔樞密直學士耶律庶成樞密副使耶律德修纂修太祖以來法令參以古制凡五百四十七條至是書成上之詔有司凡朝日執之仍頒行諸道十年七月詔諸職官私取官物者以正盜論諸敢以先朝已斷事相告言者罪之諸帳郎君於禁地射鹿決杖三百不徵償小將軍決二百以下及百姓犯者罪同郎君論十一年七月詔盜易官馬者減死論道宗清甯元年十二月詔諸宮都部署凡有機密事卽可面奏餘所訴事以法施行有投誹謗之書其受及讀者棄市咸雍六年以契丹漢人風俗不同國法不可異施乃命惕隱蘇樞密使乙辛等更定條制合於律令者具載之不合者別存之時校定官卽重熙舊制更竊盜贓二十五貫處死一條增至五十貫又刪其重複者二條爲五百四十五條取律一百七十三條又創增七十一條凡七百八十九條增重編者至千餘條復以律及條例參校續增三十六條其後因事續校至大安三年止又增六十七條大安五年詔復用舊法餘有司新纂條目悉除之

金國舊俗輕罪笞以柳葼殺人及盜劫者擊其腦殺之沒其家貲以十之四入官其六償主併以家人爲奴婢其親屬欲以馬牛雜物贖者從之（具贖刑篇）其獄則掘地深廣數丈爲之太祖天輔三年正月東京人爲質者永吉等五人結衆叛誅其首惡餘皆杖百沒入在行家屬貲產之半詔知東京事沃稜繼有犯者並如之五月詔自收甯江州以後同姓爲婚者杖而離之太宗天會二年二月詔有盜發遼諸陵者罪死三年七月詔權勢之家毋買貧民爲奴脅買者一人償十五人詐買者一人償二人並杖一百七年詔凡竊盜但得物徒三年十貫以上徒五年刺字充下軍二十貫以上徒終身仍以贓滿盡刺字於面五十貫以上處死徵償如舊制熙宗皇統間詔諸臣以本朝舊制參隋唐宋遼之法類以成書名曰皇統制頒行中外海陵正隆二年六月置登聞院四年正月更定私相越境法並論死五年二月遣引進使高植刑部郎中海狗分道監視所獲盜賊並凌遲處死或鋸灼去皮截手足仍戒千戶穆昆等後有獲者並處死總管府官亦決罰十二月禁朝官飲酒犯者死世宗卽位制旨多從時宜集爲軍前權宜條理大定五年命

有司刪定條理與前制書兼目六年詔有司每月朔望及上七日毋奏刑名先是海陵時始定上七日不奏刑名至是詔朔望亦如之七年七月禁服用金線其織賣者皆抵罪八年二月制品官犯賭博法贓不滿五十貫者其法杖聽贖再犯者杖之九年以法官各執所見或觀望宰執之意詔自今制無正條者皆以律文爲準先是杖罪至百則臀背分決海陵時以脊近心腹禁之至是命復如舊法嗣謂宰臣曰罪人杖不分受恐至深重令聞民間有不欲者其令罷之制妄言邊關兵馬者徒二年又制職官犯公罪在官已承伏者雖去官猶論十二年二月詔官長不法其僚佐不能糾正又不上言者並坐之十三年詔立春後立秋前及大祭祀月朔望上下弦二十四氣雨未晴夜未明休暇並禁屠宰日皆不聽決死刑惟強盜即決十四年三月詔明安穆昆之民飲犯者抵罪十五年詔有司改竊盜贓滿八十貫者死自二月至八月禁絕飲燕恐妨農功雖閒月亦不許痛先是竊盜贓五十貫以上死至是乃有是詔十七年以渤海舊俗男女婚娶多不以禮必先攘竊以奔詔禁絕之犯者以姦論十八年正月定殺異居周親奴婢同居卑幼殺奴婢及妻無罪而輒毆殺者罪十九年三月制糾彈之官知有犯法而不舉者減犯人一等科之關親者許迴避六月置局更定制條命大理卿伊喇慥總中外明法者共校正以皇統正隆之制及大定軍前權宜條理後續行條理審其輕重刪頰正失制有缺者以律文足之制律俱缺及疑不能決者取旨畫定軍前權宜條理內有可以常行者亦爲定法餘未合者別爲一部存之參以近所定徒杖減半之法凡校定千一百九十條分十二卷名大定重修制條詔頒行焉十月制知情服內成親者雖自首仍依律坐之二十年詔定踐蹂禾稼罪初帝如春水見民桑多爲牧畜所踐詔親王公主及勢要家牧畜犯民桑者許所屬縣官立加懲斷至是見有踐蹂田禾者復詔自後踐民田杖六十盜人穀杖八十並償其值二十二年以附都明安戶不自種悉租與民有一家百口壠無一苗者令治其罪不種者杖六十穆昆杖四十受租百姓無罪二十五年以婦人在囚輸作不便而杖不分決與殺無異遂命免死輸作者決杖二百臀背分受而免輸作二十八年以制條拘於舊律間有難解之詞命刪修明白使民皆曉二十九年九月時章宗已即位制盜賊聚集至十人或騎五人以上所屬移捕盜官捕之仍遞言省部三十人以上聞奏違者杖百章宗明昌元年命置詳定律令所審定律令二年四月制諸部內災傷主司應言而不言及妄言者杖七十檢視不以實者罪如之因而有傷人命者以違制論致枉有徵免者坐贓論妄告者戶長坐詐不以實罪計贓重從詐匿不輸法六月禁稱本朝人及本朝言語爲番違者杖之十月敕司獄與府州司縣官筵宴往還者罪之十一月禁伶人不得以歷代帝王爲戲及稱萬歲犯者以不應爲事重法科十二月制投匿名文書者徒四年五年定徒二年以下者杖六十二年以上杖七十婦人犯者並決五十著於敕條承安二年制軍前受財法一貫以下徒二年以上徒三年十貫處死三年定明安穆昆身犯私鹽私酒麴及殺牛者徒一年杖數不以贖論不及徒者杖五十是歲帝以法不適平常行杖樣多不能用遂定分寸鑄銅爲杖式頒之天下且曰若以笞杖太輕恐情理有難恕者訊杖可再議之五年定居祖父母喪婚娶聽離法并妻亡服內婚娶者亦聽離又定皇族收養異姓爲子者徒三年姓同者減二等立嫡違法者徒一年泰和元年正月尚書省奏見行銅杖式輕細姦宄不畏遂命有司量所犯用大杖仍禁不得過五分十二月司空襄等進新定律令敕條格式五十三卷律凡十有二篇曰名例曰衞禁曰職制曰戶婚曰廄庫曰擅興曰賊盜曰鬬訟曰詐僞曰雜律曰捕亡曰斷獄實唐律也惟贖銅倍之增徒四年五年爲七削不宜於時者四十七條增時用之制百四十九條略有損益者二百八十二條餘百二十六條仍舊又分一爲二分一爲四者六條凡五百六十三條爲三十卷注以明其事疏以釋其疑名曰泰和律義自官品令職員令之下曰祠令四十八條戶令六十八條學令十一條選舉令八十三條封爵令九條封贈令十條宮衞令十條軍防令二十五條儀制令二十三條衣服令十條公式令五十八條祿令十七條倉庫令七條廄牧令十二條田令十七條賦役令二十三條關市令十三條捕亡令二十條賞令二十五條醫疾令五條假寧令十四條獄官令百有六條雜令四十九條釋道令十條營繕令十三條河防令十一條服制令十一條附以年月之制曰律令二十卷又定制敕九十五條榷貨八十五條蕃部三十九條曰新定敕條三卷六部格式三十卷詔以明年五月頒行之二年詔凡條格入制文內者分爲別卷復詔制與律文輕重不同及律所無者各校定以聞三年三月詔隨處盜賊嘯聚三十人以上奏聞違者杖百八月詔諸按察司體訪不實輒加糾劾者從故出入人罪論仍勒

停若事涉私曲各從本法五年正月復命鈎校制律付詳定所時詳定官言若依重修制文爲式則條目增減罪名輕重當異於律旣定復與舊同頒則使人惑而易爲姦宄臣等謂用今制條參酌時宜準律文修定歷采前代刑書宜於今者以補遺闕取刑統疏文以釋之著爲常法名曰明昌律義別編榷貨邊部權宜等事集爲勑條宰臣謂先所定令文尚有未完俟皆通定然後頒行若律科舉人則止習舊律遂以知大興府事尼厖古鑑御史中丞董師中翰林待制温屯忠孝提點司天臺張嗣翰林修撰完顏薩喇刑部員外郎李廷義大理丞麻安止爲校定官大理卿閻公貞戸部侍郎李敬義工部郎中賈鉉爲覆定官重修新律焉六年六月定軍前差發受贓罪除飛蝗入境雖不損苗稼亦坐罪法七月詔禁賣馬入外境但至界欲賣而爲所捕卽論死七年三月定蝗螭生發地主及隣主首而不申之罪九月更定受制忘誤及誤寫制書事重加等罪八年詔更定蝗蟲生發坐罪法宣宗貞祐三年三月禁州縣置刃杖端以決罪人七月詔宰臣自今監察官犯罪其事關軍國利害者並笞決之八月令職官犯罪大者卽施行之小者籍之事定始論其罪四年詔凡監察失糾劾者從本法論外使入國私通本國事情宿衞近侍官承應人出入親王公主宰執家災傷乏食有司檢覈不實致傷人命轉運軍儲而有私載考試舉人而防閑不嚴其罰並決在京犯至兩犮者臺官減監察一等治罪論贖餘止坐專差任滿日議定升降若任內曾以漏察被決依格雖爲稱職止從平常平常者從降罰六月詔凡進奉帖及申尚書省樞密院關應密大事私發視者絞誤者減二等制書應密者如之興定三年定贓吏計罪以銀爲則其犯公錯過誤者止徵通寶見錢贓污故犯者輸銀具雜議篇又制沿河戍兵逃亡罪並同征行軍人例五年尚書省言司縣官貪暴不法部民逃亡旣有決罰他縣停匿亦宜定罪從之元光元年增定藏匿逃亡親軍罪及告捕賞格

欽定續通典卷一百七

欽定續通典卷一百八

刑

刑制下 元 明

元太祖頒條畫刑獄惟重罪處死其餘雜犯量情笞決
太宗六年五月大會諸王百僚諭以條令凡當會不赴
而私宴者斬軍中凡十人置甲長聽其指揮專擅者論
罪其甲長以事來宮中卽置權攝一人甲外一人二人
不得擅自往來違者罪之諸公事非當言而言者拳其
耳再犯笞三犯杖四犯論死諸千戶越萬戶前行者隨
以木鏃射之百戶甲長諸軍有犯其罪同不遵此法者
斥罷凡來會用善馬五十匹爲一羈守者五人飼羸馬
三人守乞烈思三人盜馬一二者卽論死諸婦女製貴
孫燕服不如法及妬者乘以騾牛狗部中論罪卽聚財
爲更娶世祖中統元年禁私商不得越境犯者死二年
諭諸王駙馬凡民間詞訟毋得私自決斷皆聽朝廷處
置四年詔諸路私造軍器者處死凡民間所有不輸官
者與私造同至元二年正月申嚴越界販馬之禁違者
處死五月令軍中犯法不得擅自誅戮罪輕斷遣重者
聞奏六月敕行院及諸軍將校卒伍須正身應役違者
罪之十月詔隨路私商曾入南界者首實免罪充軍五
年三月申禁民間兵器犯者驗多寡定罪十二月詔諭
四川行省沿邊屯戍軍士逃役者處死禁市烏頭砒霜
諸毒藥及不通醫理妄行鍼灸或爲婦人墮胎戕害人
命者加等治罪八年敕凡訟而自匿及誣告人罪者以
其罪罪之禁用金泰和律元初新格未行猶用金律至
是禁之十年五月詔主守失陷官錢者杖而釋之十月
敕巴延和爾果斯以史天澤姚樞所定新格參考行之
十二年二月禁民間賭博犯者流之北地十月中書省
臣議斷死罪詔自後殺人者死罪狀已白不待時行刑
奴婢殺主者具五刑論十四年五月申嚴大都酒禁犯
者籍其家貲散之貧民七月敕犯盜者皆棄市符寶郎
董文忠言盜有强竊贓有多寡難以悉寘于法帝遽命
革之十一月詔僞造寶鈔同情者並處死分用者杖之
十五年正月禁官吏軍民賣所娶良家子女及爲娼者
賣買者兩罪之官沒其直人復爲良復敕官吏擅易馬
匹私配婦人者沒其家軍官不能撫治軍士及役擾致
逃亡者沒其家貲之半五月定諸職官犯罪受宣者聞
奏受敕者從行臺處之受省札者按察司治之其宣慰
司官吏姦邪非法及文移案牘從本道提刑按察司磨
刷應有死罪有司勘問明白提刑按察司覆審無寃依
例結案類奏待命十六年三月敕中書省凡掾史文移
稽緩一日二日者杖三日者處死八月詔漢軍出征逃
者罪死籍其家十一月敕諸路所捕盜初犯贓多者死
再犯贓少者從輕治罪十七年十一月詔有罪配役者
量其程遠近十八年立登聞鼓院許有寃者撾鼓以聞
先是十二年四月諭中書省議立登聞鼓如爲人殺其
父母兄弟夫婦寃無所訴聽其來擊其或以細事妄擊
者論如法至是始立焉十九年九月敕官吏受賄及倉
庫官侵盜臺察官知而不糾者驗其輕重罪之中外官
吏贓罪輕者杖決重者處死言官緘默與受贓者一體
論罪十月耶律鑄言前奉詔殺人者死仍徵燒埋銀五
十兩復止徵鈔二錠其事太輕請依蒙古人例犯者沒
一女入仇家無女者徵鈔四錠從之又令天下重囚除
謀反大逆殺祖父母父母妻殺夫奴殺主並正典刑外
餘犯死罪者充日本占城緬國軍二十年正月令自今
以匿名書告事重者處死輕者流遠方能發其事者給
犯人妻子仍以鈔賞四月申嚴酒禁有私造者財產女
子沒官犯人配役尋以歲登開其禁十二月令凡盜爲首及同
謀者死餘屯田淮上二十一年四月括天下私藏天文
圖讖太乙雷公式七曜歷推背圖苗太監歷有私習及
收匿者罪之二十三年四月中書省臣言比奉旨凡爲
盜者毋釋竊鈔數貫及佩刀微物與童幼竊物者悉令
配役今議一犯者杖釋再犯者依法配役爲宜帝曰朕
以漢人徇私用金泰和律處事致盜賊滋衆故有是言
今後非詳讞者勿輒殺人二十四年詔憲臣有貪婪敗
度者付法司增條科罪以懲欺罔二十八年頒行至元
新格元刑制名例四條衛禁八條職制三百七條祭令
五條學規十三條軍律十二條戶婚六十九條食貨三
十六條大惡五十一條姦匪五十九條盜賊一百十四
條詐僞五十條訴訟二十二條鬭毆四十二條殺傷一
百六條禁令一百十一條雜犯十四條捕亡九條恤刑
十五條平反四條五刑之制笞刑六自七下遞加十至
五十七杖刑五自六十七遞加十至一百七徒刑五自
一年遞加半年至三年凡徒一年者杖六十七遞加十
至一百七流刑三曰遼陽曰湖廣曰迤北死刑二曰斬
曰凌遲處死獄具制枷長五尺以上六尺以下闊一尺
四寸以上一尺六寸以下死罪重二十五斤徒流二十
斤杖罪十五斤皆以乾木爲之長闊輕重各刻誌其上
手杻長一尺六寸以上二尺以下橫三寸厚一寸鎖長
八尺以上一丈二尺以下鐐連環重三斤笞大頭徑二
分七釐小頭徑一分七釐罪五十七以下用之杖大頭

徑三分二釐小頭徑二分二釐罪六十七以下用之訊杖大頭徑四分五釐小頭徑三分五釐長三尺五寸並刋削節目無令筋膠諸物裝釘應決者並決小頭其決笞及杖者臀受考訊者臀若股分受務令均停二十九年二月申禁鞭背法三月中書省御史臺奏定贓罪十三等枉法者五不枉法者八罪入死者以聞制可三十年二月以江南豪右多庇匿盜賊令爲首者誅餘徙內縣成宗即位御史臺言先朝決獄隨罪輕重笞杖異施今止用杖乞如舊制不允元貞元年定職官坐贓論斷再犯者加二等倉庫官吏盜所守錢糧一貫以下笞之至十貫杖之二十貫加一等一百二十貫徒一年每三十貫加半年二百四十貫徒三年滿三百貫者死計贓以至元鈔爲則二年正月諭諸王公主駙馬非奉旨毋罪官吏先是中統二年及成宗時屢詔諸王以下毋私決有罪而風猶未格至是復申前禁二月禁軍將擅易侍衛軍蒙古軍以家奴代役者罪之又詔軍卒擅更代及逃歸者死六月御史臺臣言官吏受賂初旣辭伏繼以審覈而有司徇情致有異詞者乞加等論罪從之十月詔職官坐贓經斷再犯加本罪三等大德元年五月詔强盜姦傷事主者首從悉誅不傷事主止誅爲首者從者刺配再犯亦誅六月詔僧道犯姦盜重罪聽有司鞫問二年二月詔僧人犯姦盜詐僞聽有司專決輕者與僧官約斷約不至者罪之七月詔諸王駙馬及諸近侍自今奏事不經中書輒傳旨付外者罪之三年三月命何榮祖等更定律令四年正月申嚴京師惡少不法之禁犯者黥刺杖七十拘役五年正月令官吏犯贓及盜官錢事覺避罪逃匿者事同獄成雖經原免亦加降

黜七月詔禁畏吾兒僧陰陽巫覡道人呪師自今有大祠禱必請而後行違者罪之十一月禁軍士萬戶以下毋令私代犯者斷罪有差十二月定强竊盜條格凡盜人孳畜者取一償九然後杖之六年正月詔千戶百戶等自軍逃歸先事而逃者罪死敗而後逃者杖而罷之沒入其男女七年正月定諸改補鈔罪例爲首者杖一百七從者減二等再犯從者杖與首同爲首者流復詔凡爲匿名書詞語重者誅之輕者流配首告人賞鈔有差籍沒犯人妻子充賞三月定大都南北兵馬司姦盜等罪六十七以下付本路七十七以上付伊克扎爾古齊復定凡子孫或因貧困或信師巫邪說擅發祖父墳墓移棄尸骸貨塋地者與惡逆同罪十一月命依十二章斷僧官罪八年三月詔軍官擅離所部者悉遣還翼違者論如律軍人不告所部私歸者杖而還之十一月詔內郡江南人凡爲盜黥三次者謫戍遼陽諸色人及高麗人俱免黥謫戍湖廣盜禁籞馬者初犯謫戍再犯者死武宗至大元年四月詔凡匿鷹犬者沒家貲之半笞三十二年六月皇太子言宣政院先奉旨毆西番僧者截其手詈之者斷其舌此法昔所未聞有乖國典僧俗相犯已有明憲乞更其令從之三年十月敕省部官勤恪署事晨集暮散苟或怠弛不必以聞便宜罪之其到任或一再月辭以病者杖罷不敘仁宗皇慶二年十二月命中書更定略賣良人罪例延祐元年十一月詔省部官有晚至早退政務廢弛者視其輕重杖責之如更不悛則罷不敘二年六月敕大辟罪臨刑敢有橫加封割者以重罪論四年十一月諭諸宿衛入直非有旨不得上殿闌入禁中者坐罪五年九月敕軍官犯罪行

省咨樞密院議擬毋擅決遣英宗至治二年三月禁捕天鵝違者籍其家漳州路推官上言律徒者不杖今杖而又徒非恤刑意宜加徒減杖遂定爲令三年二月成大元通制先是仁宗時取格例條畫有關風紀者類集成書號曰風憲宏綱至是復命宰執儒臣取前書而損益之其大綱有三曰詔制曰條格曰斷例凡詔制爲條九十四條格爲條一千一百五十一斷例爲條七百十七頒行天下此據元史刑法志與英宗紀稍異紀中詔制作詔赦又有令類五百七十七條凡二千五百三十九條泰定帝即位詔凡有罪自首者原其罪泰定元年六月禁蒙古流民毋擅離所部違者斬八月敕武官坐罪制授者以聞敕授者從行省處決二年八月敕諸王部曲私入京者罪之九月禁饑民結扁擔社傷人者杖一百著爲令四年九月禁僧道買民田違者坐罪沒其直命職官贓汙者流放廣南先是流遠囚徒惟女直高麗二族流湖廣餘並流奴兒干及青海至是御史言廣海古流放之地請令贓吏處之以示懲戒從之致和元年正月詔百司凡不赴任及擅離職者奪其官避差遣者笞之五月禁流民聚至千人者杖一百文宗天歷元年十月以罪人旣籍家貲又役妻子非古者罪人不孥之意詔自今凡罪人妻子勿役三年正月令自今臣僚有罪致籍沒者其妻子他人不得陳乞亦不得沒爲官口六月更定遷徙法先是北人徙南南人徙北去家萬里往往道死至是始命應徙者驗所居遠近不過千里在道遇赦皆得放還如不悛再犯徙之本省不毛之地十年無過則量移之所還人死妻子聽歸土著八月敕自今有以朝賀爲名斂鈔入已者依枉法論罪至順元年七月令各宿衛復有容匿漢南高麗人及奴隸

濫充者集賽官與其長杖五十七犯者與典給散者皆杖七十七沒家貲之半以籍入之半爲告者賞仍令監察御史察之九月敕諸人非其本俗敢有弟收其嫂子收庶母者坐罪十月令自今內外官吏家人受財悉依十二章計贓多寡論罪二年六月詔諸官吏在職役或守代未任爲人行賕關說即有所取者官如十二章論贓吏罷不敘終其身雖無所取訟起滅由已者罪加常人一等寗宗即位定婦人犯私鹽罪初英宗時王克敬爲兩淮鹽運使溫州逮犯鹽者以一婦人至怒曰豈有逮婦人千里外與吏卒雜處者汙教甚矣自今毋得逮婦人建議著爲令至是始定其罪順帝元統二年七月詔蒙古色目人犯盜者免刺至元元年六月中書省員外郎陳恩謙言强盜但傷事主者皆得死罪而故殺從而加功之人與鬭而殺人者例杖一百七十得不死與私宰牛馬之罪無異是視人與牛馬等也法應加罪因姦殺夫所姦妻妾同罪律有明文今止坐所犯似失推明宜令法曹議著爲定制二年八月詔强盜皆死盜牛馬者劓盜驢騾者黥額再犯劓盜羊豕者墨項再犯黥三犯劓劓後再犯法者死盜諸物者照其數估價省院臺五府官三年一審決三年七月詔除人命重事之外凡盜賊諸罪不須候五府官審錄有司依例決之四年六月令自今處決重囚五府官斟酌地理遠近預選官分行各道涖其事六年九月詔今後有罪者毋籍其妻女以配人至正五年十一月新修至元條格成六年四月頒行之

明太祖初平武昌即議定律吳元年十月令左丞相李善長爲律令總裁官參知政事楊憲傅瓛御史中丞劉基翰林學士陶安等二十人爲議律官諭之曰法貴簡當使人易曉若條緒繁多或一事兩端可輕可重吏得因緣爲姦非良法也十二月書成凡爲令一百四十五條吏令二十戶令二十四禮令十七兵令十一刑令七十一工令二律二百八十五條吏律十八戶律六十三禮律十四兵律三十二刑律一百五十工律八命有司刊布中外又恐民不能盡知法意命大理卿周楨等取所定律令自禮樂制度錢糧選注外凡民間所行事宜類聚成編訓釋其義頒之郡縣名曰律令直解洪武元年八月詔凡決重刑須待秋後毋非時以傷生意十二月置登聞鼓于午門外令監察御史監之凡民間詞訟有司不爲申理及寃抑重事不能自達者許擊之御史隨引奏敢阻告者死三年六月詔武臣有犯非奏請不得逮問五年六月定宦官禁令凡內使于宮城內相罵詈者先發理屈笞五十後罵理直者不坐不服本管鈐束而抵罵者杖六十內使罵奉御者杖六十罵門官監官者杖七十內使于宮城內相鬬毆者先鬬理屈杖七十毆傷者加一等後應理直而無傷者笞五十不服本管鈐束而毆之者杖八十毆傷者加一等毆奉御者杖八十毆門官監官者杖一百傷者各加一等內使等有心懷惡逆口出不道之言者凌遲處死知情而蔽之者同罪知其事而不首者斬首者賞銀三百兩作鐵榜誡公侯申明律令凡九條一凡內外指揮千戶百戶鎭撫等不得私受公侯財物受者杖一百發海南充軍再犯處死公侯與者初再犯免罪附過三犯准免死一次二公侯不得私役官軍違者初再犯免罪附過三犯准免死一次官軍敢輒聽從者杖一百發海南充軍三公侯强佔官民山場湖泊茶園蘆蕩及金銀銅鐵錫冶者初再犯免罪附過三犯准免死一次四各衛官軍非出征之時不得輒於公侯門首侍立聽候違者杖一百發烟瘴地充軍五功臣家管莊人等不得倚勢在鄉欺毆人民違者刺面劓鼻家產籍沒入官妻子徙置南寗其餘聽使之人各杖一百及妻子皆發南寗充軍六凡功臣家屯田佃戶管莊幹辦奴僕及親屬人等倚勢凌民侵奪財產者並依倚勢欺毆人民律處斷七公侯除賜定儀仗戶及佃田人戶已有名額報籍在官敢有私托門下隱蔽差徭者斬八凡公侯之家欺壓良善虛錢實契侵奪人田地房屋孳畜者初犯免罪附過再犯住支俸給一半三犯停其祿四犯與庶人同罪九功臣家不得受諸人土田及朦朧投獻物業違者與侵奪田產同科斷六年四月刊律令憲綱頒諸有司八月定親屬相容隱律凡同居大功以上親及外祖父母外孫若孫之婦夫之兄弟及兄弟妻若妾之父母女婿許相容隱或奴婢爲主隱者皆勿論其小功以下相容隱減凡人三等若無服之親姑姊妹夫妻之兄弟姑夫妻姪相容隱者減二等謀反惡逆不在此律九月命府州縣輕重囚獄即依律斷決不須轉發果有違枉御史按察司究劾之先是有司決獄笞五十者縣決杖八十者州決一百者府決徒罪以上具獄送行省至是命中書省御史臺定議行之十一月定大明律篇目一準於唐曰衛禁曰職制曰戶婚曰廄庫曰擅興曰賊盜曰鬬訟曰詐僞曰雜律曰捕亡曰斷犯曰名例采用舊律二百八十八條續律一百二十八條舊令改律三十六條因事制律三十一條掇唐律以補遺一百二十三條合六百有六條分

三十卷明年二月書成八年二月敕刑官自今凡雜犯死罪者免死輸作終身徒流罪限年輸作官吏受贓及雜犯死罪當罷職役者發鳳陽屯種民犯流罪者鳳陽輸作一年然後屯種十四年二月詔凡武臣三品以上犯罪奏請得旨乃鞫之四品以下所司就逮問請旨裁決若文職有犯干涉武臣三品者亦須奏請毋擅問命刑部更定徒罪煎鹽炒鐵例各照年限並以到配所之日為始發鹽場者每日煎鹽三斤鐵冶者每日炒鐵三斤另項結課三月敕官吏受賕必求通賄之人併罪之徙其家於邊四月敕刑部自今官吏有犯宥罪復職榜示其過於門改過則除之不悛者論如律十月敕凡戶婚田土作奸犯科諸事悉由本屬官司陳告毋得輒赴京師越訴亦不許家居上封事違者罪之又詔有以繁文出入人罪者罪之仍命刑科會諸司官定議成式榜示中外十六年正月令徒流笞杖罪囚代農民力役贖罪役十日准笞二十杖一十徒流各計年准之雜犯死罪者罰戍邊三月定詐偽律十七年十月定土官犯罪律選用者依流官律定罪世襲者所司不許擅問先以干証之人推得其實定議奏聞杖以下紀錄在職徒流則徙之北平十二月以民間乞養義女自幼撫養有尊卑之分幃簿不修實傷風化比同宗無服之親律加一等杖六十徒一年其女歸宗十八年命刑部錄內外職官犯法罪狀明白者揭於申明亭以示懲戒初太祖患民狃元習徇私滅公罪戾日滋乃采輯官民過犯條為大誥是歲書成其目有十曰攬納戶曰安保過付曰詭寄田糧曰民人經該不解物曰灑派拋荒田土曰倚法為姦曰空引偷軍曰黥刺在逃曰官吏長解賣囚曰寰中士夫不為君用其罪至鈔劄次年復為續編三編皆頒學宮以課士里置塾師教之囚有大誥者罪減等於時天下有講讀大誥師生來朝者十九萬餘人皆賜鈔遣還其後罪人率援大誥減等不復論其有無矣二十年正月焚錦衣衛刑具以繫囚付刑部具寬恕篇二十一年二月敕有司官入流品以上犯罪者皆須奏聞方許逮問五月定雲南官吏軍民犯罪律是歲詔謀逆姦黨及造偽鈔者沒貲產丁口其餘止收貲產仍以農器耕牛給還之凡應合鈔劄者曰姦黨曰謀反大逆曰姦黨惡曰造偽鈔曰殺一家三人曰采生拆割人為首其大誥所定十條後未嘗用也二十二年八月更定大明律先是刑部奏言比年條例增損不一以致斷獄失當請編類頒行俾中外知所遵守遂命翰林院同刑部官取比年所增以類附入改名例律冠於篇首為卷三十為條四百六十名例一卷四十七條吏律二卷曰職制十五條曰公式十八條戶律七卷曰戶役十五條曰田宅十一條曰婚姻十八條曰倉庫二十四條曰課程十九條曰錢債三條曰市廛五條禮律二卷曰祭祀六條曰儀制二十條兵律五卷曰宮衛十九條曰軍政二十條曰關津七條曰廄牧十一條曰郵驛十八條刑律十一卷曰盜賊二十八條曰人命二十條曰鬬毆二十二條曰罵詈八條曰訴訟十二條曰受贓十一條曰詐偽十二條曰犯姦十條曰雜犯十一條曰捕亡八條曰斷獄二十九條工律二卷曰營造九條曰河防四條為五刑之圖凡二首圖五曰笞曰杖曰徒曰流曰死笞刑五自一十至五十每十為一等加減杖刑五自六十至一百每十為一等加減徒刑五徒一年杖六十一年半杖七十二年杖八十二年半杖九十三年杖一百每杖十及徒半年為一等加減流刑三二千里二千五百里三千里皆杖一百每五百里為一等加減死刑二絞斬五刑之外徒有總徒四年遇例減一年者有准徒五年斬絞雜犯減等者有安置有遷徙去鄉一千里杖一百准徒二年有口外為民其重者曰充軍初惟邊方屯種後分極邊烟瘴邊遠邊衛沿海附近軍有終身有永遠絞斬之外有凌遲以處大逆不道諸罪者充軍凌遲非五刑之正故圖不列凡徒流再犯者流者於原配處所依工樂戶留住法三流並決杖一百拘役三年拘役者流人初止安置今加以居作卽唐宋所謂加役流也徒者於原役之所依所犯杖數年限決訖應役毋得過四年次圖七曰笞曰杖曰訊杖曰枷曰杻曰索曰鐐笞大頭徑二分七釐小頭減一分杖大頭徑三分二釐小頭減如笞之數笞杖皆以荊條為之皆臀受訊杖大頭徑四分五釐小頭減如笞杖之數亦荊條為之臀腿受笞杖訊皆長三尺五寸枷自十五斤至二十五斤止刻其上為長短輕重之數長五尺五寸頭廣尺五寸杻長尺六寸厚一寸男子死罪者用之索鐵為之以繫輕罪者長一丈鐐鐵連環之以繫足徒者帶以輸作重三斤又為喪服之圖凡八族親有犯視服等差定刑之輕重其因禮起義者養母繼母慈母皆服三年毆殺之與毆殺嫡母同罪兄弟妻皆服小功互容隱者罪得遞減舅姑之服皆斬衰三年毆殺罵詈之者與夫毆殺罵詈之律同姨之子舅之子姑之子皆緦麻是曰表兄弟不得相為婚姻大惡有十曰謀反曰謀大逆曰謀叛曰惡逆曰不道曰大不敬曰不孝曰不睦曰不義曰內亂雖常赦不原貪墨之贓有六曰監守盜曰

常人盜曰竊盜曰枉法曰不枉法曰坐贓當議者有八曰議親曰議故曰議功曰議賢曰議能曰議勤曰議貴曰議賓時太孫請更定五條以上太祖覽而善之太孫又請凡與五倫相涉者宜皆屈法以伸情乃命改定七十三條具寬恕篇二十四年七月命刑部凡犯法者不許誣引良善違者所誣雖輕亦坐以重罪二十六年定應充軍者大理寺審訖開付陝西司本部置文簿註姓名年籍鄉貫依南北籍編排甲爲二冊一進內府一付該管百戶充軍如浙江河南山東陝西山西北平福建直隸應天廬州鳳陽淮安揚州蘇州松江常州和州滁州徐州人發雲南四川屬衛江西湖廣四川廣東廣西直隸太平寧國池州徽州廣德安慶人發北平大寧遼東屬衛有逃故按籍句補明史刑法志曰初制流罪三等視地遠近邊衛充軍有定所蓋降死一等惟流與充軍爲重然名例律稱二死三流同爲一減如二死遇恩赦減一等卽流三千里流三等以大誥減一等皆徒五年犯流罪者無不減至徒罪矣故三流常設而不用而充軍之例爲獨重律充軍凡四十六條諸司職掌內二十二條則洪武間例皆律所不載者其嘉靖二十九年條例充軍凡二百十三條與萬歷十三年所定大略相似二十八年九月頒皇明祖訓禁用黥刺剕劓閹割之刑臣下敢以請者置重典又皇親惟謀逆不赦餘罪宗親會議取上裁法司祇許舉奏毋得擅逮三十年五月作大明律誥成命刑官取大誥條目撮其要略附載于律凡榜文禁例悉除之除謀逆及律誥該載外其雜犯大小罪悉依贖罪律論斷編次成書刊布中外自律誥出而大誥所載諸峻令未嘗輕用焉惠帝建文四年時成祖已卽位令徒罪四人充撥國子監膳夫八月定罪人輸作之例笞罪五等每等五日杖罪五等每等十日徒罪准所徒年月加以應杖之數輸役流罪三等俱役四年一百日雜犯死罪工役終身九月定功臣死罪減

祿例免三死者初犯減二十之七再犯減十之七三犯盡奪免二死者初犯減十之五再犯盡奪免一死者一犯盡奪又令雜犯死罪及流罪挈家赴北平種田流罪三年死罪五年後錄爲良民其徒罪令煎鹽杖罪輸役如故仍選徒罪以下罷職官假以職名俾督民耕種三年有成績實授無成仍坐原罪永樂元年二月定誣告法凡誣三四人者杖一百徒三年五六人者杖一百流三千里所誣重者從重論誣十人以上者淩遲梟首家屬遷口外又定凡監生犯公罪依律記過罪當笞者罰歷刑一年當杖者斷發充吏准吏員資格出身三年三月定文職官及中外旗校軍民人等凡犯重條依律科斷他如私度關津臨事避難私和公事失火犯夜私造斗斛秤尺失囚囑託公事求索取受財物收養畜產不如法居喪嫁娶匿稅諸不應爲而爲一應詿誤連累則免決記罪其有不應侵損于人等項及情犯重者臨時奏請六月命官犯杖罪者再犯仍記罪還職停俸三月三犯論如律十二月定制凡徒流發充軍者於長安左右門造守衛官軍飯食漢趙二府牧馬不充軍者充國子監膳夫將軍軍伴士工或於北京爲民種田遵化炒鐵或自買船遞運或擺站運鹽笞杖罪止鑄錢准工四年七月申誹謗之禁十月申匿名文書之禁五年五月嚴禁回回多買中國妻妾子女出境按律處死十年正月令誣告犯徒流等罪者免罪挈妻子徙盧龍山海永平小興州爲民種田十六年十二月諭法司凡官吏犯贓者必論如法十八年二月諭甘肅總兵官陝西行都司所屬軍士有犯笞杖徒流遷徙罪者就發本地極邊處瞭守烟墩其爲事官以下犯死罪者送京師十九年

七月嚴自宮之禁二十二年十一月仁宗已卽位命內府守衛官軍懸帶銅牌無牌者依律論罪借者及借與者罪同仁宗洪熙元年十月令凡吏犯徒罪以上准工滿日安置別郡死罪如律公罪附過杖罪除坐累詿誤依律的決還役其受贓及誣取人財考滿丁憂不赴部避役逃亡詐稱疾病者仍依永樂中事例免杖發北京爲民十一月詔法司凡軍匠犯竊盜者杖一百常帶鎖鉗赴工宣宗宣德元年五月令貴州土人雜犯死罪役作終身徒流徒杖者依年限役之應笞者役五月應杖者役十月畢日釋放四年令匠役雜犯死罪鎖鐐終身工役徒流笞杖罪論年限工役二月敕自今犯不孝及烝父妾收兄弟之妻敗倫傷化者在外有司毋擅斷決悉送京師如律鞫治若武官及其子弟犯此者不許復職承襲四月嚴越訴之禁有機密重事許實封進呈若私事論訴必自下而上擅動實封者法司治之并究教誘之人皆坐罪家屬戍邊五月申明原告在逃被告放遣俟獲對理之制六月罷文職官犯贓贖罪例先是官吏犯贓律應死者運磚畢罷爲民徒流者官降用吏改撥重歷非犯贓及笞杖者還職役至是俱依律科斷不復引例英宗正統元年正月令自今以婦女殘疾老幼出名告狀坐誣者不准收贖追究壯丁坐罪三年三月詔民訟毋許摭拾妻女婦女非犯姦惡殺人及毀罵舅姑不孝等罪毋得提問四年八月敕法司論獄妄援重律者以變亂成法罪之五年三月令四充隸富戶逃者捕獲充軍六月令凡內外軍官尅減糧五十石布五十疋棉花一百斤以上者論死罪官充軍立功總小旗充軍守哨五年滿日還役其計贓四十貫以下者論徒流罪官

稱爲事官立功總小旗充軍守哨流罪四年徒罪照年限滿日各復職役調邊衞差操九月命盜采銀礦爲首者處斬從者發戍雲南十月令軍丁力士犯盜者依例戍邊十一月更定受枉法贓充軍例具雜議篇六年七月令免立竊盜牌額先是以竊盜黥刺之刑不足示懲扁其門曰竊盜之家至是罷之八年七月命竊盜已刺遇赦再犯者依常例擬不論赦仍具前後所犯以聞九年六月命受財教唆捏告平人者充軍十年二月申嚴誣告之禁誣十人以上者軍發邊衞民遷口外十二年令凡以後妻所攜前夫之女爲子婦及以所攜前夫之子爲婿者並依娶同父異母姊妹律減等科斷十三年六月令凡姦義男婦比姦前夫之女應徒男與婦仍歸本宗强姦者處斬十四年六月令凡生員犯輕罪者充吏其受贓姦盜冒籍科舉挾妓飲酒居喪娶妻妾等罪南北直隸發充國子監膳夫各布政司發充隣近儒學齋夫膳夫滿日原籍爲民廩膳仍追廩米景帝景泰元年八月詔爲事充軍者悉照宣德十年詔書事例止終本身五年三月令各省遇蠻夷人有犯若係眞犯死罪依律處決笞杖罪的決發還本部族徒流雜犯死罪照工匠樂戶及婦人犯罪例各決杖一百餘罪收贖亦發還本部族收管英宗復辟天順元年四月增修錦衣衞獄憲宗成化元年詔武臣有罪者論如正律後仍舍律用例如舊制四年二月命凡犯賭博者分別輕重爲三等治罪六年二月令凡盜在京城關廂行劫者於京城百里外衝要處梟示三月禁放官債凡假姓名誆財物者事發枷號部門三月禁烟瘴充軍七年十二月令凡官司於軍民詞訟悉依律問擬擅自科罰者治罪十三年正月始置西廠命太監汪直督錦衣官校百餘人廣刺外事所領緹騎倍東廠伏讀御批通鑑輯覽曰自永樂設立東廠寄宦官以訪緝之任固已作法於涼至憲宗信任汪直復爲特置西廠氣燄鴟張羅織內外其勢益横甚且擅行逮問易置近臣其初不過因直舉發覃力明殺人事嘉其摘姦執知此正若輩先爲小忠小信以成其大不忠大不信之故智憲宗墮其術中深相倚毗自此廠衞乘時竊柄日漸恣肆迄於危亡追論禍源憲宗豈得辭作俑之咎耶聖訓煌煌於小人得君之伎倆及人主馭下之大權罔不洞探原本有以昭萬古之炯戒云十四年九月定職官隱匿盜賊罪例一二次不報者停俸三次載罪俱捕盜如故四次以上奏請降等用十六年九月令凡犯罪充軍病故者例終本身各衞毋得因原問官司移文仍一概按名清句以戶丁抵補十一月以京城多盜敕究舍匿遊民與無籍軍匠罪囚送戶工兵三部收役其無籍貫者送兵馬司處畫具雜議篇十七年五月定挾詐得財罪例凡指京官並三司以下官名及以官府使用爲詞誆財者俱計贓不分首從悉連屬發邊衞充軍原係邊者發極邊守哨職官有犯依律奏請一體發遣十八年三月罷西廠十九年十月定竊盜三犯罪例凡三犯計贓滿百貫者當絞斬罪雖係雜犯不准常例其不滿貫犯徒流以下罪者雖至三犯原情實輕仍依常例治之孝宗宏治三年十二月令自後有奏議條例者法司會議斟酌奏請上裁五年七月詔以前後奏准事例分類編集通行中外六年五月令審錄錯誤者以失出入論罪其受賄及任已見者以故出入論罪七年三月申明酷刑條例降調邊遠其法外刑人致死者除名爲民巡撫等官嚴加防察依法問擬奏聞處治十二月令凡誣告人罪年在七十以上十五以下及廢疾者依律論斷例應充軍瞭哨口外爲民者仍依律發遣若年八十以上及篤疾有犯應永戍者以子孫發遣應充軍以下者免之十一年正月民有兄亡妻其嫂者詔以絞罪定擬仍通行中外有犯此類及親屬相姦者如之十二年二月詔凡各州縣預備倉儲虧耗不及百石者從常論罪責償其有侵盜虧折百石之上者從重論罪六月令自後兩廣及雲貴四川犯應遣發者悉改撥本處附近衞所充軍不欲者仍口外爲民九月以鎭巡等官於廣寧開原撫順三馬市減價抑勒夷人申明禁約違者捕送巡撫究治計贓二百貫以上者頭目僕從人等發極邊衞充軍職官調別邊各衞遇赦不宥因而激變引釁者從重論又嚴禁分守等官并勢家與海西建州部人聯親抵易貢馬犯者按問治罪遇赦不宥十三年二月詔增修歷年問刑條例經久可用者二百七十九條又嚴私通朝貢人之禁有違例將軍器貨與夷人者問斬有私通往來投託買賣及撥置害人透漏事情者俱發邊衞充軍十六年十月詔凡威逼祖父母父母死者依毆父母律斬決不待時十一月令決囚有抱訴鼓狀者於午前封進午後不許重訴十七年二月令有收藏妖書者許半月內首告官司私錄者同罪四月令凡軍職犯事被提監故病故未復職者所犯係人命失機及宿娼等事子孫承襲俱照例改調別衞其徒杖等罪不分已結未結免其降調閏四月禁軍民奏訴泛及七八人以上及攙入旁事者不得准理仍治其罪又凡强屯民田至五十畝以上者軍改發邊衞民遷口外爲民五月嚴勳戚家人倚勢擾民之禁凡生事害人者除眞犯死罪外徒以上于所犯地方枷一月發邊衞充軍情重幷逃回再犯者枷三月發遣家長故縱及官司畏避者通行參奏又命今後有年七十以上十五以下及有

疾人眞犯死罪者奏發充軍徒流以下合充軍者本身自犯聽收贖有壯丁主使者罪坐主使之人六月令凡軍民奏訴牽緣別事摭拾原問官者立案不行所奏事仍令問結虛詐者擬罪如果原問官枉斷亦罪之八月令天文生犯罪當充軍者果習業已成如例發附近衞充軍仍于欽天監應役其習業未成者仍發邊衞充軍十月令自後凡故殺鬬毆正犯坐擬斬絞其本非同謀但不勸阻者止問不應杖罪竊盜臨時拒捕雖不得財亦坐以斬十八年二月以南京決囚刑科例不覆奏均侯秋審後類奏定奪如有巨憝難循常例者更具奏處決正德元年復設西廠五年三月令凡軍犯已故無子婦女家屬一應免遣死罪重訴三次者免加罪婦人無夫者免配邊軍凡犯罪家產除重罪外免沒官十年六月詔問刑衙門凡徵收部解官物未入官而有司侵盜者俱照侵盜倉庫例科斷故縱者坐之十三年九月嚴子弟劫父兄者罪例十四年二月廷杖修撰舒芬等具峻酷篇十六年十二月令自今各將領于所轄官軍除臨陣退縮許用軍法外其餘有犯止用常刑違者聽撫按糾舉論罪世宗嘉靖元年令決囚准于未刻前畢事三年十一月詔今後除反逆緣坐外凡減死永遠充軍未遣而死獄者俱免句補五年九月申明訴冤之例如各犯所訴得實原問官從重究治容情不參奏者一體治罪至民人寃抑止許赴通政司或登聞鼓下投遞有擅入禁門叫訴及摭拾辱罵原問官挾制官吏者并主使之人重治之六年七月令天下有罪應充軍者斟酌律例從宜編發遠不過三千里程不過一二月無使軍人走死解戶貽累七年正月罷官校提人之制四月詔自後捕官軍職妄殺報功者依故殺抵罪八年三月詔今後官吏犯枉法贓者追贓入官仍問軍發遣酷刑致死人命雖因公亦照例爲民其故禁故勘者論如律十五年七月詔自後有犯辜限外人命者俱遵律例議擬奏請定奪二十年十月詔自後有私以首功相讐者不分受財與否俱問發充軍二十二年二月令自今犯僞茶五百斤以上者本商與轉賣之人俱謫戍近衞原係近衞者調邊遠主家匿僞茶至千斤以上者亦依前例編發其不及數者比私鹽律四月定僞造文書事例凡盜用印信及詐爲各衙門關防者俱依律杖流具雜議篇二十八年增修問刑條例二百四十九條二十九年五月更定充軍之制具雜議篇三十四年二月令凡姦緦麻以上親之妻及妻前夫之女同毋異父姊妹者發近衞充軍婦女離異歸宗聽夫嫁賣凡用財冒襲軍職者并保勘官俱罷職揭黃永不得襲若有贓以枉法論凡宗室悖逆祖訓出城越關赴京者奏請降爲庶人仍送回軍職犯死罪及充軍者子孫俱不許襲沿邊總兵以下官凡有科斂入已贓至二百兩以上戍邊四百兩以上梟示沿邊沿海寇至不能固守致賊陷入衞所掌印官與捕盜官俱比守邊將帥失陷城寨律斬其府州縣降級別用無衞所專城之責者不分邊腹掌印捕盜官俱比牧民官激變良民因而失陷律斬凡搶奪財物至三犯不悛者俱比照竊盜三犯應絞律擬絞奏請定奪凡軍職倚勢役占并受財賣放餘丁至三十名以上致廢防守俱比賣放正軍包納月錢至二十名以上事例罷職戍邊穆宗隆慶三年正月詔買休賣休和娶人妻之條非係姦情不得引用五年四月令以律書諸家注解折衷定論參以續定事例附條例後刊布中外六年正月令刑部申飭諸司參酌律令可矜可疑剖析情罪毋致牽混又申飭問刑官毋得輕入恤刑官毋得輕出具雜議篇神宗萬歷三年五月嚴禁三司首領州縣佐貳官貪污不職除照例追贓問遣外正官不行舉報者倣古連坐法參論罷黜九月申嚴貪酷之律凡守令贓私顯著者追贓並押發各邊自行輸納完日回籍爲民官吏因受人財及法外用刑增減人重罪至死者坐以死罪五年八月申明捕盜之禁先是命有司隱匿盜情反累失主者參奏重治至是復申明其禁六年七月令凡捕役冒功仇家攀陷者辨釋治罪十二月以錢法壅滯詔有犯私鑄及倡言阻撓者爲首依律論死餘各問罪七年三月令凡侵盜銀四百兩糧八百石者論斬一年完贓改戍過限不完處決仍拘親屬追賠至十一年六月復舊例侵盜者永遠充軍五月詔以廣東珠池之盜比常人盜官物併贓論罪免刺仍分爲三等拒捕者不分首從俱遠戍若因而殺傷人爲首者斬其未拒捕聚眾二十人以上珠值銀二十兩以上者爲首者戍爲從者枷號三月人與珠不及數者爲首者初犯枷三月若以盜珠爲由行刦市舶俱依强盜論八月詔以衞所職官賣放正軍包攬月糧至二十石以上者例罷職發邊衞守禦沿邊副總等官科斂扣減贓至二百兩以上者例發邊衞永遠充軍四百兩以上者例斬首示眾自今沿海地方犯者照此究處十二年五月定貪官計贓論罪條例凡贓至五百兩以上者卽引枉法例若止因公科斂第依律以雜犯絞罪准徒十三年四月輯嘉靖三十四年以後詔令及宗藩軍政條例捕盜格漕運議單與刑名相關者律爲正文例爲附註

凡三百八十二條頒行之十四年九月詔軍官軍人犯徒流律並免刺以後文職一體遵行其餘但以盜論及雜犯斬絞准徒者俱盡本法刺字十二月令凡盤查坐侵等項准照舊免刺三十七年四月增定失陷從賊罪例凡大小文武官員被賊攻陷城池不卽拒敵輒怯死從賊導引焚劫有顯跡者斬秋後處決三十八年六月定軍職犯盜自首降襲事例凡自首免死者應襲之人降一級承襲熹宗天啟三年十二月魏忠賢提督東廠(具峻酷篇)七年十二月(時莊烈帝己卽位)令法司等衙門究治罪人按律用本等刑具永革大枷不得復用莊烈帝崇禎二年三月定逆案時魏忠賢等皆伏誅帝命刑部尚書喬允升等審定姦黨自崔呈秀以下定爲六等詔示天下十一年定編遣事宜以千里爲附近二千五百里爲邊衞三千里外爲邊遠其極邊烟瘴以四千里外爲率止拘本妻無妻則已不許擅句親鄰如衰癃老疾准發口外爲民

刑

雜議一 唐 五代 宋

唐憲宗元和六年富平人梁悅爲父報讎殺人自投縣請罪敕復讎殺人固有彝典以其申冤請罪視死如歸特減死決一百配流循州職方員外郎韓愈獻議曰伏奉今月五日敕復讎據禮經則義不同天徵法令則殺人者死禮法二事皆王教之大端有此異同必資論辨宜令都省集議聞奏者伏以子復父讎見於春秋見於禮記又見於周官又見於諸子史不可勝數未有非而罪之者也最宜詳於律而律無其條非闕文也蓋以爲不許復讎則傷孝子之心而乖先王之訓許復讎則人將倚法專殺無以禁止其端矣夫律雖本於聖人然執而行之者有司也經之所明者制有司者也丁寧其義於經而深沒其文於律者其意將使法吏一斷於法而經術之士得引經而議也周官曰凡殺人而義者令勿讎讎之則死義宜也明殺人而不得其宜者子得復讎也此百姓之相讎者也公羊傳曰父不受誅子復讎可也不受誅者罪不當誅也誅者上施於下之辭非百姓之相殺者也又周官曰凡報讎者書於士殺之無罪言將復讎必先言於官則無罪也陛下垂意典章思立定制惜有司之守憐孝子之心示不自專訪議羣下臣愚以爲復讎之名雖同而其事各異或百姓相讎如周官所稱可議於今者或爲官吏所誅如公羊所稱不可行於今者又周官所稱將復讎先告於士則無罪者若孤穉羸弱抱微志而伺敵人之便恐不能自言於官未可以爲斷於今也然則殺之與赦不可一例宜定其制曰凡有復父讎者事發具其事申尚書省尚書省集議奏聞酌其宜而處之則經律無失其旨矣柳州民莫誠救兄莫蕩以竹刺莫果右臂經十二日身死準律以他物毆傷十二日辜辜內死者各依殺人論刺史柳宗元上桂管觀察府狀右奉牒準律文處分者竊以莫誠赴急而動事出一時解難爲心豈思他物救兄有急難之戚中臂非必死之創不幸致殂揣非本意按文固當恭守撫事似可哀矜斷手方迫於深衷周身不遑於遠慮律宜無赦使司明至當之心情或未安守吏切惟輕之願伏乞俯賜興哀特從屈法幸全微命以慰遠黎穆宗朝有司每斷大獄令中書舍人一人參酌而輕重之號參酌院大理少卿崔杞奏曰國家法度高祖太宗制二百餘年矣周禮正月布刑張之門閭及都鄙邦國所以屢丁寧使四方謹行之大理寺陛下守法之司也今別設參酌之官有司定罪乃議其出入是與奪繫於人情而法官不得守其職子路問政孔子曰必也正名乎臣以爲參酌之名不正宜廢乃罷之長慶二年刑部員外郎孫革奏准京兆府申雲陽力人張泣欠康憲錢米憲徵理之泣乘醉拉憲氣息將絕憲男買得年十四將救其父以泣角觝力人不敢揮解遂持木鍤擊之首見血後三日死者准律父爲人所毆子往救擊其人折傷減凡鬭三等至死者依常律則買得合當死刑伏以律令者用防凶暴孝行者以開教化今買得救父難是性孝非暴擊張泣是心切非凶以髫丱之歲正父子之親若非聖化所加童子安能及此王制稱五刑之理必原父子之親春秋之義原心定罪周書所以訓諸罰有權今買得生被皇風幼符至孝哀矜之宥伏在聖慈敕旨康買得尚在童年能知子道雖殺人當死而爲父可哀若從沈命之科恐失原情之義宜付法司減死罪一等處分是年中書舍人白居易上言據刑部及大理寺所斷准律非因鬭爭無事而殺者名爲故殺今姚文秀有事而殺者則非故殺據大理司直崔元式所執准律相爭爲鬭相擊爲毆交鬭致死始名鬭殺今阿王被打狼籍致死文秀檢驗身上一無傷損不得名爲相擊阿王當夜已死何名相爭既非鬭爭又蓄怨怒即是故殺者謹按律疏云不因鬭爭無事而殺名爲故殺此言事者謂鬭爭之事非他事也今大理刑部所執以文秀怒妻有過即不是無事既是有事因而毆死則非故殺此則唯用無事兩字不引爭鬭上文如此是使天下之人皆得因事殺人殺人了即曰我有事而殺非故殺也如此可乎且天下豈有無事而殺人者足明事乃爭鬭之事非他事也又凡言鬭毆死者謂事素非憎嫌偶相爭鬭一毆一擊不意而死如此則非故殺以其本原無殺心也今文秀怒妻頗深挾恨既久毆打狼籍當夜便死察其情狀不是偶然此非故殺孰爲故殺若以先因爭罵不是故殺即如有謀殺人者先引相罵便是交爭一爭之後以物毆殺即謂我因事而殺非故殺也如此可乎況阿王既死無以辨明文秀自云相爭有何憑據若崔元式所議不用大理寺所執得行實恐被毆死者自此長冤故殺人者從今得計奉敕依居易狀處死敬宗寶歷三年京兆府有姑鞭婦致死者奏請斷以償死刑部尚書柳公綽議曰尊毆卑非鬭也且其子在以妻而戮其母非教也遂減死論文宗太和六年興平縣民上官興以醉殺人而逃聞械其父乃自歸京兆尹杜悰御史中丞

宇文鼎以其就刑免父請減死詔兩省議以爲殺人者死百王所守若許以生是誘之殺人也諫官亦以爲言文宗以興免父囚近於義杖徙靈州

後唐明宗時復置匭函諫議大夫蕭希甫建言自兵亂相乘王綱大壞侵欺凌奪有力者勝凡掠人之妻女占人之田宅姦贓之吏刑獄之冤者何可勝紀而匭函一設投訴必多至於功臣貴戚有不得繩之以法者乃自天成元年四月二十八日昧爽以前大辟已上皆赦除之然後出匭函以示眾（按歐陽修五代史唐明宗本紀天成元年下徐無黨註云實同光四年而書天成元年者大赦改元文見下可知莊宗本紀自書同光四年各從其所稱）天成二年御史臺刑部大理等奏准各律例諸斷罪而無正條者其應出罪者則舉重以明輕其應入罪者則舉輕以明重疏云斷罪無正條謂一部律內犯無罪名者准雜律不應得爲而爲者笞四十謂律令無條理不可爲者杖八十疏云雜犯輕重觸類宏多金科玉條包羅難盡其有在律在令無有正條若不輕重相明無文可以比附臨時處斷量情爲罪庶補遺闕故立此條其情輕者笞四十事理重者杖八十奉敕宜依其年洺州平恩縣民高宏超父暉爲鄉人王感所殺宏超殺感攜其首自陳大理寺以故殺論尚書刑部員外郎李殷夢復曰伏以挾刃殺人按律處死投獄自首降罪垂文高宏超既報父讎固不逃法戴天罔愧視死如歸歷代以來事多貸命長慶二年有康買得父憲爲力人張涖乘醉拉憲氣息將絕買得年十四以木鍤擊涖後三日致死敕旨康買得尚在童年能知子道雖殺人當死而爲父可哀若從沈命之科恐失度情之義宜減死處分又元和六年富平人梁悅殺父之讎投縣請罪敕旨復讎殺人固有彝典以其伸冤請罪自詣公門發於天性本無求生寍失不經特宜減死方今明時有此孝子其高宏超若使須歸極法實慮未契鴻慈奉敕可減死一等長興二年四月大理正劇可久奏准開成格應盜賊須得本賊贓然後科決如有推勘因而致死者以故殺論臣請起今已後若因而致死者無故卽請減一等別增病患而死者從辜限正賊減本罪五等中書門下覆奏今後凡關賊徒若推勘因而致死者有故以故殺論無故減一等如拷次因增疾患候驗分明如無他故雖辜內致死亦以減等論從之

晉高祖天福六年五月十五日尚書刑部員外郎李象奏據刑法統類節文云盜賊未見本贓推勘因而致死者有故者以故殺論無故者減一等又云今後或有故者以故殺論無故者或景跡顯然支證不謬堅恃姦惡不招本情以此致死請減故殺罪三等其或妄被攀引終是平人以此致死請減故殺罪一等臣按上文云有故殺者以故殺論此卽是矣其無者亦坐減罪卽恐未當假如官司或有刑獄未見本情未可全不詰問據言有故者則是曾行拷捶及違令式或麤枷大棒强相抑壓以此致死者並屬有故無故者則是推勘之司不曾拷掠又不違法律亦不堅有抑壓此則並屬無故不可坐刑假若有犯事人舊患疾病推勘之際卒暴身亡不可亦坐推司減等之罪又據斷獄律云若依法使杖依數拷決而邂逅致死者勿論邂逅謂不期致死而死且彼言拷決尚許勿論此云無故卻令坐罪事實相背理有未通請今後推勘之時致死者若實無故請依邂逅勿論之義詳定院奏臣等參詳若違法拷掠及託法挾情以致其死但有情故者依故殺論若雖不依法拷掠卻非託法挾情以致其死而無情故者請減故殺一等若本無情故又依法拷掠或未拷掠或詰問未詰問及不抑壓因他故致死並屬邂逅勿論之義從之（按馬端臨通考載李象奏定邂逅致死條下按語有云有罪者拘縶囹圄官不時科決而令其瘐死此誠有國者之所宜矜憫然既曰盜賊則大者可殺小者可刑其推勘淹時而不卽引伏者皆大猾巨蠹也邂逅致死而以故殺論過矣夫李象之議固謂依法拷掠而卒暴身亡是爲邂逅致死不宜坐罪若果顯違令式非法拷決因而致死是爲有故卽與故殺同科但審致死之有故無故不問罪人之爲巨猾非巨猾也凡拘拷罪人亦有並非大猾巨蠹而經時不卽引伏者非盡可殺可刑之人也如爲邂逅卽非猾蠹亦得勿論如爲故殺卽係猾蠹亦當坐罪端臨之論似與李象之議不相符合云）出帝開運二年五月殿中丞桑簡能奏請詔所在刑獄委長吏親自錄問量罪疾速斷遣務絕冤濫勿得遲留敕從之又著作郎邊玗奏請敕自今後諸道並委長吏五日一度錄問敕從之

宋太祖乾德四年大理正高繼申上言刑統名例律三品五品七品以上官親屬犯罪各有等第減贖恐年代已深不肖自恃先蔭不畏刑章今犯罪身無官須祖父曾任本朝官據品秩得減贖如仕於前代須有功惠及民爲時所推歷官三品以上乃得請從之太宗端拱元年廣定軍民安崇緒隸禁軍訴繼母馮嘗與父知逸離今來占奪父貲產欲與己子大理定崇緒訟母罪死太宗疑之判大理寺張佖固執前斷遂下臺省集議徐鉉議曰伏詳安崇緒詞理雖繁今但當定其母馮與父曾離與不離如已離異卽須令馮歸宗如不曾離卽崇緒准法訴母處死今詳案內不曾離異其證有四崇緒所執父書只言遂州公論後母馮自歸本家便爲離異固非事實又知逸在京阿馮卻來知逸之家數年後知逸方死豈可並無論訴遣斥其證一也本軍初勘有族人

安景泛證云已曾離異諸親具知及欲追尋諸親景泛便自引退其證二也知逸有三處莊田馮卻後來自占兩處小妻高占一處高來取馮莊課曾經論訟高卽自引退不曾離其證三也本軍曾收崇緒所生母蒲勘問亦稱不知離絕其證四也又自知逸入京之後阿馮卻歸以來凡經三度官司勘鞫並無離異狀況不孝之刑教之大者崇緒請依刑部大理正元斷處死右僕射李昉等四十三人議曰據法寺定斷以安崇緒論嫡母馮罪便合處死臣等深以爲不當若以五母皆同卽阿蒲雖賤乃是安崇緒之親母崇緒本以田業爲馮强占親母衣食不充所以論訴若從法寺斷死則知逸負何辜而絕嗣阿蒲處何地而託身臣等參詳田業並合歸崇緒馮亦合與蒲同居終身供侍不得有闕馮不得擅自貨易莊田本家親族亦不得來主崇緒家務如是則男雖庶子有父業可安女雖出嫁有本家可歸阿馮終身又不乏養所有罪犯並准赦原詔從昉等議鉉佖各奪俸一月眞宗大中祥符二年衞尉卿權判刑部愼從吉言準淯化三年敕諸路所奏獄空須是司理院州司倚郭縣俱無繫囚又準後敕諸路自今獄空更不降詔獎諭奏至委刑部以逐處旬奏禁狀點勘不謬卽具以聞伏見提點刑獄司所奏獄空本司比對多不應舊敕外州妄覬奬諭沽市虛名近者邠滄二州勘鞫大辟四千註數人裁一夕卽行斬決伏見前代京師決獄尙五覆奏蓋欲愼重大辟豈宜一日之內便決死刑朝廷比務審詳恐有冤濫非有求於急速其間州府不體朝旨邀爲己功但務獄空必無所益欲望依準前詔不行奬諭其諸州府監以公事多少分爲三等第一等公事多處五日其次十日其次二十日並須州司司理院倚郭縣全無繫囚及責保寄店之類方爲獄空委提點刑獄司據等第數目勘驗諸實書於卯歷從之咸平中殿中侍御史趙湘嘗建言聖王行法必順天道漢制大辟之科盡冬月乃斷此古之善政當舉行之且十二月爲承天節萬方祝頌之時而大辟決斷如故況十一月一陽始出其氣尙微議獄緩刑所以助陽抑陰也望以十一月十二月內天下大辟未結正者更令詳覆已結正者未令結斷所在厚加矜恤掃除獄房供給飮食薪炭之屬防護無致他故情可憫者奏聽敕裁合依法者盡冬月乃斷在京大辟人旣當春孟之月亦行慶施惠之時伏望萬幾之暇臨軒躬覽情可憫者特從末減亦所以布聖澤於無窮況愚民之抵罪未斷兩月亦非淹延若用刑順於陰陽則四時之氣和氣和則百穀豐實水旱不作矣帝覽奏曰此誠嘉事然古今異制沿革不同行之慮有淹滯或因緣爲姦矣天禧四年乃詔天下犯十惡劫殺謀殺故殺鬭殺放火强劫正枉法贓僞造符印厭魅呪詛造妖書妖言傳授妖術合造毒藥禁軍諸軍逃亡爲盜罪至死者每遇十一月權住區斷過天慶節卽決之餘犯至死者十二月及春夏未得區遣禁錮奏裁仁宗天聖四年刑部侍郞燕肅奏曰唐大辟罪令尙書九卿讞之凡決死刑京師五覆奏諸州三覆奏貞觀四年斷死罪二十九開元二十五年財五十八今天下生齒未加於唐而天聖三年斷大辟二千四百三十六視唐幾至百倍京師大辟雖一覆奏而州郡之獄有疑及情可憫者至上請而法寺多所舉駁官吏率得不應奏之罪故皆增飾事狀移情就法失朝廷欽恤之意望準唐故事天下死罪皆得一覆奏議者必曰待報淹延臣則以爲漢律皆以季秋論囚唐自立春至秋分不決死刑未聞淹延以害漢唐之治也下其章中書王曾以爲天下皆一覆奏則必死之人徒充滿狴犴而久不得決請獄疑若情可矜者聽上請於是有詔天下死罪情理可矜及刑名疑慮者具案以聞有司毋得舉駁（具詳讞篇）五年知諫院司馬光奏言臣聞敕下京東西災傷州軍如貧戶以饑偷盜斛斗因而盜財者與減等斷放臣竊以爲非便周禮荒政十有二散利薄征緩刑弛力舍禁去幾皆推寬大之恩以利於民獨於盜賊愈更嚴急蓋以饑饉之歲盜賊必多殘害良民不可不除頃年嘗見州縣官吏有不知治體務爲小仁遇凶年劫盜斛斗輒寬縱之則盜賊公行更相劫奪鄉村大擾不免廣有收捕重加刑戮或死或流然後稍定今若朝廷明降敕文豫言與減等斷放是勸民爲盜也百姓乏食當輕徭薄賦開倉振貸以救其死不當使之自相劫奪今歲府界京東京西水災極多嚴刑峻法以除盜賊猶恐春冬之交饑民嘯聚不可禁禦又況降敕以勸之臣恐國家始於寬仁而終於酷暴意在活人而殺人更多也事報聞（具寬恕篇）嘉祐五年判刑部李綖上言一歲之中死刑無慮二千餘夫風俗之薄無甚於骨肉相殘衣食之窮莫急於盜賊今犯法者衆豈刑罰不足以止姦而敎化未能導其爲善與願詔刑部類天下所斷大辟歲上朝廷以助觀省從之神宗熙寧元年八月詔謀殺已傷按問欲舉自首從謀殺減二等論初登州奏有婦阿云母服中嫁韋惡韋寢陋謀殺不死按問欲舉自首審刑院大理寺論死用違律爲婚奏裁敕貸其死知登州許遵奏引律

因犯殺傷而自首得免所因之罪仍從故殺傷法以謀爲所因當用按問欲舉條減二等刑部斷如審刑大理時遵方召判大理御史臺劾遵遵不伏請下兩制議詔翰林學士司馬光王安石同議二人議不同遂各爲奏光議凡議法者當先原立法之意然後可以斷獄按律其於人損傷不在自首之例釋謂犯殺傷而自首者得免所因之罪仍從故殺傷者蓋以與人傷損既不在自首之例而別因有犯如爲盜劫囚略賣人之類本無殺傷人之意而致殺傷人者慮有司執文并不許首故申明因犯殺傷而自首者得免所因之罪然殺傷之中自有二等其處心積慮巧詐百端掩人不備則謂之謀直情徑行略無顧慮公然殺害則謂之故謀者重故者輕今因犯他罪致殺傷人他罪得首殺傷不原若從謀殺則太重若從鬬殺則太輕故參酌其中從故殺傷法也其直犯殺傷更無他罪者惟未傷可首已傷不在首限今許遵欲以謀與殺分爲兩事按謀殺故殺皆是殺人若以謀與殺爲兩事則故與殺亦爲兩事也彼平居謀慮不爲殺人當有何罪而可首者以此知謀字止因殺字生文不得別爲所因之罪若以劫鬬與謀皆爲所因之罪從故殺傷法則是鬬傷自首反得加罪一等也云獲貸死已是寬恩遵爲之請欲天下引以爲例開姦兇之路長賊殺之源非教之善者也臣愚以爲宜如大理所定安石議刑統殺傷罪名不一有因謀有因鬬有因劫囚竊囚有因略賣人有因被囚禁拒捍官司而走有因强姦有因厭魅呪詛此殺傷而有所因者也惟有故殺傷則無所因故刑統因犯殺傷而自首得免所因之罪仍從故殺傷法其意以爲於法得首所因之罪既已原免而法不許首殺傷刑名未有所從惟有故殺傷爲無所因而殺傷故令從故殺傷法至今因犯過失殺傷而自首則所因之罪已免惟有殺傷之罪未除過失殺傷非故殺傷不可亦從故殺傷法故刑統令過失者從本過失法至於鬬殺傷則所因之罪常輕殺傷之罪常重則自首合從本法可知此則刑統之意惟過失與鬬當從本法其餘殺傷得免所因之罪皆從故殺傷罪科之則於法所得首之罪皆原而於法所不得首之罪皆不免其殺傷之情本輕者自從本法本重者得以首原今刑部以因犯殺傷者謂別因有犯遂致殺傷竊以爲律但言因犯不言別因則謀殺何故不得爲殺傷所因之犯又刑部以始謀專爲殺人即無所因之罪竊以爲律謀殺人者徒三年已傷者絞已殺者斬謀殺與已傷已殺自爲三等刑名因有謀殺徒三年之犯然後有已傷已殺絞斬之刑名豈得稱別無所因之罪今法寺刑部乃以法得首免之謀殺與法不得首免之已傷合爲一罪其失律意明甚臣以爲凡謀殺已傷按問欲舉自首合從謀殺減二等論然竊原法寺刑部所以自來用例斷謀殺已傷不許首免者蓋律疏但言假有因盜殺傷盜罪得免故殺傷罪仍科遂引爲所因之罪止謂因盜殺傷之類盜與殺傷爲二事與謀殺傷類例不同臣以爲律疏假設條例其於出罪則當舉重以包輕因盜傷人者斬尚得免所因之罪謀殺傷人者絞絞輕於斬則其得免所因之罪可知然議者或謂謀殺已傷情理有甚重者若開自首則或啟姦臣以爲有司議罪惟當守法情理輕重則敕許奏裁若有司輒得捨法以論罪則法亂於下人無所措手足矣奏入詔從安石所議而御史中丞滕甫猶請再選官定議御史錢顗請罷遵大理詔送翰林學士呂公著韓維知制誥錢公輔重定公著等言安石光所論敕律悉已明備所爭者惟謀爲傷因不爲傷因而已臣等以爲律著不得自首者凡六科而於人損傷不在自首之例釋謂因犯殺傷而自首者得免所因之罪仍從故殺傷法蓋自首者但免所因之罪而尚從故殺傷法則所因之謀罪雖原免而傷者還得傷之罪殺者還得殺之刑也且律於器物至不可備償則不許首今於人損傷尙有可當之刑而必使償之以死不已過乎古初立法殺人者死傷人者抵罪後世因劫殺而傷者增至於斬因謀殺而傷者則增入於絞倘有不因先謀則不過徒杖三等之科而已豈深入於絞斬乎若首其先謀則傷罪仍在是傷不可首而因可首則謀爲傷因亦已明矣律所以設首免之科者非獨開改惡之路恐犯者自知不可免死則欲遂其惡心至於必殺今若由此著爲定論塞其原首之路則後之首者不擇輕重有司一切按文殺之矣朝廷雖欲寬宥其可得乎苟以爲謀殺情重律意不通其首則六科之中當著謀殺已傷不在自首之例也編敕所載但意在致人於死並同已傷及傷與不傷情理兇惡不至死者許奏裁今令所因之謀得用舊律而原免已傷之情復以後敕而奏決則何爲而不可也臣等以爲宜如安石所議便制曰可於是法官齊恢王師元蔡冠卿等皆論奏公著等所議爲不當又詔安石與法官集議安石與師元冠卿反覆論難師元等益堅執其說明年二月庚子詔自今謀殺人已死自首及按問欲舉並奏取敕裁是月除安石參知政事判部劉述丁諷奏庚子詔書未

盡封還中書於是安石奏以爲律意因犯殺傷而自首得免所因之罪仍從故殺傷法若已殺從故殺法則爲首者必死不須奏裁爲從者自有編敕奏裁之文不須復立新制與唐介等數爭議帝前卒從安石議是月甲寅詔自今謀殺人自首及按問欲舉並以去年七月詔書從事其謀殺人已死爲從者雖當首減依嘉祐敕凶惡之人情理巨蠹及謀殺人傷與不傷奏裁收還庚子詔書劉述等又請中書樞密院合議中丞呂誨御史劉琦錢顗皆請如述奏下之二府帝以爲律文甚明不須合議而曾公亮等皆以博盡異同壓塞言者爲無傷乃以眾議付樞密院文彥博以爲殺傷者欲殺而傷也卽已殺者不可首呂公弼以爲殺傷於律不可首請自今已後殺傷依律其從而加功自首卽奏裁陳升之韓絳議與安石略同時富弼入相帝令弼與安石議弼謂安石以謀與殺分爲二事以破析律文盍從眾議安石不可弼乃辭以病八月遂詔謀殺人自首及按問欲舉並依今年二月甲寅敕施行司馬光因奏言阿云之獄中材之吏皆能立斷朝廷命兩制兩府定奪者各一敕出而復收者一收而復出者各一爭論縱橫至今未定夫執條據例者有司之職也原情制義者君相之事也分爭辯訟非禮不決禮之所去刑之所取也阿云之事陛下試以禮觀之豈難決之獄哉彼謀殺爲一事爲二事謀爲所因不爲所因此苛察繳繞之論乃文法俗吏之所爭豈明君賢相所當留意耶今議論歲餘而後成法終爲棄百代之常典悖三綱之大義使良善無告姦凶得志豈非徇其枝葉而忘其根本之所致耶不報　按文獻通考云初安石議行員外郎崔台符曰數百年誤用刑名今乃得正安石喜其附己擢判大理寺小人之趨勢導諛以爲倖進之地固無所不至矣　是時蘇州民張朝之同堂兄以槍戳死朝父逃去朝執而殺之審刑大理當朝十惡不睦死罪案上參知政事王安石言朝父爲從兄所殺而朝報殺之罪止加役流會赦應原帝從安石議特釋朝不問　按宋史刑法志曾公亮嘗以中書論正刑名爲非而安石則謂有司用刑名不當則審刑大理當論正審刑大理用刑名不當則差官定議議既不當卽中書自宜論奏取決人主此乃所謂國體豈有中書不可論正刑名之理夫有司奉法容有過差審刑大理自可駁正極而至於差官定議更無餘事必使法官聽命於中書則成憲何以恪守自安石擅主而後京惇報復遂至徽宗末年有御筆斷罪不許詣尚書省陳訴改正之詔矣　三年中書上刑名未安者五其一歲斷死刑幾二千人比前代殊多如强劫盜並有死法其閒情狀輕重有絕相遠者使皆抵死良亦可哀若爲從情輕之人別立法如前代斬右趾之比足以止惡而除害禁軍非在邊防屯戍而逃者亦可更寬首限以收其勇力之效其二徒流折杖之法禁網加密良民偶有抵冒致傷肌體爲終身之辱愚頑之徒雖一時創痛而終無愧恥若使情理輕者復古居作之法遇赦第減月日使良善者知改過自新凶頑者有所拘繫其三刺配之法二百餘條其閒情理輕者亦可復古徒流移鄉之法俟其再犯然後決刺充軍其配隸並減就本處或與近地凶頑之徒自從舊法編管之人亦迭送他所量立役作時限無得髠鉗其四令州縣考察士民有能孝悌力田爲眾所知者給帖付身偶有犯令情輕可恕者特議贖罰其不悛者科決其五奏裁條目繁多致淹刑禁亦宜删定詔付編敕所詳議立法初韓絳嘗請用肉刑曾布復上議曰先王之制刑罰未嘗不本於仁然而斷肢體刻肌膚以至於殺戮非得已也蓋人之有罪贖刑不足以懲之故不得已而加之以墨劓剕宮大辟然審適輕重則又有流宥之法至漢文帝除肉刑而定笞箠之令後世因之爲律大辟之次處以流刑代墨劓剕宮不惟非先王流宥之意而又失輕重之差古者鄉田同井人皆安土重遷流之遠方無所資給徒隸困辱以至終身近世之民輕去鄉井轉徙四方固不爲患而居作一年卽聽附籍比於古亦輕矣況折杖之法於古爲鞭扑之刑刑輕不能止惡故犯法日益眾其終必至於殺戮是欲輕而反重也今大辟之目至多取其情可貸者處之以肉刑則人之獲生者必眾若軍士亡去應斬賊盜贓滿應絞則刖其足犯良人於法應死而情輕者處以宮刑至於劓墨則用刺配之法降此而後爲流徒杖笞之罪則制刑有差等矣　按自漢文除肉刑之後東晉而降鮮有議及者曾布忽創議及之神宗乃問可否於執政當時互有論辨遂寢其說杜典原有肉刑議一門今已省去因卽併入於此　樞密使文彥博上言臣聞刑亂國用重典刑平國用中典唐末五代用重典以救時弊故法律之外徒流或加至於死國家承平百年當用中典然猶因循有重於舊律者如僞造官文書律止流二千里今斷從絞近凡僞造印記再犯不至死者亦從絞坐夫持杖强盜本法重於造印今造印再犯者死而强盜再犯贓不滿五匹者不死則用刑甚異於律文矣請檢詳刑名重於舊律者以敕律參考裁定其當詔送編敕所又詔審刑院大理寺議重贓併滿輕贓法審刑院言所犯各異之贓不待罪等而累併則於律義難通宜如故事而大理寺言律稱以贓致罪頻犯者並累科若罪犯不等者卽以重贓併滿輕贓各倍論累併不加重者止從重蓋律意以頻犯贓者不可用二罪以上之法故令累科爲非一犯故令倍論此從寬之一也然六贓輕重不等若犯二贓以上者不可累輕以從重

故令併重以滿輕此從寬之二也若以重併輕後加重則止從一重蓋爲進則改從於輕法退亦不至於容姦而疏議假設之法適皆罪等者蓋一時命文耳若罪等者盡數累併不等者止科一贓則恐知法者足以爲姦不知者但繫臨時幸與不幸非律之本意也詔從大理議行之八年洪州民有犯徒而斷杖者其餘罪會恩免官吏失出當劾中書堂後官劉袞駁議以爲律因罪人以致罪罪人遇恩者準罪人原法洪州官吏當原又請自今官司出入人罪皆用此令而審刑院大理寺以爲失入人罪乃官司誤致罪於人難用此令其失出者宜如袞議（按洪州民犯徒斷杖一條馬氏通考作熙寧五年今從宋史刑法志作熙寧八年）元豐三年周清上言審刑院刑部奏斷妻謀殺夫案問自首變從故殺法舉輕明重斷入惡逆斬刑竊詳律意妻謀殺夫已殺合入惡逆以按問自首變從故殺法宜用妻毆夫死法定罪且十惡條謀與故鬬殺夫方入惡逆若謀而未殺止當不睦既用舉輕明重宜從謀而未殺法依敕當決重杖處死恐不可入惡逆斬刑下審刑院刑部參詳如清議杜紘爲大理評斷官民間有女許嫁未行而養於壻氏壻氏殺以誣人吏當如昏法紘議以爲禮三月而廟見未廟見而死則歸葬於家示未成婦也律定昏而夫犯論同凡人養婦雖非禮律然未成婦則一也議乃定及紘爲刑部郎中邵武軍奏讞婦與人姦謀殺其夫已而夫醉歸姦者自殺之法寺當婦謀殺爲從紘議婦加功罪應死又興元府奏讞梁懷吉往視出妻之病因寄粟其子輒取食之懷吉毆其子死法寺以盜粟論而當懷吉雜犯死罪引赦原而紘議出妻受寄粟而其子輒費用不入捕法議既上御史臺論紘議不當詔罰金仍展年磨勘侍郎崔台符以下三人無所可否亦罰金（按邵武興元二條馬氏通考作熙寧六年宋史刑法志綴於元豐三年周清議妻謀殺夫未死條下今從宋史編入元豐時）八年尚書省言諸獲盜有已經殺人及原犯强姦强盜貸命斷配之人再犯捕獲者有司例用知人欲告或按問自首減免法且律文知人欲告及按問者欲舉自首之類減等斷遣者爲其情非巨蠹有改過自新之心故行寬貸至於姦盜與餘犯不同難以例減請强盜已殺人并强姦或原犯强盜貸命若持杖三人以上知人欲告按問欲舉而自首及因人首告應減者並不在減等例詔從之（按熙寧朝王安石與司馬光爭議按問自首法卒從安石議雖累問不承者亦得爲按問或兩人同爲盜劫吏先問左則按問在左先問右則按問在右獄之生死在問之先後而非盜之情至元豐八年光復爲門下侍郎申前議改焉馬氏通考誤作熙寧八年）司馬光言殺人不死傷人不刑堯舜不能以致治近刑部奏鈔兗懷耀三州之民有鬬殺者皆當論死今乃妄作情理可憫或刑名疑慮奏裁刑部卽引舊例一切貸之凡律令敕式或不盡載則有司引例以決今鬬殺當死自有正條而刑部不問可否盡免死決配作奏鈔施行是殺人者不死其鬬殺條律無所用也請自今諸州所奏大辟情理無可憫刑名無疑慮令刑部還之使依法處斷實有可憫疑慮令刑部具其實於奏鈔後先擬處斷令門下省審覆如或不當及用例破條卽令門下省駁奏取旨勘從之哲宗元祐元年給事中范純仁奏言熙寧按問欲舉條並得原減以容姦太多元豐八年別立條制竊詳已殺人强姦於法自不當首不應更用按問減等至於貸命及持杖强盜亦不減等深爲太重按嘉祐編敕應犯罪之人因疑被執贓證未明或徒黨就擒未被指說但詰問便承皆從律按問欲舉首減之科若已經詰問隱匿本罪不在首減之例此敕當理當時用之天下號爲刑平請於法不當首者自不得原減其餘取嘉祐編敕定斷則用法當情上以廣好生之德下則無一夫不獲之冤詔從其請純仁又言前歲四方奏讞大辟凡二百六十四死者止二十五人所活垂及九分自去年改法至今未及百日所奏按凡一百五十四死者乃五十七人所活纔及六分以上臣故知未改法前全活數多其間必有曲貸然猶不失罪疑惟輕之仁自改法後所活數少其間必有濫刑則深虧盛失不經之義請自今四方奏大辟案並令刑部大理寺再行審覆略具所犯及原奏因依令執政取旨裁斷或所奏不當亦原其罪如此則無冤濫之獄因詔大辟刑名疑慮情理可憫令刑部看詳無得枉濫而是年尚書省言遠方奏讞待報淹繫甚衆請川廣福建荊南路罪人情輕法重當奏斷者申按撫或鈐轄司酌情決斷訖乃奏詔從之門下侍郎韓維又言天下奏案必斷於大理詳議於刑部然後上之中書決於人主近歲有司昧於知法便文自營但因州郡所請依違其言卽上中書貼例取旨故四方奏讞日多於前欲望刑清事省難矣自今大理寺受天下奏案其有刑名疑慮情理可憫須具情法輕重條律否則指所斷之法令刑部詳審次第上之詔刑部立法以聞是時中丞劉摯奏言元豐編修敕令舊載敕者多移之令蓋違敕法重違令罪輕此足以見神宗仁厚之德而有司不能推廣乃增多條目離析舊制用一言而立一法因一事而生一條意苛文晦不足以該事物之情行之幾時蓋已屢變今所續降者半歲一頒無慮數帙宜選經術儒臣明於治體練達民情者取慶

歷嘉祐以來新舊敕參照去取刪正以成一代之典右諫議孫覺亦言元豐編敕細碎煩多難以檢用乃詔摯等刊修五年有詔命官犯罪事干邊防軍政文臣申尚書省武臣申樞密院中丞蘇轍言舊制文臣吏民斷罪公案歸中書武臣軍士歸樞密而斷例輕重悉不相知元豐更定官制斷獄公案並由大理刑部申尚書省然後上中書省取旨自是斷獄輕重比例始得歸一天下稱明焉今復分隸樞密必有罪同斷異失元豐本意請並歸三省其事干邊防軍政者令樞密院同進取旨則事體歸一而兵政大臣各得其職六年乃詔文武官有犯同案干邊防軍政者刑部定斷仍三省樞密院同取旨紹聖元年權刑部侍郎杜紘言諸州大辟本非疑慮其閒有因奏裁遂獲免死而已決者不得蒙宥是囚之生死惟奏與否而已詔刑部大理寺申明立法三年刑部侍郎邢恕等言藝祖初定天下主典自盜贓滿者往往抵死仁宗之初尚不廢也其後用法稍寬官吏犯自盜罪至極法率多貸死然甚者猶決刺配島錢仙芝帶館職李希甫歷轉運使不免也比朝廷用法益寬主典人吏軍司有犯例各貸死略無差別欲望講述祖宗故事凡自盜計贓多者閒出睿斷以肅中外詔從之元符三年刑部請復强盜計贓科罪之令先是曾布建言盜情有重輕贓有多少今以贓論罪則劫貧家情雖重而以贓少減免劫富室情雖輕而以贓重論死是盜之生死係於主之貧富也至於傷人情狀亦殊以手足毆人偶傷肌體與夫兵刃湯火固有閒矣而均謂之傷朝廷雖許奏裁而州郡或奏或否死生之分特幸與不幸爾不若一變舊法凡以贓定罪及傷人情狀不至切害者皆從罪止之法其用兵刃湯火情狀酷毒及污辱良家或入州縣鎮砦行劫若驅虜官吏巡防人等不以傷與不傷凡情不可貸者皆處以死刑則輕重不失其當矣及布為相始從其議詔有司改法未幾侍御史陳次升言祖宗仁政加於天下者甚廣刑法之重改而從輕者至多惟是强盜之法特加重者蓋以禁姦宄而惠良民也近朝廷改法詔以强盜計贓應絞者並減一倍贓滿不傷人及雖傷人而情輕者奏裁法行之後民受其弊被害之家以盜無必死之理不敢告官而鄰里亦不為之擒捕恐怨讎報復故賊益逞重法地分尤甚（重法地分詳刑制篇）恐養成大寇以貽國家之患請復行舊法布罷相翰林學士徐勣復言其不便乃詔如舊法徽宗宣和六年臣僚言元豐舊法有情輕法重情重法輕若大辟刑名疑慮並許奏裁比來諸路以大辟疑慮決於朝廷者大理寺類以不當劾之恐天下無復以疑獄奏矣請詔大理寺並依元豐法詔從之高宗紹興三年宣州民葉全二盜檀偕窖錢偕令佃人阮授阮捷殺全二等五人棄屍水中罪當斬有司以屍不經驗奏裁詔授捷並杖脊流三千里偕貸死杖脊配瓊州中書舍人孫近駁之命更擬而近嘗提點浙東刑獄紹興民俞富捕盜而併殺盜妻近奏富與盜別無私讎願貸死詔從之法寺因援以為比執前擬不變近乃言富執本縣判狀捕劫盜殺拒捕之人并及妻偕乃私用威力被殺者五人所犯不同乃詣御史臺看詳侍御史辛炳等言偕係故殺衆證分明以近降申明條法不應奏輔臣進呈朱勝非曰疑獄不當奏而奏者法不論罪近以宣州有觀望欲併罪之帝曰若罪宣州則實有疑慮者亦不復奏陳於是法寺刑部止罰金二十六年右正言凌哲上疏曰漢高入關悉除秦法與民約法三章耳所謂殺人者死實居其首司馬光有言殺人者不死雖堯舜不能以致治斯言可謂至當矣臣竊見諸路州軍勘到大辟雖刑法相當者類以可憫奏裁自去歲郊後距今大辟奏裁者五十餘人中有實犯故殺鬭殺常赦所不原者法既無疑情無可憫刑寺並皆奏裁貸減彼殺人者可謂幸矣被殺者銜恨九原何時已耶臣恐强暴之風滋長良善之人莫能自保其於刑政為害非細應令今後大辟情法相當本無可憫而所司輒奏裁減貸者臺臣彈劾（按高宗南渡之初法官濫用奏裁之例給事中陳與義嘗以為言雖獲申嚴立法而有司妄奏如故及凌哲上疏高宗覽奏仍恐諸路滅裂一例不奏有失欽恤之意僅令刑部坐條行下馴至乾道讞獄之弊日益滋甚孝宗乃詔有司緣情引條定斷更不奏裁而其後又從刑部侍郎方滋之議於敕律條令內分別註明合用奏裁事件又從臣僚之請只許奏裁為首應死之罪其為從不坐死及流徒等罪概不許奏終南宋之世刑法廢弛理宗朝甚至讞不時報往往因多瘐死蓋於明慎用刑而不留獄之意失之遠矣）二十七年十月盜發烏江縣王公袞母冢有司釋之公袞手殺盜事聞其兄佐為吏部員外郎乞納官以贖公袞罪詔令給舍議時給舍楊椿等議大略謂發冢開棺者律當絞公袞始獲盜不敢殺而歸之吏獄成而吏出之使揚揚出入閭巷與齊民齒則地下之辱沈痛鬱結終莫之伸為人子者倘得自比於人椿等謂公袞殺掘冢法應死之人為無罪納官贖弟之請當弗許故縱失刑有司之罪宜如律詔依椿等議公袞降一官佐依舊供職紹興府當職官皆抵罪孝宗淳熙十三年中書舍人葛邲言乾道六年指揮强盜並依舊法議者以為持杖脅人以盜財者亦死是脅人與殺人等死恐非所以為良民地後來遂立六項（一為首二下手傷人三下手放火四因而行姦五殺人加功六已曾貸命再犯）並依舊法

處斷外餘聽依刑名疑慮奏裁自此指揮已行之後非特刑名疑慮者不死而在六項者亦爲不死法出姦生徒爲胥吏受賕之地若犯强盜者不別輕重而一於死則死者必多又非所以示好生之德也乞下有司詳議其後言者又謂强盜苟不犯六項雖累行劫至十數次以上並贓至百千貫皆可以貸命謂宜除六項指揮外其閒行劫至兩次以上雖是爲從亦合依舊法處斷詔從之寧宗開禧元年知衡州張訢言殺人無證一條斷獄註云殺人屍不經驗與無證佐者若勘鞫證佐逃死及雖有證而於法不許爲證者同夫屍不經驗與證佐逃死事因顯然往往州郡引用失當遂至牴牾蓋謀殺劫殺則有佐而必無證鬬殺故殺則有證而必無佐夫謂之證者旁證之謂也謂之佐者助己之謂也曰證曰佐自是二事苟有其一皆可以表殺人之然否至於不許爲證正謂殺害人親屬等人慮其私於黨與法故不許近日曲法者凡是重囚多作無證具奏且行兇之時相助協力到官之後自相供通謂之有佐可也何必更求有證至如行兇之人親屬旁援到官固無由證之理例拘親屬不許爲證承舛襲訛寖失本意請行下刑寺及敕令所明析施行刑寺奏如訢請詔從之理宗時監察御史程元鳳奏曰今罪無輕重悉皆送獄獄無大小悉皆稽留或以追索未齊而不問或以供欵未圓而不呈或以書擬未當而不判獄官視以爲常而不顧其遲獄吏留以爲利而惟恐其速奏案申牘既下刑部遲延日月方送理寺理寺看詳亦復如之寺回申部部回申省動涉歲月省房又未遑爲呈擬亦有呈擬而疏駁者疏駁歲月又復如前展轉遲回有一二年未報下者可疑可矜法當奏讞矜而全之乃反遲回有矜貸之報下而其人已斃於獄者有犯者獲貸而干連病死不一者豈不重可念哉請自今諸路奏讞卽以所發月日申御史臺從臺臣究省部法寺之慢詔從其請

欽定續通典卷一百九

刑

雜議二 遼 金 元

遼興宗重熙二年有司奏言元年詔曰犯重罪徒終身者加以捶楚而又黥面是犯一罪而具三刑宜免黥其職事官及宰相節度使世選之家子孫犯姦罪至徒者未審黥否帝諭曰犯罪而悔過自新者亦有可用之人一黥其面終身爲辱朕甚憫焉遂定刺臂刺頸之制分別施之具刑制篇按遼世於刑罰未嘗專設科條其時執政大臣與司刑官屬亦鮮有建議執奏者故終遼之世別無雜議可述云

金世宗大定間濟南尹梁肅上疏曰刑罰世輕世重自漢文除肉刑罪至徒者帶鐐居役歲滿釋之家無兼丁者加杖准徒今取遼季之法徒一年者杖一百是一罪二刑也刑罰之重於斯爲甚臣實痛之自今徒罪之人止宜居作更不決杖時朝廷以爲今法已輕於古恐滋姦惡不從金初定法禁民不得收制書恐滋告訐之弊至是言事者乞許民藏之平章政事張汝霖言昔子產鑄刑書叔向譏之者蓋不欲使民預測其輕重也今著不刊之典使民曉然知之猶江河之易避而難犯足以輔治不禁爲便帝以衆議多不欲姑令仍舊禁之按此條止據金史刑志原文錄入蓋是時民閒原未嘗藏制書亦未因汝霖言而弛禁而汝霖本傳則云時有司言民閒收藏制文恐因而滋訟乞禁之汝霖因言不禁爲便詔從之志傳所載蓋互異云章宗明昌元年命置詳定所審定律令時章宗問宰臣謂今何不專用律文張汝霖奏言前代律與令各有分其有犯令以律決之今國家制律混淆固當分也遂有是命已而詳定官言若依重修制文爲式則條目增減罪名輕重當異於律新律既定復與舊同頒則使人惑而易爲奸矣臣等謂用今制條參酌時宜準律文修定歷採前代刑書宜於今者以補遺闕取刑統疏文以釋之著爲常法名曰明昌律義別編榷貨邊部權宜等事集爲敕條宰臣謂先所定令文尚有未完俟皆通定然後頒行若律科舉人則止習舊律五年尚書省奏在制名例內徒年之律無決杖之文便不用杖緣先爲流刑非今所宜且代流役四年以上俱決杖而徒三年以下復不用婦人比之男子雖差輕亦當例減按金史刑志因省臣此奏遂定制徒二年以下者杖六十二年以上者杖七十婦人犯者並決五十而大定閒梁肅疏請徒刑免決史又稱恐滋姦惡不從其請意大定之後中間別有變更徒不決杖至是復用舊法而杖數則視大定以前稍從輕減特史文未詳耳承安五年翰林修撰楊庭秀言州縣官往往以權勢自居喜怒自任聽訟之際鮮克加審但使罪人往來傳詞罪之輕重成於其口貨賂公行冤枉有至三二十年不能正者帝遂命立州縣官聽訟條約違者按察司糾之又命編先後條制書之於冊以備將來考驗泰和二年監察御史史肅言大定條理自二十年十一月四日以前奴娶良人女爲妻者並準已娶爲定若夫亡拘放從其主離夫摘賣者令本主收贖依舊與夫同聚放良從良者即聽贖換如未贖換閒與夫所生男女並聽爲良而泰和新格復以夫亡服除準良人例離夫摘賣及放夫爲良者並聽爲良若未出離再配與奴或雜姦所生男女並許爲良如此不同皆編格官妄爲增減以致隨處訴訟紛擾是涉違枉敕付所司正之三年亳州醫者孫士明擅用黃紙大書敕賜神鍼先生等十二字紙尾年月摹作寶樣朱篆青龍二字以誑市人有司捕治款伏値赦大理寺議宜准僞造御寶雖會赦不應原參知政事賈鉉奏天子八寶其文各異若僞造不限用泥及黃蠟今用筆描成青龍二字既非八寶文論以僞造御寶非本法意遂以赦原宣宗貞祐三年三月禁州縣置刃於杖以決罪人初左諫議大夫賈鉉上書言親民之官任情立威所用決杖分徑長短不如法式甚者以鐵刃置於杖端因而致死閒者陰陽愆戾和氣不通未必不由此也願下州郡申明舊章檢量封記按察官其檢察不如法者具以名聞內庭敕斷亦依已定程式制可至是復詔禁之七月詔宰臣自今監察官犯罪其事關軍國利害者並笞決之左司諫穆延和囉羅上言曰禮義廉恥以治君子刑罰威獄以治小人此萬世不易論也近者朝廷急於求治有司奏請從權立法應贖者亦多的決夫爵祿所以馭貴也貴不免辱則卑賤者又何加焉車駕所駐非同征行而凡科徵小過皆以軍期罪之不已甚乎且百官皆朝廷遴選多由文行武功閥閱而進乃與凡庶等則享爵祿者亦不足爲榮矣抑又有大可慮者爲上者將曰官猶不免民復何辭則苛暴之政日行爲下者將曰彼既亦然吾復何恥則陵犯之心益肆其弊可勝言哉伏願依元年赦恩刑不上大夫之文削去此法幸甚按是時宣宗欲從其言而高琪用事固執不可因定職官犯罪決斷百餘條沿至哀宗正大元年始從右丞張行信言一切改除復行舊制乃廢琪所定之法興定三年省臣奏言向以物重錢輕犯贓者計錢論罪則太重於是以銀爲則每兩爲錢二貫有犯通寶之贓者直以通寶論如因軍興調發通寶及三十貫者已得死刑準以金銀價纔爲錢四百有奇罪止當杖輕重懸絕如此遂命准犯時銀價論罪後參政李復亨言近制犯通寶贓者並以物價折銀定罪每兩爲錢二貫而法當贖銅者止納通寶見錢乞亦令輸銀既足懲惡又有補於官詔省臣

議遂命犯公錯過誤者止徵通寶見錢贓汙故犯者罰銀

元世祖至元八年陝西省臣伊遜岱爾言比因饑饉盜賊滋橫宜加顯戮敕中書詳議右丞相按圖以爲強竊盜賊一皆處死恐非所宜罪至死者仍舊待命從之按至元十一年以多盜始詔凡盜皆殺無赦在處繫囚滿獄尋以符寶郎董文忠言殺人取貨與盜錢一文者均死慘黷莫甚恐乖陛下好生之德於是敕革之二十三年詔百官集議至元鈔計贓論罪時衆欲以至元鈔二百貫贓滿者死趙孟頫曰始造鈔時以銀爲本虛實相權今二十餘年閒輕重相去至數十倍故改中統爲至元又二十年後至元必復如中統使民計鈔抵法疑於太重古者以米絹民生所需謂之二實銀錢與二物相權謂之二虛雖四者爲直升降有時終不大相遠也以絹計贓最爲適中況鈔乃宋時所創施於邊郡金人襲而用之皆出於不得已乃欲以此斷人死命似不足深取也按趙孟頫論鈔法世祖本紀及續通考皆載在二十四年本傳所載乃在二十三年時布衣趙天麟上策曰竊見方今大罪囚徒鞫訊既成司縣具詞以申於路路覆鞫之以申達於上司上司遣理官覆察既審而後刑之愼之至也或有及立春之後所在行刑此亦失天道好生本意也方春月句芒御辰萬象有榮滋舒暢之容而無枯瘁蕭條之理故王者順之於是乎掩骼埋胔禁止伐樹無覆巢無殺孩蟲無胎夭飛鳥走獸無焚山林凡網羅之類餧獸之藥無出九門但當安萌芽養幼少存諸孤命有司省囹圄毋肆掠止獄訟可也以卉草鳥獸之微尚令被澤而況於人乎以獄訟肆掠猶禁止之而況於刑人乎及乎商風振起少皞司天鷹乃祭鳥霜飛蕭艾於是乎審斷戮罪乃所以順陰氣之嚴凝助陽律之不逮也且春夏行刑則是春夏二時行秋冬之令災殃之效具見古書非臣所能盡言也頃連年變異蔬穀不登或隕霜不殺草而桃李開花或地震日月食而動靜不一斯皆陰陽反覆而意或有以致之也伏望陛下仰稽天意載審刑章凡有罪當死以上命省部秋冬遣理官出而執之凡罪不至死及非常之事宜速決者不在此限外依上施行庶幾休徵薦至氣候相協矣又曰竊見方今或因贓濫或陷逆流例皆籍沒其財歸諸內府散於宗室班於外家彼犯罪之家非刻剝下民則兼并於貧人以得之今而釁彰孽露干我常刑是因利以賈害也且國家不患無財貨之用右族不患有飢寒之窘豈賴夫籍沒貪穢之財以周所用乎然今未免此事者亦因循而不以爲意故也伏望陛下留心細慮凡當籍沒之財別於一所明立簿記待儲積之多散於無告之人可也又曰周有八議議賢議能故賢能雖父祖子孫陷罪國家亦不連坐禁錮而棄之也竊見方今陷大罪者除本人已就極刑外其妻孥親屬有投諸遠方而不齒者有繫於場冶而應役者有役於右姓而爲臧獲者有配於士伍而就苦地者斯皆除惡務盡之當然竊恐有委沙遺金之餘恨也昔崇鯀之方命圮族王敦之狼顧天邑伯禹乃崇鯀之子茂宏乃王敦之弟虞舜殛鯀用伯禹爲司空而不疑晉元罪敦知茂宏之忠節而不問故能奠高山大川之地成九敘之歌以彌虞舜於無爲之休懷淩霜貫日之誠翦吞沙之寇以致晉帝於中興之美蓋由父子兄弟罪不相及刑賞之施出於公也由此觀之籍沒之人不宜終身禁錮明矣伏望陛下下令昭陳凡當籍沒之家內子孫弟姪若有超然特異足學知政之人聽有司公舉錄德量能而用之不在禁錮之限可也又曰赦者欲以蕩滌瑕穢與民更始以負罪者言之則爲莫大之深恩以致治者言之則非太平之常事也近世以來郊天祝宗建儲立后未有不肆赦者僥倖之子逆知期會能不啟非濫之心哉且羅獄者皆人之切心側耳者也及乎啼烏夜啟驛馬宵流玉籥告靈金雞樹仗雷雨一解例皆釋之名爲嘉吉之符實皆變異之徵也遂使攘劫服贓而詫異善流屏息而銜冤養稂莠於良田縱豺狼於當道獨不念害嘉穀而傷平民乎風俗駭然誠可憚也又況大赦之後姦邪未嘗衰止朝脫囹圄夕攖縲紲其不能承化自新亦已明矣書曰文王作罰刑茲無赦志曰太宗絕赦四海安靜子顏願無赦於光皇孔明亦惜赦於蜀土故得彌天息寇闔境安生此皆前世明主賢臣已然之效也今國家哀囚徒之孼苦憫小民之庸騃頻降原赦此蓋朝廷不忍人之心形於外而不能自已也推此以及良民順天道以正生殺則周文之治不難同矣又豈唐太漢光蜀國碌碌之足言哉夫當罪而宥之當殺而生之亦猶來暄風於霜雪之辰行春令於秋冬之際如此而欲天道之成臣不知其可也事作於下者象動於上感興於人者應發於天能無懼乎易曰一陰一陽之謂道伏望陛下信賞決罰無肆赦宥使上下有紀內外絕倖則治天下可運之掌上矣且使王符之類靡得而議焉成宗初御史臺言先朝決獄隨罪輕重笞杖異施令止用杖乞如舊制不允王暉上書曰法者輔治之具一日闕則不可君操於上丞作憲吏承於下遵爲定式民曉其法易避而難犯若周之三典漢之九章是也今國家有天下六十

餘年小大之法尙無定議內而憲臺天子之執法外而廉司州郡之法吏是皆司理之官而無所守之法猶有醫而無藥也至平刑議斷旋施爲理未免有酌量准擬之差彼此輕重之異臣愚謂宜將累朝聖訓與中統迄今條格通行議擬參而用之與民更始如是則法無二門輕重適當吏安所守民知所避而天下治矣元貞元年詔求弭盜之策山東東西道廉訪陳天祥上奏曰盜賊之起各有所因除歲凶委之天時姑且勿論他如軍旅不息工役滂興厚斂繁刑皆足致盜中閒保護滋長之者赦令是也赦者小人之幸君子之不幸前人言之備矣彼強梁之徒各執兵仗殺人取貨不顧其生有司盡力以擒之朝廷加恩以釋之旦脫縲囚暮卽行劫復勑有司結限追捕賊皆視爲故常旣不感恩又不畏罪凶殘悖逆習與性成誠非善化能移惟有嚴刑可制（先是至元二十年史弼陳弭盜之策爲首及同謀者死餘屯田淮上帝然其言詔以其事付弼賊黨耕種內地其妻孥送京師以給鷹坊人等至是以內地盜賊衆多姑用天祥之奏立爲擒盜條格）大德五年正月御史臺臣言官吏犯贓及盜官錢事覺避罪逃匿者宜同獄成雖經原免亦加降黜庶奸俗可革從之七月中書省臣言舊制京師州縣捕盜止從兵馬司有司不與遂致淹滯自今輕罪乞令有司決遣重者從宗正府聽斷庶不留獄且民不冤從之時鄭介夫上太平策曰國家立政必以刑書爲先今天下所奉以行者有例可援無法可守官吏因得並緣爲欺如甲乙互訟甲有力則援此之例乙有力則援彼之例甲乙之力俱到則無所可否遷調歲月名曰撒放使天下黔首無所持循始之所犯不知終之所斷是陷之以刑也內而省部外而郡守鈔寫格例至數十冊遇事而難決則檢尋舊例或中無所載則旋行擬議是百官莫知所守也民閒自以耳目所得之敕旨條令雜採類編刊行成帙曰斷例條章曰仕民要覽各家收置一本以爲準繩試閱二十年閒之例校之三十年前半不可用矣更以十年閒之例校之二十年前又半不可用是百姓莫知所避也孔子曰刑罰不中則民無所措手足今者號令不常有同兒戲或一年二年前後不同或綸音初降隨卽泯沒遂至民閒有一緊二慢三休之謠京師爲四方取則之地法且不行況四方之外乎如往年禁酒而私醞者比屋有之禁牛而私宰者愈多又如姦盜殺人必不可赦而每歲放多爾瑪以此人心輕於犯法又如婚姻聘財明有官庶高下折鈔之例而今之嫁女者重要財錢與估買軀口無異又如買賣田宅舊有先親後鄰之例而今民業多歸勢要雖親與鄰不得占執推此數端天下槩可知矣今有司每視刑名爲重而婚田錢債略不省察殊不知百姓負冤上無所訴是開官吏受贓之路也審囚決獄官每臨郡邑惟具成案行故事出斷一二便爲盡職不知大辟以下刑名公事甚不少也路縣官吏未飽其欲每聞上司官至則將囚徒保候審錄旣畢仍復收禁此皆無法之弊也又兼衙門紛雜事不歸一十羊九牧莫之適從普天率土皆爲王民豈可家自爲政人自爲國今正宮位下自立中政院匠人自隸金玉府校尉自歸拱衞司軍人自屬樞密院諸王位下自有宗正府內史府僧則宣政院道則道教所又有宣徽院徽政院都護府白雲所管戶計諸司頭目布滿天下各有管領不相統攝凡有公訟並須約會或事涉三四衙門動是半年虛調文移不得一會或指口對問則各司所管互相隱庇至一年二年事無杜絕遂至強凌弱衆暴寡貴抑賤無法之弊莫此爲甚昔先帝時嘗命修律末及成書近議大德律所任非人訛舛尤多今宜於臺閣省部內選擇通經術明治體練達時宜者酌以古今之律文參以先帝建元以來制敕命令採以南北風土之宜修爲一代令典使有司有所遵守生民知所畏避國有常科吏無敢侮永爲定制子孫萬世之利也諸色衙門投下頭目除管領錢糧造作外無問大小詞訟俱涉約會者並令有司歸問庶使政歸一體獄無久淹矣武宗初御史大夫塔思布哈言凡受贓爲御史所劾者不得託言事入覲以避其罪從之至大元年正月中書省臣言近百姓艱食盜賊充斥苟不嚴治將至滋蔓宜遣使巡行遇有罪卽行決遣與隨處官吏共議弭盜方略明示賞罰或匿盜不聞或期會不至或踰期不獲者官吏連坐仁宗延祐六年九月御史臺臣言諸犯贓罪已欵伏及當鞫而倖免者悉付原問官以竟其罪英宗至治二年臣寮言五刑者刑異五等今黥杖徒役於千里之外百無一生還者是一人身被五刑非五刑各底於一人也法當改（時朝議雖是之卒不果行）泰定帝泰定元年六月以災異詔百官集議中書平章政事張珪等議略曰前宰相特們德爾姦狡險深誣殺蕭楊以快私怨一令發口上下股栗稍不附己其禍立至由是羣邪並進搆成弒逆其子索諾木親與逆謀雖剖棺戮尸夷滅其家猶不足以塞責今復回給所籍家產諸子再入宿衞臣等議宜遵成憲仍籍原產遠竄其子孫以懲大姦君父之讎不共戴天特克實之黨結謀弒逆天下之人所不忍聞比奉旨以逆黨脅從者衆不可盡誅言者其勿復舉臣等議

古法弒逆凡在官者殺無赦宜盡誅額特布哈之徒以謝天下生殺天子之大權臣下何敢盜用遼王托克托位冠宗室覬幸赦恩報復讎怨殺親王妃主百餘人分其資產聞者切齒今不之罪乃復厚賜遣還仍守爵土臣等議累朝憲典聞赦殺人罪不在原宜削其爵土置之他所以彰天威刑以懲惡國有常憲武備卿濟里前太尉布哈以累朝待遇之隆不思補報專務姦欺詐稱奉旨令鷹師強收鄭國寶妻果哈貪其家人畜產事聞之官刑曹逮鞫服實竟原其罪輦轂之下肆行無忌遠在外郡何事不爲臣等議宜以濟里布哈付刑曹治罪太廟神主祖宗之所妥靈比者盜利其金而竊之至今未獲斯乃非常之事而捕盜官兵不聞杖責臣等議庶民失盜應捕官兵猶有三限之法監守失官物有不行知覺之罪今失神主宜罪太常請揀其官屬免之人有冤抑必當昭雪平章政事蕭拜珠中丞楊多爾濟枉遭誣陷籍沒其家比奉明詔還給原業子孫修葺苟全復以其家財仍賜舊人止酬以直卽與再罹籍沒無異臣等議宜如前詔以原業還之量其直以酬後所賜者則人無冤憤矣刑罰不立姦宄滋長比者額森特穆爾之徒遇朱太醫妻女於故省門外強拽以入姦宿館所事聞有司以扈從上都爲解竟弗就鞫輦轂之下肆惡無忌京民憤駭臣等議宜遵世祖成憲以奸人命有司鞫之又天下囚繫不無冤滯方今盛夏宜命臺省選官審錄結正重刑疏決輕繫疑者申聞詳讞善良死於非罪國法當爲昭雪特克實弒逆之變學士布哈等皆以無罪死特們德爾專權之際御史徐元素等以言事死皆未申理臣等議宜追贈死者敘其子孫僧道出家宜以清淨絕俗爲心比年僧道往往畜妻子無異常人如蔡道泰班講主之徒傷人逞欲壞教于刑俾奉祠典豈不褻天瀆神臣等議僧道之畜妻子者宜罪以舊制罷遣爲民按是時下詔疏決繫囚張珪等因上此議而泰定與成逆謀特克實之徒皆其逆黨故不從其議

文宗天歷元年中書省臣言近籍奇徹家其子年十六請令與其母同居仍請繼今臣僚有罪致籍沒者其妻其子他人不得陳乞亦不復爲官口從之又陝西行臺御史孔思迪言人倫之中夫婦爲重比見內外大臣得罪就刑者其妻妾卽斷付他人似與朝廷旌表貞節之旨不侔夫亡終制之令相反況以失節之婦配有功之人又與前賢所謂取失節者以配是身已失節之意不同今後凡負國之人籍沒奴婢財產不必罪其妻子當典刑者則孥戮之不必斷付他人庶使婦人均得守節請著爲令從之至順二年河南北道廉訪副使僧嘉努言自古求忠臣於孝子之門今官於朝十年不省覲者有之非無思親之心實由朝廷無給假省親之制而有擅離官次之禁古律諸職官父母在三百里外於三年聽一給定省假二十日無父母者五年聽一給拜墓假十日以此推之父母在三百里以至萬里宜計道里遠近定立假期其應省覲匿而不省覲者坐以罪若詐冒假期規避以掩其罪與詐奔喪者同科御史臺臣以聞命中書省議行之順帝元統二年蘇天爵上疏曰自昔國家務明刑政苟或赦宥之數行必致紀綱之多紊是以先王既興禮樂以教民又嚴法制以懲惡蓋禮樂興則教化洽法制嚴則姦貪懼未嘗數赦以病民也唐太宗貞觀二年謂侍臣曰凡赦惟及不軌之輩古語有云君子不幸小人幸之一歲再赦善人喑啞夫養稂莠者傷禾稼惠姦宄者賊良人朕自有天下以來常須慎赦蓋數赦則愚人常冀僥倖惟欲犯法不復能改過矣誠哉太宗斯言也昔我世祖皇帝卽位之初未嘗肆赦臨御旣久聖德深仁丕冒天下是以刑政肅清禮樂修舉姦貪知懼善良獲伸故中統至元之治比隆前古欽惟聖天子承順天心子愛百姓發號施令必先至仁踐阼伊始已降寬恩然自近歲以來赦宥太數誠恐姦人貪吏各懷僥倖大爲姦利非國之福也夫以世祖皇帝在位三十五年肆赦者八近自天歷改元至元統初年六年之中赦宥者九蓋赦恩宜澤雖出於朝廷之美意然長姦惠惡誠爲政所當愼伏願自今以始近法世祖皇帝之所行遠鑑唐太宗之所言使中外臣民洗心革慮守法奉公知非常之恩不可復覬不勝幸甚至元二年中書省員外郎陳思謙上言強盜但傷事主者皆得死罪而故殺從而加功之人與鬭而殺人者例杖一百七下得不死與私宰牛馬之罪無異是視人與牛馬等也法應加重因姦殺夫所姦妻妾同罪律有明文今止坐所犯似失推明遂令法曹議著爲定制詳刑制篇六年蘇天爵上奏國家自太祖戡定中夏法尚寬簡世祖混一海宇肇立制度列聖相承日圖政治雖法令之未行皆因事以立法歲月旣久條例滋多英宗始命中書定爲通制頒行多方官吏遵守然自延祐至今又幾二十年矣夫人情有萬狀豈一例之能拘加以一時官曹材識有高下之異以致諸人罪狀議擬有輕重之殊繁條碎目與日俱增每罰一辜或斷一事有司引用不能通舉若不類編頒示中外誠恐遠方之民或未識而誤犯姦貪獨習知而舞文事至於斯深爲未便宜從都省早爲奏

聞精選文臣學通經術明於治體練達民政者圖坐聽
讀定擬去取續爲通制刻板頒行中間或有與先行通
制參差牴牾本末不應悉當會同講究畫一要在詳書
情犯顯言法意通融不滯於一偏明白可行於久遠庶
幾列聖之制度合爲一代之憲章民知所避吏知所守
報可

欽定續通典卷一百十

欽定續通典卷一百十一

刑

雜議三 明

明太祖洪武九年冬以災異求言平遙訓導葉伯巨上書略曰歷代開國之君未有不以任德結民心以任刑失民心者今用刑多裁自聖衷獄吏趨承意旨深刻者多功平反者獲罪雖有寬宥之名未見寬宥之實數年來誅殺不少而犯者相踵自今宜存大體赦小過修舉八議之法嚴禁深刻之吏且致治之道固不可驟陛下切切於民俗澆漓人不知懼乃至令下而尋改已赦而復收天下臣民莫知適從甚不稱陛下求治之心也十五年禮部議自今犯十惡姦盜詐僞干犯名義有傷風俗及犯贓至徒者書於亭以示懲戒其餘雜犯公私過誤非干風化者一切除之以開良民自新之路其有私毀亭舍除所懸法令及塗抹姓名者監察御史按察司官以時按視罪如律自洪武五年始建申明亭至是年帝諭部臣曰天下郡邑申明亭書記犯罪者姓名昭示鄉里今有司概以雜犯小罪書之使善良一時過誤爲終身之累雖欲改過自新其路無由爾禮部詳議來言遂有此議是年刑部尚書開濟奏言欽惟聖明治在復古凡事務從簡要今內外諸司議刑奏劄動輒千萬言泛濫無紀失其本情況至尊一日萬幾似此煩瑣何以悉究此皆胥吏不諳大體苟非禁革習以成弊帝納其言命刑科會諸司定議二十二年翰林院待詔朱善上言有國者重世臣有家者重世婚臣見民間婚姻之訟甚多問之非舅姑之子若女即兩姨之子若女蓋以於法不當爲婚故爲仇家所訟或已聘見絕或既婚復離使夫婦生離子母永隔悲號怨憤無所控訴議法不精其禍乃至於如此按律尊屬卑幼相與爲婚者有禁若謂父母之姊妹與己之身是爲姑舅兩姨皆爲己之尊屬己不可以卑幼而匹之若己爲姑舅兩姨之子彼爲姑舅兩姨之女是無尊卑之嫌以門第則相匹以年之長幼則相若爲子擇婦爲女擇婿宜莫先於此古人未嘗以爲非也成周之時王朝所與爲婚者不過齊宋陳杞數國而已故當時稱大國異姓曰伯舅小國曰叔舅其世爲婚姻可知也至於列國之君亦各自爲甥舅之國降及後世如晉之王謝唐之崔盧潘楊之睦朱陳之好無不以世爲重其顯然可見者如溫嶠之玉鏡臺以舅之子而取姑之女也呂滎公夫人張氏乃待制張昷之女而待制夫人即滎公母申國夫人之姊又非以小姨之子取大姨之女乎朱子小學一書正所以明人倫也而滎公之事取焉如果以爲不可則必不在所取矣今江西兩浙此弊尤甚以致訟獄繁興賄賂公行風俗凋弊願以臣所言下羣臣議弛其禁庶幾刑清訟簡而風可厚也按同姓不婚古之制也若姑舅兩姨之子女不得相爲婚姻自古所無明初定制以表兄弟爲緦麻外姻服屬不許通婚特以其爲有服外姻耳於律意究未允當善爲此議太祖嘗善其言而修律時未及釐定訖明之世遂不改云成祖永樂二年十二月御史張鸞言山西行都司所屬地方切近沙漠軍衛充實則敵不敢爲患比軍人犯徒流罪者悉徙興州屯戍恐邊衛軍士圖易避難必多故犯以求遷徙則隊伍日減邊備不足乞令臨邊衛所軍人犯徒流罪者止從科斷仍流原衛戍守從之三年六月大理寺卿呂震言近例官犯杖罪者記罪還職停俸三月蓋欲使之改過自新然有玩法者恃恩輕犯怙無畏懼不正其罪無以示懲請自今有再犯者論如律著令具刑制篇八年十月交阯布政司言先頒降刑名事例交阯土人有雜犯死罪徒流遷徙者發邱溫抵交阯充驛夫遞運夫雜犯死罪者服役終身徒流遷徙者各以所犯輕重爲限官吏犯笞杖罪吏斷決還役官降用應解現任別敘及雜職於邊遠敘用者皆斷決還職今新例徒流遷徙杖罪皆發北京爲民種田先後例不一皇太子曰交阯遠在萬里外宜從先例令刑部移文知之仁宗洪熙元年十月行在吏部郎中陳叔剛上言吏犯杖罪律斷決爲民近時吏胥謀欲求去則私約相訐多以杖罷去乞命法司自今吏犯杖罪以下依舊例的決復役徒罪以上准工滿日安置別郡死罪如律公罪附過則姦狡之塗可以漸塞帝命法司議行具刑制篇宣宗宣德三年八月監察御史鄭道寧言犯姦婦女律當去衣受刑以勵風俗今法司亦聽納米贖罪其間無米輸納者拘繫於獄益縱淫穢乞敕治之如律從之四年四月四川按察司奏四川軍民健訟往往誣詞封奏自宣德元年以來鞫問二百餘事大半涉虛蓋誣人死罪得罪甚輕因此恣肆冒犯請嚴禁約果有機密重事許實封進呈若私事須論訴者必自下而上陳告擅動實封者令法司究治從之具刑制篇是年五月山西按察司張政奏乞敕法司凡詞訟有原告逃者其被告皆即放遣俟獲原告取至對理庶姦頑知畏良善獲安帝曰此皇祖定制也恐在外諸司未之行其即申明著爲例具刑制篇五年廣西按察司僉事王愷奏言近例在外諸司吏典犯笞杖罪俱贖鈔改撥姦猾之徒必有就易避難乘混作弊者請敕法司會議法司議奏請凡照刷諸司文奏事干遲錯若漏報卷籍官吏應公私笞罪及公杖罪皆依律決罰還職役如錢糧埋沒刑名違枉有所規避者仍依律照例發遣從之六年二月都察院奏

棗強縣典史周宗本挾私杖殺皁隸合依故勘平人致死律監察御史任祖壽聽其許馬一匹論以因公行罰徒罪祖壽合依聽許財物而事枉者律應徒以風憲加二等應流帝命如律罪之英宗正統三年十一月民有收義女爲妾者法司論姦大理寺評事王亮奏請行勘原賣與謀合人果係義女罪之如律若通房使女收爲妾而立約明白兩相願者不治罪不離異從之著爲令四年巡按直隸監察御史羅綺奏各處理刑官多不諳刑名止憑吏胥照提多人動經數年未得結絕甚至情輕作重情重作輕以致詞訟競起且如壽州衞軍毛神保告百戶召鼎尅落月糧反被鞭笞續赴通政司伸理遞回本衞官嗔恨愈深問擬白晝搶奪傷人斬罪監候待決臣將文案詳觀及按行察訪始知絕無搶奪之情止是懷挾前仇陷之以死神保已從輕出之鼎等正當究問以警其餘幸蒙赦宥恐各衙門理刑官亦有不公其心不察其情不明其法未免有偏枉之弊今後理刑官務於在京法司歷事監生中精選其諳曉刑名者授之庶使人無冤抑帝命部議行之八月御史陳祚言法司論獄多違定律專務刻深如戶部侍郎吳璽舉淫行主事吳軏宜坐貢舉非其人罪乃加以奏事有規避律斬及軏自經死獄官卒之罪明有遞減科乃槪杖之夫原情以定律祖宗防範至周而法司乃抑輕從重至此非所以廣聖朝之仁厚也今後有妄援重律者請加以罪從之(具刑制篇)是年御史唐愼奏近奉詔令內外繫囚具狀以聞今在京悉承聖斷恐在外所司奉行未至或被挾仇妄指或因權勢誣告或爭占田土分異財產妄作反叛強盜或將死屍作謀殺誣人或官司挾仇故入重罪設有申訴或因前官鞫成罔究虛實或原問官偏執同僚互生嫌疑弗爲之辨其間豈無含冤而死者乞敕各處巡按御史會都布按三司及直隸府衞正官將見繫重囚俱如京例審錄以聞從之五年二月刑部尚書魏源等集議凡罪囚無力贖罪者沿海邊衞旗軍舍餘照舊例的決還役隨住陝西民雜犯死罪文職官吏知印承差贓罪滿貫照例發莊浪等衞安遠等遞運所充軍擺站其餘各處軍職旗軍舍餘笞杖的決雜犯死罪五年流罪四年徒罪照徒罪限福建浙江山東發本處沿邊廣東發廣西沿邊江西南直隸發浙江金山衞沿海北直隸河南發宣府俱送總兵官處定撥衞所立功備禦哨瞭滿日發回衞所還職著役民人陰陽人等俱發附近衞要去處擺站十月刑部言舊例軍丁力士犯盜者皆戍邊比者照從律斷但令輸作復役以是人輕於犯盜請復舊例庶使知懼從之十一月三法司言洪武定律時鈔貴物賤所以枉法贓至百二十貫免絞充軍今鈔賤物貴若以物估鈔至百二十貫枉法贓俱發充軍輕重失倫今後文職官吏人等受枉法贓比律該絞者估鈔八百貫之上俱發北方邊衞充軍其受贓不及前數者視見行例發落從之六年陝西布政使郭堅言律載府州縣官有犯所轄上司不得擅自句問止許開具所犯奏聞其倉場庫局陰陽醫學閘壩驛遞等衙門官犯罪俱不該載所以各處此等有犯間有徑行句問又有具奏提問所行不一請敕法司議刑部尚書魏源會議宜從布政司問給事中廖莊言律載在外五品以上官犯奏聞請旨六品以下聽分巡御史按察司並分司取問臣竊以爲倉場庫局律雖不載其曰六品以下則此等官員亦載其中而布政司不得擅問明矣蓋倉庫等衙門實爲布政所屬或一時幹辦不及逢迎失意徑被取問則此等官員難以自立矣他日又豈無奏巡檢司與學官律不該載者亦乞照比例者乎帝從之是年刑部侍郎何文淵上言竊盜初犯再犯俱刺字三犯者絞今又立牌額是於律外加罪實傷治體(具刑制篇)七年行人司行人尙褫言旗校緝事不可盡信間有用心邪枉者或爲他人報仇或以私怨誣陷平人緝事未能盡實請自今旗校緝事務見實證然後坐罪如或不實所緝者量重以其半坐之庶不致乘隙報怨濫及無辜帝從之八年大理寺言律載竊盜初犯刺右臂再犯刺左臂三犯絞今竊盜遇赦再犯者咸坐以初犯或仍刺右臂或不刺請定爲例章下三法司議刺右遇赦再犯者刺左刺左遇赦又犯者不刺立案赦後三犯者絞帝命遇赦再犯者不論赦(具刑制篇)九年湖廣長沙府攸縣知縣吳貴奏長沙衞軍肆暴鄉曲誣告衞所其管衞所者往往不諳法律徑委軍職仍勢迫府縣百計索賄民不勝虐乞敕禁約事下刑部議謂軍職不得理人命有成令第久未申明請如貴奏榜諭帝從之十年巡撫史濡言雲南諸獄呈詳既於御史復於參贊軍務侍郎復於鎭守太監各持一說殊無定論乞廷臣會議於是三法司議咸謂審刑名於御史此定律餘官無著令帝從之十一年大理寺評事孫鏞上言重囚稱冤未及詳讞原鞫者慮其反覆或箠死獄中乞敕審刑官徙置他獄法司議徙獄非制不從帝因命內外所繫重囚必俟朝廷處分敢有箠死者罪之十三年刑部尚書金濂奏姦義男婦洪永以來有論依姦子孫之婦應斬者有論姦妻

前夫之女應徒者乞聖斷遵守三法司奉詔議親男與義男情有親疎宜比姦前夫之女徒罪科斷敕分別通姦强姦之條著爲令（具刑制篇）景帝景泰元年刑部郎中王槩言舊例告義子義女義婦義孫妾子前妻前夫之子不孝者必審其四鄰恐冤抑也其義子女又必驗其年歲如過房在十五歲前曾受鞠養則坐以不孝不然但以僱工人毆罵家長律坐之奉詔革例此不宜去從之二年八月刑部員外陳金言律不可易例宜更改謹列未便者以聞一婦人犯徒流笞杖槩的決此於廉恥待人之道似有未及宜依男子例減半贖之一軍民私債不得追索以此貧民不得富室救濟宜聽其理取一官軍及子孫輩有犯敗倫傷化者俱革職不許承襲今姦宄誣告圖其官職請依繼母幷義父母告子孫例集鄰佑勘之如妄則發所告者原籍爲民不得仍於衞所騷擾章下法司以其言皆可行從之三年南京兵部尚書王驥奏已故都督呂毅子瑛先定指揮葛覃妹爲妻後瑛襲調山海衞別娶千戶俞勝女爲妻又娶陳氏爲妾已生男女其葛覃母子因女年長三十以上嫁與千戶劉昱爲妻已生男女三人今被瑛具奏爭娶結訟法司依律斷令離昱歸瑛不惟節義兩失抑且難爲命婦況母子分離夫妻別異其情可憐乞敕禮部會議准令年久不回並聽改嫁仍將葛氏歸昱從之五年大理寺少卿薛瑄言發擬罪囚多加參語奏請變亂律意刑法失中請敕自今一依律令不許妄加參語從之六年大理寺向敬言鞫囚有二弊其一論罪不當者輒調問痛加箠楚至三四次仍依原擬不免有冤請自今三次不允送別衙門推鞫原問不當者罪之其一毆鬬罵詈違限等類輕罪律有正條者法司以正條罪輕輒擬依不應從重其貴免枉法强竊盜等項贓法金銀律追本色今乃准其費用追鈔此皆輕重不當乞禁令如律從之是年湖廣按察副使呂淵奏原告在逃將及一年者將事內證佐人犯對問推理依律發落如告實原告免提如虛別行擒執問罪帝敕法司通行之是年刑部郎中夏時正言自今凡非反逆重罪涉勛戚大臣奉特旨者俱不必會問都察院議時正言可從宜通行天下諸獄原發在都布司者但會都布司官在府衞者會府衞官在按察司及巡按者不必會官即爲問結如有淹滯者治之詔從所議憲宗成化元年遼東巡撫滕昭言大明律乃一代定法而決斷武臣獨舍律用例武臣益縱蕩不檢請一切用律（詔令具刑制篇）是年大理寺卿王槩言舊例天下軍民詞訟悉由州縣以達於朝廷違者罪之近法司於凡代抱本狀之人輒得寬貸遂至姦獘尤甚臣請除路之極遠與事之迫切人之老幼者依律問罪遣回聽理外此則遞送押解勿使逃匿從之四年二月獲賭博者四十餘人命枷項示衆仍榜禁之已而犯者復三十餘人有不勝苦至死者刑科給事中毛宏等奏言其中情犯亦有輕重怙終之徒固不足惜愚民不知榜例一時誤犯致死可憫乞敕法司分爲三等帝命從之五年大理寺評事張鉦言大理之設所以審錄刑部都察院鞫問罪囚其間或擬罪不當者一再駁還並令改擬或仍不當許參問此係舊制近見南京法司多用嚴刑迫囚誣服其被糾者亦止改正而無罪乞自今許本寺參問寺卿王槩覆奏如議六年兵科給事中宮榮言近年鼓下詞狀不與覆奏辨理致使冤抑控訴無所自後當與研審明白回奏不許一槩立案其直鼓官亦須詳看曾經他處具告不行者方與封進從之是年御史馬文升奏言律令犯公罪者不至罷職近來御史朱賢婁芳等俱以公罪罷職爲民非祖宗法律本意請戒法司自後不許妄參以律令從事疏入下其章於所司是年有張元吉者罪當淩遲處死詔免死杖一百充軍給事中毛宏因上言天罰天討雖天子不得任意於其間今元吉僭朝廷之制擅生殺之權殺無罪四十一人具列十惡之條若以襲號天師不欲加戮記曰執左道以亂政者殺不以聽元吉正係左道之流況又罪大惡極豈容曲加寬宥萬一罪惡再有如此者又當何以處之帝以事既施行寢其奏七年御史李賓等奏在外官司聽斷軍民詞訟動輒罰人財物始則暫寄官庫以欺人終則通同庫役以入已其用計奸深有爲預備稽考告訐之謀至假立文簿虛作支銷者昔唐臣陸贄有言建官立國所以養人賦人取財所以資國今舍法而重罰既非所以養人罰物以爲私又非所以資國若不通行禁革則貪風愈熾末流之獘不可勝言矣今後請治擅自科罰之罪帝從之（具刑制篇）是年刑科給事中白昂等奏言大理寺審錄罪囚參擬罪名具載諸司職掌至爲詳密比者大理寺審錄有詞稱冤人犯駁回再問者多行移調問者少及巡撫巡按官幷在外衙門詳議所屬申詳囚犯內有情獘者亦皆駁回再問致被偏執已見不與辨明多用非法重刑鍛鍊成獄囚人慮其駁回必加酷刑雖有冤枉不敢再言今後乞命在內法司使遵諸司職掌事例行之在外參審所屬申詳囚犯中間如有問招不明擬罪不當及有詞稱冤者俱聽改調別衙門問理

不許仍行原問官問理奏下法司議如所言從之十年都御史李賓言錦衣鎭撫司累獲妖書圖本皆誕妄不經之言小民無知輒被幻惑乞備錄其書名目榜示天下使知畏避免陷刑辟報可是年刑部尚書王槩上言處置條例一凡告官吏者提問或彼此逃匿宜令原告逃者被告免提被告逃者惟擒被告治罪一軍職有敗倫傷化革職事例欲謀官職往往誣奏毆罵等情自今令照義父母繼母嫁母告子以不孝事例以衆證爲實依律問枉者坐之一子孫毆罵祖父母父母及妻妾毆罵夫之祖父母父母坐斬絞罪或告息詞奏蒙決杖發回養親自今宜令初犯許准息詞不與奏請其中若有執私故害即與辨理一軍官乏用借貸約以俸銀捐償鬭領之際以負多避匿及債主自領反誣以盜鬭之罪坐常人盜倉庫罪殊乖律意宜止問杖罪一文職官吏過招由在卷及不親賫奏疏者俱置不問宜依前例行爲事爲民者往往赴京奏辨令家人抱訴近例但有問原問衙門或調別衙門鞫理一軍職姦宿樂婦例革職外衞其中有指姦者依律勿論擬坐贖杖緣由通姦招伏多革職爲民有乖律意自後指姦及非姦所捕獲止坐不應杖罪仍擬還職爲是帝從之十一年祭酒周洪謨言天下有司聽訟輒用夾棍等刑與百姓不勝苦楚請敕法司禁約除人命强盜竊盜姦犯死罪須用嚴刑其餘止用鞭扑違者風憲官錄其酷暴以備考劾詔可之十五年南直隸巡撫王恕奏律乃治天下大法我太祖高皇帝斟酌歷代律條定爲大明律凡四百六十條頒示天下而名例律有曰凡律令該載不盡事理若斷罪而無正律者引律比附應加應減定擬罪名今在京書坊刊行大明律後有會定見行律一百八條不知何時會定者法官老於刑名必不依此比附但恐流傳四方未免有誤新進之士略舉其兵律多支廩給條及刑律罵制使及本管長官條皆輕重失倫不可行於天下乞以其板毀之於是法司會議宜以恕言通行內外法官自後斷罪悉依大明律幷奏准見行事例敢有再稽會定條律比擬出入人罪者以故出入論仍行書坊即將所刻本燒燬違者並治以罪從之是年御史李紀言定立嗣一事刑部議奏軍民人等告爭繼承者必擇立同宗昭穆相當之姪若衆子無嗣必先盡同父長房之次子長房無子然後以次及於衆子又次及於大功小功緦麻至親之次子如俱無次子方立遠房其長子無嗣亦盡同父以次長房之次子然後以次及於其餘若無子者生前或擇其人自幼撫養長大已立爲嗣但不係異姓尊卑失序者仍舊承繼不許宗族告爭從之十六年給事中王坦言竊盜犯罪律有明條在京法司具有成案今在外問刑衙門於竊盜初犯再犯不論贓數多寡輒杖殺之請嚴加禁約從之是年兵部尚書余子俊言京城多盜宜敕查究有舍匿遊民與無籍軍匠罪囚者送戶工兵三部收役其無籍貫者送兵馬司處畫若赦有死囚遣而復來者處死仍令編審丁籍追究舍匿之家帝謂漸不可長宜急畫謀擒捕仍遣官屬勘實造冊有潛住如議發遣隱蔽者並罪之孝宗弘治元年大理寺評事鲁永言刑官問囚擬議不當或舞弄條欵或紐合文法或律有正條而擬以不應或畏避權勢而拘於成案或信憑參語定罪而不論招情皆可恣爲出入刑獄用是不平請悉依律例擬議科斷違者從給事中御史舉劾御史有違從都察院查究從之是年刑部尚書何喬新言舊制提人所在官司必驗精微批文與符號相合然後發遣此祖宗防微杜漸深意也近者中外提人止憑駕帖旣不用符眞僞莫辨姦人矯命何以拒之請給批文如故帝命復行之二年刑部尚書何喬新等言國初制律之時每銀一兩值鈔一貫常人盜銀八十兩方得絞罪監守盜銀四十兩方得斬罪今則每銀一兩值鈔八十貫常人盜銀一兩監守盜銀五錢者即坐斬絞罪雖曰民俗澆漓恐人易犯故重以懲之然非制律之本意查正統成化時御史陳智李至剛等各有論奏或欲依國初估鈔常人盜銀八十兩方坐絞罪或欲照今時估鈔常人盜銀一兩即坐絞罪合而論之贓輕罪重者過於刻贓重罪輕者失之縱今後估計鈔貫銀每兩銅錢一千文各値鈔四十貫庶幾得中時議者以銀錢估鈔舊例行之已久仍依原估喬新議遂不行六年太常少卿李東陽奏言五刑最輕者笞杖然杖有分寸數有多寡今在外諸司笞杖之罪往往致死縱令事覺不過以因公還職以極輕之刑置之不可復生之地多者數十甚者數百積骸滿獄流血塗地可爲傷心律故勘平人者抵命刑具非法者除名偶不出此便謂之公一以公名雖多無害此則情重而律輕者不可以不議也請凡考訊輕罪即時致死累二十或三十人以上本律外仍議行降調或病死不實者幷治其醫命下所司議處七年禮科給事中呂獻等言每歲初夏例縱釋繫囚笞杖輕犯多有免徒流以下減等發落重罪情可矜疑者具奏定奪所以長民命而壽國脈也但此例獨行兩京而未及天下乞敕三法司南北直隸則巡

撫官督同諸府縣官各布政司則鎮巡官會同三司官各準兩京例每於四月慮囚庶刑獄無冤不從十一年陝西宜川縣民馮子名兄亡妻其嫂巡撫定擬坐杖帝以事關風化特命法司會議于是尚書閔珪等覆奏謂逆天道壞人倫定擬絞罪其他犯類此者並依此例斷（具刑制篇）是年南京燕山前衛千戶韓銳坐不分俸養贍繼祖母及毆罵小功以下兄刑部擬杖還職爲大理寺所駁刑部因奏請申明條例今後武職凡奉養有缺須祖父母父母親告乃坐若子孫告祖父母父母例不行勘若不奉養繼祖母繼母及毆本宗大功以上尊長小功尊屬并毆傷外祖父母及妻之父母者俱行勘明白方許論罪其有縱容抑勒女及妻妾并子孫之婦妾與人通姦及姦內外有服親屬及典雇妻女者俱係敗倫傷化請俱依律問罪照例發原籍爲民帝從之十二年御史王哲奏遷發口外爲民者風土不宜往往疾病道死是以家人聚哭如臨刑之苦請今後兩廣及雲貴四川犯應遷發者悉改撥本處附近衛所充軍部議以充軍之罪甚於遷發令聽其自便（具刑制篇）是年刑科給事中周旋言五刑莫重於死罪次莫重於充軍故律載充軍之條甚少自條例之行任情擬斷乞敕今後具招詳刑部都察院審與律例相符方行大理寺評允轉行兵部定衛發遣詔下所司知之十三年刑部奏國初刑用重典取上裁榜文紛紛下洪武末定大明律刑官始得據依爲擬議輕重畫一後又申明大誥諸有罪減等累朝遵用而法外遺奸列聖時推移損益之而有例例非律所該而實不大違遠於律特用輔律非以破律也而中外巧法吏或借以文飾私怒多引例便已意而律寖格不用於是命刑部會九卿議增歷年問刑條例經久可行者二百七十九條上之內禁濫報邊功私騎官馬黃船販鬻私貨漕船附帶勢要貨物及鎮守等官頭目非奏帶者不得報功皇城守衛官旗故縱直軍十名降級六條命再議以聞九卿執奏累朝所定不可輕更帝從之（具刑制篇）是年戶科給事中邱俊言內外問刑衙門罪囚有監禁四五年甚至數十年者冤氣騰結皆足致災乞通行天下將見監三年以上罪囚情眞者秋後處決其情可矜疑及事情難明者不拘成案悉與辯明刑部議謂兩京罪囚每歲夏月審錄秋後又會官重審及五年又命太監等官會審已有成法宜如舊行其各布政司審錄不必待至明年請如俊所奏一暫行之此後仍五年一次差官從之十四年五府六部衙門言今後惟叛逆等事方差錦衣衛官校齎駕帖其餘俱下法司轉行巡撫巡按官勘問有應解京者就彼差官押解帝命准行十六年御史劉洪奏浙江人張悦以罪發充軍託病回籍醫治至家援例納粟授衛指揮請革職仍發原伍其浙江布政司官許令納粟者亦宜逮問兵部復奏當從仍行令各處有似此者通治以罪是年吏部主事楊子器言今有司不以生靈爲重有犯輕罪而禁死者有因干連負累妄攀誣陷而禁死者請申明舊例禁之又近例非掌印官不許受詞訟且詞訟多則贓罰多嗣後凡清軍捕盜等官其不經州縣越訴者不許受理有司歲終彙其詞訟及贓罰數目呈巡撫巡按官稽考以絕姦貪刑部覆奏從之是年撫州人江緣一擊殺其弟緣四遺一女其母吳氏以許嫁李氏緣一又欲取所受聘財母不從緣一怒罵劫奪之母忿而自縊有司擬罵母律絞巡撫王哲以律毆父母者斬緣一手殺親弟逼死親母使得全首領情重律輕具獄以聞法司議覆依毆母律斬決不待時仍請後有威逼祖父母父母死者悉依此斷（具刑制篇）是年禮科給事中葛嵩言近例質當田地限滿計所收已及本利者交還業主無力取贖者聽再管業承繼之子有不得於所後之親者聽別擇賢能或所親愛者承繼不許他人以次序告爭二者皆與律意不合請令無力取贖者仍聽典主管業以息訟端立後者務以尊卑爲序昭穆相當不許別立疎遠致紊倫理法司覆議請申明律例照舊施行從之是年戶科給事中孫禎言新頒問刑條例比律令過嚴如律縱放軍人歇役者一名杖八十每名加一等例則額設軍伴之外多占五名以下者降一級律私借官馬或轉借及借之者各笞五十驗日追雇賃錢入官計錢重者坐贓論加一等例則私借及轉借與人五匹以下降一級是占役一軍占乘一馬皆當從降級例科斷矣人將無所措其手足請重加校定俾協於中法司覆議謂條例皆奉有成命難以更改其借占人馬數不及五者請如所奏仍依律論斷從之十七年兵科給事中潘繹奏故事每歲會審重囚率以一日竣事然人命至重今後該審之囚衆多如拘以一日則不得從容詳審昔太宗文皇帝因刑部等衙門大辟囚三百餘人復訊皆實請決復諭之曰更審之一日不盡則二日三日雖十日何害此祖宗好生之心萬世所當遵也乞令從容研審使無冤枉從之是年吏部尚書馬文升言會審重囚坐妖書惑衆者甚多與其誅于已犯不若禁於未然乞敕榜諭有收藏者許半月內首告官司（具刑制篇）是年刑部條上革弊彌災

事宜四條一京城勢家或攬納逼債或侵奪强買或殺人焚燬或窩盜分贓事發則抗拒官司今後令錦衣衛執送職司重治一舊例在京問囚三審不服及在外問結赴京奏訴者俱改調別問近歲多拘成案有明訴枉問而置之不問者請令果有冤枉卽與辯理一定例巡按會審由都布二司幷府州縣衛送者申刑部由巡按及按察司送者申都察院各轉詳大理寺審擬今重囚止申巡按更不會審轉詳以致輕重任情淹禁無度請令照例申詳一奸民包攬錢糧勒取財物各倉內外管事幷勢要之人交通受納事發止坐攬頭請令緝事衙門幷窮究得財之人明正其罪俱從之是年大理寺條上革弊弭災事宜一矜疑重囚從原問衙門錄奏情或有偏請令刑部都察院會本寺公同具奏一外官有用刑因而致死者請依酷刑例爲民一外官因公挾私淹禁平人致死者請亦照酷刑問斷一充軍賄脫止坐本犯請查解批追究賣放之人從重參問一奏訴詞訟每事具題近於煩瑣請照軍職徒杖罪先行發落半月類奏一誣告平人其致死被誣之人律所未載近日俱問絞罪殊非適中請令誣告因考禁而死者依本律餘照常例一舊例王府文職希圖改調故意犯贓者發邊遠敘用蓋指令人誣告或科斂不入己者近來凡受贓者皆擬調似非律意請依律罷職一婦人再嫁以前夫之女與後夫之子成婚有關風化請依娶同母異父姊妹律斷一操備人等犯笞杖罪令贖鈔有無力者監繫不得歸結請依在逃律許的決奏下刑部會議皆以爲可從之是年法司覆奏南京侍郎楊守隨所言成化閒奏准凡犯人訐告原問官者須覈究得實然後逮問今南京御史王𡧬臣按指揮周愷等怙勢贖賄愷等遂訐𡧬臣詔下南京法司會鞫似與舊章不合請今後官吏軍民奏訴牽緣別事摭拾原問官者立案不行所奏事仍令問結（具刑制篇）是年巡撫張本奏江西諸盜例應處以極刑皆由巨室藏匿分贓遂至猖獗今獲匿主五人亦問擬斬罪比例梟首示眾法司會議以爲宜從之是年刑部主事朱塗言部囚送大理第當駁正不當用刑今左右二寺分外用刑展轉淹滯乞令毋得擅加考掠大理寺卿楊守隨覆奏大理寺雖止於參駁然每有隱匿重情未免量加刑罰況永樂年閒本寺亦設刑具豈爲分外請申明禁戒令法司同寅協恭毋彼此執拗帝從之是年御史魏申奏在外有司問故殺鬬殺其助殺之人俱擬爲從坐以流罪又竊盜臨時拒捕不得財者止作犯罪拒捕科斷其拒捕不以臨時者或反坐斬罪俱不合律意乃令法司覆議施行

欽定續通典卷一百十一

刑

雜議四 明

武宗正德元年掌大理寺工部尚書楊守隨言每歲熱審事例行於北京而不行於南京五年一審錄事例詳於在京而略於在外今宜通行南京凡審囚三法司皆會審其在外請亦依此例庶事無偏弊刑合公論詔可二年閣臣李東陽言決囚三五覆奏自唐太宗以後歷代遵行我太祖著爲定制每法司決囚必待刑科三覆奏後批出行刑昨刑科初覆奏本未發仍望批一是字少待三覆本內方批處決不過遲數日之期可以存百年之典五年東陽等又因風霾上言頃以久旱風霾兩降綸音連坐者釋放枷號者饒免盜犯再審徒流減等中外傳播歡聲動地幸覩聖心開悟輒有一二干瀆如王府逃校窩主鄭佑連累者亦乞釋放傾使假銀僞造印信舉放私債乞照本律問罪餘皆放免充軍正犯已故無子婦人一應家屬乞免遣死罪重訴三次者乞免加罪婦人無夫者乞免配邊軍凡犯罪家產除重罪外乞免沒官法司錦衣衞見監罪囚乞照熱審事例奏奪南京見監輕重罪犯乞照在京恩例文武官罰米實係家貧者乞再限三月仍免加倍上納各處獲盜數多不無冤抑乞令研審務見贓仗失主勿使妄拿希圖升職免罪再正德年間問罪條例近給事中屈銓奏准頒行乞令法司議定上裁帝曰卿等所言有裨治道當悉行之（按東陽等條奏內惟已故軍犯無子免遣婦人及一應家屬等四條准行具刑制篇餘皆未從）十三年九月刑部斷囚有子糾他人劫其父及弟劫其兄者循舊例以同居卑幼將引他人爲盜及私擅用財擬罪止杖徒大理寺劉玉因奏律以弼教此係人倫之變卽使律文未載亦當權輕重以正法援比附以上請如前擬是置倫理於不論盜賊日肆而莫禁矣於是改擬重刑仍著爲令（具刑制篇）是年十月帝如宣府大學士楊廷和等言祖制行刑之日許各犯家屬訴冤於登聞鼓下直鼓給事中封進或暫停刑者特遣校尉批子留之今冬至將近又當處決之時該科三覆奏本送下擬票臨刑之時有鳴鼓訴冤狀應與辦理者何以遽得明旨伏望振旅還京凡此重務悉遵舊制而行疏入不報十四年御史李節義參奏指揮時鏵逼拷平人爲盜見監王天祐等審釋閻隆等五人瘐死坐以徒罪復職刑科給事中張漢卿因奏言情重律輕於法似爲寬縱幷乞榜示中外凡撫按懲治務將呈詳候審之囚不分已未結正通行開報已死者亦須查勘有無冤抑及病死根因若情有偏枉故入至死如時鏵者照例重治疏入不報世宗嘉靖元年給事中劉濟等以姦黨廖鵬父子及王欽陶杰等頗有內援懼帝意不決乃言往歲三覆奏畢待駕帖則已日午登聞鼓下仍受訴詞得報且及未申時再請行刑時已過酉大非刑人於市與衆棄之之意請自今決囚在未前畢事從之（按明實錄嘉靖二年御史陳逅言愼刑之道在初審不在臨刑正統年間有批子留人事例以至富囚多圖僥倖夤緣請託萬一姦黨乘昏黑意外求生雖罪監臨亦損國威請今後決囚前期一日該科覆奏畢卽給駕帖取囚赴市限未刻前畢事如有鳴鼓訴冤許覆奏前封進奏後毋得輒受違者坐罪此奏與劉濟略同所謂姦黨蓋仍指廖鵬輩而言是年鵬等復以內援緩刑給事中陳時明御史謝汝儀與濟等先後疏爭俱不報）二年刑科給事中劉濟言國家置三法司專理刑獄或主鞫問或主評審權臣不得以恩怨爲出入天子不得以喜怒爲重輕其後又有錦衣衞鎭撫司專理詔獄法久漸弊而三法司幾於虛設陛下升濳盡革舊弊而邇來漸爲私移大乖初意如劉最之私討應付黃國用之私出紙牌顏如環之私用違禁包袱俱係小失而緝執于宦寺之門鍛鍊於武夫之手裁決於內降之旨若李洪陳宣罪至殺人降級而已以最等視之奚啻天淵而顧一律罪之其何以示天下得旨奪俸一月三年七月廷杖羣臣爭大禮者四年秋林俊疏論曰古者撻人於朝與衆辱之而已非必欲爛其體膚而致之死也亦非所以待士大夫也成化時臣及見廷撻三五臣容厚緜底衣以重氈疊裹猶牀褥數月淤血始消正德時逆瑾用事始啓去衣之端重非國體所宜釀有末年諫止南巡撻死之慘幸遇新詔收卹士氣始回不謂又偶有此臣又見成化弘治間詔獄諸旨惟叛逆妖言強盜好生打著問喇唬殺人打著問其餘常犯送錦衣衞鎭撫司問鎭撫奏送法司擬罪中間情重始有來說之旨部寺覆奏始有降謫之旨今一槩打問無復低昂恐舊典失查非祖宗仁厚之意是年九月御史吳廷舉言應天諸府稅糧逋負過多請申明律例通行遵守於是法司議徵收限期律有明條條例不過推廣律意因事立法耳如違限一年律稱遷徙今以故法不行則有比流減半准徒二年之例又恐准徒無以懲惡則有無故不納秋糧發附近邊衞充軍之例如官吏受財律以枉法論今以枉法准徒五年不足以禁贓污則有滿貫充軍之例律稱提調管糧官處絞今槩擬絞則太重准徒則非制故又分職守等第定爲住俸降級之例大抵法在必行刑不輕用諸挾勢姦弊宜如所請行之然東南災傷民困宜及時徵催勿致臨期酷逼違法科斂者罪之如律例從之六年給事中周瑯言

律令所載凡逮繫囚犯老病必散收輕重以類分枷杻薦席必以時飭涼漿暖匣必以時備無家者給之衣服有疾者予之醫藥淹禁有科疏決有詔此祖宗良法美意宜敕臣下同爲奉行凡逮繫日月并已竟未竟死亡者各載文冊申報長吏較其結竟之遲速病故之多寡以爲功罪而黜陟之帝深然其言且命中外有用法深刻致戕民命者卽斥爲民雖才守可觀不得推薦是年侍郎張璁等議覆桂萼所奏謂祖宗設刑部都察院大理寺謂之法司所以糾官邪平獄訟也設立東廠及錦衣衞所以緝盜賊詰姦宄也夫職業之廢謂之曠官職掌之奪謂之侵官今後凡貪官冤獄仍責法司其有徇情曲法乃聽廠衞覺察盜賊姦宄仍責廠衞必送法司擬罪詔如議行七年給事中蔡經言國家內設法司外設撫按按察等官皆爲陛下奉三尺法者故內外有犯責之推鞫在諸臣者亦足以辨之矣今陛下時差官校逮察此屬假勢作威淫刑黷貨譬則虎狼蛇虺咸被毒噬願自今罷勿遣刑部尚書胡世寧請從其議帝納之是年詹事霍韜上疏曰天下軍衞一體也錦衣衞獨稱親軍備禁近也錦衣復掌刑獄不亦甚乎天下刑獄付三法司足矣錦衣衞復橫攬之越介冑之職侵刀筆之權不亦甚乎光武崇高節名節之士滿東都以扶漢鼎宋祖敦廉恥刑罰不加衣冠忠義之徒爭死沒世今江西事變死者四人足驗今之喪廉恥蔑節義者眾也顧不係所養乎夫士大夫有罪下之刑曹辱矣顧使官校當眾執之脫衣冠以就鎖梏屈體貌以聽武夫朝列淸班暮幽犴狴剛氣由此澌滅盡矣使有重罪或廢或誅可也乃解下拘攣便披冕服而武夫悍卒指之曰某也吾得辱之矣小人無所忌憚君子遂致易行豪傑所以多山林之思變故所以鮮節槩之士也是年吏部尚書桂萼言捕盜之官有司多羅織平民軍職多妄報首級並宜究治自後凡以妄殺報功者依故殺抵罪且內外贓官所以累經罷黜而不畏者以所犯贓非枉法雖盈千百貫而罪止罰作也宜更爲令下所司議行是年巡撫王應鵬言正德間新增問刑條例四十四款深中情法宜會官編入不從惟詔僞造印信及竊盜三犯者不得用可矜例刑部尚書胡世寧又請編斷獄新例命止依律文及弘治條例行不必編集八年刑部覆詹事霍韜疏言官以贓敗及故禁故勘平人致死者律當斬絞後人惡其厲已於贓罪得贖刑而致人死者置之不問以致贓暴之吏得肆帝是其言詔今後官吏犯枉法贓酷刑致死人命及故禁故勘者論如律是年尚書許讚言大明律內一款凡竊盜已行但得財者以一主爲重併贓論罪又凡恐嚇取人財物及詐欺誆賺局騙人財物但計贓準竊盜論又監臨主守常人盜倉庫錢糧俱併贓論罪又知强盜後分贓許所分贓準竊盜爲從論夫併贓者謂合眾贓通算論罪計贓者謂止計各人入已之贓論罪準者謂與眞犯有間律文之權衡非不明也乃司法者多不諳律意頓乖輕重或應計贓者論以併贓又不以一主爲重是準竊盜論反重於眞犯數倍安得謂之有間是幾於濫矣又如知監守常人盜倉庫後分贓者緣無主律止坐不應罪名夫竊盜罪止杖徒分其贓猶以盜論盜倉庫錢糧重者抵死分其贓顧反從輕科此幾于縱矣今宜申明律旨計贓者止計入已之贓論併贓者須從一主爲論知監守常人盜倉庫分贓者當以知盜後分贓律坐之庶輕重適中不失制律本意帝令法司參詳律例議聞是年刑部議如親屬費用收寄財物不過因其所無而偶用之其情本輕至於相盜則利其所有而侵盜之其情本重今情之重者雖無服得減凡盜一等而情之輕者卽有服反槩擬於凡人之律人情律意胥失其平請以親屬費用受寄者止擬不應杖罪附入會典帝命再議是年御史朱廷聲言條例所稱喇唬名色除平素兇惡之人犯該前罪照例開發其餘鬭爭等項常事悉依本律斷擬不許妄引前例濫及無辜得旨允行九年三法司議律書所載盜賊二十八條有得財不得財之辨殺人者二十條有成傷輕重保辜限期之分犯姦者十條犯盜法者十二條有捕獲見發之別事例纖分至爲明晰而刑曹不察往往苟且成獄當責其如例詳覈舉得其實然後坐之十一年刑部議覆兵部尚書汪鋐應詔言刑獄之當恤者有五問官明知冤抑而習於因循狃於成案阻於嫌疑溺於私意竟不爲白一也罪犯稱冤不服法當調問不已至於再三而竟執原詞牢不可破二也獄具移付廷評或招詞不得其情而駁或以罪不合律而駁駁之愈煩而執之愈固以致禁四彌年三也原問旣當而廷評較論隻字之間往復無已四無出期四也法司偷惰不自理獄輒付兵馬勘報顚倒出入五也宜申飭省改從之是年刑科給事中王瑄等言頃者審錄重囚原案未讀四詞未終輒已引去而當筆者手不停披且百五十餘人造次而畢殊非愼獄之意乞自今廷審稍展其期令原問衙門各以獄詞朗然宣示使多官雜議務服其心如有疑似亟與分辯帝從之特命會審諸臣盡心詳愼

是年刑部尚書王時中疏言近來官司泥執成案偏護己私應減死者或陰斃於法應更訊者或禁繫以終歲宜令各按臣禁戢有枉法殺人必窮治其罪又在外司理之臣以刻核為威明多縱刑煅煉深文故入宜自今申飭凡罪無正條而犯不應死者不得比附致死違者參治帝從其議十五年有以手足毆人傷重延至辜限外死者刑部議鬬毆殺人論絞大理寺執嘉靖四年例謂當以毆傷論咎部臣言律定辜限而問刑條例又謂鬬毆殺人情實事實者雖延致限外仍擬死罪奏請定奪臣部擬上每奉宸斷多發充軍葢雖不執前科亦僅末減之耳毆傷情實至限外死即以咎斷是乃僥倖兇人也且如以兇器傷人雖平復例亦充軍豈有實毆人致死偶死限外遂不當一兇器傷人之罪乎别四年例己報罷請諭中外仍如條例便詔如部議二十年當五年差官審錄之期刑科給事中龍遂乞敕所司移文所遣官凡一應重囚務虛心研審必得情眞有可辨理釋放發遣審豁者皆速與施行若果有冤枉而初為審辨官所辨出者原勘原問官仍置不論如所辨官明知冤抑故不與辨或忌原問而誣入後為他官所辨出原問經審官皆宜追論若本無冤枉而徇私曲縱者亦宜重譴從之二十二年有偽造察院文書畫押刑部依盜用印信律杖而流之大理寺以律情不合駁之詔法司會議尚書聞淵等因事按律議列四款一文書以印為重押字次之今後盜用印信即無押字俱坐以前律若止犯押字不必槩用前律一律詐為各衙門文書條下在內不及通政司大理寺在外不及鹽運司今後有詐為三衙門文書仍同其餘衙門科斷一六部各司軍衛各所律所不載今後有詐為前項衙門文書套畫押字盜用印信及空紙用印者亦當以其餘衙門律罪之一凡衙門漸次添設及因事特遣者原無刻定印章故臨時請給關防今後如有詐為關防俱比各衙門印信擬罪凡盜用棄毀偽造悉與同科詔從之二十六年給事中查秉彝言律科罰二十兩以上者送部降用非專為守令言也今有罪贖至百兩以上者有無故勸民出粟者甚至有給散人家產者又有從輕發落重折工價者宜明律令慎罰贖以懲贓濫詔從之二十八年帝以有司妄引條例故入人罪命會官備查各年問刑事例定議以請於是刑部尚書喻茂堅言自弘治間定例垂五十年乞敕臣等會同三法司申明問刑條例及嘉靖元年後欽定事例永為遵守弘治十三年以後嘉靖元年以前事例雖奉詔革除顧有因事條陳擬議精當可采者亦宜詳檢會茂堅去官詔尚書顧應祥等定議進呈刊布增至二百四十九條詔有任情妄引者重治二十九年給事中俞鸞言比者邊事孔棘軍伍空虛與其投生人於必死之地不若少寬其法因而用之夫今之充軍罪犯除附近之外不過曰邊衛曰邊遠曰極邊而已南北地理不過曰本省隔省再隔省而已以罪之輕重權地之遠近邊衛可以本省擬配邊遠可以隔省擬配極邊可以再隔省擬配如內省無邊方者可以隔省附近邊方擬配邊衛其邊遠極邊亦可依類遞配庶解者易至逃者易勾而有司亦便於遵守部覆從之按嘉靖初更定罪人充軍之制南人發南北人發北遠不過三千里其情重者發極邊既而有司奉行不善遠軍不習水土逃死過半其押解人亦有坐累以死者鸞為此奏固通知時務之言也三十七年刑部尚書鄭曉等言故事在京官民詞訟俱赴通政司告送法司問斷各衙門有應問者參送法司不得自決比來事權不一諸司各自受詞不復參送甚有私抵贖以為利者且其間拘禁箠楚或妄以意見出入顚倒法令臣竊憫之請申明會典條例令各衙門通行遵守庶政體歸一所罰亦不至乾沒疏入得旨自今詞訟一照舊例各衙門不得干預按嘉靖實錄時南京上元縣有越獄之變南京尚書馮岳亦言近來五城兩縣繫獄甚多皆因各衙門濫受詞訟不送法司讞決故淹禁日久至於生變請盡錄繫囚隨輕重決遣之而嚴有司侵官亂法之禁曉因覆其奏以請報可又按明史刑法志時順天巡按鄭存仁檄州縣凡法司有所追取不得輒發曉考故事因言刑部追取人州縣不得御存仁違制宜罪存仁亦執自下而上之律論曉欺罔乃命存仁在外者屬司在京者屬刑部然自曉去後民間詞訟五城御史輒受之不復遵舊制云是年禮科給事中李得春議罪四條奉旨貲減者吏不得復坐以他事酷刑久繫獄情眞者不許浮辭奏辯開倖免之門死獄重囚非正官不得問理如有轉委佐貳或以賄成或以勢奪以故出入人罪論極刑自斃於獄與矜疑瘐死者均之失刑今後有經奏請無枉故延不決及情可矜疑不為伸理者各宜罪之詔如議行三十九年給事中侯廷柱奏言一南京刑部各司官有擅受民詞不由通政司及各衙門參送者有獄成徑自發遣不關白本堂者又有已經大理寺評允而改變情節者夫兩京一體三尺法當與共之請嚴禁一斷獄慎於初情屍傷憑之檢驗近者專委之各城兵馬以致吏書仵作相比為姦宜令覆覈一聽斷宜速今一人繫獄動至破家在歇家有保領之例在守門有門禁之擾在皂卒有杖頭之錢在庫役有掌櫃之號此其弊端皆由於聽斷不速宜懲一戒百詔皆允行四十四年刑科給事中沈寅奏言一詳慎審錄之典每歲霜降會官朝審造次而畢今後宜令一一唱名讀招參情覆案得其情眞有詞及可矜可疑

之實宜示所批方行引去一申議恤刑之差部臣奉詔慮囚有所平反而有司故爲阻撓皆由事權太輕或不得其人故耳自今宜愼揀而專任之非復命不得升遷地方官有不用命者聽其參奏詔從之穆宗隆慶元年八月南京刑工二部以徒犯錢金等援恩詔乞赦各持論不合移刑部議刑部侍郎樊深等議曰臣謹按令凡徒犯己至配所者例不許放還秖因市板訛謬流傳不一故工部執以爲可許刑部執以爲不可許以法言之則刑部當是無可疑者第徒流著役之人雖律令俱稱不宥然恩詔云已發覺未發覺已結正未結正者罪無大小咸赦除之徒流著配之人獨非已結正者乎遵行明詔而又膠柱乎律令奉揚殊典而又掣肘於常法宜乎其執滯不通也況上稽洪武近及嘉靖年間赦書往往於此輩有開釋者亦未聞謂其與律令背馳且徒流之罪例許折贖此輩獨以無力故就胥靡今僞印發冢諸死罪不應折贖者既蒙寬宥而此輩獨以已至配所反不得一沾殊恩恐非所以昭平允疏上詔徒流人已至配所者特許放還三年三月大理寺左少卿王諍言今問刑官每違背律例獨任意見或曰難以照常發落或曰合比某事擬罪自創一例略無顧忌臣請以近事一二證之一律文所謂凡奉制書有所施行而違者杖一百本指制誥而言今則操軍違限守衛官軍不入直開場賭博槩用此律臣嘗駁之則執稱律例皆制書也然則律例皆不必用獨用制書有違一句足矣一律文犯姦條下所謂買休賣休和娶人妻者本指用財買求其夫使之休賣其妻而因以娶之者言也故律應離異歸宗財禮入官至若夫婦不合者律應離異婦人犯姦者律應嫁賣則後夫憑媒用財娶以爲妻者原非姦情律所不禁矣今則槩引買休賣休和娶之律悉令離異財禮入官臣嘗駁之則又執稱買休賣休和娶人妻原不係姦情然則律何爲載於犯姦條下也一律文所謂不應得爲而爲者笞四十重者杖八十蓋爲律文該載不盡者方用此律也若所犯明有正條自當依本條科斷今人所犯有手足毆人成傷者應笞三十以他物成傷者應笞四十此其罪名之當得者也今之議罪則曰某除毆人成傷輕罪不坐外合依不應得爲而爲之事理重者律杖八十夫既除毆人輕罪不坐則無罪可坐矣而又坐以不應得爲臣不知其所謂不應得爲者何事也人命至重憲典昭然恐不宜附會偏執如此奏上令刑部都察院公議以聞按穆宗實錄先是諍與刑部尚書毛愷屢以議獄不合故疏中及之愷不能平執奏部擬皆是又謂買休賣休乃本夫賣無罪之妻爲義絕本婦從嫁賣之命爲失節買休人娶有夫之婦爲苟婚故彼此俱罪本婦歸宗也若犯姦自有正律不當傳此京操班軍違限事例而非制書有違而何事變無窮律文有限有不應得爲爲之律蓋成法也事有情重律輕者則難以照常發落罪有律無正條者則比附律條奏請亦成法也而曰自創一例略無顧忌何耶於是議久不決都察院左都御史王廷刑科左給事中陳行健等皆以諍議爲是帝乃令更議買休賣休律而戒愷等令後問擬詳駁務協心詳審以副朝廷欽恤之意十二月刑科都給事中舒化等言近者以部院政事屬廠衛嚴訪百官惴惴莫知所措夫祖宗設廠衛以捕盜賊防姦細非以察百官也駕馭百官乃天子之權而奏核諸司責在臺諫廠衛不得與是以各司其事政無牽掣今以暗訪之權歸諸廠衛萬一人非正直事出冤誣由此以開羅織之門神陷穽之術網及忠良殃貽善類是非顛倒陛下將安從乎且陛下既委之廠衛廠衛必託之番校此輩貪殘何所不至人心憂危眾目睚眦非盛世所宜有也幸追寢成命以一政體安人心御史劉思賢等亦以爲言帝俱付所司知之四年七月刑部尚書葛守禮等言我國家稽古制律例爲五刑笞杖徒流各有等則卽罪大惡極眾所共棄者猶問以刑部評以大理朝審以多官及至臨刑又三覆五奏若不得已而後加刑爲其重民命如此陛下登極之初大布恩赦與民更生以至停刑有旨熱審有貸其所以憫念黎元者甚厚而在外有司無以奉承休德凡有訊鞫不論輕重動用酷刑有問一事未竟而已斃一二命到任甫期年而拷死數十人者輕視人命有若草菅如汾州知州齊宗堯三年致死五十人滎河知縣岑朝一年致死十七人甚可駭也請行各處撫按官戒諭有司如有仍前慘刻用刑者照例降級爲民有故勘故禁故入平人致死者依律抵死容隱者事發并治且律條具在義例昭然而各官素未講讀旣不知以律自治又安能以律治人宜依講讀律令條敕下監司以實舉行未仕如辦事進士各衙門堂官督令熟讀講解仍不時考校務使通曉舉人監生待選於吏部者每遇考選摘取律文數條令其覆誦解釋以定銓選次第帝是其言令行撫按官嚴加體訪有仍前酷刑者劾治之如或姑息容隱聽法司該科一併參奏五年二月工部以薊州遵化縣雜造局炒鐵囚徒在廠者百六十餘人旣耗囚糧而瘐死相望議欲如正德間例歲以百人爲率滿則暫止配發刑部言在京贖例以工役爲至輕以炒鐵爲至重今以百名爲率則外此雖情重者無所懲矣按律有做工擺站瞭哨發充儀從煎鹽炒鐵各條例自今請斟酌倂行情輕者仍擬工役情重者自炒鹽百名之外屬軍衛則發沿邊墩臺瞭哨屬有司則發衝要擺站庶

令不至輕縱而姦惡知警詔從其議十月總理河道右副都御史潘季馴言徐邳每歲河決之由河流衝射居十之四而居民盜決居十之六皆以法輕易犯故也請著令自徐邳上下爲河流所經行處凡有貪水利避水患盜決故決河防者一如山東河南例俱發充軍仍增入條例中刑部覆從其議按穆宗實錄先是問刑條例有盜決故決河防之律在河南山東者俱問發充軍而南直隸徐邳一帶罪止徒配故季馴上此議六年正月刑科都給事中胡檟等言律文矜疑二字雖並言至於求情定罪則二字難於並用蓋所謂矜者如或發於情之所不容已或出於勢之不得不然或迫於相激或陷於無知一旦至抵罪此其情有可矜也所謂疑者或曖昧不明或始終互異貼律則不協比例則未合擬以罪名終難歸結此其罪之有可疑也二字文雖聯絡而其意義甚不相蒙今各省恤刑章奏類云情可矜疑槩用無別殊失律義請令刑部申飭諸臣參酌律令剖析情罪如有可矜者則曰情實可矜如有可疑者則曰罪實可疑如將矜疑並用必曰情罪實可矜疑庶於律義爲不失而獄情亦允當刑部覆奏從之刑科給事中朱南雍言傷和致災無如冤獄無罪濫及固冤也有罪幸免而俾被殺者銜冤亦冤也是在有司與恤刑者慎之耳今有司類以嚴酷爲風力遂使無辜遭戮恤刑官每以多出爲稱職反使大憝漏網是皆足以上干天和致生災沴自今宜申飭有司官愼重刑名毋輒輕入恤刑官詳審獄情毋得輕出庶生死無憾刑部覆奏報可神宗萬曆二年九月刑科給事中鄭岳言律有決不待時秋後處決二款如有拏獲響馬及大夥强盜百人以上干係城池衙門贓證明白卽時奏請審決不必槩候決單從之七年十月總督兩廣侍郎劉堯誨上言邇來盜賊繁興皆緣官箴不飭上下相倣賄賂公行查問刑條例凡衞所職官賣放正軍包攬月糧至二十石以上者罷職發邊衞守禦凡沿邊地方總副參遊守備都司衞守官員但有科斂及扣減入己贓私至二百兩以上者發邊衞永遠充軍四百兩以上者斬首示衆宜一體通行沿海地方以後總參等官有犯此贓數者俱照例究處兵部覆奏允其議十五年十月都察院左都御史吳時來等申明律例六條一律稱庶人之家不許存養奴婢蓋謂功臣之家方給賞奴婢庶民當自服勤勞故不得存養有犯者皆稱雇工人初未言及搢紳之家也且雇工人多有不同擬罪自當有間至若搢紳之家固不得上比功臣亦不可下同黎庶存養家人勢所不免合令法司酌議無論官民之家有立券用直工作有年限者皆以雇工人論有受直微少工作止計月日者仍以凡人論若財買十五以下恩養已久十六以上配有室家者照例同子孫論或恩養未久不曾配合者在庶人之家仍以雇工人論在搢紳之家比照奴婢律論一律稱僞造諸衙門印信者斬惟銅鐵私鑄者是已若削木磨石團泥鎔蠟等項描畫印文用刀雕刻其篆文雖印其形質非印也不可以謂之僞造故例又起描模充軍之條以後僞造印信人犯必須獲有銅鐵印信方坐以斬其木石泥蠟止引描模之例若再犯擬斬其行使止一次而贓不滿徒者准竊盜論如再犯引例三犯引律如此則姦僞懲而用刑適中矣一律稱竊盜三犯者絞以曾經刺字爲坐但贓有多寡卽擬有輕重問刑條例內載英宗皇帝旨今後竊盜初犯再犯赦後又犯者準三犯論還將所犯赦前赦後開奏明白定奪請以後凡遇竊盜三犯俱在赦前俱在赦後者依律論絞或赦前一次赦後二次或赦前二次赦後一次者皆得酌情擬斷奏請定奪審錄官附入矜疑辨問疏內并與改遣一强盜明火執仗肆行劫殺創首者在前接踵者在後按贓擬辟決不待時但就擒論罪之時有人贓幷獲者有獲後得贓者有贓費無存者其中豈無羅織仇攀妄收抵罪者以後務加意參詳贓跡未確續緝報攀名姓未眞者不得遽戮仍行問刑衙門或贓證未明遽難懸斷者俱問擬秋後斬罪一律稱同謀共毆人以致命傷重下手者論絞原謀餘人各得其罪其有兩三人共毆一人各成重傷難定下手及係造謀主令之人遇有在監禁斃者卽以論抵今恤刑官遇有在家病故且在數年之後卽云某人之死亦可抵某人之命將見監下手之人擬從矜宥是以病亾之軀而抵毆死之命殊屬縱濫以後毋得準抵將見監者倖免庶生與死兩無憾也一在京惡逆與强盜眞犯雖遇停刑之年亦不時處決乃凶惡至於殺父卽時淩遲猶有餘憾而在外此類反得遷延歲月是謂失刑臣看福建有揭羅生兄弟謀殺其父發道送寺擬可單奏迨查之故事當待類奏無單奏例夫單奏急詞也類奏緩詞也如此獄在外數年方轉詳到院道寺羈遲輒復年餘使其在獄尚可正刑典如或瘐死將何以快神人之憤哉請今後在外凡有此者御史單詳到院院寺單奏決單一到卽時處決其已死者下府州縣戮其屍庶典刑以正可以懼天下之賊子矣旨下部寺酌議俱從之惟僞造印文者不問何物成造皆斬報可十九年八月刑部尚書孫丕揚等言折獄欲速而待

折之民常苦於遲由文移牽制故耳議斷案旣成部寺各立長單本部送審挂號次日即送大理大理審允挂號次日即還本部參差各自究處庶事體一而夙弊消至於打斷相驗例會御史而罪人以速結爲願獄魂以早出爲安三六九日照例會同餘日止會寺官以速發落徒流而上部寺審鞫不厭其詳笞杖小過聽即處分不爲縱也命如議行二十一年六月刑部題犯法愚民何處不有而冤民亦何處不有若非每歲清理必待五年差官冤抑難免合無照兩京矜疑事例歲酌一行請於巡按每歲審錄外再立澄清囹圄之法師兩京會審之規爲按撫會疏之例方春時和每歲聽兩直隸十三省各撫按官會行所屬問刑衙門各審部內輕重囚犯按察司居省會即審省會之囚守巡道有分土即審各道之囚皆親身巡行不得調審州縣爲諸囚累亦不得委審守令除情眞罪當照舊監候外中有死罪矜疑軍徒杖笞情可原宥者許各詳撫按會疏以請疏期勿過夏月輕罪徑自發落重罪仍聽部覆務使歲歲力行處處清審庶天下郡縣無一不清之囹圄從之二十三年十月浙江道試御史李宗延請改議歲清大略謂每歲罪犯內有熱審外有歲清熱審會集多官衆議僉同歲清只一道臣似屬率易且春爲歲清冬爲處決中爲審錄上解者三又屬勞擾乞敕刑部咨行各省直撫按官罷歲清而比照熱審事例每五月六月流徒笞杖各減二等應枷號者暫免二月其充軍死罪情可矜疑入官給主贓多監久者按臣會審明確未奉單者徑自發落已奉單者差終題豁則熱審之恩徧於天下矣刑部覆請從之二十七年閏四月都察院左都御史溫純等疏請申飭憲綱一恤刑獄國家設三法司又使御史巡視五城爲都城內外民雜訟繁欲輕重得其平也然有宜重而得其輕者如以人命付兵馬司是也此輩智闇識短即利啗勢愓皆可使之輕重其情宜專遣刑部司屬覆檢或分委順天府推知鞫訊此重獄之當議者又有宜輕而重者如以笞杖與重辟同詳是也夫郡縣笞杖得自裁決民甚便之大司寇秩至隆重一笞杖而不能自裁何其輕也廷尉天下之平平其重者耳一笞杖而必經評允又何其瑣也臣等以爲笞杖徒罪宜自司呈堂發落免送寺可也此輕刑之當議者宜與刑部大理寺再議請旨施行一禁酷濫今後御史出巡先須以身率下毋得擅用慘刑凡有司等官有用酷刑殘虐無辜者查實重參縱庇者考察日以不職論議上留中

欽定續通典卷一百十二

欽定續通典卷一百十三

刑

詳讞 唐 五代 宋 遼 金 元 明

唐代宗寶應三年詔天下刑獄須大理正斷刑部詳覆不得中書門下卽便處分憲宗元和時鹽鐵轉運諸院擅繫囚笞掠嚴楚人多死給事中穆質奏請與州縣吏參決自是不冤

後唐莊宗令曰議獄恤刑比求冤濫頑民下輩輕侮憲章苟非五聽之通明何辨二門之邪正今後法司疑獄予自據格令決之此法既行雖親無赦明宗天成時詔天下諸州府官有善推疑獄及曾雪冤濫者具姓名聞奏別加甄奬又戒諸道州府凡有極刑須仔細裁遣時因京師巡檢軍使渾公兒口奏有百姓二人以竹竿習戰鬬之事帝付石敬瑭處置敬瑭殺之次日知是小兒爲戲帝乃自咎失刑減常膳十日奪敬瑭俸公兒削職杖流故有是詔

晉高祖天福三年詳定院奏前守洪洞縣主簿盧璨進策云尚書省分職六司天下謂之會府請諸道決獄凡大辟罪人逐季具有無申報刑部仍具錄案款事節并判獄官名銜申聞或有案內情繇不圓刑部可行覆勘非惟免有銜冤抑亦勸其立政詔從其請又下詔曰刑獄之難古今所重但關人命實動天心或有冤魂則傷和氣凡有囚徒據推勘到案款一一盡理仔細簡律令合格敕其間或有疑者准令又讞大理寺亦宜申尚書省省寺明有指歸州府然後決遣武行德守洛京時方厲鹽禁有能捉獲一斤已上者必加厚賞不逞之徒往往以私鹽中人嘗有村童負菜入城途中值一尼自河陽來與之偕行去城近尼輒先入既而門司搜閱村童於菜籃中獲鹽數斤遂繫之詣府行德取其鹽視之裹以白絹手帕而香氣襲人驚曰吾視村童敝衣百結何處得薰香帕子必是姦人爲之爾因詰以與何人偕行村童具以告行德喜曰吾得之矣此必天女寺尼與門司關通以來求賞也捕訊事果連門司村童得白自是官吏畏服不敢欺京邑肅然

吳越錢惟濟治獄明辨知絳州民有條桑者盜奪桑不能得乃自創其臂誣桑主欲殺人久繫不能辨惟濟取盜與之食視之盜以左手舉匕筯惟濟曰以右手創人者上重下輕今汝創特下重正用左手傷右臂非汝自爲之耶辭遂服

宋太祖建隆三年定大辟詳覆法令諸州錄事參軍司法掾同斷獄開寶三年詔諸道州府應大辟罪決訖錄其案朱書格律斷辭禁儀月日官典姓名以聞委刑部覆視尋如舊制大理寺詳勘而後覆於刑部又慮刑部大理寺之失別置審刑院讞之按五代用兵以來藩侯跋扈多枉法殺人朝廷務行姑息之政率置不問刑部按覆之制遂廢至是乃下詔著令又按宋史刑法志載是詔亦作建隆三年今從文獻通考太宗嘗躬親聽斷時有開封寡婦劉使婢詣府訴其夫前室子王元吉毒己將死右軍巡推不得實移左軍巡掠治元吉自誣伏俄劉死及府中慮囚移司錄司按問以其毒無顯狀累月未決會元吉妻張擊登聞鼓稱冤帝召問張盡得其狀立遣中使捕元推官吏付御史鞫乃劉有姦狀慙悸成疾懼其子發覺而誣之推官及左右軍巡使等削罰有差醫工詐稱被毒劉母弟欺隱王氏財物及推吏受贓者並流海島太平興國六年詔曰諸州大獄長吏不親鞫胥吏旁緣爲姦逮捕證佐滋蔓踰年而獄未具自今長吏每五日一慮囚情得者卽決之雍熙元年令諸州十日一慮囚又諭輔臣曰御史臺閤門之前四方綱凖之地頗聞臺中鞫獄御史多不躬親垂簾雍容以自尊大求無冤濫豈可得也乃詔御史鞫獄勿得任胥吏尋又詔獄無大小中丞以下皆臨鞫不得專責所司時有開封女子李嘗擊登聞鼓自言無兒息身且病一旦死家業無所付請詔本府隨所欲裁置之李無他親獨父在有司因繫之李又詣登聞訴父被繫狀帝駭曰此事豈當禁繫輦轂之下尚或如此天下至大安得無冤濫乎卽日遣殿中侍御史李範等十四人分往江南兩浙四川荆湖嶺南審決刑獄吏之弛怠者劾其罪以聞其明敏無滯者亦以名上三年置刑部詳覆官六員專閱天下所上案牘置御史臺推勘二十八凡諸州有大獄則乘傳就鞫羣臣受詔鞫獄獄既具騎置來上有司斷已復騎置下之州凡上疑獄詳覆之而無疑狀官吏並同違制之坐其應奏疑案亦騎置以聞又因判刑部李昌齡言令大理寺所斷案牘寺官印署送刑部詳覆得當則送寺其奏否則疏駮以聞端拱中敵犯邊郡北面部署言文安大城二縣監軍段重誨等棄城遁請論以軍法帝遣中使就斬之既行追謂曰此得非所管州軍召之耶往訊之乃決使至果訊得乾寧牒令部送民入居城非擅離所部也乃得釋淳化二年置諸路提點刑獄司凡管內州府十日一報囚帳有疑獄未決卽馳傳往視州縣稽留不決按讞不實聽劾治次年罷以其事歸轉運司眞宗景德三年復設復置審刑院於禁中兼置詳議官六員凡獄上先達審刑院印訖付寺部斷覆以聞乃下審刑院詳議申覆裁決訖以付中書省當卽下之其未允宰相覆奏始命論決至道二年帝聞諸州所斷大辟獄情可疑者懼爲有司所駮不敢上

其獄乃詔死罪有可疑者具獄申轉運司擇部內詳練格律者令決之須奏者乃奏時向敏中爲西京推官有僧暮過村民家求寄止主人不許求寢於門外車箱中許之夜有盜入其家自牆上扶一婦人并囊衣而出僧適見之自忖不爲主人所納宿今亡其婦及財及明必執我詣縣官矣因夜亡去走荒草中忽墮眢井則婦人已爲盜所殺先納其中矣明日主人搜訪得之井中執以詣縣掠治僧自誣與婦姦誘與俱亡恐爲人所得故殺而投之井暮夜失足亦墮井中贓在井傍不知何人持去獄成言府府皆不疑敏中獨疑其無贓引僧詰問數四乃以實對敏中密遣吏訪其賊吏食於村店店嫗問僧獄何如吏紿之曰昨已笞死矣嫗曰今獲賊當何如吏曰已誤決雖獲賊不問也嫗太息曰實村少年某甲所殺也吏就掩捕獲之案問具伏追得其贓一府咸以爲神同州富民家小女奴亡不知所之奴父母訟於州命錄事鞫之錄事嘗貸錢於富民不予乃劾富民父子三人殺女奴棄水中亡其屍富民不勝搒掠遂誣服獄上州官審覆無異推官錢若水獨疑之留其獄錄事語頗侵錢知州亦屢促之俱不應一日若水詣州屏人言曰所以留其獄者密使人訪求女奴今得之矣因密送女奴於知州所知州大驚立呼女奴父母問曰今若見女識之乎曰吾女也安得不識遂出示之父母泣曰是也乃引富民父子破械縱之邵曄爲連州錄事參軍州將楊全誣部民十三人爲劫盜欲寘之死曄察其枉不肯書牘白全願劾其實再繫獄按驗得實民由是獲免全坐廢眞宗景德三年（文獻通考作元年）詔諸道州軍斷獄內有宣敕不定刑名止言當行極斷者所在即置大辟

頗乖平允自今凡言處斷重斷極斷決配朝典之類未得論決具獄以聞大中祥符二年詔御史臺開封府及在京凡有刑按之處令特置司糾察凡徒已上即時具收禁移報內未盡理及淹延者追取款詞詳閱駮奏咸平間有三司軍將趙永昌者素凶暴督運江南多爲姦贓知饒州韓昌齡廉得其狀乃移轉運使馮亮坐決停職遂撾登聞鼓訟昌齡與亮謗訕朝政仍僞刻印作亮等求解之狀帝察其詐於便殿自臨訊永昌俯首屈伏遂斬之釋亮不問仁宗即位用刑尤愼天聖四年詔曰朕念生齒之繁抵冒者衆法有高下情有輕重而有司巧避微文一切致之重辟豈稱朕好生之意哉其令天下死罪情理可矜及刑名疑慮者具案以聞有司毋得舉駮（其後雖法不應奏吏當坐罪者審刑院貼奏率以恩釋爲例名曰貼放吏始無所牽制請讞者多得免死矣）刑部分四按大辟居其一月覆大辟不下二百數而詳覆官纔一人明道二年令四按分覆大辟有能駮正死罪五人已上歲滿改官法直官與詳覆官分詳天下旬奏獄包拯知天長縣民有訴牛爲盜割其舌去者無主名拯曰誰爲知而牛舌者若第歸殺而鬻之何告爲俄而有告私宰者拯笑曰柰何割某家牛舌又告之耶盜大驚伏罪（時私宰禁重讐者割牛舌以逞忿計牛主且當宰殺乃復告之也）閬州大姓雍子良殺人買里民使出就吏獄具知州朱壽昌得其情引囚訊之囚服如初乃告之曰吾聞子良遺汝錢十萬納汝女爲子婦許以女妻汝子有諸囚色動又告之曰汝且死書僞券抑汝女爲婢指十萬爲傭直而嫁汝女也柰何囚痛哭以實告收子良付法宣州有殺人囚將抵死判官胡宿訊疑之囚畏箠楚垂首不言辟左右問之曰農夫也旦將之田縣克縛赴官懵莫知其

繇宿大駭亟取獄辭繙閱知婦人與吏私殺其夫而執平民以告也一訊而伏魯有開守金州有蠱毒獄坐死幾十人有開曰欲毒人衷謀之可矣安得若是衆者訊之果誣神宗元豐元年帝以國初廢大理獄爲非乃下詔曰大理有獄尚矣今中都官有所劾治皆寓繫開封諸獄囚既猥多難於隔訊盛夏疾疫轉至瘐死或主者異見輒淹歲時不決朕甚愍焉其復大理獄應三司諸寺監吏犯杖笞不俟追究者聽即決餘悉送大理獄其應奏者並令刑部審刑院詳斷應天下奏按亦上之（哲宗元祐三年罷紹聖三年復設）時韓晉卿爲大理正諸州請讞大辟執政惡其多將劾不應讞者晉卿曰聽斷求所以生之仁恩之至也苟讞而獲譴後不來矣帝然其言六年刑部言舊詳斷官分公案訖主判官論議改正發詳議官覆議有差失問難則書於簡尾送斷官改正主判官審定然後判成自詳斷官歸大理爲評事司直議官爲丞所斷案草不由長貳類多差忒乃定制分評事司直與正爲斷司丞與長貳爲議司凡斷公案正先詳其當否論定則簽印注日移議司覆議有辨難乃具議改正長貳更加審定然後判成錄奏時元絳以江寧推官攝上元令民有甲與乙被酒相毆擊甲歸臥夜爲盜斷足妻稱乙告里長執乙詣縣而甲已死絳敕其妻曰歸治而夫喪乙已伏矣陰使信謹吏迹其後妻望一僧迎笑切切私語絳命取僧縶廡下詰妻姦狀即吐實人問其故絳曰吾見妻哭不哀且與傷者共席而襦無血污是以知之後知永新縣豪子龍聿誘少年周整飲博以技勝之計其貲折取上腴田立券久而整母始知之訟於縣縣索券爲證則母手印存弗受又訟於州於使者擊登聞

賂皆不得直繇至母又來訴繇視券呼謂聿曰券年月居印上是必得周母他牘尾印而撰僞券續之耳聿駭謝卽日歸整田楊汲爲趙州司法參軍州民曹潯者兄遇之不善兄子亦加侮焉潯持刀逐兄子兄挾之以走潯曰兄勿避自爲姪爾既就吏兄子云叔欲給吾父止而殺之吏當潯謀殺兄汲曰潯呼兄使勿避何謂謀若以意爲獄則民無所措手足矣州用其言讞上潯得不死哲宗時陸佃知江寧府句容人盜嫂而殺其兄別誣三人同謀旣皆訊服一囚父以冤訴通判已下皆曰彼怖死耳獄已成不可變佃爲閱實三人者皆得生高宗紹興二十九年令殺人無證屍不經驗之獄具案奏裁委提刑審問如有可疑及翻異從本司差官重勘案成上本路移他監司審定具案聞奏否則監司再遣官勘之又不伏復奏取旨先是有司建議外路獄三經翻異在千里內者移大理寺刑部以爲非祖宗法遂釐正之孝宗究心庶獄每歲臨軒慮囚率先數日令有司進款案披閱然後決遣法司更定律令必親爲訂正紹興法鞫獄官推勘不實故有不當者一案坐之乾道法又恐有移替事故者卽至淹延乃令先決罪人不當官吏案後收坐七年所司請更定死罪依紹興法餘依乾道施行從之其後有司以覆勘不同則前官有失入之罪往往雷同前勘帝知其弊十四年詔特免一案推結一次於是小大之獄咸得其情又詔凡本路累嘗差官鞫勘猶稱冤者惟檄隣路如尙翻異則奏裁之（先是諸州翻異因既經本州屢勘次檄隣路或再翻異乃移隔路至有越兩路者官吏旁午於道逮繫者困於追對故有是詔）光宗之際劉宰爲泰興令隣邑有租牛縣境者租戶於主有連姻因喪會竊券而逃他日主之子征其租則曰牛鬻久矣子累年訟於官無券可質官又以異縣置不問至是訴於宰宰曰失牛十載安得一旦復之乃召二佃者勞而語之故託以他事繫獄鞫之佃者自詭盜牛以賣遣詣其所驗視租戶曰吾牛因某氏所租佃者辭益力因出券視之相持以來盜券者憮然爲歸牛與租富室亡金釵惟二僕婦在置之有司咸以爲冤宰命各持一蘆曰非盜釵者詰朝蘆當自若果盜則長於今二寸明旦視之一自若一去其蘆二寸矣卽訊之果伏其罪有姑訴婦不養者二召二婦并姑置一室爲餉其婦而不及姑徐伺之一婦每以己饌饋姑姑猶呵之其一反之如是累日遂得其情理宗淳祐十年諭輔臣曰在法詞訴者須經次第官司其臺部受詞所當參酌兩造豈宜遽憑單詞剖決致使所屬觀望曲直倒置可令御史臺及刑部遵守景定元年詔曰比詔諸提刑司取翻異駁勘之獄從輕斷決而長吏監司多不任責又引奏裁甚者十餘年不決仰提刑司守臣審勘或前勘未盡委有可疑除命官命婦宗婦宗女及合用蔭人奏裁外其餘斷訖以聞官吏特免收坐一次

遼太祖初年諸部新附文法未備康默記隸麾下一切蕃漢相涉事委令折衷默記推析律意論決輕重不差毫釐罹禁網者人人自以爲不冤七年詔曰朕自北征已來四方獄訟積滯頗多今休戰息民羣臣其副朕意詳決之無或冤濫乃命北府宰相蕭達魯等分道疏決而以韓知古領焉穆宗朝諸王多坐反逆知軍國事蕭哈里達政體每被命按獄多得其情人無冤者聖宗統和中敕諸處刑獄有冤不能申雪者聽詣御史臺陳訴委官覆問往時大理寺獄訟凡關覆奏者以翰林學士給事中政事舍人詳決至是始置少卿及正主之猶慮其未盡嘗親爲錄囚數遣使分詣諸道審決冤滯如邢抱朴之屬所至平反帝嘗微服出獵識耶律罕巴有長才會南京疑獄久不決命罕巴馳驛審錄罕巴量情處理人無冤者興宗重熙十二年詔諸路上重囚遣官詳讞道宗咸雍四年詔左伊勒希巴曰比詔外路死刑聽所在官司卽決然恐未能悉其情或有枉者自今雖已款伏仍令附近官司覆問無冤然後決之有冤者卽具以聞時御史中丞耶律儼武定軍節度使寶景庸崇德宮使蕭托斯和審決冤獄多稱平允昭懷太子之難窮治黨與多所牽引知雜事御史左企弓辨析其冤免者甚衆出爲中京副留守按刑遼陽有獄本輕而入之重者已奏待報企弓釋之以聞

金海陵天德中綏德州軍卒數人道過鄜城民家求宿是夜有賊剽掠主人財有司執假宿之卒繫獄搒掠同知保大軍使盧克忠獨察其冤不肯署未幾果得賊假宿之卒遂釋世宗大定初伊喇鄂爾多爲利涉軍節度使先是有農民避賊入保郡城以錢三十千寄之鄰家賊平索之隣人諱不與訴於縣縣官以無契驗卻之乃訴於州鄂爾多陽怒械繫之捕其隣人鬬以三木詰之曰汝隣乙坐劫殺人指汝同盜隣人大懼始自陳有欺錢之隙乃責歸所隱錢而釋之郡人駭服七年左藏庫夜有盜殺都監郭戻臣盜金珠求盜不得命點檢司追捕執其可疑者八人鞫之掠三人死五人誣服帝疑之命同知大興府事伊喇道雜治旣而親軍百夫長阿勒巴鬻金於市事覺伏誅上聞之曰箠楚之下何求不得柰何鞫獄者不以情求之乎賜死者及未死者錢有差

十七年詔朝廷每歲再遣審錄官本以爲民伸理冤滯非惟理問重刑凡訴訟案牘皆當閱實是非其疏縱者嚴加懲斷不以贖論十八年曹王汞功爲大興尹有老嫗與男婦憩道傍婦與所私相從亡去或告嫗曰向見年少婦人自水邊小徑去矣嫗告伍長蹤跡之有男子私殺牛手持血刃望見伍長意其捕己卽走避之嫗與伍長以爲是殺其婦也捕送縣不勝楚毒遂誣服問屍安在詭曰棄之水中矣求之果獲一屍已半腐縣吏信之卽具獄上汞功疑之曰婦死幾何日而屍遽半腐哉頃之嫗得其婦於所私者汞功曰是男子偶以私宰而執就獄其拷掠亦足以稱其科罰矣遂釋之而去章宗卽位立諸路提刑司嘗諭之曰建官立制當寬猛得中凡軍民事相涉者均平決遣今以司獄隸提刑司惟期獄犴無冤耳時奏獄而法官有獨出情見者帝曰或言法官不當出情見故論者紛紛不已朕謂情見非出於法外但折衷以從法爾平章守貞曰是制自大定二十三年罷之然律有起請之條是古亦許情見矣帝曰科條有限而人情無窮情見亦豈可無也明昌中李完同知廣寧府事遼濱民崔元入城飲不歸其家求之得屍於水中有司執同飲者訊皆誣服提刑司疑其冤以獄畀完完廉得賊乃舟師也同飲者得白又契丹判伊額哩葉嘗殺驛使大理司直有契丹人同名者有司捕繫之獄及孟奎爲上京等路提刑判官按囚率賓路讞而出之已而果獲其殺司直者

元世祖中統三年詔自今部曲犯重罪鞫問得實必先奏聞然後實諸法十一月遣官審理重刑有旨諭右丞相史天澤曰朕或乘怒有所誅殺卿等宜遲留覆奏行之至元七年戸部尙書李德輝錄山西河東囚行至懷仁民有魏氏者發得木偶持告其妻挾左道厭勝謀殺已經數獄服詞皆具德輝燭其誣知其有愛妾疑妾所爲以搆陷其妻召妾鞫之不移時而服遂杖其夫而當妾罪死人有訟財而失其兄子者德輝曰此叔殺之無疑將竟獄權貴爲請者甚衆德輝不應罪狀旣明請者乃慙服八年大都運司負課銀五百四十七錠逮繫運使倪某等四人徵之視本路歲入簿籍實無所負辭久不決尙書戸部令史劉正察其冤遍閱吏牘得至元五年李介甫關領課銀文契七紙適合其數驗其字畫皆司庫辛德柔所書也正廉得其實白尙書捕鞫之悉得課銀辛旣伏辜而四人者得釋十三年太府監令史盧贄言於監官諸路所貢布長三丈惟平陽加一丈以故諸集賽台爭取平陽布苟截其長者與他郡等則無所爭而以所截者爲髹漆宮殿器皿之用甚便監官從之逾左右以其事聞帝以詰監官監官倉皇莫知所對歸罪於贄帝命斬之符寶郎耶律希亮遇諸塗贄以冤告希亮命少緩刑具以實入奏詔工部侍郎董文用讞之竟釋贄而召御史大夫塔齊爾等讓之曰此事言官當言而不言向微托果斯不誤誅此人耶二十九年趙孟頫同知濟南路總管府事有元掀兒役於鹽場不勝艱苦因逃去其父求得他人屍告同役者殺之旣誣服孟頫疑其冤留不決逾月掀兒自歸郡中稱爲神明成宗時王利用爲興元路總管有婦毒殺其夫問藥所從來吏教婦指爲富商所貨獄上利用曰家富而貨毒藥豈人情哉訊之果服武宗至大間胡長孺爲寧海縣主簿有民荷溺器糞田偶觸軍卒衣卒抶傷民且碎器而去竟不知主名民來訴長孺陽怒其誣械於市俾左右潛偵之向抶者過焉䛤手稱快執詣所隸杖而償其器羣嫗聚浮屠菴誦經爲禳祈一嫗失其衣適長孺出鄉嫗訟之長孺以牟麥置羣嫗合掌中命繞佛誦經如初長孺閉目叩齒作集神狀且曰吾使神監之矣盜衣者行數周麥當芽一嫗屢開掌視長孺指縛之還所竊衣一日白事帥府歸吏言有姦事屢問弗服長孺曰此易易爾夜伏吏案下黎明出姦者訊之辭愈堅長孺陽謂令長曰頗聞朝廷有詔盍迎之叱隸卒縛姦者東西楹空縣而出庭無一人姦者相謂曰事至此死亦無承行將自解矣語畢案下吏譁而出姦者驚咸叩頭服罪汞嘉民有弟質珠步搖於其兄贖焉兄妻愛之紿以亡於盜屢訟不獲直往告長孺長孺曰爾非吾民也叱之去未幾治盜長孺嗾盜誣兄受步搖爲贓逮兄赴官力辯訴弗置長孺曰汝家信有是何謂誣耶兄倉皇曰有固有之乃弟所質者趣持至驗之呼其弟曰得非爾家物乎弟曰然遂歸焉仁宗時干文傳爲烏程令有富民張甲之妻王無子張納一妾在外生子未晬王誘妾將兒來尋逐妾殺兒焚之文傳聞而發其事得死兒餘骨王厚賂妾之父母買鄰家兒爲妾所生詐稱不死文傳令妾抱兒乳之兒啼不就妾之父母吐實乃呼鄰婦至兒見之躍入其懷乳之卽飲王遂伏辜文宗至順末江南行臺監察御史蘇天爵慮囚於湖北有常德民盧甲莫乙汪丙同出傭而甲誤墮水死甲有弟爲僧欲私甲妻不得訴甲妻與乙通而殺其夫乙不能明誣服擊之死斷其首棄草間屍與杖棄譚氏家溝中吏往求果得髑髏然屍與杖皆無有而譚誣證曾見一屍爲水漂去天爵

日屍與杖縱存今已八年未有不腐者召譚詰之則甲未死時目已瞽所云皆妄也天爵語吏曰此乃疑獄況不止三年矣俱釋之

明太祖洪武初年刑部奏決重囚帝諭之曰朕嘗命汝等凡有重獄必三覆奏以人命至重恐不得其情則刑法濫及而死者不可復生也故必欲詳審今汝等槩以重刑來奏其間固有瀆倫亂法罪不可原者亦有一時迷誤情可矜者若一槩言之則輕重不分矣自今凡十惡常赦不原者則云重刑其餘雜犯死罪許聽收贖者毋槩言也六年法司言大辟四三百餘人已覆訊皆實請處決帝令行人持節諭之有冤抑許自陳又召五府六部及六科官諭之曰三百餘人未必人人皆得其實一有不實則死者銜冤爾等可從容審之一日不盡則二日三日便十日亦何害大抵人之實情難得有言語便捷輒駕虛詞掩實情者有訥於言雖懷情實而不能發者須詳悉以聽亦不可以刑迫之十四年命刑部聽兩造之辭議定入奏既奏錄所下旨送四輔官諫院官給事中覆覈無異然後覆奏行之有疑獄則四輔官封駁之（踰年四輔官罷議獄一歸三法司）又命法司錄囚會翰林院給事中及春坊官會議平允以聞是年始分遣御史錄囚十六年帝諭刑部尚書開濟都御史詹徽等曰凡論囚須原情不可深入人罪蓋人命至重常存平恕之心猶恐失之況深文乎昨民有子犯法當死其父行賄求免御史執之并欲論罪朕以父子至親子死而父救之人之至情也故但論其子而赦其父自今凡有論決必再三詳讞覆奏而行毋重傷人命十七年諭法司官布政按察司所擬刑名其間人命重獄具奏轉達刑部都察院參考大理寺詳擬著爲令二十二年諭刑部尚書楊靖日在京獄囚卿等覆奏在京審決猶恐有失在外各官所擬豈能盡當卿等當詳讞然後遣官審決二十六年改定讞審之制先是決獄笞五十者縣決之杖八十者州決之一百者府決之徒已上具獄送行省移駁繁而賄賂行乃命中書省御史臺詳讞改月報爲季報以季報之數類爲歲報凡府州縣輕重獄囚依律決斷違枉者御史按察司糾劾至是令布政司及直隸府州縣笞杖就決徒流遷徙充軍雜犯死罪解部審錄行下具死囚所坐罪名上部詳議如律者大理寺擬覆平允監收候決其情詞不明或失出入者大理寺駁回改正駁至三改擬不當將當該官吏奏問謂之照駁若停疑讞決而囚有翻異則改調隔別衙門問擬二次翻異不服則具奏會九卿鞫之謂之圓審至三四訊不服而後請旨決焉三十年頒行大明律中外決獄悉準之其洪武元年之令有律不載而具於令者法司得援以爲證請於上而後行特旨臨時決罪不著爲律令者不在此例有司輒引比律致罪有輕重者以故入論罪無正條則引律比附定擬罪名達部議定奏聞若輒斷決致罪有出入者以故失論是年置政平訟理二旛審諭罪囚諭刑部曰自今惟武臣死罪朕親審之餘俱以所犯奏然後引至承天門外命行人持訟理旛傳旨諭之（政平旛具赦宥篇先是帝嘗諭廷臣曰凡有大獄當面訊防構陷鍛鍊之弊故其時重案多親鞫不委法司及是乃有是諭）繼令五軍都督府六部都察院六科通政司詹事府間及駙馬雜聽之錄冤者以狀聞無冤者實犯死罪已下悉論如律諸雜犯准贖建文中劉季箎爲刑部侍郎民有爲盜所引者逮至盜已死乃召盜妻子使識之聽其辭誣也釋之河陽逆旅朱趙二人異室寢趙被殺有司疑朱殺之考掠誣服季箎獨曰是非夙讐且其裝無可利緩其獄竟得殺趙者揚州民家盜夜入殺人遺刀屍傍刀有記識其隣家也官捕鞫之隣曰失此刀久矣不勝掠誣服季箎使人懷刀就其里潛察之一童子識曰此吾家物也盜乃得成祖詔法司問囚一依大明律擬議毋妄引榜文條例爲深文永樂二年御奉天門錄囚既多矜宥尚慮有冤抑者復召錦衣衞鴻臚寺等官諭曰囚皆入於獄則雖冤而不求辨初至朕前則畏威而不敢言有此二者刑法豈能皆當爾等更以朕言從容審之果尚有冤抑卽來奏聞四年錦衣衞奏民有與外國使人交通者宜執付法司罪之帝詰其實對曰以氈衫市之而交語甚久帝曰釋之錦衣衞執奏帝曰立法以禁姦過輕則民慢用法在體情過重則民急彼小人治生錢物交易議値豈一語可決彼何知國法其釋之既而謂侍臣曰茲事若忽於聽察則愚民以一氈衫獲罪矣七年令大理寺官引法司囚犯赴承天門外行人持節傳旨會同府部通政司六科等官審錄如洪武制九年天城衞千戶某以罪繫刑部獄指揮某狀通政司云千戶母致貨託已賂部官求免已不敢從因併贓首事聞帝命法司問千戶與指揮有舊乎對曰無帝曰非故舊而輒干請此非人情命法司訊之乃指揮居近刑部千戶之母寓其隣朝夕餽子食指揮探其家饒給言已與部官厚可代以賂免母遂致貨旁有欲發其姦者指揮懼遂自首而隱之法司覆奏法當千戶之母准與贓律指揮罷職屯種帝曰愛其子以賂求免人之常情且婦人烏知法律其宥之指揮始則欺人取貨終則隱情

罔上又汗鱗朝臣但罷職耕種何以示懲卽解送交阯充軍十七年周新爲浙江按察使初入境羣蚋迎馬頭跡得死人榛中身繫小木印新驗印知死者故布商密令廣市布視印文合者捕鞫之盡獲諸盜一日視事旋風吹葉案前葉異他樹詢左右獨一僧寺有之寺去城遠新意僧殺人發樹果見婦人屍鞫實磔僧一商暮歸恐遇劫藏金叢祠石下歸以語其妻旦往求金不得訴於新新召商妻訊之果妻有所私商驟歸所私尙匿妻所聞商語夜取之妻與所私皆論罪魯穆爲福建僉事漳州民周允文無子以姪爲後晚而妾生子因析產與姪屬以妾子允文死姪言兒非叔子逐去盡奪其資妾訟之穆召縣父老及周宗族密置妾子羣兒中咸指兒類允文遂歸其產仁宗初卽位召學士楊士奇楊榮金幼孜至榻前諭之曰比年法司之濫朕豈不知其所擬大逆不道往往出於文致先帝數切戒之故死刑必四五覆奏而法司略不加意甘爲酷吏而不媿自今審重囚卿三人必往同讞有冤抑者雖細故必以聞時虞謙爲大理卿呂升爲少卿仰瞻爲丞而謙又薦嚴本爲寺正帝方矜慎刑獄謙等亦悉心奏當凡法司及四方所上獄謙等再四參復必求其平嘗語人曰彼無憾斯我無憾矣時斷獄者多以知情故縱及大不敬論罪本爭之曰律自叛逆數條外無故縱之文卽不敬情有輕重豈可槩入重比謙韙之悉爲駁正艮鄉民失馬疑其隣告於丞拷死丞坐決罰不如法當徒而告者坐絞本曰丞罪當告者因疑而訴律以誣告致死是丞與告者各殺一人可乎駁正之莒縣屯卒奪民田民訟於官卒被笞夜盜民驢民搜得之卒反以爲誣擒送千戶民被禁死法司坐千戶徒本曰千戶生則死者冤矣遂正其故勘罪薊州衞卒十餘人夜劫客舟於河西務一卒死懼事覺誣隣舟解四人爲盜其侶往救見殺皆誣服本疑之曰解人與囚同舟爲盜囚必知之按驗果得實遂抵卒罪宣宗宣德元年大理寺駁正猗氏民妻王骨都殺夫之冤帝切責刑官尙書金純等謝罪乃已義勇軍士閻羣兒等九人被誣爲盜當斬家人擊登聞鼓訴冤覆按實不爲盜命釋羣兒等而切責都御史劉觀直登聞鼓給事中林富奏重囚二十七人以姦盜當決擊鼓訴冤煩瀆不可宥帝曰登聞鼓之設正以達下情何謂煩瀆自後凡擊鼓訴冤阻抑者罪帝嘗夜讀周官式敬爾由獄以長我王國慨然興歎以爲立國基命在於此乃敕三法司朕體上帝好生之心惟刑是恤令爾等詳覆天下重獄而犯者遠在千萬里外需次當決豈能無冤因遣官審錄之二年奏重囚帝令多官覆閱之諭曰古者斷獄必訊於三公九卿所以合至公重民命卿等往同覆審毋致枉死英國公張輔等還奏訴枉者五六十人重命法司勘實因切戒焉英宗正統元年河南布政使刑旭言今後人命務要正官檢驗強盜要追眞贓凶仗申詳會審若有異詞卽與辨明違者在內從監察御史在外從按察司究問報可兵部侍郎于謙言在京法司重囚凡遇隆寒盛暑會官審錄冤枉者得以辨明可矜者獲蒙寛宥在外重囚豈無冤抑可矜者乞如在京審錄庶獄無冤枉命議行二年四川按察使龔燧奏四川強盜繫三司者不下三百而翻異者半之而未獲者倍之其間有搆於虛詞牽於讐怨所徵贓仗率民家常有器械不足據信往往情僞莫白又所犯大抵在永樂宣德時有正犯已死而後獲者無自質理所司嫌於出罪不敢爲辨長年淹禁恐傷和氣乞敕廷臣會議或遣重臣四出審錄可疑者釋之或編爲卒伍戍於邊方其未獲及爲已獲所連者俱如詔勿捕帝命行之六年刑部郎中林厚言在京監禁重囚有累訴冤枉逮人照勘久不獲斷者請敕各衙門類錄各犯累關冤情付諸審錄官卽與辨理具奏在外見監重囚有嘗經訴冤及申詳三法司以議論不明駁回再詰者請亦錄各犯所訴冤情及駁回詞語付諸審獄官令詳讞具奏從之九年山東副使王裕言四獄當會審而御史及三司官或踰年一會囚多瘐死往者嘗遣御史會按察司詳審釋遣甚衆今莫若罷會審之例而行詳審之法敕遣日察司官一員專審諸獄部持舊制不可廢帝命審例仍舊復如詳審例選按察司官一員與巡按御史同審失出者姑勿問贓私者究如律石璞爲江西按察副使善斷獄民娶婦三日歸寧失之婦翁訟壻殺女誣服論死璞禱於神夢神示以麥字璞曰麥者兩人夾一人也比明械囚趣行刑未出一童子闖門屏間捕入則道士徒也叱曰爾師令爾偵事乎童子首實果二道士匿婦槁麥中立捕論如法天順三年令每歲霜降後三法司同公侯伯會審重囚謂之朝審歷代遂遵行之憲宗成化十四年奏准凡眞犯死罪重囚推情取具招辭依律擬罪明白具本連證佐干連人卷俱發大理寺審錄如有招情未明擬罪不當稱寃不肯服辨者俱駁回再問若招情明白擬罪合律輸情服辨者本寺將審允緣由奏奉欽依准擬依律處決方回報原問衙門監候照例具奏將犯人引赴承天門會同多官審錄其審錄之時原問原

審并按管官仍帶原卷聽審情眞無詞者覆奏處決如遇囚翻異稱冤有辭各官仍親一一照卷陳其始末來歷并原先審問過緣由聽從多官仔細參詳果有可矜可疑或應合再與勘問通行備由奏請定奪十七年定在京大審即於是年遣部寺官分行天下會同巡按御史行事孝宗宏治二年令法司每年立秋時將在外監候聽決重囚備查籍貫姓名及在外見監問一應死罪囚犯通行具奏轉行各該巡撫會同有司官從公研審除情眞罪當者照例處決冤抑即與辨理情可矜疑徑自具奏定奪著爲令十三年詔法司凡廠衞所送從公審究有枉即與辨理勿拘成案世宗嘉靖二十六年題准各該司府州縣遇五年一次本部差官審錄將充軍人犯除已經解發著伍外其餘不分曾詳允及雖經定衞尙未起解者逐一開送審錄其經審錄官辨釋者務要遵照發落不許問官偏抑阻撓神宗朝刑部尙書孫丕揚以獄多滯囚由公移牽制議刑部大理各置籍凡獄上刑部次日卽詳讞送大理大理審允卽還刑部自是囚無淹繫尋奏請敕天下撫按方春時和令監司按行州縣大錄繫囚按察使則錄會城囚死罪矜疑及流徒已下可原者撫按以達於朝期毋過夏月歲以爲常具雜議篇從之

欽定續通典卷一百十三

刑

決斷 唐 五代 宋 遼 金 元 明

唐德宗時維揚有富室子父亡事繼母不謹一日上壽母賜之觴子覆於地地墳因號於衆曰母將酖我訴之州刺史杜亞曰酒何從來曰長婦執爵而致亞曰爾婦執爵毒由婦起何故誣母乃分别鞫之實子婦計誣其母遂伏法憲宗元和中呂元膺鎭岳陽出行見有喪轝駐道左男子五人衰服從元膺曰遠葬則傪近葬則省此姦也令搜其棺中皆兵刃曰欲謀過江掠貨假喪使渡者不疑耳劾之更同黨數十已集彼岸並擒付法

後唐明宗天成三年滑州掌書記孟昇匿母憂大理寺斷流敕曰孟昇身被儒冠職居賓幕比資籌畫以贊綱維而乃都昧操修但貪榮祿匿母喪而不舉爲人子以何堪瀆汚時風敗傷名教五刑是重十惡難寬其賜自盡觀察使觀察判官錄事參軍失其糾察各有殿罰四年蔡州西平縣令李商爲百姓告陳不公大理寺斷止贖銅以官當罪敕旨李商招愆俱在案款大理定罪備引格條然亦事有所未圖理有所未盡古者立法意在惜人喪亂已來人鮮廉恥朕一臨寰海思革前非每當用刑惟期不濫李商不務養民專謀潤己初聞告不公之事件決彼賍頭又爲奪有主之莊田撻其本戶國家給州縣篆印止爲行遣公文而乃將印歷下鄉從人戶取物據茲行事何以當官今王饒所告李商並招實罪宜奪歷任官重杖一頓處死元論人王饒四人並宜釋放仍令所在長吏徧示官屬長興二年國子勒停官張崇遠受賂補人法寺定罪爲無祿者減死一等又引四月二十六日恩赦倖從釋放帝問崇遠本官久無錢料今有春冬逐月糧乃下詔曰設祿任能立法懲惡苟有違犯須舉憲刑崇遠流外授官監中守職雖官不請於俸祿而職見請於俸糧贓罪既彰死刑難貸宜決重杖一頓處死澤州沁水縣令李照主簿欒鈞兩相關毆及追至本州不肯交割牌印太理刑部斷罪准律當徒及罰銅並該今年四月二十六日恩宥敕旨同官相毆據法當徒大理備陳格律合議矜寬但照鈞等處令佐之資縱居沽之行既罵且鬬自晝經宵加以抗拒使符執留縣印全乖事體大紊紀綱若謂偶在赦前合從赦限豈可遣茲兇輩親我疲民免刑已是優宏復職實非允當其照鈞等並勒停見任四年獲嘉縣令盧嵩以戶名關延鉊不伏責問喧悖令從人曳撲致死大理寺斷准格配流天德敕旨盧嵩容易宰邑造次怒人不恕法以行刑遂尋時而致死原情則本非故殺據律則當處極刑但究彼根繇以緣公事罪雖甚重理稍可疑峻行則慮致民驕輕恕則恐滋吏酷永從遠竄特貸餘生聊以慰往者之魂兼可戒爲官之厲嵩宜配蔚州長流百姓逢赦不在放歸之限

宋太祖開寶五年峽州言民范義超周顯德中以私怨殺同里人常古眞家十二口古眞小子留留脫走得免至是長大擒義超訴於官有司引赦當原帝曰豈有殺一家十二口而可以赦論耶命斬之太宗太平興國九年鳳翔司理楊鄴許州司理張睿並坐掠治平人及亡命卒致死大理處鄴等公罪刑部覆以私罪詔曰法寺以鄴等本非用情宜從公過議法刑部以其擅行掠治合以私罪定刑雖所執不同亦未爲乖當國家方重惜人命欽恤刑章豈忍無辜之人死於酷吏之手宜如部議著爲令張詠知崇陽縣一日吏自庫中出見其鬢旁巾下有一錢詰之庫中錢也詠命杖之吏勃然曰一錢何足道乃杖我耶爾能杖我不能斬我也詠援筆判云一日一錢千日千錢繩鋸木斷水滴石穿自仗劍下階斬其首申府自劾後知益州有僧行止不明有司執以白詠詠判牒曰勘殺人賊既而按問果一民也與僧行於野殺僧取其祠部戒牒及衣遂自披剃爲僧寮屬問何以知之詠曰吾見其頷上猶有繫巾痕也民間訛言有白頭翁午後食人男女郡縣譊譊至暮路無行人詠謂其屬曰汝歸縣去但訪市肆中爲鄉里患者必大言其事即立證解來明日果得之乃倡爲訛言者戮之於市民遂帖然李順黨與有殺耕牛避罪亡匿詠許其首身拘其母十日不出釋之復拘其妻一夕而來詠斷云禁母十日留妻一宵倚門之望何疎結髮之情何厚舊爲惡黨今又逃亡許令首身卻猶觀望就市斬之於是首身者踵至眞宗咸平二年以工部侍郎出知杭州有與其姊壻訟家財者壻言婦翁疾篤子纔三歲令壻主其資遺書言異日分財卽以十之三與子七與壻顧如約詠曰汝婦翁智人也時以子幼故以此屬汝不然子死汝手矣命以七給其子餘三與壻皆泣謝而去韓億知洋州有富民李甲喪兄而廹嫁其嫂又誣姪爲他姓子而并其資產嫂訟之十餘歲吏受賂不得直億按舊牘獨未嘗證以乳醫遂密致乳醫以驗決衆皆詘服張齊賢復相日戚里有以分財不均互相爭訴既入宮自理於上前更十餘斷不服齊賢請自治帝許之召訟者日若非以彼得分多若獨少乎皆曰然命具款乃召兩

吏趨歸其家甲家入乙舍乙家入甲舍資財皆按堵如故先分書交易之訟者乃止仁宗至和中王疇爲開封判官宦者李允良疑人毒死其叔父訴請發棺驗視疇獨曰驗而無實是無故暴人屍安知非允良有姦既而窮治果引伏與叔家有怨故詭訴也梁適爲審刑院詳議官梓州妖人依鬼神以詛殺人獄具以不傷讞適曰殺人以刃或可拒而詛可拒乎卒論死張逸知益州華陽驛長殺人誣道旁行者縣吏受財獄既具乃使殺人者守囚逸曰囚色冤守者氣不直豈守者殺人乎囚始敢言而守者果服立誅之趙抃爲武安軍節度推官有僞造印者吏以爲當死抃曰造在赦前而用在赦後赦前不用赦後不造法皆不死遂以疑讞之卒竟免神宗元豐中靑州民王贇父爲人毆死贇幼未能復讐幾冠刺讐斷支首祭父墓自首論當斬帝以殺讐祭父又自歸罪其情可矜詔貸死刺配隣州宋律復讐無明文先是仁宗時單州民劉玉父爲王德毆死德經赦玉私殺德以復父讐帝義之決杖編管宣州民葉元有同居兄亂其妻縊殺之又殺兄子强其父與嫂爲約契不訟隣里發其事州爲上請帝曰罪人已死姦亂之事特出元口不足以定罪下民無知固宜哀矜然以妻子之愛旣罔其父又殺其兄戕其姪逆理敗倫宜以毆兄至死論程顥爲鄠縣主簿有民借其兄之宅居者發地藏錢兄之子訴曰父所藏也令難其證顥曰此易辨耳問兄子曰而父所藏錢幾年矣曰四十年矣而叔借宅居幾何時矣曰二十年矣卽遣吏取錢十千視之謂借屋者曰今官所鑄錢不五六年卽徧天下此錢皆爾未借居時所鑄何也其人不敢爭光宗紹熙初陸九淵知荆門軍民有訴人殺其子者九淵曰不至是及追究其子果無恙有訴竊取而不知主名九淵出二人姓名使捕至訊之伏辜盡得所竊物還訴者且宥其罪使自新因語吏以某所某人爲暴翌日有訴遇奪掠者卽其人也乃加追治吏大驚寧宗朝黃榦通判安豐軍淮西帥司檄榦鞫和州獄獄故以疑未決榦釋囚桎梏飲食之委曲審問無所得一夜夢井中有人明日呼囚詰之曰汝殺人投之於井我悉知之矣胡爲欺我囚遂驚服果於廢井得屍

遼景宗保寧三年吳王稍爲奴所告有司請鞫帝曰朕知其誣若按問恐餘人效之命斬以徇聖宗統和時有達巴噶者竊薊州王令謙家財復手刃傷主幸不死有司止擬杖罪又訥默庫犯竊盜者十有三次皆以情不可恕命棄市近侍瑠格諤斯庫嘗從齊王妻而逃以赦後會千秋節自首詔諸近侍護衞集視而腰斬之由是國無倖民吏多奉職人重犯法

金太宗時趙元同知薊州事有賊殺人橫道官吏環視莫知所爲路人耕夫聚觀甚衆元忽指田中釋耒而來者曰此賊也叱左右縛之一訊而伏僚吏問其故元曰偶得於眉睫間耳熙宗天眷間洪洞令劉徵柔明敏善聽斷縣人楊遠者投牒於縣以夜雨屋壞壓其姪死號訴哀切徵柔熟視而笑曰汝利姪財而殺之乃誣雨耶叱付獄其人立伏曰公神明也不敢延死遂寘於法世宗大定初彰國軍節度使大懷貞嘗以私忌飯僧中一僧舉止異常懷貞問曰汝何許人也曰山西人也復問嘗爲盜殺人否曰無之後三日詰盜果引僧皆復其明斷二年奉賓軍士珠勒呼等誣完顏默音子色克寄書其父謀反并以書上之帝覽曰此誣也止訊告者果引伏遂誅之二十三年尙書省奏益都民范德年七十六爲劉祐毆殺法當死以親老無侍請帝曰范德與祐父毋年相若卽當如父毋視之竟至毆殺難從末減可論如法

元太宗三年燕南諸路廉訪使博囉哈雅充斷事官有民誤毆人死吏論以重法其子號泣請代博囉哈雅戒吏使擒於市懼則殺之擒之果不懼乃曰誤毆人死情有可宥子而能孝義無可誅遂并釋之使出銀以資埋葬且呼死者家諭之其人悅從世祖至元十四年張雄飛爲荆湖北道宣慰使有告常德富民十餘家與德山寺僧將爲亂衆議以兵討之雄飛曰告者必其讐也且新附之民當以靜鎭之兵不可遽用苟有他吾任其責遂止徐察之果如所言二十二年籍河東按察使阿哈瑪特家其奴張織札爾等罪當死謬言阿哈瑪特家資多隱寄遂鉤考捕繫連及無辜京師騷動帝頗疑之命丞相安圖集六部長貳官詢問其事吏部尙書布呼密曰是奴爲阿哈瑪特心腹爪牙死有餘罪爲此言者蓋欲苟延歲月儌幸不死爾豈可復受其誣嫁禍善良耶急誅此徒則怨謗自息丞相以其言入奏帝悟命布呼密鞫之具得其實織札爾等伏誅其捕繫者盡釋成宗大德中宗王兄弟二人守邊兄陰有異志弟諫不聽卽上馬馳去兄遣奴挾弓矢追之弟發矢斃其奴兄訴囚其弟獄當死刑部尙書王約慮囚曰兄之奴卽弟之奴況殺之有故立釋之京民王氏仕江南而歿有遺腹子其女育之年十六乃訴其姊匿資若干有司責之急約視牘曰無父之子育之成人且不絕王氏祀姊之恩居多誠利其資寧育之至今日耶改前議而斥之又民柴

氏初無子養張氏子爲後既而得子張出爲僧柴之子又歿僧乃訟家產詔鞫之約詰曰汝出家既分承汝師衣鉢又何得爲柴氏業乎僧不能答遂歸柴氏應後者仁宗時虞槃爲湘鄉州判官有巫妄稱神降告其人曰某方火即火又曰明日某方火民以火告者槃晝夜赴救寢食盡廢縣長吏已下皆迎巫至其家厚禮之又曰將有大水且兵至州大家且盡室逃槃得劫火卒一人訊之盡得巫黨所爲坐捕盜司召巫至鞫之無敢施鞭箠者槃謂卒曰此將爲大亂安有神乎急治之盡得黨與數十人羅絡內外果將爲變乃斷巫并其黨悉如法丹徒縣民有二弟共殺其姊者獄久不決浙西廉訪使俾烏程令干文傳鞫之既得其情其母乞貸二子命以終養文傳謂二人所承有輕重以首從論則爲首者當死司從其議

明太祖洪武元年民父以誣逮其子訴於刑部法司坐以越訴帝曰子訴父枉出於至情不可罪有子犯法父賄求免者詔論相類具詳獄篇五年楊卓爲廣東行省員外郎田家婦獨行山中遇伐木卒欲亂之婦不從被殺官拷同役卒二十人皆引服卓曰卒人衆必善惡異也可盡抵罪乎列二十人庭下熟視久之指兩人曰殺人者汝也兩卒大驚伏罪十七年左都御史詹徽奏民毆孕婦至死者律當絞其子乞代大理卿鄒俊議曰子代父死情可矜然死婦係二人之命犯人當二死之條與其存犯法之人孰若全無辜之子詔從俊議時有告謀反者勘問不實刑部言當抵罪帝以問秦裕伯對曰元時若此者罪止杖一百蓋以開來告之路也帝曰姦徒不抵善人被誣者多矣自今告謀反不實者抵罪成祖時葉宗人爲錢塘令嘗視事有蛇升階若有所訴宗人曰爾有冤乎吾爲爾理蛇即出遣吏尾之入餅肆爐下發之得僵屍蓋肆主殺而瘞之也遂伏法宣宗朝顧佐爲右都御史臺綱肅然或告其不理冤訴帝曰此必重囚教之命法司會鞫果千戶臧清殺無罪三人當死使人誣佐帝曰不誅清則佐法不行磔清於市憲宗成化時華亭縣有民毋再醮生一子毋死二子爭葬質之官知縣某判其狀曰生前再醮終無戀子之心死後歸墳難見先夫之面令後子收葬穆宗隆慶中張淯爲永康令有巨盜盧十八剽庫金十餘年不獲御史以屬淯淯刻期三月必得盜而請御史月下數十檄及檄累下淯陽笑曰盜遁久矣安從捕寢不行吏某婦爭十八通吏頗爲耳目間淯言以告十八十八意自安淯乃令他役詐告吏負金繫吏獄密召吏責以通盜死罪復敎之請以婦代繫而已出營資以償十八聞亟往視婦因醉而擒之及報御史僅兩月耳久之以治行第一赴召去永甫就車顧其下曰某盜已來去此數里可爲我縛來如言跡之盜正濯足於河繫至盜服辜永人駭其事謂有神告淯曰此盜捕之急則遁今聞吾去乃歸耳以理卜何神之有神宗時右副都御史王世貞撫治鄖陽有姦僧僞稱樂平王衣子奉高皇帝御容金牒行游天下世貞曰宗藩不得出城而譎張如此必僞也捕訊之服辜

考訊附　唐　五代　宋　遼　金　元　明

唐代宗大曆四年詔曰如聞州縣官比來率恣行粗杖不依格令致囚殞斃深可哀傷頻有處分仍聞乖越今後非灼然蠹害不得輒加非理所司嚴加糾察以聞德宗貞元六年南郊順宗即位制及憲宗元和二年穆宗長慶四年制書並同之按古文淵鑑是詔凡兩載一爲寶應元年一爲大曆四年冊府元龜載爲大曆四年大赦常袞集並同考肅宗在位止七年今按詔文云朕主三靈之重托羣后之上夕惕若厲不敢荒寧內訪卿士外咨方岳日不暇給八年於茲代宗于寶應元年即位中歷廣德二永泰一并大曆四年乃符八年之數當從後爲正德宗建中三年敕諸色貶流人及左降官身死並許親屬收瘞其造蠱毒移鄉人不在此限憲宗元和四年詔自後在京諸司應決死囚者不承正敕並不在行決之限如事跡凶險須速決遣并特敕處分者宜令一度覆奏又敕刑部大理寺決斷罪囚過爲淹延是長姦倖今後大理寺檢斷不得過二十日部覆不得過十日如刑部覆有異同寺司重勘不得過十五日省司量覆不得過七日如有牒外州府節目及于京城內勘本推即日以報牒到後計日數被勘司卻報不得過五日仍令刑部具遣牒及報牒月日牒報都省及分察使各准敕文句舉糾訪穆宗長慶元年因御史中丞牛僧孺言立決獄程限大事大理寺限三十五日詳斷畢申刑部限三十日聞奏中事各減五日小事各減十日一狀所犯十人已上所斷罪二十件已上爲大所犯六人已上所斷罪十件已上爲中所犯五人已下所斷罪十件已下爲小其或所抵罪狀與所結刑名並同者雖人數甚多亦同一人之例違者罪有差敬宗即位制諸州府縣官吏應行鞭捶本罪不致死者假以賊情致令殞斃宜委御史臺及出身郎官御史等切加察訪具事繇奏聞文宗太和四年詔自今有特決囚不令覆奏者有司亦須准故事覆奏八年敕天下州府應犯輕罪人除情狀巨蠹法所難原者其他過誤罪愆及尋常公事違法並宜准貞觀四年四月十七日制處分不得鞭背太宗制具杜佑原書開成四年敕御史臺京兆府決囚差御史監決臨時引問囚徒如不稱冤方許行

決河南府亦准此諸州應有死囚仍委長官差官監決後唐莊宗同光二年敕見禁囚徒據罪輕重限十日內決遣申奏三年大理寺奏決死刑請不俟秋分詔曰刑以秋分雖關惻隱罪多連累翻慮淹延若或十八之中止於一人抵死豈可以輕附重禁錮逾時言念哀矜又難全廢其諸司囚徒罪無輕重各宜委本司據罪詳斷分別處決具刑制篇明宗天成二年大理寺奏凡決極刑合三覆奏近年全不守此或蒙赦宥已被刑誅乞敕在京犯極刑者令決前決日各一覆奏有凶逆犯軍令者亦許臨時一覆奏從之

晉少帝開運三年左拾遺竇儼奏近者外地率肆淫刑不遵成憲或以長釘貫篸人手足或以短刀臠割人肌膚乃至累朝半生半死冤聲上達和氣有傷乞嚴加禁斷奉敕宜依

宋太祖建隆三年詔强盜持杖但不傷人者止計贓論罪獲盜非狀驗明白未得掠治其當訊者先具白長吏得判乃訊有司擅掠囚者論爲私罪太宗太平興國六年詔自今繫囚如證佐明白而捍拒不伏合訊掠者集官屬同問勿令胥吏拷決復建三限之制大事四十日中事二十日小事十日不他逮捕而易決者毋過三日須證逮致稽緩者奏聞違限准官書稽程律論又限大理寺勘決天下案牘大事二十五日中事小事視諸州縣審刑院詳覆大事中事視大理減十日小事減五日仁宗天聖中定制凡上具獄大理寺詳斷大事期三十日中事小事如淯化制其不得期滿而斷者謂之急按凡集斷急按法官與議者並疏姓名有失則坐之哲宗時部寺定制凡斷獄每二十緡以上爲大事十緡以上爲中事不及十緡爲小事大事以十二日中事九日小事四日爲限若在京八路大事十日中事五日小事三日臺察及刑部舉劾約法狀並十日三省樞密院再送各減半有故量展不得過五日凡公案期限大事以三十五日中事二十五日小事十日在京八路大事以三十日中事半之小事三之一臺察及刑部並三十日每十日斷用七日議用三日徽宗政和四年立聚問審錄之限死罪四五日流罪三日杖笞一日孝宗湻熙中詔徒已上罪人入禁三月者提刑司類申刑部置籍立限以督之其後又詔中書置禁奏取會籍大臣按閱以察刑事稽違理宗端平元年詔諸道申奏獄案凡按未斷及已斷未下者於都司刑部大理寺各委官立限催督稽考其經由去處嚴立程限月申御史臺按宋代用刑寬厚而自哲宗已前嚴立限程責覈淹滯亦頗得明慎不留之意南渡而降三尺縱弛至有十餘年不決之獄至雖屢詔申督有司抗玩不行亦寖失祖宗之遺意矣道三年令諸州決死刑有號呼不伏及親屬稱冤者具以白長吏再移司推鞫眞宗景德四年毀諸道官司非法訊囚之具徽宗政和七年詔定制品官犯罪三問不承乃奏請追攝若情理重害而拒隱者方許枷訊今有司廢法不原輕重與常人考訊無異將使人有輕視爵祿之心可申明條令如故又詔宗室犯罪有司承例奏請不候三問未承即加訊問去衣受杖傷膚敗體非所以篤親親也自今有犯除涉情理重害別被處分外餘止以眾證爲定仍取伏辨無得輒加捶拷若罪至徒以上方許依條置勘其合廷訊者並送大宗正司重和元年河北西路提點刑獄虞奕言州縣虐吏輒借杖爲溜筒用鐵鉗項以竹實沙而貫之非理慘酷詔悉禁止犯者以違制論高宗建炎時大理寺卿王衣奏請分別伏辨先是有司懲戾付寺劾之至三問取伏狀被劾者懼對莫敢辨衣言伏與辨二事也若一切取伏是以威迫之不使自直非法意也乞三問未承者聽辨從之著令諸獄具當職官依式檢校枷以乾木爲之輕重長短刻識其上笞杖不得留節目亦不得釘飾及加筋膠之類仍用官給火印州縣獄犴不得輒爲非法之具違者論如律紹興十二年御史臺點檢錢塘仁和縣獄具錢塘大杖一多五錢半仁和枷一多一斤一輕半斤枷杖輕重定式具刑制篇詔縣官各降一官孝宗時臣僚言杖笞之制輕重大小著令具存凡訊囚合用荊子一次不得過三十其不得過二百此法意也今州縣不用荊子而用簾條或用雙荊合而爲一鞭股箠足至三五百刑罰冤濫願戒有司申嚴行下凡守令及掌行刑獄官並依法製杖具刑制篇又言民命莫重於大辟聚錄之法官吏聚于一堂依句宣讀無得隱瞞令囚自通重情以合其款按法意蓋不止於只讀成案而已當稽參自通重情以合其款之文今獄吏憚於平反摘紙疾讀離絕其文嘈囋其語故爲不可曉解之音造次而畢呼囚書字茫然引去指日聽刑殊輕人命請敕內外於聚錄時委長吏詳加點驗具刑制篇又言在律鞫獄者皆須依所告狀鞫若於本狀外別求他罪者以故入論比來中外之獄每於狀外推求牽聖乞申明禁止詔皆從之時二廣州軍畏憲司點檢送勘之苦重囚多斃於獄詔提刑司詳覆公事若小節不完不須追逮獄吏委本州究實保明遇有死者必根究其所以致死理宗湻祐十一年詔戒兩淮都統司主兵者不許輕用脊棍以傷人命景定四年詔刑部下諸路憲司所部州縣不許慘酷箠楚并毀除非法獄具違者重置於罰

遼制拷訊之具有麤細杖及鞭烙法麤杖之數二十細杖之數三自三十至於六十鞭烙之數凡烙三十者鞭三百烙五十者鞭五百被告諸事應伏而不伏者以此訊之聖宗統和十二年改死囚尸市三日之限一宿即聽收瘞時耶律隆運爲北府宰相奏諸鞫獄官吏多因請託曲加寬宥或妄行搒掠乞加禁止從之

金國舊制杖罪至百則臂背分受海陵時以脊近心腹

禁止雖主決奴婢亦以違制論大定九年復舊著又罷之世宗大定十七年謂宰相曰比聞大理寺斷獄雖無疑者亦經旬月何耶參知政事伊喇道曰在法決死囚不過七日徒刑五日杖罪三日帝曰法有程限而輒違之是官吏弛慢也詔自今勿得留滯章宗承安四年鑄銅杖式頒行天下泰和元年復因尚書省奏杖式輕細詔量用大杖具刑制篇帝復慮枷杖多不如法平章政事守貞曰枷杖尺寸有制提刑兩月一巡察必不敢違法也初令諸死囚及除名罪所委官相去二百里外并犯徒已下逮及二十人已上者並令就讞刑部員外郎完顏綱言自是制行如上京最近之地往還不下三二千里若北京留守司則動經數月愈致稽留未便詔復從舊令委官追取鞫之

元世祖至元十一年禁未鞭背黥面及非法濫刑二十八年頒行新格定制諸蒙古人居官犯法論罪既定必擇蒙古官斷之行杖亦如之諸四集賽及諸王駙馬蒙古色目之人犯姦盜詐偽從大宗正府治之諸有司事關蒙古軍者與管軍官約會問諸管軍官鄂囉官及鹽運司打捕鷹坊軍匠各投下管領諸色人等但犯强竊盜賊偽造寶鈔略賣人口發塚放火犯姦及諸死罪並從有司歸問其鬬訟婚田良賤錢債財產宗從繼絕及科差不公自相告言者從本管理問若事關民戶者從有司約會歸問並從有司追逮三約不至者有司就便歸斷諸州縣鄰境軍民相關詞訟元告就被論官司歸斷不在約會之例斷不當理許赴上司陳訴罪及元斷官吏諸僧道儒人有爭有司勿問止令三家所掌會問諸哈達大師止令掌敎念經回回人應有刑名戶婚錢糧詞訟並從有司問之諸僧人但犯姦盜詐偽致傷人命及諸重罪有司歸問其自相爭告從各寺院住持本管頭目歸問芝伯俗相爭田土與有司約會約會不至有司就便歸問諸有司非法用刑者重禁之已殺之人輒臠割其肉而去者禁之違者加以重罪諸鞫獄不能正其心和其氣感之以誠動之以情推之以理輒施以大披挂及王侍郎繩索并法外慘酷之刑者悉禁止之諸鞫問罪囚除朝省委問大獄外不得寅夜問事廉訪司察之諸處斷重囚雖叛逆必令臺憲審錄而後斷於市曹諸內外囚禁從各路正官及監察御史廉訪司以時審錄輕者斷遣重者結案其有冤滯就糾察之諸正蒙古人除犯死罪監禁依常法有司毋得拷掠仍日給飲食犯眞姦盜者解束帶佩囊散收餘犯輕重者以理對證有司勿執拘之逃逸者監收諸審囚官强愎自用輒將蒙古人刺字者杖七十七除名將已刺字去之諸爲盜並從有司歸問各投下輒擅斷遣者坐罪諸奏決天下囚植上怒勿輒奏上欲有所誅必遲回一二日乃覆奏諸有司因公依理決罰邂逅身死者不坐諸職官輒以微故乘怒不取招詞斷決人邂逅致死又誘苦主焚瘞其屍者笞五十七解職別敘記過諸鞫獄輒以私怨暴怒去衣鞭背者禁之諸鞫問囚徒重事須加拷訊者長貳僚佐會議立案然後行之違者重加其罪諸有司承告被盜輒將影跡人非理枉勘身死卻獲正賊者正問官笞五十七解職期年後降先職一等敘首領官及承吏各笞五十七罷役不敘均徵燒埋銀給苦主諸有司受財故縱正賊誣執非罪非法拷訊連逮妻子衙冤赴獄事未曉白身已就死正官杖一百七除名佐官八十七降二等雜職敘仍均徵燒埋銀諸監臨挾讐違法枉斷所監臨職官者抵罪不敘諸有司故入人罪未決及囚自死者以所入罪減一等論入人全罪以全罪論若未決放仍以減等論諸故出人之罪應全科者亦如之諸失入人罪者減三等失出人罪者減五等未決放者又減一等並記過諸失出人死罪者笞五十七解職期年後降先品一等敘記過正犯人追禁結案盜賊條載諸杖罪已下府州追勘明白即聽斷決徒罪總管府決配仍申合于上司照驗流罪已上須牒廉訪司官審覆無冤方得結案依例待報其徒伴有未獲追會有不完者如覆審既定贓驗明白理無可疑亦聽依上歸結

明制法官治囚皆有成法提人勘事必齎精微批文京外官五品以上有犯必奏聞請旨不得擅句問罪在八議者實封以聞軍官犯罪都督府請旨諸司事涉軍官及呈告軍官不法者俱密以實封奏毋得擅句問民間獄訟非通政司轉達於部刑部不得聽理凡內外問刑官惟死罪及竊盜重犯始用拷訊餘止鞭扑常刑酷吏輒用梃棍夾棍腦箍烙鐵及一封書鼠彈箏攔馬棍燕兒飛或灌鼻釘指用徑寸嫩杆不去棱節竹片或鞭脊背兩踝致傷已上者俱奏請罪至充軍凡決囚每歲朝審畢法司以死罪請旨刑科三覆奏得旨行刑在外者奏決單於冬至前會審決之京師每歲決囚後圖諸囚罪狀於錦衣衛之外垣令人觀省停刑之月自立春已後至春分已前停刑之日初一初八十四十五十八二十三二十四二十八二十九三十凡十日太祖洪武三年令臣民有罪法當死者三覆五奏毋輒行刑打斷罪

囚自二十六年已前刑部令主事廳會御史五軍斷事司大理寺五城兵馬指揮使官至二十九年并差錦衣衞官其後惟主事會御史將笞杖罪於打斷廳決訖附卷奉旨者次日覆命成祖永樂元年定制各省死囚百人已上者差御史審決十七年令在外諸司死罪咸送京師審錄三覆奏然後行刑英宗正統元年令重囚三覆奏畢仍請駕帖付錦衣衞監刑官領校尉詣法司取囚赴市又制臨決囚有訴冤者直登聞鼓給事中取狀封進仍批校尉手馳赴市曹暫停刑禮部尙書胡濙等議許事尹弼所言刑部都察院於調問罪囚多不詳鞫第逼其引伏如原詞請革其弊則負枉者得盡其情帝是其議因諭法司囚不伏辨敢抑徇原訊者必罪無赦六年評事馬豫上言臣奉敕審刑竊見各處捉獲强盜多因讐人指攀拷掠成獄不待詳報死傷者甚多今後宜勿聽妄指果有贓証御史按察司會審方許論決若未審錄有傷死者毋得准例升賞憲宗成化十一年定制凡盜賊贓仗未眞人命死傷未經勘驗輒加重刑致死獄中者審勘有無故失明白不分軍民職官俱視酷刑事例爲民是年山西巡撫何喬新劾奏遲延獄詞僉事尙敬劉源因言凡二司不決斷詞訟者半年之上悉宜奏請執問詔以所奏通行天下時六品已下官有罪巡按御史輒令府官提問陝西巡撫項忠言非祖制甚乖律意奏請今後當聞於朝命御史按察司提問爲是乃下部議從之孝宗弘治三年申明凡律該決不待時重犯鞫問明白曾經大理寺詳允奏奉欽依處決者各該部院并該科即便覆奏會官處決不必監至秋後十三年定歲差審決重囚官俱以霜降後至限期復命十八年南刑部奏決不待時者三人大理寺已審允下法司議謂在京重囚聞有決不待時者審允奏請至刑科三覆奏或蒙恩仍監候會審南京無覆奏例乞俟秋後審竟類奏定奪如有巨憝難依常例者更具奏處決著爲令詔可舊例獄囚已審錄應決斷者限三日應起發者限十日逾限計日以笞因淹滯至死者罪徒嘉靖六年給事中周琅言比者獄吏苛刻罪無輕重輒加幽繫案無新故動引歲時姦吏悍卒往往倚獄爲市乞申明舊律帝嘉納之（具雜議篇）七年定議重囚有冤家屬於臨決前一日撾鼓翼日午前下過午行刑不覆奏神宗時刑部尙書孫丕揚言打斷相驗令御史三六九日遵例會同餘日止會寺官以速決遣徒流已上部寺詳鞫笞杖小罪聽堂部處分（具雜議篇）命如議行

欽定續通典卷一百十四

欽定續通典卷一百十五

刑

守正　唐　五代　宋　遼　金　元　明

唐肅宗至德二年將軍王去榮以私怨殺本縣令當死帝以其善用礮勅免死以白衣於陝郡效力中書舍人賈至持詔不卽行上表言去榮無狀殺本縣令而議者謂陝郡初復非其人不可守然則他無去榮者何以亦能堅守乎若以能用礮石卽免誅死今諸軍技藝絕倫者其徒實繁必恃其能所在犯法又將何以止之太子太師韋見素等亦以爲於律殺本縣令列於十惡而陛下寛之王法不行人倫道屈臣等奉詔不知所從願陛下守貞觀之法（按去榮犯法律有應坐之條乃肅宗以礮石微長置凶惡於不問僅予褫奪竟免刑誅未始非召亂啟奸之漸賈至韋見素等執法論情所言平允雖未見從而議不可沒故特載之）德宗時郭子儀壻太僕卿趙縱爲奴告下御史劾治奴留內侍省宰相張鎰言貞觀時有奴告主反者太宗曰謀反理不獨成當有他人覺發何藉奴告乃著令奴告主者斬由是賤不得干貴下不得淩上教本修而悖亂不作頃者長安令李濟以奴得罪萬年令霍晏因婢坐譴遂使輿臺下類主反畏之悖慢成風漸不可長建中元年詔書奴婢告主非謀叛者同自首法令縱事非叛逆而奴留禁中縱獨下獄情所不厭帝命貶縱官奴杖死竇參爲大理司直婺州刺史鄧珽坐贓八十餘貫珽與執政有舊以會赦欲免徵贓詔百僚雜議多希執政旨參獨堅執珽竟伏法徵贓杜亞爲東都留守盜劫輸絹于洛城北亞惡大將令狐運適運與其部下畋北郊亞意其爲盜執訊之連繫者四十餘人亞將逞其宿怒且以得賊爲功上表指明運盜之狀帝信而不疑宰臣以獄大宜審奏請覆治命侍御史李元素就鞫亞迎路以獄成告元素驗之五日盡釋其囚而還亞大驚且怒親追送馬上責之元素不答亞遂上疏誣搆元素及復命言未畢帝怒曰出俟命曰臣未盡詞帝又曰且去曰臣一出不得復見陛下乞容盡詞帝意稍緩乃備述運冤狀帝始悟後數月果得眞盜京兆尹李充有美政裴延齡惡之誣劾充比陸贄數遺金帛當抵罪又乾沒京兆錢六十八萬緡請付比部鉤校時郞中崔元翰怨贄揣延齡指逮繫榜掠甚急內以險文刑部侍郞奚陟持平無所上下且言京兆錢給縣館傳餘以度支符用度略盡充旣免元翰不得意以恚死憲宗朝江西觀察使裴堪奏虔州刺史李將順贓狀朝廷不覆按遽貶將順道州司戶尙書左丞呂元膺封還詔書奏曰縱堪辭足信亦不可爲天下法請發御史按問宰臣不能奪宣徽五坊小使方秋閱鷹狗所過撓官司厚得餉謝乃去下邽令裴寰不爲禮因搆寰出醜言送詔獄當大不恭宰相武元衡婉辭諍帝怒未置御史中丞裴度見延英帝恚曰寰誠無罪杖小使小使無罪且杖寰度曰責若此固宜第寰爲令惜陛下百姓安可罪帝色霽乃釋寰神策軍自興元後日驕恣府縣不能制軍吏李昱貸富人錢八百萬三歲不肯歸京兆尹許孟容遣吏捕詰與之期使償曰不如期且死一軍盡驚訴於朝詔以昱付軍治之再遣使皆不聽奏曰不奉詔臣當誅然臣職司輦轂當爲陛下抑豪强錢未盡輸昱不可得帝嘉其守正許之京師豪右大震浮屠鑒虛者自貞元中關通賂遺倚宦豎爲姦會坐于頔杜黃裳家事逮捕下獄御史中丞辥存誠窮劾之得贓數十萬當以大辟權近更保救于帝有詔釋之存誠不聽明日詔使詣臺諭曰朕須此囚面詰非赦也存誠奏曰獄已具陛下必欲召赦之請先殺臣乃可不然臣不敢奉詔鑒虛卒抵死穆宗長慶中裴潾爲刑部郞中有前率府倉曹曲元衡杖殺百姓柏公成母法官以公成母死在辜外元衡以父蔭當贖罪徵銅公成私受元衡資貨母死不聞公府理官亦以經恩免罪潾議曰典刑者公柄也在官得施於部屬之內元衡身非在官公成母非部屬而擅憑威力橫加殘虐豈合拘於常典公成取貨於讐利母之死悖逆天性尤所必誅奏上敕元衡杖六十配流公成論死宿州刺史李直臣坐贓當死賂中人爲之援解御史中丞牛僧孺堅執不回帝面諭之曰直臣事雖愆失然有經度才可委之邊任朕欲貸其死何如僧孺曰凡人不才止於持祿取容耳帝王之法束縛姦雄正爲才多者祿山朱泚以才過人濁亂天下況直臣小才何爲屈法哉上嘉納之文宗太和五年鄭注搆宋申錫獄捕逮倉卒事由內出無可證驗右散騎常侍崔元亮率諫官叩延英苦諍反覆數百言帝未喻元亮置笏在陛曰孟軻有言衆人皆曰殺之未可也卿大夫皆曰殺之未可也天下皆曰殺之然後察之乃寘於法今殺一凡庶當稽典律況欲誅宰相乎臣爲陛下惜天下法不爲申錫言也俯伏流涕會大理卿王正雅與京兆尹崔琯亦上疏言宜得告事者考驗其辭狀以閒注等悍之由是獄稍解六年濮州掾崔元武受吏贓又率屬邑奉錢增私馬估售官壘三罪計絹百二十疋大理斷三犯以重者論抵入私馬爲重止削三官刑部覆訊當流未決天平節度使殷侑奏三犯不同坐所重準律枉法十五疋上絞頻犯者累

科元武犯皆枉法當死詔如部議元武決杖流賀州帝嘉侑守法進刑部尙書武宗會昌中澤潞平朝議以劉從諫妻裴氏爲裴問之妹欲原之初從諫死稹叛裴以酒食會潞州將校妻子泣告以固逆謀法司請從重典刑部侍郎劉三復奏曰從諫包藏禍心蹟狀顯著人臣叛逆合有三族之誅阿裴已不得免於極法又況從諫死後主張狂謀罪狀非一稹年幼小逆節未深裴爲母氏宜誘說忠孝之道開陳禍福之原而乃激厲凶黨膠固叛心廣招將校之妻儼開酒食之晏號哭以激衆意贈解以結羣情遂使叛黨稽不捨之誅孿童延必死之命以至周歲方就刑誅此阿裴之罪也雖以裴問之功或希減罪而國家有法難議從輕夫管叔周公親弟也有罪則除以周公之賢尙不赦兄弟之罪況裴問之功效安能破朝廷之法耶據阿裴廢臣妾之道懷逆亂之謀裴問如周公之功尙合行周公之戮況于朝典固在不疑阿裴乞準法從之宣宗大中中韋澳爲京兆尹帝舅鄭光主墅吏豪肆積年不輸官賦澳逮繫之他日帝問其故澳具道姦狀且言必寘之法帝曰可貸否對曰陛下自內署擢臣尹京邑安可使畫一法獨行于貧下乎帝入白太后曰是不可犯后爲輸租乃免

後唐明宗時汴州倉吏七十二人定贓應死分戮於三市史彥瓊爲汴州牙校舊將之子石敬瑭之戚屬王建立奏希免死帝曰王法無親豈可私徇乃皆就戮呂琦爲駕部員外郎兼侍御史知雜事河陽主藏吏盜所監物下軍巡獄獄吏尹訓納賂反其獄其家訴于朝下御史臺按驗得訓贓狀奏攝訓赴臺訓爲安重誨所庇不與琦請不已訓懼自殺獄乃辨蒙活者甚衆

晉開運初張仁愿再爲大理卿開州刺史王澈犯贓朝廷以澈功臣子欲宥之仁愿累執奏不移竟伏法

宋太祖朝馬仁瑀爲瀛州防禦使兄之子因醉誤殺平民繫獄當死民家自言非有憾也過誤爾願以過失傷論仁瑀曰我爲長吏而兄子殺人此乃恃吾勢橫恣耳非過失也豈可以己之親而亂國法哉卒論如律湻化中張詠知銀臺封駁司張永德爲并州帥有小校犯法笞之至死詔按其罪詠封還詔書且言陛下方委永德邊任若以一部校故摧辱主帥臣恐下陵上自此始太宗不從未幾果有營卒脅訴軍校者詠復引前事爲言太宗乃改容勞之澶淵之役諸將臨敵退衄眞宗已詔貸罪議者以爲敗軍之將當誅帝慼以問殿前都指揮使高瓊對曰罪誠當誅然陛下去歲已釋其罪今復行之非信也又方屯諸路非時代易臣恐衆心疑懼乃止違制之法向無故失率坐徒二年王曾知審刑院請分故失非親被制書者止以失論帝不悅曰如是不復有違制者曾曰如陛下言亦無復有失者矣自是違制遂分景德中榮王宮火延前殿有言非天災請置獄劾火事當坐死者百餘人宰相王旦獨請見曰始失火時陛下以罪己詔天下而臣等皆上章待罪今反歸咎于人何以示信且火雖有跡寧知非天譴耶帝從之當坐者皆免王質知廬州日有盜殺其徒而并其財者獲之置於法大理駁曰法當原質謂盜殺其徒而自首者原之所以疑壞其黨而開其自新若殺而不首旣獲而又原則公行爲盜而第殺一人旣得其財又可以贖罪不獲則肆爲盜苟獲則引以自原如此盜不可止非法意也疏三上貶監靈仙宮仁宗時近臣有罪多不下吏劾實不付有司議法諫官王贄言情有輕重理分故失而一切出於聖斷前後差異有傷政體刑法之官安所用哉請自今悉付有司正以法詔可沈德妃之弟惟恭樂安郡主之壻張承衍同管句會靈觀燔黜惟恭蔡州承衍汝州妃主交爲言乞留京師帝曰已行之命爲貴戚所回則法徒設矣命趣行周敦頤爲南安司理參軍有囚法不當死而轉運使欲深治之敦頤爭不勝投其告身以去曰如此尙可仕乎殺人以媚人吾不爲也轉運使感悟囚卒不死神宗以韓晉卿爲大理正晉卿自仁宗朝已典讞臬時朝廷有疑議輒下晉卿雜議開封民爭鶉殺人王安石以爲盜拒捕鬬而死殺之無罪晉卿曰是鬬殺也登州婦人謀殺夫郡守許遵執爲按問安石復主之晉卿曰當死事久不決爭論盈廷終持之不肯變故事大理開封斷獄得請實蔽罪其後任情棄法法益不用哲宗時開封少尹虞奕言廷尉持天下平京師諸夏本法且不行何以示萬國請自今非情法實不相當毋得輒請從之高宗紹興初張九成爲鎭東軍僉判民冒鹺禁提刑張宗臣欲逮捕數十人九成爭之宗臣曰此事左相封來九成曰主上屢下恤刑詔公不體聖意而觀望宰相耶宗臣怒九成即投檄歸孝宗時李浩知台州事豪民鄭憲以貲給事權門囊橐爲姦事覺械繫之死獄中盡籍其家徙其妻孥權貴人敎其家訟冤且誣浩以買妾事言者用是擠之疏方上權參政劉珙越次奏曰李浩爲郡獲罪豪民爲其所誣臣考其本末甚白帝顧曰守臣不畏彊禦豈易得耶且問章安在珙袖出之遂留中不下大理觀望猶欲還憲所沒貲帝批其後曰台州所斷至甚允當鄭憲家貲永不給還流

徙如故明年大理奏結他獄帝顧輔臣曰棘寺官須得剛正如李浩者爲之已而卿缺曰無以易浩遂除之程迥知隆興府進賢縣省符下知平江府王佐決陳長年輒私賣田其從子愬有司十有八年母魚氏年七十坐獄廷辨按法追正令俟母死服闋日理爲已分令天下郡縣視此爲法迥爲議曰天下之人孰無母慈子若孫宜定省温凊不宜有私財也在律別籍者有禁異財者有禁當報牒之初縣令杖而遣之使聽命於其母可矣何稽滯偏愬有司而達於登聞院乎春秋穀梁傳注曰臣無訟君之道爲衞侯鄭與元咺發論也夫諸侯之于命大夫猶若此子孫之於母乃使坐獄以對吏愛其親者聞之不覺泣涕之橫集也按令文分財產謂祖父母父母服闋已前所有然則母在子孫不得有私財借使其母一朝盡費其子若孫亦不得違教令也旣使歸於其母其日前所費乃卑幼輒用尊長物法須五年尊長告乃爲理何至豫期母死又開他日爭訟之端也抑亦安知不令之子孫不死於母之前乎守令者民之師帥政教之所由出誠宜正守令不職之愆與子孫不孝之罪以敬天下之爲人母者寧宗時董槐爲廣德軍錄事參軍民有誣富人李桷私鑄兵器結豪傑以應李全郡捕繫之獄槐察其枉以白守守曰爲反者解說族矣槐曰吏明知獄有枉而擠諸死地以傳於法顧法豈謂諸被告者無論枉不枉皆可殺乎不聽頃之守以憂去槐攝通判州事歎曰桷誠枉今不爲出之生無繇矣乃爲翻其辭明其不反書上卒脫桷獄

遼天祚初窮治耶律伊遜黨有司不以爲意御史中丞耶律哈哩上書曰恩賞明則賢者勸刑罰當則姦人消二者旣舉天下不勞而治伊遜竊權肆惡不勝名狀蔽先帝之明誣陷順聖搆害忠讜敗國罔上自古所無賴廟社之休陛下獲纂成業積年之冤一旦洗雪正陛下英斷克成孝道之秋如蕭德勒台實伊遜之黨耶律赫嚕亦不爲早辨賴陛下之明遂正其事臣見陛下多疑故有司顧望不切推問伊遜在先帝朝權寵無比先帝若以順考爲實則伊遜爲功臣陛下安得立耶先帝黜逐嬖后詔陛下在左右是亦悔前非也陛下詎可忘父讐不報寬逆黨不誅今靈骨未獲而求之不切傳曰聖人之德無加於孝昔唐德宗因亂失母思慕悲傷孝道益著周公誅飛廉惡來天下大悅願陛下下明詔求順考之瘞所盡收逆黨以正邦憲快四方忠義之心昭國家賞罰之用然後致治之道可得而舉矣伊遜誣搆昭懷太子事具詳舞蒸篇按哈哩本傳云書奏不報聞者莫不歎惋總論又云哈哩之書幸出於伊遜既敗之後獲行其說一人之事一篇之中而互異如此今按天祚本紀乾統元年十月上昭懷太子謚曰大孝順聖皇帝廟號順宗明年四月詔誅伊遜黨徙其子孫於邊發伊遜德勒台之墓剖棺戮屍二事相去纔及半年哈哩上書日月雖不可考書中既稱考其距誅戮逆黨之時當亦不遠不應初不報而旋即從之也本傳自相齟齬似從後論爲正且終遼之世臣下疏奏伉直無如此書者故備載云

金世宗大定初嘗命左衞將軍達巴訪求良弓達巴多自取及護衞入直者多以己意更代護衞羅索以告命點檢司按鞫達巴妹入宮爲巴哩達巴因內侍僧爾謂巴哩曰我無罪問事者迫我誣服耳巴哩以聞命杖僧爾百出達巴爲隴州防禦使四年上謂宰相曰權勢之家親識訴訟請屬官吏往往屈法伸情宜一切禁止九年高德基爲刑部尚書有犯罪當死者宰相欲從末減德基曰法無二門失出猶失入也不從及奏帝是刑部議因召諸尚書諭之曰朕卽位已來以政事與宰相爭執是非者德基一人而已自今部上省三議不合卽具以聞十五年唐古部族節度使伊喇摩多之子殺其妻而逃帝命追及旣獲皇姑梁國公主請赦之帝乃曰公主婦人不識典法罪尚可容摩多請託至此豈可貸宥并罪之二十五年后族有犯罪者尚書省引八議奏帝曰法者公天下持平之器若親者犯而從減是使之恃此而橫恣也昔漢文誅薄昭有足取者前二十年時后族濟州節度使烏淩阿綽嘗犯大辟朕未嘗宥今乃宥之是開後世輕重出入之門也宰臣曰古所以議親尊天子別庶人也帝曰外家自異於宗室漢外戚權重致移國祚朕所以不令諸王公主有權也夫有功於國議勳可也至若議賢旣曰賢矣肯犯法乎脫或緣坐則固當減請也二十六年遂奏定太子妃大功以上親及與皇家無服者及賢而犯私罪者皆不入議帝曰法有倫而不倫者其改定之帝又謂宰臣曰親軍雖不識字亦令依例出職若涉贓必痛繩之太尉左丞相克寧曰依法則可帝曰朕於女直人未嘗不知優恤然涉於贓罪雖朕子弟亦不能恕太尉之意欲姑息女直人耳知大興府事赫哈哩執中坐贓命吏部侍郎李仲略鞫之罪當削解權要競言太重帝意頗惑仲略奏曰教化之行自近者始京師四方之則也郡縣守令無慮數百此而不懲何以勵後況執中凶殘很愎慢上虐下豈可宥之帝曰卿言是也將陵主簿高德温大收稅戶米逮御史獄具二法上帝怒責御史大夫張汝霖曰朕以卿爲公正故登用之德温有人在宮掖故朕頗詳其事朕肯以宮掖之私撓法耶不謂卿等顧徇如是買少冲以刑部郎中攝右司員外郎嘗執奏刑名甚堅旣退帝謂侍臣

曰少沖居下位乃有守如此大懷貞爲興中尹有錦州富民蕭鶴壽塗中殺人匿於府少尹家有司捕不得懷貞以計取之卒寘於法越王永功於章宗時判大宗正與應州僧善僧將訴事於彰國軍節度使伊喇呼喇求永功手書與呼喇爲地呼喇得書奏之帝謂宰臣曰永功以書請託事雖細微不可不懲凡人小過不治遂致大咎有犯必懲庶幾能改是亦敎也皆曰陛下用法無私臣下敢不敬畏于是永功解職宣宗興定時伊爾必斯爲右副元帥備潼關次澠池兵潰伊爾必斯變易姓名與其妻之妹赫舍哩氏及僕婢三人亡匿柘城縣民舍既而赫舍哩氏爲其姑所捕執伊爾必斯妻子亦在京師有司請窮治蹤跡詔令自出特赦死伊爾必斯乃使其子上書請圖後效御史中丞完顏伯嘉奏曰古之爲將者進不忘死退不避罪伊爾必斯膺國重寄握兵數萬未陳而潰委棄虎符既不克援枹鼓以死敵又不能負斧鑕而請罪逃命竄伏猥居里巷挾匿婦人爲此醜行聖恩寬大曲貸其死自當奔走闕庭惶恐待命乃安坐要君略無忌憚跡其情罪實不容誅此而不懲則朝綱廢矣乞尸諸市以戒爲臣之不忠者（按法莫重於失律罪莫大於無君伊爾必斯喪師亡命醜穢悖慢雖梟磔不足蔽辜乃宣宗是伯嘉之奏終以先有赦令僅予除名亦失政刑之甚矣）哀宗正大二年內族旺嘉努故殺鮮于主簿權貴多救之帝曰英王朕兄也敢妄撻一人乎朕爲人主敢以無罪戮一人乎國家衰弱之際生靈幾何而族子恃勢殺一主簿吾民無主矣即命斬之劉肅爲尚書省令史時盜內藏官羅及珠盜不時得逮繫貨珠牙儈及藏吏誣服者十一人刑部議皆置極刑肅執之曰盜無正贓殺之冤帝怒有近侍夜見肅具道其旨肅曰辨析冤獄我職也惜一已而戕十一人之命可乎明日詣省辨愈力右司郎中張天綱曰吾爲汝具奏辨析之帝悟囚得不死

元世祖在潛邸時分地在關陝奏以廉希憲商挺宣撫陝西以趙良弼參議司事阿勒達爾當國憚世祖英武讒於憲宗即命爲陝西行省左丞相劉太平參知政事鉤校京兆錢穀鍛鍊羣獄死者二十餘人衆皆股栗良弼力陳大義詞氣懇款二人卒不能誣故宣撫司一無所坐（按廉希憲傳又載阿勒達爾等檢覈所部用酷吏分任其事大開告訐希憲曰宣撫司事由己出有罪固當獨任僚屬何與故事竟卒無獲罪者）中統三年趙炳爲刑部尚書兼中書省斷事官時有攜妓登龍舟者即按之以法未幾其人死其子犯蹕訴冤詔讓之炳曰臣執法尊君職當爲也帝怒命之出既而謂侍臣曰炳用法太峻然非徇情者王磐爲眞定順德等路宣慰使邢水縣達嚕噶齊蒙古岱貪暴不法縣民苦之有趙清者發其罪既具伏矣適初置監司其妻懼無以滅口召家人飲酒至醉以利啗之使夜殺清清逃獲免乃盡殺其父母妻子清訴諸官官蔽蒙古岱不爲理又欲反其獄磐竟奏置諸法籍其家以半給清郡有西域大賈稱貸取息有不時償者輒置於家拘繫搒掠且恃勢干官府直來坐廳事皆指麾自若磐大怒叱左右捽下箠之數十時府治寓城上即搒諸城下幾死郡人稱快（按廉希憲傳西域人自稱駙馬繫富民誣其祖父嘗貸息錢希憲令械繫之其事相類故不重載）至元初奸臣阿哈瑪特領左右部事總財賦會其黨相攻擊帝命中書推覆衆畏其權莫敢問平章政事廉希憲窮治其事以狀聞杖阿哈瑪特罷所領歸有司帝諭希憲曰吏廢法而貪久矣自卿等爲政朕無此憂言者訟宰相史天澤親黨布列中外威權日甚詔罷天澤政事待鞫希憲謂天澤無肆橫不臣狀力爭帝前帝良久曰卿且退朕思之明日召希憲諭曰昨思之天澤無對訟者事遂解又有訟四川帥奇徹者帝敕中書急遣使誅之明日希憲覆奏帝怒曰尙爾遲迴耶對曰奇徹大帥以一小人言被誅民心必駭收繫至京師與訟者廷對然後明其罪於天下爲宜詔遣使者按問事竟無實徹得免參議樞密院事費正寅平素憸狡有告其罪者詔丞相錫律與侍御史張雄飛雜治之請托交至雄飛獨無所顧盡發其罪狀并其黨與皆伏誅嗣左遷同知京兆總管府事宗室公主有家奴逃渭南民閒爲贅壻主適過臨潼識之械其奴并奴妻及妻父母盡沒其家貲雄飛與主爭辯其詞色俱厲主不得已悉還而遣之但挾其奴以去入爲兵部尙書平章阿哈瑪特在制國用司時與伊瑪都鼎有隙至是羅織其罪同僚爭相附會雄飛不可曰所犯在制國用司時平章獨不預耶衆無以答秦長卿劉仲澤亦以忤阿哈瑪特皆下吏欲殺之雄飛持之甚力阿哈瑪特使人啗之曰誠能殺此三人當以參政相處雄飛曰殺無罪以求大官吾不爲也阿哈瑪特怒出爲澧州安撫澧有巨商二人犯匿稅及毆人事僚佐受賂欲寬其罪雄飛繩之急或曰此細事何執之堅雄飛曰吾非治匿稅毆人者欲改宋弊政懲不畏法者爾是時四方多盜詔犯者皆殺無赦所在繫囚滿獄因符寶郎董文忠言乃革其令（具刑制篇）或告漢人毆傷國人及太府監屬盧甲盜剪官布帝怒命殺以懲衆文忠言今刑曹於囚罪當死者已有服辭猶必詳讞是豈可因人一言遽加重典宜付有司閱實以俟後命乃遣文忠及近臣圖們分覈

之皆得其誣狀帝因責侍臣曰方朕怒時卿曹皆不敢言非文忠開悟朕心則殺二無辜之人必取議中外矣詔悉原免并賜文忠金尊以旌其直二十年江淮行省宣慰使郗顯李兼愬平章蒙古台不法事有詔弗問以顯等付蒙古台鞫之繫於獄必抵以死行臺監察御史申屠致遠慮囚浙西知其冤將縱之蒙古台脅之以勢致遠不爲動親脫顯等械俾從軍自贖僧格當國治書侍御史陳天祥使湖廣劾平章約蘇穆爾僧格摘其疏中語誣以不道奏遣使往鞫臺中咸憚往致遠慨然請行比至累章極論其誣僧格方促定天祥罪閱致遠章乃氣沮有小吏誣告漕臣劉獻盜倉粟僧格方事聚斂眾阿其意鍛鍊誣服刑部尚書理智理威曰刑部天下之平今輦轂之下漕臣以冤死何以正四方乎即以實聞以是忤僧格出爲江東道宣慰使二十四年分中書爲尚書省僧格引用黨與鉤考天下錢糧凡阿哈瑪特時積年負逋舉以中書失徵奏誅二參政行省乘風督責尤峻主無所償則責及親戚或逮繫隣黨械禁搒掠民不勝苦自裁及死獄中者以百數中外騷動廷臣顧忌皆莫敢言利用監徹爾具陳僧格姦貪誤國害民狀辭語激烈帝怒謂其毀詆大臣失禮體命左右批其頰徹爾辨愈力於是帝大悟誅僧格枉繫者始得釋其黨人納蘇拉鼎等既誅帝以實都長於理財欲釋不殺平章政事布呼密力爭之不從日中凡七奏卒誅之圖圖爾哈求欽察之爲人奴者增益其軍而多取編民中書僉省王遇驗其籍改正之圖圖爾哈遂奏遇有不臣語帝怒欲斬之布呼密諫曰始令以欽察之人奴爲兵未聞以編民也萬一他衛皆傚此戶口耗矣若誅遇後人安肯爲陛下盡職乎帝意解遇得不死成宗即位聽斷明果多采布呼密之言西僧爲佛事請釋罪人祈福謂之圖魯木豪民犯法者皆賂之以求免有殺主殺夫者西僧請被以帝后御服乘黃犢出宮門釋之云可得福布呼密曰人倫者王政之本風化之基豈可容其亂法如是帝責丞相曰朕戒汝無使布呼密知今聞其言朕甚媿之有奴告主者主被誅詔即以其主所居官與之布呼密曰若此必大壞天下之風俗使人情愈薄無復上下之分矣帝悟爲追廢前命大德七年左丞相達爾罕言僧人修佛事畢必釋重囚有殺人及妻妾殺夫者悉皆指名釋之生者苟免死者負冤於福何有帝嘉納之十一年詔行世祖時條格中書省臣言法者譬之權衡不可偏重世祖已有定制自元貞已來以作佛事之故放釋有罪失于太寬故有司無所遵守今請凡內外犯法之人悉歸有司依法裁決制可仁宗延祐時雲南行省右丞賽音濟勒威有罪國師綽斯嘉旺札勒奏請釋之帝斥之曰僧人宜誦佛書官事豈當預耶不聽又參議中書省事奇實堅坐贓官刑部以法當杖太后命笞之英宗爲皇太子奏曰不可法者天下之公徇私而輕重之非示天下以公也卒正其罪皇姊大長公主僧格喇實作佛事釋全寧府重囚二十七人敕案問全寧守臣阿從不法仍追所釋囚還獄巴爾斯濟蘇下獄帝謂左右曰法者祖宗所制非朕所得私巴爾斯濟蘇雖事朕日久今既有罪當論如法文宗至順二年約爾珠爲江西等處行中書省平章事有誣告富民負永寧王官帑錢八百餘錠者中書遣使諸路徵之使至江西約爾珠曰事涉誣罔不可奉命僚佐重違宰臣意約爾珠曰民惟邦本傷本以斂怨亦非宰相福也令使者以此意復命時雅克特穆爾爲丞相聞其言感悟命刑部詰治得誣罔狀罪誣告者若干人宰相以奏帝嘉之順帝至元四年有婦宋娥者與隣人通隣人謂娥將殺而夫娥曰張子文行且殺之明日夫果死跡盜數日娥始以張子文告其姑五府官以爲非共殺且既經赦宥宜釋之御史札實曰張子文以爲娥固許之矣且娥夫死及旬乃始言之是娥與張同謀度不能終隱故發之也豈赦可釋哉樞密判官曰平反活人陰德也御史勿執常法札實曰是謂故出人罪非平反也且公欲種陰德于生者奈死者何乃獨上議刑部卒正娥罪五年歸暘僉河南廉訪司事行部西京以法繩趙王府官屬之貪暴者王三遣使請暘不爲動九年臺臣議贓吏遭喪不許歸葬須竟其獄都事成遵曰惡人固可怒然與人倫孰重國家方以孝治天下寧失罪人不可使天下有無親之吏議遂寢

明太祖洪武初御史中丞劉基謂宋元寬縱今宜肅紀綱令御史糾劾無所避時帝幸汴梁宿衞侍官有過者皆啟皇太子置之法中書省都事李彬坐貪縱抵罪左丞相李善長素暱之請緩其獄基不聽馳奏報可方祈雨即斬之八年鳳陽宮殿成帝坐殿中若有人持兵鬭殿脊者善長奏諸工匠用厭鎮法帝將盡殺之工部尚書薛祥爲分別交替不在工者並鐵石匠皆不預活者千數營謹身殿有司列中匠爲上匠帝怒其罔命棄市祥在側爭曰奏對不實竟殺人恐非法得旨用腐刑祥復徐奏曰腐廢人矣莫若杖而使工帝然之九年詔官吏有罪者笞已上悉屯謫鳳陽至萬數陝西按察司僉

事韓宜可疏爭之曰刑以禁淫慝一民軌宜論其情之輕重事之公私罪之大小今悉令讁屯此小人之幸君子殆矣乞分別以協眾心帝嘉納之英宗正統中法司因旱恤刑有王綱者惡逆當辟或憫其少欲緩之吏部左侍郎魏驥持不可曰此婦人之仁天道不時正此故也獄決而雨降孝宗弘治末年刑部尚書閔珪讞獄忤旨久不下帝與兵部尚書劉大夏語及之對曰人臣執法效忠珪所爲無足異帝曰且道自古君臣曾有此事否對曰臣幼讀孟子見瞽瞍殺人臯陶執之之說珪所執未可深責也帝頷之明日疏下遂如擬世宗即位七月因日精門災疏理寃抑命再問緩死者三十八人而廖鵬王瓛齊佐等與焉給事中李復禮等言鵬等皆江彬錢寧之黨法所必誅乃令禁之如故嘉靖初年革錦衣傳奉官十六汰旗校十五復諭緝事官校惟察不軌妖言人命强盜重事他詞訟及外州縣事毋得預聞未幾中官葛景等奸利事覺爲言官所糾詔下司禮監察訊刑部尚書林俊言內臣犯法法司不得訊是宮府異體也乞下法司公訊以昭平明之治中官崔文家人李陽鳳索匠師宋鈺賄不獲嗾文杖之幾死下刑部治未決而中旨移鎭撫司俊留不遣力爭不納明日又奏帝怒責陳狀俊言祖宗以刑獄付法司以緝獲姦盜付鎭撫訊鞫既得猶必付法司擬罪未有奪取未定之囚反付推問者文先朝漏姦罪不容誅玆復干內降臣不忍朝廷百五十年紀綱爲此輩壞亂帝憚其言直乃不問中官黃錦誣劾高唐判官金坡詔逮之連五百餘人御史馬錄言祖宗內設法司外設撫按百餘年刑清政平先帝時劉瑾錢寧輩蠱惑聖聰動輒遣錦衣官校尉致天下洶洶陛下方勤新政不虞復有高唐之命給事中許復禮等亦以爲言獄得少解王世貞爲刑部郎中奸人閻姓者犯法匿錦衣都督陸炳家世貞搜得之炳介嚴嵩請不許穆宗隆慶初年上任用宦官旨多從中下刑科給事中舒化言法者天下之公大小罪犯宜悉付法司不當則臣等論劾若竟自勅行則喜怒未必當而法司與臣等俱虛設帝是其言路楷楊順以搆殺沈鍊論死具舞案篇大學士高拱欲庇楷謂順首禍順死楷可勿首拱又議胥方士王金等罪化言此遺詔即欲勿罪宜坐化取獄牘示拱曰獄故無鍊名有之自楷始楷誠罪何辭由是忤拱神宗即位冬月詔停刑者三矣五年九月司禮太監孫得勝復傳旨大昏期近命閣臣於三覆奏本擬旨免行刑大學士張居正言祖宗舊制凡犯死罪鞫問既明依律棄市嘉靖末年世宗皇帝因災醮始有暫免不決之令或間從御筆所句量行取決此特近年姑息之弊非舊制也臣等詳閱諸囚罪狀皆滅絕天理傷敗彝倫今獨見犯罪者身被誅戮之可憫而不知彼所戕害者皆含冤蓄憤於幽冥之中使不一雪其痛怨恨之氣上干天和所傷必多若不行刑年復一年充滿囹圄既費關防又乖國典其於政體又大謬也給事中嚴用和等亦以爲言詔從之崇禎間姜埰熊開元下獄莊烈帝諭掌衞駱養性潛殺之養性洩上語且言二臣當死宜付所司書其罪使天下明知若陰使臣殺之天下後世謂陛下何如主會大臣多爲埰等言乃得長繫

欽定續通典卷一百十五

欽定續通典卷一百十六

刑

贖刑虞 周 漢 後漢 晉 南北朝 隋 唐 五代 宋 遼 金 元 明

臣等謹案自古帝王不得已而用刑其明愼欽恤者莫如虞舜舜典曰金作贖刑列於鞭扑之次肆赦之前金非加人之物贖而仍言刑者出金之與受扑俱世人所患故得指其所出以爲刑名周穆王作呂刑五刑之屬三千墨辟而上至於大辟刑疑則赦從罰定以鍰鋝輕重之差使與罰各相當繼言罰懲非死人極於病蓋財者人之所甚欲奪其欲以病之俾不爲惡卽虞書命刑之義馬端臨謂唐虞之時刑清律簡是以止及鞭扑而五刑無贖法比及於周條律紛繁若盡從而刑之何莫非投機觸罟者穆王哀之而五刑各以贖論大約其情可矜其法可議蓋哀恤之意居多非利其貨也詳繹二篇文義舜典主於誤呂刑主於疑後世論贖率不外此而死罪非實犯多亦有許贖者至於輸納之品孔安國傳於舜典謂爲黃金於呂刑謂爲黃鐵虞不言成數而周制有等差古者金銀銅鐵總號爲金孔穎達正義謂其實皆銅也漢及後魏皆用黃金漢納金特少其觔兩令與銅相埒舊說太半兩爲鈞十鈞爲鍰鍰重六兩太半兩死罪千鍰當出四百一十六斤六兩太半兩銅與金贖死罪金三斤爲價相依倣其後納粟納縑亦不一後魏以金難得合金一兩收絹十疋唐時復古死罪贖銅一百二十斤於古稱爲三百六十斤然較漢已爲輕減玄宗詔許準折納錢而犯者益便逮至金元或以牛馬雜物明初專用鈔弘治中鈔法旣壞乃許折銀錢準算周官八議之法後世定律率遵用之至明洪武六年工部尚書王肅坐法當笞太祖謂六卿貴重不宜以細故辱命以俸贖後羣臣詿誤準以俸贖始此此歷代輸贖之大略也杜佑著刑典獨不及贖刑一門未免闕略今采自有虞迄於明代以補其罅漏仍倣馬氏通考之例列於赦宥篇之前庶幾有合於尚書之義云

虞舜金作贖刑

周官職金掌受士之金罰貨罰入於司兵（給治兵及工直也貨泉貝也罰罰贖也疏言斷獄訟者有疑卽使出贖旣言金罰又言貨罰者出罰之家時或無金卽出貨以當金直故兩言之）

穆王呂刑墨辟疑赦其罰百鍰閱實其罪劓辟疑赦其罰惟倍閱實其罪剕辟疑赦其罰倍差閱實其罪宮辟疑赦其罰六百鍰閱實其罪大辟疑赦其罰千鍰閱實其罪（疑謂虛實之證等是非之理均或事涉疑似旁無證見或雖有證見事非疑似如此之類言皆爲疑罪此旣罪疑而取贖疑罪不定恐受贖參差故五罰之下皆言閱實其罪恐其不相當故也鍰六兩也鄭及爾雅同說文云六鋝也鋝十一銖二十五分銖之十三也馬同賈逵說俗儒以鋝重六兩周官劍重九鋝俗儒近是倍百爲二百鍰倍差謂倍之又半爲五百鍰傳言五百鍰馬云倍二百爲四百差者又加四百之三分之一凡五百三十三鍰三分鍰之一也人犯輕刑者多犯重刑者少又以鍰數以倍相加序五刑先輕後重取事之宜經歷陳罰之鍰數傳言五刑疑各入罰不降相因疏云以其所犯疑不能決故使贖之次刑非其所犯故不合死疑入宮宮疑入剕是古之制也）

漢惠帝元年令民有罪得買爵三十級以免死罪（應劭曰一級直錢二千凡爲六萬若今贖罪入三十疋縑矣師古曰令出買爵之錢以贖罪）孝文時納鼂錯之說募民入粟塞下得以除罪武帝天漢四年征匈奴大司農陳藏錢經用賦稅旣竭不足以奉戰士乃令死罪入贖錢五十萬減死一等宣帝地節三年西羌反遣後將軍征之京兆尹張敞言國兵在外吏民並給轉輸田事頗廢來春民食必乏縣官穀度不足以振之願令各諸有罪非盜受財殺人及犯法不得赦者皆得以差入穀此八郡贖罪（八郡者隴西已北安定已西）務益致穀以豫備百姓之急事下有司少府蕭望之等議如此則富者得生貧者獨死是貧富異刑而法不一也不可於是天子復下議兩府丞相御史以難問敞敞言令罪人出財減罪其名賢於煩擾良民橫興賦斂又諸盜及殺人犯不道者百姓所疾苦也皆不得贖首匿見知縱所不當得爲之屬議者或頗言其法可蠲除今因此令贖其便明甚望之終以爲不便丞相魏相御史大夫丙吉亦以爲西羌且破轉輸略足相給遂不施敞議

後漢光武建武二十九年令天下罪囚殊死已下及徒各減本罪一等其餘贖罪輸作有差明帝卽位詔罪囚中二千石下至黃綬貶秩贖論者悉皆復秩還贖又詔天下亡命殊死已下聽得贖論死罪入縑二十疋右趾至髡鉗城旦舂十疋全城旦舂至司寇作三疋其未發覺詔書到日先自告者半入贖永平八年詔犯罪亡命者贖罪各有差十五年詔亡命殊死已下贖死罪縑四十疋右趾及髡城旦舂十疋全城旦至司寇五疋餘如卽位初制（十八年詔贖死罪減縑十疋章帝建初七年詔又減縑十疋如永平初年故事右趾髡鉗已下各有差）和帝永元六年廷尉陳寵言今律令贖罪已下二千六百八十一溢於甫刑者七十九事宜令三公廷尉平定律令應經合義者并大辟耐罪贖罪爲三千悉刪除其餘條使與禮相應議未及施而寵免後遂寢順帝漢安二年令罪囚殊死已下出縑贖各有差其不能入贖者遣詣臨光縣居作二歲桓帝建和三年詔死罪亡命已下贖各有差靈帝建寧元年令天下繫囚未決

入縑贖各有差二年及嘉平六年光和三年中平四年俱有此令
晉新律意善功惡以金贖之金等不過四兩
梁武帝即位詔曰金作贖刑有聞自昔入縑以免施於中代民悅法行莫尙乎此可依周漢舊典有罪入贖其科凡在官身犯罰金鞭扑杖督之罪悉入贖停罰其臺省令史士卒欲贖者聽之其制刑爲十五等之差棄市已上爲死罪大罪梟其首其次棄市刑二歲已上爲耐罪言各隨技能而任使之也有髡鉗五歲刑笞二百收贖絹男子六十疋又有四歲刑男子四十八疋又有三歲刑男子三十六疋又有二歲刑男子二十四疋罰金一兩已上爲贖罪贖死者金二斤男子十六疋贖髡鉗五歲刑笞二百者金一斤十二兩男子十四疋贖四歲刑者金一斤八兩男子十二疋贖三歲刑者金一斤四兩男子十疋贖二歲刑者金一斤男子八疋罰金十二兩者男子六疋罰金八兩者男子四疋罰金四兩者男子二疋罰金二兩者男子一疋罰金一兩者男子二丈女子各半之五刑不簡正於五罰五罰不服正於五過以贖論故爲此十五等之差將吏已上及女子應有罰者以罰金代之天監三年詔以金作權典宜在蠲息於是除贖罪之科大同十一年復開罪身皆聽入贖
陳存贖罪之律其三歲刑若有官準當二年餘一年贖若公坐過誤罰金其二歲刑有官者贖論一歲刑無官亦贖論
元魏起自朔方其初刑法甚峻死罪至多後乃令當死者其家獻金馬以贖
北齊律贖罪舊有金皆代以中絹死百疋流九十二疋刑五歲七十八疋四歲六十四疋三歲五十疋二歲三十六疋各通鞭笞論一歲無笞則通鞭二十四疋鞭杖每十贖絹一疋至鞭百則絹十疋無絹之鄉皆准絹收錢自贖笞十已上至死又爲十五等之差當加減次如正決法合贖者謂流內官及爵秩比視老小閹癡并過失之屬犯罰絹一疋及杖十已上皆名爲罪
後周制其贖杖刑五金一兩至五兩贖鞭刑五金六兩至十兩贖徒刑五一年金十二兩二年十五兩三年一斤二兩四年一斤五兩五年一斤八兩贖流刑一斤十二兩俱役六年不以遠近爲差等贖死罪金二斤婦人當笞者聽以贖論應贖金者鞭杖十收中絹一匹流徒者依限歲收絹十二匹死罪者一百匹其贖刑死罪五旬流刑四旬徒刑三旬鞭刑二旬杖刑一旬限外不輸者歸於法貧者請而免之
隋制官品第九已上犯罪者聽贖應贖者皆以銅代絹贖銅一斤爲一負負十爲殿笞十者銅一斤加至杖百則十斤徒一年贖銅二十斤每等加銅十斤三年則六十斤矣流一千里贖銅八十斤每等則加銅十斤三千里則百斤矣絞斬二死刑皆贖銅百二十斤煬帝即位以高祖禁網深刻每加減降時斗秤皆小舊二倍其贖銅亦加二倍爲差其實不異開皇舊制
唐律贖銅之數及以官當罪之法大略悉準隋制以官當徒者五品以上犯罪者一官當徒二年九品以上一官當徒一年若犯公罪者各加一年以官當流者三流同皆比徒四年仍各解見任除名者比徒三年免官者比徒二年免所居官者比徒一年九品已上官若官品得減者之祖父母父母妻子孫犯流罪已下聽贖七品已上官親屬流罪五品已下得減一等軍民年七十已上十五以下及廢疾犯流罪已下者准此玄宗天寶六載敕節文其贖銅如情願納錢每斤一百二十文若欠負官物應徵正贓及贖物無財以備官役折庸其物雖多限三年一人一日折絹四匹若會恩其物合免者停役憲宗元和三年詔今後應坐贓及他罪當贖者諸道委觀察判官一人專句當及時申報如蔽匿不申者節級科貶如罪不繫奏官長量情處置者其贓但准前申送御史臺充本色給用仍差御史一人專知贓贖不得以贓罰爲名如罪名未正妄罰其財亦委觀察判官句當差定後先具名奏聞僖宗乾符三年敕應殘疾篤疾犯徒流罪或是連累即許徵贖如身犯罪不在免限其年十五已下者准律文處分
晉高祖天福六年尙書刑部員外郎李象奏請今後凡是散官不計高低若犯罪不得當贖亦不得上請詳定院覆奏應內外文武官有品官者自依品官法無品官有散試官者應內外帶職廷臣賓從有功將校等並請同九品官例其京都軍巡使及諸道州府衙前職員內外雜任鎭將等並請準律不得上請當贖其巡司馬步司判官雖有曾歷品官者亦請同流外職準律杖罪已下依決罰例徒罪已上仍依當贖法
宋制最愼贖刑非八議者幾不得與刑統名例律有用官蔭減贖之條太祖乾德四年通考作開寶四年以大理正高繼申言其雜議篇詔犯罪身無官須祖父曾任本朝官及仕前代三品已上官有功惠及民者乃得請又定流內品官任流外職準律文徒罪已上依當贖法諸司授勒留官及歸司人犯徒流等罪公罪許贖私罪以決罰論太宗湻化四年通考作端拱三年詔諸州民犯薄罪或入金贖長

吏得以任情而輕重之自今並決杖遣之不以贖論婦人犯杖已下非故爲量輕重笞罰或贖銅釋之仁宗議立贖法詔曰先王用法簡約使人知禁而易從後代設茶酒鹽稅之禁奪民厚利刑用滋章今之編敕皆出律外又數改更官吏且不能曉百姓安得聞之一陷於理情雖可哀法不得贖豈禮樂之化未行而專用刑罰之弊與漢文帝使天下人入粟於邊以受爵免罪幾於刑措其議科條非著於律者或冒利犯禁奢侈違令或過誤可憫別爲贖法鄉民以穀麥市人以錢帛使人重穀麥免刑罰則農桑自勸富壽可期矣詔下論者以爲富人得贖而貧者不能免非朝廷用法之意不果行至和初詔前代帝王後嘗仕本朝官不及七品者祖父母父母妻子流罪已下聽贖雖不仕而嘗被賜予者有罪非巨蠹亦如之隨州司理參軍李抃父毆人死抃上所授官以贖父罪帝哀而許之君子以爲失刑神宗熙寧四年前單州碭山尉王存立言嘉祐中同學究出身爲尉嘗納官贖父配隸罪願同舉人例得免丁徭詔復賜出身仍與注官時中書言刑名未安者五條其四令州縣考察士民有能孝悌力田爲衆所知者給帖付身偶有犯令情輕可恕者特議贖罰其不悛者科決後竟不行

遼制品官公事誤犯民年七十已上十五已下犯罪者聽以贖論贖銅之數杖一百者輸錢千太祖七年于厥掠生口者俾贖其罪放歸本部興宗重熙元年詔職事官公罪聽贖私罪各從本法

金國舊俗凡親屬犯罪欲以牛馬雜物贖者從之或重罪亦聽自贖然恐無辨於齊民則劓刵以爲別世宗大定八年制品官犯賭博法贓不滿五十貫者其決杖聽贖再犯者不聽且曰杖者所以罰小人也旣爲職官當先廉恥旣無廉恥何以贖爲時焦旭擬左警巡事以杖親軍百夫長有司論當杖決帝曰旭親民吏也若因杖有官人復行杖之何以行事其令收贖章宗泰和元年新律成贖銅皆倍於舊宣宗時完顏伯嘉知歸德府上言乞雜犯死罪已下許納粟贖免宰臣奏伯嘉前在代州嘗行之蓋一時之權不可爲常法遂寢

元制諸職官犯夜及牧民官公罪之輕者許罰贖又諸年老七十已上年幼十五已下不任杖責及癈篤殘疾有妨科決者贖世祖至元三年諸王塔齊爾使臣庫庫楚至北京花道驛手殺驛吏郝用及郭和尚有旨徵鈔十錠給其主以贖死二十一年以哈扎爾齊依舊揚州鹽運使歲市鹽八十萬石以贖過

明贖法有二有律得收贖者有例得納贖者律贖無敢損益而納贖之例則因時權宜先後互異其端實自開國時啟之律凡文武官以公事犯笞罪者官照等收贖錢吏每季類決之各還職役不附過杖已上記所犯罪名每歲類送吏兵二部候九年滿考通記所犯次數黜陟之吏典亦備銓選降敘至於私罪其文官及吏典犯笞四十已下者附過還職而不贖笞五十者調用單官杖已上皆的決文官及吏杖罪並罷職不敘至嚴也然自洪武中年已三下令准贖及雜犯死罪已下矣三十年命部院議定贖罪事例凡內外官吏犯笞杖者記過徒流遷徙者俸贖之三犯罪之如律自是律與例互有異同及頒行大明律御製序雜犯死罪徒流遷徙等刑悉視今定贖罪條例科斷於是例遂輔律而行永樂四年十一月法司進月繫囚數凡數百人大辟僅十之一成祖諭曰此等旣非死罪而久繫不決天氣沍寒必有聽其冤死者凡雜犯死罪已下約二百悉准贖發遣仁宗初卽位諭都察院言輸罰工作之令行有財者悉倖免宜一論如律久之其法復弛英宗正統間侍講劉球言輸罪非古自公罪許贖外宜悉依律時不能從其後循太祖之例益推廣之凡官吏公私雜犯准徒已下俱聽運炭納米等項贖罪其軍官軍人照例免徒流者例贖亦如之矣贖罪之法明初嘗納銅成化間嘗納馬後皆不行不具載惟納鈔納錢納銀常並行焉而以初制納鈔爲本故律贖者曰收贖律鈔納贖者曰贖罪例鈔永樂十一年令除公罪依例紀錄收贖及死罪情重者依律處治其情輕者斬罪八千貫絞罪及榜例死罪六千貫流徒杖笞納鈔有差無力者發天壽山種樹宣宗宣德二年定笞杖罪囚每十贖鈔二十貫徒流罪名每徒一等折杖二十三流並折杖百四十其所罰鈔悉如笞杖所定無力者發天壽山種樹死罪終身徒流各按年限杖五百株笞一百株景帝景泰元年令問擬笞杖罪囚有力者納鈔笞十二百貫每十以二百貫遞加至笞五十爲千貫杖六十千八百貫每十以三百貫遞加至杖百爲三千貫其官吏贓物亦視今例折鈔英宗天順五年令罪囚納鈔每笞十鈔二百貫餘四笞遞加百五十貫至杖六十增爲千四百五十貫餘杖各遞加二百貫憲宗成化二年令婦人犯法贖罪孝宗弘治十四年定折收銀錢之制例難的決人犯并婦人有力者每杖百應鈔二千二百五十貫折銀一兩每十以二百貫遞減至杖六十爲銀六錢笞五十應減爲鈔八百貫折銀五錢每十以百五十貫遞減至笞二十爲銀二錢笞

十應鈔二百貫折銀一錢如收銅錢每銀一兩折錢七百文其依律贖鈔除過失殺人外亦視此數折收武宗正德二年定錢鈔兼收之制如杖一百應鈔二千二百五十貫者收鈔千一百二十五貫錢三百五十文世宗嘉靖七年巡撫湖廣都御史朱廷聲言收贖與贖罪有異在京與在外不同鈔貫止聚於都下錢法不行於南方故事審有力及命婦軍職正妻及例難的決者有贖罪例鈔老幼廢疾及婦人餘罪有收贖律鈔贖罪例鈔錢鈔兼收如笞一十收鈔一百貫錢三十五文其鈔二百貫折銀一錢杖一百收鈔千一百二十五貫錢三百五十文其鈔二千二百五十貫折銀一兩今收贖律鈔笞一十止贖鈔六百文比例鈔折銀不及一釐杖一百贖鈔六貫折銀不及一分似爲太輕蓋律鈔與例鈔貫既不同則折銀亦當有異請更定爲則凡收贖者每鈔一貫折銀一分二釐五毫如笞一十贖鈔六百文則折銀七釐五毫以罪重輕遞加折收贖帝從其奏令中外問刑諸司皆以此例從事按廷聲此奏謂律鈔輕例鈔重然律鈔本非輕也祖制每鈔一文當銀一釐所謂笞一十折鈔六百文定銀七釐五毫者卽當時之銀六錢也所謂杖一百折鈔六貫銀七分五釐者卽當時之銀六兩也以銀六錢比例鈔折銀不及一釐以銀一兩比例鈔折銀不及一分而欲以此懲犯罪者之心宜其勢有所不行矣特以祖宗律文不可改也於是不得已定爲七釐五毫七分五釐之制而其實所定之數猶不足以當所贖者之罪然後例之變通生焉考洪武朝官吏軍民犯罪聽贖者大抵罰役之令居多如發鳳陽屯種滁州種苜蓿代農民力役運米輸邊贖罪之類俱不用鈔納也律之所載笞若干鈔若干文杖若干鈔若干貫者特垂一代之法爾然按三十年詔令罪囚運米贖罪死罪百石徒流遞減其力不及者死罪自備米三十石徒流十五石俱運納甘州威虜就彼充軍計其米價腳價之費與鈔數差不相遠其定爲贖鈔之等第固不輕於後來之例矣然罪無一定而鈔法之久日變日輕此定律時所不及料也卽以永樂十一年令斬罪情輕者贖鈔八千貫絞及榜例死罪六千貫之詔言之八千貫者律之八千兩也六千貫者律之六千兩也下至杖罪千貫笞罪五百貫亦一千兩五百兩也雖革除之際用法特苛豈有死罪納至八千兩笞杖罪納至一千兩五百兩而尚可行者則知鈔法之弊在永樂初年已不啻輕十倍於洪武時矣宣德時申交易用銀之禁冀通鈔法至弘治而鈔竟不可用遂開准鈔折銀之例及嘉靖新定條例詳見下文俱以有力稍有力二科贖罪有力米五斗准律之納鈔六百文也稍有力工價三錢准律之做工一月也是則後之例鈔纔足比於初之律鈔耳而況老幼廢疾諸在律贖者之銀七釐五毫准鈔六百文銀七分五釐准鈔六貫凡所謂律贖者以比於初之律鈔其輕重相去尤甚懸絕乎是時重修條例奏定贖例在京則做工每笞一十做工一月折銀三錢至徒五年折銀十八兩運囚糧每笞一十米五斗折銀二錢五分至徒五年五十石折銀二十五兩運灰每笞一十一千二百斤折銀一兩二錢六分至徒五年六萬斤折銀六十三兩運甎每笞一十七十箇折銀九錢一分至徒五年三千箇折銀三十九兩運水和炭五等每笞一十二百斤折銀四錢至徒五年八千五百斤折銀十七兩運灰最重運炭最輕此諸罪初皆令親自赴役事完寧家無納贖之例其後法令益寬聽其折納而估算事力亦略相當在外則有力稍有力二等初有頗有力亦有力各等因御史言而革其有力視在京運囚糧每米五斗納穀一石初折銀上庫後納穀上倉稍有力視在京做工年月爲折贖婦人審有力與命婦軍職正妻及例難的決之人贖罪應錢鈔兼收者笞杖每一十折收銀一錢其老幼廢疾婦人及天文生餘罪收贖者每笞一十應鈔六百文折收銀七釐五毫於是輕重適均天下便之至萬曆十三年復申明焉遂爲定制

明法充軍之例最嚴有終身有永遠永遠者罰及子孫皆以實犯死罪減等者充之嘉靖間有請開贖軍例者世宗曰律聽贖者徒杖以下小罪耳死罪矜疑乃減從謫發不可贖御史周時亮復請廣贖例部議審有力者銀十兩得贖三年已上徒一年稍有力者半之而贖軍之議卒罷御史胡宗憲言南方之人不任兵革其發充邊軍者宜令納銀自贖部議以爲然因擬納例以上帝曰豈可預設此例以待犯罪之人復不允凡律贖若天文生習業已成能專其事犯徒及流者決杖一百餘罪收贖婦人犯徒流者決杖一百餘罪收贖如杖六十徒一年全贖鈔應十二貫除決杖准訖六貫餘鈔六貫折銀七分五釐他做此其決杖一百審有力又納例鈔二千二百五十貫應收錢三百五十文鈔一千一百二十五貫凡年七十已上十五已下及廢疾犯流已下收贖八十已上十歲已下及篤疾盜及傷人者亦收贖凡犯罪時未老疾事發時老疾者依老疾論犯罪時幼小事發時長大者依幼小論並得收贖如六十九已下犯罪年七十事發或無疾時犯罪廢疾後事發得依老疾收贖他或七十九已下犯死罪八十事發或廢疾時犯罪篤疾時事發得入上請八十九犯死罪九十事發得勿論不在收贖之例若在徒年限內老疾亦如之如犯杖六十徒一年一月之後老疾合計全贖鈔十二貫除已杖六十准三貫六百文剩徒一年應八貫四百文計算每徒一月贖鈔七百文已役一月准贖七百文外未贖十一月應收贖七貫七百文餘做此老幼廢疾收贖惟雜犯五年仍科之蓋在明初時卽眞犯死罪不可以徒論也其誣告例告二事已上輕實重虛或告一事誣輕爲重者已論決全抵剩罪未論決笞杖收贖徒流杖一百餘罪亦聽收贖如告人笞三十內止一十實已決全抵剩二十之罪未決收贖一貫二百文如告人杖六十內止二十實已決全抵剩四十之罪未決收贖二貫四百文如告人杖六十徒一年內止杖五十實已決全抵剩一十徒一年之罪未決徒一年折杖六十併杖共七十收贖四貫二百文如告人杖一百流二千里內止杖六十徒一年實已決以總徒四年論全抵剩杖四十徒三年之罪未決以連徒折杖流加一等論共計杖二百二十除告實杖六十徒一年折杖六十剩杖一百贖鈔六貫若計剩罪過杖一百已上須決杖一百訖餘罪方聽收贖又過失傷人准鬭毆傷人罪依律收贖至死者准雜犯斬絞收贖鈔四十二貫內鈔八分應三十三貫六百文銅錢二分應八千四百文給付其家已徒五年再犯徒收贖鈔三十六貫若犯徒流存留養親者止杖一百餘罪收贖其法實杖一百不准折贖然後計徒流年限一視老幼例贖之此律自英宗時詔有司行之後爲制天文生婦女犯徒流決杖一百餘罪收贖者雖罪止杖六十徒一年亦決杖一百律所謂應加杖者是也皆先依本律議其所犯徒流之罪以詔減之至臨決時某係天文生某係婦人依律決杖一百餘收贖所決之杖並須一百者包五徒之數也然與誣告收贖剩杖不同蓋收贖餘徒者決杖而贖徒收贖剩杖者折流

歸徒折徒歸杖而照數收贖之其法各別也其婦人犯徒流成化八年定例除姦盜不孝與樂婦外若審有力并決杖亦得以納鈔贖罪例每杖十折銀一錢爲率凡至杖一百折銀一兩止律所謂收贖者贖餘罪也其例得贖罪者贖決杖一百也徒杖兩項分科之除婦人餘因徒流皆決杖不贖惟弘治十三年許樂戶徒杖笞罪亦不的決此律鈔之大凡也例鈔自嘉靖二十九年定例凡軍民諸色人役及舍餘審有力者與文武官吏監生生員冠帶官知印承差陰陽生醫生老人舍人不分笞杖徒流雜犯死罪俱令運灰運炭運甎納米納料等項贖罪此上係不虧行止者若官吏人等例應革去職役此係行止有虧者與軍民人等審無力者笞杖罪的決徒流雜犯死罪各做工擺站哨瞭發充儀從情重者煎鹽炒鐵死罪五年流罪四年徒按年限其在京軍丁人等無差占者與例難的決之人笞杖亦令做工時新例犯姦盜受贓爲行止有虧之人槩不許贖罪惟軍官革職者俱運炭納米等項發落不用五刑條例的決實配之文所以寬武夫重責文吏也於是在京惟行做工運囚糧等五項在外惟行有力稍有力二項法令益徑省矣大抵贖例有二一罰役一納鈔而例復三變罰役者後多折工値納鈔鈔法既壞變爲納銀納米然運灰運炭運石運甎運碎甎之名尙存也至萬曆中年中外通行有力稍有力二科在京諸例并不見施行而法更歸一所謂通變而無失於古之意者此也初令罪人得以力役贖罪死罪拘役終身徒流按年限笞杖計日月或修造或屯種或煎鹽炒鐵滿日疏放疏放者引赴御橋叩頭畢送應天府給引寧家合充軍者發付陝西司按籍編發後皆折納工價惟赴橋如舊宣德初詔官吏軍民自死罪至笞四十分十等納米贖罪納者贓罪得不死徒流以下復用不納者久繫不釋其法最弊有司復奉行不善拘繫滿獄二年御史鄭道寧言納米贖罪朝廷寬典乃軍儲倉拘繫罪人無米輸納自去年二月至今死者九十六人刑部郎中俞士吉因奏因無米者請追納於原籍匠仍輸作軍仍備操若非軍匠則追還所隸州縣遣之詔如其請具載明史刑法志伏讀御批通鑑輯覽曰金作贖刑古人欽恤之義苟情有可矜而罪非不赦許其納米弛罪亦未始不可今不問其願與否而强之使從令無力者轉受無窮之累則是爲利起見而非爲仁行權矣蓋明律頗嚴凡朝廷有所矜恤限於律而不得伸者一寓之於贖例所以濟法之太重也又國家得時藉其入以佐緩急而實邊足儲賑荒宮府頒給諸大費往往取給於贓贖二者故贖法比歷代特詳云

欽定續通典卷一百十六

刑

赦宥 唐 五代 宋 遼 金 元 明

唐自肅宗至昭哀歷十四帝凡即位詔書必赦大辟已下常赦所不原者其他或受尊號或建儲宮或祀圜丘或平僭亂以及改元弭變之類大則罪無輕重一切原免小則死罪降從流流以下釋放肆眚之典不可殫記至德乾元之閒與物更始赦命尤數詔書節文惟李林甫王鉷楊國忠親屬不在免限其兩京文武官應被賊逼受僞官三司推勘未了者一切放免合得官者仍酌量注擬至上元二年并詔名在流貶者委中書門下量輕重類例奏取處分凡左降官非反逆緣坐及犯惡逆名教枉法盜贓如有親年八十已上及患在牀枕不堪扶持更無兄弟者許停官終養其流移人亦准此代宗初制自開元已來所有諸色犯累者並宜雪免左降官並諸色流人及罰鎭效配軍團人等一切放還諸色流貶者量移近處並詔東都河北應受賊脅從署僞官并僞出身悉原其罪不問得史朝義將士妻子四百餘人皆赦之僕固懷恩反免其家不緣坐德宗即位詔寶應元年以後犯累禁錮及反逆緣坐等槩予洗滌貞元之末十年無赦爲太宗已來所僅見羣臣以微過譴逐者無復敘用及順宗即位始得量移焉憲宗元和八年刑部侍郎王播奏竊見諸處配流人資赦悉得放還惟天德軍五城及諸邊城配流人等均經本道奏留防邊遂令沒身終無歸日臣又見比年邊城犯流者多是胥徒小吏或是鬬打情形據罪可原在邊無益乞准依格例處分具刑制篇詔許放還自是遂爲定制自穆宗已後每有赦除其左降官並諸色得罪人縱元敕云終身不齒及縱有恩赦不在免限者均得收錄放還惟官典犯贓罪與十惡同科遇赦必申明不在免限之例長慶元年詔應亡官失爵及放還流人如原有莊田不經沒官被人侵射其本主或子孫已歸並委州府勘還務令安業文宗太和三年滄州平李同捷之母及妻男等特免緣坐李載義進滄鎭兩州將健生口共千餘人並減死分配邊州防秋時有張璹劉建胡伯忠造僞出身文書賣官并造僞印行用犯罪並在太和三年十一月十八日恩赦前刑部大理寺詳斷悉處極刑御史中丞宇文鼎奏准律赦前斷罪不當者若處輕爲重宜改從輕處重爲輕即依輕法臣以前件四等雖抵極法悉經殊恩或自赦文全生或因起請減等緣引霈澤累陳訴詞若非得中恐未服罪昨者一與一奪事關起請既生又死稍疊二三如臣所見伏請赦書已前犯者特許減論赦書以後所犯不得援例庶使後無僥倖令絕披陳敕張璹等三人宜準元敕處分

五季喪亂之中赦恩尤濫近則一年再降遠則每歲無遺惟十惡五逆火光行劫持刀殺人官吏犯贓屠牛鑄錢合造毒藥不在原免之限亦略遵唐制是時詔書所及非惟宥罪抑且推恩藩方論薦動輒數百乃至藏典書吏優伶奴僕初命即至銀青階被服皆紫袍象笏晉天福中中書舍人李詳上疏極論其失唐制徒流人到配隸所本管畫時申御史臺候年月滿日放還時久格不行後唐淸泰閒乃詔依開成格施行周太祖廣順二年赦書節文犯和姦者罪不至死先是凡和姦男子婦人並處極法至是始準律科斷並詔諸犯罪人除反逆外餘罪並不得籍沒家產誅及骨肉一依晉天福元年已前條制處分數事差爲得中焉

宋制遇非常覃慶則常赦所不原者咸除之其次釋雜犯死罪以下皆謂之大赦雜犯死減等而餘罪釋之流已下減等杖笞釋之皆謂之德音其恩霈所及止於京城兩京一州一路者則謂之曲赦又天子歲自錄京師繫囚畿內則遣使往往雜犯死罪第降等杖笞釋之或徒罪亦得釋若并及諸路則命監司錄焉太祖即位大赦天下後三歲遇郊則赦終宋之世遂爲成典太宗太平興國三年將郊議赦有秦再恩者上書願勿赦引諸葛亮佐劉備數十年不赦事帝意惑趙普對曰凡郊祀肆眚聖朝彝典其仁如天堯舜之道也若劉備區區一方臣所不取帝善之遂定赦仁宗景祐中言者以爲三王歲祀圜丘未嘗輒赦自唐兵興已後事天之禮不常行因有大赦以蕩亂獄且有罪者宥之未必自新被害者抑之未必無怨不能自新將復爲惡不能無怨將悔爲善一赦而使民悔善長惡政教之大患也願罷三歲一赦俾良民懷惠凶人知禁即謂未可盡廢請命有司前郊三日理罪人有過誤者引而赦之州縣須詔到做此疏上朝廷重其事第詔自今罪人情重者毋得一以赦免卒亦不果行開寶八年有司言自三年至今詔所貸死罪凡四千一百八人太宗嘗親錄京師繫囚至日旰近臣或諫過勞帝曰儻惠及無告獄訟不致枉撓朕深以爲適何勞之有自是祁寒盛暑或雨雪稍愆輒親錄繫囚多所原減歲以爲常眞宗咸平二年詔曰如聞小民知有恩赦故爲劫盜自今不在原免之限景德二年大理寺又言郊禋在近請州奏按多不精詳冀於覆駁延留以僥恩宥請自今事狀明白者即具情實定斷以絕僥倖詔可然自大中祥符已後崇奉天書侈言封禪肆赦之令幾於無歲不有矣天禧元年江南提刑范應辰上言伏覩辛亥制書常赦不原者咸除之臣今所部州郡過誤而被宥者雖多竊害而蒙釋者亦衆蓋以姦凶之輩密斷赦期狃於忿心發其夙憾單弱受辜强梁肆暴或舉家殞命罄室擄財或持刀殺人或縱火焚舍至有糾輕生之徒爲强剽之盜公行戕害以奪貲儲巡警之官上逼下逐設謀緝捕冒險鬬敵以茲

敗獲合正典刑逢此霈恩亦蠲其罪又配爲卒伍咸給衣糧是何異賞人爲盜耶請自今應有知赦在近而故爲罪戾及赦後彰顯情理切害者死罪已下止遞減一等赦前殺人劇財赦後雖不復爲若因事捕獲決隸遠惡州軍其殺人放火擄財劫貨已依赦配本城者如更犯逃亡飲博之類所在長吏籍其罪由若再黷憲綱不問罪之大小禁錮奏裁帝覽之頗嘉其盡心然亦不能用也仁宗在位久凡大赦二十二而曲赦德音錄繫囚之數不與焉然赦常赦所不原者惟帝卽位及明道中太后不豫行之而明道所行人以爲濫天聖初詔諸路按察官取乾興赦前配隸兵籍者列所坐罪狀以聞自是赦書下輒及之五年詔已下約束而犯劫盜及官典受贓勿復奏悉論如律初太祖將祀南郊詔兩京諸道自十月後犯強竊盜不得預赦所在長吏告諭民無冒法自後將祀必先申明此詔而法官讞獄終以會赦多所寬貸臣僚建言謂惠姦失詔旨故復有是詔帝尤惡人告訐陰事時有人密上書疏過又數按人赦前事者翰林學士張方平御史呂誨皆以爲言乃下詔曰比者中外多上章言人過失暴揚難驗之罪告按無證之辭或外托公言內緣私忿誣欺曖昧苟陷善良又赦令者所以與天下更始而有司多舉按赦前事殆非信命令重刑罰使人洒心自新之意也自今有上章告人罪言赦前事者訊之慶歷三年旣疏理天下繫囚因詔諸路配隸役人並皆釋之神宗大赦凡十一曲赦如之卽位詔曰夫赦令國之大恩所以蕩滌瑕穢納於自新之地是以聖主重焉中外臣僚多以赦前事捃摭吏民興起獄訟苟有詿誤咸不自安甚非持心近厚之誼使吾號令不信於天下其申詔內外言事按察官司毋得依前舉劾具案取旨否則科違制之罪按宋史刑法志載是詔亦作仁宗今從文獻通考改正知諫院司馬光上言按察之官以赦前事興獄禁之誠爲大善至于言事之官本以繩按百辟糾擿姦邪之狀固非一日所爲國家素尚寬仁數下赦令或一歲之間至于再三若赦前之事皆不得言則其可言者無幾萬一有姦邪之臣朝廷不知誤加進用御史欲言則違今日之詔若其不言則陛下何從知之臣恐因此言者得以箝口偷安姦邪得以放心不懼此乃人臣之大幸非國家之長利也請追改前詔刊去言事二字光論至再帝諭以言者好以赦前事誣人光曰若言之得實誠所欲聞若其不實當罪言者帝命光送詔於中書熙寧八年編定廢免人敘格常赦則郡縣以格敘用凡三期一敘卽期未滿而遇非次赦者亦如之哲宗朝大赦凡八元祐元年門下省言當官以職事曠瘝雖去官不免猶可言至於赦降大恩與物更始雖劫盜殺人亦蒙寬宥豈可以一事差失負罪終身今刑部所修不以去官赦降原減條所留請更刪改從之八年因門下侍郎韓維言詔自今每近郊赦令刑部大理寺開封府並依常時決遣獄訟不減日限其情重難釋者別爲一等奏斷元符三年中書省言元祐編敕惟傳習妖敎託幻變之術及故盜決河隄堰不以赦降原減餘犯一再遇非次赦或兩經大禮者聽從原免元符新敕刪去遂使犯法者無由自新詔依元祐法徽宗政和五年知興仁府夏鰭言諸路奏獄有因祖父母爲人所毆而子孫毆之以致死者並作情理可憫奏裁多免流配若遇赦則不復奏裁卽作鬬殺情理減等流配是遇赦反爲不幸詔自今雖遇赦亦令奏裁帝在位二十五年凡大赦二十六曲赦十四德音二十七南渡已後紹興歲至四赦刑政紊而恩益濫矣高宗登極赦文不及河東北右僕射李綱言兩路勤王之師爲朝廷堅守而恩恤獨遺後復有急何以使人帝嘉納之是年六月皇子生大赦詔特詳焉建炎三年韓世忠執苗傅劉正彥獻俘檻車幾百兩先付大理獄將盡尸諸市大理少卿王衣奏曰此曹在律當誅顧其中婦女有僱買及擄掠以從者帝矍然曰朕慮不及此卽詔自傅正彥妻子外皆釋之自祖宗已來赦書節文凡官典犯枉法贓者皆在不原而積久弊生漸行弛縱紹興二十五年右正言淩哲言陛下深念比年臣僚有緣誣告不測之罪投竄遐裔無路自明迺因郊祀赦曠然與之昭雪或疏罪籍或復原官甚盛德也至於姦贓狼籍已經按治蹟狀顯著人所共知者亦復巧飾詞理公肆誕謾咸以違忤權臣爲辭今陛下方開公正之路小人乃欲啟僥倖之門此正淸議所不容也又況此曹嗜利與性俱生未易悛革儻復齒仕途益務掊克其害將有甚於前日者請特詔有司應自今陳雪過名之人並須檢會元犯事因如係贓罪已經勘劾者乞止依元斷條法施行詔如所請孝宗淳熙九年大理卿王尙之言近以民閒詞訴官司按劾多有連及赦前事者復送有司根勘如此則與不曾經赦何異非所以示信也詔應所犯在大赦前者苟非惡逆以上並不許推究光宗紹熙二年敕赦文與令甲牴牾者飭省部逐一比照見行條法務在從寬毋引法以沮赦五年九月時寧宗已卽位尙書省契勘一歲之間三行赦放恐有凶惡累犯之人指恩作孽內曾犯徒流罪已經登極赦恩免後再犯以情理深重者別聽朝廷指揮其指揮與赦文同降但以白紙連書于黃牒前蓋前所未有也開禧三年平吳曦家屬應緣坐其幼男女妾特宥從遠徙理宗每歲大暑必臨軒慮囚自謀殺故殺鬬殺已殺人者僞造符印會子放火官員犯入己贓將校軍人犯枉法自餘死罪情輕者降從流流降從徒徒從杖杖以下釋放大寒或祈晴雪亦如之有一歲凡數疏決者後以建康爲先朝駐蹕之地罪人亦得視臨安減降之法淳祐三年臣僚奏乞今後

疏決先期降旨下臨安府三衙應犯罪在指揮前許引用恩赦如指揮後有犯雖已停決不在原減之數其合引赦人不許於停決前輕行斷遣如或違戾並從故出入人罪條制施行詔令刑部詳度上尚書省

遼太祖五年皇弟埒克達喇伊德實安圖謀反安圖妻訥默庫知之以告得實帝不忍誅乃與諸弟登山刑牲告天地爲誓而赦其罪出埒克爲德哷勒部額爾奇木封訥默庫爲晉國夫人八年于古淩部人塔勒滿執逆黨布呼雅爾堅等十七人來獻帝親鞫之辭多連宗室及有脅從者乃杖殺首惡布呼餘並原釋裕悅實魯之子華格屢蓄姦謀帝每優容之而反覆不悛召父老羣臣正其罪所鞫逆黨三百餘人獄旣具帝以人命至重死不復生賜宴一日隨其平生之好使爲之酒酣或歌或舞或戲射角觝各極其意明日乃以輕重論刑首惡埒克次達喇帝猶弟之不忍寘法杖而釋之以伊德實安圖性本庸弱爲埒克所使伊德實妻尼嚕古脅從安圖妻訥默庫嘗有忠告並免天贊三年二月徇幽薊地詔改元赦軍前殊死已下罪囚自後平渤海始卽位凡兩肆大赦焉會同已後大赦曲赦之典不可枚舉大約嗣位改元上尊號皇子生及舉柴冊再生之禮則行太宗初邊將奏破吐谷渾擒其長詔止除首惡餘並赦世宗時耶律吼有定策功加采訪使益以寶貨辭曰臣位已高敢復求富臣從弟達魯諸子坐事籍沒陛下哀而赦之臣受賜多矣帝曰吼舍重賞而請赦族人賢矣從之趙王喜隱應歷中謀反事覺帝臨問有狀以親釋之未幾復反下獄景宗卽位聞有赦自脫其械而朝帝怒曰汝罪人何得擅離禁所詔誅守者復寘于獄及改元保寍乃宥其罪道宗在位歲久又性溺浮屠故赦特頻數然終遼之世如天祿時之以公主額伯哩自死獄中重熙時之以樞密使蕭孝忠薨開泰寺鑄銀佛像成皆曲行赦令尤爲不經蓋無取焉

金太祖天輔七年二月詔安巴貝勒曰郡縣今皆撫定有逃散未降者已釋其罪更宜招諭之太宗卽位大赦中外天會十年十月以天清節大赦熙宗而後卽位改元及山陵事畢祔廟禮成則特舉大赦郊恩惟世宗朝一行其他水旱災變等亦時行曲赦焉大定二年詔前戶部尚書粱球等安撫山東百姓招諭盜賊凡避賦役在他所者並令歸業無問罪名輕重悉與原免三年詔吏犯贓罪雖會赦不敍五年日者孫邦榮告西京留守壽王京謀逆鞫實特免死杖之除名嵐州安置旣而其兄德州防禦使文復謀反免其緣坐仍以貲產賜其兄之子約爾珠十七年詔海陵時大臣無辜被戮家屬籍沒者並釋爲良章宗承安四年監察御史姬端修以妄言下吏詔赦其罪令居家俟命宣宗貞祐元年元帥右監軍珠赫果勒齊戰敗以兵殺呼沙呼於其第詣闕待罪赦之三年赦富察齊勤脅從之黨四年山東行帥府事蒙古綱言楊安兒黨內有故淄王習顯故留守摩囉等家奴不在赦原據險作亂至今未息民多歸之乞普賜恩宥帝命赦之仍贖爲良興定元年伊喇瑪努勒言朵山賊魚張二等嘗屢詔免罪若悉誅之恐乖恩信且其親屬淪落宋境近在均州或相搆亂乞貸其死徙之歸德睢陳均許間爲便詔許之四年有誣宗室從坦殺人者太學生馬肩龍上書言從坦有將帥材少出其右者臣無益於用願代死帝問汝與從坦交厚乎對曰臣知有從坦從坦不知有臣臣以死明其冤耳遂宥從坦元光元年八月丁丑以彗星見改元大赦論宰臣曰赦書已頒時刻之間人命所係其令將命者速往尅期而至哀宗正大二年陳和尚隨其兄色埒在軍中以事笞萬宜翁宜翁憤死語其妻必報妻以故殺訴臺省不直則積薪將自焚和尚繫獄者十有八月色埒入朝帝論以欲赦之意尋以臺諫言復止及聞色埒卒始馳赦之且諭曰有司奏汝以私忿殺人汝兄死失吾一名將今以汝兄故曲法赦汝天下必有議我者他日汝奮發立功名始以吾爲不妄赦矣和尚且泣且拜後死節于鈞州

元太宗初中原甫定民多誤觸禁網而國法無赦令耶律楚材議請赦宥衆以爲迂楚材獨從容爲帝言詔自庚寅正月朔日前事勿治世祖混一區寓以天下獄囚滋多至元十年敕諸路自死罪外縱遣歸家期至秋八月悉來京師聽決囚如期至帝惻然憐之盡原其罪二十一年春冊上尊號議大赦天下參知政事張雄飛諫曰古人言無赦之國其刑必平赦者不平之政也聖明在上豈宜數赦帝嘉納之止降輕刑之詔時始定刑制條格開載諸疑獄在禁五年已上不能明者遇赦釋免諸盜賊闘赦故殺捕盜之人者不赦其先竊後強會赦惟下手殺傷事主者不赦餘仍刺面釋之諸流囚中途遭亂而逃不再犯及已老病并會赦者釋之若奉旨流遠雖會赦非奏請不得放還諸應徒流未行及已行未至者會赦並釋之諸囚徒配役役所停罷者會赦免放元貞而後肆眚之典亦代行之其詔書節目除謀殺祖父母父母妻妾殺夫奴僕殺主謀故殺人但犯強盜印

造僞鈔蠱毒厭魅犯上者不赦外其餘罪無輕重悉予原免仁宗卽位與聖太后旣受尊號廷臣請因肆赦翰林直學士元明善曰數赦非善人之福宥過可也英宗至治元年帝享太廟廷臣或言祀事畢宜赦天下帝諭之曰恩可常施赦不可屢下使殺人獲免則死者何辜遂命中書陳便宜行之順帝至正四年蓋苗爲刑部尙書初盜殺河南省憲官延坐五百餘家已有詔除首罪外餘從原宥至是宰臣追復欲盡誅戮苗堅持不可御史趣具獄苗曰肆赦復殺在法所無御史獨宜劾苗其敢累朝廷之寬仁乎卒用苗議罷之

明制凡有大慶及災異皆赦然有常赦有不赦有特赦十惡及故犯者不赦律文曰赦書臨時定罪名特免或降減從輕者不在此限十惡中不睦又在會赦原宥之例此則不赦者亦得原若傳旨肆赦不別定罪名者則仍依常赦不原之律太祖置政平訟理二旛其無罪應釋者持政平旛宣德意遣之洪武二十年左都御史詹徽言軍人有犯當杖其人當兩得罪而免宜幷論前罪誅之帝曰前罪旣宥復論之則不信矣命如律沅陵知縣張傑當輸作自陳母賀當元季亂離守節今年老失養帝謂可厲俗特赦之令傑終養給事中彭與民坐繫其父上表訴哀立釋之且免囚繫十七人都察院當囚死者二十四人命羣臣鞫有寃者減數人死眞州民十八人謀不軌戮之而釋其母子當連坐者建文帝卽位盡釋刺面軍及囚徒還鄉里成祖永樂元年縣令以贓戍擊鼓陳狀帝爲下法司其人言實受贓年老昏眊所至惟上哀憫帝以其歸誠屈法宥之二年江浦知縣周益以罪當刑妻梅訴益母老無養請代死帝憫而宥益（成化十三年河東知縣徐予坐妖言事相類故不具載）五年八月錄囚雜犯死罪減等流以下釋之八年二月皇太子錄囚奏貰雜犯死罪已下報可仁宗立赦條三十五皆學士楊士奇代草盡除永樂年間弊政歷代因之凡先朝不便於民者皆援遺詔或登極詔革除之凡以赦前事告言人罪者卽坐以所告者罪宣宗寬詔歲下閱囚屢放遣有至三千人者論刑官曰吾慮其瘐死故寬貸之非常制也卽位之初卽特赦建文姦黨族屬還家仍以其田產給之英中正統十一年大理卿俞士悅以鬪毆殺人之類百餘人奏聞請宥俱減死戍邊景帝景泰中陽穀主簿馬彥斌當斬其子震請代死特宥彥斌編震充邊衞軍舊例竊盜赦後三犯者絞英宗詔通敘前後不論赦（具刑制雜議等篇）至憲宗時都御史李秉援舊制奏革旣而南京盜王阿童五犯皆遇赦免帝聞之詔仍以赦前後三犯爲令（至神宗朝復議奏請改遣）帝自初卽位敕三法司中外文武羣臣除贓罪外所犯罪名紀錄在官者悉予湔滌其後歲以爲常成化元年詔釋戍邊陳循江淵俞士悅並王文子謙子壻回籍孝宗初立免應決死罪四十八人世宗雖屢停刑尤愼無赦嘉靖四十一年三殿成羣臣請頒赦帝曰赦乃小人之幸不允穆宗登極大學士徐階緣帝意爲遺詔盡還諸逐臣優恤死亡縱釋幽繫讀詔書者無不歎息神宗萬歷四年敕雜犯死罪准徒五年者並兩犯徒律應總徒四年者各減一年其他徒流等罪皆減等皆杖放免十二年御史屠叔明請釋革除忠臣外親令自齊黃外方孝孺等連及者俱勘豁莊烈帝崇禎十三年御史魏景琦論囚西市御史高欽舜工部郎中胡璉等十五人將斬忽中官本淸銜命馳免因釋十一人

熱審始於永樂二年止決遣輕罪命出獄聽候而已尋寬及徒流已下宣德二年五六七月連諭三法司錄上繫囚罪狀凡決遣二千八百餘人七年二月親閱法司所進繫囚罪狀決遣千餘人減等輸納春審自此始六月又以炎暑命自實犯死罪外悉早發遣且馳諭中外刑獄悉如之成化時熱審始有重罪矜疑輕罪減等枷號疎放諸例嘉靖十年令每年熱審並五年審錄之期雜犯死罪准徒五年者皆減一年二十三年因刑科羅崇奎言詔五六月間笞罪應釋放徒罪應減等者亦如成化時欽恤枷號例暫與鐫免至六月終止南法司亦如之四十三年定坐贓不及百兩產絕者免監追隆慶五年令贓銀止十兩以上監久產絕或身故者熱審免追釋其家屬萬歷四年詔諸贓犯除侵盜官錢糧五十兩糧一百石以上者照舊監追如還官銀不足五十兩幷入官給主百兩已上各贓監追至五年或正犯身故逮及子孫勘無家產者俱許審實具奏開豁其各處查盤坐贓追賠銀兩草束亦聽查勘具奏裁奪歷朝無寒審之制惟宣德四年十月以皇太子千秋節減雜犯死罪已下宥笞杖枷鐐者復以天氣沍寒敕南北刑官悉錄繫囚以聞不分輕重至崇禎十年以代州知州郭正中疏請命所司求故事尙書鄭三俊乃引祖宗數事以聞帝納其言

禁屠殺贖生附（唐　五代　宋　遼　金　元　明）

唐憲宗元和九年詔如聞比來京兆府每及臘日府縣捕養狐兔以充進獻深乖道理旣違天性又勞人力自今已後宜並停文宗寶歷二年卽位制書節文應緣田獵鷹鷂獸犬等並宜放除五坊加配諸道鷹鷂等長慶

已來嘗進外宣索自今一切停進太和二年帝召對侍講學士許康佐語及取蚺蛇膽知生剖腹而後得之遂命停減桂賀等州額貢四年詔曰時屬陽和命禁靡卵所以保滋懷生仁遂物性如聞京畿及關輔近地豪家弋獵放縱鷹犬頗傷田苗長吏切加禁察違者捕繫以聞開成二年三月詔曰詔陽御辰生氣方盛思全物類以順天時內外五坊凡有籠養鷹鷂及雜鴨鳥雀狐兔等悉宜放之起今月一日至五月十三日禁京城及畿內采捕鳥獸羅網水蟲以遂生成永為定制委臺府及本司切加禁止

後唐明宗長興二年詔五坊見在鷹隼之類並可就山林解放今後不許進獻三年五月敕春夏之交長育是務眷彼含靈之類方資亭育之功自此至冬初凡羅網及諸弋獵之具並宜止絕如有違犯仰隨處官吏便科違詔之罪起今後每年至於二月初便依此敕曉示中外四年回鶻進白鶻一聯命禮賓使解縶放之山林

周太祖廣順二年鳳翔言義州番部買牛入番多是宰殺乞止絕沿路州縣道途百姓不得殺牛貨賣與番人從之

宋真宗景德三年詔牛羊司畜有孳乳者放牧勿殺大中祥符二年詔量留五坊鷹鶻備諸王從時展禮餘悉縱之三年禁方春射獵每歲春夏所在長吏申明此旨天禧四年判杭州王欽若奏以西湖為放生池禁捕魚鳥仁宗嘗夜饑思膳燒羊恐膳夫自此戕賊物命以備不時之需戒勿宣索

遼太宗會同五年五月五日禁屠宰道宗咸雍七年罷獵禁屠殺以置佛骨於招仙浮圖故也

金海陵天德三年命大官常膳惟進魚肉舊鵝鴨等貢悉罷之並放皇統間苑中所養禽獸正隆五年禁中都河北山東河南河東京兆軍民網捕禽獸及畜養鷹隼者世宗大定五年詔曰馬者軍旅所用牛者農耕之資殺牛有禁馬亦何殊其令禁之十四年詔明安穆昆之民不許殺生祈祭二十年帝謂宰相曰女直官多謂朕食用太儉朕謂不然夫一食多費豈為美事況朕年高不欲屠宰物命貴為天子能自節約亦不惡也二十五年帝幸上京平章政事襄奏御平山等射懷孕兔帝怒杖平山三十仍召襄誡飭之遂下詔禁射兔十一月又詔曰豺未祭獸不許采捕冬月雪尺已上不許用網及蘇克蘇呼恐盡獸類章宗明昌三年正月以孝懿皇后小祥禁屠宰承安二年七月以壽王洪輝疾愈帝幸天長觀建普天大醮禁屠宰七日

元世祖至元十二年敕輝和爾地春夏毋獵孕字野獸申嚴屠牛馬之禁二十七年禁屠宰牝羊成宗元貞三年詔江南毋捕天鵝大德三年揚州淮安屬縣蝗在地者為鶖啄食飛者以翅擊死詔禁捕鶖元刑制禁令條開載每月朔望二弦凡有生之物殺者禁之諸郡縣歲正月五月各禁宰殺其饑饉去處自朔日為始禁殺三日自十二月至來歲正月殺牝羊者禁之諸宴會雖達官殺馬為禮者禁之其有老病不任鞍勒者亦必與衆驗而後殺諸私宰官馬牛為首杖一百七為從首八十七助者減正犯二等論罪

明世宗初即位令縱內苑禽獸天下毋得進獻

欽定續通典卷一百十七

欽定續通典卷一百十八

刑

寬恕 唐 五代 宋 遼 金 元 明

唐肅宗至德二年廣平王俶克復東京百官受僞署者陳希烈等三百餘人號跣待罪以上旨釋之尋勒赴西京收繫大理京兆獄帝命禮部尙書李峴兵部侍郎呂諲爲詳理使與御史大夫崔器共按鞫峴以殿中侍御史李栖筠爲詳理判官諲器刻深栖筠多務平恕諲器上言諸陷賊官背國從僞准律皆應處死峴以爲賊陷兩京天子南巡人自逃生此屬皆陛下親戚或勳舊子孫今一槩以叛法處死恐乖仁恕之道且河北未平羣臣陷賊者尙多若寬之足開自新之路若盡誅之是堅其附賊之心也書曰殲厥渠魁脅從罔治諲器守文不達大體惟陛下圖之爭之累日帝從峴議以六等定罪重者刑于市次賜自盡次重杖一百次三等流貶初史思明高秀巖等思自拔歸命聞達奚珣等被誅懼復叛而三司用刑連年流竄相繼帝亦悔之曰幾爲崔器誤我乾元元年及上元二年肆赦乃次第寬釋焉具赦有篇寶應元年詔曰凡制敕與一頓杖者其數止四十至到與一頓及重杖一頓痛杖一頓者皆止六十代宗性仁恕常以至德已來用刑爲戒諫者每諷帝政寬故朝廷不肅帝曰艱難時無以逮下顧刑法峻急有威無恩朕不忍也卽位五年府縣寺獄無重囚德宗建中三年刑部侍郎班宏奏其十惡中謀反大逆及叛惡逆四等請准律用刑其餘犯罪合斬絞者並請重杖一頓處死以代極法從之貞元八年敕比來斷罪俱守科條或至死刑猶先決杖處之極法更此傷殘惻隱之懷實所不忍今後罪至死者先決杖宜停憲宗英果明斷自卽位數誅方鎭欲治僭叛一以法度然於用刑喜寬仁時李吉甫李絳爲相吉甫言治天下必任賞罰陛下典刑未舉中外有懈怠心降曰今天下雖未大治亦未甚亂乃古平國用中典之時自古欲治之君必先德化至暴亂之世治專任刑法吉甫之言過矣帝以爲然司空于頔亦諷帝用刑以收威柄帝謂宰相曰頔懷姦謀欲朕失人心也元和八年下詔減死罪配天德五城具刑制篇按歐陽修曰刑者政之輔也政得其道仁義興行而禮讓成俗然猶不敢廢刑所以爲民防也寬之而已今不隆其本顧風俗謂何而廢常刑是弛民之禁啟其姦猶積水而決其防故自元宗廢徙杖刑至是又廢死刑民不知德而徒以爲幸也

後唐明宗長興三年殿直張紹謙奏父靈武節度使希崇先進官馬十五匹遣軍將裴昭隱等二人進納私與進奏官范順之共隱留一匹合抵極法帝曰不可以一馬而戮三人笞而釋之

周太祖家屬盡爲開封尹劉銖所屠太祖入京師銖妻裸露以席自蔽與銖俱見執太祖使人讓之曰與公共事先帝獨無故人之情乎吾家屠滅雖有君命加之酷毒一何忍也今公亦有妻子獨不念之乎銖曰我爲漢誅叛臣爾不知其他時太祖方欲收人心乃與羣臣議曰劉侍中墜馬傷甚而軍士逼辱殆有微生吾欲奏太后貸其家屬何如羣臣稱善乃止殺銖赦其妻子及卽位賜陝州莊宅各一區

宋太祖建隆三年寬竊盜贓錢法詔曰禁民爲非乃設法令臨民以簡必務哀矜竊盜之生本非巨蠹近朝立制重於律文非愛人之旨也自今竊盜贓滿五貫者死開寶八年廣州言前詔竊盜贓至死者奏裁嶺南遐遠覆奏稽滯請不俟報帝覽奏惻然曰海隅習俗貪獷穿窬固其常也因詔嶺南民犯竊盜贓滿五貫至十貫者決杖黥面十貫已上乃死太宗端拱二年始令雜犯至死貸命者勿流沙門島配隸刑制具刑制篇止隸諸州牢城婦人有罪至流者免執鍼配役淳化二年京江浙大饑強民相率持杖劫人倉廩坐强盜棄市者甚衆蔡州民張緒等二百文獻通考作三百一十八人皆當死知州張榮文獻通考作張策推官江嗣宗議取爲首者杖脊餘悉論杖罪帝下詔褒之遣使巡撫諸道因諭之曰平民艱食强取餱糧以圖活命爾不可槩從盜法科之其凶暴難制爲患閭里者固便宜從事務于除惡由是全活者甚衆按宋史刑法志載爲眞宗時事今從文獻通考眞宗咸平閒曹州民蘇莊蓄兵器匿亡命豪奪民產積贓至四十萬御史臺請籍其家帝曰暴橫之民國有常典籍之斯過矣論如律御史臺嘗鞫殺人賊獄具知雜事王隨請臠剮之帝曰五刑自有常制何必爲此況此賊本情已見一死足矣入內供奉官楊守珍使陝西督捕盜賊因請獲盜至死者望付臣處以凌遲用戒凶惡詔捕賊送所屬依法論決毋爲慘毒之刑大中祥符六年詔審刑院大理寺三司詳定配隸之刑取犯茶鹽礬麴私鑄軍器市外蕃香藥挾銅錢誘漢口出界主吏盜貨官物夜聚爲妖比舊法咸從輕減仁宗天聖初詔免軍士妻有罪配隸南北作坊者聽自便婦人應配則以妻窯務或軍營致遠務卒之無家者著爲法知益州薛田言蜀人配徒他路者請雖老疾勿得釋帝曰遠民無知犯法終身不得還鄉里豈朕意哉察其情可矜者許放還後復詔罪狀獷惡者勿許有司嘗奏盜劫米傷主帝曰饑劫米可哀盜傷主可疾然無知迫

於食不足耳命貸之五年陜西旱因詔民刦倉廩非傷主者減死刺隸他州非首謀又減一等自是諸路災傷即降敕饑民爲盜多蒙矜宥帝嘗御邇英閣經筵講周禮大荒大札薄征緩刑楊安國曰緩刑者乃過誤之民耳當歲歉則赦之憫其窮也今衆持兵杖刦糧廩一切寬之恐不足以禁姦帝曰不然天下皆吾赤子也一遇饑饉州縣不能振恤饑殍所迫遂至爲盜又捕而殺之不亦甚乎（按司馬光諫疏具雜議篇與安國此奏持論俱正饑民嘯聚執械刦奪富家甚至傷主情雖可矜法殊難逭若不分首從盡與減等斷放已爲縱弛失刑乃或則置之不問甚且豫降敕文許其寛貸安得有此政體審如是則窮民亦何畏而不刦盜而良善富民又何辜而獨被其殘害也仁宗初政既不能藏富於民俾家給人足及饑饉薦臻又不聞曲加振恤使一夫必獲其所而徒以姑息惠姦是亦不揣其本而齊其末耳）寛強竊盜計贓論罪法（具刑制篇）祖宗朝重盜剝桑柘之禁枯者以尺計積四十二尺爲一功三功以上抵死殿中丞于大成請得以減死論下法官議謂當如舊帝意欲寛之詔死者上請知虢州周日宣詭奏水災有司論請如上書不實法帝曰州郡多言符瑞至水旱之災或抑而不聞今守臣自陳墊溺官私廬舍意實在民何可加罪慶歷五年詔罪誅死者若祖父母父母年已八十及篤疾無期親者列所犯以聞時寧州有童子年九歲毆殺人當棄市帝以童孺爭鬭無殺人心止命罰金入死者家開封民聚童子教之有因夏楚死者父母訟之府獄上當減死宰相以爲可矜帝命杖脊捨之六年詔曰如聞百姓抵輕罪而長吏擅刺隸他州朕甚憫焉自今毋得於法外從事神宗元豐二年詔川陜綃疋估贓增其參之一（具刑制篇）時元絳知通州海門縣淮民多盜販鹽制置使建言滿二十觔者坐徒絳曰海濱之人恃鹽以爲命非羣販比也沓而縱之徽宗崇寧五年詔曰民以罪麗法情有輕重則法有增損故情重法輕情輕法重舊有取旨之令今有司惟法輕情重則請加罪而法重情輕則不奏減是樂於罪人而難於用恕非所以爲欽恤也自今宜遵舊法取旨使情法輕重各適其中否則以違制論大觀元年詔近時絹價增貴視舊制每疋增錢二百估算定罪（具刑制篇）高宗性柔懦用法每過從寛厚即位之初治王時雍等賣國之罪洪芻余大均陳沖張卿才李彞王及之周懿文胡思文並下御史臺獄獄具刑寺論芻納景王寵姬大均納喬貴妃侍兒及之苦辱寧德皇后女弟當流沖括金銀自盜與宮人飲當絞懿文卿才彞與宮人飲卿才彞當徒懿文當杖思文以推擇張邦昌狀內添諂附之詞罰銅十斤並該赦帝閱狀大怒李綱等共解之帝以新政重於殺士大夫乃詔芻大均沖各特貸命流沙門島永不放還卿才彞及之懿文思文並以別駕安置邊郡詔雜犯死罪有疑及情理可憫者撫諭官同提刑司酌情減降先斷後聞知常州周杞擅殺人帝曰朕日講聽斷豈不能任情顧非理耳即命削杞籍同知樞密院事李回嘗奏強盜之數帝曰皆吾赤子也豈可一一抵法誅其渠魁三兩人足矣後復申嚴眞決贓吏法令三省取具祖宗故事有以舊法棄市事上者帝曰何至爾耶但斷遣之足矣貪吏害民雜用刑威有不得已然豈忍置搢紳於死地耶紹興二十四年詔諸路州軍有編管之人願充廂軍者聽帝復論大臣曰朕昨在元帥府見河朔州軍將編管人穿鎖傳送旅店三五相聯乞丐於市盡緣不給之食以至於此深可憫惻可申嚴約束行下時著作郎張九成上言我宋家法曰仁而已仁之發見尤在於刑陛下以省刑爲急而理官不以恤刑爲念欲詔理官活幾人者與減磨勘從之

遼聖宗沖年嗣位睿智皇后稱制留心聽斷嘗勸帝宜寛法律帝壯益習國事凡更定法令十數條多合人心其用刑尤能詳慎定契丹漢人相毆致死一律科斷法（具刑制篇）著令叛逆之家兄弟不知情者無連坐五院部民有自壞鎧甲者其長博諾杖殺之上怒其用法太峻詔奪官吏以故不敢酷興宗時有羣牧人竊易官印以馬與人者法當死帝曰一馬殺二人不亦甚乎減死論又有兄弟犯強盜當死以弟從兄且俱無子特原其弟道宗咸雍三年有司奏新城縣民楊從謀反僞署官吏帝曰小人無知此兒戲爾止流其首惡餘並釋之

金熙宗天眷三年復取河南地乃詔其民約所用刑法皆從律文罷獄卒酷毒刑具以從寛恕世宗大定四年尚書省奏大興府民男子李十婦人李仙哥並以亂言當斬帝曰愚民不識典法有司亦未嘗丁寧告誡豈可遽加極刑以減死論十年議禁網捕走獸法罪或至徒帝曰以禽獸之故而抵民以徒是重禽獸而輕民命也詔自今有犯者杖十三年尚書省奏南客車俊等因榷場貿易誤犯邊界帝曰本非故意可免罪發還毋令彼國知之恐復治其罪十五年寛竊盜贓滿貫論死之法（具刑制篇）十六年論左丞相良弼曰海陵非理殺戮臣下甚可哀憫其博勒珠等遺骸仰逐處訪求官爲收葬初帝嘗論天德間事諭良弼曰武靈時領省秉德左丞相言皆有能名然爲政不務遠圖止以苛刻爲事言及可喜等在會寧時一月之間杖而殺之者二十人罪皆不至死於理可乎海陵爲人如虎此輩尙欲以術數要之以

至貢直取死安得爲能十七年諭宰臣曰故廣寧尹高禎爲政尚猛小過有杖而殺之者卽罪至於死而情或可恕猶當念之況小過乎人之性命安可輕哉二十三年又諭宰臣曰帝王之政固以寬慈爲德然如梁武帝專務寬慈以至綱紀大壞朕嘗思之賞罰不濫卽是寬政餘復何爲帝嘗幸金蓮川始出中都親軍二蒼頭縱馬食民田詔大興尹曹王永功蒼頭各杖一百彈壓百戶失覺察勒停帝次望京淀永功奏曰親軍人止一蒼頭兩彈壓服勤爲日久矣臣昧死違詔量決蒼頭令彈壓待罪可使償其田直惟陛下憐察許之大懷貞爲彰國軍節度使縣尉獲盜得一旗上圖亢宿詰之有謀叛狀株連幾萬人懷貞當以亂民之刑請誅其首亂者十八人餘皆釋之王庭筠判恩州軍事臨政有聲郡民鄒四者謀爲不軌事覺逮捕千餘人而鄒四竄匿不能得朝廷遣大理司直王仲軻治其獄庭筠以計獲鄒四分別詿誤坐預謀者十二人而已宣宗元光元年尚書右丞圖克坦恩忠以病馬輸官冒取高價御史劾之有司以監主自盜論死帝顧惜大體降授陳州防禦使哀宗正大元年尚書左丞張行信言先帝詔國初制刑不上大夫治以廉恥丞相果勒齊所定職官犯罪的決百餘條乞改依舊制詔可

元太宗七年命哈瑪爾巡撫諸路應州郭者仝反脅從詿誤者五百餘人有司議盡戮之哈瑪爾止誅其爲首者數人餘悉從輕典蘇克爲山西大達嚕噶齊受命方出有回回六人訟事不實將抵罪遇諸塗急止監者曰姑緩其刑卽返見帝曰此六人者名著西域徒以小罪盡誅之恐非所以懷遠人也願以賜臣臣得意辱之使自悔悟遷善爲他日用殺之無益帝意解召六人者謂之曰生汝者蘇克也其竭力事之後有至大官者時方事征討隸軍籍者憚遠涉往往募人代行又軍中多逃歸者定制募代者杖百逃歸者死命斷事官博囉哈雅等按順天等路及至州縣得募代者萬一千戶逃者十一人然募者聞命將下已潛遣家人易代博囉哈雅聞之歎曰募者已懼罪往易逃者因單弱思歸情皆可矜吾可不爲伸理耶遂奏其狀皆得輕減有丁多產富而家人不往及未至役所而卽逃者則曰此而不誅何以戒後世祖中統初順天路民王仕兒因鬭誤殺人其母年七十言於朝曰妾寡且老恃此兒以爲生兒死妾亦死矣中書司右掾袁裕言於執政曰因誤殺人情非故犯當矜其母乃奏免死至元五年陳思濟同知紹興路總管府事承檄讞獄桐廬有囚羸瘠將死縱還家囚固請曰聞公名久矣若不早決恐終不可保爲閱其案而釋之六年袁裕爲開封府判官洧川縣達嚕噶齊貪暴盛夏役民捕蝗禁不得飲水民不勝忿擊斃之有司當以大逆寘極刑者七人連坐者五十餘人裕曰達嚕噶齊自犯衆怒而死安可悉歸罪于民議誅首惡一人餘悉論杖部使者錄囚至疑其太寬裕辨之益力事上中書竟從裕議澧州細民以乏食羣聚發富家廩所司欲論以强盜安撫使張雄飛曰此盜食欲救死非强也寬其獄全活者百餘人十九年帝獵巴雅爾之地司農寺達嚕噶齊特爾格從獵人額布勒津射兔誤中名駝駝死帝怒命誅之特爾格曰殺人償畜於法太重帝驚曰誤耶史官必書亟釋之庚人有盜秔米者罪當死特爾格諫曰臣鞫庚人其母病盜秔食母耳請貸之牧人有盜割駝峯者將誅特爾格曰生割駝峯誠忍人也然殺之恐乖陛下仁恕心詔皆免死二十四年大駕幸上都札爾古齊哈勒哈等言去歲審囚官所錄囚數南京濟南兩路應死者已一百九十人若總校諸路爲數必多宜留札爾古齊數人分道行刑帝曰囚非羣羊豈可遽殺也宜悉配隸淘金二十七年江淮省平章政事沙布爾丹以倉庫官欺盜錢糧請依宋法黥面斷其腕帝曰此回回法也不允刑制條載諸犯死罪有親年七十已上無兼丁侍養者許陳情奏裁成宗時張養浩爲堂邑令罷舊盜之朔望參者曰彼皆良民饑寒所迫不得已而爲盜耳既加以刑猶以盜目之是絕其自新之路也衆皆感泣互相戒曰毋負張公武宗至大初旱蝗爲災民多因饑爲盜有司捕治論以眞犯獄既上朝議互有從違右司郎中敬儼曰民迫于饑而盜非故爲也且死者不可復生宜在所矜用是得減死者甚衆張昇知汝寧府民有告寄束書於其家者踰三年取閱有禁書一編且記里中大家姓名於上昇亟呼吏焚其書曰妄言誣民且再更赦矣勿問同列懼皆引起既而事聞廷議謂昇擅燬姦宄遣使窮問卒無跡可指乃詰以焚書狀昇對曰事固類姦宄然昇備位郡守爲民父母今斥誣訴免寃濫雖重得罪不避乃坐奪俸二月仁宗延祐二年晉寧民侯喜昆弟五人並坐法當死帝歎曰彼一家不幸而有是事其擇情輕者杖遣之俾養父母無絕其祀英宗至治元年濟陽縣有牧童持鐵連結擊野雀誤殺同牧者繫獄數歲總管達爾瑪曰小兒誤殺實無殺人意難以定罪罰銅遣之三年著令原告逃亡百日不出則釋待對者文宗天歷二年御史臺劾前丞相拜

布哈昔以贓敗天歷初因人成功遂居相位旣矯制以瑪魯家貲賜平章蘇蘇又與蘇蘇等潛呼日者推測聖算今奉詔已釋其罪宜竄諸海島以杜姦萌帝曰流竄海島朕所不忍其并妻子寘諸集慶至順元年臺臣言陝西右丞克埒受人僮奴及鸚鵡請論如律帝曰克埒官至宰執位重祿厚猶受人生口理宜罪之但鸚鵡微物以是論贓失于太苛其從重者議罪因敕自今饋禽鳥者勿論行樞密院言雲南征戍軍士二人逃歸捕獲法當死詔曰如臨陣而逃死宜也非接戰而亦論死何視人命之易耶其杖而流之

明太祖洪武元年諭省臣鞫獄當平恕古者非大逆不道罪止及身民有犯者毋得連坐尚書夏恕嘗引漢法請著律反者夷三族帝以漢仍秦舊法太重卻其奏不行二年帝諭刑部尚書周禎曰刑以輔治唐虞所不免觀舜命臯陶之辭始曰明刑終期於無刑臯陶告舜亦曰與其殺不辜寧失不經當時君臣莫不以恤刑爲重而民亦自不犯所以能致雍熙之治朕嘗觀此深有所契卿當體之又嘗與侍臣論待大臣禮太史令劉基曰古者公卿有罪盤水加劍詣請室自裁未嘗輕折辱之所以存大臣之體侍讀學士詹同因取大戴禮及賈誼疏以進且曰古者刑不上大夫以厲廉恥也必如是君臣恩禮始兩盡帝深然之六年乃命工部尚書王肅以俸贖笞罪具贖刑篇十九年大理卿虞謙言誆騙之律當杖而流今梟首非詔書意命如律擬斷二十二年更定大明律書成先是九年以律條擬議未當命丞相胡惟庸汪廣洋等詳議更定視唐簡覈而寬厚不如宋其惻隱之懷亦散見於各條如罪應加者必贓數滿乃坐如監守自盜贓至四十貫絞若止三十九貫九百九十九文欠一文不坐也加極於流三千里以次增重終不得至死而減至流者自死而之生無絞斬之別稱日者以百刻稱年者以三百六十日如人命辜限及各文書違限雖稍不及一時刻仍不得以所限之年日科罪未老疾犯罪而事發於老疾以老疾論幼小犯罪而事發於長大以幼小論犯死罪非常赦所不原而祖父母父母老無養者得奏聞取上裁犯徒流者餘罪得收贖存留養親同居親屬有罪得互相容隱奴婢不得首主凡告人者告人祖父不得指其子孫爲證弟不證兄妻不證夫奴婢不證主文職責在奉法犯杖則不敍軍官至徒流以世功猶得擢用凡若此類或間采唐律或更立新制所謂原父子之親立君臣之義以權之者也帝覽書諭太孫曰此書首列二刑圖次列八禮圖者重禮也顧愚民無知若於本條下卽注寬恤之令必易而犯法故以廣大好生之意總列名例律中善用法者會其意可也太孫請更定五條以上太祖覽而善之太孫又請曰明刑所以弼教凡與五倫相涉者宜皆屈法以伸情乃命改定七十三條復諭之曰吾治亂世刑不得不重汝治平世刑自當輕所謂刑罰世輕世重也是年以楊靖爲刑部尚書諭曰愚民犯法如啗飲食設法防之犯者益衆推恕行仁或能感化自今惟犯十惡及殺人者死餘皆令輸粟北邊二十六年有陝西民坐事當戍邊妻病留中途其弟夫婦請代往監送者聽之御史責弟不當代兄并劾監送者其人訴於朝帝曰弟之代兄義也監送者聽其代亦有仁心矣命賜其弟道里費而賞監送者二十八年令法司擬罪引大誥減等是年冬焚錦衣衛具先是天下臣民有犯俱令屬法司其有重罪送至京者或令收繫錦衣衛下本衛鎭撫司推鞫用事者因而非法淩虐帝聞之怒曰訊鞫者法司事也負重罪來者或令錦衣衛審之欲先得其情耳豈令其鍛鍊耶而乃非法如是命取其刑具悉焚之帝嘗行郊壇皇太子從指道旁荆楚曰古用此爲扑刑取能去風雖寒不傷也尚書開濟議法密諭之曰竭澤而漁害及鯤鮞焚林而田禍及麛㲉法太巧密民何以自全濟慙謝參政楊憲欲重法帝曰求生於重典猶索魚於釜得活難矣御史中丞陳寧曰法重則人不輕犯吏察則下無遁情帝曰不然古人制刑以防惡衞善故唐虞畫衣冠異章服以爲戮而民不犯秦有鑿顚抽脅之刑參夷之誅而囹圄成市未聞用商韓之法可致堯舜之治也寧慙而退又嘗謂尚書劉惟謙曰仁義者養民之膏粱也刑罰者懲惡之藥石也舍仁義而專用刑罰是以藥石養人豈得爲善治乎建文帝繼體守文專務寬恕諭刑官曰大明律皇祖所親定命朕細閱較前代往往加重蓋刑亂國之典非百世通行之道也朕前所改定皇祖已命施行然罪可矜疑者當不止此夫律設大法禮近人情齊民以刑不若以禮其諭天下有司務崇禮敎赦疑獄稱朕嘉與萬方之意元年刑部報囚減太祖時十三矣成祖用法嚴峻亦間示寬大永樂二年御史周新巡按北京時令吏民罪徒流者耕北京閑田監候詳擬往復待報囚多瘐死新請從北京刑部或監察御史詳允就遣以免淹滯帝嘉納之且命畿內罪人應決者許收贖刑部尚書鄭賜等言比來軍士初犯罪者皆蒙宥免小人作過豈當全無懲戒帝曰天不以惡木廢生君子不以小人忘矜恤朕特矜其初犯耳若怙終固不宥也賜又劾廣東儋州知州陳敏同南海衞千戶陳善等運

糧遭風壞舟擅以官糧濟軍士請逮問之帝曰運糧所以蓄軍有急安得不與賜曰法非有命不得擅給帝曰事有權宜待報而後給無及矣汲黯所以達大體也其置勿問九年通政司言黃巖縣民告豪民持建文時士人包彝古所進楚王書藁與衆觀中有干犯語請法司治之帝曰此必與豪民有怨而欲報之朕初卽位命百司凡建文中上書有干犯語言皆朕未卽位已前事悉毀之有告者勿行今復行之是號令不信矣況天下之主豈當念舊惡所告勿聽都御史陳瑛性鷙刻帝頗寵任而奏讞亦不盡從中書舍人芮善弟夫婦爲盜所殺心疑其所親訟于官刑部驗非盜縱之善白帝刑部故出盜帝命御史鞫治果非盜瑛因劾善妄奏當下獄帝曰兄弟同氣得賊惟恐逸之善何罪其勿論車里宣慰使刀暹荅侵威遠州地執其知州刀算黨以歸帝遣使諭之刀暹荅懼歸地及所執知州遣弟刀臘等貢方物謝罪瑛請先下刀臘法司且逮治刀暹荅帝曰蠻獠之性稍不相得則相讐改則已今服罪而復治之何以處不服者知嘉興縣李鑑廷見謝罪帝問故瑛言鑑籍姦黨姚瑄瑄弟亨當連坐而鑑釋亨不籍宜罪鑑曰都察院文止籍瑄未有亨名帝曰院文無名而不籍不失爲愼重鑑得免戶部人材高文雅言時政因及建文事詞意率直帝命議行之瑛劾文雅狂妄請置之法帝曰草野之人何知忌諱其言有可采柰何以直而廢之瑛刻薄非助朕爲善者以文雅付吏部量材授官千戶某灌桐油皮鞭中以決人刑部當以杖命并罷其職法司奏冒支官糧者命戮之刑部爲覆奏帝曰此朕一時之怒過矣其依律自今犯罪皆五覆奏仁宗性仁恕甫卽位謂刑部尙書金純都御史劉觀曰卿等皆國大臣如朕處法失中須更執奏朕不難從善也洪熙改元二月諭觀及大理卿虞謙曰往者法司以誣陷爲功人或片言及國事輒論誹謗身家破滅莫復辨理今數月閒此風又萌夫治道所急者求言所患者以言爲諱柰何禁誹謗哉因顧學士楊士奇等曰此事必以詔書行之於是士奇承旨載於已丑詔書云若朕一時過於嫉惡律外用籍沒及凌遲之刑者法司再三執奏三奏不允至五五奏不允同三公及大臣執奏必允乃已永爲定制按士奇承旨以帝言載於詔書爲異日執奏張本皆由仁宗於刑罰之道未能鑑空衡平故授臣下以執持之柄恭讀御批通鑑輯覽曰法令之當否詳審至於再三斯已可矣必令法司五奏徒滋煩冗人主詳求庶獄或覆勘以得其平或集議以衷於是自不致猶有枉縱如必待臣下執奏乃允亦開權勢下移之漸恭繹聖訓仰見睿斷精詳得欽恤之本矣文武諸司亦毋得暴酷用鞭背等刑及擅用宮刑絕人嗣續有自宮者以不孝論除謀反及大逆者餘犯止坐本身毋一切用連坐法告誹謗者勿治在位未一年仁恩該洽矣宣宗承之益多惠政每遇奏囚色慘然御膳爲廢或以手撤其牘曰說與刑官少緩之宣德二年著帝訓五十五篇其一恤刑也武進伯朱冕言比遣舍人林寬等送四百十七人戍邊到者僅五十八人餘皆道死帝怒命法司窮治之英宗已後仁宣之政衰正統初三楊當國猶恪守祖法禁內外諸司鍛鍊刑獄霜降後錄重囚自天順閒始至成化初刑部尙書陸瑜等以請命舉行之獄上擇其情可矜疑者免死發戍自是歷代奉行孝宗仁厚廠衞無敢橫司廠者羅祥楊鵬奉職而已宏治元年知州劉槪坐妖言罪斬以吏部尙書王恕言竟得長繫世宗嘉靖二十六年令凡經審錄官奏審過重囚奉有欽依饒死者撫按官卽遵照發遣不許仍報決單故行奏擾三司官如有故違欽恤敢爲翻異致人於死者巡按御史指實具奏三十七年帝出手諭言司牧者未盡得人任情立威湖廣幼民楊一魁二命枉刑毋又就捕情迫無控萬里叩閽以此推之寃抑者不知其幾爾等宜亟體朕心加意矜恤仍通行天下咸使諭之末年主事海瑞上書觸忤刑部當以死帝持其章不下瑞得長繫神宗中年已後礦稅使數出爲害而東廠張誠孫暹陳矩皆恬靜帝亦無意刻覈刑罰用稀廠衞獄中至生青草

囚繫

五代　宋　遼　金　元　明

後唐莊宗同光二年敕內外理刑官員毋得私事寄禁明宗天成三年諸州使數奏囚人死於獄中敕令後凡有在獄疾病者委隨處官吏當面錄問令醫人看候毋致推司官吏別啟倖門

晉高祖天福二年敕內外有獄官司繫囚染患者並令逐處醫博士及軍醫看候於公廨錢內量支藥價或事輕者仍許人看候所有罪犯合據杖責仍候痊損日科決

周太祖廣順三年敕諸道州府見繫囚人宜疾速斷遣仍令獄吏灑掃牢獄嘗令虛歇滌洗枷械毋令蚤蝨供給水漿毋令饑渴如有疾患令其家人看承囚人無主官差醫工診候勿致病亡世宗顯德三年敕諸道所禁罪人無家人供奉喫食者每日人給官米三升

宋制官司之獄在開封有府司左右軍巡院在諸司有殿前馬步軍司及四排岸外則二京府司左右軍巡院諸州軍院司理院下至諸縣皆有獄諸獄皆置樓牖設漿鋪席持具沐浴食令溫暖寒則給薪炭衣物暑則五

日一滌枷杻郡縣則所職之官躬行檢視獄缺則修之使固太祖開寶二年五月上以暑氣方盛深念縲絏之苦乃下手詔兩京諸州令長吏督獄掾五日一檢視貧不能自存者給飲食病者給衣藥輕繫小罪卽時決遣毋得淹滯自是仲夏必申明是詔以警官吏太宗太平興國中因江西轉運副使張齊賢言令外縣五日一具罪人禁放數白州州獄別置籍長吏檢察三五日一引問疏理月具奏上刑部閱其禁多者命官卽往決遣寃滯則降黜州之官吏雍熙元年令諸州十日一具囚帳及所犯罪名禁繫日數以聞俾刑部專意糾舉帝閱諸州所奏獄狀有禁繫三百人者乃令門留寄禁取保在外并邸店養疾人等並准禁囚例件析以聞其鞫獄違限及可斷不斷事小而禁繫者有司駮奏之眞宗咸平元年從黃州守王禹偁之請諸路置病囚院徒流已上有疾者處之餘責保於外神宗時詔曰獄者民命之所繫也比聞有司歲考天下之奏而多瘐死深惟獄吏並緣爲姦檢視不明使吾元元橫罹其害其著令應諸州軍巡司院所禁罪人一歲在獄病死及二人五縣已上州歲死三人開封府司軍巡歲死七人推吏獄卒皆杖六十增一人則加一等罪止杖一百典獄官如推獄經兩犯卽坐從違制提刑司歲終會死者之數上之中書檢察死者過多官吏雖已行罰當更黜責哲宗元祐八年中書省言昨詔內外歲終具諸獄囚死之數初無禁繫多寡之限至元祐七年諸路所上刑部獄死之數遂以禁繫二十而死一卽不具則是歲繫二百人許以十人獄死恐州縣弛意獄事甚非欽恤之意詔刑部自今不許輒分禁繫之數徽宗崇寧三年從蔡京之請令諸州築圜土以居强盜貸死者晝則役作夜則拘之視罪之輕重以爲久近之限行二年罷之至大觀元年復行四年復罷高宗建炎初著令諸獄司並旬申禁狀品官命婦在禁別具單狀合奏案者具情狀招伏奏聞法司朱書檢坐條例推司錄問檢法官吏姓名於後各州每年開收編管奴婢人及斷過編配之數各置籍各路提刑司歲具本路州軍斷過大辟申刑部諸州申提刑司其應書禁歷而不書應申所屬而不申奏案不依式檢坐開具違令回報不圓致妨詳覆與提刑司詳覆大辟而稽留失覆大辟致罪有出入者各抵罪紹興五年尚書省言州縣治獄之吏專事慘酷待其垂斃皆托之疫患殺之未嘗依條醫治乞舉行歲終比較計分斷罪法是年比較得宣州衢州福州無病死囚當職官各轉一官舒州病死者及一分惠州病死者二分六釐當職官各特降一官十年詔諸獄並一更三點下鎖五更五點開鎖定牢違者杖八十獄官令佐不親臨及縣令輒分輪餘官並徒一年知通監司覺察按劾著爲令十三年詔禁囚無供飯者臨安日支錢二十文外路十五文二十一年詔官支病囚藥物錢寧宗嘉泰四年令於常平米內支撥囚糧

遼穆宗時京師置百尺牢以處繫囚道宗咸雍三年詔諸路給囚糧

金世宗大定十一年詔曰司獄舍宇須近獄安置囚禁之事常親提控其獄卒必選年深而信實者輪值二十五年詔罪人在禁有疾聽親屬入侍

元世祖中統初中書司右掾袁裕建言給重囚衣糧醫藥詔著爲令嗣定刑格諸獄囚必輕重異處男女異室毋或參雜司獄致其愼獄卒去其虐提牢官盡其誠諸郡縣佐貳及幕官每月分番提牢三日一親臨點視其有枉禁及淹延者卽舉問月終則具囚數牒次官其在上都囚禁從留守司提之諸南北兵馬司每月分番提牢仍令提控案牘兼掌囚禁諸鹽運司監守鹽徒每月佐貳官分番董視與有司同諸流囚居役非遇元正寒食重午等節並勿給假諸配役囚徒遇閏月通理之諸徒罪晝則帶鐐居役夜則入囚牢房其流罪發各處屯種者止令監臨關防屯種諸徒罪無配役之所者發監司居役諸獄訟有必聽候歸對之人召保知在如無保識有司給糧養濟勿寄養於民家諸在禁囚徒無家屬或有貧而不能供給者日給倉米一升三升之中給粟一升以食有疾者歲十二月至于正月給羊皮爲披蓋袴襪及薪草爲暖匣熏炕之用凡油炭席薦之屬各以時具有病主司驗實除犯惡逆已上及强盜至死奴婢殺主者止給醫藥其餘病重者去枷鎖杻聽家人入侍職事散官五品以上聽二人入侍初病至二分申報漸增至九分爲死證若以重爲輕以急爲緩誤傷人命者究之醫囚之司必試而後用諸孕婦有罪產後百日決遣臨產之月聽令召保既產二十日復追入禁無保及犯死罪者產時令婦人入侍凡在禁囚徒饑寒而衣糧不繼疾患而醫療不時致非理死損者坐有司罪十人已上正官笞二十七次官三十七還職首領官四十七罷職別敘記過諸路府州縣但停囚去處於鼠耗糧內支放囚糧諸流囚在路亦日給米一升有疾醫治疾愈隨時發遣各處司獄司看守囚徒夜支清油一斤諸掌刑獄輒聽囚徒在禁飲博及帶刀刃紙筆陰陽文字入

禁者罪之其受財縱囚在禁疏枷飲酒者以枉法科罪
除名諸主守失囚者減囚罪三等長押流囚官中路失
囚者視提牢官減主守罪四等既斷還職諸禁囚械
梏不嚴致越獄者直日押獄杖九十七獄卒各七十七
司獄及提牢官皆坐罪百日內全獲免坐諸部送囚徒
中路所次州縣不寄囚於獄而監收旅舍以致反禁而
亡者部送官笞三十七還職本處防護官笞四十七就
責捕賊仍通記過名諸有司各處遞至流囚輒主意故
縱者杖六十七解職降先品一等敘刑部記過

明太祖洪武十五年定制獄囚貧不自給者人給米日
一升（二十四年革去正統二年復）功臣及五品已上官禁獄者許令
親人入侍成祖永樂九年刑科曹潤等言昔以天寒審
釋輕囚今囚或淹一年已上且一月間瘐死者九百三
十餘人獄吏之毒所不忍言帝召法司切責遂詔徒流
已下三日內決放重罪當繫者恤之無令死於饑寒英
宗正統二年令以贓罰衣分給各罪囚六年刑部郎
中林厚奏言辯過重囚若俟奏允方與疏去枷杻歷日
既久未免瘐死乞將合奏者暫去枷杻仍繫鎖鐐俟奏
允處之各處有貪酷官員或挾怨故禁勘平人或受賕
故入人死罪者除軍職及文職五品已上官奏請外其
六品已下即彼逮問械京從之憲宗成化十二年令有
司買藥餌送部又廣設惠民藥局療治囚人至武宗正
德十四年囚犯煤油藥料皆設額銀定數世宗嘉靖六
年以運炭等有力罪囚折色糴米上本部倉每年約五
百石乃停收歲冬給綿衣褲一事提牢主事驗之

刑

舞弊　唐　五代　宋　遼　金　元　明

唐宣宗大中四年詔法司使法或持巧詐分律兩端遂成其罪姦吏得計黎庶何安今後應書罪定刑宜令直指其事不得舞文妄有援引長吏嚴加覺察

漢蘇逢吉與李崧爭田宅崧子弟數出怨言逢吉誘人告崧謀反崧自誣服與家僮二十人謀因高祖山陵爲亂獄上中書逢吉改二十人爲五十人遂族崧家

宋神宗熙寧時復設大理獄欲以懲革囚繫淹滯俾獄事有所統以諫議大夫崔台符爲卿楊汲爲少卿時中官石得一以皇城偵邏爲獄士大夫小有連逮輒捕繫雖命婦亦不免追攝台符等迎伺其意傅會鍛鍊無不誣服人皆惕息數年間斃文法者且萬人及台符等得罪獄亦尋廢蘇軾知湖州表謝御史李定舒亶何正言摭其表語竝媒孽所爲詩以爲訕謗朝政逮付臺獄欲置之死鍛鍊久之不決帝憐之以黃州團練副使安置王安石創行新法百姓愁苦會大旱河東河州陝西流民大入京師鄭俠監安上門繪圖以獻且奏曰旱由安石去安石天必雨帝稍爲裁抑安石遂力求去薦呂惠卿以代己俠又數上書力詆惠卿惠卿大怒言於帝以爲謗訕送汀州編管既行帝問惠卿俠小臣何由知禁中事及大臣奏對之言惠卿奏曰此皆馮京手錄使王安國持示導之使言耳惠卿與京同列議多不合又以諂事安石爲安國所嫉屢諷其兄不悟惠卿銜之故并中之遣舒亶追還俠并京安國逮赴詔獄京與俠實未相識亦無使安國傳道省中語凡所論乃鄰居內殿崇班楊永芳所告也獄成俠改配英州京罷政安國放歸田里八年沂州民朱唐告前餘姚主簿李逢（東都事略作李進）謀反提點刑獄王庭筠言其無跡但謗讟朝政語涉指斥及妄說休咎請編配帝疑之遣御史臺推直官蹇周輔劾治中書以庭筠所奏不當并劾之庭筠懼自縊死逢辭連宗室秀州團練使世居醫官劉育河中府觀察推官徐革等詔捕繫臺獄命中丞鄧綰同知諫院范百祿與御史徐禧雜治獄具賜世居死逢育革竝凌遲處死將作監主簿張靖武進士郝士宣皆腰斬司天監學生秦彪百姓李士寧杖脊並湖南編管士寧者挾術出入貴人門常見世居母康以仁宗御製詩獻百祿謂世居不軌皆士寧熒惑所致推問不服禧奏士寧贈詩實仁宗御製今獄官以爲反因臣不敢同初士寧嘗與王安石善時呂惠卿參知政事欲自得政忌安石復相故諷百祿等引士寧意欲周內有所誣衊會安石再召僅論士寧徒罪而奏禧故出之以媚大臣詔詳劾理曲者以聞百祿坐報上不實落職開封鞫相州民殺人獄事連判官陳安民安民屬宰相吳充之壻文及甫求援於充之子安持知諫院蔡確言事關大臣非開封可了遂移御史臺時獄起皇城卒事多不讐中丞鄧潤甫御史上官均按之與府獄同王珪奏遣確詣臺參治確鍛鍊爲獄潤甫均不能制密奏確慘掠諸囚確伺知之即劾二人庇有罪且詐使吏爲使者慮問囚稱寃輒苦辱之帝頗疑其濫連遣諫官及內侍審直皆怖畏言不寃由是潤甫均皆罷而確得中丞哲宗紹聖間章惇蔡卞用事既再追貶呂公著司馬光及謫呂大防等嶺外意猶未快仍用黃履疏高士京狀追貶王珪皆誣以圖危上躬其言寖及宣仁帝頗惑之最後起同文館獄將悉誅元祐舊臣時太府寺主簿蔡渭奏臣叔父碩嘗於邢恕處見文及甫元祐中所寄恕書具述姦臣大逆不道之謀及甫彥博子也必知姦狀詔翰林承旨蔡京吏部侍郎安惇同究問初及甫在喪與恕書自謂畢禫當求外入朝之計未可必聞已逆爲機穽以榛塞其塗又謂司馬昭之心路人共知又云濟之以粉昆朋類錯立欲以眇躬爲甘心快意之地及甫嘗語蔡碩謂司馬昭指劉摯粉昆指韓忠彥俗稱駙馬都尉爲粉侯忠彥弟嘉彥尚主也眇躬則及甫自謂及甫除都司曾爲摯論列又摯嘗論彥博不可除三省長官故止爲平章軍國重事及彥博致仕及甫自權侍郎以修撰守郡母喪除恐不得京職遂爲躁忿詆毀之辭及置對爲京惇所脅乃以昭比摯如舊而眇躬謂指上躬粉昆謂指王巖叟面如傅粉故曰粉梁燾字況之以況爲兄故曰昆斥摯將謀廢立不利於上京惇言事涉不順及甫止聞其父言無他證佐乃別差中書舍人蹇序辰與內侍一員同往將大有所羅織以快誅戮會星變帝怒稍息然京惇極力鍛鍊不少置既而摯燾同時死於嶺南貶所人皆疑之元祐初嘗置訴理所申理寃濫元符元年中丞安惇言神宗厲精圖治明審庶獄而陛下未親政時姦臣置訴理所凡得罪熙豐之間者咸爲奏雪歸怨先朝收恩私室乞取公案看詳從初加罪之意復依原斷施行時章惇猶豫未應蔡卞即以相公二心之言迫之惇懼即日置局命蹇序辰同安惇看詳由是以伸雪復改正重得罪者八百三十家士大夫或千里會逮（謹按御批通鑑輯覽曰置看詳局復翻舊案株逮幾及千家固羣小搆陷所致亦由諸正人迫不及待當宣仁聽政時急反熙豐之政使

姦徒得以藉口若稍知審顧自之哲宗而後行或儌親政後次第申理則小人何所騰其簧鼓恭繹聖訓可以爲君子者法戒矣徽宗崇寧四年蔡京復第元祐諸臣罪狀分兩等以司馬光爲首指爲元祐姦黨請於徽宗而刋諸石寘文德殿門又自書爲豐碑頒之天下皆禁錮其子孫永不敘錄五年彗星見乃仆石除禁焉自京用事患言者議已凡施行條件京密擬進而丐帝親書以降謂之御筆手詔事無巨細皆託而行至有不類上札者羣下亦莫敢言又詔御筆斷罪不許詣尚書省陳訴違者以違御筆論又定令凡應承受御筆官府稽滯一時杖一百一日徒二年二日加一等罪止流三千里三日以大不恭論由是吏因緣爲姦舞文出沒不可究詰時有司斷獄往往引例破法大理迎合觀望屈法用情犯多倖免至號法寺爲休和所故事法寺斷絕必宣付史館獄空降詔獎諭或加秩賜章服官吏希求恩賞治獄者務令獄空輒不受詞又寄囚他所致多遁逸斷理者務作斷絕鹵莽用刑有以婦人配隸千里者都曹翁彥深言淮東十一州軍政和六年七年殺人之獄一百三十二人而坐死者纔十有二人夫此百二十人皆大辟也州縣奏而免之可謂仁矣而被殺者受無辜之虐銜不報之冤獨不足恤乎朝廷見歲斷大辟之少謂幾刑措是乃慕虛名而忘實惠官吏冒賞市恩姦弊萬態讞狀徑上不由憲司一作奏案無敢異議其就戮者大抵皆貧民耳疏上僅詔御史臺察奏而已高宗播遷圖籍散失凡所施行多出百官省記御史劉一正言法令具在姦吏猶得而舞之今一切用其所省記欺蔽何所不至建炎三年始命取嘉祐條法與政和敕令對修而用之紹興元年書成號紹興敕令格式具刑制篇初神宗謂律令不足以周盡事情凡邦國沿革之政與人之爲惡入於罪戾而律所不載者一斷以敕更其目曰敕令格式而律存乎敕之外故時輕時重無一是之歸自元祐變熙寧之法紹聖復熙寧之制以後銜前以新改舊各自爲書而刑制愈紊及是乃有是詔未幾秦檜專政率用都堂批狀指揮行事雜入吏部續降條冊中修書官詔附畏忌不敢刪削至與成法竝立十一年樞密使張俊使人誣告張憲及岳飛父子謀爲變檜以飛夙梗和議必欲殺之以獄事付諫議大夫万俟卨卨誣飛嘗自言己與太祖皆三十歲建節爲指斥乘輿又受詔不救淮西罪賜死獄中誅其子雲及憲於市有訟飛冤者皆決杖流竄廣西帥胡舜陟與轉運使呂源有隙源奏舜陟贓污僭擬又以書抵檜言舜陟訕笑朝政檜素惡舜陟遣大理官往治之舜陟不服斃於獄自飛舜陟死檜權勢愈熾動興大獄脅制天下賢士大夫死徙相繼又置察事卒數百游市間聞言其姦者即送大理獄殺之大開告訐之門以除異己者令殿中侍御史徐嘉右正言張扶論趙汾張初交結事先捕汾下大理獄拷掠無完膚令自誣與張浚李光胡寅謀大逆株連五十三人凡檜所惡者皆預獄上而檜已病不能書事乃寢當是時法官濫用奏裁之例諸路州軍勘到大辟雖刑法相當者類以爲可憫多獲貸配耿延年提點江東刑獄有南康婦人謀殺其夫佐狀明白延年曲貸其命累勘官翻以失入被罪贛州將兵逃至外邑殺村民於深林民兄知之畀申官之累遂焚其屍不報後事發以殺時無證屍不經驗奏裁刑寺輒定爲斷配給事中陳由義右正言淩哲先後建議帝慮情理可矜之人一例不奏第令刑部坐條行下馴至乾道法令雖具吏一切以例從事法當然而無例則事皆泥而不行甚至隱例以壞法賄賂既行方爲具例乾道二年詔曰獄重事也用法一傾則民無所措手足比年以來治獄之吏巧持多端隨意輕重之朕甚患焉其自今革玩習之弊明審克之公使姦不容情罰必當罪用迪於刑之中勉之哉寧宗朝太學博士許應龍上言法之弊易見例之弊難知例或出於曠特之恩或出於權宜之計或迫於勢要而創或徇於親故而開今有司舍法用例非不知三尺之皆違也執而不用必至於拂人情甚且召衆怨遂使胥吏得以執其柄而容其私請詔庶司搜求已用之例公同參酌擇其輕重不戾於法者勒爲成書凡有陳乞據此施行

遼道宗太康時北院樞密使耶律伊遜等用事既誣害宣懿皇后太子濬有憂色伊遜常不自安乃與其徒陰謀搆陷令護衛太保耶律扎拉告知樞密院事蕭蘇色等八人謀廢立詔案無跡不治伊遜復教牌印郎君蕭額都溫自首臣嘗預蘇色等謀恐事發連坐因籍姓名以告帝信之幽太子於別室以耶律雅克鞫案太子具陳枉狀曰吾爲儲副尚復何求公當爲我辨之雅克乃伊遜黨易其辭爲款伏帝大怒廢太子爲庶人徙上京伊遜尋遣人弒於囚所并其妃殺之以滅口大安三年續增條制成咸雍六年詔修凡數經增校具刑制篇節目繁瑣法官不能徧習吏得因緣爲姦民莫知避五年詔曰法者所以示民信而致國治簡易如天地不忒如四時使民可避而不可犯比命有司纂修刑法不能明體朕意多作條目以罔民於罪朕甚不取自今仍用舊法

金熙宗朝參酌隋唐遼宋律令以爲皇統制頒行中外

海陵虐法率意變易有續降制書與皇統制並行或同罪異罰或輕重不倫或其條重出或虛文贅意是非淆亂莫知適從姦吏因得夤緣舞法世宗大定十九年始命大理正伊喇慥等更定焉宣宗貞祐四年參知政事李革奏有司各以情見引用斷例牽合傅會實啟倖門凡斷例敕條特旨奏斷不爲永格者不許引用悉準律文以杜姦亂報聞哀宗卽位詔曰國家已有定制有司往往以情破法使人枉遭刑憲今後有本條而不遵者以故入人罪罪之

元時南北異制蒙古毆打漢人勿許還報其因爭及乘醉毆死漢人者止斷罰出征蒙古人犯罪有司不得拷掠禁繫偏徇袒庇頗乖公允又事類繁瑣挾情之吏舞弄文法出入比附往往用譎行私累朝姦臣秉政更迭起大獄焉世祖至元二十四年復置尚書省以僧格與特穆爾爲平章政事時行新鈔僧格嘗檢覈中書省事凡校出虧欠鈔四千七百七十錠昏鈔一千三百四十五錠平章敏珠爾丹自服參政楊居寬微自辨析僧格卽令左右拳其面於是參議拜降已下凡鉤考違惰耗失等事及參議王巨濟嘗言新鈔不便者各款伏事聞帝令丞相安圖與僧格共議且諭毋令敏珠爾丹等他日得以脅問誣服爲辭而僧格等傅致周內又劾參政郭佑尸位不言佑與居寬竟論棄市其後臺吏王艮弼前江寧縣達嚕噶齊吳德有後言僧格聞之俱以非議朝政捕問殺之籍沒其家二十五年劉宣爲江浙行臺御史中丞時行省丞相蒙古台悍戾縱恣嘗慮臺臣糾言其罪而尤忌宣陰以事羅織宣之子繫揚州獄又令建康酒務淘金等官及錄事司官以罪免者誣告行臺沮壞錢糧以聞於朝必欲寘宣死地朝廷遣官二員置獄於行省鞫問宣及御史六人俱就逮及登舟行省以軍船列兵衞迫之至則分異各處不使往來宣不堪其辱自剄舟中行省白於朝以爲宣知罪重自殺前後搆成斯獄者郎中張斯立也仁宗皇慶元年特們德爾旣再入相怙勢貪虐凶穢滋甚平章蕭拜珠中丞楊多爾濟思糾正其罪富民張弼殺人繫獄特們德爾使家奴脅留守賀巴延令出之巴延持不可而多爾濟已廉得丞相所受弼賄有顯徵乃與拜珠巴延共奏之內外監察御史凡四十餘人亦交劾其蠹政害民之罪仁宗震怒有詔逮問特們德爾匿興聖近侍家有司不得捕帝恐傷太后意乃僅罷其政及仁宗崩乘間復據相位英宗尚在諒闇遂矯太后詔召拜珠多爾濟至徽政院與院使實勒們等雜問之責以前違太后旨之罪又引同時爲御史者二人證成其獄卽起入奏稱旨執二人戮於市並誣殺巴延時中丞趙世延亦預彈劾至治初已出爲四川行省平章政事特們德爾銳意報復誘世延從弟索約爾哈呼誣告世延罪逮之置對俾其黨巧詆成獄會有旨赦原勿復問特們德爾更以他事白帝繫之刑曹逼令自裁世延不爲動居囚再歲左丞相拜珠屢於帝前言其亡辜乃得出順帝時綽斯戩復爲丞相徇皇太子旨搆成大獄誣婁達實曼濟阿南達實哩沙克嘉實哩額森呼圖克及托歡等不軌執托歡鍛鍊其獄連逮不已帝知其無辜欲釋其事特命大赦而綽斯戩增入條畫內獨不赦前獄惟婁達實亡去曼濟阿南達實哩等遂皆貶死

明初詔內外風憲官以講讀律令一條考校有司其不能曉晰者罰有差庶幾人知律意因循日久視爲具文由此姦吏骫法多任意輕重以濟其私至廠衞用事文致寃濫殺人尤慘而不麗於法刑章大壞矣英宗北狩兵部尚書于謙始終不主和議帝雖以是得還意常銜之而徐有貞石亨張軏及內侍曹吉祥等皆素憾謙景泰八年正月壬午英宗復辟宣諭朝臣畢卽執謙與大學士王文下獄誣以與黃竑搆邪議更立東宮又與太監王誠舒良張永王勤等謀迎立襄王世子亨等主其議嗾言官上之都御史蕭惟禎定讞坐以謀逆處極刑文不勝誣辨之疾謙笑曰此亨等意耳辨何益奏上帝猶豫曰于謙實有功亨進曰不殺謙此舉爲無名帝意遂決詔棄謙市籍其家家屬戍邊未幾帝寵任錦衣指揮僉事逯杲勢張甚遣校尉偵事四方所至急賄無賄者輒執送鎭撫理刑門達鍛鍊成獄逮一人數大家立破指揮使李斌嘗搆殺衞千戶陳安爲安家所訴下巡按御史邢有覆讞石亨屬宥薄斌罪至是校尉言斌素藏妖書謂其弟健當有大位欲陰結外番爲石亨報讐杲以聞下錦衣獄達坐斌謀反帝兩命廷臣會訊畏杲不敢平反斌兄弟寘極刑坐死者二十八人及杲死達踵其所爲益布旗校四方告訐者日盛中外重足立帝益以爲能達心害大學士李賢寵又數規己嘗譖於帝及治都指揮袁彬之獄誣彬受石亨曹欽賄用官木爲私第索內官督工者甎瓦奪人子女爲妾諸罪名軍匠楊塤不平擊登聞鼓爲彬訟寃語侵達詔并下達治乃拷掠塤教以引賢塤卽謬曰此李學士導我也達大喜立奏聞諸法司會鞫塤午門外帝遣中官裴當監視達欲執賢並訊經當沮乃止及訊塤曰吾小人何由見李

學士此門錦衣教我達色沮不能言彬亦歷數達納賄狀法司畏達不敢聞坐彬絞輸贖埍斬帝命彬贖畢調南京錦衣而禁錮埍孝宗宏治十七年以張天祥事逮巡邊御史王獻臣等天祥者遼東人都指揮僉事斌孫也斌以罪廢天祥入粟得祖官有泰寧衛部十餘騎射傷海西貢使天祥出塵曬關掩殺他衞三十八人以歸指爲射貢使者巡撫張鼐等奏捷獻臣疑之方移牒校勘會斌婦弟指揮張茂及子欽與天祥有隙詐爲前屯衞文書呈獻臣具言劾營事獻臣卽以聞未報而獻臣被徵帝命大理丞吳一貫錦衣指揮楊玉會新按臣余濂勘之盡得其實斌等皆論死天祥斃於獄天祥叔父洪屢訟寃帝密令東廠廉其事還奏所勘皆誣帝信之欲盡反前獄召閣臣劉健等出東廠揭帖示之命盡逮一貫等健等言東廠揭帖不可行於外旣退復爭之帝再召見責健等健對曰獄經法司讞皆公卿士大夫言足信帝曰法司斷獄不當身且不保言足信乎謝遷曰事當從衆若一二人言安可信健等又言衆證遠不可悉逮帝曰此大獄逮千人何恤健等再四爭執見帝聲色厲終不敢深言東廠非一貫等旣至帝親御午門鞫之欲抵一貫死廷臣力救乃與濂獻臣等貶謫有差茂父子論死而斌免洪反得論功武宗正德初劉瑾勢愈熾毛舉官僚細故散布校尉遠近偵伺遣使察覈邊倉都御史周南張鼐馬中錫湯全劉憲布政已下官孫祿冒政方矩華福金獻民劉遜郭緒張翼郎中劉繹王藎等並以赦前事下獄追補邊粟憲至瘐死又察鹽課杖巡鹽御史王潤逮前運使寗舉楊奇等察內甲字庫謫尙書王佐以下百七十二人復創罰米法嘗忤瑾者皆擿發輸邊故尙書雍泰都御史楊一淸侍郎張縉給事中趙士賢等數十人悉破家死者繫其妻子二年三月瑾召羣臣跪金水橋南宣示姦黨自大學士劉健以下數十人皆海內號忠直者是年夏御道有匿名書詆瑾所行事瑾矯旨召百官跪奉天門下瑾立門左詰責日暮收五品已下官盡下獄明日大學士李東陽申救乃釋之而主事何釴順天推官周臣進士陸伸已暍死瑾故急賂繼以其黨張綵言舉發御史歐陽雲等十餘人所致賄乃遣科道十四人分路盤察所遣人率阿瑾意專務搏擊劾尙書顧佐已下數十人而給事中安奎潘希曾御史趙時中阮吉張彧劉子厲以無重劾下獄奎彧枷且死東陽疏救始釋爲民希曾等亦皆杖斥又矯旨籍故都御史錢鉞禮部侍郎黃景尙書秦紘家五年會審重囚減死者二人時寃濫滿獄東陽等因風霾以爲言特許寬恤而刑官懼觸瑾怒所上止此世宗初兵部侍郎張璁以議禮積怒廷臣日謀報復嘉靖五年山西巡撫馬錄治反賊李福達獄詞連武定侯郭勛法司讞如錄議璁譖於帝謂廷臣以議禮故陷勛帝果疑諸臣朋比乃命璁及桂萼方獻夫署三法司覆讞盡反其獄傾諸異己者大臣顏頤壽已下咸被搒掠成錄而坐罪者四十餘人璁等謂平反有功請帝編欽明大獄錄頒示天下二十四年夏言再相每以氣陵嚴嵩嵩銜之次骨會河套議起言欲倚曾銑以成大功主之甚力帝初令擬旨褒銑未幾入嵩譖謂套必不可復遂怒不可解二十七年正月削言官復遣官逮銑責科道官不言悉杖於廷然猶無意殺銑言也咸甯侯仇鸞鎭甘肅時以阻撓爲銑所劾逮問嵩故雅親鸞知銑所善同邑蘇綱者言繼妻父也綱與銑言嘗交關傳語乃代鸞獄中草疏誣銑掩敗不奏尅軍餉鉅萬遣子淯屬所親蘇綱賂當途其言絕無左驗而帝深入其說立下淯綱詔獄遣官校逮言言抵通州聞銑所坐大驚墮車曰吾死矣再疏訟冤不省及銑至當以交結近侍律斬妻子流二千里卽日行刑銑旣死言亦坐斬而鸞出獄其後兵部員外郞楊繼盛劾嵩十大罪五姦中有召問裕景二王語嵩喜謂可指此爲罪密搆於帝帝怒下繼盛詔獄杖之百繫三載而張經李天寵獄起嵩揣帝意必殺二人比秋審附繼盛名疏尾並奏得報遂棄西市又錦衣衞經歷沈鍊疏劾嵩十大罪帝怒搒之數十謫佃保安宣大總督楊順巡按御史路楷皆嵩黨也嵩子世蕃屬圖之許厚報兩人日夜謀所以中鍊者會捕得蔚州妖人閻浩等以白蓮教惑衆出入漠北漏洩邊情詞所連甚廣遂竄鍊名其中誣浩等師事鍊具獄上嵩父子大喜獲如其奏斬鍊宣府市戍子襄極邊瘐順一子錦衣千戶順以爲賞薄恐嵩意未慊復取鍊子袞褒杖殺之熹宗天啟元年再起熊廷弼爲經略與撫臣王化貞樞臣張鶴鳴齟齬旋成大隙廣寗之失罪由化貞而以門戶曲殺廷弼方廷弼之繫獄也令汪文言賄內廷四萬金祈緩旣而背之忠賢大恨適邏者獲市人蔣應暘謂與廷弼子出入禁獄陰謀叵測忠賢愈欲殺廷弼其黨門克新郭興治等希指趣之遂以五年八月棄市傳首九邊忠賢旣盡逐吏部尙書趙南星等左副都御史楊漣劾其二十四大罪僉都御史左光斗預其謀忠賢銜次骨必欲殺二人旣削籍乃再興汪文言獄是年其黨徐大化劾漣光斗黨同伐異招權納賄命逮文言下獄許

顯純嚴鞫之使引漣等納廷弼賄文言至死不承顯純乃自爲獄詞坐漣光斗贓各二萬下詔獄其年七月遂於夜中斃之給事中魏大中太僕少卿周朝瑞御史袁化中陝西副使顧大章刑部侍郎王之寀皆以忤忠賢竄名文言獄中杌籍死於獄其後如蘇松巡撫周起元以劾其黨織造中官李實諭德繆昌期以送去國諸臣吏部員外郎周順昌以與魏大中婚御史周宗建黃尊素李應昇工部郎中萬燝俱以彈擊忠賢及其黨郭鞏魏廣微崔呈秀輩忠賢矯旨削籍逮問緹騎四出項璫旁午瘐死囹圄者接踵自古搢紳之禍莫酷於此

欽定續通典卷一百十九

欽定續通典卷一百二十

刑

峻酷 唐 五代 宋 遼 金 元 明

唐肅宗初監察御史敬羽兇暴不能忍嘗作巨枷號鼢尾榆四人多死又仆囚於地以門牡轢其腹謂之肉餺飥掘地實棘蒙以席瀕坎鞫囚不服則擠之坎人多濫死有康謙者以賈富嘗納金於楊國忠授安南都護領山南東路驛事吏誣其通史朝義羽鞫之謙鬚長三尺明日脫盡膝髁皆碎人視之驚以爲鬼乃殺之寶應初斥爲道州刺史詔追殺之羽聞使者至將逃吏械之臨死袖中出牒數番乃吏相告訐語咤曰不及推死矣治州者宜無寢德宗時韓滉爲兩浙觀察使嘗禁部內宰殺耕牛婺州傍縣有犯其令誅及鄰伍死者數百人又遣推覆官分察境內情涉疑似必寘極法誅戮殘忍一判即勳數十人月無虛日雖令行禁止而冤濫相尋李實爲京兆尹恃寵强愎不顧文法貞元二十年關中大饑實匿災不報百姓至撤屋賣苗麥以供賦優人成之端因戲作語爲秦民艱苦之狀實怒坐以誹謗朝政立誅殺之明年詔蠲畿內逋租實違詔徵斂窮民大擾官吏多遭笞罰追呼捨克聚錢三十萬貫胥吏有絲毫乞丐者固死無犯者且曰死亦不屈每杖殺之京師無貴賤莫不切齒順宗在諒闇逾月實斃人於府者十數事聞貶爲通州長史制出市人皆袖瓦石將碎其首乃間道而遁憲宗元和十一年柳公綽拜京兆尹方赴府有神策校乘馬不避者即時搒死帝怒其專殺公綽曰此非獨試臣乃輕陛下法帝曰既死不以聞可乎公綽曰臣不當奏在市死職金吾在坊死職左右巡使帝乃解

恭繹御批通鑑輯覽曰羅馬衝導罪之細者京兆雖以肅清輦轂爲任豈可因衝己導而遽斃軍將公綽此舉非惟草菅人命亦且弁髦王章或猶以爲風厲眞不知政衡者 聖論誅其專擅之罪至爲允當其心并非峻酷所能賅而其事則殘忍故附輯於此

漢高祖時四方盜賊多朝廷患之特重其法分遣使者捕逐中書侍郎蘇逢吉草詔凡盜所居本家及鄰保皆族誅或謂逢吉曰爲盜族誅已非王法況鄰保乎逢吉怯以爲是不得已但省去族誅字於是鄆州捕賊使者張令柔盡殺平陰縣十七村民衞州刺史葉仁魯聞部有盜自率兵捕之時村民十數共逐盜入於山中盜皆散走仁魯後至見民捕盜者以爲賊悉擒之斷其腳筋暴之山麓宛轉呼號累日而死聞者不勝其冤而逢吉以仁魯爲能由是天下因盜殺人滋濫逢吉爲人貪詐無行喜爲殺戮高祖初鎭河東嘗以生日遣逢吉疏理獄囚以祈福謂之靜獄逢吉入獄囚無輕重曲直盡殺以報曰獄靜矣有庶兄自外來未白逢吉而見其諸子逢吉怒託以他事告於高祖杖殺之其慘忍如此時侍衞都指揮使史宏肇性尤殘刻河中鳳翔永興三鎭連叛人情洶懼流言以相驚恐宏肇出兵警察務行殺戮罪無大小皆死時太白晝見民仰觀者輒腰斬於市市有醉者忤一軍卒軍卒誣其訛言遂棄市凡民抵罪吏以白宏肇但伸三指示之即腰斬又爲斷舌決口斮筋折足之刑備極慘毒

周世宗用法過嚴往往傷於慘刻翰林醫官馬道元進狀訴壽州界被賊殺其子獲正賊見在宿州本州不爲勘斷帝大怒遣竇儀乘驛往按獄成坐族死者二十四家宋州巡檢供奉官竹奉璘捕盜不獲左羽林大將軍孟漢卿監納取耗刑部員外郎陳渥檢田失實濟州馬軍都指揮使康儼治橋道不謹內供奉官孫延希督修永福殿而役夫有就瓦中噉飯者密州防禦副使侯希進不奉使者命檢視夏苗左藏庫使符令光造軍士襖襦不辦楚州防禦使張順隱落稅錢皆抵極刑時論冤之

南漢劉龑性苛酷爲刀鋸支解刳剔之刑每視殺人則不勝其喜不覺朶頤垂涎呀呷人以爲眞蛟蜃也

宋太宗時開封民王元吉爲後母所誣繫左軍巡獄獄卒縶縛搒治極其慘毒謂之鼠彈箏及事白帝命即以其罪罪之眞宗朝京東兩浙轉運使孫何性卞急頗事苛察日有捶楚官屬罹譴罰者甚衆從者依憑其威妄爲寒暑所至騷然州縣吏患之乃求古碑字磨滅紙本揭之館中何至則細讀辨識文字以爪搔髮垢而嗅之遂往往至日暮不復省錄文案而去韓縝知秦州指使傅勍夜被酒悞隨入州宅縝令軍校以鐵裹杖捶死勍妻持血衣撾登聞院鼓以訴落職分司南京秦人語曰寧逢乳虎莫逢玉汝玉汝縝字也蔡確於元豐間爲御史中丞太學虞蕃訟學官確深探其獄連引朝士自翰林學士許將已下皆逮捕械繫令獄卒與同寢處飲食旋溷共爲一室設大盆於前凡羹飯餅胾舉投其中以杓混攪分飼若犬豕久繫不問及問則無事不承矣確遂劾參知政事元絳有所屬請神宗出絳知亳州而以確代其位哲宗紹聖中董必提舉湖南常平時相章惇方置衆君子於罪孔平仲在衡州以倉粟腐惡乘饑歲稍損價發之必即劾其戾常平法置鞫長沙以承惇意無辜繫訊多死者平仲坐徙韶州惇與蔡卞將大誅流人遣必往廣西察訪帝既止不治必所至猶以慘刻按

脅立威爲五書歸奏寧宗時有史淵者歷官江浙閩政尚嚴酷好興羅織之獄所至籍入豪橫世有蜈蚣之謠理宗用刑寬恤而法吏舞姦不勝其弊每歲冬夏詔提刑行郡決囚提刑憚行悉委倅貳倅貳復委幕屬所委之人類皆肆行威福以要餽遺監司郡守下及州縣莫不恣行橫暴意所欲殺輒殺之呼喝吏卒嚴限日期監勒招承催促結款而又擅置獄具非法殘民或斷薪爲杖掊擊手足名曰掉柴或木索并施夾兩脛名曰夾幫或纓繩於首加以木楔名曰腦箍或反縛跪地短豎堅木交辮兩股令獄卒跳躍於上謂之超棍法無拘鎖之條時州縣一時彈壓盜賊姦暴罪不至配者故拘鎖之或一月兩月或一季半年俾之省愆竟無限放亦不支口食淹滯囚繫死而後已又以己私摧折手足拘鎖尉砦亦有豪强賂吏羅織平民而囚殺之甚至戶婚詞訟亦皆收禁有飲食不充飢餓而死者有無力請求吏卒凌虐而死者有爲兩詞賂遺苦楚而死者懼其發覺先以病申名曰監醫實則已死至度宗時雖累詔切責禁止終莫能勝焉

遼穆宗嗜酒及獵不恤政事五坊掌獸近侍奉膳掌酒人等以獐鹿野豕鶻雉之屬亡失傷斃及私歸逃亡在告踰期召不時至或以奏對少不如意或以飲食細故或因犯者遷怒無辜輒加礮烙鐵梳之刑時或手刃刺人斷手足爛肩股折腰脛劃口碎齒鋸灼梟磔棄屍於野往往築封以爲京觀應歷十年以後時爲長夜彌月之飲醉中誅戮愈橫監雉詳袞壽格寧古等斃雉而亡獲之將誅殿前都檢點耶律伊勒哈諫曰法不當死不聽殺而支解之以屍付伊勒哈曰收汝故人命有司取鹿人之在繫者六十五人斬所犯重者四十四人餘悉痛杖之道宗太康中耶律伊遜竊治蕭蘇色等獄恐上疑引數人庭詰各令荷重校以繩繫其頸皆昏憒不能出氣惟求速死伊遜反奏曰別無異辭遂戮耶律薩喇等三十五人又殺蘇色等諸子其幼稚及婦女奴婢資產悉籍沒以分賜舊臣時方暑屍不得瘞以至腐臭乾統以來賞罰無章叛亡相繼天祚大恐益務繩以嚴酷初太祖因治諸弟逆黨權宜立法設爲投崖礮擲釘割臠解之刑至是復興焉

金初法制簡易天會已來漸用吏議以杖折徒累及二百州縣立威甚者置刃於杖虐於肉刑熙宗皇統已後酗酒妄殺后妃宗室大臣率無故被戮九年五月以天變肆赦翰林學士張鈞草詔參知政事蕭肆摘其語以爲誹謗帝大怒命衞士拽鈞下殿搒之數百不死手劒劈其口而醢之時有鄭建充者爲平涼尹性剛暴常畜猘犬十數奴婢有罪既笞已復嗾犬齧之骨肉都盡海陵猜忌殘忍以篡弑得國卽位之初殺太傅領三省事宗本等百二十餘人又以詐書殺行臺左丞相薩里罕等皆夷其族以魏王威泰之孫呼爾察好修飾族之自是已後翦滅宗室鉤棘傅會無歲不有誅戮宣宗喜刑罰大臣已下往往被笞楚至用刀杖決殺言者及果勒齊用事威刑自恣定制有司犯姦贓的決徵過亦然風紀臣失糾亦決考滿校其受決多寡以爲殿最南遷之後習以成風雖士大夫亦爲所移如右丞圖克坦思忠好用麻椎擊人號麻椎相公運使李特立號半截劒言其短小鋒利也刑部郎中馮璧號馮劊雷淵爲御史至蔡州得姦豪杖殺五百人號曰雷半千又有完顏瑪克沁楚皆以酷聞

元初未有法守百司斷獄襲用金律頗傷嚴刻世祖刊定至元新格頒行英宗又損益之爲大元通制漸近乎恕初憲宗時斷事官伊囉斡齊與布扎爾總天下財賦於燕視事一日殺二十八人其一人盜馬者既杖而釋之矣適有獻刀環者遂追還所杖之人手試刀斬之世祖至元中湖廣行省平章政事約蘇穆爾貪縱淫虐誅求無厭或妄言初歸附時州縣長吏及吏胥富人比屋斂銀將輸之官銀已具而事終止約蘇穆爾卽下令責民自實使者旁午隨地置獄株連蔓引備極慘酷民以拷掠瘐死者載道

明太祖開國之初懲元季貪冒重繩贓吏其法至剝皮囊草論刑部凡官吏有犯宥罪復職書過榜其門使自省不悛論如律洪武十八年大誥三篇成所列凌遲梟示種誅者無慮千百棄市已下萬數貴溪儒士夏伯啟叔姪斷指不仕蘇州人才姚潤王謨被徵不至皆誅而籍其家寰中士夫不爲君用之科所由設也其三編稍寬容然所記進士監生罪名自一犯至四犯者猶三百六十四人幸不死還職率戴斬罪治事其推原中外貪墨所起以六曹爲罪魁郭桓爲誅首郭桓者戶部侍郎也帝疑北平二司官吏李彧趙全德等與桓爲姦利自六部左右侍郎以下皆死贓七百萬詞連直省諸官吏繫死者數萬人覈贓所寄借徧天下民間中人之家大抵皆破時咸歸謗御史余敏丁廷舉或以爲言帝乃手詔列桓等罪而論右審刑吳庸等極刑以厭天下心先是空印事發誅殺已過當其後胡惟庸藍玉兩獄株連死者且四萬他如僉都御史嚴德珉以辭官黥戍蘇州

知府魏觀以上梁文腰斬馮勝傅友德俱開國功臣並以無罪賜死議者病其險刻時吏部尚書詹徽性殘忍用刑慘厲常侍懿文太子錄囚太子屢欲有所出徽輒文附重法太子爲白帝帝先入徽言曰徽執者法也太子因言立國以仁厚爲本帝曰汝欲自爲帝耶太子懼因感疾卒成祖靖難後悉指忠臣爲姦黨甚者加族誅妻女發浣衣局敎坊司親黨謫戍者至隆萬閒猶句伍不絕御史大夫景淸以早朝懷刃事覺磔死族之籍其鄉轉相攀染謂之瓜蔓抄村里爲墟抗拒者旣盡被殺戮又懼人竊議之疾誹謗特甚任用陳瑛呂震紀綱輩專以羅織爲事於是蕭議周新解縉等多無罪死武宗時磔流賊趙鐩等於市剝爲魁者六人皮法司奏祖訓有禁不聽尋以皮製鞍鐙帝每騎乘之世宗性猜忌寃濫相尋雖閒命寬恤而意主苛刻中年益惡言者中外相戒無敢觸忌諱兵科給事中楊元繩以謗毀元修死西市御史楊爵疏詆符瑞詞過切直下詔獄搒掠血肉狼籍關以五木死一夕復甦所司請送法司擬罪不許命嚴錮之主事周天佐御史浦鋐以救爵先後箠死獄中工部員外郎劉魁給事中周怡皆以言事同繫歷五年不釋旣而有神降於乩感其言出之未踰月尚書熊浹疏言乩仙之妄帝怒復令東廠追執之比三人至同繫鎭撫獄桎梏加嚴飮食屢絕且令伺其言動五日一奏聞謂之監帖莊烈帝承神宗廢弛熹宗昏亂之後銳意綜理用刑頗急十一年南通政徐石麟疏救鄭三俊因言皇上御極以來諸臣麗丹書者幾千圜扉爲滿使情法盡協猶屬可憐況怵惕於威嚴之下者有將順而無挽回有揣摩而無補救株連蔓引九死一生豈聖人惟刑之恤之意哉十四年大學士范復粹疏請淸獄言獄中文武纍臣至百四十有奇大可痛皆不報刑法有創之自明不衷古制者廷杖東西廠錦衣衞鎭撫司獄是已洪武時永嘉侯朱亮祖父子工部尙書夏祥皆斃杖下宣德三年怒御史嚴皚方鼎何傑等久不朝參命枷以徇自此言官有荷校者至正統中王振擅權尙書劉中敷侍郎吳璽陳瑺祭酒李時勉率受廷杖成化十五年汪直誣陷侍郎馬文昇都御史牟俸等詔以科道李俊王濬等五六人容隱廷杖人二十正德十四年以諫止南巡廷杖修撰舒芬等百四十六人死者十一人金吾衞都指揮僉事張英自刃以諫衞士奪刃得不死亦杖殺之嘉靖三年羣臣爭大禮廷杖翰林學士豐熙等百三十四人死者至十六人中年刑法益峻受廷杖者愈多宣大總督翟鵬薊州巡撫朱方以撤防早宣大總督郭宗皋大同巡撫陳燿以敵入大同刑部侍郎彭黯左都御史屠僑大理卿沈良才以議丁汝夔獄緩戎政侍郎蔣應奎左通政唐國相以子弟冒功皆逮杖之方燿斃於杖下而黯僑良才杖畢趣治事公卿之辱前此未有又因正旦朝賀怒給事中張思靜等皆朝服予杖天下莫不駭然四十餘年閒杖殺朝士倍蓰前代萬歷六年以爭閣臣張居正奪情杖編修吳中行等五人其後主事盧洪春給事中孟養浩王德完輩咸以建言被杖多者至一百自十二年至三十四年內外官杖戍爲民者共百四十人天啟時太監王體乾奉敕大審重笞戚畹李承恩以悅魏忠賢於是萬燝吳裕中斃於杖下臺省力爭不得閣臣葉向高言數十年不行之敝政三見於旬日萬萬不可再行忠賢乃罷廷杖而以所欲殺者悉下鎭撫司士大夫益無噍類矣南京行杖始於成化十八年南御史李珊等以歲祲請振帝摘其疏中訛字令錦衣衞詣南京午門前人杖二十守備太監監之至正德閒南御史李熙劾貪吏觸怒劉瑾矯旨杖三十時南京禁衞久不行刑選卒習數日乃杖之幾斃東廠之設始於成祖立廠於東安門北令嬖倖者提督之緝訪謀逆妖言大姦惡等至憲宗時尙銘領東廠又別設西廠以汪直督之所領緹騎倍東廠自京師及天下旁午偵事雖王府不免直復任錦衣百戶韋瑛爲心腹屢興大獄建寗衞指揮楊曄故少師榮曾孫也與父泰爲仇家所告逃入京匿姊夫董璵所璵爲請瑛陽諾而馳報直直卽捕曄璵考訊三琶之琶者錦衣酷刑也骨節皆寸解絕而復甦曄不勝苦妄言寄金於其叔父兵部主事士偉家直不復奏請捕士偉下獄並掠其妻孥獄具曄死獄中泰論斬直中廢復用先後凡六年寃死者相屬會直數出邊監軍大學士萬安奏罷西廠於是尙銘專用事未幾亦黜正德元年復設西廠以命谷大用卬聚領東廠皆劉瑾黨也兩廠爭用事瑾又改惜薪司外薪廠爲辦事廠榮府舊倉地爲內辦事廠自領之京師謂之內行廠雖東西廠皆在伺察中加酷烈焉凡瑾所逮捕一家犯鄰里皆坐或瞰河居者以河外居民坐之且創例罪無輕重皆決杖永遠戍邊或枷項發遣枷重至百五十斤不數日輒死尙寶卿顧璿副使姚祥工部郎張瑋御史王時中輩並不免瀕死而後謫戍御史柴文顯汪澄以微罪至凌遲官吏軍民非法死者數千瑾誅西廠內行廠俱革獨東廠如故張銳領之與衞使錢寧並以緝事恣羅織至嘉靖二年芮景賢領廠事

任千戶陶滈多所誣陷萬厤初馮保以司禮兼廠事建廠東上北門之北曰內廠而以初建者爲外廠天啟時魏忠賢以秉筆領廠事用衞使田爾耕鎭撫許顯純之徒專以酷虐鉗中外而廠衞之毒極矣凡中官掌司禮監印者其屬稱之曰宗主而督東廠者曰督主東廠之屬無專官掌刑千戶一理刑百戶一亦謂之貼刑皆衞官其隸役悉取給於衞最輕黠儇巧者乃撥充之役長曰檔頭帽上銳衣青素褦褶繫小條白皮鞾專主伺察其下番子數人爲幹事京師亡命誆財挾讐視幹事者爲窟穴得一陰事由之以密白於檔頭檔頭視其事大小先予之金事曰起數金曰買起數既得事帥番子至所犯家左右坐曰打樁番子即突入執訊之無有左證符諜賄如數徑去少不如意搒治之名曰乾醡酒亦曰搬罾兒痛楚十倍官刑且授意使牽有力者有力者予之多金即無事或靳不予不足即上聞下鎭撫司獄立死每月旦廠役數百人掣簽庭中分瞰官府其視中府諸處會審大獄北鎭撫司考訊重犯者曰聽記他官府及各城門訪緝者曰坐記某官行某事某城門得某姦胥吏疏白坐記者上之廠曰打事件至東華門雖夤夜投隙中以入即屏人達至尊以故事無大小天子皆得聞之有四人夜飲密室一人酒酣嫚罵魏忠賢其三人噤不敢出聲罵未訖番子攝四人至忠賢所即磔罵者而勞三人金莊烈帝即位忠賢伏誅而王體乾王承詐鄭之惠李承芳曹化淳王德化王之心王化民齊本正等相繼領廠事告密之風未嘗息也德化及東廠理刑吳道正等偵閣臣薛國觀陰事國觀由此死崇禎十五年御史楊仁愿疏請寬東廠事件復切言緹騎不當遣帝雖戒諭廠衞而倚毗益甚至國亡乃已錦衣衞即古詔獄太祖時天下重罪逮至京者收繫獄中數更大獄多使斷治所誅殺甚多然其後悉焚刑具申明禁令(具寬恕篇)成祖寵幸紀綱令治錦衣親兵復典詔獄綱遂用其黨莊敬袁江王兼李春等緣借作姦數百千端久之族綱而錦衣典詔獄如故終明之世遂廢洪武詔不用矣英宗初王振用指揮馬順毒流天下天順復辟指揮門達鎭撫逯杲怙寵羅織達遣旗校四出杲又立程督並以獲多爲主千戶黃麟之廣西執御史吳禎至索獄具二百餘副天下朝覲官陷罪者甚衆杲死達兼治鎭撫司搆指揮使袁彬繫訊之五毒更下僅免(具舞案篇)朝官楊瑄李觀輩皆鋃鐺就逮蓋自紀綱誅其徒稍戢至正統時復張天順之末禍益熾朝野相顧惴惴不自保正德中旗校王邦奇貪饕搏噬有若虎狼其捕姦盜也或以一人而牽十餘人或以一家而連數十家鍛鍊獄詞付之司寇謂之鑄銅板其緝妖言也或用番役四出搜愚民詭異之書或購姦僧潛行誘愚民彌勒之教然後從而掩之無有解脫謂之種妖言數十年內死者填獄生者寃號不可勝記鎭撫司分南北北司專理詔獄(建設具職官典)初衞獄附衞治至門達掌問刑又於城西設獄舍拘繫狠籍正德時衞使石文義與張綵表裏作威時稱爲劉瑾左右翼祖制凡朝會廠衞率屬及校尉五百名列侍奉天門下糾儀失儀者即褫衣冠執下鎭撫司獄杖之乃免迨萬厤中始罷其制時告訐之風稍衰故大臣被錄者寡然建言及忤礦稅璫者輒下詔獄刑科給事中楊應文言監司守令及齊民被逮者百五十餘人雖已打問未送法司獄禁森嚴水火不入疫癘之氣充斥囹圄衞使駱思恭亦言熱審歲舉俱在小滿前今三年不行鎭撫司監犯且二百多拋瓦聲寃鎭撫司陸逵亦言獄囚怨恨有持刀斷指者俱不報魏忠賢起楊左之獄(具舞案篇)許顯純輩定爰書坐贓比較立限嚴督之五日一追比(明史刑法志云兩日爲一限茲據左光斗傳)輸金不中程者受全刑曰械曰鐐曰棍曰拶曰夾棍五毒備具呼謈聲沸天血肉潰爛宛轉求死不得顯純叱咤自若一夕令諸囚分舍宿於是獄卒曰今夕當有壁挺者壁挺獄中言死也明日漣死光斗等次第皆鎖項拉死自劉瑾創立枷錦衣獄常用之神宗時御史朱應轂具言其慘請除之不聽至忠賢益爲大枷又設斷脊墮指剝皮刵舌之刑蓋廠禍至忠賢而極矣莊烈帝疑羣下王德化掌東廠以慘刻輔之孟明掌衞印時有縱舍然觀望廠意不敢違而鎭撫梁清宏喬可用朋比爲惡凡搢紳之門必有數人往來蹤跡故常晏起早闔毋敢偶語旗校過門如被大盜官爲囊橐均分其利京城中姦細潛入傭夫販子陰爲流賊所遣無一舉發而高門富家踦踣無寧居其徒黠者恣行請託稍拂其意飛誣立搆摘竿牘片字株連至數十人秕政淪胥刑章顛覆於斯爲極云

欽定續通典卷一百二十

欽定續通典卷一百二十一

州郡

臣等謹按杜佑作州郡典以後世郡國推而上之附於古之九州因以考歷代郡縣沿革之故誠可為稽古之助宋馬端臨撰輿地考亦仿此例惟杜書以九州為綱以其時之州郡為目由唐而上逆溯之以合於唐虞馬書以九州為綱以朝代為目由唐虞以降順推之以逮於宋此其所以異也本館續修二書止於明代其輿地考自可依例序輯若此書標目竟用有明州郡實義無所取又九州之名三代以前分合可考秦置郡縣隴西內史屬雍而郡以南入梁鉅鹿上谷屬冀而郡以東入兗齊郡屬兗而南境入青南郡屬荊而北境入豫三川南陽皆屬豫而三川之北入冀南陽之東入荊碭之東北入兗其餘諸郡莫不彼此參互犬牙相錯漢武帝置十三州部平帝復襲九州之名而徐之臨淮其南侵揚兗之泰山其南侵徐牂牁梁分而東北侵荊西河冀分而西南侵雍漢中分屬梁豫江夏分屬荊揚宏農一郡實為雍揚豫三州之域晉魏以下更置彌繁愈分愈離殊難牽合杜氏限於體例遂致一郡之地析載數州而歷代土疆轉難詳核至如蟠木交阯古登圖籍而杜氏以州無所屬別為化外揆之大一統之義亦未允協今稍變其體例以代相屬自五代迄明謹為續輯云

五代梁

唐之盛時以天下為十道洎其衰也置軍節度號為方鎮兵驕則逐帥將強則叛上而其勢以分僖昭以來日益割裂當是時天下別為十一南有吳浙荊湖閩漢西有岐蜀北有燕晉而朱氏僅有七十八州以為梁莊宗滅梁臣岐破蜀合一百二十三州以為唐石氏入立獻十有六州於契丹合一百九州以為晉劉氏代晉合一百六州以為漢郭氏代漢合一百十八州以為周此中國五代之大略可記其沿革焉其餘外屬者閩最先亡而存者七國自江以下二十一州為南唐自劍以南及山南西道四十六州為蜀自湖南北十州為楚自浙東西十三州為吳越自嶺南北四十七州為南漢自太原以北十州為東漢而荊歸峽三州為南平合中國所有二百六十八州而軍不在焉又自唐有方鎮而史官不錄地理之書後世因習以軍目地而沒其州名且置軍者徒以虛名升建為州府之重此不可以不書也其外屬於閩與七國與契丹諸州則隨其時而附於五代云

唐自黃巢肆虐羣雄逞凶四方擅命者南有吳浙荊湖閩漢西有岐蜀北有燕晉朱溫據汴遂成篡弒僭號曰梁西至涇渭南逾江漢北蹶河東際海有州凡七十八案朱梁盡得河南境內諸州亦兼有關內河東河北山南之境然鎮冀易定兩鎮仍各有其地魏博既得而旋失朔方定難諸鎮亦僅同羈屬所云七十八州非實有其地也謹附識

汴　唐汴州宣武軍節度梁太祖開平元年受唐禪都此升為開封府建名東都以開封浚儀為赤縣尉氏封邱雍邱陳留為畿縣三年以滑州之酸棗長垣鄆州之中牟陽武宋州之襄邑曹州之考城更曰戴邑許州之扶溝鄢陵陳州之太康九縣來屬仍俱升為畿縣按以九縣來屬五代史職方考以為開平元年考冊府元龜開平三年敕東都云自升州作府建邑為都未廣邦畿頗虧國體其滑州酸棗長垣等九縣並割屬開封府仍升為畿縣王溥五代會要亦作三年今並據之

洛　唐東都置河南府梁開平元年建名西都

雍　唐上都置京兆府昭宗遷洛廢為佑國軍節度梁開平元年改京兆府為大安府長安縣為大安縣萬年縣為大年縣仍置佑國軍三年改永平軍按職方考但云改京兆府為大安府不載縣名沿革今據五代會要

兗　泰寧軍節度

沂

密　開平二年改輔唐縣為安邱縣按五代史密州膠西故曰輔唐梁改曰安邱不言何年今據五代會要

青　平盧軍節度

淄

齊

棣

登

萊

徐　武寧軍節度

宿

鄆　天平軍節度

曹

濮

宋　唐屬宣武軍節度德宗興元初宣武軍移治汴州梁開平元年以汴州為東都因徙宣武軍於此割濮鄆潁三州隸之四年以輝州楚邱縣還屬按職方考無割濮鄆潁三州之文楚邱還屬亦不言何年今並據五代會要

亳　開平四年升為防禦按此據馬端臨輿地考

輝　唐昭宗光化二年朱全忠以宋州之碭山虞城單父曹州之成武表置輝州徙治單父三年置崇德軍按職

方考云屬縣置徙傳記不同今領單父碭山成武魚臺四縣後又云楚丘故屬單州梁割隸宋州新唐書注又有虞城縣是所領四縣乃就朱地理言之而五代時不僅此也又輿地考及樂史太平寰宇記並云後唐以兗州魚臺來屬則魚臺縣梁時尚屬兗州也今據新唐書注而並識其異同於此

潁

陳

蔡

許　唐忠武軍節度梁開平二年改匡國軍 按開平二年據五代會要

汝　開平四年升爲防禦 按此據樂史太平寰宇記

鄭　防禦 按此據輿地考

滑　唐義成軍節度以避梁王父諱改曰宣義 按梁太祖父名誠因諱改義成爲宣義考梁本紀唐大順元年以梁王兼宣義軍節度則諱改軍額在唐昭宗時故猶稱梁王又當時州縣軍額多有以犯嫌名改者然如河陽三城軍及韓城澄城等縣亦未盡改謹於初見處附識之

襄　唐山南東道節度唐梁之際改忠義軍後以延州爲忠義軍復曰山南東道

均

房

鄧　唐屬山南東道節度梁開平三年破趙匡凝分鄧州置宣化軍節度割泌隨復郢四州隸之復置淅川縣 按職方考無四州割隸之文今據五代會要又歐陽忞輿地廣記云五代時復置淅川縣屬鄧州河南通志亦云梁於故淅川縣地置淅水縣後唐晉漢周因之是縣因梁置而淅水淅川未知孰是謹附識

隨　改唐城縣爲漢東縣

郢

泌　唐唐州昭宗天祐三年朱全忠始徙治泌陽表更名

復　太祖乾化二年以監利縣入江陵 按乾化二年據五代會要

安　開平元年改應城縣爲應陽縣置宣威軍 按改應陽縣據太平寰宇記

申

蒲　護國軍節度以同州郃陽澄城韓城三縣來屬 按五代會要後唐同光三年河中府奏韓城郃陽澄城三縣僞梁割屬當府其澄城縣今請卻隸同州韓城郃陽且屬當府從之寰宇記輿地考並云梁以韓城郃陽澄城屬河中府今據之又按新唐書注韓城縣天祐二年更名韓原疑梁初即復舊名謹附識

孟　河陽三城軍節度

懷

晉　唐屬護國軍節度梁開平四年置定昌軍節度割絳沁二州隸之末帝貞明三年改曰建寧 按職方考無絳沁割隸之文今據五代會要

絳

陝　唐保義軍節度梁開平二年改鎮國軍 按開平二年據五代會要

虢

華　唐鎮國軍節度梁改感化軍

商

同　唐匡國軍節度梁改忠武軍以京兆府同官奉先二縣來屬 按職方考無奉先縣五代會要云開平三年以京兆府同官奉先屬同州輿地考亦云以同官奉先屬同州而不言何年新唐書同州奉先縣注云天祐三年來屬疑爲開平元年所割亦如職方考於磁州云梁改惠州新唐書以爲天祐三年也又按職方考云美原故屬同州李茂貞置鼎州而治之梁改爲裕州考新舊唐書美原縣並屬京兆府無割屬同州之文輿地考於同州亦云後唐廢裕州以美原來屬是美原在梁時實屬京兆後唐始割屬同州也謹附識

崇　岐　本華原縣唐末屬李茂貞建爲耀州置義勝軍梁末帝時茂貞養子温韜以州降梁詔改耀州爲崇州義勝軍曰靜勝軍

邠　岐　靜難軍節度

寧　岐

慶　岐　唐末李茂貞建安定軍節度梁改武靜軍 按職方考不載慶州軍名沿革今據寰宇記及輿地考

衍　岐

鄜　岐　保大軍節度

坊　岐　唐末李茂貞以鄜城縣置翟州梁開平三年改曰禧州改縣爲昭化縣 按職方考不載鄜城縣沿革五代會要云開平三年改鄜城縣爲昭化寰宇記云李茂貞建爲翟州開平三年改曰禧州又改縣曰昭化今並據之

丹　岐

延　岐　唐屬保大軍節度梁置忠義軍

夏　定難軍節度

銀

綏

宥

靈　朔方軍節度

鹽

魏　唐故曰大名府置天雄軍節度梁因之

博　改高唐縣爲魚丘縣 按此據寰宇記

貝

衞

澶

相　貞明元年以平盧軍節度使賀德倫爲天雄軍節度使分其相澶衞州爲昭德軍改永定縣爲長平縣天雄軍亂遂入於晉 按職方考於相州下云故屬天雄軍梁末帝分置昭德軍考梁本紀云分其相澶衞州爲昭德軍當是昭德軍治相而兼領澶衞今從本紀改永定縣據寰宇記

邢　唐屬昭義軍節度昭義所統澤潞邢洺磁五州唐末孟方立爲昭義軍節度使徙其軍額於此而澤潞二

州入於晉方立但有邢洺磁三州故唐末有兩昭義軍梁晉之爭或入於梁或入於晉開平二年以邢洺磁三州爲保義軍

洺

磁 改曰惠州（按新唐書注天祐三年以慈磁聲一更名）

鎮 唐成德軍節度梁改曰武順又改行唐縣爲彰武縣（按改彰武縣據王圻續輿地考）

冀

深

趙

易

祁

定 義成軍節度開平三年改唐縣爲中山縣（按此據續輿地考）

附外屬州（按五代外屬諸州沿革職方考俱不載今謹據十國春秋寰宇記及各省志書修入）

岐（鳳翔） 隴 涇（彰義） 原 渭 武 乾（李茂貞置治奉天縣後名威勝軍）

以上入岐

秦（岐雄武蜀天雄） 成 階 鳳（蜀武興） 以上入岐蜀

滄（梁乾化二年改爲順化軍） 景 德 莫 瀛 幽（盧龍） 涿 檀 薊

順 營 平 蔚 朔（振武） 雲（大同） 應 新 媯 儒

武 忻 代（雁門改唐林縣爲白鹿縣） 嵐 石 憲 麟 府 并

河東 汾 慈 隰 澤 潞（昭義梁末帝龍德三年改爲匡義軍以李繼韜歸順故也）

沁 遼（唐儀州梁開平三年以兖州營內有沂州其儀州復爲遼州） 以上入後唐

揚（唐淮南節度楊吳改爲江都府） 楚 泗 滁 和 光 黃 舒

蘄 廬 壽（忠正改盛唐縣爲灊山縣） 海 濠 潤 常 宣（寧國） 歙

鄂（武昌唐元宗天寶中鄂州置唐年縣吳順義七年改爲崇陽南唐改爲唐年其地唐末已屬楊吳而朱梁於郡國志尚存其空名改爲臨夏縣） 昇（升爲金陵府） 池 饒 信 江 洪

鎮南（梁改豐城縣爲吳皋縣） 撫 袁 吉 虔 以上入吳

建（王審知改唐延平縣爲延平鎮） 汀 漳 泉 福（武威梁乾化元年升梅溪場爲閩清縣又改福唐縣爲永昌縣） 以上入閩

杭（鎮海錢鏐奏改臨安縣爲錦衣軍尋改爲安國縣又改新城縣爲新登縣唐山縣爲金昌縣以湖州武康蘇州嘉興二縣來屬又於嘉興置開元府割華亭海鹽二縣屬焉又割錢塘鹽官各半置錢江縣割富春二鄉入錢江又改富陽曰富春縣） 越（鎮東） 蘇（梁開平三年錢鏐奏置吳江縣） 湖（梁改長城縣爲長興縣）

溫（靜海錢鏐奏改樂成縣爲樂清縣） 台（德化錢鏐奏改樂安縣爲永安縣又改唐興縣爲天台縣） 明（開平三年錢鏐奏置望海縣又改鄮縣爲鄞縣） 處（錢鏐奏改松陽縣爲長松縣元瓘奏改白龍縣爲長） 衢（錢鏐奏改信安縣爲西安縣須江縣爲江山縣龍邱縣爲龍游縣） 婺（錢鏐奏改浦陽縣爲浦江縣復武成縣爲武義縣） 以上入吳越

荊（荊南梁以監利縣來屬） 入南平

金（武雄） 歸 峽 益（成都） 漢 彭（梁開平二年改永昌縣爲歸化縣） 蜀（析青城地置永康縣）

綿 眉 嘉 劍（劍南東川） 梓 遂（武信） 果 閬 普

陵 資 榮 簡 邛 黎 雅（永平） 維 茂 文 龍

黔（武泰） 施 夔（鎮江） 忠 萬 興 利（昭武） 開 通 涪

渝 瀘 合 昌 巴 蓬 集 壁 渠（梁置潾山縣） 戎

梁（山南西道） 洋（武定） 以上入蜀

潭（武安） 衡 澧 朗（武平） 岳 道 永 邵 辰 融 郴

連 昭 宜 桂（靜江梁開平元年復慕化縣爲歸化縣） 賀 梧 蒙

嚴 富 柳（梁置龍城縣） 象 以上入楚

容（寧遠） 邕（建武） 端 康 封（劉巖改封川縣爲封興縣廢開建縣併入封興） 恩 春

新 高（梁改茂名縣爲越裳縣） 竇 雷 化 韶 藤 白

廉 欽 廣（清海梁乾化中改州爲興王府改南海縣爲咸寧常康二縣） 橫 賓

潯 循（劉巖析循州置正州改羅陽縣爲博羅領歸善博羅海豐河源四縣徙循州治雷鄉領雷鄉齊昌二縣）

鬱林 瓊（省儋州之富羅縣併入臨高義倫二縣來屬） 崖（省瓊州之曾口顏羅二縣併入澄邁來屬）

儋 萬安（省富雲博遼二縣） 羅 潘 勤 瀧（改鎮南縣爲嶺南縣） 辨（梁改爲勤州尋復舊） 以上入南漢

欽定續通典卷一百二十一

欽定續通典卷一百二十二

州郡

五代後唐

晉發憤仇讐既克燕孽遂翦朱梁改晉稱唐又西并鳳翔南收巴蜀及同光之亂兩州復失東際於海南至淮漢西逾秦隴北盡燕代有州一百二十三按職方考莊宗初起并代取幽滄有州三十五後又取梁魏博等十有六州合五十一州以滅梁岐王稱臣得七州同光破蜀已而復失惟得秦鳳階成四州而營平二州已陷於契丹其增置州一合爲一百二十三州今考後唐以同光三年破蜀而孟知祥僭號在長興應順之閒是時山南諸州尙未盡入於蜀其僭有秦鳳階成四州葢石晉時事又考同光二年瓜沙入貢命權知歸義留後曹義金爲刺史節度使長興初涼州亦來附四年又置保順軍於洮州兼領鄯州是後唐所有州殆不僅如職方考所稱而已又職方考既云一百二十三州而譜內統營平二州爲一百二十五州似當刪去謹附識

洛　莊宗同光元年爲洛京三年復爲東都以避廟諱改福昌縣爲福慶縣復陽邑縣爲告成縣明宗天成中升新安縣爲次赤縣以奉莊宗陵按職方考但云唐爲洛京考本紀同光三年以洛京爲東都五代會要三年詳定院奏云近以中興大業以魏州爲東京權名東都爲洛京今後以洛京爲東都又輿地廣記以避諱改福昌縣爲福慶又告成縣天祐二年更名陽邑後唐復故會要又云天成中升新安縣爲次赤縣以奉莊宗陵今並據之

雍　同光三年廢永平軍額復爲西都復大安府爲京兆府大安縣爲長安縣大年縣爲萬年縣以乾州之好時武功醴泉同州之奉先四縣還屬按職方考不載縣名沿革考寰宇記好時縣唐昭宗乾寧中割屬威勝軍後唐天成三年還屬京兆武功縣乾寧中割屬威勝軍後唐同光中割屬鳳翔明宗長興元年卻還京兆醴泉縣乾寧中割屬威勝軍後唐同光中還屬京兆五代會要云奉先縣梁開平三年割隸同州後唐同光三年卻隸京兆府今並據之又按薛居正舊五代史莊宗本紀同光元年詔改永平軍大安府復爲西京京兆府謹附識

汴　同光元年復爲宣武軍節度二年改長垣縣爲匡城縣復戴邑縣爲考城縣按職方考不載復考城縣改長垣縣亦不言何年今並據五代會要

兗

沂

密　同光元年復安邱縣爲輔唐縣按同光元年據五代會要

青　改博昌縣爲博興縣按此據輿地廣記

淄

齊

棣　同光三年以滄州陽信縣來屬按此據寰宇記

登

萊　改昌陽縣爲萊陽縣按此據輿地廣記

徐

宿

鄆　改須昌縣爲須城縣按此據輿地廣記

曹　天成四年升濟陰縣爲次赤以奉景宗陵按此據五代會要

濮

宋　同光元年改歸德軍節度二年以汴州襄邑縣還屬按襄邑還屬據五代會要

亳　團練唐天祐二年以避梁王父諱改城父縣爲焦夷縣後唐同光元年復舊按此據新唐書及寰宇記

單　同光二年改輝州爲單州以兗州魚臺縣來屬按魚臺來屬據輿地考及寰宇記

潁

陳　同光二年以汴州太康縣還屬按同光二年據五代會要

蔡

許　同光元年復爲忠武軍節度二年以汴州鄢陵縣還屬改許昌縣爲許田縣按同光元年二年並據五代會要改許田縣據輿地廣記

汝　同光二年以許州之葉襄城二縣來屬按同光二年據五代會要

鄭　同光二年以汴州中牟縣還屬按同光二年據五代會要

滑　同光元年復爲義成軍節度二年以汴州酸棗縣還屬改靈昌縣爲靈河縣按同光元年二年並據五代會要改靈河縣據輿地廣記

襄

均

房

鄧　同光元年改威勝軍節度按同光元年據五代會要

隨　復漢東縣爲唐城縣

郢

唐　梁改爲泌州後唐同光初復舊

復

安　同光元年改安遠軍節度復應陽縣爲應城縣改孝昌縣爲孝感縣按方輿紀要唐天祐二年改應城縣爲應陽縣後唐復舊輿地廣記以避諱改孝昌縣爲孝感縣今並據之

申

蒲

孟

懷

晉　同光元年改建雄軍節度按同光元年據五代會要

絳　同光二年以河中府稷山縣來屬按同光二年據寰宇記

陝　同光元年復爲保義軍節度按同光元年據五代會要

虢

華　同光元年復爲鎮國軍節度按同光元年據寰宇記

商

同　復爲匡國軍節度廢裕州以美原來屬同光三年

以河中府澄城縣還屬天成元年以韓城郃陽二縣還屬按四縣割屬據五代會要

耀　同光元年復爲耀州改順義軍節度華原縣屬焉二年降爲團練三年以京兆府之富平三原雲陽同州之同官美原五縣來屬按降團練據五代會要富平三原雲陽三縣據輿地考及寰宇記

邠

寧

慶

衍

鄜　同光元年復坊州昭化縣爲鄜城縣還屬按此據五代會要

坊

丹

延　同光元年改彰武軍節度按同光元年據輿地考

夏

銀

綏

宥

靈

鹽

岐　唐末爲李茂貞所據後唐同光初始內附仍爲鳳翔軍節度按此據方輿紀要

隴　復華亭縣置義州按職方考不載置義州輿地廣記華亭縣唐憲宗元和三年省入汧源後唐復置兼置義州今據之

涇　平涼故屬涇州唐末渭州陷吐蕃權於平涼置渭州而廢縣後唐廢帝清泰三年以故平涼之安國耀武兩鎮置平涼縣

原　臨涇故屬涇州唐末原州陷吐蕃權於臨涇置原州而涇州兼治其民後唐清泰三年來屬

渭

武

秦　長興三年復置天水隴城二縣按輿地考以岐州清水來屬考新舊唐書並云清水縣宣宗大中二年權隸鳳翔三年來屬五代會要長興三年秦州奏見管長道成紀清水三縣外有十一鎮徵科並係鎮將今請以歸化清水五龍黃土四鎮就歸化鎮復舊置隴城縣赤砂染坊夕陽南治鐵務五鎮就赤砂鎮復舊置天水縣則清水自大中來屬以後並未有更改通考或傳寫誤也又唐書尚有上邽伏羌二縣會要不載其廢時他無可考今並附識

成　梁改爲汶州末帝貞明初地入於蜀後唐同光中復曰成州清泰三年置栗亭縣按改爲汶州據寰宇記清泰三年據五代會要

階　唐武州地改置階州後唐長興三年移就故武州爲理按此據寰宇記

鳳　唐屬山南西道節度蜀升爲武興軍節度後唐降爲防禦按此據寰宇記

乾　唐末李茂貞置治奉天縣後爲威勝軍節度後唐同光中改爲刺史屬鳳翔府按職方考不詳乾州沿革今據寰宇記又按新唐書京兆府奉天縣注乾寧二年以奉天縣置乾州及覃王出鎮又以畿內之好時武功盩厔醴泉隸之又鳳翔府盩厔縣注乾寧中隸乾州天復元年來屬則乾州自朱梁以來領奉天好時武功醴泉四縣後唐以好時武功醴泉還屬京兆是乾州僅領奉天縣也謹附識

魏　唐大名府天雄軍節度梁因之貞明末軍亂入於晉後唐同光元年莊宗卽位於此升爲東京改元城縣曰興唐縣貴鄉縣曰廣晉縣都督府曰興唐府以貝州臨清縣來屬又改昌樂縣爲南樂縣三年以洛京爲東都復改東京爲鄴都按職方考但云後唐建鄴都改興唐府考本紀云同光元年以魏爲東京三年改東京爲鄴都五代會要冊府元龜並云改元城爲興唐貴鄉爲廣晉輿地考云以貝州臨清來屬輿地廣記云改昌樂縣爲南樂今並據之又按五代會要長興三年中書門下奏據十道圖舊制以王者所都之地爲上本朝都長安遂以關內道爲上今宗廟宮闕皆在洛陽請以河南道爲上關內道第二河東道第三河北道第四劍南道第五江南道第六淮南道第七山南道第八隴右道第九嶺南道第十又奏案十道圖以關內爲上遂以鳳翔爲首河中成都江陵興元爲次中興初升魏州爲興唐府鎮州爲眞定府皆是創業興王之地請升二府於五府之上合爲七府仍以興唐爲首眞定鳳翔河中成都江陵興元爲次並從之謹附識

博　復魚邱縣爲高唐縣按此據寰宇記

貝

衞

澶

相　梁昭德軍節度後唐莊宗入魏卻爲屬郡仍隸魏州天雄軍復長平縣爲永定縣按此據寰宇記

邢

洺

磁　復曰磁州以邢洺磁三州爲安國軍節度

鎭　同光元年升爲北都尋罷都復爲成德軍節度復彰武縣爲行唐縣按此據本紀及寰宇記

冀　復蒲澤縣爲唐陽縣按此據寰宇記

深

趙

易

祁

定

滄　同光元年復爲橫海軍節度按此據五代會要

景

德　改平昌縣爲德平縣按此據輿地廣記

瀛

莫

幽 盧龍軍節度長興三年改北平縣爲燕平縣按改燕平縣據五代會要
涿
檀
薊
順
營
平 唐末劉仁恭以營平二州遺契丹後唐莊宗滅仁恭而取其地旣滅梁旋失之按此據輿地考
蔚 安邊縣唐肅宗至德中改興唐縣梁改隆化縣後唐復曰安邊又析置廣靈縣按此據方輿紀要
朔 振武軍節度
寰 本朔州馬邑縣晉王存勖於此置興唐軍天成初改置寰州領寰清縣按此據方輿紀要
雲 同光二年復爲大同軍節度以應州隸之按此據五代會要
應 唐屬大同軍節度天成四年以潛龍鄉里升州爲望州金城雁門爲望縣混源爲上縣寰清爲次縣置彰國軍以興唐軍爲寰州以隸之按此據五代會要
新 同光元年置威塞軍節度以嬀儒武三州隸之按隸三州據五代會要
嬀
儒
武 長興元年改爲毅州按此據輿地廣記
忻
代 雁門軍節度
嵐

石
憲
麟
府 唐末河西蕃界之地於此置府谷鎭麟州土人折太山折嗣倫代爲鎭將後唐莊宗以代北諸部屢爲邊患乃升府谷爲縣八年按後唐莊宗卽位僅紀同光四年而此云八年或卽其初稱唐天祐之八年也因係通考舊文姑仍存之謹附識麟州刺史折嗣倫男從阮招回紇歸國詔以府谷縣建府州按此據輿地考
并 同光元年建爲西京尋改爲北都其軍仍曰河東按職方考不載建西京考本紀同光元年以太原爲西京十一月以太原爲北都今據之
汾
慈 改吉昌縣爲吉鄉縣昌寧縣曰鄉寧縣按此據輿地廣記
隰
澤
潞 改安義軍節度復潞子縣爲潞城按職方考不載復潞城縣方輿紀要云潞城縣天祐二年更名潞子後唐復曰潞城今據之
沁
遼

附外屬州

揚 楚後唐天成三年升爲順化軍節度 泗置靜淮軍 滁 和 光 黃
舒 蘄 廬 壽後唐同光初復霍山縣爲盛唐縣 海 濠 潤 常
宣 歙 鄂同光初復臨夏縣爲唐年縣 昇 池改秋浦縣爲貴池縣至德縣爲建德縣 饒 信 江升蒲塘場爲德安縣 洪 撫置昭武軍節度 袁 吉
虔後唐長興二年升昭信軍節度 以上入吳
建王延翰改延平鎭爲永平鎭尋升爲龍津縣 汀 漳 泉後唐天成四年以唐大同場置同安縣長興四年以隋桃林場置桃源縣 福後唐同光元年復永昌縣爲福唐縣長興四年升州爲長樂府改福唐縣爲福清以羅源場爲永貞縣感德場爲寧德縣歸化場爲德化縣改閩縣爲長樂縣旋又改侯官縣爲閩興縣長樂縣爲侯官縣清泰二年復舊 以上入閩
杭後唐同光初復金昌縣爲唐山縣 越 蘇 湖 溫 台同光初復天台縣爲唐興縣 明 處 衢 婺 睦 以上入吳越
荆 歸 峽 以上入南平
金 益 漢 彭後唐同光初復歸化縣爲永昌縣 蜀 綿 眉 嘉
劍 梓 遂 果 閬後唐天成四年置保寧軍節度 普 陵 資
榮 簡 卭 黎 雅 維 茂 文 龍 黔
施 夔天成二年改曰寧江軍 忠 萬 興 利同光三年改爲益州又改益昌縣曰益光縣 開 通 涪 渝 瀘 合 昌 巴 蓬
集 壁 渠 戎 梁 洋 以上入後蜀
潭 衡 澧 朗 岳 道 永 邵 辰 融 郴改義昌縣爲郴義縣 連 昭 宜 桂後唐同光初復歸化縣爲慕化縣 賀 梧
蒙 嚴 富 柳 象 以上入楚
容 邕 端 康 封 恩後唐清泰元年升爲防禦州 春 新
高後唐同光初復越裳縣爲茂名縣 竇 雷 化 韶 藤 白 廉
欽 廣 橫 賓 潯 循 鬱林 英劉龑割廉州之湞陽置治湞陽 雄劉龑割韶州之保昌置治保昌 瓊 崖 儋 萬安 羅 潘
勤 瀧 辨 以上入南漢

州郡

五代晉

石敬瑭初爲後唐河東節度使廢帝淸泰三年移鎭鄆州拒命詔討之敬瑭求援於契丹契丹冊立敬瑭國號晉盡得後唐故地以燕雲十六州入於契丹後得蜀金州又增置威州有州一百有九

汴 高祖天福三年升爲東京復置開封府以開封浚儀爲赤縣餘爲畿縣復以酸棗中牟襄邑鄢陵太康五縣來屬並升爲畿縣 按分縣爲赤畿據五代會要及冊府元龜

洛 天福三年改爲西京

雍 天福三年廢唐西京爲晉昌軍節度改雍邱縣爲杞縣

兗

沂

密 天福七年以避國諱改輔唐縣爲膠西縣 按天福七年據五代會要

青 出帝開運元年降爲防禦與登萊淄並屬京以楊光遠叛命初平故也 按此據五代會要

淄

齊

棣

登

萊

徐

宿

鄆

曹 故屬宣武軍節度開運二年置威信軍

濮

宋

亳 防禦 按此據輿地考

單

潁

陳 天福六年升爲防禦開運二年置鎭安軍節度 按此據寰宇記及五代會要

蔡

許

汝

鄭

滑 以衛州黎陽縣來屬 按輿地考云以衛南縣屬滑州以衛州黎陽縣來屬職方考無衛南改屬之文於黎陽縣云故屬滑州晉割隸衛州新舊唐書黎陽縣並屬衛州寰宇記云通利軍本黎陽縣地唐屬衛州晉天福中割隸滑州疑職方考有誤今據改正

襄 天福七年降爲防禦直屬京所管均房二州割隸鄧州以安從進叛命初平故也 按此據五代會要

均

房

金 故屬山南東道節度唐末置戎昭軍已而廢之遂入於蜀晉天福四年置懷德軍尋罷 按天福四年據五代會要

鄧

隨 復唐城縣爲漢東縣

郢

唐 復爲泌州 按此據輿地考

復 天福五年升爲防禦改竟陵縣爲景陵縣 按防禦據輿地考及寰宇記

安 天福五年罷安遠軍爲防禦所管新州割隸許州以李金全叛命故也 按此據五代會要

申

蒲

孟

懷

晉

絳

陝

虢

華

商

同

耀

邠

寧

慶

衍

威 天福四年置割靈州之方渠寧州之木波馬嶺三鎭爲屬而治方渠隸靈武 按隸靈武據五代會要

鄜

坊

丹

延

夏

銀

綏

宥
靈
鹽
岐
隴
涇
原
渭 天福五年以涇州平涼縣來屬按此據寰宇記
武
秦
成
階
鳳
乾
魏 天福二年改興唐府爲廣晉府復興唐縣爲元城縣三年復升爲鄴都以廣晉元城兩縣爲赤縣其餘屬縣爲畿縣按復縣升縣據五代會要
博 改堂邑縣爲河清縣尋復舊改高唐縣爲齊城縣按此據方輿紀要
貝 天福三年置永清軍節度以博冀二州隸之按隸二州據五代會要
衞
澶 故屬天雄軍節度天福三年升爲防禦移理所於德勝軍九年建鎭寧軍節度以廣晉府之臨清濮州之濮陽二縣來屬又於頓邱縣置德清軍按升防禦屬二縣據五代會要及輿地考又輿地考於滑州下云以衞南縣屬澶州而他書無可互證未敢增入謹附識
相 天福三年置彰德軍節度以澶衞二州隸之按此據五代會要
洺
邢
磁
鎭 天福七年改爲恆州順德軍節度改行唐縣爲永昌縣以冀州堂陽縣來屬按改州縣名割屬堂陽據五代會要及寰宇記
冀
深
趙
易
祁
定 改唐縣爲博陵縣按此據寰宇記
滄
景
德 天福五年移就長河縣爲理所按此據輿地廣記
忻
代 改白鹿縣爲廣武縣按此據方輿紀要
嵐
石
憲
麟
府 按職方考晉置永安軍漢罷之周復考五代會要漢高祖天福十二年升爲永安軍節度隱帝乾祐三年降團練州周世宗顯德元年復舊軍額而輿地考亦云晉高祖賂契丹以雲中河西之地契丹欲遷西河之民以實遼東人心大擾折從阮因保險阨之少帝絕契丹詔折從阮出師從阮乃深入拔十餘砦漢時從阮歸命升府州爲永安軍周顯德元年復建府州爲節度仍以永安爲額是永安軍之置實在漢初職方考疑誤謹附識
幷 天福六年以沁遼二州還隸按此據五代會要
汾
慈
隰
澤
潞 天福五年復置昭義軍節度割沁遼二州隸之按此據五代會要
沁
遼 天福三年改置昭義軍節度於此兼領沁州四年廢按此據方輿紀要

附外屬州

瀛
莫 契丹於清苑縣置泰州晉開運元年克復泰州二年以滿城縣路當衝要宜立郡庭其泰州宜移理於滿城其舊泰州復爲清苑縣滿城所置泰州尋廢
幽 契丹改爲燕山府建爲燕京以轄檀順景薊涿易六郡號爲燕京路
涿
檀
薊
順
營
平 契丹改爲興遼府以營灤二州隸之號爲平州路
蔚
朔
雲 契丹號爲西京
應
新 契丹改爲奉聖州
嬀 契丹改爲可汗州
儒
武 契丹改爲歸化州
寰 以上入契丹
揚 南唐於天長縣置建武軍於六合縣置雄州
楚 按資治通鑑周顯德三年獲南唐漣州刺史秦進崇注唐蓋置州於漣水考唐志漣州太宗貞觀初廢是唐省而南唐復置也謹附識
泗
滁 南唐改永陽縣爲來安縣
和
光
黃
舒
蘄
廬 南唐置昭順軍
壽 清淮晉天福中改盛唐縣爲來化縣尋復舊
海
泰 南唐昇元元年升東都海陵縣爲州割鹽城泰興如皐興化爲屬又改吳揚子縣爲永正縣來隸
濠 南唐保大元年升爲安遠軍
潤
常 南唐於江陰縣置江陰軍
宜
歙
鄂 天福初改唐年縣爲臨江縣又升鮎魚場爲嘉魚縣升永安場爲永安縣案宋史地理志興國軍大治縣注云南唐縣自昇元中鄂州來隸是南唐鄂州有大冶縣也謹附識
昇 改爲建平軍保大初僑置和州於當塗謂之新和州尋改爲雄遠軍又改廣德縣爲廣德制置司復置蕪湖繁昌二縣又以池州義安舊縣置銅陵縣來屬
池 昇元二年升爲康化軍
饒 南唐置永平軍
信 昇元四年於弋陽上饒二縣析五鄉以爲場保大中升爲鉛山縣
江 昇元三年升赤烏場爲瑞昌縣保大中以彭澤二鄉析置湖口縣改潯陽縣爲德化縣又升唐東流場爲東流縣
洪 昇元中升靖安場爲縣仍析建昌奉新武寧三縣地以益焉又升瀟灘鎭爲清江縣不隸州
撫
袁
吉 保大元年析泰和縣四鄉置龍

泉埸後升爲縣　虔　劍保大三年於建州延平津置劍州改建州之龍津縣爲劍浦縣及汀州之沙縣來隸案職方考於州下注李景置三字今據南唐書增修　汀　建晉天福中爲閩置鎮安軍旋改爲鎮武軍以將樂縣置鏞州改邵武縣爲昭武縣南唐保大三年升爲永安軍節度　漳留從效南唐保大四年僞刺史董思安以其父名章改名南州　泉留從效晉天福三年改桃源縣爲永春縣八年以唐武安場置長泰縣　以上入南唐

福晉天福初閩改福清縣爲南臺縣以長樂縣爲安昌縣後復舊開運二年閩爲東都四年入於吳越　杭天福中改唐山縣爲橫山縣後復舊　越天福五年析剡縣十三鄉爲新昌縣改剡縣爲贍縣　蘇　湖

溫天福四年升爲靜海軍節度從錢元瓘請也　台天福七年改唐興縣爲台興縣　明　處

衢　婺天福四年升爲武信軍節度　睦　秀本蘇州嘉興縣地天福四年錢元瓘奏置秀州仍割嘉興海鹽華亭三縣並置崇德縣屬焉　以上入吳越

荊　歸　峽　以上入南平

益　漢晉天福初改金堂縣曰漢城縣後復故　彭天福初改永昌縣爲彭山縣後復故　蜀

綿　眉　嘉　劍　梓　遂　果　閬　普　陵

資　榮　簡　邛　黎　雅　維　茂　文　龍　黔

施　夔　忠　萬　興　利　開　通　涪　渝

瀘　合　昌　巴　蓬　集　壁　渠　戎　梁　洋

以上入後蜀

潭　衡晉省臨武縣　澧　朗　岳　道　永　邵　全馬希範置以潭州之湘川縣爲清湘縣又割灌陽縣爲屬而治清湘　辰　融　郴　連　昭

宜　桂以全義縣置溥州晉天福八年析靈川縣地爲義寧鎮後升爲縣馬氏奏置　賀　梧

蒙　嚴　富　柳　象　以上入楚

容　邕晉天福七年以避諱改爲誠州按晉高祖父名紹雍蓋避其嫌名也謹附識　端　康

封　恩　春　新　高　竇　雷　化　韶　藤

白　廉　欽　廣　橫　賓　潯　循　鬱林　英

雄　瓊　崖　儋　萬安　羅　潘　勤　瀧　辨

以上入南漢

欽定續通典卷一百二十三

欽定續通典卷一百二十四

州郡

五代 漢

晉高祖天福六年以劉知遠爲北京留守河東節度使自出帝立與契丹絕盟及契丹入汴知遠稱晉天福十二年以號令四方遠近爭應之契丹留其臣蕭翰守大梁遂北去時潞州及晉陝皆來附知遠遣師從晉陝而東蕭翰遁去河南遂定契丹適有內變晉之舊境悉歸于漢有州一百有六按職方考云一百六州而諸內乃一百十州考後蜀世家契丹滅晉漢高祖起於太原中國多故雄武軍節度使何建以秦成階三州附於蜀昶因遣孫漢韶攻下鳳州於是悉有王衍故地是秦成階鳳四州漢初即入蜀而職方考誤以爲漢有也今據刪正謹附識

汴 東京

洛 西京

雍 隱帝乾祐元年改爲永興軍節度其京兆府仍舊二年改商州乾元縣爲乾祐縣來屬復杞縣爲雍丘縣按乾祐元年二年據五代會要及寰宇記

兗

沂

密 防禦按此據輿地考

青 天福十二年復爲平盧軍節度按此據五代會要

淄

齊

棣

登

萊

徐

宿

鄆

曹 天福十二年廢威信軍降爲刺史按降爲刺史據五代會要

濮

宋

亳

單

潁 防禦按此據輿地考

陳 天福十二年廢鎮安軍降爲刺史按降爲刺史據五代會要

蔡 防禦按此據輿地考

許

汝

鄭

滑

襄 天福十二年復爲山南東道節度按此據五代會要

均

房

金 天福十二年降爲防禦按此據五代會要

鄧 乾祐元年以避廟諱改臨湍縣爲臨瀨縣按乾祐元年據五代會要

隨 復漢東縣爲唐城縣

郢

唐 復泌州爲唐州按此據寰宇記

復

安 天福十二年復置安遠軍節度按天福十二年據五代會要

申

蒲

孟

懷

晉

絳

陝

虢

華

商

同

耀

解 乾祐元年九月置割河中之聞喜安邑二縣爲屬而治解按此據五代會要及輿地考

郊

寧

慶

衍

威

鄜

坊

丹

延

夏

銀

綏

宥

靈

鹽

岐

隴
涇
原
渭
武
乾
魏　乾祐元年復爲大名府以廣晉縣爲大名縣仍曰鄴都
博　改齊城縣爲高唐縣按此據方輿紀要
貝
衞
澶　乾祐元年移就德勝寨按此據寰宇記
相
邢
洺
磁
鎭　天福十二年復爲成德軍節度眞定府以趙州之元氏欒城二縣來屬復永昌縣爲行唐縣按屬縣改隸據五代會要及寰宇記
冀
深
趙
易
祁
定　復博陵縣爲唐縣按此據寰宇記
滄
景

德
忻
代
嵐
石
憲
麟
府　天福十二年升永安軍節度乾祐三年降爲團練按此據五代會要及輿地考
并　天福十二年高祖卽位于太原宮以太原爲北京按此據本紀及冊府元龜
汾
慈
隰
澤
潞
沁
遼

附外屬州

瀛　莫　幽　涿　檀　薊　順　營　平　蔚　朔
雲　應　新　嬀　儒　武　寰　以上入契丹
揚　楚　泗　滁　和　光　黃　舒　蘄　廬　壽
海　泰　濠　潤　常　宣　歙　鄂　昇　池
饒　信　江　洪　撫　袁　吉南唐保大八年割廬陵水東十一鄉置吉水縣
虔　建復以鐔州爲將樂縣昭武縣爲邵武縣　汀　劒漢乾祐元年以建州永順場置順昌縣來隸又取福州之尤溪縣來隸　漳留從効　泉留從効乾祐二年升爲清源軍　以上入南唐

福　杭　越　蘇　湖　温　台　明　處　衢　婺
睦　秀　以上入吳越
荊　歸　峽　以上入南平
秦　成　階　鳳　益　漢　彭　蜀　綿　眉　嘉
劒　梓　遂　果　閬　普　陵　資　榮　簡
邛　黎　雅　維　茂　文　龍　黔　施　夔　忠
萬　興　利　開　通　涪　渝　瀘　合　昌
巴　蓬　集　壁　渠　戎　梁　洋按秦成階鳳四州據後蜀世家
以上入蜀
潭漢乾祐三年馬希範置龍喜縣　衡　澧　朗　岳　道　永　邵
全　辰　以上入楚
融　郴　連　昭　宜　桂　賀　梧　蒙　嚴　富
柳　象　容　邕　端　康　封　恩　春　新
高　竇　雷　化　韶　藤　白　廉　欽　廣　橫
賓　潯　循　鬱林　英　雄　瓊　崖　儋　萬
安　羅　潘　勤　瀧　辨　以上入南漢

欽定續通典卷一百二十四

欽定續通典卷一百二十五

州郡

五代周

漢隱帝乾祐三年以郭威爲鄴都留守天雄軍節度使會漢主誅僇大臣并及於威威遂舉兵趨汴尋卽帝位代漢稱周世宗奮其雄略西克階成南收江北北蕒三關有州一百十有八

汴 東京

洛 西京省告成縣入登封按省告成縣據方輿紀要

雍 太祖廣順元年降京兆府同五府長安萬年縣爲次赤縣按此據五代會要

兗 廣順二年罷泰寧軍降爲防禦以慕容彥超叛命初平故也按此據五代會要

沂

密

青

淄

齊

棣

登

萊

徐

宿

鄆 廣順二年以兗州中都縣來屬按此據五代會要

曹 廣順二年升爲彰信軍節度以鄆州隸之按隸鄆州據五代會要

濮

濟 廣順二年九月以鄆州鉅野縣置割兗州任城中都單州金鄉等縣隸之十二月又割鄆州鄆城縣隸之中都縣卻隸鄆州按此據五代會要

宋

亳

單

潁 廣順二年復爲團練按此據寰宇記

陳 廣順元年升爲防禦二年復爲鎭安軍節度以潁州隸之按升防禦隸潁州據五代會要

蔡 升爲防禦按此據寰宇記

許

汝 世宗顯德三年廢臨汝縣按此據五代會要

鄭

滑

襄 顯德六年廢樂鄉縣入宜城縣按廢樂鄉據五代會要

均

房

金

鄧 廣順二年以避諱改爲武勝軍節度顯德三年廢菊潭向城二縣按此據五代會要

隨

郢

唐 顯德三年廢慈丘縣按顯德三年據五代會要

復

安 顯德元年廢安遠軍降爲防禦以沔州汊川縣來屬按降爲防禦據五代會要

申

蒲

孟

懷

晉

絳

陜

虢

華 顯德元年罷鎭國軍降爲刺史直屬京三年以雍州渭南縣來屬按此據五代會要

商 以華州洛南縣來屬

同 廣順二年廢匡國軍降爲刺史按此據寰宇記

耀 顯德二年罷順義軍降爲刺史直屬京按此據五代會要

環 廣順二年改威州曰環州顯德四年降爲通遠軍

邠 顯德五年廢衍州爲安平縣來屬尋屬寧州按此據五代會要及寰宇記

寧 以邠之安平縣來屬按此據寰宇記

慶 廢延慶合水二縣

解

鄜 顯德三年廢咸寧縣按顯德三年據五代會要及寰宇記

坊

丹

延

夏

銀

綏

宥

靈

鹽
岐
隴
涇
原
渭　顯德五年廢武州爲潘原縣來屬（按此據五代會要）
秦
成
階　晉末契丹內侵秦成階三州叛入蜀周顯德二年階州歸順（按此據寰宇記）
鳳　顯德六年以固原鎭置雄勝軍（按此據五代會要）
乾
魏　顯德元年廢鄴都依舊爲天雄軍以貝州之永濟宗城徑城相州之內黃咸安洹水博州之淸平七縣來屬其大名府額仍列在京兆府之下（按此據輿地考及寰宇記）
博　顯德三年廢武水縣入聊城（按顯德三年據五代會要）
貝　顯德元年降爲防禦（按此據五代會要）
澶
衞
相
邢
洺
磁
鎭
冀　以堂陽縣還屬（按此據五代會要及寰宇記）
深　置靜安軍節度以冀州武強縣來屬（按此據寰宇記）
趙
易
祁
定　顯德四年以深州博野縣來屬（按此據五代會要寰宇記以爲六年與此異）
滄　顯德二年廢景州爲定遠軍以縣來屬三年廢長蘆乾符二縣入淸池五年以無棣縣置保順軍六年併弓高縣入東光（按此據五代會要）
德　顯德二年廢景州爲定遠軍割其屬安陵縣來屬（按此據五代會要）
濱　顯德三年置以其濱海爲名初五代之際置榷貨場於海傍後爲贍國軍周因置州割棣州之渤海蒲臺爲屬而治渤海
瀛
莫
雄　顯德六年克瓦橋關置州治歸義割易州之容城爲屬
霸　顯德六年克益津關置州治永淸割莫州之文安瀛州之大城爲屬
府　顯德元年復爲永安軍節度（按顯德元年據五代會要）
慈　顯德三年廢仵城呂鄉二縣
隰
澤
潞
揚　唐大都督府淮南節度吳改江都府置興化縣南唐以興化屬泰州又升天長縣爲軍六合縣爲雄州周復故
楚　吳順化軍節度周顯德五年降爲防禦
泗　唐末爲楊行密所據周世宗伐南唐而取之
滁
和
光
黃
舒
蘄
廬　吳昭順軍節度周世宗克淮南置保信軍（按寰宇記作後唐昭順軍當是先屬吳繼屬南唐寰宇記訛爲後唐耳）
壽　唐忠正軍節度南唐改曰淸淮周世宗平淮南復曰忠正顯德三年降爲防禦四年移治潁州下蔡縣仍以爲倚郭以舊壽州爲壽春縣（按降防禦移治改縣據五代會要及寰宇記）
海
泰　本唐揚州海陵縣南唐置州以揚州之興化楚州之鹽城來屬周爲團練（按此據輿地考）
濠
通　唐海陵之東境南唐置靜海制置院周世宗克淮南升爲靜海軍節度後置通州分其地置靜海海門二縣爲屬而治靜海

附外屬州

幽　涿　檀　薊　順　營　平　蔚　朔　雲　應
新　嬀　儒　武　寰　以上入契丹
忻　代　嵐　石　憲　麟　并　汾　沁　遼（按宋史地理志平太原得州十軍一無麟州有隆州又有寶興軍與職方考異謹附識）　以上入東漢
潤　常　宣　歙　鄂（唐沔州廢入鄂州周顯德五年平淮南以漢陽汊川隸安州以漢陽縣置漢陽軍仍析漢陽地置漢川縣以屬焉）　昇　池　饒　信　江　洪（南唐交泰二年建爲南都南昌府）　撫　袁　吉　虔（南唐保大十一年析信豐縣置龍南

縣析虔化石城場置石城縣又升上猶場爲上猶縣　筠保大十年李景分洪州高安縣置州以清江萬載上高爲屬而治高安　建周顯德五年升歸化場爲歸化縣又升松源鎮爲松源縣　汀　劍　漳留從劾　泉留從劾周顯德二年以唐小溪場置清溪縣按宋史地理志平江南得州一十九無漳泉二州而職方考統二州爲二十一州蓋其時二州爲留從劾所據僅羈屬南唐非能實有其地也謹附識

以上入南唐

福周廣順元年升爲彰武軍　杭　越　蘇　湖周顯德六年升爲宣德軍　溫　台

明　處　衢　婺　睦　秀　以上入吳越

荊　歸　峽　以上入南平

益　漢　彭　蜀　綿　眉　嘉　劍　梓　遂　果

閬　普　陵　資　榮　簡　邛　黎　雅　維

茂　文　龍　黔　施　夔　忠　萬　興　利　開

通　涪　渝　瀘　合　昌　巴　蓬　集　壁

渠　戎　梁　洋　以上入蜀

潭　衡　澧　朗　岳　道　永　邵　全　辰按宋史地理志平湖南得州十五曰朗澧潭岳衡永辰道邵全獎誠錦溪敘得監一曰桂陽職方考不載獎誠以下各州疑有遺漏謹附識　以上入周行逢

融　郴　連　昭　宜　桂　賀　梧　蒙　嚴　富

柳　象　容　邕　端　康　封　恩　春　新

高　竇　雷　化　韶　藤　白　廉劉鋹增置常樂州　欽

廣　橫　賓　潯　循劉鋹升齊昌縣爲府　鬱林　英　雄　瓊

崖　儋　萬安　羅　潘　勤　瀧　辨按唐末嶺南道有州七十南漢時惟交武峩龍環瀼嚴古愛長驩峯湯十二州沒於安南南漢僭位除增置英雄二州外又析循州置正州析潮州置敬州後又析廉州置常樂州析循州置齊昌府宋史地理志云平廣南得州六十疑南漢所有實不僅四十七州而職方考或有遺漏謹附識

以上入南漢

欽定續通典卷一百二十五

欽定續通典卷一百二十六

州郡

宋
（京畿路　京東路　京西路　河北路　河東路）

宋初有州百一十一縣六百三十八（按輿地考云宋太祖受周禪凡州府軍監一百三十九縣六百六十一與宋史異謹附識）太祖建隆四年取荊南得州府三（江陵府歸峽）縣一十七平湖南得州一十五監一（潭衡邵郴道永全岳澧朗獎辰錦溪敘桂陽監）縣六十六乾德三年平蜀得州府四十六（益彭眉嘉邛蜀綿漢資簡梓遂黎雅陵戎瀘維茂昌榮果閬渠合龍普利興文巴劍蓬壁夔忠萬集開渝涪黔施達洋興元府）縣一百九十八（按輿地考作縣二百四十與宋史異謹附識）開寶四年平廣南得州六十（廣詔潮循封端英連雄恭惠康恩春瀧勤新高潘雷羅辨桂賀昭梧蒙龔象富融宜柳嚴思唐邕澄貴巒橫賓欽潯容牢白廉黨繡鬱林藤竇義禺順瓊崖儋萬安振）縣二百一十四八年平江南得州一十九軍三（昇宣歙池洪潤常鄂筠饒信虔吉袁撫江汀建劍江陰雄遠建昌）縣一百八太宗太平興國三年陳洪進獻地得州二（漳泉）縣十四錢俶入朝得州十三軍一（杭蘇越湖衢婺台明溫秀睦福處衣錦）縣八十六四年平太原得州十軍一（并汾嵐憲忻代遼沁隆石寶興）縣四十（按輿地考作縣四十一與宋史異謹附識）七年（按宋史本紀李繼捧獻地係太平興國七年事志作五年誤謹改正附識）李繼捧來朝得州四（夏銀綏宥雍熙元年復以四州授繼捧自後不復領職方按陝西路有綏德軍即綏州熙寧三年收復隸延州元符二年改為軍又有銀州銀川城俱詳見史志是綏州銀州復領職方所不領者夏州宥州耳註未晰謹附識）載縣八是時天下既一未入職方氏者惟燕雲十六州至道三年分天下為十五路仁宗天聖析為十八神宗元豐又析為二十三曰京東東西曰京西南北曰河北東西曰永興曰秦鳳曰河東曰淮南東西曰兩浙曰江南東西曰荊湖南北曰成都梓利夔曰福建曰廣南東西徽宗崇寧四年復置京畿路大觀元年別置黔南路三年并黔南入廣西以廣西黔南為名四年仍舊為廣南西路宣和四年又置燕山府及雲中府路天下分路二十六大約繇建隆初訖英宗治平末州郡沿革無大增損神宗熙寧以來始務闢土而种諤取綏州韓絳取銀州王韶取熙河章惇取懿洽謝景溫取徽誠熊本取南平郭逵取廣源最後李憲取蘭州沈括取葭蘆米脂浮圖安疆等砦迨哲宗元祐後以葭蘆等四砦給賜夏人而分畫久不能定紹聖遂罷分畫督諸路各乘勢攻討進築凡陝西河東建州一（西安）軍二（晉寧綏德）關三（龍平會寧金城）城九（安西平夏威戎興平定邊威羌金湯白豹會川）砦二十八（平羌平戎殄羌暖泉米脂克戎安疆橫山綏遠寧羌靈平高平西平新泉盪羌通陝天都臨羌定戎龕谷大和通秦寧河彌川寧遠神泉烏龍按注內僅列二十七砦於數不合疑有脫誤）堡十（開光通塞石門通會大和通秦寧河彌川寧川三交）又取青唐（鄯）邈州（湟）寧塞（廓）龍支（宗哥）等城徽宗建中靖國時悉還吐蕃故壤崇寧中變前議蔡京任童貫王厚更取湟鄯廓三州二十餘壘陶節夫鍾傳邢恕胡宗回曾孝序之徒又相與鑿空駕虛馳騖於元符封域之表訖於重和復立靖夏（涇原）制戎（鄜延）制羌（西寧）三城蓋自崇寧以來益梓夔黔廣西荊湖南北迭相覦效斥大土宇靡有寧歲凡所建州軍關城砦堡紛然莫可勝紀厥後建燕山雲中兩路粗閱三歲禍變旋作職方所紀漫不可考高宗南渡駐蹕吳會中原陝右盡入於金東畫長淮西割商秦之半以散關為界其所存者兩浙兩淮江東西湖南北西蜀福建廣東廣西十五路而已今據宋史元豐所定并京畿為二十四路首之以京師終之以燕雲宋之土宇大略著見矣

京畿路仁宗皇祐五年以京東之曹州京西之陳許鄭滑州為輔郡隸畿內并開封府合四十二縣置京畿路至和二年詔京畿毋領輔郡崇寧四年又於京畿四面置四輔郡潁昌府為南輔鄭州為西輔澶州為北輔建拱州於開封襄邑縣為東輔並屬京畿大觀四年罷四輔廢拱州復以襄邑縣隸開封府政和四年襄邑縣復置拱州並以潁昌府鄭州開德府復為東南西北輔宣和二年罷四輔潁昌府鄭州開德府各還舊隸拱州隸京東西路舊開封府界依舊為京畿

開封府宋因周之舊為都曰東京縣十六開封（赤）祥符（赤東魏浚儀縣宋真宗大中祥符三年改）尉氏（畿）陳留（畿）雍邱（畿）封邱（畿）中牟（畿）陽武（畿）延津（畿舊酸棗縣政和七年改）長垣（畿隋匡城縣宋建隆元年改為鶴邱後又改）東明（畿本東昏鎮乾德元年置按太平寰宇記東明鎮在東昏城之東建隆四年於本鎮置縣仍以東明為名與宋史異謹附識）扶溝（畿）鄢陵（畿）考城（畿崇寧四年與太康同隸拱州大觀四年廢拱州二縣復來隸）太康（畿宣和二年復隸拱州六年仍隸京畿）咸平（畿舊通許鎮隸陳留真宗咸平五年置縣）

京東路至道三年以應天兗徐曹青鄆密齊濟沂登萊單濮濰淄淮陽軍廣濟軍清平軍宣化軍萊蕪監利國監為京東路熙寧七年分為東西兩路以青淄濰萊登密沂徐州淮陽軍為東路鄆兗齊濮曹濟單州南京為西路元豐元年割京西路齊州屬東路割東路徐州屬西路元祐元年京東東路京東西路並為京東路京西南路京西北路並為京西路其後仍分為兩路

東路府一州七軍一縣三十八

青州（望）北海郡（按輿地廣記云北海郡政和元年改為齊郡宋史不載疑係脫略謹附識）鎮海軍節度建隆三年以北海縣置軍太宗淳化五年改軍名仁宗慶曆三年初置京東東路安撫使縣六益都（望）壽光（望）臨朐（望）博興（上）千乘（上）臨淄（上）

密州（上）高密郡（按宋史闕郡名今據王存元豐九域志增入）防禦開寶五年升為安化軍後降防禦六年復為節度縣五諸城（望）安邱（望唐輔唐縣梁改安邱縣晉改膠西縣宋開寶四年復今名）莒（望）高密（上）膠西（元祐

三年以板橋鎮爲膠西縣兼臨海軍使又案膠西宋史闕註望緊等字謹仍其舊後凡闕註者皆倣此

濟南府上　濟南郡興德軍節度按李攸宋朝事實治平二年升爲興德軍節度宋史脫去升建年分謹附識本齊州按齊州宋史誤作濟州考濟州自屬西路此當作齊州今據輿地廣記元豐九域志諸書改正先屬京東路咸平四年廢臨濟縣元豐元年割屬京東東路政和六年升爲府縣五歷城緊禹城上章丘中眞宗景德三年以章丘縣置淸平軍熙寧二年廢軍卽縣治置軍使按宋朝事實咸平四年省臨濟縣入章丘宋史不載謹附識長淸中至道二年徙城于刺榆臨邑中建隆元年河決公乘渡口壞城三年移治孫耿鎮政和元年升爲望

沂州上　瑯琊郡防禦縣五臨沂望承望沂水望費望新泰中

登州上　東牟郡防禦縣四蓬萊望文登中黃望牟平緊有乳山閶家口二砦

萊州中　東萊郡防禦縣四掖望萊陽望膠水望卽墨中

濰州上　團練建隆三年以青州北海縣建爲北海軍乾德二年升爲州按輿地廣記政和元年曰北海郡宋史未詳謹附識縣三北海望昌邑望本隋都昌縣後廢建隆三年置按宋朝事實建隆三年析北海縣地置昌邑縣與宋史異謹附識昌樂緊本唐營丘縣後廢宋乾德中復置安仁縣後又改

淄州上　淄川郡軍事縣四淄川望長山中鄒平中下景德元年移治濟陽廢縣高苑下景德三年以縣置宣化軍熙寧三年廢軍爲縣隸州卽縣治置軍使

淮陽軍同下州　太平興國七年以徐州下邳縣建爲軍幷以宿遷縣來屬縣二下邳望宿遷中

西路府四州五軍一縣四十三

應天府河南郡歸德軍節度本唐宋州宋至道中爲京東路景德三年升爲應天府大中祥符七年建爲南京熙寧五年分屬西路按宋志京東路稱熙寧七年分鄆兗齊濮曹濟單南京爲西路此云大中祥符七年建爲南京熙寧五年分屬西路前作熙寧七年此作五年彼此互異謹附識縣六寧陵畿與楚丘同隸拱州大觀四年復來隸政和四年又撥隸拱州宣和六年復來隸宋城赤穀熟畿下邑畿楚丘畿虞城畿

襲慶府魯郡泰寧軍節度按輿地廣記唐泰寧軍周降爲防禦宋建隆元年復泰寧軍宋史未詳謹附識本兗州大中祥符元年升爲大都督政和八年升爲府縣七瑕上大觀四年以瑕丘縣爲瑕縣奉符上本漢乾封縣宋開寶五年移治岱岳鎮大中祥符元年改按漢乾封縣據輿地廣記當云漢博縣唐高宗乾封元年更名乾封縣泗水上龔上大觀四年以龔丘縣爲龔縣仙源中魏曲阜縣宋大中祥符五年改按方輿紀要云漢置魯縣晉爲魯郡治宋及後魏因之隋文帝開皇三年改縣曰汶陽十六年又改曰曲阜則是曲阜之名隋始有之注云魏曲阜縣魏字疑誤謹附識萊蕪中鄒下熙寧五年省爲鎮入仙源元豐七年復監一萊蕪冶主鐵

徐州大都督彭城郡武寧軍節度本屬京東路元豐元年割屬京東西路縣五彭城望沛望蕭望滕緊豐緊監二寶豐元豐六年置鑄銅錢八年廢利國冶主鐵

興仁府輔　濟陰郡彰信軍節度本曹州建中靖國元年改賜軍額曰興仁崇寧元年升爲府大觀二年以拱州爲東輔升督府政和元年罷督府復爲輔郡縣四濟陰望宛亭望元祐元年改宛句縣爲宛亭按輿地廣記大觀二年改爲宛亭縣與宋史異謹附識乘氏緊南華上

東平府東平郡天平軍節度本鄆州慶曆三年初置京東西路安撫使大觀元年升大都督府政和四年移安撫使於應天府宣和元年改爲東平府縣六須城望陽穀望中都緊壽張上東阿緊平陰上監一東平宣和三年置政和三年罷

濟州上　濟陽郡防禦縣四鉅野望任城望金鄉望鄆城望

單州上　碭郡建隆元年升爲團練縣四單父望碭山望成武緊魚臺上

濮州上　濮陽郡團練縣四鄄城望雷澤緊臨濮上范上

拱州保慶軍節度本開封府襄邑縣崇寧四年建爲州賜軍額爲東輔以開封之考城太康南京之寧陵楚丘柘城來隸大觀四年廢拱州復爲襄邑縣還隸開封政和四年復爲州又復爲輔郡宣和二年罷輔郡仍隸京東西路以襄邑太康寧陵爲屬縣六年又以寧陵歸南京太康歸開封復割柘城來屬縣二襄邑按此似亦畿縣史失注柘城畿

廣濟軍本漢定陶縣唐爲鎮隸曹州按本漢定陶縣以下據輿地考增入宋太平興國二年建爲軍四年割曹澶濮濟四州地復置縣隸焉熙寧四年廢軍以縣隸曹州元祐元年復爲軍縣一定陶上

京西路舊分南北兩路後併爲一路熙寧五年復分南北兩路

南路府一州七軍一縣三十一

襄陽府望　襄陽郡山南東道節度本襄州宣和元年升爲府縣六襄陽緊鄧城望穀城緊宜城中中盧中下隋義淸縣宋太平興國元年改紹興五年省入南漳南漳中下

鄧州望　南陽郡武勝軍節度舊爲上郡政和二年升爲望郡建隆初廢臨瀨縣按宋朝事實建隆初廢臨瀨縣入穰縣宋史未詳謹附識縣五穰上南陽中下慶曆四年廢方城縣爲鎮入焉元豐元年改爲縣隸唐州內鄉中下淅川中下按淅川縣宋史失載今據輿地廣記增入順陽中下太平興國六年升順陽鎮爲縣

隨州上　漢東郡崇信軍節度乾德五年升爲崇義軍節度太平興國元年改今名縣三隨上熙寧元年廢光化縣爲鎮入焉唐城中下棗陽中下

金州上　安康郡乾德五年改昭化軍節度按宋朝事實改節度下有復爲防禦四字謹附識縣五西城下洵陽中乾德四年廢洧陽縣入焉按洧陽當作淯陽漢陰中石泉下平利下熙寧六年省爲鎮入西城元祐復

房州下房陵郡保康軍節度開寶中廢上庸永淸二縣按元豐九域志廢上庸永淸二縣併歸竹山宋史未詳謹附識雍熙三年升爲軍縣二
房陵上竹山下
均州上武當郡武當軍節度本防禦乾德六年移入上州防禦宣和元年賜軍額縣二武當上鄖鄉上按輿地廣記乾德六年廢豐利縣入鄖鄉宋史不載謹附識
郢州上富水郡防禦縣二長壽上京山下
唐州上淮安郡建隆元年升爲團練開寶五年廢平氏縣縣五泌陽中下湖陽中下有銀場比陽中下桐栢下方城下後魏縣慶厤四年廢爲鎭入鄧州南陽縣元豐元年後爲縣隸州
光化軍同下州乾德二年以襄州陰城鎭建爲軍析穀城縣三鄉置乾德縣隸焉熙寧五年廢軍改乾德爲光化縣隸襄州元祐初復縣一乾德望
北路府四州五軍一縣六十三
河南府洛陽郡宋因梁晉之舊爲西京熙寧五年分隸京西北路縣十六河南赤洛陽赤熙寧五年省入河南元祐二年復永安赤奉陵寢景德四年升鎭爲縣偃師畿慶厤二年廢四年復熙寧五年省入緱氏八年復置省緱氏爲鎭隸焉潁陽畿慶厤二年廢四年復熙寧五年省入登封元祐二年復置按輿地廣記洛陽偃師潁陽三縣皆云熙寧入年省與宋史異謹附識鞏畿密畿崇寧四年割隸鄭州宣和二年還隸府新安畿福昌畿熙寧五年省入壽安元祐元年復爲縣伊陽畿熙寧二年割欒川治鎭入虢州盧氏縣五年廢伊闕縣爲鎭入河南六年改隸伊陽澠池畿仁宗景祐四年改鐵門鎭曰延禧永寧畿長水畿壽安畿慶厤二年廢爲鎭四年復河淸畿開寶元年移治白波鎭熙寧八年置鐵監登封畿監一阜財熙寧七年置鑄銅錢
潁昌府次府許昌郡忠武軍節度本許州元豐三年升爲府崇寧四年爲南輔大觀四年罷輔郡政和四年復爲輔郡宣和二年復罷輔郡依舊隸京西北路縣七長社次赤熙寧四年省許田縣爲鎭入焉郾城次畿陽翟次畿長葛次畿臨潁次畿舞陽次畿郟中元隸汝州崇寧四年來隸
鄭州輔滎陽郡奉寧軍節度熙寧五年廢州以管城新鄭隸開封府省滎陽滎澤爲鎭入管城原武縣爲鎭入陽武元豐八年復州元祐元年還舊節度崇寧四年建爲西輔大觀四年罷輔郡政和四年又復宣和二年又罷按宋史於鄭州稱輔是終爲輔郡矣宣和二年又罷之後不知何年又復史無明文疑有脫略縣五管城望滎澤中原武上新鄭上滎陽緊按以上五縣及滑州所領之縣通考俱入開封
滑州輔靈河郡太平興國初改武成軍節度熙寧五年廢州縣並隸開封府元豐四年復元祐元年還舊節度縣三白馬中熙寧三年廢靈河縣隸焉按輿地廣記治平三年省靈河縣入白馬與宋史異謹附識韋城望昨城緊按昨城當是胙城
孟州望河陽三城節度政和二年改濟源郡縣六河陽望濟源望溫望汜水上熙寧五年省入河陰元豐二年復置大中祥符四年改武牢關曰行慶河陰中王屋中熙寧五年自河南來隸按輿地廣記王屋縣慶厤三年來屬與宋史異謹附識
蔡州緊汝南郡淮康軍節度按宋朝事實景祐二年升淮康軍節度宋史脫去升建年分謹附識縣十汝陽上上蔡上新蔡中褒信中遂平中新息中確山中隋朗山縣宋大中祥符五年改眞陽中西平中平輿中
淮寧府輔淮陽郡鎭安軍節度本陳州政和三年改輔爲上宣和元年升爲府縣五宛丘緊項城上商水中按宋朝事實建隆元年改溵水縣爲商水縣宋史未詳謹附識西華中南頓中熙寧六年省爲鎭入商水項城二縣元祐元年復
順昌府上汝陰郡舊防禦後爲團練本潁州開寶六年復爲防禦元豐二年升順昌軍節度政和六年改爲府縣四汝陰望開寶六年移治於州城東南十里泰和望按輿地廣記開寶六年析汝陰之百尺鎭置萬壽縣輿地考萬壽縣注云宣和後改爲泰和縣宋史未詳謹附識潁上緊沈丘緊
汝州輔臨汝郡陸海軍節度本防禦政和四年賜軍額縣五梁中襄城緊葉上魯山中寶豐中舊名龍興熙寧五年省爲鎭入魯山元祐元年復宣和二年改爲寶豐縣
信陽軍同下州唐義陽郡本申州開寶九年降爲義陽軍廢鍾山縣按宋朝事實開寶九年省鍾山縣入義陽宋史未詳謹附識太平興國元年改爲信陽軍縣二信陽中下按輿地廣記太平興國元年改義陽縣爲信陽縣宋史未詳謹附識羅山中下開寶九年廢太宗雍熙二年復置
河北路舊分東西兩路後併爲一路熙寧六年再分爲兩路
東路府三州十一軍五縣五十七按東路府州軍共領縣五十六史作五十七誤
大名府魏郡慶厤二年建爲北京八年始置大名府路安撫使統北京澶懷衞德博濱棣通利保順軍熙寧六年分屬河北東路縣十二元城赤熙寧六年省大名縣爲鎭入焉莘畿大名次赤熙寧六年省入元城紹聖二年復政和六年徙治南樂鎭內黃畿成安畿熙寧六年省洹水縣爲鎭入焉魏次畿館陶畿熙寧五年省永濟縣爲鎭入焉尋以永濟改隸臨清縣臨淸次畿夏津畿淸平畿宋初自博州來隸熙寧二年又割博平縣明靈砦隸焉本縣移置明靈冠氏畿宗城畿熙寧五年省臨淸縣爲鎭入焉當年復舊六年又省經城縣爲鎭入焉
開德府上澶淵郡鎭寧軍節度本澶州崇寧四年建爲北輔五年升爲府按輿地廣記大觀元年升開德府與宋史異謹附識宣和二年罷輔郡仍隸河北東路縣七濮陽中觀城望皇祐元年省入濮陽頓丘四年復置按輿地廣記雍熙四年省臨黃縣入觀城宋史不載謹附識臨河緊淸豐中慶厤四年徙淸豐縣治德淸軍卽縣置軍使隸州熙寧六年省頓丘縣入淸豐衞南中朝城畿舊隸大名府崇寧四年與南樂同來隸南樂畿德淸軍見上
滄州上景城郡橫海軍節度縣五淸池望熙寧四年省饒安縣爲鎭入淸池有乾符巷姑三女泥姑小南河五砦政和二年改巷姑曰海淸三女曰三河泥姑曰河平按元豐九域志熙寧五年省饒安縣與宋史異謹附識無棣望治平中徙無棣縣治保順軍卽縣治置軍使隸州鹽

山緊 樂陵緊熙寧二年徙治咸平鎮 南皮中熙寧六年省臨津縣入焉 保順軍周置軍於滄州無棣縣南三十里宋開寶三年又以滄棣二州界保順吳橋二鎮之地益焉仍隸滄州

冀州上信都郡舊團練慶曆八年升安武軍節度縣六信都望 蓨上 南宮上皇祐四年升新河鎮為縣廢南宮六年省新河為鎮入焉 按宋史既稱皇祐四年廢南宮而又有六年省新河為鎮入之語疑六年復置南宮故仍省新河以入之但據輿地廣記又稱皇祐四年省堂陽縣入南宮則似並未嘗廢而輿地考稱堂陽縣元豐間省為鎮又與輿地廣記互異謹附識 棗強上熙寧元年省為鎮入信都十年復置 武邑上 衡水中

河間府上河間郡瀛海軍節度本瀛州防禦至道三年以高陽隸順安軍舊名關南太平興國元年改名高陽關慶曆八年始置高陽關路安撫使統瀛莫雄貝冀滄永靜保定乾寧信安十州軍大觀二年升為府賜軍額縣三河間望雍熙中置平虜砦景德二年改為肅寧城熙寧六年省景城為鎮入焉 樂壽望至道二年自深州來隸熙寧 東城上熙寧六年省為鎮入河間元祐元年復

博州上博平郡防禦縣四聊城望 高唐望 堂邑望 博平緊熙寧二年割明靈砦隸北京清平

棣州上樂安郡防禦建隆二年升為團練俄為防禦縣三厭次上 商河中 陽信下

莫州上文安郡防禦熙寧六年省長豐縣為鎮又省莫縣入任丘元祐二年復莫縣尋又罷為鎮縣一任丘上有馬村王家二砦宋政和三年改馬村砦曰定安王家砦曰定平

雄州中防禦本唐涿州瓦橋關宋政和三年賜郡名曰易陽縣二歸信中有張家木場三橋雙柳大渦七姑垣紅城新垣八砦 按輿地廣記周世宗顯德六年置雄州治歸義縣宋太平興國元年改為歸信縣宋史未詳謹附識 容城中建隆四年復置 按五代史職方考雄州周顯德六年克瓦橋關置治歸義割易州之容城為屬尋廢宋史但載建隆復置而不原始廢之時似未詳晰謹附識

霸州中防禦本唐幽州永清縣地後置益津關周置霸州以莫州之文安瀛州之大城來屬宋政和三年賜郡名曰永清縣二文安上景祐二年廢永清縣入焉有劉家渦刀魚莫金口阿翁雁頭黎陽喜渦鹿角八砦元豐四年割鹿角砦隸信安軍政和三年改劉家渦砦曰安平阿翁曰仁孝雁頭曰和寧喜渦曰喜安 大城上

德州上平原郡軍事宋初省歸化縣景祐二年廢安陵縣入將陵後割屬永靜軍熙寧六年省德平縣為鎮入安德縣二安德望 平原緊

濱州上軍事大觀二年賜渤海郡名大中祥符五年廢蒲臺縣按輿地廣記大中祥符中省蒲臺縣入渤海宋史未詳謹附識 縣二渤海望 招安上慶曆三年升招安鎮為縣熙寧六年省為鎮入渤海元豐二年復為縣 按宋朝事實輿地廣記俱云析渤海縣地置招安縣與宋史異謹附識

恩州下清河郡軍事唐貝州晉永清軍節度周為防禦宋初復為節度慶曆八年改州名罷節度縣三清河望太宗端拱元年徙治永寧鎮淳化五年徙今治熙寧四年省清陽縣入焉 武城望 歷亭緊至和元年廢漳南縣入焉

永靜軍同下州唐景州周降為通遠軍宋太平興國六年以軍直隸京淳化元年以冀州阜城來屬景德元年改軍名縣三東光緊 將陵望景祐元年移治於長河鎮 阜城中仁宗嘉祐八年省為鎮入東光熙寧十年復為縣

清州下本乾寧軍幽州蘆臺軍之地晉陷契丹周平三關置永安縣屬滄州宋太平興國七年置軍改縣曰乾寧隸焉按宋朝事實太平興國七年以永安縣之范橋鎮置乾寧縣與宋史異謹附識 大觀二年升為州 按宋朝事實輿地廣記各書並云大觀二年河清七晝夜因改為清州宋史未詳謹附識 政和三年賜郡名曰乾寧縣一乾寧熙寧六年省為鎮元符二年復崇寧三年再省政和五年又復 砦六釣臺獨流北獨流東當城沙河百萬

信安軍同下州太平興國六年以霸州淤口砦建破虜軍景德二年改為信安按曾鞏隆平集作景德元年與宋史志異考眞宗本紀景德元年十二月甲辰改威虜諸州名是時新與契丹講和故有是事則信安軍自當與保定軍同為元年所改志蓋誤也謹附識 砦七周河刀魚田家狼城佛聖渦鹿角李詳元豐四年霸州鹿角砦始隸軍 按刀魚鹿角二砦並見前霸州文安縣注此注祇云鹿角砦元豐四年始隸軍與前文安縣注稱元豐四年割鹿角隸信安軍之說合獨刀魚不詳何時來隸而前後兩載謹附識

保定軍同下州太平興國六年以涿州歸信縣按歸信縣三字據輿地廣記補入 新鎮建平戎軍景德元年改為保定軍景祐元年析霸州文安大城二縣五百戶隸軍宣和七年廢軍為保定縣隸莫州尋依舊砦二桃花砦父母砦至政和三年改父母砦曰安寧砦

西路府四州九軍六縣六十五

眞定府次府常山郡唐成德軍節度本鎮州宋開寶六年廢九門石邑二縣端拱初以鼓城隸祁州淳化九年以束鹿隸深州慶曆八年初置眞定府路安撫使統眞定磁相邢趙洺六州縣九眞定次赤 藁城次畿 欒城次畿 元氏次畿 井陘次畿熙寧六年省入獲鹿八年復置徙治天威軍即縣治置軍使隸府有天威軍小作口王家谷三砦 獲鹿次畿 平山次畿有甘泉嵐州沂州檀明夫婦相嶺黃嵓洪山赤箭抱兒石虎中子離拱東臨山西臨山十五砦 行唐次畿 靈壽次畿熙寧六年省為鎮入行唐八年復有赤陘飛狐二砦 砦一北砦咸平二年置熙寧八年析行唐縣二鄉隸砦 天威軍上見

相州望鄴郡彰德軍節度縣四安陽緊熙寧五年省永和縣入焉 按輿地廣記天聖七年改永定縣曰永和熙寧六年省併安陽宋史未詳謹附識 湯陰緊宣和二年以湯陰縣隸濬州尋復來隸 臨漳緊熙寧五年省鄴縣入焉 林慮中

中山府次府博陵郡本定州建隆元年以易北平來屬太平興國初改定武軍節度慶曆八年始置定州路安撫使統定保深祁廣信安肅順安永寧八州政和三年升為府改賜名曰中山縣七安喜緊按輿地廣記仁宗康定元年省唐昌縣入安喜宋史不載謹附識 無極緊按輿地廣記唐昭宗景福二年屬祁州宋景德元年來屬宋史不載謹附識 曲陽上 唐上 望都中 新樂中 北平中下 砦一軍城曲陽縣

北平軍慶曆二年以北平砦建軍四年復隸州即北平縣治置軍使隸州

信德府次府鉅鹿郡後唐安國軍節度本邢州宋宣和元年升為府縣八 邢臺 上宣和二年改龍岡縣為邢臺 沙河 上 任 中 堯山 中 平鄉 上熙寧六年省平鄉縣為鎮入鉅鹿元祐元年復 內丘 上熙寧六年省堯山縣入焉元祐元年復 南和 中熙寧五年省任縣為鎮入焉元祐元年復 鉅鹿 上

濬州平川軍節度本通利軍端拱元年以滑州黎陽縣為軍 按方輿紀要云黎陽縣唐屬衛州五代晉改屬滑州宋初因之雍熙中改屬澶州端拱初建通利軍據此則當云以澶州黎陽縣為軍宋史作滑州疑誤謹附識 天聖元年改通利為安利四年以衛州衛縣隸軍熙寧三年廢為縣隸衛州元祐元年復為軍政和五年升為州號濬川軍節度改今額縣二 衛 上熙寧六年廢為鎮入黎陽後復 黎陽 中

懷州雄河內郡防禦建隆元年升團練俄為防禦縣三 河內 緊熙寧六年省武德縣為鎮入焉 修武 上熙寧六年省為鎮入武陟元祐元年復 武陟 中

衛州望汲郡防禦縣四 汲 中 新鄉 緊熙寧六年廢為鎮入汲元祐二年復 獲嘉 上天聖四年自懷州來隸 共城 中 監一 黎陽 熙寧元年置鑄銅錢

洺州望廣平郡建隆元年升為防禦熙寧三年省曲周縣為鎮入雞澤六年省臨洺縣為鎮入永年元祐二年曲周臨洺復為縣尋復為鎮四年曲周雞澤依舊別為兩縣縣五 永年 上 肥鄉 望 平恩 緊 雞澤 中 曲周 中

深州望饒陽郡防禦雍熙四年廢陸澤縣縣五 靜安 望本漢下博縣周置靜安軍以縣隸俄復焉宋太平興國七年又隸靜安軍雍熙二年軍廢還屬三年縣廢四年復置改今名 束鹿 望清化中自眞定來屬 安平 望 饒陽 望 武強 望

磁州上滏陽郡團練舊名慈政和三年改作磁 按唐書地理志惠州本磁州昭宗天祐三年以慈磁聲一更名五代史梁改惠州唐復曰磁州不知何年復為慈州至宋政和三年始作磁別無可考謹附識 縣三 滏陽 上熙寧六年省昭德縣為鎮入焉 邯鄲 上 武安 上有固鎮永安黃澤海回四砦

祁州中蒲陰郡團練端拱初以鎮州鼓城來屬景德元年以無極隸定州熙寧六年省深澤縣為鎮入鼓城元祐元年復縣三 蒲陰 望 鼓城 緊 深澤 中

慶源府望趙郡慶源軍節度本趙州軍事大觀三年升為大藩崇寧四年賜軍額宣和元年升為府縣七 平棘 望 寧晉 望 臨城 上唐縣宋熙寧元年省隆平縣為鎮入焉元祐元年復 高邑 中熙寧五年省柏鄉贊皇二縣為鎮入焉元祐元年皆復 隆平 中 按輿地廣記唐昭慶縣宋開寶五年改為隆平宋史未詳謹附識 柏鄉 中 贊皇 下

保州下軍事本莫州清苑縣建隆初置保塞軍太平興國六年建為州政和三年賜郡名曰清苑縣一 保塞 望太平興國六年析易州滿城之南境入焉 按宋朝事實太平興國六年改清苑縣為保塞縣宋史未詳謹附識

安肅軍同下州本易州遂城縣太平興國六年建為靜戎軍析易州遂城三鄉置靜戎縣隸焉景德元年併縣改安肅軍宣和七年廢軍為安肅縣知縣事仍兼軍使尋依舊縣一 安肅 中

永寧軍同下州雍熙四年以定州博野縣建寧邊軍景德元年改永寧軍 按輿地廣記景德元年改永定軍天聖四年改永寧軍宋史不載永定軍改永寧軍又誤為景德時事謹附識 宣和七年廢為博野縣知縣事仍兼軍使尋依舊縣一 博野 望

廣信軍同下州太平興國六年改易州遂城縣為威虜軍景德元年改廣信軍縣一 遂城 中

順安軍同下州本瀛州高陽關砦太平興國七年置唐興砦淳化三年建為順安軍至道三年以瀛州高陽縣來屬熙寧六年省縣為鎮十年復縣一 高陽 中

河東路府三州十四軍八縣八十一 按河東路府州軍共領縣八十二宋史作八十一誤

太原府太原郡河東節度太平興國四年降為緊州 按宋朝事實作降為并州與宋史異謹附識 軍事廢太原縣 按元豐九域志廢太原縣歸榆次宋史未詳謹附識 以平定樂平二縣屬平定軍交城屬大通監舊領河東路安撫使元豐為次府大觀元年升大都督府縣十 陽曲 次赤有百井陽興二砦 太谷 次畿 榆次 次畿 壽陽 次畿 盂 次畿 交城 次畿開寶元年自大通監來隸 文水 次畿 祁 次畿 清源 次畿 平晉 中熙寧三年廢入陽曲政和五年復 案輿地廣記建隆四年以平晉縣為平晉軍太平興國四年廢軍為縣宋史未詳謹附識 監二 大通 永利

隆德府大都督府上黨郡昭義軍節度太平興國初改昭德舊領河東路兵馬鈐轄兼提舉澤晉絳州威勝軍屯駐泊本城兵馬巡檢事本潞州建中靖國元年改為軍崇寧三年升為府仍還昭德舊節縣八 上黨 望 屯留 上 襄垣 上 潞城 上 壺關 中 長子 中 涉 中 黎城 中天聖三年徙治涉之東南白馬驛熙寧五年省入潞城縣元祐元年復

平陽府望平陽郡建雄軍節度本晉州政和六年升為府縣十 臨汾 望 洪洞 緊 襄陵 緊熙寧五年廢慈州鄉寧縣分隸焉有雕掌豹尾二砦 神山 上有韓買安國史壁疊頭等堡 趙城 上熙寧五年省為鎮隸洪洞元豐三年復為縣 汾西 中有厚喬青岸石橋青山邊栢五砦 霍邑 中 冀氏 中有府城永興二砦陶川白鍊當谷橫嶺四堡 岳陽 下 和川 中下太平興國六年廢沁州以縣來屬熙寧五年省為鎮入冀氏元祐元年復為縣 務二 煉礬 礬山 慶祚軍 政和三年以趙城造父始封之地升為軍以軍事領之

絳州雄絳郡防禦縣七 正平 望 曲沃 望 太平 望熙寧五年廢慈州以鄉寧縣分隸太平稷山 翼城 上 稷山 中 絳 中有中山花崖華山三砦 垣曲 下有銅錢 監一

澤州上高平郡縣六 晉城 緊 高平 上 陽城 上 端氏 中 陵川 中 沁水 中下 關一 雄定 舊天井關屬晉城縣欽宗靖康元年改今名

代州上雁門郡防禦景德二年廢唐林縣 按輿地廣記省唐林入崞縣宋史未詳謹附識 縣四 雁門 中下有西陘胡谷雁門三砦 崞 中下有樓板陽武石峽土墱四砦 五臺 中 繁畤 下有茹越大石義興治寶興軍瓶形梅回麻谷八砦

忻州下定襄郡團練縣二 秀容 緊熙寧五年省定襄入焉元祐元年定襄復為

縣有石嶺關忻口雲內徙合四砦定襄中下
汾州望西河郡軍事縣五西河望有永利西監平遙望介休上
靈石中有陽涼南關陽涼北關孝義上太平興國元年改為中陽後復為孝義熙寧五年省為鎮入介休元祐元年復
遼州下樂平郡熙寧七年州廢省平城和順二縣為鎮
入遼山縣隸平定軍省榆社縣為鎮入威勝軍武鄉縣
元豐八年復置州縣鎮並復來隸元祐元年復置榆社
和順平城縣四遼山下有黃澤砦和順下榆社中平城中
憲州中汾源郡軍事初治樓煩咸平五年移治靜樂軍
按此下疑脫之靜樂三字縣遂廢軍又廢按又廢二字疑衍樓煩改隸嵐州
按宋史所載憲州沿革未詳据隆平集宋朝事實並云咸平三年以嵐州靜樂塞為靜樂軍五年改靜樂軍為憲州元豐九域志云廢靜樂軍置憲州以樓煩縣隸州謹附識熙寧三年廢憲州以靜
樂縣隸嵐州十年復憲州仍領靜樂縣政和五年賜郡
名縣一靜樂中咸平五年廢天池元池二縣入焉
嵐州下樓煩郡軍事太平興國五年以嵐谷隸岢嵐軍
縣三宜芳中有飛鳶堡合河中下有乳浪砦樓煩下咸平五年自憲州來隸
石州下昌化郡軍事舊帶嵐石隰三州都巡檢使元豐
五年置葭蘆吳堡二砦隸州因置二砦沿邊都巡檢使
遂令三州各帶沿邊都巡檢使哲宗元符二年升葭蘆
砦為晉寧軍以州之臨泉縣隸焉大觀三年復以定胡
縣隸晉寧軍縣三離石中平夷中有伏落津砦方山下
隰州下大寧郡團練熙寧五年廢慈州以吉鄉縣隸州
即縣治置吉鄉軍使仍省文城縣為鎮隸焉元祐元年
復慈州七年以州之上平永寧兩關俯逼西界以州為
次邊縣六隰川上溫泉上有礫磐一務水頭白壁先降三砦蒲中大寧中
石樓中有上平永寧二砦永和中
慈州下團練舊領吉鄉文城鄉寧三縣熙寧五年廢州
以吉鄉縣隸隰州即縣治置吉鄉軍使仍省文城為鎮
隸焉又以鄉寧入晉州襄陵縣元祐元年復吉鄉軍為
慈州縣一吉鄉中
麟州下新秦郡乾德五年升建寧軍節度端拱初改鎮
西軍節度縣一新秦上政和四年廢銀城連谷二縣入焉有神堂靜羌二砦惠寧鎮川二堡銀城有屈野川五原塞銀城神木建寧三砦肅定神木通津闌干四堡連谷有屈野川橫陽堡大和
砦地名大和谷元符二年進築賜名大和堡元符二年進築賜名
府州中靖康軍節度本永安軍崇寧元年改軍額政和
五年賜郡名曰榮河舊置麟府路軍馬司以太原府代
州路鈐轄領之縣一府谷下有安豐寧府百勝三砦河濱斥堠靖安西安三堡寧
川堡府州安豐砦外第九砦元符元年賜名寧邊砦地名端正平元符二年進築賜名寧
疆堡宣和六年獨移莊嶺建堡賜名震威城宣和六年鐵爐骨堆建砦賜名
豐州下慶麻元年元昊攻陷州地嘉祐七年以府州蘿
泊川掌地復建為州本軍事政和五年賜郡名寧豐砦
二永安保寧
威勝軍同下州太平興國三年按隆平集作太平興國二年與宋史異謹附識於
潞州銅鞮縣亂柳石圍中建為軍按宋朝事實輿地廣記並云并沁州入焉
宋史未詳謹附識縣四銅鞮中太平興國初與武鄉自潞州來隸武鄉上熙寧七年廢遼州
以榆社縣為鎮入焉元豐八年復置遼州以榆社往隸沁源中下太平興國六年廢沁州以縣來隸
緜上中下仁宗寶元二年自大通監來隸慶麻六年徙治軍西北大覺寺地按宋朝事實太平興國六
年廢沁州以綿上縣屬大通監寶元二年來屬宋史未詳謹附識
平定軍同下州太平興國二年以鎮州廣陽砦建為軍四
年以并州平定樂平二縣來屬縣二平定中唐廣陽縣宋太平興國
四年改有故井陘關百井砦樂平中有靜陽砦按方輿紀要樂平縣宋乾德初代北漢取之升為平
晉軍旋復故改屬平定軍宋史未詳謹附識
岢嵐軍同下州太平興國五年以嵐州嵐谷縣建為軍縣
一嵐谷下熙寧三年廢元豐六年復置有永和洪谷等六砦
寧化軍同下州按輿地廣記太平興國四年析嵐州地置寧化縣五年於縣置軍宋史未詳謹附識
縣一寧化熙寧三年廢元祐元年復崇寧三年又廢為鎮有西陽腦子細腰窟谷四砦
火山軍同下州本嵐州之地太平興國七年建為軍按輿地廣
記以嵐州雄勇鎮建為軍宋史未詳謹附識治平四年置火山縣四年廢之
按宋朝事實熙寧四年縣廢宋史脫誤謹附識砦一下鎮火山軍舊領雄勇偏頭董家橫谷桔槔護
水六砦慶麻初置下鎮砦嘉祐六年廢偏頭砦熙寧元年廢桔槔砦元豐九域志領砦一
保德軍同下州淯化四年析嵐州按輿地考作憲州謹附識地置定羌
軍景德元年改津二大堡沙谷
晉寧軍本西界葭蘆砦元豐五年收復六年併吳堡砦
並隸石州元祐四年給賜夏人紹聖四年收復元符二
年以為晉寧軍割石州之臨泉隸焉知軍領嵐石路沿
邊安撫使兼嵐石隰州都巡檢使大觀三年復以石州
定胡縣來隸縣二定胡中舊領定胡天渾津吳堡三砦按吳堡砦元豐四年收復臨
泉中下舊領尅胡葭蘆二砦按葭蘆砦乃元豐五年收復後為晉寧軍神泉砦地名榆木川在廢葭
蘆砦北元符元年賜今名三交堡地名三交川嶺元符元年神泉砦築堡畢工賜名烏龍砦
元符二年進築賜名通秦砦地名星羅嶺元符二年賜名寧河砦地名庫實頁嶺元符二年
賜名彌川砦地名彌勒川元符二年賜名通秦堡地名精移堡元符二年同砦賜名寧
河堡地名哥厓嶺元符二年同砦賜名彌川堡地名小紅厓元符二年同砦賜名靖川
堡

欽定續通典卷一百二十七

州郡，

宋(陝西路 兩浙路 淮南東路 淮南西路 江南東路 江南西路 荊湖南路 荊湖北路)

陝西路慶歷元年分陝西沿邊為秦鳳涇原環慶鄜延四路熙寧五年陝西又分永興建熙河井前四路為六路共三十四州軍(按王應麟地理通釋康定二年分陝西為四路秦鳳涇原環慶鄜延熙寧五年陝西又分永興建熙河井前四路為六路宋史俱混入熙河當有錯誤)永興軍路府二州十五軍一縣八十三其後延州慶州改為府又增銀州醴州及定邊綏德清平慶成四軍凡府四州十五軍五縣九十(按永興軍路脫去丹州及鄜州所領四縣得州十四縣七十八今增入丹州及鄜州四縣則州十五縣八十二加後增置清平軍定邊軍各一縣醴州五縣共縣八十九內醴泉武功二縣重見實得縣八十七宋史有誤)

京兆府京兆郡永興軍節度本次府大觀元年升大都督府舊領永興軍路安撫使宣和二年詔稱京兆府縣十三長安(次赤)樊川(次赤舊萬年縣宣和七年改)鄠(次畿)藍田(次畿)咸陽(次畿)涇陽(次畿)櫟陽(次畿)高陽(次畿按高陽當作高陵)興平(次畿)臨潼(次畿唐昭德縣宋大中祥符改昭應案昭德當作昭應)醴泉(次畿)武功(次畿政和八年同醴泉撥入醴州)乾祐(次畿)監二(熙寧四年置鑄銅錢八年置鑄鐵錢)

河中府(次府)河東郡護國軍節度(案宋朝事實太平興國七年改護國軍節度宋史未詳謹附識)舊兼提舉解州慶成軍兵馬巡檢事縣七河東(次赤熙寧三年省西河縣六年省永樂縣為鎮入焉)臨晉(次畿)猗氏(次畿)虞鄉(次畿)萬泉(次畿)龍門(次畿元祐二年置鑄錢監二)榮河(次畿舊隸慶成軍熙寧元年廢以榮河隸府即縣治置軍使)慶成軍(大中祥符中以榮河為慶成軍尋廢)

解州(中)防禦縣三解(中)聞喜(望)安邑(緊)

陝州大都督府陝郡太平興國初改保平軍節度舊兼提舉商虢州兵馬巡檢事縣七陝(中熙寧六年省硤石縣為石壕鎮入焉)平陸(上)夏(上)靈寶(上熙寧四年省湖城縣入焉)芮城(中下)湖城(中下元豐元年復置縣)閿鄉(中下太平興國三年自虢州與湖城縣同來隸)監二(熙寧三年置鑄銅錢八年置鑄鐵錢)

商州(望)上洛郡軍事縣五上洛(中)商洛(中下)洛南(中下)豐陽(中)上津(中下)

虢州(雄)虢郡軍事縣四盧氏(中熙寧二年以西京伊陽縣欒川治隸焉)虢略(中唐宏農縣宋建隆初改常農至道三年改今名熙寧四年省玉城縣為鎮入焉)朱陽(中乾德六年廢入常農太平興國七年復置)欒川(元祐二年以欒川治為鎮崇寧三年改為縣)

同州(望)馮翊郡定國軍節度(案宋朝事實太平興國七年升定國軍節度宋史未詳謹附識)縣六馮翊(緊)澄城(緊)朝邑(緊)郃陽(上熙寧四年省夏陽縣為鎮入焉)白水(中)韓城(中元祐二年置鑄錢監)監一沙苑

華州(望)華陰郡建隆初為鎮國軍節度(案輿地廣記云後唐改鎮國軍與宋史異謹附識)皇祐五年改鎮潼軍節度縣五鄭(上)下邽(望)蒲城(望唐奉先縣宋開寶四年改建隆中自京兆隸同州眞宗天禧四年自同州來隸)華陰(緊)渭南(上熙寧六年省為鎮入鄭元豐元年復為縣舊自京兆府來隸)監二(熙寧四年置鑄銅錢八年置鑄鐵錢)

耀州(緊)華原郡開寶五年為感義軍節度太平興國初改感德軍縣六華原(上)富平(望)三原(望)雲陽(上)同官(上)美原(中)

清平軍本鳳翔府盩厔縣清平鎮大觀元年升為軍復置終南縣隸京兆府清平軍使兼知終南縣縣一終南(置終南縣史失望緊等字今仍其舊)

延安府中都督府延安郡彰武軍節度本延州元祐四年升為府舊置鄜延路經略安撫使統延鄜丹坊州保安軍後增置綏德軍銀州銀州尋廢縣七膚施(中熙寧五年省豐林縣為鎮金明縣為砦並入焉有金明龍安二砦安塞一堡元豐四年又收復塞門砦宣和二年改龍安曰德安砦)延川(中熙寧八年省延水縣為鎮入焉有丹頭綏平懷寧順安白草永平六砦安定黑水二堡及永寧關元豐四年收復置浮圖義合米脂三砦七年以米脂義合浮圖懷寧順安綏平六城砦隸綏德城元符二年廢順安白草丹頭三堡)延長(中)門山(中)臨眞(中)敷政(中有招安萬安二砦元符二年廢招安砦為驛)甘泉(中下)城二(治平四年收復綏州熙寧中改為綏德城四年置羅鄂特城撫寧賓草二堡尋廢元豐五年置永樂城賜名銀川砦尋廢)青澗城(元符三年隸綏德城)綏德城(元符二年改為軍)監一(熙寧八年置鑄鐵錢)塞門砦(延州北蕃部舊砦至道後與蘆關石堡安遠砦俱廢元豐四年收復仍隸延川膚施縣)平羌砦(地本克胡山砦紹聖四年賜名)威戎城(地本昇平塔紹聖四年賜名)平戎砦(地本杏子河東山紹聖四年賜名)開光堡(紹聖四年修築元符元年賜名二年隸綏德城)殄羌砦(地名納木嶺山元符元年進築賜名)威羌砦(地名白洛背元符元年進築賜名)御謀城(崇寧三年進築賜名)石堡砦(崇寧三年進築賜名威德軍五年復為砦初嘗置城至道後廢之)制戎城(政和八年賜鄜延路天降山新城改今名)新砦蘆移堡屈丁堡萬安堡丹頭堡青石崖堡

科爾羅堡

鄜州(上)洛交郡保大軍節度縣四洛交(緊熙寧七年省三川縣入焉)洛川(上)鄜城(上)直羅(中下案宋史失去鄜州所領各縣及丹州沿革而以丹州之宜川縣屬之鄜州考輿地考鄜州屬永興軍路建炎三年入金領洛交洛川三川直羅鄜城五縣輿地廣記領縣四無三川云熙寧七年省入洛交據金史地理志亦作四縣洛交縣下云鎮一三水三水猶之三川也熙寧併省此為明證輿地考失注耳今據增正)

丹州(上)咸寧郡軍事(案輿地廣記上丹州唐天寶元年曰咸寧郡金史地理志云宋咸寧軍事今據增入)縣一宜川(上後魏義川縣宋太平興國中改名以鄜州廢咸寧縣入焉熙寧三年省汾川縣七年省雲巖縣為鎮八年析同州韓城縣新封鄉並入焉)

坊州(上)中部郡軍事縣二中部(緊)宜君(中熙寧元年省昇平縣為鎮入焉有礬場)

保安軍(同下州案輿地廣記太平興國二年以延州永安鎮置軍宋史未詳謹附識)砦二德靖順寧(案輿地廣記德靖砦天禧四年初建子城天聖元年改為德靖砦順寧砦慶歷四年置宋史未詳謹附識)堡一園林 金湯城(舊金湯砦在德靖砦西南元符二年進築)威德軍(保安軍之北兩界上有洑流名藏底河夏人近是築城為要害必爭之地政和七年知慶州姚古克之)

綏德軍唐綏州宋熙寧三年收復(案本紀熙寧二年十月丙申城綏州此疑

誤廢爲城隸延州元豐七年以延州米脂義合浮圖懷寧順安綏平六城砦隸綏德城元符二年改爲軍暖泉砦元符二年進築賜名米脂砦本西夏砦元豐元年收復爲米脂城後復爲砦隸延州延川縣七年改隸綏德城元祐四年給賜夏人元符元年收復仍賜舊名開光堡紹聖四年收築元符元年賜名二年自延安府來屬義合砦本夏人砦元豐四年收復隸延州延川縣七年改隸綏德城懷寧砦延州延川縣舊砦克戎城本西人細浮圖砦元豐四年收復隸延州延川縣七年改隸綏德城元祐四年給賜夏人紹興四年收復賜名臨夏城地名羅揚果嶺元符元年築城賜今名綏平砦延州延川縣舊砦元符二年割隸青澗城延州舊城永寧關延州延川縣舊關白草砦延州延川縣舊砦元符二年廢後復置順安砦延州延川縣舊砦元符二年廢後復置嗣武砦舊羅揚城屬延州元豐四年置尋廢崇寧三年修復賜名龍泉砦宣和二年改名通泉尋復故清邊砦鎮邊砦龍安砦本屬延安府膚施縣不詳何年來屬海末堡海末至柏林十六堡黑水安定安塞本延安舊堡窟兒堡大厥堡花佛嶺堡臨川堡定遠堡馬欄堡中山堡黑水堡安定堡佛堂堡唐推堡雙林堡安塞堡浮圖堡柏林堡

銀州銀川郡五代以來爲西夏所有宋元豐四年收復五年賜名銀川砦崇寧四年爲銀州五年廢爲銀川城

慶陽府中安化郡慶陽軍節度本慶州建隆元年升團練乾德元年復爲軍事政和七年升爲節度賜軍額曰慶陽宣和七年改爲府舊置環慶路經略安撫使統慶環邠寧乾凡五州其後廢乾州置定邊軍已而後置醴州凡統三州案三字當是五字之訛一軍一縣三安化中有大順一城府城東谷柔遠人順四砦元豐四年廢府城砦金村堡平戎鎮五年收復彊詐砦賜名安彊砦元祐元年復平戎鎮案輿地廣記唐肅宗至德元載改安化爲順化宋乾德二年復曰安化省同川縣入焉宋史未詳謹附識合水望熙寧四年始置省華池樂蟠二縣爲鎮七年改華池鎮爲華池砦有東華池西華池二砦荔原一堡彭原熙寧二年自寧州來隸案彭原縣史缺望緊等字今仍其舊安彊砦本西人彊詐砦元豐五年收復賜名元祐四年給賜夏人紹聖四年收復又隸定邊軍橫山砦地名錫卜察伊特元符元年進築賜名通塞堡元符元年進築定邊城元符二年進築後別爲定邊軍白豹城舊屬西界元符二年修復賜舊名別見定邊軍綏遠砦地本駱駝巷元符二年進築賜名案綏遠砦亦見定邊軍寧羌砦地本萌門三岔元符元年進築賜名鎮安城政和六年進築麥川堡本名麥經嶺政和六年賜名係環慶路未詳屬何州軍姑附於此威寧堡本名衡家堡政和六年賜名係環慶路未詳屬何州軍姑附於此矜戎堡府城砦元豐二年廢不知何年收復金村堡同上勝羌堡定戎堡威邊砦懷威堡

環州下軍事舊降爲通遠軍淯化五年復爲州縣一通遠上有烏崙肅遠洪德永和平遠定邊團堡安塞八砦案宋朝事實天聖四年改方渠縣爲通遠縣宋史未詳謹附識興平城地名灰家觜元符元年築賜名清平關地名之字平元符二年建築賜名安邊城地名徐丁臺崇寧五年築賜名羅溝堡朱灰臺至綏遠砦中路地名火羅溝及阿原烽政和三年進築賜名阿原堡地名見羅溝堡政和三年賜名朱臺堡本朱灰臺政和三年建築賜名安邊砦大拔砦元豐二年廢不知何年收復方渠砦流井堡歸德堡木瓜堡麝香堡通歸堡惠丁堡

邠州緊新平郡靜難軍節度縣五新平望宜祿望三水上定平緊熙寧五年隸寧州政和七年自寧州來隸淯化中淯化四年升耀州雲陽黎國鎮爲縣熙寧八年置鑄錢監元豐三年廢宣和元年自耀州來隸案黎國鎮隆平集作黎園鎮宋朝事實作梨園鎮互有異同謹附識

寧州望彭原郡興寧軍節度本軍事州宣和元年賜軍額縣三定安緊襄樂上眞寧下

醴州本京兆府奉天縣舊置乾州熙寧五年廢政和七年復爲州更名醴八年割屬環慶路縣五奉天次畿永壽下乾德三年自邠州來隸熙寧五年廢乾州永壽及麻亭常寧二砦俱隸邠州政和八年復來隸武功醴泉二縣本屬京兆府政和八年三月割屬好畤本屬鳳翔府政和八年三月割屬

定邊軍元符二年環慶路進築定邊城後改爲軍縣一定邊政和六年置白豹城元符二年進築賜舊名已見慶陽府東谷砦舊砦已見慶陽府安化縣綏遠砦地名駱駝巷元符二年進築賜名案綏遠砦已見慶陽府神堂堡大觀二年進築賜名觀化堡通化堡九陽堡雞觜砦案慶陽府安疆砦注云又隸定邊軍此不列安疆砦疑有脫誤

秦鳳路府一州十三軍三縣二十八其後增積石震武懷德三軍西寧樂廓西安洮會六州又改通遠軍爲鞏州凡府一州十九軍五縣四十八案秦鳳路府州軍元領縣四十三後增置會州敷文鞏州永寧寧遠三縣共領縣四十六宋史誤

秦州下府天水郡雄武軍節度舊置秦鳳路經略安撫使統秦隴階成鳳五州通遠軍其後割通遠軍屬熙河縣四城紀上有渭水三陽上蝸牛下蝸牛堡子伏歸小三陽照川上門四顧平戎赤崖湫西青遠近湫定西小定西下硤注鹿原上硤圓川伏羌得勝榆林大像茶園探長新水谷舊水谷樫林丙龍石人鋪驍項永寧鹽泉小永寧冷水泉雙泉新土舊土三十九堡隴城中有靜戎永固定平長山白榆林郭馬安塞七堡清水中有弓門鐵窟研安堡子小弓門坐交得鐵冶坊橋子李子古道永安四顧威塞床穰鎮邊和戎安遠挾河定川中城東城西城靜邊臨川德威廣武寧遠長樵二十九堡天水上監一太平城二伏羌熙寧三年廢丹山納克舒乾川三堡增伏羌砦爲城有得勝榆林大像茶園探長新水樫林丙龍石人驍項舊水十一堡甘谷熙寧元年置有吹藏大甘隴諾三堡四年置尖竿隴陽二堡砦七治平四年置雞川熙寧元年改擦珠堡爲通渭堡五年改古渭砦爲通遠軍廢咱遶克本當七麻三堡改通渭堡爲砦割永寧寧遠威遠熟羊來遠並隸軍尋改綏遠定邊二砦爲鎮隸隴州定西領寧西牛鞍上硤下硤注鹿原圓川三堡三陽領渭濱武安上下蝸牛聞喜伏歸硤口照川上門四顧平戎赤崖湫西青遠近湫十四堡弓門領東鞍安人研鞍上下鐵窟坐交得鐵冶坊七堡靜戎領白榆林長山郭馬靜塞定平永固彭磋寧塞長樵九堡安遠隴城雞川堡三熙寧三年改床穰爲鎮五年改冶坊砦爲冶坊堡八年改床穰鎮爲堡床穰領白石古道中城東城西城定戎定安雄邊臨川德威廣武定川挾河鎮邊一十四堡冶坊領橋子古道永安博望威塞李子六堡達隆堡川城政和六年於秦鳳東西川口進築賜名甘泉堡別見渭州安遠砦吏部通用酬賞格秦州又有安遠等五砦定邊綏遠二砦熙寧八年廢爲鎮屬隴州其後復爲砦安邊砦綏遠砦小落門砦保安砦弓鍾砦董哥平砦按成紀隴城清水三縣所有諸堡後俱復出蓋由前時創建之初各縣分隸各堡其後隨時增損因地制宜襲舊更新名號不一作史者前詳後複勢有不能盡稽如成紀縣中之三陽定西伏羌隴城縣中之靜戎清水縣中之弓門冶坊床穰安遠等其後俱別立爲城爲砦爲堡而分領諸堡若成紀之小三陽小定西鹽泉小

永寧冷水泉雙泉新土舊土隴城之安塞淸水之小弓門四顧和戎靜邊寧遠又不復爲伏羌等所領不知仍屬之三縣耶抑或別有所屬耶或後世更名不可考耶至若定西砦之寧西牛鞍三陽砦之武安聞喜硤口弓門砦之東鞍安人靜戎砦之靜塞彭磋寧塞床穰堡之定戎定安雄邊治坊堡之博望則前三縣注中俱所未見或後時增築或更易前名或刊本前後互異皆不可知史無明文無從考證謹附識

鳳翔府府次扶風郡鳳翔軍節度乾德初置崇信縣渭化中割崇信屬儀州熙寧五年廢乾州以好時縣來隸政和八年又以好時隸醴州縣九天興次赤岐山次畿扶風次畿盩厔次畿大觀元年以縣淸平鎭置軍郿次畿有鐵冶務寶雞次畿虢次畿麟遊次畿普潤次畿監一司竹

隴州上汧陽郡防禦縣四汧源望有古道銀場熙寧入年改秦州定邊砦爲隴西鎭隸縣汧陽緊吳山中隴安中開寶二年析汧陽縣四鄉置縣案隆平集宋朝事實並作開寶元年與宋史異謹附識

成州下中同谷郡開寶六年升爲團練縣二同谷上有骨鹿馬邑赤土平原沿山胡桃六砦栗亭中

鳳州下河池郡本防禦乾德元年升爲團練縣三梁泉上河池緊開寶五年移治固鎭有水銀務兩當上至道元年移治唐鄕鎭監一開寶建隆二年於兩當置銀治開寶二年升爲監治平元年罷置官以監隸兩當縣元豐六年廢

階州下中武都郡軍事本唐武州陷西戎宋得其地改置爲縣二福津中下領貼峯硤武平沙灘三砦團城堡平定關將利中下砦一故城本故城鎭不知何年建爲砦

渭州下隴西郡涼平軍節度本軍事政和七年升爲節度舊置涇原路經略安撫使涇原渭儀州德順鎭戎軍屬焉熙寧五年廢儀州崇寧三年又以熙河路會州來屬縣五平涼中有瓦亭砦潘原中安化中熙寧七年廢制勝關移縣於關地以舊地爲鎭崇信中按輿地廣記乾德元年以舊崇信軍地置崇信縣屬鳳翔府渭化中屬儀州熙寧五年州廢來屬宋史不載殊屬脫略謹附識華亭中下熙寧五年廢儀州與安化崇信同來隸靖夏城政和六年賜涇原路席葦平新城名曰靖夏不知屬何州軍姑附此甘泉堡崇寧五年涇原路經略司於甘井子修築守禦賜名未詳屬何州軍姑附此別見秦州

案唐志渭州有二一係隴西郡之渭州屬隴右道一係原州平涼縣所置之行渭州屬關內道其隴西郡之渭州領襄武隴西鄣渭源四縣平涼郡之渭州領平涼一縣考唐時渭州原州皆陷吐蕃先於德宗貞元十九年徙治行原州於平涼繼於憲宗元和四年置行渭州於平涼而徙行原州於臨涇乃是平涼始有渭州之治今據宋志稱渭州領縣平涼又是唐時平涼郡所置之行渭州首稱隴西郡者誤也又考唐志原州平高縣注云有石門制勝石硤等關南有瓦亭故關宋志平涼縣注云有瓦亭砦又安化縣注云熙寧七年廢制勝關移縣於關地又鎭戎軍有平夏城本原州平高縣之地爲舊石門城有石門硤有石門堡皆與唐志平高縣注合是平涼與平高雖同屬原州之邑而宋志渭州所領之平涼實唐時原州之平高也五代史云平涼故屬涇州唐末權置渭州而縣廢後唐淸泰三年以故平涼之安國耀武兩鎭置平涼縣屬涇州是沿及五代之世原州於平涼皆改置之涇州而故原州之境仍爲渭州所僑治史志沿襲舊文未經分晰謹附識

涇州上安定郡太平興國元年改彰化軍節度縣四保定望有長武砦靈臺上良原上長武望咸平四年升長武鎭爲縣五年省爲砦屬保定縣大觀二年復以砦爲縣案王應麟玉海太平興國七年以涇州直屬京宋史未詳謹附識

原州望平涼郡軍事縣二臨涇中彭陽中唐豐業縣宋太平興國初改至道三年自寧州來隸案宋朝事實太平興國元年改寧州豐義縣爲彭陽至道三年屬原州考唐書志寧州有豐義縣此云唐豐業縣誤鎭二新城熙寧三年廢截原砦入焉柳泉領耳朶城一砦砦五開邊熙寧三年廢新門砦入焉西壕平安綏寧領羌城南山顚倒三堡靖安領中普齊羅岔中嶺張崑常理新勸雞川立馬城殺獐川九堡安羌堡新城堡

德順軍同下州慶歷三年即渭州隴千城建爲軍縣一隴千元祐八年以外底堡置案隴千縣史失望緊等字今仍其舊城一水洛領王家城石門堡砦五靜邊別見鎭戎軍得勝領開邊堡隆德通遠治平治平四年置領牧龍堡懷遠砦中安堡威戎堡

鎭戎軍同下州本原州高縣之地至道三年建爲軍案宋朝事實至道元年以故平高縣地置鎭戎軍宋史脫平字又元年三年互異謹附識城一彭陽砦七治平四年置信岔堡涼棚堡熙寧元年置熙寧砦硝坑堡東西水口堡元豐四年廢東水口堡六年置故砦堡東山乾興天聖有信岔涼棚二堡三川高平有故砦堡定川熙寧有硝坑堡堡二開遠張義熙寧四年廢安邊堡入開遠五年置張義

平夏城舊石門城紹聖四年賜名大觀二年升爲懷德軍靈平砦舊好水砦紹聖四年賜名大觀二年割屬懷德軍鎭羌砦紹聖四年賜名高平堡元符元年修復賜舊砦名威川砦政和七年賜名本密多臺飛泉砦政和七年賜名本飛井塢飛井堡乾興砦管下狼井堡熙寧砦管下狼井安遠寶信梅谷開疆凡五堡安遠堡寶信堡梅谷堡開疆堡李家堡肅遠堡埈地平堡鎭西堡水口堡懷遠城別見德順軍德靖砦保安軍舊有德靖砦屬鄜延路靜邊砦天禧舊砦屬德順軍

會州元符二年進築割安西城以北六砦隸州崇寧三年置縣曰敷文隸涇原路縣一敷文案敷文縣史失望緊等字今仍其舊安西城舊名汝遮紹聖三年建築賜名屬熙河路平西砦紹聖四年賜名地本淸石硤屬熙河路會寧關舊名顚耳關元符元年進築賜名通會未幾改今名屬秦鳳路會川城舊名訥齊納遮元符二年建築賜名屬秦鳳路新泉砦舊名棟必羅勒默元符元年賜名屬秦鳳路懷戎堡崇寧二年築屬秦鳳路德威城政和六年築淸水河新城賜名屬秦鳳路靜勝堡會川城管下政和六年賜淸水河新城接應堡名靜勝通泉堡屬秦鳳路泉砦管下新水泉堡係懷戎堡管下正川堡係德威城管下

懷德軍本平夏城紹聖四年建築大觀二年展城作軍名曰懷德增置將兵與西安鎭戎互爲聲援應接蕭關初名威德又改今名盪羌砦故沒烟後硤元符元年建築賜名通硤砦故沒烟前硤元符元年建築賜名靈平砦故好水砦紹聖四年賜名大觀二年自鎭戎軍來屬硤口堡東河灣堡古高平堡惠民堡結溝堡係通硤砦管下五堡鎭羌堡九羊砦故九羊谷元符元年建築賜名石門堡故石門硤東塔子嶲元符元年建築賜名通遠砦龍泉堡通遠砦管下勝羌砦蕭關崇寧四年建築臨川堡通關堡山西堡係蕭關管下

西安州元符二年以訥默奎新城建盪羌砦地名沒烟硤元符元年建築賜名後屬懷德軍通會堡元符元年賜名係熙河蘭會路修築賜名結薩恰谷口不知何年撥屬涇原路西安州天都砦元符二年麗水平新砦賜名臨羌砦元符二年秋葦平新砦賜名橫嶺堡係天都砦管下盧韋堡定戎堡地本嶲隈川元符二年賜名

劈通川堡　羅瑪寧堡　北嶺上堡　山前堡　高峯堡　寧安砦崇寧五年武延川威珠卜隆山下新砦賜名　囊囉勒默堡　寺子岔堡　石棚泉堡　通安砦崇寧五年烏雞三岔新砦賜名　同安堡係通安砦管下　綏戎堡管下秋葦川口堡鍬钁川中路堡征通谷中路東水泉堡砦不詳建置始末　秋葦川堡　鍬钁川中路堡　征通谷中路東水泉堡

熙州上臨洮郡鎮洮軍節度本武勝軍熙寧五年收復改名尋爲州初置熙河路經略安撫使統熙河洮岷四州通遠軍後得蘭州因加蘭會字會州割屬涇原改爲熙河蘭廓路宣和又改熙河湟廓路蘭廓西寧震武積石等州軍相繼來屬縣一狄道中下熙寧六年置九年省元豐二年復置砦一康樂熙寧六年置康樂城爲砦省馬騌砦堡九熙寧五年置慶平通谷渭源北關六年改劉家川爲當川置南關南川七年置結河元豐七年置臨洮通谷　慶平　渭源　結河　南川　當川　南關　北關　臨洮　安羌城宣和六年賜熙河蘭廓路新建溢機堡名爲安羌城不知隸何州軍姑附於此　廣平堡

河州上安鄉郡軍事熙寧六年收復縣一寧河熙寧六年置枹罕縣九年省崇寧四年升寧河砦爲縣舊香子城城一定羌熙寧七年改河諾城爲定羌城砦一南川熙寧七年置南山堡尋改爲南川砦堡四熙寧七年置東谷八年置閭精元豐三年置西原北河二堡東谷　閭精　西原　北河　關一通會熙寧七年置　循化城舊一公城熙寧二年收復改今名別見樂州　大通城舊達南城崇寧二年收復改今名別見樂州　安疆砦舊名當標城崇寧二年收復改今名別見樂州　懷羌城並崇寧三年收復　講朱城元符二年收復河南講朱一公錯鑿當標形撤東迎六城尋棄之崇寧二年再收復　錯鑿城　形撤城　東迎城　寧河砦崇寧四年已升寧河砦爲縣別有寧河砦　來同堡舊名甘撲堡崇寧三年築賜名　通津堡舊名南達堡崇寧三年賜今名　南山堡元豐九域志屬原州綏寧縣　安鄉關舊城橋關元符二年賜名　臨灘堡

鞏州下本通遠軍熙寧五年以秦州古渭砦爲軍崇寧三年升爲州縣三隴西元祐五年增置　永寧　寧遠崇寧三年升永寧寧遠二砦爲縣城一定西元豐四年以蘭州西使城爲定西城五年改爲通遠軍以汝遮堡爲定西城屬通遠軍崇寧三年廢定西城管下尉斗平堡通西砦管下楡木岔堡并安西城別見蘭州砦六熙寧五年割秦州永寧寧遠威遠通渭熟羊來遠六砦隸軍六年置鹽川砦八年廢威遠砦爲鎮元豐五年收通西砦七年廢寧遠砦爲鎮屬永寧崇寧五年通渭縣復爲砦未詳何年以砦爲縣永寧　寧遠崇寧三年與永寧同升爲縣　通渭　熟羊　鹽川熙寧六年九月置砦後改爲鎮　通西　堡七熙寧五年割秦州三岔密揚廣昃渭川啞兒五堡隸軍七年以岷州遮羊堡來隸元豐元年遮羊復隸岷州五年置楡木岔尉斗平二堡七年廢密揚廣昃渭川啞兒四堡　三岔熙寧四年置　楡木岔崇寧二年置　尉斗平崇寧二年置案上文定西城注云崇寧二年廢定西城管下尉斗平堡通西砦管下楡木岔堡此二堡注俱云崇寧二年置當有訛誤別無可校姑仍原文　咱達克堡秦州熙寧五年改古渭砦爲通遠軍廢咱達克本當七麻堡今通渭乃領七麻堡不知何年復置咱達克本當堡　七麻堡　本當堡　普爾瑪隆堡

岷州下和政郡團練熙寧六年收復縣三祐川唐縣宋崇寧三年復　大潭中建隆三年合良恭大潭兩鎮置縣隸秦州熙寧七年自秦州來隸　長道緊熙寧七年自秦州來隸砦五秦州臨江砦熙寧六年割隸州七年置荔川床川閭川又置宕昌臨江　荔川　床川　閭川　宕昌　堡三熙寧六年以秦州馬務堡隸州七年置遮羊堡十年置鐵城堡遮羊　穀藏熙寧七年置　鐵城　監一滔山熙寧九年置鑄鐵錢

蘭州下金城郡軍事元豐四年收復縣一蘭泉崇寧三年置倚郭砦一元豐四年置龕谷吹龍二砦七年割吹龍屬阿干堡龕谷元祐七年廢紹聖三年修復堡二元豐四年置皐蘭堡鞏哥關五年置西關勝如質孤堡六年改鞏哥關作東關堡廢西關勝如質孤堡置阿干堡七年廢皐蘭堡元祐五年復修勝如質孤二堡尋廢東關　阿干有阿干水　定遠城元祐七年築舊名李諾平本龕谷砦因地窄及無水故廢之改築爲定遠軍城　西城元豐四年置五年改爲通遠軍以汝遮堡爲定西城屬通遠軍別見鞏州　金城關紹興四年進築　京玉關本號把拶橋元符三年賜名　通川堡元符三年新築賜名尋棄之崇寧二年再收復別見樂州　案後樂州通湟砦注云別見蘭州此不列通湟砦疑有脫誤

洮州唐末陷於吐蕃號臨洮城宋大觀二年收復改臨洮城仍舊爲洮州三年升團練　通岷砦

廓州元符二年以州爲寧塞城崇寧三年棄之是年收復仍爲廓州大觀三年爲防禦　膚公城舊名結羅城崇寧三年收復改今名　綏平堡舊名保敦谷崇寧三年興築賜名　米川城舊米川縣崇寧三年修築　寧塞砦　同波堡

樂州舊邈川城元符二年收復建爲湟州建中靖國元年棄之崇寧二年又復大觀三年加嚮德軍節度宣和元年改爲樂州　通湟砦故羅鄂特密克通城元符二年收復三年賜名別見蘭州　寧洮砦故瓦吹砦元符二年收復三年賜名　安隴砦故倫卜喀爾城元符二年收復三年賜名　安川堡故巴噶爾堡在巴金嶺上元符二年收復三年賜名　寧川堡元符二年收復三年賜名尋棄之崇寧二年再收復　綏遠關舊名灑金平崇寧二年進築賜今名　來賓城舊名結當川崇寧三年賜名　大通城舊名達南城大通城別見河州案　循化城舊名一公城別見河州　安疆砦舊名當標砦崇寧二年改別見河州　德固砦舊名勝鐸谷崇寧三年築賜名　臨宗砦崇寧三年賜名　通川堡崇寧二年收復別見蘭州　南宗堡元符二年收復尋棄之後再收復　峽口堡與通川南宗堡皆崇寧二年收復

西寧州舊青唐城元符二年羅藏降建爲鄯州仍爲隴右節度三年棄之崇寧三年收復改爲西寧州賜郡名曰西平升中都督府三年加賓德軍節度　龍支城舊宗哥城元符二年改今名尋棄之崇寧三年收復　寧西城舊名林金城　清平砦舊名溪蘭宗堡　保塞砦舊名安兒城以上城砦皆崇寧三年收復賜名　宣威城舊名犛牛城崇寧三年改今名　綏遠砦舊名宗谷崇寧三年建築後改今名　懷河砦舊名丁令谷崇寧三年置砦賜名又隸積石軍　制羌砦政和八年賜名地名結正領

震武軍政和六年進築古骨龍城賜名震武城未幾改爲軍　通濟橋政和六年賜名　善治堡政和六年賜名　大同堡本名古骨龍城　應接堡政和六年賜名　德通城本霞克凌果城政和七年進築賜名　石門堡霞克凌果城北地名石門子政和七年賜名

積石軍本錫勒噶爾城元符間爲吐蕃錫巴袞所據大觀三年建軍　懷和砦已見西寧州案懷和西寧州作懷河　順通堡

臨松堡

兩浙路熙寧七年分爲兩路尋合爲一九年復分十年復合府二州十二縣七十九 案兩浙路府州軍共領縣八十此云七十九誤南渡後增慶元一縣共縣八十一 南渡後復分臨安平江鎮江嘉興四府安吉常嚴三州江陰一軍爲西路紹興慶元瑞安三府婺台衢處四州爲東路

臨安府大都督府本杭州餘杭郡淳化五年改寧海軍節度大觀元年升爲帥府舊領兩浙西路兵馬鈐轄高宗建炎元年帶本路安撫使領杭湖嚴秀四州三年升爲府帶兵馬鈐轄紹興五年兼浙西安撫使縣九錢塘 望有鹽監 仁和 望梁錢江縣宋太平興國四年改紹興中與錢塘並升赤 餘杭 望 臨安 望錢鏐奏改衣錦軍宋太平興國四年改順化軍縣復舊名五年軍廢 富陽 緊 於潛 緊 新城 上梁改新登宋太平興國四年復舊名淳化五年升南新場爲縣熙寧五年省南新縣爲鎮入焉 鹽官 上 昌化 中唐唐山縣宋太平興國四年改有紫溪鹽場以上七縣紹興中並升畿

紹興府大都督府本越州會稽郡鎮東軍節度大觀元年升爲帥府舊領兩浙東路兵馬鈐轄紹興元年升爲府縣八會稽 望 山陰 望 嵊 望舊剡縣宣和八年改案宣和止七年此云八年蓋誤無別本可校姑仍原文 諸暨 望有龍泉一銀坑 餘姚 望 上虞 望 蕭山 緊 新昌 緊孝宗乾道八年以楓橋鎮置義安縣淳熙元年改

平江府 望 吳郡太平興國三年改平江軍節度本蘇州政和三年升爲府紹興初節制許浦軍縣六吳 望 長洲 望 崑山 望 常熟 望 吳江 望 嘉定 上寧宗嘉定十五年析崑山縣置以年爲名

鎮江府 望 丹陽郡本潤州開寶八年改鎮江軍節度 案鎮江軍係錢俶所改宋史未晰謹附識 政和三年升爲府建炎三年置帥四年加大使兼沿江安撫以浙西安撫復還臨安縣三丹徒 緊有圌山砦 丹陽 緊熙寧五年省延陵縣爲鎮入焉 金壇 緊

湖州 上 吳興郡景祐元年升昭慶軍節度理宗寶慶元年改安吉州縣六烏程 望 歸安 望太平興國七年析烏程地置縣 安吉 望 長興 望 德清 緊 武康 上太平興國三年自杭州來隸

婺州 上 東陽郡淳化五年改保寧軍節度縣七金華 望 義烏 望 永康 緊 武義 上 浦江 上唐浦陽縣梁錢鏐奏改 蘭溪 望 東陽 望

慶元府本明州奉化郡建隆元年升奉國軍節度本上州大觀元年升爲望紹興初置沿海制置使八年以浙東安撫使兼制司十一年罷隆興元年復置光宗紹熙五年以寧宗潛邸升爲府縣六鄞 望 奉化 望 慈溪 上 定海 上 象山 下 昌國 下熙寧六年析鄞縣地置有鹽監紹興間升望

常州 望 毗陵郡軍事縣四晉陵 望 武進 望 宜興 望唐義興縣宋太平興國初改 無錫 望

江陰軍 同下州 熙寧四年廢爲縣隸常州建炎初復紹興二十七年廢三十一年復 案輿地廣記淳化元年軍廢以縣屬常州三年復置軍與宋史互異謹附識 縣一江陰 下

瑞安府本溫州永嘉郡太平興國三年降爲軍事政和七年升應道軍節度建炎三年罷軍額度宗咸淳元年以度宗潛邸升爲府縣四永嘉 緊有永嘉鹽場 平陽 望有天富鹽場 瑞安 緊有雙穗鹽場 樂清 上唐樂成縣梁錢鏐改

台州 上 臨海郡軍事縣五臨海 望 黃巖 望有于浦杜瀆二鹽場 寧海 緊 天台 上 仙居 上唐樂安縣梁錢鏐改永安景德四年改今名

處州 上 縉雲郡軍事縣六麗水 上 龍泉 望宣和三年改爲劍川縣紹興元年復故有高亭一鹽場按鹽場多置於沿海州軍龍泉在萬山之中地不產鹽安有置場之理查宋制置鹽者皆謂之亭場而食貨志所載處州食鹽皆取給於黃巖其他鹽場又別無高亭之名龍泉諸山雖有銀坑鐵冶有高亭則又似非坑冶之名圖籍所載無從參考姑附疑義於此 松陽 上梁錢鏐奏改長松錢元瓘奏改白龍宋咸平二年復 遂昌 上有永豐銀場 縉雲 上 青田 中 南渡後增縣一慶元 中寧宗慶元三年分龍泉松源鄉置縣因以年紀名

衢州 上 信安郡軍事縣五西安 望 禮賢 緊本江山縣南渡後改 龍遊 上唐龍邱縣宋宣和三年改爲盈川縣紹興初復改 信安 中本常山縣咸淳三年改 開化 中太平興國六年升開化場爲縣案宋朝事實乾德四年以常山縣地置開化場太平興國六年升爲縣宋史未詳謹附識

建德府本嚴州新定郡遂安軍節度本睦州軍事宣和元年升建德軍節度三年改州名軍額咸淳元年升府縣六建德 望 淳安 望舊淸溪縣宣和初改淳化南渡後改今名 桐廬 上太平興國三年自杭州來隸 分水 中 遂安 中 壽昌 中 監一神泉 熙寧七年置鑄銅錢尋罷慶元三年復

嘉興府本秀州軍事政和七年賜郡名曰嘉禾慶元元年以孝宗所生之地升府嘉定元年升嘉興軍節度縣四嘉興 望 華亭 緊 海鹽 上有鹽監沙腰蘆瀝二鹽場 崇德 中

淮南路舊爲一路熙寧五年分爲東西兩路 案玉海皇祐三年分淮南爲東西與宋史異謹附識

東路州十軍二縣三十八南渡後州九軍四 案東路州軍南渡後增置廣陵五河清河三縣而亳州與所領之譙縣等七縣宿州與所領之符離等四縣則並入於金所領共三十縣

揚州大都督府廣陵郡淮南節度舊領淮南東路兵馬鈐轄建炎元年升帥府四年爲眞揚鎮撫使尋罷嘉定中淮東制置開幕府於楚州仍兼安撫縣一江都 緊熙寧五年省廣陵縣入焉 南渡後增縣二廣陵 緊 泰興 中舊隸泰州紹興五年來屬十年又屬泰州十二年又來隸案泰興縣係改屬不可謂之增置宋史未晰謹附識

亳州 望 譙郡本防禦大中祥符七年建爲集慶軍節度縣七譙 望 城父 望 酇 望 永城 望 衛眞 望唐眞源縣宋大中祥符七年改 鹿邑 緊 蒙城 案蒙城縣史闕望緊等字今仍其舊

宿州 上 符離郡建隆元年升防禦開寶元年建爲保靜軍節度元領縣五紹興中割虹縣隸楚州 案下文泗州虹縣注云紹

興九年自宿州來隸此云隸楚州蓋誤縣四 符離望 蘄望 臨渙緊大中祥符七年割隸亳州天禧七年來隸 靈壁元符元年以虹之零壁鎮爲縣政和七年改零壁爲靈壁

楚州緊 山陽郡團練乾德初以盱眙屬泗州開寶七年以鹽城還隸熙寧五年廢漣水軍以漣水縣隸州元祐二年復爲漣水軍建炎四年置楚泗承州漣水軍鎮撫使淮東安撫制置使京東河北鎮撫大使紹興三十二年漣水復來屬案紹興五年廢漣水軍爲縣當仍屬楚州至三十二年則仍爲軍似不當有復來屬之語疑宋史脫誤謹附識嘉定初節制本路沿邊軍馬十年制置安撫司公事縣四 山陽望建炎間沒於金紹興元年收復理宗紹定元年升淮安軍改縣爲淮安 鹽城上有九鹽場建炎間入於金紹興元年收復隸漣水三年復來屬 淮陰中紹興五年復爲鎮六年復嘉定七年徙治八里莊 寶應緊寶慶二年升爲寶應州而縣如故

海州上 東海郡團練景定二年置西海州縣四 朐山緊 懷仁中 沭陽中 東海中案元豐九域志開寶初升朐山縣東海監爲縣宋史未詳謹附識

泰州上 海陵郡本團練乾德五年降爲軍事建炎四年置通泰鎮撫使縣二 海陵望 如皋中下開寶七年以海陵監移治

泗州上 臨淮郡建隆二年廢徐城縣乾德元年以楚州之盱眙濠州之招信來屬案宋朝事實太平興國元年始改招義縣爲招信縣則乾德元年不得便稱招信宋史係誤謹附識建炎四年復屬濠州紹興十二年入金後復縣三 臨淮上案輿地廣記建隆二年省徐城縣爲鎮入臨淮宋史未載謹附識 虹中紹興九年自宿州來隸 淮平上紹興二十一年地入於金析臨淮地置今縣南渡後有淮平無盱眙蓋盱眙即招信軍

滁州上 永陽郡軍事建炎間置滁濠鎮撫使尋廢縣三 清流望 全椒望 來安望唐永陽縣南唐改宋紹興五年廢入清流十八年復乾道九年廢爲鎮湻熙二年復

眞州望 軍事本上州乾德三年升爲建安軍至道二年以揚州之六合來屬大中祥符六年爲眞州案宋朝事實云以聖像成功升爲眞州謹附識大觀元年升爲望政和七年賜郡名曰儀眞建炎三年入於金尋復縣二 揚子中本揚州永正縣之白沙鎮南唐改爲迎鑾鎮宋建炎元年升軍四年廢爲縣紹興十一年復升軍十二年復爲縣案五代史吳世家順義四年楊溥至白沙以白沙爲迎鑾鎮又案祝穆方輿勝覽亦云僞吳置迎南鎮宋史作南唐疑誤謹附識 六合望

通州中案輿地廣記天聖元年改曰崇州明道二年復故宋史未詳謹附識 軍事政和七年賜郡名曰靜海建炎四年入金尋復縣二 靜海望周屬揚州析其地爲縣與海門同來隸 海門望 監一 利豐掌煎鹽

高郵軍同下州 高沙軍事開寶四年以揚州高郵縣爲軍熙寧五年廢爲縣隸揚州元祐元年復爲軍建炎四年升承州割泰州興化縣來屬置鎮撫使紹興五年廢爲縣復隸揚州以知縣兼軍使三十一年復爲軍縣二 高郵望 興化緊舊隸揚州改隸泰州建炎四年來隸紹興五年廢爲鎮十九年復縣隸泰州乾道二年還隸尋又隸泰州湻熙四年復舊

安東州本漣水軍太平興國三年以泗州漣水縣置軍熙寧五年廢爲縣隸楚州元祐二年復爲軍紹興五年廢爲縣三十二年復爲軍紹定元年屬寶應州案此當是復廢爲縣屬寶應宋史未晰謹附識端平元年復爲軍景定初升安東州縣一 漣水望

招信軍本泗州盱眙縣建炎三年升軍四年爲縣隸濠州紹興二年復隸泗州七年仍舊隸京東十一年隸天長軍十二年復升軍以天長來屬寶慶三年入於金紹定四年復仍號招信縣二 天長望舊天長軍至道二年軍廢爲縣隸揚州建炎元年升軍紹興中爲縣 招信建炎四年隸濠州紹興四年復十一年隸天長軍十二年復來隸案招信縣史闕望緊等字今仍其舊

淮安軍本泗州五河口咸湻七年六月置軍縣一 五河咸湻七年置有滄涇沱漴淮五河故名案五河縣史闕望緊等字今仍其舊

清河軍咸湻九年置縣一 清河案清河縣史闕望緊等字今仍其舊

西路府一州七軍二縣三十三南渡後府二州六軍四案南渡後增荆山縣無仙居縣所領仍三十三縣

壽春府緊 壽春郡忠正軍節度本壽州開寶中廢霍山盛唐二縣政和六年升爲府八年以府之六安縣爲六安軍紹興十二年升安豐爲軍以六安霍邱壽春三縣來隸三十二年升壽春爲府以安豐軍隸焉案壽春自政和六年升爲府之後不知何年罷置府至紹興三十二年復升爲府宋史未晰疑有訛脫 乾道三年罷壽春復爲安豐軍縣四 下蔡緊 安豐望 霍邱望 壽春緊紹興中隸安豐三十二年爲府乾道三年爲倚郭

六安軍政和八年升縣爲軍紹興十三年廢理宗景定五年復端平元年又廢案端平年號在景定之前史云景定五年復端平元年又廢益誤別無可考姑仍原文 後復爲軍縣一 六安中案輿地廣記唐盛唐縣宋開寶六年改爲六安宋史未詳謹附識

廬州望 廬江郡案宋史失載郡名今據元豐九域志諸書補入 保信軍節度大觀二年升爲望舊領淮南西路兵馬鈐轄建炎二年兼本路安撫使紹興初寄治巢縣乾道二年置司於和州縣三 合肥上 舒城上 梁中本慎縣紹興三十二年避孝宗諱改今名

蘄州望 蘄春郡防禦縣五 蘄春望 蘄水望 廣濟望 黃梅上 羅田元祐八年以蘄水縣石橋鎮爲羅田縣案羅田縣史闕望緊等字今仍其舊

和州上 歷陽郡防禦南渡後爲姑熟湻熙二年兼管內安撫縣三 歷陽緊有梁山柵江二砦 含山中有東關砦 烏江中紹興五年廢爲鎮七年復

安慶府本舒州同安郡德慶軍節度本團練州建隆元年升爲防禦政和五年賜軍額建炎間置舒蘄鎮撫使紹興三年舒黃蘄三州仍聽江南西路安撫司節制十七年改安慶軍慶元元年以寧宗潛邸升爲府景定初

改築宜城舊屬沿江制置使司縣五懷寧上桐城上宿松上望江上太湖上監一同安熙寧八年置鑄銅錢

濠州上鍾離郡團練縣二鍾離望定遠望

光州上弋陽郡光山軍節度本軍事宣和初賜軍額案方輿勝覽以神宗潛邸升光山軍節度宋史未詳謹附識紹興二十八年避金太子光瑛諱改蔣州縣四定城上固始望案元豐九域志建隆初改殷城縣爲高城縣後省爲鎭歸併固始宋史不載謹附識光山中下同上避諱改期思尋復故仙居中下南渡後無

黃州下齊安郡軍事建炎中隸沿江制置副使司縣三黃岡望黃陂上端平三年寓治靑山磯麻城中端平三年治什子山

無爲軍同下州太平興國三年以廬州巢縣無爲鎭建爲軍以巢廬江二縣來屬建炎二年入於金尋復景定三年升巢縣爲鎭巢軍縣三無爲望熙寧三年析巢廬江二縣地置縣巢望至道二年移治郭下紹興五年廢六年復十一年隸廬州十二年復來屬景定二年升軍廬江望有崑山礬場

懷遠軍理宗寶祐五年五月置縣一荆山案荆山縣史闕載望緊等字今仍其舊

江南東西路建炎元年以江寧府洪州並升帥府四年合江東西爲江南路紹興初復分東西兩路

東路府一州七軍二縣四十三案東路州七宣徽江池饒信太平南渡後州五徽池饒信太平是江州未南渡以前實隸東路所領五縣自當入數此云四十三誤四十三係南渡後縣數南渡後府二州五軍二

江寧府上開寶八年平江南復爲昇州節度按昇州節度節度二字當衍宋朝事實作降爲昇州謹附識天禧二年升爲江寧府建康軍節度舊領江南東路兵馬鈐轄建炎元年爲帥府三年復爲建康府統太平宣徽廣德高宗卽府治建行宮紹興八年置主管行宮留守司公事三十一年爲行宮留守乾道三年兼沿江軍縣五上元次畿江寧次畿句容次畿天禧四年改名常寧溧水次畿溧陽次畿

寧國府本宣州宣城郡寧國軍節度乾道二年以孝宗潛邸升爲府縣六宣城望南陵望寧國緊旌德緊太平中涇緊

徽州上新安郡軍事宣和三年改歙州爲徽州縣六歙望休寧望祁門望婺源望績溪望黟緊

池州上池陽郡軍事建炎四年分江東西置安撫使領建康太平宣徽饒廣德後以建康路安撫使兼知縣六貴池望青陽上開寶末自昇州與銅陵來隸銅陵上建德上唐至德縣吳改石埭上東流中下太平興國三年自江州來隸監二永豐鑄銅錢

饒州上鄱陽郡軍事縣六鄱陽望餘干望浮梁望樂平望德興緊安仁中開寶八年以餘干縣地置安仁場端拱元年升爲縣監一永平鑄銅錢

信州上上饒郡軍事縣六上饒望玉山望弋陽望淳化五年升弋陽之寶豐場爲縣景定元年廢爲鎭康定中復慶曆三年又廢貴溪望鉛山中開寶八年平江南以鉛山直屬京後還隸永豐中舊永豐鎭隸上饒熙寧七年升爲縣

太平州上軍事開寶八年改南平軍按方輿紀要云南唐置新和州尋改雄遠軍宋開寶九年改平南軍與宋史異謹附識太平興國二年升爲州縣三當塗上蕪湖中開寶末自建康軍與繁昌同隸宣州太平興國三年與繁昌復來隸繁昌中

南康軍同下州太平興國七年以江州星子縣建爲軍本隸西路紹興初來屬縣三星子上太平興國三年升星子鎭爲縣七年與都昌同來隸建昌望太平興國七年自洪州來隸都昌望以縣有都村南接南昌西望建昌改名紹興七年自江州來隸案星子縣注云太平興國七年與都昌同來隸此作紹興七年誤也輿地廣記諸書皆作太平興國七年謹附識

廣德軍同下州太平興國四年以宣州廣德縣建爲軍案輿地廣記廣德縣南唐屬昇州宋開寶八年屬宣州太平興國四年建廣德軍宋史未詳謹附識縣二廣德望開寶末自江寧府隸宣州建平望端拱初以郎步鎭爲縣來隸

西路州六軍四縣四十九南渡後府一州六軍四案南渡後以江州來隸領五縣又增置新城廣昌二縣共五十六縣

隆興府本洪州都督府豫章郡鎭南軍節度舊領江南西路兵馬鈐轄紹興三年以淮西屯兵聽江西節制兼宣撫舒蘄光黃安復州尋罷四年止稱安撫制置使八年復兼大使孝宗隆興三年以潛藩升爲府縣八南昌望新建望太平興國六年置縣案元豐九域志云析南昌縣地置縣宋史未詳謹附識奉新望唐新武縣南唐改豐城望分寧望建炎中升義寧軍尋廢武寧緊靖安中南唐改進賢崇寧二年以南昌縣進賢鎭升爲縣案進賢縣史闕載上緊等字今仍其舊

江州上潯陽郡開寶八年降爲軍事大觀三年升爲望郡舊隸江南東路建炎元年升定江軍節度案方輿勝覽大觀元年升定江軍節度與宋史異謹附識二年置安撫制置使以江池饒信爲江州路紹興元年復爲二路本路置安撫大使理宗嘉熙四年爲制置副使縣五德化望唐潯陽縣南唐改德安緊瑞昌中湖口中彭澤中監一廣寧鑄銅錢

贛州上本虔州南康郡昭信軍節度大觀元年升爲望郡建炎間置管內安撫使紹興十五年罷復置江西兵馬鈐轄兼提舉南安軍南雄州兵甲司公事二十二年改今名縣十贛望有蛤湖銀場虔化望紹興二十三年改寧都有寶積鉛場興國望太平興國中析贛縣之七鄉置信豐望雩都望會昌望太平興國中析雩都六鄉於九洲鎭置有銀場案方輿紀要會昌縣本雩都縣之九洲鎭太平興國七年析置紹定四年升爲軍咸淳五年復舊宋史未詳謹附識瑞金望有九龍銀場石城緊安遠上龍南中南唐縣本名龍南宋宣和三年改虔南紹興二十三年復故

吉州上廬陵郡軍事縣八廬陵望吉水望雍熙元年析廬陵縣地置安福望太和望龍泉望宣和三年改泉江紹興復舊永新望至和三年析吉水縣地

置案方輿紀要云永新縣本漢廬陵縣地三國吳寶鼎三年析置永新縣屬安城郡隋廢郡省縣入太和唐高祖武德五年復置縣屬南平州八年州廢縣復并入太和高宗顯慶三年復分置縣屬吉州考之唐志語與此合據此則應云析太和縣地而非吉水也謹附識永豐望案輿地廣記至和元年以吉水縣報恩鎮置永豐縣宋史未詳謹附識萬安望熙寧四年以龍泉縣萬安鎮置

袁州上宜春郡軍事縣四宜春望分宜望雍熙元年置有貴山鐵務案宋朝事實雍熙元年以宜春縣地置分宜縣方輿紀要云分宜縣本宜春縣之安仁鎮雍熙元年析置宋史未詳謹附識萍鄉望萬載緊開寶末自筠州來隸宣和三年改名建城紹興元年改今名

撫州上臨川郡軍事建炎四年隸江南東路紹興四年來隸縣五臨川望紹興十九年析惠安穎秀二縣入崇仁崇仁望宜黃望開寶三年升宜德場為縣金谿緊開寶五年升金谿場為縣樂安紹興十九年置割崇仁吉水各四鄉隸之後以雲蓋鄉還隸永豐案方輿紀要樂安縣本崇仁縣及永豐縣地地名詹墟紹興十九年析置縣宋史未詳謹附識

瑞州上本筠州軍事紹興十三年改高安郡寶慶元年避理宗諱改今名縣三高安望上高望新昌望太平興國六年析高安地置案輿地廣記太平興國三年以高安縣監步鎮置縣與宋史異謹附識

興國軍州同下太平興國四年以鄂州永興縣置永興軍三年改今名縣三永興望大冶緊南唐縣宋自鄂州與通山來隸有富民錢監銅場磁湖鐵務通山中太平興國二年升羊頭鎮為縣紹興四年又為鎮五年復案輿地廣記通山縣五代時置屬鄂州太平興國二年來屬方輿紀要亦云五代楊吳武義中於永興縣新豐鄉置羊山鎮周顯德六年南唐置通山縣與宋史互異謹附識

南安軍州同下淳化元年以虔州大庾縣建為軍縣三南康望有瑞陽錫務大庾中淳化元年自虔州與上猶南康並來隸上猶上有上田鐵務嘉定四年改南安

臨江軍州同下淳化三年以筠州之清江建為軍縣三清江望新淦望淳化三年自吉州來隸新喻望淳化三年自袁州來隸

建昌軍州同下舊建武軍太平興國四年改縣二南城望淳化二年自撫州來隸有太平等四銀場南豐望案輿地廣記南豐縣唐屬撫州淳化二年來屬宋史未詳謹附識南渡後增縣二新城紹興八年析南城五鄉置案方輿紀要新城縣乃南城縣之黎灘鎮宋史未詳謹附識廣昌紹興八年析南豐南境三鄉置

荊湖南北路紹興元年以鄂岳潭衡永郴道州桂陽軍為東路鄂州置安撫司鼎澧辰沅靖邵全州武岡軍為西路鼎州置安撫司二年罷東西路仍分南北路

北路府二州十軍二縣五十六南渡後府三州九軍三縣案南渡後無應山縣共五十五縣

江陵府次府江陵郡荊南節度舊領荊湖北路兵馬鈐轄兼提舉本路及施夔州兵馬巡檢事建炎二年升帥府四年置荊南府歸峽州荊門公安軍鎮撫使紹興五年罷置安撫使兼營田使六年為經略安撫使七年罷經略止除安撫使淳熙元年還為荊南府未幾復為江陵府縣八江陵次赤公安次畿案方輿紀要公安縣建炎中升為公安軍尋復為縣宋史不載謹附識潛江次畿乾德二年升白伏巡為縣案隆平集作乾德三年與宋史異又元豐九域志云分江陵縣地置潛江縣宋史未載謹附識監利次畿至道三年以玉沙隸復州熙寧六年廢復州以玉沙縣入監利縣尋復舊松滋次畿枝江次畿熙寧六年省入松滋元祐元年復建炎四年江陵寄治紹興五年還舊建寧次畿乾德三年升白日巡為縣并置萬庾縣萬庾尋廢熙寧六年省建寧入石首元祐元年復南渡後省石首次畿

鄂州緊江夏郡武昌軍節度初為武清軍至道二年改建炎二年兼鄂岳制置使四年兼江南鄂州路安撫尋改鄂州路安撫紹興二年改兼荊湖北路安撫六年管內安撫十一年罷嘉定十一年置沿江制置副使理宗淳祐五年兼荊湖北路安撫使九年罷景定元年改荊湖制置使咸淳七年罷縣七江夏緊崇陽望唐縣宋開寶八年改今名案方輿紀要唐唐年縣五代吳曰崇陽梁曰臨夏晉曰臨江南唐復曰唐年宋開寶八年仍為崇陽此云唐縣當是脫唐年二字謹附識武昌上蒲圻中咸寧中案宋朝事實景德四年改永安縣為咸寧縣宋史未詳謹附識通城中熙寧五年升崇陽縣通城鎮為縣紹興五年廢為鎮十七年復嘉魚下熙寧六年析復州地入焉監一寶泉熙寧七年置鑄銅錢南渡後升武昌縣為壽昌軍

德安府中安陸郡安遠軍節度本安州建隆元年為建安軍開寶中廢吉陽縣宣和元年升為府案方輿紀要云熙寧初升為德安府以舊為潛邸故也考神宗本紀英宗即位授安州觀察使據此則熙寧初升府為確謹附識縣五安陸中熙寧二年省雲夢縣為鎮入焉元祐元年復應城中孝感中建炎中移治紫蒼砦應山中下雲夢中紹興七年移治作落市後復舊南渡後無應山案方輿紀要云應山縣嘉定中改屬隨州考宋史隨州下初無應山來屬之文疑有脫誤謹附識

復州上景陵郡防禦建炎四年置德安復州漢陽軍鎮撫使紹興三年置荊湖北路安撫使縣二景陵緊晉縣宋熙寧六年廢州以景陵屬安州元祐初復玉沙下至道三年自江陵來隸寶元二年廢沔陽入焉熙寧六年又隸江陵元祐初復案輿地廣記玉沙縣乾德三年以白沙院置謹附識

常德府本鼎州武陵郡常德軍節度乾德二年降為團練本朗州大中祥符五年改名政和七年升為軍建炎四年置鼎澧州鎮撫使紹興元年置荊湖北路安撫使領鼎澧辰沅靖州三十二年罷乾道元年以孝宗潛藩升府八年依舊提舉五州縣三武陵望桃源望乾德中析武陵地置龍陽中大觀中改辰陽紹興三年復舊五年升軍使移治黃城砦三十年復縣南渡後增縣一沅江中下自岳州來隸案輿地廣記宋朝事實各書並云乾寧中復朗州橋江縣曰沅江屬岳州宋史不載縣名沿革而廣記等書所稱乾寧宋無此年號今據輿地考云宋析武陵置桃源縣又置沅江縣則沅江縣當與桃源縣同為乾德中所置也謹附識

澧州上澧陽郡軍事縣四澧陽望安鄉中下石門中下有臺宜砦慈利下有索口安福西牛武口澧州五砦

峽州中峽字舊從硤今從山案方輿勝覽云峽州西魏為拓州後周以地扼三峽之險改拓為硤隋改夷陵郡唐改峽州國朝因之是改硤從山不始於宋也又考唐書地理志本作峽州與方輿勝覽合宋史注誤謹附識夷陵郡軍事縣四夷陵中有漢流巴山麻溪魚陽長樂梅子六砦及沿錫場案輿地廣記開寶八年省巴山縣入夷陵宋史不載謹附識宜都中長楊中下有漢流飛魚二

鹽井元豐五年廢新安長楊二砦案長楊縣唐書地理志及輿地廣記諸書皆作長陽謹附識 遠安中下

岳州下 巴陵郡岳陽軍節度本軍事宣和元年賜軍額建炎間岳鄂二州各帶沿江管內安撫司公事紹興二十五年改州曰純改軍曰華容案方輿勝覽云英宗潛邸領岳州團練使升岳陽軍節度又方輿紀要云秦檜以州名與岳飛姓同改純州軍曰華容宋史未詳謹附識三十一年復舊縣四巴陵上 華容望有占樓砦 平江上 臨湘中淯化元年升王朝場為縣尋改案輿地廣記臨湘縣本巴陵縣之王朝場淯化中升為王朝縣至道二年改為臨湘縣宋史未詳又淯化元年輿地考作五年謹附識

歸州下 巴東郡軍事建炎四年隸夔路紹興五年復三十一年又隸夔淯熙十四年復明年又隸夔縣三秭歸下熙寗五年省興山縣為鎮入焉元祐元年復有撥禮砦青林鹽井 巴東下有折疊砦 興山下開寶元年移治昭君院端拱二年徙香溪北

辰州下 盧溪郡軍事太平興國七年置招諭縣熙寗七年以麻陽招諭二縣隸沅州縣四沅陵中 漵浦中下有懸鼓砦元豐二年置龍潭堡 辰溪下有龍門銅安二砦 盧溪下 城一會溪熙寗八年置 砦三池蓬鎮溪黔安嘉祐三年置池蓬熙寗三年置鎮溪八年置黔安

沅州下 潭陽郡軍事本懿州案宋史地理志序云平湖南得州一十五監一注云潭衡邵郴道永全岳澧鼎辰錦溪敘桂陽監考其中獎錦溪敘四州唐書地理志獎州龍溪郡即沅州之夜郎渭溪二縣地錦州盧陽郡即辰州麻陽縣地溪州靈溪郡析辰州地置敘州潭陽郡即辰州之龍標縣地亦曰沅州據宋志沅州以潭陽縣地置盧陽縣即是唐之敘州也以辰州麻陽招諭二縣隸州是即唐之錦州也故麻陽縣注云有錦州砦盧陽縣注云有獎州鋪是即唐之獎州也惟溪州在宋志沿革無考要亦與麻陽招諭同為辰州所分析而併合於沅州是沅州一境則兼有獎錦溪敘四州之地明矣然宋志於卷首序內則以四州皆為建隆四年平湖南所得於志中沅州條下則云本懿州熙寗七年收復未嘗云建隆中平湖南所得方輿紀要亦但云宋初沒於蠻蠻號懿州並無確係何年沒蠻之明文而紀要諸書亦無馬氏及高氏據有之始末不知湖南全境歸朝之後何以四州不能據守為蠻所侵抑或在高氏時本已為蠻所占歸朝之日虛列版圖史志荒遠難稽無從詳晰姑從疑義謹附識於此 熙寗七年收復以潭陽縣地置盧陽縣以辰州麻陽招諭二縣隸州八年廢招諭縣入麻陽元豐三年併鎮江砦人戶入黔江城為黔陽縣五年升舊渠陽砦為縣元祐六年省為砦崇寗二年復為縣縣四盧陽下有獎州西縣入洲長宜迴溪鎮江龍門懷化八鋪 麻陽下有錦州砦龍溪龍家竹砦虛踵齊天又溪六鋪龔溪砦熙寗六年賜名其後為鋪未詳 黔陽下有竹砦烟溪無狀木州洪江五鋪 渠陽下 砦八熙寗間復硤中賜雲鶴綉勝五州富錦圓三州六年以硤州新城為安江砦富州新城為鎮江砦七年廢慢水砦龍家堡以辰州龍門鎮安二砦隸州尋廢為鋪宣和元年復置銅安砦元豐三年置托口砦四年以古誠州貫保新堡為貫保砦奉愛豐山新砦為豐山新堡小由長渡村堡為小由砦 安江有洪江銅安二砦 托口有竹灘一鋪元豐八年罷 貫保元豐三年置六年隸誠州元祐六年廢崇寗二年復置 渠陽元祐三年以渠陽軍改來隸 竹灘洪江並元祐五年置隸黔陽 若溪崇寗三年置 便溪崇寗三年以獎州改

靖州下 軍事熙寗九年收復唐溪洞誠州元豐四年仍建為誠州五年沅州貫保砦改為縣總治本砦并托口小由豐山四堡砦戶口以渠陽縣為名隸州六年移托口小由兩砦都屬沅州析邵州蒔竹縣隸州移渠陽為州治七年小由砦復隸州尋廢小由砦豐山堡元祐二年廢為渠陽軍三年廢軍為砦屬沅州元祐五年復以渠陽砦為誠州崇寗二年改今名大觀元年為望郡縣三永平下本渠陽縣崇寗二年改名紹興八年移入州 會同下本三江縣崇寗二年改 通道下本羅蒙縣崇寗二年改 砦四狼江收溪貫保羅蒙元豐六年置收溪復以沅州貫保來隸七年置羅蒙元祐三年廢收溪羅蒙崇寗二年又置若水豐山二砦 堡五石家澽村多星大由天村元豐四年置石家澽村六年置多星七年置大由天村元祐三年廢多星大由天村崇寗三年復置又置羊鎮堡木砦堡大觀二年又置飛山堡政和三年又置零溪堡八年置通平堡

荊門軍開寶五年長林當陽二縣自江陵來隸熙寗六年廢軍以縣屬江陵府元祐三年復案隆平集開寶五年以荊門鎮為荊門軍宋史未詳謹附識 縣二長林次畿 當陽次畿紹興十四年廢入長林十六年復

漢陽軍同下州 熙寗四年廢為縣以漢川縣為鎮屬鄂州元祐元年復置紹興五年又廢為縣七年復為軍縣二漢陽緊 漢川下太平興國二年自德安來隸紹興五年廢七年復案輿地廣記唐武德四年析漢陽置汊川縣屬沔州州廢屬鄂州五代周屬安州宋太平興國二年改曰漢川縣屬漢陽軍宋史未詳謹附識

壽昌軍下 本鄂州武昌縣嘉定十五年升壽昌軍使續升軍節案方輿勝覽云嘉定十五年升為軍使以與鄂州鎮之名相類因玉寶壽昌文錫名壽昌軍宋史不載謹附識 縣一武昌上以武昌山為名南渡後為江州治所後復故

南路州七府一監一縣三十九南渡後增茶陵軍案南路州軍監共領縣三十七此云三十九誤南渡後升邵州為寶慶府置茶陵軍升桂陽軍增興寗桂東臨武酃四縣共府一州六軍三縣四十一

潭州上 長沙郡武安軍節度乾德元年降為防禦端拱元年復為軍舊領荊湖南路安撫使大觀元年升為帥府建炎元年復為總管安撫司紹興元年兼東路兵馬鈐轄二年復為安撫司縣十二長沙望開寶中廢長豐縣入焉 衡山望淯化四年以衡州衡山岳州湘陰遂來隸有黃簳銀場 安化望熙寗六年置改七星砦為鎮入焉廢首溪砦元祐三年置博易場案宋朝事實熙寗六年以益陽縣置安化縣宋史未詳謹附識 醴陵緊 攸上 湘鄉中 湘潭中 益陽中案方輿紀要益陽縣宋初屬鼎州尋還屬宋史未詳謹附識 瀏陽中有永興及舊溪銀場 湘陰中乾德三年自鼎州隸岳州俄而來隸 寗鄉中案輿地廣記太平興國二年析長沙縣置寗鄉縣宋史未詳謹附識 善化元符元年以長沙縣五鄉湘潭縣兩鄉為善化縣案善化縣史闕望緊等字今仍其舊

衡州上 衡陽郡軍事縣五衡陽緊有熙寗錢監 耒陽中 常寗中下熙寗六年廢常寗縣獎中砦有茭源銀場 安仁中下乾德二年升安仁場為縣案隆平集作乾德三年與宋史異謹附識 茶陵南渡後升為茶陵軍

道州上 江華郡軍事乾德三年廢大歷縣案宋朝事實云廢大歷入永明宋史未詳謹附識 紹興元年隸荊湖東路二年復縣四營道緊熙寗五年省永明縣為鎮入焉元祐元年復案輿地廣記營道縣唐元宗天寶元年改為宏道縣宋建隆三年復舊名宋史未詳謹附識 江華緊有黃富鐵場案隆平集建隆四年以潭州江華縣隸道州宋史

未詳謹附識寧遠緊唐延唐縣宋乾德三年改永明上

永州中零陵郡軍事縣三零陵望祁陽中東安中雍熙元年升東安場為縣有東安砦

郴州中桂陽郡軍事紹興初改隸荊湖東路二年仍來屬縣四郴緊有新塘浦溪有銀坑桂陽中唐義昌縣後唐改郴義宋太平興國初又改有延壽銀坑宜章中唐義章縣宋太平興國初改永興中舊高亭縣熙寧六年改南渡後增縣二興寧嘉定二年析郴縣資興程水二鄉置資興縣後改今名案二年輿地考作四年謹附識桂東本郴縣地嘉定四年析桂陽之零陵宜城二鄉置今縣於上猶砦

寶慶府本邵州邵陽郡軍事大觀九年升為望郡寶慶元年以理宗潛藩升為府淳祐六年升寶慶軍節度縣二邵陽望新化望熙寧五年收復梅山以其地置縣有惜溪柘溪藤溪深溪雲溪五砦

全州下軍事紹興元年聽廣西路經略安撫司經制縣二清湘望有香烟祿塘長烏羊狀峽石磨石獲源七砦灌陽中有洮水灌水吉寧砦

茶陵軍紹興九年升縣為軍仍隸衡州嘉定四年析康樂雲陽常平三鄉置酃縣案方輿勝覽云中興以來湖南路安撫提刑奏升軍額知縣曰茶陵軍使兼知茶陵縣事仍隸衡州領縣一茶陵考方輿勝覽序云作於嘉熙己亥係理宗嘉熙三年嘉定乃寧宗年號自嘉定四年下逮嘉熙己亥相距二十九年若嘉定四年已置酃縣不應方輿勝覽中尚稱茶陵舊名恐嘉定四年係宋史之訛謹附識亦嘗隸衡州縣一酃下因酃湖為名

桂陽軍同下州本桂陽監紹興元年隸荊湖東路二年復三年升軍案方輿勝覽作紹興二十二年據乞升軍額奏狀云內轄三縣外撫五峒若三年則臨武縣尚未增置不得云三縣明係升軍在增縣之後增縣既在紹興十一年則升軍自當以二十二年為是宋史當有訛脫謹附識縣二平陽上隋縣晉廢宋天禧三年置有大富等九銀坑案隋縣當作唐縣藍山中景德三年自郴州來隸三年輿地考作元年謹附識案南渡後增縣一臨武中自石晉廢宋紹興十一年復

武岡軍崇寧五年以邵州武岡縣升為軍縣三武岡中有山塘一砦熙寧八年廢白沙砦置關硤武陽城步三砦元祐四年置赤木砦紹聖元年置神山砦崇寧二年置通硤大觀元年置硤口砦綏寧中本邵州蒔竹縣地熙寧九年廢崇寧九年復紹興十一年移治武陽砦二十五年還舊後廢臨岡來入臨岡本蒔竹縣元豐四年以溪洞徽州為縣隸邵州六年建臨口砦崇寧五年改砦為縣隸武岡軍南渡後廢臨岡增新寧下漢夷地宋紹興二十五年於水頭江北立今縣

欽定續通典卷一百二十七

欽定續通典卷一百二十八

州郡

宋 福建路 成都路 潼川路 利州路 夔州路 廣南東西二路 燕山路 雲中路

福建路州六軍二縣四十七南渡後升建州為府

福州大都督府長樂郡威武軍節度舊領福建路鈐轄建炎三年升帥府縣十二閩 望 侯官 望 福清 望 古田 望 唐縣有寶興銀場古田金坑 永福 望有黃洋保德二銀場 案輿地廣記宋朝事實並云永福本唐永太縣宋崇寧元年改今名謹附識 長溪 望有王林銀場及鹽場 長樂 緊有海壇山鹽場 羅源 中 舊永貞縣 閩清 中 寧德 中 王審知時置 懷安 望 太平興國五年析閩縣置 連江 望

建寧府 本建州建安郡舊軍事端拱元年升為建寧軍節度紹興三十二年以孝宗舊邸升府縣七建安 望 漢縣有北苑茶焙龍焙監庫及石舍永興丁地三銀場 浦城 望有余生蕉溪勅竹三銀場 嘉禾 望 本建陽縣有瞿嶺等四銀場景定元年改今名 松溪 緊 崇安 望 淳化五年升崇安場為縣 政和 緊 咸平三年升關隸鎮為縣 政和中改關隸為政和縣 有天受錫場 甌寧 望 熙寧三年廢 元祐四年復 案輿地廣記宋朝事實並云治平三年析建安建陽浦城置甌寧縣宋史不載謹附識 監一 豐國 咸平二年置鑄銅錢

泉州 望 清源郡太平興國初改平海軍節度本上郡大觀元年升為望郡縣七晉江 望有鹽亭一百六十一 南安 中 同安 中有安仁上下馬欄莊坂四鹽場 惠安 望 太平興國六年析晉江置縣有鹽亭一百二十九 案輿地廣記宋朝事實並云淳化五年置縣與宋史異謹附識 永春 中 五代閩桃源縣有倚洋一鐵場 安溪 下 有青陽鐵場 德化 下 有赤水鐵場

南劍州 上 劍浦郡軍事太平興國四年加南字縣五劍浦 緊 舊龍津縣南唐改有大演石城二銀場雷大等五茶焙 將樂 上 太平興國四年自建州來隸有石牌安福二銀場 順昌 上 南唐升永順場為縣 沙 中 有龍泉銀場 尤溪 上 有九溪寶應等九銀場

漳州 下 漳浦郡軍事縣四龍溪 望 有吳慣沐犢中柵三鹽場 漳浦 望 有黃敦銀場 龍巖 望 有大濟寶興二銀場 長泰 望 太平興國五年自泉州來隸

汀州 下 臨汀郡軍事淳化五年以上杭武平二場並為縣元符元年析長汀寧化置清流縣縣五長汀 望 有上寶錫場歸禾拔口二銀務莒溪鐵務 寧化 望 有龍門新舊二銀坑 上杭 上 有鍾寮金場 天聖二年徙治鍾寮場東 乾道四年徙治郭下 武平 上 清流 案清流縣史闕載望緊等字今仍其舊 南渡後增縣一蓮城 本長汀蓮城堡 紹興三年升為縣

邵武軍 同下州 太平興國五年以建州邵武縣建為軍仍以歸化建寧二縣來屬縣四邵武 望 有黃土等三鹽場 龍須銅場 寶積等三鐵場 光澤 望 太平興國六年析邵武置縣 有太平銀場新安鐵場 泰寧 望 南唐歸化縣 宋元祐元年改為泰寧 有螺螺金場江源銀場 建寧 望 有龍門等三銀場

興化軍 同下州 太平興國四年以泉州游洋百丈二鎮地置太平軍尋改今名縣三莆田 望 自泉州與仙遊同來隸 案輿地廣記云太平興國四年來屬 宋史未載謹附識 仙遊 望 興化 中 太平興國四年析莆田置縣

成都府路府一州十二軍二監一縣五十八南渡後府三州十一

成都府 次府 本益州蜀郡劍南西川節度太平興國六年降為州端拱元年復府淳化中降為節度嘉祐中復為府後復節度縣九成都 次赤 華陽 次赤 新都 次畿 熙寧五年省犀浦為鎮入焉 雙流 次畿 溫江 次畿 新繁 次畿 漢繁縣前蜀改 廣都 次畿 熙寧五年廢陵州以貴平籍二縣為鎮入焉 靈泉 次畿 舊名靈池 天聖四年改

眉州 上 通義郡至道二年升為防禦縣四眉山 望 隋通義縣 宋太平興國初改 彭山 望 丹稜 望 青神 緊

崇慶府 緊 本蜀州唐安郡軍事紹興十年以高宗潛藩升崇慶軍節度淳熙四年升府縣四晉源 望 新建 望 唐唐安縣 宋開寶四年改 永康 望 蜀析青城地置縣 江源 望 本唐安縣 宋開寶四年改今名 案宋史缺江源縣 今據輿地廣記諸書增入 又案史於新津縣注云唐安縣宋開寶四年改 與此同 據輿地考稱新津後周縣 當是史文誤載 謹附識於此

彭州 緊 濛陽郡軍事縣三九隴 望 唐縣 宋熙寧二年置堋口縣 四年省為鎮入焉 有鹿角砦堋口木頭二茶場 崇寧 望 唐唐昌縣 宋崇寧元年改 濛陽 望

綿州 上 巴西郡軍事縣五巴西 望 彰明 望 魏城 緊 羅江 緊 鹽泉 中

漢州 上 德陽郡軍事縣四雒 望 什邡 望 綿竹 望 德陽 望

嘉定府 上 本嘉州犍為郡軍事乾德四年廢綏山羅目玉津三縣慶元二年以寧宗潛邸升府開禧元年升嘉慶軍節度縣五龍遊 上 宣和元年改曰嘉祥 後復故 熙寧五年省平羌縣入焉 洪雅 上 淳化四年自眉州來隸 夾江 中 峨眉 中 犍為 下 大中祥符四年移治懲非鎮 監一 豐遠 鑄鐵錢

邛州 上 臨邛郡軍事縣六臨邛 望 熙寧五年省臨溪縣為鎮入焉 併入依政蒲江火井 依政 望 安仁 望 有延貢砦 大邑 望 有思安砦 蒲江 上 有鹽井監鹽井砦 火井 中 開寶三年移治平樂鎮 至道三年復舊 監一 惠民 鑄鐵錢 建炎三年罷

簡州 下 陽安郡軍事縣二陽安 上 平泉 中

黎州 上 漢源郡軍事縣一漢源 下 慶曆六年廢通望入焉 舊廢飛越縣有博易務 案輿地廣記宋朝事實並云慶曆七年省通津縣與宋史異謹附識 領羈縻州五十四 羅巖州 索古州 泰上州 合欽州 劇川州 輒榮州 蓬口州 柏坡州 博盧州 明川州 胣腋州 蓬矢州 大渡州 米川州 木屬州 河東州 諾筰州 甫嵐州 昌化州 歸化州 栗川州 叢夏州 和良州 和都州 附木州 東川州 上貴州 滑川州 北川州 吉川州 甫蕚州 北地州 蒼榮州 野川州 邛陳州 貴林州 護川州 牒琮州 浪彌州 耶郭州 上欽州 時蓬州 儼馬州 樕查州 邛川州 護邛州 腳川州 開望州 上蓬州 北蓬州 剝重州 久護州 瑤劍州 明昌州

雅州 上 盧山郡軍事縣五嚴道 中 有碉門砦 盧山 上 有靈關砦 名山 中 熙寧五年省百丈縣為鎮入焉 元祐二年復 榮經 中下 百丈 中下 州內城一茶場 熙寧九年置 領羈縻州四十四 當馬州 三井州 來鋒州 名配州 鉗泰州 隸恭州 畫重州 羅林州 籠羊州 林波州 林燒州 龍蓬州 敢川州 驚川州 福眉州 木燭州 百波州 當品州 嚴城州 中川州 鉗矣州 昌磊州 鉗井州 百頗州 會野州 富仁州 推梅州 作重州 福林州 金林州 諾祚州 三恭州 布嵐州 欠馬州 羅蓬州 論川州 讓川州 遠南州 卑盧州 夔龍州 輝川州 金川州 東嘉梁州 西嘉梁州

茂州 上 通化郡軍事熙寧九年即汶川縣置威戎軍使以石泉縣隸綿州縣一汶山 下 砦一鎮羌 熙寧九年置 南渡

後增縣一汶川下有博易場領羈縻州十瑞州遠州直州飛州時州乾州塗州向州居州可州
春祺城本羈縻保州政和四年建爲祺州縣曰春祺宣和三年廢爲城隸茂州壽
寧砦本羈縻直州政和六年建壽寧軍八年廢爲砦宣和三年廢砦爲堡又廢數文關爲數文堡延
寧砦本威戎軍熙寧中建政和六年重築軍城改名延寧宣和三年廢爲砦隸茂州四年又廢砦及壽寧
堡入汶川縣
威州上維川郡軍事本維州景祐三年以與濰州聲相
亂改今名案輿地廣記諸書並云景祐三年改爲威州宋史誤作景德三年今改正縣二保
寧下唐辟城縣南唐改通化下天聖元年改金川景祐四年復治平三川今省通化軍隸縣有博易場
案金川宋史誤作途川據輿地廣記諸書改正領羈縻州二保州霸州嘉會砦本羈
縻霸州政和四年建爲亨州縣曰嘉會宣和三年廢州以縣爲砦隸威州通化軍熙寧中建政和三年
重築軍城宣和三年省軍使爲監押隸威州
永康軍州同下本彭州導江縣灌口鎮唐置鎮靜軍宋乾
德四年改爲永安軍太平興國三年改爲永康軍縣二
導江望乾德中自彭州來隸熙寧五年軍廢復隸彭州後復於此置有博易場青城望乾德中自蜀
州來隸熙寧五年軍廢還隸蜀州不知何年復來隸
仙井監州同下本陵州至道三年升爲團練咸平四年廢
建始縣咸寧五年廢爲陵井監宣和四年改爲仙井監
隆興初改爲隆州縣二仁壽中井研中南渡後增縣二
貴平中下熙寧五年廢入廣郡乾道六年復籍中下廢復同上鎮一大安舊永安鎮崇寧
二年改鹽井一
石泉軍本綿州石泉縣政和七年建爲軍割蜀之永康
綿之龍安神泉來隸宣和三年降爲軍使縣皆還舊隸
七年復爲軍領縣三石泉下神泉上有石關砦龍安上有三盤砦及
茶場宣和三年改龍安曰安昌後復故寶祐後爲軍治所案宋朝事實綿州下注云熙寧五年省西昌縣入
龍安宋史不載謹附識堡九徽宗重和元年置會同靖安嘉平通津橫望平雕陵霄聳翠連雲
潼川府路府二州九軍三監一
潼川府緊梓潼郡劍南東川節度本梓州乾德四年改
靜戎軍太平興國中改靜安軍重和元年升爲潼川府
縣十郪有三十四鹽井中江望隋元武縣宋大中祥符五年改有鹽井涪城望有四鎮二十
七鹽井射洪緊有鹽井鹽亭緊熙寧五年省永泰縣爲鎮入焉有六鹽井通泉上有三鐵
冶飛烏中有五鹽井銅山中有銅冶東關中下有四鹽井案輿地廣記宋朝事實並云
乾德四年以蜀招葺院置縣宋史不載謹附識永泰中下本尉司南渡後爲縣
遂寧府都督府遂寧軍武信軍節度本遂州政和五年
升爲府宣和五年升大藩端平三年兵亂權治蓬溪砦
縣五小溪望隋方義縣宋太平興國初改蓬溪望長江緊端平三年以下三縣俱廢
青石緊遂寧中唐縣宋熙寧六年省青石縣入焉七年復置
順慶府中本果州南充郡團練寶慶三年以理宗初潛
之地升爲府縣三南充望熙寧六年省流溪縣爲鎮入焉紹興二十七年復爲縣西
充望流溪望
資州上資陽郡軍事乾德五年廢月山丹山銀山淸溪
四縣宣和二年改龍水爲資州後復故寶祐三年廢縣
四盤石緊有一十八鹽井一鐵冶資陽緊龍水中內江下有六十六鹽井
普州上安岳郡軍事乾德五年廢崇龕普慈二縣案輿地廣
記諸書並云崇龕入安居普慈入樂至宋史不載謹附識寶祐以後幷廢州縣三安
岳中下熙寧五年廢普康縣入焉案宋朝事實熙寧作乾德與宋史異謹附識安居中樂至
下
昌州上昌元郡軍事縣三大足上昌元上咸平四年移置羅市永
川上
敘州上南溪郡軍事乾德中廢開邊歸順二縣本戎州
政和四年改縣四宜賓中唐義賓縣宋太平興國元年改熙寧四年省舊僰入僰道爲
鎮政和四年改僰道爲宜賓南溪中乾德中移治舊城有鹽井宜化唐義賓縣宋太平興國元
年改熙寧四年改爲鎮隸僰道宣和元年復以鎮爲縣改今名慶符本敘州徼外地政和二年建爲祥州
置慶符來附二縣宣和三年州廢併來附縣入慶符砦五柔遠樂從清平石門懷遠靖康元年廢柔遠樂從二
砦隸懷遠羈縻州二十建州照州獻州南州洛州盈州德州爲州移州扶德州播州滇州筠州武昌
州志州商州駠州涙川州驍州協州切州騎州靖州曲江州可陵州品州牁州遵州碟州縞州從州播州陵州鉗州
瀘州上瀘川郡瀘川軍節度本軍事州宣和中賜軍額
縣三瀘川中江安中有宜遠安夷西寧遠南田武寧安遠等砦合江中有遙壩青山
安溪小溪帶頭使君六砦大觀三年以安溪砦爲縣隸純州後廢純州復爲砦宣和三年廢遙壩四年復南
渡後增縣一納溪皇祐二年納溪復置砦紹定五年升爲縣監一南井城三
樂共城元豐四年置砦鎮溪堡梅嶺堡大洲堡江門九支城大觀二年建純州置九支
安溪兩縣及美利城宣和二年廢純州及九支縣爲九支城以安溪美利城爲砦改慈竹砦爲堡武都
城大觀三年建滋州以仁懷承流二縣宣和三年廢州爲武都城以仁懷爲堡承流縣併入仁懷安遠
砦元豐三年置大觀四年廢政和五年復博望砦政和四年置七板橋堡政和堡
綏遠砦政和前三年隸武都城宣領羈縻州十八納州晏州
鞏州奉州悅州思州義州長寧州能州淸州浙州定州宋州順州藍州溱州高州姚州
長寧軍本羈縻州熙寧中置淯井監隸瀘州政和中建
爲長寧軍砦堡六梅洞砦政和五年置清平砦舊隸祥州政和二年建賜
名宣和三年廢祥州以砦隸軍武寧砦熙寧七年置舊名小溪口十年改今名元豐四年廢五年復置
政和四年建長寧軍以武寧爲倚郭縣宣和二年廢縣爲堡四年復爲砦寧遠砦皇祐元年置三江砦
三年改今名宣和二年以砦爲堡四年復爲砦安夷砦熙寧六年置舊名婆婆大觀四年廢政和六年
復石筍堡政和五年置初名梅頓後改今名南渡後增縣一安寧嘉定四年
升安夷砦爲縣有武寧寧遠二砦
合州中巴川郡軍事淯祐三年移治於釣魚山縣五石
照中魏石監縣宋乾德三年改漢初中巴川中赤水中下銅梁中下熙寧四年
省赤水入焉七年復置
榮州下和義郡軍事乾德五年廢和義縣案輿地廣記諸書並云省
入威遠宋史不載謹附識縣四榮德中下舊名旭川治平四年改熙寧四年省公井縣爲鎮入焉有
鹽監一端平三年廢威遠中資官中有鹽井應靈中下有鹽井
渠州下鄰山郡軍事寶祐三年徙治禮義山縣三流江
緊西魏縣宋景祐三年廢大竹縣入焉紹興三年復分置鄰水下唐縣宋乾德四年移治崑樓鎮鄰
山下梁縣宋乾德三年移治故鄰州城南渡後增縣一大竹按大竹縣史闕載望緊等

字今仍其舊
懷安軍同下州 乾德五年以簡州金水縣建爲軍縣二金
水望 金堂望乾德五年自漢州來隸
寧西軍同下州 開寶二年建爲軍名廣安咸淳中改今名
縣三渠江中開寶二年自渠州來隸 岳池緊開寶二年自果州來隸 新明中開寶二年自
合州來隸六年移治單溪鎭 南渡後增縣一和溪開寶三年升鎭爲縣
富順監同下州 本瀘州富義縣乾德四年升爲富義監太
平興國初改今名領鎭十三鹽井一
利州路府一州九縣三十八關一南渡後府三州十二
軍二
興元府次府 梁州漢中郡山南西道節度縣四南鄭次赤 城
固次畿 褒城次畿 西次畿至道二年割隸大安軍三年還隸有錫治一務 茶場一熙寧八年
置 南渡後增縣一廉水次畿紹興四年析南鄭縣置
利州都督府益川郡寧武軍節度舊昭武軍景祐四年
改紹興十四年分東西兩路紹熙五年復合爲一慶元
二年復分嘉定三年復合十一年又分縣四綿谷中 葭
萌中 嘉川中下咸平五年自鎭州來隸熙寧三年省平蜀縣入焉 昭化下後周益昌縣宋開
寶中改
洋州望 洋川郡武康軍節度舊武定軍景祐四年改縣
三興道望 西鄉上 眞符中
閬州上 閬中郡乾德四年改安德軍節度案宋朝事實云後唐升保
寧軍節度宋史未晰謹附識 縣七閬中望紹興十八年省玉井鎭入焉 蒼溪緊 南部
緊 新井緊 奉國中熙寧四年省岐坪縣爲鎭入焉案宋朝事實熙寧四年作乾德五年與宋
史異謹附識 新政中 西水中下熙寧四年省晉安縣爲鎭入焉
隆慶府上 本劍州普安郡軍事乾德五年廢永歸縣隆
興二年以孝宗潛邸升普安軍節度紹興元年升府縣
六普安中熙寧五年省臨津縣爲鎭入焉 梓潼上 陰平中 武連中 普成

中下 劍門中下熙寧五年以劍門關劍門縣復隸州有小劍白綿砲欹糧谷龍聚托溪六砦
巴州中 清化郡軍事乾德四年廢盤道歸仁始寧三縣
縣五化城中下熙寧五年廢集州以清化縣爲鎭入焉 難江上舊隸集州 恩陽中下
熙寧三年省七盤縣爲鎭入焉 曾口下熙寧五年省其章縣爲鎭入焉 通江下熙寧五年廢壁州
以白石符陽二縣入焉
文州中下 陰平郡軍事縣一曲水中下西魏縣有重石毘谷張滲磨蓬留務羅移
思村戎門披波綬南十砦水銀務一
沔州下 順政郡軍事本興州開禧三年改今名縣二順
政中開禧三年改爲略陽 長舉中下 監一濟衆鑄鐵錢
蓬州下 咸安郡軍事乾德三年廢宕渠縣案宋朝事實云省宕渠縣
入良山宋史未晰謹附識 縣四蓬池中 儀隴中 營山中唐朗池縣宋大中祥符五年
改熙寧三年省蓬山縣爲鎭入焉 伏虞中下熙寧五年省良山縣爲鎭入焉案良山宋史作渠山今
據輿地廣記諸書改正 南渡後增縣二良山中下建炎二年復 相如望寶祐六
年自興州來屬
政州下 江油郡軍事本龍州政和五年改爲政州紹興
元年復爲龍州縣二江油中有乾坡砦 清川下本馬盤唐改今名宋康定初
增戍兵端平三年兵亂地廢
大安軍中 本三泉縣舊屬興元府乾德三年平蜀以縣
直屬京至道二年建爲大安軍三年廢軍仍舊屬京紹
興中復升軍鎭二金牛青烏南渡後復置三泉縣隸軍
金州上 安康郡昭化軍節度縣六西城下 漢陰中下紹興二年
遷治新店以舊縣爲鎭嘉定三年升漵口鎭爲縣有饒風鎭 洵陽中 石泉下 平利下
南渡後增縣一上津中下本平利縣地紹興十六年以鶻嶺關阜馱平爲界
階州中下 武都郡軍事舊隸秦鳳路紹興時來屬縣二福
津中下 將利中下
同慶府中下 同谷郡軍事本成州隸秦鳳路紹興十四年
來屬寶慶元年以理宗藩邸升同慶府縣二同谷中 栗

亭中
西和州下 和政郡團練本岷州舊隸秦鳳路紹興十七
年改西和州縣三長道緊 大潭中 祐川案祐川縣史闕載望緊等字今
仍其舊
鳳州下 河池郡團練舊屬秦鳳路紹興十四年來隸縣
三梁泉上 兩當上 河池緊
天水軍同下州 紹興初秦州入於金分置南北天水縣嘉
定元年升軍縣一天水紹興中廢成紀隴西二縣來入
夔州路州十軍三監一縣三十二南渡後府三州八軍
三監一
夔州都督府雲安郡寧江軍節度縣二奉節中 巫山中下
紹慶府下 本黔州黔中郡軍事武泰軍節度紹定元年
升府縣二彭水中嘉祐八年廢洪杜洋水都儒信寧四縣入焉有洪杜小洞界山難溪四砦
黔江下有白石門闌佐水永安安樂雙洪射營右水鑾塚浴水滑平鹿角萬就六堡白水上溪小溪石柱
高望木孔東流李昌僕射相陽小村石門茆田木柵虎眼二十九砦 羈縻州四十九南寧州遠
州犍州清州蔣州知州甕州巽州邦州鶴州勞州義州福州儒州合州鄰州晉州寧州緣州那州鸞州絲
州巾州敷州晃州侯州焚州添州瑤州雙城州訓州鄉州缺州茂龍州整州樂善州撫水州思元州逸州思州
南平州勳州姜州稜州鴻州和武州暉州亳州鼓州懸州案志稱羈縻州四十九而注中所云凡五十有一
州當有訛誤今無可考證姑仍其舊 南渡後羈縻州五十六缺
施州下 清江郡軍事縣二清江中下有歌羅永寧細沙寧邊尖木夷平六砦熙
寧六年省施州永興砦置夷平砦元豐二年廢永寧砦置行廊安確二砦 建始中下有連天一砦 監
一廣積紹聖三年置鑄鐵錢
咸淳府下 本忠州南賓郡軍事咸淳元年以度宗潛邸
升府縣三臨江中下 墊江中下熙寧五年省貴溪縣入焉 南賓下 南渡後
增縣二豐都下 龍渠下
萬州下 南浦郡軍事開寶三年以梁山爲軍縣二南浦
下有平雲砦 武寧下

開州下盛山郡軍事縣二開江上慶曆中廢新浦縣入焉清水中舊名萬歲縣後改

達州上通川郡軍事本通州乾德三年改五年廢閬英宣漢二縣熙寧六年省三岡縣七年省石鼓縣分隸通州新寧永睦三縣縣五通川中巴渠中永睦下隋永穆縣宋改新寧下東鄉下南渡後增縣一通明下舊通明院

涪州下涪陵郡軍事熙寧三年廢溫山縣爲鎮縣三涪陵下有白馬鹽場樂溫下武龍下宣和元年改爲枳縣紹興元年依舊

重慶府下本恭州巴郡軍事舊爲渝州崇寧元年改恭州後以高宗潛藩升爲府縣三巴中有石英峰玉監溪新興四鎮江津中下乾德中移治馬騣鎮璧山下羈縻州一溱州領榮懿扶懽二縣後隸南平軍

雲安軍同下州開寶六年以夔州雲安縣建爲軍縣一雲安望有思問捍技平南三砦玉井鹽場團雲鹽井監一雲安監熙寧四年以雲安監戶口析置安義縣八年戶還隸雲安縣復爲監

梁山軍同下州高梁郡開寶二年以萬州石氏屯田務置軍縣一梁山中下

南平軍同下州熙寧八年收西番部以恭州南川縣銅佛壩地置軍縣二南川中下熙寧八年省入隆化元豐元年復置有榮懿開邊通安安穩歸正五砦溱川堡隆化下熙寧八年自涪州來隸有七渡水砦大觀四年砦廢有砦一溱溪本羈縻溱州宣和二年以溱溪砦爲名隸南平軍

大寧監同下州開寶六年以夔州大昌縣鹽泉所建爲監縣一大昌中下端拱元年自夔州來隸

珍州大觀二年建縣二樂源綏陽本羈縻夷州大觀三年建爲承州領綏陽都上義泉寧夷洋川五縣宣和三年廢州及都上等縣以綏陽隸珍州砦一遵義大觀二年建遵義縣宣和三年廢州及縣以遵義砦爲名隸珍州案以上二縣史俱闕載望緊等字今仍其舊

思州政和八年建宣和四年廢紹興元年復縣三務川安夷邛水宣和四年與務川安夷並廢隸黔州紹興二年復案以上三縣史俱闕載望緊等字今仍舊

播州樂源郡大觀二年建爲州宣和三年廢嘉熙三年復咸淳末以珍州來屬縣一樂源中有遵義砦開熙三年升軍嘉定十一年復爲砦案此樂源縣卽上文珍州所領者一地不宜兩繫以文義揆之當是縣自咸淳末自珍州改屬而宋史志仍誤載之珍州下耳別無可校姑仍原文而附識於此

廣南東路府一州十四縣四十三南渡後府三州十一

廣州中都督府南海郡青海軍節度開寶五年廢咸寧番禺蒙化游水四縣案宋朝事實云省游水縣入懷集宋史未詳謹附識大觀元年升爲帥府縣八南海望隋縣宋後改常康宋開寶五年復案宋朝事實開寶五年省咸寧常康二縣入南海縣宋史作後改常康開寶五年復未知孰是謹附識番禺上開寶中廢入南海皇祐三年復置有銀爐鐵場增城中清遠中有大富銀場靜定鐵場錢糾鉛場懷集中有大利銀場東莞中下開寶五年廢入增城六年復置有桂角等三銀場靜康等三鹽場海南黃田等三鹽柵新會下有千歲錫場海晏等六鹽場信安下本義寧縣開寶五年廢入新會六年復置太平興國初改信安熙寧五年省爲鎮入新州新興縣元祐元年復爲縣紹聖元年復省爲鎮後復爲縣還隸廣州南渡後無信安增縣一香山紹興三十二年以東莞香山鎮爲縣

韶州中始興郡軍事縣五曲江望有永通錢監靈源等三銀場中子銅場翁源望有大湖銀場大富鉛場樂昌中有黃坑等二銀場太平鉛場仁化中開寶五年廢入樂昌咸平三年復置有大眾多田二鐵場多寶鉛場建福宣和三年以岑水場析曲江翁源地置縣案宋朝事實宣和三年作崇寧元年謹附識南渡後無建福增縣一乳源乾道二年析曲江之樂昌依化鄉于州頭津置監一永通

循州下海豐郡軍事縣三龍川望有大有鉛場宣和三年改龍川曰雷江紹興元年復舊興寧望晉縣宋天禧三年移治長樂有夜明銀場長樂上熙寧四年析興寧縣置有羅翊等四銀場

潮州下潮陽郡軍事縣三海陽望有海門等三砦三河口鹽場豐濟錫場橫衡等二錫場潮陽中下本海陽縣地紹興二年廢入海陽八年復揭陽宣和三年割海陽三鄉置揭陽縣紹興二年廢入海陽八年復移治吉帛村是謂三陽

連州下連山郡軍事縣三桂陽望有同官銀場陽山中有銅坑錫場連山中紹興六年廢爲鎮十八年復

梅州下軍事本潮州程鄉縣南漢置恭州案恭州本敬州宋避翼祖諱改謹附識宋開寶四年改名熙寧六年廢元豐五年復宣和二年賜郡名義安紹興六年廢州爲程鄉縣仍帶程江軍事十四年復爲州縣一程鄉中有樂口錫場石坑鉛場龍坑鐵場

南雄州下本雄州軍事開寶四年加南字宣和二年賜郡名保昌縣二保昌望案宋朝事實改湞昌縣爲保昌縣宋史未詳謹附識始興中舊隸韶州開寶四年來隸

英德府下本英州軍事宣和二年賜郡名曰眞陽慶元元年以寧宗潛邸升府縣二眞陽望有鍾峒銀場禮平銅場案眞陽當作湞陽洽光上開寶四年自廣州隸連州六年自連州來隸有賢德等三銀場

賀州下臨賀郡軍事開寶四年廢蕩山封陽馮乘三縣本屬東路大觀二年五月割屬西路縣三臨賀緊有太平銀場富川上桂嶺中

封州望臨封郡軍事本下郡大觀元年升爲望郡紹興七年省州以二縣隸德慶府十年復舊縣二封川下開建下開寶五年廢入封川六年復置

肇慶府望高要郡肇慶軍節度本端州軍事元符三年案宋朝事實作建中靖國元年升興慶軍節度大觀元年升下爲望重和元年賜肇慶府名仍改軍額縣二高要中有沙利銀場浮蘆鐵場案宋朝事實宋開寶五年省平興縣入高要縣宋史失載謹附識四會中舊隸廣州熙寧六年來屬有金場銀場

新州下新興郡軍事開寶五年廢平興縣案宋朝事實云省永順縣入新興縣平興當作永順謹附識縣一新興中

德慶府望本康州晉康郡軍事開寶五年廢州及悅城晉康都城並入端溪以隸端州尋復大觀四年升爲望郡紹興元年以高宗潛邸升爲府十四年置永慶軍節

度縣二端溪下有雲烈錫場瀧水下舊隸瀧州州廢來隸有羅磨護峒二銀場案宋朝事實云開寶六年廢瀧州入康州省廢瀧州鎮南安遂建水三縣入瀧水縣輿地考云以瀧州之開陽建水嶺南三縣並入瀧水爲一縣彼此互異謹附識

南恩州下恩平郡軍事舊恩州開寶三年廢恩平杜陵二縣案宋朝事實作開寶五年與此異又云省二縣入陽江縣宋史未詳謹附識慶曆八年以河北路有恩州乃加南字案輿地考云慶曆八年改河北路貝州爲恩州乃加南字謹附識縣二陽江中有海口海陵博賸遂訓等四砦有錫場陽春下熙寧六年廢春州併銅陵縣入陽春來隸有攬徑鐵場

惠州下案宋朝事實天禧五年改禎州爲惠州輿地考亦云以犯仁宗御名故改宋史未詳謹附識軍事宣和二年賜郡名博羅縣四歸善中有阜民錢監酉平流坑二銀場永吉信上永安三錫場三豐鐵場淡水鹽場海豐下有雲溪楊安勞謝三錫場古龍石橋二鹽場河源緊有立溪和溪永安三錫場博羅中有鐵場

廣南西路州二十五軍三縣六十五南渡後府二州二十軍三

靜江府本桂州始安郡靜江軍節度大觀元年爲大都督府又升爲帥府紹興三年以高宗潛邸升府縣十臨桂緊嘉祐六年廢慕化縣入焉興安望唐全義縣晉置溥州宋乾德元年州廢太平興國初改今名案宋朝事實云太平興國三年改名宋史未詳謹附識靈川望荔浦望永福下修仁中熙寧四年廢修仁爲鎮入荔浦元豐元年復義寧中下本義寧鎮馬氏奏置宋開寶五年廢入廣州新會六年復置理定下古下永寧中唐豐水縣宋熙寧四年廢爲鎮入荔浦元祐元年復南渡後無永寧縣

容州下都督府普寧郡寧遠軍節度開寶五年廢欣道陸川渭南陵城三縣縣三普寧上開寶五年廢繡州以常林阿林羅繡三縣並入焉陸川中開寶五年廢順州省龍豪溫水龍化南河四縣入焉九年移治公平淳化五年又徙治于舊溫水縣案龍水當作龍化北流中開寶五年廢高禺州以峩石扶萊羅辯陵城四縣地入焉

邕州下都督府永寧郡建武軍節度開寶五年廢朗寧封陵思龍三縣案宋朝事實云省朗寧思龍二縣入宣化縣省封陵縣入武緣縣宋史未詳謹附識大觀元年升爲望郡縣二宣化下景祐二年廢如化縣入焉武緣下景祐二年廢樂昌縣入焉砦一太平舊領永平太平古萬橫山四砦元豐九域志止存太平一砦金場一鎮乃熙寧六年置羈縻州四十四縣五洞十一忠州凍州江州萬丞州思陵州左州思誠州譚州渡州龍州七源州思明州西平州上思州祿州石西州思浪州思同州安平州員州廣源州勤州南源州西農州萬崖州覆利州溫弄州及武黎縣羅陽縣陀陵縣永康縣武盈洞古甑洞憑祥洞鏄洞卓洞龍英洞龍鍪洞徊洞武德洞古佛洞八航洞並屬左江道思恩州鵜州思城州勘州歸樂州武峩州倫州萬德州蕃州昆明州婪鳳州侯唐州歸恩州田州功饒州歸城州武籠州及龍川縣並屬右江道初安平州曰波州皇祐元年改元祐三年又改懷化洞爲州案思誠州一統志作思城州覆利州一統志作利州又一統志有全茗等州俱失載

融州融水郡清遠軍節度本軍事州大觀二年升爲帥府三年罷帥府賜軍額又升爲下都督府崇寧四年即融水縣王口砦置平州政和元年廢平州仍爲王口砦與融江文村潯江臨溪四堡砦來隸尋復故紹興四年復廢平州爲王口砦觀州爲高峰砦縣一融水中開寶五年羅城縣熙寧七年廢武功羅城二縣爲鎮來隸砦一融江南渡後增縣一懷遠下紹興四年州廢復爲砦來隸十四年復爲縣有臨溪文村潯江三堡高峰砦羈縻州一樂善州

象州下象郡景德四年升防禦縣四陽壽中下來賓中下舊隸嚴州州廢來屬開寶七年又以廢嚴州之歸化入焉武化下熙寧七年廢武化縣入來賓元祐元年復武仙下南渡後無武化縣

昭州下平樂郡軍事開寶五年廢永平縣縣四樂平中立山中熙寧五年廢蒙州以連區蒙山二縣入焉案連區一統志作速區龍平中開寶五年廢富州以縣來隸又以思勤馬江入焉熙寧八年又隸梧州元豐八年復來隸宣和中改昭平淳熙六年復今名恭城下

梧州下蒼梧郡軍事縣一蒼梧下熙寧四年省戎城縣爲鎮入焉案一統志宋改孟陵入蒼梧不止戎城也宋史未詳謹附識

藤州下感義郡軍事開寶三年廢寧風感義義昌三縣縣二鐔津中岑溪下熙寧四年廢南儀州爲縣隸州

龔州下臨江郡軍事開寶五年廢陽川武陵案武陵一統志作武林隋建大同四縣政和元年州廢隸潯三年復紹興六年復廢仍隸潯州縣一平南中開寶五年以思明州之武郎來屬嘉祐二年廢武郎縣入焉

潯州下潯江郡軍事開寶五年廢皇化縣俄又廢州以桂平隸貴州六年復置縣一桂平下

柳州下龍城郡軍事縣三馬平中洛容中嘉祐四年廢象縣入洛容柳城中梁龍城縣宋景德三年改

貴州下懷澤郡軍事縣一鬱林中下隋鬱平縣宋開寶四年改

慶遠府下本宜州龍水郡慶遠軍節度舊軍事州景祐三年廢崖山縣宣和元年賜軍額河池縣不詳何年併省案一統志本羈縻智州宋初置河池縣隸宜州以富力縣省入大觀初即縣置庭州改縣曰懷德尋廢州復改爲河池縣隸宜州元因之則宋時固未省也謹附識咸淳元年以度宗潛邸升慶遠府縣四龍水上淳化五年以柳州洛曹來隸嘉祐七年廢入龍水熙寧八年廢羈縻懷遠軍古陽縣爲懷遠砦迷昆縣爲鎮并思立砦並入焉有懷遠思立二砦後改宜山天河下大觀元年以天河縣並德謹砦堰江堡隸融州靖康元年復來隸有德謹砦忻城中下慶曆三年以羈縻芝忻歸恩紆等州地置縣思恩下熙寧八年自環州來隸省鎮寧州禮丹縣入焉有普義帶溪鎮寧三砦南渡後增縣一河池下有銀場羈縻州十軍一監二溫泉州環州鎮寧州蕃州金城州文州蘭州安化州迷昆州智州懷遠軍富仁富安二監舊領思順歸化二州慶曆四年併入柳州馬平縣

賓州下安城郡軍事開寶五年廢州及瑯琊石城二縣以領方隸邕州六年以領方復置州縣三領方下遷江中本邕州羈縻州天禧四年置案宋朝事實云廢思剛州爲遷江縣來屬宋史未詳謹附識上林中下開寶五年自邕州來屬廢澄州止戈賀水無虞入焉

橫州下寧浦郡軍事開寶五年廢樂山從化二縣案宋朝事實廢二縣入寧浦宋史未詳謹附識又以廢巒州永定來屬縣二寧浦下永定下開寶六年廢巒州武羅靈竹二縣入焉熙寧四年省入寧浦元祐三年復置後更名永享

化州（下）陵水郡軍事本辯州太平興國五年改開寶中廢陵羅縣縣二石龍（下案宋朝事實開寶五年省陵羅龍化二縣入石龍宋史未載謹附識）吳川（下本屬羅州州廢開寶五年來隸案宋朝事實云開寶五年省羅州之廉江幹水零綠三縣入吳川宋史未之載謹附識）南渡後增縣一石城（乾道三年析吳川西鄉置因石城岡爲名）

高州（下）高涼郡軍事開寶五年廢良德縣（案宋朝事實開寶五年省良德保定二縣入電白縣宋史未詳謹附識）景德元年併入竇州三年復置縣三電白（下）信宜（中下唐信儀縣宋太平興國初改信宜熙寧四年廢竇州以信宜縣來隸有銀場案宋朝事實開寶六年省懷德縣潭莪縣亮縣入信宜宋史未詳謹附識）茂名（下開寶五年自潘州來隸）

雷州（下）海康郡軍事開寶五年廢徐聞遂溪二縣縣一海康（下有冠頭砦）南渡後復二縣遂溪（紹興十九年復置）徐聞（乾道七年復置）

欽州（下）寧越郡軍事開寶五年廢遵化欽江內亭三縣（案宋朝事實云省三縣入靈山宋史未詳謹附識）縣二靈山（望有咄步砦）安遠（下唐保京縣宋初改安京景德中改今名有如洪如昔二砦）

白州（下）南昌郡軍事開寶五年廢南昌建寧周羅三縣政和元年廢州以其地入鬱林三年復南渡後復廢入鬱林縣一博白（中南渡後隸鬱林州）

鬱林州（下）鬱林郡軍事州開寶中廢鬱平興德二縣政和元年廢白州博白來隸三年復置白州以博白還舊隸南渡後廢白州以博白來隸縣二南流（中下舊隸牢州州廢來隸又以廢牢州之定川宕川黨州容山懷義撫康善勞入焉）興業（下以廢鬱平興德入焉）

廉州（下）合浦郡軍事開寶五年廢封山蔡龍大廉三縣（案宋朝事實省三縣入合浦宋史未詳謹附識）移州治于長沙場置石康縣太平興國八年改太平軍移治海門鎮咸平元年復縣二合浦（上有二砦）石康（下本常樂州併爲縣）

瓊州（下）瓊山郡靖海軍節度本軍事州大觀元年以黎母山夷峒建鎮州賜軍額爲靖海政和元年鎮州廢以其地及軍額來歸縣五（案宋史作四今據下文所載縣改正）瓊山（中熙寧四年省舍城入焉有感恩英田場二柵）澄邁（下開寶五年廢崖州與舍城文昌並來隸）文昌（下）臨高（下）樂會（下唐置瓊以黎峒寄治南管宋大觀三年割隸萬安軍後復來屬）

南寧軍（同下州）本儋州熙寧六年廢州爲昌化軍紹興六年廢昌化萬安吉陽三軍爲縣隸瓊州十三年爲軍使十四年復爲軍以屬縣還隸本軍後改今名縣三宜倫（下隋義倫縣宋太平興國初改）昌化（下熙寧六年省元豐三年復有昌化砦）感恩（下熙寧六年省元豐四年復案宋朝事實云熙寧六年省昌化縣感恩縣爲鎮入宜倫元豐三年復置昌化縣四年復置感恩縣省洛陽縣入感恩宋史未詳謹附識）

萬安軍（同下州）舊萬安州萬安郡熙寧七年廢爲軍紹興六年廢軍爲萬寧縣以軍使兼知縣事隸瓊州十三年復爲軍縣二（案二宋史作三今據下文所載縣改正）萬寧（下後復名萬安）陵水（下熙寧七年爲鎮元豐三年復紹興六年隸瓊州十三年復來隸案宋朝事實云熙寧七年省陵水縣爲鎮入萬安宋史未詳謹附識）

吉陽軍（同下州）本朱崖州即崖州熙寧六年廢爲軍紹興六年廢軍爲寧遠縣十三年復後改名吉陽軍鎮二臨川藤橋（熙寧六年省寧遠吉陽二縣爲臨川藤橋二鎮寧遠即臨川）南渡後縣二寧遠（下紹興六年復縣隸瓊州十三年復來隸）吉陽（下熙寧六年廢爲藤橋鎮隸瓊州紹興六年復）

平州崇寧四年于王口砦建軍以懷遠爲名尋改懷遠軍爲平州仍置倚郭懷遠縣宣和二年賜平州郡名曰懷遠（紹興四年廢平州仍爲王口砦隸融州十四年復以王口砦爲懷遠縣）

從州崇寧四年于中古州置格州及樂古縣五年改格州爲從州政和初廢從州爲樂古砦

允州崇寧四年于安口隘置允州及安口縣政和初廢

庭州大觀元年以宜州河池縣置倚郭縣曰懷德四年廢庭州

孚州大觀元年以地州建隆縣置倚郭縣曰歸仁四年廢政和七年復置宣和三年復廢

溪州大觀元年以宜州思恩縣帶溪砦置四年廢

鎮州大觀元年于黎母山心置倚郭縣曰鎮寧升爲都督府賜靜海軍額政和元年廢

延德軍崇寧五年置延德縣于朱崖軍黃流白沙側浪之間大觀元年改爲軍又置倚郭縣曰通遠政和元年廢延德軍爲感恩縣昌化軍通遠縣爲通遠鎮隸朱崖軍六年置延德砦又以通遠鎮爲砦

地州崇寧五年納土大觀元年以地州建隆縣置孚州

文州崇寧五年納土大觀元年置綏南砦（紹興四年廢）

蘭州崇寧五年納土

那州崇寧五年納土

觀州大觀元年以南丹州爲觀州置倚郭縣大觀四年以南丹州還莫公晟復于高峰砦置觀州（紹興四年廢觀州爲高峰砦存留木門馬臺平洞黃泥中村等堡砦）

隆州

兌州政和四年置隆州兌州幷興隆縣萬松縣宣和三年廢隆州及興隆縣爲威遠砦兌州及萬松縣爲靖遠砦二州先置思忠安江鳳麟金斗朝天等五砦並廢各隸新砦仍並隸邕州

燕山府路府一州九縣三十宋宣和四年詔山前收復州縣各置監司以燕山府路爲名山後別名雲中府路

燕山府唐幽州范陽郡盧龍軍節度石敬以賂契丹契丹建爲南京又改號燕京金滅契丹以燕京及涿易檀順景薊六州二十四縣來歸宋宣和四年改燕京爲燕

山府又改郡爲廣陽節度曰永淸軍領縣十二析津
廣平　都市（賜名廣寧）　昌平　良鄉　潞　武淸　安次
永淸　三河　香河（賜名淸化）　漷陰
涿州唐置石晉以賂契丹宋宣和四年收復賜郡名涿
水升威行軍節度縣四范陽　歸義　同安　新城（賜名威城）
檀州隋置石晉以賂契丹宋宣和四年收復賜郡名曰
橫山升鎭遠軍節度縣二密雲　行唐（賜名威塞）
平州隋置後唐時爲契丹所陷改遼興府以營灤二州
隸之宋宣和四年賜郡名漁陽升撫寧軍節度縣三盧
龍（賜名盧城）　石城（賜名臨關）　馬城（賜名安城）
易州唐置宋雍熙四年陷于契丹宣和四年收復賜郡
名曰遂武防禦縣三易水　淶水　容城
營州隋置後唐時爲契丹所陷宋宣和四年收復賜郡
名曰平盧防禦縣一都城（賜名鎭山）
順州唐置石晉以賂契丹宋宣和四年收復賜郡名曰
順興團練縣一懷柔
薊州唐置石晉以賂契丹宋宣和四年收復賜郡名曰
廣川團練縣三漁陽（賜名平盧）　三河　玉田
景州契丹置宋宣和四年收復賜郡名灤川軍事縣一
遵化
經州本薊州玉田縣宋宣和六年建爲州
雲中府路
雲中府唐雲州大同軍節度石晉以賂契丹號爲西京
宋宣和五年始得雲中府武應朔蔚奉聖歸化儒嬀等
州所謂山後九州也
武州唐置石晉以賂契丹宋宣和五年收復六年築固
疆堡
應州故屬大同軍節度後唐置彰國軍石晉以賂契丹
宋宣和五年來降
朔州唐置後唐爲振武軍石晉以賂契丹宋宣和五年
來降
蔚州唐置石晉以賂契丹宋宣和五年來降
奉聖州唐新州後唐置威塞軍節度石晉以賂契丹契
丹改爲奉聖州宋宣和五年來降
歸化州舊毅州後唐改爲武州石晉以賂契丹契丹改
爲歸化州宋宣和五年來降
儒州唐置石晉以賂契丹宋宣和五年來降
嬀州唐置石晉以賂契丹契丹改爲汧（舊作可汧今改正）州宋
宣和五年來降

欽定續通典卷一百二十八

欽定續通典卷一百二十九

州郡

遼上京道　東京道

遼國其先曰契丹本鮮卑之地世居遼澤南控黃龍北帶潢水冷陘屏右遼河塹左當元魏時有地數百里至唐達呼哩氏蠶食扶餘室韋奚靺鞨之區地方二千餘里唐太宗貞觀三年以其地置元州尋置松漠都督府建八部爲州各置刺史德濟部曰峭落州縣伯部曰彈汗州都呼部曰無逢州芳阿部曰羽陵州圖勒彬部曰日連州芮奚部曰徒河州卓津部曰萬丹州富部曰匹黎赤山二州以達呼哩氏庫克爲使持節十州軍事迨於五代契丹約尼氏益强闢地東西三千里遼太祖以德哷勒部之衆代約尼氏起臨潢建皇都更約尼氏八部曰達爾結部伊斯琿部舍琿部諾爾威部丕勒摩部訥古濟部濟勒錦部實衮部屬縣四十有一每部設刺史縣置令又西兼突厥東幷渤海得城邑之居百有三太宗援立石晉取燕雲十六州以皇都爲上京升幽州爲南京改南京爲東京聖宗城中京興宗升雲州爲西京於是五京備焉又以征伐俘戶建州襟要之地多因舊居名之加以私奴置投下州總京五府六州軍城百五十有六縣二百有九部族五十有二屬國六十東至於海西至金山暨於流沙北至臚朐河南至白溝幅員萬里

上京道

上京臨潢府本漢遼東郡西安平之地新莽曰北安平案漢書遼東郡統襄平新昌無慮望平房候城遼隊遼陽險瀆居就高顯安市武次平郭西安平文番汗沓氏等縣遼志多無可考謹附識遼太祖取天梯必魯等三山之勢於葦甸射金齕箭以識之謂之龍眉宮神冊三年城之名曰皇都天顯十三年更名上京府曰臨潢案本紀天顯無十三年十三年即太宗會同元年也本紀書此在會同元年謹附識轄軍府州城二十五領縣十臨潢遼太祖天贊初南攻燕薊以所俘人戶散居潢水之北縣臨潢水故名長泰本渤海國長平縣民遼太祖伐大諲譔先得是邑遷其人於京西北定霸本扶餘府强師縣民遼太祖下扶餘遷其人於京西聖宗統和八年以諸宮提轄司人戶置隸長寧宮保和本渤海國富利縣民太祖破龍州徙居京南聖宗統和八年以諸宮提轄司人戶置隸彰愍宮潞本幽州潞縣民天贊元年太祖破薊州掠縣民布於京東隸崇德宮易俗本遼東渤海民聖宗太平九年大延琳叛圍守經年乃降盡遷於京北置縣居之遷遼本遼東諸縣大延琳叛擇其謀勇者置之左右後以城降戮之徙其家屬於京東北故名渤海本東京人因叛從置興仁聖宗開泰二年置宣化本遼東神化縣民太祖破鴨淥府盡徙其民居京之南統和八年以諸宮提轄司人戶置隸彰愍宮

祖州天成軍案本紀天成作天城蓋誤上節度本遼右八部實默里地太祖秋獵多於此始置西樓後因建城號祖州以祖考所生地故名隸宏義宮領縣二城一長霸本龍州長平縣民遷於此咸寧本長寧縣破遼陽遷其民置越王城太祖伯父裕悅王舒嚕西伐黨項吐渾俘其民放牧於此因建城在州東南二十里

懷州奉陵軍上節度本唐歸誠州遼太宗行帳放牧於此天贊中從太祖破扶餘城下龍泉府俘其人築寨居之會同中掠燕薊所俘亦置此太宗崩葬西山曰懷陵大同元年世宗置州以奉焉隸永興宮領縣二扶餘本龍泉府太祖遷渤海扶餘縣降戶於此世宗置縣顯理本顯理府人太祖伐渤海俘其王大諲譔遷民於此世宗置縣

慶州元寧軍上節度本太保山黑河之地穆宗建城號黑河州統和八年州廢聖宗秋畋愛其奇秀建號慶州興宗景福元年隸興聖宮領縣三元德本黑山黑河之地興宗景福元年括落帳人戶從便居之孝安　富義本義州太宗遷渤海義州民於此興宗重熙元年降義豐縣後更名隸宏義宮

泰州德昌軍節度本契丹二十部族放牧之地因黑鼠族屢犯通化州民不能禦遂移東南六百里來建城居之以近本族隸延慶宮兵事屬東北統軍司領縣二樂康倚郭興國本山前之民因罪配遞至此興宗置縣

長春州韶陽軍下節度本鴨子河春獵之地重熙八年置隸延慶宮兵事屬東北統軍司領縣一長春本混同江地燕薊犯罪者流配於此

烏州靜安軍刺史本烏丸之地遼北大王布拉古爲牧建城後官收隸興聖宮領縣一愛民布拉王從軍南征俘漢民置於此

永州永昌軍觀察承天皇太后所建太祖於此置南樓景宗乾亨三年置州於皇子哈巴墓側東潢河南土河二水合流故號永州冬月牙帳多駐此謂之冬巴納隸彰愍宮領縣三長寧本顯德府縣名太祖平渤海遷其民於此義豐本鐵利府義州遼兵破之遷其民於南樓之西北仍名義州重熙元年廢州改今縣又嘗改富義縣屬泰州始末不可具考今兩存之案富義縣屬慶州遼史於此作泰州蓋誤慈仁太宗以皇子濟色古爾亡置慈州墳西重熙元年州廢改今縣

儀坤州啟聖軍節度本契丹右大部地回鶻諾果蘇居之至四世孫翁科烏里生應天皇后舒嚕氏適太祖太祖開拓四方平渤海后有力焉俘掠有伎藝者多歸帳下謂之舒新以所生之地置州隸長寧宮領縣一廣義本回鶻部牧地應天皇后以四征所俘居之因建縣統和八年以諸宮提轄司人戶置來遠縣十三年併入

龍化州興國軍下節度本漢北安平縣地契丹始祖奇善汗居此稱龍庭太祖於此建東樓唐昭宗天復二年太祖爲德哷勒部額爾奇木破代北遷其民建城居之太宗升節度隸彰愍宮兵事屬北路女直兵馬司刺史州一未詳領縣一龍化太祖以東征南掠所俘建城置邑

降聖州開國軍下刺史本大部落東樓之地太祖春月

行帳多駐此應天皇后夢神人金冠素服執兵仗異獸十二隨之中有黑兔躍入后懷因而有娠生太宗穆宗

建州先屬延昌宮後隸彰愍宮領縣一永安本龍原府慶州縣名太祖平渤海破懷州之永安遷其人置寨於此建縣

饒州匡義軍中節度本唐饒樂府地貞觀中置松漠府遼太祖完葺故壘建州隸延慶宮領縣三長樂本遼城縣名太祖伐渤海遷其民建縣居之臨河本永豐縣人太宗分兵伐渤海遷於潢水之曲安民太宗以渤海諸邑所俘雜置

徽州宣德軍節度景宗女秦晉太長公主以所賜媵臣戶置在宜州北二百里北至上京七百里

成州長慶軍節度聖宗女晉國長公主以所賜媵臣戶置在宜州北一百六十里北至上京七百四十里

懿州廣順軍節度聖宗女燕國長公主以所賜媵臣戶置在顯州東北三百里西北至上京八百里

渭州高陽軍節度駙馬都尉蕭昌裔尚秦國王隆慶女韓國長公主以所賜媵臣戶置在顯州東北二百五十里西北至上京七百五十里遼制皇子嫡生者其女與帝女同

壕州本遼東西安平縣故地國舅宰相南征俘掠漢民居之因置州在顯州東北二百二十里西北至上京七百二十里

原州本遼東北安平縣故地國舅金德俘掠漢民居之因置州在顯州東北三百里西北至上京八百里

福州本遼東北安平縣故地國舅蕭寧南征俘掠漢民居之因置州在原州北二十里西北至上京七百八十里

橫州故遼陽縣地國舅蕭克忠部下牧人居之因置州在遼州西北九十里西北至上京七百二十里

鳳州本槀離國故地渤海之安寧郡境南王府五帳分地在韓州北二百里西北至上京九百里

遂州本高州地南王府五帳放牧於此在檀州西二百里西北至上京一千里

豐州本遼澤大部落約尼氏賽音牧地北至上京三百五十里

順州本遼隊縣地橫帳南王府俘掠燕薊順州之民建城居之在顯州東北一百二十里西北至上京九百里

閭州羅古王牧地近醫巫閭山在遼州西一百三十里西北至上京九百五十里

松山州本遼澤大部落橫帳布庫王牧地北至上京一百七十里

豫州橫帳陳王牧地南至上京三百里

寧州本達呼哩氏克特山橫帳固寧王放牧地在豫州東八十里西南至上京三百五十里案自徽州以下至此俱投下軍州遼制投下軍州皆諸王外戚大臣及諸部從征俘掠或置生口各團集建州縣以居之橫帳諸王國舅公主許創立州城其餘不得建城郭朝廷賜州縣額其節度使朝廷命之刺史以下皆以本主部曲充焉官位九品之下及井邑商賈之家征稅各歸投下惟酒稅課納上京鹽鐵司又案遼志此下尚有靜州鎮州維州防州河董城靜邊城皮被河城招州搭懶主城皆遼國西北界防邊城因屯戍而立務據形勝不貲丁賦今附識

東京道

東京遼陽府本朝鮮之地後爲渤海大氏所有號中京顯德府遼太祖建國攻渤海俘其王大諲譔以爲東丹王國立太子托雲爲人皇王以主之神冊四年葺遼陽故城以渤海漢戶建東平郡爲防禦州天顯三年遷東丹國民居之升爲南京十三年改爲東京府曰遼陽轄州府軍城八十七領縣九遼陽本渤海國金德縣地漢浿水縣高麗改爲句麗縣渤海爲常樂縣仙鄉本漢遼隊縣渤海爲永豐縣鶴野本漢居就縣地渤海爲雞山縣析木本漢望平縣地渤海爲花山縣案後銅州析木縣注云初隸東京後來屬則此處不應仍載析木縣今仍其舊而附識於此紫蒙本漢鏤芳縣地後佛寧國置東平府領蒙州紫蒙縣後徙遼城并入黃嶺縣渤海復爲紫蒙縣案鏤芳縣漢書地理志作鏤方謹附識興遼本漢平郭縣地渤海改爲長寧縣唐憲宗元和中渤海王大仁秀南定新羅北略諸部開置郡邑遂定今名肅慎以渤海戶置歸仁順化

開州鎮國軍節度本濊貊地高麗爲慶州渤海爲東京龍原府都督慶鹽穆賀四州事故縣六曰龍原永安烏山壁谷熊山白楊皆廢壘石爲城周圍二十里遼太祖平渤海徙其民於大部落城遂廢聖宗伐新羅周覽城基復加完葺開泰三年遷雙韓二州千餘戶實之號開封開遠軍節度更名鎮國軍隸東京留守兵事屬東京統軍司領州三縣一開遠本柵城地高麗爲龍原縣渤海因之遼初廢聖宗東討復置

鹽州本渤海龍河郡故縣四海陽接海格州龍河皆廢

穆州保和軍刺史本渤海會農郡故縣四會農水岐順化美皆廢領縣一會農按穆州下既載會農廢縣又云領縣一會農應是仍舊縣名而復置耳遼史未晰謹附識

賀州刺史本渤海吉理郡故縣四洪賀送誠吉理石山皆廢

定州保寧軍高麗置州案盛京通志定州高麗置渤海因之屬定理府遼史未晰謹附識統和十三年升軍隸東京留守司領縣一定東高麗所置遼徙遼西民居之

保州宣義軍節度高麗置州聖宗以高麗王詢擅立問罪不服開泰三年取其保定二州統和末高麗降於此置榷場隸東京統軍司領州軍二縣一來遠高麗所置遼初徙遼西諸縣民實之又徙奚漢兵七百防戍焉

宣州定遠軍刺史開泰三年徙漢戶置

懷化軍下刺史開泰三年置

辰州奉國軍節度本高麗蓋牟城渤海改爲蓋州又改辰州以辰韓得名遼徙其民於祖州初曰長平軍隸東

京留守司領縣一　建安
盧州元德軍刺史本渤海杉盧郡故縣五山陽杉盧漢陽白巖霜巖皆廢兵事屬南女直湯河司領縣一熊岳案遼志此下有來遠城亦爲防戍而設今附識
鐵州建武軍刺史本漢安市縣高麗爲安市城渤海置州故縣四位城河端蒼山龍珍皆廢領縣一湯池
興州中興軍節度本漢海宜縣地案海宜縣漢書地理志作海溟謹附識渤海置州故縣三盛吉蒜山鐵山皆廢
湯州本漢襄平縣地故縣五靈峰常豐白石均谷嘉利皆廢
崇州隆安軍刺史本漢長岑縣地渤海置州故縣三崇山潙水綠城皆廢領縣一崇信
海州南海軍節度本沃沮國地高麗爲沙卑城渤海號南京南海府都督沃晴椒三州故縣六沃沮鷲巖龍山濱海昇平靈泉皆廢遼太平中大延琳叛南海城堅守經歲不下別部酋長皆被擒乃降因徙其民於上京置遷遼縣移澤州民來實之領州二縣一臨溟　耀州刺史本渤海椒州故縣五椒山貂嶺澌泉尖山巖淵皆廢領縣一巖淵按耀州下既載巖淵廢縣又云領縣一巖淵應是仍舊縣名而復置耳遼史未晰謹附識　嬪州柔遠軍刺史本渤海晴州故縣五天晴神陽蓮池狼山仙巖皆廢
淥州鴨淥軍節度本高麗故國渤海號西京鴨淥府都督神桓豐正四州事故縣三神鹿神化劒門皆廢大延琳叛遷餘黨於上京置易俗縣居之在者戶二千隸東京留守司領州四縣二宏聞　神鄉　桓州高麗中都城故縣三桓都神鄉淇水皆廢　豐州渤海置盤安郡故縣四安豐渤恪隰壞硤石皆廢　正州本沸流王故地國爲公孫康所併渤海置沸流郡領縣一東那本漢南耐縣地按漢書地理志樂浪郡有東暆縣無東耐縣遼志耐字疑誤謹附識　慕州本渤海安遠府地故縣二慕化崇平久廢
顯州奉先軍上節度本渤海顯德府地遼世宗置以奉顯陵顯陵者東丹人皇王墓也穆宗應厤元年葬世宗於顯陵西山隸長寧積慶二宮兵事屬東京都部署司領州三縣三奉先本漢無慮縣即醫巫閭幽州鎭山遼世宗析遼東長樂縣民以爲陵戶隸長寧宮　山東本漢望平縣遼穆宗割渤海永豐縣民爲陵戶隸積慶宮　歸義初置顯州渤海民自來助役遼世宗嘉憫因籍其人戶置縣隸長寧宮　嘉州嘉平軍下刺史遼
西州阜城軍中刺史本漢遼西郡地遼世宗置州隸長寧宮領縣一長慶統和八年以諸宮提轄司人戶置　康州下刺史世宗遷渤海率賓府人戶置初隸長寧宮後屬積慶宮領縣一率賓本渤海率賓府地
宗州下刺史在遼東石熊山耶律隆運以所俘漢民置聖宗建州初隸文忠王府後屬提轄司領縣一熊山本渤海縣地
乾州廣德軍下節度本漢無慮縣地遼統和三年置以奉景宗乾陵隸崇德宮兵事屬東京都部署司領州一縣四奉陵本漢無慮縣地括諸落帳戶助營山陵　延昌析延昌宮戶置　靈山本渤海靈峯縣地　司農本渤海麓郡縣併麓波雲川二縣入焉　海北州廣化軍中刺史世宗以所俘漢戶置初隸宣州後來屬領縣一開義
貴德州寧遠軍下節度本漢襄平縣地漢公孫度所據遼太宗時察克以所俘漢民置後以弒逆誅沒入焉聖宗建貴德軍後更名隸崇德宮兵事屬東京都部署司領縣二貴德本漢襄平縣渤海爲崇山縣　奉德本渤海緣城縣地營置奉德州
瀋州昭德軍下節度本挹婁國地渤海建瀋州按盛京通志唐時渤海置州屬定理府遼史未晰謹附識故縣九皆廢遼太宗置興遼軍後更名初隸永興宮後屬敦睦宮兵事隸東京都部署司領州一縣二樂郊太祖俘薊州三河民建三河縣後更名　靈源太祖俘薊州吏民建漁陽縣後更名　巖州白巖軍下刺史本渤海白巖城遼太宗撥屬瀋州初隸長寧宮後屬敦睦宮領縣一白巖渤海置
集州懷衆案懷衆金史作懷遠謹附識軍下刺史古陴離郡地漢屬險瀆縣高麗爲霜巖縣渤海置州領縣一奉集渤海置
廣州防禦漢屬襄平縣高麗爲當山縣渤海爲鐵利郡遼太祖遷渤海人居之建鐵利州統和八年省開泰七年以漢戶置領縣一昌義
遼州始平軍下節度本佛寧國城渤海爲東平府遼太祖伐渤海先破東平府遷民實之故東平府都督伊蒙陀黑北五州共領縣十八皆廢太祖改爲州軍曰東平太宗更爲始平軍隸長寧宮兵事屬北女直兵馬司領州一縣二遼濱　安定　祺州祐聖軍下刺史本渤海蒙州地遼太祖以檀州俘於此建檀州後更名隸宏義宮兵事屬北女直兵馬司領縣一慶雲太祖俘密雲民於此建密雲縣後更名
遂州刺史本渤海美州地遼采訪使耶律佛德以部下漢民置穆宗時佛德嗣絕沒入焉隸延昌宮領縣一山河本渤海縣并黑川麓川二縣置
通州安遠軍節度本扶餘國王城渤海號扶餘城遼太祖改龍州聖宗更今名景宗保寧七年以黃龍府叛人燕頗餘黨千餘戶置升節度領縣四通遠本渤海扶餘縣併布多縣置　安遠本渤海顯義縣併鵲川縣置　歸仁本渤海強師縣併新安縣置　漁谷本渤海縣
韓州東平軍下刺史本藁離國舊治柳河縣高麗置鄚頡府都督鄚頡二州渤海因之遼太宗置三河榆河二

州聖宗併二州置韓州隸延昌宮兵事屬北女直兵馬司領縣一柳河本渤海粵喜縣地併萬安縣置

雙州保安軍下節度本挹婁故地渤海置安定郡久廢頡哩森王從太宗南征以俘鎮定二州之民建城置州察克弒逆誅沒入焉初隸延昌宮後屬崇德宮兵事隸北女直兵馬司領縣一雙城本渤海安夷縣地

銀州富國軍下刺史本渤海富州遼太祖以銀冶更名隸宏義宮兵事屬北女直兵馬司領縣三延津本渤海富壽縣境有延津故城更名新興本越喜國地渤海置銀冶嘗置銀州永平本渤海優富縣地遼太祖以俘戶置舊有永平寨

尙州鎮遠軍下節度按金史地理志銅山縣注載遼同州鎮安軍遼志疑誤今仍原文而附識於此本漢襄平縣地渤海爲東平寨遼太祖置州軍曰鎮東後更名隸彰愍宮兵事屬北女直兵馬司領州一未詳縣二東平本漢襄平縣地產鐵礦戶三百采鍊隨征賦輸永昌本高麗永寧縣地

咸州安東軍下節度本高麗銅山縣地渤海置銅山郡地在漢候城縣北渤海龍泉府南山險多盜乃招平營等州客戶數百建城居之初號浩里太保城開泰八年置州兵事屬北女直兵馬司領縣一咸平唐安東都護元宗天寶中治營平二州間卽此遼太祖滅渤海復置安東軍開泰中置縣

信州彰聖軍下節度本越喜故城渤海置懷遠府案金史地理志作懷遠軍謹附識遼聖宗以地鄰高麗開泰初置州案金史地理志作開泰七年建謹附識以所俘漢民實之兵事屬黃龍府都部署司領州三未詳縣二武昌本渤海懷福縣地析平州提轄司及豹山縣一千戶隸之定武本渤海豹山縣地析平州提轄司併乳水縣人戶置初名定功縣

賓州懷化軍節度本渤海城遼統和十七年遷烏舍戶置刺史於鴨子混同二水之間後升兵事隸黃龍府都部署司

龍州黃龍府本渤海扶餘府遼太祖平渤海還至此有黃龍見更名保寧七年軍將燕頗叛府廢開泰九年遷城於東北以宗州檀州漢戶一千復置領州五縣三黃龍本渤海長平縣併富利佐慕肅愼置遷民本渤海永寧縣併豐水扶羅置永平渤海置

益州觀察領縣一靜遠　安遠州懷義軍刺史　威州武寧軍刺史　清州建寧軍刺史　雍州刺史案遼志龍州賓州誤爲一條今訂正

湖州興利軍刺史渤海置兵事隸東京統軍司領縣一長慶案唐書渤海以肅愼故地爲上京曰龍泉府領龍湖渤三州遼廢蓋自遼太祖以龍州爲黃龍府遂廢龍泉府而以湖渤二州屬東京也遼史未晰謹附識

渤州清化軍刺史渤海置兵事隸東京統軍司領縣一貢珍渤海置

郢州彰聖軍刺史渤海置兵事隸北女直兵馬司領縣一延慶

銅州廣利軍刺史渤海置兵事隸北兵馬司領縣一析木本漢望平縣地渤海爲花山縣初隸東京後來屬

涑州刺史渤海置兵事隸南兵馬司按唐書渤海傳涑州以其近涑沫江益卽粟末水故名謹附識

率賓府刺史故率賓國地按唐書渤海傳渤海於古率賓國地置率賓府領華益建三州謹附識

定理府刺史故挹婁國地案盛京通志定理府故挹婁國地唐時渤海大氏建府領瀋定二州遼因之謹附識

鐵利府刺史故鐵利國地

安定府

長嶺府

鎮海府防禦兵事隸南女直湯河司領縣一平南

冀州防禦聖宗建升永安軍

東州以渤海戶置

尙州以渤海戶置

吉州福昌軍刺史

麓州下刺史渤海置

荊州刺史

懿州寧昌軍節度太平三年越國公主以媵臣戶置初曰慶懿軍更曰廣順軍隸上京道宗淸寧七年宣懿皇后進入改今名領縣二寧昌本平陽縣順安

媵州昌永軍刺史

順化城嚮義軍下刺史開泰三年以漢戶置兵事隸東京統軍司

寧州觀察統和二十九年伐高麗以渤海降戶置兵事隸東京統軍司領縣一新安

衍州安廣軍防禦以漢戶置初刺史後升軍兵事屬東京統軍司領縣一宜豐案盛京通志遼置衍州安廣軍領宜豐一縣屬遼陽府遼史未詳謹附識

連州德昌軍刺史以漢戶置兵事屬東京統軍司領縣一安民

歸州觀察太祖平渤海以降戶置後廢統和二十九年伐高麗以所俘渤海戶復置兵事屬南女直湯河司領縣一歸勝

蘇州安復軍節度本高麗南蘇遼興宗置州兵事屬南女直湯河司領縣二來蘇　懷化

復州懷德軍節度遼興宗置兵事屬南女直湯河司領縣二永寧　德勝

肅州信陵軍刺史重熙十年州民亡入女直取之復置兵事隸北女直兵馬司領縣一清安

安州刺史兵事隸北女直兵馬司
榮州
宰州
荷州
源州
渤海州
寧江州混同軍觀察淸寧中置初防禦後升兵事屬東
北統軍司領縣一混同
河州德化軍置軍器坊
祥州瑞聖軍節度興宗以鐵驪戶置兵事隸黃龍府都
部署司領縣一懷德

欽定續通典卷一百二十九

欽定續通典卷一百三十

州郡

遼 中京道 南京道 西京道

中京道

中京大定府漢新安平縣漢末步奚居之魏武北征降者一十餘萬去之松漠其後拓跋氏乘遼建牙於此當饒樂河水之南溫渝河水之北唐太宗伐高麗駐蹕於此部帥蘇支從征有功奚長可度率衆內附爲置饒樂都督府懿宗咸通以後契丹始大奚族不復敢抗遼太祖建國舉族臣屬聖宗嘗過七金山土河之濱望雲氣有郛郭樓闕之狀因議建都統和二十四年五帳院進故奚王牙帳地二十五年城之實以漢戶號曰中京府曰大定領州十縣九 大定白霫故地以諸國俘戶居之 長安本漢賓從縣地以諸部人居之 富庶本漢新安平地遼開泰二年析京民置 勸農本漢賓從縣地遼開泰二年析京民置 文定遼開泰二年析京民置 升平遼開泰二年析京民置 歸化本漢柳城縣地 神水本漢徒河縣地遼開泰二年置 金源本唐青山縣地遼開泰二年析京民置 恩州懷德軍下刺史本漢新安平縣地遼太宗建州開泰中以渤海戶實之初隸永興宮後來屬領縣一 恩化遼開泰中以渤海人戶置 惠州惠和軍中刺史本唐歸義州地遼太祖俘漢民數百戶兔麛山下創城居之置州領縣一 惠和聖宗遷上京惠州民括諸宮院落帳戶置 高州觀察唐信州之地武后萬歲通天元年以契丹伊斯𤰟部置遼開泰中聖宗伐高麗以俘戶置領縣一 三韓辰韓爲扶餘弁韓爲新羅馬韓爲高麗開泰中聖宗伐高麗俘三國之遺人置 武安州觀察唐沃州地遼太祖俘漢民居木葉山下因建城以遷之號杏堝新城復以遼西戶益之更曰新州統和八年改今名初刺史後升領縣一 沃野 利州中觀察本中京阜俗縣統和二十六年置刺史州開泰元年升領縣一 阜俗唐末契丹漸熾役使奚人遷居琵琶川統和四年置縣初隸彰愍宮更隸中京後置州仍隸焉案統和二十六年金史作十六年謹附識 榆州高平軍下刺史本漢臨渝縣地後隸右北平驪城縣唐武后載初二年析鎭州置黎州處靺鞨部落後爲奚人所據遼太宗南征橫帳嘉哩以所俘鎭州民置州開泰中沒入領縣二 和衆本新黎縣地 永和本漢昌城縣地統和二十二年置 澤州廣濟軍下刺史本漢上垠縣地遼太祖俘蔚州民立寨居之開泰中置州領縣二 神山 灤河本漢徐無縣地屬永興宮 北安州興化軍上刺史本漢女祁縣地屬上谷郡晉爲馮跋所據唐爲奚王府西省地遼聖宗以漢戶置州領縣一 利民本漢且居縣地 潭州廣潤軍下刺史本中京之龍山縣開泰中置州領縣一 龍山本漢交黎縣地開泰二年以習家寨置 松江州勝安軍下刺史遼開泰中置領縣一 松江本漢文成縣地遼開泰二年置 成州興府軍節度晉國長公主以媵戶置軍曰長慶初隸上京後改軍名來隸領縣一 同昌

興中府本霸州彰武軍節度古孤竹國漢柳城縣地慕容皝遷都於此改爲龍城縣元魏爲遼西郡隋平高寶寍置營州煬帝廢州置柳城郡唐高祖武德初改營州總管府尋爲都督府後爲奚所據遼太祖平奚及俘燕民將建城命韓知方擇其處乃完葺柳城號霸州彰武軍節度統和中制置建霸宜錦白川等五州尋落制置隸積慶宮後屬興聖宮重熙十年升興中府領州二縣四 興中本漢柳城縣地太祖掠漢民居此置霸城縣重興中置府更名案遼無重興年號興字當是熙字之訛謹附識 營丘析霸城置 象雷遼開泰二年以麥務川置初隸中京後屬 閭山本漢且慮縣遼開泰二年以羅家軍置隸中京後屬 安德州化平軍下刺史以霸州安德縣置來屬領縣一 安德統和八年析霸城東南龍山徒河境戶置隸乾州更屬霸州置州來屬 黔州阜昌軍下刺史本漢遼西郡地遼太祖平渤海以所俘戶居之隸黑水河提轄司安帝置州析宜霸二州漢戶益之初隸永興宮更隸中京後置府來屬領縣一 盛吉太祖平渤海俘興州盛吉縣民來居此因置縣 宜州崇義軍上節度本遼西絫縣地興宗以定州俘戶建州隸積慶宮領縣二 宏政世宗以定州俘戶置 聞義世宗置初隸海北州後來屬 錦州臨海軍中節度本漢遼東無慮縣慕容皝置西樂縣遼太祖以漢俘建州隸宏義宮領州一縣二 永樂 安昌 嚴州保肅軍下刺史本漢海陽縣地遼太祖平渤海遷漢戶雜居興州境聖宗於此建城隸宏義宮來屬領縣一 興城

川州長寧軍中節度本唐青山州地遼太祖弟明王安圖置會同三年詔爲白川州安圖子察克以大逆誅沒入省曰川州初隸崇德宮統和中屬文忠王府領縣三 宏理統和八年以諸宮提轄司戶置 咸康 宜民統和中置 建州保靜軍上節度唐武德中置昌樂縣遼太祖完葺故壘置州初屬武寧軍隸永興宮後屬敦睦宮領縣二 永霸 永康本唐昌黎縣地 來州歸德軍下節度本唐瑞州故地遼太平元年改置初刺史後升隸永興宮領州三縣一 來賓本唐來遠縣地 隰州平海軍下刺史慕容皝置集寧縣遼聖宗括帳戶遷信州大雪不能進建城於此置州隸興聖宮來屬領縣一 海陽本漢縣濱海地多鹻鹵置鹽場於此 遷州興善軍下刺史本漢陽樂縣地遼聖宗平大延琳遷歸州民置來屬領縣一 遷民 潤州海陽軍下刺史遼聖宗平大延琳遷寧州之民居此置州領縣一 海濱本漢陽樂縣地遷潤州本東京城內渤海民戶因叛

移於此

南京道

南京析津府本幽州唐置大都督府改范陽節度使五代晉以遼有援立之功割幽州等十六州以獻遼太宗升爲南京又曰燕京府曰幽都軍號盧龍開泰元年落軍額案金史志云遼會同元年升爲南京府曰幽都仍號盧龍軍開泰元年更爲永安析津府遼史未詳謹附識領州六縣十一析津本晉薊縣改薊北縣遼開泰元年更今名宛平本晉幽都縣遼開泰元年更今名案方輿紀要唐德宗建中元年析薊縣置幽都縣遼志作晉幽都縣蓋誤又開泰元年清類天文分野之書作統和二十二年未知孰是謹附識昌平本漢軍都縣後漢屬廣陽郡晉屬燕國元魏置東燕郡及昌平縣郡廢縣隸幽州案續輿地考昌平五代唐改爲燕平石晉復舊遼史未晰謹附識良鄉隸爲中都縣漢改今名舊屬涿郡北齊省入薊縣尋復置唐武后聖麻元年改固節鎮神龍元年復舊潞本漢舊縣屬漁陽郡唐武德二年置元州貞觀元年州廢復爲縣安次本漢舊縣屬漁陽郡唐武德四年徙至東南五十里石梁城貞觀八年又徙今縣西五里常道城元宗開元二十三年又徙耿就橋行市南永清本漢益昌縣隋置通澤縣唐置武隆縣改會昌天寶初改今名武清漢雍奴縣屬漁陽郡唐天寶初改今名香河本武清孫村遼於新倉置榷鹽院居民聚集因分武清香河潞三縣戶置案遼以前未有香河縣此云析武清香河等三縣置疑誤謹附識玉河本泉山地劉仁恭於大安山創宮觀司煉丹羽化之術於方士王若訥因割薊縣分置以供給之漷陰本漢泉山之霍村鎮遼每季春弋獵於延芳淀居民成邑就城故漷陰鎮後改爲縣案金史志漷陰縣遼太平中以漷陰村置遼史未詳謹附識順州歸化軍中刺史本隋置唐武德初改燕州武宗會昌中改歸順州唐末仍爲順州初軍曰歸寧後更今名領縣一懷柔唐貞觀六年置治五柳城改順義縣開元四年置松漠府彈汗州天寶元年改歸化縣肅宗乾元元年復今名案遼志以順州爲隋置考隋書粟末靺鞨內附止云居之柳城而已太平寰宇記云煬帝大業八年爲置遼西郡以統之亦未有置順州之文也新唐書貞觀四年平突厥以其部落置順祐化長四州都督府於幽靈之境順州之置實在此時謹附識檀州武威軍下刺史本燕漁陽郡地漢爲白檀縣元魏創密雲郡兼置安州後周改爲元州隋高祖開皇十八年割燕樂密雲二縣置檀州唐天寶元年改密雲郡乾元元年復爲檀州遼加今軍號領縣二密雲本漢白檀縣後漢以居斤奚元魏置密雲郡領白檀要陽密雲三縣高齊廢郡及二縣來屬行唐本定州行唐縣太祖掠定州破行唐盡驅其民北至檀州擇曠土居之凡置十寨仍名行唐縣隸彰愍宮涿州永泰軍上刺史漢高祖六年分燕置涿郡魏文帝改范陽郡晉爲范陽國元魏復爲郡隋開皇二年罷郡屬幽州大業三年以幽州爲涿郡唐武德元年郡廢爲涿縣七年改范陽縣代宗大麻四年置涿州石晉以歸太祖領縣四范陽本漢涿縣唐武德中更名固安本漢方城縣唐武德四年屬北義州貞觀二年來屬新城本漢新昌縣唐大麻四年析固安縣置後省唐明宗天成四年復析范陽縣置歸義本漢易縣地齊併入鄚縣唐武德五年置北義州州廢復置縣來屬易州高陽軍上刺史漢爲易故安二縣地隋置易州隋末爲上谷郡唐武德四年復爲易州天寶元年仍爲上谷郡乾元元年又改易州五代隸定州節度使遼會同九年孫方簡以其地來附應麻九年爲周世宗所取後屬宋統和七年攻克之升今軍領縣三易本漢縣齊顯祖天保七年省隋開皇十六年於故安城西北隅置縣容城本漢縣先屬涿郡唐武德五年屬北義州貞觀元年還來屬聖麻三年改全忠縣天寶元年復舊淶水本漢道縣周靜帝大象十八年改今名案漢書地理志涿郡有迺縣別無道縣之名遼史蓋誤又案方輿紀要淶水宋初省入易縣遼復置史文未詳謹附識薊州尚武軍上刺史秦漁陽右北平二郡地隋文帝開皇中徙治元州總管府煬帝改漁陽郡唐武德元年廢入幽州開元十八年分置領縣三漁陽本漢縣屬漁陽郡晉省復置元魏省唐屬幽州開元十八年來屬三河本漢臨朐縣地唐開元四年析潞州置案前後漢書地理志上谷郡無臨朐縣新唐書地理志載武德二年析潞縣置臨朐縣貞觀元年省開元四年更置三河縣當以新唐書爲是謹附識玉田本漢無終縣唐萬歲通天元年更名屬幽州開元八年屬營州十八年來屬景州清安軍下刺史本薊州遵化縣重熙中置領縣一遵化本唐平州買馬監爲縣來屬平州遼興軍上節度秦爲遼西右北平二郡地漢因之隋文帝開皇中改平州大業初復爲郡唐武德初改州天寶元年仍北平郡後唐復爲平州遼太祖天贊二年取之以定州俘戶錯置其地領州二縣三盧龍本春秋肥如國漢晉屬遼西郡元魏爲郡治兼立平州北齊屬北平郡隋開皇中省肥如入新昌十八年改今名安喜本漢令支縣地久廢遼太祖以定州安喜縣俘戶置望都本漢海陽縣久廢遼太祖以定州望都縣俘戶置灤州永安軍中刺史本古黃洛城秦爲右北平漢爲石城縣後名海陽縣晉以後屬遼西石晉割地在平州之境遼太祖以俘戶置州領縣三義豐本黃洛故城漢屬遼西郡久廢唐季入契丹世宗置縣馬城本盧龍縣地唐開元二十八年析置縣以通水運遼來屬石城漢置屬右北平郡久廢唐貞觀中於此置臨渝縣萬歲通天元年改名營州鄰海軍下刺史本秦遼西郡地漢爲昌黎郡元魏立營州後周爲高寶寧所據隋開皇置州大業改遼西郡唐武德元年復爲營州萬歲通天元年始入契丹聖麻二年僑治漁陽開元五年還治柳城天寶元年改曰柳城郡後唐復爲營州遼太祖以居定州俘戶領縣一廣寧漢柳城縣屬遼西郡萬歲通天元年入契丹中宗神龍元年移幽州界開元四年復舊遼改今名

西京道

西京大同府戰國屬趙武靈王始置雲中郡秦屬代王國後爲平城縣魏屬新興郡晉仍屬雁門劉琨表封猗盧爲代王都平城元魏道武於此遂建都邑孝文帝改爲司州牧置代尹遷都洛邑改萬年又置恆州高齊文宣帝廢州爲恆安鎮尋復恆州周復恆安鎮改朔州隋仍爲鎮唐武德四年置北恆州七年廢貞觀十四年移雲中定襄縣於此永淳元年摩多爲民患移民朔州開元十八年置雲中州天寶元年改雲中郡乾元元年曰雲州五代後唐同光三年以雲州爲大同軍節度使石晉代唐以契丹有援立功割山前代北地爲賂初仍爲大同軍節度重熙十三年升爲西京府曰大同領州二

縣七大同（本大同川地重熙十七年西夏犯邊析雲中縣置）雲中（趙置沿革與京府同）天成（本極塞之地魏道武帝置廣牧縣唐武德五年置定襄縣遼析雲中置）長青（本白登臺地遼始置縣）奉義（本漢陶林縣地遼析雲中置）懷仁（本漢沙南縣元魏廢隋開皇二年移雲內於此大業二年置大利縣屬雲州改屬定襄郡隋末陷突厥遼改今名　案金史地理志載遼析雲中置與此異謹附識）懷安（本漢夷輿縣地歷魏至隋為突厥所據唐克頡利縣遂廢為懷荒鎮高勳鎮燕奏分歸化州文德縣置初隸奉聖州後來屬）

宏州博寧軍下刺史東魏靜帝置北靈丘縣唐初陷突厥開元中置橫野軍安邊縣天寶亂廢後為襄陰村遼統和中以寰州近邊為宋將潘美所破廢之乃於此置宏州初軍曰永寧領縣二永寧　順聖（本魏安塞軍五代兵廢高勳鎮幽州奏景宗分永興縣置初隸奉聖州後來屬）

德州下刺史唐會昌中以西德店置州遼開泰八年以漢戶復置領縣一宣德（本漢桐過縣地屬雲中郡後隸定襄郡漢末廢高齊置紫阿鎮唐會昌中置縣　案金史地理志及山西通志並云德州昭聖軍遼史不載軍名謹附識）

豐州天德軍節度秦為上郡北境漢屬五原郡自晉懷帝永嘉之亂屬赫連勃勃後周置永豐鎮隋開皇中升為縣改豐州大業七年為五原郡恭帝義寧元年改歸順郡唐武德元年為豐州總管府六年省貞觀四年分靈州境置豐州都督府領蕃戶天寶初改九原郡乾元元年復豐州後入回鶻會昌中克之後唐改天德軍遼神冊五年攻下更名應天軍復為州兵事屬西南面招討司領縣二富民（本漢臨戎縣遼改今名）振武（本漢定襄郡盛樂縣元魏嘗都於此唐武德四年克突厥建雲中都督府高宗麟德三年改單于大都督府聖曆元年又改安北都督開元七年割隸東受降城八年置振武軍節度使會昌五年為安北都護府後唐莊宗以兄嗣本為振武節度使遼神冊元年伐吐渾還攻之盡俘其民以東唯存鄉兵三百人防戍後更為縣）

雲內州開遠軍下節度本中受降城地遼初置代北雲朔招討司改雲內州道宗清寧初升兵事屬西南面招討司（案方輿紀要及續輿地考等書並云遼置開遠軍清寧初改雲內州謹附識）領縣二柔服　寧人

天德軍本中受降城唐開元中廢橫塞軍置天安軍於大同川乾元中改天德軍遼太祖破天德盡掠吏民以東後置招討司漸成井邑乃以國族為天德軍節度使

寧邊州鎮西軍下刺史本唐隆鎮遼置兵事屬西南面招討司

奉聖州武定軍上節度本唐新州後唐置團練使總山後八軍莊宗同光二年升威塞軍石晉割獻遼太宗改升兵事屬西京都部署司領州三縣四永興（本漢涿鹿縣地）礬山（本漢軍都縣）龍門　望雲（本望雲川地景宗於此建潛邸後置縣隸彰愍宮）

歸化州雄武軍上刺史本漢下洛縣元魏改文德縣唐升武州僖宗改毅州後唐太祖復武州明宗又為毅州潞王仍為武州石晉割獻遼改今名領縣一文德（本漢女祁縣地元魏置縣）

汗州清平軍下刺史本漢潘縣元魏置北齊置北燕郡改懷戎縣隋廢郡屬涿郡唐武德中復置北燕州縣仍舊貞觀八年改嬀州五代時奚王去諸以數千帳徙嬀州自別為西奚號汗州遼因之領縣一懷來（本懷戎縣太祖改）

儒州縉陽軍中刺史唐置後唐同光二年隸新州遼太宗改奉聖州仍屬領縣一縉山（本漢廣甯縣地唐天寶中割嬀州縣置）

蔚州忠順軍上節度本代郡周宣帝始置蔚州隋開皇中廢唐武德四年復置至德二年改興唐縣乾元元年仍舊石晉獻地升忠順軍後更武安軍統和四年入宋尋復之降刺史隸奉聖州升觀察復忠順軍節度兵事屬西京都部署司領縣五靈仙（唐置興唐縣梁改隆化縣後唐同光初復置晉改今名）定安（本漢東安陽縣地久廢遼置今縣）飛狐（後周大象二年置廣昌縣於五龍城隋仁壽元年改今名）靈丘（漢置後漢省東魏復置屬靈丘郡隋開皇中罷郡來屬大業初改隸代州唐武德六年仍舊）廣陵（本漢延陵縣隋唐為鎮州後唐同光初分興唐縣置石晉割屬遼　案金史地理志廣靈亦作陵遼統和三年析靈山置與遼志異謹附識）

應州彰國軍上節度唐武德中置金城縣後改應州後唐明宗州人也天成元年升彰國軍節度興唐軍寰州隸焉遼因之兵事屬西京都部署司領縣三金城（本漢陰館縣漢末廢為陰館城大業末陷突厥唐始置金城縣）渾源（唐置）河陰（本漢陰館縣地初隸朔州遼清寧中來屬）

朔州順義軍下節度本漢馬邑縣地元魏始置朔州葛榮亂廢高齊天保六年復置周武帝置朔州總管府隋大業三年改馬邑郡唐武德四年復朔州遼升順義軍節度兵事屬西京都部署司領州一縣三鄯陽（本漢定襄縣地獻帝建安中置新興郡元魏置桑乾郡高齊置招遠縣郡仍舊隋開皇三年置郡來隸大業元年改今名）寧遠（齊天保六年於朔州西置招遠縣唐乾元元年改今名）馬邑（漢置屬雁門郡唐開元五年析鄯陽縣東三十里置大同軍倚郭置今縣）

武州宣威軍下刺史趙惠王置武川塞魏置神武縣唐末置武州後改毅州遼重熙九年復為武州號宣威軍領縣一神武（魏置晉改新城初隸朔州後置州併寧遠為一縣來屬）

東勝州武興軍下刺史隋開皇七年置勝州大業五年改榆林郡唐貞觀五年於南河地置決勝州故謂此為東勝州天寶七年又為榆林郡乾元元年復為勝州遼神冊元年破振武軍勝州之民皆趨河東州廢石晉割代北來獻復置兵事屬西南面招討司領縣二榆林　河濱

金肅州重熙十二年伐西夏置割燕民三百戶防秋兵一千實之屬西南面招討司

河清軍西夏歸遼開直路以趨上京重熙十二年建城號河清軍徙民五百戶防秋兵一千人實之屬西南面

招討司

欽定續通典卷一百三十

欽定續通典卷一百三十一

州郡

金 上京路 咸平路 東京路 北京路 西京路 中都路

金之壤地封疆東極吉林密雅呼達噶境北自扶餘路之北三千餘里和羅和博穆昆地為邊右旋入泰州博勒果所浚界壕而西經臨潢金山跨慶桓撫昌淨州之北出天山外包東勝接西夏逾黃河復西歷葭州及米脂寨出臨洮府會州積石之外與生羌地相錯復自積石諸山之南左折而東逾洮州越鹽州堡循渭至大散關北並山入京兆絡商州南以唐鄧西南皆四十里取淮之中流為界而與宋為表裏襲遼制建五京置十四總管府是為十九路其間散府九節鎮三十六防禦郡二十二刺史郡七十三軍十有六縣六百三十二後復盡升軍為州或升城堡寨鎮為縣是以金之京府州凡百七十九縣加於舊五十一城寨堡關百二十二鎮四百八十八東極海西逾積石北過陰山南抵淮漢地方萬餘里

上京路即哈爾呼之地金之舊土也國初稱為內地太宗天眷元年號上京海陵貞元二年遷都於燕削上京之號止稱會寧府世宗大定十三年七月復為上京府一領節鎮四防禦一縣六鎮一

會寧府下初為會寧州太宗以建都升為府熙宗天眷元年置上京留守司以留守帶本府尹兼本路兵馬都總管後置上京海蘭等路提刑司領縣三會寧倚與府同時置曲江初名鎮東大定七年置十三年更今名宜春大定七年置

肇州下防禦使舊珠赫店也太宗天會八年以太祖兵勝遼肇基王績於此遂建為州天眷元年十月置防禦使隸會寧府海陵時嘗為濟州支郡章宗承安三年升為節鎮軍名武興五年置漕運司以提舉兼州事後廢軍宣宗貞祐二年復升為武興軍節鎮置招討司以使兼州事領縣一始興倚與州同時置

隆州下利涉軍節度使本遼黃龍府金天眷三年改為濟州置利涉軍海陵天德二年置上京路都轉運司四年改為濟州路轉運司大定二十九年嫌與山東路濟州同更今名貞祐初升為隆安府領縣一利涉倚與州同時置鎮一與縣同時置

信州下彰信軍刺史本渤海懷遠軍遼聖宗開泰七年建取諸路漢民置領縣一武昌本渤海懷福縣地鎮一八千戶

扶餘路國初置萬戶海陵例罷萬戶乃改置節度使承安三年設節度副使

海蘭路置總管府貞元元年改總管為尹仍兼本路兵馬都總管承安三年設兵馬副總管

率賓路節度使遼時為率賓府置刺史金天會二年以扎蘭路都貝勒所居地瘠遂遷於此以海陵例罷萬戶置節度使因名率賓路節度使大定十一年以扎蘭率賓相去千里既居率賓然不可忘本遂命名親管明安曰扎蘭明安承安三年設節度副使

哈斯罕路置節度使天會七年徙治寧州嘗置都統司章宗明昌四年廢

和囉噶路國初置萬戶海陵例罷萬戶乃改置節度使承安三年置節度副使

烏克蘇喇統軍司後升為招討司與扶餘路近

咸平路府一領刺郡一縣十

咸平府下總管府安東軍節度使本遼咸州金初為咸州路置都統司天德二年八月升為咸平府後為總管府置遼東路轉運司東京咸平路提刑司領縣八按元史地理志金咸平府領平郭安東新興慶雲清安歸仁六縣與金史異謹附識平郭倚舊名咸平太定七年更銅山遼同州鎮安軍遼太祖時以東平寨置因名東平軍曰鎮東金大定二十九年以與東平重故更新興遼屬銀州富國軍金熙宗皇統三年廢州更名來屬慶雲本遼屬祺州祐聖軍以所俘檀州密雲民建州雲後更名清安遼肅州信陵軍金皇統三年降為縣榮安歸仁遼舊隸通州安遠軍本渤海强師縣遼更名玉山承安三年以穆蘇集平郭林河之間相去六百餘里之地置貞祐二年升為節鎮軍曰鎮安

韓州下刺史遼置東平軍本渤海鄚頡府領縣二臨津倚未詳何年置柳河本渤海粵喜縣地遼以柳河名縣

東京路府一領節鎮一刺郡四縣十七鎮五

遼陽府中東京留守司本遼東京金天會十年改南京路平州軍帥司為東南路都統司之時嘗治於此以鎮高麗後置兵馬都部署司天德二年改為本路都總管府後更置留守司領縣四案元史地理志金領遼陽鶴野二縣當是遺去宜豐石城二縣謹附識鎮一遼陽倚鶴野鎮一宜豐遼舊衍州安廣軍金皇統三年廢為縣石城宣宗興定三年九月以縣長宜哈斯罕在其地之靈巖寺為巖州名其倚郭縣曰東安置行省

澄州南海軍刺史下本遼海軍天德三年改州名領縣二鎮一臨溟鎮一新昌析木遼同州廣利軍附郭縣也金皇統三年廢州來屬案同州遼史地理志作銅州謹附識

瀋州昭德軍刺史中本遼定理府地遼太宗時置軍曰興遠案遼史地理志遠作遼謹附識後為昭德軍置節度案元史地理志云金為昭德軍又更顯德軍謹附識金明昌四年改為刺史與通貴德澄三州皆隸東京領縣五樂郊遼太祖俘三河之民建三河縣於此後改今名章義遼舊廣州金皇統三年降為縣來屬遼濱遼舊遼州東平軍遼太宗改為始平軍金皇統三年廢為縣挹樓遼舊興州興中軍常安縣嘗置定理府刺史於此本挹樓故地金大定二十九年章宗更名雙城遼雙州保安軍也金皇統三年降為縣章宗時廢

貴德州刺史下遼貴德州寧遠軍金初廢軍降爲刺郡領縣二貴德倚奉集遼屬集州懷遠軍案遼史地理志作懷衆軍與金史異謹附識

蓋州奉國軍節度使下本高麗蓋葛牟城遼辰州金明昌四年罷哈斯罕建辰州遼海軍節度使六年以與陳同音更取蓋葛牟爲名領縣四鎮二湯池遼屬鐵州建武軍鎮一神鄉建安遼縣鎮一大寧秀巖本大寧鎮明昌四年升爲縣泰和四年仍廢爲鎮貞祐四年復置熊岳遼屬盧州元德軍

復州下刺史遼懷遠軍節度案遼史地理志作懷德軍節度與金史異謹附識金明昌四年降爲刺史領縣二鎮一永康倚舊名永寧大定七年更化成遼蘇州安復軍金皇統三年降爲縣來屬貞祐四年升爲金州興定二年升爲防禦鎮一歸勝

來遠州下舊來遠城本遼熟女直地金大定二十二年升軍後爲州

博索府路金初置統軍司天德二年置總管府貞元元年與海蘭路總管並爲尹兼本路兵馬都總管此路皆明安戶

北京路府四領節鎮七刺郡三縣四十二鎮七寨一堡五十六

大定府中北京留守司遼中京金初因之貞元元年更爲北京置留守司都轉運司管巡院領縣十一鎮二大定倚遼縣舊名鎮一恩化長興案方輿紀要云契丹置長安縣今改爲長興縣金史未詳謹附識富庶鎮一文安松山遼松山州勝安軍松山縣開泰中置刺史太祖天輔七年置觀察使皇統三年廢州來屬承安三年隸高州泰和四年復案遼史地理志作松江州松江縣與金志異據遼志大定府注云有松山松江縣注同似當從金志爲是謹附識神山遼屬澤州金承安二年嘗置惠州升孩兒館爲灤陽縣以隸之泰和四年罷州及灤陽縣惠和皇統三年以遼惠州惠和縣置金源唐青山縣遼開泰二年置以地有金甸爲名和衆遼屬榆州金皇統三年罷州來屬武平遼築城杏堝初名新州聖宗統和間改爲武安州來屬皇統三年降爲武安縣來屬大定七年更名承安三年隸高州泰和四年復來屬靜封承安二年以和錫務置隸全州三年隸高州泰和四年來屬三韓遼伐高麗遷馬韓辰韓弁韓三國民爲縣置高州金天輔七年以高州置節度使皇統三年廢爲縣承安三年復升爲高州置刺史爲全州支郡分武平松山靜封三縣隸焉泰和四年廢

利州下刺史遼統和十六年置領縣二鎮一寨一阜俗遼統和四年置金因之龍山遼故潭州廣潤軍縣金皇統三年廢州來屬寨一蘭州鎮一漆河

義州下崇義軍節度使遼宜州金天德三年更州名領縣三鎮一宏政開義遼海北州廣化軍縣金皇統三年廢州來屬鎮一饒慶同昌遼成州興府軍縣金初隸川州大定六年罷川州隸懿州承安二年復隸川州泰和四年來屬

錦州下臨海軍節度使舊隸興中府後來屬領縣三永樂本慕容皝西樂縣地安昌神水遼開泰二年置金皇統三年廢爲鎮大定二十九年復升爲縣

瑞州下歸德軍節度使本來州天德三年更爲宗州泰和六年以避睿宗諱謂本唐瑞州地故更今名領縣三鎮一瑞安舊名來賓唐來遠縣也金明昌六年更爲宗安泰和六年復更今名海陽遼潤州海陽軍故縣金皇統三年廢州來屬鎮一遷民海濱本遼隰州海平軍故縣金皇統三年廢州來屬

廣寧府散下鎮寧軍節度使本遼顯州奉先軍金天輔七年升爲府因軍名置節度天會八年改軍名鎮寧天德二年隸咸平後廢軍隸東京泰和元年七月來屬領縣三舊有奉先縣天會八年改爲鍾秀縣鎮六寨四鎮二歡城遼西廣寧舊名山東縣大定二十九年更名有遼世宗顯陵鎮寨二閭城兎兒窩望平大定二十九年升梁漁務置鎮一閭陽遼乾州廣德軍奉陵縣金天會八年廢州更名來屬有遼景宗乾陵鎮一閭陽衡家寨二大斧山北川

懿州下寧昌軍節度使遼嘗更軍名慶懿又爲廣順復更今名金因之先隸咸平府泰和末來屬領縣二大定六年罷川州以宜民同昌二縣來屬承安二年復以二縣隸川州泰和四年罷川州以宜民隸興中同昌隸義州順安靈山本渤海靈峯縣地

興中府散下本遼霸州彰武軍興宗重熙十一年升爲府更今名金因之領縣四鎮三興中本唐柳城地鎮一黔城永德遼安德州化平軍安德縣金大定七年更今名鎮一阜安興城遼嚴州保肅軍縣金皇統三年廢州隸錦州宜民遼川州長寧軍會同中嘗名白川州天祿五年去白字金初因之與同昌縣皆隸焉大定六年降爲宜民縣隸懿州承安二年復置川州改徽州寨爲徽川縣爲懿州支郡泰和四年罷州及徽川縣來屬鎮一咸康遼縣也金初廢爲鎮

建州下保靖軍刺史遼初名軍曰武寧後更金因之領縣一永霸本唐昌黎縣地

全州下盤安軍節度使承安二年置改和碩務爲靖封縣案方輿紀要云壽廢靖封縣以盧川縣屬臨潢府金史不言靖封之廢謹附識黑河鋪爲盧川縣撥北京三韓縣拉呼等五明安以隸焉貞祐二年嘗僑置於薊州領縣一安豐承安元年改豐州鋪爲安豐縣隸臨潢府三年置全州盤安軍節度使治

臨潢府下總管府遼爲上京金初因之天眷元年改爲北京天德二年改北京爲臨潢府路以北京路都轉運司爲臨潢府路轉運司三年罷貞元元年以大定府爲北京後但置北京臨潢路提刑司大定後罷路併入大定府路貞祐二年嘗僑置於平州領縣五堡三十七大定間二十四後增臨潢倚長泰盧川承安二年以黑河鋪升隸全州後復來屬寧塞泰和元年置長寧遼永州永昌軍縣金天輔七年嘗置節度使皇統三年廢州來屬

慶州下元寧軍刺史境內有祖州天會八年改爲奉州皇統三年廢境內有遼懷州舊置奉陵軍天會八年更爲奉德軍皇統三年廢領縣一舊有孝安縣天會八年改爲慶民縣皇統三年廢朔平有權場務　案遼史地理志慶州領元德孝安二縣金史言廢孝安而不及元德據方輿紀要云改置朔平縣廢元德縣入焉當以方輿紀要爲是謹附識

興州寧朔軍節度使本遼北安州興化軍興化縣金承安五年升爲興州置節度軍名寧朔改利民寨爲利民縣撥密齊顯河圖們必罕寧江蘇瑪拉三明安隸焉貞祐二年僑置於密雲縣領縣二又有利民縣承安五年以利民寨升泰和四年

慶　興化倚遼舊縣金皇統三年降興化軍置隸大定府承安五年建興州於縣爲倚郭　宜興本興化縣白檀鎮泰和三年升爲縣

泰州昌德軍節度使遼時本契丹二十部族牧地海陵正隆間置昌德軍隸上京大定二十五年罷之承安三年復置於長春縣以舊泰州爲金安縣隸焉領縣一有舊金安縣承安三年置尋廢堡十九長春遼長春州韶陽軍金天德二年降爲縣隸肇州承安三年來屬

西京路府二領節鎮七刺郡八縣四十鎮九

大同府中　西京留守司遼西京大同府金因之皇統元年以燕京路隸尚書省西京及山後諸部族隸元帥府舊置兵馬都部署司天德元年改置本路都總管府後更置留守司置轉運司及中都西京路提刑司領縣七鎮三大同倚遼析雲中置鎮一奉義　雲中晉舊縣　宣寧遼德州昭聖軍宣德縣金大定八年更名鎮一窟龍城　懷安晉故縣　天城遼析雲中置　白登本名長淸大定七年更　懷仁遼析雲中置金貞祐二年并爲雲州鎮一安七疃

豐州下　天德軍節度使遼嘗更軍名應天尋復金因之皇統九年升爲天德總管府置西北路招討司以天德尹兼領之大定元年降爲天德軍節度使兼豐州管內觀察使以元管部族直薩軍馬公事並隸西南路招討司領縣一鎮一富民晉舊名　鎮一振武

宏州下　刺史遼名軍曰博寧本襄陰村統和中建金初置保寧軍後廢軍領縣二鎮二襄陰倚本名永寧大定七年改　順聖本安塞軍故地遼應曆中置金因之鎮二陽門貞祐二年升爲縣大羅

淨州下　刺史大定十八年以天山縣升爲豐州支郡刺史兼權機察領縣一天山舊爲權場大定十八年置爲倚郭

桓州下　威遠軍節度使軍兵隸西北路招討司明昌七年改置刺史領縣一淸塞倚明昌四年以罷錄事司置

撫州下　鎮寧軍節度使遼秦國大長公主建爲州金明昌三年復置刺史爲桓州支郡治柔遠四年置司候司承安二年陞爲節鎮軍名鎮寧撥西北路招討司所管密齊顯必喇溫都必喇納琳卓果斯桑噶錫德琿四明安以隸之領縣四柔遠倚大定十年置於燕子城隸宣德州明昌三年來屬　集寧明昌三年以春市場置　豐利明昌四年以泥濼置　威寧承安二年以新城鎮置

德興府遼奉聖州武定軍節度金初因之大安元年升爲府名德興領縣六鎮一德興倚舊名永興縣大安元年更名　嬀川本晉嬀州遼嘗名汗州縣舊曰懷戎更名懷來金明昌六年更今名　縉山遼儒州縉陽軍縣金皇統元年廢州來屬崇慶元年升爲鎮州案方輿紀要延慶州注云金皇統初州廢崇慶初復置鎮州旋廢縉山廢縣注云金州廢縣屬德興府金史未晰謹附識鎮一永安　望雲本望雲川地遼主嘗居號曰御莊後改爲縣金因之　礬山晉故縣金初隸宏州明昌三年來屬　龍門晉縣金初隸宏州後來屬明昌三年割隸宣德州

昌州天輔七年降爲建昌縣隸桓州明昌七年以狗濼復置隸撫州案方輿紀要云明昌七年復置昌州屬德興府與金史異謹附識後來屬鎮縣一寶山

宣德州下　刺史遼改晉武州爲歸化州雄武軍金大定七年更爲宣化州八年復更爲宣德領縣二宣德舊文德縣大定二十九年更名　宣平承安二年以大新鎮置以北邊用兵嘗駐此地

朔州中　順義軍節度使貞祐三年七月嘗割朔州廣武縣隸代州領縣二鄯陽晉故縣　馬邑晉故縣金貞祐二年升爲固州

武州邊下　刺史大定前仍置宣威軍領縣一寧遠晉故縣

應州下　彰國軍節度使領縣三金城晉故縣　山陰本名河陰大定七年以與鄭州屬縣同故更焉貞祐二年升爲忠州　渾源晉縣金貞祐三年升爲渾源州案元史地理志云升爲渾源州仍置渾源縣金史未詳謹附識

蔚州下　忠順軍節度使遼嘗更爲武安軍尋復領縣五靈仙　廣靈亦作陵遼統和三年析靈仙置　靈邱晉縣金貞祐二年升爲成州四年割爲代州支郡　定安晉縣金貞祐二年升爲定安州　飛狐晉縣

雲內州下　開遠軍節度使天會七年徙奚第一第三部來戍領縣二鎮一柔服　鎮一寧仁舊縣也大定後廢爲鎮　雲川本哈達罕後升爲裕民縣皇統元年復廢爲哈達罕大定二十九年復升更今名

寧邊州下　刺史金初置鎮西軍貞祐三年隸嵐州四年二月升爲防禦領縣一寧邊正隆三年置

東勝州邊下　刺史金初置武興軍領縣一鎮一東勝　鎮一寧化

中都路遼太宗會同元年爲南京開泰元年號燕京金貞元元年定都以燕乃列國之名不當爲京師號遂改爲中都府一領節鎮三刺郡九縣四十九鎮七

大興府上　遼南京府曰幽都仍號盧龍軍開泰元年更爲永安析津府金天會七年析河北爲東西路時屬河北東路貞元元年更今名領縣十鎮一大興倚遼名析津貞元二年更今名鎮一廣陽　宛平倚本晉幽都縣遼開泰二年改　安次晉舊名　漷陰遼太宗太平中以漷陰村置　永淸晉舊名爲霸州治案方輿紀要云永淸縣宋初景祐二年并入文安縣金復置金史未詳謹附識　寶坻本新倉鎮大定十二年置以香河縣近民附之承安三年升置盈州爲大興府支郡以香河武淸隸焉尋廢州　香河遼以武淸縣之孫村置　昌平　武淸晉縣　良鄉

通州下　刺史天德三年升潞縣置以三河隸焉興定二年升爲防禦領縣二潞晉縣　三河晉縣

薊州中　刺史遼置上武軍案遼史地理志上作尚謹附識領縣五舊有永濟縣大定二十七年以永濟務置未詳何年廢又有黎谿縣廢置皆未詳鎮二漁陽倚　遵化遼景州淸安軍鎮一石門　豐潤泰和間置案續輿地考云本玉田縣之永濟務金升爲豐潤縣金史未詳謹附識　玉田鎮一韓城　平峪大定二十七年以漁陽縣大王鎮升

易州下　刺史遼置高陽軍領縣二易　淶水

涿州中　刺史遼爲永泰軍領縣五鎮一范陽倚晉縣鎮一政涌　固安晉縣　新城　定興大定六年以范陽縣黃村置割淶水易縣近民屬之　奉先

大定二十九年置萬寧縣以奉山陵明昌二年更今名　案續輿地考云金析良鄉宛平范陽三縣地置萬寧縣金史未詳謹附識

順州 下 刺史遼置歸化軍領縣二溫陽 舊名懷柔明昌六年更名 密雲 遼檀州武威軍

平州 中 興平軍節度使遼爲遼興軍金天輔七年以燕西地與宋遂以平州爲南京以錢帛司爲三司天會四年復爲平州嘗置軍帥司十年徙軍帥司治遼陽府後置轉運司貞元元年以轉運司併隸中都路貞祐二年置東面經略司尋罷領縣五鎭一盧龍 倚 撫寧 本新安鎭大定二十九年置 海山 本漢海陽故城遼以所俘望都縣民置故名望都金大定七年更名 遷安 漢令支縣故城遼以所俘安喜縣民置因名安喜金大定七年更今名 鎭一 昌黎 遼營州鄰海軍以所俘定州民置廣寧縣金皇統二年降州來屬大定二十九年以與廣寧府重故更名

灤州 中 刺史木黃洛故城遼爲永安軍金天輔七年因置節度使領縣四鎭二義豐 倚 石城 鎭一 榛子 馬城 樂亭 案方輿紀要樂亭縣大定末置金史未載謹附識 鎭一 新橋

雄州 中 天會七年置永定軍節度使賜名易陽郡隸河北東路貞元二年來屬領縣三歸信 倚 案方輿紀要金并遼涿州所領之歸義縣入歸信爲雄州治金史未詳謹附識 容城 泰和八年割隸安州貞祐三年隸安肅州 保定 案宋史地理志宋保定軍後廢爲縣太平興國六年置平戎軍景德初改保定軍宣和七年降爲保定縣屬莫州方輿紀要云宋莫州金屬雄州金史未晰謹附識

霸州 下 刺史遼益津郡隸何北東路金貞元二年來屬領縣四益津 倚 大定二十九年初置 文安 大成 信安 金初因宋爲信安軍大定七年降爲信安縣隸霸州宣宗元光元年升爲鎭安府

保州 中 順天軍節度使宋舊軍事金天會七年置順天軍節度使隸河北東路貞祐二年來屬海陵賜名清苑郡領縣二清苑 倚 宋名保塞金大定十六年更 滿城 大定二十八年以清苑縣塔院村置

安州 下 刺史宋順安軍治高陽金天會七年陞爲安州隸河北東路後置高陽軍大定二十八年徙治葛城因升葛城爲縣作倚郭泰和四年改混泥城爲渥城縣來屬八年移州治於渥城以葛城爲屬縣領縣三渥城 倚 泰和四年置 葛城 大定二十八年置 高陽 泰和八年改隸莫州尋復故

遂州 下 刺史宋廣信軍金天會七年改爲遂州隸河北東路貞元二年來屬號龍山郡泰和四年廢爲遂城縣隸保州貞祐二年復置州領縣一遂城 倚

安肅州 下 刺史宋安肅軍金天會七年升爲徐州軍如舊隸河北東路貞元二年來屬天德三年改爲安肅州軍名徐郡軍大定後降爲刺郡廢軍領縣一安肅 案金郡志雄霸保安遂安肅六州皆隸廣寧府太宗紀載天會七年分河北爲東西路則隸河北東路豈以平州爲南京之後以六州隸廣寧也不然則州郡志誤

州郡

金 南京路 山東東路 河北東路 山東西路 河北西路

南京路金初曰汴京貞元元年更號南京府三領節鎮三防禦八刺郡八縣一百八鎮九十八

開封府上留守司留守帶本府尹兼本路兵馬都總管天德二年罷行臺尚書省置轉運司提刑司尋置統軍司領縣十五鎮十五開封東附郭 鎮一延嘉 祥符西附郭 鎮三陳橋八角郭橋 陽武 通許宋名咸平金大定二十九年以與咸平府重更名 泰康 鎮一崔橋 中牟 鎮四駉田陽武萬勝白沙 杞宋雍邱縣杞國也金正隆後更今名 鎮一圉城 鄢陵 鎮一馬欄橋 尉氏 鎮二朱家曲朱樓 扶溝 鎮二建雄義店舊有赤倉頭 陳留 延津貞祐三年升為延州案河南通志貞祐三年升為延州尋廢州復置縣謹附識 洧川貞祐二年置惠民倉興定二年以尉氏縣之朱樓鎮升 長垣 封邱

睢州下刺史宋拱州保慶軍金初猶稱拱州天德三年更名領縣三鎮一襄邑 鎮一重華 考城宋隸南京金正隆前隸曹州後來屬 柘城

歸德府散中宣武軍故宋州宋南京應天府河南郡歸德軍金初置宣武軍領縣六鎮四睢陽宋名宋城金承安五年更名 鎮一葛驛 寧陵大定二十二年徙於汴河隄南古城 下邑案續輿地考金改下邑為夏邑省志亦云當作夏邑為是謹附識 鎮一會亭 虞城 穀熟 鎮二營城洛場 楚邱金初隸曹州海陵後來屬興定元年以限河不便改隸單州

單州中刺史宋碭郡金貞祐四年升為防禦興定五年置招撫司以安集河北遺黎領縣四單父 成武 魚臺 碭山興定元年以限河不便改隸歸德府

壽州下刺史宋隸壽春府金貞元元年來屬泰和六年升為防禦領縣二鎮一下蔡 蒙城宋隸亳州金初來屬 鎮一蒙館

陝州下防禦使宋陝郡保平軍節度金皇統二年降為防禦貞祐二年升為節鎮領縣四鎮七陝倚 鎮一石壕 靈寶 鎮二乾壕關東 湖城 鎮二三門集津 閿鄉 鎮二張店故鎮舊又有曹張鎮恐誤

鄧州武勝軍節度使宋南陽郡嘗置榷場領縣三按元史地理志金舊領穰城南陽內鄉淅川順陽五縣據續輿地考云金省淅川縣入內鄉河南通志云金省順陽縣為鎮蓋元志誤也謹附識 鎮六穰城倚 鎮四順陽新野穰東板橋 南陽按元史地理志云金升南陽縣為申州續輿地考云金初置陽管縣後始置鎮平縣屬申州金史皆不載謹附識 鎮一張村 內鄉 鎮一峽口

唐州中刺史宋淮安郡嘗置榷場領縣四鎮四泌陽倚 鎮一明陽 比陽 鎮一羊柵 湖陽貞祐元年廢 鎮一羅集 桐柏大定十年始置正官興定五年廢 鎮一許封大定二十八年命規措界壕于唐鄧間

裕州本方城縣泰和八年升置以方城縣為倚郭割汝州葉縣許州舞陽隸焉領縣三鎮四方城倚 鎮一平臺 葉本隸汝州泰和八年來屬 鎮一臨墳 舞陽本隸許州泰和八年來屬 鎮二吳城北舞

河南府散中宋西京河南府雒陽郡初置德昌軍金興定元年升為中京府曰金昌領縣九正隆郡志有壽安縣紀錄皆無 鎮四洛陽倚按宋史地理志河南府治河南縣河南通志云金正隆二年省河南入洛陽謹附識 鎮一龍門 澠池按元史地理志云金升為韶州謹附識 登封 孟津貞祐三年升為淘州十二月復為縣 鎮一長泉舊有河清鎮後廢 芝田宋名永安金貞元元年更名 新安 偃師 鎮一緱氏 宜陽按河南通志云金改壽安縣為宜陽縣謹附識 鞏 鎮一洛口

嵩州中刺史舊名順州天德三年更名領縣四按元史地理志云金領伊陽福昌二縣與金史異謹附識 鎮四伊陽宋隸河南府 鎮一鳴皐舊有伊闕鎮後廢 永寧宋隸河南府金正隆六年以前寄治於府後即鎮為縣 鎮一府店 福昌宋隸河南府 鎮二韓城三鄉 長水宋隸河南府

汝州上刺史宋臨汝郡陸海軍節度金初為刺郡貞祐三年八月升為防禦領縣四鎮二梁 郟城宋隸許州按宋史地理志改汝州郟城縣為郟縣隸許州蓋金復為郟城縣來隸謹附識 鎮一黃道 魯山 寶豐 鎮一汝南

許州下昌武軍節度使宋潁昌府許昌郡忠武軍領縣五鎮七長社倚 鎮二許由椹澗 郾城 鎮二駝口新寨 長葛 臨潁 鎮二合流繁城 襄城本隸汝州泰和七年來屬 鎮一潁橋

鈞州中刺史舊陽翟縣偽齊升為潁順軍金大定二十二年升為州仍名潁順二十四年更今名領縣二鎮一陽翟倚 新鄭宋隸鄭州 鎮一郭店

亳州上防禦使宋譙郡集慶軍隸揚州金貞祐三年升為節鎮軍名集慶領縣六鎮五譙倚有渦水泡水 鎮一雙溝 鹿邑 鎮一鄲城 衛真 鎮一谷陽 城父 酇 鎮一酇陽 永城興定五年升為永州以下邑碭山酇縣隸焉 鎮一保安

陳州下防禦使宋淮寧府淮陽郡鎮安軍領縣五鎮二宛邱 項城 南頓 鎮一殄寇 商水本溵水宋避宣祖諱改 西華 鎮一長平

蔡州中防禦使宋汝南郡淮康軍金泰和八年升為節度軍曰鎮南嘗置榷場領縣六鎮二汝陽 鎮一保城 遂平 上蔡 西平 確山 鎮一毛宗 平輿

息州本新息縣泰和八年升為息州以新息為倚郭割真陽褒信新蔡隸焉為蔡州支郡領縣四鎮一新息倚 鎮一王務 真陽本隸蔡州泰和八年來屬 褒信本隸蔡州泰和八年來屬 新蔡本隸蔡州泰和八年來屬

鄭州中防禦使宋滎陽郡奉寧軍節度領縣七鎮三管城倚貞祐四年更名故市 滎陽 密 鎮二大騩鏁水 河陰 原武 鎮一陳橋 氾水 滎澤

潁州下防禦使宋順昌府汝陰郡嘗置榷場金正隆四年罷榷場領縣四鎮十一舊有萬善鎮後廢 汝陰倚 潁上元光二年

改隸壽州 鎮十 永寧漕口王家市櫟頭永清椒陂正陽江陂界溝斤溝 泰和 沈邱 鎮一 永安

宿州中 防禦使宋符離郡保靜軍節度隸揚州金初隸山東西路大定六年來屬貞祐三年升爲節鎮軍曰保靜領縣四鎮八 舊有荆山鎮 符離 倚 鎮三 曲溝符離黃團 臨渙 鎮三 柳子鄲澤桐墟 靈璧 宋元祐元年置 鎮一 西固 蘄 鎮一 靜安

泗州中 防禦使宋臨淮郡金正隆四年正月罷鳳翔府唐鄧潁蔡鞏洮等州并膠西縣諸榷場但置榷場於泗州先隸山東西路大定六年來屬領縣四鎮六 淮平 舊盱眙縣明昌六年以宋有盱眙軍故更 虹 鎮二 千仙通海 臨淮 鎮四 安河吳城青陽翟家濤 睢寧 興定二年以宿遷縣之古城置又有淮濱興定二年以桃園置元光二年廢

河北東路天會七年析河北爲東西路各置本路兵馬都總管府一節鎮二防禦一刺郡五縣三十鎮三十八

河間府中 總管府瀛海軍宋河間郡瀛海軍金天會七年置總管府正隆間升爲次府置瀛州瀛海軍節度使兼總管置轉運司後復置總管府河北東西大名等路提刑司領縣二鎮三 河間 倚 鎮三 策城永寧北林 肅寧

蠡州下 刺史宋永寧軍金天會七年升爲寧州博野郡軍天德三年更爲蠡州領縣一鎮一 博野 倚 鎮一 新橋

莫州下 刺史宋文安郡軍防禦治任邱金貞祐二年降爲鄚亭縣領縣一鎮一 任邱 鎮一 長豐

獻州下 刺史本樂壽縣天會七年升爲壽州天德三年更今名領縣二鎮十 樂壽 倚 交河 大定七年以石家圈置 鎮十 景城南大樹劉解槐家參軍貫河北望夾灘策河沙渦

冀州上 宋信都郡金天會七年仍舊置安武軍節度使領縣五鎮六 信都 倚 鎮一 來遠後廢 南宮 鎮三 唐陽後增寧化七公二鎮 衡水 武邑 鎮一 觀津後廢 棗強 鎮一 廣川後廢

深州上 刺史宋饒陽郡防禦金初爲刺郡領縣五鎮一 靜安 倚 鎮一 下博 束鹿 武強 饒陽 安平

清州中 宋乾寧郡軍金天會七年以守邊置防禦領縣三鎮一 會川 本名乾寧貞元元年更名 鎮一 范橋 興濟 本隸滄州大定六年來屬 靖海 明昌四年以清州窩子口置

滄州上 橫海軍 按元史地理志作臨海軍謹附識 節度使宋景城郡金貞元二年來屬領縣五鎮十一 清池 鎮五 長蘆新饒安舊饒安乾符郭曈舊有郭橋後廢 無棣 鎮一 分水 鹽山 鎮四 海豐海潤後增利豐撲頭二鎮 南皮 鎮一 馬明 樂陵 舊有會寧河永利東中三鎮後廢

景州上 刺史宋永靜軍同下州治東光金初升爲景州貞元二年來屬大安間避章廟諱更爲觀州領縣六鎮四 東光 倚 鎮一 建橋 阜城 將陵 吳橋 按續輿地考云金於將陵縣之吳川鎮置縣金史未詳謹附識 蓨 宋隸冀州 寧津 按續輿地考云本保安鎮金置寧津縣金史未詳謹附識 鎮三 西保安廣平會津

河北西路天會七年析爲西路府三節鎮二防禦二刺郡五縣六十一鎮三十三

眞定府上 總管府成德軍宋常山郡鎮州成德軍節度金正隆間依舊次府置本路兵馬都總管府轉運司領縣九鎮三 眞定 倚 槀城 平山 欒城 獲鹿 興定三年升爲鎮寧州權河北西路以經略使武仙駐焉 行唐 鎮二 嘉祐北鎮舊有行臺新年二鎮後廢 阜平 明昌四年以北鎮置 靈壽 鎮一 慈谷 元氏

威州下 刺史天會七年以井陘縣升置陘山郡軍後爲刺史領縣一 井陘

沃州上 刺史宋徽宗升爲慶源府趙郡慶源軍治平棘金天會七年改爲趙州天德三年更爲沃州蓋取水沃火之義軍曰趙郡軍後廢軍領縣七鎮一 平棘 倚 鄗城 高邑 贊皇 寧晉 鎮一 奉城 柏鄉 隆平

邢州上 安國軍節度使宋信德府鉅鹿郡安國軍節度金天會七年降爲邢州仍置安國軍節度領縣八鎮四 邢臺 唐山 按宋史地理志無唐山縣據方輿紀要云本柏人縣唐元宗天寶初改爲堯山縣宋因之金改爲唐山金史未詳謹附識 內邱 平鄉 鎮一 道武 任 鎮一 新店 沙河 鎮一 綦村 南和 鉅鹿 鎮一 團城

洺州上 防禦使宋廣平郡治永年金天會七年以守邊置防禦領縣九鎮四 永年 鎮一 西臨洺 廣平 本魏縣金大定七年更 宗城 按宋志宗城縣屬大名府當是金時改屬洺州金史未詳謹附識 新安 成安 肥鄉 鎮一 新安 雞澤 曲周 鎮二 平恩白家灘 洺水 按方輿紀要云宋初置洺水縣尋廢金復置金史未詳謹附識

彰德府散下 宋相州鄴郡彰德軍節度治安陽金天會七年仍置彰德軍節度明昌三年升爲府以軍爲名領縣五鎮五 安陽 倚 鎮三 天祐永和豐樂 林慮 舊林慮鎮貞祐三年升爲林州置元帥府興定三年升爲節鎮以安陽縣水治村爲輔巖縣隸焉 湯陰 鎮一 鶴壁 臨漳 鎮一 鄴鎮 輔巖 本水治村興定三年置

磁州中 刺史宋滏陽郡金初置滏陽郡軍領縣三鎮八 滏陽 鎮四 臺城觀城昭德後廢二祖增臨水鎮 武安 鎮一 固鎮 邯鄲 鎮三 大趙北陽邑城土民須知惟有邯山鎮

中山府宋府金天會七年降爲定州博陵郡定武軍節度使後復爲府領縣七鎮二 安喜 倚 新樂 無極 永平 貞祐二年升爲完州按續輿地考云北平縣宋升北平軍金改永平縣金史未詳謹附識 慶都 按方輿紀要本望都縣金改爲慶都縣金史未詳謹附識 曲陽 劇 鎮一 龍泉 唐 鎮一 軍城

祁州中 刺史宋蒲陰郡金初置蒲陰郡軍領縣三 蒲陰 鼓城 深澤

濬州中 防禦使宋大邳郡通利軍又改平川軍金天會七年以邊境置防禦使皇統八年嫌與宗雋音同更爲

通州天德三年復領縣二鎮二黎陽　衞　鎮二衞橋淇門

衞州下　河平軍節度使宋汲郡金天會七年置防禦使明昌三年升為河平軍節度治汲縣以滑州為支郡大定二十六年以避河患徙於共城二十八年復舊治貞祐三年徙治於宜村新城以胙城為倚郭領縣五鎮二汲　新鄉　蘇門本共城大定二十九年改為河平避顯宗諱也明昌三年又改今名貞祐三年升為輝州興定四年置山陽縣隸焉　鎮一早生　獲嘉　鎮一大寧　胙城本隸南京海陵時割隸滑州泰和七年復隸南京八年以限河來屬貞祐三年為衞州倚郭增置主簿興定四年以修武縣重泉村置縣來隸

滑州下　刺史宋靈河郡武成軍本南京屬郡金大定六年割隸大名府領縣二鎮二白馬　鎮二衞內武城　內黃本隸大名府大定六年來屬

山東東路為京東東路治益都府二節鎮二防禦二刺郡七縣五十三鎮八十三

益都府上　總管府宋鎮海軍金初仍舊置軍置南青州節度使後升為總管府置轉運司大定八年置山東東西路統軍司領縣七鎮七益都　臨朐　穆陵貞祐四年升臨朐之穆陵置　壽光　鎮一廣陵鹽場　博興　鎮二博昌淳化　臨淄　樂安按山東通志云金改千乘縣為樂安縣謹附識　鎮四新鎮高家港清河王家

濰州中　刺史領縣三鎮一北海倚　鎮一固底　昌邑　昌樂

濱州中　刺史宋為軍事領縣四鎮十渤海　鎮五豐國寧海濱海蒲臺安平　利津明昌三年以永和鎮升置　蒲臺按宋朝事實云省蒲臺縣入渤海縣當是金時復置謹附識　鎮二安定合波　霑化本名招安明昌六年更　鎮三永豐永阜永利

沂州上　防禦使宋瑯邪郡領縣二鎮三臨沂劇　鎮三長任向城利城　費

密州　宋為密州高密郡安化軍節度領縣四鎮七諸城劇　鎮三普慶信陽草橋　安邱　鎮一李文　高密　膠西　鎮三張倉梁鄉陳村

海州中　刺史領縣五鎮四朐山　贛榆本懷仁大定七年更　鎮二荻水臨洪　東海　漣水本漣水軍皇統二年降為縣來屬　鎮二太平金城按金志海州領縣五而所列止有朐山贛榆東海漣水四縣考宋元二史地理志海州並有沭陽縣續輿地考云金海州領朐山贛榆東海漣水沭陽五縣蓋金志脫去沭陽字也謹附識

莒州中　刺史本城陽軍大定二十二年升為城陽州二十四年更今名領縣三鎮二莒　日照按山東通志哲宗元祐二年置日照鎮屬密州金升為縣來屬謹附識　鎮一濤洛　沂水　鎮一沂安舊有扶溝洛鎮二鎮後廢

棣州上　防禦使宋安樂郡領縣三鎮九厭次　鎮五清河歸化達多永利脂角　陽信　鎮二欽風西界　商河　鎮二歸仁官口

濟南府散上　宋齊州濟南郡初置興德軍節度使後置尹置山東東西路提刑司領縣七鎮二十九歷城　鎮六盤水中宮老僧口上洛口王舍人店遙牆　臨邑　鎮三新鎮安肅新市　齊河按山東通志云宋于禹城縣之耿濟鎮改置齊河鎮金大定八年升鎮為齊河縣謹附識　鎮三晏城劉宏新孫耿　章邱　鎮四普濟延安臨濟明水　禹城　鎮三新安仁水寨黎濟寨　長清劇　鎮六赤莊莒鎮李家莊歸德豐濟陰河　濟陽按山東通志云金天會七年始割章邱之標竿鎮及臨邑之故著縣置濟陽縣謹附識　鎮四回河曲提舊孫耿仁豐

淄州中　刺史宋淄川郡軍領縣四鎮六淄川倚　鎮三金嶺張店顏神店　長山　鄒平　鎮三淄鄉介東孫家嶺舊有崖店鎮後廢按山東通志云金明昌中於鄒平之趙嚴口置齊東鎮又云哀宗天興二年以唐青城之鎮為青城縣尋廢謹附識　高苑

萊州上　定海軍節度使宋為東萊郡領縣五鎮一掖倚　萊陽　鎮一衞村舊有海倉西由移風三鎮　即墨　膠水　招遠按山東通志云金天會中於掖縣之羅峯鎮置招遠縣謹附識

登州中　刺史宋東牟郡領縣四鎮二蓬萊　福山按山東通志云金于唐兩山鎮置福山縣謹附識　鎮一孫大川　黃　鎮一馬亭　棲霞按山東通志云金明昌中始於陽疃鎮置棲霞縣謹附識

寧海州上　刺史本寧海軍大定二十二年升為州按山東通志云金明昌中於牟平縣置寧海軍後改軍為州謹附識領縣二鎮二牟平　鎮一湯泉　文登劇　鎮一溫水

山東西路府一領節鎮二防禦二刺郡五縣三十七鎮四十八

東平府上　天平軍節度使宋東平郡舊鄆州後以府尹兼總管置轉運司領縣六鎮十九須城　東阿　鎮五景德木仁關山銅城陽劉　陽穀　鎮二樂安定水　汶上本名中都貞元元年更為汶陽泰和八年更今名　鎮一柴城　壽張大定七年河水壞城遷竹口鎮十九年復舊治　鎮一竹口　平陰　鎮十但歡安寧鄉翔鸞固留滑口廣里石橫澄空傅家岸

濟州中　刺史宋濟陽郡舊治鉅野金天德二年徙治任城縣分鉅野之民隸嘉祥鄆城金鄉三縣領縣四鎮二任城倚　鎮一魯橋　金鄉　鎮一昌邑　嘉祥舊有合來山口二鎮後廢按山東通志云金皇統中析鉅野山口鎮置嘉祥縣謹附識　鄆城大定六年徙治盤溝村以避河決

徐州下　武寧軍節度使宋彭城郡金貞祐三年改隸河南路領縣三鎮五彭城倚　鎮三呂梁利國下唐又有厥堌鎮元光二年升為永固縣　蕭　鎮二白土安民舊有豐晉城雙溝二鎮

邳州中　刺史宋淮陽軍金貞祐三年改隸河南路領縣三下邳　蘭陵本承縣明昌六年更名貞祐四年徙治上斐村按山東通志云金明昌初改唐承縣為蘭陵縣興定中置嶧州治此謹附識　宿遷元光二年廢

滕州上　刺史宋滕陽軍金大定二十二年升為滕陽州二十四年更今名貞祐三年為兗州支郡領縣三鎮一滕舊名滕陽大定二十四年更　沛　鎮一陶陽　鄒宋隸泰寧軍

博州上　防禦使宋博平郡領縣五鎮十一聊城倚　鎮二王館武水　堂邑　鎮二回河侯固　博平　鎮一博平　茌平按東昌府志云唐省茌平入聊城縣宋因之金天會中復置謹附識　鎮二唐平興利　高唐　鎮四固河齊城靈城夾灘

兗州中　泰定軍節度使宋襲慶府魯郡舊名泰寧軍金大定十九年更領縣四　嵫陽本瑕邱　曲阜宋名仙源按山東通志云金天會中復名曲阜謹附識　泗水　寧陽舊名龔縣大定二十九年以避顯宗諱改

泰安州上　刺史本泰安軍大定二十二年升領縣三鎮二奉符倚　鎮二太平靜封　萊蕪　新泰

德州上　防禦使宋平原郡軍領縣三鎮七安德　鎮四磁博嚮化盤河德安　平原　鎮一水務　德平　鎮二懷仁孔家鎮

曹州中　刺史宋興仁府濟陰郡彰信軍本隸南京金泰和八年來屬大定八年城為河所沒遷州治於古乘氏縣領縣三鎮一濟陰倚　鎮一濮水　定陶本宋廣濟軍神宗熙寧間廢為定陶縣　東明初隸南京後避河患徙河北冤句故地後以故縣為蘭陽儀封有舊東明城　按元史地理志汴梁路有蘭陽儀封二縣河南通志蘭陽縣注云金析東明六鄉為縣取其首鄉曰蘭陽以為名儀封縣注云漢為東昏縣地後魏為孝陽縣北齊廢金復置改曰儀封縣與金史以故縣為蘭陽儀封之說正合是曹州所領當增入蘭陽儀封為五縣謹附識

欽定續通典卷一百三十二

欽定續通典卷一百三十三

州郡

金（大名府路 河東北路 河東南路 京兆府路 鳳翔路 鄜延路 慶原路 臨洮路）

大名府路宋北京魏郡府一領刺郡三縣二十鎮二十二金貞祐二年十月置行尚書省

大名府 上 天雄軍（案府志云金貞祐二年改武安軍金史未詳謹附識）舊爲散府先置統軍司天德二年罷以其所轄民戶分隸旁近總管府正隆二年升爲總管府附近十二明安皆隸焉兼漕河事領縣十鎮十三（舊有柳林侯固二鎮） 大名（倚） 鎮一 元城 鎮二（安定安賢） 魏縣 冠氏 鎮四（普通清水博寧桑橋） 南樂（案宋史地理志南樂朝城二縣並以崇寧四年改屬澶州金時蓋自澶州還屬大名耳金史未詳謹附識） 鎮一（南樂） 館陶 鎮一（館陶） 夏津 鎮一（孫生） 朝城 鎮一（韓張） 清平 鎮一（清平） 莘 鎮一（馬橋）

恩州 中 刺史宋清河郡軍事治清河今治歷亭領縣四鎮六 歷亭（倚） 鎮四（漳南新安樂舊安樂王杲） 武城 鎮一（武城） 清河 臨清 鎮一（曹仁）

濮州 下 刺史宋濮陽郡領縣二鎮三 鄄城（倚） 鎮二（臨濮雷澤皆舊縣貞元二年爲鎮） 范 鎮一（定安）

開州 中 刺史宋開德府澶淵郡鎮寧軍節度降爲澶州金皇統四年復更今名領縣四鎮一 濮陽（倚） 清豐 觀城 鎮一（武鄉） 長垣（本隸南京泰和八年以限河不便來屬）

河東北路宋河東路金天會六年析河東爲南北路各置兵馬都總管府一領節鎮三刺郡九縣三十九鎮四十堡十寨八

太原府 上 武勇軍宋太原郡河東軍節度金初依舊爲次府復名并州太原郡河東軍總管府置轉運司領縣十一鎮八 陽曲（倚案山西通志云大定閒割榆次之西北鄉屬焉金史未詳謹附識） 鎮五（陽曲百井赤塘關天門關陵井驛） 太谷（案山西通志云興定四年于清源置晉州以太谷隸焉金史未詳謹附識） 平晉（貞祐四年廢興定元年復置） 鎮二（晉寧晉祠） 清源 徐溝（本清源縣之徐溝鎮大定二十九年升案山西通志云興定四年改隸晉州金史未詳謹附識） 榆次 祈（案山西通志云貞祐中以尚書左丞胥鼎議於縣東團柏鎮置晴州縣屬焉州尋廢興定中隸晉州金史未詳謹附識） 鎮一（團柏） 文水 交城 盂（興定中升爲州聽絳州元帥府節制置刺史尋復） 壽陽（興定二年嘗割隸平定州）

晉州（興定四年以壽陽縣西張寨置）

忻州 下 刺史舊定襄郡軍領縣二鎮四 秀容 鎮四（忻口雲內徙合石嶺） 定襄

平定州 中 刺史本宋平定軍金大定二年升爲州興定二年爲防禦十一月復降爲刺郡領縣二鎮三 平定（倚） 鎮二（承天東百井） 樂平（興定四年升爲皋州） 鎮一（淨陽）

汾州 上 宋西河郡軍事金天會六年置汾陽軍節度使後又置河東南北路提刑司領縣五鎮二 西河 鎮一（郭柵） 孝義 介休 鎮一（洪山） 平遙 靈石（貞祐三年割隸霍州四年復來屬）

石州 上 舊昌化軍刺史興定五年復隸晉陽從郭文振之請也領縣六鎮四 離石（倚） 鎮一（石窟） 方山（貞祐四年徙治於積翠山） 孟門（宋隸晉寧軍金明昌六年改） 鎮二（吳保天澤） 溫泉（貞祐四年改隸汾州） 臨泉（宋隸晉寧軍案元史地理志金名臨水縣謹附識） 鎮一（克明） 寧鄉（舊名平夷明昌六年更）

葭州 下 刺史本晉寧軍貞元元年隸汾州大定二十二年升爲晉寧州二十四年更今名在黃河西興定二年以河東殘破改隸延安府（案元一統志云葭州金初爲夏人所殘皇統三年復立軍治後爲州領通秦彌川太和建寧吳堡凡五縣考五縣多宋時堡砦疑金末並升爲縣謹附識）領寨八堡九（神泉寨永祚堡烏龍寨康定堡寧河寨寧河堡太和寨神木寨通津堡彌川寨護川堡強川堡清川堡通秦寨通秦堡晉安堡吳堡已上皆在黃河西臨西夏界）

代州 中 宋雁門郡防禦金天會六年置震武軍節度使貞祐二年僑置西面經略司尋罷領縣五鎮十三 雁門（倚） 鎮三（雁門西陘胡谷） 崞 鎮一（樓板） 五臺（貞祐四年升爲臺州） 鎮二（興差石觜） 廣武（貞祐三年來屬） 繁畤（貞祐三年升爲堅州） 鎮七（茹越大石義興麻谷瓶形梅迴寶興）

隩州 下 本宋火山軍金大定二十二年升爲火山州後更今名興定二年改隸嵐州四年以殘破徙治於黃河灘許父寨領縣一鎮一 河曲（貞元元年置） 鎮一（鄰鎮）

寧化州 下 刺史本寧化軍大定二十二年升爲州領縣一鎮一 寧化 鎮一（窟谷）

嵐州 下 宋樓煩郡軍事金天會六年置鎮西節度使領縣三鎮四 宜芳 鎮一（飛鳶） 合河（案元史地理志合河金升興州隸太原路謹附識） 鎮三（合河津乳浪鹽院渡） 樓煩

岢嵐州 下 刺史本宋岢嵐軍金大定二十二年爲州貞祐三年升爲防禦四年升爲節鎮尋復爲防禦領縣一堡一 嵐谷 堡一（寒光）

保德州 下 刺史本宋保德軍金大定二十二年升爲州元光元年升爲防禦領縣一 保德（大定十一年置）

管州 下 刺史本宋憲州靜樂郡金天德三年更興定三年升爲防禦領縣一 靜樂

河東南路府二節鎮三防禦一刺郡六縣六十九鎮三十關六

平陽府 上 宋平陽郡建雄軍節度本晉州初爲次府置建雄軍節度使金天會六年升總管府置轉運司興定二年以殘破降爲散府領縣十鎮一 臨汾（天會六年定臨汾爲次赤餘並次畿置丞簿尉各一） 襄陵（倚） 鎮一（故關） 洪洞 趙城 霍邑（貞祐三年升爲霍州以趙城汾西靈石隸焉興定元年升爲節鎮軍日鎮定） 汾西 岳陽 浮山（舊名神山大定七年更爲浮山興定四年更名忠孝） 和川 冀氏

隰州 上 刺史宋大寧郡團練舊大寧郡軍刺史金天會

六年改爲南陽州以與北京陽州重也天德三年去南
字領縣六關四陽川倚　件城興定五年升以陽川之件城鎮置　蒲興定五年升爲蒲州以大寧隸焉
大寧　關一馬門　永和　關一永和關　石樓
按通志云金爲鎮西州謹附識　關二永寧上平關
吉州下　宋置團練舊名慈州金天德三年改爲耿州置
文成郡軍明昌元年更今名領縣二吉鄉　鄉寧
河中府散上　宋河東郡舊置護國軍節度使金天會六年
降爲蒲州置防禦使天德元年升爲河中府仍舊護國
軍節度使大定五年置陝西元帥府領縣七鎮四河東
倚　鎮二永樂合河　榮河以貞祐三年升爲榮州以河津萬泉隸焉　鎮一北郎　虞鄉
萬泉　鎮一胡壁　臨晉　河津　猗氏
絳州上　宋置絳郡防禦金天會六年置絳陽軍節度使
興定二年升爲晉安府總管河東南路兵馬三年置河
東南路轉運司領縣八鎮五關一正平倚　鎮一澤掌　曲沃
劇　鎮二柴村九王　稷山　翼城興定四年升爲翼州以垣曲絳隸焉元光二年升爲節鎮
軍曰翼安　太平　垣曲　鎮一皋落　關一行臺　絳　鎮一繪交　平水
興定四年徙置汾河之西從平陽公胡天祚之請也
解州上　刺史宋慶成軍防禦金初置解梁郡軍後廢爲
刺郡貞祐三年復升爲節鎮軍名寶昌興定四年徙治
平陸縣領縣六鎮四解倚　平陸　鎮一張店　芮城宋隸陝州　夏
案宋史地理志夏縣屬陝州當是金時改屬金史未詳謹附識　鎮一曹張　安邑　聞喜
鎮二東鎮劉莊
澤州上　刺史宋高平郡金天會六年以與北京澤州同
加南字天德三年復去南字貞祐四年隸潞州昭義軍
後又改隸孟州元光二年升爲節鎮軍曰忠昌領縣六
鎮二晉城倚　鎮二周村巴公舊又有星軺鎮　端氏　陵川　陽城元光
二年升爲勣州　高平　沁水

潞州上　宋隆德府上黨郡昭德軍節度使金天會六年
節度使兼潞南遼沁觀察處置使領縣八鎮四上黨倚
鎮一八義　壺關　屯留　鎮一寺底　長子　鎮一橫水　潞城
襄垣　鎮一褫亭　黎城　涉貞祐三年升爲崇州以黎城縣隸焉四年以殘破復爲縣
興定五年復升爲州
遼州中　刺史本宋樂平郡刺史金天會六年以與東京
遼州同加南字天德三年復去南字領縣四鎮一關一
遼山倚　鎮一平城舊縣也貞元閒廢爲鎮屬遼山縣及廢舊芹泉鎮　關一黃澤　榆社
和順　儀城舊爲平城縣貞元二年廢入遼山爲鎮貞祐四年復升爲縣更今名
沁州中　錦山郡宋威勝軍金天會六年升爲州元光二
年升爲節鎮軍曰義勝領縣四鎮一銅鞮倚　武鄉　鎮
一南關　沁源元光二年升爲穀州　綿上
懷州上　宋河內郡防禦金天會六年以與臨潢府懷州
同加南字仍舊置沁南軍節度使天德三年去南字皇
統三年置黃沁河隄都大管勾司大定五年置行元帥
府興定五年置招撫司領縣四鎮六河內倚　鎮四武德柏鄉
萬善清化　修武　鎮一承恩　山陽興定四年以修武縣重泉村爲山陽縣隸輝州　武陟
鎮一宋郭
孟州上　宋濟源郡節度金天會六年降河陽府爲孟州
置防禦守盟津宣宗朝置經略司案續輿地考云大定中爲河水所害北去
故城十五里築城徙治焉故城謂之下孟州新城謂之上孟州謹附識　領縣四鎮二河陽
倚　鎮二穀羅沇河　王屋　濟源　溫
京兆府路宋爲永興軍路金皇統二年省併陝西六路
爲四曰京兆曰慶原曰熙泰曰鄜延府一領節鎮一防
禦一刺郡四縣三十六鎮三十七
京兆府上　宋京兆郡永興軍節度金皇統二年置總管
府天德二年置陝西路統軍司陝西東路轉運司領縣

十二鎮十舊又有中橋臨涇二鎮後廢　長安倚　鎮一子午　咸寧倚本萬年後更
名泰和四年廢尋復案清類天文分野之書云咸寧縣大定二十一年改名金史未詳謹附識　鎮二
鳴犢乾祐　興平　涇陽　臨潼　鎮一零口　藍田　雲陽　鎮
一孟店　高陵　鎮二毗沙渭城　終南宋清平軍　鎮一甘河　櫟陽　鎮一
粟邑　鄠　鎮一秦渡　咸陽
商州下　刺史宋上洛郡軍事金貞祐四年升爲防禦尋
隸陝州興定二年復來屬元光二年改隸河南路領縣
二鎮二舊又有西市黃川青雲三鎮後廢　上洛　·鎮二商洛灃陽皆舊爲縣貞元二年
廢爲鎮　洛南
虢州下　刺史宋虢郡軍事金貞祐二年割爲陝州支郡
以備潼關領縣三鎮五虢略　鎮三靖遠王城朱陽　盧氏　鎮
二社管灤川舊爲縣貞元二年廢爲鎮　朱陽海陵時嘗廢後復置
乾州中　刺史宋嘗改爲醴州金天德三年復領縣四鎮
三奉天　鎮一薛祿　醴泉　鎮一甘北　武亭本武功大定二十九年以嫌顯
宗諱更　鎮一長寧　好時
同州中　宋馮翊郡定國軍節度治馮翊後改安國軍節
度使領縣六鎮九馮翊倚　鎮二沙苑并藍　朝邑　鎮四朝邑新市
延祥洿谷　白水　郃陽　鎮一夏陽　澄城　韓城貞祐三年升爲禎州以郃
陽縣隸焉　鎮二寺前艮輔
耀州上　刺史宋華原郡感德軍節度金皇統二年降爲
軍事後爲刺史州領縣四鎮二華原　同官　鎮一黃堡
美原案富平縣志云金省富平入美原縣金史未詳謹附識　三原　鎮一龍橋
華州中　宋華陰郡鎮潼軍節度治鄭金初因之後置節
度使皇統二年降爲防禦使貞祐三年升爲節鎮軍曰
金安以商州爲支郡領縣五鎮六鄭倚　鎮一赤水　華陰
鎮二關西敷水　下邽　鎮二素化新市　蒲城　鎮一荊姚　渭南
鳳翔路宋秦鳳路治秦州府二防禦二刺郡二縣三十

三城一堡四寨十六鎮十六
鳳翔府中 宋扶風郡鳳翔軍節度金皇統二年升爲府
軍名天興大定十九年更軍名爲鳳翔大定二十七年
升總管府領縣九鎮四舊有橫水驛店雀模麻務長清五鎮後廢 鳳翔 倚舊名天興縣大定十九年更案鳳翔縣志云金大定中寶雞以天興縣與衍慶殿字音相同改爲鳳翔謹附識 寶雞
鎮一武城 虢 鎮一陽平 郿 盩厔貞祐四年升爲恆州以郿縣隸焉 扶
風金初作扶興案雍大紀云貞祐元年隸京兆府 鎮一岐陽 岐山 鎮一馬蹟 普
潤 麟遊
德順州上 刺史宋德順軍金初隸熙秦路皇統二年升
爲州大定二十七年來屬貞祐四年升爲防禦尋升爲
節鎮軍曰隴安領縣六寨四堡一舊有上接鎮通安塞王家城牧龍城同家
堡後廢 隴平 倚 水洛本中安堡城 安堡一中安 威戎本威戎堡城 隆德本隆
德寨 通邊本通邊寨 寨三靜邊舊爲縣得勝寧安 治平本治平寨 寨一懷遠
平涼府中散 宋渭州隴西郡平涼軍節度舊爲軍後置陝
西西路轉運司陝西東西路提刑司金大定二十六年
來屬領縣五鎮五寨一 平涼 倚 潘源 崇信 鎮一西赤
城 華亭 化平本名安化大定七年更 鎮四安化安國白巖河耀武 寨一瓦亭
鎮戎州下 刺史本鎮戎軍大定二十二年爲州二十七
年來屬領縣二堡三寨八 東山本東山寨 三川本三川水寨 堡三彭陽
乾興開遠 寨八天聖飛泉熙寧靈平通峽盪羌九羊張義
秦州下 宋天水郡雄武軍節度後置秦鳳路金初置節
度皇統二年置防禦使隸熙秦路大定二十七年來屬
元光二年升爲節鎮軍曰鎮遠領縣八案元史地理志金秦州領縣六
無西寧甘谷二縣謹附識 城一寨三鎮二舊有甘谷城甘泉城結藏城定西寨西顧堡後廢
成紀 倚 治坊 甘谷 清水宋舊縣 雞川 隴城 寨一
隴城 西寧貞祐四年升爲西寧州以甘谷雞川治平三縣隸焉 秦安 城一伏羌 寨二
三陽靜戎 務弓 鎮二床穰

隴州下 宋汧陽郡防禦金海陵時隸熙秦路大定二十
七年來屬領縣三鎮五 汧陽 倚 鎮二安化新興 汧源 鎮三
吳山定戎隴西案元史地理志金隴州領縣四有吳山縣續輿地考云金大定二十七年升吳山鎮爲縣金
史不載疑爲縣未幾復廢爲鎮謹附識 隴安泰和八年以隴安寨升宋史地理志太祖開寶二年
析汧陽縣四鄉置隴安縣疑開寶以後或廢爲寨至今復置謹附識
鄜延路府一領節鎮一刺郡四縣十六鎮五城二堡四
寨十八關二
延安府下 宋延安郡彰武軍節度使金皇統二年置彰
武軍總管府領縣七鎮一寨五堡二 膚施 倚 鎮一樂盤 延
川 寨一永平 延長案張延楨築城記云延長古高奴地大定二十二年勘定延長縣治西北
依山隴東南爲平城謹附識 臨眞 甘泉 敷政 門山 堡二安定
置第六將安寨 正 寨四萬安興定二年廢德安置第五副將招安永平有丹陽驛
丹州中 刺史宋咸寧軍事金初因之領縣一鎮一關一
宜川 鎮一雲巖 關一烏仁
保安州下 刺史宋保安軍金大定二十二年升爲州領
縣一寨三鎮二堡一城一 保安大定十一年以保安軍置 寨三德靖順寧
平戎 鎮二靜邊永和 堡一園林 城一金湯
綏德州下 刺史唐綏州宋綏德軍金大定二十二年升
爲州領縣一案元史地理志金綏德州領綏德嗣武米脂綏平懷寧定戎清澗義合凡八縣考八
縣多宋時堡砦或金末並升爲縣謹附識 寨十城一堡一關一 清澗本宋清澗城金
大定二十二年升 寨十暖泉義合清邊臨夏白草米脂置第二將懷寧鎮邊綏平克戎置第四將 城
一嗣武 堡一開光 關一永寧
鄜州下 宋洛交郡康定軍節度金初因之置保大軍節
度使領縣四鎮一 洛交 倚 鎮一三水 直羅 鄜城 洛川
坊州中 刺史宋中部郡軍事領縣二鎮一 中部 宜君
鎮一王華
慶原路舊作陝西西路府一領節鎮二刺郡三縣十九

鎮二十三城二堡四寨十六
慶陽府中 宋安化郡慶陽軍節度本慶州軍事金初改
安國軍後置定安軍節度使兼總管皇統二年置總管
府領縣三城二堡一寨三鎮七 安化 倚 彭原 鎮二董志
赤城 合水 鎮五金櫃懷安華樂五交景山 城二白豹大順 寨三安疆華池柔遠
堡一荔原
環州上 刺史宋軍事金初因之大定間升爲刺郡領縣
一堡三寨六鎮三 通遠 倚 堡三木瓜歸德興平舊有惠丁射香流井三堡後廢
寨六定邊平遠永鄉浜德烏倫安邊案宋史地理志環州通遠縣注有洪德烏崙等寨金志作浜德烏
崙蓋誤謹附識 鎮三合道馬嶺木波
寧州中 刺史宋彭原郡興寧軍節度金初因之皇統二
年降爲軍仍加西字天德二年去西字爲刺郡領縣四
鎮五 安定 倚本名定安大定七年更 鎮一交城 定平 鎮二棗社大昌 眞寧
鎮二要關山河 襄樂
邠州中 宋新平郡靖難軍節度使金初因之領縣五鎮
三寨一 新平 倚 淳化 宜祿 鎮一亭口 永壽宋隸醴州 鎮一
永壽舊有邵寨鎮後割隸涇州 寨一常寧 三水 鎮一清泉
原州上 刺史宋平涼軍事金大定二十七年爲涇州支
郡後復軍事領縣二鎮三寨五 臨涇 倚 彭陽 鎮三蕭鎮
柳泉新城 寨五綏寧平安清安開邊西壕
涇州中 彰化軍節度使本治涇州元光二年徙治長武
領縣四寨一鎮二 涇川本保定縣大定七年更 寨一官地 長武 良
原 靈臺 鎮二百里邵寨
臨洮路皇統二年改熙州爲臨洮府置熙秦路總管府
大定二十七年更今名府一領節鎮一防禦一刺郡四
縣十五鎮六城七堡十二寨九關二
臨洮府中 宋熙州臨洮郡鎮洮軍節度後更爲德順軍

金皇統二年置總管府領縣三鎮一城一堡四狄道鎮一慶平城一景骨當川堡一通谷康樂堡三渭源臨洮南川積石州下刺史本宋積石軍溪哥城金大定二十二年爲州領縣一城三堡三懷羌城三循化大通來羌堡三通津臨灘來同洮州下宋嘗置團練刺史舊軍事領堡二通祐臨宋界無民戶置軍守鐵城臨宋界無民戶置軍守蘭州上刺史宋金城郡軍事領縣三鎮三城二堡三關一定遠兼第十將龕谷宋舊寨案元史地理志云金州本蘭州龕谷寨金升寨爲縣以龕谷爲金州治所金志不載謹附識阿干宋舊寨城二寧遠安羌堡三東關質孤臨夏邊兼第八將西關臨黃河夏邊鎮三原川猪嘴納來關一京玉鞏州下節度宋通遠軍皇統二年升軍事爲通遠軍節度使領縣五寨四鎮一隴西宋舊縣通渭定西貞祐四年升爲州以通西安西隸焉鎮一鹽川縣有赤嘴鎮後廢通西安西寨四熟羊臨宋界來遠去宋界二十五里舊爲鎮永寧去宋界三十里南川舊有平西寧遠二寨及南三分堡會州上刺史宋前舊名汝遮案元史地理志云金置寶川縣陷於河西僑治州西南百里會川城名新會州金志不載謹附識領縣一舊有會川城寨二關一保川寨二平安通安關一會安舊作會寧河州下防禦宋安鄉郡軍事金皇統二年升軍事爲防禦貞祐四年十月升爲節鎮軍曰平西領縣二城一寨三鎮一枹罕金初廢貞元二年復置寧河城一安鄉關寨三南川通會關定羌城鎮一積慶

州郡

元

元起朔漠併西域平西夏臣高麗定南詔太宗六年滅金得中原州郡世祖至元十三年平宋全有版圖踵遼金故迹仍都於燕立中書省一統山東西河北之地謂之腹裏行中書省十有一曰嶺北曰遼陽曰河南曰陝西曰四川曰甘肅曰雲南曰江浙曰江西曰湖廣曰征東分鎮藩服路一百八十五府三十三州三百五十九軍四安撫司十五縣一千一百二十七其地北踰陰山西極流沙東盡遼左南越海表蓋東南所至不下漢唐而西北則過之有難以里數限者矣

中書省統腹裏之地爲路二十九州八屬府三屬州九十一屬縣三百四十六各路立站總計一百九十八處

大都路金爲大興府元太祖十年克燕初爲燕京路總管大興府至元元年改中都其大興府仍舊四年始於中都之東北置今城而遷都焉九年改大都十九年置留守司二十一年置大都路總管府初爲警巡院三至元四年省其一止設左右二院分領坊市民事領縣六州十州領十六縣大興赤宛平赤與大興分治郭下良鄉下永清下寶坻下至元十六年於縣立屯田所收籽粒赴太倉及醴源倉輸納昌平下 涿州下元太宗八年爲涿州路世祖中統四年復爲涿州領二縣范陽下倚郭房山下金奉先縣元至元二十七年改今名霸州下金置信安軍元仍爲霸州領四縣益津下倚郭中統四年省至元二年置文安下大城下保定下至元二年省入益津四年置按金史地理志保定縣屬雄州當是元初來屬謹附識 通州下領二縣潞倚郭三河下 薊州下金爲中都元太祖十年定其地仍爲薊州領五縣漁陽下倚郭豐潤下至元二年省入玉田四年以路當衝要復置二十一年立豐潤署領屯田八百三十七戶玉田下遵化下平谷下至元二年省入漁陽十三年復置 漷州下遼金爲漷陰縣元初屬大興府至元十三年升漷州割大興府之武清香河二邑來屬領二縣香河下武清下 順州下金有溫陽縣元廢縣存州按金史地理志順州領溫陽密雲二縣元志不言密雲疑有訛脫謹附識 檀州下 東安州下本安次縣元初隸大興府太宗七年隸霸州中統四年升爲東安州隸大都路 固安州下舊爲固安縣金隸涿州元憲宗九年隸霸州又改隸大興府中統四年升固安州 龍慶州金爲縉山縣元至元三年省入懷來縣五年復置本屬上都路宣德府奉聖州仁宗延祐三年以誕生之地割縉山懷來來隸大都升縉山爲龍慶州領一縣懷來下

上都路金平契丹置恆州元初爲扎拉爾部烏嚕郡王營幕地憲宗五年命世祖居其地爲巨鎮中統元年爲開平府五年以闕庭所在加號上都至元二年置留守司五年升上都路總管府十八年升上都留守司兼行本路總管府事置警巡院一領縣一府一州四州領三縣府領三縣二州州領六縣開平上按續輿地考至元初因東陽古城置縣尋省入興州後復置謹附識

順寧府金爲宣德州元初爲宣寧府太宗七年改山東路總管府中統四年改宣德府仍隸上都路至元三年以地震改順寧府領三縣二州宣德下倚郭至元二年省本府之錄事司并龍門縣並入焉二十八年又割龍門去屬雲州宣平下順聖下舊隸宏州今來屬 保安州遼奉聖州金爲興德府按金史地理志作德興府治德興縣元志作興德府誤謹附識元初因之舊領永興縉山懷來礬山四縣至元二年省礬山入永興三年省縉山入懷來仍改爲奉聖州隸宣德府尋以地震改名保來州五年復置縉山延祐三年以縉山懷來仍隸大都領一縣永興下倚郭 蔚州下至元二年省州爲靈仙縣隸宏州其年復改爲蔚州隸宣德府領五縣靈仙下靈邱下按金史地理志靈邱縣宣宗貞祐二年升爲成州四年割爲代州支郡當是元時復爲靈邱來屬元史未詳謹附識飛狐下定安下廣靈下 興州下金初爲興化軍隸北京後爲興州元中統三年屬上都路領二縣興安下至元二年置宜興中至元二年置按金史地理志云宜興本興化縣白檀鎮章宗泰和三年升爲縣是宜興爲金縣元志云至元二年置蓋緣上文興安縣注而誤也謹附識 松州下金爲松山縣隸北京大定府路元中統三年升爲松州仍存縣至元二年省縣入州 桓州下金置桓州元初廢至元二年復置 雲州下契丹置望雲縣金因之元中統四年升縣爲雲州治望雲縣至元二年州存縣廢二十八年復升宣德之龍門鎮爲望雲縣隸雲州領一縣望雲

興和路上金置柔遠鎮後升爲縣又升撫州屬西京元中統三年以郡爲內輔升隆興路總管府建行宮領縣四州一 高原下倚郭中統二年隸宣德府三年來屬 懷安下元初隸宣德府中統三年來屬 天成下元初隸宣德府中統三年來屬 咸寧下元初隸宣德府中統三年來屬 寶昌州下金置昌州元初隸宣德府中統三年隸本路置鹽使司延祐六年改寶昌州

永平路下金爲興平軍元太祖十年改興平府中統元年升平灤路置總管府設錄事司成宗大德四年以水患改永平路領縣四州一州領二縣盧龍下倚郭遷安下至元二年省入盧龍縣後復置撫寧下至元二年與海山俱省入昌黎三年復置四年又與海山俱入昌黎七年復置仍省昌黎海山入焉十一年復置昌黎以屬灤州今昌黎屬本路昌黎下至元十一年復置仍併海山入焉詳見撫寧縣 灤州下金領義豐馬城石城樂亭四縣元至元二年省義豐入州三年復置先以石城省入樂亭其年改入義豐四年馬城亦省領二縣義豐下倚郭至

元二年省入州三年復置樂亭下元初嘗於縣置灤州州尋廢復爲樂亭縣隸灤州
德寧路下領縣一德寧下
淨州路下領縣一天山下
泰寧路下領縣一泰寧下
集寧路下領縣一集寧下
應昌路下領縣一應昌下
全寧路下領縣一全寧下
寧昌路下領縣一寧昌下
砂井總管府領縣一砂井
以上七路一府八縣建置皆闕
保定路上金順天軍元太宗十一年升順天路置總管
府至元十二年改保定路設錄事司領縣八州七州領
十一縣清苑中附郭滿城中唐下金隸定州後來屬慶都下元初隸眞定府太
宗十一年來屬行唐下按金史地理志行唐縣屬眞定府應是元初與慶都來屬謹附識曲陽
中金屬中山府元初改恆州立元帥府割阜平靈壽行唐慶都唐縣以隸之逮移鎭歸德隸中山府復爲曲陽
縣後隸保定新安下金置新安州渥城縣至元二年州縣俱廢改爲新安鎭入歸信縣四年割入容城
九年置新安縣來屬博野下至元二十一年立按金史地理志博野縣屬蠡州本志後蠡州注云至元
三年省司候司博野縣入州十七年直隸省部二十一年仍屬眞定路疑至元二十一年改蠡州隸眞定時僅
領司候司而以博野來屬元史未晰謹附識易州中元太宗十一年割隸
順天府至元十年隸大都路二十三年還隸保定領三
縣易縣中倚郭元初存州廢縣至元三年復置淶水下定興下金隸涿州元來屬祁
州中金屬眞定路至元三年立附郭蒲陰縣及以束鹿
深澤二縣來屬隸保定領三縣蒲陰中倚郭深澤下至元二年併
入束鹿縣三年又來屬束鹿中雄州下金爲永定軍元太宗十
一年割雄州三縣屬順天路至元十年改屬大都路十
二年改屬順天路爲保定路二十三年復以雄州隸之
領三縣歸信下容城下金隸安肅州元來屬新城太宗二年改新泰州七年復爲

縣屬大都路十一年隸順天路至元二年隸雄州十年隸大都二十三年復來屬安州下金
置治渥城縣元初移治葛城至元二年廢爲鎭入高陽
縣後復改安州隸保定領二縣葛城下倚郭高陽下遂
州下金遂城縣隸保州元至元二年省入安肅州爲鎭
後復置州而縣廢隸保定安肅州下按金史地理志安肅州領安肅
一縣續輿地考云元時縣廢州存謹附識完州下金爲永平縣又改完州
元至元二年改永平縣後復爲完州
燕南河北道肅政廉訪司
眞定路元初改眞定府爲路置總管府領中山府趙邢
洺磁滑相濬衞祁威完十一州後割磁威隸廣平濬滑
隸大名祁完隸保定又以邢入順德洺入廣平相入彰
德衞入衞輝又以冀深晉蠡四州來屬設錄事司領縣
九府一州五府領三縣州領十八縣眞定中倚郭藁城中太
宗六年爲永安州無極寧晉新樂平棘四縣隸焉七年廢州爲藁城縣屬眞定欒城下元氏中
獲鹿中太宗在潛邸改西寧州既卽位七年復爲獲鹿縣隸眞定平山下靈壽下阜
平下涉元初爲崇州隸眞定路後廢州復置涉縣至元二年省入磁州後復來屬中山府
本定州金爲中山府舊領祁完二州元太宗十一年割
二州隸順天府後爲散府隸眞定領三縣安喜中新樂
下無極中趙州中唐趙州金爲沃州元仍爲趙州舊
領平棘臨城欒城元氏高邑贊皇寧晉隆平柏鄉九縣
太祖十五年割欒城元氏隸眞定領七縣平棘中寧晉
隆平下臨城中柏鄉下高邑下贊皇下至元二年併入高邑七年復
置冀州上領五縣信都中至元初與冀州錄事司俱省入冀州後復置三年省錄
事司入焉爲冀州治所南宮上棗強中武邑中新河中太宗四年置按明史
地理志新河縣宋以新河鎭地置後省入南宮元復置元史未詳謹附識深州下元初隸
河間置帥府太宗十年隸眞定路領饒陽安平武彊束
鹿靜安五縣後割安平饒陽武彊隸晉州束鹿隸祁州

以冀州之衡水來屬領二縣靜安中衡水下晉州唐
宋皆爲鼓城縣元太祖十年改晉州太宗十年立鼓城
等處軍民萬戶所中統二年復爲晉州領四縣鼓城中倚
郭饒陽中安平下太祖十九年爲南平州於此行千戶總管府事領饒陽一縣太宗七年復改
爲縣隸深州憲宗在潛邸隸鼓城等處軍民萬戶府中統二年改立晉州仍爲安平縣隸焉武彊下元
初創立東武州領武邑靜安太宗六年廢州復爲縣改隸深州十一年割屬祁州憲宗在潛邸隸鼓城等處軍
民萬戶府中統二年置晉州縣隸焉蠡州下元初隸眞定領司候司博
野縣至元三年省司候司博野縣入蠡州十七年直隸
省部二十一年仍屬眞定
順德路下金爲邢州元初置元帥府後改安撫司憲宗
分洺水民戶之半於武道鎭置司總管五年以武道鎭
置廣宗縣併以來屬中統三年升順德府至元元年以
洺州磁州來屬二年洺磁自爲一路以順德爲順德路
總管府設錄事司領縣九邢臺中倚郭鉅鹿中內邱中至元二
年併唐山縣入焉後復置平鄉中廣宗中憲宗五年置中統三年以後屬順德府至元二年省入
平鄉縣後復置按續輿地考唐置廣宗縣金改宗城屬洺州元憲宗時復爲廣宗縣元史未詳謹附識沙
河下至元二年省南和縣入焉後復置南和下唐山下任縣下至元二年省入邢臺縣
後復置
廣平路下舊洺州元太宗八年置邢洺路總管府以邢
磁威隸之憲宗二年爲洺磁路止領磁威二州至元十
五年升廣平路總管府設錄事司領縣五州二州領六
縣永年中倚郭曲周中肥鄉中雞澤下元初併入永年後復置廣平下
磁州中金隸彰德府元太祖十年升爲滏源軍節度
隸眞定路太宗八年隸邢洺路憲宗二年改邢洺路爲
洺磁路至元二年以眞定之涉縣及成安縣併入滏陽
武安縣併入邯鄲止以滏陽邯鄲二縣及錄事司來屬
後復置涉縣歸眞定以滏陽武安邯鄲成安錄事司隸

爲三年併錄事司入滏陽縣十五年改洺磁路爲廣平
路總管府磁州仍隸焉領四縣滏陽(中倚郭)武安(中)邯鄲
(下)成安(下)　威州(中)　金置元太宗六年割隸邢洺路以
洺水縣來屬憲宗二年隸洺磁路徙州治於洺水領二
縣洺水(中倚郭太宗八年隸洺州定宗二年改隸威州憲宗二年徙威州治此)井陘(下威州本
治此憲宗二年移州治於洺水縣井陘爲屬縣)
彰德路(下)金爲彰德府元太宗四年立彰德總帥府領
衞輝二州憲宗二年割出衞輝以彰德爲散府屬眞定
路至元二年復立彰德總管府領懷孟衞輝四州及本
府安陽臨漳湯陰輔岩林慮五縣四年又割出懷孟衞
輝仍立總管以林慮升爲林州復立輔岩縣隸之六年
併輔岩入安陽設錄事司領縣三州一安陽(上至元六年併輔岩
入焉)湯陰(中)臨漳(中)　林州(下)本林慮縣金升爲州元太
宗七年行縣事憲宗二年復爲州至元二年復爲縣又
併輔岩入焉未幾復爲州割輔岩入安陽仍以州隸彰
德路
大名路(中)金安武軍元因舊名爲大名府路總管府設
錄事司領縣五州三州領六縣元城(中倚郭至元二年併入大名縣後復
置)大名(中倚郭太宗六年立縣治憲宗二年遷縣事於府城內至元二年省元城來屬尋析大名元城
爲二縣九年還縣治於故所)南樂(中)魏(中)清河(本恩州地太宗七年籍爲清河縣隸大名
路按金史地理志本有清河縣不知何時併省至是復置謹附識)開州(上)元割開封
之長垣曹州之東明來屬領四縣濮陽(上倚郭)東明(中太宗七
年割隸大名路至元二年來屬)長垣(中初隸大名路至元二年始隸開州)清豐(中)滑州
(中)領二縣白馬(上爲州治所)內黃　濬州(下)元初隸眞定至
元二年隸大名
懷慶路(下)金初爲懷州後置沁南軍元初復爲懷州太
宗四年行懷孟州事憲宗六年世祖在潛邸以懷孟二
州爲湯沐邑七年改懷孟路總管府至元元年以懷孟
路隸彰德路二年復以懷孟自爲一路延祐六年以仁
宗潛邸改懷慶路設錄事司領縣三州一州領三縣河
內(中)修武(中)武陟(中)　孟州(下)金大定中爲河水所害
北去故城十五里築今城徙治焉故城謂之下孟州新
城謂之上孟州元初治下孟州憲宗八年復立上孟州
河陽濟源王屋溫四縣隸焉設司候司至元三年省王
屋入濟源併司候司入河陽領三縣河陽(下)濟源(下太宗六
年改濟源爲原州七年州廢復爲縣至元三年省王屋縣入焉)溫
衞輝路(下)金河平軍元中統元年升衞輝路總管府設
錄事司領縣四州二汲(下倚郭)新鄉(中)獲嘉(下)胙城(下舊以胙
城爲倚郭憲宗元年還州治於汲以胙城爲屬邑)輝州(下)金升蘇門縣爲輝
州置山陽縣屬焉元至元三年省蘇門縣廢山陽爲鎭
入本州　淇州(下)唐宋金並爲衞縣之域曰鹿臺鄉元
憲宗五年以大名彰德衞輝籍餘之民立爲淇州因又
置縣曰臨淇爲倚郭中統元年隸大名路宣撫司至元
三年立衞輝路以州隸之而臨淇縣省
河閒路(上)金河閒府元至元二年置河閒路總管府設
錄事司領縣六州六州領十七縣河閒(中倚郭)肅寧(下至元二
年廢爲鎭入河閒縣後復置)齊東(下憲宗三年隸濟南路至元二年還屬河閒路按山東通志金明
昌中於鄒平縣之趙巖口置齊東鎭元太宗七年升爲縣謹附識)寧津(下憲宗三年屬濟南路至元二
年隸河閒)臨邑(下本屬濟南府太宗七年割屬河閒憲宗三年還屬濟南至元二年復屬河閒)青城
(下本青平鎭太宗七年析臨邑寧津地置縣隸濟南中統置青城縣隸陵州至元二年隸河閒)滄州
(中)金爲臨海軍元復爲滄州領五縣清池(中)樂陵(中)南
皮(下)無棣(下至元二年併入樂陵縣以縣治入濟南之棣州尋復置)鹽山(下)　景州
(中)金觀州元至元二年復改景州領五縣蓨(中舊屬觀州元初升
元州後復爲蓨縣)故城(中元初隸河閒路至元二年併爲故城鎭屬景州是年復置縣還來屬)阜
城(下)東光(下)吳橋(中)　清州(下)金爲乾寧郡元太宗二
年改清寧府七年又改清州至元二年以靖海興濟兩
縣及本州司候司併爲會川縣後復置清州領三縣會
川(中)靖海(下)興濟(下)　獻州(下)金爲壽州又改獻州元
至元二年以州併入樂壽直隸河閒路未幾復舊領二
縣樂壽(中附郭)交河(中至元二年入樂壽未幾如故)　莫州(下按金史地理志莫州
治任邱貞祐二年降爲鄚亭縣元志未詳謹附識)至元二年省入河閒尋復領
二縣莫亭(下倚郭至元二年與任邱俱省入河閒縣後復置)任邱　陵州(下本
將陵縣隸景州憲宗三年割隸河閒府是年升陵州隸
濟南路至元二年復爲縣三年復爲州仍隸河閒路
東平路(下)金東平府元太祖十五年嚴實以彰德大名
磁洺恩博濬滑等戶三十萬來歸以實行臺東平領州
縣五十四實沒子忠濟爲東平路管軍萬戶總管行總
管府事至元五年以東平爲散府九年改下路總管府
設錄事司領縣六須城(下爲東平治所)東阿(中)陽穀(中)汶上(中)
壽張(下)平陰(下至元十三年以縣之辛鎭寨孝德等四鄉分析他屬明年改寨爲肥城作中縣隸
濟寧路以平陰爲下縣仍屬東平)
東昌路(下)本博州金隸大名府元初隸東平路至元四
年析爲博州路總管府十三年改東昌路仍置總管府
設錄事司領縣六聊城(中倚郭)堂邑(中)莘(中宋隸大名府元割以來屬)
博平(中)茌平(中)邱(下本爲鎭隸曲周至元二年併入堂邑二十六年山東宣慰司言邱縣併
入堂邑差稅詞訴相去二百餘里往復非便平恩有戶二千七百升縣爲宜遂立邱縣隸東昌)
濟寧路(下)周爲濟州元太宗七年割屬東平府至至元
六年以濟州還治鉅野仍析鄆城四鄉來屬八年升濟
寧府治任城尋還治鉅野十二年復立濟州治任城屬
濟寧府十五年遷府於濟州卻以鉅野行濟州事其年
又以府治歸鉅野而濟州仍治任城但爲散州十六年

濟寧升為路置總管府設錄事司領縣七州三州領九縣鉅野中倚郭金廢屬鄆州元至元六年復立鄆城上金以水患徙置盤溝村元至元八年復來屬肥城宋金為平陰縣元至元十二年以平陰辛鎮寨東北十五里舊城改設今縣按前東平路平陰縣注稱至元十三年以縣之辛鎮寨孝德等四鄉分析他屬明年改寨為肥城作中縣屬濟寧路是肥城縣之設乃在至元十四年此作十二年疑誤謹附識金鄉下初隸濟州至元二年來屬碭山金為水蕩沒元憲宗七年始復置縣治隸東平路至元二年以戶口稀少併入單父縣三年復置屬濟州八年屬濟寧路按金史地理志碭山縣屬單州元志云至元二年併入單父是至元二年以前仍屬單州也謹附識虞城下金圮於水元憲宗二年始復置縣隸東平路至元二年以戶口稀少併入單父三年復立縣屬濟州八年隸濟寧路豐唐屬徐州元憲宗三年屬濟州至元二年以沛縣併入豐縣三年復立沛縣八年以豐縣直隸濟寧路濟州下金為濟州治任城元至元二年以戶不及千數併隸任城六年遷州於鉅野而任城為屬邑八年升州為濟寧府治任城遷府治鉅野十二年以任城當江淮水路衝要復立濟州屬濟寧府而任城廢十五年遷府於濟州以鉅野行濟州事其年復於鉅野立府仍於此為州二十三年復置任城隸州領三縣任城倚郭魚臺太宗七年屬濟州至元二年併入金鄉三年復故八年屬濟寧府十三年來屬沛太宗七年移滕州治此憲宗二年州廢復為縣至元二年省入豐縣三年復置八年隸濟寧府十三年來屬兗州下唐初為兗州金改泰定軍元初復為兗州屬濟州憲宗二年分隸東平路至元五年復屬濟州十六年隸濟寧路總管府領四縣嵫陽曲阜泗水至元二年省入曲阜三年復置寧陽至元二年省入嵫陽大德元年復置單州下金隸歸德府元初屬濟州憲宗二年屬東平府至元五年復屬濟州十六年隸濟寧路領三縣單父下倚郭元初與單州併屬濟州憲宗二年隸東平府至元二年復立單父縣三年還屬濟州今屬單州嘉祥舊屬濟州憲宗二年割隸東平路至元三年還屬濟州今為單州屬縣曹州上金為曹州元初隸東平路總管府至元二年置隸省部領縣五濟陰上成武中定陶中禹城中楚邱中

按金史地理志成武縣屬單州禹城縣屬濟南府二縣不知何時改屬謹附識濮州上金為刺史州元初隸東平路後割大名之館陶朝城恩州之臨清開州之觀城來屬至元五年直隸省部領縣六鄄城上朝城中初隸東平府至元五年來屬館陶中初屬東平路至元三年來屬臨清觀城下金屬開州元初來屬范下初屬東平府路至元二年來屬高唐州中舊高唐縣屬博州元初隸東平路至元七年升州案升州以下疑有闕文當云升為州直隸省部謹附識領縣三高唐中夏津中初隸東平至元七年來屬武城中初隸東平至元七年來屬泰安州中宋奉符縣金置泰安州元初屬東平路至元二年省新泰縣入萊蕪縣五年析隸省部三十一年復立新泰縣領四縣奉符中長清中舊屬濟南府元初來屬萊蕪下新泰金為泰安州元至元二年省入萊蕪三十一年復立德州金屬山東西路元初隸東平路總管府割大名之清平濟南之齊河縣來屬領五縣安德下平原下齊河金置隸濟南府元至元二年來屬清平宋金隸大名府元初來屬德平恩州中金隸大名府路元初割清河縣隸大名府以武城隸高唐惟存歷亭一縣及司候司至元二年縣及司俱省入州七年自東平析隸省部冠州舊冠氏縣金屬大名府元初屬東平路至元六年升冠州直隸省部

山東東西道宣慰司

益都路金為益都路總管府元設錄事司領縣六州八州領十五縣益都中倚郭至元二年以行淄州及行淄川縣併入三年又併臨淄臨朐二縣入焉十五年割臨淄臨朐復置縣案山東通志至元二年割淄川之孝歸懷德二鄉入益都謹附識臨淄下臨朐下高苑下舊屬淄州樂安下壽光下濰州下金屬益都路元初領北海昌邑昌樂三縣及司候司憲宗三年省司候司入北海至元三年省昌樂縣入北海領二縣北海下昌邑下膠州下金為膠西縣屬密州元太祖於縣置膠州領三縣膠西中即墨下宋金皆隸萊州元太祖二十二年來屬按本志萊州沿革又稱至元二年省即墨入掖膠水似是太祖時以即墨屬膠州至世祖至元二年仍省入萊州之掖膠水二縣也但明史志膠州領縣仍有即墨並無廢省復置之文萊州係所云乃屬疑義謹附識高密下宋金並隸密州密州元初以膠西高密屬膠州憲宗三年省司候司入諸城縣隸益都領二縣諸城州治所安邱下莒州下金為莒州隸益都路元因之領四縣莒下州治所憲宗三年省司候司入焉沂水下日照下蒙陰下元初四舊名為新泰縣中統三年以李璮亂人民逃散省入沂水仁宗皇慶二年復置為蒙陰縣沂州下金屬山東東路元屬益都路領二縣臨沂中州治所憲宗三年省司候司入焉費下滕州下金為滕州屬兗州元隸益都路領二縣滕下鄒下嶧州下金蘭陵縣於縣置嶧州元初以嶧州隸益都路至元二年省蘭陵入本州博興州下金為博興縣屬益都府元初升為州

山東東西道肅政廉訪司

濟南路上金為濟南府元初改濟南路總管府舊領淄陵二州至元二年淄州割入淄萊路陵州割入河間路又割臨邑縣隸河間路長清縣入泰安州禹城縣隸曹州齊河縣入德州割淄州之鄒平縣來屬置總管府設錄事司領縣四州二州領七縣歷城中倚郭章邱上鄒平上唐宋皆屬淄州元至元間來屬濟陽中棣州上元初濱棣自為一道中統二年改置濱棣路安撫司至元二年與濱州俱隸濟南路領四縣厭次中倚郭初立司候至元二年省入本縣商河中陽信中無棣下宋金屬滄州元初割無棣之半屬滄州半以來屬濱州中金棣益都元初以棣州為濱棣路至元二年省路為州隸濟南路領三縣渤海中初設司候司至元二年省入本縣利津下霑化下般陽府路下舊淄州金屬山東東路元初太宗在潛邸

置新城縣中統四年割濱州之蒲臺來屬先是淄州隸
濟南路總管府五年升淄州路置總管府是歲改元至
元割鄒平屬濟南路高苑屬益都路二年改淄州路爲
淄萊路二十四年改般陽路取漢縣以爲名設錄事司
領縣四州二州領八縣淄川郭中倚長山中初屬濟南路中統三年來屬
新城中本長山縣驛臺太宗在潛邸以人民完聚郴置城曰新城以田索二鎮屬焉蒲臺下金屬濱州元初隸濱棣路中統五年屬淄州至元二年改屬淄萊路升中縣萊州中金定海軍
屬山東東路元初屬益都路中統五年屬淄州路至元
二年改淄萊路省錄事司入掖縣又省即墨入掖與膠
水二十四年仍隸般陽路領四縣掖中倚郭至元二年省錄事司析即墨縣入焉膠水下至元二年析即墨縣入焉招遠下萊陽下登州下元初
屬益都路中統五年置淄州路以登州隸之至元二十
四年屬般陽路領四縣蓬萊下黃下福山下僞齊以登州之兩水鎮爲福山縣楊疃鎮爲棲霞縣棲霞下
寧海州下僞齊劉豫以登州之文登牟平二縣立寧海
軍金升寧海州元初隸益都路至元九年直隸省部領
縣二牟平中文登下

河東山西道宣慰司

大同路上遼爲西京大同府金改總管府元初置警巡
院至元二十五年改西京爲大同路設錄事司領縣五
州八州領四縣大德四年於西京黃華嶺立屯田六年立萬戶府所屬山陰雁門馬邑鄯陽洪濟金城寧武凡七屯大同中倚郭至元二年省西縣入焉案遼金二史地理志大同府均無西縣之名或係元初始置旋於至元二年省入大同耳謹附識白登下至元二年廢爲鎮屬大同縣尋復置宣寧下平地下本號平地臬至元二年省入豐州三年置縣曰平地懷仁下案金史地理志懷仁縣貞祐二年五月升爲雲州當是元初復爲懷仁縣元史未詳謹附識宏州下金領
襄陰順聖二縣元至元中割順聖隸宣德府惟領襄陰
及司候司後並省入州　渾源州下唐渾源縣金升爲
州仍置縣在郭下併置司候司元至元四年省入州明案一統志云元初改渾源縣曰恆陰元史不載謹附識應州下領二縣金城下州治所
山陰下至元二年併入金城後復置案金史地理志山陰縣貞祐二年五月升爲忠州當是元初復爲山陰縣元史未詳謹附識朔州下領二縣鄯陽下至元四年省錄事司入焉馬
邑下案金史地理志馬邑縣貞祐二年升爲固州當是元時復爲縣謹附識武州下至
元二年割寧邊州之半來屬舊領寧邊一縣案金史地理志寧邊作寧遠謹附識
及司候司四年省入州　豐州下金爲天德軍
元爲豐州舊有錄事司并富民縣至元四年省入州
東勝州下金初屬西夏後復取之元至元二年省寧邊
州之半入焉舊有東勝縣及錄事司四年省入州　雲
內州下金領雲川柔服二縣元初廢雲川設錄事司至
元四年省司縣入州

河東山西道肅政廉訪司

冀寧路上金爲太原府元太祖十一年立太原路總管
府大德九年以地震改冀寧路設錄事司領縣十州十
四州領九縣陽曲中倚郭文水中平晉下祁下舊隸晉州後州廢隸太原路榆次下至元二年隸太原路太谷下清源下壽陽下交城下徐
溝下　汾州中金置汾陽軍元初立汾州元帥府割靈
石縣隸平陽路之霍州仍析置小靈石縣後廢府至元
二年復行州事省小靈石入介休三年併溫泉入孝義
領四縣西河中孝義下至元三年割溫泉縣之半置巡檢司隸本縣平遙下元初屬太原府至元二年來屬介休下元初置隸太原府至元二年來屬仍省小靈石縣入焉石州
下元中統二年省離石縣入本州三年復立至元三年
省溫泉入孝義以臨泉爲臨州舊置司候司後與孟門
方山俱省入離石領二縣離石下倚郭寧鄉下太宗九年隸太原府定宗三年隸石州憲宗九年又隸太原府至元三年復來屬忻州下金隸太原府元
因之領二縣秀容下倚郭至元二年省入忻州四年復置案山西通志秀容縣元初改九原謹附識定襄下　平定州下元至元二年省倚郭平定樂
平二縣入本州七年復立樂平案山西舊志云元初開元帥府統臯和遼儀威孟邢晉等處至元二年遼儀和入平陽威入廣平孟隸太原邢入順德元史不載謹附識領一縣樂
平下倚郭至元二年省入本州立巡檢司七年復立臨州下金臨水縣案金史地理志作臨泉縣蓋誤謹附識隸石州元中統二年改臨泉縣直隸
太原府三年升臨州　保德州下本嵐州地宋始置州
舊有倚郭縣元憲宗七年廢縣至元二年省隩州芭州
入本州三年又併岢嵐軍入焉四年割岢嵐隸管州隩
州仍來屬　崞州下本崞縣元太宗十四年升崞州
管州下金爲靜樂郡又改爲管州元太祖十六年以嵐
州之岢嵐寧化樓煩併入本州至元二十二年割岢嵐
隸嵐州而寧化樓煩仍入本州案金史地理志管州領靜樂一縣當是元是省入州謹附識代州下唐置代州總管府金改都督府元中
統四年併雁門縣入州　臺州下金升代州之五臺縣
爲臺州隸太原路元因之　興州下金升嵐州之合河
縣爲興州隸太原路元因之　堅州下金升代州之繁
時縣爲堅州隸太原路元因之　嵐州下唐宋并爲嵐
州金升鎮西節度至元二年省入管州五年復立
盂州下本盂縣金升爲州元因之
晉寧路上金爲平陽府元初爲平陽路大德九年以地
震改晉寧路設錄事司領縣六府一州九府領六縣州
領四十縣臨汾中倚郭襄陵中洪洞中浮山下案金史地理志浮山縣宣宗興定四年更名忠孝當是元時復舊名謹附識汾西下岳陽下本冀氏縣屬平陽府至元三年省入岳陽縣四年以縣當東西驛路之要復置併岳陽和川二縣入焉後復改爲岳陽縣案冀氏元史誤作猗氏今改正
河中府元憲宗在潛邸置河解萬戶府領
河解二州河中府領錄事司及河東臨晉虞鄉猗氏萬
泉河津榮河七縣至元三年省虞鄉入臨晉省萬泉入

猗氏併錄事司入河東龍萬戶府而河中府仍領解州八年割解州直隸平陽路河中止領五縣十五年復置萬泉縣來屬領六縣河東下府治所萬泉下猗氏下滎河下金隸滎州元初廢滎州復爲滎河縣臨晉下河津下絳州中本絳州金改晉安府元初爲絳州行元帥府河解二州諸縣皆隸焉後罷元帥府仍爲絳州隸平陽路領七縣正平下倚郭至元二年省錄事司入焉太平中曲沃下翼城下金爲翼州元初復爲翼城縣隸絳州稷山下絳下至元二年省垣曲縣入焉十六年復立垣曲縣絳縣如故垣曲下潞州下舊潞州元初爲隆德府行都元帥府事太宗三年復爲潞州隸平陽路至元三年以涉縣割入眞定府以錄事司併入上黨縣領七縣上黨下壺關下長子下潞城下屯留下至元二年省入襄垣十五年復置襄垣下黎城下至元二年併涉縣偏城等十三村入焉澤州下本澤州金爲平陽府案金史地理志澤州宣宗元光二年升爲節鎭軍曰忠昌元志誤謹附識元初置司候司及領晉城高平陽城沁水端氏陵川六縣至元三年省司候司陵川縣入晉城省端氏入沁水後復置陵川領五縣晉城下高平下陽城下沁水下陵川下至元三年省入晉城後復置解州下五代漢隱帝乾祐中於解縣置解州金升寶昌軍元至元四年併司候司入解縣領六縣解下安邑下聞喜下夏下平陸下案山西通志元至元閒併平陸縣入芮城成宗元貞初復分置元史未詳謹附識芮城下霍州下金爲霍州元因之領三縣霍邑下倚郭趙城舊屬平陽府靈石下舊屬汾州隰州下元以州隸晉寧路領五縣隰川中州治所至元三年省大寧仵城溫泉三縣入焉案元志缺仵城二字據金史地理志隰州有仵城縣析隰川置元志無之當在所省三縣之內謹附志於此大寧下至元三年省入隰川二十三年復置石樓下永和下蒲下沁州下金爲沁州元因之領三縣銅鞮下州治所至元三年省錄事司武鄉縣入焉案金史地理志沁源縣元光二年十一月升爲穀州當是元初復爲縣謹附識沁源下至元十年省綿上縣入焉武鄉下至元三年省入銅鞮後復立遼州下元隸晉寧路領三縣遼山下倚郭榆社下至元三年省入遼山六年復立和順下至元三年省儀城縣入焉吉州下元初領司候司吉鄉鄉寧二縣中統二年併司候司入吉鄉縣至元二年省吉鄉三年又省鄉寧並入州後復置鄉寧領一縣鄉寧下

嶺北等處行中書省統和寧路總管府

和寧路上始名和林以西有哈喇和林河因以名城太祖十五年定河北諸郡建都於此初立元昌路後改轉運和林使司前後五朝都焉中統元年遷都太興和林置宣慰司都元帥府後分都元帥府於金山之南和林止設宣慰司至元二十七年立和林等處都元帥府大德十一年立和林等處行中書省罷和林宣慰司都元帥府置和林總管府武宗至大二年改行中書省爲行尙書省四年罷尙書省復爲行中書省皇慶元年改嶺北等處行中書省改和林路總管府爲和寧路總管府本省站圖爾根摩琳納琳等一百十九處

欽定續通典卷一百三十四

州郡

元

遼陽等處行中書省為路七府一屬州十二屬縣十徙存其名而無城邑者不在此數本省計站一百二十處

遼陽路上 金遼陽府領遼陽鶴野二縣按金史地理志遼陽府領遼陽鶴野宜豐石城凡四縣元志云二縣其宜豐石城不知何時併省謹附識後復改為東京宜豐澄復蓋瀋貴德州廣寧府來遠軍並屬焉元初廢貴德澄復州來遠軍以廣寧府博索府懿州蓋州作四路直隸省至元六年置東京總管府降廣寧為散府隸之十五年割廣寧仍自行路事直隸省十七年又以博索府懿州蓋州來屬二十四年始立行省二十五年改東京為遼陽路後廢博索府為巡檢司領縣一州二

遼陽下倚郭至元六年以鶴野縣警巡院入焉

蓋州下 初為蓋州路至元六年併為東京支郡併熊岳陽池按陽池金史地理志作湯池謹附識二縣入建安縣八年又併建安縣入本州

懿州下 初為懿州路至元六年為東京支郡所領豪州及同昌靈山二縣省入順安縣後入本州按金史地理志泰和四年以同昌隸義州不知何時復來屬謹附識

廣寧府路下 金為廣寧府元封布爾古特為廣寧王舊立廣寧行帥府事後以地遠遷治臨潢立總管府至元六年以戶口單弱降為東京路總管府屬郡十五年復分為路行總管府事領縣二

閭陽下初立千戶所至元十五年以戶口繁夥復立行千戶所後復為閭陽縣

望平至元六年省鍾秀縣入焉十五年為望平軍民千戶所後復為縣

附識

肇州按哈喇巴圖爾傳至元三十年世祖謂哈喇巴圖爾曰納延故地曰阿巴拉呼者產魚吾今立城而以元蘇爾罕哈努森奇爾濟蘇三部人居之名其地曰肇州汝往為宣慰使既至定市里安民居得魚九尾皆千斤來獻又成宗紀元貞元年立肇州屯田萬戶府以遼陽行省左丞阿薩爾領其事而大元一統志與經世大典皆不載此州不知其所屬所領之詳今以廣寧為納延分地故附注於廣寧府之下納延布爾古特之孫也

山北遼東道肅政廉訪司

大寧路上 金北京路大定府元初為北京路總管府領興中府及義瑞興高錦利惠川建和十州中統三年割興州及松山縣屬上都路至元五年併和州入利州為永和鄉七年興中府降為州仍隸北京改北京為大寧二十五年改為武平路後復為大寧初置警巡院至元二年改置錄事司領縣七州九

大定下中統二年省長興入焉　龍山下初屬大定府至元四年屬利州後復來屬　富庶下至元三年省入興中府後復置　和眾下　金源下　惠和下　武平下　義州下　興中州下元初因舊為興中府後省至元七年又降府為州　瑞州下　高州下　錦州下　利州下　惠州下　川州下　建州下

東寧路本高句驪平壤城元至元六年李延齡等以府州縣鎮六十城來歸八年為東寧府十三年升東寧路總管府設錄事司割靜州義州麟州威遠鎮隸博索府餘城堙廢不設司存今姑存舊名土山縣　中和縣　鐵化鎮　都護府自唐之季地入高麗置府州縣鎮六十餘城此為都護府雖仍唐舊名而無都護府之實至元六年李延齡等以其地來歸後城治廢毀存其名　定遠府　郭州　撫州　黃州領安岳三和龍岡咸從江西五縣長命一鎮　靈州　慈州　嘉州　順州　殷州　宿州　德州領江東永清通海順化四縣寧遠柔遠安戎三鎮　昌州　鐵州領定戎一鎮　泰州　价州　朔州　宣州領寧朔蓆島二鎮　成州領樹德一鎮　熙州　孟州領三登一縣椒島根島寧得三鎮　延州領陽巖一鎮　雲州

瀋陽路 金為瀋州昭德軍又更顯德軍後皆燬于兵火元初平遼東高麗國麟州神騎都領洪福源率西京都護龜州四十餘城來降各立鎮守司設官以撫其民後高麗復叛洪福源引眾來歸授高麗軍民萬戶徙降民散居遼陽瀋州初創城郭置司存僑治遼陽故城中統二年改為安撫高麗軍民總管府及高麗舉國內附四年又以質子淳為安撫高麗軍民總管分領二千餘戶理瀋州成宗元貞二年併兩司為瀋州等路安撫高麗軍民總管府仍治遼陽故城

開元路金之舊土也號上京會寧府金末其將富森鄂諾據遼東元師伐之生擒鄂諾師至開元率瓊東土悉平開元之名始見於此初立開元南京二萬戶府治黃龍府至元四年更遼東路總管府二十三年改為開元路領咸平府復割咸平為散府俱隸遼東道宣慰司

咸平府金領平郭安東新興慶雲清安歸仁六縣按金史地理志咸平府領平郭銅山新興慶雲清安榮安歸仁玉山凡八縣與元志異謹附識元初因之

海蘭府碩達勒達等路元初設軍民萬戶府五撫鎮北邊一曰屯一曰和囉噶一曰鄂多里一曰託果琳一曰布固江各有司存分領混同江南北之地

河南江北等處行中書省為路十二府七州一屬州三十四屬縣一百八十二本省陸站一百六處水站九十處

河南江北道肅政廉訪司

汴梁路上 金為南京舊領歸德府延許裕唐陳亳鄧汝潁徐邳嵩宿申鄭鈞睢蔡息盧氏行襄樊二十州元至元八年令歸德自為一府割亳徐邳宿四州隸之升申州為南陽府割裕唐汝鄧嵩盧氏行襄樊隸之九年廢延州以所領延津陽武二縣屬南京路統蔡息鄭鈞許陳睢潁八州開封祥符倚郭而屬邑十有五舊有警巡院十四年改錄事司二十五年改為汴梁路三十年升

蔡州爲汝寧府屬行省割息潁二州以隸焉領縣十七州五州領二十一縣開封下倚郭祥符下倚郭中牟下原武下舊以此縣隸延州元初隸開封府後復爲延州縣加舊至元九年州廢來屬按金史地理志原武縣屬鄭州本志後鄭州注亦云元初領管城滎陽汜水河陰原武新鄭密滎澤八縣及司候司後割新鄭密屬鈞州滎澤原武隸開封府則原武實自鄭州來隸志云舊以此縣隸延州蓋誤謹附識鄢陵中滎澤下舊隸鄭州至元二年來屬封邱中金世宗大定中河水湮沒遷治新城元初新城又爲河水所壞乃因故城遺阯稍加完葺而遷治焉扶溝下武陽下舊隸延州至元九年州廢來屬杞中元初河決城之北面爲水所圮遂爲大河之道乃於故城北二里河水之北岸築新城置縣繼又修故城號曰南杞縣延津下舊爲延州隸河南路至元九年州廢以縣來屬蘭陽下按金史地理志載曹州東明縣因避河患徙治後以故縣爲蘭陽儀封是蘭陽原隸曹州應係元初改屬謹附識通許下尉氏下太康下洧川下陳留下鄭州下元初領管城滎陽汜水河陰原武新鄭密滎澤八縣及司候司後割新鄭密屬鈞州滎澤原武隸開封府併司候司入管城領四縣管城下倚郭滎陽下汜水下河陰下許州下金爲昌武軍元初復爲許州領縣五長社下長葛下郾城下襄城下臨潁下陳州下元初領宛邱南頓項城商水西華清水六縣至元二年南頓項城清水皆廢後復置南頓項城領五縣宛邱　西華　商水至元二年省南頓項城入焉後復置南頓　項城　鈞州下元至元二年割鄭州密縣來屬領三縣陽翟下新鄭下密下睢州下領四縣襄邑下倚郭考城下儀封下按金史地理志載曹州東明縣因避河患徙治後以故縣爲蘭陽儀封是儀封原隸曹州應係元初改屬謹附識柘城下河南府路金爲中京金昌府元初爲河南府舊領洛陽宜陽永寧登封鞏偃師孟津新安澠池九縣後割澠池隸陝州設錄事司領縣八州一州領四縣洛陽　宜陽下永寧下按金史地理志永寧縣屬嵩州當是元初改屬又下嵩州注云元初以福昌隸河南而此無福昌縣疑有訛誤謹附識登封下鞏下孟津下新安　偃師下

陝州下領四縣陝下靈寶下至元三年省入陝縣八年廢虢州爲虢略隸陝州併虢略治靈寶以虢略爲巡檢司併朱陽縣入焉閿鄉下至元二年省湖城縣入焉澠池下金升爲韶州置澠池司候司元至元三年省司候司八年省韶州復爲縣隸河南府路後割以來屬南陽府舊南陽縣金升爲申州元至元八年升爲南陽府以唐鄧裕嵩汝五州隸焉二十五年改屬汴梁路後直隸行省領縣二州五州領十一縣南陽下倚郭鎮平下按王鴻緒明史稾鎮平縣本漢安眾縣後廢爲穰縣北鄉地元置縣謹附識鄧州下金屬南京開封府舊領穰縣南陽內鄉淅川順陽五縣按金史地理志無淅川順陽二縣惟穰縣有順陽鎮內鄉縣有淅水疑金末分二縣地置縣謹附識元初以淅川順陽省入內鄉舊設錄事司至元二年併入穰縣領三縣穰下倚郭內鄉下至元二年以順陽來屬新野下按明史稾新野漢縣唐省入穰縣元復置謹附識唐州下舊唐州金改裕州按金史地理志云唐州中刺史無改爲裕州之文元志疑誤謹附識元初復爲唐州至元三年廢湖陽比陽桐柏三縣領一縣泌陽倚郭嵩州下金領伊陽福昌二縣按金史地理志嵩州領伊陽永寧福昌等縣永寧縣注云宋隸河南府海陵正隆六年以前寄治於府後即鎮爲縣本志以永寧屬河南於此云領伊陽福昌二縣疑有訛誤謹附識元初以福昌隸河南至元三年省伊陽入州領一縣盧氏下至元二年隸南京路八年屬南陽府十一年來屬汝州下元至元三年廢郟城寶豐二縣入梁縣後復置郟縣領三縣梁下魯山下郟下裕州下唐初置北澧州又改魯州後廢爲縣屬唐州金升爲裕州舊領方城舞陽葉縣元初即葉縣行隨州事就置昆陽縣爲屬邑至元三年罷州併昆陽舞陽二縣入葉縣後復置舞陽領三縣方城下倚郭葉下舞陽下汝寧府唐蔡州上蔡西平確山遂平平輿爲屬邑元至元七年省遂平平輿入汝陽隸汴梁路三十年河南江北行省平章巴延言蔡州去汴梁地遠凡事稽誤宜升散府遂升汝寧府直隸行省以息潁信陽光四州隸焉

復置遂平縣領縣五州四州領十縣汝陽下元初廢後置蔡州治此仍復置縣上蔡下西平下確山下遂平下元初省入汝陽後復置潁州下金領汝陰泰和沈邱潁上四縣元至元二年省四縣及錄事司入州後復領三縣太和下按明史稾太和縣宋以汝陰縣之百尺鎮地置萬壽縣尋改曰泰和洪武初改爲太元志作太字當係傳寫之訛謹附識沈邱下潁上下息州下金領新息新蔡眞陽褒信四縣元中統三年以李璮叛廢州四年復置至元三年以四縣併入州後復領二縣新蔡下眞陽下光州下宋光山軍元至元十二年歸附屬蘄黃宣慰司二十二年同蘄黃等州直隸行省三十年隸汝寧府領三縣定城　固始下宋末兵亂徙治無常元至元十一年復舊治光山下兵亂地荒至元十二年復立舊治信陽州下宋信陽軍元至元十四年改立信陽府領羅山信陽二縣十五年改爲信陽州二十年以羅山縣當驛置要衝徙州治此而移縣治於西南號曰羅山新縣領二縣羅山倚郭信陽

歸德府宋南京應天府金爲歸德府金亡宋復取之舊領宋城寧陵下邑虞城穀熟碭山六縣元初與亳之酇縣同時歸附置京東行省未幾罷至元元年以虞城碭山二縣在枯黃河北割屬濟寧府又併穀熟入睢陽酇縣入永州降永州爲永城縣與寧陵下邑隸本府八年以宿亳徐邳並隸焉設知府治中府判各一員直隸行省領縣四州四州領八縣睢陽下倚郭唐曰宋城亦曰睢陽金曰睢陽宋曰宋城元仍曰睢陽永城下下邑下寧陵下徐州下宋武寧軍金屬山東西路金亡宋復之元初歸附至元二年降爲下州舊領彭城蕭永固三縣按金史地理志無永固縣據方輿紀要蕭縣有永固廢縣注云元置後廢爲鎮謹附識及錄事司至是永固併入蕭縣彭城并錄事司併入州領一縣蕭下至元二年併入徐州十二年復立宿州中

宋保靜軍金置防禦使金亡宋復之元初隸歸德府領臨渙蘄靈壁符離四縣并司候司至元二年以四縣一司并入州四年以靈壁入泗州十七年復來屬領一縣靈壁下 邳州下 宋置淮陽軍金復為邳州金亡宋暫有之元初以民少併三縣入州至元八年以州屬歸德府十二年復置睢寧宿遷兩縣屬淮安十五年還來屬領三縣下邳下州治所 宿遷下 睢寧下按金史地理志邳州有蘭陵縣無睢寧縣考明史稾云睢寧縣金析宿遷之古城置謹附識 亳州下 宋集慶軍金復為亳州金亡宋復之元初領縣六譙酇鹿邑城父衛眞穀熟後以民戶少併城父入譙衛眞入鹿邑穀熟入睢陽酇入永城其睢陽永城去隸歸德後復置城父領三縣譙下 鹿邑下 城父下

襄陽路宋為襄陽府元至元十年兵破樊城襄陽守臣呂文煥降立河南等路行中書省更襄陽府為散府未幾罷省十一年改襄陽府為總管府又立荊湖等路行樞密院十二年立荊湖行中書省後復罷十九年割均房二州光化棗陽二縣來屬設錄事司領縣六州二州領四縣襄陽下倚郭 南漳下 宜城下 穀城下 光化至元十三年南伐明年設官置縣屬南陽十九年來屬 棗陽至元十四年屬南陽十九年來屬 均州下 宋為武當軍元至元十二年江陵歸附割隸湖北道宣慰司十九年還屬襄陽領二縣武當下兵亂遷治無常至元十四年復置 鄖下兵後僑治無常至元十四年復置 房州下 宋置保寧軍恭帝德祐中知州黃思賢納土命千戶鎮守仍令思賢領州事元至元十九年隸襄陽路領二縣房陵下 竹山下

蘄州路下 宋為防禦州元至元十二年立淮西宣撫司十四年改總管府設錄事司領縣五蘄春中倚郭 蘄水中 廣濟中宋理宗嘉熙兵亂徙治大江中洲歸附後復舊治 黃梅中嘉熙兵亂僑治中洲後復舊治 羅田下兵亂縣廢歸附後始立

黃州路下 宋為團練軍州元至元十二年歸附十四年立總管府十八年又為黃蘄州宣慰司治所二十三年罷宣慰司直隸行省設錄事司領縣三黃岡中州治所 黃陂下兵亂僑治鄭州青山磯歸附還舊治 麻城下兵亂徙治什子山歸附還舊治

淮西江北道肅政廉訪司

廬州路上 宋為淮西路元至元十三年設淮西總管府明年於本路立總管府隸淮西道二十八年以六安軍為縣來屬後升六安縣為州設錄事司領縣三州三州領八縣合肥上倚郭 梁中 舒城中 和州中 宋隸淮南西道元至元十三年置鎮守萬戶府明年改立安撫司又明年升和州路二十八年降為州隸廬州路舊設錄事司後併入州領三縣歷陽上倚郭 含山中 烏江中 無為州中 宋以光州城曰鎮置無為軍元至元十四年升為路二十八年降為州罷鎮巢州為縣以屬焉按明史稾巢縣宋鎮巢軍元改為州尋降為縣元志未晰謹附識 領三縣無為上倚郭 廬江中 巢下 六安州下 宋六安軍元至元十二年歸附二十八年降為縣隸廬州路後升為州領二縣六安中 英山中

安豐路下 宋為壽春府又以安豐縣為安豐軍繼遷安豐軍於壽春府元至元十四年改安豐路總管府十五年定為散府領壽春安豐霍邱三縣二十八年復升為路以臨濠府為濠州與下蔡蒙城俱來屬設錄事司領縣五州一州領三縣壽春中倚郭 安豐下 霍邱下 下蔡下至元十三年隸壽春府二十八年罷府與蒙城皆來屬 蒙城下 濠州下 宋為團練州初隸淮南路後隸淮南西路元至元十三年歸附設濠州安撫司十五年定為臨濠府二十八年復為濠州革懷遠為下縣來屬領三縣鍾離下倚郭 定遠下 懷遠下宋為懷遠軍領荊山一縣元至元二十八年以軍為縣隸濠州省荊山入焉

安慶路下 宋為安慶府元至元十三年立安撫司十四年改安慶路總管府屬蘄黃宣慰司二十三年罷宣慰司直隸行省設錄事司領縣六懷寧中 宿松中 望江下 太湖中 桐城中 潛山中英宗至治三年初立 按續輿地考潛山縣本懷寧縣之清朝玉照二鄉地宋為四寨元至元中立野人原寨至治三年始立縣謹附識

淮東道宣慰司

江北淮東道肅政廉訪司

揚州路上 宋為淮東路元至元十三年初建大都督府置江淮等處行中書省十四年改為揚州路總管府十五年置淮東道宣慰司本路屬焉十九年省宣慰司以本路總管府直隸行省二十一年行省移杭州復立淮東道宣慰司止統本路屬淮安二郡而本路領高郵府及眞滁通泰崇明五州二十二年行省復遷宣慰司遂廢所屬如故後改立河南江北等處行中書省移治汴梁路復立淮東道宣慰司割出高郵府為散府直隸宣慰司設錄事司領縣二州五州領九縣江都上倚郭 泰興上 眞州中 宋置建安軍又升為眞州元至元十三年初立眞州安撫司十四年改眞州路總管府二十一年復為州隸揚州路領二縣揚子上倚郭至元二十年省錄事司入焉 六合下 滁州下 元至元十五年改滁州路總管府二十年仍為州隸揚州路領三縣清流中至元十四年省錄事司入焉 來安下 全椒中 泰州上 元至元十四年立泰州路總管府二十一年改為州隸揚州路領二縣海陵上倚郭 如皋上 通州中 宋靜海郡元至元十五年改通州路總管府二十一年復為州隸揚州路領二縣靜海上倚郭 海門中 崇明州下 本通州海濱之沙洲宋建炎閒有昇州句容

縣姚劉姓者因避兵於沙上其後稍有人居焉遂稱姚劉沙寧宗嘉定間置鹽場屬淮東制司元至元十四年升爲崇明州

淮安路上宋爲淮安州元至元十三年行淮東安撫司十四年改立總管府領山陽鹽城淮安淮陰新城清河桃園七縣設錄事司二十年升爲淮安府路併淮安新城淮陰三縣入山陽兼領臨淮府海寧泗安東四郡其盱眙天長臨淮虹五河贛榆朐山沭陽各歸所隸二十七年革臨淮府以盱眙天長隸泗州領縣四州三州領八縣山陽上至元十二年安東州歸附以木縣馬羅軍寨作山陽縣十三年淮安路歸附仍存淮安縣二十年省淮安新城入焉鹽城上桃園下按明史稾金以宿遷縣之桃園鎮地置淮濱縣後省元復置桃園縣謹附識清河下本泗州之清河口宋立清河軍至元十五年爲縣海寧州下唐海州宋隸淮東路元至元十五年升爲海州路總管府復改爲海寧府未幾降爲州隸淮安路初設錄事司二十年與東海縣併入朐山領三縣朐山中沭陽下贛榆下泗州下宋隸淮東路元至元十三年降爲下州舊領臨淮淮平虹靈壁睢寧五縣十六年割睢寧屬邳州十七年割靈壁入宿州以五河縣來屬二十一年併淮平入臨淮二十七年廢臨淮府以盱眙天長二縣隸焉領五縣臨淮下虹下五河下初隸臨淮府十七年來屬按宋史地理志度宗咸淳七年於泗州五河口置淮安軍領五河縣當是元初廢軍爲縣謹附識盱眙上宋昭信軍元至元十三年行招信軍安撫司事領盱眙天長招信五河四縣明年升昭信路總管府十五年改爲臨淮府十七年以五河縣在淮之北改屬泗州二十年併招信入盱眙二十七年廢臨淮府爲盱眙縣天長中安東州下

高郵府唐爲縣宋升軍元至元十四年升爲高郵路總管府領錄事司及高郵興化二縣二十年廢安宜府爲寶應縣來屬又併錄事司改高郵路爲府屬揚州路今隸宣慰司領縣三高郵上興化中寶應上舊爲寶應軍至元十六年爲安宜府二十年廢府爲縣來屬本府

荊湖北道宣慰司

山南江北道肅政廉訪司

中興路上宋爲荊南府元至元十三年改上路總管府設錄事司文宗天歷二年以潛藩改爲中興路領縣七江陵上公安中石首中松滋中枝江下潛江中監利中宋末兵亂民散收附後始復舊

峽州路下本峽州宋隸荊湖北路後徙治江南元至元十三年歸附十七年升爲峽州路領縣四夷陵中宋末隨州遷治不常歸附後復歸江北舊治宜都下長陽下遠安下

安陸府唐郢州宋隸京西路元至元十三年歸附十五年升爲安陸府領縣二長壽中京山中兵亂移治漢濱至元十二年還舊治

沔陽府本復州宋理宗端平間移州治于沔陽鎮元至元十三年歸附改爲復州路十五年升爲沔陽府領縣二玉沙中倚郭景陵中兵亂徙治無常歸附後還舊治

荊門州下唐爲縣宋升爲軍理宗端平間移治當陽縣元至元十三年歸附十四年升爲府十五年還府治於古城降爲州領縣二長林下當陽中

德安府唐安州宋爲德安府咸淳間徙治漢陽元至元十三年還舊治隸湖北道宣慰司十八年罷宣慰司直隸鄂州行省爲散府後割以來屬領縣四州一州領二縣安陸下孝感下應城中雲夢下隨州下宋爲崇信軍又爲棗陽軍後因兵亂遷徙無常元至元十二年歸附十三年即黃仙洞爲州治領二縣隨下應山下

欽定續通典卷一百三十五

州郡

元

陝西諸道行御史臺

陝西等處行中書省爲路四府五州二十七屬州十二屬縣八十八本省陸站八十處水站一處

奉元路上 宋分陝西秦鳳熙河涇原環慶鄜延爲六路金併陝西爲四路元中統三年立陝西四川行省治京兆至元初併雲陽縣入涇陽櫟陽縣入臨潼終南縣入盩厔十六年改京兆爲安西路總管府二十三年四川置行省改此省爲陝西等處行中書省大德元年移雲南行臺於此爲陝西行臺皇慶元年改安西爲奉元路設錄事司領縣十一州五州領十五縣咸寧下 長安下 咸陽下 按續輿地考咸陽縣元省入興平尋復置謹附識 興平下 臨潼下 藍田下 涇陽下 至元二年併入高陵縣三年復立 高陵下 鄠下 盩厔下 郿下 舊爲郿州添置柿林縣至元元年省郿州爲郿縣廢柿林

同州下 唐爲同州宋爲定國軍金因之元仍爲同州 按同州志云至元六年省馮翊縣入同州謹附識 領五縣朝邑下 白水下 郃陽下 按金史地理志貞祐四年以郃陽隷禎州明一統志云郃陽縣元初隷禎州後仍舊謹附識 澄城下 韓城下 唐宋爲郃城縣金曰禎州元至元元年州廢二年再立六年州又廢止設縣

華州下 舊華州金金安軍元復爲華州 按陝西通志云元省鄭縣入州謹附識 領二縣華陰下 蒲城下 按華陰縣志蒲城縣元中統初省至元二年復置謹附識 渭南下 按渭南志元省下邽縣入渭南謹附識

耀州下 宋爲感義軍又改名感德軍又爲耀州如故金因之元至元元年併華原縣入州又併美原入富平領三縣三原下 富平下 同官下

乾州下 至元元年併奉天縣入州五年復置奉天省好畤入焉又割永壽來屬後又改奉天爲醴泉領三縣醴泉下 武功下 按續輿地考武功縣金故爲武亭縣元復舊謹附識 永壽下 宋金屬邠州元至元十五年徙縣治于麻亭

商州下 領一縣洛南下

延安路下 宋爲延安府金爲鄜延路元改延安路領縣八州三州領八縣膚施下 甘泉下 按元一統志云至元二年併臨眞縣入甘泉謹附識 宜川下 元初置司候司至元六年省入宜川按元一統志云至元六年併丹州入宜川縣陝西通志云元省門山縣入宜川謹附識 延長下 延川下 安定下 本宋舊堡元初升爲安定縣至元元年析置丹頭縣四年併丹頭入本縣 安塞下 本金舊堡元初升爲縣 按安塞縣志云元省敷政縣入安塞謹附識 保安下 金爲保安州元至元六年降爲縣

鄜州下 舊領洛交洛川鄜城直羅四縣至元四年併鄜城入洛川又併洛交直羅入州六年廢坊州以中部宜君二縣來屬領三縣洛川下 中部下 宜君下

綏德州下 唐綏州宋爲綏德軍金爲州領八縣元初併嗣武入米脂綏平入懷寧至元四年併定戎入米脂懷寧入青澗又併義合綏德入本州領二縣青澗下 米脂下

葭州下 宋爲晉寧軍金改爲葭州元至元六年併通秦彌川葭蘆入州併太和入神木建寧入府谷領三縣神木下 元初創立雲州于古麟州之神木寨至元六年廢州爲縣 吳堡下 按元一統志云吳堡縣元至元元年省二年復置謹附識 府谷下 後唐爲府州元初建州治至元六年廢爲縣

興元路下 宋爲興元府元立興元路總管府久之以鳳金洋三州隷焉宋時領南鄭西縣褒城廉水城固五縣後廢廉水入南鄭元初割出西縣屬沔州以洋州西鄉縣來屬領縣四州三南鄭下 城固下 褒城下 西鄉下 按續輿地考云西鄉縣宋端平中廢元復置謹附識

鳳州下 宋爲團練州元至元五年以在郭梁泉縣併入州隷興元路

洋州 至元二年省興道眞符二縣入州

金州下 宋爲金房開達四州路元爲散州 按續輿地考云平利洵陽漢陰石泉元併省入金州謹附識

陝西漢中道肅政廉訪司

鳳翔府元初割平涼府秦隴德順西寧鎮寧州隷鞏昌路廢恆州以所領盩厔縣隷安西府路尋立鳳翔路總管府至元九年更爲散府領縣五鳳翔下 扶風下 岐山下 寶雞下 按明一統志云元省虢縣入寶雞謹附識 麟游下 按明一統志云元廢普潤縣入麟游謹附識

邠州下 領縣二新平下 淳化下 至元七年併三水入本縣

涇州下 宋爲彰化軍舊領保定長武靈臺良原四縣金改保定縣爲涇州元初以隷都元帥府立總司轄邠州後屬鞏昌都總帥府或隷平涼府陝西省所隷不一今直隷省領縣二涇川下 涇州治此卽保定 靈臺下 至元七年併歸涇川十一年復立以良原併入而長武仍併于涇川

開成州下 本原州金爲鎮戎州元初仍爲原州至元十年皇子安西王分治秦蜀遂立開成府仍視上都號爲上路至治三年降爲州領縣一州一開成 廣安州 本戎地金升爲縣隷鎮戎州經亂荒廢元至元十年安西王封守西土既立開成路遂改爲廣安縣募民居止未幾戶口繁夥十五年升爲州仍隷本路

莊浪州下 沿革闕大德八年二月降莊浪路爲州

鞏昌等處總帥府

鞏昌府宋鞏州金爲鞏昌府元初改鞏昌路便宜都總帥府統鞏昌平涼臨洮慶陽隆慶五府及秦隴會環金德順徽金洋安西河洮岷利巴沔龍大安褒涇邠寧定西鎮原階成西和蘭二十七州又於成州行金洋州事至元五年割安西州屬圖沙瑪路總管府六年以河州屬吐蕃宣慰司都元帥府七年併洮州入安西州八年割岷州屬圖沙瑪路十三年立鞏昌路總管府十四年復行便宜都總帥府事其年割隆慶府利巴大安褒沔龍等州隷廣元路二十一年又以涇邠二州隷陝西漢

中道宣慰司而帥府所統者鞏昌平涼臨洮慶陽府凡四秦隴寧定西鎮原階成西和蘭會環金德順徽金洋州凡十有五設錄事司領縣五隴西下寧遠下（按金史地理志鞏州安西縣有寧遠寨當是元時升爲縣謹附識）伏羌下（本舊寨至元十三年升縣）通渭下鄣下（宋名鹽川寨金爲鎮元至元十七年置今縣）

平涼府元初併潘原縣入平涼化平入華亭隸鞏昌帥府領縣三平涼下崇信下華亭下

臨洮府至元十三年復以渭源堡升爲縣領縣二狄道下渭源下

慶陽府金爲慶源路元初改爲慶陽散府至元七年併安化彭原入焉領縣一合水下

秦州中舊領六縣元至元七年併雞川隴城入秦安治坊入清水領縣三成紀中清水中秦安下

隴州中宋金置防禦使舊領四縣元至元七年省吳山隴安入汧源十三年罷防禦使爲散郡領縣二汧源中（按仁宗本紀云延祐四年併汧源縣入隴州謹附識）汧陽下

寧州下至元七年併襄樂安定定平入州領縣一眞寧下

定西州下宋置定西城金改定西縣復升爲州仍置安西縣倚郭通西二寨並置縣來屬元至元三年併三縣入本州（按四川通志云元因地震改爲安定州謹附識）

鎮原州下本原州元改鎮原州以鎮戎州之東山三川二縣來屬至元七年例併州縣遂以臨涇彭陽及東山三川四縣入本州

西和州下舊領縣三大潭祐川軍興久廢惟有長道一縣元至元七年亦併入本州

環州下金隸慶陽府元初爲散郡舊領通遠一縣至元七年併入本州

金州下本蘭州龕谷寨金升寨爲縣以龕谷爲金州治所元至元七年併縣入州

靜寧州下宋德順軍金升爲州元初併治平永洛（按永洛宋金史志並作水洛元志蓋誤謹附識）入隴干後復省隴干改爲靜寧州領縣一隆德下

蘭州下元初領阿干一縣及司候司至元七年併司縣入本州

會州下宋置敷文縣金置保川縣陷于河西僑治州西南百里會川城名新會州元初棄新會州遷于所隸西寧縣至元七年併縣入州

徽州下元兵入蜀鳳州二縣首降以鳳州仍治梁泉別置南鳳州治于河池後又升永寧鄉爲縣與兩當同爲屬邑至元元年改爲徽州七年併河池永寧二縣入州領縣一兩當下

階州下舊領福津將利二縣至元七年併入本州

成州下舊領同谷栗亭二縣元初以田世顯挈成都府歸附令遷於栗亭行栗亭管民司事不隸成州割天水縣來屬至元七年併同谷天水二縣入州

金洋州本隸興元路元初有雷李二將挈民戶歸附令遷至成州自行金洋州事

土蕃等處宣慰司都元帥府（至元九年于土蕃西界立寧河站）

河州路下領縣三定羌下寧河下安鄉下

雅州下（憲宗攻破雅州石泉守將趙順以城降）領縣五石山下瀘山下百丈下榮經下嚴道下

黎州下領縣一漢源下

洮州下領縣一可當下

貴德州下

茂州下領縣二文山下汶川下

圖沙瑪路

岷州下

鐵州下

碉門魚通黎雅長河西寧等處宣撫司（至元二年授雅州碉門安撫使高保四虎符高保四言碉門舊有城邑中統初爲宋人所廢眾依山爲柵去碉門半舍欲復戍故城便於守御敕秦蜀行省彼中緩急卿等相度須得其宜城如可復當助行之三年諭四川行樞密院遣人於碉門巖州西南沿邊丁寧告諭官吏軍民有願來歸者方便接納用意存恤百姓貧者賑之願徙近裏城邑者以屋舍給之）

禮店文州蒙古漢軍民元帥府（自河州以下至此多闕其餘如朵甘斯烏斯藏積石州之類尚多載籍疏略莫能詳錄也）

四川等處行中書省爲路九府三屬府二屬州三十六軍一屬縣八十一蠻夷種落不在其數（本省陸站四十八處水站八十四處鹽場十二處俱鹽井所出井凡九十五眼在成都夔府重慶敘南嘉定順慶廣元潼川紹慶等路所管州縣萬山之閒）

西蜀四川道廉訪司

成都路上宋爲益州路又爲成都府路元初撫定立總管府設錄事司至元十三年領成都嘉定崇慶三府眉邛隆黎雅威茂簡漢彭綿十一州後嘉定自爲一路以眉雅黎邛隸之二十年又割黎雅屬吐蕃招討司降崇慶爲州隆州併入仁壽縣隸本府領縣九州七州領十一縣成都下（唐宋時爲成都府治所元至元十三年以本縣元管大城內西北隅併入錄事司焉）華陽下新都下郫下溫江下雙流下（按四川通志元省廣都縣入雙流謹附識）新繁下仁壽下（唐爲陵州宋爲隆州元至元二十年以此州地荒民散併爲仁壽縣隸成都府路）金堂下（宋屬懷安軍元初升爲懷州而縣屬如故至元二十年併州入金堂縣隸成都府路）

彭州下（按四川通志元至元十三年省九隴縣入州謹附識）領二縣濛陽下崇寧下

漢州下唐爲德陽郡又爲漢州自唐至宋苦於兵

革民不聊生元中統元年復立漢州按四川通志元省雒縣入州謹附識領三縣什邡下　德陽下至元八年升爲德州十三年仍爲縣隸成都路十八年復來屬綿竹下至元十三年以戶少併入州後復置　安州下　唐置石泉縣宋升爲軍元中統五年升爲安州領一縣石泉下　灌州下宋爲永康軍後廢爲灌口寨元初復立灌州至元十三年以導江青城二縣戶少省入州　崇慶州下宋爲崇慶軍元至元十二年立總管府二十年改崇慶州并江原縣入州領二縣晉原下　新津下　威州下　唐維州宋改威州領保寧通化二縣元至元十九年併保寧入州領一縣通化下　簡州下　至元二十年併附郭陽安縣入州二十二年併成都府所屬靈泉縣來隸而本州有平泉以地荒竟廢之

嘉定府路下　宋爲嘉定府元至元十三年立總管府設錄事司舊領龍游夾江峨眉犍爲洪雅五縣二十年併洪雅入夾江領縣四州二州領三縣龍游下　夾江下　峨眉下　犍爲下　眉州下　至元十四年隸嘉定路領二縣彭山下　青神下　邛州至元十四年立安撫司兼行州事二十一年併臨邛依政蒲江三縣入州領一縣大邑下

廣元路下　宋爲利州路端平後地荒民散元憲宗三年立利州治設都元帥府至元十四年罷帥府改爲廣元路領縣二府一州四府領三縣州領七縣綿谷下　昭化下元初併葭萌入焉　保寧府下　唐隆州又改閬州又爲閬中郡後唐爲保寧軍元初立東川路元帥府至元十三年升保寧府二十年罷元帥府改保寧路初領新得小寧二川後併入閬中縣又併奉國入蒼溪縣新井新政西水總入南部縣仍改爲府隸廣元路領三縣閬中下倚郭　蒼溪下　南部下　劍州下　宋爲普安軍又爲隆慶府元至元二十年改劍州領二縣普安下至元二十年併普城劍門入焉　梓潼下　龍州下　本龍州元憲宗時宋守將王知府以城降至元二十二年併江油清川二縣入焉　巴州下　宋領化城難江恩陽曾口上通江下通江六縣元至元二十年併難江恩陽二縣入化城上下通江二縣入曾口按四川通志至正四年復置通江縣謹附識　領二縣化城下　曾口下　沔州下至元十四年隸廣元路二十年廢褒州止設鐔水縣遷沔州而治焉領三縣鐔水下倚郭　大安下本大安州至元二十年降爲縣以來屬按元一統志併三泉縣入大安縣謹附識　略陽下至元二十年併長舉及西縣入焉

順慶路下　宋爲順慶府元中統元年立征南都元帥府至元四年置東川路統軍司後改東川府十五年復爲順慶二十年升爲路設錄事司領縣二府一州二府領二縣州領五縣南充下至元二十年併漢初入焉　西充下至元二十年併流溪舊縣入焉　廣安府宋爲廣安軍又改寧西軍元至元十五年廢寧西軍二十年升爲廣安府舊領渠江岳池和溪新明四縣後併和溪新明入岳池領二縣渠江下倚郭　岳池下　蓬州下　元初立宣撫都元帥府後罷至元二十年立蓬州路總管府後復爲蓬州領三縣相如至元二十年以金城寨入焉　營山下至元二十年併良山入焉　儀隴下至元二十年併蓬池伏虞入焉　渠州下　宋屬潼川府元至元十一年立渠州安撫司二十年罷安撫司以渠州爲散郡領二縣流江下　大竹下至元二十年併鄰山鄰水入焉

潼川府宋爲靜戎軍又改安靜軍又升潼川府兵後地荒元初復立府治至元二十年併涪城及錄事司入郪縣通泉入射洪東關入鹽亭銅山入中江領縣四州二郪下倚郭　中江下　射洪下　鹽亭下　遂寧州下　宋爲遂寧府元至元十九年併遂寧青石二縣入小溪長江入蓬溪後復改爲州領二縣小溪下　蓬溪下　綿州下　元初隸成都路至元二十年併魏城入本州改隸潼川府領二縣彰明下　羅江下

永寧路下闕　領州一　筠連州下闕至元十七年樞密院言四川行省參政行諸蠻夷部宣慰司濟遜言先是奉旨以高州筠連州騰川縣隸安撫郭漢傑立站今漢傑已併蠻洞五十六有旨濟遜所陳卿等與中書議臣等以爲宜遣使行視之帝曰此五十六洞如舊隸高州筠連則與郭漢傑立站否則還之濟遜　領一縣騰川下

四川南道宣慰司至元十六年立

重慶路　宋爲重慶府元至元十六年立重慶路總管府二十一年升爲上路割忠涪二州爲屬郡二十二年又割瀘合來屬省壁山入巴縣廢南平軍入南川縣爲屬邑置錄事司領縣三州四州領十縣巴下倚郭　江津下至元十六年賜四川行省參政濟遜田民百八十戶於江津縣　南川下按四川通志元至元十一年廢南平軍及隆化縣改置南川縣謹附識　瀘州下　宋爲瀘川軍元至元二十年併瀘川縣入焉二十二年隸重慶路領三縣江安下　納溪下　合江下　忠州下　唐爲忠州宋爲咸淳府元仍爲忠州領三縣臨江下　南賓下　豐都下按四川通志元至元中併墊江縣入豐都謹附識　合州下　元至元十五年宋安撫使王立以城降二十年爲散郡併錄事司赤水入石照縣二十二年改爲州按四川通志元併昌州及所領永川昌元大足入合州謹附識　隸重慶路領三縣銅梁下元初併巴川入焉　定遠下本宋地名女菁平元至元四年便宜都總帥部兵城爲武勝軍後爲定遠州二十四年降爲縣　石照下　涪州下　至元二十年併涪陵樂溫二縣入焉領一縣武龍下

紹慶府下　宋爲紹慶府元至元二十年仍置府領二縣彭水下　黔江下

懷德府領州四闕　來寧州下　柔遠州下　酉陽州

下　服州下

夔州路下宋爲帥府元至元十五年立夔州路總管府以施雲安萬大寧四州隸焉二十二年又以開達梁山三州來屬設錄事司領縣二州七州領五縣奉節下巫山下　施州下舊領清江建始二縣至元二十二年併清江入州領縣一建始下　達州下至元十五年隸四川東道宣慰司二十二年改隸夔州路領二縣通川下新寧下　梁山州下宋爲梁山軍元至元二十年升爲州領一縣梁山下　萬州下宋爲浦州元至元二十年以南浦爲萬州領一縣武寧　雲陽州下宋置安義縣元至元十五年立雲安軍二十年升雲陽州併雲陽縣入焉　大寧州下舊大昌縣宋置監元至元二十年升爲州併大昌縣入焉　開州下

敘南等處蠻夷宣撫司

敘州路本戎州宋爲上州屬東川路後易名敘州咸淳中城登高山爲治所元至元十二年郭漢傑挈城歸附十三年立安撫司未幾毀山城復徙治三江口罷安撫司立敘州十八年復升爲路隸諸部蠻夷宣撫司領縣四州二宜賓下慶符下南溪下宣化下　富順州下宋富義監後改富順縣元至元十二年改立富順監安撫司二十年罷安撫司升富順州　高州下唐開拓邊地於本部置高州宋設長寧軍十州族姓俱效順元至元十五年雲南行省遣官招諭內附十七年知州郭安復行州事蠻人散居村囤無縣邑鄉鎮

馬湖路下漢唐以下名馬湖部宋時蠻主屯湖內元至元十三年內附後立總管府遷於夷部溪口瀕馬湖之南岸創府治其民散居山箐無縣邑鄉鎮領軍一州一長寧軍宋長寧軍立安寧縣元至元十二年郡守黃立挈城效順二十二年設錄事司後與安寧縣俱省入本軍　戎州下本夜郎國西南蠻種唐時置晏州元至元十三年濟遜爲蠻夷部宣撫司遣官招諭十七年本部官得蘭紐來見授以大壩都總管二十二年升爲戎州

附蠻夷種落

上羅計長官司領蠻地羅計羅星古夜郎境爲西南種族前代置之化外宋設長寧軍十州族姓俱效順各命之官其後分姓他居遂有上下羅計之分元至元十三年蠻夷部宣撫濟遜引本部夷酋得賴阿當歸順十五年敕授得賴阿當千戶十八年黎州同知李奇以武略將軍來充羅星長官二十二年夷人叛誘諭上羅星夷行樞密院討平之其民人散居村箐無縣邑鄉鎮

下羅計長官司領蠻地近烏蠻與敘州長寧軍相接均爲西南夷族與上羅計同至元十二年長寧知軍率先內附十三年濟遜引本部夷酋得顏筃詣行樞密院降奏充下羅計蠻夷千戶二十二年諸蠻皆叛惟本部無異心

四十六囤蠻夷千戶所領豕蛾夷地在夢符向南抵定川古夜郎之屬唐羈縻定州之支江縣也元至元十三年收附於慶符縣僑置千戶所領四十六囤 黃水口 上下落骨 山落牟 許滿吳 歷落財 歷落賢 鵬息奴 屯莫面 落搔 歷落梅 歷得幸 上落松 歷得會 歷得惡 落魂 落昧下村 落島 歷得享 落燕 落得 慮 歷得了 歷騰斛 許宿 歷九色 落搔屯右 歷得曇 落能 山落寡 水落寡 落得擂 歷 得具 歷得淵 騰日彰 落昧上村 賴扇 許焰 騰郎 周頭 賣落炎 落女 愛答洛 愛答速 歷得姦 阿郎頭 下得辛 上得辛 愛得婁 落鷓

秦加大散等洞以下各設蠻夷官秦加大散等洞 斜 崖昌朱等洞 隴隄 紂皮等洞 石邪洞 散毛洞 彭家洞 黑土石等 處 市備洞 樂化兀都刺布白享羅等處 洪望冊 德等族 大江九姓羅 氏 水西 鹿朝

阿永蠻部至元二十一年酋長阿泥入覲自言阿永鄰境烏蒙等蠻悉隸皇太子位願依例附屬詔從其請以阿永蠻隸宮府

師壁洞安宣撫司　永順等處軍民安撫司　阿者洞以下各設蠻夷官阿者洞 謝甲洞 上安下壩 阿渠洞 下役洞 驢虛洞 錢滿等處 水洞下曲等寨 必藏等處 酌宜等處 雍邦等寨 崖筍等寨 冒朱洞 麻峽拓歌等寨 井 沙溪等處 宙窄洞 新附萬羅金 新容米洞

甘肅等處行中書省爲路七州二屬州五本省馬站六處

河西隴北道肅政廉訪司

甘州路上唐爲甘州又爲張掖郡宋初爲西夏所據改鎮夷郡又立宣化府元初仍稱甘州至元元年置甘肅路總管府八年改甘州路總管府十八年立行中書省以控制河西諸郡

永昌路下宋初爲西涼府眞宗景德中陷入西夏元初仍爲西涼府至元十五年以永昌王宮殿所在立永昌路降西涼府爲州隸焉領州一　西涼州下

肅州路下唐爲肅州又爲酒泉郡宋初爲西夏所據元太祖二十一年西征攻肅州下之至元七年置肅州路總管府

沙州路下唐爲沙州又爲燉煌郡宋仍爲沙州仁宗景祐初西夏陷瓜沙肅三州盡得河西故地金因之元太祖二十二年破其城以隸八都大王至元十四年復立州十七年升爲沙州路總管府瓜州隸焉沙州去肅州千五百里內附貧民欲乞糧沙州必須白之肅州然後給與朝廷以其不便故升沙州爲路領州一　瓜州下唐改爲晉昌郡復爲瓜州宋初陷於西夏夏亡州廢元至元十四年復立二十八年徙居民於肅州但名存而已

額齊訥路下漢西海郡居延故城夏國嘗立威福軍元太祖二十一年內附至元二十三年立總管府

寧夏府路下唐末有拓跋思恭者鎮夏州世有銀夏綏宥靜五州之地宋眞宗天禧間傳至其孫德明城懷遠鎮爲興州以居之後升興慶府又改中興府元至元二十五年置寧夏路總管府至元八年立西夏中興等路行中書省元貞元年革寧夏

路行中書省併事于甘肅行省其領州三　靈州下唐靈武郡宋初陷於夏國改爲翔慶軍　鳴沙州下隋鳴沙縣宋沒於夏國仍舊名元初立鳴沙州　應理州下與蘭州接境東阻大河西據沙山考之圖志乃唐靈武郡地其州城未詳建立之始元初仍立州

山丹州下唐爲删丹縣宋初爲夏國所有置甘肅軍元初爲阿濟格大王分地至元六年行山丹城事删訛爲山二十二年升爲州隸甘肅行省

西寧州下唐置鄯州理湟水縣肅宗上元間沒於土番號青唐城宋改爲西寧州元初爲章吉駙馬分地至元二十三年立西寧州

烏拉海路太祖四年由黑水城北烏拉海西關口入河西獲西夏將高令公克烏拉海城

欽定續通典卷一百三十六

州郡

元

雲南諸路行中書省爲路三十七府二屬府三屬州五十四屬縣四十七其餘甸寨軍民等府不在此數馬站七十四處水站四處案雲南至元始隸版圖州郡沿革悉照元志詳注比他處特繁緣宋志所不載故也

雲南諸路道肅政廉訪司大德三年罷雲南行御史臺立肅政廉訪司

中慶路上唐姚州閤羅鳳叛取姚州其子鳳伽異增築城曰柘東六世孫券豐祐改曰善闡歷五代迄宋羈縻而已案明史稾雲南府本滇國地漢置益州郡隋爲昆州後廢唐復置尋爲南詔蒙氏所據五代時大理段氏爲善闡府謹附識元世祖征大理凡收府八善闡其一也郡四部三十有七其地東至普安路之橫山西至緬地之江頭城凡三千九百里而遠南至臨安路之鹿滄江北至羅羅斯之大渡河凡四千里而近憲宗五年立萬戶府至元七年改爲路八年分大理國三十七部爲南北中三路路設達嚕噶齊并總管十三年立雲南行中書省初置郡縣遂改善闡爲中慶路設錄事司領縣三州四州領八縣昆明中倚郭唐置元憲宗四年分其地立千戶二至元十二年改善州領昆明縣二十一年州革縣如故案明史稾昆明本漢滇池縣地謹附識富民下至元四年立黎灢千戶十二年即黎灢立縣案明史稾富民本唐西寧州地謹附識宜良下唐匡州即其地蠻酋羅氏於此立城居之名曰羅裒龍元憲宗六年立太池千戶隸嵩明萬戶至元十三年升宜良州治太池縣二十一年州罷爲縣後廢太池來屬嵩明州下州在中慶東北治沙札臥城烏蠻車氏所築白蠻名爲嵩明昔漢人居之後烏白蠻強盛漢人徙去盟誓於此因號嵩盟漢人嘗立長州築金城阿葛二城蒙氏興改長州爲嵩盟部案明史稾云唐時南詔置長城郡宋時大理改嵩盟郡謹附識段氏因之元憲宗六年立嵩明萬戶至元十二年復改長州十五年升嵩明府二十二年降爲州領二縣楊林下在州東南治楊林城乃雜蠻枳氏車氏斗氏麼氏四種所居之地城東門內有石如羊形故又作羊氏唐有羊林部落即此地元憲宗七年立羊林千戶至元十二年改爲縣邵甸下在州西治白邑村無城郭車蠻斗蠻舊地名爲東甸以東爲邵憲宗七年立邵甸千戶至元十二年改爲縣晉寧州下唐晉寧縣蒙氏段氏皆爲陽城堡部元憲宗七年立陽城堡萬戶至元十二年改晉寧州領二縣呈貢下西臨滇澤之濱在路之南州之北其間相去六十里有故城曰呈貢世爲些莫強宗部蠻所居元憲宗六年立呈貢千戶至元十二年割詔營切龍呈貢雌甸塔羅和羅忽六城及烏納山立呈貢一縣歸化下在州東北呈貢縣南西濱滇澤地名大吳龍昔吳氏所居後爲些莫徒蠻所有世隸善闡憲宗六年分隸呈貢千戶至元十二年割大吳龍安江安湖立歸化縣昆陽州下在滇池南僰熅雜蠻所居有城曰巨橋案明史稾昆陽州註云唐置河東等州沒於南詔大理築巨橋城謹附識今爲州治閤羅鳳叛唐令曲嚩蠻居之段氏興隸善闡元憲宗併羅畐等十二城立巨橋萬戶至元十三年改昆陽州領二縣三泊下至元十三年於那龍城立縣易門下在州之西治市坪村世爲烏蠻所居段氏高智昇治善闡奄而有之至元四年立洟門千戶十二年改爲縣安寧州下唐初置安寧縣隸昆州案明史稾本滇國螳螂川地漢益州連然縣謹附識閤羅鳳叛唐後烏白蠻遷居蒙氏終善闡酋孫氏爲安寧城主及袁氏高氏互有其地元憲宗七年隸陽城萬戶至元三年立安寧千戶十二年改安寧州領二縣祿豐下在州西治白村其地瘴熱非大酋所居惟烏雜蠻居之遷徙不常至元十三年割安寧千戶之碌琫化泥驥琮龍三處立祿豐縣因江中有石如甑俗名碌琫譯謂碌爲石琫爲甑訛爲今名羅次下在州北治壓磨呂白村本烏蠻羅部地險俗悍至元十二年因羅部立羅次州隸中慶路二十四年改州爲縣二十七年隸安寧州

威楚開南等路下爲雜蠻耕牧之地蠻名俄碌歷代無郡邑後爨酋威楚築城俄碌睒居之唐時蒙舍詔閤羅鳳合六詔爲一侵俄碌取和子城今鎮南州是也後閤羅鳳叛於本境立郡縣諸爨盡附蒙氏立二都督六節度銀生節度即今路也及段氏興銀生隸姚州又名當筋驗及高昇泰執大理國柄封其姪子明量於威楚築外城號德江城傳至其裔長壽元憲宗三年征大理平之六年立威楚萬戶至元八年改威楚路置總管府領縣二州四州領一縣威楚下倚郭至元十五年升威州仍立富民淨樂二縣二十一年降州爲威楚縣革二縣爲鄉來屬定遠下在路北地名目直睒雜蠻居之諸葛亮征南中經此睒後號爲牟州唐蒙氏遣爨蠻酋掊夢鎮牟州築城曰耐龍至高氏專大理國政命雲南些莫徒酋夷羨徙民二百戶於黃蓬穽其按夢故城隸高氏元憲宗四年立牟州千戶黃蓬穽爲百戶至元十二年改爲定遠州黃蓬穽爲南寧縣後革縣爲鄉改州爲縣隸本路鎮南州下州在路北昔樸落蠻所居川名欠舍中有城曰雜和至唐時蒙氏併六詔征東蠻取和子雜和二城置石鼓縣又於沙卻置俗富郡沙卻即今州治至段氏封高明量爲楚公欠舍沙卻皆隸之元憲宗三年其酋內附七年立欠舍千戶石鼓百戶至元二十二年改欠舍千戶爲鎮南州立定邊石鼓二縣二十四年革二縣爲鄉仍隸本州　南安州下州在路東南昔黑爨蠻祖瓦晟𡵆居之不隸他部至高氏封威楚方隸焉元憲宗立摩芻千戶隸威楚萬戶至元十二年改千戶爲南安州隸本路領一縣廣通下縣在州之北舊名路睒雜蠻居之南詔閤羅鳳曾立路睒縣至段氏封高明量於威楚其後宜州酋些莫徒裔易裒等附之至高長壽遂處於路睒易裒去舊堡二十里山上築城曰龍戲新柵憲宗七年長壽內附立路睒千戶至元十二年改爲廣通縣隸南安州開南州下州在路西南其川分十二甸昔樸和泥二蠻所居也至蒙氏興立銀生府後爲金齒白蠻所陷移府治於威楚開南遂爲生蠻所據自南詔至段氏皆爲徼外荒僻之地元中統三年平之以所部隸威楚萬戶至元十二年改爲開南州　威遠州下州在開南州西南其川有六昔樸和泥二蠻所居至蒙氏興開威楚爲郡而州境始通其後金齒白蠻酋阿只步等奪其地元中統三年征之悉降至元十三年立開南州及威遠州隸威楚路

武定路軍民府下唐隸姚州在滇北昔獹鹿等蠻居之至段氏使烏蠻阿歷治納洟脁共龍城於共甸又築城名曰易龍其裔孫法瓦浸盛以其遠祖羅婺爲部名元憲宗四年內附七年立爲萬戶隸威楚至元八年併仁德于矢入本部爲北路十二年割出二部改本路爲武定領州二州領四縣　和曲州下州在路西南蠻名巨簉甸僰獇諸種蠻所居元憲宗六年改巨簉甸曰和曲至元二十六年升爲州領二縣南甸下路治本縣蠻曰滇甸又稱洟陬籠至元二十六年改爲縣　元謀下舊名環州元治五甸至元十六年改爲縣　祿勸州下州在路東北甸名洪農碌券雜蠻居之至元二十六年立祿勸州領二縣易龍下易龍者城名在州北地名倚場縣境有二水蠻語謂洟爲水籠爲城因此爲名昔羅婺部大酋居之爲羣酋會集之所至元二十六年立縣　石舊下縣在州東有四甸日掌鳩日法塊日抹捻日曲蔽掌鳩甸有溪遶其三面凡數十渡故名今訛名石舊至元二十六年立縣

鶴慶路軍民府下府治在麗江路東南大理路東北蠻名其地曰鶴川樣共昔隸越析詔漢唐未建城邑唐玄宗開元末閤羅鳳合六詔爲一稱南詔徙治羊苴城地近龍尾鶴柘今府卽其地也文宗太和中蒙勸封祐於樣共立謀統郡蒙氏後經數姓如故元憲宗三年內附爲鶴州七年立二千戶仍稱謀統隸大理上萬戶至元十一年罷謀統千戶復爲鶴州二十年爲燕王分地隸行省二十三年升爲鶴慶府領一縣劍川下縣治在劍川湖西夷云羅魯城案唐史云南詔有六節度劍川其一也初蒙氏未合六詔時有浪穹詔與南詔戰不勝遂保劍川更稱浪劍德宗貞元中南詔擊破之奪劍共諸川地其酋徙居劍睒西北四百里號劍羌蒙氏終至段氏改劍川爲義督賧元憲宗四年內附七年立義督千戶至元十一年罷千戶立劍川縣

雲遠路軍民總管府元貞二年置

徹里軍民總管府大德中置大德中雲南省言大徹里地與八百媳婦犬牙相錯勢均力敵今大徹里胡念已降小徹里復控扼地利多相殺掠胡念日與相拒不得離遣其弟胡倫入朝指畫地形乞別立徹里軍民宣撫司擇通習蠻夷情狀者爲之帥招其來附以爲進取之地乃立徹里軍民總管府

廣南西路宣撫司闕

麗江路軍民宣撫司漢越巂郡西徼地昔麼些蠻居之遂爲越析詔二部皆烏蠻種居鐵橋唐德宗貞元中其地歸南詔元憲宗三年征大理從金沙濟江麼些負固不服四年春平之立察罕章管民官至元八年立宣慰司十三年改爲麗江路立軍民總管府二十二年府罷於通安巨津之閒立宣撫司領府一州七州領一縣

北勝府在麗江之東唐南詔時鐵橋西北有施蠻者貞元中爲異牟尋所破遷其種居之號劍羌名其地曰成偈賧案明史稾云唐時南詔始開其地名北方賧及麼些諸蠻居之號成偈賧互有異同謹附識又改名善巨郡蒙氏終段氏時高智昇使其孫高大惠鎭此郡案明史稾云段氏改成紀鎭謹附識後隸大理元憲宗三年其酋高俊內附至元十五年立爲施州十七年改爲北勝州二十年升爲府　順州在麗江之東俗名牛賧昔順蠻種居劍川共唐貞元閒南詔異牟尋破之徙居鐵橋大婆小婆三探覽等川其酋成斗族漸盛自爲一部遷於牛賧至十三世孫自瞠猶隸大理元憲宗三年內附至元十五年改牛賧爲順州　蒗蕖州治羅共賧在麗江之東北勝永寧南北之閒羅落麼些三種蠻世居之至元九年內附十六年改羅共賧爲蒗蕖州　永寧州昔名樓頭賧接吐蕃東徼地名答藍麼些蠻祖泥月烏逐出吐蕃遂居此賧世屬大理元憲宗三年其三十一世孫和字內附至元十六年改爲州　通安州治在麗江之東雪山之下昔名三賧僕繲蠻所居其後麼些蠻葉古乍奪而有之世隸大理元憲宗三年其二十三世孫麥良內附中統四年以麥良爲察罕章管民官至元九年其子麥丌襲父職十四年改三賧爲通安州　蘭州在蘭滄水之東漢明帝永平中始通博南山道渡蘭滄水置博南縣唐爲盧鹿蠻部至段氏時置蘭溪郡隸大理元憲宗四年內附隸察罕章管民官至元十二年改蘭州　寶山州在雪山之東案明史稾寶山州本漢邪龍縣地謹附識昔麼些蠻居之其先自樓頭徙居此二十餘世元世祖征大理自卞頭濟江由羅邦至羅寺圍大匱等寨其酋內附名其寨曰察罕呼魯罕至元十四年以大匱七處立寶山縣十六年升州　巨津州昔名羅波九賧北接山川鐵橋西鄰吐蕃麼些大酋世居之元憲宗三年內附至元十四年於九賧立巨津州蓋以鐵橋自昔爲南詔吐蕃交會之津渡故名領一縣臨西下縣在州之西北舊名羅裒閒居民皆麼些二種蠻至元十四年立大理州縣於羅裒閒立臨西縣以西臨吐蕃境故也

東川路下至元二十八年立

茫部路軍民總管府下領州二　益良州下　強州下

孟傑路自東川路以下闕元泰定帝泰定三年八百媳婦蠻請官守置木安孟傑府於其地

普安路下治在盤町山陽巴盤江東古夜郞地秦爲黔中地兩漢隸牂牁郡蜀隸興古郡隋立牂州唐置西平州後改與古郡爲盤州蒙氏叛唐其地爲南詔東鄙東爨烏蠻七部落居之其後爨酋阿宋逐諸蠻據其地號於失部世爲酋長元憲宗七年其酋內附命爲於失萬戶至元十三年改普安路總管府明年更立招討司十六年改爲宣撫司二十二年罷司爲路

曲靖等路宣慰司軍民萬戶府曲靖二州在漢爲夜郞味縣地蜀分置興古郡隋初爲恭州協州唐置南甯州東西爨分烏白蠻二種自曲靖州西南昆川距龍和城通謂之西爨白蠻自彌鹿升麻三川南至步頭通謂之

東爨烏蠻太宗貞觀中以西爨歸王為南寧都督襲殺東爨首領蓋聘南詔閣羅鳳以兵脅西爨徙之至龍和皆殘於兵東爨烏蠻復振徙居西爨故地世與南詔為婚居故曲靖州玄宗天寶末征南詔進次曲靖州大敗其地遂沒於蠻元憲宗六年立磨彌部萬戶至元八年改為中路十三年改曲靖路總管府二十年以隸皇太子二十五年升宣撫司領縣一州五州領六縣南寧下倚郭唐以西爨歸王為南寧州都督治石城及閣羅鳳叛州廢蒙氏改石城郡至段氏烏蠻磨彌部酋據五城元憲宗三年內附六年立千戶隸磨彌部萬戶至元十三年升南寧州二十二年革為縣陸涼州下即漢牂牁郡之平夷縣案明史稾云晉於漢之平夷縣置平夷郡唐屬盤州謹附識南詔叛後落温部蠻世居之元憲宗三年內附立落温千戶屬落蒙萬戶至元十三年改為陸涼州領二縣芳華下河納下治蔡村越州下在路之南其川名魯望普麼部蠻世居之元憲宗四年內附六年立千戶隸末迷萬戶至元十二年改越州隸曲靖路　羅雄州下與溪洞蠻獠接壤歷代未嘗置郡其地為塔敝納夷甸俗傳盤瓠六男其一曰蒙由邱後裔有羅雄者居此甸至其孫普恐名其部曰羅雄元憲宗四年內附七年隸普麼千戶至元十三年割夜苴部為羅雄州隸曲靖路　馬龍州下地名曰撒匡昔僰剌居之盤瓠裔納垢逐舊蠻而有其地至羅苴內附於本部立千戶至元十三年改州即舊馬龍城也領一縣通泉下在州西南與嵩明州楊林縣接壤納垢之孫易陬分居其地元初為易龍百戶隸馬龍千戶至元十三年改名通泉縣隸馬龍州　霑益州下在本路之東北據南盤江北盤江之閒唐初置州案明史稾云霑益州漢宛温縣地屬牂牁郡唐初置西平州改盤州謹附識天寶末沒於蠻為僰剌二種所居後磨彌部奪之元初其子孫普垢剛內附憲宗七年以本部隸曲靖磨彌萬戶府至元十三年改霑益州領三縣交水下治易陬龍城其先磨彌部酋蒙提居之後大理國高護軍逐其子孫據之憲宗五年內附至元十三年即其城立縣石梁下係磨彌部又名伍勒其酋世為巫居石梁原山至元十三年為縣羅山下亦名落蒙山乃磨彌部東境

澂江路下治在滇池東南唐屬牂州隸黔州都督府開元中降為羈縻州其地曰羅伽甸初麼些蠻居之後為僰蠻所奪南詔蒙氏為河陽郡至段氏麼些蠻之裔復居此甸號羅伽部元憲宗四年內附六年以羅伽部為萬戶至元三年改萬戶為中路十六年升為澂江路領縣三州二州領三縣河陽下內附後為千戶至元十六年為河陽州二十六年降為縣江州下在澂江路南星雲湖之北蒙氏叛唐使白蠻居之至段氏些麼徒蠻之裔居此城更名步雄部其後弄景內附即本部立為千戶至元十三年改千戶為江川州二十年降為縣陽宗下在本路西北明湖之南昔麼些蠻居之號曰強宗部其酋盧舍內附立本部千戶至元十三年改為縣新興州下漢新興縣唐初隸牂州後南詔叛降為羈縻州案明史稾云漢青蛉弄棟二縣地梁沒於西爨唐羈縻求州謹附識蒙氏為温富州段氏時麼些蠻分居其地內附後立為千戶元至元十三年改新興州案明史稾云元置部傍千戶所改休納縣又置新興州尋省縣入州謹附識隸澂江路領二縣普舍下在州西北昔有強宗部蠻之裔長曰部傍據普具龍城次曰普舍據普札龍城二城之西有白城漢人所築二酋屢爭其地莫能定後普舍孫苴剛內附立本部為千戶至元十三年改千戶為普舍縣治普札龍城隸新興州研和下麼些徒蠻步雄居之其孫龍鐘內附立百戶至元十三年改為縣　路南州下州在本路之東本為路甸有城曰撒呂黑蠻之裔落蒙所築子孫世居之因名落蒙部元憲宗朝內附即本部立萬戶至元七年併落蒙羅伽末迷三萬戶為中路十三年分中路為二路改羅伽為澂江路案前澂江路注云憲宗六年以羅伽部為萬戶至元三年改萬戶為中路十六年升為澂江路與此處年分不合考雲南通志至元十三年賽音諤德齊以改定雲南諸路名號來上凡為路三十七澂江之升當在此時前作十六年蓋誤謹附識落蒙為路南州隸澂江路領一縣邑市下至元十三年邑市彌歪二城立邑市縣彌沙等五城立彌沙縣二十四年併彌沙入本縣隸路南州

普定路本普里部歸附後改普定府大德七年改為路仁德府昔僰剌蠻居之其部曰仲扎溢源後烏蠻之裔新丁奪而有之至四世孫因其祖名新丁以為部號語訛為仁地案明史稾云南詔為尋甸部謹附識元憲宗五年內附明年立本部為仁地萬戶至元初復叛四年降之仍為萬戶十三年始改萬戶為仁德府領縣二為美下縣治在府北地名溢浦適俗睒甸即仁地故部至元二十四年置縣歸厚下縣治在府西地名易很浦龍舊隸仁地部至元二十四年分立二縣曰倘俸曰為美二十五年改倘俸曰歸厚

羅羅蒙慶等處宣慰司都元帥府

建昌路下本古越巂地唐初設中都府案唐書地理志作中都督府元志蓋誤治越巂肅宗至德中沒于吐蕃貞元中復之懿宗時蒙詔立城曰建昌府以烏白二蠻實之其後諸酋爭強不能相下分地為四推段興為長其裔浸強遂併諸酋自為府主大理不能制傳至阿宗娶落蘭部建蒂女沙智元憲宗朝建蒂內附以其壻阿宗守建昌至元十二年析其地置總管府五州二十三建昌其一路也設羅羅宣慰司以總之本路領縣一州九州領一縣中縣治在任頭回甸蓋越巂之東境也所居烏蠻自別為沙麻部以酋長所立處為中州至元十年內附十四年仍為中州二十二年降為縣隸建昌路　建安州下即總府所治建蒂既平分建昌府為萬戶二又置千戶二至元十五年割建鄉城十四村又建蒂四村立寶安州十七年改本千戶為建安州二十六年革寶安州以其鄉村來屬　永寧州下在建昌之東郭唐時南詔立建昌郡領建安永寧二州元至元九年西平王平建蒂十六年分建昌為二州在城曰建安東郭曰永寧俱隸建昌路　瀘州下州在路西昔名沙城瞼即諸葛武侯擒孟獲之地段氏立城名洟籠隸建昌元憲宗時建蒂內附復叛至元九年平

之十五年改渶龍爲瀘州　禮州下州在路西北所治
曰籠麼城南詔末諸蠻相侵奪至段氏與併有其地裔
孫阿宗內附復叛元至元九年平之設千戶十五年改
爲禮州領一縣瀘沽縣在州北昔羅落蠻所居至蒙氏霸諸部以烏蠻酋守此城後漸盛
自號曰落蘭部或稱羅落其裔蒲德遣其姪建蔕內附建蔕繼叛殺蒲德自爲酋長併有諸部至元九年平之
設千戶十三年升萬戶十五年改縣　里州下唐隸巂州都督蒙詔時落
蘭部小酋阿都之裔居此因名阿都部元憲宗時其酋
納空隨建蔕內附中統三年叛至元十年其子耶吻效
順隸烏蒙十八年設千戶二十二年同烏蠻叛奔羅羅
斯二十三年升軍民總管府二十六年府罷爲州隸建
昌路　潤州下州治密納甸昔仲由蒙之裔孫名科居
此因以名爲部號後訛爲潤至三十七世孫爽羅內附
至元九年設千戶二十六年改爲州　邛部州下州在
路東北大渡河之南越巂之東北唐立邛部縣後沒于
蠻至宋歲貢名馬土物封其酋爲邛都王今其地稱爲
邛部川治烏弄城昔麼些蠻居之後仲由蒙之裔奪其
地元憲宗時內附中統五年立邛部川安撫招討使隸
成都元帥府至元十年割屬羅羅斯宣慰司二十一年
改爲州　隆州下州在路之西南與漢邛部縣接境案漢書地理志越巂郡有邛都縣元志作邛部蓋誤　唐會川縣之西北蒙氏改會川
爲會同遷立五瞼本州爲邊府瞼其後瞼主楊大蘭於
瞼北壇上立城分派而居名曰大隆城卽今州治也元
至元十三年內附十四年設千戶十七年改隆州　姜
州下姜者蠻名也烏蠻仲牟由之裔阿壇絳始居閟畔
部其孫阿羅仕大理國主高泰是時會川有城曰龍納
羅落蠻世居焉阿羅挾高氏之勢攻拔之遂以祖名曰
絳部元憲宗時隨閟畔內附因隸焉至元八年爲落蘭
部酋建蔕所破九年平之遂隸會川後屬建昌十五年
改爲姜州二十七年復屬閟畔部後又屬建昌
德昌路軍民府下漢邛都縣地唐沒於南詔路在建昌
西南所居蠻號屈部元至元九年內附十二年立定昌
路以本部爲昌州二十三年罷定昌路併入德昌路治
本州葛魯城領州四　昌州下路治本州初烏蠻阿屈
之裔寖強用祖名爲屈部其孫烏則至元九年內附十
二年改本部爲州兼領普濟威龍隸定昌路二十三年
罷定昌路併隸德昌　德州下在路之北其地今名吾
越甸城曰亦苴龍所居蠻苴那以遠祖名部曰禎綖憲
宗時內附至元十二年立千戶十三年改爲德州隸德
平路二十三年改隸德昌　威龍州下州在路西南本
名巴翠部領小部三一曰沙媧普宗二曰烏雞泥祖三
曰媧諾龍苴蒲皆獹魯蠻種也至元十五年合三部立
威龍州隸德昌　普濟州下州在路西北本名玗甸昔
爲荒僻之地獹魯蠻世居之後屬屈部至元九年隨屈
部內附十五年於玗甸立定昌路案前德昌路注云至元十一年立定昌路此處作十五年疑誤二十三年路革改隸德昌
會川路下路在建昌南唐移邛部於此其地當征蠻之
要衝諸酋聽會之所故名天寶末沒於南詔立會川都
督府又號清寗郡至段氏仍爲會川府元至元九年內
附十四年立會川路治武安州領州五　武安州下蠻
稱龍泥城至元十四年立管民千戶十七年改爲武安
州　黎溪州下蠻云黎彊訛爲今名初烏蠻與漢人雜
處及南詔閣羅鳳叛徙白蠻守之蒙氏終羅羅逐去白
蠻段氏興令羅羅蠻乞夷據其地至元九年其裔阿夷
內附改其部爲黎溪州　永昌州下在路北治故歸依
城卽古會川也唐天寶末沒於南詔置會川都督至蒙
氏改會同府置五瞼徙張王李趙楊周高段何蘇龔尹
十二姓於此以趙氏爲府主居今州城趙氏弱王氏據
之及段氏與高氏專政逐王氏以其子高政治會川元
憲宗三年征大理高氏逃去九年故酋王氏孫阿龍率
衆內附至元八年以其男阿禾領會川十四年改管民
千戶十七年立永昌州隸會川路　會理州下州在會川
府東南唐時南詔屬會川節度地名昔陀有蠻名阿壇
絳亦仲由蒙之遺種其裔羅於則得昔陀地居之取祖
名曰絳部後强盛盡有四州之地號蒙歪元憲宗八年
其孫亦蘆內附隸閟畔萬戶至元四年屬落蘭部十三
年改隸會川十五年置會理州仍隸會川路二十七年
復屬閟畔部　麻龍州下麻龍者城名也地名棹羅能
烏蠻蒙次次之裔祖居閟畔東川後普恐遷苗臥龍其
孫阿麻內附至元五年爲建蔕所併十二年屬會川十
四年立管民千戶隸會川路十七年立爲州二十七年
割屬閟畔部
柏興府漢爲定筰縣隸越巂郡唐立昆明縣天寶末沒
於吐蕃後復屬南詔改香城郡元至元十年其鹽井摩
沙酋羅羅將獹鹿茹庫內附十四年立鹽井管民千戶
十七年改爲閏鹽州以獹鹿部爲普樂州俱隸德平路
二十七年併普樂閏鹽二州爲閏鹽縣立柏興府隸羅
羅宣慰司領縣二　閏鹽下倚郭以縣境有鹽井故名　金下縣在府北漢越巂郡北
境與吐蕃接元至元十五年立爲金州後降爲縣以縣境斛薁和山出金故名
臨安廣西元江等處宣慰司兼管軍萬戶府
臨安路下唐隸牂州按明史稾云古句町國漢句町縣屬牂牁郡唐羈縻牂州地謹附識
天寶末沒於南詔蒙氏立都督府二其一曰通海郡段

氏改爲秀山郡阿僰部蠻居之元憲宗六年內附以本部爲萬戶至元八年改爲南路十三年又改爲臨安路領縣二千戶一州三州領二縣

河西下縣在杞麓湖之南又名其地曰休臘昔莊蹻王其地唐初於姚州之南置西宗州領三縣地河西其一也天寶後沒於蠻爲步雄部後阿僰蠻易渠奪而居之元憲宗六年內附七年卽阿僰部立萬戶休臘隸之至元十三年始爲河西州隸臨安路二十六年降爲縣

蒙自下縣界南隣交阯西近建水州縣境有山名目則漢語訛爲蒙自上有故城白蠻所築郎今縣治下臨巴甸南詔時以趙氏鎭守至段氏阿僰蠻居之元憲宗六年內附繼叛七年平之立千戶隸阿僰萬戶至元十三年改阿僰萬戶爲臨安路以本千戶爲縣

捨資千戶蒙自縣之東阿僰蠻居地昔名窊古又曰部竰甸傳至裔孫捨資因以爲名內附後隸蒙自千戶至元十三年改蒙自爲縣其地近交阯遂以捨資爲安南道防送軍千戶隸臨安路

建水州下在本路之南治故建水城唐元和閒蒙氏所築又稱步頭亦云巴甸每夏秋溪水漲溢如海蠻謂海爲惠大爲歷故名惠歷漢語曰建水歷趙楊李段數姓皆仍舊名些麽徒蠻所居內附後元立千戶隸阿僰萬戶至元十三年改建水州隸臨安路

石平州下按雲南通志石平州平當作坪謹附識在路之西南阿僰蠻據之得石坪聚爲居邑名曰石坪至元七年改邑爲州隸臨安路

甯州下在本路之東唐置黎州案明史稾云唐分南甯州地置西甯州於此後改黎州謹附識天寶末沒於蠻地號浪曠蠻語謂旱龍也步雄部蠻些麽徒據之後屬爨蠻酋阿幾以浪曠割與甯酋豆圭元憲宗四年甯酋內附至元十三年改爲甯州隸臨安路舊領三縣通海峨西沙西沙在州東甯部蠻世居之其裔孫西沙築城於此因名西沙籠憲宗四年其酋普提內附就居此城爲萬戶至元十三年立爲西沙縣二十六年以隸甯州至治二年併入州領二縣

通海下倚郭元初立通海千戶隸善闡萬戶至元十三年改通海縣隸甯海府二十七年府革直隸甯安路今割隸甯州

嶍峨下縣在河西縣之西舊屬滇國昔嶍猊蠻居之後阿僰酋逐嶍猊據其地至其孫阿攷內附以其部立千戶至元十三年改爲州領邛洲平甸二縣二十六年降爲縣併二縣爲鄉隸臨安路今割隸甯州

廣西路下東爨烏蠻彌鹿等部所居唐爲羈縻州隸黔州都督府後師宗彌勒二部寖盛蒙氏段氏莫能制元憲宗七年二部內附隸落蒙萬戶至元十二年籍二部爲軍立廣西路十八年復爲民領州二

師宗州下在路之東南昔爨蠻逐獠僰等居之其後師宗據匿弄甸故名師宗部至元十二年立爲千戶十八年復爲民二十七年改爲州

彌勒州下在路南昔些麽徒蠻之裔彌勒得郭甸巴甸部籠而居之故名其部曰彌勒至元十二年爲千戶十八年復爲民二十七年改爲州

元江路下古西南夷地阿僰諸部蠻自昔據之案明史稾云元江唐時南詔屬銀生節度徙白蠻十姓戍之後和泥據之居羅槃甸宋時爲麽些徒蠻阿僰諸部所有謹附識元憲宗四年內附七年復叛率諸部築城以拒命至元十三年遙立元江府以羈縻之二十五年命雲南王平之割羅槃馬籠步日思麽羅丑羅陀步騰步竭台威台陽設棲你陀十二部於威遠立元江路

步日部在本路之西蒙氏立此甸徙白蠻鎭之名部日瞼

馬籠部因馬籠山立寨在本路之北所居蠻阿僰元初立爲千戶屬甯州萬戶至元十三年改隸元江萬戶二十五年屬元江路

大理金齒等處宣慰司都元帥府

大理路軍民總管府上本漢楪榆縣地案漢書楪榆作葉榆謹附識唐於昆明栟棟州案漢書栟棟作弄棟謹附識置姚州都督府治楪榆洱河蠻案明史稾云漢爲益州永昌二郡地蜀漢屬雲南郡晉屬甯州唐羈縻匡州地謹附識後蒙舍詔皮羅閣逐河蠻取太和城至閤羅鳳號大蒙國雲南先有六詔至是請於朝求合爲一從之蒙舍在其南故稱南詔徙治太和城至異牟尋又遷於喜郡史城又徙居羊苴咩城卽今府治改號大禮國其後鄭趙楊三氏互相簒奪至石晉時段思平更號大理國元憲宗三年收附六年立上下二萬戶至元七年併二萬戶爲大理路設錄事司領縣一府二州五府領一縣州領二縣

太和倚郭憲宗七年於城內外立上中下三千戶至元二十六年卽中千戶立錄事司上下二千戶立縣案明史稾云本漢葉楡隋時洱河蠻居此置太和城元收大理國地置理州及河東縣尋省州改縣曰太和謹附識

永昌府唐時蒙氏據其地歷段氏高氏皆爲永昌府案明史稾古哀牢國地漢置不韋縣屬益州郡東漢屬永昌郡唐屬姚州後入於蠻謹附識元憲宗七年分永昌之永平立千戶至元十一年立永昌州十五年升爲府隸大理路領一縣

永平下縣在府東鹿滄江之東卽漢博平縣唐蒙氏改勝鄉郡屬永昌元至元十一年改永平縣案後漢書永昌郡有博南縣永平中置疑博平縣係博南縣之訛謹附識

騰衝府在永昌之西卽越賧地唐置羈縻郡蒙氏九世孫異牟尋取越賧逐諸蠻有其地爲軟化府其後白蠻徙居之改騰衝府元憲宗三年酋高救內附至元十一年改藤越州又立藤越縣十四年改騰衝府二十五年罷州縣府如故

鄧川州下在本路北蠻有六詔邆賧其一也唐置邆川州治大釐蒙氏襲而奪之後改德原城隸大理段氏因之元憲宗三年內附七年立德原千戶隸大理上萬戶至元十一年改德原城爲鄧川州領一縣

浪穹下本名彌茨乃浪穹詔所居之地唐初其王鐸羅望與南詔戰不勝保劍川更稱浪劍貞元中南詔破之以浪穹施浪邆賧總三浪爲浪穹州元憲宗七年內附立浪穹千戶隸大理上萬戶至元十一年降爲縣隸鄧川州

蒙化州下本蒙舍城唐置陽瓜州天寶閒鳳伽異爲州刺史段氏爲開南縣元憲宗七年以蒙舍立千戶屬大理上萬戶至元十一年立蒙化府十四年升爲路二十年降爲州復隸大理路

趙州下昔爲羅落蠻所居地蒙氏立國有十瞼趙州瞼其一也蠻爲瞼若州皮羅閣置趙郡閤羅鳳改爲州段氏改天水郡元憲宗七年立趙瞼千戶隸大理下萬戶至元十一年改爲州又於白崖瞼立建甯縣隸

本州卽古勃弄地二十五年縣革入州隸大理路　姚州下　唐於栟榛川置姚州都督府天寶閒閤羅鳳叛取姚州附吐蕃終段氏爲姚州府案明史稾云南詔置栟榛大理段氏改爲姚府謹附識至元憲宗三年內附七年立統矢千戶大姚堡千戶至元十二年罷統矢立姚州隸大理路領一縣大姚下唐置西濮州後更名髳州南接姚州統縣四一曰青蛉卽此地夷名大姚堡與弄棟川相接元憲宗七年立千戶隸大理下萬戶至元十一年罷千戶立大姚縣隸姚州

雲南州下　唐以漢雲南縣置郡蒙氏至段氏並爲雲南州元憲宗七年立千戶案雲南通志唐初置雲南州貞觀中改匡州又於州東南置鏡州蒙氏爲雲南瞼改品甸縣宋段氏復爲雲南州元立品甸千戶史志未詳謹附識隸大理下萬戶至元十一年立雲南州蒙憐路軍民府至元二十七年從雲南行省請以蒙憐甸爲蒙憐路軍民總管府蒙萊甸爲蒙萊路軍民總管府其餘闕

蒙萊路軍民府闕

金齒等處宣撫司其地在大理西南蘭滄江界其東與緬地接其西土蠻凡八種曰金齒曰白夷曰僰曰峨昌曰驃曰繲曰渠羅曰比蘇元憲宗四年平定大理繼征白夷等蠻中統初金齒白夷諸酋各遣子弟朝貢二年立安撫司以統之至元八年分金齒白夷爲東西兩路安撫使十二年改西路爲建寧路東路爲鎭康路十五年改安撫爲宣撫立六路總管府二十三年罷兩路宣撫司併入大理金齒等處宣撫司

柔遠路在大理之西永昌之南其地曰潞江曰普坪瞼曰申瞼僰寨曰烏摩坪僰蠻卽通典所謂黑爨也中統初僰酋阿八思入朝至元十三年與芒施鎭康鎭西平緬麓川俱立爲路隸宣撫司

芒施路在柔遠路之南瀘江之西其地曰怒謀曰大枯睒曰小枯睒卽唐史所謂茫施蠻也中統內附至元十三年立爲路隸宣撫司

鎭康路在柔遠路之南蘭江之西其地曰石睒亦黑僰所居中統初內附至元十三年立爲路隸宣撫司

鎭西路在柔遠路正西東隔麓川其地曰于賴睒曰渠瀾睒白夷蠻居之中統初內附至元十三年立爲路隸宣撫司

平緬路北近柔遠路其地曰驃睒曰羅必四莊曰小沙摩弄曰驃睒頭白夷居之中統初內附至元十三年立爲路隸宣撫司

麓川路在芒施路東其地曰大布茫曰睒頭附賽曰睒中彈吉曰睒尾福祿培皆白夷所居中統初內附至元十三年立爲路隸宣撫司

南睒在鎭西路西北其地有阿賽睒午眞睒白夷峨昌所居元初內附至元十五年隸宣撫司

附各甸寨軍民府

烏撒烏蒙宣慰司在本部巴的甸烏撒者蠻名也其部在中慶東北七百五十里舊名巴凡兀姑今曰巴的甸自昔烏雜蠻居之今所轄部六曰烏撒部阿頭部易溪部易娘部烏蒙部閟畔部其東西又有芒布阿晟二部後烏蠻之裔折怒始强大盡得其地因取遠祖烏撒爲部名元憲宗征大理累招不降至元十年始附十三年立烏撒路十五年爲軍民總管府二十一年改軍民宣撫司二十四年升烏撒烏蒙宣慰司

木連路軍民府以下闕

蒙光路軍民府

木邦路軍民府案續輿地攷云舊名孟都一名孟邦元至元二十六年立木邦路軍民總管府謹附識

孟定路軍民府案續輿地攷云舊名景麻元至元二十六年改孟定路軍民總管府謹附識

謀粘路軍民府案方輿紀要孟定府有廢謀粘路元至元中置謹附識

南甸軍民府案續輿地攷云舊名南宋元至元中立軍民總管府謹附識

六難路甸軍民府

陋麻和管民府

雲龍甸軍民府案輿地攷云舊雲龍甸元至元末立軍民總管府謹附識

縹甸軍民府

二十四寨達嚕噶齊

孟隆路軍民府

木朵路軍民總管府至元三十年以金齒木朵甸戶口增殖立下路總管府其爲長者給以兩珠虎符

金齒孟定各甸軍民官

孟愛等甸軍民府至元二十一年金齒新附孟愛甸酋長遣其子來朝卽其地立軍民總管府

蒙兀路

通西軍民總管府大德元年蒙陽甸酋領緬吉納款遣其弟阿不剌等赴闕進方物且請歲貢銀千兩及置郡縣驛傳遂立通西軍民府

木來軍民府至元二十九年雲南省言新附金齒適當蒙古圖嚕默色出征軍馬之衝賓其芻糧擬立爲木來路中書省奏置散府以巴拜爲達嚕噶齊用其土人馬列知府事

州郡

元

江浙等處行中書省為路三十府一州二屬州二十六屬縣一百四十三本省陸站一百八十處水站八十二處

江南浙西道肅政廉訪司

杭州路上宋為臨安府元至元十三年平江南立兩浙都督府又改為安撫司十五年改為杭州路總管府二十一年自揚州遷江淮行省來治於杭改曰江浙行省置左右錄事司按元世祖本紀至元二十八年改江淮行省為江浙等處行中書省治杭州與志互異謹附識領縣八州一錢塘上仁和上與錢塘分治城下餘杭中臨安中新城中富陽中於潛中昌化中海鹽州中元元貞元年升鹽官縣為鹽官州天曆二年改海寧州

湖州路上唐為湖州宋改安吉州元至元十三年升湖州路設錄事司領縣五州一烏程上歸安上與烏程皆為倚郭安吉中德清中武康中長興州中元貞元年升長興縣為州

嘉興路上宋為嘉禾郡又升嘉興府元改為路設錄事司領縣一州二嘉興上倚郭海鹽州中元貞元年升海鹽縣為州崇德州中元貞元年升崇德縣為州

平江路上宋為平江府元至元十三年升平江路設錄事司領縣二州四吳上長洲上與吳縣並為倚郭崑山州中元貞元年升崑山縣為州常熟州中元貞元年升常熟縣為州吳江州中元貞元年升吳江縣為州嘉定州中元貞元年升嘉定縣為州

常州路上本常州至元十四年升為路設錄事司領縣二州二晉陵中倚郭武進中倚郭宜興州中宋宜興縣元至元十五年升宜興府二十年仍為縣二十一年復升為府仍置宜興縣以隸之元貞元年府縣俱廢止立宜興州無錫州中元貞元年升無錫縣為州

鎮江路下宋為鎮江府元至元十三年升為鎮江路設錄事司領縣三丹徒中倚郭丹陽中金壇中

建德路上宋為建德府元至元十三年改建德府安撫司十四年改建德路設錄事司領縣六建德中倚郭淳安中遂安下桐廬中分水中壽昌中

松江府宋為華亭縣屬秀州元至元十四年升為華亭府十五年改松江府仍置華亭縣以隸之領縣二華亭上倚郭上海上本華亭縣地至元二十七年以戶口繁多置上海縣屬松江府

江陰州上宋為江陰軍元至元十二年依舊置軍行安撫司事十四年升為江陰路總管府後降為江陰州按宋史地理志江陰軍領江陰一縣當是元時省併謹附識

浙東道宣慰司都元帥府元治婺州大德六年移治慶元

慶元路上宋為慶元府元至元十三年改置宣慰司十四年改為慶元路總管府設錄事司領縣四州二鄞上倚郭象山中慈溪中定海中奉化州下元貞元年升奉化縣為州昌國州下至元十四年升昌國縣為州仍置昌國縣以隸之後止立昌國州

衢州路上宋為衢州元至元十三年改衢州路總管府設錄事司領縣五西安中倚郭龍游上江山下按宋史地理志禮賢縣注云本江山縣南渡後改續輿地考云元復禮賢為江山縣謹附識常山下宋改信安今復舊名開化中

浙東海右道肅政廉訪司

婺州路上宋為婺州保寧軍元至元十三年改婺州路設錄事司領縣六州一金華上倚郭東陽上義烏上永康中武義中浦江中蘭溪州下元貞元年升蘭溪縣為州

紹興路上宋為紹興府元至元十三年改紹興路設錄事司領縣六州二山陰上會稽中與山陰俱倚郭上虞上蕭山中嵊上新昌中餘姚州下元貞元年升餘姚縣為州諸暨州下元貞元年升諸暨縣為州按浙江通志云至正十九年改諸暨州為諸全州二十六年仍為諸暨州謹附識

溫州路上宋為瑞安府元至元十三年置溫州路設錄事司領縣二州二永嘉上倚郭樂清下瑞安州下元貞元年升瑞安縣為州平陽州下元貞元年升平陽縣為州

台州路上宋為台州元至元十三年置安撫司十四年改台州路總管府設錄事司領縣四州一臨海上倚郭仙居上寧海上天台中黃巖州下元貞元年升黃巖縣為州

處州路上宋為處州元至元十三年立處州路總管府設錄事司領縣七麗水中倚郭龍泉中松陽中遂昌中青田中縉雲中慶元中

江東建康道肅政廉訪司

寧國路上宋為寧國府元至元十四年升寧國路總管府設錄事司領縣六宣城上倚郭南陵中涇中寧國中旌德中太平中

徽州路上宋為徽州元至元十四年升徽州路設錄事司領縣五州一歙上倚郭休寧中祁門中黟下績溪中婺源州下元貞元年升婺源縣為州

饒州路上宋饒州元至元十四年升饒州路總管府設錄事司領縣三州三鄱陽上倚郭德興上安仁中餘干

州中 元貞元年升餘干縣爲州 浮梁州中 元貞元年升浮梁縣爲州 樂平州中 元貞元年升樂平縣爲州

江南諸道行御史臺

集慶路上 宋爲建康府元至元十二年歸附十四年升建康路初立行御史臺於揚州既而徙杭州又徙江州又還杭州二十三年自杭州徙治建康天曆二年以文宗潛邸改建康路爲集慶路設錄事司領縣三州二上元中倚郭 江寧中倚郭 句容中 溧水州中 元貞元年升溧水縣爲州 溧陽州中 至元十六年升溧陽縣爲溧陽路二十七年復降爲縣後復升爲州

太平路下 宋爲太平州元至元十四年升爲太平路設錄事司領縣三當塗中倚郭 蕪湖中 繁昌下

池州路下 宋爲池州元至元十四年升爲路設錄事司領縣六貴池下倚郭即秋浦縣吳改爲貴池 青陽下 建德下 銅陵下 石埭中 東流下

信州路上 宋爲信州元至元十四年升爲路設錄事司領縣五上饒上倚郭 玉山中 弋陽中 貴溪中 永豐中

廣德路下 宋爲廣德軍元至元十四年升爲路設錄事司領縣二廣德中倚郭 建平中

鉛山州中 宋鉛山縣元至元二十九年割上饒之乾元永樂二鄉弋陽之新政善政二鄉來屬升爲鉛山州直隸行省

福建道宣慰使司都元帥府大德元年立

福建閩海道肅政廉訪司

福建路上 宋爲福建路元至元十五年爲福州路十八年遷泉州行省於本州十九年復遷泉州二十年仍遷本州二十二年併入杭州設錄事司領縣九州二州領二縣閩中倚郭 侯官中倚郭 懷安中 古田上 閩清中 長樂中 連江中 羅源中 永福中 福清州下 元貞元年升福清縣爲州 福寧州上 元升長溪縣爲福寧州領二縣 按福建通志升州在至元二十三年謹附識 寧德中 福安中

建寧路下 宋爲建寧軍元至元二十六年升爲路設錄事司領縣七建安中倚郭 甌寧中與建安俱倚郭 浦城中 建陽中 按宋史地理志嘉禾縣注云本建陽縣理宗景定元年改當是元初復舊名建陽謹附識 崇安中 松溪下 政和下

泉州路上 宋爲平海軍元至元十四年立行宣慰司兼行征南元帥府事十五年改宣慰司爲行中書省升泉州路總管府十八年遷行省於福州路十九年復還泉州二十年仍遷福州路按福建通志云大德二年改爲泉寧府謹附識 設錄事司領縣七晉江中倚郭 南安中 惠安下 同安下 永春下 安溪下 德化下

興化路下 宋置太平軍又改興化軍元至元十四年升興化路設錄事司領縣三莆田中 宋置興化軍遷治莆田元至元十三年割左右二廂屬錄事司縣如故 仙游下 興化下 軍治元在此後移於莆田此縣爲屬邑

邵武路下 宋邵武軍元至元十三年爲邵武路設錄事司領縣四邵武中倚郭 光澤中 泰寧中 建寧中

延平路下 宋爲南劍州元至元十五年升南建路後改延平路 按福建通志云大德六年改爲延平路謹附識 設錄事司領縣五南平中倚郭 按宋史地理志無南平縣據福建通志云元大德間改劍浦縣爲南平縣謹附識 尤溪中 沙中 順昌中 將樂中

汀州路下 宋爲汀州隸福建路元至元十五年升爲汀州路設錄事司領縣六長汀中倚郭 寧化中 清流下 按福建通志云宋哲宗元符元年置清流縣理宗紹定中廢元復置謹附識 蓮城下 按福建通志云元改蓮城爲連城謹附識 上杭下 武平下

漳州路下 宋爲漳州元至元十六年升漳州路設錄事司領縣五龍溪下倚郭 漳浦下 龍巖下 長泰下 南靖下 本南勝改今名 按福建通志云至治中析龍溪漳浦龍巖三縣地置南勝縣順帝至正十六年改爲南靖謹附識

江西等處行中書省爲路一十八州九屬州一十三屬縣七十八本省馬站八十五處水站六十九處

江西湖東道肅政廉訪司

龍興路上 宋爲隆興府元至元十二年設行都元帥府及安撫司仍令南昌新建豐城進賢奉新靖安分寧武寧八縣置錄事司十四年改元帥府爲江西道宣慰司本路爲總管府立行中書省十五年立江西湖東道提刑按察司移省於贛州十六年復還隆興十七年併入福建行省止立宣慰司十九年復立罷宣慰司隸皇太子位二十一年改隆興府爲龍興路領縣六州二南昌上倚郭至元二十年割錄事司所領城外二廂東南兩關來屬 新建上倚郭 進賢中 奉新中 靖安中 武寧中 至元二十三年置寧州縣爲倚郭大德八年於分寧置寧州武寧直隸本路 富州上 本豐城縣宋屬隆興府元至元十九年隸皇太子位二十三年升爲富州 寧州中 本分寧縣至元二十三年於武寧縣置寧州武寧爲倚郭縣大德八年割武寧直隸本路遂徙州治於分寧

吉安路上 宋爲吉州元至元十四年升吉州路總管府置錄事司元貞元年改吉州爲吉安路領縣五州四廬陵上倚郭 永豐上 萬安中 龍泉中 永寧下 至順間分永新州立 按明勝志云永寧縣本永新州之勝業鄉元至順初守土官以鄉去州城道險而遠民罷征役乞別置縣從之謹附識 吉水州中 元貞元年升吉水縣爲州 安福州中 元貞元年升安福縣爲州 太和州下 元貞元年升太和縣爲州 永新州下 元貞元年升永新縣爲州

瑞州路上 宋爲瑞州元至元十四年升瑞州路設錄事

司領縣二州一高安上倚郭 上高中 新昌州下元貞元年升新昌縣爲州

袁州路上宋爲袁州元至元十三年置安撫司十四年改總管府設錄事司隸湖南行省十九年升路隸江西行省領縣三州一宜春上倚郭 分宜上 萬載中 萍鄉州中元貞元年升萍鄉縣爲州

臨江路上宋臨江軍隸江南西道元至元十三年隸江西行都元帥府十四年改臨江路總管府設錄事司領縣一州二清江上宋郎縣治置臨江軍元至元十四年升軍爲路而縣爲倚郭 新淦州中元貞元年升新淦縣爲州 新喻州中元貞元年升新喻縣爲州

撫州路上宋爲撫州元至元十四年升撫州路總管府設錄事司領縣五臨川上 崇仁上 金溪上 宜黃中 樂安中

江州路上宋爲定海軍元至元十二年置江東西宣撫司十三年改爲江西大都督府隸揚州行省十四年罷都督府升江州路隸龍興行都元帥府後置行中書省江州直隸焉十六年隸黃蘄等路宣慰司二十二年復隸行省設錄事司領縣五德化中唐潯陽縣 瑞昌中 彭澤中 湖口中 德安中

南康路下宋爲南康軍元至元十四年升南康路隸江淮行省二十二年屬江西設錄事司領縣二州一星子下南康治所 都昌上 建昌州下元貞元年升建昌縣爲州

贛州路上宋爲贛州元至元十四年升贛州路總管府十五年設錄事司隸江西省領縣五州二州領三縣贛上州治所 興國中 信豐下 雩都下 石城下 寧都州下大德元年升寧都縣爲州按寰宇通志云元升寧都爲州以石城屬之 領縣二龍南下至元二十四年併入信豐縣至大三年復置 安遠下至元二十四年省入會昌縣至大三年復置 會昌州下大德元年升會昌縣爲州領縣一瑞金下舊屬虔州大德元年來屬

建昌路下宋爲建昌軍元至元十四年改建昌路總管府置錄事司領縣三南城上 新城中 廣昌中

南安路下宋爲南安軍元至元十四年改南安路總管府割大庾縣在城四坊設錄事司十六年廢錄事司領縣三大庾中倚郭 南康中 上猶下南唐爲上猶宋改南安元至元十六年改永清後復爲上猶 按江西通志云元至元五年改永清六年復舊名與元志異謹附識 南豐州下至元十九年升南豐縣爲州直隸行省

廣東宣慰使司都元帥府

海北廣東道肅政廉訪司

廣州路上宋爲廣州升帥府元至元十三年內附十五年立廣東道宣慰司立總管府并錄事司領縣七南海中倚郭 番禺下倚郭 東莞中 增城中 香山下 新會下 清遠下

韶州路下宋爲韶州元至元十三年內附十五年立總管府設錄事司領縣四曲江中元初分縣城西廂地及城外三廂屬錄事司 樂昌下 仁化下 乳源下

惠州路下宋爲惠州元至元十六年改惠州路總管府領縣四歸善下倚郭 博羅下 海豐下 河源下

南雄路下宋爲南雄州元至元十五年改南雄路總管府領縣二保昌下本湞昌宋改今名 始興下

潮州路下宋爲潮州元至元十五年歸附十六年改爲總管府二十二年設錄事司領縣三海陽下倚郭 潮陽下 揭陽下

德慶路下宋爲德慶府元至元十四年廣西宣慰司以兵取之改隸廣西道十七年立德慶路總管府後仍屬廣東道領縣二端溪下 瀧水下

肇慶路下宋爲肇慶府元至元十六年廣南西道宣慰司定之因隸廣西十七年改爲下路總管府仍屬廣東領縣二高要中倚郭 四會中

英德州下宋爲英德府元至元十三年歸附十五年立英德路總管府二十三年降爲散州按廣東通志云英德路至元十五年置領貞陽浛光二縣二十三年降爲州隸廣東元帥府廢二縣謹附識 大德五年復爲路至大元年復降爲州領縣一翁源大德五年置 按廣東通志翁源縣舊屬韶州至元十五年省入曲江大德五年復置來屬延祐六年又併入曲江謹附識

梅州下宋爲梅州元至元十三年歸附十六年置總管府二十三年改爲散州領縣一程鄉

南恩州下宋爲南恩州元至元十三年置南恩路總管府十九年降爲散州領縣二陽江下 陽春下

封州下宋爲封州元至元十三年歸附隸西道十六年立封州路總管府後又降爲散州仍屬東道領縣二封川下 開建下

新州下宋爲新州元至元十六年置新州路總管府十九年降爲散州領縣一新興下

桂陽州下至元十九年升桂陽縣爲散州割連州陽山縣來屬初隸湖南道宣慰司後隸廣東道領縣一陽山下

連州下宋爲連州元至元十三年置安撫司直隸行中書省十七年廢安撫司升爲連州路總管府隸湖南道宣慰司十九年降爲散州隸廣東道領縣一連山下

循州下宋爲循州博羅郡元至元十三年立總管府二十三年降爲散州領縣三龍川下 興寧下 長樂下按廣東通志云元貞元年以長樂縣屬惠州路泰定元年還屬謹附識

州郡

元

湖廣等處行中書省爲路三十州十三府三安撫司十五軍三屬府三屬州十七屬縣一百五十管番民總管一本省陸站一百處水站七十三處

江南湖北道肅政廉訪司

武昌路上宋爲荆湖北路元至元十一年權州事張晏然以城降自是湖北州郡悉下是年立荆湖等路行中書省并本道安撫司十三年設錄事司十四年立湖北宣慰司改安撫司爲鄂州路總管府并鄂州行省入潭州行省十八年遷潭州行省於鄂州移宣慰司於潭州十九年隨省處例罷宣慰司本路隸行省大德五年以鄂州首來歸附又世祖親征之地改武昌路領縣七江夏倚郭中　咸寧下　嘉魚下　蒲圻中　崇陽中　通城中　武昌下宋升壽昌軍以其爲江西衝要地也元因之至元十四年升散府治本縣後革府以縣屬本路

岳州路上宋爲岳陽軍元至元十二年歸附十三年立岳州路總管府設錄事司領縣三州一巴陵上倚郭　臨湘中　華容中　平江州下元貞元年升平江縣爲州

常德路上宋常德府元至元十二年置常德府安撫司十四年改爲總管府設錄事司領縣一州二州領縣一武陵上倚郭　桃源州中元貞元年升桃源縣爲州　龍陽州下元貞元年升龍陽縣爲州領縣一沅江下本屬朗州後來屬

澧州路上宋爲澧州元至元十二年立安撫司十四年改澧州路總管府設錄事司領縣三州二澧陽上倚郭　石門上　安鄉下　慈利州中元貞元年升慈利縣爲州　柿溪州

辰州路下宋爲辰州元改辰州路領縣四沅陵中　辰溪下　盧溪下　敘浦下

沅州路下宋爲鎭遠州按宋史地理志無以沅州爲鎭遠州之文疑宋志或有訛脫謹識元至元十二年立沅州安撫司十四年改沅州路總管府領縣三盧陽下　黔陽下　麻陽下

興國路下宋爲興國軍元至元十四年升興國路總管府舊隸江西三十年自江西割隸湖廣設錄事司領縣三永興下倚郭　大冶下　通山下

漢陽府宋爲漢陽軍咸淳十年郡守孟琦以城來歸元至元十四年升漢陽府領縣二漢陽至元二十二年升中縣　漢川下

歸州下宋爲歸州德祐初歸附元至元十二年立安撫司十四年改歸州路總管府十六年降爲州領縣三秭歸下倚郭　巴東下　興山下

靖州路下宋爲靖州元至元十二年立安撫司明年改靖州路總管府領縣三永平下　會同下　通道下

湖南道宣慰司

嶺北湖南道肅政廉訪司

天臨路上宋爲潭州元至元十三年立安撫司十四年立行省改潭州路總管府十八年遷行省於鄂州徙湖南道宣慰司治潭州天歷二年以潛邸所幸改天臨路設錄事司領縣五州七長沙上倚郭　善化倚郭　衡山上　寧鄉上　安化下　醴陵州中元貞元年升醴陵縣爲州　瀏陽州中元貞元年升瀏陽縣爲州　攸州中元貞元年升攸縣爲州　湘鄉州下元貞元年升湘鄉縣爲州　湘潭州中元貞元年升湘潭縣爲州　益陽州中元貞元年升安化縣爲益陽州　湘陰州下元貞元年升湘陰縣爲州

衡州路上宋爲衡州元至元十三年置安撫司十四年改衡州路總管府十五年置湖南宣慰司以衡州爲治所十八年移司於潭州衡州隸焉設錄事司領縣三衡陽上倚郭　安仁下　酃下

道州路下宋爲道州元至元十三年置安撫司十四年改道州路爲總管府設錄事司領縣四營道中倚郭　寧遠中　江華中　永明中

永州路下宋爲永州元至元十三年置安撫司十四年改永州路總管府設錄事司領縣三零陵上倚郭　東安上　祁陽中

郴州路下宋爲郴州元至元十三年置安撫司十四年改郴州路總管府設錄事司領縣六郴陽中倚郭舊爲敦化縣至元十三年改今名　宜章中　永興中　興寧下　桂陽下　桂東下

全州路下宋爲全州元至元十三年置安撫司十四年改全州路總管府設錄事司領縣二清湘上倚郭　灌陽下

寶慶路下宋爲寶慶府元至元十二年立安撫司十四年改寶慶路總管府設錄事司領縣二邵陽上倚郭　新化中

武岡路下宋爲武岡軍元至元十三年置安撫司十四年升武岡路總管府設錄事司領縣三武岡上倚郭　新寧下　綏寧下

桂陽路下宋爲桂陽軍元至元十二年置安撫司十四年升桂陽路總管府設錄事司領縣三平陽上倚郭　臨武中　藍山下

茶陵州下宋爲茶陵軍復爲縣元至元十九年升爲州

耒陽州下至元十九年升耒陽縣爲州

常甯州下至元十九年升常甯縣為州
廣西兩江道宣慰使司都元帥府
嶺南廣西道肅政廉訪司
靜江路上宋為靜江軍元至元十三年立廣西道宣撫
司十四年改宣慰司十五年為靜江路總管府元貞元
年併左右兩江宣慰司都元帥府為廣西兩江道宣慰
司都元帥府仍分司邕州設錄事司領縣十臨桂上倚郭
興安下靈川下理定下義甯下修仁下荔浦下陽朔下
永福下古下
南甯路下宋為邕州元至元十三年立安撫司十六年
改為邕州路總管府兼左右兩江溪洞鎮撫泰定九年
改為南甯路設錄事司領縣二宣化下武緣下
梧州路下宋為梧州元至元十四年置安撫司十六年
改梧州路總管府領縣一蒼梧下
潯州路下宋為潯州元至元十三年置安撫司十六年
改潯州路總管府領縣二桂平下平南下
柳州路下宋為柳州元至元十三年置安撫司十六年
改柳州路總管府領縣三柳城下倚郭馬平下洛容下
慶遠南丹溪洞等處軍民安撫司宋為慶遠府元至元
十三年置安撫司十六年改慶遠路總管府大德元年
立慶遠南丹溪洞等處軍民安撫司領縣五宜山下忻
城下天河下思恩下河池下
平樂府宋為昭州元改為平樂府領縣四平樂下倚郭恭
城下立山下龍平下
鬱林州下宋為鬱林州元至元十四年仍行州事領縣
三南流下興業下博白下
容州下宋為容州甯遠軍元至元十三年改安撫司十
六年改容州路總管府領縣三普甯下北流下陸川下
象州下宋為象州元至元十三年立安撫司十五年改
象州路總管府領縣三陽壽下來賓下武仙下
賓州下宋為賓州元至元十三年置安撫司十六年改
下路總管府領縣三嶺方下倚郭上林下遷江下
橫州下宋為橫州元至元十四年立安撫司十六年改
總管府領縣二甯浦下倚郭永淳下
融州下宋為融州清遠軍元至元十四年置安撫司十
六年改融州路總管府二十二年改散州領縣二融水
下懷遠下
藤州下宋為藤州元至元十三年仍行州事領縣二鐔
津下岑溪下
賀州下宋為賀州元至元十三年仍行州事領縣四臨
賀下倚郭富川下桂嶺下懷集下宋屬廣州至元十五年以隸本州
貴州下宋為貴州元至元十四年領鬱林縣大德九年
省縣止行州事
思明路
太平路
田州路軍民總管府
來安路軍民總管府
鎮安路以上並闕　案以上五路元志註並闕今考明史地理志思明府註云元為思明路上思州忠州上下石西州西平州祿州思明州江州思陵州覔祥州注並云元屬思明路太平府註云元為太平路永康州太平州思城州全茗州鎮遠州龍英州結安州結倫州都結州茗盈州左州養利州注並云元屬太平路田州注云元為田州路歸德州思恩軍民府泗城州果化州向武州都康州注並云元屬田州路鎮安府注云元為鎮安路上映州注云元屬鎮安路又田州注云西有廢來安路謹附識
海北海南道宣慰司
海北海南道肅政廉訪司至元三十年立
雷州路下宋為雷州元至元十五年歸附置安撫司十
七年為海北海南道宣慰司治所改安撫司為總管府
隸宣慰司領縣三海康中徐聞下遂溪下
化州路下宋為化州元至元十五年立安撫司十七年
改總管府領縣三石龍下吳川下石城下
高州路下宋為高州元至元十五年置安撫司十七年
改總管府領縣三電白下茂名下信宜下
欽州路下宋為欽州元至元十五年置安撫司十七年
改總管府領縣二安遠下靈山下
廉州路下宋為廉州元至元十七年設總管府領縣二
合浦下倚郭石康下
乾甯軍民安撫司宋為瓊州置瓊管安撫都監元至元
十五年隸海北海南道宣慰司天曆二年以潛邸所幸
改乾甯軍民安撫司領縣七瓊山下倚郭澄邁下臨高下
文昌下樂會下會同下至元二十九年置　按明史地理志云元定安下按明史地理志元至元二十九年升為南建州謹附識
南甯軍至元十五年隸海北海南道宣慰司領縣三宜
倫下昌化下感恩下
萬安軍至元十五年隸海北海南道宣慰司領縣二萬
安下倚郭陵水下
吉陽軍至元收附後隸海北海南道宣慰司領縣一甯
遠下

附西南諸番

八番順元蠻夷官羅番遏蠻軍安撫司程番武勝軍安撫司金石番太平軍安撫司卧龍番南甯州安撫司小龍番靜蠻軍安撫司大龍番應天府安撫司木瓜犵狫蠻夷軍民長官韋番蠻夷長官洪番永盛軍安撫司方番河中府安撫司盧番靜海軍安撫司盧番蠻夷軍民長官定遠府領桑章龍必化小羅四州下思同州領朝宗上橋新安麻峽甕蓬小羅章龍烏山華山都雲博羅十

一縣

管番民總管自小程番以下各設蠻夷軍民長官
小程番
中嶆百納等處底窩紫江等處甕眼納入等處
獨塔等處容當刻地等處天臺等處梯下黨
兀等處勇都朱砂古坰等處大小化等處洛甲
洛屯等處低當低界等處獨石寨百眼佐等處
羅來州那歷州重州阿孟州上龍州峽
江州羅賴州桑州白州北島州羅那州
龍里等寨六寨等處帖犵狫等處本當三寨等
處山齋等處羨塘帶夾等處都雲桑林獨立等
處六洞柔遠等處竹古弄等處中都雲棺水等
處金竹府都雲軍民府萬平等處南蠻丹
竹等處陳蒙李稍李殿等處陽安等處入千
蠻柰焦溪等處都鎮平溪等處平月李崖
等處陽並等處盧
山等處乖西軍民府

順元等路軍民安撫司
雍眞乖西葛蠻等處葛蠻雍
眞等處曾竹等處龍平寨
骨龍等處底寨等處茶山百納等處納坝紫
江等處磨坡雷波等處澧泥等處青山遠地等
處木窩普沖普得等處武當等處養龍坑宿徵
等處骨龍龍里清江水樓雍眼等處高橋青塘鴨
水等處落邦札佐等處平遲安德等處六廣等
處貴州等處施溪樣頭朵泥等處水東市
北
洞

思州軍民安撫司
鎮遠府楠木洞古州八萬洞
偏橋中寨野雞平德勝寨偏橋
四甲等處思印江等處石千等處曉愛瀘洞赤
溪等處昇帶洞大小田等處黃道溪省溪壩塲
等處金容金遠等處臺蓬若洞住溪等處洪安
等處葛章葛商等處平頭著可通達等處溶江
芝子平等處亮寨沿河龍泉平祐溪水特
姜楊溪公俄等處麻勇洞恩勒洞大萬山蘇
葛癖等處五寨銅人等處銅人大小江等處德
明洞烏羅龍千等處西山大洞等處秃羅浦
口高丹福州永州適州蠻州程州三
旺州地州忠州天州文州合鳳州芝山
州安習州茆蘿等圍荔枝安化上中下蠻
曹滴等洞洛卜寨麥著土村衙廸洞會溪施
容等處咸化州等處契鋤洞臘惹洞勞岩洞
驢遲洞來化州客團等處中古州樂墩洞
上里坪洪州泊
李等洞張家洞

沿邊溪洞宣慰使司

播州軍民安撫司
黃平府平溪上塘羅駱家等處
水車等處石粉羅家永安等處
六洞柔遠等處錫樂平等處白泥等處南平綦
江等處珍州思蠻等處水烟等處慄洞涪洞等
處洞天觀等處葛浪洞等處寨坝埡黎焦溪等
處小姑單張倒柞等處烏江等處舊州草堂

等處恭溪杳洞水圍等處平伐月石等處下
坝寨橫坡平地寨寨勞寨勇上塘
寨坦草奔平莫林
種密秀喀沿河祐溪等處

新溙葛蠻安撫司
南涓州不梁駱
落葛谷鵝羅椿等處昔
處噥聳古平等處甕杯密約等處乾溪吳地善
處平普樂重塽等處城都桑等處都鎮馬乃等
獨祿三陂地蓬等處落同當等處平族等處
麥大小葛龍洛邦到駱豆虎等處
羅月和敵小田陂帶等處都雲洞洪
安畫剤等處谷霞寨剌客寨吾狂寨割利寨
必郎寨谷底寨都谷郎寨犵狫寨平伐等
處安刺逑恩樓寨落暮寨梅求望懷寨甘
長桑州郎寨永縣寨平里縣寨鎮州寨恩
母求雙隆各丹歸仁雍郎客都處木當
栖等等處仲家蠻雍門犵狫等處樂賴蒙囊吉
利不處要木等處華山谷津等處青塘望懷廿
長北列獨孃等處尤州者者寨安化思雲等洞
黎平遐洞茅雞思鳳北郡都變等處必際縣上
章特潘樂盈等處誠州富盈等處赤畲洞羅
寨等圍等處福水州允州等處欽村硬頭三
推寨處顏村水歷吾洞等處順東六龍圖
客橋叩寨黃頂寨金竹寨等處格慢等寨
賴蒙蘆寨地省等寨平魏白崖㽞門客當樂
洛腦囊大化木瓜等處嘉州分州平砵洛河
包等處甯溪甕徐麥穰孤頂得同等處
甕窖三陂控州南平獨山州木洞瓢洞
洞大青山骨記等處百佐等處九十九寨
蠻當橋山齊砵谷列等處虎列谷當等處眞滌
杜珂等處楊坪楊安等處棣甫都城等處楊友
閬百也容等處阿落傳等處蒙楚公洞龍木
三寨猫犵刺等處黑土石洛賓洛咸益輪沿
邊蠻割和寨王都谷浪寨王大寨只蛙寨
黃平下寨林拱章秀拱江等處密秀丹章林種
拱幫西羅剖盔杉木筲各郎西泰溪望成崖
嶺等處孤把焦溪篤住等處草堂等處上桑
直下桑直米坪令其平
尾等處保靖州特團等處

征東等處行中書省領府二司一勸課使五 大德三年立征東行省未幾罷至治元年復立

瀋陽等路高麗軍民總管府

征東招討司

各道勸課使 慶尚州道東界交州道全羅州道忠清州道西海道

耽羅軍民總管府 大德五年立

欽定續通典卷一百三十九

州郡

明（京師　南京）

明太祖奮起淮右首定金陵西克湖湘東兼吳會然後遣將北伐幷山東收河南進取幽燕分軍四出芟除秦晉訖於嶺表最後削平巴蜀收復滇南禹跡所奄盡入版圖洪武初建都江表革元中書省以京畿應天諸府直隸京師後乃盡革行中書省置十三布政使司分領天下府州縣及羈縻諸司又置十五都指揮使司以領衞所番漢諸軍其邊境海疆則增置行都指揮使司而於京師建五軍都督府俾外都指揮使司各以其方附焉成祖定都北京乃以北平爲直隸又增設貴州交阯二布政使司仁宣之際南交屢叛旋復棄之外徼終明之世爲直隸者二曰京師曰南京爲布政使司者十三曰山東曰山西曰河南曰陝西曰四川曰湖廣曰浙江曰江西曰福建曰廣東曰廣西曰雲南曰貴州其分統之府百有四十州百九十有三縣千一百三十有八羈縻之府十有九州四十有七縣六東起遼海西至嘉峪南至瓊崖北抵雲朔東西萬餘里南北萬里其聲敎所訖歲時納贄而非命吏置籍候尉羈屬者不在此數

京師元直隸中書省明太祖洪武元年四月分屬河南山東兩行中書省二年三月置北平等處行中書省九年六月改行中書省爲承宣布政使司成祖永樂元年正月建北京於順天府稱爲行在十九年遷都北京罷布政使司爲直隸英宗正統六年八月罷稱行在定爲京師統府八直隸州二屬州十七縣一百一十六

順天府元大都路直隸中書省明洪武元年八月改爲北平府十月屬山東行省二年三月改屬北平三年四月建燕王府永樂元年正月升爲北京改府爲順天府領州五縣二十二大興（倚）宛平（倚）良鄉固安（元固安州明洪武元年十二月降爲縣）永清東安（元東安州明洪武元年十二月降爲縣）香河（元屬漷州明洪武十年二月省入州十三年二月復置改屬府）通州（洪武初以州治潞縣省入）領縣四三河武清（元屬漷州明洪武十二年來屬）漷（元漷州明洪武十四年二月降爲縣來屬）寶坻（元直隸大都路明洪武十年二月來屬）霸州（洪武初以州治益津縣省入）領縣三文安大成保定（洪武七年九月省入霸州十三年十一月復置）涿州（洪武初以州治范陽縣省入）領縣一房山昌平州（元昌平縣直隸大都路明武宗正德元年七月升爲州旋罷八年復升爲州）領縣三順義（元順州明洪武元年十二月改爲順義縣屬府正德元年七月來屬）懷柔（洪武元年十二月分密雲昌平二縣地置屬府正德元年七月來屬）密雲（元檀州後置縣爲州治明洪武元年十一月省縣入州十二月復置縣省州入焉屬府正德元年七月來屬）薊州（洪武初以州治漁陽縣省入）領縣四玉田豐潤遵化平谷（洪武十年二月省入三河縣十三年十一月復置）

保定府元保定路直隸中書省明洪武元年九月爲府十月屬河南分省二年三月來屬領州三縣十七清苑（倚）滿城（洪武十年五月省入慶都縣十三年十一月復置）安肅（元安肅州明洪武二年七月降爲縣西有遂州元屬保定路明洪武初降爲縣八年二月省）定興（元屬易州明洪武六年五月改屬府）新城（元屬雄州明洪武初屬北平府六年五月改屬）雄（元雄州明洪武二年七月省州治歸信縣入焉七年四月降爲縣）容城（元屬雄州明洪武七年四月省入州十三年十一月復置來屬）唐慶都博野（元直隸保定路明洪武元年改屬祁州六年五月還屬）蠡（元蠡州屬眞定路明洪武二年七月來屬八年正月降爲縣）完（元完州明洪武二年七月降爲縣）祁州（洪武二年七月以州治蒲陰縣省入）領縣二深澤束鹿安州（洪武二年七月以州治葛城縣省入七年降爲縣十三年十一月復升爲州）領縣二高陽（元屬安州明洪武六年五月改屬府）新安（元直隸保定路明洪武七年七月省入安州十三年十一月復置來屬）尋屬蠡州八年正月省入蠡縣十三年十一月復置還屬）易州（洪武初以州治易縣省入）領縣一淶水

河間府元河間路直隸中書省明洪武元年十月爲府屬河南分省二年三月來屬領州二縣十六河間（倚）獻（元獻州明洪武初省州治樂壽縣入焉八年四月降爲縣）阜城（元屬景州明洪武七年改屬府）肅寧任邱（元屬莫州明洪武七年改屬府北有莫州元治莫亭縣屬河間路洪武七年七月州縣俱省）交河（元屬獻州明洪武八年四月改屬府十年五月省入獻縣十三年十一月復置）青（元清州明洪武初以州治會川縣省入八年四月降爲縣尋改清爲青）興濟（元屬清州明洪武初省十三年復置屬府）靜海（元曰靖海屬清州明洪武初更名八年四月改屬北平府十年五月來屬）寧津景州（洪武初以州治蓨縣省入）領縣三吳橋東光（洪武七年七月省入阜城縣十三年十一月復置）故城滄州（洪武初以州治清池縣省入）領縣三南皮鹽山慶雲（洪武六年六月析山東樂安州北地置來屬）

眞定府元眞定路直隸中書省明洪武元年十月爲府屬河南分省二年正月屬山東三月來屬領州五縣二十七眞定（倚）井陘（元屬廣平路威州明洪武二年來屬）獲鹿元氏靈壽藁城欒城無極（元屬中山府明洪武初廢四年七月復置屬定州七年四月改屬府）平山阜平行唐（元屬保定路明洪武二年屬定州正統十三年十月直隸眞定府）定州（元中山府明洪武二年正月改曰定州三年以州治安喜縣省入）領縣二新樂曲陽（元屬保定路明洪武二年來屬）冀州（洪武二年以州治信都縣省入）領縣四南宮新河棗强武邑晉州（洪武二年以州治鼓城縣省入）領縣三安平饒陽武强趙州（洪武元年以州治平棘縣省入）領縣六柏鄉隆平（洪武六年九月省入柏鄉縣十三年十一月復置）高邑臨城贊皇寧晉深州（洪武二年以州治靜安縣省入）領縣一衡水

順德府元順德路直隸中書省明洪武元年爲府十月屬河南分省二年三月來屬領縣九邢臺（倚）沙河南和任內邱唐山平鄉鉅鹿廣宗（洪武十年六月省入平鄉鉅鹿二縣十三年十一月復置）

廣平府元廣平路直隸中書省明洪武元年爲府十月屬河南分省二年三月來屬領縣九永年（倚）曲周肥

鄉 雞澤 廣平 成安 元屬磁州明洪武初廢四年六月復置來屬 威 元威州順帝至正時省州治洺水縣入州明洪武二年四月降爲縣 邯鄲 元屬磁州明洪武元年來屬 清河 元屬大名路明洪武六年九月來屬

大名府元大名路直隸中書省明洪武元年爲府十月屬河南分省二年三月來屬領州一縣十 元城 倚 大名 元與元城縣同爲大名府治明洪武十年五月省入魏縣十五年二月復置 魏 南樂 清豐 元屬開州明洪武七年三月改屬府 內黃 元屬滑州明洪武七年三月改屬府 濬 元濬州明洪武二年四月降爲縣 滑 元滑州明洪武二年四月省州治白馬縣入爲七年三月降爲縣 開州 洪武二年四月以州治濮陽縣省入 領縣二 長垣 東明 洪武十年五月省入州及長垣縣孝宗弘治三年九月復置屬府神宗萬曆時仍屬州

永平府元永平路直隸中書省明洪武二年改爲平灤府四年三月爲永平府領州一縣五 盧龍 倚 遷安 撫寧 昌黎 灤州 洪武二年九月以州治義豐縣省入 領縣一 樂亭

延慶州元龍慶州屬大都路明洪武初屬永平府三年三月屬北平府尋廢永樂十二年三月置隆慶州屬北京行部十八年十一月直隸京師穆宗隆慶元年改曰延慶州領縣一 永寧 本永寧衛洪武十二年九月置永樂十二年三月置縣於衛城

保安州元屬上都路順寧府明洪武初廢永樂二年閏九月置保安衛十三年正月復置州於衛城屬北京行部十八年十一月直隸京師

萬全都指揮使司元順寧府屬上都路明洪武四年三月府廢宣宗宣德五年六月置司於此領縣十五 蔚州延慶左永寧保安等衛俱設於本州縣 守禦千戶所三 廣昌美峪二所亦設於本處 堡五

宣府左衛 元宣德縣爲順寧府治明洪武四年縣廢二十六年二月置衛屬山西行都司二十八年四月改爲宣府護衛屬谷王府三十五年十一月罷宣府護衛復置徙治保定永樂元年二月直隸後軍都督府宣德五年六月還故治改屬 宣府右衛 洪武二十六年二月置與左衛同城屬山西行都司二十八年四月改爲宣府護衛屬谷王府三十五年十一月罷宣府護衛復置徙治定州永樂元年二月直隸後軍都督府宣德五年六月還故治改屬 宣府前衛 洪武二十六年置治宣府城屬山西行都司永樂元年二月直隸後軍都督府宣德五年六月改屬 萬全左衛 元宣平縣屬順寧府明洪武四年縣廢二十六年二月置衛屬山西行都司三十五年徙治山西蔚州永樂元年二月徙通州直隸後軍都督府尋還故治宣德五年改屬 萬全右衛 洪武二十六年二月置與左衛同城屬山西行都司三十五年徙治山西蔚州永樂元年二月徙治通州直隸後軍都督府二年徙治德勝堡宣德五年改屬 懷安衛 元懷安縣屬興和路明洪武三年屬興和府旋改屬山西大同府尋廢二十六年二月置衛屬山西行都司永樂元年二月直隸後軍都督府宣德五年六月改屬 保安右衛 永樂十五年置於順聖川直隸後軍都督府十七年移治西沙城二十年徙懷安城宣德五年六月改屬 懷來衛 元懷來縣屬龍慶州明洪武二年屬永平府三年三月屬北平府尋廢三十年正月置懷來守禦千戶所永樂十五年改爲懷來左衛明年曰懷來衛直隸後軍都督府宣德五年六月改屬 延慶右衛 本隆慶右衛永樂二年置於居庸關北口直隸後軍都督府宣德五年六月來屬徙治懷來城隆慶元年更名 開平衛 本獨石堡宣德五年築六月自開平故城移衛置於此 龍門衛 宣德六年七月置於故龍門縣 興和守禦千戶所 永樂二十年自興和舊城徙宣府城內宣德五年六月改屬 龍門守禦千戶所 宣德六年七月置於李家莊 長安嶺堡 永樂九年置弘治二年置守禦千戶所於此 鵰鶚堡 赤城堡 並宣德五年六月置又有鎮寧堡弘治十一年置 雲州堡 元雲州屬上都路明洪武三年七月屬北平府五年七月廢宣德五年六月置堡景帝景泰五年置新軍千戶所於此又有鎮安堡憲宗成化八年置 馬營堡 宣德七年置

北平行都指揮使司本大寧都指揮使司洪武二十年九月置 治大寧衛 二十一年七月更名領衛二十二永樂元年三月復故名僑治保定府而其地遂虛景帝景泰四年泰寧等三衛乞居大寧廢城不許英宗天順後遂入於三衛 大寧衛 元大寧路治大定縣屬遼陽行省明洪武十三年爲府屬北平布政司尋廢二十年八月置衛九年分置左右中三衛尋又置前後二衛二十八年四月改左右後三衛爲營州左右中三護衛永樂元年二月省又徙中前二衛於京師直隸後軍都督府東北有惠和縣又有武平縣東有和眾縣元俱屬大寧路明洪武中皆廢 新城衛 洪武二十年九月置永樂元年廢 富峪衛 本富峪守禦千戶所洪武二十二年二月置二十四年五月改爲衛永樂元年二月徙京師直隸後軍都督府 會州衛 洪武二十年九月置永樂元年廢 木榆衛 洪武二十年九月置永樂元年廢 全寧衛 元全寧路直隸中書省明洪武中廢二十二年四月置衛永樂元年廢 營州左屯衛 洪武二十六年二月置永樂元年三月徙治順義縣屬大寧都司 營州右屯衛 元建州屬大寧路明洪武中州廢二十六年二月置衛永樂元年三月徙治薊州屬大寧都司 營州中屯衛 元龍山縣屬大寧路明洪武中縣廢二十六年二月置衛永樂元年三月徙治平谷縣西屬大寧都司 營州前屯衛 元興州屬上都路明洪武三年七月屬北平府五年七月廢二十六年置衛永樂元年徙治香河縣屬大寧都司西南有興安縣元屬興州順帝至元五年四月廢 營州後屯衛 洪武二十五年八月置永樂元年三月徙治三河縣屬大寧都司 興州左屯衛 洪武中置永樂元年二月徙治玉田縣直隸後軍都督府 興州右屯衛 洪武中置永樂元年二月徙治遷安縣直隸後軍都督府 興州中屯衛 洪武中置永樂元年二月徙治良鄉縣直隸後軍都督府 興州前屯衛 洪武中置永樂元年二月徙治豐潤縣直隸後軍都督府 興州後屯衛 洪武中置永樂元年二月徙治三河縣直隸後軍都督府 開平衛 元上都路直隸中書省明洪武二年爲府屬北平行省尋廢府置衛永樂元年二月徙衛治京師直隸後軍都督府四年二月還舊治宣德五年還治獨石堡改屬萬全都司後廢西北有寧昌路東北有應昌路北有泰寧路又有德寧路元俱直隸中書省西有桓州元屬上都路明洪武中皆廢 開平左屯衛 洪武二十九年八月置於七合營永樂元年廢 開平右屯衛 洪武二十九年置於軍臺永樂元年廢 開平中屯衛 洪武二十九年置於沙峪永樂元年二月徙治眞定府直隸後軍都督府尋徙治灤州西石城廢縣 開平前屯衛 洪武二十九年八月置於偏嶺永樂元年廢 開平後屯衛 洪武二十九年八月置於石塔永樂元年廢 興和守禦千戶所 元隆興路直隸中書省後改名興和路明洪武三年爲府屬北平布政司四年府廢三十年正月置所永樂元年二月直隸後軍都督府二十年爲阿嚕台所攻徙治宣府衛城而所地遂虛西有集寧路元直隸中書省西北有寶昌州元屬興和路又有高原縣元爲興和路治明洪武中俱廢 寬河守禦千戶所 洪武二十二年二月置永樂元年二月徙治遵化縣仍屬大寧都司又僑置寬河衛於京師直隸後軍都督府 宜興守禦千戶所 元宜興縣屬興州尋升爲宜興州明洪武二年兼置衛屬永平府三年三月屬北平府六月改衛爲守禦千戶所五年七月州廢存所永樂元年所廢

南京元以江北地屬河南江北等處行中書省江南地屬江浙等處行中書省明太祖丙申年七月置江南行中書省洪武元年八月建南京罷行中書省以應天等府直隸中書省衛所直隸大都督府十一年正月改南

京爲京師十三年正月罷中書省以所領直隸六部尋改大都督府爲五軍都督府以所領直隸中軍都督府永樂元年正月仍稱南京統府十四直隸州四屬州十七縣九十有七

應天府元集慶路屬江浙行省明太祖丙申年三月曰應天府洪武元年八月建都曰南京十一年曰京師永樂元年仍曰南京領縣八上元倚 江寧倚 句容 溧陽元溧陽州明洪武二年降爲縣 溧水元溧水州明洪武二年降爲縣 高淳弘治四年以溧水縣高淳鎮置 江浦本六合縣浦子口巡檢司洪武九年六月改爲縣析和滁二州及江寧縣地益之 六合元屬眞州明洪武二年直隸揚州府二十二年二月來屬

鳳陽府元濠州屬安豐路明太祖吳元年升爲臨濠府洪武二年九月建中都置留守司於此六年九月曰中立府七年八月曰鳳陽府領州五縣十三鳳陽倚洪武七年八月析臨淮縣地置爲府治十一年又割虹縣地益之 臨淮元曰鍾離爲濠州治明洪武二年九月改曰中立三年十一月改曰臨淮七年爲府屬 懷遠 定遠 五河元屬泗州明洪武四年二月來屬 虹元屬泗州明洪武七年七月來屬 壽州元安豐路屬河南江北行省明太祖丙申年曰壽春府吳元年曰壽州屬臨濠府洪武二年九月直隸中書省四年二月還屬後以州治壽春縣省入北有下蔡縣南有安豐縣俱洪武中省 領縣二霍邱 蒙城 泗州元屬淮安路明太祖吳元年屬臨濠府洪武二年九月直隸中書省四年二月還屬府後以州治臨淮縣省入 領縣二盱眙 天長 宿州元屬歸德府明洪武四年二月來屬 領縣一靈璧 潁州元屬汝寧府明洪武四年二月來屬 領縣二潁上 太和 亳州元屬歸德府明洪武初以州治譙縣省入尋降爲縣屬歸德州六年屬潁州弘治九年十月復升爲州東南有城父縣洪武中廢

淮安府元淮安路屬淮東道宣慰司明太祖丙午年四月爲府領州二縣九山陽倚 清河 鹽城 安東元安東州明洪武二年正月降爲縣 桃源元曰桃園明洪武初更名 沭陽元屬海寧州明洪武初改屬 海州元曰海寧州明洪武初復曰海州以州治朐山縣省入 領縣一贛榆 邳州元屬歸德府明洪武初以州治下邳縣省入四年二月改屬中都十五年來屬 領縣二宿遷 睢寧

揚州府元揚州路屬淮東道宣慰司明太祖丁酉年十月曰淮海府辛丑年十二月曰維揚府丙午年正月曰揚州府領州三縣七江都倚元末廢明太祖辛丑年復置 儀眞元眞州治揚子縣明洪武二年州廢改縣曰儀眞 泰興 高郵州元高郵府屬淮東道宣慰司明洪武元年閏七月降爲州以州治高郵縣省入 領縣二寶應 興化 泰州洪武初以州治海陵縣省入 領縣一如皋 通州洪武初以州治靜海縣省入 領縣一海門

蘇州府元平江路屬浙江行省明太祖吳元年九月曰蘇州府領州一縣七吳倚 長洲倚 吳江元吳江州明洪武二年降爲縣 崑山元崑山州明洪武二年降爲縣 常熟元常熟州明洪武二年降爲縣泰昌改元避諱曰嘗熟 嘉定元嘉定州明洪武二年降爲縣 太倉州本太倉衞明太祖吳元年四月置弘治十年正月置州於衞城析崑山常熟嘉定三縣地益之 領縣一崇明元崇明州屬揚州路明洪武二年降爲縣八年改屬蘇州府弘治十年正月來屬

松江府元直隸江浙行省明太祖吳元年正月因之領縣三華亭倚 上海 青浦世宗嘉靖二十一年四月以今縣東北之新涇巡檢司置析華亭上海二縣地益之三十二年廢爲青龍鎮仍置新涇巡檢司萬曆元年復於唐行鎮置縣

常州府元常州路屬江浙行省明太祖丁酉年三月曰長春府旋改曰常州府泰昌改元避諱曰嘗州府領縣五武進倚東爲晉陵縣元時同治郭內明太祖丁酉年三月改武進縣曰永定晉陵縣曰京臨尋以京臨省入永定壬寅年八月仍改永定曰武進 無錫元無錫州明洪武二年四月降爲縣 宜興元宜興州明太祖戊戌年十月曰建寧州尋復曰宜興州洪武二年降爲縣 江陰元江陰州直隸江浙行省明太祖甲辰年曰連洋州尋復曰江陰州吳元年四月降爲縣來屬 靖江成化八年九月以江陰縣馬馱沙置

鎮江府元鎮江路屬江浙行省明太祖丙申年三月曰江淮府十二年曰鎮江府領縣三丹徒倚 丹陽 金壇

廬州府元廬州路屬河南江北行省明太祖甲辰年七月爲府置江淮中書行省於此尋罷領州二縣六合肥倚東北有梁縣明洪武初省 舒城 廬江元屬無爲州明洪武初改屬府 無爲州明洪武中以州治無爲縣省入 領縣一巢 六安州明洪武四年二月屬中都臨濠府以州治六安縣省入十年改屬 領縣二英山 霍山本六安州故埠鎮巡檢司明弘治二年改爲縣

安慶府元安慶路屬河南江北行省明太祖辛丑年八月曰寧江府壬寅年四月曰安慶府領縣六懷寧倚 桐城 潛山元末廢明洪武初復置 太湖 宿松 望江

太平府元太平路屬江浙行省江東道明太祖乙未年六月爲府領縣三當塗倚 蕪湖 繁昌

池州府元池州路屬江浙行省江東道明太祖辛丑年八月曰九華府尋曰池州府領縣六貴池倚 青陽 銅陵 石埭 建德 東流

寧國府元寧國路屬江浙行省明太祖丁酉年四月曰寧國府辛丑年四月曰宣城府丙午年正月曰宣州府吳元年四月仍曰寧國府領縣六宣城倚 南陵 涇 寧國 旌德 太平

徽州府元徽州路屬江浙行省明太祖丁酉年七月曰興安府吳元年曰徽州府領縣六歙倚 休寧 婺源元婺源州明洪武二年正月降爲縣 祁門 黟 績溪

徐州元屬歸德府明洪武四年二月屬中都臨濠府十四年十一月直隸京師領縣四蕭 沛元屬濟寧路明太祖吳元年來屬 豐元屬濟寧路明太祖吳元年來屬 碭山元屬濟寧路明太祖吳元年來屬

滁州元屬揚州路明洪武初以州治清流縣省入七年屬鳳陽府二十二年二月直隸京師領縣二全椒洪武初省十三年十一月復置 來安洪武初省十三年十一月復置

和州元治歷陽縣屬廬州路明洪武初省州入縣二年九月復改縣爲州仍屬廬州府七年屬鳳陽府尋直隸京師東北有烏江縣洪武初省領縣一含山洪武初省十三年十一月復置

廣德州元廣德路屬江浙行省明太祖丙申年六月曰廣興府洪武四年九月曰廣德州十三年四月以州治廣德縣省入直隸京師領縣一建平

欽定續通典卷一百四十

欽定續通典卷一百四十一

州郡

明 山東 山西

山東元直隸中書省又分置山東東西道宣慰使司治益都路屬焉明洪武元年四月置山東等處行中書省治濟南府三年十二月置青州都衛治青州府八年十月改都衛爲山東都指揮使司九年六月改行中書省爲承宣布政使司領府六屬州十五縣八十九

濟南府元濟南路屬山東東西道宣慰司明太祖吳元年爲府領州四縣二十六歷城倚 章邱 鄒平 淄川元般陽路治此屬山東東西道宣慰司明太祖吳元年改路爲淄川州縣仍爲附郭二年七月州廢來屬 長山元屬般陽路明洪武二年七月來屬 新城元屬般陽路明洪武二年七月來屬七年十二月省入長山高苑二縣後復置 齊河元屬德州明洪武二年七月改屬府 齊東元屬河間路明洪武初來屬 濟陽 禹城元屬曹州明洪武二十年來屬 臨邑元屬河間路明洪武初來屬 長清元屬泰安州明洪武二年七月改屬府 肥城元屬濟甯路明洪武二年七月來屬 青城元屬河間路明洪武二年十一月省入鄒平齊東二縣十三年十一月復置來屬 陵元德州治安德縣直隸中書省明洪武元年省安德縣入州七年七月移州於故陵縣十三年十一月復置陵縣 泰安州元直隸中書省明洪武初來屬以州治奉符縣省入 領縣二新泰 萊蕪明洪武初改屬濟南府二年仍來屬 德州元屬河間路陵州明洪武元年降爲陵縣屬濟甯府二年七月改屬德州七年七月省陵縣移德州治焉 領縣二德平 平原 武定州元棣州治厭次縣屬濟南路明洪武初州縣俱廢六年六月復置州改名樂安宣德元年八月改爲武定州 領縣四陽信元屬棣州 海豐明洪武六年六月析樂安州南地置屬濱州後來屬北有無棣縣元屬棣州明洪武初省 樂陵舊屬滄州明洪武元年改屬濟甯府二年來屬 商河 濱州明洪武初以州治渤海縣省入 領縣三利津 霑化 蒲臺元屬般陽路明洪武七年二月來屬

兗州府元兗州屬濟南路明洪武十八年升爲兗州府領州四縣二十三滋陽倚元曰嵫陽明洪武初省入州十八年復置成化間改爲滋陽 曲阜 甯陽 鄒元屬滕州明洪武二年七月改屬 泗水 滕元滕州治滕縣屬益都路明洪武二年七月州廢縣屬濟甯府十八年來屬 嶧元嶧州屬益都路明洪武二年降爲縣屬濟甯府後來屬 金鄉元屬濟甯路明洪武十八年來屬 魚臺元屬濟州明洪武元年屬徐州二年七月屬濟甯府十八年來屬 單元單州屬濟甯路明洪武元年省州治單父縣入州二年七月仍降州爲縣屬濟甯府十八年來屬 城武元屬曹州明洪武四年屬濟甯府十八年來屬 濟甯州元任城縣爲濟州治至正八年罷濟州徙濟甯路治此明太祖吳元年爲濟甯府十八年降爲州以州治任城縣省入 領縣三嘉祥元屬單州明洪武二年來屬 鉅野元爲濟甯路治至正八年徙路治任城縣以縣屬焉 鄆城 東平州元東平路直隸中書省明太祖吳元年爲府七年十一月降爲州屬濟甯府以州治須城縣省入十八年改屬 領縣五汶上 東阿明洪武八年徙治故穀城縣 平陰 陽穀 壽張明洪武三年省入須城陽穀二縣十三年十一月復置屬濟甯府後來屬 曹州正統十年十二月以曹縣之黃河北舊土城置 領縣二曹元曹州治濟陰縣直隸中書省明洪武元年省濟陰縣入州四年降爲縣屬濟甯府正統十年十二月置州以縣屬焉東南有楚邱縣元屬曹州明洪武初省 定陶元屬曹州明洪武元年屬濟甯府十年五月省入城武縣十三年十一月復置仍屬濟甯府正統十年十二月來屬 沂州元屬益都路後省州治臨沂縣入州明洪武元年屬濟甯府五年屬濟南府七年十二月屬青州府十八年來屬 領縣二郯城明洪武初置 費

東昌府元東昌路直隸中書省明洪武初爲府領州三縣十五聊城倚 堂邑 博平明洪武三年三月省尋復置 茌平 莘 清平元屬德州明洪武元年屬恩州二年七月屬高唐州三年三月省尋復置改屬 冠元冠州直隸中書省明洪武三年降爲縣來屬 臨清州元臨清縣屬濮州明洪武二年七月改屬弘治二年升爲州 領縣二邱元直隸東昌路弘治二年改屬 館陶元屬濮州明洪武二年七月屬東昌府三年三月省尋復置仍屬東昌府弘治二年改屬 高唐州元直隸中書省明洪武初以州治高唐縣省入來屬 領縣三恩元恩州直隸中書省明洪武二年降爲縣來屬 夏津明洪武三年三月省尋復置 武城 濮州元直隸中書省明洪武二年以州治鄄城縣省入來屬 領縣三范明洪武三年三月省尋復置 觀城明洪武三年三月省尋復置 朝城明洪武三年三月省尋復置

青州府元益都路屬山東東西道宣慰司明太祖吳元年爲青州府領州一縣十三益都倚 臨淄 博興元博興州明洪武二年降爲縣 高苑 樂安 壽光 昌樂元屬濰州尋省後復置仍屬濰州明洪武初改屬 臨朐 安邱元屬密州明洪武二年七月州廢屬府 諸城元爲密州治屬益都路明洪武二年七月州廢屬府 蒙陰元屬莒州明洪武二年屬府 莒州元屬益都路明洪武初以州治莒縣省入 領縣二沂水 日照

萊州府元萊州屬般陽路明洪武元年升爲府六年降爲州九年五月復升爲府領州二縣五掖倚 平度州元膠水縣明洪武二十二年正月改置 領縣二濰元濰州屬益都路明洪武元年以州治北海縣省入九年屬萊州府十年五月降爲縣二十二年正月改屬州 昌邑元屬濰州明洪武十年五月省入濰縣二十二年正月復置來屬 膠州元屬益都路明洪武初以州治膠西縣省入九年來屬 領縣二高密元屬膠州明洪武元年屬青州府九年五月屬萊州府尋復屬州 即墨元屬膠州明洪武初屬青州府九年五月屬萊州府十年五月仍屬州

登州府元登州屬般陽路明洪武元年屬萊州府六年直隸山東行省九年五月升爲府領州一縣七蓬萊倚明洪武初廢九年五月復置 黃 福山 棲霞 招遠元屬萊州明洪武九年五月來屬 萊陽元屬萊州明洪武九年五月來屬 甯海州元直隸山東東西道宣慰司明洪武初以州治牟平縣省入屬萊州府九年改屬 領縣一文登元屬甯海州明洪武初改屬萊州府九年五月屬登州府後仍屬州

遼東都指揮使司元置遼陽等處行中書省治遼陽路明洪武四年七月置定遼都衛六年六月置遼陽府縣八年十月改都衛爲遼東都指揮使司治定遼中衛領衛二十五州二十年府縣俱罷定遼中衛元遼陽路治遼陽縣明洪武四年罷六年復置十年復罷十七年置衛 定遼左衛 定遼右衛俱明洪武六年十一月置 定遼前衛明洪武八年二月置 定遼後衛本遼東衛明洪武四年二月置八年二月改 東甯衛本東甯南京海洋草河四千戶所明洪武十三年置十九年七月改置 自在州明永樂七年置於三萬衛城尋徙以上五衛一州同治都司城內 海州衛本海州明洪武初置於舊澄州城九年置衛二十八年四月州廢 蓋州衛元蓋州屬遼陽路明洪武四年廢州五年六月復置九年十月置衛二十八年四月州復廢 復州衛本復州明洪武五年六月復置十四年九月置衛二十八年四

月州廢金州衛本金州明洪武五年六月復置八年四月置衛二十八年四月州廢廣寧衛
元廣寧府路明洪武初廢二十三年五月置衛北有懿州元屬遼陽路明永樂八年廢東北有望平縣元屬廣
寧路西北有川州元屬大寧路又東北有順州西北有成州元俱屬東寧路俱明洪武中廢廣寧中
衛廣寧左衛俱明洪武二十六年正月置二十八年四月廢三十五年十一月復置廣
寧右衛本治大淩河堡明洪武二十六年正月置二十八年四月廢三十五年十一月復置以上三
衛俱在廣寧衛城廣寧前衛廣寧後衛俱明洪武二十六年正月置後俱廢義
州衛元義州屬大寧路明洪武初州廢二十年八月置衛廣寧後屯衛明洪武二十六年正
月置於舊懿州永樂八年徙治義州衛城廣寧中屯衛元錦州屬大寧路明洪武初州廢二十四
年九月置衛廣寧左屯衛明洪武二十四年九月置於遼河西後徙廣寧中屯衛城廣寧
右屯衛元廣寧府地明洪武二十六年正月置於十三山堡二十七年又還於舊閭陽縣之臨海鄉廣寧
前屯衛元瑞州屬大寧路明洪武初屬永平府七年七月州廢二十六年正月置衛寧
遠衛明宣德五年正月分廣寧前屯中屯二衛地置治湯池瀋陽中衛元瀋陽路明洪武初
廢三十一年閏五月置衛瀋陽左衛瀋陽右衛俱明洪武中置建文初廢尋復改後
仍廢瀋陽中屯衛明洪武三十一年閏五月置建文中廢尋復置屬北平都司後屬後軍都督府
寄治北直河間縣鐵嶺衛明洪武二十一年三月以古鐵嶺城置二十六年四月遷於古嚚州之地
即今治也東南有奉集縣即古鐵嶺城也接高麗界明洪武初置縣尋廢又有咸平府元直隸遼東行省至正
二年正月降爲縣洪武初廢三萬衛元開元路明洪武初廢二十年十二月置三萬衛於故城西二
十一年徙衛於開元城遼海衛明洪武二十三年三月置於牛家莊二十六年徙三萬衛城安
樂州明永樂七年置在三萬衛城
山西元置河東山西道宣慰司治大同路直隸中書省明洪
武二年四月置山西等處行中書省治太原路三年十二月
置太原都衛與行中書省同治八年十月改都衛爲山西都指
揮使司九年六月改行中書省爲承宣布政使司領府
五直隸州三屬州十六縣七十九
太原府元冀寧路屬河東山西道宣慰司明洪武元年
十二月改爲太原府領州五縣二十陽曲倚太原元曰平晉
明洪武八年更名太原榆次　太谷　祁　徐溝　清源　交城

文水　壽陽　盂元盂州明洪武二年降爲縣靜樂元管州明洪武二年改爲
靜樂縣河曲元省明洪武十三年十一月復置平定州領縣一樂平
忻州明洪武初以州治秀容縣省入領縣一定襄　代州明洪武二年降爲縣八年
二月復升爲州領縣三五臺元臺州明洪武二年改爲五臺縣八年二月來屬繁峙元堅
州明洪武二年降爲繁峙縣八年二月來屬崞元崞州明洪武二年降爲縣八年二月來屬岢
嵐州本岢嵐縣明洪武七年十月置八年十一月升爲州領縣二嵐元嵐州明洪武初降爲縣
興元興州明洪武二年降爲縣八年十一月來屬保德州明洪武七年降爲縣八年十一月屬
岢嵐州九年正月復升爲州
平陽府元晉寧路屬河東山西道宣慰司明洪武元年
改爲平陽府領州六縣二十八臨汾倚襄陵　洪洞
浮山　趙城元屬霍州明洪武二年改屬太平元屬絳州明洪武二年改屬岳陽
曲沃元屬絳州明洪武二年改屬翼城元屬絳州明洪武二年改屬汾西　蒲
元屬隰州明洪武二年改屬靈石舊屬霍州萬曆二十三年五月改屬汾州府四十三年還屬府
蒲州元河中府明洪武二年改爲蒲州以州治河東縣省入領縣五臨晉　榮河
猗氏　萬泉　河津　解州明洪武初以州治解縣省入領縣五
安邑　夏　聞喜　平陸　芮城　絳州明洪武初以州治正平縣
省入領縣三稷山　絳　垣曲　霍州明洪武初以州治霍邑縣省入
吉州領縣一鄉寧　隰州明洪武初以州治隰川縣省入領縣二大寧
永和
汾州府元汾州屬冀寧路明洪武九年直隸布政司萬
曆二十三年五月升爲府領州一縣七汾陽倚元曰西河明洪武
初省入州萬曆二十三年五月復置更名孝義　平遙　介休　石樓舊屬隰州
萬曆四十年改屬臨元臨州屬冀寧路明洪武二年降爲縣萬曆二十三年五月來屬永寧
州元石州屬冀寧路明洪武初以州治離石縣省入隆慶元年更名萬曆二十三年五月來屬領縣
一寧鄉
潞安府元潞州屬晉寧路明洪武二年直隸行中書省
九年直隸布政司嘉靖八年二月升爲潞安府領縣八

長治倚元上黨縣明洪武二年省入州嘉靖八年二月復置更名長子　屯留　襄
垣　潞城　壺關　黎城　平順嘉靖八年二月以潞城縣青羊里置析黎
城壺關潞城三縣地益之
大同府元大同路屬河東山西道宣慰司明洪武二年
爲府領州四縣七大同倚懷仁　渾源州　應州明洪武初
以州治金城縣省入領縣一山陰　朔州明洪武初以州治鄯陽縣省入西有武州元屬
大同路明洪武初省領縣一馬邑　蔚州元屬上都路之順寧府至大元年十一月升爲
蔚昌府直隸上都路明洪武二年仍爲州四年來屬以州治靈仙縣省入領縣三廣靈　廣
昌元曰飛狐明洪武初更名靈邱
澤州元澤州屬晉寧路明洪武初以州治晉城縣省入
二年直隸行中書省九年直隸布政司領縣四高平
陽城　陵川　沁水
沁州元屬晉寧路明洪武初以州治銅鞮縣省入二年
直隸行中書省九年直隸布政司萬曆二十三年五月
改屬汾州府三十二年仍直隸布政司領縣二沁源
武鄉
遼州元屬晉寧路明洪武初以州治遼山縣省入二年
直隸行中書省九年直隸布政司領縣二榆社　和順
山西行都指揮使司本大同都衛明洪武四年正月置
治白羊城八年十月更名尋徙治大同府領衛二十五宣府左右前萬全左右懷
安等衛改屬萬全都司後領衛十四朔州路治州城安東中屯衛寄治應州城大同前
衛明洪武七年二月置與行都司同城大同後衛明洪武二十五年八月置與行都司同城尋罷
二十六年二月復置大同中衛明洪武二十五年八月置與行都司同城後罷大同左衛
明洪武二十五年八月置與行都司同城後罷永樂元年九月復置七年徙治鎮朔衛城大同右衛
明洪武二十五年八月置與行都司同城後罷永樂元年九月復置七年徙治定邊衛城鎮朔衛明洪
武二十六年二月置屬行都司永樂元年二月徙治北直薊州直隸後軍都督府而衛城遂虛七年徙大同左
衛來治正統十四年又徙雲川衛來同治定邊衛明洪武二十六年二月置屬行都司永樂元年二月

徙治北直通州直隸後軍都督府而衛城遂虛七年徙大同右衛來治正統十四年又徙玉林衛來同治

陽和衛 元白登縣屬大同路明洪武初縣廢二十六年二月置衛宣德元年徙高山衛來同治

天成衛 元天成縣屬興和路明洪武四年五月改屬大同府縣尋廢二十六年二月置衛後徙鎮虜衛來同治

威遠衛 正統三年三月以淨水坪置

平遠衛 成化十七年置與行都司同城嘉靖中徙今治西北有雲內縣本元雲內州屬大同路明洪武五年廢宣德中復置縣屬豐州正統十四年復廢又有平地縣元屬大同路明洪武中廢領千戶所一并坪守禦千戶所成化二十年七月置

雲川衛 明洪武二十六年二月置屬行都司永樂元年二月徙治北直畿內直隸後軍都督府宣德元年還舊治仍屬行都司正統十四年徙治舊鎮朔衛城與大同左衛同治而衛城遂虛

玉林衛 明洪武二十六年二月置屬行都司永樂元年二月徙治北直畿內直隸後軍都督府宣德元年還舊治仍屬行都司正統十四年徙治舊定邊衛城與大同右衛同治而衛城遂虛

鎮遠衛 明洪武二十六年二月置屬行都司永樂元年二月徙治北直畿內直隸後軍都督府宣德元年還舊治仍屬行都司正統十四年徙治天成衛城與天成衛同治而衛城遂虛

高山衛 明洪武二十六年二月置屬行都司永樂元年二月徙治北直畿內直隸後軍都督府宣德元年徙陽和衛城與陽和衛同治仍屬行都司而衛城遂虛嘉靖二年九月置高山守禦千戶所於此屬大同前衛

宣德衛 元宣甯縣屬大同路明洪武中縣廢二十六年二月置宣德衛後廢

東勝衛 元東勝州屬大同路明洪武四年正月州廢置衛二十五年八月分東勝左右中前後五衛屬行都司二十六年二月罷中前後三衛永樂元年二月徙左衛於北直盧龍縣右衛於北直遵化縣直隸後軍都督府三月置東勝中前後三千戶所於懷仁等處守禦而衛城遂虛正統三年九月復置後仍廢西北有豐州元屬大同路明洪武中廢宣德元年復置正統中內徙復廢又有淨州路元直隸中書省明洪武中廢領千戶所五實保齊千戶所　五花城千戶所　格爾和諾克千戶所　揚珠千戶所　翁吉喇特千戶所俱明洪武四年正月置

欽定續通典卷一百四十二

州郡

明 河南 陝西

河南元以河北地直隸中書省河南地置河南江北行
中書省治汴梁路明洪武元年五月置中書分省治開封府二年
四月改分省爲河南等處行中書省三年十二月置河
南都衛八年十月改都衛爲都指揮使司九年六月改
行中書省爲承宣布政使司領府八直隸州一屬州十
一縣九十六
開封府元汴梁路屬河南江北行省明洪武元年五月
爲開封府八月建北京十一年京罷領州四縣三十祥
符倚東爲開封縣元時同治郭內明洪武中省 陳留 杞 通許 太康
尉氏 洧川 鄢陵 扶溝 中牟 陽武 原武東南
有安城縣明洪武初置正統中廢 封邱 延津 蘭陽 儀封元屬睢州明洪
武十年五月改屬南陽府後來屬 新鄭元屬均州隆慶五年七月改屬 陳州明洪武初以州
治宛邱縣省入 領縣四 商水明洪武初廢四年七月復置 西華 項城東北有故
城今治本南頓縣之殄寇鎮也宣德三年遷 沈邱元屬潁州明洪武初廢弘治十年改乳香臺巡檢司
治來屬北有南頓縣洪武初廢 許州明洪武初以州治長社縣省入 領縣四 臨潁
襄城 郾城 長葛 禹州元曰均州明洪武初以州治陽翟縣省入萬曆三年
四月避諱改曰禹州 領縣一 密 鄭州明洪武初以州治管城縣省入 領縣四 滎
陽 滎澤元直隸汴梁路明洪武中改屬 河陰 汜水
河南府元河南府路屬河南江北行中書省明洪武元
年爲府領州一縣十三洛陽倚 偃師 鞏 孟津 宜
陽 永甯 新安 澠池元屬陝州明洪武中改屬 登封 嵩元嵩州屬
南陽府明洪武二年四月降爲縣來屬 盧氏元屬嵩州明洪武元年四月屬南陽府三年三月屬陝州
萬曆初改屬府 陝州元屬河南府路明洪武元年四月改屬南陽府以州治陝縣省入 領縣
二 靈寶 閿鄉

歸德府元直隸河南江北行省明洪武元年五月降爲
州屬開封府嘉靖二十四年六月升爲府領州一縣八
商邱倚元曰睢陽明洪武初省嘉靖二十四年六月復置更名 甯陵 鹿邑元屬亳州明洪
武中改屬 夏邑元曰下邑明洪武初更名 永城明洪武元年五月屬開封府十一月來屬 虞城
元屬濟甯洪武二年正月來屬 睢州元屬汴梁路明洪武初屬開封府以州治襄邑縣省入十年五
月降爲縣十三年十一月復升爲州嘉靖二十四年六月來屬 領縣二 考城元末省明洪武四年
八月復置屬開封府十年五月復省十三年十一月復置屬州 柘城元末省明洪武四年八月復置屬開
封府十年五月省入甯陵縣十三年十一月復置屬州
汝甯府元直隸河南江北行省明洪武初因之領州二
縣十二汝陽倚明洪武初縣廢四年七月復置 眞陽元屬息州明洪武四年省入汝陽縣
弘治十八年十二月仍置縣 上蔡明洪武初廢四年五月復置 新蔡元屬息州後廢明洪武四
年五月復置改屬 西平 確山明洪武十年五月省入汝陽縣十三年十一月復置成化十一
年九月改屬信陽州弘治二年八月仍屬府 遂平 信陽州元爲信陽縣屬信陽州後廢明
洪武元年十月置信陽州於此屬河南分省四年二月屬中都臨濠府七年八月改屬十年五月降爲縣成化
十一年九月復升爲州 領縣一 羅山元信陽州治後州縣俱廢明洪武元年十月置州於舊信
陽縣復置羅山縣屬焉十年五月直隸汝甯府成化十一年九月還屬州 光州明洪武初以州治定
城縣省入四年二月改屬中都臨濠府十三年仍來屬 領縣四 光山 固始 息
元息州明洪武四年二月屬中都臨濠府尋降爲縣屬潁州七年仍來屬 商城成化十一年四月析固始
縣地置
南陽府元直隸河南江北行省明洪武初因之領州二
縣十一南陽倚 鎮平明洪武十年五月省入南陽縣十三年十一月復置 唐明洪武三
年以故泌陽縣地置 泌陽元爲唐州治明洪武二年省入州十三年十一月州廢復置縣 桐柏本唐
縣之桐柏鎮巡檢司成化十二年十二月改置縣 南召成化十二年十二月以南陽縣南召堡置
鄧州元治穰縣明洪武二年二月縣廢十三年十一月復置縣十四年五月復省入州 領縣三
內鄉 新野 淅川成化六年析內鄉縣地置 裕州明洪武初以州治方城縣
省入 領縣二 舞陽 葉
懷慶府元懷慶路直隸中書省明洪武元年十月爲府

屬河南分省領縣六河內倚 濟源元屬孟州明洪武十年五月改屬府 修
武 武陟 孟元孟州明洪武初以州治河陽縣省入十年五月降爲縣 溫元屬孟州明洪
武十年五月改屬府
衛輝府元衛輝路直隸中書省明洪武元年八月爲府
十月屬河南分省領縣六汲倚 胙城明洪武十年五月省入汲縣十三年
十一月復置 新鄉 獲嘉明洪武十年五月省入新鄉縣十三年十一月復置 淇元淇州後
廢明洪武元年九月復置十二月降爲縣 輝元輝州後廢明洪武元年九月復置十二月降爲縣
彰德府元彰德路直隸中書省明洪武元年閏七月爲
府十月屬河南分省領州一縣六安陽倚元末縣廢明洪武元年九月
復置 臨漳元末廢明洪武元年九月復置 湯陰元末廢明洪武元年九月復置 林元林州後廢明
洪武元年九月復置二年四月降爲縣 磁州元治滏陽縣屬廣平路後州縣俱廢明洪武元年十
一月復置州屬廣平府二年四月來屬 領縣二 武安元末廢明洪武元年十一月復置 涉
元屬眞定路後廢明洪武元年十一月復置屬眞定府二年四月來屬
汝州元屬南陽府明洪武初以州治梁縣省入成化十
二年九月直隸布政司領縣四魯山 郟 寶豐成化十一
年四月析汝州地置 伊陽成化十二年十一月以汝州之伊闕故縣置析嵩及魯山二縣地益之
陝西元置陝西等處行中書省治奉元路又置甘肅等處行
中書省治甘州路明洪武二年四月置陝西等處行中書省
治西安府三年十二月置西安都衛與行中書省同治八年十月改
都衛爲陝西都指揮使司九年六月改行中書省爲承
宣布政使司領府八屬州二十一縣九十有五
西安府元奉元路屬陝西行省明洪武二年三月改爲
西安府領州六縣三十一長安倚 咸甯倚 咸陽 涇陽
興平 臨潼 渭南舊屬華州嘉靖三十八年十一月改屬府 藍田 鄠
盩厔 高陵 富平舊屬耀州萬曆三十六年改屬府 三原舊屬耀州弘治
三年十一月改屬府 醴泉舊屬乾州嘉靖三十八年十一月改屬府 華州 領縣二 華
陰 蒲城 商州明洪武七年五月降爲縣成化十三年三月仍爲州 領縣四 商

南成化十三年三月以商縣之層峯驛置 雒南元曰洛南屬商州明洪武七年五月改屬華州成化十三年三月復來屬天啟初改洛爲雒 山陽本商縣之豐陽巡檢司成化十二年十二月改爲縣 鎮安景泰三年以咸甯縣野猪坪置屬府成化十三年三月改屬州 同州領縣五 朝邑舊屬蒲州明洪武九年八月來屬 郃陽 韓城 澄城 白水 耀州領縣一 同官 乾州領縣二 武功 永壽 邠州元直隸陝西行省明洪武中來屬以州治新平縣省入領縣三 湻化 三水成化十三年九月析湻化縣地置 長武萬曆十一年三月以邠州宜祿鎮置

鳳翔府元屬陝西行省明洪武二年三月因之領州一縣七 鳳翔倚 岐山 寶雞 扶風 郿元屬奉元路明洪武二年來屬 麟遊 汧陽舊屬隴州嘉靖三十八年十一月改屬府 隴州元屬鞏昌總帥府延祐四年十一月省州治汧源縣入州明洪武二年來屬

漢中府元興元路屬陝西行省明洪武三年五月爲府六月改名漢中府領州一縣八 南鄭倚 襃城明洪武十年六月省入南鄭縣後復置 城固 洋元洋州明洪武三年降爲縣十年六月省入西鄉後復置 西鄉 鳳元鳳州明洪武七年七月降爲縣 沔元沔州屬四川廣元路明洪武三年改屬漢中府省州治鐸水縣入州七年七月降爲縣十年六月省入略陽後復置成化二十一年六月屬甯羌州嘉靖三十八年十一月仍屬府西南有大安縣洪武初廢 甯羌州本甯羌衞明洪武三十年九月以沔縣之大安地置成化二十一年六月置州屬府領縣一 略陽元屬沔州明洪武三年屬府成化二十一年六月改屬

延安府元延安路屬陝西行省明洪武二年五月爲府領州三縣十六 膚施倚 安塞 甘泉 安定 保安 宜川 延川 延長 青澗舊屬綏德州嘉靖四十一年改屬府 鄜州領縣三 洛川 中部 宜君 綏德州明洪武十年五月省入府後復置領縣一 米脂 葭州明洪武七年十一月降爲縣屬綏德州十三年十一月復升爲州屬府領縣三 吳堡元屬州明洪武七年十一月改屬綏德尋省十三年十一月復置還屬 神木明洪武初省十三年十一月復置 府谷明洪武初省十三年十一月復置

慶陽府元屬鞏昌總帥府明洪武二年五月直隸行省領州一縣四 安化倚元省明洪武中復置 合水 環元環州屬鞏昌總帥府明洪武初降爲縣來屬 眞甯舊屬甯州萬曆二十九年改屬府 甯州元屬鞏昌總帥府明洪武中來屬

平涼府元屬鞏昌總帥府明洪武三年五月直隸行省領州三縣七 平涼倚 崇信 華亭 鎭原元鎭原州屬鞏昌總帥府明洪武初降爲縣來屬 隆德舊屬靖甯州嘉靖三十八年十一月改屬府 涇州元直隸陝西行省明洪武三年以州治涇川縣省入來屬領縣一 靈臺 靜甯州元屬鞏昌總帥府明洪武中來屬領縣一 莊浪元莊浪州直隸陝西行省明洪武三年屬鳳翔府八年三月降爲縣來屬 固原州本固原守禦千戶所景泰三年以故原州城置成化四年升爲衞弘治十五年置州屬府南有開成州元直隸陝西行省治開成縣明洪武二年省州以縣屬平涼府成化三年廢縣又東南有廣安州元屬開成州明洪武二年省西北有西安守禦千戶所成化五年以舊西安州置

鞏昌府元屬鞏昌總帥府明洪武二年四月直隸行省領州三縣十四 隴西倚 安定元定西州屬鞏昌總帥府至正十二年三月改名安定州明洪武十年降爲縣屬府 會甯元會州屬鞏昌總帥府至正十二年三月改爲會甯州明洪武十年降爲縣屬府 通渭 漳 甯遠 伏羌 西和元西和州屬鞏昌總帥府明洪武十年降爲縣屬府 成元成州屬鞏昌總帥府明洪武十年降爲縣屬府 秦州元屬鞏昌總帥府明洪武二年屬府省州治成紀縣入州領縣三 秦安 清水 禮元禮店文州軍民元帥府屬吐蕃宣慰司明洪武四年十一月置禮店千戶所十一年屬岷州衞十五年改屬秦州衞成化九年十二月置禮縣於所城屬州 階州元屬鞏昌總帥府明洪武四年降爲縣屬府十年六月復爲州領縣一 文元文州至元九年十月置屬吐蕃宣慰司明洪武四年降爲縣屬府十年六月改屬州二十三年三月省成化九年十二月復置仍屬州 徽州元屬鞏昌總帥府明洪武十年六月降爲縣屬府後復升爲州領縣一 兩當明洪武十年六月省入徽縣後復置屬州

臨洮府元臨洮府屬鞏昌總帥府泰定元年九月改爲臨洮路明洪武二年九月仍爲府領州二縣三 狄道倚 渭源 蘭州元屬鞏昌總帥府明洪武二年九月降爲縣來屬成化十三年九月復爲州領縣一 金元金州屬鞏昌總帥府明洪武二年九月降爲縣屬府成化十三年改屬州 河州元河州路屬吐蕃宣慰司明洪武四年正月置河州衞屬西安都衞六年正月置河州府屬陝西行中書省七年七月復置西安行都衞於此領河州朶甘烏斯藏三衞八年十月改行都衞爲陝西行都指揮使司九年十二月行都指揮使司廢衞屬陝西都指揮使司十年分衞爲左右十二年七月府廢改左衞於洮州升右衞爲軍民指揮使司成化九年十二月置州屬府改軍民指揮使司爲衞西北有積石州元屬吐蕃宣慰司明洪武四年正月改置積石州千戶所西南有貴德州元屬吐蕃宣慰司明洪武八年正月改置歸德守禦千戶所又南有甯河縣東北有安鄉縣元俱屬河州路明洪武三年廢六年復置十二年復廢

靈州元屬甯夏府路明洪武三年罷弘治十三年九月復置直隸布政司

興安州元金州屬興元路萬曆十一年八月更名二十三年直隸布政司領縣六 平利元末省明洪武三年置屬四川大甯州五年二月來屬十年六月復省後復置 石泉元末省明洪武三年置屬四川大甯州五年二月來屬嘉靖三十八年十一月改屬漢中府萬曆十一年還屬州 洵陽元末省明洪武三年復置五年二月來屬 漢陰元末省明洪武三年復置十年六月省入石泉縣後復置屬州嘉靖三十八年十一月改屬漢中府萬曆十一年還屬州 白河成化十二年十二月以洵陽縣白河堡置屬湖廣鄖陽府十三年九月來屬 紫陽正德七年十一月以金州紫陽堡置初治紫陽灘之左嘉靖三十五年遷於灘右

洮州衞元洮州屬吐蕃宣慰司明洪武四年正月置洮州軍民千戶所屬河州衞十二年二月升爲洮州衞軍民指揮使司屬陝西都司

岷州衞元岷州以舊祐川縣地置屬吐蕃宣慰司明洪武四年正月置岷州千戶所屬河州衞十一年七月升爲衞屬陝西都司十五年四月升軍民指揮使司嘉靖二十四年又置州改軍民指揮使爲衞四十年閏五月州廢仍置軍民指揮使司 東北有鐵州元屬吐蕃宣慰司明洪武四年正月置鐵城千戶所屬河州衞後廢 領所一 西固城守禦軍民千戶所本西固城千戶所明洪武七年三月置屬鞏昌府十五年四月改置來屬

榆林衞成化六年三月以榆林川置

甯夏衞元甯夏府路屬甘州行省明洪武三年爲府五年府廢二十六年七月置衞二十八年四月罷永樂元

年正月復置領千戶所四靈州守禦千戶所明洪武十六年十月置弘治十三年九月復置靈州於所城興武守禦千戶所正德元年以興武營置韋州守禦千戶所弘治十年以故韋州置平虜千戶所嘉靖三十年以平虜城置寧夏前衛在寧夏城內明洪武十七年置寧夏左屯衛　寧夏右屯衛亦俱在寧夏城內明洪武二十五年二月置後廢三十五年十二月復置

寧夏後衛本花馬池守禦千戶所成化十五年置正德元年改衛

寧夏中衛元應理州屬寧夏府路明洪武三年州廢永樂元年正月置衛東南有鳴沙州元屬寧夏府路明洪武初廢

靖虜衛正統二年以故會州地置屬陝西都司

陝西行都指揮使司元甘肅等處行中書省治甘州路明洪武五年十一月置甘肅衛二十五年罷二十六年陝西行都指揮使司自莊浪徙置於此領衛十二守禦千戶所四甘州左衛倚元甘州路明洪武初廢二十三年十二月置甘州左衛二十七年十一月罷二十八年六月復置甘州右衛　甘州中衛俱明洪武二十五年三月置甘州前衛　甘州後衛俱明洪武二十九年置以上四衛俱與甘州左衛同城肅州衛元肅州路屬甘肅行省明洪武二十七年十一月置衛山丹衛元山丹州直隸甘肅行省明洪武初廢二十三年九月置衛屬陝西都司後來屬永昌衛元永昌路屬甘肅行省至正二年七月改為永昌宣慰司明洪武初廢十五年三月置衛屬陝西都司後來屬涼州衛元西涼州屬永昌路明洪武九年十月置衛屬陝西都司後來屬鎮番衛本臨河衛明洪武中以小河灘城置三十年正月更名建文中罷永樂元年六月復置莊浪衛明洪武五年十一月以永昌地置十二年正月置陝西行都指揮使司於衛城二十六年行都司徙於甘州建文中改衛為守禦千戶所尋復改所為衛屬陝西都司後來屬西寧衛元西寧州直隸甘肅行省明洪武初廢六年正月置衛宣德七年十一月升軍民指揮使司屬陝西都司後來屬碾伯守禦千戶所本碾北地明洪武十一年三月置莊浪分衛七月改置碾北衛後廢而徙西寧衛右千戶所於此成化中更名沙州衛元沙州路屬甘肅行省明洪武初廢永樂元年置衛正統間廢鎮夷守禦千戶所明洪武三十年以甘州衛地置建文二年罷永樂元年復置古浪守禦千戶所正統三年六月以莊浪衛地置高臺守禦千戶所景泰七年以甘州衛之高臺站置

欽定續通典卷一百四十二

州郡

明 四川 江西

四川元置四川等處行中書省治成都路又置羅羅蒙慶等處宣慰司治建昌路屬雲南行中書省明洪武四年七月置四川等處行中書省九月置成都都衞與行中書省同治八年十月改都衞爲四川都指揮使司領招討司一宣慰司二安撫司五長官司二十二及諸衞所九年六月改行中書省爲承宣布政使司領府十三直隸州六宣撫司一安撫司一屬州十五縣百十一長官司十六

成都府元成都路明洪武四年爲府領州六縣二十五 成都倚 華陽倚 雙流明洪武十年五月省入華陽縣十三年十一月復置 郫 温江 新繁明洪武十年五月省入成都縣十三年十一月復置 新都 彭元彭州明洪武十年五月降爲縣東有故濛陽縣元屬彭州明洪武十年五月省 崇甯元屬彭州明洪武四年屬府十年五月省入灌縣十三年十一月復置 灌元灌州明洪武中降爲縣 金堂明洪武十年五月省入新都縣十三年十一月復置 仁壽 井研明洪武六年十二月置十年五月省入仁壽縣十三年十一月復置 資明玉珍置資州洪武初降爲縣 內江明洪武中置 安元安州明洪武中降爲縣 簡州明洪武六年降爲縣正德八年又升爲州 領縣一 資陽明洪武六年十二月置屬府十年五月省入簡縣成化元年七月復置仍屬府正德中改屬州 崇慶州元治晉原縣明洪武中省縣入州西北有永康縣東南有江源縣明玉珍復置洪武初省 領縣一 新津 漢州明玉珍復置雒縣爲州治明洪武四年省縣入州 領縣三 什邡明洪武十年五月省入緜竹縣十三年十一月復置 緜竹 德陽明洪武十年五月省入漢州十三年十一月復置 緜州元屬潼川府明洪武三年來屬十年五月降爲縣十三年十一月復爲州 領縣二 羅江明洪武六年十二月省入緜州十三年十一月復置 彰明明洪武十年五月省入緜縣十三年十一月復置 茂州元治汶山縣屬陝西行省吐蕃宣慰司明洪武中省縣入州十六年復置縣後復省 領縣一 汶川 威州元以州治保甯縣省入明玉珍復置縣明洪武二十年五月復省縣入州東有通化縣洪武三年省 領縣一 保明洪武六年分保甯縣地置

保甯府元屬廣元路明洪武四年直隸行省領州二縣八 閬中倚 蒼溪明洪武十年五月省入閬中縣十三年十一月復置 南部明洪武十年五月省入閬中縣十三年十一月復置 廣元元廣元路治緜谷縣明洪武四年改爲府九年四月降爲州來屬以緜谷縣省入十三年十一月復置緜谷縣二十二年六月降州爲縣復省緜谷縣入焉 昭化元屬廣元路明洪武十年五月省入廣元州十三年十一月復置屬府 劒州元屬廣元路明洪武六年以州治普安縣省入來屬九年省十三年十一月復置 領縣一 梓潼 巴州元屬廣元路明洪武九年四月以州治化城縣省入又改州爲縣來屬正德九年復爲州東有曾口縣元屬州後廢 領縣二 通江舊屬府正德九年改屬州 南江正德十一年置

順慶府元順慶路明洪武中爲府領州二縣八 南充倚 西充明洪武十年五月省入南充縣十三年十一月復置 蓬州元屬順慶路明洪武中以州治相如縣省入 領縣二 營山明洪武十年五月省入蓬州十三年十一月復置 儀隴明洪武十年五月省入蓬州十三年十一月復置 廣安州元廣安府屬順慶路明洪武四年降爲州來屬十年五月以州治渠江縣省入 領縣四 岳池 渠元渠州屬順慶路至元二十六年五月省州治流江縣入焉明洪武九年四月降爲縣 鄰水成化元年七月置 大竹元屬渠州明洪武九年來屬

夔州府元夔州路屬四川南道宣慰司明洪武四年爲府九年四月降爲州屬重慶府十年五月直隸布政司十三年十一月復爲府領州一縣十二 奉節倚明洪武九年四月省十三年十一月復置 巫山 大昌明洪武十三年十一月置 大甯元大甯州明洪武九年降爲縣 雲陽元雲陽州明洪武六年十二月降爲縣 萬元萬州明洪武六年十二月降爲縣西有武甯縣明洪武四年省 開元開州明洪武六年八月置九月降爲縣 梁山元梁山州治梁山縣明洪武六年十二月省州存縣十年五月改屬忠州後來屬 新甯元屬達州明洪武三年改屬重慶府十年五月省入梁山縣十三年十一月復置來屬 建始元屬施州明洪武中來屬 達州元治通川縣明洪武九年四月降爲縣省通川縣入焉正德九年復升爲州 領縣二 東鄉成化元年七月置 太平正德十年析東鄉縣地置

重慶府元重慶路屬四川南道宣慰司明洪武中爲府領州三縣十七 巴倚 江津 壁山成化十九年三月析巴縣地置 永川明洪武六年十二月置 榮昌明洪武六年十二月置西北有大足昌甯縣明玉珍置洪武七年省 明玉珍置屬合州洪武四年改屬府 安居成化十七年九月析銅梁遂甯二縣地置 綦江元綦江長官司屬播州明玉珍改爲縣明洪武中來屬 南川明洪武十年五月省入綦江縣十三年十一月復置 長壽明洪武六年九月置屬涪州尋改屬府 黔江元屬紹慶府明洪武五年十二月省入彭水縣十一年九月置黔江守禦千戶所十四年九月復置縣來屬 合州元治石照縣明玉珍省縣入焉 領縣二 銅梁 定遠 忠州元治臨江縣明洪武中以縣省入 領縣二 酆都元曰豐都明洪武十年五月省入涪州十三年十一月復置曰酆都東南有南賓縣洪武中省 墊江明玉珍置屬州 涪州領縣二 武隆元曰武龍明洪武十年五月省入彭水縣十三年十一月復置曰武隆 彭水元紹慶府治此屬四川南道宣慰司明洪武四年府廢改屬重慶府洪武十年五月來屬

遵義軍民府元播州宣慰司屬湖廣行省明洪武五年正月改屬四川十五年二月改屬貴州都司二十七年四月改屬四川布政司萬曆二十九年四月改置遵義軍民府領州一縣四 遵義倚元播州總管明洪武五年正月改爲播州長官司萬曆二十九年四月改縣 桐梓萬曆二十九年四月以舊夜郎縣望草地置 眞安州元珍州思甯長官司明玉珍改眞州明洪武十七年置眞州長官司萬曆二十九年四月改置 領縣二 綏陽萬曆二十九年四月以舊綏陽縣地置 仁懷萬曆二十九年四月以舊懷陽縣地置

敘州府元敘州路屬敘南等處蠻夷宣撫司至元二十三年正月降爲縣明洪武六年六月置府領州一縣九 宜賓倚西北有宣化縣明洪武中省 南溪 慶符明洪武十年五月省入宜賓縣十三年十一月復置 富順元富順州明洪武中降爲縣 長甯元長甯軍屬馬湖路泰定二年十月改爲州明洪武五年降爲縣 興文元戎州屬馬湖路明洪武四年降爲縣來屬萬曆二年二月改曰興文 隆昌本富順縣隆橋馬驛隆慶元年置縣析榮昌富順二縣及瀘州地屬之 高州元屬敘南宣撫司明洪武五年降爲縣屬府正德十三年四月復爲州 領縣二 筠連元筠連州治騰川縣屬永甯路尋廢縣存州明洪武四年降州爲縣屬敘州府六年十二月改屬緜州尋仍屬敘州府十年五月省入高縣十三年十一月復置仍屬州府正德十三年四月來屬 珙元下羅計長官司屬敘南宣撫司明玉珍改爲珙州明洪武四年降爲縣十年五月省入高縣十三年十一月復置屬府正德十三年四月來屬

龍安府元龍州屬廣元路明玉珍置龍州宣慰司明洪武六年十二月復置龍州十四年正月改松潘等處安撫司二十年正月仍改爲龍州二十二年九月改龍州軍民千戶所二十八年十月升龍州軍民指揮使司後復曰龍州宣德七年改龍州宣撫司直隸布政司嘉靖四十五年十二月改曰龍安府領縣三平武倚本名甯武萬曆十八年四月置後更名東有青川守禦千戶所明洪武四年十月以舊青川縣置屬四川都司嘉靖四十五年十二月來屬 江油元省明玉珍復置明洪武十年五月省入梓潼縣十三年十一月復置屬劍州嘉靖四十五年十二月來屬 石泉元屬安州明洪武中州廢改屬成都府嘉靖四十五年十二月來屬

馬湖府元馬湖路屬敍南宣撫司明洪武四年十二月爲府領縣一長官司四屏山倚本泥溪長官司明洪武四年十二月置萬曆十七年三月改縣 平夷長官司明洪武四年十二月置 蠻夷長官司明洪武四年十二月置 沐川長官司元置明洪武四年十二月改爲州尋復 雷坡長官司明洪武四年十二月置二十六年省

鎮雄府元芒部路屬雲南行省明洪武十五年正月爲府十六年正月改屬四川布政司十七年五月升爲軍民府嘉靖五年四月改府名萬曆三十七年五月罷稱軍民府北有益良州強州元俱屬芒部路明洪武十七年後廢又有阿頭易溪易娘三蠻部元屬烏撒路明洪武十五年三月屬芒部府十七年又改阿頭部爲阿都府屬四川布政司後俱廢領長官司五白水江歘酬長官司正德十六年十一月置 懷德長官司本郤佐寨 威信長官司本母響寨 歸化長官司本夷良寨 安靜長官司本落角寨四司俱嘉靖五年四月改置

烏蒙軍民府元烏蒙路屬四川行省明洪武十五年正月爲府屬雲南布政司十六年正月改屬四川布政司十七年五月升爲軍民府北有歸化州明洪武十五年三月置屬府尋廢

烏撒軍民府元烏蒙路屬四川行省明洪武十五年正月爲府屬雲南布政司十六年正月改屬四川布政司十七年五月升爲軍民府

東川軍民府元東川路屬雲南行省明洪武十五年正月爲府十七年五月升爲軍民府改屬四川布政司二十一年六月廢二十六年五月復置

潼川州元潼川府直隸四川行省明洪武九年四月降爲州以州治郪縣省入直隸布政司領縣七射洪明洪武十年五月省入鹽亭縣十三年十一月復置 中江明洪武十年五月省入州十三年十一月復置 鹽亭 遂甯元遂甯州明玉珍省州治小溪縣入焉明洪武九年四月降州爲縣 蓬溪元屬遂甯州明洪武十年五月省入遂甯縣十三年十一月復置 安岳明洪武四年於縣置普州九年州廢 樂至成化元年七月置屬州正德九年改屬簡州嘉靖元年四月還屬

眉州元屬嘉定府路明洪武九年四月降爲縣仍屬嘉定州十三年十一月復爲州直隸布政司領縣三彭山明洪武十年五月省入眉縣十三年十一月復置 丹稜明洪武六年十二月置屬嘉定府十年五月省入眉縣十三年十一月復置來屬 青神明洪武十年五月省入嘉定州十三年十一月復置還屬

邛州元屬嘉定府路明洪武九年四月降爲縣仍屬嘉定州成化十九年二月復爲州直隸布政司領縣二大邑明洪武十年五月省入邛縣十三年十一月復置屬嘉定州成化十九年二月還屬 蒲江元省入州明洪武六年十二月復置屬嘉定府成化十九年二月還屬

嘉定州元嘉定府路明洪武四年爲府九年四月降爲州以州治龍遊縣省入直隸布政司領縣六峩眉 夾江 洪雅元省入夾江明成化十八年五月復置 犍爲 榮本榮州明洪武六年十二月置九年四月降爲縣 威遠明洪武六年十二月置屬嘉定府十年五月省入榮縣十三年十一月復置

瀘州元屬重慶路明洪武六年直隸四川行省九年直隸布政司領縣三納溪 江安 合江

雅州元屬陝西行省吐蕃宣慰司明洪武四年以州治嚴道縣省入九年直隸布政司領縣三名山明洪武十年省入州十三年十一月復置東北有百丈縣元屬州明洪武中省 滎經明玉珍省入嚴道縣明洪武中復置 蘆山元曰瀘山後省明洪武六年十二月復置改爲蘆山

永甯宣撫司元永甯路明洪武七年爲永甯長官司八年正月升宣撫司天啟三年廢地屬敍州府領長官司二九姓長官司元九姓羅氏黨蠻夷長官千戶明洪武六年十二月改置天啟六年改屬瀘州 太平長官司元大壩軍民府明洪武中廢成化四年四月改置

天全六番招討司元六番招討司明洪武六年十二月改置直隸四川布政司二十一年二月改隸都司

松潘衛元松州屬雲南行省明洪武初因之十二年四月兼置松州衛十三年八月罷衛未幾復置衛二十年正月罷州改衛爲松潘等處軍民指揮使司屬四川都司嘉靖四十二年罷軍民司止爲衛北有潘州衛明洪武中以故潘州置二十年省入領千戶所一長官司十六安撫司五小河守禦千戶所宣德四年正月置 占藏先結簇長官司 蠟匝簇長官司 白馬路簇長官司 山洞簇長官司 阿昔洞簇長官司 北定簇長官司 麥匝簇長官司 者多簇長官司 牟力結簇長官司 班班簇長官司 祈命簇長官司 勒都簇長官司 包藏先結簇長官司以上十三司俱明洪武十四年正月置 阿用簇長官司宣德十年正月置 潘幹寨長官司正統五年七月置 別思寨長官司宣德十年五月置 八耶安撫司永樂十五年二月置 麻兒匝安撫司宣德二年三月以阿樂地置 阿角寨安撫司 芒兒者安撫司二司俱正統五年七月置 思曩日安撫司正統十一年七月置

疊溪守禦軍民千戶所本疊溪右千戶所明洪武十一年以古翼州置屬茂州衛二十五年改置直隸都司領長官司二疊溪長官司 鬱即長官司俱永樂元年正月置

黎州守禦軍民千戶所本黎州長官司明洪武九年七

月置十一年六月升安撫司直隸布政司萬曆二十四年降爲千戶所直隸都司東北有黎州屬陝西行省吐蕃宣慰司元屬陝西明洪武五年省州治漢源縣入州永樂後廢

平茶洞長官司元溶江芝子平茶等處長官司明洪武八年正月置屬酉陽宣撫司十七年直隸布政司

溶溪芝麻子坪長官司元溶江芝子平茶等處長官司明洪武八年改置屬湖廣思南宣慰司十七年五月直隸四川布政司

安寧宣撫司成化十三年二月置領長官司二懷遠長官司　宣化長官司俱成化十三年二月與宣撫司同置

酉陽宣慰司元酉陽州屬懷德府明玉珍改沿邊溪洞軍民宣慰司明洪武五年四月仍置酉陽州兼置酉陽宣慰司州尋廢八年正月改宣慰爲宣撫司屬四川都司永樂十六年改屬重慶衛天啟元年升爲宣慰司領長官司三石耶洞長官司元石耶軍民府明洪武八年正月改爲長官司　邑梅洞長官司元佛鄉洞長官司明玉珍改邑梅沿邊溪洞軍民府明洪武八年正月改置　麻兔洞長官司明洪武八年正月置

石砫宣慰司元石砫軍民宣撫司明玉珍改安撫司明洪武八年正月爲宣撫司屬重慶衛嘉靖四十二年改屬夔州衛天啟元年升爲宣慰司

四川行都指揮使司元羅羅蒙慶等處宣慰司治建昌路屬雲南行省明洪武十五年罷宣慰司二十七年九月置四川行都指揮使司治建昌衛領衛五所八長官司五

建昌衛軍民指揮使司元建昌路屬羅羅蒙慶宣慰司明洪武十五年正月爲府屬雲南布政司兼置衛屬雲南都司十月衛府俱改屬四川二十五年六月府廢升衛爲軍民指揮使司二十七年九月來屬領守禦千戶所四長官司三東有建安州永寧州又東有里州東南有闊州西南有瀘州隆州元俱屬建昌路明洪武十五年三月俱屬建昌府東有北社縣元屬永寧州明洪武十五年三月因之尋改爲碧舍縣又西有德州元屬德昌路明洪武十五年三月屬德昌府二十七年後府州縣俱廢　守禦禮州後千戶所　守禦禮州中中千戶所元禮州屬建昌路明洪武十五年三月屬建昌府兼置二守禦所屬衛二十七年後州廢北有瀘沽縣元屬禮州明洪武十五年三月因之亦二十七年後廢　守禦打沖河中前千戶所明洪武二十七年二月置　守禦德昌千戶所明洪武十五年置南有德昌路元屬羅羅蒙慶宣慰司明洪武十五年三月爲府屬雲南布政司十月改屬四川布政司二十七年後廢　昌州長官司元屬德昌路明洪武十五年三月屬德昌府永樂二年七月改置　威龍長官司元威龍州屬德昌路明洪武十五年三月以龍爲隆屬德昌府永樂二年七月改置　普濟長官司元普濟州屬德昌路明洪武十五年三月屬德昌府永樂二年七月改置

寧番衛軍民指揮使司元蘇州屬建昌路明洪武十五年三月屬建昌府二十一年十月兼置蘇州衛屬四川都司二十五年六月州廢升衛爲軍民指揮使司二十六年更名屬四川都司二十七年九月來屬東有中縣元屬建昌路明洪武十五年三月改屬永寧州十七年改屬蘇州後廢領千戶所一守禦冕山橋後千戶所正統七年以冕山堡置

越巂衛軍民指揮使司明洪武二十五年七月置屬四川都司二十七年九月來屬領千戶所一長官司一鎭西後千戶所弘治中置　邛部長官司元邛部州屬建昌路明洪武十五年三月屬建昌府二十七年四月升軍民府後仍爲州屬越巂衛永樂元年五月改爲長官司

鹽井衛軍民指揮使司元柏興府治閏鹽縣屬羅羅蒙慶宣慰司明洪武十五年三月屬雲南布政司二十四年二月降爲州省閏鹽縣入焉二十六年六月州廢置衛屬四川都司二十七年九月來屬北有金縣元屬柏興府明洪武十五年三月因之十七年後廢領千戶所一長官司一打沖河守禦中左千戶所明洪武二十五年置　馬剌長官司永樂初置

會川衛軍民指揮使司本會川守禦千戶所明洪武十五年置屬建昌衛二十五年六月升軍民千戶所十一月升會川衛軍民指揮使司屬四川都司二十七年九月來屬北有會川路元屬羅羅蒙慶宣慰司明洪武十五年三月爲府屬雲南布政司十月改屬四川布政司二十六年四月府廢墮其城二十七年四月復置府後復廢又西有永昌州南有武安州又有黎漢州元俱屬會川路明洪武十五年三月俱屬會川府十月俱改爲縣二十四年二月復俱爲州東南有姜州元屬建昌路又有會理州元屬會川路明洪武十五年三月俱改屬東川府北有麻龍州元屬會川路明洪武十五年三月改屬東川府又有麻龍縣明洪武十七年改屬麻龍州二十七年後府州縣俱廢領千戶所一守禦迷易千戶所明洪武二十五年閏十二月置

江西元置江西等處行中書省治龍興路明太祖壬寅年正月因之正月治吉安府二月還治洪都明洪武三年十二月置江西都衛與行中書省同治八年十月改都衛爲都指揮使司九年六月改行中書省爲承宣布政使司領府十三州一縣七十七

南昌府元龍興路屬江西行省明太祖壬寅年正月爲洪都府癸卯年八月改曰南昌府領州一縣七南昌倚　新建倚　豐城元富州明洪武九年十二月改爲豐城縣　進賢　奉新　靖安　武寧　寧州元分寧縣爲寧州治明洪武初改縣爲寧縣省州入焉弘治十六年升縣爲州

瑞州府元瑞州路屬江西行省明洪武二年爲府領縣三高安倚　上高　新昌元新昌州明洪武初降爲縣

九江府元江州路屬江西行省明太祖辛丑年爲九江府領縣五德化倚　德安　瑞昌　湖口　彭澤

南康府元南康路屬江西行省明太祖辛丑年八月爲西寧府壬寅年四月改曰南康府領縣四星子倚　都昌　建昌元建昌州明洪武初降爲縣　安義正德十三年二月析建昌縣安義等五鄉置

饒州府元饒州路屬江浙行省明太祖辛丑年八月爲鄱陽府隸江南行省尋曰饒州府來隸領縣七鄱陽倚　餘干元餘干州明洪武初降爲縣　樂平元樂平州明洪武初降爲縣　浮梁元浮梁州明洪武初降爲縣　德興　安仁　萬年正德七年以餘干縣之萬春鄉置析鄱陽樂平及貴溪三縣地益之

廣信府元信州路屬江浙行省明太祖庚子年五月爲廣信府領縣七上饒倚　玉山　弋陽　貴溪　鉛山元鉛山州直隸江浙行省明洪武初降爲縣　永豐　興安嘉靖三十九年八月以弋陽縣之橫峯寨置析上饒貴溪二縣地益之

建昌府元建昌路屬江西行省明太祖壬寅年正月爲肇慶府尋曰建昌府領縣五南城倚　南豐元南豐州直隸江西行省

明洪武初降爲縣 新城 廣昌 瀘溪本南城縣瀘溪巡檢司萬曆六年十二月改爲縣

撫州府元撫州路屬江西行省明太祖壬寅年正月爲臨川府尋曰撫州府領縣六臨川倚 崇仁 金谿 宜黃 樂安 東鄉正德七年八月以臨川縣之孝岡置析金谿進賢餘干安仁四縣地益之

吉安府元吉安路屬江西行省明太祖壬寅年爲府領縣九廬陵倚 泰和元太和州明洪武二年正月改爲泰和縣 吉水元吉水州明洪武二年正月降爲縣 永豐 安福元安福州明洪武二年正月降爲縣 龍泉 萬安 永新元永新州明洪武二年正月降爲縣 永甯

臨江府元臨江路屬江西行省明太祖癸卯年爲府領縣四清江倚 新淦元新淦州明洪武初降爲縣 新喻元新喻州明洪武初降爲縣 峽江本新淦縣之峽江巡檢司嘉靖五年四月改爲縣析新淦縣六鄉地益之

袁州府元袁州路屬江西行省明太祖庚子年爲府領縣四宜春倚 分宜 萍鄉元萍鄉州明洪武初降爲縣 萬載

贛州府元贛州路屬江西行省明太祖乙巳年爲府領縣十二贛倚 雩都 信豐 興國 會昌元會昌州明洪武初降爲縣 安遠元屬甯都州明洪武初改屬府 甯都元甯都州明洪武初降爲縣 瑞金元屬會昌州明洪武初改屬府 龍南元屬甯都州明洪武初改屬府 石城元元貞元年十一月屬甯都州明洪武初改屬府 定南隆慶三年三月以龍南縣之蓮蒲鎭置析安遠信豐二縣地益之 長甯萬曆四年三月以安遠縣之馬蹄岡置析會昌縣地益之

南安府元南安路屬江西行省明太祖乙巳年爲府領縣四大庾倚 南康 上猶元永清縣明洪武初更名 崇義正德十四年三月以上猶縣之崇義里置析大庾南康二縣地益之

欽定續通典卷一百四十四

州郡

明 湖廣 浙江

湖廣元置湖廣等處行中書省治武昌路又分置湖南道宣慰司治天臨路屬焉又以襄陽等三路屬河南江北等處行中書省又分置荆湖北道宣慰司治中興路并屬焉明太祖甲辰年二月平陳理置湖廣等處行中書省洪武三年十二月置武昌都衞與行中書省同治八年十月改都衞爲湖廣都指揮使司九年六月改行中書省爲承宣布政使司領府十五直隸州二屬州十七縣一百有八宣慰司二宣撫司四安撫司五長官司二十一蠻夷長官司五

武昌府元武昌路屬湖廣行省明太祖甲辰年二月爲府領州一縣九江夏倚 武昌 嘉魚 蒲圻 咸甯 崇陽 通城 興國州元興國路屬湖廣行省明太祖甲辰年二月爲府洪武九年四月降爲州以州治永興縣省入來屬 領縣二大冶 通山

漢陽府元屬湖廣行省明洪武九年四月降爲州屬武昌府十三年五月復爲府屬湖廣布政司尋屬河南二十四年六月還屬湖廣領縣二漢陽倚明洪武九年四月省十三年五月復置 漢川元屬漢陽路明洪武九年四月改屬武昌府十三年五月還屬

黃州府元黃州路屬河南江北行省明太祖甲辰年爲府屬湖廣行省九年屬湖廣布政司尋改屬河南二十四年六月還屬湖廣領州一縣八黃岡倚 麻城 黃陂 黃安嘉靖四十二年以麻城縣之姜家畈置析黃岡黃陂二縣地益之 蘄水元屬蘄州路明洪武九年四月屬蘄州十一年十月改屬府 羅田元屬蘄州路明洪武九年四月屬蘄州十一年十月改屬府 蘄州元蘄州路屬河南江北行省明太祖甲辰年爲府九年四月降爲州以州治蘄春縣省入來屬 領縣二廣濟 黃梅

承天府元安陸府屬荆湖北道宣慰司明太祖乙巳年屬湖廣行省洪武九年四月降爲州直隸湖廣布政司二十四年六月改屬河南未幾還屬嘉靖十年升州爲承天府十八年建興都留守司於此領州二縣五鍾祥倚元曰長壽縣元末廢明洪武三年復置九年四月省入州嘉靖十年八月復置更名北有松林山興獻王陵寢在焉嘉靖十年賜名純德山置顯陵縣明末縣廢 京山 潛江元屬中興路明洪武十年八月來屬 荆門州元治長林縣屬荆湖北道宣慰司明洪武九年四月改爲縣省長林縣入焉屬荆州府十三年五月復爲州仍屬荆州府嘉靖十年八月來屬 領縣一當陽元屬荆門州明洪武九年改屬荆州府十年五月省入荆門縣十三年五月復置仍屬州 沔陽州元沔陽府屬荆湖北道宣慰司明洪武九年四月降爲州以州治玉沙縣省入直隸湖廣布政司尋直隸河南二十四年六月還直隸湖廣嘉靖十年十二月來屬 領縣一景陵

德安府元屬荆湖北道宣慰司明洪武元年十月屬湖廣行省九年四月降爲州屬黃州府十一月屬武昌府十三年五月復爲府屬湖廣布政司二十四年六月改屬河南未幾還屬領州一縣五安陸倚明洪武初縣省十三年五月復置 雲夢 應城明洪武九年四月屬黃州府十年五月省入雲夢縣十三年五月復置 孝感明洪武九年四月屬黃州府十月五月省入德安州十三年五月復置 隨州明洪武二年正月以州治隨縣省入九年四月降爲縣屬黃州府十年五月省入應山縣十三年五月復升爲州 領縣一應山明洪武初省十三年五月復置

岳州府元岳州路屬湖廣行省明太祖甲辰年爲府洪武九年四月降爲州直隸布政司十四年正月復爲府領州一縣七巴陵倚明洪武九年四月省十四年復置 臨湘 華容 平江元平江州明洪武三年降爲縣 澧州元澧州路屬湖廣行省明太祖甲辰年爲府九年四月降爲州以州治澧陽縣省入屬常德府三十年三月來屬 領縣三安鄉 石門 慈利元慈利州明洪武二年降爲縣

荆州府元中興路屬荆湖北道宣慰司明太祖甲辰年九月改爲荆州府屬湖廣行省吳元年十月置湖廣分省於此尋罷九年屬湖廣布政司尋改屬河南二十四年還屬領州二縣十一江陵倚 公安 石首 監利 松滋 枝江明洪武十年五月省入松滋縣十三年五月復置 夷陵州元峽州路屬荆湖北道宣慰司明太祖甲辰年爲府九月降爲州直隸湖廣行省九年四月改州名夷陵以州治夷陵縣省入來屬 領縣三長陽 宜都 遠安 歸州元治秭歸縣直隸湖廣行省明洪武九年四月廢州入秭歸縣屬夷陵州十年二月改縣名長甯十三年五月復改縣爲歸州 領縣二興山明洪武九年改屬夷陵州後還屬正統九年三月省入州弘治三年五月復置 巴東元屬歸州明洪武九年改屬夷陵州隆慶四年還屬

襄陽府元襄陽路屬河南江北行省明太祖甲辰年爲府屬湖廣行省九年屬湖廣布政司二十四年六月改屬河南未幾還屬湖廣領州一縣六襄陽倚 宜城 南漳 棗陽明洪武十年五月省入宜城縣後復置 穀城 光化明洪武十年省入穀城縣十三年五月復置 均州明洪武二年七月以州治武當縣省入

鄖陽府成化十二年十二月置領縣七又置湖廣行都指揮使司於此鄖倚舊屬均州成化十二年置鄖陽府治此 房元房州屬襄陽路明洪武十年五月以州治房陵縣省入又降州爲縣仍屬襄陽府成化十二年十二月來屬 竹山元屬房州明洪武十年五月省入房縣十三年五月復置屬襄陽府成化十二年十二月來屬 竹谿本竹山縣之尹店巡檢司成化十二年十二月改置縣 上津明洪武初置屬襄陽府十年五月省入鄖陽十三年五月復置仍屬襄陽府成化十二年十二月來屬 鄖西成化十二年十二月以鄖縣之南門堡置 保康弘治十年十一月以房縣之潭頭坪置

長沙府元天臨路屬湖南道宣慰司明太祖甲辰年爲潭州府洪武五年六月更名長沙領州一縣十一長沙倚 善化倚明洪武十年五月省入長沙縣十三年五月復置 湘陰元湘陰州明洪武初降爲縣 湘潭元湘潭州明洪武三年三月降爲縣 瀏陽元瀏陽州明洪武二年降爲縣 醴陵元醴陵州明洪武二年降爲縣 甯鄉 益陽元益陽州明洪武初降爲縣 湘鄉元湘鄉州明太祖甲辰年降爲縣 攸元攸州明洪武三年三月降爲縣 安化 茶陵州元直隸湖南道明太祖甲辰年降爲縣成化十八年十月復爲州

常德府元常德路屬湖廣行省明太祖甲辰年爲府領

縣四武陵倚　桃源元桃源州明洪武二年降為縣　龍陽元龍陽州明洪武三年三月降為縣　沅江元屬龍陽州明洪武三年州廢來屬十年五月省入龍陽縣十三年五月復置

衡州府元衡州路屬湖南道宣慰司明太祖甲辰年為府領州一縣九衡陽倚東有新城縣元末置明洪武十年五月省　衡山元屬天臨路明洪武間改屬　耒陽元耒陽州直隸湖南道明洪武三年三月降為縣　常甯元常甯州直隸湖南道明洪武三年三月降為縣　安仁　酃　桂陽州元桂陽路治平陽縣屬湖南道宣慰司明洪武元年為府九年四月降為縣省平陽縣入焉十三年五月升為州　領縣三臨武　藍山舊屬郴州明洪武二年來屬　嘉禾崇禎十二年以桂陽州之倉禾堡置析臨武縣地益之

永州府元永州路屬湖南道宣慰司明洪武元年為府領州一縣七零陵倚　祁陽　東安　道州元道州路屬湖南道宣慰司明洪武元年為府九年四月復降為州以州治營道縣省入來屬　領縣四甯遠　江華　永明　新田崇禎十二年以甯遠縣之新田堡置

寶慶府元寶慶路屬湖南道宣慰司明洪武元年為府領州一縣四邵陽倚　新化　城步本武岡州之城步巡檢司弘治十七年改置縣析綏甯縣地益　武岡州元武岡路屬湖南道宣慰司明洪武元年為府九年四月降為州以州治武岡縣省入來屬　領縣一新甯

辰州府元辰州路屬湖廣行省明太祖甲辰年為府領州一縣六沅陵倚　盧溪　辰溪　漵浦　沅州元沅州路直隸湖廣行省明太祖甲辰年為府九年四月降為州以州治盧陽縣省入來屬　領縣二黔陽　麻陽

郴州元郴州路屬湖南道宣慰司明洪武元年為府九年四月降為州以州治郴陽縣省入直隸布政司領縣五永興　宜章　興甯　桂陽　桂東

靖州元靖州路直隸湖廣行省明太祖乙巳年七月為靖州軍民安撫司洪武元年降為州三年升為府九年四月復降為州以州治永平縣省入直隸布政司領縣四會同　通道明洪武十年五月省入州十三年五月復置　綏甯元屬武岡路明洪武元年屬武岡府三年來屬　天柱本天柱守禦千戶所明洪武二十五年五月置萬曆二十五年改為縣析綏甯會同二縣地益之崇禎十年東還龍塘名龍塘縣後還舊治復故名

施州衛軍民指揮使司元施州屬四川行省夔州路明洪武初省十四年五月復置屬夔州府六月兼置施州衛軍民指揮使司屬四川都司十二月屬湖廣都司後州廢存衛領所一宣撫司四安撫司九長官司十三蠻夷官司五大田軍民千戶所明洪武二十三年閏四月以散毛宣撫司之大水田置　施南宣撫司元施南道宣撫司明洪武四年十二月因之後廢十六年十二月復置屬施州衛二十七年後復廢永樂二年五月改置長官司屬大田軍民千戶所四年三月升宣撫司仍屬衛　領安撫司五東鄉五路安撫司元東鄉五路軍民府明洪武四年十二月改置長官司後升安撫司領長官司三蠻夷官司二　搖把峒長官司元又把峒安撫司後廢明宣德三年五月改置　上愛茶峒長官司　下愛茶峒長官司二長官司俱元容美洞地至大二年置懷德府屬四川南道宣慰司至順二年正月升宣撫司至正中升軍民宣慰司明太祖甲辰年六月改軍民宣撫司後廢宣德三年五月改置　鎮遠蠻夷官司宣德三年五月置　隆奉蠻夷官司元隆奉宣撫司明洪武四年十二月改長官司後廢宣德三年五月改置官司　忠路安撫司明玉珍忠路宣撫司明洪武四年改安撫司二十三年廢永樂五年復置領長官司一　劍南長官司宣德三年五月置　忠孝安撫司元置明洪武四年十二月改置長官司尋復故二十三年廢永樂五年復置　金峒安撫司元置明洪武四年十二月改長官司永樂五年復故宣德三年五月領蠻夷官司一隆慶五年正月降為峒長　西坪蠻夷官司宣德三年五月置　中峒安撫司嘉靖初置　散毛宣撫司元至元三十年四月置散毛洞蠻夷官三十一年五月升為府屬四川行省至正六年七月改散毛誓厓等處軍民宣慰司明玉珍改散毛宣慰使司都元帥明洪武七年五月改散毛沿邊宣慰司屬四川重慶衛二十三年廢永樂二年五月置散毛長官司屬大田軍民千戶所四年三月升宣撫司屬施州衛　領安撫司二龍潭安撫司元龍潭宣撫司明玉珍改長官司明洪武八年十二月改龍潭安撫司屬四川重慶衛二十三年廢永樂四年四月復置來屬　大旺安撫司明玉珍大旺宣撫司明洪武八年十二月因之屬四川永樂五年改置領蠻夷官司二　東流蠻夷官司明洪武八年十二月置東流安撫司屬四川後廢宣德三年五月改置來屬　臈壁峒蠻夷官司宣德三年五月置　忠建宣撫司元忠建軍民都元帥府明玉珍因之明洪武五年正月改長官司六年升宣撫司二十七年四月改安撫司尋廢永樂四年復置宣撫司屬施州衛　領安撫司二忠峒安撫司元湖南鎮邊宣慰司明玉珍改沿邊溪洞宣撫司明洪武五年正月改沿邊溪洞長官司後廢永樂四年改置　高羅安撫司元高羅宣撫司明玉珍改安撫司明洪武六年廢永樂四年三月復置領長官司一　思南長官司成化後置　容美宣撫司元容美等處宣撫司屬四川行省明太祖丙午年二月因之吳元年正月改黃沙靖安麻寮等處軍民宣撫司明洪武五年二月改置長官司七年十一月升宣慰司後廢永樂四年復置宣撫司屬施州衛　領長官司五盤順長官司元元統二年正月置盤順府至正十五年四月升軍民安撫司明洪武五年三月改為長官司　椒山瑪瑙長官司　五峯石寶長官司　石梁下峒長官司　水盡源通塔平長官司四長官司俱明洪武七年十一月置十四年廢永樂五年復置　木冊長官司元木冊安撫司明玉珍改長官司明洪武四年廢永樂四年三月復置屬高羅安撫司宣德九年六月直隸施州衛　鎮南長官司元宣化鎮南五路軍民府尋改湖南鎮邊毛嶺峒宣慰司明玉珍改鎮南宣撫司明太祖丙午年二月因之尋廢洪武八年二月復置屬施州衛二十三年復廢永樂五年改置直隸施州衛　唐崖長官司元唐崖軍民千戶所明玉珍改安撫司明洪武七年四月改長官司後廢永樂四年三月復置直隸施州衛

永順軍民宣慰使司元至元中置永順路後改永順保靖南渭安撫司至大三年四月改永順等處軍民安撫司至正十一年四月升宣撫司屬四川行省明洪武二年為州十二月置永順軍民安撫司六年十二月升軍民宣慰使司屬湖廣行省尋改屬都司領州三長官司六　南渭州元屬新添葛蠻安撫司後廢明洪武二年復置改屬　施溶州元會溪施溶等處長官司屬思州軍民安撫司後廢明洪武二年改置來屬　上溪州明洪武二年置　臘惹洞長官司　麥著黃洞長官司　驢遲洞長官司　施溶溪長官司四長官司俱屬思州軍民安撫司明洪武三年改屬　白崖洞長官司元屬新添葛蠻安撫司明洪武三年改屬　田家洞長官司明洪武三年置

保靖州軍民宣慰使司元保靖州屬新添葛蠻安撫司

明太祖丙午年二月置保靖州軍民安撫司洪武元年九月改宣慰司六年十二月升軍民宣慰使司直隸湖廣行省尋改屬都司領長官司二五寨長官司（元置明洪武七年六月因之）筸子坪長官司（明太祖甲辰年六月置幹子坪洞元帥府後廢永樂三年七月改置）

浙江元置江浙等處行中書省（治杭州路）又分置浙東道宣慰使司（治慶元路）屬焉明太祖戊戌年十二月置中書分省（治寧越府癸卯年二月移治嚴州府）丙午年十二月罷分省置浙江等處行中書省（治杭州府）洪武三年十二月置杭州都衛（與行中書省同治）八年十月改都衛為浙江都指揮使司九年六月改行中書省為承宣布政使司領府十一屬州一縣七十五

杭州府元杭州路屬江浙行省明太祖丙午年十一月為府領縣九錢塘（倚）仁和（倚）海寧（元海寧州明洪武二年降為縣）富陽　餘杭　臨安　於潛　新城　昌化

嚴州府元建德路屬江浙行省明太祖戊戌年三月為建安府尋曰建德府壬寅年二月改曰嚴州府領縣六建德（倚）桐廬　淳安　遂安　壽昌　分水

嘉興府元嘉興路屬江浙行省明太祖丙午年十一月為府直隸京師洪武十四年十一月改隸浙江領縣七嘉興（倚）秀水（倚宣德五年三月析嘉興縣地置）嘉善（本嘉興縣魏塘鎮巡檢司宣德五年改為縣）崇德（元崇德州明洪武二年降為縣）桐鄉（宣德五年三月以崇德縣之鳳鳴鄉置）平湖（宣德五年三月以海鹽縣之當塗鎮置）海鹽（元海鹽州明洪武二年降為縣）

湖州府元湖州路屬江浙行省明太祖丙午年十一月為府直隸京師洪武十四年十一月改隸浙江領州一縣六烏程（倚）歸安（倚）長興（元長興州明太祖丁酉年三月改名長安州壬寅年復曰長興洪武三年降為縣）德清　武康　安吉州（舊安吉縣正德元年十一月升為州領縣一）孝豐（成化二十三年析安吉縣地置屬府正德二年改屬州）

紹興府元紹興路屬浙東道宣慰司明太祖丙午年十二月為府領縣八山陰（倚）會稽（倚）蕭山　諸暨（元諸暨州明太祖己亥年正月改諸全州丙午年十二月降為諸暨縣）餘姚（元餘姚州明洪武初降為縣）上虞　嵊　新昌

寧波府元慶元路屬浙東道宣慰司明太祖吳元年十二月為明州府洪武十四年二月改寧波府領縣五鄞（倚）慈谿（元曰慈溪明永樂十六年改溪為谿）奉化（元奉化州明洪武二年降為縣）定海（東南有舟山中中千戶所舟山中左千戶所本元昌國州明洪武二年降為縣二十年六月縣廢改置）象山

台州府元台州路屬浙東道宣慰司明洪武初為府領縣六臨海（倚）黃巖（元黃巖州明洪武三年三月降為縣）天台　仙居　寧海　太平（成化五年十二月以黃巖縣之太平鄉置析樂清地益之）

金華府元婺州路屬浙東道宣慰司明太祖戊戌年十二月為寧越府庚子年正月曰金華府領縣八金華（倚）蘭谿（元蘭谿州明洪武三年三月降為縣）東陽　義烏　永康　武義　浦江　湯溪（成化七年正月析蘭谿金華龍游遂昌四縣地置）

衢州府元衢州路屬浙東道宣慰司明太祖己亥年九月為龍游府丙午年為衢州府領縣五西安（倚）龍游　常山　江山　開化

處州府元處州路屬浙東道宣慰司明太祖己亥年十一月為安南府尋曰處州府領縣十麗水（倚）青田　縉雲　松陽　遂昌　龍泉　慶元（明洪武三年三月省十三年十一月復置）雲和（景泰二年析麗水縣地置）宣平（本麗水之鮑村巡檢司景泰三年改為縣）景寧（景泰五年析青田縣置）

溫州府元溫州路屬浙東道宣慰司明洪武初為府領縣五永嘉（倚）瑞安（元瑞安州明洪武二年降為縣）樂清　平陽（元平陽州明洪武三年降為縣）泰順（景泰三年以瑞安縣羅洋鎮置析平陽縣地益之）

欽定續通典卷一百四十五

州郡

明 福建 廣東 廣西

福建元置福建道宣慰使司(治福州路)屬江浙行中書省至正十六年正月改宣慰司爲行中書省明太祖吳元年十二月平陳友定洪武二年五月仍置福建等處行中書省七年二月置福州都衛(與行中書省同治)八年十月改福州都衛爲福建都指揮使司九年六月改行中書省爲承宣布政使司領府八直隸州一屬縣五十七

福州府元福州路屬福建道宣慰司明太祖吳元年爲府領縣九閩(倚) 侯官(倚西北有懷安縣明洪武十二年移入郭內與閩侯官同治萬曆八年九月省) 長樂 福清(元福清州明洪武二年二月降爲縣) 連江 羅源 古田 閩清 永福

興化府元興化路屬福建道宣慰司明洪武元年爲府領縣二莆田(西北有興化縣正統十三年四月省) 仙遊

建寧府元建寧路屬福建道宣慰司明洪武元年爲府領縣八四年正月置建寧都衛於此八年十月改爲福建行都指揮使司建安(倚) 甌寧(倚) 建陽 崇安 浦城 松溪 政和 壽寧(景泰六年八月以政和縣楊梅村置析福安縣地益之)

延平府元延平路屬福建道宣慰司明洪武元年爲府領縣七南平(倚) 將樂 沙 尤溪 順昌 永安(本沙縣之浮流巡檢司正統十四年置永安千戶所於此景泰三年改置縣析尤溪縣地益之) 大田(嘉靖十五年二月以尤溪縣之大田鎮置析永安漳平德化三縣地益之)

汀州府元汀州路屬福建道宣慰司明洪武元年爲府領縣八長汀(倚) 寧化 上杭 武平 清流 連城(本曰蓮城明洪武十七年後改蓮曰連) 歸化(成化七年正月以清流縣之明溪鎮置析將樂沙縣寧化三縣地益之) 永定(成化十四年以上杭縣溪南里之田心地置析勝運等四里益之)

邵武府元邵武路屬福建道宣慰司明太祖吳元年爲府領縣四邵武(倚) 光澤 泰寧 建寧

泉州府元泉州路屬福建道宣慰司明洪武元年爲府領縣七晉江(倚) 南安 同安 惠安 安溪 永春 德化

漳州府元漳州路屬福建道宣慰司明洪武元年爲府領縣十龍溪(倚) 漳浦 龍巖 長泰 南靖 漳平(成化六年以龍巖縣九龍鄉置析居仁等五里地益之) 平和(正德十四年六月以南靖縣之河頭大洋陂置析漳浦縣地益之) 詔安(本南詔守禦千戶所弘治十八年置嘉靖九年十二月改爲縣) 海澄(嘉靖四十五年十二月以龍溪縣之靖海館置析漳浦縣地益之) 寧洋(本龍巖縣之東西洋巡檢司正統十一年置嘉靖四十五年十二月改置縣又析大田永安二縣地益之)

福寧州元屬福州路明洪武二年八月降爲縣屬福州府成化九年三月升爲州直隸布政司領縣二寧德(明洪武二年屬福州府成化九年來屬) 福安(明洪武二年屬福州府成化九年來屬)

廣東元置廣東道宣慰使司(治廣州路)屬江西行中書省又置海北海南道宣慰使司(治雷州路)屬湖廣行中書省明洪武二年三月以海北海南道屬廣西行中書省四月改廣東道爲廣東等處行中書省六月以海南海北道所領并屬焉四年十一月置廣東都衛(與行中書省同治)八年十月改都衛爲廣東都指揮使司九年六月改行中書省爲承宣布政使司領府十直隸州一屬州七縣七十五

廣州府元廣州路屬廣東道宣慰司明洪武元年爲府領州一縣十五南海(倚) 番禺(倚) 順德(景泰三年以南海縣大良堡置析新會縣地益之) 東莞 新安(本東莞守禦千戶所明洪武十四年八月置萬曆元年改爲縣) 三水(嘉靖五年五月以南海縣之龍鳳岡置析高要縣地益之) 增城 龍門(弘治六年以增城縣之七星岡置析博羅縣地益之) 香山 新會 新寧(弘治十一年以新會縣德行都之土坑萠置析文章等五都地益之) 從化(弘治二年以番禺縣橫潭村置析增城縣地益之) 清遠

連州(元桂陽州直隸廣東道明洪武二年三月省入連州四月連州廢地屬連山三年九月連山廢地屬陽山十四年置連州於此屬府)領縣二陽山(元屬桂陽州明洪武二年三月桂陽州廢屬連州四月連州廢屬韶州府十四年四月改爲連州徙州於桂陽州舊治復置縣屬焉) 連山(元連州治此直隸廣東道明洪武二年四月州廢屬韶州府三年九月省入陽山十三年十一月復置十四年四月屬州)

肇慶府元肇慶路屬廣東道明洪武元年爲府領州一縣十一高要(倚) 高明(本高要縣高明鎮巡檢司成化十一年十二月改爲縣析清泰等都益之) 四會 新興(元新州治直隸廣東道明洪武二年四月州廢來屬) 開平(本恩平縣之開平屯明末改爲縣析新興新會二縣地益之) 陽春(元屬南恩州明洪武元年屬新州二年四月新州廢屬府) 陽江(元南恩州治此直隸廣東道明洪武元年南恩州廢改屬新州二年四月新州廢屬府) 恩平(本陽江縣之恩平巡檢司初治縣東北之恩平故縣後遷恩平堡成化十四年六月改堡爲縣析新興新會二縣地益之) 廣寧(嘉靖三十八年十月以四會縣地置) 德慶州(元德慶路屬廣東道明洪武元年爲府九年四月降爲州以府治端溪縣省入來屬)領縣二封川(元封州治此直隸廣東道明洪武二年三月州廢改屬) 開建(元屬封州明洪武二年三月改屬)

韶州府元韶州路屬廣東道宣慰司明洪武元年爲府領縣六曲江(倚) 樂昌 英德(元英德州直隸廣東道明洪武二年三月降爲縣來屬) 仁化 乳源 翁源(元屬英德州明洪武二年三月改屬)

南雄府元南雄路屬廣東道宣慰司明洪武元年爲府領縣二保昌(倚) 始興

惠州府元惠州路屬廣東道宣慰司明洪武元年爲府領州一縣十歸善(倚) 博羅 長寧(隆慶三年正月以歸善縣鴻雁洲置析韶州府英德翁源二縣地益之) 永安(隆慶三年正月以歸善縣安民鎮置析長樂縣地益之) 海豐 龍川(元循州治此直隸廣東道明洪武二年四月州廢來屬) 長樂(元屬循州明洪武二年四月來屬) 興寧(元屬循州明洪武二年四月來屬) 連平州(本連平縣崇禎六年以和平縣惠化都置析長寧河源二縣及韶州府翁源縣地益之尋升爲州)領縣二河源(舊屬府崇禎六年改屬州) 和平(正德十三年八月以龍川縣之和平司置析河源縣地益之屬府崇禎六年改屬州)

潮州府元潮州路屬廣東道宣慰司明洪武二年爲府領縣十一海陽(倚) 潮陽 揭陽 程鄉(元梅州治此直隸廣東道明洪

武二年四月州廢來屬 饒平成化十二年十月以海陽縣三饒地置治下饒 惠來嘉靖三年十月以潮陽縣惠來都置析惠州海豐縣地益之 鎮平本平遠縣石窟巡檢司崇禎六年改為縣析程鄉縣地益之 大埔嘉靖五年以饒平縣大埔村置析灤洲清遠二都地益之 平遠嘉靖四十一年五月以程鄉縣豪居都之林子營置析福建之武平上杭江西之安遠惠州府之興寧四縣地益之屬江西贛州府四十二年正月還三縣割地止以興甯程鄉地置縣來屬 普甯嘉靖四十二年正月以潮陽縣洑水都置析洋烏黃坑二都地益之寄治貴山都之貴嶼萬曆十年移治黃坑以洋烏洑水二都還潮陽 澄海本海陽縣之闢望巡檢司嘉靖四十二年正月改為縣析揭陽饒平二縣地益之

高州府元高州路屬海北海南道宣慰司治電白明洪武元年為府七年十一月降為州九年四月復為府後治茂名領州一縣五 茂名倚明洪武七年十一月省十四年五月復置 電白 信宜 化州元化州路屬海北海南道明洪武元年為府七年十一月降為州以州治石龍縣省入九年四月又降為縣來屬十四年五月復為州 領縣二 吳川元屬化州路明洪武九年四月屬高州府十四年五月改屬州 石城元屬化州路明洪武九年四月屬高州府十四年五月改屬州

雷州府元雷州路屬海北海南道宣慰司明洪武元年為府領縣三 海康倚 遂溪 徐聞

廉州府元廉州路屬海北海南道宣慰司明洪武元年為府七年十一月降為州九年四月屬雷州府十四年五月復為府領州一縣二 合浦倚明洪武七年十一月省十四年五月復置北有石康縣成化八年省 欽州元欽州路屬海北海南道明洪武二年為府七年十一月降為州以州治安遠縣省入九年四月降為縣來屬十四年五月復為州 領縣一 靈山元屬欽州明洪武九年四月屬廉州十四年五月仍屬欽州

瓊州府元乾甯軍民安撫司元統二年十月改為乾甯安撫司屬海北海南道宣慰司明洪武元年十月改為瓊州府二年降為州三年仍升為府領州三縣十 瓊山倚 澄邁 臨高 定安元至元二十九年六月置天曆二年十月升為南建州明洪武元年十月復為縣 文昌 會同元至元二十九年六月置 樂會 儋州元南甯軍海北海南道宣慰司明洪武元年十月改為儋州屬府正統四年六月以州治宜倫縣省入 領縣一 昌化 萬州元萬安軍屬海北海南道明洪武元年十月改為萬州屬府正統四年六月以州治萬安縣省入 領縣一 陵水 崖州元吉陽軍屬海北海南道宣慰司明洪武元年十月改為崖州屬府正統四年六月以州治甯遠縣省入 領縣一 感恩舊屬儋州正統五年來屬

羅定州元瀧水縣屬德慶路明洪武元年屬德慶州萬曆五年五月升為羅定州直隸布政司領縣二 東安萬曆五年十一月以瀧水縣東山黃姜峒置析德慶州及高要新興二縣地益之 西甯萬曆五年十一月以瀧水縣西山大峒置析德慶州及封川縣地益之

廣西元置廣西兩江道宣慰使司治靜江路屬湖廣行中書省至正末改宣慰使司為廣西等處行中書省明洪武二年三月因之六年四月置廣西都衛與行中書省同治八年十月改都衛為都指揮使司九年六月改行中書省為承宣布政使司領府十一州四十有八縣五十長官司四

桂林府元靜江路明洪武元年為府五年六月改為桂林府領州二縣七 臨桂倚 興安 靈川 陽朔 全州元全州路屬湖廣道明洪武元年為府九年四月降為州省州治清湘縣入焉屬湖廣永州府二十七年八月來屬 領縣一 灌陽 永甯州元古縣明洪武十四年改為古田縣隆慶五年三月升為永甯州 領縣二 永福舊屬府隆慶五年三月改屬州西南有理定縣舊屬靜江路正統五年九月省 義甯舊屬府隆慶五年三月改屬州

平樂府元大德五年十一月置明洪武元年因之領州一縣七 平樂倚 恭城 富川元屬賀州明洪武十年五月改屬潯州府後來屬 賀元賀州直隸廣西兩江道明洪武初以州治臨賀縣省入屬潯州府十年五月降為縣後來屬 荔浦舊屬桂林府弘治四年來屬 修仁舊屬桂林府弘治四年來屬 昭平萬曆四年四月析平樂富川二縣地置五年又析賀縣地益之東南有龍平縣元屬府明洪武十八年廢 永安州元立山縣屬府明洪武十八年廢為立山鄉屬荔浦縣成化十三年二月置州曰永安屬桂林府弘治三年九月改為長官司五年復為州來屬

梧州府元梧州路明洪武元年為府領州一縣九 蒼梧倚 藤元藤州直隸廣西兩江道明洪武二年九月省州治鐔津縣入焉十月來屬十年五月降為縣 容元容州直隸廣西兩江道明洪武二年十月來屬十年五月降為縣省州治普甯縣入焉 岑溪元屬藤州明洪武十年五月改屬府 懷集元屬賀州明洪武初屬平樂府十年五月來屬 鬱林州元直隸廣西兩江道明洪武二年九月以州治南流縣省入十月來屬 領縣四 博白 北流元屬容州明洪武十年五月來屬 陸川元屬容州明洪武十年五月來屬 興業

潯州府元潯州路明洪武元年為府領縣三 桂平倚東北有武靖州成化三年置萬曆末廢 平南 貴元貴州直隸廣西兩江道明洪武二年十月降為縣來屬

柳州府元柳州路明洪武元年為府領州二縣十 馬平倚元為府屬明洪武元年徙府治於此 洛容 柳城元為府治明洪武元年徙 羅城明洪武二年十月以羅城鄉置屬融州十年五月來屬 懷遠元屬融州明洪武十年廢十三年十一月復置縣來屬 融元融州直隸廣西兩江道明洪武二年十月以州治融水縣省入來屬十年五月降為縣 來賓元屬象州明洪武十年五月來屬 象州元直隸廣西兩江道明洪武二年十月來屬以州治陽奉縣省入 領縣一 武宣舊曰武仙宣德六年更名 賓州元直隸廣西兩江道明洪武二年九月以州治嶺方縣省入十月來屬 領縣二 遷江 上林

慶遠府元慶遠路明洪武元年為府二年正月改慶遠南丹軍民安撫司三年六月復曰慶遠府領州四縣五長官司三 宜山倚 天河 忻城 河池州元河池縣弘治十七年五月升為州 領縣二 思恩舊屬府正德元年二月改屬州 荔波明洪武十七年九月析思恩縣地置屬府正統十二年改屬南丹州成化十一年九月又屬府正德元年來屬州 南丹州明洪武七年七月置二十八年廢尋復置 東蘭州明洪武十二年置以西蘭州省入又省安習忠交闕州入焉 那地州元地州明洪武元年改置南有那州明洪武元年省 永順長官司 永定長官司二司皆弘治五年析宜山縣地置 永安長官司弘治九年九月析天河縣十八里地置

南甯府元南甯路明洪武元年為府領州七縣三 宣化倚 隆安嘉靖十二年四月析宣化縣那久地置 横州元直隸廣西兩江道明洪武二年九月以州治甯浦縣省入屬潯州府十年五月降為縣來屬十三年十一月復為州仍置甯浦縣為州治縣尋廢 領縣一 永淳元屬横州明洪武十年五月省入横縣十三年十一月復置屬州 新甯

州隆慶六年二月以宣化縣定祿洞地置 上思州元屬思明路明洪武初廢二十一年正月復置屬思明府弘治十八年來屬 歸德州元屬田州路明洪武二年屬田州府弘治十八年來屬 果化州元屬田州路明洪武二年屬田州府嘉靖九年十二月來屬 忠州元屬思明路明洪武初廢二十一年正月復置屬思明府萬曆三年九月來屬 下雷州元下雷峒明洪武初屬鎮安府嘉靖四十三年來屬萬曆十八年升爲州

思恩軍民府元思恩州屬田州路明洪武二年屬田州府後屬雲南廣西府永樂二年八月直隸廣西布政司正統四年十月升爲府六年十一月升軍民府東有鳳化縣正德六年七月置嘉靖八年十月廢領州二縣二 奉議州元直隸廣西兩江道明洪武五年省入來安府七年二月復置直隸行省二十八年復廢尋復置直隸布政司嘉靖六年二月來屬 上映州元屬鎮安路明洪武五年廢爲洞萬曆三十二年復置來屬 上林元屬田州路明洪武二年屬田州府嘉靖七年七月來屬 武緣舊屬南甯府萬曆五年十月來屬

太平府元太平路至元二十九年閏六月置明洪武二年七月爲府領州十七縣三 崇善倚 陀陵 羅陽以上三縣元俱屬太平路 左州 養利州有舊州三一在州北一在西北一在東北以上二州元屬太平路 永康州元永康縣屬太平路明初因之萬曆二十八年六月升爲州西南有思同州舊屬府萬曆二十八年六月省 上石西州元屬思明路明洪武末省永樂二年復置萬曆三十八年來屬 太平州自此以下十一州元屬太平路 思城州 安平州 萬承州 全茗州 鎮遠州 茗盈州 龍英州 結安州 結倫州 都結州 上下凍州元屬龍州萬戶府明洪武初來屬 思明州元屬思明路明洪武二年屬思明府萬曆十六年三月來屬

思明府元思明路明洪武二年七月爲府直隸行省九年直隸布政司領州三 下石西州元屬思明路明洪武二年屬府 西平州元屬思明路明洪武三年省永樂二年復置宣德元年與安南 祿州元屬思明路明洪武三年省二十一年正月復置尋沒於交趾永樂三年收復宣德元年與安南

鎮安府元鎮安路明洪武二年爲府西有鎮安舊城明洪武二年徙於廢凍州即今治也

田州元田州路明洪武二年七月爲府嘉靖七年六月降爲州徙治八甲而置田甯府於府城八年十月府廢州復還故治直隸布政司西有來安路元屬廣西兩江道明洪武二年七月爲府領歸仁州羅博州田州十七年復廢北有上隆州元屬田州路明洪武二年屬府成化三年徙治潯州府東北更名武靖州又有思城州元屬太平路明洪武初屬府弘治五年廢

歸順州元屬鎮安路明洪武初廢爲洞弘治九年八月復置屬鎮安府嘉靖初直隸布政司

泗城州元屬田州路明洪武七年直隸行中書省九年直隸布政司東北有程縣明洪武二十一年以泗城州之程丑莊置屬州尋屬慶遠府宣德初還屬州嘉靖元年廢西南有利州元屬田州路明洪武七年十一月直隸布政司正統六年五月徙治泗城州古那甲嘉靖二年廢又西有上林長官司永樂七年以州之上林洞置直隸布政司萬曆中省入州崇禎六年分司西地入雲南廣南府

向武州元屬田州路明洪武二年七月屬田州府二十八年廢建文二年復置直隸布政司北有富勞縣元屬田州路明洪武二年屬田州府尋爲夷獠所據建文四年復置後廢東有武林縣元亦屬田州路明洪武二年屬田州府永樂初省入富勞縣

都康州元屬田州路明洪武二年屬田州府後爲夷獠所據建文元年復置直隸布政司

龍州元龍州萬戶府明洪武二年七月仍爲州屬太平府九年六月直隸布政司

江州元屬思明路明洪武二十年直隸布政司領縣一 羅白明洪武三年置屬思明府後來屬

思陵州元屬思明路明洪武三年省入思明府二十一年正月復置直隸布政司

憑祥州本憑祥縣永樂二年五月以思明府之憑祥鎮置屬思明府成化十八年升爲州直隸布政司

安隆長官司元致和元年三月置安隆州屬雲南行省後廢爲寨屬泗城州明洪武三十五年十二月置安隆長官司仍屬泗城州後直隸布政司

欽定續通典卷一百四十五

州郡

明　雲南　貴州

雲南元置雲南等處行中書省治中慶路明洪武十五年二月癸丑平雲南置雲南都指揮使司乙卯置雲南等處承宣布政使司同治雲南府領府五十八州七十五縣五十五蠻部六後領府十九禦夷府二州四十禦夷州三縣三十宣慰司八宣撫司四安撫司五長官司三十三禦夷長官司二

雲南府元中慶路洪武十五年正月改為雲南府領州四縣九昆明倚　富民　宜良　羅次舊屬安甯州弘治十三年八月改屬府　晉甯州領縣二歸化　呈貢　安甯州領縣一祿豐　昆陽州領縣二三泊　易門　嵩明州明洪武十五年三月改曰嵩盟成化十八年復故西有邵甸縣明洪武十五年三月屬州尋廢東南有楊林縣成化十七年十月廢

曲靖府元曲靖路明洪武十五年三月為府二十七年四月升為軍民府領州四縣二南甯倚東南有元越州治明洪武二十八年正月廢　亦佐元屬羅雄州明永樂初改屬府　霑益州南有交水縣東南有羅山縣東北有石梁縣元皆屬州明洪武十五年皆廢　陸涼州西有芳華縣南有河納縣元皆屬州明永樂初皆廢　馬龍州西南有通泉縣元屬州明永樂初廢南有龍馬縣元屬州明洪武十五年廢　羅平州舊羅雄州萬曆十五年四月更名

尋甸府元仁德府明洪武十六年十月辛未升為仁德軍民府丁丑改尋甸軍民府成化十二年改為尋甸府北有為美縣西有歸厚縣元屬府明洪武十五年三月因之尋廢

臨安府元臨安路明洪武十五年正月為府領州六縣五長官司九　建水州倚元時府在州北明洪武中移府治此西有甯遠州萬曆十四年析建水州置四十八年廢　石屏州元曰石坪明洪武十五年三月改曰石平後改今名　阿迷州元阿甯萬戶明洪武十五年三月置州　甯州東有西沙縣元屬州後省明洪武十五年三月復置仍屬州尋復省　通海元屬甯州明洪武十五年三月改屬府　河西　嶍峨元屬甯州明洪武十五年二月改屬府　蒙自　新平萬曆十九年置　新化州本馬龍他郎甸長官司明洪武十七年四月置直隸布政司弘治八年改為新化州萬曆十九年來屬　甯遠州元至治三年二月置直隸雲南行省明洪武十五年來屬宣德九年與安南　納樓茶甸長官司本納樓千戶所明洪武十五年置屬和泥府十七年四月改置　教化三部長官司元強現三部明洪武中改置　王弄山長官司元王弄山大小二部明洪武中改置　虧容甸長官司元鐵容甸屬元江路明洪武中改置來屬　溪處甸長官司元溪處甸軍民副萬戶屬元江路明洪武中改置來屬　思佗甸長官司元和泥路明洪武十五年三月為府領納樓千戶所件溪七溪阿撒三蠻部十七年廢後改置　左能寨長官司本思佗甸寨明洪武中改置　落恐甸長官司元件溪落恐部軍民萬戶明洪武中改置　安南長官司元捨資千戶後改安南道防送軍千戶明洪武十五年三月仍曰捨資千戶所尋改置長官司正德六年省入蒙自縣天啟二年復置

澂江府元澂江路明洪武十五年三月為府領州二縣三河陽倚　江川　陽宗　新興州北有普舍縣南有研和縣元俱屬州明洪武十五年三月因之尋廢　路南州東南有邑市縣舊屬州弘治三年九月廢

廣西府元廣西路明洪武十五年三月為府領州三師宗州　彌勒州　維摩州元天德四年二月置

廣南府元廣南西路宣撫司明洪武十五年十一月改置廣南府領州一　富州元至元十三年置屬廣南西路明洪武十五年改屬府西南有安甯州東北有羅佐州俱元至元十三年置屬廣南西路明洪武十五年因之後俱廢

元江軍民府元元江路明洪武十五年三月為府永樂初升軍民府領州二　奉化州倚本因遠羅必甸長官司明洪武十八年四月置嘉靖中改州　恭順州本他郎寨長官司嘉靖中改州

楚雄府元威楚開南路明洪武十五年三月改為楚雄府領州二縣五楚雄倚元曰威楚明洪武十五年二月更名　廣通元屬南安州明洪武十五年因之後改屬府　定遠　定邊元至元十二年置屬鎮南州明洪武中改屬　碍嘉　南安州　鎮南州

姚安軍民府元姚安路明洪武十五年三月為府二十七年四月升軍民府領州一縣一　姚州倚元屬大理路明洪武十五年三月來屬　大姚元屬姚州明洪武十五年三月因之後改屬府

武定府元武定路明洪武十五年三月為府尋升軍民府萬曆中罷稱軍民領州二縣一　和曲州倚舊城在南本州治隆慶三年十二月徙州為府附郭東有南甸縣元路治明洪武十五年三月改屬州成化二十年仍屬府正德元年十月省　元謀　祿勸州北有易龍縣元屬州明洪武十七年省東有石舊縣本屬州天啟元年七月省

景東府元至順二年二月置明洪武十五年閏二月因之三月降為州屬楚雄府十七年正月仍升為府北有開南州元屬威楚開南路洪武十五年三月屬楚雄府尋省

鎮沅府本鎮沅州明洪武三十五年十二月置永樂四年四月升為府領長官司一祿谷寨長官司永樂十年四月以祿平寨置

大理府元大理路明洪武十五年三月為府領州四縣三長官司一太和倚　趙州明洪武十五年三月改名趙喜州尋復領縣一雲南元雲南州明洪武十五年三月改為縣屬府十七年改屬州　鄧川州領縣一浪穹西南有鳳羽縣明洪武十五年三月置屬鄧川州尋省　賓川州弘治六年四月析趙州及太和雲南二縣地置正統間屬蒙化府後仍來屬　雲龍州元雲龍甸軍民府至元末置明洪武十七年改為州來屬　十二關長官司元十二關防送千戶所明洪武中改置

鶴慶軍民府元鶴慶路明洪武十五年三月為府三十年十一月升軍民府東南有木按州又有副州元俱屬府明洪武十五年俱廢領州二　劍川州元劍川縣明洪武十五年三月因之十七年正月升為州　順州元屬麗江路明洪武十五年三月屬北勝府尋來屬

麗江軍民府元麗江路宣撫司明洪武十五年三月為府三十年十一月升軍民府領州四　通安州倚　寶山州　蘭州元屬麗江路明洪武十五年三月屬麗江府尋屬鶴慶府後仍來屬　巨津

州(西北有臨江縣元屬州明洪武十五年三月因之弘治後廢)

永甯府元屬麗江永甯州路明洪武十五年三月屬北勝府十七年屬鶴慶府二十九年改屬瀾滄衞永樂四年四月升爲府領長官司四剌次和長官司　革甸長官司　香羅甸長官司　瓦魯之長官司(四司俱永樂四年四月置)

北勝州元北勝府屬麗江路明洪武十五年三月屬布政司尋降爲州屬鶴慶府二十九年改屬瀾滄衞正統七年九月直隸布政司弘治九年徙治瀾滄衞城(瀾滄衞舊在州南本瀾滄衞軍民指揮使司明洪武二十八年九月置屬都司弘治九年徙州來同治尋罷軍民司止爲衞北有蒗蕖州元屬麗江路明洪武十五年三月屬北勝府尋屬鶴慶軍民府二十九年改屬瀾滄衞天啟中廢)

永昌軍民府元永昌府屬大理路明洪武十五年三月屬布政司十八年二月兼置金齒衞屬都司二十三年十二月省府升衞爲金齒軍民指揮使司嘉靖元年十月罷軍民司止爲衞復置永昌軍民府領州一縣二安撫司四長官司三　保山(倚本金齒千戶所明洪武中置永樂元年九月又置永昌府守禦千戶所俱屬金齒軍民司嘉靖三年三月改二所爲保山縣北又有潞江州宣德八年六月置直隸布政司正統二年五月廢)　永平(元屬永昌府明洪武二十三年屬金齒軍民司嘉靖元年仍屬府)　騰越州(元騰衞府屬大理路明洪武十五年三月屬布政司尋廢永樂元年九月置騰衞守禦千戶所屬金齒軍民司宣德六年八月直隸都司正統十年三月升所爲騰衞軍民指揮使司嘉靖三年十月置騰越州屬府十年十二月罷司爲騰衞西南有騰衞土州宣德五年六月置屬金齒軍民司後直隸布政司正統三年五月仍屬金齒軍民司尋廢)　潞江安撫司(元柔遠路明洪武十五年三月爲府後廢屬麓川平緬司永樂元年正月析置潞江長官司直隸都司十六年六月升安撫司宣德元年六月改隸布政司正統三年六月屬金齒軍民司嘉靖元年十月屬府)　鎭道安撫司　楊塘安撫司(二司地舊屬西番與麗江府接界俱永樂四年正月置屬金齒軍民司嘉靖元年屬府)　瓦甸安撫司(本瓦甸長官司宣德二年置屬金齒軍民司九年二月直隸都司正統三年五月仍屬金齒軍民司五年十一月升爲安撫司嘉靖元年屬府)　鳳溪長官司(明洪武二十三年十一月置屬金齒軍民司嘉靖元年改屬府)　施甸長官司(元石甸長官司明洪武十七年五月更名屬府二十三年屬金齒軍民司嘉靖元年仍屬府)　茶山長官司(永樂五年析孟養地置屬金齒軍民司嘉靖初屬府)

蒙化府元蒙化州屬大理路明洪武十五年三月因之正統十三年六月升爲府

順甯府元泰定四年十一月置明洪武十五年三月庚戌因之己未降爲州屬大理府十七年正月仍升爲府(南有寶通州又有慶甸縣元俱與府同置明洪武十五年省)領州一　雲州(本大侯長官司永樂元年正月析麓川平緬地置直隸都司宣德三年五月升爲大侯禦夷州直隸布政司萬曆二十五年更名來屬)領長官司一　孟緬長官司(宣德五年六月以景東府之孟緬孟梳地置屬景東府後直隸布政司萬曆二十五年來屬)

車里軍民宣慰使司元車里路泰定二年七月置卽大徹里明洪武十五年閏二月爲軍民府十九年十一月改軍民宣慰使司永樂中廢宣德六年復置(東有元耿凍路至正七年正月置又有耿當孟弄二州亦元末置明洪武十五年俱省入車里)

緬甸軍民宣慰使司本緬中宣慰司明洪武二十七年六月置尋廢永樂元年十月復置更名(元後至元四年十二月置邦牙宣慰司於蒲甘緬王城至正二年六月廢至元二十六年置太公路於太公城明洪武十五年三月爲府後廢)領長官司一　東倘長官司(宣德八年九月置)

木邦軍民宣慰使司元木邦路至順元年三月置明洪武十五年三月爲府後廢三十五年十二月復置永樂二年六月改軍民宣慰使司(北有蒙憐路蒙來路俱元置明洪武十五年三月俱爲府後俱廢)

八百大甸軍民宣慰使司元八百等處宣慰使司明洪武二十四年六月改置(又有蒙慶宣慰司元泰定四年置至正二年四月罷明洪武十五年三月復置府後廢又有孟絹路元元統元年置屬八百宣慰司明洪武十五年三月爲府後廢又有木按孟倈二路俱元置明洪武十五年三月俱爲府後俱廢)

孟養軍民宣慰使司元雲遠路明洪武十五年三月爲府十七年改爲孟養府後廢三十五年十二月復置永樂二年六月改軍民宣慰使司正統十三年廢萬曆十三年改置長官司

老撾軍民宣慰使司永樂二年四月置

南甸宣撫司元至元二十六年置南甸路明洪武十五年三月爲府後廢屬騰衝守禦千戶所永樂十二年正月置州直隸布政司正統三年五月改屬金齒軍民指揮使司九年六月升宣撫司仍直隸布政司

千崖宣撫司元鎭西路明洪武十五年三月爲府後廢屬麓川平緬司永樂元年正月析置千崖長官司直隸都司後屬金齒軍民指揮使司宣德五年六月復屬都司正統三年五月復屬金齒軍民指揮使司九年六月升宣撫司直隸布政司(西北有南賧元置明洪武中廢)

隴川宣撫司本麓川平緬軍民宣慰使司正統六年廢九年九月改置治隴把(元平緬路在隴把東北明洪武十五年閏三月置平緬宣慰使司省麓川路入焉元麓川路在隴把南明洪武十五年三月爲府未幾府廢十七年八月爲麓川平緬軍民宣慰司治所正統中司廢曰平麓城亦曰孟卯城萬曆十二年置宣撫同知於此又西南有通西軍民總管府元至元二十六年置明洪武十五年三月爲府後廢)

孟定禦夷府元孟定路至元三十一年四月置明洪武十五年三月爲府(東南有謀粘路元泰定三年七月置有木連路元至正二十六年置明洪武十五年三月俱因之後俱廢)領安撫司一　耿馬安撫司(萬曆十三年析孟定地置)

孟艮禦夷府永樂三年七月置直隸都司後直隸布政司(東有木朶路又有孟隆路俱元泰定三年九月置東北有孟愛等甸軍民府元至元二十六年置明洪武十五年三月俱爲府後俱廢)

威遠禦夷州元威遠州屬威楚路後改威遠蠻棚府明洪武十五年三月仍爲威遠州屬楚雄府十七年升爲府後廢三十五年十二月復置州直隸布政司

灣甸禦夷州本灣甸長官司永樂元年正月析麓川平緬地置直隸都司三年四月升爲州直隸布政司

鎮康禦夷州元鎮康路明洪武十五年三月爲府十七年降爲州後廢以其地屬灣甸州永樂七年七月復置直隸布政司

孟密宣撫司本孟密安撫司成化二十年六月析木邦地置萬曆十三年升爲宣撫司

蠻莫安撫司萬曆十三年析孟密地置

耆樂甸長官司 永樂元年正月析麓川平緬地置直隸都司後改隸布政司

鈕兀禦夷長官司宣德八年十月以和泥之鈕兀五隆二寨置

芒市禦夷長官司元芒施路明洪武十五年三月爲府後廢正統八年四月改置屬金齒軍民指揮司後直隸布政司

孟璉長官司 舊爲麓川平緬司地後爲孟定府永樂四年四月置直隸都司東南有木來府元置明洪武十五年三月因之後廢

大古剌軍民宣慰使司 在孟養西南亦曰擺古濱南海與暹羅鄰 底馬撒軍民宣慰使司 在大古剌東南 小古剌長官司 茶山長官司 底板長官司 孟倫長官司 八家塔長官司 皆在西南極邊 俱永樂四年六月置

剌和莊長官司 永樂四年十月置直隸都司

保瓦長官司 散金長官司 舊俱爲麓川平緬司地俱永樂六年四月置

麻里長官司 永樂六年七月析孟養地置直隸都司

八寨長官司 永樂十二年九月置直隸都司

底兀剌宣慰使司永樂二十二年三月置

廣邑州本金齒軍民司之廣邑寨宣德五年五月升爲州八年十一月直隸布政司正統元年三月徙於順甯府之右甸

貴州元爲湖廣四川雲南三行中書省地明洪武十五年正月置貴州都指揮使司 治貴州宣慰司 其民職有司則仍屬湖廣四川雲南三布政司永樂十一年置貴州等處承宣布政使司 與都指揮司同治 領府八州一縣一宣慰司一長官司三十九後領府十州九縣十四宣慰司一長官司七十六

貴陽軍民府本程番府成化十二年七月分貴州宣慰司地置治程番長官司隆慶二年六月移入布政司城與宣慰司同治三年三月改府名貴陽萬曆二十九年四月升爲軍民府領州三縣二長官司十六新貴 倚本貴竹長官司明洪武五年正月置屬宣慰司萬曆十四年二月改置縣來屬 貴定 倚萬曆三十六年析新貴縣及定番州地置 開州 崇禎四年十一月以副宣慰洪邊舊地置 廣順州 本金筑長官司明洪武五年三月置屬四川行省十年正月改安撫司十九年十二月屬廣西二十七年仍屬四川二十九年屬貴州衛正統三年八月直隸貴州布政司成化十二年七月屬程番府隆慶二年六月屬貴陽府萬曆四十年置州 定番州 元程番武勝軍安撫司明洪武五年罷成化十二年七月置程番府領金筑安撫司上馬橋大龍番小龍番程番方番章番臥龍番洪番小程番盧番羅番金石番盧山木瓜大華麻響十六長官司隆慶二年六月移府入布政司城萬曆十四年三月置州 領長官司十六程番長官司 倚明洪武五年三月置屬貴州衛正統三年八月屬貴州宣慰司成化十二年七月屬程番府萬曆十四年三月屬州 小程番長官司 元小程番安撫司明洪武六年正月改置 上馬橋長官司 明洪武十五年六月置 盧番長官司 元盧番靜海軍安撫司明洪武六年正月改置省元盧番蠻夷軍民長官司入焉 韋番長官司 元韋番蠻夷長官司明洪武十五年六月改置 方番長官司 元方番河中府安撫司明洪武五年改置 洪番長官司 元洪番永盛軍安撫司明洪武六年正月改置 臥龍番長官司 元臥龍番南甯州安撫司明洪武五年改置 小龍番長官司 元小龍番靜蠻軍安撫司明洪武六年正月改置 大龍番長官司 元大龍番應天府安撫司明洪武五年改置 金石番長官司 元金石番太平軍安撫司明洪武五年改置 羅番長官司 元羅番大龍遏蠻軍安撫司明洪武五年改置 盧山長官司 元盧山等處蠻夷軍安撫司明洪武六年正月改置 木瓜長官司 元木瓜等處蠻夷軍民長官司明洪武五年改置屬貴州衛正統三年八月屬金筑安撫司成化十二年七月屬程番府萬曆十四年三月屬州下二司倣此 麻響長官司 明洪武七年六月置 大華長官司 明洪武七年六月置

貴州宣慰使司元改順元路軍民安撫司置屬湖廣行省明洪武五年正月屬四川行省九年六月屬四川布政司永樂十一年二月來屬領長官司七水東長官司 元水東寨長官司明洪武五年改置後廢永樂元年六月置屬都司後來屬 中曹蠻夷長官司 元中曹百納等處長官司屬管番民總管明洪武五年改置來屬 龍里長官司 元龍里等寨長官司屬管番民總管明洪武五年改置來屬 白納長官司 元茶山白納等處長官司明洪武五年并入中曹司永樂四年五月改置來屬 底寨長官司 元底寨等處長官司明洪武五年改置 乖西蠻夷長官司 元乖西軍民府屬管番民總管明洪武五年改置後廢永樂元年六月復置屬都司後來屬 養龍坑長官司 元養龍坑宿徵等處長官司明洪武五年改置

安順軍民府元安順州屬普定路明洪武十五年三月屬普定府十八年直隸雲南布政司二十五年八月屬四川普定衛正統三年八月直隸貴州布政司成化中徙州治普定衛城萬曆三十年九月升安順軍民府 東有元普定路屬雲南行省明洪武十五年三月爲府屬雲南布政司尋升軍民府改屬四川布政司十八年七月廢 領州三長官司六甯谷寨長官司 明洪武十九年置屬安順州二十五年八月屬普定衛正統三年八月仍來屬 西堡長官司 建置所屬同上北有浪伏山元置習安州於山下屬普定路明洪武十五年三月屬普定府後廢 鎮甯州 元至正十一年四月以火烘夷地置屬普定路明洪武十五年三月屬普定府二十五年八月屬普定衛後僑治衛城正統三年八月直隸貴州布政司嘉靖十一年六月徙州治安莊衛城萬曆三十年九月屬府 領長官司二十二康佐營長官司 明洪武十九年置屬安順州二十五年八月屬普定衛正統三年八月來屬 長官司 建置所屬同上 永甯州 元以打罕夷地置屬普定路明洪武十五年三月屬普定府二十五年八月屬普定衛後僑治衛城正統三年八月直隸貴州布政司嘉靖十一年三月徙州治關索嶺守禦千戶所城萬曆三十年九月屬府 領長官司二慕役長官司 明洪武十九年

置屬安順州二十年八月屬普定衛正統三年八月來屬頂營長官司明洪武四年置所屬同上普安州本貢甯安撫司建文中置屬普安軍民府永樂元年正月改普安安撫司屬四川布政司十三年十二月改爲州直隸貴州布政司萬曆十四年二月從治普安衛城三十年九月屬府東有八部山元普安路治山下屬雲南行省明洪武十五年三月爲府屬雲南布政司尋升軍民府二十七年四月改屬四川永樂後廢

都勻府本都勻安撫司明洪武十九年十二月置二十三年十月改都勻衛屬貴州都司二十九年四月升軍民指揮使司屬四川布政司永樂十七年仍屬貴州都司弘治七年五月置都勻府於衛城領州二縣一長官司八都勻長官司元上都勻等處軍民長官司明洪武十六年更名邦水長官司元中都勻板水等處軍民長官司屬管番民總管明洪武十六年更名平浪長官司明洪武十六年置平洲六洞長官司明洪武十六年置麻哈州本麻哈長官司明洪武十六年置屬平越衛弘治七年五月升爲州來屬領長官司二樂平長官司明洪武二十四年五月置屬雲南復屬平越衛弘治七年五月來屬平定長官司明洪武二十二年置屬平越衛三十年屬清平衛弘治七年五月來屬獨山州本九名九姓獨山州長官司明洪武十六年置屬都勻衛弘治七年五月升爲獨山州屬府領縣一長官司二清平本清平長官司明洪武二十二年置屬平越衛三十年屬清平衛弘治七年五月改爲縣屬麻哈州後來屬合江州陳蒙爛土長官司明洪武十六年置屬都勻衛弘治七年五月屬州豐甯長官司明洪武二十三年置屬都勻衛弘治七年五月屬州

平越軍民府元平越長官司明洪武十四年置平越守禦千戶所十五年閏二月改爲平越衛十七年二月升軍民指揮使司領長官司五屬四川布政司尋屬貴州都司萬曆二十九年四月置平越軍民府於衛城以播州地益之屬貴州布政司領衛二州一縣三長官司二清平衛明洪武二十三年六月置屬貴州都司萬曆二十九年來屬衛治在清平縣北一里興隆衛明洪武二十二年六月置屬貴州都司萬曆二十九年來屬黃平州本黃平安撫司明洪武七年十一月置屬播州宣慰司萬曆二十九年四月改爲州來屬餘慶本餘慶長官司明洪武十七年復屬播州宣慰司萬曆二十九年六月改爲縣來屬甕安本甕水安撫司明洪武初置萬曆二十九年四月改爲縣來屬湄潭萬曆二十九年四月以播州湄潭地置凱里長官司本凱里安撫司嘉靖八年二月分播州宣慰司地置屬清平衛萬曆二十九年來屬三十五年六月改爲長官司楊義長官司明洪武初置屬平越衛萬曆二十九年屬府

黎平府本思州宣慰司地明洪武十八年正月置五開衛屬湖南都司後廢三十五年十一月復置永樂十一年二月置黎平府於衛城屬貴州布政司弘治十年徙府治衛南萬曆二十九年十一月以府屬湖廣三十一年四月還屬貴州領縣一長官司十三永從元福祿永從軍民長官司明洪武中改置福祿永從蠻夷長官司後廢永樂元年正月復置屬貴州衛十二年三月來屬正統六年九月改爲縣潭溪蠻夷長官司元潭溪長官司明洪武三年正月改置屬湖廣辰州衛三月改屬湖廣靖州衛後廢永樂元年正月復置屬貴州衛十二年三月來屬八舟蠻夷長官司元八舟軍民長官司明洪武五年改置後廢永樂元年正月復置屬貴州衛十二年三月來屬洪舟泊里蠻夷長官司元洪舟泊里軍民長官司明洪武初改置後廢永樂元年正月復置屬貴州衛十二年三月來屬曹滴洞蠻夷長官司元曹滴等洞軍民長官司明洪武初改置後廢永樂元年正月復置屬貴州衛十二年三月來屬古州蠻夷長官司元古州八萬洞軍民長官司明洪武三年正月改置屬湖廣辰州衛三月改屬湖廣靖州衛後廢永樂元年正月復置屬貴州衛十二年三月來屬西山陽洞蠻夷長官司明洪武初置後廢永樂元年正月復置屬貴州衛十二年三月來屬新化蠻夷長官司元新化長官司明洪武三年正月改置屬湖廣辰州衛三月改屬湖廣靖州衛後廢永樂元年正月復置屬貴州衛十一年二月置新化府於此領湖耳亮寨歐陽新化中林驗洞赤溪湳洞龍里七蠻夷長官司宣德九年十一月府廢以所領俱屬黎平府湖耳蠻夷長官司元湖耳洞長官司明洪武三年正月改置屬湖廣辰州衛三月改屬湖廣靖州衛後廢永樂元年正月復置屬貴州衛十二年三月屬新化府府廢來屬亮寨蠻夷長官司本八萬亮寨蠻夷長官司明洪武三年正月置屬湖廣辰州衛三月屬湖廣靖州衛後廢永樂元年正月復置改名屬貴州衛十二年三月屬新化府府廢來屬歐陽蠻夷長官司元歐陽寨長官司明洪武三年正月改置屬湖廣辰州衛三月改屬湖廣靖州衛後廢永樂元年正月復置屬貴州衛十二年三月屬新化府府廢來屬中林驗洞蠻夷長官司明洪武初置後廢永樂元年正月復置十二年三月屬新化府府廢來屬下二司倣此赤溪湳洞蠻夷長官司龍里蠻夷長官司

思南府元思南宣慰司屬湖廣行省明洪武四年改屬四川六年十二月升爲思南道宣慰使司仍屬湖廣永樂十一年二月改爲府屬貴州布政司隆慶四年三月徙治平溪衛尋復故領縣三長官司三安化倚本水特姜長官司元屬思州安撫司明洪武初改曰水德江屬思南宣慰司永樂十二年三月屬府萬曆三十三年改置安化縣舊有洪安化濟二長官司屬思南宣慰司明洪武二十六年五月省蠻夷長官司倚明洪武十年十月置屬思南宣慰司永樂十二年三月屬府婺川元屬思州安撫司明洪武五年屬鎮遠州十七年後仍屬思州永樂十二年三月來屬印江本思印江長官司屬思南宣慰司永樂十二年三月屬府弘治七年六月改爲印江縣沿河祐溪長官司明洪武七年十月置屬思南宣慰司永樂十二年三月屬府朗溪蠻夷長官司明洪武七年十月置屬思南宣慰司永樂十二年三月屬烏羅府正統三年五月府廢來屬

思州府元思州宣慰司明永樂十一年二月改爲府屬貴州布政司領長官司四都坪峩異溪蠻夷長官司倚明洪武六年置二十五年省永樂十二年三月復置都素蠻夷長官司永樂十二年三月置屬府施溪長官司元施溪漾頭長官司明洪武五年改名屬湖廣沅州衛永樂十二年三月來屬黃道溪長官司元屬思州宣慰司永樂十二年三月屬府

鎮遠府元鎮遠路屬思州安撫司明洪武四年降爲鎮遠州屬思南宣慰司五年六月直隸湖廣永樂十一年二月置鎮遠府於州治屬貴州布政司正統三年五月省州入焉領縣二長官司三鎮遠倚本鎮遠溪洞金容金達蠻夷長官司明洪武二年二月置屬思南宣慰司永樂十二年三月屬州正統三年五月改屬府弘治七年十月改爲鎮遠縣施秉本施秉蠻夷長官司明洪武五年置屬思南宣慰司永樂十二年三月屬州正統九年七月改爲縣天啟元年四月省崇禎四年十一月復置偏橋長官司元偏橋中寨蠻夷軍民長官司明洪武五年改置屬思南宣慰司永樂十二年三月來屬卬水十五洞蠻夷長官司元卬水縣明洪武五年改置圍羅得民曉隘陂帶卬水五長官司屬思州宣慰司二十九年以四司并入卬水屬思南宣

尉司永樂十二年三月屬府臻剖六洞橫坡等處長官司（本臻剖六洞橫坡三長官司明洪武二十二年置屬鎮遠衛後并為一司）

銅仁府本思州宣慰司地明永樂十一年二月置銅仁府領縣一長官司五銅仁（倚元銅人大小等處蠻夷軍民長官司屬思州安撫司明洪武初改置銅仁長官司屬思南宣慰司永樂十二年三月置府治於此萬曆二十六年四月改為縣）省溪長官司（元省溪壩場等處蠻夷長官司屬思州安撫司明洪武初改名屬思南宣慰司永樂十二年三月來屬）提溪長官司（元提溪等處軍民長官司屬思州安撫司明洪武初改名屬思南宣慰司永樂十二年三月來屬）大萬山長官司（元大萬山蘇葛辦等處軍民長官司屬思州安撫司洪武初更名屬思南宣慰司永樂十二年三月來屬）烏羅長官司（元烏羅龍千等處長官司屬思州安撫司明洪武初更名屬思南宣慰司永樂十一年二月置烏羅府領朗溪蠻夷長官司烏羅苔意治古平頭著可四長官司治於此正統三年五月府廢來屬）平頭著可長官司（元平頭著可通達等處長官司屬思州安撫司明洪武七年十月改置屬思南宣慰司永樂十二年三月屬烏羅府府廢來屬）

石阡府本思州宣慰司地永樂十一年二月置石阡府領縣一長官司三石阡長官司（倚元石阡等處軍民長官司屬思州安撫司明洪武初改置屬思州宣慰司永樂十二年三月為石阡府治）龍泉（本龍泉坪長官司元為思州安撫司治明洪武七年七月復置屬思州宣慰司永樂十二年三月來屬萬曆二十九年四月改為縣）苗民長官司（明洪武七年十月置屬思州宣慰司永樂十二年三月來屬）葛彰葛商長官司（元屬思州安撫司明洪武中屬思州宣慰司永樂十二年三月來屬）

龍里衛軍民指揮使司明洪武二十三年四月置衛二十九年四月升軍民指揮使司（東南有平伐長官司本元平伐等處長官司明洪武十五年改置屬貴州衛二十八年屬龍里衛萬曆十四年二月省入新貴縣）領長官司一大平伐長官司（明洪武十九年置屬貴州衛二十八年來屬）

新添衛軍民指揮使司元新添葛蠻安撫司後廢明洪武二十二年置新添千戶所屬貴州衛二十三年二月改為新添衛屬貴州都司二十九年四月升軍民指揮使司領長官司五新添長官司（倚明洪武四年置）小平伐長官司（明洪武十五年六月置屬貴州衛尋屬龍里衛二十九年來屬）把平寨長官司（明洪武十五年六月置屬貴州衛尋屬龍里衛二十九年來屬）丹平長官司（明洪武三十年置尋省永樂二年復置）丹行長官司（明洪武三十年置尋省永樂二年復置）

安南衛明洪武十五年正月置尾灑衛於此尋廢二十二年十二月復置更名屬貴州都司

威清衛明洪武二十三年六月置屬貴州都司

平壩衛明洪武二十三年閏四月置屬貴州都司

畢節衛明洪武十七年二月置屬貴州都司領守禦所一守禦七星關後千戶所（明洪武二十一年置屬烏撒衛永樂中來屬）

赤水衛明洪武二十一年十月置領所四摩尼千戶所白撒千戶所（二所俱明洪武二十二年九月置）阿落密千戶所前千戶所（二所俱明洪武二十七年置）

普市守禦千戶所明洪武二十三年三月析永甯宣撫司地置直隸貴州都司

敷勇衛本劄佐長官司明洪武五年改元落邦扎佐等處長官司置屬貴州宣慰司崇禎三年改置屬貴州都司領所四於襄守禦千戶所（本青山長官司明洪武五年改青山遠地等處長官司置屬貴州宣慰司崇禎三年改置）息烽守禦千戶所（崇禎三年以貴州前衛故絕六屯并割底寨司地置）濯靈守禦千戶所修文守禦千戶所（二所俱宣慰司水西地崇禎三年同置）

鎮西衛崇禎三年以宣慰司水西地置領所四威武守禦千戶所赫聲守禦千戶所柔遠守禦千戶所定遠守禦千戶所（以上俱水西地崇禎三年與衛同置）

欽定續通典卷一百四十六

欽定續通典卷一百四十七

邊防

臣等謹按杜佑作邊防典具列四裔諸國極之萬里之遙重洋之隔皆得以邊防統之者誠以地雖遼遠而綏柔駕馭之道不可不明所謂來則禦之去則備之兢兢以持盈知足爲要諒哉斯言已自唐以降各部分併不常背服不一强弱異形通阻異勢諸史所載事蹟頗繁若唐之突厥吐蕃宋之西夏明之倭人兵事相尋動輒數十百年所關於邊防者固非淺鮮我

聖朝撫御環瀛版圖式廓

皇上德威遠布綏定遐方若杜氏所列之挹婁靺鞨諸部今爲黑龍江寧古塔地杜氏所列之烏桓鮮卑諸部今爲內扎薩克地杜氏所列之邛都筰都冉駹諸部今爲金川境內地杜氏所列之車師龜茲于闐諸部今爲天山南北路地非可復以邊防目之而當明以前則固自爲風氣非疆宇所能及也茲謹就史冊志乘所載國俗土風依四正四隅方位類次於篇至於諸國之名有互見於諸史者有前史所載而後史卻無聞者故杜氏通典以國爲綱就一國之中其紀事按照時代接敘不另提綱今亦依杜氏之例仍以國爲綱焉

第一邊防東　正東　朝鮮　濊　耽羅　新羅　長人　日本　邪古　波邪　多尼　婆羅　馮嘉施蘭　東南　雞籠山　琉球　三嶼　呂宋　合貓里　沙瑤吶嗶嘽　古麻剌朗　文郎馬神　美洛居　佛郎機　和蘭

第二邊防南　正南　盤瓠種　西原蠻　南詔　文面濮　赤口濮　黑僰濮　驃　緬甸　安南　南掌　暹羅　彭亨　丹眉流　占城　賓童龍　滿剌加　阿魯　瓜哇　重迦羅　日羅夏治　磔里　丁機宜　蘇吉丹　柔佛　眞臘　投和　婆利　三佛齊　蘇祿　勃泥　層檀　巴喇西　瞻博　修羅分　室利佛逝　名茂　單單　注輦　馬八兒　諸國　西南　渝洲蠻　兩爨　東謝　牂柯　充州　夜郎　昆彌　松外諸蠻　吐蕃　朵甘　長河西魚通寧遠　董卜韓胡　烏斯藏　大寶法王　大乘法王　大慈法王　闡化王　贊善王　護教王　闡教王　輔教王　西天阿難功德國　尼八剌國　地湧塔國　麻葉甕　陀洹　南毗　蘇門答剌　覽邦　澹巴　百花　那孤兒　黎伐　南渤利　柯枝　小葛蘭　大葛蘭　錫蘭山

第三邊防西　正西　沙州　赤斤蒙古　罕東　安定　阿端　察遜　哈瑪爾　哈密　土魯番　火州　柳城　衞喇特　龜茲　于闐　吐渾　党項　大食　拂菻　波斯　撒瑪爾罕　哈魯　達爾瑪　實喇哈雅　塔什罕　薩蘭　克實　特爾默　布哈爾　養夷　沙喇斯　納蘇察罕　哈喇　溫圖　琿　拔達克山　愛達罕　喀什噶爾　伊斯帕罕　呼喇濟　奇爾瑪勒　白松虎兒　敏珠爾　日落　默色爾　都爾蘇　薩哈勒　羅密　坤城　阿蘇　天方　默德訥　榜葛剌　沼納樸兒　祖法兒　木骨都束　不剌哇　竹步　阿丹　剌撒　麻林　忽魯謨斯　溜山　南巫里　加異勒　甘巴里　急蘭丹　沙里灣泥　千里達　失剌比　古里班卒　剌泥　日葛達　黑葛達　西洋古里　西洋瑣里　意大里亞　西北　伊里　巴拉　準布　突厥　回鶻　黠戛斯　沙陀

第四邊防北　正北　韃靼　朵顏　泰寧　福餘　鬼國　珠巴克　烏爾古　契丹附近諸國　鐵甸　東北　渤海　和碩館　富珠哩　烏舍　鐵驪　博囉滿達　定安　室韋

邊防東序略

臣等謹按杜氏邊防典東方凡二十國閱越自漢以降已置爲郡縣百濟新羅濊貊遐爲朝鮮所併惟朝鮮日本琉球諸史逓各有傳他若耽羅納貢於元呂宋佛郎機等通使於明皆杜氏所未經臚載又如高麗有史有鑑日本有東鑑琉球有中山世鑑圖足與正史相參稽者並可蒐葺以爲訂證之一助至於朝鮮諸國山川土俗已見杜典者不復贅錄扶桑文身諸國南北史後無聞者不更纂敘祇期徵信焉爾洪惟我

朝發祥東土自

遠祖定三姓之亂居俄漠惠之野俄多里城

國號滿洲是爲我

大清開基之始逮

肇祖原皇帝始居呼闌哈達山下之赫圖阿喇地方締造

興京用基王業至

太祖高皇帝誕膺

天眷刱樹鴻圖遂定都於瀋陽

太宗文皇帝營造

宮闕號曰

盛京於是全遼之地悉歸撫定益東方居生物之位實符出震之義自開闢以來扶輿鍾毓以待首出之

聖人其詳具見

欽定滿洲源流考茲不復恭載謹於序略之內識緣起云

正東

朝鮮 自唐迄元皆曰高麗明始復朝鮮之號

朝鮮東跨海距新羅南亦跨海距百濟西北度遼水與營州接北靺鞨俗知文字喜讀書士女服尚白地產銅銀及龍鬚席白硾紙狼尾筆唐高宗總章初李勣平高麗擒其王高藏歸高氏君長遂絕武后聖歷中以高藏子德武爲安東都督後復稍自立國憲宗元和末遣使者獻樂工後唐莊宗同光元年遣廣評侍郎韓申一春部少卿朴巖來其後有王建代主其國遷都於松岳明

宗長興三年權知國事王建遣使者來乃拜建爲元菟州都督充大義軍使封高麗國王建以平壤爲西京王氏三世終五代屢來朝貢宋太祖建隆三年高麗國王昭遣廣評侍郎李興祐等來朝貢錫以制書昭卒其子伷襲於太宗時遣國人金行成入就學行成擢進士第累官至殿中丞後通判安州太平興國七年伷卒其弟治襲雍熙元年遣使來貢又遣本國學生崔罕王彬詣國子監肄業端拱二年詔賜監板九經三年賜崔罕王彬等及第遣歸後受制於契丹朝貢中絶高麗調兵守六城契丹大舉伐之眞宗大中祥符七年復遣使來貢神宗熙寗中屢遣使言欲遠契丹乞改途由明州詣闕從之哲宗元祐四年遣使持二公塔爲兩宮壽蘇軾奏卻之七年復遣使獻黃帝鍼經請市書甚衆仍用蘇軾奏弗許然卒市冊府元龜以歸至孝宗隆興後使命乃絶遼太祖神冊間高麗遣使進寶劍聖宗統和十年以東京留守蕭恆德伐高麗十一年王治遣朴艮柔奉表請罪因遣使冊治爲王治傳子誦二十八年高麗西京留守康肇弑其主誦擅立誦從兄詢遼伐高麗肇拒戰被執先是詢上表請朝至開泰元年稱病不能朝四年命耶律世良蕭虛烈伐之八年復會兵進討詢乃降金滅遼高麗遣使通好於金太祖收國二年來賀伐遼之捷且請保州太祖曰爾自取之太宗天會四年高麗遣使奉表稱藩優詔答之仍賜保州地後高麗遣使賀正旦及天淸節萬壽節史不絶書元太祖十一年契丹人祿格等寇據高麗江東城元遣兵征之國人洪大宣詣軍降共討滅祿格太宗三年以高麗殺使者命徹爾台征其國國人洪福源迎降其主王瞰請和許之遂設官分鎭所取之地而還明年瞰盡殺所置達嚕噶齊七十二人以叛復遣兵征之瞰遣使上表謝過自後叛服不常世祖至元七年其西京內屬改置東寗路總管府畫慈悲嶺爲界以孟克圖爲安撫使率兵戍其西境其後遣使奉表歲修職貢明太祖洪武元年遣使賜王顓璽書二年顓表賀貢方物且請封詔賜金印誥文封爲高麗國王顓復遣成惟德等上表謝賜以六經四書通鑑七年顓爲權相李仁人所弑而立寵臣辛旽之子禑禑傳子昌二十二年李成桂廢之復立王氏裔定昌國院君瑤二十五年瑤出居原州成桂主國事更名旦遣使請改國號命仍古號曰朝鮮自是王氏始絶成祖永樂元年朝鮮請冕服書籍許之宣宗宣德八年朝鮮請遣子弟入學不許神宗萬曆二十年爲日本關白平秀吉所侵掠朝鮮王李昖奔平壤城已復走義州八道幾盡没遣使求援中國乃以宋應昌爲經略李如松爲提督分布諸將攻戰終莫能勝至二十六年平秀吉死諸倭撤兵去而其國始安

濊

濊居朝鮮之東戶二萬俗常用四月節祭天晝夜飲酒歌舞遼太祖天顯元年濊貊來貢聖宗開泰三年以其地爲開州鎭國軍

耽羅

耽羅高麗屬國也元世祖既臣服高麗以耽羅爲呂宋日本衝要乃遣將平之卽其地立耽羅國招討司後改爲軍民安撫司其貢賦歲進毛施布百匹後高麗以爲言遂復隸高麗

新羅

新羅國其王姓金氏所居曰金城官有宰相侍中司農卿太府令其俗元日相慶拜日月神男子褐袴婦長襦見人跪以手踞地爲恭市皆婦女貿販唐高宗上元中分取百濟地遂抵高麗南境元宗開元中其王金興光數入朝獻果下馬朝霞紬魚牙紬海豹皮又遣子弟入太學興光卒元宗命邢璹弔祭曰新羅號君子國知詩書以卿惇儒故持節往宜衍經誼使知大國之盛自是歲朝獻會昌後不復至後唐莊宗同光元年其王金朴英遣使者來朝貢四年權知國事金溥遣使來晉以後不復至遼太祖九年新羅遣使貢方物天贊四年復來貢聖宗統和中設朝天館於大定府以待之

長人

長人國在新羅之東長身狰獰不火食噬禽獸或搏人以食其國連山數十里有峽固以鐵闔號關門新羅常屯弩士數千守之

日本

日本古倭國唐高宗咸亨初改名日本地環海惟東北限大山有五畿七道三島其城池附山城築四座每城周三四里巖石高聳限以大河內大樓閣九層粧黃金下隔小房百餘間夜則東西遊臥令人不知其處氣候温暖草木冬靑土地膏腴水多陸少俗以捕魚爲業元宗開元天寶間相繼來朝肅宗上元中新羅梗海道乃繇明州越州朝貢德宗建中元年使者眞人興能獻方物眞人蓋因官而氏者也興能善書其紙似繭而澤人莫識貞元末遣使者朝其所攜學子及浮屠等願留肄業閱二十餘年使者來請肄業者還國詔可宋太宗雍熙元年日本國僧奝然與其徒浮海而至獻銅器十餘

事並本國職員考年代紀各一卷𢰅然善隸書而不通華言問其風土但書以對云國中有五經及佛經白居易集並得自中國土宜五穀而少麥交易用錢文曰乾文大寶畜有水牛驢羊多犀象產絲蠶及織絹樂有國中高麗二部東奧州出黃金西別島出白銀以爲貢賦國王以王爲姓傳襲至今六十四世文武僚吏皆世官太宗閱其書撫之甚厚賜紫衣館於太平興國寺二年隨台州甯海商人船歸其國是後連貢方物而來者皆僧也元世祖至元八年命少中大夫祕書監趙良弼使日本日本始遣彌四郎入朝帝宴勞遣之後以致書不報命范文虎等帥舟師十萬征之至五龍山遭暴風軍盡沒後屢招不至終元世不相通明太祖洪武四年日本國王良懷遣使奉表稱臣貢方物後復遣王子來入國學帝善待之特授觀察使永樂元年貢使至上王源道義表及貢物四年封其國中山爲壽安鎭國之山御製碑文立其上五年六年頻入貢嗣後雖屢遣使入貢然海寇亦不絕穆宗隆慶後倭酋關白平秀吉者益治兵征服旁近諸小國遣其帥淸正等率舟師逼釜山屢次入犯及其國內亂乃止

邪古　波邪　多尼

邪古波邪多尼二小國在日本之東海嶼中北距新羅西北距百濟西南直越州產絲絮

婆羅

婆羅又名文萊東洋盡處也其地負山面海崇釋教禁食豕肉有禮拜寺每祭用犧唐高宗時婆羅國入貢明成祖永樂三年遣使者齎璽書綵幣撫諭其王四年其國東西二王並遣使奉表朝貢神宗萬歷時爲婆羅國王者乃閩人也或言鄭和使婆羅有閩人從之留居焉其後人竟據有其國王有金印一篆文作獸形民間嫁娶必請此印背上以爲榮後佛郞機舉兵來擊王率國人走山谷中放藥水流出毒殺佛郞機人因得返國

馮嘉施蘭

馮嘉施蘭東洋小國明成祖永樂四年八月其酋嘉馬銀等來朝貢方物賜鈔幣有差六年八年復來朝貢

東南

雞籠山

雞籠山在彭湖嶼東北故名北港又名東番去泉山甚邇地多大山澤叢篁深箐夾以溪流溪流入海水淡故其外名淡水洋無君長有十五社社多者千人少或五六百人無徭賦以子女多者爲雄聽其號令雖居海中畏海不善操舟罕與鄰國往來俗尙勇暇卽習走日可數百里足皮厚數分履荆棘如平地所產竹大至數拱長十丈以竹搆屋覆之以茅聚族而居明成祖永樂中鄭和徧至東西洋靡不獻琛恐後獨此番遠避不至世宗嘉靖末雞籠山人遭倭焚掠避居山後嗣有紅毛番至此因事耕鑿設闤闠稱臺灣焉明末給事中何楷陳靖海之策大率以臺灣爲奸民之窟欲逐去紅毛時不能用

琉球宋史作流求元史作瑠求

琉球在東南海中與漳泉興福四州界相値舟行數日可至每歲稻再熟花常開燕以七月來不巢人屋鷹以白露日至物產硫磺胡椒等物其王每視朝羣臣搓手膜拜移時方起其俗凡有宴會餚饌各盤貯而不相共飲酒則止以一杯相傳宋孝宗淳熙時其王舜天依日本書制字母四十七名依魯花略仿切音三十六字母意元世祖至元二十八年海船副萬戶楊祥請以六千軍往降之給金符齎詔以行出海洋遽掠一山軍小挫未至琉球引還成宗元貞三年福建省平章政事高興上言琉球可圖狀遣省都鎭撫張浩等襲之擒生口百三十餘人抗命如故其國至元末分爲三曰中山曰山南曰山北其王皆以尙爲姓而中山最强明太祖洪武五年命行人楊載詔諭之中山王察度遂遣使入貢賜賚有加許陪臣子弟入國學肄業於是山南王承察度山北王帕尼芝亦相繼臣服成祖永樂中琉球中山山南山北三王屢入貢子弟俱入國學肄業其嗣王立俱遣使冊封之十三年以後山北王不復遣使宣宗宣德四年後山南王亦不復至云爲中山王所倂中山王屢世朝貢不絕

三嶼

三嶼近琉球元世祖至元三十年欲選人招誘之平章政事巴延等言此國之民不及二百戶去年軍船入琉球過其國國人餉以糧館我將校無他志也乞不遣使帝從之

呂宋

呂宋居東南海中在臺灣鳳山沙馬崎之東南俗少爭訟出入佩刀自衞國有機易山產金銀明太祖洪武五年遣使入貢成祖永樂三年遣官齎詔撫諭其國八年復來貢自後久不至神宗萬歷四年官軍追海寇至其國國人助討有功復朝貢時佛郞機强與呂宋互市久之築室其地竟乘其無備襲殺其王而據其國名仍呂宋實佛郞機也

合貓里

合貓里海中小國近呂宋又名貓里務其國多山山外大海饒魚鹽人知耕稼商船往來漸成富壤華人入其國不敢欺陵市法最平明成祖永樂三年遣使朝貢

沙瑤　吶嗶嘽

沙瑤與吶嗶嘽連壤吶嗶嘽在海畔沙瑤稍紆入山隈皆與呂宋近男女蓄髮垂髻以板爲城豎木覆茅爲室崇釋教多建禮拜寺物產甚薄佛郎機據呂宋多侵奪鄰近惟二國號令不能及

古麻剌朗

古麻剌朗東南海中小國明成祖永樂十五年遣中官張謙齎敕撫諭賜之絨綿紵絲紗其王幹剌義亦奔敦率妻子陪臣隨謙來朝貢方物禮之如蘇祿國賜以印誥冠帶金鏹文綺明年還中途遘疾卒賜諡康靖命其子苾剌嗣爲王賜鈔幣率眾歸

文郎馬神

文郎馬神處東南海中以木爲城其半倚山民多縛木水上築室以居男女用五色布纏頭腹背多袒初用蕉葉爲食器後與華人市漸用磁器其俗惡淫姦者論死鄰境有買哇柔者性凶狠商人畏之夜必嚴更以待所產有孔雀鸚鵡沙金降香藤席等物

美洛居

美洛居俗訛爲米六合居東海中頗稱饒富酋出威儀甚備所部合掌伏道旁男子削髮女椎結地有香山雨後香墮沿流滿地居民拾取不竭其酋委積充棟以待商船之售明神宗萬歷時紅毛番與佛郎機交爭美洛居地每歲搆兵人不堪命華人流寓者說二國令各罷兵分國中萬老高山爲界山以北屬紅毛番南屬佛郎機始稍休息而美洛居竟爲兩國所分

佛郎機

佛郎機近美洛居又稱干系臘國時恃强陵轢諸國無所不往所產多犀象珠貝衣服華潔貴者冠氈者笠初奉佛教復奉天主教俗不立契約有事指天爲誓不相負明武宗正德十三年佛郎機請封詔拒之世宗嘉靖二年佛郎機入寇官軍擊走之先是其別將都盧以巨礮利兵橫行海上官軍擊擒之獲二舟得其礮卽名爲佛郎機副使汪鋐進之朝用以守墩臺城堡火礮之有佛郎機自此始

和蘭

和蘭又名紅毛番地近佛郎機所恃惟巨舟大礮舟長三十丈廣六丈厚二尺餘樹五桅桅下置二丈巨鐵礮發之可洞裂石城震十里世所稱紅夷礮卽其製其桅後置照海鏡大徑數尺能照數百里其人悉奉天主教所產有金銀琥珀瑪瑙玻璃諸物其國甚富明神宗萬歷二十九年和蘭駕大艦薄香山旋引去三十二年駕艦抵澎湖熹宗天啟四年巡撫南居益發兵攻破和蘭澎湖之砦以息

欽定續通典卷一百四十七

邊防

邊防南序略

臣等謹按杜氏邊防典南方凡五十六部諸蠻獠之散居溪峒者於楚蜀嶺粵滇黔諸境爲多唐宋各有土州以示羈縻元明增置土官土吏使自統攝而叛服不常誅賞互用往往勞師動衆若南詔蠻在唐宋時自成一國宋時若儂氏之亂明時若大藤峽田州之役皆蔓延經年久而後定則以控馭之道未盡善也至於海南諸國稱名互異如赤土之後爲暹羅林邑之後爲環王又爲占城頓遜之後爲滿剌加訶陵之後爲闍婆又爲瓜哇干陀利之後爲三佛齊又爲舊港槃槃之後爲柯枝狼牙修之後爲錫蘭山名雖殊而實則同又當按時代爲臚列者矣他若馬八兒諸國之始通於元彭亨柔佛諸國之始通於明並摭其風土敘次於篇

正南

盤瓠種

盤瓠種自三國後種落皆布在諸郡縣隋置辰州以處蠻唐置溪州錦州敘州巫州皆是也唐季蠻酋分據其地自置刺史晉高祖天福中馬希範襲父業有湖南溪州刺史彭自然等以溪錦等州歸馬氏立銅柱爲界宋太祖建隆四年慕容延釗平湖湘知溪州彭允林及刺史田洪贇等列狀歸順詔復其官太宗太平興國八年溪錦敘巫四州蠻相率詣辰州願比內郡民輸租賦詔不許自後首領入貢不絕眞宗咸平中施州蠻與溪州蠻歲輸粟易鹽邊聚有三年之積神宗熙寧初峽州洞酋刻剝無度蠻衆願內附屬辰州遂以章惇察訪湖北經制蠻事於是南江舒氏北江彭氏等蠻相繼納土元初置沿溪洞招討使司

西原蠻

西原蠻居廣容之南邕桂之西有甯氏者相承爲豪又有黃氏居黃橙洞其地西接南詔唐元宗天寶初黃氏强與韋氏周氏儂氏相脣齒爲寇據十餘州韋氏周氏耻不肯附黃氏攻之逐於海濱肅宗至德初首領黃乾曜等與諸洞蠻叛乾元初討平之俄復叛文宗太和中討平峒穴其後儂洞最强結南詔爲助宋時儂氏世爲廣源州首領及智高僭號始命狄青平之

南詔

南詔本烏蠻別種姓蒙氏蠻謂王爲詔其先渠帥有六自號六詔曰蒙嶲詔越析詔浪穹詔邆賧詔施浪詔蒙舍詔兵力相埒各自雄長蒙舍詔在諸部南故稱南詔唐元宗開元初皮邏閣立二十六年詔封越國公賜名歸義時五詔微歸義獨强乃厚以利啖劍南節度使王昱求合六詔爲一制可又以破洱蠻功冊爲雲南王歸義死閣羅鳳立襲王後與雲南太守張虔陀隙舉兵反代宗大歷十四年其孫異牟尋立於德宗貞元中復內附唐末蒙氏後絕東川節度使楊于貞據之晉高宗天福二年段思平逐楊氏而有其國改號大理宋神宗熙寧九年遣使貢金裝碧玕山氈罽刀劍等物後不常來徽宗政和五年復通貢元滅之而有其地設大理府明時始比於中州列郡

文面濮　赤口濮　黑僰濮

三濮在雲南徼外千五百餘里唐高宗龍朔初遣使朝貢

驃

驃國在雲南徼外其王自號突羅朱青甓爲圓城有十二門四隅作浮圖俗奉佛法以金銀爲錢形如半月號登伽佗無膏油以蠟雜香代炷唐德宗貞元中其王雍羌聞南詔歸附遣使獻歌曲因遣弟舒難陀詣劍南西川節度使韋皋獻其國樂皋譜次其聲進詣朝詔授舒難陀太僕卿

緬

緬國古朱波地在雲南西南徼外其人有城郭屋廬以居有象馬以乘舟筏以濟文字進上者用金葉寫之次用紙有大城五宋甯宗時緬甸進白象元世祖至元十九年擊緬克其江頭城及太公城成宗大德元年封的立普哇拿阿迪提牙爲王賜之銀印子信合八的爲世子賜以虎符後卽其蒲甘城置邦牙等處宣慰使司明太祖洪武二十七年置緬中宣慰使司成祖永樂元年置緬甸宣慰使司於是緬有二宣慰使宣宗宣德二年以莽得剌爲宣慰使而緬中宣慰之名不復見世宗嘉靖初孟養酋思倫擊破緬殺宣慰莽紀歲分據其地緬訴於朝不報莽紀歲子瑞體攻孟養及迤西諸蠻并欲入寇旣覘知有備又慮他蠻襲其後乃通歸俄瑞體死子應裏嗣神宗萬歷十一年寇順甯游擊劉綎等擊破之二十二年巡撫陳用賓設八關戍守自此不犯邊界

安南

安南古交趾也在中國西南與雲南徼外接界倚富良江爲天險江水自緬甸滇南兩道流入漢置九郡交趾居其一焉土膏腴氣候熱穀歲二稔人性獷悍唐分嶺

南爲東西二道安南隸之高祖武德中號交州總管府調露元和郡縣志作永徽元年改安南都護府隸嶺南道肅宗至德二載曰鎭南都護府代宗大厯中復爲安南梁末帝貞明中土豪曲承美專有其地送款於末帝授節鉞時劉隱擅命嶺表并有之後部內大亂宋初丁部領繼其父公著安撫境內上表貢大物封爲交阯郡王屢遣使來貢其子丁璉繼之璉卒其臣黎桓幽璉之幼弟璿自統其眾遣使來修職貢眞宗御極封桓南平王三傳爲大校李公蘊所篡遣使奉貢用桓故事封之子孫世襲受封修貢八傳至昊旵無子其壻陳日煚遂有其國理宗湻祐二年詔授安南國王元世祖兵抵安南入其國日煚竄海島師旋乃還國傳子光昺納款中統二年封爲安南國王其後叛服不常仁宗延祐以後始疆埸寧謐貢獻不絕明太祖洪武初陳日煃遣使來朝貢方物封賜有加二十一年帝以其頻煩且貢物侈命仍三年一貢建文帝建文元年其國相黎季犛篡立遂盡殺陳氏宗族成祖永樂時命征夷將軍張輔等大破之訪求陳氏子孫耆老千餘詣軍門言陳氏已滅無可繼者安南本中國地乞仍入職方同內郡詔改安南爲交阯設郡縣後黎利等復叛宣宗宣德二年遣使撫諭并盡撤軍民北還六年命黎利權署安南國事英宗正統元年封黎利子麟爲安南國王世宗嘉靖十八年安南莫登庸令其黨偶爲黎廣禪詔篡其位逮後莫氏漸衰黎氏復興互相搆兵終明世兩姓分據不能歸於一

南掌

南掌古越裳地居安南暹羅之間明成祖永樂初酋長刁線歹始入貢方物其俗佩雕瓜爲飾故呼爲撾家性獷悍身及眉目皆刺花相傳酋長三等大曰招木弄次曰招木牛又次曰招木花產犀牛海貝象及木香訶子乳香

暹羅即杜典赤土

暹羅本扶南之別種後分爲暹與羅斛二國暹土瘠不宜稼羅斛地平衍種多穫暹仰給焉元成宗元貞元年暹國進金字表欲朝廷遣使至其國比其表至巳先遣使盞彼未之知也賜來使素金符佩之追前詔使同往其後羅斛强併有暹地遂稱暹羅斛國明太祖洪武四年其王參烈昭毘牙遣使奉表來貢十年賜之印文曰暹羅國王之印自是其國遵朝命始稱暹羅比年一貢或一年兩貢至英宗正統後或數年一貢其國崇信釋教氣候不正或寒或熱地卑溼人皆樓居男女椎結貢有象牙孔雀六足龜寶石珊瑚檀速諸香胡椒豆蔻之類

彭亨

彭亨在暹羅之西氣候常溫米粟饒足煮海爲鹽釀椰漿爲酒上下親狎無寇賊俗尚巫覡明太祖洪武十一年彭亨王麻哈剌惹荅饒遣使齎表來朝成祖永樂九年其王巴剌密瑣剌達羅息泥復遣使至十年十四年兩遣鄭和報之所貢有象牙片腦乳香蘇木胡椒之屬

丹眉流

丹眉流在廣州西南俗皆板屋跣足衣布以白紵纏首其王所居廣袤五里無城郭出則乘象車亦有小駟四時炎熱無霜雪土產犀象紫草蘇木諸藥宋眞宗咸平四年國王多須機遣使打吉馬等九人來貢召見崇德殿賜以冠帶服物及還又賜多須機詔書以敦奬之

占城即杜典林邑

占城在中國之南東至海西至雲南南至眞臘其國有百餘村村落戶三五百或至七百亦有縣鎭之名四時皆似夏草木常青民以漁爲業不解朔望但以月生爲初月晦爲盡不置閏分晝夜爲十更非日不起非夜分不卧見月則飲酒舞歌爲樂唐時或稱占婆其王所居曰占城高宗永徽至元宗天寶凡三入貢肅宗至德後更號環王迄周宋遂以占城爲號宋太祖建隆二年其王遣使來朝表章書於貝多葉以香木函盛之後屢貢方物孝宗湻熙四年占城王以舟師襲眞臘國都寧宗慶元以後眞臘大舉破占城立眞臘人爲王占城遂爲眞臘屬國矣元世祖至元十六年遣使諭占城十七年占城國王遣使奉表貢方物十九年即其地立省以安撫之既而占城王子專國負固弗服萬戶何子志等被執遣兵征之卒不能定明太祖洪武時其王遣使來朝尋命使齎詔封爲占城國王又遣使往祭其山川頒科舉詔於其國後占城與安南國屢搆兵中朝遣使諭解之世宗嘉靖二十二年貢使訴安南侵擾道阻難歸乞遣官護送還國從之

賓童龍

賓童龍與占城接壤或言如來入舍衛國乞食即其地氣候草木人物風土類占城

滿剌加即杜典頓遜

滿剌加在占城南有山出泉流爲溪土人淘沙取錫煎成塊曰斗錫氣候朝熱暮寒男女椎結身體黝黑間有白者則異種也俗湻厚市道頗平明成祖永樂元年遣中官尹慶使滿剌加宣示威德及招徠意其酋大喜遣

使至京因封爲滿剌加國王後率其妻子陪臣相繼來朝宴賚極厚武宗正德末佛郎機奪其地改名麻六甲其所貢物有瑪瑙珊瑚犀角象牙薔薇露蘇合油沈速香阿魏之屬

阿魯

阿魯亦名亞魯近滿剌加順風三日夜可至田瘠少收盛藝甘蕉椰子爲食明成祖永樂九年阿魯王遣使來朝十七年其王子復遣使來朝十九年二十一年再入貢

瓜哇 杜典訶陵

瓜哇即古闍婆國亦號訶陵近占城行二十晝夜可至爲東南諸番之衝水有八節澗乃瓜哇咽喉其建國始於漢宣帝元康元年地廣人稠性兇悍男女無少長皆佩刀稍忤輒相賊其甲兵爲諸番之最字類瑣里氣候常似夏稻歲二稔唐太宗貞觀中遣使入貢太宗以璽詔優答高宗上元間國人推女子爲王號悉莫威令整肅道不拾遺代宗大歷中訶陵使者三至憲宗元和文宗太和懿宗咸通時皆來朝貢宋太宗淳化三年闍婆國王遣使來朝徽宗大觀中復貢元時改名瓜哇世祖至元二十九年詔出師征瓜哇值瓜哇方與鄰國葛郎搆難即納降於元誘元兵共攻破葛郎復反攻元兵元兵失傷甚衆明太祖洪武二年遣使以即位詔諭瓜哇三年又以平定沙漠頒詔於其國其王遣使奉金葉表來朝自是率每歲一至其國自元末分東西二王成祖永樂四年東王爲西王所滅宣宗宣德七年入貢者乃西王也其國有新村最饒富中華及諸番商船輻輳其地寶貨填溢永樂時其村主自遣使表貢方物

重迦羅

重迦羅瓜哇鄰國也高山奇秀內有一石洞前後三門可容萬人田穀氣候與瓜哇略同國無酋長推年長者主之

日羅夏治　碟里

日羅夏治與碟里俱近瓜哇俗尚釋教明成祖永樂三年各遣使附瓜哇使臣入貢碟里俗淳物產甚薄日羅夏治止產蘇木胡椒

丁機宜

丁機宜瓜哇屬國也幅員甚狹僅千餘家時被柔佛侵擾後以厚幣求婚稍獲寧處其國以木爲城酋所居旁列鐘鼓樓出入乘象以十月爲歲首民俗類瓜哇物產悉如柔佛酒禁甚嚴有常稅大家皆不飲惟細民無籍者飲之其曹偶咸非笑焉

蘇吉丹

蘇吉丹亦瓜哇屬國後訛爲思吉港國在山中止數聚落其水瀠舟不可泊有地名饒洞者形勢平衍商船皆就此貿易

柔佛

柔佛一名烏木礁林近丁機宜明神宗萬曆間其酋好搆兵鄰國丁機宜與彭亨屢被其患國中覆茅爲屋列木爲城環以池無事則通商於外有事則召募爲兵地不產穀常易米於鄰壤俗好持齋見星方食節序以四月爲歲首喪用火葬所產有犀象玳瑁片腦沒藥錫蠟之屬

眞臘

眞臘在占城南其縣鎮風俗同占城一歲數稔以十月爲首歲閏悉用九月俗尚釋教民俗饒富男女椎結唐神龍後分爲二北多山阜者號陸眞臘南饒陂澤者號水眞臘水眞臘地八百里王居婆羅提拔城陸眞臘或曰文單曰婆鏤地七百里元宗開元天寶時王子率屬來朝拜果毅都尉代宗大歷中副王及妻來朝獻象憲宗元和中水眞臘亦遣使入貢後復合爲一宋徽宗政和六年遣使鳩摩僧歌等來貢賜以朝服僧歌請服所賜詔從之仍以其事付史館寧宗慶元中滅占城而併其地更立眞臘人爲之王明太祖洪武二年遣使齎詔撫諭眞臘四年其國遣使奉表朝貢成祖永樂中數被占城侵擾帝敕占城王罷兵修好景帝景泰後其使不常至

投和

投和在眞臘南設官屬無賦稅民以多少自輸唐太宗貞觀中遣使以黃金函奉表幷獻方物

婆利

婆利在占城東南地有大洲多馬產火珠大者如雞卵圓光照數尺日中以艾藉珠輒火出其國法殺人及盜截其手姦者鎖其足期年而止祭祀必以月晦盤貯酒殽浮之流水每十一月必設大祭

三佛齊 杜典干陀利

三佛齊與占城爲鄰居眞臘闍婆之間所管有十五州氣候多熱少寒土產紅籐紫礦沈香檳榔椰子之屬無麥有米豆鵝鴨雞魚頗類中土城周數十里椰葉覆屋不輸租賦其王號詹卑其國居人多蒲姓庶民皆水居編筏築室係之於樁欲徙則拔樁去之唐昭宗天祐元年貢方物授其使都番長蒲訶嘌爲寧遠將軍宋太祖

建隆元年其王遣使來朝自是迄高宗紹興孝宗淳熙閒恒通貢明太祖洪武三年遣使詔諭三佛齊其王遣使奉金葉表隨入貢八年嗣子表貢請命敕封爲王三十年瓜哇據其國改名舊港亦不能盡有其地華人往往寓焉其地爲諸番要會俗習水戰鄰國多畏之

蘇祿

蘇祿近勃泥闍婆明太祖洪武初發兵侵勃泥大獲其人畜以闍婆援兵至乃還其國分東王西王峒王而以東王爲尊成祖永樂十五年三王子來朝進金縷表文獻珍珠寶石等物因並封爲國王賜印誥襲衣冠帶及鞍馬儀仗器物居二十七日三王辭歸其東王次德州卒於館帝遣官賜祭命有司營葬勒碑墓道謚曰恭定乃遣使齎敕封其長子爲蘇祿國王十八年東王之母遣使來朝貢大珠神宗萬歷時佛郎機屢攻之城據山險不能下其地少粟麥民率食魚蝦螺蛤短髮纏皂縵煮海爲鹽釀蔗爲酒氣候常暑產竹布玳瑁諸物

勃泥

勃泥本闍婆屬國也所管有十四州以板爲城城中居者萬餘人其王所居屋覆以貝多葉民舍覆以草在王左右者爲大人俗以十二月七日爲歲節地熱多風雨無麥有麻稻及魚羊無蠶絲用吉貝花織成布宋太宗太平興國二年遣使進表貢方物神宗元豐五年復遣使入貢明太祖洪武四年遣使奉金銀箋來朝成祖永樂三年詔封勃泥國王賜印符誥命六年王率妃及子弟妹陪臣凡百五十餘人來朝貢珍物賜宴奉天門乞封其國之後山爲一方鎮御製碑文賜之九年嗣王復偕其母來朝至仁宗洪熙元年四入貢嗣後貢使雖稀商人來往不絕

層檀

層檀在海南宋神宗熙寧七年始入貢海道便風行百六十日經勿巡古林三佛齊國乃至廣州人語音如大食元豐六年使者再至神宗念其絕遠賜賚有加

巴喇西

巴喇西在南海去中國絕遠明武宗正德六年遣使臣來朝進金葉表貢祖母綠珊瑚樹等物嘉其遠來賜賚有加

瞻博

瞻博或曰瞻婆北距兢伽河多野象唐高宗顯慶中與婆岸千支弗舍跋若磨臘四國並遣使入貢

修羅分

修羅分地近眞臘有君長以木爲城有勝兵二萬其風俗與歌羅舍分甘畢相類甘畢在南海上王名旃陀越摩歌羅舍分在南海南唐時皆入貢方物

室利佛逝

室利佛逝一曰尸利佛誓過軍徒弄山二千里至其國有城十二地產金汞砂龍腦唐高宗咸亨文宗開成閒數遣使來朝

名蔑

名蔑所屬有州三十以十二月爲歲首賦二十取一唐高宗龍朔初遣使來貢

單單

單單與名蔑相近亦有州縣其王近行車遠乘象唐高宗乾封總章時來獻方物

注輦

注輦去中國最遠自古未嘗相通宋眞宗大中祥符八年國王羅茶羅乍遣使奉表來貢眞宗天禧仁宗明道神宗熙寧時皆遣使奉方物入貢其國城有七重所統有三十一部落產眞珠象牙珊瑚檳榔豆蔻之屬地宜竹饒花果穀有麥稻及黑綠豆

馬八兒諸國

馬八兒與俱藍國接壤比餘國最大元世祖至元閒璽書招諭諸番占城與馬八兒俱奉表稱藩而俱藍諸國未下尋遣廣東招討使楊廷璧招降俱藍國王王卽遣使入貢俱藍旣下餘國曰須門那曰僧急里曰南無力曰馬蘭丹曰那旺曰丁呵兒曰來來曰急蘭亦觧皆遣使入貢方物

西南

渝州蠻 卽杜典板楯蠻南平蠻

渝州蠻其地西南接烏蠻昆明哥蠻大小部族數十居之宋英宗治平中熟夷李光吉梁秀等據其地各有衆數千以威勢脅誘漢戶神宗熙寧三年進兵討平之以賓化砦爲隆化縣隸涪州建榮懿扶歡兩砦其外居銅佛壩者隸渝州南川縣地皆膏腴自光吉等平他部族據有之因命其土人王才進充巡檢委之控扼才進死部族無所統數出寇邊詔熊本討平之建爲南平軍以渝州南川涪州隆化隸焉

兩爨

兩爨蠻自曲州靖州西南至龍和城者謂之西爨白蠻自彌鹿升麻二川南至步頭者謂之東爨烏蠻西爨所產多駿馬犀象唐太宗貞觀時開靑蛉弄棟爲縣東爨居安寧城首領蓋聘爲西爨歸王所襲殺部落各分散

東謝

東謝蠻在西爨之南其南距守宮獠西連夷子地宜五穀衆處山汲流以飲無賦稅見貴人則執鞭而拜賞有功者以牛馬銅鼓犯小罪則杖大罪殺之盜物者倍償婚姻以牛酒爲聘會聚擊銅鼓吹角坐必蹲踞唐太宗貞觀時酋長謝元深入朝中書侍郎顏師古奏言昔周武王時遠國入欵周史書其事爲王會篇今萬國來朝其冠服實可圖寫請撰爲王會圖從之以其地爲應州卽拜元深爲刺史又有南謝首領謝彊來朝以其地爲莊州授彊爲刺史

牂牁

牂牁國在昆明東九百里無城郭土鬱熱多霖雨稻粟再熟無徭役刻木爲契風俗物產與東謝同唐文宗開成元年其酋阿佩內屬武宗會昌中封其別帥爲羅殿王世襲爵其後又封爲濵王皆牂牁蠻也宋眞宗景德元年詔西南牂牁諸國進奉使親至朝廷者令廣南西路發兵援之勿抑其意先是龍光進等來朝上矜其遠道人馬多斃因詔宜州自今可就賜恩物至是懇請詣闕從之

充州

充州蠻卽牂牁別部唐元宗天寶中以充州酋長趙珍裔爲黔州都督屢敗南詔閤羅鳳護五溪十餘年部落以安德宗貞元憲宗元和以訖文宗開成朝貢不絕

夜郎

夜郎國唐置羈縻諸州費珍莊琰播郎夷牂州皆是也宋太宗太平興國五年其酋長龍瓊琚遣其子並諸州蠻以方物名馬來貢乃令作本國歌舞一人吹瓢笙數十輩連袂宛轉而舞以足頓地爲節其曲名曰水曲部族數十獨龍氏方氏張氏石氏羅氏五姓最著號五姓蠻其後又有程氏韋氏皆比附五姓故號西南七番云

昆彌

昆彌國亦稱昆明其土歊濕宜秔稻俗逐水草畜牧夏處高山冬入深谷唐高宗咸亨三年其十四姓率戶二萬內附析其地爲殷州總州敦州以安輯之殷州居戎州西北總州居西南敦州居南遠不過五百餘里近三百里其後又置盤麻等四十一州皆以首領爲刺史

松外諸蠻

松外諸蠻部族不一唐太宗貞觀中嶲州都督劉伯英疏言松外諸蠻率暫附亟叛請擊之西洱河天竺道可通也居數歲太宗以將軍梁建方發蜀十二州兵進討酋帥雙舍拒戰敗走殺獲甚衆諸蠻震駭走保山谷建方諭降者七十餘部戶十萬九千署首領蒙和爲縣令餘衆感悅西洱河蠻亦納款軍門

吐蕃

吐蕃本西羌屬或曰南涼禿髮利鹿孤之後國多霆電風雹盛夏如中國春時山谷常冰地有寒癘聯毳帳以居手捧酒漿以飲稼有麥豆獸多牛馬犬羊天鼠之皮可爲裘無文字俗重鬼喜浮屠法逐水草無常所其鎧冑精良唐太宗貞觀八年始遣使來朝後請婚許之漸習華風遣子弟入國學習詩書肅宗至德後因安史之亂攻陷河西隴右之地代宗永泰大歷間再遣使來聘宣宗大中三年吐蕃恐熱爲亂唐節度使康季榮等次第收復原秦安樂等三州地及石門等七關唐末其國漸衰弱種類分散無復統一宋太祖建隆二年靈武五部以駝馬來貢眞宗大中祥符八年嘉勒斯賚遣使來貢請討西夏以自效仁宗寶元元年詔使擊西夏嘉勒斯賚死地遂分惟棟戩最强獨有河北之地遣使奉貢常與官軍會擊西夏自後嗣者俱授官爵貢奉不絕神宗熙寧哲宗元符徽宗崇寧開三用師於其國遂建熙河一道置郡縣遼聖宗統和中來貢元世祖中統時郡縣其地設官分職以吐蕃僧帕克斯巴爲大寶法王帝師領之嗣者數世明太祖洪武六年大將軍徐達征西番旣拔河州於是河州以西朶甘烏斯藏等部悉歸命故有官者皆至京授職

朶甘

朶甘在四川徼外唐吐蕃地南與烏斯藏鄰元置宣慰招討等官分統其衆明太祖洪武初遣使招撫遂來朝宴賚遣還繼改爲行都指揮使司並賜銀印復增置招討司千戶等官自是修貢惟謹英宗正統初諸番相率朝貢者八百二十九寨悉賜賚遣歸

長河西魚通寗遠

長河西魚通寗遠在四川徼外通烏斯藏唐爲吐蕃元置安撫司明太祖洪武時長河西土官遣使來貢方物宴賚遣還置長河西魚通寗遠宣慰司以其酋爲宣慰使自是修貢不絕

董卜韓胡

董卜韓胡在四川威州之西明成祖永樂九年酋長南葛遣使奉表入朝貢方物置宣慰司景帝景泰三年進秩都指揮使其鄰雜谷三年一貢惟董卜許比年一貢所隸別思寨及加渴瓦寺俱通貢

烏斯藏大寶法王

烏斯藏在四川西徼外其地多僧無城郭佛書甚多元世祖時尊帕克斯巴爲大寶法王錫玉印累入朝貢其徒嗣者咸稱國師明太祖洪武初遣使招諭烏斯藏攝帝師遣使朝貢六年自入朝七年遣使來朝請封號賜以玉印成祖永樂元年遣使往徵其僧哈里瑪入朝封爲大寶法王六年辭歸自是頻年入貢孝宗弘治武宗正德閒或一年兩貢神宗萬歷年閒有自稱活佛者求通貢許之此僧有異術卽大寶法王及闡化諸王皆奉之諸番王徒擁虛位而已

大乘法王

大乘法王亦烏斯藏僧明成祖永樂十年來朝受封仁宗洪熙宣宗宣德閒並來貢憲宗成化四年其王旺布遣使來貢孝宗弘治元年其王桑節斡遣使來貢武宗正德十年請襲封世宗嘉靖十五年偕輔教諸王來貢嗣後奉貢不絕

大慈法王

大慈法王亦烏斯藏僧明成祖永樂十二年入朝禮亞大乘法王賜之印誥嗣後時來朝貢宣宗宣德九年入朝封大慈法王

闡化王

闡化王亦烏斯藏僧明太祖洪武五年封僧嘉木楊沙克嘉爲灌頂國師以撫諭朶甘諸部明年其僧遣酋奉表入貢自是三年一貢成祖永樂四年封爲闡化王十一年命楊三保復使其地令與贊善護教闡教三王共修驛站自是道路畢通其後入貢益頻特遣賜之綵幣世宗嘉靖三年偕輔教王及大小三十六番請入貢穆宗隆慶三年定令三年一貢其後貢奉不替

贊善王

贊善王者靈藏僧也其地在四川徼外視烏斯藏稍近明成祖永樂四年其僧珠卜巴勒遣使入貢命爲灌頂國師明年封贊善王自永樂迄英宗正統貢無定期憲宗成化元年始定三歲一貢之例嗣是屢請封襲世宗嘉靖後猶入貢如制

護教王

護教王者納木喀巴勒藏布袞確克僧也明成祖永樂四年遣使入貢授灌頂國師明年封護教王賜印誥遂頻歲入貢仁宗洪熙宣宗宣德中并入貢後無嗣爵遂絕

闡教王

闡教王者巴勒恭噶僧也明成祖永樂元年其國師端珠卜入貢四年又貢十一年加號大國師又封其僧琳沁巴勒濟特爲闡教王賜印誥綵幣後比年一貢迄世宗嘉靖時修貢不輟

輔教王

輔教王者斯達克藏僧也地遠於烏斯藏明成祖永樂十一年封其僧納木喀埒克巴爲輔教王通貢使賜予與諸法王等孝宗弘治十二年輔教等四王及長河西宣慰司並附入貢嗣後奉貢不絕

西天阿難功德國

西天阿難功德國西方番國也明太祖洪武七年王卜哈魯遣其講主來朝貢方物賜文綺及布帛諸物後不復至又和林國師多爾濟辰數錫喇卜藏布亦遣其講主獻銅佛舍利及元所授玉印圖書等命宴賚遣還明年國師入貢和林非西番其國師則番僧與功德國同時來貢後亦不復至

尼八剌國　地湧塔國

尼八剌國在諸藏之西其王皆僧也明太祖洪武十七年命僧智光往其國并使其鄰境地湧塔國王馬塔納羅摩遣使入朝貢金塔等方物賜以誥敕綵幣二十三年再貢成祖永樂七年遣使來貢以銀幣賜其嗣王沙葛新的及地湧塔王可般明年來貢封爲尼八剌國王賜印十六年來貢命使往報之所經罕諸靈藏巴勒恭噶烏斯藏及野藍卜納皆有賜宣宗宣德二年又遣使賜其王與地湧塔王自後貢使不復至又有速覩嵩者亦西方之國永樂三年遣使往招以道遠不至

麻葉甕

麻葉甕在西南海中自古城靈山放舟順風十晝夜至交欄山其西南卽麻葉甕山峻地平田膏腴收穫倍他國煮海爲鹽釀蔗爲酒男女椎結衣長衫圍之以布俗尙節義婦喪夫剺面剃髮終身不改嫁產武瑁木綿黃蠟檳榔花布之屬又有葛布及速兒米囊二國明成祖永樂三年遣使齎璽書賜物招諭與麻葉甕俱未朝貢

陀洹

陀洹一曰耨陀洹在古城西南海中自交州行九十日乃至王姓察失利名婆那國無蠶桑有稻麥麻豆畜有白象牛羊猪俗喜樓居謂爲千欄以白氎朝霞布爲衣

南毗

南毗國在大海之西南自三佛齊便風月餘可至國多風王出先期遣兵百餘人持水灑地以防颶風播揚精飲食鼎以百計日一易之俗喜戰鬭習刀矟善射鑿白銀爲錢土產眞珠諸色番布其國最遠番舶罕到

蘇門答刺

蘇門答刺在滿刺加之西或言卽漢條枝唐波斯大食二國地與花面國相接俗頗淳地瘠無麥有禾一歲二稔所產瑪瑙水晶沈速香胡椒蘇木之屬四方商賈輻輳其氣候朝如夏暮如秋夏有瘴氣明太祖洪武中國王遣使奉金葉表入貢成祖永樂中其王與花面王戰中矢死子弱不能復仇其妻號於眾曰能復此仇者我以爲夫共國事有漁翁聞之率眾殺花面王其妻遂從之稱爲老王旣而王子年長率部眾殺老王而自立老王弟蘇幹刺逃山中連年率眾侵擾王子遣使來訴命中官鄭和率兵往捕蘇幹刺歸獻闕下國乃寧王子感恩貢方物自後朝貢不絕按明洪武十六年有須文達那國王殊旦麻勒兀達盼遣使來朝貢馬布兜羅綿等物及薔薇水沈速諸香賜王大統歷綺鈔及使臣襲衣或言須文達那即蘇門答刺明洪武時所更然亦無確據今從明史之例附見於此

覽邦

覽邦在西南海中明太祖洪武九年其王遣使奉表來貢永樂宣德中嘗附鄰國朝貢其地多沙礫麻麥之外無他種山無峰巒水亦淺濁俗好佛勤祭祀

澹巴

澹巴在西南海中明太祖洪武十年其王遣使土表貢方物其國石城瓦屋土衍水淸草木暢茂畜產甚夥男女勤耕織市有貿易野無寇盜稱樂土焉

百花

百花在西南海中明太祖洪武十一年其王遣使奉金葉表貢方物其國中氣候恆煥無霜雪多奇花異卉民富饒尙釋教

那孤兒

那孤兒在蘇門答刺之西壤相接地狹止千餘家男子皆以墨刺面爲花獸形故又名花面國俗淳田足稻禾自耕而食無寇盜明永樂中鄭和使其國其酋長常入貢方物

黎伐

黎伐在那孤兒之西西接南渤利南大山北大海隸蘇門答刺聲音風俗與之同明成祖永樂中常隨使臣入貢

南渤利

南渤利與蘇門答刺相近明成祖永樂十年附其使臣入貢俗樸實地少穀多魚鰕其西北海中有山甚高大名帽山西來洋船俱望此山爲準宣宗宣德五年使鄭和遍賜諸國南渤利與焉

柯枝

柯枝或言卽古槃槃國與狠牙修接唐太宗貞觀中槃槃再遣使貢方物高宗永徽中獻五色鸚鵡後不復聞明成祖永樂元年遣使齎詔撫諭其國九年柯枝王可亦里遣使入貢請賜印誥封其國中之山十年遣鄭和齎印賜王並撰碑文勒石山上自後閒歲入貢其國俗頗淳氣候常熱夏多雨田瘠少收諸穀皆產獨無麥

小葛蘭　大葛蘭

小葛蘭與柯枝接小國也明成祖永樂五年遣使附蘇門答刺入貢俗淳土薄收穫少仰給榜葛刺奉釋教婚喪諸禮多與錫蘭山同又有大葛蘭者風俗物產多類小葛蘭

錫蘭山

錫蘭山或言卽古狠牙修明成祖永樂六年鄭和使西洋過其地王發兵劫和塞歸路和攻拔其城生擒王及妻子頭目獻俘于朝釋之命擇其族之賢者詔封爲王遂屢入貢宣宗宣德英宗正統天順年間數遣使來貢

欽定續通典卷一百四十八

欽定續通典卷一百四十九

邊防

邊防西序略

臣等謹案杜氏邊防典西方凡七十五國惟于闐龜茲高昌回鶻諸國名見於宋史至明代于闐尚各自爲國其餘若樓蘭且末姑墨温宿諸國自漢以後即無聞焉蓋絶域之外互相兼并若唐之突厥宋之吐蕃明之衞喇特(舊作瓦剌今改正)皆曾據有其地也自
聖朝平定西域以來天山南北盡入版圖今第就前史所載諸國事蹟之有可考者臚具于篇若夫海外之國路隔重洋自明永樂時遣鄭和等屢以金幣招徠西洋古里諸國相率踵至其後復有意大里亞國人利瑪竇等泛海遠來留居中土始有大西洋之稱今亦依次列載焉

正西

沙州

沙州本漢敦煌郡距玉門陽關不遠後魏始置沙州唐因之後没於吐蕃宋入於西夏元爲沙州路明成祖永樂二年酋長肯吉楞(舊作困即來今改正)敏珠爾(舊作買住今改正)率衆來歸命置沙州衞授爲指揮使英宗正統中甘肅鎮將任禮收其全部入塞居甘州沙州遂空先是太宗置哈密沙州赤斤罕東四衞於嘉峪關外屏蔽西陲至是沙州先廢而諸衞亦漸不能自立

赤斤蒙古

赤斤蒙古漢敦煌郡地唐屬瓜州廣德後没於吐蕃宋時爲西夏所據元時爲瓜州地明成祖永樂二年詔建赤斤蒙古千戶所以塔爾尼(舊作塔力尼今改正)爲千戶賜誥印尋升衞正德閒土魯番犯肅州赤斤當其衝每遭蹂躪乃徙部衆於肅州其城遂空

罕東

罕東在赤斤蒙古南嘉峪關西南漢敦煌郡地明太祖洪武三十年酋索諾穆濟喇斯(舊作鎖南吉剌思今改正)遣使入貢詔置罕東衞授指揮僉事成祖永樂後數入貢武宗正德中土魯番犯肅州遂棄城內徙又其部人安扎(舊作奄章今改正)與種類不相能率其衆逃居沙州境部落日繁宣宗宣德七年命其子爲指揮使憲宗成化中奏請自爲一衞朝廷從之置爲罕東左衞正德十一年土魯番以兵脅之不克自立相率內徙

安定

安定本名薩里輝和爾(舊作撒里畏兀兒今改正)東近罕東北迴沙州南接西番元封宗室布延特穆爾(舊作卜烟帖木兒今改正)爲寧王鎮之明太祖洪武七年遣使朝貢改封安定王十年王爲其部沙喇(舊作沙剌今改正)所弑王子巴勒桑實哩(舊作板咱失里今改正)復讐誅沙喇尋又爲沙喇部將所殺其衆遂衰二十九年復立安定衞授其酋官以安部衆成祖永樂閒安定王孫雅布丹(舊作亦攀丹今改正)來朝自陳家難詔仍令襲爵武宗正德時蒙古縱掠隣境安定部衆從此殘亡

阿端

阿端在薩里輝和爾之地明太祖洪武八年置衞後爲多爾濟巴勒(舊作朶兒只把今改正)所破其衞遂廢成祖永樂閒酋長小辞呼爾察(舊作忽魯札今改正)來朝請復置衞即授爲指揮僉事洪熙時察遜(舊作曲先今改正)酋繖濟斯(舊作散即思今改正)脅阿端指揮蘇爾丹(舊作瑣魯丹今改正)邀劫朝使蘇爾丹懼而遠竄宣宗宣德中赦其子珠扎干(舊作真只罕今改正)復率所部還居本土迄英宗正統朝數入貢後不知所終

察遜

察遜在肅州西南漢西羌唐吐番也元設察遜達蘭(舊作曲先答林今改正)元帥府明太祖洪武時酋長入貢命設察遜衞官其人爲指揮武宗正德七年蒙古酋阿爾托蘇(舊作阿爾禿厮今改正)額布勒(舊作亦不剌今改正)竄居青海察遜爲所蹂躪部族竄徙其衞遂亡

哈瑪爾(舊作哈梅里今改正)

哈瑪爾地近甘肅元諸王烏納實哩(舊作兀納失里今改正)居之明太祖洪武十三年濮英請略地開哈瑪爾之路烏納實哩懼遣使來朝貢時西域來貢者多爲哈瑪爾所遏命劉眞等討之攻破其城烏納實哩率家屬遁去二十五年遣使貢馬騾請罪納之

哈密

哈密東去嘉峪關千餘里漢伊吾廬地唐爲伊州五代時號胡盧磧宋入於回紇元末以威武王呼納實哩(舊作忽納失里今改正)鎮之尋改爲肅王明成祖永樂二年改封其弟恩克特穆爾(舊作安克帖木兒今改正)爲忠順王尋設哈密衞以其頭目爲指揮千百戶等官英宗正統中其王達幹實哩(舊作倒瓦答失里今改正)爲衞喇特酋額森(舊作也先今改正)所脅服武宗正德時土魯番奪哈密據之屢入寇世宗嘉靖中依廷議置哈密不問而其地遂爲土魯番所有迄穆宗隆慶後猶有入貢者然非忠順王苗裔矣(按元史諸王表不載呼納實哩封王事明成祖實錄載李至剛等議奏恩克特穆爾之兄呼納實哩初封威武王改封肅王其弟應仍襲王爵並見西域傳)

土魯番

土魯番即古高昌唐太宗貞觀中以其地爲西州元宗時陷沒乃復爲國其地頗有回鶻居之故亦謂之西州回鶻宋太祖建隆三年西州回鶻阿多（舊作阿都今改正）等四十二人以方物來貢乾德三年西州回鶻遣僧法淵獻佛牙琉璃器琥珀盞太宗太平興國六年其王始稱西州外生師子王阿爾薩蘭（舊作阿斯蘭今改正）汗遣都督蘇默昆（舊作索溫今改正）來貢太宗遣供奉官王延德等使高昌及還敘其行程具詳宋史元太祖平西域置達嚕噶齊監治之明初號土魯番成祖永樂十三年吏部員外郎陳誠使西域土魯番遣使隨入貢授都督都指揮等官仁宗洪熙元年其酋音濟徹爾（舊作尹吉兒察今改正）復率部落來朝宣宗宣德三年其子復來朝初其地介諸部間甚微弱後火州柳城皆爲所併國日強西域頗爲擾然自成化迄萬曆朝貢不絕

火州

火州地多山靑紅若火故名地宜五穀畜產明成祖永樂中其酋長遣使朝貢

柳城

柳城與火州密邇土宜穄麥豆麻有小葡萄甘而無核名瑣瑣葡萄氣候常和男子椎結其語音類輝和爾（舊作畏兀兒今改正）明成祖永樂中常遣使入貢凡中朝遣使及其酋長入貢多與火州及土魯番偕後土魯番強柳城及火州並爲所滅

衛喇特

衛喇特蒙古部落也在韃靼之西土魯番之北元亡其強臣蒙克特穆爾（舊作猛可帖木兒今改正）據之後其衆分而爲三其渠曰瑪哈穆特（舊作馬哈木今改正）曰太平曰巴圖博囉（舊作把禿孛羅今改正）而瑪哈穆特尤雄於部內數與韃靼酋長阿嚕台（舊作阿魯台今改正）相讐明成祖永樂時阿嚕台既受封爲和寧王瑪哈穆特等亦內附乃封瑪哈穆特爲順寧王太平爲賢義王巴圖博囉爲安樂王賜以印誥自是歲一入貢後衛喇特漸驕擁兵將入犯帝乃親征破其衆於和拉和實袞（舊作忽蘭忽失溫今改正）追至圖拉（舊作土剌今改正）河而還瑪哈穆特復修貢職其子托歡（舊作脫歡今改正）嗣封順寧王於宣宗宣德年間襲殺阿嚕台欲自稱汗（舊作可汗今改正）而衆不附乃求元後托克托巴哈（舊作脫脫不花今改正）立之自爲丞相居漠北凡蒙古諸部俱屬焉托歡死額森嗣稱太師衆益強托克托巴哈不能制英宗正統時額森脅諸番大舉入寇明師覆於土木旣而額森弑其主自立以其次子爲太師東自烏梁海（舊作兀良哈今改正）西至赤斤哈密皆受約束額森入貢自稱田盛大汗帝詔稱爲衛喇特汗景帝景泰中阿拉（舊作阿剌今改正）知院攻額森殺之額森諸子退歸衛喇特不復雜居漠北世宗嘉靖以後爲哈密土魯番所隔其承襲代次無可考

龜茲

龜茲其土宜麻麥秔稻蒲萄出黃金善歌樂喜浮圖法唐置安西都護府武后時言事者請棄之不許宋自仁宗天聖至景祐入貢者五最後賜以佛經一藏神宗熙寧哲宗紹聖間屢遣使入貢其國主自稱師子王或稱西州龜茲或稱龜茲回鶻

于闐

于闐自唐安史亂後不復通中國晉高祖天福中其王李聖天遣使來貢高祖遣供奉官張匡鄴持節冊爲大寶于闐國王宋太祖建隆二年聖天遣使貢圭一以玉爲柙其使言國城東有白玉河西有綠玉河次西有烏玉河源出崑崙山每歲秋國人取玉於河謂之撈玉後朝貢屢至遼聖宗統和開泰間俱入貢金時遣瑪拉噶（舊作滿剌哈今改正）薩瑪丹（舊作撒木丁今改正）等貢玉璞明成祖永樂間屢遣使入貢神宗萬曆時亦間入貢西域諸國蔥嶺以南撒瑪爾罕（舊作撒馬兒罕今改正）最大其北則于闐最大桑麻禾黍宛然中土行賈諸番能致富庶

吐渾

吐渾本號吐谷渾（案遼史太宗本紀稱來貢者有吐谷渾吐渾百官志北面屬國官有吐谷渾國王府吐渾國王府然五代史傳內所稱吐渾白承福事即遼史吐谷渾事蓋本爲一國故傳首云吐渾本號吐谷渾今從之）或曰乞伏乾歸之苗裔唐肅宗至德中爲吐蕃所攻部族分散其內附者唐處之河西其大姓有慕容拓跋赫連等族懿宗時赫連鐸拜大同軍節度使爲晉王所破後唐莊宗時有白承福者依中山北石門爲柵莊宗爲置寧朔奉化兩府以承福爲都督賜姓名爲李紹魯晉高祖立割雁門以北入於契丹於是吐渾爲契丹役屬苦其苛暴安重榮鎭成德有異志陰遣人招吐渾入塞承福自五臺山入處中國契丹大怒遣使者責諸高祖高祖遣供奉官張澄率兵搜索忻代等州山谷中驅出之然晉亦苦契丹思得吐渾爲緩急之用陰遣劉知遠鎭太原慰撫之後出帝與契丹絕盟拜承福大同軍節度使契丹與晉相拒於河承福以兵從出帝禦之是歲大熱吐渾多疾死乃遣承福歸劉知遠侵之承福謀出塞知遠殺承福及其大姓獲牛馬資財鉅萬計其餘衆以別部王義宗主之遼太祖天贊三年攻拔其城自天顯至聖宗統和歲通貢興宗重熙時以吐渾多鬻馬於夏詔沿邊塞防之自後無聞

党項

党項西羌別種或曰卽古析支也地三千餘里有棟宇不耕稼地寒五月草生八月霜降無文字候草木記歲唐太宗貞觀至高宗上元間其國人內附散居西北邊憲宗元和以後頗相率爲盜賊及會昌初武宗置三使以統之在邠寧鄜延者爲一使在鹽夏長澤者爲一使在靈武麟勝者爲一使自後唐同光以後大姓之彊者各自來朝貢宋太祖建隆二年圖默勒（舊作析也理今改正）來朝授爲代州刺史開寶元年首領屈遇率十二部歸順嗣是相率來貢遼太祖神冊元年太祖親征党項等部平之二年党項來貢自後叛服不常

大食

大食自唐元宗開元初遣使來貢其南有都盤等六國天寶六載皆遣使入朝並封爲王宋太祖乾德四年僧行勤游西域因賜王書以招懷之開寶元年遣使來朝貢後屢貢方物遼太祖天贊三年來貢聖宗時遣使進象及方物爲其子察克（舊作冊割今改正）請婚以王子班郎君胡思里女噶老（舊作可老今改正）爲公主嫁之

拂菻

拂菻或言卽古大秦國也東南與波斯接其俗無瓦擣白石爲末塗屋上其堅密光潤如玉石唐太宗貞觀時遣使獻方物後大食强盛拂菻每歲輸金帛屬之元宗開元時復來朝貢宋神宗元豐四年其王遣大首領來獻鞍馬刀劍眞珠哲宗元祐六年其使兩至元末其國人尼古爾（舊作匿古倫今改正）入市中國及明太祖洪武四年太祖召見命賫詔書還諭其主復命使臣布拉（舊作普剌今改正）齎書敕綵幣招諭之乃遣使入貢後不復至

波斯

波斯地近拂菻氣常歊熱人知耕種畜牧產珊瑚唐高宗龍朔間以疾陵城爲波斯都督府拜其王爲都督俄爲大食所破其國漸微元宗開元天寶間遣使者十輩獻瑪瑙杯等物遼太祖天贊二年來貢

撒瑪爾罕

撒瑪爾罕或云卽漢罽賓隋爲漕國唐復名罽賓高宗顯慶三年以其地爲修鮮都督府中宗神龍初卽拜其王督諸軍事元宗開元七年遣使獻天文書及秘方奇藥後其王以年老請以子布琳哲伯（舊作拂林罽婆今改正）嗣許之天寶四年復冊其子本布準（舊作勃匐準今改正）襲王肅宗乾元初使者入貢元太祖平西域盡以諸王駙馬爲之君長易前代國名以蒙古語遂名罽賓爲撒瑪爾罕元末爲之主者駙馬特穆爾（舊作帖木兒今改正）明洪武中太祖欲通西域屢遣使招諭而遐方君長未有至者二十年撒瑪爾罕王特穆爾首遣回回瑪拉噶富實（舊作非思今改正）等來朝貢自是頻歲貢馬駝成祖永樂迄神宗萬歷或比年或間歲或三年輒入貢皆有賞給其國東西三千餘里地寬平土壤膏腴王所居城廣十餘里民居稠密西南諸番之貨皆聚於此號爲富饒俗禁酒人物秀美工巧過於哈喇（舊作哈烈今改正）而風俗土產多與之同

哈魯（布達實克附　哈魯舊作黑婁布達實克舊作把丹沙今並改）

哈魯近撒瑪爾罕世爲婚姻其地山川草木禽獸多黑明宣宗宣德七年始遣使來朝貢方物景帝景泰四年偕隣境三十一部來貢馬駝及玉石等物憲宗成化十九年與沙喇思（舊作失刺思今改正）撒瑪爾罕來貢又有布達實克景泰間嘗入貢至是亦遣使與哈魯偕至

達爾瑪（舊作荅爾密今改正）

達爾瑪服屬撒瑪爾罕地不滿百里人不滿萬家無城郭上下皆居板屋刑止箠撲明成祖永樂中遣使朝貢賜文綺茶藥諸物

實喇哈雅（舊作沙鹿海牙今改正）

實喇哈雅西去撒瑪爾罕五百餘里城居小岡上西北臨河南近山西有大沙洲地生臭草高尺許枝葉如蓋煑其液成膏卽阿魏也又有小草叢生秋深露凝食之如蜜煑爲糖番名達郎古賓明成祖永樂間李達陳誠使其地其酋卽遣使奉貢宣宗宣德七年命中官李貴齎敕諭其酋賜金織文綺綵幣

塔什罕（舊作達失干今改正）

塔什罕西去撒瑪爾罕七百餘里多園林饒果木土宜五穀民居稠密明李達陳誠李貴先後奉使至焉

薩蘭（舊作賽蘭今改正）

薩蘭西去撒瑪爾罕千餘里在塔什罕之東有城郭四面平曠居人繁庶五穀茂植亦饒果木元太祖時都元帥薛塔喇海（舊作薛塔刺海今改正）從征薩蘭諸國以礮立功卽此地也明李達陳誠李貴之徒亦齎物賜之

克實（舊作渴石今改正）

克實在撒瑪爾罕西南城周十餘里四面水田東南近山中有園林頗宏麗元特穆爾駙馬居也又西三百里大山屹立中有石峽出峽口有石門色似鐵路通東西番人號爲鐵門關設兵守之元太祖駐此遇一角獸能人言以問耶律楚材對曰此瑞獸名角端能言四方語好生惡殺帝爲班師蓋其地近東印度矣

特爾默（舊作迭里迷今改正）

特爾默在撒瑪爾罕西南去哈喇二千餘里有新舊二城相去十餘里其酋長居新城居民僅數百家畜牧蕃息明李達陳誠嘗使其地

布哈爾 舊作卜花兒今改正

布哈爾在撒瑪爾罕西七百里餘序常溫宜五穀桑麻多絲綿布帛亦饒六畜明成祖永樂十三年陳誠自西域還所經哈喇等凡十七國悉詳其山川人物風俗爲使西域記以獻宣宗宣德七年命李達撫諭西域布哈爾皆與焉

養夷

養夷在撒瑪爾罕薩蘭及伊里巴拉舊作亦力把力今改正蒙古諸部落間數相侵掠無寧居以故人民亡散止戍卒百餘人居孤城明成祖永樂間陳誠至其地

沙喇斯

沙喇斯近撒瑪爾罕成祖永樂中遣使偕哈喇等八國入貢命李達等偕其使往勞之自後每偕他國來悉與厚賜至世宗嘉靖三年與旁近三十部俱至從使者所乞量與蟒衣膝襴磁器布帛

納蘇察罕 舊作納失者罕今改正

納蘇察罕東去沙喇斯數日程皆舟行城東平原饒水草宜畜牧馬有數種小者高不過三尺俗重僧所至必供飲食然好氣健鬬明成祖永樂中嘗遣使朝貢

哈喇

哈喇一名黑魯在撒瑪爾罕西南去嘉峪關絕遠其國在西域最强大王所居城方十餘里壘石爲屋平方若高臺虛敞數十間牕牖門扉繪以金碧地鋪氈罽不祭祖宗鬼神惟重拜天之禮俗尚侈靡土產白鹽金銀銅鐵之屬多育蠶善爲紈綺果木穀獸甚繁元駙馬特穆爾旣君撒瑪爾罕又遣其子薩哈勒舊作沙哈魯今改正據哈喇明成祖永樂七年來朝貢因其使臣遣使詔諭之諸國使並至序哈喇于首自是貢使常至英宗正統三年仍貢馬及玉石其旁溫圖琿舊作淹都淮今改正等國並隸焉

溫圖琿

溫圖琿西南去哈喇千餘里東北去撒瑪爾罕亦如之土產膏腴民物繁庶明自成祖永樂八年至十四年偕哈喇通貢

拔達克山 舊作八答黑商今改正

拔達克山在溫圖琿東北城周十餘里地廣無險阻民俗富饒明成祖永樂六年命李達賜其酋敕書綵幣諭以往來通商之意十八年遣使來貢命陳誠等往報之英宗天順時復入貢

愛達罕 舊作俺的干今改正

愛達罕明成祖永樂十一年與哈喇並貢十四年魯安使哈喇諸國便道賜其酋長文綺然地小不能常貢

喀什噶爾 舊作哈實哈兒今改正

喀什噶爾明成祖永樂六年李達等齎敕招之節奉命十一年遣使入朝貢方物宣宗宣德時亦來貢自後貢使不常至

伊斯帕罕 舊作亦思弗罕今改正

伊斯帕罕地近愛達罕明成祖永樂中遣使貢獅豹西馬宣宗宣德六年憲宗成化十九年並來貢

呼喇濟 舊作火剌扎今改正

呼喇濟四圍皆山鮮草木水流曲折亦無魚蝦城僅里許悉土屋酋所居亦卑陋俗佞佛明成祖永樂十四年遣使朝貢命所經地皆禮待孝宗宏治五年其地回回布魯完舊作帕魯灣今改正等由海道貢玻璃瑪瑙諸物不納賜道里費遣還

奇爾瑪勒 舊作乞力麻兒今改正

奇爾瑪勒西南傍海東北林莽深密多猛獸毒蟲交易用鐵錢明成祖永樂中遣使貢獸皮鳥羽罽褐

白松虎兒

白松虎兒舊名速麻里兒相傳有白虎出松林中不傷人亦不食他獸旬日後不復見國人異之曰此西方白虎所降精也因改國名其地無大山亦鮮林木無毒蟲猛獸之害然物產甚薄明成祖永樂中來貢

敏珠爾 舊作敏眞今改正

敏珠爾明成祖永樂中來貢其國地廣多高山日中爲市諸貨駢集

日落

日落明成祖永樂中遣使來貢孝宗宏治元年復貢奏求紵絲夏布磁器予之

默色爾 舊作米昔兒今改正

默色爾亦名密思兒明成祖永樂中遣使朝貢英宗正統六年復來其地極遠後不復至

都爾蘇 舊作討來思今改正

都爾蘇周不百里城近山俗佞佛土宜穄麥產牛羊馬駝有布縷毛褐明宣宗宣德六年入貢勞賜之以地小不能常貢

薩哈勒 舊作沙哈魯今改正

薩哈勒山川環抱饒畜產人性惇直恥鬬好佛明永樂中遣七十七人來貢

羅密舊作魯迷今改正

羅密去中國絕遠明世宗嘉靖三年遣使入貢二十二年復偕天方諸國貢良馬及方物二十七年三十三年並入貢

坤城

坤城西域回回之種明宣宗宣德五年使臣來朝貢馬駝後常貢

阿蘇舊作阿速今改正

阿蘇與天方相近幅員甚廣城倚山面川南流入海寒暄適中俗敬佛畏神好施惡鬭明成祖永樂中其酋遣使貢馬及方物宴賚如制以地遠不能常貢英宗天順七年命都指揮白全等使其國

天方

天方古筠沖地亦名天堂又曰默伽四時皆春土沃饒稻男子削髮以布纏頭婦人編髮盤頭相傳回回設教之祖曰瑪哈穆特舊作馬哈麻今改正者首於此地行教死即葬焉墓頂常有光後人遵其教不衰有禮拜寺寺分四方其層次高下如塔狀每見月初生其王及臣民咸拜天號呼稱揚以為禮明宣宗宣德七年國王遣臣沙瓛貢方物世宗嘉靖間偕撒瑪爾罕土魯番諸國貢馬及方物後五六年一貢迄神宗萬曆中不絕

默德訥舊作默德那今改正

默德訥回回祖國也地近天方有城池宮室田園市肆俗重殺不食豕肉常以白布纏頭相傳其初國王瑪哈默特舊作謨罕驀德今改正生而神靈臣服西域諸國諸國尊為巴延鄂拉爾舊作別語抜今改正猶華言天使也明宣宗宣德年間其酋長遣使偕天方使臣來貢

榜葛喇

榜葛喇為五印度之一唐時有五天竺又名五印度高宗乾封二年五天竺並來朝元宗開元時中天竺遣使三至南天竺二至獻五色能言烏北天竺一至周太祖廣順三年西天竺僧薩滿多等十六族來貢名馬宋太祖乾德二年滄州僧道圓自西域還太祖召問所歷風俗山川道里一一能記開寶後天竺僧持梵夾來獻者不絕榜葛喇者即東印度也明成祖永樂中遣使朝貢英宗正統三年又表貢其國地大物阜聚貨通商繁華類中國四時氣候常如夏土沃一歲二稔俗淳龎有文字男女勤於耕織其王敬天朝拜迎詔其貢物亦繁

沼納樸兒迪里附

沼納樸兒在榜葛喇西或言即中印度古所稱佛國也明成祖永樂十年遣使者齎敕撫諭其國賜王綵布勒金絨錦金織文綺綵帛等物十八年又敕諭賜之綵幣然其王以去中國絕遠朝貢不至又有迪里國近沼納樸兒成祖永樂十年遣使招諭賜賚之

祖法兒

祖法兒東南大海西北重山天時常若八九月五穀蔬果諸畜咸備人體頎碩俗尚回回教多建禮拜寺土產馬駝乳香沈香等物明成祖永樂中遣使朝貢宣宗宣德中又至

木骨都束

木骨都束明成祖永樂十四年遣使與不喇哇麻林諸國奉表朝貢命鄭和齎敕及幣往報之二十一年貢使又至宣宗宣德五年和復往頒詔諭其國濱海地曠磽瘠少收歲常旱不產木亦如忽魯謨斯壘石為屋及用魚腊以飼牛羊馬駝云

不喇哇

不喇哇與木骨都束接壤明成祖永樂十四年至二十一年凡四入貢並與木骨都束偕鄭和亦兩使其國傍海而居地廣斥鹵不可耕專捕魚為食少草木亦壘石為屋以居

竹步

竹步亦與木骨都束接壤風土略同明成祖永樂中嘗入貢

阿丹

阿丹在古里之西明成祖永樂中遣使奉表貢方物凡四至宣宗宣德五年命鄭和齎敕宣諭八年復入貢或言唐永徽年間有丹丹國貢方物即其地地膏腴饒粟麥氣候常和人性強悍蔬果畜產咸備惟無草木其居亦皆壘石為之

剌撒

剌撒明成祖永樂十四年遣使來貢命鄭和報之凡三貢皆與阿丹不喇哇諸國偕後不復至其國傍海氣候常熱田瘠少收風俗悉與竹步諸國同

麻林

麻林去中國極遠明成祖永樂十三年遣使與諸番貢麒麟天馬神鹿等物帝御奉天門受之十四年又貢方物

忽魯謨斯

忽魯謨斯西洋大國也在古里西北明成祖永樂十二年遣陪臣奉金葉表貢馬及方物自是凡四貢鄭和亦再使至其國宣宗宣德八年貢使至英宗正統元年附

瓜哇舟還國嗣後遂絕其國居西海之極有霜無雪多露少雨土瘠寡穀麥人多白皙豐偉壓肆百物具備惟禁酒牛羊馬駝皆噉魚腊不產草木壘石爲屋有三四層者

溜山

溜山明成祖永樂十四年其王遣使來貢自後三貢並與忽魯謨斯諸國偕宣宗宣德五年鄭和使其國後不復至其國居海中倚山聚居氣候常熱土薄穀少婚喪諸禮多類忽魯謨斯又有國曰比剌曰孫剌鄭和亦常齎敕往以去中華絕遠貢使不至

南巫里

南巫里明成祖永樂九年遣使與急蘭丹加異勒諸國偕來貢物十四年再貢

加異勒

加異勒明成祖永樂九年其酋長葛卜者麻遣使奉表貢方物賜宴及幣鈔鄭和再使其國後凡三入貢宣宗宣德八年又偕阿丹等十一國來貢

甘巴里

甘巴里明成祖永樂十二年遣使來朝貢方物十九年再貢遣鄭和報之宣宗宣德八年其王兜哇剌扎遣使來貢英宗正統元年附瓜哇舟還國

急蘭丹

急蘭丹明成祖永樂九年其王遣使朝貢十二年命鄭和齎敕獎之

沙里灣泥

沙里灣泥明成祖永樂十四年遣使來獻方物命鄭和齎幣賜之

千里達　失制比

千里達失剌比明成祖永樂十六年並遣使來貢方物其使俱賜之冠帶綵幣其王有加賜

古里班卒

古里班卒明成祖永樂中常入貢其土瘠穀少物產亦薄

剌泥

剌泥明成祖永樂元年其國中回回哈只馬哈等來貢方物其外若夏剌比若奇剌泥若窟察泥若捨剌齊若彭加那若八可意若烏沙剌踢若坎巴若阿哇若打回成祖永樂中俱嘗遣使朝貢其風土物產無可稽

白葛達　黑葛達

白葛達明宣宗宣德元年遣使入貢其使臣言遭風破舟貢物盡失乞恩賚之賜之冠帶俾歸見國主庶幾免責許之使附鄰國貢舟還國宴賜悉如禮其國土地瘠薄崇釋教又有黑葛達亦以宣宗宣德時來貢國小民貧尚佛畏刑二國俱以鐵鑄錢

西洋古里

西洋古里地最大與僧迦密邇西洋諸番之會也去中國甚遠西瀕大海其人淳厚行者讓道路不拾遺喜事浮屠半崇回教富家多植椰子樹至數千其他蔬果畜產多類中國明成祖永樂時遣使朝貢賜印誥及文綺是時諸番使臣充斥於庭以古里大國特序其使者於首嗣是屢偕諸國入貢

西洋瑣里　瑣里附

西洋瑣里明太祖洪武二年命使臣劉叔勉以卽位詔諭其國三年平定沙漠復遣使臣頒詔其王別里提遣使奉金葉表獻方物賜文綺紗羅諸物甚厚永樂年間復遣使偕古里阿丹等十五國來貢土產胡椒附載與民市又有瑣里國近西洋瑣里而差小太祖洪武三年命使臣齎詔撫諭其國五年王卜納的遣使朝貢並獻其國土地山川圖

意大里亞

意大里亞國居大西洋中自古不通中國明神宗萬歷時其國人利瑪竇至京師爲萬國全圖言天下有五大洲其說荒渺莫考利瑪竇至中官馬堂以其方物進獻帝嘉其遠來假館授餐給賜優厚利瑪竇遂留不去其人奉天主耶蘇敎自是充斥中土好異者咸尚之其所言風俗物產亦多夸大不足具述

西北

伊里巴拉

伊里巴拉在肅州西北三千餘里地極寒深山窮谷六月亦飛雪或曰卽古焉耆或曰卽古龜茲元名其地爲伯實巴里舊作別失八里今改正世祖設宣慰司尋改爲帥府其後以諸王鎮之明太祖洪武二十四年國王哈達拉和卓舊作黑的兒火者今改正遣使貢馬賜其王綵幣十表裏其使者皆有賜成祖永樂四年貢璞玉十六年布色舊作不思今改正弑其從兄王諾果沙扎該舊作納黑失只罕今改正自立爲王徙其部落西去更號伊里巴拉宣宗宣德後屢入貢

準布舊作哩卜今改正

準布不詳其始遼時歲來朝貢聖宗嘗置準布等部節度使天祚時常來貢

突厥

突厥唐末爲諸部所侵部族散微五代之際常來朝貢

遼時朝貢無常有事則助軍號屬國軍

回鶻

回鶻回紇即杜典 匈奴之別裔本名回紇唐憲宗元和中詭爲回鶻五代時常來朝貢宋太祖建隆二年遣使臣來朝獻後屢貢方物徽宗宣和中因入貢散而之陜西諸州貿易留久不歸朝廷恐其爲邊害詔禁止之遼太祖天顯十二年九月回鶻遣使來貢十月遣使賀永寧節太宗會同四年特賜旌旗弓劒衣馬七年回鶻遣使請婚不許

黠戛斯

黠戛斯結骨即杜典 古堅昆國亦曰居勿其君曰阿熱遂姓阿熱氏駐牙靑山唐肅宗乾元中爲回紇所破其部衆漸微至遼嘗遣使入貢

沙陀

沙陀有大磧名沙陀故以爲號其衆趫悍善鬭唐時號沙陀軍遼太祖時討降之

欽定續通典卷一百四十九

邊防

邊防北序略

臣等謹案杜氏邊防典北方凡四十一部其見於新舊唐書者惟契丹奚室韋鐵勒數部而已蓋塞北之地多逐水草而居自古稱爲行國故其疆域之分併於考證較難大約漢之匈奴及烏桓鮮卑至元魏爲蠕蠕隋唐爲突厥唐末爲契丹而其餘諸國則皆其所屬之小部落也宋史外國傳止載東西南三方明史於北邊亦但有韃靼一傳蓋遼之得國本先於宋迤北之地皆非宋有元則起自沙漠撫定中原逮明有天下而元之後裔仍據有漠北終明之世不相統屬今仍明史之名錄而載之閒亦採遼金時入貢諸部列著於篇

正北

韃靼

韃靼卽蒙古故元後也明初元順帝殂于應昌其子阿裕實哩達喇(舊作愛猷識理達臘今改正)嗣立徙於和寧傳其次子特古斯特穆爾(舊作脫古思帖木兒今改正)駐捕魚兒海於太祖洪武二十一年爲明將藍玉所敗走至圖拉河爲其下伊蘇岱爾(舊作也速迭兒今改正)所弒部落多潰其族烏納實哩(舊作兀納失里今改正)收散亡居和寧之西復爲明都督劉真等所破自特古斯特穆爾後五傳至坤特穆爾(舊作坤帖木兒今改正)皆被殺遠族果勒齊(舊作鬼力赤今改正)篡位稱汗始去國號稱韃靼其下以非順帝裔不附酋長阿嚕台等殺果勒齊而迎元後巴延實哩(舊作本雅失里今改正)立以爲汗成祖永樂六年以書諭之不報命淇國公邱福統五將軍出塞擊之師殲焉八年帝親征巴延實哩懼欲與阿嚕台俱西阿嚕台不從君臣始各自爲部巴延實哩西奔明師追敗之於鄂嫩(舊作斡難今改正)河還師遇阿嚕台復破之十年巴延實哩爲衛喇特瑪哈穆特所殺時阿嚕台強盛數與衛喇特相攻元裔益微其後阿嚕台爲衛喇特所壓內附封爲和寧王仁宗洪熙時阿嚕台數敗於衛喇特乃率其屬東走烏梁海駐牧遼塞宣宗宣德中阿嚕台爲元裔托克托巴哈所襲孳畜略盡未幾爲衛喇特瑪哈穆特之子托歡所殺而立托克托巴哈爲汗以阿嚕台之衆屬之托歡自爲丞相托歡之子額森嗣益桀驁自雄托克托巴哈不能制後疑其主托克托巴哈與中國通攻殺之額森自爲汗尋亦爲其下所殺部中共立托克托巴哈之子號小王子是時韃靼諸部多互相雄長其後元裔數傳至卜齊(舊作卜赤今改正)嗣爲小王子徙帳東方爲察哈爾而諸部之在西北邊者甚衆若濟農諳達(舊作吉囊俺答今改正)之屬其衆益強時爲邊患與明相終始云

朶顏 泰寧 福餘

朶顏泰寧福餘(卽杜典庫莫奚)其地爲烏梁海唐時號庫莫奚後服屬契丹元爲大寧北境明太祖洪武初相率內附遂置大寧都司營州諸衛封皇子權爲寧王鎭焉數爲韃靼所抄二十二年詔以烏梁海之地置三衛指揮使司各領其衆以爲聲援自大寧前抵喜峯口近宣府曰朶顏自錦義歷廣寧至遼河曰泰寧自黃泥窪踰瀋陽鐵嶺接開原曰福餘惟朶顏地最險而強成祖從燕起靖難兵患寧王躡其後因厚賂三衛以說之來師行寧王餞諸郊三衛一呼盡起西擁寧王入關從戰有功成祖旣立徙寧王南昌徙都司於保定而盡割大寧地界三衛以償前勞英宗正統以後寘處迤北與衛喇特時出擾邊朝廷命將擊破之其後叛服不常

鬼國

鬼國元世祖至元十七年三月詔討之命以蒙古軍及哈喇章(舊作哈刺章今改正)軍西州約羅(舊作藥刺今改正)萬嘉努(舊作萬家奴今改正)軍阿爾哈雅(舊作阿里海牙今改正)軍數道並進尋復招諭之至九月其國主阿恰(舊作阿察今改正)降自後叛服不常

珠巴克(舊作朮不姑今改正)

珠巴克遼太宗時來貢至聖宗之世諸部皆叛興宗時復來貢又有迪里(舊作敵烈今改正)五國遼時皆來貢

烏爾古(舊作烏古今改正)

烏爾古爲遼太祖所征服太宗時常來貢穆宗時烏爾古叛掠居民財物遣林牙蕭幹討之聖宗以後叛服不一後服屬於金

契丹附近諸國(契丹在隋唐之世已載杜典其後事跡備詳遼史玆取胡嶠所記錄其附近諸國部落)

契丹西北至烏庫哩(舊作嫗厥律今改正)其人長大最勇鄰國不敢侵又其西哈噶斯(舊作轄戛今改正)又其北單于突厥又北黑車子又北牛蹄突厥其地尤寒又北狗國手搏猛獸語類犬嗥契丹嘗選良馬二十匹遣十人齎糧北行窮其所見其人自黑車子歷牛蹄國以北行一年經四十三城居人多以木皮爲屋其語言無譯者不知其國山川部族名號其地氣遇平地則溫和山林則寒冽至三十三城得一人能鐵甸語其言頗可解云地名頡利烏于邪堰自此以北曠阻不能達其人乃還此北荒之極也

鐵甸

鐵甸在契丹東其族野居皮帳而人剛勇地少草木水鹹濁色澄久而後可飲

東北

渤海

渤海本號靺鞨其貴族姓大氏唐武后時高麗別種大祚榮有眾四十萬人據挹婁臣于唐至中宗時置呼爾罕（舊作忽汗今改正）州以祚榮為都督封渤海郡王其後世遂號渤海梁太祖開平元年國王大諲譔遣使者來訖周世宗顯德常來朝貢宋太宗太平興國四年其酋帥大鸞河率小校李勛等十六人部族二百騎來降六年賜渤海王詔助兵攻契丹遼太祖建國攻渤海拔呼爾罕城俘其王大諲譔以為東丹王國立太子托雲（舊作突欲今改正）為人皇王以主之神冊四年葺遼陽故城以渤海漢戶建東平郡為防禦州天顯三年遷東丹國民居之

和碩館（舊作曷蘇館今改正）

和碩館遼聖宗開泰元年其王哈爾吉（舊作曷里喜今改正）來朝八年其特哩袞額布根（舊作惕隱阿不葛今改正）宰相薩喇（舊作賽剌今改正）來貢後屢遣使入貢太平五年乞建旗鼓許之天祚時東面行軍副統瑪格（舊作馬哥今改正）等攻之敗績和碩館始與遼絕後服屬於金

富珠哩（舊作蒲奴里今改正）

富珠哩遼聖宗統和二十二年偕烏舍（舊作兀惹今改正）等部來貢開泰七年三月命歲貢貂皮興宗重熙十七年帝命耶律義先等伐富珠哩酋托多羅（舊作陶得里今改正）十八年二月執托多羅以獻始與遼絕

烏舍

烏舍遼聖宗統和十三年七月以兵侵鐵驪遣奚王和碩鼐（舊作和朔奴今改正）等討之十月烏舍歸款詔諭之十四年烏舍烏哲圖（舊作烏昭度今改正）以地遠乞歲時免進鷹馬貂皮詔生辰正旦貢如舊天祚時不復至金太祖時烏舍楚古爾蘇（舊作雛鶻室今改正）來降

鐵驪

鐵驪其人雜處山林無君長遼太祖天顯元年鐵驪來貢聖宗開泰元年鐵驪納蘇（舊作那沙今改正）等送烏舍百餘戶至賓州賜絲絹乞賜佛像儒書詔賜護國仁王佛像一易詩書春秋禮記各一部興宗重熙十六年鐵驪錫勒們（舊作仙門今改正）來朝以始入貢加右監門衛大將軍自是無歲不貢天祚時鐵驪貢遂絕金太祖時鐵驪王和哩布（舊作回离保今改正）以所部降

博囉滿達（舊作蒲盧毛朶今改正）

博囉滿達在遼時與鐵驪烏舍富珠哩和碩館等皆為屬國軍聖宗太平五年以博囉滿達部多烏舍戶詔索之七年遣使來貢後入貢不絕興宗重熙十年詔其部歸和碩館戶之没入者使復業

定安

定安本馬韓之種為契丹所破其酋帥糾合餘眾保於西鄙自稱定安國宋太祖開寶三年遣使朝貢太平興國中太宗方經營遠略詔其國令張犄角之勢其國亦欲倚王師以抒宿忿表末云必欲報敵不敢違命乃答以詔書令發兵同伐契丹端拱中獻方物淳化中上表後不復聞

室韋

室韋契丹別種散處川谷逐水草其言語則靺鞨也其部族不一唐時皆入貢遼太祖時黑車子室韋以八部降尋復叛討破之太宗時常進白麃又貢名馬穆宗時黃室韋與大黃室韋小黃室韋俱叛聖宗以後復降順

欽定續通典卷一百五十

續通典／清高宗敕撰. --臺一版. --臺北市
：臺灣商務，1987［民 76］
面；　公分. --（十通；第2種）
ISBN 957-05-0856-6（精裝）

1. 續通典

630.12　　83000765

十通第二種　續通典

定價新臺幣八〇〇元

敕撰者　清高宗
發行人　張連生
出版者印刷所　臺灣商務印書館股份有限公司
臺北市10036重慶南路一段三十七號
電話：（〇二）三一一六一一八
傳真：（〇二）三七一〇二七四
郵政劃撥：〇〇〇〇一六五—一號
出版事業登記證：局版臺業字第〇八三六號

• 一九三五年九月初版
• 一九八七年十二月臺一版第一次印刷
• 一九九四年四月臺一版第二次印刷

ISBN　957-05-0856-6（精裝）　23500